KB196878

2025년 신고대비

법인세 조정과 신고 실무

삼일회계법인 저

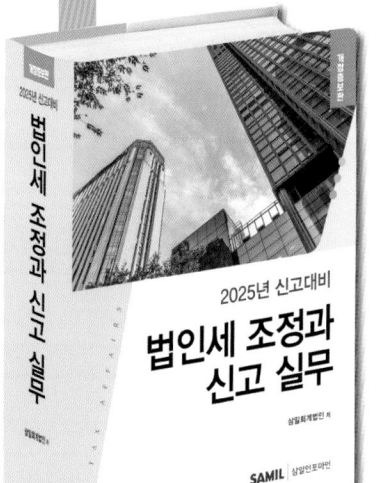

SAMIL | 삼일인포마인

www.**samil***i*.com 사이트 **제품몰** 코너에서 본 도서 **수정사항**을 클릭하시면
정오표 및 중요한 수정 사항이 있을 경우 그 내용을 확인하실 수 있습니다.

PREFACE

2025년 개정증보판을 출간하며 …

본서에 보내주신 독자제현의 뜨거운 관심과 성원에 깊은 감사의 말씀을 전합니다.

세법은 다양한 경제적 이해관계를 반영하고 새로운 제도의 도입에 따른 과세체계를 정립하기 위하여 매년 개정이 이루어지고 있으며, 2023년 말과 2024년 중에도 법인 세제와 관련하여 적지 않은 개정이 있었습니다. 이에 따라, 2025년 개정증보판에서는 개편된 조세법 규정을 충실하게 반영하는 한편, 개정세법에 맞춰 기존 사례를 수정하고 신설규정에 대한 분석을 통하여 핵심 쟁점을 찾고 이를 적절한 사례와 해설을 통하여 독자의 이해를 돕고자 하였습니다.

2025년 개정증보판의 주요 개정내용을 살펴보면 다음과 같습니다.

첫째, 국가전략기술 및 신성장 · 원천기술의 범위 확대, 영상콘텐츠 제작비용에 대한 세액공제 확대, 해외진출 기업의 국내복귀에 대한 세제지원 강화, 해외자원개발투자에 대한 세액공제 도입 등 투자 · 고용 촉진 및 경제 활력 제고를 위한 개정 내용을 완벽하게 해설하였습니다.

둘째, 해외건설자회사 대여금에 대한 대손충당금 손금산입 특례 신설, 문화산업전문회사 출자에 대한 세액공제 특례 신설, 민간벤처모펀드 출자에 대한 세액공제 특례 신설, 전통시장 기업업무추진비 손금산입 한도 확대 등 기업경쟁력 제고 및 민생경제 회복을 위한 개정 내용을 빠짐없이 상세하게 해설하였습니다.

셋째, 기회발전특구 창업기업 등에 대한 세액감면 신설, 내국법인 수입배당금의 익금불산입 배제 대상 확대, 해외자회사 파견 임직원 인건비에 대한 손금 인정범위 확대, 외국인 통합계좌에 대한 원천징수 과세특례 규정 신설 등 지역균형 발전 및 과세형평 제고를 위한 개정 내용을 명쾌하게 해설하였습니다.

넷째, 해외지주회사 특례 판정을 위한 소득금액 비율 계산식 합리화, 해외신탁 자료 제출의무 도입 및 제출의무 불이행에 대한 과태료 신설, 대규모법인의 국제거래명세서 등 제출방법 일원화 등 법인세 신고와 관련된 국제조세 분야 개정 내용을 충실하게 해설하였습니다.

본서는 독자제현의 기대에 부응하고자 최선의 노력을 다하였으나, 혹시 미흡한 부분 또는 보완이 필요한 부분이 있으시면 아낌없는 지적과 질책을 부탁드립니다. 더불어, 본서가 조세전문가와 기업실무진의 법인세 신고를 위한 최고의 업무매뉴얼이 될 수 있도록 삼일회계법인 집필진은 그 고민을 게을리 하지 않을 것을 약속드립니다.

마지막으로 본서의 발간작업에 많은 수고를 해 주신 출판관계자 여러분께 깊은 감사의 말씀을 드립니다.

2024년 10월

삼일회계법인

PREFACE

출간에 즈음하여

삼일회계법인은 국내 최초로 법조문별 세법이론서인 「삼일총서」의 발간을 필두로, 국내 최대의 조세정보 데이터베이스 「삼일아이닷컴」, 그리고 최신 조세정보를 탑재한 「속보! 삼일총서」를 발간함으로써 국내 조세정보시장에 큰 획을 그었다고 자부합니다.

글로벌경제 하에서 주창되고 있는 선진 경영메커니즘의 영향으로 새로운 규정과 제도가 속속 도입되고 있으며, 이러한 환경변화는 세무실무 종사자로 하여금 그 어느 때보다 실무에 직접 응용할 수 있는 실천적 조세정보를 필요로 하게 합니다.

이에 삼일회계법인은 지난 35년간 축적된 경험과 방대한 정보를 근간으로 기업세무 실무진에게 꼭 필요한 체계화된 업무매뉴얼을 만들겠다는 목표로, 1년 이상에 걸친 세심한 기획과 노력 끝에 총 5편 28장으로 구성된 법인세 세무조정 실무지침서를 출간하게 되었습니다.

본서를 준비하면서 특히 역점을 둔 사항은 다음과 같습니다.

첫째, 유사서적에서 깊게 다루지 않은 고난도 주제에 대한 심층해설을 담았습니다.

- 합병 · 분할 · 현물출자 · 영업양수도 · 사업전환 등 기업구조조정 세제의 완벽 해설
- 채권채무조정 · 출자전환 · 파생상품 · 리스거래 등 특수분야회계에 대한 심층 분석
- 최근 대두되고 있는 퇴직연금 · 비사업용 토지의 과세제도에 대한 심화해설

둘째, 누구도 모방할 수 없는 독창적 구성체계를 구현하였습니다.

- 주요 논점에 대한 심화해설과 본문해설의 구분 수록으로 구독의 효율성 제고
- 소목차 단위별 개정세법 핵심내용의 요약 및 전진 배치

- 완벽한 세무조정을 위한 길라잡이! 세무조정Checklist의 각 주제별 후첨
- 각 목차의 주제를 완전히 이해할 수 있도록 기획된 종합계산사례 게재

셋째, 법리와 세무조정 실무간 균형 잡힌 해설을 담았습니다.

- 기업회계기준과 법인세법 간 차이에 따른 세무조정 쟁점 해설
- 폭넓은 세무조정 실무의 이해가능성 제고를 위한 관계법령・규정의 핵심 내용 소개

본서는 세무상 쟁점에 대한 객관적 고찰을 위하여 과세현장에 종사하는 국세청 실무진과 납세의무자의 조력자인 삼일회계법인의 공동역작으로서 세무전문가를 비롯하여 기업실무진에 이르는 다양한 독자가 활용함에 있어 최적의 법인세 신고실무지침서임을 의심치 않습니다.

끝으로, 독자제현의 가차 없는 질책과 조언만이 본서의 가치를 더욱 높이는 길임을 당부 드리며, 지속적인 품질개선과 자기혁신의 모습으로 성원에 보답할 것을 약속드립니다. 더불어 본서를 출간하는 데 혼신의 힘을 다해주신 국세청 집필진(강정무 서기관님, 이창기 사무관님)과 삼일회계법인 집필팀원, 그리고 최신 감각의 편집체계를 보여준 출판 관계자 여러분 모두의 노고를 치하드립니다.

2006년 11월 30일

삼일회계법인

대표이사 安昊台

CONTENTS

차 례

| 제1편 | 법인세 총론

제 6 장 수정신고와 경정청구 ··· 149

| 제 2 편 | 소득금액의 조정

CONTENTS

CONTENTS

CONTENTS

CONTENTS

CONTENTS

CONTENTS

CONTENTS

제 3 장 기업구조조정 관련 소득금액의 조정 … 1149

C O N T E N T S

CONTENTS

CONTENTS

제 4 장 국제거래 관련 소득금액의 조정 … 1405

C O N T E N T S

| 제 3 편 | 과세표준의 계산

제 1 장 각 사업연도 소득금액 … 1611

제 2 장 기 부 금 … 1629

C O N T E N T S

| 제 4 편 | 납부세액의 계산

C O N T E N T S

CONTENTS

CONTENTS

제 9 장 농어촌특별세 … 2547

CONTENTS

법인세 총론

제1장

1

법인세 신고·납부절차 개관

법인세 신고 · 납부절차 개관

관련 법령	• 법법 §60, §60의 2 • 법령 §97, §97의 2, §97의 3, §97의 4 • 법칙 §50의 3, §82
관련 서식	• 법인세법 시행규칙 [별지 제1호 서식] 법인세 과세표준 및 세액신고서 [별지 제3호 서식] 법인세 과세표준 및 세액조정계산서

제1장

법인세 신고 · 납부절차 개관

1

1. 법인세 신고 · 납부절차

법인세의 신고 · 납부는 해당 법인이 기업회계기준에 따라 작성한 재무제표를 기초로 출발한다. 기업회계기준에 따라 작성된 재무제표[재무상태표 · 포괄손익계산서(일반기업회계기준은 손익계산서) · 자본변동표 · 현금흐름표 등]는 상법상 회사의 정기주주총회 또는 사원총회에서 승인을 얻은 때에 비로소 확정되는바, 이러한 결산의 확정이 법인세 신고 · 납부절차의 시발점이 된다.

법인이 결산상 확정한 당기순이익은 기업회계기준 및 기타 일반적으로 공정 · 타당하다고 인정되는 회계관행에 따라 산출된다. 그런데 기업회계와 세무회계는 그 목적과 기능이 서로 다르기 때문에 기업회계기준을 준용하여 작성한 재무제표상의 당기순이익을 기초자료로 하여 법인의 각 사업연도 소득과 법인세 과세표준을 신고하려면 세무회계의 목적과 기능에 부합하도록 일정한 조정절차를 거쳐야 한다. 이러한 절차를 세무조정이라고 한다.

세무조정이 끝나면 법인은 「법인세 과세표준 및 세액신고서」를 작성하고 여기에 재무제표, 세무조정계산서 및 기타 부속서류를 첨부하여 각 사업연도의 종료일이 속하는 달의 말일부터 3개월(성실신고확인서 제출시에는 4개월) 이내에 납세지 관할 세무서장에게 신고하고 법인세를 납부하게 된다.

한편, 이미 신고한 내용에 변경사항이 발생한 경우에는 수정신고 및 경정청구를 통해 이를 정정할 수 있다.

이상의 법인세 신고 · 납부절차를 요약하면 다음과 같다.

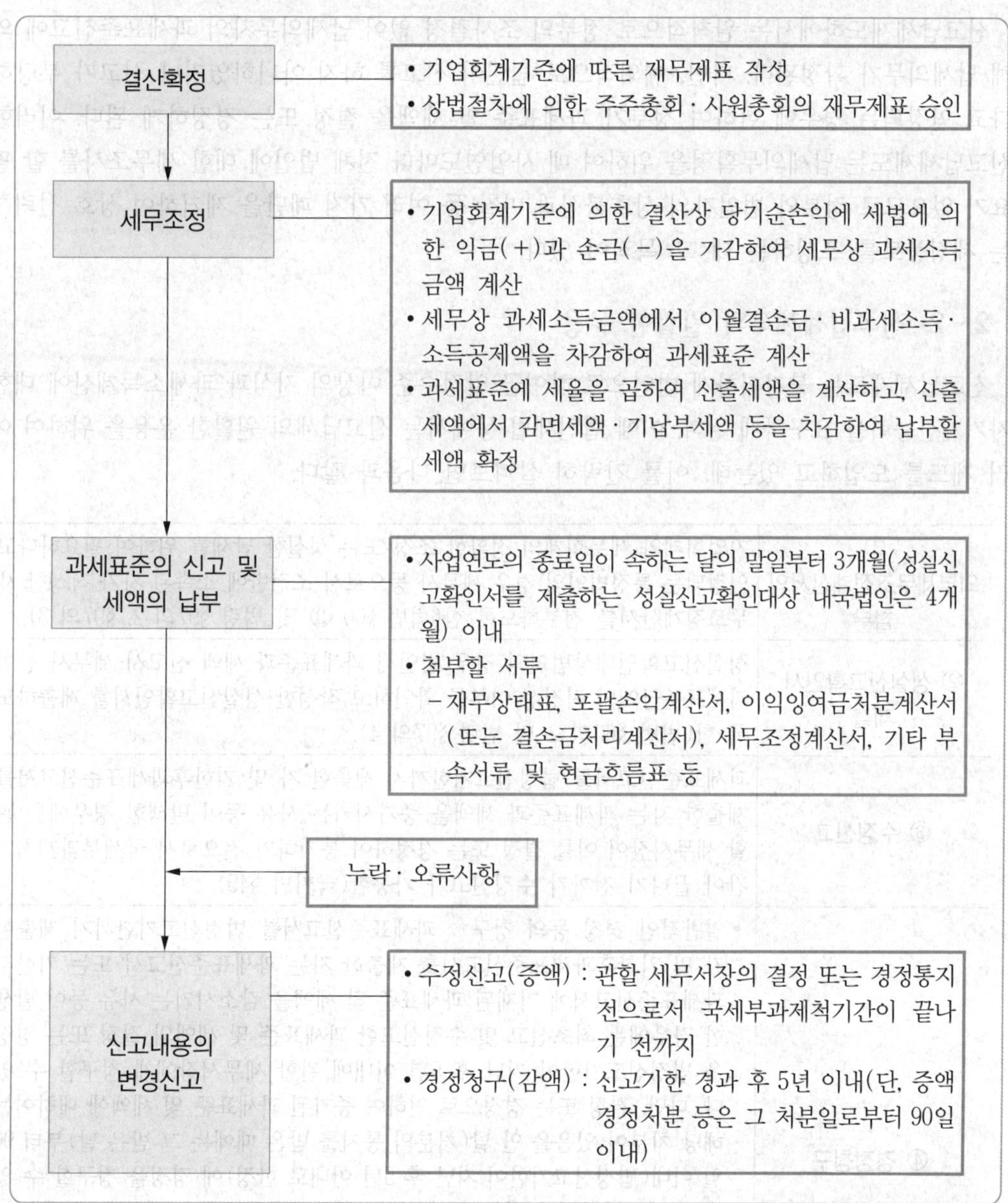

결산확정
• 기업회계기준에 따른 재무제표 작성
• 상법절차에 의한 주주총회·사원총회의 재무제표 승인
세무조정
• 기업회계기준에 의한 결산상 당기순손익에 세법에 의한 익금(+)과 손금(-)을 가감하여 세무상 과세소득금액 계산
• 세무상 과세소득금액에서 이월결손금·비과세소득·소득공제액을 차감하여 과세표준 계산
• 과세표준에 세율을 곱하여 산출세액을 계산하고, 산출세액에서 감면세액·기납부세액 등을 차감하여 납부할 세액 확정
과세표준의 신고 및 세액의 납부
• 사업연도의 종료일이 속하는 달의 말일부터 3개월(성실신고확인서를 제출하는 성실신고확인대상 내국법인은 4개월) 이내
• 첨부할 서류
- 재무상태표, 포괄손익계산서, 이익잉여금처분계산서(또는 결손금처리계산서), 세무조정계산서, 기타 부속서류 및 현금흐름표 등
누락·오류사항
신고내용의 변경신고
• 수정신고(증액) : 관할 세무서장의 결정 또는 경정통지 전으로서 국세부과제척기간이 끝나기 전까지
• 경정청구(감액) : 신고기한 경과 후 5년 이내(단, 증액경정처분 등은 그 처분일로부터 90일 이내)

2. 법인세의 과세제도

2-1. 신고납세제도의 의의

법인세의 과세제도는 신고납세제도이다. 신고납세제도란 납세의무자인 법인 스스로가 법인세 과세표준과 세액을 계산하고 이를 신고함으로써 납세의무가 확정되는 제도이다.

신고납세제도하에서는 원칙적으로 정부의 조사결정 없이 납세의무자의 과세표준신고에 의해 납세의무가 확정된다. 다만, 예외적으로 법인이 신고를 하지 아니하였거나 신고가 부당하다고 인정되는 경우에 한하여 정부가 과세표준 및 세액을 결정 또는 경정하게 된다. 이러한 신고납세제도는 납세의무확정을 위하여 매 사업연도마다 전체 법인에 대한 세무조사를 할 필요가 없으므로 정부와 법인간의 상호불신과 마찰 등 여러 가지 폐단을 제거하여 상호 신뢰하는 세정풍토를 조성하는 데 그 목적이 있다.

2-2. 신고납세제도의 원활한 운용

신고납세제도는 불가피하게 법인으로 하여금 일정수준 이상의 지식과 과세소득계산에 대한 자기계산능력을 요구하게 된다. 이에 법인세법 등에서는 신고납세의 원활한 운용을 위하여 여러 제도를 도입하고 있는데, 이를 간략히 살펴보면 다음과 같다.

① 외부세무조정계산서의 첨부	기업회계와 세무회계의 정확한 조정 또는 성실한 납세를 위하여 필요하다고 인정되는 특정법인의 경우 세무사 등으로서 조정반에 소속된 자가 작성한 세무조정계산서를 첨부하도록 함(법법 §60 ⑨ 및 법령 §97의 2, §97의 3).
② 성실신고확인서 제출	성실신고확인대상법인의 경우 법인세 과세표준과 세액 신고시 세무사 등이 과세표준금액의 적정성 여부를 확인하고 작성한 성실신고확인서를 제출하도록 함(법법 §60의 2 및 법령 §97의 4).
③ 수정신고	과세표준신고서를 법정신고기한까지 제출한 자 및 기한후과세표준신고서를 제출한 자는 과세표준과 세액을 증가시키는 사유 등이 발생한 경우에는 관할 세무서장이 이를 결정 또는 경정하여 통지하기 전으로서 국세부과제척기간이 끝나기 전까지 수정신고가 가능함(국기법 §45).
④ 경정청구	• 일반적인 경정 등의 청구 : 과세표준신고서를 법정신고기한까지 제출한 자 및 기한후과세표준신고서를 제출한 자는 과세표준신고서 또는 기한후과세표준신고서에 기재된 과세표준 및 세액을 감소시키는 사유 등이 발생한 경우에는 최초신고 및 수정신고한 과세표준 및 세액의 결정 또는 경정을 법정신고기한이 지난 후 5년 이내에 관할 세무서장에게 청구할 수 있다. 다만, 결정 또는 경정으로 인하여 증가된 과세표준 및 세액에 대하여는 해당 처분이 있음을 안 날(처분의 통지를 받은 때에는 그 받은 날)부터 90일 이내(법정신고기한이 지난 후 5년 이내로 한정)에 경정을 청구할 수 있음(국기법 §45의 2 ①). • 후발적 사유로 인한 경정 등의 청구 : 과세표준신고서를 법정신고기한까지 제출한 자 또는 과세표준 및 세액의 결정을 받은 자는 일정한 후발적 사유가 발생하였을 때에는 상기 일반적인 경정 등의 청구기간에도 불구하고 그 사유가 발생한 것을 안 날부터 3개월 이내에 결정 또는 경정을 청구할 수 있음(국기법 §45의 2 ②).

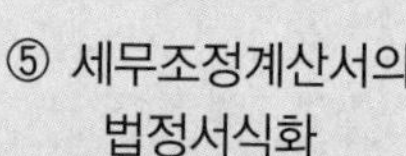 ⑤ 세무조정계산서의 법정서식화	자동검증 기능을 갖춘 세무조정계산서를 법정 서식화하고 서식 이면에 구체적인 작성요령을 수록함으로써 신고의 착오 및 오류를 방지하고 법인으로 하여금 정확한 세무조정이 가능하도록 함.

2-3. 신고납세제도와 부과과세제도

2-3-1. 부과과세제도의 의의

신고납세제도에 대응되는 개념인 부과과세제도는 납세의무 확정의 권한을 과세권자에게만 부여하는 제도로서, 납세의무자인 법인이 스스로 신고·납부를 이행하였다 하더라도 이는 예비적 절차에 불과하고 그 후 반드시 정부의 결정을 거쳐야 한다. 따라서 부과과세제도하에서는 법인의 과세표준 및 세액의 신고가 납세의무를 확정시키는 효력을 갖지 못한다.

2-3-2. 신고납세제도와 부과과세제도의 차이점

일반적인 조세에 있어서 신고납세제도와 부과과세제도의 차이점을 요약하면 다음과 같다.

구 분		신고납세제도	부과과세제도
의 의		납부할 세액을 납세의무자의 신고에 의하여 확정하는 제도	납부할 세액을 행정관청의 처분에 의하여 확정하는 제도
조세채권·채무의 확정	주관	납세의무자	정부(세무서장)
	시기	납세의무자의 신고시	정부의 조사결정시
	절차	신고서의 제출	조사·결정·납부고지
탈루세액에 대한 조치		세액추징, 처벌	세액추징
세목		법인세, 소득세, 부가가치세, 개별소비세, 교통·에너지·환경세, 주세, 증권거래세, 교육세 등 대부분의 국세	상속세 및 증여세 등
조사권의 성질		정부의 권한, 납세의무자도 청구가능	정부의 권한인 동시에 의무
범칙행위의 기수시기		신고납부기한이 경과한 때	조사결정 후 납부기한이 경과한 때

:: 신고납세제도의 특징

첫째, 신고납세제도라 하여 정부의 세무조사가 배제되는 것은 아니다.

신고납세제도하에서도 정부는 일반적인 질문조사권과 그에 따른 경정권은 존재하는 것이므로, 신고로서 확정된 과세표준이라 하더라도 사후에 신고한 내용에 오류 또는 탈루가 있는 경우 등에는 경정 등으로 인하여 보다 가혹한 제재를 받게 된다.

둘째, 신고납세제도하에서는 신고기한의 경과로 조세범처벌법상의 기수시기가 성립된다.

기수시기란 조세범처벌법에 의한 형사처벌을 할 수 있는 시기를 말한다. 신고납세제도하에서는 신고 자체가 곧 결정이므로 신고납부기한이 경과한 때로부터 바로 기수시기가 적용된다. 따라서 신고납세제도하에서는 특히 신고·납부행위에 오류나 탈루가 발생하지 않도록 정확을 기하여야 한다. 그러나 부과과세제도하에서는 납세의무자인 법인의 신고·납부행위는 예비적인 절차에 불과한 것이므로 비록 그 신고·납부행위에 오류나 탈루가 있었다 하더라도 이를 조세범으로 처벌할 수가 없고 반드시 정부의 조사결정이 있은 후 그 납부기한이 경과한 때로부터 기수시기가 적용된다.

셋째, 신고납세제도하에서는 과다신고·납부에 따른 법인세액의 환급이 어렵다.

부과과세제도하에서는 설령 납세의무자인 법인이 착오로 과다신고한 경우라도 그 후 정부의 조사결정과정에서 이를 결정·환급해 주게 되며, 또한 정부가 이를 조기에 결정·환급해 주지 않으면 납세의무자인 법인은 필요한 처분을 받지 못하여 이익의 침해를 당하였다 하여 불복절차를 통하여 구제받을 수도 있다. 그러나, 신고납세제도하에서는 그 과다신고가 착오에 기인된 것이 명백할지라도, 일정기간(경정 등의 청구기간)이 경과된 후에는 원칙적으로 정부가 이를 감액경정하지 않을 뿐 아니라 법인도 불복신청을 할 수 없다.

넷째, 신고납세제도하에서는 불성실한 신고·납부의 경우에 고액의 가산세를 적용받게 된다.

신고납세제도란 납세의무자를 신뢰함으로써 정확한 과세표준의 신고와 성실한 납부를 전제로 한다. 따라서 신고납세제도의 성패를 가름할 납세의무자의 성실한 신고를 유도하기 위하여 납세의무자의 고의적인 과소신고와 과소납부를 방지하도록 가산세 제도를 한층 강화하여 불성실한 신고에 대하여 제재를 하게 된다.

제2장

2

확정결산과 세무조정

제2장

확정결산과 세무조정

2

1. 개 요

법인세법 제15조 내지 제54조에서는 법인세 과세표준의 기초가 되는 각 사업연도 소득금액 계산에 필요한 내용에 대하여 규정하고 있다. 따라서, 이러한 규정을 통해 기업회계상 재무제표와 무관하게 총익금과 총손금을 계산하여 별도의 세무상 손익계산서를 작성하여 각 사업연도의 소득금액을 산출할 수 있다. 다만, 이러한 방법은 시간과 비용이 과다하게 소모되므로, 실무상으로는 기업회계상 재무제표를 기초로 하여 각 사업연도의 소득을 계산하는 방법을 사용한다. 즉, 법인세 과세표준은 법인이 기업회계기준 및 기타 일반적으로 공정·타당하다고 인정되는 회계관행에 따라 계산하고 결산상 확정한 당기순이익을 기초로 하여 산출된다.

그런데 기업회계란 일정기간 기업의 경영활동의 성과측정과 일정시점의 재무상태 파악을 목적으로 하여 경제실체에 관한 유용한 재무적 정보를 주주·채권자·투자자 등의 이해관계자에게 제공하는 기능을 수행하는 회계를 말한다. 반면, 세무회계는 국가재정조달을 목적으로 세법의 규정에 따라 공평한 과세소득을 산출하기 위한 회계이다. 따라서 기업회계기준에 따라 산정한 기업의 당기순이익은 법인세를 산출하기 위한 각 사업연도의 소득과 반드시 일치한다고 볼 수 없다.

그러므로 재무제표상의 당기순이익으로부터 법인의 각 사업연도 소득과 법인세 과세표준을 도출하기 위해서는 세무회계의 목적과 기능에 부합하도록 일정한 조정절차를 거쳐야 한다. 이러한 조정절차를 세무조정이라고 하며, 이는 다시 후술할 결산조정과 신고조정으로 구분된다.

2. 법인세의 계산구조

2-1. 각 사업연도 소득의 계산절차

법인세법상 각 사업연도의 소득은 다음의 산식에 의하여 산출된다(법법 §14 ①).

각 사업연도의 소득	=	해당 사업연도에 속하는 익금의 총액	−	해당 사업연도에 속하는 손금의 총액

한편, 기업회계상 당기순이익의 계산구조는 다음과 같다.

당기순이익	=	수 익	−	비 용

앞서 살펴본 바와 같이, 기업회계와 세무회계의 특성상 익금과 수익의 내용 및 손금과 비용의 내용은 서로 일치하지 아니한다. 그리고 이러한 양자의 차이는 세무조정을 통하여 조정되는바, 세무조정은 확정결산서상 당기순이익에서 출발하여 법인세법상 각 사업연도 소득금액에 도달하는 과정이라고 할 수 있다.

구체적으로 각 사업연도의 소득은 다음의 절차를 통하여 계산한다.

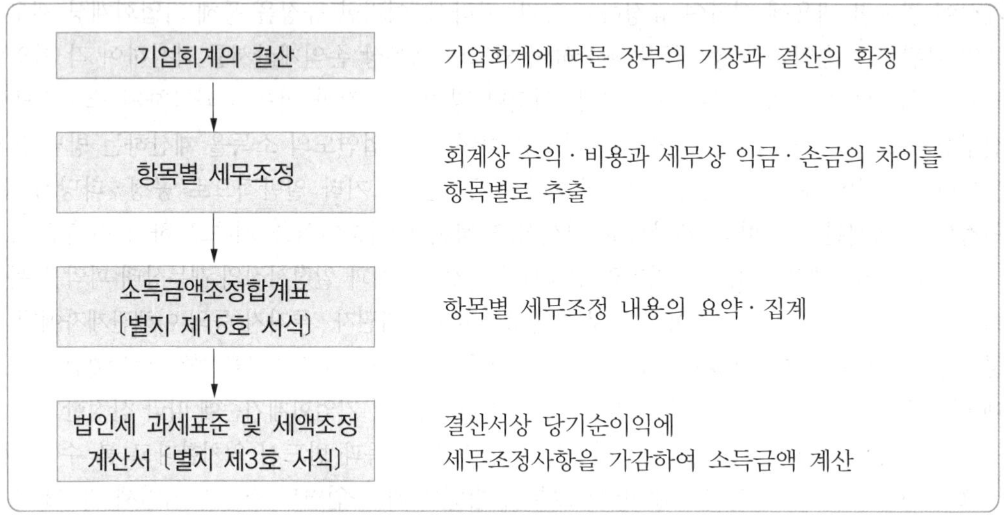

「법인세 과세표준 및 세액조정계산서 [별지 제3호 서식]」에 의하면, 각 사업연도 소득에 대한 법인세의 계산은 ① 각 사업연도 소득금액의 계산, ② 과세표준의 계산, ③ 산출세액의 계산, ④ 납부할 세액의 계산으로 나누어 이루어진다.

2-2. 각 사업연도 소득금액의 계산 요약

	결산서상 당기순이익	
(+)	익금산입 · 손금불산입	소득금액 조정합계표상의 세무조정사항
(−)	손금산입 · 익금불산입	소득금액 조정합계표상의 세무조정사항
	차가감소득금액	
(+)	기부금한도초과액	특례기부금 · 일반기부금 한도초과액
(−)	기부금한도초과이월액 손금산입	전기 이전 기부금 한도초과액 중 당기 손금추인액
	각 사업연도 소득금액	

2-3. 과세표준 및 산출세액의 계산 요약

	각 사업연도 소득금액	
(−)	이월결손금	15년(10년) 이내 개시 사업연도에 발생한 세무상 이월결손금
(−)	비과세 소득	공익신탁법에 따른 공익신탁의 신탁재산에서 생긴 소득 등
(−)	소득공제	법인세법과 조세특례제한법상 소득공제
	과세표준금액	
(×)	세율	
	산출세액	

과세표준	세 율
2억원 이하	과세표준의 9%
2억원 초과 200억원 이하	1천800만원+(2억원을 초과하는 금액의 19%)
200억원 초과 3천억원 이하	37억8천만원+(200억원을 초과하는 금액의 21%)
3천억원 초과	625억8천만원+(3천억원을 초과하는 금액의 24%)

2-4. 자진납부할 세액의 계산 요약

	산출세액	
(−)	공제 · 감면세액	최저한세 검토
(+)	가산세	
(+)	감면분 추가납부세액	
	총부담세액	
(−)	기납부세액	중간예납세액 + 수시부과세액 + 원천징수세액
	차감납부할 세액	토지 등 양도소득에 대한 법인세액과 미환류소득에 대한 법인세액 가산

3. 세무조정

3-1. 세무조정의 의의

세무조정이란 기업이 일반적으로 공정 · 타당하다고 인정되는 기업회계기준에 의하여 작성한 재무제표상의 당기순손익을 기초로 하여 세법의 규정에 따라 익금과 손금을 조정함으로써 정확한 과세소득을 계산하기 위한 일련의 절차를 말한다.

세무조정이 필요한 이유는 세법의 규정도 원칙적으로 기업회계기준을 존중하고 있으나 조세정책 또는 사회정책적인 목적에서 예외적으로 기업회계기준과 다소 다른 규정을 두고 있기 때문이다. 따라서, 정확한 과세소득의 계산을 위해서는 기업의 모든 거래를 성실하게 기장하고 올바르게 결산서를 작성해야 함은 물론 관련 세법의 내용을 충실히 이해하여야 한다.

세법에 대하여 충분한 지식이 없어 잘못된 세무조정을 수행하게 되면, 본의 아니게 납세의무를 충실히 이행하지 못하게 되거나 납부하여야 할 세금보다 더 많은 세금을 납부하여 납세자 본인에게 불리한 결과를 초래할 수도 있다. 즉, 신고납세제도를 채택하고 있는 현행 법인세법 체계하에서 세무조정의 충실 여부는 납세의무수행의 성실도와 직결되며, 이것은 세법지식의 정도와 세무조정의 이해에 달려 있다.

이와 같이 세무조정은 기업회계와 세무회계와의 연결 및 납세자의 세무협력을 이끌어 내는데 있어서 매우 중요한 역할을 담당한다.

3-2. 세무조정의 분류

결산상 당기순이익으로부터 각 사업연도의 소득금액을 산출하기 위하여 익금산입 · 손금산입 · 익금불산입 · 손금불산입 사항을 가감하는 절차를 '협의의 세무조정'이라고 하며, 과세소득과 과세표준의 산정에서부터 납부할 세액의 계산까지를 포함하는 절차를 '광의의 세무조정'이라고 한다. 일반적으로 세법상 세무조정이라 함은 후자의 경우를 말한다.

매출누락이나 가공손금과 같은 사실상 손·익금에 가산할 금액도 광의의 세무조정사항에 포함될 수는 있으나, 원천적으로 법인의 결산상 계상하지 않은 금액으로서 기업회계와 세무회계의 차이조정이라는 진정한 의미의 세무조정사항은 아니다.

그리고 세무조정은 다시 그 절차상의 특색을 기준으로 '결산조정'과 '신고조정'으로 분류되는바, 이에 대해서는 후술하기로 한다.

3-3. 세무조정의 방법

기업회계와 세무회계의 차이는 다음의 세무조정사항을 가감하여 조정하게 된다. 이러한 세무조정사항은 「소득금액조정합계표 [별지 제15호 서식]」에 표시되며, 여기서 집계된 조정금액은 「법인세 과세표준 및 세액조정계산서 [별지 제3호 서식]」에 그대로 옮겨진다.

구 분	세무조정사항	비 고
① 익금 > 수익	익금산입	기업회계상 수익이 아니나 세무회계상 익금으로 인정하는 것은 익금산입하여 기업회계상 순이익보다 세법상 소득을 증가시킨다.
② 익금 < 수익	익금불산입	기업회계상 수익이나 세무회계상 익금으로 인정하지 않는 것은 익금불산입하여 기업회계상 순이익보다 세법상 소득을 감소시킨다.
③ 손금 < 비용	손금불산입	기업회계상 비용이나 세무회계상 손금으로 인정하지 않는 것은 손금불산입하여 기업회계상 순이익보다 세법상 소득을 증가시킨다.
④ 손금 > 비용	손금산입	기업회계상 비용이 아니나 세무회계상 손금으로 인정하는 것은 손금산입하여 기업회계상 순이익보다 세법상 소득을 감소시킨다.

기업회계	세무조정		세무회계
수익	(+) 익금산입 (−) 익금불산입	(=)	익금총액
(−)			(−)
비용	(+) 손금산입 (−) 손금불산입	(=)	손금총액
(=)			(=)
당기순이익	(+) 익금산입·손금불산입 (−) 손금산입·익금불산입	(=)	각 사업연도 소득금액

3-4. 세무조정계산서

세무조정을 하는 경우에는 「세무조정계산서 및 그 부속서류」라는 법정서식을 사용하게 되는데, 그 주요 내용은 다음과 같다.

① 소득금액조정합계표 [별지 제15호 서식]

소득금액조정합계표는 익금산입(손금불산입)과 손금산입(익금불산입) 사항을 요약·집계한 것으로서, 각 항목별 내용·금액·소득처분 및 코드를 명시한 표이다. 법인이 법인세 신고시 세무조정에 의하여 익금에 산입하거나 손금에 산입하는 금액이 있는 때에는 법인세법 시행규칙 [별지 제15호 서식]인「소득금액조정합계표」를 작성하여야 한다. 단, 기부금 한도초과액 및 기부금 손금추인액은 소득금액을 기준으로 계산되므로 소득금액조정합계표에 기재하지 않고 [별지 제3호 서식]「법인세 과세표준 및 세액조정계산서」에 기재한다.

② 법인세 과세표준 및 세액조정계산서 [별지 제3호 서식]

법인세 과세표준 및 세액조정계산서는 소득금액, 과세표준, 산출세액, 자진납부세액의 계산내역을 기재하는 서식이다. 당기순이익에 소득금액조정합계표의 가산조정과 차감조정의 합계액을 가감하여 차가감소득금액을 계산하고, 동 차가감소득금액에 기부금 한도초과액을 가산하고 전기기부금한도초과액 중 손금산입액을 차감하여 각 사업연도 소득금액을 계산한다.

③ 자본금과 적립금조정명세서(을) [별지 제50호 서식(을)]

자본금과 적립금조정명세서(을)은 법인의 결산서상 당기순이익으로부터 각 사업연도 소득금액을 도출하기 위한 세무조정사항 중 유보(△유보)사항을 취합하여 관리하는 서식이다. 자본금과 적립금조정명세서(을) 서식상 유보사항은 유보처분된 자산이 향후 처분될 때 또는 (감가)상각시 추인하며, 세무상 각종 한도액(대손충당금, 퇴직급여충당금, 감가상각누계액 등) 계산시 활용된다. 또한, 유보는 일시적 차이를 나타내므로 기업회계상 이연법인세 계산시 고려한다.

④ 자본금과 적립금조정명세서(갑) [별지 제50호 서식(갑)]

자본금과 적립금조정명세서(갑)은 회사가 작성한 재무상태표를 기초로 하여 세무계산상 자본금과 적립금, 즉 세무상 자본을 나타내는 서식이다. 세무상 자본은 결산상의 자본에 유보잔액을 가산하고 손익미계상 법인세 등을 차감하여 계산하며, 이렇게 구한 세무상 자본은 비상장주식 평가시 그 기초자료로 활용되거나 법인의 청산소득금액 계산에 이용된다.

⑤ 자본금과 적립금조정명세서(병) [별지 제50호 서식(병)]

자본금과 적립금조정명세서(병)은 내국법인이 출자한 국외 특수관계법인과 거래시 정상가격 등에 의한 과세조정에 따라 익금에 산입한 금액을 국외 특수관계법인에 대한 출자의 증가로 처분한 경우(국조령 §23 ① 1호), 국외 피출자법인별로 출자의 증가 소득의 증감내용을 기입·관리하기 위한 서식이다.

NOTE

:: 각 사업연도 소득에 대한 법인세의 세무조정흐름

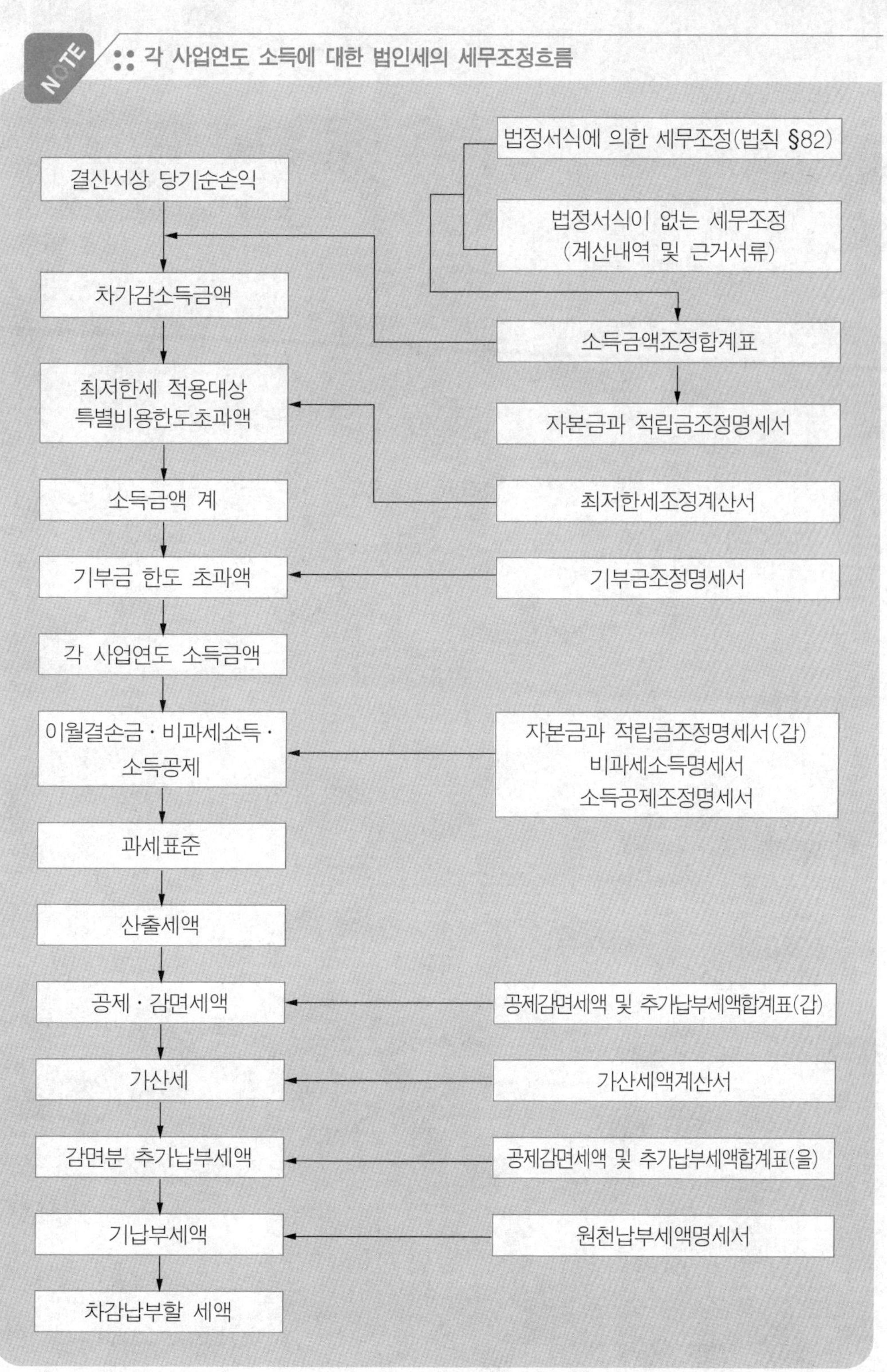

제3장

3

결산조정과 신고조정

제3장

결산조정과 신고조정

3

1. 개요

세무조정은 그 절차상 특성에 따라 크게 결산조정과 신고조정으로 분류할 수 있다. 결산조정이란 익금 또는 손금을 결산서에 수익 또는 비용으로 계상하여 과세소득에 반영하는 것을 말하며, 신고조정이란 결산서에 수익 또는 비용으로 계상되지 않은 익금 또는 손금을 세무조정에 의해 과세소득에 반영하는 것을 말한다.

이는 다시 말해, 세무조정사항은 사업연도 말의 결산을 통하여 장부에 반영하여야 하는 사항(결산조정사항)과 결산서상 당기순손익의 기초가 되는 회사장부에 계상함이 없이 세무조정계산서에만 계상해도 되는 사항(신고조정사항)으로 구분할 수 있음을 의미한다. 이렇게 구분하는 이유는 이들 양자간에 조정절차상의 차이가 있을 뿐만 아니라 조정형태에 따라 각 사업연도의 소득금액이 달라지기 때문이다.

2. 결산조정

2-1. 결산조정의 의의 및 결산조정사항

결산조정이란 기업회계와 세무회계의 차이조정을 확정결산 과정에서 하는 것을 말한다. 즉, 결산조정은 법인이 스스로 기말정리를 통하여 장부상에 수익 또는 비용을 계상하고 결산에 반영하여야 세무상 익금 또는 손금으로 인정되는 세무조정절차이다. 세법에서는 특정한 손비에 대하여는 법인의 내부적 의사결정 즉, 결산확정에 의하여 손금으로 계상하여야만 손금으로 인정하는 항목이 있으며, 이러한 결산조정사항을 예시하면 다음과 같다.

결산조정사항 예시
① 감가상각비(즉시상각액 포함)(법법 §23) ※ 감가상각의제액(법법 §23 ③) 및 한국채택국제회계기준을 적용하는 내국법인이 보유한 유형자산과 내용연수가 비한정인 무형자산의 감가상각비(법법 §23 ②) 등은 일정 한도 내 신고조정 가능함.

결산조정사항 예시
② 퇴직급여충당금(법법 §33) ③ 구상채권상각충당금(법법 §35) ※ 한국채택국제회계기준을 적용하는 법인 중 주택도시보증공사 등은 잉여금처분에 의한 신고조정으로 구상채권상각충당금을 손금산입할 수 있음(법법 §35 ②). ④ 대손충당금(법법 §34) ⑤ 책임준비금(법법 §30) ⑥ 비상위험준비금(법법 §31) ※ 한국채택국제회계기준을 적용하는 보험사는 잉여금처분에 의한 신고조정으로 비상위험준비금을 손금산입할 수 있음(법법 §31 ②). ⑦ 고유목적사업준비금(법법 §29) ※ 주식회사 등의 외부감사에 관한 법률에 의한 외부감사를 받는 비영리내국법인은 잉여금처분에 의한 신고조정으로 고유목적사업준비금을 손금산입할 수 있음(법법 §29 ②). ⑧ 파손·부패 등의 사유로 인하여 정상가격으로 판매할 수 없는 재고자산의 평가손(법법 §42 ③ 1호) ⑨ 법인세법 시행령 제19조의 2 제1항 7호부터 13호까지의 대손금(법령 §19의 2) ⑩ 시설의 개체 또는 기술의 낙후로 인한 생산설비의 폐기손(법령 §31 ⑦) ⑪ 천재지변·화재 등에 의한 유형자산평가손(법법 §42 ③ 2호) ⑫ 다음의 주식 등으로서 해당 주식 등의 발행법인이 부도가 발생한 경우 또는 채무자 회생 및 파산에 관한 법률에 의한 회생계획인가의 결정을 받았거나 기업구조조정 촉진법에 의한 부실징후기업이 된 경우의 해당 주식 등의 평가손(법법 §42 ③ 3호 가목~다목) • 주권상장법인이 발행한 주식 등 • 벤처투자 촉진에 관한 법률에 따른 벤처투자회사 또는 여신전문금융업법에 따른 신기술사업금융업자가 보유하는 주식 등 중 각각 창업자 또는 신기술사업자가 발행한 것 • 주권상장법인 외의 법인 중 특수관계가 없는 법인이 발행한 주식 등 ⑬ 주식 등의 발행법인이 파산한 경우 해당 주식 등의 평가손(법법 §42 ③ 3호 라목)

이러한 결산조정사항은 세법에 "계상한 경우에는 … 손금에 산입한다"라고 규정하고 있는 항목들인데, 확정결산주의를 채택하고 있는 법인세법에서는 조정이라는 의미보다는 결산상 비용으로 처리하는 절차로서 사실상 기업회계와 관련된 부분이라고 할 수 있다.

2-2. 결산조정사항의 특징

결산조정사항은 일반적으로 외부와의 거래관계가 없는 비용 또는 현금지출이 수반되지 않는 비용이라는 특징을 갖고 있으며, 구체적으로 살펴보면 다음과 같다.

우선, 감가상각비와 자산의 평가차손처럼 법인의 선택 또는 판단에 따라 인위적으로 비용으로 계상되는 사항은 법인이 비용으로 계상한 경우에 한하여 손금으로 인정한다. 또한, 충당금이나 준비금처럼 권리·의무확정주의의 원칙상 아직 확정되지 않은 의무에 대해 특별히 손금으로 인정하고 있는 사항들에 대해서는 법인의 내부의사결정에 의해 회계처리를 하였을 때 한하여 해당 사업연도의 손금으로 산입할 수 있도록 하고 있다. 대손금의 경우에도 법적으로

청구권이 소멸되지는 않았지만 채무자의 자산상황 · 지급능력 등에 비추어 회수불능이라는 내부적 의사결정에 의해 회계처리를 한 경우에 한하여 손금으로 인정하고 있다.

위와 같은 사항들에 비해 이자나 인건비의 지급, 채권의 소멸 등과 같이 순자산의 감소가 외부와의 거래에 의하여 그 내용이 객관적으로 확인되는 사항들에 대해서는 법인의 회계처리 여부와 무관하게 손금으로 인정되어야 할 성질의 것이므로, 결산에 반영하지 않았다 하더라도 신고조정에 의해 손금에 산입할 수 있도록 하고 있다.

3. 신고조정

3-1. 신고조정의 의의 및 신고조정사항

결산조정이 기업회계와 세무회계의 차이를 확정결산 과정에서 반영하는 것이라면, 신고조정은 양자간의 차이를 결산 후 법인세 과세표준신고 과정에서 세무조정계산서에만 계상함으로써 조정하는 방법을 말한다. 즉, 신고조정이란 기업회계상의 당기순이익에 장부상 수익 또는 비용으로 계상되지 않은 세무상 익금 또는 손금을 가감조정함으로써 법인세법상 과세소득을 산출하는 절차이다. 신고조정사항을 예시하면 다음과 같다.

신고조정사항 예시
① 무상으로 받은 자산의 가액과 채무의 면제 또는 소멸로 인한 부채의 감소액 중 이월결손금의 보전에 충당한 금액(법법 §18 6호)
② 퇴직보험료 등의 손금산입 및 손금불산입(법령 §44의 2)
③ 국고보조금 등으로 취득한 사업용자산가액의 손금산입(법법 §36)
④ 공사부담금으로 취득한 사업용자산가액의 손금산입(법법 §37)
⑤ 보험차익으로 취득한 유형자산가액의 손금산입(법법 §38)
⑥ 자산의 평가손실의 손금불산입(법법 §22)
⑦ 제 충당금 · 준비금 등 한도초과액의 손금불산입
⑧ 감가상각비 부인액의 손금불산입(법법 §23)
⑨ 건설자금이자의 손금불산입(법법 §28 ① 3호)
⑩ 금융회사 등(법령 §61 ② 1호~7호)이 보유하는 화폐성 외화자산 · 부채 및 통화선도 등에 대한 평가손익(법령 §76 ①)
⑪ 손익의 귀속사업연도의 차이로 발생하는 익금산입 · 손금불산입과 손금산입 · 익금불산입(법법 §40)

3-2. 잉여금처분에 의한 신고조정

다음의 준비금 등은 결산조정이 원칙이나, 해당 준비금 등을 세무조정계산서에 계상하고 그 금액 상당액을 해당 사업연도의 이익처분을 할 때 그 준비금 등으로 적립한 경우에는 그 금액을 손금으로 계상한 것으로 본다(법법 §29 ②, §31 ②, §32 ①, §35 ②, §61 ①).

① 조세특례제한법에 의한 준비금
② 외부회계감사를 받는 비영리내국법인의 고유목적사업준비금
③ 한국채택국제회계기준을 적용하는 비상위험준비금 설정대상 법인의 비상위험준비금
④ 보험업법에 따른 보험회사의 해약환급금준비금
⑤ 한국채택국제회계기준을 적용하는 구상채권상각충당금 설정대상 법인 중 일정 법인의 구상채권상각충당금

즉, 상기 준비금 등은 결산조정에 의해 손금으로 계상하지 않더라도 신고조정에 의해 손금산입이 가능한 것이다. 이는 상기 준비금 등에 대하여 비용처리를 허용하지 않고 있는 기업회계와의 마찰을 피하고자 법인세법에서 정책적으로 이들 준비금 등에 대하여 신고조정을 허용하고 있다.

그런데 상기 준비금 등을 신고조정하는 경우에는 준비금 등을 결산상 비용으로 처리하지 않은 상태이므로 결산조정을 한 경우보다 배당가능이익이 많게 된다. 이와 같은 배당가능이익의 차이를 해소하기 위하여 신고조정을 허용하기는 하되, 잉여금을 처분하여 해당 준비금 등 상당액을 배당할 수 없는 적립금으로 적립하도록 요구하는 것이다.

한편, 준비금 등 잉여금처분에 의한 신고조정사항을 제외한 모든 신고조정사항을 단순신고조정사항으로 구분하기도 한다. 따라서 단순신고조정사항이란 기업회계와 세무회계의 차이를 결산조정에 의하여 조정하지도 않고 잉여금의 처분도 요하지 않으며, 단순히 세무조정계산서에서 조정할 수 있는 항목을 말한다.

잉여금처분에 의한 신고조정사항의 재무제표에의 반영

잉여금처분에 의한 신고조정사항은 주주총회에서 이익을 처분하여 해당 과목의 적립금을 적립하고 난 후에야 비로소 손금산입으로 신고조정이 가능하다. 그런데 기말 재무상태표는 이익잉여금처분 전의 재무상태를 표시하므로, 조세특례제한법상의 준비금 등을 손금에 산입하고자 하는 법인은 잉여금처분에 따른 준비금의 적립을 기말 재무상태표에는 반영할 수 없고 주주총회 등 잉여금처분시점의 재무상태표에 반영하게 된다. 그러나 법인세 과세표준 신고시 제출하는 이익잉여금처분계산서에는 적립된 준비금이 표시되므로 신고조정으로 손금산입이 가능하게 된다.

4. 결산조정사항과 신고조정사항의 비교

세무조정사항은 결산조정사항과 신고조정사항으로 구분되며, 양자를 비교하면 다음과 같다.

구 분	결산조정사항	신고조정사항
① 개 념	결산상 비용으로 계상한 경우에만 세무상 손금으로 인정되는 항목	결산상 비용으로 계상하지 못한 경우에도 세무조정을 통해 세무상 손금으로 인정되는 항목
② 대 상	외부와의 거래없이 계상되는 비용 -자산의 상각, 충당금, 준비금 등(단, 일부 준비금은 잉여금처분을 전제로 신고조정 허용)	결산조정사항 이외의 항목
③ 귀속시기	결산상 비용으로 계상한 사업연도 →법인이 손금의 귀속시기를 임의로 선택 가능	법에서 정하는 귀속시기가 속하는 사업연도 →법인이 귀속시기를 임의로 선택할 수 없음.
④ 누락분 발견시 경정청구 여부	경정청구 불가	경정청구 가능

관련사례

- 운용리스의 기본리스료가 신고조정사항인지 여부

  법인이 자산을 운용리스의 방법으로 사용하고 부담하는 기본리스료는 당해 법인의 결산상 비용계상 여부에 관계없이 해당 자산의 사용기간에 안분하여 손금에 산입하는 것임(서이 46012-11719, 2002. 9. 16.).

- 재고자산 폐기손실의 손금산입 방법

  정상가액으로 판매할 수 없는 재고자산의 평가차손을 결산에 반영함이 없이 세무조정에 의하여 손금에 산입할 수 없는 것이며, 재고자산을 폐기함에 따라 발생한 손실은 폐기처분일이 속하는 사업연도의 손금으로 계상하는 것임(법인 46012-3286, 1995. 8. 19.).

제4장

4
소득처분

소득처분

관련 법령	• 법법 §67 • 법령 §106 • 법칙 §54
관련 서식	• 법인세법 시행규칙 ［별지 제15호 서식］소득금액조정합계표

제4장

소득처분

4

1. 개 요

1-1. 소득처분의 의의

법인은 기업회계기준에 준거하여 산출된 당기순이익을 해당 법인의 최고 의결기관인 주주총회 등의 결의에 의하여 배당·상여·퇴직급여 등과 같이 사외로 유출하는 처분과 적립금의 적립·잉여금의 차기이월 등과 같이 사내에 유보하는 처분을 함으로써 해당 사업연도 경영성과에 대한 회계업무를 종결하게 된다.

기업회계와 동일하게 세법상 각 사업연도 소득에 대하여도 그 귀속을 결정할 필요가 있다. 그러나 결산상 당기순이익에 대하여는 상법에 따라 주주총회 등에서 그 귀속을 결정하므로, 세무조정사항에 대해서만 추가적으로 귀속을 결정하면 각 사업연도 소득전체에 대한 귀속이 결정된다. 이와 같이 기업회계상 당기순이익과 세무회계상 과세소득과의 차이를 세무조정하면서 발생한 각 세무조정사항 금액에 대하여 그 귀속자와 소득의 종류 등을 확정하는 세법상의 절차를 소득처분이라고 한다.

소득처분은 크게 사내유보와 사외유출로 나누어진다. 사내유보 처분된 금액은 다음 사업연도 이후의 소득금액계산에 영향을 미치며, 사외유출된 금액은 해당 귀속자의 과세소득을 구성하여 납세의무를 지우게 된다. 소득처분은 세무상 자산과 부채의 가액을 정확하게 계산할 수 있게 함으로써 향후 법인 소득계산의 적정화를 기할 수 있으며, 소득귀속에 따른 조세부과로 과세형평을 도모할 수 있다는 데 그 의의가 있다.

	결산상 당기순이익	→	주주총회 또는 사원총회를 통한 잉여금처분
±	세무조정사항	→	법인세법상 소득처분(사외유출·사내유보)
	각 사업연도 소득금액	→	세무상 잉여금

1-2. 소득처분의 유형

법인세법상 소득처분도 상법상의 이익처분과 유사하게 사외유출과 사내유보로 크게 나누어진다. 즉, 익금에 산입한 금액이 사외에 유출되었는지 여부에 따라, 유출된 경우에는 사외유출로 처분하고 유출되지 않은 경우에는 사내유보로 처분하게 되는 것이다. 사외유출은 다시 그 귀속자에 따라 이익처분에 의한 배당·이익처분에 의한 상여·이익처분에 의한 기타소득·이익처분에 의한 기타사외유출로 처분한다. 「이익처분에 의한」이라 함은 처분된 금액의 귀속자가 비출자임원이나 종업원인 경우에도 인건비 등의 손금으로 다시 인정되지는 않는다는 뜻이며, 따라서 이를 인정배당·인정상여·인정기타소득·인정기타사외유출이라고도 한다(이하에서는 "이익처분에 의한"을 생략함).

구 분	외부의 자에게 귀속된 경우	법인 내부에 남아 있는 경우	
		회계상 자본과 세무상 자본이 차이가 발생하는 경우	회계상 자본과 세무상 자본이 차이가 발생하지 않는 경우
익금산입·손금불산입	사외유출	유보	기타(또는 잉여금)
손금산입·익금불산입	–	△유보	기타(또는 △잉여금)

소득처분의 유형에 관한 구체적인 내용을 요약하면 다음과 같다.

구 분		내 용	사후관리
유 보		가산조정금액이 회사 내부에 남아 회계상 자본보다 세무상 자본을 증가시키는 경우	'자본금과 적립금 조정명세서(을)'표에서 사후관리
사외유출	배 당	가산조정금액이 주주 등에게 귀속되는 경우	소득세 원천징수
	상 여	가산조정금액이 임원 또는 직원에게 귀속되는 경우	소득세 원천징수
	기타 사외유출	가산조정금액이 법인이나 개인사업자의 사업소득을 구성하는 경우	사후관리 없음.
	기타소득	가산조정금액이 상기 외의 자에게 귀속되는 경우	소득세 원천징수
기타(또는 잉여금)		가산조정금액이 사외로 유출되지 아니하였으나 회계상 자본과 세무상 자본의 차이를 발생시키지 아니하는 경우	사후관리 없음.
임시유보		정상가격 과세조정 등에 따라 내국법인의 익금에 산입된 금액이 국외 특수관계인으로부터 미반환된 경우로 이전소득금액 반환 확인서의 제출기한이 경과하지 않은 경우	반환일에 유보를 손금추인 반환이자 수령

구 분	내 용	사후관리
출자의 증가	정상가격 과세조정 등에 따라 내국법인의 익금에 산입된 금액이 이전소득금액 반환확인서의 제출기한 내에 국외 특수관계인으로부터 반환된 것임이 확인되지 않은 경우로서 이전소득의 귀속자가 내국법인이 출자한 국외 특수관계법인인 경우	'자본금과 적립금 조정명세서(병)'표에서 사후관리
이전소득 배당	정상가격 과세조정 등에 따라 내국법인의 익금에 산입된 금액이 이전소득금액 반환확인서의 제출기한 내에 국외 특수관계인으로부터 반환된 것임이 확인되지 않은 경우로서 이전소득의 귀속자가 내국법인이 출자한 국외 특수관계법인 외의 국외 특수관계인인 경우	소득세 원천징수
△유보	차감조정금액이 회사 내부에 남아 회계상 자본보다 세무상 자본을 감소시키는 경우	'자본금과 적립금 조정명세서(을)'표에서 사후관리
기타(또는 △잉여금)	차감조정금액이 사외로 유출되지 아니하였으나 회계상 자본과 세무상 자본의 차이를 발생시키지 아니하는 경우	사후관리 없음.

한편, 상기 소득처분 유형 중 '임시유보', '출자의 증가', '이전소득 배당'에 대한 자세한 설명은 '제2편 제4장 제3절 4. 소득처분 및 세무조정'편을 참조하기 바란다.

소득처분에 관한 기타 세부사항

- 소득처분을 행하는 시점은 법인이 법인세의 과세표준을 신고하는 시점과 정부가 법인세의 과세표준을 결정하거나 경정하는 시점이 되며, 여기서 신고 · 결정 · 경정에는 국세기본법 제45조 규정에 의한 수정신고와 법인세법 제69조의 규정에 의한 수시부과가 포함된다(법법 §67 및 법기통 67-106…16).
- 소득처분은 각 사업연도 소득에 대한 법인세의 납세의무가 있는 모든 법인에 대하여 적용되는 것으로서, 영리법인뿐만 아니라 수익사업이 있는 비영리내국법인 및 비영리외국법인에게도 적용된다(법령 §106 ①).
- 소득처분은 법인이 신고하거나 정부가 결정 또는 경정하는 경우 익금에 산입한 금액에 대하여 행하는 것이므로, 경정 · 재경정에 의하여 당초의 익금에 산입한 금액을 취소하는 경우에는 당연히 당초 처분된 소득금액도 취소된다(법인 22601-3962, 1985. 12. 30.).

2. 사외유출

2-1. 사외유출의 의의

사외유출이란 익금산입 및 손금불산입의 세무조정액만큼 기업 외부로 유출된 소득처분을 말한다. 사외유출된 금액은 세무조정으로 그 금액을 익금에 산입하더라도 법인의 잉여금을 증가시키지 못한다. 익금에 산입한 금액이 사외에 유출된 경우에는 그 귀속자를 판정하여 귀속자가 분명한 경우에는 귀속자에 따라 배당 · 상여 · 기타소득 · 기타사외유출 등으로 처분하고 귀속자가 불분명한 경우에는 대표자에게 귀속된 것으로 간주하여 처분한다.

2-2. 사외유출된 금액의 귀속자가 분명한 경우

2-2-1. 배 당

익금에 산입한 금액이 사외로 유출된 것이 분명하고 그 귀속자가 주주 등인 경우에는 그 귀속자에 대한 배당으로 처분한다. 즉, 그 귀속자가 법인으로부터 배당을 받은 것으로 간주하여 법인에 대하여는 배당소득을 지급하는 데 따른 원천징수납부의무를 부과하고 그 귀속자에 대하여는 배당으로 처분된 금액에 대한 소득세의 납부의무를 부과한다.

여기서 '주주 등'이란 주주 · 사원 또는 출자자를 말하며 임원 또는 직원인 주주 등은 포함되지 아니하는 바, 주주 등이 임원 및 직원인 경우에는 상여로 처분된다. 또한, 주주 등이 개인으로서 익금에 산입한 금액이 사업소득(비거주자의 경우에는 국내사업장의 사업소득)을 구성하는 경우 및 주주 등이 법인으로서 익금에 산입한 금액이 각 사업연도 소득(외국법인의 경우에는 국내사업장의 각 사업연도 소득)을 구성하는 경우에는 기타사외유출로 처분된다.

관련사례

- 주주에 대한 원천세 대납분의 소득처분
  법인이 주주가 납부할 원천세를 대납하고 계상한 가지급금은 인정이자 계산대상이며, 이때 인정이자는 당해 주주(임원 또는 사용인인 주주 등은 제외)에게 배당처분함(서이 46012-11911, 2002. 10. 18.).
- 주주에 대한 배당처분의 당부
  법인의 증자시 주주가 증자대금을 당해 법인으로부터 대여받아 납입하고 주식을 취득한 후 당해 주식양도대금으로 그 대여금을 상환한 것으로 보는 경우 그 인정이자상당액에 대해 배당처분해 소득세 과세한 처분은 타당함(국심 2002광 240, 2002. 3. 12.).

2-2-2. 상 여

익금에 산입한 금액이 사외로 유출된 것이 분명하고 그 귀속자가 임원 또는 직원인 경우에는 그 귀속자에 대한 상여로 처분한다. 즉, 익금에 산입한 금액의 귀속자인 임원 또는 직원에게 법인이 상여를 지급한 것으로 간주하여 법인에 대하여는 근로소득을 지급하는데 따른 원천징수납부의무를 부과하고 그 귀속자에 대하여는 상여로 처분된 금액에 대한 소득세 납부의무를 부과한다.

한편, 이와는 별개로 사외유출은 분명하나 귀속자가 불분명한 경우에는 대표자에게 귀속된 것으로 보아 대표자에 대한 상여로 처분하는데, 이에 대해서는 후술하기로 한다.

관련사례

- 출자임원에 대한 소득처분

  출자임원에 귀속된 소득에 대하여는 그 소득금액이 출자의 비례에 의한 경우에도 그 임원에 대한 상여로 처분함(법기통 67－106…1).

- 퇴직금 한도초과액의 처분

  임원에게 지급한 퇴직금 중 법인세법 시행령 제44조 제4항에 따른 한도를 초과함으로써 손금에 산입하지 아니한 금액은 이를 그 임원에 대한 상여로 처분함(법기통 67－106…4).

- 정관에 기재되지 아니한 창업비 등의 처분

  법인의 창업과 관련하여 발기인이 부담하여야 할 비용을 법인이 부담하고 창업비로 계상한 경우에는 이를 손금부인하고 해당 발기인에 대한 상여로 처분함(법기통 67－106…5).

- 매출누락액 등의 상여처분

  각 사업연도의 소득금액 계산상 익금에 산입하는 매출누락액 등의 금액은 다음 각 호에서 규정하는 경우를 제외하고는 그 총액(부가가치세 등 간접세를 포함)을 법인세법 시행령 제106조에 따라 처분함(법기통 67－106…11).

  1. 외상매출금 계상누락
  2. 매출누락액의 사실상 귀속자가 별도로 부담한 동 매출누락액에 대응하는 원가상당액으로서 부외 처리되어 법인의 손금으로 계상하지 아니하였음이 입증되는 금액

2－2－3. 기타사외유출

익금에 산입한 금액이 사외로 유출된 것이 분명하고 그 귀속자가 법인이거나 사업을 영위하는 개인인 경우에는 기타사외유출로 처분한다. 다만, 그 분여된 이익이 내국법인(또는 외국법인의 국내사업장)의 각 사업연도의 소득이나 거주자(또는 비거주자의 국내사업장)의 사업소득을 구성하는 경우에 한한다. 이는 그 분여된 이익이 각 사업연도의 소득이나 사업소득을 구성하는 경우에는 이미 귀속자의 과세소득을 형성한 것으로서 별도로 과세할 필요가 없기 때문에 기타사외유출로 처분하는 것이다.

이렇게 기타사외유출로 처분되는 항목은 유보로 처분되는 항목과는 달리 해당 법인의 세무회계상 잉여금을 구성하지 못하므로 다음 사업연도 이후의 과세소득계산에 영향을 미치지 아니한다. 또한, 배당이나 상여 또는 기타소득을 구성하지 않고 사외에 유출되므로, 법인의 입장

에서는 배당 등으로 처분된 경우와는 달리 원천징수의무를 부담하지 않는다. 이는 소득의 귀속자인 법인이나 사업을 영위하는 개인의 입장에서도, 본래의 법인세 과세표준신고나 소득세 확정신고 이외에 익금에 산입된 항목이 기타사외유출로 처분됨으로 인하여 소득금액이 수정된다거나 수정신고를 할 필요성 등이 없음을 의미한다.

관련사례

- 특수관계자에 대한 영업권의 저가양도시 소득처분
  법인이 특수관계 있는 개인에게 사업을 포괄양도하면서 당해 사업과 관련된 영업권에 대하여 적정한 대가를 받지 아니함에 따라 부당행위계산부인 규정이 적용된 경우, 동 소득은 개인사업자의 사업소득을 구성하므로 기타사외유출로 처분함(서면2팀-104, 2005. 1. 14.).
- 개인의 양도소득으로 과세되는 부분에 대한 소득처분
  법인이 특수관계자(개인)로부터 비상장주식을 소득세법에 의한 평가액으로 취득했으나, 그 가액이 상속세 및 증여세법에 의한 평가액을 초과하는 경우에는 부당행위계산부인 대상이며, 동 부당행위계산부인 금액이 개인의 양도소득으로 과세되는 경우에는 기타사외유출로 소득처분하는 것임(서이 46012-10631, 2003. 3. 26.).
- 사업소득 구성 여부에 따른 소득처분
  귀속자가 법인이거나 사업을 영위하는 개인인 경우라 할지라도 그 분여된 이익이 귀속자의 사업소득을 구성하는 경우에 한하여 기타사외유출로 함(법인 22601-3016, 1988. 10. 21.).

2-2-4. 기타소득

익금에 산입한 금액이 사외로 유출된 것이 분명하고 그 귀속자가 주주 등·임원 또는 직원·법인 및 사업을 영위하는 개인(분여된 이익이 해당 법인의 각 사업연도 소득이나 해당 개인의 사업소득을 구성하는 경우) 이외의 자인 경우에는 그 귀속자에 대한 기타소득으로 처분한다. 즉, 그 귀속자가 법인으로부터 기타소득을 받은 것으로 간주하여 법인에 대하여는 기타소득을 지급하는데 따른 원천징수납부의무를 부과하고, 그 귀속자에 대하여는 기타소득으로 처분되는 금액에 대한 소득세 납부의무를 부과한다.

이와 같이 소득처분규정에 의하여 처분되는 기타소득의 경우에는, 소득세법 제37조 및 동법 시행령 제87조의 규정에 의한 수입금액에 대응하는 필요경비가 없다는 점이 소득세법상의 다른 기타소득의 경우와 다른 점이다.

지금까지 살펴본 '익금에 산입한 금액이 사외로 유출되었고 그 귀속자가 분명한 경우의 소득처분'을 요약하면 다음 표와 같다.

귀속자	소득처분	귀속자에 대한 과세	해당 법인의 원천징수의무
① 주주 등	배당	배당소득세 과세	○
② 임원 또는 직원	상여	근로소득세 과세	○
③ 법인 또는 개인사업자	기타 사외유출	이미 과세소득에 포함된 경우 추가적인 과세는 없음.	×
④ 그 외의 자	기타소득	기타소득세 과세	○

관련사례

• 대표자 소득세 원천징수세액 대납분에 대한 소득처분
법인의 소득금액계산상 익금에 산입한 금액 중 대표자에게 귀속된 것이 분명하여 상여처분된 금액에 대한 소득세를 특수관계가 소멸된 이후에 법인이 대납을 하고 손금산입한 경우에는 이를 손금불산입하고 기타소득으로 처분함(서면2팀-825, 2007. 5. 2.).

• 특수관계에 있는 해외현지법인에 대한 소득처분
법인이 특수관계에 있는 해외현지법인에 대한 매출채권을 포기하는 경우 부당행위계산부인 규정을 적용하는 것이며 기타소득으로 처분함(서면2팀-109, 2006. 1. 12.).

• 사업을 영위하지 아니하는 개인에게 귀속된 익금산입액의 소득처분
법인이 특수관계자인 계열회사 임원으로부터 비상장주식을 고가로 매입함에 따라 부당행위계산의 부인 규정이 적용되어 시가초과상당액을 익금에 산입하는 경우, 사업자가 아닌 개인에게 귀속되는 당해 익금산입액은 기타소득으로 처분함(법무-3440, 2005. 8. 26.).

2-3. 사외유출된 금액의 귀속자가 불분명한 경우

익금에 산입한 금액이 사외에 유출된 것은 분명하나 귀속자가 불분명한 경우에는 대표자에게 귀속된 것으로 보아 대표자에 대한 상여로 처분한다(법령 §106 ① 1호 단서). 일단 대표자에 대한 상여로 인정되면 그 소득금액이 현실적으로 대표자에게 귀속되었는지 여부에 관계없이 대표자는 그 상여처분된 소득금액에 대하여 소득세 납세의무를 지게 된다.

이 같이 대표자에게 상여처분을 하는 이유는 귀속자가 불분명한 경우 사외유출소득이 해당 법인의 대표자에게 귀속되었을 개연성이 높고 귀속자를 밝히지 못하는 책임을 대표자에게 지움으로써 그 귀속자를 밝히도록 강제하기 위한 것이다.

대표자의 판정

• 일반적인 경우
일반적으로 법인의 대표자라 함은 법인등기부상의 대표자를 지칭한다. 즉, 해당 법인의 대표자가 아니라는 사실이 객관적인 증빙이나 법원의 판결에 의하여 입증되는 경우를 제외하고는 등기상의 대표자를 그 법인의 대표자로 본다(법기통 67-106…19).

- **법인의 경영을 사실상 지배하고 있는 임원이 있는 경우**

  소액주주 등이 아닌 주주등인 임원 및 그와 특수관계(법령 §43 ⑧)에 있는 자가 소유하는 주식 또는 출자지분(이하 "주식 등")을 합하여 해당 법인의 발행주식총수 또는 출자총액의 30% 이상을 소유하고 있는 경우의 그 임원이 법인의 경영을 사실상 지배하고 있는 경우에는 그 자를 대표자로 하고, 대표자가 2명 이상인 경우에는 사실상의 대표자로 한다. 여기서 소액주주란 발행주식총수 또는 출자총액의 1%에 미달하는 주식 등을 소유한 주주 또는 출자자를 말하되, 해당 법인의 국가·지방자치단체 외의 지배주주 등의 특수관계인인 자는 제외한다(법령 §106 ① 1호 단서, §50 ②).

- **대표자가 2인 이상인 경우**

  대표자가 2인 이상인 경우에는 사실상의 대표자에게 상여처분을 한다. 사실상의 대표자란 대외적으로 회사를 대표할 뿐만 아니라 업무집행에 있어서 이사회의 일원으로 의사결정에 참여하고 집행 및 대표권을 가지며 회사에 대하여 책임을 지는 자를 말한다(법기통 67-106…17).

- **사업연도 중 대표자가 변경된 경우**

  사업연도 중에 대표자가 변경된 경우 대표자 각인에게 귀속된 것이 분명한 금액은 이를 대표자 각인에게 구분하여 처분하고 귀속이 분명하지 아니한 경우에는 재직기간의 일수에 따라 구분계산하여 이를 대표자 각인에게 상여로 처분한다(법칙 §54).

- **대표자의 직무집행이 정지된 경우**

  귀속이 불분명한 소득 등은 법원의 가처분결정에 의하여 직무집행이 정지된 명목상의 대표자에게 처분할 수 없다. 따라서 이 경우에는 사실상의 대표자로 직무를 행사한 자를 대표자로 한다(법기통 67-106…18).

관련사례

- 소득의 귀속이 불분명하여 대표자 상여 처분하는 경우 대표자의 범위

  법인등기부상 대표이사로 등재되어 있지 아니하고, 법인세법 시행령 제106조 제1항 제1호 단서 괄호에서 규정하고 있는 요건(특수관계자를 포함하여 30% 이상 주주이면서 법인의 경영을 사실상 지배하고 있는 임원)을 갖추지 아니한 경우 상여 처분의 대상이 되는 대표자에 해당하지 아니함(대법 2011두 24026, 2012. 1. 27.).

- 대표이사 횡령금액에 대한 세무처리

  법인의 실질적 경영자인 대표이사 등이 법인의 자금을 유용하는 행위는 특별한 사정이 없는 한 애당초 회수를 전제로 하여 이루어진 것이 아니어서 그 금액에 대한 지출 자체로서 이미 사외유출에 해당함. 여기서 그 유용 당시부터 회수를 전제하지 않은 것으로 볼 수 없는 특별한 사정에 관하여는 횡령의 주체인 대표이사 등의 법인 내에서의 실질적인 지위 및 법인에 대한 지배 정도, 횡령행위에 이르게 된 경위 및 횡령 이후의 법인의 조치 등을 통하여 그 대표이사 등의 의사를 법인의 의사와 동일시하거나 대표이사 등과 법인의 경제적 이해관계가 사실상 일치하는 것으로 보기 어려운 경우인지 여부 등 제반 사정을 종합하여 개별적·구체적으로 판단하여야 하며, 이러한 특별한 사정은 이를 주장하는 법인이 입증하여야 함(대법 2012두 23822, 2013. 2. 28.).

- 세무조사 통지를 받고 가공매입액을 익금에 산입하는 경우 소득처분
  법인이 관할 세무서장으로부터 세무조사 통지를 받고 그 세무조사 과정에서 적출된 가공매입금액을 익금에 산입하여 수정신고하는 경우에 귀속자가 불분명한 금액은 대표자에게 상여로 소득처분하는 것임(서이 46012-11112, 2003. 6. 9.).
- 정리회사 관리인에게 귀속불명 소득에 대하여 상여처분 할 수 있는지 여부
  '정리회사의 관리인'은 공적수탁자의 지위에 있어 특별한 사정이 없는 한 '대표자'로 볼 수 없으므로, 귀속이 불분명한 소득에 대해 상여처분 할 수 없음(적부 96-387, 1996. 12. 18.).
- 사외유출소득을 대표자에게 귀속시키는 소득처분을 하기 위한 요건
  사외유출된 소득의 귀속이 불분명한 경우에만 이를 대표자에게 귀속시킬 수 있는 것이므로 그 소득의 귀속이 밝혀진 경우에는 그 귀속자에 따라 기타소득이나 기타사외유출로 처분하여야 함(대법 91누 4133, 1991. 12. 10.).
- 명목상의 대표이사에게 회사의 귀속불명 소득을 귀속시킬 수 있는지 여부
  법인등기부상 대표자로 등재되어 있었다 하더라도 당해 회사를 실질적으로 운영한 사실이 없다면 귀속불명 소득을 그에게 귀속시킬 수 없음(대법 88누 3802, 1989. 4. 11.).

2-4. 기타사외유출로 처분하여야 하는 경우

앞에서 살펴본 귀속자에 따른 처분 규정에 불구하고, 다음에 열거하는 세무조정사항은 조세정책목적상 익금산입·손금불산입하는 사항들로서 귀속자에 대한 납세의무를 지우지 않기 위해 기타사외유출로 처분한다(법령 §106 ① 3호). 즉, 이러한 경우에는 익금에 산입한 금액의 귀속이 '법인으로서 각 사업연도 소득을 구성하는 경우 및 사업을 영위하는 개인으로서 사업소득을 구성하는 경우'에 해당되지 않는 경우에도 반드시 기타사외유출로 처분하여야 한다.

① 특례기부금·일반기부금의 한도초과액

② 접대비[접대비 한도초과액, 건당 3만원(경조금은 20만원) 초과접대비로 신용카드 등을 사용하지 아니한 금액]의 손금불산입액

③ 업무용승용차의 임차료 중 감가상각비상당액 한도초과액 및 처분손실 한도초과액의 손금불산입액

④ 채권자불분명 사채이자 및 지급받는 자가 불분명한 채권·증권의 이자의 손금불산입액 중 원천징수세액 상당액

⑤ 업무무관자산 등에 대한 지급이자 손금불산입액

⑥ 임대보증금 등의 간주익금의 익금산입액

⑦ 사외에 유출되었으나 귀속이 불분명하여 대표자에게 귀속된 것으로 보아 처분한 경우 및 추계결정된 과세표준과 재무상태표의 당기순이익과의 차액(법인세상당액을 공제하지 않은 금액을 말함)을 대표자 상여로 처분한 경우, 당해 법인이 그 처분에 따른 소득세 등을 대납

하고 이를 손비로 계상하거나 그 대표자와의 특수관계가 소멸될 때까지 회수하지 아니함에 따라 익금에 산입한 금액

⑧ 불균등자본거래(이에 준하는 행위 또는 계산)로 인한 부당행위계산 부인규정에 의하여 익금에 산입한 금액으로서 귀속자에게 상속세 및 증여세법에 의하여 증여세가 과세되는 금액

⑨ 외국법인의 국내사업장의 각 사업연도의 소득에 대한 법인세의 과세표준을 신고하거나 결정 또는 경정함에 있어서 익금에 산입한 금액이 그 외국법인 등에 귀속되는 소득과 국제조세조정에 관한 법률 제6조, 제7조, 제9조, 제12조 및 제15조에 따라 익금에 산입된 금액이 국외특수관계인으로부터 반환되지 아니한 소득

⑩ 천재지변 등으로 장부나 그 밖의 증명서류가 멸실되어 법인세의 과세표준과 세액을 추계결정하는 경우 결정된 과세표준과 법인의 재무상태표상의 당기순이익과의 차액(법인세 상당액을 공제하지 아니한 금액을 말함)(법령 §106 ② 단서)

관련사례

• 업무와 관련없는 지출에 대한 소득처분

법인세법 시행령 제49조 및 제50조에 따라 손금에 산입하지 아니한 금액은 기타사외유출로 함. 다만, 업무와 관련없는 자산을 사용하는 자가 따로 있을 경우에는 다음 각 호와 같이 처분함(법기통 67－106…2).

1. 주주(임원 또는 직원인 주주 제외) … 배당
2. 직원(임원 포함) … 상여
3. 법인 또는 사업을 영위하는 개인 … 기타사외유출
4. 위 1～3 외의 자 … 기타소득

• 채권자가 불분명한 사채이자의 처분

① 법인세법 시행령 제51조에 따른 채권자가 불분명한 차입금의 이자(동 이자에 대한 원천징수세액에 상당하는 금액은 제외)는 이를 대표자에 대한 상여로 처분함(법기통 67－106…3).

② 제1항에 따른 원천징수세액에 상당하는 금액은 기타사외유출로 처분함(법기통 67－106…3).

• 손금불산입되는 기부금의 처분

법인세법 제24조 제4항에 따른 기부금으로서 익금에 산입한 금액은 그 기부받은 자의 구분에 따라 다음과 같이 처분함(법기통 67－106…6).

1. 주주(임원 또는 직원인 주주 제외) : 배당
2. 직원(임원 포함) : 상여
3. 법인 또는 사업을 영위하는 개인 : 기타사외유출
4. 위 1～3 외의 자 : 기타소득

• 의무불이행으로 납부한 원천징수세액 등의 처분

법인세법 시행령 제2조 제8항 각 호에 해당되지 아니하는 자와의 거래에 대한 원천징수불이행 등으로 인하여 납부한 세액을 가지급금 등으로 처리한 경우에는 동 가지급금 등에

대하여 인정이자를 계산하지 아니함. 다만, 동 가지급금 등을 손금으로 계상한 때에는 이를 손금부인하고 기타사외유출로 처분함(법기통 67-106…7).

• 부당행위계산의 대상이 되는 거래에 대한 처분

부당행위계산 부인 등으로 발생되는 소득의 처분은 해당 법인의 소득의 증감 여부에 관계없이(예를 들면, 잉여금과 상계하거나 가공자산으로 처리한 것 등) 이를 그 귀속자를 기준으로 하여 법인세법 시행령 제106조 제1항 각 호에 따라 처분함(법기통 67-106…8).

• 부당행위계산으로 부인한 시가초과액의 처분특례

① 특수관계있는 자로부터 자산(영업권 포함)을 시가를 초과하여 매입하는 경우에는 다음 각 호와 같이 처리함(법기통 67-106…9).

1. 대금의 전부를 지급한 때
   가. 시가를 초과하는 금액은 익금에 산입하여 이를 법인세법 시행령 제106조 제1항 제1호의 규정에 따라 처분하고 동 금액을 손금에 산입하여 사내유보로 처분함.
   나. 그 자산을 감가상각하였을 때에는 시가초과액에 대한 감가상각비를 익금에 산입하고 사내유보로 처분함.
   다. 그 자산을 양도한 때에는 시가초과액(가-나)을 익금에 산입하여 사내유보로 처분함.
2. 대금의 일부를 지급한 때
   가. 시가를 초과하는 금액을 익금에 산입하여 사내유보로 처분하고 동 금액을 손금에 산입하여 사내유보로 처분하는 한편, 지급된 금액 중 시가를 초과하는 금액은 법인세법 시행령 제106조 제1항 제1호의 규정에 따라 처분함.
   나. 동 자산을 감가상각 또는 양도한 때에는 제1호 "나" 및 "다"의 예에 의하여 처분함.
3. 대금의 전부를 미지급한 때
   시가를 초과한 금액은 익금에 산입하여 사내유보로 처분하고 동 금액을 손금에 산입하여 사내유보로 처분하고 동 대금을 실제로 지급하는 때에 전 각 호에 따라 처분함.

② 제1항의 규정을 적용함에 있어서 그 대금을 분할하여 지급하는 때에는 시가에 상당하는 금액을 먼저 지급한 것으로 봄(법기통 67-106…9).

③ 제1항의 규정에 의하여 익금산입할 감가상각비의 계산은 다음 산식에 의함. 이 경우, 시가초과부인액에 대한 감가상각비를 손금으로 계상하지 아니한 것이 명백한 경우에는 익금산입할 감가상각비로 보지 아니함(법기통 67-106…9).

$$\text{회사계상 감가상각비} \times \frac{\text{시가초과부인액 잔액}}{\text{해당연도 감가상각 전의 장부가액}}$$

• 가지급금에 대한 인정이자의 처분

① 법인세법 시행령 제89조 제3항 및 제5항에 따라 익금에 산입한 금액은 금전을 대여받은 자의 구분에 따라 다음 각 호와 같이 처분함(법기통 67-106…10).

1. 주주(임원 또는 직원인 주주 제외) … 배당
2. 직원(임원 포함) … 상여
3. 법인 또는 사업을 영위하는 개인 … 기타사외유출
4. 위 1~3 외의 자 … 기타소득

② 법인이 특수관계인간의 금전거래에 있어서 상환기간 및 이자율 등에 대한 약정이 없는 대여금 및 가지급금 등에 대하여 결산상 미수이자를 계상한 경우에도 동 미수이자는 익금불산입하고 법인세법 시행령 제89조 제3항 및 제5항에 따라 계산한 인정이자상당액을 익금에 산입하여 제1항에 따라 처분함(법기통 67-106…10).

• 임원 등에 대한 벌과금 등 대납액에 대한 소득처분

법인이 임원 또는 사용인에게 부과된 벌금·과료·과태료 또는 교통벌과금을 대신 부담한 경우에도 그 벌금 등의 부과대상이 된 행위가 법인의 업무수행과 관련된 것일 때에는 법인에게 귀속된 금액으로 보아 손금불산입하고 기타사외유출로 처분함. 다만, 내부규정에 의하여 원인유발자에게 변상조치하기로 되어 있는 경우에는 해당 원인유발자에 대한 상여로 처분함(법기통 67-106…21).

3. 사내유보

3-1. 사내유보의 의의

사외로 유출되지 아니하고 법인 내부에 남아 있는 세무조정금액은 사내유보로 처분한다. 사내유보에 관한 명문규정이 없어 이는 사외유출을 기준으로 판단하여 사외로 유출되지 아니한 소득금액을 지칭하게 된다. 사내유보처분은 다시 해당 세무조정금액이 결산서상 자본에 비해 세무상 자본을 증감시키는지 여부에 따라, 크게 유보(△유보)와 기타(잉여금)로 구분된다.

3-2. 유보(△유보)

3-2-1. 유보의 개념

각 사업연도 소득금액에 가산(차감)하는 세무조정금액에 대한 소득처분으로 이에 상당하는 금액이 기업 내부에 남아 회계상 자본보다 세무상 자본이 증가(감소)하게 되는 소득처분을 유보(△유보)라고 한다. 자본의 차이는 자산과 부채의 차이에서 비롯되므로 사외로 유출되지 않는 것으로서 자산·부채계정에 영향을 미치는 세무조정사항은 모두 유보(△유보)에 해당한다.

유보는 익금산입 또는 손금불산입으로 발생한 세무상 소득이 사외로 유출되지 아니하고 그 기업 내에 남아 있는 것으로서, 다음 사업연도 이후에 손금산입 또는 익금불산입으로 처리할 수 있는 항목이다. 이에 비해 과거에 익금에 산입되고 유보로 처분된 금액 중 법의 규정에 따라 해당 사업연도에 손금으로 산입하는 금액과, 법의 규정에 따라 세무조정에 의하여 해당 사업연도에 손금으로 산입하는 금액 중 추후에 익금으로 산입되어질 금액은 △유보로 처분한다.

유보(△유보)에 관한 세무조정사항과 소득처분의 관계는 다음 표의 내용과 같다.

세무조정	B/S상		소득처분	세무상
익금산입 · 손금불산입	자산의 과소계상 부채의 과대계상	자본의 과소계상	유보	자산 ↑ 부채 ↓ ⇒ 자본 ↑
손금산입 · 익금불산입	자산의 과대계상 부채의 과소계상	자본의 과대계상	△유보	자산 ↓ 부채 ↑ ⇒ 자본 ↓

3-2-2. 유보금액의 사후관리

기업회계와 세법상의 자산 · 부채 차이는 영구적인 차이가 아닌 일시적인 차이에 불과하여 당기 이후 언젠가는 그 차이가 조정되므로 유보(△유보)로 소득처분된 사항은 당기 이후 반드시 반대의 세무조정과 소득처분이 발생하여 당초 유보처분 금액을 소멸시키게 된다. 이와 같이 유보는 사외유출이 해당 사업연도의 소득금액에만 영향을 주는 것과는 달리, 다음 사업연도 이후의 과세소득계산 및 청산소득계산을 위한 기초자료가 된다.

따라서 당기에 유보로 소득처분된 세무조정사항이 발생하면 당기 이후 일정요건이 충족되어 추인될 때까지 관리를 하여야 하므로, 법인은 반드시 법인세법 시행규칙 [별지 제50호 서식(을)] 「자본금과 적립금 조정명세서(을)」에 유보처분된 세무조정금액의 증감내용을 명확히 기재하여 다음 사업연도 이후의 소득금액계산에 참조하도록 하여야 한다.

그러므로 해당 사업연도의 소득금액계산에 있어서의 세무조정은 해당 사업연도에 발생된 익금과 손금에 대한 조정에 국한할 것이 아니라, 직전 사업연도까지 유보로 처분된 세무조정금액 중 해당 사업연도의 소득금액의 조정에 관련된 금액이 있는가도 반드시 검토하여야 한다. 자세한 내용은 다른 소득처분과 함께 "4. 소득처분의 사후관리"에서 후술한다.

관련사례

• 가공자산의 익금산입 및 소득처분

가공자산을 계상하고 있는 경우에는 다음 각 호와 같이 처리함. 이 경우 자산을 특정인이 유용하고 있는 것으로서 회수할 것임이 객관적으로 입증되는 경우에는 가공자산으로 보지 아니하고 이를 동인에 대한 가지급금으로 봄(법기통 67-106…12).

1. 외상매출금 · 받을어음 · 대여금 등 가공채권은 익금에 산입하여 이를 법인세법 시행령 제106조 제1항에 따라 처분하고 동 금액을 손금에 산입하여 사내유보로 처분하며 동 가공채권을 손비로 계상하는 때에는 익금에 산입하여 사내유보로 처분함.
2. 재고자산의 부족액은 시가에 의한 매출액 상당액(재고자산이 원재료인 경우 그 원재료 상태로는 유통이 불가능하거나 조업도 또는 생산수율 등으로 미루어 보아 제품화되어 유출된 것으로 판단되는 경우에는 제품으로 환산하여 시가를 계산함)을 익금에 산입하여 대표자에 대한 상여로 처분하고 동 가공자산은 손금에 산입하여 사내유보로 처분하며 이를 손비로 계상하는 때에는 익금에 산입하여 사내유보로 처분함.
3. 가공계상된 고정자산은 처분당시의 시가를 익금에 산입하여 이를 법인세법 시행령 제106조 제1항에 따라 처분하고, 해당 고정자산의 장부가액을 손금에 산입하여 사내유보

로 처분함. 다만, 그 후 사업연도에 있어서 동 가공자산을 손비로 계상하는 때에는 이를 익금에 산입하여 사내유보로 처분함.

4. 제1호부터 제3호에 따라 익금에 가산한 가공자산가액 또는 매출액 상당액을 그 후 사업연도에 법인이 수익으로 계상한 경우에는 기 익금에 산입한 금액의 범위 내에서 이를 각 사업연도의 소득으로 이미 과세된 소득으로 보아 익금에 산입하지 아니함.

3-3. 기타(잉여금)

세무조정금액이 사외로 유출되지 않고 사내에 남아 있으나, 결산서상 자본과 세무상 자본과의 차이가 발생하지 아니함에 따라 유보(△유보)에 해당하지 아니하는 경우에는 기타 또는 잉여금으로 소득처분하게 된다. 이 경우에는 사외유출이 발생하지 않았으므로 귀속자에 대한 납세의무도 없고, 결산서상 자산·부채가 왜곡되지 않았기 때문에 차기 이후에 반대의 세무조정도 유발되지 아니하여 별도의 사후관리가 불필요하다. 기타 또는 잉여금에 관한 소득처분은 다음 표의 내용과 같다.

세무조정	B/S상 자산·부채·자본	소득처분
익금산입·손금불산입	세무상 자산·부채·자본과 일치	자본증가 없음. → 기타(잉여금)
손금산입·익금불산입	세무상 자산·부채·자본과 일치	자본증가 없음. → 기타(△잉여금)

:: 기타 또는 잉여금에 대한 심화 분석

기타(잉여금)는 기업회계상 잉여금의 증감항목으로 계상한 금액 중 법인세법상 익금 또는 손금항목에 해당하여 세무조정을 하여야 할 경우 행하는 소득처분이다. 가령, 법인이 자기주식처분이익을 기업회계기준에 따라 기타자본잉여금으로 계상한 경우를 가정해 보자. 법인세법상 자기주식처분이익은 익금에 해당함에도 불구하고 법인이 이를 손익계산서상 수익으로 계상하지 않았기 때문에, 동 금액을 익금산입하는 세무조정을 수행하여 각 사업연도 소득을 증가시켜야 할 것이다. 그런데 해당 세무조정금액은 사외로 유출되지 않았기 때문에 배당 등으로 귀속자별 소득처분을 할 수 없다. 아울러 법인은 이를 기타자본잉여금으로 계상하여 재무상태표상 자본을 증가시켰기 때문에, 회계상 자본이 세무상 자본과 차이도 없는 상태이므로 유보로 처분할 수도 없다. 바로 이런 경우에 기타(잉여금)으로 소득처분을 하게 되는 것이다. 따라서 이 처분은 사실상 아무런 기능이 없어 소득처분의 대상이 아니라고 볼 수도 있다. 실무에서는 잉여금처분을 별도로 구분하지 아니하고 법인세법 시행규칙 [별지 제15호 서식] 「소득금액조정합계표」 작성요령에서는 잉여금처분을 기타로 구분하여 기재하도록 하고 있다. 기타(잉여금)처분 사례는 다음과 같다.

① 자본잉여금으로 계상한 자기주식처분이익·재평가적립금(자산재평가법 §13 ① 1호의 규정에 의한 토지의 재평가차액에 한함) 등을 익금에 산입하는 경우

② 기업회계상 회계정책변경의 누적효과와 중대한 오류수정에 대해 전기이월이익잉여금에 반영한 금액을 익금산입 또는 손금산입하는 경우

③ 익금불산입항목 중 △유보 처분의 경우가 아닌 경우(수입배당금액에 대한 익금불산입, 국세·지방세의 과오납금 환급금이자 등)

관련사례

- 제척기간이 만료되어 해당 기간의 손금에 산입하지 못한 리스료의 소득처분

  국세부과의 제척기간이 만료되어 해당 기간의 손금에 산입하지 못한 리스료에 대하여는 다음 사업연도 이후에 리스료가 과다 손금산입되어 손금부인되는 금액 중 동 리스료부터 먼저 부인되는 것으로 보아 '기타'로 소득처분함(서이 46012-11719, 2002. 9. 16.).

- 감가상각방법 변경 누적효과의 세무조정시 소득처분

  법인이 감가상각방법을 정률법에서 정액법으로 변경함에 따라 기업회계기준에 의하여 그 누적효과를 이월이익잉여금의 증가로 회계처리한 경우에는 동 이월이익잉여금 증가액을 세무조정에 의하여 익금산입 기타처분하고 같은 금액을 손금산입 유보처분함(법인 46012-367, 2000. 2. 9.).

3-4. 사외유출금액의 회수

매출누락이나 가공경비 등 부당하게 사외유출된 금액에 대하여는 그 귀속자(귀속자 불분명시 대표자)에게 상여·배당 등의 소득처분을 하여야 한다. 그러나 법인이 수정신고기한 내에 부당하게 사외유출된 금액을 회수하고 익금산입하여 신고하는 경우의 소득처분은 사내유보로 한다. 다만, 다음 중 어느 하나에 해당되는 경우로서 경정이 있을 것을 미리 알고 사외유출된 금액을 익금산입하는 경우에는 그러하지 아니하다(법령 §106 ④).

① 세무조사의 통지를 받은 경우
② 세무조사가 착수된 것을 알게 된 경우
③ 세무공무원이 과세자료의 수집 또는 민원 등을 처리하기 위하여 현지출장이나 확인업무에 착수한 경우
④ 납세지 관할 세무서장으로부터 과세자료 해명 통지를 받은 경우
⑤ 수사기관의 수사 또는 재판 과정에서 사외유출 사실이 확인된 경우
⑥ 그 밖에 ①부터 ⑤까지와 유사한 경우로서 경정이 있을 것을 미리 안 것으로 인정되는 경우

관련사례

- 거래처에 대한 세무조사로 가공거래가 적발된 이후 동 금액을 회수하고 수정신고시 사내유보로 소득처분할 수 있는지 여부

  거래처에 대한 세무조사로 해당 거래처로부터 가공매출계산서를 수령한 사실이 적발되고 관련과세자료도 관할관청에 통보된 이후 법인이 그 가공매입액을 대표자로부터 회수하고 수정신고한 경우 법인세법 시행령 제106조 제4항 단서의 '경정이 있을 것을 미리 안 경우'에 해당하지 아니하여 상여로 소득처분하지 않고, 사내유보로 소득처분할 수 있음(조심 2012서 4299, 2013. 5. 27.).

- 과세자료 소명 안내문을 받은 후 수정신고한 금액의 소득처분

  법인이 관할 세무서장으로부터 가공매입자료에 대한 과세자료 소명 안내문을 송달받은 후 그 가공매입자료금액 상당액을 회수하고 동 금액을 손금불산입하여 수정신고하는 경우 법인세법 시행령 제106조 제4항 단서규정(2005. 2. 19. 대통령령 제18706호로 개정된 것)에 의해 동 금액을 사내유보로 처분할 수 없는 것임(서면2팀-809, 2005. 6. 13.).

4. 소득처분의 사후관리

4-1. 배당 · 상여 · 기타소득으로 처분된 금액

사외유출로 처분된 금액 중 기타사외유출 이외의 배당 · 상여 및 기타소득금액에 대하여는 해당 법인이 그 소득의 지급시기(해당 법인의 법인세 과세표준 및 세액의 신고일 · 수정신고일 또는 소득금액변동통지서 수령일)에 소득세를 원천징수하여 그 징수일이 속하는 달의 다음 달 10일까지 납부하여야 한다(소법 §128). 또한, 그 지급일이 속하는 연도의 다음 연도 2월 말일(원천징수대상 사업소득, 근로소득 · 퇴직소득, 기타소득 중 종교인소득, 대통령령으로 정하는 봉사료의 경우에는 다음 연도 3월 10일, 휴업 · 폐업 또는 해산한 경우에는 휴업일 · 폐업일 또는 해산일이 속하는 달의 다음 다음 달 말일)까지 지급명세서를 원천징수 관할 세무서장, 지방국세청장 또는 국세청장에게 제출하여야 한다(소법 §164 ①). 단, 원천징수를 한 법인이 원천징수영수증을 제출한 경우에는 지급명세서를 제출한 것으로 본다(소법 §164 ⑤).

4-2. 기타사외유출로 처분된 금액

기타사외유출로 처분된 금액에 대하여는 법인이나 상대방 귀속자에게 아무런 사후관리를 필요로 하지 않는다.

4-3. 유보(△유보)로 처분된 금액

4-3-1. 유형의 구분

앞서 살펴본 바와 같이, 유보 및 △유보로 처분된 금액은 차기 이후의 세무계산상 손익에 영향을 미치므로, 「자본금과 적립금 조정명세서(을)」상에 기재하여 그 증감사항을 관리하여야 할 뿐만 아니라 기타 사후관리를 철저히 하여야 한다. 유보 또는 △유보로 처분된 금액을 법인의 장부수정의 필요에 따라 자동추인사항과 장부의 수정이 요구되는 사항으로 구분할 수 있다.

(1) 자동추인사항

세무상의 부인은 일반적으로 법인의 장부를 수정하지 않아도 단기간 내에 자동적으로 추인이 되는 것이 대부분이다. 그 대표적인 것에는 ① 지출비용 중 기간이 경과하지 않은 지급이자 · 보험료 · 임차료 등의 부인액인 선급비용, ② 결산기말에 판매된 상품매출액의 계상시기를 잘못 파악하여 다음 기초에 계상함에 따른 매출액의 유보처분액 및 ③ 지출되지는 않았으나 당기의 비용에 해당하는 미지급비용의 △유보처분액 등이 있다.

(2) 장부의 수정이 요구되는 사항

세무상 부인액에 대하여 법인이 결산상 장부에 수정처리하지 않는 한 추인되지 않는 사항으로는 ① 토지 등의 비상각자산에 관련된 자본적 지출액의 손비처리액, ② 현금예금 등과 같이 사용 · 소비되지 않는 자산의 누락액 및 ③ 가공부채의 부인액 등을 예로 들 수 있다.

장래에 반영구적으로 추인될 기회가 없는 이 같은 부인액은 법인이 적극적으로 결산에 수정 기장하지 않는 한 계속 이월되는 것이기 때문에, 이러한 처분사항에 대해서는 가급적 법인의 결산내용을 정확하게 수정할 필요가 있다.

4-3-2. 추인금액의 귀속

유보 또는 △유보로 처분된 금액은 그 후 사업연도에 자동적으로 또는 장부를 수정함에 따라 추인된다. 그러나 추인되어야 할 사업연도에 추인되지 못하고 이월된 경우에는 그 후 사업연도의 과세표준에서 조정할 수는 없고 추인되어야 할 사업연도의 과세표준을 경정함으로써 추인될 수 있다.

4-3-3. 유보(△유보)로 처분된 금액의 정리 예시

유보로 처분된 금액의 정리관계를 예시하면 다음 표와 같다.

과 목	해당 사업연도 유보처분			그 후 사업연도 유보정리		
	세무조정내용	조정구분	처분	조정시기	정리구분	처분
수입금액	당기 귀속분 매출액 가산	익금산입	유보	회사가 결산상 매출에 계상한 때	익금불산입	△유보
	작업진행률에 의한 수입금액 가산	익금산입	유보	회사가 결산상 수입에 계상한 때	익금불산입	△유보
기부금	당기말 미지급금액	손금불산입	유보	회사가 지급했을 때 (한도액 계산)	손금산입	△유보
건설자금 이자	건설 중인 자산 (상각자산)	손금불산입	유보	건설완료 이후 감가상각부족액이 발생한 때	손금산입	△유보
	건설 중인 자산 (비상각자산)	손금불산입	유보	회사가 자산에 계상했을 때	익금불산입	△유보
	건설완료자산 (비상각자산)	손금불산입	유보			
준비금	한도초과액	손금불산입	유보	회사가 한도초과액을 환입한 때	익금불산입	△유보
	과소환입액	익금산입	유보	회사가 환입했을 때	익금불산입	△유보
퇴직급여 충당금	한도초과액	손금불산입	유보	회사가 손금에 산입한 충당금보다 초과하여 지급한 때	손금산입	△유보
				회사가 한도초과액을 환입한 때	익금불산입	△유보
퇴직 보험료	한도초과액	손금불산입	유보	회사가 계약이 해약되어 보험료를 수령한 때	익금불산입	△유보
대손 충당금	한도초과액	손금불산입	유보	회사가 한도초과액을 환입한 때	익금불산입	△유보
재고자산	당기평가감	손금불산입	유보	전기평가감 중 당기사용 해당액	손금산입	△유보
일시상각 충당금 등	한도초과액	손금불산입	유보	회사가 한도초과액을 결산상 환입한 때	익금불산입	△유보
감가 상각비	당기부인액	손금불산입	유보	회사가 과소상각하여 시인부족액이 발생한 때	손금산입	△유보

한편, △유보로 처분된 금액의 정리관계를 예시하면 다음 표와 같다.

과 목	해당 사업연도 유보처분			그 후 사업연도 유보정리		
	세무조정내용	조정구분	처분	조정시기	정리구분	처분
매출원가	당기 귀속분 매출에 대한 매출원가	손금산입	△유보	회사가 결산상 매출원가에 계상한 때	손금불산입	유보
기부금	가지급금 계상분 (한도액 계산)	손금산입	△유보	회사가 결산상 손금에 계상한 때	손금불산입	유보
준비금	과다환입액(임의환입이 인정되지 아니한 것)	익금불산입	△유보	기간경과에 따른 당기 익금 해당액	익금산입	유보
	잉여금처분에 의한 신고조정	손금산입	△유보	세법상 환입하게 되는 경우	익금산입	유보
재고자산	당기평가증	손금산입	△유보	당기평가증 중 당기사용 해당액	손금불산입	유보
감가상각비	기준감가상각비에 의한 신고조정	손금산입	△유보	회사가 과다상각하여 상각부인액이 발생한 때	손금불산입	유보

관련사례

- 가공납입된 자본금에 대한 소득처분의 사후관리

  법인의 가공납입된 자본금에 대하여 주주·임원의 상여·배당으로 익금산입한 금액은 사후관리를 위해 손금산입(△유보)하고, 추후 당해 가공자산을 손금산입하는 때에 익금산입(유보)으로 상계하는 것임(서면2팀-727, 2005. 5. 26.).

- 유보금액을 귀속연도를 달리하여 추인 가능한지 여부

  자본금 및 적립금 조서상 이월되어 온 유보액을 귀속연도를 달리하여 손금가산(추인)한 경우, 이를 부인하는 과세처분은 적법함(대법 83누 11, 1984. 4. 24.).

5. 소득금액조정합계표 및 자본금과 적립금 조정명세서

5-1. 소득금액조정합계표

5-1-1. 의 의

소득금액조정합계표는 모든 세무조정사항을 요약·집계한 서식으로서, 각 항목별 과목·금액·소득처분 및 코드를 명시한 표이다. 단, 기부금 한도초과액 및 기부금 손금추인액은 소득금액을 기준으로 계산되므로 소득금액조정합계표에 기재하지 않고 법인세법 시행규칙 [별지 제3호 서식] 「법인세 과세표준 및 세액조정계산서」에 기재한다.

한편, 소득금액조정합계표상의 세무조정사항을 설명하는 세부명세서로서 「과목별 소득금액 조정명세서 [별지 제15호 서식 부표 1, 2]」가 작성된다.

5-1-2. 항목별 소득처분의 예시

주요 항목별 소득처분사항 중 법인의 신고시 일반적으로 발생하는 사항에 대한 소득처분방법을 예시하면 다음과 같다.

조정항목	내 용	익금가산		손금가산	
		조정구분	처분	조정구분	처분
수입금액	• 인도한 제품 등의 매출액 가산 • 동 매출원가	익금산입	유보	손금산입	△유보
	• 전기 매출 가산분 당기결산상 매출 계상 • 동 매출원가	손금불산입	유보	익금불산입	△유보
	• 작업진행률에 의한 수입금액 가산 • 전기 수입금액 가산분 당기결산 수입계상	익금산입	유보	익금불산입	△유보
접대비	• 한도 초과액 및 기준금액 초과 신용카드 미사용액	손금불산입	기타사외유출		
기부금	• 한도 초과액	손금불산입	기타사외유출		
	• 당기미지급기부금 • 전기미지급기부금 당기지급액 (당기 한도액 계산시 포함)	손금불산입	유보	손금산입	△유보
	• 당기가지급금 계상분 (한도액 계산시 포함) • 전기가지급금 계상분 당기비용 처리	손금불산입	유보	손금산입	△유보

조정항목	내 용	익금가산		손금가산	
		조정구분	처분	조정구분	처분
가지급금 등의 인정이자	• 출자자(출자임원 제외)	익금산입	배당		
	• 직원(임원 포함)	익금산입	상여		
	• 법인 또는 사업영위 개인	익금산입	기타사외유출		
	• 그 이외의 개인	익금산입	기타소득		
건설자금이자	• 건설 중인 자산분	손금불산입	유보		
	• 건설완료 자산 중 비상각자산분	손금불산입	유보		
	• 전기 부인 유보분 중 당기 건설이 완료되어 회사자산 계상			익금불산입	△유보
채권자 불분명 사채이자	• 원천세를 제외한 금액(대표자)	손금불산입	상여		
	• 원천세 해당 금액	손금불산입	기타사외유출		
수령자 불분명 채권·증권 이자할인액	• 원천세를 제외한 금액(대표자)	손금불산입	상여		
	• 원천세 해당 금액	손금불산입	기타사외유출		
비업무용 부동산 등 지급이자	• 비업무용부동산 및 업무무관가지급금에 대한 지급이자	손금불산입	기타사외유출		
각종 준비금	• 범위 초과액	손금불산입	유보		
	• 과소환입	익금산입	유보		
	• 과다환입			익금불산입	△유보
	• 전기 범위 초과액 중 환입액			익금불산입	△유보
	• 세무조정에 의하여 손금산입하는 준비금			손금산입	△유보
	• 세무조정에 의하여 환입하는 준비금	익금산입	유보		
퇴직급여 충당금	• 범위 초과액	손금불산입	유보		
	• 전기 부인액 중 당기지급			손금산입	△유보
	• 전기 부인액 중 당기환입액			익금불산입	△유보

조정항목	내 용	익금가산		손금가산	
		조정구분	처분	조정구분	처분
퇴직 보험료	• 범위 초과액	손금불산입	유보		
	• 전기 부인액 중 당기환입액			익금불산입	△유보
대손 충당금	• 범위 초과액	손금불산입	유보		
	• 전기 범위 초과액 중 당기환입액			익금불산입	△유보
재고자산	• 당기평가감	손금불산입	유보		
	• 전기평가감 중 당기사용분 해당액			손금산입	△유보
	• 당기평가증			익금불산입	△유보
	• 전기평가증 중 당기사용분 해당액	손금불산입	유보		
국고 보조금 등	• 잉여금으로 계상한 국고보조금 등	익금산입	기타		
	• 손금산입 한도 초과액	손금불산입	유보		
	• 세무조정에 의한 손금계상시			손금산입	△유보
감가 상각비	• 당기 부인액	손금불산입	유보		
	• 기왕 부인액 중 당기용인액			손금산입	△유보
	• 당기 신고조정액			손금산입	△유보
	• 상각범위액을 초과한 손비계상액	손금불산입	유보		
기 타	• 법인세 등	손금불산입	기타사외유출		
	• 임원퇴직금 범위 초과액	손금불산입	상여		
	• 불균등자본거래 등으로 인해 익금에 산입한 금액으로서 귀속자에게 증여세가 과세되는 금액	익금산입	기타사외유출		
	• 잉여금 증감에 따른 익금 및 손금 산입	익금산입	기타	손금산입	기타

5-1-3. 소득금액조정합계표 작성사례

(1) 작성요령

❶ 「①, ④ 과목」란은 간단명료하게 회사계산 계정과목 및 익금, 손금산입 유형을 요약하여 적는다.
각 조정명세서에 의한 조정계산결과 익금 및 손금 조정사항과 기타 익금 및 손금조정사항을 적어 집계하고 필요에 따라 기타 조정사항의 명세 또는 계산 근거를 첨부한다. 다만, 기부금 한도초과액 조정분은 본표에서 제외하고 당기순이익과 법인세 차감전 순손익과의 차액인 법인세 등을 포함하여 작성한다.
동업기업으로부터 배분받은 소득금액은 '동업기업 소득금액 배분액'으로 ①란에 적고, 동업기업으로부터 배분받은 결손금은 '동업기업 결손금 배분액(지분가액 한도내 결손금)'과 '동업기업 결손금 배분액(배분한도 초과결손금)'으로 구분하여 ④란에 적는다.
* 기업회계기준에 따라 원화 외의 통화를 기능통화로 채택하여 재무제표를 작성하는 법인의 경우에는 원화 외의 기능통화를 채택하지 아니하고 계속하여 원화로 재무제표를 작성할 경우에 작성하여야 할 재무제표(원화재무제표)로 환산함에 따른 세무조정내용을 제자산, 제부채 등의 항목으로 우선 작성한 후 기타 세무조정내용을 적는다.

❷ 「③, ⑥ 처분」란은 익금의 경우 법인세법 시행령 제106조에 따른 배당, 상여, 유보, 기타소득, 기타 사외유출, 기타 및 국제조세조정에 관한 법률 시행령 제22조부터 제25조까지의 규정에 따른 임시유보, 출자의 증가, 이전소득 배당으로 구분하여 적고, 손금의 경우 유보, 기타, 출자의 증가로 구분하여 적는다.

❸ 「③, ⑥ 코드」란은 법인세법 시행령 제106조 및 국제조세조정에 관한 법률 시행령 제22조~제25조에 따라 다음과 같이 기입하되, 동업기업으로부터 배분받은 소득금액 또는 결손금은 「③, ⑥ 처분」란에 '기타'로 적는다.

익금산입 및 손금불산입		손금산입 및 익금불산입	
소득처분	코드	소득처분	코드
상여	100	유보(△유보)	100
배당	200	기타	200
기타소득	300	출자의 증가 (△출자의 증가)	300
유보	400		
기타사외유출	500		
기타	600		
임시유보	700		
이전소득 배당	810		
출자의 증가	820		

❹ 「② 익금산입 및 손금불산입」 합계와 「⑤ 손금산입 및 익금불산입」 합계는 법인세 과세표준 및 세액조정계산서 〔별지 제3호 서식〕상의 ⑫, ⑬란에 각각 옮겨 적는다.

[별지 제15호 서식] (2022. 3. 18. 개정)

사업 연도	. . . ~ . . .	소 득 금 액 조 정

익금산입 및 손금불산입

① 과 목	② 금 액	③ 소득처분	
		처분	코드
❶		❷	❸
합 계	❹		

합 계 표	법 인 명	
	사업자등록번호	

손금산입 및 익금불산입			
④ 과 목 ❶	⑤ 금 액	⑥ 소득처분	
		처분 ❷	코드 ❸
합 계	❹		

❶ 「①, ④ 과목」란은 간단명료하게 회사계산 계정과목 및 익금, 손금산입 유형을 요약하여 적는다.
각 조정명세서에 의한 조정계산결과 익금 및 손금 조정사항과 기타 익금 및 손금조정사항을 적어 집계하고 필요에 따라 기타 조정사항의 명세 또는 계산 근거를 첨부한다. 다만, 기부금 한도초과액 조정분은 본표에서 제외하고 당기순이익과 법인세 차감전 순손익과의 차액인 법인세 등을 포함하여 작성한다.
동업기업으로부터 배분받은 소득금액은 '동업기업 소득금액 배분액'으로 ①란에 적고, 동업기업으로부터 배분받은 결손금은 '동업기업 결손금 배분액(지분가액 한도내 결손금)'과 '동업기업 결손금 배분액(배분한도 초과결손금)'으로 구분하여 ④란에 적는다.
* 기업회계기준에 따라 원화 외의 통화를 기능통화로 채택하여 재무제표를 작성하는 법인의 경우에는 원화 외의 기능통화를 채택하지 아니하고 계속하여 원화로 재무제표를 작성할 경우에 작성하여야 할 재무제표(원화재무제표)로 환산함에 따른 세무조정내용을 제자산, 제부채 등의 항목으로 우선 작성한 후 기타 세무조정내용을 적는다.

❷ 「③, ⑥ 처분」란은 익금의 경우 법인세법 시행령 제106조에 따른 배당, 상여, 유보, 기타소득, 기타 사외유출, 기타 및 국제조세조정에 관한 법률 시행령 제22조부터 제25조까지의 규정에 따른 임시유보, 출자의 증가, 이전소득 배당으로 구분하여 적고, 손금의 경우 유보, 기타, 출자의 증가로 구분하여 적는다.

❸ 「③, ⑥ 코드」란은 법인세법 시행령 제106조 및 국제조세조정에 관한 법률 시행령 제22조~제25조에 따라 다음과 같이 기입하되, 동업기업으로부터 배분받은 소득금액 또는 결손금은 「③, ⑥ 처분」란에 '기타'로 적는다.

익금산입 및 손금불산입		손금산입 및 익금불산입	
소득처분	코드	소득처분	코드
상여	100	유보(△유보)	100
배당	200	기타	200
기타소득	300	출자의 증가 (△출자의 증가)	300
유보	400		
기타사외유출	500		
기타	600		
임시유보	700		
이전소득 배당	810		
출자의 증가	820		

❹ 「② 익금산입 및 손금불산입」 합계와 「⑤ 손금산입 및 익금불산입」 합계는 법인세 과세표준 및 세액조정계산서〔별지 제3호 서식〕상의 ⑫, ⑬란에 각각 옮겨 적는다.

(2) 작성사례

사 례

다음 자료에 의하여 ㈜삼일의 제8기 사업연도(2024. 1. 1.~2024. 12. 31.)의 법인세 신고를 위한 〔별지 제15호 서식〕(소득금액조정합계표)과 〔별지 제15호 서식 부표 1 및 부표 2〕(과목별 소득금액조정명세서)를 작성하라.

1. 익금산입 및 손금불산입 항목의 내역

과 목	금 액	내 용
무 상 주	₩ 1,000,000	무상주 수령액 수입계상 누락분
재고자산평가감	770,000	재고자산평가감액
퇴직급여충당금	840,000	한도초과액
대 손 충 당 금	134,000	한도초과액
접 대 비	560,000	한도초과액
인 정 이 자	130,000	대표자 가지급금 인정이자
세 금 과 공 과	654,000	교통 위반 벌과금
세 금 과 공 과	75,000	관세법 위반 벌과금
법 인 세 등	2,000,000	당기의 법인세 및 법인지방소득세
미 지 급 기 부 금	6,000,000	기부금 중 미지급분

2. 손금산입 및 익금불산입 항목의 내역

과 목	금 액	내 용
재고자산평가감	₩ 380,000	전기 손금불산입 유보분 중 당기사용 해당분
감 가 상 각 비	1,340,000	전기 부인누계액 중 당기용인액
수 입 이 자	22,000	국세환급금 이자

[별지 제15호 서식] (2022. 3. 18. 개정)

사업연도	2024. 1. 1. ~ 2024. 12. 31.	소득금액조정합계표	법 인 명	(주)삼일
			사업자등록번호	

익금산입 및 손금불산입				손금산입 및 익금불산입			
① 과 목	② 금 액	③ 소득처분		④ 과 목	⑤ 금 액	⑥ 소득처분	
		처분	코드			처분	코드
무상주	1,000,000	유보	400	재고자산평가감	380,000	유보	100
재고자산평가감	770,000	유보	400	감가상각비	1,340,000	유보	100
퇴직급여충당금	840,000	유보	400	수입이자	22,000	기타	200
대손충당금	134,000	유보	400				
접대비	560,000	기타사외유출	500				
인정이자	130,000	상여	100				
세금과공과	654,000	기타사외유출	500				
세금과공과	75,000	기타사외유출	500				
법인세 등	2,000,000	기타사외유출	500				
미지급기부금	6,000,000	유보	400				
합 계	12,163,000			합 계	1,742,000		

[별지 제15호 서식 부표 1] (2014. 3. 14. 개정)

사 업 연 도	2024. 1. 1. ~ 2024. 12. 31.	과목별 소득금액조정명세서(1)	법 인 명	(주)삼일
			사업자등록번호	

1. 익금산입 및 손금불산입

① 과 목	② 금 액	③ 영업손익 조정금액	④ 처 분	⑤ 조 정 내 용
무상주	1,000,000		유보	수입금액에 미계상한 무상주 수령액을 익금산입하고 유보 처분함.
재고자산평가감	770,000		유보	당기말 재고자산 임의평가감액을 손금불산입하고 유보 처분함.
퇴직급여충당금	840,000		유보	퇴직급여충당금 한도초과액을 손금불산입하고 유보 처분함.
대손충당금	134,000		유보	대손충당금 한도초과액을 손금불산입하고 유보 처분함.
접대비	560,000		기타사외유출	접대비 한도초과액을 손금불산입하고 기타사외유출 처분함.
인정이자	130,000		상여	대표이사 가지급금인정이자를 익금산입하고 상여 처분함.
세금과공과	654,000		기타사외유출	교통 위반 벌과금을 손금불산입하고 기타사외유출 처분함.
세금과공과	75,000		기타사외유출	관세법 위반 벌과금을 손금불산입하고 기타사외유출 처분함.
법인세 등	2,000,000		기타사외유출	결산서상 법인세비용을 손금불산입하고 기타사외유출 처분함.
미지급기부금	6,000,000		유보	미지급금으로 계상한 기부금을 손금불산입하고 유보 처분함.
합 계	12,163,000			

[별지 제15호 서식 부표 2] (2014. 3. 14. 개정)

사 업 연 도	2024. 1. 1. ~ 2024. 12. 31.	과목별 소득금액조정명세서(2)	법 인 명	(주)삼일
			사업자등록번호	

2. 손금산입 및 익금불산입

① 과 목	② 금 액	③ 영업손익 조정금액	④ 처 분	⑤ 조 정 내 용
재고자산평가감	380,000		유보	전기 재고자산 평가감액이 당기에 전액 매출되었으므로 손금산입하고 유보 처분함.
감가상각비	1,340,000		유보	감가상각비 부인누계액 중 당기 시인부족액의 범위 내에서 추인하고 유보 처분함.
수입이자	22,000		기타	수입이자로 계상한 국세환급금 이자를 익금불산입하고 기타 처분함.
합 계	1,742,000			

5-2. 자본금과 적립금 조정명세서

5-2-1. 의 의

자본금과 적립금 조정명세서는 법인세법 제60조에 의한 법인세 과세표준 신고시 첨부되는 세무조정계산서 부속서류 [별지 제50호 서식]으로서 갑·을·병으로 구분하여 작성한다. 자본금과 적립금 조정명세서(갑)은 세무계산상의 자본금과 잉여금 및 이월결손금을 계산·관리하기 위한 표이며, 자본금과 적립금 조정명세서(을)은 세무조정과정에서 발생되는 세무상 유보(△유보 포함)의 증감을 기입·관리하기 위한 표이다. 자본금과 적립금 조정명세서(병)은 내국법인이 정상가격 등에 의한 과세조정에 따라 익금에 산입한 금액을 내국법인이 출자한 국외특수관계법인으로부터 반환받지 아니한 경우, 국외 특수관계법인에 대한 출자의 증가로 처분된 소득(국조령 §23 ① 1호)의 증감내용을 국외 피출자법인별로 기입·관리하기 위한 표이다. '출자의 증가' 소득처분에 대한 자세한 설명은 '제2편 제4장 제3절 4. 소득처분 및 세무조정'편을 참조하기 바란다.

자본금과 적립금 조정명세서(갑·을·병)의 작성 방법을 구체적으로 살펴보면 다음 표와 같다. 작성의 편의상 자본금과 적립금 조정명세서(을)과 자본금과 적립금 조정명세서(병)을 먼저 작성하고 자본금과 적립금 조정명세서(갑)을 작성하도록 한다.

| 자본금과 적립금 조정명세서(을) |

① 과목 또는 사항	② 기초잔액		당기 중 증감		⑤ 기말잔액
			③ 감소	④ 증가	
제좌	직전기 본 표상의 기말잔액	유보	전기익금산입 중 당기익금불산입(+)	익금산입 유보(+)	기초잔액 - 당기감소 + 당기증가
			전기손금불산입 중 당기손금산입(+)	손금불산입 유보(+)	
		△유보	전기손금산입 중 당기손금불산입(△)	손금산입 유보(△)	
			전기익금불산입 중 당기익금산입(△)	익금불산입 유보(△)	

| 자본금과 적립금 조정명세서(병) |

<table>
<tr><th rowspan="2">①
해외현지기업
고유번호</th><th rowspan="2">② 법인명</th><th rowspan="2">③ 기초잔액</th><th colspan="2">당기 중 증감</th><th rowspan="2">⑥ 기말잔액
(익기초현재)</th><th rowspan="2">⑦ 증감사유</th></tr>
<tr><th>④ 감 소</th><th>⑤ 증 가</th></tr>
<tr><td rowspan="2">해외현지
기업
고유번호</td><td rowspan="2">해외현지
기업
법인명</td><td rowspan="2">전기말
세무계산상
출자의 증가
잔액</td><td rowspan="2">전기말
출자의
증가의
당기 감소액</td><td>익금산입
출자의
증가(+)</td><td rowspan="2">기초잔액
-당기감소
+당기증가</td><td rowspan="2">증감사유 기재
(ex. 이전소득
금액 통지서
수령 등)</td></tr>
<tr><td>손금산입
출자의
증가(△)</td></tr>
</table>

| 자본금과 적립금 조정명세서(갑) |

<table>
<tr><th rowspan="2">① 과목
또는 사항</th><th rowspan="2">② 기초잔액</th><th colspan="2">당기 중 증감</th><th rowspan="2">⑤ 기말잔액</th></tr>
<tr><th>③ 감소</th><th>④ 증가</th></tr>
<tr><td>1. 자본금</td><td>기초 B/S상 잔액</td><td>당기 감자액</td><td>당기 증자액</td><td>기말 B/S상 잔액</td></tr>
<tr><td>2. 자본잉여금</td><td>기초 B/S상 잔액</td><td>당기 감소액</td><td>당기 증가액</td><td>기말 B/S상 잔액</td></tr>
<tr><td>3. 자본조정</td><td>기초 B/S상 잔액</td><td>당기 감소액</td><td>당기 증가액</td><td>기말 B/S상 잔액</td></tr>
<tr><td>4. 기타포괄손익
누계액</td><td>기초 B/S상 잔액</td><td>당기 감소액</td><td>당기 증가액</td><td>기말 B/S상 잔액</td></tr>
<tr><td>5. 이익잉여금</td><td>기초 B/S상 잔액</td><td>당기 감소액</td><td>당기 증가액</td><td>기말 B/S상 잔액</td></tr>
<tr><td>7. 자본금과 적립금
조정명세서
(을)+(병) 계</td><td>자본금과 적립금
조정명세서
(을)+(병)상
기초잔액</td><td>자본금과 적립금
조정명세서
(을)+(병)상
당기 감소액</td><td>자본금과 적립금
조정명세서
(을)+(병)상
당기 증가액</td><td>자본금과 적립금
조정명세서
(을)+(병)상
기말잔액</td></tr>
<tr><td>8. 법인세</td><td rowspan="2">전기 미계상액</td><td rowspan="2">좌동</td><td rowspan="2">당기 미계상액</td><td rowspan="2">좌동</td></tr>
<tr><td>9. 지방소득세</td></tr>
</table>

MEMO

5-2-2. 자본금과 적립금 조정명세서 작성사례

(1) 작성요령

❶ 「② 기초잔액」란은 전기말 현재의 세무계산상 유보소득을 기입한다.

❷ 「③ 당기 중 감소」란은 전기말 현재의 유보금액 중 당해 사업연도 중에 손금가산 등으로 감소된 금액을 기입한다.

❺ 「합계」란의 금액을 자본금과 적립금조정명세서(갑)〔별지 제50호 서식(갑)〕에 옮겨 적는다.

[별지 제50호 서식(을)] (1999. 5. 24. 개정)

사 업 연 도	. . . ~ . . .	자본금과 적립

※ 관리번호 □□-□□

※표시란은 기입하지 마십시오.

세무조정유보소득 계산

①과목 또는 사항	②기초잔액	③감
	❶	❷
합 계	❺	❺

금조정명세서(을)			법인명	
사업자등록번호				
당기중증감		⑤기말잔액 (익기초현재)	비 고	
소	④증 가			
	❸	❹	❻	
	❺	❺		

❸ 「④ 당기 중 증가」란은 당해 사업연도 세무계산상 익금가산 유보로 처분된 금액(특별비용 종합한도초과액 포함)을 기입하고 손금가산 유보분은 △표시 기입한다.

❹ 「⑤ 기말잔액」란은 기초잔액에서 당기 중 증감란을 차가감한 금액으로서 차기로 이월될 세무계산상 유보소득을 기입한다.

❻ 「비고」란에는 과목 또는 사항에 대한 구체적인 유보내역 등을 필요시 기입한다.

❺ 「합계」란의 금액을 자본금과 적립금조정명세서(갑)〔별지 제50호 서식(갑)〕에 옮겨 적는다.

❶ 「② 기초잔액」란은 자본금, 자본잉여금, 자본조정, 기타포괄손익누계액, 이익잉여금의 순서로 적되, 직전 사업연도의 기말잔액란의 금액을 적는다. 다만, 「III. 회계기준 변경에 따른 기초잔액 수정」이 있는 경우 「㉜」란의 수정 후 기초잔액을 적는다.

❹ 「자본금 및 잉여금 등의 계산」란의 각 과목의 기말잔액은 해당 사업연도 표준대차대조표의 자본금, 자본잉여금 등의 금액과 일치해야 한다.

❺ 「자본금과 적립금조정명세서(을)+(병) 계」란에는 〔별지 제50호 서식(을)〕의 합계액과 〔별지 제50호 서식(병)〕의 합계액을 합산하여 적는다.

❻ 「손익미계상 법인세 등」란에는 법인세 공제 후 순손익계산에 계상되지 아니한 법인세 등을 적는다(조정계산에 의한 법인세 차액 등).

❼ 「차가감 계」란은 「6. 자본금 및 잉여금 계」와 「7. 자본금과 적립금조정명세서(을)+(병) 계」의 합계에서 「10. 손익미계상 법인세 등 계」를 빼서 집계한다.

❽ 「⑧ 일반 결손금」란에는 사업연도별 세무계산상 이월결손금 발생총액(동업자의 경우 조세특례제한법 제100조의18 제2항에 따라 동업자의 지분가액을 초과하여 배분받아 손금에 산입한 '배분한도 초과결손금'이 해당 사업연도 결손금에 포함된 경우에는 '배분한도 초과결손금' 상당액을 제외한 금액)을 적는다.

❿ 「⑩ 소급공제」란에는 법인세법 제72조 및 같은 법 시행령 제110조 제2항 또는 조세특례제한법 제8조의 4 및 같은 법 시행령 제7조의 3에 따라 소급공제받은 결손금을 적는다.

⓫ 감소내역란의 「⑫ 기공제액」란에는 전사업연도까지 소득금액계산상 공제된 이월결손금 누계액을 적는다.

⓯ 「⑲ 법인세 신고 사업연도」란에는 동업기업으로부터 '배분한도 초과결손금'을 배분받아 손금에 산입한 사업연도를 적는다.

⓰ 「⑳ 동업기업 과세연도 종료일」란에는 동업기업으로부터 '배분한도 초과결손금'을 배분받아 손금에 산입한 경우 '배분한도 초과결손금'이 발생한 동업기업의 과세연도 종료일을 적는다.

⓱ 「㉑ 손금산입한 배분한도 초과결손금」란에는 조세특례제한법 제100조의 18 제2항에 따라 동업기업으로부터 배분받아 손금에 산입한 '배분한도 초과결손금'을 적는다.

[별지 제50호 서식(갑)] (2022. 3. 18. 개정)

사업연도	. . . ~ . . .	자본금과 적립금조

I. 자본금과 적립금 계산서

①과목 또는 사항		코드	②기초잔액
자본금 및 잉여금 등의 계산 ❹	1. 자 본 금	01	❶
	2. 자 본 잉 여 금	02	
	3. 자 본 조 정	15	
	4. 기타포괄손익누계액	18	
	5. 이 익 잉 여 금	14	
		17	
	6. 계	20	
7. 자본금과 적립금명세서(을)+(병) 계 ❺		21	
손익미계상 법인세 등 ❻	8. 법 인 세	22	
	9. 지 방 소 득 세	23	
	10. 계 (8+9)	30	
11. 차 가 감 계(6+7-10) ❼		31	

II. 이월결손금 계산서

1. 이월결손금 발생 및 증감내역

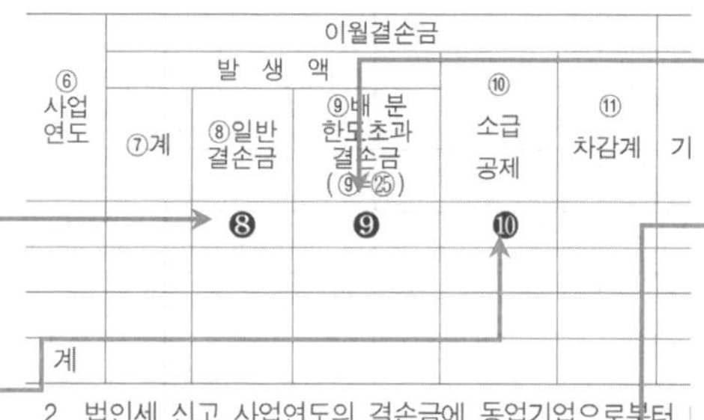

⑥사업연도	이월결손금 발생 액 ⑦계	⑧일반결손금	⑨배분한도초과결손금(⑨=㉕)	⑩소급공제	⑪차감계	기
		❽	❾	❿		
계						

2. 법인세 신고 사업연도의 결손금에 동업기업으로부터 포함되어 있는 경우 사업연도별 이월결손금 구분내역

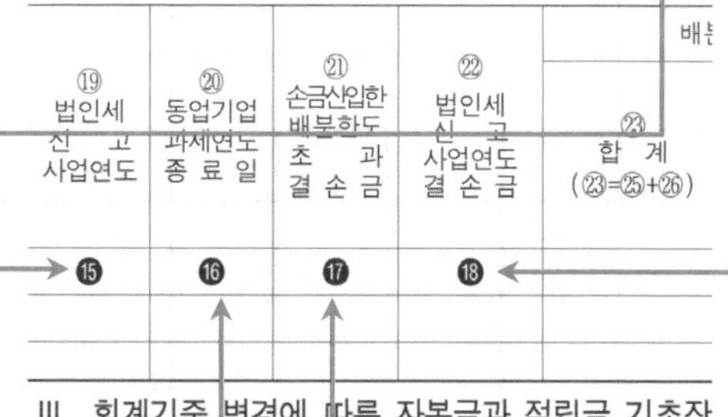

⑲법인세 신고 사업연도	⑳동업기업 과세연도 종료일	㉑손금산입한 배분한도 초과 결손금	㉒법인세 신고 사업연도 결손금	㉓합 계 (㉓=㉕+㉖)
⓯	⓰	⓱	⓲	

III. 회계기준 변경에 따른 자본금과 적립금 기초잔

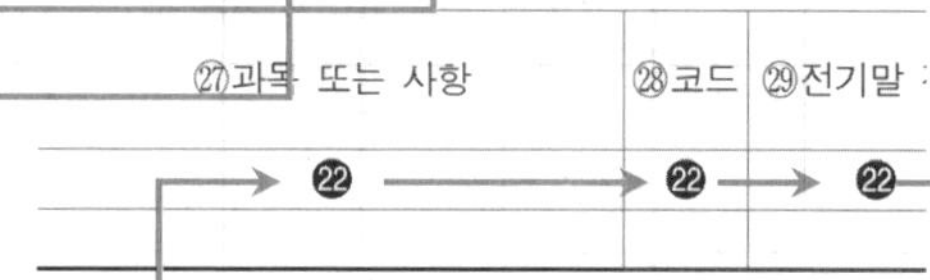

㉗과목 또는 사항	㉘코드	㉙전기말
㉒	㉒	㉒

㉒ 「㉗ 과목 또는 사항」~「㉜ 수정 후 기초잔액」란은 회계기준 변경에 따라 자본금과 적립금의 기초잔액이 수정되는 경우에 적는다. 작성방법은 「I. 자본금과 적립금 계산서」 내용과 같다.

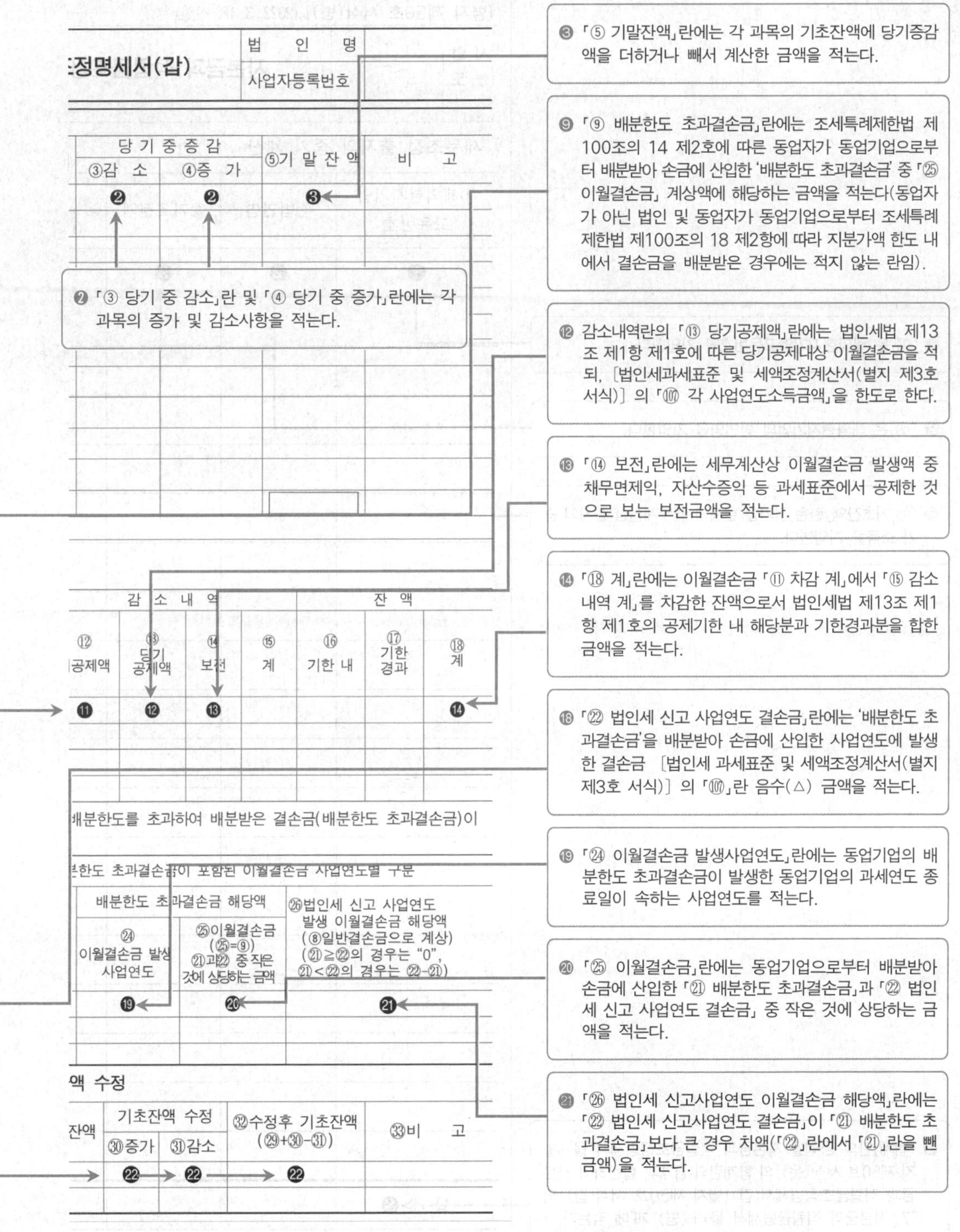

❸ 「⑤ 기말잔액」란에는 각 과목의 기초잔액에 당기증감액을 더하거나 빼서 계산한 금액을 적는다.

❾ 「⑨ 배분한도 초과결손금」란에는 조세특례제한법 제100조의 14 제2호에 따른 동업자가 동업기업으로부터 배분받아 손금에 산입한 '배분한도 초과결손금' 중 「㉕ 이월결손금」 계상액에 해당하는 금액을 적는다(동업자가 아닌 법인 및 동업자가 동업기업으로부터 조세특례제한법 제100조의 18 제2항에 따라 지분가액 한도 내에서 결손금을 배분받은 경우에는 적지 않는 란임).

⓬ 감소내역란의 「⑬ 당기공제액」란에는 법인세법 제13조 제1항 제1호에 따른 당기공제대상 이월결손금을 적되, [법인세과세표준 및 세액조정계산서(별지 제3호 서식)] 의 「⑩⑦ 각 사업연도소득금액」을 한도로 한다.

⓭ 「⑭ 보전」란에는 세무계산상 이월결손금 발생액 중 채무면제익, 자산수증익 등 과세표준에서 공제한 것으로 보는 보전금액을 적는다.

⓮ 「⑱ 계」란에는 이월결손금 「⑪ 차감 계」에서 「⑮ 감소내역 계」를 차감한 잔액으로서 법인세법 제13조 제1항 제1호의 공제기한 내 해당분과 기한경과분을 합한 금액을 적는다.

⓲ 「㉒ 법인세 신고 사업연도 결손금」란에는 '배분한도 초과결손금'을 배분받아 손금에 산입한 사업연도에 발생한 결손금 [법인세 과세표준 및 세액조정계산서(별지 제3호 서식)] 의 「⑩⑦」란 음수(△) 금액을 적는다.

⓳ 「㉔ 이월결손금 발생사업연도」란에는 동업기업의 배분한도 초과결손금이 발생한 동업기업의 과세연도 종료일이 속하는 사업연도를 적는다.

⓴ 「㉕ 이월결손금」란에는 동업기업으로부터 배분받아 손금에 산입한 「㉑ 배분한도 초과결손금」과 「㉒ 법인세 신고 사업연도 결손금」 중 작은 것에 상당하는 금액을 적는다.

㉑ 「㉖ 법인세 신고사업연도 이월결손금 해당액」란에는 「㉒ 법인세 신고사업연도 결손금」이 「㉑ 배분한도 초과결손금」보다 큰 경우 차액(「㉒」란에서 「㉑」란을 뺀 금액)을 적는다.

[별지 제50호 서식(병)] (2022. 3. 18. 신설)

사 업 연 도	. . . ~ . . .	**자본금과 적립금조정**

세무조정 출자의 증가 계산

①해외현지기업 고유번호	②법인명	③기초잔액	④
❶	❷	❸	
합 계 ❽			

❶ 「①」은 해외현지기업고유번호를 기입한다.

❷ 「②」은 해외현지기업의 법인명을 기입한다.

❸ 「③ 기초잔액」란은 전기말 현재의 세무계산상 출자의 증가 소득을 기입한다.

❽ 「합계」란의 금액을 자본금과 적립금조정명세서(을)〔별지 제50호 서식(을)〕의 합계란의 금액과 합산하여 자본금과 적립금조정명세서(갑)〔별지 제50호 서식(갑)〕의 "7. 자본금과 적립금명세서(을)+(병) 계"에 적는다.

!명세서(병)	법 인 명	
	사업자등록번호	

당 기 중 증 감		⑥기말잔액 (익기초현재)	⑦증감사유
④감 소	⑤증 가		
❹	❺	❻	❼

❹ 「④ 당기중 감소」란은 전기말 현재의 출자의 증가 금액 중 당해 사업연도 중에 손금가산 등으로 감소된 금액을 기입한다.

❺ 「⑤ 당기중 증가」란은 당해 사업연도 세무계산상 익금가산 출자의 증가로 처분된 금액을 기입하고 손금가산 출자의 증가분은 △표시 기입한다.

❻ 「⑥ 기말잔액」란은 기초잔액에서 당기 중 증감란을 차가감한 금액으로서 차기로 이월될 세무계산상 출자의 증가 소득을 기입한다.

❼ 「⑦ 증감사유」를 기재한다. 〔ex. 이전소득금액 통지서(출자의 증가)를 수령하는 경우, 모회사가 해외자회사의 주식을 양도하는 경우, 해외 자회사가 청산되는 경우〕

(2) 작성사례

사 례

다음 자료에 의하여 중소기업인 ㈜삼일의 제10기 사업연도(2024. 1. 1.~2024. 12. 31.) 법인세 신고를 위한 〔별지 제50호 서식〕 "자본금과 적립금 조정명세서(갑), (을)"을 작성하라. 단, ㈜삼일은 일반기업회계기준을 적용하고 국외 특수관계인과의 거래는 없다.

1. 기초 재무상태표상 잔액(단위 : 원, 이하 같음)

(1) 자본금		100,000,000
(2) 자본잉여금		
주식발행초과금	5,000,000	
재평가적립금	7,000,000	12,000,000
(3) 자본조정		
자기주식	8,000,000	8,000,000
(4) 이익잉여금		
이익준비금	17,000,000	
기업합리화적립금	4,000,000	
임의적립금	4,000,000	
미처분이익잉여금	36,000,000	61,000,000
		181,000,000

2. 기중 자본거래 내역

구 분	기초금액	당기증가	당기감소	기말금액
자본금	100,000,000	7,000,000	–	107,000,000
주식발행초과금	5,000,000	–	–	5,000,000
재평가적립금	7,000,000	–	7,000,000	–
계	112,000,000	7,000,000	7,000,000	112,000,000

※ 당기 중 재평가적립금 전액을 자본금으로 전입하였다.

3. 기타포괄손익누계액 및 당기순이익 발생 내역

당기 중에 취득한 매도가능증권에 대하여 기업회계기준에 따른 기말평가 결과 1,000,000원의 평가이익을 계상하였으며, 당기순이익은 10,000,000원이 발생하였다.

4. 기중 이익잉여금 처분내역(처분확정일 - 2024. 3. 20.)

〈이익잉여금처분액〉

이익준비금	5,000,000
임의적립금	1,000,000
배당금	2,000,000
	8,000,000

5. 세무상 이월결손금

제5기(2019. 1. 1. ~ 12. 31.) 발생분	4,000,000 (6기에 2,500,000, 7기에 1,000,000을 각각 공제함)
제8기(2022. 1. 1. ~ 12. 31.) 발생분	300,000

6. 손익미계상 법인세 등

세무조정 결과 소득금액 증가로 손익에 계상하지 않은 법인세 500,000과 법인지방소득세 50,000이 있다.

7. 전기 자본금과 적립금 조정명세서(을)의 기말잔액과 당기 약식 소득금액조정합계표

과목 또는 사항	전기말 자본금과 적립금 조정명세서(을)	당기 소득금액조정합계표			
		익금산입 및 손금불산입		손금산입 및 익금불산입	
		금액	처분	금액	처분
단기매매증권평가손실	4,000,000			500,000	유보
건설자금이자	800,000				
반품추정부채	2,200,000	1,000,000	유보		
미수이자	△500,000	500,000	유보	600,000	유보
퇴직급여충당금	300,000	900,000	유보		
대손충당금	700,000			700,000	유보
재고자산평가감	400,000	600,000	유보	400,000	유보
감가상각비	3,000,000			2,000,000	유보
토지취득세	260,000			140,000	유보
매도가능증권				1,000,000	유보
매도가능증권평가이익		1,000,000	기타		
가지급금인정이자		900,000	상여		
법인세비용		3,300,000	기타사외유출		
합 계	11,160,000	8,200,000		5,340,000	

[별지 제50호 서식(을)] (1999. 5. 24. 개정)

사업연도	2024. 1. 1. ~ 2024. 12. 31.	자본금과 적립금조정명세서(을)	법인명	(주)삼일

※ 관리번호 ☐☐ - ☐☐ 사업자등록번호 ☐☐☐ - ☐☐ - ☐☐☐☐☐

※ 표시란은 기입하지 마십시오.

세무조정유보소득 계산

① 과목 또는 사항	② 기초잔액	당 기 중 증 감		⑤ 기말잔액 (익기초현재)	비 고
		③ 감 소	④ 증 가		
단기매매증권평가손실	4,000,000	500,000		3,500,000	
건설자금이자	800,000			800,000	
반품추정부채	2,200,000		1,000,000	3,200,000	
미수이자	△500,000	△500,000	△600,000	△600,000	
퇴직급여충당금	300,000		900,000	1,200,000	
대손충당금	700,000	700,000			
재고자산평가감	400,000	400,000	600,000	600,000	
감가상각비	3,000,000	2,000,000		1,000,000	
토지취득세	260,000	140,000		120,000	
매도가능증권			△1,000,000	△1,000,000	
합 계	11,160,000	3,240,000	900,000	8,820,000	

[별지 제50호 서식(갑)] (2022. 3. 18. 개정)

사업연도	2024. 1. 1. ~ 2024. 12. 31.	자본금과 적립금조정명세서(갑)	법 인 명	(주)삼일
			사업자등록번호	

Ⅰ. 자본금과 적립금 계산서

①과목 또는 사항		코드	②기초잔액	당기중증감		⑤기말잔액	비 고
				③감 소	④증 가		
자본금 및 잉여금 등의 계산	1. 자본금	01	100,000,000		7,000,000	107,000,000	
	2. 자본잉여금	02	12,000,000	7,000,000		5,000,000	
	3. 자본조정	15	8,000,000			8,000,000	
	4. 기타포괄손익누계액	18			1,000,000	1,000,000	
	5. 이익잉여금	14	61,000,000	2,000,000	10,000,000	69,000,000	
		17					
	6. 계	20	181,000,000	9,000,000	18,000,000	190,000,000	
7. 자본금과 적립금명세서(을)+(병) 계		21	11,160,000	3,240,000	900,000	8,820,000	
손익 미계상 법인세 등	8. 법인세	22			500,000	500,000	
	9. 지방소득세	23			50,000	50,000	
	10. 계 (8+9)	30			550,000	550,000	
11. 차 가 감 계(6+7-10)		31	192,160,000	12,240,000	18,350,000	198,270,000	

Ⅱ. 이월결손금 계산서

1. 이월결손금 발생 및 증감내역

⑥사업연도	이월결손금					감소내역				잔액		
	발생액			⑩소급공제	⑪차감계	⑫기공제액	⑬당기공제액	⑭보전	⑮계	⑯기한내	⑰기한경과	⑱계
	⑦계	⑧일반결손금	⑨배분한도초과결손금(⑨=㉕)									
2019	4,000,000	4,000,000			4,000,000	3,500,000	500,000		4,000,000			
2022	300,000	300,000			300,000		300,000		300,000			
계	4,300,000	4,300,000			4,300,000	3,500,000	800,000		4,300,000			

2. 법인세 신고 사업연도의 결손금에 동업기업으로부터 배분한도를 초과하여 배분받은 결손금(배분한도 초과결손금)이 포함되어 있는 경우 사업연도별 이월결손금 구분내역

⑲법인세 신고 사업연도	⑳동업기업 과세연도 종료일	㉑손금산입한 배분한도 초과 결손금	㉒법인세 신고 사업연도 결손금	배분한도 초과결손금이 포함된 이월결손금 사업연도별 구분			
				㉓합 계(㉓=㉕+㉖)	배분한도 초과결손금 해당액		㉖법인세 신고 사업연도 발생 이월결손금 해당액(⑧일반결손금으로 계상)(㉑≥㉒의 경우는 "0", ㉑<㉒의 경우는 ㉒-㉑)
					㉔이월결손금 발생 사업연도	㉕이월결손금(㉕=⑨) ㉑과㉒ 중 작은 것에 상당하는 금액	

Ⅲ. 회계기준 변경에 따른 자본금과 적립금 기초잔액 수정

㉗과목 또는 사항	㉘코드	㉙전기말 잔액	기초잔액 수정		㉜수정후 기초잔액(㉙+㉚-㉛)	㉝비 고
			㉚증가	㉛감소		

제5장

5

법인세의 신고 및 납부

제5장 법인세의 신고 및 납부

관련 법령	• 법법 §60, §60의 2, §64 • 법령 §97, §97의 2, §97의 3, §97의 4, §101 • 법칙 §50의 3 • 조특법 §104의 8 • 조특령 §104의 5

제5장

법인세의 신고 및 납부

5

1. 법인세의 신고대상과 신고기한

1-1. 법인세의 납세의무

국내에 본점이나 주사무소 또는 사업의 실질적인 관리장소를 둔 법인(내국법인)과 국내에 사업의 실질적 관리장소를 두지 아니하고 외국에 본점 또는 주사무소를 둔 법인(외국법인)으로서 국내원천소득이 있는 법인은 법인세를 신고·납부할 의무가 있으며, 이를 요약하면 다음과 같다(법법 §4 및 조특법 §100의 32).

법인의 종류		각 사업연도 소득	토지 등 양도소득	미환류 소득	청산 소득
내국 법인	영리법인	국내외 원천의 모든 소득	○	○	○
	비영리법인	국내외 원천소득 중 열거된 수익사업에서 발생하는 소득	○	×	×
외국 법인	영리법인	국내원천소득(법법 §93)	○	×	×
	비영리법인	국내원천소득 중 열거된 수익사업에서 발생한 소득	○	×	×
국가·지방자치단체		납세의무 없음(법법 §3 ②).			

※ 국세기본법 제13조 제4항에서 규정하는 "법인으로 보는 단체"의 납세의무는 비영리내국법인의 납세의무와 같음(법법 §2 2호).

1-2. 신고대상 법인

법인세의 납세의무가 있는 법인은 모두 각 사업연도 소득에 대한 법인세 과세표준을 신고하여야 한다. 이러한 신고규정은 과세표준과 세액이 산출되어 실질적인 납세의무가 발생하는 법인은 물론, 과세표준과 세액이 산출되지 아니하여 실질적인 납세의무가 없는 법인(소득금액이 없거나 결손금이 있는 법인 등)의 경우에도 적용된다(법법 §60 ③). 이와 같이 소득금액이 없거나 결손금이 있는 법인에 대하여도 신고의무를 부여한 이유는, 그와 같은 경우라 하더라도 정확한 세무계산에 의한다면 소득금액이 계상될 수도 있고 또는 그 계수상의 차이도 있을 수 있기 때문이다. 또한, 차기의 소득금액 또는 과세표준의 계산 및 법인관리에 있어서 필요하기 때문이다.

1-3. 신고기한

1-3-1. 신고기한

납세의무가 있는 내국법인은 각 사업연도 종료일이 속하는 달의 말일부터 3개월(성실신고확인 대상 내국법인이 성실신고확인서 제출시에는 4개월) 이내에 당해 사업연도의 소득에 대한 법인세의 과세표준과 세액을 납세지 관할 세무서장에게 신고하여야 한다(법법 §60 ①). 다만, 신고기한이 토요일 및 일요일, 공휴일 및 대체공휴일이거나 근로자의 날일 때에는 그 다음 날을 기한으로 한다(국기법 §5 ①).

1-3-2. 신고기한의 연장

(1) 외부감사 미종결시 신고기한의 연장

주식회사 등의 외부감사에 관한 법률 제4조에 따라 감사인에 의한 감사를 받아야 하는 내국법인이 해당 사업연도의 감사가 종결되지 아니하여 결산이 확정되지 아니하였다는 사유로 해당 사업연도의 소득에 대한 법인세의 과세표준과 세액의 신고기한 종료일 3일 전까지 신고기한 연장신청서 [법칙 별지 제65호의 2 서식]를 납세지 관할 세무서장에게 제출하여 신고기한의 연장을 신청한 경우에는 그 신고기한을 1개월의 범위에서 연장할 수 있다(법법 §60 ⑦ 및 법령 §97 ⑫).

상기와 같이 해당 사업연도의 감사가 종결되지 아니하여 결산이 확정되지 아니하였다는 이유로 신고기한이 연장된 내국법인이 세액을 납부할 때에는 기한 연장일수에 금융회사 등의 이자율을 고려하여 정하는 이자율(연 3.5%)을 적용하여 계산한 이자상당액을 해당 사업연도의 법인세에 가산하여 납부하여야 한다. 이 경우 기한 연장일수는 해당 사업연도의 소득에 대한 법인세의 과세표준과 세액 신고기한의 다음 날부터 신고 및 납부가 이루어진 날(연장기한까지 신고납부가 이루어진 경우에만 해당함) 또는 연장된 날까지의 일수로 한다(법법 §60 ⑧ 및 법령 §97 ⑬ 및 국기칙 §19의 3).

개 정

○ 법인세 신고기한 연장에 따른 가산이자율 상향(법령 §97 ⑬ 및 국기칙 §19의 3)
➡ 2024년 3월 22일부터 시행. 다만, 기산일이 2024년 3월 21일 이전인 경우 그 기산일부터 2024년 3월 21일까지의 기간에 대한 이율은 종전의 규정에 따름.

(2) 국세기본법상 신고기한의 연장

다음과 같은 사유로 인하여 법정 신고기한 내에 법인세 과세표준을 신고할 수 없다고 인정하는 경우나 납세자가 기한연장을 신청한 경우에는 관할 세무서장의 승인을 받아 그 신고기한을 연장할 수 있다. 이 때, 그 기한연장은 3개월 이내로 하되, 해당 기한연장의 사유가 소멸되지 않는 경우 관할 세무서장은 1개월의 범위에서 그 기한을 다시 연장할 수 있으나, 그 기한연장은 9개월을 넘지 않는 범위에서 할 수 있다(국기법 §6 및 국기령 §2, §2의 2 ①, ②).

① 천재지변
② 납세자가 화재 · 전화 · 그 밖의 재해를 입거나 도난을 당한 경우
③ 납세자 또는 그 동거가족이 질병이나 중상해로 6개월 이상의 치료가 필요하거나 사망하여 상중인 경우
④ 정전, 프로그램의 오류나 그 밖의 부득이한 사유로 한국은행(그 대리점을 포함) 및 체신관서의 정보통신망의 정상적인 가동이 불가능한 경우
⑤ 금융회사 등(한국은행 국고대리점 및 국고수납대리점인 금융회사 등만 해당) 또는 체신관서의 휴무나 그 밖의 부득이한 사유로 정상적인 세금납부가 곤란하다고 국세청장이 인정하는 경우
⑥ 권한 있는 기관에 장부나 서류가 압수 또는 영치된 경우
⑦ 세무사법 제2조 제3호에 따라 납세자의 장부 작성을 대행하는 세무사(같은 법 제16조의 4에 따라 등록한 세무법인을 포함) 또는 같은 법 제20조의 2에 따른 공인회계사(공인회계사법 제24조에 따라 등록한 회계법인을 포함)가 화재, 전화, 그 밖의 재해를 입거나 도난을 당한 경우
⑧ 상기 ②, ③, ⑥에 준하는 사유가 있는 경우

2. 법인세 신고시 제출서류

2-1. 개 요

법인이 각 사업연도의 소득에 대한 법인세 과세표준 및 세액을 신고함에 있어서는 '법인세 과세표준 및 세액신고서 [별지 제1호 서식]'에 법인세법 제60조 제2항에서 규정한 서류를 첨부하여야 한다. 이 경우 해당 '신고서'에는 복식부기에 의한 기장에 따라 법인세법 제14조부터 제54조까지의 규정에 따라 계산한 각 사업연도의 소득에 대한 법인세의 과세표준 및 세액(법인세법 제55조의 2에 따른 토지 등 양도소득에 대한 법인세 포함) 및 기타 필요한 사항을 기재하여야 한다. 이 경우 주식회사 등의 외부감사에 관한 법률 제4조에 따른 외부감사대상 법인이 국세기본법 제2조 제19호에 따른 전자신고를 통하여 법인세 과세표준과 세액을 신고하는 때에는 그 신고서에 대표자가 서명날인하여 서면으로 납세지 관할 세무서장에게 제출하여야 한다(법령 §97 ①, ② 및 법칙 §82 ① 1호).

2-2. 제출서류의 종류

법인이 각 사업연도 소득에 대한 과세표준 및 세액을 신고하는 때에는 신고서에 다음의 서류(신고의 유효요건)를 첨부하여야 한다(법법 §60 ② 및 법령 §97 ②, ③, ④, ⑤). 기업회계기준에 따라 원화 외의 통화를 기능통화로 채택한 경우에는 다음의 재무상태표, 포괄손익계산서, 이익잉여금처분(결손금처리)계산서 및 현금흐름표는 기업회계기준을 준용하여 작성한 기능통화로 표시된 재무제표(이하 "기능통화재무제표"라 함)를 말한다.

① 기업회계기준을 준용하여 작성한 개별 내국법인의 재무상태표
② 기업회계기준을 준용하여 작성한 개별 내국법인의 포괄손익계산서
③ 기업회계기준을 준용하여 작성한 개별 내국법인의 이익잉여금처분(결손금처리)계산서
④ 세무조정계산서(법인세 과세표준 및 세액조정계산서 : 별지 제3호 서식)
⑤ 다음에서 정하는 서류
  가. 세무조정계산서 부속서류 및 기업회계기준에 따라 작성한 현금흐름표(주식회사 등의 외부감사에 관한 법률 제4조에 따라 외부감사의 대상이 되는 법인만 해당함)
  나. 기업회계기준에 따라 원화 외의 통화를 기능통화로 채택한 경우 원화를 표시통화로 하여 기업회계기준에 따라 기능통화재무제표를 환산한 재무제표(이하 "표시통화재무제표"라 함)
  다. 기업회계기준에 따라 원화 외의 통화를 기능통화로 채택한 법인이 법인세법 제53조의 2 제1항 제1호의 과세표준계산방법을 적용하는 경우 원화 외의 기능통화를 채택하지 아니하고 계속하여 기업회계기준을 준용하여 원화로 재무제표를 작성할 경우에 작성하여야 할 재무제표(이하 "원화재무제표"라 함)
  라. 합병 또는 분할한 경우 다음의 서류(합병법인 등만 해당함)
    • 합병등기일 또는 분할등기일 현재의 피합병법인 등의 재무상태표와 합병법인 등이 그 합병 또는 분할로 승계한 자산 및 부채의 명세서
    • 합병법인 등의 본점 등의 소재지, 대표자의 성명, 피합병법인 등의 명칭, 합병등기일 또는 분할등기일, 그 밖에 필요한 사항이 기재된 서류

한편, 내국법인이 합병 또는 분할로 해산하는 경우에는 다음의 서류를 추가로 첨부하여야 한다(법법 §60 ④ 및 법령 §97 ⑦).

① 합병등기일 또는 분할등기일 현재의 피합병법인·분할법인 또는 소멸한 분할합병의 상대방법인의 재무상태표와 합병법인 등이 그 합병 또는 분할에 따라 승계한 자산 및 부채의 명세서
② 합병법인 등의 본점 등의 소재지, 대표자의 성명, 피합병법인 등의 명칭, 합병등기일 또는 분할등기일, 그 밖에 필요한 사항이 기재된 서류

상기 첨부서류 중 개별 내국법인의 재무상태표·포괄손익계산서·이익잉여금처분(결손금처리)계산서와 세무조정계산서(이하 "필수적인 첨부서류")를 첨부하지 아니하고 신고서를 제출한

경우에는 적법한 신고로 보지 않는다. 따라서 무신고로 보아 국세기본법 제47조의 2의 규정에 의한 무신고가산세의 적용을 받게 된다(법법 §60 ⑤). 한편, 상기 제출된 신고서 또는 그 밖의 서류에 미비한 점이 있거나 오류가 있을 때에는 납세지 관할 세무서장 및 관할 지방국세청장이 보정을 요구할 수 있다(법법 §60 ⑥).

특수한 경우의 서류 첨부

- **비영리법인의 경우**

  비영리법인은 법인세법 제4조 제3항 제1호 및 제7호에서 규정한 수익사업(사업소득 및 계속적 행위로 인한 수입)을 영위하는 경우에 한하여 장부비치 및 복식부기에 의한 기장의무가 있다. 따라서 이러한 수익사업을 영위하지 아니하는 비영리법인은 재무상태표 등의 부속서류를 제출하지 아니할 수 있다(법법 §60 ⑤ 단서, §112 단서).
- **합병 · 분할로 소멸하는 경우**

  합병 또는 분할로 인하여 소멸하는 법인의 최종 사업연도의 과세표준과 세액을 신고함에 있어서는, 이익잉여금처분(결손금처리)계산서는 의미가 없으므로 필수적인 첨부서류에서 제외한다(법령 §97 ⑧).
- **장부 및 제반 증빙서류가 소실된 경우**

  장부 및 제반 증빙서류가 소실된 경우에는 국세기본법 제6조에 따라 관할 세무서장의 승인을 얻어 그 신고기한을 연장할 수는 있으나, 장부 및 제반 증빙서류가 소실되었다 하여 법인세 과표 등을 신고하면서 필수적인 부속서류를 첨부하지 아니한 때에는 적법한 신고로 보지 않는다. 다만, 이 경우에도 국세기본법 제48조 제1항의 규정에 의하여 가산세의 감면을 받을 수 있다(법기통 60-0…2).

재무제표와 세무조정계산서

- **기업회계기준을 준용하여 작성한 개별 내국법인의 재무제표**

  필수적인 첨부서류인 개별 내국법인의 재무상태표 · 포괄손익계산서 · 이익잉여금처분(결손금처리)계산서를 기업회계기준을 준용하지 아니하고 임의로 작성한 것을 첨부하여 신고하는 경우에는 첨부하지 않고 신고한 경우와 마찬가지로 무신고한 것으로 간주한다. 이와 관련하여 기업의 회계처리가 근본적인 원칙에서 크게 벗어나지 않는 경우에는 기업회계기준을 준용한 것으로 보고 있으나(법기통 60-0…3), 그렇지 않고 기업의 회계처리가 객관적인 자료와 증거에 의하지 아니하고 신뢰할 수 없을 정도로 내용을 달리하는 등 근본적으로 원칙에서 벗어난 경우에는 기업회계기준을 준용하지 아니한 것으로 본다.
- **세무조정계산서와 그 부속서류**

  법인세 과세표준 및 세액을 신고함에 있어서 세무조정계산서의 부속계산서 · 명세서를 제출함이 없이 세무조정계산서(법인세 과세표준 및 세액조정계산서)를 첨부하여 제출한 경우에도 해당 신고의 효력에는 영향이 없다(법기통 60-97…2). 한편, 세무조정계산서 및 부속서류의 작성범위는 법인의 실정에 맞게 가감하여 조정할 수 있다(법기통 60-97…4).

2-3. 외부세무조정 대상법인의 경우

2-3-1. 외부조정계산서의 제출

필수적인 첨부서류의 하나인 세무조정계산서(법인세 과세표준 및 세액조정계산서)는 해당 법인이 작성하여 제출하는 것이 원칙이지만, 기업회계와 세무회계의 정확한 조정 또는 성실한 납세를 위하여 필요하다고 인정하여 대통령령으로 정하는 법인(이하 "외부세무조정 대상법인"이라 함)의 경우에는 다음 중 어느 하나에 해당하는 자로서 대통령령으로 정하는 조정반에 소속된 자가 작성한 세무조정계산서(이하 "외부조정계산서"이라 함)를 제출하여야 한다(법법 §60 ⑨).

① 세무사법에 따른 세무사등록부에 등록한 세무사
② 세무사법에 따른 세무사등록부 또는 공인회계사 세무대리업무등록부에 등록한 공인회계사
③ 세무사법에 따른 세무사등록부 또는 변호사 세무대리업무등록부에 등록한 변호사

따라서, 외부세무조정 대상법인의 경우 법인세 신고시 세무사등이 작성한 세무조정계산서 대신 '해당 법인이 직접 작성한 세무조정계산서(이하 "자기세무조정계산서"이라 함)'를 첨부하여 제출한 경우에는 무신고에 해당하여 무신고가산세를 부담하여야 한다.

2-3-2. 외부세무조정 대상법인

법인세법 제60조 제9항에 따라 기업회계와 세무회계의 정확한 조정 또는 성실한 납세를 위하여 필요하다고 인정하여 세무사등으로서 조정반에 소속된 자가 법인세과세표준 및 세액조정 계산서를 작성하여야 하는 외부세무조정 대상법인은 다음과 같다. 다만, 조세특례제한법 제72조에 따른 당기순이익과세를 적용받는 법인은 제외한다(법령 §97의 2 ①).

① 직전 사업연도의 수입금액이 70억원 이상인 법인 및 주식회사 등의 외부감사에 관한 법률 제4조에 따라 외부의 감사인에게 회계감사를 받아야 하는 법인
② 직전 사업연도의 수입금액이 3억원 이상인 법인으로서 법인세법 제29조부터 제31조까지, 제45조 또는 조세특례제한법에 따른 조세특례(같은 법 제104조의 8에 따른 조세특례는 제외함)를 적용받는 법인
③ 직전 사업연도의 수입금액이 3억원 이상인 법인으로서 해당 사업연도 종료일 현재 법인세법 및 조세특례제한법에 따른 준비금 잔액이 3억원 이상인 법인
④ 해당 사업연도 종료일부터 2년 이내에 설립된 법인으로서 해당 사업연도 수입금액이 3억원 이상인 법인
⑤ 직전 사업연도의 법인세 과세표준과 세액에 대하여 법인세법 제66조 제3항 단서에 따라 추계결정 또는 추계경정 받은 법인
⑥ 해당 사업연도 종료일부터 소급하여 3년 이내에 합병 또는 분할한 합병법인, 분할법인,

분할신설법인 및 분할합병의 상대방 법인

⑦ 국외에 사업장을 가지고 있거나 법인세법 제57조 제5항에 따른 외국자회사를 가지고 있는 법인

상기 ①부터 ③까지를 적용할 때에 해당 사업연도에 설립된 법인인 경우에는 해당 사업연도의 수입금액을 1년으로 환산한 금액을 직전 사업연도의 수입금액으로 본다(법령 §97의 2 ③).

한편, 외부세무조정 대상법인 외의 법인의 경우에도 과세표준 등을 신고할 때 세무사 등이 정확한 세무조정을 위하여 작성한 세무조정계산서를 첨부할 수 있다(법령 §97의 2 ②).

2-3-3. 조정반의 구성

세무조정계산서는 세무사 등으로서 조정반에 소속된 자가 작성하여야 하는 것인 바, 여기서 조정반이란 대표자를 선임하여 지방국세청장의 지정을 받은 다음의 어느 하나에 해당하는 자를 말한다. 이 경우 세무사 등은 하나의 조정반에만 소속되어야 한다(법령 §97의 3 ①).

① 2명 이상의 세무사 등
② 세무법인
③ 회계법인
④ 변호사법에 따라 설립된 법무법인, 법무법인(유한) 또는 법무조합

2-4. 성실신고확인대상법인의 경우

2-4-1. 성실신고확인서 제출

성실신고확인대상법인은 성실한 납세를 위하여 법인세의 과세표준과 세액을 신고할 때, 상기 '2-2.'에서 열거한 제출서류에 더하여 법인세법 제112조 및 제116조에 따라 비치·기록된 장부와 증명서류에 의하여 계산한 과세표준금액의 적정성을 세무사 등이 확인하고 작성한 성실신고확인서[법칙 별지 제63호의 16 서식]를 납세지 관할 세무서장에게 제출하여야 한다(법법 §60의 2 ① 및 법령 §97의 4 ① 및 법칙 §82 ⑦ 3호의 16).

한편, 상기 세무사 등이란 세무사(세무사법 제20조의 2에 따라 등록한 공인회계사를 포함함), 세무법인 또는 회계법인을 말한다(법령 §97의 4 ①).

2-4-2. 성실신고확인대상법인

성실신고확인대상법인은 다음 중 어느 하나에 해당하는 내국법인을 말한다. 다만, 주식회사 등의 외부감사에 관한 법률 제4조에 따라 감사인에 의한 감사를 받은 내국법인은 제외한다(법법 §60의 2 ① 및 법령 §97의 4 ②, ③).

① 다음의 요건을 모두 갖춘 내국법인. 다만, 유동화전문회사 등에 대한 소득공제 적용대상

법인(법법 §51의 2 ① 각 호) 및 프로젝트금융투자회사에 대한 소득공제 적용대상 법인(조특법 §104의 31 ①)은 제외함(법령 §42 ②, §97의 4 ②)

가. 해당 사업연도 종료일 현재 내국법인의 지배주주 등(법령 §43 ⑦)이 보유한 주식 등의 합계가 해당 내국법인의 발행주식총수 또는 출자총액의 50%를 초과할 것

나. 해당 사업연도에 부동산 임대업을 주된 사업으로 하거나 다음의 금액 합계가 기업회계기준에 따라 계산한 매출액(㉠부터 ㉢까지의 금액이 포함되지 않은 경우에는 이를 포함하여 계산함)의 50% 이상일 것

㉠ 부동산 또는 부동산상의 권리의 대여로 인하여 발생하는 수입금액(조세특례제한법 제138조 제1항에 따라 익금에 가산할 금액을 포함함)

㉡ 소득세법 제16조 제1항에 따른 이자소득의 금액

㉢ 소득세법 제17조 제1항에 따른 배당소득의 금액

다. 해당 사업연도의 상시근로자 수가 5명 미만일 것

② 소득세법 제70조의 2 제1항에 따른 성실신고확인대상사업자가 사업용 유형자산 및 무형자산의 현물출자 및 사업의 양도・양수 등에 따라 내국법인으로 전환한 경우 그 내국법인(사업연도 종료일 현재 법인으로 전환한 후 3년 이내의 내국법인으로 한정함)

③ 위 ②에 따라 전환한 내국법인이 그 전환에 따라 경영하던 사업을 ②에서 정하는 방법으로 인수한 다른 내국법인(②에 따른 전환일부터 3년 이내인 경우로서 그 다른 내국법인의 사업연도 종료일 현재 인수한 사업을 계속 경영하고 있는 경우로 한정함)

2-4-3. 성실신고확인대상법인의 과세표준 및 세액 신고기한

내국법인이 성실신고확인서를 제출하는 경우에는 법인세의 과세표준과 세액의 신고를 1개월 연장하여 각 사업연도의 종료일이 속하는 달의 말일부터 4개월 이내에 납세지 관할 세무서장에게 하여야 한다(법법 §60 ①).

2-4-4. 성실신고확인대상법인에 대한 세액공제

성실신고확인대상법인이 성실신고확인서를 제출하는 경우 성실신고확인에 직접 사용한 비용의 60%에 해당하는 금액을 해당 사업연도의 법인세에서 공제하되, 그 한도는 150만원으로 한다(조특법 §126의 6 ① 및 조특령 §121의 6 ①).

2-4-5. 성실신고확인서 제출 불성실 가산세

성실신고확인대상인 내국법인이 각 사업연도의 종료일이 속하는 달의 말일부터 4개월 이내에 성실신고확인서를 납세지 관할 세무서장에게 제출하지 아니한 경우에는 다음 중 큰 금액을 가산세로 해당 사업연도의 법인세액에 더하여 납부하여야 한다(법법 §75 ①).

① 법인세 산출세액(법인세법 제55조의 2에 따른 토지등 양도소득에 대한 법인세액 및 조세특례제

한법 제100조의 32에 따른 투자·상생협력 촉진을 위한 과세특례를 적용하여 계산한 법인세액은 제외함)의 5%

② 수입금액의 0.02%

이 경우 법인세법 제66조에 따른 경정으로 법인세 산출세액이 0보다 크게 된 경우에는 경정된 산출세액을 기준으로 가산세를 계산하며, 산출세액이 없는 경우에도 성실신고확인서 제출 불성실 가산세를 적용한다(법법 §75 ②, ③).

2-5. 법인세 전자신고

2-5-1. 전자신고의 의의

전자신고란 과세표준신고서 등 국세기본법 또는 세법에 따른 신고 관련 서류를 국세청장이 정하여 고시하는 정보통신망(이하 "국세정보통신망")을 이용하여 신고하는 것을 말하며(국기법 §2 19호), 이 경우 해당 신고서 등이 국세청장에게 전송된 때에 신고된 것으로 본다(국기법 §5의 2 ②).

전자신고 또는 전자청구된 경우 과세표준신고 또는 과세표준수정신고와 관련된 서류 중 일부 서류의 제출기한을 연장할 수 있으며, 일부 서류는 제출하지 아니할 수 있다(법령 §97 ⑤ 및 국기법 §5의 2 ③). 제출기한의 연장 및 제출면제에 관한 자세한 내용은 후술한다. 외부회계감사대상법인 등 일부 법인은 결산보고서 및 부속명세서를 법인세법 제60조에 따른 과세표준 등의 신고 종료일로부터 10일 이내에 우편 등의 방법으로 제출하여야 한다(국기법 §5의 2 ③ 및 국세청고시 제2022-1호, 2022. 2. 1.). 이 경우 수동제출대상 서식이 없는 법인은 전자신고로 법인세 신고를 종결짓게 된다.

2-5-2. 전자신고방법

(1) 신고대상 법인 및 전자신고자

① 신고대상 법인 : 전자신고를 하고자 하는 모든 법인

② 전자신고자 : 전자신고를 하고자 하는 모든 법인 또는 외부조정 세무대리인 및 단순 신고 대리를 하는 세무대리인

(2) 신고방법 및 신고기한

① 국세청 홈택스 홈페이지(www.hometax.go.kr)에 접속하여 신고서 변환·전송

② 신고기한 : 법인세 법정신고기한

(3) 전자신고대상 서식

전자신고로 제출할 수 있는 서식은 국세청 홈택스 홈페이지에 게시되어 있으며, 전자신고로 제출이 불가능한 증빙서류 등 첨부서류는 관할세무서에 서면 또는 우편으로 제출하여야 한다.

(4) 전자신고 등에 대한 혜택

전자신고시 조세특례제한법 제104조의 8 제1항 내지 제3항의 규정에 의하여 전자신고세액공제를 받을 수 있다(해당 법인과 세무대리인이 중복으로 공제받을 수 없음).

① 해당 법인 : 법인세, 양도소득세(부가가치세)를 직접 전자신고하는 경우 2만원(1만원)

② 세무대리인 : 법인세, 양도소득세 대행시 2만원, 부가가치세 대행시 1만원[연간 300만원(세무·회계법인은 750만원)을 한도로 함]

2-5-3. 전자신고시 제출기한을 연장하는 서류

국세기본법 제5조의 2 제3항 및 동법 시행령 제1조의 3 제2항의 규정에 의하여 전자신고하는 법인세 과세표준 및 세액신고와 관련한 서류 중 제출기한을 10일 연장하는 서류는 다음과 같다(국세청고시 제2022-1호, 2022. 2. 1.).

(1) 다음 중 어느 하나에 해당하는 법인이 기업회계기준을 준용하여 작성한 재무상태표·포괄손익계산서 및 이익잉여금처분계산서(또는 결손금처리계산서)의 부속서류(결산보고서 및 부속명세서)

① 주식회사 등의 외부감사에 관한 법률 제4조에 따라 외부감사인에 의한 회계감사를 받아야 하는 법인

② 주식회사가 아닌 법인 중 직전 사업연도말의 자산총액이 100억원 이상인 법인(비영리법인은 수익사업부문에 한정하여 판정함)

③ 그 밖의 ① 및 ② 외의 법인으로서 해당 사업연도의 수입금액이 30억원 이상인 법인

(2) 위의 서류는 아래의 서식(법인세 전자신고시 제출기한을 연장하는 서류 고시 [별지 제1호 서식])에 의하여 제출하거나 국세청 홈택스를 통해 전자제출하여야 한다.

법인세 전자신고에 따른 제출기한 연장 서류 제출	
수 신 : 세무서장 참 조 : 법인세과장(재산법인세과장 또는 세원관리과장) 법인세 과세표준 및 세액을 전자신고 함에 따라 전자적으로 제출할 수 없는 재무상태표 · 포괄손익계산서 및 이익잉여금처분 계산서(또는 결손금처리계산서)의 부속서류를 붙임과 같이 제출합니다. 아 래 1. 인적사항 ○ 법 인 명 : ○ 사업자등록번호 : ○ 대 표 자 : ○ 법인등록번호 : ○ 전화번호 : ○ 소 재 지 : 2. 첨부서류 ○ ○ ○	
20 . . . 제 출 자 : (서명 또는 인) 사용자ID : 사업자등록번호 : 법 인 명 : (인)	

2-5-4. 전자신고시 제출제외 서류

국세기본법 제2조 제19호에 따른 전자신고로 해당 사업연도의 소득에 대한 과세표준과 세액을 신고한 법인은 다음 표의 서류를 제출하지 아니할 수 있다(법령 §97 ⑤ 단서). 다만, ① 주식회사 등의 외부감사에 관한 법률 제2조 제7호에 따라 외부의 감사인에 의한 회계감사를 받아야 하는 법인, ② 주식회사 외의 법인으로서 직전 사업연도말의 자산총액이 100억원(비영리법인은 수익사업부문에 한정하여 판단) 이상인 법인, ③ 해당 사업연도의 수입금액이 30억원 이상인 법인은 다음 표의 서류 중 기업회계기준을 준용하여 작성한 재무제표의 부속서류(연번 21) 외의 서류를 제출하지 아니할 수 있다(법칙 §82 ③).

한편, 제출하지 아니한 서류가 신고내용의 분석 등에 필요하여 납세지 관할 세무서장 또는 관할 지방국세청장이 서면으로 그 제출을 요구하는 경우에는 이를 제출하여야 한다(법령 §97 ⑥).

연 번	서식명	근거규정
1	비과세소득명세서	법인세법 시행규칙 별지 제6호
2	익금불산입조정명세서	법인세법 시행규칙 별지 제6호의 2
3	공제감면세액계산서(2)	법인세법 시행규칙 별지 제8호 부표 2
4	외국 Hybrid 사업체를 통한 국외투자 관련 외국납부세액공제 명세서	법인세법 시행규칙 별지 제8호 부표 5의 5
5	임대보증금 등의 간주익금조정명세서	법인세법 시행규칙 별지 제18호
6	가지급금 등의 인정이자 조정명세서(을)	법인세법 시행규칙 별지 제19호(을)
7	유형자산감가상각비 조정명세서(정률법)	법인세법 시행규칙 별지 제20호(1)
8	유형 · 무형자산감가상각비 조정명세서(정액법)	법인세법 시행규칙 별지 제20호(2)
9	감가상각비신고조정명세서	법인세법 시행규칙 별지 제20호(3)
10	기업업무추진비조정명세서(갑)(을)	법인세법 시행규칙 별지 제23호(갑)(을)
11	건설자금이자조정명세서	법인세법 시행규칙 별지 제25호
12	업무무관부동산 등에 관련한 차입금이자조정명세서(을)	법인세법 시행규칙 별지 제26호(을)
13	책임준비금(비상위험준비금, 해약환급금준비금) 명세서	법인세법 시행규칙 별지 제28호
14	퇴직급여충당금 조정명세서	법인세법 시행규칙 별지 제32호
15	퇴직연금부담금 조정명세서	법인세법 시행규칙 별지 제33호
16	(국고보조금등/공사부담금)사용계획서	법인세법 시행규칙 별지 제36호
17	보험차익사용계획서	법인세법 시행규칙 별지 제37호
18	(재고자산/유가증권)평가조정명세서	법인세법 시행규칙 별지 제39호
19	외화자산 등 평가차손익조정명세서(갑)(을)	법인세법 시행규칙 별지 제40호(갑)(을)
20	국제선박양도차익의 손금산입조정명세서	법인세법 시행규칙 별지 제45호
21	재무상태표 · 포괄손익계산서 및 이익잉여금처분계산서(또는 결손금처리계산서)의 부속서류	법인세법 시행규칙 제82조 제1항 제56호

관련사례

- 피합병법인의 법인세 과세표준 신고
  내국법인이 사업연도 기간 중에 합병에 의하여 소멸한 경우에 그 사업연도의 개시일로부터 합병등기일까지의 기간을 그 소멸한 법인(피합병법인)의 1사업연도로 보아 법인세법 제60조의 규정에 의하여 법인세를 신고할 경우 법인세신고서 및 신고서에 첨부되는 재무제표에 표시한 명칭은 피합병법인으로 함(법기통 60-0…1).
- 주주총회의 결의를 받지 않은 재무제표를 첨부하여 신고가 가능한지 여부
  법인이 작성한 대차대조표, 손익계산서 및 이익잉여금처분계산서 등을 주주총회 승인절차를 거치지 아니하고 법인세법상 신고기한 내에 법인세과세표준 및 세액신고서에 첨부하여

제출한 경우 당해 대차대조표 등이 기업회계기준을 적용하여 작성된 경우에는 이를 적법한 신고로 보는 것임(서면2팀-182, 2007. 1. 25.).

- 법인의 합병과 재무제표의 첨부
  매수법에 의하여 합병이 이루어진 경우 각각의 법인(합병법인, 피합병법인)의 사업연도를 기준으로 작성된 재무제표를 첨부하여야 하는 것임(서면2팀-990, 2005. 7. 4.).
- 첨부서류의 기업회계기준 준용 여부
  법인세 과세표준 신고시에 첨부하는 재무제표는 기업회계기준을 준용하여 작성하는 것으로 수입금액의 계정분류 및 금액계산에 대하여는 일반적으로 공정 · 타당하다고 인정되는 기업회계기준에 따라 처리함(법인 46012-1743, 1997. 6. 27.).

3. 법인세 등의 납부

3-1. 법인세의 납부

3-1-1. 일반적인 납부

법인은 각 사업연도의 소득에 대한 법인세 산출세액에서 다음의 법인세액(가산세는 제외)을 공제한 금액을 각 사업연도의 소득에 대한 법인세로서 과세표준 신고기한까지 납세지 관할 세무서 · 한국은행(그 대리점 포함) 또는 체신관서에 납부하여야 한다(법법 §64 ① 및 법령 §101 ①).

① 해당 사업연도의 감면세액 · 세액공제액
② 해당 사업연도의 중간예납세액
③ 해당 사업연도의 수시부과세액
④ 해당 사업연도에 원천징수된 세액

3-1-2. 분 납

납부할 세액이 1천만원을 초과하는 경우에는 다음과 같이 납부할 세액의 일부를 납부기한이 지난 날부터 1개월(중소기업의 경우에는 2개월) 이내에 분납할 수 있다(법법 §64 ② 및 법령 §101 ②).

구 분	분납할 수 있는 금액
① 납부할 세액이 2천만원 이하인 경우	1천만원을 초과하는 금액
② 납부할 세액이 2천만원을 초과하는 경우	그 세액의 50% 이하의 금액

3-1-3. 납부기한의 연장

납세자가 다음 중 어느 하나에 해당하는 사유로 국세를 납부기한까지 납부할 수 없다고 인정되는 경우 관할 세무서장은 납부기한을 연장(세액을 분할하여 납부하도록 하는 것을 포함)할 수 있으며, 그 사실을 즉시 납세자에게 통지하여야 한다(국징법 §13 ①, ③ 및 국징령 §11). 납세자 역시 같은 사유로 납부기한의 연장을 신청할 수 있으며(국징법 §13 ②), 이 경우 관할 세무서장은 납부기한의 만료일까지 납세자에게 그 승인 여부를 통지하여야 한다(국징법 §13 ④). 만약 납세자가 납부기한의 만료일 10일 전까지 납부기한의 연장 신청을 하였으나 관할 세무서장이 그 신청일부터 10일 이내에 승인 여부를 통지하지 아니한 경우에는 신청일부터 10일이 되는 날에 신청을 승인한 것으로 본다(국징법 §13 ⑤). 한편, 납부기한의 연장시 관할 세무서장은 그 연장과 관계되는 금액에 상당하는 납세담보의 제공을 요구할 수 있다. 다만, 납세자가 사업에서 심각한 손해를 입거나 그 사업이 중대한 위기에 처한 경우로서 관할 세무서장이 그 연장된 납부기한까지 해당 국세를 납부할 수 있다고 인정하는 경우, 아래 '① 또는 ④의 나, 다'의 사유에 해당하는 경우 및 앞선 두 가지 경우와 유사한 사유에 해당하는 경우 중 하나에 해당한다면 그러하지 아니하다(국징법 §15).

① 납세자가 재난 또는 도난으로 재산에 심한 손실을 입은 경우
② 납세자가 경영하는 사업에 현저한 손실이 발생하거나 부도 또는 도산의 우려가 있는 경우
③ 납세자 또는 그 동거가족이 질병이나 중상해로 6개월 이상의 치료가 필요한 경우 또는 사망하여 상중인 경우
④ 그 밖에 납세자가 국세를 납부기한 등까지 납부하기 어렵다고 인정되는 다음의 경우
  가. 권한 있는 기관에 장부나 서류 또는 그 밖의 물건이 압수 또는 영치된 경우 및 이에 준하는 경우
  나. 정전, 프로그램의 오류, 그 밖의 부득이한 사유로 다음 어느 하나에 해당하는 정보처리장치나 시스템을 정상적으로 가동시킬 수 없는 경우
    ㉠ 한국은행법에 따른 한국은행(그 대리점을 포함)
    ㉡ 우체국예금·보험에 관한 법률에 따른 체신관서
  다. 금융회사 등·체신관서의 휴무, 그 밖에 부득이한 사유로 정상적인 국세 납부가 곤란하다고 국세청장이 인정하는 경우
  라. 세무사법 제2조 제3호에 따라 납세자의 장부 작성을 대행하는 세무사(같은 법 제16조의 4에 따라 등록한 세무법인을 포함) 또는 같은 법 제20조의 2 제1항에 따라 세무대리업무등록부에 등록한 공인회계사(공인회계사법 제24조에 따라 등록한 회계법인을 포함)가 화재, 전화, 그 밖의 재해를 입거나 해당 납세자의 장부(장부 작성에 필요한 자료를 포함)를 도난당한 경우
  마. 상기 ①~③에 준하는 사유가 있는 경우

관할 세무서장은 납부기한의 연장을 하는 경우 그 연장 기간을 연장한 날의 다음 날부터 9개월 이내로 정하며, 연장 기간 중의 분납기한 및 분납금액을 정할 수 있다. 이 경우 관할 세무서장은 연장 기간이 6개월을 초과하는 경우에는 가능한 한 연장 기간 시작 후 6개월이

지난 날부터 3개월 이내에 균등액을 분납할 수 있도록 정해야 한다(국징령 §12 ①).

상기 국세징수법 시행령 제12조 제1항에서 규정하는 기간에도 불구하고 관할 세무서장은 다음의 어느 하나에 해당하는 지역에 사업장을 가진 자가 상기 '①, ②, ③ 및 ④의 마'의 사유로 납부기한연장을 신청하는 경우(같은 사유로 국세징수법 시행령 제12조 제1항에 따라 납부기한의 연장을 받고 그 연장 기간 중에 신청하는 경우를 포함) 그 연장의 기간을 연장한 날의 다음 날부터 2년(국세징수법 시행령 제12조 제1항에 따라 연장받은 기간에 대해서는 연장을 받은 기간을 포함하여 산정) 이내로 정할 수 있고, 연장 기간 중의 분납기한 또는 분납금액을 정할 수 있다(국징령 §12 ②).

① 고용정책 기본법 제32조의 2 제2항에 따라 선포된 고용재난지역
② 고용정책 기본법 시행령 제29조 제1항에 따라 지정·고시된 지역
③ 지역 산업위기 대응 및 지역경제 회복을 위한 특별법 제10조 제1항에 따라 지정된 산업위기대응특별지역
④ 재난 및 안전관리 기본법 제60조 제3항에 따라 선포된 특별재난지역(선포된 날부터 2년으로 한정)

3-2. 법인지방소득세의 납부

3-2-1. 신고 및 납부

(1) 확정신고와 납부

내국법인은 각 사업연도의 종료일이 속하는 달의 말일부터 4개월 이내에 그 사업연도의 소득에 대한 법인지방소득세의 과세표준과 세액을 납세지 관할 지방자치단체의 장에게 신고·납부하여야 한다(지법 §103의 23 ① 및 ③). 한편, 연결모법인의 경우에는 각 연결사업연도의 종료일이 속하는 달의 말일부터 5개월 이내에 각 연결사업연도의 소득에 대한 법인지방소득세 과세표준과 각 연결사업연도의 소득에 대한 연결법인별 법인지방소득세 산출세액을 각 연결사업연도의 소득에 대한 법인지방소득세 과세표준 및 세액신고서에 따라 연결법인별 납세지 관할 지방자치단체의 장에게 신고하여야 한다(지법 §103의 37 ①).

(2) 분납

납부할 세액이 1백만원을 초과하는 내국법인과 연결모법인은 다음과 같이 납부할 세액의 일부를 납부기한이 지난 후 1개월(조특법 §6 ①에 따른 중소기업의 경우에는 2개월) 이내에 분납할 수 있다(지법 §103의 23 ④, §103의 37 ⑤ 및 지령 §100의 13 ③, §100의 25 ④).

구 분	분납할 수 있는 금액
① 납부할 세액이 1백만원 초과 2백만원 이하인 경우	1백만원을 초과하는 금액
② 납부할 세액이 2백만원을 초과하는 경우	그 세액의 50% 이하의 금액

(3) 수정신고 등

상기 '(1)'에 따라 법인지방소득세를 신고한 내국법인이 신고내용을 수정신고하는 경우에는 납세지를 관할하는 지방자치단체의 장에게 해당 내용을 신고하고 추가납부세액이 발생하는 경우 이를 납부하여야 한다(지법 §103의 24 ①, ③).

또한 내국법인이 신고·납부한 법인지방소득세의 납세지 또는 지방자치단체별 안분세액에 오류가 있음을 발견하였을 때에는 지방자치단체의 장이 보통징수의 방법으로 부과고지를 하기 전까지 관할 지방자치단체의 장에게 수정신고, 경정 등의 청구 또는 기한 후 신고를 할 수 있으며, 이때 수정신고 또는 기한 후 신고를 통하여 추가납부세액이 발생하는 경우 이를 납부하여야 하고(무신고가산세, 과소신고가산세·초과환급신고가산세 및 납부지연가산세는 적용하지 않음), 환급세액이 발생하는 경우에는 지방세기본법 제62조에 따른 지방세환급가산금은 지급하지 않는다(지법 §103의 24 ②, ③, ④).

한편, 둘 이상의 지방자치단체에 사업장이 있는 법인은 신고한 과세표준에 대하여 해당 사업연도의 종료일 현재 본점 또는 주사무소의 소재지를 관할하는 지방자치단체의 장에게 일괄하여 경정 등의 청구를 할 수 있다. 이 경우 본점 또는 주사무소의 소재지를 관할하는 지방자치단체의 장은 해당 법인이 청구한 내용을 다른 사업장의 소재지를 관할하는 지방자치단체의 장에게 통보하여야 하며, 이때 경정 등의 청구를 하려는 법인은 지방세 과세표준 및 세액 등의 결정 또는 경정 청구서(지기칙 별지 제14호 서식)를 납세지별로 각각 작성하여 해당 사업연도의 종료일 현재 본점 또는 주사무소의 소재지를 관할하는 지방자치단체의 장에게 일괄하여 제출해야 한다(지법 §103의 24 ⑤ 및 지령 §100의 14 ③).

둘 이상의 지방자치단체에 사업장이 있는 법인이 사업장 소재지를 관할하는 지방자치단체의 장에게 각각 신고납부하지 않고 하나의 지방자치단체의 장에게 일괄하여 과세표준 및 세액을 확정신고(수정신고를 포함)한 경우에는 무신고가산세(지방세법 §53 ①에 따른 무신고납부세액의 10%에 상당하는 금액으로 함), 과소신고가산세·초과환급가산세 및 납부지연가산세의 적용대상에 해당하는 한편, 환급세액에 대한 지방세환급가산금은 지급하지 않는다(지법 §103의 24 ⑥).

개 정

○ 안분대상 법인이 하나의 지자체에만 일괄 신고한 경우 무신고가산세율 50% 감경(지법 §103의 24 ⑥)
  ➡ 2023년 1월 1일 이후 개시하는 사업연도의 법인지방소득세를 신고·납부하는 경우부터 적용

(4) 결정과 경정

내국법인이 상기 '(1)'에 따른 신고를 하지 않거나 신고 내용에 오류 또는 누락이 있는 경우에는 납세지 관할 지방자치단체의 장이 해당 사업연도의 과세표준과 세액을 결정 또는 경정하여 그 내용을 해당 내국법인에게 서면으로 통지하여야 한다(지법 §103의 25 ①, ④).

3-2-2. 납세지 및 지방소득세의 안분

법인지방소득세는 사업연도 종료일 현재의 법인세의 납세지를 관할하는 지방자치단체에 신고·납부하여야 한다. 다만, 법인 또는 연결법인이 둘 이상의 지방자치단체에 사업장이 있는 경우에는 각각의 사업장 소재지를 납세지로 한다(지법 §89 ①).

이때, 둘 이상의 지방자치단체에 법인의 사업장이 있는 경우 또는 각 연결법인의 사업장이 있는 경우에는 다음의 안분율에 따라 법인지방소득세를 안분하여야 한다(지법 §89 ② 및 지령 §88 ①). 이 경우 같은 특별시·광역시 안의 둘 이상의 구에 사업장이 있는 법인은 해당 특별시·광역시에 납부할 법인지방소득세를 본점 또는 주사무소의 소재지(연결법인의 경우에는 모법인의 본점 또는 주사무소)를 관할하는 구청장에게 일괄하여 신고·납부하여야 한다. 다만, 특별시·광역시 안에 법인의 본점 또는 주사무소가 없는 경우에는 해당 특별시 또는 광역시 안에 소재하는 사업장 중 지방세법 시행령 제78조의 3에 따른 종업원의 수가 가장 많은 사업장의 소재지를 관할하는 구청장에게 신고·납부한다. 이 때, 종업원 수가 가장 많은 사업장이 둘 이상인 경우에는 그 중 아래 안분율이 가장 큰 사업장을 말한다(지령 §88 ④ 및 지칙 §39).

지방자치단체별 법인지방소득세 안분율

$$\left[\frac{\text{관할 지방자치단체 안 종업원수}}{\text{법인의 총 종업원수}} + \frac{\text{관할 지방자치단체 안 건축물 연면적}}{\text{법인의 총 건축물 연면적}}\right] \div 2$$

이 경우 종업원 수와 건축물 연면적의 계산은 각 사업연도 종료일 현재 다음에 따른다. 이때, 사업장으로 직접 사용하는 건축물이 둘 이상의 지방자치단체에 걸쳐있는 경우에는 해당 지방자치단체별 건축물 연면적 비율에 따라 종업원 수와 건축물의 연면적을 계산하며, 구체적 안분방법은 법인지방소득세 안분계산 시 세부 적용기준(지방세법 시행규칙 별표 4)을 적용하여 계산한다(지령 §88 ② 및 지칙 §38의 5).

① 종업원 수 : 지방세법 제74조 제8호에 따른 종업원의 수
② 건축물 연면적 : 사업장으로 직접 사용하는 건축법 제2조 제1항 제2호에 따른 건축물(이와 유사한 형태의 건축물을 포함)의 연면적으로 하되, 구조적 특성상 연면적을 정하기 곤란한 기계장치 또는 시설물(수조·저유조·저장창고·저장조·송유관·송수관 및 송전철탑만 해당)의 경우에는 그 수평투영면적을 연면적으로 함.

3-2-3. 가산세

법인지방소득세의 납세의무자가 신고 또는 납부의무를 다하지 아니한 때에는 다음과 같이 계산한 신고불성실가산세와 납부지연가산세가 부과된다.

① 무신고가산세(과세표준을 신고하지 아니한 때)(지기법 §53)
: 무신고납부세액(*1) × 20%(단, 사기나 그 밖의 부정한 행위로 신고하지 아니한 경우는 40%)

② 과소신고가산세 · 초과환급신고가산세(납부세액을 적게 신고 또는 환급세액을 많이 신고한 때) (지기법 §54)
: 과소신고납부세액 등(*1) × 10%(단, 사기나 그 밖의 부정한 행위로 과소신고 · 초과환급신고한 분은 40%)

③ 납부지연가산세(납부하지 아니하거나 납부하여야 할 세액보다 적게 납부한 때 또는 환급받아야 할 세액보다 많이 환급받은 때)(지기법 §55)
: 다음 ㉠~㉣을 합한 금액으로 함.

㉠ 법정납부기한까지 납부하지 아니한 세액 또는 과소납부분 세액(*2) × 법정납부기한의 다음 날부터 자진납부일 또는 납세고지일까지의 일수 × 22/100,000(*4)

㉡ 초과환급분 세액(*2) × 환급받은 날의 다음 날부터 자진납부일 또는 납세고지일까지의 일수 × 22/100,000(*4)

㉢ 납세고지서에 따른 납부기한까지 납부하지 아니한 세액 또는 과소납부분 세액(*3) × 3/100

㉣ 다음 계산식에 따라 납세고지서에 따른 납부기한이 지난 날부터 1개월이 지날 때마다 계산한 금액(*5)
납부하지 아니한 세액 또는 과소납부분 세액(*3) × 66/10,000

※ ㉠, ㉡은 납부하지 아니한 세액, 과소납부분세액 · 초과환급분세액의 75%를 한도로 함.

(*1) 지방세기본법과 지방세관계법에 따른 가산세와 가산하여 납부하여야 할 이자상당액이 있는 경우 그 금액은 제외함.

(*2) 지방세관계법에 따라 가산하여 납부하여야 할 이자상당액이 있는 경우 그 금액을 더함.

(*3) 지방세관계법에 따라 가산하여 납부하여야 할 이자상당액이 있는 경우 그 금액을 더하고, 가산세는 제외함.

(*4) 2022년 6월 7일부터 시행하되, 2022년 6월 6일 이전에 납세의무가 성립한 납부지연가산세를 2022년 6월 7일 이후 납부하는 경우, 2022년 6월 6일 이전의 기간분에 대한 납부지연가산세 계산에 적용되는 이자율은 종전 규정(1일당 0.025%)을 따르고, 2022년 6월 7일 이후의 기간분에 대한 납부지연가산세 계산에 적용되는 이자율은 개정 규정(1일당 0.022%)을 적용함.

(*5) 가산세를 부과하는 기간은 60개월(1개월 미만은 없는 것으로 봄)을 초과할 수 없음.

개 정

○ 납부지연 제재 성격의 납부불성실가산세와 가산금을 납부지연가산세로 통합(지기법 §55)
➡ 2024년 1월 1일부터 시행. 다만, 2023년 12월 31일 이전에 납세의무가 성립된 분에 대해서는 종전의 규정에 따름. 또한 2023년 12월 31일 이전에 제2차 납세의무 규정(지기법 §45~§48)에 따른 주된 납세자의 납세의무가 성립한 경우의 제2차 납세의무자에 대해서도 또한 같음.

3-3. 농어촌특별세의 납부

법인세에 대한 농어촌특별세는 다음의 세액을 법인세 신고납부기한 내에 법인의 본점 또는 주사무소 관할 세무서에 신고·납부하여야 한다. 농어촌특별세에 대한 자세한 내용은 제4편 제9장을 참조하기로 한다.

법인세에 대한 농어촌특별세 = 조세특례제한법에 의한 법인세 감면세액×20%

6

제6장

수정신고와 경정청구

수정신고와 경정청구

관련 법령	• 국기법 §45, §45의 2, §45의 3, §46 • 국기령 §25, §25의 2, §25의 3, §25의 4, §26 • 국기칙 §12, §12의 2

관련 서식	• 국세기본법 시행규칙 [별지 제16호 서식] 과세표준수정신고서 및 추가자진납부계산서 [별지 제16호의 2 서식] 과세표준 및 세액의 결정(경정)청구서

제6장

수정신고와 경정청구

6

1. 개 요

조세법은 고도의 전문성이 요구되며 사회 · 경제적 환경변화에 따라 수시로 변화한다. 그러므로 납세의무자의 적법한 세무신고를 항상 기대하는 것은 무리일 수 있다. 어떤 때는 과소신고납부로 인하여 세금을 추가로 납부하여야 하는 경우도 있을 수 있고, 어떤 때는 과다신고납부로 인하여 세금을 환급받아야 하는 경우도 발생할 수 있다. 이런 경우 납세의무자에게 자기보정의 기회를 주지 않는다면 자칫 신고납세제도의 본래 취지가 퇴색될 수도 있다.

따라서 우리 세법은 납세의무자의 성실한 납세의식 고취 및 신고납세제도의 원활한 운용을 위하여 이미 신고납부한 조세에 착오 · 오류 등이 있는 경우 납세의무자가 이를 스스로 수정하거나 수정을 요구할 수 있는 제도를 두고 있다.

2. 수정신고

2-1. 수정신고의 의의

"수정신고"란 이미 신고한 과세표준 및 세액이 과소하거나 그 내용이 불완전한 경우, 납세의무자가 이를 스스로 정정하는 신고를 말한다. 이러한 수정신고를 통해 과세관청은 행정력을 절감하고 납세의무자는 가산세 감면의 혜택을 받을 수 있게 된다.

2-2. 수정신고의 요건

법인세 과세표준신고서를 법정신고기한까지 제출한 자 및 기한후과세표준신고서를 제출한 자는 다음 중 어느 하나에 해당하는 경우 관할 세무서장이 각 세법에 따라 해당 국세의 과세표준과 세액을 결정 또는 경정하여 통지하기 전으로서 국세부과제척기간(국기법 §26의 2 ①~④)이 끝나기 전까지 과세표준수정신고서[국세기본법 시행규칙 별지 제16호 서식]를 제출할 수 있다(국기법 §45 ① 및 국기령 §25 ② 및 국기칙 §12).

① 과세표준신고서 또는 기한후과세표준신고서에 기재된 과세표준 및 세액이 세법에 따라 신고하여야 할 과세표준 및 세액에 미치지 못할 때
② 과세표준신고서 또는 기한후과세표준신고서에 기재된 결손금액 또는 환급세액이 세법에 따라 신고하여야 할 결손금액이나 환급세액을 초과할 때
③ 상기 ① 및 ② 외에 다음 중 어느 하나에 해당하는 사유로 불완전한 신고를 하였을 때(경정 등의 청구를 할 수 있는 경우는 제외)
가. 원천징수의무자가 정산 과정에서 소득세법 제73조 제1항 제1호부터 제7호까지의 어느 하나에 해당하는 자의 소득을 누락한 것
나. 세무조정 과정에서 국고보조금등(법법 §36 ①)과 공사부담금에 상당하는 금액(법법 §37 ①)을 익금과 손금에 동시에 산입하지 아니한 것
다. 적격합병, 적격분할, 적격물적분할 및 적격현물출자에 따른 양도차익에 대하여 과세를 이연받는 경우로서 세무조정 과정에서 양도차익의 전부 또는 일부에 상당하는 금액을 익금과 손금에 동시에 산입하지 아니한 것(다만, 정당한 사유 없이 과세특례를 신청하지 아니하고 경정할 것을 미리 알고 과세표준수정신고서를 제출한 경우는 제외)

과세표준수정신고서에는 당초 신고한 과세표준과 세액, 수정신고하는 과세표준과 세액 및 그 밖에 필요한 사항을 적어야 한다. 그리고 수정한 부분에 관하여 당초의 과세표준신고서에 첨부하여야 할 서류가 있는 경우에는 이를 수정한 서류를 첨부하여야 한다(국기령 §25 ①).

:: 수정신고 요건의 분석

• 법정신고기한

"법정신고기한"이라 함은 각 세법에 규정하는 과세표준과 세액에 대한 신고기한 또는 신고서의 제출기한을 말하며, 국세기본법에 의하여 신고기한이 연장된 경우에는 그 연장된 기한을 법정신고기한으로 본다(국기통 45-0…1).

• 과세표준과 세액을 결정 또는 경정하여 통지를 하기 전까지

"당해 국세의 과세표준과 세액을 결정 또는 경정하여 통지를 하기 전까지"란 당해 국세의 납세고지서가 납세자에게 도달되기 전까지를 말한다(징세 46101-1651, 2000. 11. 28.). 따라서, 세무조사 결과통지를 받은 경우에도 당해 국세의 과세표준과 세액을 결정 또는 경정하여 통지를 하기 전이므로 수정신고가 가능하다(징세 46101-2938, 1997. 11. 10.).

2-3. 수정신고에 의한 가산세 감면

과세표준신고서를 법정신고기한까지 제출하고 법정신고기한이 지난 후 2년 이내에 국세기본법 제45조에 따라 수정신고한 자에 대하여는 최초의 과소신고로 인하여 부과하여야 할 가산

세(과소신고가산세 · 초과환급신고가산세 · 영세율과세표준 신고불성실가산세)에 다음의 비율을 곱한 세액을 경감한다. 다만, 과세표준과 세액을 경정할 것을 미리 알고 과세표준수정신고서를 제출한 경우에는 그러하지 아니하다(국기법 §48 ② 1호).

법정신고기한 지난 후	감면비율
1개월 이내	90%
1개월 초과 3개월 이내	75%
3개월 초과 6개월 이내	50%
6개월 초과 1년 이내	30%
1년 초과 1년 6개월 이내	20%
1년 6개월 초과 2년 이내	10%

2-4. 수정신고에 따른 추가자진납부

세액을 자진납부하는 국세에 관하여 과세표준수정신고서를 제출하는 납세자는 이미 납부한 세액이 과세표준수정신고액에 상당하는 세액에 미치지 못할 때에는 그 부족한 금액과 국세기본법 또는 세법에서 정하는 가산세를 추가하여 납부하여야 한다.

과세표준신고서를 법정신고기한까지 제출하였으나 과세표준신고액에 상당하는 세액의 전부 또는 일부를 납부하지 아니한 자는 그 세액과 국세기본법 또는 세법에서 정하는 가산세를 세무서장이 고지하기 전에 납부할 수 있다(국기법 §46).

3. 경정청구

3-1. 경정청구의 의의

"경정청구"란 이미 신고 · 결정 · 경정된 과세표준 및 세액이 과다한 경우, 과세관청으로 하여금 이를 정정하여 결정 또는 경정하도록 요구하는 납세의무자의 청구를 말한다. 이러한 경정청구를 통해 납세의무자는 부당하게 과다납부한 세액에 대하여 구제받을 수 있게 된다.

경정청구는 일반적인 경정청구, 후발적 사유로 인한 경정청구 및 원천징수의무자 등의 경정청구로 분류할 수 있는 바, 이하에서 나누어 설명하도록 한다.

3-2. 일반적인 경정청구

3-2-1. 요 건

과세표준신고서를 법정신고기한까지 제출한 자 또는 기한후과세표준신고서를 제출한 자는 다음 중 어느 하나에 해당할 때에는 법정신고기한이 지난 후 5년 이내에 최초신고 및 수정신고한 국세의 과세표준 및 세액의 결정 또는 경정을 관할 세무서장에게 청구할 수 있다. 다만, 결정 또는 경정으로 인하여 증가된 과세표준 및 세액에 대하여는 해당 처분이 있음을 안 날(처분의 통지를 받은 때에는 그 받은 날)부터 90일 이내(법정신고기한이 지난 후 5년 이내에 한함)에 경정을 청구할 수 있다(국기법 §45의 2 ①).

① 과세표준신고서 또는 기한후과세표준신고서에 기재된 과세표준 및 세액(각 세법에 따라 결정 또는 경정이 있는 경우에는 해당 결정 또는 경정 후의 과세표준 및 세액)이 세법에 따라 신고하여야 할 과세표준 및 세액을 초과할 때

② 과세표준신고서 또는 기한후과세표준신고서에 기재된 결손금액 또는 환급세액(각 세법에 따라 결정 또는 경정이 있는 경우에는 해당 결정 또는 경정 후의 결손금액 또는 환급세액)이 세법에 따라 신고하여야 할 결손금액 또는 환급세액에 미치지 못할 때

3-2-2. 경정 등의 통지

결정 또는 경정의 청구를 받은 세무서장은 그 청구를 받은 날부터 2개월 이내에 과세표준 및 세액을 결정 또는 경정하거나 결정 또는 경정하여야 할 이유가 없다는 뜻을 그 청구를 한 자에게 통지하여야 한다. 다만, 청구를 한 자가 2개월 이내에 아무런 통지(아래 3-2-3의 통지는 제외)를 받지 못한 경우에는 통지(아래 3-2-3의 통지는 제외)를 받기 전이라도 그 2개월이 되는 날의 다음 날부터 불복(이의신청, 심사청구, 심판청구 또는 감사원 심사청구)을 제기할 수 있다(국기법 §45의 2 ③).

3-2-3. 경정청구 처리지연시 진행상황 등 통지

경정청구를 받은 세무서장은 청구를 받은 날부터 2개월 이내에 과세표준 및 세액의 결정 또는 경정이 곤란한 경우에는 청구를 한 자에게 다음을 통지하여야 한다(국기법 §45의 2 ④).

① 관련 진행상황

② 경정청구 처리결과 통지 기한(경정청구받은 날로부터 2개월이 되는 날)의 익일부터 불복(이의신청, 심사청구, 심판청구 또는 감사원 심사청구)을 제기할 수 있다는 사실

관련사례

- 이월결손금 보전에 충당하는 자산수증이익 등에 대해 세무조정 누락시 경정청구 가능 여부
  당초 자산수증이익 등이 발생한 사업연도에 이를 이월결손금 보전에 충당한다는 뜻을 표시하거나 세무조정계산서에 익금불산입하지 아니하였더라도 추후 경정청구에 의해 자산수증이익 등을 익금불산입할 수 있음(대법 2012두 16121, 2012. 11. 29.).
- 재무제표의 수정이 수정신고 또는 경정청구의 근거가 될 수 있는지 여부
  법인이 당초 적법한 절차에 따라 결산을 확정하고 과세표준신고를 한 후에는 법인세 과세표준신고서에 첨부한 재무제표를 수정하고 이를 근거로 수정신고 또는 경정청구를 할 수는

없음(서면2팀-268, 2008. 2. 12.).

• 감가상각비 신고조정 특례(법법 §23 ②)를 적용하지 않은 경우 경정청구 가능 여부

한국채택국제회계기준을 적용하는 내국법인이 법인세법 제23조 제2항에 따른 감가상각비 신고조정 특례규정을 적용하지 않고 법인세 과세표준 및 세액을 신고한 경우에는 경정청구를 통하여 감가상각비 신고조정 특례규정을 적용할 수 있는 것임(사전-2016-법령해석법인-0337, 2016. 9. 29.).

• 감가상각부인액을 손금으로 추인하지 아니한 경우 경정청구 가능 여부

감가상각부인액을 이후 사업연도에 시인부족액 범위 내에서 손금으로 추인하지 아니하고 각 사업연도의 소득금액을 계산한 경우에는 경정청구할 수 있는 것임(서면2팀-2184, 2005. 12. 28.).

• 경정청구를 통해 적용받을 조세특례조항이 변경 가능한지 여부

과세표준신고서를 법정신고기한 내에 제출한 자로서 당해 사업연도에 적용하였던 조세특례제한법 규정의 세액감면을 변경하여 다른 조세지원을 적용하고자 할 경우 경정청구를 할 수 있는 것임(서면1팀-909, 2005. 7. 23.).

• 과세관청의 직권 경정

경정청구기간이 도과된 경우에도 소관세무서장은 과다신고납부한 사실이 확인되면 국세부과제척기간 내에 직권으로 경정할 수 있는 것임(서면1팀-1025, 2004. 7. 26.).

• 경정청구에 의한 준비금의 손금산입 가능 여부

법정신고기한 내에 과세표준신고서를 제출한 법인이 임시주주총회를 열어 해당 과세연도의 이익잉여금 재처분을 의결한 후 재무제표를 수정하여 연구 및 인력개발준비금을 적립한 경우 수정신고 또는 경정청구를 할 수 있음(재조특-236, 2010. 3. 9.).

3-3. 후발적 사유로 인한 경정청구

3-3-1. 요 건

과세표준신고서를 법정신고기한까지 제출한 자 또는 국세의 과세표준 및 세액의 결정을 받은 자는 다음 중 어느 하나에 해당하는 사유가 발생하였을 때에는 그 사유가 발생한 것을 안 날부터 3개월 이내에 결정 또는 경정을 청구할 수 있다(국기법 §45의 2 ② 및 국기령 §25의 2). 이는 일반적인 경정청구기한에도 불구하고 당초 신고시 예측하기 어려웠던 후발적 사유가 발생한 경우, 특정한 후발적 사유에 한하여 다시 납세자가 그 시정을 요구할 수 있는 법적 권리를 부여하기 위한 제도이다.

① 최초의 신고·결정 또는 경정에서 과세표준 및 세액의 계산 근거가 된 거래 또는 행위 등이 그에 관한 제7장에 따른 심사청구, 심판청구, 「감사원법」에 따른 심사청구에 대한 결정이나 소송에 대한 판결(판결과 같은 효력을 가지는 화해나 그 밖의 행위를 포함)에 의하여 다른 것으로 확정되었을 때

② 소득이나 그 밖의 과세물건의 귀속을 제3자에게로 변경시키는 결정 또는 경정이 있을 때
③ 조세조약에 따른 상호합의가 최초의 신고·결정 또는 경정의 내용과 다르게 이루어졌을 때
④ 결정 또는 경정으로 인하여 그 결정 또는 경정의 대상이 된 과세표준 및 세액과 연동된 다른 세목(같은 과세기간으로 한정한다)이나 연동된 다른 과세기간(같은 세목으로 한정한다)의 과세표준 또는 세액이 세법에 따라 신고하여야 할 과세표준 또는 세액을 초과할 때
⑤ 위 ①부터 ④까지와 유사한 사유로서 다음 중 어느 하나에 해당하는 사유가 해당 국세의 법정신고기한이 지난 후에 발생하였을 때
   가. 최초의 신고·결정 또는 경정을 할 때 과세표준 및 세액의 계산 근거가 된 거래 또는 행위 등의 효력과 관계되는 관청의 허가나 그 밖의 처분이 취소된 경우
   나. 최초의 신고·결정 또는 경정을 할 때 과세표준 및 세액의 계산 근거가 된 거래 또는 행위 등의 효력과 관계되는 계약이 해제권의 행사에 의하여 해제되거나 해당 계약의 성립 후 발생한 부득이한 사유로 해제되거나 취소된 경우
   다. 최초의 신고·결정 또는 경정을 할 때 장부 및 증거서류의 압수, 그 밖의 부득이한 사유로 과세표준 및 세액을 계산할 수 없었으나 그 후 해당 사유가 소멸한 경우
   라. 위 가.부터 다.까지와 유사한 사유에 해당하는 경우

3-3-2. 경정 등의 통지

일반적인 경정청구의 경우와 같다.

3-3-3. 경정청구 처리지연시 진행상황 등 통지

일반적인 경정청구의 경우와 같다.

관련사례

- **과세관청의 경정으로 인한 손금의 귀속사업연도 변경이 후발적 사유인지 여부**
  과세관청의 법인세 경정으로 당해 경정의 대상이 되는 사업연도의 손금이 다른 사업연도에 귀속하게 되어 그 다른 사업연도에 대하여 최초에 신고한 국세의 과세표준 및 세액이 과다한 경우, 그 사유가 발생한 것을 안 날부터 2월 이내에 경정을 청구할 수 있음(서면1팀-258, 2006. 2. 27.).
- **분쟁에 대한 판결시 국세부과제척기간 이후 후발적 사유로 인한 경정청구가 가능한지 여부**
  최초에 신고하거나 결정 또는 경정한 과세표준 및 세액의 계산근거가 된 거래 또는 행위 등에 대하여 분쟁이 생겨 그에 관한 판결에 의하여 다른 것으로 확정된 때에는, 납세의무자는 국세부과권의 제척기간이 경과한 후라도 경정청구를 할 수 있음(대법 2005두 7006, 2006. 1. 26.).

3-4. 원천징수로 납세의무가 종결되는 소득에 대한 경정청구 특례

다음의 원천징수대상자 및 그 원천징수의무자가 소득세 또는 법인세를 원천징수(또는 연말정산)하여 납부하고 해당 법률에 따른 지급명세서를 제출기한까지 제출한 경우에는 앞서 설명한 "일반적인 경정청구" 및 "후발적 사유로 인한 경정청구" 규정을 준용하여 경정청구를 할 수 있다(국기법 §45의 2 ⑤).

① 소득세법 제73조 제1항 각 호에 해당하는 소득이 있는 자(원천징수대상자) 및 해당 소득에 대한 원천징수의무자
② 소득세법 제119조 제1호 · 제2호, 제4호부터 제8호까지, 제8호의 2 및 제10호부터 제12호까지의 규정에 해당하는 소득이 있는 자(원천징수대상자) 및 해당 소득에 대한 원천징수의무자
③ 법인세법 제93조 제1호 · 제2호, 제4호부터 제6호까지 및 제8호부터 제10호까지의 규정에 해당하는 국내원천소득이 있는 자(원천징수대상자) 및 해당 소득에 대한 원천징수의무자

다만, 원천징수대상자가 소득세법에 따른 비거주자 및 법인세법에 따른 외국법인인 경우에는 원천징수의무자가 경정을 청구하기 어려운 경우로서 다음의 경우에 한하여 경정청구권이 인정된다(국기령 §25의 3 ②).

① 원천징수의무자의 부도 · 폐업 또는 그 밖에 이에 준하는 경우
② 원천징수대상자가 정당한 사유로 원천징수의무자에게 경정을 청구하도록 요청했으나 원천징수의무자가 이에 응하지 않은 경우

한편, 다음의 어느 하나에 해당하는 원천징수대상자가 경정을 청구하려는 경우에는 경정청구서를 원천징수의무자의 납세지 관할 세무서장에게 제출해야 한다(국기령 §25의 3 ③). 이 경우 원천징수대상자가 경정청구서를 원천징수의무자의 납세지 관할 세무서장이 아닌 다른 세무서장에게 제출한 경우 그 경정청구서를 제출받은 다른 세무서장은 이를 원천징수의무자의 납세지 관할 세무서장에게 지체 없이 송부하고, 그 사실을 적은 문서로 해당 원천징수대상자에게 통지해야 한다(국기령 §25의 3 ⑤). 한편, 경정청구서를 제출(송부)받은 세무서장은 그 경정청구의 내용에 대해 보정의 필요성이 있는 경우에는 30일 이내의 기간을 정하여 보정할 사항, 보정을 요구하는 이유, 보정할 기간 등을 기재한 문서로서 보정을 요구할 수 있으며, 이에 따른 보정기간은 경정청구에 대한 과세당국의 통지기한(청구를 받은 날로부터 2개월)에 산입되지 않는다(국기령 §25의 3 ⑥, ⑦).

① 소득세법 제73조 제1항 제8호 또는 제9호에 해당하는 원천징수대상자가 해당 소득에 대해 경정을 청구하는 경우
② 비거주자 또는 외국법인이 아래의 어느 하나에 해당하여 경정을 청구하는 경우
가. 원천징수의무자의 부도 · 폐업 또는 그 밖에 이에 준하는 경우

나. 원천징수대상자가 정당한 사유로 원천징수의무자에게 경정을 청구하도록 요청했으나 원천징수의무자가 이에 응하지 않은 경우

한편, 비거주자 또는 외국법인이 위 각 사유(②의 가, 나)로 인하여 경정을 청구하는 경우에는 그 사유에 해당한다는 것을 입증하는 자료, 국내원천소득의 실질귀속자임을 입증할 수 있는 해당 실질귀속자 거주지국의 권한 있는 당국이 발급하는 거주자증명서를 경정청구서와 함께 제출하여야 한다(국기령 §25의 3 ④).

3-5. 종합부동산세의 경정청구 특례

종합부동산세법 제7조 및 제12조에 따른 납세의무자로서 종합부동산세를 부과·고지받은 자는 납부고지서에 기재된 과세표준 및 세액이 세법에 따라 신고하여야 할 과세표준 및 세액을 초과하는 경우 앞서 설명한 "일반적인 경정청구" 및 "후발적 사유로 인한 경정청구" 규정을 준용하여 경정청구를 할 수 있다(국기법 §45의 2 ⑥).

4. 기한 후 신고

법정신고기한까지 과세표준신고서를 제출하지 아니한 자는 관할 세무서장이 세법에 따라 해당 국세의 과세표준과 세액(국세기본법 및 세법에 따른 가산세 포함)을 결정하여 통지하기 전까지 기한 후 과세표준신고서를 제출할 수 있다(국기법 §45의 3 ①).

한편, 기한 후 과세표준신고서를 제출한 자로서 세법에 따라 납부하여야 할 세액이 있는 자는 해당 세액을 납부하여야 하며(국기법 §45의 3 ②), 다음에 해당하는 경우 아래의 구분에 따른 금액을 국세기본법 제47조의 2에 따른 무신고가산세에서 감면한다. 다만, 과세표준과 세액을 결정할 것을 미리 알고 기한 후 과세표준신고서를 제출한 경우는 제외한다(국기법 §48 ② 2호).

① 법정신고기한이 지난 후 1개월 이내에 기한 후 신고를 한 경우 : 무신고가산세액 × 50%
② 법정신고기한이 지난 후 1개월 초과 3개월 이내에 기한 후 신고를 한 경우 : 무신고가산세액 × 30%
③ 법정신고기한이 지난 후 3개월 초과 6개월 이내에 기한 후 신고를 한 경우 : 무신고가산세액 × 20%

II

소득금액의 조정

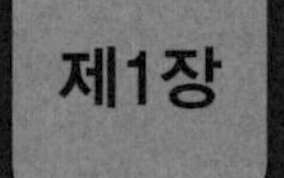

제1장 서식을 이용한 소득금액의 조정

수입금액

관련 법령	• 법법 §40, §43 • 법령 §68, §69, §70, §71, §79 • 법칙 §33, §34, §35, §36

최근 주요 개정 내용

• 진행기준 적용 토지개발사업의 손익인식시기 보완(법령 §68 ⑦)

종 전	현 행
□ 손익의 귀속사업연도 ○ 상품 등 판매 : 인도일 ○ 상품 등 외의 자산 양도 : 대금청산일, 소유권 이전등기일, 인도일, 사용수익일 중 빠른 날 ○ 건설 등 용역 제공 : 작업진행률 기준 * (예외) 중소기업의 1년 이내 건설, 인도기준 계상시 인도기준 허용, 작업진행률 계산 곤란시 인도기준	□ 토지개발사업의 손익인식 기준 보완 ○ (좌 동)
〈신 설〉	○ 프로젝트금융투자회사가 토지개발사업 수익·비용을 작업진행률에 따라 계상시 - 완공 전 양도된 토지의 매각 수익에 작업진행률 기준 적용

➡ 개정일자 : ㊐ 2024. 2. 29.
적용시기 : 2024년 2월 29일 이후 토지를 양도하는 경우부터 적용

최근 주요 개정 내용

• 회계기준 변경에 따른 주택도시보증공사 전환손실 등 손익인식 방법 (법령 §70 ⑥ 및 영 부칙 §14 ③)

종 전	현 행
□ 보험계약 관련 손익인식 기준 ○ (원칙) 실제 보험료·보증료 등이 수입된 날 등 현금주의에 따라 손익인식 ○ (예외) 「보험업법」에 따른 보험회사의 경우 회계상 수익·비용으로 인식한 사업연도에 손익인식 〈신 설〉	□ 주택도시보증공사의 손익인식 기준 규정 ○ (좌 동) ○ 주택도시보증공사도 예외 적용대상에 추가 □ 전환손실* 손익인식 기준 ○ 전환손실은 최초 적용 사업연도부터 5년간 균등하게 손금에 산입 * 변경된 회계기준에 따른 책임준비금에서 종전 회계기준에 따른 미경과보험료적립금을 차감한 금액으로서 시행규칙으로 정하는 금액

➡ 개정일자 : ㉧ 2024. 2. 29.

적용시기 : 2024년 2월 29일 이후 과세표준을 신고하는 경우부터 적용. 다만, 2023년 1월 1일이 속하는 사업연도의 개시일 현재 주택도시보증공사가 보험감독회계기준에 따라 계상한 책임준비금에서 2022년 12월 31일이 속하는 사업연도에 손금산입한 미경과보험료적립금을 뺀 금액에 기획재정부령(2024. 3. 22. 기획재정부령 제1041호 부칙 §4)으로 정하는 계산식을 적용하여 산출한 금액은 동 개정규정에도 불구하고 2023년 1월 1일이 속하는 사업연도와 그 다음 4개 사업연도에 균등하게 나누어 손금에 산입

관련 서식

• 법인세법 시행규칙

[별지 제16호 서식] 수입금액조정명세서

[별지 제17호 서식] 조정후수입금액명세서

제1절

수입금액

1

Step Ⅰ 내용의 이해

1. 개 요

기업은 끊임없는 경제활동을 통하여 손익을 발생시킨다. 하지만, 각 사업연도의 소득에 대한 법인세는 기업이 발생시킨 손익을 사업연도 단위로 구분하여 과세소득과 세액을 산정하도록 규정하고 있다. 그 결과 기업의 손익이 어느 사업연도에 귀속되느냐에 따라 전체기간 동안의 과세소득은 변동이 없으나 특정 사업연도의 과세소득이 달라지게 되며 이로 인하여 납부할 세액이 다르게 산정될 수 있다. 따라서 과세소득 산정을 위한 익금과 손금의 귀속사업연도는 매우 중요하다 할 것이다.

2. 손익의 귀속사업연도의 일반원칙

2-1. 개 요

기업회계에서는 발생주의를 전제로 수익은 실현주의, 비용은 수익 · 비용대응의 원칙에 의하여 인식하도록 규정하고 있으며, 세법에서는 내국법인의 각 사업연도의 익금과 손금의 귀속사업연도를 권리 · 의무확정주의에 의하여 결정하도록 규정하고 있다.

2-2. 기업회계상 손익의 인식기준

2-2-1. 발생주의

발생기준 회계는 거래와 그 밖의 사건 및 상황이 보고기업의 경제적 자원과 청구권에 미치는 영향을 비록 그 결과로 발생하는 현금의 수취와 지급이 다른 기간에 이루어지더라도 그 영향이 발생한 기간에 보여준다. 즉, 발생기준은 기업실체의 경제적 거래나 사건에 대해 관련된 수익과 비용을 그 현금유출입이 있는 기간이 아니라 당해 거래나 사건이 발생한 기간에 인식하므로, 현금주의와는 달리 발생과 이연의 개념으로 수익이 보다 정확하게 측정되고 비용이 보고된 수익과 보다 밀접하게 관련된다. 따라서 보고기업의 경제적 자원과 청구권 그리고 기간 중 그 변동에 관한 정보는 그 기간 동안의 현금 수취와 지급만의 정보보다 기업의 과거 및 미래 성과를 평가하는 데 더 나은 근거를 제공한다(재무보고를 위한 개념체계 문단 1.17 및 재무회계개념체계 문단 67).

발생과 이연의 개념 예시

구 분		내 용
발 생	미수수익	미래에 수취할 금액에 대한 자산을 관련된 부채나 수익과 함께 인식
	미지급비용	미래에 지급할 금액에 대한 부채를 관련된 자산이나 비용과 함께 인식
이 연	선수수익	미래에 수익을 인식하기 위해 현재의 현금유입액을 부채로 인식
	선급비용	미래에 비용을 인식하기 위해 현재의 현금유출액을 자산으로 인식
	기간별 배분(상각)	매 기간에 일정한 방식에 따라 금액을 감소시켜가는 회계과정

2-2-2. 수익의 인식기준

(1) 정 의

수익이란 자산의 유입이나 증가 또는 부채의 감소에 따라 자본의 증가를 초래하는 특정 회계기간 동안에 발생한 경제적효익의 증가를 말하며, 지분참여자에 의한 출연과 관련된 것은 제외한다. 예를 들면, 재화 및 용역을 공급한 대가로서 현금이나 매출채권이 증가하게 되거나, 차입금을 상환하기 위하여 재화 및 용역을 채권자에게 공급하는 결과로 부채가 감소할 수 있다(재무보고를 위한 개념체계 문단 4.68 및 재무회계개념체계 문단 117).

수익은 자산의 증가나 부채의 감소와 관련하여 미래경제적효익이 증가하고 이를 신뢰성 있게 측정할 수 있을 때 포괄손익계산서(손익계산서)에 인식한다. 이는 실제로 수익의 인식이 자산의 증가나 부채의 감소에 대한 인식과 동시에 이루어짐을 의미한다(재무보고를 위한 개념체계 문단 5.4 및 재무회계개념체계 문단 143). 이러한 수익은 실현기준과 가득기준을 모두 충족하는 시점에 인식한다(재무회계개념체계 문단 144).

실현기준과 가득기준(재무회계개념체계 문단 144)

1. 실현기준

수익은 실현되었거나 또는 실현가능한 시점에서 인식한다. 수익은 제품, 상품 또는 기타 자산이 현금 또는 현금청구권과 교환되는 시점에서 실현된다. 수익이 실현가능하다는 것은 수익의 발생과정에서 수취 또는 보유한 자산이 일정액의 현금 또는 현금청구권으로 즉시 전환될 수 있음을 의미한다. 현금 또는 현금청구권으로 즉시 전환될 수 있는 자산은 교환단위와 시장가격이 존재하여 시장에서 중요한 가격변동 없이 기업실체가 보유한 수량을 즉시 현금화할 수 있는 자산을 말한다.

2. 가득기준

수익은 그 가득과정이 완료되어야 인식한다. 기업실체의 수익 창출활동은 재화의 생산 또는 인도, 용역의 제공 등으로 나타나며, 수익 창출에 따른 경제적 효익을 이용할 수 있다고 주장하기에 충분한 정도의 활동을 수행하였을 때 가득과정이 완료되었다고 본다.

(2) 기업회계기준상 수익의 인식

1) 한국채택국제회계기준(K-IFRS)

한국채택국제회계기준에서 수익 인식의 핵심 원칙은 기업이 고객에게 약속한 재화나 용역의 이전을 나타내도록 해당 재화나 용역의 대가로 받을 권리를 갖게 될 것으로 예상하는 대가를 반영한 금액으로 수익을 인식해야 한다는 것이다. 핵심 원칙에 따라 수익을 인식하기 위해서는 다음의 단계를 적용해야 한다(K-IFRS 1115호 개요 IN7).

① 1 단계 : 고객과의 계약의 식별

계약은 둘 이상의 당사자 사이에 집행 가능한 권리와 의무가 생기게 하는 합의로서 다음의 기준을 모두 충족하는 경우 고객과의 계약으로 회계처리한다(K-IFRS 1115호 문단 9, 10).

㉠ 계약 당사자들이 계약을 서면이나 구두 또는 그 밖의 사업 관행에 따라 승인하고 각자의 의무를 수행하기로 확약함.

㉡ 이전할 재화나 용역과 관련된 각 당사자의 권리를 식별할 수 있음.

㉢ 이전할 재화나 용역의 지급조건을 식별할 수 있음.

㉣ 계약에 상업적 실질이 있음(계약의 결과로 기업의 미래 현금흐름의 위험, 시기, 금액이 변동될 것으로 예상됨).

㉤ 고객에게 이전할 재화나 용역에 대하여 받을 권리를 갖게 될 대가의 회수 가능성이 높음. 이 경우 대가의 회수 가능성이 높은지를 평가할 때에는 지급기일에 고객이 대가(금액)를 지급할 수 있는 능력과 지급할 의도만을 고려하여야 함. 한편, 기업이 고객에게 가격할인을 제공할 수 있기 때문에 대가가 변동될 수 있다면, 기업이 받을 권리를 갖게 될 대가는 계약에 표시된 가격보다 적을 수 있음.

② 2 단계 : 수행의무의 식별

수행의무란 고객과의 계약에서 재화나 용역을 고객에게 이전하기로 한 각 약속을 말하며, 계약 개시시점에 고객과의 계약에서 약속한 재화나 용역을 검토하여 고객에게 다음의 어느 하나를 이전하기로 한 각 약속을 하나의 수행의무로 식별한다(K-IFRS 1115호 문단 22,

부록 용어의 정의).

㉠ 구별되는 재화나 용역(또는 재화나 용역의 묶음)

㉡ 실질적으로 서로 같고 고객에게 이전하는 방식도 같은 일련의 구별되는 재화나 용역

③ 3 단계 : 거래가격의 산정

거래가격은 고객에게 약속한 재화나 용역을 이전하고 그 대가로 기업이 받을 권리를 갖게 될 것으로 예상하는 금액으로 거래가격을 산정하기 위해서는 계약 조건과 기업의 사업 관행을 참고한다. 거래가격은 제삼자를 대신해서 회수한 금액(예 : 일부 판매세)은 제외하며 고객과의 계약에서 약속한 대가는 고정금액, 변동금액 또는 둘 다를 포함할 수 있다. 한편, 거래가격을 산정할 때에는 다음의 사항이 미치는 영향을 모두 고려한다(K-IFRS 1115호 문단 47, 48).

㉠ 변동대가

㉡ 변동대가 추정치의 제약

㉢ 계약에 있는 유의적인 금융요소

㉣ 비현금 대가

㉤ 고객에게 지급할 대가

④ 4 단계 : 거래가격을 계약 내 수행의무에 배분

거래가격을 배분하는 목적은 기업이 고객에게 약속한 재화나 용역을 이전하고 그 대가로 받을 권리를 갖게 될 금액을 나타내는 금액으로 각 수행의무 또는 구별되는 재화나 용역에 거래가격을 배분하는 것이다. 따라서 상기 2단계에서 단일 수행의무만 있는 계약으로 식별된 경우에는 이를 적용하지 않는다(K-IFRS 1115호 문단 73, 75).

거래가격은 일반적으로 계약에서 약속한 각 구별되는 재화나 용역의 상대적 개별 판매가격을 기준으로 배분하며, 개별 판매가격을 관측할 수 없다면 배분 목적에 맞게 개별 판매가격을 추정해야 하고, 거래가격에 할인액이나 변동대가(금액)가 포함되어 있는 경우에는 그 내용을 고려하여 계약 전체 또는 일부에 할인액이나 변동대가(금액)를 배분한다(K-IFRS 1115호 문단 76, 78, 81, 85).

⑤ 5 단계 : 수행의무를 이행할 때 또는 기간에 걸쳐 이행하는 대로 수익 인식

기업은 상기 2단계에서 식별한 각 수행의무를 기간에 걸쳐 이행하는지 또는 한 시점에 이행하는지를 계약 개시시점에 판단하여, 고객에게 약속한 재화나 용역, 즉 자산을 이전하여 수행의무를 이행할 때 또는 기간에 걸쳐 이행하는 대로 수익을 인식한다. 자산은 고객이 그 자산을 통제할 때 또는 기간에 걸쳐 통제하게 되는 대로 이전된다(K-IFRS 1115호 문단 31, 32).

2) 일반기업회계기준

일반기업회계기준에서는 실현기준에 근거하여 거래형태별(재화의 판매, 용역의 제공, 이자·배당·로열티 및 기타)로 수익의 인식조건을 규정하고 있다. 자세한 내용은 후술하는 부분을 참조하기 바란다.

2-2-3. 비용의 인식기준

(1) 정 의

비용이란 자산의 유출이나 소멸 또는 부채의 증가에 따라 자본의 감소를 초래하는 특정 회계기간 동안에 발생한 경제적효익의 감소를 말하며, 지분참여자에 대한 분배와 관련된 것은 제외한다. 예를 들면, 재화의 생산 및 판매 과정에서의 비용 발생은 재고자산의 유출, 유형자산의 사용 또는 미지급비용과 같은 부채의 증가로 나타난다(재무보고를 위한 개념체계 문단 4.69 및 재무회계개념체계 문단 120).

비용은 자산의 감소나 부채의 증가와 관련하여 미래경제적효익이 감소하고 이를 신뢰성 있게 측정할 수 있을 때 포괄손익계산서(손익계산서)에 인식한다. 이는 실제로 비용의 인식이 부채의 증가나 자산의 감소에 대한 인식과 동시에 이루어짐을 의미한다(재무보고를 위한 개념체계 문단 5.4 및 재무회계개념체계 문단 145).

비용은 발생된 원가와 특정 수익항목의 가득 간에 존재하는 직접적인 관련성을 기준으로 포괄손익계산서(손익계산서)에 인식하도록 하며, 이러한 수익에 원가를 대응시키는 과정에는 동일한 거래나 그 밖의 사건에 따라 직접 그리고 공통으로 발생하는 수익과 비용을 동시에 또는 통합하여 인식하는 것이 포함된다. 즉, 수익과 직접 관련하여 발생한 비용은 동일한 거래나 사건에서 발생하는 수익을 인식할 때 대응하여 인식하며, 수익과 직접 대응할 수 없는 비용은 재화 및 용역의 사용으로 현금이 지출되거나 부채가 발생하는 회계기간에 인식한다. 만약, 경제적효익이 여러 회계기간에 걸쳐 발생할 것으로 기대되고 수익과의 관련성이 단지 포괄적으로 또는 간접적으로만 결정될 수 있는 경우로, 예를 들면 유형자산의 감가상각비와 무형자산의 상각비와 같은 경우에는 비용을 체계적이고 합리적인 배분절차를 기준으로 포괄손익계산서(손익계산서)에 인식한다. 다만, 이 경우 미래경제적효익이 기대되지 않는 지출이거나, 미래경제적효익이 기대되더라도 재무상태표에 자산으로 인식되기 위한 조건을 원래 충족하지 못하거나 더 이상 충족하지 못하는 부분은 즉시 포괄손익계산서(손익계산서)에 비용으로 인식되어야 한다(재무보고를 위한 개념체계 문단 5.5 및 재무회계개념체계 문단 146, 147).

(2) 기업회계기준상 비용의 인식

기업회계기준에서는 손익계산서 혹은 포괄손익계산서를 작성함에 있어 수익과 비용은 그 발생원천에 따라 명확하게 분류하고 각 수익항목과 이에 관련되는 비용항목을 대응표시하도록 규정하고 있다. 즉, 발생주의가 수익의 경우에는 구체적으로 실현주의의 형태로 적용되는 것처럼 비용의 경우에는 수익·비용대응의 원칙이 적용되는 것이다.

수익·비용의 대응이란 보고된 수익과의 인과관계에 기초하여 비용을 보고하는 것이다. 즉, 기간손익을 확정하기 위해서 일정기간을 기준으로 하여 우선 수익이 인식되는 기간 귀속 문제가 결정되고 이와 상호관련 있는 비용을 합리적으로 대응시키는 것을 말한다. 그러므로 수익·비용의 대응은 이 양자간에 적절한 관련성을 맺지 않고서는 이루어질 수 없다. 개념상으로 비용은 수익활동 과정에서 필요하여 발생된 것을 그 요건으로 한다. 그러나 비용이 발생하였다고 해서 수익이 반드시 나타나야 한다고 하는 것을 의미하지는 않는다. 비용은 수익이 나타나지 않고서도 발생하는 수가 있다.

2-3. 법인세법상 손익귀속시기

2-3-1. 권리·의무확정주의

내국법인의 각 사업연도의 익금과 손금의 귀속사업연도는 그 익금과 손금이 확정된 날이 속하는 사업연도로 한다(법법 §40 ①). 여기서, '익금과 손금이 확정된 날이 속하는 사업연도'의 의미상 손익의 귀속시기에 대하여는 법인세법이 권리·의무확정주의를 채택하고 있다는 것이다. 권리·의무확정주의는 어떠한 시점에서 익금과 손금을 확실히 인식할 수 있을 것인가를 법률적 측면에서 포착하기 위한 것이며, 조세공평의 원칙상 모든 조세법률관계에 동일하게 적용시키기 위한 획일적 기준의 필요에서 법인세법이 채택한 것이다.

2-3-2. 기업회계기준과 관행의 적용

내국법인의 각 사업연도의 소득금액을 계산할 때 그 법인의 익금과 손금의 귀속시기는 권리·의무확정주의를 원칙으로 하되, 법인세법 및 조세특례제한법에서 달리 규정하고 있는 경우를 제외하고는 기업회계기준 또는 관행에 따른다(법법 §43).(주)

(주) 법인세법상 손익의 귀속시기는 법인세법(법령 §68 내지 §71 및 법칙 §33 내지 §35) 및 조세특례제한법에서 규정한 거래유형별 기준을 우선 적용하고 그 구체적 기준이 없는 거래유형에 대해서는 권리·의무확정주의에 의하는 것이므로(법령 §71 ⑦ 및 법칙 §36), 사실상 기업회계기준 등을 적용할 여지가 없다. 따라서, 법인세법 제43조의 규정은 선언적 규정에 지나지 않는다.

‖ 기업회계와 법인세법의 손익귀속시기 비교 ‖

구 분	일반기업회계기준(*)	법인세법
일반원칙	발생주의 (실현주의, 수익·비용대응의 원칙)	권리·의무확정주의
상품 등의 판매손익	인도기준	인도기준
상품 등 시용판매손익	매입자가 매입의사를 표시한 날	구입의사를 표시한 날. 단, 특약 등이 있는 경우에는 그 기간의 만료일

구 분	일반기업회계기준(*)	법인세법
상품 등 외의 자산양도손익	일반자산은 인도기준으로 인식하며, 부동산은 법적 소유권이 구매자에게 이전되는 시점 · 소유에 따른 위험과 효익이 구매자에게 실질적으로 이전되는 시점(판매자가 계약 완료를 위해 더 이상 중요한 행위를 수행할 의무가 없는 경우에 한함) 중 빠른 날	대금청산일 · 소유권이전등기일 · 인도일 또는 사용수익일 중 빠른 날. 다만, 유가증권시장에서 보통거래 방식으로 한 유가증권의 매매의 경우 매매계약을 체결한 날
자산의 위탁매매손익	수탁자가 위탁품을 판매한 날	수탁자가 위탁자산을 매매한 날
장기할부판매 손익	- 인도기준 원칙(현재가치평가) - 일반기업회계기준상 중소기업의 경우 회수기일도래기준 적용 가능	- 인도기준 원칙(명목가액평가) - 결산에 반영한 경우 회수기일도래기준(중소기업의 경우 신고조정 허용)과 현재가치평가 인정
공사손익 (용역 · 예약매출 포함)	- 진행기준 원칙 - 진행기준을 적용할 수 없는 경우 회수가능원가기준 적용 - 일반기업회계기준상 중소기업의 단기건설 등의 경우 완성기준 적용 가능	- 진행기준 원칙 - 진행률을 계산할 수 없는 경우 인도기준(완성기준) 적용 - 중소기업의 단기건설 등의 경우 인도기준(완성기준) 신고조정 허용 - 기업회계기준에 따라 인도기준으로 계상한 경우 인도기준 허용
일반법인의 이자수익	발생기준(유효이자율법 적용)	- 소득세법 시행령 제45조의 이자소득의 수입시기 원칙 - 결산에 반영한 경우 발생기준 인정(원천징수되는 이자 등은 제외)
금융기관의 이자수익	발생기준(유효이자율법 적용)	- 현금기준(선수이자 제외) 원칙 - 결산에 반영한 경우 발생기준 인정(원천징수되는 이자 등은 제외)
임대손익	발생기준	- 지급약정일 또는 실제지급일 원칙 - 결산에 반영한 경우와 임대료의 지급기간이 1년을 초과하는 경우 발생주의 적용

(*) 한국채택국제회계기준의 경우에는 상기 '2-2-2의 (2)의 1)'에서 설명한 5단계 수익인식 과정을 수익인식의 단일원칙으로 규정하고 있으며, 거래 유형별 사례 등을 추가로 제시하고 있다. 자세한 내용은 후술하는 부분을 참조하기 바란다.

관련사례

- K-IFRS 개정에 따라 혼재된 공급에 대한 수행의무를 구분하여 수익을 인식하는 경우
  재화와 용역이 혼재된 공급에 있어 용역의 공급을 재화의 공급에 부수되는 것으로 보아 재화의 인도시기에 손익에 산입하던 내국법인이 새로운 K-IFRS 제1115호의 적용에 따라 혼재된 공급에 대한 수행의무를 구분하여 재화의 공급과 용역의 공급으로 각각 수익을 인식하는 경우 재화와 용역의 손익의 귀속은 각 수행 의무별로 판단할 수 있는 것이나, 종전의 기준에 따라 새로운 개정기준서의 적용일이 속하는 사업연도 이전의 사업연도의 손익으로 산입한 금액은 종전의 방식에 따르는 것임(사전-2019-법령해석법인-0149, 2020. 2. 11.).
- K-IFRS 개정에 따라 주택건설사업과 기부채납 건설사업을 분리하여 수익을 인식하는 경우
  부동산개발사업을 영위하는 내국법인이 주택건설사업의 승인을 조건으로 기부하는 자산의 가액을 K-IFRS 제1115호의 적용에 따라 주택건설사업과 기부채납을 위한 건설사업 수행의무를 분리하여 각각의 진행률에 따라 수익을 인식한 경우, 주택건설사업의 승인을 조건으로 기부채납하는 자산의 건설은 주택건설사업과 분리하여 그 자체만으로 수익을 발생시키는 것으로 볼 수는 없으므로 해당 기부채납을 위한 자산의 건설은 세법상 구분하여 손익을 인식할 수 있는 대상에 해당되지 않는 것임(기획재정부 법인세제과-102, 2020. 1. 23.).

3. 상품 등 판매손익의 귀속사업연도

3-1. 인도기준

3-1-1. 기업회계

(1) 수익의 인식조건

한국채택국제회계기준에서는 상기 '2-2-2의 (2)의 1)'에서 설명한 5단계 수익인식 과정을 수익인식의 단일원칙으로 제시하고 있는 바, 상품 등의 판매로 인한 수익의 경우에도 5단계의 수익인식 과정을 거쳐 수익으로 인식한다. 반면, 일반기업회계기준에서는 다음의 5가지 조건이 모두 충족될 때 상품 등의 판매로 인한 수익을 인식한다(일반기준 16장 문단 16.10).

① 재화의 소유에 따른 유의적인 위험과 보상이 구매자에게 이전된다.
② 판매자는 판매한 재화에 대하여 소유권이 있을 때 통상적으로 행사하는 정도의 관리나 효과적인 통제를 할 수 없다.
③ 수익금액을 신뢰성 있게 측정할 수 있다. 이는 수익금액이 반드시 확정되어야 함을 의미하는 것은 아니며, 합리적인 근거에 의해 추정 가능한 경우에는 정보로서의 신뢰성을 가질 수 있기 때문에 수익을 인식하되, 추정을 위한 합리적인 근거가 부족하여 신뢰성을

현저히 저해하는 경우에는 수익을 인식하지 않는다(일반기준 16장 부록 실16.5).

④ 거래와 관련된 경제적효익의 유입 가능성이 매우 높다. 따라서, 판매대가를 받을 것이 불확실한 경우에는 불확실성이 해소되는 시점까지 수익을 인식하지 않는다. 그러나 이미 수익으로 인식한 금액에 대해서는 추후에 회수가능성이 불확실해지는 경우에도 수익금액을 조정하지 아니하고 회수불가능하다고 추정되는 금액을 비용으로 인식한다(일반기준 16장 부록 실16.6).

⑤ 거래와 관련하여 발생했거나 발생할 원가를 신뢰성 있게 측정할 수 있다. 이는 수익·비용 대응원칙에 따라 특정 거래와 관련하여 발생한 수익과 비용은 동일한 회계기간에 인식하게 되는데, 일반적으로 재화의 인도 이후 예상되는 품질보증비나 기타 비용은 수익인식 시점에 신뢰성 있게 측정할 수 있다. 그러나 관련된 비용을 신뢰성 있게 측정할 수 없다면 수익을 인식할 수 없다. 이 경우에 재화 판매의 대가로 이미 받은 금액은 부채로 인식한다(일반기준 16장 부록 실16.7).

(2) 기(旣)인도 재화의 수익 미인식 조건

거래 이후에도 판매자가 관련 재화의 소유에 따른 유의적인 위험을 부담하는 경우에는 그 거래를 아직 판매로 보지 아니하며 따라서 수익을 인식하지 않는다. 이러한 예는 다음과 같다(일반기준 16장 부록 실16.2).

① 인도된 재화의 결함에 대하여 정상적인 품질보증범위를 초과하여 책임을 지는 경우
② 판매대금의 회수가 구매자의 재판매에 의해 결정되는 경우
③ 설치조건부 판매에서 계약의 중요한 부분을 차지하는 설치가 아직 완료되지 않은 경우
④ 구매자가 판매계약에 따라 구매를 취소할 권리가 있고, 해당 재화의 반품 가능성을 예측하기 어려운 경우

다만, 거래 이후에 판매자가 소유에 따른 위험을 일부 부담하더라도 그 위험이 별로 중요하지 않은 경우에는 해당 거래를 판매로 보아 수익을 인식한다. 이러한 예는 다음과 같다(일반기준 16장 부록 실16.4).

① 판매자가 판매대금의 회수를 확실히 할 목적으로 해당 재화의 법적 소유권을 계속 가지고 있더라도 소유에 따른 유의적인 위험과 보상이 실질적으로 이전된 경우
② 고객이 만족하지 않는 경우에 판매대금을 반환하는 소매판매에서 과거의 경험과 기타 관련 요인에 기초하여 미래의 반환금액을 신뢰성 있게 추정할 수 있는 경우

3-1-2. 법인세법

(1) 판매손익의 귀속시기

상품(부동산 제외) · 제품 또는 기타의 생산품(이하 '상품 등'이라 함)의 판매에 따른 손익의 귀속시기는 그 상품 등을 인도한 날이 속하는 사업연도로 한다(법령 §68 ① 1호).

관련사례

- 상품, 제품, 기타 생산품의 판매손익의 귀속시기

  상품, 제품 또는 그 밖의 생산품을 판매함으로써 생긴 판매손익의 귀속사업연도는 부가가치세법의 규정에 불구하고 법인세법 제40조의 규정에 의함(법기통 40-68…1).

- 잠정거래가액과 확정거래가액과의 차액의 귀속시기

  정부에 물품을 공급함에 있어서 그 가액을 사후에 확정하는 조건으로 물품을 공급한 법인이 잠정가액을 기준으로 해당 사업연도의 소득금액을 계산하여 신고한 후에 그 가액이 확정된 경우의 정산차액은 그 가액이 확정된 날이 속하는 사업연도의 익금 또는 손금에 산입함(법기통 40-71…13).

- 대가구분을 할 수 있는 백신프로그램의 판매수익 귀속사업연도

  컴퓨터 바이러스 백신프로그램을 판매하는 사업자가 최초 백신프로그램 판매시 판매대가를 소프트웨어 사용료와 서비스 이용료로 명시적으로 구분하지 않았다 하더라도, 서비스 이용료와 갱신사용료의 내용이 동일하고 갱신사용료의 가액이 정해짐으로써 소프트웨어 사용료와 서비스 이용료의 구분이 실질적으로 가능한 경우에는 백신프로그램 판매시 그 대가 중 소프트웨어 사용료 상당액은 제품을 인도한 날, 서비스 사용료와 등록갱신비용은 동 서비스의 사용계약기간에 따라 안분계산하여 손익귀속시기를 정할 수 있는 것임(재법인 46012-178, 2002. 11. 13.).

(2) 인도한 날의 범위

상품 등을 인도한 날을 판정함에 있어서 다음의 경우에는 규정된 날을 인도일로 한다(법칙 §33 ①).

① 납품계약 또는 수탁가공계약에 의하여 물품을 납품하거나 가공하는 경우에는 당해 물품을 계약상 인도하여야 할 장소에 보관한 날. 다만, 계약에 따라 검사를 거쳐 인수 및 인도가 확정되는 물품의 경우에는 당해 검사가 완료된 날

② 물품을 수출하는 경우에는 수출물품을 계약상 인도하여야 할 장소에 보관한 날. 이 경우 계약상 별단의 명시가 없는 경우에는 선적을 완료한 날을 말함. 다만, 선적완료일이 불분명한 경우 수출재화를 관세법 제155조 제1항 단서에 따라 보세구역이 아닌 다른 장소에 장치하고 통관절차를 완료하여 수출면장을 발급받은 경우에는 수출물품을 계약상 인도하여야 할 장소에 보관한 날에 해당하는 것으로 함(법기통 40-68…2).

관련사례

- 외국법인이 국내에 물품을 판매하는 경우의 수익실현시기

  국내에 사업장을 두고 있는 외국법인이 외국에서 자기가 직접 생산하였거나 매입한 물품을 국내에 판매함에 있어서 계약상 물품의 인도조건이 외국항구 선적조건인 경우에는 계약금을 영수한 날에 불구하고 그 물품이 외국항구에서의 선적된 날에 수익이 실현된 것으로 봄(법기통 40-71…10).

- 구매의사 및 가격에 대한 협의 전 수입국으로 재화 반출시 손익의 귀속시기

  자기책임하에 중고자동차를 수입국으로 반출하고 계약이 성립되면 현지 수입업자에게 중고자동차를 인도할 경우 중고자동차 수출에 따른 손익의 귀속시기는 당해 수입업자에게 인도한 날이 속하는 사업연도임(법인-349, 2009. 1. 28.).

- B/L상 선적일과 실제 선적일이 다른 경우 손익의 귀속시기

  선하증권(B/L)상의 선적일과 실제 선적일이 다른 경우에는 실제 선적일을 기준으로 손익을 인식함(서면2팀-2797, 2004. 12. 30.).

- 삼국간 거래시 수출재화의 손익귀속시기

  내국법인이 해외현지법인에 원·부자재를 무환으로 수출, 위탁가공하여 해외에서 직접 선적하여 수출한 후 수출대금 전액을 내국법인이 수령하고 현지법인에 가공료를 송금하는 경우에는 수출재화의 판매손익의 귀속시기는 당해 제품을 인도하는 날이 속하는 사업연도임(법인 22601-2474, 1990. 12. 26.).

구상무역에 있어서의 매매가액(법칙 §40)

1. 구상무역의 개념

   구상무역이란 연계무역의 일종으로서, 두 나라 사이에 협정으로 일정기간 서로 수출을 균등하게 하여 무역차액을 영(零)으로 만들고, 결제자금이 필요 없게 하는 무역을 말함.

2. 구상무역방법에 의하여 수출한 물품의 판매금액 계산

   ① 선수출 후수입의 경우에는 그 수출과 연계하여 수입할 물품의 외화표시가액을 수출한 물품의 선박 또는 비행기에의 적재를 완료한 날 현재의 당해 거래와 관련된 거래은행의 대고객외국환매입률에 의하여 계산한 금액

   ② 선수입 후수출의 경우에는 수입한 물품의 외화표시가액을 통관절차가 완료된 날 현재의 당해 거래와 관련된 거래은행의 대고객외국환매입률에 의하여 계산한 금액

3. 구상무역법에 의하여 수입한 물품의 취득가액 계산

   수출하였거나 수출할 물품의 판매금액과 당해 수입물품의 수입에 소요된 부대비용의 합계액에 상당하는 금액

4. 수출 또는 수입한 물품과 연계하여 수입 또는 수출하는 물품의 일부가 사업연도를 달리하여 이행되는 경우에 각 사업연도에서 이행된 분에 대한 수입물품의 취득가액 또는 수출물품의 판매가액은 상기 2.와 3.에 의하여 그 이행된 분의 비율에 따라 각각 이를 안분계산함.

3-2. 상품권 발행

3-2-1. 기업회계

상품권의 판매는 상품권에 포함된 권리를 대상으로 한 소비자와의 계약이다. 따라서, 상품권이 행사되는 시점에 계약사항을 함께 고려해야 한다. 한국채택국제회계기준에서는 상품권 회계처리에 대한 별다른 언급이 없으나, 일반기업회계기준에서는 상품권 판매에 따른 매출수익은 물품 등을 제공 또는 판매하여 상품권을 회수한 때에 인식하며 상품권 판매시는 선수금(예 : 상품권선수금계정 등)으로 처리하도록 규정하고 있다(일반기준 16장 부록 실16.16).

:: 일반기업회계기준상 상품권 회계처리(일반기준 16장 부록 실16.16)

1. 상품권 할인판매시

   액면금액 전액을 선수금으로 인식하고 할인액은 상품권할인액계정으로 선수금의 차감 계정으로 표시하며, 할인액은 추후 물품 등을 제공 또는 판매한 때 매출에누리로 대체함.

(차)	현금및현금성자산	×××	(대)	상품권선수금	×××
	상품권할인액	×××			

2. 상품권으로 상품교환시

(차)	상품권선수금	×××	(대)	매출	×××
	매출에누리	×××		상품권할인액	×××

3. 상품권의 잔액환급시

   물품상품권 또는 용역상품권의 물품 또는 용역제공이 불가능하거나 지체되어 현금 상환해주거나 금액상품권의 물품 등을 판매한 후 잔액을 환급하는 경우에는 현금을 상환하는 때 또는 물품 판매 후 잔액을 환급해 주는 때에 선수금과 상계함.

(차)	상품권선수금	×××	(대)	현금및현금성자산	×××

4. 장기 미회수 상품권의 회계처리

   상품권의 유효기간이 경과하였으나 상법상의 소멸시효가 완성되지 않은 경우에는 유효기간이 경과된 시점에 상품권에 명시된 비율에 따라 영업외수익으로 인식함을 원칙으로 하고, 상법상의 소멸시효가 완성된 경우에는 소멸시효가 완성된 시점에 잔액을 영업외수익으로 인식함.

(차)	상품권선수금	×××	(대)	상품권할인액	×××
				영업외수익 (예 : 잡이익)	×××

5. 상품권 구입 및 판매시

   상품권(제화, 백화점, 문화, 도서, 외식 등)을 할인된 가격으로 대량구매하여 인터넷으로 판매하는 회사의 경우, 동 상품권은 재고상품으로 구분하여 상품권 판매총액을 매출액으로 계상함(GKQA 01-005, 2001. 1. 17.).

• 상품권 구입시

(차) 상 품	×××	(대) 현금및현금성자산	×××

• 상품권 판매시

(차) 현금및현금성자산	×××	(대) 매 출	×××
매 출 원 가	×××	상 품	×××

3-2-2. 법인세법

상품권에 의한 상품 등의 매출에 대하여 세법상 명문규정은 없으나, 상품권을 회수하고 물품 등을 제공한 시점에 수익을 인식하는 기업회계상 규정은 권리·의무확정주의에도 부합되므로 상품권을 회수하고 상품 등을 제공한 시점이 법인세법상 수익인식시점이라 할 것이다.

또한, 상품권의 할인판매시, 잔액환급시 그리고 장기 미회수상품권의 경우에도 기업회계기준의 내용이 권리·의무확정주의에 부합된다고 보여지므로 기업회계기준에 따라 회계처리한 경우는 별도의 세무조정은 필요하지 않을 것으로 보인다.

관련사례

• 상품권 할인액의 손금 해당 여부
내국법인이 상품권을 할인판매하는 경우 그 할인액은 부채(상품권 선수금)의 차감계정이며 손금에 해당하지 아니하는 것임(법인-371, 2013. 7. 18.).

• 여행사가 중개법인을 거쳐 여행상품권을 방송사에 협찬하는 경우 여행사 및 중개법인의 손익귀속시기
여행사는 여행상품권을 방송사에 협찬함에 있어 동 상품권을 제공해야 할 의무가 확정된 날이 속하는 사업연도에 손금으로 하는 것이며, 방송사에 여행상품권의 협찬을 중개하는 법인은 법인세법 시행령 제69조의 규정에 의하여 그 용역의 제공이 완료된 날이 속하는 사업연도에 익금으로 하는 것임(서이 46012-11803, 2002. 9. 30.).

• 구입한 상품권의 손금귀속시기
법인이 백화점에서 발행한 상품권을 구입한 후 동 상품권을 업무와 관련한 접대 또는 종업원의 복리후생을 위하여 실제 사용한 경우에는 동 상품권 구입상당액을 사용일이 속하는 사업연도에 접대비 또는 복리후생비로 처리하는 것임(법인 46012-883, 1997. 3. 29.).

3-3. 포인트적립 및 마일리지제도

3-3-1. 기업회계

포인트적립 및 마일리지제도를 충당부채 기준서에 포함하여 규정하고 있는 일반기업회계기준과는 달리 한국채택국제회계기준에서는 고객충성제도로서 추가 재화나 용역에 대한 고객의 선택권에 대한 적용지침을 제시하고 있다(K-IFRS 1115호 부록 B39~B43).

무료나 할인된 가격으로 추가 재화나 용역을 취득할 수 있는 고객의 선택권의 형태[예 : 판매 인센티브, 고객보상점수(points), 계약갱신 선택권, 미래의 재화나 용역에 대한 그 밖의 할인]는 다양하며, 계약에서 추가 재화나 용역을 취득할 수 있는 선택권을 고객에게 부여하고 그 선택권이 그 계약을 체결하지 않으면 받을 수 없는 중요한 권리를 고객에게 제공하는 경우에만 그 선택권은 계약에서 수행의무가 생기게 한다(예 : 재화나 용역에 대해 그 지역이나 시장의 해당 고객층에게 일반적으로 제공하는 할인의 범위를 초과하는 할인).

따라서, 선택권이 고객에게 중요한 권리를 제공한다면 고객은 사실상 미래의 재화나 용역의 대가를 기업에 미리 지급한 것이므로 기업은 그 미래의 재화나 용역이 이전되거나 선택권이 만료될 때 수익을 인식한다.

한편, 일반기업회계기준에서는 판매촉진을 위하여 시행하는 환불정책, 경품, 포인트 적립·마일리지 제도의 시행 등과 관련된 부채에 대해서 충당부채에 따라 회계처리하도록 하고 있다. 충당부채란 과거사건이나 거래의 결과에 의한 현재의무로서, 지출의 시기 또는 금액이 불확실하지만 그 의무를 이행하기 위하여 자원이 유출될 가능성이 매우 높고 또한 당해 금액을 신뢰성 있게 추정할 수 있는 의무를 말한다. 이러한 충당부채는 다음의 요건을 모두 충족하는 경우에 인식한다(일반기준 14장 문단 14.3, 14.4).

① 과거사건이나 거래의 결과로 현재의무가 존재한다.
② 당해 의무를 이행하기 위하여 자원이 유출될 가능성이 매우 높다.
③ 그 의무의 이행에 소요되는 금액을 신뢰성 있게 추정할 수 있다.

이에 따라 관련된 한국회계기준원의 질의회신에 따르면, 마일리지 제공에 따른 미래 유출될 가능성이 매우 높은 증분원가를 충당부채로 인식하며, 마일리지의 사용시에는 매출로 인식하지 않는다(GKQA 05-032, 2005. 9. 30.).

3-3-2. 법인세법

기업회계기준의 규정에 따라 포인트 및 마일리지가 부여되는 시점에 관련 비용 및 충당부채를 인식하는 것은 세무상 인정되지 않는다. 왜냐하면 상품 등을 판매하는 경우 손익의 귀속시기는 그 상품 등을 인도한 날이 속하는 사업연도이나, 충당부채는 지급의무가 확정되기 이전에 비용으로 계상하는 것이므로 아직 손금의 귀속시기가 도래하지 않았으며, 법에서 특별히 인정하고 있는 충당금 이외의 충당금은 법인세법상 손금으로 인정되지 않기 때문이다. 따라서, 포인트 및 마일리지가 실제 사용된 날이 속하는 사업연도의 손금으로 처리하여야 한다.

관련사례

- 카드사와 포인트 전환 제휴계약을 체결함에 따라 카드사로부터 받는 포인트 전환대가의 손익귀속시기

  법인이 카드사와 포인트 전환 제휴계약을 체결하여, 카드사의 포인트를 보유하고 있는 고객이 카드사의 포인트를 해당 법인의 포인트로 전환 요청함에 따라 해당 법인이 그 고객에게 포인트를 부여하고, 포인트 전환대가를 카드사로부터 지급받는 경우 해당 포인트 전환대가는 고객이 포인트를 실제 사용하거나 포인트가 소멸되는 날이 속하는 사업연도의 익금으로 하는 것임(법규법인 2013-417, 2013. 12. 16.).
- 누적 구매포인트의 손금귀속시기

  문구소매업 영위법인이 판매촉진을 위하여 모든 구매고객에게 카드를 발급하고 당해 카드에 고객별 구매실적에 따라 포인트(판매금액의 1%)를 적립·누적관리하면서 포인트에 일정률 상당액의 사은품(법인이 구입한 문화상품권과 상품 중 고객이 선택)을 지급하는 경우 손금의 귀속시기는 고객이 누적포인트를 사용하여 사은품을 받는 날이 속하는 사업연도로 하는 것임(서면2팀-1827, 2005. 11. 11.).
- 할인카드 누적포인트 제도를 시행하는 경우 누적포인트의 손금귀속시기

  법인이 고객과 사전약정에 의하여 일정 기간의 구매금액에 따라 차등 적용되는 구매포인트를 해당기간 경과 후 일시 적립하여 그 적립된 누적포인트에 상당하는 금액을 구매금액에서 할인하여 주거나 사은품을 지급하는 할인카드 누적포인트 제도를 시행하는 경우 동 누적포인트의 손금귀속시기는 당해 고객이 누적포인트를 실제로 사용한 날이 속하는 사업연도의 손금으로 하는 것임(서이 46012-11711, 2002. 9. 13.).

3-4. 반품가능판매

3-4-1. 기업회계

반품가능판매란, 상품이나 제품을 판매함에 있어서 판매계약에 따라 구매자에게 일정 기간 내에는 언제든지 구매를 취소할 수 있는 권리를 부여한 판매형태를 말한다.

한국채택국제회계기준에서는 반품권이 있는 제품의 이전을 회계처리하기 위하여 다음 사항을 모두 인식한다(K-IFRS 1115호 부록 B21).

① 기업이 받을 권리를 갖게 될 것으로 예상하는 대가(금액)를 이전하는 제품에 대한 수익으로 인식(즉, 반품이 예상되는 제품에 대해서는 수익을 인식하지 않는 것임)

② 환불부채를 인식

③ 환불부채를 결제할 때, 고객에게서 제품을 회수할 기업의 권리에 대하여 자산과 이에 상응하는 매출원가 조정을 인식

반품기간에 언제라도 반품을 받기로 하는 기업의 약속은 환불할 의무에 더하여 수행의무로 회계처리하지 않으며, 받았거나 또는 받을 금액 중 기업이 권리를 갖게 될 것으로 예상하지

않는 부분은 고객에게 제품을 이전할 때 수익으로 인식하지 않고, 환불부채로 인식한다. 이후 보고기간 말마다 기업은 제품을 이전하고 그 대가로 권리를 갖게 될 것으로 예상하는 금액을 다시 평가하고 이에 따라 거래가격과 인식된 수익 금액을 바꾸며, 보고기간 말마다 반품 예상량의 변동에 따라 환불부채의 측정치를 새로 수정하고, 이에 따라 생기는 조정액은 수익 또는 수익의 차감으로 인식한다. 그리고 환불부채를 결제할 때 고객에게서 제품을 회수할 기업의 권리에 대해 인식하는 자산은 처음 측정할 때 제품(예: 재고자산)의 이전 장부금액에서 그 제품 회수에 예상되는 원가(반품된 제품이 기업에 주는 가치의 잠재적인 감소를 포함)를 차감하며, 보고기간 말마다 반품될 제품에 대한 예상의 변동을 반영하여 자산의 측정치를 새로 수정한다. 이 때 해당 자산은 환불부채와는 구분하여 표시한다(K-IFRS 1115호 부록 B22~B25).

한편, 일반기업회계기준에서는 반품가능 판매의 수익인식기준에 대한 보다 구체적인 다음의 조건들을 명시하고, 다음의 조건들이 모두 충족되는 경우에 수익으로 인식하며 이 경우 반품추정액을 수익에서 차감하도록 하고 있다(일반기준 16장 부록 실16.3).

① 판매가격이 사실상 확정되었다.
② 구매자의 지급의무가 재판매 여부에 영향을 받지 않는다.
③ 판매자가 재판매에 대한 사실상의 책임을 지지 않는다.
④ 미래의 반품금액을 신뢰성 있게 추정할 수 있다.

이 경우 판매시점에 반품이 예상되는 매출액에 해당하는 금액은 환불충당부채로 설정하고, 보고기간 말마다 반품 예상량의 변동에 따라 그 부채의 측정치를 새로 수정하며 그 조정액을 수익 또는 수익의 차감으로 인식하여야 하며, 환불충당부채를 결제할 때 고객에게서 제품을 회수할 기업의 권리는 자산으로 인식한다. 한편, 해당 자산을 처음 측정할 때 제품의 직전 장부금액에서 그 제품 회수에 예상되는 원가(반품되는 제품이 기업에 주는 가치의 잠재적인 감소를 포함함)를 차감하고, 보고기간 말마다 반품될 제품에 대한 예상의 변동을 반영하여 자산의 측정치를 새로 수정한다. 이때 해당 자산은 환불충당부채와는 구분하여 표시하여야 한다(일반기준 16장 부록 실16.18).

3-4-2. 법인세법

법인이 반품가능판매로서 판매시점에 반품가능성을 합리적으로 예측하기 어려워 재화를 인도하고도 수익으로 인식하지 않는 것은 세법상 인정되지 않는다. 즉, 법인세법상 상품 등을 판매하는 경우 손익의 귀속시기는 상품 등을 인도한 날이 속하는 사업연도이며, 재화의 판매시점에 미래의 반품가능금액을 신뢰성 있게 추정할 수 없다는 이유로 판매시점에 수익을 인식하지 않는 회계처리는 법인세법상 인정되지 아니한다. 따라서 재화의 인도시에 수익을 인식하여야 한다.

한편, 반품금액을 신뢰성 있게 추정할 수 있어 인도기준에 따라 수익은 인식하되, 반품이 예상되는 부분의 매출액과 매출원가를 각각 차감하고 매출총이익에 해당하는 금액은 반품추정부채로 설정한 경우 세법에서는 반품추정부채를 인정하지 않으므로 관련손익을 부인하는 세무조정을 하여야 한다. 즉, 법인세법은 권리·의무확정주의를 기본으로 하고 있기 때문에, 기업회계상 장래에 발생할 가능성이 있다고 인정하여 비용으로 계상하는 각종 충당부채를 모두 손금으로 인정하지는 않는다.

관련사례

- 판매한 상품이 반품된 경우 손익귀속시기

  판매한 상품 등이 반품된 경우에는 그 반품일이 속하는 사업연도에 매출의 취소로 보아 매출액에서 차감하는 것임(법인-1434, 2009. 12. 28.).

- 반품충당부채의 세무조정 및 수입금액 계산

  법인이 기업회계기준이 정하는 바에 따라 당해 사업연도의 매출액에서 차감계상한 반품추정액은 이를 익금에 산입하여 유보처분하는 것이며, 동 익금산입액은 수입금액조정명세서[법칙 별지 제16호 서식] ④ 조정가산란에 기재하되 접대비 및 연구및인력개발준비금의 손금산입 한도액 계산시 적용되는 수입금액에는 동 익금산입액이 포함되지 않는 것임(서면2팀-65, 2005. 1. 10.).

계산사례 - 1 **반품가능판매의 회계처리와 세무조정**

① ㈜삼일은 2개월 내에 반품을 인정하는 조건으로 2023년 12월 31일 100,000원의 제품을 매출하였다. 이 중 1%가 반품될 것으로 예상되었으며, 이 때 반품관련 비용 50원이 발생할 것으로 추정되었다. 회사의 매출원가율은 80%이다.

② 그러나 2024년 2월 중 실제 반품된 제품의 판매가격의 합계는 1,050원이고 반품관련 비용은 52원이 발생하였다. 그러나 실제 반품시 반품재고자산에 대하여 예상하지 못한 손상차손 100원이 발생하였다.

③ 2024년 중 총 매출은 600,000원이고, 이 중 6,200원이 2024년 중 반품되었고, 반품관련 비용은 200원이 발생하였다.

④ 2024년 12월 31일 반품기한이 경과하지 아니한 매출액은 100,000원이고 이에 대하여 반품관련 비용 50원이 발생할 것으로 예상하였다.

상기 자료를 토대로 2023년과 2024년의 반품관련 회계처리와 세무조정을 하라.

해 설

〈2023 사업연도〉

1. 회계처리

매출시	(차) 매 출 채 권	100,000	(대) 매 출	100,000

결산시	(차) 매 출 원 가	80,000(*1)	(대) 재 고 자 산	80,000
충당부채설정시	(차) 매 출	1,000(*2)	(대) 환불충당부채	1,000
반환자산설정시	(차) 반환제품회수권	750	(대) 매 출 원 가	750(*3)

(*1) 100,000 × 80% = 80,000
(*2) 100,000 × 1% = 1,000
(*3) 100,000 × 1% × 80% - 50 = 750

2. 세무조정

〈익금산입〉	환불충당부채	1,000 (유보)
〈손금산입〉	반환제품회수권	750 (△유보)

〈2024 사업연도〉

1. 회계처리

전기판매분 반품시	(차) 매 출	1,050	(대) 매 출 채 권	1,050
	(차) 반 품 비 용	52	(대) 현금및현금성자산	52
매출시	(차) 매 출 채 권	600,000	(대) 매 출	600,000
당기판매분 반품시	(차) 매 출	6,200	(대) 매 출 채 권	6,200
	(차) 반 품 비 용	200	(대) 현금및현금성자산	200
결산시	(차) 매 출 원 가	480,000(*4)	(대) 재 고 자 산	480,000
	(차) 반품재고자산	5,800(*5)	(대) 매 출 원 가	5,800
	(차) 매 출 원 가	252	(대) 반 품 비 용	252(*6)
	(차) 매 출 원 가	100	(대) 반품재고재산	100
충당부채설정시		N/A(*7)		
반환자산설정시		N/A(*8)		

(*4) 600,000 × 80% = 480,000
(*5) (1,050 + 6,200) × 80% = 5,800
(*6) 52 + 200 = 252
(*7) 100,000 × 1% - 1,000 = 0
(*8) 100,000 × 1% × 80% - 50 - 750 = 0

2. 세무조정

〈손금불산입〉 재고자산 100 (유보)(*9)

(*9) 재고자산평가손실을 손금에 산입할 수 있는 경우로는, 첫째, 법인세법상 재고자산의 평가방법을 저가법으로 신고하거나 기한 내에 변경신고한 경우로서 원가가 시가보다 높아 평가손실이 발생한 경우, 둘째, 파손·부패 등의 사유로 인하여 정상가격으로 판매할 수 없는 재고자산을 처분가능한 시가로 평가한 가액으로 감액하는 경우가 있으나, 본 계산사례에서는 당해 요건을 충족하지 못하는 것으로 가정함.

3-5. 대리수탁판매

3-5-1. 기업회계

기업이 재화의 소유에 따른 위험과 보상을 가지지 않고 타인의 대리인 역할을 수행하여 재화를 판매(대리수탁판매)하는 경우에는 판매금액 총액을 수익으로 계상할 수 없으며 판매수수료만을 수익으로 인식해야 한다. 다음과 같은 예가 이에 해당한다(K-IFRS 1115호 부록 B36 및 일반기준 16장 부록 적용사례 10).

① 임대업을 영위하는 회사는 임대매장에서 발생하는 매출과는 무관하므로 임차인으로부터 수취하는 임대료만을 수익으로 인식해야 한다.

② 수출업무를 대행하는 종합상사는 판매를 위탁하는 회사를 대신하여 재화를 수출하는 것이므로 판매수수료만을 수익으로 계상해야 한다.

③ 제품공급자로부터 받은 제품을 인터넷상에서 중개판매하거나 경매하고 수수료만을 수취하는 전자쇼핑몰 운영회사는 관련 수수료만을 수익으로 인식해야 한다.

기업이 제3의 공급자로부터 재화나 용역을 구매하고 이를 고객에게 제공하는 방식으로 영업을 하는 경우, 회사가 고객에게 재화나 용역을 실질적으로 제공한 것이라면 고객에게 청구한 판매가액 총액을 수익으로 인식 · 보고하여야 하며, 제3의 공급자에게 재화나 용역에 대한 위탁 및 중개용역을 제공한 것이라면 고객에게 청구한 금액에서 제3의 공급자에게 지급하여야 할 금액을 차감한 잔액(순액)을 수수료 수익으로 인식 · 보고하여야 한다.

이와 같이 기업이 고객과의 거래에서 당사자로서의 역할을 수행하는지 또는 공급자의 대리인으로서의 역할을 수행하는지에 따라 회계처리가 달라지므로, 이에 대한 판단이 필요하다.

한국채택국제회계기준에 따르면 고객에게 정해진 재화나 용역이 이전되기 전에 기업이 그 정해진 재화나 용역을 통제함을 나타내는 지표에는 다음 사항이 포함되지만 이에 한정되지는 않는다(K-IFRS 1115호 부록 B37).

① 정해진 재화나 용역을 제공하기로 하는 약속을 이행할 주된 책임이 이 기업에 있다. 이는 보통 정해진 재화나 용역을 수용할 수 있게 할 책임(예 : 재화나 용역을 고객의 규격에 맞출 주된 책임)도 포함한다. 정해진 재화나 용역을 제공하기로 하는 약속을 이행할 주된 책임이 기업에 있다면, 이는 정해진 재화나 용역을 제공하는 데 관여하는 다른 당사자가 기업을 대신하여 활동하고 있음을 나타낼 수 있다.

② 정해진 재화나 용역이 고객에게 이전되기 전이나, 고객에게 통제가 이전된 후에 재고위험이 이 기업에 있다(예 : 고객에게 반품권이 있는 경우). 예를 들면 고객과 계약을 체결하기 전에 기업이 정해진 재화나 용역을 획득하거나 획득하기로 약정한다면 고객에게 이전되기 전에 기업이 그 재화나 용역의 사용을 지시하고 그 나머지 효익의 대부분을 획득할 수 있는 능력이 있음을 나타낼 수 있다.

③ 정해진 재화나 용역의 가격을 결정할 재량이 기업에 있다. 정해진 재화나 용역에 대하여 고객이 지급하는 가격을 기업이 결정한다는 것은 기업이 재화나 용역의 사용을 지시하고 나머지 효익의 대부분을 획득할 능력이 있음을 나타낼 수 있다. 그러나 어떤 경우에는 가격을 결정할 재량이 대리인에게 있을 수 있다. 예를 들면 대리인이 다른 당사자가 고객

에게 공급하는 재화나 용역을 주선하는 용역에서 추가 수익을 창출하기 위하여 가격 결정에 일부 융통성을 가질 수 있다.

한편, 일반기업회계기준에서도 기업이 재화나 용역의 제공과 관련된 유의적인 위험과 보상에 노출된다면 기업은 본인으로서 활동하는 것으로 규정하고 있으며, 이러한 특성을 나타내는 주요지표와 보조지표를 제시하고 있다(일반기준 16장 부록 실16.19).

▌본인으로 활동하는 것을 제시하는 지표▐

구 분	내 용
주요지표	① 회사가 거래의 당사자로서 재화나 용역의 제공에 대한 주된 책임을 부담함. ② 회사가 재고자산에 대한 전반적인 위험을 부담함.
보조지표	① 회사가 가격결정의 권한을 가짐. ② 회사가 재화를 추가 가공(단순한 포장은 제외)하거나 용역의 일부를 수행함. ③ 고객이 요구한 재화나 용역을 제공할 수 있는 복수의 공급자가 존재하는 상황에서 회사가 공급자를 선정할 수 있는 재량을 가짐. ④ 회사가 고객에게 제공하는 재화나 용역의 성격, 유형, 특성 또는 사양을 주로 결정함. ⑤ 회사가 재고자산의 물리적 손상에 따른 위험을 부담함. ⑥ 회사가 신용위험을 부담함.

관련사례

- 광고회사의 수익인식 회계처리

  광고회사가 고객이 의뢰한 광고를 독자적으로 선정한 제휴 매체에 노출한 후 그 효과에 관한 정보를 체계적으로 분석하여 고객(광고주)에게 실시간으로 피드백(feedback)하는 종합광고용역을 제공하면서, 광고수입은 총액으로 수령하고, 매체비용은 월별로 정산하여 자기 책임 하에 지급하는 경우, 광고회사가 광고용역 제공과 관련된 유의적인 위험과 보상에 노출된다면 총액을 수익으로 인식함(금감원 2015-005, 2016. 1. 5.).

- 소프트웨어 라이선스 관련 매출의 수익인식 회계처리

  외국 소프트웨어 라이선스에 대하여 국내 독점판매권을 보유한 회사가 신용위험 등을 부담한다고 하더라도 소프트웨어 라이선스에 대한 통제권이 없는 경우에는 소프트웨어 라이선스 관련 매출을 순액으로 인식하는 것이 타당함(금감원 2007-007, 2007. 12. 31.).

- 인터넷미디어랩사의 수익인식

  온라인매체사와 판매대행계약에 따라 광고주에게 광고매체계획·집행 등 용역을 제공하고 광고주로부터 수령한 용역대가에서 일정률의 수수료를 차감한 금액을 온라인매체사에 지급하는 인터넷미디어랩사의 경우 순액으로 수익을 인식함(금감원 2006-029, 2006. 12. 31.).

- 선박서비스업에서 발생하는 미지급용선료의 회계처리

  배를 빌려 다시 빌려주는 서비스업을 영위하는 회사가 배를 빌릴 때에 발생하는 미지급용선료는 매입채무로 회계처리하나 회사가 당해 거래의 중개인의 역할을 하는 경우에는 수수료순액만을 수익으로 인식하면서 미지급금(상대계정은 대급금)으로 회계처리함(금감원 2004-028, 2004. 12. 31.).

- 온라인게임매출의 총액인식 여부

  각각의 게임별로 회사와 게임제작사 중 주된 책임을 누가 부담하는가에 따라 수익을 총액으로 인식할지 순액으로 인식할지 결정할 수 있으며, 게임의 저작권, 독점판매권 등 계약조건에 따라 주된 책임을 회사가 부담한다면 수익을 총액으로 인식하는 것임(금감원 2003-064, 2003. 12. 31.).

- 백화점 납품업체와 백화점의 수익인식

  백화점에 제품 인도시에 법적 소유권은 백화점으로 이전되나, 재고관리 책임은 납품업체에 있고, 백화점이 최종소비자에게 제품 판매시 확정된 대금청구권(판매수수료 차감 후 금액)을 월별 정산하여 납품업체에 입금하고, 미판매 재고를 주기적으로 납품업체에 반품하는 경우, 납품업체는 재화가 최종소비자에게 판매되는 시점에 매출을 인식하고, 백화점은 동 시점에 대한 수수료수익만을 인식함(GKQA 02-085, 2002. 5. 20.).

- 전자상거래 신용중개시 인식할 수익·비용과 인식시기에 대한 질의

  전자상거래 신용중개회사가 금융서비스를 포함한 제반 중개서비스를 제공한다면 총액 수익인식이고, 중개회사가 금융서비스를 제공하지 않고 순수 중개업무만 수행하는 경우에는 판매자에게 물품대금을 송금하는 때 순액 수익인식함(GKQA 02-090, 2002. 5. 31.).

3-5-2. 법인세법

대리수탁판매시 손익의 귀속시기에 대하여 법에서 별도의 명문규정은 없지만 대리수탁판매형태에서 위탁자는 수탁자가 그 위탁자산을 매매한 날에 수입금액을 익금에 산입하고, 수탁자는 수탁용역의 제공을 완료한 날이 속하는 사업연도에 위탁수수료만을 익금에 산입하여야 할 것이다(법령 §68 ① 4호, §69 ①, ②).

관련사례

- 의류제조업법인이 대리점에 납품시 손익귀속시기

  의류제조업법인이 전적으로 반출한 제품과 반입할 제품의 품목과 수량을 결정하고 대리점사업자는 주문에 대한 책임과 권한이 없는 거래에 있어서 대리점사업자가 제품을 최종소비자에게 판매하는 시점이 판매손익 등의 귀속사업연도가 되는 것임(재법인-384, 2016. 5. 2.).

- 백화점 등에 재고반품조건으로 납품하는 경우 판매손익의 법인세법상 귀속시기

  청구법인의 거래형태가 재고반품조건의 특정매입형태이기는 하나, 반품이나 납품대금의 산정·지급방법 등에 관하여 '백화점과의 거래'라는 특수성을 반영한 특별한 약정을 두고 있을 뿐 나머지 점에 관하여는 그 성질상 매매에 해당하는 통상의 납품거래와 다르지 않은 것으로 보이는 점, 청구법인이 백화점사업자에게 상품을 인도하는 시점에 매출세금계산서를 발행·교부하여 온 것으로 나타나는 점 등을 감안할 때, 백화점에 상품을 인도하는 날이 속하는 사업연도를 손익의 귀속사업연도로 보아야 할 것임(조심 2013서 440, 2013. 12. 11.).

• 백화점 납품업체의 손익귀속시기

법인이 재화를 백화점사업자에게 납품(재고반품 조건임)하여 백화점 매장을 통하여 구매자에게 판매하고, 일정률의 수수료를 차감한 금액을 백화점사업자로부터 지급받는 경우, 동 재화의 매출로 인한 손익의 귀속사업연도는 동 재화를 백화점에 인도하는 날이 속하는 사업연도로 보는 것이나, 백화점사업자와 재화의 위탁판매계약을 체결하고 백화점사업자에게 재화의 판매를 위탁한 경우에는 수탁자인 백화점사업자가 당해 재화를 판매한 날이 속하는 사업연도로 보는 것임(서이 46012-11536, 2003. 8. 25.).

• 항공권판매대행 수수료의 손익귀속시기

항공권판매대행 계약을 체결하고 항공권 판매용역을 제공함으로써 항공사로부터 계약에 의한 수수료를 받는 경우의 손익귀속사업연도는 그 용역의 제공이 완료되어 동 수수료를 수령할 권리가 확정되는 항공권을 판매한 날이 속하는 사업연도로 하는 것임(서이 46012-11496, 2003. 8. 18.).

계산사례 - 2 **재고반품조건의 백화점판매에 대한 회계처리와 세무조정**

백화점납품업체인 ㈜삼일은 생산한 제품을 백화점사업자인 ㈜용산에게 반품가능조건으로 납품계약을 체결하였으며, 판매대금은 ㈜용산이 최종 소비자에게 판매한 후에 ㈜용산의 마진을 차감한 대금으로 지급받기로 계약하였다.

2024년에 ㈜삼일이 ㈜용산에게 납품한 제품의 판매계약금액은 10,000,000원이며, 제조원가는 8,000,000원이다. 한편, ㈜용산은 납품받은 제품의 80%를 10,000,000원에 판매하였고, 마진(판매대금의 20%)을 차감한 판매대금을 ㈜삼일에게 전액 지급하였다.

㈜삼일은 ㈜용산이 제품을 최종 소비자에게 판매하는 시점에 기업회계상 매출을 인식하나, 세무상 손익귀속시기는 ㈜용산에 납품하는 시점으로 볼 경우 백화점납품업체 및 백화점사업자의 회계처리와 세무조정을 하라.

해 설

1 백화점납품업체의 회계처리와 세무조정

〈2024 사업연도〉

1. 회계처리

제품납품시	(차)	제품(백화점)	8,000,000	(대)	제품(회사)	8,000,000
	(차)	미수금(*1)	1,000,000	(대)	부가가치세예수금(*2)	1,000,000
백화점재판매시	(차)	매출채권	10,000,000	(대)	매출	10,000,000
	(차)	매출원가	6,400,000	(대)	제품(백화점)	6,400,000
	(차)	판매수수료	2,000,000	(대)	미지급금	2,000,000
판매대금회수시	(차)	현금	8,000,000	(대)	매출채권	10,000,000
		미지급금	2,000,000			

(*1) 백화점 납품시 기업회계상 수익인식시점과 부가가치세법상 공급시기의 차이로 인하여 발생한 금액은 매출채권 외의 적절한 과목으로 회계처리함(GKQA 03-127, 2003. 12. 24.).

(*2) 납품업체가 백화점사업자에게 재화를 실질적으로 공급하고 그 대가만 사후에 지급받기로 한 경우 납품업체는 백화점사업자에게 재화를 인도하는 시기에 판매가액을 공급가액으로 세금계산서를 교부함(서이46012-11779, 2003. 10. 15.).

2. 세무조정

제품납품시	〈익금산입〉	매출채권(매출)	10,000,000 (유보)
	〈손금산입〉	재고자산(매출원가)	8,000,000 (△유보)
백화점재판매시	〈익금불산입〉	매출채권(매출)	10,000,000 (△유보)
	〈손금불산입〉	재고자산(매출원가)	6,400,000 (유보)
	〈손금불산입〉	미지급금(판매수수료)	2,000,000 (유보)
판매대금회수시	〈손금산입〉	미지급금(판매수수료)	2,000,000 (△유보)
	〈손금불산입〉	매출채권	2,000,000 (유보)

2 백화점사업자의 회계처리와 세무조정

〈2024 사업연도〉

1. 회계처리

제품구매시	(차)	부가가치세대급금	1,000,000	(대)	미지급금[*3]	1,000,000
제품판매시	(차)	현금	11,000,000	(대)	미지급금	8,000,000
					부가가치세예수금	1,000,000
					매출	2,000,000
구매대금지급시	(차)	미지급금	8,000,000	(대)	현금	8,000,000

(*3) 백화점이 납품받는 시점에 부가가치세대급금의 상대계정으로 사용하여야 할 계정과목에 대한 유권해석은 아직 발표되지 않았으나, 상기 백화점 납품업체의 회계처리를 비추어 볼 때 매입채무 외의 적절한 계정과목을 사용하여야 할 것으로 판단됨.

2. 세무조정

제품구매시	〈익금산입〉	재고자산	10,000,000 (유보)
	〈손금산입〉	매입채무	10,000,000 (△유보)
제품판매시	〈익금산입〉	미지급금(매출)	8,000,000 (유보)
	〈손금산입〉	재고자산(매출원가)	8,000,000 (△유보)
구매대금지급시	〈익금산입〉	매입채무	8,000,000 (유보)
	〈손금산입〉	미지급금	8,000,000 (△유보)

3-6. 상품 등 시용판매손익의 귀속사업연도

3-6-1. 기업회계

시용판매는 거래처에 상품을 발송한 후에 일정기간의 사용기간을 주거나, 실제 제품을 본 후 구입할 수 있게 하는 판매형태이다.

기업회계기준에서는 시용판매에 대한 명시적인 규정이 없으나, 일반적으로 거래 이후에도 판매자가 관련 재화의 소유에 따른 유의적인 위험을 부담하는 경우에는 그 거래를 아직 판매로 보지 아니하므로 시용판매의 경우에도 매입자가 매입의사를 표시하거나 반품가능기간이 경과하여 경제적효익의 유입가능성이 매우 높아진 때에 수익을 인식하여야 할 것이다.

3-6-2. 법인세법

상품 등을 시용판매한 경우에는 상대방이 그 상품 등에 대한 구입의 의사를 표시한 날이 속하는 사업연도를 손익의 귀속사업연도로 한다. 다만, 일정기간 내에 반송하거나 거절의 의사를 표시하지 아니하면 특약 등에 의하여 그 판매가 확정되는 경우에는 그 기간의 만료일로 한다(법령 §68 ① 2호).

4. 상품 등 외의 자산양도손익의 귀속사업연도

4-1. 부동산 등의 양도손익

4-1-1. 기업회계

한국채택국제회계기준에서는 부동산 판매에 대하여 명시적으로 규정하고 있지 않은 바, 수익인식의 단일원칙으로서 상기 '2-2-2의 (2)의 1)'에서 설명하고 있는 5단계 수익인식 과정을 거쳐 수익을 인식한다.

한편, 일반기업회계기준에 따르면 부동산의 판매수익은 법적 소유권이 구매자에게 이전되는 시점에 인식한다. 그러나 법적 소유권이 이전되기 전이라도 소유에 따른 위험과 보상이 구매자에게 실질적으로 이전되는 경우에는 판매자가 계약 완료를 위하여 더 이상 유의적인 행위를 수행할 의무가 없다면 수익을 인식할 수 있다. 하지만, 법적 소유권이 이전되거나 또는 소유에 따른 위험과 보상이 구매자에게 실질적으로 이전된 이후에도 판매자가 유의적인 행위를 추가로 수행할 의무가 있는 경우에는 해당 행위가 완료되는 시점에 수익을 인식한다(일반기준 16장 부록 사례 9).

그리고, 판매자가 부동산을 판매한 후에도 지속적으로 관여하기 때문에 소유에 따른 위험과 보상이 이전되지 않는 경우에는 관여의 성격이나 그 정도에 따라 판매거래로 회계처리하거나 금융거래 또는 리스거래 등으로 처리하여야 하며, 판매거래로 회계처리시에 판매자가 지속적으로 관여하여야 한다면 수익인식을 연기하여야 한다(일반기준 16장 부록 사례 9).

또한, 판매자는 지급수단, 그리고 지급을 완료하겠다는 구매자의 확고한 의사표시에 대한 증거를 검토하여야 하며, 지급을 완료하겠다는 구매자의 확고한 의사표시가 확인되지 않을 경우에는 현금수취액의 한도 내에서만 수익을 인식해야 한다(일반기준 16장 부록 사례 9).

한편, 중소기업기본법에 의한 중소기업[주식회사 등의 외부감사에 관한 법률의 적용대상 중소기업 중 자본시장과 금융투자업에 관한 법률에 따른 상장법인 · 증권신고서 제출법인 · 사업보고서 제출대상법인, 일반기업회계기준 제3장(재무제표의 작성과 표시Ⅱ(금융업))에서 정의하는 금융회사, 일반기업회계기준 제4장(연결재무제표)에서 정의하는 연결실체에 중소기업이 아닌 회사가 포함된 경우의 지배회사 제외]이 토지 또는 건물 등을 장기할부조건으로 처분하는 경우에는 당해 자산의 처분이익을 할부금회수기일이 도래한 날에 실현되는 것으로 할 수 있다(일반기준 31장 문단 31.2, 31.11).

관련사례

- 집합투자기구(부동산투자신탁)를 통한 부동산 매각관련 회계처리
  회사가 부동산투자신탁에 부동산을 매각하고 매매대금을 전액 수령한 후 해당 부동산투자신탁의 수익증권을 전액 인수하여 96% 투자(나머지 4%는 양도자의 계열회사 참여)한 경우라면, 양도자가 특수목적기구에 대한 위험과 효익의 50% 이상을 갖고 있어 양도자가 특수목적기구를 통제하고 있으므로 담보차입거래와 같이 회계처리하는 것이 타당함(금감원 2015-004, 2016. 1. 5.).
- 토지 매각거래 인식시기 및 계정과목
  국가 등의 개발승인을 전제조건으로 토지 매매계약을 체결한 경우 국가 등의 승인을 얻은 시점에 매매거래와 관련처분손익을 인식하여야 하며, 인식 시점 이전에는 토지를 재고자산(용지)으로 회계처리하는 것임(금감원 2006-034, 2006. 12. 31.).

4-1-2. 법인세법

법인세법에서는 원칙적으로 상품 등 외의 자산을 양도하는 경우 그 대금을 청산한 날(한국은행이 보유 중인 외화증권 등 외화표시자산을 양도하고 외화로 받은 대금으로서 원화로 전환하지 아니한 그 취득원금에 상당하는 금액의 환율변동분은 해당 외화대금을 매각하여 원화로 전환한 날)이 속하는 사업연도를 익금과 손금의 귀속사업연도로 한다. 다만, 대금을 청산하기 전에 소유권 등의 이전등기(등록을 포함함)를 하거나 당해 자산을 인도하거나 상대방이 당해 자산을 사용수익하는 경우에는 그 이전등기일(등록일을 포함함)·인도일 또는 사용수익일 중 빠른 날이 속하는 사업연도를 익금과 손금의 귀속사업연도로 한다(법령 §68 ① 3호).

이때 사용수익일이라 함은 당사자간의 계약에 의하여 사용수익을 하기로 약정한 날을 말하는 것이나, 별도의 약정이 없는 경우에는 자산을 양도하는 법인의 사용승낙으로 인하여 매수인이 해당 자산을 실질적으로 사용할 수 있게 된 날을 말한다(법기통 40-68…4).

다만, 프로젝트금융투자회사(조특법 §104의 31)가 택지개발촉진법에 따른 택지개발사업 등 다음의 어느 하나에 해당하는 토지개발사업을 하는 경우로서 해당 사업을 완료하기 전에 그 사업의 대상이 되는 토지의 일부를 양도하는 경우에는 상기 규정에도 불구하고 그 양도 대금을 해당 사업의 작업진행률에 따라 각 사업연도의 익금에 산입할 수 있다(법령 §68 ⑦ 및 법칙 §33 ②).

① 도시개발법에 따른 도시개발사업
② 산업입지 및 개발에 관한 법률에 따른 산업단지개발사업
③ 택지개발촉진법에 따른 택지개발사업
④ 혁신도시 조성 및 발전에 관한 특별법에 따른 혁신도시개발사업

개 정

○ 프로젝트금융투자회사의 토지개발사업 완공 전 양도된 토지 양도대금에 대해 작업진행률에 따른 익금산입 허용(법령 §68 ⑦)
➡ 2024년 2월 29일 이후 토지를 양도하는 경우부터 적용

관련사례

• 잔금청산일 또는 소유권이전등기일 이전에 건물의 일부만 사용수익하는 경우 손익귀속시기
토지 및 건물을 양도시 잔금청산일 또는 소유권이전등기일 이전에 양수자가 건물의 일부분을 사용수익하는 경우 사용수익하는 부분에 상당하는 건물 및 토지의 양도차손익은 사용수익일이 속하는 사업연도의 손익으로 함(법인-116, 2010. 2. 8.).

• 공동사업을 위해 부동산을 현물출자한 경우 동 부동산의 양도시기
법인이 부동산을 공동사업을 위해 출자하는 경우 동 부동산을 현물출자한 때에 양도한 것으로 보는 것임(재법인-80, 2008. 2. 12.).

• 부동산을 취득할 수 있는 권리의 양도시 손익귀속시기
부동산을 취득할 수 있는 권리의 양도에 대한 법인세법상 손익귀속시기는 잔금청산일로 하는 것이나, 잔금을 대물로 받은 경우에는 당해 대물로 받은 부동산의 소유권이전등기접수일로 하는 것임(서면2팀-1473, 2006. 8. 2.).

• 신축 중인 상가의 분양권을 일괄양수한 후 완성 전 재분양하는 경우 손익귀속시기
법인이 신축 중인 상가에 대한 분양권을 건축주로부터 일괄양수한 후 상가가 완성되기 전에 재분양하는 경우 대금청산일, 이전등기일, 인도일 또는 사용수익일 중 빠른 날이 속하는 사업연도를 분양수익의 귀속사업연도로 하는 것임(서면2팀-1927, 2004. 9. 16.).

• 어음 결제를 통한 대금청산일
대금청산일은 잔금이 완전히 청산된 날을 의미하는 것이므로 부동산을 양도하고 잔금을 어음으로 받은 경우 대금을 청산한 날이라 함은 당해 어음의 결제일을 말하는 것임(법인 46012-326, 1999. 1. 26.).

• 사업양수·도시 영업권대가의 귀속시기
법인이 사업의 양도과정에서 당해 사업의 영업상의 이점 등으로 인하여 양도자산과는 별도의 대가를 지급받기로 함으로써 발생하는 익금의 귀속사업연도는 그 대금의 청산일이 속하는 사업연도로 하는 것이나, 대금을 청산하기 전에 당해 사업의 양수·도가 사실상 완료되어 양수인에게 그 사업을 인도한 경우에는 그 인도일이 속하는 사업연도로 하는 것임(법인 46012-2425, 1998. 8. 27.).

4-2. 유가증권의 양도손익

4-2-1. 기업회계

한국채택국제회계기준에서는 금융자산의 현금흐름에 대한 계약상 권리가 소멸하거나, 다음 중 하나에 해당하는 금융자산의 양도로서 소유에 따른 위험과 보상의 보유 정도를 평가하여 금융자산의 제거조건을 충족하는 경우 금융자산을 제거한다. 다만, 금융자산의 정형화된 매입이나 매도는 매매일 또는 결제일에 인식하거나 제거한다(K-IFRS 1109호 문단 3.1의 2, 문단 3.2의 3~3.2의 6).

① 금융자산의 현금흐름을 수취할 계약상 권리를 양도한 경우

② 금융자산('최초자산')의 현금흐름을 수취할 계약상 권리를 보유하고 있으나, 당해 현금흐름을 다음의 조건을 모두 충족하는 계약에 따라 하나 이상의 거래상대방(최종수취인)에게 지급할 계약상 의무를 부담하는 경우

㉠ 최초자산에서 최종 수취인에게 지급할 금액에 상응하는 금액을 회수하지 못한다면 그 금액을 최종수취인에게 지급할 의무가 없다. 양도자가 그 상당액을 단기간 선급하면서 시장이자율에 따른 이자를 포함한 원리금을 상환받는 권리를 가지는 경우에도 이 조건은 충족된다.

㉡ 현금흐름을 지급할 의무의 이행을 위해 최종수취인에게 담보물로 제공하는 경우를 제외하고는, 양도자는 양도계약의 조건으로 인하여 최초자산을 매도하거나 담보물로 제공하지 못한다.

㉢ 양도자는 최종수취인을 대신해서 회수한 현금을 중요하게 지체하지 않고 최종수취인에게 지급할 의무가 있다. 또한 양도자는 해당 현금을 재투자할 권리를 가지지 아니한다. 다만, 현금 회수일부터 최종수취인에게 지급하기까지의 단기결제유예기간 동안 현금 또는 현금성자산[한국채택국제회계기준 제1007호(현금흐름표)에서 정의함]에 투자하고 이러한 투자에서 발생한 이자를 최종수취인에게 지급하는 경우는 제외한다.

한편, 일반기업회계기준에서는 유가증권의 양도로 유가증권 보유자가 유가증권의 통제를 상실한 때에는 그 유가증권을 재무상태표에서 제거한다. 유가증권의 통제를 상실한 경우란 유가증권의 경제적 효익을 획득할 수 있는 권리를 전부 실현한 때, 그 권리가 만료된 때 또는 그 권리를 처분한 때를 말한다. 다만, 관련 시장의 규정이나 관행에 의하여 일반적으로 설정된 기간 내에 당해 유가증권을 인도하는 계약조건에 따라 유가증권을 매입하거나 매도하는 정형화된 거래의 경우에는 결제일에 유가증권의 소유권이 이전되더라도 매매일에 해당 유가증권의 거래를 인식한다(일반기준 6장 문단 6.4의 2, 6.34의 2).

4-2-2. 법인세법

유가증권시장(자본시장과 금융투자업에 관한 법률 §8의 2 ④ 1호)에서 증권시장업무규정(자본시장과 금융투자업에 관한 법률 §393 ①)에 따라 보통거래방식으로 한 유가증권의 매매의 귀속시기는 매매계약을 체결한 날이 속하는 사업연도로 한다(법령 §68 ① 5호). 한편, 유권해석 등에 따르면, 비상장주식의 양도손익 귀속시기는 원칙적으로 대금청산일, 주식인도일, 명의개서일 중 빠른 날이 속하는 사업연도로 하도록 하고 있다(서이 46012-10841, 2002. 4. 23.).

관련사례

- 수증받은 비상장주식을 양도하는 경우 손익 귀속시기

  법인이 다른 비상장법인이 발행한 주식을 수증받아 동 주식을 양도하는 경우 그 양도주식의 법인세법 제40조의 규정에 의한 손익귀속사업연도는 원칙적으로 대금을 청산한 날, 주식을 인도한 날 또는 명의개서일 중 빠른 날로 하는 것임(서이 46012-10841, 2002. 4. 23.).
- 상장주식의 매도에 따른 매매손익의 귀속시기

  제조업을 영위하는 법인이 보유하고 있는 유가증권을 증권거래법에 의한 유가증권시장에서 보통거래방식으로 매매하는 경우 그 유가증권매매손익은 매매계약체결일이 속하는 사업연도의 손익으로 하는 것임(서이 46012-10172, 2001. 9. 14.).

5. 자산의 위탁판매손익의 귀속사업연도

5-1. 기업회계

위탁매출이란 자기의 상품을 타인에게 위탁하여 수수료를 지급하고 판매하는 형태이다. 위탁매출의 경우는 최종 고객에게 판매하기 위해 기업이 제품을 다른 당사자(예 : 중개인이나 유통업자)에게 인도하는 경우 그 다른 당사자가 그 시점에 제품을 통제하게 되었는지 여부를 평가하여 다른 당사자가 그 제품을 통제하지 못하는 경우에는 다른 당사자에게 인도한 제품을 위탁약정에 따라 보유하는 것이 된다. 따라서 인도된 제품이 위탁물로 보유된다면 제품을 다른 당사자에게 인도할 때 수익을 인식하지 않고, 추후 제품이 고객에게 판매된 시점에 수익을 인식한다(K-IFRS 1115호 부록 B77 및 일반기준 16장 부록 사례 4).

이 때, 어떤 약정이 위탁약정이라는 지표에는 다음의 사항이 포함되지만, 이에 한정되지는 않는다(K-IFRS 1115호 부록 B78).

① 정해진 사건이 일어날 때까지(예 : 중개인의 고객에게 자산을 판매하거나 정해진 기간이 만료될 때까지) 기업이 자산을 통제한다.

② 기업은 제품의 반환을 요구하거나 제품을 제삼자(예 : 다른 중개인)에게 이전할 수 있다.

③ 중개인은 보증금을 지급해야 하는 경우도 있지만 제품에 대해 지급해야 하는 무조건적인 의무는 없다.

5-2. 법인세법

법인세법에서도 기업회계와 동일하게 위탁자가 수탁자에게 상품 등을 적송한 것은 판매된 것으로 인정하지 않는다. 따라서 위탁판매의 경우 위탁자는 수탁자가 해당 상품 등을 판매한 날에 손익을 인식하여야 한다(법령 §68 ① 4호).

계산사례 - 3 **위탁판매 회계처리 및 세무조정**

회사의 적송품계정 중 10,500,000원은 수탁자가 2023년 12월 29일에 12,000,000원에 판매(수탁판매수수료 24,000원)하였으나, 매출계산서가 2024년 2월 18일 도착하여 2024년 매출로 인식하였다. 2024년 결산시 동 오류를 확인하고 다음과 같이 회계처리하였으며, 전기오류수정손익은 영업외손익에 반영하였다. 이때의 세무조정은?

〈회사의 수정회계처리〉

(차) 적송품매출	12,000,000	(대) 전기오류수정이익	12,000,000
(차) 전기오류수정손실	10,500,000	(대) 적송품매출원가	10,500,000
(차) 전기오류수정손실	24,000	(대) 지급수수료	24,000

해 설

2023년의 각 사업연도 소득금액에 대한 수정신고와 2024년의 세무조정은 다음과 같다.

〈2023 수정신고〉

〈익금산입〉	적송품매출액	12,000,000 (유보)
〈손금산입〉	적송품매출원가	10,500,000 (△유보)
〈손금산입〉	지급수수료	24,000 (△유보)

〈2024 세무조정〉

〈익금불산입〉	전기적송품매출액	12,000,000 (△유보)
〈손금불산입〉	전기적송품매출원가	10,500,000 (유보)
〈손금불산입〉	전기지급수수료	24,000 (유보)

6. 장기할부판매손익의 귀속사업연도

6-1. 장기할부판매의 정의

6-1-1. 기업회계

할부판매란 상품이나 제품을 판매함에 있어 판매대금을 분할하여 회수하는 조건으로 이루어지는 판매형태를 말하며, 이 중 판매대가가 재화의 판매 이후 장기간에 걸쳐 유입되는 경우를 장기할부판매라 한다.

6-1-2. 법인세법

장기할부조건이라 함은 자산의 판매 또는 양도(국외거래에 있어서는 소유권이전 조건부 약정에 의한 자산의 임대를 포함함)로서 다음의 요건을 모두 충족하는 판매 등을 말한다(법령 §68 ④).

① 판매금액 또는 수입금액을 월부·연부 기타의 지불방법에 따라 2회 이상으로 분할하여 수입할 것

② 당해 목적물의 인도일의 다음날부터 최종의 할부금의 지급기일까지의 기간이 1년 이상인 것

'월부·연부 기타의 지불방법'이란 주불이나 분기불 등 지불방법을 가리지 아니하고 각각의 이행기일에 있어 지급받는 금액이 당초 계약에 의하여 구체적으로 확정되어 있는 경우를 말하며, 지급받는 금액이 균등할 것을 요하는 것은 아니다(법인 46012-4062, 1993. 12. 23.).

'2회 이상'으로 분할하여 대금을 지급하는 요건은 계약시의 대금지급조건상 연불조건부 거래의 의사가 있어야 충족되는 것이지 계약확정 후 단순히 매수자의 자금사정 때문에 대금을 장기연불어음 등으로 지급받는 것은 연불판매가 아니다.

'1년 이상' 할부기간은 당해 목적물의 인도일(단, 상품 등 외 자산의 경우에는 소유권이전등기일·등록일, 인도일 또는 사용수익일 중 빠른 날)부터 기산하므로 그 이전에 계약금, 중도금 등을 지급하였더라도 인도일부터 기산하며, 최종의 할부금의 지급기일까지의 기간이 1년 이상인 것을 말한다. 잔금을 소비대차로 변경한 경우에는 소비대차로의 변경일을 잔금청산일로 본다(법인 46012-1454, 1997. 5. 29.).

관련사례

- **상품 매수자의 운용수익이 발생한 때부터 일정기간 잔금의 분할회수 약정시 손익인식시기**
  법인이 의료기기를 판매하고 계약금 이외의 잔금을 매수자의 운용수익이 발생한 때부터 일정기간 동안 회수하기로 약정한 경우에는 장기할부조건에 해당하지 않으므로 그 상품 등을 인도한 날이 속하는 사업연도에 손익을 인식함(법인-448, 2009. 4. 10.).
- **지급할 부불금이 미확정인 경우 장기할부조건에 해당하는지 여부**
  기간통신사업자로 허가받은 법인이 전파법 제14조 등에 따라 주파수이용권에 대한 대가를 납부하기로 약정하고 납부한 초기출연금 이외에 각 부불금의 지급시기와 금액이 구체적으로 확정되지 아니한 경우, 당해 주파수이용권 취득거래는 법인세법 시행령 제68조에서 규정하는 장기할부조건에 해당하지 아니하고, 동 주파수이용권 취득 이전에 납부한 초기출연금은 주파수이용권 취득가액의 선급금으로 보는 것임(서면2팀-1425, 2006. 7. 27.).
- **공사완료 후 장기에 걸쳐 공사대금을 회수하는 경우 장기할부조건에 해당하는지 여부**
  법인이 3월 내지 6월의 공사기간에 걸쳐 에너지절약시설 공사용역을 제공하고 공사완료일로부터 60개월에 걸쳐 공사대금을 회수하는 경우에는 장기할부조건에 해당하지 아니하므로 법인세법 시행령 제69조 제1항 및 제3항의 규정에 의하여 손익의 귀속시기를 정하는 것임(서이 46012-10232, 2001. 9. 24.).

• 잔금을 계약상 지급일보다 조기지급한 경우 장기할부조건에 해당하는지 여부
양수자가 잔금을 계약상의 지급일보다 조기지급함으로써 목적물의 인도일의 다음 날부터 실제 잔금지급일까지의 기간이 1년 미만이 된 경우에도 당초 장기할부조건에 의한 양도는 변경되지 않는 것임(법인 46012-508, 1998. 2. 28.).

6-2. 장기할부판매의 손익귀속시기

6-2-1. 기업회계

기업회계기준에서는 대가가 분할되어 수취되는 할부판매에 대해서 이자부분을 제외한 판매가격에 해당하는 수익을 판매시점에 인식한다. 판매가격은 대가의 현재가치로서 수취할 할부금액을 내재이자율로 할인한 금액이다. 이자부분은 유효이자율법을 사용하여 가득하는 시점에 수익으로 인식한다(K-IFRS 1115호 부록 적용사례 28 및 일반기준 16장 부록 사례 8).

다만, 한국채택국제회계기준에서는 계약을 개시할 때 기업이 고객에게 약속한 재화나 용역을 이전하는 시점과 고객이 그에 대한 대가를 지급하는 시점 간의 기간이 1년 이내일 것이라고 예상한다면 유의적인 금융요소의 영향을 조정하지 않는 실무적 간편법을 사용할 수 있도록 하고 있고(K-IFRS 1115호 문단 63), 일반기업회계기준에서는 대금회수기간이 1년 미만인 할부매출의 경우 현금판매가와 할부판매가의 차이가 중요한 경우 등과 같이 계약의 내용에 비추어 볼 때 재무거래의 요소(이자수익)를 명백히 분리할 수 있는 경우를 제외하고는 명목금액으로 측정할 수 있다(GKQA 02-173, 2002. 10. 30.).

또한, 주식회사 등의 외부감사에 관한 법률의 적용대상 중소기업 중 중소기업기본법에 의한 중소기업[자본시장과 금융투자업에 관한 법률에 따른 상장법인 · 증권신고서 제출법인 · 사업보고서 제출대상 법인, 일반기업회계기준 제13장(재무제표의 작성과 표시 II(금융업))에서 정의하는 금융회사, 일반기업회계기준 제4장(연결재무제표)에서 정의하는 연결실체에 중소기업이 아닌 회사가 포함된 경우의 지배회사 제외]의 경우 1년 이상의 기간에 걸쳐 이루어지는 할부매출은 할부금회수기일이 도래한 날에 실현되는 것으로 할 수 있다(일반기준 31장 문단 31.9).

6-2-2. 법인세법

(1) 인도기준

법인이 상품 등을 장기할부조건으로 판매 또는 양도함으로써 얻는 손익은 원칙적으로 당해 상품 등의 인도일(상품 등 외 자산의 경우에는 소유권이전등기일 · 등록일, 인도일 또는 사용수익일 중 빠른 날)을 그 귀속시기로 한다(법령 §68 ① 1호, 3호).

(2) 회수기일도래기준 허용

법인이 장기할부조건으로 자산을 판매하거나 양도한 경우로서 판매 또는 양도한 자산의 인도일

(단, 상품 등 외의 자산의 경우에는 소유권이전등기일 · 등록일, 인도일 또는 사용수익일 중 빠른 날)이 속하는 사업연도의 결산을 확정함에 있어서 해당 사업연도에 회수하였거나 회수할 금액과 이에 대응하는 비용을 각각 수익과 비용으로 계상한 경우에는 그 장기할부조건에 따라 각 사업연도에 회수하였거나 회수할 금액과 이에 대응하는 비용을 각각 해당 사업연도의 익금과 손금에 산입한다. 이 경우 인도일 이전에 회수하였거나 회수할 금액은 인도일에 회수한 것으로 보며, 법인이 장기할부기간 중에 폐업한 경우에는 그 폐업일 현재 익금에 산입하지 아니한 금액과 이에 대응하는 비용을 폐업일이 속하는 사업연도의 익금과 손금에 각각 산입한다(법령 §68 ②, ③).

다만, 중소기업인 법인이 장기할부조건으로 자산을 판매하거나 양도한 경우에는 결산상 인도기준으로 인식한 경우에도 그 장기할부조건에 따라 각 사업연도에 회수하였거나 회수할 금액과 이에 대응하는 비용을 각각 해당 사업연도의 익금과 손금에 산입할 수 있다(법령 §68 ②).

한편, '장기할부조건에 따라 해당 사업연도에 회수하였거나 회수할 금액'이라 함은 두 가지 중에서 선택할 수 있다는 의미가 아니고 원칙적으로 장기할부조건에 따라 회수기일도래일이 속하는 사업연도의 손익에 귀속하되 장기할부조건에 따른 회수기일도래일이 속하는 사업연도에 회수하지 못한 경우에는 장기할부조건에 따른 회수기일도래일이 속하는 사업연도에 회수한 것으로 간주하여 동 사업연도의 손익으로 인식한다는 의미이다. 따라서, 당초 계약상 장기할부조건을 변경하거나 변경한 것으로 인정되는 때를 제외하고는 장기할부조건에 따른 회수기일 이전에 회수한 금액은 선수금으로, 회수기일 이후에 회수한 금액은 미수금으로 처리하여야 한다(재법인 46012-64, 1999. 5. 4.).

회수기일도래기준 적용시 손금액

$$\text{각 사업연도의 대응손금} = \text{양도자산의 취득원가(자본적지출 포함)} \times \frac{\text{장기할부조건에 따라 회수하였거나 회수할 금액}}{\text{총 양도금액}}$$

관련사례

- 장기할부조건으로 교부받은 공사부담금의 처리
  공사부담금을 장기할부조건으로 교부받은 경우 각 사업연도에 속하거나 속하게 될 공사부담금은 그 장기할부조건에 따라 각 사업연도에 교부받았거나 교부받을 금전 또는 자재에 상당하는 가액으로 함(법기통 37-0…1).
- 주식을 장기할부조건으로 양도한 경우의 손익귀속시기
  주식을 장기할부조건으로 양도한 경우 손익의 귀속사업연도는 법인세법 시행령 제68조 제2항의 규정을 적용하며, 이 경우 해당 주식을 매입한 법인이 기업회계기준이 정하는 바에 따라 계상한 현재가치할인차금은 취득가액에 포함하지 아니함(법기통 40-68…3).

• 청산소득 계산시 회수기일이 도래하지 않은 손익의 귀속시기
투자유가증권을 장기할부조건으로 매각하여 회수기일도래기준으로 손익을 인식하는 법인이 그 장기할부기간 중 해산등기를 한 경우에는 그 회수기일이 도래하지 아니한 부분 전액을 자산총액에 포함하여 청산소득금액을 계산하는 것임(서이 46012-11187, 2002. 6. 12.).

(3) 현재가치 평가의 수용

장기할부조건 등에 의하여 자산을 판매하거나 양도함으로써 발생한 채권에 대하여 기업회계기준이 정하는 바에 따라 현재가치로 평가하여 현재가치할인차금을 계상한 경우 해당 현재가치할인차금 상당액은 해당 채권의 회수기간 동안 기업회계기준이 정하는 바에 따라 환입하였거나 환입할 금액을 각 사업연도의 익금에 산입한다(법령 §68 ⑥).

한편, 법인이 장기할부조건 등에 의하여 자산을 취득하면서 발생한 채무를 현재가치로 평가하면서 계상한 현재가치할인차금은 당해 자산의 취득가액에 포함하지 아니하고(법령 §72 ④ 1호), 동 현재가치할인차금을 상각하면서 발생하는 이자상당액은 지급이자 손금불산입(법법 §28), 원천징수(법법 §73, §73의 2, §98), 지급명세서의 제출의무(법법 §120), 외국법인의 국내원천소득 등에 대한 지급명세서 제출의무의 특례(법법 §120의 2) 및 수입배당금의 익금불산입(법법 §18의 2)의 규정을 적용하지 아니한다(법령 §72 ⑥).

기업회계기준과의 비교

<table>
<tr><th rowspan="2">구 분</th><th colspan="2">기업회계기준</th><th rowspan="2">법인세법</th></tr>
<tr><th>한국채택국제회계기준</th><th>일반기업회계기준</th></tr>
<tr><td>단기할부 판매</td><td>• 원칙 : 5단계 수익인식 과정(현재가치평가)
• 예외 : 5단계 수익인식 과정(명목가액평가)</td><td>• 원칙 : 인도기준으로 현재가치평가
• 예외 : 인도기준으로 명목가액 측정 가능</td><td>인도기준으로 명목가액 평가</td></tr>
<tr><td>장기할부 판매</td><td>5단계 수익인식 과정(현재가치평가)</td><td>• 원칙 : 인도기준으로 현재가치평가
• 예외 : 중소기업은 회수기일도래기준 적용 가능</td><td>• 원칙 : 인도기준으로 명목가액 평가
• 예외 : 결산 반영시 회수기일도래기준(중소기업은 신고조정 허용)과 현재가치평가 인정</td></tr>
</table>

• 장기할부조건 자산 양도시 계상한 현재가치할증차금의 귀속시기

내국법인이 장기할부조건으로 주식을 양도함으로써 발생한 채권에 대하여 기업회계기준에 따라 현재가치로 평가하여 현재가치할증차금을 계상한 경우 해당 현재가치할증차금 상당액은 해당 채권의 회수기간 동안 기업회계기준이 정하는 바에 따라 환입하였거나 환입할 금액을 각 사업연도의 손금에 산입하는 것임(서면법령법인-22582, 2015. 5. 21.).

7. 매출할인 등의 귀속사업연도

7-1. 개 요

7-1-1. 매출할인

매출할인은 기업이 외상매출금을 신속하게 회수하기 위하여 고객이 일정기간 내에 대금을 지불하면 일정금액을 외상매출대금에서 할인해 주는 것을 말한다. 한편, "2/10, n/30"인 외상판매조건은 외상으로 구매한 고객이 10일 이내에 외상매입금을 지불하면 총판매가격의 2%를 할인받게 되지만 10일을 경과하여 지불하면 총판매가격 전액을 지불하여야 하며 적어도 30일 이내에 대금을 지불하여야 함을 의미한다.

7-1-2. 매출에누리

매출에누리는 고객에게 물품을 판매 후 판매한 물품의 수량부족 · 품질불량 · 파손 등의 물리적 원인으로 인하여 파손이나 결함이 발견된 경우 고객에게 가격을 할인하여 주는 것을 말한다.

7-2. 손익귀속시기

7-2-1. 기업회계

기업회계에서는 매출할인 및 매출에누리를 매출에서 차감하도록 규정하고 있다(일반기준 2장 문단 2.46).

관련사례

• 판매인센티브에 대한 회계처리

판매촉진을 목적으로 소비자(중간판매자)에게 제공하는 현금할인, 현금보조의 방식의 현금판매인센티브는 실질판매가격을 하락시켜 재화 · 용역의 매출로 인해 수취할 대가의 공정가액을 감소시키므로 매출에누리와 경제적 실질이 동일하다고 보아 판매자의 매출에서 직접 차감하고, 무료현물, 무료서비스 등 현물판매인센티브는 판매거래의 일부로 보아 비용처리함(실무의견서 2006-4, 2006. 11. 24.).

7-2-2. 법인세법

법인세법에서는 기업회계기준에 의한 매출할인 및 매출에누리 금액을 수입금액에서 제외하도록 규정하고 있으며, 법인이 매출할인을 하는 경우 그 매출할인 금액은 상대방과의 약정에 의한 지급기일(그 지급기일이 정하여 있지 아니한 경우에는 지급한 날)이 속하는 사업연도의 매출액에서 차감하여야 한다(법령 §11 1호, §68 ⑤). 한편, 매출에누리는 매출에누리 금액이 확정된 날이 속하는 사업연도의 매출액에서 차감한다(법인 46012-3117, 1997. 12. 3.).

8. 용역제공 등에 의한 손익의 귀속사업연도

8-1. 일반사항

8-1-1. 기업회계

(1) 수익인식조건

한국채택국제회계기준에서는 용역의 제공으로 인한 수익은 재화의 판매로 인한 수익의 경우와 동일하게 상기 '2-2-2. (2)의 1)'에서 설명하고 있는 5단계 수익인식 과정을 거쳐 수익을 인식하는데, 다음의 기준 중 어느 하나를 충족하는 경우 기업은 용역에 대한 통제를 기간에 걸쳐 이전하므로, 해당 기간에 걸쳐 수익을 인식한다(K-IFRS 1115호 문단 35). 이 때, 수익은 기간에 걸쳐 이행하는 수행의무 각각에 대해 그 수행의무 완료까지의 진행률을 측정하여 그 기간에 걸쳐 인식한다(K-IFRS 1115호 문단 39).

① 고객은 기업이 수행하는 대로 기업의 수행에서 제공하는 효익을 동시에 얻고 소비한다.
② 기업이 수행하여 만들어지거나 가치가 높아지는 대로 고객이 통제하는 자산(예 : 재공품)을 기업이 만들거나 그 자산 가치를 높인다.
③ 기업이 수행하여 만든 자산이 기업 자체에는 대체 용도가 없고, 지금까지 수행을 완료한 부분에 대해 집행 가능한 지급청구권이 기업에 있다.

한편, 일반기업회계기준에서는 용역의 제공으로 인한 수익은 용역제공거래의 성과를 신뢰성 있게 추정할 수 있을 때 진행기준에 따라 인식하도록 규정하고 있으며, 다음의 조건이 모두 충족되는 경우에는 용역제공거래의 성과를 신뢰성 있게 추정할 수 있다(일반기준 16장 문단 16.11).

① 거래 전체의 수익금액을 신뢰성 있게 측정할 수 있을 것
② 경제적 효익의 유입 가능성이 매우 높을 것
③ 진행률을 신뢰성 있게 측정할 수 있을 것
④ 이미 발생한 원가 및 거래의 완료를 위하여 투입하여야 할 원가를 신뢰성 있게 측정할

수 있을 것

(2) 진행률의 측정

용역제공거래의 진행률은 고객에게 이전하기로 한 용역의 특성을 고려하여 측정하여야 한다(K-IFRS 1115 문단 45 및 일반기준 16장 부록 실16.10).

한국채택국제회계기준에서는 적절한 진행률 측정방법에는 산출법과 투입법이 포함된다고 규정하고 있으며, 기간에 걸쳐 이행하는 각 수행의무에는 하나의 진행률 측정방법을 적용하며 비슷한 상황에서의 비슷한 수행의무에는 그 방법을 일관되게 적용하되, 진행률은 보고기간 말마다 다시 측정하도록 하고 있다(K-IFRS 1115호 문단 40, 41). 여기서 산출법이란 계약에서 약속한 용역의 나머지 부분의 가치와 비교하여 지금까지 이전한 용역이 고객에 주는 가치의 직접 측정에 기초하여 수익을 인식하는 것을 말하고, 투입법이란 해당 수행의무의 이행에 예상되는 총 투입물 대비 수행의무를 이행하기 위한 기업의 노력이나 투입물(예 : 소비한 자원, 사용한 노동시간, 발생원가, 경과한 시간, 사용한 기계시간)에 기초하여 수익을 인식하는 것을 말한다(K-IFRS 1115호 부록 B15, B18).

한편, 일반기업회계기준에서는 진행률 측정의 방법으로 다음 ① 내지 ③을 예로 들고 있으며, 이 때 고객으로부터 받은 중도금 또는 선수금에 기초하여 계산한 진행률은 작업진행정도를 반영하지 않을 수 있으므로 적절한 진행률로 보지 않는다(일반기준 16장 부록 실16.10).

① 작업량기준

$$\text{작업진행률} = \frac{\text{실제작업량(또는 작업시간)}}{\text{총예상작업량(또는 작업시간)}}$$

② 용역량기준

$$\text{작업진행률} = \frac{\text{누적제공용역량}}{\text{총예상용역량}}$$

③ 발생원가기준

$$\text{작업진행률} = \frac{\text{누적발생원가}^{(*1)}}{\text{총추정원가}^{(*2)}}$$

(*1) 누적발생원가는 현재까지 수행한 용역에 대한 원가만을 포함함.
(*2) 총추정원가는 현재까지의 누적원가와 향후 수행하여야 할 용역의 추정원가를 합계한 금액임.

(3) 진행기준을 적용할 수 없는 경우

한국채택국제회계기준에서는 수행의무의 진행률을 합리적으로 측정할 수 없으나, 수행의무를 이행하는 동안에 드는 원가는 회수될 것으로 예상된다면 수행의무의 결과를 합리적으로 측정할 수 있을 때까지는 발생원가의 범위에서만 수익을 인식하도록 하고 있으며, 일반기업회계기준에서도 용역제공거래의 성과를 신뢰성 있게 추정할 수 없는 경우에는 발생한 비용의 범위 내에서 회수가능한 금액을 수익으로 인식하도록 하도록 하고 있다(K-IFRS 1115호 문단 45 및 일반기준 16장 문단 16.13).

일반기업회계기준에서는 다음의 경우 용역제공거래의 성과를 신뢰성 있게 추정할 수 없는 경우로 본다(일반기준 16장 부록 결16.15).

① 생산기간 중에 수익을 인식하는 데 있어 용역제공과 관련된 수익금액과 고객이 이미 정해져 있다 하더라도 용역제공과 관련된 총비용을 합리적으로 추정할 수 없어 진행률을 합리적으로 추정할 수 없는 경우
② 수익금액을 신뢰성 있게 측정할 수 없는 경우

한편, 일반기업회계기준에서는 용역제공거래의 성과를 신뢰성 있게 추정할 수 없고 발생한 원가의 회수 가능성이 낮은 경우에는 수익을 인식하지 않고 발생한 원가를 비용으로 인식하고, 거래의 성과를 신뢰성 있게 추정하는 것을 어렵게 만들었던 불확실성이 해소된 경우에는 진행기준에 따라 수익을 인식한다(일반기준 16장 문단 16.14).

(4) 중소기업에 대한 특례

일반기업회계기준에서는 주식회사 등의 외부감사에 관한 법률의 적용대상 중소기업 중 중소기업기본법에 의한 중소기업[자본시장과 금융투자업에 관한 법률에 따른 상장법인 · 증권신고서 제출법인 · 사업보고서 제출대상법인, 일반기업회계기준 제3장(재무제표의 작성과 표시II(금융업))에서 정의하는 금융회사, 일반기업회계기준 제4장(연결재무제표)에서 정의하는 연결실체에 중소기업이 아닌 회사가 포함된 경우의 지배회사 제외]의 경우 1년 내의 기간에 완료되는 용역매출 및 건설형 공사계약에 대하여는 용역제공을 완료하였거나 공사 등을 완성한 날에 수익을 인식할 수 있는 것으로 규정하여 예외적으로 완성기준을 허용하고 있다(일반기준 31장 문단 31.9).

8-1-2. 법인세법

건설 · 제조 기타 용역(도급공사 및 예약매출을 포함하며, 이하 "건설 등"이라 함)의 제공으로 인한 익금과 손금은 그 목적물의 건설 등의 착수일이 속하는 사업연도부터 그 목적물의 인도일(용역제공의 경우에는 그 제공을 완료한 날을 말하며, 이하 '8. 용역제공 등에 의한 손익의 귀속사업연도'에서 같음)이 속하는 사업연도까지 그 목적물의 건설 등을 완료한 정도(이하 "작업진행률"이

라 함)를 기준으로 하여 계산한 수익과 비용을 각각 해당 사업연도의 익금과 손금에 산입한다. 다만, 다음의 어느 하나에 해당하는 경우에는 그 목적물의 인도일이 속하는 사업연도의 익금과 손금에 산입할 수 있다(법령 §69 ①).

① 중소기업인 법인이 수행하는 계약기간이 1년 미만인 건설 등의 경우
② 기업회계기준에 따라 그 목적물의 인도일이 속하는 사업연도의 수익과 비용으로 계상한 경우

한편, 작업진행률을 계산할 수 없다고 인정되는 경우(법칙 §34 ④)에는 그 목적물의 인도일이 속하는 사업연도의 익금과 손금에 각각 산입한다(법령 §69 ②).

| 용역제공 등에 의한 손익귀속시기의 기업회계와 법인세법의 차이 |

구 분	기업회계기준		법인세법
	한국채택국제회계기준	일반기업회계기준	
장 · 단기 건설 등	• 원칙 : 5단계 수익인식 과정 • 예외 : 진행기준	• 원칙 : 진행기준 • 예외 : 중소기업의 단기 건설 등의 경우 완성기준 적용 가능	• 원칙 : 진행기준 • 예외 : 중소기업의 단기건설 및 기업회계기준에 따라 인도기준으로 계상한 경우 인도기준(완성기준) 허용
작업진행률 측정불능	회수가능원가기준	회수가능원가기준	인도기준(완성기준)

관련사례

• K-IFRS 도입에 따라 예약매출 손익을 인도기준으로 변경 시 세무처리 방법
예약매출에 대해 진행기준으로 손익을 인식하던 법인이 K-IFRS을 도입함에 따라 인도기준으로 회계처리를 변경한 경우 해당 손익은 그 인도일이 속하는 사업연도에 인식할 수 있는 것이며, 한국채택국제회계기준(K-IFRS) 도입 직전 진행기준으로 인식한 분양원가 및 분양수익을 이익잉여금의 변동으로 조정한 경우 해당 이익잉여금 조정금액은 한국채택국제회계기준(K-IFRS)을 도입한 사업연도에 각각 익금산입(기타) 및 손금산입(기타)하는 것임(서면법령법인-5899, 2017. 2. 21.).

8-2. 건설 등의 손익귀속시기

8-2-1. 손익귀속시기

(1) 기업회계

한국채택국제회계기준에서는 건설계약의 회계처리에 대하여 구체적으로 규정하고 있지 않지만, 재화의 판매로 인한 수익의 경우와 동일하게 상기 '2-2-2. (2)의 1)'에서 설명하고 있

는 5단계 수익인식 과정을 거쳐 수익을 인식하도록 규정하고 있으며, 다음의 기준 중 어느 하나를 충족하는 경우에는 용역에 대한 통제를 기간에 걸쳐 이전하므로, 해당 기간에 걸쳐 수익을 인식한다(K-IFRS 1115호 문단 35). 이 때, 수익은 기간에 걸쳐 이행하는 수행의무 각각에 대해 그 수행의무 완료까지의 진행률을 측정하여 기간에 걸쳐 수익을 인식한다(K-IFRS 1115호 문단 39).

① 고객은 기업이 수행하는 대로 기업의 수행에서 제공하는 효익을 동시에 얻고 소비한다.
② 기업이 수행하여 만들어지거나 가치가 높아지는 대로 고객이 통제하는 자산(예 : 재공품)을 기업이 만들거나 그 자산 가치를 높인다.
③ 기업이 수행하여 만든 자산이 기업 자체에는 대체 용도가 없고, 지금까지 수행을 완료한 부분에 대해 집행 가능한 지급청구권이 기업에 있다.

일반기업회계기준에서는 공사결과를 신뢰성 있게 추정할 수 있는 경우 당기공사수익은 공사계약금액에 보고기간종료일 현재의 공사진행률을 적용하여 인식한 누적공사수익에서 전기말까지 계상한 누적공사수익을 차감하여 산출하며, 당기공사원가는 당기에 실제로 발생한 총공사비용에 공사손실충당부채전입액(추정공사손실)을 가산하고 공사손실충당부채환입액을 차감하며 다른 공사와 관련된 타계정대체액을 가감하여 산출한다(일반기준 16장 문단 16.39, 16.40).

이때, 계약금액을 정액으로 하거나 산출물 단위당 가격을 정액으로 하는 건설계약인 정액공사계약(물가연동조항이 있는 경우 포함)의 경우에는 다음의 조건이 모두 충족된다면 건설계약의 결과를 신뢰성 있게 추정할 수 있다고 보아 진행기준에 따라 인식한다(일반기준 16장 문단 16.41, 용어의 정의).

① 총공사수익을 신뢰성 있게 측정할 수 있다.
② 계약과 관련된 경제적효익이 건설사업자에게 유입될 가능성이 매우 높다.
③ 계약을 완료하는 데 필요한 공사원가와 공사진행률을 신뢰성 있게 측정할 수 있다.
④ 공사원가를 명확히 식별할 수 있고 신뢰성 있게 측정할 수 있어서 실제 발생된 공사원가를 총공사예정원가의 예상치와 비교할 수 있다.

한편, 원가의 일정비율이나 고정된 이윤을 공사원가에 가산한 금액을 건설사업자가 보상받는 공사계약인 원가보상계약의 경우에는 다음의 조건이 모두 충족된다면 건설계약의 결과를 신뢰성 있게 추정할 수 있다고 보아 진행기준에 따라 계약수익을 인식한다(일반기준 16장 문단 16.42, 용어의 정의).

① 계약과 관련된 경제적효익이 건설사업자에게 유입될 가능성이 매우 높다.
② 특정 계약에 귀속될 수 있는 계약원가를 명확히 식별할 수 있고 신뢰성 있게 측정할 수 있다.

한편, 일반기업회계기준에서는 건설계약의 결과를 신뢰성 있게 추정할 수 없는 경우에는 수익은 회수가능성이 높은 발생한 계약원가의 범위 내에서만 인식하고, 계약원가는 발생한 기간의 비용으로 인식한다. 이 경우 건설계약에서 손실이 예상되는 경우에는 관련 손실을 즉시 비용으로 인식한다(일반기준 16장 문단 16.49).

(2) 법인세법

상기 '8-1-2 법인세법'에서 전술한 바와 같이, 건설 · 제조 기타 용역(도급공사 및 예약매출을 포함하며, 이하 "건설 등"이라 함)의 제공으로 인한 익금과 손금은 그 목적물의 건설 등의 착수일이 속하는 사업연도부터 그 목적물의 인도일(용역제공의 경우에는 그 제공을 완료한 날을 말하며, 이하 '8. 용역제공 등에 의한 손익의 귀속사업연도'에서 같음)이 속하는 사업연도까지 그 목적물의 건설 등을 완료한 정도(이하 "작업진행률"이라 함)를 기준으로 하여 계산한 수익과 비용을 각각 해당 사업연도의 익금과 손금에 산입한다. 다만, 다음의 어느 하나에 해당하는 경우에는 그 목적물의 인도일이 속하는 사업연도의 익금과 손금에 산입할 수 있다(법령 §69 ①).

① 중소기업인 법인이 수행하는 계약기간이 1년 미만인 건설 등의 경우
② 기업회계기준에 따라 그 목적물의 인도일이 속하는 사업연도의 수익과 비용으로 계상한 경우

또한, 작업진행률을 계산할 수 없다고 인정되는 경우(법칙 §34 ④)에는 그 목적물의 인도일이 속하는 사업연도의 익금과 손금에 각각 산입한다(법령 §69 ②).

한편, 작업진행률을 기준으로 하여 계산한 수익과 비용을 각각 해당 사업연도의 익금과 손금에 산입하는 경우 작업진행률에 따라 각 사업연도의 익금과 손금에 산입하는 금액의 계산은 다음의 산식에 의한다(법칙 §34 ③).

① 익금=계약금액 × 작업진행률-직전 사업연도말까지 익금에 산입한 금액
② 손금=당해 사업연도에 발생된 총비용

관련사례

• 건설 등의 착수일의 범위
법인이 아파트 및 오피스텔을 신축 · 분양하는 경우 손익의 귀속사업연도를 적용함에 있어서 "건설 등의 착수일"이라 함은 당해 건설의 신축공사를 실제로 착공한 날을 말하는 것이며, 그 착공일이 불분명한 경우에는 당해 착공신고서 제출일로 하는 것임(서이 46012-10329, 2002. 2. 26.).

• 계약기간의 계산 방법
"계약기간이 1년 이상인 장기도급계약"에 해당되는지의 여부는 실제 착공일부터 완공예정일까지의 기간으로 판단하는 것임(법인 46012-212, 1998. 1. 26.).

8-2-2. 공사진행률(작업진행률)의 계산

(1) 기업회계

한국채택국제회계기준에 따르면, 상기 '8-1-1의 (2)'에서 설명한 바와 같이 적절한 진행률 측정방법에는 산출법과 투입법이 포함되며, 적절한 진행률 측정방법을 결정할 때, 고객에게 이전하기로 약속한 재화나 용역의 특성을 고려한다. 또한, 기간에 걸쳐 이행하는 각 수행의무에는 하나의 진행률 측정방법을 적용하며 비슷한 상황에서의 비슷한 수행의무에는 그 방법을 일관되게 적용하되, 진행률은 보고기간 말마다 다시 측정한다(K-IFRS 1115호 문단 40, 41).

이와 달리, 일반기업회계기준에 따르면 공사진행률은 실제공사비 발생액을 토지의 취득원가와 자본화대상 금융비용 등을 제외한 총공사예정원가로 나눈 비율로 계산함을 원칙으로 한다. 다만, 공사수익의 실현이 작업시간이나 작업일수 또는 기성공사의 면적이나 물량 등과 보다 밀접한 비례관계에 있고, 전체공사에서 이미 투입되었거나 완성된 부분이 차지하는 비율을 객관적으로 산정할 수 있는 경우에는 그 비율로 할 수 있다(일반기준 16장 문단 16.47).

일반기업회계기준에서는 진행률을 발생원가 기준으로 결정할 경우에는 실제로 수행된 작업에 대한 공사원가만 발생원가에 포함한다. 따라서 공사원가에는 포함되나 공사진행에 따라 직접 발생한 지출은 아니므로, 공사진행률 계산의 기준이 되는 발생원가에서 제외되는 공사원가의 예는 다음과 같다(일반기준 16장 문단 16.48).

① 공사현장에 투입되었으나 아직 공사수행을 위해 이용 또는 설치되지 않은 재료 또는 부품의 원가. 다만, 당해 공사를 위해 특별히 제작되거나 조립된 경우는 발생원가에 포함한다.
② 아직 수행되지 않은 하도급 공사에 대하여 하도급자에게 선급한 금액
③ 토지의 취득원가
④ 자본화대상 금융비용
⑤ 재개발 등의 이주대여비 관련 순이자비용
⑥ 공사손실충당부채전입액

(2) 법인세법

작업진행률은 다음의 산식에 의하여 계산한 비율(건설 외의 경우에는 이를 준용하여 계산한 비율)을 말한다. 이 경우 총공사예정비는 기업회계기준을 적용하여 계약 당시 추정한 공사원가에 해당 사업연도말까지의 변동상황을 반영하여 합리적으로 추정한 공사원가를 말한다. 다만, 건설 등의 수익실현이 건설 등의 작업시간 · 작업일수 또는 기성공사의 면적이나 물량 등(이하 "작업시간 등"이라 함)과 비례관계가 있고, 전체 작업시간 등에서 이미 투입되었거나 완성된 부분이 차지하는 비율을 객관적으로 산정할 수 있는 경우에는 그 비율을 작업진행률로 할 수 있다(법칙 §34 ①, ②).

$$\text{작업진행률} = \frac{\text{해당 사업연도말까지 발생한 총공사비누적액}}{\text{총공사예정비}}$$

관련사례

- 작업진행률을 계산하는 경우 총공사비의 범위

  작업진행률을 계산하는 경우에 있어서 "총공사비"라 함은 해당 공사원가의 구성요소가 되는 재료비, 노무비, 기타 공사경비를 말함(법기통 40-69…3).

- 건설도급공사의 작업진행률 계산특례

  자재비를 부담하지 아니하는 조건으로 도급계약을 체결한 경우에 장기도급공사의 작업진행률을 계산함에 있어서 해당 사업연도말까지 발생한 총공사비누적액에는 자기가 부담하지 아니한 자재비는 포함하지 아니함(법기통 40-69…6).

- 아파트 등을 분양하는 경우의 작업진행률 계산

  주택·상가 또는 아파트 등의 예약매출에서 해당 아파트 등의 부지로 사용될 토지의 취득원가는 작업진행률 계산시 산입하지 아니하고 작업진행률에 의하여 안분하여 손금에 산입함(법기통 40-69…7).

- 모델하우스 설치비용의 손금산입

  주택신축판매업을 영위하는 법인이 분양계약 전 지출한 모델하우스 설치비용은 그 비용이 확정된 날이 속하는 사업연도의 손금으로 하되, 해당 설치비용을 기업회계기준에 따라 선급공사원가로 계상하고, 공사를 착수한 후 공사원가로 대체하는 방법으로 처리할 수 있음(법기통 40-69…8).

- K-IFRS 개정에 따라 작업진행률 계산방법 변경시 세무처리 방법

  작업진행률에 따라 익금과 손금을 산입하던 주권상장 내국법인이 새로운 K-IFRS 제1115호의 적용에 따라 총공사예정비에서 진행의 수행정도를 나타내지 못하는 투입물('과대재료비')을 제외하여 작업진행률을 계산하는 경우, 개정 기준서를 적용하는 사업연도에 익금에 산입하는 금액은 법인세법 시행규칙 제34조 제2항 및 제34조 제3항을 따라 계산하되 작업진행률 계산시에만 과대재료비를 제외하고 계산하는 것이며 계약금액은 과대재료비 부분을 분리하여 계산하지 않는 것임(사전-2019-법령해석법인-0042, 2020. 2. 11.).

- K-IFRS 개정에 따라 계상한 수주비 회계변경 누적효과의 세무처리 방법

  건설업을 영위하는 내국법인이 종전 K-IFRS에 따라 선급공사원가로 계상하고 공사착수시점에 공사원가로 처리하던 수주비를 2018사업연도부터 새로운 K-IFRS를 도입함에 따라 발생시점에 전액 비용으로 처리하면서 수주비 회계처리 변경 및 작업진행률 산정방식 변경에 따른 회계처리 소급적용 누적효과를 이익잉여금의 변동(감소)으로 조정한 경우, 해당 이익잉여금 조정금액은 변경된 K-IFRS를 도입적용한 사업연도에 손금산입함(사전-2018-법령해석법인-0771, 2018. 12. 20.).

- 판매 목적 토지에 대한 재산세 등이 작업진행률 계산시 포함되는지 여부

작업진행률 계산 시 총공사예정비의 구성요소는 재료비, 노무비, 기타 공사경비를 말하는 것으로 판매를 목적으로 취득한 토지에 부과되는 재산세와 종합부동산세가 기타 공사경비에 포함되는지 여부는 기업회계기준에 의하는 것임(서면법인-2050, 2016. 5. 3.).

- 예약매출시 시행사의 손금을 산정하기 위한 시공사의 작업진행률 계산방법

시공사와 도급계약에 의해 아파트를 신축·분양하는 법인(시행사)이 예약매출로 인한 손익을 진행기준으로 인식하는 경우 시공사에 지급할 도급금액 중 해당 사업연도에 손금(분양원가)으로 계상할 금액은 법인세법 시행령 제69조에 따라 시공사에 지급할 도급금액의 총액에 시공사의 작업진행률을 곱하고 분양계약률을 적용하여 계산한 금액에서 전기말까지 도급금액과 관련한 손금계상액을 차감하여 계산하는 것이고, 이 경우 시공사의 작업진행률은 법인세법 시행규칙 제34조 제1항 제1호에 따라 계산하는 것임(사전법령법인-37, 2015. 7. 16.).

- 시행사의 예약매출에 따른 작업진행률 계산시 공사원가의 범위

시공회사와의 도급계약에 의하여 상가를 신축분양하는 법인(시행회사)이 동 상가의 예약매출에 따른 작업진행률을 계산시 공사원가에는 시행회사가 직접 부담하는 공사관련 보험료, 설계비 및 기술지원비와 시공회사에 대한 도급공사비 등의 원가를 포함하는 것임(서면2팀-1708, 2005. 10. 24.).

- 수주비의 처리방법

건설업을 영위하는 법인이 도급공사 또는 재개발, 재건축아파트 등의 건설공사 수주와 관련하여 지출하는 수주비는 당해 수주비의 지출로 수주한 공사의 원가에 산입하되, 공사수주에 실패한 경우에는 공사수주 여부 확정일이 속하는 사업연도의 손금에 산입하는 것임(서면2팀-471, 2004. 3. 16.).

- 건설 중인 건물을 경락받은 경우 건물상당액이 총공사비에 포함되는지 여부

건설업을 영위하는 법인이 다른 건설업법인이 건설 중인 건물과 부수토지를 경매에 의하여 취득함에 있어 지출한 가액 중 건물가액 상당액은 작업진행률 계산시 총공사비에 포함하는 것임(서이 46012-12319, 2002. 12. 26.).

- 계약상 물가가산금은 계약금액에 포함되는지 여부

건설 등 용역제공의 대가로 기본도급금액과 별도로 건설 등 기간 중 물가가산금을 가산하여 받기로 약정한 경우 작업진행률에 의한 수입금액을 계산함에 있어서 그 물가가산금을 계약금액에 포함하는 것이며, 당해 사업연도 종료일 현재 물가가산금 중 미확정분은 약정에 따른 산정방법으로 계산하는 것임(서이 46012-10675, 2002. 3. 29.).

- 일괄수주방식 도급공사에서 발주자가 부담한 자재대금이 작업진행률 산정시 포함되는지 여부

일괄수주방식의 도급공사에 있어 자재의 일부를 외국에서 수입하고 그 수입대금을 발주자가 직접 지급하는 경우에도 수급자의 공사수입금액은 당초 계약상의 도급금액을 기준으로 하는 것이므로 당해 자재수입대금은 작업진행률에 의한 수입금액계산시 도급금액 및 공사비에 포함함(법인 46012-1345, 1997. 5. 16.).

(3) 세무조정

건설 등의 제공으로 인한 손익의 귀속사업연도 및 작업진행률 계산에 관하여는 기업회계기준에 따른 회계처리를 대부분 법인세법에서 인정하고 있다. 다만, 2007년 3월 29일 이전에 최초로 제공되는 건설 용역 등의 경우 법인세법에서는 발생원가기준에 의한 작업진행률만 인정하였는 바, 발생원가 이외의 기준에 따라 작업진행률을 계산한 경우에는 세무조정이 발생된다(재정경제부령 제547호 부칙 §6).

관련사례

- 연대보증의무자가 도산자의 미완성공사를 계속하는 경우에 발생한 손익

  연대보증의무를 부담하는 법인이 계약자의 도산으로 연대보증의무를 이행하게 됨에 따라 잔여공사의 시공 또는 하자보수공사를 함으로써 발생하는 손익은 법인세법 시행령 제69조에 따라 각 사업연도 소득금액 계산상 익금 또는 손금에 산입함(법기통 40-69…2).

- 공사계약의 해약에 따른 수입금액 계산

  작업진행률에 의한 익금 또는 손금이 공사계약의 해약으로 인하여 확정된 금액과 차액이 발생된 경우에는 그 차액을 해약일이 속하는 사업연도의 익금 또는 손금에 산입함(법인세법 집행기준 40-69…9).

- 장기기술용역의 수익계상

  법인이 기술용역에 관하여 계약기간이 1년 이상인 장기도급계약을 체결한 경우에는 그 기술용역을 착수한 날이 속하는 사업연도부터 그 기술용역을 완료한 날이 속하는 사업연도까지의 각 사업연도의 손익은 작업진행률을 기준으로 하여 계산한 수익과 비용을 해당 사업연도의 익금과 손금에 각각 산입함(법기통 40-69…5).

- 미분양주택의 할인분양에 따라 발생하는 당초 계상한 수입금액과 실제 수입금액의 차액의 손익귀속시기

  건설업을 영위하는 법인(이하 "시공사"라 함)이 재건축조합(이하 "조합"이라 함)과 지분제계약을 맺어 건설용역을 제공한 경우로서 시공사가 해당 건설용역이 완료된 시점에 당초 분양예정가액으로 수입금액을 산정하였으나, 그 후 미분양주택을 할인분양함에 따라 당초 계상한 수입금액과 실제 수입금액의 차액이 발생한 경우, 그 차액은 시공사와 조합이 분양대금을 최종 정산하여 그 가액이 확정된 날이 속하는 사업연도의 손금으로 계상하는 것이나, 해당 차액이 조합과 별도 정산절차 없이 시공사의 손실로 귀속되는 경우, 그 차액에 상당하는 금액은 실제 분양일이 속하는 사업연도의 손금으로 계상하는 것임(서면법령법인-21636, 2015. 2. 11. 및 법규법인 2013-421, 2013. 10. 31.).

- K-IFRS 도입에 따른 전기공사수익 변동액의 익금산입시기

  한국채택국제회계기준(K-IFRS)을 도입함에 따라 작업진행률 산정방식이 변경되어 전기까지 계산한 작업진행률을 재계산하고 전기까지 인식한 전기공사수익과의 차액을 이익잉여금의 변동으로 조정한 경우 당해 이익잉여금은 한국채택국제회계기준(K-IFRS)을 도입한 사업연도에 익금산입하는 것임(재법인-18, 2013. 1. 17.).

- 시공사가 공사진행 중에 시행사의 분양사업을 양수한 경우 분양손익의 인식방법

  시공사가 공사 진행 중에 시행사의 분양사업을 양수하는 경우, 그 양수법인(시공사)은 인수

한 총 분양계약금액(양도법인이 법인세법상 작업진행률에 따라 기인식한 분양수익금액을 차감한 금액)을 그 귀속사업연도에 각각 익금에 산입하는 것임(서면2팀-2342, 2006. 11. 16.).

- 공동공사원가에 대하여 공동수급 대표법인이 공동수급업체에게 세금계산서를 교부한 경우 소득금액 계산방법

  공동도급계약에 의하여 수주받은 건설용역을 수행하면서 공동으로 발생된 공사원가에 대한 세금계산서를 공동수급업체의 대표법인 명의로 교부받고, 동 법인이 다른 공동수급업자가 부담할 가액으로 세금계산서를 교부한 가액에 대하여는 공동수급업체 대표법인의 수입금액 또는 공사원가에서 차감하여 각 사업연도 소득금액을 계산하는 것임(법인 46012-2194, 2000. 10. 31.).

- 해외도급공사의 경우 도급금액 및 작업진행률 환산방법

  해외공사현장의 손익항목에 대한 원화환산을 거래발생일의 기준환율 또는 재정환율에 의하여 환산하는 경우에는 도급금액 및 작업진행률은 다음과 같이 계산하는 것임(법인 46012-542, 1998. 3. 4.).

  · 도급금액 = (해당 사업연도 말까지 기성고확정분×실제 발생일의 환율)+(해당 사업연도 말까지 미확정분×해당 사업연도 종료일의 환율)

  · 작업진행률 = ①/(①+②)

  ① 해당 사업연도 말까지 공사비투입액 × 실제 발생일의 환율
  ② 다음 사업연도 이후 투입할 공사예정비 × 해당 사업연도 종료일의 환율

9. 이자소득 및 배당소득의 귀속사업연도

9-1. 이자소득의 귀속사업연도

9-1-1. 기업회계상 손익귀속시기

자산을 타인에게 사용하게 함으로써 발생하는 이자수익은 원칙적으로 유효이자율을 적용하여 발생기준에 따라 인식한다(K-IFRS 1109호 문단 5.4의 1 및 일반기준 16장 문단 15, 16).

다만, 채무증권의 이자수익은 최초장부금액과 만기가액 간의 할증, 할인 또는 기타 차이에 대한 상각액을 포함하되, 채무증권을 이자지급일 사이에 취득한 경우 취득 후 최초로 받은 이자에 대해서는 취득 이후 기간에 해당하는 이자수익만을 수익으로 인식한다(일반기준 16장 부록 실16.12, 실16.13).

9-1-2. 법인세법상 손익귀속시기

(1) 금융회사 등 외의 법인

법인이 수입하는 이자 및 할인액의 귀속사업연도는 다음의 날이 속하는 사업연도로 한다. 다만, 법인이 결산을 확정할 때 이미 경과한 기간에 대응하는 이자 및 할인액(원천징수되는 이자

및 할인액 등은 제외함)을 해당 사업연도의 수익으로 계상한 경우에는 그 계상한 사업연도의 익금으로 한다(법령 §70 ① 1호 및 소령 §45).

▌이자 등의 귀속사업연도▐

구 분	귀속사업연도가 속하는 날
(1) 소득세법 제46조 제1항의 채권 등의 이자와 할인액	① 무기명 : 그 지급을 받은 날 ② 기명 : 약정에 의한 지급일
(2) 보통예금 · 정기예금 · 적금 또는 부금의 이자	① 원칙 : 실제로 이자를 지급받는 날 ② 원본전입 특약이 있는 이자 : 특약에 의하여 원본에 전입된 날 ③ 해약으로 인하여 지급되는 이자 : 해약일 ④ 계약기간을 연장하는 경우 : 연장하는 날 ⑤ 정기예금연결정기적금의 경우 : 정기예금 또는 정기적금이 해약되거나 정기적금의 저축기간이 만료되는 날
(3) 통지예금의 이자	인출일
(4) 채권 또는 증권의 환매조건부 매매차익	① 원칙 : 약정에 의한 채권 또는 증권의 환매수일 또는 환매도일 ② 기일 전에 환매수 또는 환매도하는 경우 : 환매수일 또는 환매도일
(5) 저축성보험의 보험차익	① 원칙 : 보험금 또는 환급금의 지급일 ② 기일 전에 해지의 경우 : 해지일
(6) 직장공제회 초과반환금	① 원칙 : 약정에 따른 납입금 초과이익 및 반환금 추가이익의 지급일 ② 반환금을 분할하여 지급하는 경우 원본에 전입하는 뜻의 특약이 있는 납입금 초과이익 : 특약에 따라 원본에 전입된 날
(7) 비영업대금의 이익	① 원칙 : 약정에 의한 이자지급일 ② 이자지급일의 약정이 없거나 약정에 의한 이자지급일 전에 이자를 지급받는 경우 또는 회수불능채권으로서 총수입금액계산에서 제외하였던 이자를 지급받는 경우 : 이자지급일
(8) 소득세법 시행령 제193조의 2에 따른 채권 등의 보유기간이자 등 상당액	채권 등의 매도일 또는 이자 등의 지급일
(9) 소득세법 제16조 제1항 제12호 및 제13호의 이자와 할인액	① 원칙 : 약정에 따른 상환일 ② 기일 전에 상환하는 경우 : 상환일
(10) 이자소득이 발생하는 상속재산이 상속되거나 증여되는 경우	상속개시일 또는 증여일

관련사례

- 양도성예금증서의 이자와 할인액에 대한 수익귀속시기

  양도성예금증서(CD)의 이자와 할인액에 대한 수익귀속시기는 동 양도성예금증서의 만기일이 속하는 사업연도로 하는 것으로, 법인이 결산 확정시 이미 경과한 기간에 대응하는 이자 등을 당해 사업연도의 수익으로 계상한 경우에는 익금불산입하여야 함(서면2팀-64, 2007. 1. 9.).

- 위약손해배상금에 대한 법정이자의 손익귀속시기

  법원의 판결에 의하여 거래처의 위약으로 손해배상금과 법정이자를 지급받기로 하는 경우로서, 판결확정일 이후에 원금회수시까지의 기간에 발생하는 법정이자는 실제로 지급받은 날이 속하는 사업연도에 익금에 산입하는 것이나, 법인이 판결확정 이후의 기간경과분을 결산에 의하여 미수수익으로 계상한 경우에는 그 계상한 사업연도의 익금으로 하는 것임(서면2팀-1665, 2006. 8. 30.).

(2) 금융회사 등

한국표준산업분류상 금융 및 보험업을 영위하는 법인이 수입하는 이자 및 할인액은 선수입이자 및 할인액을 제외하고 실제로 수입된 날이 속하는 사업연도를 익금의 귀속사업연도로 한다. 다만, 법인세법 제73조 및 제73조의 2에 따라 원천징수되는 이자 등을 제외하고는 법인이 결산을 확정함에 있어서 이미 경과한 기간에 대응하는 이자 및 할인액(미수이자)을 해당 사업연도의 수익으로 계상한 경우에는 그 계상한 사업연도의 익금으로 한다(법령 §70 ① 1호).

(3) 보험회사 등

상기 (1), (2)에도 불구하고 보험회사가 보험계약과 관련하여 수입하거나 지급하는 이자·할인액 및 보험료 등으로서 보험업법 제120조에 따른 책임준비금 산출에 반영되는 항목과 주택도시기금법에 따른 주택도시보증공사가 신용보증계약과 관련하여 수입하거나 지급하는 이자·할인액 및 보험료 등으로서 주택도시기금법 시행령 제24조에 따른 책임준비금의 산출에 반영되는 항목은 보험감독회계기준에 따라 수익 또는 손비로 계상한 사업연도의 익금 또는 손금으로 한다(법령 §70 ⑥).

관련사례

- 금융기관의 제로쿠폰스왑거래시 만기 일시 수수하는 이자의 손익귀속시기

  금융기관의 제로쿠폰스왑거래에서 만기 일시 수수하는 이자에 대한 손익귀속시기는 계약기간에 안분하여 인식하는 것임(재법인-230, 2016. 3. 7. 및 기준법령법인-36, 2016. 3. 15.).

- 유동화전문회사가 발행한 후순위채권 이자의 수입시기

  금융보험업 법인이 유동화전문회사가 발행한 후순위채권으로서 만기상환시 원천징수되는 이자 등을 지급받는 경우에는 이자 등이 실제로 수입된 날이 속하는 사업연도를 익금의 귀속사업연도로 함(서이 46012-10039, 2001. 8. 28.).

9-2. 배당소득의 귀속사업연도

9-2-1. 기업회계상 손익귀속시기

배당금수익은 다음의 조건을 모두 충족하는 경우 배당금을 받을 권리와 금액이 확정되는 시점에 인식한다(K-IFRS 1109호 문단 5.7의 1(A) 및 일반기준 16장 문단 16.15, 16.16). 따라서, 일반적으로 배당금수익은 중간배당의 경우 이사회의 결의일에 인식하며, 결산기의 배당은 주주총회의 배당결의일에 인식한다.

① 수익금액을 신뢰성 있게 측정할 수 있을 것
② 경제적 효익의 유입 가능성이 높을 것(일반기업회계기준상 "매우 높을 것")

9-2-2. 법인세법상 손익귀속시기

법인이 수입하는 배당소득의 귀속사업연도는 다음의 날이 속하는 사업연도로 한다(법령 §70 ② 및 소령 §46). 다만, 법인세법 시행령 제61조 제2항 각 호의 금융회사 등이 금융채무 등 불이행자의 신용회복 지원과 채권의 공동추심을 위하여 공동으로 출자하여 설립한 자산유동화에 관한 법률에 따른 유동화전문회사로부터 수입하는 배당금은 실제로 지급받은 날이 속하는 사업연도로 한다(법령 §70 ②).

▌배당 등의 귀속사업연도▐

구 분	귀속사업연도가 속하는 날
(1) 일반배당	
① 무기명주식의 이익이나 배당	① 지급을 받은 날
② 잉여금의 처분에 의한 배당	② 당해 법인의 잉여금처분결의일
③ 소득세법 제17조 제1항 제9호 및 제10호의 배당 또는 분배금	③ 지급을 받은 날
(2) 의제배당	
① 감자 등의 경우	① 감자결의일이나 퇴사 또는 탈퇴일
② 해산의 경우	② 잔여재산가액 확정일
③ 합병의 경우	③ 합병등기일
④ 분할 또는 분할합병의 경우	④ 분할등기일 또는 분할합병등기일
⑤ 잉여금 자본전입(자기주식 보유상태에서의 자본전입 포함)의 경우	⑤ 자본전입결의일
(3) 기타배당	
① 법인세법에 의하여 처분된 배당	① 당해 법인의 당해 사업연도의 결산확정일
② 집합투자기구로부터의 이익	② 집합투자기구로부터의 이익 중 배당소득을 지급받은 날. 다만, 원본전입 특약이 있는 분배금은 그 특약에 따라 원본에 전입되는 날

9-3. 투자회사 등의 이자소득 및 배당소득의 귀속사업연도

투자회사 등이 결산을 확정할 때 증권 등(자본시장과 금융투자업에 관한 법률 §4)의 투자와 관련된 수익 중 이미 경과한 기간에 대응하는 이자 및 할인액과 배당소득을 해당 사업연도의 수익으로 계상한 경우에는 그 계상한 사업연도의 익금으로 한다(법령 §70 ④).

9-4. 신탁재산에 귀속되는 이자소득 및 배당소득의 귀속사업연도

자본시장과 금융투자업에 관한 법률에 따른 신탁업자가 운용하는 신탁재산(같은 법에 따른 투자신탁재산 제외)에 귀속되는 이자소득금액과 배당소득금액(법법 §73 ①)의 귀속사업연도는 상기 '9-1-2'와 '9-2-2'에서 기술한 이자소득금액과 배당소득금액의 손익귀속시기에 불구하고 원천징수일이 속하는 사업연도로 하는데, 여기서 원천징수일이란 소득세법 제155조의 2에 따른 특정일을 말한다(법령 §70 ⑤, §111 ⑥).

10. 기타손익의 귀속사업연도

10-1. 금전등록기 설치 법인

소득세법 제162조 및 부가가치세법 제36조 제4항의 규정을 적용받는 업종을 영위하는 법인이 금전등록기를 설치·사용하는 경우 그 수입하는 물품대금과 용역대가의 귀속사업연도는 그 금액이 실제로 수입된 사업연도로 할 수 있다(법령 §71 ②).

10-2. 리스료

리스이용자가 리스로 인하여 수입하거나 지급하는 리스료(리스개설직접원가는 제외함)의 익금과 손금의 귀속사업연도는 기업회계기준으로 정하는 바에 따른다. 다만, 한국채택국제회계기준을 적용하는 법인의 법인세법 시행령 제24조 제5항에 따른 금융리스 외의 리스자산에 대한 리스료의 경우에는 리스기간에 걸쳐 정액기준으로 손금에 산입한다(법칙 §35 ①). 자세한 내용은 '제2편 제2장 제9절 리스거래'를 참조하기 바란다.

10-3. 전기오류수정손익

10-3-1. 기업회계

한국채택국제회계기준에서는 당기 중에 발견한 당기의 잠재적 오류는 재무제표의 발행승인일 전에 수정하도록 하고 있는 한편, 중요한 오류를 후속기간에 발견하는 경우에는 해당 후속기간의 재무제표에 비교표시된 재무정보를 소급재작성하여 수정하도록 하고 있다. 다만, 비교표시되는 하나 이상의 과거기간의 비교정보에 대해 특정기간에 미치는 오류의 영향을 실무적으로 결정할 수 없는 경우, 실무적으로 소급재작성할 수 있는 가장 이른 회계기간의 자산, 부채 및 자본의 기초금액을 재작성하도록 하고 있고, 당기 기초시점에 과거기간 전체에 대한 오류의 누적효과를 실무적으로 결정할 수 없는 경우, 실무적으로 적용할 수 있는 가장 이른 날부터 전진적으로 오류를 수정하여 비교정보를 재작성하도록 하고 있다(K-IFRS 1008호 문단 41, 44, 45).

한편, 일반기업회계기준에서는 당기에 발견한 전기 또는 그 이전기간의 오류는 당기 손익계산서에 영업외손익 중 전기오류수정손익으로 보고하는 것을 원칙으로 하되, 전기 이전기간에 발생한 중대한 오류의 수정은 자산, 부채 및 자본의 기초금액에 반영하며, 비교재무제표를 작성하는 경우 중대한 오류의 영향을 받는 회계기간의 재무제표항목은 재작성하도록 하고 있다. 한편, 중대한 오류란, 재무제표의 신뢰성을 심각하게 손상할 수 있는 매우 중요한 오류를 말한다(일반기준 5장 문단 5.18, 5.19).

10-3-2. 법인세법

세법상 전기오류수정손익은 그 손익의 성격에 따라 권리·의무가 확정된 사업연도의 손익에 산입함이 원칙이다.

▌전기오류수정손익의 세무조정▐

<table>
<tr><th colspan="2">구 분</th><th>세무상 귀속시기</th><th>당기 세무조정</th></tr>
<tr><td rowspan="4">전기오류
수정이익</td><td rowspan="2">영업외수익</td><td>당기의 익금인 경우</td><td>세무조정 없음.</td></tr>
<tr><td>전기 이전의 익금인 경우</td><td>익금불산입(△유보 또는 기타)</td></tr>
<tr><td rowspan="2">잉여금 증가</td><td>당기의 익금인 경우</td><td>익금산입(기타)</td></tr>
<tr><td>전기 이전의 익금인 경우</td><td>익금산입(기타) 및
익금불산입(△유보 또는 기타)</td></tr>
<tr><td rowspan="4">전기오류
수정손실</td><td rowspan="2">영업외비용</td><td>당기의 손금인 경우</td><td>세무조정 없음.</td></tr>
<tr><td>전기 이전의 손금인 경우</td><td>손금불산입(유보 또는 기타)</td></tr>
<tr><td rowspan="2">잉여금 감소</td><td>당기의 손금인 경우</td><td>손금산입(기타)</td></tr>
<tr><td>전기 이전의 손금인 경우</td><td>손금산입(기타) 및
손금불산입(유보 또는 기타)</td></tr>
</table>

관련사례

- 부실채권의 분할회수시 익금산입방법

  자산유동화에 관한 법률에 의하여 설립된 유동화전문회사가 한국자산관리공사 등으로부터 취득한 부실채권은 당해 채권의 취득가액 이상의 추심이익을 목적으로 하는 것이므로 취득가액이 먼저 회수되는 것으로 보아 취득가액을 초과하는 분부터 익금으로 인식함. 다만, 유동화전문회사 등이 당초 채무자와 약정한 채무상환계획 등 객관적 기준에 따라 산정된 공정·타당하다고 인정되는 유효수익률에 의하여 취득한 채권에 대해서는 동 유효수익률에 따른 수익상당액을 익금에 산입할 수 있는 것임(재법인 46012-134, 2003. 8. 19.).

- 결산상 전기오류수정손익 계상시 경정 등 청구 가능 여부

  법인이 기업회계기준에 의한 전기오류수정손익을 당해 사업연도의 익금 또는 손금으로 산입한 경우는 당해 사업연도의 소득금액계산상 익금불산입 또는 손금불산입하여야 하고, 당초의 귀속사업연도에 따라 국세기본법상 수정신고 또는 경정청구를 관할세무서장에게 할 수 있는 것임(법인 46012-663, 1998. 3. 17.).

- 전기에 과소계상한 감가상각비 등을 당기에 전기오류수정손실로 계상한 경우

  법인이 전기에 과소계상한 유형자산의 감가상각비와 퇴직급여충당금을 기업회계기준에 따라 당해 사업연도에 전기오류수정손실로 계상한 경우에는 동 금액을 당해연도의 감가상각비와 퇴직급여충당금의 손금산입액으로 보아 시부인계산하는 것임(법인 46012-1848, 1997. 7. 8.).

Step Ⅱ 서식의 이해

■ 작성요령Ⅰ - 수입금액조정명세서

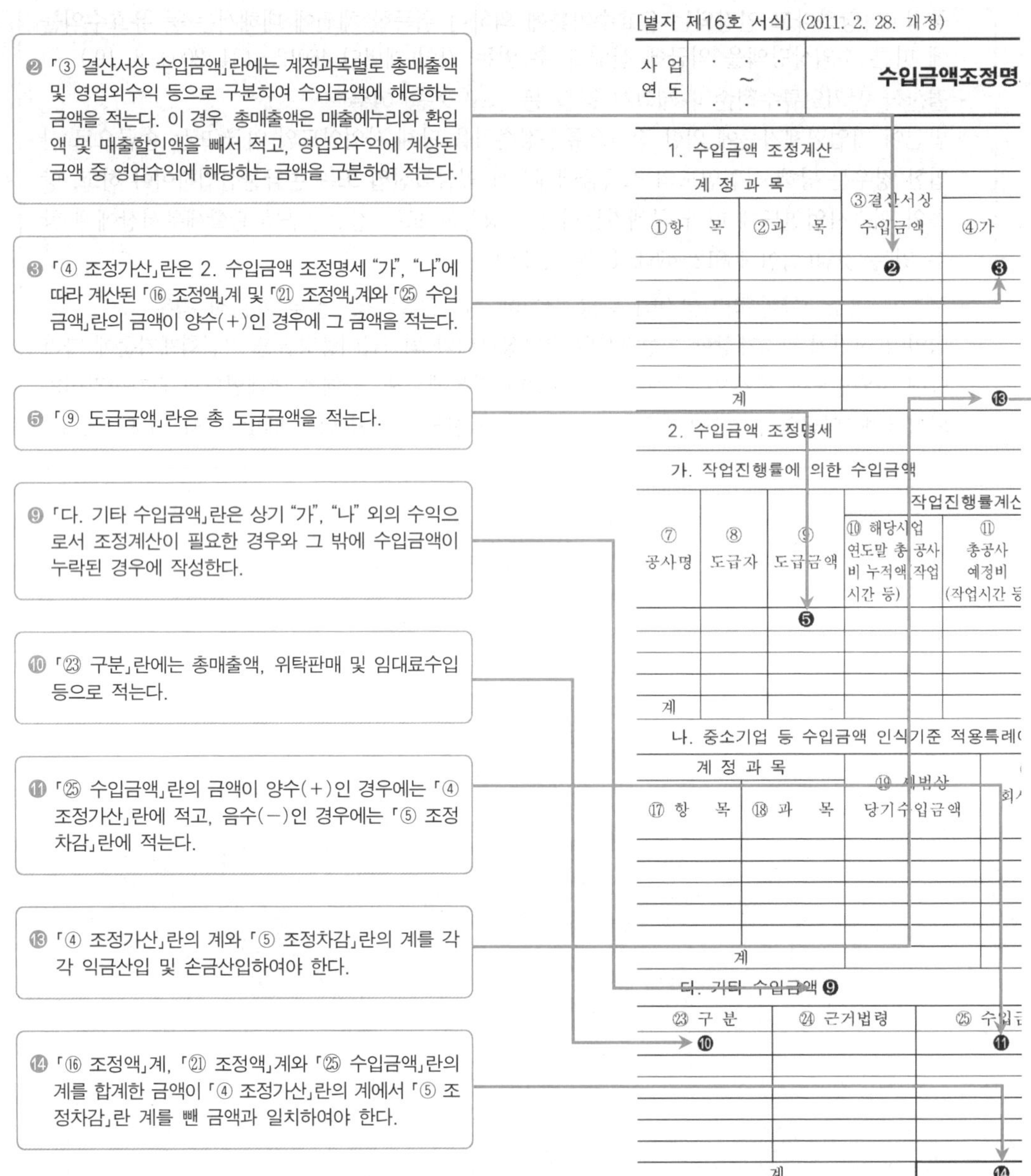
❷ 「③ 결산서상 수입금액」란에는 계정과목별로 총매출액 및 영업외수익 등으로 구분하여 수입금액에 해당하는 금액을 적는다. 이 경우 총매출액은 매출에누리와 환입액 및 매출할인액을 빼서 적고, 영업외수익에 계상된 금액 중 영업수익에 해당하는 금액을 구분하여 적는다.

❸ 「④ 조정가산」란은 2. 수입금액 조정명세 "가", "나"에 따라 계산된 「⑯ 조정액」계 및 「㉑ 조정액」계와 「㉕ 수입금액」란의 금액이 양수(+)인 경우에 그 금액을 적는다.

❺ 「⑨ 도급금액」란은 총 도급금액을 적는다.

❾ 「다. 기타 수입금액」란은 상기 "가", "나" 외의 수익으로서 조정계산이 필요한 경우와 그 밖에 수입금액이 누락된 경우에 작성한다.

❿ 「㉓ 구분」란에는 총매출액, 위탁판매 및 임대료수입 등으로 적는다.

⓫ 「㉕ 수입금액」란의 금액이 양수(+)인 경우에는 「④ 조정가산」란에 적고, 음수(−)인 경우에는 「⑤ 조정차감」란에 적는다.

⓭ 「④ 조정가산」란의 계와 「⑤ 조정차감」란의 계를 각각 익금산입 및 손금산입하여야 한다.

⓮ 「⑯ 조정액」계, 「㉑ 조정액」계와 「㉕ 수입금액」란의 계를 합계한 금액이 「④ 조정가산」란의 계에서 「⑤ 조정차감」란 계를 뺀 금액과 일치하여야 한다.

[별지 제16호 서식] (2011. 2. 28. 개정)

사업연도	. . . ~ . . .	수입금액조정명

1. 수입금액 조정계산

계정과목		③결산서상 수입금액	④가
①항 목	②과 목		
		❷	❸
계			⓭

2. 수입금액 조정명세

가. 작업진행률에 의한 수입금액

⑦ 공사명	⑧ 도급자	⑨ 도급금액	작업진행률계산 ⑩ 해당사업연도말 총공사비 누적액(작업시간 등)	⑪ 총공사 예정비 (작업시간 등
		❺		
계				

나. 중소기업 등 수입금액 인식기준 적용특례

계정과목		⑲ 세법상 당기수입금액	회
⑰ 항 목	⑱ 과 목		
계			

다. 기타 수입금액 ❾

㉓ 구 분	㉔ 근거법령	㉕ 수입금
❿		⓫
계		⓮

세서❶	법 인 명	
	사업자등록번호	

조 정		⑥조정 후 수입금액 (③+④−⑤)	비 고
산	⑤차 감		
	❹		
	⑬	⑮	

산					
⑤)	⑫ 진행률 (⑩/⑪)	⑬ 누적익금 산입액 (⑨×⑫)	⑭ 전기말 누적수입 계상액	⑮ 당기회 사수입 계상액	⑯ 조정액 (⑬−⑭−⑮)
	❻				
					❼

에 의한 수입금액 ❽

⑳ 당기 사수입금액 계상액	㉑ 조정액 (⑲−⑳)	㉒ 근거법령

금액	㉖ 대응원가	비 고
	⓬	

❶ 손익계산서상 매출액이 있는 경우와 결산서상 수입금액과 세법상 수입금액의 차이가 있는 법인은 반드시 이 서식을 작성하여야 한다.

❹ 「⑤ 조정차감」란은 2. 수입금액 조정명세 "가", "나"에 따라 계산된 「⑯ 조정액」계 및 「㉑ 조정액」계와 「㉕ 수입금액」란의 금액이 음수(−)인 경우에 그 금액을 적는다.

❻ 「⑫ 진행률」란의 진행률은 해당 사업연도말까지 발생한 총공사비누적액이 총공사예정비에서 차지하는 비율로 계산하되, 건설의 경우 수익실현이 작업시간 · 작업일수 또는 기성공사의 면적이나 물량 등(작업시간 등)과 비례관계가 있고, 전체 작업시간 등에서 이미 투입되었거나 완성된 부분이 차지하는 비율을 객관적으로 산정할 수 있는 경우에는 그 비율로 계산할 수 있다.

❼ 「⑯ 조정액」계의 금액은 ⑫진행률에 의한 ⑬란의 누적익금산입액에서 ⑭란의 전기말누적수입계상액과 ⑮란의 당기회사수입계상액을 뺀 금액으로서 양수(+)인 경우에는 「④ 조정가산」란에 적고, 음수(−)인 경우에는 「⑤ 조정차감」란에 적는다.

❽ 「나. 중소기업 등 수입금액 인식기준 적용특례에 의한 수입금액」란은 법인세법 시행령 제68조 제2항 단서, 제69조 제1항 단서 및 제2항에 따라 회사결산상 수입금액과 세법상 수입금액이 다른 경우 그 차이를 조정한다.

⓬ 「㉖ 대응원가」란의 금액은 소득금액조정합계표 〔법칙 별지 제15호 서식〕의 해당란에 옮겨 적는다.

⓯ 「⑥ 조정 후 수입금액」은 조정후수입금액명세서 〔법칙 별지 제17호 서식〕상의 ⑫합계의 ④계란의 금액과 일치하여야 한다.

■ 작성요령 Ⅱ – 조정후수입금액명세서

❶ 「① 업태, ② 종목, ③ 기준(단순)경비율번호」란에는 법인세 과세표준신고일 현재 최근에 제정된 기준(단순)경비율의 업태·종목 및 코드번호를 기입하되, 수입금액이 큰 종목부터 순차적으로 기입하며, 수입금액의 점유비가 5% 미만이거나 종목 수가 11개 이상이 되는 경우는 〈111〉란에 "기타"로 표시하여 합계로 기입하고 기준(단순)경비율번호 란은 빈칸으로 둔다.

❺ 「⑧ 과세(일반), ⑨ 과세(영세율)」란에는 해당 사업연도에 해당하는 과세기간분의 과세표준(수정신고 및 경정을 포함)을 기입하되, 사업연도기간과 부가가치세 과세기간이 일치하지 아니하는 경우에는 사업연도기간이 속하는 부가가치세 과세기간의 과세표준합계액을 기입하고 그 차액은 (2) 수입금액과의 차액내역란에 기입한다.

❻ 「⑩ 면세수입금액」란에는 부가가치세법 제12조에 따른 부가가치세가 면제되는 재화 또는 용역의 공급에서 발생한 수입금액을 기입한다.

❼ 「⑬ 차액」에 대하여 「⑭ 구분」란에 자가공급, 유형자산 및 무형자산 매각액, 주세·특별소비세, 자가공급, 거래시기차이 등 해당란에 분류하여 기입하되. 해당하는 항목이 없는 경우에는 빈칸에 차액항목을 기입하고 관련금액을 기입한다. 「⑦ 수출」란과 「⑨ 영세율」란과의 차액이 있는 경우에는 구체적으로 기입한다.

[별지 제17호 서식] (2021. 10. 28. 개정)

사 업 연 도	. . . ~ . . .	조정후수입금액

1. 업종별 수입금액명세서

①업 태	②종 목	코드	③기준(단순)경비율 번호	④계
〈101〉 ❶	❶	01	❶	
〈102〉		02		
〈103〉		03		
〈104〉		04		
〈105〉		05		
〈106〉		06		
〈107〉		07		
〈108〉		08		
〈109〉		09		
〈110〉		10		
〈111〉 기	타	11		
〈112〉 합	계	99		

2. 부가가치세 과세표준과 수입금액 차액 검토

(1) 부가가치세 과세표준과 수입금액 차액

⑧과세(일반)	⑨과세(영세율)	⑩면세수입금액	⑪
❺	❺	❻	

(2) 수입금액과의 차액내역 ❼

⑭구 분		⑮코드	⑯ 금 액	비 고	
자가공급		21			거래
사업상증여		22			주세
개인적공급		23			매출
간주임대료		24			
자산매각	유형자산 및 무형자산 매각액	25			
	그 밖의 자산매각액	26			
잔존재고재화		27			
작업진행률차이		28			
거래시기차이가산		29			⑰차

액명세서

법 인 명	
사업자등록번호	

수 입 금 액			
계(⑤+⑥+⑦)	내 수		⑦수
	⑤국내생산품	⑥수입상품	
❷		❸	❹

❷ 「수입금액 ④계」란은 수입금액조정명세서(별지 제16호 서식)상의 「⑥ 조정 후 수입금액」란의 금액과 일치되어야 한다.

❸ 「⑥ 수입상품」란에는 국내 및 국외무역업자 등 타인으로부터 수입상품을 매입하여 판매하는 수입금액이 포함된다.

❹ 「⑦ 수출」란에는 부가가치세법 제21조부터 제23조까지의 규정에 따른 수출, 국외제공용역, 외국항행용역 기타 외화획득재화 또는 용역의 공급으로 생긴 수입금액을 기입한다.

)합계(⑧+⑨+⑩)	⑫수입금액	⑬차액(⑪-⑫)

⑭구 분	⑮ 코드	⑯ 금 액	비 고
배시기차이감액	30		
·특별소비세	31		
출누락	32		
	33		
	34		
	35		
	36		
	37		
차액계	50		

세무조정 체크리스트

■ [법칙 별지 제16호 서식] 수입금액조정명세서

검 토 사 항	확인
1. 전기 자본금과 적립금 조정명세서 등을 검토하여 유보 처분된 수입금액의 유무를 확인하고 당기 추인 여부 검토	
2. 부가가치세 신고서상의 외형과 비교하고 차이가 있는 경우 적정 여부를 검토	
3. 결산상 수익인식기준과 세무상 익금귀속시기 일치 여부 확인(특히 기업회계기준 적용에 따른 회계와 세무와의 차이 확인)	
4. 수입금액에 부가가치세법상의 간주공급 및 기업회계 관행상의 영업외수익의 제외 여부 확인	

■ [법칙 별지 제17호 서식] 조정후수입금액명세서

검 토 사 항	확인
1. 조정후수입금액명세서상 수입금액의 계가 수입금액조정명세서상 조정 후 수입금액과 일치하는지 여부 확인	
2. 사업연도 기간과 부가가치세 과세기간의 일치 여부 확인 – 조정후수입금액명세서상 부가가치세 과세표준과 사업연도 기간이 속하는 부가가치세 과세기간의 부가가치세 예정·확정신고서상 부가가치세 과세표준과의 일치 여부 확인 – 부가가치세 과세표준에 수정신고 및 경정분의 포함 여부 확인	

Step III 사례와 서식작성실무

예제 I

사 례

㈜삼일의 제10기 사업연도(2024. 1. 1.~2024. 12. 31.) 법인세 신고를 위한 다음의 자료를 이용하여 세무조정을 하고, 수입금액조정명세서 〔법칙 별지 제16호 서식〕을 작성하라.

1. 결산서상 수입금액의 내역은 다음과 같다.
   ① 제품매출 : 800,000,000원
   ② 공사매출 : 675,000,000원
2. 도급공사의 내역은 다음과 같다.

(단위 : 원)

공사명	공사계약 체결일	도급계약기간	도급금액	당해연도총공사비 (총공사예정비)	손익계산서상 수익계상액
A	2023.11.10.	2024.2.1.~2025.5.17.	700,000,000	450,000,000 (600,000,000)	470,000,000
B	2024.7.20.	2024.8.10.~2025.9.30.	400,000,000	180,000,000 (300,000,000)	205,000,000
계			1,100,000,000	630,000,000	675,000,000

3. ㈜삼일은 제품을 다음과 같이 장기할부조건으로 판매하였다.
   ① 계약일 및 인도일 : 2024. 3. 31.
   ② 계약금액 : 18,000,000원
   ③ 대금결제조건 : 2024. 3. 31. 계약금 3,000,000원을 받고, 6개월 경과시마다 3,000,000원씩 5회에 나누어 받기로 계약체결함.
   ④ 할부대금총액 및 장부가액(15,000,000원) 전액을 당기의 매출액 및 매출원가로 각각 계상하여 결산을 하였음.
   ⑤ 2024. 9. 30.에 회수하여야 할 부불금 3,000,000원이 아직 결제되지 않았음.
4. 제품재고액 중 Y제품 8,000,000원은 위탁판매하기 위한 위탁품(적송품)으로서 2024. 12. 31.에 수탁자가 10,000,000원에 판매하였으나, ㈜삼일은 장부상 결산에 반영하지 못하였다.
5. 2023년 중 판매한 제품의 결함으로 인하여 고객에게 가격을 할인한 금액 5,000,000원을 영업외비용으로 계상하였다.
6. ㈜삼일은 세법상 중소기업에 해당하지 아니한다.

해 설

1. 공사수익의 계산

(단위 : 원)

공사명	① 도급금액	② 해당사업연도말 총공사비누적액	③ 총공사 예정비	④ 진행률 (②/③)	⑤ 익금산입액 (①×④)	⑥ 회사수입 계상액	⑦ 조정액 (⑤-⑥)
A	700,000,000	450,000,000	600,000,000	75.0%	525,000,000	470,000,000	55,000,000
B	400,000,000	180,000,000	300,000,000	60.0%	240,000,000	205,000,000	35,000,000
계	1,100,000,000	630,000,000	900,000,000		765,000,000	675,000,000	90,000,000

〈익금산입〉 공사수익 90,000,000 (유보)

2. 장기할부판매의 수입금액 및 대응원가 계산

자산을 장기할부조건으로 판매하거나 양도하는 경우에는 원칙적으로 인도기준에 의하여 수익을 인식하여야 하는 것으로 이에 대한 조정사항은 없다.

3. 위탁판매 수입금액 조정계산

〈익금산입〉 위탁매출액 10,000,000 (유보)

〈손금산입〉 위탁매출원가 8,000,000 (△유보)

4. 매출에누리의 귀속사업연도 조정

기업회계기준에 의한 매출에누리는 수입금액에서 차감하는 것이므로 영업외비용으로 계상한 동 에누리금액을 2024년 사업연도 수입금액에서 차감한다.

[별지 제16호 서식] (2011. 2. 28. 개정)

사 업 연 도	2024. 1. 1. ~ 2024. 12. 31.	수입금액조정명세서	법 인 명	(주)삼일
			사업자등록번호	

1. 수입금액 조정계산

계정과목		③ 결산서상 수입금액	조정		⑥ 조정 후 수입금액 (③+④-⑤)	비 고
① 항 목	② 과 목		④ 가 산	⑤ 차 감		
매출	제품매출	800,000,000	10,000,000	5,000,000	805,000,000	
	공사매출	675,000,000	90,000,000		765,000,000	
계		1,475,000,000	100,000,000	5,000,000	1,570,000,000	

2. 수입금액 조정명세

가. 작업진행률에 의한 수입금액

⑦ 공사명	⑧ 도급자	⑨ 도급금액	작업진행률계산			⑬ 누적익금 산입액 (⑨×⑫)	⑭ 전기말 누적수입 계상액	⑮ 당기 회사수입 계상액	⑯ 조정액 (⑬-⑭-⑮)
			⑩ 해당사업 연도말 총 공사비 누적액 (작업시간 등)	⑪ 총공사 예정비 (작업시간 등)	⑫ 진행률 (⑩/⑪)				
A	××	700,000,000	450,000,000	600,000,000	75.0%	525,000,000	0	470,000,000	55,000,000
B	××	400,000,000	180,000,000	300,000,000	60.0%	240,000,000	0	205,000,000	35,000,000
계		1,100,000,000	630,000,000	900,000,000		765,000,000	0	675,000,000	90,000,000

나. 중소기업 등 수입금액 인식기준 적용특례에 의한 수입금액

계정과목		⑲ 세법상 당기수입금액	⑳ 당기 회사수입금액 계상액	㉑ 조정액 (⑲-⑳)	㉒ 근거법령
⑰ 항 목	⑱ 과 목				
계					

다. 기타 수입금액

㉓ 구 분	㉔ 근거법령	㉕ 수입금액	㉖ 대응원가	비 고
위탁판매	영 제68조 제1항 제4호	10,000,000	8,000,000	
매출에누리	영 제11조 제1호	△5,000,000	–	
계		5,000,000	8,000,000	

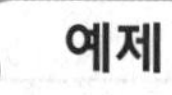

예제Ⅱ

사 례

㈜삼일의 제10기 사업연도(2024. 1. 1.~2024. 12. 31.) 법인세 신고를 위한 다음 자료를 이용하여 세무조정을 하고, 수입금액조정명세서 〔법칙 별지 제16호 서식〕 및 조정후수입금액명세서 〔법칙 별지 제17호 서식〕을 작성하시오.

1. ㈜삼일의 부가가치세법상 과세표준은 850,000,000원이며, 손익계산서상 매출액은 800,000,000원으로 차이금액 50,000,000원은 건물양도금액이다.

(단위 : 원)

구 분	업 태	종 목	일반과세표준금액	손익계산서상 매출액
제품매출액	제조	인테리어소품	650,000,000	650,000,000
공사매출액	건설	건물내부공사	150,000,000	150,000,000
건물 양도금액			50,000,000	-
합 계			850,000,000	800,000,000

2. 제품매출의 세부내역 중 2023년 말에 인도되었으나, 매출로 계상되지 아니한 외상매출금 35,000,000원을 전기오류수정이익(잉여금)으로 계상하였다.
3. 도급공사계약의 내역은 다음과 같으며, 2023년도 공사수익 관련 세무조정은 적법하게 수행하였다.
   - 공사계약체결일 : 2023. 8. 1.
   - 도급계약기간 : 2023. 8. 20. ~ 2025. 4. 30.

(단위 : 원)

도급금액	공사발생액		총공사예정비	손익계산서상 수익계상액	
	2024	2023		2024	2023
400,000,000	135,000,000	75,000,000	300,000,000	150,000,000	100,000,000

4. 건물의 총 매각대금은 150,000,000원(장부가액은 120,000,000원)으로 계약내용은 다음과 같으며, 회사는 회수기일도래기준에 따라 수입금액 50,000,000원 및 건물장부가액 40,000,000원을 인식하였다.
   ① 계약일 : 2024. 6. 1.
   ② 사용수익일 : 2024. 11. 1.
   ③ 대금지급방법 : 계약시 50,000,000원, 2025. 2. 1.에 중도금 50,000,000원, 2025. 10. 1.에 잔금 50,000,000원 지급함과 동시에 등기이전

해 설

1. 전기오류수정이익(잉여금)의 조정

〈익금산입〉 전기오류수정이익(잉여금) 35,000,000(기타)

〈익금불산입〉 전기매출누락 35,000,000(△유보)

2. 공사수익의 계산

① 도급금액	② 해당 사업연도말 총공사비 누적액	③ 총공사 예정비	④ 진행률	⑤ 누적 익금산입액	⑥ 전기말 누적 수입계상액(*)	⑦ 당기 회사 수입계상액	⑧ 조정액 (=⑤-⑥-⑦)
400,000,000	210,000,000	300,000,000	70%	280,000,000	100,000,000	150,000,000	30,000,000

(*) 전기말 수익계상액 = 400,000,000 × 75,000,000/300,000,000 = 100,000,000

〈익금산입〉 공사수익 30,000,000(유보)

3. 건물양도손익 귀속시기의 조정

소유권이전등기일, 인도일 또는 사용수익일 중 빠른 날부터 최종잔금지급일까지 1년 미만이므로 장기할부판매에 해당하지 않는다. 그러므로 회수기일도래기준을 적용할 수 없으며, 대금청산일, 소유권이전등기일, 인도일 또는 사용수익일 중 빠른 날이 속하는 사업연도가 손익의 귀속시기이다.

〈익금산입〉 건물양도금액 100,000,000(유보)

〈손금산입〉 건물장부가액 80,000,000(△유보)

[별지 제16호 서식] (2011. 2. 28. 개정)

사 업 연 도	2024. 1. 1. ~ 2024. 12. 31.	수입금액조정명세서	법 인 명	(주)삼일
			사업자등록번호	

1. 수입금액 조정계산

계 정 과 목		③ 결산서상 수입금액	조 정		⑥ 조정 후 수입금액 ((③+④-⑤))	비 고
① 항 목	② 과 목		④ 가 산	⑤ 차 감		
매출	제품매출	650,000,000			650,000,000	
	공사매출	150,000,000	30,000,000		180,000,000	
계		800,000,000	30,000,000	0	830,000,000	

2. 수입금액 조정명세

가. 작업진행률에 의한 수입금액

⑦ 공사명	⑧ 도급자	⑨ 도급금액	작 업 진 행 률 계 산			⑬ 누적익금 산입액 (⑨×⑫)	⑭ 전기말 누적수입 계상액	⑮ 당기 회사수입 계상액	⑯ 조정액 (⑬-⑭-⑮)
			⑩ 해당사업 연도말 총 공사비 누적액 (작업시간 등)	⑪ 총공사 예정비 (작업시간 등)	⑫ 진행률 (⑩/⑪)				
××	×××	400,000,000	210,000,000	300,000,000	70%	280,000,000	100,000,000	150,000,000	30,000,000
계		400,000,000	210,000,000	300,000,000		280,000,000	100,000,000	150,000,000	30,000,000

나. 중소기업 등 수입금액 인식기준 적용특례에 의한 수입금액

계 정 과 목		⑲ 세법상 당기수입금액	⑳ 당기 회사수입금액 계상액	㉑ 조정액 (⑲-⑳)	㉒ 근거법령
⑰ 항 목	⑱ 과 목				
계					

다. 기타 수입금액

㉓ 구 분	㉔ 근 거 법 령	㉕ 수 입 금 액	㉖ 대 응 원 가	비 고
계				

[별지 제17호 서식] (2021. 10. 28. 개정)

(앞쪽)

사업연도	2024. 1. 1. ~ 2024. 12. 31.	조정후수입금액명세서	법 인 명	㈜삼일
			사업자등록번호	

1. 업종별 수입금액명세서

①업태	②종목	코드	③기준(단순)경비율 번호	수입금액			
				④계(⑤+⑥+⑦)	내수		⑦수출
					⑤국내생산품	⑥수입상품	
〈101〉 제조	인테리어소품	01		650,000,000	650,000,000		
〈102〉 건설	건물내부공사	02		180,000,000	180,000,000		
〈103〉		03					
〈104〉		04					
〈105〉		05					
〈106〉		06					
〈107〉		07					
〈108〉		08					
〈109〉		09					
〈110〉		10					
〈111〉 기 타		11					
〈112〉 합 계		99		830,000,000	830,000,000		

2. 부가가치세 과세표준과 수입금액 차액 검토

(1) 부가가치세 과세표준과 수입금액 차액

⑧과세(일반)	⑨과세(영세율)	⑩면세수입금액	⑪합계(⑧+⑨+⑩)	⑫수입금액	⑬차액(⑪-⑫)
850,000,000			850,000,000	830,000,000	20,000,000

(2) 수입금액과의 차액내역

⑭구분		⑮코드	⑯금액	비고	⑭구분	⑮코드	⑯금액	비고
자가공급		21			거래시기차이감액	30		
사업상증여		22			주세・특별소비세	31		
개인적공급		23			매출누락	32		
간주임대료		24				33		
자산매각	유형자산 및 무형자산 매각액	25	50,000,000			34		
	그 밖의 자산매각액	26				35		
잔존재고재화		27				36		
작업진행률차이		28	△30,000,000			37		
거래시기차이가산		29			⑰차액계	50	20,000,000	

예제Ⅲ

사 례

㈜삼일의 제10기 사업연도(2024. 1. 1.~2024. 12. 31.) 법인세 신고를 위한 다음 자료를 이용하여 조정후수입금액명세서 〔법칙 별지 제17호 서식〕을 작성하시오.

1. ㈜삼일의 업태 · 종목은 건설 · 제조 · 도매, 토목공사 · 건전지 · 수출무역이다.
2. 업종별수입금액명세서는 다음과 같다.

(단위 : 원)

업태	종목	국내생산품판매	수입상품판매	수출	계
건설	토목공사	1,956,000,000		2,156,000,000	4,112,000,000
제조	건전지	3,000,000,000			3,000,000,000
도매	의 류	3,024,000,000			3,024,000,000
	계	7,980,000,000		2,156,000,000	10,136,000,000

3. 부가가치세 과세표준의 내역은 다음과 같다.

일반	영세율	계
11,196,600,000	2,156,000,000	13,352,600,000

4. 수입금액과 부가가치세 과세표준의 금액차이는 공장건물 매각대금이다.

[별지 제17호 서식] (2021. 10. 28. 개정)

(앞쪽)

사업연도	2024. 1. 1. ~ 2024. 12. 31.	조정후수입금액명세서	법인명	㈜삼일
			사업자등록번호	

1. 업종별 수입금액명세서

①업태	②종목	코드	③기준(단순)경비율번호	수입금액 ④계(⑤+⑥+⑦)	내수 ⑤국내생산품	내수 ⑥수입상품	⑦수출
〈101〉 건설	토목공사	01		4,112,000,000	1,956,000,000		2,156,000,000
〈102〉 도매	의류	02		3,024,000,000	3,024,000,000		
〈103〉 제조	건전지	03		3,000,000,000	3,000,000,000		
〈104〉		04					
〈105〉		05					
〈106〉		06					
〈107〉		07					
〈108〉		08					
〈109〉		09					
〈110〉		10					
〈111〉 기타		11					
〈112〉 합계		99		10,136,000,000	7,980,000,000		2,156,000,000

2. 부가가치세 과세표준과 수입금액 차액 검토

(1) 부가가치세 과세표준과 수입금액 차액

⑧과세(일반)	⑨과세(영세율)	⑩면세수입금액	⑪합계(⑧+⑨+⑩)	⑫수입금액	⑬차액(⑪-⑫)
11,196,600,000	2,156,000,000		13,352,600,000	10,136,000,000	3,216,600,000

(2) 수입금액과의 차액내역

⑭구분		⑮코드	⑯금액	비고	⑭구분	⑮코드	⑯금액	비고
자가공급		21			거래시기차이감액	30		
사업상증여		22			주세·특별소비세	31		
개인적공급		23			매출누락	32		
간주임대료		24				33		
자산매각	유형자산 및 무형자산 매각액	25	3,216,600,000			34		
자산매각	그 밖의 자산매각액	26				35		
잔존재고재화		27				36		
작업진행률차이		28				37		
거래시기차이가산		29			⑰차액계	50	3,216,600,000	

중소기업 검토

관련 법령	• 조특령 §2 • 조특칙 §2

최근 주요 개정 내용

• 중소기업 독립성 요건 중 외국법인의 자산총액 계산방법 명확화(조특령 §2 ④ 및 조특칙 §2 ⑨)

종 전	현 행
□ 중소기업의 실질적 독립성 기준 ○ 자산총액 5천억원 이상인 법인(외국법인 포함)이 주식 등의 30% 이상을 소유한 경우로서 최다출자자가 아닌 중소기업 〈추 가〉	□ 최다출자자인 외국법인의 자산총액 계산방법 명확화 ○ (좌 동) - 외국법인이 최다출자자인 경우 자산총액 원화 환산 기준일 방법* 규정 * 자산총액이 외화로 표시된 경우, 해당 과세연도 종료일 현재의 매매기준율로 환산한 원화 표시금액

➡ 개정일자 : ㉧ 2024. 2. 29. ㉠ 2024. 3. 22.

관련 서식	• 법인세법 시행규칙 [별지 제51호 서식] 중소기업 등 기준검토표

중소기업 검토

2

Step I 내용의 이해

1. 개 요

자주적인 중소기업의 성장을 지원하고 나아가 산업구조의 고도화와 국민경제의 균형 있는 발전을 도모하기 위하여 세법에서는 중소기업에 대한 직접 또는 간접적인 형태의 감면제도를 규정하고 있다. 즉, 중소기업 해당 여부에 따라 과세표준과 산출세액이 달라지므로 중소기업 요건의 검토는 매우 중요하다.

2. 중소기업의 범위

2-1. 개 요

현행 조세특례제한법상 중소기업이라 함은 소비성서비스업을 주된 사업으로 영위하지 아니하며(업종기준), 매출액 범위기준(규모기준)과 소유 및 경영의 실질적인 독립성(독립성기준)을 모두 충족하고, 졸업기준에 해당하지 아니하는 기업을 말한다. 이를 요약하면 다음과 같다.

구 분	내 용
1. 업종기준	소비성서비스업을 주된 사업으로 영위하지 아니할 것
2. 규모기준	업종별로 매출액이 중소기업기본법 시행령 별표 1의 규모기준 이내일 것
3. 독립성기준	소유와 경영의 실질적인 독립성이 다음의 어느 하나에 해당하는 기업은 중소기업에서 제외됨. ① 독점규제 및 공정거래에 관한 법률 제31조 제1항에 따른 공시대상기업집단에 속하는 회사 또는 같은 법 제33조에 따라 공시대상기업집단의 국내 계열회사로 편입·통지된 것으로 보는 회사 ② 자산총액이 5,000억원 이상인 법인(외국법인을 포함하되, 비영리법인 및 중소기업기본법 시행령 제3조의 2 제3항 각 호에 해당하는 자는 제외)이 주식등의

구 분	내 용
3. 독립성기준	30% 이상을 직접소유 및 간접소유(자본시장과 금융투자업에 관한 법률에 따른 집합투자기구를 통하여 간접소유한 경우는 제외함)한 경우로서 최다출자자(*)인 기업 ③ 관계기업에 속하는 기업의 경우에는 중소기업기본법 시행령 제7조의 4에 따라 산정한 매출액이 중소기업기본법 시행령 별표 1에 따른 규모기준에 맞지 아니하는 기업
4. 졸업기준	자산총액이 5천억원 이상인 경우에는 중소기업에서 제외됨.

(*) 해당 기업의 주식등을 소유한 법인 또는 개인으로서 단독으로 또는 다음의 어느 하나에 해당하는 자와 합산하여 해당 기업의 주식등을 가장 많이 소유한 자를 말함.
① 주식등을 소유한 자가 법인인 경우 : 그 법인의 임원
② 주식등을 소유한 자가 ①에 해당하지 아니하는 개인인 경우 : 그 개인의 친족

2-2. 업종기준

조세특례제한법상 중소기업에 해당하기 위해서는 다음의 어느 하나에 해당하는 소비성서비스업을 주된 사업으로 영위하지 아니하여야 한다(조특령 §2 ① 4호, §29 ③ 및 조특칙 §17).

① 호텔업 및 여관업(관광진흥법에 따른 관광숙박업은 제외함)
② 주점업(일반유흥주점업, 무도유흥주점업 및 식품위생법 시행령 제21조에 따른 단란주점 영업만 해당하되, 관광진흥법에 따른 외국인전용유흥음식점업 및 관광유흥음식점업은 제외함)
③ 무도장 운영업
④ 기타 사행시설 관리 및 운영업(관광진흥법 제5조 또는 폐광지역 개발 지원에 관한 특별법 제 11조에 따라 허가를 받은 카지노업은 제외함)
⑤ 유사 의료업 중 안마를 시술하는 업
⑥ 마사지업

개 정

○ 소비성서비스업의 범위에 무도장운영업 · 기타 사행시설 관리 및 운영업 등 추가(조특칙 §17)
➡ 2024년 3월 22일 이후 개시하는 사업연도부터 적용

이 때, 둘 이상의 서로 다른 사업을 영위하는 경우에는 사업별 사업수입금액이 큰 사업을 주된 사업으로 본다(조특령 §2 ③). 이 경우 사업수입금액이란 기업회계기준에 따라 작성한 손익계산서상의 매출액을 말한다(서면2팀-1170, 2006. 6. 21.).

한편, 업종의 분류는 조세특례제한법에 특별한 규정이 있는 경우를 제외하고는 통계법 제22조에 따라 통계청장이 고시하는 한국표준산업분류에 따른다. 다만, 한국표준산업분류가 변경되

어 조세특례제한법에 따른 조세특례를 적용받지 못하게 되는 업종은 한국표준산업분류가 변경된 사업연도와 그 다음 사업연도까지는 변경 전의 한국표준산업분류에 따른 업종에 따라 조세특례를 적용한다(조특법 §2 ③).

2-3. 규모기준

조세특례제한법상 중소기업에 해당되기 위하여는 매출액이 업종별로 중소기업기본법 시행령 별표 1의 규정에 의한 규모기준("평균매출액 등"은 "매출액"으로 봄) 이내이어야 한다(조특령 §2 ① 1호).

이때, 매출액은 사업연도 종료일 현재 기업회계기준에 따라 작성한 해당 사업연도 손익계산서상의 매출액으로 하되, 창업 · 분할 · 합병의 경우 그 등기일의 다음 날(창업의 경우에는 창업일)이 속하는 사업연도의 매출액을 연간 매출액으로 환산한 금액을 말한다(조특칙 §2 ④).

한편, 법인이 둘 이상의 서로 다른 사업을 영위하는 경우에 규모기준의 판단은 해당 법인이 영위하는 사업 전체의 매출액을 기준으로 판단한다(조특통 6-2…1).

| 중소기업기본법 시행령 별표 1 |

해당 기업의 주된 업종	분류기호	규모 기준
1. 의복, 의복액세서리 및 모피제품 제조업	C14	평균매출액 등 1,500억원 이하
2. 가죽, 가방 및 신발 제조업	C15	
3. 펄프, 종이 및 종이제품 제조업	C17	
4. 1차 금속 제조업	C24	
5. 전기장비 제조업	C28	
6. 가구 제조업	C32	
7. 농업, 임업 및 어업	A	평균매출액 등 1,000억원 이하
8. 광업	B	
9. 식료품 제조업	C10	
10. 담배 제조업	C12	
11. 섬유제품 제조업(의복 제조업은 제외)	C13	
12. 목재 및 나무제품 제조업(가구 제조업은 제외)	C16	
13. 코크스, 연탄 및 석유정제품 제조업	C19	
14. 화학물질 및 화학제품 제조업(의약품 제조업은 제외)	C20	
15. 고무제품 및 플라스틱제품 제조업	C22	
16. 금속가공제품 제조업(기계 및 가구 제조업은 제외)	C25	
17. 전자부품, 컴퓨터, 영상, 음향 및 통신장비 제조업	C26	
18. 그 밖의 기계 및 장비 제조업	C29	

해당 기업의 주된 업종	분류기호	규모 기준
19. 자동차 및 트레일러 제조업	C30	평균매출액 등 1,000억원 이하
20. 그 밖의 운송장비 제조업	C31	
21. 전기, 가스, 증기 및 공기조절 공급업	D	
22. 수도업	E36	
23. 건설업	F	
24. 도매 및 소매업	G	
25. 음료 제조업	C11	평균매출액 등 800억원 이하
26. 인쇄 및 기록매체 복제업	C18	
27. 의료용 물질 및 의약품 제조업	C21	
28. 비금속 광물제품 제조업	C23	
29. 의료, 정밀, 광학기기 및 시계 제조업	C27	
30. 그 밖의 제품 제조업	C33	
31. 수도, 하수 및 폐기물 처리, 원료재생업(수도업은 제외)	E (E36 제외)	
32. 운수 및 창고업	H	
33. 정보통신업	J	
34. 산업용 기계 및 장비 수리업	C34	평균매출액 등 600억원 이하
35. 전문, 과학 및 기술 서비스업	M	
36. 사업시설관리, 사업지원 및 임대 서비스업(임대업은 제외)	N (N76 제외)	
37. 보건업 및 사회복지 서비스업	Q	
38. 예술, 스포츠 및 여가 관련 서비스업	R	
39. 수리(修理) 및 기타 개인 서비스업	S	
40. 숙박 및 음식점업	I	평균매출액 등 400억원 이하
41. 금융 및 보험업	K	
42. 부동산업	L	
43. 임대업	N76	
44. 교육 서비스업	P	

※ 해당 기업의 주된 업종의 분류 및 분류기호는 통계법 제22조에 따라 통계청장이 고시한 한국표준산업분류에 따른다.

※ 상기 표 19번 및 20번에도 불구하고 자동차용 신품 의자 제조업(C30393), 철도 차량 부품 및 관련 장치물 제조업(C31202) 중 철도 차량용 의자 제조업, 항공기용 부품 제조업(C31322) 중 항공기용 의자 제조업의 규모 기준은 평균매출액등 1,500억원 이하로 한다.

2-4. 독립성기준

조세특례제한법상 중소기업에 해당하려면 소비성서비스업을 주된 사업으로 영위하지 아니하여야 하는 업종기준과 매출액이 업종별로 중소기업기본법 시행령 별표 1의 규정에 의한 규모기준 이내이어야 하는 중소기업기준 외에, 소유와 경영의 실질적인 독립성에 적합하여야 한다. 즉, 업종기준 및 규모기준이 중소기업의 범위에 해당하더라도 소유와 경영의 실질적인 독립성에 적합하지 아니하면 중소기업으로 보지 아니하는데, 이러한 실질적인 독립성에 적합하기 위하여는 다음의 어느 하나에도 해당하지 않아야 한다(조특령 §2 ① 3호).

① 독점규제 및 공정거래에 관한 법률 제31조 제1항에 따른 공시대상기업집단에 속하는 회사 또는 같은 법 제33조에 따라 공시대상기업집단의 국내 계열회사로 편입·통지된 것으로 보는 회사

② 자산총액이 5천억원 이상인 법인[*1]이 주식등의 30% 이상을 직접소유 및 간접소유[*2]한 경우로서 최다출자자[*3]인 기업(중기령 §7의 2 ①)

③ 관계기업[*4]에 속하는 기업의 경우에는 중소기업기본법 시행령 제7조의 4에 따른 매출액이 업종별로 중소기업기본법 시행령 별표 1의 규모기준(이때 평균매출액은 매출액으로 봄)에 맞지 아니하는 기업

(*1) 외국법인을 포함하되, 비영리법인 및 중소기업기본법 시행령 제3조의 2 제3항 각 호의 어느 하나에 해당하는 자는 제외하며, 외국법인의 자산총액은 해당 사업연도 종료일 현재 기업회계기준에 따라 작성한 재무상태표상 외화로 표시된 자산총액을 해당 사업연도 종료일 현재의 매매기준율(기획재정부장관이 정하여 고시하는 외국환 거래에 관한 규정에 따른 매매기준율을 말함)로 환산한 금액으로 함(조특칙 §2 ⑨).

(*2) 자본시장과 금융투자업에 관한 법률에 따른 집합투자기구를 통하여 간접소유한 경우는 제외함.

(*3) 최다출자자는 해당 기업의 주식등을 소유한 법인 또는 개인으로서 단독으로 또는 다음에 해당하는 자와 합산하여 해당 기업의 주식등을 가장 많이 소유한 자를 말하며, 주식등의 간접소유 비율에 관하여는 국제조세조정에 관한 법률 시행령 제2조 제3항을 준용함.
① 주식등을 소유한 자가 법인인 경우 : 그 법인의 임원
② 주식등을 소유한 자가 ①에 해당하지 아니하는 개인인 경우 : 그 개인의 친족

(*4) 주식회사 등의 외부감사에 관한 법률 제4조에 따라 외부감사의 대상이 되는 기업이 중소기업기본법 시행령 제3조의 2에 따라 다른 국내기업을 지배함으로써 지배 또는 종속의 관계에 있는 기업의 집단을 말하며(중기령 §2 3호), 관계기업에 속하는 기업인지의 판단은 사업연도 종료일 현재를 기준으로 함(조특칙 §2 ⑧).

개 정

○ 중소기업 독립성 기준 판정시 모회사인 외국법인의 자산총액 판정방법 명확화(조특칙 §2 ⑨)

2-5. 졸업기준

초대형 중견기업이 중소기업에 포함됨을 방지하고자 업종기준, 규모기준 그리고 독립성기

준을 모두 충족한다 하여도 자산총액(사업연도 종료일 현재 기업회계기준에 따라 작성한 재무상태표상의 자산총액)이 5천억원 이상인 경우에는 중소기업으로 보지 아니한다(조특령 §2 ① 단서 및 조특칙 §2 ⑤).

3. 중소기업 유예기간

3-1. 의 의

중소기업에 해당하여 조세지원을 받아오던 법인이 규모의 확대 등으로 인하여 중소기업에 해당하지 아니하게 된 경우, 최초로 중소기업에 해당하지 않게 된 사유가 발생한 날이 속하는 사업연도와 그 다음 3개 사업연도까지는 중소기업으로 본다. 동 유예기간이 경과한 후에는 사업연도별로 업종기준, 규모기준, 독립성기준 및 졸업기준에 따라 중소기업 해당 여부를 판정한다.

3-2. 유예기간 인정 사유

중소기업이 다음의 사유로 중소기업에 해당하지 아니하게 되는 경우에는 유예기간을 적용받을 수 있다(조특령 §2 ②).

① 매출액이 업종별로 중소기업기본법 시행령 별표 1의 규정에 의한 규모기준을 초과한 경우
② 전술한 '2-4. 독립성기준' 중 ③(관계기업의 매출액 규모기준 초과)에 해당하는 경우
③ 전술한 '2-5. 졸업기준'에 해당하는 경우

3-3. 유예기간 불인정 사유

중소기업이 다음 어느 하나의 사유로 중소기업에 해당하지 아니하게 된 경우에는 유예기간을 적용하지 아니하고, 유예기간 중에 있는 기업에 대해서는 해당 사유가 발생한 날(아래 ②에 따른 유예기간 중에 있는 기업이 중소기업과 합병하는 경우에는 합병일)이 속하는 과세연도부터 유예기간을 적용하지 아니한다(조특령 §2 ②).

① 중소기업이 중소기업기본법상 중소기업 외의 기업과 합병하는 경우
② 중소기업이 유예기간 중에 있는 기업과 합병하는 경우
③ 전술한 '2-4. 독립성기준' 중 ③(관계기업의 매출액 규모기준 초과)을 제외한 사유로 독립성기준을 충족하지 못하는 기업에 해당하는 경우
④ 창업일이 속하는 사업연도의 종료일부터 2년 이내의 사업연도 종료일 현재 규모기준을 초과하는 경우

관련사례

- 분할 사업연도에 중소기업 요건을 미충족한 분할신설법인의 유예기간 적용 여부
  중소기업이 물적분할한 경우로서 분할신설법인이 관계기업 기준에 따라 중소기업에 해당하지 않게 된 경우 분할신설법인은 그 사유가 발생한 날이 속하는 과세연도와 그 다음 3개 과세연도까지는 중소기업으로 보는 것임(사전법령법인-80, 2017. 5. 22.).
- 분할신설법인이 분할 당시 중소기업 규모기준을 초과한 경우 분할법인의 잔존 유예기간 승계할 수 있는지 여부
  중소기업 유예기간을 적용받던 법인이 분할평가차익의 손금산입 요건을 갖춰 분할함에 있어, 분할신설법인이 규모기준을 초과한 경우에 해당하더라도 분할 당시의 분할법인의 잔존 유예기간 내에 종료하는 각 과세연도까지는 중소기업으로 보는 것임(재조특-145, 2008. 5. 9.).

4. 중소기업기본법 시행령 제3조 제1항 제2호, 별표 1 및 별표 2의 개정에 의한 중소기업 판정특례

중소기업기본법 시행령 제3조 제1항 제2호, 별표 1 및 별표 2의 개정으로 인하여 새로이 중소기업에 해당하게 되는 때에는 그 사유가 발생한 날이 속하는 사업연도부터 중소기업으로 보고, 중소기업에 해당하지 아니하게 되는 때에는 그 사유가 발생한 날이 속하는 사업연도와 그 다음 3개 사업연도까지 중소기업으로 본다(조특령 §2 ⑤).

중소기업기본법과 조세특례제한법의 중소기업 범위의 차이

구 분	중소기업기본법	조세특례제한법
업종기준	모든 업종	소비성서비스업 외의 모든 업종
규모기준	중소기업기본법 시행령 별표 1 단, 이 경우 평균매출액의 산정은 중기령 제7조에 따름.	• 좌 동 단, 이 경우 매출액의 산정은 조특칙 제2조 제4항에 따름.
독립성기준	• 공시대상기업집단 제외	• 좌 동
	• 전기말 자산총액 5천억원 이상인 회사가 30% 이상의 지분을 직·간접적으로 소유하면서 최다출자자인 회사를 제외(중기령 §3 ① 2호 나목) • 외국법인의 경우 자산총액을 원화로 환산할 때에는 직전 5개 사업연도의 평균환율을 적용함(중기령 §7의 2 ③). • 관계기업 제도 적용(2011. 1. 1.부터) • 관계기업 간에 합산한 평균매출액등이 중기령상 규모기준을 충족하지 못하는 경우에도 중소기업 유예기간 적용	• 당기말 자산총액 5천억원 이상인 회사가 30% 이상의 지분을 직·간접적으로 소유하면서 최다출자자인 회사를 제외(재조특-584, 2019. 9. 3. 및 조특칙 §2 ⑨) 단, 집합투자기구를 통해 간접적으로 소유한 경우는 적용하지 않음. • 외국법인의 경우 자산총액을 원화로 환산할 때에는 해당 과세연도 종료일 현재의 매매기준율을 적용함(조특칙 §2 ⑨). • 관계기업 제도 적용(2012. 1. 1.부터) • 관계기업 간에 합산한 매출액이 규모기준(조특령 §2 ① 1호)을 충족하지 못하는 경우에도 중소기업 유예기간 적용
졸업기준	전기말 자산총액(중기령 §7의 2 ①)이 5천억원 이상	당기말 자산총액(조특칙 §2 ⑤)이 5천억원 이상
유예기간	• 사유발생 연도의 다음 연도부터 3년(*)간 중소기업으로 봄(최초 1회에 한함). (*) 2024. 8. 21. 이후 규모기준 등을 충족하지 못하는 중소기업은 5년 • 유예기간 배제 사유 -중소기업 외의 기업과의 합병 -유예중인 기업을 흡수합병한 경우로서 흡수합병된 기업의 유예사유 발생 연도의 다음 연도부터 3년이 경과한 경우 -독립성 기준 미충족(관계기업 및 모회사 독립성 기준은 허용)	• 사유발생 사업연도와 그 다음 3개 사업연도까지 중소기업으로 봄(최초 1회에 한함). • 유예기간 배제 사유 -좌 동 -유예중인 기업과의 합병 -독립성 기준 미충족(관계기업 독립성 기준은 허용) -창업 후 2년 이내 규모기준 초과

〔별첨 1〕 중소기업 조세지원제도 요약

1-1. 법인세법상 주요 중소기업 조세지원 요약

구 분	중소기업	중소기업 아닌 자
접대비 한도액 계산시 기본금액의 범위(법법 §25 ④)	36,000,000원	12,000,000원
적격합병(또는 적격분할합병)에 따른 이월결손금의 승계시 구분경리의무(법법 §45 ①, §46의 4 ①)	구분경리하지 않는 경우에는 승계사업에서의 소득금액을 합병(또는 분할합병)당사법인 간의 사업용 자산가액 비율로 안분한 범위 내에서 승계할 수 있음.	동일사업을 하는 법인간에 합병(또는 분할합병)하는 경우는 좌동. 그 밖의 경우는 구분경리하여야 함.
대손금 손금산입 특례 (법령 §19의 2 ① 9호, 9호의 2)	부도발생일부터 6개월이 경과한 외상매출금(부도발생일 이전 발생 분)의 대손금 인정	해당사항 없음.
	회수기일이 2년 이상 경과한 외상매출금 · 미수금(특수관계인과의 거래 제외)의 대손금 인정	
법인세 분납기간(법법 §64 ②)	납부기한 경과일로부터 2개월 이내 분납 가능	납부기한 경과일로부터 1개월 이내 분납 가능
이월결손금 공제한도 (법법 §13 ①)	각 사업연도 소득의 100%	각 사업연도 소득의 80% (회생계획을 이행 중인 기업 등은 100%)
결손금 소급 공제에 따른 환급 (법법 §72 ①)	직전연도의 납부한 세액에 대해 당해연도의 결손금을 소급공제하여 법인세환급 선택 가능	해당사항 없음.

1-2. 조세특례제한법상 주요 중소기업조세지원 요약

구 분	중소기업	중소기업 아닌 자
창업중소기업 등에 대한 세액감면(조특법 §6)	• 2024. 12. 31. 이전에 수도권과밀억제권역 외의 지역에서 창업한 청년창업중소기업은 5년간 발생소득의 100% 세액감면 • 2024. 12. 31. 이전에 수도권과밀억제권역 내 창업한 청년창업중소기업 · 수도권과밀억제권역 외의 지역에서 창업한 창업중소기업은 5년간 발생소득의 50% 세액감면	해당사항 없음.

구 분	중소기업	중소기업 아닌 자
중소기업에 대한 특별세액감면(조특법 §7)	• 감면 업종을 경영하는 경우 2025. 12. 31. 이전에 발생한 소득금액에 대해 지역과 규모를 감안한 감면 비율(5~30%)을 적용하여 세액감면(단, 1억원 등을 한도)	해당사항 없음.
연구 · 인력개발비에 대한 세액공제(조특법 §10)	• 신성장동력 · 원천기술연구개발비 세액공제액 = 2024. 12. 31.까지 발생한 신성장동력 · 원천기술연구개발비 ×[30%+Min(매출액 대비 신성장동력 · 원천기술연구개발비 비율×3, 10%)] • 국가전략기술연구개발비 세액공제액 = 2024. 12. 31.까지 발생한 국가전략기술연구개발비 × [40% + Min(매출액 대비 국가전략기술연구개발비 비율 × 3, 10%)] • 일반연구 · 인력개발비 세액공제액 = Max(①, ②) ① 직전 사업연도 초과 발생액의 50% ② 해당연도 발생액의 25%(중소기업 유예기간이 경과하여 최초로 중소기업에 해당하지 아니하게 된 사업연도부터 3년간 15%, 그 후 2년간 10%)	• 신성장동력 · 원천기술연구개발비 세액공제액 = 2024. 12. 31.까지 발생한 신성장동력 · 원천기술연구개발비×[20%(코스닥상장중견기업은 25%)+Min (매출액 대비 신성장동력 · 원천기술연구개발비 비율×3, 10%(코스닥상장중견기업은 15%))] • 국가전략기술연구개발비 세액공제액 = 2024. 12. 31.까지 발생한 국가전략기술연구개발비 × [30% + Min(매출액 대비 국가전략기술연구개발비 비율 × 3, 10%)] • 일반연구 · 인력개발비 세액공제액 = Max(①, ②) ① 직전 사업연도 초과 발생액의 25%(중견기업은 40%) ② 1) 중견기업 : 해당연도 발생액의 8% 2) 그 외 : 해당연도 발생액 ×Min(2%, 매출액 대비 일반연구 · 인력개발비 비율 × 50%)
특허권 등의 이전에 대한 세액감면(조특법 §12 ①)	2026. 12. 31.까지 특허권 등을 이전함으로써 발생하는 소득(단, 해당 과세연도 및 직전 4개 과세연도에 특허권 등에서 발생한 손실액은 차감)에 대해 해당 소득의 50% 세액감면	해당사항 없음(중견기업은 좌동).
연구 · 개발 특허권 대여(조특법 §12 ③)	2026. 12. 31.까지 대여소득의 25% 세액 감면(단, 특수관계인에게 대여한 경우 제외)	해당사항 없음(중견기업은 좌동).

구 분	중소기업	중소기업 아닌 자
통합투자세액공제(조특법 §24)	기계장치 등 사업용 유형자산, 연구·시험 및 직업훈련시설, 에너지절약시설, 환경보전시설, 근로자복지증진시설, 안전시설 및 기타 일부 업종별 사업용 자산의 투자금액에 대해 다음의 ① 기본공제금액과 ② 추가공제금액을 합한 통합투자세액공제금액(①+②)을 공제하되, 2023년 12월 31일이 속하는 과세연도에 투자하는 경우에는 다음의 ③ 기본공제금액과 ④ 추가공제금액을 합한 임시투자세액공제금액을 공제 • 통합투자세액공제금액(①+②) ① 기본공제금액 일반 사업용 자산 투자금액×10%, 신성장사업화시설 투자금액×12%, 국가전략기술사업화시설 투자금액×25% ② 추가공제금액 (당기 투자금액 – 직전 3년간 연평균 투자금액)×3% (국가전략기술사업화시설 4%)(단, 위 ①의 기본공제금액의 2배 한도) • 임시투자세액공제금액(③+④) ③ 기본공제금액 일반 사업용 자산 투자금액×12%, 신성장사업화시설 투자금액×18%, 국가전략기술사업화시설 투자금액×25% ④ 추가공제금액 (당기 투자금액 – 직전 3년간 연평균 투자금액)×10%(단, 위 ①의 기본공제금액의 2배 한도)	• 통합투자세액공제금액(①+②) ① 기본공제금액 일반 사업용 자산 투자금액×1%(중견기업 5%), 신성장사업화시설 투자금액×3%(중견기업 6%), 국가전략기술사업화시설 투자금액×15% ② 추가공제금액 : 좌동 ③ 기본공제금액 일반 사업용 자산 투자금액×3%(중견기업 7%), 신성장사업화시설 투자금액×6%(중견기업 10%), 국가전략기술사업화시설 투자금액×15% ④ 추가공제금액 : 좌동

구 분	중소기업	중소기업 아닌 자
영상콘텐츠 제작비용에 대한 세액공제(조특법 §25의 6)	2025. 12. 31.까지 영상콘텐츠 제작을 위하여 국내외에서 발생한 비용에 대해 다음의 ① 기본공제금액과 ② 추가공제금액을 합한 금액을 공제 ① 기본공제금액 해당 영상콘텐츠 제작비용의 15% ② 추가공제금액 대통령령으로 정하는 요건을 충족하는 영상콘텐츠의 경우 그 제작비용의 15%	① 기본공제금액 해당 영상콘텐츠 제작비용의 5%(중견기업 10%) ② 추가공제금액 대통령령으로 정하는 요건을 충족하는 영상콘텐츠의 경우 그 제작비용의 10%
경력단절 여성 재고용 기업에 대한 세액공제(조특법 §29의 3 ①)	2022. 12. 31.까지 경력단절 여성을 재고용하는 경우 2년간 해당 여성에게 지급한 인건비의 30% 세액공제	중견기업의 경우 15% 세액공제
육아휴직 복귀자를 복직시킨 기업에 대한 세액공제(조특법 §29의 3 ②)	2022. 12. 31.까지 육아휴직 복귀자를 복직시키는 경우 1년간 해당 여성에게 지급한 인건비의 30% 세액공제	중견기업의 경우 15% 세액공제
근로소득을 증대시킨 기업에 대한 세액공제(조특법 §29의 4)	2025. 12. 31.까지 다음의 금액에 대해 20% 세액공제 ① 직전 3년 평균 초과 임금증가분 ② 정규직 전환 근로자의 임금증가분 ③ 전체 중소기업 평균임금증가분 초과 임금증가분	2025. 12. 31.까지 다음의 금액에 대해 10% 세액공제(대기업은 제외) ① 직전 3년 평균 초과 임금증가분 ② 정규직 전환 근로자의 임금증가분
고용을 증대시킨 기업에 대한 세액공제(조특법 §29의 7)	2024. 12. 31.까지 상시근로자 수가 직전 과세연도보다 증가한 경우 다음 금액의 합계액을 3년간 세액공제 ① 청년등 상시근로자 증가수×1,100만원(수도권 밖은 1,200만원) ※ 다만, 2021. 12. 31.이 속하는 과세연도부터 2022. 12. 31.이 속하는 과세연도까지의 기간 중 수도권 밖에서 증가한 경우에는 1,300만원	2024. 12. 31.까지 상시근로자 수가 직전 과세연도보다 증가한 경우 다음 금액의 합계액을 2년(중견기업은 3년)간 세액공제 ① 청년등 상시근로자 증가수×400만원(중견기업은 800만원) ※ 다만, 2021. 12. 31.이 속하는 과세연도부터 2022. 12. 31.이 속하는 과세연도까지의 기간 중 수도권 밖에서 증가한 경우에는 500만원(중견기업은 900만원)

구 분	중소기업	중소기업 아닌 자
고용을 증대시킨 기업에 대한 세액공제(조특법 §29의 7)	② ① 외 상시근로자 증가수 × 700만원(수도권 밖은 770만원)	② ① 외 상시근로자 증가수×0원(중견기업은 450만원)
통합고용세액공제 (조특법 §29의 8)	2025. 12. 31.까지 상시근로자 수가 직전 과세연도보다 증가한 경우 다음 금액의 합계액을 3년간 세액공제 ① 청년등 상시근로자 증가수 × 1,450만원(수도권 밖 1,550만원) ② ① 외 상시근로자 증가수 × 850만원(수도권 밖은 950만원) ※ 고용을 증대시킨 기업에 대한 세액공제(조특법 §29의 7) 또는 중소기업 사회보험료 세액공제(조특법 §30의 4)를 적용받지 아니한 경우에만 적용	2025. 12. 31.까지 상시근로자 수가 직전 과세연도보다 증가한 경우 다음 금액의 합계액을 2년간 세액공제 ① 청년등 상시근로자 증가수 × 400만원(중견기업 800만원) ② ① 외 상시근로자 증가수 × 0원(중견기업 450만원) ※ 좌동
정규직 근로자의 전환에 따른 세액공제(조특법 §29의 8 ③)	2023. 6. 30. 당시 고용하고 있는 기간제 · 단시간 근로자(수급사업자에게 고용된 기간제 · 단시간 근로자 포함)와 파견근로자를 2024. 12. 31.까지 정규직 근로자로 전환하는 경우 전환한 인원(해당 기업의 최대주주 또는 최대출자자나 그와 특수관계에 있는 사람은 제외함) 수당 1,300만원 세액공제 ※ 다만, 상시근로자 수가 직전과세연도보다 감소한 경우에는 공제 불가	중견기업의 경우 전환한 인원 수당 900만원 세액공제 ※ 다만, 상시근로자 수가 직전과세연도보다 감소한 경우에는 공제 불가
육아휴직 복귀자를 복직시킨 기업에 대한 세액공제(조특법 §29의 8 ④)	2025. 12. 31.까지 육아휴직 복귀자를 복직시키는 경우 육아휴직 복귀자 인원 수당 1,300만원 세액공제 ※ 다만, 육아휴직 복귀자의 자녀 1명당 한 차례에 한정하여 적용하며, 상시근로자 수가 직전 과세연도보다 감소한 경우에는 공제 불가	중견기업의 경우 육아휴직 복귀자 인원 수당 900만원 세액공제 ※ 좌 동

구 분	중소기업	중소기업 아닌 자
고용유지중소기업 등에 대한 과세특례(조특법 §30의 3)	① 다음의 요건을 모두 충족하는 중소기업은 ②에 따른 금액을 2026. 12. 31.이 속하는 과세연도까지 세액공제 ㉠ 해당 과세연도의 상시근로자(해당 과세연도 중에 근로관계가 성립한 상시근로자는 제외) 1인당 시간당 임금이 직전 과세연도에 비하여 감소하지 않은 경우 ㉡ 해당 과세연도의 상시근로자 수가 직전 과세연도의 상시근로자 수와 비교하여 감소하지 않은 경우 ㉢ 해당 과세연도의 상시근로자(해당 과세연도 중에 근로관계가 성립한 상시근로자는 제외) 1인당 연간 임금총액이 직전 과세연도에 비하여 감소한 경우 ② ㉠+㉡ ㉠ (직전 과세연도 상시근로자 1인당 연간 임금총액 - 해당 과세연도 상시근로자 1인당 연간 임금총액) × 해당 과세연도 상시근로자 수 × 10% ㉡ (해당 과세연도 상시근로자 1인당 시간당 임금 - 직전 과세연도 상시근로자 1인당 시간당 임금 × 105%) × 해당 과세연도 전체 상시근로자의 근로시간 합계 × 15%	중견기업의 경우 위기지역 내 사업장에 대하여 위기지역으로 지정 또는 선포된 기간이 속하는 과세연도에 한하여 좌동
중소기업 사회보험료 세액공제 (조특법 §30의 4)	① 2024. 12. 31.까지 해당 사업연도 상시근로자 수가 증가한 경우 다음의 금액의 합계액을 2년간 세액공제 ㉠ 청년 및 경력단절 여성 상시근로자 고용증가 인원에 대한 사용자부담분 사회보험료의 100%	해당사항 없음.

구 분	중소기업	중소기업 아닌 자
중소기업 사회보험료 세액공제(조특법 §30의 4)	㉡ 청년 및 경력단절 여성 외 상시근로자 고용증가 인원에 대한 사용자부담분 사회보험료의 50%(신성장 서비스업 영위기업은 75%) ② 2020. 1. 1. 현재 고용 중으로 최저임금의 100~120%를 받는 근로자 중 2020. 12. 31.까지 사회보험 신규가입자에 대하여 신규 가입을 한 날부터 2년이 되는 날이 속하는 달까지 부담하는 사회보험료 상당액의 50%	해당사항 없음.
수도권 밖으로 공장을 이전하는 기업에 대한 세액감면(조특법 §63)	수도권 과밀억제권역에서 2년 이상 공장을 운영한 중소기업이 수도권과밀억제권역 밖으로 공장시설을 전부 이전하여 2025. 12. 31.까지 사업을 개시한 경우 다음의 감면율로 세액감면 ① 수도권 등 조특령 제60조 제4항의 지역으로 이전시 : 5년간 100%, 그 다음 2년간 50% ② 수도권 밖에 소재하는 광역시 등 조특령 제60조 제5항의 지역으로 이전시 ㉠ 성장촉진지역 등으로 이전시 : 7년간 100%, 그 다음 3년간 50% ㉡ ㉠ 외 지역으로 이전시 : 5년간 100%, 그 다음 2년간 50% ③ ① 또는 ②에 따른 지역 외 지역으로 이전시 ㉠ 성장촉진지역 등으로 이전시 : 10년간 100%, 그 다음 2년간 50% ㉡ ㉠ 외 지역으로 이전시 : 7년간 100%, 그 다음 3년간 50%	수도권 과밀억제권역에서 3년 이상 공장을 운영한 기업이 수도권 밖으로 공장시설을 전부 이전하여 2025. 12. 31.까지 사업을 개시한 경우 다음의 감면율로 세액감면 ① 수도권 등 조특령 제60조 제4항(제2호는 제외)의 지역으로 이전시 : 5년간 100%, 그 다음 2년간 50% ② 수도권 밖에 소재하는 광역시 등 조특령 제60조 제5항의 지역으로 이전시 ㉠ 성장촉진지역 등으로 이전시 : 7년간 100%, 그 다음 3년간 50% ㉡ ㉠ 외 지역으로 이전시 : 5년간 100%, 그 다음 2년간 50% ③ ① 또는 ②에 따른 지역 외 지역으로 이전시 ㉠ 성장촉진지역 등으로 이전시 : 10년간 100%, 그 다음 2년간 50% ㉡ ㉠ 외 지역으로 이전시 : 7년간 100%, 그 다음 3년간 50%

구 분	중소기업	중소기업 아닌 자
중소기업의 공장이전에 대한 과세특례(조특법 §85의 8)	2년 이상 계속하여 공장시설을 갖추고 사업을 한 중소기업이 수도권 과밀억제권역 외의 지역으로 공장을 이전하거나 산업단지에서 2년 이상 계속하여 공장시설을 갖추고 사업을 하는 중소기업이 동일한 산업단지 내 다른 공장으로 이전하는 경우 해당 공장의 대지와 건물을 2025. 12. 31.까지 양도한 경우 양도차익을 5년 거치 5년 분할 익금산입	해당사항 없음.
수도권과밀억제권역의 투자에 대한 조세감면 배제(조특법 §130)	수도권과밀억제권역의 증설투자에 한하여 법 소정의 투자세액공제 배제	1989. 12. 31. 이전부터 수도권과밀억제권역에서 계속 사업을 경영하는 경우 증설투자에 대해 법 소정의 투자세액공제 배제 및 1990. 1. 1. 이후 수도권과밀억제권역에서 새로이 사업장을 설치 또는 종전 사업장을 이전설치하는 경우 증설투자 및 대체투자에 대하여 법 소정의 투자세액공제 배제
최저한세(조특법 §132)	• 적용세율 : 7%(*) • 연구 · 인력개발비에 대한 세액공제는 최저한세 적용 배제	• 적용세율 : 10%～17%(*)

(*) 최저한세율

구 분			최저한세율
중소기업			7%
일반 기업	중소기업 졸업 후 5년 이내인 기업	최초로 중소기업에 해당하지 아니하게 된 사업연도 개시일부터 3년 이내에 끝나는 사업연도	8%
		그 다음 2년 이내에 끝나는 사업연도	9%
	그 밖의 기업	과세표준 100억원 이하 부분	10%
		과세표준 100억원 초과 1,000억원 이하 부분	12%
		과세표준 1,000억원 초과 부분	17%

Step Ⅱ 서식의 이해

■ 작성요령 - 중소기업 등 기준검토표

❶ 「① 요건」란의 소비성 서비스업은 아래의 사업을 말하며, 「② 검토내용」란에는 사업내용을 적는다. 둘 이상의 사업을 겸영하는 경우에는 사업수입금액이 큰 사업을 주된 사업으로 한다.

- 호텔업 및 여관업(관광진흥법에 따른 관광숙박업은 제외함), 주점업(일반유흥주점업, 무도유흥주점업 및 식품위생법 시행령 제21조에 따른 단란주점업을 말하며, 관광진흥법에 따른 외국인전용유흥음식점업 및 관광유흥음식점업은 제외함) 등

❷ 「② 검토내용」란의 「(103) 독립성요건」에서 관계기업 여부는 2012년 1월 1일 이후 최초로 개시한 사업연도분부터 검토한다.

[별지 제51호 서식] (2022. 3. 18. 개정)

사 업 연 도	. . . ~ . . .	중소기업 등 기준

구분		① 요 건	
중기업	(101) 사업요건 ❶	○ 「조세특례제한법 시행령」 제29조 제3항에 따른 소비성 서비스업에 해당하지 않는 사업	업태별 (01) ((02) ((03) 그 밖의 계
	(102) 규모요건	○ 아래 요건 ①, ②를 동시에 충족할 것 ① 매출액이 업종별로 「중소기업기본법 시행령」 별표 1의 규모기준("평균매출액등"은 "매출액"으로 봄) 이내일 것 ② 졸업제도 -자산총액 5천억원 미만	가. 매 출 액 - 당 회사(- 「중소기업 (억 나. 자산총액
	(103) 독립성요건	○ 「조세특례제한법 시행령」 제2조 제1항 제3호에 적합한 기업일 것	•「독점규제 및 따른 공시대상 조에 따라 공시 통지된 것으로 •자산총액 5천 상을 직·간접 이 아닐 것 •「중소기업기본 에 속하는 기 정한 매출액 제1호에 따른 ❷
	(104) 유예기간	① 중소기업이 규모의 확대 등으로 (102)의 기준을 초과하는 경우 최초 그 사유가 발생한 사업연도와 그 다음 3개 사업연도까지 중소기업으로 보고 그 후에는 매년마다 판단 ② 「중소기업기본법 시행령」 제3조 제1항 제2호, 별표 1 및 별표 2의 개정으로 중소기업에 해당하지 아니하게 되는 때에는 그 사유가 발생한 날이 속하는 사업연도와 그 다음 3개 사업연도까지 중소기업으로 봄	○ 사유발생
소기업	(105) 사업요건 및 독립성요건을 충족할 것		중소기업 업 립성요건((103)
	(106) 자산총액이 5천억원 미만으로서 매출액이 업종별로 「중소기업기본법 시행령」 별표 3의 규모기준("평균매출액등"은 "매출액"으로 본다) 이내일 것		○ 매 출 액 - 당 회사(- 「중소기업 (억
중견기업	(107) 「조세특례제한법」상 중소기업 업종을 주된 사업으로 영위할 것		중소기업이 중소기업 업 여부
	(108) 소유와 경영의 실질적인 독립성이 「중견기업 성장촉진 및 경쟁력 강화에 관한 특별법 시행령」 제2조제2항제1호에 적합할 것		•「독점규제 및 항에 따른 상 해당하지 않을 •「독점규제 및 조 제2항에 인 자산총액 직·간접적으 업이 아닐 것 에 관한 특 기업은 제외)
	(109) 직전 3년 평균 매출액이 다음의 중견기업 대상 세액공제 요건을 충족할 것 ① 중소기업 등 투자세액공제[구 「조세특례제한법」 제5조제1항(2020. 12. 29. 법률 제17759호로 개정되기 전의 것)]: 1천5백억원 미만(신규상장 중견기업에 한함) ② 연구·인력개발비에 대한 세액공제(「조세특례제한법」 제10조 제1항 제1호 가목 2)): 5천억원 미만 ③ 기타 중견기업 대상 세액공제 : 3천억원 미만		직전 3년 과세 직전 3년 (억원)

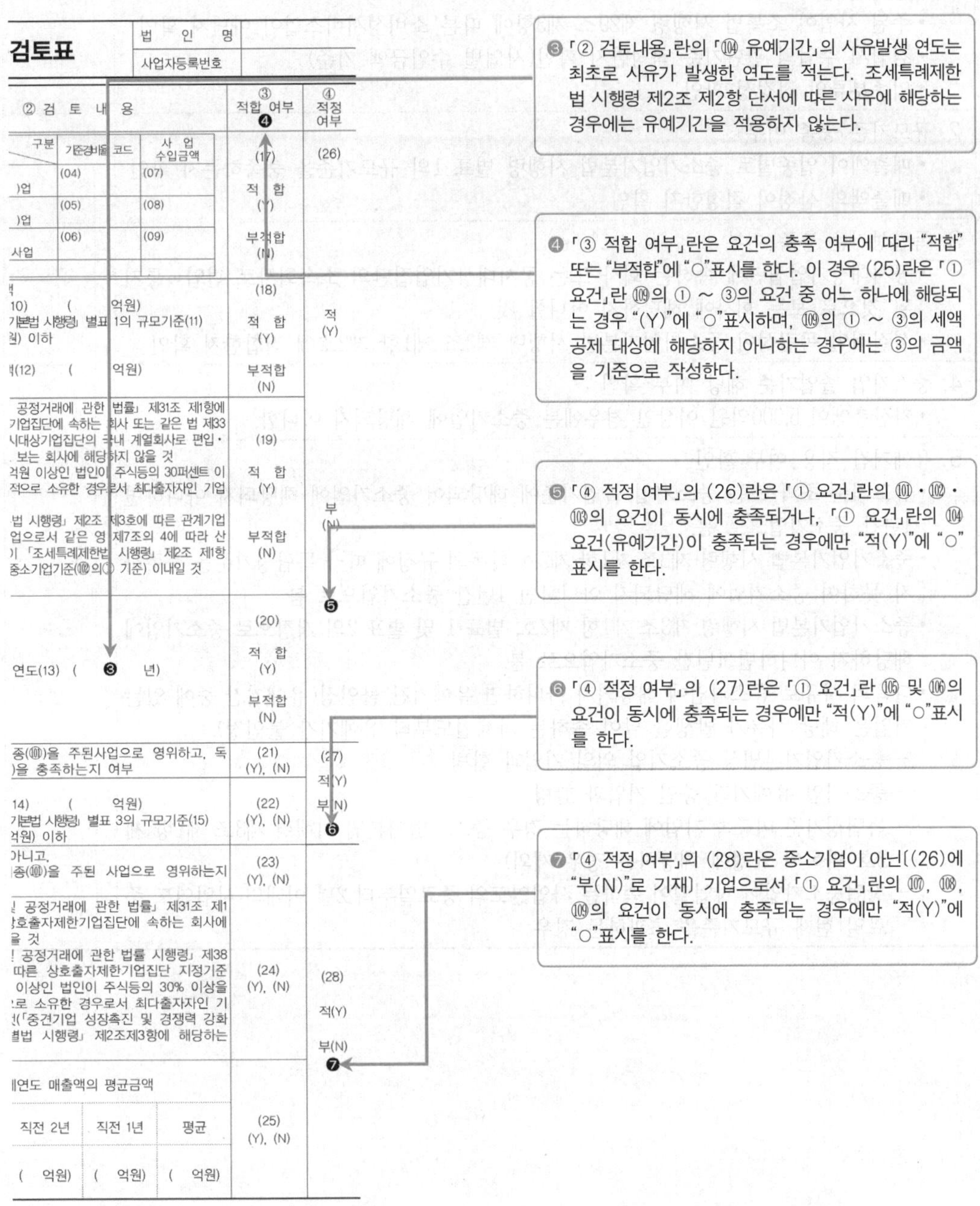

검토표
법 인 명
사업자등록번호
② 검 토 내 용
③ 적합 여부 ❹
④ 적정 여부
구분
기준경비율 코드
사 업 수입금액
(04)
(07)
(05)
(08)
(06)
(09)
(17) 적 합 (Y) 부적합 (N)
(26)
(18) 적 합 (Y) 부적합 (N)
적 (Y)
10) (억원)
기본법 시행령」 별표 1의 규모기준(11)
원) 이하
(12) (억원)
공정거래에 관한 법률」 제31조 제1항에
기업집단에 속하는 회사 또는 같은 법 제33
대상기업집단의 국내 계열회사로 편입·
보는 회사에 해당하지 않을 것
억원 이상인 법인이 주식등의 30퍼센트 이
적으로 소유한 경우로서 최다출자자인 기업
법 시행령」 제2조 제3호에 따른 관계기업
업으로서 같은 영 제7조의 4에 따라 산
「조세특례제한법 시행령」 제2조 제1항
중소기업기준(⑩의① 기준) 이내일 것
(19) 적 합 (Y) 부적합 (N)
부 (N)
❺
(20) 적 합 (Y) 부적합 (N)
연도(13) (❸ 년)
종(⑩)을 주된사업으로 영위하고, 독
)을 충족하는지 여부
(21) (Y), (N)
(27) 적(Y) 부(N) ❻
14) (억원)
기본법 시행령」 별표 3의 규모기준(15)
억원) 이하
(22) (Y), (N)
아니고,
종(⑩)을 주된 사업으로 영위하는지
(23) (Y), (N)
공정거래에 관한 법률」 제31조 제1
호출자제한기업집단에 속하는 회사에
을 것
공정거래에 관한 법률 시행령」 제38
따른 상호출자제한기업집단 지정기준
이상인 법인이 주식등의 30% 이상을
로 소유한 경우로서 최다출자자인 기
「중견기업 성장촉진 및 경쟁력 강화
법 시행령」 제2조제3항에 해당하는
(24) (Y), (N)
(28) 적(Y) 부(N) ❼
연도 매출액의 평균금액
직전 2년 직전 1년 평균
(억원) (억원) (억원)
(25) (Y), (N)

❸ 「② 검토내용」란의 「⑭ 유예기간」의 사유발생 연도는 최초로 사유가 발생한 연도를 적는다. 조세특례제한법 시행령 제2조 제2항 단서에 따른 사유에 해당하는 경우에는 유예기간을 적용하지 않는다.

❹ 「③ 적합 여부」란은 요건의 충족 여부에 따라 "적합" 또는 "부적합"에 "○"표시를 한다. 이 경우 (25)란은 「① 요건」란 ⑲의 ① ~ ③의 요건 중 어느 하나에 해당되는 경우 "(Y)"에 "○"표시하며, ⑲의 ① ~ ③의 세액공제 대상에 해당하지 아니하는 경우에는 ③의 금액을 기준으로 작성한다.

❺ 「④ 적정 여부」의 (26)란은 「① 요건」란의 ⑩·⑫·⑬의 요건이 동시에 충족되거나, 「① 요건」란의 ⑭ 요건(유예기간)이 충족되는 경우에만 "적(Y)"에 "○" 표시를 한다.

❻ 「④ 적정 여부」의 (27)란은 「① 요건」란 ⑮ 및 ⑯의 요건이 동시에 충족되는 경우에만 "적(Y)"에 "○"표시를 한다.

❼ 「④ 적정 여부」의 (28)란은 중소기업이 아닌[(26)에 "부(N)"로 기재] 기업으로서 「① 요건」란의 ⑰, ⑱, ⑲의 요건이 동시에 충족되는 경우에만 "적(Y)"에 "○"표시를 한다.

세무조정 체크리스트

■ 중소기업 검토

검 토 사 항	확인
1. 업종기준 충족 여부 • 주된 사업이 조특법 시행령 제29조 제3항에 따른 소비성서비스업이 아닌지 확인 • 겸업시 주업의 판단기준 적정한지 확인(사업별 수입금액 기준) • 업종분류의 적정성 확인	
2. 규모기준 충족 여부 • 매출액이 업종별로 중소기업기본법 시행령 별표 1의 규모기준을 충족하는지 확인 • 매출액의 산정이 적정한지 확인	
3. 독립성기준 충족 여부 • 공시대상기업집단에 속하는 회사 또는 공시대상기업집단의 소속회사로 편입·통지된 것으로 보는 회사에 해당하지 아니할 것 • 실질적인 독립성이 중소기업기본법 시행령 제3조 제1항 제2호에 적합한지 확인	
4. 중소기업 졸업기준 해당 여부 확인 • 자산총액이 5,000억원 이상인 경우에는 중소기업에 해당되지 아니함.	
5. 유예기간 적용 여부 확인 • 규모기준 초과 또는 중소기업 졸업기준에 해당되어 중소기업에 해당되지 아니하면 4년간 중소기업으로 봄. • 중소기업기본법 시행령 제3조 제1항 제2호 다목의 규정에 따라 독립성기준을 충족하지 못하여 중소기업에 해당되지 아니하면 4년간 중소기업으로 봄. • 중소기업기본법 시행령 제3조 제1항 제2호, 별표 1 및 별표 2의 개정으로 중소기업에 해당하지 아니하면 4년간 중소기업으로 봄. • 다음의 사유로 중소기업에 해당되지 아니하면 유예기간 불인정(유예기간 중에 있는 기업은 해당 사유가 발생한 날이 속하는 과세연도부터 유예기간 불인정) - 중소기업기본법상 중소기업 외의 기업과 합병 - 중소기업 유예기간 중인 기업과 합병 - 독립성기준 미충족 기업에 해당하는 경우(중소기업기본법 시행령 제3조 제1항 제2호 다목의 규정에 해당하는 경우 제외) - 창업중소기업이 창업일이 속하는 사업연도의 종료일부터 2년 이내의 사업연도 종료일 현재 규모기준을 초과하는 경우	

사례와 서식작성실무

예제

사 례

다음 자료를 이용하여, 비상장법인이며 외부감사대상법인인 ㈜삼일의 제10기 사업연도(2024. 1. 1.~2024. 12. 31.)의 중소기업 여부를 판정하고 중소기업기준검토표를 작성하라.

1. ㈜삼일은 식료품 제조업과 부동산 임대업을 영위하고 있다.
2. 해당 사업연도의 재무정보는 다음과 같다.

(1) 해당 사업연도말 현재의 자산총계 등 (단위 : 억원)

자산총계	부채총계	자본총계	자본금	자본잉여금	이익잉여금
500	300	200	100	20	80

(2) 해당 사업연도의 매출액 (단위 : 억원)

구 분	식료품 제조업	부동산임대업	계
매출액	300	100	400

3. ㈜삼일은 독점규제 및 공정거래에 관한 법률 제31조 제1항에 따른 공시대상기업집단 또는 중소기업기본법 시행령 제2조에 따른 관계기업에 속하지 아니하며, ㈜삼일의 주주의 구성은 다음과 같고 주주간 특수관계는 없다.

주주명	구 분	지분율	비 고
A	거주자	60%	대표이사
B	법인	30%	당기말 자산총액은 4천억원임.
C	법인	10%	당기말 자산총액은 6천억원임.

해 설

1. 업종기준의 충족 여부

겸업시에는 사업별 수입금액이 큰 사업을 주된 사업으로 보므로, ㈜삼일은 제조업이 주된 사업이 되며, 소비성서비스업을 주된 사업으로 영위하지 아니하므로 중소기업 해당 업종기준을 충족한다.

2. 규모기준의 충족 여부

(1) 중소기업기본법 시행령 별표 1의 제조업 규모기준

해당업종	분류부호	규모기준
9. 식료품 제조업	C10	평균매출액 등 1,000억원 이하

(2) 규모기준의 충족 여부

매출액이 중소기업기본법 시행령 별표 1의 규모기준 이내이면 되는 바, ㈜삼일은 매출액(400억원)이 1,000억원 미만이므로 중소기업기본법 시행령 별표 1의 규모기준을 충족한다.

3. 독립성기준의 충족 여부

㈜삼일은 공시대상기업집단 및 관계기업에 속하지 아니하며, ㈜삼일의 주주 중 지분율이 30% 이상인 최대주주인 자로서 당기말 자산총액이 5,000억원 이상인 법인 주주는 없으므로 ㈜삼일은 독립성기준을 충족한다.

4. 중소기업 졸업기준 해당 여부

졸업기준	당해 법인의 현황
자산총액 ≥ 5,000억원	자산총액 500억원

중소기업 졸업기준에 해당되지 아니한다.

5. 중소기업의 판정

㈜삼일은 업종기준, 규모기준과 독립성기준을 충족하며, 졸업기준에 해당하지 아니하므로 중소기업에 해당된다.

6. 중소기업기준검토표 〔별지 제51호 서식〕 (다음 page 참조)

[별지 제51호 서식] (2022. 3. 18. 개정)

<table>
<tr><td rowspan="2">사업연도</td><td rowspan="2">2024. 1. 1.
~
2024. 12. 31.</td><td rowspan="2">중소기업 등 기준검토표</td><td>법 인 명</td><td>(주)삼일</td></tr>
<tr><td>사업자등록번호</td><td></td></tr>
</table>

<table>
<tr><th colspan="2">구 분</th><th>① 요 건</th><th>② 검 토 내 용</th><th>③ 적합여부</th><th>④ 적정 여부</th></tr>
<tr><td rowspan="4">중
기
업</td><td>101
사업
요건</td><td>○「조세특례제한법 시행령」 제29조 제3항에 따른 소비성 서비스업에 해당하지 않는 사업</td><td><table><tr><th>구분
업태별</th><th>기준경비율 코드</th><th>사 업
수입금액</th></tr><tr><td>(01)
(식료품 제조)업</td><td>(04)</td><td>(07)
300억원</td></tr><tr><td>(02)
(부동산임대)업</td><td>(05)</td><td>(08)
100억원</td></tr><tr><td>(03)
그 밖의 사업</td><td>(06)</td><td>(09)</td></tr><tr><td>계</td><td></td><td>400억원</td></tr></table></td><td>(17)
적 합
(Y)
부적합
(N)</td><td>(26)</td></tr>
<tr><td>102
규모
요건</td><td>○ 아래 요건 ①, ②를 동시에 충족할 것
① 매출액이 업종별로 「중소기업기본법 시행령」 별표 1의 규모기준("평균매출액등"은 "매출액"으로 봄) 이내일 것
② 졸업제도
-자산총액 5천억원 미만</td><td>가. 매 출 액
- 당 회사(10) (400 억원)
-「중소기업기본법 시행령」 별표 1의 규모기준(11)
(1,000 억원) 이하
나. 자산총액(12) (500 억원)</td><td>(18)
적 합
(Y)
부적합
(N)</td><td rowspan="3">적
(Y)

부
(N)</td></tr>
<tr><td>103
독립성
요건</td><td>○「조세특례제한법 시행령」 제2조 제1항 제3호에 적합한 기업일 것</td><td>•「독점규제 및 공정거래에 관한 법률」 제31조 제1항에 따른 공시대상기업집단에 속하는 회사 또는 같은 법 제33조에 따라 공시대상기업집단의 국내 계열회사로 편입·통지된 것으로 보는 회사에 해당하지 않을 것
•자산총액 5천억원 이상인 법인이 주식등의 30퍼센트 이상을 직·간접적으로 소유한 경우로서 최다출자자인 기업이 아닐 것
•「중소기업기본법 시행령」 제2조 제3호에 따른 관계기업에 속하는 기업으로서 같은 영 제7조의4에 따라 산정한 매출액이 「조세특례제한법 시행령」 제2조 제1항 제1호에 따른 중소기업기준(102의① 기준) 이내일 것</td><td>(19)
적 합
(Y)
부적합
(N)</td></tr>
<tr><td>104
유예
기간</td><td>① 중소기업이 규모의 확대 등으로 102의 기준을 초과하는 경우 최초 그 사유가 발생한 사업연도와 그 다음 3개 사업연도까지 중소기업으로 보고 그 후에는 매년마다 판단
② 「중소기업기본법 시행령」 제3조 제1항 제2호, 별표 1 및 별표 2의 개정으로 중소기업에 해당하지 아니하게 되는 때에는 그 사유가 발생한 날이 속하는 사업연도와 그 다음 3개 사업연도까지 중소기업으로 봄</td><td>○ 사유발생 연도(13) (년)</td><td>(20)
적 합
(Y)
부적합
(N)</td></tr>
<tr><td rowspan="2">소
기
업</td><td colspan="2">105 사업요건 및 독립성요건을 충족할 것</td><td>중소기업 업종(101)을 주된사업으로 영위하고, 독립성요건(103)을 충족하는지 여부</td><td>(21)
(Y), (N)</td><td rowspan="2">(27)
적(Y)
부(N)</td></tr>
<tr><td colspan="2">106 자산총액이 5천억원 미만으로서 매출액이 업종별로 「중소기업기본법 시행령」 별표 3의 규모기준("평균매출액등"은 "매출액"으로 본다) 이내일 것</td><td>○ 매 출 액
- 당 회사(14) (억원)
-「중소기업기본법 시행령」 별표 3의 규모기준(15)
(억원) 이하</td><td>(22)
(Y), (N)</td></tr>
<tr><td rowspan="3">중
견
기
업</td><td colspan="2">107 「조세특례제한법」상 중소기업 업종을 주된 사업으로 영위할 것</td><td>중소기업이 아니고,
중소기업 업종(101)을 주된 사업으로 영위하는지 여부</td><td>(23)
(Y), (N)</td><td rowspan="3">(28)
적(Y)
부(N)</td></tr>
<tr><td colspan="2">108 소유와 경영의 실질적인 독립성이 「중견기업 성장촉진 및 경쟁력 강화에 관한 특별법 시행령」 제2조 제2항 제1호에 적합할 것</td><td>·「독점규제 및 공정거래에 관한 법률」 제31조 제1항에 따른 상호출자제한기업집단에 속하는 회사에 해당하지 않을 것
·「독점규제 및 공정거래에 관한 법률 시행령」 제38조 제2항에 따른 상호출자제한기업집단 지정기준인 자산총액 이상인 법인이 주식등의 30% 이상을 직·간접적으로 소유한 경우로서 최다출자자인 기업이 아닐 것(「중견기업 성장촉진 및 경쟁력 강화에 관한 특별법 시행령」 제2조 제3항에 해당하는 기업은 제외)</td><td>(24)
(Y), (N)</td></tr>
<tr><td colspan="2">109 직전 3년 평균 매출액이 다음의 중견기업 대상 세액공제 요건을 충족할 것
① 중소기업 등 투자세액공제[구 「조세특례제한법」 제5조 제1항(2020. 12. 29. 법률 제17759호로 개정되기 전의 것)]: 1천5백억원 미만(신규상장 중견기업에 한함)
② 연구·인력개발비에 대한 세액공제(「조세특례제한법」 제10조 제1항 제1호 가목 2)): 5천억원 미만
③ 기타 중견기업 대상 세액공제 : 3천억원 미만</td><td>직전 3년 과세연도 매출액의 평균금액<table><tr><td>직전 3년</td><td>직전 2년</td><td>직전 1년</td><td>평균</td></tr><tr><td>(억원)</td><td>(억원)</td><td>(억원)</td><td>(억원)</td></tr></table></td><td>(25)
(Y), (N)</td></tr>
</table>

수입배당금의 익금불산입

관련 법령	• 법법 §18의 2, §18의 4 • 법령 §17의 2, §18

최근 주요 개정 내용

• 수입배당금 익금불산입 규정 합리화(법법 §18의 2 ② 및 법령 §17의 2 ⑤)

종 전	현 행
□ 수입배당금 익금불산입 대상 ○ 이익의 배당금 또는 잉여금의 분배금 ○ 배당금 또는 분배금으로 의제하는 금액	○ (좌 동)
□ 다음의 수입배당금액은 익금불산입 대상에서 제외	□ 수입배당금 중 법인세가 과세되지 않은 금액은 익금산입
❶ 배당기준일 전 3개월 이내 취득한 주식등의 수입배당금 ❷ 지급배당 소득공제를 받은 유동화 전문회사, 신탁재산 등으로부터 받은 배당금 ❸ 법인세 비과세 · 면세 · 감면 법인으로부터 받은 배당금	○ (좌 동)
〈추 가〉	❹ 3% 재평가적립금(합병 · 분할차익 중 승계된 금액 포함)을 감액하여 받은 배당 ❺ 유상감자 시 주식 취득가액 초과 금액 및 자기주식보유 법인이 잉여금의 자본전입으로 인해 발생하는 이익

➡ 개정일자 : ㉥ 2023. 12. 31. 및 ㉧ 2024. 2. 29.
적용시기 : 2024년 1월 1일 이후 다른 내국법인으로부터 받는 수입배당금액부터 적용

관련 서식	• 법인세법 시행규칙 [별지 제16호의 2 서식] 수입배당금액명세서 [별지 제16호의 3 서식] 외국자회사 수입배당금액 명세서

제3절

수입배당금의 익금불산입

3

Step I 내용의 이해

1. 개 요

배당소득에 대한 과세는 이미 법인단계에서 법인세가 과세된 세후소득을 재원으로 한 과세이므로 이중과세의 문제가 발생한다. 그러므로 이러한 문제를 해결하기 위하여 배당금 수령권자가 법인일 경우 법인세법 제18조의 2에서 규정하고 있는 내국법인의 수입배당금 익금불산입 규정에 의해 이중과세문제를 해소하며, 배당금 수령권자가 개인일 경우 소득세법 제56조 배당세액공제규정에 의해 이중과세문제를 해결하고 있다. 이러한 이중과세조정제도의 도입취지를 살펴보면 종전에는 문어발식 기업확장 등을 견제하기 위하여 이중과세를 조정하지 아니하였던 것을 기업의 구조조정을 위하여 지주회사의 설립이 법제화됨에 따라 1999년에 지주회사의 수입배당금액의 익금불산입 규정(구 법법 §18의 3)을 신설하고, 2000년에는 일반법인의 수입배당금액의 익금불산입 규정(구 법법 §18의 2)을 신설하였다.

한편, 2022년에는 국제기준에 맞추어 이중과세조정을 합리화하고자 지주회사의 수입배당금액 익금불산입 규정(구 법법 §18의 3)을 일반법인의 수입배당금액의 익금불산입 규정(법법 §18의 2)과 통합하여 기업형태와 관계없이 지분율에 따라 익금불산입률을 적용하도록 하는 등 제도를 정비하였다.

2. 내국법인의 수입배당금액의 익금불산입

2-1. 개 요

1999년 12월 지주회사의 수입배당금액의 익금불산입에 관한 규정(구 법법 §18의 3)의 신설로 지주회사와 자회사간 배당소득에 대하여는 어느 정도 이중과세 문제가 완화되었으나, 지주회사 이외의 내국법인과 그의 자회사로부터 수취하는 배당소득에 대하여는 여전히 이중과세 문제가 남아 있어 과세형평의 문제가 제기되었다. 이에 2000년 12월 29일 법 개정시 일반 내국법인의 수입배당금액의 익금불산입에 관한 규정(구 법법 §18의 2)을 신설하여 2001년 1월 1일 이후 최초로 수입배당금액을 받는 분부터 내국법인이 자회사로부터 수취하는 배당소득에 대하여 익금불산입하는 제도가 도입되었다.

한편, 해외 주요 국가들의 수입배당금 익금불산입 제도와 비교할 때, 지주회사와 일반법인을 별도로 규정하고 피출자법인의 상장・비상장법인 여부에 따라 익금불산입률을 차등 적용하는 등 제도가 복잡하고, 익금불산입률도 상대적으로 낮은 편에 속하는 것으로 나타나 2022년 12월 31일 법 개정시 지주회사의 수입배당금액의 익금불산입 규정(구 법법 §18의 3)과 일반법인의 수입배당금액의 익금불산입 규정(구 §법법 18의 2)을 통합하여 기업 형태(지주회사・일반법인 및 주권상장법인・주권비상장법인) 구분없이 지분율에 따라 익금불산입률을 적용하도록 하는 등 제도를 정비하였다.

2-2. 대상법인

내국법인이 수취하는 배당소득에 대하여 익금불산입하기 위하여는 배당수취법인과 배당지급법인이 모두 내국법인이어야 한다. 그러므로 내국법인이 해외현지법인으로부터 수취하는 배당소득에 대하여는 본 익금불산입 규정의 적용을 받지 못하고, 후술하는 '3. 외국자회사 수입배당금액의 익금불산입' 규정이 적용된다.

한편, 배당수취법인이 내국법인이라고 할지라도 법인세법 제29조에 따라 고유목적사업준비금을 손금에 산입하는 비영리내국법인(법법 §2 2호)은 수입배당금의 익금불산입 적용대상 법인에서 제외하고 있다(법법 §18의 2 ①).

관련사례

- 배당소득 중 일부 금액에 대해서만 고유목적사업준비금을 손금산입한 경우 수입배당금 익금불산입 적용 여부

  비영리내국법인이 배당소득 중 일부 금액에 대해 「법인세법」 제29조에 따라 고유목적사업준비금 설정으로 손금산입하는 경우에는 같은 법 제18조의 3에 따른 수입배당금액 익금불산입의 적용이 배제되는 것임(기획재정부 법인세제과-1241, 2017. 9. 25.).

2-3. 익금불산입액의 계산

2-3-1. 익금불산입액

내국법인이 배당지급법인으로부터 받은 수입배당금액 중 다음의 산식에 의하여 계산된 금액(이하 "익금불산입액"이라 함)은 당해 내국법인의 각 사업연도 소득금액 계산상 익금불산입한다. 이 경우 그 금액이 0보다 작은 경우에는 없는 것으로 본다(법법 §18의 2 ①).

익금불산입액 = 익금불산입 대상금액 − 익금불산입 차감금액
• 익금불산입 대상금액 : 수입배당금액 × 익금불산입비율
• 익금불산입 차감금액 : 내국법인의 차입금 보유에 따른 차감금액

내국법인이 출자한 법인이 2 이상인 경우 익금불산입 차감금액의 계산은 배당금지급법인별로 계산하며, 그 결과 배당금지급법인별로 계산한 익금불산입액이 부수(−)인 경우에는 이를 없는 것으로 보아 익금불산입액을 계산하는 것이 타당할 것으로 판단된다.

관련사례

• 익금불산입 차감금액의 계산방법
법인세법 제18조의 3의 규정에 의하여 수입배당금의 익금불산입액을 계산하기 위하여 법인세법 시행규칙 제82조 제1항 제16호의 2에 규정된 수입배당금액명세서를 작성하는 경우 수입배당금의 익금불산입액에서 차감하는 금액의 계산은 배당금지급법인별로 계산하는 것임(서이 46012−10666, 2002. 3. 29.).

계산사례 - 3 **내국법인이 출자한 법인이 2 이상인 경우 익금불산입액 계산방법**

자회사	익금불산입 대상금액 (A)	익금불산입 차감금액 (B)	익금불산입액 (A)-(B)
갑	5,000	4,800	200
을	2,000	2,200	-
병	4,000	2,500	1,500
합계	11,000	9,500	1,700

2-3-2. 익금불산입 대상금액

(1) 개 요

익금불산입 대상금액이라 함은 아래의 산식과 같이 내국법인이 출자한 배당지급법인으로부터 수령하는 수입배당금액에 내국법인의 배당지급법인에 대한 지분율에 상응하는 익금불산입비율을 곱하여 계산한다. 다만, 내국법인이 출자한 법인이 2 이상일 경우의 익금불산입 대상금액의 산정은 전술한 바와 같이 배당지급법인별로 계산한다.

익금불산입 대상금액 = 수입배당금액 × 익금불산입비율

(2) 수입배당금액

익금불산입 대상금액 산정을 위한 '수입배당금액'에는 배당지급법인으로부터 수령하는 이익의 배당금이나 잉여금의 분배액(실제배당)은 물론 법인세법 제16조에 따른 배당금 또는 분배금으로 보는 금액(의제배당액)을 포함한다. 다만, 다음의 수입배당금액에 대해서는 익금불산입 대상금액 산정을 위한 수입배당금액에서 제외된다(법법 §18의 2 ①, ② 및 법령 §17의 2 ④, ⑤).

① 배당기준일 전 3개월 이내에 취득한 주식 등을 보유함으로써 발생하는 수입배당금액

② 법인세법 제51조의 2(유동화전문회사 등에 대한 소득공제) 또는 조세특례제한법 제104조의 31(프로젝트금융투자회사에 대한 소득공제)에 따라 지급한 배당에 대하여 소득공제를 적용받는 법인으로부터 받은 수입배당금액

③ 법인세법 및 조세특례제한법에 따라 법인세를 비과세 · 면제 · 감면받는 다음의 법인으로부터 받은 수입배당금액

㉠ 조세특례제한법 제63조의 2(수도권 밖으로 본사를 이전하는 법인에 대한 법인세 감면)*) · 제121조의 8(제주첨단과학기술단지 입주기업에 대한 법인세 등의 감면) 및 제121조의 9(제주투자진흥지구 또는 제주자유무역지역 입주기업에 대한 법인세 등의 감면)의 규정을 적용받는 법인(감면율이 100%인 사업연도에 한함)

㉡ 동업기업과세특례(조특법 §100의 15)를 적용받는 법인

④ 법인세법 제75조의 14(법인과세 신탁재산에 대한 소득공제)에 따라 지급한 배당에 대하여 소득공제를 적용받는 법인과세 신탁재산으로부터 받은 수입배당금액

⑤ 자산재평가법 제28조 제2항을 위반하여 3% 재평가세율을 적용한 재평가적립금(법법 §16 ① 2호 나목)을 감액하여 지급받은 수입배당금액

⑥ 적격합병 · 적격분할의 합병차익 · 분할차익 중 3% 재평가세율을 적용한 재평가적립금 상당액(법법 §18 8호 나목, 다목)을 감액하여 지급받은 수입배당금액

⑦ 자본의 감소로 주주등인 내국법인이 취득한 재산가액이 당초 주식등의 취득가액을 초과하는 금액 등 피출자법인의 소득에 법인세가 과세되지 아니한 수입배당금액으로서 다음의 금액

㉠ 법인세법 제16조 제1항 제1호에 따른 감자 등에 따른 의제배당(자본의 감소로 인한 경우로 한정함) 금액

㉡ 법인세법 제16조 제1항 제3호에 따른 의제배당(자기주식 보유 상태에서 잉여금의 자본전입에 따른 의제배당) 금액

※ 법인세법 제16조 제1항 제1호 및 제3호에 따른 의제배당에 대한 자세한 내용은 '제2편 제2장 제7절 의제배당'편을 참고하기 바람.

*) 2020년 12월 29일 조세특례제한법 개정시 제도 합리화 등을 위해서 종전 조세특례제한법 제63조의 2에서 규율하고 있던 '수도권과밀억제권역 내 공장시설의 수도권 밖 이전'을 조세특례제한법 제63조에서 규율하도록 하였는 바, '수도권과밀억제권역 내 공장시설의 수도권 밖 이전'에 따라 법인세를

감면받는 법인으로부터 수입배당금액을 수령한 경우 수입배당금 익금불산입 적용 배제대상으로 보아야 하는지 여부 등에 대한 논란이 발생할 여지가 있음.

개 정

○ 수입배당금 익금불산입 대상에서 법인세가 과세되지 않은 잉여금을 재원으로 지급받은 수입배당금에 해당하는 3% 재평가적립금(합병·분할차익 중 피합병법인 또는 분할법인의 3% 재평가적립금 상당액 포함)의 감액배당, 유상감자에 따른 의제배당, 자기주식 보유 상태에서 잉여금의 자본전입에 따른 의제배당을 제외(법법 §18의 2 ② 및 법령 §17의 2 ⑤)
➡ 2024년 1월 1일 이후 다른 내국법인으로부터 받는 수입배당금액부터 적용

관련사례

- 환매조건부매매거래 계약에 따라 매수인이 주식을 보유하던 중 수취한 배당금을 매도인에게 지급하는 경우 익금불산입 적용 여부

  환매조건부매매거래(*) 계약에 따라 매수인이 쟁점주식을 보유하던 중 주식발행법인으로부터 배당금을 수취하여 이를 매도인에게 지급하는 경우 매도인이 수령한 배당금상당액은 수입배당금 익금불산입 적용 대상임(기획재정부 법인세제과-154, 2023. 3. 6.).

  (*) 주식이나 채권 등 보유하고 있는 유가증권을 활용하여 이를 매매의 형식에 의한 담보로 제공하고 금전을 차입하는 담보부차입거래의 성격을 띈 거래

- 지방이전에 따른 감면비율이 100%인 경우에도 총 법인세액의 일부만 감면받은 경우 익금불산입 적용 여부

  조세특례제한법 제63조의 2에 따른 감면을 적용받는 배당금 지급법인의 잉여금 발생사업연도의 감면대상소득에 대한 감면비율이 100%인 경우에도 총 법인세액의 일부만을 감면받은 경우에는 법인세법 제18조의 2 제2항 제4호 및 같은 법 시행령 제17조의 2 제4항 제1호에 따른 수입배당금 익금불산입 적용 배제대상에 해당하지 않는 것임(사전-2021-법령해석법인-0421, 2021. 5. 18.).

- 주식의 포괄적 이전에 의하여 교부받은 완전모회사 주식의 취득시기

  내국법인이 상법 제360조의 15에 따른 주식의 포괄적 이전에 의하여 완전모회사를 설립하고 완전자회사가 되는 경우로서 주식이전에 의하여 종전 완전자회사의 주주가 완전모회사의 주식을 교부받은 경우 법인세법 제18조의 3에 따른 수입배당금 익금불산입 규정을 적용함에 있어서 해당 주식의 포괄적 이전이 조세특례제한법 제38조 제1항 각 호의 과세특례요건을 충족한 경우에는 종전 완전자회사 주식의 취득일을 기준으로 그 수입배당금이 발생한 주식이 배당기준일 전 3개월 이내에 취득한 주식인지의 여부를 판정하는 것임(서면-2017-법령해석법인-1763, 2018. 5. 8.).

- 지방이전 감면을 적용받은 법인으로부터 감면을 적용받기 전의 잉여금을 재원으로 한 배당금을 지급받은 경우 익금불산입 적용 여부

  본사를 수도권 밖으로 이전한 법인이 조세특례제한법 제63조의 2에 따른 감면을 적용받는 사업연도에 주주에게 배당금을 지급하였으나 그 배당의 재원이 되는 잉여금은 감면이 적용되기 이전 사업연도에 발생한 것으로서 법인세가 과세된 경우, 해당법인의 주주인 내국법

인은 법인세법 제18조의 3 제1항에 따른 수입배당금액의 익금불산입 규정을 적용받을 수 있는 것임(서면법령해석-97, 2015. 2. 2.).

(3) 익금불산입비율

익금불산입 대상금액 산정을 위한 '익금불산입비율'은 내국법인의 배당지급법인에 대한 지분율에 따라 익금불산입비율을 차등 적용하며, 이를 요약하면 다음과 같다(법법 §18의 2 ① 1호).

익금불산입비율

내국법인의 지분율	익금불산입률
50% 이상	100%
20% 이상 50% 미만	80%
20% 미만	30%

:: 지주회사의 수입배당금액의 익금불산입 규정 개편에 따른 경과조치

2022년 12월 31일 법 개정시 지주회사의 수입배당금액의 익금불산입 규정(구 법법 §18의 3)과 일반법인의 수입배당금액의 익금불산입 규정(법법 §18의 2)이 통합됨에 따라 '지주회사의 수입배당금액의 익금불산입 규정(구 법법 §18의 3)'은 2022년 12월 31일 법률 제19193호에 의거 삭제되었고, 동 개정규정은 2023년 1월 1일 이후 개시하는 사업연도부터 적용한다.
다만, 일반법인보다 높은 익금불산입률을 적용받던 지주회사에 대하여 제도 변화에 대응할 시간적 여유를 부여하고자 2023년 12월 31일까지 받는 수입배당금액에 대해서는 개정규정에도 불구하고 종전 규정, 즉, '지주회사의 수입배당금액의 익금불산입 규정(구 법법 §18의 3)'에 따른 익금불산입률을 적용할 수 있도록 하였다(법법 부칙(2022. 12. 31.) §16 ②).
따라서, 지주회사(*)가 2023년 12월 31일까지 받는 수입배당금액에 대해서는 다음의 익금불산입률(구 법법 §18의 3)을 적용할 수 있음을 참조하기 바란다.

자회사의 구분	지주회사의 지분율	익금불산입률
주권상장법인	40% 이상	100%
	30% 이상 40% 미만	90%
	20% 이상 30% 미만	80%
주권상장법인 외의 법인 ( ) : 벤처기업	80% 이상	100%
	50% 이상 80% 미만	90%
	40%(20%) 이상 50% 미만	80%

(*) 독점규제 및 공정거래에 관한 법률에 따른 지주회사, 금융지주회사법에 따른 금융지주회사, 기술의 이전 및 사업화 촉진에 관한 법률에 따른 공공연구기관첨단기술지주회사 및 산업교육진흥 및 산학연협력촉진에 관한 법률에 따른 산학연협력기술지주회사를 의미함(구 법법 §18의 3 ①).

지분율은 내국법인이 배당지급법인의 배당기준일 현재 3개월 이상 계속하여 보유하고 있는 주식 등을 기준으로 계산하되, 주식의 보유기간 중에 동일 종목의 주식 등의 일부를 양도한 경우에는 먼저 취득한 주식 등을 먼저 양도한 것으로 보아 익금불산입 규정의 배제대상인 배당기준일 전 3개월 이내에 취득한 주식 등을 계산한다(법령 §17의 2 ①).

관련사례

- 수입배당금 익금불산입 규정을 적용함에 있어 출자비율 산정시 자기주식을 발행주식총수에서 제외하는지 여부
  수입배당금 익금불산입 규정을 적용함에 있어, 출자법인의 피출자법인에 대한 출자비율(출자주식수 ÷ 발행주식총수) 산정 시, 분모의 발행주식총수에 피출자법인이 보유한 자기주식은 제외하는 것임(사전-2023-법규법인-0747, 2023. 11. 23).
- 중간배당의 수입배당금 익금불산입 규정 적용시 배당기준일의 판단
  내국법인이 상법의 규정에 따라 중간배당을 실시하는 경우 중간배당기준일을 배당기준일로 보아 수입배당금의 익금불산입 규정을 적용함(법인-1396, 2009. 12. 11.).
- 수입배당금 익금불산입 규정 적용시 지분비율의 계산
  수입배당금 익금불산입 규정 적용시 지분비율은 우선주를 포함한 발행주식총수를 기준으로 계산함(재법인-240, 2006. 3. 27.).
- 감자에 따른 의제배당금액에 대한 익금불산입 적용시 배당기준일의 판단
  '배당기준일'을 적용함에 있어서 감자에 따른 의제배당금액이 있는 경우 당해 배당기준일은 '감자기준일'을 '배당기준일'로 보는 것이며, 당해 배당기준일 이후 불균등감자로 출자비율이 달라지는 경우에도 출자비율은 배당지급법인의 배당기준일 현재 3월 이상 계속하여 보유하고 있는 주식 등을 기준으로 계산하는 것임(서이 46012-10072, 2002. 1. 11.).

2-3-3. 익금불산입 차감금액

(1) 개 요

익금불산입 차감금액이란 다른 내국법인에게 출자한 내국법인이 차입금을 보유한 경우에 불이익을 주기 위하여 익금불산입액 대상금액에서 일정액을 차감하는 것으로 내국법인이 각 사업연도에 지급한 차입금의 이자가 있는 경우에는 다음 산식에 의한 금액을 익금불산입 차감금액으로 한다. 이 경우 익금불산입 차감금액의 계산은 배당지급법인별로 계산한다(법법 §18의 2 ① 2호 및 법령 §17의 2 ③ 및 서이 46012-10666, 2002. 3. 29.).

$$\text{익금불산입 차감금액} = \text{차입금이자} \times \frac{\text{피출자법인의 주식 등 장부가액 적수}^{(*)} \times \text{익금불산입비율}}{\text{내국법인의 사업연도 종료일 현재 재무상태표상 자산총액 적수}}$$

(*) 적수란 일별 잔액의 합계액을 말함.

(2) 차입금이자의 범위

차입금이자는 수입배당금이 해당 법인의 익금으로 확정된 날이 속하는 사업연도의 것으로 하며, 법인세법 시행령 제55조(지급이자 손금불산입의 적용순위)의 규정에 의하여 이미 손금불산입된 지급이자, 현재가치할인차금상각액 및 연지급수입의 지급이자를 포함하지 아니한다(법령 §17의 2 ②, §72 ⑥ 및 법기통 18의 2-17의 2…1 ②).

(3) 피출자법인의 주식 등의 장부가액 및 재무상태표상 자산총액의 적수

피출자법인의 주식 등의 장부가액은 세무계산상 장부가액을 말하며, 수입배당금의 익금불산입 대상에서 제외되는 수입배당금액이 발생하는 주식 등의 장부가액은 포함하지 아니한다. 재무상태표상의 자산총액의 적수 및 피출자법인의 주식 등의 장부가액 합계액의 적수는 수입배당금이 해당 법인의 익금으로 확정된 날이 속하는 사업연도의 것으로 한다(법기통 18의 2-17의 2…1).

한편, 피출자법인의 주식 등의 장부가액 적수를 계산함에 있어 국가 및 지방자치단체로부터 현물출자받은 주식 등은 제외한다(법령 §17의 2 ③).

(4) 익금불산입비율

상기 '2-3-2'의 '(3)'에서 전술한 배당지급법인에 대한 지분율에 따른 익금불산입비율로 한다(법령 §17의 2 ③).

2-4. 익금불산입 신청절차

수입배당금액 익금불산입 규정을 적용받고자 하는 내국법인은 각 사업연도 소득금액에 대한 과세표준 및 세액 신고시 수입배당금액명세서 [법칙 별지 제16호의 2 서식]을 첨부하여 납세지 관할 세무서장에게 제출하여야 한다(법령 §17의 2 ⑥ 및 법칙 §82 ① 16호의 2).

계산사례 - 4 **내국법인의 수입배당금액의 익금불산입액 계산방법**

◀ **자료** ▶

㈜삼일의 다른 내국법인에 대한 출자 현황 등이 다음과 같을 때 ㈜삼일의 제15기(2024. 1. 1.~2024. 12. 31.)의 수입배당금액 익금불산입액을 구하라. ㈜삼일과 갑 · 을 · 병 법인은 모두 내국법인이고, ㈜삼일은 지주회사가 아니며, 갑 · 을 · 병 법인은 Paper Company가 아니다.

1. ㈜삼일의 출자 현황

보유주식	취득일자	㈜삼일의 지분율	당초 취득가액(*)	2021년말 회계상 장부가액
갑	2023. 7. 1.	10%	80,000,000	105,000,000
을	2023. 9. 10.	5%	50,000,000	64,000,000
병	2024. 1. 20.	40%	70,000,000	80,000,000

(*) 세무상 장부가액임.

2. ㈜삼일의 제15기 수취 수입배당금액 현황

보유주식	수입배당금액	㈜삼일의 회계처리	비 고
갑	10,000,000	P/L상 배당금수익	갑·을은 12월 결산법인이고, 병은 6월 결산법인임. 갑과 을의 배당기준일은 2023. 12. 31.이고, 병의 배당기준일은 2024. 6. 30.임.
을	8,000,000	P/L상 배당금수익	
병	5,000,000	투자주식의 차감	

3. ㈜삼일의 제15기 차입금 지급이자는 20,000,000원이고, 재무상태표상 자산총액은 3억원이다. 지급이자 중 법인세법 시행령 제55조(지급이자 손금불산입의 적용순위)의 규정에 의하여 선부인된 지급이자 및 현재가치할인차금상각액 및 연지급수입의 지급이자는 없다.

해 설

1. 익금불산입 규정 적용대상 수입배당금 여부

㈜삼일 및 갑·을·병은 모두 내국법인이며, ㈜삼일의 갑·을·병 주식 취득일자가 배당기준일 전 3개월 이전이므로, 갑·을·병의 수입배당금은 모두 익금불산입 규정을 적용받을 수 있는 수입배당금이다.

보유주식	취득일자	배당기준일	익금불산입규정 적용 여부
갑	2023. 7. 1.	2023. 12. 31.	적용 가능
을	2023. 9. 10.	2023. 12. 31.	적용 가능
병	2024. 1. 20.	2024. 6. 30.	적용 가능

2. 익금불산입 대상금액의 계산

보유주식	보유 지분율	수입배당금	익금불산입비율	익금불산입 대상금액
갑	10%	10,000,000	30%	3,000,000
을	5%	8,000,000	30%	2,400,000
병	40%	5,000,000	80%	4,000,000
합 계		23,000,000		9,400,000

3. 익금불산입 차감금액

(1) 자산총액 적수 : 300,000,000×366일=109,800,000,000

(2) 보유주식에 대한 익금불산입비율을 반영한 장부가액 적수

보유주식	세무상 장부가액	일수	적수	익금불산입 비율	익금불산입비율을 반영한 적수
갑	80,000,000	366	29,280,000,000	30%	8,784,000,000
을	50,000,000	366	18,300,000,000	30%	5,490,000,000
병	70,000,000	347	24,290,000,000	80%	19,432,000,000

(3) 보유주식별 익금불산입 차감금액

보유주식	지급이자(a)	자산총액 적수(b)	익금불산입비율을 반영한 적수(c)	익금불산입 차감금액(a×c/b)
갑	20,000,000	109,800,000,000	8,784,000,000	1,600,000
을			5,490,000,000	1,000,000
병			19,432,000,000	3,539,526
합 계	20,000,000	109,800,000,000	33,706,000,000	6,139,526

4. 익금불산입액의 계산

보유주식	a. 익금불산입 대상금액	b. 익금불산입 차감금액	c. 익금불산입액(=a－b)
갑	3,000,000	1,600,000	1,400,000
을	2,400,000	1,000,000	1,400,000
병	4,000,000	3,539,526	460,474
합 계	9,400,000	6,139,526	3,260,474

5. 세무조정

(익금불산입) 수입배당금액 3,260,474 (기타)

3. 외국자회사 수입배당금액의 익금불산입

3-1. 개 요

내국법인이 외국자회사로부터 받은 배당소득에 대해 우리나라에서 재차 과세하는 경우 국제적 이중과세 문제가 발생한다. 즉, 외국자회사가 얻는 소득에 대해 외국의 세법에 따라 외국에서 법인세를 납부하고, 그 후 외국자회사의 세후소득이 내국법인에 배당소득으로 귀속되면 우리나라에서도 법인세가 재차 과세되기 때문이다. 이러한 외국자회사의 배당소득에 대해 국제적 이중과세를 조정하는 방식에는 일반적으로 외국자회사가 외국에서 납부한 세액에 대해 세액공제를 해 주는 외국납부세액공제 방식과 내국법인이 외국자회사로부터 받은 배당소득에 대해 익금불산입하는 소득면제 방식이 있다.

우리나라의 경우 외국납부세액공제 방식으로 외국자회사 배당소득에 대한 이중과세를 조정하고 있었으나, 해외유보재원의 국내 송금촉진 유도와 글로벌 스탠다드에 부합하는 이중과세 조정 합리화를 위해 2022년 12월 31일 법 개정시 외국자회사 수입배당금액의 익금불산입 제도를 도입하여 소득면제 방식으로 전환하였다. 참고로 외국자회사 수입배당금액의 익금불산입 제도는 2023년 1월 1일 이후 외국자회사로부터 수입배당금액을 받는 경우부터 적용한다.

3-2. 대상법인 및 외국자회사 범위

3-2-1. 대상법인

외국자회사로부터 배당금을 수취하는 내국법인을 대상으로 하되, 다음과 같은 간접투자회사 등(구 법법 §57의 2 ①)에 대해서는 본 익금불산입 규정을 적용하지 않는다(법법 §18의 4 ①).

① 자본시장과 금융투자업에 관한 법률에 따른 투자회사, 투자목적회사, 투자유한회사, 투자합자회사[같은 법 제9조 제19항 제1호에 따른 기관전용 사모집합투자기구(법률 제18128호 자본시장과 금융투자업에 관한 법률 일부개정법률 부칙 제8조 제1항부터 제4항까지의 규정에 따라 기관전용 사모집합투자기구, 기업재무안정 사모집합투자기구 및 창업·벤처전문 사모집합투자기구로 보아 존속하는 종전의 경영참여형 사모집합투자기구를 포함함)는 제외함], 투자유한책임회사

② 부동산투자회사법에 따른 기업구조조정 부동산투자회사, 위탁관리 부동산투자회사

③ 법인세법 제5조 제2항에 따라 내국법인으로 보는 신탁재산

3-2-2. 외국자회사 범위

외국자회사란 내국법인이 직접 외국법인의 의결권 있는 발행주식총수 또는 출자총액의 10%(조세특례제한법 제22조에 따른 해외자원개발사업을 하는 외국법인의 경우에는 5%) 이상을 그 외국법인의 배당기준일 현재 6개월 이상 계속하여 보유하고 있는 법인을 말한다. 한편, 주식

등의 보유기간을 산정할 때 내국법인이 적격합병, 적격분할, 적격물적분할, 적격현물출자에 따라 다른 내국법인이 보유하고 있던 외국자회사의 주식 등을 승계받은 때에는 그 승계 전 다른 내국법인이 외국자회사의 주식 등을 취득한 때부터 해당 주식 등을 보유한 것으로 본다(법령 §18 ①).

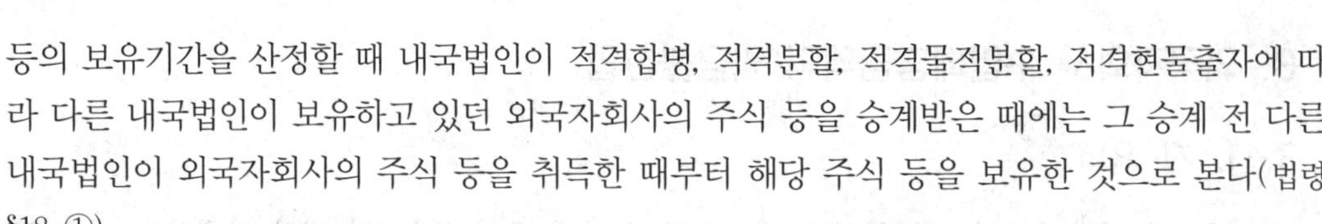

3-3. 익금불산입액의 계산

3-3-1. 익금불산입액

내국법인이 해당 법인이 출자한 외국자회사로부터 받은 수입배당금액의 95%에 해당하는 금액은 각 사업연도의 소득금액을 계산할 때 익금에 산입하지 않는다(법법 §18의 4 ①).

익금불산입액 = 수입배당금액 × 익금불산입률(95%)

한편, 내국법인이 해당 법인이 출자한 외국법인('3-2-2.'에 따른 외국자회사는 제외함)으로부터 자본준비금을 감액하여 받는 배당으로서 법인세법 제18조 제8호에 따라 익금에 산입되지 아니하는 배당에 준하는 성격의 수입배당금액을 받는 경우 그 금액의 95%에 해당하는 금액의 경우에도 각 사업연도의 소득금액을 계산할 때 익금에 산입하지 않는다(법법 §18의 4 ②).

3-3-2. 수입배당금액의 범위

익금불산입액 계산을 위한 수입배당금액에는 외국자회사로부터 수령하는 이익의 배당금 또는 잉여금의 분배금(실제배당)과 법인세법 제16조에 따라 배당금 또는 분배금으로 보는 금액(의제배당)이 포함된다. 다만, 다음의 수입배당금액에 대해서는 익금불산입액 계산을 위한 수입배당금액에서 제외한다(법법 §18의 4 ③, ④).

① 국제조세조정에 관한 법률에 따른 특정외국법인의 유보소득에 대한 합산과세 규정(국조법 §27 ①, §29 ①·②)에 따라 특정외국법인의 유보소득에 대하여 내국법인이 배당받은 것으로 보는 금액 및 해당 유보소득이 실제 배당된 경우의 수입배당금액

② 국제조세조정에 관한 법률 제27조 제1항이 적용되는 특정외국법인 중 같은 항 제1호에 따른 실제부담세액이 실제발생소득의 15% 이하인 특정외국법인의 해당 사업연도에 대한 다음의 금액(법령 §18 ②)

㉠ 이익잉여금 처분액 중 이익의 배당금(해당 사업연도 중에 있었던 이익잉여금 처분에 의한 중간배당을 포함함) 또는 잉여금의 분배금

㉡ 법인세법 제16조에 따라 배당금 또는 분배금으로 보는 금액(의제배당)

③ 혼성금융상품*)의 거래에 따라 내국법인이 지급받는 수입배당금액

*) 자본 및 부채의 성격을 동시에 가지고 있는 금융상품으로서 다음의 구분에 따른 요건을 모두 갖춘 금융상품을 말함(법령 §18 ③).
① 우리나라의 경우 : 우리나라의 세법에 따라 해당 금융상품을 자본으로 보아 내국법인이 해당 금융상품의 거래에 따라 거래상대방인 외국자회사로부터 지급받는 이자 및 할인료를 배당소득으로 취급할 것
② 외국자회사가 소재한 국가의 경우 : 그 국가의 세법에 따라 해당 금융상품을 부채로 보아 외국자회사가 해당 금융상품의 거래에 따라 거래상대방인 내국법인에 지급하는 이자 및 할인료를 이자비용으로 취급할 것

한편, 본 외국자회사 수입배당금액의 익금불산입의 적용대상이 되는 수입배당금액에 대해서는 법인세법 제57조에 따른 외국납부세액공제 규정을 적용하지 않는다(법법 §57 ⑦).

3-4. 익금불산입 신청절차

외국자회사 수입배당금액의 익금불산입을 적용받으려는 내국법인은 각 사업연도 소득금액에 대한 과세표준 및 세액 신고시 외국자회사 수입배당금액 명세서[법칙 별지 제16호의 3 서식]를 첨부하여 납세지 관할 세무서장에게 제출해야 한다(법령 §18 ④ 및 법칙 §82 ① 16호의 3).

Step Ⅱ 서식의 이해

■ 작성요령 I - 수입배당금액명세서

[별지 제16호의 2 서식] (2024. 3. 22. 개정)

수입배당금

사업연도		법인명

1. 출자법인 현황

① 법인명	② 사업자등록번호	③ 소
❶		

2. 배당금 지급법인 현황

⑥ 법인명	⑦ 사업자등록번호	⑧ 소

3. 수입배당금액 및 익금불산입 금액 명세

⑫ 배당금 지급법인명	⑬ 수입배당금액	⑭ 익금불산입 비율(%)
	❸	❹
계		

❶ 「① 법인명」란에는 출자법인의 법인명을 적는다.

❹ 「⑭ 익금불산입 비율」란에는 익금불산입비율을 다음의 구분에 따라 적는다.

피출자법인에 대한 출자비율	익금불산입비율
50% 이상	100%
20% 이상 50% 미만	80%
20% 미만	30%

❸ 「⑬ 수입배당금액」란에는 법인세법 제18조의 2 제2항에 해당하는 수입배당금액을 뺀 금액을 적는다.

금액명세서

	사업자등록번호	
소재지	④ 대표자 성명	⑤ 업태종목

소재지	⑨ 대표자	⑩ 발행 주식총수	⑪ 지분율(%)
			❷

⑮ 익금불산입 대상금액 (⑬×⑭)	⑯ 지급이자 관련 익금불산입 배제금액	⑰ 익금불산입액 (⑮−⑯)
	❺	

❷ 「⑪ 지분율」란에는 배당금지급법인의 발행주식총수 또는 출자총액 중 출자법인이 보유하고 있는 주식 또는 지분의 비율을 적는다.

❺ 「⑯ 지급이자 관련 익금불산입 배제금액」란에는 다음의 계산식에 따라 계산한 익금불산입 차감금액을 적는다.

$$\text{지급이자} \times \frac{\text{익금불산입비율 적용대상 피출자법인 주식의 장부가액 적수}}{\text{출자법인의 자산총액 적수}} \times \text{익금불산입비율}$$

■ 작성요령Ⅱ - 외국자회사 수입배당금액 명세서

❶ 「① 법인명란」에는 법인세법 제18조의 4에 따라 수입배당금의 익금불산입을 적용받는 내국법인을 적는다.

❷ 「⑦ 구분란」에는 법인세법 제18조의 4 제1항에 따른 외국자회사에 해당하는 경우로서 내국법인의 출자로 신설된 외국자회사의 경우에는 '외국자회사(신설)', 내국법인이 이미 설립된 외국법인의 주식을 인수한 경우에는 '외국자회사(인수)', 같은 법 제18조의 4 제2항에 따른 외국법인(내국법인이 출자한 외국자회사가 아닌 외국법인)에 해당하는 경우에는 '배당금 지급법인'을 적는다.

❸ 「⑧ 특정외국법인 여부란」에는 외국자회사가 국제조세조정에 관한 법률 제27조 제1항에 따른 특정외국법인 중 같은 항 제1호에 따른 실제부담세액이 실제발생소득의 15%를 초과하는 특정외국법인에 해당하는지 여부(해당:'여', 미해당:'부')를 적는다.

※ 외국자회사가 국제조세조정에 관한 법률 제27조 제1항에 따른 특정외국법인 중 실제부담세액이 실제발생소득의 15% 이하인 특정외국법인에 해당하는 경우에는 다음의 배당에 대해 익금불산입이 적용되지 않으므로, 본 서식을 작성할 필요가 없다.

1	국제조세조정에 관한 법률 제27조 제1항에 따라 특정외국법인의 유보소득에 대해 내국법인이 배당받은 것으로 보는 금액 및 해당 유보소득이 실제 배당된 경우의 수입배당금액
2	국제조세조정에 관한 법률 제27조 제1항이 적용되는 특정외국법인으로부터 받은 수입배당금액으로서 같은항 제1호에 따른 실제부담세액이 실제발생소득의 15% 이하인 특정외국법인의 해당 사업연도에 대한 이익잉여금 처분액 중 이익의 배당금(해당 사업연도 중에 있었던 이익잉여금 처분에 의한 중간배당을 포함함) 또는 잉여금의 분배금과 법인세법 제16조에 따라 배당금 또는 분배금으로 보는 금액

❼ 「⑭ 총수입배당금액란」에는 외국자회사로부터 받은 총수입배당금액(국제조세조정에 관한 법률 제27조 제1항에 따라 특정외국법인의 유보소득에 대해 배당받은 것으로 보는 금액 및 해당 유보소득이 실제 배당된 경우의 수입배당금액 포함)을 적는다.

❿ 「㉑ ~ ㉓란」에는 외국자회사 주식 취득일 현재 외국자회사의 이익잉여금 중 당기에 배당받아 익금불산입한 금액(㉒)과 당기까지 익금불산입한 배당 누적금액(㉓)을 적는다. 다만, 익금불산입 누적액(㉓)은 내국법인이 외국자회사의 의결권 있는 발행주식총수 또는 출자총액의 10%(해외자원개발사업을 하는 외국법인의 경우 5%) 이상을 최초로 보유하게 된 날의 직전일 기준 외국자회사의 이익잉여금(㉑)을 한도로 한다.

[별지 제16호의 3 서식] (2023. 3. 20. 신설)

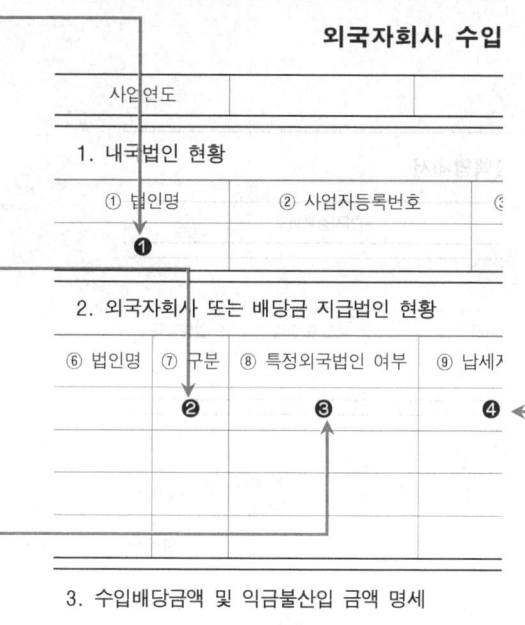

외국자회사 수입

사업연도		

1. 내국법인 현황

① 법인명	② 사업자등록번호	③
❶		

2. 외국자회사 또는 배당금 지급법인 현황

⑥ 법인명	⑦ 구분	⑧ 특정외국법인 여부	⑨ 납세지
	❷	❸	❹

3. 수입배당금액 및 익금불산입 금액 명세

⑬ 외국자회사 또는 배당금 지급법인명	⑭ 총수입배당금액	⑮ 익금불산입 배제금액
	❼	❽
계		

4. 외국자회사 지분을 인수한 경우 외국자회사 주식

⑲ 외국자회사 법인명	⑳ 주식 취득가액	주식 취득일 현재
		㉑ 이익잉여금
		❿

배당금액 명세서

③ 소재지	④ 대표자 성명	⑤ 업태종목

자번호	⑩ 소재지	⑪ 발행주식 총수	⑫ 지분율(%)
	❺		❻

(단위: 원)

입	⑯ 익금불산입 대상금액 (⑭-⑮)	⑰ 익금불산입 비율 (%)	⑱ 익금불산입액 (⑯×⑰)
		❾	

취득가액 조정 명세 (단위: 원)

외국자회사 이익잉여금 배당액 중 익금불산입액		㉔ 외국자회사 주식 조정 취득가액 (⑳-㉓)
㉒ 당기 배당액 중 익금불산입액	㉓ 익금불산입 누적액	
❿	❿	⓫

❹ 「⑨ 납세자번호란」에는 해외현지법인명세서상의 해외현지법인 고유번호를 적고, 해외 직접투자법인이 아닌 경우 배당금지급법인의 거주지국 납세자식별번호를 적는다.

※ 해외현지법인 고유번호는 외국환거래법 제3조 제1항 제18호 가목에 따른 투자 등에 대해 국내 모법인의 관할 세무서장이 부여한 해외현지법인 고유번호(9자리)를 적어야 한다. 해외현지법인 고유번호가 없을 경우 관할 세무서(법인세과)에 해외직접투자 신고서(첨부서류 포함)를 첨부하여 고유번호 부여 요청을 하면 즉시 부여받을 수 있다.

❺ 「⑩ 소재지란」에는 외국자회사 또는 배당금 지급법인이 소재하는 국가 및 도시명을 적는다.

❻ 「⑫ 지분율(%)란」에는 외국자회사 또는 배당금 지급법인의 발행주식총수 또는 출자총액 중 내국법인이 보유하고 있는 주식 또는 지분의 비율을 적는다.

❽ 「⑮ 익금불산입 배제금액란」에는 외국자회사로부터 받은 총수입배당금액 중 법인세법 제18조의 4 제3항 및 제4항에 따라 익금불산입 적용대상에서 제외되는 수입배당금액(국제조세조정에 관한 법률 제27조 제1항에 따른 특정외국법인 중 같은 항 제1호에 따른 실제부담세액이 실제발생소득의 15%를 초과하는 특정외국법인의 유보소득에 대해 배당받은 것으로 보는 금액 및 해당 유보소득이 실제 배당된 경우의 수입배당금액, 자본 및 부채의 성격을 동시에 갖는 혼성금융상품의 거래에 따라 내국법인이 지급받는 수입배당금액 등)을 적는다.

❾ 「⑰ 익금불산입비율(%)란」에는 법인세법 제18조의 4 제1항에 따른 수입배당금 익금불산입비율(95%)을 적는다.

⓫ 「㉔ 외국자회사 주식 조정 취득가액(⑳-㉓)란」에는 외국자회사 주식 취득가액(⑳)에서 익금불산입 누적 배당금액(㉓)을 뺀 금액을 적는다.

세무조정 체크리스트

검 토 사 항	확인
1. 당해 법인이 수입배당금 익금불산입 대상 법인인지 검토	
① 고유목적사업준비금을 손금에 산입하는 비영리내국법인(법법 §29)은 '2. 내국법인 수입배당금액의 익금불산입' 적용 배제	
② 간접투자회사 등(법법 §57의 2 ①)은 '4. 외국자회사의 수입배당금액의 익금불산입' 적용 배제	
2. 당해 법인이 출자한 피출자법인에 대한 수입배당금이 익금불산입 대상인지 검토	
① 피출자법인이 내국법인인지 외국자회사인지 여부 구분	
② 피출자법인에 대한 지분율 확인 - 피출자법인의 배당기준일 현재 3개월(외국자회사의 경우 6개월) 이상 계속하여 보유하고 있는 주식 등을 기준으로 계산	
3. 수입배당금의 익금불산입금액 계산	
① 수입배당금액의 확인 ㉠ 피출자법인이 내국법인인 경우 - 배당기준일 전 3개월 미만 보유한 주식 등에서 발생한 수입배당금액 제외 - 유동화전문회사 등에 대한 소득공제(법법 §51의 2) 또는 프로젝트금융투자회사에 대한 소득공제(조특법 §104의 31)를 적용받고 있는 법인으로부터 받은 수입배당금액 제외 - 조세특례제한법 제63조의 2, 제121조의 8, 제121조의 9의 규정을 적용받는 법인(감면율이 100%인 사업연도에 한함)으로부터 받은 수입배당금액 제외 - 동업기업과세특례(조특법 §100의 15)를 적용받는 법인으로부터 받은 수입배당금액 제외 - 법인과세 신탁재산에 대한 소득공제(법법 §75의 14)를 적용받는 법인과세 신탁재산으로부터 받은 수입배당금액 제외 - 자산재평가법 제28조 제2항을 위반하여 3% 재평가세율을 적용한 재평가적립금(법법 §16 ① 2호 나목) 및 적격합병·적격분할의 합병차익·분할차익 중 3% 재평가세율을 적용한 재평가적립금 상당액(법법 §18 8호 나목, 다목)을 감액하여 지급받은 수입배당금액 제외 - 유상감자에 따른 의제배당(법법 §16 ① 1호) 및 자기주식 보유 상태에서 잉여금의 자본전입에 따른 의제배당(법법 §16 ① 3호) 금액 제외 ㉡ 피출자법인이 외국자회사인 경우 - 배당기준일 전 6개월 미만 보유한 주식 등에서 발생한 수입배당금액 제외 - 국제조세조정에 관한 법률의 특정외국법인의 유보소득에 대한 합산과세 규정(국조법 §27 ①, §29 ①·②)에 따라 특정외국법인의 유보소득에 대하여 내국법인이 배당받은 것으로 보는 금액 및 해당 유보소득이 실제 배당된 경우의 수입배당금액 제외	

검 토 사 항	확인
- 국제조세조정에 관한 법률 제27조 제1항 각 호의 요건을 모두 충족하는 특정외국법인으로부터 받은 수입배당금액으로서 법인세법 시행령 제18조 제2항에 따른 금액 제외 - 혼성금융상품(법령 §18 ③)의 거래에 따라 내국법인이 지급받는 수입배당금액 제외	
② 차입금 유무확인 및 피출자법인 주식 등의 장부가액 확인 - 법인세법 시행령 제55조의 규정에 따라 이미 손금불산입된 지급이자 및 현재가치할인차금상각액, 연지급수입의 지급이자는 차입금이자에서 제외 - 국가 및 지방자치단체로부터 현물출자받은 주식은 차입금이자 차감대상 주식에서 제외	

Step III 사례와 서식작성실무

예제

사 례

◀ 자료 ▶

㈜삼일의 다른 법인에 대한 출자 현황 등이 다음과 같을 때 ㈜삼일의 제15기(2024. 1. 1.~2024. 12. 31.)의 수입배당금액에 대한 세무조정을 하고 수입배당금액명세서를 작성하라. ㈜삼일과 갑·을·병·정 법인은 내국법인이며, ㈜삼일은 지주회사가 아니다. 갑·을·병·정·무 법인은 Paper Company가 아니다.

1. ㈜삼일의 출자 현황

보유주식		취득일자	㈜삼일의 지분율	발행주식 총수	당초 취득가액(*)	2024년말 회계상 장부가액
갑		2023. 7. 1.	10%	20만주	100,000,000	105,000,000
을		2023. 10. 10.	40%	40만주	90,000,000	100,000,000
병		2024. 1. 20.	40%	15만주	170,000,000	190,000,000
정		2023. 9. 20.	5%	10만주	50,000,000	75,000,000
무	해외현지법인	2023. 4. 2.	3%	5만주	50,000,000	60,000,000

(*) 세무상 장부가액임.

2. ㈜삼일의 제15기 수입배당금액 현황

보유주식	수입배당금액	㈜삼일의 회계처리	비 고
갑	10,000,000	P/L상 배당금수익	병(6월말 결산)을 제외하고 모두 12월말 결산법인이며, 배당기준일은 2023. 12. 31.임(단, 병의 배당기준일은 2024. 6. 30.임). 정은 지방이전으로 인해 100%의 법인세 감면(조특법 §63의 2)을 적용받고 있으며, 배당은 100% 법인세 감면을 적용받은 잉여금을 그 재원으로 함.
을	8,000,000	P/L상 배당금수익	
병	12,000,000	투자주식의 차감	
정	4,000,000	P/L상 배당금수익	
무	1,000,000	P/L상 배당금수익	

3. ㈜삼일의 제15기 차입금 지급이자는 100,000,000원이고, 재무상태표상 자산총액은 10억원이다. 지급이자 중 법인세법 시행령 제55조에 따라 선순위 부인된 지급이자는 30,000,000원이다.

해 설

1. 익금불산입 규정 적용대상 수입배당금 여부

㈜삼일 및 갑·을·병은 내국법인이며, ㈜삼일의 갑·병 주식의 취득일자가 배당기준일 전 3월 이전이므로 갑·병 법인으로부터 받은 수입배당금은 익금불산입 규정을 적용받을 수 있으나, 을 주식은 배당기준일 전 3월 이내에 취득하였으므로 수입배당금 익금불산입규정을 적용받을 수 없다. 한편, 정은 조세특례제한법 제63조의 2에 따라 100% 법인세 감면을 적용받은 잉여금이 배당 재원이었으므로 이중과세조정의 문제가 발생하지 않으며, 무는 지분율이 3%로 적격 외국자회사에 해당하지 않으므로 정과 무 법인으로부터 지급받은 수입배당금은 익금불산입 적용대상이 아니다.

2. 익금불산입 대상금액의 계산

보유주식	보유 지분율	수입배당금	익금불산입비율	익금불산입 대상금액
갑	10%	10,000,000	30%	3,000,000
병	40%	12,000,000	80%	9,600,000
합 계		22,000,000		12,600,000

3. 익금불산입 차감금액

(1) 자산총액 적수: 1,000,000,000 × 366일 = 366,000,000,000

(2) 보유주식에 대한 익금불산입비율을 반영한 장부가액 적수

보유주식	세무상 장부가액	일수	적수	익금불산입비율	익금불산입비율을 반영한 적수
갑	100,000,000	366	36,600,000,000	30%	10,980,000,000
병	170,000,000	347	58,990,000,000	80%	47,192,000,000

(3) 보유주식별 익금불산입 차감금액

보유주식	지급이자(a)	자산총액 적수(b)	익금불산입비율을 반영한 적수(c)	익금불산입 차감금액(a×c/b)
갑	70,000,000(*)	366,000,000,000	10,980,000,000	2,100,000
병			47,192,000,000	9,025,792
합 계	70,000,000	366,000,000,000	58,172,000,000	11,125,792

(*) 지급이자 100,000,000원 중 선순위 부인된 30,000,000원을 제외한 금액

4. 익금불산입액의 계산

보유주식	a. 익금불산입 대상금액	b. 익금불산입 차감금액	c. 익금불산입액(=a－b)
갑	3,000,000	2,100,000	900,000
병	9,600,000	9,025,792	574,208
합 계	12,600,000	11,125,792	1,474,208

5. 세무조정

(익금불산입) 수입배당금액 1,474,208(기타)

6. 수입배당금액명세서 〔별지 제16호의 2 서식〕 작성 (다음 page 참조)

[별지 제16호의 2 서식] (2024. 3. 22. 개정)

수입배당금액명세서

사업연도	2024. 1. 1. ~ 2024. 12. 31.	법인명	(주)삼일	사업자등록번호	

1. 출자법인 현황

① 법인명	② 사업자등록번호	③ 소재지	④ 대표자성명	⑤ 업태 종목
(주)삼일				

2. 배당금 지급법인 현황

⑥ 법인명	⑦ 사업자등록번호	⑧ 소재지	⑨ 대표자	⑩ 발행 주식총수	⑪ 지분율 (%)
갑				200,000	10%
병				150,000	40%

3. 수입배당금 및 익금불산입 금액 명세

⑫ 배당금 지급법인명	⑬ 수입배당금액	⑭ 익금불산입 비율(%)	⑮ 익금불산입 대상금액 (⑬×⑭)	⑯ 지급이자 관련 익금불산입 배제금액	⑰ 익금불산입액 (⑮-⑯)
갑	10,000,000	30%	3,000,000	2,100,000	900,000
병	12,000,000	80%	9,600,000	9,025,792	574,208
계	22,000,000		12,600,000	11,125,792	1,474,208

제4절 임대보증금 등의 간주익금

관련 법령	• 법법 §66 • 법령 §11 • 법칙 §6 • 조특법 §138 • 조특령 §132 • 조특칙 §59
관련 서식	• 법인세법 시행규칙 ［별지 제18호 서식］ 임대보증금 등의 간주익금조정명세서

제4절

임대보증금 등의 간주익금

4

Step I 내용의 이해

1. 개 요

임대보증금 등의 '간주익금'이라 함은 부동산 등을 임대하고 받은 임대보증금 등에서 임대료수입이 발생하였다고 간주하여 이를 당해 법인의 각 사업연도 소득금액 계산시 익금에 산입하는 것을 말한다. 임대보증금 등의 간주익금은 실무상 '간주임대료'라고도 하며, 이하에서는 용어 사용상 혼용하기로 한다.

법인의 소득금액 계산시 임대보증금 등의 간주임대료가 발생하는 경우는 다음과 같이 두 가지로 요약할 수 있다.

┃간주임대료의 규정 비교┃

구 분	추계결정시 간주임대료	부동산임대업 법인의 간주익금(*)
법 규정	법법 §66 ③ 및 법령 §11 1호	조특법 §138 및 조특령 §132
대상법인	장부·증빙불비 또는 허위로 인하여 소득금액을 추계결정·경정하는 법인	차입금과다법인으로서 부동산임대업을 주업으로 하는 영리내국법인
주택임대 제외 여부	포함	제외
계산식	임대보증금 적수×1/365(윤년의 경우 366)×정기예금이자율	(임대보증금 적수 - 건설비상당액 적수)×1/365(윤년의 경우 366)×정기예금이자율 - 보증금에서 발생한 금융수익

(*) 「차입금과다법인으로서 부동산임대업을 주업으로 하는 영리내국법인의 각 사업연도 소득금액 계산시 익금에 가산하는 간주익금 규정(조특법 §138)」은 이하에서 "부동산임대업 법인의 간주익금"이라는 약칭을 사용하기로 함.

2. 추계결정시 간주임대료

2-1. 과세 요건

법인세법에서는 법인의 장부 또는 증명서류가 없거나 허위인 경우에는 법 소정의 방법에 의하여 소득금액을 추산하여 과세하는 바, 이를 '추계결정'이라 한다(법령 §104 ①).

소득금액을 추계결정하는 경우에는 모든 법인이 간주임대료의 계산대상이 된다. 또한, 장부·증빙의 불비로 인하여 소득금액을 추계결정함에 있어 간주임대료를 계산할 때에는 부동산임대업 법인의 간주익금계산과 달리, 임대보증금의 운용수익을 차감하지 않는다.

2-2. 간주임대료의 계산

법인의 소득금액 추계결정시 간주임대료 계산은 다음과 같다(법령 §11 1호).

$$\text{간주임대료} = \text{보증금 등의 적수} \times \frac{1}{365(\text{윤년의 경우 }366)} \times \text{정기예금이자율}$$

(1) 보증금 등의 적수

'보증금 등'이라 함은 부동산을 임대하고 받은 임대보증금 또는 전세금을 말한다.

'보증금 등의 적수'라 함은 당해 사업연도의 보증금 등의 일별 잔액을 합산한 금액을 말한다. 적수계산은 민법상 기간계산원칙(초일불산입·말일산입)과 달리 "초일산입·말일불산입"의 계산방법에 따른다(재법인 46012-99, 2001. 5. 18.).

(2) 정기예금이자율

'정기예금이자율'이라 함은 금융회사 등의 정기예금이자율을 참작하여 기획재정부령이 정하는 이자율을 말하는 것으로, 현행 기획재정부령이 정하는 이자율은 3.5%로 한다(법칙 §6).

3. 부동산임대업 법인의 간주익금

3-1. 개 요

차입금과다법인으로서 부동산임대업을 주업으로 하는 영리내국법인이 부동산 또는 그 부동산에 관한 권리 등을 대여하고 받은 보증금 등에서 발생한 수입금액이 동 보증금 등에 대한 정기예금이자상당액에 미달하는 경우에는 법 소정의 금액을 각 사업연도 소득금액 계산상 익금에 산입한다(조특법 §138).

동 규정은 임대보증금을 이용하여 세부담 없이 부동산투자를 계속하는 것을 방지하고 개인

사업자와의 세부담형평을 위하여 임대보증금에 정기예금이자율을 곱하여 계산한 금액상당액을 임대료수입으로 보아 과세한다는 취지이다.

3-2. 과세대상법인

다음의 세 가지 요건을 모두 만족하는 법인에 한하여 임대보증금 등에 대한 간주익금을 계산한다. 이하 분설한다.

① 영리내국법인일 것
② 부동산임대업을 주업으로 하는 법인일 것
③ 차입금과다법인일 것

(1) 영리내국법인일 것

임대보증금에 대한 간주익금규정은 영리내국법인에 한하여 적용되므로, 비영리법인 또는 외국법인은 부동산임대업 법인의 간주익금규정을 적용받지 않는다.

여기서 '영리내국법인'이라 함은 본점, 주사무소 또는 사업의 실질적 관리장소가 국내에 있는 법인으로서 기업의 이익이나 잔여재산을 구성원(주주·출자자)에게 분배하기 위하여 경제적 이익을 꾀하는 법인을 말한다.

(2) 부동산임대업을 주업으로 하는 법인일 것

'부동산임대업을 주업으로 하는 법인'이라 함은, 다음 산식과 같이 당해 사업연도 종료일 현재 자산총액 중 임대사업에 사용된 자산가액이 50% 이상인 법인을 말한다(조특령 §132 ③). 참고로, 부동산임대업이 주업인지 여부를 판정함에 있어 임대사업에 사용된 자산이 자산총액에서 차지하는 비율 계산시 간주익금계산대상에서 제외되는 주택(부속토지 포함)의 가액도 포함하여 계산한다(법인 46012-2896, 1996. 10. 18.).

$$\text{부동산임대업의 주업 여부 판정기준} : \frac{\text{임대사업에 사용된 자산가액}}{\text{당해 사업연도 종료일 현재 자산총액}} \geq 50\%$$

여기서 자산가액의 계산은 소득세법 제99조의 규정에 의한 기준시가에 의한다. 또한, 자산의 일부를 임대사업에 사용할 경우 임대사업에 사용되는 자산가액은 다음 산식에 의하여 계산한다(조특령 §132 ③ 및 조특칙 §59 ①).

$$\text{자산의 일부를 임대사업에 사용하는 자산의 가액} \times \frac{\text{임대사업에 사용하고 있는 부분의 면적}}{\text{당해 건물의 연면적}}$$

(3) 차입금과다법인일 것

'차입금과다법인'이라 함은 차입금이 자기자본(다음 ①과 ② 중 큰 금액)의 2배를 초과하는 법인을 말한다.

① 자기자본 기준
: 해당 사업연도 종료일 현재 재무상태표상 자산의 합계액에서 부채(충당금 포함, 미지급법인세 제외)의 합계액을 공제한 금액

② 납입자본금 기준
: 해당 사업연도 종료일 현재의 납입자본금(자본금에 주식발행액면초과액 및 감자차익을 가산하고, 주식할인발행차금 및 감자차손을 차감한 금액)

차입금과 자기자본은 적수로 계산하되, 사업연도 중 합병·분할하거나 증자·감자 등에 따라 자기자본의 변동이 있는 경우에는 해당 사업연도 개시일부터 자기자본의 변동일 전일까지의 기간(해당 기간에 해당하는 자기자본은 상기 '① 자기자본기준'에 해당하는 금액에서 증자액 또는 감자액을 차감 또는 가산하여 계산할 수 있음)과 그 변동일부터 해당 사업연도 종료일까지의 기간으로 각각 나누어 계산한 자기자본의 적수를 합한 금액을 자기자본의 적수로 한다(조특령 §132 ①).

이 때 차입금은 법인세법 시행령 제53조 제4항의 규정에 따라 제외되는 차입금 및 동법 시행령 제55조의 규정에 따라 지급이자가 이미 손금불산입된 차입금과 주택도시기금법에 따른 주택도시기금으로부터 차입한 금액을 제외한다(조특령 §132 ②).

관련사례

- 임대보증금 등의 간주익금대상 차입금의 범위
  '임대보증금 등의 간주익금계산의 대상이 되는 차입금과다법인의 차입금'이란 지급이자와 할인료를 부담하는 모든 부채를 말하는 것으로서, 지급이자를 부담하지 아니하는 금전은 위 차입금의 범위에서 제외되는 것이며, 임대보증금의 반환지연에 따라 지급하는 지연손해금이 소비대차로 전환되는 지급이자인 경우의 당해 임대보증금은 차입금에 해당함(법인 46012-794, 2000. 3. 28.).

3-3. 간주익금의 계산

3-3-1. 대상자산

부동산임대업 법인의 간주익금규정은 부동산 또는 그 부동산에 관한 권리 등을 대여하고 보증금·전세금 또는 이에 준하는 것을 받은 경우에 적용한다(조특법 §138 ①).

여기서 '부동산·부동산에 관한 권리'의 범위에 대하여는 조세특례제한법상 명문규정이 없어 소득세법 또는 민법을 준용함이 합리적일 것으로 판단되나, 그 범위에 대해 법령으로 명확히 할 필요가 있어 보인다. 한편, 소득세법 또는 민법을 준용하는 것이 합리적이라면 「부동산」은 토지 및 지상정착물(건물·구축물)로, 「부동산에 관한 권리」는 부동산에 대한 사용·수익권으로의 지상권·전세권 등 물권과 임차권과 같은 채권을 총칭하는 것으로 해석함이 합리적일 것으로 판단된다.

한편, 임대부동산이 주택(부속토지 포함)인 경우에는 간주익금의 과세대상 부동산의 범위에서 제외된다. 여기에서 '부속토지'라 함은 다음 ①과 ② 각각의 면적 중 넓은 면적 이내의 토지를 말한다(조특령 §132 ④).

① 주택의 연면적(지하층의 면적, 지상층의 주차용으로 사용되는 면적 및 주택건설기준 등에 관한 규정 제2조 제3호의 규정에 따른 주민공동시설의 면적을 제외함)
② 건물이 정착된 면적에 5배(도시지역 밖의 토지의 경우에는 10배를 말함)를 곱하여 산정한 면적

3-3-2. 간주익금 계산식

부동산임대업을 주업으로 하는 영리내국법인으로서 차입금과다법인의 소득금액을 계산함에 있어 다음의 금액을 익금에 산입한다. 이 경우 익금에 산입할 금액이 '0(영)'보다 적으면 이를 없는 것으로 본다(조특령 §132 ⑤). 또한 여러 개의 독립된 부동산을 임대하는 경우에는 임대부동산 전체를 합하여 간주익금을 계산한다(서면2팀-295, 2004. 2. 26.).

$$(\text{당해 사업연도의 보증금 등의 적수} - \text{임대용부동산의 건설비상당액의 적수}) \times \frac{1}{365(\text{윤년의 경우 } 366)} \times \text{정기예금 이자율} - \text{당해 사업연도의 임대사업 부분에서 발생한 금융수익}$$

(1) 보증금 등의 적수 계산

보증금 등의 적수 계산은 '㉮ 매일매일 적수를 계산하여 합하는 방법, ㉯ 매월말 현재의 보증금 등의 잔액에 경과일수를 곱하여 계산하는 방법(조특령 §132 ⑤)' 두 가지 중 하나를 선택적으로 적용할 수 있다. 보증금 등의 적수계산시 유의할 사항은 다음과 같다.

① 사업연도 중 임대사업을 개시한 경우

법인이 각 사업연도 중에 임대사업을 개시한 경우에는 임대사업을 개시한 날부터 적수를

계산한다(조특칙 §59 ⑥).

② 임대용역 제공 전에 미리받은 선수보증금 등

임대용역의 제공이 없는 상태에서 부동산이 완공되면 임대하기로 하고 받은 계약금 · 선수보증금 등은 임대개시일 이후부터 간주익금을 계산한다(조특통 138-132…1 ②).

③ 부동산을 임차하여 전대하는 경우

부동산을 임차하여 전대하는 경우, 보증금 등의 적수는 전대보증금 등의 적수에서 임차보증금 등의 적수를 차감하여 계산한다. 이 경우 임차보증금 등의 적수가 전대보증금 등의 적수를 초과하는 때에는 그 초과하는 부분은 이를 없는 것으로 한다(조특칙 §59 ③).

(2) 임대용부동산의 건설비상당액의 적수

임대용부동산의 '건설비상당액'이라 함은 당해 건축물의 취득가액을 말하며, 동 취득가액에는 자본적 지출액을 포함하고, 재평가차액을 제외한다.

임대용부동산의 건설비상당액의 계산은 다음 구분에 따르며, 이 경우 건설비상당액의 적수 및 임대면적의 적수 계산은 '㉮ 매일매일 적수를 계산하여 합하는 방법, ㉯ 매월말 현재의 잔액에 경과일수를 곱하여 계산하는 방법' 두 가지 중 하나를 선택적으로 적용할 수 있다(조특령 §132 ⑤, ⑥ 및 조특칙 §59 ②).

① 지하도를 건설하여 국유재산법 기타 법령에 의하여 국가 또는 지방자치단체에 기부채납하고 지하도로 점용허가(1차 무상점유기간에 한함)를 받아 이를 임대하는 경우의 건설비상당액

$$\text{지하도 건설비상당액} = \text{지하도 건설비 적수총계} \times \frac{\text{임대면적의 적수}}{\text{임대가능면적의 적수}}$$

② 상기 ① 외의 임대용부동산의 건설비상당액(토지가액을 제외함)

$$\text{임대용부동산의 건설비상당액} = \text{임대용부동산 건설비 적수총계} \times \frac{\text{임대면적의 적수}}{\text{건물연면적의 적수}}$$

상기 산식상, '임대면적의 적수'는 임대보증금(전세금을 포함함)을 받는 임대면적의 적수와 임대보증금없이 임대료만을 받는 임대면적의 적수를 합하여 계산한다(서면2팀-295, 2004. 2. 26.).

NOTE :: 1991. 1. 1. 이후 개시하는 사업연도 이전 취득 · 건설한 임대용부동산

임대보증금의 간주익금규정은 1991. 1. 1. 이후 최초로 개시하는 사업연도분부터 적용하는 바, 상기 「② 임대용부동산의 건설비상당액」을 계산함에 있어 1991. 1. 1. 이후 개시하는 사업연도 이전에 취득 · 건설한 임대용부동산의 건설비상당액은 당해 부동산의 취득가액과 당해 부동산의 연면적에 1990. 12. 31.이 속하는 사업연도 종료일 현재의 단위면적당 임대보증금을 곱하여 계산한 금액 중 큰 금액으로 한다. 이 경우 당해 부동산의 취득가액이 확인되지 아니하는 때에는 소득세법 제99조의 규정에 의한 기준시가를 그 취득가액으로 한다(조특칙 §59 ⑦).

'단위면적당 임대보증금'이라 함은 임대보증금총액을 건물임대면적으로 나눈 금액을 말한다(법칙 별지 제18호 서식 '임대보증금 등의 간주익금조정명세서' 작성요령 참조). 이는 임대용부동산의 취득 · 건설시기가 상당기간 경과한 경우에는 그 건설비상당액의 확인이 어려운 점을 감안하여 1990. 12. 31. 현재 임대보증금상당액을 건설비상당액으로 보아 공제한다는 데 그 취지가 있다.

〔관련사례〕

부동산임대업을 주업으로 하고 차입금과다법인인 갑법인이 1991. 1. 1. 이후 개시하는 사업연도 이전에 취득한 건물을 다음과 같은 조건으로 임대할 경우 건설비상당액을 계산하면 다음과 같다.

건물 취득일	연면적(=임대면적)	취득가액	1990.12. 31. 현재 임대보증금
1989. 4. 30.	3,000㎡	50억원	20억원

- 건물의 건설비상당액 : Max(①, ②) = 50억원
  - ① 건물의 취득가액 : 50억원
  - ② 연면적×1990. 12. 31.이 속하는 사업연도 종료일 현재의 단위면적당 임대보증금
    : 3,000㎡ ×(20억원÷3,000㎡) = 20억원

관련사례

- 지하유류저장시설 구조물이 건설비상당액 계산시 지하 부속면적에 포함되는지 여부
  '임대용부동산의 건설비상당액' 계산에 있어 지하 부속면적은 건물 연면적에 포함하여 임대면적비율에 따라 안분하여 계산하는 것이므로, 지하유류저장시설 구조물이 이에 해당하는지는 공부상 용도 및 실제 사용현황에 의하여 사실판단하는 것임(서면2팀-908, 2006. 5. 22.).
- 건물부속토지를 주차장으로 사용하는 경우 임대용부동산 해당 여부
  건물의 일부를 임대하는 법인이 건물의 임대계약과는 별도로 부속주차장을 임차인에게만 이용하도록 하고 월정액으로 주차료를 징수하는 경우가 주차장법에 의한 주차장에 해당하는 경우를 제외하고는 이를 임대용부동산으로 보는 것임(법인 46012-3668, 1996. 12. 30.).
- 타인소유토지를 임차하여 그 토지에 건물신축 후 임대시 건물 임대보증금적수에서 토지 임차보증금적수 차감 여부
  부동산임대업을 주업으로 하는 법인이 타인소유의 토지를 임차하여 그 지상에 건물을 신축하여 임대하는 경우 임대보증금적수에서 토지부분에 해당하는 임차보증금적수를 차감하여 간주임대료를 계산하는 것이 타당함(국심 94서 3021, 1995. 7. 11.).

(3) 정기예금이자율

'정기예금이자율'이라 함은 금융기관의 정기예금이자율을 참작하여 기획재정부령이 정하는 이자율을 말하는 것으로, 현행 기획재정부령이 정하는 이자율은 3.5%로 한다(조특칙 §59 ④ 및 법칙 §6).

(4) 임대사업부분에서 발생한 금융수익

'임대사업부분에서 발생한 금융수익'이라 함은 당해 사업연도에 임대사업부분에서 발생한 수입이자와 할인료 · 배당금 · 신주인수권처분익 및 유가증권처분익의 합계액을 말한다(조특령 §132 ⑤). 참고로, 임대사업부분에서 발생한 금융수익이 "음수(-)"인 때에는 이를 "영(0)"으로 한다(법인 22601-630, 1992. 3. 16.).

① 수입이자와 할인료

임대사업부분에서 발생한 수입이자와 할인료는 법인세법상 권리 · 의무확정주의가 아닌 기업회계상 발생주의에 의하여 계상된 것을 말하는 것으로서 기간경과에 따라 발생한 미수이자도 포함한다(법인 46012-62, 1994. 1. 7. 및 법인 46012-731, 1997. 3. 12.).
더불어, 부동산임대업 법인의 간주익금규정을 적용받는 법인이 임대보증금을 사전약정에 따라 상환기간 등을 정하여 특수관계인에게 대여하고 실제 현금으로 수수한 이자는 임대사업부분에서 발생한 수입이자에 포함하는 것이나, 부당행위계산부인으로 익금에 산입한 이자상당액은 이에 해당하지 않는다(법인 46012-325, 1999. 1. 26.).

② 유가증권처분익

유가증권처분익은 매각이익에서 매각손실을 차감한 금액을 말하는 것으로, 그 차감잔액이 "음수(-)"인 때에는 이를 "영(0)"으로 한다(조특칙 §59 ⑤ 및 조특통 138-132…1 ①).

3-4. 구분경리

임대보증금 등의 간주익금규정을 적용함에 있어 임대사업과 임대사업 이외의 사업을 겸업하는 경우에는 임대사업부문에서 발생한 수입이자 등을 계산하기 위하여 조세특례제한법 제143조(구분경리)의 규정에 의하여 당해 법인의 자산, 부채, 손익을 구분하여 경리하여야 한다.

Step Ⅱ 서식의 이해

■ 작성요령 - 임대보증금등의 간주익금조정명세서

❶ 「① 임대보증금 등 적수」란에 '2. 임대보증금 등 적수계산'의 「⑫ 적수」란의 계를 옮겨 적는다.

❷ 「② 건설비상당액적수」란에는 「⑯ 건설비상당액적수」란의 금액을 옮겨 적는다.

❸ 「④ 이자율」란에는 법인세법 시행규칙 제6조에 따른 이자율을 적는다.

❺ 「⑱ 건설비총액누계」란에는 건물의 취득·건설비 총액(취득 후 발생된 자본적지출액을 포함하고 재평가차액 및 토지취득가액은 제외함)을 기입한다. 이 경우 1991년 1월 1일 이후 개시하는 사업연도 이전에 취득·건설한 부동산의 경우는 「⑱ 건설비총액누계」란에 해당 부동산의 취득가액(확인되지 않은 경우에는 소득세법 제99조에 따른 기준시가를 말함)과 해당 부동산의 연면적에 1990년 12월 31일이 속하는 사업연도 종료일 현재 단위면적당 임대보증금(임대보증금 ÷ 건물임대면적)을 곱하여 계산한 금액 중 큰 금액을 적는다.

❻ 「⑲ 임대일수」란에는 해당 사업연도 최초 임대개시일을 기산일로 하여 건설비총액의 변동일까지의 일수를 순차로 기입한다.

❼ 「㉒ 임대면적누계」란은 실제 임대에 제공된 건물면적(공유면적을 포함함) 합계를 기입한다.

[별지 제18호 서식] (2012. 2. 28. 개정)

사업연도	. . . ~ . . .	임대보증금등의 간주익금조정명세서

❶ 임대보증금 등의 간주익금조정

① 임대보증금 등 적수	② 건설비 상당액적수	③ 보증금 잔액 [(①-②)÷365 또는 366]	④ 이자율
❶	❷		❸

❷ 임대보증금 등 적수계산

⑧ 일 자	⑨ 적 요	⑩ 임대보증금누계	⑪

❸ 건설비 상당액 적수계산

가. 건설비의 안분계산

⑬ 건설비총액적수 (⑳의 합계)	⑭ 임대면적적수 (㉔의 합계)	⑮

나. 임대면적 등 적수계산

⑰ 건설비총액적수			㉑ 건물 임대면적	
⑱ 건설비 총액누계	⑲ 임대 일수	⑳ 적수 (⑱×⑲)	㉒ 임대 면적누계	㉓ 임대 일수
❺	❻		❼	❽
합계			합계	

❹ 임대보증금 운용수입금액 명세

㉙ 과 목	㉚ 계정금액	㉛ 보증금운용수
		⓫
계		

의 세서	법 인 명	
	사업자등록번호	

·율	⑤ 익금 상당액(③×④)	⑥ 보증금 운용수입	⑦ 익금산입금액 (⑤-⑥)
		❹	

) 일 수	⑫ 적 수(⑩×⑪)

) 건물 연면적적수 (㉘의 합계)	⑯ 건설비상당액적수 (⑬×⑭÷⑮)

적수	㉕ 건물연면적적수		
㉔ 적수 (㉒×㉓)	㉖ 건물연 면적누계	㉗ 임대 일수	㉘ 적수 (㉖×㉗)
	❾	❿	
	합계		

입금액	㉜ 기타 수입금액	비 고

❹ 「⑥ 보증금운용수입」란에는 '4. 임대보증금 운용수입금액 명세'의 「㉛ 보증금운용수입금액」란의 계를 옮겨 적는다.

❽ 「㉓ 임대일수」란에는 해당 사업연도 최초 임대개시일을 기산일로 하여 임대면적변동일까지의 일수를 순차로 적는다.

❾ 「㉖ 건물연면적누계」란은 건축물관리대장상의 건물연면적(지하층을 포함함)을 기입한다.

❿ 「㉗ 임대일수」란에는 해당 사업연도 최초 임대개시일을 기산일로 하여 건물연면적 변동일까지의 일수를 순차로 적는다.

⓫ 「㉛ 보증금운용수입금액」란에는 임대사업 회계에서 발생한 수입이자와 할인료, 배당금, 신주인수권처분익 및 유가증권 처분익(매각익에서 매각손을 차감한 금액)을 적는다.

세무조정 체크리스트

검 토 사 항	확인
1. 부동산임대업을 주업으로 하는 내국영리법인으로 차입금과다법인인지 여부	
2. 간주익금의 계산	
① 임대부동산 중 간주익금계산 제외대상 주택(부수토지 포함) 유무의 확인	
② 임대보증금을 운용함에 따라 발생된 수입금액의 유무 확인	
③ 건설비총액누계에 토지가액 및 재평가차액은 제외	
④ 임대면적누계에 공유면적이 포함되었는지 확인	
⑤ 건물연면적누계에 지하층면적의 포함 여부의 확인 및 건축물관리대장과 대조 확인	
⑥ 취득·건설연도를 확인하고 1991년 1월 1일 이후 개시하는 사업연도 이전에 취득시 건설비총액누계에 해당하는 금액산정에 유의할 것	
⑦ 정기예금이자율의 변동 여부 확인	
⑧ 겸업시 구분경리 여부 확인	

Step III 사례와 서식작성실무

예제

사 례

다음은 부동산임대업과 도매업을 겸영하는 영리내국법인인 ㈜삼일의 제31기 사업연도(2024. 1. 1.~2024. 12. 31.)의 간주임대료를 산정하기 위한 세무조정자료이다. 이에 따라 세무조정을 하고 임대보증금 등의 간주익금조정명세서 〔별지 제18호 서식〕을 작성하라.

1. ㈜삼일은 기말 현재 자산총액 중 임대업에 사용된 자산가액의 비율이 55%이다.
2. 차입금의 적수가 자기자본의 적수의 2.5배에 해당한다.
3. 임대현황 등
   (1) 임대부동산 취득일은 2023년 5월 20일이고 임대개시일은 2023년 7월 20일이다.
   (2) 임대부동산의 취득가액 등은 다음과 같다.

구 분	취득가액	임대면적	임대보증금
토 지	1,500,000,000	–	–
건 물	1,100,000,000	1,000㎡(*)	1,900,000,000
합 계	2,600,000,000	1,000㎡	1,900,000,000

(*) 건물 연면적과 동일함.

   (3) 손익계산서상 수입이자 59,000,000원 중 건물 임대보증금의 운용으로 인한 수입이자는 21,600,000원이다.
4. 임대보증금 등의 간주익금 계산을 위한 정기예금이자율은 3.5%이다.

해 설

1. 임대보증금의 적수
   1,900,000,000 × 366 = 695,400,000,000
2. 건설비상당액의 적수
   ① 건설비총액의 적수 : 1,100,000,000 × 366 = 402,600,000,000
   ② 건물임대면적의 적수 : 1,000㎡ × 366 = 366,000
   ③ 건물연면적 적수 : 1,000㎡ × 366 = 366,000
   ④ 건설비상당액의 적수 : 402,600,000,000 × 366,000/366,000 = 402,600,000,000
3. 간주익금의 계산 및 세무조정
   ① 간주익금의 계산
   (695,400,000,000 − 402,600,000,000) × 1/366 × 3.5% − 21,600,000 = 6,400,000
   ② 세무조정
   〈익금산입〉 임대보증금 등의 간주익금 6,400,000(기타사외유출)
4. 임대보증금 등의 간주익금조정명세서 〔별지 제18호 서식〕 작성 (다음 page 참조)

[별지 제18호 서식] (2012. 2. 28. 개정)

사업 연도	2024. 1. 1. ~ 2024. 12. 31.	임대보증금등의 간주익금조정명세서	법 인 명	(주)삼일
			사업자등록번호	

❶ 임대보증금 등의 간주익금조정

①임대 보증금등 적수	② 건설비 상당액적수	③ 보증금 잔액 [(①-②)÷365 또는 366]	④ 이자율	⑤ 익금 상당액(③×④)	⑥ 보증금 운용수입	⑦ 익금산입금액 (⑤-⑥)
695,400,000,000	402,600,000,000	800,000,000	3.5%	28,000,000	21,600,000	6,400,000

❷ 임대보증금 등 적수계산

⑧ 일 자	⑨ 적 요	⑩ 임대보증금누계	⑪ 일 수	⑫ 적수(⑩×⑪)
2023.7.20.	임대보증금(1,000㎡)	1,900,000,000	366	695,400,000,000

❸ 건설비 상당액 적수계산

가. 건설비의 안분계산

⑬건설비총액적수 (⑳의 합계)	⑭임대면적적수 (㉔의 합계)	⑮건물 연면적적수 (㉘의 합계)	⑯건설비상당액적수 (⑬×⑭÷⑮)
402,600,000,000	366,000	366,000	402,600,000,000

나. 임대면적 등 적수계산

⑰ 건설비총액적수			㉑ 건물 임대면적 적수			㉕ 건물연면적 적수		
⑱건설비 총액누계	⑲임대 일수	⑳적수 (⑱×⑲)	㉒임대 면적누계	㉓임대 일수	㉔적수 (㉒×㉓)	㉖건물연면 적누계	㉗임대 일수	㉘적수 (㉖×㉗)
1,100,000,000	366	402,600,000,000	1,000㎡	366	366,000	1,000㎡	366	366,000
합계		402,600,000,000	합계		366,000	합계		366,000

❹ 임대보증금 운용수입금액 명세

㉙ 과 목	㉚ 계정금액	㉛ 보증금운용수입금액	㉜ 기타 수입금액	비 고
수입이자	59,000,000	21,600,000	37,400,000	
계				

가지급금 등의 인정이자

관련 법령	• 법법 §2, §52 • 법령 §2, §11, §88, §89 • 법칙 §42의 3, §43, §44
관련 서식	• 법인세법 시행규칙 [별지 제19호 서식(갑)] 가지급금 등의 인정이자 조정명세서(갑) [별지 제19호 서식(을)] 가지급금 등의 인정이자 조정명세서(을)

제5절

가지급금 등의 인정이자

5

Step Ⅰ 내용의 이해

1. 개 요

법인이 특수관계인에게 금전을 무상 또는 저율로 대여함으로써 그 법인의 소득에 대한 조세부담을 부당하게 감소시킨 것으로 인정되는 경우 부당행위계산부인 규정에 따라 적정이자율로 계산한 금액과 실제 수입이자와의 차액을 익금산입하고 그 귀속자에 대하여는 소득처분하여야 한다(법법 §52 및 법령 §88 ① 6호).

즉, 법인의 가지급금 등이 첫째, 특수관계인과의 거래이며, 둘째, 대여이자율이 법인세법상 시가로 보는 이자율보다 저율(무상대여 포함)이며, 마지막으로 대여목적물이 금전인 경우 인정이자를 계산하여야 한다.

2. 특수관계인의 범위

특수관계인이라 함은 법인과 경제적 연관관계 또는 경영지배관계 등 다음의 관계에 있는 자를 말한다. 이 경우 특수관계인에 해당하는지를 판단함에 있어 본인도 그 특수관계인의 특수관계인으로 본다(법법 §2 12호 및 법령 §2 ⑧). 즉, 일방을 기준으로 할 때 특수관계에 해당되지 않더라도 타방을 기준으로 하면 특수관계에 해당되는 경우에는 이들 모두가 특수관계인이 된다.

① 임원(법령 §40 ①)의 임면권의 행사, 사업방침의 결정 등 해당 법인의 경영에 대해 사실상 영향력을 행사하고 있다고 인정되는 자(상법 §401의 2 ①에 따라 이사로 보는 자 포함)와 그 친족(국기령 §1의 2 ①)
② 소액주주 등(법령 §50 ②)이 아닌 주주 또는 출자자(이하 "비소액주주 등"이라 함)와 그 친족

③ 다음의 어느 하나에 해당하는 자 및 이들과 생계를 함께하는 친족

㉠ 법인의 임원·직원 또는 비소액주주 등의 직원(비소액주주 등이 영리법인인 경우에는 그 임원을, 비영리법인인 경우에는 그 이사 및 설립자를 말함)

㉡ 법인 또는 비소액주주 등의 금전이나 그 밖의 자산에 의해 생계를 유지하는 자

④ 해당 법인이 직접 또는 그와 상기 ①부터 ③까지의 관계에 있는 자를 통해 어느 법인의 경영에 대해 지배적인 영향력을 행사하고 있는 경우 그 법인

⑤ 해당 법인이 직접 또는 그와 상기 ①부터 ④까지의 관계에 있는 자를 통해 어느 법인의 경영에 대해 지배적인 영향력을 행사하고 있는 경우 그 법인

⑥ 해당 법인에 30% 이상을 출자하고 있는 법인에 30% 이상을 출자하고 있는 법인이나 개인

⑦ 해당 법인이 독점규제 및 공정거래에 관한 법률에 의한 기업집단에 속하는 법인인 경우 그 기업집단에 소속된 다른 계열회사 및 그 계열회사의 임원

이 경우 상기 ④ 및 ⑤에 따른 특수관계 여부를 판단함에 있어서 다음 구분에 따른 요건에 해당하는 경우에는 그 법인의 경영에 대하여 지배적인 영향력을 행사하고 있는 것으로 본다(법령 §2 ⑧ 및 국기령 §1의 2 ④).

구 분	요 건
영리법인	㉠ 법인의 발행주식총수 또는 출자총액의 30% 이상을 출자한 경우 ㉡ 임원의 임면권의 행사, 사업방침의 결정 등 법인의 경영에 대하여 사실상 영향력을 행사하고 있다고 인정되는 경우
비영리법인	㉠ 법인의 이사의 과반수를 차지하는 경우 ㉡ 법인의 출연재산(설립을 위한 출연재산만 해당함)의 30% 이상을 출연하고 그 중 1인이 설립자인 경우

특수관계인의 범위에 대한 보다 자세한 설명은 '제2편 제2장 제1절 부당행위계산의 부인'편을 참고하기 바란다.

3. 가지급금의 범위

3-1. 가지급금의 개념

3-1-1. 기업회계상 가지급금

기업회계상 가지급금은 미결산계정의 하나로서 일반적으로 현금을 지급하였으나 그것을 기입할 계정과목 또는 금액이 미정인 경우에 설정되며, 그 내용이나 금액이 확정되면 계정에 대체처리함으로써 가지급금은 소멸한다.

그러나 가지급금은 그 내용이 불분명하기 때문에 기업이 분식결산이나 비정상적인 거래를

은폐하기 위한 수단으로 이용하는 경우도 있어 기업회계기준에서는 가지급금 등의 미결산항목은 그 내용을 나타내는 적절한 과목으로 표시할 것으로 요구하고 있다.

3-1-2. 세법상 가지급금

세법에서는 법인의 업무에 직접적인 관련이 없는 자금의 대여, 그 명칭 및 형식에 불구하고 실질상 자금의 대여에 해당하는 것을 가지급금으로 본다. 즉, 직원이나 관계회사 등에게 대여하고 이를 직원 단기채권이나 관계회사대여금 등으로 회계처리한 경우에도 세법상 가지급금에 해당한다. 한편, 법인이 가지급금으로 처리한 경우에도 그 실질이 법인의 업무와 직접 관련이 있거나 주된 수익사업인 자금대여에 해당하는 경우, 예를 들면 비품 등의 매입계약을 체결하고 그 계약금을 가지급금으로 처리한 경우에는 세법상 가지급금에 해당하지 아니한다.

3-2. 인정이자 계산대상 가지급금

3-2-1. 일반원칙

부당행위계산 부인으로 인해 인정이자를 계산하는 가지급금은 기장이나 계정과목 등 명칭 여하에 불구하고 그 실질이 특수관계인에 대한 자금의 대여액을 말한다.

여기서 자금의 대여라 함은 자금을 현실적으로 지출하여 대여한 경우뿐만 아니라 채권의 지연회수 등과 같이 실제 대여행위는 없더라도 대여한 것과 같은 결과를 가져오는 경우도 포함한다.

그러나, 대여행위나 대여로 볼 수 있는 행위가 부당행위계산 부인되어 익금산입되는 경우에는 인정이자를 계산할 수 없다. 예컨대, 특수관계에 있는 임원에 대한 가지급금 그 자체가 이익의 분여로서 익금에 산입되는 경우에는 그 가지급금에 대한 이자를 계산할 수 없는 것이다.

:: 인정이자와 지급이자 손금불산입 비교

세법에서는 가지급금에 대하여 인정이자 계산, 지급이자 손금불산입 등의 규제를 하고 있는데, 인정이자 계산대상 가지급금은 법인세법 제28조의 지급이자 손금불산입에서 규정하고 있는 업무무관가지급금과 다음과 같은 차이가 있다.

구 분	인정이자계산	지급이자 손금불산입
가지급금 판단기준	무상·저율 대여(적정이자 수취 여부) (업무 관련 여부와 무관)	업무와 무관한 대여 (이자수취 여부와 무관)
소득처분	귀속 상대방에 따라 상여·배당·기타소득 등으로 처분	기타사외유출로 처분

3-2-2. 매출채권 등의 회수지연

특수관계인 간의 거래에서 발생된 매출채권 등을 임의적으로 회수지연한 경우 가지급금으로 본다. 다만, 특수관계인 간의 거래에서 발생된 외상매출금 등의 회수가 지연된 경우에도 사회통념 및 상관습에 비추어 부당함이 없다고 인정되는 때에는 부당행위계산부인 적용이 배제된다(법기통 52-88…3 10호).

관련사례

- 매출채권이 금전소비대차로 전환된 경우 인정이자 계산 여부
  특수관계 있는 자에게 외상매출금 등의 회수가 지연되어 당해 매출채권이 실질적인 소비대차로 전환되는 것으로 인정되는 때에는 가지급금으로 보아 부당행위계산의 부인을 적용함(서면2팀-29, 2005. 1. 5.).
- 장기 미회수 공사대금이 인정이자 계산대상인지 여부
  장기간에 걸쳐 미회수된 공사미수금에 대하여 채권회수조치를 취하지 아니하였고, 동액에 상당하는 차입금이자 등의 비용을 지출하면서도 손실보상 등을 청구한 사실이 없는 경우 무상대여로 보아 인정이자를 계산하여 익금산입함(국심 2003부 2176, 2004. 1. 8.).

3-2-3. 특수관계인에 대한 채무의 대위변제

법인이 특수관계에 있는 법인의 보증채무에 대하여 대위변제를 하고 이를 구상채권으로 계상하는 경우, 대위변제한 날부터 특수관계가 소멸함으로써 당해 구상채권금액을 특수관계인에게 소득처분하는 날까지 인정이자를 계산한다(서면2팀-2661, 2004. 12. 17.). 한편, 당해 구상채권금액은 대손충당금의 설정대상 채권이 아니며, 대손금으로도 손금산입할 수 없다(법법 §19의 2 ②, §34 ②).

관련사례

- 대위변제금액의 업무무관 가지급금 판단기준
  주채무자의 사업부진 등으로 동 채무를 임의로 대위변제하는 경우에는 자금의 대여에 해당하는 것이므로 업무와의 관련성 여부에 따라 법인세법 제28조 제1항 제4호 나목에서 규정하는 업무무관 가지급금 여부를 판정하는 것임(재법인-106, 2004. 2. 13.).
- 대위변제 금액의 업무무관 가지급금 해당 여부
  특수관계 있는 법인의 채무를 대위변제한 금액은 법인세법 제28조 제1항 제4호 나목의 규정에 의한 가지급금에 해당되는 것으로 대위변제한 날부터 동법 시행령 제89조의 규정에 따라 계산한 인정이자상당액을 익금에 산입하여야 하는 것임(서이 46012-11704, 2003. 9. 26.).

3-2-4. 관계회사 기업어음·후순위채권의 매입

법인이 금융회사를 통하여 관계회사가 발행한 기업어음 또는 후순위채권을 매입한 경우 인정이자 계산대상 가지급금 등에 해당하는지 여부는 당해 법인이 투자목적인지, 자금지원 목적인지를 확인하여 사실판단할 사항으로(재법인 46012-214, 2000. 12. 26.), 특수관계법인에게 자금을 대여할 목적으로 금융회사·어음발행법인 및 어음매수법인간의 합의에 의하여 이루어진 것으로 인정되는 경우에는 그 어음매입액은 업무무관 가지급금에 해당된다(법인 46012-1534, 1998. 6. 11.).

즉, 금융회사 등을 통한 관계회사의 기업어음매입이 자금지원 목적인지 여부는 당해 기업어음이 시장성이 있어 공개된 경쟁시장에서도 유통될 수 있는지, 시장성이 없어 특별한 경우를 제외하고는 유통되지 아니하는 기업어음을 장래의 위험을 감수하면서 금융회사 등으로부터 인수한 것인지, 기타 인수법인의 재무상태, 인수상품과 유사한 다른 금융상품에 여유자금을 투자한 정도, 동 상품의 이자율과 일반금융상품의 수익률의 비교, 특수관계 없는 자의 인수상황 등을 종합적으로 고려하여 판단하여야 한다.

관련사례

- 금융회사를 통하여 인수한 기업어음이 가지급금에 해당하는지 여부
  특수관계자이고 신용등급이 투기적인 요소가 내포되어 있는 것으로 평가되는 등급에 속하는 법인의 기업어음을 금융기관을 통하여 즉시 매입하는 방식으로 자금을 대여한 것은 금융업을 주된 사업으로 하지 아니하는 법인이 특수관계자에게 업무와 직접 관련 없이 자금을 대여한 것으로서 가지급금으로 판단됨(국심 2003서 596, 2003. 6. 24.).
- 특수관계자가 발행한 후순위채권을 인수한 경우 가지급금에 해당하는지 여부
  특수관계자가 발행한 후순위채권을 인수한 경우 후순위채권은 일반 사채에 비해 우선변제순위 및 시장 통용성이 낮으므로 후순위채권의 이자율이 발행 당시 유사 금융상품의 이자율 및 당해 법인의 차입금 이자율보다 낮은 경우에는 명칭 여하에 불구하고 업무와 관련 없는 자금의 대여로 보는 것이나 당해 후순위채권의 환금성이 확보되어 있는 경우로서 당해 법인이 취급하는 금융상품의 이자율보다 높은 경우에는 그러하지 아니하는 것으로 인수법인의 재무상태, 다른 유사 금융상품에 여유자금을 투자한 정도, 이자율의 비교 등을 감안하여 실질 내용에 따라 판단할 사항임(서이 46012-10125, 2003. 1. 17.).

3-2-5. 비현실적 퇴직에 대한 퇴직급여

현실적으로 퇴직하지 아니한 임원 또는 직원에게 지급한 퇴직급여는 해당 임원 또는 직원이 현실적으로 퇴직할 때까지 이를 업무무관 가지급금으로 본다(법칙 §22 ②).

또한, 퇴직급여를 연봉액에 포함하여 매월 분할지급하는 경우에는 매월 지급하는 퇴직급여 상당액도 업무무관 가지급금으로 본다(법기통 26-44…5).

3-2-6. 변형된 소비대차계약에 의한 자금의 대여

통상 제3자간 정상적으로 성립되는 소비대차계약조건에 비하여 변형된 계약조건에 의하여 거래상대방에게 이익을 분여하는 거래에 해당하는 경우에 그 대여금은 인정이자대상이 된다.

관련사례

- 원금우선변제충당방식으로 대여한 경우 부당행위계산부인대상인지 여부
  회사가 금전을 차입하여 자회사에 다시 대여함에 있어, 차입시에는 통상의 법정변제충당방식으로 거래하여 오면서 자회사와의 사이에서는 원금에 우선 변제충당하기로 약정하여 원금에 먼저 충당하여 왔으면 이는 '조세의 부담을 부당히 감소시킨 경우'에 해당함(대법 92누 114, 1992. 10. 13.).

3-2-7. 기타 인정이자 계산대상 가지급금 사례

(1) 법인이 대표자의 친족에게 금전을 무상으로 대여한 경우에는 대표자에게 대여한 것으로 본다(법기통 52-88…2 5호).

(2) 법인이 보유 중인 예금을 특수관계자의 금융기관 대출담보로 제공한 경우, 그 실질이 사실상 자금의 우회대여에 해당하는 경우에는 업무무관 가지급금으로 본다(서이 46012-10343, 2002. 2. 27.).

3-3. 인정이자 계산제외 가지급금

3-3-1. 미지급소득에 대한 소득세 대납액

소득세법 제131조 제1항 및 동법 제135조 제3항의 규정에 의하여 지급한 것으로 보는 배당소득 및 상여금(이하 "미지급소득"이라 함)에 대한 소득세를 법인이 납부하고 이를 가지급금 등으로 계상한 경우에는 당해 소득을 실제로 지급할 때까지 인정이자를 계산하지 아니한다. 이 경우 미지급소득에 대한 소득세에는 개인지방소득세와 미지급소득으로 인한 중간예납세액상당액을 포함하며, 다음 계산식에 따라 계산한 금액을 한도로 한다(법칙 §44 1호).

$$\text{미지급소득에 대한 소득세액} = \text{종합소득 총결정세액} \times \frac{\text{미지급소득}}{\text{종합소득금액}}$$

3-3-2. 국외투자법인 직원의 급여 대납액

국외에 자본을 투자한 내국법인이 해당 국외투자법인에 종사하거나 종사할 자의 여비·급료

기타의 비용을 대신하여 부담하고 이를 가지급금 등으로 계상한 경우에는, 그 금액을 실제로 환부받을 때까지는 인정이자를 계산하지 아니한다(법칙 §44 2호).

관련사례

- 해외투자법인에 종사하거나 종사할 종업원에 대여한 여비 등이 가지급금에 해당하는지 여부
  정부의 허가를 받아 국외에 자본을 투자한 법인이 당해 국외투자법인에 종사하거나 종사할 종업원에 대한 여비·급료 기타 비용을 일시적으로 대신 부담하였다가 회수하는 경우에는 인정이자계산 또는 지급이자손금불산입규정을 적용하지 아니하는 것임(법인 46012-1982, 1997. 7. 21.).

3-3-3. 우리사주조합원의 주식취득자금 대여액

법인이 근로복지기본법 제2조 제4호에 따른 우리사주조합(이하 "우리사주조합"이라 함) 또는 그 조합원에게 해당 우리사주조합이 설립된 회사의 주식 취득에 소요되는 자금을 대여한 경우에는 그 대여한 금액을 상환할 때까지 인정이자를 계산하지 아니한다. 이때, 우리사주조합원의 주식취득에는 조합원간의 매매와 조합원이 취득한 주식을 교환 또는 현물출자함으로써 독점규제 및 공정거래에 관한 법률에 의한 지주회사 또는 금융지주회사법에 의한 금융지주회사의 주식을 취득하는 경우를 포함한다(법칙 §44 3호).

관련사례

- 우리사주조합의 설립 전 임직원에게 대여한 주식취득자금 대여액이 가지급금에 해당하는지 여부
  법인이 근로자복지기본법 제2조 제4호 규정에 의한 우리사주조합 설립 전에 임직원에게 주식취득자금을 대여한 경우 동 대여금은 우리사주조합원에게 당해 법인의 주식취득자금에 소요된 자금을 대여한 금액에 해당되지 아니하여 인정이자계산의 특례적용 대상에 해당하지 아니하는 것임(서면2팀-744, 2006. 5. 2.).
- 임원 직무에 종사하는 우리사주조합원에 대한 주식취득자금 대여액이 가지급금에 해당하는지 여부
  우리사주조합원의 주식취득자금에 대한 인정이자계산의 특례가 적용되는 "우리사주조합원"이라 함은 증권거래법 시행령 제2조의 7 제1항 및 제2항의 규정에 의한 우리사주조합원을 말하는 것으로, 법인의 주주총회에서 임원으로 선임되지는 않았으나 임원의 직무에 종사하는 자가 증권거래법상 우리사주조합원의 자격을 계속 유지하는 것으로 동법에 의하여 인정되는 경우에는 인정이자 계산의 특례를 계속하여 적용받을 수 있는 것임(서이 46012-10707, 2002. 4. 2.).
- 우리사주조합 등에 주식취득자금을 대여하는 경우 시가초과금액이 인정이자 계산대상인지 여부
  코스닥시장 상장법인이 증권거래법 제2조 제18항의 규정에 의한 우리사주조합 또는 그 조

합원에게 당해 법인의 주식취득에 소요되는 자금을 대여함에 있어서 동법 시행령 제2조의 7 제1항 제2호 다목의 규정에 의한 최종 시세가격을 초과하여 대여한 경우 그 초과금액에 대하여는 법인세법 시행령 제89조 제5항 단서 및 동법 시행규칙 제44조 제3호의 규정이 적용되지 아니함(재법인 46012-34, 2002. 2. 22.).

- 분할신설법인으로 전출된 우리사주조합원의 주식취득자금 대여액이 인정이자 계산대상인지 여부

  법인의 분할신설법인으로 전출된 사용인의 경우 분할법인의 우리사주조합원에 해당하지 아니하는 것으로 인정이자계산의 특례적용대상에 해당하지 아니하는 것임(법인 46012-78, 2001. 1. 8.).

- 우선배정된 주식 외에 기발행된 당해 법인의 주식취득자금 대여액이 인정이자 계산대상인지 여부

  법인이 증권거래법 제2조 제18항의 규정에 의한 우리사주조합 또는 그 조합원에게 당해 법인의 주식취득에 소요되는 자금을 대여한 경우 동 대여금을 상환할 때까지의 기간에 상당하는 금액에 대하여는 법인세법 제28조 제1항 제4호 및 동법 시행령 제89조 제5항 본문의 규정을 적용하지 아니하는 것이며, 이 경우의 주식취득에는 증권거래법 제191조의 7 제1항의 규정에 의하여 우선배정된 주식 외에 기발행된 당해 법인의 주식을 우리사주조합을 통하여 조합원이 취득하는 경우를 포함하는 것임(법인 46012-1094, 2000. 5. 3.).

3-3-4. 국민연금법에 의한 퇴직금전환금

국민연금법에 의하여 근로자가 지급받은 것으로 보는 퇴직금전환금에 대하여는 당해 근로자가 퇴직할 때까지 인정이자를 계산하지 아니한다(법칙 §44 4호).

3-3-5. 대표자에게 상여처분한 금액의 소득세 대납액

법인세법 시행령 제106조 제1항 제1호 단서의 규정에 의하여 귀속자가 불분명하여 대표자에게 상여처분한 금액에 대한 소득세를 법인이 납부하고 이를 가지급금으로 계상한 경우에는 특수관계가 소멸될 때까지 인정이자를 계상하지 아니한다(법칙 §44 5호).

3-3-6. 직원에 대한 가불금 및 경조사비 대여액과 학자금

직원에 대한 월정급여액의 범위에서의 일시적인 급료의 가불금 및 직원에 대한 경조사비 또는 학자금(자녀의 학자금을 포함)의 대여액에 대해서는 인정이자를 계산하지 아니한다(법칙 §44 6호, 7호).

관련사례

- 사용인(자녀 포함)에 대한 학자금 대여액이 업무무관 가지급금 및 인정이자 계산대상인지 여부

  내국법인이 각 사업연도의 소득금액을 계산함에 있어서 사용인(사용인의 자녀를 포함)에 대한 학자금의 대여액은 법인세법 제28조 및 동법 시행령 제88조 제1항 제6호의 규정을 적용함에 있어 부당행위계산 부인계산 및 법인의 업무와 관련 없는 대여액으로 보지 아니함(서이 46012-11321, 2003. 7. 11. 및 서이 46012-10091, 2001. 9. 4.).

3-3-7. 중소기업의 직원에 대한 주택구입·전세자금 대여금

조세특례제한법 시행령 제2조에 따른 중소기업에 근무하는 직원(지배주주 등인 직원은 제외함)에 대한 주택구입 또는 전세자금의 대여액에 대해서는 인정이자를 계산하지 아니한다(법칙 §44 7호의 2).

관련사례

- 지배주주등의 특수관계자이나 주식을 보유하지 않은 직원에 대한 전세자금의 대여액이 인정이자 계산대상인지 여부

  내국법인이 지배주주등의 남매이면서 해당 내국법인의 발행주식을 보유하지 않은 직원에게 전세자금을 대여한 경우, 해당 대여금은 법인세법 시행규칙 제44조 제7호의 2에 따른 전세자금의 대여액으로 볼 수 있는 것임(사전-2022-법규법인-0238, 2022. 3. 17.).

3-3-8. 배드뱅크에 대한 한국자산관리공사의 대여금

금융기관부실자산 등의 효율적 처리 및 한국자산관리공사의 설립에 관한 법률에 의한 한국자산관리공사가 출자총액의 전액을 출자하여 설립한 법인(배드뱅크)에 대여한 금액에 대하여는 인정이자를 계산하지 아니한다(법칙 §44 8호).

3-3-9. 사이닝보너스

법인이 우수인력의 확보를 위하여 일정기간 근무조건으로 사이닝보너스를 지급(계약기간 이내 중도퇴사시 일정금액 반환조건)하기로 계약을 체결하여 직원을 채용한 후, 당해 계약에 따라 지급하는 사이닝보너스는 업무무관 가지급금에 해당하지 아니한다(서면2팀-125, 2008. 1. 17.).

4. 인정이자의 계산

4-1. 일반원칙

일반적으로 인정이자는 다음과 같이 계산하며, 이와 같이 계산한 인정이자상당액과 회사가

장부상 계상한 이자상당액과의 차액이 3억원 이상이거나 시가의 5% 이상인 경우 그 차액을 익금에 산입하여야 한다(법령 §88 ③).

> 인정이자 = 가지급금 등의 적수 × 인정이자율 × $\frac{1}{365(\text{윤년의 경우 } 366)}$
>
> 인정이자계산의 판단기준 : (인정이자상당액−회사계상 이자상당액) ≥ 3억원 또는 시가 × 5%
>
> 익금에 산입할 금액=인정이자상당액 − 회사계상 이자상당액

4-2. 가지급금 등의 적수 계산

4-2-1. 적수의 계산

인정이자 계산을 위한 가지급금 등은 적수로 계산하는데, 적수란 법인의 사업연도를 기준으로 1년 단위로 가지급금의 발생일로부터 보유기간 중 변동사항을 감안하여 소멸일까지의 매일자별 잔액을 누계한 일별계산방법을 말한다. 이때 가지급금이 발생한 초일은 산입하고 가지급금이 회수된 날은 제외한다(재법인 46012-99, 2001. 5. 18.).

4-2-2. 인정이자 계산기간

인정이자는 법인이 특수관계에 있는 자에게 금전을 대여하였거나 금전을 대여한 것으로 볼 수 있는 경우에 적용하는 것이므로, 특수관계가 소멸하는 경우 당해 소멸시점까지만 인정이자를 계산하며 특수관계가 소멸한 이후에는 인정이자를 계산하지 아니한다.

관련사례

- 구상채권의 인정이자 계산기간
  법인이 특수관계에 있는 법인의 보증채무에 대하여 대위변제하고 이를 구상채권으로 계상한 경우 대위변제한 날부터 인정이자를 계산하는 것으로, 동 인정이자의 계산은 보증한 법인의 청산이 종료되어 특수관계가 소멸하거나 당해 피보증법인의 폐업 등의 사유로 사실상 특수관계가 소멸함으로써 구상채권금액을 특수관계자에게 소득처분하는 날까지 적용하는 것임(서면2팀-2661, 2004. 12. 17.).
- 대표자에 대한 업무무관 가지급금의 인정이자 계산기간
  법인이 그 대표자에게 업무와 관련 없는 가지급금을 계상하고 당해 가지급금에 대한 인정이자를 계산하는 중에 대표자의 사망으로 인하여 특수관계가 소멸하고 퇴직금의 지급의무가 발생한 경우 당해 대표자에 대한 가지급금의 인정이자 계산은 특수관계가 소멸하는 날까지 적용하는 것임(서이 46012-12080, 2002. 11. 18.).

4-2-3. 동일인에 대한 가지급금 적수와 가수금 적수의 상계

동일인에 대한 가지급금과 가수금이 함께 있는 경우에는 가지급금 적수에서 가수금 적수를 차감하여 인정이자를 계산하되, 가수금에 대하여 별도로 상환기간 및 이자율 등에 관한 약정이 있어 가지급금과 상계할 수 없는 경우에는 상계하지 아니하고 인정이자를 계산하는 것으로 과세관청은 해석하고 있다(법인 46012-2096, 2000. 10. 12.).

한편, 가지급금과 가수금을 상계하는 경우 사업연도 전기간의 가수금 적수가 가지급금 적수를 초과하는 자는 인정이자를 계산하지 않으며(법인-476, 2010. 5. 25.), 초과하는 가수금은 타인의 가지급금 적수에서 차감하는 것이 아니라 소멸한다.

4-3. 인정이자율의 적용

4-3-1. 원 칙

특수관계인간에 금전의 대여 또는 차용시에 적용할 인정이자율은 가중평균차입이자율을 시가로 한다(법령 §89 ③). 다만, '4-3-2'에서 기술하고 있는 예외 사유에 해당하는 경우에는 당좌대출이자율(현행 4.6%)을 시가로 한다(법칙 §43 ②).

한편, 여기에서 가중평균차입이자율이란 자금을 대여한 법인의 대여시점 현재 각각의 차입금 잔액에 차입 당시의 각각의 이자율을 곱한 금액의 합계액을 해당 차입금 잔액의 총액으로 나눈 비율을 말하는데, 이를 산식으로 표현하면 다음과 같다. 이 경우 산출된 비율 또는 대여금리가 해당 대여시점 현재 자금을 차입한 법인의 각각의 차입금 잔액에 차입 당시의 각각의 이자율을 곱한 금액의 합계액을 해당 차입금 잔액의 총액으로 나눈 비율보다 높은 때에는 해당 사업연도의 가중평균차입이자율이 없는 것으로 본다(법칙 §43 ①).

$$\text{가중평균차입이자율} = \frac{\Sigma\,(\text{대여시점 각각의 차입금 잔액}^{(*1)} \times \text{차입 당시 각각의 이자율}^{(*2)})}{\text{해당 차입금 잔액의 총액}^{(*1)}}$$

(*1) 가중평균차입이자율 계산에서 제외되는 차입금(법칙 §43 ①, ⑥)
특수관계인으로부터의 차입금 및 차입금이 채권자가 불분명한 사채 또는 매입자가 불분명한 채권(債券)·증권의 발행으로 조달된 차입금에 해당하는 경우에는 해당 차입금의 잔액은 가중평균차입이자율 계산을 위한 잔액에 포함하지 아니함.

(*2) 변동금리로 차입한 경우(법칙 §43 ⑥)
변동금리로 차입한 경우에는 차입 당시의 이자율로 차입금을 상환하고 변동된 이자율로 그 금액을 다시 차입한 것으로 봄.

당좌대출이자율의 변천

- 당좌대출이자율은 2009년 3월 30일에 법인세법 시행규칙에서 직접 규정하는 것으로 개정되기 전까지는 국세청장이 고시하였던 바, 그 변천 내역은 다음과 같음.

적용시기	당좌대출이자율	고시번호 또는 조문번호
2016년 3월 7일 이후(*)	연 4.6%	법인세법 시행규칙 제43조 제2항
2012년 1월 1일 이후	연 6.9%	
2009년 1월 1일 이후	연 8.5%	
2002년 1월 1일 이후	연 9%	국세청고시 제2001-31호, 2011. 12. 31.
1999년 7월 1일 이후	연 11%	국세청고시 제1999-17호, 1999. 6. 30.
1998년 10월 1일 이후	연 13%	국세청고시 제1998-19호, 1998. 9. 30.
1998년 7월 1일 이후	연 17%	국세청고시 제1998-16호, 1998. 7. 4.
1998년 1월 1일 이후	연 20%	국세청고시 제1997-35호, 1997. 12. 31.

(*) 2016. 3. 6. 이전에 종전의 당좌대출이자율에 따라 이자를 수수하기로 약정을 체결한 경우로서 약정기간이 있는 대여금에 대해서는 해당 약정기간 만료일까지는 종전의 규정에 따름(규칙 부칙 (2016. 3. 7.) §11).

관련사례

- 당좌대출이자율 변경 전 계약한 차입거래의 시가
  가중평균차입이자율을 적용할 수 없는 법인이 당좌대출이자율을 기준으로 하여 법인세법 시행령 제88조 제1항 제7호에 따른 부당행위계산 부인대상이 되지 않도록 금전대차거래 약정을 체결하였으나 이후 같은 법 시행규칙(기획재정부령 제266호 2012. 2. 28. 개정된 것) 제43조 제2항의 당좌대출이자율이 변경된 경우 변경된 당좌대출이자율이 시행된 후에 발생하는 이자에 대해서 법인세법 시행령 제88조 제1항 제7호에 따른 부당행위계산 부인대상이 되는지를 판단함에 있어서는 변경된 당좌대출이자율을 기준으로 하는 것임(법인-431, 2012. 6. 28.).
- 2009. 3. 30. 법인세법 시행규칙 개정에 따라 인하된 당좌대출이자율의 적용시기
  2009. 3. 30. 법인세법 시행규칙 개정에 따라 인하된 당좌대출이자율은 2009. 1. 1. 이후 이자가 발생하는 분부터 적용하여 모든 대여금에 동일한 이자율을 적용함(재법인-588, 2009. 6. 18.).

4-3-2. 예 외

(1) 가중평균차입이자율의 적용이 불가능한 경우

다음의 사유로 가중평균차입이자율의 적용이 불가능한 경우에는 해당 대여금 또는 차입금에 한정하여 당좌대출이자율을 시가로 한다(법령 §89 ③ 1호 및 법칙 §43 ① 후단, ③).

① 특수관계인이 아닌 자로부터 차입한 금액이 없는 경우
② 차입금 전액이 채권자가 불분명한 사채 또는 매입자가 불분명한 채권·증권의 발행으로 조달된 경우
③ 대여법인의 가중평균차입이자율 또는 대여금리가 대여시점 현재 차입법인의 가중평균차입이자율보다 높아 대여법인의 가중평균차입이자율이 없는 것으로 보는 경우. 이 경우 차입법인의 가중평균차입이자율은 대여시점 현재 자금을 차입한 법인의 각각의 차입금 잔액에 차입 당시의 각각의 이자율을 곱한 금액의 합계액을 해당 차입금 잔액의 총액으로 나눈 비율을 말하는데, 상기 '4-3-1'에서 기술한 가중평균차입이자율 산식을 참고하기로 함.

(2) 대여기간이 5년을 초과하는 대여금이 있는 경우

대여한 날(계약을 갱신한 경우에는 그 갱신일을 말함)부터 해당 사업연도 종료일(해당 사업연도에 상환하는 경우는 상환일을 말함)까지의 기간이 5년을 초과하는 대여금이 있는 경우에는 해당 대여금 또는 차입금에 한정하여 당좌대출이자율을 시가로 한다(법령 §89 ③ 1호의 2 및 법칙 §43 ④).

(3) 과세표준 신고와 함께 당좌대출이자율을 시가로 선택한 경우

해당 법인이 과세표준의 신고(법법 §60)와 함께 당좌대출이자율을 시가로 선택하는 경우 선택한 사업연도와 이후 2개 사업연도는 당좌대출이자율을 시가로 하며, 3개 사업연도에 대해 당좌대출이자율을 적용한 후 4차 사업연도에 다시 당좌대출이자율로 신고한 경우에는 3개 사업연도가 지난 후 당좌대출이자율을 신규로 선택하여 신고한 것으로 보아 그 이후 2개 사업연도에 대해서도 계속 적용하여야 한다. 이 때, 법인이 당좌대출이자율을 시가로 선택한 경우에는 가지급금 등의 인정이자조정명세서(갑)을 작성하여 제출하여야 한다(법령 §89 ③ 2호 및 법칙 §43 ⑤ 및 법기통 52-89…3).

관련사례

- 당좌대출이자율을 시가로 선택한 경우 의무적용기간의 적용방법
  내국법인이 법인세법 시행령 제89조 제3항 제2호에 따라 당좌대출이자율을 시가로 선택 후 4개 사업연도 이상 계속하여 당좌대출이자율로 신고한 경우에는 3개 사업연도가 지난 후 당좌대출이자율을 신규로 선택하여 신고한 것으로 보아 그 이후 2개 사업연도에 대해서도 계속 적용하는 것임(재법인-739, 2018. 6. 22. 및 서면법령법인-4875, 2016. 10. 12.).

계산사례 **가지급금 인정이자 계산사례**

다음 자료에 의하여 ㈜삼일의 제11기 사업연도(2024. 1. 1. ~ 2024. 12. 31.) 세무조정 시 대여시점에 관계회사 ㈜용산의 가중평균차입이자율이 15%인 경우(Case1)와 5%(Case2)로 나누어 인정이자로 익금에 산입할 금액을 구하고 세무조정을 하시오.

(1) 가지급금

가지급 내역	가지급금액	대여일	상환일
대표이사 홍길동 대여금	₩ 20,000,000	2023. 9. 10.	차기이월
대표이사 소득세 대납액(*1)	10,000,000	2023. 5. 1.	2024. 9. 30.
관계회사 ㈜용산 대여금	50,000,000	2024. 4. 26.	차기이월

(*1) 대표이사에게 미지급한 소득에 대한 소득세 대납액임.

(2) 차입금과 지급이자 내역(모든 차입금은 고정금리이며, 전기 및 당기 중 상환은 없었음)

차입금	차입일	차입금적수	차입금액	지급이자	이자율
사채 a	2023. 5. 4.	₩ 1,460,000,000	₩ 4,000,000	₩ 400,000	10%
사채 b	2024. 8. 8.	730,000,000	5,000,000	160,000	8%
사채 c(*2)	2023. 7. 1.	365,000,000	1,000,000	60,000	6%
은행차입금	2024. 3. 7.	2,400,000,000	8,000,000	361,644	5.5%

(*2) 특수관계인으로부터 차입한 차입금

(3) ㈜삼일은 해당 사업연도의 가지급금 등에 대한 인정이자를 계산함에 있어서 적용할 이자율로 가중평균차입이자율을 선택하기로 하였다.

(4) 당좌대출이자율은 연 4.6%로 가정한다.

(5) 해당 연도에 이자수령액 및 미수이자계상액은 없었다.

해 설

1. 가지급금 인정이자 계산대상의 판단
   (1) 대표이사 홍길동의 대여금의 경우 특수관계인에 대한 가지급금에 해당하므로 인정이자 계산대상임.
   (2) 대표이사에게 미지급한 소득에 대한 소득세 대납액은 인정이자 계산대상이 아님(법칙 §44 1호).
   (3) 관계회사에 대한 대여금의 경우 특수관계인에 대한 가지급금에 해당하므로 인정이자 계산대상임.

2. 가지급금 적수계산
   ① 대표이사 홍길동에 대한 가지급금 적수의 계산
   ₩20,000,000 × 366일(2024. 1. 1. ~ 2024. 12. 31.) = ₩7,320,000,000
   ② 관계회사 ㈜용산에 대한 가지급금 적수의 계산
   ₩50,000,000 × 250일(2024. 4. 26. ~ 2024. 12. 31.) = ₩12,500,000,000

3. 가지급금 인정이자의 계산
   〈Case1〉 ㈜용산의 가중평균차입이자율이 15%인 경우
   (1) 대표이사 홍길동의 경우
   ① 가중평균차입이자율(대여시점 : 2023년 9월 10일)
   가지급금 인정이자를 계산함에 있어 적용될 인정이자율은 법인의 대여시점 현재 각각의 차입금 잔액(특수관계인으로부터 차입금 제외)에 차입 당시의 각각의 이자율을 곱한 금액의 합계액을 해당 차입금 잔액의 총액으로 나눈 비율인 가중평균차입이자율을 원칙으로 함.

$$\text{가중평균차입이자율} = \frac{4{,}000{,}000 \times 10\%}{4{,}000{,}000} = 10\%$$

② 인정이자의 계산

$$\text{인정이자}^{(*)} = ₩7{,}320{,}000{,}000 \times 10\% \times \frac{1}{366} = ₩2{,}000{,}000$$

(*) 계산된 인정이자상당액과 회사가 장부에 계상한 이자상당액의 차액이 시가(인정이자상당액)의 5% 이상이므로 부당행위계산 부인을 적용함.

(2) 관계회사 ㈜용산의 경우

① 가중평균차입이자율(대여시점 : 2024년 4월 26일)

$$\text{가중평균차입이자율} = \frac{4{,}000{,}000 \times 10\% + 8{,}000{,}000 \times 5.5\%}{12{,}000{,}000} = 7\%$$

② 인정이자의 계산

$$\text{인정이자}^{(*)} = ₩12{,}500{,}000{,}000 \times 7\% \times \frac{1}{366} = ₩2{,}390{,}710$$

(*) 계산된 인정이자상당액과 회사가 장부에 계상한 이자상당액의 차액이 시가(인정이자 상당액)의 5% 이상이므로 부당행위계산 부인을 적용함.

〈Case2〉 ㈜용산의 가중평균차입이자율이 5%인 경우

가지급금 등의 인정이자를 계산함에 있어 적용할 인정이자율로 가중평균차입이자율을 선택하였으나, 대여자의 가중평균차입이자율(7%)이 관계회사 ㈜용산의 가중평균차입이자율(5%)보다 높은 경우에는 인정이자율로 가중평균차입이자율을 적용할 수 없으므로 해당 대여금 또는 차입금에 대하여는 당좌대출이자율(4.6%)을 적용하여야 하며, 대표이사 홍길동의 대여금에 대하여는 가중평균차입이자율(10%)을 적용함(법령 §89 ③ 및 법칙 §43 ①, ③).

(1) 대표이사 홍길동의 경우

$$\text{인정이자}^{(*)} = ₩7{,}320{,}000{,}000 \times 10\% \times \frac{1}{366} = ₩2{,}000{,}000$$

(*) 계산된 인정이자상당액과 회사가 장부에 계상한 이자상당액의 차액이 시가(인정이자상당액)의 5% 이상이므로 부당행위계산 부인을 적용함.

(2) 관계회사 ㈜용산의 경우

$$\text{인정이자}^{(*)} = ₩12{,}500{,}000{,}000 \times 4.6\% \times \frac{1}{366} = ₩1{,}571{,}038$$

(*) 계산된 인정이자상당액과 회사가 장부에 계상한 이자상당액의 차액이 시가(인정이자상당액)의 5% 이상이므로 부당행위계산 부인을 적용함.

4. 세무조정

〈Case1〉 ㈜용산의 가중평균차입이자율이 15%인 경우

〈익금산입〉 대표이사 가지급금 인정이자 2,000,000(상여)

〈익금산입〉 관계회사 가지급금 인정이자 2,390,710(기타사외유출)

〈Case2〉 ㈜용산의 가중평균차입이자율이 5%인 경우
〈익금산입〉 대표이사 가지급금 인정이자 2,000,000(상여)
〈익금산입〉 관계회사 가지급금 인정이자 1,571,038(기타사외유출)

5. 가지급금 인정이자의 세무상 처리

5-1. 세무조정 및 소득처분

가지급금 등에 대한 인정이자를 익금산입한 경우 금전을 대여받은 자에 따라 다음과 같이 소득처분한다(법기통 67-106 …10 ①).

귀 속 자	소득처분
① 주주(임원 또는 직원인 주주 제외)	배당
② 직원(임원 포함)	상여
③ 법인 또는 사업을 영위하는 개인	기타사외유출
④ 위 ①~③ 외의 자	기타소득

또한, 법인이 특수관계인간의 금전거래에 있어서 상환기간 및 이자율 등에 대한 약정이 없는 대여금 및 가지급금 등에 대하여 결산상 미수이자를 계상한 경우에도 동 미수이자는 익금불산입하고, 법인세법 시행령 제89조 제3항 및 제5항의 규정에 의하여 계산한 인정이자상당액을 익금에 산입한 후 귀속자별로 소득처분한다(법기통 67-106…10 ②).

5-2. 가지급금과 미수이자의 처리기준

특수관계인에게 해당 법인의 업무와 관련 없이 지급한 가지급금(법법 §28 ① 4호 나목) 및 그 이자(이하 "가지급금등"이라 함)로서 다음의 어느 하나에 해당하는 금액은 법인의 수익으로 보아 익금에 산입한다. 다만, 채권·채무에 대한 쟁송으로 회수가 불가능한 경우 등 정당한 사유가 있는 경우는 제외한다(법령 §11 9호). 이는 특수관계 소멸시까지 회수하지 않은 가지급금 등은 채권포기로 보아 익금 의제하는 것이다.

① 법인세법 시행령 제2조 제8항의 특수관계가 소멸되는 날까지 회수하지 아니한 가지급금 등(아래 ②에 따라 익금에 산입한 이자는 제외). 이 경우 가지급금 등은 특수관계가 소멸하는 날이 속하는 사업연도에 익금산입 및 소득처분한다(서면-2019-법령해석법인-0101, 2019. 8. 21.).

② 법인세법 시행령 제2조 제8항의 특수관계가 소멸되지 아니한 경우로서 가지급금(법법 §28 ① 4호 나목)의 이자를 이자발생일이 속하는 사업연도 종료일부터 1년이 되는 날까지

회수하지 아니한 경우 그 이자. 이 경우 미수이자는 발생일이 속하는 사업연도 종료일로부터 1년이 되는 날(1년 이내에 특수관계 소멸시 특수관계가 소멸되는 날)이 속하는 사업연도에 익금산입 및 소득처분하되(법인세과-391, 2011. 6. 2.), 그 후 미수이자를 수령시 이월익금으로 본다(법기통 15-11…12 ①).

한편, 상기에서 '채권 · 채무에 대한 쟁송으로 회수가 불가능한 경우 등 정당한 사유'는 다음의 경우를 말한다(법칙 §6의 2).

① 채권 · 채무에 대한 쟁송으로 회수가 불가능한 경우
② 특수관계인이 회수할 채권에 상당하는 재산을 담보로 제공하였거나 특수관계인의 소유재산에 대한 강제집행으로 채권을 확보하고 있는 경우
③ 해당 채권과 상계할 수 있는 채무를 보유하고 있는 경우
④ 그 밖에 위 ①부터 ③까지와 비슷한 사유로서 회수하지 아니하는 것이 정당하다고 인정되는 경우

MEMO

Step Ⅱ 서식의 이해

■ 작성요령Ⅰ - 가지급금 등의 인정이자조정명세서(갑)

❶ 「1. 적용 이자율 선택」란에는 다음에 따라 적는다.

가. 법인세법 시행령 제89조 제3항에 따라 원칙적으로 가중평균차입이자율을 적용하되, 같은 항 제1호, 제1호의 2 및 제2호에 따라 당좌대출이자율을 선택하는 경우에는 "√"표시를 한다.

나. 법인세법 시행령 제89조 제3항 제1호 및 제1호의 2에 따라 선택한 이자율은 해당 대여금 또는 차입금에만 적용하고, 그 외의 경우 선택한 이자율은 해당 사업연도의 모든 거래에 대하여 적용한다.

다. 법인세법 시행령 제89조 제3항 제2호에 따른 당좌대출이자율을 선택한 경우에는 선택한 사업연도와 이후 2개 사업연도에는 계속 당좌대출이자율을 시가로 적용하여야 한다.

(예) 2016. 1. 1. ~ 2016. 12. 31. 사업연도에 당좌대출이자율을 선택하고 이후 2년간 계속 적용하는 경우 선택사업연도는 2016. 1. 1. ~ 2016. 12. 31.을 기재

❷ 「가지급금적수(②, ⑫)」, 「가수금적수(③, ⑬)」, 「⑤ 인정이자」란은 가지급금 등의 인정이자조정명세서(을)〔별지 제19호 서식(을)〕의 각 해당란의 계 금액을 인명별로 적는다.

❹ 「⑪ 적용이자율 선택방법」은 다음 구분에 따라 적는다.

구분	기재 내용
법인세법 시행령 제89조 제3항 제1호	㉮
법인세법 시행령 제89조 제3항 제1호의 2	㉯
법인세법 시행령 제89조 제3항 제2호	㉰

[별지 제19호 서식(갑)] (2019. 3. 20. 개정)

사업 연도	. . . ~ . . .	가지급금 등의 인 조정명세서

1. 적용 이자율 선택 ❶

[ ] 원칙 : 가중평균차입이자율

[ ] 「법인세법 시행령」 제89조 제3항 제1호에 따라 해당 대

[ ] 「법인세법 시행령」 제89조 제3항 제1호의 2에 따라 해

[ ] 「법인세법 시행령」 제89조 제3항 제2호에 따른 당좌대

2. 가중평균차입이자율에 따른 가지급금 등의 인정이자

① 성명	②가지급금 적수(積數)	③가수금 적수	④차감적수 (②-③)	⑤ 인정이자
	❷	❷		❷
계				

3. 당좌대출이자율에 따른 가지급금 등의 인정이자 조정

⑩ 성명	⑪적용 이자율 선택방법	⑫가지급금 적수	⑬가수금 적수	⑭차감적수 (⑫-⑬)	⑮ 이자율
	❹	❷	❷		
계					

정이자 (갑)	법 인 명	
	사업자등록번호	

]여금 또는 차입금만 당좌대출이자율을 적용

당 대여금 또는 차입금만 당좌대출이자율을 적용

출이자율 (선택사업연도 . . . ~ . . .)

조정

⑥회사 계상액	시가인정범위		⑨조정액(=⑦) ⑦≥3억이거나 ⑧≥5%인경우
	⑦차액 (⑤-⑥)	⑧비율(%) (⑦/⑤)×100	
			❸

⑯인정이자 (⑭×⑮)	⑰회사 계상액	시가인정범위		⑳조정액(=⑱) ⑱≥3억이거나 ⑲≥5%인경우
		⑱차액 (⑯-⑰)	⑲비율(%) (⑱/⑯)×100	
❺				❸

❸ 「조정액(⑨, ⑳)」란에는 「차액(⑦, ⑱)」란의 금액이 3억원 이상이거나 「비율(⑧, ⑲)」란이 5% 이상인 경우에 적는다.

❺ 「⑯ 인정이자」란에는 「⑭ 차감적수」란의 금액에 이자율/365(윤년의 경우 366)를 곱하여 계산된 금액을 적는다.

■ 작성요령Ⅱ - 가지급금 등의 인정이자조정명세서(을)

❶ 「① 발생연월일」란에는 가중평균차입이자율 적용대상 가지급금의 최초 발생연월일을 적고, 「② 회수연월일」란에는 가중평균차입이자율 적용대상 가지급금의 최종 회수연월일을 적는다.

❷ 「연월일(③, ⑭, ㉓)」란에는 대여·회수 등 잔액(⑦, ⑱, ㉗)란의 금액이 변동되는 해당 일자를 적는다.

[별지 제19호 서식(을)] (2009. 3. 30. 개정)

사 업 연 도	. . . ~ . . .	가지급금 등의 인정이

1. 가중평균차입이자율에 따른 가지급금 등의 적수,

대여기간		③ 연월일	④적 요	⑤차 변	⑥대 변	⑦잔 (⑤-
①발생 연월일	②회수 연월일					
❶	❶	❷				
계						

2. 당좌대출이자율에 따른 가지급금 등의 적수 계산

⑭연월일	⑮적 요	⑯차 변	⑰대 변	⑱
❷				
계				

3. 가수금 등의 적수 계산

㉓연월일	㉔적 요	㉕차 변	
❷			
계			

자 조정명세서(을)	법 인 명	
	사업자등록번호	

직책(　　) 성명(　　)

인정이자 계산

잔액 (⑦-⑥)	⑧ 일수	⑨가지급금 적수 (⑦×⑧)	⑩가수금 적수	⑪차감 적수 (⑨-⑩)	⑫ 이자율	⑬인정 이자 (⑪×⑫)
			❺		❸	❹
		❻	❻	❻		❻

잔 액	⑲일수	⑳가지급금 적수(⑱×⑲)	㉑가수금적수	㉒차감적수 (⑳-㉑)
		❻	❺ ❻	❻

㉖대 변	㉗잔 액	㉘일수	㉙가수금적수 (㉗×㉘)

❸ 「⑫ 이자율」란에는 자금대여 시점 현재 각각의 차입금잔액(특수관계자로부터의 차입금 제외)에 차입 당시의 각각의 이자율을 곱한 금액의 합계액을 차입금잔액의 총액으로 나눈 이자율을 적는다.

❹ 「⑬ 인정이자」란에는 ⑪ 차감적수란의 금액에 이자율/365(윤년 366)을 곱하여 계산된 금액을 적는다.

❻ 「⑨~⑪, ⑬, ⑳~㉒란의 계 금액」을 가지급금 등의 인정이자 조정명세서(갑) 〔별지 제19호 서식(갑)〕의 ②~④, ⑤, ⑪~⑬에 각각 옮겨 적는다.

❺ 「가수금적수란(⑩, ㉑) 중 가수금적수(⑩)」란에는 ㉙ 가수금적수의 계란의 금액 중 먼저 발생한 가지급금의 가지급금적수부터 순서대로 상계하여 적고, 「가수금적수란(㉑)의 계」란에는 "3. 가수금 등의 적수 계산"의 가수금적수란(㉙)의 계 금액을 적는다.

세무조정 체크리스트

검 토 사 항	확인
1. 인정이자 계산대상 가지급금 확인	
① 계정과목, 명칭 여하에 불구하고 당해 법인의 업무와 직접적인 관련이 없거나 주된 수익사업으로 볼 수 없는 자금을 특수관계인에게 대여한 금액 확인	
② 출자자 등에 대한 무상 또는 저율의 대여금 등 확인	
③ 가지급금으로 어음발행한 경우는 어음결제일 기준	
2. 인명별 가지급금 확인	
3. 동일인에 대한 가지급금과 가수금은 상계하고 남은 금액에 대하여 인정이자 계산. 다만, 가지급금이나 가수금의 발생시에 각각 상환기간·이자율 등에 관한 약정이 있어 상계할 수 없는 경우는 제외	
4. 인정이자계산에서 제외되는 가지급금 확인	
① 근로복지기본법 제2조 제4호에 따른 우리사주조합 또는 그 조합원에게 해당 우리사주조합이 설립된 회사의 주식취득에 소요되는 자금을 대여한 금액	
② 소득세법 제131조 제1항 및 동법 제135조 제3항의 규정에 의하여 지급한 것으로 보는 미지급소득(배당소득, 상여금)에 대한 소득세 대납액(개인지방소득세와 미지급소득으로 인한 중간예납세액 상당액을 포함하며, 다음을 한도로 함) $\text{미지급소득에 대한 소득세액} = \text{종합소득 총결정세액} \times \dfrac{\text{미지급소득}}{\text{종합소득금액}}$	
③ 법인세법 시행령 제106조 제1항 제1호 단서의 규정(귀속불분명한 경우)에 의하여 대표자상여로 처분한 금액에 대한 소득세를 법인이 납부하고 이를 가지급금으로 계상한 금액	
④ 직원에 대한 월정급여액 범위 안의 일시적 급료의 가불금, 경조사비대여액	
⑤ 직원(자녀 포함)에 대한 학자금의 대여액	
⑥ 중소기업의 직원(지배주주 등인 직원은 제외)에 대한 주택구입·전세자금 대여금	
⑦ 배드뱅크에 대한 한국자산관리공사의 대여금	
⑧ 기타 법인세법 시행규칙 제44조 확인	
5. 적용할 인정이자율의 확인	
① 원칙 : 가중평균차입이자율	
② 예외 : 당좌대출이자율[2016. 3. 6. 이전 발생분은 6.9%, 2016. 3. 7. 이후 발생분은 4.6% 적용. 단, 2016. 3. 6. 이전에 종전의 당좌대출이자율(6.9%)에 따라 이자를 수수하기로 약정을 체결한 경우로서 약정기간이 있는 대여금에 대해서는 해당 약정기간의 만료일까지는 6.9% 적용]	
ㄱ. 가중평균차입이자율의 적용이 불가능한 사유(법칙 §43 ③)가 있는 경우 해당 대여금에 한정하여 당좌대출이자율 적용	
ㄴ. 대여기간이 5년을 초과하는 대여금이 있는 경우 해당 대여금에 한정하여 당좌대출이자율 적용	
ㄷ. 과세표준 신고시 당좌대출이자율을 시가로 선택하는 경우 선택한 사업연도와 이후 2개 사업연도는 당좌대출이자율 적용	
6. 부당행위에 해당하는지 여부를 확인하기 위해 인정이자상당액과 회사의 장부상 계상한 이자상당액의 차액이 3억원 이상이거나 시가의 5% 이상인지를 확인	

Step III 사례와 서식작성실무

예제

사 례

다음 자료를 이용하여 ㈜삼일의 제10기 사업연도(2024. 1. 1. ~ 2024. 12. 31.) 법인세 신고를 위한 특수관계인 가지급금 등에 대한 세무조정 및 인정이자조정명세서 〔별지 제19호 서식 (갑), (을)〕을 작성하라.

1. 대표이사 김갑동에 대한 가지급금 내역

월 일	적 요	차 변	대 변	잔 액	비 고
2024. 1. 1.	전기이월(*1)	10,000,000		10,000,000	전액 일시가불로써, 상환기간 및 이자율 등에 대한 약정이 없음. 김갑동에 대한 미수이자를 500,000 계상함.
3. 9.	가불일부회수		5,000,000	5,000,000	
5. 31.	소득세가불(*2)	7,000,000		12,000,000	
8. 16.	일시가불	3,000,000		15,000,000	
12. 31.	차기이월			15,000,000	

(*1) 전액 2023년 5월 1일 발생 분으로서 2023년 중 변동이 없었음.
(*2) 전액 당해 사업연도말까지 미지급된 배당소득에 대한 세액임.

2. 대표이사 김갑동에 대한 가수금 내역

월 일	적 요	차 변	대 변	잔 액	비 고
2024. 4. 1.	일시가수		3,000,000	3,000,000	
5. 31.	일부반제	2,000,000		1,000,000	
6. 10.	반 제	1,000,000		0	

3. 기타 특수관계인에 대한 가지급금 및 가수금 내역

성 명	대여일	가지급금적수	가수금적수	차감적수	미수이자 계상액
홍길동(대주주)	2024. 2. 1.	1,320,000,000	0	1,320,000,000	0
㈜용산	2024. 6. 1.	1,352,000,000	1,632,158,000	△280,158,000	0
㈜신용산(*3)	2024. 10. 1.	1,035,000,000	0	1,035,000,000	225,000

(*3) 관계회사 ㈜신용산에 대한 대여금은 상환기간 및 이자율 등에 관한 약정이 있는 대여금임.

4. 차입금 및 지급이자 내역(모든 차입금은 고정금리이며, 당기 중 추가차입 및 상환은 없었음)

이자율	차입일	차입금적수	차입금액	지급이자
연 25%(*4)	2024. 1. 1.	912,500,000	2,500,000	625,000
연 20%	2023. 3. 5.	1,825,000,000	5,000,000	1,000,000
연 15%	2024. 2. 1.	5,010,000,000	15,000,000	2,058,904
연 10%(*5)	2023. 5. 1.	7,300,000,000	20,000,000	2,000,000
연 8%	2024. 8. 4.	4,500,000,000	30,000,000	983,606

(*4) 채권자가 불분명한 사채임.
(*5) 특수관계인으로부터의 차입금임.

5. ㈜삼일은 당해 사업연도의 가지급금 등에 대한 인정이자를 계산함에 있어서 적용할 이자율은 가중평균차입이자율이며, 가중평균차입이자율을 적용하기 곤란한 사유는 없는 것으로 가정한다.

해 설

1. 가지급금 등의 인정이자조정명세서(을)을 먼저 작성한다.
   (1) 가지급금 인정이자 계산 대상이 다수인 경우에는 인별로 작성한다. 단, 본 사례의 경우에는 대표이사 김갑동에 한하여 인정이자조정명세서(을)를 작성하기로 한다.
   (2) 가수금적수는 먼저 발생한 가지급금의 가지급금적수부터 순서대로 상계하는 것이므로, '가지급금 등의 인정이자 조정명세서(을)'의 가수금적수란(⑩)에는 ㉙가수금적수의 계란의 금액 중 먼저 발생한 가지급금의 가지급금적수부터 순서대로 상계하여 적고, 가수금적수란(㉑)의 계란에는 가수금적수란(㉙)의 계 금액을 적는다.
   (3) 대표이사 김갑동에 대한 가지급금 및 가수금적수의 계산
   ① 2023년 5월 1일 발생 분

잔 액	기 간	일 수	적 수	비 고
10,000,000	1. 1. ~ 3. 8.	68	680,000,000	가지급금 중 5. 31.의 7,000,000원은 미지급 배당소득에 대한 종합소득세 해당액이므로 인정이자를 계산하지 않음.
5,000,000	3. 9. ~ 12. 31.	298	1,490,000,000	
가지급금 적수 소계(A)		366	2,170,000,000	
3,000,000	4. 1. ~ 5. 30.	60	180,000,000	
1,000,000	5. 31. ~ 6. 9.	10	10,000,000	
가수금 적수 소계(B)		70	190,000,000	
차감 적수 잔액(A-B)			1,980,000,000	

   ② 2024년 8월 16일 발생 분

잔 액	기 간	일 수	적 수	비 고
3,000,000	8. 16. ~ 12. 31.	138	414,000,000	-
가지급금 적수 소계		138	414,000,000	

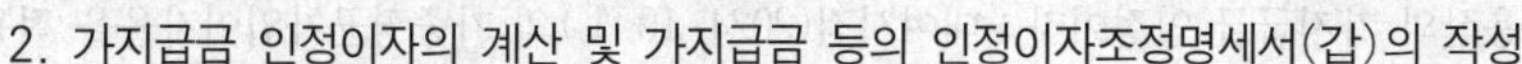

2. 가지급금 인정이자의 계산 및 가지급금 등의 인정이자조정명세서(갑)의 작성

(1) 관계회사 ㈜용산의 경우 가수금의 적수가 가지급금의 적수를 초과하므로 인정이자를 계산하지 아니하며 인명별 계산원칙상 타인의 가지급금적수와 상계하지 아니한다.

(2) 가중평균차입이자율 및 인정이자의 계산

① 가중평균차입이자율의 계산

특수관계인에 대한 차입금 및 채권자가 불분명한 사채는 가중평균차입이자율 계산에서 제외한다.

이자율(고정금리)	당초차입금	차입일	대여시점별 차입금 잔액			
			2023. 5. 1.	2024. 2. 1.	2024. 8. 16.	2024. 10. 1.
연 20%	5,000,000	2023. 3. 5.	5,000,000	5,000,000	5,000,000	5,000,000
연 15%	15,000,000	2024. 2. 1.	-	15,000,000	15,000,000	15,000,000
연 8%	30,000,000	2024. 8. 4.	-	-	30,000,000	30,000,000
합계	50,000,000	-	5,000,000	20,000,000	50,000,000	50,000,000

• 2023년 5월 1일의 가중평균차입이자율 : 20%

• 2024년 2월 1일의 가중평균차입이자율 :

$$\text{가중평균 차입이자율} = \frac{5{,}000{,}000 \times 20\% + 15{,}000{,}000 \times 15\%}{20{,}000{,}000} = 16.25\%$$

• 2024년 8월 16일의 가중평균차입이자율 :

$$\text{가중평균 차입이자율} = \frac{5{,}000{,}000 \times 20\% + 15{,}000{,}000 \times 15\% + 30{,}000{,}000 \times 8\%}{50{,}000{,}000} = 11.3\%$$

• 2024년 10월 1일의 가중평균차입이자율 :

$$\text{가중평균 차입이자율} = \frac{5{,}000{,}000 \times 20\% + 15{,}000{,}000 \times 15\% + 30{,}000{,}000 \times 8\%}{50{,}000{,}000} = 11.3\%$$

② 인정이자의 계산

㉠ 대표이사 김갑동의 가지급금 인정이자 :

• 대여시점이 2023년 5월 1일인 가불금 : 대여시점(2023. 5. 1.)의 가중평균차입이자율을 적용하여 인정이자를 계산한다.

$$\text{인정이자} = ₩1{,}980{,}000{,}000 \times 20\% \times \frac{1}{366} = ₩1{,}081{,}967$$

• 대여시점이 2024년 8월 16일인 가불금 : 대여시점(2024. 8. 16.)의 가중평균차입이자율을 적용하여 인정이자를 계산한다.

$$\text{인정이자} = ₩414{,}000{,}000 \times 11.3\% \times \frac{1}{366} = ₩127{,}819$$

㉡ 홍길동(대주주)의 가지급금 인정이자 : 대여시점(2024. 2. 1.)의 가중평균차입이자율을 적용하여 인정이자를 계산한다.

$$\text{인정이자} = ₩1{,}320{,}000{,}000 \times 16.25\% \times \frac{1}{366} = ₩586{,}065$$

㉢ ㈜신용산의 가지급금 인정이자 : 대여시점(2024. 10. 1.)의 가중평균차입이자율을 적용하여 인정이자를 계산한다.

$$\text{인정이자} = ₩1,035,000,000 \times 11.3\% \times \frac{1}{366} = ₩319,549$$

3. 가지급금 인정이자 계산에 따른 세무조정 수행

(1) 대표이사에 대하여 다음과 같이 세무조정한다.

법인이 특수관계인 간의 금전거래에 있어서 상환기간 및 이자율 등에 대한 약정이 없는 대여금 및 가지급금 등에 대하여 결산상 미수이자를 계상한 경우라도 미수이자는 익금불산입하고 그 상당액을 가지급금 인정이자로 익금에 산입한다(법기통 67-106…10). 이 때 계산된 인정이자가 시가의 5% 이상이므로 부당행위계산 부인을 적용한다.

〈익금불산입〉 미수이자 500,000 (△유보)

〈익금산입〉 인정이자 1,209,786 (상여)

(2) 대표이사 외의 특수관계인에 대한 인정이자를 다음과 같이 세무조정한다.

① 대주주 홍길동에 대한 세무조정

계산된 인정이자가 시가의 5% 이상이므로 인정이자상당액을 익금에 산입한다.

〈익금산입〉 인정이자 586,065 (배당)

② 특수관계법인 ㈜신용산에 대한 세무조정

상환기간 및 이자율 등에 대한 약정이 있고 약정에 따라 미수이자를 계상하였으므로 미수이자에 대한 세무조정은 없으며, 계산된 인정이자상당액과 회사가 장부에 계상한 이자상당액의 차액이 시가(인정이자 상당액)의 5% 이상이므로 부당행위계산 부인을 적용한다.

〈익금산입〉 인정이자 94,549 (기타사외유출)

[별지 제19호 서식(을)] (2009. 3. 30. 개정)

사 업 연 도	2024. 1. 1. ~ 2024. 12. 31.	가지급금 등의 인정이자조정명세서(을)	법 인 명	(주)삼일
			사업자등록번호	×××-××-×××××

직책(대표이사) 성명 (김길동)

1. 가중평균차입이자율에 따른 가지급금 등의 적수, 인정이자 계산

대여기간		③ 연월일	④적 요	⑤차 변	⑥대 변	⑦잔 액 (⑤-⑥)	⑧ 일수	⑨가지급금 적수 (⑦×⑧)	⑩가수금 적수	⑪차감적수 (⑨-⑩)	⑫ 이자율	⑬인정이자 (⑪×⑫)
①발생 연월일	②회수 연월일											
2023.5.1.		2024.1.1.	전기이월	10,000,000		10,000,000	68	680,000,000				
2023.5.1.		2024.3.9.	가불일부회수		5,000,000	5,000,000	298	1,490,000,000				
2023.5.1.		2024.12.31.	차기이월			5,000,000		2,170,000,000	190,000,000	1,980,000,000	20%	1,081,967
2024.8.16.		2024.8.16.	일시가불	3,000,000		3,000,000	138	414,000,000				
2024.8.16.		2024.12.31.	차기이월			3,000,000	소계	414,000,000		414,000,000	11.3%	127,819
계				13,000,000	5,000,000	8,000,000		2,584,000,000	190,000,000	2,394,000,000		1,209,786

2. 당좌대출이자율에 따른 가지급금 등의 적수 계산

⑭연월일	⑮적 요	⑯차 변	⑰대 변	⑱잔 액	⑲일수	⑳가지급금 적수(⑱×⑲)	㉑가수금적수	㉒차감적수 (⑳-㉑)
계								

3. 가수금 등의 적수 계산

㉓연월일	㉔적 요	㉕차 변	㉖대 변	㉗잔 액	㉘일수	㉙가수금적수 (㉗×㉘)
2024.4.1.	일시가수		3,000,000	3,000,000	60	180,000,000
2024.5.31.	일부반제	2,000,000		1,000,000	10	10,000,000
2024.6.10.	반제	1,000,000		0		
계		3,000,000	3,000,000	0		190,000,000

[별지 제19호 서식(갑)] (2019. 3. 20. 개정)

사업연도	2024. 1. 1. ~ 2024. 12. 31.	가지급금 등의 인정이자 조정명세서(갑)	법 인 명	(주)삼일
			사업자등록번호	

1. 적용 이자율 선택

[√] 원칙 : 가중평균차입이자율

[ ] 「법인세법 시행령」 제89조 제3항 제1호에 따라 해당 대여금 또는 차입금만 당좌대출이자율을 적용

[ ] 「법인세법 시행령」 제89조 제3항 제1호의 2에 따라 해당 대여금 또는 차입금만 당좌대출이자율을 적용

[ ] 「법인세법 시행령」 제89조 제3항 제2호에 따른 당좌대출이자율 (선택사업연도 . . . ~ . . .)

2. 가중평균차입이자율에 따른 가지급금 등의 인정이자 조정

① 성명	②가지급금 적수(積數)	③가수금 적수	④차감적수 (②-③)	⑤ 인정이자	⑥회사 계상액	시가인정범위 ⑦차액 (⑤-⑥)	시가인정범위 ⑧비율(%) (⑦/⑤)×100	⑨조정액(=⑦) ⑦≥3억이거나 ⑧≥5%인경우
김갑동	2,584,000,000	190,000,000	2,394,000,000	1,209,786	0	1,209,786	100%	1,209,786
홍길동	1,320,000,000	0	1,320,000,000	586,065	0	586,065	100%	586,065
㈜신용산	1,035,000,000	0	1,035,000,000	319,549	225,000	94,549	29.58%	94,549
계	4,939,000,000	190,000,000	4,749,000,000	2,115,400	225,000			1,890,400

3. 당좌대출이자율에 따른 가지급금 등의 인정이자 조정

⑩ 성명	⑪적용 이자율 선택방법	⑫가지급금 적수	⑬가수금 적수	⑭차감적수 (⑫-⑬)	⑮ 이자율	⑯인정이자 (⑭×⑮)	⑰회사 계상액	시가인정범위 ⑱차액 (⑯-⑰)	시가인정범위 ⑲비율(%) (⑱/⑯)×100	⑳조정액(=⑱) ⑱≥3억이거나 ⑲≥5%인경우
계										

감가상각비

관련 법령

- 법법 §23
- 법령 §24, §25, §26, §26의 2, §26의 3, §27, §28, §29, §29의 2, §30, §31, §32, §33, §34
- 법칙 §12, §13, §13의 2, §14, §15, §16, §17
- 조특법 §28, §28의 2, §28의 3, §28의 4
- 조특령 §25, §25의 2, §25의 3, §25의 4
- 조특칙 §13의 10

최근 주요 개정 내용

- 금형 감가상각 내용연수 변경(법칙 별표 5)

종 전	현 행
□ 자산별 기준내용연수	□ 금형에 대해 자산별 기준내용연수 적용
○ 차량 및 운반구, 공구, 기구 및 비품 : 5년	○ 차량 및 운반구, 공구, 기구 및 비품, 금형* : 5년 * 종전에는 업종별 기준내용연수 적용
○ 선박 및 항공기 : 12년	○ (좌 동)
○ 연와조, 블록조, 콘크리트조, 토조, 토벽조, 목조 등의 모든 건물과 구축물 : 20년	○ (좌 동)
○ 철골·철근콘크리트조, 연와석조 등의 모든 건물과 구축물 : 40년	○ (좌 동)

➡ 개정일자 : ㉾ 2024. 3. 22.
적용시기 : 2024년 4월 1일부터 시행

최근 주요 개정 내용	
	• 업종별 감가상각 내용연수표 현행화(법칙 별표 6)

종 전	현 행
□ 업종별 자산의 기준내용연수 및 내용연수 범위표 ㅇ 방송업 : 5년(4년~6년) ㅇ 보험 및 연금업 : 5년(4년~6년) ㅇ 담배제조업 : 12년 〈단서 신설〉	□ 한국표준산업분류 개정* 반영(개정 전·후 각 업종의 기준내용연수는 동일) * 11차 개정 시행일 : 2024. 7. 1. ㅇ 방송업 → 방송 및 영상·오디오물 제공 서비스업 ㅇ 보험 및 연금업 → 보험업 ㅇ (좌 동) - 다만, 니코틴이 함유된 전자담배 기기용 용액 제조*는 한국표준산업분류 개정 전과 동일하게 8년 적용 * 표준산업분류 제11차 개정으로 중분류 "화학물질 및 화학제품 제조업"(기준내용연수 8년) → "담배제조업"(12년)으로 이동

➡ 개정일자 : ㉠ 2024. 3. 22.
적용시기 : 2024년 7월 1일부터 시행

관련 서식

• 법인세법 시행규칙

[별지 제20호 서식(1)] 유형자산감가상각비 조정명세서(정률법)
[별지 제20호 서식(2)] 유형·무형자산감가상각비 조정명세서(정액법)
[별지 제20호 서식(3)] 감가상각비신고조정명세서
[별지 제20호 서식(4)] 감가상각비조정명세서합계표
[별지 제63호 서식] 감가상각방법신고서 등

• 조세특례제한법 시행규칙

[별지 제9호의 4 서식(1)] 감가상각비조정명세서(정률법)
[별지 제9호의 4 서식(2)] 감가상각비조정명세서(정액법)
[별지 제9호의 4 서식(3)] 감가상각비조정명세서합계표
[별지 제9호의 5 서식] 내용연수 특례적용 신청서

제6절

감가상각비

6

Step I 내용의 이해

1. 개 요

1-1. 감가상각의 의의

기계장치나 건축물과 같은 유·무형자산은 소모·노후 등의 물리적인 원인이나 경제적 여건 변동·자산 기능 변화 등의 기능적 원인에 의하여 그 효용이 점차로 감소한다. 이러한 유·무형자산의 효용감소분을 그 자산의 내용연수 동안 체계적이고 합리적인 방법으로 기간손익에 배분하는 절차를 '감가상각(depreciation)'이라 한다.

즉, 감가상각은 유·무형자산의 시장가치가 감소한 것을 인식하는 자산평가과정이 아니라 유·무형자산의 감가상각대상금액을 그 자산의 내용연수 동안 체계적인 방법에 의하여 각 회계기간에 배분하는 원가배분과정을 의미한다(K-IFRS 1016호 문단 6, 1038호 문단 8 및 일반기준 10장·11장 용어의 정의).

1-2. 법인세법상 감가상각제도의 특징

1-2-1. 감가상각비 계산요소의 법정화

감가상각비를 산정하기 위해서는 유·무형자산의 "취득가액·잔존가액·내용연수·상각방법"의 네 가지 계산요소가 필요하다. 이러한 감가상각비 계산요소에 있어 기업회계와 법인세법간 다음과 같은 차이가 있다.

계산요소	기업회계	법인세법
잔존가액	합리적 추정가액	'0(영)'
내용연수	합리적 추정연수	자산종류별 · 업종별로 내용연수 법정화
상각방법	합리적 · 체계적인 것이면 모두 인정	정액법 · 정률법 · 생산량비례법

1-2-2. 결산조정항목

법인세법상 유 · 무형자산의 감가상각비는 법인이 결산서에 비용으로 계상한 경우에만 손금으로 인정되는 결산조정사항이다. 따라서 결산서에 계상하지 아니한 감가상각비는 이를 세무조정을 통해 손금에 산입하거나 국세기본법 제45조의 2에 따라 경정청구할 수 없다(법기통 23-0…1). 다만, 2010년 12월 30일이 속하는 사업연도 분부터는 한국채택국제회계기준(K-IFRS)을 적용하는 내국법인이 보유한 유형자산과 일정한 무형자산에 대하여 법인세법 제23조 제2항에 따라 일정한도의 범위 내에서 신고조정에 의하여 손금산입할 수 있다. 또한, 2011년 1월 1일 이후 개시하는 사업연도분부터는 법인세법과 다른 법률에 따라 법인세를 감면 · 면제받은 법인의 경우 법인세법 제23조 제3항 및 같은 법 시행령 제30조에 따라 감가상각 의제액(미달 상각액)을 신고조정에 의하여 손금에 산입하여야 하며, 2016년 1월 1일 이후 개시하는 사업연도 분부터는 업무용승용차의 감가상각이 강제화되어 한도미달액이 발생한 경우 신고조정에 의해 손금에 산입하여야 한다. 이외에도 법인세법 시행령 제19조 제5호의 2에 따른 특수관계인으로부터 사업양수한 자산의 감가상각비의 손금산입특례, 조세특례제한법 제28조에 따른 서비스업 감가상각비의 손금산입특례, 제28조의 2에 따른 중소 · 중견기업 설비투자자산의 감가상각비 손금산입특례, 제28조의 3에 따른 설비투자자산의 감가상각비 손금산입특례, 제28조의 4에 따른 에너지절약시설의 감가상각비 손금산입특례에 의한 감가상각비는 신고조정에 의하여 손금에 산입할 수 있다.

1-2-3. 임의상각제도

기업회계에서는 수익 · 비용의 적정한 대응을 위하여 감가상각비를 반드시 결산서에 계상하여야 하므로, 감가상각비의 과대계상은 물론 과소계상도 원칙적으로 허용되지 않는다.

그러나, 법인세법에서는 감가상각비 한도액을 규정하고 있을 뿐이고 미상각잔액이 있는 한 내용연수 경과에도 불구하고 법인의 의사에 따라 한도액의 범위 내에서 감가상각비를 계상할 수 있다.

2. 감가상각자산의 범위

2-1. 개 요

감가상각자산은 토지를 제외한 다음의 유 · 무형자산으로 하되, 후술하는 '3. 감가상각대상에서 제외되는 자산'은 제외한다(법령 §24 ①).

감가상각자산의 범위

구 분	구체적인 범위
유형자산	① 건축물(건물 및 부속설비와 구축물) ② 차량 및 운반구, 공구, 기구 및 비품 ③ 선박 및 항공기 ④ 기계 및 장치 ⑤ 동물 및 식물 ⑥ 기타 ① 내지 ⑤의 자산과 유사한 유형자산
무형자산	① 영업권(*), 디자인권, 실용신안권, 상표권 ② 특허권, 어업권, 양식업권, 해저광물자원 개발법에 의한 채취권, 유료도로관리권, 수리권, 전기가스공급시설이용권, 공업용수도시설이용권, 수도시설이용권, 열공급시설이용권 ③ 광업권, 전신전화전용시설이용권, 전용측선이용권, 하수종말처리장시설관리권, 수도시설관리권 ④ 댐사용권 ⑤ 개발비 ⑥ 사용수익기부자산가액 ⑦ 전파법 제14조의 규정에 의한 주파수이용권 및 공항시설법 제26조의 규정에 의한 공항시설관리권 ⑧ 항만법 제24조에 따른 항만시설관리권

(*) 2010년 7월 1일 이후 최초로 합병, 분할하는 분부터는 합병 또는 분할로 인하여 합병법인 등이 계상한 영업권은 제외함.

2-2. 장기할부매입 감가상각자산

감가상각자산이 되기 위해서는 원칙적으로 법인 소유의 자산이어야 한다. 그러나, 장기할부조건 등으로 매입한 감가상각자산은 법인이 해당 자산의 가액 전액(현재가치할인차금 제외)을 자산으로 계상하고 사업에 사용하는 경우에는 그 대금의 청산 또는 소유권의 이전 여부에 관계없이 이를 감가상각자산에 포함한다(법령 §24 ④).

여기서 '장기할부조건'이라 함은 자산의 판매 또는 양도(국외거래에 있어서는 소유권이전 조건부 약정에 의한 자산의 임대를 포함함)로서 다음의 요건을 모두 충족하는 것을 말한다(법령 §68 ④).

① 판매금액 또는 수입금액을 월부 · 연부 기타의 지불방법에 따라 2회 이상으로 분할하여 수입하는 것

② 당해 목적물의 인도일(상품 등 외의 자산은 소유권이전등기 · 등록일, 인도일 및 사용수익일 중 빠른 날)의 다음 날부터 최종의 할부금의 지급기일까지의 기간이 1년 이상인 것

관련사례

- 분할상환하는 임차료상당액이 실질적인 장기할부조건에 의한 자산취득인 경우 감가상각 여부
  법인이 자산을 임차하여 일정기간 내에 분할상환하는 임차료상당액이 사실상 장기할부조건에 의한 자산의 취득에 해당하는 경우에는 취득가액을 자산으로 계상하고 감가상각하는 것임(법인 46012-107, 2001. 1. 11.).

한편, 국적취득조건부로 수입한 선박에 대하여 법인소유자산으로 보아 감가상각비를 계상하던 중 선박을 반환하는 경우 이미 손금에 산입한 감가상각비는 반환을 사유로 이를 익금에 산입하지 않는 것이며, 반환 당시의 선박가액에 대한 미지급잔액과 선박의 장부가액(감가상각누계액을 공제한 잔액)과의 차액은 이를 반환하는 사업연도의 익금 또는 손금으로 한다(법기통 23-24…4). 이는 장기할부매입조건 등으로 매입한 감가상각자산의 반환시에도 동일하게 적용되어야 할 것이다.

2-3. 영업권

2-3-1. 영업권의 범위

감가상각자산의 범위에 해당하는 무형자산으로서의 영업권에는 다음의 금액이 포함되는 것으로 한다(법칙 §12 ①).

① 사업의 양도·양수과정에서 양도·양수자산과는 별도로 양도사업에 관한 허가·인가 등 법률상의 지위, 사업상 편리한 지리적 여건, 영업상의 비법, 신용·명성·거래처 등 영업상의 이점 등을 고려하여 적절한 평가방법에 따라 유상으로 취득한 금액

② 설립인가, 특정사업의 면허, 사업의 개시 등과 관련하여 부담한 기금·입회금 등으로서 반환청구를 할 수 없는 금액과 기부금 등

관련사례

- 자본의 차감항목으로 처리한 영업권을 감가상각 할 수 있는지 여부
  특수관계자로부터 자산을 양수하면서 양수법인이 영업권을 평가하여 자본잉여금으로 회계처리한 경우 당해 영업권은 법인세법 시행령 제19조 제5호의 2의 규정에 따라 감가상각비 상당액을 손금에 산입할 수 있는 것임(서면법인-3810, 2016. 7. 12.).
- 세무상 영업권이 인정되는 사업의 양도·양수의 범위
  법인세법 시행규칙 제12조 제1항 제1호에서 말하는 사업의 양수란 양수인이 양도인으로부터 그의 모든 사업시설뿐만 아니라 영업권 및 그 사업에 관한 채권, 채무 등 일체의 인적, 물적 권리와 의무를 양수함으로써 양도인과 동일시되는 정도로 법률상의 지위를 그대로 승계하는 것을 의미함(대법 2011두 9904, 2014. 11. 27.).

- 개발사업 실시계획변경 승인 조건으로 지방자치단체에 저가공급시 발생하는 손실의 영업권 해당 여부

  법인이 국책사업의 공동개발사업시행자로 개발사업 실시계획변경 승인 조건으로 국제회의장을 신축하여 지방자치단체에 저가로 공급함으로써 발생하는 손실은 영업권의 취득을 위한 지출에 해당함(서면2팀-1100, 2006. 6. 14.).

- 특정사업의 인가조건 또는 인·허가의 대가로 약정에 의하여 지출하는 기부금의 영업권 해당 여부

  특정사업의 인가조건 또는 인·허가의 대가로 약정에 의하여 지방자치단체에 지출하는 기부금은 영업권의 취득을 위한 지출에 해당함(서면2팀-167, 2006. 1. 20.).

- 프로농구단 인수시 합리적으로 평가하여 지출한 금액의 영업권 해당 여부

  프로농구단 운영시 미래현금흐름과 광고효과를 합리적으로 추정하여 현재가치로 평가하고 지출한 금액을 영업권으로 계상하는 경우 법인세법 시행규칙 제12조의 규정에 의한 영업권으로 보는 것임(서면2팀-1427, 2005. 9. 6.).

- 사업승인 인·허가조건에 따른 해당지역 주민을 위한 지원금 등의 영업권 해당 여부

  원자력발전소 건설을 위하여 산업자원부의 사업승인 인·허가조건에 따라 지출되는 해당지역 주민을 위한 시설물의 신축을 위한 지원금 등은 원자력발전소 운영사업자의 영업권에 해당함(서면2팀-1338, 2005. 8. 19.).

- 사업장용 건물을 임차하면서 선점 임차인에게 지급하는 비반환성 권리금의 영업권 해당 여부

  법인이 새로운 사업장용 건물을 임차하면서 선점 임차인에게 지급하는 비반환성 권리금으로서 사업상 편리한 지리적 여건 등 영업상의 이점 등을 감안하여 적절히 평가하여 유상으로 지급한 금액은 영업권에 해당함(서이 46012-10970, 2002. 5. 7.).

2-3-2. 합병 또는 분할에 따른 영업권

(1) 2010년 7월 1일 이후 최초로 합병, 분할하는 분

합병 또는 분할로 인하여 합병법인 등이 계상한 영업권은 감가상각대상자산인 영업권의 범위에서 제외한다(법령 §24 ① 2호 가목).

(2) 2010년 6월 30일 이전 합병, 분할하는 분

영업권 중 합병 또는 분할의 경우 합병법인 또는 분할신설법인(분할합병의 상대방법인을 포함함)이 계상한 영업권은 합병법인 또는 분할신설법인(분할합병의 경우에 한함)이 피합병법인 또는 분할법인(소멸한 분할합병의 상대방법인을 포함함)의 자산을 평가하여 승계한 경우로서 피합병법인 또는 분할법인의 상호·거래관계 기타 영업상의 비밀 등으로 사업상 가치가 있어 대가를 지급한 것에 한하여 이를 감가상각자산으로 한다(구법령 §24 ④).

관련사례

- 피합병법인의 주식을 100% 취득하고 합병하는 경우 주식취득대가에 포함된 영업권 가치의 감가상각 자산 해당 여부

  피합병법인의 주식을 100% 취득하고 2년이 지나 흡수합병한 경우, 설령 주식취득 대가에 영업권을 구성하는 사업가치를 평가한 금액이 포함되어 있다하더라도 주식취득 대가로 지급한 금액은 합병으로 취득한 영업권의 대가에 해당한다고 볼 수 없으므로 감가상각 자산에 해당하지 않음(대법 2017두 39457, 2017. 7. 11.).

- 상장법인간 합병시 합병법인이 취득한 고객가치, 상표가치 등의 영업권 해당 여부

  주권상장법인 간 적격합병함에 있어 합병법인이 피합병법인의 자산을 평가하여 승계한 경우로서 피합병법인의 상호·거래관계 기타 영업상의 비밀 등의 사업상 가치를 한국채택국제회계기준에 따라 고객가치, 상표가치 등으로 계상하고 자본시장법이 정한 합병가액에 따라 합병한 경우 고객가치, 상표가치 등으로 계상한 그 금액은 구 법인세법 시행령 제24조 제4항(2010. 2. 18. 대통령령 제22035호로 개정되기 전의 것)에 따라 감가상각자산인 영업권에 해당하는 것임(재법인-275, 2015. 12. 21.).

2-4. 개발비

2-4-1. 개발비의 범위

개발비는 상업적인 생산 또는 사용 전에 재료·장치·제품·공정·시스템 또는 용역을 창출하거나 현저히 개선하기 위한 계획 또는 설계를 위하여 연구결과 또는 관련 지식을 적용하는 데 발생하는 비용으로서 기업회계기준에 따른 개발비 요건을 갖춘 것(산업기술연구조합 육성법에 따른 산업기술연구조합의 조합원이 해당 조합에 연구개발 및 연구시설 취득 등을 위하여 지출하는 금액을 포함함)을 말한다(법령 §24 ① 2호 바목).

즉, 법인세법상 무형자산으로 인정되는 개발비는 기업회계기준에 따른 개발비 요건을 갖추어야 하는 바, 기업회계기준상 개발비의 요건을 갖추지 못한 지출액은 해당 사업연도의 손금에 산입하여야 한다.

참고로 2021년 2월 17일 법인세법 시행령 제24조 개정 전에는 법인세법상 무형자산에 해당하는 개발비의 요건으로서 법인이 이를 감가상각자산으로 계상한 경우에 한하여 인정되었는 바(서면2팀-2778, 2004. 12. 29.), 무형자산인 개발비로 계상하지 아니한 금액은 그 지급이 확정된 사업연도의 손금에 산입하도록 하였다(법기통 23-26…9).

관련사례

- 다른 법인이 개발중인 기술을 유상취득시 개발비 해당 여부

감가상각자산에 해당하는 개발비에는 다른 법인이 개발중인 기술을 적정한 평가방법에 따라 평가하여 유상으로 취득한 것을 포함하는 것임(법인-482, 2011. 7. 18.).

:: 기업회계상 개발비의 회계처리

기업회계는 연구단계와 개발단계를 구분하고 있다. 즉, 연구단계에서 발생한 지출은 미래 경제적 효익의 제공가능성에 대한 불확실성이 큰 비용이므로 전액 발생한 기간의 비용으로 한다. 그러나, 연구단계에서 진전된 개발단계에서의 지출은 일정요건을 충족하는 경우에 한하여 무형자산인 개발비로 계상하며, 그 요건을 충족하지 못하는 경우에는 이를 발생한 기간의 비용으로 처리한다.

구 분		회계처리	상각방법	
			K-IFRS	일반기준
연구단계		연구비(당기비용)	–	
개발단계	다음의 인식 요건을 모두 충족 ① 무형자산의 정의요건(K-IFRS 1038호 문단 8 및 일반기준 11장 용어의 정의) ② 무형자산의 인식요건(K-IFRS 1038호 문단 21 및 일반기준 11장 문단 11.7) ③ 개발비의 인식요건(K-IFRS 1038호 문단 57 및 일반기준 11장 문단 11.20)	개발비(무형자산)	사용이 가능한 시점부터 법적 요인과 경제적 요인을 고려하여 가장 짧은 내용연수를 선택하고 경제적 효익이 소비되는 형태를 반영한 체계적인 방법(정액법, 체감잔액법, 생산량비례법 등)으로 상각하되, 소비형태를 결정할 수 없는 경우에는 정액법으로 상각함. 한편, 내용연수가 비한정인 무형자산의 경우에는 상각하지 않고 매년 또는 손상징후가 있을 때 손상검사를 수행함.	사용이 가능한 시점부터 법령이나 계약에 정해진 경우를 제외하고는 20년 이내의 기간 동안 경제적 효익이 소비되는 행태를 반영한 체계적인 방법[정액법, 체감잔액법(정률법 등), 연수합계법, 생산량비례법 등]으로 상각하되, 합리적인 상각방법을 정할 수 없는 경우에는 정액법으로 상각함.
	그 외의 경우	경상개발비(당기비용)	–	

2-4-2. 미상각개발비의 처리

개발비는 개발이 완료되어 관련제품의 판매 또는 사용이 가능하게 된 시점부터 감가상각이 가능하다. 다만, 법인이 법인세법 시행령 제24조 제1항 제2호 바목에 따른 개발비로 계상하였으나 해당 제품의 판매 또는 사용이 가능한 시점이 도래하기 전에 개발을 취소한 경우에는 다음의 요건을 모두 충족하는 날이 속하는 사업연도의 손금에 산입한다(법령 §71 ⑤).

① 해당 개발로부터 상업적인 생산 또는 사용을 위한 해당 재료·장치·제품·공정·시스템 또는 용역을 개선한 결과를 식별할 수 없을 것
② 해당 개발비를 전액 손비로 계상하였을 것

한편, 개발비와 관련한 제품개발이 성공함에 따라 개발비의 감가상각 개시 후에 관련제품의 판매·사용이 중지되는 경우의 미상각개발비는 그 자산성이 완전히 상실된 것이 아니므로 감가상각방법을 통하여 손금에 산입하여야 한다. 다만, 기술의 낙후로 인하여 자산성이 완전히 상실되어 법인세법 시행령 제31조 제7항의 규정에 해당되는 경우에는 장부가액에서 1천원을 공제한 금액을 폐기일이 속하는 사업연도의 손금에 산입할 수 있다(법인 46012-196, 2003. 3. 21.).

2-5. 사용수익기부자산

2-5-1. 의 의

사용수익기부자산가액이란 법인이 소유하거나 법인의 부담으로 취득한 금전 외의 자산을 일정한 기간 동안 사용하거나 또는 수익을 얻을 것을 조건으로 하여 국가·지방자치단체, 법인세법 제24조 제2항 제1호 라목부터 바목까지의 규정에 따른 법인 또는 법인세법 시행령 제39조 제1항 제1호에서 규정한 법인에게 무상으로 기부하는 자산의 장부가액을 말한다(법령 §24 ① 2호 사목). 따라서, 법인이 전술한 단체 등이 아닌 자에게 사용·수익하는 조건으로 무상으로 기부하는 자산은 사용수익기부자산이 아닌 선급임차료로 보거나 비지정기부금으로 보아 손금에 산입하지 아니한다.

법인세법은 사용수익기부자산을 무형자산의 하나로 규정하고 있다. 그러나, 기업회계기준에서는 사용수익기부자산에 대한 별도의 명문화된 규정을 두고 있지 않다. 다만, 한국회계기준원 질의회신(GKQA 01-158, 2001. 12. 7.) 등을 유추하여 볼 때, 법인세법과 마찬가지로 무형자산의 하나로 보는 것이 타당할 것이다.

2-5-2. 사용수익기부자산가액의 범위

사용수익기부자산가액은 기부 당시 당해 자산의 세무상 장부가액을 말한다. 동 가액에는 법인이 당해 기부자산에 대하여 부담하기로 한 부가가치세가 포함된다(법인 46012-3185, 1996. 11. 15.).

사용수익기부자산의 기부 당시 또는 그 이후에 추가적으로 발생하는 비용의 경우에는 그 성격에 따라 자본적 지출 또는 수익적 지출로 구분하여야 한다. 즉, 건설자금이자와 같은 자본적 지출의 경우에는 본래의 기부자산가액에 합산하여 차기 이후의 잔여사용수익기간의 손금으로 처리하고, 수익적 지출인 경우 그 발생연도의 손금으로 처리해야 한다(법인 22601-1109, 1990. 5. 18.).

2-6. 창업비 및 개업비

2-6-1. 기업회계

기업회계기준에 따르면 미래경제적효익을 가져오는 지출이 발생하였더라도 인식기준을 충족하는 무형자산이나 다른 자산이 획득 또는 창출되지 않는다면, 그 지출은 발생한 기간의 비용으로 인식한다. 예로서 법적 실체를 설립하는 데 발생한 법적비용(창업비)과 사무비용과 같은 설립원가, 새로운 시설이나 사업을 개시하기 위하여 발생한 지출(개업원가), 또는 새로운 영업을 시작하거나 새로운 제품이나 공정을 시작하기 위하여 발생하는 지출(신규영업준비원가) 등과 같은 사업개시비용은 발생시점에 비용으로 인식한다(K-IFRS 1038호 문단 69 및 일반기준 11장 부록 실11.17).

2-6-2. 법인세법

창업비는 2003년 1월 1일 이후 최초로 개시하는 사업연도 이후에 발생하는 분부터, 개업비는 2002년 1월 1일 이후 최초로 개시하는 사업연도 이후에 발생하는 분부터 기업회계와 동일하게 그 발생한 사업연도의 손금으로 처리하여야 한다.

2-7. 신주발행비 및 사채발행비

(1) 신주발행비

신주발행비는 증자의 경우에만 발생되는 것으로 신주발행을 위하여 직접 지출하는 신주발행 대행기관수수료, 증자 등기에 따른 등록면허세, 주권인쇄비 등이 있다. 기업회계기준에 따르면 이러한 거래원가 중 당해 자본거래가 없었다면 회피가능하고 당해 자본거래에 직접 관련되어 발생한 증분원가에 대해서는 자본에서 차감(일반기업회계기준의 경우 주식발행초과금에서 차감하거나 주식할인발행차금에 가산)하여 회계처리하도록 하고 있으며(K-IFRS 1032호 문단 37 및 일반기준 15장 문단 15.5), 법인세법도 신주발행비를 주식발행액면초과액 또는 주식할인발행차금에 반영토록 하고 있다(법법 §20).

(2) 사채발행비

사채발행비는 사채모집공고비, 금융기관수수료, 사채권인쇄비용, 등록면허세 등 사채발행을 위하여 직접적으로 발생한 비용을 말한다. 기업회계기준에 따르면 공정가치의 변동을 당기손익으로 인식하는 금융부채가 아닌 경우 당해 금융부채의 발행과 직접 관련되는 거래원가는 최초 인식하는 공정가치에 차감하여 측정하도록 하고 있으며(K-IFRS 1109호 문단 5.1.1 및 일반기준 6장 문단 6.12), 법인세법은 사채발행비를 사채할인발행차금에 반영하여 기업회계기준에 의한 사채할인발행차금의 상각방법에 따라 이를 손금에 산입하도록 규정하고 있다(법령 §71 ③).

2-8. 리스자산

2-8-1. 개 요

자산을 시설대여하는 자(이하 "리스회사"라 함)가 대여하는 해당 자산(이하 "리스자산"이라 함) 중 기업회계기준에 따른 금융리스(이하 "금융리스"라 함)의 자산은 리스이용자의 감가상각자산으로, 금융리스 외의 리스자산은 리스회사의 감가상각자산으로 한다(법령 §24 ⑤).

리스거래의 회계 및 세무처리에 자세한 내용은 '제2편 제2장 제9절 리스거래' 편을 참고하기 바란다.

2-8-2. 금융리스의 요건

법인세법에서는 리스자산의 분류에 대해 별도로 규정을 두지 아니하고 기업회계기준에 따라 금융리스와 운용리스로 분류하도록 하고 있다. 기업회계기준에서 리스는 계약의 형식보다는 거래의 실질에 따라 분류하며, 다음의 예시 중 하나 또는 그 이상에 해당하면 일반적으로 금융리스로 분류한다(K-IFRS 1116호 문단 63, 일반기준 13장 문단 13.6).

구 분	K-IFRS	일반기업회계기준
① 소유권이전 약정기준	리스기간 종료시점 이전에 기초자산의 소유권이 리스이용자에게 이전되는 경우	리스기간 종료시 또는 그 이전에 리스자산의 소유권이 리스이용자에게 이전되는 경우
② 염가매수선택권 약정기준	리스이용자가 선택권을 행사할 수 있는 날의 공정가치보다 충분히 낮을 것으로 예상되는 가격으로 기초자산을 매수할 수 있는 선택권을 가지고 있고, 그 선택권을 행사할 것이 리스약정일 현재 상당히 확실한 경우	리스실행일 현재 리스이용자가 염가매수선택권을 가지고 있고, 이를 행사할 것이 확실시 되는 경우
③ 리스기간기준	기초자산의 소유권이 이전되지는 않더라도 리스기간이 기초자산의 경제적 내용연수의 상당부분을 차지하는 경우	리스자산의 소유권이 이전되지 않을지라도 리스기간이 리스자산 내용연수의 상당부분(75% 이상)을 차지하는 경우(일반기준 13장 부록 실13.6)
④ 공정가치 회수기준	리스약정일 현재 리스료의 현재가치가 적어도 기초자산 공정가치의 대부분에 해당하는 경우	리스실행일 현재 최소리스료를 내재이자율로 할인한 현재가치가 리스자산 공정가치의 대부분(90% 이상)을 차지하는 경우(일반기준 13장 부록 실13.7)

구 분	K-IFRS	일반기업회계기준
⑤ 범용성 기준	기초자산이 특수하여 해당 리스이용자만이 주요한 변경 없이 사용할 수 있는 경우	리스이용자만이 중요한 변경 없이 사용할 수 있는 특수한 용도의 리스자산인 경우

2-8-3. 유동화전문회사가 양수한 금융리스자산

자산유동화에 관한 법률에 의한 유동화전문회사가 자산유동화계획에 따라 리스회사 등으로부터 당해 금융리스자산을 양수한 경우, 당해 자산은 계속적으로 리스이용자의 감가상각자산으로 한다(법령 §24 ⑥).

관련사례

• 한국채택국제회계기준의 도입으로 운용리스가 금융리스로 분류되는 경우 감가상각 세무처리
시설대여업을 영위하는 내국법인이 일반기업회계기준에 따라 운용리스로 분류하던 리스계약을 2015 사업연도부터 한국채택국제회계기준을 도입함에 따라 금융리스로 분류하는 경우, 해당 리스계약 중 2011년 1월 1일 이후 최초로 개시하는 사업연도에 대여하는 분부터는 법인세법 시행령 제24조 제5항 및 부칙(대통령령 제22577호, 2010. 12. 30.) 제4조에 따라 2015 사업연도부터 금융리스로 처리하는 것임(사전법령법인-218, 2015. 8. 28.).

2-9. 컴퓨터소프트웨어

2-9-1. 외부구입 소프트웨어

법인이 새로운 소프트웨어를 구입하거나 이를 그 법인의 업무에 사용할 수 있도록 변경하는데 소요되는 비용은 기구 및 비품으로 계상하여 감가상각하여야 한다. 그러나 소프트웨어를 컴퓨터와 함께 일괄 구입함으로써 그 가액의 구분이 불가능한 경우에는 컴퓨터가액에 포함하여 감가상각하여야 하며, 사용 중인 소프트웨어가 버전업(Version Up)됨에 따라 추가로 지출된 비용은 당해 자산에 대한 자본적 지출로 보아 감가상각자산에 포함하여야 한다(법인 46012-2126, 1999. 6. 5.).

한편, 법인이 게임소프트웨어를 이동통신사업자에 제공하고 동 이동통신사업자로부터 일정률의 수수료를 지급받는 사업을 영위하는 경우 등, 당해 소프트웨어가 법인의 직접 수익창출에 사용되는 경우에는 법인세법 시행규칙 별표 6의 업종별자산으로 보아 감가상각하여야 한다(서면2팀-705, 2004. 4. 6.).

2-9-2. 자체개발 소프트웨어

법인이 자체개발한 소프트웨어로서 기업회계기준에 따른 개발비의 요건을 갖춘 경우에는

법인세법 시행령 제24조 제1항 제2호 바목에 따른 개발비로 보아 감가상각하여야 한다. 한편, 자체개발한 소프트웨어로서 개발비에 해당하지 않는 경우에는 법인의 직접 수익창출에 사용되는지 여부에 따라 법인세법 시행규칙 별표 6의 업종별자산 또는 법인세법 시행규칙 별표 5 구분 1의 기구 및 비품으로 보아 감가상각하여야 한다(서면2팀-2068, 2005. 12. 14.).

관련사례

- 소프트웨어를 통신사업자에게 제공하고 사용료를 지급받는 법인의 소프트웨어에 대한 감가상각방법

  게임소프트웨어를 이동통신사업자에 제공하고 동 통신사업자로부터 일정률의 수수료를 지급받는 사업을 영위하는 법인이 동 통신사업자에게 제공한 게임프로그램의 감가상각비를 손금산입함에 있어 게임프로그램을 타인으로부터 매입한 경우에는 법인세법 시행규칙 별표 6의 업종별자산의 내용연수를 적용하는 것이며, 당해 법인이 자체개발한 프로그램을 제공한 경우로서 무형자산인식조건을 충족하여 개발비로 계상한 경우에는 이를 개발비에 의한 감가상각방법을 적용하는 것임(서면2팀-705, 2004. 4. 6.).

법인세법상 소프트웨어의 구분

구 분			계정분류	
외부 구입 소프트웨어	직접 수익창출에 사용		업종별 자산	유형자산
	그 외의 경우		기구 및 비품	
자체 개발 소프트웨어	자산인식조건 충족	개발비 요건 충족	개발비	무형자산
		직접 수익창출에 사용	업종별 자산	유형자산
		그 외의 경우	기구 및 비품	유형자산
	자산인식조건 미충족		당기 손금	

2-10. 예비부품

본연의 기계장치와 함께 구입한 예비부품은 당해 기계장치 가액에 포함하여 감가상각할 수 있다. 여기서 예비부품이란 비상시에 교체 사용하거나 또는 본연의 기계장치의 폐기시 함께 폐기하는 등 다른 기계설비로의 이용이 불가능한 범용성 없는 부품을 말한다(법인 46012-3462, 1996. 12. 12.). 이와 관련하여 법인세법 기본통칙 23-24…6에서는 검사 또는 수리기간 중에 운항 중인 항공기에 부착된 각종 계기 등과 상호 교환되어 사용되는 예비부품은 타 항공기로의 전용이 불가능함을 고려하여 당해 항공기 가액에 포함하여 감가상각할 수 있도록 규정하고 있다.

2-11. 임가공업체 등에게 무상으로 임대 또는 대여한 자산

법인이 자기 소유의 기계장치 등을 임가공업체의 영업장소에 제공하고 임가공업체가 당해 기계장치

등을 사용하여 생산한 제품을 전량 납품받는 경우로서 당해 기계장치 등의 소유법인을 위한 제품에만 사용되는 경우, 당해 기계장치에 대한 감가상각비는 임가공업체가 아닌 기계장치 등의 소유법인의 손금에 산입할 수 있다(제도 46012-10168, 2001. 3. 20. 및 법인 46012-1596, 2000. 7. 18.).

관련사례

• 모든 대리점에게 자사의 제품만을 판매하는 조건으로 대여하는 비품 등의 상각비 손금 여부
의약품 도매업 영위법인이 일정기간 동안 당해 도매법인의 의약품만을 사용한다는 조건으로 불특정 약국에게 시설·비품 등을 무상대여하기로 계약을 체결한 경우 또는 보험업을 영위하는 법인이 당해 법인의 보험만을 취급하는 모든 대리점에 대하여 대리점의 전산망설비, 집기비품 등의 자산을 무상으로 사용하도록 제공하는 경우로서 지출하는 시설비 등이 정상적인 거래로 인정될 수 있는 범위 안의 금액에 해당하는 경우에는 당해 자산의 감가상각비는 무상대여한 법인의 손금에 산입할 수 있음(서이 46012-11195, 2002. 6. 12. 및 서이 46012-10218, 2002. 2. 6.).

2-12. 국적취득조건부 나용선

'국적취득조건부 나용선'이란 내국법인이 외국인 소유의 선박을 용선하는 경우에 계약에 의한 일정기간의 용선료를 지급하면, 대한민국 국적을 취득하기로 하는 조건으로 빌려온 선박을 말한다. 이러한 국적취득조건부 나용선 계약에 의한 용선료의 지급은 실질적으로 그 나용선의 취득대가를 분할하여 지급하는 것과 동일하다. 따라서, 법인은 용선이 개시되는 시점에 그 선박을 법인이 소유한 것으로 보아 자산으로 계상하고 감가상각비를 손금에 산입할 수 있으며, 미지급용선료를 부채에 계상하고 용선료의 지급시 부채의 상환으로 처리할 수 있다.

한편, 법인이 감가상각비를 계상한 후에 당해 선박을 반환하는 경우, 기 손금산입된 감가상각비는 반환을 이유로 그 후 각 사업연도에 익금에 산입할 수 없으며, 반환 당시의 당해 선박에 대한 장부가액과 미지급잔액의 차액은 반환일이 속하는 사업연도에 익금 또는 손금으로 산입하여야 한다(법기통 23-24…4).

2-13. 동물 및 식물

사역용, 종축용, 착유용, 농업용, 경마용, 관람용 등에 사용되는 사업용 동물은 당해 동물이 성숙하여 사업에 사용이 가능하게 되는 시점부터 법인세법 시행규칙 [별표 6] 중 해당 업종의 내용연수를 적용하여 감가상각비를 계상한다. 다만, 동물원 운영업 등의 경우와 같이 관람용에 제공되는 동물은 관람에 제공하는 때부터 감가상각비를 계상한다(법기통 23-28…3).

2-14. 홈페이지 구축비용

법인이 대외홍보를 목적으로 인터넷 홈페이지를 구축하면서 소요되는 비용은 자산(기구 및 비품)으로 계상하여 동 홈페이지가 정상적으로 가동되기 시작한 날로부터 감가상각한다(법인 46012-306, 2001. 2. 6.).

3. 감가상각대상에서 제외되는 자산

3-1. 사업에 사용하지 않는 자산

감가상각자산은 원칙적으로 사업용으로 제공되고 있는 자산에 한한다. 즉, 사업에 사용하지 아니하는 자산에 대하여는 감가상각을 할 수 없으나, 다음에 해당하지 않는 유휴설비에 대하여는 감가상각이 가능하다(법령 §24 ③ 1호 및 법칙 §12 ③).

① 사용 중 철거하여 사업에 사용하지 아니하는 기계 및 장치 등
② 취득 후 사용하지 아니하고 보관 중인 기계 및 장치 등

예를 들어, 가동을 중단하고 매각을 위해 보관하고 있는 생산설비의 경우에는 감가상각자산에 해당하지 않으나(서이 46012-11751, 2002. 9. 19.), 기존 설비의 수선완료 후 조업이 일시 중단됨에 따라 당해 자산의 운휴기간 중에 발생하는 감가상각비는 손금에 산입할 수 있다(법인 46012-1503, 1998. 6. 9.).

:: 기업회계상 운휴자산의 처리

한국채택국제회계기준(K-IFRS)에서 감가상각은 자산이 매각예정자산으로 분류되는(또는 매각예정으로 분류되는 처분자산집단에 포함되는) 날과 자산이 제거되는 날 중 이른 날에 중지한다. 따라서 유형자산이 운휴 중이거나 적극적인 사용상태가 아니어도, 감가상각이 완전히 이루어지기 전까지는 감가상각을 중단하지 않는다. 그러나 유형자산의 사용정도에 따라 감가상각을 하는 경우에는 생산활동이 이루어지지 않을 때 감가상각액을 인식하지 않을 수 있다(K-IFRS 1016호 문단 55). 일반기업회계기준에서는 내용연수 도중 사용을 중단하고 처분예정인 유형자산은 사용을 중단한 시점의 장부금액으로 표시한다. 이러한 자산에 대해서는 투자자산으로 재분류하고 감가상각을 하지 않으며, 손상차손 발생여부를 매 보고기간말에 검토한다. 내용연수 도중 사용을 중단하였으나, 장래 사용을 재개할 예정인 유형자산에 대해서는 감가상각을 하되, 그 감가상각액은 영업외비용으로 처리한다(일반기준 10장 문단 10.35).

3-2. 건설 중인 자산

건설 중인 자산(설치 중인 자산 또는 그 성능을 시험하기 위한 시운전기간에 있는 자산을 포함함)은

감가상각이 배제된다. 그러나, 건설 중인 자산의 일부가 완성되어 당해 부분이 사업에 사용되는 경우 그 부분은 이를 감가상각자산에 해당하는 것으로 한다(법령 §24 ③ 2호 및 법칙 §12 ④).

3-3. 시간의 경과에 따라 가치가 감소하지 않는 자산

감가상각은 시간의 경과나 사용에 따라 감소되는 자산의 가치를 인위적인 방법에 따라 합리적으로 추정하여 원가 배분하는 과정이다. 따라서, 시간의 경과에 따라 가치의 변화가 없거나 시간의 경과에 따라 오히려 가치가 증대되는 토지, 서화, 골동품, 조경수(법인 46012-3478, 1994. 12. 20.) 등은 감가상각자산이 아니다(법령 §24 ③ 3호).

4. 감가상각비의 손금산입방법

4-1. 결산조정

감가상각비는 법인이 결산을 확정함에 있어서 이를 손비로 계상하는 경우에 한하여 손금으로 인정받을 수 있는 결산조정 항목이다. 따라서, 법인이 당초 결산시 감가상각비를 손비로 계상하지 아니한 경우에는 이를 신고조정에 의하여 손금에 산입하거나 경정청구를 할 수 없다(법기통 23-0…1).

다만, 2010년 12월 30일이 속하는 사업연도 분부터는 한국채택국제회계기준(K-IFRS)을 적용하는 내국법인이 보유한 유형자산과 일정한 무형자산에 대하여 법인세법 제23조 제2항에 따라 일정한도의 범위 내에서 신고조정에 의하여 손금산입할 수 있다. 또한, 2011년 1월 1일 이후 개시하는 사업연도 분부터는 법인세법과 다른 법률에 따라 법인세를 감면·면제받은 법인의 경우 법인세법 제23조 제3항 및 같은 법 시행령 제30조에 따라 감가상각 의제액(미달상각액)을 신고조정에 의하여 손금에 산입하여야 하며, 2016년 1월 1일 이후 개시하는 사업연도 분부터는 업무용승용차의 감가상각이 강제화되어 한도미달액이 발생한 경우 신고조정에 의해 손금에 산입하여야 한다. 이외에도 법인세법 시행령 제19조 제5호의 2에 따른 특수관계인으로부터 사업양수한 자산의 감가상각비의 손금산입특례, 조세특례제한법 제28조에 따른 서비스업 감가상각비의 손금산입특례, 제28조의 2에 따른 중소·중견기업 설비투자자산의 감가상각비 손금산입특례, 제28조의 3에 따른 설비투자자산의 감가상각비 손금산입특례, 제28조의 4에 따른 에너지절약시설의 감가상각비 손금산입특례에 의한 감가상각비는 신고조정에 의하여 손금에 산입할 수 있다.

한편, 법인이 전기에 과소계상한 감가상각자산의 감가상각비를 기업회계기준에 따라 이월미처분이익잉여금을 감소시키는 전기오류수정손실로 회계처리한 경우, 동 상각비는 당기에 손비로 계상한 것으로 보아 당해 사업연도의 감가상각비에 가산하여 시부인 계산한다. 이 때 전기오류수정손실로 계상한 감가상각비 중 각 사업연도 소득금액 계산상 손금에 산입한 금액은 세무계산상 당기의 일반관리비 및 제조원가에 적정히 배부하여야 한다(법기통 23-0…4).

4-2. 회계처리

4-2-1. 직접법과 간접법

유 · 무형자산에 대한 감가상각비의 표시방법에는 직접법과 간접법이 있으며, 여기서 간접법이라 함은 감가상각비를 감가상각자산의 장부가액에서 직접 차감하지 않고 상대계정으로 감가상각누계액이라는 평가성충당금 성격의 계정을 사용하여 감가상각비를 손금에 계상하는 방법을 말하며, 이를 예시하면 다음과 같다.

(차) 감가상각비	×××	(대) 감가상각누계액	×××

한편, 직접법은 감가상각비를 감가상각자산의 장부가액에서 직접 차감하는 방법을 말하며, 이를 예시하면 다음과 같다.

(차) 감가상각비	×××	(대) 유 · 무형자산	×××

4-2-2. 기업회계

기업회계기준은 유형자산과 무형자산에 대하여 다음과 같이 회계처리하도록 규정하고 있다.

구 분	K-IFRS	일반기업회계기준
유형자산	원가(또는 재평가일의 공정가치)에서 감가상각누계액과 손상차손누계액을 차감한 금액을 장부금액으로 함(K-IFRS 1016호 문단 30, 31).	원가(또는 재평가일의 공정가치)에서 감가상각누계액과 손상차손누계액을 차감한 금액을 장부금액으로 함(일반기준 10장 문단 10.23, 10.24).
무형자산	원가(또는 재평가일의 공정가치)에서 상각누계액과 손상차손누계액을 차감한 금액을 장부금액으로 함(K-IFRS 1038호 문단 74, 75).	자산의 원가에서 상각누계액과 손상차손누계액을 뺀 금액(이나 원가를 대체한 다른 금액에서 상각누계액과 손상차손누계액을 뺀 금액)을 장부금액으로 함(일반기준 11장 용어의 정의).

4-2-3. 법인세법

법인세법은 감가상각비를 감가상각자산의 장부가액에서 직접 감액하는 방법과 장부가액을 감액하지 아니하고 감가상각누계액으로 계상하는 방법 중 하나를 선택하도록 규정함으로써 직접법과 간접법을 모두 인정하고 있다(법령 §25 ①).

법인이 간접법에 따라 감가상각비를 감가상각누계액으로 계상하는 경우에는 개별자산별로 계상하되, 개별자산별로 구분하여 작성된 감가상각비조정명세서를 보관하고 있는 경우에는 감가상각비 총액을 일괄하여 감가상각누계액으로 계상할 수 있다(법령 §25 ②).

한편, 감가상각비 계상방법을 직접법에서 간접법으로 변경함에 따라 계상한 감가상각누계액은 자산의 임의평가증에 해당하지 않는다(법기통 23-25…1).

5. 감가상각의 기초가액

5-1. 기초가액의 구성요소

감가상각범위액의 계산요소의 하나인 감가상각의 기초가액은 감가상각자산의 취득가액, 취득시점 이후의 자본적 지출액 및 자산재평가로 인한 증감액으로 구분된다.

5-2. 감가상각자산의 취득가액

감가상각자산의 취득가액은 법인세법 시행령 제72조에서 정하는 일반적인 자산의 취득가액에 관한 규정을 적용하며(법령 §26 ② 1호), 이를 요약하면 다음과 같다.

구 분		취득가액
일반적인 취득가액의 범위	① 타인으로부터 매입한 자산	매입가액에 취득세(농어촌특별세와 지방교육세를 포함함), 등록면허세, 그 밖의 부대비용을 가산한 금액. 단, 토지와 그 토지에 정착된 건물 및 그 밖의 구축물 등을 함께 취득하여 토지의 가액과 건물 등의 가액의 구분이 불분명한 경우 시가(법법 §52 ②)에 비례하여 안분계산한 금액
	② 자기가 제조·생산·건설 기타 이에 준하는 방법에 의하여 취득한 자산	원재료비·노무비·운임·하역비·보험료·수수료·공과금(취득세·등록세 포함)·설치비 기타 부대비용의 합계액
	③ 합병·분할 또는 현물출자에 따라 취득한 자산	적격합병 또는 적격분할의 경우에는 장부가액(법령 §80의 4 ① 또는 §82의 4 ①)으로 하고, 그 밖의 경우에는 해당 자산의 시가
	④ 출연재산에 대해 상속세 및 증여세 과세가액불산입되는 공익법인 등이 기부받은 자산	특수관계인 외의 자로부터 기부받은 법 제24조 제3항 제1호에 따른 기부금에 해당하는 자산(금전 외의 자산만 해당함)은 기부한 자의 기부 당시 장부가액[사업소득과 관련이 없는 자산(개인인 경우만 해당함)의 경우

구 분		취득가액
일반적인 취득가액의 범위		에는 취득 당시의 취득가액(소령 §89)을 말함]. 단, 상속세 및 증여세법에 따라 증여세 과세가액에 산입되지 않은 출연재산이 그 후에 과세요인이 발생하여 그 과세가액에 산입되지 않은 출연재산에 대하여 증여세의 전액이 부과되는 경우에는 기부 당시의 시가
	위 ①~④ 외의 방법으로 취득한 자산	취득 당시의 시가
취득가액에 산입하는 금액	건설자금에 충당한 차입금의 이자(법법 §28 ① 3호, ②)	사업용 유·무형자산에 대한 건설자금이자
	유형자산의 취득시 함께 매입하는 국·공채	기업회계기준에 따라 국·공채의 매입가액과 현재가치의 차액을 해당 유형자산의 취득가액으로 계상한 금액
취득가액에 포함하지 아니하는 금액	장기할부조건 등으로 취득하는 경우로서 발생한 채무를 기업회계기준이 정하는 바에 따라 현재가치로 평가하여 현재가치할인차금으로 계상한 경우	장기할부매입채무에 대한 현재가치할인차금 계상액
	연지급수입(법칙 §37 ③)	취득가액과 구분하여 지급이자로 계상한 금액
	법령 §88 ① 1호의 규정에 의한 특수관계인으로부터 고가매입한 자산	특수관계인으로부터 고가매입한 자산의 부당행위계산 부인액

5-3. 자본적 지출과 수익적 지출

5-3-1. 개 요

자본적 지출과 수익적 지출은 특정지출의 성격 및 규모를 기준으로 구분할 수 있다.

특정지출이 자산의 내용연수를 연장시키거나 가치를 실질적으로 증가시키는 것이라면 자본적 지출로 하나, 단순히 그 자산의 원상을 회복시키거나 능률유지를 위한 것이라면 수익적 지출로 한다. 그러나 법인세법에서는 이와 같은 지출의 성격에 따른 구분 이외에 일정규모 이하의 지출은 당기 손금에 산입할 수 있는 규정을 두고 있다.

한국채택국제회계기준(K-IFRS)에서는 일상적인 수선·유지와 관련하여 발생하는 원가는 해당 유형자산의 장부금액에 포함하여 인식하지 아니하고 발생시점에 당기손익으로 인식하도록 규정하고 있으며, 일반기업회계기준에서는 유형자산의 취득 또는 완성 후의 지출이 유형자산의 인식기준을 충족하는 경우(예 : 생산능력 증대, 내용연수 연장, 상당한 원가절감 또는 품질향상을 가져오는 경우)에는 자본적 지출로 처리하고, 그렇지 않은 경우(예 : 수선유지를 위한 지출)에는 발생한 기간의 비용으로 인식하도록 규정하고 있다(K-IFRS 1016호 문단 12 및 일반기준 10장 문단 10.14).

5-3-2. 자본적 지출

자본적 지출이라 함은 감가상각자산의 내용연수를 연장시키거나 해당 자산의 가치를 현실적으로 증가시키기 위하여 지출한 수선비를 말하는 것으로서 다음의 어느 하나에 해당하는 것에 대한 지출을 포함한다(법령 §31 ②).

① 본래의 용도를 변경하기 위한 개조
② 엘리베이터 또는 냉난방장치의 설치
③ 빌딩 등에 있어서 피난시설 등의 설치
④ 재해 등으로 인하여 멸실 또는 훼손되어 본래의 용도에 이용할 가치가 없는 건축물·기계·설비 등의 복구
⑤ 그 밖에 개량·확장·증설 등 ① 내지 ④의 지출과 유사한 성질을 가지는 것

또한, 법인세법 기본통칙 23-31…1에서는 자본적 지출에 해당하는 구체적인 사례를 다음과 같이 열거하고 있다.

① 토지만을 사용할 목적으로 건축물이 있는 토지를 취득하여 그 건축물을 철거하거나, 자기 소유의 토지상에 있는 임차인의 건축물을 취득하여 철거하는 경우 철거한 건축물의 취득가액과 철거관련 비용에서 철거건물의 부산물판매수익을 차감한 잔액은 신규로 취득한 해당 토지의 자본적 지출로 한다(서이 46012-10549, 2001. 11. 16.). 그러나, 기존 건축물의 용도변경, 개량, 확장 및 증설 등과 같이 토지만을 사용하기 위한 목적의 철거가 아닌 경우, 기존 건축물의 장부가액 및 철거비용은 2001년 11월 1일이 속하는 사업연도에 철거하는 분부터 수익적 지출로 처리하여야 한다(서면2팀-2631, 2004. 12. 15.).

관련사례

• 개축하는 건축물 등에 대한 감가상각
기존 건축물에 대한 개량, 확장, 증설 등에 해당하는 자본적 지출액은 기존 건축물의 내용연수를 적용하여 감가상각함. 다만, 기존 건축물의 수선이 건축법 시행령 제2조에서 규정하는 신축, 개축, 재축에 해당하는 경우에는 기존 건축물의 장부가액과 철거비용은 당기비용으로 처리하고 그 외 새로이 지출한 금액은 신규 취득자산의 장부가액으로 보아 새로이 내용연수를 적용하여 감가상각함(법기통 23-26…7).

• 기존 건축물 철거시 해당 건축물 취득가액 및 철거비용의 세무처리
내국법인이 기존에 보유하던 건축물을 임대하다가 새로운 건축물을 신축하기 위해 기존 건축물을 철거하는 경우 기존 건축물의 장부가액과 철거비용은 수익적 지출로, 토지만을 사용할 목적으로 건축물이 있는 토지를 취득한 후 일시 임대하다가 기존 건축물을 철거하는 경우 기존 건축물의 취득가액과 철거비용은 자본적 지출로 처리하는 것임(서면법령법인-4835, 2016. 12. 29.).

② 토지구획정리사업의 결과 무상분할양도하게 된 체비지를 대신하여 지급하는 금액은 토지에 대한 자본적 지출로 한다.

③ 도시계획에 의한 도로공사로 인하여 공사비로 지출된 수익자부담금은 토지에 대한 자본적 지출로 한다.

④ 공장 등의 시설을 신축 또는 증축함에 있어서 배수시설을 하게 됨으로써 공공하수도의 개축이 불가피하게 되어 그 공사비를 부담할 경우 그 공사비는 배수시설에 대한 자본적 지출로 한다.

⑤ 설치 중인 기계장치의 시운전을 위하여 지출된 비용에서 시운전 기간 중 생산된 시제품을 처분하여 회수된 금액을 공제한 잔액은 기계장치의 자본적 지출로 한다.

⑥ 수입기계장치를 설치하기 위하여 지출한 외국인 기술자에 대한 식비 등 체재비는 기계장치에 대한 자본적 지출로 한다.

⑦ 법인세법 시행령 제68조 제4항의 규정에 의한 장기할부조건으로 자산을 취득함에 있어서 이자상당액을 가산하여 매입가액을 확정하고 그 지불을 연불방법으로 한 경우의 이자상당액은 해당 자산에 대한 자본적 지출로 한다. 이 경우 당초 계약시 이자상당액을 해당 자산의 가액과 구분하여 지급하기로 한 때에도 또한 같다. 다만, 법인세법 시행령 제72조 제4항 제1호의 규정에 의하여 계상한 현재가치할인차금과 매입가액 확정 후 연불대금 지급시에 이자상당액을 변동이자율로 재계산함에 따라 증가된 이자상당액은 그러하지 아니한다.

⑧ 부가가치세 면세사업자의 고정자산 취득에 따른 매입세액은 해당 자산에 대한 자본적 지출로 한다.

⑨ 사역용, 종축용, 착유용, 농업용 등에 사용하기 위하여 소, 말, 돼지, 면양 등을 사육하는 경우 그 목적에 사용될 때까지 사육을 위하여 지출한 사료비, 인건비, 경비 등은 이를 자본적 지출로 한다.

⑩ 목장용 토지(초지)의 조성비 중 최초의 조성비는 토지에 대한 자본적 지출로 한다.

⑪ 토지, 건물만을 사용할 목적으로 첨가 취득한 기계장치 등을 처분함에 따라 발생한 손실은 토지, 건물의 취득가액에 의하여 안분계산한 금액을 각각 해당 자산에 대한 자본적 지출로 한다.

⑫ 부동산 매매업자(주택신축판매업자 포함)가 토지개발 또는 주택신축 등 해당 사업의 수행과 관련하여 그 토지의 일부를 도로용 등으로 국가 등에 무상으로 기증한 경우 그 토지가액은 잔존토지에 대한 자본적 지출로 한다.

관련사례

• 금전 등을 기부채납하는 경우 토지의 자본적 지출 해당 여부
법인이 토지의 용도변경 등으로 당해 자산의 가치를 현실적으로 증가시키기 위하여 금전 등을 기부채납하는 경우 이를 토지에 대한 자본적 지출로 보는 것임(서면법인-4829, 2016. 11. 30.).

⑬ 기계장치를 설치함에 있어서 동 기계장치의 무게에 의한 지반침하와 진동을 방지하기 위하여 해당 기계장치 설치장소에만 특별히 실시한 기초공사로서 동 기계장치에 직접적으로 연결된 기초공사에 소요된 금액은 이를 동 기계장치에 대한 자본적 지출로 한다.

5-3-3. 수익적 지출

수익적 지출은 다음과 같이 감가상각자산의 원상을 회복시키거나 능률유지를 위한 지출을 말한다(법칙 §17).

① 건물 또는 벽의 도장
② 파손된 유리나 기와의 대체
③ 기계의 소모된 부속품 또는 벨트의 대체
④ 자동차 타이어의 대체
⑤ 재해를 입은 자산에 대한 외장의 복구·도장 및 유리의 삽입
⑥ 기타 조업가능한 상태의 유지 등 ① 내지 ⑤와 유사한 성질을 가지는 지출

또한, 법인세법 기본통칙 23-31…2에서는 수익적 지출에 해당하는 구체적인 사례를 다음과 같이 열거하고 있다.

① 제조업을 영위하던 자가 새로운 공장을 취득하여 전에 사용하던 기계시설·집기비품·재고자산 등을 이전하기 위하여 지출한 운반비와 기계의 해체, 조립 및 상하차에 소요되는 인건비는 수익적 지출로 한다.
② 임대차계약을 해지한 경우 임차자산에 대하여 지출한 자본적 지출 해당액의 미상각 잔액은 수익적 지출로 한다.
③ 분쇄기에 투입되는 쇠구슬(Steel Ball)비는 수익적 지출로 한다.
④ 유리제조업체의 병형(틀)비는 수익적 지출로 한다.
⑤ 법인세법 기본통칙 23-31…1 제1호(토지만을 사용할 목적으로 건축물이 있는 토지를 취득하여 그 건축물을 철거하는 경우 등) 이외의 사유로서 기존 건축물을 철거하는 경우 기존 건축물의 장부가액과 철거비용은 수익적 지출로 한다.

5-3-4. 자본적 지출로 보지 않는 수선비

법인이 다음에 해당하는 수선비를 그 지출한 사업연도의 손비로 계상한 경우에는 전술한 자본적 지출 및 수익적 지출의 구분규정에 불구하고 이를 수익적 지출로 본다(법령 §31 ③).

① 개별자산별로 수선비로 지출한 금액이 600만원 미만인 경우
이 때 600만원이라 함은 개별자산에 대한 자본적 지출액과 수익적 지출액을 합산한 수선비 총액을 말한다. 예를 들어, 개별자산에 대한 수선비총액이 800만원이고 그 중 자본적 지출과

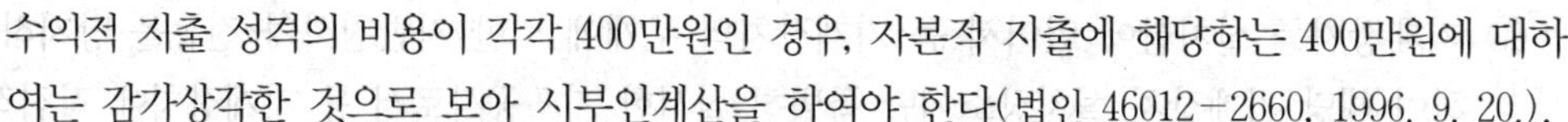

수익적 지출 성격의 비용이 각각 400만원인 경우, 자본적 지출에 해당하는 400만원에 대하여는 감가상각한 것으로 보아 시부인계산을 하여야 한다(법인 46012-2660, 1996. 9. 20.).

② 개별자산별로 수선비로 지출한 금액이 직전 사업연도 종료일 현재 재무상태표상 자산가액(취득가액-감가상각누계액)의 5%에 미달하는 경우

③ 3년 미만의 기간마다 주기적인 수선을 위하여 지출하는 경우

5-3-5. 자본적 지출 및 수익적 지출 구분오류에 따른 세무조정

법인이 감가상각자산에 대한 자본적 지출에 해당하는 금액을 손비로 계상한 경우에는 이를 감가상각비로 계상한 것으로 보아 상각범위액을 계산한다(법법 §23 ④ 2호). 즉, 자본적 지출에 해당하는 비용을 수익적 지출로 처리한 비용은 당초 감가상각비로 계상한 금액과 합산하여 감가상각비 시부인을 한다. 다만, 일정금액 미만의 소액자산 등을 취득하여 손비로 계상한 경우에는 감가상각 시부인 과정 없이 수익적 지출로 하는데(법령 §31 ④, ⑥), 이에 대한 자세한 설명은 후술하는 '10. 즉시상각의 의제'를 참조하도록 한다.

한편, 법인이 수익적 지출에 해당하는 비용을 자본적 지출로 처리한 경우에는 장부상 자산취득가액이 세무상 가액보다 크게 되므로 동 금액을 손금산입(△유보)하여 당해 자산가액에서 차감하고, 이후 감가상각비의 손금산입과정을 통하거나 또는 중도 매각하는 시점에 해당 유보금액을 상계시키는 세무조정이 필요하다(법인 46012-4363, 1999. 12. 20.).

| 자본적 지출과 수익적 지출의 세무조정 |

<table>
<tr><th>구 분</th><th>회계처리</th><th colspan="3">세무조정</th></tr>
<tr><td rowspan="4">자본적 지출</td><td>자산 계상</td><td colspan="3">세무조정 없음.</td></tr>
<tr><td rowspan="3">비용 계상</td><td rowspan="2">상각자산</td><td>원칙</td><td>감가상각 시부인</td></tr>
<tr><td>예외</td><td>자본적 지출로 보지 않는 수선비에 해당하는 경우 손금 인정</td></tr>
<tr><td>비상각자산</td><td colspan="2">손금불산입(유보)</td></tr>
<tr><td rowspan="2">수익적 지출</td><td>자산 계상</td><td colspan="3">손금산입(△유보)</td></tr>
<tr><td>비용 계상</td><td colspan="3">세무조정 없음.</td></tr>
</table>

계산사례 - 1 **자본적 지출과 수익적 지출 구분오류에 따른 세무조정**

▶ 다음 자료에 따라 ㈜삼일의 제31기 사업연도(2024. 1. 1.~2024. 12. 31.)에 대한 세무조정을 하라. 감가상각비는 법인세법상 한도액을 비용처리한 것으로 가정한다.

1. 당기 3월 1일에 취득한 기계장치의 취득부대비용 5,000,000원을 비용처리하였다.
2. 노후된 건물 외벽의 페인트칠에 소요된 금액 30,000,000원을 건물의 취득원가에 가산하였다.
3. 제28기 초에 취득한 설비장치는 2년마다 정기적으로 수선을 실시한다. 당기말 동 설비에 대한 수선비 100,000,000원을 지출하였으며 이를 비용처리하였다.

구 분	세무조정(소득처분)
기계장치에 대한 취득부대비용	〈손금불산입〉 기계장치 5,000,000(유보)
건물 페인트칠 비용	〈손 금 산 입〉 건 물 30,000,000(△유보)
설비장치에 대한 정기수선비	2년마다 주기적으로 지출하는 수선비를 비용계상한 것이므로 세무조정 없음.

● 관련사례 ●

• 법인세법상 수익적 지출에 해당하는 항공기 수선비를 국제회계기준에 따라 자본적 지출로 처리한 경우 감가상각 처리방법

항공운수업을 영위하는 내국법인이 보유하고 있는 항공기를 운항 가능한 상태로 유지하기 위하여 지출하는 수선비가 법인세법상 수익적 지출에 해당함에도 국제회계기준에 따라 이를 자본적 지출로 계상한 경우에는, 그 자본적 지출로 계상한 수선비를 세무조정으로 손금산입하고, 감가상각 범위액을 계산함에 있어서는 이를 해당자산의 가액에서 차감하는 것임(법규법인 2011-477, 2012. 2. 1.).

5-4. 자산재평가로 인한 증감액

5-4-1. 개 요

다음에 해당하는 경우를 제외하고 내국법인이 보유하는 감가상각자산의 장부가액을 증액 또는 감액(감가상각을 제외하며, 이하 "평가"라 함)한 경우에는 그 평가일이 속하는 사업연도와 그 후의 각 사업연도의 소득금액 계산에 있어서 그 자산의 장부가액은 평가 전의 가액으로 한다(법법 §42 ①, ③ 2호 및 법령 §78 ①). 즉, 법인세법에서는 감가상각자산의 재평가를 원칙적으로 인정하지 아니하되, 다음에 해당하는 재평가만을 예외적으로 인정하고 있다.

① 보험업법이나 그 밖의 법률에 따른 유형자산 및 무형자산 등의 평가(장부가액을 증액한 경우만 해당함)

② 다음의 어느 하나에 해당하는 사유로 인하여 파손되거나 멸실된 유형자산의 평가(사업연도 종료일 현재 시가 평가)
   ㉠ 천재지변 또는 화재
   ㉡ 법령에 의한 수용 등
   ㉢ 채굴예정량의 채진으로 인한 폐광(토지를 포함한 광업용 유형자산이 그 고유의 목적에 사용될 수 없는 경우를 포함함)

5-4-2. 재평가모형에 의한 평가액

기업회계기준상으로는 2008년 12월 31일 이후 최초로 개시하는 회계연도부터 또는 2008년 12월 31일이 속하는 회계연도부터는 유형자산을 취득한 후에 유형자산 분류별로 원가모형이나 재평가모형 중 하나를 선택하여 적용할 수 있도록 함에 따라 회사가 재평가모형을 선택하여 적용한 경우에는 유형자산을 증액 또는 감액할 수 있게 되었으나, 법인세법상으로는 해당 재평가를 임의평가로 보는 것이므로 당해 유형자산의 세무상 장부가액은 그 평가하기 전 가액으로 하여야 한다(법인-782, 2009. 2. 25. 및 법인-1111, 2010. 11. 30.).

:: 원가모형 · 재평가모형

- 유형자산의 취득 후 측정에 대하여 원가모형 또는 재평가모형의 선택 적용(K-IFRS 1016호 문단 29~31 및 일반기준 10장 문단 10.22~10.24)
  - 원가모형 : 유형자산의 취득원가에서 감가상각누계액과 손상차손누계액을 차감
  - 재평가모형 : 유형자산을 최초 인식 후 재평가일의 공정가치에서 이후의 감가상각누계액과 손상차손누계액을 차감

계산사례-2 재평가모형의 적용에 따른 회계처리 및 세무조정

▶ 법인이 2024년 1월 1일 취득한 건물(취득가액 : 10억원, 내용연수 : 20년, 정액법)에 대하여 일반기업회계기준 제10장(유형자산)에서 규정하는 재평가모형을 적용하기로 함에 따라 2024년 12월 31일자로 재평가를 실시하여 해당 건물을 13억원으로 재평가한 경우, 이에 따른 회계처리 및 세무조정을 하라(결산상 감가상각비가 세무상 적정하다고 가정).

해 설

1. 회계처리(2024. 12. 31.)

(차)	감가상각비	0.5억원	(대) 감가상각누계액(건물)	0.5억원
(차)	감가상각누계액(건물)	0.5억원	(대) 재평가이익(기타포괄손익누계액)	3.5억원
	건물	3억원		

2. 세무조정

〈익금산입〉	재 평 가 이 익	3.5억원	(기 타)
〈손금산입〉	건 물	3억원	(△유보)
	감가상각누계액(건물)	0.5억원	(△유보)

6. 잔존가액 및 비망가액

6-1. 잔존가액

6-1-1. 기업회계

(1) 한국채택국제회계기준(K-IFRS)

유형자산의 잔존가치는 자산이 이미 오래되어 내용연수 종료시점에 도달하였다는 가정하에 자산의 처분으로부터 현재 획득할 금액에서 추정 처분부대원가를 차감한 금액의 추정치를 말하는 것으로 유형자산의 잔존가치는 적어도 매 회계연도말에 재검토하고 재검토결과 추정가치가 종전의 추정치와 다르다면 그 차이는 회계추정의 변경으로 처리한다(K-IFRS 1016호 문단 6, 51).

내용연수가 유한한 무형자산의 잔존가치는 다음의 ①과 ② 중 하나에 해당하는 경우를 제외하고는 영(0)으로 본다(K-IFRS 1038호 문단 100).

① 내용연수 종료시점에 제3자가 자산을 구입하기로 한 약정이 있다.

② 무형자산의 활성시장이 있고 다음을 모두 충족한다.

㉠ 잔존가치를 그 활성시장에 기초하여 결정할 수 있다.

㉡ 그러한 활성시장이 내용연수 종료시점에 존재할 가능성이 높다.

한편, 무형자산의 잔존가치를 인식하는 경우에는 처분으로 회수가능한 금액을 근거로 하여 추정하는데, 그 자산이 사용될 조건과 유사한 조건에서 운용되었고 내용연수가 종료된 유사한 자산에 대해 추정일 현재 일반적으로 형성된 매각 가격을 사용한다. 또한 잔존가치는 적어도 매 회계연도 말에는 검토하며, 잔존가치의 변동은 회계추정의 변경으로 처리한다(K-IFRS 1038호 문단 102).

(2) 일반기업회계기준

유형자산의 잔존가치는 자산의 내용연수가 종료되는 시점에서 그 자산의 예상처분대가에서 예상처분비용을 차감한 금액을 말한다. 실무상 잔존가치가 경미한 경우가 많으나 유형자산의 잔존가치가 유의적인 경우 매 보고기간말에 재검토하여, 재검토 결과 새로운 추정치가 종전의 추정치와 다르다면 그 차이는 회계추정의 변경으로 회계처리한다(일반기준 10장 용어의 정의,

문단 10.33).

무형자산의 잔존가치는 없는 것을 원칙으로 한다. 다만, 경제적 내용연수보다 짧은 상각기간을 정한 경우에 상각기간이 종료될 때 제3자가 자산을 구입하는 약정이 있거나, 그 자산에 대한 활성시장이 존재하여 상각기간이 종료되는 시점에 자산의 잔존가치가 활성시장에서 결정될 가능성이 매우 높다면 잔존가치를 인식할 수 있다. 이 경우 무형자산의 잔존가치는 유사한 환경에서 사용하다가 매각된 동종 무형자산의 매각가격을 이용하여 추정할 수 있다(일반기준 11장 문단 11.33, 11.34).

6-1-2. 법인세법

법인세법에서는 감가상각계산의 자의성을 방지하고 투하자본의 조기회수를 통한 기업의 경쟁력 제고를 위해 유형·무형자산을 불문하고 잔존가액을 모두 '영(0)'으로 한다.

다만, 정률법의 경우에는 잔존가액이 '영(0)'이면 상각률을 계산할 수 없으므로, 정률법의 상각률을 계산하는 경우에는 취득가액(재평가한 경우에는 재평가액, 자본적 지출이 있는 경우에는 동 금액을 가산한 금액)의 5%를 잔존가액으로 하여 상각률을 계산한다. 그리고, 그 잔존가액에 상당하는 금액은 당해 감가상각자산의 미상각잔액이 최초로 취득가액의 5% 이하가 되는 사업연도의 상각범위액에 가산한다(법령 §26 ⑥).

6-2. 상각종료자산의 비망가액

법인은 감가상각이 종료되는 감가상각자산에 대하여는 취득가액의 5%와 1,000원 중 적은 금액(이하 '비망가액'이라 함)을 당해 감가상각자산의 장부가액으로 하고, 동 금액은 해당 자산을 처분하는 사업연도에 손금에 산입하여야 한다(법령 §26 ⑦).

한편, 기업회계상 감가상각이 완료된 자산에 대하여 발생하는 자본적 지출액은 이를 자산화하여 합리적으로 추정한 내용연수 동안 감가상각하여야 한다. 하지만, 법인세법은 감가상각이 완료되어 비망가액만 남은 고정자산에 대하여 자본적 지출이 발생한 경우 법인이 당초 신고한 내용연수에 의한 상각률에 따라 상각하도록 규정하고 있다(법기통 23-28…2).

7. 내용연수

7-1. 내용연수의 의의

기업회계상 '내용연수'라 함은 감가상각자산이 영업활동에 사용되는 기간을 말하는 것으로 합리적으로 추정된 사용기간에 걸쳐 감가상각자산의 원가를 배분함으로써 관련 수익에 대응하도록 하는 데 그 의미가 있다.

그러나, 법인세법은 법인의 자의적인 내용연수 선택에 의한 감가상각범위액 계산의 왜곡을 방지하기 위하여 자산별 내용연수뿐 아니라 그 내용연수 적용에 따른 상각률까지도 구체적으로 규정하고 있다. 또한, 법인세법에서의 내용연수는 감가상각자산을 그 내용연수 내에 반드시 감가상각을 강제하는 것은 아니며, 상각범위액을 계산하는 데 필요한 상각률만을 산정하는 데 그 실제적인 의미가 있다. 따라서, 법인세법상 감가상각비는 감가상각의제를 제외하면 그 내용연수에 관계없이 잔존가액에 달할 때까지 상각범위액 이하로도 계상이 가능하다.

7-2. 내용연수의 적용

7-2-1. 내용연수의 구분

법인세법에서 규정하고 있는 내용연수는 다음과 같이 네 가지로 구분할 수 있다(법령 §28 ①, ⑤, §29).

① 기준내용연수 : '법인세법 시행규칙 별표 2 및 별표 3'에서 규정하고 있는 내용연수 및 구조 또는 자산별 · 업종별로 '법인세법 시행규칙 별표 5 및 별표 6'에서 규정하고 있는 내용연수
② 내용연수범위 : 기준내용연수의 25%를 가감하여 '법인세법 시행규칙 별표 5 및 별표 6'에서 규정하고 있는 내용연수의 범위
③ 신고내용연수 : 내용연수범위 내에서 법인이 선택하여 신고한 내용연수. 내용연수의 신고는 반드시 연단위로 하여야 함.
④ 특례내용연수 : 기준내용연수의 50%(또는 25%)를 가감한 범위에서 납세지 관할 지방국세청장의 승인을 얻은 내용연수

법인세법에서는 감가상각자산의 내용연수와 당해 내용연수에 따른 상각률을 자산 또는 업종의 구분에 따라 다음과 같이 규정하고 있다. 법인이 자산별 · 업종별로 적용한 신고내용연수 또는 기준내용연수는 그 후의 사업연도에 있어서도 계속하여 이를 적용하여야 한다(법령 §28 ④).

▌감가상각자산의 내용연수 및 상각률▐

<table>
<tr><th colspan="2">대상자산</th><th colspan="2">내용연수 및 상각률</th></tr>
<tr><td>① 시험연구용 자산과 무형자산</td><td rowspan="3">단, 개발비 · 사용수익기부자산 · 주파수이용권 · 공항시설관리권 · 항만시설관리권을 제외함.</td><td colspan="2">법칙 별표 2 및 별표 3에 규정된 내용연수와 그에 따른 법칙 별표 4에 규정된 상각률</td></tr>
<tr><td rowspan="2">② 위 ① 외의 감가상각자산</td><td>내용연수 신고</td><td>구조 또는 자산별 · 업종별로 규정된 기준내용연수(별표 5 및 별표 6)에 25%를 가감한 내용연수범위 안에서 법인이 선택하여 납세지 관할 세무서장에게 신고한 내용연수와 그에 따른 상각률</td></tr>
<tr><td>내용연수 무신고</td><td>구조 또는 자산별 · 업종별로 규정된 기준내용연수(별표 5 및 별표 6)와 그에 따른 상각률</td></tr>
</table>

7-2-2. 시험연구용 자산 · 무형자산 이외의 일반 감가상각자산

(1) 적용할 내용연수

① 일반적인 경우

'시험연구용자산과 무형자산' 이외의 일반 사업용 감가상각자산에 적용할 내용연수 및 상각률은 구조 또는 자산별 · 업종별로 법인세법 시행규칙 별표 5 및 별표 6의 기준내용연수에 그 기준내용연수의 25%를 가감한 내용연수 범위 안에서 각 법인이 선택하여 납세지 관할 세무서장에게 신고한 내용연수와 그에 따른 상각률을 적용한다. 다만, 법인이 법정신고기한 내에 신고를 하지 아니한 경우에는 기준내용연수와 그에 따른 상각률을 적용한다(법령 §28 ① 2호 및 법칙 §15 ③).

② 내국법인이 2003. 7. 1.~2004. 6. 30. 투자를 개시하거나 취득한 유형자산의 경우

내국법인이 2003년 7월 1일부터 2004년 6월 30일까지 투자를 개시하거나 취득한 유형자산에 대해서는 기준 내용연수의 50%를 가감한 범위 내에서 신고한 내용연수에 따라 감가상각할 수 있다. 이는 감가상각기간의 단축을 가능하게 하여 투자자금의 조기회수를 통한 기업의 투자활성화를 유도하고자 한시적으로 운용하는 조세특례로서, 결산상 감가상각비를 비용으로 계상하지 않더라도 상각범위액의 범위 내에서 신고조정에 의하여 손금에 산입할 수 있다.

상기 감가상각비의 손금산입특례는 구조세특례제한법 제30조에서 규정하고 있었으나 2010년 3월 12일 법 개정시 삭제되었다. 그러나, 구조세특례제한법 제30조의 적용을 받고 있는 유형자산에 대하여는 해당 유형자산의 감가상각이 종료될 때까지 종전 규정을 계속 적용받을 수 있다(조특법 부칙(2010. 3. 12.) §4).

③ 중소기업이 2013. 9. 1.~2014. 3. 31. 및 2014. 10. 1.~2016. 6. 30. 기간 동안 취득한 설비투자자산의 경우

중소기업(조특령 §2)이 다음의 어느 하나에 해당하는 설비투자자산을 2013년 9월 1일부터 2014년 3월 31일 및 2014년 10월 1일부터 2016년 6월 30일까지 취득한 경우에는 자산별 · 업종별로 법인세법 시행규칙 별표 5 및 별표 6의 기준내용연수에 그 기준내용연수의 50%를 더하거나 뺀 내용연수 범위(1년 미만은 없는 것으로 함) 안에서 선택하여 신고할 수 있다. 다만, 중소기업이 해당 사업연도에 취득한 설비투자자산에 대한 취득가액의 합계액이 직전 사업연도의 합계액보다 적은 경우에는 그러하지 아니하다(구 법령 §28 ⑥ 및 법령 부칙(2014. 9. 26.) §3 ②).

㉠ 차량 및 운반구(운수업에 사용되거나 임대목적으로 임대업에 사용되는 경우로 한정)
㉡ 선박 및 항공기(어업 및 운수업에 사용되거나 임대목적으로 임대업에 사용되는 경우로 한정)
㉢ 공구, 기구 및 비품

㉣ 기계 및 장치

상기 특례를 적용받으려는 중소기업은 중소기업 내용연수 특례적용 신청서를 해당 설비투자자산을 취득한 날이 속하는 사업연도의 법인세 과세표준의 신고기한까지 납세지 관할 세무서장에게 제출(국세정보통신망에 의한 제출을 포함함)하여야 한다(구 법령 §28 ⑦).

한편, 상기 특례 규정은 2019년 2월 12일 법인세법 시행령 개정시 삭제되었으나, 중소기업이 2013년 9월 1일부터 2014년 3월 31일 및 2014년 10월 1일부터 2016년 6월 30일까지 취득한 설비투자자산에 대해서는 종전의 규정에 따른다(법령 부칙(2014. 9. 26.) §3 및 부칙(2019. 2. 12.) §16).

④ 서비스 기업이 2015. 1. 1.~2015. 12. 31. 기간동안 취득한 설비투자자산의 경우

조세특례제한법 시행령 제23조 제4항에 따른 서비스업을 영위하는 내국법인이 2년 연속 설비투자자산 투자액이 증가한 경우로서 2015년 1월 1일부터 2015년 12월 31일까지 중소기업 가속상각 특례대상 설비투자자산(상기 ③의 ㉠~㉣)을 취득한 경우에는 법인세법 시행규칙 별표 5 및 별표 6의 기준내용연수에 그 기준내용연수의 40%를 더하거나 뺀 내용연수(1년 미만은 없는 것으로 함)안에서 선택하여 신고할 수 있으며, 이 경우 결산을 확정할 때 손금으로 계상하였는지와 관계없이 신고한 내용연수를 적용하여 계산한 상각범위액 내의 감가상각비를 해당 과세연도의 손금에 산입할 수 있다(조특법 §28 및 조특령 §25).

한편, 본 감가상각 손금산입 특례를 적용받는 설비투자자산에 대해서는 법인세법 제23조 제2항에 따른 한국채택국제회계기준(K-IFRS) 적용법인의 감가상각비 신고조정 특례 규정을 적용하지 아니하며, 해당 설비투자자산을 적격합병 또는 적격분할로 취득한 경우에는 해당 합병법인, 분할신설법인 또는 분할합병의 상대방 법인이 서비스업을 영위하여 해당 사업에 사용하는 경우로 한정하여 법인세법 시행령 제29조의 2 제2항 제1호의 규정에 따라 양도법인의 상각범위액을 승계하는 방법을 적용한다(조특령 §25 ⑥).

또한, 감가상각 손금산입 특례를 적용받는 법인은 설비투자자산을 그 밖의 자산과 구분하여 감가상각비조정명세서를 작성・보관하고, 과세표준 신고와 함께 감가상각비조정명세서합계표 및 감가상각비조정명세서를 납세지 관할 세무서장에게 제출하여야 하며, 내용연수 특례적용 신청서를 해당 설비투자자산을 취득한 날이 속하는 과세연도의 과세표준 신고기한까지 납세지 관할 세무서장에게 제출(국세정보통신망을 통한 제출을 포함함)하여야 한다(조특령 §25 ⑨ 및 조특칙 §61 ① 10호의 4, 10호의 5).

⑤ 중소기업 또는 중견기업이 2016. 7. 1.(중견기업의 경우 2016. 1. 1.)~2017. 6. 30. 기간 동안 취득한 설비투자자산의 경우

중소기업(조특령 §2) 또는 중견기업(구 조특령 §4 ①)이 사업에 사용하기 위하여 상기 ③의 ㉠~㉣ 중 어느 하나에 해당하는 설비투자자산을 2016년 7월 1일(중견기업의 경우 2016년

1월 1일)부터 2017년 6월 30일까지 취득한 경우에는 법인세법 시행규칙 별표 5 및 별표 6의 기준내용연수에 그 기준내용연수의 50%를 가감한 범위(1년 미만은 없는 것으로 함)안에서 선택하여 신고할 수 있으며(사업연도가 1년 미만인 법인의 경우 법인세법 시행령 제28조 제2항을 준용하여 계산함), 이 경우 해당 설비투자자산에 대한 감가상각비는 각 과세연도의 결산을 확정할 때 손금으로 계상하였는지와 관계없이 신고한 내용연수를 적용하여 계산한 금액을 해당 과세연도에 손금으로 산입할 수 있다. 다만, 중소기업 또는 중견기업이 해당 사업연도에 취득한 설비투자자산에 대한 취득가액의 합계액이 직전 사업연도에 취득한 설비투자자산에 대한 취득가액의 합계액보다 적은 경우에는 그러하지 아니한다(조특법 §28의 2 ①, ② 및 조특령 §25의 2 ①~④).

중소기업 또는 중견기업이 설비투자자산에 대하여 자산별・업종별로 적용한 신고내용연수는 이후의 과세연도에 계속하여 적용하여야 하고, 법인세법 시행령 제27조에 따라 상각방법을 변경한 경우에는 그 변경된 상각방법을 적용하여 설비투자자산의 상각범위액을 계산하며, 이 경우 상각범위액의 계산방법은 법인세법 시행령 제27조 제5항 및 제6항의 규정을 준용한다(조특령 §25의 2 ⑤, ⑦).

한편, 본 감가상각 손금산입 특례를 적용받은 설비투자자산에 대해서는 법인세법 제23조 제2항에 따른 한국채택국제회계기준(K-IFRS) 적용법인의 감가상각비 신고조정 특례규정을 적용하지 아니하며, 해당 설비투자자산을 적격합병 또는 적격분할로 취득한 경우에는 법인세법 시행령 제29조의 2 제2항 제1호의 규정에 따라 양도법인의 상각범위액을 승계하는 방법을 적용한다(조특령 §25의 2 ⑥).

상기 특례를 적용받으려는 중소기업 및 중견기업은 설비투자자산을 그 밖의 자산과 구분하여 감가상각비조정명세서를 작성・보관하고, 과세표준 신고와 함께 감가상각비조정명세서합계표 및 감가상각비조정명세서를 납세지 관할 세무서장에게 제출(국세정보통신망을 통한 제출을 포함함)하여야 하며, 내용연수 특례적용 신청서를 해당 설비투자자산을 취득한 날이 속하는 과세연도의 과세표준 신고기한까지 납세지 관할 세무서장에게 제출하여야 한다(조특령 §25의 2 ⑨).

⑥ 2018. 7. 1. ~ 2020. 6. 30. 및 2021. 1. 1. ~ 2021. 12. 31. 기간 동안 중소기업 또는 중견기업이 취득한 사업용 고정자산 및 그 외의 기업이 취득한 혁신성장투자자산

다음의 구분에 따라 설비투자자산을 2018년 7월 1일부터 2020년 6월 30일까지 및 2021년 1월 1일부터 2021년 12월 31일까지 취득하는 경우에는 법인세법 시행규칙 별표 5 및 별표 6의 기준내용연수에 그 기준내용연수의 50%(중소・중견기업이 2019. 7. 3. ~ 2020. 6. 30. 및 2021. 1. 1. ~ 2021. 12. 31. 기간 동안 취득하는 아래 '㉠'의 사업용 고정자산의 경우에는 75%)를

가감한 범위(1년 미만은 없는 것으로 함) 안에서 선택하여 신고할 수 있으며(사업연도가 1년 미만인 법인의 경우 법인세법 시행령 제28조 제2항을 준용하여 계산함), 이 경우 해당 설비투자자산에 대한 감가상각비는 각 과세연도의 결산을 확정할 때 손비로 계상하였는지와 관계없이 신고한 내용연수를 적용하여 계산한 금액을 해당 과세연도의 소득금액을 계산할 때 손금에 산입할 수 있다(구 조특법 §28의 3, 구 조특령 §25의 3 ①~⑤ 및 조특법 §28의 3, 조특령 §25의 3 ①~⑤).

㉠ 중소기업(조특령 §2) 또는 중견기업(조특령 §6의 4) : 다음의 사업용 고정자산

가. 차량 및 운반구(운수업에 사용되거나 임대목적으로 임대업에 사용되는 경우로 한정)

나. 선박 및 항공기(어업 및 운수업에 사용되거나 임대목적으로 임대업에 사용되는 경우로 한정)

다. 공구, 기구 및 비품

라. 기계 및 장치

㉡ 상기 외의 기업 : 다음의 구분에 따른 기간에 취득한 혁신성장투자자산

(가) 2018. 7. 1. ~ 2020. 6. 30.(다만, '다.' 및 '라.'의 경우 2019. 7. 3. ~ 2020. 6. 30.)

가. 사업용 자산(구 조특령 §4 ②) 중 신성장·원천기술 분야별 대상기술을 연구개발한 기업이 해당 기술을 사업화하는 시설(구 조특칙 §13의 8 ① 및 구 별표 8의 8)

나. 연구시험용 시설 및 직업훈련용 시설(구 조특령 §22)

다. 에너지절약시설(구 조특령 §22의 2)

라. 생산성향상시설(구 조특법 §25 ① 6호)

(나) 2021. 1. 1. ~ 2021. 12. 31.

가. 신성장사업화시설(조특령 §21 ④ 1호)

나. 다음의 어느 하나에 해당하는 연구·시험용 시설 및 직업훈련용 시설

- 연구개발을 위한 연구·시험용 시설(조특칙 §13의 10 ①)
- 인력개발을 위한 직업훈련용 시설(조특칙 §13의 10 ②)

다. 다음의 어느 하나에 해당하는 에너지절약시설

- 에너지이용 합리화법에 따른 에너지절약형 시설(대가를 분할상환한 후 소유권을 취득하는 조건으로 같은 법에 따른 에너지절약전문기업이 설치한 경우를 포함함)(조특칙 §13의 10 ③ 및 별표 7)
- 물의 재이용 촉진 및 지원에 관한 법률 제2조 제4호에 따른 중수도와 수도법 제3조 제30호에 따른 절수설비 및 같은 조 제31호에 따른 절수기기
- 신에너지 및 재생에너지 개발·이용·보급 촉진법 제2조 제1호에 따른 신에너지 및 같은 조 제2호에 따른 재생에너지를 생산하는 설비의 부품·중간재 또는 완제품을 제조하기 위한 시설(조특칙 §13의 10 ④ 및 별표 7의 2)

라. 다음의 어느 하나에 해당하는 생산성향상시설

- 공정을 개선하거나 시설의 자동화 및 정보화를 위해 투자하는 시설(데이터에 기반하여 제품의 생산 및 제조과정을 관리하거나 개선하는 지능형 공장시설을 포함함)(조특칙 §13의 10 ⑤ 및 별표 7의 3)
- 첨단기술을 이용하거나 응용하여 제작된 시설(조특칙 §13의 10 ⑤ 및 별표 7의 3)
- 자재조달 · 생산계획 · 재고관리 등 공급망을 전자적 형태로 관리하기 위하여 사용되는 컴퓨터와 그 주변기기, 소프트웨어, 통신시설, 그 밖의 유형 · 무형의 시설로서 감가상각기간이 2년 이상인 시설

상기 설비투자자산에 대해 자산별 · 업종별로 적용한 신고내용연수는 이후의 과세연도에 계속하여 적용해야 하고, 상각방법을 변경한 경우에는 그 변경된 상각방법을 적용하여 설비투자자산의 상각범위액을 계산하여야 하며, 이 경우 상각범위액의 계산방법은 「법인세법 시행령」 제27조 제5항 및 제6항의 규정을 준용한다(조특령 §25의 3 ⑥, ⑧).

한편, 본 특례를 적용받는 설비투자자산에 대해서는 법인세법 제23조 제2항에 따른 한국채택국제회계기준(K-IFRS) 적용법인의 감가상각비 신고조정 특례규정을 적용하지 아니하며, 해당 설비투자자산을 적격합병 또는 적격분할로 취득한 경우에는 법인세법 시행령 제29조의 2 제2항 제1호의 규정에 따라 양도법인의 상각범위액을 승계하는 방법을 적용한다(조특령 §25의 3 ⑦).

상기 특례를 적용받으려는 법인은 설비투자자산을 그 밖의 자산과 구분하여 감가상각비조정명세서를 작성 · 보관하고, 과세표준신고와 함께 감가상각비조정명세서합계표 및 감가상각비조정명세서를 납세지 관할 세무서장에게 제출(국세정보통신망을 통한 제출을 포함함)해야 하며, 내용연수 특례적용 신청서를 해당 설비투자자산을 취득한 날이 속하는 과세연도의 과세표준 신고기한까지 납세지 관할 세무서장에게 제출해야 한다(조특령 §25의 3 ⑩).

⑦ 2023. 1. 1. ~ 2024. 12. 31. 기간 동안 취득한 에너지절약시설

다음과 같은 에너지절약시설을 2023년 1월 1일부터 2024년 12월 31일까지 취득하는 경우에는 법인세법 시행규칙 별표 5 및 별표 6의 기준내용연수에 그 기준내용연수의 50%(중소 · 중견기업의 경우에는 75%)를 가감한 범위(1년 미만은 없는 것으로 함) 안에서 선택하여 신고할 수 있으며(사업연도가 1년 미만인 법인의 경우 법인세법 시행령 제28조 제2항을 준용하여 계산함), 이 경우 해당 에너지절약시설에 대한 감가상각비는 각 과세연도의 결산을 확정할 때 손비로 계상하였는지와 관계없이 신고한 내용연수를 적용하여 계산한 금액을 해당 과세연도의 소득금액을 계산할 때 손금에 산입할 수 있다(조특법 §28의 4 ① 및 조특령 §25의 4 ①~③).

㉠ 에너지이용 합리화법에 따른 에너지절약형시설(대가를 분할상환한 후 소유권을 취득하는 조건으로 같은 법에 따른 에너지절약전문기업이 설치한 경우를 포함함) 등으로서 조세특례제한법 시행규칙 별표 7의 에너지절약시설

㉡ 물의 재이용 촉진 및 지원에 관한 법률 제2조 제4호에 따른 중수도와 수도법 제3조 제30호에 따른 절수설비 및 같은 조 제31호에 따른 절수기기

㉢ 신에너지 및 재생에너지 개발·이용·보급 촉진법 제2조 제1호에 따른 신에너지 및 같은 조 제2호에 따른 재생에너지를 생산하는 설비의 부품·중간재 또는 완제품을 제조하기 위한 시설로서 조세특례제한법 시행규칙 별표 7의 2의 신에너지 및 재생에너지를 생산하기 위한 시설을 제조하는 시설

상기 에너지절약시설에 대해 자산별·업종별로 적용한 신고내용연수는 이후의 과세연도에 계속하여 적용해야 하고, 상각방법을 변경한 경우에는 그 변경된 상각방법을 적용하여 에너지절약시설의 상각범위액을 계산하며, 이 경우 상각범위액의 계산방법에 관하여는 법인세법 시행령 제27조 제5항 및 제6항을 준용한다(조특령 §25의 4 ⑤, ⑦).

한편, 본 특례를 적용받는 에너지절약시설에 대해서는 법인세법 제23조 제2항에 따른 한국채택국제회계기준(K-IFRS) 적용법인의 감가상각비 신고조정 특례규정을 적용하지 아니하며, 해당 에너지절약시설을 적격합병 또는 적격분할로 취득한 경우에는 법인세법 시행령 제29조의 2 제2항 제1호에 따라 양도법인의 상각범위액을 승계하는 방법을 적용한다(조특령 §25의 4 ⑥).

상기 특례를 적용받으려는 법인은 에너지절약시설을 다른 자산과 구분하여 감가상각비조정명세서를 작성·보관해야 하고, 과세표준신고와 함께 감가상각비조정명세서합계표 및 감가상각비조정명세서를 납세지 관할 세무서장에게 제출해야 하며, 내용연수 특례적용 신청서를 해당 에너지절약시설을 취득한 날이 속하는 과세연도의 과세표준 신고기한까지 납세지 관할 세무서장에게 제출해야 한다(조특령 §25의 4 ④, ⑨, ⑩).

(2) 건축물 등의 기준내용연수 및 내용연수범위

건축물, 차량 및 운반구, 공구, 기구, 금형 및 비품, 선박 및 항공기는 그 사용부서에 관계없이 법인세법 시행규칙 별표 5의 내용연수를 적용한다. 즉, 판관비를 구성하는 사업부에서 사용하든, 제조원가를 구성하는 사업부에서 사용하든 동일한 내용연수를 적용한다. 다만, 운수업, 임대업(부동산 제외)에 사용되는 차량 및 운반구와 어업, 운수업, 임대업(부동산 제외)에 사용되는 선박 및 항공기의 경우는 법인세법 시행규칙 별표 6의 업종별 내용연수를 적용하며, 2006년 3월 14일 이후 최초로 취득하는 건축물 부속설비로서 건축물과 별도로 구분하여 업종별자산으로 회계처리하는 경우에는 별표 6의 업종별자산의 내용연수를 적용할 수 있다.

‖건축물 등의 기준내용연수 및 내용연수범위표(법칙 별표 5)‖

구 분	기준내용연수 및 내용연수범위(하한~상한)	구조 또는 자산명
1	5년(4년~6년)	차량 및 운반구[운수업, 임대업(부동산 제외)에 사용되는 차량 및 운반구를 제외], 공구, 기구, 금형 및 비품
2	12년(9년~15년)	선박 및 항공기[어업, 운수업, 임대업(부동산 제외)에 사용되는 선박 및 항공기를 제외]
3	20년(15년~25년)	연와조, 블럭조, 콘크리트조, 토조, 토벽조, 목조, 목골모르타르조, 기타조의 모든 건물(부속설비를 포함)과 구축물
4	40년(30년~50년)	철골·철근콘크리트조, 철근콘크리트조, 석조, 연와석조, 철골조의 모든 건물(부속설비를 포함)과 구축물

① 이 표를 적용할 때 "건물(부속설비를 포함함)"과 "구축물"이 그 기준내용연수 및 내용연수범위가 서로 다른 둘 이상의 복합구조로 구성되어 있는 경우에는 주된 구조에 따른 기준내용연수 및 내용연수범위를 적용한다.

② 이 표 제3호 및 제4호를 적용할 때 "부속설비"에는 해당 건물과 관련된 전기설비, 급배수·위생 설비, 가스설비, 냉방·난방·통풍 및 보일러 설비, 승강기 설비 등 모든 부속설비를 포함하고, "구축물"에는 하수도, 굴뚝, 경륜장, 포장도로, 교량, 도크, 방벽, 철탑, 터널, 그 밖에 토지에 정착한 모든 토목설비나 공작물을 포함한다. 다만, "부속설비"를 해당 건물과 구분하여 업종별 자산으로 회계처리하는 경우에는 별표 6을 적용할 수 있다.

③ 이 표 제3호 및 제4호에도 불구하고 다음 ㉠, ㉡의 건물(부속설비를 포함함) 또는 구축물에 대해서는 해당 ㉠, ㉡에서 정하는 기준내용연수 및 내용연수범위를 적용할 수 있다.

㉠ 변전소, 발전소, 공장, 창고, 정거장·정류장·차고용 건물, 폐수·폐기물 처리용 건물, 유통산업발전법 별표에 따른 대형마트 또는 전문점(해당 대형마트 또는 전문점의 지상층에 주차장이 있는 경우로 한정함), 국제회의산업 육성에 관한 법률에 따른 국제회의시설, 무역거래기반 조성에 관한 법률에 따른 무역거래기반시설(별도의 건물인 무역연수원은 제외함), 축사 : 10년(8년~12년)

㉡ 하수도, 굴뚝, 경륜장, 포장도로, 폐수·폐기물 처리용 구축물, 진동이 심하거나 부식성 물질에 심하게 노출된 구축물 : 20년(15년~25년)

개 정

○ 금형에 대해 업종별 기준내용연수가 아닌 자산별 기준내용연수(5년)를 적용하도록 변경 (법칙 별표 5)

➡ 2024년 4월 1일부터 시행

법인세법 시행규칙 별표 5의 내용연수를 적용하는 자산 중 구분이 같은 경우, 예를 들어, 구분 1의 차량 및 운반구와 공구에 속하는 자산에 모두 동일한 내용연수를 적용하는 것은 아니며, 동 별표상 각 호의 구조 또는 자산명 단위로 같은 내용연수를 적용하여야 한다. 따라서 차량 및 운반구와 공구는 내용연수범위 안에서 각각 다른 내용연수를 선택할 수 있으나, 차량 및 운반구에 속하는 모든 차량은 같은 내용연수를 적용하여야 한다(법기통 23-28…4).

(3) 업종별자산의 기준내용연수 및 내용연수범위

법인세법 시행규칙 별표 2의 시험연구용자산, 별표 3의 무형자산 및 별표 5의 건축물 등을 제외한 모든 자산에 대해서는 별표 6의 업종별자산의 내용연수를 적용한다. 법인세법 시행규칙 별표 6은 한국표준산업분류상 중분류를 기준으로 9개의 그룹으로 구분하여 각각의 내용연수를 정하고 있다.

▌업종별자산의 기준내용연수 및 내용연수범위표(법칙 별표 6)▐

구분	기준내용연수 및 내용연수범위 (하한~상한)	적용대상 자산 (다음의 한국표준산업분류상 업종에 사용되는 자산)	
		대분류	중분류
1	4년 (3년~5년)	제조업	15. 가죽, 가방 및 신발 제조업. 다만, 모피 및 가죽 제조업(1511)은 제4호의 기준내용연수 및 내용연수범위[8년(6년~10년)]를 적용한다.
		교육 서비스업	85. 교육 서비스업
2	5년 (4년~6년)	농업, 임업 및 어업	01. 농업. 다만, 과수의 경우에는 제9호의 기준내용연수 및 내용연수범위[20년(15년~25년)]를 적용한다. 02. 임업
		광업	05. 석탄, 원유 및 천연가스 광업
		제조업	18. 인쇄 및 기록매체 복제업 21. 의료용 물질 및 의약품 제조업
		수도, 하수 및 폐기물 처리, 원료 재생업	37. 하수, 폐수 및 분뇨 처리업 38. 폐기물 수집, 운반, 처리 및 원료재생업. 다만, 해체, 선별 및 원료 재생업(383) 중 재생용 금속·비금속 가공원료 생산업은 제5호의 기준내용연수 및 내용연수범위[10년(8년~12년)]를 적용한다. 39. 환경 정화 및 복원업
		건설업	42. 전문직별 공사업
		도매 및 소매업	45. 자동차 및 부품 판매업 46. 도매 및 상품 중개업 47. 소매업(자동차는 제외한다)
		운수 및 창고업	49. 육상운송 및 파이프라인 운송업. 다만, 철도 운송업(491) 및 도시철도 운송업(49211)은 제9호의 기준내용연수 및 내용연수범위[20년(15년~25년)]를 적용하고, 택배업(49401) 및 늘찬 배달업(49402)은 제4호의 기준내용연수 및 내용연수범위[8년(6년~10년)]를 적용한다.

<table>
<tr><th rowspan="2">구 분</th><th rowspan="2">기준내용연수 및
내용연수범위
(하한~상한)</th><th colspan="2">적용대상자산
(다음에 규정된 한국표준산업분류상 해당 업종에 사용되는 자산)</th></tr>
<tr><th>대분류</th><th>중분류</th></tr>
<tr><td rowspan="12">2</td><td rowspan="12">5년
(4년~6년)</td><td>정보통신업</td><td>58. 출판업
59. 영상 · 오디오 기록물 제작 및 배급업
60. 방송 및 영상 · 오디오물 제공 서비스업
62. 컴퓨터 프로그래밍, 시스템 통합 및 관리업
63. 정보서비스업</td></tr>
<tr><td>금융 및 보험업</td><td>64. 금융업
65. 보험업
66. 금융 및 보험 관련 서비스업</td></tr>
<tr><td>전문, 과학 및 기술 서비스업</td><td>70. 연구개발업
71. 전문 서비스업
72. 건축기술, 엔지니어링 및 기타 과학기술 서비스업
73. 기타 전문, 과학 및 기술 서비스업</td></tr>
<tr><td>사업시설 관리, 사업 지원 및 임대 서비스업</td><td>74. 사업시설 관리 및 조경 서비스업
75. 사업지원 서비스업. 다만, 여행사 및 기타 여행보조 서비스업(752)은 제4호의 기준내용연수 및 내용연수범위[8년(6년~10년)]를 적용한다.
76. 임대업(부동산은 제외한다)</td></tr>
<tr><td>공공행정, 국방 및 사회보장행정</td><td>84. 공공행정, 국방 및 사회보장 행정</td></tr>
<tr><td>보건업 및 사회복지 서비스업</td><td>86. 보건업
87. 사회복지 서비스업</td></tr>
<tr><td>예술, 스포츠 및 여가 관련 서비스업</td><td>90. 창작, 예술 및 여가관련 서비스업
91. 스포츠 및 오락관련 서비스업</td></tr>
<tr><td>협회 및 단체, 수리 및 기타 개인 서비스업</td><td>94. 협회 및 단체
96. 기타 개인 서비스업</td></tr>
<tr><td>가구 내 고용활동 및 달리 분류되지 않은 자가소비 생산활동</td><td>97. 가구 내 고용활동
98. 달리 분류되지 않은 자가소비를 위한 가구의 재화 및 서비스 생산활동</td></tr>
<tr><td>국제 및 외국기관</td><td>99. 국제 및 외국기관</td></tr>
</table>

구 분	기준내용연수 및 내용연수범위 (하한~상한)	적용대상자산 (다음에 규정된 한국표준산업분류상 해당 업종에 사용되는 자산)	
		대분류	중분류
3	6년 (5년~7년)	제조업	26. 전자부품, 컴퓨터, 영상, 음향 및 통신장비 제조업. 다만, 마그네틱 및 광학 매체 제조업(2660)은 제4호의 기준내용연수 및 내용연수범위[8년(6년~10년)]를 적용하고, 전자코일, 변성기 및 기타 전자 유도자 제조업(26293) 및 유선 통신장비 제조업(26410) 중 중앙통제실 송신용 침입 및 화재경보 시스템 제조는 제5호의 기준내용연수 및 내용연수범위[10년(8년~12년)]를 적용한다.
		정보통신업	61. 우편 및 통신업
4	8년 (6년~10년)	제조업	14. 의복, 의복 액세서리 및 모피제품 제조업. 다만, 편조의복 제조업(143) 및 편조의복 액세서리 제조업(1441)은 제5호의 기준내용연수 및 내용연수범위[10년(8년~12년)]를 적용한다. 20. 화학물질 및 화학제품 제조업(의약품은 제외한다). 다만, 살균·살충제 및 농약 제조업(2032)은 제1호의 기준내용연수 및 내용연수범위[4년(3년~5년)]을 적용하고, 화약 및 불꽃제품 제조업(20494) 중 성냥 제조는 제5호의 기준내용연수 및 내용연수범위[10년(8년~12년)]를 적용한다. 34. 산업용 기계 및 장비 수리업
		건설업	41. 종합 건설업
		운수 및 창고업	52. 창고 및 운송관련 서비스업
		숙박 및 음식점업	55. 숙박업 56. 음식점 및 주점업
		부동산업	68. 부동산업
		협회 및 단체, 수리 및 기타 개인 서비스업	95. 개인 및 소비용품 수리업
5	10년 (8년~12년)	농업, 임업 및 어업	03. 어업. 다만, 내수면 양식 어업(03212) 중 수생파충류 및 개구리 양식은 제2호의 기준내용연수 및 내용연수범위[5년(4년~6년)]를 적용한다.

구 분	기준내용연수 및 내용연수범위 (하한~상한)	적용대상자산 (다음에 규정된 한국표준산업분류상 해당 업종에 사용되는 자산)	
		대분류	중분류
5	10년 (8년~12년)	광업	06. 금속 광업 07. 비금속광물 광업(연료용은 제외한다). 다만, 그 외 기타 비금속광물 광업(0729) 중 토탄 채굴은 제2호의 기준내용연수 및 내용연수범위[5년(4년~6년)]를 적용한다. 08. 광업 지원 서비스업. 다만, 광업 지원 서비스업(08000) 중 채굴목적 광물탐사활동, 유·무연탄 채굴 지원 서비스 및 갈탄 및 토탄 채굴 지원 서비스는 제2호의 기준내용연수 및 내용연수범위[5년(4년~6년)]를 적용한다.
		제조업	10. 식료품 제조업 11. 음료 제조업 13. 섬유제품 제조업(의복은 제외한다). 다만, 섬유제품 염색, 정리 및 마무리 가공업(134)은 제4호의 기준내용연수 및 내용연수범위[8년(6년~10년)]를 적용한다. 16. 목재 및 나무제품 제조업(가구는 제외한다) 17. 펄프, 종이 및 종이제품 제조업 22. 고무 및 플라스틱제품 제조업 23. 비금속 광물제품 제조업. 다만, 산업용 유리 제조업(2312) 중 평판 디스플레이용 유리의 제조업과 브라운관용 벌브유리의 제조업은 제2호의 기준내용연수 및 내용연수범위[5년(4년~6년)]를 적용한다. 24. 1차 금속 제조업. 다만, 기타 비철금속 제련, 정련 및 합금 제조업(24219) 중 우라늄 제련 및 정련업은 제4호의 기준내용연수 및 내용연수범위[8년(6년~10년)]를 적용한다. 25. 금속가공제품 제조업(기계 및 가구는 제외한다) 27. 의료, 정밀, 광학기기 및 시계 제조업 28. 전기장비 제조업 29. 기타 기계 및 장비 제조업 31. 기타 운송장비 제조업 32. 가구 제조업 33. 기타 제품 제조업

<table>
<tr><th rowspan="2">구 분</th><th rowspan="2">기준내용연수 및 내용연수범위 (하한~상한)</th><th colspan="2">적용대상자산
(다음에 규정된 한국표준산업분류상 해당 업종에 사용되는 자산)</th></tr>
<tr><th>대분류</th><th>중분류</th></tr>
<tr><td rowspan="2">6</td><td rowspan="2">12년
(9년~15년)</td><td>제조업</td><td>12. 담배 제조업.
다만, 니코틴이 함유된 전자담배 기기용 용액 제조는 제4호의 기준내용연수 및 내용연수범위[8년(6년~10년)]를 적용한다.
30. 자동차 및 트레일러 제조업</td></tr>
<tr><td>운수 및 창고업</td><td>50. 수상 운송업.
다만, 외항 화물 운송업(50112)은 제9호의 기준내용연수 및 내용연수범위[20년(15년~25년)]를 적용한다.
51. 항공 운송업</td></tr>
<tr><td>7</td><td>14년
(11년~17년)</td><td>제조업</td><td>19. 코크스, 연탄 및 석유정제품 제조업.
다만, 코크스 및 연탄 제조업(1910) 중 연탄, 갈탄ㆍ토탄의 응집 유ㆍ무연탄 및 기타 유ㆍ무연탄 제조는 제2호의 기준내용연수 및 내용연수범위[5년(4년~6년)]를 적용한다.</td></tr>
<tr><td>8</td><td>16년
(12년~20년)</td><td>전기, 가스, 증기 및 공기조절 공급업</td><td>35. 전기, 가스, 증기 및 공기조절 공급업</td></tr>
<tr><td>9</td><td>20년
(15년~25년)</td><td>수도, 하수 및 폐기물 처리, 원료 재생업</td><td>36. 수도업</td></tr>
</table>

① 이 표는 별표 3 또는 별표 5의 적용을 받는 자산을 제외한 모든 감가상각자산에 대해 적용한다.
② 내용연수범위가 서로 다른 둘 이상의 업종에 공통으로 사용되는 자산이 있는 경우에는 그 사용기간이나 사용정도의 비율에 따라 사용비율이 큰 업종의 기준내용연수 및 내용연수범위를 적용한다.

개 정

- 업종별자산의 기준내용연수 및 내용연수범위표에 제11차 한국표준산업분류 개정사항을 반영(법칙 별표 6)
  - ➡ 2024년 7월 1일부터 시행

업종별 자산의 내용연수범위를 적용함에 있어 동일 업종에 속하는 자산은 동일한 내용연수를 적용하여야 하며(법인 46012-3655, 1995. 9. 26. 및 법인 46012-3455, 1995. 9. 5.), 동일한 내용연수를 적용해야 하는 업종 구분은 한국표준산업분류상 중분류를 기준으로 한다(법인 46012-4458, 1995. 12. 5.). 또한, 동일한 업종으로서 다수의 사업장에서 보유하는 사업용자산의 내용연수는 동일하게 적용해야 한다. 그러나, 법인세법 시행령 제29조에서 규정하고 있는 내용연수의 특례 및 변경 사유에 해당하는 경우에는 관할 지방국세청장의 승인을 얻어 사업장별로 서로 다른 내용연수를 적용할 수 있다(재법인 46012-106, 2000. 6. 28.).

한편, 동일한 사업장 내에서 자산별·업종별로 적용할 내용연수를 납세지 관할 세무서장에게 신고한 이후에 새로이 취득한 감가상각자산은 동일한 자산별·업종별로 적용한 신고내용연수를 적용한다(법인 46012-2963, 1998. 10. 12.).

관련사례

• 기준내용연수 개정에 따른 내용연수 신고

2014. 1. 1. 이후 취득한 업종별 자산에 대해 법인세법 시행규칙(2013. 2. 23. 기획재정부령 제325호로 개정된 것) [별표 6]의 내용연수범위 안에서 내용연수를 적용하고자 하는 경우 2014. 1. 1. 이후 해당 자산을 최초로 취득한 날이 속하는 사업연도의 법인세 과세표준 신고기한까지 내용연수신고서를 납세지 관할 세무서장에게 제출하여야 하는 것으로, 내용연수를 신고하지 않은 경우에는 기준내용연수를 적용하는 것임(사전법령법인-22339, 2015. 4. 6.).

7-2-3. 시험연구용자산 및 무형자산

(1) 시험연구용자산

시험연구용자산의 경우 기술개발 및 직업훈련에 대한 세제지원을 강화하기 위하여 일반 사업용자산과 달리 별도의 단축된 내용연수를 적용한다. 즉, 시험연구용자산의 내용연수는 일반 감가상각자산과 같이 기준내용연수의 25%를 가감한 내용연수의 범위 내에서 선택하는 것이 아니라 법인세법 시행규칙 별표 2에서 정하는 고정된 기준내용연수와 그에 따른 상각률을 그대로 적용하여야 한다(법령 §28 ① 1호 및 법칙 §15 ①, ②).

▌시험연구용자산의 내용연수표(법칙 별표 2)▐

자산범위	자산명	내용연수
1. 새로운 지식이나 기술의 발견을 위한 실험연구시설 2. 신제품이나 신기술을 개발할 목적으로 관련된 지식과 경험을 응용하는 연구시설 3. 신제품이나 신기술과 관련된 시제품, 원형, 모형 또는 시험설비 등의 설계, 제작 및 시설을 위한 설비 4. 새로운 기술에 수반되는 공구, 기구, 금형 등의 설계 및 시험적 제작을 위한 시설 5. 직업훈련용 시설	(1) 건물부속설비 (2) 구축물 (3) 기계장치	5년
	(4) 광학기기 (5) 시험기기 (6) 측정기기 (7) 공구 (8) 기타 시험연구용설비	3년

① 시험연구용 자산 중 조세특례제한법 시행령 제25조의 3 제3항 제2호에 따른 연구·시험용 시설 및 직업훈련용 시설에 대한 투자에 대해 조세특례제한법 제24조에 따른 세액공제를 이미 받은 자산에 대해서는

이 내용연수표에 따른 감가상각비를 손금에 산입할 수 없다.

② 법인이 시험연구용 자산에 대하여 이 내용연수표를 적용하지 않으려는 경우에는 별표 5 건축물 등의 기준내용연수 및 내용연수범위표 또는 별표 6 업종별 자산의 기준내용연수 및 내용연수 범위표를 적용하여 감가상각비를 손금에 산입할 수 있다.

관련사례

• 시험연구용자산이 업종별 자산으로 용도전환되는 경우의 내용연수 적용

별표 2에서 정하는 내용연수에 따라 감가상각 중인 시험연구용자산에 대하여 동 자산의 상각이 완료되기 전 사업연도에 별표 6에서 정하는 업종별 자산으로 용도전환하는 경우에는 용도전환한 사업연도부터 당해 업종별 자산의 내용연수에 해당하는 상각률을 적용함 (법인 46012-2361, 1999. 6. 23.).

(2) 무형자산

무형자산(개발비 · 사용수익기부자산 · 주파수이용권 · 공항시설관리권 · 항만시설관리권을 제외함)의 경우 일반 감가상각자산과 달리 별도의 법정내용연수를 적용한다. 즉, 무형자산의 내용연수는 일반 감가상각자산과 같이 기준내용연수의 25%를 가감한 내용연수의 범위 내에서 법인이 선택하는 것이 아니라 법인세법 시행규칙 별표 3에서 정하는 고정된 기준내용연수와 그에 따른 상각률을 그대로 적용하여야 한다(법령 §28 ① 1호 및 법칙 §15 ①, ②).

▮무형자산의 내용연수표(법칙 별표 3)▮

구 분	내용연수	무형자산
1	5년	영업권, 디자인권, 실용신안권, 상표권
2	7년	특허권
3	10년	어업권, 해저광물자원개발법에 따른 채취권(생산량비례법 선택적용), 유료도로관리권, 수리권, 전기가스공급시설이용권, 공업용수도시설이용권, 수도시설이용권, 열공급시설이용권
4	20년	광업권(생산량비례법 선택적용), 전신전화전용시설이용권, 전용측선이용권, 하수종말처리장시설관리권, 수도시설관리권
5	50년	댐사용권

7-2-4. 기타 특수한 경우의 내용연수

(1) 사업연도가 1년 미만인 경우

법인의 사업연도가 1년 미만인 경우에는 다음과 같이 내용연수 · 신고내용연수 또는 기준내용연수를 연간내용연수로 환산한 내용연수 및 상각률을 적용하여야 한다. 이 때의 사업연도라 함은 정관상 사업연도 즉, 법인세법 제6조의 사업연도를 말하며, 이 경우 1년 미만

의 사업연도의 환산에 따른 개월수는 태양력에 따라 계산하되 1개월 미만의 일수는 1개월로 한다(법령 §28 ②).

$$\text{환산내용연수} = (\text{내용연수} \cdot \text{신고내용연수 또는 기준내용연수}) \times \frac{12}{\text{사업연도의 개월수}}$$

법인세법 제8조에서 규정한 바와 같이 사업연도의 변경, 합병·분할, 해산 등으로 인한 의제 사업연도가 1년 미만인 경우에는 내용연수를 환산하지 않고 본래의 내용연수 및 상각률을 그대로 적용하되, 다음과 같이 월할 계산에 의하여 감가상각범위액을 계산하여야 한다.

$$\text{상각범위액} = \text{연간 상각범위액} \times \frac{\text{해당 사업연도의 개월수}}{12}$$

(2) 자본적 지출이 있는 경우

① 일반적인 경우

감가상각이 진행 중인 자산에 대하여 자본적 지출이 발생한 경우(법인 46012-1399, 1998. 5. 27.) 또는 감가상각이 완료된 자산에 대하여 자본적 지출이 발생한 경우에는 이를 지출일을 기준으로 월할상각하지 않고 해당 자본적 지출이 기초에 발생한 것으로 보아 법인이 신고한 기존 자산의 내용연수에 의한 상각률을 적용하여야 한다(법기통 23-28…2).

② 기존 건축물의 대수선 등이 있는 경우

기존 건축물의 수선이 건축법 시행령 제2조에서 규정하는 신축·개축 또는 재축에 해당하는 경우, 기존 건축물의 장부가액과 철거비용은 당기비용으로 처리하고 그 외 지출한 금액은 신규 취득자산의 장부가액으로 보아 내용연수를 새로이 적용하여야 한다(법기통 23-26…7). 그러나, 기존의 건축물을 증축하는 경우에는 위 ①에서와 같이 기존 건축물의 자산가액에 포함하여 당해 내용연수를 적용하여 감가상각하여야 한다(법인 46012-625, 2000. 3. 7.).

(3) 상각이 완료된 자산

감가상각이 완료된 자산에 대하여 자본적 지출이 발생하는 경우 기업회계상으로는 이를 자산화하고 합리적으로 추정한 내용연수 동안 감가상각하는 것이 타당할 것이다. 그러나, 법인세법은 감가상각이 완료되어 비망가액만 남은 자산에 대하여 발생한 자본적 지출액은 법인이 당초 신고한 내용연수에 의한 상각률에 따라 상각하도록 규정하고 있다(법기통 23-28…2).

(4) 사용 중 용도가 변경된 경우

자산의 사용 도중 용도가 변경된 경우에는 그 변경된 용도에 따른 내용연수를 적용한다(법인 46012-382, 1996. 2. 1.).

7-3. 내용연수의 신고

법인은 시험연구용자산 · 무형자산 이외의 일반 감가상각자산에 대하여 적용할 내용연수를 내용연수의 범위 내에서 선택하여 신고하고자 하는 때에는 내용연수신고서[법칙 별지 제63호 서식]를 다음에 정해진 날이 속하는 사업연도의 법인세 과세표준 신고기한까지 납세지 관할 세무서장에게 제출(국세정보통신망에 의한 제출을 포함함)하여야 한다. 이 때 내용연수의 신고는 연단위로 하여야 한다(법령 §28 ③, ⑤).

① 신설법인 및 새로 수익사업을 개시한 비영리내국법인 : 그 영업개시일
② 위 ① 외의 법인이 자산별 · 업종별 구분에 따라 기준내용연수가 다른 감가상각자산을 새로 취득하거나 새로운 업종의 사업을 개시한 경우 : 그 자산 취득일 또는 사업 개시일

법인이 자산별 · 업종별로 적용한 신고내용연수 또는 기준내용연수는 그 후의 사업연도에 있어서도 계속하여 그 내용연수를 적용하여야 하며, 기준내용연수가 다른 신규취득자산이 있다면 취득한 사업연도마다 내용연수신고를 하여야 하므로 주의가 필요하다(법령 §28 ④).

7-4. 내용연수의 특례 및 변경

7-4-1. 특례 및 변경 요건

법인은 시험연구용자산과 무형자산 이외의 일반 감가상각자산의 내용연수를 적용함에 있어 기준내용연수에 기준내용연수의 25%를 가감하는 내용연수의 범위 안에서 선택한 내용연수를 신고하고 계속적으로 적용하여야 한다.

그러나, 법인이 다음 중 어느 하나에 해당하는 경우에는 기준내용연수에 기준내용연수의 50%(아래 ⑤ 및 ⑥에 해당하는 경우에는 25%)를 가감한 범위에서 사업장별로 납세지 관할 지방국세청장의 승인을 받아 내용연수범위와 달리 내용연수를 적용하거나 적용하던 내용연수를 변경할 수 있으며, 이 때 적용하는 내용연수를 '특례내용연수'라 한다(법령 §29 ① 및 법칙 §16).

① 사업장의 특성으로 자산의 부식 · 마모 및 훼손의 정도가 현저한 경우
② 영업개시 후 3년이 경과한 법인이 다음 중 하나를 선택하여 산정한 당해 사업연도의 생산설비(건축물 제외) 가동률이 직전 3개 사업연도의 평균가동률보다 현저히 증가한 경우

$$\text{i) 생산량 기준}: \frac{\text{당해 사업연도 실제 생산량}}{\text{연간 생산가능량}} \times 100$$

$$\text{ii) 작업시간 기준}: \frac{\text{연간 작업시간}}{\text{연간 작업가능시간}} \times 100$$

③ 새로운 생산기술 및 신제품의 개발 · 보급 등으로 기존 생산설비의 가속상각이 필요한 경우
④ 경제적 여건의 변동으로 조업을 중단하거나 생산설비의 가동률이 감소한 경우
⑤ 일반감가상각자산(시험연구용자산 및 무형자산 제외)에 대하여 한국채택국제회계기준을 최초로 적용하는 사업연도에 결산내용연수를 변경한 경우(결산내용연수가 연장된 경우 내용연수를 연장하고 결산내용연수가 단축된 경우 내용연수를 단축하는 경우만 해당하되 내용연수를 단축하는 경우에는 결산내용연수보다 짧은 내용연수로 변경할 수 없음)
⑥ 일반감가상각자산(시험연구용자산 및 무형자산 제외)에 대한 기준내용연수가 변경된 경우. 다만, 내용연수를 단축하는 경우로서 결산내용연수가 변경된 기준내용연수의 25%를 가감한 범위 내에 포함되는 경우에는 결산내용연수보다 짧은 내용연수로 변경할 수 없음.

7-4-2. 특례내용연수의 신청 · 승인 등

(1) 특례내용연수의 신청

법인이 특례내용연수의 승인 또는 변경승인을 얻고자 할 때에는 다음에 정해진 날부터 3월 또는 그 변경할 내용연수를 적용하고자 하는 최초 사업연도의 종료일까지 내용연수승인(변경승인)신청서[법칙 별지 제63호 서식]를 납세지 관할 세무서장을 거쳐 관할 지방국세청장에게 제출(국세정보통신망에 의한 제출을 포함함)하여야 한다. 이 경우 내용연수의 승인 · 변경승인의 신청은 연단위로 하여야 한다(법령 §29 ②).

① 신설법인 및 새로 수익사업을 개시한 비영리내국법인 : 그 영업개시일
② 위 ① 외의 법인이 자산별 · 업종별 구분에 따라 기준내용연수가 다른 감가상각자산을 새로 취득하거나 새로운 업종의 사업을 개시한 경우 : 그 자산 취득일 또는 사업개시일

(2) 특례내용연수의 승인

내용연수승인(변경승인)신청서를 접수한 납세지 관할 세무서장은 신청서의 접수일이 속하는 사업연도 종료일부터 1개월 이내에 관할 지방국세청장으로부터 통보받은 승인 여부에 관한 사항을 통지하여야 한다(법령 §29 ③).

(3) 특례내용연수의 적용시기 등

동일한 업종으로서 다수의 사업장에서 보유하는 감가상각자산의 내용연수는 동일하게 적용

해야 하나, 위에서 언급한 내용연수의 특례 및 변경사유에 해당하여 관할 지방국세청장의 승인을 얻은 경우에는 사업장별로 각각 다르게 적용할 수 있다(재법인 46012-106, 2000. 6. 28.). 또한, 법인세법 시행규칙 별표 6의 중분류상의 업종이 서로 다른 사업을 동일사업장 안에서 영위하는 법인이 감가상각시 적용하는 내용연수를 관할 지방국세청장의 승인을 얻어 변경하고자 하는 경우에는 업종별로 각각 승인을 얻어 내용연수를 변경할 수 있다(법인 46012-973, 1997. 4. 9.).

7-4-3. 내용연수의 재변경 제한

내용연수의 변경사유에 해당하여 내용연수를 변경(재변경을 포함함)한 법인은 변경내용연수를 최초로 적용한 사업연도의 종료일부터 3년 이내에는 내용연수를 다시 변경할 수 없다(법령 §29 ⑤).

관련사례

- 감가상각 내용연수 특례를 적용받던 법인이 기준내용연수 개정 이후 신규 자산취득 시 해당특례의 계속 적용 여부

  기존에 승인받은 특례내용연수가 2013. 2. 23. 개정된 기준내용연수(2014. 1. 1. 이후 자산취득 분부터 적용)에 따른 특례내용연수범위 내에 해당되는 경우에는 별도의 신청과 승인절차를 거치지 않더라도 기존에 승인받은 내용연수의 특례를 적용할 수 있는 것임(법규법인 2014-422, 2014. 10. 31.).

7-5. 중고자산 등의 수정내용연수

7-5-1. 개 요

법인이 중고자산을 취득하는 경우 또는 합병·분할로 인하여 자산을 취득하는 경우 이를 신규자산의 취득으로 보아 내용연수 및 상각률을 적용하게 되면 감가상각기간이 장기화되어 물리적 내용연수와의 괴리가 발생하고 자산의 원가 배분도 적절히 이루어지지 않는 문제점이 발생한다.

7-5-2. 적용대상

법인이 기준내용연수의 50% 이상이 경과된 중고자산을 다른 법인 또는 소득세법상 개인사업자로부터 취득(합병·분할에 의하여 자산을 승계한 경우를 포함함)한 경우에는 수정내용연수를 적용할 수 있다(법령 §29의 2 ①). 이 때 중고자산인지의 여부는 자산을 취득하는 법인의 기준내용연수를 기준으로 하여 중고자산 여부를 판단한다(서면2팀-2692, 2004. 12. 20.).

또한, 수정내용연수를 적용할 수 있는 중고자산에는 법인이 현물출자 또는 사업양수에 의하여 취득한 중고자산이 포함되는 것이며(서면2팀-298, 2005. 2. 16. 및 서이 46012-10132, 2002. 1. 22.), 유형자산 또는 무형자산을 불문한다(서이 46012-11057, 2003. 5. 27.).

7-5-3. 수정내용연수의 계산

'수정내용연수'라 함은 해당 자산의 기준내용연수의 50%에 상당하는 연수와 기준내용연수의 범위에서 선택하여 납세지 관할 세무서장에게 신고한 연수를 말한다. 한편, 수정내용연수를 계산할 때 1년 미만은 없는 것으로 한다(법령 §29의 2 ①).

계산사례 - 3 수정내용연수의 계산

▶ 기준내용연수가 5년인 중고 기계장치를 취득한 법인이 적용할 수정내용연수

① 수정내용연수의 하한 = 5년 - 5년 × 50% = 2.5년

② 수정내용연수 = 2년(2.5년 중 1년 미만의 기간은 절사)

따라서 중고자산을 취득한 법인은 해당 중고자산의 내용연수를 2년(수정내용연수의 하한)에서 5년(기준내용연수)의 범위 안에서 선택하여 신고할 수 있다(법기통 23-28…1). 한편, 이러한 수정내용연수의 신고가 없는 중고자산에 대하여는 기존 자산의 내용연수를 적용하여야 한다.

7-5-4. 수정내용연수의 신고

수정내용연수는 법인이 다음에 정하는 날이 속하는 사업연도의 법인세 과세표준 신고기한 내에 내용연수변경신고서[법칙 별지 제63호 서식]를 제출한 경우에 한하여 적용한다(법령 §29의 2 ⑤).

① 중고자산 : 그 취득일

② 합병 · 분할로 승계한 자산 : 합병 · 분할등기일

8. 상각률

상각률은 정률법과 정액법으로 구분하여 그 내용연수별로 법인세법 시행규칙 별표 4에서 법정화하고 있다(법령 §28 ① 및 법칙 §15 ②). 법인세법 시행규칙 별표 4에서 정하고 있는 상각률은 사업연도가 1년인 경우를 전제로 한다. 따라서, 해당 법인의 정관상 사업연도가 6개월인 경우에는 해당 자산의 내용연수에 2를 곱하여 환산한 내용연수에 의한 상각률을 적용하여야 한다. 그러나, 사업연도의 변경, 합병 · 분할, 해산 등으로 인한 의제사업연도가 1년 미만인 경우에는 내용연수를 환산하지 않고 '해당 자산 본래의 내용연수에 의한 상각률'을 적용하여야 한다.

▌감가상각자산의 상각률표(법칙 별표 4)▐

내용연수	정액법에 의한 상각률	정률법에 의한 상각률	내용연수	정액법에 의한 상각률	정률법에 의한 상각률
년	할분리	할분리	31	033	093
2	500	777	32	032	090
3	333	632	33	031	087
4	250	528	34	030	085
5	200	451	35	029	083
6	166	394	36	028	080
7	142	349	37	027	078
8	125	313	38	027	076
9	111	284	39	026	074
10	100	259	40	025	073
11	090	239	41	025	071
12	083	221	42	024	069
13	076	206	43	024	068
14	071	193	44	023	066
15	066	182	45	023	065
16	062	171	46	022	064
17	058	162	47	022	062
18	055	154	48	021	061
19	052	146	49	021	060
20	050	140	50	020	059
21	048	133	51	020	058
22	046	128	52	020	056
23	044	123	53	019	055
24	042	118	54	019	054
25	040	113	55	019	054
26	039	109	56	018	053
27	037	106	57	018	052
28	036	102	58	018	051
29	035	099	59	017	050
30	034	096	60	017	049

9. 감가상각방법과 상각범위액의 계산

9-1. 감가상각방법의 적용

기업회계에서는 감가상각방법에 대하여 자산의 경제적 효익이 소멸되는 행태를 반영한 합리적인 것이어야 함을 요구할 뿐 그 상각방법에 대하여 별도의 제약을 두고 있지 않다. 그러

나. 법인세법은 아래와 같이 해당 감가상각자산의 종류 및 감가상각방법의 신고유무에 따라 자산별로 정액법, 정률법, 생산량비례법 또는 균등액상각의 4가지 상각방법만을 인정하고 있다(법령 §26 ①, ④).

| 감가상각방법의 구분 |

<table>
<tr><th colspan="2">구 분</th><th>상각방법의 신고</th><th>상각방법의 무신고</th></tr>
<tr><td rowspan="4">유형자산</td><td>① 건축물</td><td>정액법</td><td>정액법</td></tr>
<tr><td>② 폐기물매립시설(폐기물관리법 시행령 별표 3 제2호 가목의 매립시설을 말함)</td><td>정액법 · 생산량비례법</td><td>생산량비례법</td></tr>
<tr><td>③ 광업용 유형자산</td><td>정률법 · 정액법 · 생산량비례법</td><td>생산량비례법</td></tr>
<tr><td>④ 위 ① 내지 ③ 외의 유형자산</td><td>정률법 · 정액법</td><td>정률법</td></tr>
<tr><td rowspan="5">무형자산</td><td>① 광업권(해저광물자원개발법에 의한 채취권 포함)</td><td>정액법 · 생산량비례법</td><td>생산량비례법</td></tr>
<tr><td>② 개발비</td><td>관련 제품의 판매 또는 사용이 가능한 시점부터 20년의 범위에서 연단위로 신고한 내용연수에 따라 매 사업연도별 경과월수에 비례하여 상각하는 방법</td><td>관련 제품의 판매 또는 사용이 가능한 시점부터 5년 동안 매년 균등액을 상각하는 방법</td></tr>
<tr><td>③ 사용수익기부자산</td><td colspan="2">해당 자산의 사용수익기간(그 기간에 관한 특약이 없는 경우 신고내용연수)에 따라 균등하게 안분한 금액(사용수익기간 중에 해당 기부자산이 멸실되거나 계약이 해지된 경우에는 그 잔액)을 상각하는 방법</td></tr>
<tr><td>④ 주파수이용권(전파법 §14), 공항시설관리권(공항시설법 §26) 및 항만시설관리권(항만법 §24)</td><td colspan="2">주무관청에서 고시하거나 주무관청에 등록한 기간 내에서 사용기간에 따라 균등액을 상각하는 방법</td></tr>
<tr><td>⑤ 위 ① 내지 ④ 외의 무형자산</td><td>정액법</td><td>정액법</td></tr>
</table>

9-2. 상각범위액의 계산

9-2-1. 일반적인 경우

(1) 정액법

정액법에 의해 감가상각을 계산하는 경우에는 법인세법 시행령 제72조의 규정에 의한 취득가액에 법인세법 시행규칙 별표 4에서 정하고 있는 해당 자산의 내용연수별 상각률(정액법상 상각률)을 적용하여 계산한다(법령 §26 ② 1호). 이를 산식으로 나타내면 다음과 같다.

> 상각범위액 = 취득가액 × 정액법에 의한 상각률

(2) 정률법

정률법에 의해 감가상각을 계산하는 경우에는 미상각잔액에 해당 자산의 내용연수에 따른 상각률(정률법상 상각률)을 적용하여 계산한다. 이 때 미상각잔액이란 취득가액에서 이미 감가상각비로 손금에 산입한 금액(법인세법 제27조의 2 제1항에 따른 업무용승용차의 경우에는 같은 조 제2항 및 제3항에 따라 손금에 산입하지 아니한 금액을 포함함)을 공제한 가액을 말한다(법령 §26 ② 2호). 만일 자산의 취득 후 자본적 지출이 있는 경우에는 그 금액을 가산한 금액으로 하며, 자산재평가법에 의한 재평가가 이루어진 경우에는 그 재평가액으로 한다.

> 상각범위액 = 미상각잔액 × 정률법에 의한 상각률

(3) 생산량비례법

생산량비례법은 다음과 같이 취득가액을 생산량에 비례하여 감가상각범위액을 계산한다(법령 §26 ② 3호).

한편, 사업연도 중 한국광해광업공단이 총채굴가능량을 새로이 산정하는 경우 감가상각범위액 계산의 기준이 될 총채굴예정량은 새로이 산정한 총채굴가능량에 해당 사업연도의 개시일로부터 총채굴가능량을 새로이 산정한 날까지의 기채굴량을 가산하여 계산한다(법기통 23-26…5).

$$① \text{ 상각범위액} = \text{취득원가} \times \frac{\text{당기 중 해당 광구의 채굴량}}{\text{해당 광구의 총채굴예정량}}$$

$$② \text{ 상각범위액} = \text{취득가액} \times \frac{\text{당기 중 해당 폐기물매립시설에서 매립한 양}}{\text{해당 폐기물매립시설의 매립예정량}}$$

9-2-2. 상각방법을 변경하는 경우

(1) 상각범위액의 계산

감가상각방법을 변경하는 경우 상각범위액의 계산은 다음의 산식에 의한다(법령 §27 ⑥).

아래의 정액법으로 변경하는 경우의 상각범위액 계산 산식 중 '전기이월상각한도초과액'이라 함은 전기까지 감가상각한도초과액으로 손금에 산입되지 아니한 금액의 누계액인 전기이월상각부인누계액을 의미한다(법기통 23-27…1).

감가상각방법의 변경시 상각범위액의 계산

구 분	상 각 범 위 액
정액법으로 변경시	(감가상각누계액을 공제한 장부가액+전기이월상각한도초과액) ×신고내용연수(무신고시 기준내용연수)의 정액법에 의한 상각률
정률법으로 변경시	(감가상각누계액을 공제한 장부가액+전기이월상각한도초과액) ×신고내용연수(무신고시 기준내용연수)의 정률법에 의한 상각률
생산량비례법으로 변경시	(감가상각누계액을 공제한 장부가액+전기이월상각한도초과액) ×해당 사업연도의 채굴·매립비율(*) (*) 해당 사업연도의 채굴·매립비율 = 해당 사업연도의 채굴량·매립량÷(총채굴예정량·총매립예정량 - 변경전 사업연도까지의 총채굴량·총매립량)

(2) 감가상각방법 변경시 세무조정

감가상각방법의 변경으로 인하여 자산 또는 부채에 미치는 누적효과를 기업회계기준에 따라 전기이월미처분이익잉여금에 반영한 경우에는 다음과 같이 처리한다(법기통 23-26…8).

① 전기이월미처분이익잉여금을 감소시킨 경우에는 전기이월미처분이익잉여금의 감소액을 손금산입(기타)하고 회사계상 감가상각비에 동 금액을 포함시켜 당해 사업연도의 감가상각비시부인 계산한다(법기통 23-0…4).

② 전기이월미처분이익잉여금의 증가로 회계처리한 금액은 이를 세무조정에 의하여 익금산입(기타)하고, 동 금액을 손금산입(△유보)한다. 이 경우 법인세법 시행령 제26조의 규정에 의한 상각범위액을 계산함에 있어서 동 금액은 이미 감가상각비로 손금에 산입한 금액으로 본다. 따라서 감소된 감가상각누계액에 의하여 늘어난 감가상각비 해당액은 손금불산입(유보)한다(제도 46012-12166, 2001. 7. 16.).

계산사례 - 4 **감가상각방법의 변경시 상각범위액의 계산**

▶ 다음의 자료를 참조하여 감가상각방법을 변경할 경우 다음 각 상황별 감가상각범위액의 계산 및 회계변경누적효과가 5,000,000원이라 가정하고 이에 대한 세무조정을 하라.

1. 전기말 B/S상 취득가액	40,000,000
2. 전기말 B/S상 감가상각누계액	10,000,000
3. 전기말 현재 감가상각부인액 누계	1,000,000
4. 당기에 비용계상한 자본적 지출액	5,000,000
5. 내용연수	5년
6. 정률법에 의한 상각률	0.451
7. 정액법에 의한 상각률	0.200

〈사례 1〉 전기말까지는 정액법으로 상각하였으나 이를 당기말부터는 정률법으로 변경함. 이에 따른 회계변경 누적효과를 다음과 같이 회계처리함.

(차) 전기이월미처분이익잉여금 5,000,000 (대) 감가상각누계액 5,000,000
(회계변경누적효과)

〈사례 2〉 전기말까지는 정률법으로 상각하였으나 이를 당기말부터는 정액법으로 변경함. 이에 따른 회계변경 누적효과를 다음과 같이 회계처리함. 단, 차변에 계상한 감가상각누계액은 감가상각부인액이 먼저 환입된 것으로 가정함.

(차) 감가상각누계액 5,000,000 (대) 전기이월미처분이익잉여금 5,000,000
(회계변경누적효과)

해 설

〈사례 1〉 정액법에서 정률법으로의 변경

(1) 세무조정

전기이월미처분이익잉여금의 감소로 계상한 금액을 손금에 산입하여 당기 감가상각비 계상액으로 보아 시부인한다.

〈손금산입〉 전기이월미처분이익잉여금 5,000,000 (기타)

(2) 감가상각범위액

= 미상각잔액 × 상각률

= (40,000,000 - 10,000,000 + 1,000,000 + 5,000,000) × 0.451

= 16,236,000

〈사례 2〉 정률법에서 정액법으로의 변경

(1) 세무조정

1) 전기이월미처분이익잉여금 증가액 5,000,000은 익금에 산입한다.

〈익금산입〉 전기이월미처분이익잉여금 5,000,000 (기타)

2) 감가상각누계액의 환입액 5,000,000은 다음과 같이 구성되었다.

① 전기말 감가상각부인액누계의 환입액(1,000,000)은 이월익금이므로 익금불산입한다.

② 나머지 잔액은 이미 손금에 산입한 감가상각누계액을 법인이 임의환입한 금액(4,000,000) 이므로 익금불산입한다. 즉, 법인세법상 손금산입한도의 범위 내에서 계상한 감가상각누계액은 법인이 임의로 환입할 수 없는 것이며, 이를 환입한 것은 감가상각자산에 대한 임의평가차익을 계상한 것과 동일한 논리이다. 임의평가차익은 익금불산입 항목이다.

〈익금불산입〉 감가상각부인액 환입 1,000,000 (△유보)

감가상각누계액 임의환입 4,000,000 (△유보)

(2) 감가상각범위액

= 미상각잔액 × 상각률

= (B/S상 취득가액 - B/S상 감가상각누계액 + 상각부인액 누계 + 자본적 지출액) × 0.2

= [40,000,000 - (10,000,000 - 5,000,000) + (1,000,000 - 1,000,000 - 4,000,000) + 5,000,000] × 0.2

= 7,200,000

9-2-3. 중도에 신규취득하는 자산

사업연도 중에 새로이 취득한 자산의 상각범위액은 신규로 취득한 자산의 사용일로부터 사업연도 종료일까지 월수를 12월로 나누어 계산한다. 이 경우 월수는 역에 따라 계산하되, 1월 미만의 일수는 1월로 한다(법령 §26 ⑨).

$$\text{상각범위액} = \text{취득사업연도 전체의 상각범위액} \times \frac{\text{사용일부터 사업연도 종료일까지 월수}}{12}$$

9-2-4. 자본적 지출이 있는 경우

기존의 감가상각자산에 자본적 지출이 발생한 경우에는 신규 취득하는 자산과 같이 월할계산을 하는 것이 아니라, 기존 감가상각자산의 기초가액에 자본적 지출액을 가산하여 동 자산의 내용연수 및 상각률을 그대로 적용하여 감가상각범위액을 계산하여야 한다(법인 46012-625, 2000. 3. 7.).

9-2-5. 개발비 · 사용수익기부자산 · 주파수이용권 등

(1) 개발비

개발비는 관련 제품의 판매 또는 사용이 가능한 시점부터 20년의 범위에서 연단위로 신고한 내용연수에 따라 매 사업연도별 경과월수에 비례하여 상각하는 방법을 적용해야 한다. 그러

나. 상각방법을 무신고한 경우에는 관련 제품의 판매 또는 사용이 가능한 시점부터 5년 동안 매년 균등액을 상각하여야 한다(법령 §26 ① 6호, ④ 4호).

:: 개발비의 감가상각방법 요약

개발비의 감가상각방법을 요약하면 다음과 같다(법기통 23-26…9)*).

*) 2021년 2월 17일 개정된 법인세법 시행령 제24조 제1항 제2호 바목의 개정내용을 반영하여 법인세법 기본통칙 23-26…9의 내용을 수정함.

① 개발비로 계상하지 아니하고 당기비용으로 처리한 경우

법인세법 시행령 제26조 제1항 제6호 및 제4항 제4호의 규정은 기업회계기준에 따른 개발비 요건을 갖춘 경우에 한하여 적용하는 것이므로, 그렇지 않은 금액은 그 지급이 확정된 사업연도의 손금에 산입하는 것임.

② 결산조정(임의상각)사항

개발비는 법인세법 시행령 제30조에 따른 감가상각의제가 적용되는 경우를 제외하고 법인세법 제23조 제1항의 규정에 의하여 법인이 각 사업연도에 손금으로 계상(결산을 확정함에 있어서 손비로 계상하는 것)한 경우에 한하여 상각범위액의 범위 안에서 해당 사업연도 소득금액 계산상 이를 손금에 산입하는 것임.

③ 상각방법 신고 및 적용

개발비에 대한 감가상각방법을 적용함에 있어 신고내용연수는 관련 제품별로 판매 또는 사용이 가능한 시점부터 20년 이내의 기간 내에서 연단위로 선택하여 해당 관련 제품별로 판매 또는 사용이 가능하게 된 날이 속하는 사업연도의 법인세 과세표준의 신고기한까지 신고하는 것이며, 상각방법을 신고하지 아니한 경우에는 법인세법 시행령 제26조 제4항 제4호의 규정에 따라 신고내용연수를 5년으로 적용하는 것임.

④ 상각기간이 1년 미만인 경우의 상각범위액 계산

사업연도 중에 판매 또는 사용이 가능한 시점이 도래한 경우의 상각범위액은 상각방법 신고 여부와 관계없이 법인세법 시행령 제26조 제9항의 규정에 의하여 월수에 따라 계산하는 것임.

⑤ 개발완료 전에 관련제품의 개발이 취소된 경우

개발비는 개발이 완료되어 관련제품의 판매 또는 사용이 가능하게 된 시점부터 감가상각이 가능하므로 제품개발 진행 중 관련제품의 개발사업이 취소되고 개발실적이 향후 활용이 불가능한 경우에는 개발사업이 취소된 날이 속하는 사업연도의 손금에 산입하는 것임(법인 46012-196, 2003. 3. 21.).

⑥ 감가상각 개시 후 관련제품의 판매·사용이 중지된 경우

제품개발의 성공으로 관련제품의 판매·사용으로 감가상각 개시 후에 관련제품의 판매·사용이 중지되는 경우의 미상각개발비는 자산성을 완전히 상실한 것은 아니므로 감가상각방법을 통하여 손금에 산입하는 것임. 다만, 기술낙후로 인하여 자산성이 완전히 상실되어 법인세법 시행령 제31조 제7항의 규정에 해당되는 경우에는 장부가액에서 1천원을 공제한 금액을 폐기일이 속하는 사업연도의 손금에 산입할 수 있는 것이나 자산성의 완전 상실 여부는 사실판단할 사항임(법인 46012-196, 2003. 3. 21.).

(2) 사용수익기부자산

사용수익기부자산의 상각범위액은 사용수익기간 동안 균등하게 안분한 금액을 상각한다. 이 때 사용수익기간에 관한 특약이 없는 경우에는 해당 자산의 신고내용연수를 사용수익기간으로 보는 것이며, 사용수익기간 중에 해당 기부자산이 멸실되거나 계약이 해지된 경우에는 그 잔액을 상각한다(법령 §26 ① 7호).

사업연도 중에 취득한 사용수익기부자산의 상각범위액은 다음의 산식과 같으며, 여기에서 "해당 사업연도 중 사용수익기간"은 사업에 사용한 날부터 해당 사업연도 종료일까지의 월수(역에 따라 계산하되 1월 미만의 일수는 1월로 함)에 따라 계산한다(법기통 23-26…10).

$$\text{상각범위액} = \text{사용수익기부자산의 취득가액} \times \frac{\text{해당 사업연도 중 사용수익기간}}{\text{총 사용수익기간}}$$

관련사례

• 사용수익기부자산의 사용수익기간이 연장된 경우 손금산입 방법

내국법인이 국가와의 협약을 변경하여 통행료를 인하하는 대신 고속도로 사용수익기부자산의 사용수익기간을 연장하는 경우 각 사업연도의 결산을 확정할 때 해당 사용수익기부자산에 대한 감가상각비를 손비로 계상함에 있어 해당 자산의 장부가액(변경협약에 의한 통행료 인하일이 속하는 달의 전달까지의 감가상각누계액을 차감한 금액)은 통행료를 인하한 날이 속하는 달부터 변경된 사용수익기간에 따라 균등하게 안분한 금액을 손금에 산입하는 것임(서면-2021-법령해석법인-0996, 2021. 9. 30.).

• 사용 · 수익기간이 무한정인 것으로 인정되는 경우 사용수익기부자산가액의 감가상각 방법

무상사용 · 수익기간 종료 후에도 계속하여 유상사용 · 수익함에 따라 사용 · 수익기간이 무한정인 것으로 인정되는 경우에는 기부채납한 해당 자산의 신고내용연수 동안 균등하게 안분한 금액을 상각하여 각 사업연도의 손금으로 산입하는 것임(서면법령법인-3906, 2016. 9. 13.).

• 사용수익기간에 대한 특약은 있으나, 그 기간을 특정할 수 없는 경우의 상각범위액

해당 자산의 사용수익기간에 관한 특약은 있으나 사용료에 연동되어 그 기간을 특정할 수 없는 경우에는 해당 사용료에 따라 확정되는 사용수익기간에 걸쳐 매년 지불한 사용료 금액으로 상각하는 것임(재법인-329, 2009. 4. 3.).

(3) 주파수이용권 · 공항시설관리권 · 항만시설관리권

주파수이용권 · 공항시설관리권 및 항만시설관리권은 주무관청에서 고시하거나 주무관청에 등록한 기간 내에서 사용기간에 따라 균등액을 상각한다(법령 §26 ① 8호).

9-2-6. 리스자산에 대한 상각범위액

리스회사가 대여하는 리스자산 중 금융리스의 자산은 리스이용자의 감가상각자산으로 보아 상각범위액을 계산하고, 금융리스 외의 리스자산은 리스회사의 감가상각자산으로 하여 상각범위액을 계산한다(법령 §24 ⑤).

관련사례

• K-IFRS 적용 법인의 운용리스자산에 대한 리스료의 손금인식 방법

리스자산에 대한 감가상각은 금융리스 자산은 리스이용자의 감가상각자산으로 하고 금융리스 외의 자산은 리스회사의 감가상각자산으로 하는 것이며, K-IFRS를 적용하는 법인의 금융리스 외의 리스자산에 대한 리스료는 리스기간에 걸쳐 정액기준으로 손금에 산입함(서면-2019-법인-2477, 2020. 6. 10.).

9-2-7. 직전 사업연도의 법인세가 추계결정 또는 추계경정된 경우

직전 사업연도의 법인세가 추계결정 또는 추계경정된 경우에도 그 법인의 감가상각자산에 대한 감가상각비의 계산은 신규 취득자산을 제외하고는 직전 사업연도 종료일 현재의 장부가액을 기초로 한다. 이 때 '장부가액'이라 함은 취득가액, 자본적 지출 및 법인세법 제42조 각호의 규정에 의한 자산의 평가차익의 합계액에서 감가상각누계액을 차감한 금액을 말한다(법기통 23-26…2, 23-26…6).

다만, 2018년 2월 13일이 속하는 사업연도 분부터 법인세가 추계결정 또는 경정된 경우에는 감가상각자산에 대한 감가상각비를 손금에 산입한 것으로 의제한다(법령 §30 ②).

9-2-8. 적격합병 등에 따라 취득한 자산

(1) 적격합병 등 취득자산에 대한 상각범위액 산정특례

적격합병(법법 §44 ②, ③), 적격분할(법법 §46 ②), 적격물적분할(법법 §47 ①) 또한 적격현물출자(법법 §47의 2 ①)에 의하여 취득한 자산(이하 "적격합병 등의 취득자산"이라 함)의 상각범위액을 정할 때 취득가액은 적격합병 등에 의하여 자산을 양도한 법인(이하 "양도법인"이라 함)의 취득가액으로 하고, 미상각잔액은 양도법인의 양도 당시의 장부가액에서 적격합병 등에 의하여 자산을 양수한 법인(이하 "양수법인"이라 함)이 이미 감가상각비로 손금에 산입한 금액을 공제한 잔액으로 하며, 해당 자산의 상각범위액은 다음의 어느 하나에 해당하는 방법으로 정할 수 있다. 이 경우 선택한 방법은 그 후 사업연도에도 계속 적용한다(법령 §29의 2 ②).

① 양도법인의 상각범위액을 승계하는 방법 : 양도법인이 적용하던 상각방법 및 내용연수에 의하여 계산한 금액으로 함.

② 양수법인의 상각범위액을 적용하는 방법 : 양수법인이 적용하던 상각방법 및 내용연수에

의하여 계산한 금액으로 함.

한편, 적격물적분할 또는 적격현물출자함에 따라 상기 규정을 적용하여 감가상각하는 경우로서 상각범위액이 해당 자산의 장부가액을 초과하는 경우에는 그 초과하는 금액을 손금에 산입할 수 있다. 이 경우 그 자산을 처분하면 상기에 따라 손금에 산입한 금액의 합계액을 그 자산을 처분한 날이 속하는 사업연도에 익금에 산입한다(법령 §29의 2 ③).

관련사례

- 업종이 다른 법인을 적격합병한 경우, 합병으로 취득한 자산의 상각범위액 계산
  업종이 다른 법인 간에 적격합병으로 취득한 자산에 대해 법인세법 시행령 제29조의 2 제2항을 적용할 경우 해당 자산의 상각범위액은 양도법인의 상각범위액을 승계하는 것이며, 해당 합병으로 취득한 자산에 대하여는 같은 조 제1항의 수정내용연수를 적용할 수 없는 것임(법인-223, 2012. 3. 28.).

(2) 사후관리

상기 (1)에 따라 '적격합병 등 취득자산에 대한 상각범위액 산정특례'를 적용받은 법인이 적격요건위반사유(법법 §44의 3 ③, §46의 3 ③, §47 ②, §47의 2 ②)에 해당하는 경우 해당 사유가 발생한 날이 속하는 사업연도 및 그 후 사업연도의 소득금액을 계산할 때 '적격합병 등 취득자산에 대한 상각범위액 산정특례'를 최초로 적용한 사업연도 및 그 이후의 사업연도에 그 특례를 적용하지 아니한 것으로 보고 감가상각비 손금산입액을 계산하며, 아래 ①의 금액에서 ②의 금액을 뺀 금액(①의 금액에서 ②의 금액을 뺀 금액이 0보다 작은 경우에는 0으로 봄)을 적격요건위반사유가 발생한 날이 속하는 사업연도의 소득금액을 계산할 때 익금에 산입한다. 이 경우 해당 사유가 발생한 날이 속하는 사업연도의 법인세 과세표준 신고와 함께 적격합병 등으로 취득한 자산 중 중고자산에 대한 수정내용연수를 신고하되, 신고하지 아니하는 경우에는 양수법인이 해당 자산에 대하여 법인세법 시행령 제28조 제1항에 따라 정한 내용연수로 신고한 것으로 본다(법령 §26의 2 ⑩, §29의 2 ④).

① '적격합병 등 취득자산에 대한 상각범위액 산정특례'를 최초로 적용한 사업연도부터 해당 사업연도의 직전 사업연도까지 손금에 산입한 감가상각비 총액(법령 §29의 2 ③에 따라 손금산입한 금액을 포함함)

② '적격합병 등 취득자산에 대한 상각범위액산정특례'를 최초로 적용한 사업연도부터 해당 사업연도의 직전 사업연도까지 그 특례를 적용하지 아니한 것으로 보고 재계산한 감가상각비 총액

9-3. 감가상각방법의 신고

9-3-1. 상각방법의 신고

법인이 상각방법을 신고하려는 때에는 각 자산군(건축물, 건축물 외 유형자산, 무형자산, 광업권 또는 폐기물 매립시설, 광업용 유형자산)별로 하나의 방법을 선택하여 감가상각방법신고서[법칙 별지 제63호 서식]를 다음에 정하는 날이 속하는 사업연도의 법인세 과세표준 신고기한까지 납세지 관할 세무서장에게 제출(국세정보통신망에 의한 제출을 포함함)하여야 한다(법령 §26 ③).

① 신설법인과 새로 수익사업을 개시한 비영리법인은 그 영업을 개시한 날

② 상기 ① 외의 법인이 자산군의 구분에 따른 감가상각자산을 새로 취득한 경우에는 그 취득한 날

신규로 취득한 감가상각자산은 동일한 상각방법을 적용해야 하는 자산군(건축물, 건축물 외 유형자산, 무형자산, 광업권 또는 폐기물 매립시설, 광업용 유형자산)이 적용하고 있던 상각방법을 동일하게 적용해야 한다. 예를 들어, 건축물 외 유형자산에 대해 정액법을 적용하던 법인이 새로 취득한 기계장치에 대해 정률법을 적용할 수는 없으며, 이전에 차량운반구가 없었던 법인이 새로 차량을 취득한 경우 차량운반구는 건축물 외 유형자산군에 해당하므로 새로운 상각방법을 신고하는 것이 아니라 기존의 건축물 외 유형자산군의 상각방법을 계속 적용해야 한다(서이 46012-10037, 2001. 8. 28.).

9-3-2. 상각방법의 무신고

법인이 감가상각방법을 법정신고기한 내에 신고하지 아니한 경우에는 법인이 적용한 상각방법에 불구하고 건축물 및 무형자산에 대하여는 정액법, 건축물을 제외한 유형자산에 대하여는 정률법, 광업권, 폐기물 매립시설 및 광업용 유형자산에 대하여는 생산량비례법에 의하여 상각범위액을 계산하여야 한다(법령 §26 ④).

따라서, 법인이 영업개시일이 속하는 사업연도의 법인세 과세표준 신고기한 내에 적용할 감가상각방법을 신고하지 않으면 추후 사업연도에는 당초부터 신고대상법인에서 제외되므로 신고의 효력이 발생하지 않음은 물론이고, 상기에서 설명한 상각방법에 의해서 상각범위액을 계산해야 한다. 또한, 추후 다른 상각방법을 적용하려면 감가상각변경의 요건을 충족함과 동시에 납세지 관할 세무서장의 변경승인을 득해야 한다.

9-3-3. 상각방법의 변경신고

(1) 변경요건

법인세법에서는 법인이 채택한 감가상각방법 변경에 대한 변경 및 승인요건을 엄격히 규정하고 있다. 그 이유는 대다수 법인에게서 감가상각자산은 총자산에서 차지하는 비중이 높고

이에 대한 감가상각방법을 빈번히 변경할 수 있다면 법인의 기간손익은 임의적으로 조정가능해지기 때문이다.

다만, 예외적으로 다음 중 어느 하나에 해당하는 경우에 한하여 납세지 관할 세무서장의 승인을 얻어 감가상각방법을 변경할 수 있다(법령 §27 ①).

① 상각방법이 서로 다른 법인이 합병(분할합병을 포함함)한 경우

② 상각방법이 서로 다른 사업자의 사업을 인수 또는 승계한 경우

③ 외국인투자촉진법에 의하여 외국투자자가 다음과 같이 내국법인의 주식 등을 20% 이상 인수 또는 보유하게 된 경우(법기통 23-27…3)

㉠ 외국인투자촉진법의 규정에 의하여 허가 또는 신고된 외국인투자가의 투자비율이 20% 미만이었다가 투자비율이 변동되어 20% 이상이 되는 경우

㉡ 재평가적립금이나 법정준비금을 자본에 전입함으로써 외국인투자가의 투자비율이 20% 미만이 되었다가 다시 현금증자를 함으로써 20% 이상으로 변경되는 경우

④ 해외시장의 경기변동 또는 경제적 여건의 변동으로 인하여 종전의 상각방법을 변경할 필요가 있는 경우로서 다음의 요건을 모두 충족하는 경우(법기통 23-27…2)

㉠ 다음의 어느 하나에 해당하는 경우로서 종래의 상각방법으로는 적정한 소득을 계산할 수 없다고 인정되는 경우

가. 해외에서 구입하는 고정자산의 가액이 환율의 변동 및 국제가격 상승으로 현저히 증가한 때

나. 신규시설을 대폭 증설하거나 사업규모를 현저하게 축소한 때

다. 기존 제조 주종목을 변경하여 새로운 종목에 대한 시설을 완료한 때

라. "가"부터 "다"와 유사한 여건변동으로 상각방법을 변경할 필요가 있다고 판단되는 때

㉡ 조세의 부담을 현저히 감소시킬 우려가 없다고 인정되는 경우

㉢ 법인세법 시행령 제26조 제3항의 규정에 의하여 상각방법을 신고하고 법인세법 시행령 제27조 제1항의 규정에 의한 상각방법을 변경한 경우에는 그 변경한 사업연도가 경과된 경우

⑤ 다음의 어느 하나에 따른 회계정책의 변경에 따라 결산상각방법이 변경된 경우(변경한 결산상각방법과 같은 방법으로 변경하는 경우만 해당함)(법령 §27 ① 5호 및 법칙 §14)

㉠ 한국채택국제회계기준을 최초로 적용한 사업연도에 결산상각방법을 변경하는 경우

㉡ 한국채택국제회계기준을 최초로 적용한 사업연도에 지배기업의 연결재무제표 작성 대상에 포함되는 종속기업이 지배기업과 회계정책을 일치시키기 위하여 결산상각방법을 지배기업과 동일하게 변경하는 경우

관련사례

- 합병 및 사업양수 법인의 감가상각방법

  상각방법이 서로 다른 법인이 합병을 하거나 법인이 감가상각 계산방법이 다른 개인기업을 포괄적으로 승계받고 상각방법의 변경승인을 받지 않은 경우에는 승계받은 고정자산에 대하여는 합병법인이나 포괄승계받은 법인의 감가상각방법을 그대로 적용함(법기통 23-26…3).
- 종속기업의 감가상각방법 변경사유 해당 여부

  지배기업이 한국채택국제회계기준을 최초로 적용한 사업연도에 지배기업의 연결재무제표 작성 대상에 포함되는 종속기업이 결산상각방법을 지배기업과 동일하게 변경하지 않은 경우로서 해당 종속기업이 그 후 사업연도에 지배기업과 동일하게 결산상각방법을 변경하더라도 법인세법 시행령 제27조 제1항 제5호에 따른 감가상각방법 변경 사유에 해당하지 않음(서면-2021-법규법인-5492, 2022. 6. 29.).

(2) 상각방법의 변경신청

법인이 감가상각방법을 변경하고자 할 때에는 변경하고자 하는 최초 사업연도의 종료일까지 관할 세무서장에게 감가상각방법변경신청서[법칙 별지 제63호 서식]를 제출(국세정보통신망에 의한 제출을 포함함)하여야 한다(법령 §27 ②).

(3) 상각방법 변경의 승인

감가상각방법변경신청서를 접수한 관할 세무서장은 신청서 접수일이 속하는 사업연도 종료일부터 1개월 이내에 그 승인 여부를 결정하여 통지하여야 한다. 이 때 '해외시장의 경기변동 또는 경제적 여건의 변경(법령 §27 ① 4호)'으로 인하여 감가상각방법을 변경하고자 할 때에는 관할 세무서장은 상기 '(1) 변경요건 ④(법기통 23-27…2)'의 기준에 따라 승인 여부를 결정하여야 한다. 따라서, 관할 세무서장은 법인세법 기본통칙 23-27…2의 요건 중 어느 하나라도 충족하지 못하는 경우에는 변경승인을 할 수 없다(법령 §27 ③, ④).

(4) 상각방법 변경의 승인이 없는 경우

법인이 적법한 변경승인을 얻지 아니하고 상각방법을 변경한 경우에는 변경하기 전의 상각방법에 의한다(법령 §27 ⑤).

또한, 법인이 적법한 변경신고 기한 내에 감가상각방법변경신청서를 제출하였으나 관할 세무서장이 변경승인 기한까지 그 승인 여부를 통지하지 아니한 경우에도 상각방법은 변경되지 아니한 것으로 본다. 따라서, 당해 법인은 변경하기 전의 감가상각방법에 의하여 감가상각비를 계상하여야 한다(서면2팀-478, 2005. 3. 31.).

10. 즉시상각의 의제

10-1. 의 의

감가상각자산의 비용화 과정은 감가상각자산의 취득가액과 자본적 지출의 금액이 일단 감가상각자산계정으로 처리되었다가 동 감가상각자산의 내용연수에 걸쳐서 감가상각비로서 비용화되는 것이다. 그러나 기업회계와 세무회계의 차이나 회계처리실무상 자산의 취득가액이나 자본적 지출액을 취득연도 또는 발생연도에 직접 손비로서 계상하는 경우가 있는 바, 이를 '즉시상각의 의제'라 한다.

세법상으로는 이러한 즉시상각에 대하여 두 가지 입장을 취하고 있는데, 첫째는 즉시상각의 제액을 감가상각비로서 손금산입한 것으로 보아 상각시부인을 하는 것이고, 둘째는 적극적으로 손금경리한 것을 인정하여 주는 것이다. 전자의 경우는 감가상각자산에 대한 자본적 지출 등을 직접 손금에 계상한 경우에 대한 것이며, 후자의 경우는 소액자산의 구입 · 자산의 폐기 등의 상황에서 자산으로 처리하지 않고 직접 비용화할 수 있는 한계를 설정함으로써 취득한 사업연도에 잔존가액 없이 전액 비용화할 수 있도록 계산상의 편의를 도모하는 것이다.

10-2. 즉시상각의제의 유형

10-2-1. 개 요

법인이 감가상각자산을 취득하기 위하여 지출한 금액과 감가상각자산에 대한 자본적 지출에 해당하는 금액을 손비로 계상한 경우에는 해당 사업연도의 소득금액을 계산할 때 감가상각비로 계상한 것으로 보아 상각범위액을 계산한다(법법 §23 ④). 그러나, 동 규정에 불구하고 내용연수에 따른 상각률에 따라 감가상각 시부인계산을 하지 아니하고 취득 또는 폐기 등의 시점에 손금으로 인정하는 특례를 예외적으로 허용하고 있는 바, 이를 분설하면 다음과 같다.

10-2-2. 소액자산을 손비로 계상한 경우

소액자산에 해당하는 감가상각자산을 그 사업에 사용한 날이 속하는 사업연도의 손비로 계상한 경우에는 이를 손금에 산입한다. 소액자산에 대한 즉시상각 요건을 요약하면 다음과 같다(법령 §31 ④, ⑤).

① 거래단위별로 100만원 이하일 것
여기서 '거래단위'라 함은 법인이 취득한 자산을 독립적으로 사업에 직접 사용할 수 있는 것을 말한다. 따라서, 수개의 자산을 동시에 구입함으로써 총거래가액이 100만원을 초과하는 경우라도 각 자산이 독립적으로 사업에 직접 사용할 수 있고, 개별가액이 100만원 이하 단위인 경우에는 즉시상각이 가능하다.

② 고유업무의 성질상 대량으로 보유하는 자산 및 사업개시 · 확장을 위한 자산이 아닐 것

일반적으로 법인이 대량으로 보유하고 있거나 개업준비기간 중 구입한 사무용 집기 · 비품 등은 즉시상각의 의제규정이 적용되지 아니한다. 한편, 자산의 대량보유 여부 또는 취득 자산이 사업의 개시 · 확장을 목적으로 한 것인지 여부는 당해 법인의 사업규모, 자산구성, 종업원수 등을 종합적으로 참작하여 사실 판단할 사항이다(법인 46012-2614, 1996. 9. 17. 및 법인 1234.21-2278, 1977. 9. 17.).

③ 사업에 사용한 날이 속하는 사업연도에 손비로 계상할 것
실제로 자산이 사용되는 사업연도에 손비로 계상한 것에 한하여 즉시상각이 가능하다. 따라서, 사업에 사용하기 시작한 날이 속하는 사업연도에 손비로 계상하지 못한 자산은 일반적인 감가상각시부인에 의한 상각범위액 한도 내에서만 손금에 산입할 수 있다(제도 46012-11370, 2001. 6. 7.).

10-2-3. 소액수선비를 손비로 계상한 경우

법인이 다음 중 어느 하나에 해당하는 수선비를 그 지출한 사업연도에 손비로 계상한 경우에는 이를 자본적 지출에 포함하지 아니하고 손금에 산입한다(법령 §31 ③).

① 개별자산별로 수선비로 지출한 금액이 600만원 미만인 경우
이 때 600만원이라 함은 개별자산에 대한 자본적 지출액과 수익적 지출액을 합산한 수선비총액을 말한다. 예를 들어, 개별자산에 대한 수선비총액이 800만원이고 그 중 자본적 지출과 수익적 지출 성격의 비용이 각각 400만원인 경우, 자본적 지출에 해당하는 400만원은 당기 손금으로 인정하지 아니한다(법인 46012-2660, 1996. 9. 20.).

② 개별자산별로 수선비로 지출한 금액이 직전 사업연도 종료일 현재 재무상태표상의 자산가액(취득가액-감가상각누계액)의 5%에 미달하는 경우

③ 3년 미만의 기간마다 주기적인 수선을 위하여 지출하는 경우

10-2-4. 단기사용자산 및 소모성자산 등을 손비로 계상한 경우

법인이 다음의 자산을 그 사업에 사용한 날이 속하는 사업연도에 손비로 계상한 경우에는 이를 손금에 산입한다(법령 §31 ⑥). 그러나, 법인이 이를 사업에 사용하기 시작한 날이 속하는 사업연도에 손금으로 계상하지 아니한 경우에는 일반적인 감가상각절차를 통하여 해당 자산의 내용연수 동안 비용화하여야 한다(법인 46012-2021, 1997. 7. 23.).

① 어업에 사용되는 어구(어선용구 포함)

② 영화필름, 공구, 가구, 전기기구, 가스기기, 가정용 기구 · 비품, 시계, 시험기기, 측정기기 및 간판

③ 대여사업용 비디오테이프 및 음악용 콤팩트디스크로서 개별자산의 취득가액이 30만원 미만인 것

④ 전화기(휴대용 전화기를 포함함) 및 개인용 컴퓨터(그 주변기기를 포함함)

관련사례

- 즉시상각의 대상자산 중 "가구, 전기기구, 가스기기, 가정용 기구 · 비품"의 구체적 범위
  상기 '②'에서 규정하고 있는 자산 중 "가구, 전기기구, 가스기기, 가정용 기구 · 비품"의 범위에 포함되는 자산을 구체적으로 예시하면 다음과 같음(제도 46012-11370, 2001. 6. 7.).
  ㉠ 가구 : 사무용책상, 탁자, 의자, 캐비넷, 응접세트, 침대, 진열장, 진열케이스 등
  ㉡ 전기기구 · 가스기기 : 라디오, 텔레비전, 테이프레코더, 기타 음향기기, 냉방용 난방용 기기, 전기냉장고, 전기세탁기 기타 유사한 전기 또는 가스기기 등
  ㉢ 가정용 기구 · 비품 : 커텐, 방석, 침구, 융단, 주방용품 등

10-2-5. 생산설비를 폐기하거나 임차시설물을 철거하는 경우

다음의 어느 하나에 해당하는 경우에는 해당 자산의 장부가액에서 1,000원을 공제한 금액을 폐기일이 속하는 사업연도의 손금에 산입할 수 있다(법령 §31 ⑦).

① 시설의 개체 또는 기술의 낙후로 인하여 생산설비의 일부를 폐기한 경우
② 사업의 폐지 또는 사업장의 이전으로 임대차계약에 따라 임차한 사업장의 원상회복을 위하여 시설물을 철거하는 경우

이 때 자산의 폐기라 함은 유휴설비와 달리 당해 법인이 일단 폐기한 후에는 다시 사용 가능한 자산으로 환원될 수 없는 것을 말하며, 1,000원을 비망가액으로 남겨 놓는 이유는 당해 자산의 매각시점까지 자산을 관리하도록 하기 위한 것이다. 따라서 법인이 폐기한 자산을 매각할 때에는 매각가액과 1,000원의 차액을 익금산입 또는 손금산입하게 된다.

10-2-6. 진부화 등에 따라 손상차손을 계상한 경우

감가상각자산이 진부화, 물리적 손상 등에 따라 시장가치가 급격히 하락하여 법인이 기업회계기준에 따라 손상차손을 계상한 경우에는 해당 금액을 감가상각비로서 손비로 계상한 것으로 보아 일정한 상각범위액 내에서 손금에 산입한다. 다만, 유형자산으로서 천재지변 또는 화재, 법령에 의한 수용 및 채굴예정량의 채진으로 인한 폐광(토지를 포함한 광업용 유형자산이 그 고유의 목적에 사용될 수 없는 경우를 포함함) 등의 사유로 파손되거나 멸실된 것은 그 장부가액을 감액하여 손금에 산입한 경우에는 본 규정의 즉시상각의제 대상에서 제외한다(법령 §31 ⑧).

관련사례

• 기업회계기준에 따라 계상한 자산감액손실액에 대한 감가상각비 시부인의 적용
법인이 기업회계기준에 따라 자산감액손실을 계상한 경우 당해 금액은 법인세법상 감가상각비로서 손금에 산입한 것으로 보아 감가상각비의 손금불산입 규정(법법 §23)을 적용하며, 이 경우의 상각부인액을 이후 사업연도의 소득금액 계산시 시인부족액 범위 내에서 손금으로 추인하지 아니한 경우에는 경정청구 할 수 있음(서면2팀-1884, 2004. 9. 9.).

▌즉시상각의제의 요약▐

<table>
<tr><th colspan="2">구 분</th><th>적용대상</th><th>세무처리</th></tr>
<tr><td rowspan="4">취득가액 또는 자본적 지출액을 손비로 계상한 경우</td><td>소액자산</td><td>거래단위별로 취득가액 100만원 이하인 감가상각자산으로서 다음에 해당하지 않는 자산
• 그 고유업무의 성질상 대량으로 보유하는 자산
• 그 사업의 개시 또는 확장을 위하여 취득한 자산</td><td rowspan="4">전액 손금산입</td></tr>
<tr><td>소액수선비</td><td>① 개별 자산별로 수선비로 지출한 금액이 600만원 미만인 경우
② 개별자산별로 수선비로 지출한 금액이 직전 사업연도 종료일 현재 재무상태표상의 자산가액(취득가액 - 감가상각누계액)의 5%에 미달하는 경우
③ 3년 미만의 기간마다 주기적인 수선을 위하여 지출하는 경우</td></tr>
<tr><td>단기사용 자산 및 소모성자산</td><td>① 어업에 사용되는 어구(어선용구 포함)
② 영화필름, 공구, 가구, 전기기구, 가스기기, 가정용 기구·비품, 시계, 시험기기, 측정기기 및 간판
③ 대여사업용 비디오테이프 및 음악용 콤팩트디스크로서 개별자산의 취득가액이 30만원 미만인 것
④ 전화기(휴대용 전화기 포함) 및 개인용 컴퓨터(주변기기 포함)</td></tr>
<tr><td>생산설비의 폐기 및 임차 시설물의 철거</td><td>다음의 어느 하나에 해당하는 경우 해당 자산의 장부가액에서 1천원을 공제한 금액
① 시설의 개체 또는 기술의 낙후로 인하여 생산설비의 일부를 폐기한 경우
② 사업의 폐지 또는 사업장의 이전으로 임대차계약에 따라 임차한 사업장의 원상회복을 위하여 시설물을 철거하는 경우</td></tr>
<tr><td colspan="2">진부화 등에 따른 손상차손을 계상한 경우</td><td>감가상각자산이 진부화, 물리적 손상 등에 따라 시장가치가 급격히 하락하여 법인이 회계상 손상차손을 계상한 경우(천재지변·화재, 수용, 폐광 등의 사유로 파손 또는 멸실됨에 따라 장부가액을 감액하여 손금으로 산입한 경우는 제외)</td><td>감가상각한 것으로 보아 상각범위액 내에서 손금산입</td></tr>
</table>

11. 감가상각의 시부인 계산

11-1. 시부인 계산의 의의

법인세법에서는 법인이 감가상각비를 손비로 계상한 경우에 한하여 법에서 정한 상각범위액을 한도로 각 사업연도 소득금액 계산상 손금으로 인정한다. 그러나 법인이 손비로 계상한 감가상각비가 법에서 정한 상각범위액과 반드시 일치하는 것은 아니며 양자간의 차이가 발생하기도 한다. 법인이 손비로 계상한 감가상각비가 법인세법에서 정한 상각범위액에 미달하는 경우 그 차액을 '시인부족액'이라 하며, 손비계상액이 상각범위액을 초과하는 경우 차액을 '상각부인액'이라 한다. 이와 같이 상각범위액을 기준으로 시인부족액 및 상각부인액을 계산하는 절차를 '감가상각비 시부인 계산'이라 한다.

11-2. 시부인 계산의 단위

감가상각비 시부인은 개별 감가상각자산별로 계산한 금액에 의한다. 즉, 한 자산의 상각부인액과 다른 자산의 시인부족액은 이를 상계하는 것이 아니라 각각 별도로 세무조정하여야 한다.

11-3. 시부인액의 처리

11-3-1. 상각부인액

각 개별 감가상각자산별로 계산된 상각부인액은 손금불산입되어 당해 사업연도 소득에 포함되어 과세된다. 그리고, 동 상각부인액은 그 후 사업연도의 시인부족액이 발생한 경우 그 시인부족액의 한도 내에서 손금으로 인정(추인)받을 수 있다(법령 §32 ①).

건설자금이자로서 손금불산입된 금액의 경우 해당 자산의 건설이 완료되어 사용하는 때에는 이를 상각부인액으로 보아 해당 사업연도의 시인부족액의 범위 안에서 손금으로 추인한다(법기통 23-32…1).

11-3-2. 시인부족액

개별 감가상각자산별로 계산된 시인부족액은 소멸하므로 회사계상 감가상각비를 전액 손금에 산입하게 된다. 만약, 시인부족액이 발생한 사업연도 이전에 발생한 상각부인액이 있는 경우 당기의 시인부족액 한도 내에서 그 상각부인액을 손금추인할 수는 있으나, 시인부족액을 그 후 사업연도의 상각부인액에 충당할 수는 없다(법령 §32 ②).

감가상각 시부인액의 처리

구 분		세무조정	
시부인의 계산	상각시부인	당기의 처리	차기 이후의 처리
회사계상 감가상각비 (−) 감가상각범위액	(+) 상각부인액	손금불산입(유보)	다음의 금액을 손금산입(△유보) Min[① 당기 시인부족액, ② 전기 이전의 상각부인액]
	(−) 시인부족액	세무조정 없음.	차기 이후 상각부인액에 전기 시인부족액을 충당할 수 없음.

:: 감가상각 시부인의 효과

① 상각부인액

상각부인액이 발생하게 되면 발생연도에 손금불산입이 되어 각 사업연도 소득의 결정에 영향을 미친다. 그러나 상각부인액의 경우에는 시인부족액의 효과와는 달리 내용연수에는 영향이 없다. 왜냐하면 상각부인액은 추후 사업연도의 감가상각의 기초가액에 포함되도록 되어 있고 자산의 내용연수 말기에 도달하게 되면 법인이 계상할 상각비는 감소되어 시인부족액이 발생하게 되므로 이 범위 내에서 추인을 받을 수 있기 때문이다.

② 시인부족액

시인부족액은 그 부족액이 발생한 사업연도에는 소멸하지만 그 후 사업연도에 감가상각할 수 있는 대상가액에 포함되므로 정상적으로 상각한 경우보다 감가상각 대상가액이 커지게 된다. 그리고 세법에서의 상각범위액은 기초가액에 법에서 정한 상각률을 계속 적용하게 되므로 결국 내용연수연장의 효과가 있게 된다. 즉, 정상적으로 세법에서 정한 방법에 의해서 상각범위액까지 매사업연도에 감가상각을 하였다면 각 사업연도의 과세표준을 감소시키고 이에 대한 법인세를 적절히 계산할 수 있는 것이나, 감가상각비를 적게 계상하게 되면 동 감가상각자산의 비용화가 늦어지게 되므로 법인세를 조기에 납부하는 결과가 된다.

11－3－3. 평가증자산의 시부인액 처리

법인이 상각부인액이 있는 자산을 보험업법 및 기타 법률의 규정에 의하여 평가하여 평가차익이 발생하는 경우, 그 평가증된 자산의 상각부인액은 평가증의 한도까지는 익금에 산입된 것으로 보아 손금에 산입하고, 평가증의 한도를 초과하는 금액은 그 후의 사업연도로 이월하여 시인부족액을 한도로 손금에 산입하여야 한다. 이 때 감가상각과 평가증을 병행한 경우에는 먼저 감가상각을 한 후 평가증을 한 것으로 보아 상각범위액을 계산한다(법령 §32 ③, ④).

11-4. 양도자산의 상각시부인

11-4-1. 상각부인액이 있는 경우

상각부인액이 있는 자산을 양도하는 경우에는 기업회계상 이익(손실)이 세무상 이익(손실)에 비해 과대(과소)계상되는 결과를 가져온다. 따라서, 상각부인액이 있는 자산을 양도하는 경우 그 상각부인액은 양도일이 속하는 사업연도의 손금에 산입한다(법령 §32 ⑤).

계산사례 - 5 상각부인액이 있는 자산을 양도하는 경우

구 분	회계상	세무상
취득가액	1,000,000	1,000,000
감가상각누계액(세무상 한도액 400,000)	500,000	400,000
장부가액(미상각잔액)	500,000	600,000
처분가액	300,000	300,000
처분손실	200,000	300,000

상기 사례에서 회계상 처분손실과 세무상 처분손실의 차이 100,000원은 상각부인액 100,000원과 동일하다. 즉, 감가상각자산을 300,000원에 처분한 경우 회계상 장부가액은 500,000원이므로 회계상으로는 200,000원의 처분손실이 발생하나, 세무상 장부가액은 600,000원[취득가액 1,000,000-(감가상각누계액 500,000-상각부인액 100,000)]이므로 300,000원의 처분손실이 발생하여 그 차이가 100,000원임을 알 수 있다. 따라서 각 사업연도의 소득을 계산하기 위해서는 회계상 처분손실과 세무상 처분손실의 차이를 조정하여야 하는데 조정방법은 상각부인액 100,000원을 손금산입(△유보)하면 된다.

11-4-2. 시인부족액이 있는 경우

시인부족액이 있는 자산을 양도하는 경우에는 아무런 세무조정이 발생하지 않는다. 왜냐하면 세무상 시인부족액이 발생하면 그 부족액은 소멸하는 것이므로 결국 세법에서 회계상 감가상각비를 그대로 인정하게 되어 회계상 감가상각비와 세무상 감가상각비가 차이가 없기 때문이다.

계산사례 - 6 시인부족액이 있는 자산을 양도하는 경우

구 분	회계상	세무상
취득가액	1,000,000	1,000,000
감가상각누계액(세무상 한도액 500,000)	400,000	400,000
장부가액(미상각잔액)	600,000	600,000
처분가액	300,000	300,000
처분손실	300,000	300,000

상기 사례에서 보듯이 회계상 처분손실과 세무상 처분손실이 300,000원으로 동일하므로 세무조정이 필요없음을 알 수 있다. 이는 세무상 한도액이 500,000원이므로 법인은 500,000원까지 상각할 수 있었으나 실제로는 한도에 미달하게 400,000원만큼만 상각했으므로 그 부족액 100,000원은 소멸하고 세법에서도 400,000원만 감가상각비로 인정하므로 결국 회계와 세무상 감가상각비가 동일하여 그 처분손실도 동일하기 때문이다. 따라서 회계와 세무가 아무런 차이가 없으므로 별도의 세무조정이 필요없게 된다.

11-4-3. 감가상각자산의 일부를 양도한 경우

상각부인액 또는 시인부족액이 있는 자산의 일부를 양도한 경우 일부 양도자산에 대한 감가상각누계액 및 상각부인액 또는 시인부족액은 감가상각자산의 전체 가액에서 양도부분의 가액이 차지하는 비율로 안분하여 계산하는 바, 이를 산식으로 나타내면 다음과 같다. 이 경우 가액은 취득당시의 장부가액에 의한다(법령 §32 ⑥).

$$\text{양도부분의 시부인액} = \text{상각자산 전체의 시부인액} \times \frac{\text{양도부분의 가액}}{\text{당해 감가상각자산의 전체가액}}$$

12. 감가상각의 의제

12-1. 개 요

'감가상각의 의제'란 법인세를 면제 또는 감면받거나 추계결정 또는 경정하는 법인이 감가상각비를 계상하지 아니하거나 과소계상하였더라도 법인세법상의 상각범위액까지는 각 사업연도에 감가상각한 것으로 간주하여 그 후 감가상각 계산시 동 감가상각 미계상액만큼을 차감하여 감가상각범위액을 계산하는 제도이다.

법인세법상 감가상각의 기본원칙은 단지 한도액에 대하여만 규정하고 법인의 임의대로 계상한 감가상각비를 세법상 한도액과 대비하여 계상된 차액만을 시부인한다는 것이다. 그러나 법인세를 면제 또는 감면받거나 추계결정 또는 경정하는 법인의 경우에도 이러한 일반원칙을 그대로 적용할 경우 법인의 세무정책에 따라 법인소득의 임의적인 조정과 이에 따른 법인세 부담의 경감을 유발하게 된다. 예를 들어, 법인세가 면제 또는 감면되는 기간 중에 감가상각비를 계상하지 않더라도 법인세는 면제 또는 감면비율에 의해서 감소될 수 있으며, 면제 또는 감면기간 경과 후부터 감가상각비를 계상하게 되면 계상금액에 대한 법인세부담분만큼 또 다시 법인세가 경감된다. 이러한 법인세 조작의 위험을 방지하고자 법인세법에서는 감가상각 의제규정을 두어 법인이 법인세법과 다른 법률에 따라 법인세를 면제 또는 감면받거나 추계결정 또는 경정하는 경우에는 해당 사업연도의 소득금액을 계산할 때 감가상각 의제액을 손금에 산입하도록 규정하고 있다(법법 §23 ③ 및 법령 §30).

:: 감가상각 의제의 신고조정 전환 여부

2010년 12월 30일 법인세법 제23조 개정시 제1항 단서에 "다만, 해당 내국법인이 법인세를 면제·감면받은 경우에는 해당 사업연도의 소득금액을 계산할 때 대통령령으로 정하는 바에 따라 감가상각비를 손금에 산입하여야 한다"라고 신설하였는 바, 신설된 단서의 의미에 대해 감가상각 의제 규정이 신고조정 사항으로 전환된 것인지에 대하여 논란이 있었다.

즉, 본 쟁점과 관련하여 과세당국의 유권해석(법인-569, 2011. 8. 9. ; 서면법규-778, 2013. 7. 5.)에서는 한국채택국제회계기준을 적용하지 아니한 내국법인은 신고조정을 하여야 하는 것으로 해석하고 있으나, 이와 반대로 법인세법 제23조 제1항 단서의 개정은 종전 시행령에서만 규정하고 있던 감가상각 의제 규정을 단순히 상위법령화 하였을 뿐 신고조정에 의한 손금산입을 강제하기 위한 입법 의도는 아니어서 신고조정 대상이 아니라는 의견도 있다.

그러나 다음의 측면을 고려할 때 2011년 1월 1일 이후 개시하는 사업연도부터는 법인세법 제23조 제1항 단서를 적용함에 있어 감가상각의제액은 신고조정하여야 하는 것이 타당한 것으로 판단된다.

첫째, 2014년 2월 21일 법인세법 시행령 개정시 구 법인세법 시행령 제30조 제2항의 규정(감가상각으로 의제된 감가상각비는 그 이후 사업연도의 상각범위액에서 공제하도록 한 규정)을 감가상각 의제액의 신고조정 범위 명확화 차원에서 삭제한 점

둘째, 과세당국은 유권해석을 통하여 일관되게 감가상각 의제액이 신고조정 대상임을 명확히 하고 있는 점

12-2. 적용대상

12-2-1. 법인세를 면제 또는 감면받는 경우

감가상각의 의제규정의 적용대상인 '법인세법과 다른 법률에 따라 법인세를 면제받거나 감면받은 경우'라 함은 특정사업에서 생긴 소득에 대하여 법인세(토지등 양도소득에 대한 법인세를 제외함)를 면제 또는 감면(소득공제를 포함함)받은 경우를 말한다. 따라서, 세액공제를 받은 법인은 감가상각의 의제규정이 적용되지 아니한다.

감가상각의 의제규정 적용대상 법인을 예시하면 다음과 같다(법기통 23-30…1 ①).

▌감가상각의 의제 대상법인▐

적용대상법인	적용제외법인
① 조세특례제한법 제68조에 따라 법인세를 면제받는 법인 ② 조세특례제한법 제6조·제7조·제63조·제102조 및 제121조의 2 제2항에 따라 법인세를 감면받은 법인	① 조세특례제한법 제12조의 규정에 의하여 법인세를 감면받은 법인 ② 조세특례제한법 제22조의 규정에 의하여 법인세를 면제받는 법인

감가상각의 의제규정은 '법인세를 면제받거나 감면받은 경우'를 전제로 하는 것이므로 손실이 발생하거나 감면 등의 요건을 충족하지 못하여 실제로 법인세의 면제 또는 감면을 받지 못한 경우에는 동 규정이 적용되지 아니한다(법기통 23-30…1 ③).

또한, 과세사업과 감면사업을 겸영하는 법인 또는 2개 이상의 사업장 중 특정 사업장에 한하여만 법인세를 감면받는 법인의 경우, 감가상각의 의제규정은 전체 자산에 대하여 적용되는 것이 아니라 해당 감면사업에 공하는 자산에 한하여 적용되어야 한다(법기통 23-30…1 ②). 이는 감가상각의 의제규정의 취지가 법인세를 감면받은 법인이 세부담을 인위적으로 조작하는 것을 방지하기 위한 것이므로 감면의 혜택이 없는 기타 과세사업에는 적용할 이유가 없기 때문이다(국심 85서 1300, 1985. 4. 1. 및 법인 1264.21-4287, 1983. 12. 20.).

관련사례

- 감가상각의제액을 손금산입하게 되면 결손금이 발생하는 경우 감가상각의제액의 손금산입 여부

  법인세를 면제받거나 감면받은 법인은 해당 사업연도의 소득금액을 계산할 때 법인세법 제23조 제1항 단서 및 같은 법 시행령 제30조 제1항에 따라 개별 자산에 대한 감가상각비를 상각범위액이 되도록 손금에 산입하여야 하는 것이며, 동 손금산입에 따라 결손금이 발생하는 경우라 하더라도 동일하게 적용하는 것임(서면-2017-법인-2999, 2018. 3. 29.).

12-2-2. 법인세를 추계결정 또는 경정하는 경우

소득금액을 계산함에 있어서 필요한 장부 또는 증빙서류가 없거나 그 중요한 부분이 미비 또는 허위인 경우 등에 해당하여 법인세법 제66조 제3항 단서에 따라 추계결정 또는 경정을 하는 경우에는 감가상각의 의제규정을 적용하여 감가상각자산에 대한 감가상각비를 손금에 산입한 것으로 본다(법령 §30 ②).

12-3. 감가상각 의제액의 계산

감가상각 의제 규정이 적용되는 경우에는 개별 자산에 대한 감가상각비가 법인세법 제23조 제1항 본문에 따른 상각범위액이 되도록 감가상각비를 손금에 산입하여야 하므로, 일반 감가상각범위액에서 법인이 손비로 계상한 감가상각비와의 차액이 의제상각액이 된다. 이 경우 한국채택국제회계기준을 적용하는 법인은 감가상각 의제규정에도 불구하고 법인세법 제23조 제2항(아래 '15. 한국채택국제회계기준(K-IFRS) 적용법인의 감가상각비 신고조정')에 따라 개별 자산에 대한 감가상각비를 추가로 손금에 산입할 수 있다(법령 §30 ①).

감가상각 의제액 = 일반감가상각범위액 − 법인의 손비계상 감가상각비

12-4. 의제상각 이후 사업연도의 상각범위액 계산

12-4-1. 개 요

감가상각의 의제규정에 의하여 감가상각자산에 대한 감가상각비를 손금으로 계상하지 아니하거나(상각범위액에 미달하여 계상한 경우 포함), 손금에 산입하지 아니한 법인은 그 후 사업연도의 상각범위액 계산의 기초가 될 자산가액에서 의제상각액을 공제한 잔액을 기초가액으로 하여 상각범위액을 계산하는 것이므로, 그 의제상각액은 차기 이후 사업연도에는 감가상각비로 손금에 산입할 수 없으며, 감가상각 의제에 따라 그 이후 사업연도에 발생하는 상각부인액은 해당 자산의 양도일이 속하는 사업연도에 손금으로 추인할 수 없다(서면법규-778, 2013. 7. 5.).

12-4-2. 정률법

정률법에 의한 감가상각범위액은 의제상각액을 이후 사업연도의 감가상각대상 기초가액에서 제외하여 계산하는 것이므로 의제상각액에 해당하는 금액은 손금에 재차 산입할 수 있는 기회가 상실된다. 즉, 정률법은 의제상각액이 발생한 바로 다음 사업연도부터 감가상각기초가액이 변경되어 상각범위액이 축소되어지며, 이는 결국 손금불산입의 효과가 발생된다(구 법기통 23-30…2 1호).

감가상각범위액 = (미상각잔액 − 의제상각액) × 상각률

12-4-3. 정액법 · 생산량비례법

정액법 또는 생산량비례법에 의한 감가상각범위액은 당해 감가상각자산의 취득가액에 당해 자산의 내용연수에 따른 상각률을 곱하여 계산하는 것이므로 그 기초가액에는 영향을 미치지 아니하나, 의제상각액은 감가상각한 것으로 간주되므로, 세무상 상각가능금액이 회계상 상각가능금액보다 작아져 결국에는 손금불산입 효과가 발생하게 된다(구 법기통 23-30…2 2호).

13. 한국채택국제회계기준(K-IFRS) 적용법인의 감가상각비 신고조정

13-1. 개 요

한국채택국제회계기준(주식회사등의 외부감사에 관한 법률 제5조 제1항 제1호에 따른 회계처리기준을 말하며, 이하 같음)을 적용하는 내국법인이 보유한 감가상각자산 중 유형자산과 일정한 무형자산의 감가상각비는 개별 자산별로 2013년 12월 31일 이전 취득분에 대해서는 한국채택국제회계기준 도입 직전 3년간의 평균 상각률을 적용한 금액을, 2014년 1월 1일 이후 취득분에 대해서는 법인세법상 기준내용연수를 적용한 금액을 한도로 감가상각비를 신고조정으로 손금

에 산입할 수 있다.

한편, 2011년 1월 1일 이후 최초로 개시하는 회계연도부터 상장기업은 의무적으로 한국채택국제회계기준을 적용하여야 하며, 이에 따라 감가상각비를 회계처리하면 종전 기업회계기준에 비하여 결산상 감가상각비가 감소하게 되고, 결산조정을 원칙으로 하는 법인세법상 감가상각비 손금산입제도의 특성상 결국 내국법인의 세부담이 증가될 수 있다. 따라서 동 제도는 이와 같은 한국채택국제회계기준 적용법인의 세부담을 완화하고자 도입되었으며, 2010년 12월 30일이 속하는 사업연도 분부터 적용한다.

관련사례

- BOT 방식으로 취득하는 시설물에 대해 감가상각비 신고조정 특례 적용 여부
  사업시행자가 타인이 소유하고 있는 토지 위에 시설물을 신축하고 사업기간 동안 운영한 후 사업기간 종료 시에 해당 시설물을 토지소유자에게 무상으로 이전하는 경우, 토지소유자는 그 시설물의 설치가액을 자산으로 계상하여 감가상각하는 것이며, K-IFRS를 적용하는 내국법인은 해당 시설물에 대해 법인세법 제23조 제2항의 규정을 적용할 수 있음(서면-2020-법령해석법인-1322, 2020. 7. 23.).
- K-IFRS 도입 법인의 감가상각비 신고조정 특례 적용방법
  K-IFRS 적용 내국법인은 각 사업연도별로 법인의 선택에 따라 감가상각비 신고조정 특례를 적용할 수 있으며, 해당 내국법인이 감가상각비 신고조정 특례를 적용하지 않고 법인세 과세표준 및 세액을 신고한 경우 경정청구를 통하여 감가상각비 신고조정 특례를 적용할 수 있음(사전법령법인-337, 2016. 9. 29.).

13-2. 신고조정의 적용요건

한국채택국제회계기준을 적용하는 내국법인이 보유한 감가상각자산 중 유형자산과 무형자산(법령 §24 ① 2호) 중에서 다음 중 어느 하나에 해당하는 무형자산의 감가상각비는 신고조정에 의하여 감가상각비를 손금에 산입할 수 있다(법령 §24 ①, ② 및 법칙 §12 ②).

① 감가상각비를 손비로 계상할 때 적용하는 내용연수(이하 "결산내용연수"라 함)를 확정할 수 없는 것으로서 다음의 요건을 모두 갖춘 무형자산
  ㉠ 법령 또는 계약에 따른 권리로부터 발생하는 무형자산으로서 법령 또는 계약에 따른 사용 기간이 무한하거나, 무한하지 아니하더라도 취득가액의 10% 미만의 비용으로 그 사용 기간을 갱신할 수 있을 것
  ㉡ 한국채택국제회계기준에 따라 내용연수가 비한정인 무형자산으로 분류될 것
  ㉢ 결산을 확정할 때 해당 무형자산에 대한 감가상각비를 계상하지 아니할 것

② 한국채택국제회계기준을 최초로 적용하는 사업연도 전에 취득한 영업권(합병 또는 분할로 인하여 합병법인 등이 계상한 영업권은 제외)(법령 §24 ① 2호 가목)

13-3. 신고조정의 적용방법

13-3-1. 2013년 12월 31일 이전 취득자산

(1) 개 요

'2013년 12월 31일 이전에 취득한 감가상각자산'은 개별 자산별로 한국채택국제회계기준을 적용하지 아니하고 종전의 방식에 따라 감가상각비를 손비로 계상한 경우 손금에 산입할 감가상각비 상당액(이하 "종전감가상각비"라 함)이 결산조정에 따라 시부인하여 손금에 산입한 금액보다 큰 경우 그 차액의 범위에서 추가로 손금에 산입하되, 동종자산별 감가상각비 한도를 초과하지 아니하는 범위에서 손금에 산입한다. 이 때 '2013년 12월 31일 이전에 취득한 감가상각자산'이란 2013년 12월 31일 이전에 취득한 감가상각자산으로서 다음의 기존보유자산 및 동종자산을 말한다.

① 한국채택국제회계기준을 최초로 적용한 사업연도의 직전 사업연도(이하 "기준연도"라 함) 이전에 취득한 감가상각자산(이하 "기존보유자산"이라 함)

② 기존보유자산과 다음의 구분에 따른 동일한 종류의 자산으로서 기존보유자산과 법인세법 시행규칙 별표 6의 중분류에 따른 동일한 업종(한국채택국제회계기준 도입 이후에도 계속하여 영위하는 경우로 한정함)에 사용되는 것(이하 "동종자산"이라 함)(법령 §26의 2 ① 및 법칙 §13 ①, ②)

㉠ 시험연구용 자산으로서 법인세법 시행규칙 별표 2에 따라 동일한 내용연수를 적용받는 자산

㉡ 무형자산(법령 §24 ① 2호 가목부터 라목)으로서 법인세법 시행규칙 별표 3에 따라 동일한 내용연수를 적용받는 자산

㉢ 법인세법 시행규칙 별표 5에 해당하는 자산으로서 같은 표에 따라 동일한 기준내용연수를 적용받는 자산

㉣ 법인세법 시행규칙 별표 6에 따른 기준내용연수를 적용받는 자산

한편, 내국법인이 한국채택국제회계기준을 최초로 적용한 사업연도의 직전 사업연도에 한국채택국제회계기준을 준용하여 비교재무제표를 작성하고 비교재무제표를 작성할 때 사용한 상각방법 및 내용연수와 동일하게 해당 사업연도의 결산상각방법 및 내용연수를 변경한 경우에는 해당 사업연도에 한국채택국제회계기준을 최초로 적용한 것으로 본다(법령 §26의 2 ⑤).

(2) 손금산입한도액의 계산

1) 일반적인 경우

2013년 12월 31일 이전에 취득한 감가상각자산에 대한 감가상각비는 아래 '① 개별자산의 감가상각비 한도' 범위에서 개별자산에 대하여 추가로 손금에 산입한 감가상각비를 동종자산

별로 합한 금액이 '② 동종자산의 감가상각비 한도'를 초과하지 아니하는 범위(이하 "손금산입 한도"라 함)에서 손금에 산입한다(법령 §26의 2 ②). 이 때 기준연도에 해당 자산의 동종자산에 대하여 감가상각비를 손비로 계상하지 아니한 경우에는 기준연도 이전 마지막으로 해당 자산의 동종자산에 대하여 감가상각비를 손비로 계상한 사업연도의 결산상각방법을 기준연도의 결산상각방법으로 한다(법령 §26의 2 ③).

① 개별자산의 감가상각비 한도(*) : 다음의 금액

㉠ 기준연도에 해당 자산의 동종자산에 대하여 감가상각비를 손비로 계상할 때 적용한 상각방법(이하 "결산상각방법"이라 함)이 정액법인 경우 : 감가상각자산의 취득가액 × 한국채택국제회계기준 도입 이전 상각률(이하 "기준상각률"이라 함)

㉡ 기준연도의 해당 자산의 동종자산에 대한 결산상각방법이 정률법인 경우 : 미상각잔액 × 기준상각률

이 경우 잔존가액은 취득가액의 5%에 상당하는 금액으로 하되, 그 금액은 해당 감가상각자산에 대한 미상각잔액이 최초로 취득가액의 5% 이하가 되는 사업연도의 상각범위액에 가산한다(법령 §26 ⑥).

② 동종자산의 감가상각비 한도(*) : 다음의 금액(0보다 작은 경우 0으로 봄)

㉠ 기준연도에 해당 자산의 동종자산에 대한 결산상각방법이 정액법인 경우 : 다음 산식에 따라 계산한 금액

{ 해당 사업연도에 결산조정에 따라 감가상각비를 손금에 산입한 동종자산의 취득가액 합계액 × 기준 상각률 } − 해당 사업연도에 동종자산에 대하여 결산조정에 따라 손금에 산입한 감가상각비 합계액

㉡ 기준연도의 해당 자산의 동종자산에 대한 결산상각방법이 정률법인 경우 : 다음 산식에 따라 계산한 금액

{ 해당 사업연도에 결산조정에 따라 감가상각비를 손금에 산입한 동종자산의 미상각잔액 합계액 × 기준 상각률 } − 해당 사업연도에 동종자산에 대하여 결산조정에 따라 손금에 산입한 감가상각비 합계액

(*) K-IFRS 적용법인의 감가상각비 신고조정한도액을 계산할 때 상기 "① 개별자산의 감가상각비 한도"보다 "② 동종자산의 감가상각비 한도"가 작아 "② 동종자산의 감가상각비 한도"가 적용되는 경우, 손금산입 신고조정 한도금액을 개별자산별로 어떻게 배분하여야 하는지에 대해 법령에 구체적으로 규정되어 있지 않아 논란이 예상되는 바, 이에 대해서는 과세당국의 명확한 유권해석이나 법령의 정비가 필요할 것으로 판단됨.

상기와 같이 감가상각비 한도를 계산할 때 '기준상각률'은 기준연도 및 그 이전 2개 사업연도에 대하여 각 사업연도별로 다음의 비율을 구하고 이를 평균하여 계산한다. 이 경우 기준연도 및 그 이전 2개 사업연도 중에 법인이 신규 설립된 경우, 합병 또는 분할한 경우, 법인세법 시행령 제27조에 따라 상각방법을 변경한 경우 또는 법인세법 시행령 제29조에 따라 내용연수범위와 달리 특례내용연수를 적용하거나 적용하던 내용연수를 변경한 경우에는 그 사유가 발생하기 전에 종료한 사업연도는 제외하고 계산한다(법령 §26의 2 ④).

① 기준연도의 해당 자산의 동종자산에 대한 결산상각방법이 정액법인 경우 : 동종자산의 감가상각비 손금산입액 합계액이 동종자산의 취득가액 합계액에서 차지하는 비율
② 기준연도의 해당 자산의 동종자산에 대한 결산상각방법이 정률법인 경우 : 동종자산의 감가상각비 손금산입액 합계액이 동종자산의 미상각잔액 합계액에서 차지하는 비율

한편, 감가상각비 신고조정한도 및 기준상각률을 계산함에 있어 사업연도 중에 취득한 감가상각자산 및 사업연도 중에 처분한 감가상각자산의 취득가액 및 미상각잔액은 각각 그 취득가액 및 미상각잔액에 해당 감가상각자산을 사업에 사용한 월수를 사업연도의 월수로 나눈 금액을 곱하여 계산한다. 이 경우 월수는 역에 따라 계산하되, 1월 미만의 일수는 1월로 한다(법칙 §13 ⑤).

2) 기준연도에 동종자산의 감가상각비 계산시 정액법과 정률법을 모두 적용한 경우

기준연도에 동종자산에 대하여 감가상각비를 손금으로 계상할 때 정액법과 정률법을 모두 적용한 경우(적격합병 등에 해당하는 경우로서 결산상각방법이 법인 간 다른 경우를 포함함) 개별자산의 감가상각비 한도 및 동종자산의 감가상각비 한도는 다음의 어느 하나에 해당하는 방법을 선택하여 계산한다. 이 경우 선택한 방법은 그 이후의 사업연도에도 계속하여 적용한다(법칙 §13 ③).

① 안분하는 방법

㉠ 개별자산의 감가상각비 한도 : 다음 산식에 따라 계산한 금액

> (감가상각자산의 취득가액 × 결산상각방법이 정액법인 감가상각자산의 취득가액 비중 × 정액법 기준상각률) + (감가상각자산의 미상각잔액 × 결산상각방법이 정률법인 감가상각자산의 취득가액 비중 × 정률법 기준상각률)

㉡ 동종자산의 감가상각비 한도 : 다음 산식에 따라 계산한 금액

> (동종자산의 취득가액 합계 × 결산상각방법이 정액법인 감가상각자산의 취득가액 비중 × 정액법 기준상각률) + (동종자산의 미상각잔액 합계 × 결산상각방법이 정률법인 감가상각자산의 취득가액 비중 × 정률법 기준상각률)

② 결산상각방법이 정액법인 감가상각자산과 정률법인 감가상각자산 중 취득가액 비중이 더 큰 감가상각자산의 결산상각방법을 기준연도의 결산상각방법으로 보고 상기 '1) 일반적인 경우'에서 기술한 방법에 따라 개별자산의 감가상각비 한도 및 동종자산의 감가상각비 한도를 계산하는 방법

한편, 정액법 기준상각률 및 정률법 기준상각률은 해당 사업연도에 결산상 상각방법이 정액법인 자산 및 정률법인 자산에 대하여 상기 '1) 일반적인 경우'에서 기술한 기준상각률의 계산방법에 따라 계산한다(법칙 §13 ④).

13-3-2. 2014년 1월 1일 이후 취득자산

(1) 개 요

2014년 1월 1일 이후 취득한 감가상각자산은 개별 자산별로 해당 사업연도의 결산상각방법과 일정한 기준내용연수를 적용하여 계산한 감가상각비 상당액(이하 "기준감가상각비"라 함)이 결산조정에 따라 시부인하여 손금에 산입한 금액보다 큰 경우 그 차액의 범위에서 추가로 손금에 산입한다.

2014년 1월 1일 이후 취득한 감가상각자산이란 2014년 1월 1일 이후에 취득한 감가상각자산으로서 기존보유자산 및 동종자산을 말한다. 이 경우 기존보유자산이란 한국채택국제회계기준을 최초로 적용한 사업연도의 직전 사업연도(기준연도) 이전에 취득한 감가상각자산을 말하며, 동종자산이란 기존보유자산과 다음의 구분에 따른 동일한 종류의 자산으로서 기존보유자산과 법인세법 시행규칙 별표 6의 중분류에 따른 동일한 업종(한국채택국제회계기준 도입 이후에도 계속하여 영위하는 경우로 한정함)에 사용되는 것을 말한다(법령 §26의 3 ①, §26의 2 ① 및 법칙 §13 ①, ②).

① 시험연구용 자산으로서 법인세법 시행규칙 별표 2에 따라 동일한 내용연수를 적용받는 자산
② 무형자산(법령 §24 ① 2호 가목부터 라목)으로서 법인세법 시행규칙 별표 3에 따라 동일한 내용연수를 적용받는 자산
③ 법인세법 시행규칙 별표 5에 해당하는 자산으로서 같은 표에 따라 동일한 기준내용연수를 적용받는 자산
④ 법인세법 시행규칙 별표 6에 따른 기준내용연수를 적용받는 자산

(2) 손금산입한도액의 계산

2014년 1월 1일 이후 취득한 감가상각자산에 대한 감가상각비는 아래 '① 개별자산의 기준감가상각비 한도' 범위에서 개별 자산에 대하여 추가로 손금에 산입하는 감가상각비를 동종자산별로 합한 금액이 '② 기준감가상각비를 고려한 동종자산의 감가상각비 한도'와 '③ 종전감

가상각비를 고려한 동종자산의 감가상각비 한도' 중 작은 금액을 초과하지 아니하는 범위에서 손금에 산입한다. 다만, 이 경우 '③'에 따른 금액의 25%에 해당하는 금액이 '②'의 금액보다 큰 경우에는 개별 자산에 대하여 추가로 손금에 산입하는 감가상각비를 동종자산별로 합한 금액이 '③'에 따른 금액의 25%에 해당하는 금액을 초과하지 아니하는 범위에서 추가로 손금에 산입할 수 있다(법령 §26의 3 ②, ③).

① 개별 자산의 기준감가상각비 : 해당 사업연도의 결산상각방법과 기준내용연수를 적용하여 계산한 금액

② 기준감가상각비를 고려한 동종자산의 감가상각비 한도(*) : 해당 사업연도에 동종자산에 대하여 해당 사업연도의 결산상각방법과 기준내용연수를 적용하여 계산한 감가상각비 합계액 − 해당 사업연도에 동종자산에 대하여 결산조정에 따라 손금에 산입한 감가상각비 합계액

③ 종전감가상각비를 고려한 동종자산의 감가상각비 한도 : 다음의 구분에 따른 금액(*)

㉠ 기준연도(한국채택국제회계기준을 최초로 적용한 사업연도의 직전사업연도를 말하며, 이하 같음)의 결산상각방법이 정액법인 경우 : 다음의 산식에 따라 계산한 금액

(해당 사업연도에 결산조정에 따라 감가상각비를 손금에 산입한 동종자산의 취득가액 합계액 × 기준상각률) − 해당 사업연도에 동종자산에 대하여 결산조정에 따라 손금에 산입한 감가상각비 합계액

㉡ 기준연도의 결산상각방법이 정률법인 경우 : 다음의 산식에 따라 계산한 금액

(해당 사업연도에 결산조정에 따라 감가상각비를 손금에 산입한 동종자산의 미상각잔액 합계액 × 기준상각률) − 해당 사업연도에 동종자산에 대하여 결산조정에 따라 손금에 산입한 감가상각비 합계액

(*) 0보다 작은 경우에는 0으로 봄.

상기에서 기준감가상각비를 계산하기 위한 기준내용연수는 다음 구분에 따른다(법칙 §13의 2).

① 시험연구용자산과 무형자산(법령 §28 ① 1호) : 법인세법 시행규칙 별표 2 및 별표 3에 따른 내용연수

② 상기 ① 외의 감가상각자산(법령 §28 ① 2호) : 법인세법 시행규칙 별표 5 및 별표 6에 따른 기준내용연수

상기에 따라 2014년 1월 1일 이후 취득자산에 대한 감가상각비 신고조정 손금산입 한도액을 계산할 때에는 '기준연도에 해당 자산의 동종자산에 대하여 감가상각비를 손금으로 계상하

지 아니한 경우의 신고조정 손금산입 한도액의 계산방법(법령 §26의 2 ③)', '기준상각률의 계산방법(법령 §26의 2 ④)', '한국채택국제회계기준의 최초 적용시점에 대한 간주(법령 §26의 2 ⑤)'에 대하여는 2013년 12월 31일 이전 취득자산에 대한 감가상각비 신고조정 손금산입한도액의 계산 규정을 준용하는 바(법령 §26의 3 ④), 이에 대해서는 상기 '13-3-1. 2013년 12월 31일 이전 취득자산'의 해설내용을 참고하기로 한다.

13-3-3. 적격합병등취득자산의 감가상각비의 손금산입

(1) 개 요

법인이 한국채택국제회계기준을 적용한 사업연도 및 그 후 사업연도에 적격합병(법법 §44 ②·③), 적격분할 및 적격분할합병(법법 §46 ②), 적격물적분할(법법 §47 ①)에 의하여 취득한 자산으로서 기존보유자산 및 동종자산(법령 §26의 2 ①, §26의 3 ①), 즉 적격합병등취득자산의 감가상각비는 아래 '(2) 손금산입 방법'에서 설명하는 방법에 따라 손금에 산입할 수 있다(법령 §26의 2 ⑥, §26의 3 ④). 이 경우 기존보유자산 및 동종자산(법령 §26의 2 ①, §26의 3 ①)을 판단함에 있어 양도법인이 취득한 날을 적격합병등취득자산의 취득일로 보되, 양도법인이 합병등기일이 속하는 사업연도 이전에 국제회계기준을 적용한 경우에는 양도법인의 기존보유자산과 동종자산이 아닌 자산에 대해서는 본 감가상각비 손금산입 규정을 적용하지 아니한다(법령 §26의 2 ⑦, §26의 3 ④).

(2) 손금산입 방법

적격합병등취득자산에 대한 감가상각비는 다음의 방법에 따라 손금에 산입한다(법령 §26의 2 ⑥, §26의 3 ④).

① 동종자산을 보유한 법인 간 적격합병(적격분할에 해당하는 분할합병을 포함함)한 경우 : 합병등기일이 속하는 사업연도의 직전 사업연도를 기준연도로 하여 상기 '13-3-1' 중 '(2) 손금산입한도액의 계산'의 '1) 일반적인 경우'에서 설명하는 기준상각률의 계산방법(법령 §26의 2 ④, 이하 "기준상각률의 계산방법"이라 함)에 따라 해당 동종자산의 기준상각률을 재계산한 후 그 기준상각률을 적용하여 상기 '13-3-1' 및 '13-3-2'에서 설명한 방법(법령 §26의 2 ② 및 §26의 3 ②·③, 이하 "한국채택국제회계기준 적용법인의 감가상각비 신고조정의 한도계산방법"이라 함)에 따라 손금에 산입한다.

이 경우 기준상각률을 계산할 때 동종자산의 감가상각비 손금산입액 합계액은 적격합병 등 취득자산을 양도한 법인(이하 "양도법인"이라 함)과 양수한 법인(이하 "양수법인"이라 함)이 해당 동종자산에 대하여 손금에 산입한 감가상각비를 더한 금액으로 하고, 동종자산의 취득가액 합계액은 양도법인과 양수법인이 계상한 해당 동종자산의 취득가액을 더한 금액으로 하며, 동종자산의 미상각잔액 합계액은 양도법인 및 양수법인이 계상한 해당 동종자산의 미상각잔액을 더한 금액으로 한다.

② 동종자산을 보유하지 아니한 법인 간 적격합병한 경우, 적격분할 또는 적격물적분할에 의하여 신설된 법인이 적격분할 또는 적격물적분할에 의하여 취득한 자산의 경우 : 다음의 방법

㉠ 양도법인이 합병등기일 또는 분할등기일(이하 "합병등기일등"이라 함)이 속하는 사업연도 이전에 한국채택국제회계기준을 적용하여 한국채택국제회계기준 적용법인의 감가상각비 신고조정 규정(법법 §23 ②)에 따라 해당 자산에 대한 감가상각비를 추가로 손금에 산입한 경우 : 해당 자산에 대하여 양도법인이 이미 계산한 기준상각률을 적용하여 한국채택국제회계기준 적용법인의 감가상각비 신고조정의 한도계산방법(법령 §26의 2 ②, §26의 3 ②·③)에 따라 손금에 산입한다.

㉡ 상기 ㉠ 외의 경우 : 합병등기일등이 속하는 사업연도의 직전 사업연도를 기준연도로 하고 적격합병등취득자산을 양수법인이 보유한 다른 자산과 구분하여 업종 및 종류별로 기준상각률의 계산방법(법령 §26의 2 ④)에 따라 기준상각률을 새로 계산한 후 그 기준상각률을 적용하여 한국채택국제회계기준 적용법인의 감가상각비 신고조정의 한도계산방법(법령 §26의 2 ②, §26의 3 ②·③)에 따라 손금에 산입한다. 이 경우 기준상각률을 계산함에 있어 동종자산의 감가상각비 손금산입액은 양도법인이 적격합병등취득자산에 대하여 손금에 산입한 감가상각비로 하고, 취득가액 및 미상각잔액은 각각 양도법인이 계상한 적격합병등취득자산의 취득가액 및 미상각잔액으로 한다.

한편, 상기에 따라 적격합병등취득자산의 감가상각비를 손금에 산입하는 경우 한국채택국제회계기준 적용법인의 감가상각비 신고조정의 한도계산방법(법령 §26의 2 ②, §26의 3 ②·③)을 적용할 때 적격합병등취득자산의 취득가액은 양도법인의 취득가액으로 하고, 미상각잔액은 양도법인의 양도 당시의 장부가액[양도 당시의 시가에서 자산조정계정(법령 §80의 4 ①, §82의 4 ①)을 뺀 금액을 말함]에서 양수법인이 이미 감가상각비로 손금에 산입한 금액을 공제한 잔액으로 한다(법령 §26의 2 ⑧, §26의 3 ④).

또한, 적격합병등취득자산의 기준상각률 및 손금산입한도를 계산할 때 양도법인 또는 양수법인의 결산상각방법이 한국채택국제회계기준을 최초로 적용한 사업연도 이후에 변경된 경우에는 변경되기 전 결산상각방법을 기준연도의 결산상각방법으로 하여 한국채택국제회계기준 적용법인의 감가상각비 신고조정의 한도계산방법(법령 §26의 2 ②, §26의 3 ②·③) 및 기준상각률의 계산방법(법령 §26의 2 ④)을 적용하며, 법인 간 결산상각방법이 서로 다른 경우의 기준상각률 및 손금산입한도 계산방법은 상기 '13－3－1' 중 '(2) 손금산입한도액의 계산'의 '2) 기준연도에 동종자산의 감가상각비 계산시 정액법과 정률법을 모두 적용한 경우'에서 설명한 방법을 따른다(법령 §26의 2 ⑨ 및 법칙 §13 ③).

(3) 사후관리

상기 '(1)'에서 설명한 적격합병등취득자산의 감가상각비를 손금에 산입한 법인이 적격요건 위반사유(법법 §44의 3 ③, §46의 3 ③, §47 ②)에 해당하는 경우 해당 사유가 발생한 날이 속하는 사업연도 이후의 소득금액을 계산할 때 '적격합병등취득자산에 대한 감가상각비 손금산입특례'를 최초로 적용한 사업연도 및 그 이후의 사업연도에 그 특례를 적용하지 아니한 것으로 보고 감가상각비 손금산입액을 계산하며, 아래 ①의 금액에서 ②의 금액을 뺀 금액을 적격요건위반사유가 발생한 날이 속하는 사업연도의 소득금액을 계산할 때 익금에 산입한다(법령 §26의 2 ⑩, §26의 3 ④).

① 적격합병등취득자산에 대한 감가상각비 손금산입특례를 최초로 적용한 사업연도부터 해당 사업연도의 직전 사업연도까지 손금에 산입한 감가상각비 총액
② 적격합병등취득자산에 대한 감가상각비 손금산입특례를 최초로 적용한 사업연도부터 해당 사업연도의 직전 사업연도까지 그 특례를 적용하지 아니한 것으로 보고 재계산한 감가상각비 총액

Step Ⅱ 서식의 이해

■ 작성요령Ⅰ - 유형자산감가상각비조정명세서(정률법)

❶ 자산구분「①, ②, ③」란은 각 자산의 종류별, 업종별, 개별자산별로 적는다.

❷「③ 취득일」란은 해당 사업연도 중에 취득한 자산의 경우 사업에 사용한 날을 적는다.

❸「⑭ 일반상각액」란은 '⑫ 상각계산의 기초가액 가감계'에 '⑬ 일반상각률'을 곱한 금액을 적는다.

❹「⑮ 특별상각액」란은 '⑭ 일반상각액'에 '⑬ 특별상각률'을 곱한 금액을 적는다.

❺「㉒ 당기상각시인범위액」란은 '⑫ 상각계산의 기초가액 가감계'에서 '㉑ 잔존가액'을 차감한 잔액을 한도로 한 '⑯ 당기산출상각액'을 적는다. 다만, '⑫ 상각계산의 기초가액 가감계'에서 '⑯ 당기산출상각액'을 차감한 금액이 '㉑ 잔존가액' 이하인 경우에는 '⑫ 상각계산의 기초가액 가감계'를 적는다.

❻「㉓ 회사계산상각액」란은 '⑧ 회사계산상각비'와 '⑨ 세무계산 자본적지출액'의 합계액을 적는다.

❼「㉔ 차감액」란은 '㉓ 회사계산상각액'에서 '㉒ 당기상각시인범위액'을 차감한 잔액을 기입하고, 미달액이 있는 경우에는 △표시를 적는다.

❽「㉕ 최저한세 적용에 따른 특별상각부인액」란은 특별비용조정명세서〔법칙 별지 제5호 서식〕의 '⑪ 특별 감가상각비 계'란의 '⑤ 최저한세 적용 손금부인액'을 적는다.

❾「㉖ 상각부인액」란에는 '㉔ 차감액'과 '㉕ 최저한세 적용에 따른 특별상각부인액'을 합하여 적고 손금불산입한다. 단, '㉔ 차감액'란에 시인부족액(△표시분)이 있고 '⑪ 전기말 부인누계액'이 있는 경우에는 '㉗ 기왕부인액중 당기 손금추인액'란은 전기말 부인액 누계를 한도로 한 시인부족액을 적고 손금산입한다.

[별지 제20호 서식(1)] (2019. 3. 20. 개정)

사업연도	. . . ~ . . .	유형자산감가[상각비] 조정명세서(정[률법])

자산구분 ❶		① 종류 또는 업종명
		② 구조(용도)또는 자산명
		③ 취득일
④ 내용연수(기준·신고)		
상각계산의 기초가액	재무상태표 자산가액	⑤ 기말현재액
		⑥ 감가상각누계액
		⑦ 미상각잔액(⑤－⑥)
		⑧ 회사계산감가상각비
		⑨ 자본적지출액
		⑩ 전기말의제상각누계액
		⑪ 전기말부인누계
		⑫ 가감계(⑦＋⑧＋⑨－⑩＋⑪)
⑬ 일반상각률·특별상각률		
상각범위액계산	당기산출상각액	⑭ 일반상각액
		⑮ 특별상각액
		⑯ 계(⑭＋⑮)
	취득가액	⑰ 전기말현재취득가액
		⑱ 당기회사계산증가액
		⑲ 당기자본적지출액
		⑳ 계(⑰＋⑱＋⑲)
		㉑ 잔존가액(⑳×5/100)
		㉒ 당기상각시인범위액 (⑯, 단 (⑫－⑯)≦㉑인 경우 ⑫)
㉓ 회사계상상각액(⑧＋⑨)		
㉔ 차감액(㉓－㉒)		
㉕ 최저한세적용에 따른 특별상각부인액		
조정액		㉖ 상각부인액(㉔＋㉕)
		㉗ 기왕부인액중 당기 손금추인액 (⑪, 단 ⑪≦｜△㉔｜)
㉘ 당기말부인액누계(⑪＋㉖－｜㉗｜)		
당기말의 의제상각액		㉙ 당기의제상각액(｜△㉔｜－｜㉗｜)
		㉚ 의제상각누계(⑩＋㉙)
신고조정감가상각비계산 (2013.12.31 이전 취득분) ⓬		㉛ 기준상각률
		㉜ 종전상각비
		㉝ 종전감가상각비 한도[㉜－{㉓－(㉘－⑪)}]
		㉞ 추가손금산입대상액
		㉟ 동종자산 한도계산 후 추가손금산입액
신고조정감가상각비계산 (2014.1.1 이후 취득분) ⓬		㊱ 기획재정부령으로 정하는 기준내용연수
		㊲ 기준감가상각비 한도
		㊳ 추가손금산입액
㊴ 추가 손금산입 후 당기말부인액 누계(㉘－㉟－㊳)		

⓬「㉛～㊳」란은 국제회계기준을 도입한 법인만 해당된다.

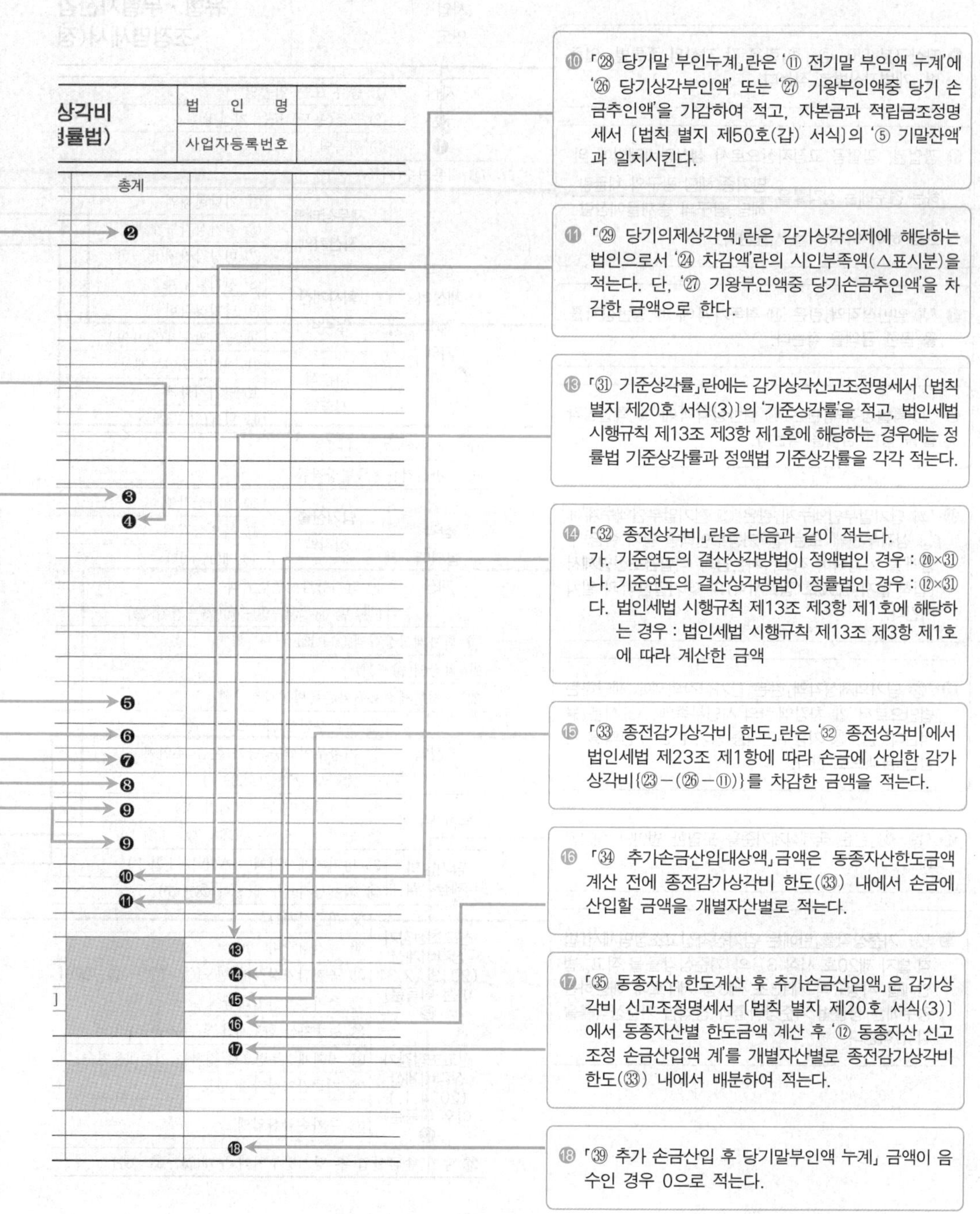

⑩ 「㉘ 당기말 부인누계」란은 '⑪ 전기말 부인액 누계'에 '㉖ 당기상각부인액' 또는 '㉗ 기왕부인액중 당기 손금추인액'을 가감하여 적고, 자본금과 적립금조정명세서 〔법칙 별지 제50호(갑) 서식〕의 '⑤ 기말잔액'과 일치시킨다.

⑪ 「㉙ 당기의제상각액」란은 감가상각의제에 해당하는 법인으로서 '㉔ 차감액'란의 시인부족액(△표시분)을 적는다. 단, '㉗ 기왕부인액중 당기손금추인액'을 차감한 금액으로 한다.

⑬ 「㉛ 기준상각률」란에는 감가상각신고조정명세서 〔법칙 별지 제20호 서식(3)〕의 '기준상각률'을 적고, 법인세법 시행규칙 제13조 제3항 제1호에 해당하는 경우에는 정률법 기준상각률과 정액법 기준상각률을 각각 적는다.

⑭ 「㉜ 종전상각비」란은 다음과 같이 적는다.
가. 기준연도의 결산상각방법이 정액법인 경우 : ⑳×㉛
나. 기준연도의 결산상각방법이 정률법인 경우 : ⑫×㉛
다. 법인세법 시행규칙 제13조 제3항 제1호에 해당하는 경우 : 법인세법 시행규칙 제13조 제3항 제1호에 따라 계산한 금액

⑮ 「㉝ 종전감가상각비 한도」란은 '㉜ 종전상각비'에서 법인세법 제23조 제1항에 따라 손금에 산입한 감가상각비{㉓－(㉖－⑪)}를 차감한 금액을 적는다.

⑯ 「㉞ 추가손금산입대상액」금액은 동종자산한도금액 계산 전에 종전감가상각비 한도(㉝) 내에서 손금에 산입할 금액을 개별자산별로 적는다.

⑰ 「㉟ 동종자산 한도계산 후 추가손금산입액」은 감가상각비 신고조정명세서 〔법칙 별지 제20호 서식(3)〕에서 동종자산별 한도금액 계산 후 '⑫ 동종자산 신고조정 손금산입액 계'를 개별자산별로 종전감가상각비 한도(㉝) 내에서 배분하여 적는다.

⑱ 「㊴ 추가 손금산입 후 당기말부인액 누계」 금액이 음수인 경우 0으로 적는다.

■ 작성요령 Ⅱ - 유형 · 무형자산감가상각비조정명세서(정액법)

❶ 자산구분 「①, ②, ③」란은 각 자산의 종류별, 업종별, 개별자산별로 적는다.

❸ 광업권, 광업용 고정자산으로서 생산량비례법에 의하는 경우에는 상각률을 $\frac{\text{당기중 해당 광구의 채굴량}}{\text{해당 광구의 총채굴예정량}}$으로 하여 이 서식을 사용한다.

❹ 「⑯ 일반상각액」란은 '⑭ 취득가액'에 '⑮ 일반상각률'을 곱한 금액을 적는다.

❺ 「⑰ 특별상각액」란은 '⑯ 일반상각액'에 '⑮ 특별상각률'을 곱한 금액을 적는다.

❿ 「㉖ 당기말부인액누계」란은 '㉕ 전기말부인액누계'에 '㉓ 상각부인액' 또는 '㉔ 기왕부인액중 당기 손금 추인액'을 가감하여 적고, 자본금과 적립금조정명세서〔법칙 별지 제50호(갑) 서식〕의 '⑤기말잔액'과 일치시킨다.

⓫ 「㉗ 당기의제상각액」란은 감가상각의제에 해당하는 법인으로서 '㉑ 차감액'란의 시인부족액(△표시분)을 적는다. 단, '㉔ 기왕부인액중 당기 손금 추인액'을 차감한 금액으로 한다.

⓬ 「㉙~㊱」란은 국제회계기준을 도입한 법인만 해당된다.

⓭ 「㉙ 기준상각률」란에는 감가상각신고조정명세서〔법칙 별지 제20호 서식(3)〕의 '기준상각률'을 적고, 법인세법 시행규칙 제13조 제3항 제1호에 해당하는 경우에는 정률법 기준상각률과 정액법 기준상각률을 각각 적는다.

[별지 제20호 서식(2)] (2019. 3. 20. 개정)

사업연도	. . . ~ . . .	유형 · 무형자산감 조정명세서(정

자산구분 ❶		① 종류 또는 업종명
		② 구조(용도) 또는 자산명
		③ 취득일
④ 내용연수(기준 · 신고)		
상각계산의 기초가액	재무상태표 자산가액	⑤ 기말현재액
		⑥ 감가상각누계액
		⑦ 미상각잔액(⑤－⑥)
	회사계산 상각비	⑧ 전기말누계
		⑨ 당기상각비
		⑩ 당기말누계(⑧＋⑨)
	자본적 지출액	⑪ 전기말부인누계
		⑫ 당기지출액
		⑬ 합계(⑪＋⑫)
⑭ 취득가액(⑦＋⑩＋⑬)		
⑮ 일반상각률 · 특별상각률		
상각범위액 계산	당기산출 상각액	⑯ 일반상각액
		⑰ 특별상각액
		⑱ 계(⑯＋⑰)
	⑲ 당기상각시인범위액 {⑱, 단 ⑱≤⑭－⑧－⑪+㉕－전기 ㉘}	
⑳ 회사계상상각액(⑨＋⑫)		
㉑ 차감액(⑳－⑲)		
㉒ 최저한세적용에따른특별상각부인액		
조정액	㉓ 상각부인액(㉑＋㉒)	
	㉔ 기왕부인액중 당기 손금 추인액 (㉕, 단 ㉕ ≤ ｜△㉑｜)	
부인액누계	㉕ 전기말부인액누계(전기 ㉖)	
	㉖ 당기말부인액누계(㉕＋㉓－｜㉔｜)	
당기말의 제상각액	㉗ 당기의제상각액(｜△㉑｜－｜㉔｜)	
	㉘ 의제상각의누계(전기 ㉘＋㉗)	
신고조정감가상각비계산 (2013.12.31 이전 취득분) ⓬	㉙ 기준상각률	
	㉚ 종전상각비	
	㉛ 종전감가상각비 한도[㉚－{⑳－(㉖－㉕)}]	
	㉜ 추가손금산입대상액	
	㉝ 동종자산 한도계산 후 추가손금산입액	
신고조정감가상각비계산 (2014.1.1 이후 취득분) ⓬	㉞ 기획재정부령으로 정하는 기준내용연수	
	㉟ 기준감가상각비 한도	
	㊱ 추가손금산입액	
㊲ 추가 손금산입 후 당기말부인액 누계(㉖－㉝－㊱)		

가상각비
액법)

법 인 명	
사업자등록번호	

총계

❷ 「③ 취득일」란은 해당 사업연도 중에 취득한 자산의 경우 사업에 사용한 날을 적는다.

❻ 「⑳ 회사계상상각액」란은 '⑨ 회사계산 당기상각비'와 '⑫ 당기 자본적 지출액'의 합계액을 적는다.

❼ 「㉑ 차감액」란은 '⑳ 회사계상상각액'에서 '⑲ 당기상각시인범위액'을 차감한 잔액을 기입하고, 미달액이 있는 경우에는 △표시를 적는다.

❽ 「㉒ 최저한세적용에따른특별상각부인액」란은 특별비용조정명세서〔법칙 별지 제5호 서식〕의 '⑪⑦ 특별감가상각비 계'란의 '⑤ 최저한세 적용 손금부인액'을 적는다.

❾ 「㉓ 상각부인액」란에는 '㉑ 차감액'과 '㉒ 최저한세적용에 따른 특별상각부인액'을 합하여 적고 손금불산입한다. 단, '㉑ 차감액'란에 시인부족액(△표시분)이 있고 '㉕ 전기말부인액누계'이 있는 경우에는 '㉔ 기왕부인액 중 당기 손금 추인액'란은 전기말 부인액 누계를 한도로 한 시인부족액을 적고 손금산입한다.

⓮ 「㉛ 종전감가상각비 한도」란은 '㉚ 종전상각비'에서 법인세법 제23조 제1항에 따라 손금에 산입한 감가상각비{⑳－(㉖－㉕)}를 차감한 금액을 적는다.

⓯ 「㉜ 추가손금산입대상액」 금액은 동종자산한도금액 계산 전에 종전감가상각비 한도(㉛) 내에서 손금에 산입할 금액을 개별자산별로 적는다.

⓰ 「㉝ 동종자산 한도계산 후 추가손금산입액」은 감가상각비 신고조정명세서〔법칙 별지 제20호 서식(3)〕에서 동종자산별 한도금액 계산 후 '⑫ 동종자산 신고조정 손금산입액 계'를 개별자산별로 종전감가상각비 한도(㉛) 내에서 배분하여 적는다.

⓱ 「㊲ 추가 손금산입 후 당기말부인액 누계」 금액이 음수인 경우 0으로 적는다.

■ 작성요령 Ⅲ - 감가상각비신고조정명세서

❷ 「동종자산 내역(①, ②, ③)」란에는 법인세법 시행규칙 제13조 제1항·제2항에 따른 자산종류구분, 업종구분 및 해당 동종자산의 개수를 적는다.

❸ 「기준상각률의 계산 중 기준연도·전년도·전전년도」 오른쪽의 괄호에는 해당연도를 숫자만 적는다.(예 : 2010)

❹ 「④ 감가상각비 손금산입액 합계」란에는 법인세법 시행령 제26조의 2 제1항에 따른 기준연도와 그 이전 2개 사업연도에 법인세법 제23조 제1항에 따라 동종자산에 대하여 손금에 산입한 감가상각비 합계를 적는다.

❺ 「⑤ 취득가액 또는 미상각잔액 합계」란에는 기준연도와 그 이전 2개 사업연도의 동종자산의 취득가액(기준연도의 결산상각방법이 정액법인 경우) 또는 미상각잔액(기준연도의 결산상각방법이 정률법인 경우)의 합계를 적는다.

[별지 제20호 서식(3)] (2019. 3. 20. 개정)

사업 연도	. . . ~ . . .	감가상각비신고조

1. 동종자산 내역 ❷

① 업 종		② 자산종류	

2. 기준상각률의 계산

구 분	기준연도(❸)		전년도
	정률법	정액법	정률법
④ 감가상각비 손금산입액 합계	❹		
⑤ 취득가액 또는 미상각잔액 합계	❺		
⑥ 기준상각률 (④÷⑤)			

3. 동종자산 신고조정 한도

⑦ 취득가액 또는 미상각잔액 합계	
⑧ 종전상각비 합계(⑦×⑥(평균값))	
⑨ 「법인세법」 제23조 제1항에 따라 손금산입한 감가상각비 합계	
⑩ 신고조정 한도 합계(⑧－⑨)	
⑪ 추가손금산입대상액 합계	
⑫ 동종자산 신고조정 손금산입액계 (Min (⑩, ⑪))	

정명세서 ❶	법 인 명	
	사업자등록번호	

	③ 자산개수	정률법	
		정액법	

(❸)	직전연도(❸)		평균	
정액법	정률법	정액법	정률법	정액법

❻

❼

❽

❾

❿

❶ 이 서식은 법인세법 시행령 제26조의 2 제1항에 따른 동종자산별로 작성한다.

❻ 「⑦ 취득가액 또는 미상각잔액 합계」란에는 해당 사업연도의 동종자산의 취득가액(기준연도의 결산상각방법이 정액법인 경우) 또는 미상각잔액(기준연도의 결산상각방법이 정률법인 경우)의 합계를 적는다.

❼ 「⑧ 종전상각비 합계」란에는 취득가액 또는 「⑦ 미상각잔액 합계」에 기준상각률을 곱한 금액(법인세법 시행규칙 제13조 제3항 제1호에 해당하는 경우에는 같은 호에 따라 계산한 금액)을 적는다.

❽ 「⑨ 법인세법 제23조 제1항에 따라 손금산입한 감가상각비 합계」란에는 "유형자산감가상각비조정명세서 및 유형·무형자산감가상각비조정명세서〔별지 제20호 서식 (1), (2)〕"에서 (1)의 경우 {㉓－(㉘－⑪)}, (2)의 경우 {⑳－(㉖－㉕)}의 금액을 동종자산별로 합하여 적는다.

❾ 「⑪ 추가손금산입대상액 합계」란에는 "유형자산감가상각비조정명세서 및 유형·무형자산감가상각비조정명세서〔별지 제20호 서식(1), (2)〕"에서 (1)의 경우 ㉞, (2)의 경우 ㉜의 금액을 동종자산별로 합계하여 적는다.

❿ 「⑫ 동종자산 신고조정 손금산입액계」는 신고조정 한도 합계(⑩)와 추가손금산입대상액 합계(⑪) 중 작은 금액을 적는다.

■ 작성요령 Ⅳ - 감가상각비조정명세서합계표

[별지 제20호 서식(4)] (2019. 3. 20. 개정)

사업연도	. . . ~ . . .	감가상각비조정명

① 자산구분		코드	② 합계액
재무상태표 상가액	⑩ 기말현재액	01	
	⑩ 감가상각누계액	02	
	⑩ 미상각잔액	03	
⑭ 상각범위액		04	
⑮ 회사손비계상액		05	❶
조정금액	⑯ 상각부인액 (⑮-⑭)	06	
	⑰ 시인부족액 (⑭-⑮)	07	
	⑱ 기왕부인액 중 당기손금추인액	08	❷
⑲ 신고조정손비계상액		09	❸

❶ 「⑮ 회사손비계상액」란에는 법인세법 제23조 제1항에 따라 결산서상 손비로 계상한 금액을 적는다.

❷ 「⑱ 기왕부인액 중 당기손금추인액」란에는 당기에 시인부족액이 발생한 경우 당기 이전까지 한도초과로 부인했던 금액과 당기 시인부족액 중 적은 금액(유형자산감가상각비명세서 〔별지 제20호 서식(1)〕의 ㉗ 금액, 유형·무형자산감가상각비명세서〔별지 제20호 서식(2)〕의 ㉔ 금액의 합)을 적는다.

세서합계표	법 인 명	
	사업자등록번호	

유형자산			⑥ 무형자산
③ 건축물	④ 기계장치	⑤ 기타자산	

❸ 「⑲ 신고조정손비계상액」란에는 법인세법 제23조 제2항에 따라 추가로 손금산입한 금액 {유형자산감가상각비조정명세서 및 유형·무형자산감가상각비조정명세서〔별지 제20호 서식(1), (2)〕의 추가손금산입액 합계〔(1)의 ㉟, ㊳, (2)의 ㉝, ㊱〕를 적는다.

■ 작성요령 V - 감가상각방법신고서 · 감가상각방법변경신청서 · 내용연수신고서 · 내용연수승인(변경승인)신청서 · 내용연수변경신고서 · 중소기업내용연수특례적용신청서

[별지 제63호 서식] (2019. 3. 20. 개정)

〔 〕 **감가상각방법신고서**
〔 〕 **감가상각방법변경신청서**
〔 〕 **내용연수신고서**
〔 〕 **내용연수승인(변경승인)신청서**
〔 〕 **내용연수변경신고서**
〔 〕 **중소기업내용연수특례 적용신청서**

접수번호	접수일자	처리기간 즉시

신고(청)인 인적사항	법인명			사업자등록번호
	본점소재지			
	대표자성명			생년월일
	사업개시일	년 월 일	변경방법적용사업연도	년 월 일 부터

내용연수 신고(청) 및 변경	자산및업종	내용연수범위	신고 내용연수 (당초 신고 내용연수)	변경 내용연수	변경사유

감가상각 방법 신고(청) 및 변경	자산명	신고상각방법 (당초 신고상각방법)	변경상각방법	변경사유
	유형자산 (건축물 제외)			
	광업권			
	광업용자산 (건축물 제외)			

「법인세법 시행령」 제26조 제3항 · 제27조 제2항 · 제28조 제3항 · 제29조 제2항 및 제29조의 2 제5항에 따라 감가상각방법신고서, 감가상각방법변경신청서, 내용연수신고서, 내용연수승인신청서, 내용연수변경승인신청서 및 내용연수변경신고서를 제출합니다.

년 월 일

신고(신청)인 (서명 또는 인)

세무서장 귀하

MEMO

■ 작성요령 Ⅵ – 감가상각비조정명세서(정률법)

❶ 「자산 구분 ①, ②, ③」란은 종류별, 업종별, 개별 자산별로 적는다.

❷ 「③취득일」란은 자산을 취득하여 해당 사업에 사용한 날을 적는다.

❸ 「⑨ 전기말 신고조정 감가상각비 누계」란은 감가상각 손금산입특례를 적용함에 따라 신고조정으로 손금산입한 전기말 감가상각비누계액을 적으며, 해당 과세연도 이전에 종전의 감가상각부인액을 손금추인한 금액은 제외한다.

❹ 「⑮ 당기 산출상각액」란은 상각계산의 기초가액 가감계(⑬)에 상각률(⑭)을 곱한 금액을 적는다.

[별지 제9호의 4 서식(1)] (2022. 3. 18. 개정)

감가상각비조정

사업연도		. . . ~ . . .
법인명		
자산 구분 ❶		① 종류 또는 업종명
		② 구조(용도) 또는 자산명
		③ 취득일
④ 신고내용연수		
상각 계산의 기초 가액	재무상태표 자산가액	⑤ 기말현재액
		⑥ 감가상각 누계액
		⑦ 미상각잔액(⑤−⑥)
	⑧ 회사계산 감가상각비	
	⑨ 전기말 신고조정 감가상각비 누계	
	⑩ 자본적 지출액	
	⑪ 전기말 의제상각 누계액	
	⑫ 전기말 부인 누계	
	⑬ 가감 계(⑦+⑧−⑨+⑩−⑪+⑫)	
⑭ 상각률		
상각 범위액 계산	⑮ 당기 산출상각액	
	취득가액	⑯ 전기말 현재 취득가액
		⑰ 당기 회사계산 증가액
		⑱ 당기 자본적 지출액
		⑲ 계(⑯+⑰+⑱)
	⑳ 잔존가액(⑲×5/100)	
	㉑ 당기 상각시인범위액 [⑮. 다만, (⑬−⑮)≦⑳인 경우 ⑬]	
회사의 상각액	㉒ 회사계상상각액(⑧+⑩)	
	㉓ 신고조정 손금산입액	
	㉔ 계(㉒+㉓)	
㉕ 차감액(㉔−㉑)		
㉖ 최저한세적용에 따른 상각부인액		
조정액	㉗ 상각부인액(㉕+㉖)	
	㉘ 기왕 부인액 중 당기 손금추인액 (⑫, 단 ⑫≦ㅣ△㉕ㅣ)	
㉙ 당기말 부인액 누계(⑫+㉗−ㅣ㉘ㅣ)		
당기말 의제상각액	㉚ 당기 의제상각액(ㅣ△㉕ㅣ−ㅣ㉙ㅣ)	
	㉛ 의제상각 누계(⑪+㉚)	

명세서(정률법)

(앞 쪽)

사업자등록번호

총계

❷

❸

❹

❺

❻

❼

❽

❾

❿

⓫

⓬

⓭

❺ 「㉑ 당기 상각시인범위액」란은 상각계산의 기초가액 가감 계(⑬)에서 잔존가액(⑳)을 뺀 금액을 한도로 한 당기 산출상각액(⑮)을 적는다. 다만, 상각계산의 기초가액 가감 계(⑬)에서 당기 산출상각액(⑮)을 뺀 금액이 잔존가액(⑳) 이하인 경우에는 상각계산의 기초가액 가감 계(⑬)를 적는다.

❻ 「㉒ 회사계상상각액」란은 회사계산 감가상각비(⑧)와 자본적 지출액(⑩)의 합계액을 적는다.

❼ 「㉓ 신고조정 손금산입액」란은 감가상각손금산입특례를 적용함에 따라 신고조정으로 손금산입한 감가상각비를 적으며, 해당 과세연도 이전에 종전의 감가상각부인액을 손금추인한 금액은 제외한다.

❽ 「㉕ 차감액」란은 회사의 상각액 계(㉔)에서 당기 상각시인범위액(㉑)을 뺀 금액을 적고, 음수(陰數)인 경우에는 △ 표시를 하여 적는다.

❾ 「㉖ 최저한세적용에 따른 상각부인액」란은 '특별비용조정명세서(「법인세법 시행규칙」 별지 제5호서식)'의 '⑱ 특례 자산 감가상각비 계'란의 '⑤ 최저한세 적용 손금부인액'을 적는다.

❿ 「㉗ 상각부인액」란은 차감액(㉕)과 최저한세적용에 따른 상각부인액(㉖)을 합하여 적고, 손금불산입한다.

⓫ 차감액(㉕)란에 시인부족액(△표시 분)이 있고 전기말 부인 누계(⑫)가 있는 경우에는 「㉘ 기왕 부인액 중 당기 손금추인액」란은 전기말 부인 누계(⑫)를 한도로 한 시인부족액을 적고 손금산입한다.

⓬ 「㉙ 당기말 부인액 누계」란은 전기말 부인 누계(⑫)에 상각부인액(㉗) 또는 기왕 부인액 중 당기 손금추인액(㉘)을 가감하여 적고, '자본금과 적립금 조정명세서(「법인세법 시행규칙」 별지 제50호(갑)서식)'의 '⑤ 기말잔액'과 일치시킨다.

⓭ 「㉚ 당기 의제상각액」란은 감가상각의제에 해당하는 법인으로서 차감액(㉕)란의 시인부족액(△표시 분)을 적는다. 다만, 기왕 부인액 중 당기 손금추인액(㉘)을 뺀 금액으로 한다.

■ 작성요령 Ⅶ - 감가상각비조정명세서(정액법)

❶ 「자산 구분 ①, ②, ③」란은 종류별, 업종별, 개별 자산별로 적는다.

[별지 제9호의 4 서식(2)] (2022. 3. 18. 개정)

감가상각비조정명

사업연도	. . . ~ . . .
법인명	

자산 구분 ❶	① 종류 또는 업종명	
	② 구조(용도) 또는 자산명	
	③ 취득일	
④ 신고내용연수		
상각 계산의 기초 가액	재무상태표 자산가액	⑤ 기말현재액
		⑥ 감가상각누계액
		⑦ 미상각잔액(⑤-⑥)
	회사계산 상각비	⑧ 전기말 누계
		⑨ 당기상각비
		⑩ 당기말 누계(⑧+⑨)
	자본적 지출액	⑪ 전기말 부인 누계
		⑫ 당기지출액
		⑬ 합계(⑪+⑫)
⑭ 취득가액(⑦+⑩+⑬)		
⑮ 상각률		
상각 범위액 계산	⑯ 당기산출상각액	
	⑰ 당기상각 시인범위액 {⑯, 다만, ⑯≤⑭-⑧-⑪+㉕-전기㉘}	
회사의 상각액	⑱ 회사계상상각액(⑨+⑫)	
	⑲ 신고조정 손금산입액	
	⑳ 계(⑱+⑲)	
㉑ 차감액(⑳-⑰)		
㉒ 최저한세적용에 따른 상각부인액		
조정액	㉓ 상각부인액(㉑+㉒)	
	㉔ 기왕 부인액 중 당기 손금추인액 (㉕, 단 ㉕≤ | △㉑ |)	
부인액 누계	㉕ 전기말 부인액 누계(전기㉖)	
	㉖ 당기말 부인액 누계(㉕+㉓- | ㉔ |)	
당기말 의제상각액	㉗ 당기 의제상각액(| △㉑ | - | ㉔ |)	
	㉘ 의제상각 누계(전기㉘+㉗)	

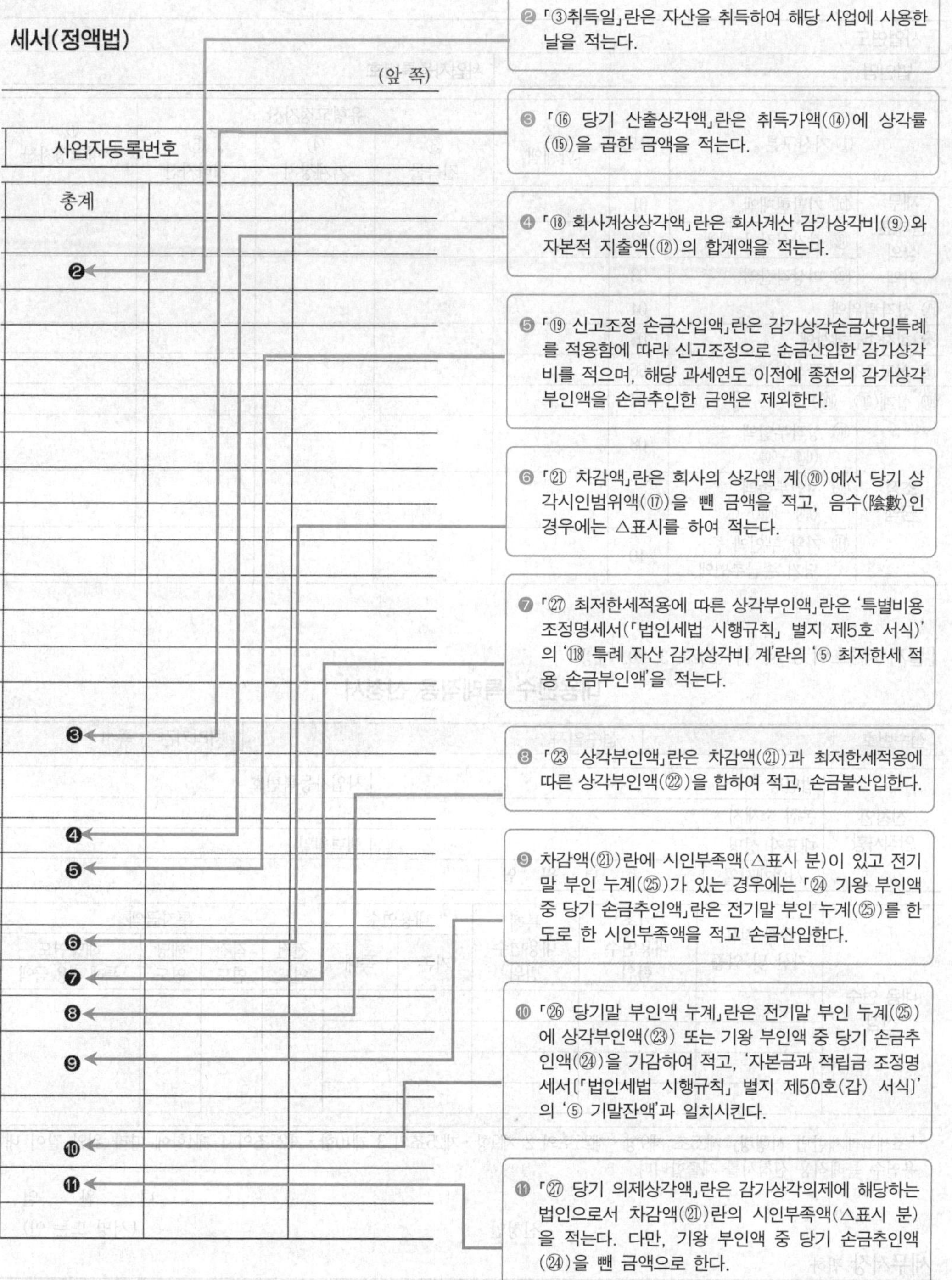

세서(정액법)
(앞 쪽)
사업자등록번호
총계
❷
❸
❹
❺
❻
❼
❽
❾
❿
⓫
❷ 「③취득일」란은 자산을 취득하여 해당 사업에 사용한 날을 적는다.
❸ 「⑯ 당기 산출상각액」란은 취득가액(⑭)에 상각률(⑮)을 곱한 금액을 적는다.
❹ 「⑱ 회사계상상각액」란은 회사계산 감가상각비(⑨)와 자본적 지출액(⑫)의 합계액을 적는다.
❺ 「⑲ 신고조정 손금산입액」란은 감가상각손금산입특례를 적용함에 따라 신고조정으로 손금산입한 감가상각비를 적으며, 해당 과세연도 이전에 종전의 감가상각부인액을 손금추인한 금액은 제외한다.
❻ 「㉑ 차감액」란은 회사의 상각액 계(⑳)에서 당기 상각시인범위액(⑰)을 뺀 금액을 적고, 음수(陰數)인 경우에는 △표시를 하여 적는다.
❼ 「㉗ 최저한세적용에 따른 상각부인액」란은 '특별비용조정명세서(「법인세법 시행규칙」 별지 제5호 서식)'의 '⑱ 특례 자산 감가상각비 계'란의 '⑤ 최저한세 적용 손금부인액'을 적는다.
❽ 「㉓ 상각부인액」란은 차감액(㉑)과 최저한세적용에 따른 상각부인액(㉒)을 합하여 적고, 손금불산입한다.
❾ 차감액(㉑)란에 시인부족액(△표시 분)이 있고 전기말 부인 누계(㉕)가 있는 경우에는 「㉔ 기왕 부인액 중 당기 손금추인액」란은 전기말 부인 누계(㉕)를 한도로 한 시인부족액을 적고 손금산입한다.
❿ 「㉖ 당기말 부인액 누계」란은 전기말 부인 누계(㉕)에 상각부인액(㉓) 또는 기왕 부인액 중 당기 손금추인액(㉔)을 가감하여 적고, '자본금과 적립금 조정명세서(「법인세법 시행규칙」 별지 제50호(갑) 서식)'의 '⑤ 기말잔액'과 일치시킨다.
⓫ 「㉗ 당기 의제상각액」란은 감가상각의제에 해당하는 법인으로서 차감액(㉑)란의 시인부족액(△표시 분)을 적는다. 다만, 기왕 부인액 중 당기 손금추인액(㉔)을 뺀 금액으로 한다.

[별지 제9호의 4 서식(3)] (2022. 3. 18. 개정)

감가상각비조정명세서합계표

사업연도	. . . ~ . . .		
법인명		사업자등록번호	

① 자산구분		코드	② 합계액	유형고정자산			⑥ 무형고정자산
				③ 건축물	④ 기계장치	⑤ 기타자산	
재무상태표상의 가액	⑩ 기말현재액	01					
	⑩ 감가상각 누계액	02					
	⑩ 미상각잔액	03					
⑭ 상각범위액		04					
⑮ 회사손금계상액		05					
⑯ 신고조정 손금산입액		06					
⑰ 합계(⑮+⑯)		07					
조정금액	⑱ 상각부인액 (⑰−⑭)	08					
	⑲ 시인부족액 (⑭−⑰)	09					
	⑪⓪ 기왕 부인액 중 당기 손금추인액	10					

[별지 제9호의 5 서식] (2023. 3. 20. 개정)

내용연수 특례적용 신청서

접수번호	접수일자	처리기간 즉시

신청인 인적사항	법인명		사업자등록번호
	본점 소재지		
	대표자 성명		생년월일
	사업개시일	년 월 일	

내용 연수 신청	특례 적용 자산 및 업종	기존 내용연수 범위	특례 내용연수 범위	내용연수		투자금액			
				기존	특례	전전 연도	직전 연도	해당 연도	해당연도 특례 적용 금액

「조세특례제한법 시행령」 제25조 제9항·제25조의 2 제9항·제25조의 3 제10항·제25조의 4 제4항에 따라 위와 같이 내용연수 특례적용 신청서를 제출합니다.

년 월 일

신청인 (서명 또는 인)

세무서장 귀하

세무조정 체크리스트

검 토 사 항	확인
1. 취득가액	
① 일반사항 - 자본적 지출액과 수익적 지출액의 구분의 적정성을 확인 - 임의평가증한 금액의 유무 확인 - 부당행위계산 부인 등에 의한 고가매입자산 및 과대평가자산 유무 확인 - 여러 사람이 볼 수 있는 공간에 항상 비치하는 미술품 중 취득가액 1천만원 이하인 미술품을 취득한 날이 속하는 사업연도에 손비로 계상한 경우 손금인정(2009. 1. 1. 이후 개시하는 사업연도분부터 1백만원 → 3백만원으로, 2013년 6월 11일 이후 취득하는 것부터 3백만원 → 5백만원으로, 2019년 2월 12일 이후 취득하는 것부터 5백만원 → 1천만원으로 한도 상향 조정) - 2006. 2. 9. 이후 최초로 취득하는 분부터 기업회계기준에 따라 국·공채의 매입가액과 현재가치의 차액을 유형자산의 취득가액으로 계상한 경우 이를 인정 - 2007. 3. 30. 이후 최초로 수입신고하는 분부터 자산 수입시 부담한 이자를 취득가액과 구분하여 지급이자로 계상할 수 있는 연지급수입의 범위에 D/A방식과 수출자 신용공여방식(Shipper's Usance)에 의한 수입을 포함함(법칙 §37 ③).	
② 건설자금이자 - 사업용 유·무형자산의 건설 등에 사용 여부가 불분명한 차입금의 이자 유무 확인(건설계획서, 이사회의사록, 차입약정서를 확인 및 cash flow를 검토) - 특정차입금의 운용수입이자 유무 확인 - 건설자금이자의 계산기간 검토(차입기간과 건설기간 중 중복된 기간) - 건설이 준공된 자산에 건설자금이자 과대, 과소계상액이 있는지 확인	
2. 내용연수	
① 일반사항 - 내용연수의 통일 및 신고 여부 확인 - 신고한 내용연수가 법인세법 시행규칙 별표 2·3·5·6에 일치하는지 여부 확인 - 내국법인이 2003. 7. 1.~2004. 6. 30. 투자를 개시하거나 취득한 유형자산 : 기준내용연수의 50%를 가감한 범위 내에서 선택적용 가능(신고조정 가능). 이 경우 감가상각특례신청서에 신고내용연수를 연단위로 기재하여 자산의 취득일이 속하는 사업연도의 과세표준 신고기한내에 납세지 관할 세무서장에게 제출하여야 함(구 조특법 §30 ② 및 구 조특령 §27 ④). - 중소기업(조특령 §2)이 2013. 9. 1.~2014. 3. 31. 및 2014. 10. 1.~2016. 6. 30. 취득한 설비투자자산 : 기준내용연수에 50%를 가감한 범위 내에서 선택적용 가능. 이 경우 중소기업 내용연수 특례적용 신청서를 해당 설비투자자산을 취득한 날이 속하는 사업연도의 법인세 과세표준의 신고기한까지 제출하여야 함(구 법령 §28 ⑥·⑦)	

검 토 사 항	확인
-2년 연속 설비투자자산 투자액이 증가한 서비스업 영위기업이 2015. 1. 1.~2015. 12. 31. 취득한 설비투자자산 : 기준내용연수의 40%를 가감한 범위내에서 선택적용 가능(신고조정 가능). 이 경우 내용연수 특례적용 신청서를 해당 설비투자자산을 취득한 날이 속하는 사업연도의 과세표준 신고기한까지 납세지 관할 세무서장에게 제출하여야 함(조특법 §28 및 조특령 §25). -중소기업(조특령 §2) 또는 중견기업(구 조특령 §4 ①)이 2016. 7. 1.(중견기업의 경우 2016. 1. 1.)~2017. 6. 30. 취득한 설비투자자산 : 기준내용연수에 50%를 가감한 범위 내에서 선택적용 가능(신고조정 가능). 이 경우 내용연수 특례적용신청서를 해당 설비투자자산을 취득한 날이 속하는 사업연도의 법인세 과세표준 신고기한까지 제출하여야 함(조특법 §28의 2 및 조특령 §25의 2). -2018. 7. 1.~2020. 6. 30. 및 2021. 1. 1.~2021. 12. 31. 기간 동안 중소기업(조특령 §2) 또는 중견기업(조특령 §6의 4 ①)이 취득한 사업용 고정자산 및 그 외의 기업이 취득한 혁신성장투자자산(에너지절약시설 · 생산성향상시설은 2019. 7. 3.~2020. 6. 30. 및 2021. 1. 1.~2021. 12. 31. 취득분에 한정) : 기준내용연수에 50%(중소 · 중견기업이 2019. 7. 3.~2020. 6. 30. 및 2021. 1. 1.~2021. 12. 31. 기간 동안 취득하는 사업용 고정자산의 경우에는 75%)를 가감한 범위내에서 선택 적용 가능(신고조정). 이 경우 내용연수특례신청서를 해당 자산을 취득한 날이 속하는 사업연도의 법인세 과세표준 신고기한까지 제출하여야 함(구 조특법 §28의 3, 구 조특령 §25의 3 및 조특법 §28의 3, 조특령 §25의 3). -2023. 1. 1. ~ 2024. 12. 31. 기간 동안 취득한 에너지절약시설 : 기준내용연수의 50%(중소 · 중견기업의 경우에는 75%)를 가감한 범위 내에서 선택적용 가능(신고조정 가능). 이 경우 내용연수 특례적용 신청서를 해당 에너지절약시설을 취득한 날이 속하는 사업연도의 법인세 과세표준 신고기한까지 제출하여야 함(조특법 §28의 4 및 조특령 §25의 4). -수정내용연수의 적용 : 기준내용연수의 50% 이상이 경과된 중고자산(합병 · 분할로 승계한 자산포함)에 대하여 기준내용연수(당해 내국법인에게 적용되는 기준내용연수를 말함)와 기준내용연수의 50% 범위 내에서 선택적용 가능. 단, 중고자산 취득일 또는 합병 · 분할등기일이 속하는 사업연도의 법인세 과세표준 신고시 내용연수변경신고서를 제출하는 경우에 한해 적용함(법령 §29의 2). -동일한 업종에 속하는 자산에 대해 동일한 내용연수가 적용되는지 여부 확인 -감가상각자산의 용도가 변경되었거나 타 업종으로 이관 여부 확인 -특허권의 경우 2015. 3. 13. 이후 취득하는 분부터 10년이 아닌 7년의 기준내용연수를 적용하였는지 확인 -2006. 3. 14. 이후 최초로 취득하는 건축물부속설비를 건축물과 별도로 구분하여 회계처리하는 경우 업종별자산의 내용연수 [별표 6] 적용 가능함([별표 5] 2호).	
② 내용연수의 수정 및 변경 -감가상각완료자산에 대하여 자본적 지출이 발생하였는지 확인 -사업연도가 1년 미만인 경우 내용연수 환산 확인	

검 토 사 항	확인
-내용연수의 변경 유무와 변경의 적법성(지방국세청장의 승인 등) 확인	
③ 기 타 -임차자산에 자본적 지출 발생시 감가상각기간 확인 -금융리스자산의 감가상각이 다른 자산과 동일한 방법인지 확인 -운용리스자산의 내용연수가 리스회사의 내용연수와 일치 여부 확인	
3. 잔존가액 -감가상각이 종료된 자산은 취득가액의 5%와 1천원 중 적은 금액을 장부가액으로 하고, 동 금액은 해당 자산을 처분하는 사업연도에 손금산입함. -정률법에 의한 감가상각자산 중 사업연도말 현재 미상각잔액이 취득가액의 5% 이하가 되는 자산의 유무 확인	
4. 감가상각방법 및 상각범위액의 계산 -감가상각방법의 통일 및 신고 여부 확인 -감가상각방법의 각 자산별 적용의 타당성을 확인 -2015. 2. 3. 이후 취득하는 폐기물매립시설의 감가상각시 생산량비례법과 정액법 중 선택가능하며, 무신고시 생산량비례법에 따라 계산하였는지 확인(종전분은 정액법만 적용) -사업연도 중 신규 취득자산 확인 : 상각범위액 계산시 월할계산 -적격합병(법법 §44 ②, ③)·적격분할(법법 §46 ②)·적격물적분할(법법 §47 ①)·적격현물출자(법법 §47의 2 ①)에 의하여 취득한 자산 확인 : 상각범위액 산정시 취득가액은 양도법인의 취득가액으로 하고, 미상각잔액은 양도법인의 양도 당시의 장부가액에서 양수법인이 이미 감가상각비로 손금에 산입한 금액을 공제한 잔액으로 하며, 상각방법 및 내용연수는 양도법인의 상각방법 등을 승계하는 방법과 양수법인의 상각방법 등을 적용하는 방법 중 선택 가능 → 이후 적격요건위반사유(법법 §44의 3 ③·§46의 3 ③·§47 ②·§47의 2 ②)에 해당시 법인세법 시행령 제26조의 2 제10항에 따라 사후관리	
5. 감가상각의제	
① 감가상각의제에 해당 여부 확인 -특히, 중소기업 특별세액감면 및 외국인 투자에 대한 법인세액감면을 받는 경우 상각의제규정 적용되어야 함. -기타 세액감면을 받은 경우 법인세법 시행령 제30조에 해당 여부 확인 -2018. 2. 13.이 속하는 사업연도 분부터 법인세가 추계결정 또는 경정된 경우 감가상각의제 적용	
② 실제 법인세가 감면되었는지 여부의 확인	
③ 감가상각의제 해당 고정자산이 감면사업에 공하였는지가 정확히 구분되는지 여부 확인	
④ 감가상각의제규정이 적용되던 자산이 양도, 폐기되었는지 여부 확인	
6. 즉시상각의제 -즉시상각의제 제외되는 자산에 해당 여부 확인 -수익적 지출을 자본적 지출에 포함하였는지 확인	

검 토 사 항	확인
7. 감가상각비 시부인 - 전기신고서 또는 경정결의서 등을 검토하여 감가상각 시부인액 및 의제상각액의 확인 - 감가상각명세서상의 취득원가, 당기상각비, 상각누계액이 재무제표와 일치 여부 확인 - 감가상각시부인이 개별자산별로 되었는지 확인 - 시험연구용 자산에 대하여 연구 및 인력개발을 위한 설비투자에 대한 세액공제를 받은지 여부 확인 - 특수관계인으로부터 자산양수시 회계상 계상한 감가상각자산 장부가액이 시가에 미달하는 경우 감가상각규정 적용하여 손비계상(법령 §19) - 감가상각비 조정명세서 및 개별자산별 조정명세서 제출 여부 검토	
8. K-IFRS 적용법인의 감가상각비 신고조정	
① 일반사항 : K-IFRS를 적용하는 내국법인이 보유한 감가상각자산 중 유형자산과 내용연수가 비한정인 일정한 무형자산(2012. 2. 2. 이후 최초로 신고하는 분부터 K-IFRS 도입 이전 계상한 영업권 포함)의 감가상각비에 대한 신고조정 허용(2010. 12. 30.이 속하는 사업연도부터 적용)	
② 신고조정시 한도 - 2013년 이전 취득자산(K-IFRS를 적용하지 아니하고 종전의 방식에 따른 감가상각비-결산조정에 따른 손금산입 금액) → 개별자산별로 신고조정한 감가상각비의 합계가 동종자산 한도를 초과하지 않도록 신고조정 감가상각비를 결정 - 2014년 이후 취득자산(해당 사업연도의 결산상각방법과 기준내용연수를 적용한 개별자산별 감가상각비-결산조정에 따른 손금산입 금액) → 개별자산별로 신고조정한 감가상각비의 합계가 기준감가상각비를 고려한 동종자산 한도와 종전 감가상각비를 고려한 동종자산 한도 중 작은 금액(단, 종전 감가상각비를 고려한 동종자산 한도의 25%에 상당하는 금액이 기준감가상각비를 고려한 동종자산 한도보다 큰 경우 그 금액)을 초과하지 않도록 신고조정 감가상각비를 결정	
9. 양도자산의 감가상각 시부인 - 양도한 개별자산에 해당하는 상각시부인액 확인 - 사업연도 중간에 양도한 자산의 감가상각은 선택사항임.	

Step III 사례와 서식작성실무

사 례

다음은 ㈜삼일의 제3기 사업연도(2024. 1. 1. ~ 2024. 12. 31.)의 감가상각대상자산에 대한 자료이며, ㈜삼일은 일반기업회계기준을 적용한다. 이를 바탕으로 감가상각비조정명세서〔별지 제20호 서식 (1), (2), (4)〕를 작성하라.

구 분	건 축 물		업종별 자산		일반자산	
	일반건물	공장건물	기계장치A	기계장치B	컴퓨터	화물차
취득일	2022. 4. 25.	2023. 1. 27.	2023. 1. 27.	2023. 1. 2.	2023. 1. 1.	2023. 1. 15.
취득가액	800,000,000	100,000,000	50,000,000	100,000,000	8,000,000	15,000,000
당기말감가누계액	60,000,000	10,000,000	35,000,000	70,000,000	7,000,000	11,500,000
당기상각비	20,000,000	5,000,000	10,000,000	20,000,000	2,000,000	3,500,000
전기말부인액누계	5,000,000	0	2,450,000	4,900,000	776,000	80,000
신고내용연수	40년	20년	5년	5년	4년	4년
신고상각방법	정액법	정액법	정률법	정률법	정률법	정률법
상각률	0.025	0.05	0.451	0.451	0.528	0.528

[별지 제20호 서식(1)] (2019. 3. 20. 개정)

사업연도	2024. 1. 1. ~ 2024. 12. 31.	유형자산감가상각비 조정명세서(정률법)	법 인 명	(주)삼일
			사업자등록번호	

구분		항목	총계	제조업	제조업	비품	차량
자산구분		① 종류 또는 업종명	총계	제조업	제조업	비품	차량
		② 구조(용도)또는 자산명		기계A	기계B	컴퓨터	화물차
		③ 취득일		2023. 1. 27.	2023. 1. 2.	2023. 1. 1.	2023. 1. 15.
④ 내용연수(기준·신고)				5년	5년	4년	4년
상각계산의 기초가액	재무상태표 자산가액	⑤ 기말현재액	173,000,000	50,000,000	100,000,000	8,000,000	15,000,000
		⑥ 감가상각누계액	123,500,000	35,000,000	70,000,000	7,000,000	11,500,000
		⑦ 미상각잔액(⑤−⑥)	49,500,000	15,000,000	30,000,000	1,000,000	3,500,000
	⑧ 회사계산감가상각비		35,500,000	10,000,000	20,000,000	2,000,000	3,500,000
	⑨ 자본적지출액						
	⑩ 전기말의제상각누계액						
	⑪ 전기말부인누계		8,206,000	2,450,000	4,900,000	776,000	80,000
	⑫ 가감계(⑦+⑧+⑨−⑩+⑪)		93,206,000	27,450,000	54,900,000	3,776,000	7,080,000
⑬ 일반상각률·특별상각률				0.451	0.451	0.528	0.528
상각범위액계산	당기산출 상각액	⑭ 일반상각액	42,871,818	12,379,950	24,759,900	1,993,728	3,738,240
		⑮ 특별상각액					
		⑯ 계(⑭+⑮)	42,871,818	12,379,950	24,759,900	1,993,728	3,738,240
	취득가액	⑰ 전기말현재취득가액	173,000,000	50,000,000	100,000,000	8,000,000	15,000,000
		⑱ 당기회사계산증가액					
		⑲ 당기자본적지출액					
		⑳ 계(⑰+⑱+⑲)	173,000,000	50,000,000	100,000,000	8,000,000	15,000,000
	㉑ 잔존가액(⑳×5/100)		8,650,000	2,500,000	5,000,000	400,000	750,000
	㉒ 당기상각시인범위액 {⑯, 단 (⑫−⑯)≤㉑인 경우 ⑫}		42,871,818	12,379,950	24,759,900	1,993,728	3,738,240
㉓ 회사계상상각액(⑧+⑨)			35,500,000	10,000,000	20,000,000	2,000,000	3,500,000
㉔ 차감액(㉓−㉒)			△7,371,818	△2,379,950	△4,759,900	6,272	△238,240
㉕ 최저한세적용에 따른 특별상각부인액							
조정액	㉖ 상각부인액(㉔+㉕)		6,272			6,272	
	㉗ 기왕부인액중 당기 손금추인액 (⑪, 단 ⑪≤│△㉔│)		7,219,850	2,379,950	4,759,900	0	80,000
㉘ 당기말부인액누계(⑪+㉖−│㉗│)			992,422	70,050	140,100	782,272	0
당기말의 제상각액	㉙ 당기의제상각액(│△㉔│−│㉗│)						
	㉚ 의제상각누계(⑩+㉙)						
신고조정감가상각비계산 (2013. 12.31 이전 취득분)	㉛ 기준상각률						
	㉜ 종전상각비						
	㉝ 종전감가상각비 한도[㉜−{㉓−(㉘−⑪)}]						
	㉞ 추가손금산입대상액						
	㉟ 동종자산 한도계산 후 추가손금산입액						
신고조정감가상각비계산 (2014.1.1 이후 취득분)	㊱ 기획재정부령으로 정하는 기준내용연수						
	㊲ 기준감가상각비 한도						
	㊳ 추가손금산입액						
㊴ 추가 손금산입 후 당기말부인액 누계(㉘−㉟−㊳)			992,422	70,050	140,100	782,272	0

[별지 제20호 서식(2)] (2019. 3. 20. 개정)

사업연도	2024. 1. 1. ~ 2024. 12. 31.	유형 · 무형자산감가상각비 조정명세서(정액법)	법 인 명	(주)삼일
			사업자등록번호	

자산구분	① 종류 또는 업종명		총계	일반건물	공장
	② 구조(용도) 또는 자산명			콘크리트	콘크리트
	③ 취득일			2022. 4. 25.	2023. 1. 27.
④ 내용연수(기준 · 신고)				40년	20년
상각계산의 기초가액	재무상태표 자산가액	⑤ 기말현재액	900,000,000	800,000,000	100,000,000
		⑥ 감가상각누계액	70,000,000	60,000,000	10,000,000
		⑦ 미상각잔액(⑤−⑥)	830,000,000	740,000,000	90,000,000
	회사계산 상각비	⑧ 전기말누계	45,000,000	40,000,000	5,000,000
		⑨ 당기상각비	25,000,000	20,000,000	5,000,000
		⑩ 당기말누계(⑧+⑨)	70,000,000	60,000,000	10,000,000
	자본적 지출액	⑪ 전기말부인누계			
		⑫ 당기지출액			
		⑬ 합계(⑪+⑫)			
⑭ 취득가액(⑦+⑩+⑬)			900,000,000	800,000,000	100,000,000
⑮ 일반상각률 · 특별상각률				0.025	0.05
상각범위액 계산	당기산출 상각액	⑯ 일반상각액	25,000,000	20,000,000	5,000,000
		⑰ 특별상각액			
		⑱ 계(⑯+⑰)	25,000,000	20,000,000	5,000,000
	⑲ 당기상각시인범위액 {⑱, 단 ⑱≤⑭−⑧−⑪+㉕−전기 ㉘}		25,000,000	20,000,000	5,000,000
⑳ 회사계상상각액(⑨+⑫)			25,000,000	20,000,000	5,000,000
㉑ 차감액(⑳−⑲)					
㉒ 최저한세적용에따른특별상각부인액					
조정액	㉓ 상각부인액(㉑+㉒)				
	㉔ 기왕부인액중 당기 손금 추인액 (㉕, 단 ㉕ ≦ | △㉑ |)				
부인액누계	㉕ 전기말부인액누계(전기 ㉖)		5,000,000	5,000,000	0
	㉖ 당기말부인액누계(㉕+㉓−|㉔|)		5,000,000	5,000,000	0
당기말의 제상각액	㉗ 당기의제상각액(|△㉑|−|㉔|)				
	㉘ 의제상각의누계(전기 ㉘+㉗)				
신고조정 감가상각비계산 (2013.12.31 이전 취득분)	㉙ 기준상각률				
	㉚ 종전상각비				
	㉛ 종전감가상각비 한도[㉚−{⑳−(㉖−㉕)}]				
	㉜ 추가손금산입대상액				
	㉝ 동종자산 한도계산 후 추가손금산입액				
신고조정 감가상각비계산 (2014.1.1 이후 취득분)	㉞ 기획재정부령으로 정하는 기준내용연수				
	㉟ 기준감가상각비 한도				
	㊱ 추가손금산입액				
㊲ 추가 손금산입 후 당기말부인액 누계(㉖−㉝−㊱)			5,000,000	5,000,000	0

[별지 제20호 서식(4)] (2019. 3. 20. 개정)

사업연도	2024. 1. 1. ~ 2024. 12. 31.	감가상각비조정명세서합계표	법 인 명	(주)삼일
			사업자등록번호	

① 자산구분		코드	② 합계액	유형자산			⑥ 무형자산
				③ 건축물	④ 기계장치	⑤ 기타자산	
재무상태표 상가액	⑩ 기말현재액	01	1,073,000,000	900,000,000	150,000,000	23,000,000	
	⑩ 감가상각누계액	02	193,500,000	70,000,000	105,000,000	18,500,000	
	⑩ 미상각잔액	03	879,500,000	830,000,000	45,000,000	4,500,000	
⑩ 상각범위액		04	67,871,818	25,000,000	37,139,850	5,731,968	
⑩ 회사손비계상액		05	60,500,000	25,000,000	30,000,000	5,500,000	
조정금액	⑩ 상각부인액 (⑩－⑩)	06	6,272	0	0	6,272	
	⑩ 시인부족액 (⑩－⑩)	07	7,378,090	0	7,139,850	238,240	
	⑩ 기왕부인액 중 당기손금추인액	08	7,219,850	0	7,139,850	80,000	
⑩ 신고조정손비계상액		09					

업무용승용차 관련비용

관련 법령	• 법법 §27의 2 • 법령 §50의 2, §106 • 법칙 §27의 2

최근 주요 개정 내용

• 업무용승용차 손금산입시 전용번호판 부착 요건 추가(법령 §50의 2 ④ 및 법칙 §27의 2 ②)

종 전	현 행
□ 업무용승용차 손금산입 요건 ○ 업무전용보험가입 〈추 가〉	□ 손금산입 요건 강화 ○ (좌 동) ○ 법인업무용 전용번호판 부착* * 국토교통부장관이 정하여 고시하는 기준에 따라 부착의무대상 차량인 경우(취득가액 8,000만원 이상)

➡ 개정일자 : ㊐ 2024. 2. 29. 및 ㊅ 2024. 3. 22.
적용시기 : 2024년 1월 1일 이후 업무용승용차 관련비용을 지출하는 경우부터 적용

관련 서식

• 법인세법 시행규칙
[별지 제29호 서식] 업무용승용차 관련비용 명세서

• 업무용승용차 운행기록 방법에 관한 고시(국세청고시 제2019-16호, 2019. 4. 1.)
[별지 서식] 업무용승용차 운행기록부

제7절

업무용승용차 관련비용

7

Step I 내용의 이해

1. 개 요

승용차 등 유·무형자산에 대한 감가상각비나 수선비 등은 법인세법상 손비로서 손금에 산입하는 것이나(법령 §19), 법인의 업무에 직접 사용하지 않는 업무무관자산과 관련된 비용은 손금에 산입할 수 없다(법법 §27). 이에 따라 법인 명의로 구입 또는 임차한 승용차를 법인의 업무와 관련 없이 사적으로 사용하는 경우에는 해당 차량에 대한 감가상각비, 임차료, 수선비 등을 손금에 산입할 수 없으나, 현실적으로 이에 대한 과세관청의 적발 또는 입증이 어렵고 사적 사용과 업무용 사용이 혼재된 경우 명확한 과세기준도 없어 사실상 세금탈루가 방치되고 있다는 지적이 있었다.

이에 본 업무용승용차 관련비용 등 손금산입기준에 관한 특례규정(법법 §27의 2)을 마련함으로써 고가 업무용승용차의 사적사용을 제한하고자 하였다.

업무용승용차 관련비용 등의 손금산입기준 요약

구 분		주요 내용	
취득·유지단계	관련비용(감가상각비 포함)	업무전용자동차보험에 가입한 경우	업무사용금액(관련비용 × 업무사용비율) 초과 금액을 손금불산입(*1)
		업무전용자동차보험에 미가입한 경우	전액 손금불산입
	감가상각비	• 5년 정액법으로 감가상각 의무화 (2016. 1. 1. 이후 개시하는 사업연도에 취득하는 승용자동차부터 적용) • 업무사용금액 중 손금산입한도(800만원(*2)) 초과액의 이월 손금산입	
처분단계	처분손실	• 손금산입한도(800만원(*2)) 초과액의 이월 손금산입	

(*1) 국토교통부장관이 정하여 고시하는 기준에 해당하는 법인의 업무용승용차(취득가액 8,000만원 이상)에 부착하는 번호판을 부착하지 않은 경우에는 업무사용금액을 영(0)원으로 함.
(*2) 부동산임대업 주업 법인 등(아래 '7')의 경우에는 400만원

2. 업무용승용차의 범위

업무용승용차란 개별소비세법 제1조 제2항 제3호에 해당하는 승용자동차를 말한다. 다만, 사업에 직접 사용하는 승용자동차로서 다음의 어느 하나에 해당하는 승용자동차는 제외한다(법법 §27의 2 ① 및 법령 §50의 2 ①).

① 다음의 업종(부가령 §19 각 호) 또는 시설대여업(여신전문금융업법 §2 9호)에서 사업상 수익을 얻기 위하여 직접 사용하는 승용자동차
  ㉠ 운수업
  ㉡ 자동차 판매업
  ㉢ 자동차 임대업
  ㉣ 운전학원업
  ㉤ 기계경비업무(경비업법 §2 1호 라목)를 하는 경비업
  ㉥ 위 ㉠ ~ ㉤까지의 업종과 유사한 업종
② 한국표준산업분류표 중 장례식장 및 장의관련 서비스업을 영위하는 법인이 소유하거나 임차한 운구용 승용차(법칙 §27의 2 ①)
③ 자동차관리법 제27조 제1항 단서에 따라 국토교통부장관의 임시운행허가를 받은 자율주행자동차

:: 업무용승용차의 범위

업무용승용차는 개별소비세법상 과세물품(소비법 §1 ② 3호 및 소비령 별표 1)으로서 법인의 사업용 자산에 속하거나 시설대여업자 등으로부터 임차한 승용자동차를 말하므로, 화물자동차나 9인승 승합자동차와 같이 개별소비세 과세물품이 아니거나, 직원 소유의 차량은 법인의 업무용으로 사용되더라도 본 절의 적용대상이 되는 업무용승용차에 해당되지 아니한다.

관련사례

• 국내파견 외국법인 소속직원용 자동차의 업무용승용차 해당 여부
내국법인이 국내에 파견된 외국법인의 소속직원들이 사용하기 위한 승용자동차를 알선 또는 주선하는 경우 해당 승용자동차는 법인세법 제27조의 2 제1항에 따른 업무용승용차 적용대상에서 제외되는 것임(기획재정부 법인세제과-879, 2017. 7. 13.).

• 기업부설연구소에서 사용하는 테스트용 자동차의 업무용승용차 해당 여부
완성차에 탑재되는 네비게이션 소프트웨어 등을 개발・납품하는 내국법인이 기업부설연구소에서 사용하는 네비게이션 소프트웨어 테스트용 승용자동차는 법인세법 제27조의 2 규정이 적용되는 것임(사전법령법인-356, 2017. 4. 6.).

• 국외 사업장에서 보유・운영 중인 승용차의 업무용승용차 해당 여부
내국법인이 개별소비세가 부과되지 않는 국외 사업장에서 보유・운영하고 있는 승용차는 업무용승용차 관련비용의 손금불산입 등 특례가 적용되지 않는 것임(법기통 27의 2-50의 2…1 1호 및 재법인-320, 2017. 3. 6.).

• 차량수리기간 동안 고객에게 빌려주는 임차차량의 업무용승용차 해당 여부
차량정비업을 영위하는 내국법인이 차량수리 고객에게 수리기간 동안 빌려주는 임차차량은 법인세법 제27조의 2 규정이 적용되는 것임(재법인-320, 2017. 3. 6.).

3. 업무용승용차의 감가상각방법

3-1. 2016. 1. 1. 이후 개시하는 사업연도 취득분

2016년 1월 1일 이후 개시하는 사업연도에 취득한 업무용승용차는 법인세법 시행령 제26조 제1항 제2호 및 제28조 제1항 제2호에도 불구하고 정액법을 상각방법으로 하고 내용연수를 5년으로 하여 계산한 금액을 감가상각비로 손금에 산입하여야 한다(법법 §27의 2 ① 및 법령 §50의 2 ③). 즉, 2016년 1월 1일 이후 개시하는 사업연도에 취득하는 업무용승용차는 정률법에 의한 감가상각방법과 기준내용연수의 25%를 가감한 내용연수 선택을 배제하고 5년의 내용연수로 정액법에 따라 강제상각하여야 한다.

업무용승용차의 감가상각방법 비교

구 분	2015. 12. 31. 이전 개시 사업연도 취득분	2016. 1. 1. 이후 개시 사업연도 취득분
상각방법	정률법 또는 정액법	정액법
내용연수	4 ~ 6년	5년
상각방식	임의상각	강제상각

3-2. 2015. 12. 31. 이전 개시하는 사업연도 취득분

2015년 12월 31일 이전 개시하는 사업연도에 취득한 업무용승용차는 법인세법 시행령 제26조 제1항 제2호 및 제28조 제1항 제2호 규정에 따라 종전에 신고한 감가상각방법과 내용연수를 적용하여 감가상각한다. 이 경우 정률법에 따라 감가상각하는 업무용승용차의 미상각잔액 계산시 법인세법 제27조의 2 제2항 및 제3항에 따라 손금불산입한 금액(후술하는 '4' 및 '5'에 따른 관련비용 손금불산입액 및 감가상각비 한도초과 손금불산입액)은 이미 감가상각비로 손금에

산입한 금액에 포함하여 취득가액에서 공제한다(법령 §26 ② 2호).

계산사례 - 1 **감가상각비 계산**

다음 각 상황별 업무용승용차의 2024년 감가상각범위액을 계산하고, 관련 세무조정을 행하라.

구 분	사례 1	사례 2
취득일	2024. 1. 1.	2024. 7. 1.
취득가액	50,000,000	50,000,000
전기말 감가상각비누계액	–	–
당기 감가상각비 계상액(*)	19,700,000	–

(*) 당초 세무상 신고한 상각방법 및 내용연수는 정률법 및 6년임(상각률 : 0.394).

해 설

〈사례 1〉

1. 상각범위액의 계산
   $= 50,000,000 \times 0.2 = 10,000,000$

2. 세무조정
   2016. 1. 1. 이후 개시하는 사업연도에 취득한 승용차로서, 종전에 신고한 상각방법 및 내용연수에도 불구하고 5년 · 정액법으로 상각하여야 한다. 따라서 당기 감가상각비 계상액 중 상각범위액을 초과하는 금액(19,700,000 – 10,000,000 = 9,700,000)을 손금불산입한다.
   〈손금불산입〉 업무용승용차 감가상각비 과다계상액 9,700,000 (유보)

〈사례 2〉

1. 상각범위액의 계산
   $$= 50,000,000 \times 0.2 \times \frac{6}{12} = 5,000,000$$

2. 세무조정
   2016. 1. 1. 이후 개시하는 사업연도에 취득한 승용차로서, 5년 · 정액법으로 강제상각하여야 하므로, 당기에 감가상각비로 계상하지 아니한 상각범위액 상당액을 손금산입한다.
   〈손금산입〉 업무용승용차 감가상각비 과소계상액 5,000,000 (△유보)

4. 업무용승용차 관련비용의 손금불산입

4-1. 개 요

내국법인이 업무용승용차를 취득하거나 임차하여 해당 사업연도에 손금에 산입하거나 지출한 업무용승용차 관련비용 중 업무사용금액에 해당하지 아니하는 금액은 해당 사업연도의 소득금액을 계산할 때 손금불산입한다(법법 §27의 2 ②).

이 경우 업무용승용차 관련비용이란 업무용승용차에 대한 감가상각비(법인세법 제27조의 2 제1항에 따라 손금에 산입하여야 하는 감가상각비를 말함), 임차료, 유류비, 보험료, 수선비, 자동차세, 통행료 및 금융리스부채에 대한 이자비용 등 업무용승용차의 취득·유지를 위하여 지출한 비용을 말하며(법령 §50의 2 ②), 업무사용금액이란 업무전용자동차보험의 가입 여부에 따라 후술하는 '4-2' 및 '4-3'의 구분에 따른 금액을 말한다.

다만, 해당 업무용승용차에 자동차 관리법 시행규칙 제6조 제3항에 따라 국토교통부장관이 정하여 고시(국토교통부고시 제2023-954호, 2023. 12. 28.)하는 기준(취득가액 8,000만원 이상)에 해당하는 법인의 업무용승용차에 부착하는 번호판을 부착하지 않은 경우에는 업무사용금액을 영(0)원으로 한다(법령 §50의 2 ④ 및 법칙 §27의 2 ②).

개 정

○ 법인업무용 전용번호판 부착 의무대상 업무용승용차(취득가액 8,000만원 이상) 관련비용 손금산입 요건에 전용번호판 부착 요건 추가(법령 §50의 2 ④ 및 법칙 §27의 2 ②)
➡ 2024년 1월 1일 이후 업무용승용차 관련비용을 지출하는 경우부터 적용

‖업무용승용차 관련비용의 손금산입기준 요약‖

<table>
<tr><th>구 분</th><th>손금산입기준</th></tr>
<tr><td>업무전용자동차보험 가입</td><td>업무사용금액(= 관련비용 × 업무사용비율) 초과금액 손금불산입(*1)
※ 업무사용비율
<table><tr><th>구분</th><th>관련비용 ≤ 1천5백만원(*2)</th><th>관련비용 > 1천5백만원(*2)</th></tr><tr><td>운행기록 미작성</td><td>100%</td><td>1천5백만원(*) ÷ 관련비용</td></tr><tr><td>운행기록 작성</td><td colspan="2">업무용사용거리 ÷ 총 주행거리</td></tr></table></td></tr>
<tr><td>업무전용자동차보험 미가입</td><td>전액 손금불산입</td></tr>
</table>

(*1) 국토교통부장관이 정하여 고시하는 기준에 해당하는 법인의 업무용승용차(취득가액 8,000만원 이상)에 부착하는 번호판을 부착하지 않은 경우에는 업무사용금액을 영(0)원으로 함.
(*2) 부동산임대업 주업 법인 등(아래 '7')의 경우에는 '1천5백만원'을 '500만원'으로 함.

한편, 업무용승용차 관련 비용의 손금불산입시 해당 사업연도가 1년 미만이거나 사업연도 중 일부 기간 동안 보유하거나 임차한 경우의 월수의 계산은 역에 따라 계산하되, 1개월 미만의 일수는 1개월로 한다. 또한, 업무용승용차 사적사용자가 사업연도 중간에 퇴직하는 경우 해당 퇴직자에 대한 업무용승용차 관련비용의 손금불산입 금액은 해당 사업연도 개시일부터 퇴직시까지 발생한 업무용승용차 관련비용에 동 기간의 사적사용비율(해당 퇴직자의 사적사용거리÷총 주행거리)을 곱하여 산출한 금액으로 한다(법기통 27의 2-50의 2…2).

관련사례

- 업무용승용차의 운용리스계약을 제3자에게 승계시 지급한 보상금의 업무용승용차 관련비용 및 처분손실 해당 여부
  운용리스를 통해 업무용승용차를 임차하여 사용하는 내국법인이 해당 운용리스계약을 제3자에게 승계하고, 잔여리스기간에 대한 미지급리스료와 해당 업무용승용차의 중고시세의 차이를 보전하는 명목으로 제3자에게 지급하는 보상금은 업무용승용차 관련비용 및 처분손실에 해당하지 아니하는 것임(서면법령법인-6019, 2017. 6. 19.).
- 차량운행업무 위탁대가 등의 업무용승용차 관련비용 해당 여부
  차량운행과 관련한 위탁용역을 체결한 위탁법인이 수탁법인에 지급하는 차량운행 업무위탁 대가는 법인세법 제27조의 2 규정이 적용되는 것이며, 수탁법인이 차량운행 위탁용역과 관련하여 지출하는 비용(차량리스료, 유류대, 통행료 등)은 법인세법 제27조의 2 규정이 적용되지 아니하는 것임(법기통 27의 2-50의 2…1 2호 및 재법인-320, 2017. 3. 6.).

4-2. 업무전용자동차보험에 가입한 경우

4-2-1. 관련비용의 손금불산입액

해당 사업연도의 전체 기간(임차한 승용차의 경우 해당 사업연도 중에 임차한 기간을 말함) 동안 다음의 어느 하나에 해당하는 사람이 운전하는 경우만 보상하는 자동차보험(이하 "업무전용자동차보험"이라 함)에 가입한 경우에는 업무용승용차 관련비용에 업무사용비율을 곱한 금액(업무사용금액)을 손금에 산입하고 동 금액을 초과하는 금액은 손금불산입한다(법령 §50의 2 ④).

① 해당 법인의 임원 또는 직원
② 계약에 따라 해당 법인의 업무를 위하여 운전하는 사람
③ 해당 법인의 운전자 채용을 위한 면접에 응시한 지원자

이 경우 시설대여업자 외의 자동차대여사업자로부터 임차한 승용차(법칙 §27의 2 ⑥ 2호)로서 임차계약기간이 30일 이내인 승용차(해당 사업연도에 임차계약기간의 합계일이 30일을 초과하는 승용차는 제외)에 대하여 다음의 어느 하나에 해당하는 사람을 운전자로 한정하는 임대차 특약을 체결한 경우에는 업무전용자동차보험에 가입한 것으로 본다(법령 §50의 2 ⑧ 및 법칙 §27의 2 ⑤).

① 해당 법인의 임원 또는 직원
② 계약에 따라 해당 법인의 업무를 위하여 운전하는 사람

관련비용의 손금불산입액 = ① − ②
① 업무용승용차의 관련비용
② 업무사용금액 = ① × 업무사용비율

관련사례

• 업무용승용차 임차시 업무용전용자동차보험을 가입하기로 계약한 경우 전용보험 가입 인정 여부

내국법인이 자동차대여사업자로부터 승용차를 임차하면서 업무전용자동차보험에 가입하기로 계약을 체결한 것만으로는 업무전용자동차보험에 가입한 것으로 볼 수 없는 것임(기획재정부 법인세제과−394, 2021. 8. 30.).

• 지점에서 리스한 업무용승용차를 본점 명의로 업무전용자동차보험에 가입한 경우 관련비용의 손금산입 여부

내국법인이 지점에서 업무용승용차를 리스하면서 본점 명의로 업무전용자동차보험에 가입한 경우 지점에서 지출한 리스료, 차량유지비 등의 업무용승용차 관련비용에 업무사용비율을 곱한 금액을 손금에 산입할 수 있는 것임. 또한, 내국법인이 대표지점에서 리스계약을 체결한 업무용승용차를 본점 명의로 업무전용자동차보험에 가입한 후 대표지점 외의 다른 지점에서 업무용으로 사용하는 경우 해당 지점에서 지출한 차량유지비 등의 업무용승용차 관련비용에 업무사용비율을 곱한 금액을 손금에 산입할 수 있는 것임(서면법령법인−6118, 2018 2. 13.).

• 임원과 공동명의로 취득하고 임원을 보험 계약자 및 피보험자로 하여 자동차보험에 가입한 경우 업무전용자동차보험 가입 여부

내국법인이 업무용승용차를 법인과 임원의 공동명의로 취득하고 임원을 보험의 계약자 및 피보험자로 하여 자동차보험에 가입한 경우에는 업무전용자동차보험에 가입한 경우에 해당하지 않는 것임(서면법령법인−5680, 2017. 6. 28.).

4−2−2. 업무사용비율

(1) 운행기록 등을 작성·비치한 경우

내국법인이 업무용승용차의 운행기록 등을 작성·비치한 경우, 업무사용비율이란 국세청장이 기획재정부장관과 협의하여 고시하는 운행기록 방법(국세청고시 제2022−9호 업무용승용차 운행기록부에 관한 별지 서식)에 따라 확인되는 총 주행거리 중 업무용 사용거리가 차지하는 비율을 말한다(법령 §50의 2 ⑤). 이 때 업무용 사용거리는 제조·판매시설 등 해당 법인의 사업장 방문, 거래처·대리점 방문, 회의 참석, 판촉 활동, 출·퇴근 등 직무와 관련된 업무수행을 위하여 주행한 거리를 말한다(법령 §50의 2 ⑤, ⑰ 및 법칙 §27의 2 ④, ⑦).

$$\text{업무사용비율} = \frac{\text{업무용승용차의 업무용 사용거리}}{\text{업무용승용차의 총 주행거리}}$$

(2) 운행기록 등을 작성·비치하지 않은 경우

내국법인이 업무용승용차의 운행기록 등을 작성·비치하지 아니한 경우, 해당 업무용승용차의 업무사용비율은 위 '(1)'에도 불구하고 다음의 구분에 따른 비율로 한다(법령 §50의 2 ⑦).

업무용승용차 관련비용	업무사용비율
1천5백만원(*) 이하	100%
1천5백만원(*) 초과	$\frac{\text{1천5백만원(*)}}{\text{업무용승용차 관련비용}}$

(*) 해당 사업연도가 1년 미만인 경우에는 1천5백만원에 해당 사업연도의 개월수를 곱하고 이를 12로 나누어 산출한 금액으로 하고, 사업연도 중 일부 기간 동안 보유하거나 임차한 경우에는 1천5백만원에 해당 보유기간 또는 임차기간 월수를 곱하고 이를 사업연도 월수로 나누어 산출한 금액으로 함. 이 경우 월수의 계산은 역에 따라 계산하되, 1개월 미만의 일수는 1개월로 함(법령 §50의 2 ⑯). 한편, 부동산임대업 주업 법인 등(아래 '7')의 경우에는 '1천5백만원'을 '500만원'으로 함(법령 §50의 2 ⑮).

관련사례

- 운행기록부 미작성 리스차량을 사업연도 중에 취득하여 계속 사용시 손금산입 한도액 계산 방법

  내국법인이 업무전용자동차보험에 가입하였으나, 운행기록 등을 작성·비치하지 아니한 업무용승용차를 임차하여 사용하다가 임차기간의 만료로 사업연도 중에 취득하여 계속 사용하는 경우 업무용승용차 관련비용의 손금산입 한도액은 임차 또는 취득 구분 없이 하나의 업무용승용차로 계산하는 것임(서면법령법인-0554, 2017. 12. 26.).

4-3. 업무전용자동차보험에 가입하지 않은 경우

해당 사업연도의 전체 기간(임차한 승용차의 경우 해당 사업연도 중에 임차한 기간을 말함) 동안 업무전용자동차보험에 가입하지 아니한 경우에는 업무용승용차 관련비용 전액을 손금에 산입하지 아니한다(법령 §50의 2 ④ 2호).

다만, 상기에도 불구하고 해당 사업연도 전체 기간(임차한 승용차의 경우 해당 사업연도 중에 임차한 기간을 말함) 중 일부 기간만 업무전용자동차보험에 가입한 경우에도 다음의 계산식에 따라 산정한 금액을 업무사용금액으로 하여 손금에 산입한다(법령 §50의 2 ⑨).

업무사용금액 = 업무용승용차 관련비용 × 업무사용비율 × (해당 사업연도에 실제로 업무전용자동차보험에 가입한 일수 ÷ 해당 사업연도에 업무전용자동차보험에 의무적으로 가입하여야 할 일수)

4-4. 손금불산입액의 소득처분

업무용승용차 관련비용 중 업무사용금액에 해당하지 아니하여 손금불산입한 금액은 법인세법 시행령 제106조 제1항 제1호에 따라 귀속자별로 배당, 상여 등으로 소득처분하되, 그 귀속이 불분명한 경우에는 대표자에게 귀속된 것으로 보아 소득처분한다.

4-5. 운행기록 등의 작성 · 비치

업무전용자동차보험에 가입한 경우로서 업무사용비율(법령 §50의 2 ④ 1호)에 따라 업무용승용차 관련비용을 손금에 산입하고자 하는 내국법인은 업무용승용차별로 운행기록 등을 작성 · 비치하여야 하며, 납세지 관할 세무서장이 요구할 경우 이를 즉시 제출하여야 한다(법령 §50의 2 ⑥).

이 경우 업무용승용차 운행기록 방법은 업무용승용차 운행기록부[국세청고시 제2022-9호 별지 서식]를 작성하는 것으로 하되, 차종, 자동차등록번호, 사용일자, 사용자, 운행내역이 포함된 별도의 서식으로 작성할 수 있다(법칙 §27의 2 ④ 및 국세청고시 제2022-9호).

계산사례 - 2 **업무용승용차 관련비용 손금불산입액의 계산 1**

부동산임대업을 주된 사업으로 하지 않는 ㈜삼일은 2024. 1. 1. 다음과 같이 임직원 사용목적의 업무용승용차를 취득하였으며, D승용차를 제외한 나머지 승용차에 대하여만 업무전용자동차보험을 가입하였고, E 승용차의 경우 취득가액이 8천만원 이상이지만 법인업무용 전용번호판을 부착하지 않았다. 제10기 사업연도(2024. 1. 1. ~ 2024. 12. 31.)의 업무용승용차의 관련비용에 대한 세무조정을 행하라.

1. 임원용 업무용승용차 관련비용

(단위 : 원)

구 분	A승용차	B승용차	C승용차	D승용차	E승용차
감가상각비	8,000,000	8,000,000	4,000,000	2,000,000	18,000,000
기타 관련비용	12,000,000	12,000,000	5,000,000	5,000,000	10,000,000
관련비용 합계	20,000,000	20,000,000	9,000,000	7,000,000	28,000,000

2. A승용차에 대한 운행기록부(B, C, D승용차는 미작성)

사용자	총 주행거리(①)	업무용 사용거리(②)	업무사용비율(②/①)
임원甲	10,000Km	8,000Km	80%

해 설

1. 승용차별 관련비용 손금불산입액의 계산

D승용차의 경우 업무전용자동차보험을 가입하지 아니하였고, E 승용차의 경우 법인업무용 전용번호판을 부착하지 아니하였으므로, 관련비용을 전액 손금불산입하며, A, B, C승용차의 경우 업무사용금액 초과금액을 손금불산입한다.

(1) 업무사용비율

1) A승용차 : 80%(운행기록부상 업무사용비율)

2) B승용차 : 15,000,000 ÷ 20,000,000 = 75%(관련비용 ≥ 1천5백만원)

3) C승용차 : 100%(관련비용 ≤ 1천5백만원)

(2) 관련비용 손금불산입액

1) A승용차 : ① - ② = 20,000,000 - 16,000,000 = 4,000,000

① 관련비용 : 20,000,000

② 업무사용금액 : ①×'(1) 업무사용비율' = 20,000,000 × 80% = 16,000,000

2) B승용차 : ① - ② = 20,000,000 - 15,000,000 = 5,000,000

① 관련비용 : 20,000,000

② 업무사용금액 : ①×'(1) 업무사용비율' = 20,000,000 × 75% = 15,000,000

3) C승용차 : ① - ② = 9,000,000 - 9,000,000 = 0

① 관련비용 = 9,000,000

② 업무사용금액 : ①×'(1) 업무사용비율' = 9,000,000 × 100% = 9,000,000

4) D승용차 : 7,000,000

5) E승용차 : 28,000,000

※ 업무용승용차 관련비용 명세

구 분	업무사용금액			업무외사용금액		
	감가상각비	기타 비용	합계	감가상각비	기타 비용	합계
A승용차	6,400,000	9,600,000	16,000,000	1,600,000	2,400,000	4,000,000
B승용차	6,000,000	9,000,000	15,000,000	2,000,000	3,000,000	5,000,000
C승용차	4,000,000	5,000,000	9,000,000	-	-	-
D승용차	-	-	-	2,000,000	5,000,000	7,000,000
E승용차	-	-	-	18,000,000	10,000,000	28,000,000
합계	16,400,000	23,600,000	40,000,000	23,600,000	20,400,000	44,000,000

2. 세무조정

〈손금불산입〉 업무용승용차 관련비용 부인액 44,000,000 (상여)

5. 업무용승용차 감가상각비의 손금불산입

5-1. 감가상각비 한도초과액의 손금불산입

업무사용금액 중 업무용승용차별 감가상각비(임차한 승용차의 경우 임차료 중 감가상각비 상당액)가 해당 사업연도에 800만원(*) 한도를 초과하는 경우 그 감가상각비 한도초과액은 해당 사업연도의 손금에 산입하지 아니하고 후술하는 '5-2'에 따라 이월하여 손금에 산입한다(법법 §27의 2 ③ 및 법령 §50의 2 ⑩). 즉, 업무용승용차에 대한 감가상각비의 경우 먼저 관련비용으로서 업무사용금액 초과 금액을 손금불산입(상기 '4')한 후, 업무사용금액 중 손금산입한도(800만원(*))를 초과하는 금액을 추가로 손금불산입한다.

(*) 해당 사업연도가 1년 미만인 경우 800만원에 해당 사업연도의 월수를 곱하고 이를 12로 나누어 산출한 금액으로 하고, 사업연도 중 일부 기간 동안 보유하거나 임차한 경우에는 800만원에 해당 보유기간 또는 임차기간 월수를 곱하고 이를 사업연도 월수로 나누어 산출한 금액으로 함. 이 경우 월수의 계산은 역에 따라 계산하되, 1개월 미만의 일수는 1개월로 함(법령 §50의 2 ⑯). 한편, 부동산임대업 주업 법인 등(아래 '7')의 경우에는 '800만원'을 '400만원'으로 함(법법 §27의 2 ⑤).

감가상각비 한도초과액

$$= ① \text{ 또는 } ② - 800\text{만원}^{(*)} \times \frac{\text{해당 사업연도 월수}}{12} \times \frac{\text{보유 또는 임차기간 월수}}{\text{해당 사업연도 월수}}$$

① 업무용승용차별 감가상각비×업무사용비율
② 업무용승용차별 임차료 중 감가상각비 상당액×업무사용비율
(*) 부동산임대업 주업 법인 등의 경우 400만원

상기 산식상 '업무용승용차별 감가상각비' 및 '업무사용비율'은 각각 전술한 '3' 및 '4-2-2'의 구분에 따라 산정한 금액 또는 비율을 말하며, 업무용승용차별 임차료 중 감가상각비 상당액이란 업무용승용차의 임차료 중 보험료와 자동차세 등을 제외한 금액으로서 다음의 구분에 따른 금액을 말한다(법령 §50의 2 ⑫ 및 법칙 §27의 2 ⑥).

① 여신전문금융업법 제3조 제2항에 따라 등록한 시설대여업자로부터 임차한 승용차 : 임차료에서 해당 임차료에 포함되어 있는 보험료, 자동차세 및 수선유지비를 차감한 금액. 다만, 수선유지비를 별도로 구분하기 어려운 경우에는 임차료(보험료와 자동차세를 차감한 금액을 말함)의 7%를 수선유지비로 할 수 있음.

② 위 ①에 따른 시설대여업자 외의 자동차대여사업자로부터 임차한 승용차 : 임차료의 70%에 해당하는 금액

5-2. 감가상각비 한도초과액의 이월 손금산입

상기 '5-1'에 따라 손금에 산입하지 아니한 업무용승용차의 감가상각비 한도초과액은 다음 구분에 따른 방법에 따라 산정된 금액을 한도로 이월하여 손금에 산입한다(법령 §50의 2 ⑪).

① 업무용승용차별 감가상각비 이월액 : 해당 사업연도의 다음 사업연도부터 해당 업무용승용차의 업무사용금액 중 감가상각비(*1)가 800만원(*2)에 미달하는 경우 그 미달하는 금액을 한도로 하여 손금으로 추인한다.

② 업무용승용차별 임차료 중 감가상각비 상당액 이월액 : 해당 사업연도의 다음 사업연도부터 해당 업무용승용차의 업무사용금액 중 감가상각비 상당액(*1)이 800만원(*2)에 미달하는 경우 그 미달하는 금액을 한도로 손금에 산입한다.

(*1) 법인세법 제27조의 2 제1항에 따라 해당 사업연도에 손금에 산입된 감가상각비 또는 감가상각비 상당액을 말함.

(*2) 부동산임대업 주업 법인 등(아래 '7')의 경우에는 '800만원'을 '400만원'으로 함(법령 §50의 2 ⑮).

한편, 내국법인이 해산(합병·분할 또는 분할합병에 따른 해산을 포함함)한 경우에는 위 ②의 이월된 금액 중 남은 금액을 해산등기일(합병·분할 또는 분할합병에 따라 해산한 경우에는 합병등기일 또는 분할등기일을 말함)이 속하는 사업연도에 모두 손금에 산입한다(법칙 §27의 2 ⑧).

관련사례

- 리스계약이 종료된 임차차량을 취득하여 계속 사용시 감가상각비 한도초과 이월액의 손금산입

  임차하여 사용하던 업무용승용차를 사업연도 중에 취득하여 사용하는 경우 해당 업무용승용차의 임차기간에 대한 감가상각비 상당액 한도초과 이월액은 다음 사업연도부터 연간 800만원을 한도로 하여 손금에 산입하는 것임(사전-2020-법령해석법인-0295, 2020. 10. 19.).

5-3. 손금불산입액의 소득처분

업무용승용차의 감가상각비 한도초과액을 손금불산입하는 경우 해당 금액은 이후 사업연도에 이월하여 손금으로 추인하게 되므로 법인세법 시행령 제106조에 따라 유보로 소득처분한다(법령 §106 ① 2호). 다만, 업무용승용차의 임차료에 대한 감가상각비 한도초과액을 손금불산입하는 경우에는 기타사외유출로 소득처분한다(법령 §106 ① 3호 다목).

계산사례 - 3 **업무용승용차 관련비용 손금불산입액의 계산 2**

부동산임대업을 주된 사업으로 하지 않는 ㈜삼일이 제10기 사업연도(2024. 1. 1. ~ 2024. 12. 31.)에 보유 중인 업무용승용차의 현황은 다음과 같다. B승용차는 시설대여업자로부터 운용리스한 승용차로서 임차료 중 수선유지비 등을 구분할 수 있다. 아래 제시한 자료 외에 지출된 비용은 없다고 가정할 때, 업무용승용차의 관련비용에 대한 세무조정을 행하라.

1. 기본정보

구 분	A승용차	B승용차
임차 여부	자가	리스
업무전용자동차보험 가입 여부	가입	가입
운행기록부상 업무사용비율	100%	100%

2. 관련비용

구 분	A승용차	B승용차
감가상각비	10,000,000원	-
기타비용	8,000,000원	-
임차료	-	10,000,000원
- 감가상각비	-	8,000,000원
- 자동차세	-	1,500,000원
- 수선유지비 및 보험료	-	7,500,000원

해 설

1. 승용차별 관련비용 손금불산입액의 계산

A, B승용차 모두 업무전용자동차보험에 가입하고, 업무사용비율이 100%이므로 관련비용은 모두 업무사용금액 범위 내로 손금 인정된다.

2. 승용차별 감가상각비(상당액) 한도초과액의 계산

(1) A승용차

감가상각비(상당액) 한도초과액 : 10,000,000 × 100% − 8,000,000 = 2,000,000

(2) B승용차

감가상각비(상당액) 한도초과액 : 8,000,000 × 100% − 8,000,000 = 0

※ 업무용승용차 관련비용 명세

구 분	업무사용금액			업무외사용금액			감가상각비(상당액) 한도초과액
	감가상각비	기타 비용	합계	감가상각비	기타 비용	합계	
A승용차	10,000,000	8,000,000	18,000,000	-	-	-	2,000,000
B승용차	8,000,000	9,000,000	17,000,000	-	-	-	-
합계	18,000,000	17,000,000	35,000,000	-	-	-	2,000,000

3. 세무조정
〈손금불산입〉 업무용승용차 감가상각비 한도초과액 2,000,000 (유보)

6. 업무용승용차 처분손실의 손금불산입

6-1. 손금불산입 및 이월 손금산입

업무용승용차를 처분하여 발생하는 손실로서 업무용승용차별로 800만원(*)을 초과하는 금액은 해당 사업연도의 다음 사업연도부터 800만원(*)을 균등하게 손금에 산입하되, 남은 금액이 800(*)만원 미만인 사업연도에는 남은 금액을 모두 손금에 산입한다(법법 §27의 2 ④ 및 법령 §50의 2 ⑬).

(*) 해당 사업연도가 1년 미만인 경우 800만원에 해당 사업연도의 개월수를 곱하고 이를 12로 나누어 산출한 금액을 말하며, 부동산임대업 주업 법인 등(아래 '7')의 경우에는 '800만원'을 '400만원'으로 함(법법 §27의 2 ⑤ 및 법령 §50의 2 ⑮).

처분손실 한도초과액

$$= \text{처분손실} - 800\text{만원}(\text{부동산임대업 주업 법인 등의 경우 }400\text{만원}) \times \frac{\text{해당 사업연도 월수}}{12}$$

한편, 내국법인이 해산(합병·분할 또는 분할합병에 따른 해산을 포함함)한 경우에는 이월된 금액 중 남은 금액을 해산등기일(합병·분할 또는 분할합병에 따라 해산한 경우에는 합병등기일 또는 분할등기일을 말함)이 속하는 사업연도에 모두 손금에 산입한다(법칙 §27의 2 ⑦).

6-2. 손금불산입액의 소득처분

업무용승용차의 처분손실 중 한도초과액을 손금불산입하는 경우, 해당 금액은 법인세법 시행령 제106조에 따라 기타사외유출로 소득처분한다(법령 §106 ① 3호 다목).

계산사례 - 4 **업무용승용차 처분손실 손금불산입액의 계산**

부동산임대업을 주된 사업으로 하지 않는 ㈜삼일이 제11기 사업연도(2024. 1. 1. ~ 2024. 12. 31.)에 처분한 업무용승용차는 다음과 같다. 업무용승용차의 처분손실과 관련된 세무조정을 행하라.

처분내역(처분일 : 2024. 1. 1.)

구 분	A승용차	B승용차
a. 양도가액	18,000,000	35,000,000
b. 장부가액	20,000,000	25,000,000
- 취득가액	80,000,000	40,000,000
- 감가상각누계액	(-)60,000,000	(-)15,000,000
c. 장부상 처분손익(a-b)	(-)2,000,000	10,000,000
d. 세무상 전기이월 유보액	12,000,000	7,000,000
- 감가상각비 상각범위액 한도초과액(*1)	-	7,000,000
- 감가상각비 800만원 한도초과액(*2)	12,000,000	-

(*1) 법인세법 제23조 또는 법인세법 제27조의 2 제1항에 따른 한도초과액
(*2) 법인세법 제27조의 2 제3항에 따른 한도초과액

해 설

1. 승용차별 처분손실 한도초과액의 계산

(1) A승용차

1) 세무상 장부가액 : ① - ② + ③ = 32,000,000
① 취득가액 : 80,000,000
② 세무상 감가상각비누계액 : 60,000,000
③ 감가상각비 800만원 한도초과액 이월액 : 12,000,000

2) 세무상 처분손익
= 양도가액 - 세무상 장부가액 = 18,000,000 - 32,000,000 = (-)14,000,000

3) 처분손실 한도초과액
= 세무상 처분손실 - 8,000,000 = 14,000,000 - 8,000,000 = 6,000,000

(2) B승용차

1) 세무상 장부가액 : ① - ② + ③ = 32,000,000
① 취득가액 : 40,000,000
② 세무상 감가상각비누계액 : 15,000,000 - 7,000,000 = 8,000,000
③ 감가상각비 800만원 한도초과액 이월액 : 0

2) 세무상 처분손익
= 양도가액 - 세무상 장부가액 = 35,000,000 - 32,000,000 = 3,000,000

3) 처분손실 한도초과액
세무상 처분이익이 발생하므로 처분손실 한도초과액은 없음.

2. 세무조정

(1) 11기 사업연도

A승용차 및 B승용차의 전기 감가상각비 부인액(*)을 손금추인한 후, A승용차의 처분손실 한도 초과액을 손금불산입한다.

(*) 12,000,000(A승용차) + 7,000,000(B승용차) = 19,000,000

〈손금산입〉 감가상각비 손금추인액 19,000,000 (△유보)
〈손금불산입〉 A승용차 처분손실 한도초과액 6,000,000 (기타사외유출)

(2) 12기 사업연도

이월된 A승용차 처분손실 한도초과액을 800만원 한도 내 손금산입한다.

〈손금산입〉 전기이월 A승용차 처분손실 한도초과액 6,000,000 (기타)

관련사례

- 차량정비업체의 대차용승용차에 대한 업무용승용차 관련비용 손금불산입액의 소득처분 방법
  차량정비업을 영위하는 내국법인이 차량수리 고객에게 수리기간 동안 무상으로 빌려주는 대차용승용차에 대해 업무전용자동차보험에 가입하지 않아 손금에 산입하지 아니한 금액은 '기타'로 소득처분하는 것임(서면-2022-법규법인-3401, 2023. 6. 14.).

7. 부동산임대업 주업 법인 등의 손금인정범위 제한

7-1. 개 요

업무용승용차 관련비용 등의 손금불산입시 '부동산임대업 주업 법인 등'에 대하여는 일반법인에 비해 축소된 손금산입한도가 적용되는 바, 여기서 '부동산임대업 주업 법인 등'이란 다음의 요건을 모두 갖춘 내국법인을 말한다(법령 §42 ②).

① 해당 사업연도 종료일 현재 내국법인의 지배주주등(법령 §43 ⑦)이 보유한 주식등의 합계가 해당 내국법인의 발행주식총수 또는 출자총액의 50%를 초과할 것

② 해당 사업연도에 부동산 임대업을 주된 사업으로 하거나 다음의 금액 합계가 기업회계기준에 따라 계산한 매출액(㉠~㉢에서 정하는 금액이 포함되지 않은 경우에는 이를 포함하여 계산함)의 50% 이상일 것. 이 경우 내국법인이 둘 이상의 서로 다른 사업을 영위하는 경우에는 사업별 사업수입금액이 큰 사업을 주된 사업으로 본다(법령 §42 ③).

㉠ 부동산 또는 부동산상의 권리의 대여로 인하여 발생하는 수입금액(조특법 §138 ①에 따라 익금에 가산할 금액을 포함함)

㉡ 소득세법 제16조 제1항에 따른 이자소득의 금액

㉢ 소득세법 제17조 제1항에 따른 배당소득의 금액

③ 해당 사업연도의 상시근로자 수가 5명 미만일 것. 이 경우 상시근로자 수는 다음 계산식에 따라 계산하며 100분의 1 미만의 부분은 없는 것으로 한다(법령 §42 ⑤ 및 조특령 §26의 4 ③).

$$\text{상시근로자 수} = \frac{\text{해당 사업연도의 매월 말 현재 상시근로자 수의 합}}{\text{해당 사업연도의 개월 수}}$$

이 경우 상기 '③'을 적용할 때 '상시근로자'는 근로기준법에 따라 근로계약을 체결한 내국인 근로자로 하되, 다음의 어느 하나에 해당하는 근로자는 제외한다(법령 §42 ④).

① 해당 법인의 최대주주 또는 최대출자자와 그와 친족관계(국기령 §1의 2 ①)인 근로자
② 근로소득원천징수부(소령 §196 ①)에 의하여 근로소득세를 원천징수한 사실이 확인되지 아니하는 근로자
③ 근로계약기간이 1년 미만인 근로자. 다만, 근로계약의 연속된 갱신으로 인하여 그 근로계약의 총기간이 1년 이상인 근로자는 제외한다.
④ 단시간근로자(근로기준법 §2 ① 8호)

7-2. 부동산임대업 주업 법인 등의 손금인정범위

부동산임대업 주업 법인 등에 대하여는 다음과 같이 업무용승용차 관련비용 등의 손금인정범위가 제한된다(법법 §27의 2 ⑤ 및 법령 §50의 2 ⑮).

구 분	일반법인	부동산임대업 주업 법인 등
운행기록 미작성시 관련비용 손금산입한도(법령 §50의 2 ⑦)	1,500만원	500만원
감가상각비 손금산입한도(법령 §50의 2 ⑩, ⑪)	800만원	400만원
처분손실 손금산입한도(법령 §50의 2 ⑬)	800만원	400만원

8. 업무용승용차 관련비용 명세서 제출

업무용승용차 관련비용 또는 처분손실을 손금에 산입한 법인은 법인세 과세표준과 세액을 신고할 때 업무용승용차 관련비용 명세서[법칙 별지 제29호 서식]를 첨부하여 납세지 관할 세무서장에게 제출하여야 한다(법령 §50의 2 ⑭ 및 법칙 §82 ① 29호).

한편, 업무용승용차 관련비용 등을 손금에 산입한 내국법인이 업무용승용차 관련비용 명세서를 제출하지 아니하거나 사실과 다르게 제출한 경우에는 다음의 구분에 따른 금액을 가산세로 해당 사업연도의 법인세액에 더하여 납부하여야 한다. 이 경우 가산세는 산출세액이 없는

경우에도 적용한다(법법 §74의 2).

① 명세서를 제출하지 아니한 경우 : 해당 내국법인이 법인세법 제60조에 따른 신고를 할 때 업무용승용차 관련비용 등으로 손금에 산입한 금액의 1%

② 명세서를 사실과 다르게 제출한 경우 : 해당 내국법인이 법인세법 제60조에 따른 신고를 할 때 업무용승용차 관련비용 등으로 손금에 산입한 금액 중 해당 명세서에 사실과 다르게 적은 금액의 1%

Step Ⅱ 서식의 이해

■ 작성요령 Ⅰ - 업무용승용차 관련비용 명세서

❶ 「부동산임대업 주업법인 여부」란에는 다음 요건을 모두 갖춘 경우 "여"에 체크한다(법인세법 시행령 제42조 제2항의 요건에 해당하는 법인).
1) 지배주주와 그 특수관계자 지분이 50% 초과할 것, 2) 부동산임대업을 주업으로 하거나 매출액 중 부동산 또는 부동산상의 권리 대여・이자・배당 소득의 합계가 50% 이상일 것, 3) 상시 근로자 수가 5인 미만일 것

⓬ 「업무용승용차 관련 비용」란(⑫)에는 법인세법 시행령 제50조의 2 제2항에 따른 업무용승용차 관련비용을 각 항목별로 적는다.

❿ 「업무사용비율」란(⑨)에는 법인세법 시행령 제50조의 2 제4항 및 제5항에 따른 비율을 적으며, 운행기록 등을 작성하지 않은 경우에는 같은 법 시행령 제50조의 2 제7항에 따라 다음의 비율을 적는다.

1. 해당 사업연도의 업무용승용차 관련비용이 1,500만원〔법인세법 시행령 제42조 제2항(부동산임대업 주업법인)에 해당하는 경우에는 500만원. 이하 같음〕 이하인 경우 : 100분의 100
2. 해당 사업연도의 업무용승용차 관련비용이 1,500만원을 초과하는 경우 : 1,500만원을 업무용승용차 관련비용으로 나눈 비율
   (*) 사업연도 중 취득 또는 처분(임차의 경우 임차 개시 또는 종료)하는 경우 1,500만원 × 보유 또는 임차기간 월수/12를 초과하는 금액

❾ 「업무용사용거리」란(⑧)에는 법인세법 시행규칙 제27조의 2 제4항에 따른 거래처・대리점 방문, 회의 참석, 판촉 활동, 출근 및 퇴근 등 직무와 관련된 업무수행에 따라 주행한 거리를 적는다.

❽ 「총주행거리」란(⑦)에는 해당 사업연도의 총 주행거리를 적는다.

❼ 「운행기록작성여부」란(⑥)에는 법인세법 시행령 제50조의 2 제5항에 따른 운행기록 등의 작성 여부를 적는다. (기재형식 : 여 또는 부)

❺ 「보험가입여부」란(④)에는 법인세법 시행령 제50조의 2 제4항 제1호에 따른 자동차보험 가입 여부를 적는다. (기재형식 : 여 또는 부)

❹ 「임차여부」란(③)에는 업무용승용차의 임차 여부(자가, 렌트, 리스)를 적는다.

❷ 「차량번호」란(①)에는 업무용승용차의 차량번호를 적는다.

⓫ 「보유 또는 임차기간 월수」란(⑪)에는 사업연도 중 신규 취득(임차)하는 경우 취득일부터 처분일(임차의 경우 임차개시일부터 종료일)을 적는다.

❻ 「전용번호판부착여부」란(⑤)에는 법인세법 시행령 제50조의 2 제4항 각 호 외의 부분 단서에 따른 자동차 등록번호판 부착 여부를 적는다. (기재형식 : 여 또는 부)

❸ 「차종」란(②)에는 업무용승용차의 차종을 적는다.

[별지 제29호 서식] (2024. 3. 22. 개정) (3쪽 중 제1쪽)

업무용승용차 관련비용 명세서

사업연도	. . ~ . .	법인명	
		사업자등록번호	

1. 업무사용비율 및 업무용승용차 관련비용 명세 [부동산임대업 주업법인 [❶]여, [❶]부]

① 차량번호	② 차종	③ 임차여부	④ 보험가입여부	⑤ 전용번호판 부착여부	⑥ 운행기록 작성여부	⑦ 총주행거리(㎞)	⑧ 업무용 사용거리(㎞)	⑨ 업무사용비율(⑧/⑦)	⑩ 취득가액(취득일, 임차기간)	⑪ 해당연도 보유 또는 임차기간 월수	⑫ 업무용승용차 관련비용 ⓬								
											⑬ 감가상각비	⑭ 임차료	⑮감가상각비상당액	⑯ 유류비	⑰ 보험료	⑱ 수선비	⑲ 자동차세	⑳ 기타	㉑ 합계
❷	❸	❹	❺	❻	❼	❽	❾	❿	(. . ~ . .)	⓫									

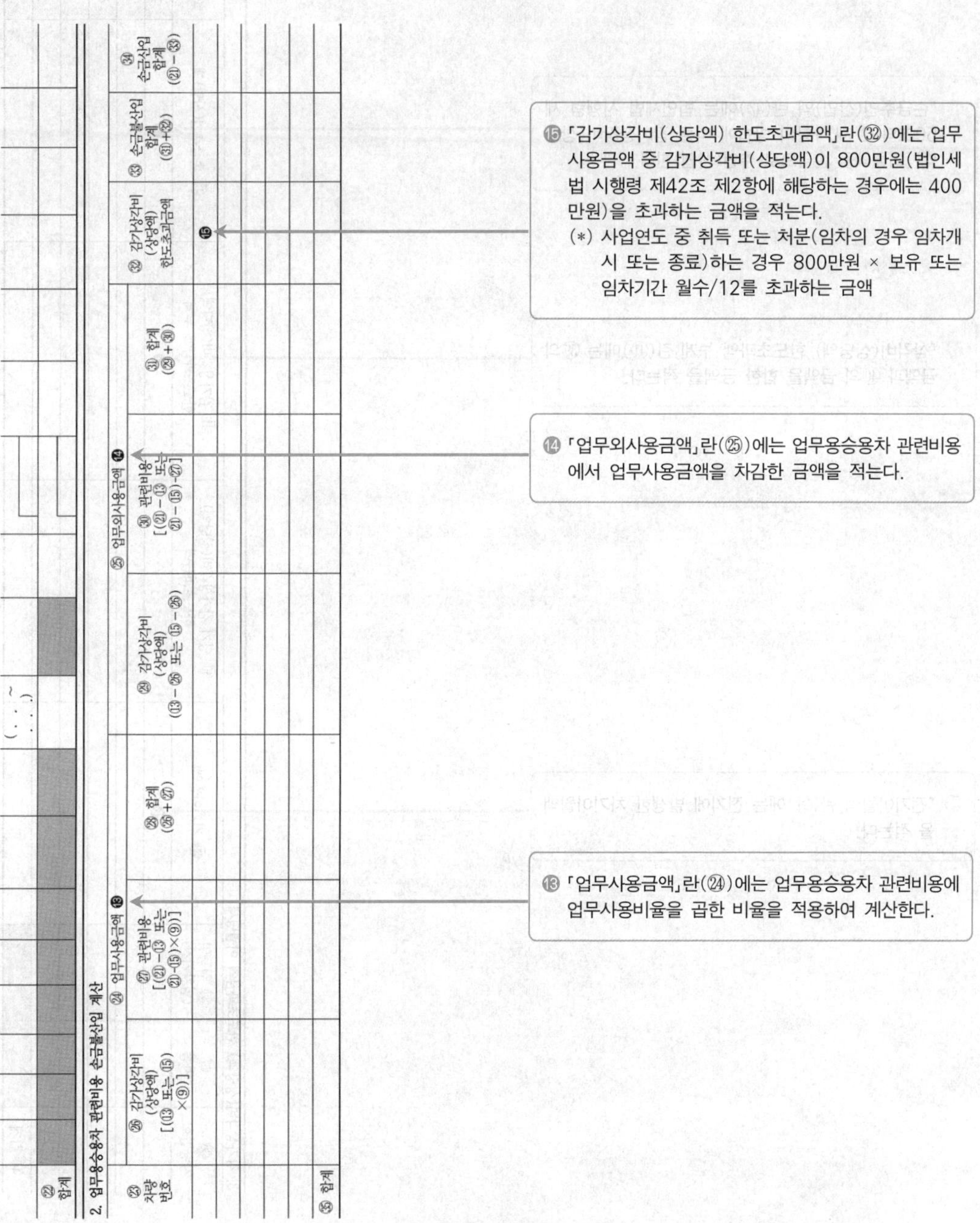

㉒ 합계									

2. 업무용승용차 관련비용 손금불산입 계산

㉓ 차량번호	㉔ 업무사용금액 ⑬			㉕ 업무외사용금액 ⑭			㉜ 감가상각비(상당액) 한도초과금액	㉝ 손금불산입 합계 (㉛+㉜)	㉞ 손금산입 합계 (㉑-㉝)
	㉖ 감가상각비(상당액) [(⑬ 또는 ⑮)×⑨)]	㉗ 관련비용 [(㉑-⑬ 또는 ㉑-⑮)×⑨)]	㉘ 합계 (㉖+㉗)	㉙ 감가상각비(상당액) (⑬-㉖ 또는 ⑮-㉖)	㉚ 관련비용 [(㉑-⑬ 또는 ㉑-⑮)-㉗]	㉛ 합계 (㉙+㉚)			
							⑮		
㉟ 합계									

⑮ 「감가상각비(상당액) 한도초과금액」란(㉜)에는 업무사용금액 중 감가상각비(상당액)이 800만원(법인세법 시행령 제42조 제2항에 해당하는 경우에는 400만원)을 초과하는 금액을 적는다.
(*) 사업연도 중 취득 또는 처분(임차의 경우 임차개시 또는 종료)하는 경우 800만원 × 보유 또는 임차기간 월수/12를 초과하는 금액

⑭ 「업무외사용금액」란(㉕)에는 업무용승용차 관련비용에서 업무사용금액을 차감한 금액을 적는다.

⑬ 「업무사용금액」란(㉔)에는 업무용승용차 관련비용에 업무사용비율을 곱한 비율을 적용하여 계산한다.

⑱ 「손금추인(산입)액」란(㊷)에는 법인세법 시행령 제50조의 2 제11항의 방법에 따른 감가상각비(상당액) 이월액을 손금으로 추인(산입)한다.

⑰ 「상각비(상당액) 한도초과액 누계」란(㊶)에는 ㊴의 금액과 ㊵의 금액을 합한 금액을 적는다.

⑯ 「전기이월액」란(㊴)에는 전기에 발생한 차기이월액을 적는다.

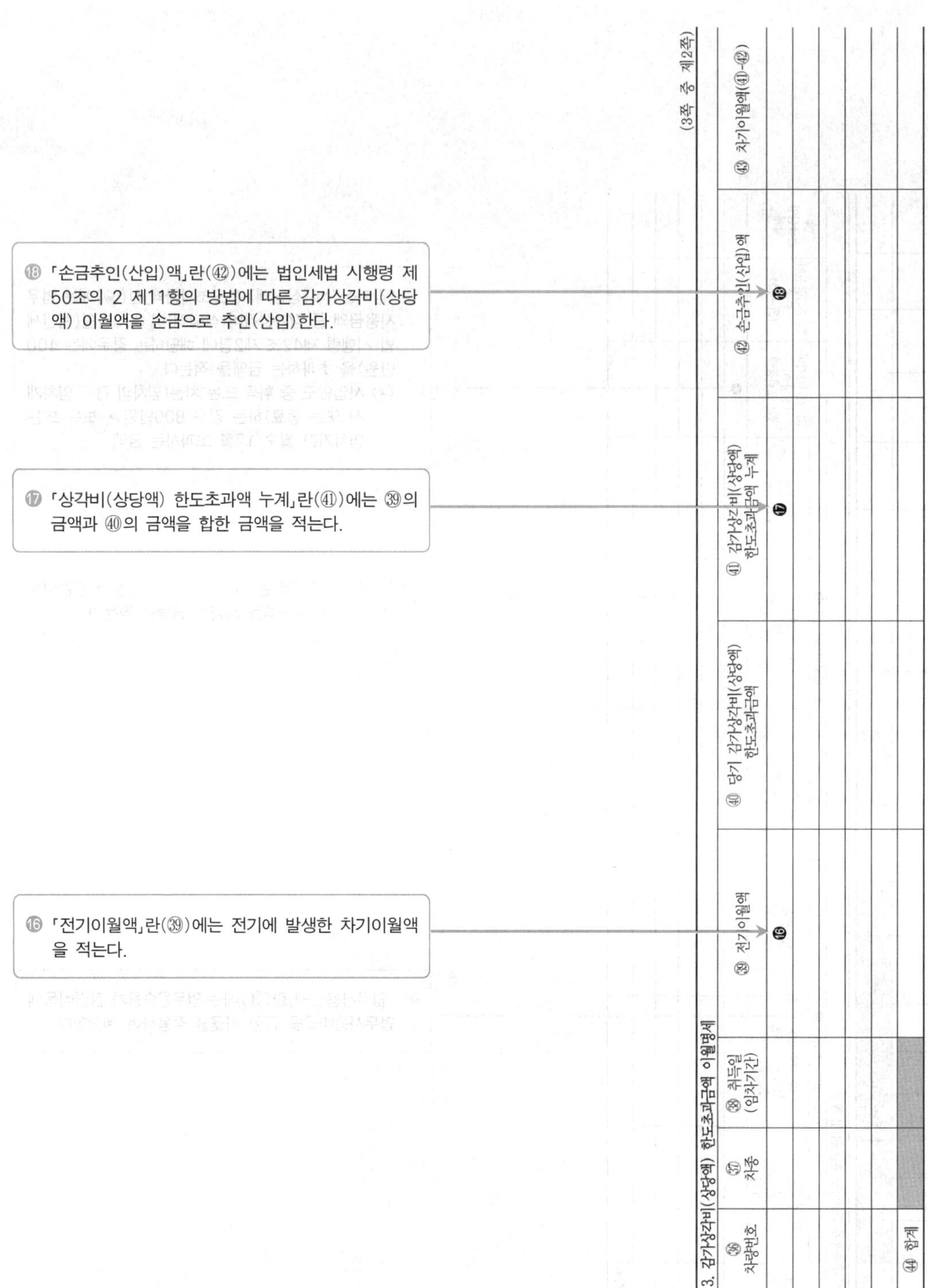

(3쪽 중 제2쪽)

3. 감가상각비(상당액) 한도초과금액 이월명세

㊱ 차량번호	㊲ 차종	㊳ 취득일 (임차기간)	㊴ 전기이월액 ⑯	㊵ 당기 감가상각비(상당액) 한도초과금액	㊶ 감가상각비(상당액) 한도초과금액 누계 ⑰	㊷ 손금추인(산입)액 ⑱	㊸ 차기이월액(㊶-㊷)
㊹ 합계							

4. 업무용승용차 처분손실 및 한도초과금액 손금불산입액 계산

㊺ 차량번호	㊻ 양도가액	㊼ 세무상 장부가액				(52) 처분손실 (㊻ - (51))(0)	(53) 당기손금산입액	(54) 한도초과금액 손금불산입 ((52) - (53))
		㊽ 취득가액	㊾ 감가상각비 누계액	㊿ 감가상각비한도초과금액 차기이월액(=㊸)	(51) 합계 (㊽ - ㊾ + ㊿)			
			⓳			⓴	㉑	㉒
(55) 합계								

5. 업무용승용차 처분손실 한도초과금액 이월명세

(56) 차량번호	(57) 차종	(58) 처분일	(59) 전기이월액	(60) 손금산입액	(61) 차기이월액 ((59) - (60))
			㉓	㉔	
(62) 합계					

⓳ 「감가상각비 누계액」란(㊾)에는 법인세법 제23조 및 제27조의 2 제1항에 따른 상각범위액까지 손금에 산입한 감가상각비 누계액을 적는다.

⓴ 「처분손실」란((52))에는 처분손실이 발생한 경우에만 적는다.

㉑ 「당기손금산입액」란((53))에는 (52)의 금액이 800만원(법인세법 시행령 제42조 제2항에 해당하는 경우에는 400만원) 이하인 금액을 적는다.
(*) 해당 사업연도가 1년 미만인 경우 800만원 × 해당 사업연도 월수/12를 초과하는 금액

㉒ 「처분손실 한도초과금액 손금불산입액」란((54))에는 (52)의 금액이 (53)을 초과하는 금액을 적는다.

㉓ 「전기이월액」란((59))에는 전기에 발생한 차기이월액을 적는다.

㉔ 「손금산입액」란((60))에는 전기이월액 중 800만원(법인세법 시행령 제42조 제2항에 해당하는 경우에는 400만원)을 한도로 손금에 산입할 금액을 적는다.

■ 작성요령Ⅱ - 업무용승용차 운행기록부

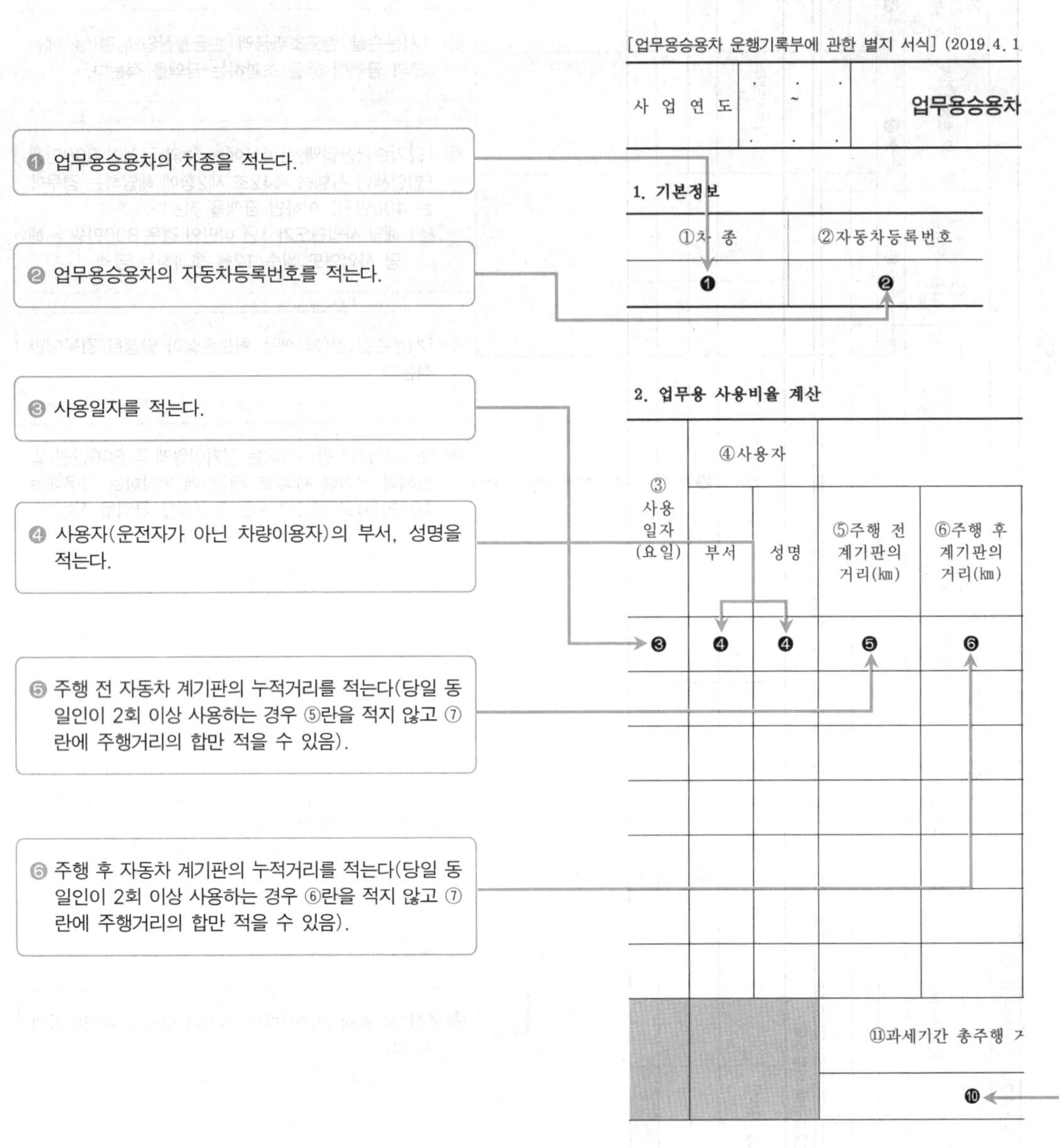

[업무용승용차 운행기록부에 관한 별지 서식] (2019.4. 1.
사 업 연 도
. . ~ . .
업무용승용차
1. 기본정보
①차 종
②자동차등록번호
2. 업무용 사용비율 계산
③ 사용 일자 (요일)
④사용자
부서
성명
⑤주행 전 계기판의 거리(㎞)
⑥주행 후 계기판의 거리(㎞)
⑪과세기간 총주행 거
❶ 업무용승용차의 차종을 적는다.
❷ 업무용승용차의 자동차등록번호를 적는다.
❸ 사용일자를 적는다.
❹ 사용자(운전자가 아닌 차량이용자)의 부서, 성명을 적는다.
❺ 주행 전 자동차 계기판의 누적거리를 적는다(당일 동일인이 2회 이상 사용하는 경우 ⑤란을 적지 않고 ⑦란에 주행거리의 합만 적을 수 있음).
❻ 주행 후 자동차 계기판의 누적거리를 적는다(당일 동일인이 2회 이상 사용하는 경우 ⑥란을 적지 않고 ⑦란에 주행거리의 합만 적을 수 있음).

. 개정)

운행기록부	법 인 명	
	사업자등록번호	

운 행 내 역			
⑦주행거리 (㎞)	업무용 사용거리(㎞)		⑩비 고
	⑧출·퇴근용 (㎞)	⑨일반 업무용 (㎞)	
❼	❽	❾	

ㅣ리(㎞)	⑫과세기간 업무용 사용거리(㎞)	⑬업무사용비율 (⑫/⑪)
	❿	❿

❼ 사용시마다 주행거리(⑥ − ⑤)를 적거나, 사용자별 주행거리의 합을 적는다.

❽ 업무용 사용거리 중 출·퇴근용(원격지 출·퇴근을 포함) 사용거리를 적는다.

❾ 업무용 사용거리 중 제조·판매시설 등 해당 법인의 사업장 방문, 거래처·대리점 방문, 회의 참석, 판촉 활동, 업무관련 교육·훈련 등 일반업무용 사용거리를 적는다.

❿ 해당 사업연도의 주행거리 합계, 업무용 사용거리 합계, 업무사용 비율을 각각 적는다.

세무조정 체크리스트

검 토 사 항	확인
1. 업무용승용차(소비법 §1 ② 3호) 해당 여부 검토	
– 적용배제 : 운수업 등에서 사업상 수익을 얻기 위해 직접 사용하는 승용차, 장례식장 및 장의관련 서비스업 관련 운구용 승용자동차	
2. 부동산임대업 주업 법인 등(법령 §42 ②) 요건 충족 여부 검토	
– 사업연도 종료일 현재 지배주주 등의 보유 주식 비율이 50% 초과하는지 여부 – 부동산임대업을 주된 사업으로 하거나, 부동산 또는 부동산상 권리 대여로 발생한 소득(조특법 §138 ①에 따른 익금가산액 포함)·이자소득·배당소득 합계가 회계상 매출액의 50% 이상인지 여부 – 해당 사업연도의 상시근로자 수가 5명 미만인지 여부	
3. 업무용승용차의 감가상각비 상각범위액 검토	
– 2016. 1. 1. 이후 개시 사업연도 취득분의 경우 신고한 상각방법과 내용연수에 불구하고, 정액법·5년으로 강제상각	
4. 관련비용 손금불산입액 계산	
– 관련비용 확인 : 감가상각비, 임차료, 유류비, 보험료 등 업무용승용차의 취득·유지를 위하여 지출한 비용 – 법인업무용 전용번호판 부착 의무대상 업무용승용차 여부 확인 – 업무전용자동차보험(임직원 등 운전자 한정운전 특약) 가입 여부 확인 – 운행기록부 작성 여부 확인 – 업무사용비율 및 업무사용금액 계산 – 해당 사업연도가 1년 미만이거나 사업연도 중 일부 기간 동안 보유하거나 임차 여부 확인	
5. 감가상각비 한도초과 손금불산입액 계산	
– 시설대여업자로부터 임차한 승용차인 경우 임차료 중 보험료, 자동차세 및 수선유지비 확인 – 해당 사업연도의 업무사용금액 중 감가상각비(상당액)가 800만원(부동산임대업 주업 법인 등의 경우 400만원) 한도 미달시 전기이월액 손금추인 – 단, 해산(합병·분할 또는 분할합병에 따른 해산 포함)한 경우 그 해산등기일(합병·분할 또는 분할합병에 따라 해산한 경우 합병등기일 또는 분할등기일)이 속하는 사업연도에 이월된 금액 중 남은 금액을 모두 손금추인	
6. 처분손실 한도초과 손금불산입액 계산	
– 당기 중 처분내역 및 처분손실 금액의 적정성 확인 – 전기이월액이 있는 경우 800만원(부동산임대업 주업 법인 등의 경우 400만원) 한도 내 손금추인 – 해산(합병·분할 또는 분할합병에 따른 해산 포함)한 경우 그 해산등기일(합병·분할 또는 분할합병에 따라 해산한 경우 합병등기일 또는 분할등기일)이 속하는 사업연도에 이월된 금액 중 남은 금액을 모두 손금추인	

Step III 사례와 서식작성실무

예제

사 례

부동산임대업을 주된 사업으로 하지 않는 ㈜삼일의 제10기 사업연도(2024. 1. 1.~2024. 12. 31.) 업무용승용차 보유 현황 및 처분내역은 다음과 같다. 업무용승용차에 관한 세무조정을 하고, 제10기 사업연도의 〔별지 제29호 서식〕 업무용승용차 관련비용 명세서를 작성하라.

1. 업무용승용차 현황

구 분	A승용차	B승용차
임차 여부	자가	렌트(*)
사용자	직원乙	직원丙
업무전용자동차보험 가입 여부	가입	가입
운행기록부 작성 여부	작성	미작성
취득일 또는 임차일(임차기간)	2024. 1. 1.	2024. 7. 1.(3년)
신고한 상각방법 및 내용연수	정액법, 6년	–
취득가액	60,000,000	–

(*) 시설대여업자 외의 자동차대여사업자로부터 임차한 승용차

2. 운행기록부

구 분	A승용차
총 주행거리(①)	10,000Km
업무용 사용거리(②)	9,000Km
업무사용비율(②/①)	90%

3. 관련비용 지출내역

구 분	A승용차	B승용차
감가상각비	10,000,000	–
유류비	4,000,000	7,000,000
보험료	800,000	–
수선비	2,700,000	–
자동차세	500,000	–
임차료	–	8,000,000
합계	18,000,000	15,000,000

4. 처분내역(처분일 : 2024. 12. 31.)

구 분	A승용차
a. 양도가액	40,000,000
b. 장부가액	50,000,000
- 취득가액	60,000,000
- 감가상각누계액	(-)10,000,000
c. 장부상 처분손익(a-b)	(-)10,000,000

해 설

1. 감가상각비 상각범위액 검토

(1) 상각범위액 계산

A승용차 : 60,000,000 × 0.2 = 12,000,000

(2) 세무조정

A승용차의 경우 2016. 1. 1. 이후 개시하는 사업연도에 취득한 승용차로서 5년・정액법으로 강제 상각하여야 하므로, 당기 감가상각비 계상액이 상각범위액에 미달하는 금액(12,000,000 - 10,000,000 = 2,000,000)을 추가로 손금산입한다.

〈손금산입〉 A승용차 감가상각비 과소계상액 2,000,000(△유보)

2. 승용차별 관련비용 손금불산입액의 계산

(1) 업무사용비율

1) A승용차 : 90%

2) B승용차 : 7,500,000(*)÷15,000,000=50%(관련비용 > 7,500,000(*))

(*) 15,000,000 × 6(임차기간 월수)÷12(사업연도 월수) =7,500,000

(2) 관련비용 손금불산입액

1) A승용차 : ① - ② = 20,000,000 - 18,000,000 = 2,000,000

① 관련비용 : 18,000,000 + 2,000,000 (*) = 20,000,000

② 업무사용금액 : ① × '(1) 업무사용비율' = 20,000,000 × 90% = 18,000,000

(*) 감가상각비 과소계상액 손금산입액

2) B승용차 : ① - ② = 15,000,000 - 7,500,000 = 7,500,000

① 관련비용 : 15,000,000

② 업무사용금액 : ① × '(1) 업무사용비율' = 15,000,000 × 50% = 7,500,000

(3) 세무조정

〈손금불산입〉 업무용승용차 관련비용 손금불산입액 9,500,000 (*)(상여)

(*) 2,000,000(A승용차) + 7,500,000(B승용차) = 9,500,000

3. 승용차별 감가상각비(상당액) 한도초과액의 계산

(1) 감가상각비(상당액) 한도초과액

1) A승용차 : 10,800,000 − 8,000,000 = 2,800,000

- 감가상각비 업무사용금액 : (10,000,000 + 2,000,000 (*)) × 90% = 10,800,000

(*) 감가상각비 과소계상액 손금산입액

2) B승용차 : Max [(2,800,000 − 4,000,000 (*1)), 0] = 0

- 감가상각비 상당액 : 8,000,000 × 70% (*2) = 5,600,000

- 감가상각비 업무사용금액 : 5,600,000 × 50% = 2,800,000

(*1) 8,000,000 × 6(임차기간 월수) ÷ 12(사업연도 월수) = 4,000,000

(*2) 시설대여업자 외의 자동차대여사업자에 대한 임차료 중 감가상각비 상당액 비율(법칙 §27의 2 ⑥ 2호)

(2) 세무조정

〈손금불산입〉 업무용승용차 감가상각비 한도초과액 2,800,000 (*)(유보)

(*) 2,800,000(A승용차) = 2,800,000

4. A승용차 처분손실 한도초과액의 계산

(1) 처분손실 한도초과액

1) 세무상 장부가액 : ① − ② + ③ = 50,800,000

① 취득가액 : 60,000,000

② 세무상 감가상각비누계액 : 12,000,000

③ 감가상각비 800만원 한도초과액 이월액 : 2,800,000

2) 세무상 처분손실

= 양도가액 − 세무상 장부가액 = 40,000,000 − 50,800,000 = (−)10,800,000

3) 처분손실 한도초과액

= 10,800,000 − 8,000,000 = 2,800,000

(2) 세무조정

〈손금산입〉 처분손실 과소계상액(감가상각비 손금추인) 800,000 (△유보)

〈손금불산입〉 처분손실 한도초과액 2,800,000 (기타사외유출)

[별지 제29호 서식] (2024. 3. 22. 개정) (3쪽 중 제1쪽)

사업연도	2024. 1. 1. ~ 2024. 12. 31.	업무용승용차 관련비용 명세서	법인명	(주) 삼일
			사업자등록번호	

1. 업무사용비율 및 업무용승용차 관련비용 명세 [부동산임대업 주업법인 [ ]여, [ ]부]

① 차량번호	② 차종	③ 임차여부	④ 보험가입여부	⑤ 전용번호판 부착여부	⑥ 운행기록 작성여부	⑦ 총주행거리(km)	⑧ 업무용 사용거리(km)	⑨ 업무사용비율 (⑧/⑦)	⑩ 취득가액 (취득일, 임차기간)	⑪ 해당연도 보유 또는 임차기간 월수	⑫ 업무용승용차 관련비용: ⑬ 감가상각비	⑭ 임차료	⑮ 감가상각비 상당액	⑯ 유류비	⑰ 보험료	⑱ 수선비	⑲ 자동차세	⑳ 기타	㉑ 합계
A		자가	여		여	10,000	9,000	90%	60,000,000 (2024. 1. 1. ~ 2024. 12. 31.)	12	12,000,000			4,000,000	800,000	2,700,000	500,000		20,000,000
B		임차	여		부			50%	(2024. 7. 1. ~ 2027. 6. 30.)	6				7,000,000					15,000,000
									(. . ~ . . .)										
									(. . ~ . . .)										
									(. . ~ . . .)										
㉒ 합계											12,000,000	8,000,000	5,600,000	11,000,000	800,000	2,700,000	500,000		35,000,000

2. 업무용승용차 관련비용 손금불산입 계산

㉓ 차량번호	㉔ 업무사용금액: ㉖ 감가상각비(상당액) [(⑬ 또는 ⑮)×⑨)]	㉗ 관련비용 [(㉑-⑬ 또는 ㉑-⑮)×⑨)]	㉘ 합계 (㉖+㉗)	㉕ 업무외사용금액: ㉙ 감가상각비(상당액) (⑬-㉖ 또는 ⑮-㉖)	㉚ 관련비용 [(㉑-⑬ 또는 ㉑-⑮)-㉗]	㉛ 합계 (㉙+㉚)	㉜ 감가상각비(상당액) 한도초과금액	㉝ 손금불산입 합계 (㉛+㉜)	㉞ 손금산입 합계 (㉑-㉝)
A	10,800,000	7,200,000	18,000,000	1,200,000	800,000	2,000,000	2,800,000	4,800,000	15,200,000
B	2,800,000	4,700,000	7,500,000	2,800,000	4,700,000	7,500,000		7,500,000	7,500,000
㉟ 합계	13,600,000	11,900,000	25,500,000	4,000,000	5,500,000	9,500,000	2,800,000	12,300,000	22,700,000

(3쪽 중 제2쪽)

3. 감가상각비(상당액) 한도초과금액 이월명세

㊱ 차량 번호	㊲ 차종	㊳ 취득일 (임차기간)	㊴ 전기이월액	㊵ 당기 감가상각비 (상당액) 한도초과금액	㊶ 감가상각비(상당액) 한도초과금액 누계	㊷ 손금추인(산입)액	㊸ 차기이월액(㊶-㊷)
A		2024. 1. 1.		2,800,000	2,800,000		2,800,000
B		2024. 7. 1.					
㊹ 합계				2,800,000	2,800,000		2,800,000

4. 업무용승용차 처분손실 및 한도초과금액 손금불산입액 계산

㊺ 차량 번호	㊻ 양도가액	㊼ 세무상 장부가액				㊾ 처분손실	㊿ 당기손금산입액	54 한도초과 금액 손금불산입 (52-53)
		㊽ 취득가액	㊾ 감가상각비 누계액	㊿ 감가상각비한도초과금액 차기이월액 (=㊸)	51 합계 (㊽-㊾+㊿)	52 처분손실 (㊻-51<0)	53 당기손금산입액	
A	40,000,000	60,000,000	12,000,000	2,800,000	50,800,000	10,800,000	8,000,000	2,800,000
B								
55 합계	40,000,000	60,000,000	12,000,000	2,800,000	50,800,000	10,800,000	8,000,000	2,800,000

5. 업무용승용차 처분손실 한도초과금액 이월명세

56 차량번호	57 차종	58 처분일	59 전기이월액	60 손금산입액	61 차기이월액 (59-60)
62 합계					

기업업무추진비

관련 법령	• 법법 §25 • 법령 §40, §41, §42 • 법칙 §20 • 조특법 §136 • 조특령 §130

최근 주요 개정 내용

• 접대비 명칭 변경(법법 §25)

종 전	현 행
□ 접대비의 손금불산입 ○ (정의) 접대, 교제, 사례 또는 이와 유사한 목적으로 지출한 비용으로서 내국법인이 직·간접적으로 업무관련자와 업무를 원활하게 진행하기 위하여 지출한 금액 ○ (손금한도) 기본한도 + 추가한도	□ 명칭 변경 : 접대비→기업업무추진비 ○ (좌 동) ○ (좌 동)

➡ 개정일자 : ㉺ 2022. 12. 31.
적용시기 : 2024년 1월 1일 이후 개시하는 사업연도부터 적용(단, 2023년 12월 31일 이전에 지출한 접대비는 기업업무추진비로 봄)

• 전통시장 기업업무추진비 손금산입 한도 확대(조특법 §136 ⑥)

종 전	현 행
□ 기업업무추진비 손금산입 한도 ○ 기본 한도 ○ 추가 한도 ① 문화 기업업무추진비 특례 〈신 설〉	□ 손금산입 한도 확대 ○ (좌 동) ② 전통시장 기업업무추진비 특례 - (한도) 전통시장 기업업무추진비는 '기본한도 + 수입금액별 한도'의 10% 추가 * 호텔업 및 여관업(관광숙박업 제외), 일반유흥주점업, 무도유흥주점업 등 소비성서비스업 지출액 제외 - (적용기한) 2025. 12. 31.

➡ 개정일자 : ㉺ 2023. 12. 31.
적용시기 : 2024년 1월 1일 이후 과세표준을 신고하는 경우부터 적용

관련 서식	• 법인세법 시행규칙 [별지 제23호 서식(갑)] 기업업무추진비조정명세서(갑) [별지 제23호 서식(을)] 기업업무추진비조정명세서(을)

기업업무추진비

8

Step I 내용의 이해

1. 개 요

기업업무추진비는 업무와 관련된 순자산 감소액이므로 원칙적으로 손금으로 용인된다. 그러나 법인세법은 소비성 경비의 과다지출 억제와 조세채권 확보 등의 측면에서 그 지출한도를 규제하고 해당 기업업무추진비를 수익으로 하는 유흥업소 등의 소득을 포착하기 위하여 신용카드 등의 사용을 강제함으로써 다음과 같은 2단계의 순차적인 규제절차를 두고 있다.

개 정

- 접대비 명칭을 기업업무추진비로 변경(법법 §25)
  ➡ 2024년 1월 1일 이후 개시하는 사업연도부터 적용하되, 2023년 12월 31일 이전에 지출한 접대비는 기업업무추진비로 봄.

▌기업업무추진비에 대한 2단계 규제▐

구 분	손금불산입 순서	소득처분
〈1단계 규제〉 증빙요건 등을 충족하지 못한 기업업무추진비의 부인	① 증거자료가 없는 기업업무추진비, 개인용도로 지출한 기업업무추진비 등	(대표자)상여 등
	② 건당 3만원(경조금은 20만원) 초과 기업업무추진비 중 신용카드 등의 법정증거자료를 수취하지 아니한 것	기타사외유출 등
〈2단계 규제〉 기업업무추진비 한도초과액의 부인	기업업무추진비 한도초과액 = [법인의 기업업무추진비 총액 − (①+②)] − 세무상 기업업무추진비 한도액	기타사외유출

한편, 내국법인이 2025년 12월 31일까지 국내 문화예술공연 등의 입장권 구입 등에 지출한 문화기업업무추진비에 대해서는 기업업무추진비 한도액의 20% 이내에서 손금에 산입한다(조특법 §136 ③). 편의상, 본 규정을 '문화기업업무추진비의 손금산입 특례'라 하고, 자세한 설명은 후술한다.

2. 기업업무추진비의 범위

2-1. 본래의 기업업무추진비

기업업무추진비란 접대, 교제, 사례 또는 그 밖에 어떠한 명목이든 상관없이 이와 유사한 목적으로 지출한 비용으로서 내국법인이 직접 또는 간접적으로 업무와 관련이 있는 자와 업무를 원활하게 진행하기 위하여 지출한 금액을 말한다(법법 §25 ①).

2-2. 기업업무추진비로 간주되는 금액

다음에서 열거하고 있는 법인의 각종 지출액은 법인세법상 기업업무추진비로 간주되는 것이며, 이 이외에도 법인의 지출액 중 그 실질이 업무와 관련하여 특정인에게 무상으로 지출한 금품인 경우에는 원칙적으로 기업업무추진비에 해당한다.

(1) 직원이 조직한 단체에 지출한 복리시설비

법인이 그 직원이 조직한 조합 또는 단체(예 : 경조회, 신용협동조합, 노동조합지부 등)에 지출한 복리시설비의 경우, 해당 조합 또는 단체가 법인일 때에는 기업업무추진비로 보며 법인이 아닌 때에는 법인의 경리의 일부로 본다(법령 §40 ② 및 법기통 19-19…41).

그러나, 법인의 직원이 아닌 고객이 조직한 임의단체에 대해 지급하는 금품은 동 단체의 법인격 유무에 불구하고 기업업무추진비로 본다. 예컨대, 골프장을 경영하는 법인이 그 고객이 조직한 골프클럽에 지급하는 금품은 기업업무추진비에 해당된다(법기통 25-0…5).

여기서 '복리시설비'라 함은 법인의 직원을 위하여 지출한 복리후생의 시설비, 시설구입비 등을 말하며(법기통 25-40…1), '경리의 일부로 처리한다는 것'이라 함은 해당 시설비를 법인의 수선비 또는 유형자산 등으로 회계처리한다는 것을 의미한다.

한편, 법인이 우리사주조합에 출연하는 자사주의 장부가액 및 금품은 기업업무추진비 또는 기부금으로 보지 않고 손금으로 본다(법령 §19 16호).

(2) 광고선전금품 중 특정인에게 한정적으로 기증한 것

법인이 광고선전 목적으로 기증한 견본품 · 달력 · 수첩 · 부채 · 컵 기타 이와 유사한 물품의 구입비용은 광고선전비로 보아 손금에 산입한다. 이 경우, 불특정다수가 아닌 특정인에게 기증한 물품(개당 3만원 이하의 물품은 제외함)의 경우에는 연간 5만원 이내의 금액에 한정하여 광고선전비로 보고, 5만원을 초과하는 경우에는 이를 기업업무추진비로 본다(법령 §19 18호).

(3) 약정에 의한 채권포기금액

약정에 의하여 채권의 전부 또는 일부를 포기하는 경우 동 채권포기액은 대손금으로 보지 아니하고 업무관련성에 따라 기업업무추진비 또는 기부금으로 본다. 또한, 아무런 채권회수조치를 취하지 않음에 따라 소멸시효가 완성된 경우에는 동 채권을 임의포기한 것으로 보아 기업업무추진비 또는 기부금으로 본다(서이 46012-11493, 2003. 8. 18. 및 법인 46012-2409, 2000. 12. 19.).

다만, 특수관계인 외의 자와의 거래에서 발생한 채권으로서 채무자의 부도발생 등으로 장래에 회수가 불확실한 어음·수표상의 채권 등을 조기에 회수하기 위하여 해당 채권의 일부를 불가피하게 포기한 경우 동 채권의 일부를 포기하거나 면제한 행위에 객관적으로 정당한 사유가 있는 때에는 동 채권포기액은 대손금으로 손금에 산입한다(법기통 19의 2-19의 2…5).

(4) 사업상 증여에 대한 매출세액 및 기업업무추진비 관련 매입세액

부가가치세법 제10조 제4항 및 제5항에서 규정하고 있는 사업상 증여의 경우에 법인이 부담한 부가가치세 매출세액 상당액은 동 사업상 증여의 성질에 따라 기부금 또는 기업업무추진비로 본다(법기통 25-0…3). 또한, 부가가치세법 제39조 제1항 제6호에 따라 기업업무추진비 기타 유사비용의 지출과 관련하여 공제되지 아니한 부가가치세 매입세액도 그 성질에 따라 기업업무추진비 등으로 처리한다(법령 §22 ① 2호).

(5) 회의비 중 통상회의비를 초과하는 것과 유흥을 위하여 지출한 금품

'통상회의비'라 함은 정상적인 업무를 수행하기 위하여 지출하는 회의비로서 사내 또는 통상회의가 개최되는 장소에서 제공하는 다과 및 음식물 등의 가액 중 사회통념상 인정될 수 있는 범위 내의 금액을 말하며, 이는 소득금액 계산상 손금에 산입한다. 그러나, 통상회의비를 초과하는 회의비와 유흥을 위하여 지출한 금액은 기업업무추진비로 본다(법기통 25-0…4).

관련사례

- 원자재 등을 납품받는 거래처에 대한 품질개선활동 지원비용의 기업업무추진비 해당 여부
  제조업 법인이 제품의 품질향상을 위해 원자재 등을 납품받는 거래처 중 일정한 기준에 따라 선정된 거래처의 품질개선활동을 지원하는데 지출하는 비용으로서 사회통념상 적정하다고 인정되는 범위 내의 금액은 기업업무추진비로 보지 아니하는 것임(서면법령법인-20060, 2015. 7. 21.).
- 쇼핑몰 운영업체가 입점업체를 위해 지출한 인테리어 비용의 기업업무추진비 해당 여부
  쇼핑몰 운영업체가 임접업체들과의 임대차계약에 따라 인테리어 등 공사비용을 부담하는 경우로서 이러한 공사비용이 쇼핑몰의 임대를 원활하게 하기 위하여 지출한 것으로서 쇼핑몰 운영업체의 임대사업상 임대료 수입과 직접 관련된 비용인 경우, 기업업무추진비에 해당한다고 할 수 없음(대법 2014두 15252, 2015. 4. 9.).

- 건설공사 하도급계약에 따라 하도급 업체가 지급한 공상처리비의 기업업무추진비 해당 여부
  하도급계약의 공상처리비 약정에 따라 하도급업체가 원청업체를 대신하여 산업재해를 입은 근로자에게 사고보상비 등을 지급하는 것은 하도급계약상의 공사대금과 일정한 대가관계에 있으므로 수익과 직접 관련된 비용으로서 기업업무추진비로 볼 수 없음(대법 2010두14329, 2012. 9. 27.).
- 정당한 사유없이 회수하지 않은 채권의 기업업무추진비 해당 여부
  채권의 회수가능성 등 구체적인 사정을 감안하여 정당한 사유 없이 채권회수를 위한 제반 법적조치를 취하지 아니함에 따라 채권의 소멸시효가 완성된 경우에 동 채권의 금액은 업무관련성 여부에 따라 기업업무추진비 또는 기부금으로 보는 것임(서면2팀-984, 2006. 5. 30.).
- 광고선전금품의 기업업무추진비 해당 여부
  - 거래실적이 우수한 불특정 고객에게 선물을 증정한다고 사전에 홍보하고 백화점이 사은품을 지급하는 경우, 그 구입비용을 기업업무추진비가 아닌 광고선전비로 본 사례(대법 2000두 2990, 2002. 4. 12.)
  - 대리점에 대하여 통일된 형식으로 매장을 설치하도록 하고 대리점별로 차등하여 매장시설비용을 지원한 경우로서 기업업무추진비가 아닌 광고선전비로 본 사례(대법 2005두 8368, 2007. 2. 8.)

2-3. 기업업무추진비에서 제외되는 금액

(1) 주주 등이 부담할 기업업무추진비를 법인이 부담한 경우

주주·출자자나 다음의 어느 하나에 해당하는 직무에 종사하는 자(이하 "임원"이라 함) 또는 직원이 개인적으로 부담하여야 할 성질의 기업업무추진비를 법인이 대신 지출한 것은 기업업무추진비가 아닌 업무무관비용으로 보아 손금불산입하고 그 귀속자에 대해 상여 또는 배당으로 소득처분한다(법령 §40 ①).

① 법인의 회장, 사장, 부사장, 이사장, 대표이사, 전무이사 및 상무이사 등 이사회의 구성원 전원과 청산인
② 합명회사, 합자회사 및 유한회사의 업무집행사원 또는 이사
③ 유한책임회사의 업무집행자
④ 감사
⑤ 그 밖에 상기 ①~④에 준하는 직무에 종사하는 자

(2) 신용카드 등의 법정증거자료를 수취하지 아니한 경우

법인이 결산서에 비용 또는 자산의 취득원가 등으로 계상한 다음의 기업업무추진비는 법인세법상 기업업무추진비에 해당하지 않는 것으로 동 금액은 손금불산입하여 기타사외유출 또는 그 귀속자에 따라 상여 등으로 소득처분한다. '신용카드 등의 법정증거자료 수취요건'에 대해서는

후술한다.

① 1회의 접대에 지출한 기업업무추진비 중 3만원(경조금은 20만원)을 초과하는 기업업무추진비로서 신용카드매출전표 등의 법정증거자료를 수취하지 아니한 경우(단, 지출사실이 객관적으로 명백한 경우로서 증거자료를 구비하기 어려운 국외지역에서 지출하거나 농어민으로부터 직접 재화를 공급받은 경우는 제외)

② 재화·용역을 공급하는 신용카드 등의 가맹점이 아닌 다른 가맹점의 명의로 신용카드매출전표 등을 교부받은 경우

(3) 금융회사 등의 모집권유비

금융회사 등이 적금·보험 등의 계약이나 수금에 필요하여 지출한 비용은 지출의 성격에 따라 기부금, 기업업무추진비 또는 판매광고비 등으로 처리한다. 예를 들어, 보험사업을 영위하는 법인이 사업자인 보험설계사에게 지출한 비용 등은 그 지출목적 등에 따라 기업업무추진비·판매부대비 등으로 구분하여 손금에 산입한다(법기통 25-0…6).

2-4. 기업업무추진비와 유사비용의 구분

2-4-1. 개 요

기업업무추진비는 업무와 관련하여 특정인에게 접대, 교제, 사례 등을 위하여 무상으로 지출하는 금품으로써 「임직원에 대한 복리후생비(법법 §26 2호), 광고선전의 목적으로 불특정다수에게 지출하는 광고선전비(법령 §19 18호), 그리고 반대급부 없이 업무와 무관하게 지출하는 기부금(법법 §24)」과 구분된다.

기업업무추진비와 기부금은 법정한도 내의 금액에 한하여 손금으로 인정되는 반면, 광고선전비 또는 복리후생비 등은 원칙적으로 전액 손금으로 인정된다는 점에서 그 구분의 실익이 있다.

2-4-2. 기업업무추진비와 기부금의 구분

(1) 구분기준

기부금과 기업업무추진비의 구분은 업무관련성 여부에 따라 판단한다. 즉, 사업과 직접 관계있는 자에게 금품을 기증한 경우에 그 금품의 가액은 기업업무추진비로 구분하며, 사업과 직접 관계가 없는 자에게 금품 등을 기증한 경우에 그 물품의 가액은 거래실태별로 다음의 기준에 따라 기업업무추진비 또는 기부금으로 구분한다(법기통 24-0…1).

① 업무와 관련하여 지출한 금품 : 기업업무추진비

② ①에 해당되지 아니하는 금품 : 기부금

| 기부금과 기업업무추진비의 구분 |

구 분	업무와의 관련성	세무상 처리
사업과 직접 관계있는 자에게 기증한 경우	N/A	기업업무추진비
사업과 직접 관련이 없는 자에게 기증한 경우	업무관련 기증	
	업무무관 기증	기부금

(2) 업무와 관련이 있는 기증의 범위

1) 다음에 게기하는 업무와 관련이 있는 자에 대한 기증

① 당해 법인의 사업과 관련된 거래를 하는 자
② 당해 법인의 사업과 관련된 거래에 있어 중개·알선·조정 등의 업무를 하는 자
③ 당해 법인의 사업분야에 대하여 지도·감독·통제 등의 업무를 하는 자
④ ①~③의 업무관련자의 임원 및 직원
⑤ 기타 ①~④에 준하는 업무관련자

2) 다음에 게기하는 업무와 관련한 기증

① 상품, 제품 및 기타자산의 판매나 용역의 제공
② 원재료 및 기타자산 또는 용역의 구매
③ 사업상의 수익을 가져온 자에 대한 보답
④ 사업상의 거래에 있어 그 거래의 성립을 위한 교섭
⑤ 기타 ①~④에 준하는 성질의 업무

(3) 기업업무추진비와 기부금의 구분예시

① 제약회사가 약품을 납품하기 위하여 대학병원 등에 지출한 연구비(계약에 의한 연구용역비는 제외) 및 장학금은 기업업무추진비에 해당함(법인 22601-1884, 1990. 9. 25.).
② 천재·지변으로 생긴 이재민 중 당해 법인의 거래처에 한정하여 금품을 기증하거나 차등하여 다액기증한 구호금품은 기업업무추진비에 해당함(법인 22601-147, 1989. 1. 18.).
③ 사업과 관련하여 거래처의 자녀에게 지급하는 장학금은 기업업무추진비에 해당하나 초·중등교육법 및 고등교육법에 의한 학교의 장이 당해 학교의 일반적인 선정기준에 따라 추천한 임직원의 자녀에게 지급하는 교육비 또는 장학금은 기부금에 해당함(법인 46012-90, 1999. 1. 9.).

관련사례

- 특수관계 없는 자에게 시중금리보다 낮은(또는 높은) 이율로 대여(또는 차입)시, 기업업무추진비 해당 여부

  법인이 특수관계가 없는 법인에게 시중금리 또는 국세청장이 정하는 당좌대월이자율보다 낮은 이율로 금전을 대여한 경우, 시중금리 등에 의한 이자상당액과의 차액은 기부금 및 기업업무추진비 관련 손금불산입 규정을 적용하지 않음(서이 46012-12177, 2003. 12. 23. 및 서면2팀-357, 2006. 2. 16.).

- 특수관계가 없는 자에게 자산을 시가보다 낮은 가액으로 양도한 경우 기업업무추진비 해당 여부

  법인이 특수관계 없는 자에게 법인의 업무와 관련하여 자산을 시가보다 낮은 가액으로 양도함으로 인하여 이익을 제공하였다고 인정되는 금액은 기업업무추진비로 봄(서이 46012-11479, 2003. 8. 13.).

- 자회사의 임원으로 영입되는 자에게 본사의 주식을 무상제공하는 경우 기업업무추진비 해당 여부

  법인이 관계회사의 임원으로 취임하는 자에게 별도 약정없이 동 관계회사의 주식을 무상으로 지급하는 경우로서 당해 임원이 법인과 특수관계가 없는 자에 해당하는 경우에는 비지정기부금으로 봄(법인 46012-1707, 2000. 8. 8.).

2-4-3. 기업업무추진비와 광고선전비의 구분

(1) 구분기준

광고선전비는 법인의 매출증진이나 기업이미지 개선 등 선전효과를 위하여 불특정다수인에게 차별없이 지출하는 비용을 말하며, 특정고객에게만 선별적으로 제공된 광고선전비는 기업업무추진비로 본다[단, 특정인에 대한 기증금품(개당 구입비용이 3만원 이하인 물품 제외)으로서 기증금품의 연간 구입비용이 5만원 이내인 경우에는 광고선전비로 봄]. 따라서 법인이 사업을 위하여 지출한 비용 가운데 상대방이 사업에 관련있는 자들이고 지출의 목적이 접대 등의 행위에 의하여 사업관계자들과의 사이에 친목을 두텁게 하여 거래관계의 원활한 진행을 도모하는 데 있다면 기업업무추진비라 할 것이나, 지출의 상대방이 불특정다수인이고 지출의 목적이 구매의욕을 자극하는데 있다면 광고선전비에 해당한다(대법 92누 16249, 1993. 9. 14.).

(2) 기업업무추진비와 광고선전비의 구분예시

① 광고선전 목적으로 견본품 · 달력 · 수첩 등을 불특정다수인에게 기증하기 위하여 지출한 비용[특정인에게 기증한 물품(개당 3만원 이하의 물품 제외)의 경우에는 연간 구입비용이 5만원 이내인 경우를 포함]은 광고선전비로 봄(법령 §19 18호).

② 제조업자 등이 자기의 상품 등을 판매하는 자 등에게 자기의 상호 · 로고 · 상품명 등을 표시하여 광고효과가 인정되는 물품 등을 제공하는 경우, 광고선전용 간판 · 네온사인 · 플래

카드와 같이 오직 광고선전용으로 사용되는 물품을 제공한 경우에는 광고선전비로 처리하나, 물품의 소유권이전이나 물품가액을 금전으로 제공한 경우에는 기업업무추진비로 처리함. 또한, 제조업자 등이 당해 물품을 회수하여 재사용이 가능한 경우로서 제조업자 등이 물품 등의 소유권을 유지하는 것을 약정한 경우에는 제조업자 등의 자산으로 계상하고 감가상각비 상당액을 광고선전비로 처리함(법기통 15-11…4).

③ 제조회사가 자기의 상표나 상호가 표시된 광고선전용 물품을 대리점, 외판원 등을 통하여 불특정다수인의 일반고객에게 무상공급하는 것은 광고선전비로 구분함(법인 22601-599, 1989. 2. 17.).

④ 산업시찰, 견학 등을 위하여 내방한 방문객에게 자사제품의 시음, 시식 및 기타 음식의 접대에 요한 비용과 당해 법인의 상호나 상표가 표시된 기념품을 제공하는 것은 광고선전비로 구분함.

⑤ 제조회사가 자사제품의 광고선전을 위하여 백화점, 슈퍼, 가두 등에서 일반소비자에게 시식용으로 제공하는 제품의 가액은 광고선전비로 구분함.

⑥ 신제품의 전시회 등에 불특정다수의 고객을 초대하는 경우 그에 통상적으로 소요하는 다과, 식대 등은 광고선전비로 구분함.

⑦ 거래실적이 우수한 불특정 고객에게 선물을 증정한다고 사전에 홍보하고 백화점이 사은품을 지급하는 경우, 그 구입비용은 기업업무추진비가 아닌 광고선전비에 해당함(대법 2000두 2990, 2002. 4. 12.).

2-4-4. 기업업무추진비와 판매부대비의 구분

(1) 구분기준

'판매부대비'라 함은 기업회계기준에 따라 계상한 판매 관련 부대비용을 말한다(법칙 §10 ①). 판매부대비는 기업의 수익창출을 위한 지출이라는 측면에서 기업업무추진비와 유사하나, 다음과 같은 차이가 있다.

① 판매부대비는 법인의 영업활동 과정상 그 지출의무(고객 또는 거래처 등에게 지불하겠다는 명시적·묵시적 약속이 있음)가 있으나, 기업업무추진비는 지출의무가 없는 것이 일반적이다. 따라서 전자는 과세소득 창출을 위한 필수적인 희생이므로 전액 손금으로 용인되나, 후자는 선택적 희생이며 소비성 경비라는 점에서 법정한도 이내의 금액만을 손금으로 한다.

② 판매부대비는 관련 수익과의 대응관계가 기업업무추진비보다 더 밀접하다. 즉, 기업업무추진비는 직접적인 반대급부 없이 접대, 교제, 사례 등을 제공하는 것으로서 수익창출 기여도 측정시 직접적인 대응이 곤란하나, 판매부대비는 직접 대응이 상대적으로 용이하다.

(2) 판매부대비에 대한 세무상 규정

법인세법에서 판매부대비용으로 간주되는 손금으로 예시하고 있는 내용은 다음과 같다(법기통 19-19…3).

① 사전약정에 따라 협회에 지급하는 판매수수료
② 수탁자와의 거래에 있어서 실제로 지급하는 비용
③ 관광사업 및 여행알선업을 영위하는 법인이 고객에게 통상 무료로 증정하는 수건, 모자, 쇼핑백 등의 가액
④ 용역대가에 포함되어 있는 범위 내에서 자가시설의 이용자에게 동 시설의 이용시에 부수하여 제공하는 음료 등의 가액
⑤ 일정액 이상의 자기상품 매입자에게 자기출판물인 월간지를 일정기간 무료로 증정하는 경우의 동 월간지의 가액 상당액
⑥ 판매촉진을 위하여 경품부 판매를 실시하는 경우 경품으로 제공하는 제품 또는 상품 등의 가액
⑦ 기타 ① 내지 ⑥과 유사한 성질이 있는 금액

(3) 기업업무추진비와 판매부대비용의 구분예시

1) 판매부대비용으로 보는 경우

① 법인이 백화점 할인판매기간에 공급가액을 인하조정한 가액으로 납품한 경우 그 인하한 금액(국심 90서 2053, 1990. 12. 26.)
② 판매촉진을 위해 일정한 수량 이상을 구입하는 대리점에게 일정한 장려금 등을 지급하거나 대리점주 및 대리점종업원의 국내·외 여행을 위한 경비를 부담한다는 사실을 알리고 이에 따라 지출하는 금액(법인 46012-1784, 1994. 6. 21.)
③ 법인이 그 법인의 판매촉진을 위하여 자기상품을 구입하는 불특정 고객에게 신문·방송 및 기타 광고방법(현수막, 광고탑설치, 팜플렛) 등을 통하여 사전에 공시하고 당해 고객의 구매비율에 따라 차등으로 제공하는 사은품 또는 무상으로 제공하는 물품 등의 가액(법인 46012-1671, 1995. 6. 19.)
④ 주유소를 경영하는 법인이 유류의 판매촉진을 위하여 당해 주유소를 이용하는 고객에게 무상으로 제공하는 화장지·면장갑 등의 가액과 일정기간 동안 일정금액 이상을 주유한 고객을 대상으로 경품부 판매를 실시하는 경우 경품으로 제공하는 금품의 가액으로서 사회통념상 타당하다고 인정되는 범위안의 금액은 판매부대비용에 포함되는 것임. 또한, 당해 주유소를 불특정다수인에게 광고선전할 목적으로 광고전단과 함께 무상으로 제공하는 볼펜, 열쇠고리 등 금품의 가액은 광고선전비로 봄(법인 46012-3963, 1998. 12. 18.).
⑤ 거래처에 판매장려금 등을 지급함에 있어서 사전약정에 의한 금액을 초과하여 지급한 경

우에도 모든 거래처에 동일한 조건에 의하여 차별없이 관행적으로 계속하여 지급한 것으로서 정상적인 거래라고 인정될 수 있는 범위안의 금액은 판매부대비용에 해당하는 것임(법인 46012-1522, 2000. 7. 7.).

⑥ 제조업 법인이 대리점과의 약정에 의해 매출액 등 양적기준 외에 매장위치·면적, 신제품 출시도 등 질적조건에 따라 차등지급하는 판매장려금도 정상적인 거래라고 인정될 수 있는 범위 내의 금액인 경우에는 판매부대비용에 포함되는 것임(서이 46012-10922, 2002. 5. 1.).

⑦ 경기침체 등의 사유로 장기 미분양된 아파트에 대하여 평형별로 일률적으로 적용한 할인분양가액을 판매부대비로 인정한 사례(국심 2004서 1318, 2004. 12. 1.).

2) 기업업무추진비로 보는 경우

① 가입조건이 제한된 특정고객이 구성원인 모임의 회원에 한하여 할인혜택을 주는 경우와 동 모임의 기금으로 지출되는 금액(법인 46012-772, 2000. 3. 23.)

② 골프장업을 영위하는 법인이 개인회원권만을 판매하고 회원권 명의자에 한해서 골프장 이용시 요금을 할인하여 주기로 하였으나, 실질적으로 부부회원제를 운영하여 비명의자 1인에게도 회원에 준하는 이용요금을 할인하여 주는 금액은 법인의 업무와 관련하여 지출한 기업업무추진비로 봄(서면2팀-1596, 2005. 10. 5.).

2-4-5. 기업업무추진비와 복리후생비의 구분

(1) 구분기준

복리후생비는 임직원의 복리증진과 원활한 노사관계를 유지하기 위하여 지출하는 비용 중 사회통념상 인정될 수 있는 범위 내의 지출금액으로 하고, 그 범위를 초과하는 경우는 근로소득금액에 합산한다. 즉, 복리후생비는 그 지출대상이 직원(파견근로자 포함)인 데 반해 기업업무추진비는 그 지출대상이 외부인인 거래상대방이 된다.

(2) 복리후생비의 범위

① 법정복리비(국민건강보험법, 노인장기요양보험법, 고용보험법 등 법률에 의하여 사업주가 부담하는 보험료 또는 부담금 등)(법령 §45 ①)

② 직장체육비, 직장문화비, 직장회식비, 우리사주조합운영비, 영유아보육법에 의하여 설치된 직장어린이집의 운영비, 그 밖에 사회통념상 타당하다고 인정되는 범위에서 지원하는 임직원의 경조사비 등 이에 준하는 성질의 지출(법령 §45 ①)

(3) 기업업무추진비와 복리후생비의 구분예시

① 직원(파견근로자 포함)을 위로하기 위해 개최하는 체육회, 오락회, 야유회 등에 통상 필요로 하는 비용은 복리후생비로 구분함.

② 은행이 경비용역을 맺은 용역회사의 고용인인 경비원에게 근무보조비의 명목으로 매월 일

정액을 지급한 것이 별도의 약정없이 지급한 것이라면 지급의무가 없는 금액을 지급한 것으로 보아 기업업무추진비로 봄(대법 97누 14194, 1999. 6. 25.).

③ 임원 또는 사용인에게 지급하는 자녀교육비보조금은 동 임원 또는 사용인에 대한 인건비로 구분함(법기통 19-19…37).

④ 불우직원에게 지급하는 생계비 및 학비보조금은 인건비로 구분함(법기통 19-19…6).

⑤ 법인이 피보험자를 임원 또는 직원으로 하고, 계약자 및 수익자를 법인으로 하여 납입한 보험료는 임원 또는 직원의 근로소득으로 볼 수 없음(서면2팀-1631, 2006. 8. 28.).

⑥ 법인의 특정임원들간의 경영관리 회의와 단합 및 사기증진을 위하여 골프장이용료로 지출한 비용은 법인의 손금으로 산입할 수 없으며, 관련 비용은 귀속자에 대한 상여로 처분하는 것임(서면2팀-1259, 2005. 8. 3.).

2-4-6. 기업업무추진비와 회의비의 구분

(1) 구분기준

고객에게 신제품 설명, 공장견학 등을 위하여 회의를 개최하는 경우 이에 소요되는 비용은 회의비로서 손금에 산입이 된다. 그러나 이러한 회의는 접대를 겸하여 이루어질 수 있기 때문에 기업업무추진비와 구분하여야 하며, 기업업무추진비와 회의비의 구분기준은 다음과 같다(법기통 25-0…4).

① 「정상적인 업무를 수행하기 위하여 지출하는 회의비로서 사내 또는 통상 회의가 개최되는 장소에서 제공하는 다과 및 음식물 등의 가액 중 사회통념상 인정될 수 있는 범위 내의 금액(통상회의비)」은 이를 각 사업연도의 소득금액 계산상 손금에 산입함.

② 상기 통상회의비를 초과하는 금액과 유흥을 위하여 지출하는 금액은 이를 기업업무추진비로 봄.

(2) 기업업무추진비와 회의비의 구분예시

① "회의"라 함은 법인의 외부인과의 회의를 말하며 상담 등을 위하여 법인에 내방한 거래처와의 회의는 물론 외부에서 개최하는 것을 포함한다. 따라서 법인의 임직원만이 참석하여 회의를 개최하고 통상의 회의비를 초과하였다고 하더라도 이것은 복리후생비의 성격이지 기업업무추진비는 아니며, 주주총회 개최로 지출하는 회의비는 기업업무추진비로 볼 수 없음(법인 1264.21-2281, 1983. 7. 1.).

② "통상 회의가 개최되는 장소"와 "사회통념상 인정될 수 있는 범위 내의 금액"의 의미는 매 사안별로 사실판단할 사항으로, 예컨대 회의종료 후에 장소를 이동하여 음식물을 제공한다든지 특정 주주를 음식점에 초청하여 사업설명회를 하는 것, 그리고 사내 또는 통상 회의가 개최되는 장소가 아닌 골프장에서 간부회의시 지출한 음식물대금과 골프장사용료는 법인이 정상적인 업무를 수행하기 위하여 지출하는 회의비로서 사회통념상 인정될 수

있는 범위 내의 금액에 해당하지 아니함(법인 46012-2288, 1997. 8. 26.).

2-4-7. 기업업무추진비와 기타비용의 구분

① 견본비는 상품·제품 등의 판매촉진을 위하여 반환조건없이 거래처에 제공하는 상품·제품으로 견본품의 가액이 고액인 때에는 거래의 실태 등을 참작하여 사회통념상 견본품 제공의 범위를 초과하는 것(귀금속, 고가가구, 고가의류 등)은 이를 기업업무추진비로 봄(법인 46012-3435, 1999. 9. 4.).

② 당해 법인의 대리점 및 고용관계가 없는 판매원 등의 회의소집·교육훈련 등을 위하여 지출한 교통비·식사대 등은 기업업무추진비로 보지 아니하나, 야유회·관광여행 등을 위하여 지출하는 비용은 기업업무추진비로 구분함(국심 81서 300, 1984. 5. 4.).

③ 준공식 비용 중 그 참가자를 위하여 지출한 비용으로서 사회통념상 인정될 수 있는 범위를 초과하는 금액과 유흥을 위하여 지출한 비용은 기업업무추진비로 보는 것임(법인 46012-3714, 1999. 10. 12.).

④ 법인의 업무와 관련하여 시장조사, 정보수집, 통계조사 등을 위하여 불특정다수인을 상대로 하여 지출하는 통상 필요한 비용은 기업업무추진비로 보지 아니함.

3. 신용카드 등 미사용 기업업무추진비의 손금불산입

기업업무추진비 해당 여부는 당해 법인이 각종 증명서류와 내부통제의 근거 등 객관적인 자료에 의하여 입증하면 될 것이나, 한 차례의 접대에 지출한 기업업무추진비 중 3만원(경조금의 경우에는 20만원)을 초과하는 기업업무추진비에 대해서는 반드시 신용카드 등의 '법정증거자료'에 따라 이를 입증하여야만 손금으로 인정받을 수 있으며, 이를 기업업무추진비에 대한 법인의 '법정증거자료 수취요건'이라 한다.

다만, 지출사실이 객관적으로 명백한 경우로서 증거자료를 구비하기 어려운 국외지역에서 지출하거나 농어민으로부터 직접 재화를 공급받은 경우에는 제외한다(법법 §25 ② 및 법령 §41 ①, ②).

3-1. 법정증거자료의 범위

(1) 신용카드 등

신용카드 등이라 함은 여신전문금융업법에 따른 신용카드(이와 유사한 다음의 어느 하나에 해당하는 것을 포함함) 및 현금영수증(조특법 §126의 2 ① 2호)을 말한다(법법 §25 ② 1호 및 법령 §41 ③).

① 여신전문금융업법에 따른 직불카드

② 외국에서 발행된 신용카드

③ 기명식선불카드, 직불전자지급수단, 기명식선불전자지급수단 또는 기명식전자화폐(조특법

§126의 2 ① 4호)

한편, 상기의 신용카드 등은 해당 법인의 명의로 발급받아야 하는 것(법령 §41 ⑥)이나, 법인의 명의와 해당 법인의 직원 개인명의가 함께 기재되고 신용카드의 이용에 따른 대금의 상환이 일차적으로 개인계좌에서 결제되나 최종적으로 해당 법인이 연대하여 책임지는 형태로 발급되는 신용카드도 법인명의로 발급받은 신용카드로 인정된다(재법인 46012-150, 2000. 10. 12.).

(2) 신용카드 등 외의 법정증거자료

전술한 신용카드 등 외에도 다음의 자료를 발급받거나 발행하여 지출하는 기업업무추진비는 법정증거자료에 따라 입증된 것으로 본다(법법 §25 ② 2호 및 법령 §41 ④).

① 계산서(법법 §121, 소법 §163) 또는 세금계산서(부법 §32, §35)
② 매입자발행계산서(법법 §121의 2) 또는 매입자발행세금계산서(부법 §34의 2 ②)
③ 사업자등록(소법 §168)을 하지 아니한 자로부터 용역을 제공받고 소득세법 제144조 및 제145조에 따라 발급하는 원천징수영수증

3-2. 신용카드 등 법정증거자료 수취요건 제외 기업업무추진비

(1) 자가생산제품 기업업무추진비

한 차례의 접대에 지출한 기업업무추진비 중 3만원을 초과하는 기업업무추진비일지라도 법인이 직접 생산한 제품 등으로 제공한 기업업무추진비는 그 성질상 신용카드 등에 의한 법정증거자료를 수취하지 않더라도 요건불비에 따른 손금불산입을 적용하지 아니한다(법칙 §20 ②).

(2) 거래처 매출채권 임의포기액

거래처에 대한 매출채권 임의포기액 중 기업업무추진비로 간주되는 금액의 경우에도 신용카드 등에 의한 법정증거자료를 수취하지 않더라도 요건불비에 따른 손금불산입을 적용하지 아니한다(재법인 46012-155, 2000. 10. 16.).

3-3. 다른 가맹점명의의 신용카드 등

재화 또는 용역을 공급하는 신용카드 등의 가맹점이 아닌 다른 가맹점의 명의로 작성된 매출전표 등을 발급받은 경우 해당 지출금액은 신용카드 등을 사용하지 아니한 것으로 본다(법법 §25 ③). 이 경우 손금불산입액은 기타사외유출로 처분하는 것이나, 그 기업업무추진비가 당해 법인의 업무와 관련이 없거나 임직원 개인이 부담할 성격의 것인 경우에는 당해 임직원에 대한 상여로 처분한다(법인 46012-551, 2001. 3. 14.).

3-4. 건당 3만원 이하의 기업업무추진비

한 차례의 기업업무추진비가 3만원 이하인 경우에는 신용카드 등에 의한 법정증거자료 수취요건을 부담하지는 않으나, 법인의 업무에 지출되었음은 입증하여야 한다. 즉, 건당 3만원 이하의 기업업무추진비로써 업무관련성 등 기업업무추진비의 실질을 갖춘 경우에는 개인명의 신용카드 매출전표, 영수증, 금전등록기 계산서 등의 증거자료만으로도 기업업무추진비로 인정받을 수 있다.

▌건당 3만원 및 증빙요건 기준에 의한 기업업무추진비 세무조정▐

구 분	건당 3만원 이하 기업업무추진비	건당 3만원 초과 기업업무추진비
신용카드 등 수취분	시부인대상 기업업무추진비(*)로서 한도초과액은 손금불산입(기타사외유출)	
신용카드 등 이외의 증거자료 수취분	시부인대상 기업업무추진비(*)로서 한도초과액은 손금불산입	손금불산입(기타사외유출 등)

(*) '시부인대상 기업업무추진비'라 함은 세무상 기업업무추진비 해당금액에서 당초 요건을 갖추지 못해 손금불산입되는 기업업무추진비를 제외한 것으로 기업업무추진비 한도초과액 계산시 기업업무추진비 한도액과 비교대상이 되는 세무상 기업업무추진비를 말함.

4. 기업업무추진비 한도초과액의 손금불산입

4-1. 시부인대상 기업업무추진비

법인의 기업업무추진비는 법인세법상 기업업무추진비한도액 범위 내에서 손금에 산입하며, 한도초과액은 손금불산입(기타사외유출)한다. 여기서 기업업무추진비한도액과 비교대상이 되는 기업업무추진비를 실무상 「시부인대상 기업업무추진비」라 하며, 시부인대상 기업업무추진비는 법인이 지출한 기업업무추진비 중 이미 손금불산입한 기업업무추진비를 제외한 다음의 합계액을 말한다.

① 건당 3만원(경조금은 20만원)을 초과하는 기업업무추진비 중 신용카드 등 법정증거자료를 수취한 것
② 건당 3만원 이하의 세무상 기업업무추진비

시부인대상 기업업무추진비에는 법인의 결산상 비용으로 계상한 것뿐만 아니라 자산의 원가로 계상한 것도 포함된다(법기통 25-0…2).

시부인대상 기업업무추진비

<table>
<tr><th colspan="3">시부인대상 기업업무추진비 = (1) 기업업무추진비 총액 - (2) 직접 부인되는 기업업무추진비</th></tr>
<tr><th>(1) 기업업무추진비 총액</th><th>-</th><th>(2) 직접 부인되는 기업업무추진비</th></tr>
<tr><td>• 포괄손익계산서(손익계산서)상 기업업무추진비
• 제조원가명세서상 기업업무추진비
• 기업업무추진비로 의제되는 금액
• 자산의 원가에 포함된 기업업무추진비</td><td></td><td>• 증거자료 미수취 기업업무추진비, 개인용도의 기업업무추진비 등
• 건당 3만원(경조금은 20만원) 초과 기업업무추진비 중 신용카드 등 증거자료를 수취하지 못한 것</td></tr>
</table>

계산사례 - 1 **시부인대상 기업업무추진비**

㈜삼일의 2023사업연도의 결산상 기업업무추진비 총액은 5,000,000원이며, 동 금액에는 다음의 금액들이 포함되어 있다. 세무상 기업업무추진비 한도액은 3,000,000원이라 가정할 때 기업업무추진비와 관련된 세무조정을 하라.

1. 대표이사 개인적 용도로 사용한 기업업무추진비 : 900,000원(1건으로 신용카드 수취분임)
2. 직원의 사기진작을 위한 회식비 : 400,000원(총 4건으로 신용카드 수취분임)
3. 비특수관계인에 대한 업무관련 매출채권 포기액 : 300,000원(채권포기에 대한 불가피한 사유 없음)
4. 기업업무추진비 계정 금액의 구성

증빙 구분	건당 3만원 이하	건당 3만원 초과	합 계
신용카드 등 수취분	1,000,000	3,300,000	4,300,000
신용카드 등 외 증빙수취분	200,000	500,000(*)	700,000
합 계	1,200,000	3,800,000	5,000,000

(*) 비특수관계인에 대한 업무관련 매출채권 포기액이 포함되어 있음.

해 설

1. 시부인대상 기업업무추진비

결산서상 기업업무추진비		5,000,000
대표이사 개인용도 기업업무추진비	(-)	900,000
회식비(복리후생비)	(-)	400,000
건당 3만원 초과분 중 신용카드 등 미수취분 기업업무추진비	(-)	200,000
시부인대상 기업업무추진비		3,500,000

2. 기업업무추진비 한도초과액 : 3,500,000 - 3,000,000 = 500,000원

3. 세무조정

〈손금불산입〉	대표이사 개인용도 기업업무추진비	900,000 (상여)
	신용카드 등 미수취 기업업무추진비	200,000 (기타사외유출)
	기업업무추진비 한도초과액	500,000 (기타사외유출)

4-2. 일반법인의 기업업무추진비 한도액

4-2-1. 개 요

법인세법 시행령 제42조 제2항의 요건을 충족하는 부동산임대업 주업 법인, 조세특례제한법 제136조 제2항에서 규정한 정부출자기관 등을 제외한 일반법인의 기업업무추진비 손금산입 한도액은 다음 산식과 같이 기본금액과 수입금액기준에 의하여 계산된 금액의 합계액으로 규정하고 있다. 여기서 수입금액을 기준으로 한도를 규정한 것은 기업업무추진비가 일반적으로 영업의 규모와 비례관계에 있다고 보기 때문이다(법법 §25 ④ 1호).

일반법인의 기업업무추진비 손금산입 한도액 = ① 기본금액 + ② 수입금액기준

① 12,000,000(중소기업(*1)은 36,000,000) × $\frac{\text{해당 사업연도 개월 수}^{(*2)}}{12}$

② (일반수입금액 × 적용률) + (특수관계인과의 거래에서 발생한 수입금액 × 적용률 × 10%)

(*1) 중소기업이라 함은 조세특례제한법 제6조 제1항에 따른 중소기업을 말함(법법 §13 ①).
(*2) 사업연도 개월 수는 역에 따라 계산하되, 1월 미만의 일수는 1월로 함.

4-2-2. 수입금액별 적용률

(1) 개 요

법인의 수입금액은 일반수입금액과 특수관계인(법법 §2 12호)과의 거래에서 발생한 수입금액으로 구분하여 각 수입금액별로 적용률을 달리 적용한다. 특수관계인과의 거래에서 발생하는 수입금액에 대하여는 기업업무추진비 한도액 계산시 일반수입금액에 대한 적용률을 적용하여 산출한 금액의 10%를 기업업무추진비 한도액으로 한다(법법 §25 ④ 2호).

특수관계인 여부는 거래일을 기준으로 하는 바, 사업연도 중에 특수관계가 소멸한 경우에도 당해 사업연도에 특수관계인과 거래한 수입금액은 일반수입금액의 10%만 적용되어야 하며(법인 46012-2458, 2000. 12. 27. 및 사전-2014-법규법인-0352, 2024. 6. 13.), 사업연도 중 특수관계인에 해당되는 경우에는 특수관계성립일 이후 발생한 거래금액만을 특수관계인간의 거래에서 발생한 수입금액으로 본다(법인 22601-1620, 1991. 8. 22.).

(2) 수입금액별 적용률

수입금액의 구성은 일반수입금액이 특수관계인과의 거래에서 발생한 수입금액에 우선하여 존재하는 것으로 보고 먼저 일반수입금액에 대하여 해당 구간의 적용률을 적용한 다음 특수관계인과의 거래에서 발생한 수입금액에 대해서는 일반수입금액을 초과하는 구간의 적용률을 적용한다(법칙 §20 ①).

‖수입금액별 적용률‖

일반수입금액의 적용률		특수관계인과의 거래에서 발생한 수입금액의 적용률
일반수입금액의 범위	적용률	
100억원 이하	0.3%	일반수입금액 적용률의 10%
100억원 초과 500억원 이하	3천만원 + 100억원 초과액 × 0.2%	일반수입금액 적용률의 10%
500억원 초과	1억1천만원 + 500억원 초과액 × 0.03%	일반수입금액 적용률의 10%

(3) 2020 사업연도 수입금액별 적용률

상기 '(2) 수입금액별 적용률'에도 불구하고 2020년 1월 1일부터 2020년 12월 31일까지 지출한 기업업무추진비에 대한 수입금액 기준 기업업무추진비 한도는 수입금액에 다음의 비율을 적용하여 산출한다(조특법 §136 ④).

‖2020 사업연도 수입금액별 적용률‖

일반수입금액의 범위	적용률
100억원 이하	0.35%
100억원 초과 500억원 이하	3천5백만원 + (수입금액 - 100억원) × 0.25%
500억원 초과	1억3천5백만원 + (수입금액 - 500억원) × 0.06%

한편, 2020년이 2개 이상의 사업연도에 걸쳐 있는 내국법인의 경우에는 다음 계산식에 따라 수입금액별 한도금액을 산출한다(조특법 §136 ⑤).

$$\text{2020 사업연도 적용률에 따른 수입금액별 한도} \times \frac{\text{해당 사업연도 중 2020년에 속하는 일수}}{\text{해당 사업연도의 일수}} + \text{상기 (2) 수입금액별 적용률에 따른 수입금액별 한도} \times \frac{\text{해당 사업연도 중 2020년에 속하지 않는 일수}}{\text{해당 사업연도의 일수}}$$

계산사례 - 2 **수입금액별 기업업무추진비 한도액**

중소기업이 아닌 ㈜삼일의 제30기(2024. 1. 1. ~ 2024. 12. 31.) 수입금액 및 시부인대상 기업업무추진비가 다음과 같을 경우 기업업무추진비 한도초과액을 계산하라.

1. 기업회계기준에 의한 매출액 : 700억원(특수관계인간 거래에서 발생한 수입금액 250억원 포함)
2. 시부인대상 기업업무추진비 : 150,000,000원

해 설

세무조정

1. 기업업무추진비 한도액 계산
   = 기본금액 + 수입금액기준[(일반수입금액 × 적용률 + 특수관계인간 거래금액 × 적용률 × 10%)]
   = 12,000,000 × 12/12
   + [(10,000,000,000 × 0.3% + 35,000,000,000 × 0.2%)
   + (5,000,000,000 × 0.2% + 20,000,000,000 × 0.03%) × 10%]
   = 113,600,000

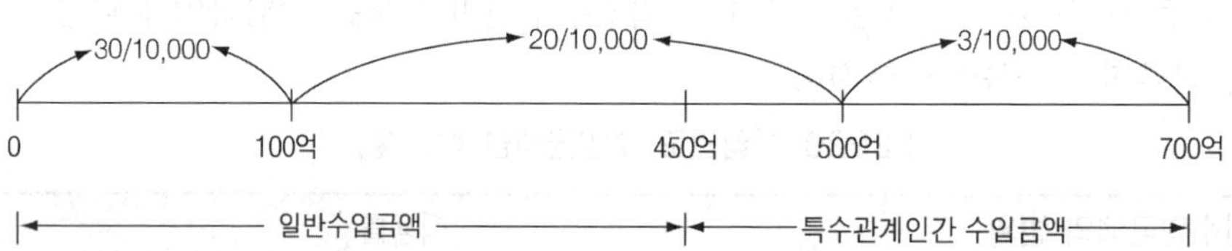

2. 기업업무추진비 한도초과액
   = 150,000,000 − 113,600,000 = 36,400,000(손금불산입, 기타사외유출)

4-2-3. 수입금액

(1) 수입금액의 범위

「기업업무추진비 한도액 계산을 위한 수입금액(이하 "수입금액"이라 함)」이라 함은 법인세법 시행령 제79조 각 호의 규정에 의한 기업회계기준에 따라 계산한 매출액[사업연도 중에 중단된 사업부문의 매출액을 포함하며, 자본시장과 금융투자업에 관한 법률 제4조 제7항에 따른 파생결합증권 및 같은 법 제5조 제1항에 따른 파생상품 거래의 경우 해당 거래의 손익을 통산한 순이익(0보다 작은 경우 0으로 함)을 말함]을 말한다(법령 §42 ①).

한편, 자본시장과 금융투자업에 관한 법률에 따른 투자매매업자 등은 해당 회사가 수행하는 유가증권의 중개·위탁매매 등에서 발생하는 영업수익(수수료 수입)이 원가없이 수입금액으로 간주됨으로써 매출원가를 포함한 매출액을 수입금액으로 보는 일반법인에 비하여 기업업무추진

비 한도가 적게 산출되기 때문에 업종의 특성을 반영한 별도의 기준을 사용하는 바, 그 기준은 다음의 표와 같다(법령 §42 ① 각 호).

▌투자매매업자 등의 기업업무추진비 한도액 계산을 위한 수입금액▌

업 종	수입금액
자본시장과 금융투자업에 관한 법률에 따른 투자매매업자 또는 투자중개업자	매출액 + 자본시장과 금융투자업에 관한 법률 제6조 제1항 제2호의 영업과 관련한 보수 및 수수료×9
자본시장과 금융투자업에 관한 법률에 따른 집합투자업자	매출액 + 자본시장과 금융투자업에 관한 법률 제9조 제20항에 따른 집합투자재산의 운용과 관련한 보수 및 수수료×9
한국투자공사법에 따른 한국투자공사	매출액 + 한국투자공사법 제34조 제2항에 따른 운용수수료×6
한국수출입은행법에 의한 한국수출입은행	매출액 + 수입보증료×6
한국자산관리공사 설립 등에 관한 법률에 따른 한국자산관리공사	매출액 + 금융회사부실자산 등의 효율적 처리 및 한국자산관리공사의 설립에 관한 법률 제31조 제1항의 업무수행에 따른 수수료×6
주택도시기금법에 따른 주택도시보증공사	매출액 + 수입보증료×6
신용보증기금 등 관련 법률에 의하여 신용보증사업을 영위하는 법인(법령 §63 ① 각 호)	매출액 + 수입보증료×6

(2) 세무조정사항의 가감 여부

기업업무추진비 한도액 계산을 위한 법인의 수입금액은 기업회계기준에 의하여 계산한 매출액을 말한다. 여기서 법인이 회계처리의 오류 등으로 인하여 과소계상한 결산상 매출액을 기업회계기준에 의한 매출액으로 조정하기 위한 세무조정으로 익금에 산입한 금액은 수입금액에 포함되는 것이나, 귀속시기차이 등으로 인하여 기업회계기준에 의한 매출액과 법인세법상 수입금액과의 차이를 세무조정하여 익금산입한 금액은 수입금액에 포함하지 아니한다(법인 46012-1451, 1998. 6. 1. 및 서이 46012-10561, 2001. 11. 17.).

▌매출 관련 세무조정사항의 수입금액 포함 여부▌

구 분	수입금액 포함 여부
기업회계기준상 매출액을 누락하여 익금산입한 경우	포함함.
손익귀속시기 또는 금액의 차이 등으로 인해 익금산입한 경우	포함하지 않음.

관련사례

- 익금산입한 반품추정액의 수입금액 포함 여부

  매출액에서 차감계상한 반품추정액은 익금산입(유보)하는 것이나, 기업업무추진비 한도액을 계산하기 위한 수입금액은 동 익금산입액을 포함하지 아니한 기업회계기준에 의한 매출액으로 하는 것임(서면2팀-65, 2005. 1. 10.).

- 지분법 평가이익의 수입금액 포함 여부

  지주회사가 결산상 수입금액으로 계상한 지분법 평가이익은 기업회계기준(법령 §79 각 호에 의한 회계기준)에 의하여 계산한 매출액에 해당하므로 수입금액에 포함하는 것임(서이 46012-12188, 2003. 12. 26.).

(3) 수입금액에서 제외되는 금액

① 매출에누리·매출환입 및 매출할인 등

기업업무추진비 한도액 계산을 위한 수입금액은 기업회계기준에 의한 매출액을 말하며, 이 때 기업회계기준에 의한 매출액이란 일반기업회계기준에서는 총매출액에서 매출에누리, 매출할인 및 매출환입 등을 차감한 순매출액을 말한다(일반기준 2장 문단 2.46).

② 관세환급금

수출용 원재료에 대한 관세환급금이 기업업무추진비 한도 계산을 위한 수입금액에 포함되는지 여부는 관세환급금이 기업회계상의 영업수익을 구성하는가에 달려있다. 관세환급금의 회계처리는 여러 가지가 있으나, 기업회계기준에서는 원재료 수입시 납부한 관세 등 납부액을 원재료가액에 산입하고 세관장으로부터 받는 사후 환급금을 매출원가에서 차감하는 방법을 사용하고 있는 바, 기업회계기준에 의하는 경우 관세환급금은 기업업무추진비 한도액 계산을 위한 수입금액에 포함하지 않는다.

③ 임대보증금에 대한 간주익금

조세특례제한법 제138조의 규정에 의하여 익금에 산입한 임대보증금 등에 대한 간주익금은 수입금액에 포함되지 않는다(법인 22601-483, 1992. 2. 28.).

④ 부가가치세법상 간주공급 등

부가가치세법상 간주공급액은 기업업무추진비 한도액 계산의 기준이 되는 수입금액에 포함되지 아니한다. 또한, 개별소비세 과세물품을 제조·판매하는 법인의 매출액에 포함된 개별소비세(교육세 포함)도 수입금액에서 제외된다(서이 46012-11835, 2002. 10. 7.).

관련사례

- 기금이자수입

  공동주택관리업체가 구분징수하는 전력·수도요금 등 공공요금과 입주자로부터 직접 징수하지 않고 위탁자인 주택소유주로부터 지급받아 대신 집행한 후 정산하는 관리비 등은 수입금액에서 제외됨(국심 2001서 110, 2001. 7. 5.).

- 기금이자수입

  국민체육진흥기금에서 발생된 이자수익은 수입금액의 범위에 해당하지 않음(재법인 46012-43, 2001. 2. 28.).

- 유가증권 처분이익

  증권거래법에 의하여 허가를 받아 증권업을 영위하는 법인 이외의 일반법인이 자금의 운용을 목적으로 취득한 유가증권의 처분이익은, 영업외수익으로서 수입금액에 포함하지 아니하는 것임(법인 46012-774, 2000. 3. 24.).

- 부당행위계산 부인액

  부당행위계산 부인에 의한 익금산입액은 기업업무추진비 한도액 계산시 수입금액에 포함하지 아니함(법인 46012-2732, 1997. 10. 22.).

4-3. 부동산임대업 주업 법인 등의 기업업무추진비 한도액

부동산임대업을 주된 사업으로 하는 등 다음의 요건을 모두 갖춘 내국법인에 대하여는 일반법인 기업업무추진비 한도액의 50%만을 인정한다(법법 §25 ⑤ 및 법령 §42 ②).

① 해당 사업연도 종료일 현재 내국법인의 지배주주등(법령 §43 ⑦)이 보유한 주식등의 합계가 해당 내국법인의 발행주식총수 또는 출자총액의 50%를 초과할 것

② 해당 사업연도에 부동산 임대업을 주된 사업으로 하거나 다음의 금액 합계가 기업회계기준에 따라 계산한 매출액(㉠~㉢에서 정하는 금액이 포함되지 아니한 경우에는 이를 포함하여 계산함)의 50% 이상일 것. 이 경우 내국법인이 둘 이상의 서로 다른 사업을 영위하는 경우에는 사업별 사업수입금액이 큰 사업을 주된 사업으로 본다(법령 §42 ③).

㉠ 부동산 또는 부동산상의 권리의 대여로 인하여 발생하는 수입금액(조특법 §138 ①에 따른 임대보증금에 대한 간주익금을 포함함)

㉡ 소득세법 제16조 제1항에 따른 이자소득의 금액

㉢ 소득세법 제17조 제1항에 따른 배당소득의 금액

③ 해당 사업연도의 상시근로자 수가 5명 미만일 것. 이 경우 상시근로자 수는 다음 계산식에 따라 계산하며 1% 미만의 부분은 없는 것으로 한다(법령 §42 ⑤ 및 조특령 §26의 4 ③).

$$\frac{\text{해당 사업연도의 매월 말 현재 상시근로자 수의 합}}{\text{해당 사업연도의 개월 수}}$$

위 요건 중 '③'을 적용할 때 '상시근로자'는 근로기준법에 따라 근로계약을 체결한 내국인 근로자로 하되, 다음의 어느 하나에 해당하는 근로자는 제외한다(법령 §42 ④).

① 해당 법인의 최대주주 또는 최대출자자와 그와 국세기본법 시행령 제1조의 2 제1항에 따른 친족관계인 근로자
② 소득세법 시행령 제196조 제1항에 따른 근로소득원천징수부에 의하여 근로소득세를 원천징수한 사실이 확인되지 아니하는 근로자
③ 근로계약기간이 1년 미만인 근로자. 다만, 근로계약의 연속된 갱신으로 인하여 그 근로계약의 총기간이 1년 이상인 근로자는 제외한다.
④ 근로기준법 제2조 제1항 제8호에 따른 단시간근로자

4-4. 정부출자기관 등의 기업업무추진비 한도액

다음의 정부출자기관 등은 경쟁체제하의 민간기업과는 달리 기업업무추진비의 필요성이 상대적으로 적은 점을 감안하여 일반법인 기업업무추진비 한도액의 70%를 기업업무추진비 한도액으로 한다(조특법 §136 ② 및 조특령 §130 ③, ④).

① 정부출자기관
② 정부출자기관이 최대주주로서 출자한 법인

여기서 정부출자기관이란 정부가 20% 이상을 출자한 법인을 말한다. 다만, 공공기관 운영에 관한 법률 제5조에 따른 공기업·준정부기관이 아닌 상장법인은 제외한다(조특령 §130 ③).

4-5. 문화기업업무추진비 한도액

4-5-1. 개 요

문화기업업무추진비로 지출한 금액에 대해서는 기업업무추진비 한도액 계산시 일반기업업무추진비 한도액에 문화기업업무추진비 한도액을 가산하여 기업업무추진비 시부인을 한다(조특법 §136 ③). 이하에서는 본 규정을 "문화기업업무추진비 손금산입특례"라 한다.

여기서 "문화기업업무추진비"라 함은 내국법인이 2025년 12월 31일까지 국내의 문화관련 공연 등에 문화비로 지출한 기업업무추진비로서 다음에 열거하는 용도에 지출한 비용을 말한다(조특령 §130 ⑤).

① 문화예술진흥법 제2조에 따른 문화예술의 공연이나 전시회 또는 박물관 및 미술관 진흥법에 따른 박물관의 입장권 구입
② 국민체육진흥법 제2조에 따른 체육활동의 관람을 위한 입장권의 구입
③ 영화 및 비디오물의 진흥에 관한 법률 제2조에 따른 비디오물의 구입
④ 음악산업진흥에 관한 법률 제2조에 따른 음반 및 음악영상물의 구입
⑤ 출판문화산업진흥법 제2조 제3호에 따른 간행물의 구입
⑥ 관광진흥법 제48조의 2 제3항에 따른 문화체육관광부장관이 지정한 문화관광축제의 관람 또는 체험을 위한 입장권·이용권의 구입
⑦ 관광진흥법 시행령 제2조 제1항 제3호 마목에 따른 관광공연장 입장권의 구입
⑧ 여수세계박람회의 입장권 구입
⑨ 다음의 어느 하나에 해당하는 국가유산의 관람을 위한 입장권의 구입
ㄱ 문화유산의 보존 및 활용에 관한 법률에 따른 지정문화유산
ㄴ 문화유산의 보존 및 활용에 관한 법률에 따른 국가등록문화유산
ㄷ 자연유산의 보존 및 활용에 관한 법률에 따른 천연기념물 등
ㄹ 무형유산의 보전 및 진흥에 관한 법률에 따른 국가무형유산
ㅁ 무형유산의 보전 및 진흥에 관한 법률에 따른 시·도무형유산
⑩ 문화예술진흥법 제2조에 따른 문화예술 관련 강연의 입장권 구입 또는 초빙강사에 대한 강연료 등
⑪ 자체시설 또는 외부임대시설을 활용하여 해당 내국인이 직접 개최하는 공연 등 문화예술 행사비
⑫ 문화체육관광부의 후원을 받아 진행하는 문화예술, 체육행사에 지출하는 경비
⑬ 미술품의 구입(취득가액이 거래단위별로 1백만원 이하인 것으로 한정함)
⑭ 관광진흥법 제5조 제2항에 따라 같은 법 시행령 제2조 제1항 제5호 가목 또는 나목에 따른 종합유원시설업 또는 일반유원시설업의 허가를 받은 자가 설치한 유기시설 또는 유기기구의 이용을 위한 입장권·이용권의 구입
⑮ 수목원·정원의 조성 및 진흥에 관한 법률 제2조 제1호 및 제1호의 2에 따른 수목원 및 정원의 입장권 구입
⑯ 궤도운송법 제2조 제3호에 따른 궤도시설의 이용권 구입

4-5-2. 문화기업업무추진비 한도액

해당 사업연도의 문화기업업무추진비 지출액에 대해서는 다음의 문화기업업무추진비 한도액을 일반기업업무추진비 한도액에 추가한다(조특법 §136 ③). 이를 요약하면 다음과 같다.

> 문화기업업무추진비의 손금산입 한도액 = Min(①, ②)
> ① 문화기업업무추진비 지출액
> ② 해당 사업연도 일반기업업무추진비 한도액(*) ×20%
> (*) 부동산임대업을 주된 사업으로 하는 등 법 소정 내국법인의 경우에는 일반기업업무추진비 한도액에 50%를 곱한 금액으로 함.

계산사례 - 3 문화기업업무추진비 손금산입 한도액

내국법인인 ㈜삼일(부동산임대업 등을 주된 사업으로 하지 아니함)의 2023사업연도(2023. 1. 1.~2023. 12. 31.) 기업업무추진비 관련자료가 다음과 같을 때 기업업무추진비 관련 세무조정을 하라.

당기 기업업무추진비 지출액	10,000,000원(일반기업업무추진비 8,000,000원 / 문화기업업무추진비 2,000,000원)
일반기업업무추진비 한도액	6,000,000원

해 설

1. 문화기업업무추진비 손금산입 한도액의 계산
   = Min[①, ②] =1,200,000
   ① 문화기업업무추진비 지출액
   = 2,000,000
   ② 일반기업업무추진비 한도액의 20%
   =6,000,000 × 20% = 1,200,000
2. 기업업무추진비 한도 초과액
   =시부인대상 기업업무추진비 - 기업업무추진비 한도액(일반기업업무추진비 한도액 + 문화기업업무추진비 한도액)
   =10,000,000 - (6,000,000 + 1,200,000) = 2,800,000
3. 기업업무추진비 세무조정
   〈손금불산입〉 기업업무추진비 한도 초과 2,800,000 (기타사외유출)

4-6. 전통시장 기업업무추진비 손금산입 한도액

4-6-1. 개요

2025년 12월 31일 이전에 전통시장 및 상점가 육성을 위한 특별법 제2조 제1호에 따른 전통시장에서 지출한 다음의 요건을 모두 갖춘 기업업무추진비에 대해서는 기업업무추진비 한도액 계산시 일반기업업무추진비 한도액에 전통시장 기업업무추진비 한도액을 가산하여 기업업무추진비 시부인을 한다(조특법 §136 ⑥ 및 조특령 §130 ⑦).

① 조세특례제한법 제126조의 2 제1항에 따른 신용카드등사용금액에 해당할 것
② 다음의 어느 하나에 해당하는 사업을 경영하는 법인 또는 사업자에게 지출한 것이 아닐 것
  ㉠ 호텔업 및 여관업(관광진흥법에 따른 관광숙박업은 제외함)
  ㉡ 주점업(일반유흥주점업, 무도유흥주점업 및 식품위생법 시행령 제21조에 따른 단란주점 영업만 해당하되, 관광진흥법에 따른 외국인전용유흥음식점업 및 관광유흥음식점업은 제외함)
  ㉢ 무도장 운영업
  ㉣ 기타 사행시설 관리 및 운영업(관광진흥법 제5조 또는 폐광지역 개발 지원에 관한 특별법 제11조에 따라 허가를 받은 카지노업은 제외함)
  ㉤ 유사 의료업 중 안마를 시술하는 업
  ㉥ 마사지업

4-6-2. 전통시장 기업업무추진비 한도액

해당 사업연도의 전통시장 기업업무추진비 지출액에 대해서는 다음의 전통시장 기업업무추진비 한도액을 일반기업업무추진비 한도액에 추가한다(조특법 §136 ⑥). 이를 요약하면 다음과 같다.

> 전통시장 기업업무추진비의 손금산입 한도액 = Min[①, ②]
> ① 전통시장 기업업무추진비 지출액
> ② 해당 사업연도 일반기업업무추진비 한도액(*) × 10%
> (*) 부동산임대업을 주된 사업으로 하는 등 법 소정 내국법인의 경우에는 일반기업업무추진비 한도액에 50%를 곱한 금액으로 함.

> **개 정**
> ㅇ 전통시장 기업업무추진비에 대하여 일반기업업무추진비 한도액의 10%를 추가 손금산입 허용(조특법 §136 ⑥)
> ➡ 2024년 1월 1일 이후 과세표준을 신고하는 경우부터 적용

5. 기업업무추진비의 세무조정 등

5-1. 기업업무추진비의 손금귀속시기

현금주의를 원칙으로 하는 기부금과 달리, 기업업무추진비는 접대행위 등이 이루어진 날이 속하는 사업연도를 그 귀속시기로 한다.

따라서 접대행위 등을 한 후 그 대금을 미지급하고 발생주의에 따라 회계처리하였더라도 접대행위 등이 이루어진 사업연도의 시부인대상 기업업무추진비로 보며, 기업업무추진비를 신용카드로 결제하는 경우에도 대금청구일이 아닌 실제로 접대행위 등을 한 사업연도의 기업업무추진비로 보아 시부인한다(법인 46012-551, 2001. 3. 14.).

5-2. 기업업무추진비의 가액계산

금전 이외의 자산으로 기업업무추진비를 지출한 경우, 기업업무추진비의 금액은 접대 등을 했을 때의 장부가액과 시가 중 큰 금액으로 한다(법령 §42 ⑥, §36 ① 3호). 이 경우 기업업무추진비와 관련된 부가가치세 매입세액은 부가가치세법 제39조 제1항 제6호에 따라 매출세액에서 공제받을 수 없다(법령 §22 ① 2호). 따라서 기업업무추진비와 관련된 부가가치세 매입세액도 그 기업업무추진비에 포함하며, 현물에 의한 접대 등이 부가가치세법 제10조 제4항 및 제5항에 따른 사업상 증여에 해당함에 따라 부담하는 매출세액도 기업업무추진비에 포함한다(법기통 25-0…3). 이에 대한 세무조정방법은 다음과 같은 사례를 통해 설명하기로 한다.

계산사례 - 4 **현물기업업무추진비의 회계처리에 따른 기업업무추진비 세무조정**

갑법인이 거래처인 을법인에게 업무상 접대목적으로 제품(판매가격은 6,000이고 원가는 5,000)을 증여하고 다음과 같이 회계처리한 경우 세무조정을 하라.

① 회사의 분개	(차)	기업업무추진비	5,600	(대)	제품	5,000
					부가세예수금	600

세무조정

② 세무상 분개	(차)	기업업무추진비	6,600	(대)	제품	5,000
					부가세예수금	600
					제품처분이익	1,000
③ 세무조정 분개 (①-②)	(차)	기업업무추진비 손금산입(기타)	1,000	(대)	제품처분이익 익금산입(기타)	1,000

결과적으로 소득금액계산에 미치는 영향이 없으므로 별도의 세무조정 없이 시부인대상 기업업무추진비에 1,000을 포함한다.

5-3. 기업업무추진비 한도 초과액의 배분

기업업무추진비 한도 초과액이 손비로 계상한 기업업무추진비보다 적은 때에는 그 초과액만을 손금불산입하나, 그 반대의 경우에는 다음과 같이 처리한다(법기통 25-0…2).

① 기업업무추진비 한도 초과액 전액을 손금불산입하고 기업업무추진비 한도 초과액 중 손비로 계상한 기업업무추진비를 초과하는 금액은 건설 중인 자산, 고정자산의 순서로 자산을

감액하고 손금산입(△유보)한다.

② 위 자산감액분에 대한 감가상각비는 세법상 감가상각비로 인정하지 않으므로 다음의 금액을 손금불산입(유보)한다.

$$\text{손금불산입액} = \triangle\text{유보 잔액} \times \frac{\text{회사계상 감가상각비}}{\text{회계상 상각 전 장부가액}}$$

자산계상 기업업무추진비가 있는 경우의 세무조정

구 분		사례 1	사례 2	사례 3	사례 4
건설 중인 자산(기업업무추진비)		6,500	3,500	6,000	10,500
비용계상 기업업무추진비(B)		4,000	7,000	4,500	0
시부인대상 기업업무추진비		10,500	10,500	10,500	10,500
기업업무추진비 한도액		6,000	6,000	6,000	6,000
기업업무추진비 한도 초과액(A)		4,500	4,500	4,500	4,500
손금 불산입액	비용 부인액	4,000	4,500	4,500	0
	건설 중인 자산 감액분(A－B)	500	0	0	4,500

세무조정

[사례 1]	〈손금불산입〉	기업업무추진비 한도 초과액 4,500 (기타사외유출)
	〈손금산입〉	건설 중인 자산 500 (△유보)
[사례 2, 3]	〈손금불산입〉	기업업무추진비 한도 초과액 4,500 (기타사외유출)
[사례 4]	〈손금불산입〉	기업업무추진비 한도 초과액 4,500 (기타사외유출)
	〈손금산입〉	건설 중인 자산 4,500 (△유보)

Step Ⅱ 서식의 이해

■ 작성요령 Ⅰ - 기업업무추진비조정명세서(을)

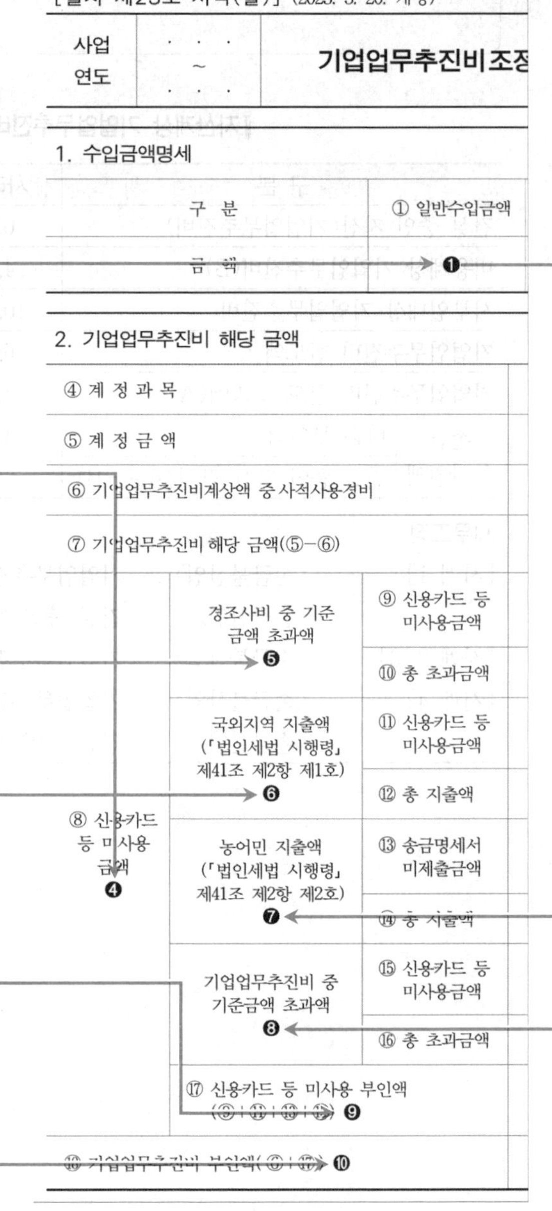

[별지 제23호 서식(을)] (2023. 3. 20. 개정)

사업연도	. . . ~ . . .	기업업무추진비 조정

1. 수입금액명세

구 분	① 일반수입금액
금 액	❶

2. 기업업무추진비 해당 금액

④ 계 정 과 목			
⑤ 계 정 금 액			
⑥ 기업업무추진비계상액 중 사적사용경비			
⑦ 기업업무추진비 해당 금액(⑤-⑥)			
⑧ 신용카드 등 미사용 금액 ❹	경조사비 중 기준금액 초과액 ❺	⑨ 신용카드 등 미사용금액	
		⑩ 총 초과금액	
	국외지역 지출액 (「법인세법 시행령」 제41조 제2항 제1호) ❻	⑪ 신용카드 등 미사용금액	
		⑫ 총 지출액	
	농어민 지출액 (「법인세법 시행령」 제41조 제2항 제2호) ❼	⑬ 송금명세서 미제출금액	
		⑭ 총 지출액	
	기업업무추진비 중 기준금액 초과액 ❽	⑮ 신용카드 등 미사용금액	
		⑯ 총 초과금액	
	⑰ 신용카드 등 미사용 부인액 (⑨+⑪+⑬+⑮) ❾		
⑱ 기업업무추진비 부인액(⑥+⑰) ❿			

❶ 「① 일반수입금액」란과 「② 특수관계인간 거래금액」란은 해당 업종별로 기업회계기준에 따라 계산한 매출액에 상당하는 금액을 적는다. 다만, 자본시장과 금융투자업에 관한 법률에 따른 투자매매업자 또는 투자중개업자, 집합투자업자 등의 법인은 법인세법 시행령 제42조 제1항 각 호에 따라 계산한 금액을 적는다.

❹ 「⑧ 신용카드 등 미사용금액」란은 해당 사업연도에 지출한 「⑦ 기업업무추진비 해당 금액」 중 신용카드(직불카드와 해외발행 신용카드를 포함함), 현금영수증, 계산서·세금계산서 및 비사업자에 대한 원천징수영수증을 발급·발행하지 않은 금액을 경조사비, 국외지역 지출액, 농어민 지출액 및 기준금액 초과액으로 구분하여 적는다.

❺ 「경조사비 중 기준금액 초과액」란에는 ⑨에는 경조사비 중 1회 20만원 초과 지출금액 중 신용카드 등 미사용금액, ⑩에는 총초과금액을 적는다.

❻ 「국외지역 지출액」란에는 ⑪에는 국외지역에서 지출한 금액 중 법인세법 시행령 제41조 제2항 제1호에 해당하는 지역 외의 지역에서 신용카드 등 미사용금액, ⑫에는 총지출액을 적는다.

❾ 「⑰ 신용카드 등 미사용 부인액」란에는 ⑨, ⑪, ⑬ 및 ⑮란의 합계액을 적는다.

❿ 「⑱ 기업업무추진비부인액」란 : 사적사용경비 성격의 기업업무추진비와 신용카드 등 증빙미수취에 따른 손금불산입 기업업무추진비 금액을 더하여(⑥란과 ⑰란의 합계) 적는다.

명세서(을)	법 인 명	
	사업자등록번호	

② 특수관계인간 거래금액	③ 합 계(①+②)
❶	

❷ 합 계

❸

❷ 「④ 계정과목」란은 기업업무추진비로 사용된 비용, 건설 중인 자산 또는 유형자산 및 무형자산 등의 계정과목을 각각 적는다.

❸ 「⑦ 기업업무추진비 해당 금액」란은 기업업무추진비 지출금액 중 사적비용 성격의 기업업무추진비를 제외한 금액을 적는다(법인세법 제25조 제2항에 따른 신용카드 등 증빙미수취에 따라 손금에 산입하지 않은 금액을 포함하여 적는다).

❼ 「농어민 지출액」란에는 ⑬에는 법인세법 시행령 제41조 제2항 제2호에 따른 농어민으로부터 직접 업무추진 목적에 사용하기 위한 재화를 공급받는 경우의 지출로서 금융실명거래 및 비밀보장에 관한 법률 제2조 제1호에 따른 금융회사 등을 통하여 대가를 지급하지 않거나 법인세법 제60조에 따른 과세표준 신고시 송금명세서를 제출하지 않은 금액, ⑭에는 총지출액을 적는다.

❽ 「기업업무추진비 중 기준금액 초과액」란에는 ⑮에는 ⑩, ⑫ 및 ⑭란의 지출금액을 제외한 3만원 초과 기업업무추진비 지출액 중 신용카드 등 미사용금액, ⑯에는 총초과액을 적는다.

■ 작성요령 Ⅱ - 기업업무추진비조정명세서(갑)

[별지 제23호 서식(갑)] (2024. 3. 22. 개정)

사 업 연 도	. . . ~ . . .	기업업무추진비

구 분		
① 기업업무추진비 해당 금액		
② 기준금액 초과 기업업무추진비 중 신용카드 등 미사		
③ 차감 기업업무추진비 해당 금액(①-②)		
일반 기업업무 추진비 한도	④ 1,200만원 (중소기업 3,600만원) × 해당	
	총수입금액 기준 ❹	100억원 이하
		100억원 초과
		500억원 초과
	일반수입금액 기준 ❺	100억원 이하
		100억원 초과
		500억원 초과
	⑦ 수입금액 기준	(⑤-⑥) × 20
	⑧ 일반 기업업무추진비 한도액(④	
문화 기업업무 추진비 한도 (「조세특례제한법」 제136조 제3항) ❽	⑨ 문화 기업업무추진비 지출액	
	⑩ 문화 기업업무추진비 한도액 [⑨와 (⑧×20/100)에 해당하는	
전통시장 기업업무 추진비 한도 (「조세특례제한법」 제136조 제6항) ❿	⑪ 전통시장 기업업무추진비 지출의	
	⑫ 전통시장 기업업무추진비 한도의 [⑪과 (⑧×10/100)에 해당하는	
⑬ 기업업무추진비 한도액 합계(⑧+⑩+⑫)		
⑭ 한도초과액(③-⑬)		
⑮ 손금산입 한도 내 기업업무추진비 지출액(③과 ⑬의		

❹ 총수입금액 기준의 금액란에는 "기업업무추진비 조정명세서(을)〔별지 제23호 서식(을)〕"의 ③란의 금액을 금액별 적용률에 따라 계산한 금액을 적는다.

❺ 일반수입금액 기준의 금액란에는 "기업업무추진비 조정명세서(을)〔별지 제23호 서식(을)〕"의 ①란의 금액을 금액별 적용률에 따라 계산한 금액을 적는다.

❽ 문화 기업업무추진비 한도(⑨~⑩)는 조세특례제한법 제136조 제3항에 따른 문화 기업업무추진비 지출금액이 있는 경우 작성한다.

❿ 전통시장 기업업무추진비 한도(⑪~⑫)는 조세특례제한법 제136조 제6항에 따른 전통시장 기업업무추진비 지출금액이 있는 경우 작성한다.

조정명세서(갑)

법 인 명	
사업자등록번호	

	금 액
	❶
사용으로 인한 손금불산입액	❷
사업연도 월수( ) / 12	❸
의 금액 × 30/10,000	
500억원 이하의 금액 × 20/10,000	
금액 × 3/10,000	
⑤ 소계	
의 금액 × 30/10,000	
500억원 이하의 금액 × 20/10,000	
금액 × 3/10,000	
⑥ 소계	
)(10)/100	❻
)+⑥+⑦)	❼
	❾
금액 중 적은 금액]	
액	⓫
액 금액 중 적은 금액]	
	⓬
에 해당하는 금액 중 적은 금액)	

❶ 「① 기업업무추진비 해당 금액」란에는 "기업업무추진비 조정명세서(을)〔별지 제23호 서식(을)〕"의 「⑦ 기업업무추진비 해당 금액」의 합계란 금액을 적는다.

❷ 「② 기준금액 초과 기업업무추진비 중 신용카드 등 미사용으로 인한 손금불산입액」란에는 "기업업무추진비 조정명세서(을)〔별지 제23호 서식(을)〕"의 「⑰ 신용카드 등 미사용 부인액」의 합계란 금액을 적는다.
(*) 기준금액(법인세법 시행령 제41조 제1항)
- 경조사비: 20만원
- 경조사비 외의 기업업무추진비: 3만원

❸ ④란에서 중소기업 외의 법인은 1,200만원, 중소기업은 3,600만원을 적용한다.

❻ 「⑦ 수입금액 기준」란의 적용률은 2013년 1월 1일 이후 개시하는 사업연도분부터는 10%를 적용한다.

❼ – 「⑧ 일반 기업업무추진비 한도액」 계산 시 법인이 법인세법 시행령 제42조 제2항에 해당하는 경우에는 「⑧ 일반 기업업무추진비 한도액」의 50%에 해당하는 금액을 적는다.
– 정부가 20% 이상 출자한 정부출자기관 및 정부출자기관이 출자한 법인으로서 그 정부출자기관 등이 최대주주인 법인의 경우에는 「⑧ 일반 기업업무추진비 한도액」의 금액란에 「법인세법」 제25조 제4항 각 호 외의 부분에 따른 금액을 합한 금액(④+⑥+⑦)의 100분의 70에 상당하는 금액을 적는다.

❾ 「⑨ 문화 기업업무추진비 지출액」은 「③ 차감 기업업무추진비 해당 금액」 중 조세특례제한법 시행령 제130조 제5항에 따른 지출액을 적는다.

⓫ 「⑪ 전통시장 기업업무추진비 지출액」은 「③ 차감 기업업무추진비 해당 금액 중 조세특례제한법」 제136조 제6항에 따른 지출액을 적는다.

⓬ 「⑭ 한도초과액」은 음수인 경우 "0"으로 적는다.

세무조정 체크리스트

검 토 사 항	확인
1. 3만원(경조사비는 20만원) 초과 기업업무추진비의 법정증거자료 확인	
2. 타계정에 포함되어 있는 기업업무추진비 성격의 비용 확인	
① 기업업무추진비와 유사비용(기부금, 복리후생비 등)의 구분	
② 유형자산 등 자산의 원가에 포함된 기업업무추진비의 확인	
3. 금융기관 모집권유비는 그 지출의 성격에 따라 처리	
4. 특수관계인이 부담하여야 할 기업업무추진비의 확인	
5. 수입금액에서 조정되는 사항의 확인[수입금액은 기업회계기준에 의한 매출액을 의미하고, 사업연도 중에 중단된 사업부문의 매출액을 포함하며, 자본시장과 금융투자업에 관한 법률 제4조 제7항에 따른 파생결합증권 및 같은 법 제5조 제1항에 따른 파생상품 거래의 경우 해당 거래의 손익을 통산한 순이익(0보다 작은 경우 0으로 함)을 말함]	
6. 기업업무추진비 한도액 계산	
① 중소기업(조특법 §6 ①) 여부의 확인, 부동산임대업 주업 법인(법령 §42 ②) 여부 확인 및 정부투자기관 여부 확인	
② 사업연도 월수를 감안(1월 미만은 1월로 함)	
③ 특수관계인간 거래 여부 확인(특수관계인 수입금액에 대한 적용률 10% 적용)	
④ 투자매매업자 등의 기업업무추진비 한도액 계산시 기준수입금액의 확인(법령 §42 ①)	
⑤ 문화기업업무추진비 및 전통시장기업업무추진비가 있는지 확인(조특법 §136 ③, ⑥)	
7. 신용카드 등 미사용 기업업무추진비 등의 시부인	
① 「신용카드, 직불카드, 외국발행신용카드, 기명식선불카드, 직불전자지급수단, 기명식선불전자지급수단, 기명식전자화폐, 현금영수증, 계산서, 세금계산서, 매입자발행계산서, 매입자발행세금계산서 및 원천징수영수증("법정증거자료")」 등의 사용금액 확인	
② 3만원(경조사비는 20만원) 초과 기업업무추진비 중 법정증거자료 미수취시 손금불산입	
③ 지출사실이 객관적으로 명백한 경우로서 증거자료를 구비하기 어려운 국외지역에서 지출하거나 농어민으로부터 직접 재화를 공급받은 경우 법정증거자료 수취의무 예외 인정	
8. 기업업무추진비의 귀속사업연도의 확인(발생주의)	
9. 현물기업업무추진비의 확인(신용카드 등의 의무사용에서 제외)	
10. 자산으로 계상된 기업업무추진비 확인(시부인 순서 확인)	

Step III 사례와 서식작성실무

예제 I

사 례

다음은 당기 신설법인인 ㈜삼일의 2024년 기업업무추진비 세무조정과 관련된 자료이며, 이에 따라 기업업무추진비 관련 세무조정을 하고 기업업무추진비조정명세서 〔별지 제23호 서식(갑), (을)〕을 작성하라.

1. 중소기업이 아니며 제조업을 영위하는 ㈜삼일의 당기 사업연도는 2024. 4. 7. ~ 2024. 12. 31.이다.
2. 손익계산서 및 제조원가명세서상 기업업무추진비계정에 계상된 금액은 400,000,000원이며, 동 금액에는 대주주 홍길동의 개인적 유흥비용 10,000,000원이 포함되어 있다.
3. 기타 비용계정분석
   (1) 잡비계정에는 특수관계가 없는 거래처에 대한 업무 관련 매출채권포기액(채권포기에 대한 정당한 사유 없음) 1,500,000원과 기업업무추진비 관련 부가가치세 매입세액 1,000,000원이 포함되어 있다.
   (2) 복리후생비계정에는 직원 복지회(법인이 아님)의 사무실구입 보조비용 1,000,000원이 포함되어 있다.
   (3) 건물계정에는 11월 중 완공된 공장의 건설을 위한 건설회사 등에 대한 5건의 경조사비 2,000,000원이 포함되어 있다. 이는 모두 건당 20만원을 초과하는 금액으로써 신용카드 등 증거자료를 구비하지 못한 금액은 500,000원이다.
4. 기업회계기준에 의한 매출액은 80,000,000,000원이며, 이 금액에는 특수관계인간 거래에 의한 수입금액 20,000,000,000원을 포함하고 있다.
5. 손익계산서 및 제조원가명세서상 기업업무추진비 계정의 금액 및 동 금액에 대한 신용카드 등 증거자료 구비 여부는 다음의 표와 같다. 한편, 기업업무추진비로 간주되는 금액 중 매출채권포기액 및 경조사비 일부를 제외하고는 모두 신용카드 등 증거자료를 구비하였다. 또한, 건당 3만원을 초과하는 기업업무추진비 중 신용카드 등 미사용분은 업무와 관련하여 지출된 기업업무추진비임이 입증되며 임직원에게 귀속되는 금액은 없다. 또한, 아래의 건당 3만원 초과 기업업무추진비(신용카드 등 사용분) 280,000,000원 중에는 문화기업업무추진비 5,000,000원이 포함되어 있다.

구 분	건당 3만원 초과	건당 3만원 이하	합 계
신용카드 등 사용분	280,000,000	20,000,000	300,000,000
신용카드 등 미사용분	70,000,000	30,000,000	100,000,000
합 계	350,000,000	50,000,000	400,000,000

해 설

1. 시부인대상 기업업무추진비에서 제외되는 것

(1) 대주주의 사적사용경비	10,000,000	손금불산입(배당)
(2) 신용카드 미사용 기업업무추진비		
① 건당 3만원 초과 기업업무추진비	70,000,000	손금불산입(기타사외유출)
② 건당 20만원 초과 경조비	500,000	손금불산입(기타사외유출)
	80,500,000	

2. 기업업무추진비 시부인 계산

(1) 시부인대상 기업업무추진비(①+②) = 324,000,000

① 본래의 기업업무추진비

= 400,000,000 − 10,000,000(대주주가 부담할 기업업무추진비) − 70,000,000(건당 3만원 초과 기업업무추진비 중 신용카드 미사용분)

= 320,000,000

② 간주 기업업무추진비

= 1,500,000(업무 관련 매출채권포기액) + 1,000,000(기업업무추진비 관련 매입세액) + 1,500,000(건물에 포함된 경조사비 중 신용카드 등 사용분)

= 4,000,000

(2) 기업업무추진비 한도액 = [1)+2)] = 127,600,000

1) 일반기업업무추진비 한도액 = (① + ②) = 122,600,000

① 기본금액기준

=12,000,000 × 9/12[(*1)] = 9,000,000

(*1) 사업연도 월수가 8개월 22일이나, 1월 미만은 1월로 하므로 사업연도 월수는 9개월로 함.

② 수입금액기준

= (10,000,000,000 × 30/10,000 + 40,000,000,000 × 20/10,000 + 10,000,000,000 × 3/10,000) + (20,000,000,000 × 3/10,000 × 10%) = 113,600,000

2) 문화기업업무추진비 한도액 = Min(①, ②) = 5,000,000

① 문화기업업무추진비 지출액 = 5,000,000

② 일반기업업무추진비 한도액 × 20% = 24,520,000

(3) 기업업무추진비 한도 초과액

= 324,000,000 − 127,600,000

= 196,400,000(손금불산입, 기타사외유출)

3. 기업업무추진비 세무조정 요약

구 분	금 액	세무조정	소득처분
기업업무추진비 한도 초과액	196,400,000	손금불산입	기타사외유출
신용카드 등 미사용분	70,500,000	손금불산입	기타사외유출
대주주의 기업업무추진비	10,000,000	손금불산입	배 당
합 계	276,900,000		

4. 세무조정서식 〔별지 제23호 서식(을)〕·〔별지 제23호 서식(갑)〕 작성 (다음 page 참조)

[별지 제23호 서식(을)] (2023. 3. 20. 개정)

사업연도	2024. 1. 1. ~ 2024. 12. 31.	기업업무추진비조정명세서(을)	법 인 명	(주)삼일
			사업자등록번호	

1. 수입금액명세

구 분	① 일반수입금액	② 특수관계인간 거래금액	③ 합계(①+②)
금 액	60,000,000,000	20,000,000,000	80,000,000,000

2. 기업업무추진비 해당 금액

④ 계 정 과 목			기업업무추진비	잡비	건물	합 계
⑤ 계 정 금 액			400,000,000	2,500,000	2,000,000	404,500,000
⑥ 기업업무추진비 계상액 중 사적사용경비			10,000,000			10,000,000
⑦ 기업업무추진비 해당 금액(⑤-⑥)			390,000,000	2,500,000	2,000,000	394,500,000
⑧ 신용카드 등 미사용 금액	경조사비 중 기준 금액 초과액	⑨ 신용카드 등 미사용금액			500,000	500,000
		⑩ 총 초과금액			2,000,000	2,000,000
	국외지역 지출액 (「법인세법 시행령」 제41조 제2항 제1호)	⑪ 신용카드 등 미사용금액				
		⑫ 총 지출액				
	농어민 지출액 (「법인세법 시행령」 제41조 제2항 제2호)	⑬ 송금명세서 미제출금액				
		⑭ 총 지출액				
	기업업무추진비 중 기준금액 초과액	⑮ 신용카드 등 미사용금액	70,000,000			70,000,000
		⑯ 총 초과금액	350,000,000	2,500,000		352,500,000
	⑰ 신용카드 등 미사용 부인액 (⑨+⑪+⑬+⑮)		70,000,000		500,000	70,500,000
⑱ 기업업무추진비 부인액(⑥+⑰)			80,000,000		500,000	80,500,000

[별지 제23호 서식(갑)] (2024. 3. 22. 개정)

사 업 연 도	2024. 1. 1. ~ 2024. 12. 31.	기업업무추진비조정명세서(갑)	법인명	㈜ 삼일
			사업자등록번호	

구 분			금 액
① 기업업무추진비 해당 금액			394,500,000
② 기준금액 초과 기업업무추진비 중 신용카드 등 미사용으로 인한 손금불산입액			70,500,000
③ 차감 기업업무추진비 해당 금액(①-②)			324,500,000
일반 기업업무추진비 한도	④ 1,200만원 (중소기업 3,600만원) × 해당 사업연도 월수(9) / 12		9,000,000
	총수입금액 기준	100억원 이하의 금액 × 30/10,000	30,000,000
		100억원 초과 500억원 이하의 금액 × 20/10,000	80,000,000
		500억원 초과 금액 × 3/10,000	9,000,000
		⑤ 소계	119,000,000
	일반수입금액 기준	100억원 이하의 금액 × 30/10,000	30,000,000
		100억원 초과 500억원 이하의 금액 × 20/10,000	80,000,000
		500억원 초과 금액 × 3/10,000	3,000,000
		⑥ 소계	113,000,000
	⑦ 수입금액 기준	(⑤-⑥) × 20(10)/100	600,000
	⑧ 일반 기업업무추진비 한도액(④+⑥+⑦)		122,600,000
문화기업업무추진비 한도 (「조세특례제한법」 제136조 제3항)	⑨ 문화 기업업무추진비 지출액		5,000,000
	⑩ 문화 기업업무추진비 한도액 [⑨와 (⑧×20/100)에 해당하는 금액 중 적은 금액]		5,000,000
전통시장기업업무추진비 한도 (「조세특례제한법」 제136조 제6항)	⑪ 전통시장 기업업무추진비 지출액		
	⑫ 전통시장 기업업무추진비 한도액 [⑪과 (⑧×10/100)에 해당하는 금액 중 적은 금액]		
⑬ 기업업무추진비 한도액 합계(⑧+⑩+⑫)			127,600,000
⑭ 한도초과액(③-⑬)			196,400,000
⑮ 손금산입 한도 내 기업업무추진비 지출액(③과 ⑬에 해당하는 금액 중 적은 금액)			127,600,000

예제Ⅱ

사 례

세무상 중소기업인 ㈜삼일의 제30기 회계연도(2024. 1. 1. ~ 2024. 12. 31.)에 대한 결산종료 후 세무조정시 다음의 사항을 발견하였다고 가정하고 기업업무추진비조정명세서 〔별지 제23호 서식(갑), (을)〕을 작성하라.

1. 결산서상 총매출액(단위 : 원)

①	도매업 매출	10,000,000,000
②	제조업 매출	5,000,000,000
③	임대료 수입	800,000,000
	합 계	15,800,000,000

(1) 전기에 도매업 매출액에 대한 기업회계기준과 세법간 손익귀속시기 차이로 인하여 익금산입한 금액이 1,000,000,000원(매출원가 800,000,000원)이 있는 바, 동 금액은 당기의 도매업 매출액에 포함되었다. 또한, 도매업 관련 매출할인 10,000,000원을 영업외비용으로 계상하였다.

(2) 제조업 매출액 50,000,000원 및 동 매출원가 40,000,000원이 각각 누락되어 세무조정시 이를 반영하기로 하였다.

(3) 임대료수입은 100% 자회사에 대한 임대수익으로 세무상 시가로 수령한 금액이다(이자소득 및 배당소득과 임대보증금에 대한 간주익금은 없음).

2. 결산서상 기업업무추진비 관련 자료

(1) 결산서상 계상된 기업업무추진비의 상세내역은 다음과 같다.

구 분	판관비	제조원가	무형자산	합 계
• 기업업무추진비 해당 금액	60,000,000	20,000,000	10,000,000	90,000,000
• 건당 3만원 초과분				
-신용카드 등 사용분	51,000,000	15,000,000	4,000,000	70,000,000
-신용카드 등 미사용분(*)	4,000,000	0	1,000,000	5,000,000
	55,000,000	15,000,000	5,000,000	75,000,000
• 건당 3만원 이하분				
-신용카드 등 사용분	4,500,000	5,000,000	3,000,000	12,500,000
-신용카드 등 미사용분	500,000	-	2,000,000	2,500,000
	5,000,000	5,000,000	5,000,000	15,000,000

(*) 업무와 관련하여 지출된 기업업무추진비이며, 임직원들에게 귀속된 금액은 없음.

(2) 경조사비는 모두 건당 20만원을 초과하지 않으며, 문화기업업무추진비 및 전통시장기업업무추진비 지출액은 없는 것으로 가정한다.

해 설

1. 수입금액

		일반수입금액	특수관계인간 수입	합 계
총매출액		15,000,000,000	800,000,000	15,800,000,000
매출할인	(−)	10,000,000		
매출누락	(+)	50,000,000		
합 계		15,040,000,000	800,000,000	15,840,000,000

전기에 기업회계와 세법의 손익귀속시기 차이로 익금산입한 도매업 매출액 10억원은 당기 세무조정시 이월익금에 해당하므로 익금불산입(△유보)하나, 동 금액은 수입금액에 반영하지 않는다. 매출할인은 매출액의 차감항목이며, 누락된 매출액은 익금산입(유보)하고 수입금액에 반영한다.

2. 기업업무추진비 세무조정

(1) 시부인대상 기업업무추진비

= 90,000,000(총 기업업무추진비 지출액) − 5,000,000

= 85,000,000

※ 건당 3만원을 초과하는 기업업무추진비 중 신용카드 등 증빙요건을 충족하지 못한 금액 5,000,000원은 손금불산입(기타사외유출)하고 시부인대상 기업업무추진비에서 제외함[무형자산 1,000,000은 손금산입(△유보)함].

(2) 기업업무추진비 한도액

= 36,000,000 × 12/12 + (①+②)

= 76,240,000

① 10,000,000,000 × 30/10,000 + 5,040,000,000 × 20/10,000 = 40,080,000

② 800,000,000 × 20/10,000 × 10% = 160,000

(3) 기업업무추진비 한도초과액

= 85,000,000 − 76,240,000

= 8,760,000(손금불산입, 기타사외유출)

3. 세무조정서식 〔별지 제23호 서식(을)〕·〔별지 제23호 서식(갑)〕 작성 (다음 page 참조)

[별지 제23호 서식(을)] (2023. 3. 20. 개정)

사업연도	2024. 1. 1. ~ 2024. 12. 31.	기업업무추진비조정명세서(을)	법 인 명	(주)삼일
			사업자등록번호	

1. 수입금액명세

구 분	① 일반수입금액	② 특수관계인간 거래금액	③ 합계(①+②)
금 액	15,040,000,000	800,000,000	15,840,000,000

2. 기업업무추진비 해당 금액

④ 계 정 과 목			판관비	제조원가	무형자산	합 계
⑤ 계 정 금 액			60,000,000	20,000,000	10,000,000	90,000,000
⑥ 기업업무추진비계상액 중 사적사용경비			-		-	-
⑦ 기업업무추진비 해당 금액(⑤-⑥)			60,000,000	20,000,000	10,000,000	90,000,000
⑧ 신용카드 등 미사용 금액	경조사비 중 기준 금액 초과액	⑨ 신용카드 등 미사용금액	-	-	-	-
		⑩ 총 초과금액	-	-	-	-
	국외지역 지출액 (「법인세법 시행령」 제41조 제2항 제1호)	⑪ 신용카드 등 미사용금액	-	-	-	-
		⑫ 총 지출액	-	-	-	-
	농어민 지출액 (「법인세법 시행령」 제41조 제2항 제2호)	⑬ 송금명세서 미제출금액	-	-	-	-
		⑭ 총 지출액	-	-	-	-
	기업업무추진비 중 기준금액 초과액	⑮ 신용카드 등 미사용금액	4,000,000	-	1,000,000	5,000,000
		⑯ 총 초과금액	55,000,000	15,000,000	5,000,000	75,000,000
	⑰ 신용카드 등 미사용 부인액 (⑨+⑪+⑬+⑮)		4,000,000	-	1,000,000	5,000,000
⑱ 기업업무추진비 부인액(⑥+⑰)			4,000,000	-	1,000,000	5,000,000

[별지 제23호 서식(갑)] (2024. 3. 22. 개정)

사업연도	2024. 1. 1. ~ 2024. 12. 31.	기업업무추진비조정명세서(갑)	법 인 명	(주)상일
			사업자등록번호	

구 분			금 액
① 기업업무추진비 해당 금액			90,000,000
② 기준금액 초과 기업업무추진비 중 신용카드 등 미사용으로 인한 손금불산입액			5,000,000
③ 차감 기업업무추진비 해당 금액(①-②)			85,000,000
일반 기업업무추진비 한도	④ 1,200만원 (중소기업 3,600만원) × 해당 사업연도 월수(12) / 12		36,000,000
	총수입금액 기준	100억원 이하의 금액 × 30/10,000	30,000,000
		100억원 초과 500억원 이하의 금액 × 20/10,000	11,680,000
		500억원 초과 금액 × 3/10,000	
		⑤ 소계	41,680,000
	일반수입금액 기준	100억원 이하의 금액 × 30/10,000	30,000,000
		100억원 초과 500억원 이하의 금액 × 20/10,000	10,080,000
		500억원 초과 금액 × 3/10,000	
		⑥ 소계	40,080,000
	⑦ 수입금액 기준	(⑤-⑥) × 20(10)/100	160,000
	⑧ 일반 기업업무추진비 한도액(④+⑥+⑦)		76,240,000
문화기업업무추진비 한도 (「조세특례제한법」 제136조 제3항)	⑨ 문화 기업업무추진비 지출액		
	⑩ 문화 기업업무추진비 한도액 [⑨와 (⑧×20/100)에 해당하는 금액 중 적은 금액]		
전통시장기업업무추진비 한도 (「조세특례제한법」 제136조 제6항)	⑪ 전통시장 기업업무추진비 지출액		
	⑫ 전통시장 기업업무추진비 한도액 [⑪과 (⑧×10/100)에 해당하는 금액 중 적은 금액]		
⑬ 기업업무추진비 한도액 합계(⑧+⑩+⑫)			76,240,000
⑭ 한도초과액(③-⑬)			8,760,000
⑮ 손금산입 한도 내 기업업무추진비 지출액(③과 ⑬에 해당하는 금액 중 적은 금액)			76,240,000

지급이자

관련 법령	• 법법 §27, §28 • 법령 §49, §51, §52, §53, §55 • 법칙 §26, §27, §28

관련 서식	• 법인세법 시행규칙 [별지 제25호 서식] 건설자금이자조정명세서 [별지 제26호 서식(갑)] 업무무관부동산 등에 관련한 차입금이자조정명세서(갑) [별지 제26호 서식(을)] 업무무관부동산 등에 관련한 차입금이자조정명세서(을)

제9절

지급이자

9

Step I 내용의 이해

1. 개 요

차입금에 대한 지급이자는 법인의 순자산을 감소시키는 손비이므로 각 사업연도의 소득금액 계산시 이를 손금에 산입하는 것이 원칙이다(법법 §19 ④ 및 법령 §19 7호).

다만, 법인의 재무구조 개선 및 비생산적인 자산 취득을 방지하기 위한 조세정책적 목적 등 여러 가지 사유로 다음 각각에 해당하는 지급이자는 손금에 산입하지 아니한다(법법 §28).

손금불산입항목	소득처분
① 채권자가 불분명한 사채의 이자	대표자상여 (원천징수상당액은 기타사외유출)
② 지급받은 자가 불분명한 채권·증권의 이자 또는 할인액	
③ 건설자금이자	유 보
④ 업무무관자산 및 업무무관가지급금 등에 대한 지급이자	기타사외유출

2. 채권자가 불분명한 사채의 이자

2-1. 채권자 불분명 사채이자의 범위

채권자가 불분명한 사채(私債)의 이자는 손금에 산입하지 아니한다.

채권자가 불분명한 사채이자란 다음 중 어느 하나에 해당하는 차입금을 말하며, 여기에는 알선수수료·사례금 등 명목 여하에 불구하고 사채를 차입하고 지급하는 모든 금품이 포함된다. 다만, 거래일 현재 주민등록표에 의하여 그 거주사실 등이 확인된 채권자가 차입금을 변제받은 후 소재불명이 된 경우의 차입금에 대한 이자는 채권자가 불분명한 사채이자로 보지 아니한다(법법 §28 ① 1호 및 법령 §51 ①).

① 채권자의 주소 및 성명을 확인할 수 없는 차입금
② 채권자의 능력 및 자산상태로 보아 금전을 대여한 것으로 인정할 수 없는 차입금
③ 채권자와의 금전거래사실 및 거래내용이 불분명한 차입금

관련사례

- 회사가 신고한 사채권자들의 자금대여 사실 부인시 채권자 불분명 사채 해당 여부
  회사가 사채권자들로 신고한 사람들이 회사에게 자금을 대여한 사실 자체를 부인함으로써 회사가 주장하는 이자를 지급받은 채권자들의 주소 및 성명을 알 수 없게 되는 경우에는 "채권자가 불분명"한 경우에 해당함(대법 92누 1810, 1993. 1. 26.).
- 채권자 불분명 차입금의 자산수증익 해당 여부
  채권자가 불분명한 자금이더라도 지급이자 상당액을 손금불산입할 뿐 당해 자금 상당액을 법인의 자산수증익으로 볼 수 없음(국심 91중 2684, 1992. 3. 10.).

2-2. 소득처분

채권자가 불분명한 사채이자는 손금불산입하여 대표자에 대한 상여로 소득처분하되, 동 이자에 대한 원천징수세액 상당액은 대표자에게 귀속될 성질의 지출이 아니므로 기타사외유출로 소득처분한다(법기통 67-106…3). 그러나, 지급이자에 대한 원천징수가 없었던 경우에는 지급이자 총액을 손금불산입하고 대표자 상여로 소득처분하여야 한다.

계산사례 - 1 **채권자 불분명 사채이자의 소득처분**

㈜삼일은 사채를 차입하고 사채이자 1,000,000원을 사채권자 甲에게 지급하였으며, 사채권자의 성명과 주소는 확인되지 않는다.

구 분	세무조정(소득처분)
소득세 및 개인지방소득세 특별징수분 합계액 495,000원을 원천징수한 경우(*)	〈손금불산입〉 원천징수세액 495,000 (기타사외유출) 채권자불분명사채이자 538,000 (상 여)
소득세 및 개인지방소득세 특별징수분을 원천징수하지 않은 경우	〈손금불산입〉 채권자불분명사채이자 1,000,000 (상 여)

(*) 원천징수세율 : 소득세 45%(비실명 이자소득), 개인지방소득세 특별징수분 4.5%(소득세율의 10%)를 가정

3. 지급받은 자가 불분명한 채권 · 증권의 이자 또는 할인액

3-1. 지급받은 자가 불분명한 채권 · 증권의 이자 또는 할인액의 범위

다음에 해당하는 채권 · 증권의 이자 · 할인액 또는 차익 중 그 지급받은 자가 불분명한 것으로서 그 이자 등을 당해 채권 또는 증권의 발행법인이 직접 지급하는 경우, 그 지급사실이 객관적으로 인정되지 아니하는 이자 · 할인액 또는 차익은 손금에 산입하지 아니한다(법법 §28 ① 2호 및 법령 §51 ② 및 소법 §16 ① 1 · 2 · 5 · 8호 및 소령 §24).

① 국가 또는 지방자치단체가 발행한 채권 또는 증권의 이자와 할인액
② 내국법인이 발행한 채권 또는 증권의 이자와 할인액
③ 외국법인의 국내지점 또는 국내영업소에서 발행한 채권이나 증권의 이자와 할인액
④ 금융회사 등(*)이 환매기간에 따른 사전약정이율을 적용하여 환매수 또는 환매도하는 조건으로 매매하는 채권 또는 증권의 환매조건부매매차익

(*) 금융회사 등 : 금융실명거래 및 비밀보장에 관한 법률 제2조 제1호 각목의 어느 하나에 해당하는 금융회사 등과 법인세법 시행령 제111조 제1항 각 호의 어느 하나에 해당하는 법인

3-2. 소득처분

지급받은 자가 불분명한 채권 · 증권의 이자 또는 할인액에 대한 소득처분은 채권자 불분명 사채이자에 대한 소득처분과 동일하다.

4. 건설자금이자

4-1. 개 요

건설자금이자란 자산의 취득에 사용된 차입금과 관련하여 그 자산의 취득기간 동안 발생한 지급이자와 기타 이와 유사한 성질의 지출금을 말하며, 건설자금이자와 관련한 현행 법인세법과 기업회계기준의 차이점을 요약하면 다음과 같다.

▌건설자금이자 관련 법인세법 및 기업회계의 차이▐

구 분	법인세법		기업회계기준	
			K-IFRS	일반기업회계기준
근거규정	법인세법 제28조		K-IFRS 제1023호	일반기업회계기준 제18장
자본화 강제 여부	특정차입금	강 제	자본화 강제	원칙 : 기간비용화 (단, 자본화 방법을 선택적으로 허용)
	일반차입금	선 택		

<table>
<tr><th colspan="2" rowspan="2">구 분</th><th rowspan="2">법인세법</th><th colspan="2">기업회계기준</th></tr>
<tr><th>K-IFRS</th><th>일반기업회계기준</th></tr>
<tr><td colspan="2">자본화
대상 자산</td><td>• 사업용 유형자산 · 무형자산 (투자자산 · 재고자산 제외)</td><td>• 제조설비자산
• 전력생산설비
• 무형자산
• 투자부동산
• 재고자산(단기간 내에 제조되거나 다른 방법으로 생산되는 재고자산 제외)
• 생산용식물</td><td>• 유형자산
• 무형자산
• 투자부동산
• 재고자산(취득에 1년 이상 소요되는 것에 한함)</td></tr>
<tr><td rowspan="2">자본화
대상
차입금</td><td>특정
차입금</td><td>사업용 유형 · 무형자산의 매입 · 제작 또는 건설에 소요된 것이 분명한 차입금</td><td colspan="2">적격자산을 취득할 목적으로 직접 차입한 자금</td></tr>
<tr><td>일반
차입금</td><td>건설 등에 소요된 기간에 실제로 발생한 차입금 중 특정차입금을 제외한 금액</td><td colspan="2">일반적인 목적으로 차입한 자금 중 적격자산의 취득에 소요되었다고 볼 수 있는 자금</td></tr>
<tr><td colspan="2">자본화
대상
금융비용</td><td>• 장 · 단기차입금과 사채에 대한 이자비용
• 사채발행차금상각(환입)액
• 금융리스이자비용 등
• 차입관련 지급보증료 등</td><td>• 유효이자율법을 사용하여 계산된 이자비용
• 리스부채 관련 이자
• 외화차입금과 관련되는 외환차이 중 이자원가의 조정으로 볼 수 있는 부분</td><td>• 장 · 단기차입금과 사채에 대한 이자
• 사채발행차금상각(환입)액
• 리스이용자의 금융리스 관련 원가
• 외화차입금과 관련되는 외환차이 중 차입원가의 조정으로 볼 수 있는 부분
• 채권 · 채무의 현재가치평가 및 채권 · 채무조정에 따른 현재가치 할인차금상각액
• 이자율변동 현금흐름위험회피회계가 적용되는 경우 위험회피수단의 평가손익과 거래손익
• 차입과 직접 관련하여 발생한 수수료</td></tr>
<tr><td>자본화
기간</td><td>개시
시점</td><td>매입 · 제작 또는 건설을 개시한 날</td><td colspan="2">적격자산에 대한 지출이 있었고, 차입원가가 발생하였으며, 적격자산을 의도된 용도로 사용하거나 판매가능한 상태에 이르게 하는 데 필요한 활동이 진행중이라는 조건이 모두 충족되는 시점</td></tr>
</table>

구 분		법인세법	기업회계기준	
			K-IFRS	일반기업회계기준
자본화 기간	종료 시점	목적물이 전부 준공된 날	적격자산을 의도한 용도로 사용하거나 판매가 가능한 상태에 이르게 하는 데 필요한 대부분의 활동이 완료된 시점	
	중단 기간	원칙 : 자본화 (단, 정당한 사유 없는 건설중단의 경우에는 업무무관부동산으로 보아 해당기간 동안 자본화 중단)	원칙 : 자본화 중단 (단, 취득상의 불가피한 건설중단은 자본화)	
자본화 대상 금액의 계산	특정 차입금	특정차입금 지급이자 - 특정차입금의 일시예금에서 발생한 수입이자 - 운영자금에 전용한 특정차입금 이자 + 특정차입금의 연체로 생긴 이자를 원본에 가산한 금액(가산된 연체이자의 지급이자 제외)	특정차입금 차입원가 - 특정차입금의 일시적 운용수익	
	일반 차입금	Min(①, ②) ① 일반차입금 지급이자 ② (지출액 적수/사업연도 일수 - 특정차입금 적수/사업연도 일수) × 자본화이자율	Min(①, ②) ① 일반차입금 차입원가 ② (적격자산에 대한 평균지출액 - 특정차입금의 평균지출액) × 자본화이자율	

4-2. 건설자금이자의 처리방법

4-2-1. 기업회계

한국채택국제회계기준(K-IFRS)에서는 적격자산의 취득, 건설 또는 생산과 직접 관련된 차입원가는 당해 자산 원가의 일부로서 의무적으로 자본화하도록 하고 있다(K-IFRS 1023호 문단 8).

반면, 일반기업회계기준에서는 적격자산과 관련된 차입원가는 기간비용으로 처리함을 원칙으로 하되, 적격자산의 취득과 관련된 차입원가는 그 자산을 취득하지 아니하였다면 부담하지 않을 수 있었던 원가이기 때문에 적격자산의 취득을 위한 자금에 차입금이 포함된다면 그 금액을 객관적으로 측정할 수 있는 경우에 한해 그 차입원가를 적격자산의 취득에 소요되는 원가로 회계처리할 수 있다(일반기준 18장 문단 18.4).

4-2-2. 법인세법

그 명목 여하에 불구하고 사업용 유형자산 및 무형자산의 매입 · 제작 또는 건설(이하 "건설 등"이라 함)에 사용한 것이 분명한 차입금(이하 "특정차입금"이라 함)에 대한 지급이자 또는 이와 유사한 성질의 지출금(이하 "지급이자 등"이라 함)은 손금에 산입하지 않고 해당 자산의 취득원가에 산입하여야 한다(법령 §52 ①).

또한, 해당 사업연도 중 건설 등에 소요된 기간에 실제로 발생한 일반차입금(해당 사업연도에 상환하거나 상환하지 아니한 차입금 중 특정차입금을 제외한 금액을 말하며, 이하 같음)의 지급이자 등에 대하여는 일정한 한도 내에서 자본화 여부를 선택할 수 있도록 하고 있는 바, 이에 대한 자세한 내용은 후술하는 '4-5-2'의 내용을 참조하도록 한다(법법 §28 ② 및 법령 §52 ⑦).

4-2-3. 세무조정

법인세법은 특정차입금 관련 건설자금이자를 자산의 취득원가에 산입하도록 강제하고 있으므로 일반기업회계기준에 따라 건설자금이자를 기간비용으로 회계처리한 경우 자산의 취득원가로 산입하는 세무조정을 하여야 한다.

4-3. 건설자금이자의 계산대상자산

4-3-1. 기업회계

한국채택국제회계기준(K-IFRS)에서는 적격자산의 취득, 건설 또는 생산과 직접 관련된 차입원가는 자본화하도록 하고 있으며, 재고자산, 제조설비자산, 전력생산설비, 무형자산, 투자부동산, 생산용식물은 경우에 따라 적격자산이 될 수 있다. 다만, 금융자산과 단기간 내에 제조되거나 다른 방법으로 생산되는 재고자산은 적격자산에 해당하지 아니하며 취득시점에 의도된 용도로 사용할 수 있거나 판매가능한 상태에 있는 자산인 경우에도 적격자산에 해당하지 아니한다(K-IFRS 1023호 문단 7).

일반기업회계기준에서는 적격자산의 취득 등과 관련된 차입원가는 자본화할 수 있도록 규정하고 있으며, 이때 적격자산에는 유형자산, 무형자산 및 투자부동산과 제조, 매입, 건설, 또는 개발이 개시된 날로부터 의도된 용도로 사용하거나 판매할 수 있는 상태가 될 때까지 1년 이상의 기간이 소요되는 재고자산을 포함한다. 또한, 유형자산, 무형자산 및 투자부동산에 대한 자본적 지출이 있는 경우에는 이를 포함한다(일반기준 18장 문단 18.4 및 용어의 정의).

4-3-2. 법인세법

법인세법에서는 건설자금이자의 계산대상자산을 사업용 유형자산 및 무형자산에 한정하고 있다. 여기에서 사업용 유형자산 및 무형자산이란 기업회계상 유형자산과 무형자산을 모두 포함하되, 투자자산은 제외된다. 또한, 매매를 목적으로 취득하여 재고자산으로 분류되는 자산은 그 취득기간의 장・단에 관계없이 건설자금이자의 계산대상자산이 아니다(법기통 28-52…1 3호).

한편, 건설자금이자의 계산대상자산에는 사업용 유형자산 및 무형자산의 건설 등 외에 기존의 사업용 유형자산 및 무형자산에 대한 증축 또는 증설, 개량과 같은 자본적 지출액을 포함한다(법인 46012-1553, 1996. 5. 31.). 다만, 증축 또는 증설, 개량이 건설자금이자의 계산대상인지 여부는 각 사업용 유형자산 및 무형자산별 자산의 규모, 투자내용 및 시기 등을 종합적으로 사실판단하여야 한다.

관련사례

- 일반차입금 이자의 자본화 선택시 건설중인 자산 중 일부자산에 선택적용 가능 여부
  일반차입금에서 발생하는 건설자금이자를 자본적 지출로 하여 사업용 고정자산의 취득원가에 가산하기로 선택한 경우에는 일반차입금에서 발생한 건설자금이자 전액을 취득원가에 가산하여야 하는 것임(기준법령법인-70, 2017. 4. 25.).
- 매매목적 부동산의 건설자금이자 계산대상자산 해당 여부
  매매를 목적으로 매입 또는 건설하는 주택 및 아파트는 건설자금이자 계산대상 사업용 유형자산 및 무형자산에 해당하지 아니함(법기통 28-52…1 3호).
- 토지 매입 관련 중도금 및 미지급금과 건설 관련 선급금의 건설자금이자 계산대상자산 해당 여부
  토지 매입시 지급한 중도금과 건설과 관련된 선급금은 건설자금이자 계산대상이나 토지매입과 관련된 미지급금에 대하여는 건설자금이자를 계산하지 아니함(서이 46012-10170, 2003. 1. 24.).
- 무형고정자산의 건설자금이자 계산대상자산 해당 여부
  건설자금이자 계산대상인 사업용 고정자산의 범위에는 '무형고정자산'이 포함됨(서이 46012-10553, 2002. 3. 20.).

4-3-3. 세무조정

법인세법상 건설자금이자의 계산대상자산에서 제외되는 재고자산, 투자부동산에 대하여 계상된 건설자금이자는 당기에 손금산입(△유보)하고, 그 손금산입된 금액은 추후 해당 자산의 처분 또는 비용계상시 손금불산입(유보)한다.

4-4. 건설자금이자 계산대상기간

4-4-1. 기업회계

기업회계기준에 의한 차입원가의 자본화는 자본화기간에 발생한 이자에 대하여만 해당 자산의 취득원가에 가산할 수 있으며, 그 이외의 기간에 발생한 이자는 비용으로 계상하여야 한다.

(1) 자본화기간의 개시 및 종료

차입원가는 자본화 개시일부터 적격자산을 의도된 용도로 사용하거나 판매가능한 상태에 이르게 하는 데 필요한 대부분의 활동이 완료된 시점까지 자본화한다. 이때 자본화 개시일은 최초로 다음 조건을 모두 충족시키는 날을 말한다(K-IFRS 1023호 문단 17, 22 및 일반기준 18장 문단 18.13, 18.14).

① 적격자산에 대하여 지출하고 있다.
② 차입원가를 발생시키고 있다.
③ 적격자산을 의도된 용도로 사용하거나 판매가능한 상태에 이르게 하는 데 필요한 활동을 수행하고 있다.

(2) 자본화기간의 중단

한국채택국제회계기준(K-IFRS)에서는 적격자산에 대한 적극적인 개발활동을 중단한 기간에는 차입원가의 자본화를 중단하도록 하고 있다. 그러나 상당한 기술 및 관리활동을 진행하고 있는 기간의 차입원가와 자산을 의도된 용도로 사용하거나 판매가능한 상태에 이르기 위한 과정에 있어 일시적인 지연이 필수적인 경우의 차입원가는 자본화를 중단하지 아니한다(K-IFRS 1023호 문단 20, 21).

일반기업회계기준에서도 적격자산을 의도된 용도로 사용하거나 판매하기 위한 취득활동이 중단된 경우 그 기간 동안에는 차입원가의 자본화를 중단하며 해당 차입원가는 기간비용으로 인식하도록 하고 있다. 그러나 제조 등에 필요한 일시적 중단이나 자산취득과정상 본질적으로 불가피하게 일어난 중단의 경우에는 차입원가의 자본화를 중단하지 않는다(일반기준 18장 문단 18.16).

4-4-2. 법인세법

법인세법에 의한 건설자금이자의 계산대상기간은 사업용 유형자산 및 무형자산의 건설 등을 개시한 날부터 준공된 날까지의 기간을 말한다(법령 §52 ②).

(1) 건설자금이자 계산의 기산일

건설자금이자 계산의 기산일은 건설을 개시한 날을 말하며, 매입의 경우에는 계약금을 지급한 날을, 제작·건설의 경우 관련 비용이 지출된 때를 개시일로 볼 수 있다. 따라서 금융비용이 기산일 이후 발생하는 경우에는 금융비용 발생일부터 건설자금이자를 계산하며, 건설 등의 목적에 충당하기 위한 차입금을 실제 건설착공 이전에 차입하여 발생하는 건설착공 이전의 이자상당액은 건설자금이자에 포함하는 것이 아니라 각 사업연도의 손금으로 한다. 즉, 건설자금이자는 건설자금이자의 계산대상기간과 당해 차입금에 대한 이자발생기간이 중복되는 기간에 한하여 계상된다.

(2) 건설자금이자 계산의 종료일

건설자금이자의 계산기간의 종료일은 건설이 준공된 날로 한다. 이때 건설이 준공된 날이라 함은 당해 건설 등의 목적물이 그 목적에 실제로 사용되기 시작한 날을 말하는 것으로, 각 자산의 종류별로 준공일을 살펴보면 다음과 같다(법령 §52 ⑥).

구 분	준 공 일
① 토 지	대금청산일과 그 사업에 사용되기 시작한 날(*1) 중 빠른 날
② 건축물	소득세법 시행령 제162조의 규정에 의한 취득일 또는 당해 건설의 목적물이 그 목적에 사용되기 시작한 날(사용개시일)(*2) 중 빠른 날
③ 기타 사업용 유형・무형자산	당해 목적에 사용되기 시작한 날(사용개시일)(*2)

(*1) 토지가 '그 사업에 사용되기 시작한 날'이라 함은 공장 등의 건설에 착공한 날 또는 해당 사업용 토지로 업무에 직접 사용한 날을 말한다(법기통 28-52…1 5호).

(*2) '사용개시일'이라 함은 정상제품을 생산하기 위하여 실제로 가동되는 날(선박의 경우에는 최초의 출항일, 전기사업법의 규정에 의한 전기사업자가 발전소를 건설하는 경우에는 전기사업법 제63조 및 같은 법 시행규칙 제31조에 따른 사용전검사의 합격통지를 받은 날)을 말한다(법기통 28-52…1 4호).

:: 감가상각 개시일과 건설자금이자 계산 종료일의 일치 여부

법인이 공장 이전을 위한 신공장의 건축물에 대한 건설을 완료하였으나 생산설비는 자금사정 등으로 인해 단계적으로 설치 중인 경우, 당해 공장용 건축물과 생산설비에 대한 감가상각은 정상제품의 생산을 위한 실제 가동일부터 실시하여야 한다(법인 46012-2054, 1998. 7. 23.).
한편, 공장용 건축물의 건설자금이자 계산의 종료일은 소득세법 시행령 제162조의 규정에 의한 취득일 또는 사용개시일 중 빠른 날이 되는 것이므로 결국 동 건축물의 건설자금이자 계산의 종료일과 감가상각 개시일은 반드시 일치하는 것은 아니다. 이는 건설자금이자가 유형자산 및 무형자산의 취득가액 결정에 관한 사항이고, 감가상각은 동 취득가액의 비용배분에 관한 사항이기 때문이다.

(3) 건설중단기간

건설 등이 중단된 기간에도 건설자금이자를 계산하는 것이 원칙이나(법인 1264.21-207, 1984. 1. 18.), 정당한 사유없이 건설 등을 중단한 경우에는 그 중단한 기간 동안 업무무관자산에 해당하므로(법칙 §26 ③ 1호), 해당 기간 동안에는 건설자금이자를 계상하지 아니하고 업무무관자산 등에 대한 지급이자 손금불산입 규정만을 적용한다(재법인 22631-71, 1992. 3. 30.).

관련사례

- 일반차입금의 자본화 선택시 계속적용 여부

  내국법인이 일반차입금에 상당하는 건설자금이자에 대해 자본적 지출로 하여 사업용 고정자산의 취득원가에 가산한 경우에는 해당 사업용 고정자산의 건설 등이 준공된 날까지 계속하여 취득원가에 가산하여야 하는 것임(서면법령법인-19995, 2015. 5. 22.).

- 토지매입에 대한 건설자금이자 계산시 대금청산일의 의미

  토지매입에 대한 건설자금이자 계산시 건설자금 계산의 종료일과 관련하여 '대금을 청산한 날'이란 토지분양계약서에 기재된 잔금을 납부하기로 약정한 날에 불구하고 해당 토지매입대금을 실제로 완불한 날로 하는 것임(법규법인 2013-533, 2014. 2. 7.).

- 임대용 건물 신축 중 부동산매매계약을 체결하고 건물을 완공하여 매수자에게 소유권을 이전하는 건물의 건설자금이자 계산 종료일

  법인이 당초 임대목적으로 건물을 신축하던 중 경영상 이유로 당해 건물에 대한 부동산매매계약을 체결하고 그 계약조건에 따라 건물을 완공하여 매수자에게 소유권이전등기를 하는 건물의 건설자금이자는 당해 건물의 매매계약 체결일 전일까지의 이자로 함(서면2팀-578, 2007. 4. 3.).

- 골프장 사업을 영위하는 법인의 건설 중인 건축물 외의 사업용 자산에 대한 건설자금이자 계산 종료일

  골프장을 건설하여 회원제 골프장 사업을 개시하는 법인이 건설 중인 건축물 외의 기타 사업용 자산에 대한 건설자금이자를 계산하는 경우에는 당해 골프장의 영업개시일을 건설자금이자 계산의 종료일로 함(서면2팀-2683, 2006. 12. 28.).

- 분양 목적으로 착공 후 임대용으로 용도변경한 아파트 건설사업의 건설자금이자 계산 기산일

  법인이 당초 분양을 목적으로 아파트 건설에 착공하였으나 경영상의 불가피한 사유로 관할 지방자치단체로부터 사업목적 변경승인을 얻어 임대용 아파트로 용도를 변경한 경우, 손익조절의 목적에 의한 것으로 인정되는 경우를 제외하고는 용도변경시점부터 건설자금이자를 계상함(서이 46012-10606, 2003. 3. 25.).

4-4-3. 세무조정

법인세법에 의한 건설자금이자의 계산대상기간과 기업회계기준에 의한 금융비용의 자본화 간의 차이로 인해 발생하는 건설자금이자에 대하여 손금산입(△유보) 또는 손금불산입(유보) 한다.

4-5. 건설자금이자 계산대상차입금

4-5-1. 기업회계

한국채택국제회계기준(K-IFRS)에서 적격자산의 취득, 건설 또는 생산과 직접 관련된 차입

원가란 당해 적격자산과 관련된 지출이 발생하지 아니하였다면 부담하지 않았을 차입원가를 말하는 것으로, 특정 적격자산을 획득하기 위한 목적으로 특정하여 자금을 차입하는 경우 당해 적격자산과 직접 관련된 차입원가는 쉽게 식별할 수 있으며, 이를 자본화하도록 하고 있다. 이외에도 일반적인 목적으로 자금을 차입하고 이를 적격자산의 취득을 위해 사용하는 경우에 한하여 당해 자산 관련 지출액에 자본화이자율을 적용하는 방식으로 자본화가능차입원가를 결정하여 자본화하도록 하고 있다(K-IFRS 1023호 문단 10, 14).

일반기업회계기준에서 자본화할 수 있는 차입원가는 적격자산을 취득할 목적으로 직접 차입한 자금으로서 적격자산을 의도된 용도로 사용하거나 판매가능한 상태에 이르게 하는 데 필요한 대부분의 활동이 완료되기 전까지 자금(특정차입금)에 대한 차입원가와 일반적인 목적으로 차입한 자금 중 적격자산의 취득에 소요되었다고 볼 수 있는 자금(일반차입금)에 대한 차입원가이며, 일반차입금에 포함시켜야 할 차입금은 대상자산에 대한 지출이 없었다고 가정하는 경우 차입원가의 회피가능성, 당해 차입금의 용도와 사용제한, 자금의 조달 및 사용계획 그리고 현재의 자금상태 등을 종합적으로 판단하여 결정한다. 이러한 판단 결과에 따라, 적격자산을 취득할 목적으로 직접 차입한 자금이 그 적격자산을 의도된 용도로 사용하거나 판매가능하게 하는 데 필요한 대부분의 활동이 완료된 경우에는 특정차입금의 정의를 충족하지 않으므로 일반차입금에 포함될 수 있다(일반기준 18장 문단 18.6 및 부록 실18.14).

4-5-2. 법인세법

법인세법에서는 차입금의 명목 여하에 불구하고 사업용 유형자산 및 무형자산의 건설 등에 소요되는 차입금(자산의 건설 등에 소요된지의 여부가 분명하지 아니한 차입금은 제외하며, 이하 "특정차입금"이라 함)에 대한 지급이자 또는 이와 유사한 성질의 지출금(이하 "지급이자 등"이라 함)은 의무적으로 자본화하도록 하고 있다(법령 §52 ①).

또한, 건설자금에 충당한 차입금의 이자에서 상기 특정차입금관련 이자를 뺀 금액으로서 다음의 ①과 ② 중 적은 금액은 내국법인의 각 사업연도의 소득금액을 계산할 때 자본화 여부를 선택할 수 있다(법령 §52 ⑦).

① 해당 사업연도 중 건설 등에 소요된 기간에 실제로 발생한 일반차입금(해당 사업연도에 상환하거나 상환하지 아니한 차입금 중 특정차입금을 제외한 금액을 말하며, 이하 같음)의 지급이자 등의 합계

② = ㉠ × ㉡

㉠ $$\frac{\text{해당 건설 등에 대하여 해당 사업연도에 지출한 금액의 적수}}{\text{해당 사업연도 일수}} - \frac{\text{해당 사업연도의 특정차입금의 적수}}{\text{해당 사업연도 일수}}$$

㉡ $$\text{일반차입금에서 발생한 지급이자 등의 합계액} \div \frac{\text{해당 사업연도의 일반차입금의 적수}}{\text{해당 사업연도 일수}}$$

4-5-3. 세무조정

법인세법은 특정차입금 관련 건설자금이자를 자산의 취득원가에 산입하도록 강제하고 있으므로 일반기업회계기준에 따라 건설자금이자를 기간비용으로 회계처리한 경우에는 자산의 취득원가로 산입하는 세무조정을 하여야 한다.

기타 기업회계기준에 의한 차입원가의 회계처리방법과 그에 따른 세무조정방법을 정리하면 다음과 같다.

<table>
<tr><th>자산의 구분</th><th>회계처리</th><th colspan="2">세무조정</th></tr>
<tr><td rowspan="3">• 유형자산
• 무형자산</td><td>기간비용</td><td colspan="2">법인세법상 인정되는 건설자금이자를 손금불산입(유보)</td></tr>
<tr><td rowspan="2">자본화</td><td>특정차입금</td><td>법인세법과의 차이만을 세무조정</td></tr>
<tr><td>일반차입금</td><td>전액 손금산입(△유보) 또는 법인세법과의 차이만을 세무조정</td></tr>
<tr><td rowspan="2">• 투자자산
• 재고자산</td><td>기간비용</td><td colspan="2">세무조정 없음.</td></tr>
<tr><td>자본화</td><td colspan="2">전액 손금산입(△유보)</td></tr>
</table>

4-6. 건설자금이자 계산대상 이자

4-6-1. 기업회계기준

한국채택국제회계기준(K-IFRS)에서 차입원가란 자금의 차입과 관련하여 발생하는 이자 및 기타 원가를 말하며 다음과 같은 항목을 포함할 수 있다(K-IFRS 1023호 문단 6).

① 한국채택국제회계기준(K-IFRS) 제1109호 '금융상품'에 기술된 유효이자율법을 사용하여 계산된 이자비용

② 한국채택국제회계기준(K-IFRS) 제1116호 '리스'에 따라 인식하는 리스부채 관련 이자

③ 외화차입금과 관련되는 외환차이 중 이자원가의 조정으로 볼 수 있는 부분

일반기업회계기준에서 차입원가란 자금의 차입과 관련하여 발생하는 이자 및 기타 원가를 말하며, 다음과 같은 항목을 포함한다(일반기준 18장 문단 18.2).

① 장 · 단기차입금과 사채에 대한 이자
② 사채발행차금상각(환입)액
③ 채권 · 채무의 현재가치평가 및 채권 · 채무조정에 따른 현재가치 할인차금상각액
④ 외화차입금과 관련되는 외환차이 중 차입원가의 조정으로 볼 수 있는 부분
⑤ 리스이용자의 금융리스 관련 원가
⑥ 차입금 등에 이자율변동 현금흐름위험회피회계가 적용되는 경우 위험회피수단의 평가손익과 거래손익
⑦ 차입과 직접 관련하여 발생한 수수료
⑧ 기타 이와 유사한 금융원가

다만, 매출채권 등의 매각에 따른 처분손실은 자본화대상 차입원가에서 제외하며, 차입금에 대한 연체이자는 차입원가로 분류되나, 자산취득을 위하여 직접 관련된 원가라고 볼 수 없기 때문에 자본화대상 차입원가에서 제외한다(일반기준 18장 부록 결18.1).

4-6-2. 법인세법

(1) 건설자금이자에 포함되는 금융비용

건설자금이자는 특정차입금 또는 일반차입금에 대하여 자산 취득기간 동안에 발생주의를 기준으로 확정된 지급이자를 말하는 것으로, 건설 등의 기간 중에 지급의무가 확정된 미지급이자는 포함하되, 건설 등이 있기 전에 지급된 이자는 제외한다(법인 46012-1012, 1995. 4. 13.). 법인세법상 건설자금이자에 포함되는 금융비용을 예시하면 다음과 같다.

① 금융기관으로부터 차입하는 때에 지급하는 지급보증료(법기통 28-52…1 1호)
② 특정차입금에 대한 연체이자를 원본에 가산한 경우 그 가산액(법령 §52 ④)
(단, 그 원본에 가산한 연체이자에 대한 이자상당액 제외)
③ 고정자산 매입대금의 지급지연에 따른 지급이자가 소비대차로 변경된 경우 건설 등이 준공된 날까지의 기간 중에 지급하는 이자(법기통 28-52…2)
(단, 건설 등이 준공된 날 이후의 이자 제외)
④ 금융리스 이자비용(법인 22601-2186, 1986. 7. 9.)
⑤ 사채할인발행차금 상각액(법인 22601-3304, 1988. 11. 15.)
⑥ 진성어음할인자금과 당좌차월 발행한 당좌수표가 건설자금에 사용된 것이 분명한 경우 그 할인료와 지급이자(법인 46012-3238, 1997. 12. 11.)
⑦ 공장설비투자자금에 대한 융자약정수수료(법인 22601-1357, 1989. 4. 12.)
⑧ 전환사채이자(법인 46012-114, 1995. 1. 13.)

(2) 건설자금이자에서 제외되는 금융비용

건설자금이자의 계산대상에 포함되지 아니하는 금융비용을 예시하면 다음과 같다.

① 운영자금에 전용한 특정차입금 이자(법령 §52 ③)
다만, 법인이 건설 등에 필요한 자금을 법인의 운영자금에서 우선 지급하고 그 후에 건설 등 명목으로 자금을 차입하여 이를 운영자금에 충당한 경우, 당해 차입금 관련 이자는 건설자금이자의 계산대상 이자의 범위에 포함된다(재법인 46012-180, 1999. 11. 11.).

② 현재가치할인차금(장기할부조건 등으로 취득하는 경우 발생한 채무를 기업회계기준이 정하는 바에 따라 현재가치로 평가하여 현재가치할인차금으로 계상한 경우의 당해 현재가치할인차금)의 상각액(법령 §72 ④ 1호, ⑥)

③ 연지급수입에 따른 이자
다음의 하나에 해당하는 연지급수입에 있어서 취득가액과 구분하여 지급이자로 계상한 금액(법령 §72 ④ 2호, ⑥ 및 법칙 §37 ③)

구 분	연지급수입
가. 은행신용공여방식에 의한 수입(Banker's Usance)	은행이 신용을 공여하는 기한부 신용장방식 수입방법에 의하여 그 선적서류나 물품의 영수일부터 일정기간이 경과한 후에 당해 물품의 수입대금 전액을 지급하는 방법에 의한 수입
나. 수출자신용공여방식에 의한 수입(Shipper's Usance)	공급자가 신용을 공여하는 수출자신용방식에 의한 수입방법에 의하여 그 선적서류나 물품의 영수일부터 일정기간이 경과한 후에 당해 물품의 수입대금 전액을 지급하는 방법에 의한 수입
다. 인수・도조건부방식에 의한 수입(D/A ; Documents against Acceptance)	수출자가 발행한 기한부 환어음을 수입자가 인수하면 선적서류나 물품이 수입자에게 인도되도록 하고 그 선적서류나 물품의 인도일부터 일정기간이 지난 후에 수입자가 해당 물품의 수입대금 전액을 지급하는 방법에 의한 수입
라. 일람불 수입대금방식・수출자 신용방식 및 사후 송금방식 결제를 위한 단기외화자금 차입방법에 의한 수입	정유회사, 원유・액화천연가스 또는 액화석유가스 수입업자가 원유・액화천연가스 또는 액화석유가스의 일람불방식・수출자신용방식 또는 사후송금방식에 의한 수입대금결제를 위하여 외국환거래법에 의한 연지급 수입기간 이내에 단기외화자금을 차입하는 방법에 의한 수입
마. 기타 연지급수입	상기 가.~라.와 유사한 연지급수입

④ 외화차입금에 대한 외화평가손실 및 외환차손(재법인 46012-180, 1999. 11. 11.)

⑤ 운용리스료(법인 22601-2020, 1986. 6. 24.)

4-6-3. 세무조정

기업회계기준에 의한 건설자금이자의 계산대상 이자에 해당하여 자본화한 금액 중 법인세법상 건설자금이자의 계산대상 이자에서 제외하는 금액은 손금산입(△유보)하고, 기업회계기준에 의한 건설자금이자의 계산대상 이자에 해당하지 아니하여 기간 비용으로 처리하였으나, 법인세법상 건설자금이자의 계산대상 이자에 해당하는 금액은 손금불산입(유보)으로 세무조정하여야 한다.

4-7. 건설자금이자의 계산방법

4-7-1. 기업회계기준

(1) 특정차입금 관련 자본화 차입원가의 계산

특정차입금에 대한 차입원가 중 자본화할 수 있는 금액은 자본화기간 동안 특정차입금으로부터 발생한 차입원가에서 동 기간 동안 자금의 일시적 운용에서 생긴 수익을 차감한 금액으로 한다(K-IFRS 1023호 문단 12 및 일반기준 18장 문단 18.7).

특정차입금 관련 자본화 차입원가	=	특정차입금	×	이자율	×	자본화기간	-	일시적 운용수익

(2) 일반차입금 관련 자본화 차입원가의 계산

① 자본화대상 일반차입금의 차입원가

한국채택국제회계기준(K-IFRS)에서 일반차입금에 대한 차입원가 중 자본화할 수 있는 차입원가는 일반적인 목적으로 자금을 차입하고 이를 적격자산의 취득을 위해 사용하는 경우에 한하여 당해 자산 관련 지출액에 자본화이자율을 적용하는 방식으로 결정한다(K-IFRS 1023호 문단 14).

적격자산에 대한 지출액은 현금의 지급, 다른 자산의 제공 또는 이자부 부채의 발생 등에 따른 지출액을 의미하며, 적격자산과 관련하여 수취하는 정부보조금과 건설 등의 진행에 따라 수취하는 금액은 적격자산에 대한 지출액에서 차감한다. 회계기간 동안 적격자산의 평균장부금액(이미 자본화된 차입원가 포함)은 일반적으로 자본화이자율을 적용하고자 하는 당해 기간 동안 지출액의 적절한 근사치이다(K-IFRS 1023호 문단 18).

일반기업회계기준에서 일반차입금에 대한 차입원가 중 자본화할 수 있는 차입원가는 회계기간 동안의 적격자산에 대한 평균지출액 중 특정차입금을 사용한 평균지출액을 초과하는 부분에 대해 자본화이자율을 적용하는 방식으로 산정한다(일반기준 18장 문단 18.9).

이 때 차입원가자본화 대상자산에 대한 지출액은 차입원가를 부담하는 부채를 발생시키거나 현금지급, 다른 자산을 제공하는 등에 따른 지출액을 의미하며, 정부보조금, 공사부담금 등의 보조금과 건설 등의 진행에 따라 회수되는 금액은 자본화대상 자산에 대한 지출액에서 차감한다(일반기준 18장 문단 18.10).

② 자본화이자율

한국채택국제회계기준(K-IFRS)에서 자본화이자율은 회계기간동안 차입한 자금(적격자산을 취득하기 위해 특정 목적으로 차입한 자금 제외)으로부터 발생된 차입원가를 가중평균하여 산정한다(K-IFRS 1023호 문단 14).

일반기업회계기준에서 자본화이자율은 회계기간 동안 상환되었거나 미상환된 일반차입금에 대하여 발생된 차입원가를 가중평균하여 산정한다. 다만, 회계기간 동안 일반차입금 구성 종목 및 차입금액의 변동이 유의적이지 않은 경우에 한하여 자본화이자율은 결산일 현재 미상환된 일반차입금에 대한 차입원가를 가중평균하여 산정할 수 있다(일반기준 18장 문단 18.11).

③ 자본화대상 차입원가의 한도

일반차입금에 대하여 자본화할 차입원가는 자본화이자율 산정에 포함된 차입금으로부터 회계기간 동안 발생한 차입원가를 한도로 하여 자본화한다. 이 경우 자금의 일시적 운용에서 생긴 수익은 차감하지 아니한다(K-IFRS 1023호 문단 14 및 일반기준 18장 문단 18.12).

4-7-2. 법인세법

법인세법 건설자금이자는 다음과 같이 계산한다(법령 §52 ①~④).

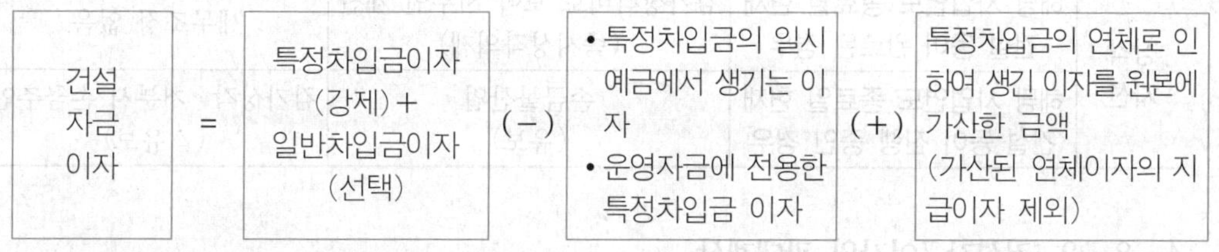

건설 자금 이자	=	특정차입금이자 (강제)+ 일반차입금이자 (선택)	(−)	• 특정차입금의 일시 예금에서 생기는 이자 • 운영자금에 전용한 특정차입금 이자	(+)	특정차입금의 연체로 인하여 생긴 이자를 원본에 가산한 금액 (가산된 연체이자의 지급이자 제외)

4-7-3. 세무조정

기업회계기준에 따라 자본화한 금융비용이 법인세법상 건설자금이자보다 큰 경우에는 손금산입(△유보)하고 그 반대의 경우에는 손금불산입(유보)한다.

4-8. 건설자금이자의 세무조정

4-8-1. 건설자금이자의 과소계상

(1) 비상각자산

법인이 각 사업연도에 건설자금이자를 과소계상한 경우에는 그 과소계상액을 손금불산입(유보)하여 해당 자산의 취득원가에 가산하고 이후 자산을 매각하는 사업연도에 손금산입(△유보)한다.

(2) 상각자산

① 해당 사업연도 종료일 현재 건설 등이 완료된 경우

해당 사업연도 말 현재 건설 등이 완료된 경우 법인이 손비로 계상한 건설자금이자는 손금불산입으로 하는 것이 아니라 동액만큼 감가상각한 것으로 의제한다. 따라서 동 이자는 시부인대상 감가상각비에 포함시켜 시부인계산하고, 감가상각비의 한도초과액이 나온 경우 손금불산입(유보)한다(법법 §23 ④).

② 해당 사업연도 종료일 현재 건설 등이 진행 중인 경우

해당 사업연도 말 현재 건설이 진행 중인 고정자산에 대하여 과소계상된 건설자금이자는 일단 손금불산입(유보)한다. 이후 해당 고정자산의 건설이 완료되어 사용하는 날이 속하는 사업연도부터 동 손금불산입된 건설자금이자를 상각부인액으로 보아 해당 사업연도의 시인부족액의 범위 내에서 손금산입(△유보)한다(법기통 23-32…1).

▌과소계상 건설자금이자의 세무조정▐

구 분		세무조정	
		당 기	차기 이후
비상각자산		손금불산입 (유보)	처분시점에 손금산입 (△유보)
상각자산	해당 사업연도 종료일 현재 건설 등이 완료된 경우	감가상각비로 보아 시부인 계산 (즉시상각의제)	세무조정 없음.
	해당 사업연도 종료일 현재 건설 등이 진행 중인 경우	손금불산입 (유보)	감가상각 · 처분시 손금추인 (△유보)

4-8-2. 건설자금이자의 과대계상

(1) 비상각자산

법인이 각 사업연도에 건설자금이자를 과대계상한 경우에는 그 과대계상액을 손금산입(△유보)하여 해당 자산의 취득원가에서 차감하고, 이후 해당 자산을 처분하는 사업연도에 손금불산입(유보)한다.

(2) 상각자산

법인이 각 사업연도에 건설자금이자를 과대계상한 경우에는 그 과대계상액을 손금산입(△유보)하여 해당 자산의 취득원가에서 차감하고, 동 손금산입액(△유보)은 해당 자산의 감가상각비를 계상하는 사업연도에 다음과 같이 그 과대계상된 금액에 대한 감가상각비를 손금불산입(유보)한다.

$$\text{건설자금이자 과대계상분 손금불산입액(유보)} = \text{해당 자산의 감가상각비 계상액} \times \frac{\text{손금산입액(△유보)}}{\text{해당 자산의 장부가액}}$$

한편, 해당 자산을 감가상각기간 중에 처분한 경우에는 그 처분시점에 미환입되어 남아 있는 손금산입액(△유보) 전부를 손금불산입(유보)한다.

| 과대계상 건설자금이자의 세무조정 |

구 분	세무조정	
	당 기	차기 이후
비상각자산	손금산입(△유보)	처분시점에 익금산입(유보)
상각자산	손금산입(△유보)	감가상각 · 처분시 익금산입(유보)

재고자산에 대한 건설자금이자의 세무조정

기업회계상 투자부동산, 제조 또는 건설에 장기간 또는 1년 이상 소요되는 재고자산의 건설자금이자는 자산의 취득원가에 산입할 수 있는 반면, 법인세법상 투자부동산 및 재고자산의 건설자금이자는 손비로 처리해야 한다. 따라서, 법인세법상 건설자금이자의 계산대상이 아닌 재고자산의 제작 등에 사용된 이자비용 등을 기업회계기준에 따라 자본화하여 취득원가로 계상한 경우, 동 재고자산에 대한 건설자금이자는 취득원가로 계상된 사업연도에는 손금산입(△유보)하고, 당해 재고자산을 처분하는 사업연도에 동 금액을 손금불산입(유보)하여야 한다.

계산사례 - 2 **건설자금이자의 계산 및 세무조정(일반기준 18장 부록 실18.34~실18.36 수정)** (단위 : 천원)

◀ **자 료** ▶

12월 결산법인인 ㈜삼일은 수년 전부터 보유하고 있던 토지에 사옥을 건설하기 위하여 20×1. 1. 1. H건설회사와 도급계약을 체결하였다. 사옥은 20×2. 6. 30. 준공되어 20×2. 7. 1.부터 사용되고 있으며, 동 사옥의 내용연수는 50년이다.

㈜삼일은 사옥건설을 위해 다음과 같이 지출하였다.

20×1. 1. 1.	40,000
20×1. 7. 1.	80,000
20×1. 10. 1.	60,000
20×2. 1. 1.	70,000
합 계	250,000

㈜삼일의 20×1년도의 차입금은 다음과 같으며, 20×2년도에 신규로 조달한 차입금은 없다.

차입금	차입일	차입금액	상환일	이자율	이자지급조건
a	20×1. 1. 1.	50,000	20×2. 6. 30.	12%	분기별 복리 / 매년 말 지급
b	20×0. 1. 1.	60,000	20×2. 12. 31.	10%	단리 / 매년 말 지급
c	20×0. 1. 1.	70,000	20×3. 12. 31.	12%	단리 / 매년 말 지급

이들 차입금 중 차입금 a는 사옥건설 목적을 위하여 개별적으로 차입(특정차입금)되었으며, 이 중 10,000은 20×1. 1. 1. ~ 6. 30. 동안 연 9%(단리) 이자지급조건의 정기예금에 예치하였다. 한편, 차입금 b, c는 일반 목적으로 차입(일반차입금)되었으며, 동 사옥건설에 대하여 20×1회계연도에 자본화한 차입원가는 11,365이다.

㈜삼일은 일반차입금이자에 대하여 법인세법상 자본화를 선택하지 아니하고 당기 손금화를 선택하였다.

상기 자료를 토대로 20×1년 및 20×2년에 발생한 차입원가를 일반기업회계기준에 따라 자본화하는 경우와 기간비용으로 인식하는 경우, 각각의 필요한 회계처리와 그에 따른 세무조정은?

(1) 차입원가를 자본화하는 경우

(2) 차입원가를 기간비용으로 인식하는 경우

해 설

1 차입원가를 자본화하는 경우

〈20×1사업연도〉

1. 자본화대상자산에 대한 평균지출액(단위 : 천원)

지출일	지출액	자본화대상기간	평균지출액
20×1. 1. 1.	40,000	12/12	40,000
20×1. 7. 1.	80,000	6/12	40,000
20×1. 10. 1.	60,000	3/12	15,000
합 계	180,000		95,000

2. 자본화이자율의 계산(단위 : 천원)

사옥건설과 관련하여 특정차입금(a)을 제외한 일반차입금에 대하여 적용할 자본화이자율은 다음과 같이 산정한다.

차입금	연평균차입금	차입원가
b	60,000	6,000
c	70,000	8,400
합 계	130,000	14,400

$$\text{자본화이자율} = \frac{\text{총 차입원가}}{\text{연평균차입금총액}} = \frac{14,400}{130,000} = 11.08\%$$

3. 특정차입금 관련 차입원가(단위 : 천원)

당기 중 발생한 차입원가	$50,000 \times (1 + 0.12/4)^4 - 50,000 =$	6,275
차입금의 일시 예금에서 발생한 수입이자	$10,000 \times 0.09 \times 6/12 =$	(450)
자본화할 차입원가		5,825

4. 일반차입금 관련 차입원가(단위 : 천원)

① 자본화할 수 있는 차입원가

$[95,000 - \{50,000 \times 12/12 - (10,000 \times 6/12)\}] \times 11.08\% = 5,540$

② 자본화이자율 산정에 포함된 차입금에서 회계기간 동안 발생한 차입원가

차입금 b	60,000 × 10% =	6,000
차입금 c	70,000 × 12% =	8,400
자본화할 차입원가		14,400

③ 한도비교

일반차입금과 관련된 차입원가(5,540)는 당기 한도(14,400) 이내이므로 전액 자본화가 가능하다.

5. 20×1회계연도에 자본화할 수 있는 차입원가(단위 : 천원)

5,825(특정차입금) + 5,540(일반차입금) = 11,365

6. 회계처리

〈도급공사비 지출〉 건설중인자산 180,000,000 / 현 금 · 예 금 180,000,000

〈금융비용의 자본화〉 건설중인자산 11,365,000 / 이 자 비 용 11,365,000

7. 세무조정

일반차입금이자에 대해 법인세법상 자본화를 선택하지 아니하고 당기 손금화를 선택하였으므로 일반차입금 관련 건설자금이자를 손금에 산입한다.

〈손금산입〉 건설자금이자 5,540,000 (△유보)

〈20×2사업연도〉

1. 자본화대상자산에 대한 평균지출액(단위 : 천원)

지출일	지출액	자본화대상기간	평균지출액
20×1. 1. 1.	40,000	6/12	20,000
20×1. 7. 1.	80,000	6/12	40,000
20×1. 10. 1.	60,000	6/12	30,000
20×2. 1. 1.	70,000	6/12	35,000
합 계	250,000		125,000

2. 자본화이자율의 계산(단위 : 천원)

사옥건설과 관련하여 특정차입금(a)을 제외한 일반차입금에 대하여 적용할 자본화이자율은 다음과 같이 산정한다.

차입금	연평균차입금	차입원가
b	60,000	6,000
c	70,000	8,400
합 계	130,000	14,400

$$\text{자본화이자율} = \frac{\text{차입원가}}{\text{연평균차입금총액}} = \frac{14{,}400}{130{,}000} = 11.08\%$$

3. 특정차입금 관련 차입원가(단위 : 천원)

당기 중 발생한 차입원가	$50{,}000 \times (1 + 0.12/4)^2 - 50{,}000 =$	3,045
자본화할 차입원가		3,045

4. 일반차입금 관련 차입원가(단위 : 천원)

① 자본화할 수 있는 차입원가

[125,000 − (50,000 × 6/12)] × 11.08% = 11,080

② 자본화이자율 산정에 포함된 차입금에서 회계기간 동안 발생한 차입원가

차입금 b	60,000 × 10% =	6,000
차입금 c	70,000 × 12% =	8,400
자본화할 차입원가		14,400

③ 한도비교

일반차입금과 관련된 차입원가(11,080)는 당기 한도(14,400) 이내이므로 전액 자본화가 가능하다.

5. 20×2회계연도에 자본화할 수 있는 차입원가(단위 : 천원)

3,045(특정차입금) + 11,080(일반차입금) = 14,125

6. 건물의 취득원가(단위 : 천원)

도급공사비 지출액	250,000
자본화된 차입원가(20×1년)	11,365
자본화된 차입원가(20×2년)	14,125
합 계	275,490

7. 회계처리

〈도급공사비 지출〉	건설중인자산	70,000,000	/	현금 · 예금	70,000,000
〈금융비용의 자본화〉	건설중인자산	14,125,000	/	이자비용	14,125,000
〈준공 후 건물대체〉	건 물	275,490,000	/	건설중인자산	275,490,000
〈감가상각비의 계산〉	감가상각비	2,754,900	/	감가상각누계액	2,754,900

(*) 275,490,000 ÷ 50 × 6/12 = 2,754,900

8. 세무조정

① 건설자금이자

일반차입금이자에 대하여 법인세법상 자본화를 선택하지 아니하고 당기 손금화를 선택하였으므로 일반차입금 관련 건설자금이자를 손금에 산입한다.

〈손금산입〉 건설중인자산 11,080,000 (△유보)

② 감가상각비

ⓐ 감가상각비 계상액 = 2,754,900

ⓑ 감가상각범위액 = [275,490,000 − 5,540,000(전기 일반차입금 관련 건설자금이자 손금산입액) − 11,080,000(당기 일반차입금 관련 건설자금이자 손금산입액)] ÷ 50 × 6/12 = 2,588,700

ⓒ 감가상각부인액 = ⓐ − ⓑ = 166,200

〈손금불산입〉 감가상각비 166,200 (유보)

2 차입원가를 기간비용으로 인식하는 경우

〈20×1사업연도〉

1. 회계처리

차입원가 발생분은 이자비용으로 회계처리하고, 도급공사비 지출액은 건설중인자산으로 계상한다.

〈도급공사비 지출〉 건설중인자산 180,000,000 / 현금 · 예금 180,000,000

2. 세무조정

법인세법상 건설자금이자 계상이 강제되는 특정차입금 관련 건설자금이자를 손금불산입하여 건설중인자산에 가산한다.

〈손금불산입〉 건설중인자산 5,825,000 (유보)

〈20×2사업연도〉

1. 회계처리

〈도급공사비 지출〉 건설중인자산 70,000,000 / 현금·예금 70,000,000

〈준공 후 건물대체〉 건 물 250,000,000 / 건설중인자산 250,000,000

〈감가상각비의 계산〉 감가상각비 2,500,000 / 감가상각누계액 2,500,000

(*) 250,000,000 ÷ 50 × 6/12 =2,500,000

2. 세무조정

① 건설자금이자

법인세법상 건설자금이자 계상이 강제되는 특정차입금 관련 건설자금이자 3,045,000원을 이자비용으로 계상하였고, 당해 건물이 준공되어 20×2. 7. 1.부터 사용되고 있으므로 동 금액을 감가상각비로 보아 감가상각 시부인계산을 한다.

② 감가상각비

ⓐ 감가상각비 계상액 = 2,500,000(감가상각비 계상액) + 3,045,000(특정차입금 관련 건설자금이자) = 5,545,000

ⓑ 감가상각범위액 = [250,000,000 + 5,825,000(전기 특정차입금 관련 건설자금이자 손금불산입액) + 3,045,000(당기 특정차입금 관련 건설자금이자 손금불산입액)] ÷ 50 × 6/12 = 2,588,700

ⓒ 감가상각부인액 = ⓐ - ⓑ = 2,956,300

〈손금불산입〉 감가상각비 2,956,300 (유보)

5. 업무무관자산 및 업무무관가지급금 등에 대한 지급이자

5-1. 개 요

법인의 부동산투기를 억제하고 비생산적인 자금활용을 규제하기 위하여 법인이 업무와 무관한 자산을 보유하고 있거나 특수관계인에게 업무와 관련 없는 가지급금을 지급하고 있는 경우에는 일정한 산식에 의해 계산한 지급이자를 손금에 산입하지 않는다(법법 §28 ① 4호).

이는 법인의 부동산투기를 억제하고 비생산적인 자금활용을 간접적으로 규제하기 위한 것으로, 과거 차입금 과다법인의 지급이자 손금불산입 규정(구조특법 §135)이 재무구조가 취약한 법인을 그 대상으로 하는 것과 달리, 업무무관자산 및 업무무관가지급금 등에 대한 지급이자의 손금불산입 규정은 재무구조의 건전성 여하에 관계없이 업무무관자산 및 가지급금의 보유 여부에 따라 적용된다는 점에 차이가 있다.

5-2. 업무무관자산의 범위

5-2-1. 업무무관부동산

(1) 개 요

업무무관부동산이란 당해 법인의 업무와 직접 관련이 없다고 인정되는 자산으로서 다음에 해당하는 부동산을 말한다. 다만, 법령에 의하여 사용이 금지되거나 제한된 부동산, 자산유동화에 관한 법률에 의한 유동화전문회사가 동법 제3조의 규정에 의하여 등록한 자산유동화계획에 따라 양도하는 부동산 등 후술하는 "(3) 업무무관부동산에서 제외되는 부동산"에 해당하는 부득이한 사유가 있는 부동산을 제외한다(법령 §49 ① 1호).

① 법인의 업무에 직접 사용하지 아니하는 부동산
다만, 유예기간이 경과하기 전까지의 기간 중에 있는 부동산을 제외한다.

② 유예기간 중에 당해 법인의 업무에 직접 사용하지 아니하고 양도하는 부동산
다만, 부동산매매업[한국표준산업분류에 따른 부동산 개발 및 공급업(묘지분양업을 포함) 및 건물건설업(자영건설업에 한함)]을 주업으로 영위하는 법인의 경우를 제외한다.

(2) 업무무관부동산의 범위

1) 업무미사용 부동산

① 일반적인 경우
법인의 업무에 직접 사용하지 아니하는 부동산은 업무무관부동산으로 보되, 유예기간이 경과하기 전까지의 기간 중에 있는 부동산은 제외한다(법령 §49 ① 1호 가목).
따라서, 법인의 업무에 직접 사용하지 않는 업무미사용 부동산도 유예기간이 경과하기 전까지는 업무무관자산으로 보지 아니하며, 설사 유예기간 내에 업무에 직접 사용하지 못한 경우라 하더라도 그에 따른 부득이한 사유가 있는 경우에는 업무무관부동산으로 보지 아니한다.

:: 법인의 업무

업무무관부동산 판정시 '법인의 업무'라 함은 다음의 업무를 말한다(법칙 §26 ②).

① 법령에서 업무를 정한 경우에는 그 법령에 규정된 업무	'법령에서 업무를 정한 경우 그 법령에 규정된 업무'란 일반적으로 특별법 등에 의하여 설립된 단체 등으로서 사단법인, 재단법인, 정부출자기관 등과 같이 법인등기가 되어 있지 아니한 경우, 해당 법인의 설립근거법에서 규정하고 있는 업무를 말한다. 한편, 특별법에 의하여 설립된 법인 등도 경우에 따라서는 법인등기를 할 수 있으므로 이때 법인등기부등본상 목적사업과 특별법상의 업무의 범위가 상이하다 할지라도 모두 해당 법인의 고유업무로 보아야 할 것이다.

② 각 사업연도 종료일 현재의 법인등기부상의 목적사업(행정관청의 인가·허가 등을 요하는 사업의 경우에는 그 인가·허가 등을 받은 경우에 한함)으로 정하여진 업무	상법상 설립되는 법인은 설립시 정관을 작성하고 정관에 기재되어 있는 주된 사업을 법인등기부에 등재하여야 한다. 한편, 정관의 목적사업이 변경된 경우에는 법인등기부등본을 변경하여야 하나 이를 변경하지 아니한 경우 또는 정관상 목적사업을 법인등기부등본상의 목적사업에 기재하지 아니한 경우 등으로 인하여 정관과 법인등기부등본상의 목적사업이 상이한 경우에는 정관상의 목적사업은 비업무용 판정시 법인의 고유업무로 인정하지 아니한다(대법 91누 1707, 1992. 12. 8.). 이때 법인의 고유업무라 함은 법인의 주된 사업만을 의미하는 것은 아니며 부수되는 사업이라 하더라도 법인등기부등본에 등재되어 있다면 고유업무의 범위에 포함된다. 그러나 법인등기부등본상 목적사업 기재시 주된 사업에 부수되는 기타 부대사업으로 별도의 업무내용을 기재하지 않은 경우에는 고유업무의 범위에 포함되지 아니한다.

② 건축물이 없는 토지를 임대한 경우

건축물이 없는 토지를 임대하는 경우(공장·건축물의 부속토지 등 법인의 업무에 직접 사용하던 토지를 임대하는 경우는 제외) 당해 토지는 업무에 직접 사용하지 아니하는 부동산으로 본다. 다만, 당해 토지를 임대하던 중 당해 법인이 건설에 착공하거나 그 임차인이 당해 법인의 동의를 얻어 건설에 착공한 경우 당해 토지는 그 착공일(착공일이 불분명한 경우에는 착공신고서 제출일)부터 업무에 직접 사용하는 부동산으로 본다(법칙 §26 ④). 그러나, 이 경우에도 천재지변·민원의 발생 기타 정당한 사유없이 건설을 중단한 경우에는 중단한 기간 동안 업무에 사용하지 아니한 것으로 본다(법칙 §26 ③).

관련사례

- 사업폐지 후 나대지 임대시 업무무관 부동산 해당 여부

  축산업을 영위하던 법인이 축산업을 폐지하고 이에 사용하던 토지를 임대하는 경우, 해당 토지가 축산업에 직접 사용하던 토지인 경우에는 업무와 관련이 없는 부동산의 범위에서 제외되는 것임(재법인-322, 2012. 4. 25.).

- 업무무관부동산의 유예기간 중 건축물 없는 토지 임대시 업무무관부동산의 적용기간

  업무무관부동산의 유예기간 중 건축물 없는 토지 임대시 유예기간 경과 전까지는 업무무관부동산에서 제외하며, 유예기간 이후 업무무관자산에 공할 경우 당해 부동산을 업무에 직접 사용하지 아니한 기간 중에 유예기간과 겹치는 기간은 제외함(재법인-780, 2011. 8. 8.).

- 골프장업 체육시설업자에 임대하는 골프장용 부동산의 업무무관부동산 해당 여부

  골프장업 체육시설업자에게 임대하는 골프장업 체육시설업 기준에 따른 골프장용 부동산은 업무무관부동산에 해당하지 않음(재법인-88, 2009. 2. 5.).

• 부동산임대업 및 주차장업을 목적사업으로 등재 후 가설건축물이 있는 주차장 부지를 타인에게 임대한 경우의 업무무관자산 해당 여부

부동산임대업 및 주차장업을 회사정관 및 등기부등본에 목적사업으로 등재한 후 주차장용으로 타인에게 임대하면서 주차장관리 목적의 가설건축물이 있었다고 하더라도 그 건물을 목적사업인 부동산임대를 위한 건물로 볼 수는 없는 것이므로 당해 주차장부지는 업무무관자산에 해당함(서면2팀-684, 2005. 5. 12.).

• 임대건물의 부속토지 면적이 건물 활용에 필요한 토지면적을 초과하는 경우의 업무무관부동산 해당 여부

보험업 법인이 보험업법 등에 의한 저촉이 되지 않는 범위 내에서 당해 법인의 목적사업으로 정하여진 업무인 부동산 임대용으로 활용하는 건물과 당해 임대 건물의 활용에 필요한 부속토지는 업무무관부동산이 아니나, 임대 건물의 부속토지가 수개의 필지로서 임대 건물의 활용에 필요한 토지 면적을 훨씬 초과함으로써 사실상 건축물이 없는 토지의 임대에 해당하는 경우의 당해 초과 토지는 업무무관부동산으로 봄(서면2팀-2084, 2004. 10. 13.).

• 건축물이 없는 토지를 양도하기 전에 양수인에게 미리 임대하여 건축물을 착공하게 한 경우의 업무무관부동산 해당 여부

건축물이 없는 토지를 취득한 법인이 업무무관부동산의 유예기간 중에 업무에 직접 사용하지 아니하고 양도함에 있어서 조세를 회피할 목적으로 향후 당해 토지를 양수할 자에게 미리 임대하고, 당해 임차인으로 하여금 동 토지 위에 건축물을 착공하게 한 후 양도한 경우에는 당해 토지의 당초 취득일부터 업무무관부동산으로 봄(서이 46012-10552, 2001. 11. 16.).

• 건축물과 건축물 부속토지의 소유자가 상이한 경우로서 건축물 부속토지 임대시의 업무무관부동산 해당 여부

업무무관부동산의 해당 여부를 판정함에 있어 토지와 건축물의 소유자가 다른 경우 당해 건축물의 부속토지를 임대하는 경우에는 "건축물이 없는 토지를 임대하는 경우"로 보지 아니하는 것이나, 나대지 상태로 임대한 토지에 임차인이 건축물을 신축하기 전까지의 기간 동안은 "건축물이 없는 토지의 임대"로 봄(법인 46012-1152, 2000. 5. 15.).

2) 유예기간 중에 업무에 사용하지 않고 양도하는 부동산

유예기간 중에 법인의 업무에 직접 사용하지 않고 양도하는 부동산은 업무무관부동산으로 본다. 그러나, 부동산매매업을 주업으로 영위하는 법인이 매매용부동산을 유예기간인 그 취득일로부터 5년 내에 양도하는 경우에는 당해 부동산을 업무무관부동산으로 보지 아니한다(법령 §49 ① 1호 나목 및 법칙 §26 ③ 2호).

이때 부동산매매업을 주업으로 영위하는 법인이란 부동산매매업[한국표준산업분류에 따른 부동산 개발 및 공급업(묘지분양업을 포함) 및 건물 건설업(자영건설업에 한함)]을 주업으로 하는 법인을 말하며, 부동산매매업과 다른 사업을 겸영하는 법인의 경우에는 해당 사업연도와 그 직전 2사업연도의 부동산매매업 매출액의 합계액(해당 법인이 토목건설업을 겸영하는 경우에는 토목건설업 매출액을 합한 금액을 말함)이 이들 3사업연도의 총수입금액의 합계액의 50%를 초과하는 경우에 한하여 부동산매매업을 주업으로 하는 법인으로 본다(법칙 §26 ⑦).

(3) 업무무관부동산에서 제외되는 부동산

유예기간이 경과할 때까지 당해 법인의 업무에 직접 사용하지 아니하거나 유예기간 중에 당해 법인의 업무에 직접 사용하지 아니하고 양도하는 부동산은 업무무관부동산에 해당한다. 그러나, 법령에 의하여 사용이 금지되거나 제한된 경우 등 다음과 같은 부득이한 사유가 있는 부동산의 경우에는 예외적으로 유예기간의 경과 여부에 관계없이 업무무관부동산으로 보지 아니한다(법칙 §26 ⑤).

1) 사용이 금지 또는 제한된 부동산 등

부동산의 취득 후 다음에 해당하는 사유가 발생하는 경우에는 다음의 법정기간 동안 업무무관부동산으로 보지 아니한다(법칙 §26 ⑤ 2호). 이 규정은 부동산을 취득한 후에 사용이 금지 또는 제한된 부동산에 한하여 적용되는 것이므로, 당초 취득 당시부터 이미 법령에 의하여 사용이 금지 또는 제한된 부동산을 취득하는 경우에는 본 규정의 적용대상이 아니다(서이 46012-10623, 2002. 3. 26.).

구 분	업무무관부동산으로 보지 않는 기간
① 법령에 의하여 사용이 금지 또는 제한된 부동산	사용이 금지 또는 제한된 기간
② 문화재보호법에 의해 지정된 보호구역 안의 부동산	지정된 기간 동안
③ 유예기간(부동산매매업을 주업으로 하는 매매용부동산은 제외)이 경과되기 전에 법령에 의하여 해당 사업과 관련된 인가·허가(건축허가를 포함)·면허 등을 신청한 법인이 건축법 제18조의 규정 및 행정지도에 의하여 건축허가가 제한됨에 따라 건축을 할 수 없게 된 토지	건축허가가 제한된 기간
④ 유예기간(부동산매매업을 주업으로 하는 매매용부동산은 제외)이 경과되기 전에 법령에 의하여 당해 사업과 관련된 인가·허가·면허 등을 받았으나 건축자재의 수급조절을 위한 행정지도에 의하여 착공이 제한된 토지	착공이 제한된 기간

2) 구조세특례제한법에 의해 특별부가세가 감면·면제되는 부동산

법률 제6538호(2001. 12. 29.)로 개정되기 전의 조세특례제한법 제78조 제1항 각 호 또는 같은 법 제81조 제1항에 규정된 자가 보유하는 같은 법 제78조 제1항 각 호 또는 같은 법 제81조 제1항에 규정된 다음과 같은 부동산은 업무무관부동산으로 보지 아니한다(법칙 §26 ⑤ 3호).

① 부동산 양도시 특별부가세의 50%를 감면하는 '지역균형발전을 위한 사업시행자가 조성한 토지' 등(구조특법 §78 ①)

② 특별부가세가 면제되는 사립학교법인의 부동산(구조특법 §81 ①)

3) 휴광 중인 부동산

광업법에 의하여 산업통상자원부장관의 인가를 받아 휴광 중인 광업용 부동산은 업무무관부동산으로 보지 아니한다(법칙 §26 ⑤ 4호).

4) 사업장 진입도로

사업장(임시작업장을 제외함)의 진입도로로서 사도법에 의한 사도 또는 불특정다수인이 이용하는 도로는 업무무관부동산으로 보지 아니한다(법칙 §26 ⑤ 5호).

5) 공공공지로 제공한 토지

건축법에 의하여 건축허가를 받을 당시에 공공공지로 제공한 토지는 당해 건축물의 착공일부터 공공공지로의 제공이 끝나는 날까지의 기간에 한하여 업무무관부동산으로 보지 아니한다(법칙 §26 ⑤ 6호). 여기서 '공공공지'라 함은 도시 내의 주요시설물 또는 환경의 보호, 경관의 유지, 재해대책, 보행자의 통행과 시민의 일시적 휴양공간의 확보를 위하여 설치하는 것을 말한다.

6) 대덕연구개발특구 관리계획에 의해 원형지로 지정된 토지

대덕연구개발특구 등의 육성에 관한 법률 제34조의 특구관리계획에 의하여 원형지로 지정된 토지는 원형지로 지정된 기간에 한하여 업무무관부동산으로 보지 아니한다(법칙 §26 ⑤ 7호).

7) 농업협동조합자산관리회사가 취득한 부동산

농업협동조합의 구조개선에 관한 법률에 의한 농업협동조합자산관리회사가 같은 법 제30조에 따라 농업협동조합법에 의한 조합, 농업협동조합중앙회, 농협은행, 농협생명보험 또는 농협손해보험으로부터 취득한 부동산은 업무무관부동산으로 보지 아니한다(법칙 §26 ⑤ 8호).

8) 농업협동조합자산관리회사에 매각을 위임한 부동산

농업협동조합법에 의한 조합, 농업협동조합중앙회, 농협은행, 농협생명보험 또는 농협손해보험이 농업협동조합의 구조개선에 관한 법률에 의한 농업협동조합자산관리회사에 매각을 위임한 부동산은 업무무관부동산으로 보지 아니한다(법칙 §26 ⑤ 9호).

9) 경매 또는 공매가 진행 중인 부동산

민사집행법에 의하여 경매가 진행 중인 부동산과 국세징수법에 의하여 공매가 진행 중인 부동산으로서 최초의 경매기일 또는 공매일부터 5년이 경과되지 아니한 부동산은 업무무관부동산으로 보지 아니한다(법칙 §26 ⑤ 10호).

10) 채권변제용·청산잔여재산 분배용 부동산

저당권의 실행 기타 채권을 변제받기 위하여 취득한 부동산 및 청산절차에 따라 잔여재산의 분배로 인하여 취득한 부동산으로서 취득일부터 5년이 경과되지 아니한 부동산은 업무무관부동산으로 보지 아니한다(법칙 §26 ⑤ 11호).

● 관련사례 ●

- 대물변제로 취득한 부동산을 유예기간 중에 임대사업에 사용한 경우의 업무무관부동산 해당 여부
  법인이 채권을 변제받기 위하여 취득한 부동산을 유예기간 중에 법인등기부상의 목적사업인 임대사업에 공한 경우에는 임대에 공한 시점부터 업무에 사용한 것으로 봄(법인 46012-851, 2000. 4. 3.).

11) 한국자산관리공사에 매각 위임하여 3회 이상 유찰된 부동산

금융기관부실자산 등의 효율적 처리 및 한국자산관리공사의 설립에 관한 법률에 의하여 설립된 한국자산관리공사에 매각을 위임한 부동산으로서 3회 이상 유찰된 부동산은 업무무관부동산으로 보지 아니한다(법칙 §26 ⑤ 12호).

12) 금융회사 등이 저당권 등의 실행을 위해 취득한 부동산

법인세법 시행령 제61조 제2항 각 호의 어느 하나에 해당하는 금융회사 등이 저당권의 실행 또는 그 밖에 채권을 변제받기 위하여 취득한 자산으로서 다음의 어느 하나에 해당하는 부동산은 업무무관부동산으로 보지 아니한다(법칙 §26 ⑤ 13호).

① 한국자산관리공사에 매각을 위임한 부동산
② 부동산의 소유권에 관한 소송이 계속 중인 부동산

13) 소유권에 관한 소송 중인 부동산

부동산을 취득한 후 소유권에 관한 소송이 계속 중인 부동산으로서 법원에 의하여 사용이 금지된 부동산과 그 부동산의 소유권에 관한 확정판결일부터 5년이 경과되지 아니한 부동산은 업무무관부동산으로 보지 아니한다(법칙 §26 ⑤ 14호).

● 관련사례 ●

- 소유권에 관한 소송이 진행 중이나, 법원에 의한 사용제한 등의 결정이 없는 경우의 업무무관부동산 해당 여부
  토지 소유권에 관한 소송진행 중이어도 법원에 의한 사용금지명령 등 소송대상 토지의 실질적 사용을 제한하는 결정처분 없는 경우에는 업무무관부동산에서 제외되지 않음(국심 96부 64, 1998. 1. 19.).
- 부동산등기법에 의한 예고등기 부동산의 업무무관부동산 해당 여부
  부동산등기법에 의해 예고등기가 된 부동산은 업무무관부동산에서 제외되는 법원에 의하여 사용이 금지된 부동산에 해당되지 아니함(재법인 46012-7, 1997. 1. 14.).
- 기존세입자의 명도불응으로 소송계류 중인 경우의 업무무관부동산 해당 여부
  기존세입자 명도불응으로 소송계류 중인 경우는 업무무관부동산에서 제외되지 아니함(국심 93경 1835, 1993. 9. 6.).

14) 도시개발사업 완료 후 5년이 경과하지 않은 개발토지

도시개발법에 의한 도시개발구역 안의 토지로서 환지방식에 의하여 시행되는 도시개발사업이 구획단위로 사실상 완료되어 건축이 가능한 날부터 5년이 경과되지 아니한 토지는 업무무관부동산으로 보지 아니한다(법칙 §26 ⑤ 15호).

15) 건축물이 멸실 · 철거 · 도괴된 토지

건축물이 멸실 · 철거되거나 무너진 경우에는 당해 건축물이 멸실 · 철거되거나 무너진 날부터 5년이 경과되지 아니한 토지는 업무무관부동산으로 보지 아니한다(법칙 §26 ⑤ 16호).

16) 휴 · 폐업 및 사업장 이전에 따른 부동산

법인이 사업의 일부 또는 전부를 휴업 · 폐업 또는 이전함에 따라 업무에 직접 사용하지 아니하게 된 부동산으로서 그 휴업 · 폐업 또는 이전일부터 5년이 경과되지 아니한 부동산은 업무무관부동산으로 보지 아니한다(법칙 §26 ⑤ 17호).

그러나, 당해 사업의 폐업 전부터 업무무관부동산에 해당하는 부동산의 경우에는 이를 적용받을 수 없다(법인 46012-1525, 1994. 5. 27.).

17) 미분양부동산

다음의 법인이 신축한 건물로서 사용검사일부터 5년이 경과되지 아니한 건물과 그 부속토지는 업무무관부동산에서 제외된다(법칙 §26 ⑤ 18호). 따라서 5년의 유예기간까지 분양되지 못한 부동산은 유예기간이 경과한 날부터 업무무관부동산이 되나, 주택이 장기간 분양이 되지 아니하여 일시적으로 임대에 공하는 경우에는 이를 임대용 주택으로 보아 업무무관부동산에서 제외한다(법인 46012-1987, 1998. 7. 16.).

① 주택신축판매업[한국표준산업분류에 의한 주거용 건물공급업 및 주거용 건물건설업(자영건설업에 한함)]을 영위하는 법인
② 산업집적활성화 및 공장설립에 관한 법률에 의한 아파트형공장의 설치자
③ 건설업을 영위하는 법인

18) 주택건설사업등록법인이 보유하는 토지

주택법에 따라 주택건설사업자로 등록한 법인이 보유하는 토지 중 같은 법에 따라 승인을 얻은 주택건설사업계획서에 기재된 사업부지에 인접한 토지로서 해당 계획서상의 주택 및 대지 등에 대한 사용검사일부터 5년이 경과하지 아니한 토지는 업무무관부동산에 해당하지 않는다(법칙 §26 ⑤ 19호). 여기서 인접한 토지라 함은 건설과정에서 불가피하게 발생하고 건물신축 등 당장 사용하기 위한 어려운 잔여 토지를 말한다(서이 46012-10125, 2002. 1. 22.).

19) 허가의 효력이 상실된 염전

염관리법 제16조의 규정에 의하여 허가의 효력이 상실된 염전으로서 허가의 효력이 상실된 날부터 5년이 경과되지 아니한 염전은 업무무관부동산으로 보지 아니한다(법칙 §26 ⑤ 20호).

20) 공유수면매립지

공유수면매립법에 의하여 매립의 면허를 받은 법인이 매립공사를 하여 취득한 매립지로서 당해 매립지의 소유권을 취득한 날부터 5년이 경과되지 아니한 매립지는 업무무관부동산에 해당하지 않는다(법칙 §26 ⑤ 21호). 이는 매립의 면허를 받은 법인에 한하여 적용되는 것이므로 공사비 대가로 받은 매립지(법인 46012-1738, 1997. 6. 27.), 또는 분양받은 공유수면매립지(법인 46012-1112, 1994. 4. 18.)의 경우에는 동 규정이 적용되지 아니한다.

21) 도시개발사업의 시행자가 조성한 토지

행정청이 아닌 도시개발사업의 시행자가 도시개발법에 의한 도시개발사업의 실시계획인가를 받아 분양을 조건으로 조성하고 있는 토지 및 조성이 완료된 후 분양되지 아니하거나 분양 후 산업집적활성화 및 공장설립에 관한 법률 제41조의 규정에 의하여 환수 또는 환매한 토지로서 최초의 인가일부터 5년이 경과되지 아니한 토지는 업무무관부동산으로 보지 아니한다(법칙 §26 ⑤ 22호).

22) 부실금융기관으로부터 취득한 부동산

다음의 어느 하나에 해당하는 기관이 금융산업의 구조개선에 관한 법률 제10조에 따른 적기시정조치 또는 같은 법 제14조 제2항에 따른 계약이전의 결정에 따라 같은 법 제2조 제3호에 따른 부실금융기관으로부터 취득한 부동산은 업무무관부동산으로 보지 아니한다(법칙 §26 ⑤ 23호).

① 예금자보호법 제3조의 규정에 의한 예금보험공사
② 예금자보호법 제36조의 3의 규정에 의한 정리금융기관
③ 금융산업의 구조개선에 관한 법률 제2조 제1호의 규정에 의한 금융기관

23) 유동화전문회사가 자산유동화계획에 따라 취득한 부동산

자산유동화에 관한 법률에 따른 유동화전문회사가 같은 법 제3조에 따른 자산유동화계획에 따라 자산보유자로부터 취득한 부동산은 업무무관부동산으로 보지 아니한다(법칙 §26 ⑤ 24호).

24) 유예기간 내에 합병 또는 분할로 인해 양도되는 부동산

유예기간 내에 법인의 합병 또는 분할로 인하여 양도되는 부동산은 업무무관부동산으로 보지 아니한다(법칙 §26 ⑤ 25호).

25) 오염피해 지역 내에서 불가피하게 취득한 공장용 부속토지의 인접토지

공장의 가동에 따른 소음·분진·악취 등에 의하여 생활환경의 오염피해가 발생되는 지역 안의 토지로서 당해 토지소유자의 요구에 따라 취득한 공장용 부속토지의 인접토지는 업무무관부동산으로 보지 아니한다(법칙 §26 ⑤ 26호).

26) 매각 공고 후 1년이 경과하지 않았거나 1년 이내에 매각계약을 체결한 부동산

전국을 보급지역으로 하는 일간신문을 포함한 3개 이상의 일간신문에 유예기간 내에 다음의 조건으로 매각을 3일 이상 공고하고, 공고일(공고일이 서로 다른 경우에는 최초의 공고일을 말함)부터 1년이 경과하지 아니하였거나 1년 이내에 매각계약을 체결한 부동산은 업무무관부동산으로 보지 아니한다(법칙 §26 ⑤ 27호). 그러나, 유예기간이 경과한 후에 신문공고를 한 경우에는 해당 부동산의 취득일부터 신문공고일까지의 기간은 업무무관부동산으로 본다(법기통 27−49…2 ②).

한편, '3개 이상의 일간신문에 매각을 3일 이상 공고'라 함은 3개 이상의 일간신문에 다음의 조건으로 매각을 각각 3회 이상 공고하는 것을 말한다(법기통 27−49…2 ①).

① 매각예정가격이 법인세법 제52조의 규정에 의한 시가 이하일 것
② 매각대금의 70% 이상을 매각계약 체결일부터 6월 이후에 결제할 것

관련사례

- 당초 공고된 매각조건보다 유리하게 매각된 경우의 업무무관부동산 해당 여부
  전국을 보급지역으로 하는 일간신문을 포함한 3개 이상의 일간신문에 소정의 매각조건으로 3회 이상 매각공고하고 공고일부터 1년 이내에 당해 부동산의 매각계약을 체결하는 경우, 당초 공고한 매각조건보다 유리하게 매각한 경우에도 업무무관부동산으로 보지 않음(서면2팀−481, 2004. 3. 17.).
- 매각 재공고가 없는 경우의 업무무관부동산 해당 여부
  업무무관부동산에 대한 매각 공고 후, 동 부동산에 대한 매각 재공고를 하지 아니한 경우에는 최초 공고일부터 1년 경과 후부터는 업무무관부동산에 해당함(서이 46012−11032, 2002. 5. 15.).

27) 매각을 재공고한 부동산

위 '26)'에서 규정하고 있는 부동산으로서 상기의 요건을 갖추어 매년 매각을 재공고하고, 재공고일부터 1년이 경과되지 아니하였거나 1년 이내에 매각계약을 체결한 부동산(직전 매각공고시의 매각예정가격에서 동 금액의 10%를 차감한 금액 이하로 매각을 재공고한 경우에 한함)은 업무무관부동산으로 보지 아니한다(법칙 §26 ⑤ 28호).

28) 주택법에 따라 사업계획승인권자의 승인을 받아 착공연장기간 중에 있는 부동산

주택법 제16조 및 같은 법 시행령 제18조 제5호에 따라 사업계획승인권자로부터 공사착수기간의 연장승인을 받아 연장된 공사착수기간 중에 있는 부동산으로서 최초의 공사착수기간 연장승인일부터 5년이 경과되지 아니한 부동산(공사착수가 연장된 기간에 한정함)은 업무무관부동산으로 보지 아니한다(법칙 §26 ⑤ 29호).

계산사례 - 3 업무무관부동산으로 인정되는 기간계산 사례

〔사례 1〕 유예기간(5년) 경과 후 착공연장 승인을 받은 경우
취득일부터 7년차~8년차에 착공연장 승인
→ 착공연장기간 중 업무무관부동산에서 제외

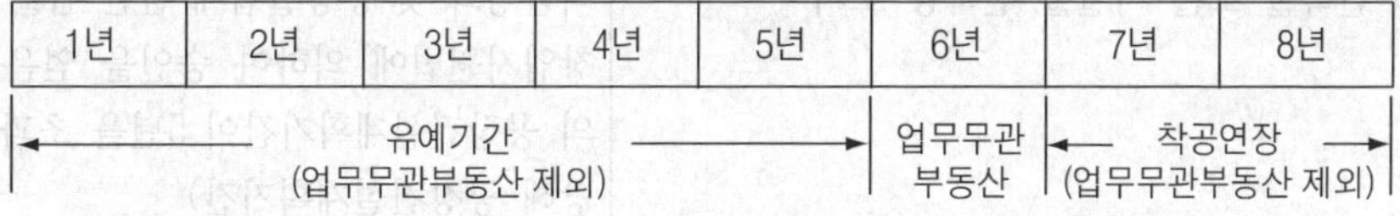

〔사례 2〕 착공연장 승인기간이 5년을 초과하는 경우
취득일부터 3년차~8년차에 착공연장 승인
→ 업무무관부동산에서 제외되는 기간은 최초 착공연장승인일로부터 5년으로 제한되므로 7년차까지만 인정

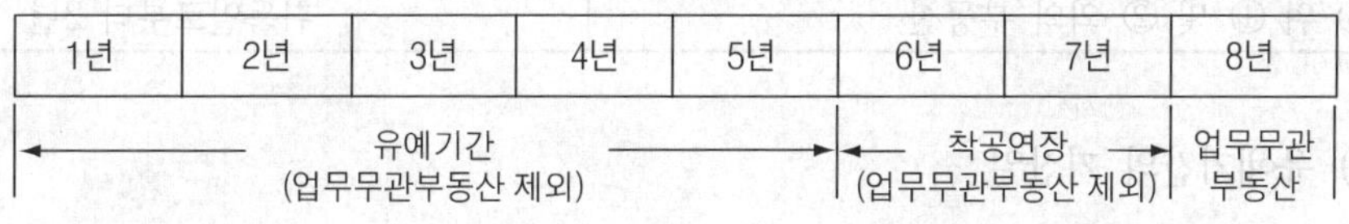

29) 기타 정당한 사유가 있는 부동산

상기 '1)~28)'의 사유 외에 부동산의 취득 후 도시계획의 변경 등 정당한 사유로 인하여 업무에 사용하지 아니하는 부동산은 업무무관부동산으로 보지 아니한다(법칙 §26 ⑤ 30호).

30) 송·변전설비 주변지역의 주택 매수청구에 따라 취득한 주택 등

송·변전설비 주변지역의 보상 및 지원에 관한 법률 제5조에 따른 주택매수의 청구에 따라 사업자가 취득하여 보유하는 주택 및 그 대지는 업무무관부동산으로 보지 아니한다(법칙 §26 ⑤ 31호).

(4) 유예기간

1) 개 요

법인이 부동산을 취득하여 업무에 직접 사용하기 위한 준비기간 및 건설기간 등을 고려하여 부동산을 취득한 후 일정한 기간(이하 "유예기간"이라 한다) 동안은 업무무관자산으로 보지 아니하는 바, 자산별 유예기간은 다음과 같다(법칙 §26 ①).

구 분	유예기간
① 건축물 또는 시설물 신축용 토지	취득일부터 5년 (단, 산업집적활성화 및 공장설립에 관한 법률 제2조 제1호의 규정에 의한 공장용 부지로서 산업집적활성화 및 공장설립에 관한 법률 또는 중소기업창업지원법에 의하여 승인을 얻은 사업계획서상의 공장건설계획기간이 5년을 초과하는 경우에는 당해 공장건설계획기간)
② 부동산매매업[한국표준산업분류에 따른 부동산 개발 및 공급업(묘지분양업 포함) 및 건물건설업(자영건설업에 한함)]을 주업으로 하는 법인이 취득한 매매용 부동산	취득일부터 5년
③ 위 ① 및 ② 외의 부동산	취득일로부터 2년

2) 유예기간의 기산일

① 취득으로 인한 기산일

유예기간 규정을 적용함에 있어 부동산의 취득시기는 소득세법 시행령 제162조의 규정을 준용하되, 동조 제1항 제3호의 규정에 의한 장기할부조건에 의한 취득의 경우에는 당해 부동산을 사용 또는 수익할 수 있는 날로 한다(법칙 §26 ⑥).

② 부득이한 사유가 있는 부동산의 유예기간의 계산

부동산의 유예기간을 적용함에 있어서 다음의 사유가 발생한 경우 그 기간계산은 다음 각각의 규정한 바에 따른다(법칙 §26 ⑧).

구 분	유예기간의 계산방법
ⓐ 법령에 의하여 사용이 금지 또는 제한된 부동산(사용이 금지 또는 제한된 기간에 한함)	사용의 금지 또는 제한이 해제된 날부터 기산함.
ⓑ 문화재보호법에 의하여 지정된 보호구역 안의 부동산(지정된 기간에 한함)	문화재보호법에 의한 보호구역지정이 해제된 날부터 기산함.

구 분	유예기간의 계산방법
ⓒ 유예기간이 경과되기 전에 법령에 의하여 당해 사업과 관련된 인가·허가(건축허가를 포함)·면허 등을 신청한 법인이 건축법 제18조의 규정 및 행정지도에 의하여 건축허가가 제한됨에 따라 건축을 할 수 없게 된 토지(건축허가가 제한된 기간에 한함)	건축허가가 제한된 기간을 가산한 기간을 유예기간으로 함.
ⓓ 유예기간이 경과되기 전에 법령에 의하여 당해 사업과 관련된 인가·허가·면허 등을 받았으나 건축자재의 수급조절을 위한 행정지도에 의하여 착공이 제한된 토지(착공이 제한된 기간에 한함)	착공이 제한된 기간을 가산한 기간을 유예기간으로 함.
ⓔ 합병법인이 피합병법인으로부터 승계받은 부동산	합병에 의한 소유권이전등기일부터 기산함(법기통 27-49…1).
ⓕ 분할신설법인(분할합병의 상대방법인 포함)이 분할법인(소멸한 분할합병의 상대방법인 포함)으로부터 승계받은 부동산	분할에 의한 소유권이전등기일로부터 기산함(서이 46012-10405, 2001. 10. 23.).

3) 유예기간의 종료일

부동산을 취득한 후 유예기간 내에 당해 부동산을 업무에 직접 사용한 경우에는 업무무관자산에서 제외되는 바, 업무에 직접 사용한 날로 보는 시기는 건축물 및 시설물은 용도별로 당해 용도에 직접 이용되는 때를, 토지의 경우에는 취득목적에 사실상 제공되는 때로 보아야 하며 이를 예시하면 다음과 같다.

용도별 구분	업무에 직접 사용하는 것으로 보는 시기
공장 건축물	제조를 위한 가동일
사업용 건축물	입주한 날
임대용 건축물	임대를 개시한 날
복지후생용 건축물	이용 가능한 상태에 있을 때
기타 업무에 공하는 건축물	사실상 당해 법인의 업무에 제공된 때

관련사례

• 사옥신축을 위하여 건축물이 있는 토지를 취득한 경우 업무무관 유예기간 판정방법
법인이 사옥을 신축하기 위해 토지만을 사용할 목적으로 건축물이 있는 토지를 취득한 경우 업무무관 유예기간은 건축물 신축용 토지에 대한 유예기간(5년)을 적용하는 것임(사전－2024－법규법인－0099, 2024. 4. 26.).

• 부동산매매업 법인이 업무 미사용 부동산을 유예기간 경과 후 물적분할로 양도시 업무무관 자산의 적용기간
부동산매매업 법인이 업무에 사용하지 않던 매매용부동산을 유예기간이 지난 다음 물적분할을 통해 양도한 경우, 취득일부터 양도일까지의 기간 전부가 아닌 유예기간이 지난 다음 날부터 양도를 통하여 직접 사용하기 전까지의 기간만을 업무와 관련이 없는 기간으로 보는 것임(대법 2014두 44342, 2018. 5. 11.).

• 부동산매매업을 주업으로 하는 법인의 부도발생으로 경매취하된 토지의 유예기간 적용
부동산매매업을 주업으로 하는 법인이 부도발생으로 인하여 유예기간 중에 주택신축판매용 토지가 경매 개시되었으나 채권자와의 합의에 따라 동 유예기간이 종료하기 전에 경매가 취하된 경우, 당해 토지의 취득일부터 유예기간까지는 동 토지를 업무와 관련이 없는 부동산으로 보지 아니하는 것이나, 유예기간 이후에 경매가 취하되어 동 토지를 업무에 사용하지 아니하고 경매개시일로부터 5년 이내에 양도하는 경우에는 경매가 취하된 날로부터 양도일까지의 기간에 대하여 동 토지를 업무무관부동산으로 봄(서이 46012－11688, 2003. 9. 23. 및 법인 46012－374, 2003. 6. 12.).

• 건물 신축을 위해 순차적으로 취득한 수필지의 유예기간 기산일
법인이 하나의 건축물을 신축하기 위하여 수필지의 토지를 순차적으로 취득하는 경우, 업무무관부동산의 해당 여부는 해당 토지의 각 취득시기를 기준으로 판단하는 것임(서이 46012－10171, 2003. 1. 24.).

• 사업양수도로 취득한 부동산의 유예기간 기산일
사업양수도로 취득한 부동산의 유예기간 적용상, 그 취득일은 사업양수도에 의해 취득한 날임(법인 46012－1244, 2000. 5. 29.).

• 토지거래허가지역 내 토지 취득시 유예기간 기산일
토지거래허가지역 내 토지를 허가 전에 매수하여 잔금을 청산하고 이를 인도받은 이후에 허가받아 등기한 경우, 비업무용부동산의 유예기간 기산점인 그 취득시기는 잔금청산으로 사용가능한 날임(대법 97누 7219, 1999. 7. 9.).

(5) 업무무관부동산으로 보는 기간

업무무관부동산에 대하여 업무와 관련 없는 것으로 보는 기간은 다음과 같다(법칙 §26 ⑨).

구 분	업무무관부동산으로 보는 기간
① 업무미사용 부동산	당해 부동산을 업무에 직접 사용하지 아니한 기간 중 유예기간과 겹치는 기간을 제외한 기간으로 함. 다만, 당해 부동산을 취득한 후 계속하여 업무에 사용하지 아니하고 양도하는 경우에는 취득일(유예기간이 경과되기 전에 법령 등에 의해 사용이 제한 또는 금지되는 경우에는 사용금지·제한 해제일)부터 양도일까지의 기간으로 함.
② 유예기간 내 양도하는 부동산	취득일(법령 등에 의해 사용이 제한 또는 금지되는 경우에는 사용금지·제한 해제일)부터 양도일까지의 기간으로 함.
③ 수용 또는 불가피하게 양도하는 부동산	다음의 사유에 의하여 수용·양도하는 경우에는 상기 ①, ②에 불구하고 해당 부동산을 업무에 직접 사용하지 아니한 기간 중 유예기간과 겹치는 기간을 제외한 기간을 해당 부동산에 대하여 업무와 관련이 없는 것으로 보는 기간으로 함(법칙 §26 ⑩). - 공익사업을 위한 토지 등의 취득 및 보상에 관한 법률 및 그밖의 법률에 의하여 수용(협의매수를 포함)되는 경우 - 산업집적활성화 및 공장설립에 관한 법률 제2조 제14호에 따른 산업단지 안의 토지를 같은 법 제39조에 따라 양도하는 경우

5-2-2. 업무무관동산

업무무관동산이라 함은 당해 법인의 업무와 직접 관련이 없다고 인정되는 부동산 이외의 자산으로서 다음의 것을 말한다(법령 §49 ① 2호 및 법칙 §26 ⑪).

① 서화 및 골동품
다만, 장식·환경미화 등의 목적으로 사무실·복도 등 여러 사람이 볼 수 있는 공간에 상시 비치하는 것을 제외한다.

② 업무에 직접 사용하지 아니하는 자동차·선박 및 항공기
다만, 저당권의 실행 기타 채권을 변제받기 위하여 취득한 자동차·선박 및 항공기로서 취득일로부터 3년이 경과되지 아니한 것은 제외한다.

③ 기타 상기 ①과 ②의 자산과 유사한 자산으로서 당해 법인의 업무에 직접 사용하지 아니하는 자산

관련사례

- 호텔업을 영위하는 법인이 호텔주변에 설치한 조형물의 업무무관자산 해당 여부

  호텔업을 영위하는 법인이 호텔주변에 이용객 및 일반시민에게 휴식공간을 제공할 목적으로 마련한 조각조형물공원 내에 설치한 조형물 등이 장식·환경미화 등에 사용되는 것으로서 사회통념상 업무와 관련 있다고 인정되는 범위 내의 것인 경우에는 업무용 동산에 해당함(서면2팀-1924, 2005. 11. 28.).

- 고객접대 및 직원복지용 골프회원권의 업무무관자산 해당 여부

  법인명의의 골프회원권을 영업상 고객접대 및 직원복지 등의 목적으로 업무와 관련하여 사용하는 것이 입증되는 경우에는 업무무관자산에 해당하지 아니함(제도 46012-10624, 2001. 4. 17.).

- 해외현지법인에 유상임대한 생산설비 등의 업무무관자산 해당 여부

  법인이 자기소유의 생산설비 등을 해외현지법인에 임대하고 임대료를 수입하는 경우 당해 생산설비 등은 업무무관자산으로 보지 아니함(법인 46012-1054, 2000. 4. 27.).

5-3. 업무무관가지급금의 범위

5-3-1. 개 요

지급이자 손금불산입 대상 업무무관가지급금이란 특수관계인에게 업무와 관련 없이 지급한 가지급금 등으로 일반법인의 경우 명칭여하에 불구하고 당해 법인의 업무와 직접적인 관련이 없는 자금의 대여액, 금융회사 등의 경우 주된 수익사업으로 볼 수 없는 자금의 대여액을 포함한다(법령 §53 ①).

한편, 업무무관가지급금 등의 합계액을 계산함에 있어서 동일인에 대한 가지급금과 가수금이 함께 있는 경우에는 이를 상계한 잔액으로 한다(법령 §53 ③). 그러나, 가지급금이나 가수금의 발생시에 각각 상환기간·이자율 등에 관한 약정이 있어 이를 상계할 수 없는 경우에는 이를 상계하지 아니한다(법칙 §28 ②).

5-3-2. 업무무관가지급금에서 제외되는 경우

다음의 경우에는 업무와 관련 없는 가지급금으로 보지 아니한다(법칙 §28 ①).

업무무관가지급금에서 제외되는 금액에 대한 보다 자세한 내용은 "제5절 가지급금 인정이자"의 내용을 참고하기로 한다.

① 지급의제된 배당소득과 상여금에 대한 소득세를 법인이 대납한 금액(지급의제 소득에 대한 소득세를 한도로 함)

② 국외에 자본을 투자한 내국법인이 해당 국외투자법인에 종사하거나 종사할 직원의 여비·급료 기타 비용을 대신 부담한 금액

③ 우리사주조합원 또는 조합원에게 해당 우리사주조합이 설립된 회사의 주식 취득에 소요되

는 자금의 대여액

④ 국민연금법에 의해 근로자가 지급받은 것으로 보는 퇴직금전환금

⑤ 귀속이 불분명하여 대표자상여로 처분한 금액에 대한 소득세를 법인이 대납한 금액

⑥ 직원에 대한 월정급여액의 범위에서의 일시적인 급여 가불금

⑦ 직원(직원의 자녀 포함)에 대한 학자금 대여액

⑧ 직원에 대한 경조사비의 대여액

⑨ 중소기업(조특령 §2)에 근무하는 직원(지배주주 등인 직원은 제외함)에 대한 주택구입 또는 전세자금의 대여액

⑩ 금융기관부실자산 등의 효율적 처리 및 한국자산관리공사의 설립에 관한 법률에 의한 한국자산관리공사가 출자총액의 전액을 출자하여 설립한 법인에 대여한 금액

관련사례

- 업무무관가지급금 해당 여부의 판단 시점

  특수관계인에게 지급한 대여금이 업무무관가지급금에 해당하는지 여부를 판단함에 있어 업무무관 여부에 대한 판단은 대여시점을 기준으로 하는 것임(서면-2021-법규법인-7996, 2023. 2. 7.).

- 업무무관가지급금에서 발생한 미수이자의 원본 포함여부

  내국법인이 특수관계인과의 자금대여 거래에서 발생한 미수이자에 대해 대여금 원본에 포함한다는 약정이 없이 회수하지 않은 경우로서, 해당 미수이자가 사실상 금전소비대차로 전환되었다고 보기 어려운 경우에는 대여금 원본에 포함하지 아니함(서면법령법인-131, 2016. 1. 18.).

- 개정상법에 따른 자기주식 취득대금의 업무무관가지급금 해당 여부

  내국법인이 주주에게 우회적으로 자금을 지원할 목적이 없이, 상법(2011. 4. 14. 법률 제10600호로 개정된 것) 제341조에 따라 주주로부터 자기주식을 취득하면서 지급한 금액은 인정이자 계산 대상 가지급금에 해당되지 아니하는 것임(서면법규-168, 2014. 2. 25.).

- 시공사의 시행사에 대한 대위변제액 및 자금대여액이 업무무관가지급금인지 여부

  시공사가 시행사에 시공공사와 직접 관련하여 소요된 자금을 보증채무로서 대위변제하거나 자금을 대여하는 경우 업무무관가지급금에 해당하지 않음(법인-42, 2012. 1. 12.).

- 사이닝보너스의 업무무관가지급금 해당 여부

  우수인력의 확보를 위해 일정기간 근무조건으로 사이닝보너스를 지급(계약기간 이내 중도퇴사시 일정금액 반환조건)하기로 계약을 체결하여 직원을 채용한 후, 당해 계약에 따라 지급하는 사이닝보너스는 업무무관가지급금에 해당하지 않음(서면2팀-125, 2008. 1. 17.).

NOTE :: 가지급금 관련 지급이자 손금불산입 규정과 인정이자 계산 규정의 비교

법인이 특수관계인에게 무상 또는 낮은 이율로 금전을 대부한 경우에는 적정 이자율로 계산한 금액과 실제 수입이자와의 차액을 익금에 산입하여야 한다. 이와 같이 부당행위계산의 부인의 한 유형인 가지급금의 인정이자 계산 규정은 기업자금의 비생산적 활용을 규제하기 위한 가지급금 등의 지급이자 손금불산입 규정과는 그 입법취지가 상이한 별개의 규정이므로 이는 이중으로 적용될 수 있다. 한편, 가지급금에 대한 적정이자를 받기로 약정한 경우에는 인정이자의 계산이 배제되는 반면, 지급이자 손금불산입 규정의 적용시에는 이와 같은 적정이자의 수령 여부와는 관계없이 관련 지급이자 상당액을 부인한다.

가지급금 관련 지급이자 손금불산입 규정과 인정이자 계산 규정을 비교하면 다음과 같다.

구 분	지급대상자	이자율이 적정한 경우
지급이자 손금불산입	특수관계인	이자율 및 적정이자의 수령 여부에 관계없이 지급이자 손금불산입 계산 대상임.
가지급금 인정이자 계산	특수관계인	무상 또는 저율 대부에 한함.

5-4. 업무무관자산의 취득가액

지급이자 손금불산입액 계산시 업무무관자산(업무무관부동산 및 업무무관동산)의 가액은 법인세법 시행령 제72조에서 규정하는 취득가액으로 하되, 다음의 경우에는 시가초과액(법령 §72 ④ 3호에서 규정한 시가초과액)을 취득가액에 포함하여야 한다(법령 §53 ③).

① 특수관계인으로부터 자산을 시가보다 높은 가액으로 매입 또는 현물출자받은 경우(법령 §88 ① 1호)

② 법인의 증자에 있어서 신주를 배정받을 수 있는 권리의 전부 또는 일부를 포기(그 포기한 신주가 자본시장과 금융투자업에 관한 법률 제9조 제7항에 따른 모집방법으로 배정되는 경우를 제외)하거나 신주를 시가보다 높은 가액으로 인수하여 주주 등(소액주주 등은 제외함)인 법인이 특수관계인인 다른 주주 등에게 이익을 분여한 경우(법령 §88 ① 8호 나목)

관련사례

• 업무무관부동산 관련 자본적 지출액의 취득가액 포함 여부
당해 업무와 관련 없는 부동산과 관련한 지급이자 손금불산입액을 계산함에 있어서, 사업연도 종료일 현재의 장부가액에는 사업연도 중에 발생한 자본적 지출 금액을 포함하는 것임(법인 46012-669, 2000. 3. 13.).

5-5. 지급이자 손금불산입액의 계산

5-5-1. 개 요

업무무관자산 등에 대한 지급이자 손금불산입액은 다음의 산식에 의하여 계산한다(법령 §53 ②).

$$\text{지급이자 손금불산입액} = \text{지급이자} \times \frac{\text{업무무관자산 적수}^{(*)} + \text{가지급금 적수}^{(*)}}{\text{총차입금의 적수}}$$

(*) 업무무관자산과 가지급금의 합계액은 총차입금을 한도로 함.

위 산식에서 지급이자와 차입금 적수는 다음과 같이 지급이자 손금불산입 적용순위에 의하여 선부인되는 지급이자 손금불산입액과 동 지급이자에 대한 차입금 적수는 제외하고 계산한다.

지급이자	=	총지급이자	−	채권자 불분명 사채이자 지급받은 자가 불분명한 채권·증권의 지급이자 건설자금이자
차입금적수	=	총차입금적수	−	채권자 불분명 사채 적수 지급받은 자가 불분명한 채권·증권 적수 건설자금 차입금 적수

5-5-2. 지급이자의 범위

(1) 개 요

지급이자와 총차입금은 업무무관자산의 취득시기와 보유기간에 관계없이 사업연도 개시일부터 사업연도 종료일까지의 총금액으로 적용하되, 법인세법 시행령 제55조의 지급이자 적용순위규정을 적용하여 순차적으로 관련 지급이자와 차입금을 차감한 후 최종 남은 지급이자와 차입금을 기준으로 업무무관자산에 대한 지급이자 손금불산액을 계산한다. 이 경우 총차입금은 후술하는 바와 같이 적수로 계산되므로 해당 적수금액을 차감하여야 한다.

한편, 지급이자는 발생연도에 따라서 손금에 산입하여야 하므로 미지급이자는 포함하며 미경과이자는 제외된다. 그러므로 법인이 현금기준에 의하여 지급이자를 장부에 기장하였다 하더라도 장부상 지급이자에 미지급이자를 가산하고 미경과이자를 차감하여 지급이자의 범위를 결정해야 한다.

(2) 손금불산입대상 지급이자

업무무관자산 등에 대한 지급이자 손금불산입액을 산정함에 있어 그 대상이 되는 지급이자의 구체적인 사례를 살펴보면 다음과 같다.

구 분	내 용
① 금융리스 이자비용	금융리스에 의한 리스료 중 유효이자율법에 의하여 계산한 이자 상당액(법기통 28-53…1)
② 사채할인발행차금 상각액	사채할인발행차금 중 당해 사업연도의 상각액(법인 22601-3304, 1988. 11. 15.)
③ 융통어음의 할인료	자금조달 목적으로 발행한 융통어음의 할인료(법인 46012-126, 1994. 1. 13.)
④ 전환사채이자	전환사채에 대한 이자 및 전환사채를 주식으로 전환하지 않고 만기일까지 보유하는 자에게 지급하는 상환할증금(법인 46012-441, 1998. 2. 20.)
⑤ 재고자산에 대한 건설자금이자	기업회계기준에 따라 계상한 재고자산에 대한 건설자금이자(법인 46012-2142, 1997. 8. 4.)
⑥ 정리채권 면제이자	법인이 회사정리인가결정에 의하여 면제받은 미지급이자 상당액(서이 46012-11087, 2002. 5. 24.)
⑦ 수출금융이자	수출용 원자재 확보를 위한 운영자금을 수출금융 명목으로 차입한 금액의 지급이자(법인 22601-1469, 1991. 7. 23.)

(3) 손금불산입대상에서 제외되는 지급이자

업무무관자산 등에 대한 지급이자 손금불산입액을 산정함에 있어 그 손금불산입대상에서 제외되는 지급이자를 예시하면 다음과 같다.

구 분	내 용
① 현재가치할인차금 상각액	장기할부조건 등으로 취득하는 경우 발생한 채무를 기업회계기준이 정하는 바에 따라 현재가치로 평가하여 현재가치할인차금으로 계상한 경우, 당해 현재가치할인차금의 상각액(법령 §72 ④ 1호, ⑥)
② 연지급수입에 따른 이자	연지급수입에 있어서 취득가액과 구분하여 지급이자로 계상한 Usance 이자 및 D/A 이자 등(법령 §72 ④ 2호, ⑥ 및 법칙 §37 ③)
③ 기업구매자금 대출이자	내국법인이 한국은행총재가 정한 규정에 따라 기업구매자금 대출에 의한 차입금 이자(법령 §53 ④ 2호)
④ 운용리스료	운용리스조건에 의해 지급하는 리스료(법인 22601-2020, 1986. 6. 24.)

구 분	내 용
⑤ 상업어음의 할인료	상품, 제품 등을 매출하고 받은 상업어음을 할인한 경우의 할인어음(기업회계기준에 따라 매각거래로 보는 경우만 해당됨)은 차입금으로 보지 아니하므로(법기통 28-53…1), 상업어음의 할인료는 지급이자의 범위에서 제외함. 그러나, 금융기관을 통한 어음할인이 아닌, 사채시장을 통하여 어음할인한 부분에 대하여 지급한 할인료 등은 이자비용으로 해석하고 있음(서이 46012-10517, 2001. 11. 13.).
⑥ 지급보증수수료	보증사채를 발행시 금융기관에 지급하는 지급보증수수료(법인 22601-256, 1985. 1. 26.)
⑦ 조기상환수수료	금융기관 차입금을 조기에 상환함으로써 약정이자 외에 별도로 지급하는 조기상환수수료(서이 46012-10655, 2001. 12. 1.)

5-5-3. 총차입금의 범위

(1) 일반법인의 경우

차입금의 범위는 지급이자와 할인료를 부담하는 모든 부채로서 장부상의 차입금 총액을 말하며, 상업어음을 할인한 경우의 할인어음(기업회계기준에 따라 매각거래로 보는 경우만 해당됨)은 차입금에 해당하지 않으며, 금융리스에 의한 리스료 중 유효이자율법에 의하여 계산한 이자상당액을 제외한 금액(상환액은 제외함)은 차입금에 포함한다(법기통 28-53…1). 한편, 기업구매자금대출에 의하여 차입한 금액은 차입금의 범위에서 제외된다(법령 §53 ④ 2호).

(2) 금융회사 등의 경우

금융회사 등이 차입한 다음 각각의 금액은 차입금의 범위에서 제외된다(법령 §53 ④ 1호).

① 공공자금관리기금법에 따른 공공자금관리기금 또는 한국은행법에 의한 한국은행으로부터 차입한 금액
② 국가 및 지방자치단체(지방자치단체조합을 포함)로부터 차입한 금액
③ 법령에 의하여 설치된 기금으로부터 차입한 금액
④ 외국인투자촉진법 또는 외국환거래법에 의한 외화차입금
⑤ 예금증서를 발행하거나 예금계좌를 통해 일정한 이자지급 등의 대가를 조건으로 불특정다수의 고객으로부터 받아 관리하고 운용하는 자금

5-5-4. 적수의 계산

지급이자 손금불산입액을 계산하기 위한 산식 중 총차입금과 업무무관자산 · 가지급금은 적수로 계산한 금액을 말한다. 이 때 적수로 계산한다 함은 당해 거래 발생일로부터 보유기간 중 변동사항을 감안하여 소멸일까지의 매일자별 잔액을 누계한 일별계산방법을 의미한다. 따라

서, 적수를 계산함에 있어 월말 현재액에 월별 경과일수를 곱하여 적수를 계산하는 간편법은 인정되지 않는다(법인 22601-1838, 1990. 9. 17.).

적수의 계산은 초일은 산입하고 말일은 제외하여야 한다(재법인 46012-99, 2001. 5. 18.).

한편, 지급이자 및 차입금은 업무무관자산 또는 업무무관가지급금 등의 취득 또는 발생시기와 관계없이 당해 사업연도 개시일부터 종료일까지의 발생금액 전액으로 계산하는 것이나, 업무무관자산은 당해 업무무관자산에 해당되는 날부터 업무에 직접 사용된 날의 전일까지의 적수로 계산하고 업무무관가지급금은 그 발생일로부터 기산한다(법인 22601-876, 1988. 3. 25.).

:: 역산에 의한 차입금 적수 계산

차입금의 적수 계산시 원칙적으로는 지급이자를 부담하는 부채의 매일자별 잔액을 누계하여 적수를 계산해야 하나, 차입금이 변동될 때마다 이를 계산하기에는 현실적인 어려움이 뒤따르므로 실무상으로는 다음과 같이 지급이자를 역산하는 방법으로 차입금 적수를 계산할 수 있다.

이자율별 차입금 적수 = 이자율별 지급이자 ÷ 해당 연이자율 × 365(윤년 366)

5-6. 업무무관부동산 소급적용에 따른 법인세 추가납부

5-6-1. 개 요

법인이 부동산을 취득한 후 당해 법인의 업무에 직접 사용하지 아니하고 부동산을 양도하는 경우에는 취득일로 소급하여 업무무관부동산으로 본다. 따라서, 그 부동산의 양도일이 속하는 사업연도 이전에 종료한 각 사업연도에 손금산입했던 부동산의 취득·관리비용 등과 지급이자는 손금불산입하여 세액을 재계산한 후 양도한 날이 속하는 사업연도의 법인세에 가산하여 납부하여야 한다.

5-6-2. 추가납부세액의 계산

추가납부할 법인세액은 납세자의 편의에 따라 다음의 방법 중 하나를 선택하여 계산할 수 있다(법칙 §27). 이는 이월결손금이 있는 등 세무조정이 유리한 경우는 세무조정에 의하고, 세무조정이 어려운 경우는 결손금, 자본금 등 각종 세무조정사항의 수정 없이 단순히 세액만을 재계산하여 납부할 수 있도록 하기 위한 것이다.

구 분	추가납부세액의 계산
① 세무조정 방법	종전사업연도의 지급이자 등을 손금부인하여 세액을 수정 계산 - 종전사업연도의 결정세액
② 세무조정 없이 단순세액계산 방법	(종전사업연도의 과세표준 + 지급이자 손금부인액 등) × 세율 - 종전사업연도의 산출세액

5-6-3. 추가납부세액의 가산세

상기의 두 가지 방법 모두 신고불성실가산세를 적용하지 않으나, 법인이 추가납부하여야 할 법인세를 양도한 날이 속하는 사업연도의 법인세 신고기한 내에 가산하여 납부하지 않는 경우에는 납부지연가산세가 적용된다(재법인 46012-67, 1996. 5. 20.).

6. 지급이자 손금불산입 규정의 적용순위

지급이자 손금불산입액을 계산함에 있어 법인세법 제28조에서 규정하고 있는 다음의 지급이자 손금불산입액이 동시에 적용되는 경우에는 다음의 순서에 의하여 손금불산입액을 계산한다(법령 §55).

① 채권자가 불분명한 사채이자
② 지급받는 자가 불분명한 채권·증권의 지급이자
③ 건설자금이자
④ 업무무관자산 및 업무와 관련 없이 지급한 가지급금에 관한 지급이자

Step II 서식의 이해

■ 작성요령 I - 건설자금이자조정명세서

❶ 「① 건설자금이자」란에는 「⑬ 건설자금이자계상대상금액」란 중 「계」란의 금액을 건설완료자산과 건설중인 자산으로 구분하여 적는다.

❷ 「② 회사계상액」란에는 회사가 장부상 건설가계정 등으로 계상한 지급이자금액을 적는다.

❺ 「⑤ 건설자산명」란에는 토지, 건물, 기계장치등 순으로 적는다.

❻ 「⑧ 차입금액」란에는 건설자금에 충당하기 위하여 차입한 자금의 총액을 기입하되, 그 차입금의 일부를 운영자금에 사용한 경우에는 동 금액을 차감한 금액을 적는다.

❼ 「⑩ 당기 지급이자」란에는 당해 차입금의 지급이자 또는 이와 유사한 성질의 지출금의 합계액을 기입하되, 동 차입금의 일시예금에서 생기는 수입이자를 차감하여 적는다.

[별지 제25호 서식] (2011. 2. 28. 개정)

사업연도	. . ~ . .	건설자금이자조정명세

1. 건설자금이자 조정

구분	①건설자금이자	②회사계상액
	❶	❷
건설완료자산분		
건설중인자산분		
계		

2. 특정차입금 건설자금이자계산 명세

⑤건설자산명	⑥대출기관명	⑦차입일	⑧차입금액	⑨이자율	⑩당기지급이자
❺			❻		❼
계					

3. 일반차입금 건설자금이자계산 명세

⑭해당 사업연도 중 건설등에 소요된 기간에 실제로 금의 지급이자 등 합계	
⑮해당 건설등에 대하여 해당 사업연도에 지출한 금액의 적수	⑯해당 사업연도의 특정차입금의 적수
⑲일반차입금 지급이자 등의 합계	⑳해당 사업연도의 일반차입금의 적수

㉓일반차입금 건설자금이자계상 대상금액[Min (⑭, ㉒

서	법 인 명	
	사업자등록번호	

액	③상각대상자산분	④차감조정액 (①－②－③)
	❸	
		❹

❸ 「③ 상각대상자산분」란에는 토지 등 비상각자산분을 제외한 금액을 적는다.

❹ 「④ 차감조정액」란 중 계란의 금액을 손금불산입한다.

⑪준공일 또는 준공예정일	⑫건설자금 이자계산대상 일수	⑬건설자금 이자계상대상 금액
❽		❾

❽ 「⑪ 준공일 또는 준공예정일」란에는 법인세법 시행령 제52조 제6항에 따른 준공일을 적는다.

❾ 「⑬ 건설자금이자 계상 대상금액」은 당기 중에 건설 완료된 자산은 그 준공일까지, 건설이 진행 중인 자산은 당해 사업연도종료일까지 발생한 지급이자를 각각 적는다.

발생한 일반차입	❿
⑰사업연도 일수	⑱계산대상금액 (⑮/⑰－⑯/⑰)
㉑자본화이자율 (⑲÷⑳/⑰)	㉒비교대상금액 (⑱×㉑)
)]	

❿ 「⑭ 해당 사업연도 중 건설등에 소요된 기간에 실제로 발생한 일반차입금의 지급이자 등 합계」 금액에는 동 금액에서 해당 사업연도에 상환하거나 상환하지 아니한 차입금 중 특정차입금에 대한 지급이자를 제외한 금액을 적는다.

■ 작성요령Ⅱ - 업무무관부동산 등에 관련한 차입금이자조정명세서(갑)

[별지 제26호 서식(갑)] (2006. 3. 14. 개정)

사업연도	. . . ~ . . .	업무무관부동산 차입금이자조정

1. 업무무관부동산 등에 관련한 차입금지급이자

① 지급이자	적수			
	② 업무무관부동산	③ 업무무관동산	④ 가지급금 등	(②
❶	❷	❸	❹	

2. 지급이자 및 차입금 적수계산

⑨ 이자율	⑩ 지급이자	⑪ 차입금적수	⑫ 채권자불분명사채이자 등	
			⑬ 지급이자 ❻	⑭ 차입금 적수 ❻
합 계				

❶ 「① 지급이자」란에는 ⑱ 지급이자란의 금액을 기입한다.

❷ 「② 업무무관부동산」란에는 업무무관부동산 등에 관련한 차입금이자조정명세서(을)상의 1. 업무무관부동산의 적수란의 ⑦란 중 계란의 금액을 기입한다.

❸ 「③ 업무무관동산」란에는 업무무관부동산 등에 관련한 차입금이자조정명세서(을)상의 2. 업무무관동산의 적수란의 ⑦란 중 계란의 금액을 기입한다.

❹ 「④ 가지급금 등」란에는 업무무관부동산 등에 관련한 차입금이자조정명세서(을)상의 ⑧란의 적수금액을 기입하되, 동일인에 대한 가지급금과 가수금이 있는 경우에는 이를 상계하여 기입한다.

❻ 「⑬ · ⑭」란의 상단에는 채권자불분명사채의 이자로서 손금불산입한 지급이자 및 차입금적수를 각각 기입하고, 하단에는 지급받은 자가 분명하지 아니한 채권 · 증권의 이자 또는 할인액으로서 손금불산입한 지급이자 및 차입금적수를 기입한다.

등에 관련한 명세서(갑)	법 인 명	
	사업자등록번호	

⑤ 계)+③+④)	⑥ 차입금 (=⑲)	⑦ ⑤와 ⑥ 중 적은 금액	⑧ 손금불산입 지급이자 (①×⑦÷⑥)
	❺		

❺ 「⑥ 차입금」란에는 ㉛란의 차입금적수를 기입한다.

⑮ 건설자금이자 등		차 감	
⑯ 지급이자	⑰ 차입금 적수	⑱ 지급이자 (⑩-⑬-⑯)	⑲ 차입금적수 (⑪-⑭-⑰)
❼	❼		

❼ 「⑯ · ⑰」란의 상단에는 건설자금이자로서 손금불산입한 지급이자 및 차입금적수를 각각 기입하고, 하단에는 「국제조세조정에 관한 법률」 제14조에 따라 손금불산입한 지급이자 및 차입금적수를 각각 기입한다.

■ 작성요령Ⅲ – 업무무관부동산 등에 관련한 차입금이자조정명세서(을)

❶ 「① 연월일」란에는 해당 금액이 변동되는 연월일을 기입한다.

❷ 「⑩ · ⑪」란에는 해당 사업연도 종료일 현재 재무상태표상 자산총계와 부채(충당금을 포함하고 미지급법인세를 제외한다)총계를 기입하되, 「⑫ 자기자본」란의 금액이 사업연도 종료일 현재의 납입자본금(자본금에 주식발행액면초과액을 가산하고, 주식할인발행차금을 차감한 금액)보다 작은 경우에는 납입자본금을 기입한다.

[별지 제26호 서식(을)] (2021. 10. 28. 개정)

사 업 연 도	. . . ~ . . .	업무무관부동산 등에 이자조정명세

구분		① 연월일	② 적 요	③ 차 변
1. 업무무관 부동산의 적수		❶		
		계		
2. 업무무관 동산의 적수				
		계		
3. 가지급금 등의 적수	⑧ 가지급금 등의 적수			
		계		
	⑨ 가수금 등의 적수			
		계		
4. 그 밖의 적수				
		계		

5. 자기자본 적수계산

⑩ 재무상태표 자산총계	⑪ 재무상태표 부채총계	⑫ 자기자본 (⑩-⑪)
❷	❷	❷

관련한 차입금 서(을)	법 인 명	
	사업자등록번호	

④ 대 변	⑤ 잔 액	⑥ 일 수	⑦ 적 수

본	⑬ 사업연도 일 수	⑭ 적 수

세무조정 체크리스트

■ 지급이자

검 토 사 항	확인
1. 이자율별 지급이자(차입금) 확인	
2. 과소자본세제 적용 여부 검토	
① 국외지배주주, 국외지배주주의 특수관계인, 국외지배주주의 지급보증에 의하여 제3자로부터 차입한 금액에 대한 지급이자의 존재 여부 확인	
② 차입금 적수가 자기자본 적수의 2배(금융업의 경우 6배) 초과 여부 확인	
③ 차입금의 규모 및 차입조건이 특수관계가 없는 자간의 통상적인 차입규모 및 조건과 동일 또는 유사한 경우 차입금 배율 조정 가능(적용받고자 하는 경우에는 신고기한 내에 국조법 시행령 제51조의 자료 제출)	
3. 채권자불명 사채이자 확인	
4. 수령자 불분명 채권·증권의 이자 확인	
5. 건설자금이자 확인	
① 유형자산 및 무형자산의 매입·제작·건설에 직접 사용되는 특정차입금, 일반차입금 및 지급이자 확인	
② 당기 완료분과 진행분 구분하여 건설가계정 적수 계산	
③ 건설자금이자 계산하고 회사계상액과 비교하여 세무조정	
ㄱ. 상각대상자산의 당기 완료분에 대한 회사계상액을 초과하는 건설자금이자는 즉시상각의제로 처리	
④ 재고자산의 취득원가에 계상된 건설자금이자 유무 확인	
6. 비업무용 부동산, 업무무관자산, 가지급금 등의 확인	
① 비업무용 부동산의 확인	
ㄱ. 대상부동산의 확인	
ㄴ. 업무무관부동산 가액은 취득가액(시가초과액 포함 여부 확인)으로 계산	
ㄷ. 당기거래 내역 파악하여 적수계산	
② 업무무관자산의 확인(서화·골동품 등 업무관련성 여부 확인)	
③ 가지급금의 확인	
ㄱ. 가지급금 등의 인정이자 등의 명세서(을)상의 가지급금·가수금 확인	
④ 손금불산입 지급이자 계산	
7. 지급이자 손금불산입의 적용순위 확인	
채권자 불분명 사채이자, 수령자 불분명 채권·증권의 이자, 건설자금이자, 업무무관 자산 등의 지급이자 등의 순	

Step Ⅲ 사례와 서식작성실무

예제 Ⅰ

사 례

㈜삼일의 제10기 사업연도(2024. 1. 1. ~ 2024. 12. 31.) 법인세 신고를 위한 다음 자료를 이용하여 건설자금이자와 감가상각비에 대한 세무조정을 하고, 건설자금이자조정명세서〔별지 제25호 서식〕를 작성하라.

◀ 자료 ▶

1. ㈜삼일의 차입금 중에는 제2공장 및 제3공장 신축을 위한 시설자금 차입금이 포함되어 있는데, 그 지급이자 내역은 다음과 같다. 이자는 매월말 월할 계산하여 지급하고 있다.

대상자산	차입금액(₩)	차입일자	이자율	용 도	준공(예정)일
공장건물	200,000,000	2022. 5. 1.	9%	제2공장 신축용	2024. 6. 30. 준공(*1)
공장건물	100,000,000	2024. 4. 1.	10%	제3공장 신축용	2026. 3. 31. 준공예정(*2)
토 지	150,000,000	2023. 9. 1.	8%	제3공장 신축용	2024. 1. 31. 취득

(*1) 제2공장의 건설기간 중 차입금의 일시예금에서 수입이자 ₩1,000,000이 발생함.
(*2) 제3공장 건설용 차입금 중 ₩20,000,000은 차입시부터 운영자금으로 전용함.

2. 제2공장은 2024년 6월 30일 완공되어 7월 1일부터 사용하기 시작하였으나 제2공장 건물에 대한 감가상각비는 계상하지 아니하였다. 제2공장을 제외한 다른 감가상각 대상자산의 감가상각비는 세법상 상각범위액만큼 계상하였으며, 제2공장의 재무상태표상 취득가액은 5억원이고 정액법 상각률은 0.05이다. 한편, 제3공장은 기말 현재 공사 진행 중이다.
3. 전기유보잔액은 다음과 같다.
   (1) 건설자금이자(제2공장 토지) : ₩15,000,000
   (2) 건설자금이자(제2공장 건물) : ₩30,000,000
   (3) 건설자금이자(제3공장 토지) : ₩4,000,000
4. ㈜삼일은 건설자금이자와 차입금의 일시예금에 따른 수입이자를 일반기업회계기준에 따라 각각 비용과 수익으로 회계처리하고 있다.

해 설

1. 건설자금이자

(1) 제2공장

① 당기의 건설자금이자 해당액 : ₩7,950,819
[(200,000,000 × 0.09 × 182/366) - 1,000,000 = 7,950,819]

② 당기에 준공된 건물의 건설자금이자를 비용처리하였으므로 즉시상각의제에 해당한다.

③ 제2공장의 전기 유보잔액 중 토지에 대한 건설자금이자 ₩15,000,000은 당해 토지의 처분시점에서 세무조정을 하여야 하나, 건물에 대한 건설자금이자 ₩30,000,000은 당해 건물의 준공시 상각부인액으로 본다.

(2) 제3공장

① 당기의 건물에 대한 건설자금이자 해당액 : ₩6,010,928
[(100,000,000 - 20,000,000) × 10% × 275/366 = 6,010,928]

② 당기의 토지에 대한 건설자금이자 해당액 : ₩1,016,393
[150,000,000 × 8% × 31/366 = 1,016,393]

③ 건설이 진행 중인 건물의 건설자금이자 및 비상각자산인 토지의 건설자금이자는 손금불산입한다.
〈손금불산입〉 건설자금이자(공장건물) ₩6,010,928 (유보)
〈손금불산입〉 건설자금이자(토지) ₩1,016,393 (유보)

2. 감가상각비(제2공장)

(1) 상각범위액 : ₩13,450,000
[(500,000,000 + 8,000,000 + 30,000,000) × 0.05 × 6/12 = 13,450,000]

(2) 회사계상액 : ₩8,000,000(즉시상각의제)

(3) 시인부족액 : ₩5,450,000(= 13,450,000 - 8,000,000)

(4) 전기부인액 손금추인
: ₩5,450,000 [= Min(① 전기건설이자 : 30,000,000, ② 시인부족액 : 5,450,000)]
〈손금산입〉 전기건설자금이자(공장건물) ₩5,450,000 (△유보)

3. 건설자금이자조정명세서 〔별지 제25호 서식〕 작성 (다음 page 참조)

[별지 제25호 서식] (2011. 2. 28. 개정)

사업연도	2024. 1. 1. ~ 2024. 12. 31.	건설자금이자조정명세서	법인명	(주)삼일
			사업자등록번호	

1. 건설자금이자 조정

구분	① 건설자금이자	② 회사계상액	③ 상각대상자산분	④ 차감조정액 (①-②-③)
건설완료자산분	7,950,819	-	7,950,819	-
건설중인자산분	7,027,321	-		7,027,321
계	14,978,140	-	7,950,819	7,027,321

2. 특정차입금 건설자금이자계산 명세

⑤ 건설자산명	⑥ 대출기관명	⑦ 차입일	⑧ 차입금액	⑨ 이자율	⑩ 당기지급이자	⑪ 준공일 또는 준공예정일	⑫ 건설자금이자 계산대상일수	⑬ 건설자금이자 계상대상금액
2공장 건물	××은행	2022. 5. 1.	200,000,000	9%	17,000,000	2024. 6. 30.	182일	7,950,819
3공장 건물	△△은행	2024. 4. 1.	80,000,000	10%	6,000,000	2026. 3. 31.	275일	6,010,928
3공장 토지	△△은행	2023. 9. 1.	150,000,000	8%	12,000,000	2024. 1. 31.	31일	1,016,393
계								14,978,140

3. 일반차입금 건설자금이자계산 명세

⑭ 해당 사업연도 중 건설등에 소요된 기간에 실제로 발생한 일반차입금의 지급이자 등 합계			
⑮ 해당 건설등에 대하여 해당 사업연도에 지출한 금액의 적수	⑯ 해당 사업연도의 특정차입금의 적수	⑰ 사업연도 일수	⑱ 계산대상금액 (⑮/⑰-⑯/⑰)
⑲ 일반차입금 지급이자 등의 합계	⑳ 해당 사업연도의 일반차입금의 적수	㉑ 자본화이자율 (⑲÷⑳/⑰)	㉒ 비교대상금액 (⑱×㉑)
㉓ 일반차입금 건설자금이자계상 대상금액[Min(⑭, ㉒)]			

예제Ⅱ

사 례

㈜삼일의 제10기 사업연도(2024. 1. 1. ~ 2024. 12. 31.) 법인세 신고를 위한 다음 자료를 이용하여 지급이자에 대한 세무조정을 하고, 업무무관부동산 등에 관련한 차입금이자조정명세서(을) 〔별지 제26호 서식(을)〕 및 업무무관부동산 등에 관련한 차입금이자조정명세서(갑) 〔별지 제26호 서식(갑)〕을 작성하라.

◀자 료▶

1. 업무무관부동산(가액은 기말현재 가액임)

구 분	업무무관 부동산 해당일	장부가액	취득가액	기준시가
토 지	2022. 10. 17.	₩50,000,000	₩40,000,000	₩55,000,000
건 물	2024. 9. 3.	48,000,000	50,000,000	60,000,000

2. 업무무관동산

2024년 12월 2일, 골동품을 ₩6,000,000에 취득하였다.

3. 업무무관가지급금

구 분	대여일	가지급금 적수	가수금 적수
대표이사에 대한 대여금(*)	2023. 6. 30.	₩4,026,000,000	₩3,660,000
우리사주조합에 대한 주식취득자금 대여금	2024. 3. 4.	500,000,000	–

(*) 법인세법상 인정이자 상당액을 이자로 수령함.

4. 이자비용

구 분	이자비용	이자율	적 수
은행차입금	₩13,000,000	13%	₩36,600,000,000
회 사 채	8,000,000	16%	18,300,000,000
시설차입금(*)	3,000,000	10%	10,980,000,000
현재가치할인차금상각액	1,000,000	10%	3,660,000,000
합 계	₩25,000,000		₩69,540,000,000

(*) 기말 현재 건설 중인 지점건물의 건설을 위한 차입금의 이자임.

5. 기말 현재 재무상태표상 자산총액은 ₩1,500,000,000, 부채총액은 ₩1,300,000,000이다. 납입자본금은 ₩200,000,000 이하라고 가정한다.

해 설

1. 부인대상 지급이자 및 총차입금 적수
   (1) 부인대상 지급이자 : ₩21,000,000
   [25,000,000 - 1,000,000(현재가치할인차금상각액) - 3,000,000(건설자금이자)]
   (2) 부인대상 차입금 적수 : ₩54,900,000,000
   (69,540,000,000 - 3,660,000,000 - 10,980,000,000)

2. 부인대상자산 적수
   (1) 업무무관자산 적수
   ① 토지 : 40,000,000(*) × 366(1. 1. ~ 12. 31.) = 14,640,000,000
   ② 건물 : 50,000,000(*) × 120(9. 3. ~ 12. 31.) = 6,000,000,000
   ③ 골동품 : 6,000,000 × 30(12. 2. ~ 12. 31.) = 180,000,000
   ₩20,820,000,000
   (*) 업무무관자산의 가액은 법인세법상의 취득가액임.
   (2) 가지급금 적수(**) : ₩4,022,340,000
   [4,026,000,000 - 3,660,000(동일인에 대한 가수금 적수)]
   (**) 우리사주조합에 대한 주식취득자금 대여금액은 지급이자 손금불산입규정이 적용되지 않음.

3. 지급이자 손금부인액

$$21,000,000 \times \frac{20,820,000,000 + 4,022,340,000}{54,900,000,000} = 9,502,534$$

4. 세무조정
   〈손금불산입〉 건설자금이자 ₩3,000,000 (유보)
   업무무관자산 등 관련 지급이자 ₩9,502,534 (기타사외유출)

5. 업무무관부동산 등에 관련한 차입금이자조정명세서(을) 〔별지 제26호 서식(을)〕 작성 (다음 page 참조)
6. 업무무관부동산 등에 관련한 차입금이자조정명세서(갑) 〔별지 제26호 서식(갑)〕 작성 (다음 page 참조)

[별지 제26호 서식(을)] (2021. 10. 28. 개정)

사업연도	2024. 1. 1. ~ 2024. 12. 31.	업무무관부동산 등에 관련한 차입금이자조정명세서(을)	법 인 명	(주)삼일
			사업자등록번호	

구분		① 연월일	② 적요	③ 차변	④ 대변	⑤ 잔액	⑥ 일수	⑦ 적수
1. 업무무관 부동산의 적수		2022. 10. 17.	전기이월	40,000,000		40,000,000	366	14,640,000,000
		2024. 9. 3.	당기취득	50,000,000		50,000,000	120	6,000,000,000
		계		90,000,000		90,000,000		20,600,000,000
2. 업무무관 동산의 적수		2024. 12. 2.	당기취득	6,000,000		6,000,000	30	180,000,000
		계		6,000,000		6,000,000		180,000,000
3. 가지급금 등의 적수	⑧ 가지급금 등의 적수	2023. 6. 30.	전기이월	11,000,000		11,000,000	366	4,026,000,000
		계		11,000,000		11,000,000		4,026,000,000
	⑨ 가수금 등의 적수	2023. 6. 30.	전기이월	10,000		10,000	366	3,660,000
		계		10,000		10,000		3,660,000
4. 그 밖의 적수								
		계						

5. 자기자본 적수 계산

⑩ 재무상태표 자산총계	⑪ 재무상태표 부채총계	⑫ 자기자본 (⑩－⑪)	⑬ 사업연도 일 수	⑭ 적 수
1,500,000,000	1,300,000,000	200,000,000	366	73,200,000,000

[별지 제26호 서식(갑)] (2006. 3. 14. 개정)

사업연도	2024. 1. 1. ~ 2024. 12. 31.	업무무관부동산 등에 관련한 차입금이자조정명세서(갑)	법 인 명	(주)삼일
			사업자등록번호	

1. 업무무관부동산 등에 관련한 차입금지급이자

① 지급이자	적수				⑥ 차입금 (=⑲)	⑦ ⑤와 ⑥ 중 적은 금액	⑧ 손금불산입 지급이자 (①×⑦÷⑥)
	② 업무무관 부동산	③ 업무무관 동산	④ 가지급금 등	⑤ 계 (②+③+④)			
21,000,000	20,640,000,000	180,000,000	4,022,340,000	24,842,340,000	54,900,000,000	24,842,340,000	9,502,534

2. 지급이자 및 차입금 적수계산

⑨ 이자율	⑩ 지급이자	⑪ 차입금적수	⑫ 채권자불분명 사채이자 등		⑮ 건설자금이자 등		차감	
			⑬ 지급이자	⑭ 차입금적수	⑯ 지급이자	⑰ 차입금적수	⑱ 지급이자 (⑩－⑬－⑯)	⑲ 차입금적수 (⑪－⑭－⑰)
13%	13,000,000	36,600,000,000					13,000,000	36,600,000,000
16%	8,000,000	18,300,000,000					8,000,000	18,300,000,000
10%	3,000,000	10,980,000,000			3,000,000	10,980,000,000	–	–
합계	24,000,000	65,880,000,000			3,000,000	10,980,000,000	21,000,000	54,900,000,000

제10절 퇴직급여충당금 · 퇴직보험

관련 법령	• 법법 §33 • 법령 §44, §44의 2, §60 • 법칙 §22 내지 §24, §31
관련 서식	• 법인세법 시행규칙 [별지 제32호 서식] 퇴직급여충당금 조정명세서 [별지 제33호 서식] 퇴직연금부담금 조정명세서

제10절

퇴직급여충당금 · 퇴직보험

10

Step I 내용의 이해

1. 퇴직급여제도

1-1. 개 요

사용자는 퇴직하는 근로자에게 근로자퇴직급여 보장법이 정하는 바에 따라 퇴직금을 지급하여야 한다. 다만, 계속근로기간이 1년 미만인 근로자, 4주간을 평균하여 1주간의 소정근로시간이 15시간 미만인 근로자에 대하여는 퇴직급여제도가 적용되지 아니한다(근로자퇴직급여 보장법 §4 ①).

1-2. 퇴직급여제도의 종류

사용자는 퇴직급여를 지급하기 위하여 확정급여형 퇴직연금제도, 확정기여형 퇴직연금제도, 중소기업퇴직연금기금제도 또는 퇴직금제도 중 하나 이상의 제도를 설정하여야 한다(근로자퇴직급여 보장법 §4 ①).

1-2-1. 퇴직금제도

퇴직금제도는 기업의 내부자금 등으로 퇴직금을 지급하는 제도를 말한다. 퇴직금제도는 퇴직금의 지급에 소요되는 재원을 사외에 적립할 것을 강제하지 아니하며, 사용자는 퇴직하는 근로자에게 계속근로기간 1년에 대하여 30일분 이상의 평균임금을 퇴직금으로 지급하여야 한다(근로자퇴직급여 보장법 §8 ①).

1-2-2. 퇴직연금제도

퇴직연금제도는 근로자의 퇴직급여 수급권 보호를 위해 사용자가 근로자의 재직기간 중에 일정요건을 갖춘 퇴직연금사업자에게 퇴직연금부담금을 납입하고, 당해 퇴직연금사업자가 퇴직하는 근로자에게 퇴직급여를 일시금 또는 연금의 형태로 지급하는 제도를 말하며, 확정급여형 퇴직연금제도, 확정기여형 퇴직연금제도, 개인형 퇴직연금제도가 있다.

한편, 사업자는 사업장별로 노사의 협의에 따라 다음과 같이 확정기여형 퇴직연금제도와 확정급여형 퇴직연금제도를 선택할 수 있는 바, 양 제도의 주요 내용을 비교하면 다음과 같다.

| 확정기여형 퇴직연금과 확정급여형 퇴직연금의 비교 |

구 분	확정기여형(Defined Contribution)	확정급여형(Defined Benefit)
개 념	• 사전에 부담할 기여금을 확정 • 적립금을 근로자가 자기책임으로 운용 • 근로자가 일정한 연령에 달한 때에 그 운용 결과에 기초하여 급여를 지급(연금 55세 이상)	• 사전에 급여의 수준·내용을 약정 • 근로자가 일정한 연령에 달한 때에 약정에 따른 급여를 지급(연금 55세 이상)
기여금	확 정	변 동 (운용수익률·승급률 등 변경시)
기여금액	연간 임금총액의 1/12 이상	퇴직급여예상액(*)의 100% 이상 (*) Max[청산기준 추계액(현행 추계액 기준), 계속기준 추계액(예상근속기간 등을 추정하여 계산)]
급 부	운영실적에 따름.	확 정 (계속근로기간 1년에 대하여 30일분의 평균임금 이상)
운용책임	개별 근로자 부담	회사 부담
기업부담	축소 불가	축소 가능(수익률이 높을 경우)
통산제도	용 이	어려움 (개인퇴직계좌를 통한 통산 가능)
연금수리	불필요	필요
선호계층	단기근속자 및 젊은 층	장기근속자
주요대상	연봉제, 중소기업	대기업, 기존 사외적립기업

1-2-3. 중소기업퇴직연금기금제도

중소기업퇴직연금기금제도는 중소기업(상시 30명 이하의 근로자를 사용하는 사업에 한정함) 근로자의 안정적인 노후생활 보장을 지원하기 위하여 둘 이상의 중소기업 사용자 및 근로자가 납입한 부담금 등으로 공동의 기금을 조성하고, 근로복지공단이 이를 운영하여 근로자에게 급여를 지급하는 제도를 말한다. 동 제도를 설정한 사용자는 매년 1회 이상 정기적으로 가입자의 연간 임금총액의 12분의 1 이상에 해당하는 부담금을 현금으로 가입자의 중소기업퇴직연금기금제도 계정에 납입하여야 한다(근로자퇴직급여 보장법 §2 14호, §23의 7 ①).

2. 퇴직급여충당금의 조정

2-1. 퇴직급여충당금의 의의

퇴직급여충당금이라 함은 법인의 임직원이 퇴직할 때 지급하여야 할 퇴직금 상당액을 당해 임직원의 재직기간이 속하는 사업연도마다 비용으로 인식하기 위하여 기말결산시점에 계상하는 부채성충당금을 말한다.

(주) 기업회계기준에서는 '퇴직급여충당부채'라는 계정과목을 사용하도록 하고 있으나, 법인세법에서는 이를 '퇴직급여충당금'으로 규정하고 있는 바, 이하에서는 설명의 편의상 기업회계기준에서는 '퇴직급여충당부채'로, 법인세법에서는 '퇴직급여충당금'으로 혼용하여 설명하기로 한다.

2-2. 기업회계상 퇴직급여충당부채

2-2-1. 퇴직급여충당부채의 설정액

근로자퇴직급여 보장법상 퇴직급여제도는 퇴직금제도, 퇴직연금제도(확정기여형 퇴직연금제도, 확정급여형 퇴직연금제도, 개인형 퇴직연금제도) 및 중소기업퇴직연금기금제도로 세분되어 있으나, 기업회계기준에서는 퇴직급여제도를 실질적인 내용에 따라 다음과 같이 확정기여제도와 확정급여제도로만 분류하고 있다(K-IFRS 1019호 용어의 정의 및 일반기준 21장 용어의 정의).

확정기여제도	확정급여제도
• 기업이 별개의 실체(기금)에 고정 기여금을 납부하고, 기여금을 납부할 법적의무나 의제의무가 더는 없는 퇴직급여제도. 즉, 그 기금에서 당기와 과거기간에 제공된 종업원 근무용역과 관련된 모든 종업원급여를 지급할 수 있을 정도로 자산을 충분히 보유하지 못하더라도 기업에는 추가로 기여금을 납부할 의무가 없음(확정기여형 퇴직연금제도, 개인형 퇴직연금제도 및 중소기업퇴직연금기금제도).	• 확정기여제도 이외의 모든 퇴직급여제도(퇴직금제도 및 확정급여형 퇴직연금제도)

확정기여제도에서 회사는 부담금을 금융기관에 적립할 의무만 있을 뿐, 종업원이 실제 퇴직시 지급받을 퇴직급여에 대해서는 어떠한 의무도 가지고 있지 아니하다. 이에 따라 한국채택국제회계기준(K-IFRS) 및 일반기업회계기준에서는 확정기여제도를 설정하는 경우 별도의 자산 및 부채를 인식하지 아니하며, 각 회계기간에 납부하여야 하는 부담금만큼을 퇴직급여(비용)로 인식하도록 하고 있다.

확정급여제도는 확정기여제도와는 달리 실제 종업원이 퇴사할 경우 지급하여야 하는 급여수준을 사전에 약정한 것으로 기업이 보험수리적 위험과 투자위험을 실질적으로 부담하게 되므로 이에 따른 채무를 인식하여야 한다. 다만, 한국채택국제회계기준(K-IFRS)와 일반기업회계기준에서는 각각 채무의 측정방법과 회계처리가 상이하므로 이를 간략히 요약하면 다음과 같다(K-IFRS 1019호 및 일반기준 21장).

일반기업회계기준 제21장	한국채택국제회계기준 제1019호
• 퇴직급여충당부채는 보고기간말 현재 전종업원이 일시에 퇴직할 경우 지급하여야 할 퇴직금에 상당하는 금액으로 함(문단 21.8). • 급여규정의 개정과 급여의 인상으로 퇴직금소요액이 증가되었을 경우에는 당기분과 전기 이전분을 일괄하여 당기비용으로 인식함(문단 21.9). • 확정급여형 퇴직연금제도에서 지급하는 퇴직급여와 관련된 부채는 다음의 두 가지 경우로 나누어 각각 회계처리함. 확정급여형퇴직연금제도가 설정되었음에도 불구하고 종업원이 퇴직한 이후에 기업이 연금지급의무를 부담하지 않는다면 아래 (2)의 규정을 적용하지 아니함(문단 21.10). (1) 종업원이 퇴직하기 전의 경우 보고기간말 현재 종업원이 퇴직할 경우 지급하여야 할 퇴직일시금에 상당하는 금액을 측정하여 퇴직급여충당부채로 인식함. 종업원이 아직 퇴직하지는 않았으나 퇴직연금에 대한 수급 요건 중 가입기간 요건을 갖춘 경우에도, 보고기간 종료일 현재 종업원이 퇴직하면서 퇴직일시금의 수령을 선택한다고 가정하고 이때 지급하여야 할 퇴직일시금에 상당하는 금액을 측정하여 퇴직급여충당부채로 인식함. (2) 종업원이 퇴직연금에 대한 수급요건 중 가입기간 요건을 갖추고 퇴사하였으며 퇴직연금의 수령을 선택한 경우 보고기간말 이후 퇴직 종업원에게 지급하여야 할 예상퇴직연금합계액의 현재가치를 측정하여 '퇴직연금미지급금'으로 인식함. 사망률과 같은 보험수리적 가정이 바뀌거나 할인율이 바뀜에 따라 발생하는 퇴직연금미지급금 증감액과 시간의 경과에 따른 현재가치 증가액은 퇴직급여(비용)로 회계처리함.	• 재무상태표에는 순확정급여부채 또는 순확정급여자산(자산인식상한을 한도로 함)으로 인식함(문단 63, 64). • 순확정급여부채(자산)는 확정급여채무의 현재가치에서 사외적립자산의 공정가치를 차감한 금액을 말하며, 확정급여채무의 현재가치란 종업원이 당기와 과거기간에 근무용역을 제공하여 발생한 채무를 결제하는 데 필요한 예상 미래지급액의 현재가치를 말함(문단 8). • 순확정급여부채(자산)의 모든 변동은 발생한 기간에 근무원가, 순확정급여부채(자산)의 순이자, 순확정급여부채(자산)의 재측정요소로 세분화하여 인식함. • 근무원가는 다음으로 구성되며, 자산의 원가에 포함하는 경우를 제외하고는 당기손익으로 인식함(문단 8, 120). ① 당기근무원가 : 당기에 종업원이 근무용역을 제공하여 발생한 확정급여채무 현재가치의 증가 ② 과거근무원가 : 제도개정(확정급여제도의 도입, 철회 또는 변경) 또는 축소(기업이 제도의 대상이 되는 종업원 수를 유의적으로 감소시킴)로 인해 종업원의 과거기간 근무용역에 대한 확정급여채무 현재가치가 변동하는 경우 그 변동액 ③ 정산으로 인한 손익 • 순확정급여부채(자산)의 순이자는 보고기간 동안 시간의 경과에 따라 발생하는 순확정급여부채(자산)의 변동을 말하며, 자산의 원가에 포함하는 경우를 제외하고는 당기손익으로 인식함(문단 8, 120). • 순확정급여부채(자산)의 재측정요소는 다음으로 구성되며, 자산의 원가에 포함하는 경우를 제외하고는 기타포괄손익으로 인식함(문단 8, 120). ① 보험수리적손익 ② 사외적립자산의 수익[순확정급여부채(자산)의 순이자에 포함된 금액 제외] ③ 자산인식상한효과의 변동[순확정급여부채(자산)의 순이자에 포함된 금액 제외]

2-2-2. 퇴직급여충당부채의 회계처리

(1) 퇴직급여충당부채의 설정

회사가 매 회계연도 말에 퇴직급여와 퇴직급여충당부채를 각각 비용과 부채로 계상하는 경우에는 다음과 같이 회계처리한다. 이 때 비용으로 계상하는 퇴직급여는 퇴직급여충당부채 설정대상자의 업무 성격에 따라 제조원가 또는 판매비와관리비로 구분한다.

(차) 퇴직급여 ××× (대) 퇴직급여충당부채 ×××

:: 과거연도 귀속분 퇴직급여의 회계처리

한국채택국제회계기준 제1008호에 따르면, 당기 중에 발견한 당기의 잠재적 오류는 재무제표의 발행승인일 전에 수정하도록 하고 있는 한편, 중요한 오류를 후속기간에 발견하는 경우에는 해당 후속기간의 재무제표에 비교표시된 재무정보를 소급재작성하여 수정하도록 하고 있다. 다만, 비교표시되는 하나 이상의 과거기간의 비교정보에 대해 특정기간에 미치는 오류의 영향을 실무적으로 결정할 수 없는 경우, 실무적으로 소급재작성할 수 있는 가장 이른 회계기간의 자산, 부채 및 자본의 기초금액을 재작성하도록 하고 있고, 당기 기초시점에 과거기간 전체에 대한 오류의 누적효과를 실무적으로 결정할 수 없는 경우, 실무적으로 적용할 수 있는 가장 이른 날부터 전진적으로 오류를 수정하여 비교정보를 재작성하도록 하고 있다(K-IFRS 1008호 문단 41~48). 한편, 일반기업회계기준 제5장(회계정책, 회계추정의 변경 및 오류)에 따르면, 당기에 발견한 전기 또는 그 이전기간의 오류는 당기 손익계산서에 영업외손익 중 전기오류수정손익으로 보고하는 것을 원칙으로 하되, 전기 이전기간에 발생한 중대한 오류의 수정은 자산, 부채 및 자본의 기초금액에 반영하며, 비교재무제표를 작성하는 경우 중대한 오류의 영향을 받는 회계기간의 재무제표항목은 재작성하도록 하고 있다. 한편, 중대한 오류란, 재무제표의 신뢰성을 심각하게 손상할 수 있는 매우 중요한 오류를 말한다(일반기준 5장 문단 5.18~5.20).

(2) 퇴직금의 지급

임직원이 실제로 퇴직을 하여 퇴직금을 지급하는 경우에는 다음과 같이 퇴직하는 임직원의 개인별 퇴직급여충당부채 설정액에 관계 없이 퇴직급여충당부채에서 지급하는 것으로 회계처리한다. 한편, 명예퇴직으로 지급되는 해고급여는 일반퇴직급여와는 달리 근속기간 이외의 요소가 포함되는 등 사전에 퇴직급여를 예상할 수 없고, 추산액을 퇴직급여충당부채로도 계상할 수 없다. 따라서, 기업회계기준상 해고급여는 퇴직급여로 분류되지 아니하므로 퇴직급여지급규정에 관계없이 퇴직급여충당부채와 상계할 수 없으며 당기비용으로 처리하여야 한다(K-IFRS 1019호 문단 8, 165 및 일반기준 21장 문단 21.4, 21.5의 3).

(차) 퇴직급여충당부채 ××× (대) 현금 및 현금성자산 ×××

2-3. 법인세법상 퇴직급여충당금

2-3-1. 개 요

법인이 임원 또는 직원의 퇴직급여에 충당하기 위하여 근로자퇴직급여 보장법 또는 법인 내부의 퇴직급여지급규정에 의해 계상한 퇴직급여충당금은 결산조정을 전제로 일정한 한도 내에서 손금에 산입한다.

법인세법과 기업회계기준은 임원 또는 직원에게 지급될 퇴직급여를 지급시점이 아닌 근로 제공기간에 배분하여 비용(손금)으로 인식함에 있어서는 동일한 입장을 견지하고 있다. 다만, 기업회계기준에서는 결산일 현재의 퇴직급여추계액 전액을 퇴직급여충당부채로 설정하도록 규정하고 있는 반면, 법인세법에서는 일정한 한도 내의 금액만을 손금으로 인정하고(다만, 2016년 1월 1일 이후 개시하는 사업연도 분부터는 추계액기준 한도율이 0%이므로 실질적인 손금산입 한도액은 0원이 될 것임), 나머지는 퇴직연금 등으로 사외에 적립한 경우에만 추가적으로 손금산입을 허용함으로써 기업회계기준에 따라 설정 가능한 퇴직급여충당부채 전액을 손금에 산입하는 것은 허용하지 않고 있다.

관련사례

- 퇴직을 원인으로 하지 않는 종업원급여 관련 확정급여채무 비용계상액의 퇴직급여충당금 손금계상액 해당 여부

  내국법인의 종업원급여 중 장기근속휴가, 안식년휴가, 그 밖의 장기근속급여, 장기장애급여, 회계기간말부터 12개월 이내에 전부나 일부가 지급되지 않는 이익분배금, 상여금 및 이연보상 등(한국채택국제회계기준 제1019호 문단 4(3)의 기타장기종업원급여) 퇴직을 원인으로 하지 않는 종업원급여와 관련된 확정급여채무 비용계상액은 퇴직급여충당금 손금계상액에 해당하지 아니하는 것임(법인-501, 2012. 8. 20.).

2-3-2. 퇴직급여충당금의 설정대상자

(1) 개 요

법인세법상 퇴직급여충당금의 설정대상자는 ① 해당 사업연도 종료일 현재 재직하며 ② 퇴직급여의 지급대상이 되는 ③ 임원 또는 ④ 직원으로 하되, ⑤ 확정기여형 퇴직연금 등이 설정된 자를 제외한다.

(2) 사업연도 종료일 현재 근무 요건

퇴직급여충당금을 설정하기 위하여는 해당 사업연도 종료일 현재 근무하고 있어야 한다. 따라서, 해당 사업연도 중에 퇴직한 임직원에 대하여는 퇴직급여충당금을 설정할 수 없다.

한편, 특수관계에 있는 타법인에 전출한 자의 경우 사업연도 종료일 현재 전출법인에 재직하고 있지 않으므로 원칙적으로는 전출법인에서 퇴직급여충당금을 설정할 수 없다. 그러나,

법인이 이를 현실적인 퇴직으로 보지 아니하고 퇴사시 전출·입법인이 퇴직급여를 안분계산하여 지급하기로 한 경우에는 전출법인도 그 임직원이 전입법인에서 현실적으로 퇴직할 때까지 매 사업연도의 퇴직급여충당금의 손금산입 범위액 계산시 적용할 퇴직급여추계액에 전출한 임직원의 퇴직급여추계액 중 전출법인이 부담할 안분계산액을 합산하여 계산한다. 이에 대한 자세한 설명은 '2-3-8. 특수관계법인 전출·입에 따른 퇴직급여충당금의 인계·인수'편을 참조하기 바란다.

(3) 퇴직급여의 지급대상

퇴직급여의 지급대상이 되는 임원 또는 직원이라 함은 근로자퇴직급여 보장법 또는 법인의 퇴직급여지급규정(임원의 경우에는 정관이나 정관에서 위임된 퇴직급여지급규정) 등에 퇴직급여의 지급대상으로 규정된 임원 또는 직원을 말한다.

(4) 임 원

퇴직급여충당금의 설정대상자가 되는 임원은 그 임원의 등기나 출자 여부 및 직책 등에 관계 없이 다음의 직무에 종사하는 자 및 이에 준하는 직무에 종사하는 자를 말하는 바, 이는 법인세법이 주주총회에서 선임된 이사 또는 감사를 임원으로 하는 상법에 비해 임원의 범위를 보다 포괄적으로 규정하고 있음을 의미한다(법령 §40 ①).

① 법인의 회장·사장·부사장·이사장·대표이사·전무이사·상무이사 등 이사회의 구성원 전원과 청산인
② 합명회사·합자회사 및 유한회사의 업무집행사원 또는 이사
③ 유한책임회사의 업무집행자
④ 감사
⑤ 기타 ① 내지 ④에 준하는 직무에 종사하는 자

(5) 직원

퇴직급여충당금의 설정대상자가 되는 직원의 범위에 대하여는 법인세법에서 명시적인 규정을 두고 있지 아니하므로, 근로기준법에서 규정하고 있는 근로자의 개념을 원용하여 직원의 범위를 판단함이 타당할 것이다.

근로기준법상 근로자란 직업의 종류와 관계없이 임금을 목적으로 사업이나 사업장에 근로를 제공하는 사람을 말한다(근로기준법 §2 ① 1호). 한편, 근로기준법상의 근로자 해당 여부는 근로계약의 형식과는 관계 없이 실질적으로 근로자가 임금을 목적으로 종속적인 관계에서 사용자에게 근로를 제공하였는지 여부에 따라 판단하여야 하는 바, 그 고려요소를 예시하면 다음과 같다(대법 2005다 50034, 2005. 11. 10. 등).

• 업무의 내용이 사용자에 의하여 정하여지고 취업규칙·복무규정·인사규정 등의 적용을 받으

며 업무수행 과정에 있어서도 사용자로부터 구체적이고 직접적인 지휘·감독을 받는지 여부

- 사용자에 의하여 근무시간과 근무장소가 지정되고 이에 구속을 받는지 여부
- 보수가 근로 자체의 대상적 성격을 가지고 있는지 여부
- 기본급이나 고정급이 정하여져 있는지 여부 및 근로소득세의 원천징수 여부
- 근로제공 관계의 계속성과 사용자에의 전속성의 유무와 정도
- 사회보장제도에 관한 법령 등 타 법령에 의한 근로자로서의 지위 인정 여부

(6) 확정기여형 퇴직연금 등이 설정되지 아니한 자

확정기여형 퇴직연금 등이 설정된 임원 또는 직원은 퇴직급여충당금의 설정대상자에서 제외한다. 여기서 확정기여형 퇴직연금 등이라 함은 근로자퇴직급여 보장법 제19조에 따른 확정기여형 퇴직연금, 같은 법 제23조의 6에 따른 중소기업퇴직연금기금제도, 같은 법 제24조에 따른 개인형 퇴직연금제도 및 과학기술인공제회법에 따른 퇴직연금 중 확정기여형 퇴직연금에 해당하는 것을 말한다(법령 §44의 2 ③).

확정기여형 퇴직연금제도 등의 경우에는 법인이 납부하여야 할 부담금(기여금)이 사전에 확정되고 그 운용책임은 근로자에게 있다. 즉, 법인은 당해 부담금(기여금)을 금융기관에 적립할 의무만 있을 뿐 임직원이 차기 이후에 실제 퇴직할 경우 퇴직급여를 지급하여야 할 어떠한 의무도 부담하지 아니한다. 따라서, 확정기여형 퇴직연금 등이 설정된 자의 경우에는 퇴직급여충당금의 설정대상자에서 제외될 뿐 아니라, 퇴직급여충당금 한도 계산을 위한 퇴직금추계액에도 포함하지 아니한다.

2-3-3. 퇴직급여충당금의 손금산입 한도액

(1) 개 요

내국법인이 각 사업연도에 임직원의 퇴직급여에 충당하기 위하여 결산상 손비로 계상한 퇴직급여충당금은 다음의 총급여액기준과 퇴직급여충당금 누적액기준에 따라 계산한 금액 중 적은 금액의 범위 안에서 손금에 산입한다(법령 §60 ①, ② 및 ④). 한편, 2016년 1월 1일 이후 개시하는 사업연도부터는 퇴직급여충당금 누적액기준의 한도율이 0%이므로 실질적으로 퇴직급여충당금 손금산입 한도액은 0원이 될 것이다.

퇴직급여충당금 손금산입 한도액=Min(① 총급여액기준, ② 퇴직급여충당금 누적액기준)

① 총급여액기준

총급여액	×	5%

② 퇴직급여충당금 누적액기준

퇴직급여 추계액(*)	×	한도율(**)	+	퇴직금전환금 기말잔액	−	당기말 세무상 충당금 잔액

(*) 퇴직급여추계액 = Max[①, ②] (법령 §44에 따라 손금에 산입하지 아니하는 금액은 제외)

① 일시퇴직기준 추계액 : 해당 사업연도 종료일 현재 재직하는 임원 또는 직원의 전원이 퇴직할 경우에 퇴직급여로 지급되어야 할 금액의 추계액

② 보험수리기준 추계액 : 법인세법 시행령 제44조의 2 제4항 제1호의 2 각 목의 금액을 더한 금액

(**) 한도율

사업연도	한도율
2010년도에 개시하는 사업연도	30%
2011년도에 개시하는 사업연도	25%
2012년도에 개시하는 사업연도	20%
2013년도에 개시하는 사업연도	15%
2014년도에 개시하는 사업연도	10%
2015년도에 개시하는 사업연도	5%
2016년도 이후 개시하는 사업연도	0%

한편, 상기 '② 퇴직급여충당금 누적액 기준'의 한도 내에서 손금에 산입한 퇴직급여충당금의 누적액에서 퇴직급여충당금을 손금에 산입한 사업연도의 다음 사업연도 중 임원 또는 직원에게 지급한 퇴직금을 뺀 금액이 퇴직급여로 지급되어야 할 금액의 추계액(법인세법 시행령 제44조에 따라 손금에 산입하지 아니하는 금액은 제외)에 한도율을 곱한 금액을 초과하는 경우 그 초과한 금액은 익금으로 환입하지 아니한다(법령 §60 ③). 이는 연도별 한도율의 하향조정에 따라 연도별 퇴직급여충당금 한도가 축소되는 바, 이미 손금 인정된 충당금이 한도 초과로 익금에 산입되는 것을 방지하기 위함이다.

(2) 총급여액

총급여액이라 함은 퇴직급여의 지급대상이 되는 임원 또는 직원(확정기여형 퇴직연금 등이 설정된 자를 제외함)에게 해당 사업연도에 지급한 다음의 금액(국민건강보험법에 따른 사용자 부담금 등 소득세법 제12조에 따른 비과세소득 및 법인세법 시행령 제43조에 의한 손금불산입 상여금 등은 제외)을 말한다. 따라서, 법인세법에 의하여 손금불산입된 인정상여 및 퇴직으로 인하여 받는 소득으로서 소득세법상 퇴직소득에 속하지 아니하는 퇴직위로금 등의 소득은 제외한다(법령 §44 ④ 2호 및 소법 §20 ① 1호, 2호).

① 근로의 제공으로 인하여 받는 봉급 · 급료 · 보수 · 세비 · 임금 · 상여 · 수당과 이와 유사한 성질의 급여

② 법인의 주주총회 · 사원총회 또는 이에 준하는 의결기관의 결의에 의해 상여로 받는 소득

관련사례

- 당해 사업연도에 지급의무가 확정된 미지급 연차수당의 총급여액 포함 여부
  총급여액 기준에 의한 퇴직급여충당금의 손금산입 한도액 계산시 당해 사업연도에 지급의무가 확정된 연차수당은 총급여액의 범위에 포함됨(서면2팀-2646, 2004. 12. 16.).

(3) 퇴직금추계액

퇴직급여충당금 누적액기준 손금산입 한도액을 계산할 때 퇴직급여추계액이란 다음의 금액 중 큰 금액(법인세법 시행령 제44조에 따라 손금에 산입하지 아니하는 금액은 제외)으로 한다(법령 §60 ②).

① 일시퇴직기준 추계액 : 해당 사업연도종료일 현재 재직하는 임원 또는 직원(확정기여형 퇴직연금 등이 설정된 자는 제외)의 전원이 퇴직할 경우에 퇴직급여로 지급되어야 할 금액의 추계액

② 보험수리기준 추계액 : 법인세법 시행령 제44조의 2 제4항 제1호의 2 각 목의 금액을 더한 금액(㉠+㉡)

㉠ 근로자퇴직급여 보장법 제16조 제1항 제1호에 따른 금액

㉡ 해당 사업연도종료일 현재 재직하는 임원 또는 직원 중 확정급여형 퇴직연금제도(근로자퇴직급여 보장법 §2 8호)에 가입하지 아니한 사람 전원이 퇴직할 경우에 퇴직급여로 지급되어야 할 금액의 추계액과 확정급여형퇴직연금제도에 가입한 사람으로서 그 재직기간 중 가입하지 아니한 기간이 있는 사람 전원이 퇴직할 경우에 그 가입하지 아니한 기간에 대하여 퇴직급여로 지급되어야 할 금액의 추계액을 더한 금액

일시퇴직기준 추계액은 퇴직급여지급규정 등이 있는 경우에는 동 규정에 의하고, 퇴직급여지급규정 등이 없는 법인의 경우에는 근로자퇴직급여 보장법이 정하는 바에 따라 계산한 금액으로 한다(법칙 §31 ①).

:: 보험수리기준 추계액

근로자퇴직급여 보장법

제16조 【급여 지급능력 확보 등】 ① 확정급여형퇴직연금제도를 설정한 사용자는 급여 지급능력을 확보하기 위하여 매 사업연도말 다음 각 호에 해당하는 금액 중 더 큰 금액(이하 "기준책임준비금"이라 한다)에 100분의 60 이상으로 대통령령으로 정하는 비율을 곱하여 산출한 금액(이하 "최소적립금"이라 한다) 이상을 적립금으로 적립하여야 한다. 다만, 제14조 제2항에 따라 해당 퇴직연금제도 설정 이전에 해당 사업에서 근로한 기간을 가입기간에 포함시키는 경우 대통령령으로 정하는 비율에 따른다.

1. 매 사업연도 말일 현재를 기준으로 산정한 가입자의 예상 퇴직시점까지의 가입기간에 대한

급여에 드는 비용 예상액의 현재가치에서 장래 근무기간분에 대하여 발생하는 부담금 수입 예상액의 현재가치를 뺀 금액으로서 고용노동부령으로 정하는 방법에 따라 산정한 금액 (이하 생략)

근로자퇴직급여 보장법 시행규칙

제5조【기준책임준비금의 산정방식】 ① 법 제16조 제1항 제1호에서 "고용노동부령으로 정하는 방법"이란 제3조 제2항부터 제5항까지의 기초율을 사용하여 예상 퇴직시점의 급여를 산출하고 이를 예상 가입기간 단위로 배분하여 할당하는 방법을 말한다.

제3조【확정급여형퇴직연금규약의 부담금 산정 및 납입】 ② 제1항에 따른 부담금은 예상이율, 예상임금상승률, 예상퇴직률, 예상사망률 등(이하 "기초율"이라 한다)을 기초로 산정한다.

③ 기초율은 3년마다 산출하되, 부담금의 기초가 된 기초율이 실제 상황과 현저한 차이가 발생하는 경우 다시 산출하여야 한다.

④ 예상이율은 산출 직전 사업연도 말을 기준으로 「자본시장과 금융투자업에 관한 법률 시행령」 제307조 제2항 제3호에 따라 채무증권의 매매거래(증권시장 밖에서의 매매거래만 해당한다)에 대한 정보 관리 및 공시에 관한 업무를 수행하는 법인이 발표하는 10년 만기 국고채의 36개월 평균수익률로 한다.

⑤ 예상이율을 제외한 기초율은 해당 사업 또는 사업장(이하 "사업"이라 한다)의 경험통계를 기초로 하여야 한다. 다만, 다음 각 호의 어느 하나에 해당하는 경우에는 고용노동부장관 또는 보험개발원장이 발표하는 자료를 활용한 기초율을 이용할 수 있다.

1. 해당 사업이 성립된 지 3년 미만인 경우. 다만, 합병·분할로 인하여 설립된 경우는 제외한다.
2. 화재 등으로 경험통계 자료를 분실한 경우
3. 경험통계를 장래 예측을 위해 사용하기에 부적합한 경우

관련사례

- 퇴직연금 미가입자에 대한 퇴직급여충당금 손금산입 한도액의 산정방법

  법인세법 시행령 제60조 제2항에 따른 퇴직급여충당금의 손금산입 한도는 근로자퇴직급여 보장법에 따른 확정급여형퇴직연금제도 가입자에 대하여 같은 법 제16조 제1항 제1호에 따라 산정한 금액과 퇴직연금제도 미가입자의 전원이 퇴직할 경우에 퇴직급여로 지급되어야 할 금액의 추계액을 합한 금액을 임원 또는 직원의 전원이 퇴직할 경우에 퇴직급여로 지급되어야 할 금액의 추계액과 비교하여 계산하는 것임(재법인-1039, 2013. 10. 21.).

- 법인의 임원이 급여를 반납한 경우 퇴직급여추계액 산정기준

  법인의 임원이 급여를 반납한 경우, 적법한 절차에 의해 반납 전의 급여를 기준으로 퇴직급여를 지급하는 것으로 임원퇴직급여지급규정을 변경하지 아니한 경우에는 실제 지급한 급여를 기준으로 계산한 퇴직급여를 한도로 손금에 산입함(법인-699, 2009. 6. 11.).

- 급여삭감을 대신하여 삭감 전 평균임금을 기준으로 퇴직금 지급시 퇴직금추계액의 산정기준

  노사간 합의로 급여를 삭감하는 대신 삭감 전 평균임금을 기준으로 퇴직금을 지급하는 경우 퇴직급여충당금 손금산입 한도액을 계산하기 위한 퇴직금추계액도 삭감 전 평균임금을 기준으로 산정함(법인 46012-2477, 1998. 9. 2.).

(4) 퇴직금전환금 기말잔액

퇴직금전환금 기말잔액은 퇴직급여충당금 누적액기준에 의한 손금산입 한도액에 가산한다(법령 §60 ④). 이 때 퇴직금전환금 기말잔액이라 함은 1998년 12월 31일 국민연금법의 개정으로 퇴직금전환금제도가 폐지되기 전인 1999년 3월 31일 이전에 내국법인이 종업원의 국민연금 중 일부를 대납하고 퇴직급여의 선급금으로 계상하여 퇴직급여충당금에서 차감 표시한 퇴직금전환금으로서 해당 사업연도말 재무상태표상에 계상된 잔액을 말한다.

(5) 당기말 세무상 충당금 잔액

1) 개 요

당기말 세무상 충당금 잔액이라 함은 전기 이전 각 사업연도의 소득금액계산상 손금에 산입한 퇴직급여충당금의 누적액 중 해당 사업연도 말까지 퇴직급여지급액과 상계하고 남은 세무상 잔액을 말하며, 이는 곧 해당 사업연도에 대한 퇴직급여충당금을 설정하기 전의 세무상 퇴직급여충당금 잔액을 말한다.

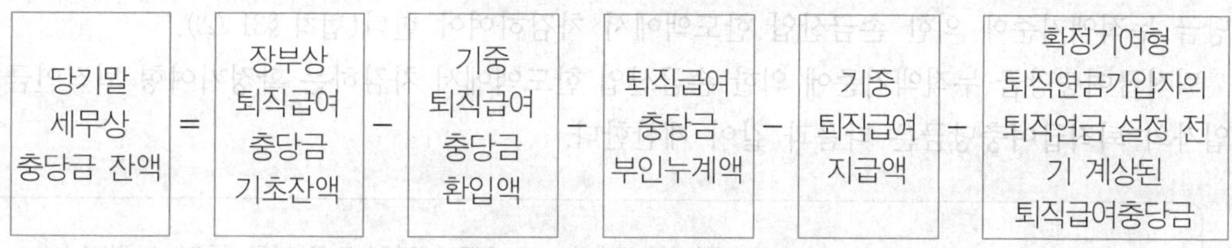

구 분	주요내용
장부상 퇴직급여 충당금 기초잔액	• 법인의 장부상 퇴직급여충당금 전기말 잔액을 말하며, 세무상 손금부인액이 있는 경우에도 이를 차감하지 아니함. • 합병 · 분할, 사업양 · 수도 및 관계회사 전출 · 입시 승계한 퇴직급여충당금은 이를 승계한 법인의 퇴직급여충당금 기초잔액에 가감함(법법 §33 ③, ④ 및 서면2팀-856, 2005. 6. 20.).
기중 퇴직급여충당금 환입액	• 당해 사업연도 중에 장부상의 퇴직급여충당금을 환입한 경우, 그 환입액을 말함. • 직전 사업연도로부터 이월된 퇴직급여충당금 부인액이 있는 법인이 퇴직급여충당금을 환입한 경우에는 그 부인액에 상당하는 퇴직급여충당금을 먼저 환입한 것으로 봄(법인 46012-1993, 1999. 5. 28.). 즉, 동 환입액은 전기 이전에 세무상 부인되어 과세당한 소득의 환입으로 이월익금에 해당되어 익금불산입하고 동 환입액에 상당하는 전기 이전 세무상 부인액은 소멸하게 됨.
퇴직급여충당금 부인누계액	• 장부상 퇴직급여충당금 기초잔액에 포함되어 있는 세무상 부인액을 말하며, 이는 곧 「자본금과 적립금조정명세서(을)」상의 퇴직급여충당금 유보금액을 말함. • 법인이 세무상 부인액에 대하여 당기에 수정회계처리한 경우에는 동 금액만큼은 '기중 퇴직급여충당금 환입액'에 해당하고 여기에서의 충당금 부인누계액에서는 차감함.

구 분	주요내용
기중 퇴직급여 지급액	• 당해 사업연도 중에 임원 또는 직원의 현실적인 퇴직으로 인해 지급한 퇴직급여 중 퇴직급여충당금에서 상계한 금액을 말함. • 퇴직급여충당금에서 상계하여 지급하여야 할 금액을 직접 손금으로 계상한 경우에는 동 금액을 포함하되, 퇴직급여충당금과 상계하여 지급하였으나 현실적인 퇴직에 해당하지 아니한 경우의 지급액과 퇴직소득에 해당하지 아니하는 지급액은 제외함.

2) 확정기여형 퇴직연금가입자의 퇴직연금 설정 전 기 계상된 퇴직급여충당금

확정기여형 퇴직연금제도를 설정하고 있는 법인은 사전에 확정된 퇴직연금부담금을 사외의 퇴직연금사업자에게 불입함으로써 퇴직급여를 지급할 의무가 소멸된다. 따라서, 법인이 확정기여형 퇴직연금 등으로 지출한 퇴직연금부담금은 전액 손금에 산입하되, 확정기여형 퇴직연금 등이 장래근무기간에 대하여 설정되어 과거근무기간에 대하여는 기존 퇴직금제도가 유지되는 경우 확정기여형 퇴직연금 등이 설정되기 전에 기 계상된 퇴직급여충당금은 퇴직급여충당금 누적액기준에 의한 손금산입 한도액에서 차감하여야 한다(법칙 §31 ②).

퇴직급여충당금 누적액기준에 의한 손금산입 한도액에서 차감하는 확정기여형 퇴직연금가입자의 퇴직급여충당금은 다음과 같이 계산한다.

$$\text{직전 사업연도 종료일 현재 퇴직급여충당금 누적액} \times \frac{\text{해당 사업연도에 확정기여형 퇴직연금 등이 설정된 임원 또는 직원의 직전 사업연도 종료일 현재 퇴직금추계액}}{\text{직전 사업연도 종료일 현재 재직한 임원 또는 직원 전원의 퇴직금추계액}}$$

한편, 법인이 임원 또는 직원에게 확정기여형 퇴직연금 등을 설정하면서 설정하기 전의 근무기간분에 대한 부담금을 지출한 경우에는 퇴직급여충당금 누적액기준에 의한 손금산입 한도액에서 차감된 퇴직급여충당금에서 먼저 지출된 것으로 본다(법칙 §24 ①).

2-3-4. 퇴직급여충당금의 상계

(1) 상계대상 퇴직급여의 범위

임직원의 퇴직시 퇴직급여충당금과 상계하여야 할 퇴직급여의 범위는 임원과 직원으로 구분하여 각각 다음과 같으며, 이는 퇴직급여충당금 손금산입 한도액을 산정하기 위한 퇴직급여추계액 계산시의 퇴직급여 범위와 동일하다.

<table>
<tr><th colspan="2">구 분</th><th>퇴직급여의 범위</th></tr>
<tr><td colspan="2">직 원</td><td>정관이나 기타 퇴직급여지급규정에 의하여 계산한 금액을 말하되, 퇴직급여지급규정 등이 없는 경우에는 근로자퇴직급여 보장법이 정하는 바에 의하여 계산한 금액</td></tr>
<tr><td rowspan="2">임 원</td><td>정관 등에 퇴직급여 지급규정이 있는 경우</td><td>정관에서 정해지거나 정관에 기재된 계산 기준에 의한 금액(퇴직위로금 등 포함) 또는 정관에서 위임된 퇴직급여지급규정에 의한 금액(법령 §44 ④ 1호, ⑤)</td></tr>
<tr><td>정관 등에 퇴직급여 지급규정이 없는 경우</td><td>다음의 산식에 의한 임원퇴직급여 한도 범위 내의 금액(법령 §44 ④ 2호)

퇴직일 직전 1년간의 총급여액(*1) × 10% × 근속연수(*2)

(*1) 퇴직일로부터 소급하여 1년간 임원(확정기여형 연금가입자 제외)에게 지급한 급여·보수·임금·상여·수당 기타 이와 유사한 성질의 급여와 잉여금처분에 의한 상여금의 합계액(단, 소득세법 제12조에 따른 비과세소득 및 법인세법 시행령 제43조에 의한 손금불산입 상여 제외)
(*2) 역에 따라 계산하되 1년 미만의 기간은 월수로 계산하고, 1월 미만은 절사(법칙 §22 ⑤). 해당 임원이 직원에서 임원으로 된 때에 퇴직급여를 지급하지 아니하는 경우에는 직원으로 근무한 기간을 근속연수에 합산할 수 있음(법령 §44 ④2호).</td></tr>
</table>

관련사례

- 특정 임원에게 과다한 퇴직금을 지급하기 위하여 마련된 퇴직급여규정의 인정 여부

  특정 임원에게 과다한 퇴직금을 지급하기 위하여 일시적으로 마련된 임원 퇴직급여규정은 법인세법 시행령 제44조 제4항 제1호 또는 제5항에서 정한 임원 퇴직급여 규정에 해당하지 아니하며, 법인세법 시행령 제44조 제4항 제2호에 따라 산정되는 금액을 넘는 부분은 퇴직급여로 손금에 산입될 수 없음(대법 2015두 50153, 2016. 2. 18.).

- 정관의 위임에 따라 이사회에서 정한 임원퇴직금지급규정의 인정 여부

  정관의 위임에 따라 주주총회에서 정한 퇴직금지급규정에 의하여 지급한 퇴직금은 법인세법 시행령 제44조 제4항 제1호의 규정에 의하여 정관에 정하여진 금액으로 보아 손금산입하나, 정관의 위임에 따라 이사회에서 정한 퇴직금지급규정에 의하여 지급한 퇴직금은 임원퇴직금지급규정이 없는 것으로 보아 법인세법 시행령 제44조 제4항 제2호의 규정에 의하여 계산한 한도액 내에서 손금산입하는 것임(서면2팀-2064, 2004. 10. 11.).

- 정관에서 주주총회로 주주총회에서 이사회로 포괄위임된 임원퇴직금지급규정의 인정 여부

  정관에서 임원퇴직금지급규정을 주주총회에 포괄적으로 위임하고 또 주주총회에서는 이사회에 재차 포괄적으로 위임한 경우 정관에 정한 임원퇴직금지급규정이 없는 것으로 봄(심사법인 99-32, 1999. 4. 9.).

(2) 퇴직급여와의 상계

1) 퇴직급여와의 상계순서

퇴직급여충당금을 손금에 산입한 내국법인이 퇴직급여의 지급대상이 되는 임원 또는 직원(확정기여형 퇴직연금가입자 제외)이 현실적으로 퇴직함으로써 퇴직급여를 지급하는 경우에는 법인 내부의 개인별 퇴직급여충당금 산정내역과는 관계 없이 법인 전체의 퇴직급여충당금에서 먼저 지급하여야 한다(법법 §33 ② 및 법기통 33-60…4 ①).

다만, 법인세법 시행령 제44조의 2 규정의 퇴직보험료 등을 손금에 산입한 법인의 경우에는 당해 임직원의 퇴직으로 인해 보험회사 등으로부터 수령한 퇴직보험금, 퇴직일시금신탁, 퇴직연금, 퇴직급여충당금 순으로 지급하여야 한다. 한편, 퇴직보험료 등을 신고조정에 의하여 손금산입한 경우에는 당해 퇴직보험금 등 상당액을 퇴직급여로 계상한 후 동 금액을 손금불산입(유보)함으로써 손금산입(△유보)액과 상계하여야 한다(법기통 26-44의 2…2).

2) 미지급퇴직급여와의 상계

법인이 자금사정 등으로 현실적으로 퇴직한 임원 또는 직원에게 당해 사업연도 종료일까지 지급하지 못한 퇴직급여는 그 지급의무가 확정된 부채이므로 이를 미지급금으로 계상하고 퇴직급여충당금과 상계하여야 한다(법인 1264.21-3485, 1983. 10. 12.).

(차) 퇴직급여충당금 ××× (대) 미지급금 ×××

3) 퇴직급여충당금과 상계하지 않은 경우

퇴직급여충당금을 손금에 산입한 법인의 임원 또는 직원의 퇴직시 지급하여야 할 퇴직급여를 퇴직급여충당금과 상계하지 아니하고 비용 계정인 퇴직급여로 회계처리한 경우에는 동 퇴직급여에 상당하는 퇴직급여충당금을 손금불산입(유보)하여야 한다(법인 46012-368, 1999. 1. 28.).

계산사례 - 1 **퇴직급여충당금과 상계하지 않고 퇴직급여로 손금처리한 경우의 세무조정**

장부상 퇴직급여충당부채 기초잔액이 20,000,000원(세무상 퇴직급여충당금 손금불산입액 5,000,000원 포함)인 ㈜삼일이 종업원 갑의 퇴직시 퇴직금 10,000,000원을 지급하고 다음과 같이 회계처리한 경우, 갑의 퇴직급여 지급에 대한 세무조정을 행하라.

(차) 퇴직급여 10,000,000 (대) 현금 및 현금성자산 10,000,000

해 설

(1) 회계처리

① ㈜삼일의 회계처리

(차) 퇴직급여 10,000,000 (대) 현금 및 현금성자산 10,000,000

② 세무상 회계처리

(차) 퇴직급여충당금 10,000,000 (대) 현금 및 현금성자산 10,000,000

③ 세무조정 회계처리

(차) 퇴직급여충당금 10,000,000 (대) 퇴직급여 10,000,000

(2) 세무조정

〈손금불산입〉 퇴직급여충당금 10,000,0000원 (유보)

㈜삼일이 직접 손비로 계상한 퇴직급여 10,000,000원을 부인하고 그에 상당하는 세무상 퇴직급여충당금 잔액 10,000,000원을 감소시켜야 하므로 손금불산입(유보)으로 세무조정하여야 하며, 이는 결국 세무상 퇴직급여충당금을 부인하는 것과 동일한 결과를 가져온다.

4) 비현실적인 퇴직자에게 퇴직급여를 지급한 경우

현실적으로 퇴직하지 아니한 임원 또는 직원에게 지급한 퇴직급여는 당해 임원 또는 직원이 현실적으로 퇴직할 때까지 업무무관가지급금으로 간주하는 바(법칙 §22 ②), 이는 법인의 회계처리방법에 따라 각각 다음과 같은 세무조정이 필요하다.

다만, 법인이 아래 ②와 같이 비현실적인 퇴직자에 대한 퇴직급여를 퇴직급여충당금과 상계처리한 경우의 세무조정방법에 대하여는 부당상계설과 환입설로 구분할 수 있을 것이나, 현재까지 이에 대한 과세관청의 명확한 유권해석은 없으며, 조세심판원에서는 부당상계설 입장에서 해석한 사례가 있다(조심 2014서 2827, 2015. 4. 13.).

① 퇴직급여를 비용 계상한 경우

(퇴직금 지급액 1,000 가정)

구 분	법인의 회계처리	세무조정
퇴직급여 지급시	(차) 퇴직급여 1,000 (대) 현금 1,000	〈익금산입〉 가지급금(퇴직급여) 1,000(유보)
현실적인 퇴직시	–	〈손금산입〉 가지급금(퇴직급여) 1,000(△유보) 〈손금불산입〉 퇴직급여충당금(*) 1,000(유보) (*) 세무상 퇴직급여충당금 잔액 범위 내에서 손금불산입

② 퇴직급여를 퇴직급여충당금과 상계한 경우

(퇴직금 지급액 1,000 가정)

구 분	법인의 회계처리	세무조정	
		부당상계설	환입설
퇴직급여 지급시	(차) 퇴직급여충당부채 1,000 (대) 현금 1,000	〈익금산입〉 가지급금 1,000(유보) 〈손금산입〉 퇴직급여충당금 1,000 (△유보)	〈익금산입〉 가지급금 1,000(유보) 〈손금산입〉 퇴직급여충당금 1,000 (△유보) 〈익금산입〉 퇴직급여충당금환입 1,000 (유보) 〈손금산입〉 퇴직급여충당금(*) 1,000 (△유보) (*) 전기이월 퇴직급여충당금 부인액을 퇴직급여충당금 환입액을 한도로 손금산입함.
현실적인 퇴직시	–	〈손금산입〉 가지급금 1,000 (△유보) 〈손금불산입〉 퇴직급여충당금(*) 1,000 (유보) (*) 세무상 퇴직급여충당금 잔액 범위 내에서 손금불산입	〈손금산입〉 가지급금 1,000 (△유보) 〈손금불산입〉 퇴직급여충당금(*) 1,000 (유보) (*) 세무상 퇴직급여충당금 잔액 범위 내에서 손금불산입

(3) 퇴직급여의 귀속시기

법인이 설정한 퇴직급여제도에 의하여 임원 또는 직원에게 지급하는 퇴직급여는 임원 또는 직원이 현실적으로 퇴직하는 경우에 지급하는 것에 한하여 이를 손금에 산입한다(법령 §44 ①). 즉, 현실적인 퇴직인지 여부는 퇴직급여의 손금산입 여부와 손금의 귀속시기를 결정하는 기준이 되는 것으로 현실적인 퇴직과 비현실적인 퇴직에 해당하는 각각의 사례를 살펴보면 다음과 같다.

1) 현실적인 퇴직의 범위

일반적으로 현실적인 퇴직이라 함은 법인과 임원 간의 위임관계 및 법인과 직원의 고용관계가 사실상 소멸되는 것을 의미하며, 이와 같은 현실적인 퇴직에는 법인이 퇴직급여를 실제로 지급한 경우로서 다음에 해당하는 경우를 포함한다(법령 §44 ② 및 법기통 26-44…1 ①).

① 법인의 직원이 당해 법인의 임원으로 취임한 경우

- 법인의 임원이 임기 만료 또는 사임 후 직원으로 계속 근무하는 경우로서 법인이 퇴직급여지급규정에 따라 실지로 퇴직급여를 지급하는 경우 현실적인 퇴직에 해당함(법인-385, 2010. 4. 19.).

② 법인의 임원 또는 직원이 그 법인의 조직변경 · 합병 · 분할 또는 사업양도에 의하여 퇴직한 경우

- 유한회사가 주식회사로 조직변경 후 임원 또는 직원이 조직변경 후의 법인에 계속하여 재직하는 경우에는 원칙적으로 현실적인 퇴직에 해당하지 않음(법인 22601-951, 1985. 3. 29.).
- 합병으로 소멸하는 피합병법인의 임원이 퇴직함에 따라 퇴직급여지급규정에 의하여 퇴직급여를 실제로 지급하고 당해 임원이 합병법인의 임원으로 된 경우에는 현실적인 퇴직으로 봄(법기통 26-44…1 ① 3호).

③ 근로자퇴직급여 보장법 제8조 제2항에 따라 퇴직급여를 중간정산(종전에 퇴직급여를 중간정산하여 지급한 적이 있는 경우에는 직전 중간정산 대상기간이 종료한 다음 날부터 기산하여 퇴직급여를 중간정산한 것을 말함)하여 지급한 경우

- 퇴직금 중간정산 이후의 퇴직금 산정을 위한 계속근로연수는 정산시점부터 새로이 기산하되 여타 근로조건(승진, 승급, 호봉, 상여, 연차유급휴가 등)에는 변동이 없는 경우에도 현실적인 퇴직으로 보는 것임(법인-271, 2009. 1. 21.).
- 근로자가 실제 퇴직하는 시점에 최초 입사일부터 기산하여 계산한 퇴직금에서 중간정산 명목으로 지급한 퇴직금을 차감하고 지급하는 경우 당해 중간정산금액은 가지급금으로 보는 것임(재법인 46012-168, 2001. 9. 25.).

④ 정관 또는 정관에서 위임된 퇴직급여지급규정에 따라 장기 요양 등 다음 중 어느 하나에 해당하는 사유로 그 때까지의 퇴직급여를 중간정산(종전에 퇴직급여를 중간정산하여 지급한 적이 있는 경우에는 직전 중간정산 대상기간이 종료한 다음 날부터 기산하여 퇴직급여를 중간정산한 것을 말함)하여 임원에게 지급한 경우(법칙 §22 ③)

가. 중간정산일 현재 1년 이상 주택을 소유하지 아니한 세대의 세대주인 임원이 주택을 구입하려는 경우(중간정산일부터 3개월 내에 해당 주택을 취득하는 경우에 한함)

나. 임원(임원의 배우자 및 소득세법 제50조 제1항 제3호에 따른 생계를 같이 하는 부양가족 포

함)이 3개월 이상의 질병 치료 또는 요양을 필요로 하는 경우
다. 천재·지변, 그 밖에 이에 준하는 재해를 입은 경우

⑤ 법인의 상근임원이 비상근임원으로 된 경우
- 법인의 임원이 비상근임원으로 변경된 후 계속하여 근무하는 경우에는 원칙적으로 현실적인 퇴직으로 보지 아니함(법인 46012-4173, 1998. 12. 31.).

⑥ 법인의 직영차량 운전기사가 법인소속 지입차량의 운전기사로 전직하는 경우(법기통 26-44…1 ① 1호)

⑦ 법인의 임원 또는 직원이 사규에 의하여 정년퇴직을 한 후 다음날 동 법인의 별정직 사원(촉탁)으로 채용된 경우(법기통 26-44…1 ① 2호)

2) 비현실적인 퇴직의 범위

현실적인 퇴직으로 보지 아니하는 경우를 예시하면 다음과 같으며(법기통 26-44…1 ②), 현실적으로 퇴직하지 아니한 임원 또는 직원에게 지급한 퇴직급여는 퇴직시 지급하여야 할 퇴직급여를 미리 지급한 것이므로 당해 임원 또는 직원이 현실적으로 퇴직할 때까지 업무무관 가지급금으로 본다(법칙 §22 ②).

① 임원이 연임된 경우
② 법인의 대주주 변동으로 인하여 계산의 편의, 기타 사유로 전직원에게 퇴직급여를 지급한 경우
③ 외국법인의 국내지점 종업원이 본점(본국)으로 전출하는 경우
④ 정부투자기관 등이 민영화됨에 따라 전종업원의 사표를 일단 수리한 후 재채용한 경우
⑤ 근로자퇴직급여 보장법 제8조 제2항에 따라 퇴직급여를 중간정산하기로 하였으나 이를 실제로 지급하지 아니한 경우. 다만, 확정된 중간정산 퇴직급여를 회사의 자금사정 등을 이유로 퇴직급여 전액을 일시에 지급하지 못하고 노사합의에 따라 일정기간 분할하여 지급하기로 한 경우에는 그 최초 지급일이 속하는 사업연도의 손금에 산입한다.

관련사례

- 임원 취임시 퇴직급여를 지급받지 아니한 종업원의 현실적인 퇴직 해당 여부
  법인의 종업원이 당해 법인의 임원으로 취임한 때 퇴직급여지급규정에 의하여 퇴직급여를 실제로 지급받지 아니한 경우에는 현실적인 퇴직에 해당하지 아니함(서면2팀-1899, 2005. 11. 24.).
- 퇴직급여제도의 변경으로 미리 지급한 퇴직급여 정산차액의 퇴직급여 해당 여부
  퇴직급여제도 변경에 따라 퇴직급여의 정산차액만을 미리 지급한 것은 사용인에 대한 퇴직급여 선급금으로 현실적으로 퇴직할 때까지 업무무관 가지급금으로 봄(서면2팀-1824, 2005. 11. 11.).

• 중간정산 퇴직급여의 지급시기 · 방법이 구체적으로 확정 안돼 실지 지급하지 않은 경우 현실적인 퇴직 여부

법인의 사용인의 퇴직급여를 사업연도 종료일을 기준으로 중간정산하여 지급하기로 하였으나 그 지급시기와 방법이 구체적으로 확정되지 아니하여 실제로 지급하지 아니한 경우는 현실적인 퇴직에 해당되지 아니함(법인 46012-420, 1999. 2. 1.).

2-3-5. 퇴직급여충당금의 세무조정

(1) 개 요

법인이 해당 사업연도에 계상한 퇴직급여충당금전입액(퇴직급여)이 해당 사업연도의 퇴직급여충당금 손금산입 한도액을 초과하는 경우에는 그 한도초과액을 손금불산입(유보)하여야 하며, 한도미달액이 발생하는 경우에는 별도의 세무조정이 불필요하다.

	① 퇴직급여충당금 계상액	결산서상 퇴직급여
(−)	② 퇴직급여충당금 손금산입 한도액	
	③ 퇴직급여충당금 한도초과액	손금불산입(유보)

구 분	주요내용
① 퇴직급여충당금 계상액	법인이 당해 사업연도에 계상한 퇴직급여로서 해당 임원 또는 직원의 근무현황에 따라 손익계산서(판매비와 관리비), 제조원가명세서(노무비), 이익잉여금처분계산서(전기오류수정손실) 및 각종 자산에 계상된 금액을 말함. 퇴직급여충당금은 법인의 장부상 손비로 계상함을 전제로 손금에 산입하는 결산조정사항이므로, 법인이 결산상 손비로 계상하지 아니한 퇴직급여충당금은 신고조정 또는 경정청구에 의하여 손금에 산입할 수 없음(법기통 19-19…42). 다만, 법인이 전기 이전의 오류로 인하여 과거에 미설정한 퇴직급여충당금을 당기에 추가 설정한 경우로서 기업회계기준에 따라 비용처리한 경우에는 동 금액을 당해 연도의 퇴직급여충당금 계상액으로 보는 것이며, 중대한 오류에 해당하여 전기이월미처분이익잉여금의 감소로 처리한 경우에는 동 금액을 신고조정에 의해 손금산입(기타)하고 당기의 퇴직급여충당금 계상액에 가산하여 시부인계산을 하여야 함(법인 46012-2589, 1997. 10. 9.).
② 퇴직급여충당금 손금산입 한도액	퇴직급여충당금 손금산입 한도액은 전술한 '2-3-3. 손금산입 한도액'에서 설명한 바와 같이 총급여액기준과 퇴직급여충당금 누적액기준에 따라 계산한 금액 중 적은 금액을 말함. 한편, 2016. 1. 1. 이후 개시하는 사업연도 분부터는 누적액기준 한도율이 0%이므로 실질적인 퇴직급여충당금 손금산입 한도액은 0원이 될 것임.

구 분	주요내용
③ 퇴직급여충당금 한도초과액	손금불산입된 퇴직급여충당금 한도초과액은 임원 또는 직원이 실제 퇴직함에 따라 지급되는 퇴직급여가 세법상 손금으로 산입된 퇴직급여충당금을 초과하는 경우 또는 법인이 당해 한도초과액을 환입하는 경우 손금으로 추인함(법기통 33-60…5).

:: 자산으로 계상한 퇴직급여충당금의 처리

법인이 개발비나 건설 중인 자산 등 자산으로 계상한 퇴직급여충당금의 경우 당해 사업연도의 퇴직급여충당금 계상액에 포함되는 것인지 논란이 있을 수 있다.
그러나, 이와 유사한 경우로서 자산으로 계상한 기업업무추진비의 손금산입 한도액 계산시 법인이 지출한 사업연도에 기업업무추진비를 손비로 처리하지 아니하고 자산계상한 경우에는 이를 지출한 사업연도의 기업업무추진비로서 시부인계산하도록 법인세법 기본통칙 25-0…2에서 규정하고 있는 점과 해당 자산의 상각시마다 퇴직급여충당금의 시부인계산에 이를 가산시키는 방법이 현실적으로 사후관리가 어렵다는 점에 비추어 볼 때 법인이 자산으로 계상한 퇴직급여충당금은 당해 사업연도의 퇴직급여충당금 계상액에 포함되는 것으로 봄이 타당할 것이며, 그에 따른 한도초과액은 자산계상한 기업업무추진비의 경우와 유사하게 비용계상분부터 순차적으로 적용하는 것이 타당할 것이다.

(2) 퇴직급여충당금 부인액의 사후관리

법인이 장부상 손비로 계상한 퇴직급여충당금전입액(퇴직급여)이 세무상 퇴직급여충당금 손금산입 한도액을 초과함에 따라 발생하는 퇴직급여충당금 부인액은 임원 또는 직원의 퇴직시 지급되는 퇴직급여가 세무상 퇴직급여충당금 잔액을 초과하여 지급되는 경우 또는 법인이 당해 부인액을 환입하는 경우에 손금으로 추인된다.

1) 세무상 퇴직급여충당금 잔액을 초과하여 퇴직급여를 지급하는 경우

전기 이전의 사업연도로부터 이월된 퇴직급여충당금 부인액이 있는 법인이 퇴직급여를 실제로 지급한 때에는 세무상 퇴직급여충당금과 먼저 상계하여야 하며, 세무상 퇴직급여충당금을 초과하여 상계되는 경우에는 이월된 퇴직급여충당금 부인액을 손금산입(△유보)함으로써 추인한다(법기통 33-60…5).

계산사례 - 2 **세무상 퇴직급여충당금 잔액을 초과하여 퇴직급여를 지급하는 경우의 세무조정**

장부상 퇴직급여충당부채 기초잔액이 20,000,000원(세무상 퇴직급여충당금 손금불산입액 5,000,000원 포함)인 ㈜삼일이 종업원 갑의 퇴직시 퇴직급여 18,000,000원을 지급하고 다음과 같이 회계처리한 경우, 갑의 퇴직급여 지급에 대한 세무조정을 행하라.

(차) 퇴직급여충당부채 18,000,000 (대) 현금 및 현금성자산 18,000,000

해 설

(1) 회계처리

① ㈜삼일의 회계처리

(차) 퇴직급여충당부채	18,000,000	(대) 현금 및 현금성자산	18,000,000

② 세무상 회계처리

(차) 퇴직급여충당금	15,000,000	(대) 현금 및 현금성자산	18,000,000
퇴 직 급 여	3,000,000		

③ 세무조정 회계처리

(차) 퇴 직 급 여	3,000,000	(대) 퇴직급여충당금	3,000,000

(2) 세무조정

〈손금산입〉 퇴직급여충당금 3,000,000원 (△유보)

㈜삼일이 지급한 퇴직급여 18,000,000원 중 15,000,000원은 세무상 퇴직급여충당금으로 먼저 지급한 것으로 보고, 세무상 퇴직급여충당금 잔액을 초과한 3,000,000원은 전기 사업연도로부터 이월된 퇴직급여충당금 부인액을 추인함으로써 동 금액을 손금산입(△유보)한다.

2) 퇴직급여충당금 손금불산입액을 환입하는 경우

전기 이전의 사업연도로부터 이월된 퇴직급여충당금 부인액이 있는 법인이 퇴직급여충당금을 환입하는 경우에는 그 부인액에 상당하는 퇴직급여충당금을 먼저 환입한 것으로 보아 이월익금에 해당하는 동 환입액을 손금산입(△유보)한다(법인 46012-1993, 1999. 5. 28.).

계산사례 - 3 **퇴직급여충당금 손금불산입액을 환입하는 경우의 세무조정**

장부상 퇴직급여충당부채 기초잔액이 20,000,000원(세무상 퇴직급여충당금 손금불산입액 5,000,000원 포함)인 ㈜삼일이 퇴직급여충당부채 3,000,000원을 환입하고 다음과 같이 회계처리한 경우, 세무조정을 행하라.

(차) 퇴직급여충당부채 3,000,000 (대) 퇴직급여충당부채환입 3,000,000

해 설

〈손금산입〉 퇴직급여충당금 3,000,0000원 (△유보)

㈜삼일이 환입한 퇴직급여충당금 3,000,000원은 전기 사업연도로부터 이월된 퇴직급여충당금 부인액이 환입된 것으로 보아 손금산입(△유보)으로 추인한다.

(3) 기타 사례별 퇴직급여충당금의 처리

1) 중간정산 퇴직금

① 퇴직금 중간정산제도

퇴직금 중간정산제도라 함은 근로자퇴직급여 보장법에 따라 근로자가 요구하는 경우에 법인이 해당 근로자의 계속근로기간에 대한 퇴직금을 일정시점을 기준으로 미리 정산하여 지급하는 제도를 말한다. 이 경우 미리 정산하여 지급한 후의 퇴직금 산정을 위한 계속근로기간은 정산시점부터 새로이 기산한다(근로자퇴직급여 보장법 §8 ②).

② 중간정산 퇴직급여의 세무처리

가. 근로자퇴직급여 보장법 제8조 제2항에 따라 퇴직급여를 중간정산(종전에 퇴직급여를 중간정산하여 지급한 적이 있는 경우에는 직전 중간정산 대상기간이 종료한 다음 날부터 기산하여 퇴직급여를 중간정산한 것을 말함)하여 지급하는 경우에는 현실적인 퇴직에 해당하므로 동 퇴직급여를 퇴직급여충당금과 상계하여야 한다(법령 §44 ② 3호).

나. 퇴직금 중간정산제도는 근로기준법상 근로자만을 대상으로 하므로 근로기준법상 근로자에 해당하지 않는 임원에 대한 중간정산 퇴직급여는 원칙적으로 업무무관가지급금으로 본다(법인-1032, 2009. 9. 21.). 다만, 정관 또는 정관에서 위임된 퇴직급여지급규정에 따라 다음 중 어느 하나에 해당하는 사유로 그 때까지의 퇴직급여를 중간정산(종전에 퇴직급여를 중간정산하여 지급한 적이 있는 경우에는 직전 중간정산 대상기간이 종료한 다음 날부터 기산하여 퇴직급여를 중간정산한 것을 말함)하여 임원에게 지급한 때에는 현실적인 퇴직으로 보아 해당 퇴직급여를 퇴직급여충당금과 상계한다(법령 §44 ② 5호 및 법칙 §22 ③).

㉠ 중간정산일 현재 1년 이상 주택을 소유하지 아니한 세대의 세대주인 임원이 주택을 구입하려는 경우(중간정산일부터 3개월 내에 해당 주택을 취득하는 경우에 한함). 부부 공동명의로 주택을 구입하는 경우를 포함하며, 임원이 속한 세대가 주택을 소유하지 않은 기간이 1년 이상이나 해당 임원의 세대주로서의 기간이 1년 미만인 경우에도 적용한다(서면-2021-법령해석법인-1320, 2021. 5. 20. 및 서면-2021-법령해석법인-5117, 2021. 9. 17.). 한편, 중간정산금 중 일부 금액으로 주택을 취득한 경우에도 퇴직금 중간정산액 전액을 손금에 산입한다(기획재정부 법인세제과-80, 2024. 2. 14.).

㉡ 임원(임원의 배우자 및 소득세법 제50조 제1항 제3호에 따른 생계를 같이 하는 부양가족 포함)이 3개월 이상의 질병 치료 또는 요양을 필요로 하는 경우

㉢ 천재 · 지변, 그 밖에 이에 준하는 재해를 입은 경우

③ 분할지급하는 중간정산 퇴직급여

법인이 근로자퇴직급여 보장법의 규정에 의하여 확정된 중간정산 퇴직급여 전액을 자금사정 등을 이유로 일시에 지급하지 못하고 노사합의에 따라 일정기간 분할하여 지급하기로 한 경우에는 미지급된 퇴직급여를 포함한 퇴직급여 전액을 그 최초 지급일이 속하는 사업연도의 손금에 산입한다(법기통 26－44…1 ② 5호).

관련사례

- 분할지급받는 중간정산 퇴직소득의 수입시기
  분할지급받는 퇴직소득은 약정에 의하여 중간정산 퇴직급여를 최초로 지급받기로 한 날을 그 수입시기로 하되, 지급일에 관한 약정이 없는 경우에는 실제로 중간정산 퇴직급여를 최초로 지급받은 날을 수입시기로 함(재소득 46073－100, 2002. 7. 2.).
- 분할지급하는 중간정산 퇴직소득의 원천징수시기
  분할지급하는 중간정산 퇴직소득은 1차로 지급하는 때에 1차 지급분에 대하여 원천징수하고, 2차 이후의 지급분에 대하여는 1차 지급일과 동일한 연도에 지급하는 경우에는 당해 지급분을 지급하는 때에 원천징수하되, 1차 지급일과 동일한 연도에 미지급한 경우에는 소득세법 제147조(퇴직소득지급시기의 의제)를 적용하여 원천징수해야 함(재소득 46073－100, 2002. 7. 2.).
- 중간정산 퇴직급여의 지급지연에 따른 추가 지급보상액의 소득구분
  중간정산 퇴직급여의 분할지급으로 인하여 퇴직급여의 지급이 지연됨에 따라 중간정산 기준일과 실제의 지급일 간의 기간에 대하여 추가로 지급하는 소정의 보상액은 퇴직소득에 해당함(재소득 46073－83, 2002. 5. 20.).

2) 연봉제에 의한 퇴직급여

① 연봉제의 의의

연봉제는 직원의 근로의욕을 높이고 회사에 대한 기여도를 평가 및 보상하기 위하여 통상 1년분의 급여를 정하여 지급하는 제도를 말한다.

② 연봉제하의 퇴직급여 세무처리

직원에 대한 급여체계를 연봉제로 전환함에 따라 다음 각각의 요건을 모두 갖춘 연봉계약에 의하여 그 계약기간이 만료되는 시점에 지급한 퇴직급여의 경우에도 현실적인 퇴직으로 본다. 다만, 퇴직급여를 연봉액에 포함하여 매월 분할지급하는 퇴직급여상당액은 당해 직원에 대한 업무무관 가지급금으로 본다(법기통 26－44…5).

가. 불특정다수인에게 적용되는 퇴직급여지급규정에 사회통념상 타당하다고 인정되는 퇴직급여가 확정되어 있을 것
나. 연봉액에 포함된 퇴직급여의 액수가 명확히 구분되어 있을 것
다. 계약기간 만료 시점에 퇴직급여를 중간정산받고자 하는 직원의 서면요구가 있을 것

3) 명예퇴직금

① 기업회계

명예퇴직으로 지급되는 해고급여는 일반퇴직급여와는 달리 근속기간 이외의 요소가 포함되는 등 사전에 퇴직급여를 예상할 수 없고, 추산액을 퇴직급여충당금으로도 계상할 수 없다. 따라서, 기업회계기준상 해고급여는 퇴직급여로 분류되지 아니하므로 퇴직급여지급규정에 관계없이 퇴직급여충당금과 상계할 수 없으며 당기비용으로 처리하여야 한다(K-IFRS 1019호 문단 8, 165 및 일반기준 21장 문단 21.4, 21.5의 3).

② 법인세법

퇴직급여충당금을 손금에 산입한 내국법인이 일부 사업의 중단으로 인하여 우발적으로 퇴직하게 되는 임원 및 직원에게 퇴직급여지급규정 등에 따라 명예퇴직금을 지급하는 경우 동 금액은 퇴직급여충당금에서 상계처리 하지 아니하고 직접 해당 사업연도의 손금에 산입할 수 있다(법기통 33-60…6 ②).

결국 기업회계기준과 법인세법은 퇴직급여지급기준 등에 의하여 지급하는 명예퇴직금의 처리에 대하여는 입장 차이가 없으므로 당해 명예퇴직금을 기업회계기준에 따라 당기 비용으로 회계처리한 경우에는 별도의 세무조정이 불필요하다.

다만, 명예퇴직금은 임직원이 퇴직한 날 등 그 지급의무가 확정된 날이 속하는 사업연도의 손금에 산입하는 것이므로 기업회계상 비용을 인식한 시기와 차이가 발생한 경우에는 손금불산입(유보) 등의 세무조정이 필요할 것이다.

2-3-6. 합병 · 분할에 따른 퇴직급여충당금의 인계 · 인수

법인이 합병 또는 분할하는 경우 피합병법인 · 분할법인 또는 소멸한 분할합병의 상대방법인(이하 "피합병법인 등"이라 함)의 퇴직급여 처리방법은 다음 중 한 가지를 선택하여 적용할 수 있다.

① 피합병법인 등의 임직원에게 퇴직급여를 실제로 지급하여 현실적인 퇴직으로 처리하고, 합병법인 등은 피합병법인 등으로부터 인수한 임직원을 신규채용한 임직원과 동일하게 처리하는 방법
② 피합병법인 등의 임직원에게 퇴직급여를 지급하지 않고 합병법인 등에게 인계하여 현실적인 퇴직으로 처리하지 않는 방법

이 때 상기 ②의 방법에 따라 현실적인 퇴직으로 처리하지 않는 경우, 피합병법인 등의 합병등기일이나 분할등기일 현재의 해당 퇴직급여충당금 중 합병법인 등이 승계받은 금액은 그 합병법인 등이 합병등기일 또는 분할등기일에 가지고 있는 퇴직급여충당금으로 본다(법법 §33 ③). 따라서, 합병법인 등은 피합병법인 등으로부터 승계받은 퇴직급여충당금을 합병법인 등 본래의 퇴직급여충당금 잔액에 가산하여야 한다.

한편, 상기 ②의 방법에 따라 현실적인 퇴직으로 처리하지 않는 경우에는 퇴직급여상당액을 전액 인수하였는지 여부에 따라 다음과 같은 처리가 필요하다.

| 합병 · 분할에 따른 합병법인 등의 퇴직급여충당금 처리방법 |

구 분	퇴직급여상당액을 전액 인수한 경우	퇴직급여상당액을 전액 인수하지 아니한 경우
퇴직급여의 통산	인수한 임원 또는 직원(이하 "종업원"이라 함)의 실제 퇴직시 피합병법인 등의 근무기간을 통산하여 합병법인 등의 퇴직급여지급규정에 따라 퇴직급여를 지급하기로 약정한 경우, 당해 종업원에 대한 퇴직급여와 퇴직급여추계액은 피합병법인 등의 근무기간을 통산하여 계산할 수 있음(법기통 33-60…2 ①).	
퇴직급여충당금(부인액)의 처리	• 적격합병 · 적격분할의 경우 : 퇴직급여충당금 부인액(분할의 경우 분할사업부문의 부인액에 한함)을 합병법인 등(합병법인 또는 분할신설법인 · 분할합병의 상대방법인)이 모두 승계하여 합병법인 등의 퇴직급여충당금 부인액과 합산함(법령 §85). • 적격합병 · 적격분할이 아닌 경우 : 퇴직급여충당금을 합병법인 등이 승계한 경우(법법 §33 ③)에는 그와 관련된 세무조정사항을 승계하고, 그 밖의 세무조정사항은 모두 합병법인 등에 미승계	피합병법인 등으로부터 미인수 또는 부족인수한 금액은 당해 합병법인 등에 지급의무가 없는 부채의 인수액으로 보아 종업원별 퇴직급여상당액명세서를 작성하고 인수일이 속하는 사업연도에 손금산입(△유보) 및 손금불산입(기타사외유출)한 후, 인수종업원에 대한 퇴직급여 지급일이 속하는 사업연도에 손금불산입(유보)하여 추인함(법기통 33-60…2 ②).

관련사례

• 분할법인이 기업회계기준에 의한 퇴직급여충당금 적립액 중 손금에 산입하지 않은 금액을 2 이상의 분할신설법인에게 승계하는 경우의 배분방법

분할법인이 기업회계기준에 의한 퇴직급여충당금 적립액 중 손금에 산입하지 아니한 금액을 2 이상의 분할신설법인에게 승계하는 경우 각 분할신설법인에 승계되는 퇴직급여충당금 손금부인액은 다음과 같이 안분계산한 금액으로 함(법인 46012-415, 2001. 2. 22.).

승계대상 퇴직급여충당금 손금부인액	=	분할법인의 퇴직급여충당금 손금부인액	×	각 분할신설법인에 승계된 사용인에게 지급할 퇴직급여 / 분할 전 법인의 사용인이 퇴직할 때 그 사용인에게 지급할 퇴직급여 전액

2-3-7. 사업의 포괄적 양수·도에 따른 퇴직급여충당금의 인계·인수

(1) 사업의 포괄적 양도의 개념

사업의 포괄적 양도란 사업장별로 당해 사업에 관한 모든 권리(미수금에 관한 것을 제외함)와 의무(미지급금에 관한 것을 제외함)를 포괄적으로 양도하는 경우를 말하되, 법인세법 시행령 제49조 제1항에서 규정한 업무무관자산을 제외하고 양도하는 경우를 포함한다(법칙 §31 ③).

(2) 사업의 포괄적 양수·도에 따른 퇴직급여충당금의 처리방법

사업을 포괄적으로 양수·도하는 경우의 퇴직급여 처리방법은 전술한 합병·분할에 따른 퇴직급여의 처리방법과 같이 다음 중 한 가지를 선택하여 적용 가능하다.

① 양도법인이 양도시점에 퇴직급여를 실제로 지급하여 현실적인 퇴직으로 처리하고, 양수법인은 양도법인으로부터 인수한 임직원을 신규채용한 임직원과 동일하게 처리하는 방법
② 양도법인이 양도시점에 퇴직급여를 지급하지 않고 양수법인에게 인계하여 현실적인 퇴직으로 처리하지 않는 방법

▌사업의 포괄적 양수·도에 따른 사업양도·양수법인의 퇴직급여충당금 처리방법▐

구 분		퇴직급여상당액을 전액 인수한 경우	퇴직급여상당액을 전액 인수하지 아니한 경우
사업양수법인의 처리	퇴직급여의 통산	인수한 임원 또는 직원(이하 "종업원"이라 함)의 실제 퇴직시 양도법인의 근무기간을 통산하여 양수법인의 퇴직급여지급규정에 따라 퇴직급여를 지급하기로 약정한 경우, 당해 종업원에 대한 퇴직급여와 퇴직급여추계액은 양도법인의 근무기간을 통산하여 계산할 수 있음(법기통 33-60…2 ①).	
사업양수법인의 처리	퇴직급여충당금(부인액)의 처리	양도법인으로부터 인수한 퇴직급여충당금 중 손금산입 한도초과액은 양수법인이 이를 승계함.(*1)	양도법인으로부터 미인수 또는 부족인수한 금액은 당해 양수법인에 지급의무가 없는 부채의 인수액으로 보아 종업원별 퇴직급여상당액명세서를 작성하고 인수일이 속하는 사업연도에 손금산입(△유보) 및 손금불산입(기타사외유출)한 후,

구 분	퇴직급여상당액을 전액 인수한 경우	퇴직급여상당액을 전액 인수하지 아니한 경우
		인수종업원에 대한 퇴직급여 지급일이 속하는 사업연도에 손금불산입(유보)하여 추인함(법기통 33-60…2 ②).
사업양도법인의 처리	양수법인에 종업원을 인계하여 고용관계가 소멸되는 경우 양수법인에게 지급한 종업원 인계시점의 퇴직급여상당액은 퇴직급여충당금과 상계함[*2](법기통 33-60…2 ③).	

(*1) 2012년 2월 2일 법인세법 시행령 제85조 개정 전에는 사업의 포괄적 양・수도시 퇴직급여충당금을 전액 양수법인이 인수한 경우 관련 유보액의 처리에 관하여 명시적인 규정은 없었으나, 다수의 유권해석을 통해 그 유보액은 양수법인이 승계할 수 없는 것으로 해석해왔음(서이 46012-11823, 2003. 10. 21. 등). 그러나 2012년 2월 2일 법인세법 시행령 제85조의 개정으로 퇴직급여충당금 관련 유보액을 승계할 수 있는지 여부에 대해 논란이 있었으며, 국세청의 유권해석에 따르면 법인세법 시행령 제85조 제2호에 따라 승계하는 것으로 해석함(서면-2016-법령해석법인-4334, 2017. 9. 14. 및 서면-2021-법령해석법인-3250, 2021. 11. 29.).

(*2) 국세청의 유권해석에 따르면 사업을 포괄적 양도하는 경우로서 양수법인이 퇴직급여충당금을 승계한 경우 그와 관련된 세무조정사항은 승계하는 것으로 해석하였는바(서면-2016-법령해석법인-4334, 2017. 9. 14. 및 서면-2021-법령해석법인-3250, 2021. 11. 29.), 이에 따르면 양도법인은 퇴직급여충당금 중 한도초과액을 손금에 산입할 수 없을 것으로 판단됨.

계산사례 - 4 **사업의 포괄적 양수・도 시 종업원 퇴직급여충당금을 전액 인수하지 아니한 경우의 세무조정**

㈜삼일은 제10기 사업연도에 ㈜용산의 사업을 포괄적으로 양수하였다. 사업 양수 당시 ㈜용산의 임직원에 대한 퇴직급여추계액은 300,000,000원이며, ㈜삼일은 ㈜용산으로부터 퇴직급여충당부채 100,000,000원을 인수하였다.

한편, ㈜삼일은 제13기 사업연도에 ㈜용산으로부터 인계받은 종업원 갑이 퇴직함에 따라 퇴직급여 20,000,000원을 지급하였다. 사업 양수 당시 종업원 갑의 인별 퇴직급여추계액은 15,000,000원이고, ㈜용산으로부터 인수한 퇴직급여충당부채 중 종업원 갑의 인별 퇴직급여충당부채는 5,000,000원이다.

㈜삼일이 사업의 양수로 인수한 퇴직급여충당부채에 대한 제10기 사업연도의 세무조정과 종업원 갑의 퇴직으로 인한 제13기 사업연도의 세무조정을 행하라.

해 설

① 퇴직급여충당금 부족인수에 대한 세무조정

사업 양수 당시 ㈜용산의 퇴직급여추계액 300,000,000원 중 미인수한 퇴직급여충당금 200,000,000원(= 300,000,000원 - 100,000,000원)에 대하여 다음과 같이 세무조정한다.

〈손금산입〉 퇴직급여충당금 200,000,000원 (△유보)
〈손금불산입〉 퇴직급여 부족인수액 200,000,000원 (기타사외유출)

② 인수 종업원의 퇴직급여 지급에 대한 세무조정
사업 양수 당시 퇴직급여충당금 부족인수로 인해 손금산입한 200,000,000원 중 종업원 갑에 대한 퇴직급여충당금 10,000,000원(=15,000,000원-5,000,000원)을 손금불산입(유보)하여 추인한다.
〈손금불산입〉 퇴직급여충당금 10,000,000원 (유보)

관련사례

• 사업의 포괄적 양수·도시 퇴직급여충당금 부인액 승계 여부
사업자가 그 사업을 내국법인(이하 "양수법인")에 포괄적으로 양도하는 경우로서 양수법인에 법인세법 제33조 제3항을 준용하여 퇴직급여충당금을 승계한 경우 그와 관련된 세무조정사항은 법인세법 시행령 제85조 제2호에 따라 승계하는 것임(서면법령법인-4334, 2017. 9. 14.).

• 사업의 포괄적 양수·도로 인한 퇴직급여충당금 인수법인의 퇴직급여충당금 한도액 계산
사업의 포괄적 양수·도로 인하여 퇴직급여충당금을 인수받은 경우 동 퇴직급여충당금은 인수받은 법인의 퇴직급여충당금 한도액 계산시 퇴직급여충당금 누적액의 범위에 포함함(재법인-20, 2004. 1. 6.).

2-3-8. 특수관계법인 전출·입에 따른 퇴직급여충당금의 인계·인수

특수관계인(법령 §2 ⑤)인 법인 사이에서 임원 또는 직원이 '상호 전출·입'하는 것은 현실적인 퇴직의 범위에 해당하나 특수관계법인에 근무한 기간을 합산하여 퇴직급여를 지급하는 경우 해당 임원(지배주주 등 및 지배주주 등과 법인세법 시행령 제43조 제8항에 따른 특수관계에 있는 자는 제외) 또는 직원이 마지막으로 근무한 법인에서 퇴직할 때 현실적으로 퇴직한 것으로 보아 해당 퇴직급여 상당액을 각 법인별로 안분하여 손금에 산입할 수 있다. 이 경우 해당 임원(지배주주 등 및 지배주주 등과 특수관계가 있는 자는 제외) 또는 직원이 마지막으로 근무한 법인은 해당 퇴직급여에 대한 소득세법에 따른 원천징수 및 지급명세서의 제출을 일괄하여 이행할 수 있다(법령 §44 ③).

한편, 임원이 지배주주 등과 법인세법 시행령 제43조 제8항에 따른 특수관계가 있는지 여부를 판단함에 있어, 지배주주 등과 법인세법 시행령 제2조 제8항 제7호의 관계에 있는 임원(해당 법인이 독점규제 및 공정거래에 관한 법률에 의한 기업집단에 속하는 법인인 경우 그 기업집단에 소속된 다른 계열회사 및 그 계열회사의 임원)의 경우에는 특수관계에 있는 것으로 보지 아니한다(법령 §44 ⑥).

요컨대, 법인의 임원 또는 직원이 법인세법상 특수관계가 있는 법인으로 전출·입하는 경우 퇴직급여의 세무상 처리방법은 다음 중 한 가지를 선택적으로 적용할 수 있다.

① 전출법인이 전출하는 임원 또는 직원에게 퇴직급여를 실제로 지급하여 현실적인 퇴직으로

처리하고, 전입법인은 전입하는 임원 또는 직원을 신규채용한 임원 또는 직원과 동일하게 처리하는 방법

② 전출법인은 전출하는 임원(지배주주 등 및 지배주주 등과 특수관계에 있는 자는 제외) 또는 직원에게 퇴직급여를 지급하지 않고 당해 임원(지배주주 등 및 지배주주 등과 특수관계에 있는 자는 제외) 또는 직원의 실제 퇴직시점에 퇴직급여를 지급함으로써 현실적인 퇴직으로 처리하지 아니하는 방법

한편, 상기 ②의 방법에 따라 현실적인 퇴직으로 처리하지 않는 경우로서 특수관계에 있는 법인간에 전출·입한 임직원의 퇴직급여충당금 및 퇴직급여를 계산하는 경우에는 퇴직급여상당액을 전액 인수하였는지 여부에 따라 다음과 같은 처리가 필요하다.

▌특수관계법인 전출·입에 따른 퇴직급여충당금의 처리방법▐

구 분		퇴직급여상당액을 전액 인수한 경우	퇴직급여상당액을 인수하지 아니한 경우
전입법인의 처리	퇴직급여의 통산 여부	전출법인과 전입법인의 근속기간을 전부 통산하여 퇴직급여 및 퇴직급여추계액을 계산할 수 있음(법기통 33-60…2 ①).	
	퇴직급여충당금(부인액)의 처리	전출법인으로부터 인수한 퇴직급여충당금 중 손금산입 한도초과액은 전입법인이 이를 승계할 수 없음.	전입법인과 전출법인의 손비로 계상할 퇴직급여(퇴직금 및 퇴직급여충당금)는 퇴직급여 전액 중 해당 법인이 지급할 퇴직급여의 금액(각 법인으로부터의 전출 또는 각 법인으로의 전입을 각각 퇴직 및 신규채용으로 보아 계산한 금액을 말함)으로 함(법칙 §22 ④).
전출법인의 처리		전입법인에 임직원을 인계함으로써 고용관계가 소멸되는 경우 전입법인에게 지급한 임직원 인계시점의 퇴직급여상당액은 퇴직급여충당금과 상계하고 그 부족액은 손금산입함(서면법인-2234, 2016. 7. 12.).	

계산사례 - 5 **특수관계법인 전출·입시 퇴직급여충당금의 세무조정**

㈜삼일에서 10년간 근무하던 갑은 ㈜삼일과 법인세법상 특수관계가 있는 ㈜용산으로 전출하여 7년간 더 근무한 후 퇴직하였다. 갑의 퇴직급여에 대한 자료는 다음과 같으며, ㈜삼일과 ㈜용산은 퇴직급여충당부채가 설정되어 있다.

구 분	근속연수	퇴직급여
㈜삼일	10년	70,000,000원
㈜용산	7년	30,000,000원
계	17년	120,000,000원 (통산 퇴직급여 총액)

상기 자료를 이용하여 갑의 전출·입시 퇴직급여를 지급하지 아니하고 ① 퇴직급여상당액을 전액 인계한 경우와 ② 퇴직급여상당액을 전액 인계하지 않은 경우로 구분하여 전출·입법인

각각의 회계처리를 행하라.

해 설

① 퇴직급여상당액을 전액 인계한 경우

구 분	㈜삼일 (전출법인)	㈜용산 (전입법인)
전출 · 입시	(차) 퇴직급여충당부채 70,000,000 (대) 현금 70,000,000	(차) 현 금 70,000,000 (대) 퇴직급여충당부채 70,000,000
퇴직시	–	(차) 퇴직급여충당부채 120,000,000 (대) 현 금 120,000,000

② 퇴직급여상당액을 인계하지 않은 경우

구 분	㈜삼일 (전출법인)	㈜용산 (전입법인)
전출 · 입시	–	–
퇴직시	(차) 퇴직급여충당부채 84,000,000(*) (대) 현금 84,000,000	(차) 퇴직급여충당부채 36,000,000(*) (대) 현금 36,000,000

(*) 특수관계법인으로 전출 · 입시 퇴직급여상당액을 인계하지 아니한 임직원의 실제 퇴직시 지급하는 퇴직급여는 다음과 같이 임직원에게 지급할 퇴직급여 총액을 전출 · 입법인이 각각 지급할 퇴직급여로 안분한 금액을 각각 전출 · 입법인의 퇴직급여충당금과 상계하여야 한다.

- ㈜삼일이 부담할 퇴직급여 = 120,000,000원 × 70,000,000원/(70,000,000원+30,000,000원) = 84,000,000원
- ㈜용산이 부담할 퇴직급여 = 120,000,000원 × 30,000,000원/(70,000,000원+30,000,000원) = 36,000,000원

관련사례

- 도급업체 직원이 법인의 종업원이 되고 도급업체 근무기간을 포함하여 퇴직급여를 지급하는 경우 퇴직급여충당금의 승계 여부

  도급업체 직원이 법인의 종업원이 되고 당해 법인에서 동 직원의 퇴직급여를 지급함에 있어 도급업체 근무기간을 포함하여 퇴직급여를 지급하는 경우로서 당해 법인이 도급업체로부터 도급업체 근무기간에 상당하는 퇴직급여를 인수한 경우에는 당해 법인이 도급업체 근무기간을 통산하여 퇴직급여지급규정에 의해 퇴직급여를 지급하더라도 손금산입되는 것임(법인-3855, 2008. 12. 8.).
- 직원의 전출 · 입 이후 출자관계 소멸 시점에 지급한 퇴직급여의 처리

  관계회사와 출자관계가 소멸한 시점에 관계회사로부터 전입한 직원(임원을 제외함)의 퇴직급여 중 법인세법 시행규칙 제22조 제1항에 의하여 안분계산한 금액을 인수한 경우 당해 직원의 퇴직급여와 퇴직급여추계액을 전출한 법인에 근무한 기간을 통산하여 계산할 수 있음(법인 46012-4164, 1999. 12. 2.).
- 직원 전입시 퇴직급여상당액을 매입채무와 상계한 경우의 퇴직급여충당금 인수 해당 여부

  법인이 관계회사로부터 직원을 인수하면서 당해 직원에 대한 인수 당시의 퇴직급여상당액 전액을 관계회사에 지급할 매입채무와 상계하는 방법으로 인수하고 퇴직급여충당금을 계상한 경우에는 당해 직원에 대한 퇴직급여와 퇴직급여추계액은 관계회사에 근무한 기간을

통산하여 계산할 수 있음(법인 46012-3469, 1997. 12. 30.).

• 출자관계에 있는 양 법인에 모두 근무하는 임원의 관계회사 전출·입에 의한 퇴직급여 규정 적용 여부

직·간접으로 출자관계에 있는 두 개의 법인에서 종사하는 임원이 그 중 하나의 법인에서 퇴직하는 것은 직·간접 출자관계회사로의 전출에 해당하지 아니함(법인 46012-3033, 1997. 11. 26.).

3. 퇴직연금

3-1. 개 요

3-1-1. 퇴직금의 사외적립

법인세법은 퇴직급여충당금이 현실적으로 장부상으로만 유보되는 사내적립제도임을 감안하여 퇴직금추계액에 일정률을 곱하여 산정한 금액의 범위 내에서만 법인의 각 사업연도의 소득금액 계산에 있어서 이를 손금으로 인정하고 있으며(다만, 2016년 1월 1일 이후 개시하는 사업연도 분부터는 누적액기준 한도율이 0%이므로 실질적인 손금산입 한도액은 0원이 될 것임), 나머지는 사외적립제도인 퇴직연금 등의 가입을 통해 법인이 실제로 불입한 금액을 추가적으로 손금에 산입하도록 허용하고 있다.

3-1-2. 퇴직연금 등의 범위

퇴직연금 등이라 함은 법인이 임원 또는 직원의 퇴직을 퇴직급여의 지급사유로 하고 임원 또는 직원을 수급자로 하는 연금으로서 다음의 어느 하나에 해당하는 기관이 취급하는 것을 말한다(법령 §44의 2 ② 및 법칙 §23). 따라서, 법인이 임원 또는 직원의 퇴직급여 지급을 위해 불입하거나 부담하는 보험료 등으로서 다음 중 어느 하나에 해당하지 아니하는 경우에는 이를 손금에 산입할 수 없다(법령 §44의 2 ①).

① 보험업법에 따른 보험회사
② 자본시장과 금융투자업에 관한 법률에 따른 신탁업자·집합투자업자·투자매매업자 또는 투자중개업자
③ 은행법에 따른 은행
④ 산업재해보상보험법 제10조에 따른 근로복지공단

근로자퇴직급여 보장법에 의하여 2005년 12월 1일부터 퇴직연금제도가 본격적으로 시행됨에 따라, 2005년 12월 1일 이후에는 종전의 퇴직보험 또는 퇴직일시금신탁에 신규로 가입할 수 없을 뿐만 아니라 이미 가입된 퇴직보험 등도 2010년 12월 31일까지만 효력을 가진다(근로

자퇴직급여 보장법 부칙(2005. 1. 27.)). 이에 따라 퇴직보험 및 퇴직일시금신탁은 2011년 1월 1일 이후 지출하는 보험료 또는 부금으로부터는 손금산입 대상 퇴직연금 등의 범위에서 제외되었다. 다만, 종전의 규정에 따라 손금에 산입한 퇴직보험·신탁의 보험료·부금은 익금으로 환입하지 아니하도록 하고 있으며, 또한 종전의 규정에 따라 손금에 산입한 퇴직보험 보험료 또는 퇴직신탁 부금의 적립금을 운용함에 따라 발생하는 수익은 손금에 산입할 수 있다(법령 부칙(2010. 12. 30.) §6, §19).

3-2. 확정기여형 퇴직연금 등의 처리

3-2-1. 기업회계상 확정기여형 퇴직연금 등

(1) 한국채택국제회계기준(K-IFRS)

확정기여제도의 회계처리는 각 기간에 대한 보고기업이 부담하는 채무가 당해 기간의 기여금으로 결정되기 때문에 비교적 단순하다. 따라서 채무나 비용을 측정하기 위해 보험수리적 가정을 세울 필요가 없고 그 결과 보험수리적손익이 발생할 가능성도 없다. 또 기여금 전부나 일부의 납부기일이 종업원의 근무용역이 제공된 회계기간의 말부터 12개월 이내에 도래하지 않는 경우를 제외하고는 할인되지 않은 금액으로 채무를 측정한다(K-IFRS 1019호 문단 50).

일정기간 종업원이 근무용역을 제공하였을 때 기업은 그 근무용역과 교환하여 확정기여제도에 납부해야 할 기여금을 다음과 같이 인식한다(K-IFRS 1019호 문단 51).

① 이미 납부한 기여금을 차감한 후 부채(미지급비용)로 인식한다. 이미 납부한 기여금이 보고기간말 이전에 제공된 근무용역에 대해 납부하여야 하는 기여금을 초과하는 경우에는 초과 기여금 때문에 미래 지급액이 감소하거나 현금이 환급되는 만큼을 자산(선급비용)으로 인식한다.

② 다른 한국채택국제회계기준(예 : 한국채택국제회계기준 제1002호 '재고자산', 제1016호 '유형자산')에 따라 해당 기여금을 자산의 원가에 포함하는 경우를 제외하고는 비용으로 인식한다.

(2) 일반기업회계기준

확정기여형퇴직연금제도를 설정한 경우에는 당해 회계기간에 대하여 회사가 납부하여야 할 부담금(기여금)을 퇴직급여(비용)로 인식하고, 퇴직연금운용자산, 퇴직급여충당부채 및 퇴직연금미지급금은 인식하지 아니한다(일반기준 21장 문단 21.6). 한편, 일정기간 종업원이 근무용역을 제공하였을 때 기업은 그 근무용역과 교환하여 확정기여제도에 납부해야 할 기여금을 다음과 같이 인식한다(일반기준 21장 문단 21.7).

① 이미 납부한 기여금을 차감한 후 부채(미지급비용)로 인식한다. 이미 납부한 기여금이 보고기간말 이전에 제공된 근무용역에 대해 납부하여야 하는 기여금을 초과하는 경우에는

초과기여금 때문에 미래 지급액이 감소하거나 현금이 환급되는 만큼을 자산(선급비용)으로 인식한다.

② 다른 일반기업회계기준(예 : 일반기업회계기준 제7장 '재고자산', 제10장 '유형자산')에 따라 해당 급여를 자산의 원가에 포함하는 경우를 제외하고는 비용으로 인식한다.

3-2-2. 법인세법상 확정기여형 퇴직연금 등

(1) 확정기여형 퇴직연금 등의 처리

근로자퇴직급여 보장법 제19조에 따른 확정기여형 퇴직연금, 같은 법 제23조의 6에 따른 중소기업퇴직연금기금제도, 같은 법 제24조에 따른 개인형 퇴직연금제도 및 과학기술인공제회법에 따른 퇴직연금 중 확정기여형 퇴직연금에 해당하는 것(이하 "확정기여형 퇴직연금 등"이라 함)의 부담금은 법인이 이를 사외의 퇴직연금사업자에게 불입함으로써 법인의 퇴직금 지급의무가 종결되는 것이므로 원칙적으로 전액 손금에 산입한다. 다만, 임원에 대한 확정기여형 퇴직연금 등의 부담금은 법인이 해당 임원의 퇴직 시까지 부담한 부담금의 합계액을 퇴직급여로 보아 임원퇴직금 한도 초과액 손금불산입 규정(법령 §44 ④)을 적용하되, 손금산입 한도 초과액이 있는 경우에는 퇴직일이 속하는 사업연도의 부담금 중 손금산입 한도 초과액 상당액을 손금불산입하고, 손금산입 한도 초과액이 퇴직일이 속하는 사업연도의 부담금을 초과하는 경우 그 초과금액은 퇴직일이 속하는 사업연도의 익금에 산입한다(법령 §44의 2 ③).

(2) 확정기여형 퇴직연금 등의 설정 전 근무기간분에 대한 부담금의 처리

법인이 임원 또는 직원에 대하여 확정기여형 퇴직연금 등을 설정하면서 설정 전의 근무기간분에 대하여 지출한 부담금은 다음의 산식에 따라 계산된 퇴직급여충당금에서 먼저 지출한 것으로 본다(법칙 §24 ①, §31 ②). 이는 확정기여형 퇴직연금 등으로 전환됨에 따라 전환 전 근무기간에 대하여 지출한 확정기여형 퇴직연금 등의 부담금을 퇴직급여충당금에서 먼저 지급한 것으로 보도록 함으로써 이미 손금에 산입된 퇴직급여충당금 부분이 다시 손금산입되는 것을 방지하기 위함이다.

$$\text{직전 사업연도 종료일 현재 퇴직급여충당금 누적액} \times \frac{\text{해당 사업연도에 확정기여형 퇴직연금 등이 설정된 임원 또는 사용인의 직전 사업연도 종료일 현재 퇴직금추계액}}{\text{직전 사업연도 종료일 현재 재직한 임원 또는 사용인 전원의 퇴직금추계액}}$$

3-3. 확정급여형 퇴직연금 등의 처리

3-3-1. 기업회계상 확정급여형 퇴직연금 등

(1) 한국채택국제회계기준(K-IFRS)

확정급여제도의 회계처리는 채무와 비용의 측정에 보험수리적 가정이 요구되고 보험수리적손익이 발생할 가능성이 있기 때문에 복잡하다. 또한 채무는 종업원이 관련 근무용역을 제공한 후 오랜 기간이 지나서야 결제될 수 있으므로 할인된 금액으로 측정한다(K-IFRS 1019호 문단 55).

확정급여제도에서는 확정급여채무의 현재가치에서 사외적립자산의 공정가치(존재하는 경우)를 차감한 금액을 과소적립액 또는 초과적립액(자산인식상한을 한도로 함)이라 하며, 이는 재무제표에 순확정급여부채 또는 순확정급여자산으로 인식한다. 이때 자산인식상한이란 제도로부터의 환급이나 제도에 대한 미래기여금 절감의 형태로 이용 가능한 경제적 효익의 현재가치를 말한다(K-IFRS 1019호 문단 8, 63, 64).

순확정급여부채(자산)의 모든 변동은 발생한 기간에 근무원가, 순확정급여부채(자산)의 순이자, 순확정급여부채(자산)의 재측정요소로 세분화하여 인식하며, 당기손익으로 인식되는 금액과 기타포괄손익으로 인식되는 금액을 구분하면 다음과 같다(K-IFRS 1019호 문단 57).

당기손익으로 인식되는 금액	기타포괄손익으로 인식되는 금액
• 당기근무원가 • 과거근무원가와 정산으로 인한 손익 • 순확정급여부채(자산)의 순이자	• 보험수리적손익 • 순확정급여부채(자산)의 순이자에 포함된 금액을 제외한 사외적립자산의 수익 • 순확정급여부채(자산)의 순이자에 포함된 금액을 제외한 자산인식상한 효과의 변동

1) 확정급여채무의 현재가치

확정급여채무의 현재가치란, 종업원이 당기와 과거기간에 근무용역을 제공하여 발생한 채무를 결제하는 데 필요한 예상미래지급액의 현재가치를 말하며, 다음의 절차를 통해 측정된다(K-IFRS 1019호 문단 8).

① 보험수리적 기법을 사용하여 급여액 추정
급여원가에 영향을 미치는 보험수리적 가정인 인구통계적 변수(예 : 종업원의 이직률과 사망률)와 재무적 변수(예 : 미래의 임금상승률 및 의료원가상승률)에 대해 추정하여 급여액을 산정한다(K-IFRS 1019호 문단 57).

② 급여의 기간 배분
예측단위적립방식에 따라 당기근무원가를 결정하기 위해 급여를 당기에 배분하며, 확정급여채무의 현재가치를 결정하기 위해 확정급여제도의 급여를 당기와 과거기간에 배분한다. 즉, 급여를 퇴직급여를 지급하여야 할 채무가 발생하는 기간으로 배분한다(K-IFRS 1019

호 문단 71).

③ 확정급여채무의 현재가치 산정

배분된 급여를 할인하여, 확정급여채무의 현재가치와 당기근무원가를 결정한다(K-IFRS 1019호 문단 57).

확정급여채무의 현재가치 산정시 보험수리적 기법(예측단위적립방식)으로 당기에 급여를 배분함에 따라 인식하는 당기근무원가는 당기에 종업원이 근무용역을 제공함에 따라 발생하는 확정급여채무의 현재가치 증가액으로서, 포괄손익계산서상 퇴직급여(당기비용)으로 인식한다. 이처럼 확정급여채무의 현재가치를 증가시키는 요소로는 당기 근무원가 이외에도 이자원가가 있다. 이자원가는 확정급여의 결제일에 한 기간만큼 더 가까워짐에 따라 발생하는 한 기간 동안의 확정급여채무 현재가치의 증가액을 의미하며, 기초에 결정된 할인율을 회계기간 중 확정급여채무의 현재가치에 적용하여 산정한다. 이자원가 역시 포괄손익계산서상 퇴직급여(당기비용)으로 인식한다(K-IFRS 1019호 문단 8, 123, 124).

2) 사외적립자산의 공정가치

사외적립자산은 퇴직급여의 지급을 위하여 사외에 적립된 기금으로, 장기종업원급여기금이 보유하고 있는 일정한 요건을 갖춘 자산과 오직 확정급여제도상 종업원급여를 지급하거나 종업원급여 기금적립에만 사용하도록 하는 등 일정한 요건을 충족하는 보험계약인 적격보험계약으로 구성된다. 사외적립자산은 공정가치로 측정하며, 과소적립액이나 초과적립액을 결정할 때 확정급여채무의 현재가치에서 차감한다(K-IFRS 1019호 문단 8, 113).

한편, 사외적립자산에서는 이자, 배당금 등과 같은 수익이 발생할 수 있는데, 이러한 수익 중에서 보고기간 동안의 기여금 납부와 급여 지급으로 인해 보유하고 있는 사외적립자산의 변동을 고려하여 다음과 같이 계산된 사외적립자산에 대한 이자수익은 당기손익으로 인식한다. 사외적립자산에 대한 이자수익과 사외적립자산의 수익의 차이는 사외적립부채(자산)의 재측정요소에 포함되며 기타포괄손익으로 인식된다(K-IFRS 1019호 문단 57, 123, 123A, 125).

사외적립자산에 대한 이자수익 = 사외적립자산(*)의 공정가치 × 할인율(*)

(*) 사외적립자산과 할인율은 연차보고기간 초에 결정됨.

3) 확정급여원가

다른 한국채택국제회계기준서(예 : K-IFRS 1002호, 1016호)에 따라 자산의 원가에 포함하는 경우를 제외하고는 확정급여원가는 다음과 같이 인식한다(K-IFRS 1019호 문단 120, 121).

① 근무원가 : 당기손익에 인식

② 순확정급여부채(자산)의 순이자 : 당기손익에 인식
③ 순확정급여부채(자산)의 재측정요소 : 기타포괄손익에 인식

근무원가는 당기근무원가, 과거근무원가, 정산으로 인한 손익으로 구성된다. 당기근무원가는 당기에 종업원이 근무용역을 제공하여 발생한 확정급여채무 현재가치의 증가액으로서, 제도에서 정하고 있는 급여산정식에 따라 종업원의 근무기간에 걸쳐 급여를 배분한다. 과거근무원가는 제도개정(확정급여제도의 도입, 철회 또는 변경) 또는 축소(기업이 제도의 대상이 되는 종업원 수를 유의적으로 감소시킴)로 인해 종업원의 과거기간 근무용역에 대한 확정급여채무 현재가치의 변동을 말하며, 정(+)의 금액(급여가 새로 생기거나 변동되어 확정급여채무의 현재가치가 증가하는 경우)이 될 수도 있고 부(−)의 금액(기존 급여가 철회되거나 변동되어 확정급여채무의 현재가치가 감소하는 경우)이 될 수도 있다. 과거근무원가는 적용 가능하다면 당기근무원가와 같이 제도에서 정하고 있는 급여산정식에 따라 종업원의 근무기간에 걸쳐 급여를 배분한다. 정산으로 인한 손익은 정산일에 결정되는 확정급여채무의 현재가치와 정산가격(이전되는 사외적립자산과 정산과 관련하여 기업이 직접 지급하는 금액을 포함)의 차이를 말하며, 확정급여제도의 정산이 일어나는 때에 당기손익으로 인식한다(K−IFRS 1019호 문단 8, 70, 102, 106, 109, 110).

순확정급여부채(자산)의 순이자는 사외적립자산에 대한 이자수익, 확정급여채무에 대한 이자원가와 자산인식상한효과에 대한 이자로 구성된다. 또한, 순확정급여부채(자산)의 순이자는 보고기간 동안의 기여금 납부와 급여 지급으로 인한 순확정급여부채(자산)의 변동을 고려하여 다음과 같이 계산하며 당기손익으로 인식한다(K−IFRS 1019호 문단 123, 123A, 124).

순확정급여부채(자산)의 순이자 = 순확정급여부채(자산)(*) × 할인율(*)

(*) 순확정급여부채(자산)와 할인율은 연차보고기간 초에 결정됨.

자산인식상한효과에 대한 이자는 자산인식상한효과의 총 변동의 일부로서 다음과 같이 계산하며 당기손익으로 인식한다. 자산인식상한효과에 대한 이자와 자산인식상한효과 총 변동의 차이는 확정급여부채(자산)의 재측정요소에 포함된다(K−IFRS 1019호 문단 126).

자산인식상한효과에 대한 이자 = 자산인식상한 효과(*) × 할인율(*)

(*) 자산인식상한효과와 할인율은 연차보고기간 초에 결정됨.

순확정급여부채(자산)의 재측정요소는 보험수리적손익, 순확정급여부채(자산)의 순이자에 포함된 금액을 제외한 사외적립자산의 수익과 자산인식상한효과의 변동으로 구성되며, 기타포괄손익으로 인식한다(K−IFRS 1019호 문단 127).

4) 보험수리적손익

보험수리적손익은 이전의 보험수리적 가정과 실제로 발생한 결과의 차이효과(경험조정) 및 보험수리적 가정의 변경효과로 발생하는 확정급여채무 현재가치의 변동으로 인한 손익을 말하며, 기타포괄손익으로 인식한다. 이 때, 보험수리적 가정이란 퇴직급여의 궁극적인 원가를 결정하는 여러 가지 변수들에 대한 최선의 추정을 반영하는 것으로 지나치게 낙관적이지 않으면서 지나치게 보수적이지도 않아야 하며 서로 양립 가능해야 한다. 보험수리적 가정은 다음과 같이 구성된다(K-IFRS 1019호 문단 8, 75, 76).

급여를 수령할 권리를 갖는 전 · 현직종업원(그 피부양자 포함)의 미래 특성에 관한 다음과 같은 인구통계적 가정	재무적 가정
• 사망률 • 이직률, 신체장애율 및 조기퇴직률 • 급여수령권을 갖는 피부양자가 있는 종업원의 비율 • 제도규약 하에서 이용 가능한 지급선택권의 각 형태를 선택할 종업원의 비율 • 의료급여제도의 경우 의료원가청구율	• 할인율 • 급여 수준(종업원이 부담할 수 있는 급여의 원가는 제외)과 미래의 임금 • 의료급여의 경우 보험금청구원가(즉, 보험금을 처리하고 해소할 때 발생하는 원가로서 법정수수료와 손해사정인 수수료를 포함)를 포함하는 미래 의료원가 • 보고일 이전의 근무용역과 관련된 기여금 또는 보고일 이전의 근무용역으로 인하여 발생하는 급여에 부과되고 제도가 납부할 세금

재무적 가정은 채무가 결제될 회계기간에 대하여 보고기간말 현재 시장의 예상에 기초하며 명목기준으로 결정한다. 다만, 인플레이션 효과만큼 조정된 실질기준에 의한 추정치가 명목기준보다 더 신뢰성이 있는 경우 실질기준으로 할인율 등을 결정한다. 보험수리적손익이 발생하는 원인에는 다음과 같은 예가 있다(K-IFRS 1019호 문단 79, 80, 128).

① 종업원의 이직률, 조기퇴직률, 사망률, 임금상승률, 급여(제도의 공식적 규약이나 의제의무에 따라 물가상승률에 연동하여 급여가 증액되는 경우) 또는 의료원가가 예상보다 높거나 낮은 경우
② 급여지급선택권과 관련된 가정의 변동 영향
③ 종업원의 이직률, 조기퇴직률, 사망률, 임금상승률, 급여(제도의 공식적 규약이나 의제의무에 따라 물가상승률에 연동하여 급여가 증액되는 경우) 또는 의료원가의 추정치 변경의 영향
④ 할인율의 변경에 따른 영향

한편, 확정급여제도의 도입, 개정, 축소 또는 정산으로 인한 확정급여채무의 현재가치의 변동이나 확정급여제도 하에서 지급될 급여의 변동으로 인한 손익은 보험수리적손익에 포함되

지 아니하며, 과거근무원가나 정산으로 인한 당기손익에 해당한다(K-IFRS 1019호 문단 129).

(2) 일반기업회계기준

1) 퇴직급여와 관련된 부채의 회계처리

확정급여형퇴직연금제도에서 퇴직급여와 관련된 부채는 다음의 두 가지 경우로 나누어 회계처리한다(일반기준 21장 문단 21.10).

① 종업원이 퇴직하기 전의 경우

보고기간말 현재 종업원이 퇴직할 경우 지급하여야 할 퇴직일시금에 상당하는 금액을 측정하여 퇴직급여충당부채로 인식한다. 종업원이 아직 퇴직하지는 않았으나 퇴직연금에 대한 수급요건 중 가입기간 요건을 충족한 경우에도, 보고기간말 현재 종업원이 퇴직하면서 퇴직일시금의 수령을 선택한다고 가정하고 이 때 지급하여야 할 퇴직일시금에 상당하는 금액을 측정하여 퇴직급여충당부채로 인식한다. 결국, 종업원이 퇴직하기 전의 부채의 인식은 퇴직급여제도하에서 퇴직급여충당부채를 인식하는 것과 동일한 회계처리를 하게 되는 것이다.

② 종업원이 퇴직시 퇴직연금의 수령을 선택한 경우

종업원이 퇴직연금에 대한 수급요건 중 가입기간 요건을 갖추고 퇴사하였으며 퇴직연금의 수령을 선택한 경우에는 보고기간말 이후 퇴직 종업원에게 지급하여야 할 예상퇴직연금합계액의 현재가치를 측정하여 '퇴직연금미지급금'으로 계상한다. 즉, 퇴직급여부채는 퇴직하기 전의 종업원을 대상으로 하고 있기 때문에, 퇴직한 후의 종업원에 대한 부채는 구분하여 표시하여야 한다.

퇴직연금미지급금을 계산함에 있어서는, 궁극적으로 지급될 퇴직연금의 합계액이 불확실하기 때문에 퇴직 후 사망률과 같은 보험수리적 가정을 사용하여 예상퇴직연금합계액을 추정하여야 하며, 예상퇴직연금합계액의 현재가치를 계산할 때에는 보고기간말 현재 우량회사채의 시장수익률에 기초하여 할인한다. 다만, 그러한 회사채에 대해 거래층이 두터운 시장이 없는 경우에는 보고기간말 현재 국공채의 시장수익률을 사용한다.

한편, 퇴직하기 전의 퇴직급여충당부채는 퇴직일시금의 수령을 전제로 하여 계산하기 때문에 퇴직시점의 퇴직급여충당부채와 퇴직연금미지급금은 일치하지 아니할 수 있다. 만약 퇴직급여충당부채와 퇴직연금미지급금의 차액이 발생하게 되는 경우에는 동 차액을 퇴직급여로 처리한다. 또한, 퇴직 후에 사망률과 같은 보험수리적 가정이 바뀌거나 할인율이 변동함에 따른 퇴직연금미지급금 증감액과 시간의 경과에 따른 현재가치 증가액도 퇴직급여로 처리한다.

확정급여형퇴직연금제도가 설정되었음에도 불구하고 종업원이 퇴직한 이후에 회사가 연금지급의무를 부담하지 않는다면 상기 ②의 내용을 적용하지 아니한다. 예를 들어, 확정급여형 퇴직연금제도의 규약에서 종업원이 연금수령을 선택할 때 회사가 퇴직일시금 상당액으로 일시납 연금상품을 구매하도록 정하는 경우가 이에 해당한다. 이 경우에는 회사에게는 퇴직일시금으로 연금상품을 구매할 의무만 있을 뿐 종업원이 퇴직한 이후에 연금을 지급할 의무가 없다. 즉, 종업원이 퇴직할 때 회사가 일시납 연금상품을 구매함으로써 연금지급에 관한 책임을 연금상품 제공자(예 : 보험회사)에게 이전하게 되므로 퇴직 이후에 회사가 인식할 부채는 없다. 따라서, 회사가 연금상품을 구매할 때 기인식한 퇴직급여충당부채를 청산하는 것으로 회계처리하여야 한다(일반기준 21장 부록 결21.12).

2) 퇴직급여와 관련된 자산의 회계처리

확정급여형퇴직연금제도에서 운용되는 자산은 기업이 직접 보유하고 있는 것으로 보아 회계처리한다. 재무상태표에는 운용되는 자산을 하나로 통합하여 "퇴직연금운용자산"으로 표시한다(일반기준 21장 문단 21.11).

3-3-2. 법인세법상 확정급여형 퇴직연금 등

(1) 확정급여형 퇴직연금 등의 손금산입 한도액

1) 개 요

확정기여형 퇴직연금 등을 제외한 퇴직연금 등의 손금산입 한도액은 다음과 같이 (1) 퇴직금추계액 기준에 의한 한도액과 (2) 퇴직연금예치금 기준에 의한 한도액 중 적은 금액으로 한다.

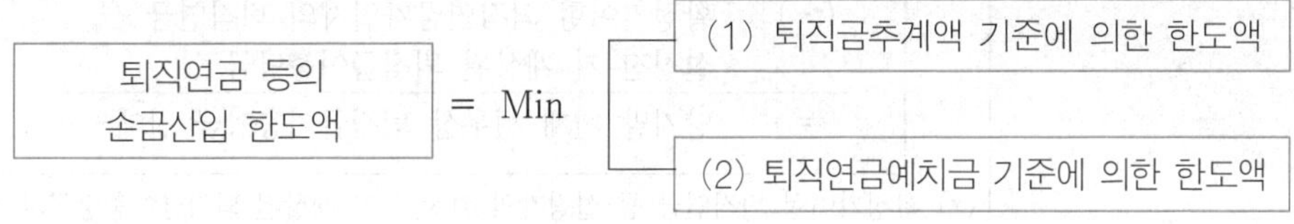

2) 퇴직금추계액 기준에 의한 한도액

퇴직금추계액 기준에 의한 퇴직보험료 등의 손금산입 한도액은 해당 사업연도 종료일 현재 재직하는 임원 또는 직원의 퇴직금추계액에서 해당 사업연도 종료일 현재의 퇴직급여충당금과 이미 손금에 산입한 부담금을 차감하여 계산하는 바, 이를 산식으로 나타내면 다음과 같다(법령 §44의 2 ④).

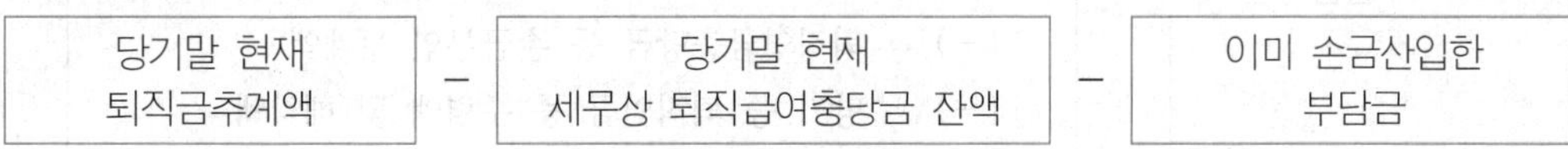

구 분	주요내용
당기말 현재 퇴직금추계액	당기말 현재 퇴직급여추계액은 다음의 (가)와 (나) 중 큰 금액으로 한다(법인세법 시행령 제44조에 따라 손금에 산입하지 아니하는 금액과 확정기여형 퇴직연금의 부담금으로 손금에 산입된 금액은 제외). (가) 일시퇴직기준 추계액 : 해당 사업연도종료일 현재 재직하는 임원 또는 직원의 전원이 퇴직할 경우에 퇴직급여로 지급되어야 할 금액의 추계액 (나) 보험수리기준 추계액 : 법인세법 시행령 제44조의 2 제4항 제1호의 2 각 목의 금액을 더한 금액(㉠+㉡) ㉠ 근로자퇴직급여 보장법 제16조 제1항 제1호에 따른 금액 ㉡ 해당 사업연도종료일 현재 재직하는 임원 또는 직원 중 확정급여형 퇴직연금제도(근로자퇴직급여 보장법 §2 8호)에 가입하지 아니한 사람 전원이 퇴직할 경우에 퇴직급여로 지급되어야 할 금액의 추계액과 확정급여형 퇴직연금제도에 가입한 사람으로서 그 재직기간 중 가입하지 아니한 기간이 있는 사람 전원이 퇴직할 경우에 그 가입하지 아니한 기간에 대하여 퇴직급여로 지급되어야 할 금액의 추계액을 더한 금액
당기말 현재 세무상 퇴직급여충당금 잔액	해당 사업연도의 퇴직급여충당금시부인 조정 후의 당기말 현재 장부상 퇴직급여충당금 잔액에서 퇴직급여충당금 부인누계액(*) 및 확정기여형 퇴직연금가입자의 퇴직연금 설정 전 기 계상된 퇴직급여충당금을 차감한 금액을 말하며, 이를 산식으로 나타내면 다음과 같음. 당기말 현재 장부상 퇴직급여충당금 잔액 (－) 당기말 현재 퇴직급여충당금 부인누계액(*) (－) 확정기여형 퇴직연금가입자의 퇴직연금 설정전 기 계상된 퇴직급여충당금 = 당기말 현재 세무상 퇴직급여충당금 잔액 (*) 확정기여형 퇴직연금 등 설정자의 설정전 기 계상된 퇴직급여충당금과 관련된 부인액은 제외
이미 손금산입한 부담금	직전 사업연도 종료일까지 납입한 부담금의 누계액에서 해당 사업연도 종료일까지 퇴직연금 등의 해약이나 임원 또는 직원의 퇴직으로 인하여 수령한 해약금 및 퇴직급여와 확정기여형 퇴직연금 등으로 전환된 금액을 차감한 금액을 말함(법칙 §24 ②). 전기말 B/S상 퇴직연금충당금 등 잔액 (＋) 전기말 신고조정에 의한 손금산입 누계액 (－) 퇴직연금충당금 등 손금부인 누계액 (－) 당기 중 퇴직연금 등 수령액 및 해약액 (－) 확정기여형 퇴직연금 등으로 전환된 금액 = 이미 손금산입한 부담금

3) 퇴직연금예치금 기준에 의한 한도액

퇴직연금예치금 기준에 의한 퇴직연금 등의 손금산입 한도액은 해당 사업연도 종료일 현재 확정급여형 퇴직연금제도에 따라 불입한 퇴직연금부담금(이하 "퇴직연금예치금 등"이라 함)의 잔액에서 이미 손금에 산입한 부담금 등을 차감하여 계산하는 바, 이를 산식으로 나타내면 다음과 같다.

기말 퇴직연금예치금 등의 잔액 − 이미 손금산입한 부담금

구 분	주요내용
기말 퇴직연금예치금 등의 잔액	직전 사업연도 종료일 현재의 장부상 퇴직연금예치금 등의 잔액에서 해당 사업연도의 퇴직연금예치금 등의 수령액·해약액 및 확정기여형 퇴직연금 등으로 전환된 금액을 차감한 후 당기에 퇴직연금예치금 등으로 납입한 금액을 가산한 금액을 말하며, 이를 산식으로 나타내면 다음과 같음. 전기말 B/S상 퇴직연금예치금 등 잔액 (−) 당기 중 퇴직연금예치금 등 수령액 및 해약액 (−) 확정기여형 퇴직연금으로 전환된 금액 (+) 당기 중 퇴직연금예치금 등의 납입액 = 기말 퇴직연금예치금 등의 잔액
이미 손금산입한 부담금	직전 사업연도 종료일까지 불입한 부담금의 누계액에서 해당 사업연도 종료일까지 퇴직연금 등의 해약이나 임원 또는 직원의 퇴직으로 인하여 수령한 해약금 및 퇴직급여와 확정기여형 퇴직연금 등으로 전환된 금액을 차감한 금액을 말함(법칙 §24 ②). 전기말 B/S상 퇴직연금충당금 등 잔액 (+) 전기말 신고조정에 의한 손금산입 누계액 (−) 퇴직연금충당금 등 손금부인 누계액 (−) 당기 중 퇴직연금 등 수령액 및 해약액 (−) 확정기여형 퇴직연금으로 전환된 금액 = 이미 손금산입한 부담금

(2) 퇴직연금 등의 손금산입방법

1) 결산조정 및 신고조정

퇴직연금 등은 원칙적으로 법인이 이를 장부상 비용으로 계상한 경우에 한하여 손금에 산입하는 결산조정사항이나, 현행 기업회계기준에서 불입한 부담금을 비용으로 인정하고 있지 않으므로

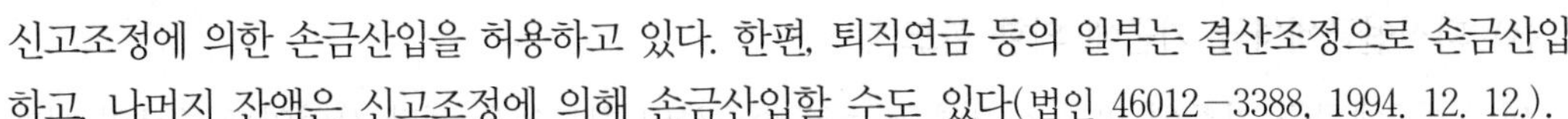

신고조정에 의한 손금산입을 허용하고 있다. 한편, 퇴직연금 등의 일부는 결산조정으로 손금산입하고, 나머지 잔액은 신고조정에 의해 손금산입할 수도 있다(법인 46012－3388, 1994. 12. 12.).

2) 손금산입시기

법인이 퇴직연금 등으로서 납입한 금액은 그 납입한 사업연도에 퇴직연금 등의 손금산입 한도액의 범위 내에서 결산조정 또는 신고조정으로 손금산입하여야 한다(법령 §44의 2 ②).

따라서, 법인이 납입한 퇴직연금 등을 자산으로만 계상하고 결산조정에 의하여 손금으로 계상하지 아니한 경우에는 이를 납입한 사업연도에 퇴직연금 등의 손금산입 한도액 범위 내에서 그 전액을 신고조정으로 손금산입하여야 하며(서이 46012－10897, 2002. 4. 29.), 다만 퇴직연금 등의 손금산입 한도액을 초과함에 따라 손금불산입한 퇴직연금 등은 그 후 사업연도의 손금산입 한도액 범위 내에서 손금에 산입할 수 있다(서면2팀－212, 2006. 1. 25.).

(3) 퇴직급여의 상계순서

1) 결산조정에 의해 퇴직연금 등을 손금산입한 경우

퇴직연금 등을 손금에 산입한 법인의 임원 또는 직원이 실제로 퇴직하는 경우 손금산입할 퇴직급여의 범위액은 퇴직급여지급규정에 의한 퇴직급여상당액에서 당해 직원의 퇴직으로 인하여 보험회사 등으로부터 수령한 퇴직보험금, 퇴직일시금신탁, 퇴직연금, 퇴직급여충당금 순으로 차감한 금액으로 한다(법기통 26－44의 2…2).

2) 신고조정에 의해 퇴직연금 등을 손금산입한 경우

퇴직연금 등을 신고조정에 의하여 손금에 산입한 법인의 임원 또는 직원이 실제로 퇴직하는 경우로서 당해 퇴직연금 등 상당액을 퇴직급여로 비용 계상한 경우에는 동 금액을 손금불산입(유보)함으로써 신고조정에 의하여 손금산입(△유보)한 금액을 추인하고(법기통 26－44의 2…2), 퇴직급여충당금과 상계한 경우에는 당해 퇴직연금 등 상당액을 익금산입(유보)하고 퇴직급여충당금이 과다상계된 금액은 손금산입(△유보)하여 세무상 퇴직급여충당금 잔액을 증가시키는 세무조정을 하여야 한다(서면2팀－632, 2004. 3. 30. 및 제도 46012－10347, 2001. 3. 26.).

관련사례

• 퇴직급여채무 관련 보험수리적손익의 세무조정

국제회계기준을 도입한 내국법인이 확정급여형 퇴직급여제도를 운용하면서 확정급여채무 현재가치의 증감이나 사외적립자산 공정가치의 증감으로 발생한 보험수리적손익을 기타포괄손익으로 인식하고, 미처분이익잉여금으로 대체하는 경우 미처분이익잉여금의 감소로 처리한 금액은 손금산입(기타)으로, 미처분이익잉여금의 증가로 처리한 금액은 익금산입(기타)으로 각각 세무조정하여 법인세법 제33조 및 법인세법 시행령 제44조의 2에 따라 손금산입하는 것임(서면－2017－법인－1465, 2017. 10. 26.).

• 퇴직보험료를 결산조정에서 신고조정으로 변경하기 위해 퇴직보험충당금을 퇴직급여충당금으로 계정대체한 경우의 세무조정 방법
퇴직보험료 등을 결산조정에 의한 퇴직보험충당금의 설정방법으로 손금산입한 법인이 다음 사업연도에 신고조정으로 변경하기 위하여 퇴직보험충당금을 퇴직급여충당금으로 계정대체한 경우, 동 퇴직보험충당금의 임의환입 상당액은 익금불산입(△유보)하여 세무상 퇴직보험충당금 잔액을 증가시키고, 퇴직급여충당금으로 대체한 금액은 손금불산입(유보)하는 것임(서면2팀-1463, 2004. 7. 14.).

• 사업연도 중에 퇴직한 종업원에 대한 퇴직보험료 납입액의 손금산입 여부
당해 사업연도 중에 퇴직하는 종업원에게 지급할 퇴직급여를 퇴직보험료 등으로 납입하였다가 퇴직급여로 지급하는 경우, 동 보험료는 당해 사업연도에 손금산입하지 아니하는 것임(서이 46012-11510, 2002. 8. 12.).

• 퇴직보험료 등을 신고조정한 법인의 퇴직급여 지급시 세무조정방법
퇴직보험료를 신고조정에 의해 손금산입한 법인이 그 후 사업연도에 퇴직보험금을 수령하여 퇴직급여를 지급하면서 퇴직급여충당금과 상계한 경우에는 수령한 퇴직보험금(납입보험료상당액)은 익금산입(유보)하고, 퇴직급여충당금과 상계한 금액은 손금산입(△유보)하는 것이며, 이 경우 손금산입한 퇴직급여충당금은 퇴직급여충당금조정명세서 [별지 제32호 서식]상 ⑦ 기중퇴직급여지급액에서 차감하는 것임. 또한, 퇴직보험료 등 조정명세서 [별지 제33호 서식]상 ③ 부인누계액은 당해 사업연도 자본금과 적립금 조정명세서(을) [별지 제50호 서식(을)]상 퇴직급여충당금의 ② 기초잔액과 당해 사업연도에 손금산입하지 아니한 퇴직급여충당금 한도초과액을 합계한 금액에서 위 손금산입한 금액을 차감하여 기입하는 것임(제도 46012-10347, 2001. 3. 26.).

3-4. 퇴직보험 등의 회계처리와 세무조정

근로자퇴직급여 보장법에 의하여 2005년 12월 1일부터 퇴직연금제도가 본격적으로 시행됨에 따라, 2005년 12월 1일 이후에는 종전의 퇴직보험 또는 퇴직일시금신탁에 신규로 가입할 수 없을 뿐만 아니라 이미 가입된 퇴직보험 등도 2010년 12월 31일까지만 효력을 가진다(근로자퇴직급여 보장법 부칙(2005. 1. 27.)). 이에 따라 퇴직보험 및 퇴직일시금신탁은 2011년 1월 1일 이후 지출하는 보험료 또는 부금으로부터는 손금산입 대상 퇴직연금 등의 범위에서 제외되었다. 다만, 종전의 규정에 따라 손금에 산입한 퇴직보험·신탁의 보험료·부금은 익금으로 환입하지 아니하도록 하고 있으며, 또한 종전의 규정에 따라 손금에 산입한 퇴직보험 보험료 또는 퇴직신탁 부금의 적립금을 운용함에 따라 발생하는 수익은 손금에 산입할 수 있다(법령 부칙(2010. 12. 30.) §6, §19).

3-4-1. 이자수익 등의 수령 및 대체

(1) 기업회계

퇴직보험료 등에 대한 이자수익과 특별배당금을 수령하는 경우에는 영업외수익으로 회계처리하며 동 금액을 납입할 보험료로 대체할 경우에는 다음과 같이 회계처리한다.

(차) 퇴직보험예치금 ××× (대) 이자수익 ×××

(2) 법인세법

종업원을 수익자로 하는 퇴직보험 등에 가입하고 보험회사 등으로부터 수령하는 확정배당금 및 퇴직보험료 등을 예치한 후 약정에 따라 발생하는 책임준비금 이자는 보험료 등의 정산기준일이 속하는 사업연도의 익금으로 하며, 배당금 및 이자수익을 법인이 추가납부할 퇴직보험료 등에 대체한 경우에는 퇴직보험료 등의 손금산입 한도액 범위 내에서 손금에 산입한다(법기통 40-71…1, 15-11…10).

3-4-2. 퇴직보험금 등의 수령 및 지급

(1) 기업회계

퇴직보험료 등을 손금에 산입한 법인이 실제 퇴직자가 발생하여 퇴직금을 지급하는 경우에는 결산조정 또는 신고조정에 따라 각각 다음과 같이 회계처리한다.

① 결산조정한 경우

(차) 퇴직보험충당금 ××× (대) 퇴직보험예치금 ×××

② 신고조정한 경우

(차) 퇴직급여충당부채 ××× (대) 퇴직보험예치금 ×××

(2) 법인세법

퇴직보험료 등을 손금에 산입한 법인의 임원 또는 직원이 실제로 퇴직하는 경우 손금산입할 퇴직급여의 범위액은 퇴직급여지급규정에 의한 퇴직급여 상당액에서 당해 직원의 퇴직으로 인하여 보험회사 등으로부터 수령한 퇴직보험금, 퇴직일시금신탁, 퇴직급여충당금 순으로 차감한 금액으로 한다(법기통 26-44의 2…2).

다만, 당초 퇴직보험료 납입시 신고조정에 의해 퇴직보험료를 손금에 산입한 경우로서 퇴직보험금 등 상당액을 퇴직급여충당금과 상계한 경우에는 당해 퇴직보험금 등 상당액을 익금산입(유보)하고 동시에 퇴직급여충당금이 과다상계된 부분에 대하여는 손금산입(△유보)하여 세무상 퇴직급여충당금을 증가시켜 주는 세무조정을 하여야 한다(서면2팀-632, 2004. 3. 30.).

MEMO

Step Ⅱ 서식의 이해

■ 작성요령Ⅰ - 퇴직급여충당금조정명세서

❶ 「① 퇴직급여 지급대상이 되는 임원 또는 직원에게 지급한 총급여액」란에는 「⑲ 퇴직급여 지급대상이 되는 임원 또는 직원에 대한 급여액」란 중 계란의 금액을 적는다.

❷ 「⑤ 확정기여형 퇴직연금자의 퇴직연금 설정 전 기 계상된 퇴직급여충당금」란에는 법인세법 시행규칙 제31조 제2항에 따라 계산한 "확정기여형 퇴직연금 등 설정자의 설정 전 기 계상된 퇴직급여충당금"의 금액을 적는다.

❼ 「⑰ 총급여액」란에는 계정별로 적되 법인세법 시행령 제43조에 따라 손금불산입되는 금액과 근로자퇴직급여 보장법에 따른 확정기여형 퇴직연금제도가 설정된 자는 제외하며, 「⑱ 퇴직급여 지급대상이 아닌 임원 또는 직원에 대한 급여액」과 「⑲ 퇴직급여 지급대상이 되는 임원 또는 직원에 대한 급여액」으로 구분하여 적는다.

[별지 제32호 서식] (2019. 3. 20. 개정)

사업연도	. . . ~ . . .	퇴직급여충당금 조

1. 퇴직급여충당금 조정

「법인세법 시행령」 제60조 제1항에 따른 한도액	① 퇴직급여 지급대상이 되는 임원 또는 직원에게 지급한 총급여액(⑲의 계) ❶		
「법인세법 시행령」 제60조 제2항 및 제3항에 따른 한도액	④ 장부상 충당금 기초잔액	⑤ 확정기여형 퇴직연금자의 퇴직연금 설정 전 기 계상된 퇴직급여충당금 ❷	⑥ 기… 충당… 환입…
	⑩ 추계액 대비 설정액 (㉒ × 설정률) ❺	⑪ 퇴직금전환금	
한도초과액 계산	⑭ 한도액 MIN(③, ⑬)		⑮

2. 총급여액 및 퇴직급여추계액 명세

계정명 \ 구분	⑰ 총급여액 ❼		⑱ 퇴직급여 지급대상이 아닌 임원 또는 직원에 대한 급…	
	인원	금액	인원	금액

❺ 「⑩ 추계액 대비 설정액」란에는 「⑳ 기말현재 임원 또는 직원 전원이 퇴직 시 퇴직급여추계액」과 「㉑ 근로자 퇴직급여 보장법에 따른 추계액」 중 큰 금액을 「㉒ 세법상 추계액」란에 기재한 후 그 금액에 아래의 설정률*을 곱한 금액을 적는다.

* 설정률

사업연도 개시일	2010년 중	2011년 중	2012년 중	2013년 중	2014년 중	2015년 중	2016년 중
설정률	30%	25%	20%	15%	10%	5%	0%(폐지)

정명세서

법 인 명	
사업자등록번호	

② 설정률	③ 한도액 (①×②)	비 고
5/100		

⑦ 기초충당금 부인누계액 ❸	⑧ 기중 퇴직금 지급액	⑨ 차감액 (④-⑤-⑥-⑦-⑧) ❹❾
		(△)

❻	⑫ 설정률 감소에 따른 환입을 제외하는 금액 MAX(⑨-⑩-⑪, 0)	⑬ 누적한도액 (⑩-⑨+⑪+⑫)

⑮ 회사계상액	⑯ 한도초과액❾ (⑮-⑭)

⑲ 퇴직급여 지급대상이 되는 임원 또는 직원에 대한 급여액		⑳ 기말현재 임원 또는 직원 전원의 퇴직시 퇴직급여 추계액 ❽
인원	금 액	인원 금 액
		㉑ 「근로자퇴직급여 보장법」에 따른 추계액 ❿
		인원 금 액
		㉒ 세법상 추계액 Max(⑳, ㉑)

❸ 「⑦ 기초충당금 부인누계액」란에는 「④ 장부상 충당금 기초잔액」 중에 세무상 부인액이 포함되어 있는 경우에 동 부인액(확정기여형 퇴직연금 등 설정자의 설정전 기 계상된 퇴직급여충당금과 관련된 부인액은 제외)을 적는다.

❹ 「⑨ 차감액」란에는 ④란의 장부상 충당금 기초잔액에서 ⑤란의 확정기여형 퇴직연금자의 퇴직급여충당금, ⑥란의 기중충당금환입액, ⑦ 기초충당금부인누계액(기중환입분은 제외) 및 ⑧란의 기중퇴직금지급액을 뺀 잔액으로 하되, 그 잔액이 음수(−)인 경우는 "0"으로 적고, ( )안에 그 잔액을 적는다.

❻ 「⑪ 퇴직금전환금」란은 해당 사업연도종료일 현재 국민연금법에 따라 국민연금관리공단에 납부하고 재무상태표상 자산으로 계상한 금액을 적는다.

❽ 「⑳ 기말현재 임원 또는 직원 전원의 퇴직시 퇴직급여 추계액」란은 법인세법 시행령 제44조에 따라 손금에 산입하지 않는 금액을 제외하며, 법인세법 시행령 제44조의 2 제3항 본문에 따라 손금에 산입한 금액을 제외하여 적는다. 다만, 「⑩ 추계액 대비 설정액」란을 계산하는 경우에는 근로자퇴직급여 보장법에 따른 확정기여형 퇴직연금제도가 설정된 자를 제외한다.

❾ 「⑯ 한도초과액」은 손금불산입하고, 「⑨ 차감액」란의 미달액(△)은 손금산입한다.

❿ 「㉑ 근로자퇴직급여 보장법에 따른 추계액」란은 근로자퇴직급여 보장법 제16조 제1항 제1호에 따라 산정된 금액으로서 매 사업연도 말일 현재를 기준으로 산정한 가입자의 예상 퇴직시점까지의 가입기간에 대한 급여에 드는 비용 예상액의 현재가치에서 장래 근무기간분에 대하여 발생하는 부담금 수입 예상액의 현재가치를 뺀 금액을 적되, 법인세법 시행령 제44조에 따라 손금에 산입하지 아니하는 금액을 제외하며, 법인세법 시행령 제44조의 2 제3항 본문에 따라 손금에 산입한 금액을 제외하여 적는다. 다만, 확정급여형 퇴직연금제도에 가입하지 않은 근로자의 경우에는 일시퇴직기준에 의해 계산한 금액으로 한다.

■ 작성요령Ⅱ - 퇴직연금 부담금 조정명세서

[별지 제33호 서식] (2014. 3. 14. 개정)

사 업 연 도	. . . ~ . . .	퇴직연금 부담금

1. 퇴직연금 등의 부담금 조정

① 퇴직급여추계액	당기말 현	
	② 장부상 기말잔액	③ 확정기 퇴직연금 퇴직연금 설 기 계상 퇴직급여충
❶		❷

⑦ 이미 손금 산입한 부담금 등(⑰)	⑧ 손금산입 한도액(⑥－⑦)	⑨ 손금산입대 부담금 등(⑱)
	❾	

2. 이미 손금산입한 부담금 등의 계산

가. 손금산입대상 부담금 등 계산

⑬ 퇴직보험 예치금등 계(㉒)	⑭ 기초퇴직연금 충당금등 및 전기말신고조정에 의한 손금산입액	⑮ 퇴직연금충당금 등 손금부인 누계액
	❻	

나. 기말 퇴직연금 예치금 등의 계산

⑲ 기초퇴직연금예치금 등	⑳ 기중 퇴직연금예치금 등 수령 및 해약액
	❽

❶ 「① 퇴직급여추계액」란은 법인세법 시행령 제44조의 2 제4항 제1호와 제1호의 2의 금액 중 큰 금액인 "퇴직급여충당금조정명세서[별지 제32호 서식]"의 「㉒ 세법상 추계액」란의 금액을 적는다.

※ 2011. 1. 1. 전에 납부한 퇴직보험・신탁의 금액과 2011. 1. 1. 전에 납부한 퇴직보험・신탁으로 인해 2011. 1. 1. 이후 발생한 운용수익으로 퇴직보험・신탁을 납부한 금액이 있는 경우에는 퇴직연금예치금에 포함하여 이 서식을 작성한다.

❷ 법인세법 시행규칙 제31조 제2항에 따라 계산한 "확정기여형 퇴직연금 등 설정자의 설정 전 기 계상된 퇴직급여충당금"을 적는다.

❻ 재무상태표상 기초퇴직연금충당금 등 잔액과 직전 사업연도 세무조정계산서상 퇴직연금부담금 등의 손금산입누계액을 적는다.

❽ 확정기여형 퇴직연금 등으로 전환된 금액과 퇴직보험・신탁의 해약금액을 포함하여 적는다.

❾ ⑥란의 퇴직부담금 등 손금산입 누적한도액에서 ⑦란의 이미 손금산입한 부담금 등을 뺀 금액을 적되, 조세특례제한법 시행규칙 제29조 제1항을 적용받는 법인의 경우 그 금액이 음수(－)이면 "0"을 적는다.

조정명세서	법 인 명	
	사업자등록번호	

ᅦ 퇴직급여충당금			
ᅥ형 자의 정전 ᆫ 당금	④ 당기말 부인누계액	⑤ 차감액 (②-③-④)	⑥ 퇴직부담금 등 손금산입 누적 한도액 (①-⑤)
	❸		

❸ 「② 장부상 기말잔액」 중에 세무상 부인액이 포함되어 있는 경우에 그 부인액(확정기여형 퇴직연금 등 설정자의 설정 전 기 계상된 퇴직급여충당금과 관련된 부인액은 제외)을 적는다.

ᅡ	⑩ 손금산입범위액 (⑧과 ⑨중 적은 금액)	⑪ 회사손금 계상액	⑫ 조정금액 (⑩-⑪)
		❹	❺

❹ 당기의 퇴직연금충당금 등 전입액을 적는다.

❺ 양수(+)인 경우에는 손금에 더하고, 음수(-)인 경우에는 익금에 더한다.

⑯ 기중퇴직연금 등 수령 및 해약액	⑰ 이미 손금산입한 부담금 등 (⑭-⑮-⑯)	⑱ 손금산입대상 부담금 등 (⑬-⑰)
❼		

❼ 확정기여형 퇴직연금 등으로 전환된 금액과 퇴직보험·신탁의 해약금액을 포함하여 적는다.

㉑ 당기 퇴직연금예치금 등의 납입액	㉒ 퇴직연금예치금 등 계 (⑲-⑳+㉑)

세무조정 체크리스트

검 토 사 항	확인
1. 퇴직급여충당금	
① 퇴직급여지급규정 확인(임원 및 사용인)	
② 자본금과 적립금조정명세서(을) 확인(부인액 확인)	
③ 충당금 설정대상 인원 확인	
④ 당기 설정 한도액 계산 • 총급여액 기준 한도액 - 총급여액의 범위 확인(재무제표 및 소득세집계표와 비교) - 1년 미만 근무자 및 확정기여형 퇴직연금 등 설정자의 총액 확인 (중간정산자의 경우 정산일 이후 총급여액만 포함하며, 1년 미만인 경우에도 퇴직급여지급규정이 있는 경우 포함) • 추계액 기준 한도액 - 직원의 퇴직금추계액(정관 또는 퇴직급여지급규정) 확인 - 임원의 퇴직금추계액 확인(정관 또는 세법상 한도) - 보험수리기준 추계액은 근로자퇴직급여 보장법 제16조 제1항 제1호에 따른 금액으로 하되, 확정급여형 퇴직연금 미가입자의 미가입분(확정급여형 퇴직연금 가입자의 미가입기간분 포함)에 대해서는 일시퇴직기준을 적용하여 추계액 계산 - 추계액기준 한도율 확인(2016. 1. 1. 이후 개시하는 사업연도 0%) - 확정기여형 퇴직연금 등이 설정된 임직원에 대하여 그 설정 전에 계상된 세무상 퇴직급여충당금은 퇴직급여충당금의 누적액에서 차감	
⑤ 당기 회사 계상액 확인(자산계정에 있는 퇴직급여 확인)	
⑥ 퇴직급여의 지급시기 확인(현실적인 퇴직 여부 확인)	
⑦ 전기손익수정손실로 처리한 금액 확인	
⑧ 퇴직급여 중간정산 유무 확인 • 직원의 퇴직급여 중간정산의 유무 확인 • 임원의 퇴직급여 중간정산의 유무 확인 ("장기 요양, 무주택임원의 주택구입, 천재 · 지변"의 사유로 인한 중간정산일 경우 현실적 퇴직으로 인정)	
⑨ 명예퇴직금 및 급여 삭감시의 퇴직급여 계산 및 세무조정의 적정 확인	
⑩ 기중에 퇴직급여충당금을 설정 및 사용한 경우 적정성 확인	
⑪ 퇴직급여충당금이 설정되어 있는 자가 퇴직시 손비로 처리한 경우가 있는지 확인	
⑫ 현실적인 퇴직이 아닌 자에게 퇴직급여 지급 여부 확인 • 퇴직급여(손비)로 처리한 경우 • 퇴직급여충당금에서 지급한 경우	

검 토 사 항	확인
⑬ 합병 · 분할에 따른 퇴직급여충당금 및 충당금 부인액 처리의 적정성 확인 • 피합병법인 또는 분할법인으로부터 퇴직급여충당금을 전액 인수하였는지 여부 • 적격합병 · 적격분할 : 퇴직급여충당금 부인액(분할의 경우 분할사업부문의 부인액에 한함)을 합병법인 등이 모두 승계함. • 적격합병 · 적격분할이 아닌 경우 : 퇴직급여충당금을 합병법인 등이 승계한 경우 (법법 §33 ③, ④)에는 그와 관련된 세무조정사항을 승계함	
⑭ 사업의 포괄양수 · 도에 따른 퇴직급여충당금 처리의 적정성 확인 • 퇴직급여충당금을 전액 인수한 경우 • 퇴직급여충당금을 전액 인수하지 않은 경우	
⑮ 특수관계에 있는 법인으로 전출시 퇴직급여충당금 처리의 적정성 확인	
2. 퇴직연금 등	
① 손금산입대상 퇴직연금 등의 해당 여부 검토 • 퇴직보험 및 퇴직일시금신탁은 2011년 1월 1일 이후 지출하는 보험료 또는 부금으로부터는 손금산입대상 퇴직연금 등의 범위에서 제외	
② 신고조정 또는 결산조정 여부 확인	
③ 전기 자본금과 적립금조정명세서(을) 확인	
④ 퇴직연금운용회사의 자료를 징구하여 회사 장부상의 명세와 일치 여부 확인	
⑤ 한도액 계산 • 퇴직금추계액 기준의 한도액 • 퇴직연금예치금 기준의 한도액	
⑥ 퇴직급여의 지급순서 확인	
⑦ 퇴직연금 손금산입 한도액보다 적게 손금산입한 예치금 유무 확인	

Step Ⅲ 사례와 서식작성실무

예제 Ⅰ

사 례 퇴직급여충당금의 조정

다음 자료에 의하여 ㈜삼일의 제10기 사업연도(2024. 1. 1. ~ 2024. 12. 31.)의 퇴직급여충당금조정명세서 〔별지 제32호 서식〕을 작성하라.

1. 퇴직급여충당부채 계정의 내용은 다음과 같다.

기초잔액	당기지급액	당기설정액	기말잔액
55,000,000	55,000,000	23,500,000	23,500,000

한편, 전기로부터 이월된 퇴직급여충당부채 기초잔액에는 퇴직급여충당금 손금불산입액 3,000,000원이 포함되어 있다.

2. 총급여액의 내용은 다음과 같다.

계정과목	총급여액		출자임원 해당분		1년 미만 근속자분	
	인원	금액	인원	금액	인원	금액
임원급여(판매비와 관리비)	2	30,000,000	1	20,000,000	–	–
급 여(판매비와 관리비)	28	28,000,000	–	–	5	8,000,000
임 금(제조원가)	239	239,000,000	–	–	59	59,000,000
합 계	269	297,000,000	1	20,000,000	64	67,000,000

3. ㈜삼일은 퇴직급여지급규정상 1년 미만 근속자에 대하여는 퇴직급여를 지급하지 아니하며, 해당 사업연도 종료일 현재 1년 이상 계속하여 근속한 임직원이 퇴직할 경우 지급하여야 할 퇴직금추계액은 220,000,000원이다. 단, 근로자퇴직급여 보장법에 따른 보험수리기준 추계액은 240,000,000원이다.

해 설

1. 퇴직급여충당금 손금산입 한도액의 계산
   ① 총급여액기준
   (297,000,000원 – 67,000,000원) × 5/100 = 11,500,000원
   ② 퇴직급여충당금 누적액기준
   Max[220,000,000원, 240,000,000원] × 0% – (55,000,000원 – 3,000,000원 – 55,000,000원)
   = 0원 – (△3,000,000원(*))
   = 0원 – 0원(*) = 0원
   (*) 세무상 퇴직급여충당금 잔액을 초과하여 지급한 퇴직급여 3,000,000원은 손금산입(△유보)하고, 퇴직급여충당금 이월잔액은 퇴직급여충당금 기초잔액이 전부 지급되었으므로 0으로 하여야 한다.

③ 한도액

Min(① 총급여액기준에 의한 한도액, ② 퇴직급여충당금 누적액기준에 의한 한도액)

= Min(① 11,500,000원, ② 0원)

= 0원

2. 퇴직급여충당금 한도초과액

= 23,500,000원 - 0원 = 23,500,000원

3. 세무조정

〈손금산입〉 전기 퇴직급여충당금 한도초과액 3,000,000 (△유보)

〈손금불산입〉 퇴직급여충당금 한도초과액 23,500,000 (유보)

[별지 제32호 서식] (2019. 3. 20. 개정)

사업연도	2024. 1. 1. ~ 2024. 12. 31.	퇴직급여충당금 조정명세서	법 인 명	(주)삼일
			사업자등록번호	

1. 퇴직급여충당금 조정

「법인세법 시행령」 제60조 제1항에 따른 한도액	① 퇴직급여 지급대상이 되는 임원 또는 직원에게 지급한 총급여액(⑲의 계)	② 설정률	③ 한도액 (①×②)	비 고
	230,000,000	5/100	11,500,000	

「법인세법 시행령」 제60조 제2항 및 제3항에 따른 한도액	④ 장부상 충당금 기초잔액	⑤ 확정기여형 퇴직연금자의 퇴직연금 설정 전 기 계상된 퇴직급여충당금	⑥ 기중 충당금 환입액	⑦ 기초충당금 부인누계액	⑧ 기중 퇴직금 지급액	⑨ 차감액 (④-⑤-⑥-⑦-⑧)
	55,000,000			3,000,000	55,000,000	0(△3,000,000)
	⑩ 추계액 대비 설정액 (㉒ × 설정률)	⑪ 퇴직금전환금		⑫ 설정률 감소에 따른 환입을 제외하는 금액 MAX(⑨－⑩－⑪, 0)		⑬ 누적한도액 (⑩－⑨+⑪+⑫)
	0	0		0		0

한도초과액 계산	⑭ 한도액 MIN(③, ⑬)	⑮ 회사계상액	⑯ 한도초과액 (⑮－⑭)
	0	23,500,000	23,500,000

2. 총급여액 및 퇴직급여추계액 명세

구 분 / 계정명	⑰ 총급여액		⑱ 퇴직급여 지급대상이 아닌 임원 또는 직원에 대한 급여액		⑲ 퇴직급여 지급대상이 되는 임원 또는 직원에 대한 급여액		⑳ 기말현재 임원 또는 직원 전원의 퇴직시 퇴직급여 추계액	
	인원	금 액	인원	금 액	인원	금 액	인원	금 액
임원급여	2	30,000,000			2	30,000,000		220,000,000
급여	28	28,000,000	5	8,000,000	23	20,000,000		
임금	239	239,000,000	59	59,000,000	180	180,000,000	㉑ 「근로자퇴직급여 보장법」에 따른 추계액	
							인원	금 액
								240,000,000
							㉒ 세법상 추계액 Max(⑳, ㉑)	
계	269	297,000,000	64	67,000,000	205	230,000,000		240,000,000

예제 Ⅱ

사 례 **퇴직연금 부담금의 조정**

다음 자료에 의하여 ㈜삼일의 제10기 사업연도(2024. 1. 1. ~ 2024. 12. 31.)의 퇴직급여충당금조정명세서 〔별지 제32호 서식〕과 퇴직연금 부담금 조정명세서 〔별지 제33호 서식〕을 작성하라. 참고로 회사는 확정급여형 퇴직연금에 불입 중이다.

1. ㈜삼일의 제10기 사업연도 중 퇴직급여충당부채, 퇴직연금예치금 및 퇴직금전환금 계정의 변동내용은 다음과 같다.

퇴직급여충당부채

차변	금액	대변	금액
퇴직연금예치금	120,000,000	전기이월	600,000,000
현금 및 현금성자산	130,000,000	퇴직급여	350,000,000
차기이월	700,000,000		

퇴직연금예치금

차변	금액	대변	금액
전기이월	405,000,000	퇴직급여충당부채	120,000,000
현금 및 현금성자산	350,000,000	차기이월	635,000,000

퇴직금전환금

차변	금액	대변	금액
전기이월	10,000,000	지급액	4,000,000
		차기이월	6,000,000

2. 당기 중 실제 퇴직한 자에게 지급한 퇴직급여는 다음과 같으며, ㈜삼일은 퇴직급여 전액을 퇴직급여충당부채와 상계하는 회계처리를 하였다.
   ① ㈜삼일 지급분 : 130,000,000원
   ② 퇴직연금 지급분 : 120,000,000원
   〈회계처리〉
   (차) 퇴직급여충당부채 250,000,000 (대) 퇴 직 연 금 예 치 금 120,000,000
   현금 및 현금성자산 130,000,000
3. 해당 사업연도 종료일 현재 퇴직급여의 지급대상이 되는 임직원이 퇴직할 경우 지급하여야 할 퇴직금추계액은 700,000,000원이며, 근로자퇴직급여 보장법에 따른 보험수리기준 추계액은 700,000,000원이다. 또한, 퇴직급여의 지급대상이 되는 임직원에게 지급한 1년간 총급여액은 1,000,000,000원이다.
4. ㈜삼일은 해당 사업연도에 설정한 퇴직급여충당부채 전입액 350,000,000원과 퇴직연금예치금 납입액 350,000,000원에 대하여 다음과 같이 회계처리하였다.

〈회계처리〉

(차) 퇴 직 급 여 350,000,000 (대) 퇴직급여충당부채 350,000,000
퇴직연금예치금 350,000,000 현금 및 현금성자산 350,000,000

5. 전기 말 현재 자본금과 적립금조정명세서(을)상 세무조정 내역은 다음과 같다.
   ① 퇴직급여충당금 손금불산입액 : 405,000,000원 (유보)
   ② 퇴직연금충당금 손금산입액 : 405,000,000원 (△유보)

해 설

1. 퇴직급여충당금
   ① 총급여액기준
   1,000,000,000원 × 5/100 = 50,000,000원
   ② 퇴직급여충당금 누적액기준
   Max[700,000,000원, 700,000,000원] × 0% − (600,000,000원 − 405,000,000원 − 130,000,000원(*1)) + 6,000,000원
   = 0원 − 65,000,000원 + 6,000,000원
   = 0원(*2)
   (*1) 퇴직급여충당금과 상계된 금액 중 퇴직보험예치금에서 지급된 금액을 제외한 회사 지급분만을 기중 퇴직금지급액에서 차감한다(서이 46012−11468, 2003. 8. 8.).
   (*2) 도출된 값이△59,000,000원이므로 퇴직급여충당금 누적액 기준한도는 0이 된다.
   ③ 한도액
   Min(① 총급여액기준에 의한 한도액, ② 퇴직급여충당금 누적액기준에 의한 한도액)
   = Min(① 50,000,000원, ② 0원)
   = 0원
   ④ 퇴직급여충당금 한도초과액
   = 350,000,000원 − 0원 = 350,000,000원
   ⑤ 당기말 현재 퇴직급여충당금 부인누계액
   = 405,000,000원 + 350,000,000원 − 120,000,000원(*) = 635,000,000원
   (*) 전기 이전에 퇴직연금 부담금 납입시 신고조정에 의해 손금산입한 퇴직연금 부담금의 당기 지급액(120,000,000원)을 퇴직급여충당금의 감소로 회계처리한 경우에는 당해 퇴직연금 상당액을 손금불산입(유보)하고 동시에 퇴직급여충당금이 과다상계되었으므로 손금산입(△유보)하여 세무상 퇴직급여충당금을 증가시켜 주는 세무조정을 하여야 한다(서면2팀−632, 2004. 3. 30.).
   ⑥ 세무조정
   〈손금불산입〉 전기 퇴직연금충당금 120,000,000 (유보)
   〈손금산입〉 전기 퇴직급여충당금 한도초과액 120,000,000 (△유보)
   〈손금불산입〉 퇴직급여충당금 한도초과액 350,000,000 (유보)

2. 퇴직연금부담금
   ① 퇴직금추계액 기준
   = Max[700,000,000, 700,000,000] − (700,000,000원 − 635,000,000원) − (405,000,000원 − 120,000,000원)

= 700,000,000원 - 65,000,000원 - 285,000,000원
= 350,000,000원

② 퇴직연금예치금 기준
= (405,000,000원 - 120,000,000원 + 350,000,000원) - 285,000,000원
= 635,000,000원 - 285,000,000원
= 350,000,000원

③ 한도액
Min(① 퇴직금추계액 기준에 의한 한도액, ② 퇴직연금예치금 기준에 의한 한도액)
= Min(① 350,000,000원, ② 350,000,000원)
= 350,000,000원

④ 세무조정
회사가 손금으로 계상한 퇴직연금 부담금이 없으므로 퇴직연금 손금산입 한도액 350,000,000원을 전액 손금산입(△유보)한다.
〈손금산입〉 퇴직연금충당금 350,000,000 (△유보)

[별지 제32호 서식] (2019. 3. 20. 개정)

사업연도	2024. 1. 1. ~ 2024. 12. 31.	퇴직급여충당금 조정명세서	법 인 명	(주)삼일
			사업자등록번호	

1. 퇴직급여충당금 조정

「법인세법 시행령」 제60조 제1항에 따른 한도액	① 퇴직급여 지급대상이 되는 임원 또는 직원에게 지급한 총급여액(⑲의 계)	② 설정률	③ 한도액 (①×②)	비 고
	1,000,000,000	5/100	50,000,000	

「법인세법 시행령」 제60조 제2항 및 제3항에 따른 한도액	④ 장부상 충당금 기초잔액	⑤ 확정기여형 퇴직연금자의 퇴직연금 설정 전 기 계상된 퇴직급여충당금	⑥ 기중 충당금 환입액	⑦ 기초충당금 부인누계액	⑧ 기중 퇴직금 지급액	⑨ 차감액 (④-⑤-⑥-⑦-⑧)
	600,000,000			405,000,000	130,000,000	65,000,000

「법인세법 시행령」 제60조 제2항 및 제3항에 따른 한도액	⑩ 추계액 대비 설정액 (㉒ × 설정률)	⑪ 퇴직금전환금	⑫ 설정률 감소에 따른 환입을 제외하는 금액 MAX(⑨－⑩－⑪, 0)	⑬ 누적한도액 (⑩－⑨+⑪+⑫)
	0	6,000,000	59,000,000	0

한도초과액 계 산	⑭ 한도액 MIN(③, ⑬)	⑮ 회사계상액	⑯ 한도초과액 (⑮－⑭)
	0	350,000,000	350,000,000

2. 총급여액 및 퇴직급여추계액 명세

구 분 / 계정명	⑰ 총급여액		⑱ 퇴직급여 지급대상이 아닌 임원 또는 직원에 대한 급여액		⑲ 퇴직급여 지급대상이 되는 임원 또는 직원에 대한 급여액		⑳ 기말현재 임원 또는 직원 전원의 퇴직시 퇴직급여 추계액	
	인 원	금 액	인 원	금 액	인 원	금 액	인 원	금 액
급여 등						1,000,000,000		700,000,000
							㉑ 「근로자퇴직급여 보장법」에 따른 추계액	
							인원	금 액
								700,000,000
							㉒ 세법상 추계액 Max(⑳, ㉑)	
계						1,000,000,000		700,000,000

[별지 제33호 서식] (2014. 3. 14. 개정)

사업연도	2024. 1. 1. ~ 2024. 12. 31.	퇴직연금부담금 조정명세서	법 인 명	(주)삼일
			사업자등록번호	

1. 퇴직연금 등의 부담금 조정

① 퇴직급여추계액	당기말 현재 퇴직급여충당금				⑥ 퇴직부담금등 손금산입 누적 한도액 (①-⑤)
	② 장부상 기말잔액	③ 확정기여형 퇴직연금자의 퇴직연금 설정 전 기 계상된 퇴직급여충당금	④ 당기말 부인 누계액	⑤ 차감액 (②-③-④)	
700,000,000	700,000,000		635,000,000	65,000,000	635,000,000

⑦ 이미 손금 산입한 부담금 등(⑰)	⑧ 손금산입한도액 (⑥-⑦)	⑨ 손금산입대상 부담금 등(⑱)	⑩ 손금산입범위액 (⑧과⑨중 적은 금액)	⑪ 회사손금 계상액	⑫ 조정금액 (⑩-⑪)
285,000,000	350,000,000	350,000,000	350,000,000	0	350,000,000

2. 이미 손금산입한 부담금 등의 계산

가. 손금산입대상 부담금 등 계산

⑬ 퇴직연금 예치금등 계(㉒)	⑭ 기초퇴직연금 충당금등 및 전기말신고조정에 의한 손금산입액	⑮ 퇴직연금충당금 등 손금부인 누계액	⑯ 기중퇴직연금등 수령 및 해약액	⑰ 이미 손금산입한 부담금등 (⑭-⑮-⑯)	⑱ 손금산입대상 부담금 등 (⑬-⑰)
635,000,000	405,000,000	0	120,000,000	285,000,000	350,000,000

나. 기말 퇴직연금 예치금 등의 계산

⑲ 기초퇴직연금예치금 등	⑳ 기중 퇴직연금예치금 등 수령 및 해약액	㉑ 당기 퇴직연금예치금 등의 납입액	㉒ 퇴직연금예치금 등 계 (⑲-⑳+㉑)
405,000,000	120,000,000	350,000,000	635,000,000

[별지 제15호 서식] (2022. 3. 18. 개정)

사업연도	2024. 1. 1. ~ 2024. 12. 31.	소 득 금 액 조 정 합 계 표	법인명	(주)삼일
			사업자등록번호	

익금산입 및 손금불산입				손금산입 및 익금불산입			
①과 목	②금 액	③소득처분		④과 목	⑤금 액	⑥소득처분	
		처분	코드			처분	코드
전기 퇴직연금충당금	120 000 000	유보	400	전기 퇴직급여충당금	120 000 000	유보	100
퇴직급여충당금	350 000 000	유보	400	퇴직연금충당금	350 000 000	유보	100

[별지 제50호 서식 (을)] (1999. 5. 24. 개정)

사업연도	2024. 1. 1. ~ 2024. 12. 31.	자본금과 적립금조정명세서(을)	법인명	(주)삼일

※ 관리번호 □□-□□ 사업자등록번호 □□□-□□-□□□□□

※표시란은 기입하지 마십시오.

세무조정유보소득 계산

①과목 또는 사항	②기초잔액	당 기 중 증 감		⑤기말잔액 (익기초현재)	비 고
		③감 소	④증 가		
퇴직급여충당금	405,000,000	120,000,000	350,000,000	635,000,000	
퇴직연금충당금	△405,000,000	△120,000,000	△350,000,000	△635,000,000	

대손충당금과 대손금

관련 법령

- 법법 §19의 2, §34, §35
- 법령 §19의 2, §61, §63
- 법칙 §10의 4, §10의 5, §32
- 조특법 §104의 33
- 조특령 §104의 30

최근 주요 개정 내용

- 구상채권상각충당금 손금산입 적용 대상에서 주택도시보증공사 제외 (법령 §19의 2, §63)

종 전	현 행
□ 구상채권상각충당금 손금산입	□ 적용대상 조정
○ (대상) 신용보증사업을 하는 내국법인 중 시행령으로 정하는 법인	○ (좌 동)
- 주택도시보증공사 포함	〈삭 제〉
○ (손금산입) 충당금적립금의 Max [1%, 구상채권발생률]	○ (좌 동)
○ (귀속시기) 구상채권상각 충당금을 손비로 계상한 경우	○ (좌 동)
□ 대위변제금액 손금불산입 ○ 주택도시보증공사 대위변제금액 중 해당 사업연도에 손비로 계상한 금액은 구상채권으로 보아 손금불산입	〈삭 제〉
〈신 설〉	□ 종전 충당금적립금 세무조정 ○ 손금불산입 유보액과 구상채권상각 충당금적립금 간 차액은 5년간 균등분할 손금산입

➡ 개정일자 : ㉧ 2024. 2. 29.

적용시기 : ① 2022년 12월 31일이 속하는 사업연도의 종료일 현재 종전의 시행령 제19조의 2 제7항에 따라 손금불산입된 대위변제 금액의 적립금은 시행령 제19조의 2 제7항의 개정규정에도 불구하고 2023년 1월 1일이 속하는 사업연도와 그 다음 4개 사업연도에 균등하게 나누어 손금에 산입함.

② 2022년 12월 31일이 속하는 사업연도의 종료일 현재 법 제35조 제1항 및 제2항에 따라 손금산입한 구상채권상각충당금의 적립금은 시행령 제63조 제1항 제2호, 같은 조 제2항 및 같은 조 제4항 제2호의 개정규정에

최근 주요 개정 내용	

도 불구하고 2023년 1월 1일이 속하는 사업연도와 그 다음 4개 사업연도에 균등하게 나누어 익금에 산입함.

• 해외건설자회사 대여금에 대한 대손충당금 손금산입 특례 신설(조특법 §104의 33 및 조특령 §104의 30)

종 전	현 행
〈신 설〉	□ 해외건설자회사 대여금에 대한 대손충당금 손금산입 특례 ○ (적용대상) 해외건설자회사(*1)를 둔 국내건설모회사 (*1) 해외건설촉진법에 따른 현지법인으로서 해외건설모회사가 출자지분의 90% 이상 보유 ○ (적용요건) ❶~❹까지 모두 해당하는 경우 ❶ 국내건설모회사가 해외건설자회사(지분율 90% 이상)에 지급한 대여금(*2) (*2) ① 이자 및 ② 국내건설모회사가 해외건설자회사로 파견한 임직원의 임금을 지급하여 발생한 채권 포함 ❷ 회수기일 이후 5년 이상 경과 ❸ 해외건설자회사의 사업에 사용했을 것 ❹ 대여금 회수가 현저히 곤란하다고 인정되는 경우 : 직전 10년 동안 계속해서 자본잠식(*3)인 경우 또는 이에 준하는 경우로서 해외채권추심기관으로부터 회수불가능 확인을 받은 경우 (*3) 누적 결손금이 순자산 시가보다 큰 경우이거나, 순자산 평가금액이 0보다 작은 경우 ○ (손금한도) (요건을 충족하는 대여금의 기말채권잔액 - 해외건설자회사의 해당 차입금 외 순자산 장부가액(*4)) × 손금산입 비율(*5) (*4) 자산총액 - 해당 차입금을 제외한 부채총액 (*5) 연도별 손금산입 비율 : 매년 10% 상향

연도	2024년	2025년	2026년	~	3033년 이후
비율	10%	20%	30%		100%

➡ 개정일자 : ㊘ 2023. 12. 31. 및 ㊌ 2024. 2. 29.

적용시기 : 2024년 1월 1일 이후 개시하는 사업연도에 대손충당금을 손금에 산입하는 경우부터 적용함.

관련 서식

• 법인세법 시행규칙

[별지 제34호 서식] 대손충당금 및 대손금조정명세서

• 조세특례제한법 시행규칙

[별지 제64호의 29 서식] 대손충당금 손금산입 특례 적용신청서

제11절

대손충당금과 대손금

11

Step I 내용의 이해

1. 대손충당금

1-1. 대손충당금의 의의

법인의 정상적인 영업활동에서 발생하는 채권은 거래상대방의 신용상태에 따라 회수불능채권이 될 위험이 항상 존재하며, 실제 회수불능채권이 되어 그 자산가치를 상실하는 경우가 발생한다.

일반기업회계기준에서는 이와 같은 회수가 불확실한 채권에 대하여 합리적이고 객관적인 기준에 따라 산출한 대손추산액을 추정하여 당해 채권의 평가계정으로 대손충당금을 설정하도록 규정하고 있는 반면, 한국채택국제회계기준(K-IFRS)에서는 금융자산을 최초 인식 후에 신용위험이 유의적으로 증가하지 아니한 경우에는 보고기간 말에 12개월 기대신용손실에 해당하는 금액으로, 신용위험이 유의적으로 증가한 경우에는 매 보고기간 말에 전체기간 기대신용손실에 해당하는 금액으로 손실충당금을 측정하도록 하고 있다(일반기준 6장 문단 6.17의 2 및 K-IFRS 1109호 문단 5.5.1., 5.5.3. 및 5.5.5.).

법인세법에서는 이러한 기업회계의 처리방법을 원칙적으로 존중하되, 과세의 형평성 및 조세회피의 방지를 위하여 일정요건을 충족하는 대손충당금 및 대손금에 한하여 손금으로 인정하고 있다.

1-2. 대손충당금의 설정한도

1-2-1. 일반법인의 대손충당금 설정한도

(1) 개 요

금융회사 등을 제외한 내국법인이 각 사업연도에 대손충당금 설정대상 채권의 대손에 충당하기 위하여 대손충당금을 손금으로 계상한 경우에는 다음과 같이 계산한 금액의 범위 안에서 이를 손금에 산입할 수 있다(법령 §61 ②). 이 때, '대손충당금을 손금으로 계상한 경우'란 일반적으로 공정·타당하다고 인정되는 기업회계의 기준에 따라 대손충당금을 손금으로 계상한 경우를 말하는 것이다(서이 46012-11471, 2002. 7. 31.).

대손충당금의 손금산입한도 = 기말설정대상 채권 등의 장부가액 × Max(1%, 대손실적률)

(2) 대손충당금 설정대상 채권 등의 장부가액 계산

대손충당금의 손금산입 한도액을 산정함에 있어 대손충당금 설정대상 채권 등의 장부가액은 해당 사업연도 종료일 현재의 세무상 채권 장부가액의 합계액을 말한다(서면2팀-1780, 2004. 8. 25.). 따라서, 대손충당금 설정대상 채권 등의 세무상 장부가액은 후술하는 "1-3. 대손충당금 설정대상 채권"에 해당하는 채권의 장부가액 합계액에 세무조정 과정에서 발생한 당해 사업연도 종료일 현재의 대손금 부인누계액을 포함하고, 후술하는 "1-4. 대손충당금 설정제외 채권"에 해당하는 채권의 장부가액을 제외하여 다음과 같이 계산한다.

대손충당금 설정대상 채권 등의 장부가액	=	대손충당금 설정대상 채권의 장부가액 합계액	+	해당 사업연도 종료일 현재의 대손금 부인누계액	−	대손충당금 설정제외 채권의 장부가액 합계액

한편, 상기 산식에서 "해당 사업연도 종료일 현재의 대손금 부인누계액"이란 법인이 장부상 채권을 대손으로 인정하여 대손금으로 직접 손비 처리하거나 또는 대손충당금과 상계하였으나 세무상 대손 요건을 충족하지 못하여 대손처리가 부인된 금액을 말한다.

	직전 사업연도 종료일의 대손금 부인누계액
(−)	해당 사업연도 중의 손금추인액
(+)	해당 사업연도 중 발생한 대손금 부인액 (대손충당금 상계액 중의 부인액 포함)
=	해당 사업연도 종료일 현재의 대손금 부인누계액

(3) 대손실적률

대손충당금 손금산입한도액을 계산함에 있어서 대손실적률은 다음과 같이 계산된다(법령 §61 ③).

$$\text{대손실적률} = \frac{\text{해당 사업연도의 손금인정되는 대손금}}{\text{직전 사업연도 종료일 현재 대손충당금 설정대상 채권가액}}$$

한편, 기업회계기준에 따른 채권의 재조정에 따라 채권의 장부가액과 현재가치의 차액을 대손금으로 계상한 경우에는 이를 손금에 산입하도록 하고 있으므로, 동 차액을 대손충당금으로 계상하였더라도 대손충당금의 손금산입한도 계산 대상에서 제외한다(법령 §61 ④).

관련사례

- 채권재조정시 대손실적률 계산방법
  채권조정에 따라 손금에 산입한 채권의 장부가액과 현재가치의 차액은 대손실적률 산정시 대손금에 해당하지 않음(법인-2015, 2008. 8. 14.).
- 외화채권의 대손충당금 손금산입 한도액 계산
  대손충당금 손금산입 한도액 계산시 금융기관 외의 일반법인의 외화채권 등의 장부가액은 외화환산손익을 익금 또는 손금에 산입한 후의 장부가액을 말함(서면2팀-1139, 2008. 6. 5.).
- 의제사업연도가 1년 미만인 경우 대손실적률의 계산
  대손충당금 한도 계산을 위한 대손실적률 산정시 의제사업연도가 1년 미만인 경우에는 당해 사업연도의 대손금을 그 사업연도의 월수로 나눈 금액에 12를 곱하여 계산함(서면2팀-1078, 2006. 6. 13.).

1-2-2. 금융회사 등의 대손충당금 설정한도

(1) 일반적인 금융회사 등의 경우

다음에 열거하는 금융회사 등이 각 사업연도에 대손충당금 설정대상 채권의 대손에 충당하기 위하여 대손충당금을 손금으로 계상한 경우에는 다음과 같이 계산한 금액의 범위 안에서 이를 손금에 산입할 수 있다(법령 §61 ②).

대손충당금의 손금산입한도=기말설정대상 채권 등의 장부가액 × Max(1%, 대손실적률)

① 신용보증기금법에 따른 신용보증기금
② 기술보증기금법에 따른 기술보증기금
③ 농림수산업자 신용보증법에 따른 농림수산업자신용보증기금
④ 한국주택금융공사법에 따른 주택금융신용보증기금
⑤ 무역보험업법에 따른 한국무역보험공사
⑥ 지역신용보증재단법에 따른 신용보증재단

⑦ 벤처투자 촉진에 관한 법률 제2조 제10호에 따른 벤처투자회사
⑧ 예금자보호법에 따른 예금보험공사 및 정리금융회사
⑨ 자산유동화에 관한 법률에 따른 유동화전문회사
⑩ 대부업 등의 등록 및 금융이용자 보호에 관한 법률에 따라 대부업자로 등록한 법인
⑪ 산업재해보상보험법에 따른 근로복지공단(근로자 신용보증 지원사업에서 발생한 구상채권에 한정함)
⑫ 한국자산관리공사 설립 등에 관한 법률에 따른 한국자산관리공사(부실채권정리기금을 포함함)
⑬ 농업협동조합의 구조개선에 관한 법률에 따른 농업협동조합자산관리회사

(2) 대손충당금 적립기준 적용대상 금융회사 등의 경우

다음에 열거하는 금융회사 등이 각 사업연도에 대손충당금 설정대상 채권의 대손에 충당하기 위하여 대손충당금을 손금에 계상한 경우에는 다음과 같이 계산한 금액의 범위 안에서 이를 손금에 산입할 수 있다(법령 §61 ②). 아래 산식에서 대손충당금 적립기준이란 금융위원회(새마을금고중앙회의 경우에는 행정안전부를 말함)가 기획재정부장관과 협의하여 자산건전성 분류(정상·요주의·고정·회수의문·추정손실 등 5단계 분류)에 따라 적립하여야 하는 최소한의 대손충당금 적립금액을 말한다(서이 46012-11626, 2002. 8. 30.).

대손충당금의 손금산입한도	=	Max〔①, ②〕 ① 기말설정대상 채권 등의 장부가액 × Max〔1%, 대손실적률〕 ② 대손충당금 적립기준에 의한 적립금액

① 은행법에 의한 인가를 받아 설립된 은행
② 한국산업은행법에 의한 한국산업은행
③ 중소기업은행법에 의한 중소기업은행
④ 한국수출입은행법에 의한 한국수출입은행
⑤ 농업협동조합법에 따른 농업협동조합중앙회(농업협동조합법 제134조 제1항 제4호의 사업에 한정함) 및 농협은행
⑥ 수산업협동조합법에 따른 수산업협동조합중앙회(수산업협동조합법 제138조 제1항 제4호 및 제5호의 사업에 한정함) 및 수협은행
⑦ 자본시장과 금융투자업에 관한 법률에 따른 투자매매업자 및 투자중개업자
⑧ 자본시장과 금융투자업에 관한 법률에 따른 종합금융회사
⑨ 상호저축은행법에 의한 상호저축은행중앙회(지급준비예탁금에 한함) 및 상호저축은행
⑩ 보험회사
⑪ 자본시장과 금융투자업에 관한 법률에 따른 신탁업자

⑫ 여신전문금융업법에 따른 여신전문금융회사
⑬ 산림조합법에 따른 산림조합중앙회(산림조합법 제108조 제1항 제3호, 제4호 및 제5호의 사업으로 한정함)
⑭ 한국주택금융공사법에 따른 한국주택금융공사
⑮ 자본시장과 금융투자업에 관한 법률에 따른 자금중개회사
⑯ 금융지주회사법에 따른 금융지주회사
⑰ 신용협동조합법에 따른 신용협동조합중앙회(신용협동조합법 제78조 제1항 제5호, 제6호 및 제78조의 2 제1항의 사업에 한정함)
⑱ 새마을금고법에 따른 새마을금고중앙회(새마을금고법 제67조 제1항 제5호 및 제6호의 사업으로 한정함)

1-3. 대손충당금 설정대상 채권

(1) 개 요

대손충당금을 설정할 수 있는 채권은 다음과 같다(법령 §61 ①).

대손충당금 설정대상 채권은 법인세법에서 특별히 대손충당금을 설정할 수 없다고 규정하는 것을 제외하고는 원칙적으로 제한이 없으므로 기업회계기준에 의한 대손충당금 설정대상 채권의 경우에는 법인세법에서도 설정이 가능하다.

구 분	대손충당금 설정대상 채권의 범위
외상매출금	상품 · 제품의 판매가액의 미수액과 가공료 · 용역 등의 제공에 의한 사업수입금액의 미수액
대여금	금전소비대차계약 등에 의하여 타인에게 대여한 금액
그 밖에 이에 준하는 채권	어음상의 채권 · 미수금 그 밖에 기업회계기준에 따른 대손충당금 설정대상 채권(자산의 고가양수 등 부당행위계산의 부인 규정을 적용받는 시가초과액에 상당하는 채권 제외)

한편, 법인이 동일인에 대하여 매출채권과 매입채무를 가지고 있는 경우에는 당사자간의 약정에 의하여 상계하기로 한 경우를 제외하고는 당해 매입채무를 상계하지 아니한 매출채권 총액을 기준으로 대손충당금을 계상할 수 있다(법칙 §32 ②).

(2) 외상매출금

외상매출금은 법인 본래의 사업목적을 수행함에 따라 발생하는 영업상의 채권으로서 기업회계의 영업수익에 상응하는 개념이다. 이는 법인의 정상적인 영업활동 이외의 활동인 고정자산 또는 유가증권의 처분 등으로 발생하는 채권인 미수금이나 통상적인 재무거래로 인한 채권으로서 차용증서나 담보가 제공되고 그 지급기일이 약정되고 이자가 수수되는 대여금 등과 구분된다.

관련사례

• 리스 관련 채권의 대손충당금 설정 범위

리스 관련 대손충당금 설정대상채권은 금융리스의 경우에는 금융리스채권의 미회수잔액과 약정에 의한 지급일이 경과한 이자상당액의 미수금 합계액, 운용리스의 경우에는 약정에 의한 지급일이 경과한 리스료 미회수액을 말함(법기통 23-24…1 ⑥).

(3) 대여금

대여금이란 금전소비대차계약 등에 의하여 타인에게 대여한 금액을 말한다. 여기서 "금전소비대차계약 등"이라 함은 금전소비대차약정의 유무에 관계없이 실질적인 대여금은 모두 대손충당금 설정대상 채권에 해당함을 뜻한다.

또한, 대여금의 범위에 별도의 제한이 없으므로 수익금융기관과 같은 정상적인 여신업무에서 발생하는 대여금에 한정되지 않고 일반법인의 비영업대금도 포함되며, 무상대여금뿐만 아니라 정상적인 상행위시 적용하는 이자율보다 저리의 조건으로 융자한 대여금도 설정대상에 포함된다고 할 것이다. 다만, 대여시점을 기준으로 특수관계인에게 해당 법인의 업무와 관련 없이 지급한 가지급금 등으로서 지급이자의 손금불산입 규정(법법 §28 ① 4호 나목)이 적용되는 대여금에 대하여는 대손충당금을 설정할 수 없다(법법 §19의 2 ② 2호).

(4) 기타 이에 준하는 채권

기타 이에 준하는 채권은 어음상의 채권·미수금 및 그 밖에 기업회계기준에 따른 대손충당금 설정대상이 되는 채권(자산의 고가양수 등 부당행위계산의 부인규정의 적용을 받는 시가초과액에 상당하는 채권을 제외함)을 말하며, 이를 예시하면 다음과 같다.

① 어음소지인이 소구권을 행사함에 따라 지급한 소구금액(서이 46012-12170, 2003. 12. 23.)
② 진행률에 의한 공사미수금(법인 46012-211, 1996. 1. 22.)
③ 농어촌특별세의 미수금(법인 46012-744, 1995. 3. 17.)
④ 운용리스자산의 매각미수금(법인 22601-2106, 1992. 10. 8.)
⑤ 국가 및 공동단체에 대한 채권(법인 22601-3360, 1988. 11. 18.)
⑥ 선일자 가계수표(법인 22601-32, 1988. 1. 8.)
⑦ 부가가치세 매출세액 미수금(법인 22601-1544, 1986. 5. 12.)
⑧ 정상적인 영업거래에서 발생한 어음상의 채권으로서 만기가 도래하여 금융기관 등을 통하여 추심의뢰 중에 있는 어음(법인 1264.21-4133, 1984. 12. 24.)
⑨ 고정자산의 판매대금의 미수액(직세 1264-3754, 1979. 10. 17.)
⑩ 금융업을 영위하는 법인의 대여금에 대한 미수이자(직세 1234-1968, 1979. 6. 15.)

● 관련사례 ●

• 합병으로 인수한 부실채권에 대한 대손충당금 추가설정 가능 여부

법인이 피합병법인의 자산과 부채를 장부가액으로 승계하는 방법으로 합병하고 승계받은 대출채권에 대해 대손충당금을 추가 적립하는 경우 법인세법 시행령 제61조 제2항 규정의 한도액 범위 내에서 손금산입되는 것이나, 합병일 이전에 법인세법 시행령 제62조 제1항 각호의 사유에 해당되어 회수할 수 없는 채권으로 확정된 경우에는 손금산입되지 않는 것임(서이 46012-11868, 2003. 10. 27.).

• 회계상 누락한 채권의 대손충당금 설정대상 여부

기장누락하여 장부상 계상하지 못한 외상매출금을 신고조정시 익금산입한 경우에도 기장누락한 외상매출금은 법적으로 당해 법인에 귀속되는 채권이며 대손충당금의 설정대상이 됨(법인 46012-129, 1998. 1. 16.).

1-4. 대손충당금 설정제외 채권

(1) 채무보증으로 인한 구상채권

각 사업연도 종료일 현재 채무의 보증으로 인해 발생하는 구상채권에 대하여는 원칙적으로 대손충당금을 설정하거나 대손금으로 손금에 산입할 수 없으며, 구상채권의 처분손실도 손금에 산입할 수 없다. 다만, 다음에 열거하는 채무보증으로 발생하는 구상채권에 한하여는 예외적으로 대손충당금을 손금으로 계상한 경우 손금에 산입할 수 있다(법법 §34 ②, §19의 2 ② 1호 및 법령 §19의 2 ⑥, §50 ③).

① 독점규제 및 공정거래에 관한 법률 제24조 각 호의 어느 하나에 해당하는 채무보증

② 법인세법 시행령 제61조 제2항 각 호의 어느 하나에 해당하는 금융회사 등이 행한 채무보증

③ 법률에 따라 신용보증사업을 영위하는 법인이 행한 채무보증

④ 대·중소기업 상생협력 촉진에 관한 법률에 따른 위탁기업이 수탁기업협의회의 구성원인 수탁기업에 대하여 행한 채무보증

⑤ 건설업 및 전기 통신업을 영위하는 내국법인이 건설사업(미분양주택을 기초로 하는 법인세법 시행령 제10조 제1항 제4호 각 목 외의 부분에 따른 유동화거래를 포함함)과 직접 관련하여 특수관계인에 해당하지 아니하는 자에 대한 채무보증. 다만, 다음의 어느 하나에 해당하는 자에 대한 채무보증은 특수관계인에 대한 채무보증을 포함함(법칙 §10의 5).

㉠ 사회기반시설에 대한 민간투자법 제2조 제7호의 사업시행자

㉡ 국유재산법 제13조 제2항 제1호 또는 공유재산 및 물품 관리법 제7조 제2항 제1호에 따라 기부한 행정재산을 운영하는 내국법인

㉢ 법인세법 제51조의 2 제1항 제1호·제2호·제4호·제6호에 해당하는 내국법인 또는 이와 유사한 투자회사로서 조세특례제한법 제104조의 31 제1항 각 호에 해당하는 내

국법인

⑥ 해외자원개발사업법에 따른 해외자원개발사업자가 해외자원개발사업과 직접 관련하여 해외에서 설립된 법인에 대하여 행한 채무보증

⑦ 해외건설촉진법에 따른 해외건설사업자가 해외자원개발을 위한 해외건설업과 직접 관련하여 해외에서 설립된 법인에 대해 행한 채무보증

관련사례

- 분할신설법인이 분할법인의 채무를 연대변제함에 따라 발생하는 구상채권의 대손 인정 여부
  분할신설법인이 분할법인의 채무에 대하여 상법 제530조의 9 제1항의 규정에 의하여 연대하여 변제함에 따라 발생하는 구상채권은 대손충당금 설정이 배제되는 구상채권에 해당하지 않음(서면2팀-101, 2006. 1. 12.).
- 해외현지법인에 대한 구상채권의 대손 인정 여부
  법인이 100% 출자한 해외현지법인에 대한 채무보증으로 인해 발생하는 구상채권은 대손이 인정되는 예외적 채무보증의 범위에 포함되지 않음(재법인-126, 2004. 2. 19.).
- 금융기관의 채무보증으로 인해 발생하는 구상채권의 대손 인정 여부
  금융기관이 보증채무를 대위변제함에 따라 발생하는 구상채권은 정관상 주된 업무와 관련없이 대손충당금 설정 및 대손처리가 가능함(재법인 46012-167, 2001. 9. 24.).

(2) 특수관계인에게 지급한 업무무관가지급금

특수관계인(법법 §2 12호)에게 지급한 업무무관가지급금은 대손충당금을 설정하거나 대손금으로 손금에 산입할 수 없다(법법 §34 ②, §19의 2 ② 2호). 이 경우 특수관계인에 대한 판단은 대여시점을 기준으로 하며, 특수관계인에게 지급한 업무무관가지급금은 명칭 여하에 불구하고 해당 법인의 업무와 관련이 없는 자금의 대여액(법인세법 시행령 제61조 제2항 각 호의 어느 하나에 해당하는 금융회사 등의 경우 주된 수익사업으로 볼 수 없는 자금의 대여액을 포함함)을 말한다. 다만, 다음의 경우에는 업무무관가지급금으로 보지 아니한다(법령 §53 ① 및 법칙 §28 ①, §44).

업무무관가지급금에서 제외되는 금액에 대한 보다 자세한 내용은 "제5절 가지급금 인정이자"의 내용을 참고하기로 한다.

① 지급의제된 배당소득과 상여금에 대한 소득세를 법인이 대납한 금액(지급의제 소득에 대한 소득세를 한도로 함)

② 국외에 자본을 투자한 내국법인이 해당 국외투자법인에 종사하거나 종사할 직원의 여비·급료 기타 비용을 대신 부담한 금액

③ 우리사주조합 또는 그 조합원에게 해당 우리사주조합이 설립한 회사의 주식 취득에 소요되는 자금의 대여액

④ 국민연금법에 의해 근로자가 지급받은 것으로 보는 퇴직금전환금

⑤ 귀속이 불분명하여 대표자상여로 처분한 금액에 대한 소득세를 법인이 대납한 금액
⑥ 직원에 대한 월정급여액의 범위에서의 일시적인 급여 가불금
⑦ 직원에 대한 경조사비 또는 학자금(자녀의 학자금 포함) 대여액
⑧ 중소기업(조특령 §2)에 근무하는 직원(지배주주 등인 직원은 제외함)에 대한 주택구입 또는 전세자금의 대여액
⑨ 금융기관부실자산 등의 효율적 처리 및 한국자산관리공사의 설립에 관한 법률에 의한 한국자산관리공사가 출자총액의 전액을 출자하여 설립한 법인에 대여한 금액

(3) 특수관계인과의 거래에서 발생한 시가초과액에 상당하는 채권

특수관계인과의 법인세법 시행령 제88조 제1항 제1호에 따른 거래에서 발생한 시가초과액에 상당하는 채권에 대하여는 대손충당금을 설정할 수 없다(법령 §61 ① 3호).

즉, 특수관계인간의 거래에서 자산을 시가보다 높은 가액으로 거래한 경우, 매입자 입장에서는 부당행위계산 부인규정이 적용되며, 매도자 입장에서는 시가초과액에 상당하는 채권에 대하여는 대손충당금 설정이 부인된다.

계산사례 - 1 **특수관계인간 고가매매시 회계처리 및 세무조정**

특수관계 법인간에 장부가액이 1,000원이고, 시가가 800원인 유형자산을 장부가액 1,000원으로 매매한 경우(대손충당금 설정률 1% 적용하고, 당해 채권만이 대손충당금 설정대상 채권일 경우)

구 분	매도자 입장	매입자 입장
회계처리	(차) 미수금 1,000 (대) 유형자산 1,000 (차) 대손상각비 10 (대) 대손충당금 10	(차) 유형자산 1,000 (대) 미지급금 1,000
세무조정	〈손금불산입〉 대손충당금 2 (유보) →미수금 금액 중 시가초과액에 해당하는 부분의 대손충당금 설정 부인	〈익금산입〉 미지급금 200 (유보) 〈손금산입〉 유형자산 200 (△유보) →감가상각 또는 양도시 시가초과액에 대한 감가상각비 손금불산입

(4) 기타 대손충당금 설정제외 채권

상기 대손충당금 설정제외 채권 외에 대손충당금 설정이 배제되는 채권을 예시하면 다음과 같다.

① 기업회계기준상 매각거래에 해당하는 할인어음 또는 배서양도한 어음(법인 46012-158, 1999. 1. 14. 및 재법인 46012-180, 2001. 10. 17.)

② 귀속시기가 도래하지 아니한 미수이자(서이 46012-10667, 2003. 3. 31.)

③ 수탁판매법인이 보유하는 수탁판매 미수금(법인 22601-1818, 1990. 9. 14.)
단, 수탁판매대금의 회수책임 및 대손손실 부담계약에 따라 위탁자에게 대위변제한 수탁판매 미수금은 제외(법인 46012-3449, 1998. 11. 11.)

④ 부가가치세 신고에 따른 환급금 미수금(법인-216, 2010. 3. 11.)

1-5. 대손충당금의 설정 · 사용과 환입

1-5-1. 대손충당금의 설정

대손충당금을 손금으로 인정받기 위하여는 반드시 각 사업연도의 결산을 확정할 때 대손충당금을 손비로 계상하여야 한다. 즉, 법인의 결산에 반영함이 없이 과세표준신고시 세무조정계산서에 손금으로 계상하는 등 신고조정에 의하여는 인정되지 아니한다.

대손충당금을 설정하고 환입하는 방법으로는, 장부상 직전 사업연도에 설정된 대손충당금의 잔액을 전액 환입하고 해당 사업연도에 설정할 금액을 다시 손금에 계상하는 방법(총액법)과 해당 사업연도에 있어 총대손충당금설정액에서 직전 사업연도의 대손충당금의 잔액을 공제하고 잔액만을 추가적으로 계상하는 방법(보충법)이 있다.

기업회계기준은 보충법에 따라 회계처리하도록 규정하고 있는 반면, 법인세법은 보충법에 따라 각 사업연도의 대손충당금을 설정할 때에는 전 사업연도에 손금에 산입한 대손충당금계정의 잔액을 익금에 산입한 후 해당 사업연도의 대손충당금을 다시 설정하도록 규정하고 있다. 그러나, 법인이 이러한 절차를 생략하고 보충법에 따라 해당 사업연도에 설정하여야 할 대손충당금 한도액에서 이미 대손충당금으로 설정한 금액을 차감한 잔액만을 추가로 설정한 경우에도 단순한 기표의 생략에 불과하므로 이를 각각 익금과 손금에 산입한 것으로 보아 별도의 세무조정은 발생하지 아니한다(법칙 §32 ① 및 직세 1234-535, 1976. 3. 9.).

1-5-2. 대손충당금의 사용

이미 대손충당금을 손금으로 계상한 내국법인에 대손금이 발생한 경우에는 먼저 대손충당금과 상계하여야 하며 대손충당금 잔액이 부족한 경우에는 이를 대손이 확정된 사업연도의 손금으로 직접 계상하여야 한다.

이 경우 대손충당금을 설정하지 아니한 채권의 대손시 또는 대손충당금 설정대상이 되지 아니하는 채권의 대손시에도 동 대손금은 대손충당금과 우선적으로 상계하여야 하며(법인 22601-380, 1987. 2. 12. 및 법인 22601-1398, 1987. 5. 27.), 또한 어느 한 계정과목에서 발생된 대손금이 그 과목에서 설정된 대손충당금을 초과하되 전체 대손충당금에는 미달할 때 과목별 대손금과 대손충당금을 비교해야 하는지 아니면 전체 대손금과 대손충당금을 비교해야 하는지에 대하여는, 대손충당금 계정 자체가 하나의 계정이므로 법인이 비록 과목별로 재무제표에 표시하였다 해도 전체로 비교하여 상계함이 타당하다.

1-5-3. 대손충당금의 환입

직전 사업연도에 손금에 산입한 대손충당금 중 해당 사업연도에 대손금과 상계하고 남은 잔액은 해당 사업연도의 익금에 산입하여야 한다(법법 §34 ③). 이를 산식으로 나타내면 다음과 같다.

익금에 산입할 대손충당금 = 직전 사업연도 종료일 현재 장부상 대손충당금 잔액
− 당기중 대손충당금 환입액(*1)
− 대손충당금 부인누계액(*2)
− 해당 사업연도의 대손금 상계액
− 당기 설정 충당금 보충액(*3)

(*1) 전기말 대손충당금 부인누계액을 당기중 수정처리한 금액. 즉, 당기중
(차) 대손충당금 ××× (대) 대손충당금환입액(또는 전기오류수정이익) ×××으로 회계처리한 금액
(*2) 전기말 대손충당금 부인누계액 − 당기중 대손충당금 환입액
(*3) '1-5-1.'에서 설명하는 보충법에 따라 대손충당금을 장부에 손금계상한 경우로서 전기대손충당금 잔액 중 당기 대손충당금 설정액에 보충된 금액

관련사례

- 전기오류수정손실로 계상한 전 사업연도 대손충당금의 세무조정방법
  대손충당금을 설정하면서 당기의 손금으로 계상하지 아니하고 이월이익잉여금을 차감한 금액은 당해 사업연도에 손금산입(기타)하고, 동 금액이 포함된 대손충당금을 기준으로 대손충당금의 한도액을 산정함(서면2팀-1354, 2005. 8. 23.).
- 전기에 손금불산입된 대손금 회수금액을 대손충당금 증가로 회계처리한 경우의 세무조정 방법
  대손요건에 해당하지 아니하여 대손충당금과 상계한 매출채권을 익금산입(유보)한 법인이 당해 사업연도 이후에 그 대손충당금과 상계한 채권액이 회수되어 이를 기업회계기준에 따라 대손충당금의 증가로 회계처리한 금액은 익금불산입(△유보)하고, 당해 사업연도에 대손충당금을 설정한 것으로 보아 대손충당금 한도액을 계산함(서이 46012-11797, 2003. 10. 17.).

1-6. 합병 또는 분할에 의한 대손충당금의 승계

대손충당금을 손금에 산입한 내국법인이 합병하거나 분할하는 경우 그 법인의 합병등기일 또는 분할등기일 현재의 해당 대손충당금 중 합병법인 등이 승계받은 금액은 이에 대응하는 채권이 함께 승계되는 경우에 한하여 그 합병법인 등이 합병등기일 또는 분할등기일에 가지고 있는 대손충당금으로 본다(법법 §34 ④). 따라서, 합병 등으로 인하여 대손충당금이 승계된 경우 합병법인 등은 대손금과 상계하고 남은 금액을 합병등기일 또는 분할등기일이 속하는 사업

연도에 법인세법 제34조 제3항의 규정에 따라 익금산입하여야 한다.

합병의 경우에는 피합병회사의 권리와 의무가 당연 포괄승계되므로 피합병회사의 채권이 승계되지 않는 경우가 발생하지는 않을 것이나, 분할의 경우에는 분할신설법인 등에 승계되지 않는 채권은 분할 후 존속하는 법인이 보유하게 될 것이므로 당해 채권에 대응되는 대손충당금 또한 분할존속법인이 법인세법 제34조 제3항의 규정에 따라 익금산입하여야 한다. 즉, 분할신설법인 등에 승계되지 않는 채권에 대응되는 대손충당금은 분할신설법인 등이 승계할 수는 없는 것이다.

내국법인이 적격합병(법인세법 제44조 제2항 및 제3항에 따른 합병) 또는 적격분할(법인세법 제46조 제2항에 따른 분할)하는 경우에는 피합병법인 등의 대손충당금 관련 세무조정사항(분할의 경우에는 분할하는 사업부문의 세무조정사항에 한정함)은 합병법인 등에 승계된다. 또한, 적격합병 또는 적격분할 외의 경우 합병등기일 또는 분할등기일 현재 대손충당금을 합병법인 등이 승계한 경우에도 그와 관련된 세무조정사항은 합병법인 등에 승계된다(법령 §85). 합병 또는 분할에 따른 자산·부채 및 세무조정사항의 승계에 관한 보다 자세한 설명은 제2편 제3장 제1절 '합병' 및 제2절 '분할'을 참고하기로 한다.

1-7. 해외건설자회사에 지급한 대여금 등에 대한 손금산입 특례

1-7-1. 개 요

해외건설사업자(해외건설 촉진법 §2 5호)인 내국법인이 일정한 요건(조특령 §104의 30 ①)을 갖춘 해외건설자회사에 대한 채권으로서 다음의 요건을 모두 갖춘 대여금, 그 이자 및 해외건설사업자가 해외건설자회사에 파견한 임직원에게 해외건설자회사를 대신하여 지급한 인건비로 인하여 발생한 채권(이하 "대여금 등"이라 함)의 대손에 충당하기 위하여 대손충당금을 손비로 계상한 경우에는 아래에서 설명하는 금액을 한도로 그 대손충당금을 해당 사업연도의 소득금액을 계산할 때 손금에 산입할 수 있다(조특법 §104의 33 ① 및 조특령 §104의 30 ②, ③ 및 조특칙 §47의 5).

① 해외건설자회사의 공사 또는 운영자금으로 사용되었을 것
② 업무무관 가지급금(법법 §28 ① 4호 나목)에 해당하는 금액이 아닐 것
③ 2022년 12월 31일 이전에 지급한 대여금으로서 최초 회수기일부터 5년이 경과한 후에도 회수하지 못하였을 것
④ 회수가 현저히 곤란하다고 인정되는 경우로서 다음 중 어느 하나에 해당할 것
  ㉠ 대손충당금을 손금에 산입한 사업연도 종료일 직전 10년 동안 해외건설자회사가 계속하여 자본잠식인 경우
  ㉡ ㉠과 유사한 경우로서 해외채권추심기관(법칙 §10의 4 ① 1호)으로부터 해외건설자회사의 대여금 등의 회수가 불가능하다는 확인을 받은 경우

1-7-2. 대손충당금의 손금산입 한도

상기 대손충당금의 손금산입은 다음과 같이 계산한 금액을 한도로 한다(조특법 §104의 33 ②, ③).

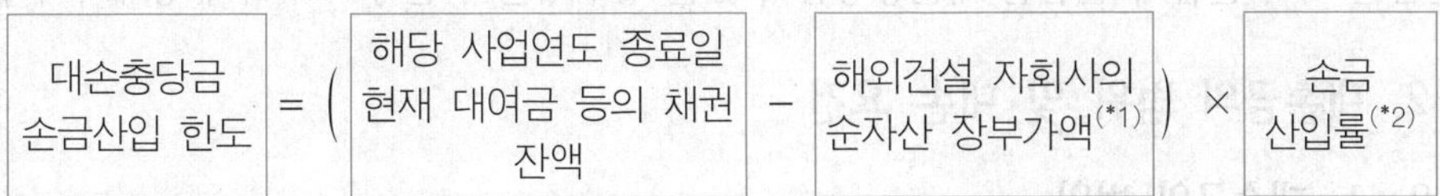

(*1) 차입금 등을 제외한 순자산 장부가액을 말하며, 0보다 작은 경우에는 0으로 함(조특법 §104의 33 ②).
(*2) 2024년 1월 1일이 속하는 사업연도의 손금산입률은 10%, 이후 사업연도의 손금산입률은 100%을 한도로 매년 직전 사업연도의 손금산입률에서 10%만큼 가산한 율(조특법 §104의 33 ③)

1-7-3. 대손충당금의 상계

상기 1-7-1에 따라 대손충당금을 손금에 산입한 내국법인은 해당 대여금 등의 대손금이 발생한 경우 그 대손금을 상기 1-7-1에 따라 손금에 산입한 대손충당금과 먼저 상계하고, 상계하고 남은 대손충당금의 금액은 다음 사업연도의 소득금액을 계산할 때 익금에 산입한다(조특법 §104의 33 ④).

1-7-4. 손금산입 특례 신청

본 조의 손금산입 특례를 적용받으려는 내국법인은 법인세법 제60조에 따른 과세표준 및 세액을 신고할 때 대손충당금 손금산입 특례 적용신청서에 위 '1-7-1의 ④에 해당하는 사실을 확인할 수 있는 서류를 첨부하여 납세지 관할 세무서장에게 제출해야 한다(조특법 §104의 33 ⑤ 및 조특령 §104의 30 ④).

개 정

○ 해외건설사업자가 일정 요건을 갖춘 해외건설자회사에 대한 대여금 등에 대한 대손충당금을 손비로 계상한 경우 손금산입하는 특례 신설(조특법 §104의 33 및 조특령 §104의 30)
➡ 2024년 1월 1일 이후 개시하는 사업연도에 대손충당금을 손금에 산입하는 경우부터 적용

2. 대손금

2-1. 대손금의 의의

법인의 영업활동에서 발생하는 외상매출금, 미수금, 대여금 등과 같은 채권 중 사실상 회수가 불가능한 채권은 그 자산성을 상실하여 법인의 장부에서 제각하게 되며, 이는 법인의 순자산을 감소시키는 손비에 해당한다. 이것을 대손금이라 한다.

기업회계에 있어서도 대손금을 비용으로 인정하고 있으나 어느 정도의 회수불가능한 상태에

이르렀을 때 대손금으로 상각할 수 있는가와 대손상각할 채권의 범위에 대하여는 특별히 규정하고 있는 바 없이 법인의 판단에 맡기고 있다. 그러나 세법에서는 과세의 형평성, 이익조작의 방지 등의 목적으로 대손상각할 채권의 범위, 대손요건 및 대손시기에 관하여 엄격하게 규정하고 있다.

대손금은 이미 손금에 산입한 대손충당금이 있는 경우에는 우선적으로 이와 상계하여야 한다.

2-2. 대손금의 범위 및 대손 요건

2-2-1. 대손금의 범위

대손충당금을 설정할 수 있는 채권에 대하여는 법인세법 시행령 제61조 제1항 각 호에서 규정하고 있으나, 대손처리할 수 있는 채권의 범위에 대하여는 별도의 제한이 없으며, 다음에 해당하는 대손금 불인정채권만 특별히 정하고 있다(법법 §34 ②). 따라서, 법인의 순자산을 감소시키는 대손금에 대하여는 영업거래뿐만 아니라 영업외거래에서 발생한 채권도 법인의 손금으로 인정된다.

(1) 채무보증으로 인하여 발생한 구상채권

각 사업연도 종료일 현재 채무의 보증으로 인해 발생하는 구상채권에 대하여는 원칙적으로 대손금으로 손금에 산입하거나 대손충당금을 설정할 수 없으며, 구상채권의 처분손실도 손금에 산입할 수 없다(법법 §34 ②, §19의 2 ② 1호 및 법령 §50 ③). 채무보증으로 인하여 발생한 구상채권에 대한 자세한 해설은 전술한 "1-4. 대손충당금 설정제외 채권"을 참조하기로 한다.

(2) 특수관계인에게 지급한 업무무관가지급금

법인세법상 대여시점을 기준으로 특수관계인에게 해당 법인의 업무와 관련이 없는 자금의 대여액(법인세법 시행령 제61조 제2항 각 호의 어느 하나에 해당하는 금융회사 등의 경우 주된 수익사업으로 볼 수 없는 자금의 대여액을 포함함)에 대하여는 법인세법 시행규칙 제44조에 해당하는 경우를 제외하고는 이를 대손금으로 손금에 산입하거나 대손충당금을 설정할 수 없으며, 이와 같은 업무무관가지급금에서 발생한 처분손실도 손금에 산입할 수 없다(법법 §19의 2 ② 2호, §34 ③ 및 법령 §50 ③, §53 ① 및 법칙 §28 ①).

특수관계인에게 지급한 업무무관가지급금에 대한 자세한 해설은 전술한 "1-4. 대손충당금 설정제외 채권"을 참조하기로 한다.

관련사례

• 업무무관가지급금 해당 여부의 판단 시점

특수관계인에게 지급한 대여금이 업무무관가지급금에 해당하는지 여부를 판단함에 있어 업무무관 여부에 대한 판단은 대여시점을 기준으로 하는 것임(서면-2021-법규법인-7996, 2023. 2. 7.).

• 특수관계 성립 전 대여한 대여금이 특수관계 성립 후 대손사유가 발생하는 경우 대손금의 손금산입 가능 여부

내국법인이 다른 내국법인과 특수관계가 성립되기 이전에 당해 법인의 업무와 관련없이 자금을 대여하였다가 특수관계가 성립한 이후 대손사유가 발생하는 경우, 그 대손금은 각 사업연도 소득금액을 계산할 때 손금에 산입하는 것임. 다만, 특수관계 성립 후 해당 대여금에 대해 회수가 지연된 경우로서 해당 대여금이 실질적으로 그 특수관계인에게 업무와 관련없이 재대여한 것으로 인정되는 때에는 업무무관가지급금에 해당하므로 대손금을 손금에 산입할 수 없는 것임(법규법인 2014-243, 2014. 8. 25. 및 법인-590, 2014. 12. 30.).

• 특수관계자 업무무관가지급금 해당 여부의 판단시점

특수관계자에 대한 업무무관 가지급금인지의 여부에 대한 판단 시점은 그 대여 행위 당시가 아니라 그 대손사유가 발생할 당시를 기준으로 판단하여야 하는 것임(대법 2012두 6247, 2014. 7. 24. 및 조심 2015서 2043, 2015. 11. 25.).

(3) 부가가치세 매출세액 미수금 중 대손세액공제를 받은 금액

부가가치세 매출세액 미수금 중 부가가치세법 제45조의 규정에 의해 대손세액공제를 받은 금액은 그 대손확정일이 속하는 과세기간의 매출세액에서 차감하는 것이므로 대손금으로 손금에 산입할 수 없다. 즉, 부가가치세법에 의해 대손세액공제를 받은 경우 대손금으로 손금에 산입할 수 있는 매출채권금액은 해당 매출채권금액 전체에서 대손세액공제를 받은 부가가치세 매출세액에 해당하는 매출채권금액을 차감한 금액이 된다(법령 §19 8호).

(4) 약정에 의한 채권포기액

약정에 의하여 채권의 전부 또는 일부를 포기하는 경우에도 이를 대손금으로 보지 아니하며 기부금 또는 접대비로 본다. 다만, 특수관계인 외의 자와의 거래에서 발생한 채권으로서 채무자의 부도발생 등으로 장래에 회수가 불확실한 어음·수표상의 채권 등을 조기에 회수하기 위하여 당해 채권의 일부를 불가피하게 포기한 경우 동 채권의 일부를 포기하거나 면제한 행위에 객관적으로 정당한 사유가 있는 때에는 동 채권포기액을 손금에 산입한다(법기통 19의 2-19의 2…5).

(5) 특수관계인에게 처분된 소득에 대한 소득세 대납액

특수관계인에게 법인세법 시행령 제106조 제1항 제1호 본문에 따라 그 귀속이 분명하여 당해 귀속자에게 처분된 소득에 대한 소득세대납액을 가지급금 등으로 계상한 경우 대손금으로 처리할 수 없다. 이 경우 해당 소득세대납액을 정당한 사유없이 회수하지 아니하는 때에는 법인세법 기본통칙 4-0…6에 따라 그 특수관계인에게 소득처분한다(법기통 19의 2-19의 2…4).

2-2-2. 대손 요건

(1) 개 요

내국법인이 보유하고 있는 채권 중 다음의 사유로 회수할 수 없는 채권의 금액은 해당 사업

연도의 소득금액계산에 있어서 이를 손금에 산입한다(법령 §19의 2 ① 및 법칙 §10의 4).

① 상법에 의한 소멸시효가 완성된 외상매출금 및 미수금
② 어음법 및 수표법에 의한 소멸시효가 완성된 어음 및 수표
③ 민법에 의한 소멸시효가 완성된 대여금 및 선급금
④ 채무자 회생 및 파산에 관한 법률에 따른 회생계획인가의 결정 또는 법원의 면책결정에 따라 회수불능으로 확정된 채권
⑤ 서민의 금융생활 지원에 관한 법률에 따른 채무조정을 받아 같은 법 제75조의 신용회복지원협약에 따라 면책으로 확정된 채권
⑥ 민사집행법 제102조의 규정에 따라 채무자의 재산에 대한 경매가 취소된 압류채권
⑦ 물품의 수출 또는 외국에서의 용역제공으로 발생한 채권으로서 일정한 사유(법칙 §10의 4)에 해당하여 무역에 관한 법령에 따라 무역보험법 제37조에 따른 한국무역보험공사로부터 회수불능으로 확인된 채권
⑧ 채무자의 파산, 강제집행, 형의 집행, 사업의 폐지, 사망, 실종, 행방불명으로 회수할 수 없는 채권
⑨ 부도발생일부터 6개월 이상 지난 수표 또는 어음상의 채권 및 외상매출금(중소기업(조특령 §2)의 외상매출금으로서 부도발생일 이전의 것에 한함). 다만, 해당 법인이 채무자의 재산에 대하여 저당권을 설정하고 있는 경우 제외
⑩ 중소기업의 외상매출금 및 미수금(이하 "외상매출금 등"이라 함)으로서 회수기일이 2년 이상 지난 외상매출금 등. 다만, 특수관계인과의 거래로 인하여 발생한 외상매출금 등은 제외
⑪ 재판상 화해 등 확정판결과 같은 효력을 가지는 것으로서 민사소송법에 따른 화해·화해권고결정, 민사조정법 제30조에 따른 결정 및 민사조정법에 따른 조정에 따라 회수불능으로 확정된 채권
⑫ 회수기일이 6개월 이상 지난 채권 중 채권가액이 30만원 이하(채무자별 채권가액의 합계액 기준)의 채권
⑬ 대손충당금 적립기준 적용대상 금융회사 등의 채권(여신전문금융회사인 신기술사업금융업자의 경우에는 신기술사업자에 대한 것에 한함) 중 다음에 해당하는 채권
　㉮ 금융감독원장이 기획재정부장관과 협의하여 정한 대손처리기준에 따라 금융회사 등이 금융감독원장으로부터 대손금으로 승인받은 것
　㉯ 금융감독원장이 기획재정부장관과 협의하여 정한 대손처리기준에 해당한다고 인정하여 대손처리를 요구한 채권으로서 금융회사 등이 대손금으로 계상한 것
⑭ 벤처투자회사의 창업자에 대한 채권으로서 중소벤처기업부장관이 기획재정부장관과 협의하여 정한 기준에 해당한다고 인정한 것

(2) 상법에 의하여 소멸시효가 완성된 외상매출금 및 미수금

1) 일반사항

외상매출금 및 미수금 등 상행위로 인한 채권의 상법상 소멸시효는 다음에 해당하는 경우를 제외하고는 5년간 행사하지 아니하면 소멸시효가 완성되며, 다만 민법 등 다른 법령에 이보다 단기의 시효의 규정이 있는 때에는 그 규정에 의한다(상법 §64).

① 운송주선인의 위탁자 또는 수하인에 대한 채권 : 1년(상법 §122)
② 운송인에 대한 채권 : 1년(상법 §147)
③ 창고업자의 임치인 또는 창고증권 소지인에 대한 채권 : 1년(상법 §167)
④ 배당금의 지급청구권 : 5년(상법 §464의 2)
⑤ 사채의 상환청구권 : 10년(상법 §487)
⑥ 사채이자의 청구권 : 5년(상법 §487)
⑦ 보험금의 청구권과 보험료 또는 적립금의 반환청구권 : 3년(2015년 3월 11일 이전에 발생한 청구권은 2년)(상법 §662)
⑧ 보험료의 청구권 : 2년(2015년 3월 11일 이전에 발생한 청구권은 1년) (상법 §662)
⑨ 운송인의 송하인 또는 수하인에 대한 채권 : 1년(상법 §814)
⑩ 정기용선계약상의 채권 : 2년(상법 §846)
⑪ 공동해손으로 인한 채권 : 1년(상법 §875)
⑫ 선박의 충돌로 인하여 생긴 손해배상의 청구권 : 2년(상법 §881)
⑬ 구조에 대한 보수의 청구권 : 2년(상법 §895)

민법에서는 생산자 및 상인이 판매한 생산물 및 상품의 대가 등은 3년(민법 §163), 의복·침구·장구 기타 동산의 사용료의 채권 등은 1년(민법 §164)간 그 권리를 행사하지 아니하면 소멸시효가 완성된다. 따라서, 민법 제163조 및 제164조에 의한 채권은 각각 민법상의 단기소멸시효를 적용받게 되며, 이외의 상행위로 인한 채권에 대하여는 상법에 의한 5년의 소멸시효를 적용받게 된다.

:: 판결에 의해 확정된 채권의 소멸시효

판결에 의해 확정된 채권의 소멸시효와 관련하여, 종전 국세청 유권해석(서면2팀-515, 2004. 3. 22.)에서는 외상매출채권은 5년, 어음채권은 3년간 그 권리를 행사하지 않으면 각각 그 소멸시효가 완성되는 것으로 하고 있으나, 최근 국세청 유권해석(서면법령법인-20598, 2015. 2. 17. ; 법인-512, 2013. 9. 26.) 및 국세심판례(국심 96경 2035, 1997. 2. 5.)에서는 3년의 단기소멸시효에 해당되는 외상매출금이 판결에 의하여 확정되는 경우에는 상법 제1조 및 민법 제165조 제1항의 규정에 의하여 10년의 소멸시효가 적용되는 것으로서 판결이 확정된 날로부터 기산하여 10년이 되는 날을 소멸시효 완성일로 보고 있다.

한편, 법인이 회사정리법에 의한 정리절차에 참가한 경우에는 상거래로 인하여 발생한 채권에 대하여 시효중단의 효력이 있어, 그 시효중단의 기간 중에는 상법에 의한 소멸시효의 완성을 사유로 그 채권을 손금에 산입할 수 없다(서이 46012-10779, 2002. 4. 12.).

2) 소멸시효의 기산점

소멸시효의 기산점은 민법 제166조 제1항에 의하여 권리를 행사할 수 있는 때로부터 진행한다. 외상매출금의 소멸시효 기산일은 당해 매출거래의 발생사실이 관련 증빙서류 등에 의하여 객관적으로 확인되는 날로 하는 것이며(법인 46012-523, 1999. 2. 8.), 다만 할부판매의 미수채권에 대한 소멸시효의 기산점은 계약에 의하여 각 부분의 대가를 받기로 한 날로 한다(법인 1264.21-4255, 1983. 12. 17.).

3) 소멸시효가 완성된 채권의 대손처리

소멸시효가 완성된 매출채권은 법인이 결산시 대손금으로 회계처리하지 아니한 경우에도 당해 사업연도의 세무조정에 의해 손금에 산입할 수 있다(법인 46012-804, 1998. 4. 1.).

다만, 소멸시효 완성채권의 경우 결산조정 또는 신고조정에 의해 대손처리하였다고 하여 무조건 대손금으로 인정하는 것은 아니고 이 경우에도 채권발생일 이후 제반 법적 조치사항, 즉 회수노력 내용을 입증하여야 한다. 만약, 채무자의 재산이 있었는데도 불구하고 아무런 회수노력 없이 소멸시효가 완성되기만을 기다려 대손처리한 경우에는 채권을 임의로 포기한 것으로 간주하여 동 대손처리금액을 접대비 또는 기부금(비지정기부금)으로 보아 접대비시부인계산을 다시 하거나 곧바로 손금불산입하여야 한다.

(3) 어음법에 의한 소멸시효가 완성된 어음

어음법에서는 어음의 소멸시효에 관하여 다음과 같이 규정하고 있다(어음법 §70).

① 인수인에 대한 환어음상의 청구권 : 3년
② 소지인의 배서인과 발행인에 대한 청구권 : 1년
③ 배서인의 다른 배서인과 발행인에 대한 청구권 : 6월

법인이 어음법에 의한 소멸시효가 완성된 어음에 대하여 결산상 대손금으로 계상할 것을 누락한 경우에는 그 소멸시효가 완성된 날이 속하는 사업연도에 신고조정으로 손금에 산입할 수 있다.

(4) 수표법에 의한 소멸시효가 완성된 수표

수표법에서는 수표의 소멸시효에 관하여 다음과 같이 규정하고 있다(수표법 §51, §58).

① 소지인의 배서인, 발행인, 기타의 채무자에 대한 상환청구권 : 6월
② 수표의 채무자의 다른 채무자에 대한 상환청구권 : 6월

③ 지급보증을 한 지급인에 대한 수표상의 청구권 : 1년

(5) 민법에 의한 소멸시효가 완성된 대여금 및 선급금

대여금과 선급금의 소멸시효는 민법의 규정에 의하는데, 대여금은 10년의 소멸시효를 적용받게 되며, 선급금의 소멸시효는 민법 제162조 및 제163조의 규정을 적용한다(법인 22601-2830, 1985. 9. 18.). 한편, 건설업을 영위하는 법인이 공사하도급 계약시 하도급자에게 선지급한 채권의 경우 소멸시효는 상사시효(5년)를 적용한다(법인 46012-202, 2001. 1. 26.).

(6) 회생계획인가의 결정 또는 법원의 면책결정에 따라 회수불능으로 확정된 채권

채무자 회생 및 파산에 관한 법률에 의한 회생계획인가의 결정 또는 법원의 면책결정에 따라 회수불능으로 확정된 채권은 대손처리할 수 있다.

다만, 회생계획인가의 결정 내용상 원본이 삭감된 것이 아니라 지급기한이 연장되는 경우에는 별도로 대손요건 충족 여부를 판단하여야 한다. 즉, 회생계획인가의 결정내용상 원본이 삭감된 경우는 아니지만 무재산·행방불명 등 법인세법 시행령 제19조의 2 제1항 각 호에 의한 별도의 대손요건 중 어느 하나를 충족한다면 회생계획인가 내용상의 회수기일에 관계없이 대손처리하는 것이 합리적일 것이다.

관련사례

- 회수불능된 화의채권의 대손 여부

  법인이 보유하고 있는 채권이 채무자의 무재산·행방불명 등 법인세법 시행령 제62조 제1항 각 호의 회수할 수 없는 채권에 해당하는 경우로서 동 채권을 화의인가결정에 의하여 분할회수하기로 한 경우에도 대손금으로 손금에 산입할 수 있음(법인 46012-335, 2002. 6. 10.).

- 정리절차폐지시 정리채권의 대손 가능 여부

  회사정리법에 의한 정리회사가 정리계획인가의 결정 후 정리계획수행의 가망이 없어 회사정리법에 의한 정리절차폐지의 결정을 받은 경우 그 정리채권을 보유 중인 법인은 당해 정리절차폐지의 결정만을 사유로 대손처리할 수 없는 것이며, 당해 채무자에 대한 강제집행 등 법인세법 시행령 제62조의 대손사유로 회수할 수 없는 채권임이 객관적으로 인정되는 경우에 대손처리할 수 있는 것임(제도 46012-12312, 2001. 7. 23.).

- 법원에 신고하지 않은 정리채권의 대손 가능 여부

  화의인가과정에서 유리한 결과를 얻기 위해 특수관계법인에 대한 채권의 일부를 포기한 경우에도 화의인가결정에 따라 회수불능채권으로 확정된 경우, 대손금으로 손금산입되나(국심 2000서1124, 2000. 10. 20.), 정당한 사유 없이 정리채권을 법원에 신고하지 않음으로써 그 권리행사를 포기한 것으로 인정되는 경우, 대손금으로 할 수 없고 특수관계 여부에 따라 부당행위계산부인하거나 이를 기부금 또는 접대비로 보는 것임(제도 46012-11602, 2001. 6. 20.).

- 회사정리계획 변경에 따라 감액된 경우 대손계상액 및 귀속연도

  법인세법 시행령 제62조 제1항 제5호의 규정에 의하여 회사정리법에 의한 정리계획인가의 결정에 따라 회수불능으로 확정된 채권의 가액 중 일부가 당해 정리계획인가 결정일이 속

하는 사업연도의 법인세 신고기한 이전에 법원의 허가를 받은 정리계획의 변경에 따라 감액된 경우에는 그 변경된 회수불능채권의 가액을 당초 정리계획인가의 결정일이 속하는 손금으로 계상할 수 있는 것임(법인 46012-750, 2000. 3. 22.).

(7) 신용회복지원협약에 따라 면책으로 확정된 채권

서민의 금융생활 지원에 관한 법률에 따른 채무조정을 받아 같은 법 제75조의 신용회복지원협약에 따라 면책으로 확정된 채권은 해당 사유가 발생한 날이 속하는 사업연도의 소득금액을 계산할 때 대손금으로 손금에 산입한다.

(8) 민사집행법의 규정에 의해 경매가 취소된 압류채권

민사집행법의 규정에 의하여 채무자의 재산에 대하여 강제경매의 실익이 없어 경매가 취소된 압류채권은 경매취소시 대손처리할 수 있다(민사집행법 §102).

법인이 채무자의 채무불이행 등으로 인하여 재산을 압류한 경우 과거에는 채무자가 무재산이 아닌 것으로 보아 당해 재산의 매각이 종료되는 시점이나 구민사소송법 제616조(현행 민사집행법 §102)의 규정에 의하여 채무자의 재산에 대한 경매가 취소되는 시점까지 채권액을 대손처리할 수 없었으나, 채무자의 재산을 압류한 경우로서 압류재산의 가액이 선순위 채권에도 현저히 미달하는 등 사실상 회수할 수 없음이 객관적으로 명백히 입증되는 때에는 대손처리 가능하다(법인 46012-2887, 1996. 10. 18.).

한편, 압류재산의 시가와 관련하여 압류재산에 선순위 채권자가 있는 경우 당해 압류재산이 경매되기 전에 압류재산 시가초과액을 대손처리하고자 하는 경우에 압류재산의 시가를 경매예정가액 총액으로 할 것인지, 아니면 경매예정가액에서 선순위 채권가액을 차감한 잔액으로 할 것인지가 문제이다. 그러나, 채무자의 재산을 압류한 경우에도 회수가능금액이 없으면 대손처리하고, 회수가능금액이 있더라도 회수가능금액의 시가상당액을 제외하고 나머지는 대손처리할 수 있다는 취지이므로, 압류재산에 선순위 채권자가 있는 경우에 회수가능금액의 시가상당액을 산출하기 위해서는 압류재산의 시가를 경매예정가액에서 선순위 채권가액을 차감한 금액으로 하여야 한다. 이 때 선순위 채권의 가액은 등기부에 기재된 채권최고액을 말하는 것이 아니고, 실제로 회수하지 못한 채권액(이자 포함)을 말하며, 실제 채권액은 선순위 채권자가 법원에 제시한 서류 등에 의하여 확인되어야 한다(법인 46012-1459, 1998. 6. 2. 및 제도 46012-10639, 2001. 4. 18.).

(9) 한국무역보험공사로부터 회수불능으로 확인된 해외채권

물품의 수출 또는 외국에서의 용역제공으로 발생한 채권으로서 다음의 어느 하나의 사유에 해당하여 무역에 관한 법령에 따라 무역보험법 제37조에 따른 한국무역보험공사로부터 회수불능으로 확인된 채권은 해당 사유가 발생하여 손비로 계상한 날이 속하는 사업연도의 소득금액을 계산할 때 대손금으로 손금에 산입한다(법칙 §10의 4 ①).

① 채무자의 파산·행방불명 또는 이에 준하는 불가항력으로 채권회수가 불가능함을 현지의 거래은행·상공회의소·공공기관 또는 해외채권추심기관(무역보험법 제37조에 따른 한국무역보험공사와 같은 법 제53조 제3항에 따른 대외채권 추심 업무 수행에 관한 협약을 체결한 외국의 기관을 말하며, 이하 같음)이 확인하는 경우

② 거래당사자 간에 분쟁이 발생하여 중재기관·법원 또는 보험기관 등이 채권금액을 감면하기로 결정하거나 채권금액을 그 소요경비로 하기로 확정한 경우(채권금액의 일부를 감액하거나 일부를 소요경비로 하는 경우에는 그 감액되거나 소요경비로 하는 부분으로 한정함)

③ 채무자의 인수거절·지급거절에 따라 채권금액의 회수가 불가능하거나 불가피하게 거래당사자 간의 합의에 따라 채권금액을 감면하기로 한 경우로서 이를 현지의 거래은행·검사기관·공증기관 ·공공기관 또는 해외채권추심기관이 확인하는 경우(채권금액의 일부를 감액한 경우에는 그 감액된 부분으로 한정함)

(10) 채무자의 파산 등으로 인하여 회수할 수 없는 채권

채무자의 파산, 강제집행, 형의 집행, 사업의 폐지, 사망, 실종, 행방불명으로 인하여 회수할 수 없는 채권은 대손금으로 손금에 산입한다.

1) 파 산

채무자의 파산은 채무자회생 및 파산에 관한 법률에 따라 법원이 파산폐지를 결정하거나 파산종결을 결정하여 공고한 경우를 말한다. 다만, 파산폐지 또는 파산종결 공고일 이전에 파산절차 진행과정에서 관계서류 등에 의해 해당 채권자가 배당받을 금액이 채권금액에 미달하는 사실이 객관적으로 확인되는 경우, 그 미달하는 금액은 회수할 수 없는 채권으로 보아 대손금으로 손금에 산입할 수 있다(법기통 19의 2-19의 2…1).

관련사례

• 파산에 의한 채권의 대손시기

파산선고만으로는 곧바로 회수불능채권으로 하여 대손금 처리를 할 수 없고 파산종결일까지 회수하지 못한 채권에 한하여 파산종결 결정일이 속한 사업연도에 대손처리하는 것이며, 파산선고를 받아 파산채권 등을 확정한 결과 배당가능성이 전혀 없어 채권금액의 회수가 불가능한 것이 객관적으로 인정되는 경우에는 파산종결 결정 후 잔여재산의 분배가 완료되기 전이라도 각 사업연도 소득금액 계산상 이를 손금에 산입할 수 있는 것임(서면2팀-1291, 2005. 8. 16).

• 대여 당시부터 회수할 수 없을 것으로 예상되는 대여금의 대손 인정 여부

당해 대여금을 제공할 당시부터 회수할 수 없는 대여금으로 충분히 예상됨에도 무담보로 대여하였거나, 채권자로서 정당한 권리를 행사하지 아니하여 회수할 수 없게 된 대여금인 경우에는 대손처리할 수 없는 것임(제도 46012-12535, 2001. 8. 3.).

2) 강제집행

강제집행이란 일반적으로 법이 요구하는 상태를 강제적으로 실현하는 것을 말하는 바, 강제집행은 민사집행법상의 강제집행과 행정상 강제집행의 두 가지가 있으나, 여기서의 강제집행이란 민사집행법상의 강제집행을 말한다. 민사집행법상의 강제집행의 방법은 실현되어야 할 청구권의 종류에 따라 금전집행 · 비금전집행, 대상인 재산의 종류에 따라 동산집행 · 부동산집행 · 선박집행 등으로 나누어진다. 금전집행에는 채무자의 금전, 그 밖의 재산을 압류하고 금전 이외의 재산은 다시 매각(경매 · 입찰 · 수의 매각) · 추심 · 관리에 의하여 금전화하여 채권의 만족에 충당하며, 동산집행 · 부동산집행 · 선박집행은 압류 · 환가 · 만족의 3단계를 거쳐 채권이 실행된다.

법원의 강제집행 결과 무재산 · 행방불명 등의 원인으로 '강제집행불능조서'가 작성된 경우에는 부동산 등 회수가능한 재산이 없다면 대손금으로 처리할 수 있다(법기통 19의 2-19의 2…3).

3) 형의 집행

형의 집행은 형사재판의 결과에 따른 집행이며, 이 경우에도 채무자와 보증인의 재산이 없어 회수불능상태에 도달하여야 대손처리가 가능하다(국심 84부 1165, 1984. 10. 16.).

4) 사업의 폐지

사업의 폐지란 사업을 계속하지 않고 폐업을 하는 것이다. 채무법인이 해산되어 상법 소정의 절차에 의하여 청산이 종결된 후에도 회수하지 못한 채권이 있는 법인은 사업의 폐지로 인하여 회수할 수 없는 채권으로서 대손금으로 처리할 수 있으며 단순히 폐업으로 인한 채권에 대하여는 대손처리할 수 없다. 그러나 반드시 상업등기부등본상 법인제각이 되어야 할 필요는 없다(법인 22601-1835, 1990. 9. 17.).

5) 사 망

사망으로 인하여 상속이 개시되면 상속인은 피상속인의 재산에 관한 포괄적 권리 · 의무를 승계한다. 따라서 채무자의 사망으로만 곧 대손채권이 되지 않으며 상속인에게 채권이 승계되어 존속한다. 그러므로 사망으로 회수불능이 된다 함은 상속인이 없는 경우는 사망으로 인하여 받을 수 없는 경우이며, 상속인이 있는 경우에는 상속인이 상속의 포기 또는 한정승인을 함으로써 상속재산으로서 채권액을 회수할 수 없다고 인정되는 경우이다.

6) 실 종

실종이란 종래의 주소나 거소를 떠난 자가 보통실종의 경우는 5년간, 전지 등 특별실종의 경우는 1년간 생사가 분명하지 아니한 경우 법원의 실종선고를 받음으로써 실종기간의 만료일에 사망한 것으로 보아 그 재산 및 신분상의 법률 관계를 확정하게 되는 바(민법 §27), 실종으로 인한 회수불능의 채권이란 실종선고를 사망으로 보아 그의 상속재산 상황 및 기타 상속재산이 없는 경우 등 회수불능한 것이 확정되는 때이다.

7) 행방불명

행방불명으로 인한 회수불능의 상태에 있는 채권에 관하여는 행방불명을 어떻게 증명하느냐가 문제될 수 있는 바, 심판례에 의하면 관할동장의 불거주증명, 세무서장의 세적제각처리확인서, 파출소장의 부재확인증에 의한 경우는 행방불명으로 인정하고 인근주민의 확인증에 의한 경우는 행방불명으로 인정하지 아니하고 있다. 또한 채무자의 기소중지처분만으로는 일률적으로 행방불명되었다고 판단할 수 없다(법인 1234-903, 1978. 4. 21.).

(11) 부도발생일로부터 6개월 이상 지난 부도수표 등의 채권

부도발생일부터 6개월 이상 지난 수표 또는 어음상의 채권(배서받은 어음으로서 배서인에 대하여 어음법 제43조에 따라 상환청구권을 행사할 수 있는 어음을 포함함) 및 외상매출금(중소기업의 외상매출금으로서 부도발생일 이전의 것에 한함)은 채무자의 재산에 대하여 저당권을 설정하고 있는 경우를 제외하고는 당해 채무자의 부도발생 후 채무자 회생 및 파산에 관한 법률에 의한 법원의 재산보전처분명령과는 관계없이 법인이 기업회계기준에 의하여 회수할 수 없다고 판단하여 대손금으로 계상한 사업연도에 사업연도 종료일 현재 회수되지 아니한 당해 채권의 금액에서 1,000원을 공제한 금액을 손금에 산입한다. 또한, 채무자의 재산에 대하여 저당권을 설정한 경우에도 해당 재산의 가액이 채권액에 미달하고 해당 재산 외에 사실상 회수할 수 있는 다른 재산이 없는 경우에는 해당 재산의 가액을 초과하는 금액은 대손금으로 한다. 이 경우 해당 재산의 가액은 법인세법 시행령 제89조에 따른 시가에서 선순위 채권가액을 차감한 금액으로 하고, 선순위채권가액은 객관적으로 확인가능한 실제의 채권가액으로 한다(법령 §19의 2 ② 후단 및 법기통 19의 2-19의 2…7).

이 때 "부도발생일"이라 함은 소지하고 있는 부도수표나 부도어음의 지급기일을 말하되, 지급기일 전에 당해 수표나 어음을 제시하여 금융회사 등으로부터 부도확인을 받은 경우에는 그 부도확인일을 말한다(법령 §19의 2 ② 전단). 한편, "부도발생일부터 6개월 이상 경과한 수표 또는 어음상의 채권"이라 함은 6개월의 기간이 만료한 날의 다음 날을 말하는 것이므로, 부도발생일이 6월 30일인 경우에는 초일불산입의 원칙에 따라 7월 1일부터 기산하여 6개월이 되는 날인 12월 31일의 다음 날, 즉 익년 1월 1일이 속하는 사업연도에 대손금으로 손금에 산입할 수 있다(법인 46012-2435, 2000. 12. 21.).

관련사례

• 동일 거래처에 대한 부도어음의 대손금 귀속시기
동일 거래처에 대한 어음채권별 소멸시효기간이 동일 사업연도에 도래하는 경우 회수가능연도가 특별히 다른 것이 객관적으로 인정되는 경우를 제외하고는 동일 사업연도의 손금에 산입함(서면2팀-835, 2007. 5. 2.).

• 지급기일 경과 후 부도확인받은 경우의 부도발생일
지급기일 경과 후에 수표 또는 어음을 제시하여 금융기관으로부터 부도확인을 받은 경우, 부도발생일은 부도수표 또는 부도어음의 지급기일임(재법인-595, 2006. 8. 24.).

• 저당권 설정금액을 초과하는 채권 금액의 대손처리 가능 여부
어음의 부도발생일로부터 6월이 경과했으나 채무자의 재산에 대해 저당권을 설정한 경우 대손처리 안되나, 저당권 설정금액을 초과하는 금액은 대손처리 가능함(국심 2002서 2221, 2003. 10. 21.).

• 대손세액공제를 과다 공제하여 수정신고한 부가가치세 상당액의 대손처리 가능 여부
부도어음과 관련하여 부가가치세법상 대손세액공제를 과다하게 공제하고 수정신고에 의해 납부한 부가가치세 상당액(가산세 제외)은 어음상의 채권으로 보아 법인세법 시행령 제62조 제1항 제9호의 요건을 충족하는 경우 당해 채권의 소멸시효가 완성되기 전에 기업회계기준 제57조의 규정에 따라 회수할 수 없다고 판단하여 장부에 대손금으로 계상한 날이 속하는 사업연도에 손금산입함(제도 46012-12540, 2001. 8. 3.).

• 부도어음의 대손금 귀속시기
부도발생일로부터 6월 이상 경과한 어음상의 채권(채무자의 재산에 대해 저당권을 설정하고 있는 경우를 제외)은 어음법상 소멸시효가 완성되기 전까지 기업회계기준 제57조의 규정에 의하여 회수할 수 없다고 판단하여 대손금으로 계상한 사업연도에 손금산입할 수 있는 것이며, 이 경우 소멸시효가 중단된 경우에는 중단사유가 소멸된 때로부터 새로이 소멸시효가 진행되는 것임(법인 46012-650, 2000. 3. 9.).

• 여러 장의 부도어음 중 한 장만 부도확인을 받은 경우 나머지 어음에 대한 대손 가능 여부
법인이 동일거래처로부터 받은 여러 장의 만기가 서로 다른 어음을 보유하고 있으면서 그 중 채무자의 부도발생일 이전에 만기가 도래하는 어음에 대해서만 지급은행으로부터 부도사실 확인을 받고 나머지는 부도사실 확인을 받지 아니한 경우 그 나머지 어음의 부도사실이 사실상 확인되는 경우에는 당해 어음에 대하여도 대손처리할 수 있음(법인 46012-158, 1998. 1. 20.).

• 채무자의 재산에 가압류를 한 경우 부도어음의 대손처리 가능 여부
부도어음을 보유하고 있는 법인이 채무자의 재산에 대하여 가압류를 한 경우에는 법인세법 시행령 제62조 제1항 제9호 단서에서 규정하는 '저당권을 설정하고 있는 경우'에 해당되지

아니하므로 부도발생일로부터 6월이 경과한 부도어음은 대손처리 가능함(법인 46012-2906, 1997. 11. 11.).

- 대출금의 담보로 받은 백지어음이 부도처리된 경우 어음상 채권에 해당하는지 여부
  금융기관이 대출시에 채무자로부터 받은 백지어음을 대출금회수가 지연됨에 따라 백지어음에 회수할 금액을 기재하여 교환에 회부하였으나 부도처리된 경우 당해 부도어음은 법인세법 시행규칙 제9조 제2항 제8호에 규정하는 어음에 해당되지 아니하는 것임(법인 46012-483, 1997. 2. 15.).
- 부도발생 후 6월이 경과한 어음을 발행인 등에게 돌려준 경우 대손 가능 여부
  부도발생일로부터 6월 이상 경과한 어음상의 채권은 법인세법 시행령 제62조 제1항 제9호의 규정에 의하여 당해 어음의 소지인이 대손처리할 수 있는 것이며, 이 경우 대손처리 후에 당해 채권의 회수편의를 위하여 어음의 원본을 발행인 또는 배서인에게 돌려준 경우에는 당해 어음상의 채권이 존속하는 한 당초의 대손처리에는 영향을 미치지 아니하는 것임(법인 46012-3142, 1996. 11. 12.).
- 문방구어음 및 복사본 어음의 대손 가능 여부
  문방구어음, 원본 분실로 인한 복사부도어음은 대손처리할 수 없음(법인 46012-4422, 1995. 12. 4.).

(12) 회수기일이 2년 이상 지난 중소기업의 외상매출금 등

중소기업의 외상매출금 및 미수금(이하 "외상매출금 등"이라 함)으로서 회수기일이 2년 이상 지난 외상매출금 등은 해당 사유가 발생하여 손비로 계상한 날이 속하는 사업연도의 소득금액을 계산할 때 대손금으로 손금에 산입한다. 다만, 특수관계인과의 거래로 인하여 발생한 외상매출금 등은 제외한다.

(13) 재판상 화해 등에 따라 회수불능으로 확정된 채권

재판상 화해 등 확정판결과 같은 효력을 가지는 것으로서 다음의 어느 하나에 해당하는 것에 따라 회수불능으로 확정된 채권은 해당 사유가 발생하여 손비로 계상한 날이 속하는 사업연도의 소득금액을 계산할 때 대손금으로 손금에 산입한다(법칙 §10의 4 ②).

① 민사소송법에 따른 화해
② 민사소송법에 따른 화해권고결정
③ 민사조정법 제30조에 따른 결정
④ 민사조정법에 따른 조정

(14) 회수기일이 6개월 이상 경과한 소액채권

회수기일이 6개월 이상 지난 채권 중 채권가액이 30만원 이하의 채권은 별도의 대손요건에 관계없이 해당 사유가 발생하여 손비로 계상한 날이 속하는 사업연도에 대손금으로 손금에

산입한다. 이 때 30만원 이하의 채권에 해당하는지 여부는 개별 채권별로 판단하는 것이 아니라 각 채무자별 채권가액의 합계액을 기준으로 판단한다.

(15) 감독기관의 대손승인채권 등

대손충당금 적립기준에 의한 대손충당금 한도액을 산정할 수 있는 금융회사 등의 채권(여신전문금융업법에 의한 여신전문금융회사 중 신기술사업금융업자의 경우에는 신기술사업자에 대한 것에 한함) 중 다음의 어느 하나에 해당하는 채권과 벤처투자 촉진에 관한 법률 제2조 제10호에 따른 벤처투자회사의 창업자에 대한 채권으로서 중소기업청장이 기획재정부장관과 협의하여 정한 기준에 해당한다고 인정한 채권은 해당 사유가 발생하여 손비로 계상한 날이 속하는 사업연도에 대손금으로 손금에 산입한다.

① 금융감독원장이 기획재정부장관과 협의하여 정한 대손처리기준에 따라 금융회사 등이 금융감독원장으로부터 대손금으로 승인받은 채권
② 금융감독원장이 상기 ①의 기준에 해당한다고 인정하여 대손처리를 요구한 채권으로서 금융회사 등이 대손금으로 계상한 채권

관련사례

- 금융회사 등이 금융감독원장으로부터 대손승인받은 채권의 대손금 인정 여부
  금융감독원장이 기획재정부장관과 협의하여 정한 대손처리기준인 금융기관 채권 대손인정 업무세칙에 따라 금융회사 등이 금융감독원장으로부터 대손금으로 승인 받은 채권에 대하여는 법인세법상 대손금으로서의 요건을 갖추었는지 여부에 관한 과세관청의 별도 판단에 불구하고 법인세법 제19조의 2 제1항 및 같은 법 시행령 제19조의 2 제1항 제12호 가목에 따라 해당 사업연도의 소득금액을 계산할 때 손금에 산입하는 것임(재법인-912, 2016. 9. 7.).

(16) 기타 대손금 처리가 가능한 채권

이상에서 언급한 대손금 처리가 가능한 채권 이외에도 다음과 같은 경우 대손처리가 가능하다.

구 분	대손금 처리가 가능한 채권
① 경락에 의한 대손금	채권의 회수방법으로 채무자 소유의 저당부동산을 법원 등의 경락절차에 의해 취득하고 경락금액 분배금으로 채권을 상계한 후의 잔존채권이 다른 재산이 없어 회수할 수 없는 경우에는 취득 부동산의 시가에 관계없이 동 잔존채권은 대손금으로 함(법기통 19의 2-19의 2…2).
② 사용인이 횡령한 금액	사용인이 법인의 공금을 횡령한 경우로서 동 사용인과 그 보증인에 대하여 횡령액의 회수를 위해 법적인 제반 절차를 취하였음에도 무재산 등으로 회수할 수 없는 경우에는 동 횡령액을 대손처리할 수 있으며, 동 금액은 사용인에 대한 근로소득으로 보지 아니함(법기통 19의 2-19의 2…6).

2-2-3. 대손금 확정을 위한 구비서류

법인이 채권을 대손금으로 확정하는 경우에는 객관적인 자료에 의하여 그 채권이 회수불능임을 입증하여야 한다.

부도발생일로부터 6개월 이상 경과한 수표 또는 어음상의 채권(당해 법인이 채무자의 재산에 대해 저당권을 설정하고 있는 경우 제외)의 경우에는 은행의 부도확인서 등에 의해 증명하여야 한다(법인 46012-80, 1994. 1. 10.).

법인이 채무자의 파산·강제집행·형의 집행·사업의 폐지 및 채무자의 사망·실종·행방불명 또는 무재산 등으로 인하여 회수할 수 없는 채권은 채권회수가 불가능함을 입증할 수 있는 객관적인 증빙서류를 갖추어 대손금(법인의 비용)으로 처리할 수 있다. 그러나 공부상 확인이나 증명이 곤란한 무재산 등에 관한 사항은 채권관리부서의 조사보고서 등에 의하여 확인할 수 있다(법인 46012-1068, 2000. 5. 1.).

:: 조사보고서 기재사항

① 채무자의 본적지, 최종 및 직전 주소지(법인의 경우는 등기부상 소재지)와 사업장소재지를 관할하는 관서의 공부상 등록된 소유재산의 유무
② 채무자가 보유하고 있는 동산에 관한 사항
③ 다른 장소에서 사업을 영위하고 있는지 여부
④ 기타 채무자의 거래처, 거래은행 등에 대한 탐문조사내용 등 채권회수를 위한 조치사항
⑤ 보증인이 있는 경우에는 보증인에 대하여도 같은 내용을 조사하여 기재

대손금으로 확정하기 위한 구비서류와 관련하여 법인세법상 그 구체적인 서류를 규정하고 있지 않으나, 벤처투자회사 등록 및 관리규정 중 [별표 4] 대손처리 승인기준을 참고하여 그 구비서류의 종류와 범위를 가늠할 수 있을 것이다.

▌벤처투자회사의 대손처리승인에 관한 규정 중 대손처리승인기준▐

1. 세부심사기준

대손처리 사유	심사서류
채무자 등의 파산, 강제집행, 해산, 청산, 사업폐지 등으로 회수가 불가능한 경우	1. 파산, 강제집행, 해산, 청산 • 법원의 파산, 강제집행, 해산, 청산완료 입증서류(파산종결 결정문, 강제집행조서, 법인등기부 등본 등) 2. 사업의 폐지 • 관할세무서의 세적제각증명서 또는 휴·폐업사실 증명서. 다만 휴·폐업 신고미필 등으로 동 서류발급이 불가능한 경우에는 당해 투자회사의 출장보고서 • 재산조사 증빙서류(재산보유 유무 세부심사 기준 참조)
채무자 등의 사망, 실종, 행방불명으로 회수가 불가능한 경우	1. 사망, 실종 • 호적등본(또는 주민등록등본), 법원의 실종신고 서류 • 법원의 상속포기 결정문 또는 상속되었을 경우 채무상속인의 재산조사 증빙서류(재산보유 유무 세부심사기준 참조) 2. 행방불명 • 동(읍, 면)사무소의 직권말소 확인 서류 또는 당해 투자회사의 출장 보고서 • 어음배서인의 주소지, 주민등록번호 등의 누락 또는 허위 기재 등으로 주소지 파악이 불가능한 경우 당해 투자회사의 동 사실 확인서 • 재산조사 증빙서류(재산보유 유무 세부심사 기준 참조)
회수비용이 회수금액을 초과하여 회수실익이 없는 경우	• 회수비용 및 회수금액 추정자료(당해 투자회사의 소관부서장이 작성)
채무자 등에 대한 임의경매, 강제경매 등의 법적 절차나 기타 가능한 모든 회수방법에 의하여도 회수가 불가능한 경우	• 임의경매, 강제경매 등 법적 절차 완료 관련 서류 또는 기타 회수방법에 의한 회수노력 관련 서류 • 재산조사증빙서류(재산보유 유무 세부심사기준 참조)
기타 회수가 불가능한 경우	1. 해외이주 • 해외이주법에 의한 전 가족 해외이주허가서(또는 주민등록등본) 및 출국사실 증명서 • 재산조사 증빙서류(재산보유 유무 세부심사기준 참조) 2. 기타 • 회수불능 입증서류

2. 재산보유 유무 세부심사기준 1) 토지, 건물 등 부동산	
상각 사유	심사서류
채권발생 시점 이후 최종주소지까지 사업장(본점, 지점, 공장 등) 소재지(개인의 경우 거주지)의 부동산 소유 여부 * 상업어음 발행인, 상업어음 배서인 및 상속인의 경우에는 부실화 시점 이후 최종주소지까지의 부동산 소유 여부(다만 중간배서인 중 법적 분쟁 등으로 재산조사가 현실적으로 어려운 경우에는 담당임원의 확인절차를 거쳐 재산조사 생략 가능)	• 법인등기부등본, 사업자등록증 사본(개인의 경우 주민등록등본) • 대출 당시 사업장 소재지로부터 최종사업자 소재지(개인의 경우 거주지)의 부동산등기부등본 (다만, 부동산 등기부등본의 징구가 불가능한 경우에는 토지대장등본, 건축물관리대장등본 또는 재산세 과세증명서나 미과세증명서) * 최종 주소지의 주민등록등본 및 부동산등기부등본 등은 원칙적으로 대손처리요구 또는 대손승인 신청일로부터 1년 이내에 발급된 것에 한함.
부동산 소유 여부 확인결과 다음의 각 항에 해당하는 경우에는 다음 사항을 추가확인 ① 당해 주소지에 의한 부동산등기부 추적조사결과 당해 지번에 부동산 등기가 없는 경우	
• 미등기 사실 여부 및 당해 부동산이 실제로 존재하지 않는지의 여부	• 부동산등기부등본상 미등기 사실에 대한 법무사 또는 조사직원의 부동산등기부 열람조서 • 실제로 존재하지 않는 경우 당해 투자회사의 현장 조사 확인서 • 미등기 사유가 구획정리에 따른 지번변경의 경우에는 변경된 지번의 부동산 소유 여부를 추가 확인함.
• 실제로 존재하는 경우 대위등기에 의한 회수가능 및 회수실익 여부	• 실제로 존재하나 대위등기가 불가능하거나 회수실익이 없는 경우에는 당해 투자회사의 동 사실확인서
② 제3자 앞 가등기의 경우 • 채무면탈 목적의 인위적 가등기인지 여부 * 제3자 앞 가등기된 채권을 상각처리한 경우 투자회사는 가등기 상태의 변동상황을 정기적으로 확인하여야 함.	• 조사직원의 가등기권자에 대한 등기목적조사 보고서

2. 재산보유 유무 세부심사기준 1) 토지, 건물 등 부동산	
상각 사유	심사서류
제3자 앞 근저당권 설정의 경우 • 선순위 과다로 가압류 등 법적 절차의 실익이 없는지 여부	• 당해 부동산에 대한 감정평가업자의 추정 감정가 또는 법원 사정가 관련서류 다만, 실익이 별로 없는 경우에는 감정평가업자 발행 공시지가 및 건물신축 단가표 등에 의한 투자회사 자체추정 감정가 * 부동산등기부등본상의 근저당권 설정금액 및 실채권 금액과의 비교
2. 재산보유 유무 세부심사기준 2) 유체동산, 임차보증금(전세금 포함), 임금 등 기타 재산	
상각 사유	심사서류
재산보유 여부	• 재산이 없거나 보유재산에 대한 강제집행의 실익이 없는 경우 : 당해 투자회사의 동 사실확인서
재산보유의 경우 강제집행 가능 여부 및 강제집행 실익 여부	• 보유재산에 대한 강제집행이 불가능한 경우 : 강제집행 불능조서

2-3. 대손금의 귀속시기

법인세법상 대손금은 해당 대손사유가 발생하여 법인이 장부에 손비로 계상한 날이 속하는 사업연도에 대손으로 인정하는 결산조정사항과 법인이 장부에 손비로 계상하지 않더라도 신고조정에 의해 해당 대손사유가 발생한 날이 속하는 사업연도에 손금으로 산입할 수 있는 신고조정사항으로 구분된다(법령 §19의 2 ③). 즉, 결산조정사항에 속하는 대손금은 장부상 손비로 계상하지 않은 경우 대손금으로 손금에 산입할 수 없는 반면, 신고조정사항에 속하는 대손금은 장부상 손비로 계상하지 않더라도 세무조정에 의해 대손금으로 손금에 산입할 수 있으며, 경정청구 또는 국세부과제척기간 만료 전에 과세관청의 경정을 통해서도 손금에 산입할 수 있다(서면2팀-1393, 2006. 7. 25. 및 법인 46012-3103, 1998. 10. 22.).

다만, 법인이 다른 법인과 합병하거나 분할하는 경우(2007년 2월 28일 이후 최초로 합병·분할하는 경우에 한함)로서 결산조정사항에 해당하는 대손금을 합병등기일 또는 분할등기일이 속하는 사업연도까지 손비로 계상하지 아니한 경우에는 그 결산조정사항에 속하는 대손금은 해당 법인의 합병등기일 또는 분할등기일이 속하는 사업연도의 손비로 한다(법령 §19의 2 ④).

법인세법상 대손금을 결산조정사항과 신고조정사항을 구분하면 다음과 같다.

결산조정사항	신고조정사항
① 물품의 수출 또는 외국에서의 용역제공으로 발생한 채권으로서 일정한 사유(법칙 §10의 4 ①)에 해당하여 무역에 관한 법령에 따라 한국무역보험공사로부터 회수불능으로 확인된 채권 ② 채무자의 파산, 강제집행, 형의 집행, 사업의 폐지, 사망, 실종, 행방불명으로 인하여 회수할 수 없는 채권 ③ 부도발생일부터 6월 이상 지난 수표 또는 어음상의 채권 및 외상매출금(중소기업의 외상매출금으로서 부도발생일 이전의 것에 한함). 다만, 당해 법인이 채무자의 재산에 대하여 저당권을 설정하고 있는 경우를 제외함. ④ 중소기업의 외상매출금 및 미수금(이하 "외상매출금 등"이라 함)으로서 회수기일이 2년 이상 지난 외상매출금 등. 다만, 특수관계인과의 거래로 인하여 발생한 외상매출금 등은 제외함. ⑤ 재판상 화해 등 확정판결과 같은 효력을 가지는 것으로서 민사소송법에 따른 화해·화해권고결정, 민사조정법 제30조에 따른 결정 및 민사조정법에 따른 조정에 따라 회수불능으로 확정된 채권 ⑥ 회수기일이 6개월 이상 지난 채권 중 채권가액이 30만원 이하(채무자별 채권가액의 합계액을 기준으로 함)인 채권 ⑦ 대손충당금 적립기준에 의한 대손충당금 한도액을 산정할 수 있는 금융회사 등의 채권(여신전문금융업법에 의한 여신전문금융회사 중 신기술사업금융업자의 경우에는 신기술사업자에 대한 것에 한함) 중 다음의 어느 하나에 해당하는 채권과 벤처투자 촉진에 관한 법률 제2조 제10호에 따른 벤처투자회사의 창업자에 대한 채권으로서 중소벤처기업부장관이 기획재정부장관과 협의하여 정한 기준에 해당한다고 인정한 채권 • 금융감독원장이 기획재정부장관과 협의하여 정한 대손처리기준에 따라 금융회사 등이 금융감독원장으로부터 대손금으로 승인받은 것 • 금융감독원장이 위 기준에 해당한다고 인정하여 대손처리를 요구한 채권으로서 금융회사 등이 대손금으로 계상한 것	① 상법에 의한 소멸시효가 완성된 외상매출금 및 미수금 ② 어음법에 의한 소멸시효가 완성된 어음 ③ 수표법에 의한 소멸시효가 완성된 수표 ④ 민법에 의한 소멸시효가 완성된 대여금 및 선급금 ⑤ 채무자 회생 및 파산에 관한 법률에 의한 회생계획인가의 결정 또는 법원의 면책결정에 따라 회수불능으로 확정된 채권 ⑥ 서민의 금융생활 지원에 관한 법률에 따른 채무조정을 받아 같은 법 제75조의 신용회복지원협약에 따라 면책으로 확정된 채권 ⑦ 민사집행법 제102조의 규정에 의해 채무자의 재산에 대한 경매가 취소된 압류채권

관련사례

- 대손요건 미비로 손금불산입한 이후 결산조정 대손사유가 발생한 경우 대손금의 손금 귀속시기

  내국법인이 미회수채권에 대해 결산서상 대손금으로 계상하였으나 법인세법상 대손요건 미비로 손금불산입한 경우로서 해당 사업연도 이후에 채무자의 파산 등의 결산조정 대손사유(법령 §19의 2 ① 8호)가 발생한 경우 해당 사유가 발생한 사업연도 이후에 법인세 확정신고(법법 §60) 시 세무조정으로 손금에 산입할 수 있는 것임(사전-2021-법령해석법인-0218, 2021. 5. 21.).

- 요건미비로 손금불산입한 대손금의 처리

  대손금의 귀속시기(법령 §19의 2 ③)가 도래하기 전에 손금으로 계상하여 손금불산입한 대손금은 그 후 대손금의 귀속시기가 속하는 사업연도에 세무조정으로 손금에 산입할 수 있음. 이 경우 신고조정대상 대손금을 해당 사업연도의 손금에 산입하지 아니한 때에는 법인세법 제66조 제2항에 따라 그 사업연도의 과세표준을 경정함(법기통 19의 2-19의 2…10).

- 소멸시효 완성채권의 대손금 귀속시기 및 경정청구 가능 여부

  소멸시효가 완성되어 회수할 수 없는 채권은 그 소멸시효가 완성된 날이 속하는 사업연도에 신고조정으로 손금에 산입할 수 있으며, 소멸시효가 완성된 대손금을 당해 사업연도의 소득금액 계산에 있어서 손금에 산입하지 못한 경우에는 국세기본법 제45조의 2의 규정에 의해 경정청구가 가능하나, 정당한 사유 없이 채권회수를 위한 제반 법적 조치를 취하지 아니함에 따라 채권의 소멸시효가 완성된 경우에는 동 채권의 금액은 접대비 또는 기부금으로 봄(서면2팀-1393, 2006. 7. 25.).

- 합병법인이 승계받은 피합병법인 채권의 대손처리

  합병으로 인해 피합병법인의 자산을 세무상 장부가액으로 승계받는 과정에서 대손요건에 해당하지 않는 채권을 세무상 장부가액으로 승계받았으나, 합병일 이후 동 채권이 회수할 수 없는 채권으로 확정된 경우에는 대손금의 손금귀속시기가 속하는 사업연도의 손금에 산입할 수 있음(법인 46012-96, 2003. 2. 6.).

- 대손금의 손금귀속시기 이연 가능 여부

  소멸시효가 완성된 채권은 그 소멸시효 완성일이 속하는 사업연도의 손금으로 산입하는 것이며, 손금으로 확정된 대손금은 이를 이연하여 손금으로 계상할 수 없음(법인 46012-256, 1995. 1. 26.).

2-4. 대손처리 후 회수되는 경우의 처리

2-4-1. 전기 손금인정된 채권의 회수

세법상 손금에 산입한 대손금 중 회수한 금액은 그 금액을 회수한 날이 속하는 사업연도에 익금에 산입한다(법법 §19의 2 ③). 따라서, 법인이 법인세법 제19조의 2 제1항의 규정에 의하여

손금에 산입한 대손금 중 회수한 금액을 기업회계기준에 따라 대손충당금을 증가시키는 것으로 회계처리하고 그 대손금 중 회수한 금액을 익금산입한 경우 당해 사업연도의 대손충당금을 손금에 산입함에 있어서 그 대손충당금의 증가액은 세무상 기 설정된 대손충당금으로 보지 아니하는 것이며, 법인이 당해 사업연도 대손충당금 설정 범위액에서 익금에 산입하여야 할 대손충당금을 차감한 잔액만을 설정하는 경우 동 대손충당금의 증가액은 손금에 산입한 후 시부인 계산하는 것이다(법인 46012-634, 2001. 4. 14.). 다만, 대손충당금 증가액 및 상각채권추심익에 관한 세무조정은 동액의 익금산입 및 손금산입이 동시에 발생하여 손익에 미치는 영향이 없으므로 실무상으로는 이에 대하여 별도의 세무조정을 하지 않아도 무방할 것으로 보인다.

2-4-2. 전기 손금부인된 채권의 회수

법인세법의 대손요건에 해당하지 아니하여 대손충당금과 상계한 채권을 익금에 산입(유보)한 법인이 당해 사업연도 이후에 그 대손충당금과 상계한 채권액이 회수되어 이를 기업회계기준에 따라 대손충당금의 증가로 회계처리한 경우에 당해 대손충당금의 증가로 회계처리한 금액을 익금불산입(△유보)하고, 법인세법 시행규칙 [별지 제34호 서식]의 대손충당금 및 대손금조정명세서 '④ 당기 계상액'에 포함하여 대손충당금 한도초과액을 계산하는 것이다(서이 46012-11797, 2003. 10. 17.).

2-5. 채권 · 채무의 조정

출자전환을 포함한 채권 · 채무조정 관련 대손금 등의 세무처리는 제2편 제2장 제5절 '채권 · 채무조정'을 참고하기로 한다.

3. 구상채권상각충당금

3-1. 구상채권상각충당금 설정대상 법인

법률에 의하여 신용보증사업을 하는 내국법인 중 다음의 어느 하나에 해당하는 법인이 각 사업연도의 결산을 확정할 때 구상채권상각충당금을 손비로 계상한 경우에는 일정 금액의 범위 안에서 그 계상한 구상채권상각충당금을 해당 사업연도의 소득금액을 계산할 때 손금에 산입한다(법법 §35 ① 및 법령 §63 ①).

① 신용보증기금법에 의한 신용보증기금
② 기술신용보증기금법에 의한 기술신용보증기금
③ 농림수산업자 신용보증법에 의한 농림수산업자신용보증기금
④ 한국주택금융공사법에 의한 주택금융신용보증기금
⑤ 무역보험법에 따른 한국무역보험공사

⑥ 산업재해보상법에 의한 근로복지공단(근로자신용보증지원사업에서 발생한 구상채권에 한함)
⑦ 사회기반시설에 대한 민간투자법에 의한 산업기반신용보증기금
⑧ 지역신용보증재단법에 의한 신용보증재단 및 같은 법 제35조에 따른 신용보증재단중앙회
⑨ 서민의 금융생활 지원에 관한 법률 제3조에 따른 서민금융진흥원
⑩ 엔지니어링산업 진흥법에 의한 엔지니어링공제조합
⑪ 소프트웨어 진흥법에 의한 소프트웨어공제조합
⑫ 방문판매 등에 관한 법률에 의한 공제조합
⑬ 한국주택금융공사법에 의한 한국주택금융공사
⑭ 건설산업기본법에 따른 공제조합
⑮ 전기공사공제조합법에 따른 전기공사공제조합
⑯ 산업발전법에 따른 자본재공제조합
⑰ 소방산업의 진흥에 관한 법률에 따른 소방산업공제조합
⑱ 정보통신공사업법에 따른 정보통신공제조합
⑲ 건축사법에 따른 건축사공제조합
⑳ 건설기술 진흥법 제74조에 따른 공제조합
㉑ 콘텐츠산업 진흥법 제20조의 2에 따른 콘텐츠공제조합

3-2. 손금산입한도액 및 손금산입방법

각 사업연도에 구상채권상각충당금을 손비로 계상한 경우에는 다음과 같이 계산한 금액의 범위 안에서 이를 손금에 산입할 수 있다. 이때 구상채권상각충당금은 반드시 결산조정에 의하여 손금에 산입하여야 하며, 결산에 반영하지 않고 세무조정계산서에 손금으로 계상할 수 없다(법법 §35 ②, ③ 및 법령 §63 ③).

구상채권상각충당금의 손금산입한도	=	해당 사업연도 종료일의 신용보증사업과 관련된 신용보증잔액	×	Min [1%, 구상채권발생률]

관련사례

• 담보부 보증금액이 신용보증금액에 포함되는지 여부
신용보증사업을 영위하는 법인이 법률에 의한 신용보증금액의 일부에 대하여 담보를 취득한 경우에도 이는 '신용보증잔액'에 포함됨(서면2팀-782, 2004. 4. 14.).

개 정

○ 회계기준 변경에 따라 구상채권상각충당금 손금산입 적용대상에서 주택도시보증공사 제외 (법령 §63 ① 2호, ②, ④ 2호)

➡ 2022년 12월 31일이 속하는 사업연도의 종료일 현재 법 제35조 제1항 및 제2항에 따라 손금산입한 구상채권상각충당금의 적립금은 시행령 제63조 제1항 제2호, 같은 조 제2항 및 같은 조 제4항 제2호의 개정규정에도 불구하고 2023년 1월 1일이 속하는 사업연도와 그 다음 4개 사업연도에 균등하게 나누어 익금에 산입함.

3-3. 구상채권상각충당금의 사용 및 익금산입

다음에 해당하는 대손금이 발생한 경우 그 대손금을 구상채권상각충당금과 먼저 상계하고, 상계 후 남은 구상채권상각충당금은 다음 사업연도의 소득금액을 계산할 때 익금산입한다(법법 §35 ③ 및 법령 §63 ④).

① 법인세법 시행령 제19조의 2 제1항 각 호의 어느 하나에 해당하는 구상채권

② 당해 법인의 설립에 관한 법률에 의한 운영위원회(농림수산업자 신용보증기금의 경우에는 농림수산업자신용보증심의회, 신용보증재단의 경우에는 지역신용보증재단법 제35조에 따른 신용보증재단중앙회, 근로복지공단의 경우에는 이사회를 말함)가 기획재정부장관과 협의하여 정한 기준에 해당한다고 인정한 구상채권

Step Ⅱ 서식의 이해

■ 작성요령 Ⅰ - 대손충당금 및 대손금조정명세서

❶ 「① 채권잔액」란에는 「㉑ 채권잔액」란 중 「계」란의 금액을 적되, 그 금액은 대손금부인액을 포함한 기말 현재 외상매출금 등 법인세법 시행령 제61조 제1항에 따른 설정대상 채권(법인세법 제34조 제2항 제외)으로 한다.

❷ 「② 설정률」란에는

일반법인은 1/100과 실적률 (해당 사업연도의 ㉘과 ㉛의 합계금액 / 직전사업연도 ①의 금액)

중 큰 비율을, 법인세법 시행령 제61조 제2항에 따른 금융회사 등은 2/100(2013. 1. 1. 이후 개시하는 사업연도분부터는 1/100)와 실적률 중 큰 비율의 해당란에 "○"표 한다. 다만, 법인세법 시행령 제61조 제2항 단서를 적용받는 금융회사 등의 경우에는 금융위원회가 기획재정부장관과 협의하여 정하는 대손충당금적립기준, 채권잔액의 2/100(2013. 1. 1. 이후 개시하는 사업연도분부터는 1/100) 또는 실적률 중 큰 비율의 해당란에 "○"표 한다.

❹ 「⑪ 당기 대손금 상계액」란에는 「㉗ 대손충당금과 상계한 대손금」의 「계」란의 금액을 적는다.

❺ 「⑱ 기말 현재 대손금부인누계」란에는 전기말 현재 대손금부인누계액에서 당기손금산입액을 빼고 당기 부인액을 더한 금액을 적는다.

❼ 「㉖ 금액」란에는 당기 대손발생 총액을 적는다.

❿ 「㉝~㊲ 금액」란에는 조세특례제한법 제104조의23에 따라 대손충당금 환입액의 익금불산입 신청을 한 법인만 작성한다.

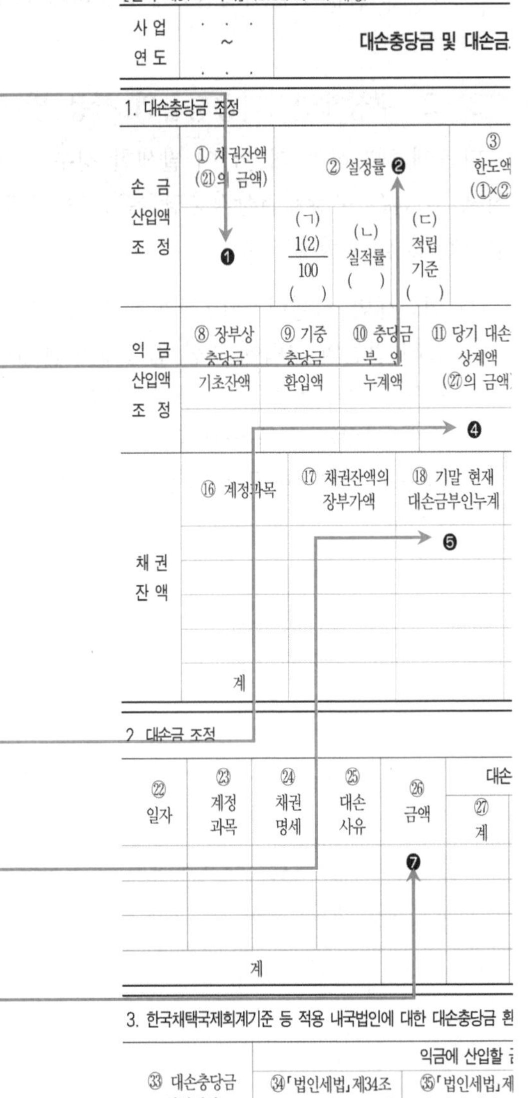
[별지 제34호 서식] (2024. 3. 22. 개정)

사업연도	. . . ~ . . .	대손충당금 및 대손금

1. 대손충당금 조정

손금산입액 조정	① 채권잔액 (㉑의 금액)	② 설정률 ❷ (ㄱ) 1(2)/100 ( )	(ㄴ) 실적률 ( )	(ㄷ) 적립기준 ( )	③ 한도액 (①×②
	❶				

익금산입액 조정	⑧ 장부상 충당금 기초잔액	⑨ 기중 충당금 환입액	⑩ 충당금 부인 누계액	⑪ 당기 대손 상계액 (㉗의 금액)
				❹

채권잔액	⑯ 계정과목	⑰ 채권잔액의 장부가액	⑱ 기말 현재 대손금부인누계
			❺
	계		

2. 대손금 조정

㉒ 일자	㉓ 계정과목	㉔ 채권명세	㉕ 대손사유	㉖ 금액	대손 ㉗ 계
				❼	
계					

3. 한국채택국제회계기준 등 적용 내국법인에 대한 대손충당금 환

㉝ 대손충당금 환입액의 익금불산입 금액	익금에 산입할 ㉞「법인세법」제34조 제1항에 따라 손금에 산입해야 할 금액 Min(③,⑥)	㉟「법인세법」제 제3항에 따라 익 산입해야 할 Max[0, (⑧-⑩-
❿	❿	❿

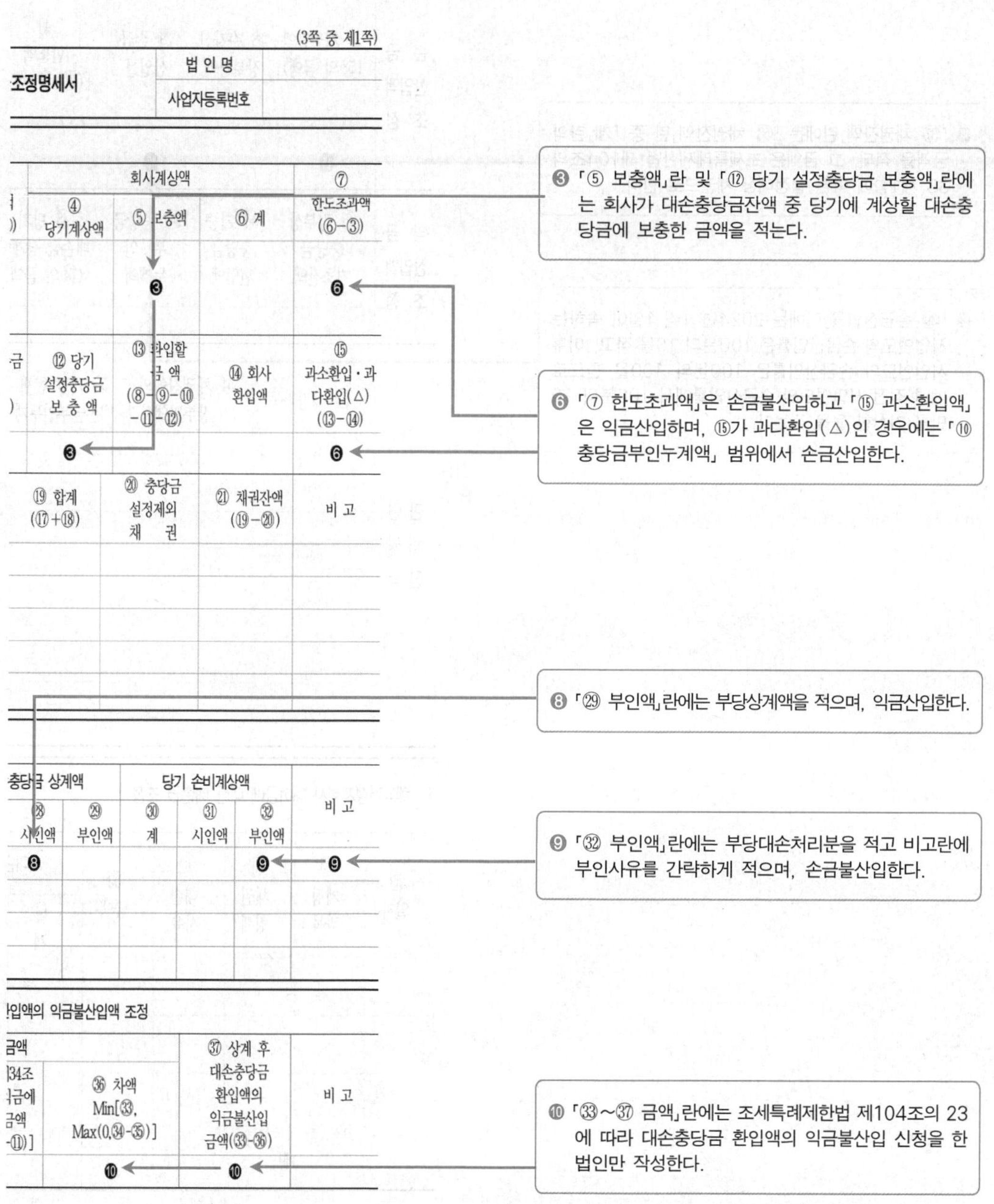
(3쪽 중 제1쪽)
조정명세서
법 인 명
사업자등록번호
회사계상액
④ 당기계상액
⑤ 보충액
⑥ 계
⑦ 한도초과액 (⑥-③)
⑫ 당기 설정충당금 보 충 액
⑬ 환입할 금 액 (⑧-⑨-⑩ -⑪-⑫)
⑭ 회사 환입액
⑮ 과소환입·과다환입(△) (⑬-⑭)
⑲ 합계 (⑰+⑱)
⑳ 충당금 설정제외 채 권
㉑ 채권잔액 (⑲-⑳)
비 고
충당금 상계액
당기 손비계상액
㉘ 시인액
㉙ 부인액
㉚ 계
㉛ 시인액
㉜ 부인액
비 고
환입액의 익금불산입액 조정
금액
㊱ 차액 Min[㉝, Max(0,㉞-㉟)]
㊲ 상계 후 대손충당금 환입액의 익금불산입 금액(㉝-㊱)
비 고
❸ 「⑤ 보충액」란 및 「⑫ 당기 설정충당금 보충액」란에는 회사가 대손충당금잔액 중 당기에 계상할 대손충당금에 보충한 금액을 적는다.
❻ 「⑦ 한도초과액」은 손금불산입하고 「⑮ 과소환입액」은 익금산입하며, ⑮가 과다환입(△)인 경우에는 「⑩ 충당금부인누계액」 범위에서 손금산입한다.
❽ 「㉙ 부인액」란에는 부당상계액을 적으며, 익금산입한다.
❾ 「㉜ 부인액」란에는 부당대손처리분을 적고 비고란에 부인사유를 간략하게 적으며, 손금불산입한다.
❿ 「㉝~㊲ 금액」란에는 조세특례제한법 제104조의 23에 따라 대손충당금 환입액의 익금불산입 신청을 한 법인만 작성한다.

■ 작성요령 Ⅰ – 대손충당금 및 대손금조정명세서

⓫ 「㊲ 채권잔액」란에는 「58 채권잔액」란 중 「계」란의 금액을 적되, 그 금액은 조세특례제한법 제104조의33 제1항에 따른 설정대상 채권으로 한다.

⓬ 「㊴ 손금산입률」란에는 2024년 1월 1일이 속하는 사업연도의 손금산입률은 100분의 10을 적고, 이후 사업연도의 손금산입률은 100분의 100을 한도로 매년 직전 사업연도의 손금산입률에서 100분의 10만큼 가산한 율을 적는다.

4. 해외건설자회사 대여금에 대한 대손충당금 조정

손금 산입액 조정	㊲ 채권잔액 (58의 금액)	㊳ 순자산 장부가액	㊴ 손금 산입률	㊵ 한도액 [(㊲-㊳)×㊴
	⓫		⓬	

익금 산입액 조정	㊺ 장부상 충당금 기초잔액	㊻ 기중 충당금 환입액	㊼ 충당금 부인 누계액	㊽ 당기 대손금 상계액 (64의 금액

관련 채권 잔액	53 계정과목	54 채권잔액의 장부가액	55 기말 현재 대손금부인누계
	계		

5. 해외건설자회사 대여금에 대한 대손금 조정

59 일자	60 계정과목	61 채권명세	62 대손사유	63 금액	대손… 64 계
계					

(3쪽 중 제2쪽)

회사계상액			㊹ 한도초과액 (㊸－㊵)
㊶ 당기 계상액	㊷ 보충액	㊸ 계	

㊾ 당기 설정충당금 보 충 액	㊿ 환입할 금 액 (㊺－㊻－㊼ －㊽－㊾)	51회사 환입액	52 과소환입·과다 환입(△) (㊿－51)

56 합계 (54+55)	57 충당금 설정제외 채 권	58 채권잔액 (56－57)	비 고
		⓭	

⑬ 「㊵ 한도액」란에는 해당 사업연도 종료일 현재 대여금 등의 「㊲ 채권잔액」에서 해외건설자회사의 「㊳ 순자산 장부가액」(차입금 등을 제외한 순자산 장부가액을 말하며, 0보다 작은 경우에는 0으로 함)을 뺀 금액에 「㊴ 손금산입률」을 곱한 금액을 적는다.

당금 상계액		당기 손비계상액			비 고
65 시인액	66 부인액	67 계	68 시인액	69 부인액	

[별지 제64호의 29 서식] (2024. 3. 22. 신설)

대손충당금 손금산입 특례 적용신청서

<table>
<tr><td rowspan="5">신청인</td><td>① 상호 또는 법인명</td><td>② 사업자등록번호</td></tr>
<tr><td>③ 대표자 성명</td><td>④ 법인등록번호</td></tr>
<tr><td colspan="2">⑤ 사업장(본점) 소재지
(전화번호 :)</td></tr>
<tr><td>⑥ 업종</td><td>⑦ 사업 개시일</td></tr>
<tr><td colspan="2">⑧ 사업연도
년 월 일부터 년 월 일까지</td></tr>
</table>

<table>
<tr><td rowspan="3">신청내용</td><td>⑨ 「조세특례제한법」 제104조의 33 제1항에 따른 대손충당금의 회사계상액 (「법인세법 시행규칙」 별지 제34호 서식 "㊸계"란)</td><td></td></tr>
<tr><td>⑩ 「조세특례제한법」 제104조의 33 제1항에 따른 손금산입 한도초과액 (「법인세법 시행규칙」 별지 제34호 서식 "㊹한도초과액"란)</td><td></td></tr>
<tr><td>⑪ 「조세특례제한법」 제104조의 33 제1항에 따른 손금산입액 (⑨-⑩)</td><td></td></tr>
</table>

「조세특례제한법」 제104조의 33 제5항 및 같은 법 시행령 제104조의 30 제4항에 따라 대손충당금 손금산입 특례 적용신청서를 제출합니다.

년 월 일

제출인 (서명 또는 인)

확인자 (서명 또는 인)

세 무 서 장 귀하

첨부서류	없 음	수수료 없 음

세무조정 체크리스트

▪ 대손충당금

검 토 사 항	확인
1. 대손충당금 설정대상 채권의 확인	
① 기업회계기준 및 관행상 설정대상 채권 확인	
② 세무상 손금불산입(유보) 처분된 상각액 확인	
③ 외화채권의 환산 여부 확인	
④ 대손충당금 설정대상 제외 채권 확인	
2. 동일인에 대한 채권·채무에 대하여 당사자의 약정에 의하여 상계하기로 한 규정 유무 확인	
3. 대손이 인정되는 채권 여부 확인(대손요건 확인)	
4. 대손금의 손금확정시기 확인	
5. 대손충당금의 세무상 한도액 계산	
① 일반법인(비금융회사)과 대손충당금 적립기준 적용대상이 아닌 금융회사 -채권 등 가액 × Max[1%, 대손실적률]	
② 대손충당금 적립기준 적용대상 금융회사 Max [채권 등 가액 × 1%, 채권 등 가액 × 대손실적률, 적립기준에 의한 적립 금액]	
6. 합병·분할시 대손충당금 한도초과액 승계 여부 확인	
7. 법인세법 제19조의 2 제2항의 규정에 의한 채권의 처분손실 유무 확인	
8 해외건설자회사에 지급한 대여금 등에 대한 대손충당금 손금산입의 확인	
① 손금산입 대상 해외건설자회사에 대한 대여금 요건 충족 여부 확인	
② 대손충당금의 손금산입 한도 확인	

▪ 구상채권상각충당금

검 토 사 항	확인
1. 설정대상 법인 확인	
2. 손금산입 한도 계산(신용보증잔액 × Min[1%, 구상채권발생률])	

Step Ⅲ 사례와 서식작성실무

예제 Ⅰ

사 례

㈜삼일의 제10기 사업연도(2024. 1. 1.~2024. 12. 31.) 법인세 신고를 위한 다음 자료를 이용하여 대손충당금과 관련된 대손충당금 및 대손금조정명세서(을) 〔별지 제34호 서식〕, 소득금액조정합계표 〔별지 제15호 서식〕 및 자본금과 적립금조정명세서(을) 〔별지 제50호 서식(을)〕을 작성하라. ㈜삼일은 제조업을 영위하며 중소기업이 아니다.

1. ㈜삼일의 제9기 및 제10기의 재무상태표상 채권 및 대손충당금 금액은 다음과 같다.

(단위 : 원)

구 분	제9기	제10기
매출채권	450,000,000	550,000,000
대손충당금	(70,000,000)	(40,000,000)
미수금(*1)	125,000,000	150,000,000
대손충당금	(1,500,000)	(2,000,000)
단기대여금(*2)	50,000,000	45,000,000
대손충당금	(20,000,000)	(15,000,000)
장기대여금(*3)	250,000,000	200,000,000
대손충당금	(150,000,000)	(105,000,000)

(*1) 기계장치 매각대금임.
(*2) 하청업체 및 거래처 대여금임.
(*3) 법인세법상 특수관계인에 해당하는 관계사에 대한 대여금임.

2. ㈜삼일의 제10기 사업연도 손익계산서상 대손금 및 대손충당금과 관련된 계정의 금액은 대손충당금 환입(영업외수익) ₩4,500,000과 기타의 대손상각비(영업외비용) ₩25,000,000이다.

3. ㈜삼일의 제10기 사업연도 회계상 대손처리한 채권의 내역은 다음과 같다.

구 분	금 액	대손사유
매출채권	25,000,000	부도발생일로부터 6월 이상 경과한 어음상의 채권으로 저당권이 설정되어 있지 않음.
단기대여금	5,000,000	민사집행법 규정에 따라 채무자의 경매가 취소된 압류채권임.
장기대여금	70,000,000	채무자(특수관계인)의 파산선고로 대손처리함.
합 계	100,000,000	

4. ㈜삼일의 제9기 사업연도 세무조정계산서상 유보잔액은 다음과 같다.

매출채권 대손부인액	₩ 30,000,000(*1)
단기대여금 대손부인액	₩ 80,000,000(*2)
대손충당금 한도초과액	₩ 234,150,000

(*1) 2023년 중에도 법인세법상 대손요건에 해당하지 아니함.

(*2) 20백만원은 2023년 중 민법상 소멸시효가 완성되었으며, 기타의 채권은 법인세법상 대손요건에 해당하지 아니함.

해 설

1. 대손충당금 계정의 내역

대손충당금

매출채권 대손	25,000,000	전기 이월	241,500,000
단기대여금 대손	5,000,000	대손상각비	-
장기대여금 대손	70,000,000	기타의 대손상각비	25,000,000
대손충당금 환입	4,500,000		
차기이월	162,000,000		
	266,500,000		266,500,000

2. 대손금 조정

구 분	계 정	총 대손금액	제10기 대손		세무조정
			회 계	세 무	
제9기 이전	매출채권	30,000,000			
	단기대여금	80,000,000		20,000,000	〈손금산입〉 20,000,000 (△유보)
제10기	매출채권	25,000,000	25,000,000	25,000,000	
	단기대여금	5,000,000	5,000,000	5,000,000	
	장기대여금	70,000,000	70,000,000		〈손금불산입〉 70,000,000 (유보)(*)
합 계		210,000,000	100,000,000	50,000,000	

(*) 파산종결 시점 등에 손금산입(△유보) 및 손금불산입(기타사외유출) 처분함.

3. 대손충당금 설정대상 채권

구 분	제9기	제10기
① 채권 장부가액	875,000,000	945,000,000
② 기말 대손부인액	110,000,000	160,000,000
③ 설정제외 채권	250,000,000	270,000,000
④ 설정대상 채권(①+②-③)	735,000,000	835,000,000

4. 대손충당금 손금산입액 조정

① 대손충당금의 손금산입한도 = 제10기 설정대상 채권 잔액 × Max(1%, 대손실적률)
= 835,000,000 × Max(1%, 6.80%(*))
= 56,780,000

(*) 대손실적률 = 제10기 세법상 대손금 / 제9기 대손충당금 설정대상 채권
= 50,000,000 / 735,000,000
= 6.80%

② 대손충당금 회사 계상액 = 회계상 대손상각비 + 당기 보충액
= 대손상각비 + (기초 대손충당금 잔액 - 대손금액 - 환입액)
= 25,000,000 + (241,500,000 - 100,000,000 - 4,500,000)
= 162,000,000

③ 대손충당금 한도초과액 = 대손충당금 회사 계상액 - 대손충당금의 손금산입한도
= 162,000,000 - 56,780,000
= 105,220,000(손금불산입 유보)

5. 대손충당금 익금산입액 조정

① 세법상 환입할 대손충당금 = 장부상 충당금 기초잔액 - 기중 충당금환입액 - 충당금부인누계액 - 당기 대손금상계액 - 당기 충당금보충액
= 241,500,000 - 0 - 234,150,000 - 100,000,000 - 137,000,000
= △229,650,000

② 회사 환입액 = 4,500,000

③ 과소환입액 or 과다환입액(△) = 세법상 환입할 대손충당금 - 회사 환입액
= △229,650,000 - 4,500,000
= △234,150,000(익금불산입 △유보)

6. 대손충당금 및 대손금조정명세서 〔별지 제34호 서식〕 작성 (다음 page 참조)

7. 소득금액조정합계표 〔별지 제15호 서식〕 작성 (다음 page 참조)

8. 자본금과 적립금조정명세서(을) 〔별지 제50호 서식(을)〕 작성 (다음 page 참조)

[별지 제34호 서식] (2024. 3. 22. 개정) (3쪽 중 제1쪽)

사업연도	2024. 1. 1. ~ 2024. 12. 31.	대손충당금 및 대손금조정명세서	법인명	(주)삼일
			사업자등록번호	

1. 대손충당금조정

손금산입액조정	①채권잔액 (㉑의 금액)	② 설정률			③ 한도액 (①×②)	회사계상액			⑦한도초과액 (⑥−③)
						④당기계상액	⑤보충액	⑥계	
	835,000,000	(ㄱ) 1(2)/100 (1%)	(ㄴ) 실적률 (6.80%)	(ㄷ) 적립기준( )	56,780,000	25,000,000	137,000,000	162,000,000	105,220,000

익금산입액조정	⑧장부상 충당금 기초잔액	⑨기중 충당금 환입액	⑩충당금 부인 누계액	⑪당기대손금 상계액 (㉗의 금액)	⑫당기설정충당금 보충액	⑬환입할 금액 (⑧−⑨−⑩−⑪−⑫)	⑭회사 환입액	⑮과소환입·과다환입 (△)(⑬−⑭)
	241,500,000		234,150,000	100,000,000	137,000,000	△229,650,000	4,500,000	△234,150,000

채권잔액	⑯계정과목	⑰채권잔액의 장부가액	⑱기말현재 대손금부인누계	⑲합계 (⑰+⑱)	⑳충당금 설정제외 채권	㉑채권잔액 (⑲−⑳)	비 고
	매출채권	550,000,000	30,000,000	580,000,000		580,000,000	
	미수금	150,000,000		150,000,000		150,000,000	
	단기대여금	45,000,000	60,000,000	105,000,000		105,000,000	
	장기대여금	200,000,000	70,000,000	270,000,000	270,000,000	0	
	계	945,000,000	160,000,000	1,105,000,000	270,000,000	835,000,000	

2. 대손금조정

㉒ 일자	㉓ 계정과목	㉔ 채권명세	㉕ 대손사유	㉖ 금액	대손충당금상계액			당기손비계상액			비 고
					㉗ 계	㉘ 시인액	㉙ 부인액	㉚ 계	㉛ 시인액	㉜ 부인액	
22.12.31.	매출채권	제품대	6월 경과	25,000,000	25,000,000	25,000,000					
22.12.31.	단기대여금	거래처 대여	경매 취소	5,000,000	5,000,000	5,000,000					
22.12.31.	장기대여금	관계사 대여	파산 선고	70,000,000	70,000,000	0	70,000,000				
계				100,000,000	100,000,000	30,000,000	70,000,000				

3. 한국채택국제회계기준 등 적용 내국법인에 대한 대손충당금 환입액의 익금불산입액의 조정

㉝ 대손충당금 환입액의 익금불산입 금액	익금에 산입할 금액			㊲ 상계후 대손충당금 환입액의 익금불산입 금액(㉝−㊱)	비 고
	㉞「법인세법」 제34조 제1항에 따라 손금에 산입하여야 할 금액 Min(③, ⑥)	㉟「법인세법」 제34조 제3항에 따라 익금에 산입하여야 할 금액 Max[0, (⑧-⑩-⑪)]	㊱ 차액 Min[㉝, Max(0, ㉞−㉟)]		

[별지 제15호 서식] (2022. 3. 18. 개정)

사업 연도	2024. 1. 1. ~ 2024. 12. 31.	소득금액조정합계표	법 인 명	(주)삼일
			사업자등록번호	

익금산입 및 손금불산입				손금산입 및 익금불산입			
① 과목	② 금액	③ 소득처분		④ 과목	⑤ 금액	⑥ 소득처분	
		처분	코드			처분	코드
장기대여금	70 000 000	유보	400	단기대여금	20 000 000	유보	100
대손충당금	105 220 000	유보	400	전기대손충당금	234 150 000	유보	100

[별지 제50호 서식(을)] (1999. 5. 24. 개정)

사업 연도	2024. 1. 1. ~ 2024. 12. 31.	자본금과 적립금조정명세서(을)	법인명	(주)삼일

※ 관리번호 □□-□□ 사업자등록번호 □□□-□□-□□□□□

※ 표시란은 기입하지 마십시오.

세무조정유보소득 계산

① 과목 또는 사항	② 기초잔액	당기 중 증감		⑤ 기말잔액 (익기초현재)	비 고
		③ 감 소	④ 증 가		
매출채권	30,000,000			30,000,000	
단기대여금	80,000,000	20,000,000		60,000,000	
대손충당금	234,150,000	234,150,000	105,220,000	105,220,000	
장기대여금	0		70,000,000	70,000,000	

예제 II

사 례

㈜삼일의 제10기 사업연도(2024. 1. 1.~2024. 12. 31.) 법인세 신고를 위한 다음 자료를 이용하여 대손충당금과 관련된 대손충당금 및 대손금조정명세서 〔별지 제34호 서식〕, 소득금액조정합계표 〔별지 제15호 서식〕 및 자본금과 적립금조정명세서(을) 〔별지 제50호 서식(을)〕을 작성하라. ㈜삼일은 제조업을 영위하며 중소기업이 아니다.

1. ㈜삼일의 제10기 사업연도 재무상태표상 채권 내역 및 대손충당금 내역은 다음과 같다.

매출채권	₩ 1,200,000,000
부도어음	50,000,000(*)
미 수 금	110,000,000
	₩ 1,360,000,000

(*) 2023년 중 어음법상 소멸시효가 완성되었음.

대손충당금

매출채권 대손(*3)	25,000,000	전 기 이 월	85,000,000
		상각채권 추심(*1)	13,000,000
		상각채권 추심(*2)	9,000,000
차 기 이 월	117,000,000	대 손 상 각 비	35,000,000
	142,000,000		142,000,000

(*1) 8기에 대손인정된 채권이 회수된 것임.
(*2) 9기에 대손부인된 채권이 회수된 것임.
(*3) 부도발생 후 6월이 경과한 외상매출금임.

2. ㈜삼일의 제9기 사업연도 세무조정계산서상 유보잔액은 다음과 같다.

매출채권 대손부인액	₩ 16,000,000(*1)
미수금 대손부인액	₩ 9,000,000(*2)
대손충당금 한도초과액	₩ 71,000,000

(*1) 2023년 중에도 법인세법상 대손요건에 해당하지 아니함.
(*2) 2023년 중 회수되었음.

3. ㈜삼일의 법인세법상 제10기 사업연도 대손실적률은 4%이다.

해 설

1. 대손금 조정
   ① 당기 제각한 채권에 대한 대손금 부인
   〈손금불산입〉 매출채권 25,000,000 (유보)
   ② 당기 소멸시효 완성된 채권에 대한 대손 인정
   〈손금산입〉 부도어음 50,000,000 (△유보)
2. 상각채권추심이익 조정
   ① 전기 손금인정된 채권의 회수
   〈익금산입〉 상각채권추심이익(대손충당금) 13,000,000 (유보)
   〈손금산입〉 대 손 충 당 금 13,000,000 (△유보)

   ※ 법인이 손금에 산입한 대손금 중 회수한 금액을 대손충당금을 증가시키는 것으로 회계처리한 경우 회수한 금액을 익금산입하고, 동 대손충당금의 증가액은 손금에 산입한 후 시부인 계산하는 것임(법인 46012-634, 2001. 4. 14.).

   ② 전기 손금부인된 채권의 회수
   〈익금불산입〉 미수금 9,000,000 (△유보)

   ※ 법인이 전기에 대손부인된 채권을 회수하여 이를 기업회계기준에 따라 대손충당금의 증가로 회계처리한 경우 당해 대손충당금의 증가로 회계처리한 금액을 익금불산입(△유보)하고, 별지 제34호 서식의 대손충당금 및 대손금조정명세서 '④ 당기 계상액'에 포함하여 대손충당금 한도초과액을 계산하는 것임(서이 46012-11797, 2003. 10. 17.).

3. 대손충당금 손금산입액 조정
   ① 대손충당금의 손금산입한도 = 제10기 설정대상 채권 잔액 × Max(1%, 대손실적률)
   = (채권 장부가액 + 기말 대손부인액 - 설정제외 채권) × Max(1%, 4%)
   = (1,360,000,000 + 16,000,000 + 25,000,000 - 50,000,000) × 4%
   = 54,040,000
   ② 대손충당금 회사 계상액 = 회계상 대손상각비 + 당기 보충액
   = 대손상각비 + 상각채권 추심액 + (기초 대손충당금 잔액 - 대손금액)
   = 35,000,000 + 13,000,000 + 9,000,000 + (85,000,000 - 25,000,000)
   = 117,000,000
   ③ 대손충당금 한도초과액 = 대손충당금 회사 계상액 - 대손충당금의 손금산입한도
   = 117,000,000 - 54,040,000
   = 62,960,000(손금불산입 유보)
4. 대손충당금 익금산입액 조정
   ① 세법상 환입할 대손충당금 = 장부상 충당금 기초잔액 - 기중충당금환입액 - 충당금부인누계액 - 당기 대손금상계액 - 당기 충당금 보충액
   = 85,000,000 - 0 - 71,000,000 - 25,000,000 - 60,000,000
   = △71,000,000

② 회사 환입액 = 0

③ 과소환입액 or 과다환입액(△) = 세법상 환입할 대손충당금 - 회사 환입액

= △71,000,000 - 0

= △71,000,000(익금불산입 △유보)

5. 대손충당금 및 대손금조정명세서 〔별지 제34호 서식〕 작성 (다음 page 참조)
6. 소득금액조정합계표 〔별지 제15호 서식〕 작성 (다음 page 참조)
7. 자본금과 적립금조정명세서 〔별지 제50호 서식(을)〕 작성 (다음 page 참조)

[별지 제34호 서식] (2024. 3. 22. 개정) (3쪽 중 제1쪽)

사업연도	2024. 1. 1. ~ 2024. 12. 31.	대손충당금 및 대손금조정명세서	법인명	(주)삼일
			사업자등록번호	

1. 대손충당금조정

구분	①채권잔액 (㉑의 금액)	② 설정률			③ 한도액 (①×②)	회사계상액 ④당기계상액	⑤보충액	⑥계	⑦한도초과액 (⑥-③)
손금산입액조정	1,351,000,000	(ㄱ) 1(2)/100 (1%)	(ㄴ) 실적률 (4.00%)	(ㄷ) 적립기준( )	54,040,000	57,000,000	60,000,000	117,000,000	62,960,000

구분	⑧장부상 충당금 기초잔액	⑨기중 충당금 환입액	⑩충당금 부인 누계액	⑪당기대손금 상계액 (㉗의 금액)	⑫당기설정충당금 보충액	⑬환입할 금액 (⑧-⑨-⑩-⑪-⑫)	⑭회사 환입액	⑮과소환입·과다환입 (△)(⑬-⑭)
익금산입액조정	85,000,000		71,000,000	25,000,000	60,000,000	△71,000,000		△71,000,000

채권잔액 ⑯계정과목	⑰채권잔액의 장부가액	⑱기말현재 대손금부인누계	⑲합계 (⑰+⑱)	⑳충당금 설정제외 채권	㉑채권잔액 (⑲-⑳)	비 고
매출채권	1,200,000,000	41,000,000	1,241,000,000		1,241,000,000	
부도어음	50,000,000		50,000,000	50,000,000	0	
미수금	110,000,000		110,000,000		110,000,000	
계	1,360,000,000	41,000,000	1,401,000,000	50,000,000	1,351,000,000	

2. 대손금조정

㉒ 일자	㉓ 계정과목	㉔ 채권명세	㉕ 대손사유	㉖ 금액	대손충당금상계액 ㉗ 계	㉘ 시인액	㉙ 부인액	당기손비계상액 ㉚ 계	㉛ 시인액	㉜ 부인액	비 고
22.12.31.	매출채권	제품대	부도후 6월경과	25,000,000	25,000,000	0	25,000,000				
계				25,000,000	25,000,000	0	25,000,000				

3. 한국채택국제회계기준 등 적용 내국법인에 대한 대손충당금 환입액의 익금불산입액의 조정

㉝ 대손충당금 환입액의 익금불산입 금액	익금에 산입할 금액 ㉞ 「법인세법」 제34조 제1항에 따라 손금에 산입하여야 할 금액 Min(③, ⑥)	㉟ 「법인세법」 제34조 제3항에 따라 익금에 산입하여야 할 금액 Max[0, (⑧-⑩-⑪)]	㊱ 차액 Min[㉝, Max(0, ㉞-㉟)]	㊲ 상계후 대손충당금 환입액의 익금불산입 금액(㉝-㊱)	비 고

[별지 제15호 서식] (2022. 3. 18. 개정)

사업연도	2024. 1. 1. ~ 2024. 12. 31.	소득금액조정합계표	법인명	(주)삼일
			사업자등록번호	

익금산입 및 손금불산입				손금산입 및 익금불산입			
① 과목	② 금액	③ 소득처분		④ 과목	⑤ 금액	⑥ 소득처분	
		처분	코드			처분	코드
매출채권	25 000 000	유보	400	부도어음	50 000 000	유보	100
상각채권추심	13 000 000	유보	400	대손충당금	13 000 000	유보	100
대손충당금	62 960 000	유보	400	미수금 (대손충당금)	9 000 000	유보	100
				전기대손충당금	71 000 000	유보	100

[별지 제50호 서식(을)] (1999. 5. 24. 개정)

사업연도	2024. 1. 1. ~ 2024. 12. 31.	자본금과 적립금조정명세서(을)	법인명	(주)삼일

※ 관리번호 □□-□□ 사업자등록번호 □□□-□□-□□□□□

※ 표시란은 기입하지 마십시오.

세무조정유보소득 계산

① 과목 또는 사항	② 기초잔액	당기중증감		⑤ 기말잔액 (익기초현재)	비고
		③ 감소	④ 증가		
매출채권	16,000,000		25,000,000	41,000,000	
미수금	9,000,000	9,000,000		0	
대손충당금	71,000,000	71,000,000	62,960,000	62,960,000	
부도어음			△50,000,000	△50,000,000	

재고자산, 유가증권

관련 법령

- 법법 §41, §42, §42의 2
- 법령 §19, §52, §68, §72, §73, §74, §75, §78, §78의 2
- 법칙 §37, §38, §39

최근 주요 개정 내용

- 자본준비금 감액배당 시 장부가액 감액 및 무증자합병시 합병법인 주식가액 조정 규정 명확화(법령 §72 ⑤)

종 전	현 행
〈신 설〉	□ 자본준비금 감액배당 시 장부가액 계산방법 규정 ○ 자본준비금 감액배당 시 장부가액 : 종전 장부가액 - 감액배당받은 금액 중 과세되지 않은 금액 □ 무증자합병 관련 규정 명확화 ○ 무증자합병(*)시 합병법인 주식의 가액 조정 (*) 법인세법 제44조 제3항 제2호에 해당하는 경우로서 합병법인의 주식을 지급하지 않은 경우 : 합병법인 종전 주식의 가액 + 소각된 피합병법인 주식의 가액 - 현금 등 지급액

➡ 개정일자 : ㉾ 2024. 2. 29.
적용시기 : 2024년 2월 29일부터 시행함.

관련 서식

- 법인세법 시행규칙
  [별지 제39호 서식] (재고자산/유가증권)평가조정명세서
  [별지 제41호 서식] 재고자산평가차익 익금불산입신청서

제12절

재고자산, 유가증권

12

Step I 내용의 이해

1. 재고자산

1-1. 재고자산의 의의

재고자산은 기업의 정상적인 영업과정에서 판매를 위하여 보유하거나 생산과정에 있는 자산 및 생산 또는 서비스 제공과정에 투입될 원재료나 소모품의 형태로 존재하는 자산을 말한다(K-IFRS 1002호 문단 6 및 일반기준 7장 문단 7.3). 즉, 재고자산에는 외부로부터 매입하여 재판매를 위해 보유하는 상품, 미착상품, 적송품 및 토지와 기타 자산, 판매목적으로 제조한 제품과 반제품, 생산 중에 있는 재공품 및 생산과정이나 서비스를 제공하는 데 투입될 원재료와 부분품, 소모품, 소모공구기구, 비품 및 수선용 부분품 등의 저장품을 포함한다(일반기준 7장 부록 실7.1). 다만, 공구 및 비품이 재고자산의 범위에 포함되기 위해서는 당기 생산과정에서 소비 또는 투입될 품목이어야 하며, 한 회계기간 이상 사용할 것으로 예상되는 품목이면 고정자산으로 분류하여야 한다(일반기준 7장 부록 실7.2).

기업의 형태나 사업의 종류 등에 따라 정도의 차이는 있으나 재고자산은 기업의 각종 채권, 고정자산 등과 함께 기업자산의 대부분을 차지하고 있으며 기업의 주된 사업에 대응되는 원가인 매출원가를 구성하기 때문에 기업이익을 결정하는 가장 중요한 부분이라 할 수 있다. 재고자산이 기업의 영업활동에 투입되어 기업이익을 구성하는 일련의 과정을 도해하면 다음과 같다.

| 재고자산의 투입으로 기업이익을 구성하는 일련의 과정 |

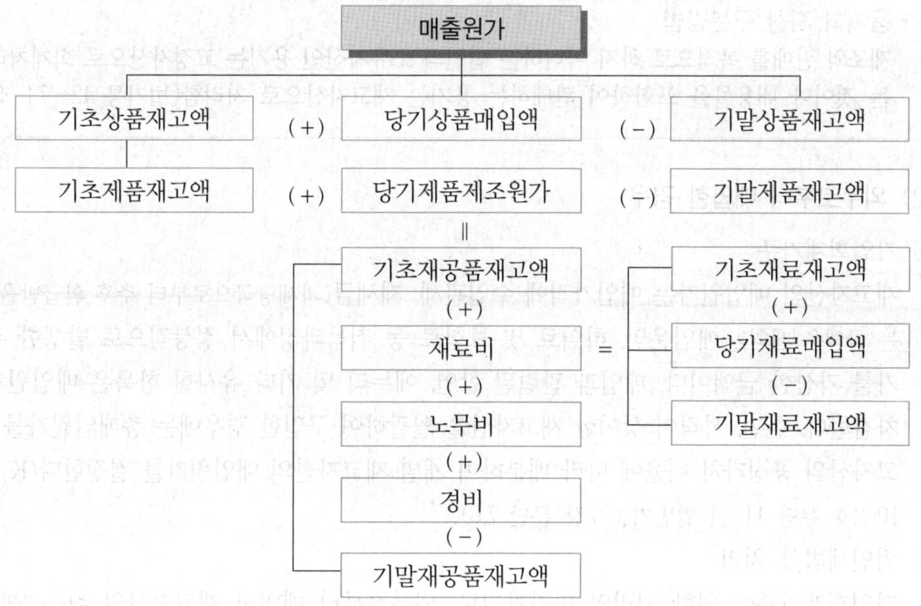

1-2. 재고자산의 취득가액

(1) 개 요

법인세법상 재고자산 취득가액의 산정방법이 별도로 규정되어 있지 않으나, 일반적인 자산의 취득가액규정에 따라 다음과 같이 평가한다(법령 §72 ②).

| 취득방법별 자산의 취득가액(주주 등이 취득한 주식 등 제외) **|**

구 분	취 득 가 액
(1) 타인으로부터 매입한 자산	매입가액 + 취득세(농어촌특별세와 지방교육세를 포함) · 등록면허세, 그 밖의 부대비용
(2) 자기가 제조 · 생산 또는 건설 기타 이에 준하는 방법에 의하여 취득한 자산	제작원가 + 부대비용 ※ 원재료비 · 노무비 · 운임 · 하역비 · 보험료 · 수수료 · 공과금(취득세와 등록면허세를 포함) · 설치비 기타 부대비용의 합계액
(3) 합병 · 분할 또는 현물출자에 따라 취득한 자산	• 적격합병(법법 §44 ②, ③에 따른 합병) 또는 적격분할(법법 §46 ②에 따른 분할)의 경우 : 장부가액(법령 §80의 4 ①, §82의 4 ①) • 그 밖의 경우 : 해당 자산의 시가
(4) 그 외의 방법으로 취득한 자산	취득당시의 시가

관련사례

• 용기의 자산 구분방법
제조와 판매를 목적으로 하지 아니하는 법인의 소유자산인 용기는 고정자산으로 회계처리하는 것이나 내용물을 포함하여 판매하는 용기는 재고자산으로 처리함(법기통 42-74…5).

(2) 외부로부터 매입한 경우

① 기업회계기준
재고자산의 매입원가는 매입가격에 수입관세, 제세금(과세당국으로부터 추후 환급받을 수 있는 금액은 제외), 매입운임, 하역료 및 보험료 등 취득과정에서 정상적으로 발생한 부대원가를 가산한 금액이다. 매입과 관련된 할인, 에누리 및 기타 유사한 항목은 매입원가에서 차감한다. 한편, 성격이 상이한 재고자산을 일괄하여 구입한 경우에는 총매입원가를 각 재고자산의 공정가치 비율에 따라 배분하여 개별 재고자산의 매입원가를 결정한다(K-IFRS 1002호 문단 11 및 일반기준 7장 문단 7.6).

② 법인세법상 처리
기업회계기준에 의한 처리와 마찬가지로, 외부로부터 매입한 재고자산의 취득가액은 그 매입가액과 매입부대비용의 합계액이므로 기업회계기준에 의한 매입에누리 금액 및 매입할인 금액을 제외한 금액으로 한다(법법 §41 ① 1호 및 법령 §19 1호).

관련사례

• 재고자산 취득시 첨가하여 매입한 국·공채의 매입가액과 현재가치와의 차액의 손금처리 방법
재고자산(용지 포함)의 취득시 첨가하여 매입한 국·공채의 매입가액과 현재가치와의 차액은 당해 재고자산의 취득가액에 산입하지 아니하는 것이며, 국·공채의 처분손실은 처분일이 속하는 사업연도에 손금에 산입하는 것임(서면2팀-1345, 2006. 7. 14.).

(3) 자기가 제조 또는 생산한 제품의 경우

1) 기업회계기준

① 제조원가의 계산
제품, 반제품 및 재공품 등 재고자산의 제조원가는 보고기간종료일까지 제조과정에서 발생한 직접재료비, 직접노무비, 제조와 관련된 변동 및 고정제조간접비의 체계적인 배부액을 포함한다.
고정제조간접원가는 생산설비의 정상조업도에 기초하여 제품에 배부하며, 실제 생산수준이 정상조업도와 유사한 경우에는 실제조업도를 사용할 수 있다. 그러나, 실제조업도가 정상

조업도보다 높은 경우에는 실제조업도에 기초하여 고정제조간접원가를 배부함으로써 재고자산이 실제원가를 반영하도록 하여야 한다. 변동제조간접원가는 생산설비의 실제 사용에 기초한 합리적인 배부기준에 따라 각 생산단위에 배부한다(K-IFRS 1002호 문단 13 및 일반기준 7장 문단 7.8).

② 제조원가에서 제외되는 비용

재고자산 원가에 포함할 수 없으며 발생기간의 비용으로 인식하여야 하는 원가의 예는 다음과 같다(K-IFRS 1002호 문단 16 및 일반기준 7장 문단 7.10).

- 재료원가, 노무원가 및 기타의 제조원가 중 비정상적으로 낭비된 부분
- 추가 생산단계에 투입하기 전에 보관이 필요한 경우 외의 보관비용
- 재고자산을 현재의 장소에 현재의 상태로 이르게 하는 데 기여하지 않은 관리간접원가
- 판매원가

2) 법인세법상 처리

기업회계기준에 의한 처리와 마찬가지로, 자기가 제조·생산·건설 기타 이에 준하는 방법에 의하여 취득한 재고자산의 취득가액은 원재료비·노무비·운임·하역비·보험료·수수료·공과금(취득세와 등록면허세를 포함)·설치비 기타 부대비용의 합계액으로 한다(법령 §72 ② 2호).

관련사례

- 작업부산물 등의 평가

  작업부산물 등은 기업회계기준 중 중요성의 원칙에 따라 평가함. 따라서 작업부산물의 매각액 또는 이용가치가 매우 적은 경우에는 이를 평가하지 아니할 수 있으나, 작업부산물가액이 상당한 때에는 주제품의 제조원가에서 공제하거나 등급별 원가계산의 방법에 의하여 당해 작업부산물 등을 평가하여야 함(법기통 42-74…6).

- 원재료로 재투입되는 불량품 등의 평가

  생산과정에서 발생한 불량품 등을 원재료로 재투입하는 경우에는 재투입하는 때의 원재료 매입가액에 준하여 평가함(법기통 42-74…7).

- 제조과정 중에 발생하는 제품보수비의 손금산입시기

  제조과정 중 제품의 흠을 보수 또는 보완하기 위하여 소요된 제조비용은 판매가능한 제품원가의 구성요소이므로 그 제품이 판매된 날이 속하는 사업연도의 손금에 산입함(법기통 19-19…4).

- 하자보수비의 손금산입시기

  제공을 완료한 용역 등에서 발생한 하자보수 관련 비용은 그 지출이 확정되는 때에 손금산입하며, 하자보수예상액인 하자보수충당금은 손금불산입함(법인 46012-505, 2001. 3. 8.).

(4) 합병·분할 또는 현물출자에 따라 취득한 자산

합병·분할 또는 현물출자에 따라 취득한 자산은 적격합병(법법 §44 ②, ③에 따른 합병) 또는 적격분할(법법 §46 ②에 따른 분할)의 경우에는 장부가액(법령 §80의 4 ①, §82의 4 ①)을 그 취득원가로 하고, 그 밖의 경우에는 해당 자산의 시가로 한다(법령 §72 ② 3호).

(5) 교환·증여·기타 무상으로 취득한 경우

매입·제조 및 조직변경에 의한 취득을 제외한 여타의 취득의 경우 취득가액은 취득당시의 시가에 의한다(법령 §72 ② 8호).

(6) 재고자산에 대한 건설자금이자

① 기업회계기준

한국채택국제회계기준상 의도된 용도로 사용하거나 판매가능한 상태에 이르게 하는데 상당한 기간을 필요로 하는 재고자산의 취득, 건설 또는 생산과 직접 관련된 차입원가는 당해 자산 원가의 일부로 자본화하여야 한다(K-IFRS 1023호 문단 7, 8).

반면, 일반기업회계기준에서는 차입원가는 기간비용으로 처리함을 원칙으로 하되, 제조, 매입, 건설, 또는 개발이 개시된 날로부터 의도된 용도로 사용하거나 판매할 수 있는 상태가 될 때까지 1년 이상의 기간이 소요되는 재고자산의 취득을 위한 자금에 차입금이 포함된 경우 이러한 차입금에 대한 차입원가는 재고자산의 취득에 소요되는 원가로 회계처리할 수 있다. 재고자산의 취득과 관련된 차입원가는 그 자산을 취득하지 아니하였다면 부담하지 않을 수 있었던 원가이기 때문에 재고자산의 취득원가를 구성하며, 그 금액을 객관적으로 측정할 수 있는 경우에는 해당 자산의 취득원가에 산입할 수 있다(일반기준 18장 문단 18.4).

② 법인세법

법인세법상 건설자금이자의 계산대상자산은 사업용 유형자산 및 무형자산에 한하므로, 재고자산은 그 대상자산에서 제외하고 있다(법령 §52 ①). 따라서, 재고자산의 취득과 관련한 지급이자는 이자가 발생한 기간의 손금으로 하여야 한다.

③ 세무조정

법인세법상 건설자금이자의 계산대상에서 제외되는 재고자산에 대하여 계상된 건설자금이자는 당기에 손금산입(△유보)하고, 그 손금산입된 금액은 추후 당해 자산의 처분 또는 비용계상시 손금불산입(유보)한다.

관련사례

- 매매목적 주택 및 아파트에 대한 건설자금이자의 계산 여부
  법인이 매매를 목적으로 매입 또는 건설하는 주택 및 아파트에 대하여는 건설자금이자를 계산하지 아니하는 것임(법인 46012-1845, 1997. 7. 8.).
- 부동산매매업 법인이 재고자산인 토지의 매입시 건설자금이자의 계산 여부
  차입금의 이자를 자본적 지출로 하여 취득원가에 산입하도록 한 규정은 사업용 고정자산의 매입·제작·건설에 한하여 적용하는 것이므로 부동산매매업을 영위하는 법인이 재고자산인 토지의 매입 등에 사용한 차입금의 이자는 취득원가에 산입하지 아니하는 것임(법인 46012-1669, 1997. 6. 20.).

(7) 현재가치할인차금

재고자산을 장기할부조건 등으로 취득하는 경우에 발생한 채무를 기업회계기준이 정하는 바에 따라 현재가치로 평가한 경우에 계상되는 현재가치할인차금은 재고자산의 취득가액에 포함하지 아니한다(법령 §72 ④ 1호). 여기서 장기할부조건이라 함은 해당 자산의 양수대금 등을 2회 이상 분할 지급하는 것으로서 당해 목적물의 인도일의 다음날부터 최종 할부금 지급기일까지의 기간이 1년 이상인 것을 말한다(법령 §68 ④).

(8) 연지급수입과 지급이자

1) 기업회계기준

수출자신용공여방식(Shipper's Usance), 은행신용공여방식(Banker's Usance) 또는 인수도조건부방식(D/A Bill)과 같이 연불조건으로 원자재를 수입하는 경우에 발생하는 이자는 금융비용으로 처리한다(K-IFRS 1002호 문단 18 및 일반기준 7장 문단 실7.3).

2) 법인세법

법인세법에서는 연지급수입에 따른 이자는 원칙적으로 해당 수입자재의 매입부대비로 보아 취득가액에 가산한다. 다만, 다음 중 어느 하나에 해당하는 연지급수입에 있어서 취득가액과 구분하여 지급이자로 계상한 금액에 대하여는 취득가액에 포함하지 아니한다(법령 §72 ④ 2호 및 법칙 §37 ③).

① 은행이 신용을 공여하는 기한부 신용장방식(Banker's Usance) 또는 공급자가 신용을 공여하는 수출자신용방식(Shipper's Usance)에 의한 수입방법에 의하여 그 선적서류나 물품의 영수일부터 일정기간이 경과한 후에 당해 물품의 수입대금 전액을 지급하는 방법에 의한 수입

② 수출자가 발행한 기한부 환어음을 수입자가 인수하면 선적서류나 물품이 수입자에게 인도되도록 하고 그 선적서류나 물품의 인도일부터 일정기간이 지난 후에 수입자가 해당

물품의 수입대금 전액을 지급하는 방법(D/A Bill)에 의한 수입

③ 정유회사, 원유 · 액화천연가스 또는 액화석유가스 수입업자가 원유 · 액화천연가스 또는 액화석유가스의 일람불방식 · 수출자신용방식 또는 사후송금방식에 의한 수입대금결제를 위하여 외국환거래법에 의한 연지급수입기간 이내에 단기외화자금을 차입하는 방법에 의한 수입

④ 그 밖에 ① 내지 ③과 유사한 연지급수입

3) 세무조정

기업회계기준에서는 Usance Bill 및 D/A Bill과 같이 연불조건으로 원자재를 수입하는 경우에 발생하는 이자는 금융비용으로 처리하도록 하고 있다(K-IFRS 1002호 문단 18 및 일반기준 7장 문단 실7.3). 한편, 법인세법에서는 전술한 바와 같이 법인세법 시행규칙 제37조 제3항(상기 '2)의 단서부분')에 해당하는 연지급수입에 있어서 취득가액과 구분하여 지급이자로 계상한 경우에 이를 인정하도록 하고 있다.

▌연지급수입에 따른 지급이자의 처리방법 비교▐

구 분	기업회계기준	법 인 세 법
D/A 이자	이자비용	취득가액 * 단, 이자비용으로 처리한 경우 이를 인정
Shipper's Usance이자		
Banker's Usance이자		

(9) 수출용 원재료의 관세환급금

수출용 원재료를 수입하는 경우 수입시에 관세를 부담하고 그 원재료를 사용하여 제품을 생산 수출하게 될 경우에는 수입시 부담한 관세를 환급받게 되는 바, 원재료 수입시에 납부한 관세는 재고자산의 매입부대비용으로 보아 재고자산의 취득가액에 가산하고, 추후 수출을 완료함으로써 받는 관세환급금은 매출원가에서 공제한다.

한편, 관세 등의 환급을 정부에 자기명의로 직접 신청하여 수령하는 경우에는 매출원가의 차감으로 처리하여야 할 것이나(법인 1234.21-42, 1976. 1. 8.), 수출업자를 통하여 간접적으로 수령하는 경우는 매출액으로 처리하여야 한다(국심 84부 1294, 1984. 10. 12.).

참고로, 관세환급금의 법인세법상 손익귀속시기는 다음과 같다(법기통 40-71…6).

① 수출과 동시에 환급받을 관세 등이 확정되는 경우(수출용 원재료에 대한 관세 등 환급에 관한 특례법 제13조에 따른 정액환급률표에 의한 환급액을 포함한다)에는 해당 수출을 완료한 날

② 수출과 동시에 환급받을 관세 등이 확정되지 아니하는 경우에는 환급금의 결정통지일 또는 환급일 중 빠른 날

(10) 의제매입세액 등

부가가치세법 제42조에 따른 의제매입세액 공제액과 조세특례제한법 제108조에 따른 재활용폐자원 등에 대한 매입세액 공제액은 해당 법인의 각 사업연도의 소득금액을 계산할 때 해당 원재료의 매입가액에서 공제하여야 한다(법령 §22 ②). 또한 의제매입세액이 공제되는 원재료의 기말재고에 대한 평가는 공급받은 가액에서 의제매입세액상당액을 차감하여 평가한다(법기통 42-74…4).

그러나 의제매입세액 공제신고를 하지 않았을 경우나 신고했더라도 공제받지 못한 경우에는 매입원가에 산입한다(법인 22601-2596, 1986. 8. 22.).

(11) 기타의 경우

① 원재료 등을 소비대차한 경우의 취득가액

원재료 등을 일시적으로 소비대차한 경우 원료 차용시에는 대여자의 정당한 매입가격에 의하여 계상하고, 상환시에는 상환하는 원료의 매입가격에 의하여 계상한다(법기통 41-72…2).

▌소비대차한 경우의 취득가액▐

구 분	취득가액
원료 차입시	대여자의 정당한 매입가격
원료 상환시	원료의 매입가격

② 대물변제로 취득한 재고자산의 취득가액

법인이 거래처의 부도발생 등으로 채권을 회수할 수 없어 그 거래처의 재고자산 등으로 대물변제를 받는 경우 재고자산의 취득가액은 다음과 같다(서면2팀-2173, 2004. 10. 27. 및 법인 46012-3261, 1996. 11. 22.).

구 분	취득가액
채권액 ≥ 재고자산의 시가	재고자산의 시가
채권액 < 재고자산의 시가	채권액

1-3. 재고자산의 평가

1-3-1. 개 요

(1) 재고자산평가의 의의

재고자산의 평가라 함은 기초재고액과 당기매입액(또는 당기제품제조원가)을 기말재고액과 매출원가로 배분하기 위하여 기말재고자산의 가액을 평가하는 과정을 말한다. 기말재고액은 다음과 같이 계산한다.

기말재고액 = 수량 × 단가

위에서 보듯이 기말재고액은 기말에 남아있는 수량에 재고자산의 단위당 가액을 계산하게 된다. 그러나 재고자산을 여러 번에 걸쳐 매입 또는 제조 등을 한 경우에는 매입 또는 제조시마다 단가가 다르기 때문에 기말에 남아있는 재고자산의 단가를 일일이 추적하여 계산하기가 어렵다. 따라서, 기말재고자산 가액을 계산하기 위해서는 인위적인 방법에 의하여 단가를 결정하여야 하는데, 이러한 단가결정과정을 '재고자산의 평가과정'이라 할 수 있다.

(2) 재고자산의 수량결정방법

재고자산의 수량을 결정하는 방법에는 계속기록법과 실지조사법이 있다. 계속기록법은 재고자산을 종류·규격별로 나누어 입고·출고시마다 계속적으로 기록함으로써 항시 재고자산의 수량이 산출되도록 하는 방법이고, 실지재고조사법은 정기적으로 재고조사를 실시하여 실제 재고수량을 파악하는 방법이다. 상기 두 가지 방법은 각각 장단점이 있기 때문에 병용하여 사용하여야 한다.

(3) 재고자산 과부족의 처리

① 재고자산 초과(장부상 누락)

재고조사의 결과 재고자산의 실제 재고량이 장부상 재고량보다 많은 경우에는 그 수량초과분을 익금(유보)에 산입하고, 법인이 동 누락자산을 수정하여 수익으로 계상한 경우에 동 금액을 익금불산입(△유보)하여 당초 유보액을 상계한다.

② 재고자산 부족(장부상 가공계상)

재고자산의 누락과는 반대로 재고자산이 장부에만 계상되어 있고 사실상 사외유출된 경우에는 시가에 의한 매출액상당액을 익금에 산입하여 대표자에 대한 상여로 처분하고 동 가공자산은 손금에 산입(△유보)하며, 추후 가공자산을 손금에 산입하는 경우에 손금불산입(유보)한다. 이 경우 자산을 특정인이 유용하고 있는 것으로서 회수할 것임이 객관적으로 입증되는 경우에는 가공자산으로 보지 아니하고 이를 동인에 대한 가지급금으로 본다(법기통 67-106…12).

한편, 재고자산의 부족분이 매출되었고 그 귀속자가 분명한 경우에는 가공자산으로 처분하는 것이 아니라 매출누락으로서 그 귀속자에 대한 배당, 상여 등으로 처분하여야 할 것이다.

1-3-2. 재고자산 평가방법의 종류

(1) 개 요

법인세법상 재고자산의 평가방법은 다음과 같다(법령 §74 ①).

구 분	개 념
원가법	개별법 · 선입선출법 · 후입선출법 · 총평균법 · 이동평균법 · 매출가격환원법 중 어느 하나의 방법에 의하여 산출한 취득가액을 그 자산의 평가액으로 하는 방법
저가법	원가법에 의하여 산출한 가액과 기업회계기준이 정하는 바에 따라 시가로 평가한 가액 중 낮은 편의 가액을 평가액으로 하는 방법

관련사례

- 매출가격환원법 적용시 재고조사표의 기록비치

  재고자산을 매출가격환원법에 의하여 평가하는 법인은 재고자산을 평가할 때마다 품목별 재고조사표를 기록비치하여야 함(법기통 42-74…2).

- 매출가격환원법의 적용특례

  매출가격환원법에 의하여 재고자산을 평가함에 있어서 해당 사업연도 종료일 현재를 기준으로 하여 판매예정차익이 발생되는 경우에는 판매될 예정가액에서 동 차익을 공제하여 취득가액을 계산하는 것이나 판매예정차손이 발생되는 경우에는 판매예정가액을 취득가액으로 봄(법기통 42-74…3).

- 신상품의 출하로 구모델의 가격하락시 재고자산의 평가방법

  신상품의 출하로 인하여 과거에 매입한 상품의 가격이 하락하였다는 사유만으로는 이를 처분가능시가로 평가할 수 없는 것이나 재고자산의 평가방법을 법정기일 내에 저가법으로 변경신고를 한 경우에는 원가와 시가 중 적은 금액을 장부가액으로 할 수 있는 것이며, 법인이 재고자산을 폐기처분하는 경우에는 그 사실이 객관적으로 입증될 수 있는 증거를 갖추어 손금에 산입할 수 있는 것임(법인 46012-3212, 1997. 12. 10.).

(2) 평가방법의 적용 단위기간

재고자산의 평가방법은 원칙적으로 1사업연도를 단위로 하여 적용하는 것이지만 예외적으로 월별 · 분기별 또는 반기별 적용을 인정하고 있다(법칙 §38 및 법기통 42-74…1).

관련사례

- 연단위 총평균법에서 월단위 총평균법으로의 변경 가능 여부

  연단위 총평균법에 의하여 재고자산을 평가하던 법인이 월단위 총평균법으로 재고자산의 평가방법을 변경하고자 하는 경우에는 그 변경할 평가방법을 적용하고자 하는 사업연도의 종료일 이전 3월이 되는 날까지 변경신고함으로써 재고자산의 평가방법을 변경할 수 있는 것임(서이 46012-10937, 2003. 5. 12.).

1-3-3. 재고자산평가방법의 적용

(1) 개 요

법인이 재고자산의 평가방법을 선택·적용하는 데 있어서 반드시 법인의 모든 재고자산에 대하여 동일한 평가방법을 적용할 필요는 없는 것이며, 다음의 자산별로 구분하여 영업의 종목별·영업장별로 각각 다른 방법에 의하여 평가할 수 있다(법령 §74 ②).

① 제품 및 상품(부동산매매업자의 매매목적부동산은 포함, 유가증권은 제외)
② 반제품 및 재공품
③ 원재료
④ 저장품

관련사례

• 대형종합소매업의 재고자산평가방법
대형종합소매업의 경우 매장 전체를 기준으로 재고자산평가방법을 적용하는 것이나, 동일한 영업매장이라도 한국표준산업분류상의 중분류 또는 소분류에 의한 종목별 영업이 구분되어 이루어지고 있으며 재고자산의 수불 및 손익계산서가 각각 작성되는 경우에는 종목별로 재고자산평가를 달리할 수 있음(서면2팀-2233, 2004. 11. 4.).

(2) 구분경리

영업종목별이나 영업장별로 재고자산을 달리 평가하고자 하는 법인은 그 영업종목(한국표준산업분류에 의한 중분류 또는 소분류에 의함)별이나 영업장별로 수익과 비용을 구분하여 기장하고 종목별·영업장별로 제조원가보고서와 포괄손익계산서(포괄손익계산서가 없는 경우에는 손익계산서를 말함)를 작성해야 한다(법령 §74 ② 후단).

(3) 영업장별 재고자산평가방법의 신고

영업장별로 재고자산평가방법을 달리 적용하고자 하는 경우에는 재고자산평가방법신고서에 영업장별 평가방법을 명시한 경우에 한하는 것으로, 영업장별 평가방법의 신고가 없는 경우에는 본점 또는 주사업장의 신고방법을 적용하여 평가한다(법기통 42-74…8).

1-3-4. 재고자산평가방법의 신고 및 변경신고

(1) 재고자산평가방법의 최초신고

법인은 각 사업연도의 소득금액 계산에 적용할 재고자산평가방법을 다음과 같이 법인세 과세표준 신고기한 내에 신고하여야 한다. 이 경우 저가법을 신고하는 경우에는 시가와 비교되는 원가법을 함께 신고하여야 한다(법령 §74 ③ 1호).

- 신설법인 : 당해 법인의 설립일이 속하는 사업연도의 법인세 과세표준 신고기한 내
- 수익사업을 개시한 비영리내국법인 : 수익사업 개시일이 속하는 사업연도의 법인세 과세표준 신고기한 내

관련사례

- 신규 사업의 추가에 따라 신규 영업장 개설시 재고자산평가방법 신고

법인이 신규 사업의 추가에 따라 새로운 영업장을 개설하면서 기존 영업장과 재고자산의 평가방법을 다르게 적용하고자 할 경우에는 신규 영업장을 개설한 사업연도의 과세표준 신고기한 내에 평가방법을 신고하여야 하며, 신규 영업장의 개설연도부터 신고한 방법에 따라 재고자산을 평가할 수 있음(법인 22601-2938, 1986. 9. 30.).

(2) 재고자산평가방법의 변경신고

법인이 종전에 적용하여 오던 재고자산의 평가방법을 변경하고자 하는 경우에는 변경할 평가방법을 적용하고자 하는 사업연도의 종료일 이전 3월이 되는 날까지 재고자산평가방법 변경신고를 하여야 한다. 예를 들면, 사업연도가 1. 1.~12. 31.인 2024사업연도부터 재고자산의 평가방법을 변경하고자 하는 경우에는 2024. 9. 30. 이내에 변경신고를 하여야 한다. 이 경우 저가법을 신고하는 경우에는 시가와 비교되는 원가법을 함께 신고하여야 한다(법령 §74 ③ 2호).

한편, 법인설립시 재고자산의 평가방법을 신고하지 아니하여 선입선출법(매매를 목적으로 하는 부동산의 경우에는 개별법)을 적용하던 법인이 그 후 처음으로 재고자산의 평가방법을 신고하는 것은 변경신고로 보며, 이 경우 변경할 평가방법을 적용하려는 사업연도의 종료일 전 3개월이 되는 날까지 변경신고를 하여야 한다(법령 §74 ⑥).

(3) 재고자산평가방법신고 또는 변경신고를 불이행한 경우의 처리

1) 재고자산평가방법을 신고하지 않은 경우

신설법인 또는 새로 수익사업을 개시한 비영리내국법인이 당해 법인의 설립일 또는 수익사업개시일이 속하는 사업연도의 법인세 과세표준의 신고기한까지 재고자산의 평가방법을 신고하지 아니하는 경우에는 납세지 관할 세무서장이 선입선출법(매매를 목적으로 소유하는 부동산은 개별법)에 의하여 재고자산을 평가한다(법령 §74 ④ 1호).

2) 최초의 신고기한을 경과하여 재고자산평가방법을 신고한 경우

신설법인 또는 새로 수익사업을 개시한 사업연도의 과세표준 신고기한이 경과된 후에 재고자산평가방법을 신고한 경우에는 그 신고일이 속하는 사업연도까지는 선입선출법(매매를 목적으로 소유하는 부동산은 개별법)을 적용하고 그 이후의 사업연도에 있어서는 법인이 신고한 평가방법에 의한다(법령 §74 ⑤).

3) 신고한 평가방법 외의 방법으로 평가한 경우

법인이 신고한 재고자산평가방법 외의 방법으로 평가한 경우에는 선입선출법(매매를 목적으로 소유하는 부동산의 경우 개별법)에 의하여 평가한 가액과 당초 신고한 평가방법에 의한 평가액 중 큰 금액을 세무상 재고자산가액으로 본다(법령 §74 ④ 2호). 동 규정은 제품 및 상품, 재공품 및 반제품, 원재료, 저장품으로 구별하여 각각에 대해서 적용한다(법기통 42-74…9).

4) 변경신고기한을 경과한 변경신고의 경우

법인이 재고자산평가방법의 변경신고기한(변경할 평가방법을 적용하고자 하는 사업연도의 종료일 이전 3월이 되는 날)을 경과하여 변경신고를 하고 그 변경한 방법에 따라 재고자산을 평가한 경우에는 그 새로운 평가방법을 최초 적용받고자 하였던 사업연도에 한해서는 선입선출법(매매를 목적으로 소유하는 부동산의 경우 개별법)에 의하여 평가한 가액과 변경 전 당초 신고한 평가방법에 의한 평가액 중 큰 금액을 세무상 재고자산가액으로 보며, 그 이후 사업연도부터는 변경신고한 평가방법에 따라 평가한다(법령 §74 ④ 3호, ⑤).

5) 착오에 의한 경우

재고자산평가방법을 신고하고 신고한 방법에 의하여 평가하였으나 기장 또는 계산상의 착오가 있는 경우에는 재고자산의 평가방법을 달리하여 평가한 것으로 보지 아니한다(법기통 42-74…10).

따라서, 이 경우에는 당초 신고한 방법에 의한 평가액과 착오에 의하여 신고한 평가액과의 차액을 조정하면 된다.

(4) 재고자산평가방법의 신고와 평가방법 요약

이상에서 설명한 내용을 요약하면 다음과 같다.

대상자산	신고가능 평가방법	무신고시 평가방법	임의변경시
① 제품 및 상품(부동산 매매업자의 매매목적 부동산 포함) ② 반제품 및 재공품 ③ 원재료 ④ 저장품	① 원가법 : 개별법, 선입선출법, 후입선출법, 총평균법, 이동평균법, 매출가격환원법 ② 저가법	① 매매목적부동산 : 개별법 ② 기타 재고자산 : 선입선출법	① 매매목적부동산 : Max(개별법, 당초 신고한 평가방법) ② 기타 재고자산 : Max(선입선출법, 당초 신고한 평가방법)

계산사례 - 1 **재고자산평가방법**

다음 자료에 의하여 ㈜삼일의 재고자산 평가액에 대해 설명하시오.

1. 사업연도 : 2024. 1. 1.~2024. 12. 31.
2. 기말재고자산의 평가내역

구 분	결산상 금액	총평균법	후입선출법	선입선출법	신고한 평가방법
상 품	₩1,000	₩1,000	₩1,200	₩1,300	무신고
반제품	5,200	5,350	5,200	5,200	총평균법
원재료	1,200	1,300	1,200	1,200	후입선출법
저장품	2,000	1,900	1,950	1,950	총평균법

3. 원재료는 직전 사업연도까지는 총평균법으로 평가하였으나 2024. 10. 7.에 후입선출법으로 변경하기로 하고 관할 세무서에 변경신고하였다.
4. 저장품은 신고방법대로 신고하였으나 계산의 착오로 상기와 같이 평가차액이 발생하였다.

해 설

재고자산 과소평가액은 익금산입(유보)하고, 과대평가액은 손금산입(△유보)한다.

① 상품은 무신고이므로 선입선출법으로 평가해야 한다(재고자산 과소평가액 : ₩300).

② 반제품은 신고방법 이외의 방법으로 평가하였으므로 선입선출법과 당초 신고한 평가방법 중 큰 금액으로 한다(재고자산 과소평가액 : ₩150).

③ 원재료는 법정신고기한 경과 후 신고하였으므로 총평균법과 선입선출법 금액 중 큰 금액으로 한다(재고자산 과소평가액 : ₩100).

④ 계산착오인 경우에는 임의변경으로 보지 않으므로, 그 차액을 손금산입한다(재고자산 과대평가액 : ₩100).

1-4. 재고자산평가손익의 처리

1-4-1. 재고자산평가이익

세법상 재고자산의 평가방법은 저가법과 원가법만을 인정하고 있으므로 재고자산평가이익은 발생할 여지가 없다. 다만, 재고자산평가이익을 계상한 경우라면 익금불산입(△유보)하고 동 재고자산을 판매하는 때에 반대의 세무조정을 하여야 한다.

1-4-2. 재고자산평가손실

(1) 개 요

재고자산평가손실은 다음의 경우를 제외하고는 손금에 산입하지 않는다. 한편, 다음의 경우에 해당하더라도 이를 결산에 반영함이 없이 세무조정에 의하여 손금산입할 수는 없다(법인 46012-3286, 1995. 8. 19.).

① 재고자산평가방법으로 저가법을 신고한 경우
재고자산평가방법을 저가법으로 신고하고 동 방법에 의하여 평가한 결과 재고자산평가손실이 계상되는 경우에는 손금에 산입한다.

② 파손·부패 등으로 정상가액 판매가 불가한 경우
파손·부패 등의 사유로 정상가격으로 판매할 수 없는 재고자산의 경우에는 저가법을 신고하였는지 여부에 불구하고 당해 재고자산을 사업연도종료일 현재 처분가능한 시가로 평가한 가액으로 할 수 있다(법법 §42 ③ 1호 및 법령 §78 ③ 1호). 이 경우 관리종업원에게 파손·부패 등의 배상책임이 있는 경우에도 재고자산평가손실을 손금에 산입한다(법기통 42-78…1).

(2) 교환 등이 발생한 경우의 처리

판매상품 등의 흠으로 새로운 상품 등을 교환하여 준 경우 회수한 상품 등은 파손·부패 등이 발생한 경우에 해당하므로 처분가능한 가액으로 평가할 수 있다(법기통 42-78…2).

한편, 파손·부패가 발생하거나 풍수해, 기타 관리상의 부주의 등으로 품질이 저하된 제품 등을 등급전환 또는 폐기처분하는 경우에는 그 사실이 객관적으로 입증될 수 있는 증거를 갖추어 처리하여야 한다(법기통 42-78…3).

1-5. 한국채택국제회계기준(K-IFRS) 적용 내국법인에 대한 재고자산평가차익 익금불산입

(1) 개 요

한국채택국제회계기준에서는 후입선출법을 사용하면 재고자산의 최근 원가 수준과 거의 관련이 없는 금액으로 재무상태표에 표시되고 일반적으로 실제 원가흐름을 신뢰성 있게 반영하지 못하므로 후입선출법을 허용하지 않고 있다. 반면, 일반기업회계기준에서는 후입선출법을 이용하여 재고자산의 원가를 결정하는 것을 허용하고 있으므로, 후입선출법을 재고자산 평가방법으로 사용하던 내국법인이 한국채택국제회계기준을 최초로 적용하는 경우 후입선출법 이외 한국채택국제회계기준에서 인정하는 평가방법으로 변경이 필요하다(일반기준 7장 문단 7.13).

이와 같이 내국법인이 한국채택국제회계기준을 최초로 적용하는 사업연도에 재고자산 평가방법을 후입선출법에서 법인세법 시행령 제74조 제1항 각 호에 따른 재고자산평가방법 중 후입선출법을 제외한 다른 재고자산 평가방법으로 변경 신고한 경우에는 해당 사업연도의 소득금액을 계산할 때 재고자산평가차익을 익금에 산입하지 아니하고, 한국채택국제회계기준을 최초로 적용하는 사업연도의 다음 사업연도 개시일부터 5년간 균등하게 나누어 익금에 산입할 수 있다(법법 §42의 2).

(2) 재고자산 평가방법

후입선출법이란 가장 가까운 날에 입고된 것부터 출고되고 그 재고자산은 사업연도종료일부터 가장 먼 날에 취득한 것이 재고로 되어 있는 것으로 하여 산출한 취득가액을 그 재고자산의 평가액으로 하는 방법을 말한다(법령 §78의 2 ①, §74 ① 1호 다목).

내국법인이 한국채택국제회계기준을 최초로 적용하는 사업연도에 후입선출법에서 변경할 수 있는 다른 재고자산 평가방법을 요약하면 다음과 같다(법령 §78의 2 ②, §74 ①).

구 분		평가방법
원가법	개별법	재고자산을 개별적으로 각각 그 취득한 가액에 따라 산출한 것으로 하여 평가하는 방법
	선입선출법	먼저 입고된 것부터 출고되고 그 재고자산은 사업연도종료일부터 가장 가까운 날에 취득한 것이 재고로 되어 있는 것으로 하여 평가하는 방법
	총평균법	자산을 품종별·종목별로 당해 사업연도개시일 현재의 자산에 대한 취득가액의 합계액과 당해 사업연도 중에 취득한 자산의 취득가액의 합계액의 총액을 그 자산의 총수량으로 나눈 평균단가에 따라 산출한 취득가액으로 평가하는 방법
	이동평균법	자산을 취득할 때마다 장부시재금액을 장부시재수량으로 나누어 평균단가를 산출하고 그 평균단가에 의하여 산출한 취득가액으로 평가하는 방법
	매출가격환원법	재고자산을 품종별로 당해 사업연도종료일에 있어서 판매될 예정가격에서 판매예정차익금을 공제하여 산출한 취득가액으로 하여 평가하는 방법
저가법		재고자산을 원가법에 의하여 평가한 가액과 기업회계기준이 정하는 바에 따라 시가로 평가한 가액 중 낮은 편의 가액으로 평가하는 방법

(3) 재고자산평가차익 익금불산입

내국법인이 한국채택국제회계기준을 최초로 적용하는 사업연도에 재고자산평가방법을 후입선출법에서 다른 재고자산평가방법으로 납세지 관할 세무서장에게 변경 신고한 경우 재고자산평가차익은 다음과 같이 계산하며, 해당 사업연도의 소득금액을 계산할 때 익금에 산입하지 아니할 수 있다(법법 §42의 2 ①).

재고자산평가차익＝
① 한국채택국제회계기준을 최초로 적용하는 사업연도의 기초 재고자산 평가액 －
② 한국채택국제회계기준을 최초로 적용하기 직전 사업연도의 기말 재고자산 평가액

(4) 재고자산평가차익 익금산입

내국법인이 한국채택국제회계기준을 최초로 적용하는 사업연도에 익금에 산입하지 아니한 재고자산평가차익은 한국채택국제회계기준을 최초로 적용하는 사업연도의 다음 사업연도 개시일부터 5년간 다음과 같이 계산한 금액을 익금에 산입한다. 이 경우 개월수는 태양력에 따라 계산하되 1월 미만의 일수는 1월로 하고, 사업연도 개시일이 속한 월을 계산에서 포함한 경우에는 사업연도 개시일부터 5년이 되는 날이 속한 월은 계산에서 제외한다(법령 §78의 2 ③).

재고자산평가차익 × 해당 사업연도의 월수 ÷ 60월

(5) 해산시의 일시 익금산입

한국채택국제회계기준을 최초로 적용하여 재고자산평가차익을 익금에 산입하지 아니한 내국법인이 해산[적격합병(법법 §44 ②, ③에 따른 합병) 또는 적격분할(법법 §46 ②에 따른 분할)로 인한 해산은 제외]하는 경우에는 상기 '(4) 재고자산평가차익 익금산입'에 따라 익금에 산입하고 남은 금액을 해산등기일이 속하는 사업연도의 소득금액을 계산할 때 익금에 산입한다(법법 §42의 2 ②).

(6) 재고자산 평가방법 변경신고 및 신청서 제출

법인이 종전에 적용하여 오던 재고자산의 평가방법을 변경하고자 하는 경우에는 변경할 평가방법을 적용하고자 하는 사업연도의 종료일 이전 3월이 되는 날까지 재고자산 평가방법 변경신고를 하여야 한다(법령 §74 ③ 2호).

한국채택국제회계기준 적용 내국법인에 대한 재고자산평가차익 익금불산입(법법 §42의 2)을 적용받으려는 내국법인은 한국채택국제회계기준을 최초로 적용하는 사업연도의 법인세법 제60조에 따른 과세표준 신고를 할 때 법인세법 시행규칙 별지 제41호에 의한 재고자산평가차익 익금불산입 신청서를 납세지 관할 세무서장에게 제출하여야 한다(법령 §78의 2 ④ 및 법칙 §82 ① 39호).

2. 유가증권

2-1. 유가증권의 범위

통상적으로 유가증권이란, '사권(재산권)을 표창하는 증권으로서, 권리의 발생 · 이전 · 행사에 증권의 소지와 교부를 요하는 것'을 의미하는 데 반해 기업회계나 법인세법에서는 그 취득에 따라 배당이나 이자의 수취, 매매차익의 획득 또는 피투자법인의 경영권 확보 등을 위한 투자의 대상이 되는 것을 의미한다. 그러므로 어음이나 수표와 같이 그 재산적 가치가 원본금액에 고정되어 있어 변동되지 않는 것이나 화물상환증, 선하증권과 같이 거래의 완결을 위하여 일시적으로 이용되는 것 등은 유가증권에 포함되지 않는다.

법인세법상 유가증권평가방법 신고대상이 되는 유가증권의 범위는 주식·출자지분, 채권, 자본시장과 금융투자업에 관한 법률 제9조 제20항에 따른 집합투자재산 및 보험업법 제108조 제1항 제3호의 변액보험 특별계정에 속하는 자산이 포함된다(법령 §73 2호).

2-2. 유가증권의 취득가액

2-2-1. 주금납입 또는 외부매입의 경우

(1) 일반적인 경우

주금납입 등 출자금액의 불입에 의하여 취득한 유가증권은 동 불입금액이 취득가액이 된다. 이 경우의 불입금액이란 당해 유가증권의 프리미엄(Premium)을 포함한 발행가액을 의미한다. 한편, 유가증권을 발행인 이외의 자로부터 취득하는 경우에는 그 매입원가에 당해 유가증권의 취득과 관련하여 직접 발생한 매입부대비용을 가산한 금액을 유가증권의 취득가액으로 한다. 다만, 단기매매항목으로 분류된 금융자산 및 파생상품은 취득부대비용을 가산하지 아니한 가액을 매입가액으로 한다.

매입부대비용에는 법인이 타법인의 주식을 취득하여 당해 법인의 과점주주가 됨에 따라 부과되는 과점주주에 대한 취득세를 포함하나(법인 22601-84, 1991. 1. 14.), 타법인의 주식취득 재원마련을 위하여 보유 중인 공채를 매각함에 따라 발생한 매각차손익(법인 46012-3710, 1995. 9. 30.) 또는 국·공채 및 금융채권을 이자지급기간의 중도에 취득함에 따라 당해 경과기간까지의 이자상당액을 매입대가에 가산하여 지급할 경우 동 이자상당액은 취득가액에 포함하지 않는다.

(2) 저가취득에 대한 특례

유가증권을 저렴한 가격으로 매입한 경우에는 그 유가증권의 시가와는 상관없이 실제매입가격을 취득가액으로 한다(구 법기통 41-72…1).

그러나 특수관계인인 개인으로부터 유가증권을 시가에 미달하는 가액으로 매입하는 경우에는 당해 매입가액과 시가와의 차액을 익금에 산입한다(법법 §15 ② 1호). 따라서, 특수관계인인 개인으로부터 유가증권을 저가로 취득하는 경우, 그 유가증권의 취득가액은 시가가 된다(법령 §72 ③ 1호).

계산사례 - 2 유가증권의 저가취득시의 처리

㈜삼일은 ㈜삼일의 대주주인 홍길동으로부터 시가가 ₩1,000인 주식을 ₩600에 취득하였다. 이 경우의 회계처리와 세무조정은 다음과 같다.

〈회계처리〉 (차) 유가증권 600 (대) 현금및현금성자산 600

〈세무조정〉 〈익금산입〉 유가증권 400 (유보)

특수관계인으로부터 유가증권을 저가로 취득하는 경우의 취득가액은 시가로 하므로, 시가와 실제매입가격과의 차액을 익금산입함.

관련사례

- 주식매수청구권의 행사로 인한 자기주식의 저가취득시 익금산입 여부

  법인이 주식매수청구권 행사 주주로부터 자기주식을 취득함에 있어 특수관계자인 개인주주로부터 취득하는 당해 주식의 매입가액이 법인세법 제52조 제2항의 규정에 의한 시가에 미달하는 경우 시가와 당해 매입가액의 차액에 상당하는 금액은 법인세법 제15조 제2항 제1호의 규정에 의하여 각 사업연도 소득금액 계산상 익금에 산입하는 것임(서면2팀-2011, 2004. 9. 30.).

- 자본감소를 목적으로 자기주식을 저가취득시 익금산입 여부

  법인이 자본의 감소를 목적으로 특수관계자인 개인으로부터 자기주식을 시가에 미달하는 가액으로 매입하는 경우에는 법인세법 제15조 제2항 제1호의 규정을 적용하지 아니하는 것임(서면2팀-674, 2004. 4. 1.).

2-2-2. 합병 · 분할 또는 현물출자에 따라 합병법인 등이 취득한 유가증권

합병 · 분할 또는 현물출자에 따라 피합병법인 · 분할법인 또는 출자법인이 소유하고 있던 유가증권을 합병법인 · 분할신설법인 또는 피출자법인이 승계한 경우 동 유가증권의 취득가액은 적격합병(법법 §44 ②, ③에 따른 합병) 또는 적격분할(법법 §46 ②에 따른 분할)의 경우에는 장부가액(법령 §80의 4 ①, §82의 4 ①)으로 하고, 그 밖의 경우에는 해당 시가로 한다(법령 §72 ② 3호).

2-2-3. 합병 · 분할 또는 현물출자에 의하여 주주 등이 취득한 주식 등

(1) 현물출자 · 물적분할에 의하여 주주 등이 취득한 주식

현물출자 · 물적분할에 따라 주주 등이 취득하는 주식 등의 취득가액은 다음과 같다(법령 §72 ② 3호의 2, 4호).

구 분	취득가액
① 물적분할의 경우	물적분할한 순자산의 시가
② 현물출자의 경우	
㉠ 출자법인 등(법법 §47의 2 ① 3호에 따라 출자법인과 공동으로 출자한 자를 포함함)이 현물출자로 인하여 피출자법인을 새로 설립하면서 그 대가로 주식 등만 취득하는 현물출자의 경우	현물출자한 순자산의 시가
㉡ 그 밖의 경우	해당 주식 등의 시가

관련사례

- 물적분할로 분할법인이 취득한 주식의 평가시 영업권 포함 여부
  물적분할에 따라 분할법인이 취득한 주식은 법인세법 시행령 제72조 제2항 제3호의 2에 따라 물적분할한 순자산의 시가를 취득가액으로 하는 것이며 물적분할한 순자산에는 물적분할한 사업부문에 대한 영업권은 포함되지 않는 것임(사전법령법인-533, 2017. 3. 9.).
- 현물출자로 주주 등이 취득한 비상장주식의 할증 평가 여부
  내국법인이 현물출자로 취득한 주식의 취득가액을 상속세 및 증여세법 제63조를 적용하여 평가하는 경우 해당 주식은 피출자법인이 최대주주 등으로서 보유하던 주식에 해당하지 아니하므로 같은 법 제63조 제3항에 따른 할증평가를 적용하지 아니하는 것임(재법인-994, 2012. 9. 20.).

(2) 합병 · 인적분할에 의하여 주주 등이 취득한 주식

합병 · 인적분할에 의하여 주주 등이 취득한 주식 등의 취득가액은 종전의 장부가액에 합병 · 분할로 인한 의제배당액(법법 §16 ① 5호, 6호)의 금액 및 불공정자본거래로 인하여 특수관계인으로부터 분여받은 이익(법령 §11 8호)을 더한 금액에서 합병대가 또는 분할대가(법법 §16 ② 1호, 2호) 중 금전이나 그 밖의 재산가액의 합계액을 뺀 금액으로 한다(법령 §72 ② 5호).

합병 · 인적분할에 의하여 주주 등이 취득한 주식	=	장부가액	+	합병 · 분할로 인한 의제배당액	+	불공정자본거래로 인하여 특수관계인으로부터 분여받은 이익	-	합병 · 분할대가 중 금전 · 그 밖의 재산가액

한편, 동일한 내국법인이 발행주식총수 또는 출자총액을 소유하고 있는 서로 다른 법인 간 합병(법법 §44 ③ 2호)으로서 합병법인으로부터 합병대가로 취득하는 주식 등이 없는 경우에는 해당 피합병법인 주식 등의 취득가액(주식 등이 아닌 합병대가가 있는 경우에는 그 합병대가의 금액을 차감한 금액으로 함)을 가산한 금액을 취득가액으로 한다(법법 §72 ⑤ 1호의 3).

개 정

○ 완전자회사간 무증자합병시 피합병법인 주식 등의 취득가액을 합병법인 주식의 취득가액에 가산(법법 §72 ⑤ 1호의 3)
➡ 2024년 2월 29일부터 시행

2-2-4. 채권을 출자전환하는 경우

채권을 보유하고 있는 법인이 당해 채권을 출자전환하는 경우 당해 출자전환으로 취득하는 주식의 가액은 출자전환 당시 주식의 시가로 한다. 다만, 다음의 요건(법령 §15 ① 각 호)을 갖춘 채권의 출자전환으로 취득한 주식 등은 출자전환된 채권(법법 §19의 2 ② 각 호의 규정에 의한 구상채권과 특수관계인에 대한 업무무관가지급금 제외)의 장부가액으로 한다(법령 §72 ② 4호의 2).

① 채무자 회생 및 파산에 관한 법률에 따라 채무를 출자로 전환하는 내용이 포함된 회생계획인가의 결정을 받은 법인이 채무를 출자전환하는 경우
② 기업구조조정촉진법에 따라 채무를 출자로 전환하는 내용이 포함된 기업개선계획의 이행을 위한 약정을 체결한 부실징후기업이 채무를 출자전환하는 경우
③ 해당 법인에 대하여 채권을 보유하고 있는 금융실명거래 및 비밀보장에 관한 법률 제2조 제1호에 따른 금융회사 등과 채무를 출자로 전환하는 내용이 포함된 경영정상화계획의 이행을 위한 협약을 체결한 법인이 채무를 출자로 전환하는 경우
④ 기업 활력 제고를 위한 특별법 제10조에 따른 사업재편계획승인을 받은 법인이 채무를 출자전환하는 경우

관련사례

• 회생계획인가의 결정을 받은 법인의 채무출자 전환으로 취득하는 주식의 가액
법인세법 시행령 제15조 제4항 각 호에 해당하는 출자전환으로 취득하는 주식의 가액을 산정시 같은 법 시행령 제72조 제1항 제4호의 2 단서에서의 '출자전환 채권의 장부가액'은 출자전환일이 속하는 사업연도의 직전 사업연도 종료일 현재의 출자전환된 채권의 세무상 장부가액을 의미하는 것임(재법인-88, 2014. 2. 19. 및 조심 2016서 3619, 2016. 11. 25.).

2-2-5. 교환에 의하여 취득한 경우

교환에 의하여 취득한 유가증권의 취득가액은 교환당시의 시가로 하며 이러한 교환으로 취득한 자산의 시가와 교환으로 양도한 자산의 장부가액과의 차액은 교환일이 속하는 사업연도의 교환차손익으로 익금 또는 손금에 산입한다(법령 §72 ② 8호).

2-2-6. 증여 기타 무상 또는 저가로 취득한 경우

증여 기타 무상으로 취득한 유가증권의 취득가액은 취득당시의 시가로 한다. 그러나, 법인이 시가보다 현저하게 낮은 가액으로 취득하는 경우에는, 즉 부분적으로 증여의 성격을 가지고 있다 하더라도, 실제매입가격을 취득가액으로 한다. 다만, 특수관계인인 개인으로부터 저가로 매입한 유가증권의 취득가액은 시가로 하며, 매입가액과 시가와의 차액은 익금산입(유보)한다(법령 §72 ③ 1호 및 구 법기통 41-72…1).

2-2-7. 대물변제의 경우

채권변제로 취득하는 유가증권(담보권의 실행으로 취득하는 경우를 포함)의 취득가액은 취득당시의 시가에 의한다. 다만 취득한 주식의 시가가 채권액에 미달할 때 그 차액은 대손금 또는 접대비 등으로 처리하며, 반대로 동 시가가 채권액을 초과하는 경우에는 그 채권액을 유가증권의 취득가액으로 한다(서면2팀-2173, 2004. 10. 27.).

2-2-8. 유가증권을 장기할부조건으로 매입하는 경우

법인이 유가증권을 장기할부조건 등으로 취득함으로써 기업회계기준에 따라 명목상 가액과 현재가치의 차이를 현재가치할인차금으로 계상한 경우, 현재가치할인차금을 제외한 금액을 취득가액으로 한다(법령 §72 ④ 1호). 여기서 장기할부조건이라 함은, 당해 자산의 양수대금 등을 2회 이상 분할 지급하는 것으로서 당해 목적물의 인도일의 익일부터 최종 할부금 지급기일까지의 기간이 1년 이상인 것을 말한다(법령 §68 ④).

2-2-9. 법인이 외국자회사를 인수하여 취득한 주식 등

법인이 외국자회사를 인수하여 취득한 주식 등으로서 그 주식 등의 취득에 따라 법인이 외국자회사로부터 받은 수입배당금액(법법 §18의 4 ①)이 다음의 요건을 모두 갖춘 경우에는 해당 주식 등의 매입가액에서 다음의 요건을 모두 갖춘 수입배당금액을 뺀 금액을 취득가액으로 한다(법법 §41 ① 1호의 2 및 법령 §72 ② 1호의 2).

① 법인이 외국자회사의 의결권 있는 발행주식총수 또는 출자총액의 10%(조세특례제한법 제22조에 따른 해외자원개발사업을 하는 외국법인의 경우에는 5%) 이상을 최초로 보유하게 된 날의 직전일 기준 이익잉여금을 재원으로 한 수입배당금액일 것

② 법인세법 제18조의 4 제1항에 따라 익금에 산입되지 않았을 것

2-2-10. 자본준비금 감액배당 시 장부가액의 감액

상법 제461조의 2에 따라 자본준비금을 감액하여 배당을 받은 경우에는 그 금액을 내국법인이 보유한 주식의 장부가액을 한도로 하여 취득가액에서 차감한다. 다만, 다음의 어느 하나에

해당하는 자본준비금을 감액하여 배당을 받는 경우는 제외한다(법령 §72 ⑤ 1호).

① 법인세법 제16조 제1항 제2호 가목에 해당하지 아니하는 자본준비금
② 적격합병(법법 §44 ② 또는 ③)에 따른 합병차익(법법 §17 ① 5호) 중 피합병법인의 3% 재평가세율 적용 재평가적립금(법법 §16 ① 2호 나목)에 상당하는 금액(법인세법 시행령 17조 1항의 금액을 한도로 함)
③ 적격분할(법법 §46 ②)에 따른 분할차익(법법 §17 ① 6호) 중 분할법인의 3% 재평가세율 적용 재평가적립금(법법 §16 ① 2호 나목)에 상당하는 금액(법인세법 시행령 17조 2항의 금액을 한도로 함)

개 정

○ 자본준비금을 감액하여 받는 배당금액을 주식의 장부가액에서 차감(법법 §72 ⑤ 1호)
➡ 2024년 2월 29일부터 시행

2-3. 유가증권의 평가방법

2-3-1. 일반기업회계기준에 의한 유가증권의 평가

(1) 개 요

일반기업회계기준 제6장에서는 취득한 유가증권(지분법적용투자주식, 주식매수선택권과 파생상품 제외)을 취득목적과 보유의도 및 능력에 따라 만기보유증권, 단기매매증권, 그리고 매도가능증권 중의 하나로 분류하고, 그렇게 세 가지로 분류된 유가증권 과목은 그 유가증권의 보유기간에 따라서 다시 유동자산 또는 투자자산으로 재무상태표에 표시하도록 하고 있다. 즉, 단기간 내의 매매차익을 목적으로 취득한 유가증권으로서 매수와 매도가 적극적이고 빈번하게 이루어지는 것은 단기매매증권(금융업 외의 일반기업은 단기매매증권으로 분류하는 경우가 매우 드물 것임)으로, 만기가 확정된 채무증권으로서 상환금액이 확정되었거나 확정이 가능한 채무증권을 만기까지 보유할 적극적인 의도와 능력이 있는 경우에는 만기보유증권으로, 그리고 단기매매증권이나 만기보유증권으로 분류되지 아니하는 유가증권은 매도가능증권으로 분류한다(일반기준 6장 문단 6.23, 6.27).

기업회계기준상 취득목적에 따른 유가증권의 구분

구 분	취득목적에 따른 구분
지분증권	단기매매증권, 매도가능증권, 지분법적용투자주식
채무증권	단기매매증권, 매도가능증권, 만기보유증권

(2) 유가증권평가방법

일반기업회계기준 제6장에 따른 유가증권평가방법은 다음과 같다.

① 단기매매증권

단기매매증권은 공정가치로 평가하여야 하며(일반기준 6장 문단 6.30), 단기매매증권에 대한 미실현보유손익은 당기손익항목(예 : 단기매매증권평가손익)으로 처리하여야 한다(일반기준 6장 문단 6.31).

② 매도가능증권

매도가능증권은 공정가치로 평가하여야 하며(일반기준 6장 문단 6.30), 매도가능증권(유동자산으로 분류된 매도가능증권도 포함)에 대한 미실현보유손익은 기타포괄손익누계액(예 : 매도가능증권평가손익)으로 처리하여야 한다(일반기준 6장 문단 6.31). 다만, 채무증권의 경우에는 할인 또는 할증차금을 상각하여 이자수익을 먼저 인식한 후에, 상각후원가와 공정가치의 차이금액인 미실현보유손익을 기타포괄손익누계액으로 처리한다(일반기준 6장 부록 실6.A7).

한편, 매도가능증권 중 시장성이 없는 지분증권의 공정가치를 신뢰성 있게 측정할 수 없는 경우에는 취득원가로 평가하여야 한다(일반기준 6장 문단 6.30).

③ 만기보유증권

유가증권 중에서 만기보유증권은 상각후원가로 평가하여 재무상태표에 표시하여야 하는바, 만기보유증권의 장부금액과 만기액면금액의 차이를 상환기간에 걸쳐 유효이자율법에 의하여 상각하고 이를 취득원가와 이자수익에 가감하여야 한다(일반기준 6장 문단 6.29).

| 일반기업회계기준상 유가증권에 따른 평가방법 등 |

종류	분류 조건	계정 과목	평가방법	평가손익의 처리	B/S 표시	
지분증권	단기매매차익 목적	단기매매증권	공정가치법	당기손익	-	유동자산
	기타	매도가능증권	공정가치법 또는 원가법(*1)	기타포괄손익누계액	1년 내 처분의도	유동자산
					기타	비유동자산
채무증권	단기매매차익 목적	단기매매증권	공정가치법	당기손익	-	유동자산
	만기보유의도와 능력 있음.	만기보유증권	원가법 (상각후 원가(*2))	N/A	1년 내 처분의도·만기도래	유동자산
					기타	비유동자산

종류	분류 조건	계정 과목	평가방법	평가손익의 처리	B/S 표시	
채무증권	기타	매도가능증권	공정가치법	기타포괄손익누계액	1년 내 처분의도 · 만기도래	유동자산
					기타	비유동자산

(*1) 공정가치를 신뢰성 있게 측정할 수 없는 시장성 없는 지분증권은 원가법 적용
(*2) 유효이자율법에 의하여 상각하여 취득원가와 이자수익에 가감

(3) 손상차손에 대한 회계처리

1) 손상차손의 인식

유가증권으로부터 회수할 수 있을 것으로 추정되는 금액(이하 "회수가능액"이라 한다)이 채무증권의 상각후원가 또는 지분증권의 취득원가보다 작은 경우에는 손상차손을 인식할 것을 고려하여야 한다. 또한, 손상차손의 발생에 대한 객관적인 증거가 있는지는 보고기간종료일마다 평가하고 그러한 증거가 있는 경우에는 손상차손이 불필요하다는 명백한 반증이 없는 한, 회수가능액을 추정하여 손상차손을 당기손익에 반영하여야 한다(일반기준 6장 문단 6.32).

2) 손상차손의 회계처리

① 공정가치로 평가하는 매도가능증권의 손상차손

공정가치로 평가하는 매도가능증권의 손상차손을 계상할 경우 전기에 동 매도가능증권과 관련하여 기타포괄손익누계액에 계상되어 있는 미실현보유손실의 금액은 당기에 손상차손으로 인식하여야 할 금액만큼 미실현보유손실을 기타포괄손익누계액에서 제거하여 먼저 손상차손에 반영하여야 한다. 즉, 피투자회사의 공정가치 하락이 일시적이지 않아 회복할 가능성이 없다고 판단되는 경우에는 당해 매도가능증권과 관련되어 기타포괄손익누계액에 계상되어 있는 미실현보유손실을 실현손실로 보아 이를 당기손실로 처리하는 것이다. 또한, 당해 매도가능증권과 관련한 미실현보유이익이 기타포괄손익누계액에 남아 있는 경우에는 그 미실현보유이익 전액을 기타포괄손익누계액에서 제거하여 매도가능증권의 장부금액에서 직접 차감한다(일반기준 6장 부록 6.A15, 6.A16, 6.A17).

- 채무증권인 경우
  손상차손 = (상각후원가 − 회수가능액[*1]) − 이전기간에 이미 인식한 손상차손
  (*1) 미래의 기대현금흐름을 유사한 유가증권의 현행시장이자율로 할인한 현재가치
- 지분증권인 경우
  손상차손 = (취득원가 − 공정가치) − 이전기간에 이미 인식한 손상차손

② 취득원가로 평가하는 유가증권(시장성 없는 매도가능증권)의 감액손실

매도가능증권 중 시장성 없는 지분증권의 공정가치를 신뢰성 있게 측정할 수 없어 취득원가로 평가하는 경우에는 보고기간말마다 회수가능액을 분석하여 손상 여부를 판단하여야 한다. 그리고, 손상차손이 발생한 객관적인 증거가 있는 경우에는 회수가능액과 장부금액의 차이금액을 손상차손으로 인식하여야 하며, 여기서 회수가능액은 유가증권발행자의 순자산을 자산별로 시장가격, 공시지가, 또는 감정금액 등을 적용하여 평가한 공정가치를 말한다(일반기준 6장 부록 6.A13).

감액손실 = 회수가능가액 − 장부가액

③ 상각후원가로 평가하는 유가증권(만기보유증권)의 손상차손

만기보유증권의 경우 손상차손으로 인식하는 금액은 만기보유증권 취득당시의 유효이자율(계약상 변동금리 조건으로 발행된 유가증권의 손상차손은 손상차손을 측정하는 시점의 시장이자율)로 할인한 기대현금흐름의 현재가치(회수가능액)와 장부금액의 차이금액이며, 손상차손 금액은 당기손익에 반영한다. 따라서, 재무상태표에 보고하는 만기보유증권의 금액은 손상차손 금액을 차감한 후의 회수가능액으로 표시한다(일반기준 6장 부록 6.A10, 6.A11).

손상차손 = 기대현금흐름의 현재가치(회수가능액) − 장부금액

3) 손상차손의 환입

① 상각후원가 또는 원가로 평가하는 유가증권의 손상차손환입

손상차손의 회복이 손상차손을 인식한 기간 후에 발생한 사건과 객관적으로 관련된 경우(예 : 채무자의 신용등급의 향상)에는 회복된 금액을 당기이익으로 인식한다. 다만, 회복 후 장부금액이 당초에 손상차손을 인식하지 않았다면 회복일 현재의 상각후원가가 되었을 금액(시장성이 없는 매도가능증권은 취득원가)을 초과하지 않도록 한다(일반기준 6장 부록 6.A12).

② 공정가치로 평가하는 매도가능증권의 손상차손환입

손상차손을 인식한 연도 이후에 손상차손이 회복된 경우로서 동 손상차손의 회복이 손상차손을 인식한 기간 후에 발생한 사건과 객관적으로 관련된 경우(예 : 채무자의 신용등급의 향상)에는 이전에 인식하였던 손상차손 금액을 한도로 하여 회복된 금액을 당기이익으로 인식한다. 한편, 손상차손을 인식한 기간 후에 공정가치가 상승하더라도 위와 같은 손상차손의 회복에 해당되지 아니하는 경우에는 당해 공정가치 상승금액을 기타포괄손익누계액으로 처리한다(일반기준 6장 부록 6.A18).

(4) 지분법적용투자주식

1) 개 요

지분법은 투자기업이 피투자기업에 대해 유의적인 영향력을 행사할 수 있을 때 적용하는 것으로, 투자기업의 피투자기업에 대한 지분율이 20% 이상이라면 명백한 반증이 있는 경우를 제외하고는 투자기업은 피투자기업에 대해 유의적인 영향력을 행사할 수 있다고 본다. 따라서 이와 같이 유의적인 영향력을 행사할 수 있는 투자주식의 경우에는 주식의 시장성유무에 불구하고 지분법을 적용하여야 한다(일반기준 8장 문단 8.4).

2) 지분변동액에 대한 회계처리

투자기업은 지분법적용투자주식을 원가로 인식하고, 지분법적용투자주식의 취득시점 이후에 발생한 지분변동액을 당해 지분법적용투자주식에 가감하여 보고한다. 이러한 지분변동액은 그 원천별로 구별하여 다음과 같이 처리한다(일반기준 8장 문단 8.8 및 8.15~8.19).

기업회계기준상 지분변동액 처리방법

구 분		처 리 방 법
피투자회사 순자산변동	당기순이익	지분법손익(손익계산서)
	이익잉여금	지분법이익잉여금변동(전기이월이익잉여금)
	자본잉여금	지분법자본변동(기타포괄손익누계액)
	자본조정	지분법자본변동(기타포괄손익누계액)
배당금		배당금 지급결의시점에 지분법적용투자주식을 차감함. 다만, 지분법적용투자주식의 장부금액이 받을 배당금액에 미달하는 경우 동 금액은 당기이익으로 인식함(일반기준 8장 부록 실8.31).
투자차액		지분법손익에서 조정

2-3-2. 한국채택국제회계기준(K-IFRS)에 의한 유가증권의 평가

(1) 개 요

한국채택국제회계기준(K-IFRS)에서는 유가증권을 금융자산의 관리를 위한 사업모형과 금융자산의 계약상 현금흐름 특성에 근거하여 상각후원가 측정 금융자산, 기타포괄손익-공정가치 측정 금융자산 및 당기손익-공정가치 측정 금융자산으로 분류한다(K-IFRS 1109호 문단 4.1의 1~4.1의 4).

① 상각후원가 측정 금융자산

다음의 조건을 모두 충족하는 경우 금융자산을 상각후원가로 측정한다.

㉠ 계약상 현금흐름을 수취하기 위해 보유하는 것이 목적인 사업모형 하에서 금융자산을

보유

㉡ 금융자산의 계약 조건에 따라 특정일에 원금과 원금잔액에 대한 이자 지급(이하 "원리금 지급"이라 함)만으로 구성되어 있는 현금흐름이 발생

② 기타포괄손익-공정가치 측정 금융자산

㉠ 계약상 현금흐름의 수취와 금융자산의 매도 둘다를 통해 목적을 이루는 사업모형 하에서 금융자산을 보유

㉡ 금융자산의 계약 조건에 따라 특정일에 원리금 지급만으로 구성되어 있는 현금흐름이 발생

③ 당기손익-공정가치 측정 금융자산

상기 ①에 따라 상각후원가로 측정하거나 ②에 따라 기타포괄손익-공정가치로 측정하는 경우가 아니라면, 당기손익-공정가치로 측정한다. 그러나 당기손익-공정가치로 측정되는 '지분상품에 대한 특정 투자'에 대하여는 후속적인 공정가치 변동을 기타포괄손익으로 표시하도록 최초 인식시점에 선택할 수도 있되, 한번 선택하면 이를 취소할 수 없다.

한편, 서로 다른 기준에 따른 자산을 측정하거나 그에 따른 손익을 인식하는 경우에 측정이나 인식의 불일치(이하 "회계불일치"라고 함)가 발생할 수 있는데, 상기의 분류 기준에도 불구하고 이와 같은 불일치를 제거하거나 유의적으로 줄이는 경우에는 최초 인식시점에 해당 금융자산을 당기손익-공정가치 측정 항목으로 지정할 수 있다. 다만 한번 지정하면 이를 취소할 수 없다(K-IFRS 1109호 문단 4.1의 5).

(2) 유가증권 측정

한국채택국제회계기준(K-IFRS)에 따르면, 금융자산은 최초 인식시점에 공정가치로 측정하며 당기손익-공정가치로 측정하는 금융자산이 아닌 경우 해당 금융자산의 취득과 직접 관련되는 거래원가는 공정가치에 가감한다(K-IFRS 1109호 문단 5.1의 1.). 이 때, 공정가치는 일반적으로 거래가격(제공하거나 수취한 대가의 공정가치)이지만, 제공하거나 수취한 대가 중 일부가 금융상품이 아닌 다른 것의 대가라면 금융상품의 공정가치를 측정한다. 예를 들면 이자를 지급하지 아니하는 장기대여금이나 장기수취채권의 공정가치는 비슷한 신용등급을 가진 비슷한 금융상품(통화, 기간, 이자율유형, 그 밖의 요소에 관하여 비슷함)의 시장이자율로 할인한 미래 모든 현금수취액의 현재가치로 측정할 수 있다. 추가로 지급한 금액이 어떤 형태로든 자산의 인식기준을 충족하지 못하면 해당 금액은 비용으로 인식하거나 수익에서 차감한다(K-IFRS 1109호 부록 B5.1의 1).

지분상품에 대한 모든 투자와 해당 지분상품에 대한 모든 계약은 공정가치로 측정해야 한다. 그러나 공정가치를 결정하기 위해 이용할 수 있는 더 최근의 정보가 불충분하거나, 가능한 공정가치 측정치의 범위가 넓고 그 범위에서 원가가 공정가치의 최선의 추정치를 나타낸다면

그와 같은 제한된 상황에서 원가는 공정가치의 적절한 추정치가 될 수 있다(K-IFRS 1109호 부록 B5.2의 3).

금융자산의 최초 인식 후에는 금융자산을 상기 '(1) 개요'에서 설명하는 금융자산의 분류에 따라 측정하는데(K-IFRS 제1109호 문단 5.2의 1), 공정가치로 측정하는 금융자산의 손익은 다음의 경우를 제외하고는 당기손익으로 인식하고, 위험회피관계의 적용 대상이 아닌 상각후원가로 측정하는 금융자산의 손익은 해당 금융자산의 제거, 당기손익-공정가치 측정 범주로 재분류, 상각과정, 손상차손(환입) 인식 시점에 당기손익으로 인식한다(K-IFRS 1109호 문단 5.7의 1, 5.7의 2).

① 위험회피관계가 적용되는 경우
② 지분상품에 대한 투자로서 그 투자의 손익을 기타포괄손익으로 표시하도록 선택한 경우
③ 기타포괄손익-공정가치로 측정하는 금융자산으로서 한국채택국제회계기준 제1109호 문단 5.7.10에 따라 일부 공정가치의 변동을 기타포괄손익으로 인식해야 하는 경우

(3) 손상차손에 대한 회계처리

1) 손상차손의 인식

한국채택국제회계기준(K-IFRS)에 따르면 상각후원가로 측정하는 금융자산과 기타포괄손익-공정가치로 측정하는 금융자산은 기대신용손실모형에 따라 다음의 사항을 반영하여 측정한 기대신용손실을 손실충당금으로 인식한다(K-IFRS 1109호 문단 5.5의 1, 5.5의 17).

① 일정 범위의 발생 가능한 결과를 평가하여 산정한 금액으로서 편의가 없고 확률로 가중한 금액
② 화폐의 시간가치
③ 보고기간 말에 과거사건, 현재 상황과 미래 경제적 상황의 예측에 대한 정보로서 합리적이고 뒷받침될 수 있으며 과도한 원가나 노력 없이 이용할 수 있는 정보

한편, 상기에서 신용손실은 계약에 따라 지급받기로 한 모든 계약상 현금흐름과 수취할 것으로 예상하는 모든 계약상 현금흐름의 차이(모든 현금 부족액)를 최초 유효이자율(또는 취득시 신용이 손상되어 있는 금융자산은 신용 조정 유효이자율)로 할인한 금액을 말하며, 기대신용손실은 이러한 신용손실을 개별 채무불이행 발생 위험으로 가중평균한 금액을 말한다(K-IFRS 1109호 부록A 용어의 정의).

2) 손상차손의 환입

보고기간 말에 기대신용손실모형에 따른 기대신용손실 추정액이 기인식한 손실충당금 잔액보다 작은 경우에는 그 차이 금액만큼은 손상차손환입으로 당기손익에 인식한다(K-IFRS

1109호 문단 5.5의 8).

(4) 지분법적용투자주식

1) 개 요

지분법은 투자회사가 피투자회사에 대해 유의적인 영향력을 행사할 수 있을 때 적용하는 것으로, 투자자가 피투자자에 대한 의결권의 20% 이상이라면 명백한 반증이 있는 경우를 제외하고는 투자자는 피투자자에 대해 유의적인 영향력을 행사할 수 있다고 본다(K-IFRS 1028호 문단 2, 5).

2) 지분법변동액에 대한 회계처리

지분법은 관계기업 투자를 최초에 원가로 인식하고, 취득일 이후에 발생한 피투자자의 당기순손익 중 투자자의 지분에 해당하는 금액을 장부금액에 가감한다. 피투자자의 당기순손익 중 투자자의 지분은 투자자의 당기순손익으로 인식하고, 피투자자에게서 받은 분배액은 투자자산의 장부금액에서 차감한다. 피투자자의 순자산변동이 기타포괄손익의 증감으로 발생하는 경우에도 그러한 자본 변동분 중 자신의 지분에 해당하는 금액을 투자자산의 장부금액에 반영하는 것이 필요할 수 있는데, 이러한 피투자자의 기타포괄손익 변동액 중 투자자의 지분은 투자자의 기타포괄손익으로 인식한다(K-IFRS 1028호 문단 10).

2-3-3. 법인세법상 유가증권의 평가방법

(1) 개 요

법인세법상 유가증권은 개별법(채권에 한함), 총평균법 및 이동평균법 중 법인이 납세지 관할 세무서장에게 신고한 방법에 의하여 평가하도록 하고 있다(법령 §75 ①). 다만, 투자회사 등이 보유한 집합투자재산은 시가법에 따라 평가하고, 자본시장과 금융투자업에 관한 법률 제230조에 따른 환매금지형집합투자기구가 보유한 같은 법 시행령 제242조 제2항에 따른 시장성 없는 자산은 개별법(채권의 경우에 한함), 총평균법, 이동평균법 또는 시가법 중 해당 환매금지형집합투자기구가 법인세 과세표준 신고와 함께 납세지 관할 세무서장에게 신고한 방법에 따라 평가하되, 그 방법을 이후 사업연도에 계속 적용하여야 한다(법령 §75 ③).

또한, 보험회사가 보유한 변액보험계약의 특별계정에 속하는 자산은 개별법(채권에 한함)·총평균법·이동평균법 또는 시가법 중 해당 보험회사가 법인세 과세표준 신고와 함께 납세지 관할 세무서장에게 신고한 방법에 따라 평가하되, 그 방법을 이후 사업연도에도 계속 적용하여야 한다(법령 §75 ④).

▌법인세법상 유가증권의 평가방법▐

구 분		평가방법
일반 법인	채권	원가법(개별법, 총평균법, 이동평균법 중 택일)
	주식	원가법(총평균법, 이동평균법 중 택일)
투자회사 등(*1)이 보유한 집합투자재산(*2)		시가법
환매금지형집합투자기구가 보유한 시장성 없는 자산 및 보험업법에 따른 보험회사가 보유한 변액보험계약에 속하는 자산		개별법(채권에 한함), 총평균법, 이동평균법 또는 시가법 중 택일

(*1) 자본시장과 금융투자업에 관한 법률에 따른 투자회사, 투자목적회사, 투자유한회사, 투자합자회사(경영참여형 사모집합투자기구 제외) 및 투자유한책임회사(법령 §14 ① 1호 가목)

(*2) 집합투자기구의 재산으로서 투자신탁재산, 투자회사재산, 투자유한회사재산, 투자합자회사재산, 투자유한책임회사재산, 투자합자조합재산 및 투자익명조합재산(자본시장과 금융투자업에 관한 법률 §9 ⑳)

관련사례

- 자기주식 취득시, 그 취득사유별로 구분하여 평가하지 않음

  법인이 주가안정목적으로 보유 중인 자기주식과는 별도로 종업원 교부목적으로 장내에서 자기주식을 매수하여 기업회계기준 해석에 따라 각각 별도의 평가방법에 따라 회계처리한 경우에도 자기주식을 취득사유별로 구분하여 평가하지 않는 것임(서면2팀-669, 2007. 4. 13.).

(2) 부도·파산 등 감액평가손실이 인정되는 주식의 범위

다음의 경우에는 해당 주식을 사업연도 종료일 현재의 시가(주식 등의 발행법인별로 보유주식 총액을 시가로 평가한 가액이 1천원 이하인 경우 1천원으로 함)로 평가할 수 있다(법법 §42 ③ 3호 및 법령 §78 ③ 3호).

① 다음의 주식 등으로서 그 발행법인이 부도가 발생한 경우 또는 채무자 회생 및 파산에 관한 법률에 의한 회생계획인가의 결정을 받았거나 기업구조조정 촉진법에 의한 부실징후기업이 된 경우(법령 §78 ② 1호)

- 자본시장과 금융투자업에 관한 법률에 따른 주권상장법인이 발행한 주식 등
- 벤처투자 촉진에 관한 법률에 따른 벤처투자회사 또는 여신전문금융업법에 따른 신기술사업금융업자가 보유하는 주식 등 중 각각 창업자 또는 신기술사업자가 발행한 것
- 주권상장법인 외의 법인 중 법인세법상 특수관계인이 아닌 법인이 발행한 주식 등

② 주식 등의 발행법인이 파산한 경우(법령 §78 ② 2호)

관련사례

- 주식 등을 발행한 법인이 파산한 경우 당해 주식가액의 처리

  법인이 보유하고 있는 주식의 발행법인이 파산선고를 받음에 따라 당해 주식의 장부가액과 평가액과의 차액을 손금에 산입한 법인이 파산법인의 파산종결결정이 있은 후 잔여재산의 분배로서 취득하는 금전 기타 재산이 있는 경우에는 그 취득일이 속하는 사업연도의 익금에 산입함(법기통 42-78…4).

- 보유주식의 발행법인이 파산한 경우 손금산입시기

  법인이 보유하고 있는 주식의 발행법인이 부도가 발생하여 법인결산시 감액손실을 계상하고 세무조정에 의하여 손금불산입(유보)한 경우에는, 파산선고일이 속하는 사업연도 이후 세무조정에 의하여 장부가액과 평가액의 차액을 손금에 산입함(서면2팀-1764, 2005. 11. 4).

- 폐업한 경우에도 감액손실을 손금에 산입할 수 있는지 여부

  주식 등을 발행한 법인이 폐업한 경우는 법인세법 제42조 제3항 제4호에서 규정하는 주식 등을 발행한 법인이 파산한 경우에 해당하지 아니하므로 폐업법인의 주식에 대한 투자유가증권감액손실은 손금에 산입할 수 없는 것임(서이 46012-10586, 2003. 3. 21.).

2-3-4. 유가증권평가방법의 신고

(1) 유가증권평가방법의 최초신고

법인은 각 사업연도의 소득금액 계산에 적용할 유가증권평가방법을 다음과 같이 법인세 과세표준 신고기한 내에 신고하여야 한다(법령 §75 ②).

- 신설법인 : 당해 법인의 설립일이 속하는 사업연도의 법인세 과세표준 신고기한 내
- 수익사업을 개시한 비영리내국법인 : 수익사업 개시일이 속하는 사업연도의 법인세 과세표준 신고기한 내

(2) 유가증권평가방법의 변경신고

법인이 종전에 적용하여 오던 유가증권의 평가방법을 변경하고자 하는 경우에는 변경할 평가방법을 적용하고자 하는 사업연도의 종료일 이전 3월이 되는 날까지 유가증권평가방법 변경신고를 하여야 한다. 예를 들면, 사업연도가 1. 1.~12. 31.인 2024사업연도부터 유가증권의 평가방법을 변경하고자 하는 경우에는 2024. 9. 30. 이내에 변경신고를 하여야 한다(법령 §75 ②).

한편, 법인설립시 유가증권의 평가방법을 신고하지 아니하여 총평균법을 적용하던 법인이 그 후 처음으로 유가증권의 평가방법을 신고하는 것은 변경신고로 보며, 이 경우 변경할 평가방법을 적용하려는 사업연도의 종료일 전 3개월이 되는 날까지 변경신고를 하여야 한다(법령 §75 ②).

(3) 유가증권평가방법신고 또는 변경신고를 불이행한 경우의 처리

1) 유가증권평가방법을 신고하지 않은 경우

신설법인 또는 새로 수익사업을 개시한 비영리내국법인이 당해 법인의 설립일 또는 수익사업개시일이 속하는 사업연도의 법인세과세표준의 신고기한까지 유가증권의 평가방법을 신고하지 아니하는 경우에는 납세지 관할 세무서장이 총평균법에 의하여 유가증권을 평가한다(법령 §75 ②).

2) 최초의 신고기한을 경과하여 유가증권평가방법을 신고한 경우

신설법인 또는 새로 수익사업을 개시한 사업연도의 과세표준 신고기한이 경과된 후에 유가증권평가방법을 신고한 경우에는 그 신고일이 속하는 사업연도까지는 총평균법을 적용하고 그 이후의 사업연도에 있어서는 법인이 신고한 평가방법에 의한다(법령 §75 ②).

3) 신고한 평가방법 외의 방법으로 평가한 경우

법인이 신고한 유가증권평가방법 외의 방법으로 평가한 경우에는 총평균법에 의하여 평가한 가액과 변경 전 당초 신고한 평가방법에 의한 평가액 중 큰 금액을 유가증권가액으로 본다(법령 §75 ②).

4) 변경신고기한을 경과한 변경신고의 경우

법인이 유가증권평가방법의 변경신고기한(변경할 평가방법을 적용하고자 하는 사업연도의 종료일 이전 3월이 되는 날)을 경과하여 변경신고를 하고 그 변경한 방법에 따라 유가증권을 평가한 경우에는 그 새로운 평가방법을 최초 적용받고자 하였던 사업연도에 한해서는 총평균법에 의하여 평가한 가액과 변경 전 당초 신고한 평가방법에 의한 평가액 중 큰 금액을 세무상 유가증권가액으로 보며, 그 이후 사업연도부터는 변경신고한 평가방법에 따라 평가한다(법령 §75 ②).

2-4. 유가증권의 평가손익 등과 세무조정

기업회계기준에서는 시장성이 있는 유가증권에 대해 공정가치법을 적용하도록 하여 유가증권평가손익을 계상하도록 하고 있으나, 법인세법에서는 원가법(투자회사 등이 보유한 집합투자재산은 시가법, 환매금지형집합투자기구가 보유한 시장성 없는 자산 및 보험회사가 보유한 변액보험계약의 특별계정 내 자산은 원가법 또는 시가법 중 신고한 방법)을 적용하도록 하고 있으므로 세무조정이 발생하게 된다.

2-4-1. 단기매매증권평가손익과 세무조정

회계상 단기매매증권(한국채택국제회계기준상 '당기손익-공정가치 측정 금융자산'을 포함함)평가이익이 발생하여 영업외수익으로 회계처리한 경우, 이를 익금불산입(△유보)하고 유가증권

처분시 익금산입(유보)한다. 마찬가지로 단기매매증권평가손실이 발생한 경우에는 위와 반대의 세무조정이 필요하다.

계산사례 - 3 **단기매매증권의 평가손익과 세무조정**

㈜삼일의 주식(단기매매증권으로 분류되는 경우) 현황은 다음과 같다. 회계처리 및 세무조정을 하라.

- 2024. 5. 1. 갑회사주식 10,000주를 1주당 ₩9,000에 취득
- 2024. 12. 31. 갑회사주식의 종가는 ₩9,700임.
- 2025. 9. 7. 갑회사주식 5,000주를 1주당 ₩9,500에 매각

해 설

각 일자별 회계처리와 세무조정은 다음과 같다.

- 취득시(2024. 5. 1.)

(차) 단기매매증권	90,000,000	(대) 현금및현금성자산	90,000,000

- 평가시(2024. 12. 31.)

(차) 단기매매증권	7,000,000(*1)	(대) 단기매매증권평가이익	7,000,000

〈세무조정〉(익금불산입) 단기매매증권 7,000,000 (△유보)

(*1) 10,000주 × (9,700 - 9,000)

- 처분시(2025. 9. 7.)

(차) 현금및현금성자산	47,500,000	(대) 단기매매증권	48,500,000
단기매매증권처분손실	1,000,000		

〈세무조정〉(익금산입) 단기매매증권 3,500,000(*2) (유보)

(*2) 7,000,000원 × 5,000주/10,000주

2-4-2. 매도가능증권평가손익과 세무조정

회계상 매도가능증권(한국채택국제회계기준상 '기타포괄손익-공정가치 측정 금융자산'을 포함함) 평가이익이 발생하는 경우에는 (차) 매도가능증권 ××× (대) 매도가능증권평가이익(기타포괄손익누계액) ×××으로 회계처리하기 때문에 당해 연도의 손익에는 영향이 없다. 그러나 이 경우에는 세무상 매도가능증권의 장부가액과 기타포괄손익누계액 항목의 장부가액을 조정하기 위한 세무조정이 필요하다.

따라서, 매도가능증권 과대계상분을 손금산입(△유보), 기타포괄손익누계액 과대계상분을 익금산입(기타)하고, 이후 사업연도에 동 매도가능증권의 평가손실이 발생하여 이를 상계하는 경우 또는 매도가능증권을 처분하는 경우에 익금산입(유보), 손금산입(기타)한다. 회계상 매도가능증권의 평가손실이 발생하는 경우에는 위와 반대의 회계처리와 세무조정이 필요하다.

계산사례 - 4 **매도가능증권의 평가손익과 세무조정**

㈜삼일의 주식(매도가능증권으로 분류되는 경우) 현황은 다음과 같다. 회계처리 및 세무조정을 하라.

- 2023. 5. 1. 갑회사주식 10,000주를 1주당 ₩9,000에 취득
- 2023. 12. 31. 갑회사주식의 종가는 ₩9,700임.
- 2024. 12. 31. 갑회사주식의 종가는 ₩8,500임.
- 2025. 9. 7. 갑회사주식 5,000주를 1주당 ₩9,500에 매각

해 설

각 일자별 회계처리와 세무조정은 다음과 같다.

- 취득시(2023. 5. 1.)

(차) 매도가능증권 90,000,000 (대) 현금및현금성자산 90,000,000

- 평가시(2023. 12. 31.)

(차) 매도가능증권 7,000,000(*1) (대) 매도가능증권평가이익 7,000,000

〈세무조정〉 (손금산입) 매도가능증권 7,000,000 (△유보)
(익금산입) 매도가능증권평가이익 7,000,000 (기타)

(*1) 10,000주 × (9,700 − 9,000)

- 평가시(2024. 12. 31.)

(차) 매도가능증권평가이익 7,000,000 (대) 매도가능증권 12,000,000(*2)
매도가능증권평가손실 5,000,000

〈세무조정〉 (익금산입) 매도가능증권 12,000,000 (유보)
(손금산입) 매도가능증권평가이익 7,000,000 (기타)
매도가능증권평가손실 5,000,000 (기타)

(*2) 10,000주 × (9,700 − 8,500)

- 처분시(2025. 9. 7.)

(차) 현금및현금성자산 47,500,000 (대) 매 도 가 능 증 권 42,500,000
매도가능증권평가손실 2,500,000
매도가능증권처분이익 2,500,000

〈세무조정〉 (손금산입) 매도가능증권 2,500,000(*3) (△유보)
(손금불산입) 매도가능증권평가손실 2,500,000 (기타)

(*3) (12,000,000원 − 7,000,000원) × 5,000주/10,000주

2-4-3. 지분법 평가손익 등과 세무조정

기업회계기준에서는 투자주식 중 유의적인 영향력을 행사할 수 있는 주식은 지분법을 적용하여 평가한 가액을 재무상태표가액으로 하고, 이 때 발생하는 평가손익을 그 원천별로 구분하여 달리 회계처리하도록 하고 있으므로 다음과 같은 세무조정이 필요하다.

(1) 지분법피투자회사의 당기순손익에 기인하여 발생한 경우

지분법적용투자주식의 증가액이 지분법피투자회사의 당기순이익에 기인하여 발생하여 (차) 지분법적용투자주식 ××× (대) 지분법이익 ×××으로 회계처리한 경우에는 세무상 이를 익금불산입(△유보)한 후 당해 사업연도 이후 동 지분법적용투자주식에 대한 지분법손실이 발생하여 지분법적용투자주식의 가액이 감액될 때 또는 동 지분법적용투자주식의 처분시에 익금산입(유보)한다. 피투자회사의 당기순손실에 기인하여 지분법적용투자주식이 감소되는 경우에는 위와 반대의 세무조정이 필요하다.

(2) 지분법피투자회사의 전기이월이익잉여금의 증가에 기인하여 발생한 경우

지분법적용투자주식의 증가액이 피투자회사의 전기이월이익잉여금의 증가에 기인하여 발생한 경우에는 (차) 지분법적용투자주식 ××× (대) 지분법이익잉여금변동 ×××으로 회계처리하기 때문에 당해연도 손익에는 영향이 없다. 그러나 이 경우에는 세무상 지분법적용투자주식의 장부가액과 이익잉여금 항목의 장부가액을 조정하기 위한 세무조정이 필요하다.

따라서, 지분법적용투자주식 과대계상분을 손금산입(△유보)하고 이익잉여금계정 과대계상분을 익금산입(기타)한 후, 이후 사업연도에 지분법손실(지분법피투자회사의 당기순손실에 기인)이 발생하여 상계시 또는 지분법적용투자주식 처분시 익금산입(유보) 처분한다. 지분법피투자회사의 전기이월이익잉여금의 감소에 기인하여 지분법적용투자주식의 가액이 감소되는 경우에는 위와 반대의 세무조정이 이루어져야 한다.

(3) 지분법피투자회사의 당기손익과 전기이월잉여금을 제외한 자본의 증가에 기인하여 발생한 경우

지분법적용투자주식의 증가액이 지분법피투자회사의 당기손익과 전기이월이익잉여금을 제외한 자본의 증가에 기인하여 발생한 경우에는 (차) 지분법적용투자주식 ××× (대) 지분법자본변동(기타포괄손익누계액) ×××으로 회계처리하기 때문에 당해연도 손익에는 영향이 없다. 그러나 이 경우에는 세무상 지분법적용투자주식의 장부가액과 기타포괄손익누계액의 장부가액을 조정하기 위한 세무조정이 필요하다.

즉, 지분법적용투자주식 과대계상분을 손금산입(△유보)하고 기타포괄손익누계액 과대계상분 익금산입(기타)한 후, 이후 사업연도에 부의지분법자본변동(지분법피투자회사의 자본잉여금, 기타포괄손익누계액 및 자본조정의 감소에 기인)이 발생하여 지분법자본변동과 상계시 또는 지분법적용투자주식 처분시 각각 반대로 익금산입(유보), 손금산입(기타)하여 상계처리한다.

지분법피투자회사의 당기손익과 전기이월이익잉여금을 제외한 자본의 감소에 기인하여 지분법적용투자주식의 가액이 감소되는 경우에는 이와 반대로 세무조정하면 된다.

관련사례

- 무상감자시 유보금액(지분법손실)의 처리
  지분법평가대상 주식의 일부가 무상감자되는 경우, 손금불산입한 유보금액(지분법손실) 중 당해 무상감자분 해당액은 잔존주식의 취득가액에 포함함(서면2팀-1935, 2005. 11. 28.).
- 유상감자시 유보금액(지분법손실)의 처리
  지분법평가대상 주식의 일부가 유상감자되는 경우, 손금불산입한 유보금액(지분법손실) 중 당해 유상감자분 해당액은 잔존주식의 취득가액에 포함함(서면2팀-2683, 2004. 12. 20.).

2-4-4. 매도가능증권 또는 만기보유증권 손상차손

기업회계기준은 매도가능증권(한국채택국제회계기준상 '기타포괄손익-공정가치 측정 금융자산'을 포함함) 또는 만기보유증권(한국채택국제회계기준상 '상각후원가 측정 금융자산'을 포함함)으로부터 회수할 수 있을 것으로 추정되는 금액이 채무증권의 상각후원가 또는 지분증권의 취득원가보다 작은 경우에는 손상차손을 인식할 것을 고려하도록 하고, 당해 손상차손금액은 당기손익에 반영하도록 하고 있다(K-IFRS 1109호 문단 5.5의 1, 5.5의 17 및 일반기준 6장 문단 6.32).

그러나, 법인세법상 손상차손이 인정되지 않는 경우로서 회계상 (차) 매도가능증권손상차손(또는 만기보유증권손상차손) ××× (대) 매도가능증권(또는 만기보유증권) ×××으로 회계처리한 경우에는 세무상 이를 손금불산입(유보)하고, 당해 사업연도 이후 동 매도가능증권(또는 만기보유증권)의 공정가액이 회복된 경우 또는 동 매도가능증권(또는 만기보유증권) 처분시에 손금산입(△유보)하여 상계처리한다.

2-4-5. 채무증권의 현재가치평가

법인이 채무증권을 할인 또는 할증된 가격으로 취득하는 경우에 액면가액과 취득가액의 차이금액은 시장이자율보다 낮거나 높은 액면이자율을 보상해 주는 일종의 이자수익이다. 기업회계기준에서는 이러한 차액을 유효이자율법을 사용해서 상환기간에 걸쳐 이자수익으로 인식하도록 하고 당해 채무증권의 장부가액을 액면가액으로 점차 조정해 나가는 회계처리를 하도록 하고 있다(일반기준 6장 문단 6.29).

:: 할인 취득한 채권에 대한 할인액의 법인세법상 익금 귀속시기

할인 취득한 채권의 할인액에 대한 상각액의 법인세법상 익금의 귀속시기에 대해 국세청 유권해석과 조세심판원의 심판례는 다음과 같이 다른 입장을 취하고 있음.

국세청 유권해석	채권을 취득하면서 발생한 할인액 또는 할증액을 기업회계기준서의 규정에 의한 유효이자율법에 의하여 상각함에 따라 결산시 발생하는 할인·할증상각액에 대한 이자수익 가산액 또는 차감액은 각 사업연도 소득금액 계산상 채권의 매각 또는 만기시점이 속하는 사업연도의 익금 또는 손금으로 하는 것임(서면2팀-1423, 2005. 9. 6. ; 서면법령법인-1781, 2015. 12. 1.).
조세심판원 결정례	법인이 채권을 취득하는 시점에서 채권의 액면가액 보다 낮은 가액으로 취득하는 경우 그 차액인 할인액은 시간의 경과에 따라 변동하지 않는 것으로서 이는 이자소득에 해당한다 할 것이고, 해당 채권의 만기 또는 매각시점이 속하는 사업연도까지 할인액을 안분하여 수익으로 인식할 수 있다 할 것임(조심 2014서 85, 2015. 4. 1.).

한편, 법인이 유형자산의 취득과 함께 국·공채를 매입하는 경우, 그 국·공채의 매입가액과 현재가치의 차액을 당해 유형자산의 취득가액으로 계상한 금액은 법인세법상 취득가액으로 인정한다(법령 §72 ③ 3호).

2-4-6. 매도가능증권의 자전거래

일반기업회계기준에서 매도가능증권의 평가손익에 대해서는 기타포괄손익누계액으로 처리하고 매도가능증권의 처분손익에 대해서는 당기손익으로 처리하도록 규정하고 있기 때문에 기업은 보유 중인 매도가능증권을 매각하고 동시에 취득하는 거래를 성립시킴으로써 당기순이익을 조작할 여지가 있게 된다. 이러한 임의적인 손익조작을 방지하기 위하여 기업회계기준에서는 보유 중인 매도가능증권을 매도하고 동시에 또는 단기간 내에 재취득하는 자전거래 방식에 의하여 매도가능증권의 처분손익을 발생시키는 경우로서 경쟁제한적 자전거래로 볼 수 있는 때에는 처분손익을 인식하지 아니하도록 하고 있다. 여기서 매도가능증권을 매도하고 동시에 또는 단기간 내에 재취득하는 경우란 보통 매도 당일 또는 익일 중에 매도와 취득거래가 이루어지는 것을 말하며, 경쟁제한적 자전거래는 거래시스템 또는 경쟁제한적 시장상황에 의하여 제3자가 개입할 여지가 없거나 제3자가 개입하였더라도 공정가액으로 거래되는 것을 기대하기 어려운 상황 때문에 매매가격이 일치하는 등 거래 당사자간에 실질적인 경제적 효익의 이전이 없는 매도가능증권의 매매를 말한다(일반기준 6장 부록 실6.54의 3).

다음과 같은 거래는 경쟁제한적 자전거래에 해당된다(일반기준 6장 부록 실6.54의 2).

① 유가증권시장 내에서 한국거래소의 업무규정에 의한 신고대량매매 또는 시간외 대량매매 방식을 통하여 이루어진 자전거래(제3자가 개입된 경우 포함)

② 코스닥시장 내에서 이루어진 자전거래 중 결과적으로 제3자의 개입 없이 이루어진 자전거래

이에 대하여 법인세법에서도 기업회계기준과 동일한 취지로 경쟁제한적 시장상황 등으로 제3자가 개입할 여지가 없는 자전거래나 제3자가 개입하였을지라도 공정가액에 의한 거래를 기대하기 어려운 상황에서 보유 중인 투자유가증권 등을 매각하고 동시 또는 단기간 내에 재취득함으로써 매매가격이 일치하는 등 그 거래의 실질내용이 사실상 해당 유가증권의 장부가액을 시가에 의하여 평가하기 위한 것이라고 인정되는 경우에는 해당 유가증권의 보유당시의 장부가액과 매각가액의 차액은 이를 익금 또는 손금에 산입하지 아니하도록 하고 있다(법기통 42-75…1).

2-5. 명세서의 제출

유가증권을 평가한 법인은 법인세 과세표준신고와 함께 유가증권평가조정명세서 [별지 제39호 서식]을 납세지 관할 세무서장에게 제출하여야 한다(법령 §75 ② 및 법칙 §82 ① 37호). 또한, 보험회사가 보유한 변액보험 특별계정에 속하는 자산에 대한 평가방법을 납세지 관할 세무서장에게 신고하는 때에는 특별계정평가방법신고서 [별지 제63호의 4 서식]을 제출하여야 한다(법칙 §39, §82 ⑦ 3호의 4).

MEMO

Step Ⅱ 서식의 이해

■ 작성요령 Ⅰ - 재고자산 / 유가증권 평가조정명세서

❶ 재고자산평가방법과 평가금액 등을 주요계정명세서(을) [별지 제47호 서식(을)]에 그대로 옮겨 적는다.

❷ 「③ 신고방법」란에는 회사가 세무서에 신고한 재고자산평가방법을 기입하고, 「④ 평가방법」란에는 회사가 실제로 평가한 방법을 기입하여 「⑤ 적부」란에 신고방법대로 평가하였는지 여부를 ○, ×로 표시한다.

❸ 평가손익이 발생하지 않는 품목은 이를 합계액으로 기입할 수 있으며 품목별 계산기입이 곤란한 경우에는 별도 작성비치하고 과목별 합계액으로 작성할 수 있다.

❹ 「⑦ 과목」란과 「⑧ 품명」란에 자산별로 기입하고 「⑨ 규격」란 및 「⑩ 단위」란에는 회사의 재고자산수불부 내용에 의하여 기입한다.

❺ 「⑬ 회사계산금액」란은 결산서상 재고자산명세와 일치하여야 한다.

[별지 제39호 서식] (1999. 5. 24. 개정)

사업연도	. . . . . .	□ 재고자산 □ 유가증권

※관리번호 | | | - | | | 사업

※표시란은 기입하지 마십시오.

1. 재고자산평가방법 검토 ❶

① 자산별		② 평가방법 신고연월일	③ 신고방법
제품및상품			❷
반제품및재공품			
원재료			
저장품			
유가증권	채권		
	기타		

2. 평가조정계산❸

⑦ 과목	⑧ 품명	⑨ 규격	⑩ 단위	⑪ 수량	회사계산 ⑫ 단가	회사계산 ⑬ 금액
❹	❹	❹	❹			❺
계						

평가조정명세서	법인명	

ㅓ자등록번호 [ ][ ][ ] - [ ][ ] - [ ][ ][ ][ ][ ]

법	④ 평가방법	⑤ 적 부	⑥ 비 고
	❷	❷	

조정계산금액				⑱ 조정액 (⑮또는 ⑮와 ⑰ 중 큰 금액－⑬)
신고방법		선입선출법		
⑭ 단가	⑮ 금액	⑯ 단가	⑰ 금액	
❻	❻	❻	❻	❼

❷ 「③ 신고방법」란에는 회사가 세무서에 신고한 재고자산평가방법을 기입하고, 「④ 평가방법」란에는 회사가 실제로 평가한 방법을 기입하여 「⑤ 적부」란에 신고방법대로 평가하였는지 여부를 ○, ×로 표시한다.

❻ 조정계산금액(「⑭」란 내지 「⑰」란)은 신고방법에 의한 세무조정단가에 의하여 계산하되, 신고방법에 의하여 평가하지 아니한 경우에는 자산별로 신고방법에 의한 평가액과 선입선출법(매매를 목적으로 소유하는 부동산의 경우에는 개별법, 유가증권평가의 경우에는 총평균법)에 의한 평가액을 계산하여 기입한다.

❼ 「⑱ 조정액」란에는 자산별로 「⑮ 신고방법에 의한 금액」(단, 신고방법 외의 방법으로 평가한 경우에는 「⑮ 신고방법에 의한 금액」과 「⑰ 선입선출법(매매를 목적으로 소유하는 부동산의 경우에는 개별법, 유가증권평가의 경우에는 총평균법)에 의한 금액」 중 큰 금액)과 「⑬ 회사계산금액」과의 차액을 기입하여 평가감의 경우는 손금불산입하고 평가증(△)의 경우는 손금산입한다.

■ 작성요령 Ⅱ - 재고자산평가차익 익금불산입신청서

[별지 제41호 서식] (2020. 3. 13. 개정)

재고자산평가차익 익금불산입신청서

<table>
<tr><td rowspan="6">❶ 신청인</td><td>① 상호 또는 법인명</td><td>② 사업자등록번호</td></tr>
<tr><td>③ 대표자 성명</td><td>④ 법인등록번호</td></tr>
<tr><td colspan="2">⑤ 사업장(본점) 소재지
(전화번호 :)</td></tr>
<tr><td>⑥ 업종</td><td>⑦ 사업 개시일</td></tr>
<tr><td colspan="2">⑧ 한국채택국제회계기준 도입 사업연도
년 월 일부터 년 월 일까지</td></tr>
</table>

❷ 신청내용

⑨ 한국채택국제회계기준을 최초로 적용하는 사업연도의 기초 재고자산 평가액	⑩ 한국채택국제회계기준을 최초로 적용하기 직전 사업연도의 기말재고자산 평가액	⑪ 재고자산평가차익 (⑨-⑩)

「법인세법 시행령」 제78조의 2 제4항에 따라 재고자산평가차익 익금불산입신청서를 제출합니다.

년 월 일

신청인 (서명 또는 인)

세 무 서 장 귀하

세무조정 체크리스트

■ 재고자산

검 토 사 항	확인
1. 신고한 재고자산평가방법이 적정한지 확인	
2. 변경신고의 유무 및 적정성 확인	
3. 회사의 장부상 평가방법 확인	
4. 신고한 평가방법과 장부계상 평가방법의 적부비교	
5. 재고자산에 포함된 건설자금이자 확인	
6. 결산반영된 재고평가손실 확인	
7. 세무상 평가금액 확인	
8. 전기 유보사항 추인	

■ 유가증권

검 토 사 항	확인
1. 신고한 유가증권평가방법이 적정한지 확인 • 유가증권의 평가방법은 당해 법인의 설립일 또는 수익사업을 개시한 날이 속하는 사업연도 과세표준신고기한까지 신고하여야 함. • 평가방법 : 총평균법, 이동평균법, 개별법(채권에 한함) • 투자회사 등이 보유한 집합투자재산 : 시가법 • 환매금지형집합투자기구가 보유한 시장성 없는 자산 및 보험회사가 보유한 변액보험계약의 특별계정 내 자산 : 원가법 또는 시가법 중 신고한 방법	
2. 변경신고의 적정성 확인 • 유가증권의 평가방법을 변경하고자 할 때에는 변경하고자 하는 사업연도의 종료일 이전 3월이 되는 날까지 납세지 관할 세무서장에게 신고	
3. 회사의 장부상 평가방법 확인 • 회사가 적용하고 있는 유가증권 평가방법의 확인	
4. 신고한 평가방법과 장부계상 평가방법의 적부비교 • 전기 유가증권평가조정명세서상의 신고방법과 당기 평가방법을 비교하여 적정한지 여부 확인	
5. 주식수 변동(무상증자, 주식배당 등) 여부 확인	
6. 결산반영된 유가증권평가손익 및 손상차손(환입) 확인	

검 토 사 항	확인
7. 지분법 평가에 따른 세무조정사항 확인	
8. 법인세법상 인정되는 감액평가손실 대상 유가증권 유무 확인 • 다음의 주식 등으로서 그 발행법인이 부도가 발생한 경우 또는 채무자 회생 및 파산에 관한 법률에 의한 회생계획인가의 결정을 받았거나 기업구조조정 촉진법에 의한 부실징후기업이 된 경우 - 주권상장법인이 발행한 주식 등 - 벤처투자 촉진에 관한 법률에 따른 중소기업창업투자회사 또는 여신전문금융업법에 따른 신기술사업금융업자가 보유하는 주식 등 중 각각 창업자 또는 신기술사업자가 발행한 것 - 주권상장법인 외의 법인 중 법인세법상 특수관계가 없는 법인이 발행한 주식 등 • 파산한 법인의 주식에 대하여 시가평가를 한 경우	
9. 세무조정 금액의 정확성 확인 • 유가증권의 회계상 장부가액과 세무상 취득가액(무상주 등 포함)의 차이가 세무상 유보금액과 일치하는지를 확인	
10. 출자전환주식의 취득가액 적정성 확인 • 취득 당시의 시가. 단, 회생계획인가, 기업개선계획, 경영정상화계획, 사업재편계획승인에 따라 출자전환하는 경우에는 출자전환된 채권의 장부가액	

Step III 사례와 서식작성실무

예제 I

사 례

다음 자료에 의하여 ㈜삼일의 재고자산평가조정명세서 〔별지 제39호 서식〕을 작성하라.

1. 사업연도 : 2024. 1. 1.~2024. 12. 31. (설립연월일 : 2011. 1. 1.)
2. 평가방법, 신고상황 및 실제 평가방법은 다음과 같다.

자산별	신고연월일	당초신고방법	평가방법	비 고
제품 및 상품	2024. 10. 25.	선입선출법	총평균법	제품의 경우 2011. 1. 24. 선입선출법을 신고하였으나, 2024. 10. 25. 총평균법으로 변경신고
반제품 및 재공품	2011. 1. 24.	총평균법	총평균법	
원재료	2011. 1. 24.	총평균법	선입선출법	
저장품	무신고	-	총평균법	

3. 평가방법별 재고자산평가액은 다음과 같다.

과 목	품 명	규 격	단 위	수 량	결산서금액	총평균법	선입선출법
제품	A1	11	set	100	6,000	6,000	6,200
	A2	12	set	120	8,400	8,400	8,280
	소계				14,400	14,400	14,480
반제품	B1	20	set	80	5,500	5,500	5,700
원재료	C1	31	kg	1,000	10,000	9,900	10,000
	C2	32	kg	500	10,000	9,750	10,000
	소계				20,000	19,650	20,000
저장품	D1	40	개	50	4,000	4,000	4,050

해 설

① 제품 및 상품 : 변경신고기한을 경과한 변경신고이므로 선입선출법과 당초 신고방법에 의한 평가액 중 큰 금액으로 평가. 결국 선입선출법에 의하여 평가
② 반제품 및 재공품 : 신고방법과 평가방법이 동일하므로 수정사항 없음.
③ 원재료 : 임의변경에 해당하므로 당초 신고방법인 총평균법과 선입선출법에 의한 평가액 중 큰 금액으로 평가. 결국 선입선출법으로 평가
④ 저장품 : 재고자산평가방법을 신고하지 아니하였으므로 선입선출법에 의하여 평가

[별지 제39호 서식] (1999. 5. 24. 개정)

사업연도	2024. 1. 1. ~ 2024. 12. 31.	□재고자산 □유가증권 평가조정명세서	법인명	(주)삼일

※ 관리번호 □□-□□ 사업자등록번호 □□□-□□-□□□□□
※ 표시란은 기입하지 마십시오.

1. 재고자산평가방법 검토

① 자산별		② 평가방법 신고연월일	③ 신고방법	④ 평가방법	⑤ 적 부	⑥ 비 고
제 품 및 상 품		2024. 10. 25.	선입선출법	총평균법	×	
반제품 및 재공품		2011. 1. 24.	총평균법	총평균법	○	
원 재 료		2011. 1. 24.	총평균법	선입선출법	×	
저 장 품		무신고	–	총평균법	×	
유가증권	채 권					
	기 타					

2. 평가조정계산

⑦ 과목	⑧ 품명	⑨ 규격	⑩ 단위	⑪ 수량	회사계산		조정계산금액				⑱ 조정액(⑮ 또는 ⑮와 ⑰ 중 큰 금액–⑬)
							신고방법		선입선출법		
					⑫ 단가	⑬ 금액	⑭ 단가	⑮ 금액	⑯ 단가	⑰ 금액	
제품	A1	11	set	100	60	6,000	62	6,200	62	6,200	200
	A2	12	set	120	70	8,400	69	8,280	69	8,280	△120
	소계					14,400		14,480		14,480	80
원재료	C1	31	kg	1,000	10	10,000	9.9	9,900	10	10,000	–
	C2	32	kg	500	20	10,000	19.5	9,750	20	10,000	–
	소계					20,000		19,650		20,000	–
저장품	D1	40	개	50	80	4,000	–	–	81	4,050	50
계											130

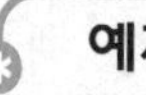

예제Ⅱ

사 례

다음 자료에 의하여 ㈜삼일의 제13기 사업연도(2024. 1. 1.~2024. 12. 31.)의 유가증권평가조정명세서 〔별지 제39호 서식〕을 작성하라.

1. ㈜삼일은 2023년 1월 1일에 비상장법인인 ㈜용산의 주식 5,000주(총발행주식의 40%, 액면가액 주당 ₩5,000)을 ₩40,000,000에 매입하여 유의적인 영향력을 행사할 수 있게 되었다. 주식의 매입당시 ㈜용산의 순자산가액(공정가액)은 ₩90,000,000이며, 투자차액은 5년간 상각하기로 하였다.
2. ㈜용산의 2023년 결산결과 당기순이익 ₩10,000,000과 자본잉여금증가액 ₩5,000,000이 확정되었다.
3. ㈜삼일은 2014년 3월 25일에 유가증권 평가방법을 이동평균법으로 신고하였고, 동 신고는 법인세법상 적절하였다.

해 설

(1) 회계처리 및 세무조정

구 분	회계처리	세무조정
매입시	(차) 지분법적용투자주식 40,000,000 (대) 현금및현금성자산 40,000,000	세무조정 없음.
결산시	(차) 지분법적용투자주식 3,200,000 (대) 지분법이익 3,200,000 (차) 지분법적용투자주식 2,000,000 (대) 지분법자본변동 2,000,000	〈익불〉 지분법이익 3,200,000 (△유보) 〈익산〉 지분법자본변동 2,000,000 (기타) 〈익불〉 지분법적용투자주식 2,000,000 (△유보)

① 지분법이익 : (10,000,000 × 40%) − [40,000,0000 − (90,000,000 × 40%)] ÷ 5 = 3,200,000

② 지분법자본변동 : 5,000,000 × 40% = 2,000,000

(2) 회계상 기말 지분법적용투자주식 평가금액 : 40,000,000 + 3,200,000 + 2,000,000 = 45,200,000

- 회계상 단가 : 45,200,000 ÷ 5,000주 = 9,040
- 세무상 기말 지분법적용투자주식 평가금액 : 40,000,000
- 세무상 단가 : 40,000,000 ÷ 5,000주 = 8,000

[별지 제39호 서식] (1999. 5. 24. 개정)

사업연도	2024. 1. 1. ~ 2024. 12. 31.	□ 재고자산 □ 유가증권	평가조정명세서	법인명	(주)삼일

※ 관리번호 | | - | |

※ 표시란은 기입하지 마십시오.

사업자등록번호 | | | - | | - | | | |

1. 재고자산평가방법 검토

① 자산별		② 평가방법 신고연월일	③ 신고방법	④ 평가방법	⑤ 적 부	⑥ 비 고
제품 및 상품						
반제품 및 재공품						
원 재 료						
저 장 품						
유가증권	채 권					
	기 타	2014. 3. 25.	이동평균법	이동평균법	○	

2. 평가조정계산

⑦ 과목	⑧ 품명	⑨ 규격	⑩ 단위	⑪ 수량	회사계산		조정계산금액				⑱ 조정액(⑮ 또는 ⑮와 ⑰ 중 큰 금액-⑬)
							신고방법		선입선출법		
					⑫ 단가	⑬ 금액	⑭ 단가	⑮ 금액	⑯ 단가	⑰ 금액	
지분법 적용 투자 주식	(주)용산		주	5,000	9,040	45,200,000	8,000	40,000,000			△5,200,000
계											△5,200,000

예제 Ⅲ

사 례

다음 자료에 의하여 ㈜삼일의 제13기 사업연도(2024. 1. 1.~2024. 12. 31.)의 유가증권평가조정명세서 〔별지 제39호 서식〕을 작성하라.

1. ㈜삼일은 2024년 1월 1일에 ㈜용산이 발행한 회사채를 장기투자보유목적으로 ₩1,000,000(시장이자율 10%)에 취득하였다. 동 사채의 액면가액은 ₩1,000,000이고 표시이자율 10%, 4년 만기이고 이자지급일은 매년 12월 31일이다.
2. 동 채권의 기말 공정가액(경과이자분 제외)은 ₩910,000이 되었다.
3. ㈜삼일은 2014년 3월 25일에 법인세법상 적법하게 유가증권 평가방법을 개별법으로 신고하였다.

해 설

(1) 회계처리 및 세무조정

구 분	회계처리	세무조정
매입시	(차) 매도가능증권 1,000,000 (대) 현금및현금성자산 1,000,000	세무조정 없음.
결산시	(차) 현금및현금성자산 100,000 (대) 이자수익 100,000 (차) 매도가능증권평가손실 90,000 (기타포괄손익누계액) (대) 매도가능증권 90,000	〈손산〉 매도가능증권평가손실 90,000 (기타) 〈손불〉 매도가능증권 90,000 (유보)

① 이자 현금수령액 : 1,000,000 × 10%(표시이자율) = 100,000

② 매도가능증권평가손실 : 910,000 − 1,000,000 = 90,000

손금불산입항목인 유가증권평가손실을 자본항목으로 계상하였으므로 손금산입과 손금불산입으로 동시조정한다.

(2) 회계상 기말 매도가능증권 평가금액 : 1,000,000 − 90,000 = 910,000

세무상 기말 매도가능증권 평가금액 : 1,000,000

[별지 제39호 서식] (1999. 5. 24. 개정)

사업연도	2024. 1. 1. ~ 2024. 12. 31.	□ 재고자산 □ 유가증권	**평가조정명세서**	법인명	(주)삼일

※ 관리번호	□□-□□	사업자등록번호	□□□-□□-□□□□□

※ 표시란은 기입하지 마십시오.

1. 재고자산평가방법 검토

① 자산별		② 평가방법 신고연월일	③ 신고방법	④ 평가방법	⑤ 적 부	⑥ 비 고
제 품 및 상 품						
반제품 및 재공품						
원 재 료						
저 장 품						
유가증권	채 권	2014. 3. 25.	개별법	개별법	○	
	기 타					

2. 평가조정계산

⑦ 과목	⑧ 품명	⑨ 규격	⑩ 단위	⑪ 수량	회사계산		조정계산금액				⑱ 조정액(⑮ 또는 ⑮와 ⑰ 중 큰 금액-⑬)
							신고방법		선입선출법		
					⑫ 단가	⑬ 금액	⑭ 단가	⑮ 금액	⑯ 단가	⑰ 금액	
매도가능증권	회사채			1		910,000		1,000,000			90,000
계											90,000

제13절

외화평가

관련 법령	• 법법 §42, §43, §53의 2, §53의 3 • 법령 §73, §76, §91의 2, §91의 3, §91의 4, §91의 5 • 법칙 §39의 2, §44의 2
관련 서식	• 법인세법 시행규칙 [별지 제40호 서식(갑)] 외화자산 등 평가차손익조정명세서(갑) [별지 제40호 서식(을)] 외화자산 등 평가차손익조정명세서(을) [별지 제63호의 4 서식] (화폐성외화자산등/특별계정) 평가방법 신고서 [별지 제64호의 5 서식] (기능통화/해외사업장) 과세표준계산방법 신고(변경신청)서

제13절

외화평가 13

Step I 내용의 이해

1. 개 요

법인세법 제42조에 의하면, '내국법인이 보유하고 있는 자산과 부채의 장부가액을 증액 또는 감액한 경우 각 사업연도의 소득금액을 계산할 때 그 자산과 부채의 장부가액은 평가 전의 가액으로 한다'라고 하여 원칙적으로 자산·부채의 평가를 인정하지 아니하고 있다. 다만, 예외적으로 자산·부채의 평가를 인정하고 있는 것이 있는데 그 중 하나가 기업회계기준에 따른 화폐성 외화자산과 부채(이하 "화폐성 외화자산·부채"라 함)이다. 이 때, 금융회사 등(법령 §61 ② 1호~7호)이 보유하는 화폐성 외화자산·부채의 평가는 강제규정이므로 결산상 화폐성 외화자산·부채의 평가손익을 반영하지 아니한 경우에는 장부가액과 세무상 평가액의 차이를 세무조정하여야 한다. 그러나 금융회사 등 외의 법인은 화폐성 외화자산·부채를 사업연도 종료일 현재의 매매기준율 등으로 평가할지 여부를 선택하여 관할 세무서장에게 신고하고 그에 따라 평가하여야 한다.

또한, 외화자산·부채의 상환손익(법령 §76), 기능통화 도입기업의 과세표준 계산 특례(법법 §53의 2) 및 해외사업장의 과세표준 계산 특례(법법 §53의 3) 등을 규정하고 있다.

2. 외화자산·부채의 평가손익

2-1. 기업회계

2-1-1. 외화자산·부채의 평가손익의 처리

한국채택국제회계기준(K-IFRS) 및 일반기업회계기준에서는 법인이 보유하는 외화자산·부채 중 화폐성 외화자산·부채에 한하여 마감환율(보고기간말 현물환율)로 환산하고, 동 환산

손익을 당기손익으로 처리하도록 규정하고 있다(K-IFRS 1021호 문단 23 및 일반기준 23장 문단 23.9). 이를 요약하면 다음과 같다.

자산의 구분	환산방법	외환차이(외화환산손익)의 회계처리
화폐성 외화항목	마감환율로 환산	당기손익으로 인식
역사적원가로 측정하는 비화폐성 외화항목	거래일의 환율로 환산	외환차이(외화환산손익)가 발생하지 않음.
공정가치로 측정하는 비화폐성 외화항목	공정가치가 결정된 날의 환율로 환산	공정가치평가손익을 당기손익(또는 기타포괄손익)으로 인식하면 외환차이도 당기손익(또는 기타포괄손익)으로 인식

이 때, 외화란 기능통화 이외의 다른 통화를 의미하며, 한국채택국제회계기준(K-IFRS) 및 일반기업회계기준에서는 기능통화를 영업활동이 이루어지는 주된 경제 환경의 통화로, 표시통화는 재무제표를 표시할 때 사용하는 통화로 정의하고 있다. 또한, 마감환율이란 보고기간말의 현물환율을 의미하며, 현물환율이란 즉시 인도가 이루어지는 거래에서 사용하는 환율을 말한다. 따라서 동 조항을 다른 말로 하면 화폐성 외화자산·부채는 결산시점의 현행환율로 환산한다고 할 수 있다(K-IFRS 1021호 문단 8 및 일반기준 23장 용어의 정의).

2-1-2. 화폐성 및 비화폐성의 구분

한국채택국제회계기준(K-IFRS)과 일반기업회계기준에서는 화폐액의 고정 여부에 따라 외화자산·부채를 크게 화폐성 외화자산·부채와 비화폐성 외화자산·부채로 구분하고 있다.

화폐성항목이란 현금으로 지급하는 연금과 그 밖의 종업원급여, 현금으로 상환하는 충당부채, 부채로 인식하는 현금배당 등과 같이 확정되었거나 결정가능한 화폐단위 수량으로 받을 권리나 지급할 의무를 말한다. 반면에, 비화폐성항목이란 재화와 용역에 대한 선급금(예 : 선급임차료), 영업권, 무형자산, 재고자산, 유형자산, 비화폐성 자산의 인도에 의해 상환하는 충당부채 등과 같이 확정되었거나 결정가능한 화폐단위 수량으로 받을 권리나 지급할 의무가 없는 것을 말한다(K-IFRS 1021호 문단 16 및 일반기준 23장 부록 실23.1).

2-2. 법인세법

2-2-1. 금융회사 등

다음의 금융회사 등이 보유하는 화폐성 외화자산·부채는 사업연도 종료일 현재의 매매기준율 등(외국환거래규정에 따른 매매기준율 또는 재정된 매매기준율)으로 평가하여, 그 원화금액과 원화기장액의 차익 또는 차손은 해당 사업연도의 익금 또는 손금에 이를 산입하여야 한다(법령 §76 ① 1호, ④ 및 법칙 §39의 2). 이러한 금융회사 등이 보유하는 외화자산·부채에 대한 평가

규정은 강제규정이므로, 당해 금융회사 등이 결산상 평가손익을 반영하지 아니한 경우에는 장부가액과 세무상 평가액의 차이를 세무조정하여야 한다.

① 은행법에 의한 인가를 받아 설립된 은행
② 한국산업은행법에 의한 한국산업은행
③ 중소기업은행법에 의한 중소기업은행
④ 한국수출입은행법에 의한 한국수출입은행
⑤ 농업협동조합법에 따른 농업협동조합중앙회(상호금융사업에 한정함) 및 농협은행
⑥ 수산업협동조합법에 따른 수산업협동조합중앙회(상호금융사업 및 공제사업에 한정함) 및 수협은행

2-2-2. 금융회사 등 외의 법인

금융회사 등 외의 법인이 보유하는 화폐성 외화자산·부채(보험회사의 책임준비금은 제외함)는 다음에 해당하는 방법 중 관할 세무서장에게 신고한 방법에 따라 평가하여야 한다. 다만, 최초로 ②의 방법을 신고하여 적용하기 이전 사업연도의 경우에는 ①의 방법을 적용하여야 한다(법령 §76 ②, ④). 한편, 신고한 평가방법은 그 후의 사업연도에도 계속하여 적용하여야 하는 것이나, 신고한 평가방법을 적용한 사업연도를 포함하여 5개 사업연도가 지난 후에는 다른 방법으로 신고하여 변경된 평가방법을 적용할 수 있다(법령 §76 ③). 이 경우 변경된 평가방법을 적용하려는 사업연도의 법인세 신고(법법 §60)와 함께 화폐성외화자산등 평가방법 신고서[별지 제63호의 4 서식]를 관할 세무서장에게 제출하여야 한다(법령 §76 ⑥ 및 법칙 §82 ⑦ 3호의 4).

① 화폐성 외화자산·부채를 취득일 또는 발생일 현재의 매매기준율 등으로 평가하는 방법
② 화폐성 외화자산·부채를 사업연도 종료일 현재의 매매기준율 등으로 평가하는 방법

관련사례

- 화폐성 외화자산·부채의 평가방법을 변경하는 경우 기존 외화자산·부채의 평가방법
  화폐성 외화자산·부채를 사업연도 종료일 현재의 매매기준율 등으로 평가하는 법인이 취득일 또는 발생일 현재의 매매기준율 등으로 평가하는 방법으로 변경하는 경우 변경된 평가방법을 최초 적용하는 사업연도 이전에 취득하여 보유하고 있는 화폐성 외화자산·부채에 대해서는 직전 사업연도 종료일 현재의 매매기준율 등으로 평가한 금액을 원화금액으로 함(서면법령법인-780, 2018. 6. 20.).
- K-IFRS에 따라 회계처리하는 외화신종자본증권의 세무처리
  구기업회계기준상 외화부채로 분류되어 외화평가손익을 인식한 외화표시 신종자본증권이 국제회계기준(K-IFRS)에 따라 부채가 아닌 자본으로 분류되는 경우 법인세법상 외화평가대상이 아니며, 장부가액은 직전 사업연도에 평가한 가액으로 계상함(법인-975, 2011. 12. 5.).

• 사업연도 종료일이 공휴일 등으로 고시한 환율이 없는 경우
화폐성 외화자산 및 부채의 평가시 적용할 환율은 사업연도 종료일에 고시한 기준환율 또는 재정환율을 적용하는 것으로 사업연도의 종료일이 공휴일 등으로 고시한 환율이 없는 경우에는 사업연도 종료일 전일에 고시한 기준환율 또는 재정환율을 적용함(법인 46012-462, 2000. 2. 17.).

기업회계기준과 법인세법상 외화자산·부채의 평가에 대하여 비교하면 다음과 같다(법령 §76 ① 1호 및 법칙 §39의 2).

▌법인세법과 기업회계기준상 외화자산·부채의 평가 요약▐

구 분	법인세법	기업회계기준
평가대상	화폐성 외화자산·부채(금융회사 등 외의 법인은 평가 여부 선택 가능)	화폐성 외화항목
적용환율	외국환거래규정에 따른 매매기준율 또는 재정된 매매기준율	마감환율(보고기간말의 현물환율)
평가차손익의 처리	해당 사업연도의 익금 또는 손금에 산입	당기손익 처리

3. 외화자산·부채의 상환손익

3-1. 기업회계

외화자산을 회수하거나 외화부채를 상환하는 경우 그 회수 또는 상환금액이 외화자산·부채의 장부가액보다 크거나 작은 경우에 발생하는 차손익을 외환차손익이라 하며, 이러한 외환차손익은 그 발생 당시의 환율과 결제 당시의 환율이 상이하기 때문에 발생한다.

3-2. 법인세법

3-2-1. 상환차손익의 처리

외화채권·채무를 상환받거나 상환하는 경우 원화금액과 원화기장액의 차익 또는 차손은 당해 사업연도의 익금 또는 손금으로 한다. 다만, 한국은행의 외화채권·채무 중 외화로 상환받거나 상환하는 금액의 환율변동분은 한국은행이 정하는 방식에 따라 해당 외화금액을 매각하여 원화로 전환한 사업연도의 익금 또는 손금에 산입한다(법령 §76 ⑤).

관련사례

• 새로운 외화채무로 종전의 외화채무를 직접 차환하는 경우의 상환차손익의 처리
새로운 외화채무로 종전의 외화채무를 상환한 경우에는 해당 채무의 원화기장액을 수정하지 아니함(법기통 42-76…3).

• 외화예금을 원화로 인출하는 경우 원화기장액의 산정방법

내국법인이 수차례에 걸쳐 입금한 외화예금의 일부를 원화로 인출하는 경우 외화예금의 원화기장액 산정방법은 선입선출법을 적용하는 것이나 이동평균법을 준용한 평가방법을 계속적으로 적용하여 온 경우에는 그 평가방법을 적용할 수 있음(법인-865, 2009. 7. 29.).

• 상환할 외화의 종류를 변경한 경우 상환에 해당하는지 여부

종전의 외화채무에 대하여 단순히 상환할 외화의 종류만을 변경하는 것은 법인세법 시행령 제38조의 2 제2항의 상환에 해당하지 아니하는 것임(법인 22601-3374, 1987. 12. 17.).

3-2-2. 외화자산 · 부채의 발생, 상환 · 차환시 적용환율

(1) 원화가 수반되는 거래

원화로 외화자산을 매입하거나 외화부채를 상환하는 경우에는 거래은행에서 실제로 적용한 환율을 적용하여 기장한다. 원화로 외화자산을 매입하거나 외화부채를 상환한다는 의미는 원화를 우선 외환으로 바꾼 후 그 외환으로 외화자산을 매입하거나 부채를 상환하는 두 개의 거래로 구성된다고 할 수 있으며, 이 경우 외화자산의 매입가액과 외화부채의 상환금액은 자산의 취득 및 부채의 상환을 위하여 실제로 지불한 원화금액이 된다(법기통 42-76…2 2호).

(2) 외화로 자산을 취득 · 양도하는 경우

자산의 양도 대가로 외화를 받기로 한 경우 자산의 양도가액은 양도시점의 매매기준율 등에 따라 환산한 금액으로 하며, 자산의 취득대가로 외화를 지급하기로 한 경우 취득가액 역시 취득시점에서의 매매기준율 등에 따라 환산한 금액으로 한다(법기통 42-76…1).

(3) 외화 대 외화 거래

보유외환으로 다른 외화자산을 취득하거나 기존의 외화부채를 상환하는 경우 자산의 취득가액 및 부채의 상환금액은 보유외환의 장부가액이 된다(법기통 42-76…2 3호).

한편, 사업연도 중에 발생된 외화자산 · 부채는 발생일 현재 매매기준율 등에 따라 환산하되, 해당 외화자산 · 부채의 발생일이 공휴일인 때에는 그 직전일의 환율에 의한다(법기통 42-76…2 1호).

3-3. 외화자산 등 평가차손익조정명세서의 제출

화폐성 외화자산 및 부채를 평가한 법인은 과세표준 신고와 함께 외화자산 등 평가차손익조정명세서[별지 제40호 서식 (갑)(을)]를 납세지 관할 세무서장에게 제출하여야 한다(법령 §76 ⑦ 및 법칙 §82 ① 38호).

4. 기능통화 도입기업의 과세표준 계산 특례

4-1. 과세표준 계산방법의 선택 적용

4-1-1. 개 요

기업회계기준에 따라 원화 외의 통화를 기능통화로 채택하여 재무제표를 작성하는 내국법인의 과세표준 계산은 다음의 구분에 의한 방법(이하 '과세표준 계산방법'이라 함) 중 납세지 관할 세무서장에게 신고한 방법을 적용한다. 다만, 최초로 아래 ② 또는 ③의 과세표준 계산방법을 신고하여 적용하기 이전 사업연도의 소득에 대한 과세표준을 계산할 때에는 ①의 과세표준 계산방법을 적용하여야 하며, 같은 연결집단에 속하는 연결법인은 같은 과세표준 계산방법을 신고하여 적용하여야 한다(법법 §53의 2 ① 및 법령 §91의 3).

① 원화 외의 기능통화를 채택하지 아니하였을 경우에 작성하여야 할 재무제표를 기준으로 과세표준을 계산하는 방법(이하 '원화 재무제표 기준 과세표준 계산방법'이라 함)

② 기능통화로 표시된 재무제표를 기준으로 과세표준을 계산한 후 이를 원화로 환산하는 방법(이하 '기능통화 재무제표 기준 과세표준 계산방법'이라 함)

③ 재무상태표 항목은 사업연도 종료일 현재의 환율, 포괄손익계산서 항목은 해당 거래일 현재의 환율(감가상각비 등 일부 항목은 사업연도 평균환율)을 적용하여 원화로 환산한 재무제표를 기준으로 과세표준을 계산하는 방법(이하 '환산 재무제표 기준 과세표준 계산방법'이라 함)

4-1-2. 원화 재무제표 기준 과세표준 계산방법

원화 재무제표 기준 과세표준 계산방법은 원화 외의 기능통화를 채택하지 아니하였을 경우에 작성하여야 할 재무제표를 기준으로 과세표준을 계산하는 방법으로, 기타의 기능통화 도입기업의 과세표준 계산방법(기능통화 재무제표 기준 과세표준 계산방법 및 환산 재무제표 기준 과세표준 계산방법)을 최초로 신고하여 적용하기 이전 사업연도의 소득에 대한 과세표준을 계산할 때에는 반드시 원화 재무제표 기준 과세표준 계산방법을 적용하여야 한다(법법 §53의 2 ① 단서).

원화 재무제표 기준 과세표준 계산방법을 적용하는 경우 결산조정항목, 즉 손비로 계상한 경우에만 각 사업연도의 소득금액을 계산할 때 손금에 산입하는 항목은 원화 외의 통화를 기능통화로 채택하지 아니하였을 경우에 작성하여야 할 재무제표의 금액을 기준으로 손금 계상액을 산정한다(법령 §91의 3 ①).

4-1-3. 기능통화 재무제표 기준 과세표준 계산방법

기능통화 재무제표 기준 과세표준 계산방법은 기능통화로 표시된 재무제표를 기준으로 과세표준을 계산한 후 이를 원화로 환산하는 방법을 말한다. 즉, 기능통화 재무제표 기준 과세표준 산정방법을 적용하는 경우 법인세법 및 같은 법 시행령에 따른 익금 및 손금, 결손금(법법 §13 ① 1호), 비과세소득(법법 §13 ① 2호) 및 소득공제액(법법 §13 ① 3호)을 기능통화로 표시하여 과세표준을 계산한 후 이를 원화로 환산하여야 한다(법령 §91의 3 ②).

기능통화 재무제표 기준에 의한 과세표준 계산방법을 적용하는 법인은 다음의 경우 사업연도 종료일 현재의 매매기준율 등 또는 사업연도 평균환율(해당 사업연도 매일의 외국환거래규정에 따른 매매기준율 또는 재정된 매매기준율의 합계액을 해당 사업연도의 일수로 나눈 평균환율) 중 과세표준 계산방법 신고 · 변경신고와 함께 납세지 관할 세무서장에게 신고한 환율을 적용한다(법령 §91의 3 ③, ⑤ 및 법칙 §44의 2).

① 기능통화로 표시된 과세표준을 원화로 환산하는 경우
② 접대비 한도액(법법 §25 ④)을 기능통화로 환산하는 경우
③ 법인세법 제57조 및 제57조의 2, 조세특례제한법 제10조, 제24조, 제25조의 6, 제94조 및 제104조의 5의 적용을 받아 세액공제액을 기능통화로 계산한 후 원화로 환산하는 경우

기능통화 재무제표 기준 과세표준 계산방법을 적용할 때 화폐성 외화자산 · 부채와 통화선도 및 통화스왑(법령 §73 3호, 5호, §76 ①, ②) 평가시의 외화란 기능통화 외의 통화를 말한다(법령 §91의 3 ④).

4-1-4. 환산 재무제표 기준 과세표준 계산방법

환산 재무제표 기준 과세표준 계산방법은 기능통화로 표시된 재무제표를 일정한 환율을 적용하여 원화로 환산한 재무제표를 기준으로 과세표준을 계산하는 방법을 말한다. 즉, 재무상태표 항목은 사업연도 종료일 현재의 환율, 포괄손익계산서(포괄손익계산서가 없는 경우에는 손익계산서) 항목은 해당 거래일 현재의 환율을 적용하여 원화로 환산한 재무제표를 기준으로 과세표준을 계산한다. 다만, 다음 항목의 경우에는 해당 사업연도 평균환율을 적용하여 환산한다(법령 §91의 3 ⑤, ⑥ 및 법칙 §44의 2).

① 감가상각비
② 퇴직급여충당금
③ 대손충당금
④ 구상채권상각충당금
⑤ 법인세법 시행령 제68조 제6항에 따른 현재가치할인차금상당액
⑥ 법인세법 시행령 제69조 제1항 본문에 따른 건설 등의 제공으로 인한 손익
⑦ 법인세법 시행령 제70조 제1항 제1호 단서 및 제2호 단서에 따른 이자 및 할인액
⑧ 법인세법 시행령 제70조 제3항 단서에 따른 보험료상당액 등
⑨ 법인세법 시행령 제70조 제4항에 따른 이자 및 할인액과 배당소득

⑩ 법인세법 시행령 제71조 제1항 각 호 외의 부분 단서에 따른 임대료상당액과 이에 대응하는 비용
⑪ 법인세법 시행령 제71조 제3항에 따른 사채할인발행차금
⑫ 그 밖에 이와 유사한 항목으로서 기획재정부령으로 정하는 항목

이렇게 환산 재무제표 기준 과세표준 계산방법을 적용하는 경우 감가상각비, 퇴직보험료(법인세법 시행령 제44조의 2 제4항에 따른 확정기여형 퇴직연금 등의 부담금을 말함), 퇴직급여충당금, 대손충당금, 구상채권상각충당금, 그 밖에 이와 유사한 항목으로서 기획재정부령으로 정하는 항목에 대해서는 손금 계상액 및 손금산입한도를 각각 기능통화로 표시하여 손금산입액을 결정한다(법령 §91의 3 ⑦).

또한, 환산 재무제표 기준 과세표준 계산방법을 적용할 때 화폐성 외화자산 · 부채와 통화선도 및 통화스왑(법령 §73 3호, 5호, §76 ①, ②) 평가시의 외화란 기능통화 외의 통화를 말한다(법령 §91의 3 ④).

4-2. 과세표준 계산방법 신청 및 변경

4-2-1. 과세표준 계산방법의 최초 적용

과세표준 계산방법 중 기능통화 재무제표 기준 또는 환산 재무제표 기준 과세표준 계산방법을 적용하려는 법인은 최초로 동 과세표준 계산방법을 적용하려는 사업연도의 법인세 신고(법법 §60)와 함께 납세지 관할 세무서장에게 과세표준 계산방법신고서[별지 제64호의 5 서식]를 제출하여야 한다(법령 §91의 2 ① 및 법칙 §82 ⑦ 4호의 6).

4-2-2. 과세표준 계산방법의 변경 및 신청

(1) 과세표준 계산방법의 변경

과세표준 계산방법 중 기능통화 재무제표 기준 또는 환산 재무제표 기준 과세표준 계산방법을 신고하여 적용하는 법인은 다음의 어느 하나에 해당하는 사유가 발생한 경우 외에는 과세표준 계산방법을 변경할 수 없다(법법 §53의 2 ② 및 법령 §91의 2 ②).

① 기능통화를 변경한 경우
② 과세표준 계산방법이 서로 다른 법인이 합병(분할합병을 포함함)한 경우
③ 과세표준 계산방법이 서로 다른 사업자의 사업을 인수한 경우
④ 연결납세방식을 최초로 적용받는 내국법인의 과세표준 계산방법이 해당 연결집단의 과세표준 계산방법과 다른 경우(해당 연결집단의 과세표준 계산방법으로 변경하는 경우만 해당함)

(2) 과세표준 계산방법의 변경신청 및 승인

전술한 변경사유가 발생하여 과세표준 계산방법을 변경하려는 법인은 변경된 과세표준 계산방법을 적용하려는 사업연도 종료일까지 납세지 관할 세무서장에게 과세표준 계산방법 변경신청서[별지 제64호의 5 서식]를 제출하고, 신청서를 접수한 관할 세무서장은 사업연도 종료일부터 1개월 이내에 그 승인 여부를 결정하여 통지하여야 하며, 법인이 승인을 받지 아니하고 과세표준 계산방법을 변경한 경우의 과세표준은 변경하기 전의 과세표준 계산방법에 따라 계산한다(법령 §91의 2 ③~⑤ 및 법칙 §82 ⑦ 4호의 6).

4-3. 기능통화의 변경 및 과세표준 계산방법의 최초 적용

과세표준 계산방법 중 기능통화 재무제표 기준 또는 환산 재무제표 기준 과세표준 계산방법을 신고하여 적용하는 법인이 기능통화를 변경하는 경우에는 기능통화를 변경하는 사업연도의 소득금액을 계산할 때 개별 자산·부채별로 아래 ①의 금액에서 ②의 금액을 뺀 금액을 익금에 산입하며, 익금에 산입한 금액은 국고보조금의 손금산입 규정(법령 §64 ③)을 준용하여 일시상각충당금 또는 압축기장충당금으로 계상하여 손금에 산입하여야 하고, 손금에 산입한 금액은 국고보조금의 익금산입 규정(법령 §64 ④, ⑤)을 준용하여 익금에 산입한다(법법 §53의 2 ③, §91의 3 ⑧).

① 변경 후 기능통화로 표시된 해당 사업연도의 개시일 현재 해당 자산·부채의 장부가액
② 변경 전 기능통화로 표시된 직전 사업연도의 종료일 현재 자산·부채의 장부가액에 해당 자산·부채의 취득일 또는 발생일의 환율(매매기준율 등을 말함)을 적용하여 변경 후 기능통화로 표시한 금액

법인이 기능통화 재무제표 기준 또는 환산 재무제표 기준 과세표준 계산방법을 최초로 사용하는 경우에 관하여는 상기의 규정을 준용한다. 이 경우 변경 전 기능통화는 원화로 본다(법법 §53의 2 ④).

관련사례

- 기능통화 도입시 외화환산손익의 세무상 유보금액 추인 여부
  기업회계기준에 따라 원화 외의 통화를 기능통화로 채택하여 재무제표를 작성하는 내국법인이 기능통화로 표시된 재무제표를 기준으로 과세표준을 계산한 후 이를 원화로 환산하는 방법을 최초로 적용하는 경우 해당 기능통화로 표시된 화폐성 자산·부채에 대한 전기까지의 세무상 유보잔액은 과세표준 계산특례를 적용하는 최초 사업연도로 승계되지 아니하고 소멸함(재법인-678, 2012. 7. 19.).

5. 해외사업장의 과세표준 계산 특례

5-1. 해외사업장의 과세표준 계산방법

5-1-1. 개 요

내국법인의 해외사업장의 과세표준 계산은 다음의 방법(이하 "과세표준 계산방법"이라 함) 중 납세지 관할 세무서장에게 신고한 방법에 따르되, 최초로 아래 ② 또는 ③의 과세표준 계산방법을 신고하여 적용하기 이전 사업연도의 소득에 대한 과세표준을 계산할 때에는 ①의 과세표준 계산방법을 적용하여야 한다(법법 §53의 3 ① 및 법령 §91의 5 ⑦).

① 해외사업장 재무제표를 원화 외의 기능통화를 채택하지 아니하였을 경우에 작성하여야 할 재무제표로 재작성하여 본점의 재무제표와 합산한 후 합산한 재무제표를 기준으로 과세표준을 계산하는 방법(이하 '원화 재무제표 기준 과세표준 계산방법'이라 함)

② 해외사업장의 기능통화로 표시된 해외사업장 재무제표를 기준으로 과세표준을 계산한 후 이를 원화로 환산하여 본점의 과세표준과 합산하는 방법(이하 '기능통화 재무제표 기준 과세표준 계산방법'이라 함)

③ 해외사업장의 재무제표에 대하여 재무상태표 항목은 사업연도 종료일 현재의 매매기준율 등을, 포괄손익계산서 항목은 평균환율·관할 세무서장에게 신고한 환율을 각각 적용하여 원화로 환산하고 본점 재무제표와 합산한 후 합산한 재무제표를 기준으로 과세표준을 계산하는 방법(이하 '환산 재무제표 기준 과세표준 계산방법'이라 함)

5-1-2. 원화 재무제표 기준 과세표준 계산방법

원화 재무제표 기준 과세표준 계산방법이란 해외사업장 재무제표를 원화 외의 기능통화를 채택하지 아니하였을 경우에 작성하여야 할 재무제표로 재작성하여 본점의 재무제표와 합산한 후 합산한 재무제표를 기준으로 과세표준을 계산하는 방법을 말한다. 원화 재무제표 기준에 의한 과세표준 계산방법을 적용하는 경우 손금으로 계상한 경우에만 각 사업연도의 소득금액을 계산할 때 손금에 산입하는 항목은 원화 재무제표의 금액을 기준으로 손금 계상액을 산정한다(법령 §91의 5 ①).

5-1-3. 기능통화 재무제표 기준 과세표준 계산방법

기능통화 재무제표 기준 과세표준 계산방법은 해외사업장의 기능통화로 표시된 해외사업장 재무제표를 기준으로 과세표준을 계산한 후 이를 원화로 환산하여 본점의 과세표준과 합산하는 방법을 말한다. 즉, 기능통화 재무제표 기준 과세표준 산정방법을 적용하는 경우 법인세법 및 다른 법률에 따른 해외사업장의 익금 및 손금을 해외사업장의 기능통화로 표시하여 과세표준을 계산한 후 이를 원화로 환산하여야 하며, 원화로 환산한 해외사업장 과세표준을 본점의 과세표준과 합산한 금액에 대하여 법인세법 제13조를 적용하여 과세표준을 계산한다(법령 §91의 5 ②).

기능통화 재무제표 기준 과세표준 계산방법을 적용하는 경우에는 기능통화로 표시된 해외사업장 과세표준을 사업연도 종료일 현재의 매매기준율 등 또는 사업연도 평균환율 중 과세표준 계산방법 신고(법령 §91의 4 ②)와 함께 관할 세무서장에게 신고한 환율을 적용하여 원화로 환산하여야 한다(법령 §91의 5 ③).

기능통화 재무제표 기준 과세표준 계산방법을 적용하는 경우 해외사업장에서 지출한 기부금, 접대비, 고유목적사업준비금, 책임준비금, 비상위험준비금, 퇴직급여, 퇴직보험료(법인세법 시행령 제44조의 2 제4항에 따른 확정기여형 퇴직연금 등의 부담금을 말함), 퇴직급여충당금, 대손충당금, 구상채권상각충당금, 그 밖에 법인세법 및 같은 법 시행령에 따라 손금산입한도가 있는 손금 항목은 손금불산입하며(법령 §91의 5 ④), 이와 같은 손금불산입액은 관할 세무서장에게 신고한 환율(법령 §91의 5 ③)을 적용하여 원화로 환산한 후 본점의 해당 항목과 합산하여 본점의 소득금액을 계산할 때 해당 법인(본점과 해외사업장을 포함함)의 손금산입한도 내에서 손금에 산입한다(법령 §91의 5 ⑤).

또한, 기능통화 재무제표 기준 과세표준 계산방법을 적용할 때 화폐성 외화자산·부채와 통화선도 및 통화스왑(법령 §73 3호, 5호, §76 ①, ②) 평가시의 외화란 해외사업장의 기능통화 외의 통화를 말한다(법령 §91의 5 ⑥).

5-1-4. 환산 재무제표 기준 과세표준 계산방법

환산 재무제표 기준 과세표준 계산방법이란 해외사업장의 재무제표에 대하여 재무상태표 항목은 사업연도 종료일 현재의 매매기준율 등을, 포괄손익계산서 항목은 다음의 환율을 각각 적용하여 원화로 환산하고 본점 재무제표와 합산한 후 합산한 재무제표를 기준으로 과세표준을 계산하는 방법을 말한다(법령 §91의 5 ⑦).

① 법인세법 시행령 제91조의 3 제6항에 해당하는 다음의 항목 : 평균환율
  ㉠ 감가상각비
  ㉡ 퇴직급여충당금
  ㉢ 대손충당금
  ㉣ 구상채권상각충당금
  ㉤ 법인세법 시행령 제68조 제6항에 따른 현재가치할인차금상당액
  ㉥ 법인세법 시행령 제69조 제1항 본문에 따른 건설 등의 제공으로 인한 손익
  ㉦ 법인세법 시행령 제70조 제1항 제1호 단서 및 제2호 단서에 따른 이자 및 할인액
  ㉧ 법인세법 시행령 제70조 제3항 단서에 따른 보험료상당액 등
  ㉨ 법인세법 시행령 제70조 제4항에 따른 이자 및 할인액과 배당소득

㉮ 법인세법 시행령 제71조 제1항 각 호 외의 부분 단서에 따른 임대료상당액과 이에 대응하는 비용

㉯ 법인세법 시행령 제71조 제3항에 따른 사채할인발행차금

㉰ 그 밖에 이와 유사한 항목으로서 기획재정부령으로 정하는 항목

② 상기 외의 항목 : 해당 항목의 거래일 현재의 매매기준율 등 또는 사업연도 평균환율 중 과세표준 계산방법 신고(법령 §91의 4 ②)와 함께 납세지 관할 세무서장에게 신고한 환율

또한, 환산 재무제표 기준 과세표준 계산방법을 적용할 때 화폐성 외화자산 · 부채와 통화선도 및 통화스왑(법령 §73 3호, 5호, §76 ①, ②) 평가시의 외화란 해외사업장의 기능통화 외의 통화를 말한다(법령 §91의 5 ⑥).

5-2. 과세표준 계산방법 신청 및 변경

5-2-1. 과세표준 계산방법의 최초 적용

과세표준 계산방법 중 기능통화 재무제표 기준 또는 환산 재무제표 기준 과세표준 계산방법을 적용하려는 법인은 최초로 과세표준 계산방법을 적용하려는 사업연도의 법인세 신고(법법 §60)와 함께 관할 세무서장에게 과세표준 계산방법신고서[별지 제64호의 5 서식]를 제출하여야 한다(법령 §91의 4 ② 및 법칙 §82 ⑦ 4호의 6).

5-2-2. 과세표준 계산방법의 변경 및 신청

① 과세표준 계산방법의 변경

과세표준 계산방법 중 기능통화 재무제표 기준 또는 환산 재무제표 기준 과세표준 계산방법을 신고하여 적용하는 법인은 다음의 어느 하나에 해당하는 사유가 발생한 경우 외에는 과세표준 계산방법을 변경할 수 없다(법법 §53의 3 ② 및 법령 §91의 4 ①).

㉠ 과세표준 계산방법이 서로 다른 법인이 합병(분할합병 포함)한 경우

㉡ 과세표준 계산방법이 서로 다른 사업자의 사업을 인수한 경우

② 과세표준 계산방법의 변경신청 및 승인

전술한 변경사유가 발생하여 과세표준 계산방법을 변경하려는 법인은 변경된 과세표준 계산방법을 적용하려는 사업연도 종료일까지 납세지 관할 세무서장에게 과세표준 계산방법 변경신청서[별지 제64호의 5 서식]를 제출하고, 관할 세무서장은 사업연도 종료일부터 1개월 이내에 그 승인 여부를 결정하여 통지하여야 하며, 법인이 승인을 받지 아니하고 과세표준 계산방법을 변경한 경우의 과세표준은 변경하기 전의 과세표준 계산방법에 따라 계산한다(법령 §91의 4 ② 및 법칙 §82 ⑦ 4호의 6).

Step Ⅱ 서식의 이해

■ 작성요령Ⅰ - 외화자산 등 평가차손익조정명세서(갑)

[별지 제40호 서식(갑)] (2012. 2. 28. 개정)

사업연도	· · ~ · ·	외화자산 등 평가차손익조정명세

1. 손익 조정금액

① 구 분		② 당기손익금해당액	③ 회사손익금계상액
가. 화폐성 외화자산·부채 평가손익		❷	❸
나. 통화선도·통화스왑·환변동보험 평가손익			
다. 환율조정계정손익	차익	❺	❻
	차손	❺	❻
계			

2. 환율조정계정 손익계산 명세

⑦ 구 분		⑧ 최종 상환(회수)기일	⑨ 전기 이월액	당기 잔액
❽			❾	
계	차 익			
	차 손			

❷ "가. 화폐성 외화자산·부채 등 평가손익"의 「② 당기손익해당액」란은 "외화자산 등 평가차손익조정명세서(을) 〔별지 제40호 서식(을)〕"의 ⑩란 평가손익을 적는다.

❸ "가. 화폐성 외화자산·부채 등 평가손익"의 「③ 회사손익금계상액」은 법인이 해당 사업연도 결산 시 외화자산 및 부채와 관련하여 계상한 평가손익을 적는다.

❺ "다. 환율조정계정손익"의 「② 당기손익금해당액」란에는 「⑪ 손익금해당액」을 차익과 차손으로 구분하여 각각 적는다.

❻ "다. 환율조정계정손익"의 「③ 회사손익금계상액」란에는 외화자산·부채의 평가손익금계상액을 차익과 차손으로 구분하여 각각 적는다.

❽ 「⑦ 구분」란에는 외화자산·부채명을 적는다.

❾ 「⑨ 전기이월액」란에는 1999. 1. 1. 이후 개시하는 사업연도의 개시일 현재 환율조정계정의 잔액이 있는 경우 직전 사업연도 이 서식(갑)상의 차기이월액을 적는다.

	법 인 명	
서(갑) ❶	사업자등록번호	

손익금 액	조 정		⑥ 손익 조정금액 (②−③)
	④ 차익조정 (③−②)❼	⑤ 차손조정 (②−③)	
			❹

⑩ 경과일수 / 존일수	⑪ 손익금 해당액 (⑨×⑩)	⑫ 차기 이월액 (⑨−⑪)	비 고
❿			

❶ 이 서식의 작성대상은 다음과 같다.

1) 화폐성 외화자산 · 부채 및 통화선도 · 통화스왑 · 환변동보험을 보유한 금융회사 등(법인세법 시행령 제61조 제2항 제1호부터 제7호까지의 금융회사 등)
2) 화폐성 외화자산 · 부채 및 환위험 회피용 통화선도 · 통화스왑 · 환변동보험을 보유한 금융회사 등(법인세법 시행령 제61조 제2항 제1호부터 제7호까지의 금융회사 등) 외의 법인으로서 법인세법 시행령 제76조 제2항 제2호의 평가방법을 선택한 법인
3) 1998. 12. 31. 이전 개시한 사업연도에 발생한 장기성 외화자산 · 부채에 대한 평가차손익을 환율조정계정으로 계상하고 미상각잔액이 남아 있는 법인

※ 위 1) · 2) · 3)에 해당하지 아니하는 외화자산 및 부채의 환산손익은 익금불산입 또는 손금불산입하여 "소득금액조정합계표(별지 제15호 서식)" 및 "과목별소득금액조정명세서(별지 제15호 서식 부표 1 · 2)"에 적는다.

❹ "가. 화폐성 외화자산 · 부채 등 평가손익"의 「⑥ 손익조정금액」란은 「② 당기손익금해당액」에서 「③ 회사손익금 계상액」을 뺀 금액을 적고 계산된 금액을 해당 사업연도의 법인세 과세표준 계산시 익금 또는 손금에 산입한다.

❼ 「④ 차익조정」란의 차익과소계상분은 익금산입, 차익과다계상분(△)은 익금불산입하고, 「⑤ 차손조정」란의 차손과다계상분은 손금불산입, 차손과소계상분(△)은 손금산입한다.

❿ 「⑩ 당기경과일수/잔존일수」란은 해당 사업연도 중 경과일수와 최종상환 또는 회수기일까지의 잔존일수로 한다(해당 사업연도 중 경과일수도 잔존일수에 산입한다).

■ 작성요령Ⅱ - 외화자산 등 평가차손익조정명세서(을)

❷ 「② 외화종류」란에는 국명과 화폐단위를 적는다.

❸ 「⑤ 적용환율」란에는 해당 사업연도에 발생한 경우 발생시에 적용한 환율을 적고, 직전 사업연도 이전에 발생하여 해당 사업연도로 이월된 경우 직전 사업연도 종료일 현재 평가 시에 적용한 환율을 적는다.

[별지 제40호 서식(을)] (2012. 2. 28. 개정)

사업연도	. . . ~ . . .	외화자산 평가차손익조정명

① 구분	② 외화종류	③ 외화금액	④ 장부 ⑤ 적용환율
외화자산	❷		❸
	합 계		
외화부채			
	합 계		
통화선도			
	합 계		
통화스왑			
	합 계		
환변동보험			
	합 계		
총 계			

등 세서(을) ❶	법 인 명	
	사업자등록번호	

가액	⑦ 평가금액		⑩ 평가손익
⑥ 원화금액	⑧ 적용환율	⑨ 원화금액	자산(⑨－⑥) 부채(⑥－⑨)
❹	❺		
			❻

❶ 외화종류별로 평가손익을 계산하되 적용환율이 서로 다른 경우에는 적용환율별로 각각 구분하여 계산한다.

❹ 「⑥ 원화금액」란에는 해당 사업연도에 발생한 경우 장부상의 원화금액을 적고, 직전 사업연도 이전에 발생하여 해당 사업연도로 이월된 경우에는 직전 사업연도 종료일 현재 세법상의 방법에 의하여 평가한 금액(장부상 원화금액에서 세무상 유보금액을 더하거나 뺀 금액)을 적는다.

❺ 「⑧ 적용환율」란에는 금융회사 등의 화폐성 외화자산·부채는 사업연도 종료일 현재의 기획재정부장관이 정하는 「외국환거래규정」에 따른 매매기준율 또는 재정된 매매기준율을, 금융회사의 통화선도와 통화스왑 및 금융회사 등 외의 법인의 화폐성 외화자산·부채, 환위험 회피목적의 통화선도, 통화스왑 및 환변동보험은 관할 세무서장에게 신고한 방법에 따른 환율을 적는다.

❻ 「⑩ 평가손익」란 중 합계금액은 "외화자산등평가차손익조정명세서(갑)〔별지 제40호 서식(갑)〕"의 "가. 화폐성 외화자산·부채 등 평가손익"과 "나. 통화선도·통화스왑·환변동보험 평가손익의 「② 당기손익금해당액」란에 옮겨 적는다.

■ 작성요령Ⅲ – (화폐성외화자산등/특별계정) 평가방법 신고서

[별지 제63호의 4 서식] (2014. 3. 14. 개정)

[ ] 화폐성외화자산등 [ ] 특별계정 평가방법 신고서

※ 아래의 작성방법을 읽고 작성하시기 바랍니다.

신 고 인	법 인 명	사업자등록번호
	본점 소재지	
	대표자 성명	
	평가방법 적용 사업연도 개시일	

금융회사 등의 통화선도·통화스왑·환변동보험 평가방법 신고	[ ] 계약체결일의 매매기준율 등으로 평가 [ ] 사업연도 종료일 현재의 매매기준율 등으로 평가
금융회사 등 외의 법인의 화폐성 외화자산·부채 및 환위험회피목적의 통화선도·통화스왑·환변동보험 평가방법 신고	[ ] 계약체결일의 매매기준율 등으로 평가 [ ] 사업연도 종료일 현재의 매매기준율 등으로 평가
보험회사의 특별계정 평가방법 신고	[ ] 개별법 [ ] 총평균법 [ ] 이동평균법 [ ] 시가법

「법인세법 시행령」 제75조 제4항 및 제76조 제1항·제2항·제6항에 따라 화폐성외화자산등(특별계정) 평가방법 신고서를 제출합니다.

년 월 일

신고인 (서명 또는 인)

세무서장 귀하

작성방법
1. 이 서식은 금융회사의 통화선도·통화스왑·환변동보험 평가방법, 금융회사 외의 법인의 화폐성 외화자산·부채 및 환위험 회피목적의 통화선도·통화스왑·환변동보험 평가방법과 보험회사의 특별계정에 대한 평가방법을 신고하는 서식으로 「법인세법」 제60조에 따른 과세표준 신고와 함께 제출합니다. 2. 신고한 평가방법은 이후 사업연도에도 계속 적용해야 합니다. 다만, 화폐성외화자산 등 평가방법의 경우 「법인세법 시행령」 제76조 제3항 단서에 따라 평가방법을 적용한 사업엽도를 포함하여 5개 사업연도가 지난 후에 변경할 수 있습니다.

MEMO

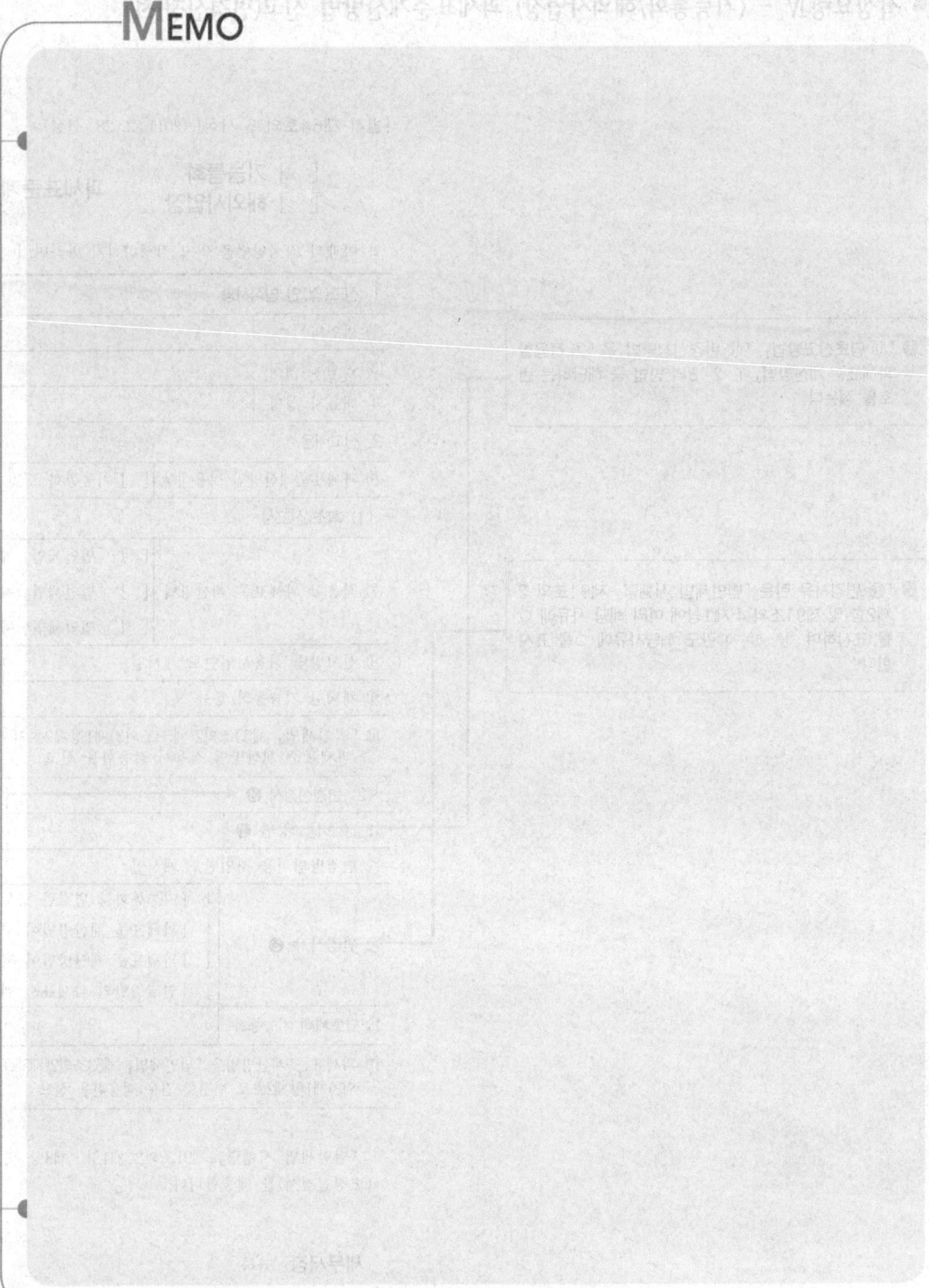

■ 작성요령Ⅳ – (기능통화/해외사업장) 과세표준계산방법 신고(변경신청)서

❶ 「⑪ 당초신고방법」, 「⑫ 변경신청방법」은 「⑦ 적용할 과세표준 계산방법」 1, 2, 3의 방법 중 해당하는 번호를 적는다.

❷ 「⑭ 변경사유」란은 「법인세법 시행령」 제91조의 2 제2항 및 제91조의 4 제1항에 따라 해당 사유에 ○를 표시하며, ⑩, ⑭, ⑰란도 해당사유에 ○를 표시한다.

[별지 제64호의 5 서식] (2011. 2. 28. 신설)

[ ] 기능통화
[ ] 해외사업장 과세표준계

※ 아래의 작성방법을 읽고 작성하시기 바라며, [

1. 신고(청)인 인적사항

① 법인명	
③ 본점 소재지	
④ 대표자 성명	

2. 신고내용

⑥ 과세표준계산방법 적용대상	[ ] 기능통화 도입
(1) 최초 신고시	
⑦ 적용할 과세표준 계산방법	[ ] 「법인세법」 제 [ ] 「법인세법」 제 [ ] 「법인세법」 제
⑧ 신고방법 적용사업연도 개시일	
⑨ 채택한 기능통화 종류	
⑩ 「법인세법」 제53조의2(제53조의3)제1항제2호의 과세표준 계산방법 적용시 적용환율 신고	
(2) 변경신청시 ❸	
⑪ 당초신고방법 ❶	
⑬ 변경방법적용 사업연도 개시일	
⑭ 변경사유 ❷	[ ] 기능통화를 변경한 경우 [ ] 과세표준 계산방법이 서 [ ] 과세표준 계산방법이 서 [ ] 연결집단의 과세표준 계
⑮ 당초채택 기능통화	
⑰ 과세표준 계산방법을 「법인세법」 제53조의2(제53조의3)제1항제2호로 변경할 경우 적용환율 신고	

「법인세법 시행령」 제91조의2 제1항·제3항 및 (변경신청서)를 제출합니다.

신고

세무서장 귀하

산방법 신고(변경신청)서

]에는 해당되는 곳에 √표를 합니다.

② 사업자등록번호	
⑤ 생년월일	

기업 [ ] 해외사업장

53조의2(제53조의3)제1항제1호의 방법
53조의2(제53조의3)제1항제2호의 방법
53조의2(제53조의3)제1항제3호의 방법
년 월 일

[ ] 사업연도 종료일 현재 매매기준율 등
[ ] 평균환율

⑫ 변경신청방법 ❶	
년 월 일	

로 다른 법인이 합병한 경우
로 다른 사업자의 사업을 인수한 경우
산방법과 다른 경우

⑯ 변경 기능통화	
[ ] 사업연도 종료일 현재 매매기준율 등 [ ] 평균환율	

제91조의4제2항에 따라 과세표준 계산방법 신고서

년 월 일
.(신청)인 (서명 또는 인)

❶ 「⑪ 당초신고방법」, 「⑫ 변경신청방법」은 「⑦ 적용할 과세표준 계산방법」 1, 2, 3의 방법 중 해당하는 번호를 적는다.

❸ 과세표준 계산방법 변경신청을 한 법인이 승인을 받지 아니하고 과세표준 계산방법을 변경한 경우 과세표준은 변경하기 전의 과세표준 계산방법에 따라 계산한다.

세무조정 체크리스트

검 토 사 항	확인
1. 법인세법상의 외화자산·부채의 평가 등	
① 은행 등의 금융회사 등 여부 확인	
② 평가대상 외화자산·외화부채의 유무 확인(장·단기 불문)	
③ 외화자산·부채의 발생과 상환, 평가시의 적용환율의 적정성 확인	
④ 외화차입금을 다른 외화차입금으로 차환하는 경우 상환손익 반영 여부 확인(차환 시 상환손익을 인식하지 않음)	
⑤ 기능통화 도입기업 과세표준 계산방법의 적정성 및 계속 적용 여부 확인	
⑥ 해외사업장 과세표준 계산방법의 적정성 및 계속 적용 여부 확인	
2. 구 법인세법상의 환율조정계정의 조정(기초잔액이 있을 경우에 한하여)	
① 전기환율조정계정의 당기 회계상 처리내역 확인	
② 자본금과 적립금명세서(을)상 기초유보잔액 확인	
③ 외화자산 등 평가차손익조정명세서상 전기이월액 확인	
④ 당기 중 분할상환되는 차입금 유무 및 동 차입금 관련 환율조정계정의 상각기간 변동 여부 확인(하나의 차입금이므로 상각기간은 최종상환기간으로 고정)	
⑤ 외화자산 등 평가차손익조정명세서상 차기이월액과 자본금과 적립금명세서(을)상 환율조정계정의 기말유보잔액과의 일치 여부 확인	

Step III 사례와 서식작성실무

예제

사 례

제조업을 영위하는 ㈜삼일의 제10기 사업연도(2024. 1. 1. ~ 2024. 12. 31.) 법인세신고를 위한 다음 자료를 이용하여 외화자산 · 부채의 평가손익에 대한 회계처리 및 세무조정을 하고, 외화자산 등 평가차손익조정명세서 (갑), (을) 〔별지 제40호 서식 (갑), (을)〕을 작성하라. 단, ㈜삼일은 일반기업회계기준을 적용하고 있으며, 법인세 신고시에는 화폐성 외화자산 · 부채를 사업연도 종료일 현재의 매매기준율 등으로 평가하는 방법을 선택하였다.

1. ㈜삼일의 기말 외화자산 · 부채의 환산 내역은 다음과 같다(환산시 적용환율 : 1,100원/USD).

계정과목	외화 (USD)	발생일	발생일의 환율	환산 전 장부가액(원)	환산 후 장부가액(원)	환산이익 (손실)
예 금	100,000	2024. 3. 2.	1,020	102,000,000	110,000,000	8,000,000
외상매출금	500,000	2024. 6. 7.	1,070	535,000,000	550,000,000	15,000,000
선수금(*)	50,000	2023. 7. 8.	1,040	52,000,000	52,000,000	–
단기차입금	150,000	2024. 10. 14.	1,060	159,000,000	165,000,000	(6,000,000)
차감계						17,000,000

(*) 선수금은 외화환산을 하지 아니함.

2. 회사는 상기 환산손익을 당기손익으로 반영하였다.

해 설

1. 회계처리

일반기업회계기준에 따르면 화폐성 외화자산 · 부채는 마감환율로 환산한 가액을 재무상태표가액으로 하도록 하고 있으므로, ㈜삼일은 다음과 같은 회계처리를 하여야 한다.

(차)	예 금	8,000,000	(대) 외화환산이익	23,000,000
	외 상 매 출 금	15,000,000	단 기 차 입 금	6,000,000
	외화환산손실	6,000,000		

2. 세무조정

화폐성 외화자산 · 부채를 사업연도 종료일 현재의 매매기준율 등으로 평가하는 방법을 선택한 금융회사 등 외의 법인이 보유하고 있는 화폐성 외화자산 · 부채는 법인세법상 평가대상 자산 · 부채이므로 일반기업회계기준에 따라 화폐성 외화자산 · 부채를 환산(평가)하여 결산에 반영한 외화환산이익 23,000,000원 및 외화환산손실 6,000,000원은 별도의 세무조정이 필요 없다.

3. 외화자산 등 평가차손익조정명세서(갑), (을) 〔별지 제40호 서식(갑), (을)〕 작성 (다음 페이지 참조)

[별지 제40호 서식(을)] (2012. 2. 28. 개정)

사업연도	2024. 1. 1. ~ 2024. 12. 31.	외화자산 등 평가차손익조정명세서(을)	법 인 명	(주)삼일
			사업자등록번호	

① 구분	② 외화종류	③ 외화금액	④ 장부가액		⑦ 평가금액		⑩ 평가손익
			⑤ 적용환율	⑥ 원화금액	⑧ 적용환율	⑨ 원화금액	자산(⑨-⑥) 부채(⑥-⑨)
외화자산	예금(USD)	100,000	1,020	102,000,000	1,100	110,000,000	8,000,000
	외상매출금(USD)	500,000	1,070	535,000,000	1,100	550,000,000	15,000,000
	합 계			637,000,000		660,000,000	23,000,000
외화부채	단기차입금(USD)	150,000	1,060	159,000,000	1,100	165,000,000	(6,000,000)
	합 계			159,000,000		165,000,000	(6,000,000)
통화선도							
	합 계						
통화스왑							
	합 계						
환변동보험							
	합 계						
총 계				796,000,000		825,000,000	17,000,000

[별지 제40호 서식(갑)] (2012. 2. 28. 개정)

사업연도	2024. 1. 1. ~ 2024. 12. 31.	외화자산 등 평가차손익조정명세서(갑)	법 인 명	(주)삼일
			사업자등록번호	

1. 손익 조정금액

① 구 분		② 당기손익금 해당액	③ 회사손익금 계상액	조 정 ④ 차익조정 (③-②)	⑤ 차손조정 (②-③)	⑥ 손익 조정금액 (②-③)
가. 화폐성 외화자산·부채 평가손익		17,000,000	17,000,000			0
나. 통화선도·통화스왑·환변동보험 평가손익						
다. 환율조정 계정손익	차 익					
	차 손					
계		17,000,000	17,000,000			0

2. 환율조정계정 손익계산 명세

⑦ 구 분	⑧ 최종 상환(회수)기일	⑨ 전기 이월액	⑩ 당기경과일수 / 잔존일수	⑪ 손익금 해당액 (⑨×⑩)	⑫ 차기 이월액 (⑨-⑪)	비 고
계	차 익					
	차 손					

국고보조금 등의 손금산입

관련 법령	• 법법 §36, §37, §38 • 법령 §64, §65, §66 • 조특법 §10의 2 • 조특령 §9의 2 • 조특칙 §7의 3

최근 주요 개정 내용

• 국고보조금 등으로 취득한 사업용자산가액의 손금산입 범위 확대(법령 §64)

종 전	현 행
□ 국고보조금으로 취득한 자산가액 손금산입	□ 대상법률 추가
○ 다음의 법률에 따라 보조금을 지급받아 사업용자산 취득시 보조금 상당액 손금산입 – 농어촌 전기공급사업촉진법, 전기사업법, 사회기반시설 민간투자법, 한국철도공사법, 농어촌정비법, 도시 및 주거환경정비법, 산업재해보상보험법, 환경정책기본법	○(좌 동)
〈추 가〉	– 산업기술혁신촉진법

➡ 개정일자 : ㊐ 2024. 2. 29.
적용시기 : 2024년 1월 1일 이후 개시하는 사업연도 분부터 적용

관련 서식

• 법인세법 시행규칙
[별지 제35호 서식] (국고보조금등/공사부담금/보험차익)상당액 손금산입조정명세서
[별지 제35호의 2 서식] 보조금 등 수취명세서
[별지 제36호 서식] (국고보조금등/공사부담금) 사용계획서
[별지 제37호 서식] 보험차익사용계획서

• 조세특례제한법 시행규칙
[별지 제3호의 3 서식] 출연금 등 익금불산입명세서

제14절

국고보조금 등의 손금산입

14

Step I 내용의 이해

1. 개 요

법인이 정부 등으로부터 받는 국고보조금과 공사부담금은 법인의 순자산을 증가시키며, 보험차익은 실현된 이익이므로 법인세법상 익금에 해당한다.

그러나, 자본적 지출에 충당할 국고보조금, 공사부담금에 대하여 일시에 법인세를 부과하게 되면 당해 법인세만큼 보조금의 효과가 반감되며, 보험차익에 대하여 과세를 하게 되면 사업용자산의 재취득에 사용하여야 할 자금에 대해 과세함으로써 실물자본의 유지를 힘들게 한다. 이에 따라, 법인세법에서는 국고보조금 등을 지급받아 이를 사업용자산 등의 취득 · 개량 등에 사용하는 경우에는 일시상각충당금 또는 압축기장충당금을 설정하여 손금에 산입하도록 함으로써 일정기간 동안 과세를 이연할 수 있도록 하고 있다.

한편, 기업회계기준에서는 '국고보조금'이라는 용어 대신에 '정부보조금'이라는 용어를 사용하고 있으나, 본 절에서는 '정부보조금'과 '국고보조금'을 혼용해서 사용하기로 한다.

2. 국고보조금

2-1. 기업회계상 정부보조금의 처리

2-1-1. 정부보조금의 범위

일반적으로 정부보조금이란 국가가 산업정책적 견지에서 기업설비의 근대화, 시험연구의 촉진, 기술개발 및 향상, 재해복구 등의 목적을 위하여 보조금 관리에 관한 법률의 규정에 의하여 시설자금이나 운영자금으로서 국고금에서 교부하는 금액을 말한다.

그러나, 기업회계상 정부보조금이란 보조금 관리에 관한 법률에 의한 보조금으로 한정하는 것이 아니라 기업의 영업활동과 관련하여 과거나 미래에 일정한 조건을 충족하였거나 충족할 경우 기업에게 자원을 이전하는 형식의 정부지원을 말하며, 합리적으로 가치를 산정할 수 없는 정부지원과 기업의 정상적인 거래와 구분할 수 없는 정부와의 거래는 제외한다(K-IFRS 1020호 문단 3 및 일반기준 17장 용어의 정의).

2-1-2. 정부보조금의 회계처리

(1) 용어의 정의

① 자산관련보조금

정부지원의 요건을 충족하는 기업이 장기성 자산을 매입, 건설하거나 다른 방법으로 취득하여야 하는 일차적 조건이 있는 정부보조금(부수조건으로 해당 자산의 유형이나 위치 또는 자산의 취득기간이나 보유기간을 제한할 수 있음)

② 수익관련보조금

자산관련보조금 이외의 정부보조금

(2) 보조금 수령 및 지출시 회계처리

① 자산관련보조금

한국채택국제회계기준에서는 자산관련보조금을 수령하는 경우 재무상태표에 이연수익으로 표시(이하 "이연수익법"이라 함)하거나 관련 자산에 차감하여 표시(이하 "자산차감법"이라 함)하는 두 가지 방법을 모두 인정하고 있다. 이연수익법의 경우 자산관련보조금의 수령시 재무상태표에 이연수익으로 표시하고, 자산의 내용연수에 걸쳐 체계적인 기준으로 당기손익으로 인식하는 방법이며, 자산차감법의 경우 자산관련보조금의 수령시 재무상태표에 관련 자산의 장부금액을 결정할 때 차감하여 표시하고 해당 감가상각자산의 내용연수에 걸쳐 감가상각비를 감소시키는 방식으로 당기손익으로 인식하는 방법이다(K-IFRS 1020호 문단 24, 25, 26, 27).

이와 달리, 일반기업회계기준에서는 자산관련보조금의 수령시 자산차감법만 인정된다. 즉, 자산관련보조금을 수령하는 경우에는 관련 자산을 취득하기 전까지 받은 자산 또는 받은 자산을 일시적으로 운용하기 위하여 취득하는 다른 자산의 차감계정으로 회계처리하고, 관련 자산을 취득하는 시점에서 관련 자산의 차감계정으로 회계처리하여야 한다. 이후 동 자산관련보조금은 그 자산의 내용연수에 걸쳐 상각금액과 상계하며, 해당 자산을 처분하는 경우에는 그 잔액을 처분손익에 반영하도록 한다(일반기준 17장 문단 17.5).

NOTE :: 자산차감법에 따른 자산관련보조금의 회계처리

가. 정부보조금을 지급받는 시점

(차)	현 금	10,000	(대) 정부보조금(현금차감계정)	10,000

나. 정부보조금을 일시적 자금운용 목적으로 단기매매증권 취득시

(차)	단기매매증권	10,000	(대) 현 금	10,000
	정부보조금 (현금차감계정)	10,000	정부보조금 (단기매매증권차감계정)	10,000

다. 단기매매증권을 처분하여 정부보조금과 관련된 유형자산 취득시

(차)	유형자산	20,000	(대) 단기매매증권	10,000
	정부보조금 (단기매매증권차감계정)	10,000	현 금	10,000
			정부보조금 (유형자산차감계정)	10,000

라. 유형자산의 감가상각시(잔존가액은 없고, 내용연수 5년, 정액법 상각을 가정함)

(차)	감가상각비(*1)	4,000	(대) 감가상각누계액	4,000
	정부보조금(*2) (유형자산차감계정)	2,000	감가상각비	2,000

(*1) 20,000×1/5 = 4,000

(*2) 4,000×10,000/20,000 = 2,000

부분재무상태표

유형자산		20,000
감가상각누계액	(-)	4,000
정부보조금	(-)	8,000
		8,000

마. 유형자산 처분시(4년간 사용 후 5,000에 처분함)

(차)	현 금	5,000	(대) 유형자산	20,000
	감가상각누계액	16,000	유형자산처분이익	3,000
	정부보조금 (유형자산차감계정)	2,000		

② 수익관련보조금

한국채택국제회계기준에서는 수익관련보조금을 수령하는 경우 일단 이연수익(부채계정)으로 처리한 후 포괄손익계산서에 별도의 계정이나 '기타수익'과 같은 일반계정으로 표시(이하 "수익인식법"이라 함)하는 방법 또는 대체적인 방법으로 관련 비용에서 해당 보조금

을 차감(이하 "비용차감법"이라 함)하는 방법을 모두 인정하고 있다(K-IFRS 1020호 문단 29). 반면에, 일반기업회계기준에서는 수익관련보조금을 수령하는 경우 수익으로 표시하거나 관련비용에서 보조금을 상계하여 표시한다. 해당 보조금을 수익으로 표시하는 경우, 회사의 주된 영업활동과 직접적인 관련성이 있다면 영업수익으로, 그렇지 않다면 영업외수익으로 회계처리한다(일반기준 17장 문단 17.6, 17.7). 한편, 수익관련보조금을 사용하기 위하여 특정의 조건을 충족해야 하는 경우에는 그 조건을 충족하기 전에 받은 수익관련보조금은 선수수익으로 회계처리한다(일반기준 17장 문단 17.6).

(3) 보조금 상환시 회계처리

상환의무가 발생하게 된 정부보조금은 회계추정의 변경으로 회계처리하도록 하며, 자산관련보조금과 수익관련보조금의 구분에 따라 다음과 같이 처리한다.

① 자산관련보조금

한국채택국제회계기준에서는 자산관련보조금을 상환하는 경우 상환금액만큼 자산의 장부금액을 증가시키거나 이연수익에서 차감한다. 또한, 보조금이 없었더라면 현재까지 당기손익으로 인식했어야 하는 추가 감가상각누계액은 즉시 당기손익으로 인식하도록 한다(K-IFRS 1020호 문단 32).

반면에, 일반기업회계기준에서는 자산차감법만 인정되므로 자산관련보조금을 상환하는 경우 상환금액만큼 자산의 장부금액을 증가시키고 보조금이 없었더라면 현재까지 당기손익으로 인식했어야 하는 추가 감가상각누계액은 즉시 당기손익으로 인식한다(일반기준 17장 문단 17.8).

② 수익관련보조금

한국채택국제회계기준에서는 수익관련보조금을 상환하는 경우 보조금과 관련하여 인식된 미상각 이연계정에 먼저 적용하고, 만약 이러한 이연계정을 초과하거나 이연계정이 없는 경우에는 그 초과금액 또는 상환금액을 즉시 당기손익으로 인식하도록 하고 있다(K-IFRS 1020호 문단 32).

일반기업회계기준의 경우에도 수익관련보조금을 상환하는 경우 상환금액을 즉시 당기손익으로 인식하도록 하되, 수익관련보조금 사용에 대한 특정 조건을 미충족하여 선수수익으로 계상한 금액이 있는 경우에는 선수수익계정에 먼저 적용하도록 한다(일반기준 17장 문단 17.8).

2-2. 법인세법상 국고보조금의 처리

2-2-1. 국고보조금의 범위

법인세법상 일시상각충당금 또는 압축기장충당금을 설정할 수 있는 국고보조금 등이라 함은 다음의 법률에 의한 보조금을 말한다(법법 §36 ① 및 법령 §64 ⑥).

① 보조금 관리에 관한 법률
② 지방재정법
③ 농어촌 전기공급사업 촉진법
④ 전기사업법
⑤ 사회기반시설에 대한 민간투자법
⑥ 한국철도공사법
⑦ 농어촌정비법
⑧ 도시 및 주거환경정비법
⑨ 산업재해보상보험법
⑩ 환경정책기본법
⑪ 산업기술혁신 촉진법

국고보조금 등으로 취득한 사업용자산가액의 손금산입은 상기의 법률에 의한 보조금을 지급받아 사업용자산을 취득하는 경우에 한하여 적용된다(법기통 36-0…1). 따라서, 기업회계상 국고보조금에 해당한다고 하더라도 상기의 법률에 의한 보조금이 아닌 경우에는 국고보조금 등을 손금에 산입할 수 없다.

개 정

○ 국고보조금 등으로 취득한 사업용 자산가액의 손금산입 적용대상 법률에 산업기술혁신 촉진법을 추가(법령 §64 ⑥)
➡ 2024년 1월 1일 이후 개시하는 사업연도 분부터 적용

관련사례

• 공장이전보상금 등의 국고보조금 해당 여부
공장이전보상금과 탄가규제와 관련하여 교부받는 보조금은 손금에 산입할 수 있는 국고보조금 등에 해당하지 않음(법기통 36-0…1).

• 장애인고용촉진 및 직업재활기금의 국고보조금 해당 여부
내국법인이 장애인고용촉진 및 직업재활법에 따라 설치된 장애인고용촉진 및 직업재활기금을 재원으로 하여 한국장애인고용공단으로부터 수령한 지원금(2011. 7. 25. 전에 동 기금으로부터 수령한 해당 지원금을 포함)으로 장애인 작업시설·편의시설 및 부대시설 등의 고정자산을 취득하는 경우 해당 금액은 법인세법 제36조에 따른 국고보조금에 해당하여 손금에 산입할 수 있는 것임(재법인-255, 2013. 4. 3.).

• 고효율 인버터 설치 보조금의 국고보조금 해당 여부
내국법인이 전기에너지 절감을 위해 한국전력공사에서 인정하는 고효율 인버터를 설치하

고 전기사업법 제34조 규정에 의하여 전력산업기반기금을 무상으로 받는 보조금은 손금에 산입할 수 있는 국고보조금 등에 해당함(서면2팀-889, 2006. 5. 19.).

- 재래시장육성을 위한 특별법에 의한 보조금의 국고보조금 해당 여부

재래시장육성을 위한 특별법에 의하여 지방자치단체로부터 재래시장 환경개선사업과 관련하여 사업용자산취득에 사용될 보조금을 수령한 경우 손금에 산입할 수 있는 국고보조금 등에 해당하지 않음(서면2팀-362, 2005. 3. 2.).

2-2-2. 국고보조금의 세무처리

(1) 일시상각충당금 등의 손금산입

1) 개 요

국고보조금 등은 무상으로 증여된 것으로서 지급받은 법인의 순자산을 증가시키므로 해당 법인의 과세소득 계산상 익금에 산입하여야 한다. 다만, 내국법인이 국고보조금 등을 지급받아 그 지급받은 날이 속하는 사업연도의 종료일까지(또는 그 사업연도의 다음 사업연도 개시일부터 1년 이내에) 사업용자산(사업용 유형자산 및 무형자산과 석유류)을 취득하거나 개량하는 데에 사용한 경우 또는 사업용자산을 취득하거나 개량하고 이에 대한 국고보조금 등을 사후에 지급받은 경우에는 그 사업용자산의 취득·개량에 사용된 국고보조금 등에 상당하는 금액은 일시상각충당금 또는 압축기장충당금으로 계상하여 손금에 산입함으로써 익금에 산입한 국고보조금 등과 상쇄하여 국고보조금 등을 지급받은 사업연도에 과세되지 않도록 할 수 있다(법법 §36 ①, ② 및 법령 §64 ①, ③).

이때, 동 보조금의 교부목적이 사업용자산(사업용 유형자산 및 무형자산과 석유류)의 취득 또는 개량을 위한 지급이어야 하므로, 경비보조 및 손실보전을 위한 운영자금으로 교부된 국고보조금 등은 손금산입대상이 아니다. 또한, 국고보조금 등의 교부목적이 사업자산의 취득 또는 개량이므로 실제로 지출된 결과도 사업용자산의 취득 또는 개량이어야 함은 물론이다.

한편, 국고보조금 등을 금전 외의 자산으로 받아 사업에 사용한 경우에는 이를 사업용 유형자산 및 무형자산과 석유류의 취득 또는 개량에 사용된 것으로 본다(법법 §36 ④).

관련사례

- 국고보조금의 익금귀속시기

법인이 가격안정을 위하여 정부로부터 교부받은 국고보조금의 귀속시기는 동 국고보조금의 교부통지를 받은 날이 속하는 사업연도로 함(법기통 40-71…7).

- 영업권을 취득하는 경우의 손금산입 가능 여부

지방재정법에 의한 지원금(보조금)으로 무형고정자산인 영업권을 취득하는 경우 동 보조금 상당액을 손금에 산입할 수 있는 것임(서면2팀-1858, 2005. 11. 21.).

- 재고자산인 산업용지 취득시 손금산입 가능 여부
  장기간 건설을 요하는 재고자산인 산업용지는 국고보조금 등 손금산입대상 사업용자산의 범위에 해당되지 않음(서면2팀-1180, 2005. 7. 21.).
- 개발비의 사업용자산 해당 여부
  국고보조금 등으로 취득한 사업용자산가액의 손금산입 규정을 적용할 수 있는 사업용자산에는 개발비도 포함되는 것임(서이 46012-10700, 2003. 4. 3.).

2) 사용기한

사업용자산의 취득·개량 이전에 국고보조금을 수령한 내국법인이 국고보조금 등에 대한 손금산입 규정을 적용받고자 하는 경우 그 국고보조금 등을 지급받은 날이 속하는 사업연도의 종료일까지 사업용자산을 취득하거나 개량하는 데에 사용하여야 한다(법법 §36 ①).

다만, 국고보조금 등을 지급받은 날이 속하는 사업연도의 종료일까지 사업용자산을 취득·개량하지 아니한 경우로서 그 사업연도의 다음 사업연도 개시일부터 1년 이내에 이를 취득·개량하고자 하는 경우에는 취득·개량에 사용하려는 국고보조금 등의 금액을 손금에 산입할 수 있다. 이 경우 인·허가의 지연 등 다음과 같은 사유로 국고보조금 등을 기한 내에 사용하지 못한 경우에는 해당 사유가 끝나는 날이 속하는 사업연도의 종료일을 그 기한으로 본다(법법 §36 ② 및 법령 §64 ⑦).

① 공사의 허가 또는 인가 등이 지연되는 경우
② 공사를 시행할 장소의 미확정 등으로 공사기간이 연장되는 경우
③ 용지의 보상 등에 관한 소송이 진행되는 경우
④ 그 밖에 상기 '①~③'에 준하는 사유가 발생한 경우

관련사례

- 국고보조금을 기한 내에 사용하지 못하는 사유에 해당하는지 여부
  사업용자산의 취득용도로 지급받은 국고보조금이 당초부터 지방자치단체와 협의한 사업계획서상의 건축공사기간이 3년으로 정하여짐에 따라 국고보조금을 지급받은 날이 속하는 사업연도의 종료일 또는 그 다음 사업연도 개시일로부터 1년 이내에 사용할 수 없는 때에는 법인세법 제36조 제2항 후단을 적용할 수 있는 것임(서면-2020-법인-1842, 2020. 9. 29.).

3) 손금산입한도

손금산입한도액은 개별 사업용자산별로 해당 사업용자산의 가액 중 그 취득 또는 개량에 사용된 국고보조금 등에 상당하는 금액으로 한다(법령 §64 ②). 따라서, 소요된 금액 이하를

손금산입하여도 되며, 손금산입 여부는 법인의 임의사항이므로 결손이 예상되거나 과세를 이연할 필요가 없는 경우에는 손금에 산입하지 않아도 된다.

한편, 사업용자산을 취득하거나 개량한 후 국고보조금 등을 지급받았을 때에는 지급일이 속한 사업연도 이전 사업연도에 이미 손금에 산입한 감가상각비에 상당하는 금액은 손금에 산입하는 금액에서 제외한다(법령 §64 ②).

4) 손금산입시기

국고보조금 등으로 취득한 사업용자산가액의 손금산입시기는 해당 국고보조금 등을 지급받는 날이 속하는 사업연도로 한다(법법 §36 ①). 따라서, 국고보조금 등을 지급받는 날이 속하는 사업연도의 다음 사업연도의 개시일부터 1년 이내에 사업용자산(사업용 고정자산과 석유류)의 취득 또는 개량에 사용하고자 하는 경우에도 국고보조금 등을 지급받는 날이 속하는 사업연도에 손금산입하여야 한다.

관련사례

- 국고보조금 등을 수령한 사업연도에 손금산입하지 않은 경우 경정청구 가능 여부
  국고보조금 등을 수령하고 그 수령한 날이 속하는 사업연도에 손금에 산입하지 아니하고 법인세 과세표준 및 세액을 신고한 경우에는 국세기본법 제45조의 2에 따른 경정청구를 통하여 신고조정의 방법으로 손금에 산입할 수 있음(조심 2009부 3431, 2011. 11. 21.).
- 국고보조금의 익금산입과 손금산입을 동시에 누락한 경우 수정신고 가능 여부
  국고보조금으로 사업용자산을 취득한 법인이 기업회계기준에 따라 국고보조금을 취득한 사업용자산에서 차감하는 형식으로 회계처리하고 법인세 신고시 국고보조금에 대한 익금과 손금을 동시에 산입하지 아니한 경우에는 국세기본법 제45조의 규정에 의하여 수정신고할 수 있음(서이 46012-11042, 2003. 5. 23.).

5) 손금산입방법

손금에 산입하는 금액은 당해 사업용자산별로 다음의 구분에 따라 일시상각충당금 또는 압축기장충당금으로 계상하여야 한다(법령 §64 ③).

① 감가상각자산 : 일시상각충당금
② 감가상각자산 외의 자산 : 압축기장충당금

다만, 내국법인이 결산시 일시상각충당금 또는 압축기장충당금을 장부에 계상하지 아니하고 세무조정계산서에 계상하여 손금에 산입한 경우에도 그 금액은 손비로 계상한 것으로 본다. 이 경우 각 자산별로 당해 자산의 일시상각충당금 또는 압축기장충당금과 감가상각비에 관한 명세서를 세무조정계산서에 첨부하여 제출하여야 한다(법령 §98 ②).

6) 명세서 등의 제출

국고보조금 등에 대한 손금산입 규정을 적용받고자 하는 경우에는 국고보조금 등을 지급받은 날이 속하는 사업연도의 법인세과세표준신고와 함께 국고보조금 등 상당액 손금산입조정명세서 [법칙 별지 제35호 서식]과 보조금 등 수취명세서 [법칙 별지 제35호의 2 서식]을 제출하여야 한다. 한편, 국고보조금 등을 지급받은 사업연도에 사업용자산의 취득 또는 개량에 사용하지 아니한 경우로서 그 다음 사업연도까지 사용하고자 하는 경우에는 국고보조금 등을 지급받은 사업연도의 법인세과세표준신고와 함께 국고보조금 등 사용계획서 [법칙 별지 제36호 서식]을 제출하여야 한다(법령 §64 ⑧ 및 법칙 §82 ① 35호).

(2) 일시상각충당금 등의 환입

1) 일반적인 환입

① 일시상각충당금의 환입
일시상각충당금은 해당 사업용자산의 감가상각비(취득가액 중 해당 일시상각충당금에 상당하는 부분에 대한 것에 한함)와 상계한다. 다만, 해당 자산을 처분하는 경우에는 감가상각비와 상계하고 남은 잔액을 그 처분한 날이 속하는 사업연도에 전액 익금에 산입한다(법령 §64 ④ 1호).

② 압축기장충당금의 환입
압축기장충당금은 당해 사업용자산을 처분하는 사업연도에 이를 전액 익금에 산입한다(법령 §64 ④ 2호).

③ 자산의 일부 처분시의 처리
일시상각충당금 또는 압축기장충당금을 환입함에 있어 해당 사업용자산의 일부를 처분하는 경우의 익금산입액은 해당 사업용자산의 가액 중 일시상각충당금 또는 압축기장충당금이 차지하는 비율로 안분계산한 금액으로 한다(법령 §64 ⑤).

2) 기한 내 미사용액 등의 일시환입

국고보조금 등을 지급받은 사업연도에 사용하지 아니하였으나 사용기한 내에 해당 국고보조금 등을 사용하고자 국고보조금 등 상당액을 손금에 산입한 법인이 동 기한 내에 사업용자산의 취득 또는 개량에 사용하지 아니하거나 사용하기 전에 폐업 또는 해산하는 경우, 그 사용하지 아니한 금액은 해당 사유가 발생한 날이 속하는 사업연도에 익금산입한다. 다만, 합병하거나 분할하는 경우로서 합병법인 등이 그 금액을 승계한 경우에는 익금에 산입하지 아니하되, 그 금액은 합병법인 등이 일시상각충당금 등을 설정한 것으로 보아 사후관리하여야 한다(법법 §36 ③).

2-3. 법인세법상 국고보조금의 회계처리와 세무조정

2-3-1. 국고보조금의 수령연도와 자산취득연도가 동일한 경우

법인세법상 국고보조금을 수령한 사업연도 내에 해당 사업용자산을 취득한 법인이 재무상태표를 작성함에 있어서 기업회계기준상 자산차감법에 따라 국고보조금을 취득한 사업용자산에서 차감하는 형식으로 표시한 경우 이에 대한 세무조정방법은 다음과 같다(법기통 36-64…1).

계산사례-1 국고보조금 수령연도와 자산취득연도가 동일한 경우

다음 자료에 의하여 ㈜삼일의 회계처리와 세무조정을 하시오.

1. 2024. 5. 1. 정부로부터 보조금 관리에 관한 법률에 따라 국고보조금을 현금으로 2,000,000원 수령하였다.
2. 2024. 7. 1. 위 국고보조금으로 차량운반구(사업용자산으로 취득가액 2,000,000원)를 취득하였다.
3. 2025. 1. 1. 위 차량운반구를 2,000,000원에 처분하였다.
4. 차량운반구의 내용연수는 5년으로 잔존가액은 없는 것으로 하여 정액법으로 상각한다.
5. ㈜삼일의 사업연도는 1. 1.~12. 31.이다.

해 설

1. 보조금 수령시(2024. 5. 1.)

(차) 현 금	2,000,000	(대) 국고보조금(현금차감계정)	2,000,000

세무조정 : 〈익금산입〉 국고보조금(현금차감계정) 2,000,000(유보)

2. 자산취득시(2024. 7. 1.)

(차) 차량운반구	2,000,000	(대) 현 금	2,000,000
국고보조금 (현금차감계정)	2,000,000	국고보조금 (유형자산차감계정)	2,000,000

세무조정 : 〈손금산입〉 국고보조금(현금차감계정) 2,000,000 (△유보)
〈익금산입〉 국고보조금(유형자산차감계정) 2,000,000 (유보)
〈손금산입〉 일시상각충당금 2,000,000 (△유보)

3. 결산시(2024. 12. 31.)

(차) 감가상각비(*)	200,000	(대) 감가상각누계액	200,000
국고보조금 (유형자산차감계정)	200,000	감 가 상 각 비	200,000

(*)(2,000,000 / 5) × 6 / 12=200,000

세무조정 : 〈손금산입〉 국고보조금(유형자산차감계정) 200,000 (△유보)
〈익금산입〉 일시상각충당금 200,000 (유보)

부분재무상태표

차량운반구		2,000,000
감가상각누계액	(−)	200,000
국고보조금	(−)	1,800,000
		0

〈자본금과 적립금 조정명세서(을)〉

과 목	금 액
국고보조금(자산차감)	1,800,000
일시상각충당금	△1,800,000

4. 매각시(2025. 1. 1.)

(차) 현 금	2,000,000	(대) 차 량 운 반 구	2,000,000
감가상각누계액	200,000	유형자산처분이익	2,000,000
국 고 보 조 금 (유형자산차감계정)	1,800,000		

세무조정 : 〈손금산입〉 국고보조금(유형자산차감계정) 1,800,000 (△유보)
〈익금산입〉 일시상각충당금 1,800,000 (유보)

2-3-2. 국고보조금의 수령연도와 자산취득연도가 상이한 경우

기업회계기준상 자산차감법에 따르면 국고보조금을 지급받은 경우 받은 자산의 차감항목으로 계상하였다가 자산취득시점에서 동 자산의 차감항목으로 전환시켜 주도록 하고 있다. 따라서, 국고보조금을 지급받은 날이 속하는 사업연도와 자산을 취득한 날이 속하는 사업연도가 다른 경우에도 회계처리가 달라지지 않는다.

그러나, 법인세법상 일시상각충당금 또는 압축기장충당금의 설정은 국고보조금을 지급받은 날이 속하는 사업연도에 하여야 한다. 따라서, 국고보조금을 지급받은 날이 속하는 사업연도에 자산을 취득하지 아니하는 경우에도 자산취득에 사용할 금액을 손금에 산입하여야 한다.

계산사례 - 2 **국고보조금 수령연도와 자산취득연도가 상이한 경우**

상기 〔계산사례－1〕에서 국고보조금의 수령일이 2023. 5. 1.이었다고 할 때 2023년 보조금 수령시부터 2025년 자산 매각시까지의 회계처리와 세무조정을 하시오.

해 설

1. 보조금 수령시(2023. 5. 1.)

(차) 현 금	2,000,000	(대) 국고보조금(현금차감)	2,000,000

세무조정 : 〈익금산입〉 국고보조금(현금차감) 2,000,000 (유보)

2. 결산시(2023. 12. 31.)

회계처리할 사항 없음.

세무조정 : 〈손금산입〉 일시상각충당금 2,000,000 (△유보)

3. 자산취득시(2024. 7. 1.)

(차) 차량운반구	2,000,000	(대) 현 금	2,000,000
국고보조금(현금차감계정)	2,000,000	국고보조금(유형자산차감계정)	2,000,000

세무조정 : 〈손금산입〉 국고보조금(현금차감계정) 2,000,000 (△유보)

〈익금산입〉 국고보조금(유형자산차감계정) 2,000,000 (유보)

4. 2024년 결산시와 2025년 매각시의 회계처리와 세무조정은 상기 [계산사례-1]과 같음.

3. 정부출연금

3-1. 정부출연금의 개요

정부출연금이라 함은 정부가 특정 목적(국산화가 시급한 기술분야 또는 기업의 자주적인 노력만으로 기술개발이 어려운 기술분야에 대한 지원 등)을 달성하기 위하여 관련 법령에 따라 일정 요건을 구비한 기업체에 지원하는 자금을 말한다.

이러한 정부출연금은 일반적으로 지원받은 기업체의 기술개발이 최종적으로 성공판정을 받은 경우에는 일정액을 반환하도록 하고 잔액은 반환의무를 면제하지만, 기술개발에 실패한 경우에는 정부출연금 전액에 대해 반환의무를 면제한다. 다만, 연구과제를 중단하거나 관련 규정이 정한 불성실수행과제의 경우에는 정부출연금 전액을 환수할 수 있다.

3-2. 기업회계상 정부출연금의 처리

기업회계상 정부보조금이란 보조금 관리에 관한 법률에 의한 보조금뿐만 아니라 명칭에 관계 없이 실질적으로 국가 또는 지방자치단체 등으로부터 교부받은 보조금을 모두 포함하는 개념이므로 기업회계기준상 정부출연금에 대해서도 정부보조금에 대한 회계처리를 적용한다. 이러한 회계처리에 대해서는 '2-1-2. 정부보조금의 회계처리'를 참고한다.

3-3. 법인세법상 정부출연금의 처리

3-3-1. 일반적인 경우

법인세법상 정부출연금은 기술개발의 성공 여부에 따른 출연금 일부의 반환의무 여부에 불구하고 출연금의 교부통지를 받은 날이 속하는 사업연도의 익금에 산입한다. 그러나, 정부로부터 지급받는 정부출연금 등이 보조금 관리에 관한 법률 등에 따른 국고보조금 등에 해당하지 않는 경우 정부출연금의 수령시에 일시상각충당금 또는 압축기장충당금을 설정하여 손금에 산입할 수 없다.

관련사례

- 정부출연금을 교부통지서 수령 없이 협약서에 의해 순차적으로 지원받는 경우
  법인이 정부로부터 기술개발에 소요되는 경비를 별도의 교부통지서 수령 없이 협약서에 의해 지급시기를 달리하여 순차적으로 지원받는 경우, 당해 출연금은 실제 지급받은 날이 속하는 사업연도의 각 사업연도 소득금액 계산상 익금에 산입하는 것임(서면2팀-299, 2006. 2. 6.).
- 정부로부터 기술개발에 소요되는 경비를 출연금 명목으로 지원받은 경우 익금 귀속시기
  법인이 「기술개발촉진법」 제8조의 규정에 따라 정부로부터 기술개발에 소요되는 경비를 출연금 명목으로 지원 받은 경우, 동 출연금은 추후 기술개발의 성공 여부에 따른 출연금 일부의 반환의무 여부에 불구하고 출연금 교부통지를 받은 날이 속하는 사업연도에 각 사업연도 소득금액 계산상 익금에 산입하는 것이며, 익금에 산입한 출연금 중 기술개발의 성공으로 출연금 일부의 반환통지 또는 기술료의 납부통지를 받은 날이 속하는 사업연도에 반환할 금액을 익금에서 차감하거나 손금에 산입하는 것임(서면2팀-1497, 2005. 9. 20.).

계산사례-3 **정부출연금의 회계처리와 세무조정**

다음 자료에 의해 ㈜삼일의 정부출연금 수령에서 기술개발 성공시까지 회계처리와 세무조정을 하라.

1. 다음과 같은 조건으로 2024. 1. 1. 정부출연금 1,000,000원을 수령하였다.
   - 기술개발의 성공시 : 400,000원 상환
   - 기술개발의 실패시 : 전액 상환 면제
2. 기술개발의 성공이 거의 확실한 경우로 추정되며, 기중 다음과 같이 지출하였다.
   ① 2024. 1. 1. 경상개발비로 지출 : 300,000원
   ② 2024. 7. 1. 개발비(무형자산)로 지출 : 300,000원
   ③ 2024. 7. 1. 개발장비(유형자산)의 취득 : 400,000원
3. 2025년 중 기술개발이 성공함에 따라 정부로부터 출연금의 반환통지를 받아 상환하

였다.
4. 개발비 상각시 내용연수는 5년이고, 유형자산 상각은 내용연수 4년 동안 정액법으로 이루어진다.
5. ㈜삼일은 비상장회사로서, 사업연도는 1. 1. ~ 12. 31.이다.

해 설

(1) 정부출연금의 수령시(2024. 1. 1.)

① 회계처리

(차) 현금및현금성자산	1,000,000	(대) 정부출연금	400,000
		국고보조금	600,000
		(현금및현금성자산차감계정)	

② 세무조정

〈익금산입〉 국고보조금 600,000원 (유보) : 현금및현금성자산의 차감계정으로 계상한 정부출연금을 익금산입함.(*1)

〈익금산입〉 정부출연금 400,000원 (유보) : 부채계정으로 계상한 정부출연금을 익금산입함.(*1)

(*1) 법인이 정부로부터 기술개발에 소요되는 경비를 출연금 명목으로 지원받은 경우, 동 출연금은 추후 기술개발의 성공 여부에 따른 출연금 일부의 반환의무 여부에 불구하고 출연금 교부통지를 받은 날이 속하는 사업연도의 익금에 산입함(서면2팀-1497, 2005. 9. 20.).

(2) 기술개발에 지출시

1) 경상개발비로 지출시(2024. 1. 1.)

① 회계처리

(차) 경상개발비	300,000	(대) 현금및현금성자산	300,000
국고보조금	180,000	자 산 수 증 이 익(*2)	180,000
(현금및현금성자산차감계정)			

(*2) 경상개발비의 발생시점에 자산수증이익의 과목으로 하여 영업외수익으로 처리하도록 함(GKQA 02-015, 2002. 1. 11.).

② 세무조정

〈손금산입〉 국고보조금 180,000원 (△유보) : 수령시점에 익금산입한 국고보조금 유보액 추인(*3)

(*3) 기술개발사업을 수행하는 과정에서 지출한 비용은 그 지출의무가 확정되는 사업연도의 손금에 산입함(서이 46012-12337, 2002. 12. 27.).

2) 개발비(무형자산)로 지출시

① 회계처리

-2024. 7. 1.

(차) 개 발 비	300,000	(대) 현금및현금성자산	300,000
국고보조금	180,000	국 고 보 조 금(*4)	180,000
(현금및현금성자산차감계정)		(개발비차감계정)	

(*4) 무형자산의 인식요건을 충족하는 개발비가 발생하면 이에 상응하는 정부출연금을 국고보조금으로 하여 관련 무형자산(개발비)에서 차감하는 형식으로 표시(GKQA 02-015, 2002. 1. 11.).

-2024. 12. 31.

(차)	개발비상각	30,000	(대) 개 발 비[*5]	30,000
	국고보조금(개발비차감계정)	18,000	개발비상각	18,000

(*5) 300,000 × 6/60 = 30,000

② 세무조정(2024. 12. 31.)

〈손금산입〉 국고보조금 180,000원 (△유보) : 현금및현금성자산차감계정으로 계상한 국고보조금 손금추인함.

〈익금산입〉 국고보조금 180,000원 (유보) : 개발비차감계정으로 계상한 국고보조금 익금산입함.

〈손금산입〉 국고보조금 18,000원 (△유보) : 국고보조금과 상계처리한 개발비 상각액을 손금산입함(수령시점에 익금산입한 국고보조금 유보액을 추인함).[*6]

(*6) 정부출연금으로 지출한 비용이 법인세법상 개발비에 해당하는 경우, 그 지출의무 발생일이 속하는 사업연도의 개발비로 계상하여 동법 시행령의 규정에 따라 손금에 산입함(서이 46012-12337, 2002. 12. 27.).

또한, 법인세법상 국고보조금 등에 해당하지 않는 보조금을 수령한 법인이 기업회계기준에 의하여 취득자산에서 차감하는 형식으로 장부상 표시하고 당해 자산의 내용연수에 걸쳐 감가상각비와 상계처리한 경우, 상계처리한 동 상각비는 상각범위액 내에서 손금에 산입함(법인 46012-4167, 1998. 12. 30.).

3) 개발장비의 취득시

① 회계처리

-2024. 7. 1.

(차)	유 형 자 산	400,000	(대) 현금및현금성자산	400,000
	국고보조금	240,000	국 고 보 조 금[*7]	240,000
	(현금및현금성자산차감계정)		(유형자산차감계정)	

(*7) 개발장비의 취득에 사용되는 정부출연금은 자산의 취득시점에 이에 상응하는 정부출연금을 국고보조금으로 하여 관련 자산에서 차감하는 형식으로 표시함(GKQA 02-015, 2002. 1. 11.).

-2024. 12. 31.

(차)	감가상각비[*8]	50,000	(대) 감가상각누계액	50,000
	국고보조금[*9]	30,000	감가상각비	50,000
	경상개발비[*10]	20,000		

(*8) (400,000 / 4)×6/12 = 50,000

(*9) 감가상각비 중 안분한 금액(60%)을 정부보조금(유형자산차감계정)과 상계처리함(GKQA 02-151, 2002. 9. 9.).

(*10) 개발장비의 감가상각비가 내부 창출 무형자산의 개발활동과 직접 관련하여 개발단계에서 발생한 지출임에 따라 경상개발비에 대체하는 것으로 가정함.

② 세무조정(2024. 12. 31.)

〈손금산입〉 국고보조금 240,000원 (△유보) : 현금및현금성자산차감계정으로 계상한 국고보조금 손금추인함.

〈익금산입〉 국고보조금 240,000원 (유보) : 유형자산차감계정으로 계상한 국고보조금 익금에 산입함.

〈손금산입〉 국고보조금 30,000원 (△유보) : 국고보조금과 상계처리한 감가상각비를 손금산입

함(수령시점에 익금산입한 국고보조금 유보액 추인).(*11)

(*11) 법인세법상 국고보조금 등에 해당하지 않는 보조금을 수령한 법인이 기업회계기준에 의하여 취득자산에서 차감하는 형식으로 장부상 표시하고 당해 자산의 내용연수에 걸쳐 감가상각비와 상계처리한 경우, 상계처리한 동 상각비는 상각범위액 내에서 손금에 산입함(법인 46012-4167, 1998. 12. 30.).

(3) 기술개발의 성공시

① 회계처리

(차) 정부출연금	400,000	(대) 현금및현금성자산(*12)	400,000

(*12) 기술개발의 성공시에는 별도의 회계처리가 필요하지 않지만, 그 이후 정부출연금 상환시 상기와 같은 회계처리가 필요함.

② 세무조정

〈손금산입〉 정부출연금 400,000원 (△유보) : 정부출연금 중 반환하여야 할 금액을 손금산입함(수령시점에 익금산입한 정부출연금 유보액 추인).(*13)

(*13) 기술개발 성공으로 출연금 일부의 반환통지 또는 기술료의 납부통지를 받은 날이 속하는 사업연도에 반환할 금액을 익금에서 차감하거나 손금산입함(서면2팀-1497, 2005. 9. 20.).

3-3-2. 연구개발출연금의 과세특례

(1) 연구개발출연금 등의 익금불산입

내국법인이 2026년 12월 31일까지 연구개발 등을 목적으로 다음 법률에 따라 연구개발을 위한 출연금 등의 자산(이하 '연구개발출연금 등'이라 함)을 지급받아 법인세법 제113조에 따라 구분 경리하는 경우 지급받은 사업연도의 소득금액 계산시 익금에 산입하지 아니할 수 있다(조특법 §10의 2 ① 및 조특령 §9의 2 ①·② 및 조특칙 §7의 3).

① 기초연구진흥 및 기술개발 지원에 관한 법률
② 산업기술혁신 촉진법
③ 정보통신산업 진흥법
④ 중소기업기술혁신 촉진법
⑤ 소재·부품·장비산업 경쟁력 강화 및 공급망 안정화를 위한 특별조치법
⑥ 연구개발특구의 육성에 관한 특별법

(2) 연구개발출연금 등의 익금산입

1) 일반적인 익금산입

해당 사업연도에 익금에 산입하지 아니한 연구개발출연금 등은 다음과 같은 방법에 따라 익금에 산입하여야 한다(조특법 §10의 2 ② 및 조특령 §9의 2 ③).

① 해당 연구개발비로 지출한 경우

해당 연구개발비 지출액에 상당하는 금액을 지출일이 속하는 사업연도에 익금산입한다.

② 해당 연구개발용 감가상각자산을 취득한 경우

법인세법 시행령 제25조에 따라 손금에 산입하는 감가상각비에 상당하는 금액을 익금에 산입한다. 다만, 해당 자산을 처분하는 경우에는 익금에 산입하지 아니한 금액 중 이미 익금에 산입하고 남은 잔액을 그 처분일이 속하는 사업연도에 전액 익금에 산입한다.

③ 해당 연구개발용 비상각자산을 취득한 경우

해당 자산의 처분일이 속하는 사업연도에 익금에 산입하지 아니한 금액 전액을 익금에 산입한다.

2) 일시환입

① 일시환입 대상

내국법인이 연구개발출연금 등에 대하여 익금불산입 특례를 적용받은 후 다음의 사유에 해당하는 경우에는 그 사용하지 아니한 금액은 해당 사유가 발생한 날이 속하는 사업연도에 익금에 산입한다(조특법 §10의 2 ③).

㉠ 해당 연구개발 목적 외의 용도로 사용한 경우

㉡ 해당 연구개발에 사용하기 전에 폐업 또는 해산하는 경우. 다만, 합병 또는 분할하는 경우로서 합병법인 등이 그 금액을 승계한 경우를 제외하며, 그 금액은 합병법인 등이 특례규정에 의하여 익금에 산입하지 아니한 것으로 본다.

② 이자상당가산액의 납부

상기의 일시환입 대상에 해당하여 그 사용하지 아니한 금액을 일시환입하는 경우에는 조세특례제한법 제33조 제3항 후단의 규정을 준용하여 이자상당가산액을 납부하여야 한다(조특법 §10의 2 ④ 및 조특령 §30 ⑨, §11의 2 ⑨). 이를 산식으로 표현하면 다음과 같다.

$$\text{이자상당가산액} = \text{법인세액의 차액}^{(*1)} \times \text{해당일수}^{(*2)} \times \frac{22^{(*3)}}{100,000}$$

(*1) 법인세액의 차액
연구개발출연금 등을 익금불산입한 사업연도에 동 출연금 등을 익금에 산입한 것으로 하여 계산된 법인세액에서 익금불산입하여 계산된 법인세액을 차감하여 계산한 금액(구 조특통 4-3…1)

(*2) 해당일수
연구개발출연금 등을 익금불산입한 사업연도 종료일의 다음 날부터 당해 출연금 등을 익금에 산입하는 사업연도의 종료일까지의 기간

(*3) 2022. 2. 14. 이전 기간분은 25/100,000, 2019. 2. 11. 이전 기간분은 3/10,000

(3) 명세서의 제출 등

1) 명세서의 제출

이러한 조세특례의 적용을 위해서는 법인세과세표준신고와 함께 출연금 등 익금불산입명세서 [조특칙 별지 제3호의 3 서식]을 납세지 관할 세무서장에게 제출하여야 한다(조특령 §9의 2 ④ 및 조특칙 §61 ① 4호의 3).

2) 최저한세 적용 여부

연구개발출연금 등의 과세특례는 최저한세의 적용대상이다(조특법 §132 ①). 최저한세에 대한 자세한 내용은 제4편 제5장 '최저한세'편을 참고하기 바란다.

계산사례 - 4 **정부출연금의 회계처리와 세무조정**

기본사항은 '〔계산사례-3〕 정부출연금의 회계처리와 세무조정'과 동일한 상황에서 관련 정부출연금이 연구개발출연금 등에 대한 과세특례 대상이라고 할 때의 회계처리와 세무조정을 하라.

해 설

(1) 연구개발출연금의 수령시(2024. 1. 1.)

① 회계처리

(차) 현금및현금성자산	1,000,000	(대)	정부출연금	400,000
			국고보조금 (현금및현금성자산차감계정)	600,000

② 세무조정

〈익금산입〉 국고보조금(현금및현금성자산차감계정)	600,000원 (유보)
〈익금산입〉 정부출연금	400,000원 (유보)
〈익금불산입〉 연구개발출연금	1,000,000원 (△유보)

(2) 기술개발에 지출시

1) 경상개발비로 지출시(2024. 1. 1.)

① 회계처리

(차) 경상개발비	300,000	(대)	현금및현금성자산	300,000
국고보조금 (현금및현금성자산차감계정)	180,000		자 산 수 증 이 익	180,000

② 세무조정

〈손금산입〉 국고보조금(현금및현금성자산차감계정)	180,000원 (△유보)
〈익금산입〉 연구개발출연금	300,000원 (유보)

2) 개발비(무형자산)로 지출시

① 회계처리

-2024. 7. 1.

(차)	개 발 비	300,000	(대)	현금및현금성자산	300,000
	국고보조금 (현금및현금성자산차감계정)	180,000		국 고 보 조 금 (개발비차감계정)	180,000

-2024. 12. 31.

(차)	개발비상각	30,000	(대)	개 발 비	30,000
	국고보조금 (개발비차감계정)	18,000		개발비상각	18,000

② 세무조정(2024. 12. 31.)

〈손금산입〉 국고보조금(현금및현금성자산차감계정) 180,000원 (△유보)

〈익금산입〉 국고보조금(개발비차감계정) 180,000원 (유보)

〈손금산입〉 국고보조금(개발비차감계정) 18,000원 (△유보)

〈익금산입〉 연구개발출연금 30,000원 (유보)

3) 개발장비의 취득시

① 회계처리

-2024. 7. 1.

(차)	유 형 자 산	400,000	(대)	현금및현금성자산	400,000
	국고보조금 (현금및현금성자산차감계정)	240,000		국 고 보 조 금 (유형자산차감계정)	240,000

-2024. 12. 31.

(차)	감가상각비	50,000	(대)	감가상각누계액	50,000
(차)	국고보조금(유형자산차감계정)	30,000	(대)	감가상각비	50,000
	경상개발비	20,000			

② 세무조정(2024. 12. 31.)

〈손금산입〉 국고보조금(현금및현금성자산차감계정) 240,000원 (△유보)

〈익금산입〉 국고보조금(유형자산차감계정) 240,000원 (유보)

〈손금산입〉 국고보조금(유형자산차감계정) 30,000원 (△유보)

〈익금산입〉 연구개발출연금 50,000원 (유보)

(3) 기술개발의 성공시

① 회계처리

(차)	정부출연금	400,000	(대)	현금및현금성자산	400,000

② 세무조정

〈손금산입〉 정부출연금 400,000원 (△유보)

4. 공사부담금

4-1. 기업회계상 공사부담금의 처리

공사부담금이란 전기·가스·열 등의 공익사업에 대한 신규 설비를 건설할 때, 해당 사업시설의 수요자 또는 편익을 받는 자로부터 해당 설비비의 전부 또는 일부를 제공받는 경우 그 제공받은 자금 또는 자재의 화폐환산액을 말하는 것으로, 기업회계상 그 범위에 대하여 명확하게 규정된 바는 없으나, 한국채택국제회계기준 제1115호(고객과의 계약에서 생기는 수익) 및 일반기업회계기준 제17장(정부보조금의 회계처리)을 준용하여 회계처리할 수 있을 것이다.

4-2. 법인세법상 공사부담금의 처리

4-2-1. 일시상각충당금 등의 손금산입

(1) 개 요

다음의 사업을 하는 내국법인이 그 사업에 필요한 시설을 하기 위하여 해당 시설의 수요자 또는 그 시설에 의하여 편익을 받는 자로부터 그 시설을 구성하는 토지등 유형자산 및 무형자산(이하 "사업용자산"이라 함)을 제공받은 경우 또는 금전 등(이하 "공사부담금"이라 함)을 제공받아 사업용자산의 취득에 사용하거나 사업용자산을 취득하고 이에 대한 공사부담금을 사후에 제공받은 경우에는 일시상각충당금 또는 압축기장충당금을 설정하여 손금에 산입할 수 있다(법법 §37 ① 및 법령 §65 ①).

① 전기사업법에 따른 전기사업
② 도시가스사업법에 따른 도시가스사업
③ 액화석유가스의 안전관리 및 사업법에 따른 액화석유가스 충전사업·액화석유가스 집단공급사업 및 액화석유가스 판매사업
④ 집단에너지사업법 제2조 제2호의 규정에 따른 집단에너지공급사업
⑤ 지능정보화 기본법에 따른 초연결지능정보통신기반구축사업
⑥ 수도법에 의한 수도사업

관련사례

- 공사부담금의 손금산입 규정의 선택적용 여부
  공사부담금으로 취득한 고정자산가액의 손금산입 규정은 법인의 선택에 의하여 적용받지 않을 수 있으며, 이 경우 공사부담금은 수령한 사업연도에 익금으로 산입하고, 공사부담금으로 취득한 자산은 법인의 일반 사업용자산과 같이 감가상각함(서면2팀-2648, 2004. 12. 17.).

(2) 사용기한

사업용자산의 취득 이전에 공사부담금을 수령한 내국법인이 공사부담금에 대한 손금산입 규정을 적용받고자 하는 경우 공사부담금을 제공받은 날이 속하는 사업연도의 종료일까지 또는 그 제공받은 날이 속하는 사업연도의 다음 사업연도 개시일부터 1년 이내에 사업용자산의 취득에 사용하여야 한다. 다만, 다음의 부득이한 사유로 인하여 공사부담금을 기한 내에 사용하지 못한 경우에는 해당 사유가 끝나는 날이 속하는 사업연도의 종료일까지 공사부담금의 사용기한을 연장한다(법법 §37 ② 및 법령 §65 ③).

① 공사의 허가 또는 인가 등이 지연되는 경우
② 공사를 시행할 장소의 미확정 등으로 공사기간이 연장되는 경우
③ 용지의 보상 등에 관한 소송이 진행되는 경우
④ 그 밖에 상기 '①~③'에 준하는 사유가 발생한 경우

(3) 손금산입한도

수요자 등으로부터 제공받은 자산의 가액 또는 공사부담금으로 자산을 취득하는 경우에는 그 자산의 취득에 사용된 공사부담금에 상당하는 금액을 손금에 산입할 수 있다. 이 경우 자산을 취득한 후 공사부담금을 지급받았을 때에는 지급일이 속한 사업연도 이전 사업연도에 이미 손금에 산입한 감가상각비에 상당하는 금액은 손금에 산입하는 금액에서 제외한다(법령 §65 ②).

(4) 손금산입시기

공사부담금으로 취득한 사업용자산가액의 손금산입시기는 수요자 등으로부터 토지 등 유형자산 및 무형자산을 제공받은 날 또는 금전 등을 제공받은 날이 속하는 사업연도로 한다(법법 §37 ①). 따라서, 공사부담금을 제공받은 날이 속하는 사업연도의 다음 사업연도의 개시일부터 1년 이내에 사업용자산의 취득에 사용하고자 하는 경우에도 공사부담금을 제공받은 날이 속하는 사업연도에 손금산입하여야 한다.

관련사례

• 장기할부조건으로 교부받은 공사부담금의 처리
공사부담금을 장기할부조건으로 교부받은 경우 각 사업연도에 속하거나 속하게 될 공사부담금은 그 장기할부조건에 따라 각 사업연도에 교부받았거나 교부받을 금전 또는 자재에 상당하는 가액으로 함(법기통 37-0…1).

(5) 손금산입방법

공사부담금의 손금산입방법은 국고보조금 등으로 취득한 사업용자산의 손금산입방법과 동

일하다. 즉, 감가상각대상자산은 일시상각충당금으로 비상각자산은 압축기장충당금으로 계상하여야 하며, 신고조정이 가능하다.

(6) 명세서 등의 제출

공사부담금을 손금에 산입하기 위해서는 법인세과세표준신고와 함께 공사부담금 손금산입조정명세서 [법칙 별지 제35호 서식]을 제출하여야 한다. 한편, 공사부담금을 지급받은 날이 속하는 사업연도의 종료일까지 사업용자산을 취득하지 아니한 경우로서 먼저 손금산입한 후 다음 사업연도까지 사용하고자 하는 경우에는 공사부담금을 받은 사업연도의 법인세과세표준신고와 함께 공사부담금 사용계획서 [법칙 별지 제36호 서식]을 제출하여야 한다(법령 §65 ⑤ 및 법칙 §82 ① 35호).

4-2-2. 일시상각충당금 등의 환입

일시상각충당금 및 압축기장충당금의 환입, 공사부담금의 회계처리 및 세무조정과 관련한 내용은 국고보조금과 동일하므로 이를 참조하기로 한다.

5. 보험차익

5-1. 기업회계상 보험차익의 처리

보험차익이란 화재 등의 재해로 인해 멸실된 자산에 대하여 수령한 보험금이 당해 자산의 장부가액을 초과하는 경우 그 초과금액을 말한다. 즉, 보험차익은 보험금에서 멸실 당시의 장부가액을 차감하여 계산한다.

보험차익 = 보험금 − 피해 직전의 장부가액

기업회계기준에서는 보험사고의 종류를 불문하고 손상, 소실 또는 포기된 유형자산에 대해 제3자에게서 받는 보상금은 수취할 권리가 발생하는 시점에 당기손익으로 반영하도록 하고 있다(K-IFRS 1016호 문단 65 및 일반기준 10장 문단 10.43). 이 경우 손상차손(손상, 소실, 포기된 유형자산)과 보험금수익을 별개의 회계사건으로 보아 총액으로 표시하여야 한다.

5-2. 법인세법상 보험차익의 처리

5-2-1. 일시상각충당금 등의 손금산입

(1) 개 요

내국법인이 유형자산(이하 "보험대상자산"이라 함)의 멸실이나 손괴로 인하여 보험금을 지급받아 그 지급받은 날이 속하는 사업연도의 종료일까지(또는 그 사업연도의 다음 사업연도의 개시일부터 2년 이내에) 그 멸실한 보험대상자산에 대체하여 동일한 종류의 자산을 취득하거나 손괴된 보험대상자산을 개량(그 취득한 자산의 개량을 포함)하는 경우 해당 자산가액 중 그 자산을 취득하거나 개량하는 데에 사용된 보험차익 상당액을 보험금을 지급받은 날이 속하는 사업연도에 일시상각충당금을 설정함으로써 손금에 산입할 수 있다(법법 §38 ① 및 법령 §66 ③).

(2) 보험차익의 범위

법인세법상 손금에 산입할 수 있는 보험차익은 유형자산의 멸실이나 손괴로 인하여 발생하는 것에 한한다. 따라서, 유형자산 외의 자산에 대한 보험차익에 대해서는 일시상각충당금을 설정할 수 없다.

관련사례

- 멸실 · 손괴된 고정자산의 범위
  멸실 또는 손괴된 고정자산의 범위에는 금융리스 방식으로 취득한 고정자산도 포함됨(법인 46012-233, 1997. 1. 24.).
- 보험차익의 계산방법
  보험차익이라 함은 보험계약서상에 부보된 자산별로 계산한 금액을 말함(법인 46012-534, 1994. 2. 22.).
- 일시상각충당금이 계상된 고정자산이 다시 멸실된 경우 장부가액의 계산
  보험차익으로 동일 종류의 고정자산을 취득하고 일시상각충당금을 계상하여 적법하게 손금산입 후, 그 고정자산이 다시 멸실 또는 손괴됨으로 인하여 보험금을 지급받는 경우 당해 자산에 대한 일시상각충당금 잔액과 감가상각충당금을 상계한 금액을 장부가액으로 하여 보험차익을 계산함(법인 22601-1756, 1987. 7. 2.).

(3) 보험차익의 사용

1) 동일한 종류의 유형자산 취득

보험차익을 손금에 산입하기 위해서는 멸실이나 손괴된 보험대상자산과 동일한 종류의 유형자산을 취득하여야 한다. 여기서, 동일한 종류의 유형자산이란 멸실한 보험대상자산에 대체하여 취득한 유형자산으로서 그 용도나 목적이 멸실보험대상자산과 동일한 것을 말한다(법령 §66 ①).

관련사례

- 장기할부조건 또는 장기도급계약에 의한 취득시 보험차익의 사용 여부
  보험차익을 손금에 산입한 법인이 보험금을 지급받은 날이 속하는 사업연도의 다음 사업연도 개시일로부터 2년 이내에 멸실된 자산과 동일 종류의 자산을 장기할부조건으로 취득한 경우와 동 자산을 장기도급계약에 의한 건설·제조 등의 방법으로 취득하기 위하여 보험차익을 사용한 경우에는 장기할부조건으로 취득한 자산의 가액과 장기도급계약에 의한 건설·제조를 위하여 지출한 금액을 보험차익의 사용으로 봄(법기통 38-66…1).
- 재취득한 고정자산을 당초의 용도와 다르게 사용하는 경우 손금산입 여부
  "멸실한 고정자산과 동일한 종류의 고정자산"이라 함은 법인이 당해 자산의 멸실 전에 이용하던 용도나 목적과 동일한 용도나 목적으로 이용되는 자산을 말하는 것으로, 법인이 당초 직접 어업에 사용하던 선박의 멸실로 재취득한 선박을 당해 어업에 사용하지 않고 다른 법인에 임대하는 경우에는 동일한 고정자산을 취득한 것으로 보지 아니하는 것임(서이 46012-10104, 2003. 1. 16.).
- 금융리스에 의한 대체자산 취득시 보험차익의 사용 여부
  보험차익 상당액을 손금산입함에 있어 금융리스에 의해 대체자산을 취득하는 경우는 보험차익의 사용으로 보지 않음(법인 46012-1250, 1999. 4. 3.).
- 멸실된 수량보다 많은 수량 취득시 보험금 사용액 계산
  멸실선박의 수량보다 많은 수량의 선박(동일 종류의 선박에 한함)을 취득한 경우 보험금 사용액의 계산은 취득선박 전체의 취득가액에 의함(법인 22601-720, 1986. 6. 13.).

2) 사용기한

보험금을 지급받은 날이 속하는 사업연도의 종료일까지 또는 그 지급받은 날이 속하는 사업연도의 다음 사업연도 개시일부터 2년 이내에 그 멸실한 보험대상자산에 대체하여 동일한 종류의 유형자산을 취득하거나 손괴된 보험대상자산을 개량(그 취득한 자산의 개량을 포함)하여야 한다(법법 §38 ②).

관련사례

- 보험금 수령 전 대체취득시 손금산입 가능 여부
  멸실선박을 대체취득한 이후에 보험금을 지급받는 경우에도 보험차익을 손금에 산입할 수 있음(법인 22601-720, 1986. 6. 13.).

(4) 손금산입한도

손금에 산입하는 금액은 개별 보험대상자산별로 해당 자산의 가액 중 그 취득 또는 개량에 사용된 보험차익에 상당하는 금액으로 한다. 이 경우 해당 보험대상자산의 가액이 지급받은 보험금에 미달하는 경우에는 보험금 중 보험차익 외의 금액을 먼저 사용한 것으로 본다(법령 §66 ②).

계산사례 - 5 **보험차익의 손금산입 금액**

다음 사례의 경우에 손금에 산입할 수 있는 보험차익은 얼마인가?

① (구)건물의 장부가액 : 50억원
② 보험금 : 80억원
③ (신)건물의 취득가액 : 70억원

해 설

① 보험차익의 손금산입한도 : 취득 또는 개량에 사용한 금액 - 멸실자산의 장부가액 = 70억원 - 50억원 = 20억원
② 보험금 중에서 (구)건물의 장부가액 상당부분을 먼저 사용하고 나머지는 보험차익 상당액 중에서 사용한 것으로 보아 20억원만이 일시상각충당금 설정대상이 된다.

관련사례

• 건물과 기계장치에 대한 보험차익을 모두 건물취득에 사용시의 처리
멸실된 건물과 기계장치에 대한 보험차익을 모두 건물취득에만 사용한 경우에는 기계장치에 대한 보험차익은 이를 손금에 산입할 수 없음(법기통 38-66…1).

(5) 손금산입시기

보험차익으로 취득한 자산가액의 손금산입시기는 보험대상자산의 멸실이나 손괴로 인하여 보험금을 지급받은 날이 속하는 사업연도로 한다(법법 §38 ①). 따라서, 보험금을 지급받은 날이 속하는 사업연도의 다음 사업연도 개시일부터 2년 이내에 자산을 취득·개량하고자 하는 경우에도 보험금을 지급받은 날이 속하는 사업연도에 손금산입하여야 한다.

(6) 손금산입방법

보험차익의 손금산입방법은 국고보조금으로 취득한 사업용자산의 손금산입방법과 동일하다. 다만, 감가상각대상자산에 한하여 멸실·손괴가 발생하므로 압축기장충당금이 설정될 여지는 없고, 모든 경우에 일시상각충당금을 설정한다.

(7) 명세서 등의 제출

보험차익을 손금에 산입하기 위해서는 법인세과세표준신고와 함께 보험차익 상당액 손금산입조정명세서 [법칙 별지 제35호 서식]을 제출하여야 한다.

한편, 보험금을 지급받은 날이 속하는 사업연도에 대체유형자산을 취득하지 아니하거나 손괴된 보험대상자산을 개량(그 취득한 자산의 개량을 포함)하지 아니한 경우로서, 먼저 손금산입

한 후 그 다음 사업연도 개시일 2년 이내에 사용하고자 하는 경우에는 보험금을 지급받은 날이 속하는 사업연도의 법인세과세표준신고와 함께 보험차익사용계획서 [법칙 별지 제37호 서식]을 제출하여야 한다(법령 §66 ④ 및 법칙 §82 ① 35호).

5-2-2. 일시상각충당금 등의 환입

일시상각충당금의 환입과 관련한 내용은 국고보조금과 동일하므로 이를 참조하기로 한다.

관련사례

- 일시상각충당금의 상계범위
  보험차익 등으로 취득한 고정자산의 감가상각비(법 제23조 제1항에 따른 손금불산입액을 제외함)를 일시상각충당금과 상계하는 경우에 있어서 상계할 금액은 보험차익 등으로 취득한 부분에 대한 감가상각비에 한함(법기통 38-66…2).
- 감가상각비 한도초과액이 있는 경우의 일시상각충당금의 환입
  보험차익으로 취득한 사업용자산에 대하여 일시상각충당금을 설정한 법인은 감가상각비에 대한 세무조정을 실시한 후, 동 세무조정 결과 손금으로 인정되는 금액에 대하여 자산의 취득가액 중 일시상각충당금에 상당하는 부분을 당해 자산의 감각상각비와 상계하는 것임(서이 46012-10646, 2002. 3. 27.).
  (1순위) 감가상각비 시부인 계산
  (2순위) 일시상각충당금과 감가상각비의 상계

$$\text{상계액} = \text{상각범위액} \times \frac{\text{일시상각충당금}}{\text{취득가액}}$$

계산사례 - 6 **보험차익의 손금산입**

다음 자료에 의하여 보험차익의 손금산입에 관한 회계처리와 세무조정을 하라.

1. 2024. 4. 10. 소유건물의 취득가액 1,500,000원(동 감가상각누계액 600,000)이 화재로 인하여 소실되었다.
2. 2024. 5. 25. 위 건물에 대한 보험금으로 1,500,000원을 수령하였다.
3. 2024. 8. 11. 대체건물을 2,000,000원에 취득하였다.
4. 해당 사업연도(2024. 1. 1. ~ 12. 31.)의 손금에 산입할 대체건물의 감가상각범위액은 20,000원이다.

해 설

① 화재발생시(2024. 4. 10.)

(차) 감가상각누계액	600,000	(대) 건 물	1,500,000
재 해 손 실	900,000		

② 보험금 수령시(2024. 5. 25.)

(차) 현 금	1,500,000	(대) 보험금수익	1,500,000

③ 건물구입시(2024. 8. 11.)

(차) 건 물	2,000,000	(대) 현 금	2,000,000

세무조정 : 〈손금산입〉 일시상각충당금(*1)　　600,000 (△유보)

(*1) Min[① 1,500,000 − (1,500,000 − 600,000), ② 2,000,000 − (1,500,000 − 600,000)] = 600,000

④ 결산시(2024. 12. 31.)

(차) 감가상각비	20,000	(대) 감가상각누계액	20,000

세무조정 : 〈손금불산입〉 일시상각충당금(*2)　　6,000 (유보)

(*2) 20,000 × 600,000 / 2,000,000 = 6,000

MEMO

Step Ⅱ 서식의 이해

■ 작성요령Ⅰ - (국고보조금등 / 공사부담금 / 보험차익) 상당액 손금산입조정명세서

[별지 제35호 서식] (2021. 10. 28. 개정)

[ ] 국고보조금등
[ ] 공사부담금
[ ] 보험차익

사업연도		법인명

1. 국고보조금등으로 취득한 자산 손금산입액 조

① 보조금 수령액	취득한 또는 취득할 자산가액				
	② 계정과목		③ 취득한 자산가액	④ 취득할 자산가액	(
	과목명	코드			
	❹			❺	
	계				

2. 공사부담금으로 취득한 자산 손금산입액 조정

⑩ 공사부담금 가액	공사부담금으로 취득 또는 지급			
	⑪ 계정과목		⑫ 취득한 자산가액	⑬ 취득할 자산가액
	과목명	코드		
	❹			❺
	계			

3. 보험차익으로 취득한 자산 손금산입액 조정

보험차익계산			대체한 또는 대		
⑲ 보험금	⑳ 멸실손괴 자산가액	㉑ 보험차익 (⑲－⑳)	㉒ 계정과목		㉓ 대체한 자산가액
			과목명	코드	
			❹		
			계		

4. 미사용분 익금산입액 조정 ❻

㉚ 구분 코드	㉛ 손금산입 사업연도	㉜ 원래 손금산입 기준액	㉝ 원래 손금 산입액	전
1		❼	❼	
2				
3				
계				

❹ 국고보조금등으로 취득한 자산의 계정과목란(②, ⑪, ㉒)은 표준재무상태표 〔별지 제3호의 2 서식(1), (3)〕의 계정과목명과 코드를 적는다.

❺ 국고보조금등으로 취득한 자산가액 계산 시 ④, ⑬, ㉔란에는 각 취득 또는 대체할 자산가액은 사용계획서제출금액으로 한다.

❻ 「4. 미사용분 익금산입액 조정」란 중 각 란에는 사용계획서 제출에 의한 손금산입액 중 기한 내 미사용 또는 해산 등에 의한 익금산입액을 아래 구분코드(㉚)에 따라 계산한다.

구분	국고보조금	공사부담금	보험차익
코드	1	2	3

❼ 「㉜ 원래 손금산입기준액」란은 원래 손금산입 사업연도의 손금산입기준금액 ⑥, ⑮, ㉖란의 각 금액을 적고 「㉝ 원래 손금산입액」란은 원래 손금산입 사업연도의 손금산입액 ⑧, ⑰, ㉘란의 각 금액을 적되, 원래 한도초과액은 제외한다.

상당액 손금산입조정명세서

	사업자등록번호	

조정

⑤ 계 (③+④)	⑥ 해당 자산에 사용되는 국고보조금등 (MIN ①, ⑤)	손금산입액 조정 ⑦ 용인한도액 (⑦=⑥)	⑧ 회사계상액	⑨ 한도초과액 (⑧−⑦)
	❶			❾

정

받은 자산가액 ⑭ 지급받은 자산가액	⑮ 계 (⑫+⑬+⑭)	손금산입액 조정 ⑯ 용인한도액 (⑯=⑮)	⑰ 회사계상액	⑱ 한도초과액 (⑰−⑯)
	❷			❾

체할 자산가액	㉔ 대체할 자산가액	㉕ 계 (㉓+㉔)	㉖ 대체자산에 사용되는 보험차익 [MIN ㉑, (㉕−⑳)]	손금산입액 조정 ㉗ 용인한도액 (㉗=㉖)	㉘ 회사계상액	㉙ 한도초과액 (㉘−㉗)
	❺		❸			❾

㉞ 전기이월계획서 제출금액	㉟ 사용액	㊱ 미사용액 (㉞−㉟)	㊲ 익금산입액 (㉝×㊱/㉜)	비 고
❽			❾	

❶ 「1. 국고보조금등으로 취득한 자산의 손금산입액 조정」란 중 「⑥ 해당 자산에 사용되는 국고보조금등」란에는 「⑤ 취득한 또는 취득할 자산가액 계」와 「① 보조금수령액」란의 금액 중 적은 금액을 적는다.

❷ 「2. 공사부담금으로 취득한 자산 손금산입액 조정」란 중 「⑮ 계」란에는 금전·자재로서 취득한 자산가액(⑫) 및 취득할 자산가액(⑬)과 지급받은 자산가액(⑭)의 합계액을 적는다.

❸ 「3. 보험차익으로 취득한 자산 손금산입액 조정」란 중 「㉖ 대체자산에 사용되는 보험차익」란에는 「㉕ 대체한 또는 대체할 자산가액 계」에서 「⑳ 멸실손괴 자산가액」을 차감한 잔액을 한도로 한 「㉑ 보험차익」란의 금액을 적는다.

❺ 국고보조금등으로 취득한 자산가액 계산 시 ④, ⑬, ㉔란에는 각 취득 또는 대체할 자산가액은 사용계획서제출금액으로 한다.

❽ 「㉞ 전기이월계획서 제출금액」란에는 원래 손금산입 사업연도의 손금산입기준액 계산에 포함된 취득할 또는 대체할 가액(④, ⑬, ㉔)을 적는다.

❾ 「한도초과액(⑨, ⑱, ㉙)」란의 금액은 손금불산입하고 「익금산입액(㊲)」란의 금액은 익금산입한다.

■ 작성요령Ⅱ – 보조금 등 수취명세서

❶ 보조금 등(국가·지방자치단체 등으로부터 무상으로 받은 금품)을 지급받은 일자를 기재한다.

❷ 보조금 등을 지급한 국가·지방자치단체 등의 명칭과 사업자등록번호(고유번호)를 기재한다.

❸ 지급받은 보조금 등의 명칭을 기재한다.

[별지 제35호의 2 서식] (2004. 3. 5. 신설)

사업연도	. . . ~ . . .	보조금 등 수	

① 수취 일자	지 급 처		보조금 등	
	②법인명	③사업자 번호 등	④ 명칭	
❶	❷	❷	❸	

취명세서	법 인 명	
	사업자등록번호	

유형	⑥수취금액	반환 조건		비 고
⑤ 코드		⑦반환 예정일	⑧반환 비율	
❹		❺	❻	

❹ 지급받은 보조금 등의 반환 여부에 따라 다음과 같이 기재한다.
- 전액 반환의무 없는 보조금 등 : 11
- 일부에 대해 무조건 반환의무 있는 보조금 등 : 21
- 일부에 대해 성공조건부 기타 조건부로 반환의무 있는 보조금 등 : 22
- 전액에 대해 성공조건부 기타 조건부로 반환의무 있는 보조금 등 : 31

❺ 반환의무 있는 보조금의 경우 반환예정일(사용기간)을 기재한다.

❻ 반환하여야 하는 비율을 기재한다.

[별지 제36호 서식] (2020. 3. 13. 개정)

<table>
<tr><td>사업
연도</td><td>. . .
~
. . .</td><td>[ ] 국고보조금등
[ ] 공사부담금</td><td>사용계획서</td><td>법 인 명</td><td></td></tr>
<tr><td></td><td></td><td></td><td></td><td>사업자등록번호</td><td></td></tr>
</table>

<table>
<tr><td rowspan="5">❶
국고
보조
금등
내용</td><td>① 국고보조금등 · 공사부담금 사용기간</td><td colspan="5"></td></tr>
<tr><td>② 국고보조금등 · 공사부담금 지급처명</td><td colspan="5"></td></tr>
<tr><td rowspan="2">③ 국고보조금등 · 공사부담금
지급목적별 지급금액</td><td>사업용자산취득 및
개량목적의 보조금</td><td>기타보조금</td><td colspan="2">국고보조금등 ·
공사부담금계</td><td>기타</td></tr>
<tr><td></td><td></td><td colspan="2"></td><td></td></tr>
<tr><td>④ 국고보조금등 · 공사부담금 지급통지일</td><td>년 월 일</td><td colspan="2">⑤ 국고보조금등 · 공사부담금수령일</td><td colspan="2">년 월 일</td></tr>
</table>

<table>
<tr><td rowspan="8">❷
국고
보조
금등
사용
계획</td><td>⑥ 취득 또는
개량 연월일</td><td>⑦ 취득 또는 개량할
사업용자산 소재지</td><td>⑧ 취득 또는 개량할
사업용자산 명칭</td><td>⑨ 수량</td><td>⑩ 취득 또는
개량금액</td><td>⑪ 참고</td></tr>
<tr><td></td><td></td><td></td><td></td><td></td><td></td></tr>
<tr><td></td><td></td><td></td><td></td><td></td><td></td></tr>
<tr><td></td><td></td><td></td><td></td><td></td><td></td></tr>
<tr><td></td><td></td><td></td><td></td><td></td><td></td></tr>
<tr><td></td><td></td><td></td><td></td><td></td><td></td></tr>
<tr><td></td><td></td><td></td><td></td><td></td><td></td></tr>
<tr><td colspan="4">합 계</td><td></td><td></td></tr>
</table>

[ ]「법인세법」 제36조 제5항 및 같은 법 시행령 제64조 제8항
[ ]「법인세법」 제37조 제3항 및 같은 법 시행령 제65조 제5항 에 따라 사용계획서를 제출합니다.

년 월 일

신청인 (서명 또는 인)

세무서장 귀하

[별지 제37호 서식] (2020. 3. 13. 개정)

<table>
<tr><td rowspan="2">사업
연도</td><td rowspan="2">. . .
~
. . .</td><td rowspan="2">보험차익 사용계획서</td><td>법인명</td><td></td></tr>
<tr><td>사업자등록번호</td><td></td></tr>
</table>

① 보험사고 발생일	
② 보험대상자산	
③ 자산의 장부가액	
④ 보험금	
⑤ 보험차익(④-③)	

⑥ 연 도	⑦ 취득할 자산	⑧ 금액	⑨ 참고

「법인세법」 제38조 제3항 및 같은 법 시행령 제66조 제4항에 따라 사용계획서를 제출합니다.

20년 월 일

신청인 (서명 또는 인)

세무서장 귀하

[별지 제3호의 3 서식] (2012. 2. 28. 개정)

출연금 등 익금불산입명세서

❶ 신청인	① 상호 또는 법인명	② 사업자등록번호
	③ 대표자 성명	④ 생년월일
	⑤ 주소 또는 본점 소재지 (전화번호 :)	

❷ 과세연도	년 월 일부터 년 월 일까지

❸ 출연금 등 수령내역

⑥ 출연금 코드	⑦ 수령일	⑧ 수령액(익금불산입액)

❹ 익금산입조정

⑨ (처분) 일자	익금산입액		⑫ 익금산입 후 잔액
	⑩ 누계	⑪ 당기	

「조세특례제한법 시행령」 제9조의 2 제4항에 따라 출연금 등 익금불산입명세서를 제출합니다.

년 월 일

신청인 (서명 또는 인)

세무서장 귀하

작 성 방 법

1. "⑥출연금 코드"란은 출연금 등의 근거 법률에 따라 다음 표에 따른 코드를 적습니다.

근거 법률	코드
「산업기술혁신 촉진법」에 따른 출연금	10
「정보통신산업 진흥법」에 따른 출연금	20
「중소기업기술혁신 촉진법」에 따른 출연금	30
「부품·소재전문기업 등의 육성에 관한 특별조치법」에 따른 출연금	40
「대덕연구개발특구 등의 육성에 관한 특별법」에 따른 출연금	50
「기초연구진흥 및 기술개발지원에 관한 법률」에 따른 출연금	60

2. "익금산입액(⑩·⑪)"란은 감가상각자산의 경우에는 감가상각비에 상당하는 금액(해당 자산을 처분하는 경우에는 익금에 산입하고 남은 잔액 전액을 말합니다)을 적고, 감가상각자산 외의 자산은 해당 자산의 처분일이 속하는 과세연도에 익금에 산입하지 않은 금액 전액을 적습니다.

세무조정 체크리스트

■ 국고보조금 · 공사부담금 · 보험차익

검 토 사 항	확인
1. 공사부담금의 경우 일시상각(압축기장)충당금 설정대상이 되는 법인인지 여부 확인	
2. 일시상각(압축기장)충당금 설정 가능한 공사부담금, 국고보조금, 보험차익인지 여부 확인	
3. 일시상각(압축기장)충당금 설정 연도가 공사부담금 등을 수령한 사업연도인지 여부 확인	
4. 국고보조금 등의 자산취득 또는 사용기한 • 국고보조금 등을 지급받은 사업연도의 다음 사업연도 개시일부터 1년(보험차익의 경우 2년) 이내 • 다만, 인·허가의 지연 등 불가피한 사유로 인하여 기한 내에 사용하지 못한 경우에는 그 사유 종료일이 속하는 사업연도의 종료일까지(단, 국고보조금·보험차익의 경우에는 2008. 1. 1. 이후 지급받는 분부터 적용) • 먼저 사업용자산을 취득·개량한 후 수령하는 국고보조금에 대해서도 손금산입 가능(2011. 1. 1. 이후 자산을 취득하거나 개량하는 분부터 적용) • 먼저 사업용자산을 취득한 후 수령하는 공사보조금에 대해서도 손금산입 가능(2014. 1. 1. 이후 자산을 취득하는 분부터 적용)	
5. 공사부담금 등의 사용계획서 등의 첨부서류 확인	

Step Ⅲ 사례와 서식작성실무

예제

사 례

다음 자료에 의하여 ㈜삼일의 회계처리와 세무조정을 예시하고, 손금산입조정명세서를 작성하시오(단, 일시상각충당금의 손금산입방법은 신고조정에 의함).

1. 사업연도 : 2024. 1. 1.~12. 31.
2. 2024. 5. 1. 화재가 발생하여 취득원가 : 5억원, 감가상각누계액 2억원(상각부인액 0.5억원)인 건물이 전소되었다.
3. 2024. 9. 30. 위 건물에 대한 보험금을 4억원 수령하였다.
4. 2024. 12. 1. 위 건물과 같은 용도의 건물을 8억원에 취득하였다. 회사는 동 건물에 대한 감가상각비를 0.6억원 계상하였으나, 세무상 감가상각비 한도액은 0.5억원이다.

해 설

1. 회계처리와 세무조정

① 화재발생시(2024. 5. 1.)

(차) 감가상각누계액	200,000,000	(대) 건 물	500,000,000
재 해 손 실	300,000,000		

② 보험금 수령시(2024. 9. 30.)

(차) 현 금	400,000,000	(대) 보험금수익	400,000,000

세무조정 : 〈익금불산입〉 감가상각누계액(상각부인액 추인) 50,000,000 (△유보)
〈손금산입〉 일시상각충당금(*1) 50,000,000 (△유보)

(*1) 세무상 보험차익 = 보험금수령액 - 멸실자산의 장부가액
= 4억원 - (5억원 - 2억원 + 0.5억원) = 0.5억원
손금산입한도액 = Min [① 0.5억원, ② 8억원 - (5억원 - 2억원 + 0.5억원)] = 0.5억원

③ 건물구입시(2024. 12. 1.)

(차) 건 물	800,000,000	(대) 현 금	800,000,000

④ 결산시(2024. 12. 31.)

(차) 감가상각비	60,000,000	(대) 감가상각누계액	60,000,000

세무조정 : 〈손금불산입〉 감가상각누계액(한도초과액) 10,000,000 (유보)
〈손금불산입〉 일시상각충당금(*2) 3,125,000 (유보)

(*2) 50,000,000 × 0.5억원 / 8억원 = 3,125,000원

2. 보험차익상당액 손금산입조정명세서 〔별지 제35호 서식〕 (다음 page 참조)

[별지 제35호 서식] (2021. 10. 28. 개정)

[ ] 국고보조금등
[ ] 공사부담금 상당액 손금산입조정명세서
[√] 보험차익

사업연도	2024. 1. 1. ~ 2024. 12. 31.	법인명	(주)삼일	사업자등록번호	

1. 국고보조금등으로 취득한 자산 손금산입액 조정

① 보조금 수령액	취득한 또는 취득할 자산가액					⑥ 해당 자산에 사용되는 국고보조금등 (MIN ①, ⑤)	손금산입액 조정		
	② 계정과목		③ 취득한 자산가액	④ 취득할 자산가액	⑤ 계 (③+④)		⑦ 용인한도액 (⑦=⑥)	⑧ 회사계상액	⑨ 한도초과액 (⑧-⑦)
	과목명	코드							
	계								

2. 공사부담금으로 취득한 자산 손금산입액 조정

⑩ 공사부담금 가액	공사부담금으로 취득 또는 지급받은 자산가액						손금산입액 조정		
	⑪ 계정과목		⑫ 취득한 자산가액	⑬ 취득할 자산가액	⑭ 지급받은 자산가액	⑮ 계 (⑫+⑬+⑭)	⑯ 용인한도액 (⑯=⑮)	⑰ 회사계상액	⑱ 한도초과액 (⑰-⑯)
	과목명	코드							
	계								

3. 보험차익으로 취득한 자산 손금산입액 조정

보험차익계산			대체한 또는 대체할 자산가액					㉖ 대체자산에 사용되는 보험차익 [MIN ㉑, (㉕-⑳)]	손금산입액 조정		
⑲ 보험금	⑳ 멸실손괴 자산가액	㉑ 보험차익 (⑲-⑳)	㉒ 계정과목		㉓ 대체한 자산가액	㉔ 대체할 자산가액	㉕ 계 (㉓+㉔)		㉗ 용인한도액 (㉗=㉖)	㉘ 회사계상액	㉙ 한도초과액 (㉘-㉗)
			과목명	코드							
400,000,000	350,000,000	50,000,000	건물	114	800,000,000		800,000,000	50,000,000	50,000,000	50,000,000	0
			계								

4. 미사용분 익금산입액 조정

㉚ 구분 코드	㉛ 손금산입 사업연도	㉜ 원래 손금산입 기준액	㉝ 원래 손금 산입액	㉞ 전기이월계획서 제출금액	㉟ 사용액	㊱ 미사용액 (㉞-㉟)	㊲ 익금 산입액 (㉝×㊱/㉜)	비 고
1								
2								
3								
계								

고유목적사업준비금

관련 법령	• 법법 §29 • 법령 §56 • 법칙 §29의 2 • 조특법 §74 • 조특령 §70 • 조특칙 §29의 2, §29의 3
관련 서식	• 법인세법 시행규칙 [별지 제27호 서식(갑)] 고유목적사업준비금 조정명세서(갑) [별지 제27호 서식(을)] 고유목적사업준비금 조정명세서(을)

제15절

고유목적사업준비금

15

Step I 내용의 이해

1. 고유목적사업준비금의 손금산입

1-1. 개 요

비영리내국법인이 그 법인의 고유목적사업 또는 법인세법 제24조 제3항 제1호에 따른 기부금(이하 '일반기부금'이라 함)에 지출하기 위하여 고유목적사업준비금을 손비로 계상한 경우에는 손금산입한도 범위에서 그 계상한 고유목적사업준비금을 해당 사업연도의 소득금액을 계산할 때 손금에 산입한다(법법 §29 ①).

여기에서 고유목적사업이란 당해 비영리내국법인의 법령 또는 정관에 따른 설립목적을 직접 수행하는 사업으로서 법인세법 시행령 제3조 제1항에 따른 수익사업 외의 사업으로 한다(법령 §56 ⑤).

1-2. 설정대상 법인

고유목적사업준비금을 설정할 수 있는 법인은 다음과 같다(법법 §29 ① 및 법령 §56 ①). 다만, 비영리내국법인으로 의제하는 정비사업조합에 해당하는 경우에는 고유목적준비금 설정대상에 해당하지 아니한다(조특법 §104의 7 ②).

① 법인격이 있는(설립등기된) 비영리내국법인
② 법인으로 보는 단체 중 법인세법 시행령 제39조 제1항 제1호에 해당하는 단체. 대상단체의 범위에 대한 자세한 내용은 '제3편 제2장 기부금'편을 참고하기 바란다.
③ 법인으로 보는 단체 중 법령에 의하여 설치된 기금

④ 법인으로 보는 단체 중 공동주택관리법 제2조 제1항 제1호 가목에 따른 공동주택의 입주자대표회의·임차인대표회의 또는 이와 유사한 관리기구

관련사례

• 주상복합아파트의 입주자대표회의가 설정대상 법인에 포함되는지 여부
상가, 오피스텔, 아파트로 구성된 주상복합건물 중 아파트부분이 공동주택관리법 제2조 제1항 제1호 가목의 공동주택인 경우 해당 아파트부분의 입주자대표회의로서 국세기본법 제13조에 따른 법인으로 보는 단체는 고유목적사업준비금을 손금에 산입할 수 있음(사전-2021-법규법인-1320, 2022. 1. 19.).

• 조합법인 또는 청산 중인 법인이 설정대상 법인에 포함되는지 여부
조세특례제한법 제72조 제1항의 규정에 의하여 당기순이익과세를 적용받는 조합법인과 청산 중에 있는 비영리내국법인은 법인세법 제29조의 고유목적사업준비금을 손금에 산입할 수 없음(법기통 29-56…1).

• 마을연합회가 설정대상 법인에 포함되는지 여부
마을연합회는 법인으로 보는 단체로 관할 세무서장의 승인을 얻었어도 법인세법 시행령 제56조 제1항 각 호에 해당 사항 없으므로 고유목적사업준비금을 설정할 수 없음(서이46012-10873, 2003. 4. 29.).

1-3. 손금산입한도액

1-3-1. 일반 비영리법인의 경우

(1) 개 요

일반 비영리내국법인의 고유목적사업준비금 손금산입한도액은 다음과 같다(법법 §29 ①).

일반 비영리내국법인의 고유목적사업준비금 손금산입한도
= (①+②+③)(*1)×100%+④×50%(*2)

① 이자소득금액(소법 §16 ① 각 호. 단, 같은 항 11호에 따른 비영업대금의 이익은 제외)
② 배당소득금액(소법 §17 ① 각 호). 단, 상속세 및 증여세법상의 규정(상증법 §16, §48)에 의하여 상속세 과세가액 또는 증여세 과세가액에 산입되거나 증여세가 부과되는 주식 등으로부터 발생한 배당소득금액은 제외함.
③ 특별법에 따라 설립된 비영리내국법인이 해당 법률에 따른 복지사업으로서 그 회원이나 조합원에게 대출한 융자금에서 발생한 이자금액
④ 상기 외의 수익사업에서 발생한 소득
(*1) 기타수익사업(④)에서 결손금(해당 사업연도 손금의 총액이 익금을 초과하는 경우 그 초과하는 금액)이 발생한 경우에는 그 결손금을 차감한 금액을 말함.
(*2) 공익법인의 설립·운영에 관한 법률에 따라 설립된 법인으로서 고유목적사업 등에 대한 지출액 중 50% 이상의 금액을 장학금으로 지출하는 법인은 80%

관련사례

- 고유목적사업준비금 한도초과액의 처리
  손금산입한도액을 초과하여 손금으로 계상한 고유목적사업준비금으로서 각 사업연도의 소득금액 계산시 손금불산입된 금액은 그 이후의 사업연도에 있어서 이를 손금으로 추인할 수 없음. 다만, 동 금액을 환입하여 수익으로 계상한 경우에는 이를 이월익금으로 보아 익금에 산입하지 아니함(법기통 29-56…3).
- 당초 신고 이후 고유목적사업준비금 설정률 차이로 한도증가시 경정청구 가능 여부
  외부감사를 받는 비영리내국법인이 당초 법인세 신고 이후 법인세법 제29조 제1항 제1호에 대한 법해석을 명확히 한 유권해석에 따라 고유목적사업준비금 손금산입 한도가 변경(50% → 100%)된 경우 다음에 해당하면 한도 증가액 만큼 경정청구를 통해 추가 손금산입 가능함(조심 2013서 1049, 2014. 3. 13.).
  ① 고유목적사업준비금을 결산상 비용계상하고 세무상 한도초과액이 존재하는 경우
  ② 법인세법 제61조에 제1항에 따라 신고조정으로 손금산입하는 경우로서 해당사업연도에 처분가능이익이 없어 한도증가에 따른 추가적립을 할 수 없는 경우
- 이자소득금액 등에서 차감하는 결손금의 의미
  「법인세법」 제29조 제1항(2015. 12. 15. 법률 제13555호로 개정된 것) 본문 괄호 안의 '제4호에 따른 수익사업에서 결손금이 발생한 경우'에서 결손금은 같은 법 제29조 제1항 제1호부터 제3호까지에 규정된 것 외의 수익사업에서 당해 사업연도 손금의 총액이 익금의 총액을 초과하는 경우에 그 초과하는 금액을 의미하는 것임(사전법령법인-560, 2017. 2. 13.).

(2) 이자소득금액

소득세법 제16조 제1항 각 호(11호에 따른 비영업대금의 이익은 제외)에 따른 다음의 이자소득금액은 전액 고유목적사업준비금으로 설정할 수 있다.

① 국가나 지방자치단체가 발행한 채권 또는 증권의 이자와 할인액
② 내국법인이 발행한 채권 또는 증권의 이자와 할인액
③ 국내 또는 국외에서 받는 소득세법 시행령 제23조에서 정하는 파생결합사채로부터의 이익(2025. 1. 1. 이후 발생하는 소득분부터 적용)
④ 국내에서 받는 예금(적금·부금·예탁금과 우편대체를 포함함)의 이자
⑤ 상호저축은행법에 따른 신용계 또는 신용부금으로 인한 이익
⑥ 외국법인의 국내지점 또는 국내영업소에서 발행한 채권이나 증권의 이자와 할인액
⑦ 외국법인이 발행한 채권 또는 증권의 이자와 할인액
⑧ 국외에서 받는 예금의 이자
⑨ 채권 또는 증권의 환매조건부매매차익(소령 §24)
⑩ 저축성보험의 보험차익(소령 §25)
⑪ 직장공제회 초과반환금(소령 §26)

⑫ 소득세법 제16조 제1항 제1호, 제2호, 제2호의 2 및 제3호부터 제11호까지의 소득과 유사한 소득으로서 금전 사용에 따른 대가로서의 성격이 있는 것

⑬ 소득세법 제16조 제1항 제1호, 제2호, 제2호의 2 및 제3호부터 제12호까지의 규정 중 어느 하나에 해당하는 소득을 발생시키는 거래 또는 행위와 자본시장과 금융투자업에 관한 법률 제5조에 따른 파생상품이 결합(소령 §26 ⑤)된 경우 해당 파생상품의 거래 또는 행위로부터의 이익

또한, 다음의 어느 하나에 해당하는 이자소득금액은 전액 고유목적사업준비금을 설정할 수 있는 이자소득금액으로 본다(법령 §56 ②).

① 금융보험업을 영위하는 비영리내국법인이 한국표준산업분류상 금융 및 보험업을 영위하는 법인의 계약기간이 3개월 이하인 금융상품(계약기간이 없는 요구불예금을 포함함)에 자금을 예치함에 따라 발생하는 이자소득금액

② 연금 및 공제업 중 특별법에 의하거나 정부로부터 인가 또는 허가를 받아 설립된 단체가 영위하는 사업(기금조성 및 급여사업에 한함)을 영위하는 자가 자금을 운용함에 따라 발생하는 이자소득금액

③ 한국주택금융공사법에 따른 주택금융신용보증기금이 동법 제43조의 8 제1항 및 제2항에 따른 보증료(주택담보노후연금보증료)의 수입을 운용함에 따라 발생하는 이자소득금액

관련사례

- 매수일과 환매일 사이의 기간이 3개월 이하인 환매조건부 채권 매매차익의 소득구분

  금융보험업을 영위하는 비영리내국법인이 한국표준산업분류상 금융보험업을 영위하는 법인으로부터 채권 매수일과 환매일 사이의 기간이 3개월 이하인 환매조건부 채권을 매수하여 환매시점에 원금과 이자의 합계액을 수령한 경우, 해당 환매조건부 채권 매매차익은 법인세법 시행령 제56조 제2항 제1호에 따른 이자소득에 해당하는 것임(사전-2020-법령해석법인-1034, 2020. 12. 2.).

- 투자일임자산에서 발생한 소득의 소득구분

  비영리내국법인이 자본시장과 금융투자업에 관한 법률 제8조 제6항에 따른 투자일임업자와 투자일임계약을 체결한 경우 해당 투자일임자산으로부터 발생하는 소득은 그 발생원천별로 소득을 구분하여 법인세법 제29조 제1항을 적용하는 것임(법인-616, 2013. 10. 31.).

- 군인공제회가 공제기금을 프로젝트 파이낸싱에 투자하여 발생한 이자의 소득구분

  법인세법 시행령 제2조 제1항 제5호 나목에 따른 사업을 영위하는 자가 프로젝트 파이낸싱(PF: Project Financing)에 투자하여 발생한 이자소득은 법인세법 제29조 제1항 제1호의 금액에 해당하는 것임(재법인-853, 2012. 8. 29.).

- 한국교직원공제회가 금융상품에 투자하여 생기는 이자의 소득구분

  한국교직원공제회가 한국교직원공제회법에 의한 기금을 금융상품에 투자하여 생기는 소득은 이자소득금액으로 보아 고유목적사업준비금을 100% 설정 가능함(재법인-270, 2005. 4. 25.).

• 분리과세방법을 선택한 경우의 이자소득금액
이자소득이 있는 비영리내국법인이 동 이자소득을 각 사업연도의 소득에 포함시키지 아니하고 원천징수분리과세방법을 선택한 경우, 동 이자소득에 대하여는 고유목적사업준비금을 설정할 수 없음(국심 2002광 580, 2002. 5. 22.).

• 비영업대금이익의 이자소득금액 포함 여부
소득세법 제16조 제1항 제11호에서 규정하고 있는 비영업대금의 이익은 이자소득금액에 포함되지 아니하고 법인세법 제29조 제1항 제4호에서 규정하고 있는 기타의 수익사업에서 발생한 소득에 해당됨(법인 46012-3644, 1995. 9. 25.).

(3) 배당소득금액

소득세법상 배당소득금액 중 다음에 해당하는 금액(소법 §17 ① 각 호)은 그 전액에 대하여 고유목적사업준비금을 설정할 수 있다. 다만, 상속세 및 증여세법 제16조 또는 같은 법 제48조에 따라 상속세 과세가액 또는 증여세 과세가액에 산입되거나 증여세가 부과되는 주식등으로부터 발생한 배당소득금액은 제외한다.

① 내국법인으로부터 받는 이익이나 잉여금의 배당 또는 분배금
② 법인으로 보는 단체로부터 받는 배당금 또는 분배금
③ 법인세법 제5조 제2항에 따라 내국법인으로 보는 신탁재산(법인과세 신탁재산)으로부터 받는 배당금 또는 분배금
④ 의제배당
⑤ 법인세법에 따라 배당으로 처분된 금액
⑥ 국내 또는 국외에서 받는 집합투자기구(소령 §26의 2)로부터의 이익
⑦ 국내 또는 국외에서 받는 파생결합증권 또는 파생결합사채(소령 §26의 3)로부터의 이익(2024. 12. 31. 이전에 발생한 소득분에 한함)
⑧ 외국법인으로부터 받는 이익이나 잉여금의 배당 또는 분배금
⑨ 국제조세조정에 관한 법률 제27조에 따라 배당받은 것으로 간주된 금액
⑩ 공동사업(소법 §43)에서 발생한 소득금액 중 출자공동사업자(소법 §43 ①)의 손익분배비율에 해당하는 금액
⑪ ①부터 ⑨까지의 규정에 따른 소득과 유사한 소득으로서 수익분배의 성격이 있는 것
⑫ ①부터 ⑪까지의 규정 중 어느 하나에 해당하는 소득을 발생시키는 거래 또는 행위와 파생상품이 결합(소령 §26의 3 ⑤)된 경우 해당 파생상품의 거래 또는 행위로부터의 이익

(4) 특별법에 따라 설립된 비영리내국법인의 복지사업 융자금의 이자소득

특별법에 따라 설립된 비영리내국법인이 해당 법률에 따른 복지사업으로서 그 회원이나 조합원에게 대출한 융자금에서 발생한 이자소득은 그 전액에 대하여 고유목적사업준비금을 설정하여 손금에 산입할 수 있다.

(5) 기타의 수익사업에서 발생한 소득

기타의 수익사업에서 발생한 소득에 대하여는 그 소득에 50%(공익법인의 설립·운영에 관한 법률에 따라 설립된 법인으로서 고유목적사업등에 대한 지출액 중 50% 이상의 금액을 장학금으로 지출하는 법인의 경우는 80%)를 곱하여 산출한 금액의 범위 내에서 고유목적사업준비금을 설정할 수 있다(법령 §56 ③).

다만, 이 경우 기타의 수익사업에서 결손금이 발생한 경우에는 고유목적사업준비금의 손금산입한도액을 계산할 때 상기 '(2)' 내지 '(4)'에 따른 이자소득금액 등의 합계액에서 그 결손금을 차감하여야 한다(법법 §29 ①).

기타의 수익사업에서 발생한 소득 =
해당 사업연도의 수익사업에서 발생한 소득금액(*1)
(+) 당기 계상 고유목적사업준비금
(+) 특례기부금(*2)
(−) 100% 고유목적사업준비금 설정대상 이자소득 등
(−) 이월결손금(*3)
(−) 특례기부금(*2)

(*1) 법인세법 제66조 제2항에 따른 경정으로 증가된 소득금액 중 같은 법 제106조에 따라 해당 법인의 특수관계인에게 상여 및 기타소득으로 처분된 금액은 제외함.
(*2) 법인세법 제24조 제2항 제1호에 따른 기부금을 말하며, 이하 같음.
(*3) 중소기업 또는 회생계획을 이행 중인 기업 등에 해당하지 아니하여 각 사업연도 소득의 80%를 이월결손금 공제한도로 적용받는 법인은 공제한도 적용으로 인해 공제받지 못하고 이월된 결손금을 차감한 금액을 말함.

관련사례

- 고유목적사업준비금의 손금산입한도 계산시 차감되는 법정기부금의 의미
  고유목적사업준비금 손금산입한도액의 전제가 되는 '수익사업에서 발생한 소득'의 계산에 관한 구 법인세법 시행령 제56조 제3항 괄호 밖의 부분에서 말하는 '법 제24조 제2항에 따른 기부금'은 구 법인세법 제24조 제2항에 따라 손금에 산입되는 기부금인 '법정기부금의 손금산입한도액'이 아니라 '비영리내국법인이 법정기부금으로 지출한 금액'을 의미하는 것으로 보아야 함(대법 2018두 37472, 2019. 12. 27.).

1-3-2. 학교법인 등의 경우

다음에 열거한 법인에 대하여는 2025년 12월 31일 이전에 끝나는 사업연도까지 고유목적사업준비금의 손금산입규정을 적용함에 있어, '1-3-1'의 (5) 기타의 수익사업에서 발생한 소득에 대한 한도 규정에 불구하고, 해당 법인의 수익사업(④와 ⑤의 경우에는 해당 사업과 해당 사업시설 안에서 동 시설을 이용하는 자를 대상으로 영위하는 수익사업만 해당하고, ⑥의 체육단체의

경우에는 국가대표의 활동과 관련된 수익사업만 해당함)에서 발생한 소득을 고유목적사업준비금으로 손금에 산입할 수 있다(조특법 §74 ①).

① 다음의 어느 하나에 해당하는 법인
- 사립학교법에 따른 학교법인
- 산업교육진흥 및 산학연협력촉진에 관한 법률에 따른 산학협력단
- 평생교육법에 따른 원격대학 형태의 평생교육시설을 운영하는 민법 제32조에 따른 비영리법인
- 국립대학법인 서울대학교 설립 · 운영에 관한 법률에 따른 국립대학법인 서울대학교 및 발전기금
- 국립대학법인 인천대학교 설립 · 운영에 관한 법률에 따른 국립대학법인 인천대학교 및 발전기금

② 사회복지사업법에 따른 사회복지법인

③ 다음의 어느 하나에 해당하는 법인
- 국립대학병원 설치법에 따른 국립대학병원 및 국립대학치과병원 설치법에 따른 국립대학치과병원
- 서울대학교병원 설치법에 따른 서울대학교병원
- 서울대학교치과병원 설치법에 따른 서울대학교치과병원
- 국립암센터법에 따른 국립암센터
- 지방의료원의 설립 및 운영에 관한 법률에 따른 지방의료원
- 대한적십자사 조직법에 따른 대한적십자사가 운영하는 병원
- 국립중앙의료원의 설립 및 운영에 관한 법률에 따른 국립중앙의료원

④ 도서관법에 따라 등록한 도서관을 운영하는 법인

⑤ 박물관 및 미술관 진흥법에 따라 등록한 박물관 또는 미술관을 운영하는 법인

⑥ 정부로부터 허가 또는 인가를 받은 다음의 문화예술단체 및 체육단체(조특령 §70 ①)

가. 지방문화원진흥법에 의하여 주무부장관의 인가를 받아 설립된 지방문화원

나. 문화예술진흥법 제23조의 2의 규정에 의한 예술의 전당

다. 국민체육진흥법 제33조 및 제34조에 따른 대한체육회 및 대한장애인체육회

라. 다음 중 어느 하나에 해당하는 법인 또는 단체로서 기획재정부장관이 문화체육관광부장관과 협의하여 고시하는 법인 또는 단체

㉠ 문화예술진흥법 제7조에 따라 지정된 전문예술법인 또는 전문예술단체(재정경제부 고시 제2001-11호, 2001. 7. 31.)

㉡ 국민체육진흥법 제33조 또는 제34조에 따른 대한체육회 또는 대한장애인체육회에 가맹된 체육단체(기획재정부 고시 제2023-15호, 2023. 3. 17.)

개 정

○ 고유목적사업준비금 손금산입특례 적용대상에 대한체육회 · 대한장애인체육회 및 대한체육회 · 대한장애인체육회에 가맹된 체육단체를 추가(조특법 §74 ① 및 조특령 §70 ① 및 조특칙 §29의 2)

➡ 2023년 1월 1일 이후 최초로 신고하는 분부터 적용

⑦ 국제경기대회 지원법에 따라 설립된 조직위원회로서 기획재정부장관이 효율적인 준비와 운영을 위하여 필요하다고 인정하여 고시한 조직위원회(기획재정부 고시 제2017-1호, 2017. 1. 6.)

⑧ 공익법인의 설립 · 운영에 관한 법률에 따라 설립된 법인으로서 해당 과세연도의 고유목적사업이나 일반기부금에 대한 지출액 중 80% 이상의 금액을 장학금으로 지출한 법인

⑨ 공무원연금법에 따른 공무원연금공단, 사립학교교직원연금법에 따른 사립학교교직원연금공단

1-3-3. 농업협동조합중앙회의 경우

농업협동조합중앙회에 대해서는 2012년 3월 2일이 속하는 사업연도 분부터 다음의 금액을 합한 금액의 범위에서 고유목적사업준비금을 손금에 산입할 수 있다(조특법 §121의 23 ⑥ 및 조특칙 §51의 9).

① 법인세법 제29조 제1항 제1호 가목 및 나목에 따른 소득금액

② 농업협동조합법 제159조의 2에 따라 농업협동조합의 명칭을 사용하는 법인에 대해서 부과하는 농업지원사업비 수입금액에 100%를 곱하여 산출한 금액

③ ① 및 ②에 규정된 것 외의 수익사업에서 발생한 소득에 50%를 곱하여 산출한 금액

또한, 농업협동조합중앙회에 대해서는 2012년 3월 2일이 속하는 사업연도 분부터 다음의 금액을 합한 금액을 고유목적사업준비금으로 세무조정계산서에 계상하면 해당 금액은 손금으로 계상한 것으로서 고유목적사업에 지출 또는 사용된 금액으로 본다(조특법 §121의 23 ⑦ 및 조특령 §116의 28 ③).

① 농업협동조합중앙회가 농업협동조합법 제161조에 따라 같은 법 제68조를 준용하여 해당 사업연도의 다음 사업연도에 회원에게 배당하는 금액

② 2012년 3월 2일 이후 개시하는 사업연도부터 해당 사업연도까지 농업협동조합법 제161조에 따라 같은 법 제68조를 준용하여 회원에게 배당하는 금액의 합계액에서 2012년 3월 2일이 속하는 사업연도부터 해당 사업연도의 직전 사업연도까지 조세특례제한법 제121조의 23 제6항에 따라 고유목적사업준비금으로 세무조정계산서에 계상된 금액의 합

계액을 뺀 금액(그 수가 음수이면 영으로 봄)

관련사례

- 경정으로 고유목적사업준비금의 손금산입한도가 증가한 경우 추가 손금산입 여부
  조세특례제한법 제121조의 23 제6항 각 호의 금액을 합한 금액을 한도로 고유목적사업준비금을 손금에 산입한 농업협동조합중앙회가 법인세법 제66조 제2항에 따른 경정으로 고유목적사업준비금의 손금산입한도가 증가한 경우, 증가한 한도의 범위 내에서 당초 손금에 산입하지 않은 조세특례제한법 제121조의 23 제7항에 따라 지출한 배당금액을 경정청구 등을 통해 추가로 세무조정계산서에 계상하면 해당 금액은 손금에 산입할 수 있는 것임(재법인-104, 2020. 1. 23.).

1-3-4. 수산업협동조합중앙회의 경우

수산업협동조합중앙회에 대해서는 2016년 10월 2일이 속하는 사업연도 분부터 다음의 금액을 합한 금액의 범위에서 고유목적사업준비금을 손금에 산입할 수 있다(조특법 §121의 25 ④ 및 조특령 §116의 29 ④ 및 조특칙 §51의 10).

① 법인세법 제29조 제1항 제1호 가목 및 나목에 따른 소득금액
② 수산업협동조합법 제162조의 2 제1항에 따라 수산업협동조합의 명칭을 사용하는 법인에 대하여 부과하는 명칭사용료 수입금액에 100%를 곱하여 산출한 금액
③ ① 또는 ②에서 규정된 것 외의 수익사업에서 발생한 소득에 50%을 곱하여 산출한 금액

또한, 수산업협동조합중앙회에 대해서는 2016년 10월 2일이 속하는 사업연도 분부터 다음의 금액을 합한 금액을 고유목적사업준비금으로 세무조정계산서에 계상하면 해당 금액은 손금으로 계상한 것으로서 고유목적사업에 지출 또는 사용된 금액으로 본다(조특법 §121의 25 ⑤ 및 조특령 §116의 29 ②, ⑤).

① 수산업협동조합중앙회가 수산업협동조합법 제168조에 따라 같은 법 제71조를 준용하여 해당 사업연도의 다음 사업연도에 회원에게 배당하는 금액
② 예금보험공사가 수산업협동조합법 제153조에 따라 수산업협동조합중앙회에 출자한 자금의 상환을 위하여 지출하는 금액

한편, 수산업협동조합중앙회가 2022년 1월 1일부터 2022년 12월 31일까지 상기 ②에 따라 상환한 금액이 고유목적사업준비금을 손금에 산입할 수 있는 범위를 초과함에 따라 손금에 산입하지 못한 금액에 대해서는 2023년 1월 1일부터 2028년 12월 31일까지의 기간 중 각 사업연도에 균분한 금액을 고유목적사업에 지출 또는 사용된 금액으로 본다(조특법 §121의 25 ⑨).

1-3-5. 지방 시 · 군 소재 비영리의료법인의 경우

수도권과밀억제권역 및 광역시를 제외하고 인구 등을 고려하여 다음의 요건을 모두 갖춘 지역으로서 조세특례제한법 시행규칙 별표 8의 6에 따른 지역에 의료법 제3조 제2항 제1호 또는 제3호의 의료기관을 개설하여 의료업을 영위하는 비영리내국법인('1-3-2. 학교법인 등의 경우'가 적용되는 비영리내국법인은 제외)에 대하여는 2025년 12월 31일 이전에 끝나는 사업연도까지 법인세법 제29조를 적용하는 경우 그 법인의 수익사업에서 발생한 소득을 고유목적사업준비금으로 손금에 산입할 수 있다(조특법 §74 ④ 및 조특령 §70 ⑤ 및 조특칙 §29의 3).

① 인구수가 30만명 이하인 시(제주특별자치도 설치 및 국제자유도시 조성을 위한 특별법 제10조 제2항에 따라 제주특별자치도에 두는 행정시를 포함) · 군 지역

② 국립대학병원 설치법에 따른 국립대학병원 또는 사립학교법에 따른 사립학교가 운영하는 병원이 소재하고 있지 아니한 지역

2. 고유목적사업준비금의 사용

2-1. 개 요

고유목적사업준비금은 당해 준비금을 손비로 계상한 사업연도의 종료일 이후 5년 이내에 고유목적사업 또는 일반기부금의 지출에 사용하여야 한다(법법 §29 ①, ⑤ 4호).

이 경우 고유목적사업 또는 일반기부금에 지출한 금액은 먼저 계상한 고유목적사업준비금부터 상계하여야 하며, 고유목적사업 등에 지출한 금액이 직전 사업연도 종료일 현재의 고유목적사업준비금의 잔액을 초과한 경우 초과하는 금액은 해당 사업연도에 계상할 고유목적사업준비금에서 지출한 것으로 본다. 따라서 당기에 계상할 고유목적사업준비금 계산시 직전 사업연도 종료일 현재의 고유목적사업준비금 잔액을 초과하여 지출한 금액을 차감하여야 한다(법법 §29 ③).

관련사례

• 고유목적사업 등에 지출한 금액이 당기 사업연도말 준비금 잔액보다 큰 경우의 처리
직전 사업연도 종료일 현재의 고유목적사업준비금의 잔액을 초과하여 지출한 금액은 해당 사업연도에 계상할 고유목적사업준비금에서 지출한 것으로 보는 것이므로, 해당 사업연도의 고유목적사업준비금의 손금산입 범위를 초과하여 지출하는 금액은 손금에 산입하지 아니함(법기통 29-56…7).

2-2. 고유목적사업에의 지출 또는 사용

2-2-1. 고유목적사업의 자산취득 및 필요경비로 사용

비영리내국법인이 고유목적사업의 수행에 직접 소요되는 유·무형자산 취득비용(법령 §31 ②에 따른 자본적 지출 포함) 및 인건비 등 필요경비로 사용하는 금액에 대해서는 고유목적사업에 지출 또는 사용한 것으로 본다. 다만, 비영리내국법인이 유형자산 및 무형자산 취득 후 법령 또는 정관에 규정된 고유목적사업에 3년 이상 자산을 직접 사용하지 아니하고 처분하는 경우에는 고유목적사업에 지출 또는 사용한 금액으로 보지 아니한다(법령 §56 ⑥ 1호).

관련사례

- 학교법인이 수익사업회계에 속하는 자산을 비영리사업회계에 전입한 경우 고유목적사업준비금의 설정 없이 그 전입만으로 손금산입이 가능한지 여부
  수익사업에 속하던 자산을 비영리사업회계로 전출할 당시부터 해당 자산을 수익사업에 사용할 목적이었던 점, 그 후 실제 해당 자산을 수익사업에 주로 사용한 점에 비추어 볼 때 법인세법 제29조의 입법 취지상 수익사업에 속하던 자산을 비영리사업회계로 전출하였다는 이유만으로 고유목적사업(비영리사업)에 지출한 것으로 보아 손금에 산입할 수 없다고 할 것임(대법 2012두 690, 2013. 3. 28.).
- 우리사주 구입자금지원 목적의 지출액을 고유목적사업에 사용한 것으로 보는지 여부
  사내복지근로기금이 우리사주조합에 우리사주 구입자금지원 목적으로 지출하는 금액은 법인세법상 수익사업에 해당하지 않는 한 고유목적사업에 지출 또는 사용한 금액으로 보는 것임(서면2팀-1963, 2005. 11. 30.).
- 사무실 임차시 지급한 임차보증금을 고유목적사업에 사용한 것으로 보는지 여부
  비영리내국법인이 고유목적사업에 직접 사용하기 위해 사무실을 임차하고 지급한 임차보증금은 고유목적사업에 지출 또는 사용한 금액에 해당하는 것임(서면2팀-1115, 2005. 7. 18.).
- 직장공제회 초과반환금 지출액을 고유목적사업에 사용한 것으로 보는지 여부
  고유목적사업준비금을 직장공제회 초과반환금 지출에 사용한 경우 고유목적사업준비금과 상계하는 것임(서면2팀-763, 2005. 6. 3.).
- 고유목적사업과 수익사업에 공통으로 사용하는 사옥 취득시의 처리
  고유목적사업준비금을 손금산입한 비영리내국법인이 사옥을 취득하여 고유목적사업과 수익사업에 공통사용하는 경우 고유목적사업에 직접 사용하는 사옥의 취득가액은 사용면적을 기준으로 안분계산하는 것이며, 공통으로 사용되는 면적은 법인세법 시행규칙 제76조 제1항의 규정에 의하여 수익사업에 속하는 것임(서이 46012-11572, 2003. 9. 1.).
- 고유목적사업이 수익사업인 경우에도 고유목적사업에 사용한 것으로 보는지 여부
  비영리내국법인의 경우 그 수행하는 사업이 당해 비영리법인의 법령 또는 정관에 규정된 고유목적사업이라 하더라도 법인세법 시행령 제2조 제1항에서 규정한 수익사업에 해당하는 경우에는 고정자산(의료법인의 의료기기 등 제외)의 취득 등 동 수익사업을 위하여 지출하는 금액은 고유목적사업에 사용한 것으로 보지 않음(서이 46012-10969, 2002. 5. 7.).

2-2-2. 법령에 의하여 기금 또는 준비금으로 적립한 금액

특별법에 따라 설립된 법인(해당 법인에 설치되어 운영되는 기금 중 국세기본법 제13조에 따라 법인으로 보는 단체를 포함함)으로서 다음의 사업을 영위하는 비영리내국법인이 손금으로 계상한 고유목적사업준비금을 법령에 의하여 기금 또는 준비금으로 적립한 금액은 고유목적사업에 사용한 것으로 본다(법령 §56 ⑥ 2호).

① 건강보험 · 연금관리 · 공제사업
② 법인세법 시행령 제3조 제1항 제8호에 따른 사업

관련사례

- 준비금 상당액을 단순히 금융기관에 예치하고 있는 경우의 사용 여부
  준비금에 상당하는 금액을 단순히 금융기관에 예치하고 있는 경우에는 '법령의 규정에 의한 기금 또는 준비금으로 적립한 경우'에 해당되지 않음(법인 46012-80, 1993. 1. 12.).

2-2-3. 의료법인의 의료기기 등 취득금액

의료업을 영위하는 비영리내국법인(이하 "의료법인"이라 함)이 지출하는 다음의 금액에 대하여는 고유목적사업에 지출 또는 사용한 것으로 본다. 이 경우 당해 의료법인은 손비로 계상한 고유목적사업준비금 상당액을 의료발전회계(고유목적사업준비금의 적립 및 지출에 관하여 다른 회계와 구분하여 독립적으로 경리하는 회계)로 구분하여 경리하여야 한다. 다만, 의료법인이 유형자산 및 무형자산 취득 후 법령 또는 정관에 규정된 고유목적사업이나 보건업에 3년 이상 자산을 직접 사용하지 아니하고 처분하는 경우에는 고유목적사업에 지출 또는 사용한 금액으로 보지 아니한다(법령 §56 ⑥ 3호, ⑩ 및 법칙 §29의 2).

① 다음의 자산을 취득하기 위하여 지출하는 금액
　㉠ 병원 건물 및 부속토지
　㉡ 의료기기법에 따른 의료기기
　㉢ 보건의료기본법에 따른 보건의료정보의 관리를 위한 정보시스템 설비
　㉣ 산부인과 병원 · 의원 또는 조산원을 운영하는 의료법인이 취득하는 모자보건법 제2조 제10호에 따른 산후조리원 건물 및 부속토지
② 의료 해외진출을 위하여 해외에서 사용하기 위한 다음의 용도로 지출하는 금액
　㉠ 병원 건물 및 부속토지의 임차 또는 인테리어
　㉡ 의료기기법에 따른 의료기기 또는 보건의료기본법에 따른 정보시스템 설비의 임차
③ 다음의 연구개발사업을 위하여 지출하는 금액
　㉠ 자체연구개발사업(조특령 별표 6 제1호 가목)

㉡ 위탁 및 공동연구개발사업(조특령 별표 6 제1호 나목)

개 정

○ 의료법인 고유목적사업 지출 범위에 산후조리원 건물 및 부속토지 취득금액 추가(법칙 §29의 2 ① 4호)

➡ 2023년 3월 20일 이후 산후조리원 건물 및 부속토지를 취득하기 위해 지출하는 경우부터 적용

관련사례

• 의료법인이 주차장용 건물을 신축할 경우 동 신축비용을 고유목적사업에 지출한 것으로 볼 수 있는지 여부

의료법인이 병원 건물이 아닌 별도의 주차장용 건물을 신축하기 위해 지출한 금액은 법인세법 시행령 제56조 제6항 제3호에 따른 고유목적사업에 지출 또는 사용한 금액에 해당하지 않는 것임(서면법령법인-3048, 2016. 12. 7.).

• 수익사업에 사용하는 토지를 병원회계로 전입시 준비금의 사용 여부

의료업을 영위 중인 비영리내국법인이 기타의 수익사업(주차장)에 사용하던 토지를 병원건물의 착공을 위해 병원회계로 당해 토지를 전입하는 때에는 그 전입하는 시점에서 고유목적사업에 지출 또는 사용한 것으로 봄(서면2팀-957, 2007. 5. 17.).

NOTE

의료발전회계의 세무상 처리방법

의료발전회계로 구분경리하는 경우 이에 대한 세무상 처리방법은 아래와 같다(법기통 29-56…6 ②).

구 분	병원회계(수익사업)	의료발전회계
100 전입시	(차) 고유목적사업준비금전입 100 (대) 고유목적사업준비금 100	
100 구입시	(차) 자 산 100 (대) 현 금 100 (차) 고유목적사업준비금 100 (대) 의료발전준비금 100	(차) 자산(별도관리) 100 (대) 의료발전준비금 100
20 감가상각비	(차) 감 가 상 각 비 20 (대) 감 가 상 각 누 계 액 20 (차) 의료발전준비금 20 (대) 의료발전준비금환입(익금) 20	(차) 의료발전준비금 20 (대) 자 산 20

구 분	병원회계(수익사업)	의료발전회계
50으로 처분시	(차) 현 금 50 감가상각누계액 20 처 분 손 실 30 (대) 자 산 100 (차) 의료발전준비금 80 (대) 의료발전준비금환입(익금) 80	(차) 의료발전준비금 80 (대) 자 산 80

2-2-4. 농업협동조합중앙회의 무상대여금액

농업협동조합법에 따른 농업협동조합중앙회가 고유목적사업준비금을 회원에게 무상으로 대여하는 금액은 고유목적사업에 사용한 것으로 본다(법령 §56 ⑥ 4호).

2-2-5. 농업협동조합중앙회 등이 상호금융예금자보호기금 등에 출연하는 금액

다음의 금액은 고유목적사업에 지출 또는 사용한 것으로 본다(법령 §56 ⑥ 5호 내지 9호).

① 농업협동조합법에 의한 농업협동조합중앙회가 농업협동조합의 구조개선에 관한 법률에 의한 상호금융예금자보호기금에 출연하는 금액
② 수산업협동조합법에 의한 수산업협동조합중앙회가 수산업협동조합의 부실예방 및 구조개선에 관한 법률에 의한 상호금융예금자보호기금에 출연하는 금액
③ 신용협동조합법에 의한 신용협동조합중앙회가 동법에 의한 신용협동조합예금자보호기금에 출연하는 금액
④ 새마을금고법에 의한 새마을금고중앙회가 동법에 의한 예금자보호준비금에 출연하는 금액
⑤ 산림조합법에 의한 산림조합중앙회가 동법에 의한 상호금융예금자보호기금에 출연하는 금액

2-2-6. 제주국제자유도시 개발센터가 개발센터시행계획의 수립·집행 등에 지출하는 금액

제주특별자치도 설치 및 국제자유도시 조성을 위한 특별법 제166조에 따라 설립된 제주국제자유도시 개발센터가 지출하는 다음의 금액은 고유목적사업에 지출 또는 사용한 금액으로 본다(법령 §56 ⑥ 10호).

① 제주특별자치도 설치 및 국제자유도시 조성을 위한 특별법 제171조 제1항에 따른 개발센터시행계획의 수립·집행
② 국제자유도시 개발을 위한 다음의 사업(관련 토지의 취득·비축을 포함함)
　㉮ 외국교육기관·국제학교, 그 밖에 교육관련 기관의 유치·설립·운영 및 지원
　㉯ 외국의료기관의 유치와 설립·운영 지원

③ 국제자유도시와 관련된 다음의 투자유치업무
   ㉮ 국내외 투자유치와 이를 위한 마케팅 및 홍보
   ㉯ 국내외 투자자에 대한 상담·안내·홍보·조사와 민원사무의 처리대행 등 종합적 지원업무
   ㉰ 그 밖에 내·외국인 투자지원을 위하여 필요한 사항

2-2-7. 공익법인의 과다인건비 제한

(1) 개 요

해당 사업연도에 다음에 해당하는 법인의 임원 및 직원이 지급받는 총급여액이 8천만원을 초과하는 경우 그 초과하는 금액은 고유목적사업에 지출 또는 사용한 금액으로 보는 인건비로 보지 아니한다(법령 §56 ⑪). 다만, 해당 법인이 해당 사업연도의 과세표준을 신고(법법 §60)하기 전에 해당 임원 및 종업원의 인건비 지급규정에 대하여 주무관청으로부터 승인받은 경우에는 그러하지 아니하다.

① 법인세법 제29조 제1항 제2호에 따라 수익사업에서 발생한 소득에 대하여 50%를 초과하여 고유목적사업준비금으로 손금산입하는 비영리내국법인
② 조세특례제한법 제74조 제1항 제2호 및 제8호에 해당하여 수익사업에서 발생한 소득에 대하여 50%를 초과하여 고유목적사업준비금으로 손금산입하는 비영리내국법인

여기서 임원 및 직원이 지급받는 총급여액이란 소득세법 제20조 제1항 각 호의 소득의 금액의 합계액을 말하며, 해당 사업연도의 근로기간이 1년 미만인 경우에는 총급여액을 근로기간의 월수로 나눈 금액에 12를 곱하여 계산한 금액으로 한다. 이 경우 개월 수는 태양력에 따라 계산하되, 1개월 미만의 일수는 1개월로 한다.

(2) 인건비 지급규정의 재승인

인건비 지급규정을 승인받은 자는 승인받은 날부터 3년이 지날 때마다 다시 승인을 받아야 하며, 그 기간 내에 인건비 지급규정이 변경되는 경우에는 그 사유가 발생한 날이 속하는 사업연도의 과세표준 신고기한(법법 §60)까지 다시 승인을 받아야 한다. 이 때 승인을 요청받은 주무관청은 해당 인건비 지급규정이 사회통념상 타당하다고 인정되는 경우 이를 승인하여야 한다(법령 §56 ⑫, ⑬).

(3) 관련 서류의 제출

상기에 따라 주무관청의 승인을 받은 법인은 과세표준 등을 신고(법법 §60)할 때 인건비 지급규정 및 주무관청의 승인사실을 확인할 수 있는 서류를 납세지 관할 세무서장에게 제출하여야 한다(법령 §56 ⑭).

2-3. 일반기부금으로 지출

고유목적사업준비금을 설정한 비영리내국법인은 고유목적사업준비금에서 일반기부금을 지출하여야 한다. 즉, 수익사업을 영위하는 비영리내국법인이 일반기부금을 수익사업에서 지출한 경우에는 기 적립된 고유목적사업준비금에서 지출한 것으로 보아 고유목적사업준비금과 상계처리하여야 한다.

관련사례

• 비영리내국법인이 법정기부금을 지출한 경우의 처리
고유목적사업준비금을 설정한 비영리내국법인이 법정기부금을 지출한 경우에는 고유목적사업준비금에서 지출된 것으로 보는 것이 아니라 법정기부금으로서 손금산입함(법인 46012-197, 2000. 1. 20.).

3. 고유목적사업준비금의 승계

고유목적사업준비금을 손금에 산입한 비영리내국법인이 사업에 관한 모든 권리와 의무를 다른 비영리내국법인에게 포괄적으로 양도하고 해산하는 경우에는 해산등기일 현재의 고유목적사업준비금 잔액은 그 다른 비영리내국법인이 승계할 수 있다(법법 §29 ④).

4. 고유목적사업준비금의 환입 및 이자상당액

4-1. 고유목적사업준비금의 환입

손금에 산입한 고유목적사업준비금의 잔액이 있는 비영리내국법인에게 다음의 사유가 있는 경우 그 잔액(⑤의 경우에는 고유목적사업 등이 아닌 용도에 사용한 금액을 말함)을 당해 사유발생일이 속하는 사업연도의 소득금액 계산시 익금에 산입한다(법법 §29 ⑤, ⑥).

① 해산한 경우('3. 고유목적사업준비금의 승계'에 따라 승계한 경우는 제외)
② 고유목적사업을 전부 폐지한 경우
③ 법인으로 보는 단체가 국세기본법 제13조 제3항에 따라 승인이 취소되거나 거주자로 변경된 경우
④ 고유목적사업준비금을 손금에 산입한 사업연도의 종료일 이후 5년이 되는 날까지 고유목적사업 등에 사용하지 아니한 경우(5년 내에 사용하지 아니한 잔액으로 한정)
⑤ 고유목적사업준비금을 고유목적사업 등이 아닌 용도에 사용한 경우
⑥ 고유목적사업준비금을 손금에 산입한 사업연도의 종료일 이후 5년 이내에 그 잔액 중 일부를 감소시켜(먼저 손금에 산입한 사업연도의 잔액부터 차례로 감소시킨 것으로 봄) 익금에 산입한 경우

개 정

○ 비영리법인이 고유목적사업준비금을 고유목적사업 등이 아닌 용도로 사용한 경우 익금산입 대상임을 명확화(법법 §29 ⑤ 5호)
➡ 2023년 1월 1일부터 시행

관련사례

• 준비금의 조기임의환입과 이자상당액의 납부

고유목적사업준비금을 손금으로 산입한 비영리내국법인이 고유목적사업준비금 사용가능기간인 5년이 경과되기 전에 당해 준비금을 환입계상한 경우에는 이를 환입한 사업연도의 익금으로 보며, 익금으로 보는 고유목적사업준비금 환입액에 대하여는 이자상당액을 납부하여야 함(법기통 29-56…5).

• 당기의 준비금 환입액과 당기의 준비금 설정액을 상계처리한 경우

당기에 환입하여야 할 준비금을 당기에 설정할 준비금에서 차감하여 상계한 내용이 기장내용과 준비금명세서에 의하여 객관적으로 입증되는 경우에는 각각 익금과 손금에 산입한 것으로 봄(법기통 61-98…2).

• 고유목적사업이 아닌 타 용도사용 시 5년의 유예기간 경과 전 익금산입 가능 여부

비영리내국법인이 5년의 유예기간 중에 고유목적사업준비금을 고유목적사업 등이 아닌 다른 용도에 사용하여 더 이상 고유목적사업에 지출할 수 없다는 점이 분명하게 드러남으로써 과세혜택을 부여할 전제가 상실된 경우라면, 5년의 유예기간에도 불구하고 사용금액 상당을 그 사유가 발생한 사업연도의 익금에 곧바로 산입할 수 있음(대법 2016두 59249, 2017. 3. 9.).

• 준비금의 관리·운용주체가 변경된 경우 익금산입 여부

산림환경기능증진자금이 손금산입한 고유목적사업준비금을 관계법령의 개정으로 동 준비금을 산림청장에게 이전하는 경우 익금산입 대상에 해당하지 않음(서면2팀-1730, 2005. 10. 31.).

• 준비금을 전기오류수정이익으로 대체시 임의환입 여부

비영리법인이 외부회계감사대상법인에 해당됨에 따라 부채로 계상되어 있던 고유목적사업준비금을 전액 전기오류수정이익으로 대체하고 이익처분에 있어 적립금으로 적립한 경우, '임의환입'으로 보지 않음(서이 46012-10761, 2003. 4. 11.).

4-2. 이자상당액의 납부

4-2-1. 이자상당액의 납부사유

고유목적사업준비금을 손금에 산입한 법인이 다음의 사유로 고유목적사업준비금의 잔액을 환입하는 경우에는 이자상당액을 납부하여야 한다(법법 §29 ⑦).

① 고유목적사업준비금을 손금에 산입한 사업연도의 종료일 이후 5년이 되는 날까지 고유목적사업 또는 일반기부금에 사용하지 아니한 경우(법법 §29 ⑤ 4호)
② 고유목적사업준비금을 고유목적사업 등이 아닌 용도에 사용한 경우(법법 §29 ⑤ 5호)
③ 고유목적사업준비금을 손금에 산입한 사업연도의 종료일 이후 5년 이내에 고유목적사업준비금의 잔액 중 일부를 감소시켜 익금에 산입한 경우(법법 §29 ⑥)

4-2-2. 이자상당액의 계산

고유목적사업준비금 미사용액을 환입하는 경우에는 다음의 산식에 의하여 계산한 이자상당액을 해당 사업연도의 법인세에 가산하여 납부하여야 한다(법령 §56 ⑦).

$$\text{이자상당액} = \text{법인세액의 차액} \times \text{이자계산기간} \times \frac{22^{(*)}}{100,000}$$

(*) 2022. 2. 14. 이전 기간분은 25/100,000, 2019. 2. 11. 이전 기간분은 3/10,000

① 법인세액의 차액

당해 고유목적사업준비금의 잔액을 손금에 산입한 사업연도에 그 잔액을 손금에 산입함에 따라 발생한 법인세액의 차액

② 이자계산기간

손금에 산입한 사업연도의 다음 사업연도의 개시일부터 익금에 산입한 사업연도의 종료일까지의 기간

5. 중복적용 배제

비영리내국법인의 수익사업에서 발생한 소득에 대하여 법인세법 또는 조세특례제한법에 따른 비과세·면제, 준비금의 손금산입, 소득공제 또는 세액감면(세액공제를 제외함)을 적용받는 경우에는 해당 사업연도의 소득금액을 계산함에 있어서 고유목적사업준비금을 손금에 산입할 수 없다. 다만, 비영리내국법인이 수익사업에서 발생한 소득에 대하여 고유목적사업준비금의 손금산입규정과 조세특례제한법 등의 세액감면규정 등을 동시에 적용받은 후 이를 수정하기 위하여 고유목적사업준비금만을 적용받는 것으로 수정신고하는 경우에는 해당 수정신고를 적법한 것으로 보아 고유목적사업준비금을 손금에 산입할 수 있다(법법 §29 ⑧ 및 법령 §56 ⑧).

6. 손금산입방법

고유목적사업준비금은 결산조정을 원칙으로 하지만 외감법에 의한 감사인의 회계감사를 받는 비영리내국법인은 예외적으로 잉여금처분에 의한 신고조정을 할 수 있다(법법 §29 ②).

관련사례

- 공동주택관리법에 따라 감사인의 회계감사를 받는 경우 신고조정 가능 여부
  공동주택관리법 제26조에 따라 감사인의 회계감사를 받는 비영리내국법인이 법인세 신고 시 고유목적사업준비금을 세무조정계산서에 계상하고 해당 사업연도의 이익처분을 할 때 그 금액 상당액을 공동주택 관리규약에 따라 고유목적사업에 지출할 목적으로 '장기수선충당금', '관리비차감적립금' 등으로 적립하는 경우 해당 금액은 법인세법 제29조 제1항을 적용할 때 결산 확정 시 손비로 계상한 것으로 보는 것임(사전-2021-법령해석법인-0189, 2021. 11. 4).
- 임의감사를 받는 경우 신고조정 가능 여부
  외감법에 의한 외부감사 대상법인에 해당되지는 않으나 외부감사인의 회계감사를 받는 경우에도 잉여금처분에 의한 신고조정을 할 수 있음(서이 46012-11844, 2003. 10. 23.).

NOTE :: 고유목적사업준비금의 손금산입방법

① 결산조정하는 경우

가. 고유목적사업준비금 설정시

(차) 고유목적사업준비금전입액 ××× (대) 고유목적사업준비금 ×××

나. 고유목적사업에 사용시

(차) 고유목적사업준비금 ××× (대) 현금및현금성자산 ×××

다. 고유목적사업준비금 환입시

(차) 고유목적사업준비금 ××× (대) 고유목적사업준비금환입액 ×××

② 신고조정하는 경우

가. 고유목적사업준비금 설정을 위한 잉여금 처분시

(차) 미처분이익잉여금 ××× (대) 고유목적사업준비금 ×××

〈세무조정〉 (손금산입) 고유목적사업준비금 ×××(△유보)

나. 고유목적사업에 사용시

(차) 비용 ××× (대) 현금및현금성자산 ×××
고유목적사업준비금 ××× 미처분이익잉여금 ×××

〈세무조정〉 (손금불산입) 고유목적사업준비금(비용) ×××(유보)

다. 고유목적사업준비금 환입시

(차) 고유목적사업준비금 ××× (대) 미처분이익잉여금 ×××

〈세무조정〉 (익금산입) 고유목적사업준비금 ×××(유보)

7. 명세서의 제출

고유목적사업준비금을 손금에 산입하고자 하는 비영리내국법인은 고유목적사업준비금조정명세서 [법칙 별지 제27호 서식(갑), (을)]을 비치·보관하여야 하며, 동 명세서를 법인세 과세표준 및 세액신고시 첨부하여 관할 세무서장에게 제출하여야 한다(법법 §29 ⑨ 및 법령 §56 ⑨ 및 법칙 §82 ① 27호).

Step Ⅱ 서식의 이해

■ 작성요령Ⅰ - 고유목적사업준비금 조정명세서(갑)

❶「① 소득금액」란에는 법인세 과세표준 및 세액조정계산서〔별지 제3호 서식〕의 ⑩④란의 차가감소득금액을 적는다. 다만, 해당 서식 ⑩② 익금산입란, ⑩③ 손금산입란에 고유목적사업준비금 중 손금부인된 금액 또는 5년 내 미사용하여 익금에 산입한 금액이 포함되어 있는 경우에는 ⑩④란의 차가감소득금액에 손금부인된 금액과 5년 내 미사용하여 익금에 산입한 금액을 더하거나 빼고 적는다.

❷「② 당기 계상 고유목적사업 준비금」란에는 직전 사업연도 종료일 현재의 고유목적사업준비금의 잔액을 초과하여 해당 사업연도의 고유목적사업 등에 지출한 금액이 있는 경우 그 금액을 포함하여 적는다.

❺「⑧ 조세특례제한법 제121조의 23 및 제121조의 25에 따른 금액」란에는 조세특례제한법 제121조의 23 제6항 제2호 및 제121조의 25 제4항 제2호에 해당하는 금액을 적는다.

❻「⑨ 수익사업소득금액」란의 금액이 음수(-)인 경우에는 "0"으로 적되, 경정으로 증가된 소득금액 중 해당 법인의 특수관계인에게 상여 및 기타소득으로 처분된 소득금액을 차감한 금액을 적는다.

❿「⑭ 손금산입액」란에는 해당 사업연도종료일 전 5사업연도에 세법상 손금산입된 고유목적사업준비금을 손금산입 사업연도 순차로 적되, 각 사업연도별로(②-⑫)의 금액을 적는다.

⓫「⑮ 직전 사업연도까지 고유목적사업지출액」란에는 직전 사업연도까지 고유목적사업에 실제 지출한 금액을 적으며, 먼저 손비에 계상한 사업연도의 준비금부터 순차로 사용한 것으로 보아 적는다.

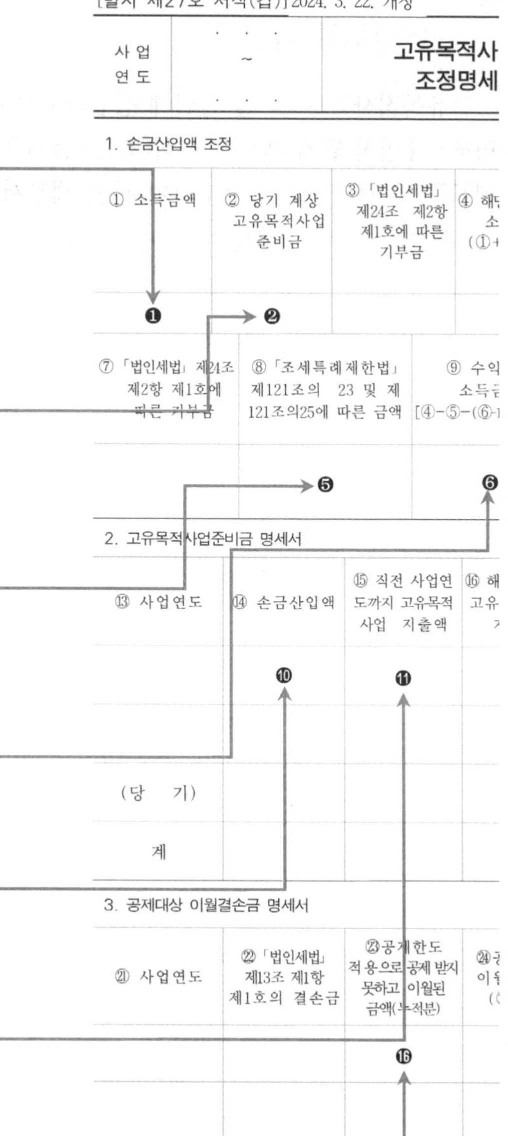

[별지 제27호 서식(갑)] 2024. 3. 22. 개정

사업연도	. . . ~ . . .	고유목적사 조정명세

1. 손금산입액 조정

① 소득금액	② 당기 계상 고유목적사업 준비금	③「법인세법」 제24조 제2항 제1호에 따른 기부금	④ 해당 소 (①+
❶	❷		

⑦「법인세법」 제24조 제2항 제1호에 따른 기부금	⑧「조세특례제한법」 제121조의 23 및 제121조의25에 따른 금액	⑨ 수익 소득금 [④-⑤-(⑥-
	❺	❻

2. 고유목적사업준비금 명세서

⑬ 사업연도	⑭ 손금산입액	⑮ 직전 사업연도까지 고유목적 사업 지출액	⑯ 해 고유
	❿	⓫	
(당 기)			
계			

3. 공제대상 이월결손금 명세서

㉑ 사업연도	㉒「법인세법」 제13조 제1항 제1호의 결손금	㉓공제한도 적용으로 공제 받지 못하고 이월된 금액(누적분)	㉔ 이 (
		⓰	

⓰「㉓ 공제한도 적용으로 공제받지 못하고 이월된 금액(누적분)」란에는 각 사업연도 소득의 100분의 80을 이월결손금 공제한도로 적용받는 경우 공제한도 적용으로 인해 직전 사업연도까지 공제받지 못하고 이월된 결손금(누적금액)을 적는다.

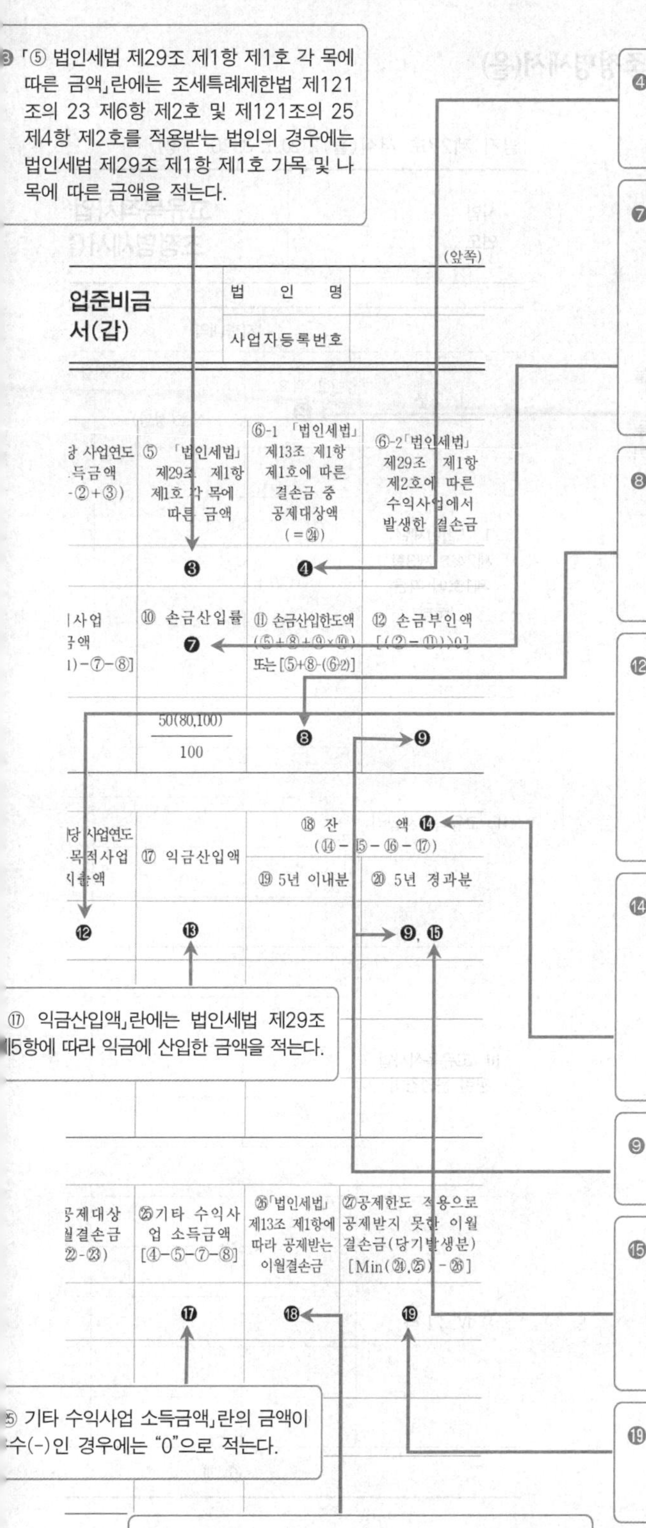

❸ 「⑤ 법인세법 제29조 제1항 제1호 각 목에 따른 금액」란에는 조세특례제한법 제121조의 23 제6항 제2호 및 제121조의 25 제4항 제2호를 적용받는 법인의 경우에는 법인세법 제29조 제1항 제1호 가목 및 나목에 따른 금액을 적는다.

❹ 「⑥-1」란은 법인세법 제13조 제1항 제1호에 따른 결손금 중 공제대상액을 적으며, 「㉔ 공제대상이월결손금」란의 값과 일치해야 한다.

❼ 「⑩ 손금산입률」란에는 일반 비영리내국법인은 50/100(공익법인의 설립·운영에 관한 법률에 따라 설립된 법인으로서 고유목적사업 등에 대한 지출액 중 50/100 이상의 금액을 장학금으로 지출하는 법인의 경우에는 80/100)을, 조세특례제한법 제74조 제1항 또는 제4항을 적용받는 법인은 100/100 또는 80/100을, 조세특례제한법 제121조의 23 제3항을 적용받는 법인은 50/100을 적는다.

❽ 「⑪ 손금산입한도액」란은 수익사업에서 결손금이 발생한 경우에는 「⑤ 법인세법 제29조 제1항 제1호 각 목에 따른 금액의 합계액」에서 「⑥-2 「법인세법」 제29조 제1항 제2호에 따른 수익사업에서 발생한 결손금」을 차감한 금액을 적는다.

⓬ 「⑯ 해당 사업연도 고유목적사업지출액」란에는 해당 사업연도에 고유목적사업에 실제 지출한 금액을 적으며, 먼저 손비에 계상한 사업연도의 준비금부터 순차로 사용한 것으로 보아 적는다. 이 경우 직전 사업연도 이전에 설정한 준비금이 없거나 준비금 잔액이 해당 사업연도 지출액보다 적은 경우에는 해당 사업연도에 계상할 준비금에서 지출한 것으로 보아 적는다.

⓭ 「⑰ 익금산입액」란에는 법인세법 제29조 제5항에 따라 익금에 산입한 금액을 적는다.

⓮ 「⑱ 잔액」란에는 손금에 산입한 준비금 중 고유목적사업에 지출하고 남은 잔액을 5년 이내분과 5년 경과분으로 구분하여 적는다. 이 경우 「⑲ 5년 이내분」란에는 해당 사업연도에 설정한 준비금 중 사용하고 남은 잔액도 포함되며, 「⑳ 5년 경과분」란에는 처음 손금에 산입한 사업연도의 종료일부터 해당 사업연도 종료일까지 5년 이상된 준비금미사용액을 적는다.

❾ 「⑫ 손금부인액」란과 「⑳ 5년 경과분」란의 금액은 익금에 산입한다.

⓯ 「⑳ 5년 경과분」란의 익금산입액에 대해서는 추가납부세액계산서[별지 제8호 서식 부표6]에 따라 법인세법 제29조 제7항 및 같은 법 시행령 제56조 제7항에 따라 계산한 이자상당가산액을 법인세에 가산하여 납부해야 한다.

⓱ 「㉕ 기타 수익사업 소득금액」란의 금액이 음수(-)인 경우에는 "0"으로 적는다.

⓲ 「㉖ 법인세법 제13조 제1항에 따라 공제받는 이월결손금」란에는 법인세 과세표준 및 세액조정계산서[별지 제3호 서식]의 (109)란의 이월결손금을 적는다.

⓳ 「㉗ 공제한도 적용으로 공제받지 못한 이월결손금(당기발생분)」란의 금액이 음수(-)인 경우에는 "0"으로 적는다.

■ 작성요령 Ⅱ - 고유목적사업준비금 조정명세서(을)

❷「② 적요」란은 고유목적사업에 지출한 상세 항목을 적는다.
예 : 장학금 지급, 부동산(토지와 건물 구분 기재) 취득, 의료기기 취득, 인건비(임원과 직원 급여 구분 기재), 임차료, 전기료, 전화료 등

[별지 제27호 서식(을)] (2021. 3. 16. 개정)

사업연도	. . . ~ . . .	고유목적사업 조정명세서(

지출내역		
① 구분	② 적요 ❷	③ 지출처
		상호(성명)
Ⅰ. 「법인세법」 제24조 제3항 제1호에 따른 기부금		
Ⅱ. 고유목적사업비		
Ⅲ. 고유목적사업 관련 운영경비		
Ⅳ. 기 타		
⑥ 계		

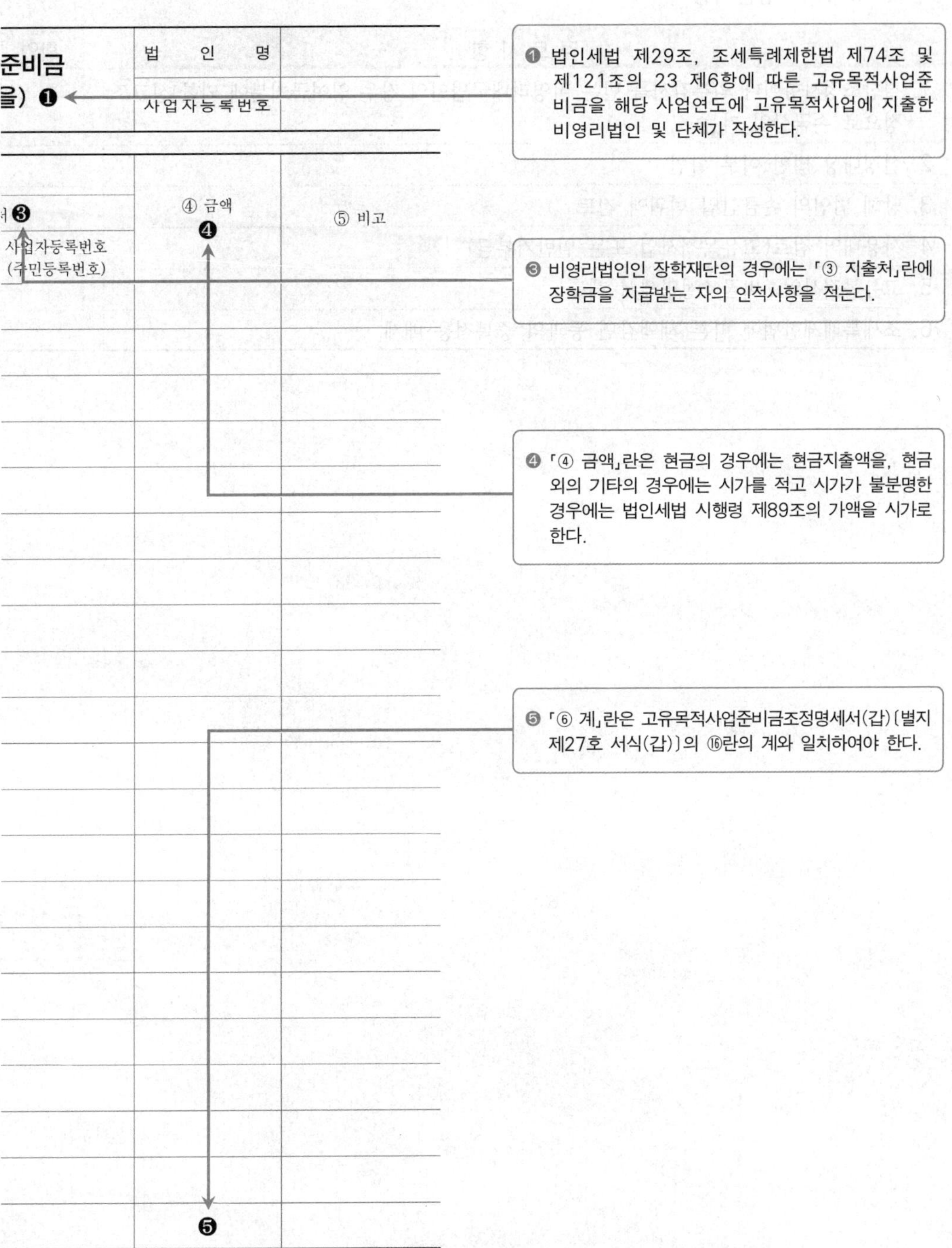

❶ 법인세법 제29조, 조세특례제한법 제74조 및 제121조의 23 제6항에 따른 고유목적사업준비금을 해당 사업연도에 고유목적사업에 지출한 비영리법인 및 단체가 작성한다.

❸ 비영리법인인 장학재단의 경우에는 「③ 지출처」란에 장학금을 지급받는 자의 인적사항을 적는다.

❹ 「④ 금액」란은 현금의 경우에는 현금지출액을, 현금 외의 기타의 경우에는 시가를 적고 시가가 불분명한 경우에는 법인세법 시행령 제89조의 가액을 시가로 한다.

❺ 「⑥ 계」란은 고유목적사업준비금조정명세서(갑)〔별지 제27호 서식(갑)〕의 ⑯란의 계와 일치하여야 한다.

세무조정 체크리스트

■ 고유목적사업준비금

검 토 사 항	확인
1. 결산조정사항이나 외부감사를 받는 비영리내국법인의 경우 잉여금처분에 의한 신고조정으로 손금산입 가능	
2. 설정대상 법인 여부 확인	
3. 당해 법인의 손금산입 범위액 검토	
4. 사용내역 검토(고유목적사업 또는 일반기부금)	
5. 고유목적사업준비금조정명세서 제출	
6. 조세특례제한법에 따른 세액감면 등과의 중복적용 배제	

Step III 사례와 서식작성실무

예제

사 례

다음 자료에 의하여 비영리법인인 한강공사의 고유목적사업준비금조정명세서(갑) 〔별지 제27호 서식(갑)〕을 작성하라.

1. 사업연도 : 2024. 1. 1.~2024. 12. 31.
2. 고유목적사업준비금을 설정하기 위한 자료는 다음과 같다. 아래의 자료에는 고유목적사업준비금에 대한 세무조정이 반영되지 아니하였다.
   ① 결산상 당기순이익 100,000,000
   ② 익금산입 및 손금불산입 300,000,000
   ③ 손금산입 및 익금불산입 200,000,000
   ④ 손익계산서상 이자소득은 150,000,000이고 고유목적사업전입액은 450,000,000이며, 당기 중 특례기부금 지출액은 50,000,000임(특례기부금 지출액은 전액 세법상 한도 내의 금액임).
   ⑤ 경정으로 증가되어 특수관계인에게 상여 및 기타소득으로 처분된 소득금액은 없음.
   ⑥ 2022년에 결손금 100,000,000이 발생하였으며, 2023년에 이 중 45,000,000을 실제로 과세표준 계산시 공제하고, 30,000,000은 공제 한도 적용으로 인해 공제받지 못하고 이월되었음(2023년 말 이월결손금 잔액은 55,000,000).

해 설

1. 손금산입한도액의 계산
   1) 소득금액의 계산 : 100,000,000 + 300,000,000 − 200,000,000 = 200,000,000
   2) 수익사업소득금액의 계산:
      200,000,000 + 450,000,000 + 50,000,000 − 150,000,000 − (55,000,000 − 30,000,000) − 50,000,000 = 475,000,000
   3) 손금산입한도액의 계산:
      이자소득 × 100% + 수익사업소득금액 × 50%
      = 150,000,000 + 475,000,000 × 50% = 387,500,000
   4) 손금한도초과액 = 450,000,000 − 387,500,000 = 62,500,000
2. 고유목적사업준비금조정명세서(갑)〔별지 제27호 서식(갑)〕 작성 (다음 page 참조)

[별지 제27호 서식(갑)] (2024. 3. 22. 개정)

사업연도	2024. 1. 1. ~ 2024. 12. 31.	고유목적사업준비금 조정명세서(갑)	법 인 명	한강공사
			사업자등록번호	

1. 손금산입액 조정

① 소득금액	② 당기 계상 고유목적사업 준비금	③「법인세법」 제24조 제2항 제1호에 따른 기부금	④ 해당 사업연도 소득금액 (①+②+③)	⑤「법인세법」 제29조 제1항 제1호 각 목에 따른 금액	⑥-1「법인세법」 제13조 제1항 제1호에 따른 결손금 중 공제 대상액(=㉔)	⑥-2「법인세법」 제29조 제1항 제2호에 따른 수익사업에서 발생한 결손금
200,000,000	450,000,000	50,000,000	700,000,000	150,000,000	25,000,000	
⑦「법인세법」 제24조 제2항 제1호에 따른 기부금	⑧「조세특례제한법」 제121조의 23 및 제121조의 25에 따른 금액	⑨ 수익사업 소득금액 [④-⑤-(⑥-1)-⑦-⑧]	⑩ 손금산입률	⑪ 손금산입한도액 (⑤+⑧+⑨×⑩) 또는 [⑤+⑧-(⑥-2)]	⑫ 손금부인액 [(②-⑪)>0]	
50,000,000		475,000,000	$\frac{50(80,\ 100)}{100}$	387,500,000	62,500,000	

3. 공제대상 이월결손금 명세서

㉑ 사업연도	㉒「법인세법」 제13조 제1항 제1호의 결손금	㉓ 공제한도 적용으로 공제받지 못하고 이월된 금액(누적분)	㉔ 공제대상 이월결손금 (㉒-㉓)	㉕ 기타 수익사업 소득금액 [④-⑤-⑦-⑧]	㉖「법인세법」 제13조 제1항에 따라 공제받는 이월결손금	㉗ 공제한도 적용으로 공제받지 못한 이월결손금 (당기발생분) [Min(㉔,㉕)-㉖]
2022	55,000,000	30,000,000	25,000,000	500,000,000	55,000,000	

책임준비금, 비상위험준비금 및 해약환급금준비금

관련 법령	• 법법 §30, §31, §32 • 법령 §57, §58, §59

관련 서식	• 법인세법 시행규칙 [별지 제28호 서식] 책임준비금(비상위험준비금, 해약환급금준비금) 명세서

제16절

책임준비금, 비상위험준비금 및 해약환급금준비금

16

Step Ⅰ 내용의 이해

1. 책임준비금

1-1. 개 요

보험사업을 하는 내국법인(보험업법에 따른 보험회사는 제외함)이 각 사업연도의 결산을 확정할 때 수산업협동조합법 등 보험사업 관련 법률에 따른 책임준비금을 손비로 계상한 경우에는 손금산입한도 내의 금액을 해당 사업연도의 소득금액을 계산할 때 손금에 산입한다(법법 §30 ①).

개 정

○ 보험회사를 책임준비금 설정대상법인에서 제외(법법 §30 ①)
➡ 2023년 1월 1일 이후 개시하는 사업연도부터 적용하되, 보험회사가 2022년 12월 31일이 속하는 사업연도에 보험계약국제회계기준을 적용하고 법인세법 제32조의 해약환급금준비금을 적립한 경우 해당 보험회사에 대해서는 2023년 1월 1일 이후 신고하는 분부터 적용

1-2. 설정대상 법인

다음의 사업을 영위하는 내국법인은 관련 법률에 따라 책임준비금을 설정할 수 있다(법법 §30 ① 및 법령 §57 ① 1호).

① 수산업협동조합법에 의한 공제사업
② 무역보험법에 따른 보험사업
③ 새마을금고법에 따른 공제사업

④ 건설산업기본법에 따른 공제사업
⑤ 중소기업협동조합법에 따른 공제사업
⑥ 신용협동조합법에 따른 공제사업

1-3. 손금산입한도액

책임준비금의 손금산입한도액은 다음과 같다(법령 §57 ①).

> 손금산입한도액 = ① + ② + ③

① 수산업협동조합법, 무역보험법, 새마을금고법, 건설산업기본법, 중소기업협동조합법 및 신용협동조합법에 따른 보험사업 또는 공제사업에 관한 약관에 따라 해당 사업연도종료일 현재 모든 보험계약이 해약된 경우 계약자 또는 수익자에게 지급하여야 할 환급액(해약공제액을 포함함, 이하 "환급액"이라 함)
② 해당 사업연도 종료일 현재 보험사고가 발생했으나 아직 지급해야 할 보험금이 확정되지 않은 경우 그 손해액을 고려하여 추정한 보험금 상당액(이하 "미보고발생손해액"이라 함). 해당 미보고발생손해액에는 손해사정, 보험대위 및 구상권 행사 등에 소요될 것으로 예상되는 금액을 포함함.
③ 보험계약자에게 배당하기 위하여 적립한 배당준비금(이하 "계약자배당준비금"이라 함)으로서 수산업협동조합법에 따른 공제사업의 경우에는 해양수산부장관이, 새마을금고법에 따른 공제사업의 경우에는 행정안전부장관이, 신용협동조합법에 따른 공제사업의 경우에는 금융감독원장이 기획재정부장관과 협의하여 승인한 금액

1-4. 준비금의 환입 등

1-4-1. 계약자배당준비금 외 준비금의 환입

상기 '1-3'의 손금산입한도액 중 ① 또는 ②의 금액은 손금에 산입한 다음 사업연도의 소득금액을 계산할 때 익금에 산입한다(법법 §30 ② 및 법령 §57 ②).

관련사례

- 당기의 준비금 환입액과 당기의 준비금 설정액을 상계처리한 경우
  당기에 환입하여야 할 준비금을 당기에 설정할 준비금에서 차감하여 상계한 내용이 기장내용과 준비금명세서에 의하여 객관적으로 입증되는 경우에는 각각 익금과 손금에 산입한 것으로 봄(법기통 61-98…2).

1-4-2. 계약자배당준비금의 사용·환입 및 이자상당가산액의 납부

(1) 준비금의 사용

상기 '1-3'의 손금산입한도액 중 ③의 계약자배당준비금에 해당하는 금액은 손금에 산입한 내국법인이 보험계약자에게 배당한 때에 먼저 계상한 것부터 그 배당금과 순차로 상계하여야 한다(법령 §57 ②).

(2) 준비금의 환입

당해 내국법인은 계약자배당준비금을 손금에 산입한 사업연도의 종료일 이후 3년이 되는 날까지 상계하고 남은 잔액이 있는 경우에는 그 3년이 되는 날이 속하는 사업연도의 소득금액을 계산할 때 익금에 산입한다(법령 §57 ②).

다만, 손금에 산입한 사업연도의 종료일 이후 3년이 되기 전에 다음 중 어느 하나에 해당하는 사유가 발생한 경우에는 해당 사유발생일이 속하는 사업연도의 소득금액을 계산할 때 익금에 산입한다(법법 §30 ② 및 법령 §57 ③).

① 해산. 다만, 합병 또는 분할에 따라 해산한 경우로서 보험사업을 영위하는 합병법인 등이 그 잔액을 승계한 경우는 제외하며, 이 때 합병법인 등이 승계한 금액은 피합병법인 등이 손금에 산입한 사업연도에 합병법인 등이 손금에 산입한 것으로 본다(법령 §57 ④).

② 보험사업의 허가 취소

(3) 이자상당가산액의 납부

책임준비금을 손금에 산입한 날이 속하는 사업연도의 종료일 이후 3년이 되는 날이 속하는 사업연도에 책임준비금을 익금에 산입하는 경우에는 다음의 산식에 의하여 계산한 이자상당액을 해당 사업연도의 법인세에 더하여 납부하여야 한다(법법 §30 ③ 및 법령 §57 ⑤).

$$\text{이자상당액} = \text{법인세액의 차액} \times \text{이자계산기간} \times \frac{22}{100{,}000^{(*)}}$$

(*) 2022. 2. 14. 이전 기간분은 25/100,000, 2019. 2. 11. 이전 기간분은 3/10,000

① 법인세액의 차액

책임준비금의 잔액을 손금에 산입한 사업연도에 그 잔액을 손금에 산입함에 따라 발생한 법인세액의 차액

② 이자계산기간

손금에 산입한 사업연도의 다음 사업연도 개시일부터 익금에 산입한 사업연도의 종료일까지의 기간

1-5. 손금산입방법

수산업협동조합법 등 보험사업 관련 법률에서 책임준비금의 설정을 강제하고 있는 이유는 배당가능이익을 감소시켜 기업 내에 자금을 유보하기 위해서다. 따라서, 책임준비금의 설정은 반드시 결산조정에 의하여야 하며, 신고조정은 인정되지 아니한다(법기통 19-19…42).

NOTE :: 책임준비금의 회계처리

1. 책임준비금 설정

(차) 책임준비금전입액	×××	(대) 책임준비금	×××

2. 책임준비금의 사용(상기 '1-4-2'의 (1)에 해당하는 경우)

(차) 책임준비금	×××	(대) 현금및현금성자산	×××

3. 책임준비금 환입

(차) 책임준비금	×××	(대) 책임준비금환입액	×××

1-6. 명세서의 제출

책임준비금을 손금에 산입하고자 하는 내국법인은 법인세과세표준신고와 함께 책임준비금(비상위험준비금, 해약환급금준비금) 명세서 [법칙 별지 제28호 서식]을 납세지 관할 세무서장에게 제출하여야 한다(법법 §30 ④ 및 법령 §57 ⑥ 및 법칙 §82 ① 28호).

:: 보험계약국제회계기준 최초 적용 보험회사에 대한 소득금액 계산의 특례 신설

1. 의의

2023년부터 한국채택국제회계기준(K-IFRS) 제1117호 보험계약 기준서의 도입으로 보험부채의 측정기준이 변경됨에 따라 해당 기준서를 최초로 적용하는 보험회사는 전환이익 또는 전환손실이 발생할 수 있는데, 그 중 전환이익은 오랜기간 영업에 따른 누적된 이익이지만 회계기준 전환으로 인해 일시에 발생하는 점을 감안하여 보험회사의 과도한 세부담 변동을 완화하기 위해 2022년 12월 31일 법인세법 개정시 이러한 보험회사의 전환이익을 익금에 산입하지 아니하되, 보험계약 기준서를 최초로 적용한 사업연도의 다음 4번째 사업연도 개시일부터 3년간 균등하게 나누어 익금에 산입할 수 있도록 하는 과세이연 특례(법법 §42의 3)가 신설되었다. 동 특례규정은 2023년 1월 1일 이후 개시하는 사업연도부터 적용하되, 보험회사가 2022년 12월 31일이 속하는 사업연도에 보험계약국제회계기준을 적용하고 법인세법 제32조의 해약환급금준비금을 적립한 경우에는 2023년 1월 1일 이후 신고하는 분부터 적용한다.

2. 적용대상 법인

한국채택국제회계기준 제1117호 보험계약 기준서(이하 "보험계약국제회계기준"이라 함)를 최초로 적용하는 보험업법에 따른 보험회사를 적용대상으로 한다.

3. 보험계약국제회계기준 최초적용사업연도 책임준비금의 세무처리 등

3-1. 직전 사업연도에 손금산입한 책임준비금의 익금산입

보험회사가 보험계약국제회계기준을 최초로 적용하는 경우에는 보험계약국제회계기준을 최초로 적용하는 사업연도(이하 "최초적용사업연도"라 함)의 직전 사업연도에 손금에 산입한 책임준비금(보험업법에 따른 책임준비금을 말함)에서 아래 '①'의 금액을 빼고 '②'의 금액을 더한 금액을 최초적용사업연도의 소득금액을 계산할 때 익금에 산입한다(법법 §42의 3 ① 및 법령 §78의 3 ② 및 법칙 §39의 3 ①, ②).

① 다음에 해당하는 금액의 합계액

㉠ 직전 사업연도 당시의 보험감독회계기준에 따르면 자산에 해당하여 익금에 산입되었으나 최초적용사업연도 이후의 새로운 보험감독회계기준에 따르면 책임준비금 산출에 반영되는 항목으로 변경된 것으로서 직전 사업연도 종료일 현재 다음의 항목

- 미상각신계약비
- 보험약관대출금(관련 미수수익 포함)
- 보험미수금
- 미수금

㉡ 직전 사업연도 종료일 현재 보험업법 시행령 제63조 제2항에 따른 재보험자산

② 직전 사업연도 당시의 보험감독회계기준에 따르면 기타 부채에 해당하여 손금에 산입되었으나 최초적용사업연도 이후 새로운 보험감독회계기준에 따르면 책임준비금 산출에 반영되는 항목으로 변경된 것으로서 직전 사업연도 종료일 현재 다음의 항목

- 보험미지급금
- 선수보험료
- 가수보험료
- 미지급비용

3-2. 최초적용사업연도 보험감독회계기준상 책임준비금의 손금산입

보험회사는 최초적용사업연도의 개시일 현재 보험감독회계기준에 따라 계상한 책임준비금의 금액(할인율 변동에 따른 책임준비금 평가액의 변동분은 제외함)에서 보험계약자산 및 재보험계약자산의 금액을 뺀 금액을 해당 사업연도의 소득금액을 계산할 때 손금에 산입한다(법법 §42의 3 ② 및 법령 §78의 3 ③).

4. 전환이익의 과세이연 특례

4-1. 전환이익의 익금불산입

보험회사는 상기 '3-1'에도 불구하고 '3-1.'에 따른 익금산입할 금액에서 '3-2.'에 따른 손금산입할 금액을 뺀 금액(금액이 양수인 경우로 한정하며, 이하 "전환이익"이라 함)을 최초적용사업연도와 그 다음 3개 사업연도의 소득금액을 계산할 때 익금에 산입하지 아니할 수 있다(법법 §42의 3 ③ 본문 및 법령 §78의 3 ④).

4-2. 전환이익의 분할 익금산입

보험회사가 상기 '4-1.'에 따라 익금에 산입하지 아니한 전환이익은 최초적용사업연도의 다음 4번째 사업연도 개시일부터 3년간 균등하게 나누어 익금에 산입하여야 한다. 이 경우 익금에 산입할 금액은 다음의 계산식에 따르며, 이 때 1월 미만의 일수는 1월로 하고, 사업연도 개시일이 속한 월을 계산에 포함한 경우에는 사업연도 개시일부터 3년이 되는 날이 속한 월은 계산에서 제외한다(법법 §42의 3 ③ 단서 및 법령 §78의 3 ⑤).

$$\text{전환이익} \times \frac{\text{해당 사업연도의 개월 수}}{36}$$

4-3. 해산시 일시 익금산입

보험회사가 '4-1.' 및 '4-2.'에 따른 기간 중에 해산(법인세법 제44조 제2항 및 제3항에 따른 적격합병 또는 법인세법 제46조 제2항에 따른 적격분할로 인한 해산은 제외함)하는 경우 익금에 산입되지 않은 전환이익이 있으면 이를 해산등기일이 속하는 사업연도의 소득금액을 계산할 때 익금에 산입한다(법법 §42의 3 ④).

4-4. 신청서의 제출

상기 '4-1.' 및 '4-2.'에 따른 과세이연 특례를 적용받으려는 보험회사는 최초적용사업연도의 소득에 대해 법인세법 제60조에 따른 법인세 과세표준 신고를 할 때 전환이익 익금불산입신청서[법칙 별지 제41호의 2 서식]를 납세지 관할 세무서장에게 제출하여야 한다(법령 §78의 3 ⑥ 및 법칙 §82 ① 39호의 2).

4-5. 해약환급금준비금 손금산입의 적용 배제

상기 '4-1.' 및 '4-2.'에 따른 과세이연 특례를 적용받는 보험회사에 대해서는 익금불산입 및 분할 익금산입 기간에 관계없이 법인세법 제32조에 따른 해약환급금준비금 손금산입 규정을 적용하지 아니한다(법법 §42의 3 ⑤).

2. 비상위험준비금

2-1. 개 요

보험사업을 하는 내국법인이 각 사업연도의 결산을 확정할 때 보험업법이나 그 밖의 법률에 따라 비상위험준비금을 손비로 계상한 경우에는 손금산입한도 내의 금액을 해당 사업연도의 소득금액을 계산할 때 손금에 산입한다(법법 §31 ①).

2-2. 설정대상 법인

비상위험준비금의 설정대상 법인은 보험사업을 하는 내국법인으로서, 책임준비금 설정대상 법인 및 보험업법에 따른 보험회사가 해당한다.

2-3. 손금산입한도액

2-3-1. 해당 사업연도의 손금산입한도액

비상위험준비금은 해당 사업연도의 보험종목(화재보험, 해상보험, 자동차보험, 특종보험, 보증보험, 해외수재 및 해외원보험을 말함. 이하 같음)별 적립대상보험료의 합계액에 보험업법 시행령 제63조 제4항에 따라 금융위원회가 정하는 보험종목별 적립기준율을 곱하여 계산한 금액(이하 "보험종목별 적립기준금액"이라 함)의 범위 안에서 이를 손금에 산입한다(법령 §58 ①).

2-3-2. 누적한도액

손금에 산입하는 비상위험준비금의 누적액은 해당 사업연도의 보험종목별 적립대상보험료의 합계액의 50%(자동차보험의 경우에는 40%, 보증보험의 경우에는 150%)를 한도로 한다(법령 §58 ②).

2-3-3. 한국채택국제회계기준을 적용하는 법인의 손금산입한도액

한국채택국제회계기준을 적용하는 법인이 보험업법, 그 밖의 법률에 따라 비상위험준비금을 세무조정계산서에 계상하고 그 금액 상당액을 해당 사업연도의 이익처분을 할 때 비상위험준비금으로 적립한 경우에는 그 금액을 결산을 확정할 때 손비로 계상한 것으로 보며, 이 경우 손금으로 인정되는 범위는 보험종목별적립기준금액을 합한 금액의 90%를 한도로 한다(법법 §31 ② 및 법령 §58 ③).

관련사례

- 처분가능이익이 부족하여 비상위험준비금을 적립하지 못하는 경우
  국제회계기준을 적용하는 보험업 영위 외국법인 국내지점이 처분가능이익이 부족하여 비상위험준비금을 적립하지 못하더라도 손금 산입 가능하되, 그 부족 적립액은 다음 사업연도 이후에 추가로 적립하여야 하는 것임(서면법규-84, 2014. 1. 29.).

2-4. 손금산입한 비상위험준비금의 처리

손금으로 계상한 비상위험준비금의 처리 및 적립대상보험료의 계산방법은 보험업법 시행령 제63조 제4항에 따라 금융위원회가 정하여 고시하는 바(보험업감독규정)에 따른다(법령 §58 ④).

2-5. 손금산입방법과 명세서의 제출

비상위험준비금의 손금산입방법과 명세서의 제출 및 회계처리는 책임준비금의 손금산입방법 등과 동일하다.

3. 해약환급금준비금

3-1. 개 요

보험업법에 따른 보험회사가 해약환급금준비금을 세무조정계산서에 계상하고 해당 사업연도의 이익처분을 할 때 해약환급금준비금으로 적립한 경우에는 손금산입한도 내의 금액을 해당 사업연도의 소득금액을 계산할 때 손금에 산입한다(법법 §32 ①).

개 정

○ 보험회사가 해약환급금준비금을 이익잉여금처분을 통해 적립한 경우 신고조정으로 손금산입 허용(법법 §32 ①)

➡ 2023년 1월 1일 이후 개시하는 사업연도부터 적용하되, 보험회사가 2022년 12월 31일이 속하는 사업연도에 보험계약국제회계기준을 적용하고 법인세법 제32조의 해약환급금준비금을 적립한 경우 해당 보험회사에 대해서는 2023년 1월 1일 이후 신고하는 분부터 적용

3-2. 설정대상 법인

해약환급금준비금을 손금에 산입할 수 있는 법인은 보험업법에 따른 보험회사이다. 다만, 보험계약국제회계기준 최초 적용 보험회사에 대한 소득금액 계산의 특례(법법 §42의 3 ③, ⑤)를 적용한 보험회사는 제외한다.

3-3. 손금산입한도액

해약환급금준비금은 보험회사가 보험계약의 해약 등에 대비하여 적립하는 금액으로서 보험업법 시행령 제65조 제2항 제3호에 따라 해약환급금준비금에 관하여 금융위원회가 정하여 고시하는 방법(보험업감독규정)으로 계산한 금액의 범위 안에서 이를 손금에 산입한다(법령 §59 ①).

3-4. 해약환급금준비금의 처리

손금에 산입한 해약환급금준비금의 처리에 필요한 사항은 보험업법 시행령 제65조 제2항 제3호에 따라 금융위원회가 정하여 고시(보험업감독규정)하는 바에 따른다(법령 §59 ②).

3-5. 손금산입방법

보험회사가 해약환급금준비금을 세무조정계산서(법법 §60 ② 2호)에 계상하고 그 금액 상당액을 해당 사업연도의 이익처분을 할 때 해약환급금준비금으로 적립한 경우에는 그 금액을 결산을 확정할 때 손비로 계상한 것으로 보아 해당 사업연도의 소득금액을 계산할 때 손금에 산입한다(법법 §32 ①).

3-6. 명세서의 제출

해약환급금준비금을 손금에 산입하려는 보험회사는 법인세법 제60조에 따른 법인세 과세표준 신고를 할 때 해약환급금준비금 명세서(법칙 별지 제28호 서식)를 납세지 관할 세무서장에게 제출해야 한다(법령 §59 ③ 및 법칙 §82 ① 28호).

MEMO

Step Ⅱ 서식의 이해

■ 작성요령Ⅰ - 책임준비금 등 명세서

❶「① 환급액」란은 수산업협동조합법, 무역보험법, 새마을금고법, 건설산업기본법, 중소기업협동조합법 및 신용협동조합법에 따른 보험사업 또는 공제사업에 관한 약관에 따라 해당 사업연도 종료일 현재 모든 보험계약이 해약된 경우 계약자 등에게 지급해야 할 환급액의 합계액을 적는다.

❷「② 추정보험금 상당액」란에는 법인세법 시행령 제57조 제1항 제2호에 따라 해당 사업연도 종료일 현재 보험사고가 발생하였으나 아직 지급해야 할 보험금이 확정되지 않은 경우 그 손해액을 고려한 추정보험금 상당액의 합계액을 적는다.

❸「⑮「법인세법 시행령」 제57조 제1항 제3호에 따라 적립한 금액」란에는 보험계약자에게 배당하기 위하여 적립한 배당준비금으로서 관계기관의 장이 승인한 금액의 합계액을 적는다.

❹ 보험사업을 영위하는 내국법인이 보험계약자에게 배당금을 지급하기 위하여 배당준비금을 손비에 계상한 경우에 해당 금액을 「⑯ 당기전입액」란에 적는다.

❺「㉑ 설정액」란에는 법인이 당초 손금산입한 준비금을 손금산입 연도별로 구분하여 적는다.

❿「㉝ 적립대상보험료의 합계액」란은 해당 사업연도의 보험종목(화재보험, 해상보험, 자동차보험, 특종보험, 보증보험, 해외수재 및 해외원보험)별 적립대상보험료의 합계액을 적는다.

⓬「㊹ 한도액」란은 「㉟ 보험종목별 적립기준액」의 90/100를 적되, 대통령령 제22577호 법인세법 시행령 일부개정령 부칙 제15조에 따라 2011. 1. 1. 전에 손금에 산입한 비상위험준비금으로서 2011년 1월 1일 이후 한국채택국제회계기준을 최초로 적용하는 사업연도에 한국채택국제회계기준에 따라 환입되어 익금에 산입한 금액을 법인세법 제31조 제2항에 따라 비상준비위험준비금의 적립금으로 적립한 경우에는 전액을 적는다.

[별지 제28호 서식] (2023. 3. 20. 개정)

사업연도	. . ~ . .	[ ] 책임준비금 [ ] 비상위험준비금 [ ] 해약환급금준비금

1.「법인세법 시행령」 제57조 제1항 제1호 및 제2호

손금산입액 조정	한도액		
	①환급액	②추정보험금 상당액	③계 (①+②)
	❶	❷	
익금산입액 조정	⑧장부상 준비금 기초잔액	⑨기중준비금 환입액	⑩준비금 부인 누계액

2.「법인세법 시행령」 제57조 제1항 제3호에 따른

손금산입액 조정	⑮「법인세법 시행령」 제57조 제1항 제3호에 따라 적립한 금액	⑯당기전입액
	❸	❹

익금산입액 조정	⑳손금산입연도	㉑설정액	㉒장부상 준비금 기초잔액
		❺	
	손금산입연도	준비금사용액	
		㉖1차연도 / ㉗2차연도	㉘3차연도

3. 비상위험준비금 조정

(1)「법인세법」 제31조 제1항에 따른 비상위험준비금 조

손금산입액 조정	한도액		
	㉝적립대상보험료의 합계액	㉞보험종목별 적립기준율	㉟
	❿		
누계한도액 조정	㊳장부상 준비금 기초잔액	㊴기중준비금 환입액	㊵준비금 부인누계

(2)「법인세법」 제31조 제2항에 따른 비상위험준비금 조

㊹한도액(㉟×90/100)	㊺신고조정 손금산입액
⓬	

4. 법인세법」 제32조제1항에 따른 해약환급금준비금

손금(익금)산입액	「보험업법 시행령」 제65조 제2항 제3 해	
	㊽해약환급금	㊾미경과보험료
	㊿해약환급금준비금(㊽+㊾-㊿-51)	53직전

명세서	법 인 명	
	사업자등록번호	

호에 따른 책임준비금 조정

④회사 계상액	⑤한도초과액 (④-③)	⑥	⑦
⑪당기설정 준비금 보충액	⑫환입할 금액 (⑧-⑨-⑩-⑪)	⑬회사 환입액	⑭과소환입 · 과다환입 (⑬-⑫)

책임준비금 조정

회사계상액		⑲한도초과액 (⑱-⑮)
⑰당기 환입액	⑱계 (⑯+⑰)	
㉓기중준비금 환입액 ❻	㉔준비금 부인누계액	㉕차감액 (㉒-㉓-㉔) ❼

㉙계 (㉖+㉗+㉘)	㉚환입할 금액 (㉕-㉙)	㉛회사 환입액 ❽	㉜과소환입 · 과다환입 (㉛-㉚) ❾

조정

㉟보험종목별 적립기준금액(㉝×㉞)	㊱회사계상액	㊲한도초과액 (㊱-㉟)

금 계액	㊶회사계상 누계액 (㊳-㊴-㊵)	㊷누계한도액 [㉝×50(40)/100]	㊸한도초과액 (㊶-㊷)

조정(한국채택국제회계기준 적용 법인) ⓫

㊻이익처분시 적립금액	㊼한도초과액(㊺-㊹)

금 계산

3호에 따라 금융위원회가 정하는 방법으로 계산한 해약환급금준비금

㊿책임준비금	51특별계정부채의 계약자적립금
사업연도까지 손금산입한 해약환급금준비금 ⓭	54신고조정 손금(익금) 산입액 (53-52) ⓮

❻ 「㉓ 기중준비금환입액」란에는 세무계산상의 손금부인액을 수정회계처리한 금액만을 적는다.

❼ 「㉕ 차감액」란은 「㉒ 장부상 준비금 기초잔액」에서 「㉓ 기중준비금 환입액」과 「㉔ 준비금 부인누계액」을 차감한 금액을 적는다.

❽ 「㉛ 회사환입액」란에는 준비금을 손금에 산입한 사업연도 종료일 이후 3년이 되는 날까지 보험계약자에게 지급한 배당금을 차감한 금액을 법인이 장부상 환입계상한 금액과 준비금의 사용기한이 지나기 전에 법인이 조기환입한 금액의 합계액을 적는다.

❾ 「㉜ 과소환입 · 과다환입」란은 과소환입의 경우(㉛〈㉚)에는 익금에 산입하고, 과다환입의 경우(㉛〉㉚)에는 「⑱ 준비금 부인누계액」을 한도로 손금에 산입한다.

⓫ 「(2) 「법인세법」 제31조 제2항에 따른 비상위험준비금 손금산입액 조정」은 2011년 1월 1일 이후 한국채택국제회계기준을 적용하는 법인이 비상위험준비금을 세무조정계산서에 계상하고 그 금액 상당액을 해당 사업연도의 이익처분을 할 때 비상위험준비금의 적립금으로 적립한 경우 손비로 계상한다.

⓭ 「53 직전 사업연도까지 손금산입한 해약환급금준비금」란은 직전 사업연도 해약환급금준비금명세서의 52 금액을 적는다.

⓮ 「54 신고조정 손금(익금)산입액」의 경우 그 금액이 양수인 경우에는 손금에 산입하고, 그 금액이 음수인 경우에는 그 금액의 음의 부호를 뗀 금액을 익금에 산입한다.

■ 작성요령 Ⅱ - 전환이익 익금불산입신청서

[별지 제41호의 2 서식] (2023. 3. 20. 신설)

전환이익 익금불산입신청서

❶ 신청인	① 상호 또는 법인명	② 사업자등록번호
	③ 대표자 성명	④ 법인등록번호
	⑤ 사업장(본점) 소재지 (전화번호:)	
	⑥ 업종	⑦ 사업 개시일
	⑧ 한국채택국제회계기준 제1117호 최초 적용 사업연도 년 월 일	

❷ 전환이익 계산

		직전 사업연도 종료일 현재 금액	
⑨ 최초 적용 사업연도의 직전 사업연도에 손금에 산입한 책임준비금의 금액		⑩ 미상각신계약비	
		⑪ 보험약관대출금 (관련 미수수익 포함)	
		⑫ 보험미수금	
		⑬ 미수금	
		⑭ 재보험자산	
		⑮ 소계(⑩+⑪+⑫+⑬+⑭)	
㉑ 최초 적용 사업연도의 직전 사업연도에 손금에 산입한 책임준비금의 조정금액 (⑨-⑮+⑳)		⑯ 보험미지급금	
		⑰ 선수보험료	
		⑱ 가수보험료	
		⑲ 미지급비용	
		⑳ 소계(⑯+⑰+⑱+⑲)	

		최초 적용 사업연도 개시일 현재 금액	
㉒ 최초 적용 사업연도 개시일 현재 책임준비금의 금액		㉓ 보험계약자산	
		㉔ 재보험계약자산	
		㉕ 소계(㉓+㉔)	
㉖ 최초 적용 사업연도 개시일 현재 책임준비금의 조정금액 (㉒-㉕)			

㉗ 전환이익 (㉑-㉖)	

「법인세법 시행령」 제78조의 3 제6항에 따라 전환이익 익금불산입신청서를 제출합니다.

년 월 일

신청인 (서명 또는 인)

세 무 서 장 귀하

작성방법
"직전 사업연도 종료일 현재 금액"란의 각 항목에는 한국채택국제회계기준 제1117호를 최초로 적용한 사업연도의 책임준비금 산출에 반영되는 것의 금액을 적습니다.

제2장

2

서식 미사용 소득금액의 조정

제1절 부당행위계산의 부인

관련 법령	• 법법 §52 • 법령 §2, §88, §89, §90 • 법칙 §42의 3, §42의 4, §42의 6, §43, §44
관련 서식	• 법인세법 시행규칙 [별지 제52호 서식(갑)] 특수관계자간 거래명세서(갑)(매출 및 매입거래 등) [별지 제52호 서식(을)] 특수관계자간 거래명세서(을)(자본거래)

제1절

부당행위계산의 부인

1

Step Ⅰ 내용의 이해

1. 개 요

부당행위계산의 부인이란 내국법인의 행위 또는 소득금액의 계산이 특수관계인과의 거래로 인하여 당해 법인의 소득에 대한 조세를 부당하게 감소시킨 것으로 인정되는 경우 과세당국이 그 법인의 행위 또는 계산과 관계 없이 그 법인의 각 사업연도 소득금액을 계산하는 것을 말한다(법법 §52 ①).

부당행위계산의 부인제도의 취지는 실제 존재하는 거래행위가 경제적 합리성을 무시한 비정상적인 거래로서 세법적 측면에서 볼 때 부당하다고 인정될 때, 정부가 객관적으로 타당하다고 보여지는 소득이 있었던 것으로 의제하여 과세함으로써 과세의 공평을 기하고 조세회피행위를 방지하는 것으로, 실질과세의 원칙에 그 근거를 두고 있다(대법 95누 8751, 1996. 7. 30.).

2. 부당행위계산 부인의 적용 요건

2-1. 개 요

부당행위계산의 부인규정은 조세법률주의를 침해할 개연성이 높은 조항이므로 다음의 요건이 모두 충족되는 경우에 한하여 엄격히 적용되어야 한다(법법 §52 ①).

① 당해 법인과 특수관계인과의 거래일 것
② 거래로 인하여 법인의 소득에 대한 조세의 부담을 부당하게 감소시킨 것으로 인정되는 경우일 것

2-2. 적용 대상 법인

부당행위계산의 부인규정은 국내에서 납세의무가 있는 모든 법인에 적용된다. 즉, 부당행위계산 부인규정은 내국법인, 국내원천소득이 있는 외국법인, 수익사업을 영위하는 비영리법인 등 국내에서 납세의무가 있는 모든 법인에 대하여 적용된다.

관련사례

- 청산 중인 법인에 대한 부당행위계산의 부인 적용 여부
  청산소득에 대한 납세의무가 있는 청산 중에 있는 법인에 대하여도 부당행위계산의 부인규정을 적용함(법기통 52-88…1).
- 국제거래에 대한 부당행위계산의 부인 적용 여부
  내국법인이 '국외특수관계자'인 외국법인에게 해외자회사가 발행한 주식을 저가로 양도하는 경우, 국조법 제3조에 의하여 '부당행위계산부인' 규정보다 우선해 '정상가격에 의한 과세조정'규정이 적용됨(국세 46017-25, 2001. 10. 31.).
- 당기순이익 과세법인에 대한 부당행위계산의 부인 적용 여부
  조세특례제한법 제72조의 규정에 의해 결산재무제표상 당기순익을 과세표준으로 하는 당기순이익 과세법인에 대하여는 당기순이익과세를 포기한 경우를 제외하고는 당해 법인의 결산재무제표상 당기순이익을 과세표준으로 하여 그 과세표준에 일정세율을 적용하여 과세하는 것으로 부당행위계산의 부인규정을 적용할 수 없는 것임(법인 46012-721, 1996. 3. 6.).
- 비영리법인에 대한 부당행위계산의 부인 적용 여부
  비영리법인은 수익사업에 해당하는 경우에 한하여 당해 자산의 감가상각비의 손비계상과 부당행위계산 부인규정을 적용함(법인 22601-689, 1990. 3. 20.).

2-3. 거래상대방

부당행위계산의 부인은 법인세법 제2조 제12호에 따른 특수관계인과의 사이에서 발생한 거래 중에서 조세의 부담이 부당히 감소하였다고 인정되는 경우에 적용된다. 이때 특수관계인과의 거래에는 특수관계인 외의 자를 통하여 이루어진 우회거래 또는 다단계거래 등 제3자를 통하여 특수관계인 간에 이루어진 간접거래를 포함한다(법령 §88 ②).

2-4. 적용행위 및 계산

2-4-1. 부당한 행위 및 계산의 판단기준

결과적으로 조세부담을 감소시키는 때라 하더라도 당해 거래의 정당성이 개입된 것이라면 부당행위가 되지 못한다. 따라서 거래 자체의 부당성 및 정당성을 판정하는 것은 부당행위계산 부인에서 매우 중요한데, 일반적으로 부당행위계산 부인규정을 적용함에 있어 부당행위는

건전한 사회 통념 및 상거래 관행과 특수관계인이 아닌 자 간의 정상적인 거래에서 적용되거나 적용될 것으로 판단되는 가격(요율 · 이자율 · 임대료 및 교환 비율과 그 밖에 이에 준하는 것을 포함하며, 이하 "시가"라 함)을 기준으로 하여 판정한다(법법 §52 ②).

2-4-2. 부당행위의 범위

부당행위계산의 부인제도는 법인의 소득금액계산을 위한 것이므로 적어도 당해 행위가 행위 당시에는 법인의 손익을 일으키는 것이 아니더라도 궁극적으로 손익을 일으키는 경우에는 모두 부인의 대상이 되는 행위가 되는 것이다.

또한, 행위란 적극적으로 재산을 출납하는 것 등의 작위는 물론 소극적으로 발생된 권리를 포기하는 부작위행위(不作爲行爲)도 포함된다.

2-5. 조세의 부당한 감소

2-5-1. 일반사항

법인의 부당한 행위의 결과로서 조세의 부담이 결과적으로 부당히 감소시키는 사실이 발생되어야 하는데, 이렇게 되면 소급하여 행위를 부인하게 되는 것이다. 그러나 법인의 행위 또는 계산이 조세의 부담을 감소시키는 경우에도 정당한 행위 또는 계산일 때에는 부당행위로 되지 않는다.

법인세의 부담이 감소되려면 당해 법인에게 경제적 손실이 발생되어야 한다. 여기서 경제적 손실에는 이론적으로 실제손실과 기회손실이 있으나, 부당행위 해당 여부는 실제손실만을 대상으로 판단하여야 할 것이다.

2-5-2. 조세의 부담을 부당하게 감소시킨 것으로 인정되는 경우 예시

조세의 부담을 부당하게 감소시킨 것으로 인정되는 경우를 예시하면 다음과 같다(법기통 52-88…2).

① 특수관계인으로부터 영업권을 적정대가를 초과하여 취득한 때
② 주주 등이 부담하여야 할 성질의 것을 법인이 부담한 때
③ 주주 또는 출자자인 비영리법인에게 주식비율에 따라 기부금을 지급한 때
④ 사업연도기간 중에 가결산에 의하여 중간배당금 등의 명목으로 주주 등에게 금전을 지급한 때(상법 제462조의 3에 따른 중간배당의 경우를 제외함)
⑤ 대표자의 친족에게 무상으로 금전을 대여한 때(이 경우에는 대표자에게 대여한 것으로 봄)
⑥ 연임된 임원에게 퇴직금을 지급한 때

2-5-3. 조세의 부담을 부당하게 감소시킨 것으로 인정되지 아니하는 경우 예시

조세의 부담을 부당하게 감소시킨 것으로 인정되지 아니하는 경우를 예시하면 다음과 같다

(법기통 52-88…3).

① 법인의 업무를 수행하기 위하여 초청된 외국인에게 사택 등을 무상으로 제공한 때
② 채무자 회생 및 파산에 관한 법률에 따른 범위 내에서 법정관리인에게 보수를 지급한 때
③ 채무자 회생 및 파산에 관한 법률에 따른 법정관리인이 법원의 허가를 받아 통상의 이율이나 요율보다 낮게 이자나 임대료를 받은 때
④ 건설공제조합이 조합원에게 대출하는 경우의 이자율이 금융기관의 일반대출 금리보다 낮은 경우로서 정부의 승인을 받아 이자율을 정한 때
⑤ 정부의 지시에 의하여 통상판매가격보다 낮은 가격으로 판매한 때
⑥ 특수관계인 간에 보증금 또는 선수금 등을 수수한 경우에 그 수수행위가 통상의 상관례의 범위를 벗어나지 아니한 때
⑦ 사용인(주주 등이 아닌 임원과 법인세법 시행령 제50조 제2항에 따른 소액주주 등인 임원을 포함함)에게 포상으로 지급하는 금품의 가액이 해당 사용인의 근속기간, 공적내용, 월급여액 등에 비추어 적당하다고 인정되는 때
⑧ 사용인에게 자기의 제품이나 상품 등을 할인판매하는 경우로서 다음에 해당하는 때
  ㉠ 할인판매가격이 법인의 취득가액 이상이며 통상 일반 소비자에게 판매하는 가액에 비하여 현저하게 낮은 가액이 아닌 것
  ㉡ 할인판매를 하는 제품 등의 수량은 사용인이 통상 자기의 가사를 위하여 소비하는 것이라고 인정되는 정도의 것
⑨ 대리점으로부터 판매대리와 관련하여 보증금을 받고 해당 보증금에 대한 이자를 적정이자율을 초과하지 아니하는 범위 내에서 지급하는 때
⑩ 특수관계인 간의 거래에서 발생된 외상매출금 등의 회수가 지연된 경우에도 사회통념 및 상관습에 비추어 부당함이 없다고 인정되는 때
⑪ 사용인이 부당유용한 공금을 보증인 등으로부터 회수하는 때
⑫ 사용인이 공금을 부당유용한 경우로서 해당 사용인과 그 보증인에 대하여 횡령액의 회수를 위하여 법에 의한 제반절차를 취하였음에도 무재산 등으로 회수할 수 없는 때
⑬ 특수관계인에 대한 가지급금 등의 채권액이 채무자 회생 및 파산에 관한 법률에 따라 정리채권으로 동결된 때
⑭ 법인이 합병으로 인하여 취득하는 자기주식에 대하여 배당을 하지 아니하는 때
⑮ 법인이 국세기본법 제39조에 따른 제2차 납세의무자로서 특수관계인의 국세를 대신 납부하고 가지급금 등으로 처리한 경우
⑯ 법인이 근로복지기본법에 의한 우리사주조합의 조합원에게 자사주를 법인세법 시행령 제89조에 따른 시가에 미달하는 가액으로 양도하는 경우. 다만, 금융지주회사의 자회사인 비상장법인이 해당 금융지주회사의 우리사주조합원에게 양도하는 경우에는 해당 법인의 종업원이 취득하는 경우에 한함.

2-6. 일정금액 이상의 이익분여

후술할 '5. 부당행위계산의 유형' 중 다음에 해당하는 거래에 대하여는 시가와 거래가액의 차액이 3억원 이상이거나 시가의 5%에 상당하는 금액 이상인 경우에 한하여 부당행위계산 부인규정을 적용한다. 다만, 이러한 일정 금액 이상의 이익분여 요건은 주권상장법인이 발행한 주식을 거래한 경우에는 적용하지 않는다(법령 §88 ③, ④).

① 자산을 시가보다 높은 가액으로 매입 또는 현물출자받았거나 그 자산을 과대상각한 경우(「5-1. 고가의 매입 · 현물출자」)

② 자산을 무상 또는 시가보다 낮은 가액으로 양도 또는 현물출자한 경우(「5-3. 저가양도 및 저가현물출자」)

③ 금전, 그 밖의 자산 또는 용역을 무상 또는 시가보다 낮은 이율 · 요율이나 임대료로 대부하거나 제공한 경우(「5-7. 금전, 기타자산 등의 무상 또는 저이율 · 저요율 제공」)

④ 금전 기타 자산 또는 용역을 시가보다 높은 이율 · 요율이나 임차료로 차용하거나 제공받은 경우(「5-8. 금전 등의 고이율 · 고요율 차용」)

⑤ 그 밖에 상기 '①~④'에 준하는 행위 또는 계산으로 법인의 이익을 분여하였다고 인정되는 경우(「5-11. 기타의 부당행위」)

3. 특수관계인

3-1. 특수관계인의 범위

3-1-1. 특수관계인의 판정기준

법인세법상 특수관계인이란 법인과 경제적 연관관계 또는 경영지배관계 등 다음의 어느 하나의 관계에 있는 자를 말한다(법법 §2 12호 및 법령 §2 ⑧).

① 임원(법인세법 시행령 제40조 제1항에 따른 임원을 말함)의 임면권의 행사, 사업방침의 결정 등 해당 법인의 경영에 대해 사실상 영향력을 행사하고 있다고 인정되는 자(상법 제401조의 2 제1항에 따라 이사로 보는 자를 포함함)와 그 친족(국세기본법 시행령 제1조의 2 제1항에 따른 자를 말함)

② 소액주주 등(법령 §50 ②)이 아닌 주주 또는 출자자(이하 "비소액주주 등"이라 함)와 그 친족

③ 다음의 어느 하나에 해당하는 자 및 이들과 생계를 함께하는 친족

㉠ 법인의 임원 · 직원 또는 비소액주주 등의 직원(비소액주주 등이 영리법인인 경우에는 그 임원을, 비영리법인인 경우에는 그 이사 및 설립자를 말함)

㉡ 법인 또는 비소액주주 등의 금전이나 그 밖의 자산에 의해 생계를 유지하는 자

④ 해당 법인이 직접 또는 그와 상기 ①~③의 관계에 있는 자를 통해 어느 법인의 경영에

대해 지배적인 영향력을 행사하고 있는 경우(국세기본법 시행령 제1조의 2 제4항 각 호의 요건에 해당하는 경우를 말하며, 이에 대해서는 아래 '3-2-4' 해설을 참고) 그 법인

⑤ 해당 법인이 직접 또는 그와 상기 ①~④의 관계에 있는 자를 통해 어느 법인의 경영에 대해 지배적인 영향력을 행사하고 있는 경우(국세기본법 시행령 제1조의 2 제4항 각 호의 요건에 해당하는 경우를 말하며, 이에 대해서는 아래 '3-2-4' 해설을 참고) 그 법인

⑥ 해당 법인에 30% 이상을 출자하고 있는 법인에 30% 이상을 출자하고 있는 법인이나 개인

⑦ 해당 법인이 독점규제 및 공정거래에 관한 법률에 따른 기업집단에 속하는 법인인 경우에는 그 기업집단에 소속된 다른 계열회사 및 그 계열회사의 임원

특수관계인에 해당하는지 판단하는 경우에 본인도 특수관계인의 특수관계인으로 본다(법법 §2 12호). 즉, 어느 한 쪽을 기준으로 하여 특수관계인에 해당하면 어느 쪽을 기준으로 하든 특수관계인에 해당한다는 것을 의미하는 바, 일방을 기준으로 할 때 특수관계에 해당되지 않더라도 타방을 기준으로 하면 특수관계에 해당되는 경우에는 이들 모두가 특수관계인이 된다.

NOTE

:: 특수관계인 여부 판단시 쌍방관계설 vs 일방관계설

구법인세법 제52조에서는 부당행위계산부인을 규정하면서 특수관계인의 범위를 구법인세법 시행령 제87조 제1항 각 호에서 열거하고 있었는데, 위 시행령 조항의 해석과 관련하여, 해당 법인을 기준으로 하여 거래상대방이 위 시행령 각 호의 1에 해당하는 경우에만 그 거래상대방이 특수관계자에 해당하는 것인지(일방관계설), 아니면 위 경우뿐만 아니라 거래상대방을 기준으로 하여 해당 법인이 위 시행령 각 호의 1에 해당하는 경우에도 그 거래상대방이 특수관계자에 해당하는 것인지(쌍방관계설)에 대하여 종래 견해의 대립이 있어 왔음.

이와 관련하여 종래의 과세실무 및 대법원 판결〈대법 88누 7248, 1991. 5. 28.〉은 특수관계자의 기준 설정에 있어서 법문언에도 불구하고 당해 법인과 거래상대방 양쪽 모두를 기준으로 하는 '쌍방관계설'을 취하여 특수관계자의 범위에 관한 법규정을 넓게 해석하였고, 이에 따라 법인세를 부과하는 과세처분이 적법하다는 입장을 취하여 왔으나,

최근 대법원 판결〈대법 2008두 150, 2011. 7. 21.〉은 이와 같은 기존의 입장을 변경하여, 위 법인세법 시행령 규정의 문언상 납세의무자인 법인을 기준으로 하여 그와 각 호의 1의 관계에 있는 자만이 특수관계자에 해당한다고 보아야 하고, 이와 달리 납세의무자인 법인과 거래를 한 상대방을 기준으로 하여 법인이 위 각 호의 1의 관계에 있는 경우에도 특수관계자에 해당한다고 보는 것은 위 시행령 조항의 문언에 반하여 허용될 수 없다고 판시였음.
이에 따라, 본 대법원 판결 이후 2012. 2. 2. 법인세법 시행령 제87조 '특수관계인'의 범위를 개정하여 쌍방관계설을 명문의 규정으로 입법화하였음.

3-1-2. 특수관계인의 판정시기

특수관계인에 해당하는지에 대한 판정은 그 행위 당시를 기준으로 하는 것이며, 특수관계가 성립되기 전이나 특수관계가 소멸된 후에 발생된 거래에 대하여는 적용할 수 없다. 즉, 특수관계에 있는 기간 동안에만 부당행위를 적용할 수 있는 것이다.

다만, 합병의 경우에는 합병비율 등 주요 의사결정이 합병등기일 전에 상당기간 동안 이루어지는 점을 고려하여야 하므로, 합병등기일이 속하는 사업연도의 직전 사업연도의 개시일부터 합병등기일까지의 기간 동안 특수관계에 해당하는지를 판단한다. 이때, 사업연도 개시일이 서로 다른 법인이 합병하는 경우에는 개시일이 빠른 법인을 기준으로 하여 합병등기일까지의 기간 동안 판정한다(법령 §88 ②).

관련사례

- 주식 콜옵션계약의 경우 특수관계자 여부의 판단시기
  법인이 주식을 취득하면서 콜옵션계약을 통해 매도인에게 재매입할 수 있는 권리를 부여한 이후 주식취득 법인이 콜옵션계약일 현재의 확정된 가액 등으로 당초 매도인에게 양도하는 경우 부당행위계산부인 적용대상인지 여부는 해당 콜옵션계약일 현재를 기준으로 판단하는 것임(서면법인-5278, 2016. 12. 15.).
- 임대차계약의 경우 특수관계자 여부의 판단시기
  법인세법 시행령 제88조 제1항 각 호의 1의 규정에 의한 부당행위계산의 유형에 해당하는지 여부는 임대차계약일을 기준으로 판단하는 것으로, 임대차계약 체결시점에서 같은 법 시행령 제89조 제4항의 규정에 의하여 산출한 시가를 임대차계약기간에 속하는 사업연도에 계속하여 적용하는 것임(서면2팀-1579, 2005. 10. 5.).
- 주식을 양도하는 경우 특수관계자의 판단시기
  법인이 특수관계자에게 양도하는 주식의 거래가액이 당해 주식의 매매계약일 현재 확정된 경우 당해 거래가 법인세법 시행령 제88조 제1항 제1호 및 제3호의 규정에 의한 부당행위의 유형에 해당하는지 여부는 매매계약일 현재를 기준으로 판단하는 것임(서이 46012-10282, 2003. 2. 7. 및 법인 46012-1594, 2000. 7. 18.).
- 특수관계기간에 체결된 계약이 특수관계 소멸 후 실행되는 경우 부당행위계산의 부인 적용 여부
  특수관계 있는 때에 거래계약이 이루어지고 특수관계가 소멸된 후에 그 거래계약을 부분적으로 수정하거나 계약 내용대로 그 거래행위가 수행되었을 경우, 그 거래계약이 특수관계 소멸 후의 후속하는 거래행위를 기속할 정도로 중요하고 그 조건이 이미 확정된 것이라면 특수관계 있는 자와의 거래행위로 보아야 함(국심 86서 286, 1986. 5. 17.).

3-2. 특수관계인의 유형

3-2-1. 실질적 지배자와 친족

실질적 지배자라 함은 임원의 임면권의 행사, 사업방침의 결정 등 해당 법인의 경영에 대하여 사실상 영향력을 행사하고 있다고 인정되는 자를 말한다. 이 때 '사실상 영향력을 행사하고 있다고 인정되는 자'에는 자연인뿐만 아니라 법인도 해당된다(재법인 46012-13, 2002. 1. 18.).

관련사례

- 운영이나 사업방침 결정 등에 사실상 영향력을 행사하고 있는 경우 특수관계자 해당 여부
  재산의 운영, 사업방침의 결정 등에 사실상 영향력을 행사하고 있다고 인정되는 경우에는 특수관계자에 해당하는 것으로, 이에 해당되는지는 임원의 임면관계, 직무의 내용, 임원의 재단이사 겸직 여부 등을 종합적으로 고려하여 사실 판단할 사항임(서면2팀-1570, 2004. 7. 23.).

:: 상법상 업무집행지시자(상법 §401의 2)

상법에서는 다음에 해당하는 자의 경우 그 지시하거나 집행한 업무에 대하여 이사로 봄.

① 회사에 대한 자신의 영향력을 이용하여 이사에게 업무집행을 지시한 자
② 이사의 이름으로 직접 업무를 집행한 자
③ 이사가 아니면서 명예회장 · 회장 · 사장 · 부사장 · 전무 · 상무 · 이사 기타 회사의 업무를 집행할 권한이 있는 것으로 인정될 만한 명칭을 사용하여 회사의 업무를 집행한 자

한편, 친족이란 국세기본법 시행령 제1조의 2 제1항에 해당하는 자를 말한다. 이는 민법상의 친족 범위보다 약간 좁은 편이며, 다음 중 어느 하나에 해당하는 관계를 말한다.

① 4촌 이내의 혈족
② 3촌 이내의 인척
③ 배우자(사실상의 혼인관계에 있는 자를 포함)
④ 친생자로서 다른 사람에게 친양자 입양된 자 및 그 배우자 · 직계비속
⑤ 본인이 민법에 따라 인지한 혼인 외 출생자의 생부나 생모(본인의 금전이나 그 밖의 재산으로 생계를 유지하는 사람 또는 생계를 함께하는 사람으로 한정함)

3-2-2. 비소액주주 등과 친족

(1) 주주 등의 범위

주주 등이라 함은 주주 또는 출자자를 말하며(법법 §16 ①), 모두 법인의 구성원으로서 법인에 자본을 투자한 자들이며 법인 존립의 기초가 된다. 법인의 종류에 따라서 주식회사의 구성

원은 주주, 기타 회사의 구성원은 사원, 조합형태의 법인의 구성원은 출자자 또는 조합원 등이 된다.

이때, 주주 등은 개인, 영리법인 등 내 · 외국인을 포함한 모든 출자자를 말하므로(직세 1264-4095, 1979. 11. 12.), 법인이 현물출자를 통하여 새로운 법인을 설립하는 경우 해당 법인과 신설법인은 특수관계인에 해당한다(법기통 2-2…3).

한편, 채무자 회생 및 파산에 관한 법률에 의한 회사정리절차의 개시로 인하여 주주권을 행사할 수 없거나 주주권을 포기한 경우에도 출자자로서의 관계는 유지되는 것이므로 당해 주주 등의 특수관계는 존속되는 것으로 본다(법기통 2-2…2).

(2) 특수관계인에서 제외되는 소액주주의 범위

특수관계인에서 제외되는 소액주주 등에 해당하기 위해서는 다음의 요건을 모두 갖추어야 한다(법령 §50 ②).

① 발행주식총수 또는 출자총액의 1%에 미달하는 주식 등을 소유할 것
② 해당 법인의 국가 · 지방자치단체 외의 지배주주 등과 특수관계가 없을 것

여기서 소유주식비율 등이라 함은 내국법인의 발행주식총수 또는 출자총액 중 소유주식 또는 지분을 말하는데, 발행주식총수에는 해당 법인이 보유한 자기주식 등 의결권이 없는 주식은 포함되지 않는다(재법인-249, 2007. 4. 2.).

지배주주의 개념

지배주주 등이란 법인의 발행주식총수 또는 출자총액의 1% 이상의 주식 또는 출자지분을 소유한 주주 등으로서 그와 특수관계에 있는 자와의 소유주식 또는 출자지분의 합계가 해당 법인의 주주 등 중 가장 많은 경우의 해당 주주 등을 말한다(법령 §43 ⑦).
여기서 '지배주주 등과 특수관계가 있는 자'란 다음과 같이 지배주주 등이 개인인 경우와 법인인 경우로 나누어 살펴볼 수 있다(법령 §43 ⑧).

1. 지배주주 등이 개인인 경우

지배주주 등이 개인인 경우로서 다음 중 어느 하나에 해당하는 관계에 있는 자는 그 지배주주 등과 특수관계가 있는 자에 해당한다(법령 §43 ⑧ 1호).

① 친족(국세기본법 시행령 제1조의 2 제1항에 해당하는 자를 말함)
② 사실상 지배관계에 있는 법인(법령 §2 ⑧ 1호의 관계에 있는 법인)
③ 지배주주 등과 상기 ① 및 ②에 해당하는 자가 30% 이상 출자하고 있는 법인
④ 지배주주 등과 그 친족이 이사의 과반수를 차지하거나 출연금(설립을 위한 출연금에 한함)의 30% 이상을 출연하고 그 중 1명이 설립자로 되어 있는 비영리법인
⑤ 상기 ③ 및 ④에 해당하는 법인이 30% 이상 출자하고 있는 법인

2. 지배주주 등이 법인인 경우

지배주주 등이 법인인 경우로서 다음 중 어느 하나에 해당하는 관계에 있는 자는 그 지배주주 등과 특수관계가 있는 자에 해당한다(법령 §43 ⑧ 2호).

① 임원(법인세법 시행령 제40조 제1항에 따른 임원을 말함)의 임면권의 행사, 사업방침의 결정 등 해당 법인의 경영에 대해 사실상 영향력을 행사하고 있다고 인정되는 자(상법 제401조의 2 제1항에 따라 이사로 보는 자를 포함함)와 그 친족(국세기본법 시행령 제1조의 2 제1항에 따른 자를 말함)

② 소액주주 등(법령 §50 ②)이 아닌 주주 또는 출자자(이하 "비소액주주 등"이라 함)와 그 친족

③ 해당 법인이 직접 또는 그와 상기 ① 및 ②의 관계에 있는 자를 통해 어느 법인의 경영에 대해 지배적인 영향력을 행사하고 있는 경우(국세기본법 시행령 제1조의 2 제4항 각 호의 요건에 해당하는 경우를 말하며, 이에 대해서는 아래 '3-2-4' 해설을 참고) 그 법인

④ 해당 법인이 직접 또는 그와 상기 ①~③의 관계에 있는 자를 통해 어느 법인의 경영에 대해 지배적인 영향력을 행사하고 있는 경우(국세기본법 시행령 제1조의 2 제4항 각 호의 요건에 해당하는 경우를 말하며, 이에 대해서는 아래 '3-2-4' 해설을 참고) 그 법인

⑤ 해당 법인에 30% 이상을 출자하고 있는 법인에 30% 이상을 출자하고 있는 법인이나 개인

⑥ 해당 법인이 독점규제 및 공정거래에 관한 법률에 따른 기업집단에 속하는 법인인 경우에는 그 기업집단에 소속된 다른 계열회사 및 그 계열회사의 임원

3-2-3. 임원·직원 및 생계유지자와 친족

(1) 개 요

법인의 임원·직원 또는 비소액주주 등의 직원(비소액주주 등이 영리법인인 경우에는 그 임원을, 비영리법인인 경우에는 그 이사 및 설립자를 말함)이나 법인 또는 비소액주주 등의 금전이나 그 밖의 자산에 의하여 생계를 유지하는 자와 이들과 생계를 함께하는 친족은 해당 법인의 특수관계인에 해당한다.

(2) 법인의 임원

법인의 임원이란 다음에 규정하는 직무에 종사하는 자로 한다(법령 §40 ①).

① 법인의 회장·사장·부사장·이사장·대표이사·전무이사·상무이사 등 이사회의 구성원 전원과 청산인

② 합명회사·합자회사 및 유한회사의 업무집행사원 또는 이사

③ 유한책임회사의 업무집행자

④ 감사

⑤ 기타 ① ~ ④에 준하는 직무에 종사하는 자

한편, 법인이 채무자 회생 및 파산에 관한 법률에 의하여 파산선고를 받은 경우 당해 법인과 그 법인의 임원 간에는 상법 제382조 및 민법 제690조에 따라 위임관계가 소멸되므로 임원의

지위로 인한 특수관계는 소멸된다(법기통 2-2…2).

(3) 법인의 직원

법인의 직원이라 함은 해당 법인과 근로계약에 의하여 근로를 제공하고 그 대가를 받는 임원이 아닌 종업원을 말한다(법인 46012-678, 1995. 3. 10.).

(4) 비소액주주등의 직원

비소액주주등의 직원이라 함은 해당 법인의 비소액주주등이 영리법인이면 임원만 해당하고 직원은 포함하지 아니하는 것이며(법인 46012-107, 1997. 1. 14.), 비소액주주등이 비영리법인이면 이사 및 설립자, 비소액주주등이 개인이면 직원을 포함한다.

(5) 생계를 함께하는 친족 및 생계유지자

"생계를 함께 하는 친족"이란 '법인의 임원・직원 또는 비소액주주등의 직원' 및 '법인 또는 비소액주주등의 금전이나 그 밖의 자산에 의해 생계를 유지하는 자'와 일상생활을 공동으로 영위하는 친족을 말한다(법기통 2-2…1 ①).

또한, 상기에서 "생계를 유지하는 자"란 법인 또는 비소액주주등으로부터 급부를 받는 금전・그 밖의 재산수입과 급부를 받는 금전・그 밖의 재산운용에 의하여 생기는 수입을 일상생활비의 주된 원천으로 하고 있는 자를 말한다(법기통 2-2…1 ②).

3-2-4. 해당 법인 또는 실질적 지배자 등이 지배적 영향력을 행사하는 법인(Ⅰ)

해당 법인이 직접 또는 그와 법인세법 시행령 제2조 제8항 제1호부터 제3호(「3-2-1.」부터 「3-2-3.」)까지의 관계에 있는 자를 통하여 어느 법인의 경영에 대하여 지배적인 영향력을 행사하고 있는 경우 그 법인은 해당 법인의 특수관계인에 해당된다. 이 때 다음의 구분에 따른 요건에 해당하는 경우에는 해당 법인의 경영에 대하여 지배적인 영향력을 행사하고 있는 것으로 본다(국기령 §1의 2 ④).

① 영리법인인 경우
   가. 법인의 발행주식총수 또는 출자총액의 30% 이상을 출자한 경우
   나. 임원의 임면권의 행사, 사업방침의 결정 등 법인의 경영에 대하여 사실상 영향력을 행사하고 있다고 인정되는 경우
② 비영리법인인 경우
   가. 법인의 이사의 과반수를 차지하는 경우
   나. 법인의 출연재산(설립을 위한 출연재산만 해당함)의 30% 이상을 출연하고 그 중 1인이 설립자인 경우

이 경우는 직접적인 주주 등으로서의 지위를 말함이 아니고 전체적으로 지분관계에 의해

영향력이 행사될 수 있는 관계를 말하는 바, 주주 등 법인의 임원 및 직원을 거쳐 간접적인 관계에 있더라도 계산 숫자에서 이들에 의해 30% 이상 지분이 소유된 법인이라면 특수관계에 있는 것이다(법인 22601-2301, 1986. 7. 21.).

3-2-5. 해당 법인 또는 실질적 지배자 등이 지배적 영향력을 행사하는 법인(Ⅱ)

해당 법인이 직접 또는 그와 법인세법 시행령 제2조 제8항 제1호부터 제4호(「3-2-1.」부터 「3-2-4.」)까지의 관계에 있는 자를 통하여 어느 법인의 경영에 대하여 지배적인 영향력을 행사하고 있는 경우 그 법인 해당 법인의 특수관계인에 해당된다.

3-2-6. 연속 30% 이상 지분을 소유한 법인·개인

직접적인 관계로써 연결되는 바는 아니지만, 모든 관계에서 30% 이상을 출자하면 각 단계마다 경영에 대하여 지배적인 영향력을 행사할 수 있어 결국 한 단계 건너서도 궁극적으로 경영에 대하여 지배적인 영향력의 행사가 가능하므로 특수관계인의 범위에 포함시키고 있다. 그러나, 이러한 간접관계는 두 단계 내에서만 적용되며 그 이상은 적용되지 않는다.

〔도표-1〕 연속 30% 이상의 출자 관계시 특수관계 여부

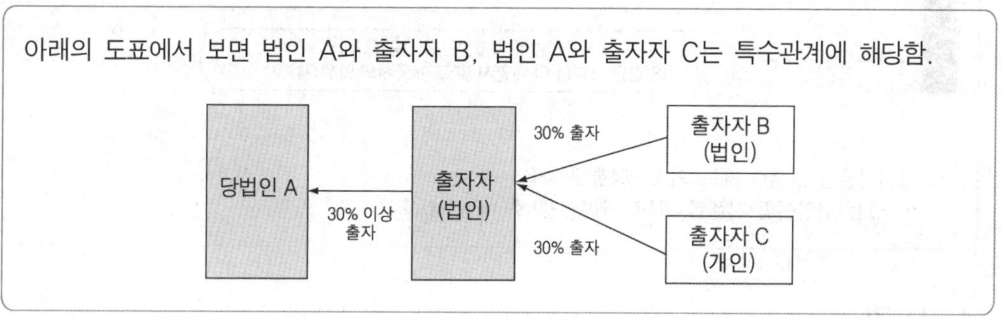

3-2-7. 기업집단 소속 계열회사 및 그 계열회사의 임원

해당 법인이 독점규제 및 공정거래에 관한 법률에 의한 기업집단에 속하는 법인인 경우 그 기업집단에 소속된 다른 계열회사 및 그 계열회사의 임원은 해당 법인과 특수관계에 해당된다.

3-2-8. 특수관계에 있는 자의 종합 도해

지금까지 설명된 특수관계에 있는 자를 종합적으로 도시하면 다음과 같다.

〔도표 - 2〕 특수관계인 종합 도해

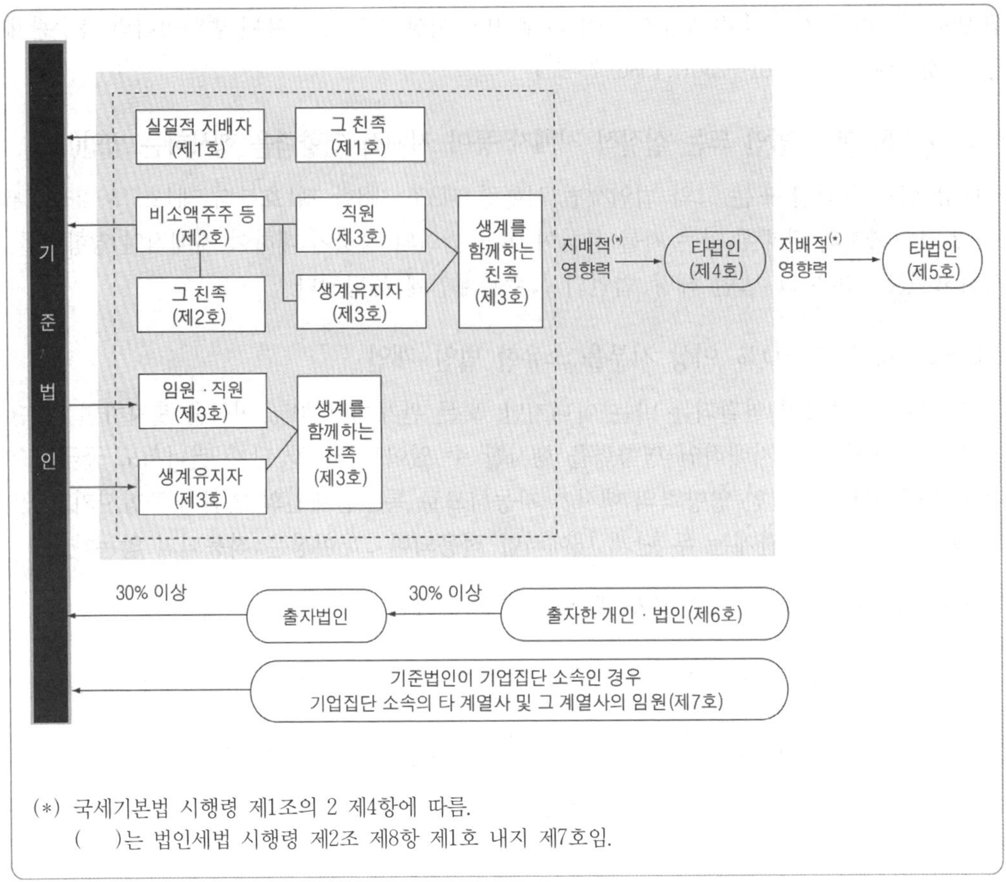

(*) 국세기본법 시행령 제1조의 2 제4항에 따름.
( )는 법인세법 시행령 제2조 제8항 제1호 내지 제7호임.

4. 시 가

4-1. 시가의 개념

부당행위계산의 부인규정을 적용함에 있어서는 건전한 사회통념 및 상거래 관행과 특수관계인이 아닌 자 간의 정상적인 거래에서 적용되거나 적용될 것으로 판단되는 가격(요율 · 이자율 · 임대료 및 교환 비율과 그 밖에 이에 준하는 것을 포함함)을 기준으로 하는데, 이를 "시가"라 한다(법법 §52 ②).

이러한 시가를 적용할 때 해당 거래와 유사한 상황에서 해당 법인이 특수관계인 외의 불특정다수인과 계속적으로 거래한 가격 또는 특수관계인이 아닌 제3자 간에 일반적으로 거래된 가격이 있는 경우에는 그 가격에 의한다.

다만, 주권상장법인이 발행한 주식을 다음의 어느 하나에 해당하는 방법으로 거래한 경우 해당 주식의 시가는 그 거래일의 자본시장과 금융투자업에 관한 법률 제8조의 2 제2항에 따른 거래소(이하 "거래소"라 함) 최종시세가액(거래소 휴장 중에 거래한 경우에는 그 거래일의 직전 최종 시세가액)으로 하며, 사실상 경영권의 이전이 수반되는 경우(해당 주식이 상속세 및 증여세법 시행령 제53조 제8항 각 호의 어느 하나에 해당하는 주식인 경우는 제외함)에는 그 가액의 20%를 가산한다(법령 §89 ①).

① 자본시장과 금융투자업에 관한 법률 제8조의 2 제4항 제1호에 따른 증권시장 외에서 거래하는 방법
② 대량매매 등 자본시장과 금융투자업에 관한 법률 제393조에 따른 거래소의 증권시장업무규정에서 일정 수량 또는 금액 이상의 요건을 충족하는 경우에 한정하여 매매가 성립하는 거래방법(법칙 §42의 6 ②)

한편, 상기에서 '사실상 경영권의 이전이 수반되는 경우'란 상속세 및 증여세법 제63조 제3항에 따른 최대주주 또는 최대출자자가 변경되거나, 최대주주 등 간의 거래에서 주식 등의 보유비율이 1% 이상 변동되는 경우를 말하되, 다음의 어느 하나에 해당하는 법인이 회생계획, 기업개선계획, 경영정상화계획 또는 사업재편계획을 이행하기 위하여 주식을 거래하는 경우는 제외한다(법령 §10 ① 1호~3호, 6호 및 법칙 §42의 6 ①).

① 채무자 회생 및 파산에 관한 법률 제245조에 따라 법원이 인가결정한 회생계획을 이행 중인 법인
② 기업구조조정 촉진법 제14조 제1항에 따라 기업개선계획의 이행을 위한 약정을 체결하고 기업개선계획을 이행 중인 법인
③ 해당 법인의 채권을 보유하고 있는 금융실명거래 및 비밀보장에 관한 법률 제2조 제1호에 따른 금융회사등이나 그 밖의 법률에 따라 금융업무 또는 기업구조조정 업무를 하는 공공기관의 운영에 관한 법률에 따른 공공기관으로서 한국해양진흥공사법에 따른 한국해양진흥공사(법칙 §4 ③)와 경영정상화계획의 이행을 위한 협약을 체결하고 경영정상화계획을 이행 중인 법인
④ 기업 활력 제고를 위한 특별법 제10조에 따른 사업재편계획 승인을 받은 법인

관련사례

• 경영권 이전 대가가 포함된 주식의 거래가격의 시가 인정 여부
내국법인의 주주들이 해당 내국법인의 주식을 경영권과 함께 양도하고, 양도의 대가로 다른 법인의 주식 또는 현금을 지급받는 계약을 체결한 경우로서 해당 주식의 거래가격에 경영권 이전대가가 포함되었다면 그 거래가격은 해당 법인의 소속 임직원이 주식매수선택권을 행사할 때의 시가로 볼 수 없는 것임(사전-2021-법령해석법인-0147, 2021. 5. 25.).

• 사설 장외거래 사이트에서 형성된 비상장주식 시세의 시가 인정 여부

내국법인이 특수관계인으로부터 증여받은 비상장주식의 시가를 산정함에 있어서 비상장주식의 사설 장외거래 사이트에서 매도자와 매수자의 호가를 기준으로 형성되어 있는 시세는 시가로 볼 수 없으며, 금융감독원의 전자공시시스템에 공시된 자료에 해당 비상장주식에 대한 특수관계인이 아닌 제3자 간에 일반적으로 거래된 가격이 있는 경우로서 해당 주식거래일 이후 증여일까지의 기간이 비교적 단기간이며, 해당 기간 동안 주식의 거래가 없고, 시가의 변동을 초래할 만한 특별한 사실이 없는 경우에는 그 거래가액을 시가로 볼 수 있는 것임(사전-2020-법령해석법인-0620, 2020. 9. 24.).

• 경영권 이전이 수반되지 않는 상장주식을 장외에서 거래시 적용되는 시가

주권상장법인(A법인)의 최대주주인 법인이 특수관계있는 개인으로부터 A법인의 주식을 장외에서 매입하는 경우로서 해당 주식거래가 경영권 이전을 수반되는 거래에 해당하지 않는 경우 해당 상장주식의 시가는 거래일의 한국거래소 최종시세가액으로 하는 것임(사전-2017-법령해석법인-0797, 2018. 6. 26.).

• 매매정지 중인 상장법인 채권의 출자전환시 적용되는 시가

법인이 무상감자 후 매매정지기간 중에 있는 상장법인에 대한 채권을 출자전환하고 주식을 취득하는 경우 당해 주식의 취득가액은 취득당시의 법인세법 시행령 제89조의 규정에 의한 시가에 의하는 것으로 이 경우 매매정지의 사유 및 기간 등을 감안하여 매매재개일의 한국증권거래소 최종시세가액이 합리적이라고 인정되는 경우에는 이를 시가로 볼 수 있으며, 거래가격이 없는 상환 우선주의 경우에는 당해 주식의 발행 및 상환 등에 관한 구체적인 내용에 따라 동 규정이 적용되는 것임(재법인-284, 2005. 4. 28.).

4-2. 시가가 불분명한 경우

4-2-1. 자산의 매매 등 일반적인 거래

(1) 개 요

부당행위계산의 부인규정을 적용함에 있어 시가가 불분명한 경우에는 다음을 차례로 적용하여 계산한 금액에 의한다(법령 §89 ②).

① 감정평가 및 감정평가사에 관한 법률에 의한 감정평가법인 등이 감정한 가액이 있는 경우 그 가액(감정가액이 2 이상인 경우에는 그 감정한 가액의 평균액). 다만, 주식 등 및 가상자산(특정 금융거래정보의 보고 및 이용 등에 관한 법률 제2조 제3호에 따른 가상자산을 말하며, 이하 이 절에서 같음)은 제외한다.

② 상속세 및 증여세법 제38조·제39조·제39조의 2·제39조의 3, 제61조부터 제66조까지의 규정을 준용하여 평가한 가액. 이 경우 상속세 및 증여세법 제63조 제1항 제1호 나목 및 같은 법 시행령 제54조에 따라 비상장주식을 평가할 때 해당 비상장주식을 발행한 법인이 보유한 주식(주권상장법인이 발행한 주식으로 한정함)의 평가금액은 평가기준일의 거래소 최

종시세가액으로 하며, 상속세 및 증여세법 제63조 제2항 제1호 · 제2호 및 같은 법 시행령 제57조 제1항 · 제2항을 준용할 때 "직전 6개월(증여세가 부과되는 주식 등의 경우에는 3개월로 함)"은 각각 "직전 6개월"로 본다.

:: 기업공개 준비 중인 주식 등의 평가

기업공개를 하기 위하여 금융위원회에 유가증권신고를 하거나 코스닥시장에서 주식 등을 거래하고자 거래소에 상장을 신청한 법인의 주식 중 당해 '신고 또는 신청 직전 6개월'부터 거래소에 상장하기 전까지의 기간 중에 있는 주식은 금융위원회가 정한 기준에 따라 결정된 공모가격과 코스닥상장주식의 평가방법(상증법 §63 ① 1호 가목)에 의한 평가액(코스닥상장주식이 아닌 경우에는 비상장주식의 평가방법) 중 큰 가액으로 평가한다(상증령 §57 ①).

다만, 시가가 불분명한 주식 등 및 가상자산의 가액은 당해 주식 등의 상장 여부에 관계 없이 평가의 순서상 감정평가법인의 평가단계를 거치지 않고, 곧바로 상속세 및 증여세법의 규정에 의하여 평가한 가액을 시가로 본다.

(2) 감정가액

부당행위계산 부인시 시가로 간주되는 감정가액이란 감정평가 및 감정평가사에 관한 법률에 의한 감정평가법인 등이 감정한 가액을 말하며, 감정가액이 2 이상인 경우에는 그 감정한 가액의 평균액을 시가로 본다(법령 §89 ② 1호).

따라서 상법 제298조에 따라 법원이 선임한 검사인에 의한 감정가액은 감정평가업자가 감정한 가액이 아니므로 시가가 불분명한 경우에 적용하는 시가로 보지 아니한다(법기통 52-89…1).

(3) 상속세 및 증여세법에 의한 평가액

① 일반사항

시가 및 감정가액이 없는 경우에는 상속세 및 증여세법 제38조 · 제39조 · 제39조의 2 · 제39조의 3, 제61조부터 제66조까지의 규정을 준용하여 평가한 가액을 시가로 한다.

이 경우 상속세 및 증여세법 제63조 제1항 제1호 나목 및 같은 법 시행령 제54조에 따라 비상장주식을 평가할 때 해당 비상장주식을 발행한 법인이 보유한 주식(주권상장법인이 발행한 주식으로 한정함)의 평가금액은 평가기준일의 거래소 최종시세가액으로 하며, 상속세 및 증여세법 제63조 제2항 제1호 · 제2호 및 같은 법 시행령 제57조 제1항 · 제2항을 준용할 때 "직전 6개월(증여세가 부과되는 주식 등의 경우에는 3개월로 함)"은 이를 각각 "직전 6개월"로 본다(법령 §89 ② 2호).

NOTE :: 부동산 · 비상장주식의 상속세 및 증여세법상 보충적 평가방법 요약

1. 부동산(상증법 §61 ① 내지 ④)

구 분	보충적 평가방법
(1) 토지	① 원칙 : 개별공시지가 ② 지정지역 안의 토지 : 개별공시지가 × 배율
(2) 건물	건물의 신축가격 · 구조 · 용도 · 위치 · 신축연도 등을 고려하여 매년 1회 이상 국세청장이 산정 · 고시하는 가액
(3) 지정지역 안에 있는 오피스텔 및 상업용 건물	매년 1회 이상 국세청장이 토지와 건물에 대하여 일괄하여 산정 · 고시한 가액
(4) 주택	부동산 가격공시에 관한 법률에 의한 개별주택가격 및 공동주택가격(국세청장이 결정 · 고시한 공동주택가격이 있는 때에는 그 가격을 말하며, 이하 "고시주택가격"이라 함). 다만, 해당 주택의 고시주택가격이 없거나 고시주택가격 고시 후에 해당 주택을 건축법 제2조 제1항 제9호 및 제10호에 따른 대수선 또는 리모델링을 하여 고시주택가격으로 평가하는 것이 적절하지 아니한 경우 납세지 관할 세무서장이 인근 유사주택의 고시주택가격을 고려하여 평가한 금액으로 함.

2. 비상장주식

비상장주식 또는 출자지분은 다음의 산식에 따라 1주당 순손익가치와 순자산가치를 각각 3과 2의 비율[부동산과다보유법인(당해 법인의 자산총액 중 토지 · 건물 및 부동산에 관한 권리의 자산가액과 해당 법인이 보유한 다른 법인의 주식가액에 그 다른 법인의 자산총액 중 토지 · 건물 및 부동산에 관한 권리의 자산가액이 차지하는 비율을 곱한 금액의 합계액이 50% 이상인 법인을 말함)의 경우에는 1주당 순손익가치와 순자산가치를 각각 2와 3의 비율]로 가중평균한 가액에 의한다. 다만, 그 가중평균한 가액이 1주당 순자산가치의 80%보다 낮은 경우에는 1주당 순자산가치의 80%를 비상장주식 등의 가액으로 한다(상증령 §54 ①).

(1) 주식평가 산식

$$1주당\ 가액 = \{(1주당\ 순손익가치 \times 3) + (1주당\ 순자산가치 \times 2)\} \div 5$$

(2) 1주당 순손익가치

$$1주당\ 순손익가치 = \frac{1주당\ 최근\ 3년간\ 순손익액의\ 가중평균액^{(*)}}{기획재정부령으로\ 정하는\ 이자율(10\%)}$$

(*) 일정요건 충족시 2 이상의 신용평가전문기관, 회계법인 또는 세무법인이 자본시장과 금융투자업에 관한 법률 시행령에 따라 금융위원회가 정한 수익가치에 순손익가치환원율을 곱한 금액으로 할 수 있음(상증령 §56 ② 및 상증칙 §17의 3).

(3) 1주당 순자산가치

$$1주당\ 순자산가치 = \frac{당해\ 법인의\ 순자산가액}{발행주식총수(평가기준일\ 현재의\ 발행주식총수)}$$

(4) 예 외

다음 중 어느 하나에 해당하는 비상장주식은 순자산가치에 의하여 평가한다(상증령 §54 ④).

① 상속세 및 증여세 과세표준신고기한 이내에 평가대상법인의 청산절차가 진행 중이거나 사업자의 사망 등으로 인하여 사업의 계속이 곤란하다고 인정되는 법인의 주식 등

② 사업개시 전의 법인, 사업개시 후 3년 미만(법법 §46의 3, §46의 5 및 §47의 요건을 갖춘 적격분할 또는 적격물적분할로 신설된 법인의 사업기간은 분할 전 동일 사업부분의 사업개시일부터 기산함)인 법인 또는 휴·폐업 중인 법인의 주식 등

③ 법인의 자산총액 중 소득세법 제94조 제1항 제4호 다목 1) 및 2)의 합계액이 차지하는 비율이 80% 이상인 법인의 주식 등

④ 법인의 자산총액 중 주식 등의 가액의 합계액이 차지하는 비율이 80% 이상인 법인의 주식 등

⑤ 법인의 설립 시 정관에 존속기한이 확정된 법인으로서 평가기준일 현재 잔여 존속기한이 3년 이내인 법인의 주식 등

(5) 최대주주 등의 주식의 할증평가

법인이 특수관계자와 비상장주식을 거래함에 있어 그 시가가 불분명하여 상속세 및 증여세법 제63조의 규정을 준용하여 평가하는 경우 동조 제3항의 최대주주 등의 주식 등에 해당하면 동 규정에 따라 최대주주 등에 대한 가산율을 적용한다(서면2팀-2625, 2004. 12. 14.). 다만, 당해 비상장주식은 동법 제63조의 규정을 준용하여 평가하더라도 당해 법인이 자산으로 보유하고 있는 상장주식의 시가는 평가기준일 현재 거래소 종가로 평가하며 할증평가는 적용하지 않는다(서면2팀-174, 2005. 1. 25.).

한편, 상속세 및 증여세법에서는 중소기업 및 평가기준일이 속하는 사업연도 전 3년 이내의 사업연도부터 계속해서 결손금이 있는 법인의 최대주주 주식에 대해서는 할증평가 규정의 적용을 배제하도록 규정하고 있는 바, 법인이 특수관계인으로부터 비상장 중소기업 또는 결손법인 등(상증령 §53 ⑦)의 최대주주 보유주식을 매입함에 있어서 동 주식의 시가가 불분명하여 상속세 및 증여세법상의 보충적 평가방법에 따라 산정하는 경우에는 할증평가를 적용하지 아니한다(상증법 §63 ③).

4-2-2. 금전대여시 적정이자율

특수관계인에게 자금을 대여하거나 차용하는 경우에는 원칙적으로 가중평균차입이자율을 시가로 한다. 다만, 가중평균이자율을 선택하였으나 다음의 어느 하나에 해당하는 사유가 있는 경우에는 해당 대여금 또는 차입금(2014. 2. 21. 이후 대여하거나 차입하는 분에 한함)에 한정하여 당좌대출이자율(4.6%, 단, 2016. 3. 7. 이전에 종전의 당좌대출이자율에 따라 이자를 수수하기로 약정을 체결한 경우로서 약정기간이 있는 대여금에 대하여는 해당 약정기간 만료일까지 6.9%를 적용함)을 시가로

할 수 있으며, 해당 법인이 과세표준 신고시 당좌대출이자율을 시가로 선택하는 경우에는 선택한 사업연도와 이후 2개 사업연도는 당좌대출이자율을 시가로 한다(법령 §89 ③ 및 법칙 §43 ① 내지 ③). 한편, 금전대여시 적정이자율에 대한 보다 자세한 설명은 '제2편 제1장 제5절의 가지급금 등의 인정이자'편을 참고하기 바란다.

① 특수관계인이 아닌 자로부터 차입한 금액이 없는 경우
② 차입금 전액이 채권자가 불분명한 사채 또는 매입자가 불분명한 채권 · 증권의 발행으로 조달된 경우
③ 자금대여법인의 가중평균차입이자율 또는 대여금리가 대여시점 현재 차입법인의 가중평균차입이자율보다 높아 가중평균차입이자율이 없는 것으로 보는 경우

한편, 대여한 날(계약을 갱신한 경우에는 그 갱신일을 말함)부터 해당 사업연도 종료일(해당 사업연도에 상환하는 경우는 상환일을 말함)까지의 기간이 5년을 초과하는 대여금이 있는 경우에는 해당 대여금 또는 차입금에 한정하여 당좌대출이자율을 시가로 한다(법칙 §43 ④).

4-2-3. 자산 또는 용역 제공의 경우

금전을 제외한 자산 또는 용역을 제공하거나 제공받은 경우에는 시가, 감정가액 및 상속세 및 증여세법에 의한 보충적 평가액을 순차적으로 적용하는 것이나, 이를 적용할 수 없는 경우에는 다음 산식에 의한 금액을 시가로 한다(법령 §89 ④).

① 유형 · 무형자산 제공시 시가 결정

유형 또는 무형의 자산을 제공하거나 제공받는 경우에는 당해 자산 시가의 50%에 상당하는 금액에서 그 자산의 제공과 관련하여 받은 전세금 또는 보증금을 차감한 금액에 정기예금이자율을 곱하여 산출한 금액으로 하며, 산식은 다음과 같다(법령 §89 ④ 1호 및 법칙 §6).

(당해 자산의 시가×50%−전세금 등)×정기예금이자율(*)

(*) 법인세법 시행규칙 제6조의 정기예금이자율을 말하며, 다음 구분에 따름.

2024년 1월 1일 이후 개시하는 사업연도	2023년 1월 1일 이후 개시하는 사업연도	2021년 1월 1일 이후 개시하는 사업연도	2020년 1월 1일 이후 개시하는 사업연도	2019년 1월 1일 이후 개시하는 사업연도	2018년 1월 1일 이후 개시하는 사업연도	2017년 1월 1일 이후 개시하는 사업연도	2016년 1월 1일 이후 개시하는 사업연도	2015년 1월 1일 이후 개시하는 사업연도	2014년 1월 1일 이후 개시하는 사업연도
3.5%	2.9%	1.2%	1.8%	2.1%	1.8%	1.6%	1.8%	2.5%	2.9%

관련사례

- 상표권(브랜드) 사용료에 대한 시가 산정기준

  독점규제 및 공정거래에 관한 법률 제2조 제1호의 2에 따른 지주회사가 기업집단에 내부거래가 제외되지 않은 총매출액에 일정 사용료율을 곱하여 산정된 상표권(브랜드) 사용 수수료를 수취하는 경우로서, 동 수수료 산정 방식이 다른 제3의 지주회사들과 그 소속 기업집단 간 일반적으로 통용되어 상당한 기간 동안 지속적으로 적용되었고, 건전한 사회통념 및 상거래 관행에 위배되지 않는 등 거래행위의 제반사정을 고려하였을 때 객관적 교환가치를 적정하게 반영하였다면, 그 수취된 수수료는 시가(법령 §89 ①)에 해당되는 것이며, 일률적으로 내부거래를 제외한 매출액을 기준으로 산정한 가액만이 시가에 해당된다고 볼 수 없는 것임(재법인-326, 2020. 3. 24.).

- 특수관계자에게 임대한 자산에 대한 임대료 시가의 판정기준\

  법인세법 시행령 제88조 제1항 각 호의 1의 규정에 의한 부당행위계산의 유형에 해당하는지 여부는 임대차계약일을 기준으로 판단하는 것으로 임대차계약 체결시점에서 동법 시행령 제89조 제4항 제1호의 규정(2000. 12. 29. 대통령령 제17033호로 개정되기 전의 것)에 의하여 산출한 시가를 임대차계약기간에 속하는 사업연도에 계속하여 적용하는 것임(재법인-72, 2005. 1. 28.).

② 건설 기타 용역 제공시 시가 결정

건설 기타 용역을 제공하거나 제공받는 경우에는 당해 용역의 제공에 소요된 금액(직접비 및 간접비를 포함하며, 이하 "원가"라 함)과 원가에 해당 사업연도 중 특수관계인 외의 자에게 제공한 유사한 용역제공거래 또는 특수관계인이 아닌 제3자 간의 일반적인 용역제공거래를 할 때의 수익률(기업회계기준에 따라 계산한 매출액에서 원가를 차감한 금액을 원가로 나눈 율을 말함)을 곱하여 계산한 금액을 합한 금액으로 하며, 산식은 다음과 같다(법령 §89 ④ 2호).

> 시가 = 용역의 투입원가(1 + 특수관계인 외의 자에게 제공한 유사한 용역제공거래 또는 특수관계 없는 제3자 간의 일반적인 용역제공거래의 수익률(*))
>
> $$(*)\ \text{수익률} = \frac{\text{기업회계기준에 따라 계산한 매출액} - \text{원가}}{\text{원가}}$$

4-3. 시가의 판정시점 및 입증책임

시가의 판정시점은 거래가액이 결정된 계약체결일을 기준으로 하는 것이며(법인 46012-1594, 2000. 7. 18.), 보충적 평가방법으로 신고한 것을 시가로 과세하는 경우와 시가라고 신고한 내용을 부인하고 보충적 평가방법을 적용하는 경우 시가의 입증책임은 과세관청에 있다(대법 2005두 14455, 2007. 9. 20.).

5. 부당행위계산의 유형 및 부인

5-1. 고가의 매입 · 현물출자

5-1-1. 개 요

법인이 자산을 시가보다 높은 가액으로 매입 또는 현물출자받았거나 그 자산을 과대상각한 경우로서 시가와 거래가액의 차액이 3억원 이상이거나 시가의 5%에 상당하는 금액 이상인 경우에는 부당행위계산에 해당된다(법령 §88 ① 1호, ③).

부당행위계산의 부인에 따른 익금산입액 = 매입가액 – 시가

5-1-2. 고가매입

(1) 개 요

고가매입은 부당행위계산의 부인에서 가장 많이 나타나는 사례로, 부동산 거래 및 제품 · 상품 등의 거래에서 나타날 수 있다.

한편, 고가매입에 대한 부당행위계산의 부인규정을 적용함에 있어서는 판매실태 등 회사의 실질내용과 거래의 일반 양태 등을 고려하여 일반적으로 인정되는 정상적인 상거래 시세 및 거래방법도 파악하여야 한다. 예를 들어, 거래가격은 부당하지 않더라도 거래결제조건의 장기간 부여 등과 같이 일반 상관례상 발생되지 않거나 제3자에게도 통상 적용하지 않는 특혜의 거래라면 부당행위로 보게 된다(국심 82부 960, 1982. 7. 1.).

(2) 고가매입의 세무조정 및 소득처분

1) 대금을 전부 지급한 때

특수관계인으로부터 자산(영업권 포함)을 시가를 초과하여 고가로 매입하였을 경우 동 시가초과액은 이익의 분여로 인정되므로, 익금산입하여 소득의 귀속자에 따라 소득처분(상여, 배당 등)하고, 동시에 동 금액을 손금산입(△유보)한다.

그 이후, 동 자산에 대한 감가상각비가 계상될 때 혹은 양도할 때 시가 초과액에 해당하는 분은 손금불산입(유보)한다. 즉, 손금불산입할 감가상각비의 계산은 다음 산식에 의하며, 다만 시가 초과 부인액에 대한 감가상각비를 손금으로 계상하지 아니한 것이 명백한 경우에는 손금불산입할 감가상각비로 보지 아니한다(법기통 67–106…9 ① 1호, ③).

$$\text{손금불산입액} = \text{회사계상 감가상각비} \times \frac{\text{시가 초과 부인액 잔액}}{\text{당해연도 감가상각 전의 장부가액}}$$

대금을 전부 지급한 경우 세무조정 요약

구 분	세무조정	비 고
고가매입시	익금산입(상여 등) 손금산입(△유보)	시가 초과액은 손금산입(△)하고, 동 금액은 부당행위계산 부인액이므로 익금산입함.
자산보유시 (감가상각시)	손금불산입(유보)	시가 초과액에 대한 감가상각비를 부인함.
자산양도시	손금불산입(유보)	시가 초과액의 잔액(△유보) 중 양도분에 상당하는 금액을 손금불산입함.

2) 대금을 일부 지급한 때

특수관계인으로부터 자산(영업권 포함)을 시가를 초과하여 고가로 매입하였을 경우 동 시가 초과액은 익금산입(유보)하고 동시에 동액을 손금산입(△유보)하는 한편, 지급된 금액 중 시가를 초과하는 금액은 익금산입하여 소득의 귀속자에 따라 소득처분(상여, 배당 등)함과 동시에 동 금액을 손금산입(△유보)한다. 즉, 대금을 분할하여 지급하는 때에는 시가에 상당하는 금액을 먼저 지급한 것으로 본다(법기통 67-106…9 ① 2호, ②).

3) 대금을 전부 미지급한 때

특수관계인으로부터 자산(영업권 포함)을 시가를 초과하여 고가로 매입하였을 경우 동 시가 초과액은 익금산입(유보)하고, 동시에 동액을 손금산입(△유보)하는 한편, 동 대금을 실제로 지급하는 때에 상기 '2)'에 의하여 처분한다(법기통 67-106…9 ① 3호).

대금을 일부 지급 혹은 미지급한 경우 세무조정 요약

구 분	세무조정	비 고
고가매입시	익금산입(유보) 손금산입(△유보)	시가 초과액은 손금산입(△)하고, 동 금액은 미지급금의 부인으로 보아 유보로 처분함.
미지급금의 지급시	익금산입(상여 등) 손금산입(△유보)	지급된 금액 중 시가 초과액을 손금산입하고, 동 금액은 부당행위계산 부인액이므로 익금산입함.
자산보유시 (감가상각시)	손금불산입(유보)	시가 초과액에 대한 감가상각비를 부인함.
자산양도시	손금불산입(유보)	시가 초과액의 잔액(△유보) 중 양도분에 상당하는 금액을 손금불산입함.

5-1-3. 고가현물출자

(1) 개 요

현물출자방식에 의하여 자본금을 납입하는 경우 납입대상의 거래가액이 시가를 초과하게 되면 출자자산과 자본금이 과대하게 평가되며, 혼수자본을 유발시킴은 물론 그 자산의 감가상각시 과대상각된다. 따라서 자산을 고가로 평가하여 현물출자받는 경우 시가초과액은 부당행위계산 부인으로 보아 자본의 납입이 없었던 것으로 세무상 처리한다.

(2) 고가현물출자의 세무조정 및 소득처분

출자행위 자체는 법인의 손익 등에 변동을 가져오지 않았으므로 출자 부인액을 익금산입하고 동시에 동액을 손금에 산입하여 법인의 소득에는 일단 영향이 없게 하며, 익금에 산입한 금액은 소득의 귀속자에 따라 소득처분(상여, 배당 등)하고 손금에 산입한 금액은 △유보로 소득처분한다.

이후, 그 출자 부인분에 대한 감가상각비가 계상된 경우 이는 손금불산입하고 유보로 처분한다. 또한, 당해 자산을 양도한 경우는 양도대금의 입금에 의하여 당초 출자 부인되었던 부분에 대한 출자가 비로소 이행된 것으로 하며, 양도의 경우 기업회계상의 양도손익에 불구하고 당초 출자 부인액을 익금산입한다. 왜냐하면 기업회계상 동액만큼 자산의 원가가 과대계상되어 있기 때문인데, 익금산입된 금액을 유보로 처분하여 당초 출자 부인시 손금산입 · △유보로 처분되었던 것과 상계시킨다.

▮고가현물출자의 경우 세무조정 요약▮

구 분	세무조정	비 고
고가현물출자시	익금산입(배당 등) 손금산입(△유보)	시가 초과액은 손금산입(△)하고, 동 금액은 부당행위계산 부인액이므로 익금산입함.
자산보유시 (감가상각시)	손금불산입(유보)	시가 초과액에 대한 감가상각비를 부인함.
자산양도시	손금불산입(유보)	시가 초과액의 잔액(△유보) 중 양도분에 상당하는 금액을 손금불산입함.

계산사례 - 1 **자산을 고가로 매입한 경우**

〈CASE 1〉 대금을 전액 지급한 경우

다음은 ㈜삼일의 제8기(2024. 1. 1. ~ 2024. 12. 31.)의 기계장치에 관한 자료이다. 상기 자료를 토대로 ㈜삼일의 제8기 및 제9기에 필요한 세무조정을 수행하시오.

◀ **자료** ▶

1. 제8기 사업연도 초에 당 법인의 주식을 2% 소유하고 있는 개인주주로부터 기계장치를 ₩20,000,000에 매입하고 장부에 계상하면서 전액 대금을 지급하였다. 기계장치의 시가는 불분명하나 감정평가법인 등의 감정가액은 ₩15,000,000이다.
2. 해당 기계장치에 대하여 내용연수 5년, 정액법으로 계산한 감가상각비 ₩4,000,000을 제8기 사업연도에 계상하였다.
3. 제9기 사업연도 초에 위 기계장치를 ₩9,000,000에 양도하였다.

해 설

〈제8기 사업연도〉

1. 고가매입
   (1) 고가매입액(시가초과분)(*) = 20,000,000 - 15,000,000 = 5,000,000
      (*) 시가와 거래가액의 차액(5,000,000)이 Min[3억원, 시가의 5%(750,000 = 15,000,000 × 5%)]의 금액 이상이므로 부당행위계산에 해당함.
   (2) 세무조정
      〈손금산입〉 기계장치 5,000,000 (△유보)
      〈익금산입〉 부당행위계산 부인액 5,000,000 (배당)
2. 감가상각시부인
   (1) 시가를 초과한 부분에 대하여 회사가 계상한 감가상각비를 시부인한다.
      $$\text{시가초과액에 대한 감가상각비} = 4{,}000{,}000 \times \frac{5{,}000{,}000}{20{,}000{,}000} = 1{,}000{,}000$$
   (2) 세무조정
      〈손금불산입〉 감가상각누계액(감가상각비 부인액) 1,000,000 (유보)

〈제9기 사업연도〉

1. 고가매입자산의 양도
   (1) 회계상 처분손익의 계산
      처분가액 - 회계상 장부가액(취득가액 - 감가상각누계액) = 9,000,000 - (20,000,000 - 4,000,000)
      = 7,000,000 (회계상 처분손실 발생)
   (2) 세무상 처분손익의 계산
      처분가액 - 세무상 장부가액 = 9,000,000 - (20,000,000 - 5,000,000 - 4,000,000 + 1,000,000)
      = 3,000,000 (세무상 처분손실 발생)

(3) 세무조정

〈손금불산입〉 기계장치 5,000,000 (유보)

〈손금산입〉 감가상각누계액 1,000,000 (△유보)

〈CASE 2〉 대금을 일부 미지급한 경우

다음은 ㈜삼일의 제8기(2024. 1. 1. ~ 2024. 12. 31.)의 비상장주식에 관한 자료이다. 상기 자료를 토대로 ㈜삼일의 제8기, 제9기 및 제10기에 필요한 세무조정을 수행하시오.

◀ 자 료 ▶

1. 제8기 사업연도 초에 대표이사로부터 비상장주식 A를 30,000,000에 취득하였고, 그 매입대금 중 ₩27,000,000은 취득시, ₩3,000,000은 제9기 중에 지급하였다.
   ① A주식에 대한 감정평가법인 등의 감정가액 : ₩27,000,000
   ② A주식에 대한 상속세 및 증여세법상 평가액 : ₩25,000,000
2. ㈜삼일은 제10기에 상기의 주식 A를 제3자인 ㈜국제에 ₩32,000,000에 양도하였다.

해 설

〈제8기 사업연도〉

1. 고가매입액(시가초과분)(*) : 30,000,000 − 25,000,000 = 5,000,000

(*) 시가와 거래가액의 차액(5,000,000)이 Min[3억원, 시가의 5%(1,250,000 = 25,000,000 × 5%)]의 금액 이상이므로 부당행위계산에 해당함. 또한, 비상장주식은 감정평가업자의 감정가액을 시가로 적용할 수 없음.

2. 세무조정

〈손금산입〉 비상장주식 A 5,000,000 (△유보)

〈익금산입〉 부당행위계산 부인액 2,000,000 (상여)(*)

〈익금산입〉 미지급금 3,000,000 (유보)(*)

(*) 취득당시 대금지급액 27,000,000은 시가상당액 25,000,000이 먼저 지급되고 그 다음 시가초과액 5,000,000 중에 2,000,000이 지급된 것으로 본다. 따라서 제8기 시과초과지급분 2,000,000은 익금산입하여 대표자에 대한 상여로 처분하고, 제8기말 현재 미지급상태로 남아 있는 3,000,000은 미지급금으로 익금에 산입한다.

〈제9기 사업연도〉

1. 미지급금의 지급에 따른 세무조정

〈손금산입〉 전기미지급금 3,000,000 (△유보)(*)

〈익금산입〉 부당행위계산 부인액 3,000,000 (상여)(*)

(*) 제8기말 미지급금상태에 있던 시가초과액 중 3,000,000이 지급되었으므로 이를 손금에 산입하고 △유보로 처분함과 동시에 동 금액에 대하여 부당행위계산을 부인하여 익금산입하고 대표이사 상여로 소득처분한다.

〈제10기 사업연도〉

1. 고가매입 자산의 양도
   (1) 회계상 처분손익의 계산
       32,000,000 - 30,000,000 = 2,000,000 (회계상 처분이익 발생)
   (2) 세무상 처분손익의 계산
       32,000,000 - (30,000,000 - 5,000,000) = 7,000,000 (세무상 처분이익 발생)
   (3) 세무조정
       〈익금산입〉 비상장주식 A 5,000,000 (유보)

5-2. 무수익자산의 매입·현물출자

5-2-1. 개 요

무수익자산을 매입 또는 현물출자받았거나 그 자산에 대한 비용을 부담한 경우 부당행위계산에 해당된다(법령 §88 ① 2호).

여기서 말하는 무수익자산이란 법인의 수익파생에 공헌하지 못하거나 법인의 수익과 관련이 없는 자산으로서 장래에도 그 자산의 운용으로 수익을 얻을 가망성이 희박한 자산을 말하는데(대법 98두 12055, 2000. 11. 10.), 업무무관자산과 같은 것으로 오해되기 쉬우나 업무무관자산이 곧 무수익자산이라는 등식은 성립되지 않는다. 업무무관자산은 업무무관인 동안은 무수익자산이라고 볼 수 있으며 당해 자산이 업무와 다시 관련을 가질 수도 있다는 점에서 양자간에는 차이가 있는 것이다. 따라서 업무무관의 기준에 준하여 장래에도 계속하여 업무와 관련이 없을 것으로 예상되는 자산은 모두 무수익자산이라고 판단하면 될 것이다.

5-2-2. 무수익자산 매입 등에 따른 세무조정 및 소득처분

법인이 특수관계인으로부터 수익이 발생되지 아니하는 무수익자산을 매입 또는 현물출자받아 동 자산에 대한 유지관리비 등을 부담하거나 감가상각한 경우 다음과 같이 처리한다.

① 매입 또는 현물출자시

법인이 무수익자산을 매입 또는 현물출자받는 경우, 비록 수익활동에 기여하지는 못하지만 시가에 의하여 매입한 이상 이를 양도시 회수할 수 있으므로 고가매입에 해당되는 경우를 제외하고는 별도의 세무조정을 하지 않는다. 이와 관련하여 판례는 거래 내용의 실질에 따라 그 매입이 자금대여의 성격이 있는 것으로 판단되는 경우에는 그 상당액에 대해서 인정이자를 계산하여 익금산입하도록 하고 있다(대법 98두 12055, 2000. 11. 10.).

:: 무수익자산 매입 등에 따른 소득처분 논쟁

무수익자산을 매입하거나 출자받는 경우 세법상 처리에 대해서는 논란이 되고 있는바, 본문과는 다른 견해로서 무수익자산을 매입 또는 현물출자받는 경우 당해 무수익자산가액을 손금산입(△유보)하고 동시에 사외유출된 금액에 대해서는 다시 익금에 산입(상여, 배당 등)하여 그 자산성을 세무상 부인한 후 양도한 연도에 익금산입(유보)하여야 한다는 주장이 있다. 이를 요약하면 다음과 같다.

구 분		세무조정	비 고
무수익자산매입시		익금산입(상여 등) 손금산입(△유보)	무수익자산가액은 손금산입(△)하고, 동 금액은 부당행위계산 부인액이므로 익금산입함.
자산 보유시	감가상각비	손금불산입	무수익자산에 대한 감가상각비를 부인함.
	유지관리비	손금불산입(상여 등)	비용계상시 손금 부인함.
자산양도시		손금불산입(유보)	손금산입(△유보) 잔액 중 양도분에 상당하는 금액을 손금불산입함.

② 유지관리비용의 지출시

특수관계인이 부담할 무수익자산에 대한 유지관리비용(수선비, 제세공과금 등)을 법인이 당해 자산을 취득함에 따라 부담한 것이므로 이를 손금부인하고 당해 특수관계인에게 소득처분(상여, 배당 등)하여야 한다.

:: 손금불산입하는 감가상각비의 소득처분에 대한 논쟁

무수익자산에 대하여 감가상각비를 계상한 경우 손금불산입하여야 할 것인바, 당해 감가상각비 손금불산입액의 소득처분에 대해서는 다음과 같은 논란이 있다.

1. 배당, 상여 등으로 처분

세법에서 감가상각비란 회계상 계상하는 감가상각비가 아닌 세무상 감가상각비를 의미한다. 즉, 회계상 계상한 감가상각비 중 감가상각한도액 범위 내의 금액을 말한다. 따라서, 감가상각비 한도초과액은 유보로 처분하고 한도 내의 금액은 배당, 상여 등으로 처분한다는 것이다. 이 논리는 무수익자산의 감가상각비도 다른 유지관리비와 다를 바 없으므로 그 사용자에게 귀속하여야 한다는 것이다.

2. 유보로 처분

무수익자산의 취득 자체를 부인하는 것이 아니고 유지관리비를 부인하는 것이므로 취득원가의 기간배분 성격인 감가상각비를 손금불산입함에 있어서는 유보로 처분하는 것이 타당하다는 것이다.
이 방법에 의할 경우 무수익자산은 감가상각자산이 아니기 때문에 투자자산 등 감가상각대상 자산이 아닌 것과 마찬가지로 회계상 계상하는 감가상각비를 전액 유보로 처분하여야 한다는 것이다.

③ 자산처분시

무수익자산의 처분으로 인하여 손실이 발생한 경우 이를 손금부인하고 특수관계인에게 소득처분(상여, 배당 등)하여야 한다.

5-3. 저가양도 및 저가현물출자

5-3-1. 개 요

법인이 자산을 무상 또는 시가보다 낮은 가액으로 양도 또는 현물출자한 경우로서 시가와 거래가액의 차액이 3억원 이상이거나 시가의 5%에 상당하는 금액 이상인 경우에는 부당행위계산에 해당하며, 이 경우 동 차액을 익금산입하여 그 소득 귀속자에 따라 소득처분(상여, 배당 등)한다. 다만, 상법 제340조의 2, 벤처기업육성에 관한 특별조치법 제16조의 3 또는 소재·부품·장비산업 경쟁력 강화 및 공급망 안정화를 위한 특별조치법 제56조에 따른 주식매수선택권 또는 주식기준보상(이하 "주식매수선택권 등"이라 함)의 행사 또는 지급에 따라 주식을 양도하는 경우는 제외한다(법령 §88 ① 3호, §19 19호의 2).

관련사례

- 물적분할법인의 자산양도차익 계산시 시가보다 낮은 가액으로 평가하는 경우 부당행위계산 여부
  물적분할에 의하여 자산을 승계하는 경우로서 분할법인의 물적분할로 인한 자산양도차익을 계산함에 있어서 법인이 분할하는 사업부문에 속하는 자산 및 부채를 공정가액으로 평가하지 아니하고 시가보다 낮은 가액으로 승계하는 경우에는 부당행위계산 부인의 규정을 적용함(법기통 47-84…1).
- 강제경매 절차에 의해 특수관계에 해당하는 법인에게 저가로 경락된 경우 부당행위계산 여부
  내국법인이 보유한 비상장주식을 강제경매 절차에 따라 특수관계자에 해당하는 법인에게 상속세 및 증여세법에 의한 평가액보다 저가로 경락이 된 경우 저가양도에 대하여 부당행위계산 부인규정이 적용되는지 여부는 그 거래 행위가 건전한 사회통념 및 상관행에 비추어 부당함이 있었는지 여부에 따라 사실판단하는 것임(서면2팀-725, 2006. 5. 2.).
- 특수관계자의 경영개선약정을 이행하기 위하여 주식을 무상 또는 저가로 현물출자한 경우 부당행위계산 여부
  법인이 특수관계자인 부실금융기관의 경영개선약정을 이행하기 위하여 계열그룹 구조조정본부의 지침에 따른 법인 간 합의에 의하여 보유주식을 현물출자한 것이 무상 또는 저가인 경우 부당행위계산 부인규정을 적용함(재법인-199, 2005. 3. 28.).

5-3-2. 부당행위계산 적용배제 거래

자산을 저가양도하는 경우에는 시가에 미달하는 금액을 이익의 분여로 보아 이를 익금에 산입하여야 하나, 다음의 경우에는 그 가격이 법령 등에 의한 것으로서 법인이 조세를 부당히

감소시킨 것으로 볼 수 없으므로 부당행위계산 부인을 적용하지 않는다(법기통 52-88…3 5호, 7호, 8호, 15호).

① 정부의 지시에 의하여 통상판매가격보다 낮은 가격으로 판매한 때
② 법인이 근로복지기본법에 의한 우리사주조합의 조합원에게 자사주를 시가에 미달하는 가액으로 양도하는 경우. 다만, 금융지주회사의 자회사인 비상장법인이 해당 금융지주회사의 우리사주조합원에게 양도하는 경우에는 해당 법인의 종업원이 취득하는 경우에 한한다.
③ 사용인에게 포상으로 지급하는 금품의 가액이 해당 사용인의 근속기간, 공적내용, 월급여액 등에 비추어 적당하다고 인정되는 때
④ 사용인에게 다음의 요건을 충족하여 제품 등을 할인판매하는 경우
  ㉠ 할인판매가격이 법인의 취득가액 이상이며 통상 일반 소비자에게 판매하는 가액에 비하여 현저하게 낮은 가액이 아닌 것
  ㉡ 할인판매를 하는 제품 등의 수량은 사용인이 통상 자기의 가사를 위하여 소비하는 것이라고 인정되는 정도의 것

5-4. 불공정합병 · 분할에 따른 양도손익의 감소

특수관계인인 법인 간 합병(분할합병을 포함함) · 분할에 있어서 불공정한 비율로 합병 · 분할하여 합병 · 분할에 따른 양도손익을 감소시킨 경우에는 부당행위계산부인의 대상이 된다. 다만, 자본시장과 금융투자업에 관한 법률 제165조의 4에 따라 합병(분할합병을 포함함) · 분할하는 경우는 제외한다(법령 §88 ① 3호의 2).

적격합병 등에 해당하나 불공정비율로 합병 등을 한 경우, 부당행위계산부인 적용 여부

법인세법상 적격합병 · 적격분할의 요건을 갖추어 과세특례를 적용받는 합병 · 분할에 해당하나, 그 합병 · 분할비율을 불공정하게 한 경우, 양도손익에 대한 부당행위계산부인 규정의 적용 여부가 쟁점일 수 있을 것으로 보인다. 법문상으로만 보면, 적격합병 · 적격분할의 경우에는 양도손익 계산시 양도가액을 순자산 장부가액으로 하도록 하여 양도손익이 없도록 하고 있는 바, 설령 그 합병 · 분할비율이 불공정하다 하여도 양도손익에 대한 부당행위계산부인의 규정은 적용되지 않는다고 봄이 합리적인 해석일 것으로 판단된다(재법인-56, 2016. 1. 21. 참조). 한편, 불공정 합병 · 분할비율로 합병 · 분할한 경우, 자본거래에 따른 부당행위(법령 §88 ① 8호 가목, 8호의 2)에 해당될 수 있음은 물론이다.

5-5. 불량자산 차환 · 불량채권 양수

5-5-1. 개 요

법인의 건전한 자산을 특수관계인의 불량한 자산으로 바꾸거나 불량채권을 양수하게 되면

이로 인해 대손·회수지연 등의 직접적인 손실 외에 이의 유지관리를 위한 간접비와 법인의 신뢰도 저하 등 간접적인 손실이 발생하는데, 이러한 손실의 사실이 발생하면 부당행위로 보아 부인하게 된다(법령 §88 ① 4호).

5-5-2. 불량자산의 차환

(1) 의 의

불량자산은 자산의 사용에 비용이 많이 발생하는 등 수익력이 적은 것인 바, 자산의 관리비, 임차료 또는 사용료 등이 많이 요하는 자산을 유리한 조건의 자산과 차환한 경우 그 차환으로 인하여 증가된 제비용과 자산가액의 차액은 모두 손금불산입된다.

(2) 세무조정

법인이 보유한 우량자산과 특수관계인이 보유한 불량자산을 바꾼 경우 그 자산가액의 차액은 고가매입의 경우와 같은 이익의 분여로 인정되는데, 양 자산의 가액을 비교하여 그 차액을 익금산입(배당 등)하고 동시에 동액을 손금산입(△유보)한다.

차환에 관련된 비용을 법인이 부담하였을 때 동액은 손금불산입(배당 등)하며, 차환 관련비용을 자본적지출로 하였다면 이를 손금불산입(배당 등)함과 동시에 손금산입(△유보)한다. 향후 감가상각비가 계상되는 경우 부인된 자산가액 및 자본적지출에 해당하는 감가상각비를 손금불산입(유보)하고, 동 자산을 양도한 경우는 당초 부인한 자산가액과 자본적 지출 상당액을 익금산입(유보)하여 당초 이들이 손금산입(△유보)되어 있던 것과 상계시키며, 양도 전에 감가상각비로서 부인되어 유보처분되어 있던 것은 양도시점에서 손금산입(△유보)하여 상계시킨다.

구 분		세무조정	비 고
차환시		익금산입(배당 등) 손금산입(△유보)	우량자산과 불량자산의 차액상당액은 손금산입(△)하고, 동 금액은 부당행위계산 부인액이므로 익금산입함.
차환관련 비용발생시	비용 계상	손금불산입(배당 등)	-
	자본적지출 계상	익금산입(배당 등) 손금산입(△유보)	-
자산보유시(감가상각)		손금불산입(유보)	불량자산에 대한 감가상각비를 부인함.
자산양도시		손금불산입(유보)	시가 초과액의 잔액(△유보) 중 양도분에 상당하는 금액을 손금불산입함.

5-5-3. 불량채권의 양수

(1) 의 의

불량채권은 거래일 현재 채무자의 재산 및 영업상태로 보아 정상적인 회수가 곤란하다고 인정되는 채권으로서 예를 들면, 사실상 휴·폐업상태에 있는 거래처에 대한 매출채권, 부도어음 및 부도수표, 화의개시 또는 법정관리 등으로 상환이 동결 또는 연장된 채권을 적정한 평가 없이 장부가액으로 인수하는 경우 등이 해당된다.

(2) 세무조정

불량채권의 경우 채권의 미회수 상태에서 과연 어느 정도 불량한가 하는 것은 사전에 판단하기 어려우므로, 양수 당시에는 부인을 하지 않고 향후 발생되는 회수비용이나 대손금을 부인하여 손금불산입(배당 등)하는 방법이 고려될 수 있다.

그러나 이 방법에 의하면 상대방은 이미 불량채권을 양도한 대가를 활용하고 있으므로 불합리한 점이 있다. 따라서 양수 당시 불량채권의 양수를 부인하고 동액을 익금산입(배당 등)함과 동시에 동액을 손금산입(△유보)한다. 이후 동 채권의 회수에 소요된 회수비용은 손금불산입(배당 등)하여야 하며, 동 채권이 대손되었을 때는 대손금을 손금불산입(유보)하여 당초 채권의 양수액이 손금산입(△유보)되어 있던 것과 상계시킨다.

5-6. 출연금 부담

특수관계인에 대한 제반지출의 일종으로 법인의 업무와 관련이 없고 법인이 부담하여야 할 성질이 아닌 모든 지출이 이에 해당된다. 지분이전 등으로 인해 과점주주가 되는 경우 법인의 부동산 등에 대하여도 취득세를 납부하는 바, 이와 같이 주주가 부담해야 할 성질의 것이라면 업무와 관련성이 있다 하더라도 부당행위의 대상이 되는 것이며, 특수관계인이 부담하여야 할 출연금을 법인이 부담한 것은 사업과 관련 없는 경비로서 잉여금처분이 되어 바로 손금불산입(배당 등)한다(법령 §88 ① 5호).

다만, 법인이 국세기본법 제39조에 따른 제2차 납세의무자로서 특수관계인의 국세를 대신 납부하고 가지급금 등으로 처리한 경우는 부당행위에서 제외된다(법기통 52-88…3 14호).

5-7. 금전, 기타자산 등의 무상 또는 저이율·저요율 제공

5-7-1. 개 요

법인이 금전, 그 밖의 자산 또는 용역을 무상 또는 시가보다 낮은 이율·요율이나 임대료로 대부하거나 제공한 경우로서 시가와 거래가액의 차액이 3억원 이상이거나 시가의 5%에 상당하는 금액 이상인 경우에는 부당행위계산에 해당한다. 다만, 다음의 어느 하나에 해당하는 경우에는 부당행위계산에 해당하지 아니한다(법령 §88 ① 6호, ③).

① 법 소정의 주식매수선택권 등(법령 §19 19호의 2)의 행사 또는 지급에 따라 금전을 제공하는 경우

② 주주등이나 출연자가 아닌 임원(법인세법 시행령 제40조 제1항에 따른 임원으로서 소액주주등

인 임원을 포함함) 및 직원에게 사택(임차사택을 포함함)을 제공하는 경우

③ 법인세법 제76조의 8에 따른 연결납세방식을 적용받는 연결법인 간에 연결법인세액의 변동이 없는 등 법 소정의 요건(법칙 §42의 5)을 갖추어 용역을 제공하는 경우

이하에서는 금전 대여, 자산 또는 용역의 무상 · 저율제공 등으로 각각 구분하여 설명한다.

5-7-2. 금전의 대여

특수관계인에게 금전을 무상 또는 낮은 이율로 대부한 때에는 부당행위에 해당되는데(법령 §88 ① 6호), 이때 금전을 적정이자율보다 저율 또는 무상 대부하는 경우 세무상 익금에 산입하는 이자상당액을 인정이자라 한다. 금전의 대여에 대한 부당행위계산의 부인은 '제2편 제1장 제5절의 가지급금 등의 인정이자'편을 참고하기 바란다.

5-7-3. 자산의 무상 · 저율 제공

법인이 부동산, 기계장치, 유가증권 및 기타의 자산 등을 특수관계인과 임대차하거나 대부 또는 제공한 때 적정요율을 벗어나서 거래한 경우, 즉, 무상 및 저율제공이라면 적정한 가액과의 차액만큼 이익을 분여한 것이다(법령 §88 ① 6호). 적정요율에 대한 자세한 설명은 위 '4-2-3.의 ① 유형 · 무형자산 제공시 시가 결정'을 참고하기 바란다.

그러나, 자산 등을 차입에 대한 담보로 제공하거나 법인 스스로가 보증을 하는 경우 혹은 특수관계인으로부터 담보를 제공받거나 지급보증 등을 받는 경우, 이러한 담보제공이나 보증행위가 법인의 가용자원에 제약을 가하지 않고 실제 경제적 손실도 발생하지 않았다면 부당행위로 보지 아니한다(구법기통 2-16-9…20).

즉, 사업상 상호간의 지급보증행위는 부당행위가 아니지만 이로 인해 특수관계인 중에 손실이 발생한 경우는 부당행위로 보게 되는 것이다.

계산사례 - 2 자산의 임대

다음의 자료를 이용하여 ㈜삼일의 제8기(2024. 1. 1. ~ 2024. 12. 31.)의 세무조정을 하시오.

◀ **자료** ▶

1. 회사는 당기 중에 출자임원 홍길동(소액주주 아님)에게 상가를 다음과 같이 임대하였다.
   ① 임대보증금 : ₩178,000,000
   ② 월임대료 : ₩100,000
   ③ 임대기간 : 2024. 7. 1.~2024. 12. 31.(183일)
2. 현재 상가의 매매시가는 불분명하나 기준시가는 ₩700,000,000이다. 한편, 정기예금이자율은 2.9%이다.
3. 1년을 365일로 가정한다.

해 설

1. 상가의 적정임대료
   (시가 × 50% - 전세금 등) × 정기예금이자율
   = {(700,000,000 × 50% - 178,000,000) × 183일 × 2.9%} ÷ 365
   = 2,500,832

2. 부당행위계산 해당 여부의 판단
   ㈜삼일의 임대거래는 다음과 같이 시가와 거래가액의 차액이 판정기준금액(3억원 또는 시가의 5% 상당액) 이상이므로 부당행위계산에 해당한다.
   ① 시가와 거래가액의 차액 : 2,500,832 - 600,000(= 월 100,000×6개월) = 1,900,832
   ② 판정기준금액 : Min[3억원, 2,500,832×5%] = 125,041

3. 부당행위계산 부인액 계산 및 세무조정
   상가의 적정임대료 - 월임대수익
   = 2,500,832 - (100,000 × 6개월)
   = 1,900,832
   〈익금산입〉 부당행위계산 부인액 1,900,832 (상여)

5-7-4. 용역의 무상 · 저율제공

용역을 무상 또는 시가보다 낮은 금액으로 제공한 경우에는 부당행위계산의 부인규정을 적용한다(법령 §88 ① 6호).

재화의 거래는 대상이 가시적이고 대부분 거래대상이 실물로 존재하지만, 용역거래는 공급되는 행위 자체가 추상적이고 각 거래상대방의 특성에 보다 많은 영향을 받으므로 시가의 산정이 더욱 어렵다는 특성이 있다.

또한, 경제적 손실의 측정도 어려우므로 보다 일반적인 시가산정 원칙을 엄격히 적용하여야 할 것이다.

한편, 용역제공의 시가에 대한 자세한 설명은 위 '4-2-3.의 ② 건설 기타 용역 제공시 시가결정'을 참고하기 바란다.

계산사례 - 3 **용역의 제공**

다음의 자료를 이용하여 ㈜삼일의 제8기(2024. 1. 1. ~ 2024. 12. 31.)의 세무조정을 하시오.

◀ **자료** ▶

1. 회사는 당기 중에 특수관계에 있는 법인에게 본사사옥의 건설용역을 제공하였는데 그 세부내역은 다음과 같다.
   ① 건설용역을 제공하는 데 소요된 원가 : ₩4,000,000,000
   ② 건설용역을 제공하고 받은 용역대가 : ₩4,500,000,000
2. 당 법인의 손익계산서로부터 계산된 특수관계 없는 자에게 제공한 유사한 건설용역의 수익현황은 다음과 같다.
   ① 용역매출액 : 1,000억원
   ② 용역매출원가 : 800억원

해 설

1. 제공 용역의 적정시가
   소요된 원가 × (1+특수관계인 외의 자에게 제공한 유사한 용역제공거래의 수익률(*))
   = 4,000,000,000 × (1 + 25%)
   = 5,000,000,000
   (*) 수익률 : (용역매출액 - 용역매출원가) ÷ 용역매출원가
   = (1,000억원 - 800억원) ÷ 800억원 = 25%
2. 부당행위계산 해당 여부의 판단
   ㈜삼일의 건설용역 무상·저율거래는 다음과 같이 시가와 거래가액의 차액이 판정기준금액(3억원 또는 시가의 5% 상당액) 이상이므로 부당행위계산에 해당한다.
   ① 시가와 거래가액의 차액 : 5,000,000,000 - 4,500,000,000 = 500,000,000
   ② 판정기준금액 : Min[3억원, 5,000,000,000×5%] = 250,000,000
3. 부당행위계산의 부인액 계산 및 세무조정
   용역제공의 시가 - 수령한 용역대가
   = 5,000,000,000 - 4,500,000,000
   = 500,000,000
   〈익금산입〉 부당행위계산의 부인액 500,000,000 (기타사외유출)

5-7-5. 부당행위계산 적용배제 사례

(1) 주식매수선택권 등의 행사 또는 지급에 따른 금전의 제공

법인이 법인세법 시행령 제19조 제19호의 2 각 목 외의 부분에 해당하는 주식매수선택권 등의 행사 또는 지급에 따라 금전을 제공하는 경우는 부당행위에 해당하지 아니한다(법령 §88 ① 6호

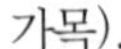

가목).

(2) 사택의 저율임대

주주 등이나 출연자가 아닌 임원(법인세법 시행령 제40조 제1항에 따른 임원으로서 소액주주등인 임원을 포함함) 및 직원에게 사택(임차사택을 포함함)을 제공하는 경우에는 부당행위에 해당되지 아니한다(법령 §88 ① 6호 나목).

임직원에 대한 사택제공에 대하여는 비출자임원뿐만 아니라 종업원에 대한 사택제공도 포함하는데, 대상 종업원이 법인의 업무를 위해 고용되었다면 내 · 외국인을 불문하며 주택의 소유 여부, 근무환경 등에 관계 없이 부당행위로 보지 않으며, 법인의 업무를 수행하기 위하여 초청된 외국인에게 사택 등을 무상으로 제공한 때에도 부당행위에서 제외한다(법기통 52-88…3 1호).

한편, 임차사택이란 법인소유의 주택은 아니지만 법인이 직접 임차하여 임원 또는 직원("직원 등"이라 함)에게 무상으로 제공하는 주택으로서 다음 각각의 경우를 제외하고는 임차기간 동안 직원 등이 거주하고 있는 주택을 말한다(법칙 §42의 3).

① 입주한 직원 등이 전근 · 퇴직 또는 이사한 후에 해당 법인의 직원 등 중에서 입주 희망자가 없는 경우

② 해당 임차사택의 계약 잔여기간이 1년 이하인 경우로서 주택임대인이 주택임대차계약의 갱신을 거부하는 경우

한편, 중소기업(조특령 §2)에 근무하는 직원(지배주주등인 직원은 제외함)에 대한 주택구입 또는 전세자금의 대여액에 대해서는 부당행위(가지급금 등의 인정이자) 적용대상 업무무관가지급금에서 제외한다(법칙 §44 7호의 2). 이에 대하여는 '제2편 제1장 제5절의 가지급금 등의 인정이자'편을 참고하기 바란다.

관련사례

- 법인이 임차주택을 근로자에게 사용하게 하고 일정수준의 수수료를 받는 경우 부당행위계산 부인 적용 여부

  내국법인이 직접 임차한 주택을 사용하는 해당 종업원에게 일정 수준의 수수료를 부담하게 하는 경우, 해당 주택은 법인세법 시행규칙 제42조의 3에 따른 임차사택에 해당하지 아니하는 것으로 부당행위계산 부인규정이 적용되는 것임(법인-388, 2012. 6. 15.).

- 원거리 근무 종업원에 대한 사택 임차보증금 대여의 부당행위계산부인의 적용 여부

  법인이 주택을 직접 임차하여 임원 · 사용인에게 무상으로 제공하는 경우에는 부당행위계산부인 규정이 적용되지 아니하나, 주택임차보증금을 무상으로 대여한 경우 부당행위계산부인 규정이 적용됨(법인-842, 2009. 7. 22. 및 법인-1411, 2009. 12. 21.).

• 공동임차사택 보증금의 부당행위계산부인의 적용 여부
사규에 따른 기준금액 내의 임차보증금은 법인이 부담하고, 기준금액을 초과하는 임차보증금 또는 매월 지급하는 임차료는 종업원이 부담하는 것으로 각각 구분 표시하여 법인과 종업원을 공동임차인으로 하는 임대차계약을 체결하는 경우, 법인이 부담하는 임차보증금은 부당행위계산부인 규정을 적용하지 아니하는 것임(법인-323, 2012. 5. 23. 및 법규법인 2011-535, 2011. 12. 29.).

(3) 연결납세방식을 적용받는 연결법인 간 내부 용역제공 거래

법인세법 제76조의 8에 따른 연결납세방식을 적용받는 연결법인 간에 다음의 요건을 갖추어 용역을 제공하는 경우에는 부당행위계산의 부인을 적용하지 아니한다(법령 §88 ① 6호 다목 및 법칙 §42의 5).

① 용역의 거래가격에 따른 연결납세방식을 적용받는 연결법인 간에 연결법인세액의 변동이 없을 것. 이 경우 다음의 어느 하나에 해당하는 사유로 연결법인세액의 변동이 있는 경우는 변동이 없는 것으로 본다.
㉠ 법인세법 제76조의 14 제1항 제4호에 따른 연결 조정항목의 연결법인별 배분
㉡ 법인세 외의 세목의 손금산입
㉢ 그 밖에 ㉠ 및 ㉡과 유사한 것으로서 그 영향이 경미하다고 기획재정부장관이 인정하는 사유
② 해당 용역의 착수일 등 용역을 제공하기 시작한 날이 속하는 사업연도부터 그 용역의 제공을 완료한 날이 속하는 사업연도까지 연결납세방식을 적용하는 연결법인 간의 거래일 것

(4) 정부 등의 허가에 의한 저율의 이자 및 임대료

정부 등의 허가를 받아 다음과 같이 저율의 이자 또는 임대료를 받는 경우에는 조세의 부담을 부당하게 감소시킨 것으로 볼 수 없어 부당행위계산의 부인을 적용하지 아니한다(법기통 52-88…3 3호, 4호).

① 채무자 회생 및 파산에 관한 법률에 따른 법정관리인이 법원의 허가를 받아 통상의 이율이나 요율보다 낮게 이자나 임대료를 받은 때
② 건설공제조합이 조합원에게 대출하는 경우의 이자율이 금융기관의 일반대출 금리보다 낮은 경우로서 정부의 승인을 받아 이자율을 정한 때

5-8. 금전 등의 고이율·고요율 차용

법인이 금전 그 밖의 자산 또는 용역을 시가보다 높은 이율·요율이나 임차료로 차용하거나 제공받은 경우로서 시가와 거래가액의 차액이 3억원 이상이거나 시가의 5%에 상당하는 금액

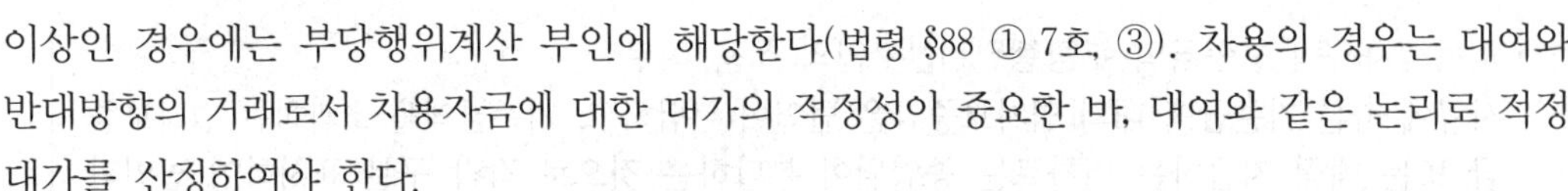

이상인 경우에는 부당행위계산 부인에 해당한다(법령 §88 ① 7호, ③). 차용의 경우는 대여와 반대방향의 거래로서 차용자금에 대한 대가의 적정성이 중요한 바, 대여와 같은 논리로 적정대가를 산정하여야 한다.

적정이자율이나 임대료 이상으로 차용하거나 사용하는 때에는 그 적정대가를 초과하는 이자 또는 임차료 및 사용료 등을 손금불산입(배당 등)한다.

관련사례

- 사전약정 없는 차입금 지급이자의 부당행위계산 부인대상 여부
  사전 차입약정이 없는 가수금 및 차입금에 대한 지급이자 계산은 부당한 행위이며, 이때 상대방이 인정이자를 계산하였더라도 이와는 별개의 사항으로 이자지급 약정이 없다면 계상할 수 없음(국심 85서 319, 1985. 6. 22.).

다만, 법인세법 제76조의 8에 따른 연결납세방식을 적용받는 연결법인 간에 다음의 요건을 갖추어 용역을 제공받은 경우에는 부당행위계산의 부인을 적용하지 아니한다(법칙 §42의 5).

① 용역의 거래가격에 따른 연결납세방식을 적용받는 연결법인 간에 연결법인세액의 변동이 없을 것. 이 경우 다음의 어느 하나에 해당하는 사유로 연결법인세액의 변동이 있는 경우는 변동이 없는 것으로 본다.
  ㉠ 법인세법 제76조의 14 제1항 제4호에 따른 연결 조정항목의 연결법인별 배분
  ㉡ 법인세 외의 세목의 손금산입
  ㉢ 그 밖에 ㉠ 및 ㉡과 유사한 것으로서 그 영향이 경미하다고 기획재정부장관이 인정하는 사유
② 해당 용역의 착수일 등 용역을 제공하기 시작한 날이 속하는 사업연도부터 그 용역의 제공을 완료한 날이 속하는 사업연도까지 연결납세방식을 적용하는 연결법인 간의 거래일 것

5-9. 파생상품을 통한 이익의 분여

특수관계인 간 유리한 상황 또는 불리한 상황에 있는 매수옵션(call option)·매도옵션(put option) 등 파생상품 거래를 하면서 권리를 행사하지 아니하거나 그 행사기간을 조정하는 등의 방법으로 이익을 분여하는 경우에는 부당행위계산에 해당한다. 여기서 '파생상품'이라 함은 기업회계기준에 따른 선도거래, 선물, 스왑, 옵션, 그 밖에 이와 유사한 거래 또는 계약을 말한다(법령 §88 ① 7호의 2 및 법칙 §42의 4).

5-10. 자본거래를 통한 이익의 분여

5-10-1. 개 요

불공정합병(분할합병 포함)이나 불균등 증자·감자와 같은 자본거래로 인하여 주주 등(소액주주 등은 제외하며, 이하 같음)인 법인이 특수관계인인 다른 주주 등에게 이익을 분여하는 경우에는 부당행위계산에 해당한다(법령 §88 ① 8호).

또한, "불공정합병이나 불균등증자·감자(법령 §88 ① 8호)"와 같은 자본거래 이외의 경우로서 증자·감자, 합병(분할합병 포함)·분할, 상속세 및 증여세법 제40조 제1항에 따른 전환사채 등에 의한 주식의 전환·인수·교환 등 자본거래를 통해 법인의 이익을 분여하였다고 인정되는 경우에도 부당행위계산에 해당한다. 다만, 법인세법 시행령 제19조 제19호의 2 각 목 외의 부분에 해당하는 주식매수선택권 등 중 주식매수선택권의 행사에 따라 주식을 발행하는 경우에는 부당행위계산 부인의 적용대상에서 제외한다(법령 §88 ① 8호의 2).

이처럼 부당한 자본거래로 인하여 주주인 법인이 손실을 입은 경우에는 그 주주인 법인이 다른 주주에게 이익을 분여한 것이므로 부당행위계산 부인규정에 따라 익금에 산입하고 그 소득 귀속자에 따라 소득처분(소득 귀속자가 상속세 및 증여세법에 따라 증여세가 과세되는 경우에는 기타사외유출 처분)한다(법령 §106 ① 3호 자목).

또한 상기와 같은 부당한 자본거래로 인하여 특수관계인으로부터 이익을 분여받은 주주 중 법인의 경우에는 자산수증이익(법령 §11 8호)으로 익금에 산입하여야 하며, 개인의 경우에는 상속세 및 증여세법에 따라 증여세가 과세된다.

구 분	이익을 분여한 자	이익을 분여받은 주주
(1) 개인주주인 경우	세무상 처리 없음.	상속세 및 증여세법상 증여세 과세
(2) 법인주주인 경우	부당행위계산 부인규정 적용	법인세법상 익금항목(자산수증이익)

5-10-2. 불공정합병에 의한 이익분여

(1) 적용 요건

불공정합병에 의한 이익분여시 부당행위계산 부인의 적용요건은 다음과 같다. 다만, 자본시장과 금융투자업에 관한 법률 제165조의 4에 따라 합병(분할합병을 포함함)하는 경우에는 부당행위계산의 부인을 적용하지 아니한다(법령 §88 ① 8호 가목).

① 특수관계인인 법인간의 합병(분할합병 포함)일 것

② 주식 등을 시가보다 높거나 낮게 평가하여 불공정한 비율로 합병할 것

③ 주주 등인 법인이 특수관계인인 다른 주주 등에게 이익을 분여할 것

④ 현저한 이익의 분여(합병 후 신설 또는 존속하는 법인의 주식 등의 평가가액의 30%에 상당하는

가액과 3억원 중 적은 금액 이상을 분여한 경우)가 있을 것

관련사례

- 불공정합병에 따른 부당행위계산부인의 적용 요건 중 금액 기준 산정방법
  불공정합병에 따른 부당행위계산부인의 적용 요건 중 금액 기준(분여이익이 3억원 이상일 것) 판단시 당해 법인의 특수관계자에게 분여한 이익에서 당해 법인이 본인과 특수관계자로부터 분여받은 이익을 차감하여 금액기준 해당 여부를 판단하여야 할 것으로 보임(조심 2012중 5346, 2014. 4. 23.).

:: 현저한 이익의 계산

2007년 2월 28일 시행령 개정시 현저한 이익의 분여 요건을 판단함에 있어 1주당 평가차액이 30% 이상인 경우뿐만 아니라 분여이익이 3억원 이상인 경우에도 부당행위계산부인 규정을 적용하도록 상속세 및 증여세법 규정을 준용하는 것으로 개정하였다(법령 §89 ⑥).
다만, 여기서 현저한 이익의 판단기준 중 하나인 3억원을 계산함에 있어, 이를 분여법인 측면에서 계산하여야 하는지 아니면 수증자 측면에서 계산하여야 하는지가 명확하지 아니하다. 또한 분여법인 및 수증자가 다수인 경우 분여(수증)자별 개별이익을 기준으로 하여야 하는지 아니면 분여(수증)자별 개별이익의 합계액을 기준으로 하여야 하는지도 분명하지 아니하다. 이에 대한 보완입법 또는 과세당국의 유권해석이 필요할 것으로 보인다.

이때, ① 특수관계인인 법인간의 합병 조건을 적용함에 있어서 특수관계인인 법인의 판정기준은 합병등기일이 속하는 사업연도의 직전 사업연도 개시일(그 개시일이 서로 다른 법인이 합병한 경우에는 먼저 개시한 날을 말함)부터 합병등기일까지의 기간에 의한다(법령 §88 ②).

이러한 불공정합병으로 인한 과세는 법인세법 이외에도 상속세 및 증여세법에서도 규정하고 있는데, 이 양자 사이에는 세부사항에 있어 약간의 차이점이 있는데 이를 비교하면 다음과 같다.

구 분	법인세법	상속세 및 증여세법
(1) 특수관계 요건	① 특수관계인인 법인간 합병 ② 주주간에도 특수관계 필요	① 특수관계에 있는 법인간 합병 ② 주주간 특수관계 요건은 없음.
(2) 대주주 요건	① 이익을 분여한 법인주주의 특수관계인에 한함. →소액주주 제외(결국 대주주) ② 대주주 : 지분비율 1% 이상	① 과대평가된 합병당사법인의 대주주가 얻은 이익에만 과세 ② 대주주 : 지분비율이 1% 이상이거나 액면가액이 3억원 이상
(3) 현저한 이익의 요건	합병 후 신설 또는 존속하는 법인의 주식등의 평가가액의 30%에 상당하는 가액과 3억원 중 적은 금액 이상인 경우에만 적용	

(2) 불공정한 비율에 의한 합병시 익금산입액

1) 개 요

불공정합병에 의한 이익분여시 익금에 산입할 금액에 대한 계산은 상속세 및 증여세법 제38조 및 동법 시행령 제28조 제3항 내지 제7항의 규정을 준용하되, 상속세 및 증여세법상의 "대주주" 및 "특수관계인"은 법인세법 시행령에 의한 "특수관계인"으로 보고, "이익" 및 "대통령령이 정하는 이익"은 "특수관계인에게 분여한 이익"으로 본다(법령 §89 ⑥).

따라서 불공정합병에 의한 이익분여시 익금에 산입할 금액을 산식으로 표현하면 다음과 같다.

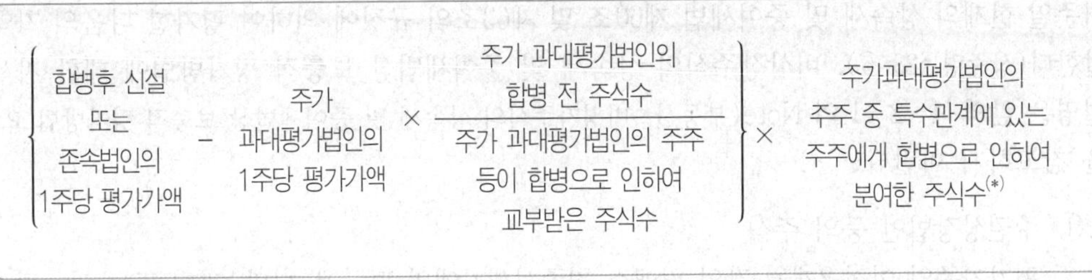

$$\left\{\text{합병후 신설 또는 존속법인의 1주당 평가가액} - \text{주가 과대평가법인의 1주당 평가가액} \times \frac{\text{주가 과대평가법인의 합병 전 주식수}}{\text{주가 과대평가법인의 주주 등이 합병으로 인하여 교부받은 주식수}}\right\} \times \text{주가과대평가법인의 주주 중 특수관계에 있는 주주에게 합병으로 인하여 분여한 주식수}^{(*)}$$

(*) 상속세 및 증여세법은 이익의 수증자가 받은 주식수로 규정하고 있으나, 법인세법상 부당행위계산부인은 이익의 분여자가 분여한 주식수로 하여야 하는 바, 상속세 및 증여세법에서 규정하고 있는 합병에 따른 이익의 계산방법 규정(상증령 §28 ②)을 이익분여자 기준으로 수정함.

한편, 불공정합병으로 인한 부당행위계산 부인규정은 현저한 이익의 분여가 있는 경우에 한하여 적용되는 바, 현저한 이익의 분여란 분여이익이 합병 후 신설 또는 존속하는 법인의 주식 등의 평가가액의 30%에 상당하는 가액과 3억원 중 적은 금액 이상인 경우를 말한다(법령 §89 ⑥ 및 상증령 §28 ④ 1호).

2) 합병 후 신설 또는 존속하는 법인의 1주당 평가가액

합병 후 신설 또는 존속법인의 1주당 평가가액은 자본시장과 금융투자업에 관한 법률에 따른 주권상장법인으로서 같은 법에 따른 증권시장에서 거래되는 법인(이하 "주권상장법인 등"이라 함)은 다음의 ①, ② 중 적은 금액으로 산정하며, 그 외의 법인은 ②의 방법으로 계산한다(상증령 §28 ⑤).

① 합병등기일의 다음 날부터 2개월이 되는 날까지의 기간 중 거래소 최종시세가액의 평균액. 다만, 합병(분할합병을 포함한다)으로 신설 또는 존속하는 법인이 보유한 상장주식의 시가는 평가기준일 현재의 거래소 최종 시세가액으로 함(상증법 §63 ① 1호 가목 및 상증령 §52의 2 ② 및 상증통 38-28…4).

② 상법 제522조의 2에 따른 대차대조표 공시일 또는 자본시장과 금융투자업에 관한 법률 제119조 및 같은 법 시행령 제129조에 따라 합병의 증권신고서를 제출한 날 중 빠른 날(비상장법인의 경우에는 상법 제522조의 2에 따른 대차대조표 공시일)을 기준으로 다음의 산식에 의

하여 계산한 금액

$$\frac{\text{과대평가법인의 합병 직전 주식가액} + \text{과소평가법인의 합병 직전 주식가액}}{\text{합병 후 신설·존속하는 법인의 주식수}}$$

3) 합병 전 주식가액

위 산식에서 주가가 과대 또는 과소평가된 합병당사법인의 합병 직전 1주당 평가액은 평가기준일 현재의 상속세 및 증여세법 제60조 및 제63조의 규정에 의하여 평가한 다음의 가액을 말한다(상증령 §28 ⑥). 비상장주식의 상속세 및 증여세법상 보충적 평가방법에 대한 자세한 설명은 앞의 '4-2-1.의 Note(부동산 · 비평가주식의 상속세 및 증여세법상 보충적 평가방법 요약)'을 참고하기 바란다.

① 주권상장법인 등의 주식

평가기준일 이전 2개월 간의 거래소 최종시세가액의 평균액. 다만, 과대 또는 과소평가된 합병당사법인이 보유한 상장주식의 시가는 평가기준일 현재의 거래소 최종 시세가액으로 함(상증법 §63 ① 1호 가목 및 상증령 §52의 2 ② 및 상증통 38-28…4).

② 비상장법인 주식

1주당 순손익가치와 1주당 순자산가치를 가중평균한 다음의 금액. 다만, 그 가중평균한 금액이 1주당 순자산가치의 80%보다 낮은 경우에는 1주당 순자산가치의 80%를 비상장주식 등의 가액으로 함(상증법 §63 ① 1호 나목 및 상증령 §54).

- 일반법인의 경우 : (1주당 순손익가치 × 3 + 1주당 순자산가치 × 2) ÷ 5
- 부동산과다보유법인의 경우 : (1주당 순손익가치 × 2 + 1주당 순자산가치 × 3) ÷ 5

다만, 주권상장법인 등의 경우 ② 비상장주식의 평가방법(상증법 §60, §63 ① 1호 나목)에 의한 금액으로 계산한 평가차액이 ① 주권상장주식 등의 평가방법(상증법 §60, §63 ① 1호 가목)에 의한 금액으로 계산한 평가차액보다 적게 되는 때에는 비상장주식의 평가방법에 의한 금액을 이용하여 평가한다. 이 경우 분할합병을 하기 위하여 분할하는 법인의 분할사업부문에 대한 합병 직전 주식등의 가액은 비상장주식의 평가방법(상증법 §63 ① 나목)을 준용하여 분할사업부문을 평가한 가액으로 한다(상증령 §28 ⑥, ⑦).

(3) 불공정합병에 대한 세무조정 및 소득처분

불공정합병에 의한 이익분여로 인하여 부당행위계산 부인이 적용되어 익금에 산입되는 금액은 그 귀속자가 법인인 경우에는 기타사외유출로 처분하며, 그 귀속자가 개인인 경우로서 증여세가 과세되는 경우에는 기타사외유출로, 그 외의 경우에는 배당(주주), 상여(임직원) 등으로 처분한다(법령 §106 ① 3호 자목).

관련사례

- 완전자회사 간 무증자 합병시 부당행위계산 부인 적용 여부
  특수관계가 있는 비상장법인 간에 불공정한 비율로 합병한 경우로서 합병법인의 주주와 피합병법인의 주주가 동일한 법인으로 1인 주주인 경우에는 합병에 따른 부당행위계산 부인 규정(법령 §88 ① 8호 가목)이 적용되지 아니하는 것임(서면-2023-법인-0161, 2023. 8. 3.).
- 피합병법인의 주식을 보유한 상태에서 흡수합병한 경우 부당행위계산 부인 여부
  합병법인이 피합병법인의 주식(지분 51%)을 소유한 상태에서 흡수합병하는 경우 불공정합병에 의한 부당행위계산 부인규정이 적용되는지 여부에 대하여 부당행위 여부를 판단하는 시점은 흡수합병하는 날이며, 공정한 흡수합병을 하는 경우로서 소각하기까지 전체 거래과정이 손익거래가 아닌 자본거래에 해당하는 경우에 한하여 부당행위로 보지 않는 것임(서면2팀-2078, 2004. 10. 12.).
- 종속회사의 주식을 100% 소유상태에서 합병시 주식 등을 교부하지 않은 경우 부당행위계산 부인 여부
  지배회사가 종속회사의 주식을 100% 소유하고 있는 상태에서 지배회사가 종속회사를 흡수합병하면서 합병 전에 취득한 종속회사의 주식에 대하여 합병대가로 주식 등을 교부하지 않는 경우 법인세법에서 규정하는 조세의 부담을 부당히 감소시킨 것으로 인정되는 경우에 해당되지 않음(서면2팀-1516, 2004. 7. 20. 및 재법인 46012-32, 2002. 2. 22.).

5-10-3. 불균등증자로 인한 이익분여

(1) 개 요

법인이 증자를 위하여 신주(전환사채·신주인수권부사채 또는 교환사채 등을 포함함)를 배정하는 경우 기존주주가 신주인수권을 포기하거나 당초부터 신주를 불균등하게 배정하는 경우에는 주주 상호간의 기존 지분율이 달라진다. 이 경우 신주를 세무상 시가보다 저가로 또는 고가로 발행하면 어떤 주주는 이익을 보고 또 어떤 주주는 손실을 볼 수 있는 바, 이러한 증자를 세무상 "불균등증자"라고 한다.

법인세법에서는 불균등증자를 통하여 특수관계가 있는 주주간 이익분여를 한 경우, 이익을 분여한(또는 손실을 부담한) 법인주주에게는 부당행위계산 부인규정을 적용하고, 이익을 분여받은 법인주주에게는 동 분여받은 이익을 익금에 산입하도록 규정하고 있다(법령 §11 8호, §88 ① 8호 나목).

이러한 불균등증자에 의한 이익분여의 유형 및 각 유형에 따른 부당행위계산 부인의 적용을 위한 요건을 다음과 같이 6가지 경우로 요약하면 다음과 같다.

구 분	내 용	부당행위계산 부인의 적용 요건		이익분여 관계
		특수관계 요건	현저한 이익 요건	
저가발행주식	① 저가발행신주의 인수를 포기하고 이를 배정하는 경우	필요	불필요	실권주주가 신주인수자에게
	② 저가발행신주의 인수를 포기하고 이를 재배정하지 않는 경우	필요	필요	실권주주가 신주인수자에게
	③ 저가발행신주를 기존주주가 아닌 자가 직접 배정받은 경우	필요	불필요	미배정 주주가 신규주주에게
	④ 저가발행신주를 기존주주가 본래의 자기지분율을 초과하여 직접 배정받은 경우	필요	불필요	미달배정 주주가 초과배정받은 자에게
고가발행주식	⑤ 고가발행신주의 인수를 포기하고 이를 다른 자에게 배정하는 경우	필요	불필요	신주인수자가 실권주주에게
	⑥ 고가발행신주의 인수를 포기하고 이를 재배정하지 않은 경우	필요	필요	신주인수자가 실권주주에게
	⑦ 고가발행신주를 기존주주가 아닌 자가 직접 배정받은 경우	필요	불필요	신규주주가 미배정 주주에게
	⑧ 고가발행신주를 기존주주가 본래의 자기지분율을 초과하여 직접 배정받은 경우	필요	불필요	초과배정받은 자가 미달배정 주주에게
전환주식의 전환	⑨ 저가발행전환주식을 다른 종류의 주식으로 전환시 교부받았거나 교부받을 주식의 가액이 전환주식 발행 당시 전환주식의 가액을 초과하는 경우	필요	불필요	다른 주주가 전환주식을 교부받은 자에게
	⑩ 고가발행전환주식을 다른 종류의 주식으로 전환시 교부받았거나 교부받을 주식의 가액이 전환주식 발행 당시 전환주식의 가액보다 낮아지는 경우	필요	불필요	전환주식을 교부받은 자가 다른 주주에게

(2) 실권주 재배정시 불균등증자로 인한 이익분여

1) 부당행위계산의 부인 적용 요건

실권주 재배정시 부당행위계산의 부인규정을 적용하기 위해서는 다음의 각 요건을 모두 충족하여야 한다(법령 §88 ① 8호 나목).

① 증자를 위한 신주배정의 경우일 것
② 실권주가 발생할 것
③ 본래의 자기지분율을 초과하여 신주를 배정받는 자가 있을 것
④ 주주 등인 법인이 특수관계인인 다른 주주 등에게 이익을 분여할 것
⑤ 증자 전·후의 주식 1주당 가액이 모두 "0" 이하인 경우가 아닐 것

그러나, 불균등증자로 인한 이익분여는 연고배정방식에 의하여 실권주를 배정하는 경우에만 적용되는 것이기 때문에, 자본시장과 금융투자업에 관한 법률 제9조 제7항에 따른 모집방법으로 실권주를 배정하는 경우[자본시장과 금융투자업에 관한 법률 시행령 제11조 제3항에 따라 모집(일명 간주모집이라 함)하는 경우는 제외함]에는 부당행위계산 부인대상이 아니다(상증법 §39 ① 1호 가목 및 상증령 §29 ③).

또한, 신주인수는 주주의 권리이지 의무는 아니고 그에는 인수자금의 조달이라는 부담이 따르며 법인세법상 다른 법인 출자에 대한 지급이자 손금불산입, 상장법인의 경우에는 다른 법인에 대한 출자제한 등 법령상의 제한 내지는 경제적 불이익이 수반되므로, 신주인수권을 포기한 것이 건전한 사회통념이나 상관행에 비추어 용인할 만한 상당한 사유가 있는 경우라면 부당행위계산의 부인규정을 적용할 수 없다 할 것이다(대법 2004두 6280, 2004. 10. 28. 및 대법 96누 9966, 1997. 2. 14.).

2) 저가발행 실권주의 재배정시 익금산입액

법인주주가 신주인수권을 포기함에 따라 저가실권주 재배정시 당해 법인주주와 특수관계인이 실권주를 재배정받은 경우 당해 법인주주의 익금에 산입할 금액은 다음과 같이 계산한다(법령 §89 ⑥ 및 상증법 §39 ① 1호 가목 및 상증령 §29 ② 1호).

$$\left(\text{증자 후 1주당 평가가액}^{(*)} - \text{신주 1주당 인수가액}\right) \times \text{법인주주의 실권주수} \times \frac{\text{특수관계인이 인수한 실권주수}}{\text{재배정 주식 총수}}$$

(*) 증자 후 1주당 평가가액=

$$\frac{(\text{증자 전의 1주당 평가가액} \times \text{증자 전 발행주식총수}) + (\text{신주 1주당 인수가액} \times \text{증자에 의하여 증가한 주식수})}{(\text{증자 전의 발행주식총수} + \text{증자에 의하여 증가한 주식수})}$$

단, '증자 후 1주당 평가가액'을 산정함에 있어 주권상장법인 등의 경우에는 권리락이 있는 날부터 2월이 되는 날까지 공표된 거래소의 최종시세가액의 평균액(상증통 39-29…2)과 위 산식에 의한 가액 중 적은 가액으로 한다.

위의 계산식에서 '증자 전의 1주당 평가가액'은 다음과 같이 계산한다.

① 주권상장법인 등의 주식

당해 증자에 따른 권리락이 있는 날 전 2월이 되는 날부터 권리락이 있는 날의 전일까지

공표된 거래소 최종시세가액의 평균액으로 한다(상증통 39-29…2).

② 비상장법인의 주식

증자일 현재의 1주당 순손익가치와 1주당 순자산가치를 가중평균한 다음의 금액으로 한다. 다만, 그 가중평균한 금액이 1주당 순자산가치의 80%보다 낮은 경우에는 1주당 순자산가치의 80%를 비상장주식 등의 가액으로 한다(상증법 §63 ① 1호 나목 및 상증령 §54).

- 일반법인의 경우 : (1주당 순손익가치 × 3 + 1주당 순자산가치 × 2) ÷ 5
- 부동산과다보유법인의 경우 : (1주당 순손익가치 × 2 + 1주당 순자산가치 × 3) ÷ 5

계산사례 - 4 **저가발행 실권주의 재배정에 따른 익금산입**

다음의 자료에 따라 부당행위에 따른 법인 A의 세무조정을 수행하시오.

◀ 자 료 ▶

(1) ㈜삼일은 당초 발행주식총수가 100,000주였으나 자본증가를 위하여 아래와 같이 신주를 배정(1주당 인수가액 10,000원)하였으나 실권주가 발생하였다.

㈜삼일의 주주내역	증자 전	증자내용			증자 후
		배정	포기	재배정	
법인주주A	30,000주	30,000주	30,000주		30,000주
법인주주B	10,000주	10,000주	10,000주		10,000주
법인주주C	30,000주	30,000주		20,000주	80,000주
개인주주D	15,000주	15,000주		10,000주	40,000주
개인주주E	15,000주	15,000주		10,000주	40,000주
합계	100,000주	100,000주	40,000주	40,000주	200,000주

(2) ㈜삼일의 법인주주 A와 법인주주 C, 개인주주 D는 법인세법상 특수관계인에 해당된다.

(3) ㈜삼일의 증자 전 1주당 평가액은 20,000원이다.

해 설

(1) 증자 후 1주당 평가액의 계산

증자 후 1주당 평가액

= (20,000원 × 100,000주 + 10,000원 × 100,000주) ÷ (100,000주 + 100,000주)

= 15,000원

(2) 이익분여액의 계산

법인주주 A가 저가발행된 신주의 인수를 포기함으로써 특수관계인인 법인주주 C 및 개인주주 D에게 이익을 분여한 것에 해당하므로 이에 대하여 이익분여액을 계산한다. 이때 현저한 이익요건은 적용하지 않는다.

$$(15{,}000\text{원} - 10{,}000\text{원}) \times 30{,}000\text{주}(\text{실권주}) \times \frac{20{,}000\text{주} + 10{,}000\text{주}}{40{,}000\text{주}}$$

= 112,500,000원

(3) 법인주주 C의 분여받은 이익

특수관계인인 법인으로부터 분여받은 이익을 익금에 산입한다(법령 §11 8호).

$$(15{,}000\text{원} - 10{,}000\text{원}) \times 30{,}000\text{주}(\text{실권주}) \times \frac{20{,}000\text{주}}{40{,}000\text{주}}$$

= 75,000,000원

※ 참고로 이익을 분여받은 개인주주 D에 대해서는 분여받은 이익에 대해서 증여세가 과세된다. 물론 개인주주 E에 대해서도 역시 경제적 이익을 분여한 주주와 특수관계 여부에 관계 없이 증여세가 과세된다.

(4) 세무조정

이익을 분여한 법인주주 A의 세무조정은 다음과 같다.

〈익금산입〉 부당행위계산의 부인액 112,500,000 (기타사외유출)

참고로, 이익을 분여받은 법인주주 C의 세무조정은 다음과 같다.

〈익금산입〉 투자주식(자본거래수증이익) 75,000,000 (유보)

3) 고가실권주 재배정시 익금산입액

법인주주의 특수관계인이 신주인수권을 포기함에 따라 고가실권주 재배정시 당해 법인주주가 실권주를 재배정받은 경우 익금산입할 금액은 다음과 같이 계산한다(법령 §89 ⑥ 및 상증법 §39 ① 2호 가목 및 상증령 §29 ② 3호).

$$\left(\begin{array}{c}\text{신주 1주당}\\\text{인수가액}\end{array} - \begin{array}{c}\text{증자 후 1주당}\\\text{평가가액}^{(*)}\end{array}\right) \times \begin{array}{c}\text{법인주주가}\\\text{재배정받은 신주수}\end{array} \times \frac{\text{특수관계인의 실권주수}}{\text{실권주 총수}}$$

(*) 증자 후 1주당 평가가액=

$$\frac{(\text{증자 전의 1주당 평가가액}\times\text{증자 전 발행주식총수})+(\text{신주 1주당 인수가액}\times\text{증자에 의하여 증가한 주식수})}{(\text{증자 전의 발행주식총수}+\text{증자에 의하여 증가한 주식수})}$$

(단, '증자 후 1주당 평가가액'을 산정함에 있어 주권상장법인 등의 경우에는 권리락이 있는 날부터 2월이 되는 날까지 공표된 거래소의 최종시세가액의 평균액(상증통 39-29…2)과 위 산식에 의한 가액 중 큰 가액으로 한다.)

위의 계산식에서 '증자 전의 1주당 평가가액'은 다음과 같이 계산한다.

① 주권상장법인 등의 주식
당해 증자에 따른 권리락이 있는 날 전 2월이 되는 날부터 권리락이 있는 날의 전일까지 공표된 거래소 최종시세가액의 평균액으로 한다(상증통 39-29…2).

② 비상장법인의 주식
증자일 현재의 1주당 순손익가치와 1주당 순자산가치를 가중평균한 다음의 금액으로 한다. 다만, 그 가중평균한 금액이 1주당 순자산가치의 80%보다 낮은 경우에는 1주당 순자산가치의 80%를 비상장주식 등의 가액으로 한다(상증법 §63 ① 1호 나목 및 상증령 §54).

- 일반법인의 경우 : (1주당 순손익가치 × 3 + 1주당 순자산가치 × 2) ÷ 5
- 부동산과다보유법인의 경우 : (1주당 순손익가치 × 2 + 1주당 순자산가치 × 3) ÷ 5

계산사례 - 5 **고가발행 실권주의 재배정에 따른 익금산입**

다음의 자료에 따라 부당행위에 따른 법인 A의 세무조정을 수행하시오.

◀ **자료** ▶

(1) ㈜삼일은 당초 발행주식총수가 100,000주였으나 자본증가를 위하여 아래와 같이 신주를 배정(1주당 인수가액 30,000원)하였으나 실권주가 발생하였다.

㈜삼일의 주주내역	증자 전	증자내용			증자 후
		배정	포기	재배정	
법인주주A	30,000주	30,000주		40,000주	100,000주
법인주주B	10,000주	10,000주		20,000주	40,000주
개인주주C	30,000주	30,000주	30,000주		30,000주
개인주주D	15,000주	15,000주	15,000주		15,000주
개인주주E	15,000주	15,000주	15,000주		15,000주
합계	100,000주	100,000주	60,000주	60,000주	200,000주

(2) ㈜삼일의 법인주주 A와 개인주주 C는 법인세법상 특수관계인에 해당된다.

(3) ㈜삼일의 증자 전 1주당 평가액은 10,000원이다.

해 설

(1) 증자 후 1주당 평가액의 계산

증자 후 1주당 평가액
= (10,000원 × 100,000주 + 30,000원 × 100,000주) ÷ (100,000주 + 100,000주)
= 20,000원

(2) 이익분여액의 계산

법인주주 A는 실권된 고가발행 신주를 재배정받음으로써 배정된 고가발행 신주인수를 포기한 특수관계인인 개인주주 C에게 이익을 분여한 것에 해당하므로 이에 대하여 이익분여액을 계산한다. 이때 현저한 이익 요건은 적용하지 않는다.

(30,000원 - 20,000원) × 40,000주 × 30,000주 ÷ 60,000주
= 200,000,000원

(3) 법인주주 A의 세무조정

〈익금산입〉 부당행위계산의 부인 200,000,000 (기타사외유출)
〈손금산입〉 투자주식 200,000,000 (△유보)

4) 세무조정 및 소득처분

저가 실권주 재배정시 불균등증자로 인한 이익분여로 인해 부당행위계산 부인규정이 적용되어 익금에 산입되는 금액은 그 귀속자가 법인인 경우에는 기타사외유출로 처분하며, 그 귀속자가 개인인 경우로서 증여세가 과세되는 경우에는 기타사외유출로, 그 외의 경우에는 배당(주주), 상여(임직원) 등으로 처분한다(법령 §106 ① 3호 자목).

한편, 고가 실권주를 법인주주가 재배정 받음으로써 불균등증자로 인한 이익분여에 해당하는 경우에는 당해 시가초과 인수액을 익금불산입(△유보)으로 처분함(법령 §72 ④ 3호)과 동시에 부당행위계산 부인에 따라 익금에 산입되는 금액은 그 귀속자가 법인인 경우에는 기타사외유출로 처분하며, 그 귀속자가 개인인 경우로서 증여세가 과세되는 경우에는 기타사외유출로, 그 외의 경우에는 배당(주주), 상여(임직원) 등으로 처분한다(법령 §106 ① 3호 자목).

(3) 실권주를 재배정하지 않는 경우 불균등증자로 인한 이익분여

1) 부당행위계산의 부인 적용 요건

신주인수권 포기에 의한 실권주의 실권처리시 부당행위계산의 부인규정을 적용하기 위해서는 다음의 각 요건을 모두 충족하여야 한다.

① 증자를 위한 신주배정의 경우일 것
② 실권주가 발생하고 동 실권주를 실권처리할 것
③ 신주인수를 포기한 주주와 특수관계인 사이에 이익의 분여가 있을 것
④ 증자 전·후의 주식 1주당 가액이 모두 "0" 이하인 경우가 아닐 것

2) 저가 신주발행시 실권처리하는 경우 익금산입액

저가로 신주발행시 법인주주가 증자에 참여하지 않음으로써 발생한 실권주를 재배정하지 않고 실권처리한 경우 부당행위계산의 부인규정을 적용하여 익금에 산입할 금액은 상속세 및 증여세법 시행령 제29조 제2항 제2호를 준용하여 계산한다(법령 §89 ⑥).

본 규정에 의한 부당행위계산 부인규정은 현저한 이익의 분여가 있는 경우에 한하여 적용되는 바, 현저한 이익의 분여란 분여이익이 3억원 이상이거나 다음의 산식과 같이 1주당 평가차액이 30% 이상인 경우를 말한다.

$$\frac{\text{(증자 전의 지분율로 균등증자한 1주당 평가가액}^{(*)}\text{ - 신주 1주당 인수가액)}}{\text{증자 전의 지분율로 균등증자한 1주당 평가가액}^{(*)}} \geq 30\%$$

(*) 증자 전의 지분율로 균등증자한 1주당 평가가액=

$$\frac{\left(\text{증자 전의 1주당 평가가액} \times \text{증자 전의 발행주식총수}\right) + \left(\text{신주 1주당 인수가액} \times \text{증자 전의 지분비율대로 균등하게 증자하는 경우의 증자주식수}\right)}{\text{(증자 전의 발행주식총수 + 증자 전의 지분비율대로 균등하게 증자하는 경우의 증자주식수)}}$$

단, '증자 전의 지분율로 균등증자한 1주당 평가가액'을 산정함에 있어 주권상장법인 등의 경우에는 권리락이 있는 날의 다음날부터 2월이 되는 날까지 공표된 거래소의 최종시세가액의 평균액(상증통 39-29…2)과 위 산식에 의한 가액 중 적은 가액으로 한다.

위의 계산식에서 '증자 전의 1주당 평가가액'은 다음과 같이 계산한다.

① 주권상장법인 등의 주식

당해 증자에 따른 권리락이 있는 날 전 2월이 되는 날부터 권리락이 있는 날의 전일까지 공표된 거래소 최종시세가액의 평균액으로 한다(상증통 39-29…2).

② 비상장법인의 주식

증자일 현재의 1주당 순손익가치와 1주당 순자산가치를 가중평균한 다음의 금액으로 한다. 다만, 그 가중평균한 금액이 1주당 순자산가치의 80%보다 낮은 경우에는 1주당 순자산가치의 80%를 비상장주식 등의 가액으로 한다(상증법 §63 ① 1호 나목 및 상증령 §54).

- 일반법인의 경우 : (1주당 순손익가치 × 3 + 1주당 순자산가치 × 2) ÷ 5
- 부동산과다보유법인의 경우 : (1주당 순손익가치 × 2 + 1주당 순자산가치 × 3) ÷ 5

이때, 실권한 법인주주가 신주를 인수한 특수관계인에게 분여한 이익은 다음 산식과 같다.

$$\left(\text{증자 전의 지분율로 균등증자한 1주당 평가가액} - \text{신주 1주당 인수가액}\right) \times \text{법인주주의 실권주수} \times \text{증자 후 신주인수자의 지분비율}$$

계산사례 - 6 저가 신주발행시 실권처리에 따른 익금산입

다음의 자료에 따라 부당행위에 따른 법인 A의 세무조정을 수행하시오.

◀ **자 료** ▶

(1) ㈜삼일은 당초 발행주식총수가 100,000주였으나 자본증가를 위하여 아래와 같이 신주를 배정(1주당 인수가액 10,000원)하였으나 실권주가 발생하였다.

㈜삼일의 주주내역	증자 전		당초 배정	실제 인수	증자 후	
	주식수	지분율			주식수	지분율
법인주주A	30,000주	30%	30,000주	(실권)	30,000주	18.75%
법인주주B	10,000주	10%	10,000주	(실권)	10,000주	6.25%
개인주주C	30,000주	30%	30,000주	30,000주	60,000주	37.5%
개인주주D	20,000주	20%	20,000주	20,000주	40,000주	25.0%
개인주주E	10,000주	10%	10,000주	10,000주	20,000주	12.5%
법인주주A	100,000주	100%	100,000주	60,000주	160,000주	100%

(2) ㈜삼일의 법인주주 A와 개인주주 C, D는 법인세법상 특수관계인에 해당된다.

(3) ㈜삼일의 증자 전 1주당 평가액은 40,000원이다.

해 설

(1) 균등증자를 가정한 1주당 평가액

증자 전의 지분율로 균등증자 한 것으로 가정한 경우 1주당 평가액

= (40,000원 × 100,000주 + 10,000원 × 100,000주) ÷ (100,000주 + 100,000주)

= 25,000원

(2) 현저한 이익 요건의 고려

부당행위계산 부인이 적용되기 위해서는 현저한 이익 요건(30% 이상 차이 또는 3억원 이상) 해당 여부를 확인해야 한다.

(25,000원 − 10,000원) ÷ 25,000원 = 60% ≥ 30%

(3) 이익분여액의 계산

법인주주 A는 저가 발행된 신주를 인수하지 않음으로써 그 이익을 특수관계인인 개인주주 C와 D에게 이익을 분여한 것에 해당한다. 이를 계산하면 다음과 같다.

(25,000원 − 10,000원) × 30,000주 × (37.5% + 25%)

= 281,250,000원

(4) 세무조정

〈익금산입〉 부당행위계산의 부인액 281,250,000 (기타사외유출)

3) 고가 신주발행시 실권처리하는 경우 익금산입액

고가 신주발행시 실권처리하는 경우 익금에 산입할 금액은 상속세 및 증여세법 시행령 제29조 제2항 제4호를 준용하여 계산한다(법령 §89 ⑥).

본 규정에 의한 부당행위계산 부인규정은 현저한 이익의 분여가 있는 경우에 한하여 적용되는 바, 현저한 이익의 분여란 분여이익이 3억원 이상이거나 다음의 산식과 같이 1주당 평가차액이 30% 이상인 경우를 말한다.

$$\frac{(\text{신주 1주당 인수가액} - \text{증자 후 1주당 평가가액}^{(*)})}{\text{증자 후 1주당 평가가액}^{(*)}} \geq 30\%$$

(*) 증자 후 1주당 평가가액=

$$\frac{(\text{증자 전의 1주당 평가가액} \times \text{증자 전 발행주식총수}) + (\text{신주 1주당 인수가액} \times \text{증자에 의하여 증가한 주식수})}{(\text{증자 전의 발행주식총수} + \text{증자에 의하여 증가한 주식수})}$$

단, '증자 후 1주당 평가가액'을 산정함에 있어 주권상장법인 등의 경우에는 권리락이 있는 날부터 2월이 되는 날까지 공표된 거래소의 최종시세가액의 평균액(상증통 39-29…2)과 위 산식에 의한 가액 중 큰 가액으로 한다.

위의 계산식에서 '증자 전의 1주당 평가가액'은 다음과 같이 계산한다.

① 주권상장법인 등의 주식
당해 증자에 따른 권리락이 있는 날 전 2월이 되는 날부터 권리락이 있는 날의 전일까지 공표된 거래소 최종시세가액의 평균액으로 한다(상증통 39-29…2).

② 비상장법인의 주식
증자일 현재의 1주당 순손익가치와 1주당 순자산가치를 가중평균한 다음의 금액으로 한다. 다만, 그 가중평균한 금액이 1주당 순자산가치의 80%보다 낮은 경우에는 1주당 순자산가치의 80%를 비상장주식 등의 가액으로 한다(상증법 §63 ① 1호 나목 및 상증령 §54).

- 일반법인의 경우 : (1주당 순손익가치 × 3 + 1주당 순자산가치 × 2) ÷ 5
- 부동산과다보유법인의 경우 : (1주당 순손익가치 × 2 + 1주당 순자산가치 × 3) ÷ 5

이때, 신주를 인수한 법인주주가 신주인수를 포기한 특수관계인인 주주에게 분여한 이익은 다음 산식과 같다.

$$\left(\begin{array}{c}\text{신주 1주당}\\\text{인수가액}\end{array} - \begin{array}{c}\text{증자 후 1주당}\\\text{평가가액}\end{array}\right) \times \begin{array}{c}\text{특수관계인의}\\\text{실권주수}\end{array} \times \frac{\text{당해 법인주주가 인수한 신주수}}{\text{증자 전의 지분비율대로 균등하게 증자하는 경우의 증자주식 총수}}$$

4) 세무조정 및 소득처분

저가 신주발행시 실권주를 재배정하지 않는 경우 불균등증자로 인한 이익분여로 인해 부당행위계산 부인규정이 적용되어 익금에 산입되는 금액은 그 귀속자가 법인인 경우에는 기타사외유출로 처분하며, 그 귀속자가 개인인 경우로서 증여세가 과세되는 경우에는 기타사외유출로, 그 외의 경우에는 배당(주주), 상여(임직원) 등으로 처분한다(법령 §106 ① 3호 자목).

한편, 고가 신주발행시 실권주를 재배정하지 않음으로써 불균등증자의 이익분여에 해당하는 경우에는 당해 법인주주의 시가초과 인수액은 익금불산입(△유보)으로 처분(법령 §72 ④ 3호)함과 동시에 부당행위계산 부인에 따라 익금에 산입되는 금액은 그 귀속자가 법인인 경우에는 기타사외유출로 처분하며, 그 귀속자가 개인인 경우로서 증여세가 과세되는 경우에는 기타사외유출로, 그 외의 경우에는 배당(주주), 상여(임직원) 등으로 처분한다(법령 §106 ① 3호 자목).

(4) 직접 배정방식의 증자시 불균등배정으로 인한 이익분여

1) 부당행위계산의 부인의 적용 요건

직접 배정방식의 증자시 부당행위계산 부인규정을 적용하기 위해서는 다음의 요건을 모두 충족하여야 한다(법령 §89 ⑥ 및 상증법 §39 ① 1호 다목, 2호 다목).

① 증자를 위한 신주배정일 것
② 기존 주주가 아닌 자가 신주를 직접 배정(자본시장과 금융투자업에 관한 법률 제9조 제12항에 따른 인수인으로부터 인수·취득하는 경우와 제3자에게 증권을 취득시킬 목적으로 그 증권의 전부 또는 일부를 취득한 자로부터 인수·취득하는 경우를 포함)받거나, 기존 주주가 본래의 자기지분율을 초과하여 신주를 직접 배정받을 것(상증령 §29 ④)
③ 신주를 직접 초과배정받은 주주와 특수관계인 사이에 이익의 분여가 있을 것
④ 증자 전·후의 주식 1주당 가액이 모두 "0" 이하인 경우가 아닐 것

:: 신주의 직접 배정

상법 제418조에 의하면 주주는 정관에 다른 정함이 없으면 그가 가진 주식의 수에 따라서 신주의 배정을 받을 권리가 있다. 따라서, 정관에 다른 정함이 있거나 주주총회의 특별결의에 의하여 정관 변경 절차를 취하면 기존 주주가 아닌 자에게 신주를 직접 배정하거나 기존 주주에게 소유주식비율을 초과하여 신주를 직접 배정할 수 있다.

2) 저가 직접 배정방식의 증자시 익금산입액

저가 직접 배정방식 증자시 법인주주 대신 당해 법인주주의 특수관계인이 신주를 초과 배정받은 경우 당해 법인주주의 익금에 산입할 금액은 다음과 같다(법령 §89 ⑥ 및 상증법 §39 ① 1호 다목 및 상증령 §29 ② 1호).

$$\left(\begin{matrix}\text{증자 후 1주당} \\ \text{평가가액}^{(*)}\end{matrix} - \begin{matrix}\text{신주 1주당} \\ \text{인수가액}\end{matrix}\right) \times \begin{matrix}\text{특수관계인이 초과} \\ \text{배정받은 신주수}\end{matrix} \times \frac{\text{법인주주의 미배정 주식수}}{\text{미배정 주식 총수}}$$

(*) 증자 후 1주당 평가가액=

$$\frac{(\text{증자 전의 1주당 평가가액} \times \text{증자 전 발행주식총수}) + (\text{신주 1주당 인수가액} \times \text{증자에 의하여 증가한 주식수})}{(\text{증자 전의 발행주식총수} + \text{증자에 의하여 증가한 주식수})}$$

단, '증자 후 1주당 평가가액'을 산정함에 있어 주권상장법인 등의 경우에는 권리락이 있는 날부터 2월이 되는 날까지 공표된 거래소의 최종시세가액의 평균액(상증통 39-29…2)과 위 산식에 의한 가액 중 적은 가액으로 한다.

위의 계산식에서 '증자 전의 1주당 평가가액'은 다음과 같이 계산한다.

① 주권상장법인 등의 주식

당해 증자에 따른 권리락이 있는 날 전 2월이 되는 날부터 권리락이 있는 날의 전일까지 공표된 거래소 최종시세가액의 평균액으로 한다(상증통 39-29…2).

② 비상장법인의 주식

증자일 현재의 1주당 순손익가치와 1주당 순자산가치를 가중평균한 다음의 금액으로 한다. 다만, 그 가중평균한 금액이 1주당 순자산가치의 80%보다 낮은 경우에는 1주당 순자산가치의 80%를 비상장주식 등의 가액으로 한다(상증법 §63 ① 1호 나목 및 상증령 §54).

- 일반법인의 경우 : (1주당 순손익가치 × 3 + 1주당 순자산가치 × 2) ÷ 5
- 부동산과다보유법인의 경우 : (1주당 순손익가치 × 2 + 1주당 순자산가치 × 3) ÷ 5

계산사례 - 7 저가 직접 배정방식의 증자시 익금산입액

다음의 자료에 따라 부당행위에 따른 법인 A의 세무조정을 수행하시오.

◀ **자료** ▶

(1) ㈜삼일은 당초 발행주식총수가 100,000주였으나 자본증가를 위하여 아래와 같이 신주를 배정(1주당 인수가액 10,000원)하였으나 실권주가 발생하였다.

㈜삼일의 주주내역	증자 전	증자내용			증자 후
		자기지분	미배정	초과배정	
법인주주A	30,000주	30,000주	30,000주		30,000주
법인주주B	10,000주	10,000주	10,000주		10,000주
개인주주C	없음.	없음.		30,000주	30,000주
개인주주D	30,000주	30,000주		10,000주	70,000주

개인주주E	30,000주	30,000주			60,000주
합계	100,000주	100,000주	40,000주	40,000주	200,000주

(2) ㈜삼일의 법인주주 A와 개인주주 C는 법인세법상 특수관계인에 해당된다.
(3) ㈜삼일의 증자 전 1주당 평가액은 20,000원이다.

해 설

(1) 증자 후 1주당 평가액의 계산
증자 후 1주당 평가액
= (20,000원 × 100,000주 + 10,000원 × 100,000주) ÷ (100,000주 + 100,000주)
= 15,000원

(2) 이익분여액의 계산
법인주주 A는 저가발행 신주의 배정을 포기함으로써 특수관계인인 개인주주 C에게 이익을 분여한 것에 해당하므로, 이에 대하여 이익분여액을 계산한다. 이때 현저한 이익 요건은 적용하지 않는다.
(15,000원 − 10,000원) × 30,000주 × 30,000주 ÷ 40,000주
= 112,500,000원

(3) 세무조정
〈익금산입〉 부당행위계산의 부인액　　112,500,000 (기타사외유출)

3) 고가 직접 배정방식의 증자시 익금산입액

법인주주와 특수관계인이 신주를 미배정받거나 지분비율에 미달하여 배정받음으로써 신주를 초과배정받은 법인주주로부터 이익을 얻은 경우 당해 법인주주의 익금에 산입할 금액은 다음과 같이 계산한다(상증령 §29 ② 5호).

$$\left(\text{신주 1주당 인수가액} - \text{증자 후 1주당 평가가액}^{(*)}\right) \times \text{특수관계인의 미(미달)배정 신주수} \times \frac{\text{법인주주가 인수한 신주수}}{\text{초과배정 주식 총수}}$$

(*) 증자 후 1주당 평가가액=

$$\frac{(\text{증자 전의 1주당 평가가액} \times \text{증자 전 발행주식총수}) + (\text{신주 1주당 인수가액} \times \text{증자에 의하여 증가한 주식수})}{(\text{증자 전의 발행주식총수} + \text{증자에 의하여 증가한 주식수})}$$

단, '증자 후 1주당 평가가액'을 산정함에 있어 주권상장법인 등의 경우에는 권리락이 있는 날부터 2월이 되는 날까지 공표된 거래소의 최종시세가액의 평균액(상증통 39-29…2)과 위 산식에 의한 가액 중 큰 가액으로 한다.

위의 계산식에서 '증자 전의 1주당 평가가액'은 다음과 같이 계산한다.

① 주권상장법인 등의 주식

당해 증자에 따른 권리락이 있는 날 전 2월이 되는 날부터 권리락이 있는 날의 전일까지 공표된 거래소 최종시세가액의 평균액으로 한다(상증통 39-29…2).

② 비상장법인의 주식

증자일 현재의 1주당 순손익가치와 1주당 순자산가치를 가중평균한 다음의 금액으로 한다. 다만, 그 가중평균한 금액이 1주당 순자산가치의 80%보다 낮은 경우에는 1주당 순자산가치의 80%를 비상장주식 등의 가액으로 한다(상증법 §63 ① 1호 나목 및 상증령 §54).

- 일반법인의 경우 : (1주당 순손익가치 × 3 + 1주당 순자산가치 × 2) ÷ 5
- 부동산과다보유법인의 경우 : (1주당 순손익가치 × 2 + 1주당 순자산가치 × 3) ÷ 5

4) 세무조정 및 소득처분

저가 직접 배정방식의 증자시 불균등증자로 인한 이익분여로 인해 부당행위계산 부인규정이 적용되어 익금에 산입되는 금액은 그 귀속자가 법인인 경우에는 기타사외유출로 처분하며, 그 귀속자가 개인인 경우로서 증여세가 과세되는 경우에는 기타사외유출로, 그 외의 경우에는 배당(주주), 상여(임직원) 등으로 처분한다(법령 §106 ① 3호 자목).

한편, 고가 직접 배정방식의 증자시 불균등증자로 인한 이익분여에 해당하는 경우에는 당해 법인주주의 시가초과 인수액은 익금불산입(△유보)으로 처분(법령 §72 ④ 3호)함과 동시에 부당행위계산 부인에 따라 익금에 산입되는 금액은 그 귀속자가 법인인 경우에는 기타사외유출로 처분하며, 그 귀속자가 개인인 경우로서 증여세가 과세되는 경우에는 기타사외유출로, 그 외의 경우에는 배당(주주), 상여(임직원) 등으로 처분한다(법령 §106 ① 3호 자목).

관련사례

- 비상장법인의 고가실권주를 증권거래법 규정에 따라 제3자에게 배정하는 경우 부당행위계산 부인 여부

  비상장법인이 유상증자시 기존주주가 실권한 보통주를 증권거래법의 규정에 따라 제3자 배정방법에 의하여 기존주주와 특수관계에 있는 법인이 실권주를 고가로 인수하는 경우 법인세법 제52조 및 같은법 시행령 제88조 제1항 제8호의 규정에 의한 이익분여에 해당하는 것임(서면2팀-107, 2006. 1. 12.).

- 시가가 액면가액에 미달하는 신주를 액면가액으로 인수하는 경우 부당행위계산 부인 여부

  법인주주(제3자 배정방식의 증자참여자 포함)가 특수관계자인 주식발행법인의 유상증자에 참여함에 있어 발행주식의 시가가 액면가액에 미달하여 신주를 고가로 인수하는 행위자체만으로는 부당행위계산 부인대상 여부를 판단하는 것은 아니나 신주인수법인의 증자참여 행위가 증자법인에게 자금을 무상지원하기 위한 것으로써 건전한 사회통념이나 상관행에 비추어 경제적 합리성을 무시한 비정상적인 거래행위이고, 당해 신주인수법인의 소득금

액에 영향을 미쳐 조세의 부담을 부당히 감소시킨 것으로 인정되는 경우에는 「법인세법 시행령」 제88조 제1항의 규정에 의한 부당행위계산의 유형에 해당하는 것임(서면2팀-2209, 2005. 12. 29. 및 서면2팀-1173, 2005. 7. 21.).

(5) 전환주식의 전환으로 인한 추가 이익분여

1) 개 요

법인이 자본금 등을 증가시키기 위하여 증자를 할 때 상법 제346조에 따른 종류주식(이하 "전환주식"이라 함)을 발행한 경우로서 그 발행 이후 다른 종류의 주식으로 전환하는 경우에는 그 전환에 따라 추가로 이익분여가 발생할 수 있다. 즉, 전환권이 행사됨에 따라 교부받았거나 교부받을 주식의 가액이 전환주식 발행 당시 전환주식의 가액보다 높거나 낮아지게 되는 경우에는 주식을 교부받은 자와 그 특수관계인 사이에 경제적 이익이 무상이전되는 효과가 발생한다.

2) 부당행위계산부인의 적용요건

전환주식의 전환시 부당행위계산 부인규정을 적용하기 위해서는 다음의 요건을 모두 충족하여야 한다.

① 저가발행 내지 고가발행의 불균등증자로 인한 이익분여를 적용할 때 증자를 위한 신주로 전환주식을 발행할 것(상증법 §39 ① 3호)
② 전환주식 발행 이후 다른 종류의 주식으로 전환할 것
③ 전환권 행사로 교부받았거나 교부받을 주식의 가액이 전환주식 발행 당시의 가액보다 높거나 낮을 것
④ 주주 등인 법인이 특수관계인인 다른 주주 등에게 이익을 분여할 것
⑤ 전환주식의 발행 전과 전환주식의 전환 후 주식 1주당 가액이 모두 "0" 이하가 아닐 것

3) 전환주식의 전환시 추가 익금산입액

전환주식을 시가보다 높거나 낮은 가액으로 발행한 경우로서 전환주식의 전환으로 교부받았거나 교부받을 주식의 가액이 전환주식 발행 당시 전환주식의 가액보다 높거나 낮아진 경우 주식을 교부받은 자 또는 그 특수관계인이 분여한 이익은 다음 산식에 의하여 계산한다. 이 경우 그 금액이 영 이하인 경우에는 이익이 없는 것으로 본다(법령 §89 ⑥ 및 상증법 §39 ① 3호 및 상증령 §29 ② 6호).

> 전환시 추가 익금산입액 = 전환주식을 다른 종류의 주식으로 전환함에 따라 교부받은 주식을 신주로 보아 계산한 이익(*) - 전환주식 발행 당시 계산한 이익(*)

(*) 상증령 §29 ② 1호부터 5호까지의 규정(증자에 따른 이익의 계산방법)에 따라 계산한 이익

(6) 전환사채 등을 배정 · 인수받을 수 있는 권리의 포기 또는 고가인수 등을 통한 이익분여

1) 개 요

법인의 자본(출자액을 포함함)을 증가시키는 거래에 있어서 전환사채 · 신주인수권부사채 또는 교환사채 등(이하 "전환사채 등"이라 함)을 배정 · 인수받을 수 있는 권리의 전부 또는 일부를 포기(포기한 전환사채 등이 자본시장과 금융투자업에 관한 법률 제9조 제7항에 따른 모집방법으로 배정되는 경우는 제외함)하거나 전환사채 등을 시가보다 높은 가액으로 인수함으로써 주주 등인 법인이 특수관계인인 다른 주주 등에게 이익을 분여한 경우에는 부당행위계산의 부인규정을 적용한다(법령 §88 ① 8호 나목).

2) 부당행위계산 부인의 적용 요건 및 익금산입액의 계산

법인의 자본을 증가시키는 거래에 있어서 전환사채 등을 배정 · 인수받을 수 있는 권리의 포기 또는 고가인수 등을 통한 이익분여시, 이익분여의 유형과 각 유형별 부당행위계산 부인규정을 적용하기 위한 요건 및 부당행위계산 부인으로 인하여 익금에 산입할 금액의 계산은 상속세 및 증여세법을 준용하도록 하고 있으며, 이를 요약하면 다음의 표와 같다.

여기서, 익금에 산입할 금액의 계산은 상속세 및 증여세법 제40조와 동법 시행령 제30조 제5항의 규정을 준용한다. 이 경우 상속세 및 증여세법 상의 "대주주" 및 "특수관계인"은 "법인세법 시행령에 의한 특수관계인"으로 보고, "이익" 및 "대통령령이 정하는 이익"은 "특수관계인에게 분여한 이익"으로 본다(법령 §89 ⑥).

(7) 불균등현물출자로 인한 이익분여

1) 개 요

법인이 현물출자를 받고 주식을 발행하는 경우 현물출자자가 주식 또는 지분을 시가보다 낮은 가액으로 인수하게 되면 현물출자자는 이익을 얻고 현물출자자 외의 주주 또는 출자자는 손해를 보게 된다. 반대로 현물출자자가 주식 등을 시가보다 높은 가액을 인수하게 되면 현물출자자는 손해를 보고 현물출자자 외의 주주 등은 이익을 얻게 되는데, 이러한 현물출자를 '불균등현물출자'라고 한다. 이와 같은 불균등현물출자로 인하여 법인이 특수관계인인 다른 주주에게 이익을 분여한 경우에는 부당행위계산 부인규정을 적용한다.

2) 부당행위계산 부인의 적용 요건 및 익금산입액의 계산

불균등현물출자를 통하여 법인이 특수관계인인 다른 주주에게 이익을 분여한 경우 이익분여의 유형과 익금에 산입할 금액은 상속세 및 증여세법 시행령 제29조의 3 제1항을 준용하여 계산하는데, 이를 요약하면 다음과 같다(법령 §89 ⑥ 및 상증법 §39의 3 ① 및 상증령 §29의 3 ①).

① 시가보다 낮은 가액으로 현물출자하는 경우

시가보다 낮은 가액으로 현물출자함에 따라 부당행위계산의 부인규정을 적용하여 익금에 산입할 금액은 다음과 같이 계산한다.

(현물출자 후 1주당 평가가액(*1) −신주 1주당 인수가액) × 현물출자자가 배정받은 주식수(*2)

(*1) 현물출자 후 1주당 평가가액=

$$\frac{(\text{현물출자 전의 1주당 평가가액}\times\text{현물출자 전의 발행주식총수})+(\text{신주 1주당 인수가액}\times\text{현물출자에 의하여 증가한 주식수})}{(\text{현물출자 전의 발행주식총수}+\text{현물출자에 의하여 증가한 주식수})}$$

단, '현물출자 후 1주당 평가가액'을 산정함에 있어 주권상장법인 등의 경우에는 권리락이 있는 날부터 2월이 되는 날까지 공표된 거래소의 최종시세가액의 평균액(상증통 39−29…2)과 위 산식에 의한 가액 중 적은 가액으로 한다.

(*2) 자본시장과 금융투자업에 관한 법률에 따른 주권상장법인이 같은 법 제165조의 6 제1항 제3호에 따른 방식으로 배정하는 경우는 제외함.

② 시가보다 높은 가액으로 현물출자하는 경우

시가보다 높은 가액으로 현물출자함에 따라 현물출자법인과 특수관계인에 해당하는 현물출자자 외의 주주 또는 출자자가 이익을 얻는 경우 당해 현물출자법인의 익금에 산입할 금액은 다음과 같이 계산한다.

(신주 1주당 인수가액− 현물출자 후 1주당 평가가액(*1)) × 현물출자자가 인수한 신주수(*2) × 현물출자자 외의 주주의 지분비율(*3)

(*1) '현물출자 후 1주당 평가가액'은 상기 '① 시가보다 낮은 가액으로 현물출자하는 경우'에서 기술한 산식에 따라 구함. 다만, 주권상장법인 등의 경우에는 권리락이 있는 날부터 2월이 되는 날까지 공표된 한국거래소의 최종시세가액의 평균액과 당해 산식에 의한 가액 중 큰 가액으로 한다.
(*2) 자본시장과 금융투자업에 관한 법률에 따른 주권상장법인이 같은 법 제165조의 6 제1항 제3호에 따른 방식으로 배정받은 주식을 제외함.
(*3) 현물출자자 외의 주주는 현물출자 전에 현물출자자의 특수관계인에 한함.

다만, 상기 '② 시가보다 높은 가액으로 현물출자하는 경우'에는 현저한 이익의 분여가 있는 경우에 한하여 부당행위계산의 부인규정이 적용되는 바, 현저한 이익이란 3억원 이상이거나 다음의 산식과 같이 1주당 평가차액이 30% 이상인 경우를 말한다(상증령 §29의 3 ②).

$$\frac{(\text{신주 1주당 인수가액}-\text{현물출자 후 1주당 평가가액})}{\text{현물출자 후 1주당 평가가액}} \geq 30\%$$

5-10-4. 불균등감자로 인한 이익분여

(1) 개 요

법인의 감자시 특정 주주의 주식만을 시세에 현저히 미달하게 불균등감자함으로써 당해 주주와 특수관계인에게 경제적 이익이 이전된 결과가 나타나는 경우에는 부당행위계산 부인규정을 적용하게 된다(법령 §88 ① 8호 다목).

현행 상법상에서는 주주평등의 원칙에 반하여 특정주식에 제한을 가하여 불균등한 감자가 이루어진 경우에는 감자무효의 소를 제기할 수 있으나, 주주간에 특수관계인인 가족법인 등에서 특정주주의 주식만을 정상 평가액보다 낮은 액면가액 등으로 유상감자하더라도 감자무효의 소가 제기될 가능성이 거의 없게 된다. 따라서 가족주주간 불균등감자를 악용한 이익분여 행위에 대해서 과세하고자 부당행위계산의 부인규정이 적용된다.

(2) 부당행위계산 부인의 적용 요건

불균등감자로 인한 이익분여시 부당행위계산 부인규정은 다음의 각 요건을 충족한 경우에 적용된다.

① 주식소각을 수반하는 불균등감자일 것
② 법인주주와 특수관계인이 주식소각으로 이익을 얻을 것

(3) 불균등감자시 익금산입액

불균등감자로 인한 이익분여액은 상속세 및 증여세법 시행령 제29조의 2를 준용하여 계산한다. 이 경우 대주주는 특수관계인으로 본다(법령 §89 ⑥).

따라서 법인주주의 주식을 불균등감자함으로써 특수관계인인 주주에게 이익을 분여한 금액, 즉, 법인주주의 소득금액 계산시 익금에 산입할 금액은 다음과 같다.

$$\left(\text{감자한 주식 1주당 평가액} - \text{주식소각시 지급한 1주당 금액}\right) \times \text{총감자 주식수} \times \text{법인주주와 특수관계인인 주주의 감자 후 지분비율} \times \frac{\text{법인주주의 감자주식수}}{\text{총감자주식수}}$$

한편, 본 규정에 의한 부당행위계산 부인규정은 현저한 이익의 분여가 있는 경우에 한하여 적용되는 바, 현저한 이익의 분여란 분여이익이 감자한 주식등의 평가액의 100분의 30에 상당하는 가액과 3억원 중 적은 금액 이상인 경우를 말한다(법령 §89 ⑥ 및 상증령 §29의 2 ②).

계산사례 - 8 **불균등감자시 익금산입액**

다음의 자료에 따라 부당행위에 따른 법인 A의 세무조정을 수행하시오.

◀ **자 료** ▶

(1) ㈜삼일은 당초 발행주식총수가 300,000주였으나 이 중 200,000주를 액면가액으로 소각하였다.

㈜삼일의 주주내역	감자 전		감자 주식수	감자 후	
	주식수	지분율		주식수	지분율
법인주주A	150,000주	50%	145,000주	5,000주	5%
법인주주B	60,000주	20%	55,000주	5,000주	5%
개인주주C	30,000주	10%	-	30,000주	30%
개인주주D	60,000주	20%	-	60,000주	60%
합 계	300,000주	100%	200,000주	100,000주	100%

(2) ㈜삼일의 법인주주 A와 개인주주 C는 법인세법상 특수관계인에 해당된다.

(3) ㈜삼일의 감자 전 1주당 평가액은 15,000원이고, 액면가액은 5,000원이다.

해 설

(1) 부당행위계산의 부인 적용 여부를 위한 현저한 이익 요건의 고려

부당행위계산의 부인이 적용되기 위해서는 현저한 이익 요건(감자한 주식등의 평가액의 30%에 상당하는 가액과 3억원 중 적은 금액 이상) 해당 여부를 확인해야 한다.

Min[감자한 주식등의 평가액(*) × 30%, 300,000,000] = 300,000,000

(*) 조문의 해석상 '감자한 전체 주식을 기준으로 산정한 평가액(15,000 × 200,000주)'을 의미하는지 아니면 '이익을 분여한 법인주주가 감자한 주식을 기준으로 산정한 평가액(15,000 × 145,000주)'을 의미하는지 불분명한 바, 향후 논란이 될 것으로 사료됨.

(2) 이익분여액의 계산

법인주주 A는 저가로 이루어진 주식소각에 참여함으로써 그 이익을 특수관계인인 개인주주 C에게 이익을 분여한 것에 해당한다. 이를 계산하면 다음과 같다.

(15,000 - 5,000) × 145,000주(A의 소각주) × 30%(특수관계인 주주 C의 감자 후 지분율)
= 435,000,000원

(3) 세무조정

〈익금산입〉 부당행위계산의 부인액 435,000,000 (기타사외유출)

(4) 세무조정 및 소득처분

불균등감자로 인한 이익분여로 인해 부당행위계산 부인규정이 적용되어 익금에 산입되는 금액은 그 귀속자가 법인인 경우에는 기타사외유출로 처분하며, 그 귀속자가 개인인 경우로서 증여세가 과세되는 경우에는 기타사외유출로, 그 외의 경우에는 배당(주주), 상여(임직원) 등

으로 처분한다(법령 §106 ① 3호 자목).

5-10-5. 기타 불균등자본거래로 인한 이익분여

앞에서 살펴본 불균등 합병·증자 또는 감자 등의 자본거래 외의 경우로서 증자·감자, 합병(분할합병 포함)·분할, 전환사채 등에 의한 주식의 전환·인수·교환 등 자본거래를 통해 법인의 이익을 분여하였다고 인정되는 경우에도 부당행위계산 부인규정을 적용한다. 다만, 법인세법 시행령 제19조 제19호의 2 각 목 외의 부분에 해당하는 주식매수선택권등 중 주식매수선택권의 행사에 따라 주식을 발행하는 경우에는 부당행위에 해당하지 아니한다(법령 §88 ① 8호의 2 단서).

이 경우 상기 기타 불균등자본거래로 인한 이익분여액은 상속세 및 증여세법 시행령 제32조의 2를 준용하여 계산하며(법령 §89 ⑥), 이익분여로 익금에 산입되는 금액은 그 귀속자가 법인인 경우에는 기타사외유출로 처분하며, 그 귀속자가 개인인 경우로서 증여세가 과세되는 경우에는 기타사외유출로, 그 외의 경우에는 배당(주주), 상여(임직원) 등으로 처분한다(법령 §106 ① 3호 자목).

관련사례

- 불균등 고가 유상감자시 분여받은 이익의 세무상 처리
  법인이 유상감자시 특정법인주주의 보유 주식에 대해서만 고가로 감자대가를 지급하고 해당 주식을 모두 소각함으로써 해당 주주가 다른 특수관계인으로부터 분여받은 이익은 법인세법 시행령 제11조 제9호 및 같은 법 시행규칙 제37조 제2항에 따라 익금에 산입하고 아울러 해당 금액을 손금에 산입하는 것임(사전법령법인-22087, 2015. 3. 20.).

5-11. 기타의 부당행위

부당행위계산 부인의 해당 여부는 사실판단의 문제로써, 법인세법 시행령 제88조 제1항 및 법인세법 기본통칙 52-88…2와 52-88…3은 부당행위 유형을 예시한 것일 뿐이다. 따라서 이외에도 법인이 이익을 분여하였다고 인정되는 행위가 있을 때에는 모두 부인하며, 손금에 산입되었거나 익금에 계상하지 않은 금액은 부인하여 익금에 산입한다(법령 §88 ① 9호). 다만, 부당행위의 유형을 적용하는 때에도 조세법률주의의 원칙상 유추해석이나 확대해석은 허용되지 않으므로, 그 행위나 계산이 부당하다고 하기 위하여는 법인세법 시행령 제88조 제1항 각 호에 열거된 거래형태를 남용하여 조세부담을 부당하게 회피하거나 경감시킬 것을 의도하는 경우 또는 이러한 의도가 없더라고 경제인의 입장에서 부자연하고 불합리한 행위계산을 함으로 인하여 경제적 합리성을 무시하였다고 인정되는 경우이어야 하고, 단지 특수관계가 없는 제3자와 사이의 거래형태와 비교하여 특수관계인이 아니라면 통상할 수 없는 행위나 계산인데 특수관계인이기 때문에 할 수 있다는 기준에 의하여 결정할 수는 없다(대법 2002두 12908, 2003. 4. 8.).

관련사례

• 주주간 차등배당에 따른 부당행위계산 부인 해당 여부

배당을 함에 있어서 지배주주(법인세법 시행령 제43조 제7항에 따른 지배주주 등과 그와 같은 조 제8항에 따른 특수관계 있는 주주 등을 말함)인 법인에게는 배당을 하지 아니하고 기타 주주 등에게만 배당을 하는 경우에 지배주주 등인 법인과 배당을 하는 법인간에는 부당행위계산 부인규정이 적용되지 아니함.

다만, 주주총회에서 지배주주에 대한 배당결의를 한 후 3개월이 경과할 때까지 당해 배당금을 지급하지 아니함으로써 소득세법 시행령 제191조 제1호의 규정에 따라 지급한 것으로 의제되는 금액은 배당결의 후 3개월이 경과하는 날에 지배주주 등이 동 금액을 대여한 것으로 봄(법기통 52-88…4).

6. 특수관계인간 거래명세서

각 사업연도에 특수관계인과 거래가 있는 법인은 과세표준 신고와 함께 특수관계인간의 매출·매입, 용역의 제공, 임대차, 자본거래 등 거래유형별로 거래명세서 [별지 제52호 서식(갑) 및 (을)]을 납세지 관할 세무서장에게 제출하여야 한다. 다만, 국제조세조정에 관한 법률에 의해 납세지 관할 세무서장에게 그 내역을 제출한 국제거래의 내역은 제외할 수 있다(법령 §90 ① 및 법칙 §82 ① 50호).

또한, 납세지 관할 세무서장 또는 관할 지방국세청장은 제출받은 특수관계인간 거래명세서의 내역을 확인하기 위하여 필요한 때에는 법인에 대하여 그 거래에 적용한 시가의 산정 및 그 계산근거 기타 필요한 자료의 제출을 요구할 수 있다(법령 §90 ②).

이러한 특수관계인간 거래명세서는 과세자료의 제출에 대한 협조의무의 성격이므로 미제출 시에도 가산세는 부과되지 않는다.

Step II 서식의 이해

■ 작성요령 I - 특수관계인간 거래명세서(갑)

❶ 매출거래 및 매입거래 등에서 「거래상대방(①·②·⑩·⑪)」란에는 제출법인과 특수관계에 있는 거래상대방의 법인명·상호(또는 성명)와 사업자등록번호(또는 주민등록번호)를 적는다.

❷ 매출거래 등의 「③~⑨」란과 매입거래 등의 「⑫~⑱」란에는 제출법인이 특수관계인과 거래한 금액의 총액을 유형별 해당란에 각각 적는다.

[별지 제52호 서식(갑)] (2019. 3. 20 개정)

사 업 연 도	. . . ~ . . .	특수관계인간 거래 (매출 및 매입거

1. 매출거래 등

거래상대방		③계	유형 ㅈ
①법인명 (상호 또는 성명)	②사업자등록 번호(또는 주민등록번호)		④재고자산
❶	❶	❷	❷
합 계			

2. 매입거래 등

거래상대방		⑫계	유형 ㅈ
⑩법인명 (상호 또는 성명)	⑪사업자등록 번호 또는 주민등록번호)		⑬재고자산
❶	❶	❷	❷
합 계			

「법인세법 시행령」 제90조 제1항에 따라 위와

20 년

세무서장 귀하

명세서(갑) 래 등)	법 인 명	
	사업자등록번호	

(단위 : 원)

자 산				
⑤기타	⑥ 무형자산	⑦ 용역	⑧ 금전대부	⑨기타
❷	❷	❷	❸	❷

(단위 : 원)

자 산				
⑭기타	⑮ 무형자산	⑯용역	⑰ 금전대부	⑱기타
❷	❷	❷	❸	❷

같이 특수관계인간 거래명세서를 제출합니다.

월 일

제출자 (서명 또는 인)

❷ 매출거래 등의 「③~⑨」란과 매입거래 등의 「⑫~⑱」란에는 제출법인이 특수관계인과 거래한 금액의 총액을 유형별 해당란에 각각 적는다.

❸ 금전대부거래에 있어서는 해당 사업연도 종료일 현재 금전채권·채무의 잔액을 기입한다. 이 경우 작성법인이 채권자인 경우에는 매출거래 등의 「⑧ 금전대부」란에 기입하고, 채무자인 경우에는 매입거래 등의 「⑰ 금전대부」란에 기입한다.

■ 작성요령Ⅱ - 특수관계인간 거래명세서(을)

❶ 「증자 및 감자와 합병 및 분할」란의 「① · ② · ⑩ · ⑪ 출자법인」란은 해당 법인이 출자하고 있는 법인이 증자 및 감자 또는 합병 및 분할합병한 경우 그 법인의 법인명와 사업자등록번호를 적는다.

❷ 「③ · ④ 구분」란에는 출자하고 있는 법인이 사업연도 중 증자(또는 감자)한 경우에 해당란에 "○"으로 구분표시하고 「각 해당(⑤ 내지 ⑨)」란에 증자 또는 감자 일자, 증자 또는 감자 전후 소유주식 등의 액면총액 및 지분비율을 각각 적는다.

❸ 「구분(⑫ · ⑬)」란에는 출자하고 있는 법인이 합병(또는 분할합병)한 경우에 해당란에 "○"으로 구분표시하고 「각 해당(⑭ 내지 ⑲)」란에는 합병등기일자(또는 분할등기일자)와 합병등기일(또는 분할등기일) 현재의 합병법인(또는 분할합병의 상대방법인), 피합병법인(또는 소멸한 분할합병의 상대방법인)의 순자산의 「법인세법 시행령」 제89조에 따른 시가와 실제 합병비율을 적는다. 이 경우 분할합병에 있어서는 분할하는 사업부문의 순자산과 분할합병비율을 적는다.

[별지 제52호 서식(을)] (2019. 3. 20 개정)

사 업 연 도	. . . ~ . . .	특수관계인간 거래 (자본거래

1. 증자 및 감자

거래상대방		구분		⑤일자
①법인명	②사업자 등록번호	③증자	④감자	
❶	❶	❷	❷	❷

2. 합병 및 분할 등

거래상대방		구분		⑭일자
⑩법인명	⑪사업자 등록번호	⑫합병	⑬분할 합병	
❶	❶	❸	❸	❸

「법인세법 시행령」 제90조 제1항에 따라 위와

20 년

세무서장 귀하

명세서(을)	법 인 명	
)	사업자등록번호	

(단위 : 원)

증자(또는 감자)전		증자(또는 감자)후	
⑥액면총액	⑦지분	⑧액면총액	⑨지분
❷	❷ %	❷	❷ %
	%		%
	%		%
	%		%
	%		%
	%		%
	%		%
	%		%
	%		%
	%		%
	%		%

❷ 「③ · ④ 구분」란에는 출자하고 있는 법인이 사업연도 중 증자(또는 감자)한 경우에 해당란에 "○"으로 구분표시하고 「각 해당(⑤ 내지 ⑨)」란에 증자 또는 감자 일자, 증자 또는 감자 전후 소유주식 등의 액면총액 및 지분비율을 각각 적는다.

(단위 : 원)

순자산의 시가 및 지분율				⑲합병 비율 ❹
합병법인 등		피합병법인 등		
⑮순자산	⑯지분	⑰순자산	⑱지분	
❸	❸ %	❸	❸ %	1:(❸)
	%		%	1:( )
	%		%	1:( )
	%		%	1:( )
	%		%	1:( )
	%		%	1:( )
	%		%	1:( )
	%		%	1:( )
	%		%	1:( )
	%		%	1:( )
	%		%	1:( )

❸ 「구분(⑫ · ⑬)」란에는 출자하고 있는 법인이 합병(또는 분할합병)한 경우에 해당란에 "○"으로 구분표시하고 「각 해당(⑭ 내지 ⑲)」란에는 합병등기일자(또는 분할등기일자)와 합병등기일(또는 분할등기일) 현재의 합병법인(또는 분할합병의 상대방법인), 피합병법인(또는 소멸한 분할합병의 상대방법인)의 순자산의 「법인세법 시행령」 제89조에 따른 시가와 실제합병비율을 적는다. 이 경우 분할합병에 있어서는 분할하는 사업부문의 순자산과 분할합병비율을 적는다.

❹ 「⑲ 합병비율」란의 ( )에는 피합병주식의 주식 1주에 대한 합병법인 주식의 교부비율을 소수점 이하 셋째자리에서 반올림하여 소수점 이하 둘째자리까지 적는다.

같이 특수관계인간 거래명세서를 제출합니다.

월 일

제출자 (서명 또는 인)

Step III : 사례와 서식작성실무

예제

사 례 - 1 저가신주발행시 실권주 재배정한 경우

㈜삼일은 2024년 10월 1일에 지분비율에 따른 유상증자를 실시하였으며, 관련 자료는 다음과 같다. 이 자료를 이용하여 ㈜한강와 ㈜삼각지의 제9기(2024. 1. 1.~2024. 12. 31.) 세무조정을 수행하고, 특수관계인간 거래명세서(자본거래) 〔별지 제52호 서식(을)〕을 작성하시오.

◀ **자 료** ▶

1. 증자 전 ㈜삼일의 주주구성은 다음과 같다(법인주주 ㈜한강과 ㈜삼각지는 서로 특수관계인임).

주주내역	증자 전 소유주식수	증자 전 지분비율
법인주주 ㈜한강	30,000주	30%
법인주주 ㈜신용산	20,000주	20%
법인주주 ㈜삼각지	35,000주	35%
개인주주 홍길동	15,000주	15%
합계	100,000주	100%

2. ㈜삼일의 증자 전 1주당 평가액은 40,000원이었고, 액면가액(10,000원)으로 100% 유상증자를 실시하였다.
3. 유상증자시 ㈜한강과 ㈜신용산은 배정된 신주인수를 포기하였으며, 이에 따라 ㈜삼각지에게 30,000주, 홍길동에게 20,000주의 실권주가 재배정되었다.

해 설

1. 증자 후 1주당 평가액의 계산

$$\frac{(\text{증자 전의 1주당 평가액} \times \text{증자 전 발행주식총수}) + (\text{신주 1주당 인수가액} \times \text{증자에 의하여 증가한 주식수})}{(\text{증자 전의 발행주식총수} + \text{증자에 의하여 증가한 주식수})}$$

= (100,000주 × 40,000원 + 100,000주 × 10,000원) ÷ (100,000주 + 100,000주)

= 25,000원

2. 지분변동내역

주 주	증자 전 주식수 (지분율)	증자내용			증자 후 주식수 (지분율)
		배정	포기	재배정	
㈜한강	30,000주(30%)	30,000주	30,000주		30,000주(15%)
㈜신용산	20,000주(20%)	20,000주	20,000주		20,000주(10%)
㈜삼각지	35,000주(35%)	35,000주	–	30,000주	100,000주(50%)
홍길동	15,000주(15%)	15,000주	–	20,000주	50,000주(25%)
합 계	100,000주	100,000주	50,000주	50,000주	200,000주(100%)

3. 이익분여액의 계산

㈜한강은 저가로 발행된 신주의 인수를 포기하고 그 실권주 일부를 특수관계인인 ㈜삼각지가 인수하였으므로 이익을 분여한 것에 해당하여 부당행위계산 부인을 적용한다. 이때, 저가 발행된 신주의 실권으로 인해 주식을 재배정하는 경우, 부당행위계산 부인 여부를 결정함에 있어 현저한 이익 요건은 적용하지 않는다.

$$(\text{증자 후 1주당 평가가액} - \text{신주 1주당 인수가액}) \times \text{실권주수} \times \frac{\text{특수관계인이 인수한 실권주수}}{\text{재배정 주식 총수}}$$

$$= (25{,}000\text{원} - 10{,}000\text{원}) \times 30{,}000\text{주} \times \frac{30{,}000\text{주}}{50{,}000\text{주}}$$

$$= 270{,}000{,}000\text{원}$$

4. 세무조정

(1) 이익을 분여한 ㈜한강의 세무조정

특수관계인에게 이익을 분여한 ㈜한강에 대해서는 부당행위계산 부인이 적용되어 그 분여이익에 대하여 익금산입한다.

〈익금산입〉 부당행위계산의 부인액 270,000,000 (기타사외유출)

(2) 이익을 분여받은 ㈜삼각지의 세무조정

특수관계인인 법인으로부터 분여받은 이익을 익금에 산입한다(법령 §11 8호).

〈익금산입〉 투자주식(자본거래 수증이익) 270,000,000 (유보)

[별지 제52호 서식(을)] (2019. 3. 20. 개정)

사업 연도	2024. 1. 1. ~ 2024. 12. 31.	**특수관계인간 거래명세서(을) (자본거래)**	법 인 명	(주)한강
			사업자등록번호	101-81-23456

1. 증자 및 감자 (단위 : 원)

거래상대방		구 분		⑤ 일자	증자(또는 감자)전		증자(또는 감자)후	
① 법인명	② 사업자 등록번호	③ 증자	④ 감자		⑥ 액면총액	⑦ 지분	⑧ 액면총액	⑨ 지분
(주)삼일	100-80-12345	○		2024. 10. 1.	300,000,000	30%	300,000,000	15%
						%		%
						%		%
						%		%
						%		%
						%		%
						%		%
						%		%
						%		%
						%		%

2. 합병 및 분할 등 (단위 : 원)

거래상대방		구 분		⑭일자	순자산의 시가 및 지분율				⑲ 합병 비율
					합병법인 등		피합병법인 등		
⑩ 법인명	⑪ 사업자 등록번호	⑫ 합병	⑬ 분할합병		⑮ 순자산	⑯ 지분	⑰ 순자산	⑱ 지분	
						%		%	1:( )
						%		%	1:( )
						%		%	1:( )
						%		%	1:( )
						%		%	1:( )
						%		%	1:( )
						%		%	1:( )
						%		%	1:( )
						%		%	1:( )
						%		%	1:( )

「법인세법 시행령」 제90조 제1항에 따라 위와 같이 특수관계인간 거래명세서를 제출합니다.

20 년 월 일

제출자 (서명 또는 인)

세무서장 귀하

[별지 제52호 서식(을)] (2019. 3. 20. 개정)

사업연도	2024. 1. 1. ~ 2024. 12. 31.	특수관계인간 거래명세서(을) (자본거래)	법인명	(주)삼각지
			사업자등록번호	101-81-12345

1. 증자 및 감자 (단위 : 원)

거래상대방		구분		⑤ 일자	증자(또는 감자)전		증자(또는 감자)후	
①법인명	② 사업자 등록번호	③ 증자	④ 감자		⑥ 액면총액	⑦ 지분	⑧ 액면총액	⑨ 지분
(주)삼익	100-80-12345	○		2024. 10. 1.	350,000,000	35%	1,000,000,000	50%
						%		%
						%		%
						%		%
						%		%
						%		%
						%		%
						%		%
						%		%
						%		%

2. 합병 및 분할 등 (단위 : 원)

거래상대방		구분		⑭ 일자	순자산의 시가 및 지분율				⑲ 합병비율
					합병법인 등		피합병법인 등		
⑩ 법인명	⑪ 사업자 등록번호	⑫ 합병	⑬ 분할합병		⑮ 순자산	⑯ 지분	⑰ 순자산	⑱ 지분	
						%		%	1:( )
						%		%	1:( )
						%		%	1:( )
						%		%	1:( )
						%		%	1:( )
						%		%	1:( )
						%		%	1:( )
						%		%	1:( )
						%		%	1:( )
						%		%	1:( )

「법인세법 시행령」 제90조 제1항에 따라 위와 같이 특수관계인간 거래명세서를 제출합니다.

20 년 월 일

제출자 (서명 또는 인)

세무서장 귀하

사 례 - 2 **고가신주발행시 실권처리하는 경우**

㈜삼일은 2024년 9월 1일에 지분비율에 따라 유상증자를 실시하였으며, 관련자료는 다음과 같다. 이 자료를 이용하여 ㈜한강과 ㈜삼각지의 제9기(2024. 1. 1.~2024. 12. 31.) 세무조정을 수행하고, 특수관계인간 거래명세서(자본거래) 〔별지 제52호 서식(을)〕을 각각 작성하시오.

◀ **자료** ▶

1. 증자 전 ㈜삼일의 주주구성은 다음과 같다(법인주주 ㈜한강과 ㈜삼각지는 서로 특수관계인임).

주주 내역	증자 전 소유주식수	증자 전 지분비율
법인주주 ㈜한강	40,000주	40%
법인주주 ㈜신용산	30,000주	30%
법인주주 ㈜삼각지	20,000주	20%
개인주주 홍길동	10,000주	10%
합 계	100,000주	100%

2. ㈜삼일의 증자 전 1주당 평가액은 10,000원이었고, 1주당 40,000원에 100% 유상증자를 실시하였다. ㈜삼일의 주당 액면가액은 5,000원이다.
3. 유상증자시 ㈜한강은 배정된 신주인수를 포기하였고, 다른 주주는 실권에 따른 추가 배정없이 자기지분에 해당하는 주식수를 인수하였다.

해 설

1. 증자 후 1주당 평가액의 계산

$$\frac{(\text{증자 전의 1주당 평가액}\times\text{증자 전 발행주식총수})+(\text{신주 1주당 인수가액}\times\text{증자에 의하여 증가한 주식수})}{(\text{증자 전의 발행주식총수}+\text{증자에 의하여 증가한 주식수})}$$

= (100,000주 × 10,000원 + 60,000주 × 40,000원) ÷ (100,000주 + 60,000주)

= 21,250원

2. 현저한 이익(평가차액비율이 30% 이상 차이 등) 여부

실권주를 재배정하지 아니하는 경우에는 현저한 이익(1주당 평가차액이 30% 이상이거나 분여이익이 3억원 이상인 경우)이 분여된 경우에 한하여 부당행위계산 부인이 적용된다.

$$\text{1주당 평가차액} = \frac{(\text{신주 1주당 인수가액} - \text{증자 후 1주당 평가액})}{\text{증자 후 1주당 평가액}}$$

$$= \frac{40{,}000 - 21{,}250}{21{,}250}$$

$$= 88.24\% \geq 30\%$$

3. 지분변동내역

주 주	증자 전 주식수 (지분율)	증자내용			증자 후 주식수 (지분율)
		배정	포기	재배정	
㈜한강	40,000주(40%)	40,000주	40,000주	-	40,000주(25%)
㈜신용산	30,000주(30%)	30,000주	-	-	60,000주(37.5%)
㈜삼각지	20,000주(20%)	20,000주	-	-	40,000주(25%)
홍길동	10,000주(10%)	10,000주	-	-	20,000주(12.5%)
합 계	100,000주	100,000주	40,000주	-	160,000주 (100%)

4. 이익분여액의 계산

㈜한강이 고가로 발행된 신주의 인수를 포기하고 그 실권주를 재배정하지 아니하는 경우, 신주를 인수한 특수관계인인 ㈜삼각지가 실권주주인 ㈜한강에게 이익을 분여한 것으로 보아 다음과 같이 이익분여액을 계산한다.

$$(\text{신주 1주당 인수가액} - \text{증자 후 1주당 평가액}) \times \text{실권주수} \times \frac{\text{당해 법인주주가 인수한 신주수}}{\text{증자 전의 지분비율대로 균등하게 증자하는 경우의 증자주식 총수}}$$

$$= (40{,}000\text{원} - 21{,}250\text{원}) \times 40{,}000\text{주} \times \frac{20{,}000\text{주}}{100{,}000\text{주}}$$

$= 150{,}000{,}000$원

5. 세무조정

(1) 이익을 분여한 ㈜삼각지의 세무조정

특수관계인에게 이익을 분여한 ㈜삼각지에 대해서는 부당행위계산 부인이 적용되어 그 분여이익에 대하여 익금산입한다.

〈익금산입〉 부당행위계산 부인액 150,000,000 (기타사외유출)

또한, 상기 부당행위계산 부인 금액은 신주를 고가로 인수한 경우에 해당하므로 시가 초과 인수액은 감액하는 세무조정을 한다(법령 §72 ④ 3호).

〈손금산입〉 투자주식 150,000,000 (△유보)

(2) 이익을 분여받은 ㈜한강의 세무조정

특수관계인인 법인으로부터 분여받은 이익을 익금에 산입한다(법령 §11 8호).

〈익금산입〉 투자주식(자본거래 수증이익) 150,000,000 (유보)

[별지 제52호 서식(을)] (2019. 3. 20. 개정)

사업연도	2024. 1. 1. ~ 2024. 12. 31.	특수관계인간 거래명세서(을) (자본거래)	법인명	(주)한강
			사업자등록번호	101-81-23456

1. 증자 및 감자 (단위 : 원)

거래상대방		구분		⑤ 일자	증자(또는 감자)전		증자(또는 감자)후	
① 법인명	② 사업자 등록번호	③ 증자	④ 감자		⑥ 액면총액	⑦ 지분	⑧ 액면총액	⑨ 지분
(주)삼일	100-80-12345	○		2024. 9. 1.	200,000,000	40%	200,000,000	25%
						%		%
						%		%
						%		%
						%		%
						%		%
						%		%
						%		%
						%		%
						%		%

2. 합병 및 분할 등 (단위 : 원)

거래상대방		구분		⑭ 일자	순자산의 시가 및 지분율				⑲ 합병 비율
					합병법인 등		피합병법인 등		
⑩ 법인명	⑪ 사업자 등록번호	⑫ 합병	⑬ 분할 합병		⑮ 순자산	⑯ 지분	⑰ 순자산	⑱ 지분	
						%		%	1:( )
						%		%	1:( )
						%		%	1:( )
						%		%	1:( )
						%		%	1:( )
						%		%	1:( )
						%		%	1:( )
						%		%	1:( )
						%		%	1:( )
						%		%	1:( )

「법인세법 시행령」 제90조 제1항에 따라 위와 같이 특수관계인간 거래명세서를 제출합니다.

20 년 월 일

제출자 (서명 또는 인)

세무서장 귀하

[별지 제52호 서식(을)] (2019. 3. 20. 개정)

사업연도	2024. 1. 1. ~ 2024. 12. 31.	특수관계인간 거래명세서(을) (자본거래)	법인명	(주)삼각지
			사업자등록번호	101-81-12345

1. 증자 및 감자 (단위 : 원)

거래상대방		구분		⑤ 일자	증자(또는 감자)전		증자(또는 감자)후	
① 법인명	② 사업자 등록번호	③ 증자	④ 감자		⑥ 액면총액	⑦ 지분	⑧ 액면총액	⑨ 지분
(주)삼일	100-80-12345	○		2024. 9. 1.	100,000,000	20 %	200,000,000	25 %
						%		%
						%		%
						%		%
						%		%
						%		%
						%		%
						%		%
						%		%
						%		%

2. 합병 및 분할 등 (단위 : 원)

거래상대방		구분		⑭ 일자	순자산의 시가 및 지분율				⑲ 합병비율
					합병법인 등		피합병법인 등		
⑩ 법인명	⑪ 사업자 등록번호	⑫ 합병	⑬ 분할합병		⑮ 순자산	⑯ 지분	⑰ 순자산	⑱ 지분	
						%		%	1:( )
						%		%	1:( )
						%		%	1:( )
						%		%	1:( )
						%		%	1:( )
						%		%	1:( )
						%		%	1:( )
						%		%	1:( )
						%		%	1:( )
						%		%	1:( )

「법인세법 시행령」 제90조 제1항에 따라 위와 같이 특수관계인간 거래명세서를 제출합니다.

20 년 월 일

제출자 (서명 또는 인)

세무서장 귀하

파생상품

관련 법령	• 법법 §42 • 법령 §73, §76 • 법칙 §37의 2, §39의 2
관련 서식	• 법인세법 시행규칙 [별지 제40호 서식(갑)] 외화자산등 평가차손익조정명세서(갑) [별지 제40호 서식(을)] 외화자산등 평가차손익조정명세서(을) [별지 제63호의 4 서식] (화폐성 외화자산 등 / 특별계정) 평가방법 신고서

제2절

파생상품

2

Step I 내용의 이해

1. 개 요

세계 금융시장 및 외환시장의 자율화로 인하여 환율, 이자율 등의 변동폭이 증대됨에 따라 많은 기업이 가격변동위험에 노출되어 있다. 이에 따라, 기업들은 이러한 위험을 회피하기 위한 적절한 수단으로 선물, 스왑, 옵션 등 다양한 파생상품을 이용하고 있다.

기업회계기준에 의하면 파생상품은 당해 계약에 따라 발생된 권리와 의무를 공정가액으로 평가하여 자산·부채로 계상하도록 하고 있으나, 법인세법에서는 일부 예외를 제외하고 파생상품거래로 인한 손익의 귀속사업연도를 그 권리·의무가 확정된 사업연도로 하고 평가손익의 익금 또는 손금산입을 원칙적으로 배제하도록 하고 있는바 기업회계기준에 따라 파생상품 평가손익을 계상한 경우 적절한 세무조정이 요구된다.

2. 기업회계기준상 파생상품 회계처리

2-1. 한국채택국제회계기준(K-IFRS)

2-1-1. 파생상품의 정의

한국채택국제회계기준(K-IFRS)에서 파생상품은 한국채택국제회계기준(K-IFRS) 제1109호의 적용범위에 해당하면서 다음의 세 가지 특성을 모두 가진 금융상품이나 기타계약으로 정의한다(K-IFRS 1109호 부록A 용어의 정의).

① 기초변수의 변동에 따라 가치가 변동한다. 기초변수는 이자율, 금융상품가격, 일반상품가격, 환율, 가격 또는 비율의 지수, 신용등급이나 신용지수 또는 기타 변수를 말한다. 다만, 비금융변수의 경우에는 계약의 당사자에게 특정되지 아니하여야 한다.

② 최초 계약시 순투자금액이 필요하지 않거나 시장요소의 변동에 유사한 영향을 받을 것으로 기대되는 다른 유형의 계약보다 적은 순투자금액이 필요하다.
③ 미래에 결제된다.

파생상품을 정의하는 요건으로 한국채택국제회계기준(K-IFRS)에서는 일반기업회계기준의 '차액결제 가능조건' 대신 '미래결제조건'을 요구하고 있으므로, 총액결제를 하는 경우에도 파생상품으로 분류될 수 있게 된다. 따라서, 공정가치를 신뢰성 있게 측정할 수 없는 지분상품과 연계되어 있으며 그 지분상품의 인도로 결제되어야 하는 금융상품도 한국채택국제회계기준(K-IFRS)에서는 파생상품의 정의를 충족하게 된다.

2-1-2. 파생상품 회계처리의 일반원칙

(1) 파생상품의 인식

파생상품의 대표적인 예는 선물, 선도, 스왑계약 및 옵션계약이다. 파생상품은 보통 화폐금액, 주식 수, 무게나 부피의 단위 또는 계약에서 정해진 그 밖의 단위를 계약단위의 수량으로 한다. 그러나 파생상품의 투자자나 발행자가 최초 계약시에 계약단위의 수량을 투자하거나 수취하여야 하는 것은 아니다. 이와는 달리 계약단위의 수량과 관계 없는 미래사건의 결과에 따라 변동하는 금액(기초변수의 변동에 비례적이지 않음)이나 확정된 금액을 지급해야 하는 파생상품이 있을 수 있다. 예를 들면, 6개월 LIBOR가 100 베이시스 포인트 증가하면 1,000원을 정액으로 지급하는 계약은 비록 정해진 계약단위의 수량이 없더라도 파생상품이다(K-IFRS 1109호 적용지침 문단 BA.1).

한국채택국제회계기준(K-IFRS) 제1109호에서 정의하는 파생상품은 기초항목을 인도함으로써 총액으로 결제되는 계약(예 : 고정금리부 채무상품을 매입하는 선도계약)을 포함한다. 기업은 현금 등 금융상품으로 차액결제할 수 있거나 금융상품의 교환으로 결제할 수 있는, 비금융항목을 매입하거나 매도하는 계약(예 : 미래에 고정가격으로 일반상품을 매입하거나 매도하는 계약)을 체결할 수 있다. 이러한 계약이, 예상되는 매입, 매도 또는 사용 필요에 따라 비금융항목을 수취하거나 인도할 목적으로 체결되어 계속 유지되고 있는 계약이 아니라면, 당해 계약에 한국채택국제회계기준(K-IFRS) 제1109호를 적용한다(K-IFRS 1109호 적용지침 문단 BA.2).

파생상품을 정의하는 특성 중의 하나는 시장요인의 변동에 유사하게 반응할 것으로 기대되는 다른 유형의 계약에 필요한 최초 순투자금액보다 적은 금액이 필요하다는 점이다. 옵션이 연계된 기초금융상품을 획득하는 데 필요한 투자금액보다 옵션프리미엄이 작으므로, 옵션계약은 파생상품의 정의를 충족한다. 최초 계약시에 동일한 공정가치를 가지는 다른 통화를 교환하는 통화스왑은 최초 순투자금액이 영(0)이므로, 파생상품의 정의를 충족한다(K-IFRS 1109호 적용지침 문단 BA.3).

(2) 파생상품의 평가

공정가치는 해당 파생상품의 현행 현금흐름 등가액을 반영하므로 기업실체의 유동성이나 지급능력을 평가하는 데 있어서 과거의 거래정보인 취득원가보다 재무제표이용자들에게 유용한 정보를 제공하므로 모든 파생상품은 공정가치로 평가한다(K-IFRS 1109호 문단 5.1.1).

(3) 파생상품의 회계처리

① 최초 측정

파생상품은 다른 금융상품과 마찬가지로 최초인식시점에 공정가치로 인식한다. 최초인식 시 파생상품의 공정가치는 일반적으로 거래가격이다. 그러나 최초 인식 시 금융자산이나 금융부채의 공정가치가 거래가격과 다른 경우에는, 최초 인식 시 금융상품의 공정가치의 최선의 추정치는 일반적으로 거래가격(즉, 제공하거나 수취한 대가의 공정가치, K-IFRS 제1113호 참조)이다. 만일 기업이 최초 인식 시 공정가치가 거래가격과 다르다고 결정한다면, 금융상품을 그 날짜에 다음과 같이 회계처리한다(K-IFRS 1109호 적용지침 문단 B5.1.2A).

㉠ 그러한 공정가치가 동일한 자산이나 부채에 대한 활성시장의 공시가격에 의해 입증되거나 관측가능한 시장의 자료만을 사용하는 평가기법에 기초한다면, 한국채택국제회계기준(K-IFRS) 제1109호 문단 5.1.1에서 요구하는 측정치로 회계처리하며, 최초 인식 시의 공정가치와 거래가격 간의 차이는 손익으로 인식한다.

㉡ 그 밖의 모든 경우에는 최초 인식 시점의 공정가치와 거래가격 간의 차이를 이연하기 위해 한국채택국제회계기준(K-IFRS) 제1109호 문단 5.1.1에서 요구하는 측정치에서 그러한 차이를 조정하여 회계처리하며, 최초 인식 후에는 시장참여자가 자산이나 부채의 가격을 결정하는데 고려하는 요소(시간 포함)의 변동에서 발생하는 정도까지만 이연된 차이를 손익으로 인식한다.

② 후속 측정

최초인식 후 파생상품자산은 공정가치로 측정한다. 여기서 공정가치는 매도 등에서 발생할 수 있는 거래원가를 차감하지 않은 금액이다. 위험회피대상항목으로 지정한 금융자산에는 한국채택국제회계기준(K-IFRS) 제1109호 문단 6.5.8~6.5.14(그리고 해당사항이 있다면, 이자율위험의 포트폴리오 위험회피에 대한 공정가치위험회피회계를 규정하는 한국채택국제회계기준(K-IFRS) 제1039호 '금융상품: 인식과 측정' 문단 89~94)의 위험회피회계 요구사항을 적용한다(K-IFRS 1109호 문단 5.2.3).

2-1-3. 위험회피회계

(1) 의의 및 유형

위험회피회계는 위험회피대상항목과 위험회피수단 사이에 위험회피관계가 설정된 이후 이러한 위험회피활동이 재무제표에 적절히 반영될 수 있도록 해당 위험회피대상항목 및 위험회피수단에 대하여 기존의 회계처리기준과는 다른 별도의 회계처리방법을 적용하도록 하는 것을 말한다. 즉, 위험회피회계는 위험회피활동으로 인하여 공정가치 또는 현금흐름의 변동위험이 상계되었음에도 불구하고 일반적인 회계기준을 적용하는 경우 이러한 위험회피활동이 재무제표에 적절히 반영되지 못하는 문제점을 해결하기 위하여 기업회계기준에 따른 기존의 회계처리방법과는 다른 회계처리방법을 적용하도록 한 것이다. 이러한 의미에서 위험회피회계를 특별회계라고도 한다.

위험회피관계는 다음과 같은 유형으로 구분한다(K-IFRS 1109호 문단 6.5.2).

① 공정가치위험회피
특정 위험에 기인하고 당기손익에 영향을 줄 수 있는 것으로서, 인식된 자산이나 부채 또는 인식되지 않은 확정계약 또는 이러한 항목의 구성요소의 공정가치 변동 익스포저에 대한 위험회피

② 현금흐름위험회피
특정 위험에 기인하고 당기손익에 영향을 줄 수 있는 것으로서, 인식된 자산이나 부채(예 : 변동금리부 채무상품의 미래이자지급액의 전체나 일부) 또는 발생 가능성이 매우 큰 예상거래의 현금흐름 변동 익스포저에 대한 위험회피

③ 한국채택국제회계기준(K-IFRS) 제1021호에서 정의하는 해외사업장순투자의 위험회피

1) 위험회피대상항목

① 조건을 충족하는 위험회피대상항목
인식된 자산이나 부채, 인식되지 않은 확정계약, 예상거래 또는 해외사업장순투자는 위험회피대상항목이 될 수 있다. 위험회피대상항목은 다음 ㉠ 또는 ㉡일 수 있다(K-IFRS 1109호 문단 6.3.1).

㉠ 단일 항목

㉡ 항목의 집합(이 경우 K-IFRS 1109호 문단 6.6.1~6.6.6과 B6.6.1~B6.6.16을 충족하여야 한다)

또 단일 항목의 구성요소나 항목 집합의 구성요소는 위험회피대상항목이 될 수 있다. 위험회피대상항목은 신뢰성 있게 측정할 수 있어야 하며, 위험회피대상항목이 예상거래(또는 예상거래의 구성요소)인 경우 그 거래는 발생 가능성이 매우 커야 한다(K-IFRS 1109호 문단 6.3.2, 문단 6.3.3).

위험회피대상항목의 조건을 충족할 수 있는 익스포저와 파생상품이 결합된 통합 익스포저는 위험회피대상항목으로 지정할 수 있다. 예상거래가 포함된 통합 익스포저(확정되지 않았지만 예상되는 미래 거래로서 익스포저를 생기게 할 거래와 파생상품)의 경우에는 통합 익스포저의 발생 가능성이 매우 커야 하며, 발생되어 더 이상 예상거래가 아니게 되는 경우에

도 위험회피대상항목으로서 적격해야 한다(K-IFRS 1109호 문단 6.3.4).

위험회피회계의 목적상 보고기업의 외부 당사자와 관련된 자산, 부채, 확정계약 또는 발생가능성이 매우 높은 예상거래만을 위험회피대상항목으로 지정할 수 있다. 연결실체 내의 개별기업 사이의 거래는 연결실체 내의 개별기업의 개별재무제표나 별도재무제표에서 위험회피대상항목으로 지정할 수 있으나, 연결재무제표에서는 위험회피대상항목으로 지정할 수 없다(투자기업과 당기손익-공정가치로 측정하는 그 종속기업간의 거래가 연결재무제표상 제거되지 않는 한국채택국제회계기준(K-IFRS) 제1110호에서 정의하는 투자기업의 연결재무제표에서는 지정 가능함)(K-IFRS 1109호 문단 6.3.5).

그러나 상기의 예외로서, 연결실체 내의 화폐성항목(예 : 종속기업 사이의 지급채무와 수취채권)이 한국채택국제회계기준(K-IFRS) 제1021호 '환율변동효과'에 따라 연결재무제표에서 모두 제거되지 않는 외환손익에 노출되어 있다면, 그러한 항목의 외화위험은 연결재무제표에서 위험회피대상항목으로 지정할 수 있다. 한국채택국제회계기준(K-IFRS) 제1021호에 따라, 연결실체 내의 화폐성항목이 기능통화가 서로 다른 연결실체 내의 개별기업 사이에서 거래되는 경우에는 연결실체 내의 화폐성항목의 외환손익이 연결재무제표에서 모두 제거되는 것은 아니다. 또 예상거래가 해당 거래를 체결한 기업의 기능통화가 아닌 통화로 표시되며 외화위험이 연결손익에 영향을 미친다면, 발생가능성이 매우 큰 연결실체 내 해당 예상거래의 외화위험은 연결재무제표에서 위험회피대상항목으로 지정할 수 있다(K-IFRS 1109호 문단 6.3.6).

② 위험회피대상항목의 지정

위험회피관계에서 항목 전체나 항목의 구성요소를 위험회피대상항목으로 지정할 수 있다. 전체 항목은 항목의 모든 현금흐름 변동이나 모든 공정가치 변동을 말한다. 항목의 구성요소는 항목의 전체 공정가치 변동이나 현금흐름의 변동보다 적은 부분을 말한다. 이 경우에는 다음 항목의 구성요소(항목의 구성요소의 결합 포함)만을 위험회피대상항목으로 지정할 수 있다(K-IFRS 1109호 문단 6.3.7).

㉠ 특정 시장 구조에 대한 평가에 근거했을 때, 위험요소를 별도로 식별할 수 있고 신뢰성 있게 측정할 수 있는 경우에 한하여 특정 위험이나 복수의 위험(위험요소)으로 생긴 항목의 현금흐름 변동분 또는 공정가치 변동분. 여기서 위험요소는 위험회피대상항목의 현금흐름이나 공정가치의 변동 중 특정된 가격이나 그 밖의 변수를 초과하거나 미달하는 변동(일방의 위험)만을 지정하는 것을 포함한다.

㉡ 하나 이상의 선택된 계약상 현금흐름

㉢ 명목금액의 구성요소. 즉, 항목 금액의 특정 부분

2) 위험회피수단

① 조건을 충족하는 위험회피수단

일부 발행한 옵션을 제외하고, 당기손익－공정가치 측정 파생상품은 위험회피수단으로 지정할 수 있다(K－IFRS 1109호 문단 6.2.1).

또한 당기손익－공정가치 측정 비파생금융자산이나 비파생금융부채는 위험회피수단으로 지정할 수 있다. 다만, 당기손익－공정가치로 측정하도록 지정한 금융부채로서 신용위험의 변동으로 생기는 공정가치의 변동 금액을 기타포괄손익으로 표시하는 금융부채는 제외한다. 외화위험회피의 경우 비파생금융자산이나 비파생금융부채의 외화위험 부분은 위험회피수단으로 지정할 수 있다. 단, 공정가치의 변동을 기타포괄손익으로 표시하기로 선택한 지분상품의 투자는 제외한다(K－IFRS 1109호 문단 6.2.2).

그밖에 위험회피회계의 목적상, 보고실체의 외부 당사자(보고하는 연결실체 또는 개별기업의 외부 당사자)와 체결한 계약만을 위험회피수단으로 지정할 수 있다(K－IFRS 1109호 문단 6.2.3).

② 위험회피수단의 지정

조건을 충족하는 금융상품은 전체를 위험회피수단으로 지정해야 하지만, 다음의 경우에만 예외가 허용된다(K－IFRS 1109호 문단 6.2.4).

㉠ 옵션계약의 내재가치와 시간가치를 구분하여 내재가치의 변동만을 위험회피수단으로 지정하고 시간가치의 변동은 제외하는 경우

㉡ 선도계약에서 선도요소와 현물요소를 구분하고 선도계약의 현물요소의 공정가치 변동만을 위험회피수단으로 지정하는 경우. 이와 비슷하게 외화 베이시스 스프레드는 분리하여 위험회피수단으로 지정하지 않을 수 있다.

㉢ 전체 위험회피수단의 비례적 부분(예 : 명목금액의 50%)을 위험회피관계에서 위험회피수단으로 지정하는 경우. 그러나 위험회피수단의 잔여 만기 중 일부 기간에서만 생긴 공정가치의 일부 변동을 위험회피수단으로 지정할 수 없다.

다음 항목의 결합(일부 위험회피수단에서 생기는 위험이 다른 위험회피수단에서 생기는 위험을 상쇄하는 상황을 포함)을 위험회피수단으로 지정할 수 있다(K－IFRS 1109호 문단 6.2.5).

㉠ 복수의 파생상품이나 복수의 파생상품의 비례적 부분

㉡ 복수의 비파생상품이나 복수의 비파생상품의 비례적 부분

그러나 발행한 옵션과 매입한 옵션이 결합된 파생상품(예 : 이자율 칼라)이 지정일에 실질적으로 발행한 옵션인 경우에는 위험회피수단으로 지정할 수 없다. 이와 비슷하게 결합된 둘 이상의 금융상품(또는 이들 금융상품의 비례적 부분)은 지정일에 실질적으로 발행한 옵션이 아닌 경우에만 위험회피수단으로 결합하여 지정할 수 있다. 다만, 발행한 옵션은 매

입한 옵션(다른 금융상품에 내재된 매입한 옵션을 포함)을 상쇄하기 위해 위험회피수단으로 지정하는 경우(예 : 중도상환할 수 있는 부채의 위험회피에 사용된 매도콜옵션)는 제외한다(K-IFRS 1109호 문단 6.2.6, 적용지침 문단 B6.2.4).

(2) 적용조건

다음의 조건을 모두 충족하는 위험회피관계에 대해서만 위험회피회계를 적용한다(K-IFRS 1109호 문단 6.4.1).

① 위험회피관계는 적격한 위험회피수단과 적격한 위험회피대상항목으로만 구성된다.

② 위험회피의 개시시점에 위험회피관계와 위험회피를 수행하는 위험관리의 목적과 전략을 공식적으로 지정하고 문서화한다. 이 문서에는 위험회피수단, 위험회피대상항목, 회피대상위험의 특성과 위험회피관계가 위험회피효과에 대한 요구사항을 충족하는지를 평가하는 방법(위험회피의 비효과적인 부분의 원인 분석과 위험회피비율의 결정 방법 포함)이 포함되어야 한다.

③ 위험회피관계는 다음의 위험회피효과에 관한 요구사항을 모두 충족한다.

㉠ 위험회피대상항목과 위험회피수단 사이에 경제적 관계가 있다. 경제적 관계가 존재한다는 것은 위험회피수단과 위험회피대상항목이 같은 위험, 즉 회피대상위험으로 인하여 일반적으로 반대 방향으로 변동하는 가치를 가지고 있다는 것을 의미한다. 따라서 위험회피수단의 가치와 위험회피대상항목의 가치는 같은 기초변수 또는 회피대상위험에 비슷하게 반응하는 경제적으로 관련되어 있는 기초변수들(예 : 브렌트 원유와 WTI 원유)의 움직임에 반응하여 체계적으로 변동할 것이라고 예상할 수 있어야 한다. 기초변수가 같지는 않지만 경제적으로 관련이 있다면 위험회피수단의 가치와 위험회피대상항목의 가치가 같은 방향으로 변동하는 상황(예 : 기초변수들 그 자체는 유의적으로 변동하지 않지만, 두 개의 관련된 기초변수 사이의 가격 차이가 변동하기 때문)이 있을 수 있다. 기초변수의 변동에 따라 위험회피수단과 위험회피대상항목의 가치가 전형적으로 반대 방향으로 변동할 것이라고 여전히 예상된다면 여전히 위험회피수단과 위험회피대상항목 사이에는 경제적 관계가 있다. 경제적 관계가 존재하는지에 대한 판단은, 위험회피기간에 위험회피관계가 위험관리목적을 달성할 것이라고 예상할 수 있는지를 확인하기 위하여 위험회피관계의 가능한 행태에 대한 분석도 포함한다. 두 변수 간에 통계적 상관관계가 존재한다는 것만으로 경제적 관계가 존재한다고 결론 내리기는 어렵다(K-IFRS 1109호 적용지침 문단 B6.4.4~B6.4.6).

㉡ 신용위험의 효과가 위험회피대상항목과 위험회피수단의 경제적 관계로 인한 가치 변동보다 지배적이지 않다. 위험회피회계모형은 위험회피수단과 위험회피대상항목의 손익이 서로 상계되는 일반 개념에 기초하기 때문에, 위험회피효과는 이 항목들 사이의 경제적 관계(기초변수의 변동)뿐만 아니라 위험회피수단과 위험회피대상항목의 가치에

신용위험이 미치는 영향에 따라 결정된다. 신용위험의 효과는 위험회피수단과 위험회피대상항목 사이에 경제적 관계가 있더라도 상계의 정도는 일정하지 않을 수 있다는 것을 의미한다. 이것은 위험회피수단이나 위험회피대상항목의 신용위험의 변동이 매우 커서 신용위험이 경제적 관계로 인한 가치 변동(기초변수의 변동 효과) 보다 영향이 지배적인 경우 발생할 수 있다. 지배적인지를 결정하는 규모의 수준은 기초변수의 변동이 유의적인 경우에도 신용위험으로부터의 손실(또는 이익)이 위험회피수단이나 위험회피대상항목의 가치에 기초변수의 변동이 미치는 영향을 압도하는 것을 말한다. 이에 반해, 특정 기간에 기초변수의 변동이 거의 없을 때, 신용위험 관련 작은 변동이 기초변수의 변동보다 위험회피수단이나 위험회피대상항목의 가치에 더 영향을 미치더라도 이로 인해 신용위험의 변동이 지배적이라고 볼 수는 없다. 신용위험이 위험회피관계를 지배하는 예로는 담보가 없는 파생상품을 사용하여 일반상품가격위험에 대한 익스포저를 위험회피하는 경우를 들 수 있다. 파생상품의 거래상대방의 신용수준이 심각하게 낮아진다면 주로 일반상품가격변동에 따라 가치가 변동하는 위험회피대상항목과는 달리, 위험회피수단의 공정가치에는 일반상품가격의 변동 효과 보다 거래상대방의 신용수준의 변동 효과가 더 크게 영향을 미칠 수 있다(K-IFRS 1109호 적용지침 문단 B6.4.7~B6.4.8).

㉢ 위험회피관계의 위험회피비율은 기업이 실제로 위험을 회피하는 위험회피대상항목의 수량과 위험회피대상항목의 수량의 위험을 회피하기 위해 기업이 실제 사용하는 위험회피수단의 수량의 비율과 같다. 그러나 위험회피대상항목과 위험회피수단의 가중치의 불균형은 위험회피의 비효과적인 부분(인식 여부와 관계없이)을 만들어 내고 위험회피회계의 목적과 일치하지 않는 회계처리 결과를 가져올 수 있으므로 지정할 때 가중치의 불균형을 반영해서는 안 된다. 위험회피효과에 관한 요구사항에 따르면, 위험회피관계의 위험회피비율은 실제로 위험회피를 하는 위험회피대상항목의 수량과 기업이 그 수량을 위험회피하기 위해 사용하는 위험회피수단의 수량에 따른 위험회피비율과 같아야 한다. 따라서 만일 위험회피대상항목의 익스포저 중 100% 미만(예 : 85%)을 위험회피한다면 그 익스포저의 85%와 이 85%를 위험회피하기 위해 실제로 사용하는 위험회피수단의 수량에 따른 위험회피비율과 같은 위험회피비율을 사용하여 위험회피관계를 지정한다. 이와 비슷하게, 금융상품 40단위의 명목금액을 사용하여 익스포저를 위험회피한다면 40단위의 수량과 40단위로 실제로 위험회피를 하는 위험회피대상항목의 수량에 기초한 위험회피비율을 사용하여 위험회피관계를 지정한다(보유하고 있는 추가적인 단위 수량 또는 더 적은 단위 수량에 기초한 위험회피비율을 사용해서는 안 된다). 위험회피대상항목의 수량과 실제로 사용하는 위험회피수단의 수량에 따른 비율에 기초한 위험회피비율을 사용하여 위험회피관계를 지정할 경우에 위험회피의 비효과적인 부분(인식 여부와 관계없이)이 생기게 하는 위험회피대상항목과 위험회피수단 간의 가

중치의 불균형을 반영해서는 안 된다. 그러한 불균형을 위험회피관계의 지정에 반영한다면 위험회피회계의 목적에 부합하지 않는 회계처리 결과를 초래할 수 있다. 따라서 그러한 불균형을 회피하기 위해 필요하다면 위험회피관계의 지정을 위해 위험회피대상항목의 수량과 실제로 사용하는 위험회피수단의 수량에 기초한 위험회피비율을 조정해야만 한다(K-IFRS 1109호 적용지침 문단 B6.4.9~B6.4.10).

(3) 공정가치위험회피

공정가치위험회피가 위험회피회계의 적용조건을 충족한다면 위험회피관계는 다음과 같이 회계처리한다(K-IFRS 1109호 문단 6.5.8).

① 위험회피수단의 손익은 당기손익(또는 공정가치의 변동을 기타포괄손익에 표시하기로 선택한 지분상품의 위험회피수단의 손익은 기타포괄손익)으로 인식한다.

② 회피대상위험으로 인한 위험회피대상항목의 손익은 (해당사항이 있다면) 위험회피대상항목의 장부금액에서 조정하고 당기손익으로 인식한다. 위험회피대상항목이 기타포괄손익-공정가치 측정 금융자산(또는 그 구성요소)인 경우에는 회피대상위험으로 인한 위험회피대상항목의 손익은 당기손익으로 인식한다. 그러나 위험회피대상항목이 공정가치변동을 기타포괄손익에 표시하기로 선택한 지분상품인 경우에는 그 금액을 기타포괄손익에 남겨둔다. 위험회피대상항목이 인식되지 않은 확정계약(또는 그 구성요소)인 경우에는 지정 후 위험회피대상항목의 공정가치 누적변동분을 자산이나 부채로 인식하고, 이에 상응하는 손익은 당기손익으로 인식한다.

공정가치위험회피회계의 위험회피대상항목이 자산을 취득하거나 부채를 인수하는 확정계약(또는 그 구성요소)인 경우에는 확정계약을 이행한 결과로 인식하는 자산이나 부채의 최초 장부금액이 재무상태표에 인식된 위험회피대상항목의 공정가치 누적변동분을 포함하도록 조정한다(K-IFRS 1109호 문단 6.5.9).

위험회피대상항목이 상각후원가로 측정하는 금융상품(또는 그 구성요소)인 경우에 상기 ②에 따른 장부금액의 조정액은 상각하여 당기손익으로 인식한다. 상각은 조정액이 생긴 직후에 시작할 수 있으며, 늦어도 위험회피 손익에 대한 위험회피대상항목의 조정을 중단하기 전에는 시작하여야 한다. 상각을 시작하는 시점에 다시 계산한 유효이자율에 기초하여 상각한다. 기타포괄손익-공정가치 측정 금융자산(또는 그 구성요소)이 위험회피대상항목인 경우에 상각은 장부금액을 조정하는 대신에 상기 ②에 따라 이미 인식한 누적손익을 나타내는 금액에 같은 방식으로 적용한다(K-IFRS 1109호 문단 6.5.10).

(4) 현금흐름위험회피

현금흐름위험회피가 위험회피회계의 적용조건을 충족한다면 위험회피관계는 다음과 같이 회계처리한다(K-IFRS 1109호 문단 6.5.11).

① 위험회피대상항목과 관련된 별도의 자본 요소(현금흐름위험회피적립금)는 다음 중 적은 금액(절대금액 기준)으로 조정한다.

㉠ 위험회피 개시 이후 위험회피수단의 손익누계액

㉡ 위험회피 개시 이후 위험회피대상항목의 공정가치(현재가치) 변동 누계액(위험회피대상 미래예상현금흐름의 변동 누계액의 현재가치)

② 위험회피수단의 손익 중 위험회피에 효과적인 부분(상기 ①에 따라 계산된 현금흐름위험회피적립금의 변동에 따라 상쇄되는 부분)은 기타포괄손익으로 인식한다.

③ 위험회피수단의 손익의 나머지(또는 상기 ①에 따라 계산된 현금흐름위험회피적립금의 변동을 맞추기 위한 손익)는 위험회피에 비효과적인 부분이며 당기손익으로 인식한다.

④ ①에 따른 현금흐름위험회피적립금 누계액은 다음과 같이 회계처리한다.

㉠ 위험회피대상 예상거래로 인해 후속적으로 비금융자산이나 비금융부채를 인식하게 되거나, 비금융자산이나 비금융부채에 대한 위험회피대상 예상거래가 공정가치위험회피회계를 적용하는 확정계약이 된다면, 현금흐름위험회피적립금에서 그 금액을 제거하고 관련 자산 또는 부채의 최초 원가나 그 밖의 장부금액에 그 금액을 직접 포함한다. 이것은 재분류조정이 아니며, 따라서 기타포괄손익에 영향을 미치지 않는다.

㉡ ㉠이 적용되지 않는 현금흐름위험회피의 경우에 해당 금액은 위험회피대상 미래예상현금흐름이 당기손익에 영향을 미치는 기간(예 : 이자수익이나 이자비용을 인식하는 기간이나 예상매출이 생긴 때)에 재분류조정으로 현금흐름위험회피적립금에서 당기손익에 재분류한다.

㉢ 그러나 현금흐름위험회피적립금이 차손이며 그 차손의 전부나 일부가 미래 기간에 회복되지 않을 것으로 예상된다면, 회복되지 않을 것으로 예상되는 그 금액을 재분류조정으로 즉시 당기손익으로 재분류한다.

현금흐름위험회피회계를 중단하는 경우에 현금흐름위험회피적립금 누계액은 다음과 같이 회계처리한다(K-IFRS 1109호 문단 6.5.12).

① 위험회피대상의 미래 현금흐름이 여전히 발생할 것으로 예상되는 경우에 현금흐름위험회피적립금 누계액은 미래 현금흐름이 생길 때까지 또는 상기 ㉢을 적용할 때까지 현금흐름위험회피적립금에 남겨둔다. 미래 현금흐름이 생길 때 현금흐름위험회피 회계처리를 적용한다.

② 위험회피대상의 미래현금흐름이 더 이상 발생할 것으로 예상되지 않는 경우에 현금흐름위험회피적립금 누계액은 재분류조정으로 당기손익으로 즉시 재분류한다. 더 이상 발생할 가능성이 매우 크지 않은 위험회피대상 미래현금흐름도 여전히 발생할 것으로 예상될 수 있다.

(5) 해외사업장순투자의 위험회피

해외사업장순투자의 위험회피는 다음과 같이 현금흐름위험회피와 비슷하게 회계처리한다(K-IFRS 1109호 문단 6.5.13).

① 위험회피수단의 손익 중 위험회피에 효과적인 것으로 결정된 부분은 기타포괄손익으로 인식한다.
② 비효과적인 부분은 당기손익으로 인식한다.

외화환산적립금에 누적된 위험회피에 효과적인 부분과 관련된 위험회피수단의 누적손익은 해외사업장을 처분하거나 일부를 처분할 때 재분류조정으로 자본에서 당기손익으로 재분류한다(K-IFRS 1109호 문단 6.5.14).

2-2. 일반기업회계기준

2-2-1. 파생상품의 정의

일반기업회계기준 제6장(금융자산 · 금융부채) 제3절(파생상품)에서는 파생상품을 선물, 선도, 스왑, 옵션 등 그 명칭 여하에 불구하고 일정 요건을 충족하는 금융상품 또는 유사 계약으로 정의하였다. 파생상품을 한정적으로 정의하는 것은 새로운 파생상품이 계속적으로 개발되고 있는 상황에 적합하지 않으며, 재무상태에 유사한 영향을 미치는 회계사상에 대하여 회계처리상의 불일치를 초래할 수 있기 때문에 '유사계약'을 파생상품의 정의에 포함하였다. 따라서 금융상품뿐만 아니라 비금융상품에 근거한 계약도 요건을 충족한다면 파생상품이 될 수 있다(일반기준 6장 부록 실6.76).

파생상품은 다음의 요건을 모두 충족하는 금융상품 또는 이와 유사한 계약을 말한다(일반기준 6장 문단 6.36).

① 기초변수 및 계약단위의 수량(또는 지급규정)이 있어야 한다. 다만, 기초변수가 물리적 변수(예 : 온도, 강우량 등)인 경우로서 해당 금융상품 등이 거래소에서 거래되지 않는 경우는 제외되며 비금융변수인 경우에는 계약의 당사자에게 특정되지 아니하여야 한다.
② 최초 계약시 순투자금액을 필요로 하지 않거나 시장가격변동에 유사한 영향을 받는 다른 유형의 거래보다 적은 순투자금액을 필요로 해야 한다.
③ 차액결제가 가능해야 한다.

이 때, 차액결제가 가능한 경우는 다음 중 하나를 충족하는 경우로 한다(일반기준 6장 문단 6.37).

① 거래당사자는 파생상품의 계약단위의 수량을 직접 인도할 의무가 없다.
② 만기 이전에 시장에서의 거래 등에 의해 차액결제가 가능하다.

③ 거래당사자가 파생상품의 약정내용에 따라 계약단위의 수량을 직접 인도해야 할지라도 해당 자산은 즉시 현금화 될 수 있다.

일반기업회계기준에서 파생상품은 해당 계약에 따라 발생된 권리와 의무를 자산·부채로 인식하며 공정가치로 평가하도록 하고 있다. 위험회피수단으로 지정되지 않고 매매목적 등으로 보유하고 있는 파생상품의 평가손익은 당기손익으로 인식하고, 위험회피수단으로 지정된 파생상품의 평가손익은 위험회피유형별로 일반기업회계기준 제6장 제3절에서 정하는 바에 따라 처리한다(일반기준 6장 문단 6.39).

2-2-2. 파생상품 등의 회계처리의 일반원칙

(1) 파생상품의 인식

파생상품이 그 포지션에 따라 결제시점에서 현금유입을 가져올 수 있는 것은 미래 경제적 효익에 대한 권리로서 일반적인 자산 인식의 요건을 충족하며, 반대로 결제시점에서 현금지출을 수반하게 되는 것은 미래에 자산을 희생해야 하는 의무로서 일반적인 부채 인식의 요건을 충족하므로 파생상품은 해당 계약에 따라 발생된 권리와 의무를 자산·부채로 인식하여 재무제표에 계상한다. 이 경우 자산·부채로 재무제표에 인식하여야 할 금액은 계약금액(또는 계약단위의 수량)이 아니라 공정가치(예를 들면 차액결제금액)를 의미하는 것이므로, 자산·부채를 동시에 총액으로 인식해서는 안된다(일반기준 6장 문단 6.39, 부록 실6.90, 실6.91).

한편, KOSPI 200 주가지수선물 및 옵션 등 한국거래소에서 거래되는 파생상품은 일반기업회계기준 제6장 제3절에서 규정하고 있는 파생상품의 요건을 충족하므로 동 기준을 적용하여 회계처리한다(일반기준 6장 부록 실6.92).

(2) 파생상품의 평가

공정가치는 해당 파생상품의 현행 현금흐름 등가액을 반영하므로 기업실체의 유동성이나 지급능력을 평가하는데 있어서 과거의 거래정보인 취득원가보다 재무제표 이용자들에게 유용한 정보를 제공하므로 모든 파생상품은 공정가치로 평가한다. 예를 들어, 만기보유목적 원화표시투자채권의 경우 채무불이행 위험이 없다면 만기시점에서 액면금액이 실현될 것이 확실하므로 보유기간 중의 처분을 가정한 미실현손익의 인식은 의미가 없다. 그러나, 파생상품은 만기결제시까지 공정가치가 계속 변동되며, 최초 계약체결시에는 공정가치가 영(0)이어서 재무제표에 인식되지 않는 경우가 많으므로 공정가치에 따라 평가해야 한다.

따라서 파생상품은 결산시뿐만 아니라 최초 계약시에도 공정가치로 평가하여 인식해야 하며, 이 경우 최초 계약시점의 공정가치는 영(0)인 경우가 대부분이다. 예를 들어 계약체결시점의 공정가치인 통화선도가격(forward rate)으로 통화선도거래계약을 체결한 경우 계약체결시점에서 해당 통화선도거래로 인하여 지급하거나 수취해야 할 원화환산금액이 동액이므로 통화선도거래의 공정가치는 영(0)이 되어 계약시점에서 자산·부채로 인식할 금액은 없게 된다.

그러나, 옵션의 경우는 일반적으로 시간가치 및 내재가치에 대한 프리미엄을 계약체결시점에 수수하게 되고 그 금액이 해당 옵션의 계약체결시점 공정가치이므로 이를 자산·부채로 인식한다(일반기준 6장 부록 실6.93, 실6.94, 실6.95).

(3) 파생상품의 회계처리

일반기업회계기준 제6장 제3절에서 규정하고 있는 파생상품의 일반적인 회계처리는 다음과 같다(일반기준 6장 문단 6.39, 6.80 (2), (3)).

① 모든 파생상품은 매매목적이든 위험회피 목적이든 그 공정가치를 자산·부채로 인식하나 상대항목인 평가손익은 매매목적인지 위험회피 목적인지의 여부에 따라 회계처리가 달라진다. 즉, 위험회피수단으로 지정되지 않고 매매목적 등으로 보유하고 있는 파생상품의 평가손익은 당기손익으로 인식하나, 위험회피수단으로 지정된 파생상품의 평가손익은 위험회피유형별로 일반기업회계기준 제6장 제3절에서 정하는 바에 따라 회계처리한다.

② 금융기관이나 거래소에 지급한 거래수수료는 파생상품계약에 부수되어 발생되는 것으로서 파생상품계약 자체에서 발생되는 것이 아니므로 위험회피회계의 적용 여부와 관계없이 발생시점에 전액을 비용으로 인식한다. 이와 관련된 위탁증거금은 결제의 안정성을 위하여 예치하는 금액으로서 파생상품계약과는 직접 관계가 없는 현물거래이고 거래소 규정에 따라 유동화가 가능하므로 유동자산으로 처리한다. 그러나, 스왑거래에서 발생하는 최초수수료(Front end fee)나 최종수수료(Back end fee)는 계약체결시점의 스왑 공정가치에 해당하는 금액이므로 최초 계약체결시 자산 또는 부채로 인식하여야 한다.

③ 매매목적의 거래소 선물거래는 다음과 같이 회계처리한다.

가. 위탁증거금 등 선물거래를 위한 예치금은 유동자산으로 인식한다.

나. 일일정산에 따른 회계연도 중의 정산차금(당일차금과 갱신차금의 합계) 발생분에 대해서는 이를 기중에 거래손익으로 인식하지 않고 회사 내부관리용 별도의 계정으로 관리하며 동 금액은 다음 다.~마.에 따라 주가지수선물거래손익 등으로 대체한다.

다. 결산일 현재 보유하고 있는 미결제약정분에 대한 종목별누적정산차금잔액은 주가지수선물거래손익 등으로 하여 당기손익으로 인식한다.

라. 전·환매수량에 대한 당초 약정금액(전기 이월분은 전기말 정산가격)과 전·환매시 약정금액과의 차액은 주가지수선물거래손익 등으로 하여 당기손익으로 인식한다. 이 경우 당초 약정금액은 종목별로 총평균법이나 이동평균법을 적용하여 산정한다.

마. 최종 결제시 누적정산차금잔액과 최종결제차금은 주가지수선물거래손익 등으로 하여 당기손익으로 인식한다.

바. 결산일 현재 발생한 미수(미지급)일일정산차액은 미수금(미지급금)으로 인식한다.

④ 매매목적의 거래소 옵션거래는 다음과 같이 회계처리한다.

가. 위탁증거금 등 옵션거래를 위한 예치금은 유동자산으로 인식한다.

나. 옵션 매입시 지급하는 옵션프리미엄은 유동자산(매수주가지수옵션, 매수미국달러옵션 등)으로, 매도시 수취하는 옵션프리미엄은 유동부채(매도주가지수옵션, 매도미국달러옵션 등)로 처리한다.

다. 전·환매시 수수된 옵션대금(또는 권리행사시 수수된 권리행사차금)과 이미 유동자산 또는 유동부채에 인식되어 있는 옵션프리미엄 장부금액과의 차액은 주가지수옵션거래손익, 미국달러옵션거래손익 등으로 하여 당기손익으로 처리한다. 이 경우 옵션프리미엄의 장부금액은 종목별로 총평균법이나 이동평균법을 적용하여 산정한다.

라. 옵션이 미행사되어 소멸하는 경우 유동자산 인식분은 옵션거래손실로 하여 당기손실로 처리하고 유동부채 인식분은 옵션거래이익으로 하여 당기이익으로 처리한다.

마. 유동자산(또는 유동부채)에 인식되어 있는 미결제약정분에 대한 옵션프리미엄의 장부금액과 결산일 현재 옵션프리미엄가격과의 차액은 주가지수옵션평가손익, 미국달러옵션평가손익 등으로 하여 당기손익으로 처리한다.

2-2-3. 위험회피회계

(1) 의의 및 유형

위험회피회계는 위험회피대상항목과 위험회피수단 사이에 위험회피관계가 설정된 이후 이러한 위험회피활동이 재무제표에 적절히 반영될 수 있도록 해당 위험회피대상항목 및 위험회피수단에 대하여 기존의 회계처리기준과는 다른 별도의 회계처리방법을 적용하도록 하는 것을 말한다. 즉, 위험회피회계는 위험회피활동으로 인하여 공정가치 또는 현금흐름의 변동위험이 상계되었음에도 불구하고 일반적인 회계기준을 적용하는 경우 이러한 위험회피활동이 재무제표에 적절히 반영되지 못하는 문제점을 해결하기 위하여 일반기업회계기준에 따른 기존의 회계처리방법과는 다른 회계처리방법을 적용하도록 한 것이다. 이러한 의미에서 위험회피회계를 특별회계라고도 한다(일반기준 6장 문단 6.48 및 부록 실6.99, 실6.100).

위험회피는 다음과 같이 공정가치위험회피, 현금흐름위험회피, 해외사업장순투자의 위험회피로 구분할 수 있다(일반기준 6장 문단 6.49).

① 공정가치위험회피는 특정위험으로 인한 자산, 부채 및 확정계약의 공정가치변동위험을 상계하기 위하여 파생상품 등을 이용하는 것이다.

② 현금흐름위험회피는 특정위험으로 인한 자산, 부채 및 예상거래의 미래현금흐름변동위험을 상계하기 위하여 파생상품 등을 이용하는 것이다.

③ 해외사업장순투자의 위험회피는 해외사업장의 순자산에 대한 기업의 지분 해당 금액에 대하여 위험을 회피하고자 파생상품 등을 이용하는 것이다.

1) 위험회피대상항목

위험회피회계에서 위험회피대상항목이란 다음과 같다.

① 위험회피대상항목은 하나의 자산, 부채, 확정계약, 예상거래 또는 해외사업장순투자나 유사한 위험의 특성을 갖는 자산, 부채, 확정계약, 예상거래 또는 해외사업장순투자의 집합으로서 개별적으로 식별가능해야 한다(일반기준 6장 문단 6.50).
신용으로 매출하거나 매입하는 외화표시 예상거래에서 발생하는 외화표시 채권 또는 채무의 경우, 공정가치 또는 현금흐름 위험회피대상항목이 될 수 있다. 따라서 신용으로 매출하거나 매입하는 외화표시 채권 또는 채무의 결제에 관련된 외화위험으로 인한 현금흐름 전체를 현금흐름 위험회피대상항목으로 지정할 수 있다. 또한 신용으로 매출하거나 매입하는 외화표시 예상거래의 원화환산 현금흐름을 그 예상거래가 발생되어 외화표시 자산 또는 부채를 인식할 때까지 현금흐름 위험회피대상항목으로 지정하고, 그 예상거래에서 발생된 외화표시 채권 또는 채무를 공정가치 위험회피대상항목으로 지정할 수도 있다(일반기준 6장 부록 실6.112).

② 위험회피대상 예상거래는 그 발생가능성이 매우 높아야 하며 제3자와의 외부거래이어야 한다. 따라서 감가상각비 배부, 제조원가 배부와 같은 내부거래는 위험회피대상 예상거래에서 제외되어야 하며, 연결재무제표를 작성하는 경우 연결실체내 기업간의 예상거래도 내부거래에 해당하므로 위험회피대상 예상거래가 될 수 없다. 그러나 지배기업 및 해외에 소재하고 있는 종속기업간의 로열티지급 예상거래 또는 예상매출거래 등에 대해서는 실제로 위험회피활동이 이루어지고 있으므로 이를 반영하여 연결재무제표상 위험회피대상거래로 지정할 수 있으며, 연결재무제표에서 전부 제거되지 않는 외환손익에 노출되어 있다면 연결실체 내의 화폐성항목(예 : 종속기업사이의 채무와 채권)의 외화위험도 연결재무제표에서 위험회피대상항목으로 지정할 수 있다. 즉, 연결실체 내의 화폐성항목이 서로 다른 기능통화를 갖는 연결실체 내의 개별기업 사이에서 거래되는 경우, 연결실체 내의 화폐성항목의 외환손익이 연결재무제표에서 전부 제거되지 않으며, 또 예상거래가 당해 거래를 체결한 기업의 기능통화가 아닌 통화로 표시되며 외화위험이 연결당기손익에 영향을 미친다면, 발생가능성이 매우 높은 연결실체내 예상거래의 외화위험은 연결재무제표에서 위험회피대상항목으로 지정할 수 있다. 한편, 개별재무제표를 작성하는 경우 연결실체내 기업간의 예상거래는 내부거래가 아니므로 위험회피대상 예상거래가 될 수 있다(일반기준 6장 문단 6.51 및 부록 실6.106, 실6.111).

③ 위험회피대상항목의 전부 또는 일부에 대한 위험회피도 인정되며, 유사한 자산・부채 항목들의 전부 또는 이들 항목의 일부로 구성된 포트폴리오에 대한 위험회피도 인정된다. 또한 위험회피대상 예상거래는 개별거래뿐만 아니라 개별거래의 합도 될 수 있다(일반기준 6장 문단 6.52).

이를 테면, 금융상품인 위험회피대상항목은 위험회피수단과 달리 동일한 위험구조가 아닌 특정위험에 따른 위험만을 부분적으로 지정할 수 있다. 예를 들어 10년 만기 장기대출금 중 50%에 대해서 최초 5년간의 신용위험을 제외한 이자율변동위험만을 위험회피대상항목으로 지정할 수 있다(일반기준 6장 부록 실6.102).

한편, 위험회피대상항목이 포트폴리오인 경우 포트폴리오의 개별구성항목은 전체 포트폴리오와 동일한 위험에 노출되어 있어야 하고, 개별 구성항목들의 공정가치나 현금흐름의 변동은 포트폴리오전체의 공정가치 변동이나 현금흐름의 변동과 높은 정의 상관관계를 가지고 있어야 한다(일반기준 6장 부록 실6.103).

④ 위험회피대상항목이 비금융상품이거나 비금융상품 관련 예상거래인 경우 회피대상위험은 전체 공정가치 변동위험이나 외화위험이어야 한다. 이에 반하여 위험회피대상항목이 금융상품이거나 금융상품 관련 예상거래인 경우에는 전체 공정가치 변동위험뿐만 아니라 시장이자율변동위험, 환율변동위험, 신용변화위험 중 하나 또는 이들 위험 항목의 결합에 따른 공정가치 변동위험도 회피대상위험이 될 수 있다(일반기준 6장 문단 6.53).

⑤ 특정위험으로 인한 공정가치 평가손익을 당기손익으로 인식하는 자산·부채는 위험회피대상항목에서 제외하며, 위험회피대상 예상거래 중 기존에 보유중인 자산을 회수, 매출 및 처분하거나 기존의 부채를 상환하는 거래로서 특정위험으로 인한 해당 기존 자산·부채의 공정가치 평가손익을 당기손익으로 인식하는 경우에는 위험회피대상 예상거래에서 제외한다. 그러나, 손상차손 등을 당기비용으로 인식하는 경우와 외화환산손익을 당기손익으로 인식하는 경우는 이러한 공정가치 평가손익을 당기손익으로 인식하는 것으로 보지 아니한다(일반기준 6장 문단 6.54).

특정위험으로 인한 공정가치 평가손익을 당기손익으로 인식하는 자산·부채의 경우에는 위험회피회계를 적용하지 않더라도 위험회피대상항목과 위험회피수단의 평가손익이 인식되는 시기가 일치하여 이러한 자산·부채의 특정위험으로 인한 공정가치 평가손익은 위험회피회계를 적용하지 않아도 파생상품평가손익과 상계되므로 위험회피회계가 불필요하다. 이와 같이 위험회피회계가 불필요함에도 불구하고 이를 위험회피대상항목에 포함하게 되면, 특정위험으로 인한 공정가치 변동만이 평가손익에 반영됨으로써 모든 위험에 대한 공정가치 변동을 당기손익에 반영하도록 한 일반기업회계기준의 회피수단이 될 수 있다. 예를 들어 고정이자율수취조건인 채권의 시장이자율변동에 따른 공정가치변동위험을 회피하기 위하여 고정이자를 지급하고 변동이자를 수취하는 이자율스왑계약을 체결한 경우 이를 공정가치위험회피회계에 따라 처리하게 되면 채권에 대해서는 시장이자율변동에 따른 평가손익만이 당기손익에 반영되게 되어 시장이자율위험 및 신용위험에 따른 모든 공정가치변동을 당기손익에 반영하도록 한 일반기업회계기준의 회피수단이 될 수 있다(일반기준 6장 부록 실6.104, 실6.105).

또한, 위험회피대상 예상거래가 기존자산의 처분 등인 경우로서 기존자산에 대한 공정가치 평가손익을 일반기업회계기준에 따라 당기손익으로 인식하는 경우에는 이를 예상거래에 포함시키게 되면 파생상품평가손익은 현금흐름위험회피회계에 따라 기타포괄손익누계액으로 인식되는 반면 기존자산의 평가손익은 당기손익으로 인식되어 위험회피효과가 적절히 나타나지 않게 되므로 위험회피대상 예상거래에서 제외한다. 예를 들어 평가손익이 당기손익에 반영되는 단기매매증권을 미래에 처분하기로 한 경우는 위험회피회계를 적용할 수 없는 것이나, 평가손익이 기타포괄손익누계액으로 인식되는 시장성 있는 매도가능증권을 미래에 처분하기로 한 경우에는 위험회피회계를 적용할 수 있다(일반기준 6장 부록 실6.107).

한편, 손상차손 등을 당기비용으로 반영하는 경우는 현금흐름위험회피회계 대상에서 제외하지 않으므로, 손상차손 등이 발생한 경우에는 기타포괄손익누계액에 인식된 관련 파생상품평가이익을 당기이익으로 대체하고 반대로 손상차손을 당기이익으로 환입하는 경우에는 관련 파생상품평가손실을 당기비용으로 인식한다(일반기준 6장 부록 실6.108). 이에 대한 자세한 설명은 후술하는 '(4) 현금흐름위험회피회계'를 참조하도록 한다.

⑥ 지분법 평가대상 투자주식은 공정가치위험회피의 대상항목이 될 수 없다(일반기준 6장 문단 6.55).

⑦ 외화공정가치 변동위험에 노출된 기존 자산 · 부채도 위험회피대상항목이 될 수 있다. 다만, 외화표시 투자주식은 해당 투자주식이 거래소시장 또는 장외시장에서 원화로 거래되지 않고, 배당금도 원화로 지급되지 않는 경우에 한하여 외화공정가치 위험회피 대상항목이 될 수 있다. 왜냐하면 외화표시투자주식은 외화표시투자채권과 달리 시장에서 원화로 거래된다면 환율변동으로 인한 평가손익을 구분할 수 없기 때문이다(일반기준 6장 문단 6.56, 부록 실6.109).

⑧ 만기보유목적 투자채권의 신용위험 또는 외화위험에 대한 위험회피는 인정되나 이자율변동위험에 대한 위험회피는 인정되지 않는다. 이는 만기보유목적 투자채권은 고정이자율 조건일지라도 만기에 액면금액으로 회수할 목적이므로 이자율변동에 따른 공정가치 변동위험이 없다고 보아야 하기 때문이다. 한편, 외화위험에 대해서는 만기보유목적 투자채권의 외화환산손익이 일반기업회계기준에 따라 당기손익으로 인식되더라도 공정가치위험회피회계의 적용대상이 될 수 있다(일반기준 6장 문단 6.57, 부록 실6.110).

⑨ 현금흐름위험회피의 위험회피대상항목이 외화표시 기존 자산 · 부채인 경우에는 위험회피대상항목의 원화현금흐름의 모든 변동성이 위험회피의 효과로 제거되어야 한다(일반기준 6장 문단 6.58).

외화 변동금리와 원화변동금리를 교환하는 스왑은 외화표시 변동금리 자산 또는 부채의 원화환산 현금흐름의 변동성을 모두 제거하지는 못하므로, 외화표시 변동금리 자산 또는 부채에 대한 위험회피수단으로 지정할 수 없다(일반기준 6장 부록 실6.113).

⑩ 확정계약의 외화위험회피에는 공정가치위험회피회계 또는 현금흐름위험회피회계를 적

용할 수 있다(일반기준 6장 문단 6.59).

2) 위험회피수단

위험회피회계에서 위험회피대상항목이란 다음과 같다.

① 파생상품은 위험회피수단으로 지정할 수 있으며 비파생금융자산이나 비파생금융부채는 외화위험회피에만 위험회피수단으로 지정할 수 있다. 다만 공정가치를 신뢰성있게 측정할 수 없기 때문에 공정가치를 장부금액으로 하지 않는 공시가격이 없는 지분상품은 위험회피수단으로 지정할 수 없다(일반기준 6장 문단 6.60).

② 파생상품을 위험회피수단으로 지정하는 경우, 파생상품의 전부 또는 비례적 부분을 지정할 수도 있고, 둘 이상의 파생상품 또는 이들 파생상품의 부분적인 결합을 지정할 수도 있다. 외화위험의 경우에는 둘 이상의 비파생금융상품, 이들 비파생금융상품의 비례적 부분의 결합 또는 파생상품과 비파생금융상품의 결합 또는 비례적 부분의 결합을 위험회피수단으로 지정할 수 있다(일반기준 6장 문단 6.61).

그러나 파생상품의 일부를 위험회피수단으로 지정하는 경우 그 일부 파생상품은 전체 파생상품과 동일한 위험구조를 가지고 있어야 한다. 예를 들어 스왑션의 경우 스왑과 옵션을 구분하여 스왑만을 위험회피수단으로 지정할 수 없으며 전체 스왑션의 50% 등으로 지정하여야 한다(일반기준 6장 부록 실6.114).

③ 파생상품 등의 잔여기간(신규 계약한 파생상품 등의 경우에는 계약시점부터 만기까지의 기간) 중 일부기간만을 위험회피수단으로 지정할 수 없으며, 잔여기간 전체를 위험회피수단으로 지정해야 한다(일반기준 6장 문단 6.62).

④ 연결재무제표를 작성하는 경우 연결실체내 기업간에 이루어진 외화 파생상품 거래는 해당 거래기업 일방이 특수관계자가 아닌 제3자와 그 부담한 위험을 상계하기 위하여 파생상품계약을 체결한 경우 위험회피수단이 될 수 있다(일반기준 6장 문단 6.63).

⑤ 연결재무제표를 작성하는 경우 연결실체내 기업 일방이 예상 외화거래에 대한 외화 현금흐름위험을 회피하기 위하여 연결회사간에 외화 금융상품거래가 이루어졌을 때, 해당 거래로 인하여 외화현금흐름을 부담하게 된 연결실체내 기업이 특수관계자가 아닌 제3자와 그 부담한 위험을 상계하기 위한 금융상품계약을 체결한 경우 연결실체내 기업간의 금융상품거래는 예상외화거래에 대한 위험회피수단으로 본다(일반기준 6장 문단 6.64).

⑥ 예상거래의 외화 현금흐름위험을 회피하기 위한 외화 위험회피수단 거래의 당사자는 해당 예상거래의 외화 현금흐름위험에 직접 노출되어 있어야 하며, 이는 연결재무제표 작성시 연결회사간에도 적용된다. 예를 들어 미국에 소재하고 있는 종속기업이 예상원화매출로 인한 외화현금흐름위험을 회피하고자 하는 경우, 직접 미국소재 종속기업이 제3자와 원화를 매도하고 달러화를 매입하는 통화선도계약을 체결하는 방법과 국내 지배기업이 제3자와 원화를 매도하고 달러화를 매입하는 통화선도 계약을 체결하는 방법이 있다.

이 중 후자의 방법은 연결실체 입장에서 고려될 수 있는 방법이기는 하나 국내 지배기업이 외화위험에 직접 노출된 당사자가 아니므로 일반기업회계기준 제6장 제3절의 현금흐름위험회피회계를 적용할 수 없다. 그러나, 이와 달리 미국소재 종속기업이 국내 지배기업과 원화매도/달러화매입(국내 지배기업은 원화매입/달러화 매도)의 통화선도계약을 체결하고 국내지배기업은 다시 제3자와 원화매도/달러화매입의 통화선도계약을 체결한다면 미국소재 종속기업이 국내 지배기업과 체결한 통화선도계약은 위험회피수단이 될 수 있다(일반기준 6장 문단 6.65, 부록 실6.115).

(2) 적용조건

위험회피회계를 적용하기 위해서는 다음의 조건을 모두 충족하여야 한다(일반기준 6장 문단 6.66).

① 위험회피수단을 최초 지정하는 시점에 위험회피 종류 위험관리의 목적, 위험회피전략을 공식적으로 문서화하여야 하며, 이 문서에는 위험회피대상항목, 위험회피수단, 위험의 속성, 위험회피수단의 위험회피효과에 대한 평가방법 등을 포함시켜야 한다.
이러한 현금흐름위험회피회계를 적용하기 위한 공식적 문서에는 위에서 언급된 사항 이외에도 위험회피대상 예상거래에 대한 예상발생시기(또는 기간), 예상금액(또는 수량)을 구체적으로 규정하여 어떤 거래가 발생했을 때 그 시점에서 해당 거래가 위험회피대상 예상거래인지 여부가 명확히 구분될 수 있어야 한다. 예를 들어 2×11. 10.~2×12. 1.(예상발생기간)동안 최초로 판매된 특정제품 15,000개와 같이 규정하지 않고, 2×11. 10.~2×12. 1.(예상발생기간)동안 마지막으로 판매된 특정제품 15,000개와 같이 규정하면 해당 거래가 발생한 시점에서는 위험회피대상거래에 포함되는지의 여부를 판단할 수 없고 해당 기간이 종료한 시점에서만 판단할 수 있으므로 현금흐름위험회피회계를 적용할 수 없다(일반기준 6장 부록 실6.116).

② 위험회피수단으로 최초 지정된 이후에 높은 위험회피효과를 기대할 수 있어야 한다.
이러한 위험회피효과는 최소한 결산기마다 평가하여야 하며, 그 평가방법은 위험관리목적에 따라 합리적으로 정해져야 한다. 이 때 '높은 위험회피효과'는 회피대상위험으로 인한 위험회피대상항목의 공정가치 변동과 위험회피수단의 공정가치 변동비율이 부의 관계로서 위험회피기간동안 80%~125%인 경우를 의미한다. 한편, 위험회피효과를 평가하는 경우 옵션의 시간가치, 선도거래의 현물가격과 선도가격의 차이 등 위험회피수단인 파생상품의 시간가치는 위험가치 평가에서 제외 할 수 있으며, 이와 같이 위험회피효과 평가에서 제외된 시간가치는 즉시 당기손익으로 인식해야 한다(일반기준 6장 부록 실6.117, 실6.118).
또한, 시장이자율변동위험을 회피하기 위한 이자율스왑의 위험회피효과를 평가함에 있어 스왑당사자와 위험회피대상항목 당사자의 신용위험은 고려하지 않아도 된다. 일반적으로 완전한 위험회피를 위해서는 공정가치 평가시 동일한 할인율이 적용되어야 하며 이는 최초 스왑계약체결시 모든 당사자의 신용위험이 동일해야 함을 의미하지만(신용위험이 다르다면 시장이자율 변동분만을 동일하게 할인율에 반영할지라도 신용위험가산금리가 다르므로 스왑과 위험회피대상항목의 평가손익이 다르게 된다), 실무적으로 이자율위험과 신용위험을 구분하는 것은 어렵기 때문이다. 따라서 이자율스왑의 경우 해당 스왑의 계약금액과 위험회피대상항목의 원금 및 만기가 일치하고 최초 스왑계약 체결시 스왑의 공정가치가 영(0)이라면 위험회피효과의 평가시 완전한 위험회피를 가정할 수 있다(일반기준 6장 부록 실6.119).

③ 현금흐름위험회피에서 위험회피대상 예상거래는 발생가능성이 매우 높아야 하며, 궁극적으로 당기손익에 영향을 미치는 현금흐름 변동에 노출되어 있어야 한다.

④ 위험회피효과를 신뢰성 있게 측정할 수 있다. 즉, 회피대상위험으로 인한 위험회피대상항목의 공정가치나 현금흐름과 위험회피수단의 공정가치를 신뢰성 있게 측정할 수 있다.

⑤ 위험회피효과를 위험회피기간에 계속적으로 평가하며 위험회피로 지정된 재무보고기간 전체에 걸쳐 실제로 높은 위험회피효과가 있었는지 결정하여야 한다.

한편, 2011년 1월 1일 이후 최초로 개시하는 회계연도 전에 위험회피회계의 적용요건을 충족하지 못한 위험회피관계는 소급하여 위험회피회계를 적용하지 않는다. 따라서, 일반기업회계기준 제6장(금융자산·금융부채)의 제3절(파생상품)에 따라 위험회피회계를 적용하기 위해서는 위험회피관계를 새로 지정하고 공식적인 문서화 등 위험회피회계의 적용조건을 모두 충족해야 한다(일반기준 경과규정 문단 6).

(3) 공정가치 위험회피의 회계처리

공정가치위험회피회계는 특정위험으로 인한 위험회피대상항목의 공정가치 변동이 위험회피수단인 파생상품 등의 공정가치 변동과 상계되도록, 특정위험으로 인한 위험회피대상항목의 평가손익을 위험회피수단의 평가손익(파생상품이 아닌 금융상품을 위험회피수단으로 지정한 경우에는 외화환산손익)과 동일한 회계기간에 대칭적으로 인식하도록 하는 것을 말한다. 여기서 위험회피대상항목의 공정가치변동은 구체적으로 고정이자율 수취조건 대출금, 고정이자율 지급조건 차입금, 재고자산 매입 확정계약, 재고자산 매출 확정계약 등의 공정가치변동을 의미한다. 이러한 공정가치위험회피회계는 위험회피대상항목과 위험회피수단의 인식 및 평가에 대한 기존의 회계처리가 서로 달라 위험회피활동이 적절히 나타나지 못하기 때문에 필요한 것이므로, 위험회피대상항목과 위험회피수단의 평가기준이 동일하거나 모든 금융자산·부채를 공정가치로 평가하도록 하는 경우에는 그 자체로서 위험회피활동이 재무제표에 적정히 반영되므로 별도의 위험회피회계가 필요 없게 된다(일반기준 6장 문단 6.67, 부록 실6.120, 실6.121, 실6.122).

(4) 현금흐름위험회피의 회계처리

현금흐름위험회피회계는 특정위험으로 인한 예상거래의 미래현금흐름 변동위험을 감소시키기 위하여 지정된 파생상품의 평가손익(위험회피수단이 파생상품이 아닌 금융상품인 경우에는 외화위험으로 인한 외환차이 변동분을 의미함. 이하 같음) 중 위험회피에 효과적이지 못한 부분은 당기손익으로 인식하고 위험회피에 효과적인 부분은 기타포괄손익누계액으로 인식한 후 예상거래의 종류에 따라 향후 예상거래가 당기손익에 영향을 미치는 회계연도에 당기손익으로 인식하거나, 예상거래발생시 관련 자산·부채의 장부금액에서 가감하는 것을 말한다(일반기준 6장 문단 6.72).

여기서 예상거래의 미래 현금흐름 변동은 구체적으로 변동이자율 수취조건 대출금의 이자수입액변동, 변동이자율 지급조건 차입금의 이자지급액변동, 재고자산의 미래예상매입에 따른 취득금액변동, 재고자산의 미래예상매출에 따른 매출액변동 등을 의미한다. 이와 같이 현금흐름위험회피회계는 예상거래가 아직 발생하지 않는 회계연도에는 해당 예상거래에 대한 평가손익을 인식하지 않으며, 이에 대응하여 파생상품평가손익도 당기손익이 아닌 기타포괄손익누계액으로 인식하므로, 공정가치위험회피회계와 달리 파생상품평가손익이 자기자본에는 영향을 미치게 된다(일반기준 6장 부록 실6.128, 실6.129).

(5) 해외사업장순투자의 위험회피회계

해외사업장순투자의 위험회피(순투자의 일부로 회계처리하는 화폐성항목의 위험회피 포함)는 다음과 같이 현금흐름위험회피와 유사하게 회계처리한다(일반기준 6장 문단 6.79).

① 위험회피수단의 손익 중 위험회피에 효과적인 부분은 기타포괄손익으로 인식한다.
② 위험회피수단의 손익 중 비효과적인 부분은 당기손익으로 인식한다. 위험회피수단의 손익 중 위험회피에 효과적이어서 기타포괄손익으로 인식한 부분은 향후 해외사업장의 처분시점에 재분류조정으로 자본에서 당기손익으로 재분류한다.

2-2-4. 중소기업 회계처리 특례

파생상품은 해당 계약에 따라 발생된 권리와 의무를 자산과 부채로 인식하며, 공정가치로 평가하여야 한다. 이때 공정가치는 정형화된 시장에서 거래되는 파생상품의 경우 시장가격을, 정형화된 시장에서 거래되지 않아 시장가격이 없는 파생상품의 경우에는 합리적인 방법에 의하여 추정하여야 하므로, 정형화된 시장에서 거래되지 않는 파생상품(장외파생상품)의 경우 그 공정가치를 결정하여 회계처리함에 있어 실무상 많은 비용이 초래되고 있다.

이에 따라 일반기업회계기준 제31장에서는 중소기업기본법에 의한 중소기업(자본시장과 금융투자업에 관한 법률에 따른 상장법인, 증권신고서 제출법인, 사업보고서 제출대상법인, 금융회사, 연결실체에 중소기업이 아닌 기업이 포함된 경우의 지배기업을 제외함)의 경우 정형화된 시장에서 거래되지 않아 시가가 없는 파생상품에 대하여는 계약시점 후 평가에 관한 회계처리를 아니할 수 있는 특례를 두고 있다(일반기준 31장 문단 31.4).

만약 동 특례를 적용하던 중소기업이 이를 적용하지 아니하고자 하거나, 중소기업에 해당하지 않게 되는 이유 등으로 이를 적용할 수 없게 되는 경우에는 일반기업회계기준 제5장 '회계정책, 회계추정의 변경 및 오류'에 따라 회계처리한다(일반기준 31장 문단 31.17).

한편, 2011년 1월 1일 이후 최초로 개시하는 회계연도 전에 종전의 기업회계기준서 제14호 '중소기업 회계처리 특례'에 따라 적용한 특례사항은 계속 적용하고, 적용하지 아니한 특례사항은 새로이 적용할 수 없다. 다만, 과거에 발생한 경우가 없는 새로운 사건이나 거래가 발생한 경우에는 제31장 '중소기업 회계처리 특례'를 적용할 수 있다(일반기준 시행일 및 경과규정 문단 10).

3. 법인세법상 파생상품의 세무처리

3-1. 일반원칙

일부 예외를 제외하고 원칙적으로 파생상품의 거래로 인한 익금 및 손금의 귀속사업연도는 그 계약이 만료되어 대금을 결제한 날 등 당해 익금과 손금이 확정된 날이 속하는 사업연도로 한다(법법 §40 ①).

즉, 파생상품거래에 따른 손익은 대금결제 등의 사유로 인하여 확정된 때에 그 손익을 법인의 익금 또는 손금에 산입하는 것이므로, 기업회계기준에 의해 만기가 도래하지 아니한 거래에 대하여 사업연도말 평가손익을 계상한 경우에는 이에 대한 세무조정이 필요하다.

관련사례

- 확정계약 공정가액 위험회피회계 적용시 자산의 세무상 취득가액
  법인이 계약일로부터 일정기간 경과 후에 외화로 결제하는 방식으로 자산을 매입하면서 당해 자산의 공정가액변동위험을 상계하기 위하여 통화선도계약을 체결함으로써 구기업회계기준 제70조와 기업회계기준 등에 관한 해석 [53-70]에서 정한 기준에 부합되는 위험회피를 한 경우, 동 공정가액 위험회피회계에 따른 취득가액을 법인세법에 따른 취득가액으로 하는 것임(재법인-25, 2009. 1. 13.).
- 주식선물거래 및 주식옵션거래로 발생하는 수익의 익금 해당 여부
  법인세법 제15조에 규정하는 익금은 자본 또는 출자의 납입 및 이 법에서 규정하는 익금불산입 항목을 제외하고 당해 법인의 순자산을 증가시키는 거래로 인하여 발생하는 수익의 금액으로 법인이 주식선물거래 및 주식옵션거래로 발생하는 수익은 법인세법 제15조에 규정한 익금에 해당하여 법인세가 과세되는 것임(서면2팀-1649, 2005. 10. 17.).
- 주가지수선물 관련 미결제 약정분에 대한 선물거래정산손익의 귀속시기
  법인이 장내 선물거래소를 통하여 미래 특정시점에 미리 결정된 가격으로 선물(금융상품) 매입자 또는 매도자가 약정된 가격에 인도할 의무가 있는 주가지수 선물거래를 하는 경우, 결산일 현재 보유하고 있는 미결제 약정분에 대한 선물거래정산손익은 그 선물(금융상품) 거래의 매도, 만기 등 청산시점이 속하는 사업연도를 손익의 귀속사업연도로 하는 것임(서면2팀-428, 2005. 3. 21.).

- 만기 전 해지 및 재계약으로 인한 손익의 귀속시기

  법인이 파생상품계약을 그 계약기간 중에 해지한 경우에도 해지 당시 원래의 계약당사자와 동일한 내용으로 재계약을 체결하는 것이 예정되어 있는 등 사실상 계약의 해지로 볼 수 없는 경우에는 파생상품계약에서 발생하는 손익의 귀속사업연도는 당초의 계약 만기일이 속하는 사업연도로 하는 것이나, 일정기간이 경과한 시점에서 파생상품계약을 해지한 후 다수의 불특정 금융기관들로부터 잔여기간에 대한 파생상품 거래의 조건을 제시받아 그 중 가장 유리한 거래조건을 제시한 금융기관(당초 계약자 포함)과 재계약하는 경우 당해 파생상품계약의 해지로 인한 손익의 귀속사업연도는 그 계약 해지일이 속하는 사업연도로 하는 것임(서이 46012-10828, 2003. 4. 21.).

- 선물환거래계약 만료일에 기한을 연장하는 재계약을 한 경우 당해 선물환거래 손익의 귀속시기

  선물환거래의 계약 만료일에 재계약을 체결하여 기한을 연장한 경우 당해 선물환거래에 따른 손익은 연장계약의 만료일이 속하는 사업연도에 귀속되는 것임(서이 46012-10650, 2003. 3. 28.).

3-2. 통화관련 파생상품에 대한 평가손익

3-2-1. 개 요

법인세법에서는 기업회계기준과 달리, 금융회사 등의 경우에는 통화 관련 파생상품 중 통화선도, 통화스왑 및 환변동보험(이하 '통화선도 등'이라 한다)과 관련한 파생상품 평가손익만 인정하고, 금융회사 등 외의 법인에 대해서는 화폐성외화자산 · 부채(보험회사의 책임준비금은 제외함)의 환위험을 회피하기 위하여 보유하는 통화선도 등 평가손익만을 인정한다. 따라서, 금융회사 등이 통화선도 등 이외의 파생상품 평가손익을, 금융회사 등 외의 법인이 환위험회피용 통화선도 등 이외의 파생상품 평가손익을 각각 결산에 반영하는 경우에는 동 금액을 익금불산입 또는 손금불산입으로 세무조정하여야 한다.

여기서, 통화선도 등이란 다음의 거래를 말한다(법령 §73 4호, 5호 및 법칙 §37의 2)

① 통화선도

원화와 외국통화 또는 서로 다른 외국통화의 매매계약을 체결함에 있어 장래의 약정기일에 약정환율에 따라 인수 · 도 하기로 하는 거래

② 통화스왑

약정된 시기에 약정된 환율로 서로 다른 표시통화간의 채권채무를 상호 교환하기로 하는 거래

③ 환변동보험

무역보험법 제3조에 따라 한국무역보험공사가 운영하는 환변동위험을 회피하기 위한 선물환 방식의 보험계약(당사자 어느 한쪽의 의사표시에 의하여 기초자산이나 기초자산의 가격 ·

이자율 · 지표 · 단위 또는 이를 기초로 하는 지수 등에 의하여 산출된 금전, 그 밖의 재산적 가치가 있는 것을 수수하는 거래를 성립시킬 수 있는 권리를 부여하는 것을 약정하는 계약과 결합된 보험계약은 제외함)

3-2-2. 금융회사 등

(1) 금융회사 등

금융회사 등이란 다음을 말한다(법령 §61 ② 1호~7호).

① 은행법에 의한 인가를 받아 설립된 은행
② 한국산업은행법에 의한 한국산업은행
③ 중소기업은행법에 의한 중소기업은행
④ 한국수출입은행법에 의한 한국수출입은행
⑤ (삭제, 2014. 12. 30. ; 한국산업은행법 시행령 부칙)
⑥ 농업협동조합법에 따른 농업협동조합중앙회(농업협동조합법 제134조 제1항 제4호의 사업에 한정함) 및 농협은행
⑦ 수산업협동조합법에 따른 수산업협동조합중앙회(수산업협동조합법 제138조 제1항 제4호 및 제5호의 사업에 한정함) 및 수협은행

(2) 평가방법

금융회사 등이 보유하는 통화선도 등은 다음의 어느 하나에 해당하는 방법 중 관할 세무서장에게 신고한 방법에 따라 평가하여야 한다. 다만, 최초로 ②의 방법을 신고하여 적용하기 이전 사업연도에는 ①의 방법을 적용하여야 하며, 신고한 평가방법은 그 후의 사업연도에도 계속하여 적용하여야 한다(법령 §76 ① 2호, ③).

① 계약의 내용 중 외화자산 및 부채를 계약체결일의 매매기준율등으로 평가하는 방법
② 계약의 내용 중 외화자산 및 부채를 사업연도 종료일 현재의 매매기준율등으로 평가하는 방법

한편, 종전의 시행령(2010. 12. 30. 시행령 개정 전의 것을 말함)에 따라 상기 ②의 방법을 이미 신고한 경우에는 최초로 ①의 방법을 적용하여 신고하여 적용하기 이전 사업연도까지는 ②의 방법을 적용하여야 하며, ①의 방법을 적용하고자 할 때에는 아래 '(4) 신고 및 제출의무'의 방법에 따라 신고하여야 한다(법령 부칙(2010. 12. 30.) §16 ①).

(3) 평가차손익의 계산

상기 통화선도 등을 평가함에 따라 발생하는 평가한 원화금액과 원화기장액의 차익 또는 차손은 해당 사업연도의 익금 또는 손금에 이를 산입한다. 이 경우 통화선도 등의 계약 당시

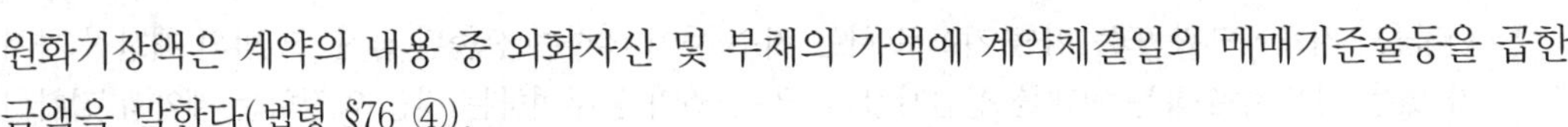

원화기장액은 계약의 내용 중 외화자산 및 부채의 가액에 계약체결일의 매매기준율등을 곱한 금액을 말한다(법령 §76 ④).

한편, 2010년 12월 30일 개정된 법인세법 시행령에 따라 상기 (2)의 ②의 방법을 최초로 신고하는 날이 속하는 사업연도의 직전 사업연도의 개시일 이전에 체결한 통화선도·통화스왑에 대하여 동 평가방법을 최초로 적용할 때의 원화기장액은 직전 사업연도 개시일 전일의 매매기준율등으로 평가한 금액으로 한다(법령 부칙(2010. 12. 30.) §16 ②).

(4) 신고 및 제출의무

상기 (2)의 ②의 평가방법을 적용하려는 법인은 최초로 동 평가방법을 적용하려는 사업연도의 확정신고(법법 §60)와 함께 화폐성외화자산등평가방법신고서[법칙 별지 제63호의 4 서식]를 관할 세무서장에게 제출하여야 한다(법령 §76 ⑥ 및 법칙 §82 ⑦ 3호의 4).

또한, 통화선도 등을 평가한 법인은 확정신고(법법 §60)와 함께 외화자산등평가차손익조정명세서[법칙 별지 제40호 서식]를 관할 세무서장에게 제출하여야 한다(법령 §76 ⑦ 및 법칙 §82 ① 38호).

3-2-3. 금융회사 등 외의 법인이 환위험 회피 목적으로 보유하는 통화선도 등

(1) 평가방법

금융회사 등 외의 법인이 보유하는 환위험회피용 통화선도 등은 다음의 어느 하나에 해당하는 방법 중 관할 세무서장에게 신고한 방법에 따라 평가하여야 한다. 다만, 최초로 ②의 방법을 신고하여 적용하기 이전 사업연도의 경우에는 ①의 방법을 적용하여야 하며, 신고한 평가방법은 그 후의 사업연도에도 계속하여 적용하여야 한다. 다만, 신고한 평가방법을 적용한 사업연도를 포함하여 5개 사업연도가 지난 후에는 다른 방법으로 신고를 하여 변경된 평가방법을 적용할 수 있다(법령 §76 ②, ③).

① 환위험회피용 통화선도 등의 계약 내용 중 외화자산 및 부채를 통화선도 등 계약체결일 현재의 매매기준율등으로 평가하는 방법

② 환위험회피용 통화선도 등의 계약 내용 중 외화자산 및 부채를 사업연도 종료일 현재의 매매기준율등으로 평가하는 방법

금융회사 등 외의 법인이 보유하는 환위험회피용 통화선도 등의 평가방법은 같은 법령에서 규정하고 있는 화폐성 외화자산·부채의 평가방법과 동일한 방법으로 선택하여야 한다. 이는 금융회사 등 외의 법인에 대해서 화폐성 외화자산·부채의 평가손익을 법인세법상 인정하게 됨에 따라 동 거래가 사실상 헷지거래로 실질소득변동이 없는 경우에도 세부담이 발생하는 문제점을 보완하고자 이와 관련된 환위험회피용 통화선도 등의 평가도 인정하는 것이기 때문이다.

(2) 평가차손익의 계산

상기 환위험회피용 통화선도 등을 평가함에 따라 발생하는 평가한 원화금액과 원화기장액의 차익 또는 차손은 해당 사업연도의 익금 또는 손금에 이를 산입한다. 이 경우 환위험회피용 통화선도 등의 계약 당시 원화기장액은 계약의 내용 중 외화자산 및 부채의 가액에 계약체결일의 매매기준율 등을 곱한 금액을 말한다(법령 §76 ④).

한편, 2010년 12월 30일 개정된 법인세법 시행령에 따라 상기 (1)의 ②의 방법을 최초로 신고하는 날이 속하는 사업연도의 직전 사업연도의 개시일 이전에 체결한 통화선도 · 통화스왑에 대하여 동 평가방법을 최초로 적용할 때의 원화기장액은 직전 사업연도 개시일 전일의 매매기준율등으로 평가한 금액으로 한다(법령 부칙(2010. 12. 30.) §16 ②).

(3) 신고 및 제출의무

상기 (1)의 ②의 평가방법을 적용하려는 법인 또는 평가방법을 변경하려는 법인은 최초로 동 평가방법을 적용하려는 사업연도 또는 변경된 평가방법을 적용하려는 사업연도의 확정신고(법법 §60)와 함께 화폐성외화자산등평가방법신고서[법칙 별지 제63호의 4 서식]를 관할 세무서장에게 제출하여야 한다(법령 §76 ⑥ 및 법칙 §82 ⑦ 3호의 4).

또한, 환위험회피용 통화선도 등을 평가한 법인은 확정신고(법법 §60)와 함께 외화자산등평가차손익조정명세서[법칙 별지 제40호 서식]를 관할 세무서장에게 제출하여야 한다(법령 §76 ⑦ 및 법칙 §82 ① 38호).

3-3. 목적물 인도 없이 차액을 금전으로 정산하는 파생상품의 거래손익

계약의 목적물을 인도하지 아니하고 목적물의 가액변동에 따른 차액을 금전으로 정산하는 파생상품의 거래로 인한 손익은 그 거래에서 정하는 대금결제일이 속하는 사업연도의 익금과 손금으로 한다(법령 §71 ⑥).

Step II 서식의 이해

■ 작성요령 I - (화폐성외화자산등 / 특별계정) 평가방법 신고서

[별지 제63호의 4 서식] (2014. 3. 14. 개정)

[ ] 화폐성외화자산등 / [ ] 특별계정 평가방법 신고서

※ 아래의 작성방법을 읽고 작성하시기 바랍니다.

신 고 인	법 인 명	사업자등록번호
	본점소재지	
	대표자성명	생년월일
	평가방법 적용 사업연도 개시일	

금융회사 등의 통화선도 · 통화스왑 · 환변동보험 평가방법 신고	[ ] 계약체결일의 매매기준율 등으로 평가 [ ] 사업연도 종료일 현재의 매매기준율 등으로 평가

금융회사 등 외의 법인의 화폐성 외화자산 · 부채 및 환위험회피목적의 통화선도 · 통화스왑 · 환변동보험 평가방법 신고	[ ] 계약체결일의 매매기준율 등으로 평가 [ ] 사업연도 종료일 현재의 매매기준율 등으로 평가

보험회사의 특별계정 평가방법 신고	[ ] 개별법	[ ] 총평균법
	[ ] 이동평균법	[ ] 시가법

「법인세법 시행령」 제75조 제4항 및 제76조 제1항 · 제2항 · 제6항에 따라 화폐성외화자산등(특별계정) 평가방법 신고서를 제출합니다.

년 월 일

신고인 (서명 또는 인)

세무서장 귀하

작성방법
1. 이 서식은 금융회사의 통화선도 · 통화스왑 · 환변동보험 평가방법, 금융회사 외의 법인의 화폐성 외화자산 · 부채 및 환위험 회피목적의 통화선도 · 통화스왑 · 환변동보험 평가방법 및 또는 보험회사의 특별계정에 대한 평가방법을 신고하는 서식으로 「법인세법」 제60조에 따른 과세표준 신고와 함께 제출합니다. 2. 신고한 평가방법은 이후 사업연도에도 계속 적용해야 합니다. 다만, 화폐성 외화자산 등 평가방법의 경우 「법인세법 시행령」 제76조 제3항 단서에 따라 평가방법을 적용한 사업연도를 포함하여 5개 사업연도가 지난후에 변경할 수 있습니다.

MEMO

■ 작성요령 Ⅱ - 외화자산 등 평가차손익조정명세서(갑)

❷ "나.통화선도 · 통화스왑 · 환변동보험 평가손익"의 「② 당기손익해당액」란은 "외화자산등 평가차손익 조정명세서(을)〔별지 제40호 서식(을)〕"의 ⑩란 평가손익을 적는다.

❸ "나. 통화선도 · 통화스왑 · 환변동보험 평가손익"의 「③ 회사손익금계상액」은 법인이 해당 사업연도 결산 시 외화자산 및 부채와 관련하여 계상한 평가손익을 적는다.

[별지 제40호 서식(갑)] (2012. 2. 28. 개정)

사업 연도	. . . ~ . . .	외화자산 등 평가차손익조정명세

1. 손익 조정금액

① 구 분		② 당기 손익금 해당액	③ 회사손 계상
가. 화폐성 외화자산 · 부채 평가손익			
나. 통화선도 · 통화스왑 · 환변동보험 평가손익		❷	❸
다. 환 율 조 정 계 정 손 익	차익		
	차손		
계			

2. 환율조정계정 손익계산 명세

⑦ 구 분		⑧ 최종 상환(회수)기일	⑨ 전기 이월액	당기 잔
계	차 익			
	차 손			

법 인 명	
사업자등록번호	

서(갑) ❶

손익금 액	조정 ④ 차익조정 (③-②)	조정 ⑤ 차손조정 (②-③)	⑥ 손익 조정금액 (②-③)
			❹

⑩ 경과일수 존일수	⑪ 손익금 해당액 (⑨×⑩)	⑫ 차기 이월액 (⑨-⑪)	비 고

❶ 이 서식의 작성대상은 다음과 같다.
1) 화폐성 외화자산 · 부채 및 통화선도 · 통화스왑 · 환변동보험을 보유한 금융회사 등(법인세법 시행령 제61조 제2항 제1호부터 제7호까지의 금융회사 등)
2) 화폐성 외화자산 · 부채 및 환위험 회피용 통화선도 · 통화스왑 · 환변동보험을 보유한 금융회사 등(법인세법 시행령 제61조 제2항 제1호부터 제7호까지의 금융회사 등) 외의 법인으로서 법인세법 시행령 제76조 제2항 제2호의 평가방법을 선택한 법인
3) 1998.12. 31. 이전 개시한 사업연도에 발생한 장기성 외화자산 · 부채에 대한 평가차손익을 환율조정계정으로 계상하고 미상각잔액이 남아 있는 법인

※ 위 1) · 2) · 3)에 해당하지 아니하는 외화자산 및 부채의 환산손익은 익금불산입 또는 손금불산입하여 "소득금액조정합계표〔별지 제15호 서식〕" 및 "과목별소득금액조정명세서〔별지 제15호 서식 부표1 · 2〕"에 적는다.

❹ "나. 통화선도 · 통화스왑 · 환변동보험 평가손익"의 「⑥ 손익조정금액」란은 「② 당기손익금해당액」에서 「③ 회사손익금 계상액」을 뺀 금액을 적고 계산된 금액을 해당사업연도의 법인세 과세표준 계산 시 익금 또는 손금에 산입한다.

■ 작성요령 Ⅲ - 외화자산 등 평가차손익조정명세서(을)

[별지 제40호 서식(을)] (2012. 2. 28. 개정)

사업 연도	. . . ~ . . .	외화자산 평가차손익조정명

① 구분	② 외화종류	③ 외화금액	④ 장부
			⑤ 적용환율
외화 자산			
	합 계		
외화 부채			
	합 계		
통화 선도	❷		❸
	합 계		
통화 스왑	❷		❸
	합 계		
환변동 보험	❷		❸
	합 계		
총 계			

❷ 「② 외화종류」란에는 국명과 화폐단위를 적는다.

❸ 「⑤ 적용환율」란에는 해당사업연도에 발생한 경우 발생시에 적용한 환율을 적고, 직전 사업연도 이전에 발생하여 해당사업연도로 이월된 경우 직전 사업연도 종료일 현재 평가 시에 적용한 환율을 적는다.

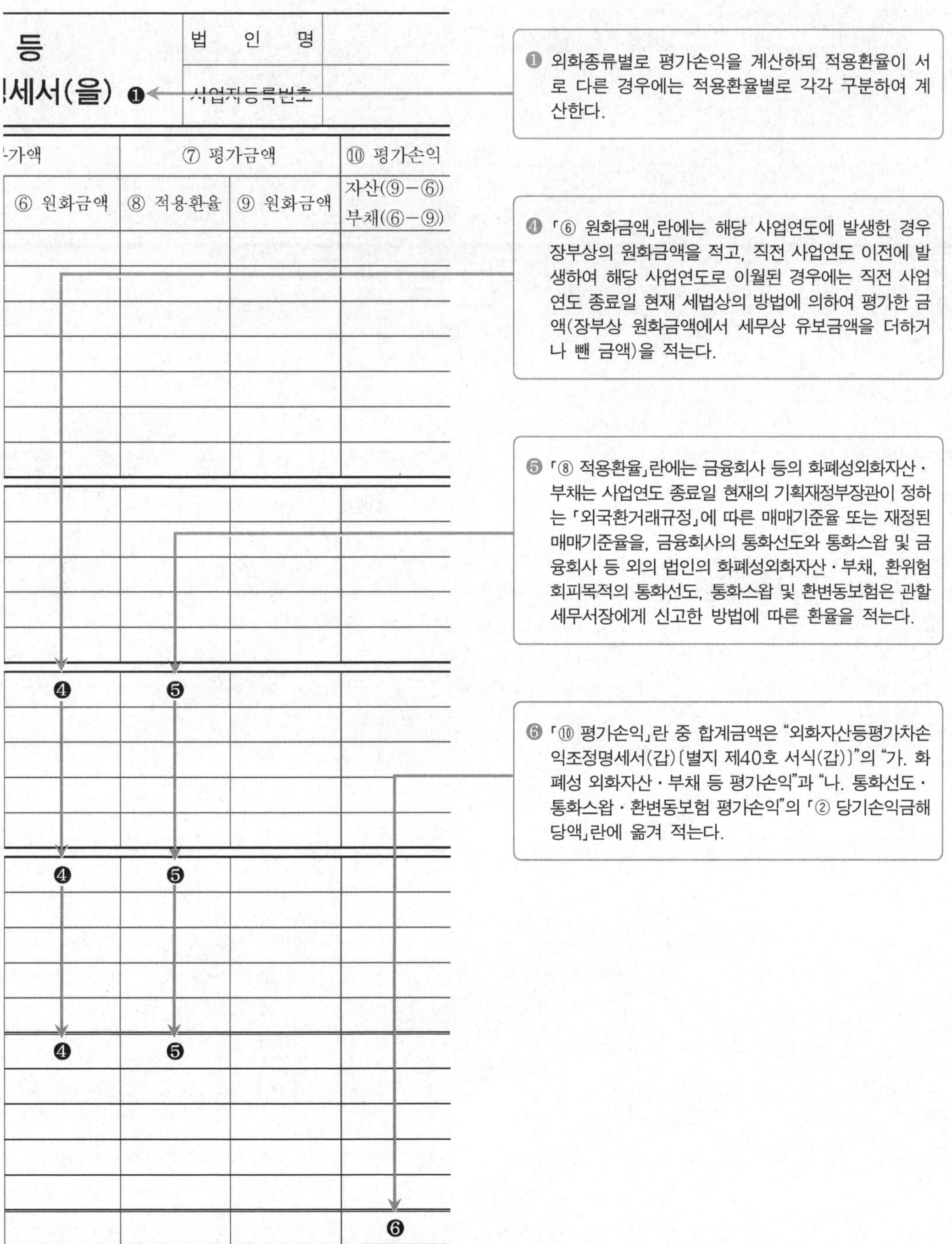

등
]세서(을) ❶
법 인 명
사업자등록번호
-가액
⑦ 평가금액
⑩ 평가손익
⑥ 원화금액
⑧ 적용환율
⑨ 원화금액
자산(⑨-⑥)
부채(⑥-⑨)
❹
❺
❹
❺
❹
❺
❻

❶ 외화종류별로 평가손익을 계산하되 적용환율이 서로 다른 경우에는 적용환율별로 각각 구분하여 계산한다.

❹ 「⑥ 원화금액」란에는 해당 사업연도에 발생한 경우 장부상의 원화금액을 적고, 직전 사업연도 이전에 발생하여 해당 사업연도로 이월된 경우에는 직전 사업연도 종료일 현재 세법상의 방법에 의하여 평가한 금액(장부상 원화금액에서 세무상 유보금액을 더하거나 뺀 금액)을 적는다.

❺ 「⑧ 적용환율」란에는 금융회사 등의 화폐성외화자산·부채는 사업연도 종료일 현재의 기획재정부장관이 정하는 「외국환거래규정」에 따른 매매기준율 또는 재정된 매매기준율을, 금융회사의 통화선도와 통화스왑 및 금융회사 등 외의 법인의 화폐성외화자산·부채, 환위험회피목적의 통화선도, 통화스왑 및 환변동보험은 관할 세무서장에게 신고한 방법에 따른 환율을 적는다.

❻ 「⑩ 평가손익」란 중 합계금액은 "외화자산등평가차손익조정명세서(갑)〔별지 제40호 서식(갑)〕"의 "가. 화폐성 외화자산·부채 등 평가손익"과 "나. 통화선도·통화스왑·환변동보험 평가손익"의 「② 당기손익금해당액」란에 옮겨 적는다.

주식매수선택권 등

관련 법령	• 법령 §19 19호, 19호의 2, §88 ① 3호, 6호 가목, 8호의 2 • 법칙 §10의 2

제3절

주식매수선택권 등

3

Step I 내용의 이해

1. 개 요

주식매수선택권(Stock-Option)이란 회사가 임·직원 등에게 일정기간 내에 자기회사의 주식을 사전에 약정된 가격(행사가격)으로 일정 수량만큼 매수하거나 보상기준가격과 행사가격의 차액을 현금 등으로 지급받을 수 있는 권리를 부여한 것으로서, 이는 회사와 임·직원 등이 추구하는 목표를 일치시켜 임·직원 등에 대한 동기를 부여하기 위한 제도이다.

또한, 주식기준보상거래란 회사가 재화나 용역을 제공받는 대가로 회사의 지분상품(주식 또는 주식매수선택권 등)을 부여하거나 회사의 주식이나 다른 지분상품의 가치에 기초하여 현금이나 기타자산으로 결제하는 거래를 말하며, 주식매수선택권을 부여하는 거래를 포함한다.

이러한 정책적 제도하에서 법인세법에서는 법 소정의 요건을 충족하는 경우 다음의 과세특례를 부여하고 있다.

구 분	부여시 과세특례	행사시 과세특례	주식처분시 과세특례
부여 법인	과세 없음.	① 주식매수선택권 등에 의하여 지급하는 성과급의 손금산입 ② 부당행위계산 부인규정의 적용 배제	해당사항 없음.
주식매수선택권 등 행사·지급비용 보전 법인	해당사항 없음.	임직원에게 부여된 관계회사 또는 해외모법인의 주식매수선택권 등이 행사되는 경우 당해 관계회사 또는 해외모법인에 대한 행사·지급비용 보전금액 손비인정	해당사항 없음.

구 분	부여시 과세특례	행사시 과세특례	주식처분시 과세특례
행사한 종업원 등	과세 없음.	소득세 과세	양도소득세 계산시 실제 매수가액이 아닌 주식매수선택권을 행사하는 당시의 시가를 취득가액으로 함(소령 §163 ⑬).

한편, 기업회계기준에서는 '주식선택권'이라는 계정과목을 사용하도록 하고 있으나, 세법에서는 이를 '주식매수선택권'으로 규정하고 있는 바, 이하에서는 설명 편의상 기업회계기준에서는 '주식선택권'으로, 세법에서는 '주식매수선택권'으로 혼용하여 설명하기로 한다.

2. 기업회계상 주식기준보상거래의 처리

2-1. 개 요

기업회계기준에서는 세법상 주식매수선택권과 대응되는 개념으로 주식선택권을 규정하고 있으며, 주식선택권과 관련한 회계처리방법 등은 한국채택국제회계기준(K-IFRS) 제1102호(주식기준보상) 및 일반기업회계기준 제19장(주식기준보상)에서 규정하고 있는 바, 2011년 1월 1일 이후 최초로 개시하는 회계연도부터 적용한다. 다만, 한국채택국제회계기준 적용선택기업은 2009년 1월 1일 이후 개시하는 회계연도부터 적용할 수 있다.

2-2. 주식기준보상거래의 유형

주식기준보상거래란 기업이 재화나 용역을 제공받는 대가로 기업의 지분상품(주식 또는 주식선택권 등)을 부여하거나 기업의 지분상품의 가치에 기초하여 현금이나 기타자산으로 결제하는 거래를 말하며, 주식기준보상거래는 결제방식에 따라 다음과 같이 구분한다(K-IFRS 1102호 부록 A 용어의 정의 및 일반기준 19장 문단 19.2, 용어의 정의).

구 분	내 용
주식결제형 주식기준보상거래	기업이 재화나 용역을 제공받는 대가로 기업의 지분상품(주식 또는 주식선택권 등)을 부여하는 주식기준보상거래
현금결제형 주식기준보상거래	기업이 재화나 용역을 제공받는 대가로 기업의 주식이나 다른 지분상품의 가치에 기초하여 현금이나 기타자산으로 결제하는 주식기준보상거래
선택형 주식기준보상거래	기업이 재화나 용역을 제공받고 그 대가를 지급하는 방법(현금결제방식 또는 주식결제방식)이 약정에서 정하는 바에 따라 기업 또는 재화나 용역 공급자의 선택에 의해 결정되는 주식기준보상거래

2-3. 주식기준보상거래의 회계처리

2-3-1. 주식결제형 주식기준보상거래

한국채택국제회계기준(K-IFRS)에서는 주식결제형 주식기준보상거래의 경우, 제공받는 재화나 용역과 그에 상응하는 자본의 증가를 제공받는 재화나 용역의 공정가치로 직접 측정한다. 그러나, 제공받는 재화나 용역의 공정가치를 신뢰성 있게 추정할 수 없다면, 제공받는 재화나 용역과 그에 상응하는 자본의 증가는 부여한 지분상품의 공정가치에 기초하여 간접 측정한다. 이때 주식기준보상거래에서 제공받는 재화나 용역이 자산의 인식요건을 충족하지 못하는 경우에는 비용으로 인식한다(K-IFRS 1102호 문단 8, 10).

일반기업회계기준에서는 주식결제형 주식기준보상거래의 경우에 제공받는 재화나 용역의 공정가치를 측정하여 그 금액을 보상원가와 자본(자본조정)으로 회계처리한다. 그러나, 제공받는 재화나 용역의 공정가치를 신뢰성 있게 측정할 수 없다면 부여한 지분상품의 공정가치에 기초하여 재화나 용역의 공정가치를 간접 측정하고 그 금액을 보상원가와 자본(자본조정)으로 회계처리한다. 이때 보상원가가 자산의 인식요건을 충족하지 못하는 경우에는 당기 비용으로 회계처리한다(일반기준 19장 문단 19.8, 19.9).

구 분	신주발행교부형	자기주식교부형
보상비용의 인식	(차) 주식보상비용 ××× (대) 주식선택권 ×××	좌 동
권리행사	(차) 현금 등(행사가격) ××× 주식선택권 ××× (대) 자 본 금 ××× 주식발행초과금 ××× ※ 주식발행초과금＝(주식선택권＋행사가격)－신주의 액면가액	(차) 현금 등(행사가격) ××× 주식선택권 ××× (대) 자 기 주 식 ××× 자기주식처분이익 ××× ※ 자기주식처분이익＝(주식선택권＋행사가격)－자기주식의 장부가액

2-3-2. 현금결제형 주식기준보상거래

한국채택국제회계기준(K-IFRS)에서는 현금결제형 주식기준보상거래의 경우 제공받는 재화나 용역과 그 대가로 부담하는 부채를 부채의 공정가치로 측정한다. 또한, 부채가 결제될 때까지 매 보고기간말과 결제일에 부채의 공정가치를 재측정하고, 공정가치의 변동액은 당기손익으로 인식한다. 이때 주식기준보상거래에서 제공받는 재화나 용역이 자산의 인식요건을 충족하지 못하는 경우에는 비용으로 인식한다(K-IFRS 1102호 문단 8, 30).

일반기업회계기준에서는 현금결제형 주식기준보상거래의 경우에 제공받는 재화나 용역과 그 대가로 부담하는 부채를 부채의 공정가치로 측정한다. 또한, 부채가 결제될 때까지 매 보고기간말과 최종결제일에 부채의 공정가치를 재측정하고 공정가치의 변동액은 보상원가로 회계처리한다. 이때 보상원가가 자산의 인식요건을 충족하지 못하는 경우에는 당기 비용으로 회계처리한다(일반기준 19장 문단 19.8, 19.26).

구 분	회계처리			
보상비용의 인식	(차) 주식보상비용	×××	(대) 장기미지급비용	×××
권리행사	(차) 장기미지급비용	×××	(대) 현 금 등	×××

2-3-3. 선택형 주식기준보상거래

한국채택국제회계기준(K-IFRS)에서는 기업이나 거래상대방이 결제방식으로 현금(또는 그 밖의 자산) 지급이나 기업의 지분상품발행을 선택할 수 있는 주식기준보상거래의 경우 해당 거래나 거래의 일부요소에 대하여, 기업이 현금이나 그 밖의 자산으로 결제해야 하는 부채를 부담하는 부분만큼만 현금결제형 주식기준보상거래로 회계처리하고, 그러한 부채를 부담하지 않는 부분은 주식결제형 주식기준보상거래로 회계처리한다(K-IFRS 1102호 문단 34).

일반기업회계기준에서는 기업이나 거래상대방이 결제방식으로서 현금지급(이하 "현금결제방식"이라 함)이나 기업의 지분상품발행(자기주식 제공을 포함하며 이하 "주식결제방식"이라 함)을 선택할 수 있는 선택형 주식기준보상거래에 대하여는 거래의 실질에 따라 회계처리한다. 즉 기업이 현금이나 기타자산을 지급해야 하는 부채를 부담하는 부분은 현금결제형 주식기준보상거래로 회계처리하고, 그러한 부채를 부담하지 않는 부분은 주식결제형 주식기준보상거래로 회계처리한다(일반기준 19장 문단 19.29).

:: 중소기업의 주식기준보상거래 회계처리 특례

일반기업회계기준 제31장(중소기업 회계처리 특례)에서는 주식회사 등의 외부감사에 관한 법률의 적용대상 기업 중 중소기업기본법에 의한 중소기업(자본시장과 금융투자업에 관한 법률에 따른 상장법인・증권신고서 제출법인・사업보고서 제출대상법인, 일반기업회계기준 제3장에서 정의하는 금융회사, 일반기업회계기준 제4장에서 정의하는 연결실체에 중소기업이 아닌 기업이 포함된 경우의 지배기업은 제외함)의 주식기준보상거래에 대하여 다음과 같은 회계처리 특례를 두고 있다(일반기준 31장 문단 31.2, 31.8).

구 분	특 례 내 용
주식결제형 주식기준보상거래	부여한 지분상품이 실제로 행사(예 : 주식선택권이 부여된 경우)되거나 발행(예 : 주식이 부여된 경우)되기까지는 별도의 회계처리를 아니할 수 있음. 예를 들어, 부여한 주식선택권이 행사되기 전까지는 별도의 회계처리를 아니할 수 있으며, 이러한 경우 주식선택권의 행사시점에 신주를 발행하는 경우에는 행사가격과 신주의 액면금액의 차액을 주식발행초과금으로, 자기주식을 교부하는 경우에는 행사가격과 자기주식의 장부금액의 차액을 자기주식처분손익으로 회계처리함.

구 분	특 례 내 용
거래상대방이 결제방식을 선택할 수 있는 주식기준보상거래	일반기업회계기준 제19장(주식기준보상)에 따라 회계처리하되, 복합금융상품 중 부채요소만을 인식할 수 있으며 부채요소는 매 보고기간 종료일과 최종결제일에 내재가치로 측정할 수 있음.

상기의 중소기업 회계처리 특례는 2011년 1월 1일 이후 최초로 개시하는 회계연도 전에 종전의 기업회계기준서 제14호(중소기업 회계처리 특례)에 따라 적용한 특례사항은 계속 적용하고, 적용하지 아니한 특례사항은 새로이 적용할 수 없다. 다만, 과거에 발생한 경우가 없는 새로운 사건이나 거래가 발생한 경우에는 상기 중소기업 회계처리 특례를 적용할 수 있다(일반기준 경과규정 문단 10).

3. 법인세법상 주식매수선택권 등의 처리

3-1. 개 요

세법상 주식매수선택권 등의 부여 및 행사와 관련하여 주요하게 고려되어야 할 사항은 크게 다음과 같이 요약할 수 있다.

① 주식매수선택권 등을 부여하는 법인에 있어 주식보상비용의 손금산입 가능 여부 및 동 비용의 손금 귀속 사업연도의 결정
② 특수관계인간 주식매수선택권 등의 부여 및 행사에 따른 부당행위계산 부인규정의 적용
③ 모회사 주식에 대한 주식매수선택권 등의 행사·지급비용 보전시 손비 인정 여부
④ 주식매수선택권 등의 행사로 인하여 시가보다 낮은 가액으로 주식 등을 교부받은 개인에 대한 소득세 과세

상기와 관련하여 법인세법 시행령 제19조 제19호의 2 및 제88조에서는 주식매수선택권제도의 도입취지 등을 고려하여 법인이 상법 제340조의 2, 벤처기업육성에 관한 특별법 제16조의 3 또는 소재·부품·장비산업 경쟁력 강화 및 공급망 안정화를 위한 특별조치법 제56조에 따른 주식매수선택권, 근로복지기본법 제39조에 따른 우리사주매수선택권 등을 부여한 경우, 당해 법인에 대하여는 부당행위계산 부인의 규정을 적용하지 아니하고, 주식매수선택권 등에 의하여 지급하는 상여금을 손금산입하도록 하고 있다.

법인세법 시행령 제19조 제19호의 2에 따라 주식매수선택권 등의 부여 및 행사에 따른 법인세법상 손금산입 여부, 귀속 사업연도 및 세무조정사항에 대하여 살펴보면 다음과 같다.

구 분	주식결제형		현금결제형
	신주발행교부형	자기주식교부형	
법인세법상 인식할 손금/익금	주식보상비용	주식보상비용 및 자기주식 처분 관련 손익	주식보상비용
귀속 사업연도	실제 발행한 사업연도	실제 지급한 사업연도	실제 지급한 사업연도
보상비용 안분시 세무조정	손금불산입(기타)	손금불산입(기타)	손금불산입(유보)
실제 행사시 세무조정	손금산입(기타)	손금산입(기타)	손금산입(△유보)

관련사례

• 2017년 이전 비상장법인이 부여한 주식매수선택권을 2018년 이후 행사시 손금산입

내국법인이 2018. 1. 1. 전에 상법 제340조의 2에 따라 주식매수선택권을 부여한 경우로서 해당 내국법인의 주식매수선택권을 부여받거나 지급받은 자가 2018. 1. 1. 이후 행사하는 경우에는 그 행사시점에 법인세법 제19조(2017. 12. 19. 법률 제15222호로 개정된 것) 및 같은 법 시행령(2018. 2. 13. 대통령령 제28640호로 개정된 것) 제19조 제19호의 2에 따라 손금산입하는 것임(사전-2018-법령해석법인-0519, 2019. 2. 28.).

3-2. 주식매수선택권 등에 대한 과세특례

3-2-1. 주식매수선택권 등 부여법인에 대한 과세특례

(1) 주식매수선택권 등에 의하여 지급하는 상여금의 손금산입

상법 제340조의 2, 벤처기업육성에 관한 특별법 제16조의 3 또는 소재·부품·장비산업 경쟁력 강화 및 공급망 안정화를 위한 특별조치법 제56조에 따른 주식매수선택권(이하 "주식매수선택권"이라 함), 근로복지기본법 제39조에 따른 우리사주매수선택권(이하 "우리사주매수선택권"이라 함)이나 금전을 부여받거나 지급받은 자에 대한 다음의 금액은 손금산입이 가능하다. 다만, 해당 법인이 발행주식총수의 10%의 범위에서 부여하거나 지급한 경우로 한정한다(법령 §19 19호의 2).

① 주식매수선택권 또는 우리사주매수선택권을 부여받은 경우로서 다음의 어느 하나에 해당하는 경우 해당 금액

㉠ 약정된 주식매수시기에 약정된 주식의 매수가액과 시가의 차액을 금전 또는 해당 법인의 주식으로 지급하는 경우의 해당 금액

㉡ 약정된 주식매수시기에 주식매수선택권 또는 우리사주매수선택권 행사에 따라 주식을 시가보다 낮게 발행하는 경우 그 주식의 실제 매수가액과 시가의 차액

② 주식기준보상으로 금전을 지급하는 경우 해당 금액

:: 벤처기업 주식매수선택권 행사이익 과세특례시 행사비용 손금불산입

벤처기업 또는 벤처기업이 지분 30% 이상을 인수한 기업의 임원 또는 종업원으로서 법 소정의 요건을 갖춘 자(이하 "벤처기업 임직원"이라 함)가 2024년 12월 31일 이전에 해당 벤처기업으로부터 부여받은 적격주식매수선택권을 행사함으로써 발생한 벤처기업 주식매수선택권 행사이익에 대해서 벤처기업 임직원이 양도소득세 과세방식을 신청한 경우에는 주식매수선택권 행사시에 소득세를 과세하지 아니할 수 있는데[행사 당시 실제 매수가액이 부여 당시의 시가보다 낮은 경우 그 차액인 시가 이하 발행이익(이하 "시가 이하 발행이익"이라 함)은 행사시 과세], 이때 소득세를 과세하지 아니한 경우(사후관리에 따라 소득세를 과세한 경우를 포함함)에는 해당 주식매수선택권의 행사에 따라 발생하는 비용으로서 약정된 주식매수시기에 약정된 주식의 매수가액과 시가의 차액(시가 이하 발행이익은 제외)은 해당 벤처기업의 각 사업연도의 소득금액을 계산할 때 손금에 산입하지 아니하도록 규정하고 있음(조특법 §16의 4 ①, ④ 및 조특령 §14의 4 ①, ⑦).

(2) 부당행위계산 부인규정의 적용 배제

상기 '(1)'에 해당하는 주식매수선택권 등의 행사 또는 지급에 따라 주식을 양도 또는 발행하거나 금전을 제공하는 다음과 같은 경우에는 부당행위계산 부인규정이 적용되지 아니한다(법령 §88 ① 3호, 6호, 8호의 2).

① 주식을 무상 또는 시가보다 낮은 행사가액으로 양도하는 경우
② 시가와 행사가액과의 차액을 금전으로 제공하는 경우
③ 시가보다 낮은 행사가액으로 신주를 발행・교부하는 경우

3-2-2. 주식매수선택권 등 행사・지급비용을 보전한 법인에 대한 과세특례

다음과 같은 주식매수선택권 또는 주식기준보상(이하 "주식매수선택권 등"이라 함)을 부여하거나 지급한 법인에 그 행사 또는 지급비용으로서 보전하는 금액을 손비로 인정한다(법령 §19 19호).

① 금융지주회사법에 따른 금융지주회사로부터 부여받거나 지급받은 주식매수선택권 등(상법 제542조의 3에 따라 부여받은 경우만 해당함)
② 해외모법인으로부터 부여받거나 지급받은 법 소정의 주식매수선택권 등

상기에서 주식기준보상이란, 임직원이 지급받는 상여금으로서 다음의 요건을 모두 갖춘 것을 말한다(법칙 §10의 2 ①).

① 주식 또는 주식가치에 상당하는 금전으로 지급하는 것일 것
② 사전에 작성된 주식기준보상 운영기준 등에 따라 지급하는 것일 것

③ 임원이 지급받는 경우 정관·주주총회·사원총회 또는 이사회의 결의로 결정된 급여지급기준에 따른 금액을 초과하지 아니할 것
④ 법인세법 시행령 제43조 제7항에 따른 지배주주 등(이하 "지배주주 등"이라 함)인 임직원이 지급받는 경우 정당한 사유 없이 같은 직위에 있는 지배주주 등 외의 임직원에게 지급하는 금액을 초과하지 아니할 것

이 때, 해외모법인이란 다음의 요건을 모두 갖춘 법인을 말한다(법칙 §10의 2 ②).

① 외국법인으로서 발행주식이 자본시장과 금융투자업에 관한 법률에 따른 증권시장 또는 이와 유사한 시장으로서 증권의 거래를 위하여 외국에 개설된 시장에 상장된 법인
② 외국법인으로서 주식매수선택권 등의 행사 또는 지급비용을 보전하는 내국법인(자본시장과 금융투자업에 관한 법률에 따른 상장법인은 제외)의 의결권 있는 주식의 90% 이상을 직접 또는 간접으로 소유한 법인. 이 경우 주식의 간접소유비율은 다음 산식에 따라 계산하되 [해당 내국법인의 주주인 법인(이하 '주주법인'이라 함)이 둘 이상인 경우에는 각 주주법인별로 계산한 비율을 합산함], 해당 외국법인과 주주법인 사이에 하나 이상의 법인이 개재되어 있고, 이들 법인이 주식소유관계를 통하여 연결되어 있는 경우에도 또한 같다.

$$\frac{\text{해당 외국법인이 소유하고 있는 주주법인의 의결권 있는 주식수}}{\text{주주법인의 의결권 있는 총 주식수}} \times \frac{\text{주주법인이 소유하고 있는 해당 내국법인의 의결권 있는 주식수}}{\text{내국법인의 의결권 있는 총 주식수}}$$

한편, 법 소정의 주식매수선택권 등이란 다음의 요건을 모두 갖춘 것을 말한다(법칙 §10의 2 ③).

① 상법에 따른 주식매수선택권과 유사한 것으로서 해외모법인의 주식을 미리 정한 가액(이하 '행사가액'이라 함)으로 인수 또는 매수(행사가액과 주식의 실질가액과의 차액을 현금 또는 해당 해외모법인의 주식으로 보상하는 경우 포함)할 수 있는 권리일 것(주식매수선택권만 해당함)
② 해외모법인이 발행주식총수의 10%의 범위에서 부여하거나 지급한 것일 것
③ 해외모법인과 해당 법인 간에 해당 주식매수선택권 등의 행사 또는 지급비용의 보전에 관하여 사전에 서면으로 약정하였을 것

관련사례

- 해외모법인 주식에 대한 무상 취득 권리의 주식매수선택권 해당 여부
  해외모법인이 국내자회사의 임직원에게 주식을 무상으로 취득할 수 있는 권리를 부여하는 것은 법인세법 시행규칙 제10조의 2 제3항 제1호의 주식매수선택권에 해당하지 아니함 (법인-1419, 2009. 12. 21.).

3-2-3. 주식매수선택권 등을 행사한 종업원 등에 대한 과세특례

(1) 주식매수선택권 등의 행사시 과세특례

주식매수선택권 등을 행사함으로써 얻는 이익에 대하여는 그 성격에 따라 근로소득·사업소득 또는 기타소득으로 과세한다.

:: 벤처기업 주식매수선택권 행사이익 비과세 특례

벤처기업 또는 벤처기업이 인수한 기업의 임원 또는 종업원(이하 "벤처기업 임원 등"이라 함)이 해당 벤처기업으로부터 2024년 12월 31일 이전에 벤처기업육성에 관한 특별법 제16조의 3에 따라 부여받은 주식매수선택권 및 상법 제340조의 2 또는 제542조의 3에 따라 부여받은 주식매수선택권(코넥스상장기업으로부터 부여받은 경우로 한정함)을 행사(주식매수선택권을 퇴직 후 행사하는 경우를 포함함)함으로써 얻은 이익(주식매수선택권 행사 당시의 시가와 실제 매수가액과의 차액을 말하며, 주식에는 신주인수권을 포함함) 중 연간 2억원 이내의 금액에 대해서는 소득세를 과세하지 아니하되, 소득세를 과세하지 아니하는 주식매수선택권 행사이익의 벤처기업별 총 누적 금액은 5억원을 초과하지 못하도록 규정하고 있음(조특법 §16의 2).

(2) 주식매수선택권 행사로 취득한 주식의 처분시 과세특례

주식매수선택권의 행사로 취득한 주식을 양도하는 경우 양도차익 계산시 실제 매수가액이 아닌 주식매수선택권 행사 당시의 시가를 취득가액으로 한다(소령 §163 ⑬).

3-3. 주식매수선택권 등의 유형별 세무조정

3-3-1. 주식결제형 주식매수선택권 등

(1) 신주발행교부형 주식매수선택권 등

신주발행교부형 주식매수선택권 등의 경우, '3-2-1 (1)'에 따른 주식매수선택권 등을 부여한 법인이 매 사업연도에 계상한 주식보상비용은 각 사업연도의 소득금액 계산상 손금불산입(기타)하며, 행사시점에는 주식을 시가보다 낮게 발행하는 경우 그 주식의 실제 매수가액과 시가의 차액을 손금산입한다(법령 §19 19호의 2).

일반기업회계기준 제19장 사례 1(용역제공조건이 부과된 주식선택권)의 상황 2를 통하여 구체적 회계처리와 세무조정을 살펴보면 다음과 같다.

계산사례 - 1 **신주발행교부형 주식매수선택권의 계산사례**

1. ㈜삼일은 20×7년 1월 1일에 종업원 500명에게 각각 주식선택권 100개(행사가격 : 600원)를 부여하고 3년의 용역제공조건을 부과하였다. 부여일 현재 주식선택권의 단위당 공정가치는 150원으로 추정되었으며, ㈜삼일은 종업원 중 20%가 부여일로부터 3년 이내에 퇴사하여 주식선택권을 상실할 것으로 추정하였다.
2. 20×7년 중에 20명이 퇴사하였고, 회사는 가득기간(3년)에 퇴사할 것으로 기대되는 종업원의 추정비율을 20%(100명)에서 15%(75명)로 변경하였다. 20×8년에는 실제로 22명이 퇴사하였고, 회사는 가득기간(3년) 전체에 걸쳐 퇴사할 것으로 기대되는 종업원의 추정 비율을 다시 12%(60명)로 변경하였다. 20×9년에는 실제로 15명이 퇴사하였으며, 결국 20×9년 12월 31일 현재 총 57명이 퇴사하여 주식선택권을 상실하였고, 총 44,300개(443명×100개)의 주식선택권이 가득되었다.
3. 20Y0년 1월 1일 가득된 주식매수선택권은 모두 행사되었으며, 주식매수선택권 행사 당시 ㈜삼일 주식의 시가는 1주당 750원이고 액면금액은 500원이다.

해 설

구 분	회계처리	세무조정
20×7	(차) 주식보상비용 2,125,000(*1) (대) 주식선택권 2,125,000	〈손금불산입〉 주식선택권 2,125,000 (기타)
20×8	(차) 주식보상비용 2,275,000(*2) (대) 주식선택권 2,275,000	〈손금불산입〉 주식선택권 2,275,000 (기타)
20×9	(차) 주식보상비용 2,245,000(*3) (대) 주식선택권 2,245,000	〈손금불산입〉 주식선택권 2,245,000 (기타)
20Y0	(차) 현 금 26,580,000(*4) 주식선택권 6,645,000 (대) 자 본 금 22,150,000 주식발행초과금 11,075,000	〈손금산입〉 주식선택권 6,645,000 (기타)

(*1) 50,000 × 85% × 150 × 1/3 = 2,125,000
(*2) (50,000 × 88% × 150 × 2/3) − 2,125,000 = 2,275,000
(*3) (44,300 × 150 × 3/3) − 4,400,000 = 2,245,000
(*4) 44,300 × 600 = 26,580,000

한편, 위 사례의 주식매수선택권 등이 '3-2-1 (1)'에 따른 주식매수선택권 등이 아닌 경우에는 법인세법 제52조의 부당행위계산 부인의 규정이 적용되어, 행사시점의 세무조정시에 법인세법 시행령 제89조에 의한 주식의 시가와 매수가액의 차액을 손금불산입(상여)하여야 한다(서일 46011-10193, 2002. 2. 18.).

NOTE :: 신주발행방식의 관점

신주발행방식의 경우에는 주식매수선택권 등의 행사로 인하여 증자가 실시되기 때문에 이를 순수한 자본거래로만 볼 것인지, 또는 자본거래·손익거래의 복합거래로 볼 것인지에 대하여 논란이 있을 수 있을 것이다. 이하에서는 주식결제형 주식매수선택권 등 중 신주발행방식의 경우를 각각의 관점에서 검토하기로 한다.

- 자본거래 관점

  주식매수선택권 등의 행사로 인하여 신주를 발행하는 것은 법인세법상 자본거래이며, 따라서 회사의 경우에는 임·직원 등의 주식매수선택권 등의 행사로 인하여 발행하게 되는 신주의 시가와 행사가격의 차액을 법인의 손금으로 인정받을 수 없게 된다. 따라서, 주식매수선택권 등의 행사시점에서 별도의 세무조정이 필요하지 않게 되는 것이다.

- 자본거래·손익거래의 복합거래

  주식매수선택권 등의 행사로 인하여 신주를 발행하는 것은 회사와 임·직원 등 간의 급여채권·채무의 확정(손익거래) 및 신주발행(자본거래)의 두 가지 절차가 복합된 것으로 보는 견해이다. 이는 주식매수선택권 등의 행사로 인하여 일차적으로 회사와 임·직원 등 간의 급여채권·채무의 확정이 이루어지며, 확정된 채권·채무가 현금으로 지급되지 아니하고 유상증자시의 납입금액으로 대체되는 것이다. 따라서, 행사시점에서 "(손금산입) 주식선택권 (△잉여금)"의 세무조정이 이루어져야 하는 것이다.

과거 유권해석에서는 주식매수선택권 등의 행사시점에 발생한 주식발행초과금을 기타잉여금으로 해석하여(서면2팀-2484, 2004. 11. 29.), 신주발행방식을 순수한 자본거래로 보았다. 그러나 2014년 9월 26일 법인세법 시행령 제20조 제1항 제3호 나목을 신설하여, 2014년 10월 1일 이후에 벤처기업 등이 부여한 주식매수선택권을 행사하여 신주를 발행하는 분부터는 주식을 시가보다 낮게 발행하는 경우 신주의 시가와 행사가액의 차액을 손금으로 산입할 수 있게 하였다. 따라서 현행 규정상 주식매수선택권 등의 행사로 인하여 신주를 발행하는 것은 자본거래 및 손익거래의 두 가지 성격이 혼재되어 있는 것으로 봄이 상당하며, 행사 시점에서 주식의 시가와 매수차액에 대하여 손금산입(기타)의 세무조정이 필요하다.

관련사례

- 신주발행형 주식매수선택권 행사비용의 손금산입액의 범위

  내국법인이 임직원에게 신주발행형 주식매수선택권을 부여한 경우로서 약정된 주식매수시기에 임직원이 주식매수선택권을 행사함에 따라 주식을 시가보다 낮게 발행하는 경우 행사시점의 시가와 행사가액의 차액을 손금에 산입하는 것임(기획재정부 법인세제과-1204, 2020. 9. 4.).

- 주식매수선택권의 행사일

  주식매수선택권의 행사일은 주식매수선택권을 부여받은 종업원 등이 창업법인 등에게 주식매수선택권의 행사를 청구한 날을 말하는 것이며, 당해 주식을 교부하는 때에 주식매수선택권 행사이익에 대한 근로소득세를 원천징수하는 것임(서면1팀-431, 2008. 3. 28.).

• 신주교부형 주식매수선택권을 부여하는 경우 부당행위계산 부인 여부
법인이 종업원에게 신주를 발행하는 방식으로 주식매수선택권을 부여하는 경우에는 법인세법 시행령 제88조 제1항의 규정에 의한 부당행위유형에 해당하지 아니하는 것임. 다만, 당해 주식매수선택권의 행사로 당해 법인의 주주인 법인이 신주를 배정받을 수 있는 권리의 전부 또는 일부를 포기함으로써 특수관계에 있는 종업원에게 이익을 분여한 경우에는 부당행위유형에 해당하는 것임(법인 46012-1239, 2000. 5. 26.).

(2) 자기주식교부형 주식매수선택권 등

자기주식교부형 주식매수선택권 등의 경우, '3-2-1 (1)'에 따른 주식매수선택권 등을 부여한 법인이 매 사업연도에 계상한 주식보상비용은 각 사업연도의 소득금액 계산상 손금불산입(기타)하며, 주식매수선택권의 행사에 따라 실제 자기주식을 양도하는 경우에는 자기주식과 상계 처리한 주식선택권(자본조정)은 손금산입(기타)한다. 이 경우 자기주식의 양도금액은 주식매수선택권 행사 당시의 시가로 계산한 금액으로 한다(법령 §11 2호의 2).

계산사례-2 **자기주식교부형 주식매수선택권의 계산사례**

상기 계산사례(일반기업회계기준 제19장 사례 1의 상황 2)와 모든 조건이 동일하나, 행사시점에서 ㈜삼일은 신주를 발행하여 교부하는 대신 취득가액 32,000,000원의 자기주식을 교부한다.

해 설

구 분	회계처리	세무조정
20×7	(차) 주식보상비용 2,125,000 (대) 주식선택권 2,125,000	〈손금불산입〉 주식선택권 2,125,000(기타)
20×8	(차) 주식보상비용 2,125,000 (대) 주식선택권 2,125,000	〈손금불산입〉 주식선택권 2,125,000(기타)
20×9	(차) 주식보상비용 2,125,000 (대) 주식선택권 2,125,000	〈손금불산입〉 주식선택권 2,125,000(기타)
20Y0	(차) 현 금 26,580,000 주식선택권 6,645,000 (대) 자 기 주 식 32,000,000 자기주식처분이익 1,225,000	〈손금산입〉 주식선택권 6,645,000(기타) 〈익금산입〉 자기주식처분이익 1,225,000(기타)

3-3-2. 현금결제형 주식매수선택권 등

현금결제형 주식매수선택권 등을 부여한 경우 매 사업연도에 계상한 주식보상비용은 각 사업연도의 소득금액 계산상 손금불산입(유보)한 후, 실제 행사시점에서 손금추인하는 세무조정을 하여야 한다(법인 46012-2365, 2000. 12. 13.).

일반기업회계기준 제19장 사례 12(현금결제형 주가차액보상권)를 통하여 구체적 회계처리와 세무조정을 살펴보면 다음과 같다.

계산사례 - 3 **현금결제형 주식매수선택권의 계산사례**

1. ㈜삼일은 20×7년 1월 1일에 종업원 500명에게 각각 현금결제형 주가차액보상권 100개를 부여하고, 3년의 용역제공조건을 부과하였다.
   ※ 주가차액보상권 : 일정기간 회사의 주가가 지정된 가격을 초과하는 경우 그 보유자에게 초과금액을 보상받을 수 있는 권리를 부여하는 계약을 말함. 회사가 초과금액을 지불하는 수단으로 현금을 사용하는 경우는 현금결제형 주식기준보상거래에 해당하고 회사의 주식을 사용하는 경우는 주식결제형 주식기준보상거래에 해당함.
2. 20×7년 중에 35명이 퇴사하였으며, 회사는 20×8년과 20×9년에도 추가로 60명이 퇴사할 것으로 추정하였다. 20×8년에는 실제로 40명이 퇴사하였고, 회사는 20×9년에 추가로 25명이 퇴사할 것으로 추정하였다. 20×9년에 실제로 22명이 퇴사하였으며, 20×9년 12월 31일에 150명이 주가차액보상권을 행사하였다. 20Y0년 12월 31일에 140명이 주가차액보상권을 행사하였으며, 나머지 113명은 20Y1년 12월 31일에 주가차액보상권을 행사하였다.
3. 회사가 매 회계연도 말에 추정한 주가차액보상권의 공정가치와 20×9년, 20Y0년 및 20Y1년 말에 행사된 주가차액보상권의 내재가치(현금지급액)는 아래 표와 같다. 한편 20×9년 12월 31일에 계속근무자는 부여받았던 주가차액보상권을 모두 가득하였다.

회계연도	공정가치	내재가치
20×7	144원	–
20×8	155원	–
20×9	182원	150원
20Y0	214원	200원
20Y1	–	250원

해 설

구 분	회계처리	세무조정
20×7	(차) 주식보상비용 1,944,000(*1) (대) 장기미지급비용 1,944,000	〈손금불산입〉 장기미지급비용 1,944,000 (유보)
20×8	(차) 주식보상비용 2,189,333(*2) (대) 장기미지급비용 2,189,333	〈손금불산입〉 장기미지급비용 2,189,333 (유보)

구 분	회계처리	세무조정
20×9	(차) 주식보상비용 2,721,267(*3) (대) 장기미지급비용 471,267 현 금 2,250,000	〈손금불산입〉 장기미지급비용 2,721,267 (유보) 〈손금산입〉 장기미지급비용 2,250,000 (△유보)(*6)
20Y0	(차) 주식보상비용 613,600(*4) 장기미지급비용 2,186,400 (대) 현 금 2,800,000	〈손금불산입〉 장기미지급비용 613,600 (유보) 〈손금산입〉 장기미지급비용 2,800,000 (△유보)(*6)
20Y1	(차) 주식보상비용 406,800(*5) 장기미지급비용 2,418,200 (대) 현 금 2,825,000	〈손금불산입〉 장기미지급비용 406,800 (유보) 〈손금산입〉 장기미지급비용 2,825,000 (△유보)(*6)

(*1) (500−95) × 100 × 144 × 1/3 = 1,944,000
(*2) {(500−100) × 100 × 155 × 2/3}−1,944,000 = 2,189,333
(*3) {(500−97−150) × 100 × 182}−4,133,333+(150 × 100 × 150) = 2,721,267
(*4) {(253−140) × 100 × 214}−4,604,600+(140 × 100 × 200) = 613,600
(*5) 0−2,418,200+(113 × 100 × 250) = 406,800
(*6) 현금결제형 주식매수선택권의 경우 가득기간 동안 계상한 비용 중 주식매수선택권의 행사로 실제 지급한 금액은 당해 금액을 지급한 날이 속하는 사업연도의 손금으로 산입하되, 법인세법 시행령 제20조 제1항 제3호의 과세특례요건을 갖추지 못한 경우에는 부당행위계산 부인규정이 적용됨(법인 46012−2365, 2000. 12. 13.).

한편, 위 사례의 주식매수선택권 등이 '3−2−1 (1)'에 따른 주식매수선택권 등이 아닌 경우에는 법인세법 제52조의 부당행위계산 부인규정이 적용되어 20×9년부터 20Y1년까지 세무조정시 당해 주식보상비용 지급액을 손금불산입(상여)하여야 한다(서일 46011−10193, 2002. 2. 18.).

Step Ⅱ 서식의 이해

예제 Ⅰ

자 료

다음 자료를 이용하여 ㈜삼일의 법인세 신고를 위한 연도별 주식매수선택권에 대한 세무조정을 하고, 소득금액조정합계표 〔별지 제15호 서식〕을 작성하라.

1. ㈜삼일은 2019. 1. 1. 권리행사일에 주가가 행사가격을 초과할 경우 그 차액을 현금으로 지급하기로 하는 권리 3,000개를 임·직원에게 부여하였다.
2. 주식매수선택권 부여에 대한 현황
   - 기본조건 : 2021. 12. 31.까지 의무적으로 근무할 것
   - 행사가격 : 10,000원
   - 행사기간 : 2022. 1. 1.~2024. 12. 31.
   - 매기말 부채의 공정가치는 다음과 같으며, 임·직원은 동 권리를 2024. 12. 31.에 전량 행사하였으며 모두 현금으로 지급하였다(행사일의 주가=₩18,000).

     2019. 12. 31. ₩5,000
     2020. 12. 31. ₩7,000
     2021. 12. 31. ₩9,000
     2022. 12. 31. ₩6,000
     2023. 12. 31. ₩6,000
3. ㈜삼일은 벤처기업육성에 관한 특별법에 의하여 주식매수선택권을 부여할 수 있는 벤처기업으로서, 주식매수선택권의 수량·매수가액·대상자 및 기간 등에 관하여 주주총회의 결의를 거친 사항을 당해 법인의 정관에 기재하고 이를 벤처기업육성에 관한 특별법 제16조의 3의 규정에 의하여 중소벤처기업부 장관에게 신고한 내국법인이다.

해 설

1. 연도별 회계처리

① 2019. 12. 31.

(차) 주식보상비용	5,000,000(*1)	(대) 장기미지급비용	5,000,000

(*1) 3,000 × 5,000 × 1/3 = 5,000,000

② 2020. 12. 31.

(차) 주식보상비용	9,000,000(*2)	(대) 장기미지급비용	9,000,000

(*2) 3,000 × 7,000 × 2/3 − 5,000,000 = 9,000,000

③ 2021. 12. 31.

(차) 주식보상비용 13,000,000(*3) (대) 장기미지급비용 13,000,000

(*3) 3,000 × 9,000 × 3/3 − (5,000,000 + 9,000,000) = 13,000,000

④ 2022. 12. 31.

(차) 장기미지급비용 9,000,000(*4) (대) 주식보상비용 9,000,000

(*4) 3,000 × 6,000 − (5,000,000 + 9,000,000 + 13,000,000) = −9,000,000

⑤ 2023. 12. 31.

회계처리 없음.

⑥ 2024. 12. 31.

(차) 주식보상비용 6,000,000(*5) (대) 현금및현금성자산 24,000,000(*6)
장기미지급비용 18,000,000

(*5) 3,000 × (18,000 − 10,000) − (5,000,000 + 9,000,000 + 13,000,000 − 9,000,000) = 6,000,000

(*6) 3,000× (18,000 − 10,000) = 24,000,000

2. 연도별 세무조정

① 2019. 12. 31.

〈손금불산입〉 장기미지급비용 5,000,000 (유보)

② 2020. 12. 31.

〈손금불산입〉 장기미지급비용 9,000,000 (유보)

③ 2021. 12. 31.

〈손금불산입〉 장기미지급비용 13,000,000 (유보)

④ 2022. 12. 31.

〈손금산입〉 장기미지급비용 9,000,000 (△유보)

⑤ 2023. 12. 31.

세무조정사항 없음.

⑥ 2024. 12. 31.

〈손금산입〉 장기미지급비용 18,000,000 (△유보)

※ 법정 요건을 갖춘 주식매수선택권 등이 아닌 경우에는 법인세법 제52조의 부당행위계산 부인규정이 적용되어 2024. 12. 31. 세무조정시 현금지급액 24,000,000원을 손금불산입(상여)하는 추가적인 세무조정이 수행되어야 함(서일 46011-10193, 2002. 2. 18.).

3. 소득금액조정합계표 〔별지 제15호 서식〕 작성 (다음 page 참조)

[별지 제15호 서식] (2022. 3. 18. 개정)

사업연도		소득금액조정합계표	법 인 명	(주)삼일
			사업자등록번호	

익금산입 및 손금불산입				손금산입 및 익금불산입			
① 과 목	② 금 액	③ 소득처분		④ 과 목	⑤ 금 액	⑥ 소득처분	
		처 분	코 드			처 분	코 드
<2019년>							
장기미지급비용	5,000,000	유보	400				
<2020년>							
장기미지급비용	9,000,000	유보	400				
<2021년>							
장기미지급비용	13,000,000	유보	400				
				<2022년>			
				장기미지급비용	9,000,000	△유보	100
				<2024년>			
				장기미지급비용	18,000,000	△유보	100
합 계				합 계			

예제Ⅱ

자 료

다음 자료를 이용하여 ㈜삼일의 법인세 신고를 위한 연도별 주식매수선택권에 대한 세무조정을 하고 소득금액조정합계표 〔별지 제15호 서식〕을 작성하라.

1. ㈜삼일은 2024년 1월 1일에 상법 제340조의 2에 따라 해당 법인의 발행주식 총수의 10% 범위 내에서 종업원 400명에게 각각 주식매수선택권 100개(행사가격 : 1,200원)를 부여하고 3년의 용역제공조건을 부과하였다. 부여일 현재 주식매수선택권의 단위당 공정가치는 300원으로 추정되었으며, 종업원 중 17%가 부여일로부터 2년 이내에 퇴사하여 주식매수선택권을 상실할 것으로 추정하였다.
2. 2024년 중에 20명이 퇴사하였고, 회사는 가득기간(3년)에 퇴사할 것으로 기대되는 종업원의 추정비율을 17%(68명)에서 15%(60명)로 변경하였다. 2025년에는 실제로 22명이 퇴사하였고 퇴사추정비율을 16%(64명)로 변경하였다. 2026년에는 실제 18명이 퇴사하였으며, 결국 2026년 12월 31일 현재 총 60명이 퇴사하였다.
3. 종업원은 2027년 1월 1일에 가득된 주식매수선택권을 전부 행사하였다.
4. ㈜삼일은 종업원의 주식매수선택권 행사에 따라 신주를 발행교부하였으며, 행사 당시 ㈜삼일 주식의 시가는 1주당 1,500원이고 액면금액은 800원이다.

해 설

1. 연도별 회계처리

① 2024. 12. 31.

(차) 주식보상비용	3,400,000(*1)	(대) 주식선택권	3,400,000

(*1) 400 × 100 × 85% × 300 × 1/3 = 3,400,000

② 2025. 12. 31.

(차) 주식보상비용	3,320,000(*2)	(대) 주식선택권	3,320,000

(*2) 400 × 100 × 84% × 300 × 2/3 − 3,400,000 = 3,320,000

③ 2026. 12. 31.

(차) 주식보상비용	3,480,000(*3)	(대) 주식선택권	3,480,000

(*3) (400 − 60) × 100 × 300 × 3/3 − (3,400,000 + 3,320,000) = 3,480,000

④ 2027. 1. 1.

(차) 현금및현금성자산	40,800,000(*4)	(대) 자 본 금	27,200,000
주 식 선 택 권	10,200,000	주식발행초과금	23,800,000

(*4) (400 − 60) × 100 × 1,200 = 40,800,000

2. 연도별 세무조정

① 2024. 12. 31.
〈손금불산입〉 주식선택권 3,400,000 (기타)

② 2025. 12. 31.
〈손금불산입〉 주식선택권 3,320,000 (기타)

③ 2026. 12. 31.
〈손금불산입〉 주식선택권 3,480,000 (기타)

④ 2027. 1. 1.
〈손금산입〉 주식선택권 10,200,000 (기타)

3. 소득금액조정합계표 〔별지 제15호 서식〕 작성 (다음 page 참조)

[별지 제15호 서식] (2022. 3. 18. 개정)

사업 연도		소득금액조정합계표	법 인 명	(주)삼일
			사업자등록번호	

익금산입 및 손금불산입				손금산입 및 익금불산입			
① 과 목	② 금 액	③ 소득처분		④ 과 목	⑤ 금 액	⑥ 소득처분	
		처 분	코 드			처 분	코 드
<2024년>							
주식선택권	3,400,000	기타	600				
<2025년>							
주식선택권	3,320,000	기타	600				
<2026년>							
주식선택권	3,480,000	기타	600				
				<2027년>			
				주식선택권	10,200,000	기타	600
합 계				합 계			

현재가치할인차금

관련 법령	• 법법 §42 • 법령 §68, §72, §75, §78

제4절

현재가치할인차금

4

Step I 내용의 이해

1. 기업회계상 현재가치 평가

1-1. 채권 · 채무의 공정가치 평가

1-1-1. 공정가치 평가대상 채권 · 채무

채권·채무의 현재가치란 특정 채권·채무로 인하여 미래에 수취하거나 지급할 총금액을 적정한 이자율로 할인한 가액을 말하는 것으로, 일반기업회계기준에 따르면 장기연불조건의 매매거래, 장기금전대차거래 또는 이와 유사한 거래에서 발생하는 채권·채무로서 명목금액과 공정가치의 차이가 유의적인 경우에는 이를 공정가치로 평가하도록 규정하고 있다. 이 경우 채권·채무의 공정가치는 시장가격으로 평가하되 시장가격이 없는 경우에는 평가기법(현재가치평가기법 포함)을 사용하여 공정가치를 추정한다(일반기준 6장 문단 6.13).

한국채택국제회계기준(K-IFRS)에서는 재무제표를 작성하기 위한 측정기준의 하나로서 자산의 사용가치 및 부채의 이행가치를 예시하고 있으며, 사용가치는 기업이 자산의 사용과 궁극적인 처분으로 얻을 것으로 기대하는 현금흐름 또는 그 밖의 경제적 효익의 현재가치로, 이행가치는 기업이 부채를 이행할 때 이전해야 하는 현금이나 그 밖의 경제적 자원의 현재가치로 각각 정의하고 있다(재무보고를 위한 개념체계 문단 6.17).

1-1-2. 적정한 이자율

일반기업회계기준에서 현재가치평가에 적용하는 이자율은 일반적으로 당해 거래에 내재된 이자율인 유효이자율이다. 그러나 이러한 이자율을 구할 수 없거나 동종시장이자율(관련 시장에서 당해 거래의 종류·성격과 동일하거나 유사한 거래가 발생할 경우 합리적인 판단력과 거래의사가 있는 독립된 당사자간에 적용될 수 있는 이자율)과의 차이가 유의적인 경우에는 동종시장이자율을 적용하며, 동종시장이자율을 실무적으로 산정할 수 없는 경우에는 객관적이고 합리적인 기준에 의하여 산출한 채무자의 가중평균차입이자율을 적용할 수 있다. 객관적이고 합리적인 기준에 의하여 채무자의 가중평균차입이자율을 산출할 수 없는 경우에는 회사채 유통수익률을 기초로 채무자의 신용도 등을 반영하여 채무자에게 적용될 자금조달비용을 합리적으로 추정하여 적용한다(일반기준 6장 부록 실6.20의 4).

1-2. 할부매출 등의 수익인식

대가가 분할되어 수취되는 할부판매에 대하여 이자부분을 제외한 판매가격에 해당하는 수익을 판매시점에 인식하며, 판매가격은 대가의 현재가치로서 수취할 할부금액을 내재이자율로 할인한 금액을 말한다. 이자부분은 유효이자율법을 사용하여 가득하는 시점에 수익으로 인식한다(K-IFRS 1115호 적용사례 28 및 일반기준 제16장 부록 사례 8).

• 할부매출시

(차)	매 출 채 권	×××	(대)	매 출 액	×××
				현재가치할인차금	×××

• 할부채권 회수시

(차)	현금및현금성자산	×××	(대)	매 출 채 권	×××
	현재가치할인차금	×××		이 자 수 익	×××

다만, 한국채택국제회계기준(K-IFRS)에서는 계약을 개시할 때 기업이 고객에게 약속한 재화나 용역을 이전하는 시점과 고객이 그에 대한 대가를 지급하는 시점 간의 기간이 1년 이내일 것이라고 예상한다면 유의적인 금융요소의 영향을 반영하여 약속한 대가(금액)를 조정하지 않는 실무적 간편법을 쓸 수 있도록 하고(K-IFRS 1115호 문단 63), 일반기업회계기준에서는 대금회수기간이 1년 미만인 할부매출에 있어 현금판매가와 할부판매가의 차이가 중요한 경우 등과 같이 계약의 내용에 비추어 볼 때 재무거래의 요소(이자수익)를 명백히 분리할 수 있는 경우를 제외하고는 명목가액으로 측정할 수 있다(GKQA 02-173, 2002. 10. 30.).

NOTE

:: 채권 · 채무의 현재가치 평가 및 장기할부매출 등의 중소기업 회계처리 특례

일반기업회계기준 제31장(중소기업 회계처리 특례)에 따라 주식회사 등의 외부감사에 관한 법률의 적용대상 기업 중 중소기업기본법에 의한 중소기업(자본시장과 금융투자업에 관한 법률에 따른 상장법인, 증권신고서 제출법인, 사업보고서 제출대상법인, 일반기업회계기준 제3장에서 정의하는 금융회사, 일반기업회계기준 제4장에서 정의하는 연결실체에 중소기업이 아닌 기업이 포함된 경우의 지배기업은 제외함)은 현재가치 평가와 관련하여 다음과 같이 처리할 수 있다.

① 장기연불조건의 매매거래 및 장기금전대차거래 등에서 발생하는 채권·채무는 현재가치평가를 하지 않을 수 있다(일반기준 31장 문단 31.7).
② 1년 이상의 기간에 걸쳐 이루어지는 할부매출은 할부금회수기일이 도래한 날에 실현되는 것으로 할 수 있다(일반기준 31장 문단 31.9).
③ 토지 또는 건물 등을 장기할부조건으로 처분하는 경우에는 당해 자산의 처분이익을 할부금회수기일이 도래한 날에 실현되는 것으로 할 수 있다(일반기준 31장 문단 31.11).

1-3. 유가증권의 평가

1-3-1. 거래가격에 금융상품 이외의 대가가 포함되어 있는 금융상품의 공정가치 평가

한국채택국제회계기준(K-IFRS)에 따르면, 금융자산은 최초 인식시점에 공정가치로 측정하며 당기손익-공정가치 측정 금융자산이 아닌 경우 해당 금융자산의 취득과 직접 관련되는 거래원가는 공정가치에 가감한다(K-IFRS 1109호 문단 5.1.1). 이 때, 공정가치는 일반적으로 거래가격(제공하거나 수취한 대가의 공정가치)이지만, 제공하거나 수취한 대가 중 일부가 금융상품이 아닌 다른 것의 대가라면, 금융상품의 공정가치를 측정한다. 예를 들면 이자를 지급하지 아니하는 장기대여금이나 장기수취채권의 공정가치는 비슷한 신용등급을 가진 비슷한 금융상품(통화, 기간, 이자율유형, 그 밖의 요소에 관하여 비슷함)의 시장이자율로 할인한 미래 모든 현금수취액의 현재가치로 측정할 수 있다. 추가로 지급한 금액이 어떤 형태로든 자산의 인식기준을 충족하지 못하면, 해당 금액은 비용으로 인식하거나 수익에서 차감한다(K-IFRS 1109호 적용지침 문단 B5.1.1).

1-3-2. 상각후원가 측정 금융자산, 기타포괄손익-공정가치 측정 금융자산의 손상차손

한국채택국제회계기준(K-IFRS)에 따르면 상각후원가로 측정하는 금융자산과 기타포괄손익-공정가치로 측정하는 금융자산은 기대신용손실모형에 따라 다음의 사항을 반영하여 측정한 기대신용손실을 손실충당금으로 인식한다(K-IFRS 1109호 문단 5.5.1, 5.5.17).

① 일정 범위의 발생 가능한 결과를 평가하여 산정한 금액으로서 편의가 없고 확률로 가중한 금액
② 화폐의 시간가치
③ 보고기간 말에 과거사건, 현재 상황과 미래 경제적 상황의 예측에 대한 정보로서 합리적이고 뒷받침될 수 있으며 과도한 원가나 노력 없이 이용할 수 있는 정보

상기에서 기대신용손실은 계약에 따라 지급받기로 한 모든 계약상 현금흐름과 수취할 것으로 예상하는 모든 계약상 현금흐름의 차이(모든 현금 부족액)를 최초 유효이자율(또는 취득시 신용이 손상되어 있는 금융자산은 신용 조정 유효이자율)로 할인한 금액을 신용손실이라고 하는데,

이러한 신용손실을 개별 채무불이행 발생 위험으로 가중평균한 금액을 말한다(K-IFRS 1109호 부록A 용어의 정의).

일반기업회계기준에서는 상각후원가로 평가한 만기보유증권의 원리금을 계약상의 조건대로 회수하지 못할 가능성이 매우 높다는 객관적인 증거가 있다면, 손상차손을 인식하도록 하고 있다. 손상차손으로 인식하는 금액은 유가증권 취득 당시의 유효이자율로 할인한 기대현금흐름의 현재가치(회수가능액)와 장부금액의 차이금액이며, 손상차손 금액은 당기손익에 반영한다(일반기준 6장 문단 6.A10).

1-3-3. 시장가격이 없는 채무증권의 공정가치 평가

일반기업회계기준에 따르면 유가증권 중 단기매매증권과 매도가능증권은 공정가치로 평가하는 바, 시장성있는 유가증권은 시장가격을 공정가치로 보며 시장가격은 보고기간말 현재의 종가로 한다(일반기준 6장 부록 실6.26).

다만, 채무증권의 시장가격은 없으나 미래현금흐름을 합리적으로 추정할 수 있고, 공신력 있는 독립된 신용평가기관이 평가한 신용등급이 있는 경우에는 신용평가등급을 적절히 감안한 할인율을 사용하여 평가한 금액을 공정가치로 본다(일반기준 6장 부록 실6.26).

그러나, 시장가격이 없는 채무증권의 공정가치를 상기에서 설명하는 방법으로 측정할 수 없는 경우에는 일반적으로 합리적이라고 인정되는 평가모형을 이용하여 공정가치를 결정할 수 있다. 합리적인 평가모형에 의한 공정가치의 결정에는 투자자들이 사용할 것으로 예상되는 이자율 또는 할인율 등에 관한 제반 가정을 반영하여야 한다. 채무증권의 발행기업과 유사한 특성(예 : 신용위험)을 가진 기업의 시장성있는 채무증권의 시장가격이 있는 경우에는 이를 근거로 하여 공정가치를 추정할 수 있다(일반기준 6장 부록 실6.26).

1-3-4. 매도가능증권(채무증권)의 손상차손 인식

일반기업회계기준에 따르면 매도가능증권 중 채무증권에 대하여 손상차손이 발생한 객관적인 증거가 있는 경우에 당기에 손상차손으로 인식하여야 할 금액은 ①에서 ②를 차감한 금액이다(일반기준 6장 문단 6.A15).

① 회수가능액이 상각후원가에 미달하는 금액
② 이전 기간에 이미 인식하였던 당해 채무증권의 손상차손

여기서, 채무증권의 회수가능액은 미래의 기대현금흐름을 유사한 유가증권의 현행시장이자율로 할인한 현재가치로 한다.

※ 유가증권에 대한 자세한 설명은 '제2편 제1장 제12절 재고자산, 유가증권'편을 참조하기 바란다.

1-4. 전환권대가 또는 신주인수권대가

전환사채와 신주인수권부사채는 일반사채와 전환권 또는 신주인수권의 두 가지 요소로 구성되는 복합적 성격을 지닌 증권이다. 따라서, 일반기업회계기준에서는 전환사채 또는 신주인수권부사채를 발행한 경우에는 발행가액을 일반사채에 해당하는 부채요소와 전환권 또는 신주인수권에 해당하는 자본요소로 분리하여 표시한다(일반기준 15장 부록 실15.4).

전환사채 · 신주인수권 부사채의 공정가치	=	일반사채에 해당하는 부분 (부채부분)	+	전환권대가 · 신주인수권대가 (자본부분)

여기에서 전환권대가 또는 신주인수권대가는 당해 전환사채 또는 신주인수권부사채의 공정가치에서 전환권 또는 신주인수권과 같은 자본요소가 결합되지 않은 일반사채의 공정가치를 차감하여 결정한다. 이 경우 일반사채의 공정가치는 동일한 조건하에서 유사한 신용상태와 실질적으로 동일한 현금흐름을 제공하지만 전환권은 없는 채무상품의 정해진 미래현금흐름을 시장이자율을 적용하여 할인한 현재가치이다(일반기준 15장 부록 실15.4, 실15.5).

※ 전환사채 · 신주인수권부사채에 대한 자세한 설명은 '제2편 제2장 제6절 전환사채 · 신주인수권부사채'편을 참조하기 바란다.

1-5. 채권 · 채무조정

1-5-1. 개 요

'채권 · 채무조정'이란 채무자의 현재 또는 장래의 채무변제능력이 크게 저하된 경우에 채권자와 채무자간의 합의 또는 법원의 결정 등의 방법으로 채무자의 부담완화를 공식화하는 것을 말하며, 일반기업회계기준 제6장(금융자산 · 금융부채) 제4절(채권 · 채무조정)에서는 회사회생절차의 개시 또는 거래당사자간의 합의 등으로 인하여 채권 · 채무의 원리금, 이자율 또는 만기 등 계약조건이 채무자의 부담이 경감되도록 변경된 경우의 회계처리에 대하여 규정하고 있다. 이때 동 기준에서는 채권 · 채무조정의 방법을 크게 다음과 같이 구분하고 있다(일반기준 6장 문단 6.82, 6.84, 부록 실6.142).

① 채무의 변제
- 자산이전 : 채무를 일부 또는 전부 변제하기 위하여 채무자가 제3자에 대한 채권, 부동산 또는 기타의 자산을 채권자에게 이전
- 출자전환 : 채무를 일부 또는 전부 변제하기 위하여 채무자가 채권자에게 지분증권을 발행(원래 조건에 따라 채무를 지분증권으로 전환하기로 한 경우를 제외)

② 채무의 조건변경

- 이자율의 인하
- 유사한 위험을 가진 새로운 부채보다 낮은 이자율로 만기일을 연장
- 원금의 감면
- 발생이자의 감면

상기 중 채무의 조건변경에 따른 채권·채무조정시 현재가치 평가를 통한 회계처리가 이루어지게 된다.

1-5-2. 채무의 조건변경시 채무자의 회계처리

채무의 조건변경으로 채무가 조정되는 경우에는 채권·채무조정에 따른 약정상 정해진 미래 현금흐름을 채무 발생시점의 유효이자율로 할인하여 계산된 현재가치와 채무의 장부금액과의 차이를 채무에 대한 현재가치할인차금과 채무조정이익으로 인식한다(일반기준 6장 문단 6.90).

• 채무(장부금액 - 현재가치)의 회계처리

(차) 현재가치할인차금 ××× (대) 채무조정이익 ×××

• 현재가치할인차금 상각액의 회계처리

(차) 이자비용 ××× (대) 현재가치할인차금 ×××

다만, 원금과 발생이자의 감면을 통한 조건변경으로 인하여 채권·채무조정에 따른 약정상 정해진 미래 현금흐름의 합계금액이 채무의 장부금액에 미달할 경우에는 채무의 장부금액을 미래 현금흐름의 합계금액으로 감액하고 동 미달액을 채무조정이익으로 인식한다. 또한 새로운 장부금액에 대해서는 상기의 규정을 적용하여 채무조정이익을 추가로 인식한다(일반기준 6장 부록 실6.146).

• 채무(장부금액 - 미래 현금흐름의 합계액)의 회계처리

(차) 채 무 ××× (대) 채무조정이익 ×××

• 채무(미래 현금흐름의 합계액-현재가치)의 회계처리

(차) 현재가치할인차금 ××× (대) 채무조정이익 ×××

• 현재가치할인차금 상각액의 회계처리

(차) 이자비용 ××× (대) 현재가치할인차금 ×××

1-5-3. 채무의 조건변경시 채권자의 회계처리

채권·채무조정을 통하여 조건이 변경된 채권에 대한 대손상각비는 채권·채무조정에 따른 약정상 정해진 미래 현금흐름을 채권 발생시점의 유효이자율로 할인하여 계산된 현재가치와 채권의 대손충당금 차감전 장부금액과의 차이로 계산하며 채권에 대한 대손충당금과 대손상각비로 조정한다. 즉, 이미 설정된 대손충당금이 채권·채무조정에 따라 결정된 대손상각비 금액보다 작은 경우에는 부족분에 대해서 대손충당금을 추가로 설정하며, 이미 설정된 대손충당금이 채권·채무조정에 따라 결정된 대손상각비 금액보다 큰 경우에는 초과분에 대하여 대손충당금을 환입한다(일반기준 6장 문단 6.98).

• 채권(장부금액 – 현재가치)의 회계처리

(차) 대손상각비	×××	(대) 대손충당금	×××

• 시간경과에 따른 현재가치 변동분의 회계처리

(차) 대손충당금	×××	(대) 이자수익	×××

다만, 원금과 발생이자의 감면을 통한 조건변경으로 인하여 채권·채무조정에 따른 약정상 정해진 미래 현금흐름의 합계금액이 채권의 대손충당금 차감전 장부금액에 미달하는 경우에는 채권의 대손충당금 차감전 장부금액을 미래 현금흐름의 합계금액으로 차감한다. 차감할 채권의 대손충당금 차감전 장부금액은 먼저 대손충당금과 상계하고 부족한 금액은 대손상각비로 인식한다. 또한 미래 현금흐름의 합계액으로 손상된 채권의 대손충당금 차감전 장부금액에 대해서는 상기의 규정을 적용하여 대손충당금을 추가로 설정하거나 환입한다(일반기준 6장 부록 실6.150).

• 채권(장부금액 – 미래 현금흐름의 합계액)의 회계처리

(차) 대손충당금 (또는 대손상각비)	×××	(대) 채 권	×××

• 채권(미래 현금흐름의 합계액 – 현재가치)의 회계처리

(차) 대손상각비	×××	(대) 대손충당금	×××

• 시간경과에 따른 현재가치 변동분의 회계처리

(차) 대손충당금	×××	(대) 이자수익	×××

※ 채권·채무조정에 대한 자세한 설명은 '제2편 제2장 제5절 채권·채무조정(출자전환 포함)'편을 참조하기 바란다.

1-6. 금융리스관련 자산 및 부채의 평가

1-6-1. 리스제공자의 회계처리

리스제공자는 리스실행일(K-IFRS의 경우 리스개시일)에 리스자산의 장부가액(선급리스자산)을 제거하고 금융리스의 리스순투자와 동일한 금액을 금융리스채권(K-IFRS의 경우 수취채권)으로 인식한다. 즉, 리스자산을 공정가치에 매각하는 것으로 보아 회계처리한다(K-IFRS 1116호 문단 67 및 일반기준 13장 문단 13.21, 부록 실13.15).

또한, 리스제공자는 자신의 리스순투자 금액에 일정한 기간수익률을 반영하는 방식으로 리스기간에 걸쳐 금융수익을 인식하고, 체계적이고 합리적인 기준으로 리스기간에 걸쳐 금융수익이 배분되도록 한다. 이때, 리스제공자는 해당 기간의 리스료를 리스총투자에 대응시켜 원금과 미실현 금융수익을 줄인다(K-IFRS 1116호 문단 75 및 76).

일반기업회계기준에서도 금융리스의 매 기간별 리스료는 금융리스채권의 원금회수액과 이자수익으로 구분하여 인식하여야 하며, 매 기간별 이자수익은 금융리스채권의 잔액에 유효이자율법을 적용하여 계산한다(일반기준 13장 문단 13.22 및 13.23).

• 리스실행시

(차)	금 융 리 스 채 권	×××	(대) 선급리스자산	×××
	리스자산처분손실	×××	(또는 리스자산처분이익	×××)

• 리스료 수취시

(차)	현금및현금성자산	×××	(대) 금융리스채권	×××
			이 자 수 익	×××

:: 리스총투자와 리스순투자의 개념

• 리스순투자 : 리스총투자를 내재이자율로 할인한 금액

• 리스총투자 : 금융리스에서 리스제공자가 수령하는 최소리스료(K-IFRS의 경우 리스료)(*1)와 무보증잔존가치(*2)의 합계액

(*1) 일반기업회계기준에서 '최소리스료'라 함은 리스기간에 리스이용자가 리스제공자에게 지급해야 하는 금액을 말하며 추가적으로 다음의 금액을 포함함. 다만, 조정리스료와 리스제공자가 지급하고 리스이용자에게 청구할 수 있는 용역에 대한 비용 및 세금 등은 제외함(일반기준 13장 용어의 정의).

① 리스이용자의 경우, 리스이용자 또는 리스이용자의 특수관계자가 보증한 잔존가치

② 리스제공자의 경우, 리스이용자, 리스이용자의 특수관계자, 또는 리스제공자와 특수관계가 없고 재무적으로 이행능력이 있는 제3자가 보증한 잔존가치

그러나 리스실행일 현재 행사될 것이 확실시 되는 염가매수선택권을 리스이용자가 가지고 있는 경우, 최소리스료는 염가매수선택권 기대행사일까지 리스기간동안 지급될 최소한의 지급

액과 그 염가매수선택권의 행사가격으로 구성됨.
한편, 한국채택국제회계기준(K-IFRS)에서 '리스료'란 기초자산 사용권과 관련하여 리스기간에 리스이용자가 리스제공자에게 지급하는 금액으로 다음 항목으로 구성됨(K-IFRS 1116호 부록 A).
① 고정리스료(실질적인 고정리스료를 포함하고, 리스 인센티브는 차감)
② 지수나 요율(이율)에 따라 달라지는 변동리스료
③ 리스이용자가 매수선택권을 행사할 것이 상당히 확실한 경우에 그 매수선택권의 행사가격
④ 리스기간이 리스이용자의 종료선택권 행사를 반영하는 경우에, 그 리스를 종료하기 위하여 부담하는 금액

(*2) '무보증잔존가치'란 리스제공자가 실현할 수 있을지 확실하지 않거나 리스제공자의 특수관계자만이 보증하는 리스자산(K-IFRS의 경우에는 기초자산)의 잔존가치 부분을 말함(K-IFRS 1116호 부록 A 및 일반기준 13장 용어의 정의).

1-6-2. 리스이용자의 회계처리

한국채택국제회계기준(K-IFRS)에서는 리스이용자는 리스기간이 12개월을 초과하고 기초자산이 소액이 아닌 모든 리스에 대하여 리스개시일에 사용권자산과 리스부채를 인식한다(K-IFRS 1116호 IN10). 리스이용자는 사용권자산을 원가로 측정하는데, 사용권자산의 원가는 다음의 항목으로 구성된다. 또한, 리스이용자는 리스개시일에 그날 현재 지급되지 않은 리스료의 현재가치로 리스부채를 측정하며, 리스의 내재이자율을 쉽게 산정할 수 있는 경우에는 그 이자율로 리스료를 할인하고, 그 이자율을 쉽게 산정할 수 없는 경우에는 리스이용자의 증분차입이자율을 사용한다(K-IFRS 1116호 문단 22~24, 26).

① 리스부채의 최초 측정금액
② 리스개시일이나 그 전에 지급한 리스료(받은 리스 인센티브는 차감)
③ 리스이용자가 부담하는 리스개설직접원가
④ 리스 조건에서 요구하는 대로 기초자산을 해체하고 제거하거나, 기초자산이 위치한 부지를 복구하거나, 기초자산 자체를 복구할 때 리스이용자가 부담하는 원가의 추정치(다만 그 원가가 재고자산을 생산하기 위해 부담하는 것이 아니어야 함). 리스이용자는 리스개시일에 그 원가에 대한 의무를 부담하게 되거나 특정한 기간에 기초자산을 사용한 결과로 그 원가에 대한 의무를 부담함.

한편, 일반기업회계기준에서는 리스이용자는 리스실행일에 최소리스료의 현재가치와 리스자산의 공정가치 중 작은 금액을 금융리스자산과 금융리스부채로 각각 인식한다. 이 경우 최소리스료의 현재가치를 계산할 때 적용하여야 할 할인율은 리스제공자의 내재이자율이며, 만약 이를 알 수 없다면 리스이용자의 증분차입이자율을 적용한다. 또한, 리스이용자의 리스개설직접원가는 금융리스자산으로 인식될 금액에 포함한다(일반기준 13장 문단 13.13). 보증잔존

가치를 제외한 매기의 최소리스료는 이자비용과 리스부채의 상환액으로 배분하며 이자비용은 유효이자율법으로 계산한다(일반기준 13장 문단 13.14).

• 리스실행시

(차) 금융리스자산 ××× (대) 금융리스부채 ×××

• 리스료 지급시

(차) 금융리스부채 ××× (대) 현금및현금성자산 ×××
이 자 비 용 ×××

※ 리스거래에 대한 자세한 설명은 '제2편 제2장 제9절 리스거래'편을 참조하기 바란다.

1-7. 충당부채의 현재가치 평가

충당부채란 과거사건이나 거래의 결과에 의한 현재의무로서, 지출의 시기 또는 금액이 불확실하지만 그 의무를 이행하기 위하여 자원이 유출될 가능성이 높고(일반기업회계기준은 '매우 높고') 또한 당해 금액을 신뢰성 있게 추정할 수 있는 의무를 말하므로 이를 부채로 인식한다(K-IFRS 1037호 문단 13, 용어의 정의 및 일반기준 14장 문단 14.3).

이때 충당부채의 명목금액과 현재가치의 차이가 중요한 경우에는 의무를 이행하기 위하여 예상되는 지출액의 현재가치로 평가한다(K-IFRS 1037호 문단 45 및 일반기준 14장 문단 14.9).

현재가치 평가에 사용하는 할인율은 그 부채의 고유한 위험과 화폐의 시간가치에 대한 현행 시장의 평가를 반영한 세전 이율이다. 이 경우, 이 할인율에 반영되는 위험에는 미래 현금흐름을 추정할 때 고려된 현금흐름 자체의 변동위험은 포함되지 아니하며, 일반기업회계기준의 경우 만기까지의 기간이 유사한 국공채이자율에 기업의 신용위험을 반영한 조정 금리를 가산하여 산출한 이자율을 할인율로 사용할 수 있다(K-IFRS 1037호 문단 47 및 일반기준 14장 문단 14.10).

• 충당부채의 인식

(차) ○○ 충당부채전입액 ××× (대) ○○ 충당부채 ×××

• 시간경과에 따른 장부금액 변동분의 인식

(차) ○○ 충당부채전입액 ××× (대) ○○ 충당부채 ×××

2. 법인세법상 현재가치 규정

2-1. 장기할부조건부 자산판매 · 취득

2-1-1. 장기할부판매

법인이 장기할부조건 등에 의하여 자산을 판매하거나 양도함으로써 발생한 채권에 대하여

기업회계기준이 정하는 바에 따라 현재가치로 평가하여 현재가치할인차금을 계상한 경우, 해당 현재가치할인차금 상당액은 해당 채권의 회수기간동안 기업회계기준이 정하는 바에 따라 환입하였거나 환입할 금액을 각 사업연도의 익금에 산입한다(법령 §68 ⑥).

여기서 '장기할부조건'이라 함은 자산의 판매 또는 양도(국외거래에 있어서는 소유권이전 조건부 약정에 의한 자산의 임대를 포함)로서 판매금액 또는 수입금액을 월부 · 연부 기타의 지불방법에 따라 2회 이상으로 분할하여 수입하는 것 중 당해 목적물의 인도일(상품 등 외 자산의 경우에는 소유권이전등기 · 등록일, 인도일 또는 사용수익일 중 빠른 날)의 다음날부터 최종의 할부금의 지급기일까지의 기간이 1년 이상인 것을 말한다(법령 §68 ④).

그러므로 장기할부조건부 자산의 판매에서 발생한 채권에 대해 기업회계기준에 따라 현재가치할인차금을 계상하여 유효이자율법에 따라 환입하는 회계처리를 한 경우 추가적 세무조정은 발생하지 아니한다. 이러한 장기할부조건부 판매 등에 관련하여 자세한 설명은 '제2편 제1장 제1절 수입금액'편을 참조하기 바란다.

• 장기할부판매시

(차) 장 기 미 수 금	×××	(대) 유 형 자 산	×××
감가상각누계액	×××	현재가치할인차금	×××
		유형자산처분이익	×××

〈세무조정〉 없음.

• 결산시

(차) 현재가치할인차금	×××	(대) 이자수익	×××

〈세무조정〉 없음.

▌할부판매 수익인식의 기업회계와 법인세법의 비교▐

구 분	기업회계		법인세법
	K-IFRS	일반기업회계기준	
단기할부판매	• 원칙 : 현재가치평가 • 예외 : 대금지급기간이 1년 이내인 할부매출은 명목가액평가 가능	• 원칙 : 현재가치평가 • 예외 : 대금회수기간이 1년 미만인 할부매출은 명목가액평가 가능	명목가액평가
장기할부판매	현재가치평가	현재가치평가	• 원칙 : 명목가액평가 • 예외 : 기업회계기준에 의한 현재가치평가 인정

2-1-2. 장기할부취득

법인이 자산을 장기할부조건 등으로 취득하는 경우 발생한 채무를 기업회계기준이 정하는 바에 따라 현재가치로 평가하여 현재가치할인차금으로 계상한 경우 당해 현재가치할인차금은 당해 자산의 취득가액에서 제외한다(법령 §72 ④ 1호).

한편, 당해 현재가치할인차금의 상각액은 원천징수대상 이자소득에서 제외되며, 지급명세서의 제출의무도 없다. 또한, 법인세법 제28조의 지급이자 손금불산입 규정의 적용대상 지급이자의 범위에서 제외되며, 동법 제18조의 2의 수입배당금 익금불산입액 산정시 익금불산입 차감금액의 계산대상인 차입금이자의 범위에서도 제외된다(법령 §72 ⑥).

• 장기할부취득시

(차) 유 형 자 산	×××	(대) 장기미지급금	×××
현재가치할인차금	×××		

〈세무조정〉 없음.

• 결산시

(차) 이자비용	×××	(대) 현재가치할인차금	×××

〈세무조정〉 없음.

관련사례

• 현재가치할인차금 상각액의 신고조정 가능 여부
기계장치를 장기할부로 구입하면서 채무에 대해 현재가치할인차금을 계상하였으나 추후에 결산시 이자비용으로 상각액을 반영하지 아니한 경우 이는 법인의 의사결정 여부와 관계없이 당연히 법인의 손금에 산입되어야 할 비용에 해당하므로 신고조정방법에 의한 손금산입 가능함(서면2팀-719, 2004. 4. 7.).

• 현재가치로 평가하여 채무를 조기상환함에 따라 발생하는 채무면제익의 익금산입 여부
법인이 장기할부조건으로 취득하여 분할상환하던 채무를 현재가치로 평가하여 조기에 상환함에 따라 발생하는 채무면제익은 익금에 산입하는 것이며, 동 금액은 원천징수대상 소득에 해당하지 아니함(법인 46012-3420, 1999. 9. 2.).

2-2. 장기금전대차거래

일반기업회계기준에서는 장기금전대차거래 또는 이와 유사한 거래에서 발생하는 채권·채무로서 명목금액과 공정가치의 차이가 유의적인 경우에는 이를 공정가치로 평가하도록 하고 있으며(일반기준 6장 문단 6.13), 한국채택국제회계기준(K-IFRS)에서는 장기대여금 등 금융자산이나 금융부채의 최초인식시 공정가치로 측정하도록 하고 있으나(K-IFRS 1109호 문단 5.1.1), 법인세법은 장기금전대차거래에서 발생하는 채권·채무에 대한 공정가치 평가를 인정하지 않고 있다.

따라서, 법인이 기업회계기준에 따라 장기금전대차거래에서 발생하는 채권·채무를 공정가치로 평가하여 명목가액과 공정가치의 차액을 현재가치할인차금으로 계상하고 당기손익으로 처리한 경우 이를 각 사업연도 소득금액 계산상 익금 또는 손금에 산입하지 아니하며, 추후 현재가치할인차금을 상각 또는 환입하면서 이를 이자비용 또는 이자수익으로 계상한 경우에도 각 사업연도 소득금액 계산상 익금 또는 손금에 산입하지 아니한다(법기통 42-0…1).

〈장기금전대차거래의 회계처리 및 세무조정〉

① 자금대여자

구 분	회계처리	세무조정
대여시	(차) 장기대여금 ××× (대) 현금및현금성자산 ××× (차) 기부금(또는 접대비) ××× (대) 현재가치할인차금 ×××	〈손불〉 현재가치할인차금 ××× (유보)
결산시	(차) 현재가치할인차금 ××× (대) 이자수익 ×××	〈익불〉 현재가치할인차금 ××× (△유보)

② 자금차입자

구 분	회계처리	세무조정
차입시	(차) 현금및현금성자산 ××× (대) 장기차입금 ××× (차) 현재가치할인차금 ××× (대) 채무면제이익 ×××	〈익불〉 현재가치할인차금 ××× (△유보)
결산시	(차) 이자비용 ××× (대) 현재가치할인차금 ×××	〈손불〉 현재가치할인차금 ××× (유보)

2-3. 유가증권의 평가

2-3-1. 법인세법상 유가증권의 평가원칙

(1) 유가증권의 평가손익

법인세법상 유가증권의 평가는 다음의 ①~③에 해당하는 방법 중 법인이 납세지 관할 세무서장에게 신고한 방법에 의하되, 투자회사 등[자본시장과 금융투자업에 관한 법률에 따른 투자회사, 투자목적회사, 투자유한회사, 투자합자회사(같은 법 제9조 제19항 제1호의 기관전용 사모집합투자기구는 제외함) 및 투자유한책임회사]이 보유한 집합투자재산(자본시장과 금융투자업에 관한 법률 §9 ⑳)은 시가법에 의하여 평가한다(법령 §14 ① 1호 가목, §75 ①, ③).

① 개별법(채권에 한함)
② 총평균법
③ 이동평균법

다만, 자본시장과 금융투자업에 관한 법률 제230조에 따른 환매금지형집합투자기구가 보유한 같은 법 시행령 제242조 제2항에 따른 시장성 없는 자산과 보험업법에 따른 보험회사가 보유한 같은 법 제108조 제1항 제3호의 특별계정에 속하는 자산은 상기의 ①~③에 해당하는 방법 또는 시가법 중 법인세 과세표준 등의 신고와 함께 납세지 관할 세무서장에게 신고한 방법에 따라 평가하되, 그 방법을 이후 사업연도에 계속 적용하여야 한다(법령 §75 ③, ④).

즉, 기업회계기준에서는 유가증권의 평가에 대하여 원가법, 공정가치법 등을 채택하고 있으나, 법인세법에서는 일부 예외적인 경우를 제외하고 원가법만을 인정하고 있기 때문에 기업회계기준상 계상한 유가증권관련 평가손익(현재가치 평가 포함)은 원칙적으로 법인세법상 손금불산입 또는 익금불산입하는 세무조정이 필요하다.

(2) 유가증권의 감액손실

법인세법에서는 다음 중 어느 하나에 해당하는 유가증권의 경우에만 그 장부가액을 감액하고 그 감액한 금액을 당해 사업연도의 손금으로 계상할 수 있다(법법 §42 ③ 및 법령 §78 ②, ③).

① 다음의 어느 하나에 해당하는 주식 등으로서 그 발행법인이 부도가 발생한 경우 또는 회생계획인가의 결정을 받았거나 부실징후기업이 된 경우의 당해 주식 등
   ㉠ 자본시장과 금융투자업에 관한 법률에 따른 주권상장법인이 발행한 주식 등
   ㉡ 벤처투자회사 또는 신기술사업금융업자가 보유하는 주식 등 중 각각 창업자 또는 신기술사업자가 발행한 것
   ㉢ 상기 ㉠ 외의 법인 중 법인세법상 특수관계(법령 §2 ⑧)에 있지 아니한 법인이 발행한 주식 등
② 주식 등을 발행한 법인이 파산한 경우의 당해 주식 등

따라서, 기업회계기준에 따라 손상차손(현재가치 평가 포함)을 계상한 유가증권의 경우에도 상기에서 언급한 바에 해당하지 아니하는 경우에는 손금으로 인정되지 아니한다.

2-3-2. 유형자산의 취득과 관련된 유가증권의 현재가치 평가

법인이 유형자산의 취득과 함께 국·공채를 매입하는 경우, 기업회계기준에 따라 그 국·공채의 매입가액과 현재가치의 차액을 당해 유형자산의 취득가액으로 계상한 금액은 법인세법상 유형자산의 취득가액으로 인정한다(법령 §72 ③ 3호).

관련사례

- 부동산을 취득하면서 매입한 국민주택채권 매각 시 발생한 처분손실의 부동산 취득가액 포함 여부

  임대업을 영위하는 법인이 사업용 부동산을 취득하면서 의무적으로 매입한 국민주택채권을 취득과 동시에 매각함으로 인하여 발생한 처분손실은 처분일이 속하는 사업연도의 손금에 산입하는 것이나, 동 처분손실을 기업회계기준에 따라 국민주택채권의 매입가액과 현재가치의 차액 상당액으로 보아 취득일이 속하는 사업연도에 당해 부동산의 취득가액으로 계상한 경우에는 법인세법 시행령 제72조 제3항 제3호에 따라 당해 부동산의 취득가액에 포함하는 것임(법인-408, 2010. 4. 26.).

- 재고자산 취득시 의무매입하는 국·공채의 매입가액과 현재가치의 차액의 취득원가 인정 여부

  법인이 건물 신축을 목적으로 재고자산(용지 포함)의 취득시 국·공채를 의무매입하는 경우 자산의 취득가액은 법인세법 시행령 제72조 제3항 제3호의 규정을 적용하지 않는 것이며, 이 경우 유가증권인 국·공채의 매각으로 인한 처분손실은 처분일이 속하는 사업연도에 손금에 산입하는 것임(서면2팀-1345, 2006. 7. 14.).

2-4. 전환권대가 또는 신주인수권대가

전환사채 등을 발행한 법인이 기업회계기준에 의하여 전환권 등의 가치를 별도로 인식하고 상환할증금을 전환사채 등에 부가하는 형식으로 계상한 경우, 전환권대가 등에 대한 세무처리는 다음과 같다(법기통 40-71…2).

① 발행시 전환사채 등의 차감계정으로 계상한 전환권 등 조정금액은 손금산입(△유보)하고, 기타자본잉여금으로 계상한 전환권 등 대가는 익금산입(기타)하며, 상환할증금은 손금불산입(유보)한다.

② 만기일 전에 전환권 등 조정금액을 이자비용으로 계상한 경우 동 이자비용은 손금불산입(유보)한다.

③ 전환권 등을 행사한 경우 위 ①의 규정에 의하여 손금불산입한 상환할증금 중 전환권 등을 행사한 전환사채 등에 해당하는 금액은 손금으로 추인하고, 주식발행초과금으로 대체된 금액은 익금산입(기타)하며, 전환권 등 조정과 대체되는 금액은 익금산입(유보)한다.

④ 만기일까지 전환권 등을 행사하지 아니함으로써 지급하는 상환할증금은 그 만기일이 속하는 사업연도에 손금으로 추인한다.

기타 전환사채·신주인수권부사채와 관련된 자세한 설명은 '제2편 제2장 제6절 전환사채·신주인수권부사채'편을 참조하기 바란다.

2-5. 채권·채무조정

채권·채무조정의 유형 중 채무의 조건 변경, 즉 이자율 인하, 만기연장 또는 원리금을 감면하는 방식 등으로 채권·채무조정이 이루어지는 경우 일반적으로 현재가치 평가가 발생하는바, 이에 대한 자세한 설명은 '제2편 제2장 제5절 채권·채무조정(출자전환 포함)'편을 참조하기 바란다.

2-6. 금융리스 관련 자산 및 부채의 평가

금융리스와 관련된 자산 및 부채의 현재가치 평가에 대하여는 법인세법 기본통칙 23-24…1에서 규정하고 있는 바와 같이 법인세법에서도 이를 수용하고 있다. 이에 대한 자세한 설명은 '제2편 제2장 제9절 리스거래'편을 참조하기 바란다.

2-7. 충당부채의 현재가치 평가

법인세법에서는 원칙적으로 권리·의무 확정주의에 의하여 손익의 귀속시기가 결정되므로, 퇴직급여충당금 등 법인세법에서 정하고 있는 일부 충당금을 제외하고 기업회계기준에 따른 충당부채의 전입액 또는 환입액에 대한 회계처리는 인정되지 않는다. 따라서, 기업회계기준에 의하여 계상한 충당부채전입액 또는 충당부채환입액은 손금불산입(유보) 또는 익금불산입(△유보)한 후, 추후 관련 비용이 실제로 발생한 시점에 손금산입(△유보)하여야 한다.

채권 · 채무조정(출자전환 포함)

관련 법령	• 법법 §17, §19의 2, §40 • 법령 §15, §19의 2, §72 • 조특법 §44 • 조특령 §41

제5절

채권 · 채무조정(출자전환 포함)

5

Step I 내용의 이해

1. 개 요

일반적으로 채무자의 신용하락 또는 자금경색 등으로 인하여 계속기업으로서의 존속 가능성에 중대한 의문이 생김에 따라 현재 또는 장래에 채권을 회수하기 어려운 경우로서, 채권자가 채무를 부담하고 있는 기업이 당장 청산되기보다는 회생하는 것이 자기의 손실을 최소화하는 것이라고 판단할 경우에는 원리금 감면, 이자율 인하, 만기 연장 등의 방법으로 채무자 부담의 전부 또는 일부를 완화해주는 것에 합의하게 된다. 이렇게 채권자와 채무자 간 합의 등으로 채무자의 채무부담 완화를 공식화함으로써 채무자를 존속시키는 구조조정방법을 '채권 · 채무조정'이라 한다.

이러한 채권 · 채무조정이 이루어질 경우에 채무자는 채무부담 완화에 따른 경제적 이익을 향유하는 반면에 채권자는 채권의 포기 또는 조건의 변경에 따른 경제적 손실을 감수하여야 하는 바, 본절에서는 채권 · 채무조정의 이해당사자인 채권자와 채무자 각각의 입장에서 채권 · 채무조정과 관련된 일반기업회계기준 제6장과 법인세법의 내용을 살펴보기로 한다.

2. 채권 · 채무조정의 의의

2-1. 채권 · 채무조정의 범위

2-1-1. 채권 · 채무조정의 정의

일반기업회계기준 제6장 제4절에서는 채권 · 채무조정을 "채무자의 현재 또는 장래의 채무변제능력이 크게 저하된 경우에 채권자와 채무자 간의 합의 또는 법원의 결정 등의 방법으로 채무자의 부담완화를 공식화하는 것"으로 정의하고 있다. 즉, 채권 · 채무조정은 채무자의 재무적 어려움으로 인하여 채권자가 다른 상황에서는 고려하지 않았을 혜택을 채무자에게 부여하는 것이며, 그 혜택의 조건과 내용은 채권자와 채무자 간의 합의 또는 법원에 의하여 결정되게 된다(일반기준 6장 문단 6.84).

2-1-2. 채권 · 채무조정에 해당되지 않는 경우

일반기업회계기준 제6장 제4절(채권 · 채무조정)은 채무자의 현재 또는 장래의 채무변제능력이 크게 저하된 경우에 회사회생절차의 개시 또는 거래당사자 간의 합의 등으로 인하여 채권 · 채무의 원리금, 이자율 또는 만기 등 계약조건이 채무자의 부담이 경감되도록 변경된 경우에 한하여 적용된다(일반기준 6장 문단 6.82). 다만, 채무자가 재무적 어려움을 겪고 있는 상황에서 채무의 변제나 조건변경이 발생하더라도 일반기업회계기준 제6장에서 말하는 채권 · 채무조정에 해당하지 않는 경우가 있는데, 그러한 예는 다음과 같다(일반기준 6장 부록 실6.139).

① 채무자가 채무의 변제로 채권자에게 이전한 현금, 기타의 자산 또는 지분증권 등의 공정가치가 채무의 장부금액 이상인 경우

② 현행 시장이자율로 다른 자금원으로부터의 자금조달이 가능한 채무자와의 관계를 유지할 목적으로 채권자가 전반적인 시장이자율의 하락 또는 위험의 감소를 반영하여 채권에 대한 유효이자율을 인하하는 경우(*)

(*) 즉, 채무자가 정상적인 채무의 시장이자율과 같은 시장이자율로 기존의 채권자가 아닌 다른 자금원으로부터 자금을 차입할 수 있는 상황에서 이루어진 채무의 변제나 조건변경은 현재 상태에서 채무변제능력이 있는 채무자이기 때문에 채권 · 채무조정에 해당되지 않는 것이다. 하지만, 채무자가 다른 자금원으로부터 차입을 할 수 있다 하더라도 현재 상태에서는 부담할 능력이 없는 높은 이자율로만 자금을 차입할 수 있는 경우에 이루어진 채무의 변제나 조건변경은 채권 · 채무조정에 해당된다(일반기준 6장 부록 실6.140).

2-2. 채권 · 채무조정의 유형

2-2-1. 개 요

일반기업회계기준 제6장 제4절에서는 채권 · 채무조정의 방법을 크게 자산을 이전하거나 지분증권을 발행함으로써 '채무를 변제'하는 방법과 이자율이나 만기 등의 '조건을 변경'함으로써 채무자의 부담을 완화시키되 채무를 계속 존속시키는 방법으로 구분하고 있으며, 각각의 방법은 다음과 같이 구분할 수 있으나 각 방법이 결합되어 사용될 수도 있다(일반기준 6장 부록 실6.142).

‖일반기업회계기준 제6장에서 규정하는 채권 · 채무조정 유형의 요약‖

유 형		채무자	채권자
채무의 변제	자산의 이전	자산의 이전으로 채무변제	자산의 취득으로 채권 회수
	지분증권 발행	주식의 발행으로 채무 변제	주식의 취득으로 채권 회수
채무의 조건변경	이자율 인하 또는 만기연장	조건(이자율, 만기 등) 변경에 따른 채무자 부담의 완화	조건(이자율, 만기 등) 변경에 따른 채권자의 손실 부담
	원금 또는 발생이자의 감면	조건(원금 또는 발생이자의 지급조건) 변경에 따른 채무자 부담 완화	조건(원금 또는 발생이자의 회수조건) 변경에 따른 채권자 손실 부담

2-2-2. 채무의 변제

채권 · 채무조정의 방법 중 하나인 '채무의 변제' 유형은 다음 두 가지 방법으로 구분할 수 있다(일반기준 6장 문단 6.86, 6.87, 6.90, 부록 실6.142).

① 채권자에게 자산을 이전하는 방법 : 채무의 일부 또는 전부를 변제하기 위하여 채무자가 제3자에 대한 채권, 부동산 또는 기타의 자산을 채권자에게 이전하는 방법

② 채권자에게 지분증권을 발행하는 방법(출자전환) : 채무의 일부 또는 전부를 변제하기 위하여 채무자가 채권자에게 지분증권을 발행하는 방법. 다만, 원래 조건에 따라 채무를 지분증권으로 전환하기로 한 경우는 당초 약정의 이행에 해당되므로 채권 · 채무조정에서 제외되며, 전환사채나 채무증권을 발행하는 형식으로 채권 · 채무조정이 이루어지는 경우에는 채무의 변제에 해당되지 않고 채무의 조건변경에 해당된다(일반기준 6장 문단 6.90).

다만, 채권 · 채무조정으로 인하여 발행되는 전환사채가 만기일 이전에 반드시 지분증권으로 전환되고, 지분증권으로 전환하지 않는다면 원금상환을 면제하는 조건을 가지고 있는 경우 비록 그 형식은 부채에 해당되지만 실질은 자본항목에 해당하는 것으로 보아 채무의 변제로 본다(일반기준 6장 문단 6.89). 이에 대한 일반기업회계기준과 법인세법상의 처리에 대한 자세한 설명은 6-2-1.의 (5) 및 6-2-2.의 (3) '특정조건이 전제된 전환사채가 발행된 경우'를 참고하기 바란다.

2-2-3. 채무의 조건변경

채권 · 채무조정의 방법 중 하나인 '채무의 조건변경' 유형은 다음과 같은 방법으로 구분할 수 있다(일반기준 6장 부록 실6.142).

① 이자율의 인하 또는 만기의 연장 : 이자율의 인하 또는 유사한 위험을 가진 새로운 부채보다 낮은 이자율로 만기일을 연장하는 방법

② 채무의 감면 : 원금 또는 발생이자의 감면

2 - 3. 채권 · 채무조정의 시점

채권 · 채무조정의 시점이란 채권 · 채무조정이 실질적으로 완성되는 시점(자산 또는 지분증권을 이전하거나 새로운 계약조건이 확정되는 시점)을 말하는 것으로, 채무자는 당해 시점에 채권 · 채무조정으로 인한 자산 · 부채의 평가 및 손익의 인식을 위한 회계처리를 하게 된다. 한편, 채권자는 공식적인 채권 · 채무조정시점 이전이라도 채권에 대한 손상차손의 인식조건이 충족되면 손상차손을 인식하여야 하므로 채권 · 채무조정의 시점은 채무자의 회계처리시점을 결정한다는 점에서 의미를 가지게 된다(일반기준 6장 문단 6.85, 부록 결6.2).

일반적으로 합의에 의한 채권 · 채무조정의 경우에는 합의일, 법원의 인가에 의한 채권 · 채무조정의 경우에는 법원의 인가일이 채권 · 채무조정의 시점이 된다. 예를 들어, 합의일 또는 회생계획인가일에 자산의 이전에 관한 모든 행정적인 절차가 완료되지 않는다 하더라도 합의일 또는 회생계획인가일에 채권 · 채무조정에 대한 회계처리를 하는 것이 타당할 것이다(일반기준 6장 문단 6.85, 부록 결6.2).

그러나, 채권자와 채무자 간에 약정한 조건이 충족되지 않아서 합의일 또는 법원의 인가일에 자산 또는 지분증권의 이전, 새로운 계약조건의 시행 등의 사건이 이루어지지 않는 경우에는 그 조건이 충족되어 실질적으로 채권 · 채무조정이 완성되는 시점이 채권 · 채무조정시점이다. 예를 들어, 일부 채무에 대해서는 이자율을 완화하고 일부 채무에 대해서는 채무자의 어떤 행위를 전제로 하는 조건부 채권 · 채무조정이 법원에서 인가된 경우에 모든 채무에 대해서 법원의 인가일에 채권 · 채무조정이 확정되었다고 할 수는 없을 것이므로 그 조건이 충족되는 시점 전까지는 채권 · 채무조정이 완성된 것으로 보지 아니한다(일반기준 6장 문단 6.85, 부록 결6.2). 또한, 출자전환을 합의하였으나 출자전환으로 인하여 발행될 주식수가 결정되지 않은 경우에는 채권 · 채무조정이 완성되지 않은 것으로 보아 출자전환 합의시점에는 아무런 회계처리를 하지 않고 전환으로 인하여 발행될 주식수가 결정되는 시점에 자산 · 부채의 평가 및 손익의 인식을 하여야 한다(일반기준 6장 부록 실6.143).

:: 출자전환시 채권 · 채무조정시점의 일반기업회계기준과 법인세법의 차이

일반기업회계기준 제6장 제4절에서는 채권 · 채무조정 합의일에 모든 행정적인 절차가 완료되지 않는다 하더라도 당해 합의에 의하여 채권 · 채무조정이 실질적으로 완성된 경우에는 당해 합의일이 채권 · 채무조정시점에 해당되는 것으로 규정하고 있다. 따라서, 출자전환을 합의하였으나 출자전환이 즉시 이행되지 않는 경우에 채무자는 합의 시점에 조정대상채무를 출자전환채무(자본조정) 과목으로 하여 출자전환으로 인하여 발행될 주식의 공정가치로 계상하고, 당해 주식의 공정가치와 장부금액의 차이를 채무조정이익으로 회계처리하여야 한다(일반기준 6장 문단 6.88, 부록 결6.2).

한편, 법인세법상 손익귀속시기는 원칙적으로 권리의무확정주의에 의할 것으로 규정하고 있는 바

(법법 §40 및 법령 §71 ⑦ 및 법칙 §36), 출자전환을 합의하였으나 출자전환이 즉시 이행되지 않는 경우에도 당해 합의일에 출자전환과 관련된 채권자와 채무자의 권리와 의무가 사실상 확정되었으므로 당해 합의일에 출자전환으로 인하여 발생하는 익금과 손금을 인식하여야 한다는 견해가 있으나, 재정경제부 및 국세청 예규에서는 실제 출자전환일이 속하는 사업연도에 출자전환과 관련된 손익을 인식하도록 유권해석함으로써 기업회계와의 차이점을 보이고 있다(재법인 46012-248, 2003. 4. 18.).
따라서, 출자전환을 합의한 시점과 실제 출자전환이 이루어진 시점이 사업연도를 달리할 경우에는 기업회계상 채권·채무조정시점과 법인세법상 손익귀속시기의 차이가 발생함으로써 이를 조정하기 위한 세무조정이 필연적으로 발생하게 된다. 이와 관련된 자세한 내용은 후술하는 6-2-2. 및 6-3-2.의 '(2) 출자전환이 즉시 이행되지 않거나 출자전환으로 발행될 주식수가 결정되지 않은 경우'를 참조하기 바란다.

3. 채무 변제에 의한 채권·채무조정 - 자산의 이전

3-1. 채무자의 회계처리 및 세무조정

3-1-1. 회계처리

채무자가 채무를 변제할 목적으로 제3자에 대한 채권, 부동산 또는 기타의 자산을 채권자에게 이전하는 경우에는 변제되는 채무의 장부금액과 이전되는 자산의 공정가치와의 차이를 채무조정이익으로 인식하고, 이전되는 자산의 공정가치와 장부금액과의 차이는 자산처분손익으로 인식한다(일반기준 6장 문단 6.86).

자산 이전 방식에 의한 채권·채무조정이 이루어질 경우의 채무자 회계처리

(차) 차 입 금	×××	(대) 제 자 산	×××
		자산처분손익 ①	×××
		채무조정이익 ②	×××

① 자산처분손익=이전되는 자산의 (공정가치-장부금액)
② 채무조정이익=변제되는 채무의 장부금액-이전되는 자산의 공정가치

3-1-2. 세무조정

자산의 이전에 의한 채권·채무조정은 채무자가 일정한 자산으로 채무를 변제함으로써 채권·채무관계를 종결하는 일종의 대물변제방식에 해당되는 것이므로, 채무자의 입장에서 자산의 이전 방식에 의하여 채권·채무조정이 이루어짐으로써 발생하는 채무조정이익은 법인세법 제15조 및 동법 시행령 제11조 제6호에서 규정하는 채무면제이익에 해당된다. 따라서, 채무자가 채권자에게 이전하는 자산의 시가를 기준으로 회계처리를 할 경우에는 특별한 세무조

정은 발생하지 아니한다(서면2팀-504, 2006. 3. 16. 및 서면2팀-2248, 2004. 11. 4.).

3-2. 채권자의 회계처리 및 세무조정

3-2-1. 회계처리

채권자가 채권·채무조정시점에서 채무자에 대한 채권의 전부 또는 일부에 대하여 제3자에 대한 채권, 부동산 또는 기타의 자산을 받은 경우에는 동 자산을 공정가치로 회계처리하고, 이전받은 자산의 공정가치가 채권의 대손충당금 차감 전 장부금액보다 작은 경우에는 채권의 대손충당금 차감 전 장부금액을 대손충당금과 우선 상계하고 부족한 경우에는 대손상각비로 인식한다(일반기준 6장 문단 6.95).

자산 이전 방식에 의한 채권·채무조정이 이루어질 경우의 채권자 회계처리

(차) 제 자 산①	×××	(대) 대출채권	×××
대손충당금	×××		
대손상각비②	×××		

① 제자산의 취득가액 : 채권·채무조정시점의 당해 자산의 공정가치

② 대손상각비=(조정대상채권의 대손충당금 차감 전 장부가액-이전받은 자산의 공정가치)-대손충당금

3-2-2. 세무조정

법인세법상 채무자가 보유하고 있는 자산으로 채권을 회수하고 잔여채권에 대한 채권·채무관계를 종결하기로 합의한 경우에 채권자는 당해 대물변제로 취득하는 자산의 취득가액은 그 취득당시의 시가(시가가 채권액을 초과하는 경우에는 채권액(*))로 계상하고, 당해 채권액(이자 포함) 중 대물변제받은 자산의 시가를 초과하는 금액은 법인세법 기본통칙 19의 2-19의 2…5 '약정에 의한 채권포기액의 대손 처리'에 준하여 처리하여야 한다.

(*) 대물변제받은 자산의 시가가 채권액을 초과하는 경우 동 채권액을 대물변제받은 자산의 취득가액으로 계상하여야 한다. 이는 대물변제받은 자산의 시가를 취득가액으로 처리할 경우 변제차익이 발생하게 되고 이를 과세하게 되면 미실현이익에 대하여 과세하는 결과가 되기 때문에 변제시점에는 채권액을 취득가액으로 하여 변제차익을 인식하지 아니하고, 처분시점에 처분손익의 일부로 과세하도록 하고 있다. 다만, 이는 일반적인 대물변제에 대한 법인세법상의 처리로서 일반기업회계기준 제6장 제4절에서는 채무의 변제로 채권자에게 이전한 자산 등의 공정가치가 채무의 장부금액 이상인 경우는 채권·채무조정에서 제외하고 있으므로(일반기준 6장 부록 실6.139) 자산 이전을 통한 채권·채무조정에 대한 세무조정에서는 발생하지 아니할 것으로 예상된다.

즉, 자산의 이전에 의한 채권의 회수 역시 채권의 원본이 소멸하는 것이므로 채무자로부터 소유권을 이전받은 자산의 시가가 채권의 원본에 미달하는 경우 동 금액(결과적으로 기업회계

상 대손충당금과 상계하거나 대손상각비로 계상한 금액)을 약정에 의한 채권포기액의 대손처리에 준하여 세무처리하도록 하고 있는 것이다.

4. 채무의 조건변경에 의한 채권 · 채무조정 - 이자율 인하, 만기연장

4-1. 채무자의 회계처리 및 세무조정

4-1-1. 회계처리

이자율의 인하 또는 만기 연장 등의 조건변경으로 인하여 채무가 조정되는 경우에 채무자는 채권 · 채무조정에 따른 약정상 정해진 미래현금흐름을 채무발생시점의 유효이자율[(*)]로 할인하여 계산된 현재가치와 채무의 장부금액과의 차이를 채무에 대한 현재가치할인차금과 채무조정이익으로 인식하고(일반기준 6장 문단 6.90), 이렇게 인식된 현재가치할인차금은 유효이자율을 적용하여 상각함으로써 이자비용으로 인식한다.

(*) 채무 발생시점의 유효이자율은 채무 발생시점의 계약상 이자율에 대출수수료, 할증액 또는 할인액 등을 고려하여 조정된 이자율을 말한다(일반기준 6장 부록 실6.148).

이자율 인하 또는 만기연장 등의 방법으로 채권 · 채무조정이 이루어질 경우의 채무자 회계처리

① 채무조정시 :	(차) 현재가치할인차금	×××	(대) 채 무 조 정 이 익[ⓐ]	×××
② 기말결산시 :	(차) 이 자 비 용[ⓑ]	×××	(대) 현재가치할인차금	×××

ⓐ 채무조정이익=채무의 장부금액-채무의 현재가치(미래현금흐름을 유효이자율로 할인한 현재가치)
ⓑ 이자비용 : 유효이자율법에 의하여 상각한 금액

4-1-2. 세무조정

일반기업회계기준 제6장 제4절에 따라 채권 · 채무조정에 따른 약정상 정해진 미래현금흐름을 채무발생시점의 유효이자율로 할인하여 계상된 현재가치와 채무의 장부가액과의 차이를 채무에 대한 현재가치할인차금과 채무조정이익으로 인식한 경우, 이는 법인세법상 일종의 부채의 임의평가에 해당되는 것으로 보아 익금에 산입하지 아니하며(법기통 19의 2-19의 2…9), 향후 당해 현재가치할인차금을 상각함으로써 계상된 이자비용도 이를 손금에 산입하지 아니한다. 따라서, 채무자는 채권 · 채무조정시점에 인식한 채무조정이익을 익금불산입(△유보)하고, 기말결산시점에 이자비용으로 계상된 현재가치할인차금상각액을 손금불산입(유보)하는 세무조정을 수행하여야 한다.

4-2. 채권자의 회계처리 및 세무조정

4-2-1. 회계처리

채권자는 채권·채무조정을 통하여 채권의 조건이 변경되어 원래 계약조건에 따라 회수할 금액(계약상 정해진 원금과 이자) 중 일부 또는 전체에 대해서 원래의 계약조건에 따른 일정대로 회수할 수 없게 되는 경우에는 채권에 대한 대손상각비를 인식하여야 한다(일반기준 6장 문단 6.98).

이렇게 조건이 변경된 채권에 대한 대손상각비는 채권·채무조정에 따른 약정상 정해진 미래현금흐름을 채권발생시점의 유효이자율로 할인하여 계산된 현재가치와 채권의 대손충당금 차감 전 장부금액과의 차이로 계산하며 그 차이금액은 채권에 대한 대손충당금과 대손상각비(*)로 조정한다. 다만, 관측가능한 활성시장에서 거래되는 채권의 시장가격이 있는 경우에는 그 채권의 시장가격, 담보로 제공된 자산이 있고 그 자산의 처분을 통하여 채권을 회수할 가능성이 매우 높은 경우에는 그 자산의 공정가치에 근거하여 대손상각비를 측정할 수 있다. 대손상각비의 측정방법은 각 채권별로 일관성 있게 적용하여야 하며 측정방법의 변경은 상황이 변하는 경우에만 정당화될 수 있다(일반기준 6장 문단 6.98).

한편, 채권자는 채권·채무조정을 통하여 조건이 변경된 채권에 대하여 공식적인 채권·채무조정 이전이라도 인식조건이 충족되면 대손상각비를 인식해야 하며 공식적인 채권·채무조정시점까지 대손상각비의 인식을 지연할 수 없다(일반기준 6장 문단 6.97).

(*) 즉, 이미 설정된 대손충당금이 채권·채무조정에 따라 결정된 대손상각비 금액보다 작은 경우에는 부족분에 대해서 대손충당금을 추가로 설정하며, 이미 설정된 대손충당금이 채권·채무조정에 따라 결정된 대손상각비 금액보다 큰 경우에는 초과분에 대하여 대손충당금을 환입한다.

이자율 인하 또는 만기연장 등의 방법으로 채권·채무조정이 이루어질 경우의 채권자 회계처리

① 채무조정시 :	(차) 대손상각비	×××	(대) 대손충당금	×××
② 기말결산시 :	(차) 대손충당금	×××	(대) 이 자 수 익	×××

4-2-2. 세무조정

법인세법에서는 내국법인이 기업회계기준에 따른 채권·채무조정에 따라 채권의 장부가액과 현재가치의 차액을 대손금으로 계상한 경우에는 이를 손금에 산입하며, 손금에 산입한 금액은 기업회계기준에 의한 환입방법에 따라 이를 익금에 산입하도록 규정하고 있다(법령 §19의 2 ⑤).

한편, 대손충당금의 손금산입 범위액을 계산할 때에는 법인세법 시행령 제19조의 2 제5항에 따른 대손금(기업회계기준에 따른 채권의 재조정에 따라 채권의 장부가액과 현재가치의 차액을 대손금으로 계상한 경우의 해당 금액)과 관련하여 계상된 대손충당금은 제외하도록 하여, 일반적인

대손충당금의 손금산입방법을 적용하는 것이 아니라 법인세법 시행령 제19조의 2 제5항에 따라 특별한 세무조정없이 손금으로 인정하도록 하였다(법령 §61 ④).

관련사례

• 기업회계기준에 의한 채권·채무조정에 해당하지 않는 경우의 세무처리
내국법인이 미수금을 현재가치로 평가한 것이 기업회계기준에 의한 채권·채무조정으로 볼 수 없는 때에는 채권의 장부가액과 현재가치와의 차액은 구법인세법 시행령 제62조 제5항에 의한 대손금의 범위에 해당하지 않아 각 사업연도의 소득금액 계산상 손금에 산입하지 아니하는 것임(서면2팀-729, 2005. 5. 26.).

계산사례 - 1 이자율 인하 등에 따른 채무자 및 채권자의 세무조정(일반기준 6장 부록 사례 18)

◀ 자료 ▶

1. 채무자인 ㈜한강은 채권자인 ㈜삼일에 대하여 차입채무를 지고 있다.
   - 차입(대출)일자 : 20×1. 1. 1.
   - 차입(대출)금액 : 10,000,000원(만기 3년)
   - 이자율 : 연 10%(연도말 후급조건)
2. ㈜삼일은 ㈜한강에 대한 대출채권에 대하여 대손충당금 차감 전 장부금액의 20%에 해당되는 금액에 대해서 대손충당금을 설정하고 있으며, ㈜한강 외의 기타 거래처에 대한 대출채권에 대하여 1,000,000원의 대손충당금을 설정하고 있다.
3. 채무자인 ㈜한강은 재정난으로 인하여 20×1. 7. 1.에 부도처리되었으며, 동일자로 관할법원에 법정관리를 신청하였다. 그에 따라 20×1. 12. 31.에 관할법원은 다음과 같이 채권·채무조정을 결정하였다.
   - 채권·채무조정일 : 20×1. 12. 31.
   - 차입채무(대출채권)의 명목가액 : 10,000,000원
   - 채권·채무조정내용 : 잔존만기를 10년으로 연장, 이자율은 연 5%로 인하(연도말 후급조건)
4. ㈜삼일의 20×1사업연도 및 20×2사업연도의 법인세법상 대손충당금 한도액은 3,000,000원이다.
5. ㈜한강과 ㈜삼일의 회계기간은 모두 1. 1.~12. 31.이다.
6. 유효이자율 10%에 대한 10기간의 현가계수는 0.38554이며, 10기간의 연금현가계수는 6.14457이다.

상기의 자료를 토대로 ㈜한강과 ㈜삼일의 20×1. 12. 31.(채권·채무조정시점) 및 20×2. 12. 31.의 회계처리 및 세무조정을 수행하시오(다만, 채권·채무조정일 전에 발생한 이자비용 및 이자수익의 회계처리는 무시하며, ㈜한강 외의 기타거래처에 대한 대손충당금은 변동이 없는 것으로 가정한다).

해 설

1. ㈜한강(채무자)의 회계처리 및 세무조정

(1) 20×1. 12. 31.의 회계처리 및 세무조정

① 회계처리

(차) 현재가치할인차금(*)	3,072,315	(대) 채무조정이익	3,072,315

(*) 채무의 장부가액 - 채무의 현재가치=10,000,000-(10,000,000×0.38554+500,000×6.14457)=3,072,315

② 세무조정

채무자의 입장에서 이자율의 인하 및 만기 연장 등의 조건변경으로 채권·채무조정이 이루어짐으로써 발생하는 채무조정이익은 익금불산입 항목이므로 익금불산입(△유보)로 세무조정한다.

〈익금불산입〉 현재가치할인차금(채무조정이익) 3,072,315 (△유보)

(2) 20×2. 12. 31.의 회계처리 및 세무조정

① 회계처리

(차) 이자비용(*)	692,769	(대) 현 금	500,000
		현재가치할인차금	192,769

(*) (10,000,000-3,072,315) × 10%=692,769

② 세무조정

채무자의 입장에서 이자율의 인하 및 만기 연장 등의 조건변경으로 채권·채무조정이 이루어짐으로써 발생하는 채무조정이익은 익금불산입(△유보)하고, 향후 이자비용으로 계상되는 현재가치할인차금 상각액은 손금불산입(유보)로 세무조정한다.

〈손금불산입〉 현재가치할인차금(이자비용) 192,769 (유보)

2. ㈜삼일(채권자)의 회계처리 및 세무조정

(1) 20×1. 12. 31.의 회계처리 및 세무조정

① 회계처리

(차) 대손상각비(*)	1,072,315	(대) 대손충당금	1,072,315

(*) 대손충당금 추가설정액={10,000,000-(10,000,000×0.38554+500,000×6.14457)}-2,000,000=1,072,315

② 세무조정

당해 대손상각비에 대해서는 별다른 세무조정 없이 ㈜한강에 대한 대출채권의 장부가액과 현재가치의 차액에 해당하는 대손충당금 3,072,315원을 제외한 잔여 대손충당금 1,000,000원에 대해서만 한도시부인을 수행하면 될 것이다.

(2) 20×2. 12. 31.의 회계처리 및 세무조정

① 회계처리

(차) 현 금	500,000	(대) 이자수익(*)	692,769
대손충당금	192,769		

(*) (10,000,000-3,072,315)×10%=692,769

② 세무조정
이자수익으로 계상된 대손충당금 환입액에 대해서도 별다른 세무조정 없이 ㈜한강에 대한 대출채권의 장부가액과 현재가치의 차액에 해당하는 대손충당금 2,879,546원을 제외한 잔여 대손충당금 1,000,000원에 대해서만 한도시부인을 수행하면 될 것이다.

5. 채무의 조건변경에 의한 채권 · 채무조정 - 원리금의 감면

5-1. 채무자의 회계처리 및 세무조정

5-1-1. 회계처리

채무자는 원금과 발생이자의 감면을 통한 조건변경으로 인하여 채권 · 채무조정에 따른 약정상 정해진 미래현금흐름(*)의 합계금액이 채무의 장부가액에 미달할 경우에는 채무의 장부금액을 미래현금흐름의 합계금액으로 감액하고 동 미달액을 채무조정이익으로 인식한다. 또한, 감액한 채무의 새로운 장부금액은 채무발생시점의 유효이자율로 할인하여 계산된 현재가치로 평가하고, 새로운 장부금액(현재가치)과 미래현금흐름의 합계금액의 차이에 대해서 채무조정이익을 추가로 인식하여야 한다(일반기준 6장 문단 6.90 및 부록 실6.146).

(*) 채무자의 재무상황이 정해진 기간 내에 향상되는 것을 전제로 원금이나 이자로 정해진 금액이 추가되는 약정이 있는 경우에는 동 추가되는 금액은 조정된 만기까지 발생할 미래현금흐름에 포함되어야 한다(일반기준 6장 부록 실6.147).

원금과 발생이자의 감면 등의 방법으로 채권 · 채무조정이 이루어질 경우의 채무자 회계처리

① 채무조정시 :	(차) 차 입 금[ⓐ]	×××	(대) 채 무 조 정 이 익	×××
	현재가치할인차금[ⓑ]	×××		
② 기말결산시 :	(차) 이 자 비 용	×××	(대) 현재가치할인차금	×××

ⓐ 차입금=조정 전 채무의 장부금액-조정 후 채무의 미래현금흐름(원금 및 이자)의 합계금액
ⓑ 현재가치할인차금=조정 후 채무의 미래현금흐름(원금 및 이자)의 {합계금액-현재가치}

5-1-2. 세무조정

원금과 발생이자의 일부 또는 전부를 감면받는 방식으로 채권 · 채무조정이 이루어질 경우에 채무자가 채권자로부터 지급의무를 면제받는 원리금 상당액은 법인세법 시행령 제11조 제6호에서 규정하는 채무면제이익(채무의 면제 또는 소멸로 인하여 생기는 부채의 감소액)에 해당된다.

다만, 일반기업회계기준 제6장 제4절에서는 원금과 발생이자의 감면을 통한 조건변경이 이루어질 경우에는 채권 · 채무조정이 이루어지기 전의 채무의 장부가액을 채권 · 채무조정에 따

른 약정상 미래현금흐름의 합계금액으로 감액하고 동 금액을 채무조정이익으로 인식하도록 규정하고 있는 바(일반기준 6장 부록 실6.146), 이로 인하여 기업회계상 인식하는 채무조정이익과 법인세법상 인식하여야 할 채무면제이익의 금액이 상이하게 되는 결과가 발생하게 된다. 즉, 일반기업회계기준 제6장 부록 실6.146에서 말하는 '미래현금흐름의 합계금액'에는 채권·채무조정 약정에 의하여 향후 시간 경과에 따라 지급의무가 발생하는 이자비용이 포함되는 개념이므로, 일반기업회계기준에 따라 채무조정이익을 인식하게 되면 법인세법상으로는 아직 손익귀속시기가 도래하지 아니한 이자비용을 미리 부채로 결산에 반영한 경우에 해당됨으로써 결과적으로 채무면제이익이 과소계상되는 결과(또는 부채의 과대계상)가 발생하게 되는 것이다.(*)

(*) 향후 지급하게 될 이자비용의 경우에도 채권·채무조정 약정이 이루어지는 시점에 이미 지급의무가 확정된 것으로 보아야 하며 그에 따라 별다른 세무조정이 발생하지 않아야 한다는 견해가 있으나(소수설), 이는 금전의 사용·소비에 따른 대가로서 대주의 자금 대여에 따른 기회비용보상과 시간 경과에 따른 화폐가치하락의 보상이라는 이자비용의 정의에 부합되지 않을 뿐만 아니라, 법인세법상 이자비용의 손익귀속시기를 원칙적으로 소득세법 시행령 제45조 규정에 의하되 이미 경과한 기간에 대응하는 이자 등을 결산에 반영한 경우에 한하여 결산에 반영한 사업연도의 손금으로 한다는 법인세법 시행령 제70조 제1항 제2호에도 위배된다는 문제점이 있다.

따라서, 원금과 발생이자의 일부 또는 전부를 감면받는 방식으로 채권·채무조정이 이루어짐으로써 일반기업회계기준에 따라 채무조정이익을 인식한 경우에는 채무면제이익 과소계상액(또는 향후에 지급의무가 확정되는 이자비용 합계금액에 해당되는 부채의 과대계상액)을 익금산입(유보)하고, 향후 원리금의 상환이 이루어지는 경우에 이자비용 지급액에 해당되는 금액을 손금산입(△유보)하는 세무조정을 수행하여야 할 것이다.

한편, 일반기업회계기준 제6장 문단 6.90의 규정에 따라 미래현금흐름의 합계금액과 현재가치의 차이에 대해서 추가적으로 인식한 채무조정이익은 전술한 '4-1. 채무자의 회계처리 및 세무조정'의 경우와 동일하게 채권·채무조정시점에 인식한 채무조정이익을 익금불산입(△유보)하고, 기말결산시점에 이자비용으로 계상된 현재가치할인차금상각액을 손금불산입(유보)하는 세무조정을 수행하여야 한다(법기통 19의 2-19의 2…9).

:: 재무구조개선계획, 사업재편계획 등에 따른 채무면제익에 대한 과세특례

1. 재무구조개선계획 등에 따른 채무면제익에 대한 과세특례

2026년 12월 31일까지 내국법인이 금융채권자로부터 채무의 일부를 면제받은 경우로서 다음 중 어느 하나에 해당하는 경우에는 소득금액을 계산할 때 그 면제받은 채무에 상당하는 금액(채무면제익)을 3년 거치 3년 분할 익금산입하고, 채무를 면제(채무의 출자전환으로 채무를 면제한 경우 포함)한 금융채권자(기업구조조정투자회사는 제외함)는 그 면제한 채무에 상당하는 금액을 손금

에 산입한다(조특법 §44 ①, ④).

① 채무자 회생 및 파산에 관한 법률에 따른 회생계획인가의 결정을 받은 법인이 금융채권자로부터 채무의 일부를 면제받은 경우로서 그 결정에 채무의 면제액이 포함된 경우

② 기업구조조정 촉진법 제14조 제1항에 따른 기업개선계획의 이행을 위한 약정을 체결한 부실징후기업이 금융채권자로부터 채무의 일부를 면제받은 경우로서 그 약정에 채무의 면제액이 포함된 경우 및 같은 법 제27조에 따른 반대채권자의 채권매수청구권의 행사와 관련하여 채무의 일부를 면제받은 경우

③ 조세특례제한법 시행령 제34조 제6항 제2호에 따른 기업개선계획 이행을 위한 특별약정에 따라 채무를 면제받은 경우(조특령 §41 ②)

④ 그 밖에 내국법인이 관계 법률에 따라 채무를 면제받은 경우로서 조세특례제한법 시행령 제34조 제6항 제3호에 따른 적기시정조치에 따라 채무를 면제받은 경우(조특령 §41 ③)

⑤ 기업구조조정 투자회사법에 따른 약정체결기업이 기업구조조정투자회사로부터 채무를 출자로 전환받는 과정에서 채무의 일부를 면제받는 경우(조특법 §44 ②)

여기서 3년 거치 3년 분할 익금산입 대상 채무면제익이란 금융채권자로부터 면제받은 채무에 상당하는 금액에서 법인세법 시행령 제16조 제1항에 따른 이월결손금(자산수증익과 채무면제익으로 이월결손금을 보전한 경우에는 보전 후 잔액)을 초과하는 금액을 말한다(조특령 §41 ①).

2. 사업재편계획에 따른 채무면제익에 대한 과세특례

사업재편계획에 따른 채무면제익에 대한 과세특례의 자세한 내용은 '제2편 제3장 제5절 사업재편계획을 위한 과세특례'편을 참조하기 바란다.

관련사례

• 재무구조개선계획 등에 따른 채무면제 상당액의 손금산입

금융기관이 회생계획인가결정에 따라 채권을 출자전환하는 경우 주식의 발행가액과 액면가액이 동일하고, 시가가 액면가액에 미달하는 경우에도 조세특례제한법 제44조 제4항에 따라 손금산입이 가능하며, 손금산입 과세특례는 세무조정계산서상 별도의 손금산입을 하지 않아도 적용 가능함(기획재정부 법인세제과-119, 2021. 2. 25.).

5-2. 채권자의 회계처리 및 세무조정

5-2-1. 회계처리

채권자는 원금과 발생이자의 감면을 통한 조건변경으로 인하여 채권·채무조정에 따른 약정상 정해진 미래현금흐름의 합계금액이 채권의 대손충당금 차감 전 장부금액에 미달하는 경우에는 채권의 대손충당금 차감 전 장부금액을 미래현금흐름의 합계금액으로 차감한다. 이 경우 차감할 채권의 대손충당금 차감전 장부금액은 먼저 대손충당금과 상계하고 부족한 금액은 대손상각비로 인식한다. 또한 미래 현금흐름의 합계액으로 손상된 채권의 대손충당금 차감전 장부금액에 대해서는 채권 발생시점의 유효이자율로 할인하여 계산된 현재가치와 채권의 대

손충당금 차감전 장부금액과의 차이를 대손충당금으로 추가로 설정하거나 환입한다(일반기준 6장 부록 실6.150).

원금과 발생이자의 감면 등의 방법으로 채권 · 채무조정이 이루어질 경우의 채권자 회계처리

① 채무조정시 :	(차) 대손상각비/충당금	×××	(대) 대 출 채 권[ⓐ]	×××
	대손상각비	×××	대손충당금[ⓑ]	×××
② 기말결산시 :	(차) 대손충당금	×××	(대) 이 자 수 익[ⓒ]	×××

ⓐ 대출채권=조정 전 채권의 장부금액-조정 후 채권의 미래현금흐름(원금 및 이자)의 합계금액
ⓑ 대손충당금=조정 후 채무의 미래현금흐름(원금 및 이자)의 {합계금액-현재가치}
ⓒ 이자수익=ⓑ 대손충당금 금액을 유효이자율법에 의하여 상각한 금액

5-2-2. 세무조정

법인세법 기본통칙 19의 2-19의 2…8에서는 채권자인 법인이 채권 · 채무의 조정과 관련하여 원금의 일부를 감면한 경우에는 법인세법 시행령 제19조의 2 제5항의 규정을 적용하지 아니하고 법인세법 기본통칙 19의 2-19의 2…5 '약정에 의한 채권포기액의 대손금 처리'에 따라 손금 용인 여부를 판단하도록 규정하고 있다.

따라서, 이 경우에는 채권 · 채무조정과 관련하여 원리금의 일부를 감면한 채권이 채무자의 부도발생 등으로 장래에 회수가 불확실한 채권 등을 조기에 회수하기 위하여 해당 채권의 일부를 불가피하게 포기한 경우이며 동 채권의 일부를 포기하거나 면제한 행위에 객관적으로 정당한 사유가 있다고 인정되는 경우에 한하여 동 채권포기액을 대손금으로 손금에 산입할 수 있으며, 이에 해당하지 않는 경우에는 특수관계자에 해당하는지 여부에 따라 법인세법 제52조 부당행위계산 부인의 규정을 적용하거나 이를 기부금 또는 기업업무추진비로 보아야 한다(법기통 19의 2-19의 2…5).

한편, '5-1. 채무자의 회계처리 및 세무조정'에서 전술한 바와 같이, 채권자의 경우에도 아직 손익귀속시기가 도래하지 아니한 이자수익을 채권으로 결산에 선반영한 경우에 해당됨으로써 결과적으로 채권의 과대계상(대손금의 과소계상)이 발생하게 되어 세무조정이 필요하며, 또한 회계상 채권의 과대계상으로 인해 대손충당금 등으로 계상되는 현재가치할인차금 상당액도 차이가 발생하게 되는데, 이에 대해서도 적절한 세무조정이 필요하다.

계산사례 - 2 **원금과 발생이자 감면 등에 따른 채무자 및 채권자의 세무조정**

자 료

채권 · 채무조정 내역이 다음과 같은 경우, 채권 · 채무조정 시점과 1차 이자지급 · 수령 시점의 채무자 · 채권자의 회계처리와 세무조정을 하시오.

1. 감면 전 채권(차입금) 원금 : 1,000,000원(연이율 10%, 잔존만기 10년)
2. 감면 전 대손충당금 : 200,000원
3. 감면 후 채권(차입금) 원금 : 500,000원(연이율 6%, 잔존만기 10년)
4. 감면 후 원리금의 현재가치 : 377,109원
5. 채권 · 채무조정시점과 1차 이자수령시점의 채권자의 법인세법상 대손충당금 한도액은 5,000원인 것으로 가정한다.

해 설

1. 채무자의 회계처리 및 세무조정

(1) 채권 · 채무조정시점의 회계처리 및 세무조정

① 회계처리

(차) 차입금[ⓐ]	200,000	(대) 채무조정이익	622,891
현재가치할인차금[ⓑ]	422,891		

ⓐ 채권 · 채무조정에 따른 약정상 정해진 미래현금흐름(원금 및 이자)의 합계금액이 채무의 장부가액에 미달하므로 기존 채무의 장부가액을 미래현금흐름의 합계금액으로 감액한다.

감면 전 채무원금	1,000,000
감면 후 채무의 미래현금흐름의 합계액 = 500,000 + 500,000 × 6% × 10년 =	△800,000
채무조정이익	200,000

ⓑ 채권 · 채무조정에 따른 약정상 정해진 채무의 미래현금흐름(원금 및 이자)의 합계금액과 현재가치의 차액에 대해서 추가적으로 채무조정이익을 인식한다.

감면 후 채무의 미래현금흐름의 합계액 = 500,000 + 500,000 × 6% × 10년 =	800,000
감면 후 채무의 미래현금흐름의 현재가치	△377,109
채무조정이익 추가 인식액	422,891

② 세무조정

채무자가 채권자로부터 감면받은 원금이 500,000원임에도 불구하고 잔존만기까지 지급하여야 할 이자비용 상당액 300,000원을 미래현금흐름의 합계금액에 반영함으로써 회계상 채무조정이익이 200,000원(ⓐ)만이 인식되게 된다. 따라서, 아직 손익귀속시기가 도래하지 아니한 이자비용 상당액으로서 차입금으로 계상된 300,000원을 익금산입(유보)하는 세무조정을 수행하여야 한다.

한편, 미래현금흐름의 합계금액과 현재가치의 차이를 추가적으로 채무조정이익으로 인식한 금액에 대해서는 법인세법 기본통칙 19의 2-19의 2…9에 따라 익금불산입(△유보)하는 세무조정을 수행하여야 한다.

〈익금산입〉　차입금(채무면제이익)　300,000 (유보)
〈익금불산입〉　현재가치할인차금(채무조정이익)　422,891 (△유보)

(2) 1차 이자지급시점의 회계처리 및 세무조정

① 회계처리

(차) 차 입 금[ⓒ]	30,000	(대) 현　　금	30,000
(차) 이자비용[ⓓ]	37,711	(대) 현재가치할인차금	37,711

ⓒ 500,000×6%=30,000
ⓓ (800,000−422,891)×10%=37,711

② 세무조정

회계상 차입금 상환액 30,000원은 법인세법상으로 이자비용 지급액에 해당되므로 동 금액을 손금산입(△유보)하는 세무조정을 수행하고, 현재가치할인차금 상각액에 해당되는 이자비용 계상액 37,711원은 손금불산입(유보)하는 세무조정을 수행하여야 한다.

〈손금산입〉　차입금(이자비용)　30,000 (△유보)
〈손금불산입〉　현재가치할인차금(이자비용)　37,711 (유보)

2. 채권자의 회계처리 및 세무조정

(1) 채권·채무조정시점의 회계처리 및 세무조정

① 회계처리

(차) 대손충당금[ⓐ]	200,000	(대) 대 출 채 권	200,000
(차) 대손상각비[ⓑ]	422,891	(대) 대손충당금	422,891

ⓐ 채권·채무조정에 따른 약정상 정해진 미래현금흐름(원금 및 이자)의 합계금액이 채권의 대손충당금 차감 전 장부가액에 미달하므로 기존 채권의 대손충당금 차감 전 장부가액을 미래현금흐름의 합계금액으로 감액한다.

감면 전 채권원금	1,000,000
감면 후 채권의 미래현금흐름의 합계액=500,000+500,000×6%×10년=	△800,000
대손상각비	200,000

ⓑ 채권·채무조정에 따른 약정상 정해진 채권의 미래현금흐름(원금 및 이자)의 합계금액과 현재가치의 차액에 대해서 추가로 대손충당금을 설정한다.

감면 후 채권의 미래현금흐름의 합계액=500,000+500,000×6%×10년=	800,000
감면 후 채권의 미래현금흐름의 현재가치	△377,109
대손충당금 추가 설정액	422,891

② 세무조정

채권자가 포기한 원금이 500,000원임에도 불구하고 잔존만기까지 회수하게 될 이자수익 상당액 300,000원을 미래현금흐름의 합계금액에 반영함으로써 대손금 계상액이 과소계상되는 결과가 발생하게 된다. 따라서, 아직 손익귀속시기가 도래하지 아니한 이자수익 상당액으로서 채권으로 계상된 300,000원을 손금산입(△유보) 및 손금불산입(유보)하는 세무조정을 수행하여야 하고, 원금포기액 500,000원을 기준으로 법인세법 기본통칙 19의 2−19의 2…5를 준용하여 손금 용인 여부를 추가적으로 판단하여야 한다.

〈손금산입〉　대출채권(대손금)　300,000 (△유보)
〈손금불산입〉　대손충당금[ⓒ]　300,000 (유보)

ⓒ 법인세법 시행령 제19조의 2 제5항에서는 내국법인이 기업회계기준에 따른 채권·채무조정에 따라 채권의 장부가액과 현재가치의 차액을 대손금으로 계상한 경우에는 이를 손금에 산입하며, 손금에 산입한 금액은 기업회계기준의 환입방법에 따라 익금에 산입하는 것으로 규정하고 있다. 다만, 본 사례의 경우 회계상 채권의 장부가액은 800,000원이나 법인세법상 채권의 장부가액은 500,000원인 바, 회계상 설정한 대손충당금 계상액 422,891원을 모두 인정하여야 하는지, 아니면 법인세법상 채권의 장부가액 500,000원과 현재가치 377,109원과의 차액 122,891원만을 인정하여야 하는지에 대하여 논란이 있을 수 있는 바, 관련 규정의 개정이나 유권해석을 통하여 이를 명확히 하여야 할 것으로 판단된다. 본 사례에서는 법인세법상 채권의 장부가액과 현재가치와의 차액만을 대손금(대손충당금)으로 인정하는 것으로 가정하여 세무조정을 예시하기로 한다.

(2) 1차 이자수령시점의 회계처리 및 세무조정

① 회계처리

(차) 현　　금	30,000	(대) 대출채권ⓓ	30,000
(차) 대손충당금	37,711	(대) 이자수익ⓔ	37,711

ⓓ 500,000×6%=30,000

ⓔ (800,000−422,891)×10%=37,711

② 세무조정

회계상 대출채권 회수액 30,000원은 법인세법상으로 이자수익 수령액에 해당되므로 동 금액을 익금산입(유보) 및 익금불산입(△유보)하는 세무조정을 수행하여야 한다.

〈익금산입〉	대출채권(이자수익)	30,000 (유보)
〈익금불산입〉	대손충당금ⓕ	30,000 (△유보)

ⓕ 익금산입과 관련하여도 상기 ⓒ에서 설명한 바와 같이 그 해석상 논란이 있을 수 있는 바, 관련 규정의 개정이나 유권해석을 통하여 이를 명확히 하여야 할 것으로 판단된다. 본 사례에서는 법인세법상 채권의 장부금액과 현재가치와의 차액만을 대손금(대손충당금)으로 인정하고, 회계상 이자수익 인식시 대손충당금 초과환입액은 전기 대손충당금 부인액을 추인하는 것으로 가정하여 세무조정을 예시하기로 한다.

6. 채무 변제에 의한 채권 · 채무조정 – 지분증권의 발행(출자전환)

6-1. 출자전환의 정의

출자전환이란 채무의 일부 또는 전부를 변제하기 위하여 채무자가 채권자에게 지분증권(주식)을 발행하는 채권 · 채무조정의 한 유형을 말하는 것으로서, 결과적으로 타인자본을 자기자본으로 전환하는 자본구조의 변경을 통하여 부채를 조정하는 방법을 말한다. 다만, 원래 조건에 따라 채무를 지분증권으로 전환하기로 한 경우는 당초 약정의 이행에 불과하므로 출자전환에서 제외된다.

6-2. 채무자의 회계처리 및 세무조정

6-2-1. 회계처리

(1) 회계처리 요약

구 분	회계처리 요약
원 칙	• 자본금 : 출자전환으로 발행되는 주식의 액면가액 • 주식발행초과금 : 출자전환으로 발행되는 주식의 (공정가치 - 액면가액) • 채무조정이익 : 채무의 장부금액 - 출자전환으로 발행되는 주식의 공정가치. 다만, 시장성 없는 지분증권의 공정가치를 신뢰성 있게 측정할 수 없는 경우에는 채무조정이익을 인식하지 아니함.
출자전환이 즉시 이행되지 않을 때	• 출자전환 합의시점에 조정대상채무를 출자전환채무(자본조정)로 대체하여 상기의 '원칙'과 같이 회계처리하고, 실제 출자전환 시에 조정대상채무를 자본금으로 대체하는 회계처리
발행될 주식수가 결정되지 않을 때	• 출자전환 합의 시에는 회계처리하지 않고, 출자전환으로 발행될 주식수가 결정되는 시점에 '출자전환이 즉시 이행되지 않을 때'와 같이 회계처리
특정조건이 전제된 전환사채 발행시	• 채무의 조건변경이 아닌 채무의 변제로 보아 출자전환과 동일하게 회계처리

(2) 채무자의 원칙적인 회계처리

채무자가 채무의 일부 또는 전부를 변제하기 위하여 채권자에게 지분증권을 발행하는 경우에는 지분증권의 공정가치와 채무의 장부금액과의 차이를 채무조정이익(*1)으로 인식한다. 다만, 시장성이 없는 지분증권의 공정가치를 신뢰성 있게 측정할 수 없는 경우에는 발행되는 지분증권을 조정대상채무의 장부금액으로 회계처리하고 채무조정이익을 인식하지 않는다(일반기준 6장 문단 6.87).

(*1) 채권·채무조정에 따른 지분증권의 발행과 관련하여 직접적으로 발생한 비용은 지분증권의 발행금액에서 차감하며, 채권·채무조정을 실시하기 위하여 채무자에게 발생된 기타의 모든 비용은 채무조정이익에서 차감한다(일반기준 6장 문단 6.93).

출자전환이 이루어질 경우의 채무자의 원칙적인 회계처리

(차) 차 입 금	×××	(대) 자 본 금	×××
		주식발행초과금ⓐ	×××
		채무조정이익ⓑ	×××

ⓐ 주식발행초과금＝지분증권의 공정가치－지분증권의 액면가액

ⓑ 채무조정이익＝변제되는 채무의 장부금액－지분증권의 공정가치. 다만, 시장성이 없는 지분증권의 공정가치를 신뢰성 있게 측정할 수 없는 경우에는 채무조정이익을 인식하지 않는다.

(3) 출자전환에 합의하였으나 출자전환이 즉시 이행되지 않는 경우

출자전환에 합의하였으나 출자전환이 즉시 이행되지 않는 경우에는 조정대상채무를 출자전환채무의 과목으로 하여 자본조정으로 대체하고,(*2) 자본조정으로 대체되는 출자전환채무는 전환으로 인하여 발행될 주식의 공정가치로 하여 조정대상채무의 장부금액과의 차이를 채무조정이익으로 인식한다. 다만, 시장성이 없는 지분증권의 공정가치를 신뢰성 있게 측정할 수 없는 경우에는 조정대상채무의 장부금액으로 출자전환채무를 회계처리하고 채무조정이익을 인식하지 않는다(일반기준 6장 문단 6.88).

(*2) 자본조정으로 대체된 출자전환채무에 대하여 지급이자가 발생하는 경우, 당해 이자비용은 자본조정의 별도 계정과목으로 회계처리한다. 이처럼 회계처리하는 이유는 자본조정으로 분류된 출자전환채무는 부채로 회계처리되지 않기 때문에 동 출자전환채무에 대해 지급되는 이자금액도 손익계산서상 이자비용이 아닌 자본으로 대체된 금액에 대한 자본비용으로 볼 수 있기 때문이다(일반기준 6장 부록 실6.144).

출자전환에 합의하였으나 출자전환이 즉시 이행되지 않는 경우의 채무자 회계처리

① 전환합의일 :	(차) 차 입 금	×××	(대)	출자전환채무ⓐ	×××
				채무조정이익ⓑ	×××
② 출자전환시 :	(차) 출자전환채무	×××	(대)	자 본 금	×××
				주식발행초과금	×××

ⓐ 출자전환채무=전환으로 인하여 발행될 주식의 공정가치. 다만, 전환으로 인하여 발행될 주식의 공정가치를 신뢰성 있게 측정할 수 없는 경우에는 채무의 장부금액을 출자전환채무로 회계처리하고, 채무조정이익을 인식하지 않는다.

ⓑ 채무조정이익=변제되는 채무의 장부금액 − 출자전환채무

(4) 출자전환에 합의하였으나 출자전환으로 인하여 발행될 주식수가 결정되지 않은 경우

출자전환을 합의하였으나 출자전환으로 인하여 발행될 주식수가 결정되지 않은 경우에는 채권·채무조정이 완성되지 않았으므로 전환으로 인하여 발행될 주식수가 결정되는 시점에서 전환으로 인하여 발행될 주식의 공정가치를 출자전환채무의 과목으로 하여 자본조정으로 대체하고, 조정대상채무의 장부금액과의 차이를 채무조정이익으로 인식한다. 다만, 시장성이 없는 지분증권의 공정가치를 신뢰성 있게 측정할 수 없는 경우에는 조정대상채무의 장부금액으로 출자전환채무를 회계처리하고 채무조정이익을 인식하지 않는다(일반기준 6장 부록 실6.143).

출자전환에 합의하였으나 출자전환으로 인하여 발행될 주식수가 결정되지 않은 경우의 채무자 회계처리

① 전환합의일 :	회계처리 없음.				
② 발행주식수 결정시 :	(차) 차 입 금	×××	(대)	출자전환채무[ⓐ]	×××
				채무조정이익[ⓑ]	×××
③ 출자전환시 :	(차) 출자전환채무	×××	(대)	자 본 금	×××
				주식발행초과금	×××

ⓐ 출자전환채무 = 전환으로 인하여 발행될 주식의 공정가치. 다만, 전환으로 인하여 발행될 주식의 공정가치를 신뢰성 있게 측정할 수 없는 경우에는 채무의 장부금액을 출자전환채무로 회계처리하고, 채무조정이익을 인식하지 않는다.

ⓑ 채무조정이익 = 변제되는 채무의 장부금액 − 출자전환채무

(5) 특정 조건이 전제된 전환사채가 발행되는 경우

일반적으로 조정대상채무에 대하여 전환사채를 발행하는 형식으로 채권 · 채무조정이 이루어지는 경우에는 이를 채무의 변제로 보지 않고 채무의 조건변경으로 회계처리한다. 그러나, 채권 · 채무조정으로 발행되는 전환사채가 만기일 이전에 반드시 지분증권으로 전환하여야 하고 지분증권으로 전환하지 않는다면 원금상환을 면제하는 조건을 가지고 있는 경우에는 일반기업회계기준 제15장(자본)의 규정에 불구하고 전환으로 인하여 발행될 주식의 공정가치를 출자전환채무의 과목으로 하여 자본조정으로 대체하고, 조정대상채무의 장부금액과의 차이는 채무조정이익으로 인식한다.[*3] 이러한 전제조건이 붙은 전환사채를 발행하는 것은 형식은 부채이지만 실질은 자본항목으로 보아야 할 것이므로 그러한 전환사채를 발행하는 것을 채무의 변제로 회계처리하도록 한 것이다(일반기준 문단 6.89, 6.90).

(*3) 다만, 전환사채의 조건 중 전환으로 인하여 발행될 주식수가 결정되지 않은 경우에는 '(4) 출자전환에 합의하였으나 출자전환으로 인하여 발행될 주식수가 결정되지 않은 경우'와 동일하게 전환사채의 발행시점에는 채무조정이익을 인식하지 않고, 전환으로 인하여 발행될 주식수가 결정되는 시점에서 전환으로 인하여 발행될 주식의 공정가치를 출자전환채무의 과목으로 하여 자본조정으로 대체하고, 조정대상채무의 장부금액과의 차이는 채무조정이익으로 인식하여야 한다(일반기준 6장 부록 결6.4).

6-2-2. 세무조정

(1) 출자전환이 이루어질 경우 채무자의 원칙적인 세무조정

현행 법인세법에서는 채무자가 채무의 일부 또는 전부를 변제하기 위하여 채권자에게 지분증권(주식)을 발행하는 경우 액면금액을 초과하는 금액은 상법상 주식발행액면초과액에 해당하므로 익금에 산입하지 아니하되, 출자전환으로 발행되는 당해 주식의 시가를 초과하는 금액은 주식발행액면초과액이 아닌 채무면제이익으로 보아 익금에 산입하도록 규정하고 있다(법

법 §17 ① 1호). 즉, 법인세법에서는 출자전환으로 발행되는 주식의 발행가액(채무의 장부가액)이 당해 주식의 시가를 초과하는 경우에는 당해 시가초과액의 경제적 실질을 자본의 납입이 아닌 채권자로부터 채무를 면제받음에 따라 향유하는 채무면제이익으로 보고 있는 것이다.

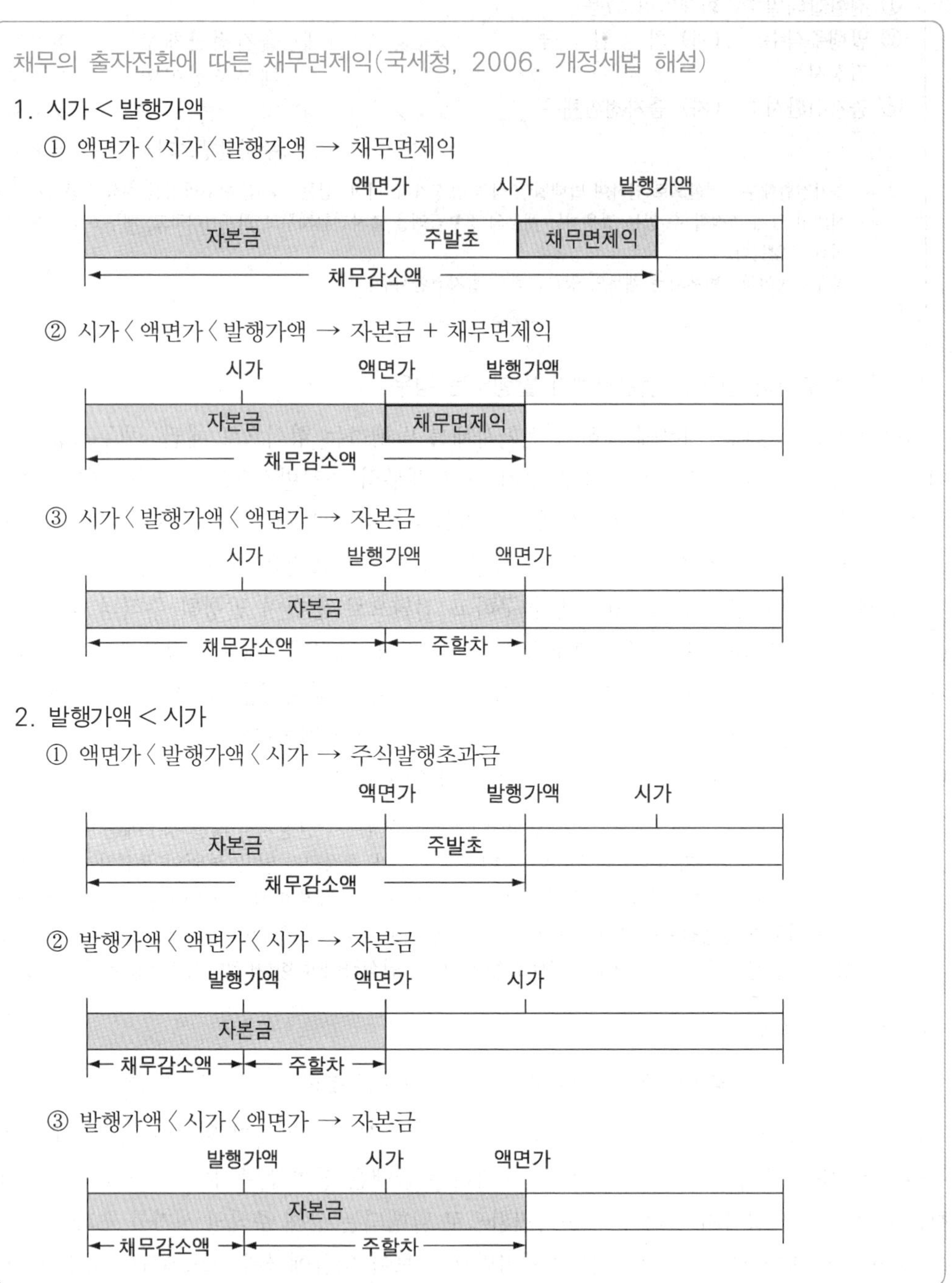

여기서 출자전환으로 인하여 발행되는 주식의 시가는 출자전환 당시의 법인세법 제52조 제2항 및 같은 법 시행령 제89조의 규정을 순차적으로 적용한 시가를 말하는 것이므로(재법인 46012-37, 2003. 3. 5. 및 서면2팀-1710, 2005. 10. 24.), 출자전환으로 인하여 발행되는 주식의 기업회계기준에 의한 공정가치가 법인세법 제52조 제2항 및 같은 법 시행령 제89조의 규정에 의한 시가와 동일하고 출자전환으로 인하여 발행되는 주식의 '액면가액 < 시가 < 발행가액'을 전제할 경우에는 별다른 세무조정이 발생하지는 않는다.

다만, 시가가 액면가 이하인 출자전환의 경우 기업회계상 채무조정이익은 지분증권의 공정가치와 채무의 장부가액의 차이로 계산하나 세무상 채무면제이익은 주식의 발행가액(채무의 장부가액)에서 액면가액을 차감한 금액으로 하고 있으므로 차이가 발생할 수 있다(서면2팀-1658, 2006. 8. 30.).

한편, 이렇게 채무의 출자전환으로 인하여 발생한 채무면제이익 중 이월결손금 보전에 충당하지 아니한 다음의 금액은 당해 사업연도의 익금에 산입하지 아니하고, 그 이후의 각 사업연도에 발생하는 결손금의 보전에 충당할 수 있다(법법 §17 ② 및 법령 §15 ①). 즉, 회생계획인가 등의 결정을 받은 법인 등에 대하여 채무의 출자전환으로 인하여 발생하는 채무면제이익을 바로 과세하지 아니하고 향후 발생하는 결손금과 상계하도록 함으로써 출자전환시점에 발생할 수도 있는 과세를 이연할 수 있도록 하고 있다.

① 채무자 회생 및 파산에 관한 법률에 따라 채무를 출자로 전환하는 내용이 포함된 회생계획인가의 결정을 받은 법인이 채무를 출자전환하는 경우로서 해당 주식 등의 시가(시가가 액면가액에 미달하는 경우에는 액면가액)를 초과하여 발행된 금액

② 기업구조조정 촉진법에 따라 채무를 출자로 전환하는 내용이 포함된 기업개선계획의 이행을 위한 약정을 체결한 부실징후기업이 채무를 출자전환하는 경우로서 해당 주식 등의 시가(시가가 액면가액에 미달하는 경우에는 액면가액)를 초과하는 금액

③ 해당 법인에 대하여 채권을 보유하고 있는 금융실명거래 및 비밀보장에 관한 법률 제2조 제1호에 따른 금융회사 등과 채무를 출자로 전환하는 내용이 포함된 경영정상화계획의 이행을 위한 협약을 체결한 법인이 채무를 출자로 전환하는 경우로서 해당 주식 등의 시가(시가가 액면가액에 미달하는 경우에는 액면가액)를 초과하는 금액

④ 기업 활력 제고를 위한 특별법 제10조에 따른 사업재편계획승인을 받은 법인이 채무를 출자전환하는 경우로서 해당 주식등의 시가(시가가 액면가액에 미달하는 경우에는 액면가액)를 초과하는 금액

다만, 이렇게 익금에 산입하지 아니한 채무면제이익을 모두 결손금의 보전에 충당하기 전에 사업을 폐지하거나 해산하는 경우에는 그 사유가 발생한 날이 속하는 사업연도의 소득금액계산에 있어서 결손금의 보전에 충당하지 아니한 금액 전액을 익금에 산입한다(법령 §15 ②).

:: 출자전환시 발생하는 채무면제이익에 대한 법인세법 입장의 변천과정

① 종전 법인세법에서는 상법상 주식발행액면초과액의 개념을 중시하여 출자전환으로 인하여 채무법인이 발행하는 주식의 발행가액(출자전환가액)과 액면가액의 차액 전액을 익금불산입 항목인 '주식액면발행초과액'으로 하도록 하였었다(재법인 46012-191, 1999. 12. 6.).

② 그러나, 출자전환으로 인하여 발행되는 주식의 발행가액과 액면가액의 차이 중 당해 주식의 시가를 초과하는 금액은 실제 채무법인에게 자본으로 납입된 금액이 아니라 경제적 실질상 채무가 면제된 것과 동일하므로, 채무법인의 경우에는 종전에 주식발행액면초과액으로 보았던 가액 중 주식의 시가를 초과하는 발행가액 상당액은 '채무면제이익'으로, 시가와 액면가액과의 차액은 '주식발행액면초과액'으로 하는 것으로 유권해석으로 변경하였다(재법인 46012-37, 2003. 3. 5.). 동 유권해석의 시행시기는 당초에는 2003년 3월 5일 이후 최초로 납세의무가 성립하는 분부터 적용하도록 하였다가, 변경된 유권해석의 시행일 전에 이루어진 거래에 대하여 변경된 유권해석을 적용할 경우 소급과세금지원칙 및 신의성실원칙에 위배될 우려가 있어 그 시행시기를 변경된 유권해석 시행일 이후 최초로 개시하는 사업연도에 출자전환하는 분부터 적용하도록 재차 변경하였다(재법인 46012-147, 2003. 9. 5.).

③ 이렇게 출자전환으로 발행되는 주식에 대한 채무법인의 주식발행액면초과액과 채무면제이익의 구분은 납세의무자의 재산권에 미치는 영향이 크므로, 2003년 12월 30일 법인세법 시행령 개정 시에 변경된 유권해석의 내용을 반영하여 "법 제17조 제1호의 주식발행액면초과액에 있어서 채무의 출자전환으로 주식을 발행하는 경우로서 당해 주식의 시가가 액면가액 이상이고 발행가액 이하에 해당하는 경우에는 시가에서 액면가액을 차감한 금액을 말한다"는 법인세법 시행령 제15조 제1항 후단의 규정을 신설하고, 2004년 1월 1일 이후 채무를 출자전환하는 분부터 적용하도록 하였다(법령 부칙(2003. 12. 30.) §4).

한편, 법인세법이 출자전환으로 발행되는 주식의 발행가액과 시가의 차이를 채무면제이익에 해당되는 것으로 변경됨에 따라 출자전환시 발생할 수 있는 채무자의 과세를 이연할 목적으로 2003년 12월 30일 조세특례제한법 개정 시에 '2005년 12월 31일까지 일정 요건을 충족하여 채무를 출자전환받음에 따라 채권자로부터 채무의 일부를 면제받는 경우에는 직전 사업연도 종료일 현재의 결손금을 초과하는 채무면제이익을 익금에 산입하지 아니하고 향후에 발생하는 결손금 보전에 충당하거나 사업폐지 · 해산 시에 일시에 익금에 산입'하는 조세특례제한법 제44조 제2항 규정을 신설하고 2003년 12월 30일이 속하는 과세연도에 채무를 면제받는 분부터 적용하도록 하였다(조특법 부칙(2003. 12. 30.) §12).

④ 그러나, 당해 신설규정은 주식의 시가가 액면가액 이상이고 발행가액 이하인 경우의 주식발행액면초과액만을 규정하고 있는 문제점이 있어서 2005년 12월 31일 법인세법 개정 시에 '주식발행액면초과액에는 채무의 출자전환으로 인하여 주식 등을 발행하는 경우에는 당해 주식 등의 시가를 초과하여 발행된 금액을 제외'하는 것으로 법인세법 제17조 제1항 제1호 후단 규정을 신설하고, 2006년 2월 9일 법인세법 시행령 개정 시에 종전의 법인세법 시행령 제15조 제1항 후단의 규정을 삭제하여 2006년 1월 1일 이후 최초로 출자전환하는 분부터 적용하도록 함으로써 주식발행액면초과액과 채무면제이익의 범위를 보다 명확하게 규정하였다(법법 부칙(2005. 12. 31.) §3 및 법령 부칙(2006. 2. 9.) §2).

또한, 2005년 12월 31일까지 한시적으로 적용되던 조세특례제한법 제44조 제2항의 일몰기한을 연장하지 아니하고, 2005년 12월 30일 법인세법 개정 시에 "법 제17조 제1항 제1호 단서의 규정에 따른 초과금액 중 법 제18조 제8호 규정을 적용받지 아니한 대통령령이 정하는 금액은 이를 당해 사업연도의 익금에 산입하지 아니하고 그 이후의 각 사업연도에 발생한 결손금의 보전에 충당할 수 있다"는 법인세법 제17조 제2항 규정을 신설하고 2006년 1월 1일 이후 최초로 출자전환하는 분부터 적용하도록 함으로써 출자전환 시에 발생할 수도 있는 채무자의 과세를 이연하고 있다(법법 부칙(2005. 12. 31.) §3).

(2) 출자전환이 즉시 이행되지 않거나 출자전환으로 발행될 주식수가 결정되지 않은 경우

법인세법상 채무자의 입장에서 출자전환으로 인하여 발생하는 채무면제이익은 출자전환일이 속하는 사업연도의 익금에 산입하도록 하고 있는 바, 출자전환에 합의하였으나 출자전환이 즉시 이행되지 않음에 따라 일반기업회계기준 제6장 문단 6.88에 의하여 회계처리하였을 경우에는 회계상 기말결산시점에 인식한 채무조정이익을 익금불산입(△유보)하고 실제 출자전환이 이루어지는 시점에 전기 △유보금액을 익금산입(유보)하는 세무조정을 수행한 후, 법인세법상 채무면제이익에 해당하는 금액과의 차액을 추가적으로 익금산입(기타) 또는 익금불산입(기타)하는 세무조정을 수행하여야 한다.

또한, 법인세법 제17조 제2항 및 동법 시행령 제15조 제1항의 요건을 충족하는 경우에는 법인세법상 채무면제이익을 익금불산입(△유보)하였다가 그 이후의 각 사업연도에 발생하는 결손금의 보전에 충당하는 시점에 익금산입(유보)하는 세무조정을 수행할 수 있다.(주)

(주) 법인세법상 채무면제이익을 익금불산입하는 경우에 원칙적인 소득처분은 '유보'가 아닌 '기타'에 해당될 것이나, 법인세법 제17조 제2항 규정에 의하여 출자전환으로 인한 채무면제이익을 익금불산입하는 경우에는 그 이후의 각 사업연도에 발생하는 결손금 보전에 충당하는 시점에 익금산입하여야 하는 사후관리의 편의를 위하여 실무적으로는 '유보'로 소득처분하여도 무방할 것으로 보인다. 따라서, 본절에서는 실무상 편의를 고려하여 '유보'로 소득처분하는 것으로 설명하였다.

(3) 특정조건이 전제된 전환사채가 발행된 경우

일반기업회계기준 제6장 문단 6.89에서는 채권 · 채무조정으로 발행되는 전환사채가 만기일 이전에 반드시 지분증권으로 전환하여야 하고 지분증권으로 전환하지 않는다면 원금상환을 면하는 조건을 가지고 있는 경우에는 일반기업회계기준 제15장(자본)의 규정에 불구하고 전환으로 인하여 발행될 주식의 공정가치를 출자전환채무의 과목으로 하여 자본조정으로 대체하고, 조정대상채무의 장부금액과의 차이를 채무조정이익으로 인식하도록 하고 있다.

이러한 전환사채가 발행될 경우에 법인세법상으로는 통상적인 전환사채와 동일하게 전환사채 발행을 통한 기존 채무의 차환(借換) 및 전환청구에 따른 지분증권의 발행으로 보아야 하는 것인지 아니면 기존 채무의 차환(借換) 및 사실상의 출자전환으로 보아야 하는 것인지에 대하여 논란이 있을 수 있으나, 재정경제부 유권해석 및 국세청 예규에서는 그 경제적 실질이 출자전환과 동일한 것으로 보아 후자의 견해에 따라 출자전환으로 인한 채무면제이익을 인식하도록 유권해석하고 있다(재법인-116, 2005. 2. 7. 및 서면2팀-446, 2005. 3. 23.).

다만, 전술한 바와 같이 법인세법상으로는 출자전환으로 인하여 발생하는 채무면제이익은 출자전환일이 속하는 사업연도의 익금에 산입하도록 하고 있으므로, 일반기업회계기준 제6장 문단 6.88에 따라 회계처리하였을 경우에는 회계상 조기 인식한 채무조정이익을 익금불산입(△유보)하고 실제 출자전환이 이루어지는 시점에 전기 △유보금액을 익금산입(유보)하는 세무조정을 수행한 후, 법인세법상 채무면제이익에 해당하는 금액과의 차액을 추가적으로 익금산입(기타) 또는 익금불산입(기타)하는 세무조정을 수행하여야 한다.

또한, 법인세법 제17조 제2항 및 동법 시행령 제15조 제1항의 요건을 충족하는 경우에는 법인세법상 채무면제이익을 익금불산입(△유보)하였다가 그 이후의 각 사업연도에 발생하는 결손금의 보전에 충당하는 시점에 익금산입(유보)하는 세무조정을 수행할 수 있다.

6－3. 채권자의 회계처리 및 세무조정

6－3－1. 회계처리

(1) 회계처리 요약

구 분	회계처리 요약
원 칙	• 대손충당금 상계(또는 대손상각비) : 채권의 대손충당금 차감 전 장부금액－출자전환시점의 당해 주식의 공정가치 • 주식의 취득가액 : 출자전환시점의 당해 주식의 공정가치
출자전환이 즉시 이행되지 않거나 발행주식수가 결정되지 않은 경우	• 출자전환의 합의 및 출자전환으로 발행될 주식수가 결정되는 시점 ~ 출자전환이 이루어지기 전 : 채권의 대손충당금 차감 전 장부금액을 출자전환채권으로 대체하고, Min(출자전환채권의 대손충당금 차감 전 장부금액, 발행될 주식의 공정가치)과의 차액을 출자전환채권에 대한 대손충당금과 대손상각비로 인식 • 출자전환시점 : 상기의 '원칙'과 같이 회계처리
특정조건이 전제된 전환사채 발행시	• 채무의 조건변경이 아닌 '채무의 변제'로 보아 출자전환과 동일하게 회계처리

(2) 채권자의 원칙적인 회계처리

채권자는 채권 · 채무조정시점에서 채무자에 대한 채권의 전부 또는 일부에 대하여 채무자의 지분증권을 받은 경우에는 동 지분증권의 공정가치로 회계처리하고, 지분증권의 공정가치가 채권의 대손충당금 차감 전 장부금액보다 작은 경우에는 채권의 대손충당금 차감 전 장부금액을 대손충당금과 우선 상계하고 부족한 경우에는 대손상각비로 인식한다(일반기준 6장 문단 6.95).

출자전환이 이루어질 경우의 채권자의 원칙적인 회계처리

(차) 매도가능증권[ⓐ]	×××	(대) 대출채권	×××
대손충당금	×××		
대손상각비[ⓑ]	×××		

ⓐ 매도가능증권의 취득가액 : 채권 · 채무조정시점의 당해 지분증권의 공정가치
ⓑ 대손상각비=(조정대상채권의 대손충당금 차감 전 장부금액－지분증권의 공정가치)－대손충당금

(3) 출자전환에 합의하였으나 출자전환이 즉시 이행되지 않거나 발행될 주식수가 결정되지 않은 경우

채권자는 출자전환을 합의하여 출자전환으로 인하여 발행될 주식수가 결정된 경우에 채권의 대손충당금 차감 전 장부금액을 출자전환채권으로 대체하고 출자전환이 이루어질 때까지 출자전환채권의 대손충당금 차감 전 장부금액과 전환으로 발행될 주식의 공정가치 중 낮은 가액으로 평가하여 이로 인한 평가손익은 출자전환채권에 대한 대손충당금과 대손상각비에 반영한다(일반기준 6장 문단 6.96).

그리고, 향후 출자전환이 이루어지는 시점에 '(2) 채권자의 원칙적인 회계처리'와 같이 출자전환으로 취득하는 지분증권은 취득가액을 출자전환시점의 공정가치로 회계처리하고, 출자전환채권의 대손충당금 차감 전 장부금액과의 차액은 대손충당금과 상계하거나 대손상각비로 인식한다.

출자전환이 즉시 이행되지 않거나 출자전환으로 발행될 주식수가 결정되지 않은 경우의 채권자 회계처리

① 전환합의일[ⓐ] :	(차) 출자전환채권[ⓑ]	×××	(대) 대 출 채 권	×××
② 기말결산시 :	(차) 대손상각비[ⓒ]	×××	(대) 대손충당금	×××
③ 출자전환시 :	(차) 매도가능증권	×××	(대) 출자전환채권	×××
	대손충당금	×××		
	대손상각비	×××		

ⓐ 출자전환에는 합의하였으나 발행될 주식수가 결정되지 않은 경우 전환합의일이 아닌 발행될 주식수가 결정된 날에 회계처리함.
ⓑ 출자전환채권=채권의 대손충당금 차감 전 장부금액
ⓒ 대손상각비=(대손충당금 차감 전 장부금액－발행될 지분증권의 공정가치)－대손충당금 잔액

(4) 특정 조건이 전제된 전환사채가 발행되는 경우

채권자는 채권 · 채무조정으로 만기일 이전에 반드시 지분증권으로 전환하여야 하고 지분증권으로 전환하지 않는다면 원금상환을 면제하는 조건의 전환사채를 취득하는 경우에는 채무

의 조건변경이 아닌 채권의 변제로 보아 상기 '(2) 채권자의 원칙적인 회계처리' 및 '(3) 출자전환에 합의하였으나 출자전환이 즉시 이행되지 않거나 발행될 주식수가 결정되지 않은 경우'와 동일하게 회계처리한다.

6-3-2. 세무조정

(1) 출자전환이 이루어질 경우 채권자의 원칙적인 세무조정

법인세법상 채권자가 채무자에 대한 채권의 전부 또는 일부를 출자전환함으로써 취득하는 주식 등은 원칙적으로 법인세법 시행령 제72조 제2항 제4호의 2 규정에 의하여 취득 당시의 시가에 의하여 평가하고, 출자전환으로 인하여 취득하는 주식의 시가가 채권가액에 미달하는 경우에는 법인세법 제52조 제1항(부당행위계산의 부인) 규정에 해당되는 경우를 제외하고는 법인세법 기본통칙 19의 2-19의 2…5 '약정에 의한 채권포기액의 대손금 처리'에 준하여 손금용인 여부를 판단하여야 한다(재법인-375, 2005. 5. 31. 및 서면-2014-법인-21856, 2015. 5. 22. 및 서면-2017-법인-2324, 2017. 11. 14.).

다만, 예외적으로 다음의 요건을 충족하는 출자전환으로 취득한 주식 등은 출자전환된 채권(법인세법 제19조의 2 제2항의 대손으로 인정되지 않는 채무보증으로 인한 구상채권과 특수관계인에게 지급한 업무무관 가지급금을 제외함)의 장부가액을 출자전환으로 취득한 주식 등의 취득가액으로 한다(법령 §72 ② 4호의 2 단서). 이때 출자전환 채권의 장부가액은 출자전환일 직전 사업연도 종료일 현재의 출자전환된 채권의 세무상 장부가액을 의미한다(재법인-88, 2014. 2. 19.).

① 채무자의 회생 및 파산에 관한 법률에 따라 채무를 출자로 전환하는 내용이 포함된 회생계획인가의 결정을 받은 법인이 채무를 출자전환하는 경우
② 기업구조조정 촉진법에 따라 채무를 출자로 전환하는 내용이 포함된 기업개선계획의 이행을 위한 약정을 체결한 부실징후기업이 채무를 출자전환하는 경우
③ 해당 법인에 대하여 채권을 보유하고 있는 금융실명거래 및 비밀보장에 관한 법률 제2조 제1호에 따른 금융회사 등과 채무를 출자로 전환하는 내용이 포함된 경영정상화계획의 이행을 위한 협약을 체결한 법인이 채무를 출자전환하는 경우
④ 기업 활력 제고를 위한 특별법 제10조에 따른 사업재편계획승인을 받은 법인이 채무를 출자전환하는 경우

:: 출자전환으로 취득하는 주식의 취득가액에 대한 법인세법의 변천과정

① 종전 법인세법에서는 출자전환을 금전이 아닌 채권을 통한 자본의 납입이라는 개념을 중시하여 채권자가 출자전환으로 인하여 취득하는 주식의 취득가액은 당해 주식의 발행가액(출자전환가액)으로 하도록 하였었다(서이 46012-10233, 2002. 2. 8. 및 제도 46012-10832, 2001. 4. 26.).

② 그러나, 타인으로부터 채권을 시가로 평가하여 취득한 법인이 출자전환으로 취득하는 주식의 취득가액에 대하여, 출자전환의 성격을 지급대상물권만 다른 현물출자 개념임을 중시하여 '취득 당시의 시가'로 하도록 재정경제부에서 유권해석하였으며(재법인 46012-37, 2003. 3. 5.), 이와 동일한 관점에서 원채권자가 출자전환으로 인하여 취득하는 채무법인의 주식가액에 대하여도 '취득 당시의 시가'로 하도록 하였다(재법인 46012-248, 2003. 4. 18.).

③ 이렇게 채권자는 출자전환으로 인하여 취득하는 주식의 취득가액을 취득 당시의 시가로 하여야 한다는 재정경제부 예규가 생산됨에 따라 기존의 국세청 예규에 의하여 출자전환으로 인하여 취득하는 주식의 발행가액으로 세무처리를 한 채권자에 대해서 국세청에서는 국세기본법 제45조의 2의 규정에 의하여 경정청구를 하거나, 경정청구기한이 경과하거나 경정청구를 하지 아니하고 처분하는 경우에는 당해 출자전환주식을 처분하는 사업연도에 손금에 산입하도록 해석하였다(법인-610, 2004. 3. 9.). 이는 출자전환으로 인하여 취득하는 주식의 취득가액을 취득 당시의 시가로 하여야 한다는 재정경제부 예규가 기존의 재정경제부 예규를 변경한 것이 아니라 재정경제부에서 기존의 국세청 예규를 수정한 것에 불과하므로 별도의 시행시기를 정하지 아니하고 경정청구제도 등에 의하여 납세의무자를 구제하고자 한 것이다.

④ 그러나, 채권자가 출자전환으로 인하여 취득하는 주식의 시가가 채권의 장부가액에 미달하는 경우에 그 차액이 법인세법 기본통칙 34-62…5에 따라 접대비 또는 기부금으로 의제되는 경우를 방지함으로써 출자전환시점에서는 과세문제가 없도록 지원하기 위하여, 회생계획인가 결정을 받은 법인 등에 대하여 2006년 2월 9일 이후 최초로 출자전환하는 경우에는 당해 주식의 취득가액을 채권(법인세법 제34조 제3항에 해당되는 채권 제외)의 장부가액으로 하도록 구법인세법 시행령 제72조 제1항 제4호 규정을 개정하였다(법령 부칙(2006. 2. 9.) §17).

(2) 출자전환이 즉시 이행되지 않거나 발행될 주식수가 결정되지 않은 경우

전술한 바와 같이 법인세법상 출자전환으로 취득하는 주식의 취득가액은 원칙적으로 취득 당시의 시가로 계상하고(법령 §72 ② 4호의 2), 채권의 장부가액과 출자전환으로 취득하는 주식의 시가와의 차액은 출자전환일이 속하는 사업연도에 법인세법 기본통칙 19의 2-19의 2…5 '약정에 의한 채권포기액의 대손 처리'에 준하여 손금 용인 여부를 판단하여야 한다.

따라서, 출자전환을 합의하여 출자전환으로 인하여 발행될 주식수가 결정된 경우에 일반기업회계기준 제6장 문단 6.96에 따라 회계처리를 한 경우에는 일반적인 대손충당금의 손금용인 방법을 적용하여 대손충당금 한도시부인에 따른 세무조정을 수행하면 될 것으로 보인다.

(3) 특정조건이 전제된 전환사채가 발행된 경우

채무자가 채권·채무조정으로 만기일 이전에 반드시 지분증권으로 전환하여야 하고 지분증권으로 전환하지 않는다면 원금상환을 면하는 조건의 전환사채를 발행하는 경우에는 이를 사실상의 출자전환으로 보아 법인세법 규정을 적용하도록 하고 있는 반면에(재법인-116, 2005. 2. 7. 및 서면2팀-446, 2005. 3. 23.), 채권자의 경우에 대해서는 이를 투자자산(전환사채)의 취득 및 전환청구에 따른 주식의 취득으로 보아야 하는지 아니면 사실상의 출자전환으로 보아야 하는지에 대하여 별다른 규정 또는 유권해석을 두고 있지는 않고 있다.

그러나, 채무자의 입장에서 이러한 특정조건이 전제된 전환사채가 발행된 경우에는 그 경제적 실질이 출자전환과 동일하게 세무처리하도록 유권해석하고 있는 점을 고려하면 채권자의 경우에도 이와 동일한 입장을 견지하는 것이 타당할 것으로 보이며, 그에 따라 상기 '(1) 출자전환이 이루어질 경우 채권자의 원칙적인 세무조정' 및 '(2) 출자전환이 즉시 이행되지 않거나 발행될 주식수가 결정되지 않은 경우'와 동일하게 세무처리하는 것이 타당할 것으로 보인다.

관련사례

- 채무의 출자전환에 따라 취득하는 주식의 시가 산정 기준일

  채무의 출자전환에 따라 발행하는 주식 등의 시가를 계산할 때, 시가 산정의 기준일은 상법 제423조에 따른 신주발행의 효력발생일인 '납입기일의 다음 날'인 것임(사전법령법인-662, 2017. 4. 13.).

- 회생계획인가 결정에 따라 채권의 출자전환으로 취득한 주식의 감액가능 여부

  채무자 회생 및 파산에 관한 법률에 따른 회생계획인가 결정에 따라 채권이 출자전환함에 따라 취득한 주식의 취득가액은 채권의 장부가액으로 하므로 법인세법 제42조 제3항 제3호가 적용되지 않음(재법인-850, 2009. 9. 23.).

- 채무의 출자전환에 따른 채무면제이익과 일반 채무면제이익의 이월결손금 보전 순서

  법인이 채무자 회생 및 파산에 관한 법률에 따라 채무 중 일부는 출자로 전환하고 일부는 채무를 면제하는 내용이 포함된 회생계획인가의 결정을 받음으로써 채무의 출자전환으로 인하여 발생한 법인세법 제17조 제1항 제1호 단서의 규정에 따른 채무면제이익과 그 외에 같은 법 제18조 제8호에 따른 채무면제이익이 동시에 발생한 경우 당해 채무면제이익을 이월결손금의 보전에 충당함에 있어서 일반채무면제이익, 출자전환채무면제이익의 순으로 충당하는 것임(서면2팀-1188, 2007. 6. 19.).

- 출자전환으로 발행하는 주식의 시가 판단

  출자전환으로 취득한 우선상환주 시가는 출자전환으로 발행되는 신주의 효력발생일 현재의 법인세법 시행령 제89조를 순차 적용한 시가로 하는 것이며 채무를 출자전환하는 경우, 주식의 발행가액 중 시가를 초과하는 금액인 채무면제익은 출자전환일이 속하는 사업연도의 익금에 산입하는 것이며 출자전환일이란 출자전환으로 발행되는 신주의 효력발생일을 의미하는 것임(서면2팀-1710, 2005. 10. 24.).

- 법인이 기존채무를 상환할 목적으로 채권자에게 전환사채를 발행하고 채권자가 당해 전환사채를 전환청구하는 경우의 출자전환 해당 여부

  법인이 기존채무를 상환할 목적으로 채권자에게 채무금액에 해당하는 전환사채를 발행한 후, 동 전환사채가 출자전환의무 약정에 따라 2004. 1. 1. 이후 출자전환된 경우에 주식의 발

행가액과 시가와의 차액은 채무면제이익에 해당되는 것임(서면2팀-446, 2005. 3. 23.).

• 채권의 출자전환으로 취득한 주식의 취득시기

채권의 출자전환으로 인한 주식의 취득시기는 법인세법 시행령 제68조 제1항 제3호의 규정에 따라 대금청산일 · 주식을 인도받은 날 또는 명의개서일 중 빠른 날로 보는 것임(서면2팀-32, 2005. 1. 5.).

계산사례 - 3 **출자전환과 관련된 채무자 및 채권자의 세무조정(일반기준 6장 부록 사례 22)**

◀ **자 료** ▶

1. 채무자인 ㈜한강은 주권상장법인으로서 채권자인 ㈜삼일에 대하여 다음과 같은 차입채무를 지고 있다.
   - 차입(대출)일자 : 20×6. 1. 1.
   - 차입(대출)금액 : 10,000,000원
   - 만기 : 3년
   - 이자율 : 연 10%(연도말 후급)
2. 채무자인 ㈜한강은 재정난으로 인하여 20×6. 7. 1.에 부도처리되었다.
3. ㈜삼일은 부도회사에 대한 대출채권에 대하여 대손충당금 차감 전 장부금액의 10%에 해당되는 금액에 대해서 대손충당금을 설정하고 있다.
4. ㈜한강과 ㈜삼일의 회계기간은 1. 1.~12. 31.이다.

㈜한강에 대하여 다음과 같은 조건으로 법원이 회생계획을 인가한 경우 채무자 및 채권자의 회계처리와 세무조정을 수행하시오. 다만, 차입채무(대출채권)에 대한 이자금액에 대해서는 무시한다.

1. 차입채무(대출채권) 10,000,000원을 20×7. 1. 1.에 출자전환하고 1,000주(액면가액 5,000원)의 신주를 교부
2. 주식의 시가
   - 법원인가일(20×6. 12. 31.) : 감자 전 주당 1,000원(단, 채권자가 출자하기 전에 7:1로 감자함)
   - 출자전환일(20×7. 1. 1.) : 주당 8,500원
   - 출자전환일이 속하는 회계연도의 종료일(20×7. 12. 31.) : 6,000원
3. ㈜한강의 법인세법상 이월결손금은 없는 것으로 가정하며, 20×7사업연도의 채무면제이익의 익금산입 전 결손금은 500,000원, 20×8사업연도의 채무면제이익 결손금 보전 전의 결손금은 600,000원인 것으로 가정한다.
4. ㈜삼일의 법인세법상 대손충당금 한도액은 설정대상채권의 1%이며, 설정대상채권은 ㈜한강에 대한 채권 외에는 없는 것으로 가정한다.

해 설

1. 채무자의 회계처리 및 세무조정

(1) 20×6. 12. 31.의 회계처리와 세무조정

① 회계처리

(차) 차 입 금	10,000,000	(대) 출자전환채무[a]	7,000,000
		채무조정이익	3,000,000

ⓐ 출자전환이 즉시 이행되지 않았으므로 출자전환으로 발행될 주식의 공정가액을 출자전환채무(자본조정)로 대체한다. 1,000원×7(감자비율)×1,000주 = 7,000,000

② 세무조정

법인세법상 출자전환으로 인하여 발생하는 채무면제이익은 출자전환일이 속하는 사업연도의 익금에 산입하여야 하는 바, 20×6. 12. 31.에는 출자전환이 실제로 이행되지 않았으므로 채무조정이익을 익금불산입(△유보)하는 세무조정을 수행하여야 한다.

〈익금불산입〉 채무조정이익 3,000,000 (△유보)

(2) 20×7. 1. 1.의 회계처리 및 세무조정

① 회계처리

(차) 출자전환채무	7,000,000	(대) 자 본 금	5,000,000
		주식발행초과금	2,000,000

② 세무조정

20×7. 1. 1.에 출자전환이 이루어졌으므로 출자전환으로 인하여 발생하는 채무면제이익을 익금에 산입하여야 한다. 여기서 익금에 산입하여야 하는 법인세법상 채무면제이익은 1,500,000원(주식의 발행가액 10,000,000원－출자전환이 이루어지는 시점의 주식의 시가 8,500,000원)이므로, 전기 채무조정이익 3,000,000원을 익금산입(유보)하고, 채무면제이익 과대계상액 1,500,000원을 익금불산입(기타)하는 세무조정을 수행하여야 한다.

〈익금산입〉 전기 채무조정이익 3,000,000 (유보)
〈익금불산입〉 채무면제이익 1,500,000 (기타)

(3) 20×7. 12. 31.의 회계처리 및 세무조정

① 회계처리 : 없음.

② 세무조정

법인세법 제17조 제2항 규정에 따라 출자전환으로 인하여 발생하는 채무면제이익을 익금에 산입하지 아니할 수 있으므로, 법인세법상 채무면제이익 1,500,000원 중 20×7사업연도의 결손금(채무면제이익 익금산입 전 금액) 500,000원을 초과하는 금액인 1,000,000원을 익금불산입(△유보)하는 세무조정을 수행한다.

〈익금불산입〉 채무면제이익 1,000,000 (△유보)

(4) 20×8. 12. 31.의 회계처리 및 세무조정

① 회계처리 : 없음.

② 세무조정

20×8사업연도의 채무면제이익의 결손금 보전 전 결손금이 600,000원이므로, 전기에 익금불산입한 채무면제이익 600,000원을 익금산입(유보)하는 세무조정을 수행하여야 한다.

〈익금산입〉 전기 채무면제이익(결손금 보전분) 600,000 (유보)

2. 채권자의 회계처리 및 세무조정

(1) 20×6. 12. 31.의 회계처리 및 세무조정

① 회계처리

(차) 출자전환채권[ⓐ]	10,000,000	(대) 대 출 채 권	10,000,000
(차) 대 손 상 각 비[ⓑ]	2,000,000	(대) 대손충당금	2,000,000

ⓐ 출자전환될 채권을 출자전환채권으로 대체한다.

ⓑ 주식의 공정가치 7,000,000원(주당 1,000원×7(감자비율)×1,000주)을 감안하여 산정된 대손충당금 중 부족액 2,000,000원을 추가로 설정한다.

② 세무조정

출자전환이 아직 이행되지 않았으므로 출자전환으로 인한 손익은 인식하지 아니하며, 대손충당금 한도초과액 2,900,000원(대손충당금 기말잔액 3,000,000원－설정대상채권 10,000,000원×1%)을 손금불산입(유보)하는 세무조정을 수행한다.

〈손금불산입〉 대손충당금 한도초과액 2,900,000 (유보)

(2) 20×7. 1. 1.의 회계처리 및 세무조정

① 회계처리

(차) 매도가능증권	8,500,000	(대) 출 자 전 환 채 권	10,000,000
(차) 대 손 충 당 금	3,000,000	(대) 대손충당금환입	1,500,000

② 세무조정

㈜삼일은 채무자 회생 및 파산에 관한 법률에 의한 회생계획에 따라 ㈜한강에 출자전환한 것이므로 출자전환으로 취득하는 주식의 법인세법상 취득가액은 대출채권의 장부가액 10,000,000원이 되어야 한다. 따라서, 매도가능증권 과소계상액 1,500,000원을 익금산입(유보)하고 전기 대손충당금 한도초과액 2,900,000원을 손금산입(△유보)하는 세무조정을 수행하여야 한다.

〈익금산입〉 매도가능증권 과소계상액 1,500,000 (유보)
〈손금산입〉 전기 대손충당금 한도초과액 2,900,000 (△유보)

(3) 20×7. 12. 31.의 회계처리 및 세무조정

① 회계처리

(차) 매도가능증권평가손실	2,500,000	(대) 매도가능증권	2,500,000

② 세무조정

일반적인 유가증권의 세무상 평가방법에 따라 매도가능증권평가손실은 세무조정시 부인되어야 한다.

〈손금산입〉 매도가능증권평가손실 2,500,000 (기타)
〈익금산입〉 매도가능증권 2,500,000 (유보)

7. 여러 가지 방법의 결합에 의한 채권 · 채무조정

7-1. 채무자의 회계처리

채무의 일부에 대해서는 채무자가 채권자에게 자산을 이전하거나 지분증권을 발행하여 변제하고 나머지 채무에 대해서는 조건변경을 통하여 채무를 경감시키는 채권 · 채무조정의 경우에는 다음과 같이 회계처리한다(일반기준 6장 문단 6.92).

① 이전되는 자산과 발행되는 지분증권의 공정가치를 측정하여 자산과 지분증권의 공정가치만큼 채무의 장부금액을 감소시킨다.

② 나머지 채무에 대해서는 채무의 조건변경으로 회계처리한다.

7-2. 채권자의 회계처리

채권의 일부에 대해서는 채무자가 채권자에게 자산을 이전하거나 지분증권을 발행하여 변제하고 나머지 채권에 대해서는 조건변경을 하는 채권 · 채무조정인 경우 채권자는 다음과 같이 회계처리한다(일반기준 6장 문단 6.99).

① 이전되는 자산과 발행되는 지분증권의 공정가치를 측정하여 자산과 지분증권의 공정가치만큼 채권의 대손충당금 차감 전 장부금액을 감소시킨다.

② 감소된 채권의 대손충당금 차감 전 장부금액에 대해서는 약정상 정해진 미래현금흐름을 채권발생시점의 유효이자율로 할인하여 계산된 현재가치와의 차이를 추가적으로 대손충당금과 대손상각비로 조정한다.

제6절 전환사채 · 신주인수권부사채

제6절

전환사채 · 신주인수권부사채

6

Step Ⅰ 내용의 이해

1. 개 요

전환사채란 유가증권의 소유자가 일정한 조건 하에 전환권을 행사할 수 있는 사채로서 권리가 행사되면 보통주로 전환되는 사채를 말하며, 신주인수권부사채는 유가증권의 소유자가 일정한 조건 하에 신주인수권을 행사할 수 있는 권리, 즉 보통주의 발행을 청구할 수 있는 권리가 부여된 사채를 말한다.

전환사채 또는 신주인수권부사채는 해당 사채에 전환권 또는 신주인수권이 부여된 만큼 일반사채에 비하여 액면이자율이 낮은 것이 일반적이다. 이는 주식전환권리 또는 신주인수권리에 대한 내재가치를 인정하기 때문이며, 해당 권리의 인식 여부에 따라 그 회계처리의 복잡성이 파생된다.

2. 전환사채의 회계처리 및 세무조정

2-1. 전환사채의 발행

2-1-1. 기업회계

(1) 개 요

전환사채가 발행되면 사채발행회사는 자금조달비용이 낮은 장기자금을 조달하여 사용하게 되며, 그 대가로 정기적으로 이자지급일에 고정액의 이자를 지불하고, 만기일에는 액면가액인 원금(상환할증금이 있는 경우에는 이를 포함)을 상환할 의무를 갖는다. 또한, 전환사채의 소유자가 만기 전에 일정한 요건에 따라 주식으로의 전환을 선택하면 사채원리금 상환 대신 신주를 발행하여 교부하여야 한다.

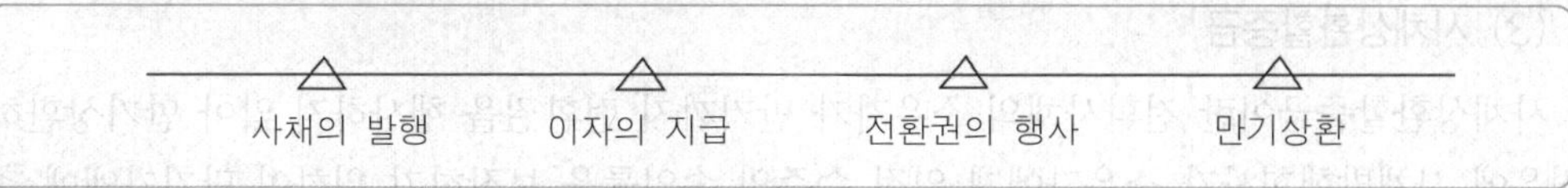

(2) 전환권대가

전환사채의 발행자의 관점에서 전환사채는 금융부채(현금 등 금융자산을 인도하는 계약)의 요소와 지분상품(확정 수량의 발행자의 보통주로 전환할 수 있는 권리를 정해진 기간동안 보유자에게 부여하는 콜옵션)의 요소로 구성되므로 다음과 같이 부채요소와 자본요소를 분리하여 재무상태표에 표시한다(K-IFRS 1032호 문단 29, 부록 AG31 및 일반기준 15장 문단 15.18, 부록 실15.3, 실15.4).

① 정해진 원금과 이자금액을 지급해야 하는 발행자의 의무는 금융부채로서 전환사채가 전환되기 전까지 존재한다. 최초인식시점에서 부채요소의 공정가치는 계약상 정해진 미래현금흐름을 해당 금융상품과 동일한 조건 및 유사한 신용상태를 가지며 실질적으로 동일한 현금흐름을 제공하지만 전환권이 없는 채무상품에 적용되는 그 시점의 시장이자율로 할인한 현재가치이다.

② 지분상품은 부채를 발행자의 자본으로 전환할 수 있는 내재옵션인 전환권이며, 전환권의 공정가치는 시간가치와 내재가치로 구성된다. 최초인식시점에 전환권이 외가격 상태에 있더라도 전환권의 가치는 존재한다.

> 전환사채의 공정가치 = 일반사채의 공정가치(부채요소) + 전환권대가(자본요소)

이때 전환권대가는 우선 자본 요소가 결합되지 않은 유사한 사채(내재되어 있는 비자본요소인 파생상품의 특성 포함)의 공정가치를 측정하여 부채요소의 장부금액을 결정하고, 그 다음으로 전환사채 전체의 공정가치에서 금융부채의 공정가치를 차감하여 결정한다(K-IFRS 1032호 문단 32 및 일반기준 15장 부록 실15.5).

이와 같이 계산된 전환권대가는 일반기업회계기준 제15장에 따라 기타자본잉여금으로 분류한 후 전환권이 행사되어 추가로 주식을 발행하는 시점에서 주식발행초과금으로 대체한다(일반기준 15장 부록 실15.6).

계산사례 - 1　전환권대가의 인식

시장이자율이 15%일 때 3년 만기, 액면 일백만원, 액면이자 8%인 일반사채는 ₩840,200에 발행할 수 있다. 동일 조건의 전환사채를 ₩886,000에 발행한 경우 회계처리는?

(차)			(대)	
	현금및현금성자산	886,000	전환사채	1,000,000
	사채할인발행차금	159,800	전환권대가	45,800

(3) 사채상환할증금

사채상환할증금이란 전환사채의 소유자가 만기까지 전환권을 행사하지 않아 만기상환하는 경우에 사채발행회사가 소유자에게 일정 수준의 수익률을 보장하기 위하여 만기가액에 추가하여 지급하기로 약정한 금액을 말한다. 따라서 사채상환할증금은 전환사채의 소유자가 권리행사를 하여 보통주를 교부받으면 지급할 필요가 없으나 권리행사를 하지 않으면 만기 또는 만기 이전(풋옵션에 의해서 조기상환의 경우)에 추가로 지급해야 할 일종의 조건부 부채의 성격을 가지고 있다.

일반기업회계기준 제15장에서 사채상환할증금은 해당 전환사채의 액면금액에 부가하여 표시하도록 하고 있으며(일반기준 15장 부록 실15.6), 전환이 이루어진 경우 사채상환할증금은 전환된 부분만큼 주식의 발행가액에 포함된다.

(차) 현금및현금성자산	×××	(대)	전 환 사 채	×××
사채할인발행차금	×××		사채상환할증금	×××
			전 환 권 대 가	×××

2-1-2. 법인세법

(1) 사채할인(증)발행차금

법인이 사채를 발행하는 경우에 상환할 사채금액의 합계액에서 사채발행가액(사채발행수수료와 사채발행을 위하여 직접 필수적으로 지출된 비용을 차감한 후의 가액)의 합계액을 공제한 금액(사채할인발행차금)은 기업회계기준에 의한 사채할인발행차금의 상각방법에 따라 손금에 산입하며(법령 §71 ③), 사채를 액면금액보다 높은 가액으로 발행함에 따라 발생한 사채할증발행차금은 기업회계기준에 의한 사채할증발행차금의 환입방법에 따라 익금에 산입한다(서이 46012-11686, 2002. 9. 10.). 즉, 사채할인(증)발행차금을 기업회계기준에 따라 사채발행시부터 최종상환시까지의 기간에 유효이자율법을 적용하여 상각(또는 환입)하고 동 상각액(또는 환입액)을 사채이자에 가감하는 경우에는 별도의 세무조정이 필요하지 않다.

다만, 전환사채 발행시 계상한 전환권대가와 사채상환할증금의 합계액에 상당하는 사채할인발행차금 금액은 손금산입(△유보)한다(법기통 40-71…2).

(2) 전환권대가·사채상환할증금

전환사채를 발행한 법인이 기업회계기준에 따라 전환권 가치를 별도로 인식하고 사채상환할증금을 전환사채에 부가하는 형식으로 계상한 경우, 기타자본잉여금으로 계상한 전환권대가는 익금산입(기타)하며, 사채상환할증금은 손금불산입(유보)한다(법기통 40-71…2).

2-2. 이자비용의 인식

2-2-1. 기업회계

전환사채의 이자비용은 전환사채의 장부금액에 일반사채의 유효이자율을 적용하여 계산한다. 이 경우 전환사채의 장부금액이란 액면금액에 다음을 가감한 금액을 말한다.

① 사채할인(증)발행차금
② 사채상환할증금(상환할증금 지급조건이 있는 경우)

> 이자비용 = (액면금액 + 사채상환할증금 ± 사채할인(증)발행차금) × 유효이자율

(차) 이자비용	×××	(대)	현금및현금성자산	×××
			사채할인발행차금	×××

2-2-2. 법인세법

전환사채를 발행한 법인이 사채할인(증)발행차금을 사채발행시부터 최종상환시까지의 기간에 유효이자율법을 적용하여 상각(또는 환입)하고 사채이자에 가감한 경우 별도의 세무조정은 필요하지 아니하나, 만기일 전에 전환사채 발행시 계상한 전환권대가와 사채상환할증금의 합계액에 상당하는 사채할인발행차금의 상각액을 이자비용으로 계상한 경우에 동 이자비용은 손금불산입(유보)한다(법기통 40-71…2).

2-3. 전환권의 행사

2-3-1. 기업회계

향후에 만기시점에서 전환사채가 전환되는 경우 발행자는 부채를 제거하고 자본으로 인식하며, 최초인식시점의 자본요소는 자본의 다른 항목으로 대체될 수 있지만 계속하여 자본으로 유지된다. 따라서 만기시점에서 전환사채의 전환에 따라 인식할 손익은 없다(K-IFRS 1032호 부록 AG32 및 일반기준 15장 문단 15.21). 이 경우 전환사채의 장부금액이란 액면금액에서 다음을 가감한 금액을 말한다.

① 사채할인(증)발행차금
② 사채상환할증금(상환할증금 지급조건이 있는 경우)
③ 최종 이자지급일로부터 전환권 행사일까지의 발생이자(전환권이 회계기간 중에 행사된 경우)

- 주식의 발행금액 = 자본금+주식발행초과금 = 전환사채의 장부금액 + 전환권대가
- 전환사채의 장부금액 = 액면금액±사채할인(증)발행차금 + 사채상환할증금 + 미지급이자

(차)	전 환 사 채	×××	(대) 자 본 금	×××
	사채상환할증금	×××	주식발행초과금	×××
	전 환 권 대 가	×××	사채할인발행차금	×××
	미 지 급 이 자	×××		

만기 전 유도전환

발행자는 전환사채의 조기전환을 유도하기 위하여 좀 더 유리한 전환비율을 제시하거나 특정 시점 이전의 전환에 대해서는 추가적인 대가를 지급하는 등의 방법으로 전환사채의 조건을 변경할 수 있다. 조건이 변경되는 시점에 변경된 조건하에서 전환으로 인하여 보유자가 수취하게 되는 대가의 공정가치와 원래의 조건하에서 전환으로 인하여 보유자가 수취하였을 대가의 공정가치의 차이는 손실이며 당기손익으로 인식한다(K-IFRS 1032호 부록 AG35 및 일반기준 15장 문단 15.22).

2-3-2. 법인세법

전환사채의 소유자가 전환권을 행사하는 경우, 전환사채를 발행한 법인은 발행시 손금불산입한 사채상환할증금 중 전환권을 행사하는 전환사채에 해당하는 금액은 손금으로 추인(△유보)하며, 주식발행초과금으로 대체된 금액은 익금산입(기타)하고, 사채할인발행차금(전환사채 발행시 전환권대가와 사채상환할증금의 합계액에 상당하는 금액에 한함)과 대체되는 금액은 익금산입(유보)한다(법기통 40-71…2).

관련사례

- 전환사채의 주식전환 시 채무면제이익 해당 여부
  전환사채의 주식전환 시 주식의 발행가액과 시가와의 차액은 채무면제이익에 해당함(기획재정부 법인세제과-49, 2024. 1. 25.).

2-4. 전환사채의 상환 또는 재매입

2-4-1. 기업회계

최초의 전환권이 변동되지 않은 상태에서 조기상환이나 재매입을 통하여 만기 전에 전환상품이 소멸되는 경우 조기상환이나 재매입을 위하여 지급한 대가와 거래원가를 거래의 발생시점의 부채요소와 자본요소에 배분한다. 지급한 대가와 거래원가를 각 요소별로 배분하는 방법

은 전환사채가 발행되는 시점에 발행금액을 각 요소별로 배분한 방법과 일관되어야 한다. 즉, 자본요소에는 복합금융상품 전체의 공정가치에서 부채요소에 대하여 별도로 결정한 금액을 차감한 잔액을 배분한다(K-IFRS 1032호 부록 AG33 및 일반기준 15장 문단 15.23).

한편, 전환사채의 소유자가 만기까지 전환권을 행사하지 않아 일시상환하는 경우에는 전환사채의 액면금액에 상환할증금(상환할증금 지급조건이 있는 경우)을 가산하여 지급하게 된다. 이때 사채할인(증)발행차금은 만기까지 상각 등에 의하여 이자비용에 가감되었기 때문에 만기의 상환분개에는 영향을 미치지 않는다.

(차) 전 환 사 채	×××	(대) 현금및현금성자산	×××
사채상환할증금	×××		

2-4-2. 법인세법

전환사채의 소유자가 만기일까지 전환권을 행사하지 아니함으로써 전환사채를 발행한 법인이 지급하는 상환할증금은 그 만기일이 속하는 사업연도에 손금으로 추인(△유보)한다(법기통 40-71…2).

2-5. 전환사채 소유자의 회계처리 및 세무조정

2-5-1. 기업회계

(1) 전환사채의 분류 및 평가

한국채택국제회계기준(K-IFRS)에서는 전환사채의 경우 채무상품인 주계약과 주식전환옵션인 내재파생상품이 복합되어 있는 복합상품에 해당하며, 주계약인 채무상품이 금융자산이므로 내재파생상품을 별개의 금융자산으로 분리하지 않고 해당 복합계약 전체를 하나의 금융자산으로 분류하고 회계처리해야 한다(K-IFRS 1109호 문단 4.3.2).

일반기업회계기준에서는 주식전환옵션인 내재파생상품이 다음의 요건을 모두 충족하는 경우 채무상품인 주계약과 분리하여 회계처리한다(일반기준 6장 문단 6.41).

① 내재파생상품의 경제적 특성 및 위험도와 주계약의 경제적 특성 및 위험도 사이에 '명확하고 밀접한 관련성'이 없는 경우
② 주계약과 내재파생상품으로 이루어진 복합계약이 일반기업회계기준에 따른 공정가치 평가(당기손익 반영) 대상이 아닌 경우
③ 내재파생상품과 동일한 조건의 독립된 파생상품이 일반기업회계기준 제6장 제3절에 따라 파생상품으로 분류되는 경우

상기에 따라 주계약과 분리하여야 하는 내재파생상품이 취득시점이나 후속재무보고기간말

에 주계약과 분리하여 측정할 수 없는 경우에는 최초인식시점에 복합계약 전체를 당기손익인식지정항목으로 지정한다(일반기준 6장 문단 6.46).

(2) 전환권의 행사

일반기업회계기준에서는 전환사채 소유자가 전환권을 행사하는 경우 교부받은 지분증권의 취득원가를 전환사채의 장부금액(전환권을 분리하여 인식한 경우에는 전환권가치 포함)으로 한다. 다만, 교부받은 지분증권이 시장성이 있는 경우 지분증권의 취득원가는 해당 지분증권의 공정가치로 하고 장부금액과의 차이는 전환손익으로 인식한다. 전환사채와 관련하여 기타포괄손익누계액에 포함된 미실현보유손익이 있는 경우에는 이를 실현된 것으로 보아 전환손익에 포함한다(일반기준 6장 부록 실6.52).

2-5-2. 법인세법

(1) 전환사채의 평가

기업회계기준에서는 유가증권의 평가와 관련하여 원가법, 공정가치법 등을 채택하고 있으나, 법인세법에서는 투자회사등, 보험회사, 환매금지형집합기구의 일부 예외적인 경우를 제외하고 원가법만을 인정하고 있기 때문에 기업회계기준에 의하여 계상한 전환사채의 평가손익은 세무조정시 부인되어야 한다.

관련사례

- 채권의 할인액 또는 할증액의 세무처리
  채권의 취득원가와 만기 액면가액의 차액인 채권의 할인액은 법인세법 시행령 제70조 제1항 제1호의 법인이 수입하는 이자 및 할인액에 해당하는 것임(조심 2014서 85, 2015. 4. 1.).
- 채권의 할인액 또는 할증액의 세무처리
  채권 취득시 발생하는 할인·할증액의 상각시 발생하는 이자수익 가산액 또는 차감액은 당해 채권의 매각 또는 만기시점이 속하는 사업연도의 익금 또는 손금으로 하는 것임(서면2팀-1423, 2005. 9. 6.).
  ※ 채권의 할인액 또는 할증액의 세무처리는 조세심판원과 과세관청간 해석이 다름에 유의

(2) 사채상환할증금

법인이 보유하는 전환사채를 상법 제515조의 규정에 따라 주식으로 전환청구하는 경우, 전환권을 행사하는 법인은 법인세법 제73조 및 동법 시행령 제111조 제5항의 규정에 의하여 원천징수된 만기보장수익률에 대한 이자상당액을 익금에 산입하여야 한다(재법인-323, 2005. 10. 27. 및 재법인-704, 2004. 12. 22. 및 국심 2002부 1092, 2002. 6. 28.).

관련사례

• 만기보장수익률이 상장 여부에 따라 변경되는 경우 이자의 계산

전환사채 발행회사가 동 회사 주권의 상장 여부에 따라 만기보장수익률을 각각 다르게 적용하여 계산한 이자를 발행일로부터 지급하는 조건으로 전환사채를 발행하였다면 주권상장 이후 전환사채 보유자가 만기에 채권을 상환하거나 만기 전에 전환을 청구하는 경우 이자의 계산은 동 회사의 주권이 상장되는 경우를 조건으로 한 만기보장수익률에 따르는 것임(재소득-292, 2007. 5. 28.).

(3) 전환권의 행사

다른 법인이 발행한 전환사채를 매입하여 보유하던 법인이 전환사채의 전환권행사로 주식을 취득하는 경우, 해당 주식의 취득가액은 전환사채의 실제 매입가격에 상환할증률에 의한 보유기간이자상당액을 가산한 금액으로 한다(재법인-323, 2005. 10. 27.). 그러므로 기업회계기준에 따라 시장성 있는 지분증권을 교부받은 경우, 해당 지분증권의 취득가액을 공정가치로 함에 따라 발행한 전환손익과 청구 전 전환사채와 관련하여 기타포괄손익누계액에 포함된 미실현보유손익을 전환청구시 실현된 것으로 보아 전환손익에 포함시킨 경우 관련 전환손익은 세무조정시 부인되어야 한다.

3. 신주인수권부사채의 회계처리 및 세무조정

3-1. 신주인수권부사채의 발행

3-1-1. 기업회계

(1) 개 요

신주인수권부사채가 발행되면 사채발행회사는 자금조달 코스트가 낮은 장기자금을 조달하여 사용하게 되며, 그 대가로 정기적으로 이자지급일에 고정액의 이자를 지불하고, 만기일에는 액면가액인 원금(상환할증금이 있는 경우에는 이를 포함)을 상환해야 한다. 또한, 신주인수권부사채의 소유자가 만기 전에 일정한 요건에 따라 신주인수권을 행사하면 일정한 가격(행사가격)으로 신주를 발행하여야 한다.

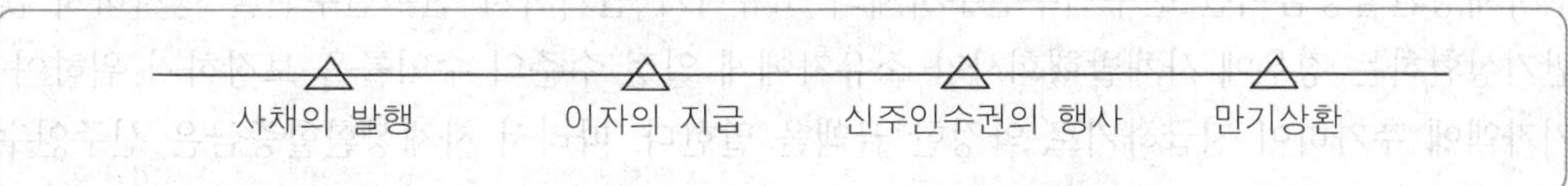

(2) 신주인수권대가

신주인수권부사채의 발행자는 신주인수권부사채의 조건을 평가하여 해당 신주인수권부사

채가 자본요소와 부채요소를 모두 가지고 있는지를 결정하여야 하며 각 요소별로 금융부채, 금융자산 또는 지분상품으로 분류하여야 한다. 이때 신주인수권부사채의 신주인수권이 자본인 경우 해당 신주인수권부사채는 자본요소와 부채요소를 모두 가지고 있는 복합금융상품이 되므로 발행자는 금융부채를 발생시키는 요소와 발행자의 지분상품으로 전환할 수 있는 옵션을 보유자에게 부여하는 요소를 별도로 분리하여 인식하여야 한다(K-IFRS 1032호 문단 28, 29).

복합금융상품의 최초 장부금액을 부채요소인 사채와 자본요소인 신주인수권에 배분하는 경우 자본요소에는 복합금융상품 전체의 공정가치에서 부채요소에 대하여 별도로 결정한 금액을 차감한 잔액을 배분한다. 최초인식시점에서 부채요소와 자본요소에 배분된 금액의 합계는 항상 금융상품 전체의 공정가치와 동일해야 한다. 금융상품의 구성요소를 분리하여 인식하는 최초인식시점에는 어떠한 손익도 발생하지 않는다(K-IFRS 1032호 문단 31 및 일반기준 15장 부록 실15.5).

신주인수권부사채의 공정가치	=	일반사채의 공정가치 (부채요소)	+	신주인수권대가 (자본요소)

이와 같이 계산된 신주인수권대가는 일반기업회계기준 제15장에 따라 기타자본잉여금으로 분류한 후 신주인수권이 행사되어 추가로 주식을 발행하는 시점에서 주식발행초과금으로 대체한다(일반기준 15장 부록 실15.6).

계산사례 - 2　신주인수권대가의 인식

시장이자율이 15%일 때 3년 만기, 액면 일백만원, 액면이자 8%인 일반사채는 ₩840,200에 발행할 수 있다. 동일 조건의 신주인수권부사채를 ₩886,000에 발행한 경우 회계처리는?

(차)	현금및현금성자산	886,000	(대) 신주인수권부사채	1,000,000
	사채할인발행차금	159,800	신주인수권대가	45,800

(3) 사채상환할증금

사채상환할증금이란 신주인수권부사채의 소유자가 만기까지 신주인수권을 행사하지 않아 만기상환하는 경우에 사채발행회사가 소유자에게 일정 수준의 수익률을 보장하기 위하여 만기가액에 추가하여 지급하기로 약정한 금액을 말한다. 따라서 사채상환할증금은 신주인수권부사채의 소유자가 권리행사를 하는 경우에는 지급할 필요가 없으나 권리행사를 하지 않으면 만기 또는 만기 이전(풋옵션에 의해서 조기상환의 경우)에 추가로 지급해야 할 일종의 조건부 부채의 성격을 가지고 있다.

일반기업회계기준 제15장에서 사채상환할증금은 해당 신주인수권부사채의 액면금액에 부가하여 표시하도록 하고 있으며(일반기준 15장 부록 실15.6), 신주인수권을 행사하는 경우에는 신주인수권을 행사한 부분에 해당하는 상환할증금을 납입금액에 가산하여야 한다.

(차) 현금및현금성자산	×××	(대)	신주인수권부사채	×××
사채할인발행차금	×××		사채상환할증금	×××
			신주인수권대가	×××

3-1-2. 법인세법

(1) 사채할인(증)발행차금

신주인수권부사채 발행시 발생하는 사채할인(증)발행차금의 경우도 전환사채 발행과 관련하여 '2-1-2'에서 설명한 바와 동일하게 기업회계기준에 따라서 유효이자율법을 적용하여 상각 또는 환입액을 사채이자에 가감하는 경우 별도의 세무조정이 필요하지 않다. 다만, 신주인수권부사채 발행시 계상한 신주인수권대가와 사채상환할증금의 합계액에 상당하는 사채할인발행차금 금액은 손금산입(△유보)한다(법기통 40-71…2).

(2) 신주인수권대가 · 사채상환할증금

신주인수권부사채를 발행한 법인이 기업회계기준에 따라 신주인수권 가치를 별도로 인식하고 사채상환할증금을 신주인수권부사채에 부가하는 형식으로 계상한 경우, 기타자본잉여금으로 계상한 신주인수권대가는 익금산입(기타)하며, 사채상환할증금은 손금불산입(유보)한다(법기통 40-71…2).

3-2. 이자비용의 인식

3-2-1. 기업회계

신주인수권부사채의 이자비용은 신주인수권부사채의 장부금액에 일반사채의 유효이자율을 적용하여 계산한다. 이 경우 신주인수권부사채의 장부금액이란 액면금액에 다음을 가감한 금액을 말한다.

① 사채할인(증)발행차금
② 사채상환할증금(상환할증금 지급조건이 있는 경우)

> 이자비용 = (액면금액+사채상환할증금 ± 사채할인(증)발행차금) × 유효이자율

(차) 이자비용	×××	(대) 현금및현금성자산	×××
		사채할인발행차금	×××

3-2-2. 법인세법

신주인수권부사채를 발행한 법인이 사채할인(증)발행차금을 사채발행시부터 최종상환시까지의 기간에 유효이자율법을 적용하여 상각 또는 환입하고 사채이자에 가감하는 경우 별도의 세무조정은 필요하지 아니하나, 만기일 전에 신주인수권부사채 발행시 계상한 신주인수권대가와 사채상환할증금의 합계액에 상당하는 사채할인발행차금의 상각액을 이자비용으로 계상한 경우 동 이자비용은 손금불산입(유보)한다(법기통 40-71…2).

3-3. 신주인수권의 행사

3-3-1. 기업회계

신주인수권 행사시 주식의 발행금액은 신주인수권의 행사에 따라 납입되는 금액과 신주인수권을 행사한 부분에 해당하는 신주인수권대가의 합계금액으로 한다. 다만, 사채상환할증금 지급조건이 있는 경우에는 신주인수권을 행사한 부분에 해당하는 사채상환할증금을 납입금액에 가산하여야 한다.

주식의 발행금액 = 자본금 + 주식발행초과금
= 납입금액(행사가액) + 신주인수권대가 + 사채상환할증금
± 사채할인(증)발행차금(*)

(*) (상환할증금 - 상환할증금의 현재가치)의 납입부분 상당액

이 때 주의할 점은 상환할증조건인 경우에는 행사비율만큼 사채상환할증금의 지급의무가 감소하게 되므로 행사비율만큼의 사채상환할증금을 주식발행금액으로 대체하여야 하며, 또한 신주인수권이 실제로 행사된 시점까지 미상각된 사채할인(증)발행차금계정의 잔액에 포함된 상환할증금부분 중 행사비율에 해당하는 부분도 함께 제거하여야 한다.

(차) 현금및현금성자산	×××	(대) 자 본 금	×××
신주인수권대가	×××	주식발행초과금	×××
사채상환할증금	×××	사채할인발행차금	×××

3-3-2. 법인세법

신주인수권부사채의 소유자가 신주인수권을 행사하는 경우, 신주인수권부사채를 발행한 법인은 발행시 손금불산입한 사채상환할증금 중 신주인수권을 행사하는 부분에 해당하는 금액

은 손금으로 추인(△유보)하며, 주식발행초과금으로 대체된 금액은 익금산입(기타)한다(법기통 40－71…2).

3－4. 신주인수권부사채의 상환

3－4－1. 기업회계

신주인수권부사채를 만기상환하는 경우에는 신주인수권부사채의 액면금액(상환할증금이 있는 경우 이를 포함)을 지급하게 된다. 이때 사채할인(증)발행차금은 만기까지 상각 등에 의하여 이자비용에 가감되었기 때문에 만기의 상환분개에는 영향을 미치지 않는다.

(차)	신주인수권부사채	×××	(대) 현금및현금성자산	×××
	사채상환할증금	×××		

3－4－2. 법인세법

신주인수권부사채의 소유자가 만기일까지 신주인수권을 행사하지 아니함으로써 신주인수권부사채를 발행한 법인이 지급하는 상환할증금은 그 만기일이 속하는 사업연도에 손금으로 추인(△유보)한다(법기통 40－71…2).

3－5. 신주인수권부사채 소유자의 회계처리 및 세무조정

3－5－1. 기업회계

신주인수권 행사시 교부받은 지분증권의 취득원가는 신주인수권 행사로 납입하는 금액(분리형 신주인수권부사채의 경우 신주인수권을 행사한 부분에 해당하는 신주인수권의 장부금액을 가산한 합계금액)으로 한다. 다만, 교부받은 지분증권이 시장성이 있는 경우에는 지분증권의 취득원가는 해당 지분증권의 공정가치로 하고 장부금액과의 차이는 전환손익으로 인식한다. 신주인수권과 관련하여 기타포괄손익누계액에 포함된 미실현보유손익이 있는 경우에는 이를 실현된 것으로 보아 전환손익에 포함한다(일반기준 6장 부록 실6.53).

3－5－2. 법인세법

신주인수권부사채의 법인세법상 처리에 대하여는 전환사채의 경우와 유사하므로 '2－5－2.'의 내용을 참조하기로 한다.

세무조정 체크리스트

검 토 사 항	확인
〈전환사채 또는 신주인수권부사채의 발행자〉	
1. 전환사채 또는 신주인수권부사채의 발행 여부 및 발행 조건 확인	
2. 사채할인(증)발행차금의 상각 여부 확인	
3. 전환사채의 전환권 또는 신주인수권부사채의 신주인수권 행사 여부 확인	
4. 사채상환할증금 지급조건의 전환사채 또는 신주인수권부사채의 만기상환 여부 확인	
〈전환사채 또는 신주인수권부사채의 소유자〉	
1. 전환사채 또는 신주인수권부사채의 평가손익 인식 여부 확인	
2. 전환사채 또는 신주인수권부사채의 할인액·할증액 상각 여부 확인	
3. 전환사채 또는 신주인수권부사채 관련 미수수익 계상 여부 확인	
4. 전환사채의 전환권 또는 신주인수권부사채의 신주인수권 행사 여부 확인 (상환할증금 지급조건 및 전환손익의 인식 여부 등 확인)	
5. 사채상환할증금 지급조건의 전환사채 또는 신주인수권부사채의 만기상환 여부 확인	

의제배당

관련 법령	• 법법 §16 • 법령 §12, §13, §14 • 법칙 §7, §8

최근 주요 개정 내용

• 잉여금의 자본전환 시 과세범위 합리화(법령 §12)

종 전	현 행
□ 상법상 자본준비금 자본전입 시 세무처리 ○ (원칙) 과세 제외 ○ (예외) ❶~❹를 자본전입 시 익금산입 ❶ 채무의 출자전환 시 채무면제이익 ❷ 자기주식 등 소각이익* * 소각당시 시가가 취득가를 초과하지 아니하는 경우로서 소각일로부터 2년 지난 후 전입하는 금액 제외 ❸ 적격합병 시 합병차익 중 피합병법인의 다음 금액(합병차익 한도) - 자산평가이익 - 의제배당대상 자본잉여금 (1% 재평가적립금 등) - 이익잉여금 ❹ 적격분할 시 분할차익 중 분할법인의 다음 금액(분할차익 한도) - 자산평가이익 - 분할감자차익(1% 재평가적립금 등) 〈추 가〉	□ 과세되는 의제배당 범위 확대 ○ (좌 동) ❺ 이익잉여금으로 상환된 상환 주식*의 주식발행액면초과금** * 회사의 이익으로 소각하기로 예정되어 있는 주식 ** 발행가액－액면가액

➡ 개정일자 : ㉞ 2024. 2. 29.
적용시기 : 2024년 2월 29일 이후 자본에 전입하는 경우부터 적용

제7절

의제배당

7

Step I 내용의 이해

1. 의제배당의 의의

법인세법은 순자산증가설 및 권리·의무확정주의 등에 의하여 소득금액을 산정하므로, 법인이 다른 법인에 출자한 후 이익배당을 받는 경우에는 그 피출자법인의 잉여금처분결의일이 속하는 사업연도의 익금으로 과세한다.

그러나, 상법 또는 기타 법령상의 이익배당절차에 의한 것은 아니지만 법인의 잉여금이 특정사건에 의하여 주주에게 귀속됨에 따라 이익배당과 동일한 경제적 효과를 가지는 경우, 법인세법에서는 그 경제적 효과가 주주에게 사실상 배당 또는 분배된 것으로 의제하여 각 사업연도소득으로 과세하고 있는 바, 이를 "배당금 또는 분배금 의제"(실무상 "의제배당"이라 함)라 한다.

2. 감자 등에 따른 의제배당

2-1. 의제배당금액의 계산

주식의 소각, 자본의 감소, 사원의 퇴사·탈퇴 또는 출자의 감소(이하 "감자 등"이라 함)로 인하여 주주·사원 또는 출자자(이하 "주주 등"이라 함)인 내국법인이 취득하는 금전과 그 밖의 재산가액의 합계액이 주주 등이 해당 주식 또는 출자지분(이하 "주식 등"이라 함)을 취득하기 위하여 사용한 금액을 초과하는 금액은 배당으로 의제하여 익금에 산입한다(법법 §16 ① 1호).

감자 등에 따른 의제배당금액	=	감자 등으로 인하여 주주 등이 취득하는 금전 기타 재산가액	−	주주 등이 해당 주식 등을 취득하기 위하여 사용한 금액

2-2. 감자 등으로 인하여 주주 등이 취득하는 재산가액

감자 등으로 인하여 주주 등이 취득하는 재산의 가액은 다음과 같이 평가한다(법령 §14 ①).

재 산	평가가액
금 전	금전액
주식 등	취득 당시의 시가(*1) (*1) 법인세법 제52조의 규정에 의한 시가를 말하며, 동법 시행령 제88조 제1항 제8호의 불공정 자본거래로 인하여 특수관계인으로부터 분여받은 이익이 있는 경우 동 금액은 부당행위계산 부인규정에 의하여 과세되므로 중복과세를 피하기 위하여 차감함.
기타 재산	취득 당시의 시가(*2) (*2) 법인세법 제52조의 규정에 의한 시가

관련사례

- 주식병합의 경우 의제배당 해당 여부
  납입자본금의 변동 없이 발행주식수만을 줄이기 위하여 주식병합을 하는 경우에는 법인세법 제16조 규정에 의한 의제배당에 해당하지 않는 것임(법인-749, 2009. 2. 23.).
- 환매대금을 간접투자재산으로 받은 경우 의제배당 적용 여부
  간접투자자산 운용업법에 의한 투자회사에 간접투자한 법인이 환매대금을 당해 간접투자기구에서 보유하고 있는 간접투자재산으로 지급받은 경우, 배당 및 잉여금분배로 보아 법인세법 제16조를 적용함(서면2팀-272, 2008. 2. 13.).
- 부동산을 감자대가로 지급하는 경우 의제배당금액 등의 계산
  법인이 자본금을 감자함에 있어 보유 중인 부동산을 감자대가로 지급하는 경우 동 부동산이 시가에 의하여 유상으로 양도된 것으로 보아 양도금액과 장부가액을 익금과 손금에 산입하며, 감자대가로 동 부동산을 지급받는 주주의 경우 당해 부동산의 시가가 감자된 주식의 취득가액을 초과하는 금액은 의제배당으로 과세됨(서이 46012-10666, 2003. 3. 31.).

2-3. 해당 주식 등을 취득하기 위하여 사용한 금액

2-3-1. 유상취득한 주식 등

유상으로 취득한 주식 등의 취득가액은 해당 주식 등을 취득하기 위하여 실제 지출한 금액을 말한다.

관련사례

- 취득원가가 상이한 동일 법인 발행주식의 취득금액 계산

  취득원가가 서로 다른 동일 법인 발행주식을 보유하던 중 그 보유주식 일부가 소각됨에 따라 의제배당금액을 산정하는 경우, "감자한 법인의 주식을 취득하기 위하여 소요된 금액"은 총평균법·이동평균법에 의한 평가방법 중 납세지 관할 세무서장에게 신고한 방법에 의하여 평가한 금액으로 하며, 법인이 유가증권의 평가방법을 납세지 관할 세무서장에게 신고하지 아니한 경우에는 총평균법에 의하여 계산함(서이 46012-11138, 2002. 5. 31.).

- 주식수 변동없이 액면금액을 감소시킬 경우 취득금액 계산

  주식을 발행한 법인이 주식수의 변동이 없이 액면금액을 감소시키는 방법으로 감자함에 따라 의제배당금액을 산정하는 경우, "감자한 법인의 주식을 취득하기 위하여 소요된 금액"은 다음의 산식에 의하여 계산함(서이 46012-10534, 2002. 3. 19.).

$$\text{감자한 법인의 주식을 취득하기 위하여 소요된 금액} = \text{주주가 감자주식을 취득하기 위하여 실제로 소요된 금액의 합계액} \times \frac{\text{감자금액}}{\text{액면금액}}$$

2-3-2. 의제배당으로 과세된 무상주

주식발행법인으로부터 잉여금의 자본전입에 따라 교부받은 것으로서 의제배당으로 과세된 무상주의 경우에는 교부받을 당시 과세된 금액, 즉, 액면가액 또는 출자금액[주식배당의 경우에는 발행가액, 투자회사 등(*)의 경우에는 영으로 함]을 취득에 소요된 금액으로 한다(법령 §14 ① 1호 가목, 다목).

(*) 투자회사 등 : 자본시장과 금융투자업에 관한 법률에 따른 투자회사, 투자목적회사, 투자유한회사, 투자합자회사(같은 법 제9조 제19항 제1호의 기관전용 사모집합투자기구는 제외함) 및 투자유한책임회사(법법 §51의 2 ① 2호)

2-3-3. 의제배당으로 과세되지 않은 무상주

(1) 일반적인 경우

주식발행법인으로부터 잉여금의 자본전입에 따라 교부받은 것으로서 의제배당으로 과세되지 않은 무상주의 경우에는 교부받을 당시 과세되지 않았으므로 취득에 소요된 금액은 영으로 하며, 이 경우 신·구주식 등의 1주 또는 1좌당 장부가액은 다음과 같이 계산한다(법령 §14 ②).

$$\text{1주 또는 1좌당 장부가액} = \frac{\text{구주식 등 1주 또는 1좌당 장부가액}}{\text{1 + 구주식 등 1주 또는 1좌당 신주식 등 배정수}}$$

(2) 무상주 취득 후 2년 내 유상감자하는 경우

주식 등의 소각(자본 또는 출자의 감소를 포함)일로부터 과거 2년 이내에 의제배당으로 과세

되지 않은 무상주를 취득한 경우에는 그 주식 등이 먼저 소각된 것으로 보며, 그 주식 등의 취득가액은 영으로 한다. 이 경우 그 기간 중에 주식 등의 일부를 처분한 경우에는 해당 주식 등과 다른 주식 등을 그 주식 등의 수에 비례하여 처분한 것으로 보며, 그 주식 등의 소각 후 1주당 장부가액은 소각 후 장부가액의 합계액을 소각 후 주식 등의 총수로 나누어 계산한 금액으로 한다(법령 §14 ③).

즉, 의제배당으로 과세되지 않은 무상주를 분배받은 후 2년 내에 유상감자하는 경우에는 사실상 현금배당과 동일한 효과를 가져오는 것으로 볼 수 있으므로 감자에 따른 무상주 부분에 대하여 조기에 세부담을 시키고자 하는 취지이다.

계산사례 - 1 **무상주 취득 후 2년 내 유상감자하는 경우**

㈜삼일의 ㈜용산에 대한 투자주식의 시기별 변동내용이 다음과 같은 경우, 주식처분손익 및 의제배당금액을 계산하라. 단, ㈜삼일은 총평균법에 따라 투자주식을 평가하고 있으며(관할세무서에 신고한 유가증권 평가방법도 동일함), ㈜용산의 발행주식의 1주당 액면가액은 5,000원이다.

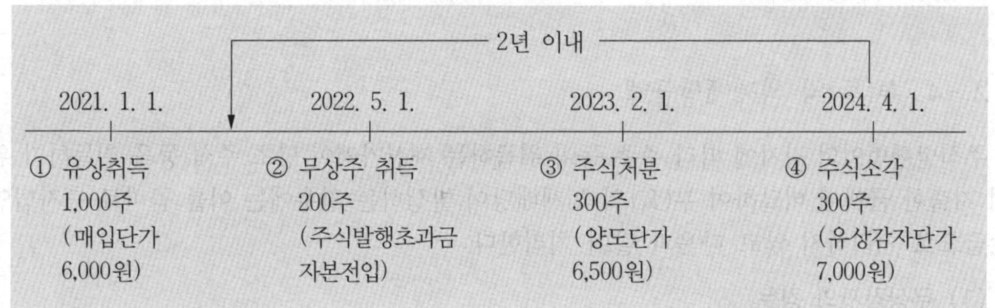

1. 2023. 2. 1. 처분되는 주식의 구분 및 처분손익의 계산

(1) 처분주식의 구분

주식구분	처분되는 주식수 계산		잔여 주식수	
① 주식	300 × 1,000 / 1,200	250주	1,000 - 250	750주
② 주식	300 × 200 / 1,200	50주	200 - 50	150주
합 계		300주		900주

(2) 처분손익의 계산

구 분	금 액	
양도가액	300 × 6,500	1,950,000
취득가액	300 × 6,000,000 / 1,200(@ 5,000 / 주)	1,500,000
처분손익		450,000

※ 주식처분손익은 회사가 신고한 평가방법(총평균법)에 따라 산정하는 것이며, 의제배당금액의 계산과는 달리 무상주 취득분(② 주식)을 먼저 양도하는 것으로 보는 것은 아니다.

2. 2024. 4. 1. 유상감자시 의제배당금액의 계산

(1) 소각주식의 구분 및 취득가액의 계산

주식구분	소각 전 주식수	소각주식수(*1)	취득가액(*2)	소각 후 주식수
② 주식	150주	150주	–	–
① 주식	750주	150주	900,000	600주
합 계	900주	300주	900,000	600주

(*1) ② 주식의 잔여분 150주가 우선 소각되는 것으로 보며, 나머지 150주는 ① 주식이 소각된 것으로 본다.

(*2) 소각주식의 취득가액 계산
- 소각되는 ② 주식의 취득가액 : 0
- 소각되는 ① 주식의 취득가액 : 150주×6,000 = 900,000
- 소각 후 1주당 장부가액 = 세무상 장부가액 / 소각 후 주식수 = 3,600,000 / 600 = 6,000

(2) 의제배당금액의 계산

= 주식소각에 따라 지급받은 금전 및 기타 재산의 가액 – 소각되는 주식의 취득가액

= (300주×7,000) – 900,000 = 1,200,000

2-4. 부(負)의 의제배당금액

주식발행법인의 감자에 따라 주주 등이 취득하는 재산가액이 당초 주식 등을 취득하기 위하여 지출한 금액에 미달하여 부(負)의 의제배당이 발생하는 경우에는 이를 곧바로 출자법인의 손금으로 처리하지 않고 다음과 같이 처리한다.

(1) 무상감자의 경우

주식발행법인이 결손금을 보전하기 위하여 무상감자를 한 경우, 출자법인은 소유주식가액을 감액처리(손비처리)하지 않고 해당 주식을 처분하는 사업연도의 손익으로 계상한다(법기통 19–19…35).

(2) 유상감자의 경우

유상감자의 경우에는 총 출자가액에서 감자환급액을 차감한 금액을 잔여주식의 장부가액으로 하여 1주당 장부가액을 수정하는 것이며, 100% 유상감자의 경우에는 감자환급액을 초과하는 총 출자가액 전액을 출자법인의 손금에 산입한다.

관련사례

- 감자로 인한 부(負)의 의제배당액의 세무처리

  타법인의 주식을 보유한 법인이 동 주식의 감자로 인하여 지급받는 대가가 당해 주식을 취득하기 위하여 실제 지출한 금액 중 감자액에 상당하는 금액에 미달하는 경우 그 차액은 잔존주식의 취득가액에 포함함(서이 46012–11492, 2002. 8. 7.).

2-5. 의제배당의 귀속시기

감자 등에 따른 의제배당은 주주총회 · 사원총회 또는 이사회에서 주식의 소각, 자본 또는 출자의 감소를 결의한 날(이사회의 결의에 의하는 경우에는 상법 제461조 제3항에 따라 정한 날을 말하되, 주식의 소각, 자본 또는 출자의 감소를 결의한 날의 주주와 상법 제354조에 따른 기준일의 주주가 다른 경우에는 같은 조에 따른 기준일을 말함) 및 사원이 퇴사 · 탈퇴한 경우에는 퇴사 · 탈퇴한 날이 속하는 사업연도의 익금으로 한다(법령 §13 1호).

관련사례

- 감자결의 후 주주변경시 의제배당 귀속시기
  특정 법인의 주주총회에서 유상감자를 결의한 후 주주법인이 물적분할로 해당 법인의 주식을 분할신설법인에 양도함에 따라 동 분할신설법인이 유상감자 대가를 수취한 경우에는 상법상 감자기준일을 기준으로 의제배당 규정(법법 §16 ① 1호)을 적용하는 것임(재법인-444, 2017. 4. 4.).

3. 잉여금의 자본전입으로 인한 의제배당

3-1. 의 의

일반기업회계기준에서는 잉여금의 자본전입에 따라 지급받은 무상주(주식배당 포함)의 경우, 주주의 입장에서 피투자법인의 순자산의 변화 없이 보유주식수만 증가한 것으로 보아 동 무상주의 취득은 자산의 증가로 보지 아니한다(일반기준 6장 부록 실6.75). 또한, 한국채택국제회계기준에서도 지급받은 무상주에 대한 구체적인 회계처리를 명시하고 있지는 않으나, 한국채택국제회계기준 제1033호(주당이익)에서 주당이익의 계산시 무상증자 등의 경우에는 추가로 대가를 받지 않고 기존 주주에게 보통주를 발행하므로 자원은 증가하지 않고 유통보통주식수만 증가한다는 규정으로 미루어 볼 때 주주가 지급받은 무상주에 대한 회계처리의 경우에도 일반기업회계기준과 동일하게 별도의 회계처리를 하지 않는 것으로 판단된다(K-IFRS 1033호 문단 28). 즉, 기업회계기준에서는 무상주의 취득이나 주식배당을 받은 때에는 별도의 회계처리(수익으로 처리하지 않음)를 하지 않는다.

그러나, 법인세법에서는 주주 등이 지급받은 무상주(주식배당 포함)에 대하여도 형식만을 달리한 배당으로 보아 무상주를 교부하는 법인의 이익 또는 잉여금이 주주 등에게 분배되는 것으로 간주한다. 다만, 무상주의 재원이 법인세가 과세되지 아니한 자본잉여금인 경우에는 배당으로 보지 아니하나, 예외적으로 일정요건에 해당되는 자기주식소각이익의 자본전입과 무상주 교부법인이 자기주식을 보유한 상태에서 법인세가 과세되지 아니한 자본잉여금을 자본에 전입한 경우 등에는 입법 목적상 의제배당으로 보도록 하고 있다.

3-2. 잉여금의 종류별 의제배당 과세 여부

3-2-1. 개 요

주식발행법인이 잉여금의 전부 또는 일부를 자본전입함으로써 주주 등인 내국법인이 취득하는 무상주(주식배당 포함)는 자본에 전입하는 잉여금의 종류에 따라 다음과 같이 의제배당 과세 여부를 구분한다(법법 §16 ①).

무상주의 원천			의제배당 과세 여부
자본잉여금	주식발행액면초과액	출자전환시 주식 등의 시가를 초과하여 발행된 금액	○
		일반적인 주식발행액면초과액	×
		상환주식의 주식발행액면초과액 중 이익잉여금으로 상환된 금액	○
	주식의 포괄적 교환차익		×
	주식의 포괄적 이전차익		×
	감자차익	소각 당시 시가가 취득가액을 초과하거나 소각일부터 2년 이내에 자본에 전입하는 자기주식소각익	○
		일반적인 감자차익	×
	합병 · 분할차익	적격 합병 · 분할시의 장부가액 초과 승계액 등(*)	○
		기타의 합병 · 분할차익	×
	재평가적립금	재평가세율 1% 적용 토지의 재평가차액 상당액	○
		일반적인 재평가적립금	×
	기타자본잉여금		○
이익잉여금	법정적립금, 임의적립금, 미처분이익잉여금		○

(*) 합병 · 분할의 시기별 대상 금액은 다음과 같으며, 자세한 내용은 '3-2-5. 합병 · 분할차익의 자본전입에 따른 의제배당' 참고

합병 · 분할의 시기	의제배당 대상금액	
2010. 7. 1. 이후 합병·분할분	2019. 2. 12. 이후 최초 자본 전입분	장부가액 초과 승계분 등
	2019. 2. 11. 이전 자본 전입하고 2019 2. 12. 현재 잔여 잉여금	자산조정계정 합계액 등
2010. 6. 30. 이전 합병 · 분할분	합병 · 분할평가차익 등	

관련사례

• 자본전입의 순서

법인이 상법 제459조의 규정에 의한 자본준비금의 일부를 자본에 전입하는 경우, 구 법인세법 시행령 제12조 제4항(현행 제2항 및 제4항)에 규정된 경우(합병차익 및 분할차익의 자본전입 순서, 재평가적립금의 안분계산 규정)를 제외하고는 상법 제461조에 규정된 이사

회의 결의에 의하여 자본에 전입하는 잉여금이 전입된 것으로 보는 것이며, 같은 잉여금과목 내에서는 먼저 적립된 잉여금부터 순차로 전입한 것으로 보는 것임(서이 46012-10241, 2001. 9. 26.).

3-2-2. 출자전환시 시가를 초과하여 발행된 금액의 자본전입에 따른 의제배당

주식발행액면초과액이라 함은, 법인 설립시나 유상증자시 신주를 액면금액 이상으로 발행하는 경우 그 액면금액을 초과하는 금액(무액면주식의 경우 발행가액 중 자본금으로 계상한 금액을 초과하는 금액)을 말한다(법법 §17 ① 1호).

이러한 주식발행액면초과액은 그 실질이 납입자본금의 성격이므로 법인의 각 사업연도의 소득금액 계산에 있어서 익금에 산입하지 않을 뿐만 아니라 자본전입시에도 주주의 의제배당으로 과세하지 않는다. 다만, 주식발행액면초과액 중 채무의 출자전환으로 인하여 발생한 채무면제이익에 상당하는 금액은 이를 법인의 익금(법인의 순자산을 증가시키는 거래로 인하여 발생하는 수익)으로 보아 자본전입시 의제배당으로 과세한다(법법 §17 ① 1호 단서 및 법령 §12 ① 1호).

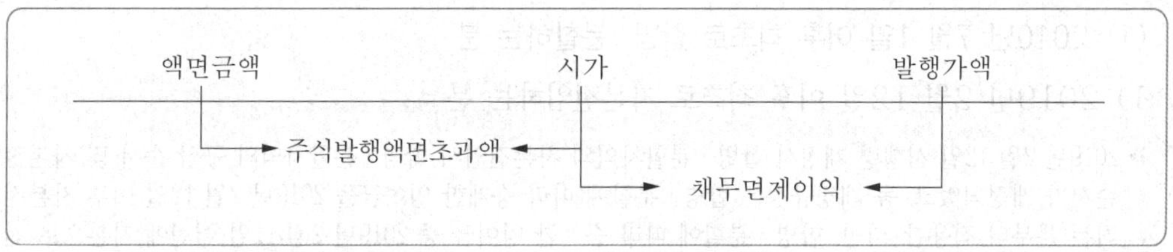

3-2-3. 상환주식의 주식발행초과금 중 이익잉여금으로 상환된 금액의 자본전입에 따른 의제배당

상법 제345조 제1항에 따른 주식의 상환에 관한 종류주식의 주식발행액면초과액 중 이익잉여금으로 상환된 금액을 자본에 전입하는 경우에는 의제배당으로 본다(법령 §12 ① 5호).

이는 상환주식은 주식의 발행 당시부터 회사가 이익으로 상환하여 소멸시키는 것이 예정되어 있으므로(상법 §345) 상환주식의 발행으로 법인 내에 유보되어 있는 주식발행액면초과액 중에서 상환시 이익잉여금으로 상환된 금액은 형식적으로 자본잉여금에 해당하나 실질적으로 이익잉여금의 성격을 가지고 있는 바, 이를 자본에 전입하는 경우에는 사실상 이익잉여금을 주식배당하는 것과 동일한 효과가 있으므로 해당 금액을 자본전입하는 경우 주주에 의제배당으로 과세하는 것이다.

개 정

○ 과세형평 제고 및 조세회피 방지를 위해 상환주식의 주식발행액면초과액 중 이익잉여금으로 상환된 금액을 자본전입 시 과세되는 잉여금의 범위에 추가(법령 §12 ①)
➡ 2024년 2월 29일 이후 자본에 전입하는 경우부터 적용

3-2-4. 자기주식소각이익의 자본전입에 따른 의제배당

자기주식소각이익은 법인세가 과세되지 않는 자본잉여금에 해당함에도 불구하고, 다음의 경우에는 법인이 자기주식을 처분하여 그 이익을 주주에게 배당할 수 있음에도 불구하고 자기주식을 소각한 후 소각익을 자본전입함으로써 과세를 회피하는 것을 방지하기 위하여 의제배당으로 과세한다(법령 §12 ① 2호).

① 소각 당시 자기주식의 시가가 취득가액을 초과하거나
② 소각일로부터 2년 이내에 자본에 전입하는 경우

3-2-5. 합병·분할차익의 자본전입에 따른 의제배당

(1) 2010년 7월 1일 이후 최초로 합병·분할하는 분

1) 2019년 2월 12일 이후 최초로 자본전입하는 분

※ 2019년 2월 12일 시행령 개정시 합병·분할차익의 자본전입시 합병·분할차익의 구성 순서 및 자본전입 순서가 개정되었고, 동 개정규정은 합병·분할에 따라 승계한 잉여금을 2019년 2월 12일 이후 자본전입하는 분부터 적용함. 다만, 합병·분할에 따라 승계한 잉여금 중 2019년 2월 11일 이전에 자본으로 전입하고 2019년 2월 12일 당시 남은 잉여금에 대해서는 개정규정에도 불구하고 종전의 규정, 즉 아래 2)를 적용함.

① 합병차익

합병차익(법법 §17 ① 5호)은 원칙적으로 자본전입시에 주주의 의제배당으로 과세하지 않는다. 다만, 합병법인이 적격합병(법법 §44 ② 또는 ③)을 한 경우에는 합병차익을 한도로 다음의 합계액으로 계산된 금액이 자본에 전입될 때 주주의 의제배당으로 과세하며, 이 경우 상법 제459조 제2항에 따른 이익준비금 등 법정준비금의 승계가 있는 경우에도 그 승계가 없는 것으로 보아 계산한다(법령 §12 ③ 및 법칙 §8).

㉠ 합병등기일 현재 합병법인이 승계한 재산의 가액이 그 재산의 피합병법인 장부가액(피합병법인으로부터 승계받은 세무조정사항이 있는 경우에는 그 세무조정사항 중 익금불산입액은 더하고 손금불산입액은 뺀 가액)을 초과하는 경우 그 초과하는 금액

㉡ 피합병법인의 자본잉여금(상법 제459조 제1항에 따른 자본거래로 인한 잉여금과 자산재평가법에 따른 재평가적립금) 중 의제배당대상 자본잉여금에 상당하는 금액

㉢ 피합병법인의 이익잉여금에 상당하는 금액

② 분할차익

분할차익(법법 §17 ① 6호)은 원칙적으로 자본전입시에 주주의 의제배당으로 과세하지 않는다. 다만, 분할신설법인 등이 적격분할(법법 §46 ②)을 한 경우에는 분할차익을 한도로 다음의 합계액으로 계산된 금액이 자본에 전입될 때 주주의 의제배당으로 과세하며, 이 경우 상법 제459조 제2항에 따른 이익준비금 등 법정준비금의 승계가 있는 경우에도 그 승계가 없는 것으로 보아 계산한다(법령 §12 ③ 및 법칙 §8).

㉠ 분할등기일 현재 분할신설법인등(분할신설법인 또는 분할합병의 상대방 법인)이 승계한 재산의 가액이 그 재산의 분할법인 장부가액을 초과하는 경우 그 초과하는 금액

㉡ 분할에 따른 분할법인의 자본금 및 자본잉여금(상법 제459조 제1항에 따른 자본거래로 인한 잉여금과 자산재평가법에 따른 재평가적립금) 중 의제배당 대상인 자본잉여금 외의 잉여금의 감소액이 분할한 사업부문의 분할등기일 현재 순자산 장부가액에 미달하는 경우 그 미달하는 금액(분할법인의 분할등기일 현재의 분할 전 이익잉여금과 의제배당대상 자본잉여금에 상당하는 금액의 합계액을 한도로 함)

③ 합병·분할차익의 자본전입순서 및 구성요소별 의제배당 과세 여부

합병·분할차익의 일부를 자본에 전입하는 때에는 의제배당 과세대상 금액 외의 금액을 먼저 전입하는 것으로 한다(법령 §12 ②).

합병·분할차익의 구성		의제배당 과세 여부	자본전입 순서
합병차익	㉠ 합병차익 중 다음의 합계액(한도 : 합병차익) • 피합병법인의 장부가액을 초과하여 승계한 재산의 가액 • 피합병법인의 지본잉여금 중 의제배당대상 자본잉여금 • 피합병법인의 이익잉여금	○	②
	㉡ 합병차익 중 상기 ㉠ 외의 금액	×	①
분할차익	㉠ 분할차익 중 다음의 합계액(한도 : 분할차익) • 분할법인의 장부가액을 초과하여 승계한 재산의 가액 • 분할법인의 자본금 및 의제배당대상 자본잉여금 외의 잉여금 감소액이 분할사업부문의 순자산 장부가액에 미달하는 경우 그 미달금액(한도 : 분할법인의 분할 전 이익잉여금과 의제배당대상 자본잉여금의 합계액)	○	②
	㉡ 분할차익 중 상기 ㉠ 외의 금액	×	①

2) 2019년 2월 11일 이전에 자본으로 전입하고 2019년 2월 12일 현재 잔여 잉여금

① 합병차익

합병법인이 적격합병(법법 §44 ② 또는 ③에 해당하여 양도손익이 없는 것으로 하는 합병)을 한 경우 합병차익에 달할 때까지 다음의 순서에 따라 그 구성요소를 구분하며(구 법령 §12

① 3호), 이 경우 상법 제459조 제2항에 따른 이익준비금 등 법정준비금의 승계가 있는 경우에도 그 승계가 없는 것으로 보아 이를 계산한다(법령 §12 ③ 및 법칙 §8). 이 경우 합병차익은 1)에서 전술한 바와 같다.

㉠ 자산조정계정 : 법인세법 제44조의 3 제1항 및 시행령 제80조의 4 제1항에 따른 자산조정계정의 합계액

㉡ 합병감자차익 : 피합병법인의 주주 등에게 지급한 합병대가(합병법인 또는 합병법인의 완전모회사의 주식과 합병교부금 등 그 밖의 재산가액의 합계액)의 총합계액(주식의 경우 액면가액으로 평가한 금액)이 피합병법인의 자본금에 미달하는 경우 그 미달하는 금액

㉢ 피합병법인의 자본잉여금 중 의제배당 과세대상이 아닌 자본잉여금 승계액

㉣ 피합병법인의 자본잉여금 중 의제배당 과세대상인 자본잉여금 승계액

㉤ 이익잉여금 승계액 : 피합병법인의 이익잉여금에 상당하는 금액

합병법인이 적격합병 이후 상기 합병차익의 구성요소 중 ㉠ 자산조정계정, ㉣ 의제배당 과세대상인 피합병법인의 자본잉여금 승계액, ㉤ 피합병법인의 이익잉여금 승계액(주식회사 외의 법인인 경우 이를 준용하여 계산한 금액)을 자본(또는 출자)에 전입함으로써 합병법인의 주주가 취득하는 주식등의 가액은 의제배당으로 과세된다(구 법령 §12 ① 3호).

② 분할차익

분할신설법인 등이 적격분할(법법 §46 ②에 해당하여 양도손익이 없는 것으로 하는 분할)을 한 경우 분할차익에 달할 때까지 다음의 순서에 따라 그 구성요소를 구분하며(구 법령 §12 ① 4호), 이 경우 상법 제459조 제2항에 따른 이익준비금 등 법정준비금의 승계가 있는 경우에도 그 승계가 없는 것으로 보아 이를 계산한다(법령 §12 ③ 및 법칙 §8). 이 경우 분할차익은 1)에서 전술한 바와 같다.

㉠ 자산조정계정 : 법인세법 제46조의 3 제1항 및 시행령 제82조의 4 제1항에 따른 자산조정계정의 합계액

㉡ 분할감자차익 : 분할법인등(분할법인 또는 소멸한 분할합병의 상대방법인)의 주주에게 지급한 분할대가(분할신설법인등의 주식의 가액과 금전이나 그 밖의 재산가액의 합계액)의 총합계액(주식의 경우 액면가액으로 평가한 금액)이 분할법인등의 자본금에 미달하는 경우 그 미달하는 금액

㉢ 분할법인등의 자본잉여금 중 의제배당 과세대상이 아닌 자본잉여금 승계액

㉣ 분할법인등의 자본잉여금 중 의제배당 과세대상인 자본잉여금 승계액

㉤ 이익잉여금 승계액 : 분할법인등의 이익잉여금에 상당하는 금액

분할신설법인 등이 적격분할 이후 상기 분할차익의 구성요소 중 ㉠ 자산조정계정, ㉣ 의제배당 과세대상인 분할법인등의 자본잉여금 승계액, ㉤ 분할법인등의 이익잉여금 승계액(주식회사 외의 법인인 경우 이를 준용하여 계산한 금액)을 자본(또는 출자)에 전입함으로써 분할신설법인등

의 주주가 취득하는 주식등의 가액은 의제배당으로 과세된다(구 법령 §12 ① 4호).

③ 합병·분할차익의 자본전입순서 및 구성요소별 의제배당 과세 여부

합병·분할차익의 일부를 자본에 전입하는 때에는 다음 ㉠~㉤의 순서에 따라 전입되는 것으로 본다(구 법령 §12 ②).

합병·분할차익의 구분	의제배당 과세 여부
㉠ 자산조정계정의 합계액	○
㉡ 합병·분할 감자차익	×
㉢ 의제배당 과세대상이 아닌 자본잉여금 승계액	×
㉣ 의제배당 과세대상인 자본잉여금 승계액	○
㉤ 이익잉여금 승계액	○

(2) 2010년 6월 30일 이전 합병·분할하는 분

※ 2009년 12월 31일 법인세법 개정시 합병·분할에 대한 과세제도가 개편되었으며, 동 개정규정은 2010년 7월 1일 이후 최초로 합병·분할하는 분부터 적용되는 바, 이하 '(2) 2010년 6월 30일 이전 합병·분할하는 분'의 내용은 2010년 6월 30일 이전 합병·분할 분에 대하여만 적용한다.

① 합병차익

법인세법상 합병차익은 상법상 합병차익[승계한 순자산가액 − 합병대가(주식의 경우 액면가액)]에 달할 때까지 다음 ㉠~㉤의 순서에 따라 순차적으로 구성된 것으로 본다. 이 경우 상법 제459조 제2항의 규정에 의한 이익준비금 등 법정준비금의 승계가 있는 경우에도 그 승계가 없는 것으로 보아 이를 계산한다(구 법령 §12 ①, ③).

㉠ 합병평가차익 : 승계한 자산가액 − 피합병법인의 장부가액

단, 과세특례요건(구 법법 §44 ① 1호, 2호)을 충족하지 못하거나 합병교부주식의 시가가 액면가액 이하인 합병의 경우에는 피합병법인의 장부가액에 "합병대가(주식의 경우 시가) − 피합병법인의 순자산가액"을 가산함.

㉡ 합병감자차익 : 피합병법인의 자본금 − 합병대가(주식의 경우 액면가액)

㉢ 피합병법인의 자본잉여금 중 의제배당 과세대상이 아닌 자본잉여금 승계액

㉣ 피합병법인의 자본잉여금 중 의제배당 과세대상인 자본잉여금 승계액

㉤ 피합병법인의 이익잉여금 승계액

상기의 합병차익 중 「㉠ 합병평가차익, ㉣ 의제배당 과세대상인 피합병법인의 자본잉여금 승계액, ㉤ 피합병법인의 이익잉여금 승계액」을 합병법인이 자본에 전입하는 경우에 의제배당으로 과세한다. 다만, 과세특례요건(구 법법 §44 ① 1호, 2호)을 충족하지 못하거나 합병교부주식의 시가가 액면가액 이하인 합병의 경우에는 상기의 합병차익 중 「㉠ 합병평가차익」의 금액만 자본전입시 의제배당으로 과세된다.

② 분할차익

법인세법상 분할차익은 상법상 분할차익[출자된 순자산가액 – 분할대가(주식의 경우 액면가액)]에 달할 때까지 다음 ㉠~㉤의 순서에 따라 순차적으로 구성된 것으로 본다. 이 경우 상법 제459조 제2항의 규정에 의한 이익준비금 등 법정준비금의 승계가 있는 경우에도 그 승계가 없는 것으로 보아 이를 계산한다(구 법령 §12 ②, ③).

㉠ 분할평가차익 : 출자된 자산가액 – 분할법인의 장부가액

단, 과세특례요건(구 법법 §46 ① 1호, 2호)을 충족하지 못하거나 분할시 교부주식의 시가가 액면가액 이하인 분할의 경우에는 분할법인의 장부가액에 "분할대가(주식의 경우 시가) – 분할법인의 순자산가액"을 가산함.

㉡ 분할감자차익 : 분할법인의 자본금 – 분할대가(주식의 경우 액면가액)

㉢ 분할법인의 자본잉여금 중 의제배당 과세대상이 아닌 자본잉여금 승계액

㉣ 분할법인의 자본잉여금 중 의제배당 과세대상인 자본잉여금 승계액

㉤ 분할법인의 이익잉여금 승계액

상기의 분할차익 중 「㉠ 분할평가차익, ㉣ 의제배당 과세대상인 분할법인의 자본잉여금 승계액, ㉤ 분할법인의 이익잉여금 승계액」을 분할신설법인 등이 자본에 전입하는 경우에 의제배당으로 과세한다. 다만, 과세특례요건(구 법법 §46 ① 1호, 2호)을 충족하지 못하거나 분할신주의 시가가 액면가액 이하인 분할의 경우에는 상기 분할차익 중 「㉠ 분할평가차익」의 금액만 자본전입시 의제배당으로 과세된다.

③ 합병・분할차익의 자본전입순서 및 구성요소별 의제배당 과세 여부

합병・분할차익의 일부를 자본에 전입하는 때에는 다음 ㉠~㉤의 순서에 따라 전입되는 것으로 본다(구 법령 §12 ④). 이 경우, 자본전입에 따른 의제배당 과세 여부는 당해 합병・분할의 과세특례요건 충족 여부 및 합병・분할교부주식 시가의 액면가액 초과 여부에 따라 다음과 같이 달라진다(구 법령 §12 ①, ②).

합병·분할차익의 구분	의제배당 과세 여부	
	과세특례요건을 충족하고 교부주식의 시가가 액면가액을 초과하는 경우	과세특례요건을 충족하지 못하거나 교부주식의 시가가 액면가액 이하인 경우
㉠ 합병·분할평가차익	○	○
㉡ 합병·분할감자차익	×	×
㉢ 의제배당 과세대상이 아닌 자본잉여금 승계액	×	×

합병 · 분할차익의 구분	의제배당 과세 여부	
	과세특례요건을 충족하고 교부주식의 시가가 액면가액을 초과하는 경우	과세특례요건을 충족하지 못하거나 교부주식의 시가가 액면가액 이하인 경우
㉣ 의제배당 과세대상인 자본잉여금 승계액	○	×
㉤ 이익잉여금 승계액	○	×

3-2-6. 재평가적립금의 자본전입에 따른 의제배당

자산재평가법에 의한 재평가적립금의 자본전입시에는 동법 제13조 제1항 제1호의 규정에 의하여 1%의 재평가세율이 적용되는 토지의 재평가차액에 상당하는 금액에 대하여만 의제배당으로 과세된다. 만약 재평가적립금의 일부를 자본에 전입하는 경우에는 1% 재평가세율 적용분과 3% 재평가세율 적용분의 비율에 따라 각각 자본에 전입한 것으로 본다(법령 §12 ④).

$$\text{의제배당과세대상 재평가적립금} = \text{재평가적립금} \times \frac{\text{1\% 재평가세율 적용분 재평가차액}}{\text{재평가차액}}$$

관련사례

- 재평가적립금의 자본전입으로 인한 의제배당
  재평가적립금의 자본전입시 이사회결의로 의제배당 과세대상인 재평가적립금을 제외했더라도, 의제배당 과세대상 및 과세대상 아닌 재평가차액의 비율에 따라 각각 자본전입한 것으로 봄(국심 2002전 1268, 2002. 7. 9.).

3-3. 의제배당금액의 계산

의제배당으로 과세되는 잉여금을 자본에 전입함에 따라 주주 등이 교부받는 무상주는 액면금액 또는 출자금액(주식배당의 경우에는 발행가액, 투자회사 등[(*)]의 경우에는 영으로 함)을 각 사업연도 소득금액 계산상 익금에 산입한다. 이 경우 교부받은 무상주가 무액면주식인 때에는 그 무상주의 귀속시기(주주총회 등의 자본전입 결의일 등)에 자본금에 전입한 금액을 자본금 전입에 따라 신규로 발행한 주식 수로 나누어 계산한 금액을 익금에 산입한다(법령 §14 ①, ④).

(*) 투자회사 등 : 자본시장과 금융투자업에 관한 법률에 따른 투자회사, 투자목적회사, 투자유한회사, 투자합자회사(같은 법 제9조 제19항 제1호의 기관전용 사모집합투자기구는 제외함) 및 투자유한책임회사

3-4. 의제배당의 귀속시기

잉여금의 자본(또는 출자)전입은 원칙적으로 이사회 결의에 의하되, 정관에서 주주총회(또는 사원총회)에서 결정하기로 정한 경우에는 주주총회(또는 사원총회) 결의에 의한다. 주주총회 결의로 자본전입하는 경우에는 그 결의가 있는 때로부터 신주의 주주가 되는 것이며, 이사회 결의가 있는 경우에는 회사가 일정한 날을 정하여 그 날에 주주명부에 기재된 주주가 신주의 주주가 된다는 뜻을 그 날의 2주간 전에 공고하도록 하고 있다(상법 §461 ①, ③, ④). 한편, 주식배당의 경우에는 주식배당 결의가 있는 주주총회가 종결한 때로부터 신주의 주주가 된다(상법 §462의 2 ④).

따라서, 잉여금의 자본전입에 따라 지급받은 무상주의 귀속시기는 주주총회(또는 사원총회)에서 자본전입을 결의한 경우에는 그 결의일이 속하는 사업연도이고, 이사회의 결의에 의한 경우에는 공고에 의해 회사가 정한 날이 속하는 사업연도이다. 주식배당의 경우에는 주주총회에서 이익배당을 결의한 날이 속하는 사업연도가 익금의 귀속시기가 된다(법령 §13 1호).

4. 자기주식 보유상태에서 잉여금의 자본전입에 따른 의제배당

4-1. 의제배당금액의 계산

주주가 교부받은 무상주(주식배당 포함)가 의제배당으로 과세되기 위해서는 그 무상주의 원천이 법인세가 과세된 잉여금임을 전제로 한다. 즉, 법인세가 과세되지 않은 잉여금을 자본에 전입하면서 지급하는 무상주는 원칙적으로 의제배당 과세대상에서 제외된다.

그러나, 이에 대한 중대한 예외로서 의제배당 과세대상에서 제외되는 잉여금(주식발행액면초과액 등)의 자본전입이라 하더라도 다음의 경우를 모두 충족하는 때에는 그 증가한 지분율에 상당하는 주식 등의 가액을 의제배당으로 과세한다(법법 §16 ① 3호).

① 주식발행법인이 자기주식을 보유하고 있는 상태에서,
② 의제배당으로 과세되지 않는 잉여금을 자본에 전입하면서,
③ 자기주식에 배정할 무상주 상당액을 다른 주주에게 배정하거나, 자기주식에게 무상주를 배정하지 않음에 따라 다른 주주 등인 내국법인의 지분율이 증가한 경우

계산사례 - 2 자기주식에 무상주 미배정시의 의제배당액 계산

㈜삼일은 주식발행초과금 50,000,000원을 자본에 전입하고자 한다. ㈜삼일의 발행주식은 주당 액면금액 5,000원으로서 주식발행초과금의 자본전입으로 총 10,000주가 발행될 것이나 자기주식에는 무상주를 배정하지 않기로 한 경우, 각 주주별 의제배당액을 계산하라.

주주구성	자본전입 전		자본전입				의제배당 (ⓐ-ⓑ)
			자기주식에 미배정		자기주식에 배정		
	주식수	지분율	주식수	ⓐ 금액	주식수	ⓑ 금액	
개인주주	30,000주	30%	3,750주	18,750,000	3,000주	15,000,000	3,750,000
법인주주	50,000주	50%	6,250주	31,250,000	5,000주	25,000,000	6,250,000
자기주식	20,000주	20%	–	–	2,000주	10,000,000	–
합 계	100,000주	100%	10,000주	50,000,000	10,000주	50,000,000	10,000,000

당초 지분율대로 무상주를 배정할 경우 증가하는 주식수와 자기주식에 무상주를 배정하지 않았을 경우의 주식수 차이에 상당하는 가액만큼 의제배당으로 과세한다.

4-2. 의제배당의 귀속시기

자기주식 보유상태에서 잉여금을 자본전입함에 따른 의제배당의 귀속시기는 잉여금의 자본(또는 출자)에의 전입을 주주총회(또는 사원총회)에서 결의한 경우에는 그 결의일이 속하는 사업연도로 하고, 이사회의 결의에 의한 경우에는 상법 제461조 제3항의 규정에 따라 공고에 의해 회사가 정한 날이 속하는 사업연도로 한다(법령 §13 1호). 이에 대한 자세한 설명은 '3-4. 의제배당의 귀속시기'를 참조하기 바란다.

5. 해산시 해산법인의 주주에 대한 의제배당

5-1. 의제배당금액의 계산

영리내국법인이 해산하는 경우 그 법인은 청산절차에 의해서 잔여재산가액을 확정하고, 이 중 자기자본(납입자본금과 잉여금의 합계액)을 차감한 잔액에 대한 법인세를 납부한 후 그 잔여재산을 주주 등에게 지분율에 따라 분배하는 절차를 밟는다.

법인세법에서는 이러한 잔여재산 분배행위가 법인의 존속기간 중 법인의 내부에 유보시켰던 이익을 법인의 해산이라는 경제적 사건을 통하여 주주 등에게 배당하는 것을 의제함으로써 각 주주 등인 내국법인이 보유하는 지분의 취득가액을 초과하여 분배받은 재산의 가액을 각 사업연도 소득금액 계산상 익금에 산입하도록 규정하고 있다(법법 §16 ① 4호).

해산법인의 주주 등에 대한 의제배당금액 = 해산으로 인한 잔여재산 분배로서 취득하는 금전이나 그 밖의 재산가액 − 해당 주식 등을 취득하기 위하여 사용한 금액

5-2. 잔여재산 분배로서 주주 등이 취득하는 재산가액

잔여재산 분배로서 주주 등이 취득하는 금전 이외의 재산가액은 취득 당시의 시가에 의한다. 여기서 '시가'라 함은 법인세법 제52조의 규정에 의한 시가를 말한다(법령 §14 ① 2호).

5-3. 해당 주식 등을 취득하기 위하여 사용한 금액

유상으로 취득한 주식 등의 취득가액은 해당 주식 등을 취득하기 위하여 실제 소요된 금액이다. 한편, 무상으로 취득한 주식의 경우에는 해당 무상주를 교부받을 당시 의제배당으로 과세된 금액을 취득가액으로 한다.

이에 대한 자세한 설명은 '2-3. 해당 주식 등을 취득하기 위하여 소요된 금액'편을 참조하기 바란다.

5-4. 의제배당의 귀속시기

법인의 해산으로 인하여 해산법인의 주주 등이 보유하는 주식 등의 취득가액을 초과하여 분배받은 재산의 가액은 해당 해산법인의 잔여재산가액이 확정된 날이 속하는 사업연도에 익금에 산입한다(법령 §13 2호).

6. 합병시 피합병법인의 주주에 대한 의제배당

6-1. 의제배당금액의 계산

합병에 따라 소멸하는 법인(이하 "피합병법인"이라 함)의 주주 등인 내국법인이 합병에 따라 설립되거나 합병 후 존속하는 법인(이하 "합병법인"이라 함)으로부터 받는 합병대가(합병교부주식과 합병교부금 등 그 밖의 재산가액의 합계액)가 피합병법인의 주식 등을 취득하기 위하여 사용한 금액을 초과하는 금액은 이를 배당으로 의제하여 익금에 산입한다(법법 §16 ① 5호, ② 1호).

합병시 피합병법인의 주주 등에 대한 의제배당금액 = 피합병법인의 주주 등이 합병법인으로부터 받은 합병대가(*) − 피합병법인의 주식 등을 취득하기 위하여 사용한 금액

(*) 합병법인 또는 합병법인의 모회사(합병등기일 현재 합병법인의 발행주식총수 또는 출자총액을 소유하고 있는 내국법인을 말함)의 주식등의 가액과 금전이나 그 밖의 재산가액의 합계액

관련사례

- 1사업연도에 2회 합병시 의제배당금액 계산방법
  합병이 같은 회계연도에 2회 이상 있는 경우 의제배당의 계산은 합병시마다 하는 것으로, 예를 들어, 1차 합병으로 금융기관을 흡수합병한 금융기관이 같은 사업연도에 2차 합병으로 다른 금융기관에 흡수합병된 경우, 1·2차 합병시 피합병금융기관의 주주인 법인에 대한 의제배당소득금액은 합병시마다 계산하는 것이며, 이 때 피합병금융기관의 주주인 법인이 1차 합병시의 의제배당금액과 2차 합병에 의하여 취득한 주식의 액면가와의 차액은 2차합병일이 속하는 사업연도의 손금으로 할 수 없음(법인 46012-787, 2001. 6. 30.).
- 합병으로 인한 의제배당 계산시 부당행위계산 부인규정의 적용 여부
  특수관계에 있는 법인간의 합병에 있어서 합병당사법인의 주주 등인 법인이 다른 합병당사법인의 주주 등에게 이익을 분여한 경우에는 법인세법 시행령 제88조 제1항 제8호의 규정에 의하여 부당행위계산의 부인규정을 적용하는 것이나, "합병으로 인한 피합병법인의 청산소득 및 당해 법인의 주주에 대한 의제배당액" 계산시에는 부당행위계산 부인규정을 적용하지 않음(법인 46012-1178, 2000. 5. 19.).

6-2. 합병법인으로부터 받은 합병대가의 계산

6-2-1. 합병교부주식의 가액

(1) 2010년 7월 1일 이후 최초로 합병하는 분

1) 합병시 의제배당 과세이연 요건 등을 충족하는 합병의 경우

법인세법 제44조 제2항 제1호 및 제2호(주식 등의 보유와 관련된 부분은 제외하며, 이하 '합병시 의제배당 과세이연 요건'이라 함)의 요건을 모두 갖춘 합병의 경우와 법인세법 제44조 제3항(완전자법인 합병 등)에 해당하는 경우에는 해당 합병교부주식의 가액을 종전의 장부가액으로 평가한다. 다만, 합병대가 중 일부를 금전이나 그 밖의 재산으로 받은 경우로서 합병으로 취득한 주식 등을 시가(*)로 평가한 가액이 종전의 장부가액보다 작은 경우에는 시가(*)로 평가한다. 한편, 투자회사 등이 취득하는 주식 등의 경우에는 영(0)으로 평가한다(법령 §14 ① 1호 나목).

(*) 시가에 대하여 명확한 규정은 없으나, 법인세법 제52조의 규정에 의한 시가를 의미하는 것으로 보이며, 법인세법 시행령 제88조 제1항 제8호의 규정에 의하여 합병당사법인의 주주 등으로부터 분여받은 이익이 있는 경우에는 동 금액을 차감한 금액일 것으로 판단됨(법인 46012-861, 2001. 8. 6.).

한편, 다음의 요건을 모두 갖춘 외국법인간 합병의 경우에도 해당 합병교부주식의 가액을 종전의 장부가액으로 평가한다. 다만, 합병대가 중 일부를 금전이나 그 밖의 재산으로 받는 경우로서 합병으로 취득한 주식등을 시가로 평가한 가액이 종전의 장부가액보다 작은 경우에는 시가를 말한다(법령 §14 ① 1호의 2).

① 외국법인이 다른 외국법인의 발행주식총수 또는 출자총액을 소유하고 있는 경우로서 그

다른 외국법인에 합병되거나 내국법인이 서로 다른 외국법인의 발행주식총수 또는 출자총액을 소유하고 있는 경우로서 그 서로 다른 외국법인 간 합병될 것(내국법인과 그 내국법인이 발행주식총수 또는 출자총액을 소유한 외국법인이 각각 보유하고 있는 다른 외국법인의 주식 등의 합계가 그 다른 외국법인의 발행주식총수 또는 출자총액인 경우로서 그 서로 다른 외국법인 간 합병하는 것을 포함함)

② 합병법인과 피합병법인이 우리나라와 조세조약이 체결된 동일 국가의 법인일 것

③ 상기 ②에 따른 해당 국가에서 피합병법인의 주주인 내국법인에 합병에 따른 법인세를 과세하지 아니하거나 과세이연할 것

④ 상기 ①부터 ③까지의 사항을 확인할 수 있는 서류를 납세지 관할 세무서장에게 제출할 것

상기와 같이 합병교부주식의 가액을 종전의 장부가액으로 평가하도록 하는 것은 피합병법인 주주의 관점에서 볼 때 합병시 의제배당 과세이연 요건을 갖춘 합병의 경우 피합병법인의 주식 등이 합병법인의 주식 등으로 교체되는 것에 불과하므로 합병시점에 미실현이익을 의제배당으로 과세하지 않고 추후 주식을 처분할 때 과세되도록 하여 원활한 합병이 가능하도록 한 것이다.

2) 합병시 의제배당 과세이연 요건 등을 미충족하는 합병의 경우

상기 1)에서 언급한 합병 이외의 합병의 경우에는 합병교부주식의 가액을 시가(*)로 평가한다(법령 §14 ① 1호 나목, 라목).

(*) 시가라 함은 법인세법 제52조의 규정에 의한 시가를 의미하며, 법인세법 시행령 제88조 제1항 제8호의 규정에 의하여 합병당사법인의 주주 등으로부터 분여받은 이익이 있는 경우에는 중복과세를 방지하기 위해 동 금액을 차감한 금액으로 한다(법령 §14 ① 1호 라목).

상기와 같이 합병교부주식의 가액을 시가로 평가하도록 하는 것은 피합병법인 주주의 관점으로 볼 때 합병시 의제배당 과세이연 요건을 충족하지 못하는 합병의 경우에는 주식을 처분하고 현금으로 받은 것과 동일하므로 합병시점에 미실현이익이 실현된 것으로 보아 과세하기 위한 것이다.

계산사례 - 3 **2010. 7. 1. 이후 합병시 피합병법인의 주주에 대한 의제배당**

㈜삼일은 ㈜용산을 합병하고자 한다. 피합병법인인 ㈜용산의 합병 당시 재무상태표 및 합병법인인 ㈜삼일의 합병회계처리가 다음과 같을 경우, 과세이연요건 충족 여부에 따른 각 사례별 피합병법인의 자산양도소득금액, 피합병법인 주주의 합병시 의제배당금액을 계산하라. 단, ㈜삼일은 합병대가의 100%를 주식(액면금액 50, 시가 400)으로 교부하였고, 피합병법인인 ㈜용산의 구주주가 보유한 주식의 취득가액은 200이며, 포합주식과 합병법인이 대납한 법인세 등은 없는 것으로 가정한다.

피합병법인 ㈜용산의 합병직전 재무상태표

자 산	300	자 본 금	100
	(시가 400)	자 본 잉 여 금	50
		기타자본잉여금	50
		이 익 잉 여 금	100
	300		300

㈜삼일의 합병회계처리

(차) 자 산	400	(대) 자 본 금	50
		주식발행초과금	350

구 분		과세이연요건 충족	과세이연요건 미충족
피합병법인	양도가액 순자산 장부가액	300 (-)300	400 (-)300
	① 자산양도소득금액	0	100
피합병법인의 주주	합병대가 주식의 취득가액	200 (-)200	400 (-)200
	② 합병시 의제배당	0	200

(2) 2010년 6월 30일 이전 합병하는 분

1) 과세이연요건을 충족하고 합병교부주식의 시가가 액면가액을 초과하는 경우

과세이연요건(구 법법 §44 ① 1호, 2호)을 충족하고 합병교부주식의 시가가 액면가액을 초과하는 합병의 경우에는 당해 합병교부주식의 가액을 시가가 아닌 액면가액 또는 출자금액(투자회사 등(*)이 취득하는 주식 등의 경우에는 영으로 함)으로 평가하도록 함으로써 원칙적으로 피합병법인의 청산소득과 피합병법인의 주주에 대한 의제배당소득이 발생하지 않도록 하고 있다(구 법령 §14 ① 1호 가목, 다목). 여기서 합병교부주식의 '시가'는 구 법인세법 제52조의 규정에 따른 시가에서 구 법인세법 시행령 제88조 제1항 제8호의 규정에 의하여 합병당사법인의 주주로부터 분여받은 이익을 차감한 금액으로 한다(법인 46012-861, 2001. 8. 6.).

(*) 투자회사 등 : 구 자본시장과 금융투자업에 관한 법률에 따른 투자회사, 투자목적회사, 투자유한회사 및 투자합자회사(같은 법 제9조 제18항 제7호의 사모투자전문회사는 제외함)

2) 과세이연요건을 충족하지 못하거나 합병교부주식의 시가가 액면가액 이하인 경우

과세이연요건을 충족하지 못하거나 합병신주의 시가가 액면가액 이하인 합병의 경우에는 합병교부주식의 가액을 시가로 평가하되, 구 법인세법 시행령 제88조 제1항 제8호의 규정에 의하여 특수관계인으로부터 분여받은 이익이 있는 경우에는 그 금액을 차감한 금액으로 한다

(구 법령 §14 ① 1호 다목). 결국, 불공정 자본거래에 의하여 분여받은 이익이 없다면, 합병교부주식의 시가와 구주식의 취득가액의 차액 상당액이 의제배당으로 과세된다.

6-2-2. 주식 · 금전 이외 자산의 가액

합병대가 중 주식(또는 출자지분) · 금전 이외의 재산의 가액은 동 재산을 취득할 당시의 법인세법 제52조의 규정에 의한 시가로 평가한다(법령 §14 ① 2호).

6-2-3. 합병대가에 포함되지 않는 금액

(1) 2010년 7월 1일 이후 최초로 합병하는 분

합병대가 중 ① 합병법인이 합병등기일 전 취득한 피합병법인의 주식 등(신설합병 또는 3 이상의 법인이 합병하는 경우 피합병법인이 취득한 다른 피합병법인의 주식 등을 포함함)에 대한 합병신주 교부 간주액과 ② 합병법인이 대납한 피합병법인의 법인세 및 그 법인세(감면세액 포함)에 부과되는 국세와 지방세법 제88조 제2항에 따른 법인지방소득세는 합병대가에 포함하지 않는다(법칙 §7).

합병으로 인한 피합병법인에 대한 의제배당금액 산정시 상기 ①의 금액을 제외하는 이유는 합병법인이 합병 이전에 피합병법인의 주식 등을 취득한 경우 피합병법인의 주주에게는 주식양도차익에 대한 과세가 이루어졌기 때문에 피합병법인 주주에 대한 의제배당 과세시에는 동 금액을 제외하는 것이다.

(2) 2010년 6월 30일 이전 합병하는 분

합병으로 인한 의제배당금액 계산시의 합병대가에는 ① 포합주식(합병법인이 합병등기일 전 2년 이내에 취득한 피합병법인의 주식) 관련 가산금액과 ② 합병법인이 대납한 피합병법인의 청산소득에 대한 법인세 등 및 주민세 상당액은 포함시키지 않는다(구 법칙 §7).

관련사례

• 합병무효소송을 제기한 일부 주주에게 지급한 손해배상금
불공정합병이라고 주장하며 합병무효소송을 제기한 일부 주주에게 법정화해조건으로 지급한 손해배상금 중 정당한 합병비율에 따라 합병한 경우 합병법인이 지급하여야 할 금액 상당액은 합병시 피합병법인의 주주에 대한 의제배당소득에 포함됨(법인 22631-309, 1991. 3. 6.).

6-3. 피합병법인의 주식 등을 취득하기 위하여 사용한 금액

유상으로 취득한 주식 등의 취득가액은 그 주식 등을 취득하기 위하여 실제 사용한 금액이다.

한편, 무상으로 취득한 주식의 경우에는 그 무상주를 교부받을 당시 의제배당으로 과세된 금액을 취득가액으로 하며, 의제배당으로 과세되지 않은 무상주의 취득가액은 영으로 한다(법

령 §14 ①, ②).

이에 대한 자세한 설명은 '2-3. 해당 주식 등을 취득하기 위하여 사용한 금액'편을 참조하기 바란다.

6-4. 의제배당의 귀속시기

합병시 피합병법인의 주주에 대한 의제배당금액은 합병법인의 합병등기일이 속하는 사업연도에 익금에 산입한다(법령 §13 3호).

7. 분할시 분할법인 등의 주주에 대한 의제배당

7-1. 의제배당금액의 계산

분할법인 또는 소멸한 분할합병의 상대방 법인(이하 "분할법인 등"이라 함)의 주주인 내국법인이 분할신설법인 또는 분할합병의 상대방 법인(이하 "분할신설법인 등"이라 함)으로부터 분할로 인하여 취득하는 주식(분할합병의 경우에는 분할등기일 현재 분할합병의 상대방 법인의 발행주식총수 또는 출자총액을 소유하고 있는 내국법인의 주식을 포함)의 가액과 금전이나 그 밖의 재산가액의 합계액이 그 분할법인 등의 주식(분할법인이 존속하는 경우 소각 등에 의하여 감소된 주식에 한함)을 취득하기 위하여 사용한 금액을 초과하는 금액은 이를 배당으로 의제하여 익금에 산입한다(법법 §16 ① 6호, ② 2호).

분할법인 등의 주주에 대한 의제배당금액	=	분할법인 등의 주주가 분할신설법인 등으로부터 받은 분할대가	-	분할법인 등의 주식을 취득하기 위하여 사용한 금액

7-2. 분할신설법인 등으로부터 받은 분할대가의 계산

7-2-1. 분할교부주식의 가액

(1) 2010년 7월 1일 이후 최초로 분할하는 분

1) 분할시 의제배당 과세이연 요건을 충족하는 분할의 경우

법인세법 제46조 제2항 제1호 및 제2호(주식 등의 보유와 관련된 부분은 제외하며, 이하 '분할시 의제배당 과세이연 요건'이라 함)의 요건을 모두 갖춘 분할의 경우에는 해당 분할교부주식의 가액을 종전의 장부가액으로 평가한다. 다만, 분할대가 중 일부를 금전이나 그 밖의 재산으로 받은 경우로서 분할로 취득한 주식 등을 시가(*)로 평가한 가액이 종전의 장부가액보다 작은 경우에는 시가(*)로 평가한다. 한편, 투자회사 등이 취득하는 주식 등의 경우에는 영(0)으로 평가한다(법령 §14 ① 1호 나목).

(*) 시가에 대하여 명확한 규정은 없으나, 법인세법 제52조의 규정에 의한 시가를 의미하는 것으로 보이며, 법인세법 시행령 제88조 제1항 제8호의 불공정자본거래로 인하여 특수관계인으로부터 분여받은 이익이 있는 경우에는 동 금액을 차감한 금액일 것으로 판단됨(법인 46012-861, 2001. 8. 6.).

상기와 같이 분할교부주식의 가액을 종전의 장부가액으로 평가하도록 하는 것은 분할법인 주주의 관점에서 볼 때 분할시 의제배당 과세이연 요건을 갖춘 분할의 경우 분할법인 등의 주식 등이 분할신설법인 등의 주식 등으로 교체되는 것에 불과하므로 분할시점에 미실현이익을 의제배당으로 과세하지 않고 추후 주식을 처분할 때 과세되도록 하여 원활한 분할이 가능하도록 한 것이다.

2) 분할시 의제배당 과세이연 요건을 미충족하는 분할의 경우

상기 1)에서 언급한 분할 이외의 분할의 경우에는 분할교부주식의 가액을 시가(*)로 평가한다(법령 §14 ① 1호 나목, 라목).

(*) 시가라 함은 법인세법 제52조의 규정에 의한 시가를 의미하며, 법인세법 시행령 제88조 제1항 제8호의 불공정자본거래로 특수관계인으로부터 분여받은 이익이 있는 경우에는 중복과세를 방지하기 위해 동 금액을 차감한 금액으로 한다(법령 §14 ① 1호 라목).

상기와 같이 분할교부주식의 가액을 시가로 평가하도록 하는 것은 분할법인 주주의 관점에서 볼 때 분할시 의제배당 과세이연 요건을 미충족하는 분할의 경우에는 주식을 처분하고 현금으로 받은 것과 동일하므로 분할시점에 미실현이익이 실현된 것으로 보아 과세하기 위한 것이다.

(2) 2010년 6월 30일 이전 분할하는 분

1) 과세이연요건을 충족하고 분할교부주식의 시가가 액면가액보다 큰 경우

과세이연요건(구 법법 §46 ① 1호, 2호)을 충족하고 분할교부주식의 시가가 액면가액을 초과하는 분할의 경우에는 당해 분할교부주식의 가액을 시가가 아닌 액면가액 또는 출자금액(투자회사 등(*)이 취득하는 주식 등의 경우에는 영으로 함)으로 평가한다(구 법령 §14 ① 1호 가목, 다목). 여기서 분할교부주식의 '시가'는 구 법인세법 제52조의 규정에 따른 시가에서 구 법인세법 시행령 제88조 제1항 제8호의 규정에 의하여 합병당사법인의 주주로부터 분여받은 이익을 차감한 금액으로 한다(법인 46012-861, 2001. 8. 6.).

(*) 투자회사 등 : 구 자본시장과 금융투자업에 관한 법률에 따른 투자회사, 투자목적회사, 투자유한회사 및 투자합자회사(같은 법 제9조 제18항 제7호의 사모투자전문회사는 제외함)

2) 과세이연요건을 충족하지 못하거나 분할교부주식의 시가가 액면가액 이하인 경우

과세이연요건을 충족하지 못하거나 분할신주의 시가가 액면가액 이하인 분할의 경우에는 분할신주의 가액을 시가로 평가하되, 구 법인세법 시행령 제88조 제1항 제8호의 규정에 의하여 특수관계인으로부터 분여받은 이익이 있는 경우에는 그 금액을 차감한 금액으로 한다(구 법령 §14 ① 1호 다목). 결국, 불공정 자본거래에 의하여 분여받은 이익이 없다면, 분할신주의 시가와 구주식의 취득가액의 차액 상당액이 의제배당으로 과세된다.

7-2-2. 주식 · 금전 이외 자산의 가액

분할대가 중 주식 · 금전 이외의 재산의 가액은 동 재산을 취득할 당시의 법인세법 제52조의 규정에 의한 시가로 평가한다(법령 §14 ① 2호).

7-2-3. 분할대가에 포함되지 않는 금액

(1) 2010년 7월 1일 이후 최초로 분할하는 분

분할대가 중 ① 분할합병의 경우 분할합병의 상대방법인이 분할등기일 전 취득한 분할법인의 주식(*)에 대한 분할합병 신주 교부 간주액과 ② 분할신설법인 등이 대납한 분할법인의 법인세 및 그 법인세(감면세액을 포함)에 부과되는 국세와 지방세법 제88조 제2항에 따른 법인지방소득세는 분할대가에 포함하지 않는다(법칙 §7).

(*) 신설분할합병 또는 3 이상의 법인이 분할합병하는 경우에는 분할등기일 전 분할법인이 취득한 다른 분할법인의 주식(분할합병으로 분할합병의 상대방법인이 승계하는 것에 한정함), 분할등기일 전 분할합병의 상대방법인이 취득한 소멸한 분할합병의 상대방법인의 주식 또는 분할등기일 전 소멸한 분할합병의 상대방법인이 취득한 분할법인의 주식과 다른 소멸한 분할합병의 상대방법인의 주식을 포함함(법령 §82 ① 2호).

(2) 2010년 6월 30일 이전 분할하는 분

분할로 인한 의제배당금액 계산시의 분할대가에는 ① 포합주식(분할합병의 상대방법인 또는 소멸한 분할합병의 상대방법인이 분할등기일 전 2년 이내에 취득한 분할법인의 주식) 관련 가산금액과 ② 분할신설법인 등이 대납한 분할법인의 청산소득에 대한 법인세 등 및 주민세 상당액은 포함하지 않는다(구 법칙 §7).

상기의 ①과 ②의 금액은 분할 후 존속법인의 소득금액 또는 분할 후 해산법인의 청산소득금액 계산시의 분할대가에는 포함되나, 분할법인의 주주에 대한 의제배당금액 산정시에는 포함되지 않는다.

7-3. 분할법인 등의 주식 등을 취득하기 위하여 사용한 금액

7-3-1. 유상취득한 주식 등의 취득가액

유상으로 취득한 주식 등의 취득가액은 그 주식을 취득하기 위하여 실제 사용한 금액으로 하되, 분할법인이 존속하는 경우 소각 등으로 인하여 감소된 주식의 취득가액은 다음 산식에 의하여 계산한다(법기통 16-0…1).

$$\text{분할 전 법인주식 취득가액} \times \frac{\text{분할등기일 현재 감소한 분할법인의 자기자본 (자본금과 잉여금의 합계액 중 분할로 인하여 감소되는 금액)}}{\text{분할 전 해당 법인의 자기자본}}$$

7-3-2. 무상주의 취득가액

① 의제배당으로 과세된 무상주의 취득가액

무상주를 교부받을 당시에 액면가액 또는 출자금액(주식배당의 경우에는 발행가액, 투자회사 등(*)의 경우에는 영으로 함)을 익금에 산입하였으므로 그 가액을 취득가액으로 한다(법령 §14 ① 1호 가목, 다목). 다만, 분할법인이 존속하는 경우 소각 등으로 인하여 감소된 주식의 취득가액은 분할로 인하여 감소한 분할법인의 자기자본이 분할 전 분할법인의 자기자본에서 차지하는 비율에 상당하는 금액으로 한다.

(*) 투자회사 등 : 자본시장과 금융투자업에 관한 법률에 따른 투자회사, 투자목적회사, 투자유한회사, 투자합자회사(같은 법 제9조 제19항 제1호의 기관전용 사모집합투자기구는 제외함) 및 투자유한책임회사

② 의제배당으로 과세되지 않은 무상주의 취득가액

주식발행법인이 의제배당으로 과세되지 않는 자본잉여금(주식발행액면초과액 등)을 자본에 전입함에 따라 해당 법인의 주주 등이 지급받는 무상주는 의제배당으로 과세되지 아니하므로, 이러한 무상주의 취득가액은 영으로 한다(법령 §14 ②).

계산사례 - 4 **2010. 7. 1. 이후 분할시 분할법인의 주주에 대한 의제배당**

㈜용산은 가전과 통신사업부문 중 가전사업부문을 분할(비례적 인적분할)하여 ㈜용산가전을 설립하고자 한다. 가전부문의 분할 당시 재무상태표 및 분할신설법인의 분할회계처리가 다음과 같을 때, 분할법인의 자산양도소득금액, 분할법인 주주의 분할시 의제배당금액을 계산하라. 단, 분할법인인 ㈜용산의 구주주(법인)가 보유한 주식의 취득가액을 자기자본비율로 안분계산한 가전사업부문의 취득가액은 200이며, ㈜용산가전은 분할대가의 100%를 주식(액면가액 50, 시가 400)으로 지급하였고, 분할신설법인이 대납한 세금은 없는 것으로 가정한다.

가전사업부문의 분할직전 재무상태표

자 산	300	자 본 금	100
(시가 400)		자 본 잉 여 금	50
		기타자본잉여금	50
		이 익 잉 여 금	100
	300		300

㈜용산가전의 분할회계처리

(차) 자 산	400	(대) 자 본 금	50
		주식발행초과금	350

한국채택국제회계기준(K-IFRS)에서는 명시적인 규정이 존재하지 아니하며, 일반기업회계기준의 경우 비례적 인적분할의 경우에는 분할법인의 자산·부채를 장부가액으로 승계하도록 하고 있으므로 실무에서는 인적분할의 경우 자산·부채를 시가로 승계하는 경우는 거의 발생하지 아니할 것이나, 본 사례에서는 설명편의상 자산·부채를 시가로 승계하는 비례적 인적분할의 경우를 가정하여 설명한 것임을 유의하기 바란다.

구 분		과세이연요건 충족	과세이연요건 미충족
분할법인	양도가액 순자산 장부가액	300 (-)300	400 (-)300
	① 자산양도소득금액	0	100
분할법인의 주주	분할대가 주식의 취득가액	200 (-)200	400 (-)200
	② 분할시 의제배당	0	200

7-4. 의제배당의 귀속시기

분할법인 또는 소멸한 분할합병의 상대방법인의 주주에 대한 의제배당금액은 분할신설법인 등의 분할등기일이 속하는 사업연도에 익금에 산입한다(법령 §13 4호).

Step Ⅱ 서식의 이해

예제

사 례

㈜삼일의 ㈜용산에 대한 투자주식의 시기별 변동내용이 다음과 같은 경우, 각 시기별 일반기업회계기준에 의한 회계처리와 주식처분손익 및 의제배당과 관련된 세무조정을 하라. 단, ㈜삼일은 총평균법에 따라 매도가능증권을 평가하고 있으며(관할 세무서장에게 신고한 유가증권평가방법도 동일함), ㈜용산의 발행주식의 1주당 액면가액은 5,000원이다.

2년 이내 (2021. 5. 1. ~ 2023. 4. 1.)

2020. 1. 1.	2021. 5. 1.	2021. 9. 1.	2022. 2. 1.	2023. 4. 1.	2024. 2. 1.
① 유상취득 1,000주 (매입단가 6,000원)	② 1차 무상주 취득 300주 (이익준비금 자본전입)	③ 2차 무상주 취득 200주 (주식발행초과금 자본전입)	④ 주식처분 300주 (양도단가 6,500원)	⑤ 주식소각 300주 (유상감자단가 7,000원)	⑥ 주식처분 900주 (양도단가 8,000원)

해 설

1. 2022. 2. 1. 처분되는 주식의 구분 및 처분손익의 계산

(1) 처분주식(300주)의 구분

주식구분	처분되는 주식수 계산		잔여 주식수	
① 주식	300 × 1,000 / 1,500	200주	1,000 − 200	800주
② 주식	300 × 300 / 1,500	60주	300 − 60	240주
③ 주식	300 × 200 / 1,500	40주	200 − 40	160주
합 계		300주		1,200주

(2) 처분손익의 계산

구 분	기업회계		세무회계	
양도가액	300×6,500	1,950,000	300×6,500	1,950,000
취득가액	300×6,000,000/1,500 (@ 4,000/주)	1,200,000	300×7,500,000/1,500 (@ 5,000/주)	1,500,000
처분손익		750,000		450,000

※ 회계상 또는 세무상 주식처분손익은 회사가 적용한(신고한) 평가방법(총평균법)에 따라 산정하는 것이며, 의제배당액 계산과는 달리 2차 무상주 취득분(③ 주식)을 먼저 양도하는 것으로 보는 것은 아니다.

2. 2023. 4. 1. 유상감자시 의제배당금액의 계산

(1) 소각주식(300주)의 구분 및 취득가액의 계산

주식구분	소각 전 주식수	소각주식수(*1)	취득가액(*2)	소각 후 주식수
③ 주식	160주	160주	-	-
② 주식	240주	32주	184,615	208주
① 주식	800주	108주	623,077	692주
합 계	1,200주	300주	807,692	900주

(*1) 소각주식수

③ 주식의 잔여분 160주가 우선 소각되는 것으로 보며, 나머지 140주는 ①과 ② 주식이 각 주식수에 비례하여 소각된 것으로 본다.

① 주식의 소각수량 : 140주 × 800주 / (240주 + 800주) = 108주

② 주식의 소각수량 : 140주 × 240주 / (240주 + 800주) = 32주

(*2) 소각주식의 취득가액 계산(과세되지 않은 무상주인 ③ 주식의 취득원가는 0으로 봄)

=(160주 × 0) + 140주 × [(800주 × 6,000 + 240주 × 5,000) / 1,040주] = 807,692

- 소각되는 ① 주식의 취득가액 : 807,692 × 108주 / 140주 = 623,077
- 소각되는 ② 주식의 취득가액 : 807,692 × 32주 / 140주 = 184,615
- 소각 후 1주당 장부가액 = 세무상 장부가액 / 소각 후 주식수 = 5,129,308 / 900 = 5,769.23

(2) 의제배당금액의 계산

= 주식소각에 따라 지급받은 금전 및 기타 재산의 가액 - 소각되는 주식의 취득가액

= (300주 × 7,000) - 807,692 = 1,292,308

3. 2024. 2. 1. 처분되는 주식의 처분손익 계산

구 분	기업회계		세무회계	
양도가액	900 × 8,000	7,200,000	900 × 8,000	7,200,000
취득가액	900 × 3,000	2,700,000	900 × 5,769.23	5,192,308
처분손익		4,500,000		2,007,692

4. 회계처리 및 세무조정

일 자	기업회계	세무회계	세무조정
2020.1.1.	매도가능증권 6,000,000 /현금및현금성자산 6,000,000	유가증권 6,000,000 /현금및현금성자산 6,000,000	–
2021.5.1.	–	유가증권 1,500,000 /의제배당 1,500,000	〈익산〉 유가증권 1,500,000 (유보)
2021.9.1.	–	–	–
2022.2.1.	현금및현금성자산 1,950,000 /매도가능증권 1,200,000 처 분 이 익 750,000	현금및현금성자산 1,950,000 /유가증권 1,500,000 처분이익 450,000	〈익불〉 유가증권 300,000 (△유보)
2023.4.1.	현금및현금성자산 2,100,000 /매도가능증권 2,100,000	현금및현금성자산 2,100,000 /유가증권 807,692 의제배당 1,292,308	〈익산〉 유가증권 1,292,308 (유보)
2024.2.1.	현금및현금성자산 7,200,000 /매도가능증권 2,700,000 처 분 이 익 4,500,000	현금및현금성자산 7,200,000 /유가증권 5,192,308 처분이익 2,007,692	〈익불〉 유가증권 2,492,308 (△유보)

5. 소득금액조정합계표 〔별지 제15호 서식〕 작성 (다음 page 참조)

[별지 제15호 서식] (2022. 3. 18. 개정)

사업연도		소득금액조정합계표	법 인 명	(주)삼일
			사업자등록번호	

익금산입 및 손금불산입				손금산입 및 익금불산입			
① 과 목	② 금 액	③ 소득처분		④ 과 목	⑤ 금 액	⑥ 소득처분	
		처분	코드			처분	코드
(2021. 5. 1.)							
유가증권	1 500 000	유보	400				
(2022. 2. 1.)							
				유가증권	300 000	유보	100
(2023. 4. 1.)							
유가증권	1 292 308	유보	400				
(2024. 2. 1.)							
				유가증권	2 492 308	유보	100
합 계				합 계			

자기주식

관련 법령	• 법법 §16, §20 • 법령 §12

제8절

자기주식 8

Step I 내용의 이해

1. 개 요

자기주식이란 회사가 외부에 발행한 주식 중 일부를 재매입하거나 증여받아 회사가 보유하고 있는 주식을 말한다. 상법에서는 회사가 다음의 방법에 따라 자기의 명의와 계산으로 배당가능이익 한도 내에서 자기주식을 취득할 수 있다(상법 §341 ① 및 상법 시행령 §9 ①).

① 거래소에서 시세가 있는 주식의 경우에는 거래소에서 취득하는 방법
② 주식의 상환에 관한 종류주식의 경우(상법 §345 ①) 외에 각 주주가 가진 주식 수에 따라 균등한 조건으로 취득하는 것으로서 다음의 어느 하나에 해당하는 방법
  ㉠ 회사가 모든 주주에게 자기주식 취득의 통지 또는 공고를 하여 주식을 취득하는 방법
  ㉡ 자본시장과 금융투자업에 관한 법률 제133조부터 제146조까지의 규정에 따른 공개매수의 방법

상기의 규정에 따라 자기주식을 취득하려는 회사는 미리 주주총회의 결의로 다음의 사항을 결정하여야 하는데, 이사회의 결의로 이익배당을 할 수 있다고 정관으로 정하고 있는 경우에는 이사회의 결의로써 주주총회의 결의를 갈음할 수 있다(상법 §341 ②).

① 취득할 수 있는 주식의 종류 및 수
② 취득가액의 총액의 한도
③ 1년을 초과하지 아니하는 범위에서 자기주식을 취득할 수 있는 기간

다만, 다음의 어느 하나에 해당하는 경우에는 상기의 규정에 불구하고 배당가능이익이 없더라도 자기주식을 취득할 수 있다(상법 §341의 2).

① 회사의 합병 또는 다른 회사의 영업 전부의 양수로 인한 경우
② 회사의 권리를 실행함에 있어 그 목적을 달성하기 위하여 필요한 경우
③ 단주의 처리를 위하여 필요한 경우
④ 주주가 주식매수청구권을 행사한 경우

회사가 보유하는 자기주식을 처분하는 경우에는 처분할 주식의 종류와 수, 처분가액과 납입기일, 주식을 처분할 상대방 및 처분방법에 관하여 정관에 규정이 없으면 이사회가 결정하여야 한다(상법 §342).

한편, 주권상장법인은 상법 이외에 자본시장과 금융투자업에 관한 법률 제165조의 3의 규정에 의하여도 자기주식을 취득할 수 있으며, 그 취득의 방법은 다음과 같다. 이 경우 그 취득금액은 상법의 규정(상법 §462 ①)에 따른 이익배당을 할 수 있는 한도 이내이어야 한다.

① 거래소에서 시세가 있는 주식의 경우에는 거래소에서 취득하는 방법(상법 §341 ① 1호)
② 주식의 상환에 관한 종류주식의 경우(상법 §345 ①) 외에 각 주주가 가진 주식 수에 따라 균등한 조건으로 취득하는 것으로서 다음의 어느 하나에 해당하는 방법(상법 §341 ① 2호)
   ㉠ 회사가 모든 주주에게 자기주식 취득의 통지 또는 공고를 하여 주식을 취득하는 방법
   ㉡ 자본시장과 금융투자업에 관한 법률 제133조부터 제146조까지의 규정에 따른 공개매수의 방법
③ 신탁계약에 따라 자기주식을 취득한 신탁업자로부터 신탁계약이 해지되거나 종료된 때 반환받는 방법. 다만, 신탁업자가 해당 법인의 자기주식을 ① 또는 ②에 따라 취득한 경우로 한정함.

2. 자기주식의 취득, 매각 및 소각

2-1. 자기주식의 취득

2-1-1. 자기주식을 유상으로 취득한 경우

(1) 기업회계

기업회계기준상 발행기업이 매입 등을 통하여 취득하는 자기주식은 취득원가를 자기주식의 과목으로 하여 자본에서 차감하는 형식으로 기재한다(K-IFRS 1032호 문단 33 및 일반기준 15장 문단 15.8). 이 때 그 취득목적에 따라 각각을 별개의 종목으로 간주하고, 이를 총평균법 또는 이동평균법을 적용하여 취득원가를 산정한다(금감원 2002-077, 2002. 12. 31.).

(2) 법인세법

법인세법에서는 자기주식을 자산의 범위에 포함하고 있으므로, 타인으로부터 매입한 경우 매입가액에 부대비용을 더한 금액을 취득가액으로 계상하여야 한다(법법 §41 ① 1호).

한편, 자기주식의 취득가액은 해당 주식의 취득목적에 따라 매각목적 자기주식과 소각목적 자기주식으로 구분하여 법인세법 시행령 제75조(유가증권 등의 평가)를 적용한다(법기통 15-11…7 ②).

2-1-2. 자기주식을 무상으로 받는 경우

(1) 기업회계

기업회계기준상 자기주식은 자산이 아닌 자본의 차감항목이므로 무상으로 수증받은 자기주식의 취득에 대하여는 별도의 회계처리를 하지 않는다(실무의견서 [2001-13], 2001. 12. 19.). 이때 자기주식의 무상수증으로 인한 법인세부담액은 적절한 계정과목(예 : 자기주식 무상수증관련 법인세부담액 등)으로 하여 자본조정의 차감항목으로 표시한다(금감원 2002-026, 2002. 12. 31.).

(2) 법인세법

법인세법상으로는 자기주식을 자산으로 취급하므로, 법인이 자기주식을 상법상의 적법한 감자절차에 의하지 아니하고 주주로부터 무상으로 기증받은 경우에는 이월결손금의 보전에 충당한 경우 등을 제외하고는 기증받을 당시의 가액을 실제로 기증받은 날이 속하는 사업연도의 소득금액계산시 익금에 산입한다(법인 46012-2379, 1997. 9. 9.).

2-2. 자기주식의 매각

2-2-1. 기업회계

기업회계기준상 자기주식의 매각에 따른 처분손익은 자본거래로 보아 당기 손익으로 처리하지 아니한다. 즉, 자기주식처분이익은 자본잉여금의 항목으로 처리하고, 자기주식처분손실은 자기주식처분이익으로 계상된 기타자본잉여금과 우선적으로 상계하고 그 잔액은 자본조정으로 계상한 후, 결손금의 처리순서에 준하여 처리한다(K-IFRS 1032호 문단 33 및 일반기준 15장 문단 15.9).

2-2-2. 법인세법

법인세법상 자기주식을 매각함으로써 생긴 손익은 익금 또는 손금에 산입한다. 다만, 고가매입 또는 저가양도액은 그러하지 아니한다(법기통 15-11…7). 즉, 법인이 취득한 자기주식도 다른 유가증권과 마찬가지로 양도성 있는 자산으로 보아 자기주식처분을 자본거래가 아닌 과세대상이 되는 손익거래로 보는 것이다(국심 90광 950, 1990. 8. 13.).

관련사례

- 합병대가로 발행한 교환사채에 대해 자기주식을 교부하는 경우 처분손실의 손금산입 여부
  합병법인이 합병대가로 피합병법인의 주주에게 교환사채를 발행하고 합병 이후 주식교환권 행사 시 합병법인이 합병대가 상당액의 자기주식을 교부하기로 약정한 경우, 당해 거래는 경제적 실질상 주주에 대한 합병대가의 지급에 해당하는 것으로서, 자기주식 교부에 따른 처분손실은 손금에 산입하지 않는 것임(재법인-939, 2016. 9. 27.).
- 합병법인이 피합병법인의 주주에게 자기주식 교부시 자본거래인지 여부
  합병법인이 피합병법인의 주주에게 합병대가로 합병법인이 보유하고 있는 자기주식을 교부하는 거래는 자본거래로 봄(재법인 46012-33, 2003. 2. 27.).

2-3. 자기주식의 소각

2-3-1. 기업회계

기업회계기준상 자기주식의 소각에 따른 처분이익(자기주식소각이익)은 감자차익으로 하여 자본잉여금으로 회계처리하고, 자기주식소각손실은 감자차익의 범위 내에서 상계처리하고 미상계된 잔액이 있는 경우에는 자본조정의 감자차손으로 회계처리한다(K-IFRS 1032호 문단 33 및 일반기준 15장 문단 15.10).

2-3-2. 법인세법

법인세법상 자기주식을 취득하여 소각함으로써 생긴 손익은 각 사업연도 소득계산상 익금 또는 손금에 산입하지 아니한다(법기통 15-11…7).

관련사례

- 자본감소를 목적으로 자기주식 저가매입시 익금산입 여부
  법인이 자본의 감소를 목적으로 특수관계자인 개인으로부터 자기주식을 시가에 미달하는 가액으로 매입하는 경우 그 차액에 대하여 익금에 산입하지 아니함(서면2팀-795, 2006. 5. 9.).
- 합병으로 인한 자기주식 저가매입시 익금산입 여부
  합병시 합병 반대 주주의 주식매수청구권 행사로 인하여 법인이 특수관계자인 개인주주로부터 자기주식을 시가에 미달하는 가액으로 취득하는 경우 시가와 당해 매입가액의 차액에 상당하는 금액은 익금에 산입하는 것임(서면2팀-2011, 2004. 9. 30.).

계산사례 **자기주식의 매각 · 소각에 따른 회계처리 및 세무조정**

㈜삼일은 당해 사업연도(2024. 1. 1.~2024. 12. 31.)에 보유 중인 자기주식(취득가액 : 5억원) 중 일부(취득가액 : 2.5억원)를 매각하고 나머지 일부는 소각하였다. 이 경우 회계처리 및 세무조정은 다음과 같다.

(1) 매각금액이 3억원인 경우

• 회계처리

(차)	현금및현금성자산	300,000,000	(대) 자 기 주 식	250,000,000
			자기주식처분이익 (자본잉여금)	50,000,000

• 세무조정

〈익금산입〉 자기주식처분이익 50,000,000 (기타)

(2) 소각하는 경우(자기주식의 액면금액은 2억원)

• 회계처리

(차)	자 본 금	200,000,000	(대) 자 기 주 식	250,000,000
	감자차손(자본조정)	50,000,000		

• 세무조정

자기주식소각손실은 각 사업연도 소득계산상 손금에 해당하지 아니하므로 세무조정은 없음.

3. 자기주식소각이익의 자본전입시 의제배당

자기주식소각이익은 법인세가 과세되지 않는 자본잉여금에 해당한다. 다만, 다음의 경우에는 법인이 자기주식을 처분하여 그 이익을 주주에게 배당할 수 있음에도 불구하고 자기주식을 소각한 후 소각하여 생긴 이익을 자본전입함으로써 과세를 회피하는 것을 방지하기 위하여 의제배당으로 과세한다(법법 §16 ① 2호 가목 및 법령 §12 ① 2호).

① 소각 당시 자기주식의 시가가 취득가액을 초과하거나
② 소각일로부터 2년 이내에 자본에 전입하는 경우

4. 자기주식 보유상태에서 잉여금의 자본전입에 따른 의제배당

주주 또는 출자자(이하 “주주 등”)가 교부받은 무상주(주식배당 포함)가 의제배당으로 과세되기 위해서는 당해 무상주의 원천이 법인세가 과세된 잉여금임을 전제로 하나, 이에 대한 중대한 예외로서 의제배당과세에서 제외되는 잉여금(주식발행액면초과액 등)의 자본전입이라 하더라도 다음의 경우를 모두 충족하는 때에는 그 증가한 지분율에 상당하는 주식 또는 출자지분(이하

"주식 등")의 가액을 의제배당으로 과세한다(법법 §16 ① 3호).

① 주식발행법인이 자기주식을 보유하고 있는 상태에서
② 의제배당으로 과세되지 않는 잉여금을 자본에 전입하면서
③ 자기주식에 배정할 무상주 상당액을 다른 주주 등에게 배정하거나 자기주식에게 무상주를 배정하지 않음에 따라 다른 주주 등인 내국법인의 지분율이 증가한 경우

이에 대한 계산사례는 '제2편 제2장 제7절 의제배당'을 참고하기로 한다.

리스거래

관련 법령	• 법령 §24 • 법칙 §13, §35

제9절

리스거래

9

Step Ⅰ 내용의 이해

1. 리스의 개념

리스란 물건의 소유자 등이 임대료를 지급받는 것을 조건으로 타인에게 그 물건을 사용하도록 하는 계약으로 민법상의 임대차계약을 포함하는 개념이나, 최근의 리스의 개념은 주로 기계설비 등의 고정자산을 구입하는 데 필요한 자금조달의 금융적 기능을 강조하는 형태가 되고 있다. 즉, 명목상으로는 임대차계약을 맺고 있으나 실질적으로는 물적 금융의 성격을 가지고 있다.

한국채택국제회계기준(K-IFRS)은 리스를 대가와 교환하여 자산(기초자산)의 사용권을 일정기간 이전하는 계약이나 계약의 일부로 정의하고 있으며, 일반기업회계기준은 리스제공자가 자산의 사용권을 합의된 기간 동안 리스이용자에게 이전하고 리스이용자는 그 대가로 사용료를 리스제공자에게 지급하는 계약으로 정의하고 있다(K-IFRS 1116호 부록A 및 일반기준 13장 문단 13.4).

이러한 리스의 회계처리와 공시에 필요한 사항에 대하여는 제1116호 및 제13장에서 규정하고 있는데, 다음에 대하여는 동 기준을 적용하지 아니한다(K-IFRS 1116호 문단 3 및 일반기준 13장 문단 13.2).

K-IFRS 1116호	일반기준 13장
(1) 광물, 석유, 천연가스, 이와 비슷한 비재생 천연자원을 탐사하거나 사용하기 위한 리스 (2) 리스이용자가 보유하는, K-IFRS 제1041호 '농림어업'의 적용범위에 포함되는 생물자산 리스 (3) K-IFRS 해석서 제2112호 '민간투자사업'의 적용범위에 포함되는 민간투자사업 (4) 리스제공자가 부여하는, K-IFRS 제1115호 '고	(1) 광물, 석유, 천연가스 등 소모성 천연자원의 개발이나 사용에 관한 계약 (2) 특허권, 저작권, 영화필름, 비디오 녹화물, 원고 등에 대한 라이선스 계약 ※ 한편, 일반기준 13장(리스)은 다음의 측정기준으로 적용하지 않음.

K-IFRS 1116호	일반기준 13장
객과의 계약에서 생기는 수익'의 적용범위에 포함되는 지적재산 라이선스 (5) K-IFRS 제1038호 '무형자산'의 적용범위에 포함되는, 라이선싱 계약에 따라 영화필름, 비디오 녹화물, 희곡, 원고, 특허권, 저작권과 같은 항목에 대하여 리스이용자가 보유하는 권리	(1) 리스이용자가 금융리스로 보유하는 생물자산(일반기준 27장 '특수활동' 제1절 '농림어업' 참조) (2) 리스제공자가 운용리스로 제공하는 생물자산(일반기준 27장 '특수활동' 제1절 '농림어업' 참조)

2. 리스의 분류

2-1. 기업회계

리스는 리스자산(K-IFRS의 경우 기초자산)의 소유에 따른 위험과 보상이 리스이용자에게 이전되는 정도에 따라 금융리스와 운용리스로 분류한다. 즉, 리스자산을 소유함으로써 발생한 위험과 보상이 리스이용자에게 대부분 이전된다고 판단되면 이는 리스이용자에게 실질적으로 양도되었다고 볼 수 있으므로 금융리스로 분류하고 그 외의 경우에는 운용리스로 분류한다(K-IFRS 1116호 문단 61~63 및 일반기준 13장 문단 13.5). 다만, 한국채택국제회계기준(K-IFRS)에서는 리스기간이 12개월을 초과하고 기초자산이 소액이 아닌 모든 리스에 대하여 리스이용자가 사용권자산과 리스부채를 인식하도록 요구하고 있다(K-IFRS 1116호 IN10).

리스는 계약의 형식보다는 거래의 실질에 따라 분류하여야 하며, 다음 중 하나 또는 그 이상에 해당하면 일반적으로 금융리스로 분류한다(K-IFRS 1116호 문단 63 및 일반기준 13장 문단 13.6).

① 리스기간 종료시 또는 그 이전에 리스자산의 소유권이 리스이용자에게 이전되는 경우
② 리스실행일 현재 리스이용자가 염가매수선택권을 가지고 있고, 이를 행사할 것이 확실시되는 경우(K-IFRS의 경우 리스이용자가 선택권을 행사할 수 있는 날의 공정가치보다 충분히 낮을 것으로 예상되는 가격으로 기초자산을 매수할 수 있는 선택권을 가지고 있고, 그 선택권을 행사할 것이 리스약정일 현재 상당히 확실한 경우)
③ 리스자산의 소유권이 이전되지 않을지라도 리스기간이 리스자산 내용연수의 상당부분(일반기업회계기준의 경우 75% 이상)을 차지하는 경우(일반기준 13장 부록 실13.6)
④ 리스실행일 현재 최소리스료를 내재이자율로 할인한 현재가치가 리스자산 공정가치의 대부분을 차지하는 경우(K-IFRS의 경우 리스약정일 현재, 리스료의 현재가치가 적어도 기초자산 공정가치의 대부분에 해당하는 경우)
⑤ 리스이용자만이 중요한 변경 없이 사용할 수 있는 특수한 용도의 리스자산인 경우

한편, 리스가 금융리스로 분류될 수 있는 상황의 지표 또는 가능성은 다음과 같다(K-IFRS 1116호 문단 64 및 일반기준 13장 문단 13.7).

① 리스이용자가 리스를 해지할 경우 해지로 인한 리스제공자의 손실을 리스이용자가 부담하는 경우
② 리스이용자가 잔존가치의 공정가치 변동에 따른 이익과 손실을 부담하는 경우(예를 들어, 리스종료시점에 리스자산을 매각할 경우 얻을 수 있는 수익을 보장하도록 리스료가 조정되는 경우)
③ 리스이용자가 염가갱신선택권을 가지고 있는 경우(K-IFRS의 경우 리스이용자가 시장리스료보다 현저하게 낮은 리스료로 다음 리스기간에 리스를 계속할 능력이 있는 경우)

다만, 상기의 금융리스 분류기준은 예시기준에 불과하므로 동 분류기준을 충족한다고 할지라도 리스자산의 소유에 따른 위험과 보상이 실질적으로 이전된 것이 아니라면 운용리스로 분류하여야 한다. 예를 들어, 리스기간 종료시점에 리스자산의 소유권을 그 시점의 공정가치로 이전하거나 조정리스료(K-IFRS의 경우 변동리스료)가 있어서, 그 결과 리스이용자가 리스자산의 소유에 따른 대부분의 위험과 보상을 가지고 있지 않은 경우에는 운용리스로 분류한다(K-IFRS 1116호 문단 65 및 일반기준 13장 부록 실13.8).

계산사례 - 1 **해외종속회사를 통한 리스**

A회사(지배회사, 100%), B회사(해외종속회사), F회사(외국회사)가 다음과 같은 리스계약을 체결한 경우 A회사와 B회사 사이에 이루어진 리스의 종류는?

- B회사(리스이용자)와 F회사(리스제공자) 사이에 고가의 기계장치에 대한 리스계약 체결. 이때 A회사가 당해 리스에 대해 B회사를 위하여 F회사에게 지급보증제공
- 당해 고가의 기계장치에 대해 A회사(리스이용자)와 B회사(리스제공자) 사이에 전대리스(sublease)계약을 체결함.
- B회사와 F회사 사이의 리스는 금융리스임. 한편, A회사와 B회사 사이에 리스는 계약내용상(형식상) 운용리스에 해당함.
- A회사는 당해 고가의 기계장치를 실제로 전체 내용연수의 절반의 기간만 사용하고 반환할 것이 거의 확실함. 이 경우 B회사는 제3의 회사에 리스하거나 처분함.
- B회사는 당해 리스거래 이외에 약간의 중개(기계장치)사업을 수행함.

A회사가 당해 리스자산의 위험과 보상을 모두 부담하고 있으므로 A회사와 F회사가 직접 금융리스계약을 체결한 것으로 보아 회계처리하는 것이 타당하다.

2-2. 법인세법

법인세법에서는 기업회계기준에 따른 금융리스를 금융리스로, 금융리스 외의 리스를 운용리스로 분류한다(법령 §24 ⑤). 즉, 기업회계기준에 따른 리스분류를 법인세법에서 그대로 인정하고 있다.

관련사례

- 리스회사와 리스이용자의 리스분류에 있어 비대칭이 발생한 경우
  하나의 리스가 리스회사에 대해서는 금융리스에 해당하나 리스이용자에 대해서는 금융리스에 해당하지 않는 경우 리스회사에 대해서는 금융리스로, 리스이용자에 대해서는 금융리스 외의 리스로 보아 법인세법 규정을 적용함(법인-1435, 2009. 12. 28.).

3. 금융리스의 회계처리 및 세무조정

3-1. 금융리스의 자산 · 부채 평가

3-1-1. 기업회계

(1) 리스제공자

리스제공자는 리스실행일(K-IFRS의 경우 리스개시일) 현재 리스자산의 장부가액(선급리스자산)을 제거하고 금융리스의 리스순투자와 동일한 금액을 금융리스채권(K-IFRS의 경우 수취채권)으로 인식한다. 즉, 리스자산을 공정가치에 매각하는 것으로 보아 회계처리한다(K-IFRS 1116호 문단 67 및 일반기준 13장 문단 13.21, 부록 실13.15).

(차) 금 융 리 스 채 권	×××	(대) 선급리스자산	×××
리스자산처분손실	×××	(또는 리스자산처분이익	×××)

한편, 리스자산의 취득과 관련하여 발생한 외화선급금은 지출 또는 외화부채 발생시점의 환율을 적용하여 환산하며, 취득시점에 리스자산으로 대체한다. 또한, 외화로 리스료를 수취하는 계약인 경우 금융리스채권금액의 산정은 리스실행일 현재의 환율에 의한다. 따라서, 이 경우 리스자산과 금융리스채권과의 차액은 리스자산처분손익으로 당기손익에 반영한다(일반기준 13장 부록 실13.27, 실13.28).

NOTE :: 리스총투자와 리스순투자의 개념

구 분	구체적 내용
리스총투자	금융리스에서 리스제공자가 수령하는 최소리스료(K-IFRS의 경우 리스료)(*1)와 무보증잔존가치(*2)의 합계액
리스순투자	리스총투자를 내재이자율로 할인한 금액

(*1) 일반기업회계기준에서 '최소리스료'라 함은 리스기간에 리스이용자가 리스제공자에게 지급해야 하는 금액을 말하며 추가적으로 다음의 금액을 포함함. 다만, 조정리스료와 리스제공자가 지급하고 리스이용자에게 청구할 수 있는 용역에 대한 비용 및 세금 등은 제외함(일반기준 13장 용어의 정의).
① 리스이용자의 경우, 리스이용자 또는 리스이용자의 특수관계자가 보증한 잔존가치

② 리스제공자의 경우, 리스이용자, 리스이용자의 특수관계자, 또는 리스제공자와 특수관계가 없고 재무적으로 이행능력이 있는 제3자가 보증한 잔존가치

그러나 리스실행일 현재 행사될 것이 확실시 되는 염가매수선택권을 리스이용자가 가지고 있는 경우, 최소리스료는 염가매수선택권 기대행사일까지 리스기간 동안 지급될 최소한의 지급액과 그 염가매수선택권의 행사가격으로 구성됨.

한편, 한국채택국제회계기준(K-IFRS)에서 '리스료'란 기초자산 사용권과 관련하여 리스기간에 리스이용자가 리스제공자에게 지급하는 금액으로 다음 항목으로 구성됨(K-IFRS 1116호 부록 A).

① 고정리스료(실질적인 고정리스료를 포함하고, 리스 인센티브는 차감).
② 지수나 요율(이율)에 따라 달라지는 변동리스료
③ 리스이용자가 매수선택권을 행사할 것이 상당히 확실한 경우에 그 매수선택권의 행사가격
④ 리스기간이 리스이용자의 종료선택권 행사를 반영하는 경우에, 그 리스를 종료하기 위하여 부담하는 금액

(*2) '무보증잔존가치'란 리스제공자가 실현할 수 있을지 확실하지 않거나 리스제공자의 특수관계자만이 보증하는 리스자산의 잔존가치 부분을 말함(일반기준 13장 용어의 정의).

(2) 리스이용자

① 한국채택국제회계기준(K-IFRS)

리스이용자는 리스 기초자산의 사용권을 나타내는 사용권자산과 리스료 지급의무를 나타내는 리스부채를 인식해야 한다.

이 경우 리스사용권 자산은 리스개시일에 원가로 측정하며, 사용권 자산의 원가는 다음의 항목으로 구성된다(K-IFRS 1116호 문단 23, 24).

㉠ 리스부채의 최초 측정금액
㉡ 리스개시일이나 그 전에 지급한 리스료(받은 리스 인센티브는 차감)
㉢ 리스이용자가 부담하는 리스개설직접원가
㉣ 리스 조건에서 요구하는 대로 기초자산을 해체하고 제거하거나, 기초자산이 위치한 부지를 복구하거나, 기초자산 자체를 복구할 때 리스이용자가 부담하는 원가의 추정치(다만 그 원가가 재고자산을 생산하기 위해 부담하는 것이 아니어야 함). 리스이용자는 리스개시일에 그 원가에 대한 의무를 부담하게 되거나 특정한 기간에 기초자산을 사용한 결과로 그 원가에 대한 의무를 부담함.

또한, 리스부채는 리스개시일에 그날 현재 지급되지 않은 리스료의 현재가치로 측정하는데, 리스의 내재이자율을 쉽게 산정할 수 있는 경우에는 그 이자율로 리스료를 할인하고, 그 이자율을 쉽게 산정할 수 없는 경우에는 리스이용자의 증분차입이자율을 사용한다(K-IFRS 1116호 문단 26).

이 경우, 리스개시일에 리스부채의 측정치에 포함되는 리스료는, 리스기간에 걸쳐 기초자산을 사용하는 권리에 대한 지급액 중 그날 현재 지급되지 않은 다음 금액으로 구성된다(K-IFRS 1116호 문단 27).

㉠ 고정리스료(K-IFRS 1116호 문단 B42에서 기술하는 실질적인 고정리스료를 포함하고, 받을 리스 인센티브는 차감)

㉡ 지수나 요율(이율)에 따라 달라지는 변동리스료. 처음에는 리스개시일의 지수나 요율(이율)을 사용하여 측정함.

㉢ 잔존가치보증에 따라 리스이용자가 지급할 것으로 예상되는 금액

㉣ 리스이용자가 매수선택권을 행사할 것이 상당히 확실한 경우(K-IFRS 1116호 문단 B37~B40에서 기술하는 요소를 고려하여 판단함)에 그 매수선택권의 행사가격

㉤ 리스기간이 리스이용자의 종료선택권 행사를 반영하는 경우에 그 리스를 종료하기 위하여 부담하는 금액

② 일반기업회계기준

일반기업회계기준에서는 리스이용자는 리스실행일에 최소리스료의 현재가치와 리스자산의 공정가치 중 작은 금액을 금융리스자산과 금융리스부채로 각각 인식한다. 이 경우 최소리스료의 현재가치를 계산할 때 적용하여야 할 할인율은 리스제공자의 내재이자율이며, 만약 이를 알 수 없다면 리스이용자의 증분차입이자율을 적용한다. 또한, 리스이용자의 리스개설직접원가는 금융리스자산으로 인식될 금액에 포함한다(일반기준 13장 문단 13.13).

:: 리스개설직접원가의 범위

리스개설직접원가란 한국채택국제회계기준(K-IFRS)에서는 리스를 체결하지 않았더라면 부담하지 않았을 리스체결의 증분원가로 정의하고 있고, 일반기업회계기준에서는 리스의 협상 및 계약에 직접 관련하여 발생하는 증분원가(수수료, 법적비용 및 내부발생원가 등)로 정의한다(K-IFRS 1116호 부록A 및 일반기준 13장 부록 결13.19).

3-1-2. 법인세법

(1) 리스회사

리스회사는 해당 리스물건의 리스실행일 현재의 취득가액 상당액을 리스이용자에게 금전으로 대여한 것으로 보아 금융리스채권으로 계상한다(법기통 23-24…1 ① 1호). 즉, 리스실행일까지의 당해 리스물건의 매입가액, 매입부대비용 및 리스물건을 취득함에 따라 소요된 건설자금이자 등을 금융리스채권으로 계상한다.

한편, 리스료의 익금과 손금의 귀속사업연도는 기업회계기준이 정하는 바에 따르는 것이나, 리스개설직접원가의 손익의 귀속시기는 법인세법 제40조에 따른다(법칙 §35 ①). 예를 들어, 여신전문금융업법에 따른 여신전문금융회사가 판매사원과 체결한 업무위임약정에 따라 리스계약과 관련된 알선용역을 제공받고 판매사원에게 지급하는 리스알선수수료는 법인세법 시행

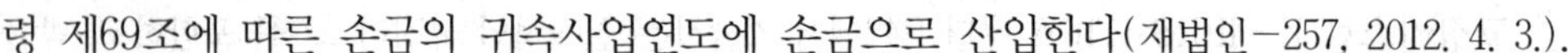

령 제69조에 따른 손금의 귀속사업연도에 손금으로 산입한다(재법인-257, 2012. 4. 3.).

(2) 리스이용자

리스이용자는 해당 리스물건의 리스실행일 현재의 취득가액 상당액을 리스회사로부터 차입하여 동 리스물건을 구입(설치비 등 취득부대비용 포함)한 것으로 보아 금융리스자산과 금융리스부채로 각각 계상한다(법기통 23-24…1 ① 2호).

관련사례

- 기업회계기준상 판매형리스가 법인세법상 금융리스에 해당하는 경우
  기업회계기준에 의한 판매형리스가 법인세법상 금융리스에 해당되는 경우 리스자산은 리스이용자의 감가상각자산으로 보며, 제조자 또는 판매자인 리스제공자는 리스자산 판매에 따른 매출손익과 리스기간 동안의 이자수익을 인식함(법인-1233, 2009. 11. 5.).
- 외화금융리스 거래시 발생한 리스자산처분손익의 익금 또는 손금산입 여부
  리스제공자가 리스이용자와 외화금융리스를 계약하고 리스제공자가 리스실행일 현재 금융리스채권가액과 리스자산의 장부금액과의 차액을 기업회계기준에 의해 "리스자산처분손익"으로 계상한 경우 당해 리스자산처분손익은 해당 법인의 각 사업연도 소득금액을 계산함에 있어서 익금 또는 손금에 해당되지 않는 것임(법인-452, 2009. 4. 14.).
- 금융리스에 의한 취득이 보험차익의 사용으로 볼 수 있는지 여부
  금융리스로 취득한 자산은 보험차익으로 취득한 고정자산의 손금산입이 적용되는 자산의 취득으로 볼 수 없음(법인 46012-1250, 1999. 4. 3.).
- 금융리스에 의한 취득이 국고보조금의 사용으로 볼 수 있는지 여부
  금융리스에 의한 취득은 국고보조금에 의한 사업용 자산의 취득으로 보지 아니함(법인 22601-294, 1987. 2. 4.).

3-2. 금융리스의 수익 · 비용 인식

3-2-1. 기업회계

(1) 리스제공자

금융리스에서 매 기간별 리스료는 리스제공자의 투자회수액과 용역대가 성격인 이자수익(K-IFRS의 경우 금융수익)으로 구성되어 있으므로, 매 기간별 리스료를 금융리스채권의 원금회수액과 이자수익으로 구분하여 회계처리한다. 이때, 매 기간별 이자수익은 금융리스채권의 잔액에 유효이자율법을 적용하여 체계적이고 합리적인 방법에 의하여 배분하여야 하는데, 여기서 유효이자율이라 함은 리스제공자의 내재이자율을 말한다(K-IFRS 1116호 문단 67, 75, 76 및 일반기준 13장 문단 13.22, 13.23).

(2) 리스이용자

① 이자비용의 계산

㉠ 한국채택국제회계기준(K-IFRS)

리스이용자는 리스기간 중 각 기간의 리스부채에 대한 이자는 리스부채 잔액에 대하여 일정한 기간이자율이 산출되도록 하는 금액으로, 다른 자산의 장부금액에 포함되는 원가인 경우를 제외하고 당기손익으로 인식한다. 이 경우 기간이자율은 리스의 내재이자율(이를 쉽게 산정할 수 없는 경우에는 리스이용자의 증분차입이자율) 또는 일정한 수정할인율이다(K-IFRS 1116호 문단 37, 38).

㉡ 일반기업회계기준

리스이용자는 보증잔존가치를 제외한 매기의 최소리스료를 금융리스부채의 원금상환부분과 이자비용으로 구분하여 인식하여야 한다. 이 경우 이자비용은 유효이자율법으로 계산하며, 유효이자율은 리스제공자의 내재이자율로 하여야 하나 리스제공자의 내재이자율을 알기 어려운 경우에는 리스이용자의 증분차입이자율을 적용한다(일반기준 13장 문단 13.13, 13.14).

② 감가상각비의 계산

㉠ 한국채택국제회계기준(K-IFRS)

리스가 리스기간 종료시점 이전에 리스이용자에게 기초자산의 소유권을 이전하는 경우나 사용권자산의 원가에 리스이용자의 매수선택권 행사가 반영된 경우에는 리스이용자는 리스개시일부터 기초자산의 내용연수 종료시점까지 사용권자산을 감가상각한다. 그 밖의 경우에는 리스이용자는 리스개시일부터 사용권자산의 내용연수 종료일과 리스기간 종료일 중 이른 날까지 사용권자산을 감가상각한다(K-IFRS 1116호 문단 32).

㉡ 일반기업회계기준

일반기업회계기준에서는 리스이용자는 리스기간 종료시 또는 그 이전에 자산의 소유권을 획득할 것이 확실시 된다면 자산의 내용연수에 걸쳐 감가상각하며, 그러하지 않은 경우에는 리스기간과 내용연수 중 짧은 기간에 걸쳐 감가상각한다. 이 경우, 감가상각대상 금액은 금융리스자산의 취득가액에서 추정잔존가치 또는 보증잔존가치를 차감한 금액으로 한다(일반기준 13장 문단 13.15).

소유권 획득 여부	감가상각기간	감가상각대상 금액
획득이 확실	내용연수	취득가액 - 추정잔존가치
기 타	MIN(리스기간, 내용연수)	취득가액 - 보증잔존가치

관련사례

- 염가구매선택권이 있는 경우 리스자산의 소유권 획득이 확실시 되는지 여부
  염가구매선택권이 있는 경우에는 그 권리가 행사될 것이 확실시 되므로, 그 리스는 리스자산의 소유권을 획득할 것이 확실시 되는 경우에 해당함(적용의견서 [06-1], 2006. 1. 13.).

구 분	리스제공자	리스이용자
리스자산 취득일	(차) 선급리스자산 ××× (대) 현금및현금성자산 ×××	N/A
리스 실행일	(차) 금융리스채권 ××× (대) 선급리스자산 ×××	(차) 금융리스자산(*1) ××× (대) 금융리스부채 ×××
리스료 수취일	(차) 현금및현금성자산 ××× (대) 이 자 수 익 ××× 금융리스채권 ×××	(차) 이 자 비 용 ××× 금융리스부채(*2) ××× (대) 현금및현금성자산 ×××
결산일	N/A	(차) 감가상각비 ××× (대) 감가상각누계액 ×××

(*1) 한국채택 국제회계기준 적용기업의 경우는 사용권자산
(*2) 한국채택 국제회계기준 적용기업의 경우는 리스부채

계산사례 - 2 **리스제공자의 금융리스 회계처리**

1. 리스료 총액 : 2,000,000원(매 400,000원씩 5회 후불지급)
2. 리스자산 취득가액 : 1,516,315원
3. 리스이자율 : 연 10%
4. 리스기간 : 5년

연 도	리스료	리스이자	원금상환액	리스채권잔액
0	-	-	-	1,516,315
1	400,000	151,631	248,369	1,267,946
2	400,000	126,795	273,205	994,741
3	400,000	99,474	300,526	694,215
4	400,000	69,421	330,579	363,636
5	400,000	36,364	363,636	-

상기 사례에 따라 리스제공자의 회계처리를 들어보면 다음과 같다.

① 리스자산 취득시

(차) 선급리스자산 1,516,315 (대) 현금및현금성자산 1,516,315

② 리스실행시

(차) 금융리스채권 1,516,315 (대) 선급리스자산 1,516,315

③ 제1회 리스료 회수시

(차) 현금및현금성자산	400,000	(대) 금융리스채권	248,369
		이자수익	151,631

3-2-2. 법인세법

(1) 리스회사

① 리스료의 익금산입

리스회사는 대금결제조건에 따라 영수하기로 한 리스료수입 중 이자상당액을 각 사업연도 소득금액 계산상 익금에 산입하며, 익금의 귀속사업연도는 기업회계기준이 정하는 바에 의한다(법칙 §35 ① 및 법기통 23-24…1 ① 1호).

이때, 이자상당액은 리스실행일 현재의 계약과 관련하여 최소리스료 중 이자율법에 의하여 계산한 이자상당액과 금액이 확정되지는 않았지만 기간경과 외의 요소의 미래발생분을 기초로 결정되는 리스료(조정리스료)로 한다(법기통 23-24…1 ① 3호).

② 외화자산·부채의 평가손익

금융리스에 관련한 리스회사의 외화자산·부채의 평가차손익은 법인세법 시행령 제76조의 규정에 의하여 처리한다(법기통 23-24…1 ⑤).

③ 대손충당금 설정대상 금액

금융리스의 경우 대손충당금 설정대상 금액은 금융리스채권의 미회수잔액과 약정에 의한 지급일이 경과한 이자상당액의 미수금 합계액으로 한다(법기통 23-24…1 ⑥ 1호).

(2) 리스이용자

① 리스료의 손금산입

리스이용자는 리스계약에 의하여 대금결제조건에 따라 지급하기로 한 리스료 중 차입금에 대한 이자상당액을 각 사업연도 소득금액 계산상 손금에 산입하여야 하며, 손금의 귀속사업연도는 기업회계기준이 정하는 바에 의한다(법칙 §35 ① 및 법기통 23-24…1 ① 2호).

여기서 이자상당액이라 함은 최소리스료 중 이자율법에 의하여 계산한 이자상당액과 조정리스료를 말하며, 동 이자상당액은 금융보험업자에게 지급하는 이자로 보아 이자소득에 대한 법인세를 원천징수하지 아니한다(법기통 23-24…1 ① 2호, 3호).

② 감가상각비의 계산

금융리스자산은 리스이용자의 감가상각자산으로 하며, 리스이용자는 자신이 소유한 자산과 동일한 방법으로 감가상각한 당해 리스자산의 감가상각비를 손금에 산입한다. 한편, 자산유동화에 관한 법률에 의한 유동화전문회사가 동법에 의한 자산유동화계획에 따라 금융리스자산을 양수한 경우에도 당해 자산에 대하여는 리스이용자의 감가상각자산으로 한다

(법령 §24 ⑤, ⑥ 및 법기통 23-24…1 ① 2호).

③ 외화자산·부채의 평가손익

금융리스에 관련한 리스이용자의 외화자산·부채의 평가차손익은 법인세법 시행령 제76조의 규정에 의하여 처리한다(법기통 23-24…1 ⑤).

3-3. 기타 사항

3-3-1. 기업회계

(1) 금융리스계약의 해지

금융리스계약이 해지된 경우 리스제공자는 해지일 이후에 회수기일이 도래하는 금융리스채권의 장부금액을 회수된 당해 리스자산의 가액으로 인식하되, 회수된 리스자산의 공정가치가 금융리스채권의 장부금액에 미달하는 경우에는 그 차액을 즉시 당기비용으로 인식한다(일반기준 13장 부록 실13.29). 또한, 당해 리스계약과 관련하여 리스이용자 또는 리스보증인으로부터 회수가 능한 금액은 해지일이 속하는 회계연도에 리스해지이익으로 당기손익에 반영한다(일반기준 13장 부록 실13.31).

한편, 금융리스계약의 해지일까지 회수되었어야 함에도 회수되지 아니한 채권과 동 채권에 대한 해지일까지의 미수이자는 정상적인 금융리스채권과는 구별하여 해지금융리스채권 등의 과목으로 인식한다(일반기준 13장 부록 실13.32).

금융리스계약의 해지와 관련된 회계처리를 요약하면 다음과 같다.

(차)	해지금융리스채권(*1)	×××	(대)	금융리스채권	×××
	선급리스자산(*2)	×××		이자수익	×××
(차)	미수금(*3)	×××	(대)	리스해지이익	×××

(*1) 해지일 이전 회수기일 도래 미회수채권잔액 + 동 채권에 대한 미수이자
(*2) 해지일 이후 회수기일이 도래하는 금융리스채권잔액
(*3) 리스이용자 등으로부터 회수가능한 리스계약해지위약금

(2) 리스이용자의 리스료 이외의 지출

리스이용자가 리스실행일 이후 리스료와는 별도로 부담하기로 하여 리스제공자에게 지급하기로 한 금액(보험료, 세금과공과 등)에 대하여는 리스료로 회계처리하지 아니하고 발생주의에 따라 당기의 비용으로 처리하여야 한다.

(3) 리스개량자산

리스자산의 부대시설과 관련하여 발생한 비용과 리스실행일 이후 리스자산과 직접 관련되어 발생하는 수선비(리스이용자의 부담분에 한함) 중 자산으로 인식되는 금액은 이를 리스개량자산으로 인식한다. 리스개량자산은 리스기간 종료시 또는 그 이전에 리스자산의 소유권이전

이 확실시 된다면 리스자산의 내용연수와 리스개량자산의 내용연수 중 짧은 기간에 걸쳐 감가상각하고, 그렇지 않으면 리스기간과 리스개량자산의 내용연수 중 짧은 기간에 걸쳐 감가상각한다(일반기준 13장 부록 실13.43, 실13.44).

(4) 리스이용자의 일부 부담분

리스이용자가 리스자산 취득원가의 일부를 부담하고 그 일부 부담분만큼 공유지분이 인정될 경우 리스이용자의 부담분은 유형자산 등으로 인식하여 내용연수에 걸쳐 상각한다. 그러나, 일부 부담분만큼 공유지분이 인정되지 아니하는 경우 일부부담분 만큼 리스부채의 일부를 조기에 상환한 것으로 처리한다(일반기준 13장 부록 실13.45, 실13.46).

3-3-2. 법인세법

(1) 중도해지시

리스계약이 중도해지된 경우 리스계약의 해지로 회수한 당해 리스자산의 가액은 해지일 이후에 회수기일이 도래하는 금융리스채권액으로 하며, 해당 리스계약의 해지와 관련하여 리스이용자 및 보증인 등으로부터 회수가능한 금액은 익금에 산입한다. 다만, 회수된 리스자산의 시가가 그 금융리스채권액에 미달하는 경우에는 그 차액을 손금에 산입하며, 이 경우 익금 및 손금의 귀속사업연도는 기업회계기준이 정하는 바에 의한다(법칙 §35 ① 및 법기통 23-24…1 ③ 1호, ④).

(2) 유지관리비용의 지출

리스실행일 이후 리스물건에 직접 관련된 보험료, 수선비, 세금과공과 등으로서 리스료와 별도로 지급하기로 한 금액은 발생시에 손비로 처리한다(리스거래에 대한 세무처리요령, 국세청).

4. 운용리스의 회계처리

4-1. 운용리스의 자산 평가

4-1-1. 기업회계

리스제공자의 운용리스자산은 리스자산(K-IFRS의 경우 기초자산)의 성격에 따라 비유동자산 중 유형자산 또는 무형자산의 한 항목으로 표시하고 그 항목의 구체적인 내역은 주석으로 기재한다(K-IFRS 1116호 문단 88 및 일반기준 13장 문단 13.26).

운용리스자산의 취득과 관련하여 발생한 외화선급금은 지출 또는 외화부채 발생시점의 환율을 적용하여 환산하며, 취득시점에 리스자산으로 대체한다(일반기준 13장 부록 실13.28).

리스제공자의 운용리스자산 관련 분개를 예시하면 다음과 같다.

〈리스자산 취득일〉

(차) 선급리스자산 ××× (대) 현금및현금성자산 ×××

〈리스실행일〉

(차) 운용리스자산 ××× (대) 선급리스자산 ×××

4-1-2. 법인세법

리스회사는 리스실행일 현재의 취득원가를 운용리스자산으로 계상한다. 리스자산의 취득원가를 구성하는 항목들로서 제조장으로부터의 반출가격 또는 수입가격, 수입신용장의 개설에 소요된 비용, 국세·지방세 및 관세, 창고료 및 부두사용료, 하역비·출고비·상하차비 및 수송비, 공과금 및 보험료, 무역대행수수료 및 통관수수료, 건설자금이자 등을 예로 들 수 있다. 이때 건설자금이자는 법인세법 시행령 제52조의 규정에 따라 자본적지출로 처리한다(법기통 23-24…1 ② 5호).

4-2. 운용리스의 수익·비용 인식

4-2-1. 기업회계

(1) 리스제공자

리스제공자의 측면에서 운용리스의 수익과 비용에 대한 회계처리는 다음과 같다.

구 분	한국채택국제회계기준(K-IFRS 1116호)	일반기업회계기준(일반기준 13장)
① 리스료 수익의 인식	정액 기준이나 다른 체계적인 기준으로 운용리스의 리스료를 수익으로 인식하되, 다른 체계적인 기준이 기초자산의 사용으로 생기는 효익이 감소되는 형태를 더 잘 나타낸다면 리스제공자는 그 기준을 적용한다(문단 81).	최소리스료(보증잔존가치는 제외)는 리스자산의 기간적 효익의 형태를 보다 잘 나타내는 다른 체계적인 인식기준이 없다면 리스기간에 걸쳐 균등하게 배분된 금액을 손익계산서에 수익으로 인식한다(문단 13.27).
② 리스개설 직접원가	운용리스 체결 과정에서 부담하는 리스개설직접원가를 기초자산의 장부금액에 더하고 리스료 수익과 같은 기준으로 리스기간에 걸쳐 비용으로 인식한다(문단 83).	운용리스의 협상 및 계약단계에서 발생한 리스개설직접원가는 별도의 자산(예: 리스개설직접원가)으로 인식하고 리스료수익에 대응하여 리스기간 동안 비용으로 처리한다(문단 13.28).
③ 감가상각비 등의 원가	운용리스자산(K-IFRS의 경우 기초자산)의 감가상각은 리스제공자가 소유한 다른 유사자산의 감가상각과 일관성 있게 회계처리한다(K-IFRS 1116호 문단 84 및 일반기준 13장 문단 13.29).	

(2) 리스이용자

① 한국채택국제회계기준(K-IFRS)

리스이용자는 리스기간이 12개월을 초과하고 기초자산이 소액이 아닌 모든 리스에 대하여 금융·운용리스를 구분하지 않고 동일하게 사용권자산과 리스부채를 인식한다(K-IFRS 1116호 문단 5, 문단 22). 회계처리에 대해서는 '3. 금융리스의 회계처리 및 세무조정'을 참고하기로 한다.

② 일반기업회계기준

운용리스에서 보증잔존가치를 제외한 최소리스료는 리스자산의 리스이용자에 대한 효익의 기간별 제공 형태를 보다 잘 나타내는 다른 체계적인 인식기준이 없다면, 비록 리스료가 매기 정액으로 지급되지 않더라도 리스기간에 걸쳐 균등하게 배분된 금액으로 인식한다(일반기준 13장 문단 13.19).

4-2-2. 법인세법

(1) 리스회사

① 리스료의 익금산입

리스회사는 대금결제조건에 따라 영수할 최소리스료와 조정리스료를 각 사업연도의 소득금액 계산상 익금에 산입하되, 익금의 귀속사업연도는 기업회계기준이 정하는 바에 의한다. 한편, 외화로 표시된 리스계약의 경우 최소리스료는 외화금액을 기준으로 한다(법칙 §35 ① 및 법기통 23-24…1 ② 1호·4호, ④).

② 운용리스자산의 감가상각

운용리스자산은 리스회사의 감가상각자산으로 하며(법령 §24 ⑤), 리스자산에 대한 감가상각비는 법인세법 시행령 제26조(상각범위액의 계산)의 규정에 의하여 계산한 금액을 한도로 손금산입한다. 이 경우 리스자산에 대한 내용연수는 법인세법 시행규칙 별표 5의 건축물 등 및 별표 6의 업종별 자산의 기준내용연수 및 내용연수범위를 적용한다(법기통 23-24…1 ② 3호).

③ 외화자산·부채의 평가차손익

운용리스에 관련한 리스회사의 외화자산·부채의 평가차손익은 법인세법 시행령 제76조(외화자산 및 부채의 평가)의 규정에 의하여 처리한다(법기통 23-24…1 ⑤).

④ 대손충당금 설정대상 금액

운용리스의 경우 대손충당금 설정대상 금액은 약정에 의한 지급일이 경과한 리스료 미회수액으로 한다(법기통 23-24…1 ⑥ 2호).

⑤ 계산서 작성·교부 의무

여신전문금융업법에 의한 시설대여업자가 조세특례제한법 시행규칙 제3조의 2에 따른 금융리스 이외의 리스(운용리스)를 실행하고 리스이용자로부터 리스료를 수취하는 경우에는 계산서를 작성하여 리스이용자에게 발급하여야 한다(법기통 121-164…6).

관련사례

- 운용리스용역의 계산서 작성대상 해당 여부
  여신전문금융업법에 의한 시설대여업자가 제공한 운용리스용역은 금융업이 아닌 임대업에 해당되어 계산서 작성대상에 해당함(국심 2006서 1935, 2007. 4. 5.).

(2) 리스이용자

리스이용자는 대금결제조건에 따라 지급할 최소리스료와 조정리스료를 손금에 산입하며, 손금의 귀속사업연도는 기업회계기준이 정하는 바에 따르되, 한국채택국제회계기준을 적용하는 법인의 운용리스(법령 §24 ⑤)에 대한 리스료의 경우에는 리스기간에 걸쳐 정액기준으로 손금에 산입한다. 한편, 외화로 표시된 리스계약의 경우 최소리스료는 외화금액을 기준으로 한다(법칙 §35 ① 및 법기통 23-24…1 ② 2호·4호, ④).

관련사례

- K-IFRS 변경에 따라 운용리스에서 금융리스로 변경된 전대리스 이용자의 세무처리 방법
  한국채택국제회계기준을 적용받는 법인의 금융리스 외의 리스자산에 대한 리스료는 법인세법 시행규칙 제35조 제1항 단서에 따라 리스기간에 걸쳐 정액기준으로 손금에 산입하는 것임. 이 경우 금융리스 외의 리스자산에 대한 판단은 리스회사의 리스자산에 대한 한국채택국제회계기준을 따르는 것임(서면-2021-법규법인-6993, 2023. 6. 26. 및 기획재정부 법인세제과-347, 2023. 6. 22.).
- 운용리스료의 손금산입 방법
  법인이 자산을 운용리스의 방법으로 사용하고 부담하는 기본리스료는 원칙적으로 리스기간에 걸쳐 균등하게 배분한 금액으로 인식하여야 하는 것이나, 리스회사와 리스이용자의 합의에 따라 리스자산의 사용대가(리스료)가 기간에 따라 달리 결정하는 것이 기간손익을 더 잘 나타낸다고 볼 수 있는 경우 리스회계처리준칙에 따라 체감하는 효익을 고려한 수익인식방법을 적용할 수 있음(서면2팀-19, 2005. 1. 3.).
- 리스계약을 중도해지 후 일부 자산을 임대차하는 경우 규정손실금의 손금산입 여부
  운용리스계약에 의하여 리스회사로부터 사업용 자산을 대여받아 사용 중이던 법인이 동 리스계약을 중도해지하고 리스자산 중 일부 자산에 대하여만 임대차계약을 체결하여 재사용하는 경우로서 동 리스계약의 해지로 인한 규정손실금 등 리스계약조건에 따라 지급하여야 할 금액은 리스계약의 해지일이 속하는 사업연도에 손금산입함(법인 46012-1271, 2000. 5. 31.).

:: 리스회계기준 변경(K-IFRS 1116호)에 따른 운용리스 이용자의 법인세법상 감가상각

리스회계기준 변경(K-IFRS 제1017호→제1116호)에 따라 한국채택국제회계기준상 리스이용자는 리스의 분류에 관계없이 사용권자산을 인식하고, 사용권자산에 대해 감가상각하도록 개정되었는 바, 한국채택국제회계기준(K-IFRS 제1116호)에 따른 운용리스의 이용자가 인식한 사용권자산의 감가상각비를 법인세법상 손금에 산입할 수 있는지 논란이 됨.
이와 관련하여 현행 법인세법 시행령 제24조 제5항에서는 "리스회사가 대여하는 리스자산 중 기업회계기준에 따른 금융리스의 자산은 리스이용자의 감가상각자산으로, 금융리스외의 리스자산은 리스회사의 감가상각자산으로 한다고 규정하고 있고, 같은 법 시행규칙 제35조 제1항 단서에서는 "한국채택국제회계기준을 적용하는 법인의 금융리스 외의 리스자산(법령 §24 ⑤)에 대한 리스료의 경우에는 리스기간에 걸쳐 정액기준으로 손금에 산입"하는 것으로 규정하고 있는 한편, 최근 국세청은 "리스자산에 대한 감가상각은 법인세법 시행령 제24조 제5항에 따라 금융리스 외의 자산은 리스회사의 감가상각자산으로 하는 것이며, 한국채택국제회계기준을 적용하는 법인의 금융리스 외의 리스자산에 대한 리스료는 같은 법 시행규칙 제35조 제1항 단서에 따라 리스기간에 걸쳐 정액기준으로 손금에 산입하는 것"으로 해석(서면-2019-법인-2477, 2020. 6. 10.)하고 있는 바, 한국채택국제회계기준(K-IFRS 제1116호)에 따른 운용리스의 이용자가 인식한 리스사용권자산의 감가상각비는 법인세법상 손금에 산입할 수 없다 사료되고, 운용리스의 이용자가 리스회사에 지급한 리스료는 리스기간에 걸쳐 정액기준으로 손금에 산입하는 것이 타당할 것으로 보임.

4-3. 기타 사항

4-3-1. 기업회계

(1) 운용리스계약의 해지

운용리스계약이 해지된 경우 리스제공자는 회수된 운용리스자산을 리스목적으로 보유하는 다른 자산과 동일한 과목으로 계정대체의 회계처리를 하고, 당해 리스계약과 관련하여 리스이용자 또는 리스보증인으로부터 회수가능한 금액은 해지일이 속하는 회계연도에 리스해지이익으로 당기손익에 반영한다(일반기준 13장 부록 실13.30, 실13.31).

(차)	선급리스자산	×××	(대)	운용리스자산	×××
	감가상각누계액	×××		감가상각누계액	×××
(차)	현금및현금성자산 (또는 미수금)	×××	(대)	리스해지이익	×××

(2) 운용리스계약의 종료

운용리스의 리스기간이 종료되면 리스제공자는 리스자산을 회수하게 되는데, 이 경우 반환된 리스자산과 관련하여 계정대체 이외의 별도의 회계처리를 하지 아니하되, 반환된 리스자산에 대하여 손상차손의 발생 여부를 검토하여야 한다. 한편, 리스기간 종료시 반환된 자산의 공정가치가 보증잔존가치에 미달하여 보상받은 현금은 리스보증이익으로 당기손익에 반영한다(일반기준 13장 문단 13.30, 부록 실13.35).

(차)	선급리스자산	×××	(대) 운용리스자산	×××
	감가상각누계액	×××	감가상각누계액	×××
(차)	현금및현금성자산 (또는 미수금)	×××	(대) 리스보증이익	×××

(3) 리스개량자산

리스자산의 부대시설과 관련하여 발생한 비용과 리스실행일 이후 리스자산과 직접 관련되어 발생하는 수선비(리스이용자의 부담분에 한함) 중 자산으로 인식되는 금액은 이를 리스개량자산으로 인식하여 리스기간과 리스개량자산의 내용연수 중 짧은 기간에 걸쳐 감가상각한다(일반기준 13장 부록 실13.43, 실13.44).

(4) 리스이용자의 일부 부담분

리스이용자가 리스자산 취득원가의 일부를 부담하고 그 일부 부담분만큼 공유지분이 인정될 경우 리스이용자의 부담분은 유형자산 등으로 인식하여 내용연수에 걸쳐 상각한다. 그러나, 그 일부 부담분만큼 공유지분이 인정되지 아니하는 경우에는 최소리스료를 선급한 것으로 보아 장기선급리스료로 인식하고 리스기간에 걸쳐 비용화하여야 한다(일반기준 13장 부록 실13.45, 실13.46).

4-3-2. 법인세법

(1) 운용리스계약의 해지

운용리스계약을 중도해지한 경우 리스회사는 리스이용자 또는 보증인으로부터 회수가능한 금액을 익금에 산입하며, 익금의 귀속사업연도는 기업회계기준이 정하는 바에 의한다(법칙 §35 ① 및 법기통 23-24…1 ③ 2호, ④).

(2) 리스이용자의 일부 부담분

리스이용자가 리스물건 취득가액의 일부를 부담할 경우 리스이용자는 동 금액을 선급비용으로 계상하고, 리스기간에 안분하여 손금에 산입한다(법기통 23-24…1 ② 6호).

5. 판매 후 리스거래

5-1. 기업회계

(1) 개 요

판매 후 리스거래란 리스이용자(판매자)가 리스제공자(구매자)에게 자산을 판매(K-IFRS의 경우 이전)하고 그 자산을 리스하여 사용하는 거래를 말하는 것으로, 리스이용자가 제3자에게 매각한 자산을 리스제공자가 취득하여 리스하는 경우를 포함한다(K-IFRS 1116호 문단 98 및 일반기준 13장 문단 13.35, 부록 실13.22).

(2) 한국채택국제회계기준(K-IFRS)상 회계처리

K-IFRS는 리스이용자(판매자)의 자산 이전이 K-IFRS 제1115호(고객과의 계약에서 생기는 수익)의 요구사항을 충족하여 판매로 볼 수 있는지 여부에 따라 회계처리를 달리한다(K-IFRS 1116호 문단 99).

① 자산의 판매에 해당하는 경우

판매자-리스이용자가 행한 자산 이전이 자산의 판매인 경우 다음과 같이 회계처리한다(K-IFRS 1116호 문단 100).

㉠ 판매자-리스이용자는 계속 보유하는 사용권에 관련되는 자산의 종전 장부금액에 비례하여 판매후리스에서 생기는 사용권자산을 측정한다. 따라서 판매자-리스이용자는 구매자-리스제공자에게 이전한 권리에 관련되는 차손익 금액만을 인식한다.

㉡ 구매자-리스제공자는 자산의 매입에 적용할 수 있는 기준서를 적용하고 리스에는 이 기준서의 리스제공자 회계처리 요구사항을 적용한다.

이 경우 자산 판매대가(consideration for the sale)의 공정가치가 그 자산의 공정가치와 같지 않거나 리스에 대한 지급액이 시장요율이 아니라면 판매금액(sale proceeds)을 공정가치로 측정하기 위하여 다음과 같이 조정한다(K-IFRS 1116호 문단 101).

㉠ 시장조건을 밑도는 부분은 리스료의 선급으로 회계처리한다.

㉡ 시장조건을 웃도는 부분은 구매자-리스제공자가 판매자-리스이용자에 제공한 추가 금융으로 회계처리한다.

② 자산의 판매에 해당하지 않는 경우

판매자-리스이용자가 행한 자산 이전이 자산의 판매가 아닌 경우, 다음과 같이 회계처리한다(K-IFRS 1116호 문단 103).

㉠ 판매자-리스이용자는 이전한 자산을 계속 인식하고, 이전금액(transfer proceeds)과 같은 금액으로 금융부채를 인식한다. 그 금융부채는 K-IFRS 제1109호를 적용하여 회계처리한다.

㉡ 구매자-리스제공자는 이전된 자산을 인식하지 않고, 이전금액과 같은 금액으로 금융자산을 인식한다. 그 금융자산은 K-IFRS 제1109호를 적용하여 회계처리한다.

(3) 일반기업회계기준상 회계처리

① 금융리스로 분류되는 판매 후 리스거래

판매 후 리스거래가 금융리스에 해당하는 경우에는 리스이용자는 판매에 따른 손익을 리스실행일에 인식하지 않고 해당 리스자산의 감가상각기간 동안 이연하여 상각 또는 환입한다. 금융리스에 해당하는 판매 후 리스거래는 실질적으로 리스제공자가 리스이용자에게 자산을 담보로 금융을 제공하는 것이므로 판매에 따른 손익을 즉시 인식하는 것은 적합하지 않기 때문이다(일반기준 13장 문단 13.35, 부록 결13.28).

② 운용리스로 분류되는 판매 후 리스거래

판매 후 리스거래가 운용리스에 해당하는 경우로서 리스료와 판매가격이 공정가치에 따라 결정된 것이 확실하다면 리스이용자는 판매에 따른 이익이나 손실을 즉시 인식한다. 또한, 판매가격이 공정가치에 미달하는 경우에도 판매에 따른 이익이나 손실은 즉시 인식하되, 판매에 따른 손실이 시장가격보다 낮은 미래의 리스료로 보상된다면 당해 손실은 이연하여 리스기간 동안의 리스료에 비례하여 상각한다. 그러나, 판매가격이 공정가치를 초과한다면 판매가격이 공정가치를 초과하는 부분은 이연하여 리스기간 동안 환입하여야 한다(일반기준 13장 문단 13.36, 13.37).

운용리스로 분류되는 판매 후 리스거래에서 이익 또는 손실은 리스자산의 장부금액, 공정가치 및 판매가격에 따라 결정되는 바 이를 요약하면 다음과 같다(일반기준 13장 적용사례 4).

<table>
<tr><th colspan="2">구 분</th><th>장부금액=공정가치</th><th>장부금액<공정가치</th><th>장부금액>공정가치</th></tr>
<tr><td rowspan="2">판매가격
=공정가치</td><td>이 익</td><td>없음.</td><td>이익을 즉시 인식함.</td><td rowspan="7">리스실행일의 자산의 공정가치가 장부금액보다 낮다면 장부금액과 공정가치의 차이에 해당하는 금액을 즉시 손실로 인식함. 이 손실은 정상적인 판매에 따른 손실에 해당됨. 이후 회계처리는 '장부금액=공정가치'인 경우에 따름.</td></tr>
<tr><td>손 실</td><td>없음.</td><td>없음.</td></tr>
<tr><td rowspan="3">판매가격
<공정가치</td><td>이 익</td><td>없음.</td><td>이익을 즉시 인식함.</td></tr>
<tr><td>손실이 보상 안됨.</td><td>손실을 즉시 인식함.</td><td>손실을 즉시 인식함.</td></tr>
<tr><td>손실이 미래의 낮은 리스료로 보상됨.</td><td>손실을 이연하여 상각함.</td><td>손실을 이연하여 상각함.</td></tr>
<tr><td rowspan="2">판매가격
>공정가치</td><td>이 익</td><td>이익을 이연하여 환입함.</td><td>공정가치와 판매가격의 차이에 해당하는 이익을 이연하여 환입함.</td></tr>
<tr><td>손 실</td><td>없음.</td><td>없음.</td></tr>
</table>

※ 이익 또는 손실 = 판매가격 − 장부금액(장부금액 > 공정가치인 경우, 공정가치와 동일함)

계산사례 - 3 **일반기업회계기준에 따라 운용리스로 분류되는 판매 후 리스거래**

1. 장부금액 1,000, 공정가치 500, 판매가격 1,200인 경우

(차)			(대)	
	현금및현금성자산	1,200	자　　산	1,000
	손　　실	500(*1)	이연이익	700(*2)

(*1) 공정가치 500 - 장부금액 1,000 = (500)
(*2) 판매가격 1,200 - 공정가치(장부금액) 500 = 700

2. 장부금액 1,000, 공정가치 500, 판매가격 300이고 손실이 낮은 리스료로 보상되는 경우

(차)			(대)	
	현금및현금성자산	300	자　　산	1,000
	손　　실	500(*3)		
	이 연 손 실	200(*4)		

(*3) 공정가치 500 - 장부금액 1,000 = (500)
(*4) 판매가격 300 - 공정가치(장부금액) 500 = (200)

3. 장부금액 1,000, 공정가치 1,400, 판매가격 2,000인 경우

(차)			(대)	
	현금및현금성자산	2,000	자　　산	1,000
			이　　익	400(*5)
			이연이익	600(*6)

(*5) 공정가치 1,400 - 장부금액 1,000 = 400
(*6) 판매가격 2,000 - 공정가치 1,400 = 600

5-2. 법인세법

취득 또는 사용하던 자산을 리스회사에 매각하고 리스거래를 통하여 재사용하는 “판매 후 리스거래”는 다음과 같이 처리한다(법기통 23-24…1 ⑦).

① 금융리스에 해당하는 판매 후 리스거래의 경우 매매에 따른 손익을 리스실행일에 인식하지 아니하고 해당 리스자산의 감가상각기간 동안 이연하여 균등하게 상각 또는 환입한다.
② 판매 후 리스거래가 운용리스에 해당하고 리스료 및 판매가격이 시가에 근거하여 결정된 경우에는 위 ①의 규정에 불구하고 해당 매매와 관련된 손익을 인식할 수 있다.

온실가스 배출권과 배출부채

관련 법령	• 법령 §72

제10절

온실가스 배출권과 배출부채

10

Step I 내용의 이해

1. 온실가스 배출권과 배출부채의 개요

온실가스배출권의 할당 및 거래에 관한 법률에 따라 시장 기능을 활용하여 효과적으로 국가의 온실가스 감축목표를 달성하고자 2015년부터 우리나라에서도 온실가스 배출권 할당 및 거래제도가 도입되었다. 이에 따라 온실가스 배출권 할당 및 거래제도의 대상이 되는 기업들은 일정 수준의 온실가스 배출권(이하 "배출권"이라 함)을 할당받고 이를 배출권 거래소에서 거래할 수 있게 되었는 바, 2014년 10월 10일 일반기업회계기준 제33장 '온실가스 배출권과 배출부채'를 제정하고 2015년 1월 1일부터 시행하도록 하였으며, 한국채택국제회계기준 적용기업들도 이를 준용할 수 있도록 하였다.

이때, 일반기업회계기준 제6장 '금융자산・금융부채'에서 규정한 파생상품의 정의를 충족하는 배출권 관련 계약을 제외한 모든 배출권 거래에 대하여는 일반기업회계기준 제33장을 적용한다(일반기준 33장 부록 실33.1).

:: 온실가스 배출권 및 배출부채 관련 용어(일반기준 33장 용어의 정의)

1. 온실가스 : 저탄소 녹색성장 기본법에 따른 온실가스
2. 온실가스 배출권(배출권) : 저탄소 녹색성장 기본법에 따른 국가온실가스감축목표를 달성하기 위하여 온실가스 배출권의 할당 및 거래에 관한 법률에 따라 설정된 온실가스 배출허용총량의 범위에서 개별 온실가스 배출업체에 할당되는 온실가스배출 허용량
3. 계획기간 : 국가온실가스감축목표를 달성하기 위하여 5년 단위(2015년부터 2020년까지는 3년 단위)로 온실가스 배출업체에 배출권을 할당하고 그 이행실적을 관리하기 위하여 설정되는 기간
4. 이행연도 : 계획기간별 국가온실가스감축목표를 달성하기 위하여 1년 단위로 온실가스 배출업

체에 배출권을 할당하고 그 이행실적을 관리하기 위하여 설정되는 계획기간 내의 각 연도
5. 배출부채 : 온실가스를 배출한 결과로 발생하였으며 배출권을 정부에 제출함으로써 이행될 것으로 예상되는 현재의무
6. 배출권의 차입 : 정부에 제출하여야 할 배출권의 수량보다 보유한 배출권의 수량이 부족하여 배출권 제출의무를 완전히 이행하기 곤란한 경우 온실가스 배출권의 할당 및 거래에 관한 법률에 따라 계획기간 내의 다른 이행연도에 할당된 배출권 가운데 일부를 승인받아 해당 이행연도의 배출권 제출의무 이행에 사용하는 것

2. 온실가스 배출권

2-1. 온실가스 배출권의 기업회계상 처리

(1) 인식

다음의 조건을 모두 충족하는 경우에 배출권을 자산으로 인식한다(일반기준 33장 문단 33.2).

① 배출권에서 발생하는 미래경제적효익이 기업에 유입될 가능성이 매우 높다.
② 배출권의 원가를 신뢰성 있게 측정할 수 있다.

이 경우 정부에서 무상으로 할당받은 배출권(이하 "무상할당 배출권"이라 함)도 할당이라는 과거 사건의 결과로, 보유하거나 매매하여 경제적효익을 얻을 능력이 있고 이에 대한 의사결정이 자유로우므로 기업이 통제하고 있고, 정부에 제출할 때 사용하거나 매각하여 미래경제적효익이 유입될 것으로 예상되는 자원이므로 매입한 배출권과 마찬가지로 자산의 정의를 충족한다. 즉, 배출권을 할당받거나 매입하여 사용할 수 있게 되는 시점부터는 배출권을 사용하여 부채를 결제(정부에 제출)하거나 매각하면 현금유입이 예상되므로 미래경제적효익의 유입 가능성이 매우 높고, 배출권을 확보하기 위해 지급한 대가를 알 수 있기 때문에 원가를 신뢰성 있게 측정할 수 있다. 그리고 기업이 배출권 할당 및 거래 제도의 대상이 된 이상 배출권이 없으면 매입하거나 과징금 등을 부담해야 하므로 이러한 비용을 절감할 수 있다는 점에서 무상할당 배출권도 미래경제적효익의 유입 가능성이 매우 높다고 본다. 따라서 무상할당 배출권도 이를 사용할 수 있게 되는 계획기간의 시작 시점부터 자산의 인식조건을 충족한다(일반기준 33장 부록 실33.2).

(2) 최초 측정

무상할당 배출권은 영(0)으로 측정하여 인식한다. 매입 배출권은 원가, 즉 매입원가와 취득에 직접 관련되어 있고 정상적으로 발생하는 그 밖의 원가로 구성되며, 이러한 원가에는 취득에 직접 관련되는 거래 수수료와 환급받을 수 없는 세금이 포함된다(일반기준 33장 문단 33.3, 부록 실33.3).

(3) 후속 측정 및 제거

배출권을 보유하는 주된 보유 목적에 따라 그 목적이 관련 제도에서 규정한 의무를 이행하기 위한 것인 경우에는 '이행모형'을, 단기간의 매매차익을 얻기 위한 것인 경우에는 '매매모형'을 적용하여 회계처리한다. 다만, 배출권의 주된 보유 목적에 따라서만 회계처리를 구분하고 주된 보유 목적이 매매가 아니더라도 매매를 금지하지는 않는다(일반기준 33장 문단 33.4, 부록 결33.6, 결33.7).

1) 이행모형

① 후속측정

배출권은 정부에 제출하기 전까지는 시장에서 매각할 수 있고 정부에 제출하고도 남으면 다음 이행연도로 이월할 수도 있다. 따라서 배출권은 온실가스가 배출되는 과정에서 소모되지는 않고 부채의 결제 수단이나 매매 대상의 성격을 띤다. 이러한 특성을 반영하기 위하여 배출권은 배출권을 제출하는 기간에 걸쳐 상각하지 않고 손상차손만 인식하는 바, 최초 인식 후 원가에서 손상차손누계액을 차감한 금액을 장부금액으로 한다. 배출권의 손상 여부를 결정하기 위해서는 일반기업회계기준 제20장 '자산손상'을 적용한다(일반기준 33장 문단 33.5, 부록 결33.8).

한편, 정부에 제출하고도 남을 것으로 확정된 무상할당 배출권의 주된 보유 목적을 변경하여 단기간의 매매차익을 얻기 위해 보유하는 배출권으로 분류를 변경하는 경우 그 재분류 시점에 해당 배출권을 공정가치로 측정하고 공정가치와 장부금액의 차이는 배출원가에서 차감한다(일반기준 33장 문단 33.6, 부록 결33.9).

② 제거

배출권은 다음의 어느 하나에 해당하면 재무상태표에서 제거한다(일반기준 33장 문단 33.9).

㉠ 정부에 제출하는 때

㉡ 매각하는 때

㉢ 상기 ㉠ 또는 ㉡에 사용할 수 없게 되어 더 이상 미래경제적효익이 예상되지 않을 때

정부에 제출하고도 남을 것으로 확정된 무상할당 배출권을 매각하는 경우 그 처분손익은 배출원가에서 차감하고, 매입 배출권을 매각하는 경우에는 그 처분손익을 영업외손익으로 분류한다. 다만, 할당량에 비하여 온실가스 배출이 감축되었는지 확인되지 않은 상태에서 무상할당 배출권을 매각한 경우에는, 장부금액과 순매각대가의 차이를 이연수익으로 인식하고 매각한 배출권이 속하는 이행연도에 걸쳐 체계적인 기준에 따라 이연수익을 배출원가와 상계한다(일반기준 33장 문단 33.10).

2) 매매모형

주로 단기간의 매매차익을 얻기 위하여 보유하는 배출권이 기업에 제공하는 효익은 단기매매증권과 비슷하다고 볼 수 있으므로 이러한 배출권은 공정가치로 측정하여 공정가치의 변동과 처분손익을 당기손익으로 인식한다. 이 경우 배출권은 일반기업회계기준 제2장 문단 2.20에서 규정하는 유동성과 비유동성 구분의 일반원칙에 따라 유동자산으로 분류하며, 배출권의 공정가치 변동분과 처분손익은 매매활동이 주된 영업에 해당하면 영업손익으로, 그렇지 않으면 영업외손익으로 분류한다(일반기준 33장 문단 33.17, 33.18 및 부록 결33.15, 결33.16).

(4) 표시

의무를 이행하기 위하여 보유하는 배출권은 무형자산으로 분류하되, 보고기간 말부터 1년 이내에 정부에 제출할 부분은 유동자산으로 분류한다. 다만, 단기간의 매매차익을 얻기 위하여 보유하는 배출권은 유동자산으로 분류한다(일반기준 33장 문단 33.13, 33.19).

2-2. 온실가스 배출권의 법인세법상 처리

온실가스 배출권의 할당 및 거래에 관한 법률 제12조에 따라 정부로부터 무상으로 할당받은 배출권의 취득가액은 영(0)원으로 하며, 타인으로부터 매입한 온실가스 배출권은 매입가액에 그 밖의 부대비용을 가산한 금액을 취득가액으로 한다(법령 §72 ② 1호, 6호).

관련사례

- 특수관계인과 온실가스 배출권 거래 시 법인세법상 시가의 범위
  내국법인이 특수관계인과 온실가스 배출권을 거래하는 경우 시가는 그 거래일의 한국거래소(배출권시장)의 최종시세가액으로 하는 것임(서면-2019-법령해석법인-4524, 2020. 9. 11.).

3. 온실가스 배출부채

3-1. 온실가스 배출부채의 기업회계상 처리

(1) 인식

배출부채는 다음의 조건을 모두 충족하는 경우에 인식한다(일반기준 33장 문단 33.7).

① 온실가스를 배출하여 정부에 배출권을 제출해야 하는 현재의무가 존재한다.
② 해당 의무를 이행하기 위하여 자원이 유출될 가능성이 매우 높다.
③ 그 의무의 이행에 소요되는 금액을 신뢰성 있게 추정할 수 있다.

기업이 온실가스를 배출하면 기업은 정부에 배출권을 제출할 의무가 생기나 배출량을 정부

에서 인증하기 전까지는 그 금액이 불확실하다. 일반기업회계기준 제14장 문단 14.3에 따르면 충당부채는 과거사건이나 거래의 결과에 의한 현재의무로서, 지출의 시기 또는 금액이 불확실하지만 그 의무를 이행하기 위하여 자원이 유출될 가능성이 매우 높고 또한 해당 금액을 신뢰성 있게 추정할 수 있는 의무를 말하는데, 정부에서 온실가스 배출량을 인증하기 전까지는 배출권을 정부에 제출할 의무는 충당부채로 볼 수 있다. 따라서 이러한 배출권을 제출해야 하는 의무를 이행하기 위하여 자원이 유출될 가능성이 매우 높은 지와 그 의무 이행에 소요되는 금액을 신뢰성 있게 추정할 수 있는 지를 판단하여 배출부채를 인식한다. 온실가스 배출권의 할당 및 거래에 관한 법률에 따르면 온실가스를 배출한 이상 배출량에 상당하는 배출권을 정부에 제출해야 하므로 자원의 유출 가능성은 매우 높으며, 일반적으로 후술하는 배출부채의 측정방법에 따라 그 금액을 신뢰성 있게 추정할 수 있다(일반기준 33장 부록 결33.10, 실33.4).

(2) 측정

배출부채는 다음 ①과 ②를 더하여 측정한다(일반기준 33장 문단 33.8).

① 정부에 제출할 해당 이행연도 분으로 보유한 배출권의 장부금액
② 상기 ①의 배출권 수량을 초과하는 배출량에 대해 해당 의무를 이행하는 데에 소요되는 지출에 대한 보고기간 말 현재 최선의 추정치

(3) 제거

배출부채는 배출권을 정부에 제출하는 때에 제거한다(일반기준 33장 문단 33.11).

한편, 해당 이행연도 분의 배출권 제출의무를 이행하기 위하여 다음 이행연도 분 무상할당 배출권의 일부를 차입하는 경우에는 배출부채를 제거할 때 차입하는 부분에 해당하는 배출부채의 금액을 이연수익으로 인식한다. 해당 이연수익은 차입으로 부족해진 배출권을 매입하여 사용할 이행연도 분의 배출원가에서 상계한다. 이때 해당 이행연도의 배출부채를 측정할 때 차입할 무상할당 배출권의 장부금액(0)을 반영한다면 차입으로 부족해진 배출권을 매입하여 제출하는 이행연도에 배출원가가 과다하게 산정될 수 있다. 따라서 회계기간 말에 다음 이행연도의 무상할당 배출권에서 일부를 차입하기로 결정하였더라도 외부에서 차입한 것과 마찬가지로 차입량에 해당하는 배출부채는 배출권의 현행 시장가격 등을 고려하여 결정하는 것이 적절하다(일반기준 33장 문단 33.12, 부록 결33.13).

(4) 표시

배출부채 중 보고기간 말부터 1년 이내에 결제될 부분은 유동부채로, 그 밖의 부분은 비유동부채로 분류한다(일반기준 33장 문단 33.14).

3-2. 온실가스 배출부채의 법인세법상 처리

세법은 기업회계상 배출부채의 손금산입을 인정하고 있지 않다. 따라서 기업이 기업회계기준에 따라 배출부채를 설정한 경우에는 세법상 손금으로 인정되지 않으므로 손금불산입(유보)하고, 추후 장부에서 배출부채 제거시 손금산입(△유보)한다.

경비 등 기타 익금 및 손금

관련 법령	• 법법 §15, §19, §20, §26 • 법령 §11, §19, §43, §45, §46, §48 • 법칙 §10, §10의 2, §10의 3, §25

최근 주요 개정 내용

• 해외자회사 파견 임직원 인건비에 대한 손금 인정범위 확대(법령 §19 3호)

종 전	현 행
□ 해외현지법인 파견 임직원 인건비에 대한 손금인정 요건	□ 손금인정 범위 및 요건 개선
○ 중소·중견기업	○ 내국법인
○ 직·간접적으로 100% 출자한 해외현지법인	○ (좌 동)
○ 내국법인이 지급한 인건비가 내국법인 및 해외출자법인이 지급한 인건비 합계액의 50% 미만인 경우	○ (좌 동)
〈추 가〉	○ 해외현지법인 파견 임직원*의 근로소득세를 내국법인이 원천징수하여 납부하는 경우 * 소득세법상 거주자에 해당하고 소득세로 납부한 경우에 한정

➡ 개정일자 : ㉳ 2024. 2. 29.
적용시기 : 2024년 2월 29일이 속하는 사업연도부터 적용

• 근로자 출산·양육 지원금액 손금 인정 근거 마련(법령 §19 3호의 2)

종 전	현 행
□ 손비의 범위	□ 근로자 출산·양육 지원금을 손비에 추가
○ 판매한 상품·제품에 대한 원료의 매입가액·부대비용 ○ 인건비	○ (좌 동)
〈추 가〉	○ 근로자에게 지급하는 출산·양육 지원금* * 근로자에게 공통 적용되는 지급기준에 따른 것에 한함

➡ 개정일자 : ㉳ 2024. 2. 29.
적용시기 : 2024년 2월 29일부터 시행

경비 등 기타 익금 및 손금

11

Step I 내용의 이해

1. 기타익금

1-1. 자산수증익

1-1-1. 개 요

법인이 주주 또는 주주 이외의 자로부터 자산을 무상으로 제공받는 경우, 무상으로 받은 자산의 가액은 법인의 순자산을 증가시키므로 익금에 해당한다(법령 §11 5호).

다만, 자본보전목적의 무상증여에 대하여 과세한다는 것은 자본에 대해 과세하지 않는다는 소득세의 근본사고에 어긋나게 되므로, 법인세법에서는 자본과세가 되지 않도록 다음과 같은 별도의 예외규정을 두고 있다.

- 회생계획인가결정을 받은 법인 등의 출자전환채무면제익의 익금불산입(법법 §17 ②)
- 이월결손금의 보전에 충당한 자산수증익(국고보조금 등은 제외)과 채무면제익의 익금불산입(법법 §18 6호)
- 국고보조금 등으로 취득한 사업용 자산가액의 손금산입(법법 §36)
- 공사부담금으로 취득한 사업용 자산가액의 손금산입(법법 §37)

1-1-2. 무상으로 받은 자산

(1) 자산의 범위

자산이라고 규정되어 있기 때문에 용역을 무상으로 제공받은 것은 제외되며, 재고자산이나 고정자산과 같은 실물자산뿐만 아니라 금전 기타 자산적 가치가 있는 상표권 · 영업권 등의 무형자산도 포함된다. 또한, 증여자는 주주 · 국가 · 거래처 등을 불문하므로, 국고보조금 · 공사부담금 등도 여기에서 말하는 무상으로 받은 자산의 범위에 해당하나, 이월결손금을 보전하는 데 충당하는 경우 익금불산입하는 자산수증이익의 범위에서 국고보조금 등(법법 §36)은 제외한다(법법 §18 6호).

:: 자기주식을 무상으로 받는 경우의 회계 · 세무처리

1. 기업회계

   기업회계상 자기주식은 자산이 아닌 자본의 차감항목이므로 무상으로 수증받은 자기주식의 취득에 대하여는 별도의 회계처리를 하지 않으며(자기주식의 무상수증으로 인한 법인세부담액은 '자기주식 무상수증관련 법인세부담액' 등으로 하여 자본조정의 차감항목으로 표시), 무상수증한 자기주식을 처분하는 경우에는 처분에 따른 현금 등의 유입액에서 자본항목 및 처분직접비용을 차감한 잔액을 자기주식처분이익으로 인식한다(실무의견서 [2001-13] 및 금감원 2002-026, 2002. 12. 31.).

2. 법인세법

   법인세법에서는 자기주식을 자산으로 취급하는 것이므로, 무상으로 받은 자기주식은 "무상으로 받은 자산의 가액"에 포함되어 익금에 산입한다(법인 46012-2379, 1997. 9. 9.).

(2) 무상의 범위

무상이라 함은 대가가 없는 것을 말한다. 따라서 매매대금이 현저하게 균형을 잃고 있다 하더라도 그것은 무상에 의한 증여가 아니고 매매이며, 이러한 경우에 시가와 유상에 의한 대가와의 차이는 부당행위계산의 부인대상이 되는 경우를 제외하고 원칙적으로 익금항목이 아니다.

일반적으로 자산의 저가취득의 경우에는 취득원가로 자산가액을 계상하였다가 그 자산을 양도하는 시점에서 그 양도차익을 익금으로 보아 과세하나, 무상으로 받은 자산인 경우에는 취득시점에 자산가액을 시가로 계상하고 수증익을 익금에 산입하여 당해 사업연도에 과세하게 된다.

(3) 부담부증여

부담부증여란 수증자가 증여를 받는 동시에 일정한 부담, 즉 일정한 급부를 하여야 할 채무를 부담하는 것을 부관으로 하는 증여이다. 이러한 부담부증여의 경우에는 증여받은 자산가액과 부담금액과의 차액을 익금에 산입한다. 즉, 부담하는 채무상당액은 자산수증익의 계산시 차감하여야 한다(법인 46012-909, 2000. 4. 8.).

(4) 무상으로 통관한 물품

법인이 해외에서 물품을 무상으로 수입하는 경우에는 이를 각 사업연도의 소득금액 계산상 익금으로 한다. 이 경우에 익금에 산입할 금액은 당해 물품의 통관시 관세 과세표준금액이 되는 감정가액으로 하며 관세 및 부대비용은 취득가액에 합산한다(법기통 15-11…3).

(5) 광고선전용 자산의 수증

제조업자 등이 자기의 상품 등을 판매하는 자 등에게 자기의 상호 · 로고 · 상품명 등을 표시하여 광고효과가 인정되는 물품 등을 제공하는 경우로서 물품 등(광고선전용 간판, 네온사인, 플래카드와 같이 오로지 광고선전용으로 사용되는 물품 등은 제외함)의 소유권을 이전하거나 물품 등의 가액을 금전으로 제공한 경우는 제조업자 등은 기업업무추진비로 처리하고, 판매업자 등은 사업용자산과 자산수증익으로 회계처리한 후 해당 자산에 대하여 감가상각을 통하여 손금에 산입한다(법기통 15-11…4).

1-1-3. 자산가액의 산정

무상으로 받은 자산의 가액은 취득당시의 시가에 의한다(법령 §72 ② 8호). 이 경우 법인세법 시행령 제72조 제2항에서 말하는 시가의 범위에 대해서는 별도로 규정하고 있지 아니하나, 동법 시행령 제89조의 규정에 의한 시가의 범위를 준용하여야 할 것으로 보인다.

기업회계상으로도 증여 기타 무상으로 취득한 자산의 가액은 공정가치를 취득원가로 하도록 하고 있는데, 한국채택국제회계기준에서는 '공정가치'를 측정일에 시장참여자 사이의 정상거래에서 자산을 매도할 때 받거나 부채를 이전할 때 지급하게 될 가격으로 정의하고 있다(K-IFRS 1113호 문단 9).

1-2. 채무면제익

1-2-1. 개 요

채무의 면제 또는 소멸로 인하여 부채가 감소하는 경우에는 법인의 적극재산이 증가하지는 않지만 소극재산이 감소함으로써 순자산이 증가하므로 익금에 해당한다(법령 §11 6호).

다만, 채무의 면제액 등을 이월결손금 보전에 충당한 부분에 대해서는 자본유지의 입장에서 익금불산입한다(법법 §18 6호).

1-2-2. 채무의 면제로 인한 부채의 감소액

(1) 채무면제의 의의

채무의 면제라 함은 채권자의 채무자에 대한 일방적 의사표시에 의하여 채권을 무상으로 소멸시키는 것이다. 즉, 면제는 채권자의 단독행위이며 그것은 결국 채권의 포기에 지나지 않는다. 이와 다른 경우로서 채무의 면제는 증여의 이행행위로서의 면제행위나 면제계약에 의해서 성립할 수 있으나 회계처리에 있어 구별할 사항은 아니다.

(2) 채무의 조정에 따라 채무면제익을 인식한 경우

기업회계기준에 의한 채무의 조정에 따라 채무의 장부가액과 현재가치의 차액을 채무조정이익으로 계상한 경우, 동 채무조정이익은 익금에 산입하지 않는다(법기통 19의 2-19의 2…9).

즉, 법인이 약정된 채무조정 내역에 따라 미래 현금흐름을 채무 발생시점의 유효이자율 등으로 할인하여 계산된 현재가치와 채무의 장부가액의 차이를 현재가치할인차금과 채무조정이익으로 인식한 경우 당해 채무조정이익은 익금에 산입하지 않는 것이며, 이후 사업연도에 동 현재가치할인차금을 상각하여 계상한 이자비용도 각 사업연도 소득금액 계산상 손금에 산입하지 않는다.

이에 대한 자세한 설명은 '제5절 채권·채무조정'편을 참조하기 바란다.

(3) 채무를 출자전환하는 경우

채무법인이 출자전환으로 주식을 발행하는 경우, 법인세법상 주식발행액면초과액은 액면금액 이상으로 주식을 발행한 경우 그 액면금액을 초과한 금액으로 하되, 당해 발행 주식 등의 시가를 초과하여 발행된 금액은 주식발행액면초과액에서 제외하여 채무면제익으로 본다(법법 §17 ① 1호). 이와 같은 법인세법상 채무면제익에 해당하는 금액은 원칙적으로 해당 사업연도의 익금에 해당되나, 이월결손금의 보전에 충당되지 아니한 채무면제익으로서 법인세법 시행령 제15조 제1항에서 정하는 금액은 이를 해당 사업연도의 익금에 산입하지 아니하고 그 이후의 각 사업연도에 발생한 결손금의 보전에 충당할 수 있다(법법 §17 ②).

이에 대한 자세한 설명은 '제5절 채권·채무조정'편을 참조하기 바란다.

(4) 채무를 조기상환하는 경우

법인이 채무를 상환해 오다가 일정시점에 현재가치로 할인한 금액 등으로 조기상환함에 따라 발생한 채무면제익은 이를 당해 사업연도의 익금에 산입한다(서이 46012-10899, 2002. 4. 30.).

(5) 주주가 배당금청구권을 포기한 경우

이익이나 잉여금의 배당 또는 분배금으로 확정된 금액에 대하여 주주나 사원이 그 배당 또는 분배금 청구권을 포기한 경우에는 배당 또는 분배금 청구권에 상당하는 금액(이월결손금 보전에 충당된 금액을 제외함)을 법인의 소득금액 계산상 익금에 산입한다(법기통 15-11…11).

1-2-3. 채무의 소멸로 인한 부채의 감소액

채무의 소멸이라 함은 소멸시효가 완성되어 반대급부 없이 채무가 소멸하는 것을 말한다. 소멸시효란 권리자가 권리를 행사할 수 있음에도 불구하고 권리불이행의 상태가 일정한 기간 동안 계속됨으로써 권리소멸의 효과가 생기는 시효를 말하는데, 채무의 소멸시효가 완성되면 채무면제익으로서 익금이 되고 채권의 소멸시효가 완성되면 대손의 사유가 된다.

관련사례

- 소멸시효가 완성된 단기금융업 법인의 지급어음의 세무처리
  단기금융업을 영위하는 법인이 수신업무와 관련하여 고객으로부터 금전을 예탁받고 발행한 지급어음이 어음채무의 시효소멸이 되어 지급하지 아니하게 되는 때에는 동 소멸시효가 완성되는 날이 속하는 사업연도에 채무면제익으로 하여 익금에 산입하며, 그 후 사업연도에 있어서 어음상의 채권자가 당해 어음금액의 지급요구를 하여 동 채무를 지급한 경우에는 동 지급액은 지급한 사업연도에 손금에 해당함(법인 22601-1754, 1987. 7. 2.).

1-2-4. 채무면제익의 귀속시기

법인의 채무면제익의 귀속시기는 당해 채무면제익이 확정된 날이 속하는 사업연도이다. 예를 들어, 당해 법인의 채권자와 제3자간의 계약에 의하여 채무면제를 받는 경우 당해 계약이 채무면제의 시기를 구체적으로 정하지 아니하였으나 ① 면제대상이 되는 채무의 금액을 구체적으로 정하고 있고 ② 계약의 여타내용이 채무면제를 전제로 하는 등 계약의 효력발생과 동시에 실질적으로 채무면제가 확정되는 경우에는 당해 계약의 효력 발생일이 속하는 사업연도가 채무면제익의 귀속사업연도가 된다(법인 46012-48, 1995. 4. 12.).

1-3. 손금산입액 중 환입액

손금에 산입한 금액 중 환입된 금액은 순자산을 증가시키는 익금에 해당한다(법령 §11 7호). "손금에 산입된"이라 함은 세무상 손금계상한 경우를 말한다. 따라서, 기업회계상 비용으로 계상하였으나 세무상 부인된 손금은 환입하더라도 익금에 해당되지 아니한다(법법 §18 2호). "환입된 금액"이란 재산세 과오납부액 등과 같이 지출된 비용의 환입액과 각종 충당금 및 준비금 등과 관련하여 기 손금산입한 금액을 기한도래 등의 사유로 환입한 금액을 말한다.

1-4. 자본거래로 인하여 특수관계인으로부터 분여받은 이익

법인세법 시행령 제88조 제1항 제8호 각 목의 어느 하나 및 제8호의 2에 따른 자본거래로 인하여 특수관계인으로부터 분여받은 이익은 법인의 수익에 해당한다(법령 §11 8호). 여기서 이익을 분여한 자는 법인주주에 한정되지 아니하므로 특수관계에 있는 개인주주로부터 분여받는 이익도 익금에 산입하여야 한다.

따라서 특수관계인인 법인간의 합병 · 법인의 증자 등 자본거래로 주주인 법인이 특수관계인인 다른 주주인 법인에게 이익을 분여한 경우, 이익을 분여한 법인주주는 부당행위계산의 부인대상이 되며, 이익을 분여받은 법인주주는 분여받은 이익을 익금에 산입하게 된다.

이에 대한 자세한 설명은 '제1절 5-10. 자본거래를 통한 이익의 분여'편을 참조하기 바란다.

1-5. 특수관계인인 개인으로부터 저가매입한 유가증권의 시가와의 차액

법인이 특수관계인인 개인으로부터 유가증권을 시가보다 낮은 가액으로 매입하는 경우에는 그 매입가액과 시가와의 차액을 익금에 산입하여야 한다(법법 §15 ② 1호).

관련사례

- 포괄적 주식교환방식을 통해 저가매입시 익금산입 여부
  법인이 특수관계자인 개인으로부터 타법인 주식을 저가로 포괄적 주식교환하는 경우, 당해 주식의 시가와 교환가액의 차액은 법인세법 제15조 제2항 제1호에 따른 익금에 해당하지 아니함(서면2팀-98, 2007. 1. 12.).
- 특수관계인인 개인으로부터 소득세법상 시가로 유가증권 매입시 법인세법 제15조 제2항 제1호의 적용 여부
  법인이 특수관계인인 거주자로부터 당해 거주자가 최대주주인 비상장 중소기업 주식을 소득세법 시행령 제167조 제5항의 시가로 매입하는 경우 법인세법 제15조 제2항 제1호가 적용되지 아니함(서면2팀-4, 2007. 1. 2.).
- 합병반대주주의 주식매수청구권행사로 저가매입시 익금산입 여부
  합병시 합병반대주주의 주식매수청구권행사로 인하여 법인이 특수관계자인 개인주주로부터 자기주식을 시가에 미달하는 가액으로 취득하는 경우 시가와 당해 매입가액의 차액에 상당하는 금액은 익금에 산입함(서면2팀-2011, 2004. 9. 30.).
- 자본감소 목적으로 저가매입시 익금산입 여부
  법인이 자본의 감소를 목적으로 특수관계자인 개인으로부터 자기주식을 시가에 미달하는 가액으로 매입하는 경우에는 익금에 산입하지 아니함(서면2팀-674, 2004. 4. 1.).

1-6. 간접외국납부세액

법인세법 제57조 제4항에 따른 외국법인세액으로서 같은 조 제1항에 따른 세액공제의 대상이 되는 금액은 익금에 해당한다(법법 §15 ② 2호).

상기에서 익금산입의 대상이 되는 법인세법 제57조 제4항에 따른 외국납부세액은 외국자회사로부터 받은 배당수입금액에 대한 외국법인세액, 즉 간접외국납부세액으로서 세액공제의 대상이 되는 금액을 말한다.

익금산입시기는 법인세법 제57조 제4항에 따라 간접외국납부세액 공제의 대상이 되는 사업연도이며 이는 외국자회사의 배당확정일(배당금 지급을 결의한 날)이 속하는 사업연도이다.

이에 대한 자세한 설명은 '제4편 제3장 제2절 1. 외국납부공제 등'편을 참조하기 바란다.

1-7. 동업기업으로부터 배분받는 소득금액

동업기업 과세특례를 적용받는 동업기업은 동업자군별 배분대상 소득금액 또는 결손금을

각 과세연도의 종료일에 해당 동업자군에 속하는 동업자들에게 동업자 간의 손익배분비율에 따라 배분하는데, 동 배분받은 소득금액은 수익에 해당한다(법법 §15 ② 3호).

1-8. 보험회사의 책임준비금 감소액

보험업법에 따른 보험회사가 같은 법 제120조에 따라 적립한 책임준비금의 감소액(할인율의 변동에 따른 책임준비금 평가액의 감소분은 제외함)으로서 보험감독회계기준에 따라 수익으로 계상된 금액은 수익에 해당한다(법령 §11 10호).

1-9. 자원순환보증금

자원의 절약과 재활용 촉진에 관한 법률에 따라 유리용기의 회수·재사용을 위하여 보증금(이하 "자원순환보증금"이라 함)을 제품가격에 포함시켜 판매하는 법인은 같은 법 시행규칙 제12조의 5에 따라 산출된 다음의 미반환보증금 상당액을 해당 금액이 발생한 사업연도의 다음 사업연도의 익금에 산입하고, 같은 법 제15조의 3에 따라 해당 미반환보증금을 사용하는 날이 속하는 사업연도의 손금에 산입한다. 이 경우 먼저 발생한 미반환보증금부터 사용된 것으로 본다(법기통 15-11…9).

> 빈용기의 미반환보증금＝∑(해당 연도에 출고된 규격별 용기 개수－해당 연도에 반환된 규격별 빈용기 개수)×빈용기의 규격별 자원순환보증금액

2. 기타손금

2-1. 매입가액

2-1-1. 판매한 상품 또는 제품에 대한 원료의 매입가액

(1) 개 요

판매한 상품 또는 제품에 대한 원료의 매입가액(기업회계기준에 의한 매입에누리금액 및 매입할인금액을 제외함)은 익금항목인 수입금액에 대응하는 손비항목이다(법령 §19 1호).

수익항목으로서의 수입금액은 상업이나 제조업 외에 공사수입과 같은 용역수입이 포함되는 일체의 사업수입금액을 의미하므로, 판매한 상품 또는 제품에 대한 원료의 매입가액 역시 상품 및 제품에 대한 것뿐만 아니라 일체의 사업수입금액에 대응하는 원가상당액으로 이해하여야 하는 바, 결국 여기서 말하는 매입가액이란 매출원가와 동일한 의미를 지닌다.

(2) 매출원가의 계산

1) 기업회계상 매출원가의 계산

① 상품매매업의 매출원가

상품매매업의 매출원가는 기초상품재고액에 당기상품매입액을 가산하고 기말상품재고액을 차감하여 산출한다(일반기준 2장 부록 실2.8). 이 때 상품매입액은 매입운임·하역료·보험료 등 상품 취득과정에서 정상적으로 발생한 부대원가를 가산하고 매입과 관련된 매입할인, 매입환출, 매입에누리 등을 차감한 금액을 말한다(K-IFRS 1002호 문단 11 및 일반기준 2장 부록 실2.9, 7장 문단 7.6).

상품매매업의 매출원가 = 기초상품재고액 + 당기상품매입액 − 기말상품재고액

② 제조업의 매출원가

제조업의 매출원가는 기초제품재고액에 당기제품제조원가를 가산하고 기말제품재고액을 차감하여 산출하며(일반기준 2장 부록 실2.8), 당기제품제조원가는 당기총제조비용과 기초재공품재고액과의 합계액에서 기말재공품재고액을 차감한 금액을 말한다. 여기서 제품, 반제품 및 재공품 등 재고자산의 제조원가는 보고기간말까지 제조과정에서 발생한 직접재료원가, 직접노무원가, 제조와 관련된 변동 및 고정 제조간접원가의 체계적인 배부액을 포함한다(K-IFRS 1002호 문단 12 및 일반기준 7장 문단 7.7).

- 제조업의 매출원가 = 기초제품재고액 + 당기제품제조원가 − 기말제품재고액
- 당기제품제조원가 = 기초재공품 + 당기총제조비용 − 기말재공품

2) 세무상 매출원가의 계산

① 일반사항

법인세법에서는 타인으로부터 매입한 자산(기업회계기준에 따라 단기매매항목으로 분류된 금융자산 및 파생상품은 제외)은 매입가액에 부대비용을 가산한 금액으로 하고, 자기가 제조·생산 또는 건설하거나 그 밖에 이에 준하는 방법으로 취득한 자산은 제작원가에 부대비용을 더한 금액으로 하도록 규정하고 있을 뿐 그 외 세무상 매출원가의 계산방법에 대하여는 특별한 규정을 두고 있지 않다(법법 §41 ①).

따라서, 일반적으로 공정·타당하다고 인정되는 기업회계기준에 준거하여 계산된 매출원가는 세무상으로도 이를 인정하게 된다. 다만, 세무상 매출원가의 산정을 위해서는 기말상품재고액(또는 기말제품재고액)에 대한 평가가 선행되어야 하는 바, 이러한 재고자산의 평가 등에 있어서는 반드시 법인세법에서 규정한 평가방법에 따라야 하며, 기업회계기준이

나 관행 등에 의한 자의적 평가방법은 인정되지 않는다.

재고자산의 평가방법에 대한 자세한 설명은 '제2편 제1장 제12절 재고자산, 유가증권'편을 참조하기로 한다.

② 매출누락에 대응하는 매출원가

매출원가는 법인의 장부에 기장한 것을 전제로 한다. 그러나, 매출누락과 그에 대응하는 원가가 장부외처리 되었음이 확인되는 경우에는 매출누락액을 익금에 반영하고 그 원가상당액을 손금에 산입한다(법기통 19-19…1).

③ 가공매출액에 대응하는 가공매출원가

법인이 가공매출에 직접 대응되는 가공원가를 계상한 것이 객관적인 증빙자료에 의해 명백히 입증되는 경우 동 가공매출 및 가공원가는 각 사업연도 소득금액 계산상 각각 익금 및 손금에 산입하지 아니한다(서면2팀-804, 2004. 4. 16.).

④ 위장 매입세금계산서에 의한 실지 매출원가

실제 매입거래가 구체적인 증빙에 의하여 확인되는 경우에는 비록 당해 매입세금계산서가 자료상으로 받은 것이거나 사실과 다른 세금계산서라 할지라도 매출액(익금)에 대응하는 손금으로 인정될 수 있다(국심 2004중 3170, 2005. 3. 22.).

2-1-2. 매입에누리와 매입할인

기업회계기준에서는 매입에누리와 매입할인 및 기타 이와 유사한 항목은 당기상품매입액에서 차감하도록 규정하고 있다(K-IFRS 1002호 문단 11 및 일반기준 2장 부록 실2.9). 이때, 판매장려금과 같이 일정기간의 거래수량이나 거래금액에 따라 매입액을 감액하는 것은 매입에누리에 포함한다.

한편, 법인세법에서는 기업회계기준에 의한 매입에누리금액 및 매입할인금액을 매입가액에서 차감하도록 규정하고 있다(법령 §19 1호). 따라서, 법인이 기업회계기준에 따라 매입에누리 등을 매입액에서 차감하는 회계처리를 하는 경우에는 별도의 세무조정이 필요하지 아니하며, 기업회계기준에 따라 매입에누리에 포함되는 판매장려금 또한 약정에 의하여 지급받는 때에 매입의 차감항목으로 처리한다(서면2팀-439, 2005. 3. 23.).

매입에누리와 매입할인의 개념

매입에누리는 매입상품의 파손이나 결함 또는 매입수량 등의 조건에 따라 매입대금의 일부를 판매자와의 협의를 통해 감액하는 것을 말하며, 매입할인은 일종의 현금할인으로서 매입채무의 조기상환에 따른 혜택으로 매입대금의 일부를 감액하는 것을 말한다. 참고로 현행 법인세법은 매입에누리와 매입할인에 대해 정의하고 있지 아니하나, 소득세법 시행규칙 제22조에서는 매출에누리와 매출할인에 대하여 규정하고 있으므로, 매입에누리와 매입할인에 대하여는 동 규정을 반대로 해석하면 될 것이다.

2-1-3. 매입부대비용

매입부대비용이란 물품구입에 부대하여 사용가능한 상태나 장소에 두기까지 지급되는 운임, 보험료, 관세, 하역비, 매입수수료, 통관비, 검수비, 정리비, 선별비 및 이관비 등을 말한다. 다만, 반환할 것이 약정된 무상수입자산의 통관비용 등은 자산의 매입가액에 포함하지 않는 것이며, 그 효익이 미치는 기간에 안분하여 손금에 산입한다(법기통 19-19…16).

2-2. 판매부대비용

2-2-1. 판매부대비용의 범위

법인의 손금에 산입하는 판매부대비용이란 판매한 상품 또는 제품의 보관료, 포장비, 운반비, 판매장려금 및 판매수당 등 판매와 관련된 부대비용(판매장려금 및 판매수당의 경우 사전약정 없이 지급하는 경우를 포함)을 말한다(법령 §19 1호의 2). 여기에서 "판매와 관련된 부대비용"이란 기업회계기준에 따라 계상한 판매 관련 부대비용을 말하며, 판매부대비용의 범위를 예시하면 다음과 같다(법칙 §10 ① 및 법기통 19-19…3).

① 사전약정에 따라 협회에 지급하는 판매수수료
② 수탁자와의 거래에 있어서 실제로 지급하는 비용
③ 관광사업 및 여행알선업을 영위하는 법인이 고객에게 통상 무료로 증정하는 수건, 모자, 쇼핑백 등의 가액
④ 용역대가에 포함되어 있는 범위 내에서 자가시설의 이용자에게 동 시설의 이용시에 부수하여 제공하는 음료 등의 가액
⑤ 일정액 이상의 자기상품 매입자에게 자기출판물인 월간지를 일정기간 무료로 증정하는 경우의 동 월간지의 가액 상당액
⑥ 판매촉진을 위하여 경품부 판매를 실시하는 경우 경품으로 제공하는 제품 또는 상품 등의 가액
⑦ 그 밖의 ①부터 ⑥과 유사한 성질이 있는 금액

관련사례

• 판매촉진을 위하여 특정제품 구매실적에 따라 다른 제품 무상공급시 판매부대비용 해당 여부

내국법인이 특정제품의 판매촉진을 위하여 특정제품 구매실적에 비례하여 다른 제품을 무상 공급하는 내용을 모든 거래처에 사전공지하고 거래처에 무상공급할 경우 기업회계기준 및 일반적으로 공정·타당하다고 인정되는 관행에 비추어 정상적이라고 인정될 수 있는 범위 안의 금액은 판매부대비용에 해당하는 것임(법인-923, 2011. 11. 17.)

- 가맹점의 간판교체비용을 부담하는 경우 손금 여부
  법인이 동등한 조건의 약정에 따라 자기의 상호 등이 표시된 가맹점의 간판을 일시에 교체하는 비용의 일부를 부담하는 경우 사회통념상 일반적으로 용인되는 범위 내의 금액은 감가상각대상 자산 또는 판매부대비용으로 처리함(법인-1113, 2009. 10. 13.).

2-2-2. 광고선전비

(1) 개 요

광고선전비란 사업과 관련된 재화·용역 등의 판매 또는 공급의 촉진을 위하여 불특정다수인에게 광고선전을 할 목적으로 지출하는 비용을 말한다.

원칙적으로 광고선전비는 판매에 부수되는 경상적 비용으로서 법인세법상 전액 손금에 산입되며, 기업업무추진비나 기부금과 같이 시부인 대상이 아니다. 따라서 어떤 비용의 지출이 광고선전비냐, 기업업무추진비나 기부금이냐를 판단하는 것이 중요하다.

▌유사비용과 광고선전비의 구분▐

유사비용	구분기준	유사비용 요건	광고선전비 요건
기업업무추진비	지출대상	특정인(*)	불특정다수인
	지출목적	거래처와의 원활한 관계 지속	판매촉진, 구매의욕 자극
기 부 금	업무관련성	사업목적과 무관	업무와 관련
판매장려금	지급대상	매입처에 지급	사전약정유무에 관계없이 불특정다수인에게 지급

(*) 특정인에게 기증하기 위하여 지출한 연간 5만원 이하의 광고선전물품은 광고선전비에 포함되며, 개당 3만원 이하의 광고선전물품 제공시 5만원 한도를 적용받지 않음(법령 §19 18호).

(2) 광고선전비의 손금산입시기

1) 일반사항

광고선전비도 다른 비용과 마찬가지로 권리·의무확정주의에 따라 손금의 귀속시기를 결정하여야 한다. 그러나, 광고선전비는 다른 비용과 달리 그 지출효과가 언제 발생하며 언제까지 지속된 것인지에 대한 판단이 매우 어렵다. 그러므로, 광고선전비는 그 광고의 효과측정이 합리적이고 객관적으로 타당성이 있는 어떤 상황(광고 시행기)을 기준으로 하여 비용에 계상하여야 한다(국심 82부 1643, 1982. 11. 27.). 예를 들어, 신문·잡지·TV·라디오 등을 통하여 광고하는 경우에는 그 광고가 독자나 청취자에게 전달되는 날을 손금산입시기로 삼아야 하며, 성냥·수건·부채 등 소품을 불특정다수인에게 제공할 때에는 그 물품을 타인에게 인도한 날을 손금산입시기로 삼아야 한다.

관련사례

• 광고선전 목적 할인권(무료식사권)의 손금산입시기
광고선전 목적으로 할인권(무료식사권 포함)을 교부하는 경우로서 당해 할인권이 매매가 불가능하고 환금성이 없는 경우에는 그 회수일이 속하는 사업연도에 광고선전비로 보아 손금에 산입함(서면2팀-1878, 2004. 9. 9.).

2) 광고선전용 간판 등

광고선전용으로 간판, 네온싸인, 광고탑, 선전자동차 등을 제작 또는 취득한 경우에는 세무상 즉시 손금으로 산입하는 것이 아니라 감가상각 과정을 통하여 손금에 산입한다.

3) 해외시장 개척을 위한 견본품

견본품을 무상으로 송부하는 경우에는 그 견본품에 상당하는 가액은 이를 송부일이 속하는 사업연도의 소득금액 계산상 손금에 산입한다(법기통 19-19…21).

(3) 공동광고선전비

1) 일반사항

공동으로 광고를 행하고 광고의 효과가 그 공동의 광고주에게 귀속되는 경우에 있어서 광고비의 분담은 출자에 의하여 특정사업을 공동으로 영위하는 경우에는 출자총액 중 당해 법인이 출자한 금액의 비율을 기준으로 배분하며, 비출자공동사업자의 경우에는 다음에 해당하는 기준을 적용한다(법령 §48 ①). 여기서 비출자공동사업자라 함은 출자에 의한 공동사업 외의 경우로서 공동으로 운영하는 조직이나 사업 등과 관련된 모든 법인 등을 말한다(법령 §48 ① 2호).

① 비출자공동사업자 사이에 특수관계(법령 §2 ⑧)가 있는 경우 : 직전 사업연도 또는 해당 사업연도의 매출액 총액과 총자산가액(한 공동사업자가 다른 공동사업자의 지분을 보유하고 있는 경우 그 주식의 장부가액은 제외함) 총액 중 법인이 선택하는 금액(선택하지 아니한 경우에는 직전 사업연도의 매출액 총액을 선택한 것으로 보며, 선택한 사업연도부터 연속하여 5개 사업연도 동안 적용하여야 함)에서 해당 법인의 매출액(총자산가액 총액을 선택한 경우에는 총자산가액을 말함)이 차지하는 비율에 따라 배분한다. 이 경우 국내 또는 국외에서 지출한 공동광고선전비는 다음의 기준에 의할 수 있다(법칙 §25 ②).
  가. 국외 공동광고선전비 : 수출금액(대행수출금액은 제외하며, 특정 제품에 대한 광고선전의 경우에는 해당 제품의 수출금액을 말함)
  나. 국내 공동광고선전비 : 기업회계기준에 따른 국내매출액(특정 제품에 대한 광고선전의 경우에는 해당 제품의 매출액을 말하며, 주로 최종 소비자용 재화나 용역을 공급하는 법인의 경우에는 그 매출액의 2배에 상당하는 금액 이하로 할 수 있음)

② 비출자공동사업자간 특수관계가 없는 경우 : 비출자공동사업자 사이의 약정에 따른 분담비율. 다만, 해당 비율이 없는 경우에는 상기 ①의 비율에 따른다.

관련사례

- 비출자공동사업자간 합병 또는 사업의 양수·양도시 직전사업연도 매출액 계산방법
  공동광고선전비를 배부함에 있어 비출자공동사업자간 합병 또는 사업의 양수·양도시 피합병법인 및 사업양도법인의 직전 사업연도 매출액 비율이 1% 미만이더라도 합병법인 및 사업양수 법인의 직전사업연도 매출액에 포함하여 계산함(법인-91, 2010. 1. 29.).

공동광고선전비의 배분기준을 적용함에 있어 매출액 및 총자산가액은 기업회계기준에 따른 매출액 및 총자산가액으로 한다. 다만, 자본시장과 금융투자업에 관한 법률에 따른 집합투자업자, 투자매매업자 또는 투자중개업자의 경우에는 다음에 따라 산정한 금액을 매출액으로 할 수 있다(법령 §42 ① 및 법칙 §25 ①).

① 자본시장과 금융투자업에 관한 법률에 따른 투자매매업자 또는 투자중개업자
매출액 + 자본시장과 금융투자업에 관한 법률 제6조 제1항 제2호의 영업과 관련한 보수 및 수수료의 9배에 상당하는 금액

② 자본시장과 금융투자업에 관한 법률에 따른 집합투자업자
매출액 + 자본시장과 금융투자업에 관한 법률 제9조 제20항에 따른 집합투자재산의 운용과 관련한 보수 및 수수료의 9배에 상당하는 금액

한편, 다음에 해당하는 법인의 경우에는 공동광고선전비를 분담하지 아니하는 것으로 할 수 있다(법칙 §25 ④).

① 당해 공동광고선전비에 관련되는 자의 직전 사업연도의 매출액총액에서 당해 법인의 매출액이 차지하는 비율이 1%에 미달하는 법인

② 당해 법인의 직전 사업연도의 매출액에서 당해 법인의 광고선전비(공동광고선전비를 제외함)가 차지하는 비율이 0.1%에 미달하는 법인

③ 직전 사업연도 종료일 현재 청산절차가 개시되었거나 독점규제 및 공정거래에 관한 법률에 의한 기업집단에서의 분리절차가 개시되는 등 공동광고의 효과가 미치지 아니한다고 인정되는 법인

2) 제조회사와 판매회사의 광고비 분담

제품을 제조하는 법인과 이를 판매하는 법인이 공동으로 광고선전활동을 하고 그 공동광고선전비를 각각 분담한 경우에 그 금액 중 전술한 공동광고선전비 분담기준에 의한 분담금액을 초과하는 금액은 당해 법인의 각 사업연도 소득금액 계산에 있어서 이를 손금에 산입하지 아니하는 것이나, 제품을 판매하는 법인들이 그 판매활동과 관련하여 제조회사와는 별개로 독립적인 공동광고를 하고 그 비용을 분담하기로 한 경우에는 제조회사가 그 비용을 반드시 분담하여야 하는 것은 아니다(법인 46012-1939, 2000. 9. 19.).

3) 공동제작 광고시설물

공동제작한 광고용 입간판 또는 아크릴간판에 대하여는 비품으로 계정처리한 후 각자의 부담분에 대해 상각한 금액을 손금에 산입한다(법기통 23-24…7).

(4) 기타 광고선전비

1) 제조업자 등이 광고선전용 자산을 제공한 경우

제조업자 등이 자기의 상품 등을 판매하는 자 등에게 자기의 상호 · 로고 · 상품명 등을 표시하여 광고효과가 인정되는 물품 등을 제공하는 경우에는 다음과 같이 처리한다(법기통 15-11…4).

① 광고선전용 간판, 네온사인, 플래카드와 같이 오로지 광고선전용으로 사용되는 물품 등을 제공한 경우는 제조업자 등의 광고선전비로 처리하고 판매업자 등은 회계처리하지 아니한다.

② 물품 등의 소유권을 이전하거나 물품 등의 가액을 금전으로 제공한 경우는 제조업자 등은 기업업무추진비로 처리하고, 판매업자 등은 사업용자산과 자산수증익으로 회계처리한 후 해당 자산에 대하여 감가상각을 통하여 손금에 산입한다.

③ 제조업자 등이 해당 물품을 회수하여 재사용이 가능한 경우로서 제조업자 등이 물품 등의 소유권을 유지하는 것을 약정한 경우에는 제조업자 등의 자산으로 계상하고 감가상각비 상당액을 광고선전비로 처리한다. 이 경우 판매업자 등은 회계처리하지 아니한다.

2) 공식휘장 및 마크의 사용대가로 상품 등을 무상으로 제공하는 경우

법인이 아시안게임 및 올림픽대회의 공식휘장 및 마크를 사용할 수 있는 권한을 부여받는 대가로 동 조직위원회에 상품 · 제품 등을 무상으로 공급하는 경우 동 무상공급 물품의 가액(공급자가 부담하는 부가가치세 포함)은 다음과 같이 손비처리한다(법인 22601-1252, 1986. 4. 21.).

① 계약내용에 따라 물품을 2개 이상 사업연도에 걸쳐 계속적으로 분할공급하는 경우에는 공급한 날이 속하는 사업연도에 손금에 산입한다.

② 계약내용에 따라 물품을 1개 사업연도 중에 공급을 완료하고 휘장 및 마크를 계속적으로 사용하는 경우에는 다음 산식에 의하여 계산한 금액을 손금에 산입한다.

• 공급한 날이 속하는 사업연도의 손금산입액

$$= \text{총공급가액} \times \frac{\text{계약개시일로부터 당해 사업연도 종료일까지의 월수}}{\text{총계약기간의 월수}}$$

• 그 후 사업연도의 손금산입액

$$= \text{총공급가액} \times \frac{\text{당해 사업연도 월수}}{\text{총계약기간의 월수}}$$

3) 스포츠단(프로야구단)에 지급하는 지원금

스포츠단(프로야구단)에 직접 또는 간접으로 출자관계에 있는 법인이 스포츠단(프로야구단)에 지출한 금액 중 광고선전비의 성격을 갖는 부분에 대하여는 당해 법인의 손금에 산입하며, 또한 사전약정에 의하여 스포츠단(프로야구단)의 결손금(기업지원금의 익금산입전)의 보전을 목적으로 지원금을 지급하는 경우에는 결손금 범위 내에서 각 법인의 광고선전비를 인정하게 된다(법인-207, 2014. 4. 29. 및 법규법인 2011-264, 2011. 6. 29.).

이때, 결손금의 범위는 지원금을 받기 전의 금액으로서 프로야구단 본래의 사업목적 범위 내에서 발생하는 금액이어야 하며, 만약 프로야구단이 프로야구경기에의 참가 등과는 달리 별도의 사업을 수행할 때에는 그 사업에서 발생하는 결손금은 제외된다(재법인 46012-102, 1997. 9. 27.).

그리고, 결손금의 범위를 초과하는 지원금의 지출은 비지정기부금이나 특수관계인간의 부당행위부인으로 간주되어 그 지원금액 비례로 지원법인의 각 사업연도 소득금액 계산상 손금으로 인정받지 못하게 된다.

2-2-3. 판매장려금

(1) 의 의

판매장려금이라 함은 거래수량 또는 거래금액에 따라 일정기준을 정하여 거래상대방에게 지급하는 금품의 가액을 말한다. 즉, 다량구매자나 고정거래처의 매출에 대한 반대급부로서 거래수량이나 거래금액에 따라 장려의 뜻으로 지급하는 금전 등을 말한다.

이때, 일정기간의 거래에 따라 판매장려금을 물품으로 제공한다면 당해 거래는 부가가치세법상 사업상 증여에 해당하므로 부가가치세를 거래상대방으로부터 징수하여야 하나, 공급자가 이를 대신 부담한 경우에는 손금으로 처리한다(서이 46012-10804, 2003. 4. 17.).

(2) 판매장려금과 매출에누리

일반기업회계기준에서는 현금할인·현금보조의 방식으로 지급하는 현금판매인센티브는 실질판매가격을 하락시켜 재화·용역의 매출로 인해 수취할 대가의 공정가액을 감소시키므로 판매자의 매출에서 직접 차감하고 무료현물·무료서비스 등 현물판매인센티브의 경우는 판매거래의 일부로 보아 비용처리하도록 하고 있다. 즉, 현금판매장려금은 매출에누리와 동일하게 매출액의 차감항목으로 하고 있다(실무의견서 2006-4, 2006. 11. 24.).

법인세법에서는 기업회계기준에 의한 매출에누리금액을 수입금액(매출액)에서 제외하도록 하고 있다(법령 §11 1호). 따라서, 법인이 거래실적에 따라 지급하는 판매장려금이 기업회계기준에 의한 매출에누리에 해당하는 경우에는 당해 법인의 수입금액(매출액)에서 차감하는 것이나, 그렇지 않은 경우에는 판매부대비용으로 손금에 산입한다. 예를 들어, 모든 거래처를 대상으로 동일한 약정에 의하여 거래 실적에 따라 문화상품권 등을 지급하는 경우에는 판매부대비용으로서 이를 손금에 산입한다(서면2팀-266, 2005. 2. 7.).

이 때 판매장려금 및 판매수당의 경우 사전약정 없이 지급하는 것을 포함하여 손금에 산입되는 판매부대비용으로 본다(법령 §19 1호의 2).

2-3. 인건비

2-3-1. 개 요

근로기준법에서는 인건비를 임금으로 총칭하고 있는데, 임금이라 함은 근로의 대가로 근로자에게 임금, 봉급, 그 밖에 어떠한 명칭으로든지 지급하는 모든 금품을 말하며 근로라 함은 정신노동과 육체노동을 포괄한다(근로기준법 §2).

근로의 대가로서의 인건비는 당연히 전액 법인의 손비가 되어야 하나, 법인세법에서 특별히 손금불산입으로 하는 것이 있다. 즉, 지급기준을 초과하는 임원에 대한 상여금이나 법인이 임원에게 지급한 퇴직금 중 법인세법 시행령 제44조에서 규정하는 금액을 초과하는 금액 등은 손금불산입된다.

▌법인세법상 인건비의 손금산입 · 손금불산입(법령 §43, §44)▐

구 분	수령자	손금산입 · 손금불산입
급여 및 보수	노무출자사원	손금불산입
	신용출자사원	손금산입
	상근임원	손금산입
	비상근임원	원칙적으로 손금에 산입하나 부당행위계산의 부인대상이 되는 부분은 손금불산입
	직원	손금산입
상여금	임원	손금산입. 단, 지급기준을 초과하거나 이익처분에 의한 상여금은 손금불산입
	직원	손금산입. 단, 이익처분에 의한 상여금은 손금불산입
퇴직금	임원	① 정관에 규정되어 있는 경우(정관에 임원퇴직금 계산기준이 기재된 경우를 포함)에는 정관에 정하여진 금액(정관에서 위임된 퇴직급여지급규정이 따로 있는 경우는 당해 규정에 의한 금액) 범위 내에서 손금산입 ② 정관에 규정되어 있지 아니한 경우는 퇴직일로부터 소급하여 1년간의 총급여액(비과세소득 및 손금불산입되는 상여금을 제외함)의 1/10에 근속연수(1년 미만은 월수로 계산하되 1월 미만은 제외함)를 곱하여 산출한 금액의 범위 내에서 손금산입
	직원	손금산입

2-3-2. 직원의 인건비

(1) 직원의 범위

직원이란 법인과의 근로계약에 의하여 근로를 제공하고 그 대가를 받는 종업원을 말하며 임원은 제외된다.

(2) 직원의 급여

1) 일반사항

직원의 급여는 부당행위계산의 부인규정이 적용되는 경우와 이익의 처분에 의하여 지급한 경우를 제외하고는 손금에 산입된다. 앞에서 언급한 바와 같이 인건비는 근로의 대가로 지급되는 모든 것을 총칭하며, 급여에 포함되는 사례를 열거하여 보면 다음과 같다.

① 불우종업원에게 지급하는 생계비 및 학비보조금(법기통 19-19…6)
② 부임수당 중 이사에 소요되는 비용상당액 초과분(법기통 19-19…7)
③ 종업원을 수익자로 하는 보험료(법인세법 시행령 제44조의 2 제1항에 따른 보험료 등 및 건강보험료·고용보험료 중 사용자 부담분을 제외함)(법기통 19-19…8)
④ 자녀교육비 보조금(법기통 19-19…37)
⑤ 종업원의 복리후생을 목적으로 종업원의 주택구입을 위한 차입금의 이자상당액을 수당으로 지급하는 경우(동 수당지급이 법인의 조세를 부당히 감소시킨 것으로 인정되는 경우를 제외함)(법인 22601-3107, 1986. 10. 17.)
⑥ 법인이 종업원을 보험계약자로 하는 신원보증을 위한 보험료를 지급하는 경우(직세 1234-2642, 1976. 10. 25.) 및 국민연금의 사용인 부담분을 법인이 대신 부담한 경우(법인 46012-2977, 1994. 10. 28.)
⑦ 작업기계화로 해직되는 근로자에게 노사협의에 의해 지급되는 실업보상금(국심 86부 842, 1986. 8. 21.) 및 퇴직자가 퇴직후 지급받는 '창업 또는 전직 교육훈련비'(서이 46013-11196, 2002. 6. 12.)
⑧ 내국법인이 발행주식총수 또는 출자지분의 100%를 직접 또는 간접 출자한 해외현지법인에 파견된 직원의 인건비로서 소득세법 제127조 제1항에 따라 근로소득세가 원천징수된 인건비(해당 내국법인이 지급한 인건비가 해당 내국법인 및 해외출자법인이 지급한 인건비 합계의 50% 미만인 경우로 한정함)(법령 §19 3호)

개 정

○ 해외자회사 파견 임직원 인건비에 대한 손금 인정범위를 중소·중견기업에서 모든 내국법인으로 확대(법령 §19 3호)
➡ 2024년 2월 29일이 속하는 사업연도부터 적용

⑨ 직원의 출산 또는 양육 지원을 위해 해당 직원에게 공통적으로 적용되는 지급기준에 따라 지급하는 금액(법령 §19 3호의 2)

개 정

ㅇ근로자 출산·양육 지원금액 손금 인정 근거 신설(법령 §19 3호의 2)
➡ 2024년 2월 29일부터 시행

한편, 출자자인 직원에게 지급한 급여라 하더라도 이것은 근로의 대가로서 지급하는 것이라면 당연히 손금에 산입된다. 그러나, 지배주주 등인 직원에게 정당한 사유 없이 동일 직위에 있는 지배주주 등 외의 직원에게 지급하는 금액을 초과하여 보수를 지급한 경우 그 초과금액은 손금에 산입하지 아니한다(법령 §43 ③).

관련사례

- 중소기업의 해외현지법인 파견근로자에 지급한 급여의 손금산입 여부
  중소기업인 내국법인이 100% 출자한 해외현지법인에 임직원을 파견하고 내국법인과 해외현지법인이 지급한 인건비 합계의 50% 이상을 인건비로 지급하는 경우로서 해당 임직원이 사실상 내국법인의 업무에 종사하지 않는 경우에는 동 인건비 전액을 손금에 산입할 수 없는 것임. 다만, 내국법인이 100% 출자한 해외현지법인에 파견한 임직원이 사실상 내국법인의 업무에 종사하는 경우에는 손금에 산입할 수 있는 것임(서면-2020-법인-1821, 2020. 5. 8.).
- 사이닝보너스의 손금귀속시기
  중도퇴사시 일정금액 반환조건으로 일시에 선지급한 사이닝보너스는 의무근로기간 동안 안분하여 손금산입하고, 의무근속기간 불이행으로 환수한 금액은 그 환수조건 확정일이 속하는 사업연도에 익금산입함(서면2팀-838, 2008. 5. 1.).
- 해외 연락사무소 근무로 인한 소득세 차액을 보전해 주는 경우 손금산입 여부
  해외 연락사무소 근무로 인한 소득세의 차액을 회사규정으로 보전해 주는 경우 당해 보전액은 해외근무자의 급여로 보아 손금산입함(서면2팀-882, 2004. 4. 26.).
- 모회사로부터 파견된 직원에게 지급하는 급여의 손금인정 여부
  모회사의 직원이 자회사에 파견되어 자회사의 업무를 수행한 것이 인정되는 경우에는 자회사가 파견직원에게 지급하는 급여 등은 자회사의 손금으로 인정됨(법인 46012-2253, 1997. 8. 21.).

2) 급여의 손금귀속시기

법인세법상 손금은 권리·의무확정주의에 의하여 귀속시기가 결정되므로, 법인이 지급일을 경과하도록 지급하지 못한 급여 등을 미지급금으로 계상한 경우 손금으로 인정된다.

마찬가지로, 연월차수당의 경우도 권리·의무확정주의에 따라 손금의 귀속시기가 결정된다.

즉, 법인이 연월차수당의 지급기준을 정하고 이에 따라 근로자별로 지급금액을 확정한 경우에는 당해 미지급수당을 그 지급이 확정된 날이 속하는 사업연도의 손금으로 산입한다(법인 46012-686, 1994. 3. 9.). 예를 들어, 근로기준법에 의한 연차휴가일에 근로를 제공함에 따라 통상임금에 가산하여 지급하는 연차수당을 매년 12월 31일을 기준일로 하여 계산하고 지급은 익년 1월에 하는 경우 동 연차수당에 대한 법인세법상 손금의 귀속사업연도는 그 기준일이 속하는 사업연도이다(법인 46012-3223, 1996. 11. 20.).

한편, 월급여의 계산대상 기간이 2개 연도에 걸쳐 있는 급여를 지급하는 경우, 즉 12월 결산법인이 12월 16일부터 1월 15일까지의 급여를 1월 15일에 지급하는 경우에는 근로제공일이 속하는 각각의 연도에 귀속되는 근로소득으로 보아 연말정산하는 것이며, 당해 급여의 법인세법상 손금의 귀속시기는 당해 법인이 계속적으로 적용하고 있는 회계관행에 따라 손금으로 계상한다(법인 46012-236, 1994. 1. 24.).

(3) 직원의 상여금

1) 일반사항

① 일반적인 상여금

상여금이란 월정급여 이외의 것으로서 부정기적인 급여를 말하며, 직원에게 지급하는 상여금은 이익처분에 의한 것을 제외하고는 손금에 산입된다(법령 §43 ①).

본래 상여는 결산의 결과 잉여금이 있는 경우 기업의 실적에 비추어 잉여금처분으로서 부정기 또는 일시적으로 지급되는 것이다. 따라서, 그 본래의 성질에 따른다면 법인세법상 상여는 잉여금처분으로서 손금불산입되어야 한다. 그러나, 실제에 있어서는 이와 같은 상여의 본질에서 벗어나 근로의 대가인 급여에 추가하여 지급하는 형식이라면 굳이 이와 같은 인건비를 손금부인할 이유가 없으며, 따라서 직원에 대한 상여(이익처분에 의한 것 제외)는 전액 손금에 산입된다.

② 이익처분에 의하여 지급하는 상여금

직원에게 이익처분에 의하여 지급하는 상여금은 손금에 산입하지 아니한다. 이 경우 합명회사 또는 합자회사의 노무출자사원에게 지급하는 보수는 이익처분에 의한 상여로 본다(법령 §43 ①).

2) 상여금의 손금귀속시기

직원에 대하여 지급하는 상여금은 그 지급시기에 불구하고 상여금에 대한 지급의무가 확정되는 날을 기준으로 손금에 산입한다(법인 46012-1295, 1995. 5. 12.).

관련사례

• 손금불산입 되는 이익처분에 의하여 지급하는 상여금

법인이 지배주주인 임원에게 지급한 보수가 법인의 영업이익에서 차지하는 비중과 규모, 해당 법인 내 다른 임원들 또는 동종업계 임원들의 보수와의 현저한 격차 유무, 정기적·계속적으로 지급될 가능성, 보수의 증감 추이 및 법인의 영업이익 변동과의 연관성, 다른 주주들에 대한 배당금 지급 여부, 법인의 소득을 부당하게 감소시키려는 주관적 의도 등 제반 사정을 종합적으로 고려할 때, 해당 보수가 임원의 직무집행에 대한 정상적인 대가라기보다는 주로 법인에 유보된 이익을 분여하기 위하여 대외적으로 보수의 형식을 취한 것에 불과하다면, 이는 이익처분으로서 손금불산입 대상이 되는 상여금과 그 실질이 동일함(대법 2015두 60884, 2017. 9. 21.).

• 성과배분 상여금의 손금 귀속시기

성과산정지표 등을 기준으로 하여 직원에게 성과배분 상여금을 지급하기로 하는 노사협약을 체결하고 그에 따라 지급하는 성과배분 상여금에 대하여 법인이 사업연도종료일을 기준으로 성과배분 상여금을 산정한 경우 해당 성과배분 상여금은 그 성과배분의 기준일이 속하는 사업연도의 손금에 산입함. 다만, 법인이 임직원에 대한 성과상여금의 지급 여부 및 지급기준을 사업연도 종료일까지 결정하지 못하고 사업연도 종료일 이후에 결정함에 따라 지급하는 당해 성과상여금은 그 지급기준 및 지급의무가 결정된 날이 속하는 사업연도의 손금에 산입함(법기통 40-71…26).

• 직전 사업연도의 경영성과에 따른 성과배분 상여금의 손금귀속시기

법인이 직전 사업연도 경영성과에 따라 임직원에게 성과배분 상여금을 지급하기로 하고, 사업연도 종료일을 기준으로 산정한 성과배분 상여금을 미지급금으로 계상한 경우, 당해 성과배분 상여금은 그 성과배분의 기준일이 속하는 사업연도의 손금으로 함. 단, 임원에게 지급한 성과배분 상여금이 법인의 정관 또는 주주총회 등에 의하여 결정된 지급기준에 의해 지급되지 아니한 경우에는 손금에 산입되지 아니함(서면2팀-2680, 2006. 12. 28.).

• 법인세 차감 후 당기순이익을 기준으로 지급하는 성과배분 상여금의 손금귀속시기

법인이 노사간의 단체 협약에 의하여 근로자에게 '법인세 차감 후 당기순이익'을 기준으로 성과배분 상여금을 지급하기로 하고 사업연도 종료일을 기준으로 산정한 성과배분 상여금을 미지급금으로 계상한 경우, 당해 성과배분 상여금은 그 성과배분의 기준일이 속하는 사업연도의 손금으로 하는 것임(법규-1313, 2005. 11. 29.).

• 연간 매출실적에 따라 지급하는 성과급의 손금산입시기

연간 매출실적에 따라 성과급을 지급하기로 한 경우 당해 성과급 지급액은 연간 매출실적이 확정되는 날이 속하는 사업연도의 손금으로 하는 것임(법인 22601-1915, 1992. 9. 14.).

(4) 직원의 퇴직급여

1) 퇴직급여의 범위

법인소득 계산상 손금으로 인정되는 퇴직급여는 해당 법인의 퇴직급여규정에 따라 지급하기로 한 퇴직급여가 되며, 만일 그 법인의 퇴직급여규정이 없는 경우에는 근로기준법 및 근로

자퇴직급여 보장법에 따라 계산된 퇴직급여를 말한다.

2) 퇴직급여의 손금귀속시기

직원 퇴직급여의 손금산입시기는 현실적으로 퇴직하는 때이다(법령 §44 ①). 따라서, 퇴직급여(퇴직금)를 아직 지급하지 않았더라도 지급이 확정된 사업연도의 손금으로 계상하여야 하며(법인 22601-572, 1987. 3. 3.), 퇴직급여(퇴직금)의 지급이 확정되었으나 결산상 미지급금 등으로 회계처리하지 못한 경우에도 손금에 산입할 수 있다(국심 84서 680, 1984. 6. 23.). 또한, 직원에 대한 퇴직급여(퇴직금)는 인건비로서 소득금액 계산상 당연히 손금에 해당하는 것이므로 기업회계기준에 의하여 이월이익잉여금에서 감액처리한 경우에도 손금에 산입된다(직세 1264-157, 1980. 1. 21.).

한편, 현실적으로 퇴직하지 아니한 직원에게 지급한 퇴직급여는 해당 직원이 현실적으로 퇴직할 때까지 해당 직원에 대한 업무무관 가지급금으로 처리한다(법칙 §22 ②). 즉, 현실적으로 퇴직하지 아니한 직원에게 지급한 퇴직급여(퇴직금)는 손금불산입하고 업무와 관련 없는 가지급금으로 보아 가지급금에 대한 인정이자를 계산하여 익금에 산입하고 당해 직원에 대한 상여로 처분한다(법인 22601-1987, 1985. 7. 2.).

현실적인 퇴직에 대한 자세한 설명은 '제1장 제10절 2-3-4. 퇴직급여충당금의 상계'편을 참조하기 바란다.

2-3-3. 임원의 인건비

(1) 임원의 범위

임원이라 함은 그 임원이 등기가 되어 있는지의 여부에 관계없이 다음의 직무에 종사하는 자를 말한다(법령 §40 ①).

① 법인의 회장·사장·부사장·이사장·대표이사·전무이사·상무이사 등 이사회의 구성원 전원과 청산인
② 합명회사·합자회사 및 유한회사의 업무집행사원 또는 이사
③ 유한책임회사의 업무집행자
④ 감사
⑤ 기타 위의 ① 내지 ④에 준하는 직무에 종사하는 자

(2) 임원의 보수

1) 의 의

임원에게 지급하는 보수란 기업이 위임관계에 따라서 그 근무 및 용역의 대가로 지급하는 급여로서 월급, 월봉, 연봉, 제수당 및 현물급여, 경제적 이익의 제공 등이 모두 포함되는데, 이익처분에 의하여 지급되지 않는 한 원칙적으로 손금에 산입된다.

이 경우 내국법인이 발행주식총수 또는 출자지분의 100%를 직접 또는 간접 출자한 해외현지법인에 파견된 임원의 인건비로서 소득세법 제127조 제1항에 따라 근로소득세가 원천징수된 인건비(해당 내국법인이 지급한 인건비가 해당 내국법인 및 해외출자법인이 지급한 인건비 합계의 50% 미만인 경우로 한정함)(법령 §19 3호) 및 임원의 출산 또는 양육지원을 위해 해당 임원에게 공통적으로 적용되는 지급기준에 따라 지급하는 금액(법령 §19 3호의 2)도 포함한다.

개 정

○ 해외자회사 파견 임직원 인건비에 대한 손금 인정범위를 중소·중견기업에서 모든 내국법인으로 확대(법령 §19 3호)
➡ 2024년 2월 29일이 속하는 사업연도부터 적용

개 정

○ 근로자 출산·양육 지원금액 손금 인정 근거 신설(법령 §19 3호의 2)
➡ 2024년 2월 29일부터 시행

2) 임원보수의 손금산입 범위

① 일반사항

법인세법상은 임원보수의 손금산입한도에 대하여 제한하고 있지 않으나 상법 제388조에서 임원의 보수지급에 대하여는 정관에 그 한도액을 정하지 아니한 때에는 주주총회의 결의로 정하도록 되어 있으므로, 임원에 대한 보수 중 정관이나 주주총회의 결의에 의하여 정하여진 한도액을 초과하는 것은 손금으로 인정되지 아니한다(국징 1234.21-659, 1967. 8. 16.).

또한, 임원에게 지급한 보수액이 그 임원이 수행하는 직무내용으로 보아 그 대가로서는 부당하게 고액이라고 인정되는 경우에는 그 부당하다고 인정되는 금액은 손금산입되지 아니한다. 임원에 대한 보수가 적정한지를 판단하는 기준은 다음과 같은 경우를 들 수 있다.

㉠ 임원이 수행하고 있는 직무의 내용에 비추어 타당한 금액인지의 여부
㉡ 동종의 사업을 영위하는 기업으로 사업의 규모가 유사한 기업의 임원에 대한 지급상황
㉢ 같은 회사의 사용인에 대한 급여의 지급상황
㉣ 회사의 경영성과, 규모 등에 비추어 현저히 고액에 상당하는 금액인지 여부

② 비상근임원의 보수

비상근임원에게 지급하는 보수는 부당행위계산의 부인대상에 해당하지 않는 한 손금에 산입된다(법령 §43 ④). 여기서 부당행위계산의 부인대상에 해당한다는 것은 비상근임원에게 급여를 지급하는 것이 법인의 규모와 업태(종목), 영업내용, 비상근임원의 담당업무 내용과 실제로 근로용역을 제공하였는지 여부 등을 종합해 판단하여 법인의 소득에 대한 조세를 부당히 감소시킨 것으로 인정되는 경우를 말한다(국심 2004중 2704, 2004. 12. 8.).

③ 출자임원의 보수

출자임원에게 지급한 보수이더라도 이것은 근로의 대가로서 지급하는 것이므로 당연히 손금에 산입된다. 그러나, 지배주주 등(특수관계 있는 자를 포함함)인 임원에게 정당한 사유 없이 동일 직위에 있는 지배주주 등 외의 임원에게 지급하는 금액을 초과하여 보수를 지급한 경우 그 초과금액은 이를 손금에 산입하지 아니한다(법령 §43 ③). 이때, 지배주주 등이라 함은 법인의 발행주식총수 또는 출자총액의 1% 이상의 주식 또는 출자지분을 소유한 주주 등으로서 그와 특수관계에 있는 자와의 소유주식 또는 출자지분의 합계가 해당 법인의 주주 등 중 가장 많은 경우의 해당 주주 등을 말한다(법령 §43 ⑦). 여기서 특수관계에 있는 자란 법인세법 시행령 제43조 제8항에 해당하는 관계를 말한다.

한편, 합명회사나 합자회사의 노무출자 사원의 근로제공은 그 자체가 출자이므로 근로의 대가로서 지급되는 보수가 아니며, 이익의 처분으로 의제되어 손금불산입된다(법령 §43 ①). 그러나, 합명회사나 합자회사의 신용출자사원이 노무의 대가로 지급받는 보수이거나 현금출자사원이 대표직을 수임하여 직무를 수행하고 지급받는 보수인 경우에는 손금으로 인정된다. 만일, 신용과 노무를 각각 출자하고 있는 사원이 있는 경우에는 그 사원의 업무성질에 의한 보수의 내용에 의해 손금산입 여부를 결정하여야 한다(직세 1234-1804, 1970. 10. 30.).

④ 두 회사의 겸직임원의 보수

한 임원이 두 회사의 임원직을 겸직하는 경우에는 회사별로 동 임원에 대한 보수의 손금산입에 있어 안분문제가 발생한다. 이 경우 동 임원에 대한 급여·수당·주택임차료 등은 회사별로 기여하는 업무량의 정도 등에 따라 체결한 고용계약에 의하고, 차량유지비·비서 및 운전기사비용·해외출장비·접대비 등은 업무수행사실에 따라 회사별로 계산하여야 하며 업무수행사실이 어느 회사를 위한 것인지가 불분명한 경우에는 직전연도 매출액을 기준으로 안분하는 방법 등 합리적인 방법으로 계속 적용하여야 한다(서면2팀-2101, 2004. 10. 15. 및 법인 1264.21-3747, 1984. 11. 20.).

(3) 임원의 상여금

1) 일반적인 상여금

임원은 상여지급의 결정권을 갖고 있으므로, 이들에게 지급한 상여는 잉여금처분으로서 본래의 의미의 상여인 경우가 많고 또 잉여금처분의 상여인지 잉여금처분이 아닌 상여인지 구분하기도 곤란하므로, 법인세법은 정관·주주총회 또는 사원총회나 이사회의 결의에 의하여 결정된 급여지급기준에 의하여 지급하는 상여금에 한해 손금으로 인정하고 있다(법령 §43 ②).

● 관련사례 ●

• 객관적이고 구체적인 지급기준 없이 주총결의에 따라 결정된 한도 내에서 지급된 임원 상여금의 손금산입 가능 여부
객관적이고 구체적인 지급기준 없이 주주총회 결의에서 정한 한도 내에서 지급된 임원 상여금은 법인세법 시행령 제43조 제2항 소정의 '급여지급기준'에 따른 상여금이 아닌 사실상 이익 처분에 따라 지급된 것으로 보아 손금에 산입할 수 없다는 사례(대법 2013두 4842, 2013. 7. 12.)

2) 이익처분에 의한 상여금

법인이 임원에게 이익처분에 의하여 지급하는 상여금은 손금에 산입하지 아니한다. 이 경우 합명회사 또는 합자회사의 노무출자사원에게 지급하는 보수는 이익처분에 의한 상여로 본다(법령 §43 ①).

(4) 임원의 퇴직급여

1) 임원퇴직급여의 한도액

임원이 현실적으로 퇴직함에 따라 지급하는 퇴직급여는 다음의 한도 내에서 손금에 산입된다(법령 §44 ④).

① 정관에 퇴직급여(퇴직위로금 등 포함)로 지급할 금액이 정하여진 경우에는 정관에 정하여진 금액

② ① 외의 경우에는 총급여액 × 1/10 × 근속연수

상기 ①의 규정은 정관에 임원의 퇴직급여를 계산할 수 있는 기준이 기재된 경우를 포함하며, 정관에서 위임된 퇴직급여지급규정이 따로 있는 경우에는 해당 규정에 의한 금액에 의한다(법령 §44 ⑤). 또한, 상기 ②의 규정에서 해당 임원이 직원에서 임원으로 된 때에 퇴직금을 지급하지 아니한 경우에는 직원으로 근무한 기간을 근속연수에 합산할 수 있다(법령 §44 ④).

● 관련사례 ●

• 특정 임원에게 과다한 퇴직금을 지급하기 위하여 마련된 퇴직급여규정의 인정 여부
특정 임원에게 과다한 퇴직금을 지급하기 위하여 일시적으로 마련된 임원 퇴직급여규정은 법인세법 시행령 제44조 제4항 제1호 또는 제5항에서 정한 임원 퇴직급여규정에 해당하지 아니하며, 법인세법 시행령 제44조 제4항 제2호에 따라 산정되는 금액을 넘는 부분은 퇴직급여로 손금에 산입될 수 없음(대법 2015두 50153, 2016. 2. 18.).

• 정관에서 위임된 퇴직금지급규정의 범위
"정관에서 위임된 퇴직금지급규정"은 해당 위임에 의한 임원 퇴직금지급규정의 의결내용 등이 정당하여야 하고 해당 지급규정의 내용에 따라 임원 퇴직시마다 계속·반복적으로 적용되는 것이어야 하는 것임(서면법인-681, 2015. 9. 15.).

2) 임원퇴직급여 한도초과액의 소득처분

임원에게 지급한 퇴직금 중 법인세법 시행령 제44조 제4항에 따른 한도를 초과함으로써 손금에 산입하지 하니한 금액은 이를 그 임원에 대한 상여로 처분한다(법기통 67-106…4).

2-4. 주식매수선택권 등에 대한 비용

법인이 상법 제340조의 2, 벤처기업육성에 관한 특별법 제16조의 3 또는 소재·부품·장비 산업 경쟁력 강화 및 공급망 안정화를 위한 특별조치법 제56조에 따른 주식매수선택권, 근로복지기본법 제39조에 따른 우리사주매수선택권(이하 "우리사주매수선택권")이나 금전을 부여받거나 지급받은 임직원에 대한 다음의 금액은 손금에 산입한다. 다만, 해당 법인의 발행주식총수의 10% 범위에서 부여하거나 지급한 경우로 한정한다(법령 §19 19호의 2).

① 주식매수선택권 또는 우리사주매수선택권을 부여받은 경우로서 다음의 어느 하나에 해당하는 경우 해당 금액
  ㉠ 약정된 주식매수시기에 약정된 주식의 매수가액과 시가의 차액을 금전 또는 해당 법인의 주식으로 지급하는 경우의 해당 금액
  ㉡ 약정된 주식매수시기에 주식매수선택권 또는 우리사주매수선택권 행사에 따라 주식을 시가보다 낮게 발행하는 경우 그 주식의 실제 매수가액과 시가의 차액
② 주식기준보상으로 금전을 지급하는 경우 해당 금액

2-5. 복리후생비

2-5-1. 의 의

복리후생비는 임원 또는 직원에게 직접 지급되는 급여, 상여, 퇴직금과는 달리 임원 또는 직원에게 직접 지급되지 아니하고 근로환경의 개선 및 근로의욕의 향상 등을 위하여 지출하는 노무비적인 성격을 갖는 비용을 말한다.

법인이 지출한 복리후생비는 그 금액의 다과에 불구하고 전액 법인의 손금으로 인정된다. 그러나, 복리후생비가 법인의 손금으로 산입되기 위해서는 법인의 임원 또는 직원을 위하여 지출한 것이어야 한다. 따라서, 주주만을 위한 비용이거나 법인 외부의 이해관계자를 위한 비용은 업무무관지출이 된다.

법인세법에서는 법인이 임원 또는 직원(파견근로자보호 등에 관한 법률 제2조에 따른 파견근로

자 포함)을 위하여 지출한 복리후생비를 다음과 같이 예시하고 있으며, 이외에도 이와 유사한 비용지출액이라면 복리후생비에 해당된다(법령 §45 ①).

① 직장체육비
② 직장문화비
③ 직장회식비
④ 우리사주조합의 운영비
⑤ 국민건강보험법 및 노인장기요양보험법에 따라 사용자로서 부담하는 보험료 및 부담금
⑥ 영유아보육법에 의하여 설치된 직장어린이집의 운영비
⑦ 고용보험법에 의하여 사용자로서 부담하는 보험료
⑧ 기타 임원 또는 직원에게 사회통념상 타당하다고 인정되는 범위 안에서 지급하는 경조사비 등 상기 비용과 유사한 비용

2-5-2. 직장체육비

임원 또는 직원을 위하여 지출한 체육비로서 체육대회 경비 및 사내운동부의 유지와 관련하여 지출하는 비용 등을 말한다(법인 22601-903, 1987. 4. 14.).

2-5-3. 직장문화비

임원 또는 직원을 위하여 지출한 문화비로서 연예회, 오락회 등을 개최하는 데 지출되는 비용 등을 말한다.

2-5-4. 직장회식비

법인이 직원의 사기 진작을 위하여 회식 등을 개최하는 데 지출되는 비용 등을 말한다.

2-5-5. 우리사주조합의 운영비

우리사주조합이란 근로복지기본법에 따른 우리사주조합을 말한다(법령 §19 16호). 법인이 이러한 우리사주조합의 운영경비를 부담하고 이를 손비로 처리하면 복리후생비로서 법인의 손금에 산입된다.

2-5-6. 건강보험료 · 장기요양보험료

국민건강보험법 및 노인장기요양보험법에 따른 건강보험료 및 장기요양보험료는 직장가입자의 경우 가입자 본인이 50%를 납부하고 사업주가 나머지 50%를 부담한다(국민건강보험법 §76 및 노인장기요양보험법 §11). 이 때 사업주가 부담하는 50% 상당의 보험료는 복리후생비로서 손금에 산입한다.

2-5-7. 직장보육시설의 운영비

직장어린이집을 설치한 사업주는 영유아보육법 제37조의 규정에 따라 어린이집의 운영 및 보육에 필요한 비용의 전부 또는 일부를 부담하여야 하며, 법인이 부담하는 해당 비용(보모의 인건비 · 급식비 등 포함)은 전액 법인의 손금에 산입된다.

2-5-8. 고용보험료

고용안정사업 · 직업능력개발사업 및 실업급여실시에 소요되는 비용을 충당하기 위하여 고용보험법에 의하여 사용자로서 부담하는 보험료는 손금에 산입한다.

2-5-9. 기타 복리후생비

(1) 경조금

법인의 임원이나 직원에게 지급한 경조금 중 사회통념상 타당하다고 인정되는 범위 내의 금액은 법인의 손금에 산입한다. 이때, 임원은 출자임원 및 비출자임원 모두를 포함하는 것이며, 경조비는 세법상 특정되어 있지는 않지만 사회통념상 타당하게 여겨지는 각종 축의금, 조의금 및 제례비 등을 포함한다고 하겠다(법기통 19-19…13, 19-19…32).

(2) 복리시설비

직원이 조직한 조합 또는 단체에 복리후생의 시설물 구입 등을 위하여 지출한 복리시설비는 해당 조합이나 단체의 형태에 따라 회계처리를 달리한다. 즉, 해당 조합이나 단체가 법인인 경우에는 이를 접대비로 보며, 법인이 아닐 경우에는 법인경비의 일부로 보아 시설비는 고정자산으로 하여 감가상각하고 유지 · 관리비는 복리후생비 등으로 하여 법인의 손금에 산입한다.

(3) 손(재)해보험료

법인이 보험기간 만료 후에 만기 반환금을 지급하겠다는 뜻의 약정이 있는 손해보험에 대한 보험료를 지급한 경우에는 그 지급한 보험료액 가운데 적립보험료에 상당하는 부분의 금액은 자산으로 하고, 그 밖의 부분의 금액은 이를 기간의 경과에 따라 손금에 산입한다(법기통 19-19…9).

이때, 적립보험료에 상당하는 부분의 금액은 보험사고의 발생에 의하여 보험금의 지급을 받은 경우에도 그 지급에 의하여 해당 손해보험계약이 실효되지 아니하는 경우에는 이를 손금에 산입할 수 없다(법기통 19-19…11).

(4) 기 타

위와 유사한 비용으로서 기타 임원 또는 직원에게 사회통념상 타당하다고 인정되는 범위 안에서 지급하는 비용은 손금에 산입하는데, 다음과 같은 비용을 포함한다.

① 국민평생직업능력개발법에 따라 직업능력개발훈련을 실시하는 법인이 자체기능공의 확보

를 위하여 부담하는 교재·피복·필기도구 등 훈련경비와 훈련수당 등(법기통 19-19…26)

② 직장민방위대를 위하여 지출하는 금품의 가액(법기통 19-19…31)

관련사례

• 종업원들에게 무상배포하기 위해 구입한 체육대회 입장권의 손금 해당 여부

내국법인이 종업원들에게 무상지급하기 위해 올림픽대회 입장권을 구입하고 지출하는 비용은, 법인세법 제19조 제2항 및 같은 법 제26조에 따라 이를 당해 내국법인의 각 사업연도 소득금액을 계산할 때 손금에 산입할 수 있는 것임(서면법인-3286, 2017. 12. 11.).

2-6. 특수관계인으로부터 양수한 자산의 감가상각비 상당액

(1) 개 요

일반기업회계기준 제32장(동일지배거래)에서는 동일지배하에 있는 기업 간 사업인수도의 경우 인수자는 인수대상 사업의 자산·부채에 대하여 연결장부금액으로 인식한다. 이 경우 거래참여자가 지배기업인 경우에 인수(인도)대상 사업의 연결장부금액과 그 대가로 지급(수령)한 금액의 차이는 거래 상대방인 종속기업에 대한 투자주식에 가감하되, 거래 상대방인 종속기업이 부분종속기업인 경우에는 차이금액 중 지배지분에 해당하는 금액을 투자주식에 가감하고, 잔여금액은 자본잉여금으로 반영한다. 종속기업이 인도자인 경우 인도대상 사업의 장부금액과 그 대가로 수령한 금액의 차이를 자본잉여금에 반영하며, 종속기업이 인수자인 경우 인수사업의 연결장부금액과 그 대가로 지급한 금액의 차이를 자본잉여금에 반영한다(일반기준 32장 문단 32.11, 32.12).

그러나, 법인세법상으로는 특수관계인으로부터 자산을 양수한 경우 취득원가는 매입가액에 취득세(농어촌특별세와 지방교육세를 포함)·등록면허세 기타 부대비용을 가산한 금액으로 계상하여야 한다(법령 §72 ② 1호). 따라서, 지배·종속회사간 또는 종속회사간 영업양수도의 경우 일반기업회계기준과 법인세법의 규정이 상이함에 따라 취득시점과 감가상각시점에 세무조정이 발생하게 된다.

(2) 감가상각비 상당액의 손금산입

법인세법상 감가상각비는 결산을 확정함에 있어서 비용으로 계상하는 경우에 한하여 손금으로 인정되기 때문에, 법인이 기업회계기준에 따라 양수자산의 가액을 양도법인의 장부가액으로 계상하고 이를 기준으로 감가상각하는 경우에는 매입가액(또는 시가)과의 차액에 대하여 항구적으로 비용으로 계상할 수 없는 문제가 발생하게 된다.

이에 따라, 법인세법 시행령 제19조에서는 법인이 특수관계인으로부터 자산양수를 하면서 기업회계기준에 따라 장부에 계상한 자산의 가액이 시가에 미달하는 경우 다음의 금액에 대하여 법인세법 시행령 규정(제24조부터 제26조까지, 제26조의 2, 제26조의 3, 제27조부터 제29조까지,

제29조의 2 및 제30조부터 제34조까지)을 준용하여 계산한 감가상각비 상당액을 손금에 산입하도록 하고 있다(법령 §19 5호의 2).

① 실제 취득가액이 시가를 초과하는 경우 : 시가와 장부에 계상한 가액과의 차이
② 실제 취득가액이 시가에 미달하는 경우 : 실제 취득가액과 장부에 계상한 가액과의 차이

계산사례 지배종속간 영업양수도에 의한 자산양수

㈜삼일은 비상장회사로서, 지배회사인 ㈜한강으로부터 사업양수도를 통해 다음과 같이 고정자산을 매입하였다. 다음 자료를 이용하여 ㈜삼일의 제11기(2024. 1. 1.~2024. 12. 31.)의 회계처리 및 세무조정을 하시오.

시나리오 1(실제 취득가액 〉 시가)	시나리오 2(실제 취득가액 〈 시가)
• 실제 취득가액 : ₩1,000 • 시가 : ₩900 • 장부가액 : ₩600	• 실제 취득가액 : ₩1,000 • 시가 : ₩1,200 • 장부가액 : ₩600

해 설

구 분	시나리오 1(실제 취득가액 〉 시가)	시나리오 2(실제 취득가액 〈 시가)
회계처리	(차) 고 정 자 산 600 자본잉여금(또는 자본조정) 400 (대) 현금및현금성자산 1,000	(차) 고 정 자 산 600 자본잉여금(또는 자본조정) 400 (대)현금및현금성자산 1,000
세무조정	• 취득원가조정 〈익산〉 고정자산 400 (유보) 〈익불〉 자본잉여금 400 (기타) • 부당행위계산 〈손불〉 부당행위계산 100 (기타사외유출) 〈손산〉 고정자산 100 (△유보) ※ 결과적으로 고정자산의 시가와 장부가액과의 차액만이 유보로 남게 되며, 동 금액은 감가상각을 통해 손금산입함.	• 취득원가조정 〈익산〉 고정자산 400 (유보) 〈익불〉 자본잉여금 400 (기타) • 부당행위계산 세무조정 없음. ※ 고정자산의 실제취득가액과 장부가액과의 차액이 유보로 남게 되며, 동 금액은 감가상각을 통해 손금산입함.

관련사례

• 법인이 특수관계인으로부터 양수한 영업권의 감가상각비 신고조정 손금산입 여부

법인이 특수관계자로부터 자산을 양수하는 과정에서 당해 자산과는 별도로 법인세법상 영업권을 유상으로 취득한 경우로서 기업회계기준에 따라 장부에 계상한 가액이 시가에 미달하는 때에는 당해 영업권에 대하여도 법인세법 시행령 제19조 제5호의 2의 규정을 적용하여 감가상각비 상당액을 손금에 산입하는 것임(법기통 19-19…46 및 기획재정부 법인세제

과-0153, 2023. 3. 6.).
외국법인의 국내지점이 특수관계인으로부터 자산을 양수하면서 영업권을 취득하였으나 기업회계기준에 따라 별도로 장부상 자산으로 계상하지 않은 경우에도 손금산입 가능함(사전법령법인-130, 2017. 5. 19.).

• 합병시 피합병법인의 영업권을 기업회계기준(K-IFRS)에 따라 자본잉여금과 상계한 경우 해당 자산에 대한 감가상각 방법
완전모회사(A)가 완전자회사(B)를 합병시 B가 합병 전 특수관계인(C)으로부터 사업을 양수하면서 계상하여 상각해오던 영업권을 기업회계기준(K-IFRS)에 따라 자본잉여금과 상계한 경우, A사는 해당 자산에 대해 법인세법 시행령 제19조 제5호의 2를 적용하여 감가상각비 상당액을 손금에 산입하는 것임(법규법인 2014-1, 2014. 3. 18.).

2-7. 제세공과금

(1) 제세공과금의 의의

법인세법상 제세공과금은 제세와 공과금을 포함하는 개념이다. 제세는 국세와 지방세를 의미하며 공과금은 국가나 공공단체에 의하여 그 구성원에게 강제적으로 부과되는 공적 부담금을 말한다.

(2) 손비로 인정되는 제세

① 부가가치세 매입세액

부가가치세 매입세액은 원칙적으로 매출세액에서 공제되기 때문에 손금항목이 아니다. 그러나, 다음과 같은 경우에는 매입세액을 공제받을 수 없으므로 법인의 손비가 되어야 한다. 다만, 매입세액이 자본적 지출에 관한 것이면 당해 사업연도에 바로 손비가 되는 것이 아니고 취득가액을 구성하여 감가상각이나 양도를 통하여 손비가 된다.

㉠ 비영업용 소형승용차의 구입과 임차 및 유지에 관한 매입세액
㉡ 접대비에 포함된 매입세액
㉢ 영수증을 교부받은 거래분에 포함된 매입세액으로서 매입세액공제대상이 아닌 금액
㉣ 부동산의 임차인이 부담한 전세금 및 임차보증금에 대한 매입세액
㉤ 부가가치세 면세사업자가 부담한 매입세액

② 관 세

관세는 환급받는 부분은 손비로 인정되지 아니하며, 환급받지 못하는 부분은 해당 수입물품의 취득부대비용이므로 감가상각, 처분 또는 소비를 통하여 손비로 인정된다.

③ 취득세

취득세는 원칙적으로 자본적지출 성격의 취득부대비용이므로, 관련 자산의 취득원가에 산입한다.

④ 재산세, 지역자원시설세

재산세, 지역자원시설세 등의 지방세는 손금에 산입한다. 다만, 법인세법 제27조 및 시행령 제49조에 규정하는 업무와 관련이 없는 자산에 대하여 납부한 재산세는 손비로 인정되지 아니한다. 그러나, 법인세법상 업무무관자산에는 해당되지 않지만 지방세법상 비업무용 부동산에 해당되어 중과세되는 재산세는 손금에 산입된다(법인 22601-699, 1986. 3. 3.). 또한, 매매를 목적으로 취득한 토지 등에 대하여 납부하는 재산세도 손금에 산입된다(법기통 19-19…19).

⑤ 증권거래세

주권을 양도한 자가 납부한 증권거래세는 손금에 산입되며, 비상장법인의 소유주식을 연불매각시 부담하는 증권거래세라 하더라도 해당 매매거래확정 사업연도에 손금으로 산입된다(법인 22601-3332, 1986. 11. 12.).

⑥ 교육세

⑦ 인지세

⑧ 등록면허세

⑨ 주민세

⑩ 자동차세

⑪ 수입배당금 익금불산입과 외국납부 세액공제를 적용하지 않은 외국법인세액

외국자회사 수입배당금액의 익금불산입(법법 §18의 4)과 외국납부 세액공제(법법 §57 ①)를 모두 적용하지 않는 경우의 외국법인세액은 법인의 손금으로 인정된다.

(3) 판매대금 외에 영수한 공과금

판매업 등을 영위하는 법인의 판매금액에는 매출원가, 판매부대비용, 공과금, 마진 등이 포함되어 있는 관계로 이들을 매출액과 분리하는 것은 총액주의 개념에 배치된다. 따라서, 판매대금 이외에 공과금을 별도로 영수하여 납부한 경우에는 당해 금액을 각 사업연도의 소득금액 계산상 익금에 산입하고 공과금으로 납부한 금액은 손금에 산입하여야 한다(법기통 15-11…8).

(4) 이익잉여금과 상계한 제세공과금

법인이 손금으로 계상할 수 있는 제세공과금을 이익잉여금과 상계한 경우에는 이를 손금에 가산할 수 있다(법기통 19-19…30). 그러나, 전기 이전에 확정된 제세공과금으로서 조세의 부담을 부당히 감소시킬 목적이 있는 경우에는 손금에 가산할 수 없고, 확정된 사업연도의 소득금액을 경정하여야 한다.

2-8. 협회비

(1) 개 요

영업자가 조직한 단체로서 법인이거나 주무관청에 등록된 조합 또는 협회에 지급한 회비는

손금에 산입한다(법령 §19 11호).

구 분		손금 여부
영업자가 조직한 단체로서 법인이거나 주무관청에 등록된 조합 또는 협회	정상적인 회비	경상경비 충당 등을 목적으로 부과하는 회비는 손금산입
영업자가 임의로 조직한 조합 또는 협회	회비	손금불산입

이때, 손금에 산입하는 회비라 함은 조합 또는 협회가 법령 또는 정관이 정하는 바에 따른 정상적인 회비징수방식에 의하여 경상경비 충당 등을 목적으로 조합원 또는 회원에게 부과하는 회비를 말한다(법칙 §10 ②).

(2) 보험목적의 공제회비

법인이 임의로 조직한 공제회 등에 보험목적으로 지급한 금액은 보험업법에 의한 보험료에 해당하지 아니하므로 소득금액 계산상 손금에 산입하지 아니한다. 다만, 주무부장관의 허가를 받은 공제회에 지급한 금액으로서 만기 또는 해약시 납입금을 반환받지 아니하는 경우에는 그 지급일이 속하는 사업연도의 소득금액 계산상 손금에 산입한다(법기통 19-19…34).

(3) 노동조합 지부에 지출한 보조금 등

법인의 직원으로 구성된 노동조합 지부에 지출한 보조금 등은 해당 법인의 경리의 일부로 보아 손금에 산입한다. 다만, 해당 노동조합이 법인인 경우에는 접대비로 본다(법령 §40 ② 및 법기통 19-19…41).

2-9. 해외시찰 · 훈련비

(1) 개 요

법인의 임원 또는 직원의 해외시찰 · 훈련에 대하여 지급하는 여비는 그 시찰 · 훈련이 당해 법인의 업무수행상 꼭 필요한 것이고, 또한 시찰 · 훈련을 위해 통상 필요하다고 인정되는 금액인 경우 손비에 산입한다(법령 §19 14호). 여기에서 해외시찰 · 훈련이라고 함은 업무와 관련 있는 여비교통비, 교육훈련비의 성격을 가진 해외여행을 의미한다.

(2) 업무수행상 필요한 해외여행의 판정

임원 또는 직원의 해외여행이 법인의 업무수행상 필요한 것인가는 그 여행의 목적, 여행지, 여행기간 등을 참작하여 판정한다. 다만, 다음의 어느 하나에 해당하는 여행은 원칙적으로 법인의 업무수행상 필요한 해외여행으로 보지 아니한다(법기통 19-19…23 ①).

① 관광여행의 허가를 얻어 행하는 여행
② 여행알선업자 등이 행하는 단체여행에 응모하여 행하는 여행

③ 동업자단체, 그 밖의 이에 준하는 단체가 주최하여 행하는 단체여행으로서 주로 관광목적이라고 인정되는 것

그러나, 위에 해당하는 경우에도 그 해외여행기간 중에 있어서의 여행지, 수행한 일의 내용 등으로 보아 법인의 업무와 직접 관련이 있는 것이 있다고 인정될 때에는 법인의 업무에 직접 관련이 있는 부분에 직접 소요된 비용(왕복교통비 제외)은 여비로서 손금에 산입한다(법기통 19-19…23 ②).

관련사례

- 해외여비의 손금산입 기준
  해외여행기간의 거의 전기간을 통하여 분명히 법인의 업무수행상 필요하다고 인정되는 것인 경우에는 그 해외여행을 위해 지급하는 여비는 사회통념상 합리적인 기준에 의하여 계산하고 있는 등 부당하게 다액이 아니라고 인정되는 한 전액을 해당 법인의 손금으로 함(법기통 19-19…22).
- 해외여행 동반자의 여비처리
  임원이 법인의 업무수행상 필요하다고 인정되는 해외여행에 친족 또는 업무에 상시 종사하고 있지 아니하는 자를 동반한 경우로서 그 동반자와 관련된 여비를 법인이 부담하는 때에는 그 동반이 해외여행의 목적을 달성하기 위하여 필요한 동반이라고 인정되는 때를 제외하고 임원에 대한 급여로 함(법기통 19-19…24).
- 해외여비의 용인범위
  해외여행의 직접 동기가 특정의 거래처와의 상담, 계약의 체결 등 업무수행을 위한 것인 때에는 그 해외여행을 기회로 관광을 병행한 경우에도 그 왕복교통비(해당 거래처의 주소지 등 그 업무를 수행하는 장소까지의 것에 한함)는 업무수행에 관련된 것으로 봄(법기통 19-19…25).

(3) 국내여비의 손금산입기준

임원 또는 직원의 국내여행과 관련하여 지급하는 여비는 해당 법인의 업무수행상 통상 필요하다고 인정되는 부분의 금액에 한하여 손금산입하며, 초과되는 부분은 해당 임원 또는 직원의 급여로 한다. 따라서, 법인의 업무수행상 필요하다고 인정되는 범위 안에서 지급규정, 사규 등의 합리적인 기준에 의하여 계산하고 거래증빙과 객관적인 자료에 의하여 지급사실을 입증하여야 한다. 다만, 사회통념상 부득이하다고 인정되는 범위 내의 비용과 해당 법인의 내부통제기능을 감안하여 인정할 수 있는 범위 내의 지급은 그러하지 아니한다(법기통 19-19…36).

2-10. 기술사용료

(1) 의 의

기술도입계약이라 함은 재산적 가치가 있는 경제적 또는 공업적 기술, 즉 특허권, 실용신안권, 의장권 및 상표권 등의 공업소유권이나 Know-how, 기술정보, 기술지도 등 기술의 양수

및 그 사용에 관한 권리를 외국인으로부터 도입하는 내용의 국제계약을 의미하며, 기술사용료는 상기 기술도입계약에 따라 기술도입자가 기술제공자에게 지급하는 일체의 경제적 대가를 말한다.

(2) 지급형태별 구분

① 경상기술사용료(Running Royalty)

기술사용의 대가를 Licensee의 사업성과에 따라서 비례적으로 일정률의 대가를 지급하는 형태로 이러한 대가산정의 기준으로 일반적으로 사용되는 것은 기술도입 계약제품의 총매출액, 순매출액 또는 판매수량 등이 이용되고 있다.

② 기술사용료 선급금(Initial Payment Royalty)

경상기술료 이외의 별도의 일정액을 일시 또는 분할지급하는 경우로 기술제공자가 연구개발비의 조기회수 및 수익의 안정적 확보를 위해서 이용하는 경우가 대부분이며, 계약서에 명시되지는 않지만 계약체결 전의 기술도입금의 공업소유권 침해에 대한 변상 성격을 갖는 경우도 있다. 이러한 선급금은 경상기술료에 부수하여 지급되는 것이 보통이며 이것이 후술하는 고정기술사용료와 구분되는 점이기도 하다.

③ 고정기술사용료(Fixed Royalty)

고정기술사용료는 제공기술에 대한 기술제공자의 연구개발비, 기술제공으로 인한 자기제품의 판매량감소, 기술도입자의 계약기간 중의 예상판매량과 예상수익성 등을 가치로 환산하여 기술에 대한 대가를 고정금액으로 확정하는 것으로, 제공된 기술과 관련한 사업에 대한 위험은 전적으로 Licensee가 부담하는 것이 특징이다. 이러한 고정기술사용료의 총액을 미리 일정금액으로 정하고 그것을 1회에 한하여 일괄지급하는 일시불 기술사용료(lump－sum payment)나 또는 일정액을 매년 분할지급하는 분할불 기술사용료(down payment) 양자 모두 사전에 확정된 금액을 고정적으로 지불한다는 점에서 동일하다.

④ 자본참가(Capital Participation)

기술제공자(Licensor)가 자기의 기술을 상대방에게 이전하고 그 대가로서 Licensee의 주식이나 지분을 취득할 수가 있다. 즉, 무형재산인 기술사용권 등을 현물출자하는 것으로서 Licensor가 현실적으로 지급받는 것은 주식이나 지분에 대한 이익배당이 되는 것이다.

(3) 기술사용료의 손금산입방법

① 경상기술료

경상기술료는 지급의무가 확정된 날이 속하는 사업연도의 제조원가 또는 판매비와 관리비로 계상한다. 예를 들어, 법인이 제품제조에 관한 기술도입계약을 체결하고 동 계약내용에 따라 제품의 순매출액에 일정요율을 적용하여 경상기술료를 지급하는 경우 동 기술료는 당기의 총생산제품에 대한 제품제조원가에 해당하므로 당기의 매출분 및 기말재고자산에 각각 안분한다(법인 22601-2764, 1987. 10. 14.). 그러나, 제조에 관한 기술이 아니고 판매 또는 경영관리에 관한 기술료는 판매비와 관리비로 처리하여야 한다.

② 기술사용료 선급금

기술사용료 선급금 명목으로 일시에 지급하는 금액이 매월 매출액의 일정률에 상당하는 금액을 지급하는 경상기술료와는 별도로 지급하는 사용대가로서 그 사용기간이 구체적으로 명시된 경우에는 사용수익기간 동안 균등하게 안분하여 계산한 금액을 손금에 산입하는 것이며, 신기술의 사용에 대한 배타적 권리의 취득대가로서 동 권리를 타인에게 양도 또는 승계할 수 있는 경우에는 무형고정자산의 감가상각비의 손금계상방법에 의하여 손금에 산입하는 것이고, 해당 법인의 업무와 관련하여 지급된 경우로서 지급명목에 불구하고 사용수익기간에 대응되는 비용으로 인정되지 않는 경우에는 해당 지급액의 지급의무가 확정된 날이 속하는 사업연도의 손금으로 산입한다(서이 46012-10538, 2001. 11. 15.).

③ 고정기술사용료

고정기술료가 계약상 명백히 경상기술료의 선급이라면 선급비용으로 계상하여 계약기간 동안 안분하여야 할 것이나, 그렇지 않은 경우에는 위에서 설명한 기술사용료 선급금과 동일하게 처리하면 될 것이다.

(4) 기술사용료 원천징수세액을 대신 부담하는 경우

비거주자 등에게 지급하는 기술사용료에 대한 원천징수세액 상당액을 내국법인이 지급하기로 약정한 경우 그 세액상당액을 지급대가의 일부로 보아 손금에 산입한다(법기통 19-19…27).

2-11. 탐광비

광업의 비용은 탐사비(Exploration Cost), 개발비(Development Cost), 생산비(Producing Cost)로 구분되는 바, 이 중 탐사비와 개발비(자산의 취득원가에 포함되는 경우를 제외함)는 해당연도의 손금에 산입한다(법령 §19 12호).

관련사례

- 석유탐사단계에서 지출한 탐사사업비의 탐광비 해당 여부

  석유탐사단계에서 지출된 탐사사업비는 광업의 탐광비(법령 §19 12호)에 해당되어 발생한 사업연도의 손금에 산입할 수 있는 것임(기획재정부 법인세제과-255, 2020. 2. 17.).

2-12. 무료진료의 가액

일반적으로 타인에게 대가없이 재화나 용역 등을 제공하는 경우 이는 기부금 또는 접대비로 처리되어 시부인계산을 하게 되나, 보건복지부장관이 정하는 무료진료권 또는 새마을진료권에

의하여 행한 무료진료의 가액은 이를 전액 손비로서 인정한다(법령 §19 13호). 또한, 의료업을 영위하는 법인이 병원개설 허가조건에 따라 행하는 무료진료비도 손금에 산입한다(법기통 19-19…20).

2-13. 기증한 잉여 식품등의 장부가액

식품등 기부 활성화에 관한 법률 제2조 제1호 및 제1호의 2에 따른 식품 및 생활용품(이하 "식품등"이라 함)의 제조업·도매업 또는 소매업을 영위하는 내국법인이 해당 사업에서 발생한 잉여 식품등을 같은 법 제2조 제4호에 따른 제공자 또는 제공자가 지정하는 자에게 무상으로 기증하는 경우, 그 기증한 잉여 식품등의 장부가액은 기부금으로 보지 아니하고 손금에 산입한다(법령 §19 13호의 2). 이때 장부가액이라 함은 취득가액을 말한다(제도 46012-10554, 2001. 4. 12.).

2-14. 교육관련 운영비 및 수당

법인세법은 법인이 각 사업연도에 지출한 경비 중 직접 그 업무와 관련이 없다고 인정하는 금액에 대하여는 원칙적으로 손금으로 인정하고 있지 않으나, 다음 중 어느 하나에 해당하는 운영비 또는 수당은 전액 법인의 손금으로 인정한다(법령 §19 15호).

① 초·중등교육법에 의하여 설치된 근로청소년을 위한 특별학급 또는 산업체부설중·고등학교의 운영비
② 산업교육진흥 및 산학연협력 촉진에 관한 법률 제8조의 규정에 따라 교육기관이 해당 법인과의 계약에 의하여 채용을 조건으로 설치·운영하는 직업교육훈련과정·학과 등의 운영비
③ 직업교육훈련 촉진법 제7조의 규정에 따른 현장실습에 참여하는 학생들에게 지급하는 수당
④ 고등교육법 제22조의 규정에 따른 현장실습수업에 참여하는 학생들에게 지급하는 수당

2-15. 우리사주조합에 대한 출연금

근로복지기본법에 의한 우리사주조합에 출연하는 자사주의 장부가액 또는 금품은 손금에 산입한다. 이는 우리사주조합의 활성화를 지원하기 위한 규정이다. 그러나, 증자방식에 의하여 자사주를 배정하는 것은 신주를 받을 수 있는 권리를 출연하는 것이므로 법인이 우리사주조합에 출연하는 자사주의 범위에 포함하지 아니한다(법기통 19-19…45 ①).

한편, 법인이 우리사주조합에 자사주 외 부동산 등 금품을 출연하는 경우 해당 출연자산의 가액은 시가에 의하는 것이며, 이 경우 그 시가와 장부가액과의 차액은 해당 사업연도의 소득금액 계산시 익금에 산입한다(법기통 19-19…45 ②).

2-16. 소액 미술품의 취득가액

법인이 장식 · 환경미화 등의 목적으로 사무실 · 복도 등 여러 사람이 볼 수 있는 공간에 항상 전시하는 미술품은 손금불산입 대상 업무무관자산의 취득 관련 비용에서 제외될 뿐만 아니라, 그 취득가액이 거래단위별로 1천만원 이하인 소액 미술품은 그 취득일이 속하는 사업연도에 법인이 손비로 계상한 경우 손금으로 인정된다(법령 §19 17호).

2-17. 모회사 주식에 대한 주식매수선택권 등 행사 및 지급비용 보전

임직원이 다음의 어느 하나에 해당하는 주식매수선택권 또는 주식이나 주식가치에 상당하는 금전으로 지급받는 상여금으로서 법 소정으로 정하는 것(이하 "주식기준보상"이라 함)을 행사하거나 지급받는 경우 주식매수선택권 또는 주식기준보상(이하 "주식매수선택권 등"이라 함)을 부여하거나 지급한 법인에 그 행사 또는 지급비용으로서 보전하는 금액은 손금으로 인정된다(법령 §19 19호).

① 금융지주회사법에 따른 금융지주회사로부터 부여받거나 지급받은 주식매수선택권 등(주식매수선택권은 상법 제542조의 3에 따라 부여받은 경우만 해당함)

② 법 소정으로 정하는 해외모법인으로부터 부여받거나 지급받은 법 소정의 주식매수선택권 등

상기에서 법 소정으로 정하는 '주식기준보상, 해외모법인 및 주식매수선택권 등'의 요건은 다음과 같다(법칙 §10의 2).

구 분	손금산입요건
주식기준보상의 요건	① 주식 또는 주식가치에 상당하는 금전으로 지급하는 것일 것 ② 사전에 작성된 주식기준보상 운영기준 등에 따라 지급하는 것일 것 ③ 임원이 지급받는 경우 정관 · 주주총회 · 사원총회 또는 이사회의 결의로 결정된 급여지급기준에 따른 금액을 초과하지 아니할 것 ④ 법인세법 시행령 제43조 제7항에 따른 지배주주 등인 임직원이 지급받는 경우 정당한 사유 없이 같은 직위에 있는 지배주주 등 외의 임직원에게 지급하는 금액을 초과하지 아니할 것
해외모법인의 요건	① 외국법인으로서 발행주식이 자본시장과 금융투자업에 관한 법률에 따른 증권시장 또는 이와 유사한 시장으로서 증권의 거래를 위하여 외국에 개설된 시장에 상장된 법인 ② 외국법인으로서 주식매수선택권 등(이하 "주식매수선택권 등"이라 함)의 행사 또는 지급비용을 보전하는 내국법인(자본시장과 금융투자업에 관한 법률에 따른 상장법인은 제외함)의 의결권 있는 주식의 90% 이상을 직접 또는 간접으로 소유한 법인. 이 경우 주식의 간접소유비율은 다음 산식에 따라 계산하되(해당 내국법인의 주주법인이 둘 이상인 경우에는 각 주주법인별로 계

구 분	손금산입요건
	산한 비율을 합산함), 해당 외국법인과 주주법인 사이에 하나 이상의 법인이 개재되어 있고, 이들 법인이 주식소유관계를 통하여 연결되어 있는 경우에도 또한 같음. 해당 외국법인이 소유하고 있는 주주법인의 의결권 있는 주식 수가 그 주주법인의 의결권 있는 총 주식수에서 차지하는 비율 × 주주법인이 소유하고 있는 해당 내국법인의 의결권 있는 주식 수가 그 내국법인의 의결권 있는 총 주식 수에서 차지하는 비율
주식매수선택권 등의 요건	① 상법에 따른 주식매수선택권과 유사한 것으로서 해외모법인의 주식을 미리 정한 가액(이하 "행사가액"이라 함)으로 인수 또는 매수(행사가액과 주식의 실질가액과의 차액을 현금 또는 해당 해외모법인의 주식으로 보상하는 경우를 포함함)할 수 있는 권리일 것(주식매수선택권만 해당함) ② 해외모법인이 발행주식총수의 10% 범위에서 부여하거나 지급한 것일 것 ③ 해외모법인과 해당 법인 간에 해당 주식매수선택권 등의 행사 또는 지급비용의 보전에 관하여 사전에 서면으로 약정하였을 것

2-18. 중소기업 핵심인력 성과보상기금 기여금

중소기업 인력지원 특별법 제35조의 2 및 제35조의 3에서는 중소기업은 핵심인력의 장기재직촉진 및 인력양성을 위하여 '중소기업 핵심인력 성과보상기금'을 설치하고, 중소기업과 근로자가 공동으로 기여금을 납입한 후 일정 기간이 지나면 납입금 전액을 근로자에게 지급할 수 있도록 하고 있다.

이에 법인세법에서는 중소기업기본법 제2조 제1항에 따른 중소기업 및 조세특례제한법 시행령 제6조의 4 제1항에 따른 중견기업이 중소기업 인력지원 특별법 제35조의 3 제1항 제1호에 따라 핵심인력 성과보상기금에 납입하는 기여금은 손금에 산입한다(법령 §19 20호).

2-19. 유족에게 지급하는 학자금 등

법인이 임원 또는 직원(법령 §43 ⑦에 따른 지배주주 등인 자는 제외)의 사망 이후 유족에게 학자금 등으로 일시적으로 지급하는 금액으로서 임원 또는 직원의 사망 전에 정관이나, 주주총회・사원총회 또는 이사회의 결의에 의하여 결정되어 임원 또는 직원에게 공통적으로 적용되는 지급기준에 따라 지급되는 것은 손금에 산입한다(법령 §19 21호 및 법칙 §10의 3).

2-20. 사내근로복지기금 및 공동근로복지기금에 대한 출연금

법인이 다음의 기금에 출연하는 금품은 손금에 산입한다(법령 §19 22호).

① 해당 내국법인이 설립한 근로복지기본법 제50조에 따른 사내근로복지기금

② 해당 내국법인과 다른 내국법인 간에 공동으로 설립한 근로복지기본법 제86조의 2에 따른 공동근로복지기금

③ 해당 내국법인의 협력중소기업(조특법 §8의 3 ① 1호)이 설립한 근로복지기본법 제50조에 따른 사내근로복지기금

④ 해당 내국법인의 협력중소기업(조특법 §8의 3 ① 1호) 간에 공동으로 설립한 근로복지기본법 제86조의 2에 따른 공동근로복지기금

2-21. 보험회사의 책임준비금 증가액

보험업법에 따른 보험회사가 같은 법 제120조에 따라 적립한 책임준비금의 증가액(할인율의 변동에 따른 책임준비금 평가액의 증가분은 제외함)으로서 보험감독회계기준에 따라 비용으로 계상된 금액은 손금에 산입한다(법령 §19 23호).

2-22. 동업기업으로부터 배분받는 결손금

동업기업 과세특례를 적용받는 동업기업은 동업자군별 배분대상 소득금액 또는 결손금을 각 과세연도의 종료일에 해당 동업자군에 속하는 동업자들에게 동업자 간의 손익배분비율에 따라 배분하는데, 동 배분받은 결손금은 손금으로 본다. 다만, 동업기업의 경영에 참여하지 아니하고 출자만 하는 수동적 동업자에게는 결손금을 배분하지 아니하되, 해당 과세연도의 종료일부터 15년 이내에 끝나는 각 과세연도에 그 수동적 동업자에게 소득금액을 배분할 때 배분되지 않은 결손금을 그 배분대상 소득금액에서 다음에 정하는 바에 따라 공제하고 배분한다(법법 §19 ③ 및 조특법 §100의 18 ① 및 조특령 §100의 18 ③).

$$\left\{\begin{matrix}\text{해당 과세연도}\\\text{동업자군별}\\\text{배분대상}\\\text{소득금액}\end{matrix}\times\frac{\begin{matrix}\text{해당 과세연도}\\\text{수동적 동업자}\\\text{손익배분비율}\end{matrix}}{\begin{matrix}\text{해당 과세연도}\\\text{동업자군별}\\\text{손익배분 비율}\end{matrix}}\right\}-\left\{\begin{matrix}\text{배분대상}\\\text{결손금이 발생한}\\\text{과세연도}\\\text{해당 동업자군별}\\\text{배분대상 결손금}\end{matrix}\times\frac{\begin{matrix}\text{배분대상 결손금이 발생한}\\\text{과세연도 그 수동적}\\\text{동업자의 손익배분비율}\end{matrix}}{\begin{matrix}\text{배분대상 결손금이 발생한}\\\text{과세연도 해당 동업자군별}\\\text{손익배분비율}\end{matrix}}\right\}$$

2-23. 배(보)상금

법인의 귀책사유에 의한 배상금이나 보상금은 모두 순자산을 감소시키는 거래로서 손금이 된다. 그러나, 배상금을 지급하였다 하더라도 구상권의 행사에 의하여 수입될 금액은 차감하고 손금에 계상하여야 한다.

2-24. 받을어음의 할인료

법인이 금융기관에 받을어음을 할인한 경우 그 거래가 기업회계기준에 의한 매각거래에 해당하는 경우에는 그 할인액을 매각일이 속하는 사업연도의 소득금액 계산시 손금에 산입한다(법기통 19-19…44).

3

기업구조조정 관련 소득금액의 조정

합 병

관련 법령	• 법법 §16, §44, §44의 2, §44의 3, §45, §113 • 법령 §12, §14, §80, §80의 2, §80의 3, §80의 4, §81, §85, §85의 2 • 법칙 §7, §40의 2, §77
관련 서식	• 법인세법 시행규칙 [별지 제42호 서식] 합병과세특례 신청서 [별지 제46호 서식(갑), (을)] 자산조정계정명세서(갑), (을)

제1절

합 병

1

Step Ⅰ 내용의 이해

1. 의 의

합병이란 상법에 규정된 절차 및 합병계약을 통하여 경제적·법적으로 두 개 이상의 회사가 단일회사로 되는 단체법상의 행위로서 소멸회사의 권리·의무가 별도의 청산절차 없이 존속·신설회사에 포괄승계되며 동시에 소멸회사의 사원을 존속회사의 사원으로 수용하는 법률사실이다.

1-1. 합병과 영업양수도의 차이점

기업결합의 유형을 구분하면 다음과 같다.

구 분	내 용	비 고
합 병	두 개 이상의 회사가 경제적·법적으로 단일회사로 됨.	합병회계
주식인수	투자회사와 피투자회사가 주식취득 후에도 별개의 법적실체로 존속함.	연결회계
영업양수도	사업재산 및 사업상의 지위를 포괄하여 양수도함.	개별회계

합병은 그 경제적 동기 측면에서 영업양수도와 유사하여 상법상 주주총회의 특별결의가 필요하며 반대주주의 주식매수청구권이 인정된다는 점에서는 유사하나 다음과 같은 점에서 차이가 있다.

합 병	영업양수도
단체법상의 법률사실로서 피합병회사의 모든 권리·의무가 합병법인에게 이전됨.	개인법상의 거래로서 승계되는 재산의 범위를 당사자의 양수도계약에서 정하기 나름이며 영업의 동일성을 해치지 않는 한 일부 재산을 양수도재산에서 제외할 수 있음.

합 병	영업양수도
피합병회사가 소멸하고 그 주주는 존속 또는 신설회사의 주주로 수용됨.	양도회사가 소멸되지 아니하고 그 주주의 변동 또한 발생하지 아니함.
소멸회사의 재산이 존속회사로 이전되는 대가로 소멸회사의 주주가 직접 존속회사 주주의 지위(또는 금전)를 취득함.	영업양도의 경우 그 대가는 양도회사가 취득하는 것이지 양도회사의 주주가 취득하는 것이 아님.

1-2. 합병의 유형

합병의 유형에는 모든 합병당사회사가 소멸하면서 새로운 회사를 설립하여 그 재산을 포괄승계하는 신설합병과, 합병당사회사 중 한 회사는 존속하고 다른 회사는 소멸하면서 존속회사가 소멸회사의 재산을 포괄승계하는 흡수합병으로 구분될 수 있다. 다만, 어느 방법이든 소멸회사의 권리·의무와 주주의 수용이 이루어진다는 점에서는 같다.

1-3. 합병기일과 합병등기일

합병과 관련된 회계처리와 세무처리에 있어서 합병기일과 합병등기일이란 용어가 사용되는데 이 두 가지는 동일한 날짜에 이루어질 수도 있으나 실무상 동일 날짜에 이루어질 수 없는 경우가 대부분이므로 각각의 개념 및 세무상의 입장을 요약하면 다음과 같다.

1-3-1. 기본개념

합병기일	합병등기일
합병기일은 피합병법인의 물적·인적 자원뿐만 아니라 경제적 실질까지 합병법인으로 승계된 사실상의 합병일을 의미함.	합병등기일은 상법상 합병이라는 행위가 법적으로 종결되는 날을 의미하는 것으로 법률적 측면에서 피합병법인의 모든 법률행위의 결과가 합병법인에게 귀속됨.

1-3-2. 세무적 입장의 차이

위에서 언급한 바와 같이 합병기일과 합병등기일은 세무적으로 각각 다른 개념에 해당되며 각각의 일자를 기준으로 이루어지는 과세항목을 살펴보면 다음과 같다.

(1) 합병기일 기준

국세기본법 제14조에서는 실질과세원칙을 규정하고 있으며 실질과세란 소득귀속 주체의 실질과 과세소득의 구분에 대한 실질로 구분되어지는 바, 소득귀속 주체의 실질규정에 따라 합병기일이 사실상의 합병일에 해당하므로 합병등기일 전에 사실상 합병한 경우 합병기일부터 합병등기일까지의 피합병법인의 경영활동은 합병법인에 귀속되는 것이 타당하다.

관련사례

• 합병등기일 전 실제 합병한 경우의 손익의 귀속
합병등기일 전에 사실상 합병한 경우 합병한 날로부터 합병등기를 한 날까지 생기는 손익은 국세기본법 제14조에 따라 실질상 귀속되는 법인에게 과세함(법기통 4-0…9).

즉, 비록 합병등기일까지는 합병법인의 명의로 거래를 수행할 수는 없으나 그 경제적 효과는 합병기일부터 그 실질귀속원칙에 따라 합병법인이 인식함으로써 재무활동의 귀속측면에서 회계상의 처리와 세무상의 처리가 동일함을 알 수 있다.

:: 합병등기일 전 실제 합병한 경우 세금계산서 발급

합병에 따라 소멸하는 법인이 합병계약서에 기재된 합병을 할 날부터 합병등기일까지의 기간에 재화 또는 용역을 공급하거나 공급받는 경우 합병 이후 존속하는 법인 또는 합병으로 신설되는 법인이 세금계산서를 발급하거나 발급받을 수 있다(부가령 §69 ⑳).

(2) 합병등기일 기준

다음의 과세항목에 있어서는 합병등기일을 기준으로 한다.

1) 사업연도의 구분

내국법인이 사업연도 중에 합병에 따라 해산한 경우에는 그 사업연도개시일부터 합병등기일까지를 하나의 사업연도로 보아 최종사업연도의 법인세를 신고한다(법법 §8 ②).

2) 납세의무의 성립 및 기준일

피합병법인은 최종사업연도 각사업연도소득(합병으로 인한 양도손익 포함)에 대한 법인세 및 부가가치세를 신고납부하여야 하는 바, 합병등기일에 관련 납세의무가 성립하며 합병등기일로부터 소정의 기한 내에 신고납부를 이행하여야 한다(법법 §8 ② 및 부가통 5-7…1).

또한, 합병에 따른 증여가 발생된 경우에도 합병등기일에 증여받은 것으로 한다(상증법 §38).

3) 의제배당의 수입시기

배당소득의 수입시기는 합병등기일이며(소령 §46 5호 나목), 원천징수의무자는 동일자에 배당을 지급한 것으로 보아 배당소득세를 원천징수하고 다음달 10일까지 세액을 납부하여야 한다(소령 §191 1호).

2. 합병회계처리

2-1. 합병회계처리방법의 준거

법인간 합병에 따른 회계처리는 '한국채택국제회계기준 제1103호 사업결합' 또는 '일반기업회계기준 제12장 사업결합'을 준거로 한다.

현행 기업회계기준은 둘 이상의 기업실체가 법적으로 단일의 기업실체가 되는 합병거래 뿐만 아니라 기업의 외적성장 수단인 사업결합, 즉 취득자가 하나 이상의 사업에 대한 지배력을 획득하는 거래나 그 밖의 사건에 대해 '한국채택국제회계기준 제1103호 사업결합' 또는 '일반기업회계기준 제12장 사업결합'을 적용하도록 하고 있다.

2-2. 기업결합 구분에 따른 회계처리방법

기업결합의 경제적 실질이 다른 회사의 지배에 있는 경우 이를 '매수기업결합'이라 하여 취득법에 따라 회계처리하고, 기업결합 당사회사 중 어느 회사도 다른 회사에 지배되지 아니하고 결합 후 회사에 내재된 위험과 효익을 공동으로 분담하는 경우 이를 '지분통합기업결합'이라 하여 지분통합법에 따라 회계처리해야 한다.

이와 관련하여 종전 '기업인수 · 합병 등에 관한 회계처리 준칙'에서는 사업결합의 실질에 따라 매수법(취득법)과 지분통합법 중 하나를 선택하여 적용하도록 하였으나, 현행 기업회계기준에서는 사업결합을 사업에 대한 지배력 획득을 전제로 하는 사실상 취득거래로 보아 취득법만을 적용하도록 하였다(K-IFRS 1103호 문단 4 및 일반기준 12장 문단 12.7).

한편, 사업결합에 대해 취득법을 적용하기 위해서는 일정한 절차를 따르도록 하고 있는 바, 합병거래에 대해서도 다음의 절차를 따라야 한다(K-IFRS 1103호 문단 5 및 일반기준 12장 문단 12.8).

① 취득자의 식별
② 취득일의 결정
③ 식별가능한 취득 자산, 인수 부채 및 피취득자에 대한 비지배지분의 인식과 측정
④ 영업권 또는 염가매수차익의 인식과 측정

3. 합병에 대한 법인세 과세체계

합병은 개별자산의 양도거래가 아닌 피합병법인의 모든 권리 · 의무를 거래의 대상으로 하는 만큼 각 합병주체에 대한 과세체계를 파악하기 위해서는 법인세법 전반에 걸쳐서 살펴보아야 한다. 이에 법인세법에서 규정하고 있는 합병주체별 과세의 주요 내용을 요약하면 다음과 같다.

구 분	과세내용	근거조문
합병법인	① 합병으로 인한 취득자산의 가액	법법 §41 및 법령 §72
	② 합병매수차익 · 차손의 과세 여부	법법 §44의 2, §44의 3
	③ 피합병법인의 이월결손금 · 기부금한도초과액 및 세액공제 · 세액감면 승계 여부	법법 §44의 2, §44의 3, §45
	④ 피합병법인의 세무조정사항 승계 여부	법법 §44의 2, §44의 3 및 법령 §85
	⑤ 합병법인의 이월결손금 공제 범위 및 기부금한도초과액 손금산입 한도	법법 §45
	⑥ 소멸하는 피합병법인의 미환류소득 및 초과환류액의 승계	조특법 §100의 32
피합병법인	⑦ 의제사업연도에 대한 법인세 과세	법법 §8
	⑧ 양도손익에 대한 법인세 과세	법법 §44
	⑨ 불공정합병시 양도손익에 대한 부당행위계산부인	법법 §52
	⑩ 토지 등 양도소득에 대한 법인세	법법 §55의 2
합병법인의 주주	⑪ 불공정합병시 부당행위계산부인	법법 §52
	⑫ 합병차익 자본전입시 의제배당과세	법법 §16
피합병법인의 주주	⑬ 합병시 의제배당과세	법법 §16
	⑭ 불공정합병시 부당행위계산부인	법법 §52

4. 피합병법인의 세무

4-1. 비적격합병시 양도손익 과세

4-1-1. 개 요

내국법인이 합병을 원인으로 해산하는 경우에는 합병으로 소멸하는 법인, 즉 피합병법인은 상법상 청산절차를 거치지 않아도 되나, 법인세법에서는 피합병법인의 자산을 합병법인에 양도한 것으로 보아, 그 양도에 따라 발생하는 다음의 양도손익은 피합병법인이 합병등기일이 속하는 사업연도의 소득금액을 계산할 때 익금 또는 손금에 산입한다(법법 §44 ①).

양도손익	=	피합병법인이 합병법인으로부터 받은 양도가액	−	피합병법인의 합병등기일 현재 순자산 장부가액

따라서, 피합병법인은 합병으로 인한 양도손익을 최종사업연도의 각 사업연도소득에 포함하여 각 사업연도에 대한 법인세를 합병등기일이 속하는 달의 말일부터 3개월 이내에 다음의

서류를 첨부하여 신고 및 납부하여야 한다(법법 §8 ②, §60 ④ 및 법령 §97 ⑦).

① 합병등기일 현재의 피합병법인의 재무상태표와 합병법인이 그 합병에 따라 승계한 자산 및 부채의 명세서

② 합병법인의 본점 등의 소재지, 대표자의 성명, 피합병법인의 명칭, 합병등기일, 그 밖에 필요한 사항이 기재된 서류

4-1-2. 양도손익의 계산

(1) 양도가액의 계산

합병에 따른 양도손익을 계산함에 있어 피합병법인이 합병법인으로부터 받은 양도가액은 다음의 합계액(①+②)으로 한다(법법 §44 ① 1호 및 법령 §80 ① 2호).

① 합병교부주식 등의 가액 및 금전 기타재산가액

합병으로 인하여 피합병법인의 주주 등이 지급받는 합병법인 또는 합병법인의 모회사(합병등기일 현재 합병법인의 발행주식총수 또는 출자총액을 소유하고 있는 내국법인을 말함)의 주식 등(이하 "합병교부주식 등"이라 함)의 가액 및 금전이나 그 밖의 재산가액의 합계액. 다만, 합병법인이 합병등기일 전 취득한 피합병법인의 주식 등(신설합병 또는 3 이상의 법인이 합병하는 경우 피합병법인이 취득한 다른 피합병법인의 주식 등을 포함함. 이하 "합병포합주식 등"이라 함)이 있는 경우에는 그 합병포합주식 등에 대하여 합병교부주식 등을 교부하지 아니하더라도 그 지분비율에 따라 합병교부주식 등을 교부한 것으로 보아 합병교부주식 등의 가액을 계산함.

② 합병법인이 대납하는 피합병법인의 법인세 등

합병법인이 납부하는 피합병법인의 법인세 및 그 법인세(감면세액을 포함함)에 부과되는 국세와 법인지방소득세(지법 §88 ②)의 합계액

▌양도가액의 계산식▐

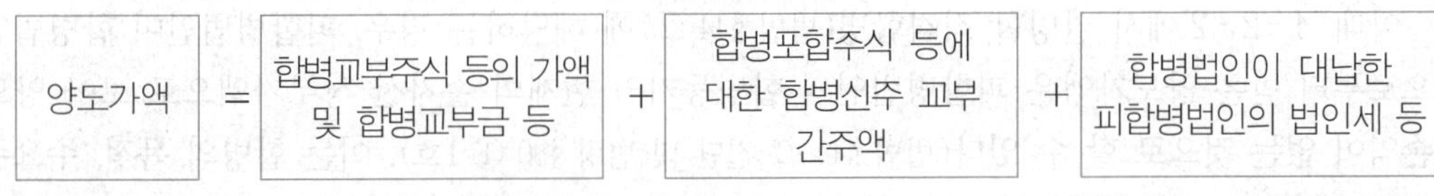

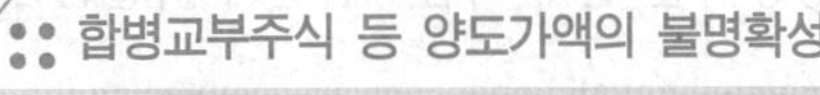

NOTE
:: 합병교부주식 등 양도가액의 불명확성

양도가액을 계산함에 있어 합병교부주식 등의 가액 및 금전 기타재산가액은 크게 세 가지, 즉 합병교부주식 등, 합병교부금 등, 합병 전 취득한 피합병법인의 주식에 대한 합병신주 교부 간주액으로 구분되는데, 법령에서는 이들 가액 평가에 관해 명시적인 규정이 없어 쟁점이 될 수 있다.

다만, 개정세법 해설책자(2010)에서는 합병교부주식 및 금전 기타재산가액을 시가로 하도록 하고 있는 바, 소멸되는 피합병법인의 과세관계를 종료한다는 관점에서 볼 때에도 시가로 함이 합리적일 것으로 판단된다.
한편, 합병 전 취득한 피합병법인의 주식에 대한 합병신주 교부 간주액과 관련하여서는 '합병 전 취득 당시의 피합병법인 주식 취득가액'으로 하여야 하는지 아니면 '합병교부주식의 시가'로 하여야 할지도 쟁점인데, 법문에서 '합병법인의 주식 등을 교부한 것으로 보아 합병교부주식 가액을 산정'하도록 하고 있으므로, '합병교부주식의 시가'로 함이 합리적인 해석일 것으로 판단된다. 다만, 상기의 쟁점들에 대하여는 향후 입법 보완 또는 과세관청의 유권해석으로 명확히 할 필요가 있을 것으로 보인다.

(2) 순자산 장부가액의 계산

피합병법인의 순자산 장부가액이란, 피합병법인의 합병등기일 현재의 자산의 장부가액 총액에서 부채의 장부가액 총액을 뺀 가액으로 한다. 이 경우 순자산 장부가액을 계산할 때 국세기본법에 따라 환급되는 법인세액이 있는 경우에는 이에 상당하는 금액을 피합병법인의 합병등기일 현재의 순자산 장부가액에 더한다(법법 §44 ① 2호 및 법령 §80 ②).

(3) 양도손익과 부당행위계산부인

특수관계인인 법인 간 합병(분할합병을 포함함)에 있어서 불공한 비율로 합병함으로써 양도손익을 감소시킨 경우에는 부당행위계산부인 규정이 적용된다. 다만, 자본시장과 금융투자업에 관한 법률 제165조의 4에 따라 합병(분할합병을 포함함)하는 경우는 제외한다(법령 §88 ① 3호의 2).

한편, 양도손익의 부당행위계산부인과 관련하여 자세한 내용은 "제2편 제2장 제1절 부당행위계산의 부인"편을 참조하기 바란다.

4-2. 적격합병시 양도손익 과세특례

4-2-1. 개 요

아래 '4-2-2'에서 설명할 적격합병(법법 §44 ②)에 해당하는 경우, 피합병법인이 합병법인으로부터 받은 양도가액은 피합병법인의 합병등기일 현재의 순자산 장부가액으로 보아 양도손익이 없는 것으로 할 수 있다(법법 §44 ② 전단 및 법령 §80 ① 1호). 이는 합병의 목적, 주요주주의 변경 여부, 승계사업의 계속 여부 등을 볼 때 적격합병은 형식적인 조직개편에 지나지 않는다는 관점이라 할 수 있고 그 결과 합병등기일 현재 피합병법인의 미실현이익은 합병법인에 이월되어 과세되게 된다.

한편, 본 절에서 언급하는 적격합병이란 적격합병의 요건을 모두 갖춘 합병(법법 §44 ②)에 해당하거나 후술하는 '4-3'의 완전모자법인간 및 완전자법인간 합병(법법 §44 ③)에 해당함에 따라 양도손익이 없는 것으로 한 합병을 말한다.

4-2-2. 적격합병의 요건

(1) 개 요

내국법인이 합병함에 있어 다음의 요건을 모두 갖춘 합병(이하 "적격합병"이라 함)에 해당하는 경우에는 피합병법인이 합병법인으로부터 받은 양도가액은 피합병법인의 합병등기일 현재의 순자산 장부가액으로 보아 양도손익이 없는 것으로 할 수 있다. 다만, 아래 '(2) 지분연속성 요건', '(3) 사업의 계속성 요건' 및 '(4) 고용승계 요건'에서 설명하는 부득이한 예외 사유에 해당하는 경우에는 아래 ②, ③ 또는 ④의 요건을 갖추지 못한 경우에도 적격합병으로 보아 양도손익이 없는 것으로 할 수 있다(법법 §44 ②).

① 합병등기일 현재 1년 이상 사업을 계속하던 내국법인 간의 합병일 것(사업영위기간 요건). 다만, 다른 법인과 합병하는 것을 유일한 목적으로 하는 자본시장과 금융투자업에 관한 법률 시행령 제6조 제4항 제14호에 따른 법인으로서 같은 호 각 목의 요건을 모두 갖춘 법인(이하 "기업인수목적회사"라 함)의 경우는 본 요건을 갖춘 것으로 봄(법령 §80의 2 ②).
합병등기일 현재 1년 이상 계속하여 사업을 영위한 내국법인이란, 합병등기일로부터 소급하여 1년 이상 휴업 등 사업을 중단한 바 없이 법인등기부상 목적사업을 영위한 경우를 말한다(법인-666, 2012. 10. 26.).

② 피합병법인의 주주 등이 합병으로 인하여 받은 합병대가의 총합계액 중 합병법인의 주식 등의 가액이 80% 이상이거나 합병법인의 모회사(합병등기일 현재 합병법인의 발행주식총수 또는 출자총액을 소유하고 있는 내국법인을 말함)의 주식 등의 가액이 80% 이상인 경우로서 그 주식 등이 피합병법인의 일정 지배주주 등에 일정가액 이상 배정되고, 그 일정 지배주주 등이 합병등기일이 속하는 사업연도의 종료일까지 그 주식 등을 보유할 것(지분의 연속성 요건)

③ 합병법인이 합병등기일이 속하는 사업연도의 종료일까지 피합병법인으로부터 승계받은 사업을 계속할 것. 다만, 피합병법인이 다른 법인과 합병하는 것을 유일한 목적으로 하는 기업인수목적회사인 경우에는 본 요건을 갖춘 것으로 본다(사업의 계속성 요건).

④ 합병등기일 1개월 전 당시 피합병법인에 종사하는 일정 근로자 중 합병법인이 승계한 근로자의 비율이 80% 이상이고, 합병등기일이 속하는 사업연도의 종료일까지 그 비율을 유지할 것(고용승계 요건)

관련사례

• 정관상 목적사업이 아닌 업종을 영위하는 법인의 합병시 사업영위기간 요건 충족 여부 판단
내국법인이 정관이나 등기부의 목적사업인 제조업과 목적사업으로 규정하지 않은 도매업을 실질적으로 같이 영위하다가 목적사업인 제조업을 중단한 이후에 다른 내국법인과 합병을 하는 경우로서, 합병등기일 현재 도매업을 1년 이상 휴업 등 사업을 중단한 바 없이 계

속하여 영위한 경우에는 적격합병의 요건 중 '사업영위기간 요건'을 갖춘 것으로 보는 것임(서면-2023-법인-3513, 2024. 2. 6.).

- 지주회사의 합병시 사업영위기간 요건의 충족 여부 판단
  내국법인이 직원을 고용하거나 물리적인 사무실을 보유하는 등 형식적 요건을 갖추지 않더라도 주주총회 참여를 통한 의결권 행사, 주식인수를 위한 차입금 원리금의 상환, 외부감사 수감, 각종 회계・법률 수수료의 지출, 경영활동에 대한 모니터링, 주식의 관리 및 이사회 결의에 의한 재무제표 승인 등 실질적으로 다른 기업체의 지배적 지분을 소유하거나 회사의 경영 전략에 영향력을 행사할 목적으로 주식을 확보・유지하는 한국표준산업분류상 지주회사에 해당하는 사업을 1년 이상 계속하여 영위한 경우 사업영위기간 요건(법법 §44 ② 1호)을 갖춘 것으로 보는 것임(기획재정부 법인세제과-1053, 2019. 7. 29.).
- 법인전환법인의 사업영위간 요건의 충족 여부 판단
  적격합병 판단시 사업영위기간 요건인 '5년 이상 계속하여 사업을 영위한 내국법인'에서 현물출자방식으로 법인전환한 개인사업자의 법인전환 전의 사업기간은 포함하지 아니하는 것임(서면-2016-법인-4418, 2016. 11. 9.).

(2) 지분의 연속성 요건

지분의 연속성 요건은 세 가지 요건으로 세분할 수 있으며, 이 경우 세 가지 요건을 모두 충족하여야만 지분의 연속성 요건이 충족된다.

① 피합병법인의 주주등이 합병으로 인하여 받은 합병대가의 총합계액 중 합병법인의 주식등의 가액이 80% 이상이거나 합병법인의 모회사의 주식등의 가액이 80% 이상일 것(주식교부비율 요건)

② 피합병법인의 일정 지배주주 등에 대하여는 일정 배정기준에 따라 배정할 것(주식배정 요건)

③ 피합병법인의 일정 지배주주 등이 합병등기일이 속하는 사업연도의 종료일까지 그 교부받은 주식등을 보유할 것(주식보유 요건)

다만, 다음의 부득이한 사유가 있는 경우에는 지분의 연속성 요건을 갖추지 못한 경우에도 적격합병에 따른 과세특례를 적용받을 수 있다(법령 §80의 2 ① 1호).

① 피합병법인의 일정 지배주주 등이 합병으로 교부받은 전체 주식 등의 50% 미만을 처분한 경우. 이 경우 해당 주주 등이 합병으로 교부받은 주식등을 서로 간에 처분하는 것은 해당 주주 등이 그 주식등을 처분한 것으로 보지 않고, 해당 주주 등이 합병법인 주식등을 처분하는 경우에는 합병법인이 선택한 주식등을 처분하는 것으로 본다.
한편, 선택한 주식등을 처분한 것으로 보려는 합병법인은 납세지 관할 세무서장이 해당 법인이 선택한 주식 처분 순서를 확인하기 위해 필요한 자료를 요청하는 경우에는 그 자료를 제출해야 한다(법령 §80의 2 ⑧).

② 피합병법인의 일정 지배주주 등이 사망하거나 파산하여 주식 등을 처분한 경우

③ 피합병법인의 일정 지배주주 등이 적격합병(법법 §44 ② 및 ③에 따른 적격합병)·적격분할(법법 §46 ②에 따른 적격분할)·적격물적분할(법법 §47 ①에 따라 양도차익을 손금에 산입한 물적분할) 또는 적격현물출자(법법 §47의 2 ① 각 호의 요건을 모두 갖추어 양도차익에 해당하는 금액을 손금에 산입하는 현물출자)에 따라 주식 등을 처분한 경우

④ 피합병법인의 일정 지배주주 등이 조세특례제한법 제38조·제38조의 2 또는 제121조의 30에 따라 주식 등을 현물출자 또는 교환·이전하고 과세를 이연받으면서 주식 등을 처분한 경우

⑤ 피합병법인의 일정 지배주주 등이 채무자 회생 및 파산에 관한 법률에 따른 회생절차에 따라 법원의 허가를 받아 주식 등을 처분하는 경우

⑥ 피합병법인의 일정 지배주주 등이 조세특례제한법 시행령 제34조 제6항 제1호에 따른 기업개선계획의 이행을 위한 약정 또는 같은 항 제2호에 따른 기업개선계획의 이행을 위한 특별약정에 따라 주식등을 처분하는 경우

⑦ 피합병법인의 일정 지배주주 등이 법령상 의무를 이행하기 위하여 주식 등을 처분하는 경우

한편, 상기 '일정지배주주 등'에 대한 설명은 후술하는 '2) 주식배정 요건'을 참고하기 바란다.

1) 주식교부비율 요건

주식교부비율 요건에서 "합병대가의 총합계액"이란 상기 '4-1-2 양도손익의 계산'의 '(1) 양도가액의 계산'에서 기술한 '① 합병교부주식 등의 가액 및 금전 기타재산가액'(법령 §80 ① 2호 가목)에 따른 금액으로 하되, 주식교부비율 요건을 판정할 때 합병법인이 합병등기일 전 2년 내에 취득한 합병포합주식 등이 있는 경우에는 다음의 금액을 금전으로 교부한 것으로 본다. 이 경우 신설합병 또는 3 이상의 법인이 합병하는 경우로서 피합병법인이 취득한 다른 피합병법인의 주식 등이 있는 경우에는 그 다른 피합병법인의 주식 등을 취득한 피합병법인을 합병법인으로 보아 다음과 같이 계산한 금액을 금전으로 교부한 것으로 한다(법령 §80의 2 ③).

① 합병법인이 합병등기일 현재 피합병법인의 지배주주등(법령 §43 ⑦)이 아닌 경우
: 합병법인이 합병등기일 전 2년 이내에 취득한 합병포합주식 등이 피합병법인의 발행주식총수 또는 출자총액의 20%를 초과하는 경우 그 초과하는 합병포합주식 등에 대하여 교부한 합병교부주식 등[합병포합주식 등에 대한 합병신주 교부간주액(법령 §80 ① 2호 가목 단서에 따라 합병교부주식 등을 교부한 것으로 보는 경우 그 주식 등)을 포함함]의 가액

② 합병법인이 합병등기일 현재 피합병법인의 지배주주등(법령 §43 ⑦)인 경우
: 합병등기일 전 2년 이내에 취득한 합병포합주식 등에 대하여 교부한 합병교부주식 등 [합병포합주식 등에 대한 합병신주 교부간주액(법령 §80 ① 2호 가목 단서에 따라 합병교

부주식 등을 교부한 것으로 보는 경우 그 주식 등)을 포함함]의 가액

관련사례

- 분할신설된 합병법인이 보유하고 있는 합병포합주식의 취득 기산일
  합병법인이 피합병법인을 흡수합병시 합병등기일 전 합병법인이 보유한 피합병법인의 주식이 합병법인이 적격물적분할을 통하여 설립되면서 분할법인으로부터 승계받은 경우 그 보유기간의 기산일은 분할법인의 취득일을 기준으로 판정하는 것이며, 분할법인의 취득일부터 합병등기일까지의 기간이 2년을 경과하는 경우에는 "합병법인이 합병등기일 전 2년 내에 취득한 합병포합주식"에 해당하지 아니하는 것임(서면-2019-법령해석법인-0754, 2019. 5. 2.).

2) 주식배정 요건

주식배정 요건이란, 피합병법인의 일정 지배주주 등에 대하여는 일정 배정기준에 따라 그 교부받은 주식 등을 배정하여야 한다는 요건이다. 여기에서 피합병법인의 일정 지배주주 등이란 법인의 발행주식총수 또는 출자총액의 1% 이상의 주식 또는 출자지분을 소유한 주주 등으로서 그와 특수관계에 있는 자와의 소유 주식 또는 출자지분의 합계가 해당 법인의 주주 등 중 가장 많은 경우의 해당 주주 등(법령 §43 ⑧에 따른 특수관계인을 포함함)으로서 다음의 어느 하나에 해당하는 자를 제외한 주주 등을 말한다(법령 §43 ③ · ⑦ · ⑧ 1호 가목, §80의 2 ⑤).

① 친족(국기령 §1의 2 ①) 중 4촌인 혈족
② 합병등기일 현재 피합병법인에 대한 지분비율이 1% 미만이면서 시가로 평가한 그 지분가액이 10억원 미만인 자
③ 기업인수목적회사(*)와 합병하는 피합병법인의 지배주주 등인 자
④ 피합병법인인 기업인수목적회사(*)의 지배주주 등인 자

(*) 자본시장과 금융투자업에 관한 법률 시행령 제6조 제4항 제14호에 따른 법인으로서 같은 호 각 목의 요건을 모두 갖춘 법인을 말함.

한편 피합병법인의 주주 등에 합병으로 인하여 받은 주식 등을 배정할 때에는 피합병법인의 일정 지배주주 등에는 다음의 계산식에 따른 가액 이상의 주식 등을 각각 배정하여야 한다(법령 §80의 2 ④).

피합병법인의 주주 등이 지급받은 합병교부주식 등의 가액의 총합계액 (법령 §80 ① 2호 가목)	×	피합병법인의 일정 지배주주 등의 피합병법인에 대한 지분비율

(3) 사업의 계속성 요건

사업의 계속성 요건이란 합병법인이 합병등기일이 속하는 사업연도의 종료일까지 피합병법인으로부터 승계받은 사업을 계속하여야 하는 것을 말한다. 이 경우 합병법인이 합병등기일이 속하는 사업연도의 종료일 이전에 피합병법인으로부터 승계한 자산가액(유형자산, 무형자산 및 투자자산의 가액을 말하며, 이하 같음)의 50% 이상을 처분하거나 사업에 사용하지 아니하는 경우에는 본 요건을 충족하지 못한 것으로 한다. 다만, 피합병법인이 보유하던 합병법인의 주식을 승계받아 자기주식을 소각하는 경우에는 해당 합병법인의 주식을 제외하고 피합병법인으로부터 승계받은 자산을 기준으로 사업을 계속하는지 여부를 판정하되, 승계받은 자산이 합병법인의 주식만 있는 경우에는 사업을 계속하는 것으로 본다(법령 §80의 2 ⑦).

한편, 피합병법인이 다른 법인과 합병하는 것을 유일한 목적으로 하는 자본시장과 금융투자업에 관한 법률 시행령 제6조 제4항 제14호에 따른 법인으로서 같은 호 각 목의 요건을 모두 갖춘 기업인수목적회사인 경우에는 과세특례요건 충족 여부 판단시 사업의 계속성 요건을 갖춘 것으로 본다(법령 §80의 2 ②). 또한, 다음의 부득이한 사유가 있는 경우에는 본 요건을 갖추지 못한 경우에도 적격합병에 따른 과세특례를 적용받을 수 있다(법령 §80의 2 ① 2호).

① 합병법인이 파산함에 따라 승계받은 자산을 처분한 경우
② 합병법인이 적격합병 · 적격분할 · 적격물적분할 또는 적격현물출자에 따라 사업을 폐지한 경우
③ 합병법인이 조세특례제한법 시행령 제34조 제6항 제1호에 따른 기업개선계획의 이행을 위한 약정 또는 같은 항 제2호에 따른 기업개선계획의 이행을 위한 특별약정에 따라 승계받은 자산을 처분한 경우
④ 합병법인이 채무자 회생 및 파산에 관한 법률에 따른 회생절차에 따라 법원의 허가를 받아 승계받은 자산을 처분한 경우

(4) 고용승계 요건

고용승계 요건이란 합병등기일 1개월 전 당시 피합병법인에 종사하는 일정 근로자 중 합병법인이 승계한 근로자의 비율이 80% 이상이고, 합병등기일이 속하는 사업연도의 종료일까지 그 비율을 유지하여야 하는 것을 말한다. 여기에서 일정 근로자란 근로기준법에 따라 근로계약을 체결한 내국인 근로자를 말하며, 다음의 어느 하나에 해당하는 근로자는 제외한다(법령 §80의 2 ⑥ 및 법칙 §40의 2 ①, ②).

① 법인세법 시행령 제40조 제1항 각 호의 어느 하나에 해당하는 임원
② 합병등기일이 속하는 사업연도의 종료일 이전에 고용상 연령차별금지 및 고령자고용촉진에 관한 법률 제19조에 따른 정년이 도래하여 퇴직이 예정된 근로자
③ 합병등기일이 속하는 사업연도의 종료일 이전에 사망한 근로자 또는 질병 · 부상 등 고용

보험법 시행규칙 별표 2 제9호에 해당하는 사유로 퇴직한 근로자

④ 소득세법 제14조 제3항 제2호에 따른 일용근로자

⑤ 근로계약기간이 6개월 미만인 근로자. 다만, 근로계약의 연속된 갱신으로 인하여 합병등기일 1개월 전 당시 그 근로계약의 총 기간이 1년 이상인 근로자는 제외함.

⑥ 금고 이상의 형을 선고받는 등 고용보험법 제58조 제1호에 해당하는 근로자

한편, 다음의 부득이한 사유가 있는 경우에는 본 요건을 갖추지 못한 경우에도 적격합병에 따른 과세특례를 적용받을 수 있다(법령 §80의 2 ① 3호).

① 합병법인이 채무자 회생 및 파산에 관한 법률 제193조에 따른 회생계획을 이행 중인 경우

② 합병법인이 파산함에 따라 근로자의 비율을 유지하지 못한 경우

③ 합병법인이 적격합병 · 적격분할 · 적격물적분할 또는 적격현물출자에 따라 근로자의 비율을 유지하지 못한 경우

④ 합병등기일 1개월 전 당시 피합병법인에 종사하는 근로기준법에 따라 근로계약을 체결한 내국인 근로자가 5명 미만인 경우

관련사례

- 고용승계요건의 충족 여부 판단

  합병법인이 피합병법인을 흡수합병하면서 합병등기일 1개월 전 당시 피합병법인에 근로자(법령 §80의 2 ⑥) 중 80% 이상을 승계하고, 합병등기일이 속하는 사업연도의 종료일까지 80% 이상을 유지하는 경우에는 고용승계 요건(법법 §44 ② 4호)을 충족하는 것임(서면-2020-법인-1246, 2020. 3. 27.).

4-3. 완전모자법인간 및 완전자법인간 합병시 양도손익 과세특례

다음의 어느 하나에 해당하는 경우에는 상기 '4-2-2. 적격합병의 요건'에서 기술하는 적격합병의 과세특례요건을 갖추지 못한 경우에도 적격합병으로 보아 피합병법인은 해산에 따른 양도손익은 없는 것으로 할 수 있다(법법 §44 ③).

① 내국법인이 발행주식총수 또는 출자총액을 소유하고 있는 다른 법인을 합병하거나 그 다른 법인에 합병되는 경우

② 동일한 내국법인이 발행주식총수 또는 출자총액을 소유하고 있는 서로 다른 법인 간에 합병하는 경우

4-4. 양도손익 과세특례의 신청

적격합병의 요건을 갖추어 양도가액을 순자산장부가액으로 계산하여 양도손익이 없는 것으

로 하는 과세특례를 적용받으려는 피합병법인은 각 사업연도 소득에 대한 과세표준을 신고(법법 §60)할 때 합병법인과 함께 합병과세특례신청서 [법칙 별지 제42호 서식]를 납세지 관할 세무서장에게 제출하여야 한다. 이 경우 합병법인은 자산조정계정에 관한 명세서(갑), (을) [법칙 별지 제46호 서식(갑), (을)]을 피합병법인의 납세지 관할 세무서장에게 함께 제출하여야 한다(법령 §80 ③, §80의 4 ⑪ 및 법칙 §82 ① 40호, 44호의 2).

관련사례

- 합병과세특례신청서 미제출시 과세특례 적용 여부
  피합병법인이 합병등기일이 속하는 과세연도의 법인세를 신고하면서 과세표준 신고기한까지 합병과세특례신청서를 납세지 관할 세무서장에게 제출하지 않았으나, 적격합병 요건을 충족하면서 국세기본법 시행규칙 제12조 각 호의 모두에 해당하지 아니하는 경우에는 합병과세특례를 적용받을 수 있는 것임(서면-2017-법령해석법인-0910, 2018. 2. 21.).

4-5. 토지 등 양도소득에 대한 법인세

내국법인이 다음의 자산을 양도하는 경우에는 양도소득(양도가액-세무상 장부가액)에 세율(10%~40%)을 곱하여 산출한 세액을 토지 등 양도소득에 대한 법인세로 하여 각 사업연도 소득금액에 대한 법인세에 추가하여 납부하여야 한다(법법 §55의 2).

양도시기	과세대상
2009. 3.15. 이전	① 지가급등지역에 소재하는 토지 및 건물 ② 법인세법 시행령 제92조의 2에 규정된 주택(부수토지 포함) ③ 비사업용 토지
2009. 3.16.~ 2012.12.31.	① 지정지역(소법 §104의 2 ②) 안의 주택(부수토지 포함) ② 지정지역(소법 §104의 2 ②) 안의 비사업용 토지 ③ 부동산가격 급등(우려)지역에 소재하는 대통령령이 정하는 부동산
2013. 1. 1. 이후(*)	① 법인세법 시행령 제92조의 2에 규정된 주택(부수토지 포함) 및 별장 ② 비사업용 토지
2021. 1. 1. 이후	① 법인세법 시행령 제92조의 2에 규정된 주택(부수토지 포함) 및 별장(*) ② 비사업용 토지(*) ③ 주택을 취득하기 위한 권리로서 조합원입주권(소법 §88 9호) 및 분양권(소법 §88 10호)

(*) ① 2009. 3. 16.~2012. 12. 31. 동안 취득한 자산을 양도함으로써 발생하는 소득에 대하여는 적용하지 아니함(법법 부칙(2009. 5. 21.) §4).
② 중소기업(법법 §25 ① 1호 및 조특령 §2)이 2014. 1. 1.부터 2015. 12. 31.까지 주택 또는 비사업용 토지(미등기 토지등은 제외함)를 양도하는 경우에는 적용하지 아니함(법법 부칙(2014. 1. 1.) §8, 2014. 12. 23. 개정).

그러나, 미등기 토지 등에 대한 토지 등 양도소득이 아닌 이상 적격합병으로 인하여 발생하는 소득에 대하여는 토지 등 양도소득에 대한 법인세를 과세하지 아니한다(법법 §55의 2 ④ 3호 및 법령 §92의 2 ④ 2호). 또한, 토지를 취득한 날부터 3년 이내에 법인의 합병으로 인하여 양도되는 토지는 이를 비사업용 토지로 보지 아니한다(법령 §92의 11 ③ 1호).

토지 등 양도소득에 대한 법인세와 관련하여 자세한 내용은 "제4편 제1장 제3절 토지 등 양도소득에 대한 과세특례"편을 참조하기 바란다.

5. 합병법인의 세무

5-1. 비적격합병시 합병법인에 대한 과세

5-1-1. 개 요

합병법인이 합병으로 피합병법인의 자산을 승계하는 경우에는 그 자산을 피합병법인으로부터 합병등기일 현재의 시가(법법 §52)로 양도받은 것으로 보며, 이에 따라 발생하는 합병매수차익·차손은 5년간 균등분할익금 또는 균등분할손금에 산입한다(법법 §44의 2 ①).

5-1-2. 합병매수차익·차손의 계상 및 처리

(1) 합병매수차익

합병매수차익이란, 합병법인이 피합병법인의 자산을 시가로 양도받은 것으로 보는 경우로서 피합병법인에 지급한 양도가액이 피합병법인의 합병등기일 현재의 자산총액에서 부채총액을 뺀 금액(이하 "순자산 시가"라 함)보다 적은 경우 그 차액을 말하는 것으로 이를 산식으로 표현하면 다음과 같다(법법 §44의 2 ②). 이 경우 순자산 시가란, 순자산가액을 시가로 평가한 가액을 말한다(국세청 법인세 집행기준 44의 2-0-1).

합병매수차익 = 순자산의 시가(*) − 양도가액

(*) 순자산의 시가=합병등기일 현재 자산총액 시가−합병등기일 현재 부채총액 시가

한편, 합병매수차익은 세무조정계산서(법법 §60 ② 2호)에 계상하고 다음과 같이 합병등기일이 속하는 사업연도부터 합병등기일부터 5년이 되는 날이 속하는 사업연도까지 다음의 산식에 따라 계산한 금액을 익금에 산입하도록 하고 있다(법령 §80의 3 ①).

(*) 월수는 역에 따라 계산하되 1월 미만의 일수는 1월로 하고, 이에 따라 합병등기일이 속한 월을 1월로 계산한 경우에는 합병등기일부터 5년이 되는 날이 속한 월은 계산에서 제외함.

(2) 합병매수차손

합병매수차손이란, 합병법인이 피합병법인의 자산을 시가로 양도받은 것으로 보는 경우에 피합병법인에 지급한 양도가액이 피합병법인의 합병등기일 현재의 순자산의 시가를 초과하는 경우 그 차액을 말하는 것으로, 즉 합병법인이 피합병법인의 순자산을 시가보다 더 많은 대가를 지급하고 취득하였기 때문에 발생하는 것으로 이를 산식으로 표현하면 다음과 같다(법법 §44의 2 ③). 이 경우 합병매수차손은 합병매수차익과 달리 합병법인이 피합병법인의 상호·거래관계, 그 밖의 영업상의 비밀 등에 대하여 사업상 가치가 있다고 보아 대가를 지급한 경우에 한하여 손금으로 인정한다(법령 §80의 3 ②).

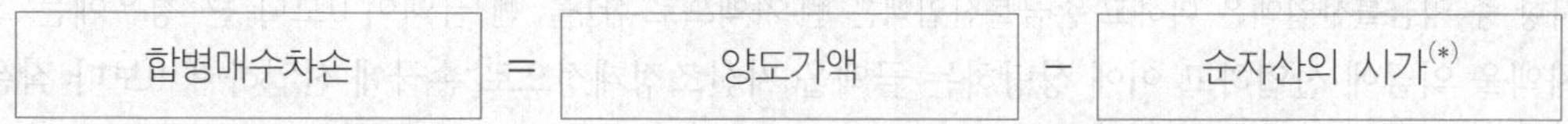
합병매수차손 = 양도가액 − 순자산의 시가(*)

(*) 순자산의 시가=합병등기일 현재 자산총액 시가−합병등기일 현재 부채총액 시가

한편, 합병매수차손은 세무조정계산서(법법 §60 ②)에 계상하고 다음과 같이 합병등기일이 속하는 사업연도부터 합병등기일부터 5년이 되는 날이 속하는 사업연도까지 다음의 산식에 따라 계산한 금액을 손금에 산입하도록 하고 있다(법령 §80의 3 ③).

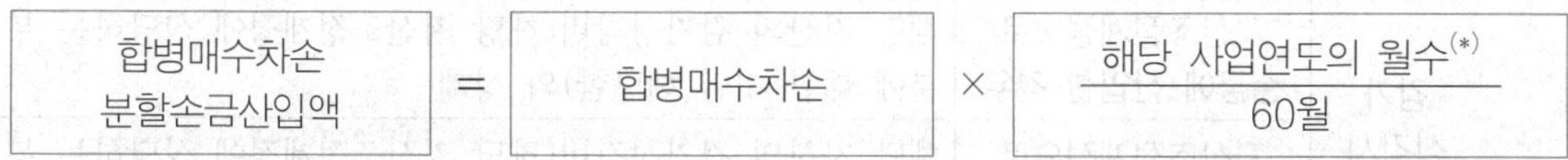
합병매수차손 분할손금산입액 = 합병매수차손 × 해당 사업연도의 월수(*) / 60월

(*) 월수는 역에 따라 계산하되 1월 미만의 일수는 1월로 하고, 이에 따라 합병등기일이 속한 월을 1월로 계산한 경우에는 합병등기일부터 5년이 되는 날이 속한 월은 계산에서 제외함.

5-1-3. 세무조정사항의 승계

합병법인이 적격합병 외의 합병으로 피합병법인의 자산·부채를 승계한 경우 피합병법인으로부터 퇴직급여충당금 또는 대손충당금을 승계한 경우(법법 §33 ③, ④, §34 ④)에는 그와 관련된 세무조정사항을 승계할 수 있으며, 그 밖의 세무조정사항은 모두 미승계한다(법령 §85 2호).

합병시 합병법인의 세무조정사항 승계에 대한 보다 자세한 설명은 후술하는 "5-5. 세무조정사항의 승계"를 참고하기 바란다.

5-2. 적격합병시 합병법인에 대한 과세특례

5-2-1. 개 요

적격합병을 한 합병법인은 피합병법인의 자산을 장부가액으로 양도받은 것으로 하여 합병매수차익 또는 합병매수차손을 인식하지 않을 수 있다. 또한 피합병법인의 합병등기일 현재의 결손금(법법 §13 1호)을 승계할 수 있고 피합병법인의 모든 세무조정사항 및 일정요건을 충족하는 세액감면과 세액공제를 승계할 수 있다. 다만, 이 경우 합병법인은 피합병법인으로부터 양도받은 자산 및 부채의 가액을 합병등기일 현재의 시가로 계상하되, 양도받은 모든 자산·부채별로 시가(법법 §52에 따른 시가를 말함)와 장부가액의 차액을 아래 '5－2－2'에서 설명하는 바와 같이 자산조정계정으로 계상하여야 한다(법법 §44의 3 ①).

5－2－2. 자산조정계정의 계상 및 처리

합병법인이 적격합병에 해당하여 피합병법인의 자산을 장부가액으로 양도받은 것으로 하는 경우 합병법인은 양도받은 자산 및 부채의 가액을 합병등기일 현재의 시가로 계상하되, 시가에서 피합병법인의 장부가액(피합병법인으로부터 승계받은 세무조정사항이 있는 경우에는 그 세무조정사항 중 익금불산입액은 더하고 손금불산입액은 뺀 가액으로 함)을 뺀 금액이 0보다 큰 경우에는 그 차액을 익금에 산입하고 이에 상당하는 금액을 자산조정계정으로 손금에 산입하며, 0보다 작은 경우에는 시가와 장부가액의 차액을 손금에 산입하고 이에 상당하는 금액을 자산조정계정으로 익금에 산입한다. 이 경우 계상한 자산조정계정은 다음과 같이 처리한다(법령 §80의 4 ①).

① 감가상각자산에 설정된 자산조정계정

구 분		자산조정계정의 처리
감가상각시	자산조정계정으로 손금에 산입한 경우	해당 자산의 감가상각비(해당 자산조정계정에 상당하는 부분에 대한 것만 해당함)와 상계
	자산조정계정으로 익금에 산입한 경우	해당 자산의 감가상각비(해당 자산조정계정에 상당하는 부분에 대한 것만 해당함)에 가산
처분시		상계 또는 더하고 남은 금액을 그 처분하는 사업연도에 전액 익금 또는 손금에 산입

② 상기 '①' 외의 자산에 설정된 자산조정계정

해당 자산을 처분하는 사업연도에 전액 익금 또는 손금에 산입. 다만, 자기주식을 소각하는 경우에는 익금 또는 손금에 산입하지 아니하고 소멸하는 것으로 함.

한편, 자산조정계정을 계상한 합병법인은 법인세 과세표준 등의 신고(법법 §60)와 함께 자산조정계정 명세서(갑), (을) [법칙 별지 제46호 서식(갑), (을)]을 납세지 관할 세무서장에게 제출하여야 한다(법령 §80의 4 ⑪ 및 법칙 §82 ① 44호의 2).

5－2－3. 이월결손금 등의 승계

적격합병을 한 합병법인은 피합병법인의 합병등기일 현재의 결손금(법법 §13 ① 1호)과 피합병법인의 모든 세무조정사항을 승계한다(법법 §44의 3 ② 및 법령 §85 1호). 또한, 합병법인은 피합병법인이 합병 전에 적용받던 법인세법 제59조에 따른 감면 또는 세액공제를 승계하여 감면 또는 세액공제의 적용을 받을 수 있다. 다만, 이 경우 법인세법 또는 다른 법률에 해당 감면 또는 세액공제의 요건 등에 관한 규정이 있는 경우에는 합병법인이 그 요건 등을 모두 갖춘 경우에만 이를 적용한다(법령 §80의 4 ②).

적격합병에 따른 세무조정사항, 이월결손금의 승계 및 세액감면·세액공제의 승계에 대한 보다 자세한 설명은 후술하는 "5-5. 세무조정사항의 승계", "5-7. 피합병법인의 이월결손금 승계" 및 "5-8. 세액감면·세액공제의 승계"를 참조하기로 한다.

5-2-4. 과세특례의 사후관리

(1) 사후관리 사유

적격합병(법법 §44 ③에 따라 적격합병으로 보는 경우는 제외함)을 한 합병법인은 합병등기일이 속하는 사업연도의 다음 사업연도 개시일부터 2년 이내(③ 사유의 경우 3년 이내)에 다음의 어느 하나에 해당하는 사유가 발생하는 경우에는 그 사유발생일이 속하는 사업연도에 자산조정계정잔액의 총합계액(합계액이 0보다 큰 경우에 한함)을 익금에 산입하여야 하고, 합병매수차익·차손을 손금·익금에 산입하여야 할 뿐만 아니라, 피합병법인으로부터 승계받아 공제한 이월결손금도 익금에 산입하여야 한다. 또한, 피합병법인으로부터 승계한 세무조정사항 중 익금불산입액은 더하고 손금불산입액은 빼며, 피합병법인으로부터 승계하여 공제한 감면 또는 세액공제를 법인세에 더하여 납부하고 그 적용을 중단하여야 한다(법법 §44의 3 ③ 및 법령 §80의 4 ③, ⑥, ⑨, ⑩).

① 합병법인이 피합병법인으로부터 승계받은 사업을 폐지하는 경우(사업의 계속성 위반). 다만, 다음의 어느 하나에 해당하는 부득이한 사유가 있는 경우에는 사업의 계속성을 위반한 것으로 보지 않고 적격합병에 따른 과세특례를 계속 적용받을 수 있다(법령 §80의 4 ⑦ 1호, §80의 2 ① 2호).
   ㉠ 합병법인이 파산함에 따라 승계받은 자산을 처분한 경우
   ㉡ 합병법인이 적격합병(법법 §44 ② 및 ③에 따른 적격합병)·적격분할(법법 §46 ②에 따른 적격분할)·적격물적분할(법법 §47 ①에 따라 양도차익을 손금에 산입한 물적분할) 또는 적격현물출자(법법 §47의 2 ① 각 호의 요건을 모두 갖추어 양도차익에 해당하는 금액을 손금에 산입하는 현물출자)에 따라 사업을 폐지한 경우
   ㉢ 합병법인이 조세특례제한법 시행령 제34조 제6항 제1호에 따른 기업개선계획의 이행을 위한 약정 또는 같은 항 제2호에 따른 기업개선계획의 이행을 위한 특별약정에 따라 승계받은 자산을 처분한 경우
   ㉣ 합병법인이 채무자 회생 및 파산에 관한 법률에 따른 회생절차에 따라 법원의 허가를 받아 승계받은 자산을 처분한 경우

② 피합병법인의 일정 지배주주등(법령 §80의 2 ⑤)이 합병법인으로 받은 주식 등을 처분하는 경우(지분의 연속성 위반). 다만, 다음의 어느 하나에 해당하는 부득이한 사유가 있는 경우에는 지분의 연속성을 위반한 것으로 보지 않고 적격합병에 따른 과세특례를 계속

적용받을 수 있다(법령 §80의 4 ⑦ 2호, §80의 2 ① 1호).

㉠ 피합병법인의 일정 지배주주 등이 합병으로 교부받은 전체 주식등의 50% 미만을 처분한 경우. 이 경우 해당 주주 등이 합병으로 교부받은 주식등을 서로 간에 처분하는 것은 해당 주주 등이 그 주식등을 처분한 것으로 보지 않고, 해당 주주 등이 합병법인 주식등을 처분하는 경우에는 합병법인이 선택한 주식등을 처분하는 것으로 본다.

㉡ 피합병법인의 일정 지배주주 등이 사망하거나 파산하여 주식등을 처분한 경우

㉢ 피합병법인의 일정 지배주주 등이 적격합병 · 적격분할 · 적격물적분할 또는 적격현물출자에 따라 주식 등을 처분한 경우

㉣ 피합병법인의 일정 지배주주 등이 조세특례제한법 제38조 · 제38조의 2 또는 제121조의 30에 따라 주식 등을 현물출자 또는 교환 · 이전하고 과세를 이연받으면서 주식 등을 처분한 경우

㉤ 피합병법인의 일정 지배주주 등이 채무자 회생 및 파산에 관한 법률에 따른 회생절차에 따라 법원의 허가를 받아 주식 등을 처분하는 경우

㉥ 피합병법인의 일정 지배주주 등이 조세특례제한법 시행령 제34조 제6항 제1호에 따른 기업개선계획의 이행을 위한 약정 또는 같은 항 제2호에 따른 기업개선계획의 이행을 위한 특별약정에 따라 주식등을 처분하는 경우

㉦ 피합병법인의 일정 지배주주 등이 법령상 의무를 이행하기 위하여 주식 등을 처분하는 경우

③ 각 사업연도 종료일 현재 합병법인에 종사하는 근로기준법에 따라 근로계약을 체결한 내국인 근로자 수가 합병등기일 1개월 전 당시 피합병법인과 합병법인에 각각 종사하는 근로자 수의 합의 80% 미만으로 하락하는 경우(고용승계 위반). 다만, 다음의 어느 하나에 해당하는 부득이한 사유가 있는 경우에는 고용승계를 위반한 것으로 보지 않고 적격합병에 따른 과세특례를 계속 적용받을 수 있다(법법 §44의 3 ③ 3호 및 법령 §80의 4 ⑦ 3호, §80의 2 ① 3호 가목~다목).

㉠ 합병법인이 채무자 회생 및 파산에 관한 법률 제193조에 따른 회생계획을 이행 중인 경우

㉡ 합병법인이 파산함에 따라 근로자의 비율을 유지하지 못한 경우

㉢ 합병법인이 적격합병 · 적격분할 · 적격물적분할 또는 적격현물출자에 따라 근로자의 비율을 유지하지 못한 경우

한편, 합병법인이 사후관리 기간 내에 피합병법인으로부터 승계한 자산가액(유형자산, 무형자산 및 투자자산의 가액을 말하며, 이하 같음) 50% 이상을 처분하거나 사업에 사용하지 아니하는 경우에는 피합병법인으로부터 승계받은 사업을 폐지한 것으로 본다. 다만, 피합병법인이 보유하던 합병법인의 주식을 승계받아 자기주식을 소각하는 경우에는 해당 합병법인의 주식

을 제외하고 피합병법인으로부터 승계받은 자산을 기준으로 사업을 계속하는지 여부를 판정하되, 승계받은 자산이 합병법인의 주식만 있는 경우에는 사업을 계속하는 것으로 본다(법령 §80의 4 ⑧).

관련사례

- 합병법인이 승계한 자산을 최신 사양으로 교체하는 경우 사업폐지 해당 여부
  합병법인이 피합병법인으로부터 승계한 사업의 지속을 위하여 승계한 자산을 최신사양으로 교체하는 경우 적격합병의 사후관리 사유 중 '승계받은 사업의 폐지'에 해당하지 않는 것임(기획재정부 법인세제과-105, 2022. 2. 22.).
- 합병법인이 임대목적용 렌탈자산을 승계하여 2년 이내 매각시 사업폐지 해당 여부
  내국법인이 장비 임대업을 영위하는 다른 내국법인을 적격합병하여 피합병법인이 임대목적으로 보유하던 렌탈자산을 승계한 경우로서, 일정기간 임대 후 임차인 또는 시장에 매각하는 사업방식에 따라 합병법인이 합병등기일이 속하는 사업연도의 다음 사업연도의 개시일부터 2년 이내에 승계한 렌탈자산을 매각하는 경우, 해당 자산은 피합병법인으로부터 승계한 자산가액의 50% 이상 처분 여부를 판단할 때 승계한 자산가액에 포함하지 않는 것임(서면-2021-법령해석법인-3469, 2021. 9. 30.).

:: 승계자산의 범위 및 2 이상의 사업을 승계하는 경우의 사업폐지 여부

1. 승계자산의 범위

   2019년 2월 12일 법인세법 시행령 개정시 적격합병의 사후관리 대상인 "고정자산"을 "자산"으로 개정하면서 그 범위를 유형자산, 무형자산 및 투자자산으로 구체화하였는데, 현행 세법에서는 "투자자산"에 대해서 명확한 정의규정이 없기 때문에 기업회계기준상 투자자산의 범위를 준용하여 유가증권, 장기금융상품, 보증금 및 장기미수금 등도 포함되는지가 쟁점이 될 수 있는 바, 향후 투자자산의 범위에 대한 과세당국의 명확한 유권해석이 필요할 것으로 사료된다.

   참고로, 이번 개정 전 "고정자산"의 범위와 관련하여 국세청은 내국법인이 적격합병을 통해 피합병법인으로부터 승계한 장기금융상품, 보증금 및 장기미수금은 사후관리 대상인 '피합병법인으로부터 승계한 고정자산'에 해당하지 않는 것으로 해석한 바 있다(법규법인 2013-28, 2013. 8. 1.).

2. 2 이상의 사업을 승계하는 경우 사업폐지 여부

   구법인세법 시행령(2010. 6. 8. 대통령령 제22184호로 개정되기 전의 것) 제80조 제3항 후단에서는 2 이상의 사업을 승계하는 경우에 있어 승계사업 폐지의 여부는 각 사업별로 판단하도록 규정하고 있었으나, 개정된 법인세법 시행령(2010. 6. 8. 대통령령 제22184호로 개정된 것) 제80조의 4 제6항에서는 이에 대해 별도의 언급이 없다. 따라서, 2010년 7월 1일 이후 최초로 합병하는 분부터는 승계사업 전체를 기준으로 승계사업의 폐지 또는 승계자산의 처분을 판단하는 것이 타당할 것으로 보인다.

(2) 사후관리 사유 해당시 효과

1) 자산조정계정잔액 총합계액의 익금산입

적격합병에 따라 과세특례를 적용받던 합병법인이 사후관리 사유에 해당하는 경우에는 계상된 자산조정계정잔액의 총합계액(총합계액이 0보다 큰 경우에 한정하며, 총합계액이 0보다 작은 경우에는 없는 것으로 봄)은 사후관리 사유가 발생한 사업연도에 익금에 산입한다. 이 경우 자산조정계정은 소멸하는 것으로 한다(법령 §80의 4 ④).

2) 합병매수차익·차손의 처리

사후관리 사유에 해당하여 자산조정계정잔액의 총합계액을 익금에 산입한 경우 합병매수차익(순자산시가 > 양도가액) 또는 합병매수차손(양도가액 > 순자산시가)에 상당하는 금액은 다음의 구분에 따라 처리한다(법법 §44의 3 ④ 및 법령 §80의 4 ⑤).

① 합병매수차익

합병법인이 피합병법인에 지급한 양도가액이 피합병법인의 합병등기일 현재의 순자산시가에 미달하는 경우 그 차액을 합병매수차익이라 하며, 당해 합병매수차익은 사후관리 사유가 발생한 날이 속하는 사업연도에 손금에 산입하고, 그 금액에 상당하는 금액을 해당 사유가 발생한 날부터 합병등기일 이후 5년이 되는 날까지 다음의 구분에 따라 익금에 산입한다(법령 §80의 4 ⑤ 1호).

㉠ 사후관리 사유가 발생한 날이 속하는 사업연도

$$\text{익금산입액} = \text{합병매수 차익} \times \frac{\text{합병등기일부터 해당 사업연도 종료일까지의 월수}^{(*)}}{60\text{월}}$$

(*) 월수는 역에 따라 계산하되 1월 미만의 일수는 1월로 함.

㉡ 상기 ㉠에 해당하는 사업연도 이후의 사업연도부터 합병등기일부터 5년이 되는 날이 속하는 사업연도

$$\text{익금산입액} = \text{합병매수 차익} \times \frac{\text{해당 사업연도의 월수}^{(*)}}{60\text{월}}$$

(*) 합병등기일이 속하는 월의 일수가 1월 미만인 경우 합병등기일부터 5년이 되는 날이 속하는 월은 없는 것으로 함.

② 합병매수차손

합병법인이 피합병법인에 지급한 양도가액이 피합병법인의 합병등기일 현재의 순자산시가를 초과하는 경우 그 차액을 합병매수차손이라 하며, 당해 합병매수차손은 사후관리 사유가 발생한 날이 속하는 사업연도에 익금에 산입하되, 합병법인이 피합병법인의 상호·

거래관계, 그 밖의 영업상의 비밀 등에 대하여 사업상 가치가 있다고 보아 대가를 지급한 경우(법령 §80의 3 ②)에 한정하여 그 금액에 상당하는 금액을 합병등기일부터 5년이 되는 날까지 다음의 구분에 따라 손금에 산입한다(법령 §80의 4 ⑤ 2호).

㉠ 사후관리 사유가 발생한 날이 속하는 사업연도

손금산입액	=	합병매수 차손(*1)	×	합병등기일부터 해당 사업연도 종료일까지의 월수(*2) / 60월

(*1) 합병법인이 피합병법인의 상호·거래관계, 그 밖의 영업상의 비밀 등에 대하여 사업상 가치가 있다고 보아 지급한 대가에 한정함.
(*2) 월수는 역에 따라 계산하되 1월 미만의 일수는 1월로 함.

㉡ 상기 ㉠에 해당하는 사업연도 이후의 사업연도부터 합병등기일부터 5년이 되는 날이 속하는 사업연도

손금산입액	=	합병매수 차손(*1)	×	해당 사업연도의 월수(*2) / 60월

(*1) 합병법인이 피합병법인의 상호·거래관계, 그 밖의 영업상의 비밀 등에 대하여 사업상 가치가 있다고 보아 지급한 대가에 한정함.
(*2) 합병등기일이 속하는 월의 일수가 1월 미만인 경우 합병등기일부터 5년이 되는 날이 속하는 월은 없는 것으로 함.

:: 합병매수차손·합병매수차익의 구분경리시 소득구분

법인세법 제113조에 따르면, 합병법인은 원칙적으로 5년간, 이월결손금을 공제받는 경우에는 그 공제받는 기간 동안 구분경리를 하여야 하는데, 동 구분경리와 관련하여, 합병매수차손·합병매수차익에 대한 익금·손금산입액을 합병법인 소득금액으로 보아야 하는지 피합병법인 소득금액으로 보아야 하는지가 쟁점일 수 있다. 이는 합병매수차손익을 피합병법인으로부터 승계받은 것으로 볼 것인지 여부에 따라 달라질 것으로 판단된다.

3) 기공제받은 이월결손금 승계액의 익금산입

적격합병의 과세특례에 따라 피합병법인의 이월결손금을 승계받은 합병법인이 각 사업연도 소득금액계산시 해당 결손금을 공제받은 이후 합병법인이 사후관리 사유가 발생하는 경우에는 승계받은 결손금 중 공제한 금액을 익금에 산입한다(법령 §80의 4 ④).

이월결손금 승계액의 사후관리에 대한 보다 자세한 설명은 후술하는 "5-7. 피합병법인의 이월결손금 승계"를 참고하기 바란다.

관련사례

- 적격합병 사후관리시 피합병법인 양도차익 상당액을 과세하는 경우 이월결손금 공제방법
  합병법인은 당초 비적격합병시 피합병법인의 자산양도차익을 합병 당시 존재하였던 피합병법인의 이월결손금과 공제하여 같은 적격합병 사후관리 사유가 발생한 날이 속하는 사업연도의 소득금액에 합산하여 법인세를 신고하여야 하고, 공제 후의 피합병법인의 이월결손금은 소멸하는 것임(서면-2022-법인-2193, 2022. 12. 30.).

4) 승계받은 세무조정사항의 처리

적격합병의 과세특례에 따라 피합병법인의 세무조정사항을 승계받은 합병법인이 사후관리 사유에 해당하는 경우에는 합병법인의 소득금액 및 과세표준을 계산할 때 법인세법 시행령 제85조 제1호에 따라 승계한 세무조정사항 중 익금불산입액은 더하고 손금불산입액은 뺀다(법령 §80의 4 ⑥).

승계받은 세무조정사항의 사후관리에 대한 보다 자세한 설명은 후술하는 "5-5. 세무조정사항의 승계"를 참고하기 바란다.

5) 기감면·공제세액의 추징

적격합병의 과세특례에 따라 피합병법인이 합병 전에 적용받던 세액감면·세액공제를 합병법인이 승계하여 적용받은 이후 합병법인이 사후관리 사유에 해당하는 경우에는 피합병법인으로부터 승계하여 공제한 감면 또는 세액공제액 상당액을 해당 사유가 발생한 사업연도의 법인세에 더하여 납부하고, 해당 사유가 발생한 사업연도부터 감면 또는 세액공제를 적용하지 아니한다(법령 §80의 4 ⑥).

합병시 세액감면·세액공제의 사후관리에 대한 보다 자세한 설명은 후술하는 "5-8. 세액감면·세액공제의 승계"를 참고하기 바란다.

5-3. 완전모자법인간 및 완전자법인간 합병에 대한 과세특례

다음의 어느 하나에 해당하는 경우에는 상기 '5-2. 적격합병시 합병법인에 대한 과세특례'에서 기술하는 적격합병에 따른 과세특례를 적용받을 수 있다. 이 경우 상기 '5-2-4. 과세특례의 사후관리'에서 기술하는 과세특례의 사후관리는 적용되지 않는다(법법 §44의 3 ③).

① 내국법인이 발행주식총수 또는 출자총액을 소유하고 있는 다른 법인을 합병하거나 그 다른 법인에 합병되는 경우

② 동일한 내국법인이 발행주식총수 또는 출자총액을 소유하고 있는 서로 다른 법인 간에 합병하는 경우

5-4. 자산 · 부채의 승계

합병에 따라 취득하는 자산의 취득가액은 다음 구분에 따른 금액으로 한다(법령 §72 ② 3호).

① 적격합병의 경우 : 상기 "5-2-2. 자산조정계정의 계상 및 처리"에서 설명한 피합병법인의 장부가액(법령 §80의 4 ①)

② 상기 ① 외의 경우 : 해당 자산의 시가

5-5. 세무조정사항의 승계

내국법인이 합병하는 경우 법인세법 또는 다른 법률에 다른 규정이 있는 경우 외에는 피합병법인의 각 사업연도의 소득금액 및 과세표준을 계산할 때 익금 또는 손금에 산입하거나 산입하지 아니한 금액(이하 "세무조정사항"이라 함)의 승계는 다음의 구분에 따라 처리한다(법령 §85).

① 적격합병의 경우 : 세무조정사항은 모두 합병법인에 승계

② 상기 ① 외의 경우 : 퇴직급여충당금 또는 대손충당금을 합병법인이 승계한 경우(법법 §33 ③ · ④, §34 ④)에는 그와 관련된 세무조정사항을 승계하고, 그 밖의 세무조정사항은 모두 합병법인에 미승계

한편, 피합병법인의 세무조정사항을 승계받은 합병법인이 합병등기일이 속하는 사업연도의 다음 사업연도 개시일부터 2년 이내에 "5-2-4. 과세특례의 사후관리"에서 언급하는 사후관리 사유에 해당하는 경우에는 합병법인의 소득금액 및 과세표준을 계산할 때 승계한 세무조정사항 중 익금불산입액은 더하고 손금불산입액은 뺀다(법령 §80의 4 ⑥).

5-6. 합병법인의 이월결손금 공제

5-6-1. 이월결손금의 범위

내국법인이 다른 내국법인을 합병하는 경우, 합병법인의 합병등기일 현재 이월결손금 중 적격합병에 따라 합병법인이 승계한 피합병법인의 이월결손금(법법 §44의 3 ②)을 제외한 금액은 합병법인의 각 사업연도의 과세표준 계산시, 피합병법인으로부터 승계받은 사업에서 발생한 소득금액의 범위에서는 공제하지 아니한다. 즉, 피합병법인으로부터의 승계사업 소득금액을 제외한 합병법인의 소득금액의 범위 내에서 공제한다(법법 §45 ①).

이 경우 합병법인의 합병등기일 현재 이월결손금에 대한 공제는 법인세법 제13조 제1항의 이월결손금 공제한도 규정에도 불구하고 합병법인의 소득금액에서 피합병법인으로부터 승계받은 사업에서 발생한 소득금액을 차감한 금액의 80%(2022년 12월 31일 이전 개시하는 사업연도는 60%)를 한도로 한다. 다만, 중소기업(조특법 §6 ①)과 다음 중 어느 하나에 해당하는 법인의 경우에는 해당 소득금액의 100%를 한도로 한다(법법 §45 ⑤ 및 법령 §10 ① 및 법칙 §4 ③).

① 채무자 회생 및 파산에 관한 법률 제245조에 따라 법원이 인가결정한 회생계획을 이행 중인 법인
② 기업구조조정 촉진법 제14조 제1항에 따라 기업개선계획의 이행을 위한 약정을 체결하고 기업개선계획을 이행 중인 법인
③ 해당 법인의 채권을 보유하고 있는 금융실명거래 및 비밀보장에 관한 법률 제2조 제1호에 따른 금융회사 등이나 그 밖의 법률에 따라 금융업무 또는 기업 구조조정 업무를 하는 공공기관의 운영에 관한 법률에 따른 공공기관으로서 한국해양진흥공사법에 따른 한국해양진흥공사와 경영정상화계획의 이행을 위한 협약을 체결하고 경영정상화계획을 이행 중인 법인
④ 유동화자산(채권, 부동산 또는 그 밖의 재산권을 말함)을 기초로 하는 유동화거래(자본시장과 금융투자업에 관한 법률에 따른 증권을 발행하거나 자금을 차입하는 거래를 말함)를 목적으로 설립된 법인으로서 다음의 요건을 모두 갖춘 법인
   ㉠ 상법 또는 그 밖의 법률에 따른 주식회사 또는 유한회사일 것
   ㉡ 한시적으로 설립된 법인으로서 상근하는 임원 또는 직원을 두지 아니할 것
   ㉢ 정관 등에서 법인의 업무를 유동화거래에 필요한 업무로 한정하고 유동화거래에서 예정하지 아니한 합병, 청산 또는 해산이 금지될 것
   ㉣ 유동화거래를 위한 회사의 자산 관리 및 운영을 위하여 업무위탁계약 및 자산관리위탁계약이 체결될 것
   ㉤ 2015년 12월 31일까지 유동화자산의 취득을 완료하였을 것
⑤ 법 제51조의 2(유동화전문회사 등에 대한 소득공제) 제1항 각 호의 어느 하나에 해당하는 내국법인이나 조세특례제한법 제104조의 31(프로젝트금융투자회사에 대한 소득공제) 제1항에 따른 내국법인
⑥ 기업 활력 제고를 위한 특별법 제10조에 따른 사업재편계획 승인을 받은 법인
⑦ 조세특례제한법 제74조 제1항(제4호부터 제6호까지는 제외) 또는 제4항에 따라 법인의 수익사업에서 발생한 소득을 고유목적사업준비금으로 손금에 산입할 수 있는 비영리내국법인

한편 상기에서 이월결손금이라 함은, 각 사업연도의 개시일 전 발생한 각 사업연도의 결손금으로서 그 후의 각 사업연도의 과세표준을 계산할 때 공제되지 아니한 금액(법법 §14 ③) 중 다음 요건을 모두 갖춘 금액을 말한다(법법 §13 ① 1호).

① 각 사업연도의 개시일 전 15년(2009. 1. 1. 이후 개시한 사업연도부터 2019. 12. 31. 이전에 개시한 사업연도에서 발생한 결손금은 10년, 2008. 12. 31. 이전에 개시한 사업연도에서 발생한 결손금은 5년) 이내에 개시한 사업연도에서 발생한 결손금일 것
② 법인세법 제60조에 따라 신고하거나 법인세법 제66조에 따라 결정·경정되거나 국세기본

법 제45조에 따라 수정신고한 과세표준에 포함된 결손금일 것

5-6-2. 이월결손금 공제방법

(1) 일반적인 합병의 경우

합병등기일 현재 이월결손금이 있는 합병법인은 해당 이월결손금을 공제받는 기간 동안 자산·부채 및 손익을 피합병법인으로부터 승계받은 사업에서 발생한 것과 그 밖의 사업에서 발생한 것으로 구분경리하여, 그 밖의 사업에서 발생한 소득금액의 범위 내에서 해당 이월결손금을 공제하여야 한다(법법 §113 ③). 다만, 당해 합병이 후술하는 "중소기업간 또는 동일사업 영위법인간 합병인 경우"에는 당해 소득금액을 구분경리하는 대신 합병등기일 현재 사업용 자산가액 비율로 안분계산한 금액으로 산정할 수 있다.

(2) 중소기업간 또는 동일사업 영위법인간 합병의 경우

다음의 어느 하나에 해당하는 합병으로서 합병등기일 현재 이월결손금이 있는 합병법인은 이월결손금 공제대상 소득금액을 구분경리를 통하여 산정하는 대신 사업용 자산가액(유형자산, 무형자산 및 투자자산의 가액을 말하며, 이하 같음) 비율로 안분계산하여 산정할 수 있다. 여기에서 사업용 자산가액 비율이란, 합병등기일 현재 합병법인과 피합병법인의 사업용 자산가액 비율을 말하며, 이 경우 합병법인이 승계한 피합병법인의 사업용 자산가액은 승계결손금을 공제하는 각 사업연도의 종료일 현재 계속 보유(처분 후 대체하는 경우를 포함함)·사용하는 자산에 한정하여 그 자산의 합병등기일 현재 가액에 따른다(법령 §81 ①).

① 중소기업간 합병
조세특례제한법 제6조 제1항에 따른 중소기업간의 합병을 말하며, 이 경우 중소기업의 판정은 합병 전의 현황에 따른다(법법 §113 ③ 단서 및 법령 §156 ②).

② 동일사업을 영위하는 법인간 합병
동일사업을 영위하는 법인의 판정은 한국산업은행법(2014. 5. 21. 법률 제12663호로 개정된 것을 말함) 부칙 제3조에 따른 한국산업은행, 산은금융지주주식회사 및 한국정책금융공사법에 따른 한국정책금융공사가 각각 영위하던 사업 외에는 한국표준산업분류에 따른 세분류에 따르며, 이 경우 합병법인 또는 피합병법인이 2 이상의 세분류에 해당하는 사업을 영위하는 경우에는 사업용 자산가액 중 동일사업에 사용하는 사업용 자산가액의 비율이 각각 70%를 초과하는 경우에만 동일사업을 영위하는 것으로 본다(법령 §156 ②).

5-7. 피합병법인의 이월결손금 승계

5-7-1. 개 요

세법상 이월결손금을 각 사업연도 소득금액에서 공제하는 이유는 계속기업을 전제로 적정

과세를 위하여 기간별 손익을 산정하는 것이라고 할 수 있다. 따라서 합병의 경우에도 피합병법인의 인격과 사업의 계속성이 유지되고 조세회피 및 이월결손금의 처리를 목적으로 하지 아니하는 경우에는 기업구조조정 지원 측면에서 피합병법인의 이월결손금 승계를 인정하는 것이 바람직할 것이다.

5-7-2. 승계 요건

적격합병에 해당하여 양도손익이 없는 것으로 한 합병의 경우 합병법인은 피합병법인의 합병등기일 현재 세무상 결손금을 승계할 수 있으며, 이 경우 합병법인이 승계받은 세무상 결손금은 피합병법인으로부터 승계받은 사업에서 발생한 소득금액의 범위 내에서 공제할 수 있다. 다만, 이를 위해서는 다음의 요건을 모두 충족(법인세법 제44조 제3항에 따른 완전모자법인간및 완전자법인간 합병인 경우에는 아래 '②' 요건만 충족)하여야 한다(법법 §44 ②, §44의 3 ②, §45 ②, §113 ③).

① 상기 "4-2-2. 적격합병의 요건"을 모두 갖춘 합병에 해당할 것
② 피합병법인으로부터 승계받은 사업을 구분경리할 것. 다만, 중소기업간 또는 동일사업 영위법인간 합병하는 경우에는 사업용 고정자산가액 비율로 안분할 수 있음(법법 §113 ③).

5-7-3. 승계결손금 범위액의 계산

합병법인이 각 사업연도 소득금액에 대한 과세표준 계산시 승계하여 공제할 수 있는 피합병법인의 결손금을 "승계결손금의 범위액"이라 하는데, 그 승계결손금의 범위액은 다음의 금액으로 하되, 합병등기일이 속하는 사업연도의 다음 사업연도부터는 매년 순차적으로 1년이 지난 것으로 보아 계산한 금액으로 한다(법령 §81 ②).

① 합병등기일 전 15년(2009. 1. 1. 이후 개시한 사업연도부터 2019. 12. 31. 이전에 개시한 사업연도에서 발생한 결손금은 10년, 2008. 12. 31. 이전 개시한 사업연도에 발생한 결손금은 5년) 이내에 개시한 사업연도에서 발생한 결손금일 것
② 법인세법 제60조에 따라 신고하거나 법인세법 제66조에 따라 결정·경정되거나 국세기본법 제45조에 따라 수정신고한 과세표준에 포함된 결손금일 것

이 경우 합병법인이 승계한 피합병법인의 결손금에 대한 공제는 법인세법 제13조 제1항의 이월결손금 공제한도 규정에도 불구하고 피합병법인으로부터 승계받은 사업에서 발생한 소득금액의 80%(2022년 12월 31일 이전 개시하는 사업연도는 60%)를 한도로 한다. 다만, 중소기업(조특법 §6 ①)과 상기 "5-6-1. 이월결손금의 범위"에서 기술한 법인 중 어느 하나에 해당하는 경우에는 해당 소득금액의 100%를 한도로 한다(법법 §45 ⑤ 및 법령 §10 ① 및 법칙 §4 ③).

계산사례 **승계결손금의 범위액**

◀ **자 료** ▶

1. 갑법인은 2023년 8월 1일을 합병등기일로 하여 을법인을 흡수합병하였다.
2. 합병 전 갑법인과 을법인 및 합병 후 갑법인은 모두 중소기업에 해당하고, 12월말 결산 법인이다.
3. 을법인의 결손금 내역이 다음과 같을 때, 2023사업연도와 2024사업연도의 승계결손금 범위액을 구하시오.

사업연도	결손금
2014년도	15억원
2015년도	25억원
2016년도	10억원
2017년도	5억원
2018년도	10억원
2019년도	20억원
2020년도	15억원
2021년도	20억원
2022년도	30억원
2023년도(1.1.~7.31.)	5억원
합계	155억원

해 설

1. 2023사업연도 승계결손금 범위액
   을법인의 합병등기일 전 15년(2009. 1. 1. 이후 개시한 사업연도부터 2019. 12. 31. 이전에 개시한 사업연도에서 발생한 결손금은 10년, 2008. 12. 31. 이전에 개시한 사업연도에서 발생한 결손금은 5년) 이내에 개시한 사업연도에서 발생한 이월결손금이 승계결손금 범위액이므로, 2023년도(1. 1.~7. 31.)분부터 2014년도분까지의 결손금 합계액(155억원)이 된다.
2. 2024사업연도 승계결손금 범위액
   합병등기일이 속하는 사업연도의 다음 사업연도부터는 매년 순차로 1년이 경과된 것으로 보아 계산한 금액을 승계결손금 범위액으로 보므로, 2023년도(1. 1.~7. 31.)분부터 2015년도분까지의 결손금 합계액(140억원)이 된다.

5-7-4. 승계결손금 공제방법

(1) 일반적인 합병의 경우

피합병법인으로부터 승계한 이월결손금이 있는 합병법인은 해당 이월결손금을 공제받는 기간 동안 자산·부채 및 손익을 피합병법인으로부터 승계받은 사업에서 발생한 것과 그 밖의 사업에서 발생한 것으로 구분경리하여, 피합병법인으로부터 승계받은 사업에서 발생한 소득금액의 범위 내에서 해당 이월결손금을 공제하여야 한다(법법 §113 ③). 다만, 당해 합병이 후술하는 "중소기업간 또는 동일사업 영위법인간 합병인 경우"에 해당하는 경우에는 당해 소득금액을 구분경리 대신 합병등기일 현재 사업용 자산가액 비율로 안분계산한 금액으로 산정할 수 있다.

(2) 중소기업간 또는 동일사업 영위법인간 합병의 경우

상기 "5-6-2. 이월결손금 공제방법"의 "(2) 중소기업간 또는 동일사업 영위법인간 합병의 경우" 중 ① 또는 ②에 해당하는 합병으로서 피합병법인으로부터 승계한 이월결손금이 있는 합병법인은 승계한 이월결손금 공제대상 소득금액의 범위를 구분경리를 통하여 산정하는 대신 사업용 자산가액 비율로 안분계산하여 산정할 수 있다. 여기에서 사업용 자산가액 비율이란, 합병등기일 현재 합병법인과 피합병법인의 사업용 자산가액 비율을 말하며, 이 경우 합병법인이 승계한 피합병법인의 사업용 자산가액은 승계결손금을 공제하는 각 사업연도의 종료일 현재 계속 보유(처분 후 대체하는 경우를 포함함)·사용하는 자산에 한정하여 그 자산의 합병등기일 현재 가액에 따른다(법령 §81 ①).

5-7-5. 이월결손금 공제액의 사후관리

합병법인이 합병등기일이 속하는 사업연도의 다음 사업연도 개시일부터 2년 이내('고용승계 위반'의 경우에는 3년 이내)에 "5-2-4. 과세특례의 사후관리"에서 기술한 사후관리 사유에 해당하는 경우에는 합병법인으로부터 승계받은 결손금 중 기공제한 금액을 그 사유가 발생한 날이 속하는 사업연도의 소득금액을 계산할 때 익금에 산입하여야 한다(법법 §44 ②, §44의 3 ③).

5-8. 합병 전 보유자산 처분손실의 공제 제한

적격합병을 한 합병법인은 합병법인과 피합병법인이 합병 전 보유하던 자산의 처분손실(합병등기일 현재 해당 자산의 시가(법법 §52 ②)가 장부가액보다 낮은 경우로서 그 차액을 한도로 하며, 합병등기일 이후 5년 이내에 끝나는 사업연도에 발생한 것만 해당함)을 각각 합병 전 해당 법인의 사업에서 발생한 소득금액(해당 처분손실을 공제하기 전 소득금액을 말함)의 범위에서 해당 사업연도의 소득금액을 계산할 때 손금에 산입한다. 이 경우 손금에 산입하지 아니한 처분손실은 자산 처분시 각각 합병 전 해당 법인의 사업에서 발생한 결손금으로 보아 각각 합병 전 해당 법인의 사업에서 발생한 소득금액의 범위 안에서 합병법인의 각 사업연도의 과세표준을 계산할 때 공제한다(법법 §45 ③).

● 관련사례 ●

- 2016. 12. 20. 개정된 합병전 보유자산처분손실의 손금산입 규정의 적용
  적격합병을 한 합병법인이 피합병법인의 합병 전 보유자산을 처분하여 처분손실이 발생(해당 자산의 합병등기일 현재의 시가가 장부가액보다 낮은 경우에 해당하지 않음)하였으나 법인세법 제45조 제3항(2016. 12. 20. 법률 제14386호로 개정되기 전의 것)에 따라 손금에 산입하지 아니하고 이월된 처분손실이 있는 경우, 2017년 1월 1일 이후 과세표준을 신고하는 분부터는 법인세법 제45조 제3항(2016. 12. 20. 법률 제14386호로 개정된 것)에 따른 공제 제한 없이 해당 이월된 처분손실을 손금에 산입할 수 있는 것임(사전법령법인-143, 2017. 3. 20.).

5-9. 합병 전 기부금한도초과액의 손금산입한도

합병법인의 합병등기일 현재 특례기부금(법법 §24 ② 1호) 및 일반기부금(법법 §24 ③ 1호) 중 기부금 손금한도 초과로 손금불산입되어 이월된 금액(법법 §24 ⑤)으로서 그 후의 각 사업연도의 소득금액을 계산할 때 손금에 산입하지 아니한 금액(이하 "기부금한도초과액"이라 함) 중 적격합병에 따라 합병법인이 승계한 기부금한도초과액을 제외한 금액은 합병법인의 각 사업연도의 소득금액을 계산할 때 합병 전 합병법인의 사업에서 발생한 소득금액을 기준으로 기부금 각각의 손금산입한도액(법법 §24 ② 2호, ③ 2호)의 범위에서 손금에 산입한다(법법 §45 ⑥).

또한, 피합병법인의 합병등기일 현재 기부금한도초과액으로서 적격합병에 따라 합병법인이 승계한 금액은 합병법인의 각 사업연도의 소득금액을 계산할 때 피합병법인으로부터 승계받은 사업에서 발생한 소득금액을 기준으로 기부금 각각의 손금산입한도액(법법 §24 ② 2호, ③ 2호)의 범위에서 손금에 산입한다(법법 §45 ⑦).

기부금의 이월 손금산입과 관련하여 자세한 내용은 "제3편 제2장 기부금"편을 참조하기 바란다.

5-10. 세액감면 · 세액공제의 승계

5-10-1. 세액감면의 승계

합병법인은 적격합병(법법 §44 ② 및 ③에 따른 적격합병)에 해당하여 피합병법인의 자산을 장부가액으로 양도받은 경우 피합병법인이 합병 전에 적용받던 세액감면(법법 §59 ① 1호에 따른 감면으로서 일정기간에 걸쳐 감면되는 것으로 한정)을 승계하여 적용받을 수 있다. 이 경우 법인세법 또는 다른 법률에 해당 감면의 요건 등에 관한 규정이 있는 경우에는 합병법인이 그 요건 등을 모두 갖춘 경우에만 이를 적용하며, 합병법인이 승계받은 사업에서 발생하는 소득에 대하여 합병 당시의 잔존감면기간 내에 종료하는 각 사업연도분까지 그 감면을 적용할 수 있다

(법법 §44의 3 ② 및 법령 §80의 4 ②, §81 ③ 1호).

5-10-2. 이월된 미공제세액의 승계

합병법인이 적격합병에 해당하여 피합병법인의 자산을 장부가액으로 양도받은 경우 피합병법인이 합병 전에 적용받던 세액공제(법법 §59 ① 3호에 따른 세액공제를 말하며, 외국납부세액공제를 포함함)로서 이월된 미공제액이 있는 경우 이를 승계하여 다음의 구분에 따라 이월공제잔여기간 내에 종료하는 각 사업연도분까지 공제할 수 있다. 이 경우 법인세법 또는 다른 법률에 해당 세액공제의 요건 등에 관한 규정이 있는 경우에는 합병법인이 그 요건 등을 갖춘 경우에만 이를 적용할 수 있다(법법 §44의 3 ② 및 법령 §80의 4 ②, §81 ③ 2호).

① 이월된 외국납부세액공제 미공제액
승계받은 사업에서 발생한 국외원천소득을 해당 사업연도의 과세표준으로 나눈 금액에 해당 사업연도의 세액을 곱한 금액의 범위에서 공제

② 최저한세 미달로 이월된 미공제세액
최저한세액에 미달하여 공제받지 못한 금액으로서 이월된 미공제액은 승계받은 사업부문에 대하여 조세특례제한법 제132조(최저한세액에 미달하는 세액에 대한 감면 등의 배제)를 적용하여 계산한 법인세 최저한세액의 범위에서 공제. 이 경우 공제하는 금액은 합병법인의 법인세 최저한세액을 초과할 수 없음.

③ 상기 ① 및 ② 외에 납부할 세액이 없어 이월된 미공제세액(조특법 §144)
승계받은 사업부문에 대하여 계산한 법인세 산출세액의 범위에서 공제

한편, 합병등기일이 속하는 사업연도의 다음 사업연도 개시일부터 2년 이내('고용승계 위반'의 경우에는 3년 이내)에 "5-2-4. 과세특례의 사후관리"에서 언급하는 사후관리 사유에 해당하는 경우에는 피합병법인으로부터 승계하여 공제한 세액공제액 상당액을 해당 사유가 발생한 사업연도의 법인세에 더하여 납부하고, 해당 사유가 발생한 사업연도부터 적용하지 아니한다(법법 §44의 3 ③ 및 법령 §80의 4 ③, ⑥).

5-11. 미환류소득 및 초과환류액의 승계

미환류소득에 대한 법인세 과세제도의 적용대상은 각 사업연도 종료일 현재 상호출자제한기업집단에 속하는 내국법인을 말하며, 이러한 미환류소득에 대한 법인세 적용대상 법인은 기업의 소득 중 투자, 임금 또는 배당 등으로 환류하지 아니한 소득이 있는 경우 다음의 계산식에 따라 계산한 세액을 해당 사업연도의 법인세액에 추가하여 납부하여야 한다(조특법 §100의 32).

(미환류소득 − 차기환류적립금 − 이월된 초과환류액) × 10%

한편, 합병에 따라 피합병법인이 소멸하는 경우, 합병법인은 피합병법인의 미환류소득 또는 초과환류액[합병등기일을 사업연도 종료일로 보고 계산한 금액으로서 '임금 증가액'(조특법 §100의 32 ② 1호 나목)은 포함하지 아니하고 계산한 금액을 말함]을 합병법인의 해당 사업연도 말 미환류소득 또는 초과환류액에 합산하여 승계할 수 있다(조특령 §100의 32 ㉓ 및 조특칙 §45의 9 ⑰).

미환류소득에 대한 법인세와 관련하여 자세한 내용은 "제4편 제1장 제5절 투자·상생협력 촉진을 위한 과세특례"편을 참조하기 바란다.

6. 합병당사법인 주주의 세무

6-1. 합병시 피합병법인의 주주에 대한 의제배당

피합병법인의 주주 등인 내국법인이 취득하는 합병대가[합병법인으로부터 합병으로 인하여 취득하는 합병법인(합병등기일 현재 합병법인의 발행주식총수 또는 출자총액을 소유하고 있는 내국법인을 포함함)의 주식 등의 가액과 금전 또는 그 밖의 재산가액의 합계액]가 피합병법인의 주식 등을 취득하기 위하여 사용한 금액을 초과하는 금액은 배당으로 의제하여 익금에 산입한다(법법 §16 ① 5호, ② 1호). 이를 산식으로 표현하면 다음과 같다.

의제배당금액	=	피합병법인의 주주 등이 합병법인으로부터 받은 합병대가(*)	−	피합병법인의 주식 등을 취득하기 위하여 사용한 금액

(*) ① 의제배당 과세이연 요건[법법 §44 ② 1호 및 2호(주식 등의 보유와 관련된 부분은 제외함)]을 충족하는 합병의 경우 또는 완전모자법인간 및 완전자법인간 합병(법법 §44 ③)에 해당하는 경우 해당 합병법인 또는 합병법인 모회사의 주식 등의 가액은 종전의 장부가액으로 평가하되, 합병대가 중 일부를 금전이나 그 밖의 재산으로 받은 경우로서 합병으로 취득한 주식 등을 시가로 평가한 가액이 종전의 장부가액보다 작은 경우에는 시가로 함. 한편, 자본시장과 금융투자업에 관한 법률에 따른 투자회사 등(법법 §51의 2 ① 2호)이 취득하는 주식 등의 경우에는 영으로 함(법령 §14 ① 1호 나목).

② 다음의 요건을 모두 갖추어 취득한 주식 등인 경우에는 종전의 장부가액으로 평가하되, 합병대가 중 일부를 금전이나 그 밖의 재산으로 받는 경우로서 합병으로 취득한 주식 등을 시가로 평가한 가액이 종전의 장부가액보다 작은 경우에는 시가로 함(법령 §14 ① 1호의 2).

㉠ 외국법인이 다른 외국법인의 발행주식총수 또는 출자총액을 소유하고 있는 경우로서 그 다른 외국법인에 합병되거나 내국법인이 서로 다른 외국법인의 발행주식총수 또는 출자총액을 소유하고 있는 경우로서 그 서로 다른 외국법인 간 합병될 것(내국법인과 그 내국법인이 발행주식총수 또는 출자총액을 소유한 외국법인이 각각 보유하고 있는 다른 외국법인의 주식 등의 합계가 그 다른 외국법인의 발행주식총수 또는 출자총액인 경우로서 그 서로 다른 외국법인 간 합병하는 것을 포함함)

㉡ 합병법인과 피합병법인이 우리나라와 조세조약이 체결된 동일 국가의 법인일 것

㉢ ㉡에 따른 해당 국가에서 피합병법인의 주주인 내국법인에 합병에 따른 법인세를 과세하지 아니하거나 과세이연할 것

㉣ ㉠부터 ㉢까지의 사항을 확인할 수 있는 서류를 납세지 관할 세무서장에게 제출할 것

합병시 피합병법인 주주의 의제배당과 관련된 보다 자세한 내용은 "제2편 제2장 제7절 의제배당"을 참고하기로 한다.

관련사례

- 자본잠식상태가 아닌 완전자법인 간 무증자합병시 피합병법인 주식 가액의 세무처리방법
  완전자법인간 합병에 대해 적격합병으로 보는 경우로서, 자본잠식상태에 있지 않은 피합병법인이 합병법인에 합병대가 없이 무증자합병되는 경우 소멸된 피합병법인 주식의 장부가액은 합병법인 주식의 장부가액에 가산하는 것임(기획재정부 법인세제과-12, 2024. 1. 4.).

6-2. 합병차익의 자본전입에 따른 의제배당

합병법인이 적격합병 이후 합병차익 중 다음의 금액을 자본전입한 경우 합병차익(법법 §17 ① 5호)을 한도로 합병법인의 주주에게 의제배당으로 과세된다(법령 §12 ① 3호).

① 합병등기일 현재 합병법인이 승계한 재산의 가액이 그 재산의 피합병법인 장부가액(피합병법인으로부터 승계받은 세무조정사항이 있는 경우에는 그 세무조정사항 중 익금불산입액은 더하고 손금불산입액은 뺀 가액으로 함)을 초과하는 경우 그 초과하는 금액

② 피합병법인의 자본잉여금(상법 제459조 제1항에 따른 자본거래로 인한 잉여금과 자산재평가법에 따른 재평가적립금) 중 의제배당대상 자본잉여금에 상당하는 금액(법칙 §8)

③ 피합병법인의 이익잉여금에 상당하는 금액

한편, 합병차익의 자본전입시 의제배당과 관련된 보다 자세한 내용은 '제2편 제2장 제7절 의제배당'을 참고하기로 한다.

6-3. 불공정합병시 부당행위계산부인

특수관계인인 법인 간 합병에 있어서 주식을 시가보다 높거나 낮게 평가하여 불공정한 비율로 합병한 경우에는 자본시장과 금융투자업에 관한 법률 제165조의 4에 따른 합병의 경우를 제외하고는 부당행위계산부인이 적용된다(법령 §88 ① 3호의 2·8호).

불공정합병시 부당행위계산부인과 관련된 기타 구체적인 내용은 "제2편 제2장 제1절 부당행위계산부인"을 참고하기로 한다.

Step II 서식의 이해

■ 작성요령 I - 합병과세특례신청서

[별지 제42호 서식] (2013. 2. 23. 개정)

합병과세특례신청서

사업연도	. . . ~ . . .	
피합병법인 (신고법인)	① 법 인 명	② 사업자등록번호
	③ 대표자성명	④ 생년월일
	⑤ 본점소재지	(전화번호:)
합병법인	⑥ 법 인 명	⑦ 사업자등록번호
	⑧ 대표자성명	⑨ 생년월일
	⑩ 본점소재지	(전화번호:)
	⑪ 합병등기일	
양도가액	⑫ 합병으로 받은 주식의 출자가액	
	⑬ 합병으로 받은 주식 외의 금전이나 그 밖의 재산가액	
	⑭ 합병 전 취득한 피합병법인의 주식 등에 대한 합병신주 교부 간주액	
	⑮ 합병법인이 납부하는 피합병법인의 법인세 및 그 법인세에 부과되는 국세와 「지방세법」 제85조 제4호에 따른 법인세분	
	⑯ 기타	
	⑰ 합 계 (⑫+⑬+⑭+⑮+⑯)	
순자산 장부가액	⑱ 자산의 장부가액	
	⑲ 부채의 장부가액	
	⑳ 순자산장부가액(⑱-⑲)	
㉑ 양도손익(⑰-⑳)		

「법인세법 시행령」 제80조 제3항에 따른 합병과세특례 신청서를 제출합니다.

년 월 일

피합병법인 (서명 또는 인)

합병법인 (서명 또는 인)

세무서장 귀하

작 성 방 법
양도가액은 「법인세법 시행령」 제80조 제1항 제2호에 따라 계산한 금액을 적습니다.

■ 작성요령 Ⅱ - 자산조정계정명세서(갑)

[별지 제46호 서식(갑)] (2013. 2. 23. 개정)

사 업 연 도	. . . ~ . . .	자산조정계정명세서(갑)	법 인 명	
			사업자등록번호	

1. 합병등기일 또는 분할등기일의 자산

① 자산명	② 시가	③ 세무상 장부가액	④ 세무조정사항	⑤ 자산조정계정 [②-(③+④)]
계				

2. 합병등기일 또는 분할등기일의 부채

⑥ 부채명	⑦ 시가	⑧ 세무상 장부가액	⑨ 세무조정사항	⑩ 자산조정계정 [⑦-(⑧+⑨)]
계				

작 성 방 법

1. 세무조정사항(④)란은 자산과 관련된 세무조정사항이 있는 경우에 익금불산입액은 (+)의 금액을, 손금불산입액은 (-)의 금액을 적습니다.
2. 자산조정계정(⑤)란은 장부가액(③)에서 세무조정사항(④)을 가감한 금액을 시가(②)로부터 차감하여 적습니다. 부채의 자산조정계정(⑩)도 자산과 동일한 방식으로 계산하여 적습니다.

■ 작성요령 Ⅲ - 자산조정계정명세서(을)

[별지 제46호 서식(을)] (2012. 2. 28. 개정)

사업 연도	. . . ~ . . .	자산조정계정명세서(을)	법 인 명	
			사업자등록번호	

1. 자산

① 자산명	② 취득가액 (시가)	③ 자산조정계정	익금 또는 손금산입					⑨ 당기말 자산조정계정 (③-⑤-⑦-⑧)
			전기분		당기분			
			④ 감가 상각비 (누계)	⑤ 감가 상각비 상계 및 가산(누계)	⑥ 감가 상각비	⑦ 감가 상각비 상계 및 가산	⑧ 자산처분	
계								

2. 부채

① 자산명	② 취득가액 (시가)	③ 자산조정계정	익금 또는 손금산입					⑨ 당기말 자산조정계정 (③-⑤-⑦-⑧)
			전기분		당기분			
			④ 감가 상각비 (누계)	⑤ 감가 상각비 상계 및 가산(누계)	⑥ 감가 상각비	⑦ 감가 상각비 상계 및 가산	⑧ 자산처분	
계								

세무조정 체크리스트

Ⅰ. 합병법인

1. 적격합병시 과세특례

검 토 사 항	확인
1. 적격합병의 과세특례 요건 확인 －사업영위기간 요건 확인 －지분의 연속성 요건 및 부득이한 사유 해당 여부 확인 －사업의 계속성 요건 및 부득이한 사유 해당 여부 확인 －고용승계 요건 및 부득이한 사유 해당 여부 확인	
2. 과세특례 내용 확인 －승계받은 자산의 취득가액 특례 －피합병법인 세무조정사항의 일괄승계 －피합병법인의 이월결손금 승계 －피합병법인 세액공제 · 감면의 승계	
3. 자산조정계정 계산 및 세무조정의 정확성 확인 －승계 자산 · 부채의 시가 및 장부가액 확인 －감가상각 및 자산 처분 여부 확인	
4. 과세특례의 사후관리 －사업폐지 등 사후관리 위반 사유 발생 여부 확인 －사후관리 위반에 따른 과세특례 중단 등의 내용 검토(자산조정계정잔액 총합계액의 익금산입, 합병매수차익 · 차손의 일시 손금 · 익금산입, 승계받은 이월결손금 및 세액공제 · 세액감면의 기공제세액 익금산입, 승계받은 세무조정사항 추인 등)	

2. 세무조정사항의 승계

검 토 사 항	확인
1. 세무조정사항 승계 확인 －적격합병의 경우 : 일괄승계 －상기 외의 경우 : 퇴직급여충당금 또는 대손충당금을 합병법인이 승계한 경우에는 관련 세무조정사항 승계. 그 밖의 세무조정사항은 일괄 미승계	

3. 합병법인의 이월결손금 공제 등

검 토 사 항	확인
1. 합병등기일 현재 합병법인의 이월결손금 존재 여부 확인	
2. 구분경리 예외대상 합병 여부 검토 －중소기업간 또는 동일사업 영위 법인간 합병 여부 －안분대상 자산가액의 비율 확인	

검 토 사 항	확인
3. 합병 전 보유자산 처분손실의 손금산입 검토	
4. 합병 전 기부금한도초과액의 손금산입 한도 검토	

4. 피합병법인의 이월결손금 승계 등

검 토 사 항	확인
1. 피합병법인의 이월결손금 승계 요건 충족 여부 검토	
2. 승계결손금 범위액의 계산 검증	
3. 구분경리 예외 대상 합병 여부 검토 -중소기업간 또는 동일사업 영위 법인간 합병 여부 -안분대상 자산가액의 비율 확인	
4. 합병 전 보유자산 처분손실의 손금산입 검토	
5. 사업폐지 등 이월결손금 사후관리 사유 해당 여부 검토	
6. 피합병법인의 기부금한도초과액의 승계 가능 여부 및 손금산입한도 검토	

5. 세액감면·공제의 승계

검 토 사 항	확인
1. 세액감면 및 공제의 승계 요건 해당 여부 검토	
2. 일정기간에 걸쳐 감면되는 세액감면 여부 확인 및 사업폐지 여부 확인	

■ Ⅱ. 피합병법인

1. 양도손익

검 토 사 항	확인
1. 양도대가 계산의 정확성 검토 -합병교부주식의 평가가액의 적정성 확인 -합병 전 취득한 피합병법인의 주식의 유무 확인 및 그에 대한 합병신주 교부 여부 확인 -합병 전 취득한 피합병법인의 주식에 대한 합병신주 교부 간주액의 가산 여부 확인	
2. 순자산장부가액 계산의 정확성 검토	
3. 양도손익의 과세특례 및 부당행위계산 부인 여부 확인 -적격합병의 과세특례요건 충족 여부 확인 -불공정합병시 양도손익에 대한 부당행위계산부인 검토	

Ⅲ. 합병당사법인의 주주

검 토 사 항	확인
1. 합병시 피합병법인 주주에게 과세될 의제배당금액 유무 확인 -합병대가 산정시 합병교부주식의 평가가액의 적정성 확인 -피합병법인 주식 취득에 소요된 금액의 확인(무상주 등 처리 방법 확인)	
2. 적격합병 후 합병차익의 자본전입시 합병법인 주주에게 과세될 의제배당금액 유무 확인 -합병차익의 일부 자본전입시 의제배당 대상 및 자본전입 순서 확인	

Step III 사례와 서식작성실무

예제

사 례

1. 합병법인 ㈜삼일은 피합병법인 ㈜용산을 2024년 9월 1일 합병하였다.
2. 합병비율은 1 : 0.5이고, 그에 따라 ㈜삼일은 ㈜용산의 주주에게 ㈜용산의 주식 1주당 ㈜삼일의 주식 0.5주를 교부하는 방식으로 총 950주를 발행 교부하였다(합병대가는 모두 합병신주로 교부됨).
3. 합병일 현재 ㈜삼일의 주식의 시가는 40,000원, 액면가액은 5,000원이다.
4. 합병일의 전일(2024. 8. 31.) 현재의 ㈜용산의 재무상태표는 다음과 같다.

재무상태표

자산	금액	부채 및 자본	금액
당좌자산	3,000,000	유동부채	6,000,000
재고자산	5,000,000	비유동부채	7,000,000
투자자산	1,000,000	자본금	9,500,000
토지	20,000,000	자본잉여금	15,500,000
건물	10,000,000	이익잉여금	10,000,000
기타유형자산	9,000,000		
	48,000,000		48,000,000

5. 합병 직전 ㈜용산의 자본금과 적립금 조정명세서(을)상의 유보금액은 다음과 같다.

항 목	기말잔액	비 고
투자자산	200,000	투자유가증권 감액손실
토 지	△300,000	토지의 임의평가증

6. ㈜삼일은 ㈜용산의 자산을 법인세법상 시가로 평가하여 승계(부채는 장부가액과 시가가 일치)하였으며, ㈜삼일의 합병시 회계처리는 다음과 같다.

(차 변)		(대 변)	
당좌자산	3,000,000	유동부채	6,000,000
재고자산	6,000,000	고정부채	7,000,000
투자자산	1,000,000	자본금(*1)	4,750,000
토지	22,000,000	주식발행초과금(*2)	33,250,000
건물	12,000,000	염가매수차익(*3)	1,000,000
기타유형자산	8,000,000		
	52,000,000		52,000,000

(*1) 950주 × 5,000원(액면가액)
(*2) 950주 × (40,000원－5,000원)
(*3) P/L상 당기손익

7. ㈜삼일은 합병으로 승계한 건물, 기타유형자산에 적용된 내용연수, 상각방법 및 그에 따른 회계상 상각비는 다음과 같다.

구 분	내용연수	상각방법	당기 상각비
건 물	40년	정액법	100,000
기타유형자산	10년	정액법	266,666

8. 피합병법인인 ㈜용산이 상기 합병과 관련하여 회계상 인식한 양도손익은 없으며, 합병법인인 ㈜삼일이 합병등기일이 속하는 사업연도에 처분한 자산은 없다.
9. 합병법인인 ㈜삼일과 피합병법인인 ㈜용산은 각각 합병과 관련된 세무조정 외의 세무조정사항은 없다고 가정하며, 또한 합병에 따른 양도손익 부당행위계산부인 규정은 적용되지 않는다고 가정한다.
10. 상기의 합병이 각각 비적격합병인 경우와 적격합병인 경우를 가정하여 합병등기일이 속하는 사업연도의 세무조정을 수행하시오(적격합병에 해당하는 경우에는 피합병법인의 양도손익은 과세이연하는 것으로 가정한다).

해 설

Ⅰ. 비적격합병인 경우

1. 피합병법인의 세무처리

① 양도손익의 산정

양도손익＝양도가액－순자산 장부가액(*1)

＝950주×40,000원－(48,000,000＋200,000－300,000－13,000,000)

＝3,100,000

(*1) 순자산 장부가액은 세무상 장부가액이어야 할 것인 바, 유보금액을 반영하여야 하며, 그 결과 유보금액은 추인되는 효과가 발생함.

② 세무조정

〈익금산입〉 양도차익 3,100,000(기타)

2. 합병법인의 세무처리

(1) 합병시 세무조정

① 합병매수차익의 산정

합병매수차익＝순자산시가－양도가액

＝(52,000,000－13,000,000)－(950주 × 40,000원)

＝1,000,000(*2)

(*2) 합병매수차익은 세무조정계산서에 계상하고 합병등기일부터 5년간 균등분할하여 익금에 산입함.

② 합병매수차익의 세무조정

〈익금불산입〉 합병매수차익(염가매수차익) 1,000,000(△유보)

(2) 결산시 세무조정

〈익금산입〉 합병매수차익 66,666(유보)(*3)

(*3) 합병매수차익 익금산입액＝1,000,000×4/60＝66,666

Ⅱ. 적격합병인 경우

1. 피합병법인의 세무처리

적격합병으로 양도손익을 과세이연하는 경우, 양도손익 계산시 양도가액은 순자산 장부가액으로 하는 것이므로 ㈜용산의 양도손익은 '0'이다.

2. 합병법인의 세무처리

(1) 합병시 세무조정

① 자산조정계정

㉠ 자산조정계정의 계산

합병법인은 적격합병의 과세특례요건을 갖추어 피합병법인의 자산을 장부가액으로 양도받은 경우 양도받은 자산 및 부채의 가액을 합병등기일 현재의 시가로 계상하되, 시가에서 피합병법인의 장부가액을 뺀 금액을 자산조정계정으로 계상하여야 함.

자산명	시가	장부가액	세무조정사항	자산조정계정
당좌자산	3,000,000	3,000,000	–	–
재고자산	6,000,000	5,000,000	–	1,000,000
투자자산	1,000,000	1,200,000	200,000	–
토 지	22,000,000	19,700,000	△300,000	2,000,000
건 물	12,000,000	10,000,000	–	2,000,000
기타유형자산	8,000,000	9,000,000	–	△1,000,000
총합계액	52,000,000	47,900,000	△100,000	4,000,000

㉡ 세무조정

〈손금산입〉 자산조정계정(*4) 4,000,000(△유보)

〈익금불산입〉 염가매수차익 1,000,000(기타)

〈익금산입〉 주식발행초과금 4,000,000(기타)

(*4) 설명의 편의상 순액으로 세무조정함.

② 세무조정사항 승계

적격합병이므로 피합병법인의 투자자산 및 토지 관련 세무조정사항을 승계하여야 함.

(2) 결산시 세무조정

① 자산조정계정의 처리

합병등기일이 속하는 사업연도 종료일 현재 자산의 처분은 없으므로 감가상각자산에 설정된 자산조정계정에 대하여 다음과 같이 감가상각비와 상계 또는 가산함.

자산명	시 가	자산조정계정	감가상각비	감가상각비 상계(가산)
건 물	12,000,000	2,000,000	100,000	16,666
기타유형자산	8,000,000	△1,000,000	266,666	△33,333

② 자산조정계정의 처리에 따른 세무조정

〈손금불산입〉 자산조정계정(건물상각비) 16,666(유보)

〈손금산입〉 자산조정계정(기타유형자산상각비) 33,333(△유보)

3. 적격합병의 경우 별지 제42호 서식 '합병과세특례신청서' 및 별지 제46호 서식 '자산조정계정명세서(갑), (을)' 작성

[별지 제42호 서식] (2013. 2. 23. 개정)

합병과세특례신청서

<table>
<tr><td>사업연도</td><td colspan="3">2024. 1. 1. ~ 2024. 9. 1.</td></tr>
<tr><td rowspan="3">피합병법인
(신고법인)</td><td>① 법 인 명 (주)용산</td><td colspan="2">② 사업자등록번호 101-81-23456</td></tr>
<tr><td>③ 대표자성명 신용산</td><td colspan="2">④ 생년월일 19××. ×. ×.</td></tr>
<tr><td colspan="3">⑤ 본점소재지 서울시 ××구 ××동 111번지
(전화번호:)</td></tr>
<tr><td rowspan="4">합병법인</td><td>⑥ 법 인 명 (주)삼일</td><td colspan="2">⑦ 사업자등록번호 101-81-12345</td></tr>
<tr><td>⑧ 대표자성명 홍길동</td><td colspan="2">⑨ 생년월일 19××. ×. ×.</td></tr>
<tr><td colspan="3">⑩ 본점소재지 서울시 ××구 ××동 123번지
(전화번호:)</td></tr>
<tr><td colspan="3">⑪ 합병등기일 2024. 9. 1.</td></tr>
<tr><td rowspan="6">양도가액</td><td colspan="2">⑫ 합병으로 받은 주식의 출자가액</td><td>38,000,000</td></tr>
<tr><td colspan="2">⑬ 합병으로 받은 주식 외의 금전이나 그 밖의 재산가액</td><td></td></tr>
<tr><td colspan="2">⑭ 합병 전 취득한 피합병법인의 주식 등에 대한 합병신주 교부 간주액</td><td></td></tr>
<tr><td colspan="2">⑮ 합병법인이 납부하는 피합병법인의 법인세 및 그 법인세에 부과되는 국세와 「지방세법」 제85조 제4호에 따른 법인세분</td><td></td></tr>
<tr><td colspan="2">⑯ 기타</td><td></td></tr>
<tr><td colspan="2">⑰ 합 계 (⑫+⑬+⑭+⑮+⑯)</td><td>38,000,000</td></tr>
<tr><td rowspan="3">순자산
장부가액</td><td colspan="2">⑱ 자산의 장부가액</td><td>48,000,000</td></tr>
<tr><td colspan="2">⑲ 부채의 장부가액</td><td>13,000,000</td></tr>
<tr><td colspan="2">⑳ 순자산장부가액(⑱-⑲)</td><td>35,000,000</td></tr>
<tr><td colspan="3">㉑ 양도손익(⑰-⑳)</td><td>3,000,000</td></tr>
</table>

「법인세법 시행령」 제80조 제3항에 따른 합병과세특례 신청서를 제출합니다.

2024년 12월 31일

피합병법인 (주)용산 (서명 또는 인)

합병법인 (주)삼일 (서명 또는 인)

세무서장 귀하

작 성 방 법
양도가액은 「법인세법 시행령」 제80조 제1항 제2호에 따라 계산한 금액을 적습니다.

[별지 제46호 서식(갑)] (2013. 2. 23. 개정)

사 업 연 도	2024. 1. 1. ~ 2024. 12. 31.	자산조정계정명세서(갑)	법 인 명	(주)삼일
			사업자등록번호	101-81-12345

1. 합병등기일 또는 분할등기일의 자산

① 자산명	② 시가	③ 세무상 장부가액	④ 세무조정사항	⑤ 자산조정계정 [②-(③+④)]
당좌자산	3,000,000	3,000,000	–	–
재고자산	6,000,000	5,000,000	–	1,000,000
투자자산	1,000,000	1,200,000	△200,000	–
토지	22,000,000	19,700,000	300,000	2,000,000
건물	12,000,000	10,000,000	–	2,000,000
기타유형자산	8,000,000	9,000,000	–	△1,000,000
계	52,000,000	47,900,000	100,000	4,000,000

2. 합병등기일 또는 분할등기일의 부채

⑥ 부채명	⑦ 시가	⑧ 세무상 장부가액	⑨ 세무조정사항	⑩ 자산조정계정 [⑦-(⑧+⑨)]
유동부채	6,000,000	6,000,000		
고정부채	7,000,000	7,000,000		
계	13,000,000	13,000,000		

작 성 방 법

1. 세무조정사항(④)란은 자산과 관련된 세무조정사항이 있는 경우에 익금불산입액은 (+)의 금액을, 손금불산입액은 (−)의 금액을 적습니다.
2. 자산조정계정(⑤)란은 장부가액(③)에서 세무조정사항(④)을 가감한 금액을 시가(②)로부터 차감하여 적습니다. 부채의 자산조정계정(⑩)도 자산과 동일한 방식으로 계산하여 적습니다.

[별지 제46호 서식(을)] (2012. 2. 28. 개정)

사 업 연 도	2024. 1. 1. ~ 2024. 12. 31.	자산조정계정명세서(을)	법 인 명	(주)삼일
			사업자등록번호	101-81-12345

1. 자산

① 자산명	② 취득가액 (시가)	③ 자산조정 계정	익금 또는 손금산입					⑨ 당기말 자산조정계정 (③-⑤-⑦-⑧)
			전기분		당기분		⑧ 자산처분	
			④ 감가 상각비 (누계)	⑤ 감가 상각비 상계 및 가산 (누계)	⑥ 감가 상각비	⑦ 감가 상각비 상계 및 가산		
재고자산	6,000,000	1,000,000	-	-			-	1,000,000
토지	22,000,000	2,000,000	-	-			-	2,000,000
건물	12,000,000	2,000,000	-	-	100,000	16,666	-	1,983,334
기타유형자산	8,000,000	△1,000,000	-	-	266,666	△33,333	-	△966,667
계	48,000,000	4,000,000	-	-	366,666	△16,667	-	4,016,667

2. 부채

① 자산명	② 취득가액 (시가)	③ 자산조정 계정	익금 또는 손금산입					⑨ 당기말 자산조정계정 (③-⑤-⑦-⑧)
			전기분		당기분		⑧ 자산처분	
			④ 감가 상각비 (누계)	⑤ 감가 상각비 상계 및 가산(누계)	⑥ 감가 상각비	⑦ 감가 상각비 상계 및 가산		
계								

분 할

관련 법령	• 법법 §16, §46, §46의 2, §46의 3, §46의 4, §46의 5, §47, §113 • 법령 §12, §14, §82, §82의 2, §82의 3, §82의 4, §83, §83의 2, §84, §85, §85의 2 • 법칙 §7, §41, §42, §77

관련 서식	• 법인세법 시행규칙 [별지 제42호의 2 서식] 분할과세특례 신청서 [별지 제43호 서식] 물적분할과세특례 신청서 [별지 제46호 서식(갑), (을)] 자산조정계정명세서(갑), (을) [별지 제46호의 2 서식(갑), (을)] 자산의 양도차익에 관한 명세서(갑), (을)

제2절

분 할

2

Step I 내용의 이해

1. 분할의 개요

1-1. 분할의 유형

분할이란 상법에 규정된 절차에 따라 한 회사의 권리·의무의 전부 또는 일부를 분리하여 하나 이상의 신설회사 또는 기존회사에 포괄승계하고 그 대가로서 신설 또는 기존회사의 주식을 부여받는 단체법상의 제도를 말한다. 즉, 어느 한 회사의 적극·소극자산의 전부 또는 일부가 분리되어 적어도 하나 이상의 신설 또는 기존의 수혜회사(분할재산을 승계받는 회사)에 포괄승계되고, 그 대가로 수혜회사의 주식이 교부되는 상법상의 제도를 일컫는다.

분할의 유형은 크게 다음과 같이 분류할 수 있다.

(1) 인적분할과 물적분할

인적분할·물적분할은 분할회사의 주주가 수혜회사의 주주가 되는지 여부에 따른 분류이다.

인적분할이란 분할부분에 해당하는 수혜회사의 지분을 분할회사의 주주에게 배정하는 형태의 회사분할을 말하는 반면, 물적분할이란 분할부분에 해당하는 수혜회사의 지분을 분할회사 자신이 취득하는 형태(자회사의 설립)의 회사분할을 말한다.

(2) 단순분할과 분할합병

단순분할·분할합병은 회사분할이 합병을 수반하는지 여부에 따른 분류이다.

단순분할이란 분할회사가 단독으로 분할하여 합병과 관련되지 않은 회사분할을 말하며, 분할이라고도 한다. 분할회사가 분할하여 독자적으로 신설회사를 설립하는 경우가 이에 해당한다.

한편, 분할합병이란 합병과 결합된 회사분할로서, 분할회사가 분할한 후에 그 분할된 부분이 다른 기존회사 또는 다른 기존회사의 일부와 합쳐져 하나의 회사로 되는 회사분할을 말한다. 분할합병은 둘 이상의 회사간의 계약에 의하여 절차가 이루어지며 분할회사가 존속하는 경우와 소멸하는 경우가 있으며, 합병대상이 다른 회사 또는 그 일부인 경우가 있을 수 있다. 분할합병은 다시 두 가지로 나뉘는데 분할된 부분이 다른 회사에 흡수되는 「흡수분할합병」과 분할된 부분이 다른 기존회사 또는 다른 회사의 분할된 부분과 합쳐져 회사가 신설되는 「신설분할합병」이 있다.

(3) 완전분할과 불완전분할

회사분할은 분할회사가 분할 후에 소멸하는지 여부에 따라 완전분할과 불완전분할로 구분된다.

완전분할(또는 소멸분할)이라 함은 분할 후에 분할회사가 소멸하는 회사분할을 말한다. 즉, 완전분할은 분할회사가 분할하여 그의 전재산이 둘 이상의 회사에 포괄승계되고 분할회사는 청산절차없이 소멸된다.

이에 반하여, 불완전분할(또는 존속분할)이란 분할 후에도 분할회사가 존속하는 회사분할로서 분할회사가 둘 이상의 회사로 분할되지만 분할회사 재산의 일부만이 수혜회사에 이전되고 분할회사는 축소된 범위에서 존속하는 회사분할을 말한다.

1-2. 분할에 대한 법인세 과세체계

분할거래는 합병과 마찬가지로 개별자산의 양도거래가 아닌 분할법인 사업부문의 순자산(자산·부채) 전체를 거래의 대상으로 하는 만큼 각 분할주체에 대한 과세체계를 파악하기 위해서는 법인세법 전반에 걸쳐서 살펴보아야 그 체계를 파악할 수 있는 경제적 사건이다. 이에 법인세법에서 규정하고 있는 분할주체별 과세의 주요 내용을 요약하면 다음과 같다.

구 분	관련내용	관련세법
분할법인 등	① 소멸하는 분할법인 등의 양도손익	법법 §46
	② 존속하는 분할법인 등의 양도손익	법법 §46의 5
	③ 불공정분할시 양도손익에 대한 부당행위계산부인	법법 §52
	④ 물적분할로 인한 자산양도차익에 대한 법인세	법법 §47
분할신설법인 등	⑤ 분할로 인한 취득자산의 가액	법법 §41 및 법령 §72
	⑥ 분할매수차익·차손의 과세 여부	법법 §46의 2, §46의 3
	⑦ 분할법인 등의 이월결손금·기부금한도초과액 및 세액공제·세액감면 승계 여부	법법 §46의 2, §46의 3, §46의 4
	⑧ 분할법인의 세무조정사항 승계 여부	법법 §46의 2, §46의 3 및 법령 §85
	⑨ 분할합병의 상대방법인의 이월결손금 공제 범위 및 기부금한도초과액 손금산입 한도	법법 §46의 4

구 분	관련내용	관련세법
분할법인 등의 주주	⑩ 분할로 인한 의제배당 과세	법법 §16
	⑪ 불공정분할시 부당행위계산부인	법법 §52
분할신설법인 등의 주주	⑫ 분할차익 자본전입시 의제배당과세	법법 §16
	⑬ 불공정분할시 부당행위계산부인	법법 §52

2. 물적분할시 분할법인의 세무

2-1. 자산양도차익 과세이연

2-1-1. 개 요

물적분할의 경우 분할법인이 분할사업부문의 자산·부채를 양도하고 그 대가로 분할신설법인의 주식을 취득하는 것이므로 양자의 차이, 즉 자산양도차익에 대한 과세문제가 발생한다. 그러나 물적분할시 분할법인의 자산양도차익에 대하여 일시에 과세하게 되면 분할을 저해하는 요소로 작용할 수 있기 때문에, 법인세법에서는 일정요건을 충족하는 물적분할에 대해서는 자산양도차익에 대해 과세이연하는 제도를 두고 있다(법법 §47).

2-1-2. 과세이연 요건

분할법인이 물적분할에 의하여 분할신설법인의 주식 등을 취득하는 경우로서 다음의 요건(본 해설에서는 "물적분할시 과세이연 요건"이라 함)을 충족하는 경우에는 자산양도차익에 대한 과세이연을 받을 수 있다(법법 §46 ②, §47 ①).

① 분할등기일 현재 5년 이상 사업을 계속하던 내국법인이 다음의 요건을 갖추어 분할하는 경우일 것(사업영위기간 요건)(법령 §82의 2 ②)

㉠ 분리하여 사업이 가능한 독립된 사업부문을 분할하는 것일 것(분리하여 사업이 가능한 독립된 사업부문의 판단기준에 대한 자세한 설명은 '4-2-2. 적격분할의 요건'의 '(2) 독립된 사업의 분리 요건'을 참조하기로 함)

㉡ 분할하는 사업부문의 자산 및 부채가 포괄적으로 승계될 것(공동으로 사용하던 자산, 채무자의 변경이 불가능한 부채 등 분할하기 어려운 자산과 부채 등은 제외하며, 자세한 설명은 '4-2-2. 적격분할의 요건'의 '(3) 자산·부채의 포괄승계 요건'을 참조하기로 함)

㉢ 분할법인만의 출자에 의하여 분할하는 것일 것

② 분할법인이 분할신설법인으로부터 받은 분할대가의 전액이 주식 등이고 분할법인이 분할등기일이 속하는 사업연도의 종료일까지 그 주식 등을 보유할 것(지분의 연속성 요건). 다만, 다음의 부득이한 사유가 있는 경우에는 본 요건을 충족하지 못한 경우에도 과세이연을 적용받을 수 있다(법령 §84 ⑫ 1호, §80의 2 ① 1호).

㉠ 분할법인이 분할로 교부받은 주식 등의 50% 미만을 처분한 경우. 이 경우 처분순서에 관하여는 법인세법 시행령 제80조의 2 제1항 제1호 가목 후단을 준용한다.

㉡ 분할법인의 파산으로 주식 등을 처분한 경우

㉢ 분할법인이 적격합병(법법 §44 ②, ③에 따른 적격합병) · 적격분할(법법 §46 ②에 따른 적격분할) · 적격물적분할(법법 §47 ①에 따라 양도차익을 손금에 산입한 물적분할) 또는 적격현물출자(법법 §47의 2 ① 각 호의 요건을 모두 갖추어 양도차익에 해당하는 금액을 손금에 산입하는 현물출자)에 따라 주식 등을 처분한 경우

㉣ 분할법인이 조세특례제한법 제38조 · 제38조의 2 또는 제121조의 30에 따라 주식 등을 현물출자 또는 교환 · 이전하고 과세를 이연받으면서 주식 등을 처분한 경우

㉤ 분할법인이 채무자 회생 및 파산에 관한 법률에 따른 회생절차에 따라 법원의 허가를 받아 주식 등을 처분하는 경우

㉥ 분할법인이 조세특례제한법 시행령 제34조 제6항 제1호에 따른 기업개선계획의 이행을 위한 약정 또는 같은 항 제2호에 따른 기업개선계획의 이행을 위한 특별약정에 따라 주식 등을 처분하는 경우

㉦ 분할법인이 법령상 의무를 이행하기 위하여 주식 등을 처분하는 경우

③ 분할신설법인이 분할등기일이 속하는 사업연도의 종료일까지 분할법인 등으로부터 승계받은 사업을 계속할 것(사업의 계속성 요건). 이 경우 분할신설법인이 분할등기일이 속하는 사업연도의 종료일 이전에 분할법인으로부터 승계한 자산가액(유형자산, 무형자산 및 투자자산의 가액을 말하며, 이하 같음)의 50% 이상을 처분하거나 사업에 사용하지 아니하는 경우에는 분할법인으로부터 받은 승계사업을 폐지한 것으로 본다(법령 §80의 2 ⑦, §84 ⑭). 한편, 다음의 부득이한 사유가 있는 경우에는 본 요건을 충족하지 못한 경우에도 과세이연을 적용받을 수 있다(법령 §84 ⑫ 2호, §80의 2 ① 2호).

㉠ 분할신설법인이 파산함에 따라 승계받은 자산을 처분한 경우

㉡ 분할신설법인이 적격합병 · 적격분할 · 적격물적분할 또는 적격현물출자에 따라 사업을 폐지한 경우

㉢ 분할신설법인이 조세특례제한법 시행령 제34조 제6항 제1호에 따른 기업개선계획의 이행을 위한 약정 또는 같은 항 제2호에 따른 기업개선계획의 이행을 위한 특별약정에 따라 승계받은 자산을 처분한 경우

㉣ 분할신설법인이 채무자 회생 및 파산에 관한 법률에 따른 회생절차에 따라 법원의 허가를 받아 승계받은 자산을 처분한 경우

④ 분할등기일 1개월 전 당시 분할하는 사업부문에 종사하는 일정한 근로자 중 분할신설법인등이 승계한 근로자의 비율이 80% 이상이고, 분할등기일이 속하는 사업연도의 종료일까지 그 비율을 유지할 것(고용승계 요건, 자세한 설명은 '4-2-2. 적격분할의 요건'의 '(6) 고용승계 요건'을 참조하기로 함). 다만, 다음의 부득이한 사유가 있는 경우에는 본 요건을 충

족하지 못한 경우에도 과세이연을 적용받을 수 있다(법령 §84 ⑫ 3호 가목, §80의 2 ① 3호 가목~다목).

㉠ 분할신설법인이 채무자 회생 및 파산에 관한 법률 제193조에 따른 회생계획을 이행 중인 경우

㉡ 분할신설법인이 파산함에 따라 근로자의 비율을 유지하지 못한 경우

㉢ 분할신설법인이 적격합병, 적격분할, 적격물적분할 또는 적격현물출자에 따라 근로자의 비율을 유지하지 못한 경우

㉣ 분할등기일 1개월 전 당시 분할하는 사업부문에 종사하는 근로기준법에 따라 근로계약을 체결한 내국인 근로자가 5명 미만인 경우. 이 경우, 다음의 어느 하나에 해당하는 근로자를 제외할 수 있다(법령 §82의 2 ⑩ 및 법칙 §41 ⑩).

- 분할 후 존속하는 사업부문과 분할하는 사업부문에 모두 종사하는 근로자
- 분할하는 사업부문에 종사하는 것으로 볼 수 없는 인사, 재무, 회계, 경영관리 업무 또는 이와 유사한 업무를 수행하는 근로자

상기에도 불구하고 다음의 어느 하나에 해당하는 사업부문을 분할하는 경우에는 적격물적분할로 보지 아니한다(법법 §46 ③ 및 법령 §82의 2 ② 및 법칙 §41 ①, ②).

① 부동산임대업을 주업으로 하는 사업부문(분할하는 사업부문이 승계하는 자산총액 중 부동산임대업에 사용된 자산가액이 50% 이상인 사업부문을 말하며, 이 경우 하나의 분할신설법인이 여러 사업부문을 승계하였을 때에는 분할신설법인 등이 승계한 모든 사업부문의 자산가액을 더하여 계산함)

② 분할법인으로부터 승계한 사업용 자산가액 중 다음의 자산(소법 §94 ① 1호, 2호)이 80% 이상인 사업부문. 다만, 분할일 현재 3년 이상 계속하여 사업을 경영한 사업부문이 직접 사용한 자산(부동산임대업에 사용되는 자산은 제외함)의 가액은 제외함.

㉠ 토지(공간정보의 구축 및 관리 등에 관한 법률에 따라 지적공부에 등록하여야 할 지목에 해당하는 것을 말함) 또는 건물(건물에 부속된 시설물과 구축물을 포함함)

㉡ 부동산을 취득할 수 있는 권리(건물이 완성되는 때에 그 건물과 이에 딸린 토지를 취득할 수 있는 권리를 포함함), 지상권, 전세권과 등기된 부동산임차권

2-1-3. 과세이연 대상금액 및 방법

과세이연요건을 갖춘 물적분할의 경우 분할법인이 과세이연을 받을 수 있는 금액은 다음과 같으며, 동 금액에 대해 과세이연을 받고자 하는 경우에는 분할등기일이 속하는 사업연도의 소득금액계산에 있어서 분할신설법인으로부터 취득한 주식 등(이하 '분할신설법인주식 등'이라 함)의 압축기장충당금으로 계상하여야 한다(법법 §47 ① 및 법령 §84 ①, ②).

과세이연 대상금액 = Min(①, ②)
① 분할신설법인주식 등의 가액
② 물적분할로 인하여 발생한 양도차익

2-1-4. 과세이연의 사후관리

(1) 과세이연금액의 일반적 익금산입

분할법인이 적격물적분할(법법 §47 ①에 따라 양도차익을 손금에 산입한 물적분할)에 따라 손금에 산입한 양도차익에 상당하는 금액은 분할법인이 분할신설법인주식 등을 처분하거나, 분할신설법인이 분할법인으로부터 승계받은 감가상각자산(사업에 사용하지 아니하는 자산을 포함하되, 유휴설비는 제외함), 토지 및 주식 등(이하 "승계자산"이라 함)을 처분하는 경우 해당 사유가 발생하는 사업연도에 다음의 금액을 익금에 산입한다. 이 경우 분할법인으로부터 승계받은 자산을 처분하는 분할신설법인은 그 자산의 처분 사실을 처분일부터 1개월 이내에 분할법인에 알려야 한다(법법 §47 ② 및 법령 §24 ③ 1호, §84 ③·④).

익금산입액 = ①×(②+③−②×③)

① 압축기장충당금 잔액 : 직전 사업연도 종료일(분할등기일이 속하는 사업연도의 경우 분할등기일을 말하며, 이하 같음) 현재 분할신설법인주식 등의 압축기장충당금 잔액
② 당기주식처분비율 : 분할법인이 직전 사업연도 종료일 현재 보유하고 있는 분할신설법인의 주식 등의 장부가액에서 해당 사업연도에 처분한 분할신설법인의 주식 등의 장부가액이 차지하는 비율
③ 당기자산처분비율 : 분할신설법인이 직전 사업연도 종료일 현재 보유하고 있는 승계자산의 양도차익(분할등기일 현재의 승계자산의 시가에서 분할등기일 전날 분할법인이 보유한 승계자산의 장부가액을 차감한 금액을 말함)에서 해당 사업연도에 처분한 승계자산의 양도차익이 차지하는 비율

다만, 분할신설법인이 적격합병되거나 적격분할하는 등 부득이한 사유가 있는 경우에는 상기 익금산입 대상에서 제외하는 바, 이에 대해서는 후술하는 "(3) 적격구조조정에 따른 계속 과세이연 및 사후관리"를 참조하기 바란다.

(2) 과세이연금액의 일시 익금산입

양도차익 상당액을 손금에 산입한 분할법인은 분할등기일이 속하는 사업연도의 다음 사업연도 개시일부터 2년 이내(③ 사유의 경우 3년 이내)에 다음의 어느 하나에 해당하는 사유가 발생하는 경우에는 손금에 산입한 금액 중 상기 (1)의 방법에 따라 익금에 산입하고 남은 금

액을 그 사유가 발생한 날이 속하는 사업연도의 소득금액을 계산할 때 익금에 산입한다. 다만, 부득이한 사유가 있는 경우에는 그러하지 아니한다(법법 §47 ③ 및 법령 §84 ⑫, ⑬, §80의 2 ①).

① 분할신설법인이 분할법인으로부터 승계받은 사업을 폐지하는 경우
② 분할법인이 분할신설법인의 발행주식총수 또는 출자총액의 50% 미만으로 주식등을 보유하게 되는 경우
③ 각 사업연도 종료일 현재 분할신설법인에 종사하는 근로기준법에 따라 근로계약을 체결한 내국인 근로자(다만, 분할하는 사업부문에 종사하는 근로자의 경우에는 다음의 어느 하나에 해당하는 근로자를 제외할 수 있음) 수가 분할등기일 1개월 전 당시 분할하는 사업부문(분할법인으로부터 승계하는 부분을 말하며, 이하 같음)에 종사하는 근로자 수의 80% 미만으로 하락하는 경우(법령 §82의 2 ⑩, §84 ⑭ 및 법칙 §41 ⑩)
   ㉠ 분할 후 존속하는 사업부문과 분할하는 사업부문에 모두 종사하는 근로자
   ㉡ 분할하는 사업부문에 종사하는 것으로 볼 수 없는 인사, 재무, 회계, 경영관리 업무 또는 이와 유사한 업무를 수행하는 근로자

이 경우 부득이한 사유에 대해서는 상기 '2-1-2. 과세이연 요건' 중 ②~④의 내용을 참고하되, '④ 고용승계 요건'에 대한 부득이한 예외 사유 중 ㉣의 경우는 제외한다.

(3) 적격구조조정에 따른 계속 과세이연 및 사후관리

1) 계속 과세이연 사유

분할법인이 적격물적분할에 따라 자산양도차익에 대해 과세이연을 적용받은 후, 다음 어느 하나에 해당하는 경우에는 상기 '(1) 과세이연금액의 일반적 익금산입'의 대상에서 제외한다(법령 §84 ⑤).

① 분할법인 또는 분할신설법인이 최초로 적격합병, 적격분할, 적격물적분할, 적격현물출자, 조세특례제한법 제38조에 따라 과세를 이연받은 주식의 포괄적 교환등 또는 같은 법 제38조의 2에 따라 과세를 이연받은 주식의 현물출자(이하 "적격구조조정"이라 함)로 주식등 및 자산을 처분하는 경우
② 분할신설법인의 발행주식 또는 출자액 전부를 분할법인이 소유하고 있는 경우로서 다음의 어느 하나에 해당하는 경우
   ㉠ 분할법인이 분할신설법인을 적격합병(법인세법 제46조의 4 제3항에 따른 적격분할합병을 포함하며, 이하 같음)하거나 분할신설법인에 적격합병되어 분할법인 또는 분할신설법인이 주식등 및 자산을 처분하는 경우
   ㉡ 분할법인 또는 분할신설법인이 적격합병, 적격분할, 적격물적분할 또는 적격현물출자로 주식등 및 자산을 처분하는 경우. 단, 해당 적격합병, 적격분할, 적격물적분할 또는

적격현물출자에 따른 합병법인, 분할신설법인등 또는 피출자법인의 발행주식 또는 출자액 전부를 당초의 분할법인이 직접 또는 간접으로 소유하고 있는 경우로 한정함.

③ 분할법인 또는 분할신설법인이 주식등과 그와 관련된 자산·부채만으로 구성된 사업부문(법령 §82의 2 ③ 각 호의 어느 하나에 해당하는 사업부문을 말함)의 적격분할 또는 적격물적분할로 주식등 및 자산을 처분하는 경우. 이 경우 '주식등과 그와 과련된 자산·부채만으로 구성된 사업부문'에 대해서는 후술하는 '4-2-2. 적격분할의 요건 중 (2) 독립된 사업의 분리요건'을 참조하기 바란다.

상기 '②'의 'ⓛ'에서 당초의 분할법인이 간접으로 소유하는 경우란, 당초의 분할법인이 해당 적격합병, 적격분할, 적격물적분할 또는 적격현물출자에 따른 합병법인, 분할신설법인등 또는 피출자법인(이하 "적격구조조정법인"이라 함)의 주주인 법인(이하 "주주법인"이라 함)을 통해 적격구조조정법인을 소유하는 것을 말하며, 적격구조조정법인에 대한 당초의 분할법인의 간접소유비율은 다음의 계산식에 따라 계산한다. 이 경우 주주법인이 둘 이상인 경우에는 각 주주법인별로 계산한 비율을 합계한 비율을 적격구조조정법인에 대한 당초의 분할법인의 간접소유비율로 하며, 주주법인과 당초의 분할법인 사이에 하나 이상의 법인이 끼어 있고 이들 법인이 주식소유관계를 통하여 연결되어 있는 경우에도 이를 준용하여 간접소유비율을 계산한다(법칙 §42 ①~③).

간접소유비율	=	주주법인에 대한 당초의 분할법인의 주식소유비율	×	적격구조조정법인에 대한 주주법인의 주식소유비율

2) 계속 과세이연시 압축기장충당금 대체 방법

분할법인이 상기의 '1) 계속 과세이연 사유'에 따라 적격물적분할에 따른 과세이연을 계속 적용받는 경우 해당 분할법인이 보유한 분할신설법인주식 등의 압축기장충당금은 다음의 구분에 따른 방법으로 대체한다(법령 §84 ⑥).

① 다음의 계산식에 따른 금액을 분할법인 또는 분할신설법인이 새로 취득하는 자산승계법인(적격구조조정으로 분할신설법인으로부터 분할신설법인의 자산을 승계하는 법인이라 하며, 이하 같음)의 주식 등(이하 "자산승계법인주식 등"이라 함)의 압축기장충당금으로 할 것. 다만, 자산승계법인이 분할법인인 경우에는 분할신설법인주식 등의 압축기장충당금 잔액을 분할법인이 승계하는 자산 중 최초 물적분할 당시 양도차익이 발생한 자산의 양도차익에 비례하여 안분계산한 후 그 금액을 해당 자산이 감가상각자산인 경우 그 자산의 일시상각충당금으로, 해당 자산이 감가상각자산이 아닌 경우 그 자산의 압축기장충당금으로 함.

자산승계법인주식 등의 압축기장충당금	=	분할신설법인주식 등의 압축기장충당금 잔액	×	당기자산처분비율(*1) (법령 §84 ③ 2호)

(*1) 당기자산처분비율(법령 §84 ③ 2호)을 산정할 때 '처분한 승계자산'은 적격구조조정에 따라 분할신설법인이 자산승계법인에 처분한 승계자산에 해당하는 것을 말함.

② 다음의 계산식에 따른 금액을 주식승계법인(적격구조조정으로 분할법인으로부터 분할신설법인주식 등을 승계하는 법인이라 하며, 이하 같음)이 승계한 분할신설법인주식 등의 압축기장충당금으로 할 것

주식승계법인이 승계한 분할신설법인주식 등의 압축기장충당금	=	분할신설법인주식 등의 압축기장충당금 잔액	×	당기주식처분비율(*2) (법령 §84 ③ 1호)

(*2) 당기주식처분비율(법령 §84 ③ 1호)을 산정할 때 '처분한 주식'은 적격구조조정에 따라 주식승계법인에 처분한 분할신설법인주식 등에 해당하는 것을 말함.

관련사례

• 적격물적분할법인을 합병한 주식승계법인이 분할신설법인을 합병시 압축기장충당금 대체 방법

적격물적분할법인을 적격흡수합병하면서 압축기장충당금을 승계한 주식승계법인이 그 이후 적격물적분할신설법인을 적격흡수합병하는 경우 승계한 압축기장충당금은 주식승계법인이 합병 시 승계하는 자산 중 당초 물적분할한 자산의 일시상각충당금(감가상각자산이 아닌 경우 압축기장충당금)으로 대체하는 것임(서면-2023-법인-0472, 2024. 4. 8.).

3) 계속 과세이연의 사후관리

① 과세이연금액의 일반적 익금산입

㉠ 사후관리 사유 및 익금산입 방법

상기 '2) 계속 과세이연시 압축기장충당금 대체 방법'에서 설명하는 압축기장충당금 대체 방법에 따라 새로 압축기장충당금을 설정한 분할법인, 분할신설법인 또는 주식승계법인은 다음의 어느 하나에 해당하는 사유가 발생하는 경우에는 그 사유가 발생한 날이 속하는 사업연도의 소득금액을 계산할 때 상기 '(1) 과세이연금액의 일반적 익금산입'에서 설명한 익금산입액 산식을 준용하여 계산한 금액만큼을 익금에 산입한다(법령 §84 ⑦).

가. 분할법인 또는 분할신설법인이 적격구조조정에 따라 새로 취득한 자산승계법인주식등을 처분하거나 주식승계법인이 적격구조조정에 따라 승계한 분할신설법인주식등을 처분하는 경우

나. 자산승계법인이 적격구조조정으로 분할신설법인으로부터 승계한 자산(법령 §84

④)을 처분하거나 분할신설법인이 승계자산을 처분하는 경우. 이 경우 분할신설법인 및 자산승계법인은 그 자산의 처분 사실을 처분일부터 1개월 이내에 분할법인, 분할신설법인, 주식승계법인 또는 자산승계법인에 알려야 한다.

다만, 상기 '2) 계속 과세이연시 압축기장충당금 대체 방법'의 ①의 단서에 해당하는 경우에는 다음의 방법으로 익금에 산입한다(법령 §84 ⑦ 본문, §64 ④ 각 호).

가. 일시상각충당금은 당해 사업용 자산의 감가상각비(취득가액 중 당해 일시상각충당금에 상당하는 부분에 대한 것에 한함)와 상계할 것. 다만, 당해 자산을 처분하는 경우에는 상계하고 남은 잔액을 그 처분한 날이 속하는 사업연도에 전액 익금에 산입한다.

나. 압축기장충당금은 당해 사업용 자산을 처분하는 사업연도에 이를 전액 익금에 산입할 것

㉡ 사후관리의 예외

상기 '㉠ 사후관리 사유 및 익금산입 방법'에 따라 계속 과세이연금액을 익금산입할 때 상기 '1) 계속 과세이연 사유'의 ② 또는 ③의 사유에 해당하는 경우에는 익금산입 대상에서 제외하며, 익금산입 대상에서 제외한 경우 분할법인, 분할신설법인 또는 주식승계법인이 보유한 분할신설법인주식등 또는 자산승계법인주식등의 압축기장충당금은 상기의 방법을 준용하여 대체(이하 "계속 재과세이연"이라 함)한다(법령 §84 ⑦ 단서, ⑧).

한편, 상기 '계속 재과세이연"에 따라 새로 압축기장충당금을 설정한 분할법인, 분할신설법인 또는 주식승계법인은 상기 '㉠'의 '가' 또는 '나'의 사유가 발생하는 경우에는 그 사유가 발생한 날이 속하는 사업연도의 소득금액을 계산할 때 상기 '㉠'에서 설명한 방법에 따라 압축기장충당금을 익금에 산입하며(법령 §84 ⑩), 분할등기일이 속하는 사업연도의 다음 사업연도 개시일부터 2년 내에 아래 '② 과세이연금액의 일시 익금산입'의 ㉠ 또는 ㉡에 해당하는 사유가 발생하는 경우에는 압축기장충당금 잔액 전부를 그 사유가 발생한 날이 속하는 사업연도의 소득금액을 계산할 때 익금에 산입한다(법령 §84 ⑪, ⑬).

② 과세이연금액의 일시 익금산입

상기 '2) 계속 과세이연시 압축기장충당금 대체 방법'에서 설명하는 압축기장충당금 대체 방법에 따라 새로 압축기장충당금을 설정한 분할법인, 분할신설법인 또는 주식승계법인은 분할등기일이 속하는 사업연도의 다음 사업연도 개시일부터 2년 내에 다음의 어느 하나에 해당하는 사유가 발생하는 경우에는 새로 설정한 압축기장충당금 잔액 전부를 그 사유가 발생한 날이 속하는 사업연도의 소득금액을 계산할 때 익금에 산입한다(법령 §84 ⑨, ⑬).

㉠ 자산승계법인이 분할신설법인으로부터 적격구조조정으로 승계받은 사업을 폐지하거나 분할신설법인이 분할법인으로부터 승계받은 사업을 폐지하는 경우

㉡ 분할법인 또는 분할신설법인이 보유한 자산승계법인주식 등이 자산승계법인의 발행주식총수 또는 출자총액에서 차지하는 비율(이하 "자산승계법인지분비율"이라 함)이 자산승계법인주식 등 취득일의 자산승계법인지분비율의 50% 미만이 되거나 주식승계법인이 보유한 분할신설법인주식 등이 분할신설법인의 발행주식총수 또는 출자총액에서 차지하는 비율(이하 "분할신설법인지분비율"이라 함)이 분할신설법인주식 등 취득일의 분할신설법인지분비율의 50% 미만이 되는 경우

한편, 이 경우 자산승계법인이 분할등기일이 속하는 사업연도의 다음 사업연도 개시일부터 2년 이내 기간 중 분할신설법인으로부터 승계한 자산가액의 50% 이상을 처분하거나 사업에 사용하지 아니하는 경우에는 승계받은 사업을 폐지한 것으로 본다(법령 §84 ⑭, §80의 4 ⑧).

2-1-5. 과세이연의 신청

자산양도차익에 대한 과세이연을 적용받으려는 분할법인 또는 주식승계법인은 법인세 과세표준 등의 신고(법법 §60)를 할 때 분할신설법인 또는 자산승계법인과 함께 물적분할과세특례신청서 [법칙 별지 제43호 서식] 및 자산의 양도차익에 관한 명세서(갑), (을)[법칙 별지 제46호의 2 서식 (갑), (을)]을 납세지 관할 세무서장에게 제출하여야 한다(법법 §47 ⑥ 및 법령 §84 ⑱ 및 법칙 §82 ① 41호, 44호의 3).

2-2. 토지 등 양도소득에 대한 법인세

내국법인이 다음의 자산을 양도하는 경우에는 양도소득(양도가액-세무상 장부가액)에 세율(10~40%)을 곱하여 산출한 세액을 토지 등 양도소득에 대한 법인세로 하여 각 사업연도 소득금액에 대한 법인세에 추가하여 납부하여야 한다(법법 §55의 2).

양도시기	과세대상
2009. 3. 15. 이전	① 지가급등지역에 소재하는 토지 및 건물 ② 법인세법 시행령 제92조의 2에 규정된 주택(부수토지 포함) ③ 비사업용 토지
2009. 3. 16. ~ 2012. 12. 31.	① 지정지역(소법 §104의 2 ②) 안의 주택(부수토지 포함) ② 지정지역(소법 §104의 2 ②) 안의 비사업용 토지 ③ 부동산가격 급등(우려)지역에 소재하는 대통령령이 정하는 부동산
2013. 1. 1. 이후(*)	① 법인세법 시행령 제92조의 2에 규정된 주택(부수토지 포함) 및 별장 ② 비사업용 토지
2021. 1. 1. 이후	① 법인세법 시행령 제92조의 2에 규정된 주택(부수토지 포함) 및 별장(*) ② 비사업용 토지(*) ③ 주택을 취득하기 위한 권리로서 조합원입주권(소법 §88 9호) 및 분양권(소법 §88 10호)

(*) ① 2009. 3. 16.~2012. 12. 31. 동안 취득한 자산을 양도함으로써 발생하는 소득에 대하여는 적용하지 아니함(법법 부칙(2009. 5. 21.) §4).
② 중소기업(법법 §25 ① 1호 및 조특령 §2)이 2014. 1. 1.부터 2015. 12. 31.까지 주택 또는 비사업용 토지(미등기 토지등은 제외함)를 양도하는 경우에는 적용하지 아니함(법법 부칙(2014. 1. 1.) §8, 2014. 12. 23. 개정).

그러나, 미등기 토지 등에 대한 토지 등 양도소득이 아닌 이상 적격물적분할로 인하여 발생하는 소득에 대하여는 토지 등 양도소득에 대한 법인세를 과세하지 아니한다(법법 §55의 2 ④ 3호 및 법령 §92의 2 ④ 2호). 또한, 토지를 취득한 날부터 3년 이내에 법인의 분할로 인하여 양도되는 토지는 이를 비사업용 토지로 보지 아니한다(법령 §92의 11 ③ 1호).

토지 등 양도소득에 대한 법인세와 관련하여 자세한 내용은 "제4편 제1장 제3절 토지 등 양도소득에 대한 과세특례"편을 참조하기 바란다.

2-3. 물적분할에 따라 취득한 주식 등의 취득가액

물적분할에 따라 분할법인이 취득하는 주식등의 취득가액은 물적분할한 순자산의 시가로 한다(법령 §72 ② 3호의 2).

관련사례

• 물적분할로 취득하는 주식의 시가에 영업권 포함 여부
물적분할에 따라 분할법인이 취득한 주식은 물적분할한 순자산의 시가를 취득가액으로 하는 것이며, 물적분할한 순자산에는 물적분할한 사업부문에 대한 영업권은 포함되지 않는 것임(사전-2020-법령해석법인-0568, 2020. 10. 29. 및 사전법령법인-323, 2018. 6. 20.).

3. 물적분할시 분할신설법인의 세무

3-1. 자산 · 부채의 승계

분할신설법인이 물적분할에 따라 분할법인으로부터 승계하는 자산은 해당 자산의 시가를 취득가액으로 계상한다(법령 §72 ② 3호).

3-2. 세무조정사항의 승계

내국법인이 분할하는 경우 법인세법 또는 다른 법률에 다른 규정이 있는 경우 외에는 분할등기일 현재의 분할법인의 퇴직급여충당금 또는 대손충당금(법법 §33 ③, ④, §34 ④)을 분할신설법인이 승계한 경우에는 그와 관련된 세무조정사항을 승계하고, 그 밖의 세무조정사항은 모두 분할신설법인에 미승계한다(법법 §47 ④ 및 법령 §85 2호).

:: 비적격물적분할시 퇴직급여충당금 또는 대손충당금 관련 세무조정사항의 승계 여부

(1) 2014년 2월 21일 이후 물적분할하는 분

2014년 2월 21일 시행령 개정시 비적격물적분할시 퇴직급여충당금 또는 대손충당금을 분할신설법인이 승계시 관련 세무조정의 승계가 가능함을 명확히 하였으며, 동 개정규정은 2014년 2월 21일 이후 물적분할하는 분부터 적용함.

(2) 2014년 2월 20일 이전 물적분할하는 분

구 법인세법 제33조 제3항 및 같은 법 제34조 제6항에서는 내국법인이 분할등기일 현재의 퇴직급여충당금 또는 대손충당금 중 분할신설법인에게 인계한 금액은 분할법인이 승계할 수 있도록 규정하고 있으나, 대손충당금 및 퇴직급여충당금 관련 세무조정의 승계를 규정한 구법인세법 시행령 제85조(2014. 2. 21. 개정 전)에서는 비적격물적분할을 언급하고 있지 않아, 비적격물적분할의 경우, 퇴직급여충당금 또는 대손충당금 관련 세무조정 사항을 승계할 수 있는지 여부가 논란이 됨.

이와 관련하여 과세당국의 유권해석(법규법인 2012-458, 2013. 1. 28.)은 법인세법 시행령 제85조의 문리해석상 비적격물적분할의 경우에는 퇴직급여충당금 또는 대손충당금 관련 세무조정사항을 승계할 수 없다는 입장을 취하고 있음. 그러나 2012년 2월 2일 개정된 시행령 제85조의 개정취지 등을 고려할 때 세무조정사항을 승계하여야 한다는 의견도 있음.

3-3. 세액감면 · 세액공제의 승계

분할법인이 적격물적분할에 따라 자산양도차익에 대해 과세이연을 받은 경우에는 분할법인이 분할 전에 적용받던 감면 또는 세액공제(법법 §59)를 승계하여 다음의 구분에 따라 승계받은 사업에 속하는 감면 또는 세액공제에 한정하여 그 적용을 받을 수 있다. 이 경우 법인세법 또는 다른 법률에 해당 감면 또는 세액공제의 요건 등에 관한 규정이 있는 경우에는 분할신설법인이 그 요건 등을 갖춘 경우에만 이를 적용한다(법법 §47 ④ 및 법령 §84 ⑮).

① 이월된 감면 · 세액공제가 특정 사업 · 자산과 관련된 경우 : 특정 사업 · 자산을 승계한 분할신설법인이 공제

② ① 외의 이월된 감면 · 세액공제의 경우 : 분할법인의 사업용 고정자산가액 중 분할신설법인이 각각 승계한 사업용 고정자산가액 비율로 안분하여 분할신설법인이 각각 공제

한편, 분할신설법인이 승계한 분할법인의 감면 · 세액공제의 구체적인 적용방법은 적격합병시 피합병법인의 세액감면 · 세액공제 승계규정(법령 §81 ③)을 준용하도록 하고 있으며, 이에 대한 자세한 설명은 '제3장 제1절 합병'의 '5-8. 세액감면 · 세액공제의 승계'를 참조하기로 한다(법령 §84 ⑯).

3-4. 적격구조조정에 따른 과세이연 및 사후관리

분할법인이 적격물적분할에 따라 자산양도차익에 대해 과세이연을 적용받은 후, 분할신설법인이 적격구조조정을 하는 경우 분할법인의 과세이연의 유지 등에 대해서는 상기 '2-1-4. 과세이연의 사후관리' 중 '(3) 적격구조조정에 따른 계속 과세이연 및 사후관리'의 내용을 참고한다.

4. 인적분할시 분할법인 등의 세무

4-1. 비적격분할시 양도손익 과세

4-1-1. 개 요

분할은 분할회사가 소멸하는 형태(이하 "완전분할"이라 함)와 존속하는 형태(이하 "불완전분할"이라 함)로 구분할 수 있는데, 완전분할의 경우에는 분할법인이 법률적으로 소멸되는데 반해 불완전분할의 경우에는 분할회사가 소멸하지 않고 존속하게 된다. 그러나 불완전분할의 경우 분할법인이 존속한다 하더라도 분할재산을 승계한 법인의 주식을 분할법인의 주주가 취득하고 분할회사에서는 순자산의 감소가 이루어지기 때문에 분할부문에 대하여는 완전분할과 같이 사실상 청산소득개념의 양도손익이 발생한다고 볼 수 있다. 이는 분할재산의 승계대가로 받은 주식을 주주에게 교부한 것은 분할재산을 환가하여 주주에게 환급한 것과 동일한 결과를 가져오기 때문이다.

따라서, 법인세법에서는 양도손익의 과세 문제에 있어서는 분할법인의 존속 또는 소멸 여부에 따라 분할법인이 소멸하는 소멸분할(완전분할)과 분할법인이 존속하는 존속분할(불완전분할)로 구분하여 그 적용을 달리하고 있다(법법 §46, §46의 5).

▮완전분할과 불완전분할(존속분할)시 양도손익의 계산▮

완전분할시 양도손익의 계산	불완전분할시 양도손익의 계산
분할법인이 분할신설법인 등으로부터 받은 양도가액	분할법인이 분할신설법인 등으로부터 받은 양도가액
(-) 분할법인의 분할등기일 현재의 순자산 장부가액	(-) 분할법인의 분할한 사업부문의 분할등기일 현재의 순자산 장부가액
소멸분할법인의 양도손익	존속분할법인의 양도손익

4-1-2. 소멸분할(완전분할)법인의 양도손익에 대한 법인세

(1) 개 요

내국법인이 분할(분할합병을 포함하며, 이하 같음)로 해산하는 경우(물적분할은 제외함) 그 법인의 자산을 분할신설법인 또는 분할합병의 상대방법인(이하 "분할신설법인 등"이라 함)에 양도한 것으로 보며, 양도에 따라 발생하는 다음의 양도손익은 분할법인 또는 소멸한 분할합병의 상대방법인(이하 "분할법인 등"이라 함)이 분할등기일이 속하는 사업연도의 소득금액을 계산할 때 익금 또는 손금에 산입한다(법법 §46 ①).

양도손익	=	분할법인 등이 분할신설법인 등으로부터 받은 양도가액	-	분할법인 등의 분할등기일 현재 순자산 장부가액

(2) 양도가액의 계산

분할법인 등이 분할신설법인 등으로부터 받은 양도가액은 다음의 합계액(①+②)으로 계산한다(법법 §46 ① 1호 및 법령 §82 ① 2호).

① 분할교부주식 등의 가액
분할신설법인 등이 분할로 인하여 분할법인의 주주에 지급한 분할신설법인 등의 주식(분할합병의 경우에는 분할등기일 현재 분할합병의 상대방법인의 발행주식총수 또는 출자총액을 소유하고 있는 내국법인의 주식을 포함함)의 가액 및 금전이나 그 밖의 재산가액의 합계액. 다만, 분할합병의 경우 분할합병의 상대방법인이 분할등기일 전 취득한 분할법인의 주식[신설분할합병 또는 3 이상의 법인이 분할합병하는 경우에는 분할등기일 전 분할법인이 취득한 다른 분할법인의 주식(분할합병으로 분할합병의 상대방법인이 승계하는 것에 한정함), 분할등기일 전 분할합병의 상대방법인이 취득한 소멸한 분할합병의 상대방법인의 주식 또는 분할등기일 전 소멸한 분할합병의 상대방법인이 취득한 분할법인의 주식과 다른 소멸한 분할합병의 상대방법인의 주식을 포함함. 이하 "분할합병포합주식"이라 함]이 있는 경우에는 그 주식에 대하여 분할신설법인 등의 주식(이하 "분할합병교부주식"이라 함)을 교부하지 아니하더라도 그 지분비율에 따라 분할합병교부주식을 교부한 것으로 보아 분할합병의 상대방법인의 주식의 가액을 계산한다.

② 분할신설법인 등이 납부하는 분할법인 등의 법인세 등
분할신설법인 등이 납부하는 분할법인의 법인세 및 그 법인세(감면세액을 포함함)에 부과되는 국세와 법인지방소득세(지법 §88 ②)의 합계액

▌양도가액의 계산식▐

양도가액	=	분할교부주식가액 및 분할교부금 등	+	분할합병의 경우 분할합병포합주식에 대한 분할신주 교부 간주액	+	분할신설법인 등이 대납한 분할법인 등의 법인세 등

한편, 법령에서는 분할교부주식 등 가액 평가에 관해 명시적인 규정이 없어 쟁점이 될 수 있는 바, 분할교부주식 등 가액의 불명확성에 대한 보다 자세한 설명은 "제2편 제3장 제1절 합병"편의 "4-1-2. 양도손익의 계산"을 참조하기로 한다.

(3) 순자산 장부가액의 계산

분할법인 등의 순자산 장부가액이란, 분할법인 등의 분할등기일 현재의 자산의 장부가액 총액에서 부채의 장부가액 총액을 뺀 가액으로 한다. 이 경우 순자산 장부가액을 계산할 때 국세기본법에 따라 환급되는 법인세액이 있는 경우에는 이에 상당하는 금액을 분할법인 등의 분할등기일 현재의 순자산 장부가액에 더한다(법법 §46 ① 2호 및 법령 §82 ②).

(4) 양도손익과 부당행위계산부인

특수관계인인 법인 간 분할에 있어서 불공정한 비율로 분할함으로써 양도손익을 감소시킨 경우에는 부당행위계산부인 규정이 적용된다. 다만, 자본시장과 금융투자업에 관한 법률 제165조의 4에 따라 분할하는 경우는 제외한다(법령 §88 ① 3호의 2).

한편, 양도손익의 부당행위계산부인과 관련하여 자세한 내용은 "제2편 제2장 제1절 부당행위계산의 부인"편을 참조하기 바란다.

4-1-3. 존속분할(불완전분할)법인의 양도손익에 대한 법인세

내국법인이 분할(물적분할은 제외)한 후 존속하는 경우 분할한 사업부문의 자산을 분할신설법인 등에 양도한 것으로 보며, 양도에 따라 발생하는 다음의 양도손익은 분할법인이 분할등기일이 속하는 사업연도의 소득금액을 계산할 때 익금 또는 손금에 산입한다(법법 §46의 5 ① 및 법령 §83의 2).

양도손익	=	분할법인이 분할신설법인 등으로부터 받은 양도가액	-	분할법인의 분할한 사업부문의 분할등기일 현재 순자산 장부가액

상기에서 살펴본 바와 같이 존속분할의 경우 분할법인의 일부 사업부문의 순자산이 양도되고 분할법인이 존속한다는 사실 외에는 완전분할과 유사하게 양도손익이 계산되는 바, 존속분할법인의 양도손익 계산에 대한 보다 자세한 내용은 상기 '4-1-2. 소멸분할(완전분할)법인의 양도손익에 대한 법인세' 해설을 참고하기로 한다.

4-2. 적격분할시 양도손익 과세특례

4-2-1. 개 요

분할시 분할법인 등이 아래 '4-2-2. 적격분할의 요건'에서 기술한 적격분할의 요건을 갖춘 경우 분할법인 등이 분할신설법인 등으로부터 받은 양도가액을 분할법인 등의 분할등기일 현재의 순자산 장부가액으로 보아 양도손익이 없는 것으로 할 수 있다(법법 §46 및 법령 §82 ① 1호). 이는 적격분할(법법 §46 ②에 따른 적격분할)은 사업목적의 분할로서 주주구성의 변동이 거의 없고 분할법인 등의 사업활동이 분할신설법인 등에 승계되어 그대로 유지되기 때문에 형식적 조직개편에 지나지 않는 것인 바, 분할등기일 현재 분할법인 등의 순자산에 남아 있는 미실현이익을 과세소득으로 인식하지 않고 분할신설법인 등에 이월되어 과세되도록 하기 위한 것이다.

4-2-2. 적격분할의 요건

(1) 개 요

다음의 적격분할의 요건을 모두 갖춘 분할의 경우 분할법인 등이 분할신설법인 등으로부터 받은 양도가액은 분할법인 등의 분할등기일 현재의 순자산 장부가액으로 보아 양도손익이 없는 것으로 할 수 있다. 다만, 아래 '(4) 지분연속성 요건', '(5) 사업의 계속성 요건' 및 '(6) 고용승계 요건'에서 설명하는 부득이한 사유에 해당하는 경우에는 아래 ②~④의 요건을 갖추지 못한 경우에도 적격분할로 보아 양도손익이 없는 것으로 할 수 있다(법법 §46 ②).

① 분할등기일 현재 5년 이상 사업을 계속하던 내국법인이 다음의 요건을 갖추어 분할하는 것일 것(분할합병의 경우에는 소멸한 분할합병의 상대방법인 및 분할합병의 상대방법인이 분할등기일 현재 1년 이상 사업을 계속하던 내국법인일 것)(사업영위기간 요건)

㉠ 분리하여 사업이 가능한 독립된 사업부문을 분할하는 것일 것(독립된 사업의 분리요건)

㉡ 분할하는 사업부문의 자산 및 부채가 포괄적으로 승계될 것. 다만, 공동으로 사용하던 자산, 채무자의 변경이 불가능한 부채 등으로서 일정한 것은 제외함(자산·부채의 포괄승계요건).

㉢ 분할법인 등만의 출자에 의하여 분할하는 것일 것(단독출자 요건)

② 분할법인 등의 주주가 분할신설법인 등으로부터 받은 분할대가의 전액이 주식인 경우(분할합병의 경우에는 분할대가의 80% 이상이 분할신설법인 등의 주식인 경우 또는 분할대가의 80% 이상이 분할합병의 상대방법인의 발행주식총수 또는 출자총액을 소유하고 있는 내국법인의 주식인 경우를 말함)로서 법 소정의 방식에 따라 배정되고, 법 소정의 분할법인 등의 주주 등이 분할등기일이 속하는 사업연도의 종료일까지 그 주식 등을 보유할 것(지분의 연속성 요건)

③ 분할신설법인 등이 분할등기일이 속하는 사업연도의 종료일까지 분할법인 등으로부터 승계받은 사업을 계속할 것(사업의 계속성 요건)

④ 분할등기일 1개월 전 당시 분할하는 사업부문에 종사하는 일정한 근로자 중 분할신설법인등이 승계한 근로자의 비율이 80% 이상이고, 분할등기일이 속하는 사업연도의 종료일까지 그 비율을 유지할 것(고용승계 요건)

상기에도 불구하고 다음의 어느 하나에 해당하는 사업부문을 분할하는 경우에는 적격분할로 보지 아니한다(법법 §46 ③ 및 법령 §82의 2 ② 및 법칙 §41 ①, ②).

① 부동산 임대업을 주업으로 하는 사업부문(분할하는 사업부문이 승계하는 자산총액 중 부동산 임대업에 사용된 자산가액이 50% 이상인 사업부문을 말하며, 이 경우 하나의 분할신설법인 등이 여러 사업부문을 승계하였을 때에는 분할신설법인 등이 승계한 모든 사업부문의 자산가액을 더하여 계산함)

② 분할하는 사업부문이 승계한 사업용 자산가액 중 다음의 자산(소법 §94 ① 1호, 2호)이 80% 이상인 사업부문. 다만, 사업용 자산에서 분할일 현재 3년 이상 계속하여 사업을 경영한 사업부문이 직접 사용한 자산(부동산 임대업에 사용되는 자산은 제외함)은 제외함.

㉠ 토지(공간정보의 구축 및 관리 등에 관한 법률에 따라 지적공부에 등록하여야 할 지목에 해당하는 것을 말함) 또는 건물(건물에 부속된 시설물과 구축물을 포함함)

㉡ 부동산을 취득할 수 있는 권리(건물이 완성되는 때에 그 건물과 이에 딸린 토지를 취득할 수 있는 권리를 포함함), 지상권, 전세권과 등기된 부동산임차권

관련사례

• 적격 여부와 관계없이 물적분할로 설립된 법인의 인적분할시 사업영위기간 요건 충족 여부 판단

물적분할로 설립된 법인이 인적 또는 물적분할하는 경우, 해당 법인의 사업영위기간을 판정함에 있어, 당초 물적분할의 적격 여부와 관계없이 물적분할 전 분할법인의 사업영위기간을 합산하는 것임(사전-2024-법규법인-0177, 2024. 4. 22.).

• 피합병법인을 흡수합병한 법인이 해당 사업을 분할하는 경우 사업영위기간 요건의 충족 여부 판단

피합병법인을 적격흡수합병한 내국법인이 피합병법인으로부터 승계받은 사업을 분할하는 경우, 적격분할 판단시 사업영위기간 요건인 '분할등기일 현재 5년 이상 사업을 계속하던 내국법인' 여부를 판단함에 있어 그 사업영위기간은 흡수합병 전 해당 사업부문을 영위하던 피합병법인의 사업기간을 포함하여 계산하는 것임(서면-2019-법령해석법인-3385, 2020. 3. 30.).

(2) 독립된 사업의 분리요건

독립된 사업의 분리요건은 분할되는 사업부문이 분리가능하고 독립적으로 사업을 영위할 수 있어야 한다는 것으로 실무상 분리가능성과 독립가능성에 대한 개념이 명확하지 않으나, 사업의 주요기능을 갖추어 분리되는 사업조직만으로 독자적인 사업을 계속적으로 수행할 수 있는 정도의 요건을 의미하는 것으로 보이는 바, 분할법인의 인적 · 물적 자원의 분리가능성 및 분리된 사업부가 독립적으로 운영될 수 있는지에 대한 사실관계를 종합하여 판단하여야 할 것이다.

이 경우 주식등과 그와 관련한 자산・부채만으로 구성된 사업부문의 분할은 다음의 어느 하나에 해당하는 사업부문인 경우로 한정하여 분리하여 사업이 가능한 독립된 사업부문을 분할하는 것으로 본다(법령 §82의 2 ③ 및 법칙 §41 ③, ④, ⑧).

① 분할법인이 분할등기일 전일 현재 보유한 모든 지배목적 보유 주식등[분할법인이 지배주주 등(법령 §43 ⑦)으로서 3년 이상 보유한 주식등을 말하되, 분할 후 분할법인이 존속하는 경우에는 다음의 어느 하나에 해당하는 주식등은 제외할 수 있음]과 그와 관련된 자산・부채만으로 구성된 사업부문
   ㉠ 분할존속법인이 분할등기일 전일 현재 법령상 의무로 보유하거나 인허가를 받기 위하여 보유한 주식등
   ㉡ 분할존속법인이 30% 이상을 매출하거나 매입하는 법인의 주식등과 분할존속법인에 30% 이상을 매출 또는 매입하는 법인의 주식등. 이 경우 매출 또는 매입 비율은 분할등기일이 속하는 사업연도의 직전 3개 사업연도별 매출 또는 매입 비율을 평균하여 계산함.
   ㉢ 분할존속법인과 한국표준산업분류에 따른 세분류상 동일사업을 영위하는 법인의 주식등

② 독점규제 및 공정거래에 관한 법률 및 금융지주회사법에 따른 지주회사(이하 "지주회사"라 함)를 설립하는 사업부문(분할합병하는 경우로서 다음의 어느 하나에 해당하는 경우에는 지주회사를 설립할 수 있는 사업부문을 포함함). 다만, 분할하는 사업부문이 지배주주 등으로서 보유하는 주식등과 그와 관련된 자산・부채만을 승계하는 경우로 한정함.
   ㉠ 분할합병의 상대방법인이 분할합병을 통하여 지주회사로 전환되는 경우
   ㉡ 분할합병의 상대방법인이 분할등기일 현재 지주회사인 경우

③ 상기 ②와 유사한 경우로서 분할하는 사업부문이 다음의 요건을 모두 갖춘 내국법인을 설립하는 경우로서, 분할하는 사업부문이 지배주주 등으로서 보유하는 주식등과 그와 관련된 자산・부채만을 승계하는 경우
   ㉠ 해당 내국법인은 외국법인이 발행한 주식등 외의 다른 주식등을 보유하지 아니할 것
   ㉡ 해당 내국법인이 보유한 외국법인 주식등 가액의 합계액이 해당 내국법인 자산총액의 50% 이상일 것. 이 경우 외국법인 주식등 가액의 합계액 및 내국법인 자산총액은 분할등기일 현재 재무상태표상의 금액을 기준으로 계산함.
   ㉢ 분할등기일이 속하는 사업연도의 다음 사업연도 개시일부터 2년 이내에 유가증권시장 또는 코스닥시장에 해당 내국법인의 주권을 상장할 것. 이 경우 분할등기일이 속하는 사업연도의 종료일까지 해당 내국법인의 주권이 상장되지 아니한 경우에는 분할등기일이 속하는 사업연도의 과세표준 신고기한 종료일까지 해당 내국법인의 주권 상장계획을 확인할 수 있는 서류를 납세지 관할 세무서장에게 제출하여야 해당 요건을 충족

한 것으로 보며, 위 기간 이내에 주권이 상장된 경우에는 주권 상장을 확인할 수 있는 서류를 주권을 상장한 날이 속하는 사업연도의 과세표준 신고기한 종료일까지 납세지 관할 세무서장에게 제출하여야 함(법칙 §41 ⑤).

관련사례

- 분할법인이 합병을 통해 승계한 주식의 지배목적 보유주식의 기간 충족 여부 판단
  분할법인이 합병을 통해 피합병법인의 지배주주 등이 보유한 주식투자 사업부문을 승계하고 해당 사업부문을 다시 인적분할하는 경우 지배목적 보유주식 등의 보유기간(3년 이상)에는 피합병법인이 지배주주 등으로서 보유한 기간을 포함하는 것임(서면-2019-법인-1242, 2019. 7. 3.).
- 주식발행법인의 적격분할로 취득한 주식의 지배목적 보유주식의 기간 충족 여부 판단
  지배목적 보유주식 등을 보유하던 중 해당 주식의 일부가 주식발행법인의 적격분할로 인해 분할신설법인의 주식으로 대체된 경우 내국법인이 보유한 분할신설법인의 주식은 분할등기일로부터 3년이 경과하지 않은 경우에도 지배목적 보유주식에 해당하는 것임(서면-2017-법령해석법인-0033, 2017. 4. 4.).

(3) 자산 · 부채의 포괄승계 요건

1) 개 요

자산 · 부채의 포괄승계요건이란 분할법인에서 분리되는 사업부문의 자산 · 부채가 분할신설법인에게 포괄적으로 승계되어야 하는 것을 말하는데, 이때 신설분할합병의 경우로서 소멸한 분할합병의 상대방법인의 자산 · 부채에 대해서도 포괄승계되어야만 분할시 과세이연요건을 충족하는 것으로 본다.

2) 포괄승계의 예외

피합병법인이 소멸하면서 자산 · 부채를 합병법인에게 포괄적으로 이전하는 절차가 손쉬운 합병에 비해 분할의 경우 분할되는 사업부문의 자산 · 부채를 분리하여 승계하는 것은 물론, 공동으로 사용하던 자산 · 부채까지도 구분하여 승계하여야 한다. 그러나, 실무상 공동사용자산을 분리하는 것이 현실적으로 용이하지 않고, 채무자의 변경이 불가능한 부채 등은 그 이전에 어려움이 있는 바, 공동으로 사용하던 자산, 채무자의 변경이 불가능한 부채 등 분할하기 어려운 자산과 부채 등으로서 다음의 자산과 부채의 경우에는 포괄승계의 대상에서 제외한다(법령 §82의 2 ④ 및 법칙 §41 ⑥).

① 자 산	② 부 채
• 변전시설 · 폐수처리시설 · 전력시설 · 용수시설 · 증기시설 • 사무실 · 창고 · 식당 · 연수원 · 사택 · 사내교육시설 • 물리적으로 분할이 불가능한 공동의 생산시설, 사업지원시설과 그 부속토지 및 자산 • 상기 자산과 유사한 자산으로서 공동으로 사용하는 상표권	• 지급어음 • 차입조건상 차입자의 명의변경이 제한된 차입금 • 분할로 인하여 약정상 차입자의 차입조건이 불리하게 변경되는 차입금 • 분할하는 사업부문에 직접 사용되지 아니한 공동의 차입금 • 상기의 부채와 유사한 부채로서 기획재정부령으로 정하는 부채
③ 분할하는 사업부문이 승계하여야 하는 자산 · 부채(*)로서 분할 당시 시가로 평가한 총자산가액(*) 및 총부채가액(*)의 각각 20% 이하인 자산 · 부채	

(*) 주식등 및 포괄승계의 예외로 인정되는 상기 '① 자산' 및 '② 부채'는 제외함.

상기 ③에서 '분할하는 사업부문이 승계하여야 하는 자산 · 부채', '총자산가액' 및 '총부채가액'을 계산할 때 분할하는 사업부문과 존속하는 사업부문이 공동으로 사용하는 자산 · 부채의 경우에는 각 사업부문별 사용비율(사용비율이 분명하지 아니한 경우에는 각 사업부문에만 속하는 자산 · 부채의 가액과 사용비율로 안분한 공동사용 자산 · 부채의 가액을 더한 총액의 비율을 말함)로 안분하여 총자산가액 및 총부채가액을 계산하며, 하나의 분할신설법인 등이 여러 사업부문을 승계하였을 때에는 분할신설법인 등이 승계한 모든 사업부문의 자산 · 부채 가액을 더하여 계산한다(법칙 §41 ⑦).

3) 분할하는 사업부문이 주식등을 승계하는 경우

분할하는 사업부문이 주식등을 승계하는 경우에는 분할하는 사업부문의 자산 · 부채가 포괄적으로 승계된 것으로 보지 아니한다. 다만, 주식등을 승계하는 경우에도 상기 '(2) 독립된 사업의 분리요건'의 '2) 주식등과 그와 관련한 자산 · 부채만으로 구성된 사업부문'의 ①~③에 해당하는 경우(법령 §82의 2 ③ 각 호) 또는 이와 유사한 경우로서 다음의 어느 하나에 해당하는 주식등을 승계하는 경우에는 분할하는 사업부문의 자산 · 부채가 포괄적으로 승계된 것으로 본다(법령 §82의 2 ⑤ 및 법칙 §41 ⑧, ⑨).

① 분할하는 사업부문이 분할등기일 전일 현재 법령상 의무로 보유하거나 인허가를 받기 위하여 보유한 주식등

② 분할하는 사업부문이 30% 이상을 매출하거나 매입하는 법인의 주식등과 분할하는 사업부문에 30% 이상을 매출 또는 매입하는 법인의 주식등. 이 경우 매출 또는 매입 비율은 분할등기일이 속하는 사업연도의 직전 3개 사업연도별 매출 또는 매입 비율을 평균하여 계산함.

③ 분할존속법인이 독점규제 및 공정거래에 관한 법률 및 금융지주회사법에 따른 지주회사

로 전환하는 경우로서 분할하는 사업부문이 분할등기일 전일 현재 사업과 관련하여 보유하는 다음의 어느 하나에 해당하는 주식등

㉠ 분할하는 사업부문이 지배주주등으로서 보유하는 주식등

㉡ 분할하는 사업부문이 법인세법 제57조 제5항에 따른 외국자회사의 주식등을 보유하는 경우로서 해당 외국자회사의 주식등을 보유한 내국법인 및 거주자인 주주 또는 출자자 중에서 가장 많이 보유한 경우의 해당 분할하는 사업부문이 보유한 주식등

④ 분할하는 사업부문과 한국표준산업분류에 따른 세분류(이하 "세분류"라 함)상 동일사업을 영위하는 법인의 주식등. 이 경우 다음의 어느 하나에 해당하는 경우에는 동일사업을 영위하는 것으로 본다.

㉠ 분할하는 사업부문 또는 승계하는 주식등의 발행법인의 사업용 자산가액 중 세분류상 동일사업에 사용하는 사업용 자산가액의 비율이 각각 70%를 초과하는 경우

㉡ 분할하는 사업부문 또는 승계하는 주식등의 발행법인의 매출액 중 세분류상 동일사업에서 발생하는 매출액의 비율이 각각 70%를 초과하는 경우

관련사례

- 분할신설법인이 미사용예정인 자산의 미승계시 자산 · 부채 포괄승계 요건 충족 여부
  인적분할을 통하여 건자재 사업부문을 분할신설법인으로 설립하면서, 해당 분할신설법인이 건자재 사업부문에서만 사용하던 토지 및 공장건물을 분할 이후 사용하지 않을 예정인 관계로 승계하지 아니하고 분할법인으로부터 임차하는 경우 자산 · 부채 포괄승계 요건을 충족하지 못한 것임(사전-2022-법규법인-0994, 2022. 11. 22.).

(4) 지분의 연속성 요건

1) 개 요

지분의 연속성 요건은 세 가지 요건으로 세분할 수 있으며, 이 경우 세 가지 요건을 모두 충족하여야만 지분의 연속성 요건이 충족된다.

① 분할법인 등의 주주가 분할신설법인 등으로부터 받은 분할대가의 전액이 주식(분할합병의 경우에는 분할대가의 80% 이상이 분할신설법인 등의 주식인 경우 또는 분할대가의 80% 이상이 분할합병의 상대방법인의 발행주식총수 또는 출자총액을 소유하고 있는 내국법인의 주식인 경우)일 것(주식교부비율 요건)

② 그 주식이 분할법인 등의 주주가 소유하던 주식의 비율에 따라 배정(분할합병의 경우 분할법인 등의 일정 지배주주에 대하여는 일정 배정기준에 따라 배정)될 것(주식배정 요건)

③ 분할법인 등의 일정 지배주주가 분할등기일이 속하는 사업연도의 종료일까지 그 주식을 보유할 것(주식보유 요건)

다만, 다음의 부득이한 사유가 있는 경우에는 지분의 연속성 요건을 갖추지 못한 경우에도 적격분할에 따른 과세특례를 적용받을 수 있다(법령 §82의 2 ① 1호, §80의 2 ① 1호).

① 분할법인 등의 일정 지배주주가 분할로 교부받은 전체 주식의 50% 미만을 처분한 경우. 이 경우 일정 지배주주가 분할로 교부받은 주식을 서로 간에 처분하는 것은 일정 지배주주가 그 주식을 처분한 것으로 보지 않고, 일정 지배주주가 분할신설법인 등의 주식을 처분하는 경우에는 분할신설법인 등이 선택한 주식을 처분하는 것으로 본다.

② 분할법인 등의 일정 지배주주가 사망하거나 파산하여 주식을 처분한 경우

③ 분할법인 등의 일정 지배주주가 적격합병(법법 §44 ②, ③에 따른 적격합병) · 적격분할(법법 §46 ②에 따른 적격분할) · 적격물적분할(법법 §47 ①에 따라 양도차익을 손금에 산입한 물적분할) 또는 적격현물출자(법법 §47의 2 ① 각 호의 요건을 모두 갖추어 양도차익에 해당하는 금액을 손금에 산입하는 현물출자)에 따라 주식을 처분한 경우

④ 분할법인 등의 일정 지배주주가 조세특례제한법 제38조 · 제38조의 2 또는 제121조의 30에 따라 주식을 현물출자 또는 교환 · 이전하고 과세를 이연받으면서 주식을 처분한 경우

⑤ 분할법인 등의 일정 지배주주가 채무자 회생 및 파산에 관한 법률에 따른 회생절차에 따라 법원의 허가를 받아 주식을 처분하는 경우

⑥ 분할법인 등의 일정 지배주주가 조세특례제한법 시행령 제34조 제6항 제1호에 따른 기업개선계획의 이행을 위한 약정 또는 같은 항 제2호에 따른 기업개선계획의 이행을 위한 특별약정에 따라 주식 등을 처분하는 경우

⑦ 분할법인 등의 일정 지배주주가 법령상 의무를 이행하기 위하여 주식을 처분하는 경우

한편, 상기 '일정지배주주'에 대한 설명은 후술하는 '3) 주식배정 요건'을 참고하기 바란다.

2) 주식교부비율 요건

주식교부비율 요건에서 "분할대가의 전액"이란 상기 '4-1-2. 소멸분할(완전분할)법인의 양도손익에 대한 법인세'의 '(2) 양도가액의 계산'에서 기술한 '① 분할교부주식 등의 가액'(법령 §82 ① 2호 가목)에 따른 금액으로 하고, 분할합병의 경우에는 주식교부비율 요건을 판정할 때 분할합병의 상대방법인이 분할등기일 전 2년 내에 취득한 분할합병포합주식이 있는 경우에는 다음의 금액을 금전으로 교부한 것으로 본다. 이 경우 신설분할합병 또는 3 이상의 법인이 분할합병하는 경우로서, 분할법인이 취득한 다른 분할법인의 주식이 있는 경우에는 그 다른 분할법인의 주식을 취득한 분할법인을 분할합병의 상대방법인으로 보고, 소멸한 분할합병의 상대방법인이 취득한 분할법인의 주식이 있는 경우에는 소멸한 분할합병의 상대방법인을 분할합병의 상대방법인으로 보아, 다음과 같이 계산한 금액을 금전으로 교부한 것으로 본다(법령 §82의 2 ⑥). 다만, 2010년 6월 30일 이전 분할합병의 상대방법인이 취득한 분할법인의 주식에 대해서는 주식을 금전으로 교부한 것으로 보지 아니한다(법령 부칙(2010. 6. 8.) §6).

① 분할합병의 상대방법인이 분할등기일 현재 분할법인의 지배주주 등(법령 §43 ⑦)이 아닌 경우
 : 분할합병의 상대방법인이 분할등기일 전 2년 이내에 취득한 분할합병포합주식이 분할법인 등의 발행주식총수의 20%를 초과하는 경우 그 초과하는 분할합병포합주식에 대하여 교부한 분할합병교부주식[분할합병포합주식 등에 대한 분할신주 교부간주액(법령 §82 ① 2호 가목 단서에 따라 분할합병교부주식을 교부한 것으로 보는 경우 그 주식)을 포함함]의 가액

② 분할합병의 상대방법인이 분할등기일 현재 분할법인의 지배주주 등(법령 §43 ⑦)인 경우
 : 분할등기일 전 2년 이내에 취득한 분할합병포합주식에 대하여 교부한 분할합병교부주식[분할합병포합주식 등에 대한 분할신주 교부간주액(법령 §82 ① 2호 가목 단서에 따라 분할합병교부주식을 교부한 것으로 보는 경우 그 주식)을 포함함]의 가액

3) 주식배정 요건

주식배정 요건이란, 단순분할의 경우에는 분할법인 등의 주주에 대하여 분할신설법인 등으로부터 받은 주식을 분할법인 등의 주주가 소유하던 주식의 비율에 따라 배정하여야 하고, 분할합병의 경우에는 분할법인 등의 일정 지배주주에 대하여 분할신설법인 등으로부터 받은 주식을 일정 배정기준에 따라 배정하여야 하는 요건을 말한다. 여기서 분할법인 등의 일정 지배주주 및 주식의 일정 배정기준은 다음과 같다.

① 분할법인 등의 일정 지배주주의 범위
분할법인 등의 일정 지배주주란 법인의 발행주식총수의 1% 이상의 주식을 소유한 주주로서 그와 특수관계에 있는 자와의 소유 주식의 합계가 해당 법인의 주주 중 가장 많은 경우의 해당 주주(법령 §43 ⑧에 따른 특수관계인을 포함함)로서 다음의 어느 하나에 해당하는 자를 제외한 주주를 말한다(법령 §43 ③ · ⑦ · ⑧ 1호 가목, §82의 2 ⑧).
㉠ 친족(국기령 §1의 2 ①) 중 4촌인 혈족
㉡ 분할등기일 현재 분할법인등에 대한 지분비율이 1% 미만이면서 시가로 평가한 그 지분가액이 10억원 미만인 자

② 주식의 배정기준
분할법인 등의 주주에 분할합병으로 인하여 받은 주식을 배정할 때에는 상기 '①'에서 기술한 분할법인 등의 일정 지배주주에는 다음의 산식에 따른 가액 이상의 주식을 각각 배정하여야 한다(법령 §82의 2 ⑦).

분할법인 등의 주주가 지급받은 분할신설법인 등의 주식(법령 §82 ① 2호 가목)의 가액의 총합계액	×	분할법인 등의 일정 지배주주의 분할법인 등에 대한 지분비율

(5) 사업의 계속성 요건

사업의 계속성 요건이란 분할신설법인 등이 분할등기일이 속하는 사업연도의 종료일까지 분할법인 등으로부터 승계받은 사업을 계속하여야 하는 것을 말한다. 이 경우 분할신설법인 등이 분할등기일이 속하는 사업연도의 종료일 이전에 분할법인 등으로부터 승계한 자산가액(유형자산, 무형자산 및 투자자산의 가액을 말하며, 이하 같음)의 50% 이상을 처분하거나 사업에 사용하지 아니하는 경우에는 본 요건을 충족하지 못한 것으로 한다(법령 §82의 2 ⑨, §80의 2 ⑦).

한편, 다음의 부득이한 사유가 있는 경우에는 본 요건을 갖추지 못한 경우에도 적격분할에 따른 과세특례를 적용받을 수 있다(법령 §82의 2 ① 2호, §80의 2 ① 2호).

① 분할신설법인 등이 파산함에 따라 승계받은 자산을 처분한 경우
② 분할신설법인 등이 적격합병 · 적격분할 · 적격물적분할 또는 적격현물출자에 따라 사업을 폐지한 경우
③ 분할신설법인 등이 조세특례제한법 시행령 제34조 제6항 제1호에 따른 기업개선계획의 이행을 위한 약정 또는 같은 항 제2호에 따른 기업개선계획의 이행을 위한 특별약정에 따라 승계받은 자산을 처분한 경우
④ 분할신설법인 등이 채무자 회생 및 파산에 관한 법률에 따른 회생절차에 따라 법원의 허가를 받아 승계받은 자산을 처분한 경우

(6) 고용승계 요건

1) 개 요

고용승계 요건이란 분할등기일 1개월 전 당시 분할하는 사업부문에 종사하는 일정한 근로자 중 분할신설법인등이 승계한 근로자의 비율이 80% 이상이고, 분할등기일이 속하는 사업연도의 종료일까지 그 비율을 유지하여야 하는 것을 말한다.

여기에서 '일정한 근로자'란 근로기준법에 따라 근로계약을 체결한 내국인 근로자를 말하며, 다음의 어느 하나에 해당하는 근로자는 제외한다(법령 §82의 2 ⑩, §80의 2 ⑥ 및 법칙 §40의 2 ①, ②).

① 법인세법 시행령 제40조 제1항 각 호의 어느 하나에 해당하는 임원
② 분할등기일이 속하는 사업연도의 종료일 이전에 고용상 연령차별금지 및 고령자고용촉진에 관한 법률 제19조에 따른 정년이 도래하여 퇴직이 예정된 근로자
③ 분할등기일이 속하는 사업연도의 종료일 이전에 사망한 근로자 또는 질병 · 부상 등 고용보험법 시행규칙 별표 2 제9호에 해당하는 사유로 퇴직한 근로자
④ 소득세법 제14조 제3항 제2호에 따른 일용근로자

⑤ 근로계약기간이 6개월 미만인 근로자. 다만, 근로계약의 연속된 갱신으로 인하여 분할등기일 1개월 전 당시 그 근로계약의 총 기간이 1년 이상인 근로자는 제외함.
⑥ 금고 이상의 형을 선고받는 등 고용보험법 제58조 제1호에 해당하는 근로자

또한, 다음의 어느 하나에 해당하는 근로자도 제외할 수 있다(법령 §82의 2 ⑩ 및 법칙 §41 ⑩).

① 분할 후 존속하는 사업부문과 분할하는 사업부문에 모두 종사하는 근로자
② 분할하는 사업부문에 종사하는 것으로 볼 수 없는 인사, 재무, 회계, 경영관리 업무 또는 이와 유사한 업무를 수행하는 근로자

2) 고용승계 요건의 예외

다음의 부득이한 사유가 있는 경우에는 상기 고용승계 요건을 갖추지 못한 경우에도 적격분할에 따른 과세특례를 적용받을 수 있다(법령 §82의 2 ① 3호, §80의 2 ① 3호 가목~다목).

① 분할신설법인 등이 채무자 회생 및 파산에 관한 법률 제193조에 따른 회생계획을 이행 중인 경우
② 분할신설법인 등이 파산함에 따라 근로자의 비율을 유지하지 못한 경우
③ 분할신설법인 등이 적격합병, 적격분할, 적격물적분할 또는 적격현물출자에 따라 근로자의 비율을 유지하지 못한 경우
④ 분할등기일 1개월 전 당시 분할하는 사업부문에 종사하는 근로기준법에 따라 근로계약을 체결한 내국인 근로자가 5명 미만인 경우. 이 경우 다음의 어느 하나에 해당하는 근로자를 제외할 수 있다(법령 §82의 4 ⑨ 및 법칙 §41 ⑩).
  ㉠ 분할 후 존속하는 사업부문과 분할하는 사업부문에 모두 종사하는 근로자
  ㉡ 분할하는 사업부문에 종사하는 것으로 볼 수 없는 인사, 재무, 회계, 경영관리 업무 또는 이와 유사한 업무를 수행하는 근로자

4-2-3. 양도손익 과세특례의 신청

적격분할시 양도손익 과세특례를 적용받으려는 분할법인 등은 법인세 과세표준을 신고(법법 §60)할 때 분할신설법인 등과 함께 분할과세특례신청서 [법칙 별지 제42호의 2 서식]를 납세지 관할 세무서장에게 제출하여야 한다. 이 경우 분할신설법인 등은 자산조정계정에 관한 명세서(갑), (을) [법칙 별지 제46호 서식(갑), (을)]을 분할법인 등의 납세지 관할 세무서장에게 함께 제출하여야 한다(법령 §82 ③, §82의 4 ⑩ 및 법칙 §82 ① 40호의 2, 44호의 2).

4-3. 토지 등 양도소득에 대한 법인세

내국법인이 다음의 자산을 양도하는 경우에는 양도소득(양도가액-세무상 장부가액)에 세율(10%~40%)을 곱하여 산출한 세액을 토지 등 양도소득에 대한 법인세로 하여 각 사업연도

소득금액에 대한 법인세에 추가하여 납부하여야 한다(법법 §55의 2).

양도시기	과세대상
2009. 3. 15. 이전	① 지가급등지역에 소재하는 토지 및 건물 ② 법인세법 시행령 제92조의 2에 규정된 주택(부수토지 포함) ③ 비사업용 토지
2009. 3. 16.~ 2012. 12. 31.	① 지정지역(소법 §104의 2 ②) 안의 주택(부수토지 포함) ② 지정지역(소법 §104의 2 ②) 안의 비사업용 토지 ③ 부동산가격 급등(우려)지역에 소재하는 대통령령이 정하는 부동산
2013. 1. 1. 이후(*)	① 법인세법 시행령 제92조의 2에 규정된 주택(부수토지 포함) 및 별장 ② 비사업용 토지
2021. 1. 1. 이후	① 법인세법 시행령 제92조의 2에 규정된 주택(부수토지 포함) 및 별장(*) ② 비사업용 토지(*) ③ 주택을 취득하기 위한 권리로서 조합원입주권(소법 §88 9호) 및 분양권(소법 §88 10호)

(*) ① 2009. 3. 16.~2012. 12. 31. 동안 취득한 자산을 양도함으로써 발생하는 소득에 대하여는 적용하지 아니함(법법 부칙(2009. 5. 21.) §4).

② 중소기업(법법 §25 ① 1호 및 조특령 §2)이 2014. 1. 1.부터 2015. 12. 31.까지 주택 또는 비사업용 토지(미등기 토지등은 제외함)를 양도하는 경우에는 적용하지 아니함(법법 부칙(2014. 1. 1.) §8, 2014. 12. 23. 개정).

그러나, 적격분할로 인하여 발생하는 소득에 대하여는 토지 등 양도소득에 대한 법인세를 과세하지 아니한다. 다만, 그 취득에 관한 등기를 하지 아니하고 양도하는 토지(미등기토지) 등에 대하여는 동 비과세규정의 적용을 배제한다(법법 §55의 2 ④ 3호 및 법령 §92의 2 ④ 2호). 또한, 토지를 취득한 날부터 3년 이내에 법인의 분할로 인하여 양도되는 토지는 이를 비사업용 토지로 보지 아니한다(법령 §92의 11 ③ 1호).

토지 등 양도소득에 대한 법인세와 관련하여 자세한 내용은 "제4편 제1장 제3절 토지 등 양도소득에 대한 과세특례"편을 참조하기 바란다.

5. 인적분할시 분할신설법인 등의 세무

5-1. 비적격분할시 분할신설법인 등에 대한 과세

5-1-1. 개 요

분할신설법인 등(분할신설법인 또는 분할합병의 상대방법인을 말하며, 이하 같음)이 분할로 분할법인 등(분할법인 또는 소멸한 분할합병의 상대방법인을 말하며, 이하 같음)의 자산을 승계하는 경우에는 그 자산을 분할법인 등으로부터 분할등기일 현재의 시가(법법 §52 ②)로 양도받은 것으로 보며, 그에 따라 발생하는 분할신설법인 등이 분할법인 등에게 지급한 양도가액과 분할법인 등의 분할등기일 현재의 순자산 시가와의 차이는 분할매수차익·차손으로 계상하여 각각 5년간 균등분할익금 또는 균등분할손금에 산입한다(법법 §46의 2 ①, §80의 3 ①).

5-1-2. 분할매수차익·차손의 계상 및 처리

(1) 분할매수차익의 분할익금산입

분할매수차익이란 분할신설법인 등이 분할법인 등의 자산을 시가로 양도받은 것으로 보는 경우로서 분할법인 등에 지급한 양도가액이 분할법인 등의 분할등기일 현재의 자산총액에서 부채총액을 뺀 금액(이하 "순자산 시가"라 함)보다 적은 경우 그 차액을 말하는 것으로, 즉 분할신설법인 등이 분할법인 등의 순자산을 염가로 취득하였기 때문에 발생하는 것으로 이를 산식으로 표현하면 다음과 같다(법법 §46의 2 ②).

분할매수차익	=	순자산의 시가(*)	−	양도가액

(*) 순자산의 시가=분할등기일 현재 자산총액 시가−분할등기일 현재 부채총액 시가

한편, 분할매수차익은 세무조정계산서(법법 §60 ② 2호)에 계상하고 다음과 같이 분할등기일이 속하는 사업연도부터 분할등기일부터 5년이 되는 날이 속하는 사업연도까지 다음의 산식에 따라 계산한 금액을 익금에 산입한다(법령 §82의 3 ①, §80의 3 ①).

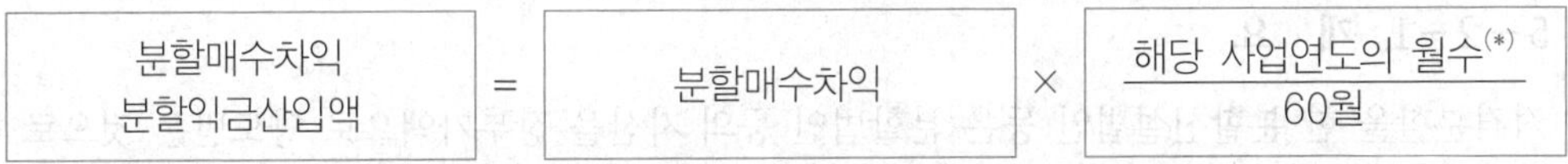
$$\text{분할매수차익 분할익금산입액} = \text{분할매수차익} \times \frac{\text{해당 사업연도의 월수}^{(*)}}{60\text{월}}$$

(*) 월수는 역에 따라 계산하되 1월 미만의 일수는 1월로 하고, 이에 따라 분할등기일이 속한 월을 1월로 계산한 경우에는 분할등기일부터 5년이 되는 날이 속한 월은 계산에서 제외함.

(2) 분할매수차손

분할매수차손이란 분할신설법인 등이 분할법인 등의 자산을 시가로 양도받은 것으로 보는 경우에 분할법인 등에 지급한 양도가액이 분할등기일 현재의 순자산 시가를 초과하는 경우 그 차액을 말하는 것으로, 즉 분할신설법인 등이 분할법인 등의 순자산을 시가보다 더 많은 대가를 지급하고 취득하였기 때문에 발생하는 것이며 이를 산식으로 표현하면 다음과 같다(법법 §46의 2 ③). 이 경우 분할매수차손은 분할매수차익과 달리 분할신설법인 등이 분할법인 등의 상호·거래관계, 그 밖의 영업상의 비밀 등에 대하여 사업상 가치가 있다고 보아 대가를 지급한 경우에 한하여 손금으로 인정한다(법령 §82의 3 ②).

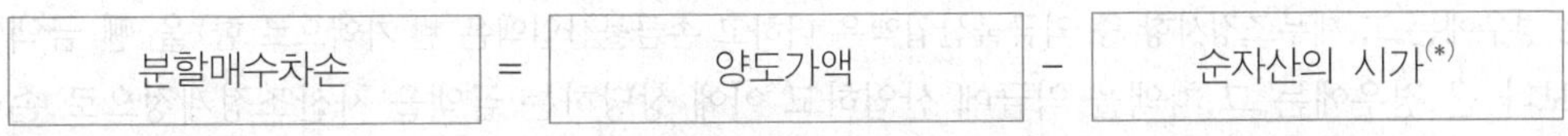
분할매수차손	=	양도가액	−	순자산의 시가(*)

(*) 순자산의 시가=분할등기일 현재 자산총액 시가−분할등기일 현재 부채총액 시가

한편, 분할매수차손은 세무조정계산서(법법 §60 ② 2호)에 계상하고 다음과 같이 분할등기일이 속하는 사업연도부터 분할등기일부터 5년이 되는 날이 속하는 사업연도까지 다음의 산식에 따라 계산한 금액을 손금에 산입하도록 하고 있다(법령 §82의 3 ③, §80의 3 ①·③).

$$\boxed{\text{분할매수차손 분할손금산입액}} = \boxed{\text{분할매수차손}} \times \boxed{\frac{\text{해당 사업연도의 월수}^{(*)}}{60\text{월}}}$$

(*) 월수는 역에 따라 계산하되 1월 미만의 일수는 1월로 하고, 이에 따라 분할등기일이 속한 월을 1월로 계산한 경우에는 분할등기일부터 5년이 되는 날이 속한 월은 계산에서 제외함.

5-1-3. 세무조정사항의 승계

분할신설법인 등이 적격분할 외의 분할로 분할법인 등의 자산·부채를 승계한 경우 분할법인 등으로부터 퇴직급여충당금 또는 대손충당금을 승계한 경우(법법 §33 ③, ④, §34 ④)에는 그와 관련된 세무조정사항을 승계할 수 있으며, 그 밖의 세무조정사항은 모두 미승계한다(법령 §85 2호).

분할시 분할신설법인 등의 세무조정사항 승계에 대한 보다 자세한 설명은 후술하는 "5-4. 세무조정사항의 승계"를 참고하기 바란다.

5-2. 적격분할시 분할신설법인 등에 대한 과세특례

5-2-1. 개 요

적격분할을 한 분할신설법인 등은 분할법인 등의 자산을 장부가액으로 양도받은 것으로 하여 분할매수차익 또는 분할매수차손을 인식하지 않을 수 있다. 또한 분할법인 등(소멸하는 경우에 한함)의 분할등기일 현재의 이월결손금(법법 §13 ① 1호)을 승계할 수 있고 분할법인 등의 모든 세무조정사항(분할하는 사업부문의 세무조정사항에 한함) 및 법인세법 제59조에 따른 감면·세액공제를 승계할 수 있다. 다만, 이 경우 분할신설법인 등은 양도받은 자산 및 부채의 가액을 분할등기일 현재의 시가로 계상하되, 양도받은 모든 자산·부채별로 시가(법법 §52)와 장부가액의 차액을 자산조정계정으로 계상하여야 한다(법법 §46의 3 ①).

5-2-2. 자산조정계정의 계상 및 처리

분할신설법인 등이 적격분할에 해당하여 분할법인 등의 자산을 장부가액으로 양도받은 것으로 하는 경우 분할신설법인 등은 양도받은 자산 및 부채의 가액을 분할등기일 현재의 시가로 계상하되, 시가에서 분할법인 등의 장부가액(분할법인 등으로부터 승계받은 세무조정사항이 있는 경우에는 그 세무조정사항 중 익금불산입액은 더하고 손금불산입액은 뺀 가액으로 함)을 뺀 금액이 0보다 큰 경우에는 그 차액을 익금에 산입하고 이에 상당하는 금액을 자산조정계정으로 손금에 산입하며, 0보다 작은 경우에는 시가와 장부가액의 차액을 손금에 산입하고 이에 상당하는 금액을 자산조정계정으로 익금에 산입한다. 이 경우 자산조정계정의 처리는 다음과 같이 처리한다(법령 §82의 4 ①, §80의 4 ①).

① 감가상각자산에 설정된 자산조정계정

구 분		자산조정계정의 처리
감가 상각시	자산조정계정으로 손금에 산입한 경우	해당 자산의 감가상각비(해당 자산조정계정에 상당하는 부분에 대한 것만 해당함)와 상계
	자산조정계정으로 익금에 산입한 경우	해당 자산의 감가상각비(해당 자산조정계정에 상당하는 부분에 대한 것만 해당함)에 가산
처분시		상계 또는 더하고 남은 금액을 그 처분하는 사업연도에 전액 익금 또는 손금에 산입

② 상기 '①' 외의 자산에 설정된 자산조정계정

해당 자산을 처분하는 사업연도에 전액 익금 또는 손금에 산입. 다만, 자기주식을 소각하는 경우에는 익금 또는 손금에 산입하지 아니하고 소멸한다.

한편, 자산조정계정을 계상한 분할신설법인 등은 과세표준 등의 신고(법법 §60)와 함께 자산조정계정 명세서(갑), (을) [법칙 별지 제46호 서식(갑),(을)]을 납세지 관할 세무서장에게 제출하여야 한다(법령 §82의 4 ⑩ 및 법칙 §82 ① 44호의 2).

5-2-3. 이월결손금 등의 승계

적격분할을 한 분할신설법인 등은 분할법인 등의 분할등기일 현재 결손금(법법 §13 ① 1호)과 분할법인 등의 모든 세무조정사항을 승계한다. 다만, 분할법인 등의 이월결손금은 분할 후 분할법인이 소멸하는 경우에 한하여 승계할 수 있다(법법 §46의 3 ②, §46의 5 ③ 및 법령 §85 1호).

한편, 적격분할에 따른 세무조정 사항 및 이월결손금의 승계에 대한 보다 자세한 설명은 후술하는 "5-4. 세무조정사항의 승계" 및 "5-6. 분할법인 등의 이월결손금 승계"를 참조하기로 한다.

5-2-4. 과세특례의 사후관리

(1) 사후관리 사유

적격분할을 한 분할신설법인 등은 분할등기일이 속하는 사업연도의 다음 사업연도 개시일부터 2년 이내(③ 사유의 경우 3년 이내)에 다음의 어느 하나에 해당하는 사유가 발생하는 경우에는 그 사유발생일이 속하는 사업연도에 자산조정계정잔액의 총합계액(합계액이 0보다 큰 경우에 한함)을 익금에 산입하고 분할매수차익·차손을 손금·익금에 산입하는 한편, 분할법인

등으로부터 승계받아 공제한 이월결손금도 익금에 산입하여야 한다. 또한, 분할법인 등으로부터 승계한 세무조정사항 중 익금불산입액은 더하고 손금불산입액은 빼며, 분할법인 등으로부터 승계하여 공제한 감면 또는 세액공제액 상당액을 해당 사유가 발생한 사업연도의 법인세에 더하여 납부하고, 해당 사유가 발생한 사업연도부터 적용하지 아니한다(법법 §46의 3 ③ 및 법령 §82의 4 ③~⑥).

① 분할신설법인 등이 분할법인 등으로부터 승계받은 사업을 폐지하는 경우(사업의 계속성 위반). 다만, 다음의 어느 하나에 해당하는 부득이한 사유가 있는 경우에는 사업의 계속성을 위반한 것으로 보지 아니한다(법령 §82의 4 ⑥ 1호, §80의 2 ① 2호).

㉠ 분할신설법인 등이 파산함에 따라 승계받은 자산을 처분한 경우

㉡ 분할신설법인 등이 적격합병 · 적격분할 · 적격물적분할 또는 적격현물출자에 따라 사업을 폐지한 경우

㉢ 분할신설법인 등이 조세특례제한법 시행령 제34조 제6항 제1호에 따른 기업개선계획의 이행을 위한 약정 또는 같은 항 제2호에 따른 기업개선계획의 이행을 위한 특별약정에 따라 승계받은 자산을 처분한 경우

㉣ 분할신설법인 등이 채무자 회생 및 파산에 관한 법률에 따른 회생절차에 따라 법원의 허가를 받아 승계받은 자산을 처분한 경우

② 분할법인 등의 일정 지배주주(법령 §82의 2 ⑧)가 분할신설법인 등으로 받은 주식을 처분하는 경우(지분의 연속성 위반). 다만, 다음의 어느 하나에 해당하는 부득이한 사유가 있는 경우에는 지분의 연속성을 위반한 것으로 보지 아니한다(법령 §80의 2 ① 1호, §82의 4 ⑥ 2호).

㉠ 분할법인 등의 일정 지배주주가 분할로 교부받은 전체 주식의 50% 미만을 처분한 경우. 이 경우 일정 지배주주가 분할로 교부받은 주식을 서로 간에 처분하는 것은 일정 지배주주가 그 주식을 처분한 것으로 보지 않고, 일정 지배주주가 분할신설법인 등의 주식을 처분하는 경우에는 분할신설법인 등이 선택한 주식을 처분하는 것으로 본다.

㉡ 분할법인 등의 일정 지배주주가 사망하거나 파산하여 주식을 처분한 경우

㉢ 분할법인 등의 일정 지배주주가 적격합병 · 적격분할 · 적격물적분할 또는 적격현물출자에 따라 주식을 처분한 경우

㉣ 분할법인 등의 일정 지배주주가 조세특례제한법 제38조 · 제38조의 2 또는 제121조의 30에 따라 주식을 현물출자 또는 교환 · 이전함에 따라 주식을 처분한 경우

㉤ 분할법인 등의 일정 지배주주가 채무자 회생 및 파산에 관한 법률에 따른 회생절차에 따라 법원의 허가를 받아 주식을 처분하는 경우

㉥ 분할법인 등의 일정 지배주주가 조세특례제한법 시행령 제34조 제6항 제1호에 따른 기업개선계획의 이행을 위한 약정 또는 같은 항 제2호에 따른 기업개선계획의 이행을 위한 특별약정에 따라 주식 등을 처분하는 경우

㉦ 분할법인 등의 일정 지배주주가 법령상 의무를 이행하기 위하여 주식을 처분하는 경우

③ 각 사업연도 종료일 현재 분할신설법인에 종사하는 일정한 근로자 수가 분할등기일 1개월 전 당시 분할하는 사업부문에 종사하는 근로자 수의 80% 미만으로 하락하는 경우. 다만, 분할합병의 경우에는 다음의 어느 하나에 해당하는 경우를 말한다(고용승계 요건의 위반).

㉠ 각 사업연도 종료일 현재 분할합병의 상대방법인에 종사하는 근로자 수가 분할등기일 1개월 전 당시 분할하는 사업부문과 분할합병의 상대방법인에 각각 종사하는 근로자 수의 합의 80% 미만으로 하락하는 경우

㉡ 각 사업연도 종료일 현재 분할신설법인에 종사하는 근로자 수가 분할등기일 1개월 전 당시 분할하는 사업부문과 소멸한 분할합병의 상대방법인에 각각 종사하는 근로자 수의 합의 80% 미만으로 하락하는 경우

여기에서 '일정한 근로자'란 근로기준법에 따라 근로계약을 체결한 내국인 근로자를 말하며, 분할하는 사업부문에 종사하는 근로자의 경우에는 다음의 어느 하나에 해당하는 근로자를 제외할 수 있다(법령 §82의 4 ⑨ 및 법령 §82의 2 ⑩ 각 호 및 법칙 §41 ⑩).

① 분할 후 존속하는 사업부문과 분할하는 사업부문에 모두 종사하는 근로자
② 분할하는 사업부문에 종사하는 것으로 볼 수 없는 인사, 재무, 회계, 경영관리 업무 또는 이와 유사한 업무를 수행하는 근로자

한편, 다음의 어느 하나에 해당하는 부득이한 사유가 있는 경우에는 고용승계 요건을 위반한 것으로 보지 아니한다(법령 §82의 4 ⑥ 3호, §80의 2 ① 3호 가목~다목).

① 분할신설법인 등이 채무자 회생 및 파산에 관한 법률 제193조에 따른 회생계획을 이행 중인 경우
② 분할신설법인 등이 파산함에 따라 근로자의 비율을 유지하지 못한 경우
③ 분할신설법인 등이 적격합병, 적격분할, 적격물적분할 또는 적격현물출자에 따라 근로자의 비율을 유지하지 못한 경우

한편, 사후관리기간 내에 분할법인 등으로부터 승계한 자산가액의 50% 이상을 처분하거나 사업에 사용하지 아니하는 경우에는 분할법인 등으로부터 승계받은 사업을 폐지한 것으로 본다(법령 §82의 4 ⑦, §80의 4 ⑧).

상기에서 '승계한 자산의 범위' 및 '2 이상의 사업을 승계하는 경우의 사업폐지 여부'에 대한 자세한 설명은 "제2편 제3장 제1절 합병"편의 "5-2-4. 과세특례의 사후관리"를 참조하기로 한다.

(2) 사후관리 사유 해당시 효과

1) 자산조정계정잔액 총합계액의 익금산입

적격분할에 따라 과세특례를 적용받던 분할신설법인 등이 사후관리 사유에 해당하는 경우에는 계상된 자산조정계정잔액의 총합계액(총합계액이 0보다 큰 경우에 한정하며, 총합계액이 0보다 작은 경우에는 없는 것으로 봄)은 사후관리 사유가 발생한 사업연도에 익금에 산입한다. 이 경우 자산조정계정은 소멸하는 것으로 한다(법령 §82의 4 ④, §80의 4 ④).

2) 분할매수차익 · 차손의 처리

사후관리 사유에 해당하여 자산조정계정 잔액의 총합계액을 익금에 산입한 경우 분할매수차익(순자산시가 > 양도가액) 또는 분할매수차손(양도가액 > 순자산시가)에 상당하는 금액은 다음의 구분에 따라 처리한다(법법 §46의 3 ④ 및 법령 §82의 4 ④, §80의 4 ⑤).

① 분할매수차익

분할신설법인 등이 분할법인 등에 지급한 양도가액이 분할법인 등의 분할등기일 현재의 순자산시가에 미달하는 경우 그 차액을 분할매수차익이라 하며, 당해 분할매수차익은 사후관리 사유가 발생한 날이 속하는 사업연도에 손금에 산입하고, 그 금액에 상당하는 금액을 분할등기일부터 5년이 되는 날까지 다음의 구분에 따라 분할하여 익금에 산입한다(법령 §80의 4 ⑤ 1호).

㉠ 사후관리 사유가 발생한 날이 속하는 사업연도

$$\text{익금산입액} = \text{분할매수차익} \times \frac{\text{분할등기일부터 해당 사업연도 종료일까지의 월수}^{(*)}}{60\text{월}}$$

(*) 월수는 역에 따라 계산하되 1월 미만의 일수는 1월로 함.

㉡ 상기 ㉠에 해당하는 사업연도 이후의 사업연도부터 분할등기일부터 5년이 되는 날이 속하는 사업연도

$$\text{익금산입액} = \text{분할매수차익} \times \frac{\text{해당 사업연도의 월수}^{(*)}}{60\text{월}}$$

(*) 분할등기일이 속하는 월의 일수가 1월 미만인 경우 분할등기일부터 5년이 되는 날이 속하는 월은 없는 것으로 함.

② 분할매수차손

분할신설법인 등이 분할법인 등에 지급한 양도가액이 분할법인 등의 분할등기일 현재의 순자산시가를 초과하는 경우 그 차액을 분할매수차손이라 하며, 당해 분할매수차손은 사후관리 사유가 발생한 날이 속하는 사업연도에 익금에 산입하되, 분할신설법인 등이 분할법인

등의 상호 · 거래관계, 그 밖의 영업상의 비밀 등에 대하여 사업상 가치가 있다고 보아 대가를 지급한 경우(법령 §82의 3 ②)에 한정하여 그 금액에 상당하는 금액을 분할등기일부터 5년이 되는 날까지 다음의 구분에 따라 손금에 산입한다(법령 §80의 4 ⑤ 2호).

㉠ 사후관리 사유가 발생한 날이 속하는 사업연도

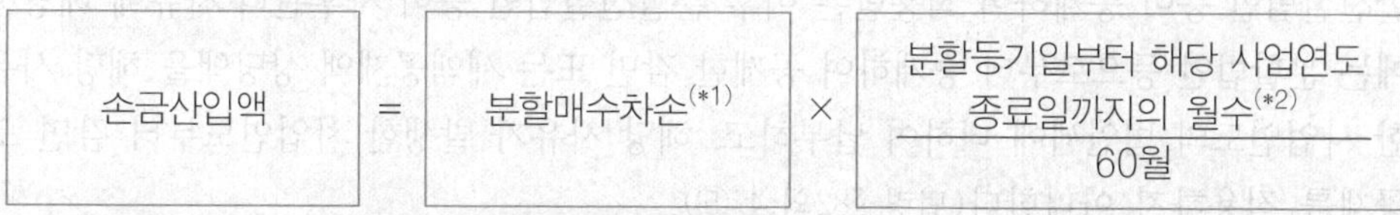

$$\text{손금산입액} = \text{분할매수차손}^{(*1)} \times \frac{\text{분할등기일부터 해당 사업연도 종료일까지의 월수}^{(*2)}}{60\text{월}}$$

(*1) 분할신설법인 등이 분할법인 등의 상호 · 거래관계, 그 밖의 영업상의 비밀 등에 대하여 사업상 가치가 있다고 보아 지급한 대가에 한정함.

(*2) 월수는 역에 따라 계산하되 1월 미만의 일수는 1월로 함.

㉡ 상기 ㉠에 해당하는 사업연도 이후의 사업연도부터 분할등기일부터 5년이 되는 날이 속하는 사업연도

$$\text{손금산입액} = \text{분할매수차손}^{(*1)} \times \frac{\text{해당 사업연도의 월수}^{(*2)}}{60\text{월}}$$

(*1) 분할신설법인 등이 분할법인 등의 상호 · 거래관계, 그 밖의 영업상의 비밀 등에 대하여 사업상 가치가 있다고 보아 지급한 대가에 한정함.

(*2) 분할등기일이 속하는 월의 일수가 1월 미만인 경우 분할등기일부터 5년이 되는 날이 속하는 월은 없는 것으로 함.

한편, 분할매수차익 · 분할매수차손의 구분경리시 소득구분에 대한 설명은 "제2편 제3장 제1절 합병"편의 "5-2-4. 과세특례의 사후관리"를 참고하기로 한다.

3) 기공제받은 이월결손금 승계액의 익금산입

적격분할의 과세특례에 따라 분할법인 등의 이월결손금을 승계받아 분할신설법인 등이 각 사업연도 소득금액계산시 공제받은 이후 사후관리 사유가 발생하는 경우에는 승계받은 결손금 중 기공제한 금액을 익금에 산입한다.

이월결손금 승계액의 사후관리에 대한 보다 자세한 설명은 후술하는 "5-6. 분할법인 등의 이월결손금 승계"를 참조하기 바란다.

4) 승계받은 세무조정사항의 처리

적격분할의 과세특례에 따라 분할법인 등의 세무조정사항을 승계받은 분할신설법인 등이 사후관리 사유에 해당하는 경우에는 분할신설법인 등의 소득금액 및 과세표준을 계산할 때 법인세법 시행령 제85조 제1호에 따라 승계한 세무조정사항 중 익금불산입액은 더하고 손금불산입액은 뺀다(법령 §82의 4 ⑤).

승계받은 세무조정사항의 사후관리에 대한 보다 자세한 설명은 후술하는 "5-4. 세무조정

사항의 승계"를 참고하기 바란다.

5) 기감면 · 공제세액의 추징

적격분할의 과세특례에 따라 분할법인 등이 분할 전에 적용받던 세액감면 · 세액공제를 분할신설법인 등이 승계하여 적용받은 이후 분할신설법인 등이 사후관리 사유에 해당하는 경우에는 분할법인 등으로부터 승계하여 공제한 감면 또는 세액공제액 상당액을 해당 사유가 발생한 사업연도의 법인세에 더하여 납부하고, 해당 사유가 발생한 사업연도부터 감면 또는 세액공제를 적용하지 아니한다(법령 §82의 4 ⑤).

분할시 세액감면 · 세액공제의 사후관리에 대한 보다 자세한 설명은 후술하는 "5-7. 세액감면 · 세액공제의 승계"를 참고하기 바란다.

5-3. 자산 · 부채의 승계

분할에 따라 분할신설법인 등이 취득하는 자산의 취득가액은 적격분할(법법 §46 ②)에 해당하는 경우에는 법인세법 시행령 제82조의 4 제1항에 따른 장부가액으로 하고, 그 이외의 경우에는 시가로 한다(법령 §72 ② 3호).

5-4. 세무조정사항의 승계

내국법인이 분할하는 경우 법인세법 또는 다른 법률에 다른 규정이 있는 경우 외에는 분할법인 등의 각 사업연도의 소득금액 및 과세표준을 계산할 때 익금 또는 손금에 산입하거나 산입하지 아니한 금액(이하 "세무조정사항"이라 함)의 승계는 다음의 구분에 따라 처리한다(법령 §85).

① 적격분할의 경우
 : 세무조정사항은 모두 분할신설법인 등에 승계. 이 경우 세무조정사항은 분할하는 사업부문의 세무조정사항에 한정한다.

② 상기 ① 외의 경우
 : 분할법인 등의 퇴직급여충당금 또는 대손충당금(법법 §33 ③, ④ 및 §34 ④)을 분할신설법인 등이 승계한 경우에는 그와 관련된 세무조정사항을 승계하고, 그 밖의 세무조정사항은 모두 분할신설법인 등에 미승계한다.

한편, 분할법인 등의 세무조정사항을 승계받은 분할신설법인 등이 분할등기일이 속하는 사업연도의 다음 사업연도 개시일부터 2년 이내에 "5-2-4. 과세특례의 사후관리"에서 언급하는 사후관리 사유에 해당하는 경우에는 분할신설법인 등의 소득금액 및 과세표준을 계산할 때 승계한 세무조정사항 중 익금불산입액은 더하고 손금불산입액은 뺀다(법령 §82의 4 ⑤).

5-5. 분할합병의 상대방법인의 이월결손금 공제

5-5-1. 이월결손금의 범위

내국법인이 분할합병함에 있어, 분할합병의 상대방법인의 분할합병등기일 현재 이월결손금 중 적격분할에 따라 분할신설법인등이 승계한 분할법인등의 이월결손금(법법 §46의 3 ②)을 제외한 금액은 분할합병의 상대방법인의 각 사업연도의 과세표준 계산시, 분할법인으로부터 승계받은 사업에서 발생한 소득금액의 범위에서는 공제하지 아니한다. 즉, 분할법인으로부터의 승계사업 소득금액을 제외한 분할합병의 상대방법인의 소득금액의 범위 내에서 공제한다(법법 §46의 4 ①).

이 경우 분할합병의 상대방법인의 분할등기일 현재 이월결손금에 대한 공제는 법인세법 제13조 제1항의 이월결손금 공제한도 규정에도 불구하고 분할합병의 상대방법인의 소득금액에서 분할법인으로부터 승계받은 사업에서 발생한 소득금액을 차감한 금액의 80%(2022년 12월 31일 이전 개시하는 사업연도는 60%)를 한도로 한다. 다만, 중소기업(조특법 §6 ①)과 다음 중 어느 하나에 해당하는 법인의 경우에는 해당 소득금액의 100%를 한도로 한다(법법 §46의 4 ⑤ 및 법령 §10 ① 및 법칙 §14 ③).

① 채무자 회생 및 파산에 관한 법률 제245조에 따라 법원이 인가결정한 회생계획을 이행 중인 법인

② 기업구조조정 촉진법 제14조 제1항에 따라 기업개선계획의 이행을 위한 약정을 체결하고 기업개선계획을 이행 중인 법인

③ 해당 법인의 채권을 보유하고 있는 금융실명거래 및 비밀보장에 관한 법률 제2조 제1호에 따른 금융회사 등이나 그 밖의 법률에 따라 금융업무 또는 기업 구조조정 업무를 하는 공공기관의 운영에 관한 법률에 따른 공공기관으로서 한국해양진흥공사법에 따른 한국해양진흥공사와 경영정상화계획의 이행을 위한 협약을 체결하고 경영정상화계획을 이행 중인 법인

④ 유동화자산(채권, 부동산 또는 그 밖의 재산권을 말함)을 기초로 하는 유동화거래(자본시장과 금융투자업에 관한 법률에 따른 증권을 발행하거나 자금을 차입하는 거래를 말함)를 목적으로 설립된 법인으로서 다음의 요건을 모두 갖춘 법인

㉠ 상법 또는 그 밖의 법률에 따른 주식회사 또는 유한회사일 것

㉡ 한시적으로 설립된 법인으로서 상근하는 임원 또는 직원을 두지 아니할 것

㉢ 정관 등에서 법인의 업무를 유동화거래에 필요한 업무로 한정하고 유동화거래에서 예정하지 아니한 합병, 청산 또는 해산이 금지될 것

㉣ 유동화거래를 위한 회사의 자산 관리 및 운영을 위하여 업무위탁계약 및 자산관리위탁계약이 체결될 것

㉤ 2015년 12월 31일까지 유동화자산의 취득을 완료하였을 것

⑤ 법 제51조의 2(유동화전문회사 등에 대한 소득공제) 제1항 각 호의 어느 하나에 해당하는

내국법인이나 조세특례제한법 제104조의 31(프로젝트금융투자회사에 대한 소득공제) 제1항에 따른 내국법인

⑥ 기업 활력 제고를 위한 특별법 제10조에 따른 사업재편계획 승인을 받은 법인

⑦ 조세특례제한법 제74조 제1항(제4호부터 제6호까지는 제외) 또는 제4항에 따라 법인의 수익사업에서 발생한 소득을 고유목적사업준비금으로 손금에 산입할 수 있는 비영리내국법인

한편, 상기에서 이월결손금이라 함은, 각 사업연도의 개시일 전 발생한 각 사업연도의 결손금으로서 그 후의 각 사업연도의 과세표준을 계산할 때 공제되지 아니한 금액(법법 §14 ③) 중 다음 요건을 모두 갖춘 금액을 말한다(법법 §13 ① 1호).

① 각 사업연도의 개시일 전 15년(2009. 1. 1. 이후 개시한 사업연도부터 2019. 12. 31. 이전에 개시한 사업연도에서 발생한 결손금은 10년, 2008. 12. 31. 이전에 개시한 사업연도에서 발생한 결손금은 5년) 이내에 개시한 사업연도에서 발생한 결손금일 것

② 법인세법 제60조에 따라 신고하거나 법인세법 제66조에 따라 결정·경정되거나 국세기본법 제45조에 따라 수정신고한 과세표준에 포함된 결손금일 것

5-5-2. 이월결손금 공제방법

(1) 일반적인 분할합병의 경우

분할합병등기일 현재 이월결손금이 있는 분할합병의 상대방법인은 해당 이월결손금을 공제받는 기간 동안 자산·부채 및 손익을 분할법인으로부터 승계받은 사업에서 발생한 것과 그 밖의 사업에서 발생한 것으로 회계를 구분하여 기록하여야 한다(법법 §113 ④). 다만, 해당 분할합병이 후술하는 "중소기업간 또는 동일사업을 하는 법인간 분할합병인 경우"에는 당해 소득금액의 회계를 구분하여 기록하는 대신 분할합병등기일 현재 사업용 자산가액 비율로 안분계산한 금액으로 산정할 수 있다.

(2) 중소기업간 또는 동일사업을 하는 법인간 분할합병의 경우

다음의 어느 하나에 해당하는 분할합병으로서 분할합병등기일 현재 이월결손금이 있는 분할합병의 상대방법인은 이월결손금 공제대상 소득금액을 구분하여 기록하는 대신 사업용 자산가액(유형자산, 무형자산 및 투자자산의 가액을 말하며, 이하 같음) 비율로 안분계산하여 산정할 수 있다. 여기에서 사업용 자산가액 비율이란, 분할합병등기일 현재 분할법인(승계된 사업분만 해당함)과 분할합병의 상대방법인(소멸하는 경우를 포함함)의 사업용 자산가액 비율을 말하며, 이 경우 분할신설법인 등이 승계한 분할법인 등의 사업용 자산가액은 승계결손금을 공제하는 각 사업연도의 종료일 현재 계속 보유(처분 후 대체 취득하는 경우를 포함함)·사용하는 자산에 한정하여 그 자산의 분할합병등기일 현재 가액에 따른다(법령 §83 ①).

① 중소기업간 분할합병

: 조세특례제한법 제5조 제1항에 따른 중소기업간의 분할합병을 말하며, 이 경우 중소기업의 판정은 분할합병 전의 현황에 따른다(법령 §156 ②).

② 동일 사업을 하는 법인간 분할합병

: 동일사업을 하는 법인의 판정은 한국표준산업분류에 따른 세분류에 따르며, 이 경우 분할법인(승계된 사업부문에 한정함) 또는 분할합병의 상대방법인이 2 이상의 세분류에 해당하는 사업을 영위하는 경우에는 사업용 자산가액 중 동일사업에 사용하는 사업용 자산가액의 비율이 각각 70%를 초과하는 경우에만 동일사업을 하는 것으로 본다(법령 §156 ②).

5-6. 분할법인 등의 이월결손금 승계

5-6-1. 개 요

법인세법상 이월결손금을 각 사업연도 소득금액에서 공제하는 이유는 계속기업을 전제로 적정과세를 위하여 기간별 손익을 산정하는 것이라 할 수 있다. 따라서, 분할의 경우에도 실질적으로 인격과 사업의 계속성이 유지되는 경우에는 정책적으로 이월결손금 승계를 인정하는 것이 경영합리화 등을 위한 분할지원 측면에서 바람직할 것이다.

5-6-2. 승계요건

적격분할을 한 분할신설법인 등은 분할법인 등의 분할등기일 현재 세무상 결손금 중 분할신설법인 등이 승계한 사업에 속하는 결손금을 승계할 수 있으며, 이 경우 분할신설법인 등이 승계받은 세무상 결손금은 분할법인 등으로부터 승계받은 사업에서 발생한 소득금액의 범위 내에서 공제할 수 있다. 다만, 이를 위해서는 다음의 요건을 모두 충족하여야 한다(법법 §46 ②, §46의 3 ②, §46의 4 ②, §46의 5 ③, §113 ④).

① 분할법인이 분할 또는 분할합병 후 소멸할 것

② 상기 "4-2-2. 적격분할의 요건"의 요건을 갖춘 분할에 해당할 것

③ 분할법인으로부터 승계받은 사업을 구분경리할 것. 다만, 중소기업간 또는 동일사업을 하는 법인간 분할합병하는 경우에는 사업용 자산가액 비율로 안분할 수 있음(법법 §113 ④ 및 법령 §83 ①).

5-6-3. 승계결손금 범위액의 계산

분할신설법인 등이 각 사업연도 소득금액에 대한 과세표준 계산시 승계하여 공제할 수 있는 결손금을 승계결손금 범위액이라 하며, 승계결손금 범위액은 다음의 범위 내 결손금으로 하되, 분할등기일이 속하는 사업연도의 다음 사업연도부터는 매년 순차적으로 1년이 지난 것으로 보아 계산한 금액으로 한다(법령 §83 ②).

① 분할등기일 전 발생한 각 사업연도의 결손금으로서 그 후의 각 사업연도의 과세표준을 계산할 때 공제되지 아니한 금액(법법 §14 ③) 중 다음 요건을 모두 갖춘 금액(법법 §13 ① 1호)일 것

㉠ 분할등기일 전 15년(2009. 1. 1. 이후 개시한 사업연도부터 2019. 12. 31. 이전에 개시한 사업연도에서 발생한 결손금은 10년, 2008. 12. 31. 이전에 개시한 사업연도에서 발생한 결손금은 5년) 이내에 개시한 사업연도에서 발생한 결손금

㉡ 법인세법 제60조에 따라 신고하거나 법인세법 제66조에 따라 결정·경정되거나 국세기본법 제45조에 따라 수정신고한 과세표준에 포함된 결손금

② 분할신설법인 등이 승계받은 사업에 속하는 결손금일 것

분할합병의 경우 분할신설법인 등이 승계한 분할법인 등의 결손금에 대한 공제는 법인세법 제13조 제1항의 이월결손금 공제한도 규정에도 불구하고 분할법인 등으로부터 승계받은 사업에서 발생한 소득금액의 80%(2022년 12월 31일 이전 개시하는 사업연도는 60%)를 한도로 한다. 다만, 중소기업(조특법 §6 ①)과 상기 "5-5-1. 이월결손금의 범위"에서 기술한 법인 중 어느 하나에 해당하는 법인의 경우에는 해당 소득금액의 100%를 한도로 한다(법법 §46의 4 ⑤ 및 법령 §10 ①).

한편, 상기에서 승계받은 사업에 속하는 결손금은 분할등기일 현재 분할법인 등의 결손금을 분할법인 등의 사업용 자산가액 중 분할신설법인 등이 각각 승계한 사업용 자산가액의 비율로 안분계산한 금액으로 한다(법령 §83 ③).

5-6-4. 승계결손금 공제방법

(1) 일반적인 분할의 경우

분할법인 등으로부터 승계한 이월결손금이 있는 분할신설법인 등은 해당 이월결손금을 공제받는 기간 동안 자산·부채 및 손익을 분할법인 등으로부터 승계받은 사업에 속하는 것과 그 밖의 사업에 속하는 것을 각각 별개의 회계로 구분하여 기록하여야 분할법인 등으로부터 승계받은 사업에서 발생한 소득금액의 범위 내에서 해당 이월결손금을 공제받을 수 있다. 다만, 당해 분할이 후술하는 "중소기업간 또는 동일사업을 하는 법인간 분할합병하는 경우"에 해당하는 경우에는 구분경리 대신 분할합병등기일 현재 분할법인(승계된 사업분에 한함)과 분할합병의 상대방법인(소멸하는 경우 포함)의 사업용 자산가액의 비율로 안분한 금액으로 산정할 수 있다(법법 §113 ④ 및 법령 §83 ①).

(2) 중소기업간 또는 동일사업을 하는 법인간 분할합병의 경우

상기 "5-5-2. 이월결손금 공제방법"의 "(2) 중소기업간 또는 동일사업을 하는 법인간 분할합병의 경우" 중 ① 또는 ②에 해당하는 분할합병으로서 분할법인 등으로부터 승계받은 이월결손금이 있는 분할신설법인 등은 승계한 이월결손금 공제대상 소득금액의 범위를 구분하

여 기록하는 대신 분할합병등기일 현재의 분할법인(승계된 사업분에 한함)과 분할합병의 상대방법인(소멸하는 경우 포함)의 사업용 자산가액(유형자산, 무형자산 및 투자자산의 가액을 말하며, 이하 같음)의 비율로 안분계산한 소득금액의 범위 내에서 승계결손금을 공제할 수 있다. 이 경우, 분할신설법인 등이 승계한 분할법인 등의 사업용 자산가액은 승계결손금을 공제하는 각 사업연도의 종료일 현재 계속 보유(처분 후 대체 취득하는 경우 포함)·사용하는 자산에 한하여 그 자산의 분할합병등기일 현재의 가액에 의한다(법령 §83 ①).

5-6-5. 이월결손금 공제액의 사후관리

분할등기일이 속하는 사업연도의 다음 사업연도 개시일부터 2년 이내('고용승계 위반'의 경우에는 3년 이내)에 "5-2-4. 과세특례의 사후관리"에서 기술한 사후관리 사유가 발생한 경우에는 분할신설법인 등은 분할법인 등으로부터 승계받은 결손금 중 기공제한 금액을 그 사유가 발생한 날이 속하는 사업연도의 소득금액을 계산할 때 익금에 산입하여야 한다(법법 §46 ②, §46의 3 ③).

한편, 상기 사후관리 사유에서 사업의 계속 또는 폐지를 판정함에 있어서 분할신설법인 등이 분할법인 등으로부터 승계한 자산가액의 50% 이상을 처분하거나 사업에 사용하지 아니하는 경우에는 분할법인 등으로부터 승계받은 사업을 폐지한 것으로 본다(법령 §83 ⑥, §80의 2 ⑦, §80의 4 ⑧).

5-7. 분할합병 전 보유자산 처분손실의 공제 제한

적격분할합병(법인세법 제46조 제2항에 따라 양도손익이 없는 것으로 한 분할합병)을 한 분할신설법인 등은 분할법인과 분할합병의 상대방법인이 분할합병 전 보유하던 자산의 처분손실(분할등기일 현재 해당 자산의 시가(법법 §52 ②)가 장부가액보다 낮은 경우로서 그 차액을 한도로 하며, 분할등기일 이후 5년 이내에 끝나는 사업연도에 발생한 것만 해당함)을 각각 분할합병 전 해당 법인의 사업에서 발생한 소득금액(해당 처분손실을 공제하기 전 소득금액을 말함)의 범위에서 해당 사업연도의 소득금액을 계산할 때 손금에 산입한다. 이 경우 손금에 산입하지 아니한 처분손실은 자산 처분 시 각각 분할합병 전 해당 법인의 사업에서 발생한 결손금으로 보아 그 승계받은 사업에서 발생한 소득금액의 범위 안에서 공제한다(법법 §46의 4 ③).

5-8. 분할합병 전 기부금한도초과액의 손금산입한도

분할합병의 상대방법인등의 분할등기일 현재 특례기부금(법법 §24 ② 1호) 및 일반기부금(법법 §24 ③ 1호) 중 기부금 손금한도 초과로 손금불산입되어 이월된 금액(법법 §24 ⑤)으로서 그 후의 각 사업연도의 소득금액을 계산할 때 손금에 산입하지 아니한 금액(이하 "기부금한도초과액"이라 함) 중 적격분할에 따라 분할신설법인등이 승계한 기부금한도초과액을 제외한 금액은 분할신설법인등의 각 사업연도의 소득금액을 계산할 때 분할합병 전 분할합병의 상대방법인의 사업에서 발생한 소득금액을 기준으로 기부금 각각의 손금산입한도액(법법 §24 ② 2호, ③ 2호)의 범위에서 손금에 산입한다(법법 §46의 4 ⑥).

또한, 분할법인등의 분할등기일 현재 기부금한도초과액으로서 적격분할에 따라 분할신설법인등이 승계한 금액은 분할신설법인등의 각 사업연도의 소득금액을 계산할 때 분할법인등으로부터 승계받은 사업에서 발생한 소득금액을 기준으로 기부금 각각의 손금산입한도액(법법 §24 ② 2호, ③ 2호)의 범위에서 손금에 산입한다. 이 경우 분할법인등으로부터 승계받은 사업에 속하는 기부금한도초과액은 분할등기일 현재 분할법인등의 기부금한도초과액을 분할법인등의 사업용 자산가액 중 분할신설법인등이 각각 승계한 사업용 자산가액 비율로 안분계산한 금액으로 한다(법령 §83 ⑤).

기부금의 이월 손금산입과 관련하여 자세한 내용은 "제3편 제2장 기부금"편을 참조하기 바란다.

5-9. 세액감면 · 세액공제의 승계

5-9-1. 세액감면의 승계

세액감면(일정기간에 걸쳐 감면되는 것에 한함)을 적용받던 분할법인 또는 소멸한 분할합병의 상대방법인(이하 "분할법인 등"이라 함)의 감면사업을 분할신설법인 등이 승계받은 경우에는 해당 승계사업에서 발생한 소득에 대하여 분할 당시의 잔존 감면기간 내에 종료하는 각 사업연도분까지 그 감면을 적용한다. 다만, 본 규정은 적격분할에 해당하여 분할법인 등의 자산을 장부가액으로 양도받은 경우에만 가능하다(법법 §46의 3 ② 및 법령 §83 ④, §81 ③).

또한, 법인세법 또는 다른 법률에 해당 세액감면의 요건 등에 관한 규정이 있는 경우에는 분할신설법인 등이 그 요건 등을 갖추어야 하며, 다음의 구분에 따라 승계받은 사업에 속하는 세액감면에 한정하여 적용받을 수 있다(법령 §82의 4 ②).

① 이월된 세액감면이 특정 사업 · 자산과 관련된 경우 : 특정 사업 · 자산을 승계한 분할신설법인 등이 공제

② 상기 ① 외의 이월된 세액감면의 경우 : 분할법인 등의 사업용 자산가액 중 분할신설법인 등이 각각 승계한 사업용 자산가액 비율로 안분하여 분할 신설법인 등이 각각 공제

한편, 분할등기일이 속하는 사업연도의 다음 사업연도 개시일부터 2년 이내('고용승계 위반'의 경우에는 3년 이내)에 "5-2-4. 과세특례의 사후관리"에서 기술한 사후관리 사유가 발생하는 경우에는 분할법인 등으로부터 승계하여 공제한 세액감면액 상당액을 해당 사유가 발생한 사업연도의 법인세에 더하여 납부하고, 그 사유가 발생하는 사업연도부터 세액감면을 적용받을 수 없다(법법 §46의 3 ③ 및 법령 §82의 4 ⑤).

5-9-2. 이월된 미공제세액의 승계

분할법인 등이 적용받던 세액공제(외국납부세액공제를 포함함)로서 이월된 미공제액의 경우에는 분할신설법인 등이 다음의 구분에 따라 이월공제잔여기간 내에 종료하는 각 사업연도분까지 공제할 수 있다. 다만, 본 규정도 적격분할에 해당하는 경우에만 가능하다(법법 §46의 3 ② 및 법령 §83 ④, §81 ③).

① 이월된 외국납부세액공제 미공제액
: 승계받은 사업에서 발생한 국외원천소득을 해당 사업연도의 과세표준으로 나눈 금액에 해당 사업연도의 세액을 곱한 금액의 범위에서 공제

② 최저한세 미달로 이월된 미공제세액
: 최저한세액에 미달하여 공제받지 못한 금액으로서 이월된 미공제액은 승계받은 사업부문에 대하여 조세특례제한법 제132조(최저한세액에 미달하는 세액에 대한 감면 등의 배제)를 적용하여 계산한 법인세 최저한세액의 범위에서 공제. 이 경우 공제하는 금액은 분할신설법인 등의 법인세 최저한세액을 초과할 수 없음.

③ 상기 ① 및 ② 외에 납부할 세액이 없어 이월된 미공제세액
: 승계받은 사업부문에 대하여 계산한 법인세 산출세액의 범위에서 공제

또한, 상기와 같이 분할신설법인 등이 분할법인 등의 이월된 미공제세액을 승계하여 공제하려면 법인세법 또는 다른 법률에 해당 세액공제의 요건 등에 관한 규정이 있는 경우에는 분할신설법인 등이 그 요건 등을 갖추어야 하며, 다음의 구분에 따라 승계받은 사업에 속하는 세액공제에 한정하여 적용받을 수 있다(법령 §82의 4 ②).

① 이월된 세액공제가 특정 사업·자산과 관련된 경우
: 특정 사업·자산을 승계한 분할신설법인 등이 공제

② 상기 ① 외의 이월된 세액공제의 경우
: 분할법인 등의 사업용 자산가액 중 분할신설법인 등이 각각 승계한 사업용 자산가액 비율로 안분하여 분할신설법인 등이 각각 공제

한편, 분할등기일이 속하는 사업연도의 다음 사업연도 개시일부터 2년 이내('고용승계 위반'의 경우에는 3년 이내)에 "5-2-4. 과세특례의 사후관리"에서 기술한 사후관리 사유가 발생하는 경우에는 분할법인 등으로부터 승계하여 공제한 세액공제액 상당액을 해당 사유가 발생한 사업연도의 법인세에 더하여 납부하고, 해당 사유가 발생한 사업연도부터 적용하지 아니한다(법법 §46의 3 ③, §82의 4 ⑤).

5-10. 미환류소득 및 초과환류액의 승계

미환류소득에 대한 법인세 과세제도의 적용대상은 각 사업연도 종료일 현재 상호출자제한

기업집단에 속하는 내국법인에 해당하는 법인을 말하며, 이러한 미환류소득에 대한 법인세 적용대상 법인은 기업의 소득 중 투자, 임금 또는 배당 등으로 환류하지 아니한 소득이 있는 경우 다음의 계산식에 따라 계산한 세액을 해당 사업연도의 법인세액에 추가하여 납부하여야 한다(조특법 §100의 32).

(미환류소득 − 차기환류적립금 − 이월된 초과환류액) × 10%

한편, 분할에 따라 분할법인이 소멸하는 경우, 분할신설법인은 분할법인의 미환류소득 또는 초과환류액[분할등기일을 사업연도 종료일로 보고 계산한 금액으로서 '임금 증가액'(조특법 §100의 32 ② 1호 나목)은 포함하지 아니하고 계산한 금액을 말함]을 분할되는 각 사업부문의 자기자본(재무상태표상의 자산의 합계액에서 부채의 합계액을 공제한 금액)의 비율에 따라 분할신설법인 또는 분할합병의 상대방 법인의 해당 사업연도말 미환류소득 또는 초과환류액에 합산하여 승계할 수 있다(조특령 §100의 32 ㉓ 및 조특칙 §45의 9 ⑰).

미환류소득에 대한 법인세와 관련하여 자세한 내용은 "제4편 제1장 제5절 투자・상생협력 촉진을 위한 과세특례"편을 참조하기 바란다.

6. 인적분할시 분할당사법인 주주의 세무

6-1. 분할법인 등의 주주에 대한 의제배당

분할법인 또는 소멸한 분할합병의 상대방법인의 분할법인 또는 소멸한 분할합병의 상대방법인(이하 "분할법인 등"이라 함)의 주주 등인 내국법인이 취득하는 분할대가가 분할법인 등의 주식(분할법인이 존속하는 경우에는 소각 등에 의하여 감소된 주식만 해당함)을 취득하기 위하여 사용한 금액을 초과하는 금액은 배당으로 의제하여 익금에 산입한다(법법 §16 ① 6호). 이를 산식으로 표현하면 다음과 같다.

이 경우 분할대가는 분할신설법인 또는 분할합병의 상대방법인(이하 "분할신설법인 등"이라 함)으로부터 분할로 인하여 취득하는 분할신설법인 등(분할등기일 현재 분할합병의 상대방법인의 발행주식총수 또는 출자총액을 소유하고 있는 내국법인을 포함함)의 주식의 가액과 금전 또는 그 밖의 재산가액의 합계액을 말한다(법법 §16 ② 2호).

의제배당금액	=	분할법인 등의 주주 등이 분할신설법인 등으로부터 받은 분할대가(*)	−	분할법인 등의 주식 등을 취득하기 위하여 소요된 금액

(*) 의제배당 과세이연 요건[법법 §46 ② 1호 및 2호(주식 등의 보유와 관련된 부분은 제외함)]을 충족하

는 분할의 경우 해당 분할교부주식의 가액을 종전의 장부가액으로 평가하되, 분할대가 중 일부를 금전이나 그 밖의 재산으로 받은 경우로서 분할로 취득한 주식 등을 시가로 평가한 가액이 종전의 장부가액보다 작은 경우에는 시가로 함. 한편, 자본시장과 금융투자업에 관한 법률에 따른 투자회사 등(법법 §51의 2 ① 2호)이 취득하는 주식 등의 경우에는 영으로 함(법령 §14 ① 1호 나목).

분할시 분할법인 등의 주주의 의제배당과 관련된 보다 자세한 내용은 "제2편 제2장 제7절 의제배당"을 참고하기로 한다.

6-2. 분할차익의 자본전입에 따른 의제배당

분할신설법인 등이 적격분할 이후 분할차익 중 다음의 금액을 자본전입한 경우 분할차익(법법 §17 ① 6호)을 한도로 분할신설법인 등의 주주에게 의제배당으로 과세된다(법령 §12 ① 4호).

① 분할등기일 현재 분할신설법인 등이 승계한 재산의 가액이 그 재산의 분할법인 장부가액을 초과하는 경우 그 초과하는 금액

② 분할에 따른 분할법인의 자본금, 상법 제459조 제1항에 따른 자본거래로 인한 잉여금 및 자산재평가법에 따른 재평가적립금 중 의제배당대상 자본잉여금 외의 잉여금의 감소액이 분할한 사업부문의 분할등기일 현재 순자산 장부가액에 미달하는 경우 그 미달하는 금액(분할법인의 감자차손). 이 경우 분할법인의 분할등기일 현재의 분할 전 이익잉여금과 의제배당대상 자본잉여금에 상당하는 금액의 합계액을 한도로 함(법칙 §8).

한편, 분할차익의 자본전입시 의제배당과 관련된 보다 자세한 내용은 '제2편 제2장 제7절 의제배당'을 참고하기로 한다.

Step Ⅱ 서식의 이해

■ 작성요령Ⅰ - 분할과세특례신청서

[별지 제42호의 2 서식] (2013. 2. 23. 개정)

분할과세특례 신청서

<table>
<tr><td>사업연도</td><td colspan="2">. . . ~ . . .</td></tr>
<tr><td rowspan="4">분할법인
(신고법인)</td><td>① 법 인 명</td><td>② 사업자등록번호</td></tr>
<tr><td>③ 대표자성명</td><td>④ 생년월일</td></tr>
<tr><td colspan="2">⑤ 본점소재지</td></tr>
<tr><td colspan="2">(전화번호:)</td></tr>
<tr><td rowspan="5">분할신설법인</td><td>⑥ 법 인 명</td><td>⑦ 사업자등록번호</td></tr>
<tr><td>⑧ 대표자성명</td><td>⑨ 생년월일</td></tr>
<tr><td colspan="2">⑩ 본점소재지</td></tr>
<tr><td colspan="2">(전화번호:)</td></tr>
<tr><td colspan="2">⑪ 분할등기일</td></tr>
<tr><td rowspan="6">양도가액</td><td>⑫ 분할로 받은 주식의 출자가액</td><td></td></tr>
<tr><td>⑬ 분할로 받은 주식 외의 금전이나 그 밖의 재산가액</td><td></td></tr>
<tr><td>⑭ 분할 전 취득한 분할법인의 주식에 대한 분할신주 교부 간주액</td><td></td></tr>
<tr><td>⑮ 분할신설법인등이 납부하는 분할법인의 법인세 및 그 법인세에 부과되는 국세와 「지방세법」 제85조 제4호에 따른 법인세분</td><td></td></tr>
<tr><td>⑯ 기타</td><td></td></tr>
<tr><td>⑰ 합 계 (⑫+⑬+⑭+⑮+⑯)</td><td></td></tr>
<tr><td rowspan="3">순자산
장부가액</td><td>⑱ 자산의 장부가액</td><td></td></tr>
<tr><td>⑲ 부채의 장부가액</td><td></td></tr>
<tr><td>⑳ 순자산장부가액(⑱-⑲)</td><td></td></tr>
<tr><td colspan="2">㉑ 양도손익(⑰-⑳)</td><td></td></tr>
</table>

「법인세법 시행령」 [ ] 제82조 제3항 / [ ] 제83조의 2 제3항 에 따른 분할과세특례 신청서를 제출합니다.

년 월 일

분할법인 (서명 또는 인)

분할신설법인 (서명 또는 인)

세무서장 귀하

작 성 방 법
양도가액은 「법인세법 시행령」 제82조 제1항 제2호 또는 제83조의 2 제1항 제2호에 따라 계산한 금액을 적습니다.

■ 작성요령Ⅱ - 물적분할과세특례 신청서

[별지 제43호 서식] (2015. 3. 13. 개정)

물적분할과세특례 신청서

<table>
<tr><td>사업연도</td><td colspan="3">. . . ~ . . .</td></tr>
<tr><td rowspan="3">분할법인
(신고법인)</td><td colspan="2">① 법 인 명</td><td>② 사업자등록번호</td></tr>
<tr><td colspan="2">③ 대표자성명</td><td>④ 법인등록번호</td></tr>
<tr><td colspan="3">⑤ 본점소재지
(전화번호 :   )</td></tr>
<tr><td rowspan="4">분할신설
법인</td><td colspan="2">⑥ 법 인 명</td><td>⑦ 사업자등록번호</td></tr>
<tr><td colspan="2">⑧ 대표자성명</td><td>⑨ 법인등록번호</td></tr>
<tr><td colspan="3">⑩ 본점소재지
(전화번호 :   )</td></tr>
<tr><td colspan="3">⑪ 분할등기일</td></tr>
<tr><td rowspan="5">압축기장
충당금</td><td colspan="2">⑫ 분할법인의 계상액</td><td></td></tr>
<tr><td rowspan="3">손금
산입
한도</td><td>⑬ 물적분할한 순자산의 시가</td><td></td></tr>
<tr><td>⑭ 물적분할한 순자산의 장부가액</td><td></td></tr>
<tr><td>⑮ 한도액(⑬-⑭)</td><td></td></tr>
<tr><td colspan="2">⑯ 한도초과액(⑫-⑮)</td><td></td></tr>
</table>

「법인세법 시행령」 제84조 제12항에 따른 물적분할과세특례 신청서를 제출합니다.

년 월 일

분할법인 (서명 또는 인)

분할신설법인 (서명 또는 인)

세무서장 귀하

첨부서류	자산의 양도차익에 관한 명세서(갑) [별지 제46호의 2 서식(갑)]

■ 작성요령 Ⅲ - 자산조정계정명세서(갑)

[별지 제46호 서식(갑)] (2013. 2. 23. 개정)

사업연도	. . . ~ . . .	자산조정계정명세서(갑)	법 인 명	
			사업자등록번호	

1. 합병등기일 또는 분할등기일의 자산

① 자산명	② 시가	③ 세무상 장부가액	④ 세무조정사항	⑤ 자산조정계정 [②-(③+④)]
계				

2. 합병등기일 또는 분할등기일의 부채

⑥ 부채명	⑦ 시가	⑧ 세무상 장부가액	⑨ 세무조정사항	⑩ 자산조정계정 [⑦-(⑧+⑨)]
계				

작 성 방 법

1. 세무조정사항(④)란은 자산과 관련된 세무조정사항이 있는 경우에 익금불산입액은 (+)의 금액을, 손금불산입액은 (-)의 금액을 적습니다.
2. 자산조정계정(⑤)란은 장부가액(③)에서 세무조정사항(④)을 가감한 금액을 시가(②)로부터 차감하여 적습니다. 부채의 자산조정계정(⑩)도 자산과 동일한 방식으로 계산하여 적습니다.

■ 작성요령 Ⅳ – 자산조정계정명세서(을)

[별지 제46호 서식(을)] (2012. 2. 28. 개정)

사업 연도	. . . ~ . . .	자산조정계정명세서(을)	법 인 명	
			사업자등록번호	

1. 자산

① 자산명	② 취득가액 (시가)	③ 자산조정계정	익금 또는 손금산입					⑨ 당기말 자산조정 계정 (③-⑤-⑦-⑧)
			전기분		당기분			
			④ 감가상각비 (누계)	⑤ 감가상각비 상계 및 가산(누계)	⑥ 감가상각비	⑦ 감가상각비 상계 및 가산	⑧ 자산처분	
계								

2. 부채

① 자산명	② 취득가액 (시가)	③ 자산조정계정	익금 또는 손금산입					⑨ 당기말 자산조정 계정 (③-⑤-⑦-⑧)
			전기분		당기분			
			④ 감가상각비 (누계)	⑤ 감가상각비 상계 및 가산(누계)	⑥ 감가상각비	⑦ 감가상각비 상계 및 가산	⑧ 자산처분	
계								

■ 작성요령 Ⅴ - 자산의 양도차익에 관한 명세서(갑)

[별지 제46호의 2 서식(갑)] (2012. 2. 28. 신설)

사업 연도	. . . ~ . . .	자산의 양도차익에 관한 명세서(갑)	법 인 명	
			사업자등록번호	

1. 분할등기일 또는 현물출자일의 자산

① 구분	② 자산명	③ 시가	④ 회계상 장부가액	⑤ 세무조정사항	⑥ 양도차익 [③-(④-⑤)]
계					

2. 분할등기일 또는 현물출자일의 부채

⑦ 구분	⑧ 부채명	⑨ 시가	⑩ 회계상 장부가액	⑪ 세무조정사항	⑫ 양도차익 [⑨-(⑩-⑪)]
계					

작 성 방 법

1. 구분(①)란은 개별자산별로 「법인세법 시행령」 제84조 제4항 또는 제84조의 2 제4항에 따른 감가상각자산, 토지, 주식등 및 기타로 구분하여 적습니다.
2. 자산의 양도차익(⑥)란은 장부가액(④)에서 세무조정사항(⑤)을 차감한 금액을 시가(③)로부터 차감하여 적습니다. 부채의 양도차익(⑫)란도 자산과 마찬가지 방식으로 계산하여 적습니다.

■ 작성요령Ⅵ – 자산의 양도차익에 관한 명세서(을)

[별지 제46호의 2 서식(을)] (2012. 2. 28. 신설)

사업연도	. . . ~ . . .	자산의 양도차익에 관한 명세서(을)	법 인 명	
			사업자등록번호	

1. 분할신설법인 또는 피출자법인이 직전 사업연도 종료일 현재 보유하고 있는 승계자산

① 구분	② 자산명	③ 시가	④ 장부가액	⑤ 세무조정사항	⑥ 양도차익 [③-(④-⑤)]
계					

2. 분할신설법인 또는 피출자법인이 해당 사업연도에 처분한 승계자산

① 구분	② 자산명	③ 시가	④ 장부가액	⑤ 세무조정사항	⑥ 양도차익 [③-(④-⑤)]
계					

작 성 방 법

1. 구분(①)란은 개별자산별로 「법인세법 시행령」 제84조 제4항 또는 제84조의 2 제4항에 따른 감가상각자산, 토지, 주식등으로 구분하여 적습니다. "자산의 양도차익에 관한 명세서(갑)[별지 46호의 2 서식]"의 구분(①)란에 기타로 기재된 자산은 적지 않습니다.
2. 장부가액(④)·세무조정사항(⑤)은 "자산의 양도차익에 관한 명세서(갑)[별지 46호의 2 서식]"에서 분할등기일 또는 현물출자일의 장부가액·세무조정사항의 금액을 적으며, 양도차익(⑥)은 장부가액(④)에서 세무조정사항(⑤)을 차감한 금액을 시가(③)에서 차감하여 적습니다.

세무조정 체크리스트

Ⅰ. 물적분할시 분할법인

1. 자산양도차익의 과세이연

검 토 사 항	확인
1. 과세이연 요건의 검토 -사업영위기간 요건 확인(독립된 사업의 분리 요건, 자산·부채의 포괄승계 요건, 단독출자 요건) -지분의 연속성 요건 및 부득이한 사유 해당 여부 확인 -사업의 계속성 요건 및 부득이한 사유 해당 여부 확인 -고용승계 요건 및 부득이한 사유 해당 여부 확인	
2. 자산양도차익에 대한 압축기장충당금 설정액의 정확성 검토	
3. 과세이연의 사후관리 검토 -사업폐지 등 사후관리 사유 발생 여부 확인(부득이한 사유로 적격구조조정함에 따라 과세이연이 계속 유지되는지 여부 검토) -사후관리 위반에 따른 익금산입액 계산의 정확성 검토	

Ⅱ. 물적분할시 분할신설법인

1. 적격물적분할시 과세특례

검 토 사 항	확인
1. 과세특례 내용 확인 -분할법인의 세액공제·감면의 승계	

2. 세무조정사항 승계

검 토 사 항	확인
1. 세무조정사항 승계 확인 -퇴직급여충당금 및 대손충당금을 승계한 경우 관련 세무조정사항 승계 -그 밖의 세무조정사항은 미승계	

■ Ⅲ. 인적분할시 분할법인 등

1. 양도손익

검 토 사 항	확인
1. 양도대가 계산의 정확성 검토 -분할교부주식의 평가가액의 적정성 확인 -분할 전 취득한 분할법인 등의 주식의 유무 확인 -분할 전 취득한 분할법인의 주식에 대한 분할신주 교부 간주액의 가산 여부 확인	
2. 순자산장부가액 계산의 정확성 검토	
3. 양도손익의 과세특례 및 부당행위계산부인 여부 확인 -적격분할의 과세특례 요건 충족 여부 확인 -불공정분할시 양도손익에 대한 부당행위계산부인 검토	

■ Ⅳ. 인적분할시 분할신설법인 등

1. 적격분할시 과세특례

검 토 사 항	확인
1. 적격분할의 과세특례 요건 확인 -사업영위기간 요건 확인(독립된 사업의 분리요건, 자산·부채의 포괄승계 요건, 단독출자 요건) -지분의 연속성 요건 및 부득이한 사유 해당 여부 확인 -사업의 계속성 요건 및 부득이한 사유 해당 여부 확인 -고용승계 요건 및 부득이한 사유 해당 여부 확인	
2. 과세특례 내용 확인 -승계받은 자산의 취득가액 특례 -분할법인 등의 세무조정사항의 일괄승계 -분할법인 등의 이월결손금 승계 -분할법인 등의 세액공제·감면의 승계	
3. 자산조정계정 계산 및 세무조정의 정확성 확인 -승계 자산·부채의 시가 및 장부가액 확인 -감가상각 및 자산 처분 여부 확인	
4. 과세특례의 사후관리 -사업폐지 등 사후관리 사유 발생 여부 확인 -사후관리 위반에 따른 과세특례 중단 등의 내용 검토(자산조정계정잔액 총합계액의 익금산입, 분할매수차익·차손의 일시 손금·익금산입, 승계받은 이월결손금 및 세액공제·세액감면의 기공제액 익금산입, 승계한 세무조정사항의 추인 등)	

2. 세무조정사항의 승계

검 토 사 항	확인
1. 세무조정사항 승계 확인 - 적격분할의 경우 : 일괄승계 - 상기 외의 경우 : 퇴직급여충당금 및 대손충당금을 승계한 경우 관련 세무조정사항 승계. 그 밖의 세무조정사항은 미승계	
2. 사후관리 사유 발생시 승계한 세무조정사항 추인	

3. 분할합병의 상대방법인의 이월결손금 공제 등

검 토 사 항	확인
1. 분할등기일 현재 분할합병의 상대방법인의 이월결손금 존재 여부 확인	
2. 구분경리 예외대상 분할 여부 검토 - 중소기업간 또는 동일사업을 하는 법인간 분할합병 여부 - 안분대상 자산가액의 비율 확인	
3. 분할합병 전 기부금한도초과액의 손금산입 한도 검토	

4. 분할법인 등의 이월결손금 승계 등

검 토 사 항	확인
1. 분할법인 등의 이월결손금 승계 요건 충족 여부 검토 - 법인세법 제46조 제2항의 요건 - 분할법인이 분할 또는 분할합병 후 소멸할 것 - 분할법인으로부터 승계받은 사업을 구분경리할 것(다만, 중소기업간 또는 동일사업을 하는 법인간 분할합병하는 경우에는 구분경리하지 아니할 수 있음)	
2. 승계결손금 범위액의 계산 검증	
3. 구분경리 예외 대상 분할합병 여부 검토 - 중소기업간 또는 동일사업을 하는 법인간 분할합병 여부 - 안분대상 자산가액의 비율 확인	
4. 분할합병 전 보유자산 처분손실의 손금산입 검토	
5. 사후관리 사유 발생시 기공제액 익금산입 여부	
6. 분할법인등의 기부금한도초과액의 승계 가능 여부 및 손금산입한도 검토	

5. 세액감면 · 공제의 승계

검 토 사 항	확인
1. 세액감면 및 공제의 승계 요건 해당 여부 검토	
2. 사후관리 사유 발생시 세액공제액의 추징 여부 검토	

■ V. 인적분할시 분할당사법인의 주주

검 토 사 항	확인
1. 분할시 분할법인 등의 주주에게 과세될 의제배당금액 유무 확인 －분할대가 산정시 분할교부주식의 평가가액의 적정성 확인 －분할법인 등의 주식 취득에 소요된 금액의 확인(무상주 유무 확인)	
2. 적격분할 후 분할차익의 자본전입시 분할신설법인 등의 주주에게 과세될 의제배당금액 유무 확인 － 분할차익의 일부 자본전입시 의제배당 및 자본전입 순서 확인	

Step III 사례와 서식작성실무

예제 I – 인적분할

사 례

1. ㈜삼일은 사업부 A와 B로 구성되어 있으며, 2024년 9월 1일 A사업부를 분할하여 ㈜용산을 설립하였다.
2. ㈜삼일의 분할일 직전 재무상태표는 다음과 같다.

㈜삼일의 재무상태표

유동자산(A)	2,000,000	유동부채(A)	4,000,000
유동자산(B)	1,000,000	유동부채(B)	3,000,000
토지(A)	5,000,000	비유동부채(A)	5,000,000
토지(B)	4,000,000	비유동부채(B)	2,000,000
건물(A)	3,000,000	자본금	1,000,000
기타유형자산(A)	2,000,000	자본잉여금	500,000
		이익잉여금	1,500,000
	17,000,000		17,000,000

3. 분할 직전 ㈜삼일의 자본금과 적립금 조정명세서(을)상 A사업부와 관련된 유보사항은 다음과 같다.

항 목	기말잔액	비 고
토지(A)	△300,000	토지의 임의평가증

4. ㈜용산은 분할대가로 ㈜삼일의 주주에게 주식 100주(액면가액 : 주당 10,000원, 법인세법상 시가 : 주당 40,000원)를 발행하였다(분할대가는 모두 신주로 교부됨).
5. ㈜용산의 분할시 회계처리는 다음과 같다.

(차 변)		(대 변)	
유동자산(A)	2,000,000	유동부채(A)	4,000,000
토지(A)	5,000,000	비유동부채(A)	5,000,000
건물(A)	3,000,000	자본금	1,000,000
기타유형자산(A)	2,000,000	주식발행초과금	2,000,000
	12,000,000		12,000,000

6. ㈜용산이 승계받은 토지(A)의 분할등기일 현재 법인세법상 시가는 다음과 같으며, 그 외의 자산·부채는 장부가액과 시가가 동일하다.

구 분	회계상 장부가액	세무상 장부가액	법인세법상 시가
토지(A)	5,000,000	4,700,000	7,000,000

7. 당해 분할은 비례적 인적분할이며, 분할법인인 ㈜삼일은 상기 분할과 관련하여 회계상 인식한 양도손익은 없다. 또한 분할신설법인인 ㈜용산은 분할등기일이 속하는 사업연도에 처분한 자산은 없다.
8. 분할법인인 ㈜삼일과 분할신설법인인 ㈜용산은 각각 분할과 관련된 세무조정 외의 세무조정사항은 없다고 가정하며, 또한 분할에 따른 양도손익 부당행위계산부인 규정은 적용되지 않는다고 가정한다.
9. 상기의 분할이 각각 비적격분할인 경우와 적격분할인 경우를 가정하여 분할등기일이 속하는 사업연도의 세무조정을 수행하고, 적격분할시 분할과세특례신청서 및 자산조정계정명세서(갑), (을)을 작성하시오(적격분할에 해당하는 경우에는 분할법인의 양도손익은 과세이연하는 것으로 가정함).

해 설

Ⅰ. 비적격 분할인 경우

1. 분할법인의 세무처리

① 양도손익의 산정

㈜삼일의 양도손익 = 양도가액 - 순자산 장부가액(*1)

=100주×40,000원-(12,000,000-9,000,000-300,000)

=1,300,000

(*1) 순자산 장부가액은 세무상 장부가액이어야 할 것인바, 유보금액을 반영하여야 하며, 그 결과 유보금액은 추인되는 효과가 발생함.

② 세무조정

〈익금산입〉 양도차익 1,300,000 (기타)

2. 분할신설법인의 세무처리

(1) 분할시 세무조정

① 분할매수차익 관련 세무조정

㉠ 분할매수차익의 산정

분할매수차익=순자산시가-양도가액

=(14,000,000-9,000,000)-100주×40,000원

=1,000,000

㉡ 세무조정

〈손금산입〉 분할매수차익 1,000,000(△유보)

〈익금산입〉 주식발행초과금 1,000,000(기타)

② 토지 취득가액 조정 세무조정

〈익금산입〉 토지 2,000,000(*2)(유보)

〈손금산입〉 주식발행초과금 2,000,000(기타)

(*2) 비적격분할인 경우 취득가액은 시가이므로 과소계상된 토지의 가액을 증가시켜 주는 세무조정을 수행하여야 할 것으로 판단됨.

(2) 결산시 세무조정

① 분할매수차익

〈익금산입〉 분할매수차익 66,666(*3)(유보)

(*3) 1,000,000 × 4/60=66,666

Ⅱ. 적격분할인 경우

1. 분할법인의 세무처리

적격분할로 양도손익을 과세이연하는 경우, 양도손익 계산시 양도가액은 순자산 장부가액으로 하는 것이므로 ㈜용산의 양도손익은 '0'이다.

2. 분할신설법인의 세무처리

(1) 분할시 세무조정

① 자산조정계정

㉠ 자산조정계정의 계산

분할신설법인은 적격분할의 과세특례요건을 갖추어 분할법인의 자산을 장부가액으로 양도받은 경우 양도받은 자산 및 부채의 가액을 분할등기일 현재 시가로 계상하되, 시가에서 분할법인의 장부가액을 뺀 금액을 자산조정계정으로 계상하여야 함.

자산명	시가	장부가액	세무조정사항	자산조정계정
유동자산	2,000,000	2,000,000	–	–
토지	7,000,000	4,700,000	△300,000	2,000,000
건물	3,000,000	3,000,000	–	–
기타유형자산	2,000,000	2,000,000	–	–
유동부채	4,000,000	4,000,000	–	–
고정부채	5,000,000	5,000,000	–	–

㉡ 세무조정(*4)

〈익금산입〉 토지 2,000,000(유보)

〈손금산입〉 자산조정계정 2,000,000(△유보)

(*4) 토지의 가액을 증가시키는 세무조정과 자산조정계정을 설정해주는 세무조정을 동시에 수행하여야 할 것으로 판단됨. 만일 상기 익금산입대상 자산이 감가상각자산인 경우, 그 추인여부가 현행 규정상으로는 불분명한 바, 이에 대하여는 추후 입법 보완 또는 유권해석 등에 의해 명확히 하여야 할 것으로 보임.

② 세무조정사항 승계

적격분할이면서 존속분할이므로 분할되는 사업부(A)의 토지관련 세무조정사항을 승계하여야 함.

(2) 결산시 세무조정

본 사례의 경우 결산시 세무조정사항은 없음.

[별지 제42호의 2 서식] (2013. 2. 23. 개정)

분할과세특례 신청서

<table>
<tr><td>사업연도</td><td colspan="4">2024. 1. 1. ~ 2024. 12. 31.</td></tr>
<tr><td rowspan="3">분할법인
(신고법인)</td><td>① 법 인 명</td><td>(주)삼일</td><td>② 사업자등록번호</td><td>101-81-12345</td></tr>
<tr><td>③ 대표자성명</td><td>홍 길 동</td><td>④ 생년월일</td><td>19××. ×. ×.</td></tr>
<tr><td>⑤ 본점소재지</td><td colspan="3">서울시 ××구 ×××동 123번지
(전화번호:)</td></tr>
<tr><td rowspan="4">분할신설법인</td><td>⑥ 법 인 명</td><td>(주)용산</td><td>⑦ 사업자등록번호</td><td>101-81-23456</td></tr>
<tr><td>⑧ 대표자성명</td><td>신용산</td><td>⑨ 생년월일</td><td>19××. ×. ×.</td></tr>
<tr><td>⑩ 본점소재지</td><td colspan="3">서울시 ××구 ×××동 111번지
(전화번호:)</td></tr>
<tr><td>⑪ 분할등기일</td><td colspan="3">2024. 9. 1.</td></tr>
<tr><td rowspan="6">양도가액</td><td colspan="2">⑫ 분할로 받은 주식의 출자가액</td><td colspan="2">4,000,000</td></tr>
<tr><td colspan="2">⑬ 분할로 받은 주식 외의 금전이나 그 밖의 재산가액</td><td colspan="2"></td></tr>
<tr><td colspan="2">⑭ 분할 전 취득한 분할법인의 주식에 대한 분할신주 교부 간주액</td><td colspan="2"></td></tr>
<tr><td colspan="2">⑮ 분할신설법인등이 납부하는 분할법인의 법인세 및 그 법인세에 부과되는 국세와 「지방세법」 제85조 제4호에 따른 법인세분</td><td colspan="2"></td></tr>
<tr><td colspan="2">⑯ 기타</td><td colspan="2"></td></tr>
<tr><td colspan="2">⑰ 합 계 (⑫+⑬+⑭+⑮+⑯)</td><td colspan="2">4,000,000</td></tr>
<tr><td rowspan="3">순자산
장부가액</td><td colspan="2">⑱ 자산의 장부가액</td><td colspan="2">12,000,000</td></tr>
<tr><td colspan="2">⑲ 부채의 장부가액</td><td colspan="2">9,000,000</td></tr>
<tr><td colspan="2">⑳ 순자산장부가액(⑱-⑲)</td><td colspan="2">3,000,000</td></tr>
<tr><td colspan="3">㉑ 양도손익(⑰-⑳)</td><td colspan="2">1,000,000</td></tr>
</table>

「법인세법 시행령」 [ ] 제82조 제3항 / [ ] 제83조의 2 제3항 에 따른 분할과세특례 신청서를 제출합니다.

년 월 일

분할법인 (주)삼일 (서명 또는 인)

분할신설법인 (주)용산 (서명 또는 인)

세무서장 귀하

작 성 방 법

양도가액은 「법인세법 시행령」 제82조 제1항 제2호 또는 제83조의 2 제1항 제2호에 따라 계산한 금액을 적습니다.

[별지 제46호 서식(갑)] (2013. 2. 23. 개정)

사업 연도	2024. 9. 1. ~ 2024. 12. 31.	자산조정계정명세서(갑)	법 인 명	(주)용산
			사업자등록번호	101-81-23456

1. 합병등기일 또는 분할등기일의 자산

① 자산명	② 시가	③ 세무상 장부가액	④ 세무조정사항	⑤ 자산조정계정 [②-(③+④)]
유동자산(A)	2,000,000	2,000,000	-	-
토지(A)	7,000,000	4,700,000	300,000	2,000,000
건물(A)	3,000,000	3,000,000	-	-
기타유형자산(A)	2,000,000	2,000,000	-	-
계	14,000,000	11,700,000	300,000	2,000,000

2. 합병등기일 또는 분할등기일의 부채

⑥ 부채명	⑦ 시가	⑧ 세무상 장부가액	⑨ 세무조정사항	⑩ 자산조정계정 [⑦-(⑧+⑨)]
유동부채(A)	4,000,000	4,000,000	-	-
비유동부채(A)	5,000,000	5,000,000	-	-
계	9,000,000	9,000,000	-	-

작 성 방 법

1. 세무조정사항(④)란은 자산과 관련된 세무조정사항이 있는 경우에 익금불산입액은 (+)의 금액을, 손금불산입액은 (-)의 금액을 적습니다.
2. 자산조정계정(⑤)란은 장부가액(③)에서 세무조정사항(④)을 가감한 금액을 시가(②)로부터 차감하여 적습니다. 부채의 자산조정계정(⑩)도 자산과 동일한 방식으로 계산하여 적습니다.

[별지 제46호 서식(을)] (2012. 2. 28. 개정)

사업연도	2024. 9. 1. ~ 2024. 12. 31.	자산조정계정명세서(을)	법 인 명	(주)용산
			사업자등록번호	101-81-23456

1. 자산

① 자산명	② 취득가액(시가)	③ 자산조정계정	익금 또는 손금산입					⑨ 당기말 자산조정계정 (③-⑤-⑦-⑧)
			전기분		당기분			
			④감가상각비(누계)	⑤감가상각비 상계 및 가산(누계)	⑥감가상각비	⑦감가상각비 상계 및 가산	⑧ 자산처분	
토지	7,000,000	2,000,000	-	-	-	-	-	2,000,000
계	7,000,000	2,000,000	-	-	-	-	-	2,000,000

2. 부채

① 자산명	② 취득가액(시가)	③ 자산조정계정	익금 또는 손금산입					⑨ 당기말 자산조정계정 (③-⑤-⑦-⑧)
			전기분		당기분			
			④ 감가상각비(누계)	⑤ 감가상각비 상계 및 가산(누계)	⑥ 감가상각비	⑦ 감가상각비 상계 및 가산	⑧ 자산처분	
계								

예제Ⅱ – 물적분할

사 례

1. 아래에서 기술하는 내용을 제외하고는 [예제 Ⅰ]과 동일하다.
2. 물적분할법인과 물적분할신설법인의 회계처리는 다음과 같으며, 물적분할이므로 주식은 물적분할법인에게 교부되었다. 한편, 분할교부주식의 법인세법상 시가는 주당 50,000원(액면가액은 10,000원)이다.

   (1) 물적분할법인의 회계처리

(차 변)		(대 변)	
유동부채(A)	4,000,000	유동자산(A)	2,000,000
비유동부채(A)	5,000,000	토지(A)	5,000,000
투자주식	5,000,000	건물(A)	3,000,000
		기타유형자산(A)	2,000,000
		처분이익	2,000,000
	14,000,000		14,000,000

   (2) 물적분할신설법인의 회계처리

(차 변)		(대 변)	
유동자산(A)	2,000,000	유동부채(A)	4,000,000
토지(A)	7,000,000	비유동부채(A)	5,000,000
건물(A)	3,000,000	자본금	1,000,000
기타유형자산(A)	2,000,000	주식발행초과금	4,000,000
	14,000,000		14,000,000

3. 물적분할법인의 유보금액은 없는 것으로 가정한다.
4. 당해 분할은 법인세법상 적격물적분할 요건을 충족하며 그에 따라 분할법인은 양도손익을 과세이연하기로 한다. 또한, 분할등기일이 속하는 사업연도에 물적분할법인 및 물적분할신설법인이 처분한 자산은 없으며, 분할에 따른 양도손익에 대한 부당행위계산부인 규정은 적용되지 않는다고 가정한다.
5. 적격물적분할시 분할등기일이 속하는 사업연도의 세무조정을 수행하고, 물적분할과세특례신청서 및 자산의 양도차익에 관한 명세서(갑), (을)를 작성하시오(물적분할법인과 물적분할신설법인은 각각 분할과 관련된 세무조정 외의 세무조정 사항은 없다고 가정함).

해 설

1. 분할법인 ㈜삼일의 분할시 세무처리

(1) 양도차익의 계산 및 세무조정

① 양도차익의 계산

양도차익 = 양도가액 - 순자산 장부가액

= 5,000,000 - (12,000,000 - 9,000,000)

= 2,000,000

② 세무조정

회계상 양도차익이 이미 2,000,000원 반영되어 있으므로, 세무조정은 없음.

(2) 압축기장충당금

① 설정대상금액 = Min(㉠, ㉡) = 2,000,000

㉠ 분할로 취득한 주식가액 = 순자산시가 = 14,000,000 - 9,000,000 = 5,000,000

㉡ 양도차익 = 5,000,000 - (12,000,000 - 9,000,000)

= 2,000,000

② 세무조정(신고조정을 가정함)

〈손금산입〉 압축기장충당금 2,000,000(△유보)

2. 분할신설법인 ㈜용산의 세무처리

분할신설법인이 분할에 따라 취득한 자산의 취득가액을 해당 자산의 시가로 계상하였으므로, 세무조정사항은 없다.

[별지 제43호 서식] (2015. 3. 13. 개정)

물적분할과세특례 신청서

<table>
<tr><td>사업연도</td><td colspan="5">2024. 1. 1. ~ 2024. 12. 31.</td></tr>
<tr><td rowspan="3">분할법인
(신고법인)</td><td>① 법 인 명</td><td>(주)삼일</td><td>② 사업자등록번호</td><td colspan="2">101-81-12345</td></tr>
<tr><td>③ 대표자성명</td><td>홍길동</td><td>④ 법인등록번호</td><td colspan="2">234657-8901234</td></tr>
<tr><td>⑤ 본점소재지</td><td colspan="4">서울시 ××구 ××동 123번지
(전화번호 :)</td></tr>
<tr><td rowspan="4">분할신설법인</td><td>⑥ 법 인 명</td><td>(주)용산</td><td>⑦ 사업자등록번호</td><td colspan="2">101-81-23456</td></tr>
<tr><td>⑧ 대표자성명</td><td>신용산</td><td>⑨ 법인등록번호</td><td colspan="2">123456-7890123</td></tr>
<tr><td>⑩ 본점소재지</td><td colspan="4">서울시 ××구 ××동 111번지
(전화번호 :)</td></tr>
<tr><td>⑪ 분할등기일</td><td colspan="4">2024. 9. 1.</td></tr>
<tr><td rowspan="5">압축기장
충당금</td><td colspan="3">⑫ 분할법인의 계상액</td><td colspan="2">2,000,000</td></tr>
<tr><td rowspan="3">손금
산입
한도</td><td colspan="2">⑬ 물적분할한 순자산의 시가</td><td colspan="2">5,000,000</td></tr>
<tr><td colspan="2">⑭ 물적분할한 순자산의 장부가액</td><td colspan="2">3,000,000</td></tr>
<tr><td colspan="2">⑮ 한도액(⑬-⑭)</td><td colspan="2">2,000,000</td></tr>
<tr><td colspan="3">⑯ 한도초과액(⑫-⑮)</td><td colspan="2">-</td></tr>
</table>

「법인세법 시행령」 제84조 제12항에 따른 물적분할과세특례 신청서를 제출합니다.

년 월 일

분할법인 (서명 또는 인)

분할신설법인 (서명 또는 인)

세무서장 귀하

첨부서류	자산의 양도차익에 관한 명세서(갑) [별지 제46호의 2 서식(갑)]

[별지 제46호의 2 서식(갑)] (2012. 2. 28. 신설)

사업연도	2024. 1. 1. ~ 2024. 12. 31.	자산의 양도차익에 관한 명세서(갑)	법 인 명	(주)삼일
			사업자등록번호	101-81-12345

1. 분할등기일 또는 현물출자일의 자산

① 구분	② 자산명	③ 시가	④ 회계상 장부가액	⑤ 세무조정사항	⑥ 양도차익 [③-(④-⑤)]
기타	유동자산(A)	2,000,000	2,000,000	-	-
토지	토지(A)	7,000,000	5,000,000	-	2,000,000
감가상각자산	건물(A)	3,000,000	3,000,000	-	-
감가상각자산	기타유형자산(A)	2,000,000	2,000,000	-	-
계		14,000,000	12,000,000	-	2,000,000

2. 분할등기일 또는 현물출자일의 부채

⑦ 구분	⑧ 부채명	⑨ 시가	⑩ 회계상 장부가액	⑪ 세무조정사항	⑫ 양도차익 [⑨-(⑩-⑪)]
기타	유동부채(A)	4,000,000	4,000,000	-	-
기타	비유동부채(A)	5,000,000	5,000,000	-	-
계		9,000,000	9,000,000	-	-

작 성 방 법

1. 구분(①)란은 개별자산별로 「법인세법 시행령」 제84조 제4항 또는 제84조의 2 제4항에 따른 감가상각자산, 토지, 주식등 및 기타로 구분하여 적습니다.
2. 자산의 양도차익(⑥)란은 장부가액(④)에서 세무조정사항(⑤)을 차감한 금액을 시가(③)로부터 차감하여 적습니다. 부채의 양도차익(⑫)란도 자산과 마찬가지 방식으로 계산하여 적습니다.

[별지 제46호의 2 서식(을)] (2012. 2. 28. 신설)

사업연도	2024. 1. 1. ~ 2024. 12. 31.	자산의 양도차익에 관한 명세서(을)	법인명	(주)삼일
			사업자등록번호	101-81-12345

1. 분할신설법인 또는 피출자법인이 직전 사업연도 종료일 현재 보유하고 있는 승계자산

① 구분	② 자산명	③ 시가	④ 장부가액	⑤ 세무조정사항	⑥ 양도차익 [③-(④-⑤)]
토지	토지(A)	7,000,000	5,000,000	-	2,000,000
감가상각자산	건물(A)	3,000,000	3,000,000	-	-
감가상각자산	기타유형자산(A)	2,000,000	2,000,000	-	-
계		12,000,000	10,000,000	-	2,000,000

2. 분할신설법인 또는 피출자법인이 해당 사업연도에 처분한 승계자산

① 구분	② 자산명	③ 시가	④ 장부가액	⑤ 세무조정사항	⑥ 양도차익 [③-(④-⑤)]
계					

작 성 방 법

1. 구분(①)란은 개별자산별로 「법인세법 시행령」 제84조 제4항 또는 제84조의 2 제4항에 따른 감가상각자산, 토지, 주식등으로 구분하여 적습니다. "자산의 양도차익에 관한 명세서(갑)[별지 46호의 2 서식]"의 구분(①)란에 기타로 기재된 자산은 적지 않습니다.
2. 장부가액(④)·세무조정사항(⑤)은 "자산의 양도차익에 관한 명세서(갑)[별지 46호의 2 서식]"에서 분할등기일 또는 현물출자일의 장부가액·세무조정사항의 금액을 적으며, 양도차익(⑥)은 장부가액(④)에서 세무조정사항(⑤)을 차감한 금액을 시가(③)에서 차감하여 적습니다.

현물출자

관련 법령	• 법법 §47의 2, §52, §55의 2 • 법령 §84의 2, §88, §92의 2 • 조특법 §38의 3 • 조특령 §35의 5
관련 서식	• 법인세법 시행규칙 [별지 제43호의 2 서식] 현물출자과세특례 신청서 [별지 제46호의 2 서식 (갑), (을)] 자산의 양도차익에 관한 명세서(갑), (을) • 조세특례제한법 시행규칙 [별지 제37호의 2 서식] 양도차익명세서 및 손금산입조정명세서

제3절

현물출자

3

Step I 내용의 이해

1. 개 요

현물출자는 기업의 설립을 전후하여 현금(및 현금성 자산) 이외의 비화폐성 자산을 출자하고 그 대가로 현물출자받은 법인의 주식을 취득하는 거래로서 경영의 효율성·기업구조조정 등 다양한 목적을 위하여 활용될 수 있으며 이를 경제적 동기가 유사한 영업양도 및 분할과 비교하면 다음과 같은 차이가 있다.

① 현물출자는 원칙적으로 특정승계의 형식으로서 영업의 동일성을 해하지 않는 범위 내에서 재산의 일부를 제외하고 양도할 수 있으나, 분할은 분할사업과 관련된 모든 권리와 의무를 당연포괄승계를 전제로 한 것이다.

② 현물출자는 사원권(주식)을 대가로 하는 것이나 영업양도는 금전 또는 기타 재산을 대가로 한다는 점에서 차이가 있다.

③ 현물출자의 경우 출자회사가 사원권을 취득한다는 점에서 물적분할과 동일하다. 또한, 물적분할의 경우 포괄승계를 전제로 하더라도 개별재산의 물적분할이 허용되는 것으로 해석한다면 현물출자와 유사한 경제적 효과를 가져올 수 있다. 그리고 현물출자의 경우 원칙적으로 개별재산의 승계를 전제로 하는 것이나 영업의 포괄적 현물출자가 허용되는 것으로 해석한다면 물적분할과 유사한 경제적 효과를 가져올 수 있다.

2. 현물출자 관련 세무

2-1. 현물출자시 일반적인 세무 문제

2-1-1. 현물출자법인의 세무 문제

현물출자시 현물출자법인의 주요 세무문제는 다음과 같다.

(1) 각 사업연도 소득에 대한 법인세

자산 등의 현물출자를 통해 발생하는 처분손익에 대해서는 각 사업연도 소득에 대한 법인세가 과세된다. 현물출자의 경우 자산과 부채를 공정가액으로 이전하고, 그 대가로 수혜회사의 주식을 취득하는 것이므로 현물출자하는 법인이 자산 및 부채를 신설법인에게 출자함에 있어 공정가액으로 평가하여 양도하지 아니하고 시가보다 낮은 가액으로 양도한 때에는 현물출자 법인의 자산양도차익을 계산함에 있어 법인세법 제52조의 부당행위계산부인의 규정이 적용된다(법령 §88 ① 3호).

관련사례

- 영업권의 적정대가 미수취의 부당행위계산부인 해당 여부
  법인이 현물출자를 통해 새로운 법인을 설립하는 경우 당해 법인과 신설법인은 상호간에 법인세법 시행령 제87조의 규정에 의한 특수관계자에 해당하는 것이며, 법인이 특수관계에 있는 다른 법인에게 특정사업부문을 현물출자하면서 당해 사업부문의 초과수익력(영업권)에 대해 적정한 대가를 받지 아니하는 경우 법인세법 제52조의 규정에 의한 부당행위계산의 부인규정이 적용될 수 있는 것이나, 당해 법인이 단독으로 현물출자를 통하여 100% 지분을 소유하는 경우에는 부당행위계산의 부인규정이 적용되지 아니하는 것임(서면2팀-883, 2005. 6. 21 및 재법인 46012-186, 2002. 11. 18.).

한편, 현물출자에 따라 출자법인이 취득한 주식 등의 취득가액은 다음의 구분에 따른 금액으로 한다(법령 §72 ② 4호).

① 출자법인(법법 §47의 2 ① 3호에 따라 출자법인과 공동으로 출자한 자를 포함함)이 현물출자로 인하여 피출자법인을 새로 설립하면서 그 대가로 주식 등만 취득하는 현물출자의 경우 : 현물출자한 순자산의 시가

② 그 밖의 경우 : 해당 주식 등의 시가

관련사례

- 현물출자로 주주 등이 취득한 비상장주식의 상증법상 평가시 할증 여부
  내국법인이 현물출자로 취득한 주식의 취득가액을 상속세 및 증여세법 제63조를 적용하여 평가하는 경우 해당 주식은 피출자법인이 최대주주 등으로서 보유하던 주식에 해당하지 아니하므로 같은 법 제63조 제3항에 따른 할증평가를 적용하지 아니하는 것임(재법인-994, 2012. 9. 20.).

(2) 토지 등 양도소득에 대한 법인세

내국법인이 다음의 자산을 양도한 경우에는 각 자산별 양도소득(양도금액－세무상 장부가액)에 세율(10% 내지 40%)을 곱하여 산출한 세액을 토지 등 양도소득에 대한 법인세로 하여 각 사업연도 소득금액에 대한 법인세액에 추가하여 납부하여야 한다(법법 §55의 2 ①).

양도시기	과세대상
2009. 3. 15. 이전	① 지가급등지역에 소재하는 토지 및 건물 ② 법인세법 시행령 제92조의 2에 규정된 주택(부수토지 포함) ③ 비사업용 토지
2009. 3. 16. ~ 2012. 12. 31.	① 지정지역(소법 §104의 2 ②) 안의 주택(부수토지 포함) ② 지정지역(소법 §104의 2 ②) 안의 비사업용 토지 ③ 부동산가격 급등(우려)지역에 소재하는 대통령령이 정하는 부동산
2013. 1. 1. 이후(*)	① 법인세법 시행령 제92조의 2에 규정된 주택(부수토지 포함) 및 별장. 다만, 읍 또는 면에 있는 농어촌 주택(그 부속토지를 포함)은 제외함. ② 비사업용 토지
2021. 1. 1. 이후	① 법인세법 시행령 제92조의 2에 규정된 주택(부수토지 포함) 및 별장(*) ② 비사업용 토지(*) ③ 주택을 취득하기 위한 권리로서 조합원입주권(소법 §88 9호) 및 분양권(소법 §88 10호)

(*) ① 2009. 3. 16.~2012. 12. 31. 동안 취득한 자산을 양도함으로써 발생하는 소득에 대하여는 적용하지 아니함(법법 부칙(2009. 5. 21.) §4).

② 중소기업(법법 §25 ① 1호 및 조특령 §2)이 2014. 1. 1.부터 2015. 12. 31.까지 주택 또는 비사업용 토지(미등기토지등은 제외함)를 양도함으로써 발생하는 소득에 대해서는 적용하지 아니함(법법 부칙(2014. 1. 1.) §4, 2014. 12. 23. 개정).

그러나 적격현물출자(법법 §47의 2 ① 각 호의 요건을 모두 갖추어 양도차익에 상당하는 금액을 손금에 산입하는 현물출자)로 인하여 발생하는 소득에 대하여는 토지 등 양도소득에 대한 법인세를 과세하지 아니한다. 다만, 그 취득에 관한 등기를 하지 아니하고 양도하는 토지(미등기토지) 등에 대해서는 비과세 규정의 적용을 배제한다(법법 §55의 2 ④ 및 법령 §92의 2 ④ 2호).

토지 등 양도소득에 대한 법인세와 관련하여 자세한 내용은 "제4편 제1장 제3절 토지 등 양도소득에 대한 과세특례"를 참고하기로 한다.

현물출자와 관련된 현물출자자의 기타 세무문제

1. 부가가치세

현물출자 자산 중 부가가치세 과세대상 자산에 대해서는 원칙적으로 공급가액의 10%에 상당하는 부가가치세가 과세된다. 그러나 부가가치세법 제10조 제9항 제2호에 의한 사업양도(포괄적 사업양도)로 인한 현물출자의 경우에는 부가가치세가 과세되지 않는다.

2. 증권거래세와 농어촌특별세

현물출자 자산 중 주식 등 증권거래세 과세대상 자산에 대해서는 원칙적으로 증권거래세가 과세되나, 법인세법 제47조의 2에 따른 신설법인의 설립을 위하여 주식을 양도하는 경우에는 증권거래세가 면제되며(조특법 §117 ① 14호), 면제된 증권거래세 관련 농어촌특별세도 비과세된다(농특법 §4 7호의 2).

2-1-2. 피출자법인의 세무문제

피출자법인은 현물출자에 따라 출자법인으로부터 승계받은 자산의 취득가액을 해당 자산의 시가로 계상하며(법령 §72 ② 3호 나목), 현물출자법인의 이월결손금이나 이월세액공제 및 세무상 유보사항은 승계할 수 없다(법인 22601-2994, 1985. 10. 5.).

한편, 피출자법인이 고가로 현물출자받는 경우에는 법인세법 제52조의 부당행위계산부인의 규정이 적용된다. 이와 관련하여서는 "제2편 제1장 제1절 부당행위계산의 부인"을 참고하기로 한다.

:: 피출자법인의 기타 세무문제

취득세 및 등록면허세

원칙적으로 현물출자를 통하여 취득한 부동산에 대해서는 취득가액의 4.6%(농어촌특별세 및 지방교육세 포함)의 취득세가 과세되며, 대도시 내에서의 법인의 설립과 지점 등의 설치 및 대도시 내로의 법인의 본점 등의 전입에 따른 부동산취득과 그 설립·설치·전입 이후의 부동산취득에 대하여는 취득세가 표준세율(4%)의 3배에서 중과기준세율(2%)의 2배를 차감한 세율로 중과되나(지법 §13 ②), 법인세법 제47조의 2에 따른 현물출자에 따라 취득하는 재산에 대해서는 취득세의 75%가 감면(*) 된다(지특법 §57의 2 ③ 3호). 그러나, 신설법인의 설립시 자본등기에 대한 등록면허세는 감면되지 아니하며, 대도시 안에서 법인을 설립하는 경우에는 지방세법 제28조 제1항 제1호 및 제6호에서 규정한 해당 세율의 3배로 중과된다(지법 §28 ②).

한편, 법인세법 제47조의 2에 따른 현물출자에 따라 취득하는 재산에 대해서 감면되는 취득세액의 20%는 농어촌특별세를 납부하여야 한다. 다만, 법률 제10522호 농업협동조합법 일부개정법률 부칙 제6조에 따라 농협경제지주회사가 농업협동조합중앙회로부터 판매·유통 관련 경제사업을 현물출자로 이관받은 경우 감면된 취득세에 대해서 농어촌특별세가 비과세된다(농특법 §4 12호, §5 ① 1호 및 농특령 §4 ⑦ 1호의 7).

(*) 취득일부터 3년 이내에 법인세법 제47조의 2 제3항에서 규정하는 사후관리 사유 발생시에는 추징. 단, 사후관리 사유에 대한 부득이한 사유인 경우에는 추징 제외

2-2. 현물출자시 과세특례

2-2-1. 현물출자법인

(1) 개 요

자산의 현물출자는 유상양도에 해당하므로 자산양도차익에 대한 과세문제가 발생한다. 그러나 현물출자시 발생하는 자산양도차익에 대하여 일시에 과세하는 경우 기업구조조정의 저해요소로 작용되는 것을 방지하기 위하여 일정요건을 충족하는 현물출자의 경우에는 출자 당시에는 과세하지 않고, 추후 출자법인이 해당 현물출자로 취득한 주식을 처분하거나, 피출자법인이 출자법인으로부터 승계받은 일정 자산을 처분하는 시점에 과세하는 과세이연제도(법법 §47의 2)를 규정하고 있다.

(2) 과세이연 요건

1) 개 요

내국법인(이하 "출자법인"이라 함)이 다음의 요건(이하 "현물출자시 과세이연요건"이라 함)을 갖춘 현물출자를 하는 경우 그 현물출자로 취득한 현물출자를 받은 내국법인(이하 "피출자법인"이라 함)의 주식가액 중 현물출자로 발생한 자산의 양도차익에 상당하는 금액에 대하여는 과세를 이연받을 수 있다(법법 §47의 2 ①).

① 출자법인이 현물출자일 현재 5년 이상 사업을 계속한 법인일 것
② 피출자법인이 그 현물출자일이 속하는 사업연도의 종료일까지 출자법인으로부터 승계받은 사업을 계속할 것
③ 다른 내국인 또는 외국인과 공동으로 출자하는 경우 공동으로 출자한 자가 출자법인의 특수관계인(법법 §2 12호)이 아닐 것
④ 출자법인 및 상기 ③에 따라 출자법인과 공동으로 출자한 자(이하 "출자법인 등"이라 함)가 현물출자일 다음 날 현재 피출자법인의 발행주식총수 또는 출자총액의 80% 이상의 주식 등을 보유하고, 현물출자일이 속하는 사업연도의 종료일까지 그 주식 등을 보유할 것

이 때, 피출자법인이 현물출자일이 속하는 사업연도의 종료일 이전에 출자법인으로부터 승계한 자산가액(유형자산, 무형자산 및 투자자산의 가액을 말하며, 이하 같음)의 50% 이상을 처분하거나 사업에 사용하지 아니하는 경우에는 출자법인으로부터 승계받은 사업을 폐지한 것으로 본다(법령 §84의 2 ⑭, §80의 2 ⑦).

2) 사업의 계속성 요건 및 지분의 연속성 요건의 예외

다음의 부득이한 사유가 있는 경우에는 현물출자시 과세이연요건 중 ② 또는 ④의 요건을 충족하지 못한 경우에도 과세이연을 적용받을 수 있다.

① 현물출자시 과세이연요건 중 '②'에 대한 부득이한 사유는 다음과 같다(법령 §84의 2 ⑫ 2호, §80의 2 ① 2호).

㉠ 피출자법인이 파산함에 따라 승계받은 자산을 처분한 경우

㉡ 피출자법인이 적격합병·적격분할·적격물적분할 또는 적격현물출자에 따라 사업을 폐지한 경우

㉢ 피출자법인이 조세특례제한법 시행령 제34조 제6항 제1호에 따른 기업개선계획의 이행을 위한 약정 또는 같은 항 제2호에 따른 기업개선계획의 이행을 위한 특별약정에 따라 승계받은 자산을 처분한 경우

㉣ 피출자법인이 채무자 회생 및 파산에 관한 법률에 따른 회생절차에 따라 법원의 허가를 받아 승계받은 자산을 처분한 경우

② 현물출자시 과세이연요건 중 '④'에 대한 부득이한 사유는 다음과 같다(법령 §84의 2 ⑫ 1호, §80의 2 ① 1호).

㉠ 출자법인이 출자로 교부받은 주식 등의 50% 미만을 처분한 경우

㉡ 출자법인의 파산으로 주식 등을 처분한 경우

㉢ 출자법인이 적격합병·적격분할·적격물적분할 또는 적격현물출자에 따라 주식 등을 처분한 경우

㉣ 출자법인이 조세특례제한법 제38조·제38조의 2 또는 제121조의 30에 따라 주식 등을 현물출자 또는 교환·이전함에 따라 주식 등을 처분한 경우

㉤ 출자법인이 채무자 회생 및 파산에 관한 법률에 따른 회생절차에 따라 법원의 허가를 받아 주식 등을 처분하는 경우

㉥ 출자법인이 기업개선계획의 이행을 위한 약정(조특령 §34 ⑥ 1호) 또는 기업개선계획의 이행을 위한 특별약정(조특령 §34 ⑥ 2호)에 따라 주식등을 처분하는 경우

㉦ 출자법인이 법령상 의무를 이행하기 위하여 주식등을 처분하는 경우

(3) 과세이연의 방법

과세이연요건을 갖춘 출자법인은 현물출자일이 속하는 사업연도의 소득금액을 계산할 때 피출자법인으로부터 취득한 주식 등(이하 '피출자법인주식 등'이라 함)의 가액 중 현물출자로 인하여 발생한 자산의 양도차익에 상당하는 금액에 대하여 해당 주식 등의 압축기장충당금으로 계상하여 손금에 산입함으로써 자산양도차익에 대한 과세를 이연받을 수 있다(법령 §84의 2 ①, ②).

(4) 과세이연의 사후관리

1) 과세이연금액의 일반적 익금산입

출자법인이 적격현물출자(법법 §47의 2 ① 각 호의 요건을 모두 갖추어 양도차익에 상당하는 금액

을 손금에 산입하는 현물출자를 말함)함에 따라 손금에 산입한 양도차익에 상당하는 금액은 출자법인이 피출자법인주식 등을 처분하거나, 피출자법인이 출자법인 등으로부터 승계받은 감가상각자산(사업에 사용하지 아니하는 자산을 포함함), 토지 및 주식 등(이하 '승계자산'이라 함)을 처분하는 경우 해당 사유가 발생하는 사업연도에 다음의 금액을 익금에 산입한다. 이 경우 출자법인 등으로부터 승계받은 자산을 처분하는 피출자법인은 그 자산의 처분 사실을 처분일부터 1개월 이내에 출자법인에 알려야 한다(법법 §47의 2 ② 및 법령 §84의 2 ③, ④).

익금산입액 = ① × (②+③−②×③)

① 압축기장충당금 잔액 : 직전 사업연도 종료일(현물출자일이 속하는 사업연도의 경우 현물출자일을 말하며, 이하 같음) 현재 피출자법인주식 등의 압축기장충당금 잔액
② 당기주식처분비율 : 출자법인이 직전 사업연도 종료일 현재 보유하고 있는 피출자법인의 주식 등의 장부가액에서 해당 사업연도에 처분한 피출자법인의 주식 등의 장부가액이 차지하는 비율
③ 당기자산처분비율 : 피출자법인이 직전 사업연도 종료일 현재 보유하고 있는 승계자산의 양도차익(현물출자일 현재의 승계자산의 시가에서 현물출자일 전날 출자법인이 보유한 승계자산의 장부가액을 차감한 금액을 말함)에서 해당 사업연도에 처분한 승계자산의 양도차익이 차지하는 비율

다만, 피출자법인이 적격분할하는 등 부득이한 사유가 있는 경우에는 상기 익금산입 대상에서 제외하는 바, 이에 대해서는 후술하는 "(5) 적격구조조정에 따른 계속 과세이연 및 사후관리"를 참조하기 바란다.

2) 과세이연금액의 일시 익금산입

양도차익 상당액을 손금에 산입한 출자법인은 현물출자일이 속하는 사업연도의 다음 사업연도 개시일부터 2년 이내에 다음의 어느 하나에 해당하는 사유가 발생하는 경우에는 손금에 산입한 금액 중 상기 방법에 따라 익금에 산입하고 남은 금액을 그 사유가 발생한 날이 속하는 사업연도의 소득금액을 계산할 때 익금에 산입한다. 다만, 부득이한 사유가 있는 경우에는 그러하지 아니한다(법법 §47의 2 ③ 및 법령 §84의 2 ⑫, ⑬, §80의 2 ①).

① 피출자법인이 출자법인이 현물출자한 자산으로 영위하던 사업을 폐지하는 경우
② 출자법인 등이 피출자법인의 발행주식총수 또는 출자총액의 50% 미만으로 주식 등을 보유하게 되는 경우

이 경우, 피출자법인이 출자법인으로부터 승계한 자산가액의 50% 이상을 처분하거나 사업에 사용하지 아니하는 경우에는 출자법인으로부터 승계받은 사업을 폐지한 것으로 보며(법령 §84의 2 ⑭, §80의 4 ⑧), 사후관리 요건 위반으로 보지 아니하는 부득이한 사유에 대해서는 상기 "2-2-1. 현물출자법인"의 "(2) 과세이연 요건"의 내용을 참고하기 바란다.

(5) 적격구조조정에 따른 계속 과세이연 및 사후관리

1) 계속 과세이연의 사유

출자법인이 적격현물출자에 따라 자산양도차익에 대해 과세이연을 적용받은 후, 다음 어느 하나에 해당하는 경우에는 상기 '(4) 과세이연의 사후관리' 중 '1) 과세이연금액의 일반적 익금산입'의 대상에서 제외한다(법령 §84의 2 ⑤, §84 ⑤ 1호).

① 출자법인 또는 피출자법인이 최초로 적격구조조정(적격합병, 적격분할, 적격물적분할, 적격현물출자, 조세특례제한법 제38조에 따라 과세를 이연받은 주식의 포괄적 교환등 또는 같은 법 제38조의 2에 따라 과세를 이연받은 주식의 현물출자를 말하며, 이하 같음)으로 주식등 및 자산을 처분하는 경우

② 피출자법인의 발행주식 또는 출자액 전부를 출자법인이 소유하고 있는 경우로서 다음의 어느 하나에 해당하는 경우

㉠ 출자법인이 피출자법인을 적격합병(법인세법 제46조의 4 제3항에 따른 적격분할합병을 포함하며, 이하 같음)하거나 피출자법인에 적격합병되어 출자법인 또는 피출자법인이 주식등 및 자산을 처분하는 경우

㉡ 출자법인 또는 피출자법인이 적격합병, 적격분할, 적격물적분할 또는 적격현물출자로 주식등 및 자산을 처분하는 경우. 다만, 해당 적격합병, 적격분할, 적격물적분할 또는 적격현물출자에 따른 합병법인, 분할신설법인등 또는 피출자법인의 발행주식 또는 출자액 전부를 당초의 출자법인이 직접 또는 간접으로 소유하고 있는 경우로 한정함.

③ 출자법인 또는 피출자법인이 주식등과 그와 관련된 자산・부채만으로 구성된 사업부문(법령 §82의 2 ③ 각 호의 어느 하나에 해당하는 사업부문을 말함)의 적격분할 또는 적격물적분할로 주식등 및 자산을 처분하는 경우. 이 경우 '주식등과 그와 관련된 자산・부채만으로 구성된 사업부문'에 대해서는 제2절 '분할'의 '4-2-2. 적격분할의 요건 중 (2) 독립된 사업의 분리요건'을 참조하기 바란다.

상기 '②'의 '㉡'에서 당초의 출자법인이 간접으로 소유하는 경우란, 당초의 출자법인이 주주법인(적격구조조정법인의 주주인 법인을 말하며, 이하 같음)을 통해 적격구조조정법인(적격합병, 적격분할, 적격물적분할 또는 적격현물출자에 따른 합병법인, 분할신설법인등 또는 피출자법인을 말하며, 이하 같음)을 소유하는 것을 말하며, 적격구조조정법인에 대한 당초의 출자법인의 간접소유비율은 다음의 계산식에 따라 계산한다. 이 경우 주주법인이 둘 이상인 경우에는 각 주주법인별로 계산한 비율을 합계한 비율을 적격구조조정법인에 대한 당초의 출자법인의 간접소유비율로 하며, 주주법인과 당초의 출자법인 사이에 하나 이상의 법인이 끼어 있고 이들 법인이 주식소유관계를 통하여 연결되어 있는 경우에도 이를 준용하여 간접소유비율을 계산한다(법칙 §42 ①~④).

간접소유비율	=	주주법인에 대한 당초의 출자법인의 주식소유비율	×	적격구조조정법인에 대한 주주법인의 주식소유비율

2) 계속 과세이연시 압축기장충당금 대체 방법

출자법인이 상기의 '1) 계속 과세이연 사유'에 따라 적격현물출자에 따른 과세특례를 계속 적용받는 경우 해당 출자법인이 보유한 피출자법인주식등의 압축기장충당금은 다음의 방법으로 대체한다(법령 §84의 2 ⑥).

① 다음의 금액을 출자법인 또는 피출자법인이 새로 취득하는 자산승계법인의 주식 등(이하 "자산승계법인주식 등"이라 함)의 압축기장충당금으로 할 것. 다만, 자산승계법인이 출자법인인 경우에는 피출자법인주식 등의 압축기장충당금 잔액을 출자법인이 승계하는 자산 중 최초 현물출자 당시 양도차익이 발생한 자산의 양도차익에 비례하여 안분계산한 후 그 금액을 해당 자산이 감가상각자산인 경우 그 자산의 일시상각충당금으로, 해당 자산이 감가상각자산이 아닌 경우 그 자산의 압축기장충당금으로 함.

자산승계법인주식 등의 압축기장충당금	=	피출자법인주식 등의 압축기장충당금 잔액	×	당기자산처분비율(*1) (법령 §84 ③ 2호)

(*1) 당기자산처분비율을 산정할 때 처분한 승계자산은 적격구조조정으로 피출자법인으로부터 피출자법인의 자산을 승계하는 법인(이하 "자산승계법인"이라 함)에 처분한 승계자산에 해당하는 것을 말함.

② 다음의 계산식에 따른 금액을 주식승계법인(적격구조조정으로 출자법인으로부터 피출자법인주식 등을 승계하는 법인을 말하며, 이하 같음)이 승계한 피출자법인주식 등의 압축기장충당금으로 할 것

주식승계법인이 승계한 피출자법인주식 등의 압축기장충당금	=	피출자법인주식 등의 압축기장충당금 잔액	×	당기주식처분비율(*2) (법령 §84 ③ 1호)

(*2) 당기주식처분비율을 산정할 때 처분한 주식은 적격구조조정으로 출자법인으로부터 피출자법인주식 등을 승계하는 법인(이하 "주식승계법인"이라 함)에 처분한 피출자법인주식 등에 해당하는 것을 말함.

3) 계속 과세이연의 사후관리

① 과세이연금액의 일반적 익금산입

㉠ 사후관리 사유 및 익금산입 방법

상기 '2) 계속 과세이연시 압축기장충당금 대체 방법'에서 설명하는 압축기장충당금 대체 방법에 따라 새로 압축기장충당금을 설정한 출자법인, 피출자법인 또는 주식승계

법인은 다음의 어느 하나에 해당하는 사유가 발생하는 경우에는 그 사유가 발생한 날이 속하는 사업연도의 소득금액을 계산할 때 상기 '(4)'의 '1) 과세이연금액의 일반적 익금산입'에서 설명한 익금산입액 산식을 준용하여 계산한 금액만큼을 익금에 산입한다(법령 §84의 2 ⑦).

가. 출자법인 또는 피출자법인이 적격구조조정에 따라 새로 취득한 자산승계법인주식등을 처분하거나 주식승계법인이 적격구조조정에 따라 승계한 피출자법인주식등을 처분하는 경우

나. 자산승계법인이 적격구조조정으로 피출자법인으로부터 승계한 자산(법령 §84의 2 ④)을 처분하거나 피출자법인이 승계자산을 처분하는 경우. 이 경우 피출자법인 및 자산승계법인은 그 자산의 처분 사실을 처분일부터 1개월 이내에 출자법인, 피출자법인, 주식승계법인 또는 자산승계법인에 알려야 한다.

다만, 상기 '2) 계속 과세이연시 압축기장충당금 대체 방법'의 ①의 단서에 해당하는 경우에는 다음의 방법으로 익금에 산입한다(법령 §84의 2 ⑦ 본문, §64 ④ 각 호).

가. 일시상각충당금은 당해 사업용 자산의 감가상각비(취득가액 중 당해 일시상각충당금에 상당하는 부분에 대한 것에 한함)와 상계할 것. 다만, 당해 자산을 처분하는 경우에는 상계하고 남은 잔액을 그 처분한 날이 속하는 사업연도에 전액 익금에 산입한다.

나. 압축기장충당금은 당해 사업용 자산을 처분하는 사업연도에 이를 전액 익금에 산입할 것

㉡ 사후관리의 예외

상기 '㉠ 사후관리 사유 및 익금산입 방법'에 따라 계속 과세이연금액을 익금산입할 때 상기 '1) 계속 과세이연의 사유'의 ② 또는 ③의 사유에 해당하는 경우에는 익금산입 대상에서 제외하며, 익금산입 대상에서 제외한 경우 출자법인, 피출자법인 또는 주식승계법인이 보유한 피출자법인주식등 또는 자산승계법인주식등의 압축기장충당금은 상기의 방법을 준용하여 대체(이하 "계속 재과세이연"이라 함)한다(법령 §84의 2 ⑦ 단서, ⑧).

한편, 상기 '계속 재과세이연'에 따라 새로 압축기장충당금을 설정한 출자법인, 피출자법인 또는 주식승계법인은 상기 '㉠'의 '가' 또는 '나'의 사유가 발생하는 경우에는 그 사유가 발생한 날이 속하는 사업연도의 소득금액을 계산할 때 상기 '㉠'에서 설명한 방법에 따라 압축기장충당금을 익금에 산입하며(법령 §84의 2 ⑩), 현물출자일이 속하는 사업연도의 다음 사업연도 개시일부터 2년 내에 아래 '② 과세이연금액의 일시 익금산입'의 ㉠ 또는 ㉡에 해당하는 사유가 발생하는 경우에는 압축기장충당금 잔액 전부를 그 사유가 발생한 날이 속하는 사업연도의 소득금액을 계산할 때 익금에 산입한

다(법령 §84의 2 ⑪, ⑬).

② 과세이연금액의 일시 익금산입

상기 '2) 계속 과세이연시 압축기장충당금 대체 방법'에서 설명하는 압축기장충당금 대체 방법에 따라 새로 압축기장충당금을 설정한 출자법인, 피출자법인 또는 주식승계법인은 현물출자일이 속하는 사업연도의 다음 사업연도 개시일부터 2년 내에 다음의 어느 하나에 해당하는 사유가 발생하는 경우에는 새로 설정한 압축기장충당금 잔액 전부를 그 사유가 발생한 날이 속하는 사업연도의 소득금액을 계산할 때 익금에 산입한다(법령 §84의 2 ⑨, ⑬).

㉠ 자산승계법인이 피출자법인으로부터 적격구조조정으로 승계받은 사업을 폐지하거나 피출자법인이 출자법인으로부터 승계받은 사업을 폐지하는 경우

㉡ 출자법인 또는 피출자법인이 보유한 자산승계법인주식 등이 자산승계법인의 발행주식총수 또는 출자총액에서 차지하는 비율(이하 "자산승계법인지분비율"이라 함)이 자산승계법인주식 등 취득일의 자산승계법인지분비율의 50% 미만이 되거나 주식승계법인이 보유한 피출자법인주식 등이 피출자법인의 발행주식총수 또는 출자총액에서 차지하는 비율(이하 "피출자법인지분비율"이라 함)이 피출자법인주식 등 취득일의 피출자법인지분비율의 50% 미만이 되는 경우

한편, 이 경우 자산승계법인이 현물출자일이 속하는 사업연도의 다음 사업연도 개시일부터 2년 내에 기간 중 피출자법인으로부터 승계한 자산가액의 50% 이상을 처분하거나 사업에 사용하지 아니하는 경우에는 승계받은 사업을 폐지한 것으로 본다(법령 §84의 2 ⑭, §80의 4 ⑧).

(6) 과세이연의 신청

자산양도차익에 대한 과세이연을 적용받으려는 출자법인 또는 주식승계법인은 법인세 과세표준 등의 신고(법법 §60)를 할 때 피출자법인 또는 자산승계법인과 함께 현물출자과세특례신청서[법칙 별지 제43호의 2 서식] 및 자산양도차익에 관한 명세서(갑), (을)[법칙 별지 제46호의 2 서식(갑), (을)]을 납세지 관할 세무서장에게 제출하여야 한다(법령 §84의 2 ⑰ 및 법칙 §82 ① 44호, 44호의 3).

2-2-2. 피출자법인

적격현물출자시 피출자법인의 세무문제는 일반적인 현물출자시의 세무문제와 동일하다. 이와 관련하여 자세한 설명은 전술한 '2-1-2. 피출자법인의 세무문제'를 참고하기 바란다.

한편, 출자법인이 적격현물출자에 따라 자산양도차익에 대해 과세이연을 적용받은 후, 피출자법인이 적격구조조정을 하는 경우 출자법인의 과세이연의 유지 등에 대해서는 상기 '2-2-1. 현물출자법인' 중 '(5) 적격구조조정에 따른 계속 과세이연 및 사후관리' 내용을 참고한다.

2-3. 내국법인의 외국자회사 주식 등의 현물출자에 대한 과세특례

(1) 과세특례대상

5년 이상 계속하여 사업을 한 내국법인이 2021년 12월 31일까지 외국자회사의 주식 또는 출자지분(이하 "주식 등"이라 함)을 현물출자하여 새로운 외국법인을 설립하거나 이미 설립된 외국법인에 현물출자하는 경우가 본 규정의 적용대상이다. 여기에서 외국자회사라 함은 내국법인이 현물출자일 현재 발행주식총수 또는 출자총액의 20% 이상을 출자하고 있는 외국법인을 말한다(조특법 §38의 3 ①).

(2) 과세특례내용

1) 양도차익의 분할익금산입

현물출자로 인하여 발생한 외국자회사의 주식 등의 양도차익에 상당하는 금액은 그 양도일부터 4년이 되는 날이 속하는 사업연도부터 각 사업연도의 소득금액계산에 있어서 그 금액을 36으로 나눈 금액에 해당 사업연도의 월수를 곱하여 산출한 금액을 익금에 산입한다. 즉, 3년 거치 후 3년간 분할 익금산입한다(조특법 §38의 3 ①).

2) 출자주식 양도시 익금산입

외국자회사의 주식 등을 현물출자한 내국법인이 그 주식 등의 양도차익 전액을 익금에 산입하기 전에 현물출자로 취득한 주식 등을 양도하는 경우에는 익금에 산입하지 아니한 금액 중 다음의 산식에 따라 계산한 금액을 익금에 산입한다(조특법 §38의 3 ②). 이 경우 현물출자로 인하여 취득한 주식 등 외에 다른 방법으로 취득한 주식 등이 있는 때에는 현물출자로 인하여 취득한 주식 등을 먼저 양도하는 것으로 본다(조특령 §35의 5 ①).

$$\text{익금산입액} = \text{현물출자로 인한 외국자회사 주식 등의 양도차익 중 직전 사업연도 종료일 현재 익금에 산입하지 아니한 금액} \times \frac{\text{현물출자로 취득한 외국법인 주식 등 중 당해 사업연도에 양도한 주식 등의 수}}{\text{현물출자로 취득한 외국법인 주식 등 중 직전 사업연도 종료일 현재 보유주식 등의 수}}$$

3) 사업폐업 · 해산시 익금산입

내국법인 또는 내국법인으로부터 외국자회사의 주식 등을 현물출자받은 외국법인이 사업을 폐업하거나 해산하는 경우에는 그 사유가 발생한 날이 속하는 사업연도의 소득금액계산에 있어서 익금에 산입하지 아니한 금액 전액을 익금에 산입한다. 다만, 다음에 해당하는 경우에는 그러하지 아니한다(조특법 §38의 3 ②).

① 내국법인의 합병 또는 분할로 생기는 합병법인, 분할로 신설되는 법인 또는 분할합병의

상대방법인이 해당 내국법인의 현물출자로 인하여 취득한 주식 등을 승계하는 경우

② 내국법인이 외국자회사의 주식 등을 현물출자함으로써 취득한 외국법인의 주식 등을 1개월 이내에 다른 외국법인에 다시 현물출자하는 경우

(3) 현물출자양도차익명세서의 제출

주식 등의 현물출자에 대한 과세특례의 규정을 적용받고자 하는 내국법인은 현물출자일이 속하는 사업연도의 과세표준신고와 함께 주식 등 현물출자양도차익명세서 및 손금산입조정명세서 [조특칙 별지 제37호의 2 서식]을 납세지 관할 세무서장에게 제출하여야 한다(조특령 §35의 5 ② 및 조특칙 §61 ① 38호의 2).

Step Ⅱ 서식의 이해

■ 작성요령Ⅰ - 현물출자과세특례 신청서

[별지 제43호의 2 서식] (2015. 3. 13. 개정)

현물출자과세특례 신청서

사업연도	. . . ~ . . .		
출자법인 (신고법인)	① 법 인 명		② 사업자등록번호
	③ 대표자성명		④ 법인등록번호
	⑤ 본점소재지 (전화번호 :)		
피출자법인	⑥ 법 인 명		⑦ 사업자등록번호
	⑧ 대표자성명		⑨ 법인등록번호
	⑩ 본점소재지 (전화번호 :)		
	⑪ 현물출자일		
압축기장 충당금	⑫ 출자법인의 계상액		
	손금 산입 한도	⑬ 현물출자한 자산의 시가 및 출자법인이 취득한 주식 등의 시가	
		⑭ 현물출자한 자산의 장부가액	
		⑮ 한도액(⑬-⑭)	
	⑯ 한도초과액(⑫-⑮)		

「법인세법 시행령」 제84조의 2 제14항에 따른 현물출자과세특례 신청서를 제출합니다.

년 월 일

출자법인 (서명 또는 인)

피출자법인 (서명 또는 인)

세무서장 귀하

첨부서류	자산의 양도차익에 관한 명세서(갑) [별지 제46호의 2 서식(갑)]

■ 작성요령Ⅱ – 자산의 양도차익에 관한 명세서(갑)(을)

[별지 제46호의 2 서식(갑)] (2012. 2. 28. 신설)

사업 연도	. . . ~ . . .	자산의 양도차익에 관한 명세서(갑)	법 인 명	
			사업자등록번호	

1. 분할등기일 또는 현물출자일의 자산

① 구분	② 자산명	③ 시가	④ 회계상 장부가액	⑤ 세무조정사항	⑥ 양도차익 [③-(④-⑤)]
계					

2. 분할등기일 또는 현물출자일의 부채

⑦ 구분	⑧ 부채명	⑨ 시가	⑩ 회계상 장부가액	⑪ 세무조정사항	⑫ 양도차익 [⑨-(⑩-⑪)]
계					

작 성 방 법

1. 구분(①)란은 개별자산별로 「법인세법 시행령」 제84조 제4항 또는 제84조의 2 제4항에 따른 감가상각자산, 토지, 주식등 및 기타로 구분하여 적습니다.
2. 자산의 양도차익(⑥)란은 장부가액(④)에서 세무조정사항(⑤)을 차감한 금액을 시가(③)로부터 차감하여 적습니다. 부채의 양도차익(⑫)란도 자산과 마찬가지 방식으로 계산하여 적습니다.

[별지 제46호의 2 서식(을)] (2012. 2. 28. 신설)

사업연도	. . . ~ . . .	자산의 양도차익에 관한 명세서(을)	법 인 명	
			사업자등록번호	

1. 분할신설법인 또는 피출자법인이 직전 사업연도 종료일 현재 보유하고 있는 승계자산

① 구분	② 자산명	③ 시가	④ 장부가액	⑤ 세무조정사항	⑥ 양도차익 [③-(④-⑤)]
계					

2. 분할신설법인 또는 피출자법인이 해당 사업연도에 처분한 승계자산

① 구분	② 자산명	③ 시가	④ 장부가액	⑤ 세무조정사항	⑥ 양도차익 [③-(④-⑤)]
계					

작 성 방 법

1. 구분(①)란은 개별자산별로 「법인세법 시행령」 제84조 제4항 또는 제84조의 2 제4항에 따른 감가상각자산, 토지, 주식등으로 구분하여 적습니다. "자산의 양도차익에 관한 명세서(갑)[별지 46호의 2 서식]"의 구분(①)란에 기타로 기재된 자산은 적지 않습니다.
2. 장부가액(④)·세무조정사항(⑤)은 "자산의 양도차익에 관한 명세서(갑)[별지 46호의 2 서식]"에서 분할등기일 또는 현물출자일의 장부가액·세무조정사항의 금액을 적으며, 양도차익(⑥)은 장부가액(④)에서 세무조정사항(⑤)을 차감한 금액을 시가(③)에서 차감하여 적습니다.

■ 작성요령 Ⅲ - 양도차익명세서 및 손금산입조정명세서

[별지 제37호의 2 서식] (2009. 4. 7. 개정)

과세연도	. . . ~ . . .	양도차익명세서 및 손금산입조정명세서	
1. 대상법인			
① 법인명		② 사업자등록번호	
③ 대표자 성명		④ 업 종	
⑤ 본점소재지	(☎ :)		

2. 양도자산내역

⑥ 자산명	⑦ 부동산 또는 법인소재지	⑧ 면적 (㎡) 또는 수량	⑨ 양도일자	⑩ 양도가액	⑪ 취득가액	⑫ 양도차익

3. 손금산입 및 익금산입 조정

손 금 산 입		익 금 산 입(계획)					
⑬ 사업연도	⑭ 산입액	1차연도		2차연도		3차연도	
		⑮ 연 도	⑯ 금 액	⑰ 연 도	⑱ 금 액	⑲ 연 도	⑳ 금 액

「조세특례제한법 시행령」 제35조의 4 제2항에 따라 양도차익명세서 및 손금산입조정명세서를 제출합니다.

년 월 일

제출인 (서명 또는 인)

세무서장 귀하

※ 구비서류 : 자산양도계약서 사본 1부
(다만, 전자신고방식으로 제출하는 경우에는 구비서류를 당해 법인이 보관합니다)

제4절

교환으로 인한 양도차익상당액 손금산입

관련 법령	• 법법 §50 • 법령 §86
관련 서식	• 법인세법 시행규칙 [별지 제44호 서식] 자산교환에 따른 양도차익의 손금산입조정명세서 [별지 제70호 서식] 자산교환명세서

제4절

교환으로 인한 양도차익상당액 손금산입

4

Step I 내용의 이해

1. 의 의

기업은 때때로 사업을 고도화·전문화하거나 지역적 효율성을 높이기 위한 목적으로 다른 기업과 자산을 교환하는 경우가 있다. 이러한 교환거래로 취득한 자산의 법인세법상 취득가액은 취득당시의 시가로 한다(법령 §72 ② 7호). 또한 교환은 법인세법상 양도로 보기 때문에 교환시 발생되는 양도차익은 법인세법상 익금에 해당한다.

하지만, 이러한 교환거래는 실질적인 이익이 현실화되지 않은 측면이 있는 바, 이를 세법상 과세거래로 보아 기업에게 일시에 세금을 부담하게 하면, 그 결과 계속기업의 생산 기반이 축소되는 경우가 발생할 수도 있고, 기업의 구조조정에 걸림돌이 될 수도 있다. 이에 세법에서는 사업용 자산양도차익에 대한 과세이연제도를 규정하고 이러한 교환거래에 대하여는 취득세 등을 감면하도록 하고 있다.

2. 자산교환시 회계처리

대부분의 자산 취득거래는 현금 등의 화폐성자산을 매개로 하여 거래가 이루어지기 때문에 화폐성자산의 공정가액을 자산의 취득가액으로 간주하는 데 문제가 없다. 그러나 비화폐성자산간의 교환에는 객관적인 공정가액 산정에 어려움이 있다. 한국채택국제회계기준(K-IFRS)과 일반기업회계기준상 자산교환시의 회계처리방법은 다음과 같다.

(1) 한국채택국제회계기준(K-IFRS)

유형자산을 다른 비화폐성자산과 교환하여 취득하는 경우 취득원가는 제공한 자산의 공정가치로 측정한다. 다만, 취득한 자산의 공정가치가 제공한 자산의 공정가치보다 더 명백한 경우 취득한 자산의 공정가치를 취득원가로 인식한다(K-IFRS 1016호 문단 26). 한편, 교환거래의 상업적 실질이 결여된 경우 및 취득한 자산과 제공한 자산 모두의 공정가치를 신뢰성 있게 측정할 수 없는 경우에는 제공한 자산의 장부금액으로 취득원가를 측정한다(K-IFRS 1016호 문단 24). 이 경우 제공한 자산의 장부금액을 취득원가로 측정하므로, 교환으로 인한 손익이 발생하지 않는다.

(2) 일반기업회계기준

① 이종자산간 교환

일반기업회계기준상 다른 종류의 자산과의 교환으로 유형자산을 취득하는 경우에 유형자산의 취득가액은 교환을 위하여 제공한 자산의 공정가치로 인식하고, 제공한 자산에 대해서는 처분손익(공정가치 - 장부금액)을 인식한다. 다만, 교환으로 제공한 자산의 공정가치보다 취득한 자산의 공정가치가 보다 객관적이고 신뢰성이 있다고 판단될 경우에는 취득한 자산의 공정가치를 취득가액으로 계상할 수 있다. 한편, 자산의 교환에 현금수수액이 있는 경우에는 현금수수액을 반영하여 취득가액을 결정한다(일반기준 10장 문단 10.18).

② 동종자산간 교환

일반기업회계기준상 동일한 업종 내에서 유사한 용도로 사용되고 공정가치가 비슷한 동종자산과의 교환시에는 제공된 유형자산으로부터의 수익창출과정이 아직 완료되지 않은 것으로 보아 교환으로 받은 자산의 취득가액을 교환으로 제공한 자산의 장부금액으로 계상함으로써 교환에 따른 처분손익을 인식하지 않는다. 그러나 취득한 자산의 공정가치에 비추어 볼 때 제공한 자산에 손상차손이 발생하였음을 알 수 있는 경우에는 손상차손을 먼저 인식하고 손상차손 차감 후의 장부금액을 수취한 자산의 취득가액으로 한다(일반기준 10장 문단 10.20).

③ 동종자산간 교환시 현금 등이 수반되는 거래

교환되는 동종자산의 공정가치가 유사하지 않은 경우에는 거래조건의 일부로 현금과 같이 다른 종류의 자산이 포함될 수 있다. 이 때 현금수수된 금액이 유의적인 경우에는(예를 들면, 교환되는 자산의 공정가치의 25%를 초과) 이종자산의 교환으로 간주하여 회계처리하고, 현금수수된 금액이 유의적이지 않다면 동종자산간 교환으로 간주하여 처분손익을 인식하지 않는다(일반기준 10장 부록 결10.5).

3. 교환으로 인한 자산양도차익의 과세이연

3-1. 개 요

소비성서비스업 등을 제외한 사업을 하는 내국법인이 2년 이상 그 사업에 직접 사용하던 사업용자산을 특수관계 없는 다른 내국법인이 2년 이상 그 사업에 직접 사용하던 동일한 종류의 사업용자산과 교환(3 이상의 법인간에 하나의 교환계약에 의하여 각 법인이 자산을 교환하는 여러 법인 간의 교환을 포함함)함에 따라 발생하는 양도차익에 상당하는 금액은 교환일이 속하는 사업연도에 일시상각충당금 또는 압축기장충당금을 설정하여 손금에 산입하는 방법으로 과세이연을 적용받을 수 있다(법법 §50 ① 및 법령 §86 ③).

전술한 바와 같이 교환은 법인세법상 양도로 보기 때문에 교환시 발생되는 양도차익은 법인세법상 익금에 해당한다. 이 경우 세무상 양도차익은 교환으로 취득하는 자산(이하 "교환취득자산"이라 함)의 시가에서 교환으로 양도하는 자산의 장부가액을 차감한 금액이 되며, 만일 현금을 수령(지급)한 경우에는 교환취득자산의 시가에 그 금액을 가산(차감)하여 양도차익을 산정하게 된다. 그러나, 법인이 구조조정을 위하여 타법인의 자산과 교환하는 경우 이로 인하여 발생하는 양도차익에 대하여 이를 즉시 과세하게 되면 구조조정에 걸림돌로 작용할 수 있는 바, 이를 해소하기 위하여 법 소정의 요건을 충족한 교환으로 인하여 발생하는 양도차익 상당액은 이를 과세이연할 수 있도록 하고 있다.

3-2. 과세이연 요건

3-2-1. 대상법인

자산교환에 따른 양도차익에 대한 과세이연을 적용받기 위해서는 아래에서 분설하는 각 요건을 충족하는 법인에 한한다.

(1) 업종 요건

자산교환에 따른 양도차익에 대한 과세이연을 적용받기 위해서는 교환당사법인이 조세특례제한법 시행령 제29조 제3항 및 제60조 제1항 제1호부터 제3호까지의 규정에 해당하는 다음의 사업(이하 '소비성서비스업·부동산업'이라 함)을 제외한 사업을 영위하여야 한다(법령 §86 ① 및 조특령 §29 ③, §60의 2 ①).

① 호텔업 및 여관업(관광진흥법에 따른 관광숙박업은 제외)
② 주점업(일반유흥주점업, 무도유흥주점업 및 식품위생법 시행령 제21조에 따른 단란주점 영업만 해당하되, 관광진흥법에 따른 외국인전용유흥음식점업 및 관광유흥음식점업은 제외)
③ 그 밖에 오락·유흥 등을 목적으로 하는 사업으로서 다음의 사업(조특칙 §17)
　㉠ 무도장 운영업
　㉡ 기타 사행시설 관리 및 운영업(관광진흥법 제5조 또는 폐광지역 개발 지원에 관한 특별법 제11조에 따라 허가를 받은 카지노업은 제외함)
　㉢ 유사 의료업 중 안마를 시술하는 업
　㉣ 마사지업
④ 부동산임대업

⑤ 부동산중개업

⑥ 소득세법 시행령 제122조 제1항에 따른 부동산매매업[한국표준산업분류에 따른 비주거용 건물건설업(건물을 자영건설하여 판매하는 경우만 해당)과 부동산 개발 및 공급업을 말함. 다만, 한국표준산업분류에 따른 주거용 건물 개발 및 공급업(구입한 주거용 건물을 재판매하는 경우는 제외)은 제외함]

관련사례

- 교환대상 부동산의 일부를 임대사업에 사용한 경우 양도차익 과세이연 여부

  법인세법 제50조의 규정은 자산을 교환하는 당사자인 내국법인 모두가 소비성서비스업 · 부동산업을 제외한 사업에 2년 이상 직접 사용하던 사업용 고정자산을 교환하는 경우에 적용되는 것이며, 교환대상 부동산의 일부를 임대사업에 사용한 경우에는 임대사업에 사용하던 부분에 대한 양도차익 상당액에 대하여는 적용하지 아니하는 것임(법인-908, 2009. 8. 14.).

(2) 교환당사법인이 특수관계인이 아닐 것

본 규정을 적용받기 위해서는 교환당사법인간에 특수관계(법법 §2 12호 및 법령 §2 ⑧)가 없어야 한다. 따라서 셋 이상의 법인간에 하나의 교환계약에 의하여 각 법인이 자산을 교환하는 경우에도 교환당사법인들간에 특수관계가 모두 없어야 한다.

3-2-2. 대상자산

본 규정의 적용대상 자산은 소비성서비스업 · 부동산업을 제외한 사업을 영위하는 내국법인이 2년 이상 해당 사업에 직접 사용하던 사업용자산으로서 다음의 자산을 말한다(법령 §86 ②).

① 토지

② 건축물

③ 다음의 통합투자세액공제 대상 자산(조특법 §24 ① 1호 및 조특령 §21 ②, ③). 통합투자세액공제 대상 자산의 범위에 대한 자세한 설명은 '제4편 제3장 제3절 조세특례제한법상 세액공제'을 참조하기로 함.

㉠ 기계장치 등 사업용 유형자산. 다만, 토지와 조세특례제한법 시행규칙 별표 1의 건축물 등 사업용 유형자산은 제외함(조특칙 §12 ①).

㉡ 상기 ㉠에 해당하지 아니하는 유형자산과 무형자산으로서 다음의 자산

가. 연구 · 시험, 직업훈련, 에너지 절약, 환경보전 또는 근로자복지 증진 등의 목적으로 사용되는 사업용자산으로서 조세특례제한법 시행규칙 제12조 제2항에서 정하는 자산

나. 운수업을 경영하는 자가 사업에 직접 사용하는 차량 및 운반구 등 조세특례제한법 시행규칙 제12조 제3항에서 정하는 자산

다. 중소기업 및 중견기업이 취득한 조세특례제한법 시행령 제21조 제3항 제3호 각 목에 따른 특허권, 실용신안권, 디자인권(조특령 §11 ①에 따른 특수관계인으로부터 취득한 자산은 제외함)

교환대상자산은 교환당사법인 모두 2년 이상 해당 사업에 사용된 것이어야 하는 바, 교환당사법인 중 일방의 교환자산이 2년 미만의 기간 동안 사업에 사용한 경우에는 과세이연의 혜택을 받을 수 없다. 즉, 교환자산 건별로 사용기간을 판단하는 것이며, 사업에 사용한 기간의 판단은 취득시점이 아닌, 해당 사업에 실제로 사용한 날로부터 기산하여야 한다. 또한 합병법인이 합병으로 승계받은 고정자산을 교환하는 경우 피합병법인이 해당 사업에 직접 사용한 기간도 사용기간에 포함된다(서이 46012-12048, 2002. 11. 11.).

관련사례

• 토지 및 건물 양도차익상당액의 손금산입 여부
제조업 법인이 공장용 토지와 건물, 기계장치를 타 종목의 제조업 법인과 일괄교환해 일부 현금을 수수하고 기계장치는 철거 및 신 기계를 설치 사용하는 경우에도 토지 및 건물에 대하여는 그 양도차익상당액을 손금에 산입할 수 있음(서이 46012-10402, 2003. 3. 3.).

3-2-3. 과세이연대상 교환의 범위

과세이연을 적용받을 수 있는 교환은 '동일 종류의 사업용자산간의 교환'이어야 한다. 즉, 이는 동종자산의 교환을 전제로 하는 것인 바, 토지와 건축물의 교환 또는 건축물과 기계장치의 교환은 과세이연이 적용되지 않는다.

이러한 교환은 양법인간의 교환뿐만 아니라 여러 법인간의 교환도 해당된다. 여러 법인간의 교환이란 셋 이상의 법인간에 하나의 교환계약에 의하여 각 법인이 자산을 교환하는 것을 말한다(법령 §86 ③).

관련사례

• 고정자산의 교환에 있어, 취득세 면제대상인 '동일한 종류의 사업용 고정자산'의 의미
구조세특례제한법 제119조 제1항 제11호 및 제120조 제1항 제10호의 규정에 의거 법인세법 제50조의 규정에 의한 자산교환에 따라 취득하는 재산에 대하여는 취득세와 등록세를 면제토록 규정하고 있는 바, 법인세법 제50조 제1항에서 말하는 동일한 종류의 사업용 고정자산이라 함은 법인세법 시행령 제86조 제2항의 규정에 의한 토지 · 건축물 · 조세특례제한법 시행령 제3조 제2항의 규정에 의한 자산 중 고정자산의 종류가 같은 것임을 의미하는 것임(세정 13407-1174, 2002. 12. 10.).

3-2-4. 사용용도 요건

교환법인은 교환으로 취득한 자산을 교환일이 속하는 사업연도 종료일까지 그 법인의 사업에 사용하여야만 과세이연을 적용받을 수 있다(법법 §50 ②). 이 경우 교환 상대방법인이 교환으로 취득한 자산을 사업연도 종료일까지 그 법인의 사업에 사용하지 않을 경우 다른 상대방법인의 과세이연을 배제하여야 하는지가 쟁점일 수 있다. 그러나 현행 법문상으로는 이에 대하여 별도의 언급이 없는 바, 사용용도 요건의 경우에는 교환법인 개별로 각각 판단하는 것이 타당할 것으로 판단된다.

3-3. 과세이연대상 금액

본 규정에 따라 과세이연대상 금액, 즉 손금산입되는 금액은 교환취득자산의 시가에서 사업용자산의 장부가액 및 현금지급액을 차감한 금액이다. 다만, 동 금액이 사업용자산의 시가에서 장부가액을 차감한 금액을 초과하는 경우 그 초과하는 금액을 제외한다(법령 §86 ④). 이를 산식으로 표현하면 다음과 같다.

> 과세이연대상 금액 = Min[①, ②]
> ① 교환양도차익상당액 = 교환취득자산의 시가 − 사업용자산의 장부가액 − 현금지급액
> ② 사업용자산의 평가차익 = 사업용자산의 시가 − 사업용자산의 장부가액

상기 산식에서 사업용자산의 평가차익을 손금산입대상 금액의 한도로 하는 것은 정상거래에서 얻을 수 있는 양도차익 상당액만큼만 손금에 산입하도록 하기 위함이며, 교환양도차익 산정시 현금수령액을 반영하지 아니하는 것은 현금수령액만큼은 실제로 양도차익이 실현되었다고 보기 때문이다.

다만, 종전 법인세법 시행령 제67조(2001. 12. 31. 개정 전의 것) 제1항의 규정에 의하여 재평가차액 상당액을 손금에 산입한 토지(재평가세율 1% 토지)를 교환하는 경우에는 상기 산식의 ① 교환양도차익을 계산함에 있어 '손금에 산입한 재평가차액상당액'을 가산하여야 한다(법령 부칙 제29조, 대통령령 제17457호, 2001. 12. 31.). 또한, 재평가 자산을 교환하는 경우 상기 산식에서 사업용 고정자산의 장부가액은 당해 자산에 대한 자산재평가 후의 장부가액으로 하여야 한다(법인 46012-1923, 2000. 9. 18.).

한편, 특수관계가 없는 법인간에 시가가 상이한 자산을 교환함에 있어 시가 차이 상당액에 대하여 추가 부담없이 교환하는 경우 교환자산의 시가 차이 상당액이 법인세법 시행령 제35조에 따른 정상가액 범위를 초과하는 경우에는 고가양수가액(또는 저가양도가액)과 정상가액과의 차이는 기부금으로 의제된다.

3-4. 과세이연방법

교환으로 인한 자산양도차익에 대한 과세이연방법은, 교환일이 속하는 사업연도에 과세이연대상 금액, 즉, 손금산입대상 금액을 교환으로 취득한 개별자산별로 구분하여 토지는 압축기장충당금으로, 감가상각자산은 일시상각충당금을 설정하여 손금에 산입한다(법령 §86 ⑤, §64 ③). 이 경우 결산조정이 원칙이나 법인세법 시행령 제98조 제2항에 따라 신고조정으로도 손금산입(△유보)이 가능하다.

한편, 이와 같이 손비로 계상한 일시상각충당금과 압축기장충당금은 다음의 방법에 의하여 익금에 산입한다(법령 §86 ⑤, §64 ④·⑤).

구 분	익금산입 시기 및 금액
일시상각충당금	• 해당 자산을 감가상각하는 경우 취득가액 중 해당 일시상각충당금에 상당하는 부분에 대한 감가상각비와 상계함. • 해당 자산을 처분하는 경우에는 그 잔액을 처분하는 사업연도에 익금산입(환입)함.(*)
압축기장충당금	• 해당 자산을 처분하는 경우에는 처분하는 사업연도에 익금산입(환입)함.(*)

(*) 해당 자산의 일부를 처분하는 경우에는 해당 자산의 가액 중 일시상각충당금 또는 압축기장충당금이 차지하는 비율로 안분계산한 금액을 익금산입(환입)함.

4. 기타 세제지원 내용

본 규정에 의하여 교환하는 경우, 그 교환으로 인하여 2021년 12월 31일까지 취득하는 자산에 대해서는 취득세의 75%가 감면되며(구 지특법 §57의 2 ③ 4호), 그 감면되는 취득세액의 20%는 농어촌특별세를 납부하여야 한다(농특법 §5 ① 1호). 다만, 2021년 12월 28일 지방세특례제한법 개정시 상기와 같은 자산 교환에 따라 취득하는 재산의 취득세 감면 규정은 삭제되었다(지특법 §57의 2 ③ 4호).

관련사례

• 자산교환에 따라 취득하는 재산의 취득세 감면 범위
한국○○공사가 사업에 사용하던 청사(35억원)와 ○○시청 청사(65억원)를 상호 교환하면서 그 차액(30억원)을 ○○시장에게 현금으로 지급한 경우 자산교환에 따라 취득·등기하는 재산의 취득세 면제 범위는 한국○○공사가 교환당시 사용하던 자산의 가액(35억원)을 말하는 것임(세정-1627, 2006. 4. 21.).

5. 명세서의 제출

교환으로 인한 자산양도차익 상당액의 손금산입 특례규정을 적용받고자 하는 내국법인은 법인세 과세표준 신고와 함께 자산교환명세서 [법칙 별지 제70호 서식]을 납세지 관할 세무서장에게 제출하여야 한다(법령 §86 ⑥ 및 법칙 §82 ⑦ 9호).

계산사례 **교환에 따른 법인세 과세이연**

◀자료▶

갑법인과 을법인은 소비성서비스업 · 부동산업 이외의 사업을 영위하는 내국법인으로서, 2년 이상 해당 사업에 직접 사용하던 다음의 토지를 서로 교환하여 교환일이 속하는 사업연도 종료일까지 해당 내국법인의 사업에 사용하였다. 이 때 갑법인과 을법인 간에는 법인세법상 특수관계가 없다.

구 분	갑법인			을법인		
토지	시가	장부가액	취득가액	시가	장부가액	취득가액
	70억원	40억원	40억원	60억원	30억원	30억원

※ 을법인은 자산을 교환하면서 갑법인에게 토지대금으로 10억원을 현금지급함.

※ 갑법인과 을법인은 모두 일반기업회계기준을 적용받는 법인이며, 회계처리시 현금수수액은 유의적이지 않다고 가정하여 회계처리함.

해 설

1 갑법인에 대한 법인세 등 과세이연방법

1. 교환시점

(1) 회계처리

(차) 토 지(을)	30억원	(대) 토 지(갑)		40억원
현금및현금성자산	10억원			

(2) 세무처리

(차) 토 지(을)	60억원	(대) 토 지(갑)	40억원
현금및현금성자산	10억원	양도차익	30억원

(3) 세무조정

익금산입 양도차익(토지(을)) 30억원 (유보)

손금산입 압축기장충당금 20억원 (△유보)(*)

(*) Min[①, ②] = 20억원

① 교환양도차익상당액(20억원) = 교환취득자산의 시가(60억원) − 사업용자산의 장부가액(40억원) − 현금지급액(0억원)

② 사업용자산의 평가차익(30억원) = 사업용자산의 시가(70억원) − 사업용자산의 장부가액(40억원)

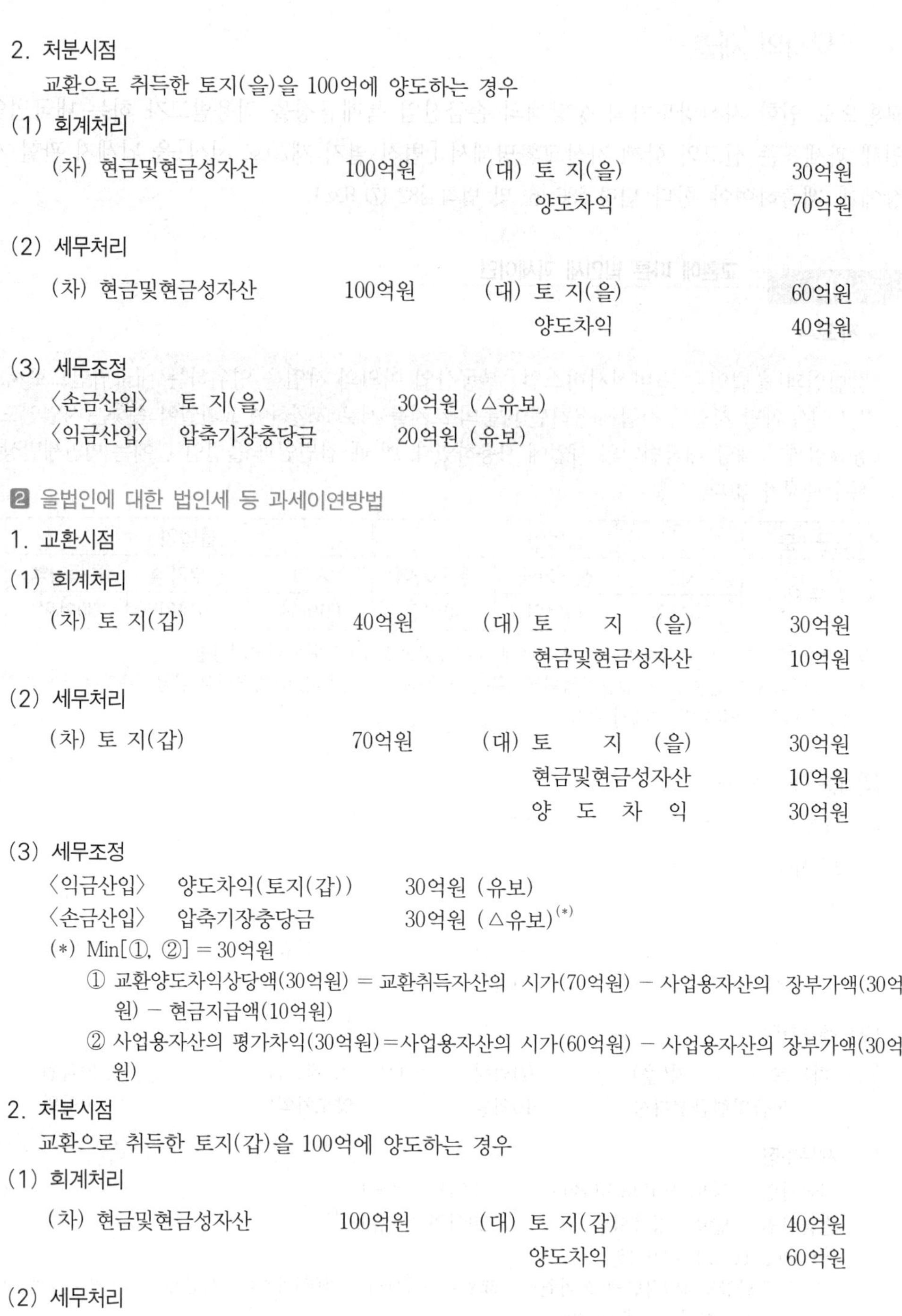

2. 처분시점

교환으로 취득한 토지(을)을 100억에 양도하는 경우

(1) 회계처리

(차)	현금및현금성자산	100억원	(대) 토 지(을)	30억원
			양도차익	70억원

(2) 세무처리

(차)	현금및현금성자산	100억원	(대) 토 지(을)	60억원
			양도차익	40억원

(3) 세무조정

〈손금산입〉 토 지(을) 30억원 (△유보)

〈익금산입〉 압축기장충당금 20억원 (유보)

2 을법인에 대한 법인세 등 과세이연방법

1. 교환시점

(1) 회계처리

(차)	토 지(갑)	40억원	(대) 토 지 (을)	30억원
			현금및현금성자산	10억원

(2) 세무처리

(차)	토 지(갑)	70억원	(대) 토 지 (을)	30억원
			현금및현금성자산	10억원
			양 도 차 익	30억원

(3) 세무조정

〈익금산입〉 양도차익(토지(갑)) 30억원 (유보)

〈손금산입〉 압축기장충당금 30억원 (△유보)(*)

(*) Min[①, ②] = 30억원

① 교환양도차익상당액(30억원) = 교환취득자산의 시가(70억원) − 사업용자산의 장부가액(30억원) − 현금지급액(10억원)

② 사업용자산의 평가차익(30억원)=사업용자산의 시가(60억원) − 사업용자산의 장부가액(30억원)

2. 처분시점

교환으로 취득한 토지(갑)을 100억에 양도하는 경우

(1) 회계처리

(차)	현금및현금성자산	100억원	(대) 토 지(갑)	40억원
			양도차익	60억원

(2) 세무처리

(차)	현금및현금성자산	100억원	(대) 토 지(갑)	70억원
			양도차익	30억원

(3) 세무조정

〈손금산입〉 토지(갑) 30억원 (△유보)

〈익금산입〉 압축기장충당금 30억원 (유보)

Step Ⅱ 서식의 이해

■ 작성요령Ⅰ – 자산교환명세서

❷ 「⑪ 자산교환법인과의 관계」란은 교환당사법인간의 법인세법 시행령 제2조 제5항에 따른 특수관계인 해당 여부를 기입한다.

[별지 제70호 서식] (2019. 3. 20. 개정)

사업연도	. . . ~ . . .	자 산 교 환

1. 자산교환 법인

① 법 인 명	
③ 대 표 자 성 명	
⑤ 본 점 소 재 지	

2. 상대방 법인

⑥ 법 인 명	
⑧ 대 표 자 성 명	
⑩ 본 점 소 재 지	
⑪ 자산교환법인과의 관계	❷

3. 양도한 사업용자산 명세

⑬ 자산명	⑭ 소재지	⑮ 면적(㎡)	⑯ 취
계			

4. 교환 취득자산명세

⑳ 자 산 명	㉑ 소재지	㉒ 면 적 (㎡)	㉓ 상대방 취득일
계			

법인세법 제50조 제3항 및 같은 법 시행령 제

년

세무서장 귀하

법 인 명	
사업자등록번호	

ㅏ 명 세 서

②사 업 자 등 록 번 호	
④업 종(영위기간)	❶

(☎ :)

⑦사 업 자 등 록 번 호	
⑨업 종(영위기간)	❶

(☎ :)

⑫교 환 일	. . .

득일	⑰용 도 (사용기간)	⑱시 가	⑲장부가액
		❸	

㉔상대방의 용도(사용기간)	㉕취득 후 용 도	㉖시 가	㉗상대방 장부가액
		❸	

ㅔ86조 제6항에 따라 자산교환명세서를 제출합니다.

월 일

제출인 (서명 또는 인)

❶ 「④ · ⑨ 업종」란에는 통계청장이 고시하는 한국표준산업분류 중 중분류에 따라 적고, 해당 업종의 영위기간을 괄호 안에 적는다.

❸ 「⑱ · ㉖ 시가」란은 교환당시의 시가를 말하며, 시가가 불분명한 경우에는 법인세법 시행령 제89조 제2항에 따른 가액을 적는다.

■ 작성요령Ⅱ – 자산교환에 따른 양도차익의 손금산입조정명세서

❶ ①란에는 교환취득자산의 시가를 기입하며, 시가가 불분명한 경우에는 법인세법 시행령 제89조 제2항의 규정에 의한 가액을 기입한다.

❷ ②란에는 교환으로 양도하는 사업용자산의 장부가액을 기입한다.

❹ ⑤란에는 교환으로 양도하는 사업용자산의 시가를 기입하며, 시가가 불분명한 경우에는 법인세법 시행령 제89조 제2항의 규정에 의한 가액을 기입한다.

[별지 제44호 서식] (2019. 3. 20. 개정)

사업 연도	. . . ~ . . .	자산교환에 따른 양 손금산입조정명

1. 자산교환에 따른 양도차익

①교환취득자산의 시 가	②사 업 용 자 산 의 장 부 가 액
❶	❷
계	

2. 손 금 산 입 액 조 정

⑤사 업 용 자 산 의 시 가	⑥ 사 업 용 자 산 의 평가차익(⑤－②)	⑦손 금 산 (④와 ⑥
❹		
계		

도차익의 세서	법 인 명	
	사업자등록번호	

③현금지급액	④교환에 따른 양도 차 익(①-②-③)
❸	

❸ ③란에는 교환취득자산의 대가 중 현금으로 지급한 금액을 기입한다.

ㅏ 입 한 도 액 중 적은 금액)	⑧회사계상액	⑨한도초과액 (⑧-⑦)
		❺

❺ ⑨란의 금액은 손금불산입한다.

제5절 사업재편계획을 위한 과세특례

관련 법령	• 조특법 §121의 26, §121의 27, §121의 28, §121의 29, §121의 30, §121의 31, §121의 32 • 조특령 §116의 30, §116의 31, §116의 32, §116의 33, §116의 34, §116의 35 • 조특칙 §51의 11 • 지특법 §57의 2 ⑧

최근 주요 개정 내용

• 사업재편계획에 대한 과세특례 적용기한 연장(조특법 §121의 26~31, §117)

종 전	현 행
□ 「기업활력 제고를 위한 특별법」에 따라 승인받은 사업재편계획 이행에 대한 과세특례 ❶ 금융채무 상환을 위해 자산양도 시 - 자산양도차익 4년 거치 3년 분할익금산입 ❷ 주주(법인)가 채무를 인수·변제 시 - (주주) 채무 인수·변제금액 손금산입 - (해당법인) 채무면제이익 4년 거치 3년 분할익금산입 ❸ 주주(법인)가 자산을 증여 시 - (주주) 증여자산가액 손금산입 • 자산 양도 후 양도대금 증여 시 양도차익 익금불산입 - (해당법인) 자산수증이익 4년 거치 3년 분할익금산입 ❹ 금융기관으로부터 채무를 면제받는 경우 - (금융기관) 면제한 채무금액 손금산입 - (해당법인) 채무면제이익 4년 거치 3년 분할익금산입 ❺ 지배주주가 주식 전부를 다른 내국법인의 주식과 교환 시 - 주식양도차익 과세를 교환주식 처분 시까지 이연 - 증권거래세 면제 ❻ 합병 후 중복자산을 처분 시 - 자산양도차익을 3년 거치 3년 분할익금산입 ○ (적용기한) 2023. 12. 31.	□ 적용기한 연장 ○ 2026. 12. 31.

➡ 개정일자 : ㉥ 2023. 12. 31.
적용시기 : 2024년 1월 1일부터 시행

관련 서식	• 조세특례제한법 시행규칙 [별지 제12호의 2 서식] 양도차익명세 및 분할익금산입조정명세서 [별지 제22호의 2 서식] 양도차익명세서 및 분할익금산입조정명세서 [별지 제30호 서식] 채무인수 · 변제명세서 [별지 제31호 서식] 세액감면신청서 [별지 제31호의 2 서식] 분할익금산입조정명세서 [별지 제33호 서식] 수증자산명세서, 채무상환(예정)명세서 및 분할익금산입조정명세서 [별지 제34호 서식] 채무상환(예정)명세서 [별지 제35호 서식] 세액감면신청서 [별지 제38호 서식] 채무면제명세서 [별지 제40호의 3 서식] 주식 등 양도 · 양수명세서 [별지 제40호의 4 서식] 과세이연신청서 [별지 제70호의 8 서식] 채무상환 및 투자(계획)명세서 [별지 제70호의 9 서식] 사업재편계획서(금융채무 상환을 위한 자산매각) [별지 제70호의 10 서식] 사업재편계획이행보고서(금융채무 상환을 위한 자산매각 / 주주 등의 자산양도) [별지 제70호의 11 서식] 사업재편계획서(채무의 인수 · 변제) [별지 제70호의 12 서식] 사업재편계획이행보고서(채무의 인수 · 변제) [별지 제70호의 13 서식] 법인양도 · 양수 계획서 [별지 제70호의 14 서식] 사업재편계획서(주주 등의 자산양도) [별지 제70호의 15 서식] 사업재편계획서(사업재편계획에 따른 채무면제익) [별지 제70호의 16 서식] 사업재편계획이행보고서(사업재편계획에 따른 채무면제익) [별지 제70호의 17 서식] 사업재편계획서(기업 간 주식 등의 교환) [별지 제70호의 18 서식] 사업재편계획이행보고서(기업 간 주식 등의 교환) [별지 제70호의 19 서식] 사업재편계획서(합병에 따른 중복자산의 양도) [별지 제70호의 20 서식] 사업재편계획이행보고서(합병에 따른 중복자산의 양도)

제5절

사업재편계획을 위한 과세특례

5

Step I 내용의 이해

1. 의 의

최근 우리나라는 경제의 활력이 저하되고 경쟁력마저 약화될 조짐을 보이고 있다. 이에 어려운 경제상황을 극복하고 산업의 경쟁력을 높이기 위하여 정상기업의 선제적 사업재편을 지원하는 기업 활력 제고를 위한 특별법, 이른바 원샷법이 2016년 2월 12일 신설되었으며, 지원대상 기업의 경우 상법, 자본시장과 금융투자업에 관한 법률, 공정거래법 특례, 조세특례제한법 및 지방세특례제한법 등에 따른 특례를 적용받을 수 있게 된다.

특히, 조세특례제한법 및 지방세특례제한법에서는 과세 이연, 납세 불확실성 경감 등을 통해 기업의 사업재편과정에서 발생할 수 있는 일시적 과세애로 해소에 초점을 맞추어 아래와 같은 세제지원 규정을 마련하고 있다.

구 분	구체적 내용
자산매각 후 금융채무 상환 및 투자(조특법 §121의 26)	• 자산양도차익 4년 거치 3년 분할 익금산입
모회사의 자회사 금융채무 인수·변제 후 주식양도(조특법 §121의 27)	• (모회사) 채무인수·변제액 손금산입 • (자회사) 채무면제익 4년 거치 3년 분할 익금산입
주주의 자산 무상증여 및 채무상환(조특법 §121의 28)	• (주주) 증여재산가액 손금산입 • (수증법인) 자산수증익 4년 거치 3년 분할 익금산입

구 분	구체적 내용
금융채권자로부터 채무면제(조특법 §121의 29)	• (면제법인) 채무면제익 4년 거치 3년 분할 익금산입 • (금융채권자) 면제한 채무금액 손금산입
주식교환(조특법 §121의 30, §117 ① 24호)	• (교환대상법인 지배주주 등) 양도차익에 대한 법인세 과세이연 및 증권거래세 면제
동일업종간 합병 및 중복자산 처분(조특법 §121의 31)	• (합병법인) 자산양도차익 3년 거치 3년 분할 익금산입
합병 등 사업재편 추진(지특법 §57의 2 ⑧)	• 해당 법인의 법인등기 등록면허세 50% 감면

2. 금융채무 상환 및 투자를 위한 자산매각에 대한 과세특례

2-1. 개 요

내국법인이 다음의 어느 하나에 해당하는 내용이 포함되어 있는 사업재편계획에 따라 2026년 12월 31일 이전에 자산을 양도하는 경우에는 해당 자산을 양도함으로써 발생하는 양도차익 중 계획채무상환액 및 계획투자금액에 상당하는 양도차익상당액에 대해서는 해당 사업연도와 해당 사업연도의 종료일 이후 3개 사업연도의 기간 중 익금에 산입하지 아니하고 그 다음 3개 사업연도의 기간 동안 균분한 금액 이상을 익금에 산입할 수 있다(조특법 §121의 26).

① 자산을 양도한 날(*)부터 아래 '2-2-4. 채무의 상환기한'까지 채무를 상환한다는 내용
② 자산을 양도한 날(*)부터 1년이 되는 날까지 조세특례제한법 제24조(통합투자세액공제) 제1항 제1호의 투자세액공제 대상 자산에 투자한다는 내용(조특령 §116의 30 ⑥)

(*) 자산양도일에 관하여는 소득세법 시행령 제162조를 준용하되, 장기할부조건의 경우에는 각 회의 할부금(계약금은 첫 회의 할부금에 포함되는 것으로 함)을 받은 날을 말하며, 기업구조조정 촉진법 제2조 제2호에 따른 금융채권자(이하 "금융채권자"라 함)가 금융채권자채무를 상환한 금액(이하 "채무상환액"이라 함)을 수령할 수 없는 사정이 있어서 상환이 불가능한 경우에는 그 사유가 종료된 날을 말함(조특령 §116의 30 ③, ④, ⑦).

개 정

○ 금융채무 상환 및 투자를 위한 자산매각에 대한 과세특례 적용기한 3년 연장(조특법 §121의 26 ①)

2-2. 과세특례 요건

2-2-1. 요 건

본 과세특례는 내국법인이 재무건전성 향상을 위하여 자산을 양도한 날(이하 "자산양도일"이

라 함)부터 일정한 기한 내에 채무를 상환하거나 통합투자세액공제 대상 자산에 투자한다는 내용이 포함되어 있는 사업재편계획에 따라 2026년 12월 31일 이전에 자산을 양도하는 경우에 적용한다.

2-2-2. 사업재편계획

본 과세특례를 적용함에 있어 사업재편계획이란 기업 활력 제고를 위한 특별법 제9조 제2항 각 호에 다음의 내용이 포함되어 있는 것으로서 같은 법 제10조에 따라 주무부처의 장(이하 "사업재편계획승인권자"라 함)이 승인한 계획을 말한다(조특령 §116의 30 ①).

① 자산의 양도를 통하여 상환할 금융채권자채무 총액 및 내용
② 자산의 양도를 통하여 투자(위 '2-1'의 ②의 투자)할 자산 총액 및 내용
③ 위 ①에 따른 금융채권자채무 상환계획 또는 ②에 따른 투자계획
④ 양도할 자산의 내용 및 양도계획

2-2-3. 채무의 범위

채무의 범위는 사업재편계획에 채무의 내용 및 자산의 양도를 통한 채무의 상환계획이 명시되어 있는 것으로서 다음의 금액(이하 "금융채권자채무"라 함)으로 한다(조특령 §116의 30 ⑧).

① 금융채권자로부터 사업과 관련하여 차입한 차입금
② 위 ①에 따른 차입금에 대한 이자
③ 해당 내국법인이 자금조달의 목적으로 발행한 회사채로서 금융채권자가 매입하거나 보증한 금액
④ 해당 내국법인이 자금조달의 목적으로 발행한 기업어음으로서 금융채권자가 매입한 금액

2-2-4. 채무의 상환기한

본 과세특례를 적용하기 위해서는 자산양도일부터 다음의 어느 하나에 해당하는 날까지 채무를 상환한다는 내용이 사업재편계획에 포함되어 있어야 한다(조특령 §116의 30 ⑤).

① 기업구조조정 촉진법 제2조 제2호에 따른 금융채권자가 금융채권자채무를 상환한 금액을 수령할 수 없는 사정이 있어서 상환이 불가능한 사유가 있는 경우로서 그 사유가 종료된 날이 자산양도일로부터 3개월이 되는 날보다 나중에 오는 경우에는 그 사유가 종료된 날의 다음 날
② 위 ① 외의 경우에는 자산양도일부터 3개월이 되는 날

자산양도일은 소득세법 시행령 제162조를 준용하여 판단하되, 장기할부조건으로 양도하는 경우에는 각 회의 할부금(계약금은 첫 회의 할부금에 포함되는 것으로 함)을 받은 날을 양도일로

한다. 다만, 금융채권자가 채무상환액을 수령할 수 없는 사정이 있어서 상환이 불가능한 경우에는 그 사유가 종료된 날을 양도일로 한다(조특령 §116의 30 ③, ④, ⑦).

2-2-5. 투자자산의 범위

본 과세특례를 적용함에 있어 투자대상 자산의 범위는 사업재편계획에 투자할 자산의 내용 및 투자계획이 명시되어 있는 것으로서 조세특례제한법 제24조 제1항 제1호 가목 또는 나목에 해당하는 통합투자세액공제 공제대상 자산을 말한다(조특법 §121의 26 ① 2호). 통합투자세액공제 공제대상 자산에 대한 자세한 내용은 "제4편 제3장 제3절 조세특례제한법상 세액공제"를 참조하기 바란다.

2-2-6. 자산의 투자기한

본 과세특례를 적용받기 위해서는 자산양도일부터 1년이 되는 날까지 전술한 '2-2-5'의 자산에 투자한다는 내용이 사업재편계획에 포함되어 있어야 한다(조특법 §121의 26 ① 2호 및 조특령 §116의 30 ⑥).

2-3. 과세특례

내국법인이 본 과세특례 요건을 갖추어 자산을 양도하는 경우에는 해당 자산을 양도함으로써 발생하는 양도차익 중 다음의 산식에 따라 계산한 양도차익 상당액에 대해서는 해당 사업연도와 해당 사업연도의 종료일 이후 3개 사업연도의 기간 중 익금에 산입하지 아니하고 그 다음 3개 사업연도의 기간 동안 균분한 금액 이상을 익금에 산입할 수 있다(조특령 §116의 30 ②).

$$\text{양도차익상당액} = \text{양도차익}^{(*1)} - \text{이월결손금}^{(*2)} \times \frac{(\text{계획채무상환액}^{(*4)} + \text{계획투자금액}^{(*5)})}{\text{양도가액}^{(*3)}}$$

(*1) 조특법 제121조의 26 제1항에 따른 양도차익
(*2) 자산양도일이 속하는 사업연도의 직전 사업연도 종료일 현재 법인세법 제13조 제1항 제1호에 따른 결손금. 이 경우 해당 내국법인이 무상으로 받은 자산의 가액이나 채무의 면제 또는 소멸로 인한 부채의 감소액으로 먼저 이월결손금을 보전하는 경우에는 이월결손금에서 그 보전액을 뺀 금액으로 함.
(*3) 조특법 제121조의 26 제1항에 따라 양도한 자산의 양도가액
(*4) 양도가액 중 채무상환 및 투자(계획)명세서[조특칙 별지 제70호의 8 서식]에 기재된 계획채무상환액(조특칙 §61 ① 71호의 8)
(*5) 양도가액 중 채무상환 및 투자(계획)명세서[조특칙 별지 제70호의 8 서식]에 기재된 계획투자금액(조특칙 §61 ① 71호의 8)

2-4. 사후관리

본 과세특례를 적용받은 내국법인이 다음의 어느 하나에 해당하게 된 경우에는 해당 사유가 발생한 사업연도의 소득금액을 계산할 때 "2-3. 과세특례"에 따라 익금에 산입하지 아니한 금액을 익금에 산입하여야 한다. 이 경우 이자상당가산액을 법인세에 가산하여 납부하여야 하며, 해당 세액은 법인세법 제64조에 따라 납부하여야 할 세액으로 본다(조특법 §121의 26 ②).

① 사업재편계획에 따라 채무를 상환하지 아니하거나 투자가 이루어지지 아니한 경우

② 자산을 양도한 내국법인의 부채비율이 자산 양도 후 3년[기업 활력 제고를 위한 특별법 제9조 제4항에 따라 둘 이상의 기업이 공동으로 신청(단, 특수관계인인 법인 간에 공동으로 신청한 경우는 제외)하여 사업재편계획승인권자가 승인한 계획에 따라 자산을 양도하는 경우에는 1년] 이내의 기간 중 기준부채비율(조특령 §116의 30 ⑬)보다 증가하게 된 경우(조특령 §116의 30 ⑮)

③ 사업재편계획에 따른 투자로 취득한 자산을 자산 양도 후 4년 이내에 처분한 경우

④ 해당 자산양도일부터 3년 이내에 해당 사업을 폐업하거나 해산한 경우로서 사업재편계획에 따라 합병·분할 등 기업 활력 제고를 위한 특별법 제2조 제2호 가목의 방식에 따라 해당 사업을 승계하는 법인이 해당 사업을 승계한 경우가 아닌 경우. 다만, 파산선고를 받은 경우, 천재지변, 그 밖에 이에 준하는 사유로 사업을 폐지한 경우에는 이자상당가산액을 가산하지 아니한다(조특령 §116의 30 ⑯, ⑰).

⑤ 기업 활력 제고를 위한 특별법 제13조 제1항에 따라 사업재편계획의 승인이 취소된 경우(조특령 §116의 30 ⑱)

2-5. 관련서류의 제출

2-5-1. 사업재편계획서 등의 제출

사업재편계획을 승인받은 내국법인은 사업재편계획승인권자의 확인을 받아 사업재편계획서[조특칙 별지 제70호의 9 서식] 및 사업재편계획이행보고서[조특칙 별지 제70호의 10 서식]를 다음의 구분에 따른 기한까지 납세지 관할 세무서장에게 제출하여야 한다(조특령 §116의 30 ⑲ 및 조특칙 §61 ① 71호의 9, 71호의 10).

구 분	제출기한
사업재편계획서	• 사업재편계획 승인일이 속하는 사업연도 종료일
사업재편계획 이행보고서	• 다음에 해당하는 사업연도의 과세표준 신고기한 종료일 ㉠ 자산양도일이 속하는 사업연도 ㉡ 금융채권자채무를 상환한 날(이하 "채무상환일"이라 함) 또는 사업재편계획에 따른 투자로 자산을 취득한 날(이하 "투자실행일"이라 함)이 속하는 사업연도(자산양도일과 채무상환일 또는 투자실행일이 서로 다른 사업연도에 속하는 경우에 한정함) ㉢ 채무상환일이 속하는 사업연도의 다음 3개 사업연도 ㉣ 투자실행일이 속하는 사업연도의 다음 4개 사업연도

2-5-2. 양도차익명세서 등의 제출

본 과세특례를 적용받으려는 내국법인은 자산양도일이 속하는 사업연도의 과세표준신고를 할 때 양도차익명세서 및 분할익금산입조정명세서[조특칙 별지 제22호의 2 서식], 채무상환 및 투자(계획)명세서[조특칙 별지 제70호의 8 서식]를 납세지 관할 세무서장에게 제출하여야 한다. 다만, 자산양도일과 채무상환일이 서로 다른 사업연도에 속하는 경우에는 채무상환일이 속하는 사업연도의 과세표준 신고시에 채무상환 및 투자(계획)명세서를 함께 제출하여야 한다(조특령 §116의 30 ⑳ 및 조특칙 §61 ① 25호, 71호의 8).

3. 채무의 인수 · 변제에 대한 과세특례

3-1. 개 요

내국법인의 주주 등이 사업재편계획에 따라 내국법인의 채무를 인수 · 변제하고 2026년 12월 31일까지 해당 내국법인의 주식 등을 특수관계인 외의 자에게 전부 양도하는 경우, 해당 주주 등은 채무인수 · 변제액을 손금에 산입하고, 채무가 감소한 양도대상법인은 채무감소액을 4년 거치 3년 분할로 익금에 산입할 수 있다(조특법 §121의 27).

> **개 정**
>
> ○ 채무의 인수 · 변제에 대한 과세특례 적용기한 3년 연장(조특법 §121의 27 ①)

3-2. 과세특례 요건

3-2-1. 요 건

본 과세특례는 내국법인의 주주 또는 출자자(법인인 경우로 한정하며, 이하 "주주 등"이라 함)가 해당 내국법인의 채무를 인수 · 변제하는 경우로서 사업재편계획에 따라 2026년 12월 31일까지 해당 내국법인의 지배주주·출자자 및 그 특수관계인(이하 "지배주주 등"이라 함)의 소유 주식 등을 특수관계인 외의 자에게 전부 양도하는 경우에 적용한다. 이 때 채무의 인수·변제(이하 "채무인수·변제"라 함)는 주주 등이 단독 또는 공동으로 하나의 계약에 따라 일시에 인수·변제하는 것에 한정한다(조특령 §116의 31 ①).

이 때 "지배주주 등"이란 다음의 어느 하나에 해당하는 자를 말하고, "특수관계인"이란 각각 해당 내국법인 또는 지배주주 등과 법인세법 시행령 제2조 제5항 각 호의 어느 하나에 해당하는 관계에 있는 자를 말한다(조특령 §116의 31 ④, ⑤).

① 법인세법 시행령 제43조 제7항에 따른 지배주주 등
② 법인세법 시행령 제43조 제8항에 따른 특수관계에 있는 자

3-2-2. 사업재편계획

본 과세특례를 적용함에 있어 사업재편계획은 기업 활력 제고를 위한 특별법 제9조 제2항 각 호에 다음의 내용이 포함되어 있는 것으로서 같은 법 제10조에 따라 사업재편계획승인권자가 승인한 사업재편계획을 말한다(조특령 §116의 31 ③).

① 주주 등이 인수·변제할 금융채권자채무의 총액 및 내용
② 주주 등의 채무인수·변제 계획
③ 지배주주 등의 소유 주식 또는 출자지분 양도 계획

3-2-3. 채무의 범위

본 과세특례를 적용함에 있어 채무의 범위는 사업재편계획에 채무의 내용 및 주주 등의 채무인수·변제 계획이 명시되어 있는 금융채권자채무를 말한다. 이 경우 "금융채권자채무"의 범위에 대해서는 본 절 "2-2-3. 채무의 범위"를 참고하기 바란다(조특령 §116의 31 ②, §116의 30 ⑧).

3-3. 과세특례 내용

3-3-1. 채무인수·변제액의 손금산입

내국법인의 주주 등이 본 과세특례 요건을 갖추어 해당 내국법인의 금융채권자채무 중 해당 주주 등이 인수·변제한 금액(이하 "채무인수·변제액"이라 함)은 해당 연도 주주 등의 소득금액을 계산할 때 손금에 산입한다(조특법 §121의 27 ① 및 조특령 §116의 31 ⑥).

3-3-2. 채무감소액의 분할 익금산입

내국법인의 주주 등이 본 과세특례 요건을 갖추어 해당 내국법인의 채무를 인수·변제함에

따라 채무가 인수・변제되어 채무가 감소한 내국법인(이하 "양도대상법인"이라 함)은 소득금액을 계산할 때 다음과 같이 계산한 채무 감소액을 해당 사업연도와 해당 사업연도의 종료일 이후 3개 사업연도의 기간 중 익금에 산입하지 아니하고 그 다음 3개 사업연도의 기간 동안 균분한 금액 이상을 익금에 산입한다(조특법 §121의 27 ② 및 조특령 §116의 31 ⑦).

채무감소액 = 채무인수・변제액 － 이월결손금(*)

(*) 법인세법 시행령 제16조 제1항에 따른 결손금(이하 "이월결손금"이라 함)을 말하며, 양도대상법인이 무상으로 받은 자산의 가액과 채무의 면제 또는 소멸로 인한 부채의 감소액(채무인수・변제를 받은 금액은 제외함)으로 먼저 이월결손금을 보전하는 경우에는 이월결손금에서 그 보전액을 제외한 잔액을 뺀 금액을 말함.

3-3-3. 자산부족액에 대한 원천징수 면제

본 과세특례 요건을 충족하는 법인의 양도・양수에 있어서 양도대상법인의 자산부족액을 익금에 산입하여 이를 법인세법 제67조에 따라 처분하는 경우 해당 양도대상법인은 소득세법에도 불구하고 그 처분금액에 대한 소득세를 원천징수하지 아니한다. 다만, 이 때 양도대상법인의 자산부족액은 해당 주식양도계약에 자산의 실제조사에 대한 내용이 포함되어 있는 경우로서 주식양도일 현재의 자산부족액을 양도대상법인이 금융위원회의 설치 등에 관한 법률 제19조에 따라 설립된 증권선물위원회에 요청하여 지명을 받은 회계법인으로부터 확인받아 수정하여 회계처리한 것에 한정한다(조특법 §121의 27 ④ 및 조특령 §116의 31 ⑯).

3-4. 사후관리

본 과세특례를 적용받은 양도대상법인이 다음의 어느 하나에 해당하게 된 경우에는 해당 사유가 발생한 사업연도에 양도대상법인의 소득금액을 계산할 때 익금에 산입하지 아니한 금액을 익금에 산입하여야 한다. 이 경우 채무의 인수・변제에 따라 주주 등이 감면받은 법인세액 및 이자상당가산액을 법인세에 가산하여 납부하여야 하며, 해당 세액은 법인세법 제64조에 따라 납부하여야 할 세액으로 본다(조특법 §121의 27 ③).

① 양도대상법인의 부채비율이 채무 인수・변제 후 3년 이내의 기간 중 기준부채비율보다 증가하게 된 경우

② 채무를 인수・변제한 날부터 3년 이내에 해당 사업을 폐업하거나 해산한 경우로서 사업재편계획에 따라 합병・분할 등 기업 활력 제고를 위한 특별법 제2조 제2호 가목의 방식에 따라 해당 사업을 승계하는 법인이 해당 사업을 승계한 경우가 아닌 경우. 다만, 파산선고를 받은 경우, 천재지변이나 그 밖에 이에 준하는 사유로 사업을 폐지한 경우에는 주주 등이 감면받은 법인세액 및 이자상당가산액을 가산하지 아니한다(조특령 §116의 31 ⑬, ⑭).

③ 사업재편계획에 따라 지배주주 등의 소유 주식 또는 출자지분을 특수관계인 외의 자에게

전부 양도하지 아니한 경우

④ 기업 활력 제고를 위한 특별법 제13조 제1항에 따라 사업재편계획의 승인이 취소된 경우 (조특령 §116의 31 ⑮)

3-5. 관련서류의 제출

3-5-1. 사업재편계획서 등의 제출

사업재편계획을 승인받은 내국법인은 사업재편계획승인권자의 확인을 받아 사업재편계획서[조특칙 별지 제70호의 11 서식] 및 사업재편계획이행보고서[조특칙 별지 제70호의 12 서식]를 다음의 구분에 따른 기한까지 납세지 관할 세무서장에게 제출하여야 한다(조특령 §116의 31 ⑱ 및 조특칙 §61 ① 71호의 11, 71호의 12).

구 분	제출기한
사업재편계획서	• 사업재편계획 승인일이 속하는 사업연도 종료일
사업재편계획 이행보고서	• 다음에 해당하는 사업연도의 과세표준 신고기한 종료일 ㉠ 채무인수·변제를 한 날이 속하는 사업연도 ㉡ 주주 등이 양도대상법인의 주식 등을 양도한 날이 속하는 사업연도(㉠의 사업연도와 다른 경우에 한정함) ㉢ 주주 등이 양도대상법인의 주식 등을 양도한 날이 속하는 사업연도의 다음 3개 사업연도

3-5-2. 법인양도·양수 계획서 등의 제출

본 과세특례를 적용받으려는 주주 등은 채무인수·변제를 한 날이 속하는 사업연도의 과세표준신고와 함께 법인양도·양수계획서[조특칙 별지 제70호의 13 서식], 채무인수·변제명세서[조특칙 별지 제30호 서식] 및 세액감면신청서[조특칙 별지 제31호 서식]를 납세지 관할 세무서장에게 제출하여야 한다(조특령 §116의 31 ⑲ 및 조특칙 §61 ① 31호, 32호, 71호의 13).

본 과세특례를 적용받으려는 내국법인은 채무인수·변제를 받은 날이 속하는 사업연도의 과세표준신고를 할 때 법인양도·양수계획서[조특칙 별지 제70호의 13 서식], 채무인수·변제명세서[조특칙 별지 제30호 서식] 및 분할익금산입조정명세서[조특칙 별지 제31호의 2 서식]를 납세지 관할 세무서장에게 제출하여야 한다(조특령 §116의 31 ⑳ 및 조특칙 §61 ① 31호, 32호의 2, 71호의 13).

4. 주주 등의 자산양도에 관한 법인세 등 과세특례

4-1. 개 요

내국법인이 주주 등으로부터 사업재편계획에 따라 2026년 12월 31일 이전에 자산을 증여받아 해당 자산 또는 그 양도대금을 일정 기한 내에 금융채권자채무의 상환에 전액 사용하는 경우 자산을 증여받은 내국법인에 대해서는 자산수증익을 4년 거치 3년 분할 익금산입하며, 자산을 증여한 법인 주주 등에 대해서는 증여한 자산의 장부가액을 해당 사업연도의 소득금액을 계산할 때 손금에 산입한다(조특법 §121의 28).

개 정

○ 주주 등의 자산양도에 관한 법인세 등 과세특례 적용기한 3년 연장(조특법 §121의 28 ①, ③)

4-2. 과세특례 요건

4-2-1. 요 건

본 과세특례는 내국법인이 주주 등으로부터 다음의 요건을 모두 갖추어 2026년 12월 31일 이전에 자산을 무상으로 받은 경우에 적용하며, 이 때 증여는 주주 등이 단독 또는 공동으로 하나의 계약에 의하여 일시에 증여하는 것에 한정한다(조특법 §121의 28 ① 및 조특령 §116의 32 ①).

① 사업재편계획에 따라 주주 등의 자산증여 및 법인의 채무상환이 이루어질 것
② 사업재편계획에는 증여받은 금전 또는 증여받은 자산의 양도대금을 일정한 기한 이내에 금융채권자채무의 상환에 전액 사용한다는 내용이 포함되어 있을 것

4-2-2. 사업재편계획

본 과세특례를 적용함에 있어 사업재편계획은 기업 활력 제고를 위한 특별법 제9조 제2항 각 호에 다음의 내용이 포함되어 있는 것으로서 같은 법 제10조에 따라 사업재편계획승인권자가 승인한 사업재편계획을 말한다(조특령 §116의 32 ③).

① 주주 등의 자산양도 또는 자산증여 계획
② 위 ①에 따른 자산양도 또는 자산증여를 통하여 상환할 채무의 총액 및 내용
③ 위 ②에 따른 채무의 상환계획

4-2-3. 채무의 범위

본 과세특례를 적용함에 있어 채무의 범위는 기업구조조정 촉진법 제2조 제2호에 따른 금융채권자(이하 "금융채권자"라 함)에 대한 부채로서 사업재편계획에 채무의 내용 및 주주 등의 자산 증여를 통한 상환계획이 명시되어 있는 금융채권자채무를 말한다. 이 경우 "금융채권자채무"의 범위에 대해서는 본 절 "2-2-3. 채무의 범위"를 참고하기 바란다(조특령 §116의 32 ⑥, ⑧, §116의 30 ⑧).

4-2-4. 채무의 상환기한

본 과세특례를 적용하기 위해서는 내국법인이 금전을 증여받은 경우에는 금전을 받은 날, 금전 외의 자산을 증여받은 경우에는 해당 자산을 양도한 날부터 2026년 12월 31일 이내에서 다음의 어느 하나에 해당하는 날까지 해당 금액을 금융채권자에 대한 부채의 상환에 전액 사용한다는 내용이 사업재편계획에 포함되어 있어야 한다(조특령 §116의 32 ④, ⑦).

① 금융채권자가 채무상환액을 수령할 수 없는 사정이 있어서 상환이 불가능한 경우로서 그 사유가 종료된 날이 금전을 받은 날 또는 자산을 양도한 날(이하 "자산양도일"이라 함)부터 3개월이 되는 날보다 나중에 오는 경우에는 그 사유가 종료된 날의 다음 날

② 위 ① 외의 경우에는 금전을 받은 날 또는 자산양도일부터 3개월이 되는 날

자산양도일은 소득세법 시행령 제162조를 준용하여 판단하되, 장기할부조건으로 양도하는 경우에는 각 회의 할부금(계약금은 첫 회의 할부금에 포함되는 것으로 함)을 받은 날을 양도일로 한다(조특령 §116의 32 ⑤, ⑩).

4-3. 과세특례의 내용

4-3-1. 증여받은 자산가액의 분할 익금산입

내국법인이 본 과세특례 요건을 모두 갖추어 자산을 무상으로 받은 경우에는 해당 사업연도의 소득금액을 계산할 때 다음과 같이 계산한 자산수증익에 대하여 자산을 증여받은 날이 속하는 사업연도의 종료일 이후 3개 사업연도의 기간 중 익금에 산입하지 아니하고 그 다음 3개 사업연도의 기간 동안 균분한 금액 이상을 익금에 산입하여야 한다(조특령 §116의 32 ②).

자산수증익 = 증여받은 자산가액 − 이월결손금(*)

(*) 법인세법 시행령 제16조 제1항에 따른 결손금(이하 "이월결손금"이라 함)을 말하며, 이 경우 해당 내국법인이 무상으로 받은 자산의 가액과 채무의 면제 또는 소멸로 인한 부채의 감소액(본 과세특례에 따라 증여받은 자산가액은 제외함)으로 먼저 이월결손금을 보전하는 경우에는 이월결손금에서 그 보전액을 제외한 잔액을 뺀 금액을 말함.

4-3-2. 자산증여액의 손금산입

본 과세특례 요건을 갖추어 자산을 증여한 법인 주주 등의 경우에는 증여한 자산의 장부가액(이하 "자산증여액"이라 함)을 해당 사업연도의 소득금액을 계산할 때 손금에 산입한다(조특령 §116의 32 ⑨).

4-3-3. 양도차익상당액의 익금불산입

본 과세특례에 따라 주주 등이 법인에 자산을 증여할 때 소유하던 자산을 양도하고 2026년 12월 31일 이전에 그 양도대금을 해당 법인에 증여하는 경우에는 해당 자산을 양도함으로써 발생하는 양도차익 중 다음 산식에 따라 계산한 금액(이하 "양도차익상당액"이라 함)을 해당 사업연도의 소득금액을 계산할 때 익금에 산입하지 아니할 수 있다(조특법 §121의 8 ③ 및 조특령 §116의 32 ⑪).

$$\text{양도차익상당액} = \text{양도차익}^{(*1)} \times \frac{\text{양도가액 중 증여한 금액}^{(*2)}}{\text{양도가액}-\text{농어촌특별세액}^{(*3)}}$$

(*1) 조특법 제121조의 28 제3항에 따라 양도한 자산의 양도차익
(*2) 양도한 자산의 양도가액 중 조특법 제121조의 28 제1항에 따라 증여한 금액
(*3) 위 (*1)의 양도차익에 대하여 해당 법인이 농어촌특별세법에 따라 납부한 농어촌특별세액

4-4. 사후관리

본 과세특례에 따라 자산을 증여받은 법인이 다음의 어느 하나에 해당하는 경우에는 해당 사유가 발생한 사업연도의 소득금액을 계산할 때 익금에 산입하지 아니한 금액을 익금에 산입한다. 이 경우 본 과세특례에 따라 자산을 증여한 주주 등이 감면받은 세액과 이자상당가산액을 해당 법인이 납부할 법인세액에 가산하여 납부하여야 하며, 해당 세액은 법인세법 제64조에 따라 납부하여야 할 세액으로 본다(조특법 §121의 28 ④).

① 사업재편계획에 따라 채무를 상환하지 아니한 경우
② 자산을 증여받은 법인의 부채비율이 채무 상환 후 3년 이내의 기간 중 기준부채비율보다 증가하게 된 경우
③ 자산을 증여받은 날부터 3년 이내에 해당 사업을 폐업하거나 해산한 경우로서 사업재편계획에 따라 합병·분할 등 기업 활력 제고를 위한 특별법 제2조 제2호 가목의 방식에 따라 해당 사업을 승계하는 법인이 해당 사업을 승계한 경우가 아닌 경우. 다만, 파산선고를 받은 경우, 천재지변이나 그 밖에 이에 준하는 사유로 사업을 폐지한 경우에는 자산을 증여한 주주등이 감면받은 세액과 이자상당가산액을 가산하지 아니한다(조특령 §116의 32 ⑱, ⑲).
④ 기업 활력 제고를 위한 특별법 제13조 제1항에 따라 사업재편계획의 승인이 취소된 경우(조특령 §116의 32 ⑳).

4-5. 관련서류의 제출

4-5-1. 사업재편계획서 등의 제출

사업재편계획을 승인받은 내국법인은 사업재편계획승인권자의 확인을 받아 사업재편계획서[조특칙 별지 제70호의 14 서식] 및 사업재편계획이행보고서[조특칙 별지 제70호의 10 서식]를 다음의 구분에 따른 기한까지 납세지 관할 세무서장에게 제출하여야 한다(조특령 §116의 32 ㉓ 및 조특칙 §61 ① 71호의 10, 71호의 14).

구 분	제출기한
사업재편계획서	• 사업재편계획 승인일이 속하는 사업연도 종료일
사업재편계획 이행보고서	• 다음에 해당하는 사업연도의 과세표준 신고기한 종료일 ㉠ 자산증여일이 속하는 사업연도 ㉡ 채무상환일이 속하는 사업연도(자산증여일과 채무상환일이 서로 다른 사업연도에 속하는 경우에 한정함) ㉢ 채무상환일이 속하는 사업연도의 다음 3개 사업연도

4-5-2. 수증자산명세서 등의 제출

상기 "4-3-1. 증여받은 자산가액의 분할 익금산입"의 과세특례를 적용받으려는 내국법인은 자산증여일이 속하는 사업연도의 과세표준신고와 함께 수증자산명세서, 채무상환(예정)명세서 및 분할익금산입조정명세서[조특칙 별지 제33호 서식]를 납세지 관할 세무서장에게 제출하여야 한다. 다만, 자산증여일과 채무상환일이 서로 다른 사업연도에 속하는 경우에는 채무상환일이 속하는 사업연도의 과세표준 신고시에 채무상환명세서를 함께 제출하여야 한다(조특령 §116의 32 ㉔ 및 조특칙 §61 ① 34호).

상기 "4-3-2. 자산증여액의 손금산입"의 과세특례를 적용받으려는 주주 등은 자산증여일이 속하는 사업연도의 과세표준신고와 함께 자산증여계약서, 채무상환(예정)명세서[조특칙 별지 제34호 서식] 및 세액감면신청서[조특칙 별지 제35호 서식]를 납세지 관할 세무서장에게 제출하여야 한다(조특령 §116의 32 ㉕ 및 조특칙 §61 ① 35호, 36호).

상기 "4-3-3. 양도차익상당액의 익금불산입"의 과세특례를 적용받으려는 주주 등은 자산양도일이 속하는 과세연도의 과세표준신고와 함께 자산매매계약서, 증여계약서, 채무상환(예정)명세서[조특칙 별지 제34호 서식] 및 세액감면신청서[조특칙 별지 제35호 서식]를 납세지 관할 세무서장에게 제출하여야 한다(조특령 §116의 32 ㉖ 및 조특칙 §61 ① 35호, 36호).

5. 사업재편계획에 따른 기업의 채무면제익에 대한 과세특례

5-1. 개 요

사업재편계획을 이행 중인 내국법인이 금융채권자로부터 채무의 일부를 2026년 12월 31일까지 면제받은 경우 그 채무면제익은 소득금액을 계산할 때 해당 사업연도와 해당 사업연도의 종료일 이후 3개 사업연도의 기간 중 익금에 산입하지 아니하고 그 다음 3개 사업연도의 기간 동안 균분한 금액 이상을 익금에 산입한다(조특법 §121의 29).

개 정

○ 사업재편계획에 따른 기업의 채무면제익에 대한 과세특례 적용기한 3년 연장(조특법 §121의 29 ①)

5-2. 과세특례 요건

본 과세특례는 기업 활력 제고를 위한 특별법 제9조 제2항 각 호에 채무면제의 내용이 포함되어 있는 것으로서 같은 법 제10조에 따라 사업재편계획승인권자가 승인한 사업재편계획을 이행 중인 내국법인이 금융기관으로부터 채무의 일부를 2026년 12월 31일까지 면제받은 경우에 적용한다(조특령 §116의 33 ①).

5-3. 과세특례 내용

5-3-1. 채무를 면제받은 내국법인에 대한 과세특례

본 과세특례의 요건을 충족한 내국법인이 금융채권자로부터 채무의 일부를 면제받은 경우 해당 채무면제익은 소득금액을 계산할 때 해당 사업연도와 해당 사업연도의 종료일 이후 3개 사업연도의 기간 중 익금에 산입하지 아니하고 그 다음 3개 사업연도의 기간 동안 균분한 금액 이상을 익금에 산입한다(조특법 §121의 29 ①).

채무면제익 = 금융채권자로부터 면제받은 채무에 상당하는 금액 − 이월결손금(*)

(*) 법인세법 시행령 제16조 제1항에 따른 결손금(이하 "이월결손금"이라 함)을 말하며, 해당 법인이 무상으로 받은 자산의 가액과 채무의 면제 또는 소멸로 인한 부채의 감소액(본 과세특례에 따라 금융채권자로부터 면제받은 채무에 상당하는 금액은 제외함)으로 먼저 이월결손금을 보전하는 경우에는 이월결손금에서 그 보전액을 제외한 잔액을 뺀 금액을 말함(조특령 §116의 33 ②).

5-3-2. 채무를 면제한 금융채권자에 대한 과세특례

본 과세특례에 따라 채무를 면제(채무의 출자전환으로 채무를 면제한 경우를 포함함)한 금융채권자는 해당 사업연도의 소득금액을 계산할 때 그 면제한 채무에 상당하는 금액을 손금에 산입한다(조특법 §121의 29 ③).

5-4. 사후관리

본 과세특례에 따라 채무를 면제받은 내국법인이 다음의 어느 하나에 해당하게 된 경우에는 해당사유가 발생한 사업연도의 소득금액을 계산할 때 익금에 산입하지 아니한 금액 전액을 익금에 산입한다. 이 경우 이자상당가산액을 법인세에 가산하여 납부하여야 하며, 해당 세액은 법인세법 제64조에 따라 납부하여야 할 세액으로 본다(조특법 §121의 29 ②).

① 채무면제익 전액을 익금에 산입하기 전에 사업을 폐업하거나 해산하는 경우로서 사업재편계획에 따라 합병·분할 등 기업 활력 제고를 위한 특별법 제2조 제2호 가목의 방식에 따라 해당 사업을 승계하는 법인이 해당 사업을 승계한 경우가 아닌 경우. 다만, 파산선고를 받은 경우, 천재지변이나 그 밖에 이에 준하는 사유로 사업을 폐지한 경우에는 이자상당가산액을 가산하지 아니한다(조특령 §116의 33 ④, ⑤).

② 기업 활력 제고를 위한 특별법 제13조 제1항에 따라 사업재편계획의 승인이 취소된 경우(조특령 §116의 33 ⑥)

5-5. 관련서류의 제출

5-5-1. 사업재편계획서 등의 제출

사업재편계획을 승인받은 내국법인은 사업재편계획승인권자의 확인을 받아 사업재편계획서[조특칙 별지 제70호의 15 서식] 및 사업재편계획이행보고서[조특칙 별지 제70호의 16 서식]를 다음의 구분에 따른 기한까지 납세지 관할 세무서장에게 제출하여야 한다(조특령 §116의 33 ⑦ 및 조특칙 §61 ① 71호의 15, 71호의 16).

구 분	제출기한
사업재편계획서	• 사업재편계획 승인일이 속하는 사업연도 종료일
사업재편계획 이행보고서	• 채무를 면제받은 날이 속하는 사업연도의 과세표준 신고기한 종료일

5-6. 채무면제명세서의 제출

본 과세특례를 적용받으려는 내국법인 및 금융기관은 각각 채무면제일이 속하는 사업연도의 과세표준신고를 할 때 채무면제명세서[조특칙 별지 제38호 서식]를 채무를 면제받은 법인별로 작성하여 납세지 관할 세무서장에게 제출하여야 한다(조특령 §116의 33 ⑧ 및 조특칙 §61 ① 39호).

6. 기업 간 주식 등의 교환에 대한 과세특례

6-1. 개 요

내국법인(이하 "교환대상법인"이라 함)의 지배주주 등이 2026년 12월 31일 이전에 사업재편계획에 따라 그 소유 주식 등의 전부를 양도하고 교환대상법인의 특수관계인이 아닌 다른 내국법인(이하 "교환양수법인"이라 함)의 주식 등을 일정한 방법으로 그 소유비율에 따라 양수하는 경우에는 주식 등을 양도함에 따라 발생한 양도차익에 상당하는 금액에 대한 법인세에 대해서는 양수한 주식 등을 처분(상속·증여를 포함함)할 때까지 과세를 이연받을 수 있다(조특법 §121의 30).

개 정

○ 기업 간 주식 등의 교환에 대한 과세특례 적용기한 3년 연장(조특법 §121의 30 ①)

6-2. 과세특례 요건

6-2-1. 요 건

교환대상법인의 지배주주 등이 2026년 12월 31일 이전에 사업재편계획에 따라 그 소유 주식 등 전부를 양도하고 교환양수법인의 주식 등을 다음 중 어느 하나에 해당하는 방법으로 그 소유비율에 따라 양수하는 경우에는 본 과세특례를 적용받을 수 있다(조특법 §121의 30 ①).

① 교환양수법인이 이미 보유하거나 새롭게 발행한 주식 등을 양수하는 방법
② 교환양수법인의 지배주주 등이 보유한 주식 등의 전부를 양수하는 방법[교환대상법인 및 교환양수법인이 서로 다른 기업집단(독점규제 및 공정거래에 관한 법률 제2조 제11호에 따른 기업집단을 말함, 이하 같음)에 소속되어 있는 경우로 한정함]

이 때 "지배주주 등"이란 다음의 어느 하나에 해당하는 자를 말하고, "특수관계인"이란 교환대상법인과 법인세법 시행령 제2조 제5항 제1호부터 제6호까지 중 어느 하나에 해당하는 관계에 있는 자(동일한 기업집단에 소속된 다른 계열회사는 제외함)를 말한다(조특령 §116의 34 ①, ③).

① 법인세법 시행령 제43조 제7항에 따른 지배주주 등
② 법인세법 시행령 제43조 제8항에 따른 특수관계에 있는 자

6-2-2. 사업재편계획

본 과세특례를 적용함에 있어 사업재편계획은 기업 활력 제고를 위한 특별법 제9조 제2항 각 호에 지배주주 등이 보유한 주식 또는 출자지분의 양도·양수계획이 포함되어 있는 것으로

서 같은 법 제10조에 따라 사업재편계획승인권자가 승인한 사업재편계획을 말한다(조특령 §116의 34 ②).

6-2-3. 주식보유비율에 따른 배분

주식 등의 양도·양수는 교환대상법인의 주식 등을 양도한 지배주주 등 간의 해당 법인 주식 등의 보유비율에 따라 교환양수법인의 주식 등이 배분되어야 한다(조특령 §116의 34 ④).

6-3. 과세특례 내용

6-3-1. 주식 양도차익에 대한 과세이연

내국법인인 지배주주 등이 본 과세특례 요건을 갖추어 주식 등을 양도함에 따라 발생한 양도차익(교환양수법인 및 교환양수법인의 지배주주 등에 발생하는 양도차익을 포함함)에 상당하는 금액에 대한 법인세에 대해서는 다음의 방법에 따라 양수한 주식 등을 처분(상속·증여를 포함함) 할 때까지 과세를 이연받을 수 있다(조특령 §116의 34 ⑤ 2호).

① 주식 등을 양도함에 따라 발생한 양도차익은 다음과 같이 계산한 금액으로 하되, 그 금액은 양수한 교환양수법인의 주식 등의 압축기장충당금으로 계상하여야 한다.

$$\text{과세이연금액}^{(*1)} = \text{양도 당시 시가}^{(*2)} - \text{양도일 전일의 장부가액}$$

(*1) 양수한 교환양수법인의 주식 등의 가액을 한도로 함.
(*2) 법인세법 제52조 제2항에 따른 시가를 말함.

② 위 ①에 따라 계상한 압축기장충당금은 양수한 교환양수법인의 주식 등을 양도, 상속 또는 증여(양수한 주식 등 외에 다른 방법으로 취득한 주식 등이 있으면 양수한 주식 등을 먼저 양도, 상속 또는 증여한 것으로 봄. 이하 "처분"이라 함)하는 사업연도에 이를 익금에 산입하되, 일부 주식 등을 처분하는 경우에는 다음의 산식에 따라 계산한 금액을 익금에 산입한다.

$$\text{익금산입액} = \text{압축기장충당금} \times \frac{\text{양수한 교환양수법인의 주식 등 중 일부 처분한 주식 등의 수}}{\text{양수한 교환양수법인의 주식 등의 수}}$$

6-3-2. 자산부족액에 대한 원천징수 면제

교환양수법인의 지배주주 등이 보유한 주식 등의 전부를 양수하는 방법에 따른 교환대상법인의 양도·양수에 있어서 해당 법인의 자산부족액을 익금에 산입하여 이를 법인세법 제67조에 따라 소득처분하는 경우 해당 교환대상법인은 소득세법에도 불구하고 그 처분금액에 대한 소득세를 원천징수하지 아니한다. 다만, 이 때 교환대상법인의 자산부족액은 교환대상법인과 교환양수법인의 기업교환계약에 자산의 실제조사에 대한 내용이 포함되어 있는 경우로서 주식 등을 양도·양수한 날 현재의 자산부족액을 교환대상법인이 금융위원회의 설치 등에 관한 법률 제19조에 따라 설립된 증권선물위원회에 요청하여 지명을 받은 회계법인으로부터 확인을 받아 수정하여 회계처리한 것에 한정한다(조특법 §121의 30 ② 및 조특령 §116의 34 ⑥).

6-3-3. 물적분할 또는 현물출자시 재과세이연

내국법인이 법인세법 제47조에 따른 물적분할 또는 같은 법 제47조의 2에 따른 현물출자로 취득한 주식 등의 전부를 본 과세특례에 따라 다른 법인의 주식 등과 교환하는 경우에는 현물출자 또는 물적분할 당시 자산의 양도차익에 상당하는 금액으로서 손금에 산입하여 과세를 이연받은 금액은 다시 과세를 이연받을 수 있다(조특법 §121의 30 ④).

이 때 과세를 이연받을 수 있는 금액은 양수한 교환양수법인의 주식 등의 가액에 상당하는 금액의 범위에서 현물출자 또는 물적분할 당시 과세를 이연받은 금액으로 하되, 그 금액은 교환양수법인 주식 등의 압축기장충당금으로 계상한다. 이 경우 해당 압축기장충당금은 교환양수법인의 주식 등을 처분하는 사업연도에 익금에 산입하되, 일부 주식 등을 처분하는 경우에는 다음 산식에 따라 계산한 금액을 익금에 산입한다(조특령 §116의 34 ⑩).

$$\text{익금산입액} = \text{압축기장충당금} \times \frac{\text{양수한 교환양수법인의 주식 등 중 일부 처분한 주식 등의 수}}{\text{양수한 교환양수법인의 주식 등의 수}}$$

:: 증권거래세 면제

본 과세특례에 따라 주권 등을 양도하는 경우에는 증권거래세를 면제한다(조특법 §117 ① 24호).

6-4. 사후관리

교환양수법인의 지배주주 등이 보유한 주식 등의 전부를 양수하는 방법으로 주식 등을 양도한 교환대상법인의 주주 등이 다음의 어느 하나에 해당하게 된 경우에는 해당 사유가 발생한 과세연도에 납부하지 아니한 세액을 납부하거나 소득금액을 계산할 때 손금에 산입한 금액을 익금에 산입하여야 한다. 이 경우 이자상당가산액을 가산하여 법인세로 납부하여야 하며, 해당 세액은 법인세법 제64조에 따라 납부하여야 할 세액으로 본다(조특법 §121의 30 ③).

① 주식 등을 양도한 사업연도의 종료일 이후 5년 이내에 교환대상법인이 속하였던 기업집단에 교환대상법인과 동일한 업종을 경영하는 법인이 속하게 되는 경우. 이 경우 업종의 분류는 한국표준산업분류의 소분류에 따른다(조특령 §116의 34 ⑧).

② 주식 등을 양도한 사업연도의 종료일 이후 5년 이내에 지배주주 등이 교환대상법인의 주식 등을 다시 보유하게 되는 경우

③ 기업 활력 제고를 위한 특별법 제13조 제1항에 따라 사업재편계획의 승인이 취소된 경우(조특령 §116의 34 ⑨)

6-5. 관련서류의 제출

6-5-1. 사업재편계획서 등의 제출

사업재편계획을 승인받은 내국법인은 사업재편계획승인권자의 확인을 받아 사업재편계획서[조특칙 별지 제70호의 17 서식] 및 사업재편계획이행보고서[조특칙 별지 제70호의 18 서식]를 다음의 구분에 따른 기한까지 납세지 관할 세무서장에게 제출하여야 한다(조특령 §116의 34 ⑪ 및 조특칙 §61 ① 71호의 17, 71호의 18).

구 분	제출기한
사업재편계획서	• 사업재편계획 승인일이 속하는 사업연도 종료일
사업재편계획 이행보고서	• 다음에 해당하는 사업연도의 과세표준 신고기한 종료일 ㉠ 본 과세특례에 따라 주식 등을 양도·양수한 날이 속하는 사업연도 ㉡ 본 과세특례에 따라 주식 등을 양도·양수한 날이 속하는 사업연도의 다음 3개 사업연도

6-5-2. 기업교환계약서 등의 제출

본 과세특례를 적용받으려는 지배주주 등은 주식 등을 양도·양수한 날이 속하는 과세연도의 과세표준신고와 함께 기업교환계약서, 주식 등 양도·양수명세서[조특칙 별지 제40호의 3 서식], 과세이연신청서[조특칙 별지 제40호의 4 서식]를 납세지 관할 세무서장에게 제출하여야 한다(조특령 §116의 34 ⑫ 및 조특칙 §61 ① 41호의 3, 41호의 4).

7. 합병에 따른 중복자산의 양도에 대한 과세특례

7-1. 개 요

사업재편계획에 따라 내국법인 간에 2026년 12월 31일까지 합병함에 따라 중복자산이 발생하는 경우로서 해당 중복자산을 양도하는 경우에는 해당 양도차익에 대해서 3년 거치 3년 분할로 익금에 산입할 수 있다(조특법 §121의 31).

개 정

○ 합병에 따른 중복자산의 양도에 대한 과세특례 적용기한 3년 연장(조특법 §121의 31 ①)

7-2. 과세특례 요건

7-2-1. 요 건

본 과세특례는 사업재편계획에 따라 내국법인 간에 2026년 12월 31일까지 합병(분할합병을 포함하며, 같은 업종 간의 합병으로 한정함)함에 따라 중복자산이 발생한 경우로서 합병법인이 합병등기일부터 1년 이내에 그 중복자산을 양도하는 경우에 적용한다(조특법 §121의 31 ①).

7-2-2. 사업재편계획

본 과세특례를 적용함에 있어 사업재편계획이란 기업 활력 제고를 위한 특별법 제9조 제2항 각 호에 합병당사법인 간의 합병계획이 포함되어 있는 것으로서 사업재편계획승인권자가 승인한 계획을 말한다(조특령 §116의 35 ①).

7-2-3. 중복자산

중복자산의 범위는 합병당사법인(분할합병의 경우를 포함함)의 사업에 직접 사용되던 자산으로서 그 용도가 동일하거나 유사한 사업용 유형고정자산으로 하며, 중복자산은 법인세법 시행령 제80조의 2 제7항 및 제80조의 4 제8항을 적용할 때 피합병법인으로부터 승계한 고정자산에서 제외한다(조특령 §116의 35 ②, ③).

7-3. 과세특례 내용

내국법인이 본 과세특례 요건을 갖추어 중복자산을 양도함에 따라 발생하는 양도차익(그 중복자산에 대한 합병평가차익 및 분할평가차익을 포함함)에 대해서는 다음 산식에 따라 계산한 금액을 해당 사업연도의 소득금액을 계산할 때 익금에 산입하지 아니할 수 있다. 이 경우 해당 금액은 양도일이 속하는 사업연도의 종료일 이후 3년이 되는 날이 속하는 사업연도부터 3개 사업연도의 기간 동안 균분한 금액 이상을 익금에 산입하여야 한다(조특령 §116의 35 ④).

양도차익상당액 = (중복자산의 양도차익(*1) + 합병(분할)평가차익 상당액(*2))

(*1) 중복자산의 양도가액에서 장부가액과 중복자산의 양도일이 속하는 사업연도의 직전사업연도 종료일 현재 법인세법 제13조 제1항 제1호에 따른 결손금(이하 "이월결손금"이라 함)의 합계액을 차감한 금액. 이 경우 해당 내국법인이 무상으로 받은 자산의 가액이나 채무의 면제 또는 소멸로 인한 부채의 감소액으로 먼저 이월결손금을 보전하는 경우에는 이월결손금에서 그 보전액을 뺀 금액으로 함.

(*2) 피합병법인으로부터 승계받은 중복자산의 경우 해당 자산에 대한 합병평가차익상당액 및 분할평가차익상당액

7-4. 사후관리

본 과세특례를 적용받은 내국법인이 다음의 어느 하나에 해당하는 경우에는 해당 사유가 발생한 날이 속하는 사업연도의 소득금액을 계산할 때 익금에 산입하지 아니한 금액을 익금에 산입하여야 한다. 이 경우 이자상당가산액을 법인세에 가산하여 납부하여야 하며, 해당 세액은 법인세법 제64조에 따라 납부하여야 할 세액으로 본다(조특법 §121의 31 ②).

① 합병등기일부터 3년 이내에 해당 사업을 폐업하거나 해산한 경우
② 기업 활력 제고를 위한 특별법 제13조 제1항에 따라 사업재편계획의 승인이 취소된 경우 (조특령 §116의 35 ⑧)

한편, 이 때 익금에 산입하는 금액은 본 과세특례에 따라 양도차익을 익금에 산입하지 아니한 경우 익금에 산입하지 아니한 금액 전액을 말한다(조특령 §116의 35 ⑥).

7-5. 관련서류의 제출

7-5-1. 사업재편계획서 등의 제출

사업재편계획을 승인받은 내국법인은 사업재편계획승인권자의 확인을 받아 사업재편계획서[조특칙 별지 제70호의 19 서식] 및 사업재편계획이행보고서[조특칙 별지 제70호의 20 서식]를 다음의 구분에 따른 기한까지 납세지 관할 세무서장에게 제출하여야 한다(조특령 §116의 35 ⑨ 및 조특칙 §61 ① 71호의 19, 71호의 20).

구 분	제출기한
사업재편계획서	• 사업재편계획 승인일이 속하는 사업연도 종료일
사업재편계획 이행보고서	• 다음에 해당하는 사업연도의 과세표준 신고기한 종료일 ㉠ 합병등기일이 속하는 사업연도 ㉡ 합병등기일이 속하는 사업연도의 다음 3개 사업연도

7-5-2. 양도차익명세 및 분할익금산입조정명세서 등의 제출

본 과세특례를 적용받으려는 내국법인은 중복자산 양도일이 속하는 사업연도의 과세표준신고를 할 때 양도차익명세 및 분할익금산입조정명세서[조특칙 별지 제12호의 2 서식]를 납세지 관할 세무서장에게 제출하여야 한다(조특령 §116의 35 ⑩ 및 조특칙 §61 ① 13호의 2).

:: 법인등기 등록면허세 감면

기업 활력 제고를 위한 특별법 제4조 제1항에 해당하는 내국법인이 같은 법 제10조 또는 제12조에 따라 주무부처의 장이 승인 또는 변경승인한 사업재편을 추진하는 경우 해당 법인에 대한 법인등기에 대하여 등록면허세의 50%를 2024년 12월 31일까지 경감하되, 같은 법 제13조에 따라 사업재편계획 승인이 취소된 경우에는 경감된 등록면허세를 추징한다(지특법 §57의 2 ⑧).

Step II 서식의 이해

2. 금융채무 상환 및 투자를 위한 자산매각에 대한 과세특례

■ 작성요령Ⅰ - 사업재편계획서(금융채무 상환을 위한 자산매각)

[별지 제70호의 9 서식] (2022. 3. 18. 개정)

사업재편계획서(금융채무 상환을 위한 자산매각)

내국법인	법인명		사업자등록번호	
	대표자 성명		법인등록번호	
	사업장(본점) 소재지			
	업종		사업개시일	
	사업연도	년 월 일부터	년 월 일까지	
사업재편계획승인권자				

채무상환계획 명세

금융채권자명	차입일	채무금액	상환예정일	상환예정금액

양도대상 자산명세

종류·구분	소재지(부동산)	면적(㎡)·수량(개)	양도	
			예정일	예정금액

「조세특례제한법 시행령」 제116조의 30 제18항에 따라 사업재편계획서를 제출합니다.

년 월 일

제출인 (서명 또는 인)

확인자 (서명 또는 인)

세무서장 귀하

■ 작성요령 Ⅱ –사업재편계획이행보고서(금융채무 상환을 위한 자산매각 / 주주 등의 자산양도)

[별지 제70호의 10 서식] (2022. 3. 18. 개정)

사업재편계획이행보고서
(금융채무 상환을 위한 자산매각 / 주주등의 자산양도)

내국법인	① 법인명		② 사업자등록번호	
	③ 대표자 성명		④ 법인등록번호	
	⑤ 사업장(본점) 소재지			
	⑥ 업종		⑦ 사업개시일	
	⑧ 사업연도	년 월 일부터 년 월 일까지		
⑨ 사업재편계획승인권자				

사업재편 이행 보고내용

금융채권자채무 내용 및 상환계획

구분	⑩ 금융채권자명	⑪ 차입일	⑫ 부채금액	⑬ 상환예정일	⑭ 상환예정금액	⑮ 상환일	⑯ 상환금액
당년상환액							
상환누계액							

부채비율의 계산			⑳ (⑲-㉓)초과비율
⑰ 각 사업연도말 현재의 차입금 총액	⑱ 각 사업연도말 현재의 자기자본	⑲ {⑰ 또는 (⑰-⑭누계)}÷⑱ 부채비율	

기준부채비율의 계산

㉑ 기준부채비율 산정기준일 현재의 차입금 총액	㉒ 기준부채비율 산정기준일 현재의 자기자본	㉓ {(㉑-(⑯또는⑭) 누계)}÷㉒ 기준부채비율

「조세특례제한법 시행령」([ ] 제116조의 30 제18항, [ ] 제116조의 32 제23항)에 따라 사업재편계획이행보고서를 제출합니다.

년 월 일

제출인 (서명 또는 인)

확인자 (서명 또는 인)

세무서장 귀하

첨부서류	각 금융기관이 발행한 채무상환증명 1부 ※ 전자신고방식으로 제출하는 경우에는 첨부서류를 해당 법인이 보관합니다.	수수료 없 음

■ 작성요령Ⅲ-양도차익명세서 및 분할익금산입조정명세서

[별지 제22호의 2 서식] (2017. 3. 21. 개정)

양도차익명세서 및 분할익금산입조정명세서

제출인	① 법인명		② 사업자등록번호	
	③ 대표자 성명		④ 법인등록번호	
	⑤ 사업장(본점)소재지			
	⑥ 사업연도		⑦ 양도일자	
⑧ 양도차익			⑨ 이월결손금	
⑩ 양도가액 중 채무상환액			⑪ 양도가액	
⑫ 양도차익상당액[(⑧-⑨)×(⑩/⑪)]				

신청내용

익금불산입 및 분할익금산입 조정

익금불산입		분할익금산입(계획)					
㉑ 사업연도	㉒ 금액	1차 연도		2차 연도		3차 연도	
		㉓ 연도	㉔ 금액	㉕ 연도	㉖ 금액	㉗ 연도	㉘ 금액

「조세특례제한법 시행령」([ ] 제34조 제19항, [ ] 제116조의 30 제19항)에 따라 양도차익명세서 및 분할익금산입조정명세서를 제출합니다.

년 월 일

제출인 (서명 또는 인)

세무서장 귀하

■ 작성요령Ⅳ - 채무상환 및 투자(계획)명세서

[별지 제70호의 8 서식] (2022. 3. 18. 신설)

채무상환 및 투자(계획)명세서

내국법인	법인명	사업자등록번호
	대표자 성명	법인등록번호
	사업장(본점) 소재지	
	업종	사업개시일
	사업연도 년 월 일 부터 년 월 일까지	

양도자산명세

자산명	소재지(부동산)	면적(㎡)·수량(개)	취득명세		양도명세	
			일자	금액	일자	금액

채무상환(예정)명세

채무명세			상환(예정)명세	
금융채권자명	차입일	금액	상환(예정)일	상환(예정)금액

투자(계획)명세

투자(계획)명세		
투자 실행(계획)일	투자자산	투자(계획)금액

「조세특례제한법 시행령」 제116조의 30 제20항에 따라 채무상환 및 투자(계획)명세서를 제출합니다.

년 월 일

제출인 (서명 또는 인)

세무서장 귀하

3. 채무의 인수·변제에 대한 과세특례

■ 작성요령 I – 사업재편계획서(채무의 인수·변제)

[별지 제70호의 11 서식] (2022. 3. 18. 개정)

사업재편계획서(채무의 인수·변제)

1. 대상법인 인적사항

법인명		사업자등록번호	
대표자 성명		법인등록번호	
사업장(본점)소재지	(전화번호:)		
업 종		사업개시일자	
사업연도	년 월 일부터 년 월 일까지		
사업재편계획승인권자			

2. 채무명세 및 인수·변제 계획

금융채권자명	차입일자	채무금액	인수·변제 예정일자	인수·변제 예정금액

3. 기업양도 계획

양도주주 보유지분 합계	양도주식수 합계	양도예정일

「조세특례제한법 시행령」 제116조의 31 제18항에 따라 사업재편계획서를 제출합니다.

년 월 일

제출인 (서명 또는 인)
확인자 (서명 또는 인)

세무서장 귀하

■ 작성요령 Ⅱ – 사업재편계획이행보고서(채무의 인수·변제)

[별지 제70호의 12 서식] (2022. 3. 18. 개정)

사업재편계획이행보고

1. 대상법인 인적사항

① 법인명	
③ 대표자 성명	
⑤ 사업장(본점)소재지	
⑥ 업종	
⑧ 사업연도	년 월
⑨ 사업재편계획승인권자	

2. 사업재편 이행 보고내용

2-1. 주주등의 채무 인수·변제

⑩ 인수(변제)주주		⑪
주주명	사업자등록번호	
합 계		

2-2. 법인 양도·양수 명세

⑬ 양도예정일	

양도자				
⑮ 양도주주		⑯ 보유 주식수 (지분율)	⑰ 양도 주식수 (지분율)	⑱ 지배 주주 여부
주주명	사업자 번호			
❶		❶	❶	❶
합 계				

❶ ⑮란에는 양도대상법인의 주식을 양도·양수 계약에 따라 양도하는 주주명을 적고, ⑯란은 양도주주가 보유한 양도대상법인의 총주식수를 적으며, ⑰란은 양도·양수 계약에 따라 양도하는 총주식수를 적고, ⑱란은 법인세법 시행령 제43조 제7항 및 제8항에 따른 양도대상법인의 지배주주 등 및 특수관계가 있는 주주에 해당하는지 여부를 적는다.

3. 부채비율

부채비율의 계산	
㉓ 각 사업연도말 현재의 차입금 총액	㉔ 각 사업연도말 현재 자기자본

기준부채	
㉗ 기준부채비율 산정기준일 현재의 차입금 총액	㉘ 기준부채 현재의

「조세특례제한법 시행령」 제116조의 31 제18항에 따라 사

세무서장 귀하

서(채무의 인수 · 변제)

② 사업자등록번호	
④ 법인등록번호	
(전화번호:)	
⑦ 사업개시일자	

일부터 년 월 일까지

⑪ 인수(변제)금액	⑫ 인수(변제)일자

⑭ 양도일				
양수자				
⑲ 양수주주		⑳ 양수 주식수 (지분율)	㉑ 보유 주식수 (지분율)	㉒ 특수 관계 여부
주주명	사업자 번호			
❷		❷	❷	❷
합 계				

❷ ⑲란은 법인 양도·양수 계약에 따라 양도대상법인의 주식을 인수하는 양수주주명을 적고, ⑳란은 양수주식수를 적으며, ㉑란은 양수주주가 양수주식을 포함하여 보유한 양도대상법인의 총주식수를 적고, ㉒란은 양도대상법인 또는 주주와 양수주주 간의 법인세법 시행령 제87조 제1항에 따른 특수관계가 있는지 여부를 적는다.

ㅐ의	㉕ 부채비율 (㉓÷㉔)	㉖ 초과비율 (㉕-㉙)

ㅂ율의 계산

ㅐ비율 산정기준일 ㅢ 자기자본	㉙ 기준부채비율 (㉗÷㉘)-(⑪누계)÷㉘

ㅏ업재편계획이행보고서를 제출합니다.

년 월 일

보고인 (서명 또는 인)
확인자 (서명 또는 인)

■ 작성요령Ⅲ - 법인양도·양수 계획서

[별지 제70호의 13 서식] (2022. 3. 18. 개정)

법인양도 · 양수 계획서

<table>
<tr><td rowspan="6">대상
법인</td><td>법인명</td><td></td><td>사업자등록번호</td><td></td></tr>
<tr><td>대표자 성명</td><td></td><td>법인등록번호</td><td></td></tr>
<tr><td>사업장(본점)소재지</td><td colspan="3">(전화번호 :)</td></tr>
<tr><td>업종</td><td></td><td>사업개시일자</td><td></td></tr>
<tr><td>사업연도</td><td colspan="3">년 월 일부터 년 월 일까지</td></tr>
<tr><td>양도예정일</td><td colspan="3"></td></tr>
</table>

<table>
<tr><td colspan="5">양도자</td><td colspan="5">양수자</td></tr>
<tr><td colspan="2">양도주주</td><td rowspan="2">보유
주식수
(지분율)</td><td rowspan="2">양도
주식수
(지분율)</td><td rowspan="2">지배주
주여부</td><td colspan="2">양수주주</td><td rowspan="2">양수
주식수
(지분율)</td><td rowspan="2">보유
주식수
(지분율)</td><td rowspan="2">특수관
계여부</td></tr>
<tr><td>주주명</td><td>사업자
번호</td><td>주주명</td><td>사업자
번호</td></tr>
<tr><td></td><td></td><td></td><td></td><td></td><td></td><td></td><td></td><td></td><td></td></tr>
<tr><td></td><td></td><td></td><td></td><td></td><td></td><td></td><td></td><td></td><td></td></tr>
<tr><td></td><td></td><td></td><td></td><td></td><td></td><td></td><td></td><td></td><td></td></tr>
<tr><td></td><td></td><td></td><td></td><td></td><td></td><td></td><td></td><td></td><td></td></tr>
<tr><td colspan="2">합계</td><td></td><td></td><td></td><td colspan="2">합계</td><td></td><td></td><td></td></tr>
</table>

「조세특례제한법 시행령」([ ] 제116조의 31 제19항, [ ] 제116조의 31 제20항)에 따라 법인 양도·양수계획서를 제출합니다.

년 월 일

제출인 (서명 또는 인)

세무서장 귀하

■ 작성요령Ⅳ - 채무인수 · 변제명세서

[별지 제30호 서식] (2017. 3. 17. 개정)

채무인수 · 변제명세서

대상 법인	① 법인명		② 사업자등록번호	
	③ 대표자 성명		④ 법인등록번호	
	⑤ 사업장(본점)소재지	(☎ :)		
	⑥ 업종		⑦ 사업개시일자	
	⑧ 사업연도	년 월 일부터 년 월 일까지		

채무 인수·변제 내용

⑨ 인수(변제)주주		⑩ 인수(변제)금액	⑪ 인수(변제)일자
주주명	사업자번호		
합계			

「조세특례제한법 시행령」 [ ]제36조 제18항 / [ ]제36조 제19항 / [ ]제116조의 31 제19항 / [ ]제116조의 31 제20항 에 따라 채무인수·변제명세서를 제출합니다.

년 월 일

제출인 (서명 또는 인)
확인자 (서명 또는 인)

세무서장 귀하

■ 작성요령 V - 세액감면신청서

[별지 제31호 서식] (2017. 3. 17. 개정)

세액감면

제출인	① 법인명	
	③ 대표자 성명	
	⑤ 사업장(본점)소재지	
	⑥ 업종	
⑧ 사업연도		

신청니

채무인수 변제받은 법인	⑨ 법인명	
	⑪ 대표자성명	
	⑬ 이월결손금	❶
⑮ 채무인수변제액		❸

❶ 「⑬ 이월결손금」란에는 자산양도일이 속하는 사업연도의 직전사업연도 종료일 현재 법인세법 시행령 제18조 제1항에 따른 이월결손금을 적는다.

❸ 「⑮ 채무인수변제액」란에는 조세특례제한법 시행령 제116조의 31 제6항에 따라 계산한 채무인수변제액을 적는다.

「조세특례제한법 시행령」([ ] 제36조 제18항, [ ] 제116조으

년 월

제출인

세무서장 귀하

신청서

	② 사업자등록번호	
	④ 법인등록번호	

	⑦ 사업개시일자	
년	월	일부터
년	월	일까지

ㅐ용

	⑩ 사업자등록번호	
	⑫ 법인등록번호	
	⑭ 기타 채무면제·자산수증익	❷
	⑯ 감면세액	

❷ 「⑭ 기타 채무면제·자산수증익」란에는 기업이 법인세법 제18조 제6호에 따라 무상으로 받은 자산의 가액이나 채무의 면제 또는 소멸로 인한 부채의 감소액으로 먼저 이월결손금을 보전한 금액을 적는다.

ㅓ 31 제19항)에 따라 세액감면신청서를 제출합니다.

일

(서명 또는 인)

■ 작성요령Ⅵ - 분할익금산입조정명세서

[별지 제31호의 2 서식] (2017. 3. 17. 개정)

분할익금산입

1. 제출법인의 인적사항	
① 법인명	
③ 대표자 성명	
⑤ 사업장(본점)소재지	
⑥ 업 종	
⑧ 사업연도	
⑨ 이월결손금	❶

❶ 「⑨ 이월결손금」란에는 자산양도일이 속하는 과세연도의 직전과세연도 종료일 현재 법인세법 시행령 제18조 제1항에 따른 이월결손금을 적는다.

2. 신청내용

익금불산입 및 분할익금산입 조정

익금불산입			
⑪ 사업연도	⑫ 금액	1차 연도	
		⑬ 연도	⑭ 금액

「조세특례제한법 시행령」([ ] 제36조 제19항, [ ] 제116조
니다.

년 월

세무서장 귀하

조정명세서

	② 사업자등록번호	
	④ 법인등록번호	
	(전화번호:)	
	⑦ 사업개시일자	
년 월 일부터 년 월 일까지		
	⑩ 기타 채무면제 · 자산수증익	❷

❷ 「⑩ 기타 채무면제 · 자산수증익」란에는 기업이 법인세법 제18조 제6호에 따라 무상으로 받은 자산의 가액이나 채무의 면제 또는 소멸로 인한 부채의 감소액으로 먼저 이월결손금을 보전한 금액을 적는다.

분할익금산입(계획)

2차 연도		3차 연도	
⑮ 연도	⑯ 금액	⑰ 연도	⑱ 금액

의 31 제20항)에 따라 분할익금산입조정명세서를 제출합

일

제출인 (서명 또는 인)

4. 주주 등의 자산양도에 관한 법인세 등 과세특례

■ 작성요령 I – 사업재편계획서(주주 등의 자산양도)

[별지 제70호의 14 서식] (2022. 3. 18. 개정)

사업재편계획서(주주등의 자산양도)

내국법인	법인명		사업자등록번호	
	대표자 성명		법인등록번호	
	사업장(본점) 소재지			
	업종		사업개시일	
	사업연도	년 월 일부터	년 월 일까지	
사업재편계획승인권자				

1. 주주등의 자산양도 또는 증여계획

주주등 성명	생년월일 또는 법인등록번호	자산명	양도		증여	
			양도일	양도대금	증여일	증여금액

2. 금융채권자채무 내용 및 상환계획

주주등의 성명	증여금액	금융채권자명	차입일	채무금액	상환예정일	상환예정금액

「조세특례제한법 시행령」 제116조의 32 제23항에 따라 사업재편계획서를 제출합니다.

년 월 일

제출인 (서명 또는 인)

확인자 (서명 또는 인)

세무서장 귀하

■ **작성요령 Ⅱ – 사업재편계획이행보고서(금융채무 상환을 위한 자산매각 / 주주 등의 자산양도)**

'2. 금융채무 상환 및 투자를 위한 자산매각에 대한 과세특례 작성요령 Ⅱ"를 참고하기 바란다.

■ 작성요령Ⅲ - 수증자산명세서, 채무상환(예정)명세서 및 분할익금산입조정명세서

❶ 「⑨ 이월결손금」란에는 자산양도일이 속하는 사업연도의 직전사업연도 종료일 현재 법인세법 시행령 제18조 제1항에 따른 이월결손금을 적는다.

❸ 「㉓ 금액」란에는 조세특례제한법 시행령 제116조의32 제2항에 따라 계산한 자산수증익을 적는다.

[별지 제33호 서식] (2017. 3. 17. 개정)

수증자산명세서, 채무상환(예정)명

1. 수증법인

① 법인명	
③ 대표자 성명	
⑤ 사업장(본점)소재지	
⑥ 업 종	
⑧ 사업연도	
⑨ 이월결손금	❶

2. 금전을 증여받은 경우

수증명세		
⑧ 수증일	⑨ 주주등의 성명	⑩ 금액

3. 금전 외의 자산을 수증받은 경우

수증명세				
품목	⑭ 수증일	⑮ 주주등 성명	⑯ 시가	⑰ 양도

4. 익금불산입 및 분할익금산입 조정

익금불산입			
㉒ 사업연도	㉓ 금액	1차 연도	
		㉔ 연도	㉕ 금액
	❸		

「조세특례제한법 시행령」([ ] 제37조 제23항, [ ] 제116조의
서 및 분할익금산입조정명세서를 제출합니다.

년 월

제출인

세무서장 귀하

세서 및 분할익금산입조정명세서

	② 사업자등록번호	
	④ 법인등록번호	
	(전화번호:)	
	⑦ 사업개시일자	
년 월 일부터 년 월 일까지		
	⑩ 기타 채무면제 · 자산수증익	❷

❷ 「⑩ 기타 채무면제 · 자산수증익」란에는 기업이 법인세법 제18조 제6호에 따라 무상으로 받은 자산의 가액이나 채무의 면제 또는 소멸로 인한 부채의 감소액으로 먼저 이월결손금을 보전한 금액을 적는다.

금융기관채무상환(예정)명세		
⑪ 금융기관명	⑫ 상환일	⑬ 상환금액

양도 및 금융기관부채상환(예정)명세				
일	⑱ 양도금액	⑲ 금융기관명	⑳ 상환일	㉑ 상환금액

분할익금산입(계획)			
2차 연도		3차 연도	
㉖ 연도	㉗ 금액	㉘ 연도	㉙ 금액

32 제24항)에 따라 수증자산명세서, 채무상환(예정)명세

일 일

(서명 또는 인)

■ 작성요령Ⅳ - 채무상환(예정)명세서

[별지 제34호 서식] (2018. 3. 21. 개정)

채무상환(예정)명세서

제출인	① 법인명		② 사업자등록번호	
	③ 대표자 성명		④ 법인등록번호	
	⑤ 사업장(본점)소재지			(전화번호:)
	⑥ 업 종		⑦ 사업개시일자	
⑧ 사업연도		년 월 일부터 년 월 일까지		

1. 수증법인

⑨ 법인명		⑩ 사업자등록번호	
⑪ 대표자 성명		⑫ 업종	
⑬ 본점소재지			(전화번호:)

2. 금전을 증여받은 경우

증여명세			금융채권자부채상환(예정)명세		
⑭ 자산증여 주주명	⑮ 수증일	⑯ 금액	⑰ 금융채권자명	⑱ 상환일	⑲ 상환금액

3. 금전 외의 자산을 수증받은 경우

증여명세			양도 및 금융채권자부채상환(예정)명세				
⑳ 자산증여 주주명	㉑ 증여일	㉒ 시가	㉓ 양도일	㉔ 양도금액	㉕ 금융 채권자명	㉖ 상환일	㉗ 상환금액

「조세특례제한법 시행령」
[ ] 제37조 제24항
[ ] 제37조 제25항
[ ] 제116조의 32 제25항
[ ] 제116조의 32 제26항
에 따라 채무상환(예정)명세서를 제출합니다.

년 월 일

제출인 (서명 또는 인)

세무서장 귀하

MEMO

■ 작성요령 V – 세액감면신청서

❶ 「⑭ 이월결손금」란에는 자산양도일이 속하는 과세연도의 직전과세연도 종료일 현재 법인세법 시행령 제18조 제1항에 따른 이월결손금을 적는다.

❸ "2. 자산양도 및 양도대금을 증여한 경우"에 해당하는 란에는 조세특례제한법 제121조의 28 제3항을 적용받으려는 주주 등이 해당 사항을 적는다.

❹ "3. 자산을 증여한 경우"에 해당하는 란에는 조세특례제한법 제121조의 28 제2항을 적용받으려는 주주 등이 해당 사항을 적는다.

❺ 「㉘ 손금산입액」란에는 다음의 금액을 적는다.
- 조세특례제한법 제121조의 28 제2항을 적용받으려는 경우 : 조세특례제한법 시행령 제116조의 32 제9항에 따라 계산한 자산증여액
- 조세특례제한법 제121조의 28 제3항을 적용받으려는 경우 : 조세특례제한법 시행령 제116조의 32 제11항에 따라 계산한 양도차익상당액

[별지 제35호 서식] (2017. 3. 17. 개정)

세액감ㅁ

제출인	① 법인명		②
	③ 대표자 성명		④
	⑤ 사업장(본점)소재지		
	⑥ 업 종		⑦
⑧ 사업연도			

1. 수증법인

⑨ 법인명		⑩
⑪ 대표자 성명		⑫
⑬ 본점소재지		
⑭ 이월결손금	❶	⑮

2. 자산 양도 및 양도대금을 증여한 경우 ❸

양 도			
⑯ 자산명	⑰ 취득가액	⑱ 양도일자	⑲ °

3. 자산을 증여한 경우 ❹

㉓ 자산명	㉔ 장부가액	㉕ 증여

4. 감면받을 세액

㉘ 손금산입액	❺	

「조세특례제한법 시행령」
[ ] 제37조 제24항
[ ] 제37조 제25항
[ ] 제116조의 32 제25항
[ ] 제116조의 32 제26항

제출인

세무서장 귀하

※ 첨부서류 : 증여계약서 사본 1부

면신청서

) 사업자등록번호	
) 법인등록번호	
	(전화번호:)
) 사업개시일자	
년 월 일부터 년 월 일까지	
) 사업자등록번호	
) 업종	
	(전화번호:)
) 기타 채무면제 · 자산수증익	❷

❷ 「⑮ 기타 채무면제 · 자산수증익」란에는 기업이 법인세법 제18조 제6호에 따라 무상으로 받은 자산의 가액이나 채무의 면제 또는 소멸로 인한 부채의 감소액으로 먼저 이월결손금을 보전한 금액을 적는다.

	증 여		㉒ 농어촌 특별세액
양도대금	⑳ 증여일자	㉑ 증여금액	

여일자	㉖ 양도대금	㉗ 자산증여액 합계

㉙ 감면세액	

에 따라 세액감면신청서를 제출합니다.

년 월 일

(서명 또는 인)

5. 사업재편계획에 따른 기업의 채무면제익에 대한 과세특례

■ 작성요령 I – 사업재편계획서(사업재편계획에 따른 채무면제익)

[별지 제70호의 15 서식] (2022. 3. 18. 개정)

사업재편계획서
(사업재편계획에 따른 채무면제익)

1. 대상법인 인적사항

법인명		사업자등록번호	
대표자 성명		법인등록번호	
사업장(본점)소재지	(전화번호:)		
업 종		사업개시일자	
사업연도	년 월 일부터 년 월 일까지		
사업재편계획승인권자			

2. 채무명세 및 면제 계획

금융채권자명	금융채권자 사업자등록번호	차입일자	채무금액	면제 예정일자	면제 예정금액

「조세특례제한법 시행령」 제116조의 33 제7항에 따라 사업재편계획서를 제출합니다.

년 월 일

제출인 (서명 또는 인)

확인자 (서명 또는 인)

세무서장 귀하

■ 작성요령 Ⅱ – 사업재편계획이행보고서(사업재편계획에 따른 채무면제익)

[별지 제70호의 16 서식] (2022. 3. 18. 개정)

사업재편계획이행보고서
(사업재편계획에 따른 채무면제익)

1. 대상법인 인적사항

법인명		사업자등록번호	
대표자 성명		법인등록번호	
사업장(본점)소재지	(전화번호:)		
업종		사업개시일자	
사업연도	년 월 일부터 년 월 일까지		
사업재편계획승인권자			

2. 사업재편 이행 보고내용

금융채권자의 채무 면제

금융채권자		차입일자	채무금액	면제 예정일자	면제 예정금액	면제일자	면제금액
금융채권자명	사업자 등록번호						
합 계							

「조세특례제한법 시행령」 제116조의 33 제7항에 따라 사업재편계획이행보고서를 제출합니다.

년 월 일

제출인 (서명 또는 인)

확인자 (서명 또는 인)

세무서장 귀하

■ 작성요령 Ⅲ－채무면제명세서

❶ 조세특례제한법 제121조의 29 제3항을 적용받으려는 금융채권자는 채무를 면제받은 내국법인 중 채무면제금액을 손금에 산입하고자 하는 법인별로 작성한다.

❷ 「⑮ 채무면제금액」란은 법인세법 시행령 제89조 제1항 및 제2항에 따라 계산한 금액을 적는다.

❸ 「⑰ 출자전환일」란은 채무를 출자전환받음에 따라 발행한 주식의 증자등기일을 적는다.

[별지 제38호 서식] (2023. 3. 20. 개정)

채무면제

1. 채무를 면제받은 법인 ❶

① 법인명		
③ 대표자 성명		
⑤ 본점소재지		
⑥ 사업연도		
⑦ 정리계획인가의 결정일 등		⑧ 특수관

2. 채무를 면제한 금융채권자

⑨ 법인명	
⑪ 대표자 성명	
⑬ 본점소재지	

3. 채무면제 내역

⑭ 채무면제일	⑮ 채무면제금
	❷

4. 출자전환 채무면제 내용

⑰ 출자전환일	⑱ 채무금액	⑲ 1주당 주식의 발행가액	
❸			

「조세특례제한법 시행령」([ ] 제41조 제4항, [ ] 제116조의

제출인

세무서장 귀하

첨부서류: 정리계획인가·화의인가·강제화의인가 결정문 또

명세서

② 사업자등록번호	
④ 업 종	

(전화번호:)

년 월 일부터
년 월 일까지

계여부	[ ] 해당됨, [ ] 해당없음

⑩ 사업자등록번호	
⑫ 업 종	

(전화번호:)

액	⑯ 비고

⑳ 1주당 주식의 시가	㉑ 발행주식수	㉒ 채무면제금액 (⑲－⑳)×㉑

33 제8항)에 따라 채무면제명세서를 제출합니다.

년 월 일

(서명 또는 인)

는 경영정상화계획 약정서 사본 1부

6. 기업 간 주식 등의 교환에 대한 과세특례

■ 작성요령 I - 사업재편계획서(기업 간 주식 등의 교환)

[별지 제70호의 17 서식] (2022. 3. 18. 개정)

사업재편계획서(기업 간 주식등의 교환)

<table>
<tr><td rowspan="5">교환대상법인</td><td>법인명</td><td></td><td>사업자등록번호</td><td></td></tr>
<tr><td>대표자 성명</td><td></td><td>법인등록번호</td><td></td></tr>
<tr><td>사업장(본점)소재지</td><td colspan="3">(전화번호:)</td></tr>
<tr><td>업종</td><td></td><td>사업개시일자</td><td></td></tr>
<tr><td>사업연도</td><td colspan="3">년 월 일부터 년 월 일까지</td></tr>
<tr><td colspan="2">사업재편계획승인권자</td><td colspan="3"></td></tr>
<tr><td rowspan="4">교환양수법인</td><td>법인명</td><td></td><td>사업자등록번호</td><td></td></tr>
<tr><td>대표자성명</td><td></td><td>법인등록번호</td><td></td></tr>
<tr><td>사업장(본점)소재지</td><td colspan="3">(전화번호:)</td></tr>
<tr><td>업종</td><td></td><td>사업개시일자</td><td></td></tr>
</table>

주식양도·양수 계획

양도양수 일자	주주명	생년월일 또는 법인등록번호	보유주식수 (지분율)	양도주식수 (지분율)	양수주식수 (지분율)

「조세특례제한법 시행령」 제116조의 34 제11항에 따라 사업재편계획서를 제출합니다.

년 월 일

제출인 (서명 또는 인)

확인자 (서명 또는 인)

세무서장 귀하

MEMO

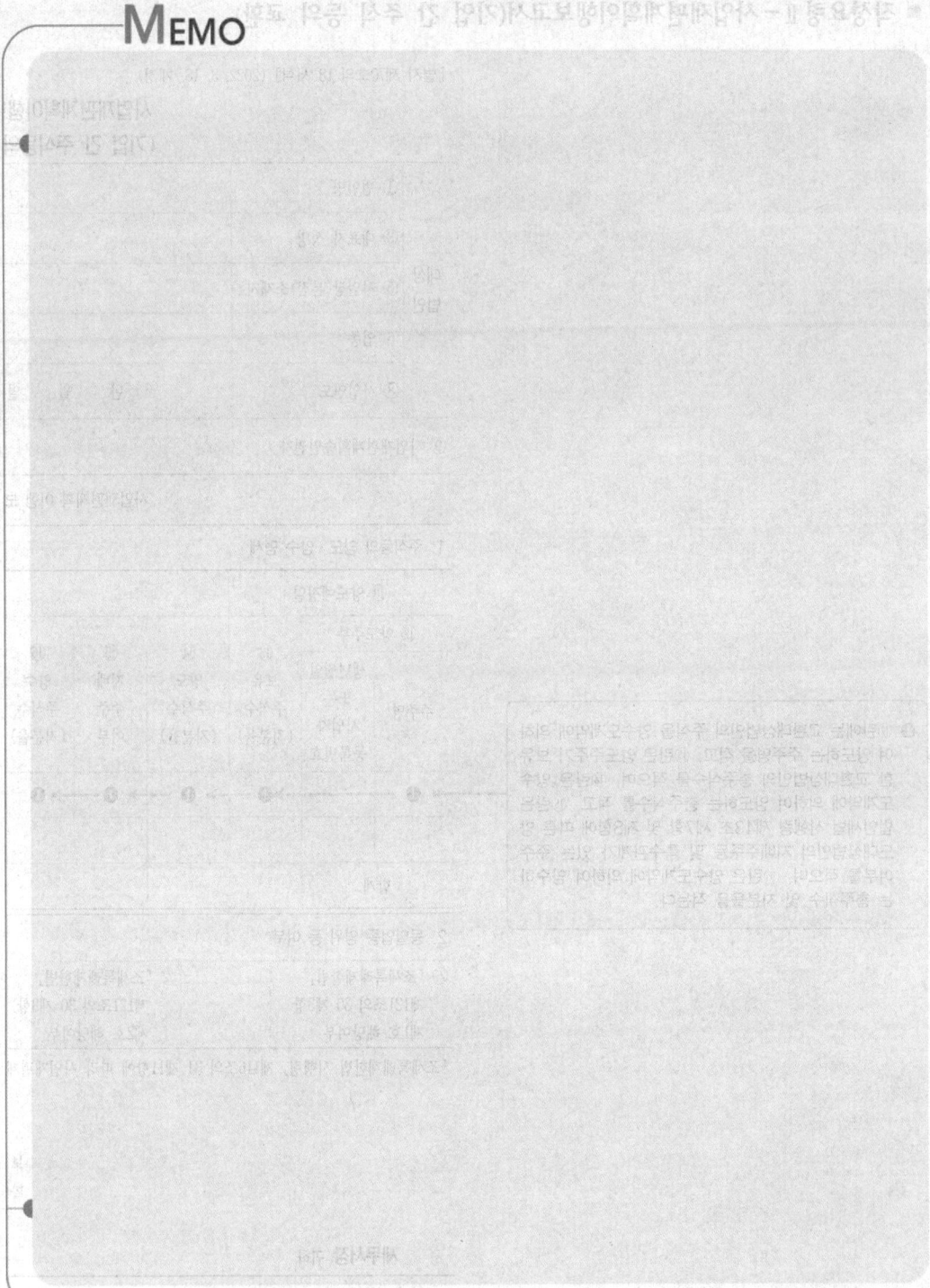

■ 작성요령 Ⅱ - 사업재편계획이행보고서(기업 간 주식 등의 교환)

[별지 제70호의 18 서식] (2022. 3. 18. 개정)

사업재편계획이행!
(기업 간 주식등의

대상 법인	① 법인명	
	③ 대표자 성명	
	⑤ 사업장(본점)소재지	
	⑥ 업종	
	⑧ 사업연도	년 월 일
⑨ 사업재편계획승인권자		

사업재편계획 이행 보

1. 주식등의 양도·양수 명세

⑩ 양도예정일					
⑫ 양도주주		⑬ 보유 주식수 (지분율)	⑭ 양도 주식수 (지분율)	⑮ 지배 주주 여부	⑯ 양수 주식수 (지분율)
주주명	생년월일 또는 사업자 등록번호				
❶		❶	❶	❶	❶
합계				╳	

❶ ⑫란에는 교환대상법인의 주식을 양수도계약에 의하여 양도하는 주주명을 적고, ⑬란은 양도주주가 보유한 교환대상법인의 총주식수를 적으며, ⑭란은 양수도계약에 의하여 양도하는 총주식수를 적고, ⑮란은 법인세법 시행령 제43조 제7항 및 제8항에 따른 양도대상법인의 지배주주등 및 특수관계가 있는 주주 여부를 적으며, ⑯란은 양수도계약에 의하여 양수하는 총주식수 및 지분율을 적는다.

2. 동일업종 영위 등 여부

㉑ 「조세특례제한법」 제121조의 30 제3항 제1호 해당여부		㉒ 「조세특례제한법」 제121조의 30 제3항 제2호 해당여부

「조세특례제한법 시행령」 제116조의 34 제11항에 따라 사업재편계

보

확

세무서장 귀하

보고서
교환)

② 사업자등록번호	
④ 법인등록번호	

(전화번호:)

⑦ 사업개시일자	

부터 년 월 일까지

고내용

⑪ 양도일					
⑰ 양수주주		⑱ 양수 주식수 (지분율)	⑲ 보유 주식수 (지분율)	⑳ 특수 관계 여부	
주주명	생년월일 또는 사업자 등록번호				
❷		❷	❷	❷	
합계					

❷ ⑰란은 법인양수도계약에 의하여 교환대상법인의 주식을 인수하는 양수주주명을 적고, ⑱란은 양수주식수를 적으며, ⑲란은 양수주주가 양수주식을 포함하여 보유한 교환대상법인의 총주식수를 적고, ⑳란은 양도대상법인 또는 주주와 양수주주 간의 법인세법 시행령 제87조 제1항에 따른 특수관계여부를 적는다.

	㉓「조세특례제한법」 제121조의 30 제3항 제3호 해당여부	

획이행보고서를 제출합니다.

년 월 일

고인 (서명 또는 인)

인자 (서명 또는 인)

■ 작성요령Ⅲ- 주식 등 양도·양수명세서

[별지 제40호의 3 서식] (2017. 3. 17. 개정)

주식등 양도 · 양수 명세서

사업연도 :

1. 교환대상법인

① 법인명		② 사업자등록번호	
③ 대표자성명		④ 생 년 월 일	
⑤ 본점소재지	(☎ :)		

2. 교환양수법인

⑥ 법인명		⑦ 사업자등록번호	
⑧ 대표자성명		⑨ 생 년 월 일	
⑩ 본점소재지	(☎ :)		

3. 주식양도 · 양수명세

양도자				양수자	
⑪ 보유주식수 (지분율)	⑫ 양도일자	⑬ 양도주식수 (지분율)	⑭ 지배주주등 해당여부	⑮ 양수주식수 (지분율)	⑯ 특수관계여부

「조세특례제한법 시행령」([ ] 제43조 제12항, [ ] 제116조의 34 제12항)에 따라 주식등 양도 · 양수 명세서를 제출합니다.

년 월 일

제출인 (서명 또는 인)

세무서장 귀하

■ 작성요령Ⅳ - 과세이연신청서

[별지 제40호의 4 서식] (2017. 3. 17. 개정)

과 세 이 연 신 청 서

접수번호	접수일	처리기간 즉시

신청인				
신청인	① 법인명		② 사업자등록번호	
	③ 대표자 성명		④ 법인등록번호	
	⑤ 사업장(본점) 소재지		(전화번호:)	
	⑥ 업종		⑦ 사업개시일자	
	⑧ 사업연도	년 월 일부터 년 월 일까지		

주식 양도·양수 내용	양도명세				양수명세		
	⑨ 양도 일자	⑩ 양도 주식수	⑪ 양도주식 주당 장부가액	⑫ 합계 (⑩×⑪)	⑬ 양수 주식수	⑭ 양수주식 주당가액	⑮ 합계 (⑬×⑭)

과세이연 신청내용	⑯ 과세이연금액(⑮-⑫)	⑰ 과세이연 세액(⑯×세율)

「조세특례제한법 시행령」 [ ] 제43조 제12항 / [ ] 제73조 제6항 / [ ] 제116조의 34 제12항 에 따라 과세이연신청서를 제출합니다.

년 월 일

신청인 제출자 (서명 또는 인)

확인자 (서명 또는 인)

세무서장 귀하

7. 합병에 따른 중복자산의 양도에 대한 과세특례

■ 작성요령 I – 사업재편계획서(합병에 따른 중복자산의 양도)

[별지 제70호의 19 서식] (2022. 3. 18. 개정)

사업재편계획서
(합병에 따른 중복자산의 양도)

1. 합병법인 인적사항

법인명		사업자등록번호	
대표자 성명		법인등록번호	
사업장(본점) 소재지			
업종		사업개시일	
사업연도	년 월 일부터 년 월 일까지		
사업재편계획승인권자			
합병등기일			

2. 중복자산 양도 계획

종류	소재지(부동산)	면적(㎡)·수량(개)	양도	
			예정일	예정금액

「조세특례제한법 시행령」 제116조의 35 제9항에 따라 사업재편계획서를 제출합니다.

년 월 일

제출인 (서명 또는 인)

확인자 (서명 또는 인)

세무서장 귀하

■ 작성요령 Ⅱ - 사업재편계획이행보고서(합병에 따른 중복자산의 양도)

[별지 제70호의 20 서식] (2022. 3. 18. 개정)

사업재편계획이행보고서
(합병에 따른 중복자산의 양도)

1. 합병법인 인적사항

법인명		사업자등록번호	
대표자 성명		법인등록번호	
사업장(본점) 소재지			
업종		사업개시일	
사업연도	년 월 일부터 년 월 일까지		
사업재편계획승인권자			
합병등기일			

2. 중복자산 양도내역

종류	소재지(부동산)	면적(㎡)·수량(개)	양도	
			양도일	양도금액

「조세특례제한법 시행령」 제116조의 35 제9항에 따라 사업재편계획이행보고서를 제출합니다.

년 월 일

제출인 (서명 또는 인)

확인자 (서명 또는 인)

세무서장 귀하

■ 작성요령 Ⅲ - 양도차익명세 및 분할익금산입조정명세서

[별지 제12호의 2 서식] (2024. 3. 22. 개정)

사업연도	. . . ~ . . .	양도차익명세 및 분할

1. 대상법인

① 법 인 명		② 사업자등록번호
③ 대표자 성명		④ 업
⑤ 본점 소재지		

2. 양도자산내역

⑥ 자산명	⑦ 자 산 소재지	⑧ 면 적(㎡) 수 량(개)	⑨ 양도일자	⑩ 양도가액
❷				

❷「⑥ 자산명」란은 사업에 직접 사용되는 유형・무형고정자산을 적는다.

3. 익금불산입 및 분할익금산입 조정

익금불산입		분 할 익 금 산 입					
⑭ 사 업 연 도	⑮ 금 액	1차 연도		2차 연도		3차 연도	
		⑯연도	⑰금액	⑱연도	⑲금액	⑳연도	㉑금
	❺						

❺「⑮ 익금불산입금액」란은 합병에 따른 중복자산의 양도에 대한 과세특례의 경우 다음 산식에 따라 계산한 금액을 적는다.
(⑫ 양도차익 - ⑬ 이월결손금)

「조세특례제한법 시행령」
[ ]제30조 제11항
[ ]제43조의 4 제7항
[ ]제44조의 4 제7항
[ ]제79조의 3 제8항
[ ]제79조의 6 제6항
[ ]제79조의 8 제8항
[ ]제79조의 9 제8항
[ ]제79조의 10 제9항
[ ]제104조의 16 제6항
[ ]제116조의 35 제10항
[ ]제116조의 37 제8항
에 따리
를 제출

제

세무서장 귀하

※ 자산양도계약서사본 1부는 제출하지 않고 해당 법인이 보관해야 합니

명세 및 분할익금산입조정명세서

사업자등록번호	
업　　종	❶

❶ 「④ 업종」란은 전환사업의 업종으로서 조세특례제한법 제6조 제3항에 따른 업종을 적는다.

(전화번호 :　　　　　)

⑩ 양도가액	⑪ 취득가액	⑫ 양도차익 (⑩-⑪)	⑬ 이월 결손금
	❸		❹

❸ 「⑪ 취득가액」란은 장부가액을 적는다.

❹ 「⑬ 이월결손금」란은 법인세법 제13조 제1항 제1호에 따른 이월결손금을 적는다.

할 익 금 산 입 (계 획)

3차 연도		4차 연도		5차 연도	
⑳연도	㉑금액	㉒연도	㉓금액	㉔연도	㉕금액

항
항
항
항
항　에 따라 양도차익명세 및 분할익금산입조정명세서
항　를 제출합니다.
9항
제6항
제10항
제8항

년　　월　　일

제출인 :　　　　　　　　(서명 또는 인)

보관해야 합니다.

세무조정 체크리스트

2. 금융채무 상환 및 투자를 위한 자산매각에 대한 과세특례

검 토 사 항	확인
1. 과세특례 적용 대상 여부 확인 -사업재편계획에 자산 양도를 통한 채무의 상환 및 자산의 투자 계획 등 포함 여부 -금융채권자채무 해당 여부 -채무의 상환기한 확인	
2. 과세특례대상 양도차익 상당액 등 계산의 정확성 검토	
3. 사후관리 해당 요건 발생 여부 확인 -사업재편계획에 따른 채무 미상환 또는 자산 미투자 여부 -부채비율의 증가 여부 -투자 자산의 처분 여부 -해당 사업 폐업·해산 여부 -사업재편계획의 승인 취소 여부	
4. 사업재편계획서 등 관련서류 확인	

3. 채무의 인수·변제에 대한 과세특례

검 토 사 항	확인
1. 과세특례 적용 대상 여부 확인 -사업재편계획에 주주 등의 채무인수·변제 계획 등 포함 여부 -금융채권자채무 해당 여부 -내국법인의 지배주주 등, 특수관계인 해당 여부	
2. 과세특례대상 채무감소액 등 계산의 정확성 검토	
3. 사후관리 해당 요건 발생 여부 확인 -부채비율의 증가 여부 -해당 사업 폐업·해산 여부 -지배주주 등의 소유 주식 등 양도 여부 -사업재편계획의 승인 취소 여부	
4. 사업재편계획서 등 관련서류 확인	

■4. 주주 등의 자산양도에 관한 법인세 등 과세특례

검 토 사 항	확인
1. 과세특례 적용 대상 여부 확인 –사업재편계획에 주주 등의 자산양도 또는 자산증여 계획 등 포함 여부 –주주 등의 자산증여 및 법인의 채무상환 여부 –금융채권자채무 해당 여부 –채무의 상환기한 확인	
2. 과세특례대상 자산수증익·양도차익 상당액 등 계산의 정확성 검토	
3. 사후관리 해당 요건 발생 여부 확인 –채무 미상환 여부 –부채비율의 증가 여부 –해당 사업 폐업·해산 여부 –사업재편계획의 승인 취소 여부	
4. 사업재편계획서 등 관련서류 확인	

■5. 사업재편계획에 따른 기업의 채무면제익에 대한 과세특례

검 토 사 항	확인
1. 과세특례 적용 대상 여부 확인 –사업재편계획에 채무면제의 내용 등 포함 여부 –금융채권자로부터 채무의 일부 면제 여부	
2. 과세특례대상 채무면제익 등 계산의 정확성 검토	
3. 사후관리 해당 요건 발생 여부 확인 –해당 사업 폐업·해산 여부 –사업재편계획의 승인 취소 여부	
4. 사업재편계획서 등 관련서류 확인	

■ 6. 기업 간 주식 등의 교환에 대한 과세특례

검 토 사 항	확인
1. 과세특례 적용 대상 여부 확인 －사업재편계획에 주식 양도·양수계획 등 포함 여부 －지배주주 등 간 보유비율에 따른 주식 배분 여부	
2. 과세특례대상 주식 양도차익 등 계산의 정확성 검토	
3. 사후관리 해당 요건 발생 여부 확인 －교환대상법인이 속하였던 기업집단에 동일 업종 경영법인 귀속 여부 －지배주주 등의 교환 대상법인 주식 보유 여부 －사업재편계획의 승인 취소 여부	
4. 사업재편계획서 등 관련서류 확인	

■ 7. 합병에 따른 중복자산의 양도에 대한 과세특례

검 토 사 항	확인
1. 과세특례 적용 대상 여부 확인 －사업재편계획에 합병당사법인 간 합병계획 등 포함 여부 －중복자산 해당 여부	
2. 과세특례대상 중복자산 양도차익 등 계산의 정확성 검토	
3. 사후관리 해당 요건 발생 여부 확인 －해당 사업 폐업·해산 여부 －사업재편계획의 승인 취소 여부	
4. 사업재편계획서 등 관련서류 확인	

기타 기업구조조정

관련 법령	
	1. 사업전환 통상변화대응지원기업의 양도차익에 대한 법인세 과세특례 • 조특법 §33 • 조특령 §30 2. 공장의 대도시 밖 이전에 따른 양도차익에 대한 법인세 과세특례 • 조특법 §60 • 조특령 §54, §56 • 조특칙 §22, §23 3. 법인 본사를 수도권 과밀억제권역 밖으로 이전하는 데 따른 양도차익에 대한 법인세 과세특례 • 조특법 §61 • 조특령 §57 4. 수도권 밖으로 공장을 이전하는 데 따른 양도차익에 대한 법인세 과세특례 • 조특법 §63 • 조특령 §54, §60 • 조특칙 §22 5. 수도권 밖으로 본사를 이전하는 데 따른 양도차익에 대한 법인세 과세특례 • 조특법 §63의 2 • 조특령 §60의 2 6. 행정중심복합도시 · 혁신도시 개발예정지구 내 공장의 지방 이전에 따른 양도차익에 대한 법인세 과세특례 • 조특법 §85의 2 • 조특령 §79의 3 • 조특칙 §32의 2 7. 공익사업을 위한 수용 등에 따른 공장 이전하는 데 따른 양도차익에 대한 법인세 과세특례 • 조특법 §85의 7 • 조특령 §79의 8 • 조특칙 §32의 2 8. 기회발전특구로 이전하는 기업의 양도차익에 대한 법인세 과세특례 • 조특법 §121의 34 • 조특령 §116의 37

최근 주요 개정 내용

• 기회발전특구로 이전하는 기업의 양도차익에 대한 법인세 과세특례 신설(조특법 §121의 34 및 조특령 §116의 37)

종 전	현 행
〈신 설〉	□ 수도권 기업의 기회발전특구* 내 부동산대체 취득 시 과세특례 * 인구감소지역 · 접경지역이 아닌 수도권과밀억제권역 제외 ○ (요건) ① & ② & ③ ① 3년 이상(중소기업 2년) 사업 영위 ② 수도권 내 사업용 부동산*을 2026. 12. 31.까지 양도 * 본사, 공장, 기업부설연구소, 데이터센터 ③ 기회발전특구 내 사업용 부동산 대체취득* * ㉠ 기회발전특구 내 사업용 부동산을 취득하여 사업 개시한 날부터 2년 내 수도권 내 사업용 부동산 양도하거나 ㉡ 수도권 내 사업용 부동산을 양도한 날부터 3년 내 기회발전특구 내 사업용 부동산을 취득하여 사업 개시 ○ (과세특례) 기회발전특구 내 사업용 부동산 처분시까지 과세이연 – 과세이연 대상 양도차익상당액의 계산방법 $\text{양도차익 상당액} = \text{양도차익*} \times \dfrac{\text{특구 내 사업용부동산 취득가액}}{\text{수도권 사업용 부동산 양도가액}}$ * 단, 법인의 경우 양도차익에서 이월결손금을 차감

➡ 개정일자 : ㊊ 2023. 12. 31.

적용시기 : 2024년 1월 1일 이후 수도권에 있는 종전사업용부동산을 양도하는 경우부터 적용

관련 서식	• 조세특례제한법 시행규칙 1. 사업전환 통상변화대응지원기업의 양도차익에 대한 법인세 과세특례 [별지 제12호의 2 서식] 양도차익명세 및 분할익금산입조정명세서 [별지 제12호의 3 서식] 사업전환(예정)명세서 [별지 제12호의 5 서식] 사업전환완료보고서 2. 공장의 대도시 밖 이전에 따른 양도차익에 대한 법인세 과세특례 ~ 5. 수도권 밖으로 본사를 이전하는 데 따른 양도차익에 대한 법인세 과세특례 [별지 제15호 서식] 이전완료보고서 [별지 제16호 서식] 이전계획서 [별지 제45호 서식] 본사처분대금사용(계획서/명세서) [별지 제45호의 2 서식] 토지 등 양도차익명세서 6. 행정중심복합도시·혁신도시 개발예정지구 내 공장의 지방 이전에 따른 양도차익에 대한 법인세 과세특례 ~ 8. 기회발전특구로 이전하는 기업의 양도차익에 대한 법인세 과세특례 [별지 제12호의 2 서식] 양도차익명세 및 분할익금산입조정명세서 [별지 제15호 서식] 이전완료보고서 [별지 제15호의 2 서식] 이전(예정)명세서

제6절

기타 기업구조조정

6

Step I 내용의 이해

1. 사업전환 통상변화대응지원기업의 양도차익에 대한 법인세 과세특례

1-1. 적용대상

자유무역협정 체결에 따른 통상환경변화 대응 및 지원 등에 관한 법률 제6조에 따른 통상변화대응지원기업(이하 "통상변화대응지원기업"이라 함)이 경영하던 사업(이하 "전환전사업"이라 함)을 광업, 제조업, 건설업 등 전환사업(조특법 §6 ③)으로 전환하기 위하여 해당 전환전사업에 직접 사용하는 유·무형의 고정자산(이하 "전환전 사업용 고정자산"이라 함)을 2023년 12월 31일까지 양도하고 양도일부터 1년 이내에 전환사업에 직접 사용할 사업용 고정자산을 취득하는 경우 전환전 사업용 고정자산을 양도함에 따라 발생하는 양도차익에 대해서는 법 소정의 금액을 분할 익금산입할 수 있다(조특법 §33 ① 및 조특령 §30 ②).

전환사업의 업종은 한국표준산업분류에 따른 세세분류에 따라 분류하며, 구체적인 업종은 '제4편 제3장 제1절 세액감면' 중 창업중소기업 등에 대한 세액감면을 참고하기 바란다(조특령 §30 ⑩).

1-2. 과세특례내용

다음의 산식에 의하여 계산된 과세특례금액을 양도일이 속하는 사업연도의 소득금액계산에 있어서 익금에 산입하지 아니할 수 있다. 이 경우 당해 금액은 양도일이 속하는 사업연도 종료일 이후 3년이 되는 날이 속하는 사업연도부터 3개 사업연도의 기간 동안 균분한 금액 이상을 산입하여야 한다(조특법 §33 ① 및 조특령 §30 ④).

$$\left(\text{전환전 사업용 고정자산의 양도가액} - \text{장부가액} - \text{이월결손금}^{(*)}\right) \times \frac{\text{전환사업용 고정자산의 취득가액}}{\text{전환전 사업용 고정자산의 양도가액}}$$

(*) 직전 사업연도 종료일 현재 법인세법 제13조 제1항 제1호의 규정에 따른 이월결손금

한편, 전환전 사업용 고정자산의 양도일이 속하는 사업연도 종료일까지 전환사업용 고정자산을 취득하지 아니한 경우 당해 취득가액은 사업전환(예정)명세서상의 예정가액으로 한다(조특령 §30 ⑦).

1-3. 사후관리

과세특례를 적용받은 내국법인이 사업전환을 하지 아니하거나 전환사업 개시일부터 3년 이내에 해당 사업을 폐업하거나 해산한 경우에는 그 사유가 발생한 날이 속하는 사업연도의 소득금액을 계산할 때 '과세특례금액 중 익금에 산입하지 않은 금액 전액'을 익금에 산입하여야 한다. 한편, 예정가액에 따라 계산된 과세특례금액이 실제가액 기준의 과세특례금액을 초과하는 경우 그 초과하여 과세특례를 적용받은 금액에 대하여도 동일하게 익금산입하여야 한다(조특법 §33 ③ 및 조특령 §30 ⑧ 1호, 4호).

상기의 익금산입 사유가 발생하여 익금산입하는 경우, 아래의 산식에 의하여 계산된 이자상당가산액을 가산하여 법인세로 납부하여야 한다(조특법 §33 ③ 및 조특령 §30 ⑨ 1호).

$$\text{이자상당가산액} = \text{법인세액의 차액}^{(*1)} \times \text{기간}^{(*2)} \times \frac{22}{100{,}000}$$

(*1) 양도차익을 익금에 산입하지 아니한 사업연도에 당해 양도차익을 익금에 산입하지 아니함에 따라 발생한 법인세액의 차액

(*2) 양도차익을 익금에 산입하지 아니한 사업연도 종료일의 다음 날부터 당해 양도차익을 익금에 산입하는 사업연도의 종료일까지의 기간

1-4. 과세특례의 신청

내국법인은 전환전 사업용 고정자산의 양도일이 속하는 사업연도의 과세표준신고와 함께 양도차익명세 및 분할익금산입조정명세서 [조특칙 별지 제12호의 2 서식]과 사업전환(예정)명세서 [조특칙 별지 제12호의 3 서식]을 제출하여야 한다(조특령 §30 ⑪ 및 조특칙 §61 ① 13호의 2, 13호의 3).

또한, 사업전환(예정)명세서상의 예정가액으로 과세특례를 적용받은 후 전환사업을 개시한 때에는 그 사업개시일이 속하는 사업연도의 과세표준신고와 함께 사업전환완료보고서 [조특칙

별지 제12호의 5 서식]을 납세지 관할 세무서장에게 제출하여야 한다(조특령 §30 ⑬ 및 조특칙 §61 ① 13호의 5).

2. 공장의 대도시 밖 이전에 따른 양도차익에 대한 법인세 과세특례

2-1. 적용대상

2-1-1. 개 요

대도시안에서 공장시설을 갖추고 사업을 하는 내국법인이 대도시에 있는 공장을 대도시 밖(이하 "지방"이라 함)으로 이전(수도권 밖에 있는 공장을 수도권으로 이전하는 경우는 제외함)하기 위하여 해당 공장의 대지와 건물을 2025년 12월 31일까지 양도하는 경우 법 소정의 양도차익 상당액을 분할익금산입할 수 있다(조특법 §60 ②).

2-1-2. 대도시의 범위

'대도시'라 함은 다음의 어느 하나에 해당하는 지역을 말한다(조특법 §60 ②, ⑤ 및 조특령 §56 ②).

① 수도권정비계획법 제6조 제1항 제1호에 따른 수도권 과밀억제권역(조특법 §2 ① 10호)

:: 수도권정비계획법 시행령 【별표 1】 과밀억제권역

서울특별시, 인천광역시[강화군, 옹진군, 서구 대곡동 · 불로동 · 마전동 · 금곡동 · 오류동 · 왕길동 · 당하동 · 원당동, 인천경제자유구역(경제자유구역에서 해제된 지역을 포함) 및 남동 국가산업단지는 제외함], 의정부시, 구리시, 남양주시(호평동, 평내동, 금곡동, 일패동, 이패동, 삼패동, 가운동, 수석동, 지금동 및 도농동만 해당함), 하남시, 고양시, 수원시, 성남시, 안양시, 부천시, 광명시, 과천시, 의왕시, 군포시, 시흥시[반월특수지역(반월특수지역에서 해제된 지역 포함)은 제외함]

② 수도권과밀억제권역 외의 지역으로서 부산광역시(기장군을 제외함), 대구광역시(달성군 및 군위군을 제외함), 광주광역시, 대전광역시 및 울산광역시의 관할구역. 다만, 해당 지역에 위치한 산업입지 및 개발에 관한 법률에 따른 산업단지는 제외하되, 산업단지로 지정되기 전부터 해당 지역에서 공장시설을 갖추고 사업을 하는 내국법인이 그 공장을 지방으로 이전하기 위하여 해당 공장의 대지와 건물을 양도하는 경우에는 해당 지역을 대도시로 봄.

2-1-3. 공장의 범위

'공장'이란 각각 제조장 또는 자동차정비공장(자동차관리법 시행규칙 제131조의 규정에 의한 자동차종합정비업 또는 소형자동차정비업의 사업장을 말함)으로서 제조 또는 사업단위로 독립된 것을 말한다(조특령 §54 ① 및 조특칙 §22).

여기서 "제조 또는 사업단위로 독립된 것"이라 함은 동일부지 내에 원재료 투입공정으로부터 제품생산공정까지 일관된 작업을 할 수 있는 제조설비를 갖춘 장소(생산에 직접 공여되는 공장구내 창고, 사무실, 종업원을 위한 기숙사, 식당 및 사내훈련시설 등을 포함함)와 그 부속토지로 한다(조특통 60-54…1 ①).

한편, 두 가지 이상의 제품(제조공정이 서로 무관한 제품에 한함)을 생산하는 내국인이 동일부지 내에 각 제품별로 제조설비 및 공장건물을 별도로 설치하고 있는 경우에는 각 제품별 제조설비를 갖춘 장소와 그 부속토지를 각각 독립된 제조장단위로 한다. 이 경우 부속토지 중 각 제품의 생산에 공통적으로 사용됨으로써 구분할 수 없는 경우에는 각 제품의 생산에 직접적으로 사용되는 토지의 면적에 비례하여 계산된 각각의 면적을 각 제품제조설비의 부속토지로 한다(조특통 60-54…1 ②).

2-1-4. 과세특례에서 제외되는 경우

다음의 어느 하나에 해당하는 경우에는 공장의 대도시 밖 이전에 대한 법인세의 과세특례를 적용하지 아니한다(조특통 60-0…1).

① 휴업 중이던 공장을 지방으로 이전하는 경우
② 타인에게 임대하던 공장을 지방으로 이전하는 경우
③ 이전 전의 대도시공장을 양도하기 전에 이전 후의 지방공장을 양도 또는 임대한 경우
④ 이전 전의 공장건물을 철거하고 그 부지위에 건물을 신축하여 양도하는 경우
⑤ 이전 후 공장의 사업이 이전 전 공장의 사업과 다른 경우. 다만, 한국표준산업분류상의 세분류가 동일한 경우를 제외함.
⑥ 이전 후 이전 전의 대도시공장을 증·개축하여 임대하다 양도하는 경우

2-2. 과세특례 요건

2-2-1. 후양도 또는 후이전의 시한 요건

공장의 대도시 밖 이전에 대한 법인세 과세특례를 적용받기 위하여 대도시공장을 지방으로 이전하는 방법은 크게 선이전 후양도의 경우와 선양도 후이전의 경우로 구분할 수 있으며, 다음의 요건을 갖추어야 한다(조특령 §56 ①).

구 분	시 한
① 선이전 후양도	지방으로 공장을 이전하여 사업을 개시한 날(*1)로부터 2년 이내에 대도시 공장을 양도(*2)할 것
② 선양도 후이전	대도시공장을 양도한 날부터 1년 이내에 지방에서 기존공장을 취득하여 사업을 개시하거나 대도시공장을 양도한 날부터 3년 이내에 지방공장을 준공(*3)하여 사업을 개시할 것

(*1) '사업을 개시한 날'이란 신공장시설을 이용하여 정상상품을 판매할 수 있는 완성품제조를 개시한 날을 말한다(조특통 60-56…1).

(*2) 공장을 양도하는 경우에는 공장용도 외의 다른 용도로 일시 사용 후 양도하는 경우를 포함한다(조특통 60-56…3).

(*3) '준공'이라 함은 사용의 허가·인가 또는 검사 등의 완료와 관계없이 공장건설과 기계장치를 완비하여 사실상 사업의 목적에 공할 수 있는 상태에 있게 된 날을 말하는 것이나, 그 시기를 판단하기 어려운 때에는 사용의 허가, 인가 또는 검사일을 준공일로 본다(조특통 60-56…2).

2-2-2. 공장입지기준면적 요건

대도시공장 또는 지방공장의 대지가 공장입지기준면적을 초과하는 경우 그 초과하는 부분에 대하여는 공장의 대도시 밖 이전에 대한 법인세 과세특례를 적용하지 아니한다(조특령 §56 ①).

이 때 공장입지기준면적이라 함은 다음의 구분에 따른 면적을 말한다(조특칙 §23).

구 분	공장입지기준면적
제조공장	지방세법 시행규칙 [별표 3]에 따른 공장입지기준면적
자동차정비공장	Max(①, ②) ① 건축물의 바닥면적(시설물의 경우에는 그 수평투영면적)에 지방세법 시행령 제101조 제2항에 따른 용도지역별 적용배율을 곱하여 산정한 면적 ② 당해 사업의 등록 당시 관계법령에 의한 최소기준면적의 1.5배에 해당하는 면적

2-2-3. 동일업종 영위 요건

공장의 대도시 밖 이전에 대한 법인세 과세특례의 규정을 적용받으려는 내국법인은 한국표준산업분류상의 세분류를 기준으로 이전 전의 공장에서 영위하던 업종과 이전 후의 공장에서 영위하는 업종이 동일하여야 한다(조특법 §60 ③ 및 조특령 §54 ②).

2-3. 과세특례 내용

(1) 개 요

지방이전을 위해 대도시공장을 양도한 경우 다음의 산식에 의하여 계산된 과세특례금액을 익금에 산입하지 아니할 수 있다. 이 경우 해당 금액은 양도일이 속하는 사업연도의 종료일 이후 5년이 되는 날이 속하는 사업연도부터 5개 사업연도의 기간 동안 균분한 금액 이상을 익금에 산입하여야 한다(조특법 §60 ② 및 조특령 §56 ③).

> 과세특례금액 =[(가)-(나)] × (다)
> (가) 대도시공장의 양도가액에서 당해 공장의 장부가액을 차감한 금액
> (나) 양도일이 속하는 사업연도의 직전 사업연도 종료일 현재 법인세법 제13조 제1항 제1호의 규정에 의한 이월결손금
>
> $$(다)\ \frac{\text{공장시설의 이전비용과 이전한 공장건물 및 부속토지와 기계장치의 취득·개체·증축 및 증설에 소요된 금액의 합계액}^{(*)}}{\text{대도시공장의 양도가액}}$$
>
> 이 경우 '(다)'의 비율은 100%를 한도로 한다.

(*) 선양도 후이전하는 방법에 따라 지방으로 이전하는 경우에는 사업개시일까지 공장시설의 이전비용과 공장건물 및 그 부속토지와 기계장치의 취득·개체·증축 및 증설에 소요된 금액을 알 수 없으므로 이전계획서 [조특칙 별지 제16호 서식]상의 예정가액에 의하여 과세특례금액을 계산한다(조특령 §56 ④).

(2) 공장 장부가액의 범위

상기 산식 (가)에서 '공장의 장부가액'이라 함은 당해 사업연도의 감가상각을 한 후의 장부가액으로서 취득가액과 자본적지출의 합계액에서 감가상각누계액을 차감한 금액을 말한다. 이 경우 감가상각누계액에는 공사부담금, 보험차익 또는 국고보조금으로 취득한 고정자산의 일시상각충당금을 포함하는 것으로 한다(조특통 60-56…4).

> 공장 장부가액 = 취득가액 + 자본적지출 - 감가상각누계액

(3) 지방공장가액의 범위

상기 산식 (다)에서 '이전한 공장건물 및 그 부속토지와 기계장치의 가액(이하 "지방공장의 가액"이라 함)'에는 다음 각각의 금액을 포함한다(조특통 60-56…5).

구 분	지방공장가액 포함금액
① 선이전 후양도	대도시안의 구공장을 여러 개의 지방공장으로 분할이전하여 사업을 개시하고 대도시공장을 양도한 경우에는 그 지방공장 중 대도시공장 양도일로부터 소급하여 2년 이내에 이전하여 사업을 개시한 모든 지방공장의 가액
② 선양도 후이전	대도시안의 구공장을 양도한 후 여러 개의 지방공장으로 분할이전하여 사업을 개시한 경우에는 그 지방공장 중 대도시공장을 양도한 날부터 선양도 후이전의 시한(기존 공장취득의 경우 1년, 공장준공의 경우 3년) 이내에 이전하여 사업을 개시한 모든 지방공장의 가액

구 분	지방공장가액 포함금액
③ 선이전 후양도, 선양도 후이전	대도시공장을 여러 개의 지방공장으로 이전하되 일부 지방공장은 대도시공장 양도 전에 취득 또는 준공하여 사업을 개시하고 나머지 지방공장은 대도시공장 양도 후 취득 또는 준공하여 사업을 개시한 경우에는 대도시공장 양도일로부터 소급하여 2년 이내에 취득 또는 준공하여 사업을 개시한 지방공장의 가액과 대도시공장 양도일로부터 선양도 후이전의 시한(기존 공장취득의 경우 1년, 공장 준공의 경우 3년) 이내에 취득 또는 준공하여 사업을 개시한 지방공장의 가액을 합하여 계산한 금액

(4) 증설의 범위

상기 산식 (다)의 '증설'에는 기존설비를 생산능력이 큰 설비로 개체하거나 생산능력이 현저히 증가되도록 기존설비를 확장하는 것을 포함하고 원상의 회복을 위한 부품의 개체는 제외한다(조특통 60-56…6).

관련사례

• 임차보증금의 공장시설이전비용 포함 여부

공장의 지방이전 임차보증금은 "공장시설의 이전비용과 이전한 공장건물 및 그 부속토지와 기계장치의 취득·개체·증축 및 증설에 소요된 금액"에 포함하지 아니하는 것임(서면2팀-573, 2006. 4. 3.).

• 공장 일부 임대시 과세이연 적용대상 양도차익 계산

조세특례제한법 제60조의 구공장 양도차익을 계산함에 있어서 건물의 일부만 임대한 경우에는 그 부속토지를 함께 임대한 것으로 보아 임대공장연면적이 공장전체연면적에서 차지하는 비율에 상당하는 양도차익상당액을 재계산하는 것임(서면2팀-216, 2006. 1. 25.).

• 2개 사업연도에 걸쳐 공장을 분할양도하는 경우 과세이연액 계산

"2개 사업연도에 걸쳐 당해 공장의 대지와 건물을 분할양도"하는 경우 선양도분은 당해 사업연도 공장 양도가액으로 익금불산입액을 계산하고, 이후 양도분은 공장 전체의 양도가액으로 계산한 금액에서 선양도분에 대한 익금불산입액을 차감한 금액에 대해 과세특례를 적용하는 것이며, 예정가액에 의하여 계산한 익금불산입액이 실지사용금액에 의해 계산한 익금불산입액을 초과하는 경우 동 초과금액을 익금산입하고 이에 대한 이자상당가산액을 법인세로 납부하는 것임(서이 46012-12050, 2003. 11. 28.).

• 과세이연을 적용받은 재평가차액의 과세특례 적용 여부

법인이 법인세법 제39조의 규정에 의하여 재평가차액을 손금에 산입하여 과세이연을 적용받은 대도시공장의 대지를 당해 공장을 지방으로 이전하기 위하여 양도하는 경우 그 손금에 산입한 재평가차액에 대하여는 조세특례제한법 제60조 제2항의 규정을 적용받을 수 없는 것이며 구법인세법 시행령 제67조 제2항의 규정에 의하여 당해 자산을 처분하는 사업연도에 이를 전액 익금에 산입하는 것임(제도 46012-12486, 2001. 7. 30.).

2-4. 사후관리

2-4-1. 일시환입

과세특례를 적용받은 내국법인이 과세특례금액 전액을 익금에 산입하기 전에 다음의 사유에 해당하는 경우에는 그 사유가 발생한 날이 속하는 사업연도의 소득금액계산에 있어서 각 사유에 해당하는 금액을 익금에 산입한다(조특법 §60 ④ 및 조특령 §56 ⑤, ⑥).

일시환입사유	일시환입액
① 선이전 후양도 또는 선양도 후이전 과세특례요건에 따라 지방공장을 취득하여 사업을 개시하지 아니한 경우	그 익금에 산입하지 아니한 금액
② 선양도 후이전의 경우로서 이전계획서상의 예정가액에 의하여 익금에 산입하지 아니한 금액이 실제 지방공장취득가액 등에 의하여 계산한 금액을 초과하는 경우	그 초과금액
③ 익금에 산입하지 아니한 금액을 전액 익금에 산입하기 전에 사업을 폐지 또는 해산한 경우	사업의 폐지 또는 해산 당시 익금에 산입하지 아니한 금액

2-4-2. 이자상당가산액의 납부

상기의 일시환입사유(합병 또는 분할 및 분할합병에 의하여 사업을 폐업 또는 해산하는 경우는 제외함)가 발생하여 익금산입하는 경우, 아래의 산식에 의하여 계산된 이자상당가산액을 가산하여 법인세로 납부하여야 한다(조특법 §60 ④ 및 조특령 §30 ⑨ 1호).

$$\text{이자상당가산액} = \text{법인세액의 차액}^{(*1)} \times \text{기간}^{(*2)} \times \frac{22}{100,000}$$

(*1) 양도차익을 익금에 산입하지 아니한 사업연도에 당해 양도차익을 익금에 산입하지 아니함에 따라 발생한 법인세액의 차액

(*2) 양도차익을 익금에 산입하지 아니한 사업연도 종료일의 다음날부터 당해 양도차익을 익금에 산입하는 사업연도의 종료일까지의 기간

2-5. 최저한세의 적용

공장의 대도시 밖 이전에 대한 법인세 과세특례는 최저한세 규정을 적용받아 그 특례범위가 제한된다(조특법 §132 ① 2호). 최저한세에 대한 자세한 내용은 '제4편 제5장 최저한세'편을 참고하기 바란다.

2-6. 토지 등 양도차익명세서 등의 제출

공장의 대도시 밖 이전에 대한 법인세 과세특례의 규정을 적용받고자 하는 내국법인은 대도시공장의 양도일이 속하는 사업연도의 과세표준신고와 함께 토지 등 양도차익명세서 [조특칙 별지 제45호의 2 서식]에 다음의 서류를 첨부하여 납세지 관할 세무서장에게 제출하여야 한다(조특법 §60 ⑥ 및 조특령 §56 ⑦ 및 조특칙 §61 ① 16호, 17호, 46호의 2).

구 분	첨부서류
① 선이전 후양도에 해당하는 경우	이전완료보고서 [조특칙 별지 제15호 서식]
② 선양도 후이전에 해당하는 경우	이전계획서 [조특칙 별지 제16호 서식], 사업개시일이 속하는 사업연도의 과세표준 신고시는 이전완료보고서 [조특칙 별지 제15호 서식]

3. 법인 본사를 수도권 과밀억제권역 밖으로 이전하는 데 따른 양도차익에 대한 법인세 과세특례

3-1. 적용대상

수도권 과밀억제권역에 본점이나 주사무소를 둔 내국법인이 본점이나 주사무소를 수도권 과밀억제권역 밖으로 이전하기 위하여 해당 본점 또는 주사무소의 대지와 건물을 2025년 12월 31일까지 양도하는 경우 법 소정의 양도차익 상당액을 분할익금산입할 수 있다(조특법 §61 ③).

이 경우 수도권 과밀억제권역이라 함은 수도권정비계획법 제6조 제1항 제1호에 따른 과밀억제권역을 말한다(조특법 §2 ① 10호).

3-2. 과세특례 요건

3-2-1. 후양도 또는 후이전의 시한 요건

본 법인세 과세특례의 규정을 적용받기 위하여 수도권 과밀억제권역 안의 본점 또는 주사무소를 수도권 과밀억제권역 밖으로 이전하는 방법은 크게 선이전 후양도의 경우와 선양도 후이전의 경우로 구분할 수 있으며, 다음의 요건을 갖추어야 한다(조특령 §57 ②).

구 분	시 한
① 선이전 후양도	수도권 과밀억제권역 외의 지역으로 수도권 과밀억제권역 안의 본점 또는 주사무소(이하 "수도권 과밀억제권역 내 본사"라 함)를 이전한 날[(*)]로부터 2년 이내에 수도권 과밀억제권역 내 본사의 대지와 건물을 양도할 것
② 선양도 후이전	수도권 과밀억제권역 내 본사의 대지와 건물을 양도한 날로부터 3년 이내에 수도권 과밀억제권역 외의 지역으로 본점 또는 주사무소를 이전할 것

(*) '수도권 과밀억제권역 외의 지역으로 수도권 과밀억제권역 안의 본점 또는 주사무소를 이전한 날'이라 함은 본점 또는 주사무소의 이전등기일로 한다. 다만, 이전등기일 이후에 실제로 이전한 경우에는 실제로 이전한 날로 한다(조특통 61-57…1).

3-2-2. 동일업종 영위 조건

본 법인세 과세특례를 적용받으려는 내국법인은 한국표준산업분류상의 세분류를 기준으로 이전 전의 본점 또는 주사무소에서 영위하던 업종과 이전 후의 본점 또는 주사무소에서 영위하는 업종이 같아야 한다(조특법 §61 ④ 및 조특령 §57 ⑫).

3-3. 과세특례 내용

수도권 과밀억제권역 내 본사의 대지와 건물을 수도권 과밀억제권역 밖으로 양도한 경우 다음의 산식에 의하여 계산된 과세특례금액을 익금에 산입하지 아니할 수 있다. 이 경우 해당 금액은 양도일이 속하는 사업연도의 종료일 이후 5년이 되는 날이 속하는 사업연도부터 5개 사업연도의 기간 동안 균분한 금액 이상을 익금에 산입하여야 한다(조특법 §61 ③ 및 조특령 §57 ④).

과세특례금액 = 〔(가)-(나)〕× (다)

(가) 수도권 과밀억제권역 내 본사의 양도가액에서 당해 자산의 장부가액[(*1)]을 차감한 금액

(나) 수도권 과밀억제권역 내 본사의 양도일이 속하는 사업연도의 직전 사업연도 종료일 현재 법인세법 제13조 제1항 제1호의 규정에 의한 이월결손금

(다) 수도권 과밀억제권역 내 본사의 양도가액에서 다음의 금액의 합계액[(*2)]이 차지하는 비율 (100%를 한도로 함)

㉠ 수도권 과밀억제권역 외의 지역에 소재하는 법인의 본사 또는 주사무소의 대지와 건물의 취득가액 또는 임차보증금(전세금 포함). 다만, 당해 건물 중 당해 법인이 직접 사용하지 아니하는 부분이 있는 경우에는 취득가액 또는 임차보증금에 당해 법인이 직접 사용하는 면적이 건물 연면적에서 차지하는 비율을 곱하여 계산한 금액으로 함.

㉡ 수도권 과밀억제권역 내 본사의 양도일부터 1년 이내에 수도권 과밀억제권역 외의 법인의 본사 또는 주사무소의 사업용 고정자산(위 '㉠'의 대지와 건물을 제외함)의 취득가액

㉢ 수도권 과밀억제권역 내 본사의 이전비용

(*1) "장부가액"이란 당해 과세연도의 감가상각을 한 후의 장부가액으로서 취득가액과 자본적지출의 합계액에서 감가상각누계액을 차감한 금액을 말하는 것으로, 이에 대한 보다 자세한 설명은 본 절 '2-3'의 '(2) 공장 장부가액의 범위'를 참고하기 바란다(조특통 60-56…4).

(*2) 선양도 후이전하는 방법에 따라 수도권 과밀억제권역 외 지역으로 이전하는 경우와 위 '㉡'의 경우에는 수도권 과밀억제권역 외의 법인의 본사 또는 주사무소의 사업용 고정자산의 취득가액 등을 알 수 없으므로 이전계획서 [조특칙 별지 제16호 서식] 또는 처분대금사용계획서 [조특칙 별지 제45호 서식]상의 예정가액에 의하여 과세특례금액을 계산한다(조특령 §57 ⑥).

한편, 수도권과밀억제권역 내 본사 건물의 일부를 해당 법인이 직접 업무용으로 사용하고, 나머지 일부를 다른 사람이 사용하는 경우에는 해당 건물의 연면적 중 해당 법인이 양도일

("선이전 후양도"의 경우에는 수도권과밀억제권역 내 본사를 이전한 날을 말함)부터 소급하여 2년 이상 업무용으로 직접 사용한 면적이 차지하는 비율에 따라 계산한 부분에 대하여 본 법인세 과세특례 규정을 적용한다(조특령 §57 ⑤).

3-4. 사후관리

3-4-1. 일시환입

과세특례를 적용받은 내국법인이 과세특례금액 전액을 익금에 산입하기 전에 다음의 사유에 해당하는 경우에는 그 사유가 발생한 날이 속하는 사업연도의 소득금액계산에 있어서 각 사유에 해당하는 금액을 익금에 산입한다(조특법 §61 ⑤ 및 조특령 §57 ⑦, ⑩).

일시환입사유	일시환입액
① 선이전 후양도 또는 선양도 후이전 과세특례요건에 따라 본점 또는 주사무소를 수도권 과밀억제권역 밖으로 이전한 경우에 해당하지 아니하는 경우 ② 수도권 과밀억제권역에 기준 이상(*1)의 사무소를 설치하는 경우	당해 사유발생일 현재 익금에 산입하지 아니한 금액
③ 수도권 과밀억제권역의 본사의 대지와 건물을 처분한 대금을 특정용도 외(*2)에 사용하거나 이전계획서 또는 처분대금사용계획서상의 예정가액에 의하여 익금에 산입하지 아니한 경우	익금에 산입하지 아니한 금액 - 재계산한 과세특례금액(조특령 §57 ④)
④ 익금에 산입하지 아니한 금액을 전액 익금에 산입하기 전에 사업을 폐업 또는 해산한 경우	사업의 폐업 또는 해산 당시 익금에 산입하지 아니한 금액

(*1) 수도권 과밀억제권역 밖으로 수도권 과밀억제권역내 본사를 이전한 날부터 3년이 되는 날이 속하는 과세연도가 지난 후 수도권 과밀억제권역 안의 사무소에서 본사업무에 종사하는 연평균 상시근무인원(해당 과세연도의 매월 말일 현재의 인원을 합하고 이를 해당 월수로 나누어 계산한 인원을 말함)이 본사업무에 종사하는 연평균 상시근무인원의 50% 이상인 경우를 말한다(조특령 §57 ⑧).

(*2) '특정용도 외'의 경우란 다음의 용도가 아닌 다른 용도로 사용한 경우를 말한다. 이 경우 아래의 '가'를 적용함에 있어서 수도권 과밀억제권역 외의 본사의 대지와 건물을 당해 법인이 직접 사용하지 아니하는 부분이 있는 때에는 그 부분은 이를 용도 외에 사용한 것으로 본다(조특령 §57 ⑨).

가. 과세특례사유 기한(조특령 §57 ②) 내에 수도권 과밀억제권역 외의 본사의 대지와 건물을 취득 또는 임차

나. 수도권 과밀억제권역 내 본사 양도일부터 1년 이내에 수도권 과밀억제권역 외의 본사의 사업용 고정자산(위 '가'에 따른 대지와 건물을 제외함)을 취득

3-4-2. 이자상당가산액의 납부

상기의 일시환입사유(합병 또는 분할 및 분할합병에 의하여 사업을 폐업 또는 해산하는 경우는 제외함)가 발생하여 익금산입하는 경우, 아래의 산식에 의하여 계산된 이자상당가산액을 가산하여 법인세로 납부하여야 한다(조특법 §61 ⑤ 및 조특령 §30 ⑨ 1호).

$$\text{이자상당가산액} = \text{법인세액의 차액}^{(*1)} \times \text{기간}^{(*2)} \times \frac{22}{100,000}$$

(*1) 양도차익을 익금에 산입하지 아니한 사업연도에 당해 양도차익을 익금에 산입하지 아니함에 따라 발생한 법인세액의 차액
(*2) 양도차익을 익금에 산입하지 아니한 사업연도 종료일의 다음날부터 당해 양도차익을 익금에 산입하는 사업연도의 종료일까지의 기간

3-5. 최저한세의 적용

법인본사의 수도권 과밀억제권역 밖 이전에 대한 법인세 과세특례는 최저한세 규정을 적용받아 그 특례범위가 제한된다(조특법 §132 ① 2호). 최저한세에 대한 자세한 내용은 '제4편 제5장 최저한세'편을 참고하기 바란다.

3-6. 토지 등 양도차익명세서 등의 제출

본 법인세 과세특례규정을 적용받고자 하는 내국법인은 수도권 과밀억제권역 내 본사의 양도일이 속하는 사업연도의 과세표준신고와 함께 토지 등 양도차익명세서 [조특칙 별지 제45호의 2 서식]에 다음의 서류를 첨부하여 납세지 관할 세무서장에게 제출하여야 한다(조특법 §61 ⑥ 및 조특령 §57 ⑪ 및 조특칙 §61 ① 16호, 17호, 46호, 46호의 2).

구 분	첨부서류
① 선이전 후양도	이전완료보고서 [조특칙 별지 제15호 서식] 및 처분대금사용계획서 [조특칙 별지 제45호 서식]. 이 경우 조세특례제한법 시행령 제57조 제4항 제3호 나목 또는 제9항 제2호의 규정에 의하여 사업용 고정자산을 취득한 때에는 그 취득일이 속하는 사업연도의 과세표준신고와 함께 처분대금사용명세서 [조특칙 별지 제45호 서식]을 제출하여야 한다.
② 선양도 후이전	이전계획서 [조특칙 별지 제16호 서식] 및 처분대금사용계획서 [조특칙 별지 제45호 서식]. 이 경우 수도권 과밀억제권역 외의 지역으로 본점 또는 주사무소를 이전한 때에는 이전일이 속하는 과세연도의 과세표준신고와 함께 이전완료보고서 [조특칙 별지 제15호 서식] 및 처분대금사용명세서 [조특칙 별지 제45호 서식]을 제출하여야 한다.

4. 수도권 밖으로 공장을 이전하는 데 따른 양도차익에 대한 법인세 과세특례

4-1. 적용대상자

4-1-1. 개 요

부동산업, 건설업, 소비성서비스업, 무점포판매업 및 해운중개업을 경영하지 아니하는 법인(혁신도시 조성 및 발전에 관한 특별법 제2조 제2호의 "이전공공기관"이 경영하는 경우는 예외로 함)으로서 다음의 요건을 모두 갖춘 내국인(이하 "공장이전기업"이라 함) 중 법인(이하 "공장이전법인")이 공장을 수도권 밖으로 이전하여 2025년 12월 31일(공장을 신축하는 경우로서 공장의 부지를 2025년 12월 31일까지 보유하고 2025년 12월 31일이 속하는 과세연도의 과세표준 신고를 할 때 이전계획서를 제출하는 경우에는 2028년 12월 31일)까지 사업을 개시하는 경우에는 수도권과밀억제권역에 있는 공장을 양도함으로써 발생한 법 소정의 양도차익 상당액을 분할익금산입할 수 있다(조특법 §63 ①, ④). 한편, 공장의 지방이전법인은 이전 이후 발생하는 소득에 대하여 법인세 감면도 적용받을 수 있는바, 이에 대한 구체적인 내용은 "제4편 제3장 제1절 세액감면"을 참고하기로 한다.

① 수도권과밀억제권역에 3년(중소기업은 2년) 이상 계속하여 공장시설을 갖추고 사업을 한 기업일 것
② 공장시설의 전부를 수도권(중소기업은 수도권과밀억제권역) 밖으로 이전할 것
③ 중소기업이 아닌 기업이 광역시로 이전하는 경우에는 산업입지 및 개발에 관한 법률 제2조 제8호에 따른 산업단지로 이전할 것

4-1-2. 수도권 등의 범위

'수도권'이란 수도권정비계획법 제2조 제1호에 따른 수도권을 말하며, '수도권과밀억제권역'이란 같은 법 제6조 제1항 제1호에 따른 과밀억제권역을 말한다(조특법 §2 ① 9호, 10호).

4-1-3. 3년(중소기업은 2년) 이상 조업기간의 계산

상기 '4-1-1. 개요'의 '①'에서 공장의 조업기간의 계산은 수도권과밀억제권역 안에 소재하는 공장시설을 수도권 밖(중소기업의 경우 수도권과밀억제권역 밖을 말함)으로 이전하기 위하여 조업을 중단한 날부터 소급하여 3년(중소기업의 경우 2년) 이상 계속 조업(대기환경보전법, 물환경보전법 또는 소음·진동관리법에 따라 배출시설이나 오염물질배출방지시설의 개선·이전 또는 조업정지명령을 받아 조업을 중단한 기간은 이를 조업한 것으로 봄)한 실적이 있을 것을 말한다(조특령 §60 ②).

4-1-4. 부동산업, 건설업 및 소비성서비스업의 범위

상기 '4-1-1. 개요'에서 과세특례 업종에서 제외되는 "부동산업, 건설업, 소비성서비스업,

무점포판매업 및 해운중개업"이란 다음의 사업을 말한다. 다만, 혁신도시 조성 및 발전에 관한 특별법 제2조 제2호의 이전공공기관이 경영하는 다음의 사업은 제외한다(조특령 §60 ①).

① 부동산임대업
② 부동산중개업
③ 소득세법 시행령 제122조 제1항에 따른 부동산매매업
④ 건설업[한국표준산업분류에 따른 주거용 건물 개발 및 공급업(단, 구입한 주거용 건물을 재판매하는 경우는 제외함)을 포함함]
⑤ 소비성서비스업(조특령 §29 ③)
　㉠ 호텔업 및 여관업(관광진흥법에 따른 관광숙박업은 제외함)
　㉡ 주점업(일반유흥주점업, 무도유흥주점업 및 식품위생법 시행령 제21조에 따른 단란주점 영업만 해당하되, 관광진흥법에 따른 외국인전용유흥음식점업 및 관광유흥음식점업은 제외함)
　㉢ 그 밖에 오락·유흥 등을 목적으로 하는 사업으로서 기획재정부령으로 정하는 사업
⑥ 유통산업발전법 제2조 제9호에 따른 무점포판매에 해당하는 사업
⑦ 해운법 제2조 제5호에 따른 해운중개업

4-1-5. 공장의 범위

'공장'의 범위에 대해서는 본 절 '2-1-3. 공장의 범위'를 참고하기 바란다.

4-2. 과세특례 요건

4-2-1. 후양도 또는 후이전의 시한 요건

상기 '4-1-1. 개요'에서 공장시설을 이전하는 법인은 다음의 어느 하나의 요건을 갖추어야 하며, 이 경우 수도권과밀억제권역 안의 공장을 양도한 경우로 한정함(조특령 §60 ③).

구 분	시 한
① 공장의 선이전 후양도	수도권 밖으로 공장을 이전하여 사업을 개시한 날부터 2년 이내에 수도권과밀억제권역 안의 공장을 양도하거나 수도권과밀억제권역 안에 남아 있는 공장시설의 전부를 철거 또는 폐쇄하여 해당 공장시설에 의한 조업이 불가능한 상태일 것
② 공장의 선양도 후이전	수도권과밀억제권역 안의 공장을 양도 또는 폐쇄한 날(공장의 대지 또는 건물을 임차하여 자기공장시설을 갖추고 있는 경우에는 공장이전을 위하여 조업을 중단한 날을 말함)부터 2년 이내에 수도권 밖에서 사업을 개시할 것. 다만, 공장을 신축하여 이전하는 경우에는 수도권과밀억제권역 안의 공장을 양도 또는 폐쇄한 날부터 3년 이내에 사업을 개시해야 함.

관련사례

• 사업개시일의 의미

구 조세특례제한법(2020. 12. 29. 개정 전) 제63조의 2 제1항 제2호의 규정에서 "사업개시일"이란 수도권 외의 신공장에서 정상 제품을 판매할 수 있는 신공장시설을 이용하여 정상 상품을 판매할 수 있는 완성품제조를 개시한 날을 말하는 것임(서면-2015-법인-22337, 2015. 6. 1.).

4-2-2. 동일업종 영위 조건

본 법인세 과세특례의 규정을 적용받으려는 공장이전법인은 한국표준산업분류상의 세분류를 기준으로 이전 전 공장에서 영위하던 업종과 이전 후의 공장에서 영위하는 업종이 각각 같아야 한다(조특법 §63 ⑦ 및 조특령 §60 ⑫).

4-3. 과세특례의 내용 및 사후관리

수도권 밖으로 공장을 이전하는 공장이전법인이 수도권과밀억제권역 안의 공장을 양도함으로써 발생하는 양도차익의 과세특례 내용 및 사후관리에 대하여는 각각 본 절 '2-3. 과세특례 내용' 및 2-4. 사후관리'를 준용하므로 이를 참고하기 바란다(조특법 §63 ④).

4-4. 최저한세의 적용

법인의 공장의 수도권 밖 지역이전에 대한 법인세 과세특례는 최저한세 규정을 적용받아 그 특례범위가 제한된다(조특법 §132 ① 2호). 최저한세에 대한 자세한 내용은 '제4편 제5장 최저한세'편을 참고하기 바란다.

4-5. 토지 등 양도차익명세서 등의 제출

법인의 공장의 수도권 밖 지역이전에 대한 법인세 과세특례의 규정을 적용받고자 하는 내국법인은 공장의 양도일이 속하는 사업연도의 과세표준신고와 함께 토지 등 양도차익명세서 [조특칙 별지 제45호의 2 서식] 등을 납세지 관할세무서장에게 제출하여야 한다(조특법 §63 ④). 관련 서식 및 첨부서류 등에 대하여는 본 절 '2-6. 토지 등 양도차익명세서 등의 제출'을 참고하기 바란다.

5. 수도권 밖으로 본사를 이전하는 데 따른 양도차익에 대한 법인세 과세특례

5-1. 적용대상자

5-1-1. 개 요

부동산업, 건설업, 소비성 서비스업, 무점포판매업 및 해운중개업을 경영하지 아니하는 법인

(혁신도시 조성 및 발전에 관한 특별법 제2조 제2호의 "이전공공기관"이 경영하는 경우는 예외로 함)으로서 다음의 요건을 모두 갖추어 본사를 이전하여 2025년 12월 31일(본사를 신축하는 경우로서 본사의 부지를 2025년 12월 31일까지 보유하고 2025년 12월 31일이 속하는 과세연도의 과세표준 신고를 할 때 이전계획서를 제출하는 경우에는 2028년 12월 31일)까지 사업을 개시하는 법인(이하 "본사이전법인"이라 함)이 수도권과밀억제권역 안의 본사를 양도하는 경우 법 소정의 양도차익 상당액을 분할익금산입할 수 있다(조특법 §63의 2 ①, ④ 및 조특령 §60의 2 ④).

한편, 본사이전법인은 이전 이후 발생하는 소득에 대하여 법인세 감면도 적용받을 수 있는바, 이에 대한 구체적인 내용은 "제4편 제3장 제1절 세액감면"을 참고하기로 한다.

① 수도권과밀억제권역에 3년 이상 계속하여 본점 또는 주사무소(이하 "본사"라 함)를 둔 법인일 것
② 본사를 수도권 밖으로 이전할 것
③ 수도권 밖으로 이전한 본사(이하 "이전본사"라 함)의 사업용자산에 대한 누적 투자금액이 10억원 이상이고 이전본사의 근무인원이 20명 이상일 것

5-1-2. 수도권 등의 범위

'수도권'이라 함은 수도권정비계획법 제2조 제1호에 따른 수도권을 말하며, '수도권 과밀억제권역'이란 동법 제6조 제1항 제1호에 따른 과밀억제권역을 말한다(조특법 §2 ① 9호 · 10호).

5-1-3. 3년 이상 사업영위기간의 계산

상기 '5-1-1. 개요'의 '①'에서 본사의 사업영위기간의 계산은 본사의 이전등기일부터 소급하여 3년 이상 계속하여 수도권과밀억제권역 안에 본사를 두고 사업을 경영한 실적이 있을 것을 말한다(조특령 §60의 2 ②).

5-1-4. 부동산업, 건설업 및 소비성서비스업의 범위

상기 '5-1-1. 개요'에서 과세특례 업종에서 제외되는 "부동산업, 건설업, 소비성서비스업, 무점포판매업 및 해운중개업"의 범위에 대해서는 본 절 '4-1-4. 부동산업, 건설업 및 소비성서비스업의 범위'를 참고하기 바란다(조특령 §60의 2 ①).

5-1-5. 공장의 범위

'공장'의 범위에 대해서는 본 절 '2-1-3. 공장의 범위'를 참고하기 바란다.

5-1-6. 사업용자산

상기 '5-1-1. 개요'의 '③'에서 '사업용자산'이란 다음의 자산을 말한다(법칙 §24 ①).

① 수도권 밖으로 이전한 이전본사에 소재하거나 이전본사에서 주로 사용하는 사업용 유형자산
② 이전본사에 소재하거나 이전본사에서 주로 사용하기 위해 건설 중인 자산

5-1-7. 누적 투자금액

상기 '5-1-1. 개요'의 '③'에서 '누적 투자금액'은 다음 ①의 금액에서 ②의 금액을 뺀 금액을 말한다(법칙 §24 ②).

① 이전본사의 이전등기일부터 소급하여 2년이 되는 날이 속하는 사업연도부터 법인세를 감면받는 사업연도까지 이전본사의 사업용자산에 투자한 금액의 합계액
② 상기 ①의 기간 중 투자한 사업용자산을 처분한 경우(임대한 경우를 포함하며, 조세특례제한법 제137조 제1항 각 호의 감면세액이 추징되는 처분에서 제외되는 사유에 해당하는 경우는 제외함) 해당 자산의 취득 당시 가액

5-2. 과세특례 요건

5-2-1. 후양도 또는 후이전의 시한 요건

본사를 이전하는 법인은 다음 중 어느 하나의 요건을 갖추어야 한다(조특령 §60의 2 ③).

구 분	시 한
① 본사의 선이전 후양도	수도권 밖으로 본사를 이전하여 사업을 개시한 날부터 2년 이내에 수도권 과밀억제권역 안의 본사를 양도할 것
② 본사의 선양도 후이전	수도권과밀억제권역 안의 본사를 양도한 날부터 2년 이내에 수도권 밖에서 사업을 개시할 것. 다만, 본사를 신축하여 이전하는 경우에는 수도권과밀억제권역 안의 본사를 양도한 날부터 3년 이내에 사업을 개시할 것

관련사례

• 본사이전일의 의미
본사를 이전한 날은 본사 이전등기일로 하는 것이나, 수도권 과밀억제권역 안에 소재하던 본사를 수도권 외의 지역으로 단계적으로 이전하면서 본사 이전등기일 이후에 본사 이전을 완료한 경우에는 실제 이전한 날(본사 이전을 완료한 날)을 본사 이전일로 보아 세액감면을 적용함(사전법령법인-22489, 2015. 4. 7.).

5-2-2. 동일업종 영위 조건

본 법인세 과세특례의 규정을 적용받으려는 본사이전법인은 한국표준산업분류상의 세분류를 기준으로 이전 전의 본사에서 영위하던 업종과 이전 후의 본사에서 영위하는 업종이 각각 같아야 한다(조특법 §63의 2 ⑤ 및 조특령 §60의 2 ⑰).

5-3. 과세특례 내용 및 사후관리

수도권 외 지역이전법인이 수도권 과밀억제권역 안의 본사를 양도함으로써 발생한 양도차익의 과세특례 내용 및 사후관리에 대하여는 각각 본 절 '3-3의 과세특례 내용'과 '3-4의 사후관리'를 준용하므로 이를 참고하기 바란다(조특법 §63의 2 ④).

5-4. 최저한세의 적용

법인의 본사의 수도권 외 지역이전에 대한 법인세 과세특례는 최저한세 규정을 적용받아 그 특례범위가 제한된다(조특법 §132 ① 2호). 최저한세에 대한 자세한 내용은 '제4편 제5장 최저한세'편을 참고하기 바란다.

5-5. 토지 등 양도차익명세서 등의 제출

법인의 본사의 수도권 밖 이전에 대한 법인세 과세특례의 규정을 적용받고자 하는 내국법인은 본사의 양도일이 속하는 사업연도의 과세표준신고와 함께 토지 등 양도차익명세서 [조특칙 별지 제45호의 2 서식] 등을 납세지 관할 세무서장에게 제출하여야 한다(조특법 §63의 2 ④). 관련 서식 및 첨부서류 등에 대하여는 본 절 '3-6의 토지 등 양도차익명세서 등의 제출'을 참고하기 바란다.

6. 행정중심복합도시 · 혁신도시 개발예정지구 내 공장의 지방 이전에 따른 양도차익에 대한 법인세 과세특례

6-1. 적용대상

신행정수도 후속대책을 위한 연기 · 공주지역 행정중심복합도시 건설을 위한 특별법에 따른 행정중심복합도시 예정지역 또는 혁신도시 조성 및 발전에 관한 특별법에 따른 혁신도시개발예정지구(이하 "행정중심복합도시 등"이라 함)에서 공장시설을 갖추고 사업을 하는 내국법인이 다음의 지역을 제외한 행정중심복합도시 등 밖(이하 "지방"이라 함)으로 이전하기 위하여 그 공장의 대지와 건물을 2012년 12월 31일까지 같은 법에 따른 사업시행자에게 양도하는 경우 법 소정의 양도차익 상당액을 분할익금산입할 수 있다(조특법 §85의 2 ① 및 조특령 §79의 3 ①).

① 수도권 과밀억제권역
② 부산광역시(기장군 제외) · 대구광역시(달성군 제외) · 광주광역시 · 대전광역시 및 울산광역시의 관할구역. 다만, 산업입지 및 개발에 관한 법률에 따라 지정된 산업단지를 제외함.

이 경우 '공장'의 범위에 대해서는 본 절 '2-1-3. 공장의 범위'를 참고하기 바란다.

6-2. 과세특례 요건

본 법인세 과세특례의 규정을 적용받기 위하여 행정중심복합도시 등 안의 공장시설을 지방으로 이전하는 방법은 크게 선이전 후양도의 경우와 선양도 후이전의 경우로 구분할 수 있으며, 다음의 요건을 갖추어야 한다(조특령 §79의 3 ⑤ 및 조특칙 §32의 2).

구 분	시 한
① 선이전 후양도	지방에 소재하는 공장(이하 "지방공장"이라 함)을 취득하여 사업을 개시한 날부터 2년 이내에 행정중심복합도시 등에 소재하는 공장(이하 "기존공장"이라 함)을 양도할 것
② 선양도 후이전	기존공장을 양도한 날부터 3년(다음의 어느 하나에 해당하는 경우에는 6년) 이내에 지방공장을 취득하여 사업을 개시할 것 • 공사의 허가 또는 인가 등이 지연되는 경우 • 용지의 보상 등에 관한 소송이 진행되는 경우 • 신행정수도 후속대책을 위한 연기·공주지역 행정중심복합도시 건설을 위한 특별법 제19조 제4항에 따라 국토교통부장관이 고시하는 행정중심복합도시 건설기본계획에서 기존공장을 이전할 장소의 미확정 등으로 인하여 같은 장소에서 일정기간 영업이 가능하도록 한 경우 • 공공기관 지방이전에 따른 혁신도시 건설 및 지원에 관한 특별법 제11조 제5항에 따라 국토교통부장관이 고시하는 혁신도시 개발계획에서 기존공장을 이전할 장소의 미확정 등으로 인하여 같은 장소에서 일정기간 영업이 가능하도록 한 경우 • 공익사업을 위한 토지 등의 취득 및 보상에 관한 법률 제78조의 2에 따라 사업시행자가 수립한 공장에 대한 이주대책에서 기존공장을 이전할 장소의 미확정 등으로 인하여 같은 장소에서 일정기간 영업이 가능하도록 한 경우 • 위에 준하는 사유가 발생한 경우

한편, 기존공장 또는 지방공장의 대지가 공장입지기준면적을 초과하는 경우 그 초과하는 부분에 대해서는 행정중심복합도시·혁신도시 개발예정지구 내 공장의 지방이전에 대한 법인세 과세특례를 적용하지 아니한다(조특령 §79의 3 ⑤ 단서). 이 때 공장입지기준면적은 '2-2-2. 공장입지기준면적 요건'을 참고하기 바란다(조특칙 §23).

관련사례

• 공장의 대지와 건물의 양도일이 다른 경우 과세특례 적용을 위한 양도시기의 판단
행정중심복합도시·혁신도시 개발예정지구 내 공장의 지방이전에 대한 과세특례를 적용함에 있어 기존공장의 대지와 건물의 양도시기가 다른 경우에는 각각의 양도시기를 기준으로 개별적으로 과세특례를 적용하는 것이고, 이 경우 지방공장의 취득시한의 시기는 대지와 건물의 양도가 모두 이루어진 날을 기준으로 하는 것임(재법인-1130, 2007. 12. 20.).

6-3. 과세특례 내용

다음의 산식에 의하여 계산된 과세특례금액을 양도일이 속하는 사업연도의 소득금액계산에 있어서 익금에 산입하지 아니할 수 있다. 이 경우 해당 금액은 양도일이 속하는 사업연도 종료일 이후 5년이 되는 날이 속하는 사업연도부터 5개 사업연도의 기간 동안 균분한 금액 이상을 익금에 산입하여야 한다(조특법 §85의 2 ① 1호 및 조특령 §79의 3 ②).

과세특례금액 =(가)×(나)×(다)

(가) 기존공장의 양도가액에서 장부가액과 직전 사업연도 종료일 현재 법인세법 제13조 제1항 제1호에 따른 이월결손금의 합계액을 차감한 금액

(나) $\dfrac{\text{지방공장의 취득}^{(*1)}\text{가액}}{\text{기존공장의 양도가액}}$

(다) $1-\dfrac{\text{지방공장의 면적}^{(*2)}-\text{기존공장의 면적}^{(*2)}\times 120\%}{\text{기존공장의 면적}^{(*2)}\times 120\%}$

이 경우, '(나)'와 '(다)'의 비율은 각각 100%를 한도로 한다.

(*1) 지방에서 공장을 준공하여 취득하는 경우를 포함함.

(*2) (지방 또는 기존)공장의 면적은 (지방 또는 기존)공장건물의 연면적과 그 부수토지면적의 합계를 말함(재조특-243, 2009. 3. 16.).

한편, 기존공장의 양도일이 속하는 사업연도 종료일까지 지방공장을 취득하지 아니한 경우 지방공장의 취득가액 및 면적은 이전(예정)명세서상의 예정가액 및 취득예정면적으로 한다(조특령 §79의 3 ④).

6-4. 사후관리

6-4-1. 일시환입

과세특례를 적용받은 내국법인이 선이전 후양도 또는 선양도 후이전의 시한까지 지방으로 이전하지 아니하거나 해당 공장 양도일부터 3년 이내에 해당 사업을 폐업 또는 해산한 경우에는 해당 사유가 발생한 날이 속하는 사업연도의 소득금액계산의 경우 익금에 산입하지 않은 금액 전액을 익금에 산입한다(조특법 §85의 2 ② 및 조특령 §79의 3 ⑥ 1호). 또한, 선양도 후이전의 경우로서 이전(예정)명세서상의 취득예정가액 및 취득예정면적을 기준으로 과세특례를 적용받은 금액이 실제 취득가액 및 취득면적 기준의 과세특례금액을 초과하는 경우에는 그 초과하여 적용받은 금액은 지방공장을 취득하여 사업을 개시한 날이 속하는 과세연도의 소득금액의 계산의 경우 익금에 산입한다(조특령 §79의 3 ⑦).

6-4-2. 이자상당가산액의 납부

상기의 일시환입사유가 발생하여 익금산입하는 경우, 아래의 산식에 의하여 계산된 이자상당가산액을 가산하여 법인세로 납부하여야 한다(조특법 §85의 2 ② 및 조특령 §30 ⑨ 1호).

$$\text{이자상당가산액} = \text{법인세액의 차액}^{(*1)} \times \text{기간}^{(*2)} \times \frac{22}{100{,}000}$$

(*1) 양도차익을 익금에 산입하지 아니한 사업연도에 당해 양도차익을 익금에 산입하지 아니함에 따라 발생한 법인세액의 차액

(*2) 양도차익을 익금에 산입하지 아니한 사업연도 종료일의 다음날부터 당해 양도차익을 익금에 산입하는 사업연도의 종료일까지의 기간

6-5. 과세특례의 신청

내국법인은 기존공장의 양도일이 속하는 사업연도의 과세표준신고와 함께 양도차익명세 및 분할익금산입조정명세서 [조특칙 별지 제12호의 2 서식]과 이전(예정)명세서 [조특칙 별지 제15호의 2 서식]을 제출하여야 한다(조특령 §79의 3 ⑧ 및 조특칙 §61 ① 13호의 2, 16호의 2).

또한, 이전(예정)명세서상의 예정가액 및 취득예정면적으로 과세특례를 적용받은 후 지방공장을 취득하여 사업을 개시한 때에는 그 사업개시일이 속하는 과세연도의 과세표준신고와 함께 이전완료보고서 [조특칙 별지 제15호 서식]을 납세지 관할 세무서장에게 제출하여야 한다(조특령 §79의 3 ⑩ 및 조특칙 §61 ① 16호).

7. 공익사업을 위한 수용 등으로 공장을 이전하는 데 따른 양도차익에 대한 법인세 과세특례

7-1. 적용대상

공익사업을 위한 토지 등의 취득 및 보상에 관한 법률에 따른 공익사업의 시행으로 해당 공익사업지역에서 그 사업인정고시일(사업인정고시일 전에 양도하는 경우에는 양도일)부터 소급하여 2년 이상 가동한 공장(공장을 사업인정고시일부터 소급하여 2년 미만 가동한 경우 양도일 현재 1년 이상 가동한 공장의 토지로서 사업인정고시일부터 소급하여 5년 이상 보유한 토지 포함)을 해당 공익사업 시행지역 밖의 지역(공익사업의 시행으로 조성한 공익사업지역 안의 토지를 사업시행자로부터 직접 취득하여 해당 공장용지로 사용하는 경우에는 그 공익사업 시행지역 포함)으로서 다음 중 어느 하나에 해당하지 아니하는 지역(이하 "지방"이라 함)으로 이전하기 위하여 그 공장의 대지와 건물을 그 공익사업의 사업시행자에게 2026년 12월 31일까지 양도(공장의 대지 일부만 양도하는 경우 포함)하는 경우 법 소정의 양도차익 상당액을 분할익금산입할 수 있다(조특법 §85의 7 및 조특령 §79의 8 ①).

① 수도권 과밀억제권역
② 부산광역시(기장군 제외) · 대구광역시(달성군 및 군위군 제외) · 광주광역시 · 대전광역시 및 울산광역시의 관할 구역. 다만, 산업입지 및 개발에 관한 법률에 따라 지정된 산업단지는 제외함.
③ 행정중심복합도시 등

이 경우 '공장'의 범위에 대해서는 본 절 '2-1-3. 공장의 범위'를 참고하기 바란다.

개 정

ㅇ공익사업을 위한 수용 등에 따른 공장 이전에 대한 과세특례 적용기한을 3년 연장(조특법 §85의 7 ①)
➡ 2024년 1월 1일부터 적용

7-2. 과세특례 요건

본 법인세 과세특례의 규정을 적용받기 위하여 공익사업 시행지역 안의 공장시설을 지방으로 이전하는 방법은 크게 선이전 후양도의 경우와 선양도 후이전의 경우로 구분할 수 있으며, 다음의 요건을 갖추어야 한다(조특령 §79의 8 ⑤ 및 조특칙 §32의 2).

구 분	시 한
① 선이전 후양도	지방에 소재하는 공장(이하 "지방공장"이라 함)을 취득하여 사업을 개시하는 경우 사업을 개시한 날부터 2년 이내에 해당 공익사업 시행지역에 소재하는 공장(이하 "기존공장"이라 함)을 양도할 것
② 선양도 후이전	기존공장을 양도한 날부터 3년(다음의 어느 하나에 해당하는 경우에는 6년) 이내에 지방공장을 취득하여 사업을 개시할 것 • 공사의 허가 또는 인가 등이 지연되는 경우 • 용지의 보상 등에 관한 소송이 진행되는 경우 • 신행정수도 후속대책을 위한 연기 · 공주지역 행정중심복합도시 건설을 위한 특별법 제19조 제4항에 따라 국토교통부장관이 고시하는 행정중심복합도시 건설기본계획에서 기존공장을 이전할 장소의 미확정 등으로 인하여 같은 장소에서 일정기간 영업이 가능하도록 한 경우 • 공공기관 지방이전에 따른 혁신도시 건설 및 지원에 관한 특별법 제11조 제5항에 따라 국토교통부장관이 고시하는 혁신도시 개발계획에서 기존공장을 이전할 장소의 미확정 등으로 인하여 같은 장소에서 일정기간 영업이 가능하도록 한 경우 • 공익사업을 위한 토지 등의 취득 및 보상에 관한 법률 제78조의 2에 따라 사업시행자가 수립한 공장에 대한 이주대책에서 기존공장을 이전할 장소의 미확정 등으로 인하여 같은 장소에서 일정기간 영업이 가능하도록 한 경우 • 위에 준하는 사유가 발생한 경우

다만, 기존공장 또는 지방공장의 대지가 공장입지기준면적을 초과하는 경우 그 초과하는 부분에 대해서는 과세특례를 적용하지 아니한다(조특령 §79의 8 ⑤ 단서).

이 때 공장입지기준면적은 '2-2-2. 공장입지기준면적 요건'을 참고하기 바란다(조특칙 §23).

7-3. 과세특례 내용

다음의 산식에 의하여 계산된 과세특례금액을 양도일이 속하는 사업연도의 소득금액계산에 있어서 익금에 산입하지 아니할 수 있다. 이 경우 해당 금액은 당해 사업연도 종료일 이후 5년이 되는 날이 속하는 사업연도부터 5개 사업연도의 기간 동안 균분한 금액 이상을 익금에 산입하여야 한다(조특법 §85의 7 ① 1호 및 조특령 §79의 8 ②).

과세특례금액 = (가) × (나)

(가) 기존공장의 양도가액에서 장부가액과 직전 사업연도 종료일 현재 법인세법 제13조 제1항 제1호에 따른 이월결손금의 합계액을 차감한 금액

(나) $\dfrac{\text{지방공장의 취득}^{(*)}\text{가액}}{\text{기존공장의 양도가액}}$ (100% 한도)

(*) 지방에서 공장을 준공하여 취득하는 경우를 포함함.

한편, 기존공장의 양도일이 속하는 사업연도 종료일까지 지방공장을 취득하지 아니한 경우 지방공장의 취득가액은 이전(예정)명세서상의 예정가액으로 한다(조특령 §79의 8 ④).

7-4. 사후관리

7-4-1. 일시환입

과세특례를 적용받은 내국법인이 선이전 후양도 또는 선양도 후이전의 시한 내에 공장을 이전하지 아니하거나 해당 공장의 양도일부터 3년 이내에 해당 사업을 폐업하거나 해산한 경우에는 해당 사유가 발생한 날이 속하는 사업연도의 소득금액계산시 과세특례를 적용받음으로써 익금에 산입하지 아니한 금액 전액을 익금에 산입한다(조특법 §85의 7 ② 및 조특령 §79의 8 ⑥ 1호). 또한, 선양도 후이전의 경우로서 이전(예정)명세서상의 취득예정가액을 기준으로 과세특례를 적용받은 금액이 실제 취득가액기준의 과세특례금액을 초과하는 경우에는 그 초과하여 적용받은 금액은 지방공장을 취득하여 사업을 개시한 날이 속하는 과세연도의 소득금액계산시 익금에 산입한다(조특령 §79의 8 ⑦).

7-4-2. 이자상당가산액의 납부

상기의 일시환입사유가 발생하여 익금에 산입하는 경우, 아래의 산식에 의하여 계산된 이자상당가산액을 가산하여 법인세로 납부하여야 한다(조특법 §85의 7 ② 및 조특령 §30 ⑨ 1호).

$$\text{이자상당가산액} = \text{법인세액의 차액}^{(*1)} \times \text{기간}^{(*2)} \times \frac{22}{100{,}000}$$

(*1) 양도차익을 익금에 산입하지 아니한 사업연도에 당해 양도차익을 산입하지 아니함에 따라 발생한 법인세액의 차액

(*2) 양도차익을 익금에 산입하지 아니한 사업연도 종료일의 다음날부터 당해 양도차익을 익금에 산입하는 사업연도의 종료일까지의 기간

7-5. 과세특례의 신청

내국법인은 기존공장의 양도일이 속하는 사업연도의 과세표준신고와 함께 양도차익명세 및 분할익금산입조정명세서 [조특칙 별지 제12호의 2 서식]과 이전(예정)명세서 [조특칙 별지 제15호의 2 서식]을 납세지 관할 세무서장에게 제출하여야 한다(조특령 §79의 8 ⑧ 및 조특칙 §61 ① 13호의 2, 16호의 2).

또한, 이전(예정)명세서상의 예정가액으로 과세특례를 적용받은 후 지방공장을 취득하여 사업을 개시한 때에는 그 사업개시일이 속하는 과세연도의 과세표준신고와 함께 이전완료보고서 [조특칙 별지 제15호 서식]을 납세지 관할 세무서장에게 제출하여야 한다(조특령 §79의 8 ⑩ 및 조특칙 §61 ① 16호).

8. 기회발전특구로 이전하는 기업의 양도차익에 대한 법인세 과세특례

8-1. 적용대상

8-1-1. 개 요

수도권(수도정비계획법 제2조 제1호에 따른 수도권)에서 3년(중소기업은 2년) 이상 계속하여 사업을 한 법인이 기회발전특구로 이전하기 위하여 수도권에 있는 대통령령으로 정하는 사업용부동산(이하 "종전사업용부동산"이라 함)을 2026년 12월 31일까지 양도하는 경우 종전사업용부동산을 양도함에 따라 발생하는 양도차익 중 법 소정의 금액을 분할 익금산입할 수 있다(조특법 §2 9호, §121의 34 ①).

개 정

○ 기회발전특구로 이전하는 기업의 양도차익에 대한 법인세 과세특례 신설(조특법 §121의 34)

➡ 2024년 1월 1일 이후 수도권에 있는 종전사업용부동산을 양도하는 경우부터 적용

8-1-2. 종전사업용부동산의 범위

'종전사업용부동산'이란 다음의 용도로 사용되는 부동산을 말한다(조특령 §116의 37 ①).

① 해당 기업의 본사
② 조세특례제한법 시행령 제54조 제1항의 공장(본 절 '2-1-3. 공장의 범위' 참고)
③ 기초연구진흥 및 기술개발지원에 관한 법률 제14조의 2 제1항에 따른 기업부설연구소
④ 지능정보화기본법 제40조에 따른 데이터센터의 대지와 건물

8-2. 과세특례 요건

기회발전특구 이전에 대한 법인세 과세특례를 적용받기 위하여 종전사업용부동산을 양도하는 방법은 크게 선이전 후양도의 경우와 선양도 후이전의 경우로 구분할 수 있으며, 다음의 요건을 갖추어야 한다(조특법 §121의 34 ②).

구 분	시 한
① 선이전 후양도	기회발전특구에 있는 사업용 부동산(이하 "신규사업용부동산")을 취득하여 사업을 개시한 날부터 2년 이내에 종전사업용부동산을 양도할 것
② 선양도 후이전	종전사업용부동산을 양도한 날부터 3년 이내에 신규사업용부동산을 취득하여 사업을 개시할 것

8-3. 과세특례 내용

다음의 산식에 의하여 계산된 과세특례금액(이하 "양도차익상당액"이라 함)을 양도일이 속하는 사업연도의 소득금액계산에 있어서 익금에 산입하지 아니할 수 있다. 이 경우 해당 금액은 신규사업용부동산의 처분일이 속하는 사업연도의 소득금액을 계산할 때 익금에 산입하여야 한다(조특법 §121의 34 ① 1호 및 조특령 §116의 37 ②).

> 과세특례금액 = (가) x (나)
>
> (가) 종전사업용부동산의 양도차익에서 종전사업용부동산을 양도한 날이 속하는 사업연도의 직전 사업연도의 종료일 현재 법인세법 제13조 제1항 제1호에 따른 이월결손금의 합계액을 차감한 금액
>
> (나) $\dfrac{\text{신규사업용부동산의 취득가액}^{(*)}}{\text{종전사업용부동산의 양도가액}}$ (100% 한도)

(*) 종전사업용부동산의 양도일이 속하는 과세연도 종료일까지 신규사업용부동산을 취득하지 않은 경우 신규사업용부동산의 취득가액은 이전(예정)명세서상의 예정가액으로 한다(조특령 §116의 37 ③).

한편, 법인이 본 법인세 과세특례를 적용받는 경우에는 신규사업용부동산의 취득가액 중 양도차익상당액을 다음의 구분에 따라 일시상각충당금 또는 압축기장충당금으로 손비에 계상해야 한다(조특령 §116의 37 ④).

① 감가상각자산: 일시상각충당금
② ① 외의 자산: 압축기장충당금

8-4. 사후관리

8-4-1. 일시환입

과세특례를 적용받은 내국법인이 다음의 어느 하나에 해당하는 경우 그 사유가 발생한 날이 속하는 사업연도의 소득금액을 계산할 때 법 소정 금액을 익금에 산입해야 한다(조특법 §121의 34 ③).

① 신규사업용부동산을 취득하여 사업을 개시한 날부터 3년 이내에 그 사업을 폐지하거나 법인이 해산한 경우
② 상기 '8-2. 과세특례 요건'에 따라 사업용 부동산을 기회발전특구로 이전하지 아니한 경우
③ 신규사업용부동산 중 처분하거나 해당 사업에 사용하지 않는 부동산의 가액이 전체 신규사업용부동산 가액의 50% 이상인 경우(조특령 §116의 37 ⑥)

이 때 익금에 산입해야 하는 금액은 다음의 구분에 따른 금액을 말한다(조특령 §116의 37 ⑤).

① 일시상각충당금으로 계상한 경우: 감가상각비와 상계하고 남은 잔액
② 압축기장충당금으로 계상한 경우: 해당 압축기장충당금 전액

또한, 선양도 후이전의 경우로서 이전(예정)명세서상의 취득예정가액을 기준으로 과세특례를 적용받은 금액이 실제 취득가액기준의 과세특례금액을 초과하는 경우, 그 초과하여 적용받은 금액은 신규사업용부동산을 취득하여 사업을 개시한 날이 속하는 사업연도의 익금에 산입해야 한다(조특령 §116의 37 ⑦).

8-4-2. 이자상당가산액의 납부

상기의 익금산입사유가 발생한 경우, 아래의 산식에 의하여 계산된 이자상당가산액을 가산하여 법인세로 납부하여야 한다(조특법 §121의 34 ③ 및 조특령 §116의 37 ⑦).

$$\text{이자상당가산액} = \text{법인세액의 차액}^{(*1)} \times \text{기간}^{(*2)} \times \frac{22}{100,000}$$

(*1) 양도차익상당액을 익금에 산입하지 아니한 사업연도에 대해 당해 양도차익상당액을 익금에 산입하지

아니함에 따라 발생한 법인세액의 차액
(*2) 양도차익상당액을 익금에 산입하지 아니한 사업연도의 종료일의 다음 날부터 당해 양도차익상당액을 익금에 산입하는 사업연도의 종료일까지의 기간

8-5. 과세특례의 신청

본 과세특례를 적용받으려는 법인은 종전사업용부동산의 양도일이 속하는 사업연도의 과세표준신고를 할 때 양도차익명세 및 분할익금산입조정명세서[조특칙 별지 제12호의 2 서식]와 이전(예정)명세서[조특칙 별지 제15호의 2]를 납세지 관할 세무서장에게 제출하여야 한다(조특령 §116의 37 ⑧ 및 조특칙 §61 13호의 2, 16호의 2).

또한, 이전(예정)명세서상의 예정가액으로 과세특례를 적용받은 후 신규사업용부동산을 취득하여 사업을 개시한 경우에는 그 사업개시일이 속하는 사업연도의 과세표준신고를 할 때 이전완료보고서[조특칙 별지 제15호 서식]를 납세지 관할 세무서장에게 제출하여야 한다(조특령 §116의 37 ⑩ 및 조특칙 §61 ① 16호).

MEMO

Step Ⅱ 서식의 이해

1. 사업전환 무역조정지원기업의 양도차익에 대한 법인세 과세특례

■ 작성요령Ⅰ - 양도차익명세 및 분할익금산입조정명세서

❷ 「⑥ 자산명」란은 사업에 직접 사용되는 유형·무형고정자산을 적는다.

❺ 「⑮ 익금불산입금액」란은 각각 다음의 구분에 따른 금액을 적는다.

가. 사업전환 무역조정지원기업에 대한 과세특례, 보육시설용 토지 등의 양도차익에 대한 과세특례, 공익사업을 위한 수용 등에 따른 공장이전에 대한 과세특례, 중소기업의 공장이전에 대한 과세특례, 대학재정건전화를 위한 과세특례 및 기회발전특구로 이전하는 기업에 대한 과세특례: 다음 계산식에 따라 계산한 금액을 적는다.

〔양도차익(⑫) − 이월결손금(⑬)〕 × 아래의 표의 구분에 따른 가액(*) / 양도가액(⑩)

구 분	가 액(*)
○사업전환 무역조정지원기업에 대한 과세특례(「조세특례제한법 시행령」 제30조)	전환사업용 고정자산의 취득(예정)가액
○보육시설용 토지 등의 양도차익에 대한 과세특례(「조세특례제한법 시행령」 제79조의 6 제6항)	신규보육시설 취득(예정)가액
○공익사업을 위한 수용 등에 따른 공장이전에 대한 과세특례(「조세특례제한법 시행령」 제79조의 8)	지방 공장의 취득(예정)가액
○중소기업의 공장이전에 대한 과세특례(「조세특례제한법 시행령」 제79조의 9)	신규 공장의 취득(예정)가액
○공익사업을 위한 수용 등에 따른 물류시설이전에 대한 과세특례(「조세특례제한법 시행령」 제79조의 10)	지방물류시설의 취득(예정)가액
○대학재정건전화를 위한 과세특례(「조세특례제한법 시행령」 제104조의 16)	수익용 재산취득(예정)가액
○기회발전특구로 이전하는 기업에 대한 과세특례(「조세특례제한법 시행령」 제116조의 37)	신규 사업용 부동산의 취득(예정)가액

[별지 제12호의 2 서식] (2024. 3. 22. 개정)

사업연도	. . . ~ . . .	양도차익명서

1. 대상법인

① 법 인 명		②
③ 대표자 성명		④
⑤ 본점 소재지		

2. 양도자산내역

⑥ 자산명	⑦ 자 산 소재지	⑧ 면 적(㎡) 수 량(개)	⑨ 양도일자
❷			

3. 익금불산입 및 분할익금산입 조정

익금불산입		분				
⑭ 사 업 연 도	⑮ 금 액	1차 연도		2차 연도		
		⑯연도	⑰금액	⑱연도	⑲금액	⑳
	❺					

「조세특례제한법 시행령」
[ ]제30조 제11항
[ ]제43조의 4 제7항
[ ]제44조의 4 제7항
[ ]제79조의 3 제8항
[ ]제79조의 6 제6항
[ ]제79조의 8 제8항
[ ]제79조의 9 제8항
[ ]제79조의 10 제9항
[ ]제104조의 16 제6항
[ ]제116조의 35 제10항
[ ]제116조의 37 제8항

세무서장 귀하

※ 자산양도계약서사본 1부는 제출하지 않고 해당 법인이 보관

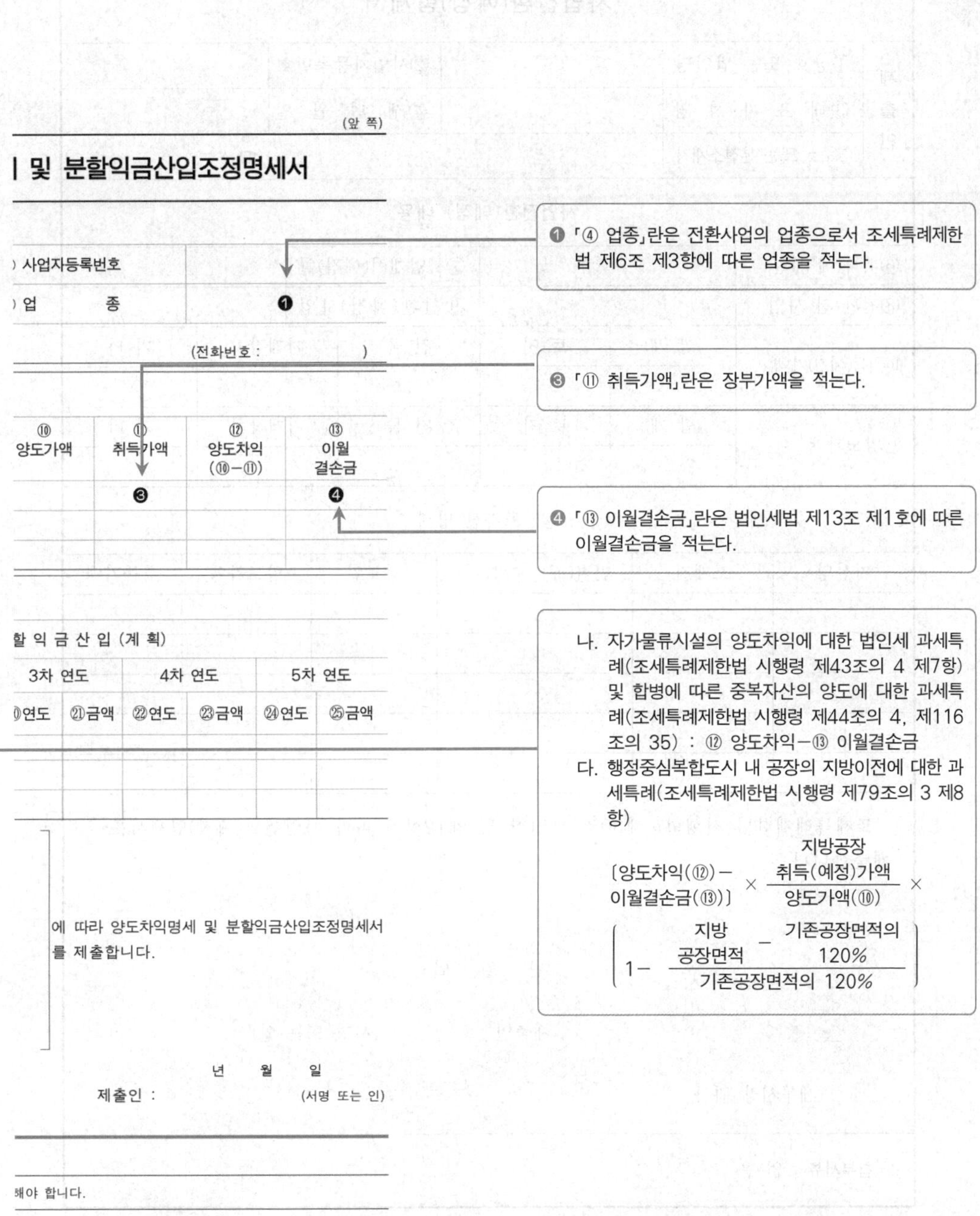
(앞 쪽)

| 및 분할익금산입조정명세서

) 사업자등록번호	
) 업 종	❶

(전화번호 :)

⑩ 양도가액	⑪ 취득가액	⑫ 양도차익 (⑩－⑪)	⑬ 이월 결손금
	❸		❹

할 익 금 산 입 (계 획)

3차 연도		4차 연도		5차 연도	
⑳연도	㉑금액	㉒연도	㉓금액	㉔연도	㉕금액

에 따라 양도차익명세 및 분할익금산입조정명세서를 제출합니다.

년 월 일

제출인 : (서명 또는 인)

해야 합니다.

❶ 「④ 업종」란은 전환사업의 업종으로서 조세특례제한법 제6조 제3항에 따른 업종을 적는다.

❸ 「⑪ 취득가액」란은 장부가액을 적는다.

❹ 「⑬ 이월결손금」란은 법인세법 제13조 제1호에 따른 이월결손금을 적는다.

나. 자가물류시설의 양도차익에 대한 법인세 과세특례(조세특례제한법 시행령 제43조의 4 제7항) 및 합병에 따른 중복자산의 양도에 대한 과세특례(조세특례제한법 시행령 제44조의 4, 제116조의 35) : ⑫ 양도차익－⑬ 이월결손금

다. 행정중심복합도시 내 공장의 지방이전에 대한 과세특례(조세특례제한법 시행령 제79조의 3 제8항)

$$[\text{양도차익(⑫)} - \text{이월결손금(⑬)}] \times \frac{\text{지방공장 취득(예정)가액}}{\text{양도가액(⑩)}} \times \left(1 - \frac{\text{지방 공장면적} - \text{기존공장면적의 } 120\%}{\text{기존공장면적의 } 120\%}\right)$$

■ 작성요령 Ⅱ - 사업전환(예정)명세서

[별지 제12호의 3 서식] (2008. 4. 29. 개정)

사업전환(예정)명세서

<table>
<tr><td rowspan="3">제
출
인</td><td>①상호 또는 법인명</td><td></td><td>②사업자등록번호</td><td></td></tr>
<tr><td>③대 표 자 성 명</td><td></td><td>④생 년 월 일</td><td></td></tr>
<tr><td>⑤주소 또는 본점소재지</td><td colspan="3">(☎ :)</td></tr>
</table>

사업전환(예정) 내용

<table>
<tr><td>⑥취득(예정)일</td><td colspan="2"></td><td colspan="2">⑦사업개시(예정)일</td><td></td></tr>
<tr><td>⑧전환 전 사업</td><td colspan="2"></td><td colspan="2">⑨전환(예정)사업</td><td></td></tr>
<tr><td rowspan="2">⑩취득(예정)가액</td><td>합 계</td><td>토 지</td><td>건 물</td><td>기계장치</td><td>기 타</td></tr>
<tr><td></td><td></td><td></td><td></td><td></td></tr>
<tr><td rowspan="2">⑪양도가액</td><td>합 계</td><td>토 지</td><td>건 물</td><td>기계장치</td><td>기 타</td></tr>
<tr><td></td><td></td><td></td><td></td><td></td></tr>
</table>

⑫양도자산 명세

자산명	소재지	면적(㎡)·수량(개)	양도일	양도가액	취득가액

「조세특례제한법 시행령」 제30조 제11항 및 제12항에 따라 사업전환(예정)명세서를 제출합니다.

년 월 일

제출인 (서명 또는 인)

세무서장 귀하

※ 첨부서류 : 없 음

■ 작성요령 Ⅲ - 사업전환완료보고서

[별지 제12호의 5 서식] (2008. 4. 29. 개정)

사업전환완료보고서

보고인	①상호 또는 법인명		②사업자등록번호	
	③대 표 자 성 명		④생 년 월 일	
	⑤주소 또는 본점소재지		(☎ :)	

보 고 내 용

⑥양 도 일		⑦사업전환완료일	
⑧전환전 사업		⑨전 환 사 업	

⑩취득가액	합 계	토 지	건 물	기계장치	기 타

⑪취득자산 명세

자 산 명	소 재 지	면적(㎡)·수량(개)	취 득 일	취 득 가 액	이연취득가액

⑫양도가액	합 계	토 지	건 물	기계장치	기 타

⑬양도자산 명세

자 산 명	소 재 지	면적(㎡)·수량(개)	양 도 일	양 도 가 액	취 득 가 액

「조세특례제한법 시행령」 제30조 제13항에 따라 사업전환완료보고서를 제출합니다.

년 월 일

제출인 (서명 또는 인)

세무서장 귀하

※ 첨부서류 : 없 음

2. 공장의 대도시 밖 이전에 따른 양도차익에 대한 법인세 과세특례 ~ 5. 수도권 밖으로 본사를 이전하는 데 따른 양도차익에 대한 법인세 과세특례

■ 작성요령 I - 토지 등 양도차익명세서

[별지 제45호의 2 서식] (2013. 2. 23. 개정)

토지등 양도차

대상법인	① 상호 또는 법인명
	③ 대표자 성명
	⑤ 주소 또는 본점소재지
과세연도	년 월 일부터 년 월 일

자산양도 및 자산취득(예정)내역

구분	⑥ 자산명	⑦ 소재지
양도자산		
취득(예정)자산		

익금불산입 금액

⑪ 양도가액	⑫ 장부가액	⑬ 이월결손금	⑭ 이전비용
❸	❹	❺	❻

「조세특례제한법 시행령」 □제56조 제7항 □제57조 제11항 □제58조 제4항

세무서장 귀하

첨부서류	해당 과세연도 관련 「조세특례제한법 시행령」 및 같은 1. 「조세특례제한법 시행령」 제56조 제7항 관련 제출서류 가. 지방으로 공장을 이전하여 사업을 개시한 날부터 : 이전완료보고서 나. 대도시공장을 양도한 날부터 1년 이내에 지방에 경우 및 대도시공장을 양도한 날부터 3년 이내에 우 : 이전계획서 2. 「조세특례제한법 시행령」 제57조 제11항 관련 제출서 가. 수도권 과밀억제권역외의 지역으로 수도권과밀억 에 수도권 과밀억제권역내 본사의 대지와 건물을 대금사용계획서 나. 수도권 과밀억제권역내 본사의 대지와 건물을 양 권역외의 지역으로 본점 또는 주사무소를 이전하 획서 3. 「조세특례제한법 시행령」 제58조 제4항 관련 제출서류 가. 혁신도시로 수도권내 본사를 이전한 날부터 2년 도하는 경우 : 이전완료보고서 및 처분대금사용계 나. 수도권내 본사의 대지와 건물을 양도한 날부터 3 를 이전하는 경우 : 이전계획서 및 처분대금사용계

❸ 「⑪ 양도가액」란은 「⑨ 양도가액」란의 양도가액 금액을 적는다.

❹ 「⑫ 장부가액」란에는 양도자산의 세무상 장부가액을 적는다.

❺ 「⑬ 이월결손금」란은 양도일이 속하는 사업연도의 직전 사업연도 종료일 현재 법인세법 제13조 제1항 제1호에 따른 이월결손금을 적는다.

❻ 「⑭ 이전비용」란은 수도권과밀억제권역 내(조세특례제한법 시행령 제58조를 적용받는 공공기관의 경우 수도권역 내를 말함) 본사 또는 대도시 내 공장시설의 이전비용을 적는다.

익명세서

	② 사업자등록번호
	④ 생년월일

(전화번호 :)

ㅏ지

	⑧ 면적	⑨ 양도가액	⑩ 취득(예정)가액
		❶	❷

⑮ 취득가액 등	⑯ 비율 (⑭+⑮)/⑪	⑰ 익금불산입금액 (⑪-⑫-⑬)×⑯
❼	❽	

ㅔ 따라 토지등 양도차익명세서를 제출합니다.

년 월 일

신청인 (서명 또는 인)

ㅂ 시행규칙에 규정된 제출서류 각 1부 2년 이내에 대도시공장을 양도하는 경우 ㅓ 기존공장을 취득하여 사업을 개시하는 지방공장을 준공하여 사업을 개시하는 경 ㅜ ㅐ권역내 본사를 이전한 날부터 2년 이내 양도하는 경우 : 이전완료보고서 및 처분 도한 날부터 3년 이내에 수도권 과밀억제 는 경우 : 이전계획서 및 처분대금사용계 ㅣ내에 수도권내 본사의 대지와 건물을 양 획서 ㅕ 이내에 혁신도시로 본점 또는 주사무소 획서	수수료 없음

❶ 「⑨ 양도가액」란에는 수도권과밀억제권역내(조세특례제한법 시행령 제58조를 적용받는 공공기관의 경우 수도권역 내를 말함) 본사 또는 대도시 내 공장의 실지거래가액을 적는다.

❷ 「⑩ 취득(예정)가액」란은 지방이전 후 취득(예정)자산의 취득(예정)가액을 적는다.

❼ 「⑮ 취득가액 등」란은 조세특례제한법 시행령 제56조 제3항 제3호 또는 제57조 제4항 제3호에 따른 취득가액 등을 적는다.

❽ 「⑯ 비율」란은 수도권과밀억제권역 내(조세특례제한법 시행령 제58조를 적용받는 공공기관의 경우 수도권역 내를 말함) 본사 또는 대도시 내 공장의 양도가액에서 이전비용 및 취득가액 등의 합계액이 차지하는 비율을 100%을 한도로 적는다.

■ 작성요령Ⅱ - 이전완료 보고서

[별지 제15호 서식] (2024. 3. 22. 개정)

이전완료 보고서

보고인	① 상호 또는 법인명	② 사업자등록번호
	③ 대표자 성명	④ 생년월일
	⑤ 주소 또는 본점소재지 (전화번호:)	

보고내용			
⑥ 양도일		⑦ 이전(사업전환)일	
⑧ 이전전소재지		⑨ 이전 후 소재지	
⑧ 전환 전 사업		⑪ 전환 사업	

⑫ 취득가액	합계	토지	건물	기계장치	기타

⑬ 취득자산명세					
자산명	소재지	면적 · 수량	취득일	취득가액	이연취득가액

⑭ 양도가액	합계	토지	건물	기계장치	기타

⑮ 양도자산명세					
자산명	소재지	면적 · 수량	양도일	양도가액	취득가액

「조세특례제한법 시행령」
[ ] 제56조 제7항 제1호 또는 제2호 후단
[ ] 제57조 제11항 제1호 또는 제2호 후단
[ ] 제58조 제4항
[ ] 제78조 제6항
[ ] 제79조의 3 제10항
[ ] 제79조의 6 제8항
[ ] 제79조의 8 제10항
[ ] 제79조의 9 제10항
[ ] 제79조의 10 제11항
[ ] 제116조의 37 제10항
에 따라 이전완료되었음을 보고합니다.

년 월 일

보고인 (서명 또는 인)

세무서장 귀하

■ 작성요령 Ⅲ - 이전계획서

[별지 제16호 서식] (2021. 3. 16. 개정)

이 전 계 획 서

제출인	① 상호 또는 법인명	② 사업자등록번호
	③ 대표자 성명	④ 생년월일
	⑤ 주소 또는 본점소재지 (전화번호 :)	

이전계획내용

⑥ 취득(준공) 예정일	⑦ 사업개시 예정일
⑧ 이전 전 소재지	⑨ 이전 예정지

	합계	토지	건물	기계장치	기타
⑩ 취득예정가액					
	합계	토지	건물	기계장치	기타
⑪ 양도가액					

⑫ 양도자산명세

자산명	소재지	면적·수량	양도일	양도가액	취득가액

「조세특례제한법」 [ ]제63조 제1항 / [ ]제63조의 2 제1항
「조세특례제한법 시행령」 [ ]제56조 제7항 제2호 / [ ]제57조 제11항 제2호 / [ ]제58조 제4항
에 따라 이전계획서를 제출합니다.

년 월 일

제출인 (서명 또는 인)

세무서장 귀하

■ 작성요령Ⅳ - 본사처분대금사용계획서/명세서

[별지 제45호 서식] (2013. 2. 23. 개정)

본사처분대금사용 〔 〕계획서 / 〔 〕명세서

제 출 인	① 상호 또는 법인명	② 사업자등록번호
	③ 대표자 성명	④ 생년월일
	⑤ 주소 또는 본점소재지 (전화번호 :)	

본사처분대금 사용 계획(명세)		
⑥ 사 업 연 도	년 월 일부터 년 월 일까지	
⑦ 사업명 및 종목		
⑧ 본사처분 총금액	⑨ 본사사용면적비율	
⑩ 본사관련처분금액(⑧×⑨)		
사용계획(명세)	⑪ 본사관련 건물·대지취득(임차)	
	⑫ 고정자산취득	
	⑬ 계(⑪+⑫)	
⑭ 본사대금사용(예정)비율 ($\frac{⑬}{⑩}$)		

「조세특례제한법 시행령」 [[ ]제57조 제11항 제1호 또는 제2호 / [ ]제58조 제4항] 에 의하여 본사처분대금사용 [[ ]계획서 / [ ]명세서] 를

제출합니다.

년 월 일

제출인 (서명 또는 인)

세무서장 귀하

6. 행정중심복합도시 · 혁신도시 개발예정지구 내 공장의 지방 이전에 따른 양도차익에 대한 법인세 과세특례

7. 공익사업을 위한 수용 등에 따른 공장 이전하는 데 따른 양도차익에 대한 법인세 과세특례

8. 기회발전특구로 이전하는 기업의 양도차익에 대한 법인세 과세특례

■ 작성요령 Ⅰ - 양도차익명세 및 분할익금산입조정명세서

'1. 사업전환 무역조정지원기업의 양도차익에 대한 법인세 과세특례 작성요령Ⅰ'을 참고하기 바란다.

■ 작성요령 Ⅱ - 이전완료보고서

'2. 공장의 대도시 밖 이전에 따른 양도차익에 대한 법인세 과세특례 작성요령 Ⅱ'를 참고하기 바란다.

■ 작성요령 Ⅲ - 이전(예정)명세서

[별지 제15호의 2 서식] (2024. 3. 22. 개정)

이 전 (예 정) 명 세 서

<table>
<tr><td rowspan="3">제
출
인</td><td>① 상호 또는 법인명</td><td></td><td>② 사업자등록번호</td><td></td></tr>
<tr><td>③ 대표자 성명</td><td></td><td>④ 생년월일</td><td></td></tr>
<tr><td>⑤ 주소 또는 본점소재지</td><td colspan="3">(전화번호 :)</td></tr>
</table>

<table>
<tr><td colspan="8">이전 (예정) 내용</td></tr>
<tr><td>⑥ 취득(예정)일</td><td colspan="3"></td><td colspan="2">⑦ 사업개시(예정)일</td><td colspan="2"></td></tr>
<tr><td>⑧ 이전 전 소재지</td><td colspan="3"></td><td colspan="2">⑨ 이전(예정)소재지</td><td colspan="2"></td></tr>
<tr><td rowspan="3">⑩ 취득(예정)가액</td><td colspan="2">합계</td><td colspan="2">토지</td><td colspan="2">건물</td><td rowspan="2">기타</td></tr>
<tr><td>면적 (㎡)</td><td>금액</td><td>면적 (㎡)</td><td>금액</td><td>면적 (㎡)</td><td>금액</td></tr>
<tr><td></td><td></td><td></td><td></td><td></td><td></td><td></td></tr>
<tr><td rowspan="3">⑪ 양도가액</td><td colspan="2">합계</td><td colspan="2">토지</td><td colspan="2">건물</td><td rowspan="2">기타</td></tr>
<tr><td>면적 (㎡)</td><td>금액</td><td>면적 (㎡)</td><td>금액</td><td>면적 (㎡)</td><td>금액</td></tr>
<tr><td></td><td></td><td></td><td></td><td></td><td></td><td></td></tr>
</table>

⑫ 양도자산 명세

자산명	소재지	면적(㎡)·수량(개)	양도일	양도가액	취득가액

「조세특례제한법 시행령」
[ ]제78조제 5항
[ ]제79조의 3 제8항 및 제9항
[ ]제79조의 6 제6항 및 제7항
[ ]제79조의 8 제8항 및 제9항
[ ]제79조의 9 제8항 및 제9항
[ ]제79조의 10 제9항 및 제10항
[ ]제116조의 37 제8항 및 제9항
에 따라 이전명세서를 제출합니다.

년 월 일

제출인 (서명 또는 인)

세무서장 귀하

세무조정 체크리스트

1. 사업전환 무역조정지원기업의 양도차익에 대한 법인세 과세특례

검 토 사 항	확인
1. 과세특례 적용 대상 여부 확인 - 무역조정지원기업 해당 여부 - 전환사업의 업종 확인 - 전환사업에 사용할 고정자산의 취득시기 확인 등	
2. 과세특례대상 금액 또는 익금산입 금액 계산의 정확성 확인	
3. 사후관리 해당 요건 발생 여부 확인 - 특례적용받은 후 전환사업으로의 미전환 여부 - 전환사업 개시일부터 3년 이내 해당 사업 폐업 또는 해산 여부 등	
4. 신청서 등의 확인	

2. 공장의 대도시 밖 이전에 따른 양도차익에 대한 법인세 과세특례

검 토 사 항	확인
1. 적용대상 법인 및 적용요건 충족 여부 검토 - 이전 공장이 대도시에 존재하였는지 검토 - 공장시설을 전부 이전하였는지 검토 - 선이전 후양도 또는 선양도 후이전에 해당하는지 검토 - 대도시 공장 또는 지방공장의 대지가 공장입지기준면적을 초과하는지 여부 검토 - 동일업종 영위 검토	
2. 과세이연금액 및 분할익금산입액의 정확성 검토	
3. 일시환입 사유에 해당하는지 검토	
4. 최저한세 적용	
5. 토지 등 양도차익명세서 등의 제출	

3. 법인 본사를 수도권과밀억제권역 밖으로 이전하는 데 따른 양도차익에 대한 법인세 과세특례

검 토 사 항	확인
1. 적용대상 법인 및 적용요건 충족 여부 검토 - 이전 본사가 수도권과밀억제권역에 존재하였는지 검토 - 선이전 후양도 또는 선양도 후이전에 해당하는지 검토 - 동일업종 영위 검토	
2. 과세이연금액 및 분할익금산입액의 정확성 검토	

검 토 사 항	확인
3. 일시환입 사유에 해당하는지 검토	
4. 최저한세 적용	
5. 토지 등 양도차익명세서 등의 제출	

4. 수도권 밖으로 공장을 이전하는 데 따른 양도차익에 대한 법인세 과세특례

검 토 사 항	확인
1. 감면대상 법인 확인 －제외업종 : 부동산업, 건설업, 소비성서비스업, 무인점포판매업 및 해운업(단, 이전 공공기관은 예외) －수도권 과밀억제권역 내 3년(중소기업은 2년) 이상 계속하여 공장시설을 갖추고 사업을 한 기업인지 검토 －공장시설을 전부 이전하였는지 검토 －선이전 후양도 또는 선양도 후이전 해당 여부 검토 －동일업종 영위 검토	
2. 과세이연금액 및 분할익금산입액의 정확성 검토	
3. 일시환입 사유에 해당하는지 검토	
4. 최저한세 적용	
5. 토지 등 양도차익명세서 등의 제출	

5. 수도권 밖으로 본사를 이전하는 데 따른 양도차익에 대한 법인세 과세특례

검 토 사 항	확인
1. 감면대상 법인 확인 －제외업종 : 부동산업, 건설업, 소비성서비스업, 무점포판매업 및 해운중개업(단, 이전 공공기관은 예외) －수도권 과밀억제권역 내 3년 이상 계속하여 본사를 둔 법인인지 여부 검토 －이전본사에 대한 투자금액이 10억원 이상이고 이전본사의 근무인원이 20명 이상인지 여부 검토 －선이전 후양도 또는 선양도 후이전 해당 여부 검토 －동일업종 영위 검토	
2. 과세이연금액 및 분할익금산입액의 정확성 검토	
3. 일시환입 사유에 해당하는지 섬토	
4. 최저한세 적용	
5. 토지 등 양도차익명세서 등의 제출	

6. 행정중심복합도시 · 혁신도시 개발예정지구 내 공장의 지방 이전에 따른 양도차익에 대한 법인세 과세특례

검 토 사 항	확인
1. 적용대상 법인 및 적용요건 충족 여부 검토 - 기존공장이 행정중심복합도시 · 혁신도시 개발예정지구 내에 존재하였는지 검토 - 기존공장을 사업시행자에게 양도하였는지 검토 - 선이전 후양도 또는 선양도 후이전에 해당하는지 검토 - 기존공장 또는 지방공장의 대지가 공장입지기준면적을 초과하는지 여부 검토 - 이전한 지방공장의 지역 검토	
2. 과세이연금액 및 분할익금산입액의 정확성 검토	
3. 일시환입 사유에 해당하는지 검토	
4. 신청서 등의 확인	

7. 공익사업을 위한 수용 등에 따른 공장 이전하는 데 따른 양도차익에 대한 법인세 과세특례

검 토 사 항	확인
1. 적용대상 법인 및 적용요건 충족 여부 검토 - 기존공장이 공익사업지역 안에 존재하였는지 검토 - 기존공장을 사업시행자에게 양도하였는지 검토 - 선이전 후양도 또는 선양도 후이전 요건에 해당하는지 검토 - 이전한 지방공장의 지역 검토 - 기존공장 또는 지방공장의 대지가 공장입지기준면적을 초과하는지 여부 검토	
2. 과세이연금액 및 분할익금산입액의 정확성 검토	
3. 일시환입 사유에 해당하는지 검토	
4. 신청서 등의 확인	

8. 기회발전특구로 이전하는 기업의 양도차익에 대한 법인세 과세특례

검 토 사 항	확인
1. 적용대상 법인 및 적용요건 충족 여부 검토 - 수도권에서 3년(중소기업은 2년) 이상 계속하여 사업을 한 법인인지 여부 검토 - 양도한 부동산이 종전사업용부동산의 범위에 해당하는지 검토 - 선이전 후양도 또는 선양도 후이전 해당 여부 검토 - 일시상각충당금 또는 압축기장충당금 설정 여부 검토	
2. 과세특례대상 금액 또는 익금불산입액의 정확성 검토	
3. 일시환입 사유에 해당하는지 검토	
4. 신청서 등의 확인	

제4장

4 국제거래 관련 소득금액의 조정

제1절 조세피난처 과세제도

관련 법령	• 국조법 §27~§34 • 국조령 §61~§70 • 국조칙 §35~§41

최근 주요 개정 내용

• 해외지주회사 특례 합리화(국조령 §64 ⑤)

종 전	현 행
□ 해외지주회사 유보소득 배당간주 적용 배제(해외지주회사 특례) 판정 요건 ○ 해외지주회사 특례 요건을 충족하는 소득금액비율 : 90% ※ 소득금액비율 $= \frac{\text{A(이자·배당소득)}}{\text{B(전체 소득)}}$ 〈추 가〉	□ 해외지주회사 특례 판정을 위한 소득금액 비율 계산식 합리화 - 소득금액비율 계산식 분자(A)에 자회사 이자·배당소득 예·적금 예치에 따른 이자소득 합산 * 이자·배당소득 예·적금 이자만 합산하며, 그 외 소득에 대한 이자는 배제함.

➡ 개정일자 : ㉧ 2024. 2. 29.
적용시기 : 2024년 2월 29일이 속하는 과세연도부터 적용

관련 서식	• 국제조세조정에 관한 법률 시행규칙 [별지 제28호 서식] 실제 배당금액의 익금불산입(배당소득에 해당되지 않는 금액) 명세서 [별지 제29호 서식] 실제 배당 전 주식등 양도 시의 익금불산입(양도소득에 해당되지 않는 금액) 명세서 [별지 제30호 서식(갑)] 특정외국법인의 유보소득계산 명세서(갑) [별지 제30호 서식(을)] 특정외국법인의 유보소득계산 명세서(을) [별지 제31호 서식(갑)] 특정외국법인의 유보소득 합산과세 판정 명세서(갑) [별지 제31호 서식(을)] 특정외국법인의 유보소득 합산과세 판정 명세서(을) [별지 제31호 서식(병)] 특정외국법인의 유보소득 합산과세 판정 명세서(병) [별지 제32호 서식(갑)] 특정외국법인의 유보소득 합산과세 적용범위 판정 명세서(갑) [별지 제32호 서식(을)] 특정외국법인의 유보소득 합산과세 적용범위 판정 명세서(을) [별지 제33호 서식] 국외 출자 명세서

제1절

조세피난처 과세제도

1

Step I 내용의 이해

1. 특정외국법인의 유보소득의 배당간주

'조세피난처(Tax Haven)'라 함은 소득에 대한 조세가 없거나 저율의 조세 등 기타 특수한 혜택을 부여하기 때문에 다국적기업에 의하여 조세회피수단으로 이용되는 국가 또는 지역을 말한다. 이러한 조세피난처에 가공회사(Paper Company)를 설립하여 가공회사에 소득을 유보하는 방법으로 조세회피를 하므로 이를 규제하기 위하여 국제조세조정에 관한 법률에서는 「특정외국법인의 유보소득에 대한 합산과세(이하 "조세피난처 과세제도"라 함)」 규정을 두고 있다.

대표적인 예로 내국인이 해외 조세피난처에 자회사를 설립하여 여기에 소득을 유보하는 경우, 해당 자회사의 유보소득을 투자자인 내국인에게 배당한 것으로 간주하여 과세하는 제도를 「조세피난처 과세제도」라고 한다.

즉, 내국인이 조세피난처에 본점, 주사무소 또는 실질적 관리장소를 둔 외국법인에 출자한 경우, 동 내국인과 특수관계가 있는 외국법인(이하 "특정외국법인"이라 함)의 각 사업연도말 현재 배당가능 유보소득 중 내국인에게 귀속될 금액은 내국인이 배당받은 것으로 본다(국조법 §27 ①).

한편, 내국인이 외국신탁의 수익권을 직접 또는 간접으로 보유하고 있는 경우에는 신탁재산별로 각각을 하나의 외국법인으로 보아 조세피난처 과세제도를 적용한다. 여기서 '외국신탁'은 외국의 법령에 따라 설정된 신탁으로서 법인세법 제5조 제2항 각 호의 어느 하나에 해당하는 신탁과 유사한 것을 말한다(국조법 §27 ③).

관련사례

- 역외펀드에서 발생한 운영이익금의 과세 여부
  자신의 명의로 금융감독원에 투자등록을 한 역외펀드는 독립된 별도의 법인으로 인정하고 동 역외펀드에서 발생한 운영이익금은 법인의 경리 일부가 아닌 '특정외국법인의 유보소득의 배당간주' 규정을 적용하여 법인세를 과세함(국심 2004서 284, 2004. 11. 30.).
- 해외자회사가 가공회사(Paper Company)인 경우 조세피난처 세제 적용 여부
  해외자회사가 Paper Company인 경우에는 국세기본법 및 법인세법상 실질과세 원칙에 따라 법인격이 부인되고 해외자회사는 본사의 지점과 같이 취급되며, Paper Company인 해외자회사의 각 사업연도 수익과 비용이 본사의 손익에 합산하여 신고되므로, 법인격 존재를 전제로 하여 해외자회사의 배당가능이익의 과세이연 방지를 목적으로 하는 국제조세조정에 관한 법률상 조세피난처 과세규정은 적용되지 않음(재국조 46017-102, 2000. 7. 27.).

2. 적용대상자

조세피난처 과세제도의 적용을 받는 내국인의 범위는 특정외국법인의 각 사업연도말 현재 발행주식의 총수 또는 출자총액의 10% 이상을 직접 또는 간접적으로 보유하고 있는 자로 한다.

이 경우 특정외국법인의 각 사업연도 말 현재 발행주식의 총수 또는 출자총액의 10% 이상을 직접 또는 간접으로 보유한 내국인을 판단하는 경우에는 국세기본법 제2조 제20호 가목 및 나목에 따른 내국인의 특수관계인이 직접 보유하는 발행주식 또는 출자지분을 포함하며, 발행주식의 총수 또는 출자총액의 간접 보유비율의 계산에 관하여는 국제조세조정에 관한 법률 시행령 제2조 제3항을 준용한다(국조법 §27 ② 및 국조령 §63 ③).

여기서 '내국인'이라 함은 소득세법상 거주자 및 법인세법상 내국법인을 말한다(국조법 §2 ② 및 조특법 §2 ① 1호).

참고로, 내국인과 국세기본법 제2조 제20호 가목 및 나목에 따른 특수관계인의 소유지분은 조세피난처 과세제도의 적용대상 판단시에만 포함하고, 그 주식의 법적소유권자는 내국인이 아닌 그 특수관계인이므로 내국인의 배당간주액 산정시에는 합산하지 아니한다.

3. 특정외국법인

3-1. 특정외국법인의 범위

특정외국법인이란 다음의 요건을 모두 충족하는 외국법인을 말한다(국조법 §27 ①).

① 본점, 주사무소 또는 실질적 관리장소를 둔 국가 또는 지역(이하 "거주지국"이라 함)에서의 실제부담세액이 다음의 계산식에 따라 산출한 금액 이하일 것

외국법인의 실제발생소득 × 법인세 세율(법법 §55) 중 최고세율(24%)의 70%(16.8%)

② 해당 법인에 출자한 내국인과 특수관계에 있을 것

이 경우 특수관계를 판단함에 있어서 국제조세조정에 관한 법률 제2조 제1항 제3호 가목의 관계(의결권 있는 주식의 50% 이상을 직접 또는 간접으로 소유하고 있는 관계)에 해당하는지를 판단할 때에는 내국인과 다음의 관계에 있는 특수관계인이 직접 또는 간접으로 보유하고 있는 주식을 포함하되, 특수관계인이 간접으로 보유하는 주식을 국제조세조정에 관한 법률 시행령 제2조 제3항에 따라 계산하는 경우에는 특수관계인이 해당 내국인을 통하여 간접으로 보유하는 주식은 제외한다(국조령 §63 ①, ②).

① 국세기본법 제2조 제20호 가목 또는 나목의 관계에 있는 자
② 국제조세조정에 관한 법률 제2조 제1항 제3호의 특수관계에 있는 자

3-2. 실제발생소득

법인의 실제발생소득은 해당 외국법인의 거주지국에서 재무제표를 작성할 때에 일반적으로 인정되는 회계원칙에 따라 산출한 해당 사업연도를 포함한 최근 3개 사업연도에 실제로 발생한 소득을 합계한 액수의 연평균액으로 한다. 이 경우 각 사업연도에 실제로 발생한 소득은 법인세 차감 전 당기순이익(이하 "세전이익"이라 함)에 다음의 구분에 따른 사항을 반영하여 조정한 금액을 말하며, 세전이익이 결손인 사업연도는 실제로 발생한 소득은 영(0)으로 본다(국조령 §61 ①).

① 세전이익에 주식 또는 출자증권의 평가이익 및 평가손실(이하 "평가손익"이라 함)이 반영되어 있는 경우 : 그 평가이익을 빼고 평가손실을 더할 것. 다만, 거주지국에서 그 자산의 평가손익의 전부 또는 일부가 해당 외국법인의 과세소득을 계산할 때 반영되어 있는 경우에는 그 평가손익은 빼거나 더하지 않는다.
② 주식 또는 출자증권을 매각하거나 그 자산에서 생기는 배당금 또는 분배금을 받은 경우로서 그 사업연도 이전에 그 자산에 대한 평가손익이 있는 경우 : 그 평가손익을 포함할 것

여기서 '일반적으로 인정되는 회계원칙'은 거주지국 정부 또는 그 정부의 위임을 받은 기관이 제정하거나 승인한 회계기준으로서 그 거주지국 기업이 재무제표를 작성할 때에 적용해야 하는 회계처리 및 보고에 관한 일반적인 기준으로 하되, 동 회계원칙이 법인세법 시행령 제79조 각 호에서 정하는 우리나라의 기업회계기준과 현저히 다른 경우에는 우리나라의 기업회계기준으로 한다. 또한, '세전이익'은 외국법인의 거주지국 세법(과세권의 주체인 국가 또는 지방자치단체가 국민 또는 주민에게 부과·징수하는 조세에 관한 종목과 세율을 정한 법)에 따라 산출한 법

인 소득에 대한 조세 및 이에 부수되는 조세에 의하여 부담되는 금액을 빼기 전의 순이익을 말한다. 그리고 '최근 3개 사업연도'에는 후술하는 '4-2-2 (1)'에 해당하는 업종을 하는 사업연도 또는 '4-2-3'에 해당하는 행위를 주된 사업으로 하는 사업연도만 포함되며, 3개 사업연도에 미달하는 경우에는 해당 사업연도만으로 상술한 연평균액을 계산한다(국조령 §61 ② 및 국조칙 §35, §36).

3-3. 실제부담세액

실제부담세액은 외국법인의 해당 사업연도를 포함한 최근 3개 사업연도에 실제로 부담한 세액을 합계한 액수의 연평균액으로서 해당 외국법인의 거주지국 세법(과세권의 주체인 국가 또는 지방자치단체가 국민 또는 주민에게 부과·징수하는 조세에 관한 종목과 세율을 정한 법)에 따라 산정한 금액으로 한다. 이 경우 실제로 부담한 세액은 그 외국법인의 세전이익에 대한 조세를 말하며, 해당 거주지국 외의 국가에서 납부한 세액과 이월결손금 공제로 인한 감소세액을 포함한다(국조령 §62 및 국조칙 §36).

여기서 '최근 3개 사업연도'는 상술한 '3-2. 실제발생소득'과 동일하게 후술하는 '4-2-2 (1)'에 해당하는 업종을 하는 사업연도 또는 '4-2-3'에 해당하는 행위를 주된 사업으로 하는 사업연도만 포함되며, 3개 사업연도에 미달하는 경우에는 해당 사업연도만으로 상술한 연평균액을 계산한다(국조령 §61 ②).

관련사례

- 연결집단 내 다른 법인의 결손금 공제로 감소한 세부담액이 있는 경우 조세피난처 판정방법
  조세피난처 과세제도를 적용할 때 특정외국법인이 연결납세제도를 적용받는 경우 해당 법인의 거주지국에서의 부담세액은, 연결납세제도의 적용으로 연결집단 내 다른 법인의 결손금 공제로 인하여 감소한 해당 특정외국법인의 세부담액을 포함하는 것임(기획재정부 국제조세제도과-44, 2020. 1. 20.).
- 특정외국법인의 세무조사결과 조세부담률이 15%를 초과하게 된 경우 경정청구 가능 여부
  내국법인(이하 "갑법인")이 법인의 부담세액이 실제발생소득의 15% 이하인 국가에 본점을 둔 외국법인(이하 "A법인")에 투자하여 조세피난처 과세제도에 따라 배당간주금액을 익금산입하였다가 이후 A법인의 본점을 둔 과세당국의 결정 또는 경정으로 인하여 A법인의 부담세액이 실제발생소득의 15%를 초과한 경우, 갑법인은 해당 익금산입한 과세연도에 대하여 국세기본법에 따른 경정 등의 청구를 할 수 있는 것임(서면-2018-법령해석국조-3042, 2020. 1. 3.).
- 연결납세제도의 적용에 따라 감소한 법인세액이 있는 경우 조세피난처 판정방법
  조세피난처 과세제도를 적용함에 있어서 특정외국법인이 거주지국에서 연결납세제도를 적용받아 법인세를 납부하는 경우 특정외국법인의 '부담세액'은 연결납세제도를 적용받는 기업집단이 과세당국에 납부하는 법인세액 중 특정외국법인이 부담하는 부분을 말하는 것이며, 특정외국법인이 연결납세제도의 적용으로 인해 감소한 법인세액 상당액을 같은 연결집

단 내 결손법인 등에 지급하여야 하는 경우 동 지급액까지 포함한 금액을 말함(재국조-242, 2008. 10. 10.).

- 조세감면으로 해외현지법인의 조세부담률이 낮아진 경우 조세피난처 해당 여부
  해외현지법인의 조세부담률이 15% 이하로 낮아진 사유가 홍콩정부의 경기진작 일환에 따른 조세감면의 결과일 경우 조세피난처 과세를 적용하지 않을 수 있음(국심 2004서 2014, 2004. 12. 6.).

4. 조세피난처 과세제도의 적용범위

4-1. 적용배제

비정상적인 해외진출기업만을 제재하고자 하는 입법취지, 해외경쟁력 제고 및 납세협력비용 절감 등을 위해 특정외국법인이 다음의 어느 하나에 해당하는 경우에는 조세피난처 과세제도를 적용하지 않는다(국조법 §28).

4-1-1. 실제발생소득이 2억원 이하인 경우

특정외국법인의 각 사업연도 말 현재 실제발생소득이 2억원 이하인 경우 조세피난처 과세제도를 적용하지 아니한다. 다만, 사업연도가 1년 미만인 경우에는 다음 계산식에 따라 산출한 금액 이하인 경우를 말한다(국조법 §28 1호 및 국조령 §64 ①).

$$2억원 \times \frac{해당\ 사업연도의\ 개월\ 수}{12}$$

여기서 '실제발생소득'은 상기 '3-2'에 따라 계산하며, 각 사업연도 말 현재 외국환거래법에 따른 기준환율 또는 재정환율로 환산한 금액으로 한다(국조령 §64 ①).

4-1-2. 고정된 시설을 보유하며 사업을 실질적으로 영위하는 경우

조세피난처 과세제도는 내국인 해외경과세국에 가공회사(Paper Company)를 설립하여 여기에 소득을 유보하는 경우와 같이 비정상적인 해외진출기업을 제재하고자 하는 것이므로, 특정외국법인이 소재한 국가 또는 지역에 사업을 위하여 필요한 사무소, 점포, 공장 등의 고정된 시설을 가지고 있고, 그 법인이 스스로 사업을 관리하거나 지배 또는 운영을 하며, 그 국가 또는 지역에서 주로 사업을 하는 경우 조세피난처 과세제도를 적용하지 않는다(국조법 §28 2호).

다만, 일정한 요건을 충족하는 경우 조세피난처 과세제도를 적용하는데, 이에 대한 자세한 내용은 후술하는 '4-2. 예외적 적용'의 내용을 참고하도록 한다.

4-1-3. 해외지주회사가 일정한 요건을 모두 갖춘 경우

다음의 요건을 모두 갖춘 해외지주회사는 조세피난처 과세제도를 적용하지 않는다(국조법 §28 3호).

(1) 해외지주회사의 요건

조세피난처 과세제도를 적용하지 않는 '해외지주회사'란 주식 등의 보유를 주된 사업(특정외국법인의 총 수입금액 중 50%를 초과하는 수입금액을 발생시키는 사업)으로 하면서 그 특정외국법인이 다음의 요건을 모두 갖추어 후술하는 '(2) 자회사의 요건'을 갖춘 자회사의 주식 등을 보유한 법인을 말한다(국조령 §64 ②).

① 해외지주회사가 모든 자회사의 주식 등을 그 자회사의 배당기준일 현재 6개월 이상 계속하여 보유하고 있을 것

② 해외지주회사가 '①'의 요건을 갖추어 주식을 보유하고 있는 자회사로부터 받은 이자소득, 배당소득 등을 고려하여 다음 계산식에 따라 계산한 소득금액비율이 각 사업연도 말 현재 90% 이상일 것(국조령 §64 ④)

$$\text{소득금액비율} = \frac{A}{B-C-D}$$

A : 해외지주회사가 '①'의 요건을 갖추어 주식을 보유하고 있는 자회사 중 해당 해외지주회사와 같은 국가 또는 지역['유럽연합(EU)', '중국과 홍콩', '동남아시아국가연합(ASEAN)'을 말함]에 본점 또는 주사무소를 두고 있는 자회사로부터 받은 이자소득, 배당소득 및 자회사로부터 받은 이자소득과 배당소득을 예금·적금으로 예치함에 따라 발생하는 이자소득을 합친 금액(국조령 §64 ⑤ 및 국조칙 §37)

B : 해외지주회사의 소득금액

C : 해외지주회사가 사무실, 점포, 공장 등의 고정된 시설을 가지고 그 시설을 통하여 후술하는 '4-2-2 (1)' 및 '4-2-3'에 해당하는 업종·사업 외의 사업을 실질적으로 운영함에 따라 발생하는 소득금액

D : 해외지주회사가 '①'의 요건을 갖추어 보유하고 있는 자회사의 주식을 처분함에 따라 발생하는 소득금액

개 정

○ 소득금액비율 계산식의 분자에 자회사로부터 받은 이자·배당소득을 예·적금으로 예치함에 따라 발생하는 이자소득을 합산(국조령 §64 ⑤)
➡ 2024년 2월 29일이 속하는 사업연도부터 적용

● 관련사례 ●

• 자회사 주식의 처분이익이 주된 사업의 수입금액에 포함되는지 여부

구 국제조세조정에 관한 법률(2019. 1. 1. 법률 제16099호로 개정된 것) 제18조의 2[*1]의 '주식의 보유를 주된 사업으로 하는 특정외국법인(이하 "해외지주회사")'에 관하여 같은 법률 시행령 제36조[*2]에 따른 주된 사업의 수입금액은 해외지주회사가 자회사의 주식을 처분하여 발생한 소득도 포함하여 계산하는 것임(기획재정부 국제조세제도과-79, 2020. 2. 5.).

(*1) 현행 국제조세조정에 관한 법률 제28조 제3호
(*2) 현행 국제조세조정에 관한 법률 시행령 제64조 제2항

(2) 자회사의 요건

조세피난처 과세제도를 적용하지 않는 해외지주회사의 '자회사'란 다음의 요건을 모두 갖춘 외국법인을 말한다(국조령 §64 ③).

① 특정외국법인이 발행주식총수 또는 출자총액의 40% 이상을 보유하고 있을 것
② 모든 자회사가 조세피난처 과세제도를 적용받지 아니할 것

● 관련사례 ●

• 특정외국법인의 자회사에 내국법인이 포함되어 있는 경우

특정외국법인의 자회사 중 내국법인이 포함되어 있는 경우 해당 특정외국법인은 해외지주회사의 조세피난처 과세제도 적용특례[*]를 적용받을 수 없는 것임(서면-2017-법령해석국조-2572, 2018. 3. 15.).

(*) 2019. 12. 31. 개정 전 구 국제조세조정에 관한 법률 제18조의 2

4-2. 예외적 적용

4-2-1. 개요

상기 '4-1-2'에 따라 고정된 시설을 보유하며 사업을 실질적으로 영위하는 특정외국법인의 유보소득에 대하여는 원칙적으로 조세피난처 과세제도의 적용이 배제되는 것이나, 해당 특정외국법인이 다음 '4-2-2 (1)' 또는 '4-2-3'에 해당하는 경우에는 예외적으로 조세피난처 과세제도가 적용된다(국조법 §29 ①).

4-2-2. 도매업 등을 영위하는 법인

(1) 일반적인 적용범위

통계청장이 작성・고시하는 한국표준산업분류에 따른 「도매업, 금융 및 보험업, 부동산업,

전문, 과학 및 기술 서비스업(건축기술, 엔지니어링 및 관련 기술서비스업은 제외), 사업시설관리, 사업지원 및 임대서비스업」을 하는 특정외국법인으로서 다음의 요건을 모두 갖춘 법인은 조세피난처 과세제도가 적용된다.

① 해당 사업연도에 상기에서 열거한 업종에서 발생한 수입금액의 합계 또는 매입원가(매입가액에 부대비용을 가산한 금액)의 합계가 그 특정외국법인의 총 수입금액 또는 총 매입원가의 50%를 초과하는 법인일 것. 다만, 도매업의 경우에는 해당 사업연도를 포함한 최근 3개 사업연도(3개 사업연도에 미달하는 경우에는 해당 사업연도까지의 기간으로 함)의 평균금액을 기준으로 함(국조령 §65 ② 1호).

② 해당 사업연도에 상기에서 열거한 업종에서 발생한 수입금액의 합계 또는 매입원가의 합계 중 특수관계가 있는 자와 거래한 금액이 해당 업종에서 발생한 수입금액 또는 매입원가의 합계의 50%를 초과하는 법인일 것. 이 경우 특수관계에 관하여 국제조세조정에 관한 법률 시행령 제2조를 적용할 때에는 "내국법인"은 "특정외국법인"으로 봄(국조령 §65 ② 2호).

(2) 능동적 도매업에 대한 적용특례

도매업을 영위하는 특정외국법인이 같은 지역('유럽연합(EU)', '중국과 홍콩', '동남아시아국가연합(ASEAN)'을 말함) 또는 같은 국가에 있는 특수관계가 없는 자에게 판매한 경우로서 그 판매한 금액이 해당 사업연도 총 수입금액의 50%를 초과하는 경우에는 조세피난처 과세제도를 적용하지 아니한다. 이 경우 특수관계에 관하여 국제조세조정에 관한 법률 시행령 제2조를 적용할 때 "내국법인"은 "특정외국법인"으로 본다(국조법 §29 ① 단서 및 국조령 §65 ① 및 국조칙 §37).

4-2-3. 주된 사업이 주식보유 등인 법인

다음의 행위를 주된 사업(특정외국법인의 총 수입금액 중 50%를 초과하는 수입금액을 발생시키는 사업)으로 하는 법인은 조세피난처 과세제도가 적용된다(국조령 §65 ③).

① 주식·출자지분 또는 채권의 보유
② 지식재산권의 제공
③ 선박·항공기·장비의 임대
④ 투자신탁 또는 기금에 대한 투자

계산사례 - 1 **조세피난처 과세제도 적용범위 여부 판정 사례**

도매업, 임대업과 제조업을 함께 영위하고 있는 외국법인 A의 수입금액 및 특수관계인과의 거래가 다음과 같은 경우 조세피난처 과세조정 적용범위 여부를 판정하라.

업 종	① 수 입 금 액	② 특수관계인 거래	② ÷ ①×100%
임대업	50(12.5%)	50	100.0%
도매업	50(12.5%)	30	60.0%
제조업	300(75%)	100	33.3%
합 계	400(100%)	180	45.0%

다음과 같이, 특수관계인 거래비율은 충족하나 주된 사업이 제조업이므로 조세피난방지 과세제도의 적용대상 업종이 아님.

(1) 주된 사업비율 : 75% (제조업)

(2) 특수관계인 거래비율 : 80% (임대업, 도매업 수입금액 중 특수관계인 거래금액 비율 = 80 ÷ 100×100%)

4-2-4. 수동소득에 대한 조세피난처 과세제도 적용

상기 '4-1-2' 및 '4-2-2 (2)'에 따라 조세피난처 과세제도가 적용되지 않는 특정외국법인이 다음의 소득(이하 "수동소득"이라 함)이 법 소정 기준을 갖춘 경우에는 해당 소득에 대하여 조세피난처 과세제도를 적용한다(국조법 §29 ②).

① 다음의 행위에서 발생하는 소득

㉠ 주식 · 출자지분 또는 채권의 보유

㉡ 지식재산권의 제공

㉢ 선박 · 항공기 · 장비의 임대

㉣ 투자신탁 또는 기금에 대한 투자

② 상기 ㉠~㉣의 행위에서 발생하는 소득과 관련된 자산(금융 및 보험업을 하는 특정외국법인이 금융 및 보험업의 수행과 관련하여 보유하는 주식 · 채권과 특정외국법인이 사업에 직접 사용하는 선박 · 항공기 · 장비는 제외함)의 매각손익

여기서 법 소정 기준이란 해당 사업연도에 상기 수동소득의 합계가 해당 특정외국법인의 총 수입금액의 5%를 초과하는 경우를 말한다. 다만, 해당 특정외국법인이 다음의 어느 하나에 해당하는 외국법인의 주식 등을 10% 이상 보유한 경우에는 그 주식 등에서 발생하는 배당금은 해당 수동소득에서 제외한 금액을 기준으로 한다(국조령 §65 ④).

① 상기 '4－2－2 (1)' 및 '4－2－3'에 해당하는 업종·사업 외의 사업을 하는 외국법인
② 도매업을 하는 외국법인으로서 '4－2－2 (2)'의 요건을 충족하는 외국법인

즉, 수동소득의 비율이 해당 특정외국법인의 총 수입금액의 50%를 초과하는 경우에는 '4－2－3'에 해당하여 조세피난처 과세제도가 적용되는 것이며, 수동소득의 비율이 총 수입금액의 5%～50%인 경우에는 본 규정에 따른 수동소득에 대한 조세피난처 과세제도가 적용되는 것이다.

5. 배당간주금액의 산출

5－1. 배당간주금액의 계산

내국인이 배당받은 것으로 보는 금액(이하 "배당간주금액"이라 함)은 다음 계산식에 따른 금액으로 한다(국조법 §30 ①).

$$\text{배당간주금액} = \text{특정외국법인의 각 사업연도 말 현재 배당가능한 유보소득} \times \text{해당 내국인의 특정외국법인 주식 보유비율}$$

다만, 상기 '4－2－4. 수동소득에 대한 조세피난처 과세제도 적용'에 해당하는 경우의 배당간주금액은 다음의 계산식에 따른 금액으로 한다(국조법 §30 ②).

$$\text{배당 간주금액} = \text{특정외국법인의 각 사업연도 말 현재 배당가능한 유보소득} \times \text{해당 내국인의 특정외국법인 주식 보유비율} \times \frac{\text{수동소득의 합계금액} - \text{합산제외 배당금}^{(*)}}{\text{특정외국법인의 총 수입금액}}$$

(*) 상기 '4－2－4'에서 설명한 수동소득 합산 제외대상 요건을 충족하는 외국법인의 주식 등을 10% 이상 보유한 경우로서 해당 주식 등에서 발생한 배당금

5－2. 배당가능 유보소득

특정외국법인의 각 사업연도 말 현재 배당가능 유보소득은 해당 특정외국법인의 거주지국에서 재무제표를 작성할 때에 일반적으로 인정되는 회계원칙에 따라 산출된 처분 전 이익잉여금(해당 사업연도 중에 있었던 이익잉여금 처분에 의한 중간배당액이 있는 경우 이를 빼기 전의 금액을 말함)으로부터 잉여금 조정사항(국조칙 §38 ①)을 조정한 금액에서 이익처분에 의한 배당금 등

(국조령 §66 ① 각 호)을 뺀 금액으로 한다.

여기서 '일반적으로 인정되는 회계원칙'은 거주지국 정부 또는 그 정부의 위임을 받은 기관이 제정하거나 승인한 회계기준으로서 그 거주지국 기업이 재무제표를 작성할 때에 적용해야 하는 회계처리 및 보고에 관한 기준으로 하되, 동 회계원칙이 법인세법 시행령 제79조 각 호에서 정하는 우리나라의 기업회계기준과 현저히 다른 경우에는 우리나라의 기업회계기준을 말한다(국조령 §66 ① 및 국조칙 §35).

국제조세조정에 관한 법률 시행령 제66조에서는 처분 전 이익잉여금에서 잉여금 조정사항 등을 반영하여 배당가능 유보소득을 계산하도록 규정하고 있으나, 관련 서식[국조칙 별지 제30(갑), (을)]에서는 전기이월이익잉여금에서 잉여금 조정사항을 반영한 조정이월이익잉여금에 당기순이익을 가산한 후 이익처분에 의한 배당금 등을 차감하여 배당가능 유보소득을 계산하도록 하고 있는 바, 여기서는 실무 적용의 편의상 서식과 같이 전기이월이익잉여금으로부터 배당가능 유보소득을 산출하는 방법을 설명하도록 한다.

> 배당가능 유보소득 = 조정이월이익잉여금(국조칙 §38 ① 반영 후) + 당기순이익
> − 차감항목(국조령 §66 ① 각 호)

(1) 조정이월이익잉여금의 계산

조정이월이익잉여금을 산출하는 이유는 특정외국법인이 임의적으로 처분한 적립금 및 이입액은 조세피난처 과세에서 과세대상 소득으로 산입하여야 하기 때문이며, 조정이월이익잉여금은 다음과 같이 계산한다(국조칙 §38 ①).

> 조정이월이익잉여금 = 전기이월이익잉여금 + 해당 사업연도 전의 임의적립금 처분누계액 − 해당 사업연도 전의 임의적립금 이입누계액 − 시행일 이전 배당가능 유보소득 잔여액(*)

(*) 시행일 이전 배당가능 유보소득 잔여액 = 시행일(1997. 1. 1.) 이전에 산출한 배당 가능 유보소득(시행되는 사업연도 기준 직전 사업연도의 차기이월이익잉여금 + 직전 사업연도까지의 임의적립금 누계액과 임의로 처분한 이익잉여금 누계액−직전 사업연도까지의 임의적립금 이입누계액)−시행일(1997. 1. 1.) 후에 있었던 국조령 제66조 제1항 제1호 및 제2호에 따른 이익잉여금 처분누계액 이익잉여금 처분누계액

(2) 차감항목

조정이월이익잉여금에서 당기순이익을 더한 뒤 다음과 같은 항목을 각각 차감함으로써 배당가능 유보소득을 산출한다(국조령 §66).

① 해당 사업연도에 대한 이익잉여금 처분액 중 이익의 배당금(해당 사업연도 중에 있었던 이익잉여금 처분에 의한 중간배당액을 포함함) 또는 잉여금의 분배금
② 해당 사업연도에 대한 이익잉여금 처분액 중 상여금, 퇴직급여 및 그 밖의 사외유출
③ 해당 사업연도에 대한 이익잉여금 처분액 중 거주지국의 법령으로 정하는 의무적립금 또는 의무적인 이익잉여금 처분액
④ 해당 사업연도 개시일 이전에 조세피난처 과세제도에 따라 해당 내국인에게 배당된 것으로 보아 이미 과세된 금액 중 ①에 따른 이익잉여금 처분이 되지 않은 금액
⑤ 조세피난처 과세제도가 적용되지 않을 때 발생한 이익잉여금(하기의 ⑥의 금액은 제외함) 중 ① 및 ②에 따른 이익잉여금 처분이 되지 않은 금액
⑥ 주식 또는 출자증권의 평가이익 중 해당 사업연도 말 현재 실현되지 않은 금액
⑦ 국제조세조정에 관한 법률 시행령 제64조(특정외국법인의 유보소득 배당간주 적용 배제의 판정) 제1항에 따른 금액(2억원)

(*) 다음의 금액을 보유하고 있는 특정외국법인이 상기 ① 및 ②에 따른 이익잉여금 처분을 하는 때에는 다음의 금액 중 먼저 발생한 것부터 우선적으로 처분된 것으로 봄(국조령 §66 ②).
i) 시행일(1997. 1. 1.) 이전에 보유한 배당 가능한 유보소득
ii) 해당 사업연도 개시일 이전에 보유하고 있는 상기 ④ 및 ⑤의 금액

관련사례

- 우리나라의 기업회계기준을 적용하기 위한 요건
  특정외국법인의 배당가능 유보소득은 원칙적으로 그 거주지국에서 일반적으로 인정되는 회계원칙을 적용하여 계산하여야 하고, 그 회계원칙이 우리나라의 기업회계기준과 현저히 다른 경우에 한하여 우리나라의 기업회계기준을 적용하여 계산할 수 있으며 기업회계기준이 현저히 다르다는 점은 이를 주장하는 자가 증명할 책임을 짐(대법 2015두 55295, 2017. 3. 16.).
- IFRS 도입에 따른 연결재무제표 작성을 의무화하고 있는 경우
  조세피난처 과세제도를 적용함에 있어서 특정외국법인의 배당가능 유보소득은 당해 특정외국법인의 거주지국에서 IFRS 도입에 따른 연결재무제표 작성을 의무화하고 있는 경우에도 개별 재무제표를 기준으로 산정함(서면2팀-303, 2008. 2. 19.).
- 조세피난처 과세제도에 따라 내국인에게 배당된 것으로 보아 이미 과세된 금액의 의미
  국제조세조정에 관한 법률 시행령 제66조 제1항 제4호에서 “해당 내국인에게 배당된 것으로 보아 이미 과세된 금액”은 배당간주금액의 계산 대상이 된 배당 가능 유보소득을 의미하는 것임(서면-2022-법규국조-0479, 2022. 10. 28.).
- 특정외국법인을 통해 다른 특정외국법인을 간접 소유한 경우
  조세피난처 과세제도에 따라 내국인이 특정외국법인(B)로부터 배당받은 것으로 보는 금액(이하 “쟁점금액”)에 대해 이미 과세된 경우로서, 쟁점금액이 특정외국법인(B)의 모회사인 다른 특정외국법인(A)에게 실제 배당된 경우, 쟁점금액은 특정외국법인(A)의 각 사업연도 말 현재 배당 가능한 유보소득 산출 시 같은 국제조세조정에 관한 법률 시행령 제66조 제1항 제4호에 해당하여 처분 전 이익잉여금에서 차감하는 것임(서면-2022-법규국

조-2754, 2022. 10. 25.).

• 특정외국법인의 지분을 취득하기 전 사업연도에 발생된 특정외국법인의 이익잉여금이 있는 경우

내국법인이 특정외국법인의 지분을 취득하기 전 사업연도에 발생된 특정외국법인의 이익잉여금은 구 「국제조세조정에 관한 법률 시행령」 제31조 제1항 제5호(*)의 '법 제17조가 적용되지 아니할 때 발생한 이익잉여금'에 해당함(국제세원-89, 2012. 2. 24.).

(*) 현행 국제조세조정에 관한 법률 시행령 제34조 제1항 제5호

5-3. 내국인의 특정외국법인에 대한 주식 보유비율

5-3-1. 직접 출자의 경우

내국인이 특정외국법인에 직접적으로 출자하고 있는 경우, 내국인의 특정외국법인에 대한 주식 보유비율은 "내국인의 보유주식수 ÷ 특정외국법인의 총발행주식수"로 한다.

5-3-2. 간접 출자의 경우

내국인이 특정외국법인에 간접적으로 출자하고 있는 경우 내국인의 주식 보유비율은 다음의 구분에 따른 방법으로 계산한 비율로 한다(국조령 §67 ①).

① 내국인과 특정외국법인, 그리고 이들 사이의 하나 이상의 법인이 모두 하나의 일련의 주식소유관계를 통해 연결되어 있는 경우 : 각 단계의 주식 보유비율을 모두 곱하여 산출한 비율. 이 경우 내국인과 특정외국법인 사이에 주식 보유를 통해 하나 이상의 내국법인이 끼어 있는 경우 내국인 간 주식 보유비율은 없는 것으로 본다(국조령 §67 ②).

계산사례 - 2 **주식 보유비율 계산사례**

내국인(갑) ——(70% 소유)——→ 내국인(을) ——(50% 소유)——→ 미국법인 A ——(60% 소유)——→ 특정외국법인 B

※ 내국인 (갑), (을)은 미국법인 A를 거쳐 조세피난처에 있는 특정외국법인 B에 간접투자하고 있으며, 양자 모두 특정외국법인에 대한 주식 보유비율이 하기의 계산에 따라 10% 이상이므로 조세피난처 과세제도를 적용받는다. 다만, 갑과 을 간에는 배당간주금액을 산출하지 않는다.

① 내국인(갑)의 특정외국법인 B에 대한 주식 보유비율 : 21%(= 70% × 50% × 60%)

② 내국인(을)의 특정외국법인 B에 대한 주식 보유비율 : 30%(= 50% × 60%)

② 내국인과 특정외국법인 사이에 둘 이상의 일련의 주식소유관계가 있는 경우 : 각 일련의 주식소유관계에 대하여 상기 '①'에 따라 산출한 주식 보유비율을 모두 더하여 산출한 비율

계산사례 - 3 주식 보유비율 계산사례

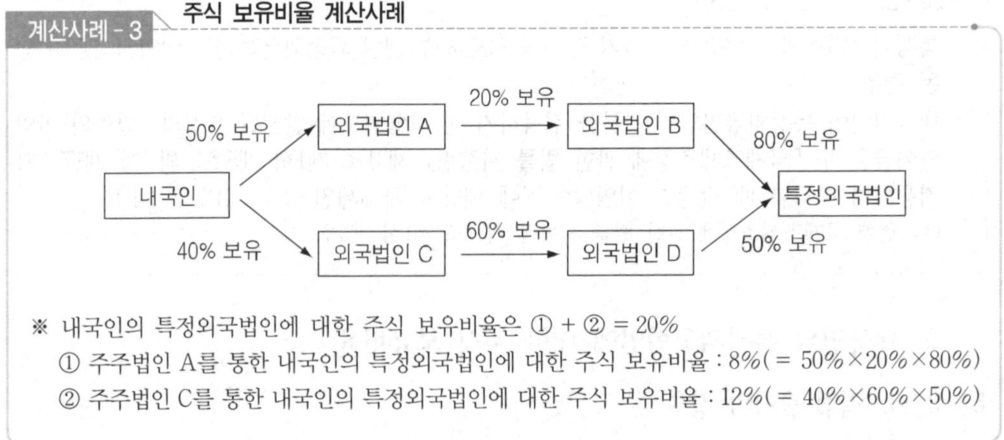

국제조세조정에 관한 법률상 주식 보유비율 계산

조세피난처 과세제도의 적용을 위한 주식 보유비율의 산정방식은 국제조세조정에 관한 법률 제22조의 규정에 의한 과소자본 과세제도 적용시 국외지배주주의 내국법인에 대한 납입자본금비율 계산방법과 동일한 반면, 국제조세조정에 관한 법률 시행령 제2조의 규정에 따른 특수관계인 판정과 시행령 제45조의 규정에 의한 국외지배주주를 판정하는 경우에 적용하는 계산방법과는 다르다.

5 - 4. 배당간주금액의 외화환산

배당간주금액은 해당 특정외국법인의 각 사업연도 종료일의 다음 날부터 60일이 되는 날 현재의 외국환거래법에 따른 기준환율 또는 재정환율을 적용하여 환산한다(국조령 §67 ③).

5 - 5. 배당간주금액의 익금귀속시기

배당간주금액은 특정외국법인의 해당 사업연도 종료일의 다음 날로부터 60일이 되는 날이 속하는 내국인의 과세연도의 익금 또는 배당소득에 산입한다(국조법 §31).

따라서, 특정외국법인의 사업연도 종료일이 2023년 12월 31일인 경우, 동 외국법인에 출자한 내국인에 대한 배당간주금액의 익금귀속시기는 2023년 12월 31일의 다음 날부터 60일이 되는 날인 2024년 2월 29일이 속하는 과세연도가 된다.

이 경우 해당 내국인이 거주자인 경우에는 과세기간이 2024년도에 해당되므로 2025년 6월 2일까지 배당간주금액을 다른 종합소득금액과 합산하여 신고·납부하여야 하고, 해당 내국인이 법인으로서 12월말 법인의 경우에는 2024사업연도(1. 1.~12. 31.) 법인세 신고조정에 의하여 익금산입하여 2025년 3월 31일까지 신고·납부하여야 한다.

6. 실제배당금액의 익금불산입

6-1. 개 요

조세피난처 과세제도는 내국인이 특정외국법인의 배당가능 유보소득 중 주식 보유비율에 상당하는 금액을 배당받은 것으로 간주하여 익금산입(또는 배당소득 산입)하는 것이다. 그러나 내국인이 배당간주금액을 익금(또는 배당소득)산입한 후 특정외국법인이 실제로 배당하는 경우, 해당 배당은 과거에 이미 익금(또는 배당소득)으로 과세된 것이므로 이중과세방지를 위하여 이를 이월익금으로 보아 익금불산입하여야 하며, 이를 '실제배당금액의 익금불산입'이라 한다.

조세피난처 과세규정을 적용받는 내국인은 실제배당금액의 익금불산입액 계산에 필요한 장부 및 증거서류를 배당일 또는 양도일이 속하는 과세연도의 법정신고기한까지는 보존하여야 한다(국조법 §32 ③).

실제배당금액의 익금불산입액 계산은, 후술하는 바와 같이, 내국인이 특정외국법인에게 직접 출자한 경우, 간접 출자한 경우, 그리고 해당 특정외국법인의 주식 등을 양도한 경우로 나누어 볼 수 있다.

6-2. 직접 출자한 경우

배당간주금액이 내국인의 익금 또는 배당소득으로 산입된 후, 해당 특정외국법인이 배당가능 유보소득을 실제로 배당(법인세법 제16조의 규정에 따른 의제배당을 포함함)한 경우에는 법인세법 제18조 제2호에 따라 익금에 산입하지 아니하는 소득(각 사업연도의 소득으로 이미 과세된 소득)으로 보거나 소득세법 제17조 제1항에 따른 배당소득에 해당되지 아니하는 것(이하 "이월익금 등"이라 함)으로 본다(국조법 §32 ①).

이 경우 특정외국법인이 내국인에게 실제로 배당(의제배당 포함)을 한 경우에는 배당 가능한 유보소득이 발생한 순서에 따라 그 유보소득으로부터 실제로 배당이 이루어진 것으로 본다(국조령 §68 ①).

> 직접 출자의 경우 익금불산입액 = Min(①, ②)
> ① 해당 사업연도 실제배당금액
> ② 과거 사업연도분 배당으로 간주된 금액의 합계－기발생된 이월익금 등의 합계

관련사례

- 실제배당금액에 적용할 환율

국제조세조정에 관한 법률 제20조(실제배당금의 익금불산입)(*) 규정을 적용함에 있어 실제배당금액에 적용하는 환율은 법인세법의 규정에 의한 손익의 귀속시기의 환율에 따르는 것임(서면2팀-303, 2008. 2. 19.).

(*) 현행 국제조세조정에 관한 법률 제32조

6-3. 간접 출자한 경우

내국인이 출자한 외국법인(이하 "중간외국법인"이라 함)이 특정외국법인에 다시 출자한 경우로서 중간외국법인이 내국인에게 실제로 배당을 할 때에는 그 배당금액은 이월익금 등으로 본다. 이 경우 이월익금 등은 다음 계산식에 따라 계산한 금액으로 한다(국조령 §68 ②).

간접 출자의 경우 익금불산입액=Min〔①, ②〕

① 해당 사업연도 실제 배당금액

② 〔특정외국법인이 유보소득을 중간외국법인에 실제로 배당한 금액(의제배당 포함)×실제 배당 당시의 내국인의 중간외국법인에 대한 주식 보유비율〕의 합계액－과거 사업연도에 중간외국법인이 내국인에게 이미 실제로 배당하여 이월익금 등으로 본 금액

내국인과 특정외국법인 사이에 둘 이상의 중간외국법인이 끼어 있는 경우에도 본 규정을 준용하여 익금불산입액을 산정한다(국조령 §68 ③).

한편, 내국인이 실제 배당금액 중 익금불산입액을 산출하는 경우에는 '실제 배당금액의 익금불산입(배당소득에 해당되지 않는 금액)명세서 [국조칙 별지 제28호 서식]'를 작성·제출하여야 한다(국조칙 §39 ①).

6-4. 특정외국법인의 주식을 양도하는 경우의 익금불산입

배당간주금액이 내국인의 익금에 산입된 후 그 내국인이 해당 특정외국법인의 주식 등을 양도한 경우에는 다음 계산식에 따른 금액(그 금액이 영 이하인 경우에는 영으로 봄)을 법인세법 제18조 제2호에 따라 익금에 산입하지 아니하는 소득으로 보거나 소득세법 제94조 제1항 제3호 다목에 따른 양도소득에 해당되지 아니하는 것으로 본다(국조법 §32 ②).

특정외국법인의 주식 등을 양도한 경우 익금불산입액 = Min[①, ②]
① 양도한 주식 등에 대한 배당간주금액의 합계에 상당하는 금액 - 양도한 주식 등에 대하여 실제로 배당한 금액
② 해당 주식 등의 양도차익

내국인이 특정외국법인의 주식 등을 양도하는 경우의 익금불산입액을 산출하는 경우에는 '실제 배당 전 주식 등 양도 시의 익금불산입(양도소득에 해당되지 않는 금액) 명세서 [국조칙 별지 제29호 서식]'를 작성 · 제출하여야 한다(국조칙 §39 ②).

관련사례

- 특정외국법인의 주식을 증여하는 경우 익금불산입 여부
  간주배당 받은 것으로 보아 과세된 후 해당 내국인(주주)이 특정외국법인의 주식을 증여한 경우 간주배당으로 기 과세한 유보소득에 대하여는 구 국제조세조정에 관한 법률 제20조(*) (실제 배당금액 등의 익금불산입) 규정이 적용되지 아니함(서면2팀-557, 2008. 3. 26.).
- 해외현지법인의 배당간주금액 중 이미 실제배당이 이루어져 신고납부로 과세된 금액의 이월익금 해당 여부
  구 국제조세조정에 관한 법률 제20조(*) (실제 배당금액 등의 익금불산입) 규정은 간주배당과세 이후 특정외국법인이 실제배당한 경우에 이미 과세된 금액을 익금불산입하는 규정이므로 간주배당과세 이전에 배당처분된 금액은 익금불산입할 수 없음(국심 2005서 287, 2005. 9. 8.).
- 조세피난처 과세조정에 따른 배당간주금액의 손금산입시기
  조세피난처 과세제도에 따라 특정외국법인의 유보소득이 내국법인의 익금으로 산입된 후, 동 내국법인으로부터 실제로 배당액(법인세법 제16조 규정에 의한 의제배당 포함)이 발생하지 아니한 경우, 동 특정외국법인이 청산될 때에는 구 국제조세조정에 관한 법률 제20조(*) 제2항의 규정이 적용되는 것임(서면2팀-2166, 2004. 10. 27.).

(*) 현행 국제조세조정에 관한 법률 제32조

7. 배당간주금액에 대한 외국납부세액공제

7-1. 외국납부세액공제 및 경정청구

(1) 외국납부세액공제

특정외국법인이 내국인에게 실제로 배당할 때에 외국에 납부한 세액이 있는 경우 익금 등에 산입한 과세연도의 배당간주금액은 국외원천소득으로 보고, 실제 배당시 외국에 납부한 세액은 익금 등에 산입한 과세연도에 외국에 납부한 세액으로 보아 외국납부세액공제규정(법법 §57 ①, ② 및 소법 §57 ①, ②)을 적용한다(국조법 §33 ①).

(2) 경정청구

특정외국법인으로부터 실제 배당을 받으면서 외국에서 납부한 세액이 있어 전술한 외국납부세액공제규정을 적용받으려는 자는 실제로 배당을 받은 과세연도의 법인세 · 소득세 신고기한으로부터 1년 이내에 납세지 관할 세무서장에게 경정을 청구하여야 한다(국조법 §33 ②).

이 경우 외국납부세액 공제세액 계산서(법인세법 시행규칙 별지 제8호 서식 부표 5 및 부표 5의 2를 준용)를 첨부하여 배당간주금액으로 익금에 산입한 연도의 법인세 · 소득세 과세표준 및 세액을 재계산하여 동 금액의 환급에 대하여 경정을 청구하여야 한다(국조령 §69 ① 및 국조칙 §40).

경정을 청구하려는 자가 외국정부의 배당소득에 대한 세액의 결정 · 통지가 지연되거나, 과세기간이 다르다는 사유 등으로 법인세 · 소득세 신고기한으로부터 1년 이내에 경정청구를 할 수 없는 경우에는 외국정부의 국외배당소득에 대한 세액결정 통지를 받은 날부터 3개월 이내에 증빙서류를 첨부하여 경정을 청구할 수 있다(국조령 §69 ②).

7-2. 간접외국납부세액공제

익금 등에 산입한 배당간주금액은 간접외국납부세액 공제규정(법법 §57 ④)을 적용함에 있어서 이를 익금 등에 산입한 과세연도의 수입배당금액으로 본다(국조법 §33 ③).

8. 과세자료의 제출

8-1. 조세피난처 과세제도 적용대상인 경우

조세피난처 과세제도[국조법 §27, §29(① 각 호 외의 부분 단서에 해당하는 경우는 제외함), §30~§33]의 적용대상이 되는 내국인은 다음의 서류를 소득세 또는 법인세 신고기한까지 납세지 관할 세무서장에게 제출하여야 한다(국조법 §34 및 국조령 §70 ① 및 국조칙 §41).

① 특정외국법인의 재무제표
② 특정외국법인의 법인세 신고서 및 부속서류(특정외국법인이 소재한 국가 또는 지역의 과세당국이 요구하는 부속서류를 말함)
③ 특정외국법인의 유보소득 계산 명세서[국조칙 별지 제30호 서식 (갑), (을)]
④ 특정외국법인의 유보소득 합산과세 판정 명세서[국조칙 별지 제31호 서식 (갑), (을), (병)]
⑤ 특정외국법인의 유보소득 합산과세 적용범위 판정 명세서[국조칙 별지 제32호 서식 (갑), (을)]
⑥ 국외 출자 명세서[국조칙 별지 제33호 서식]

8-2. 조세피난처 과세제도 적용대상에서 제외되는 경우

조세피난처 과세제도 적용이 배제되는 내국인(국조법 §28, §29 ① 각 호 외의 부분 단서)은 다음의 서류를 소득세 또는 법인세 신고기한까지 납세지 관할 세무서장에게 제출하여야 한다(국조령 §70 ② 및 국조칙 §41).

① 특정외국법인의 유보소득 합산과세 판정 명세서[국조칙 별지 제31호 서식 (갑), (을), (병)]

② 특정외국법인의 유보소득 합산과세 적용범위 판정 명세서[국조칙 별지 제32호 서식 (갑), (을)]

③ 국외 출자 명세서[국조칙 별지 제33호 서식]

8-3. 특정외국법인의 유보소득 계산 명세서 미제출 가산세

조세피난처 과세제도를 적용받는 내국법인이 제출 대상 서류 중 '③ 특정외국법인의 유보소득 계산 명세서'를 제출기한까지 제출하지 아니하거나 배당 가능한 유보소득을 산출할 때 적어야 하는 금액의 전부 또는 일부를 적지 아니하거나 잘못 적어 배당 가능한 유보소득금액을 잘못 계산한 경우에 해당할 때에는 해당 특정외국법인의 배당 가능한 유보소득금액의 0.5%를 가산세로 해당 사업연도의 법인세액에 더하여 납부하여야 하며, 가산세는 산출세액이 없는 경우에도 적용한다(법법 §75의 9 ①, ② 및 법령 §120 ⑯). 이 경우 가산세는 고의적으로 위반한 경우를 제외하고 5천만원(중소기업이 아닌 기업은 1억원)을 한도로 한다(국기법 §49 ① 2호).

Step Ⅱ 서식의 이해

■ 작성요령 Ⅰ - 실제 배당금액의 익금불산입 (배당소득에 해당되지 않는 금액) 명세서

❷ 「① 해당 과세연도 실제 배당금액」란에는 해당 과세연도에 특정외국법인이 내국법인(거주자)에 실제로 배당한 금액(법인세법 제16조 제1항 각 호에 따른 배당금 또는 분배금을 포함하며, 이하 "실제 배당금액"이라 함)을 적는다.

❸ 「② 배당간주금액의 합계 - 익금불산입(배당소득에 해당되지 않는 금액)으로 처분된 금액의 합계」란에는 특정외국법인의 유보소득 계산 명세서〔별지 제30호 서식(갑)〕의 「㉓ (수동소득 계산 특례에 해당한 경우에는 ㉕)」란의 배당간주금액의 과거 과세연도분 합계에서 과거 과세연도에 익금불산입(배당소득에 해당되지 않는 금액)으로 처분된 금액의 합계를 뺀 금액을 적는다.

❹ 「④ 해당 과세연도 실제 배당금액」란에는 중간외국법인(국제조세조정에 관한 법률 시행령 제68조 제2항에 따른 중간외국법인을 말하며, 이하 같음)이 해당 과세연도에 내국법인(거주자)에 실제로 배당한 금액을 적는다.

❾ 「⑪ 배당간주금액의 합계 - 익금불산입(배당소득에 해당되지 않는 금액)으로 처분된 금액의 합계」란에는 특정외국법인의 유보소득 계산 명세서〔별지 제30호 서식(갑)〕의 「㉓(수동소득 계산 특례에 해당한 경우에는 ㉕)」란의 배당간주금액의 과거 과세연도분 합계에서 과거 과세연도에 익금불산입(배당소득에 해당되지 않는 금액)으로 처분된 금액의 합계를 뺀 금액을 적는다.

[별지 제28호 서식] (2021. 3. 16. 개정)

과세연도	. . . ~ . . .	실제 배당 (배당소득에 해당

특정외국법인명			
특정외국법인으로부터 실제 배당을 받은 경우	① 해당 과세연도 실제 배당금액 ❷		
	② 배당간주금액의 합계 - 익금불산입 처분된 금액의 합계 ❸		
	③ 해당 과세연도 익금불산입(배당소득 (①과 ② 중 작은 금액)		
중간외국법인으로부터 실제 배당을 받은 경우	④ 해당 과세연도 실제 배당금액 ❹		
	실제 배당 한도액	⑤ 전년도 실제 배당 한도	
		해당 사업 연도분	⑥ 특정외국법
			⑦ 내국법인의
			⑧ 한도액(⑥
		⑨ 전년도 실제 배당금액	
		⑩ 해당 과세연도 실제 배	
	⑪ 배당간주금액의 합계 - 익금불산입 처분된 금액의 합계 ❾		
	⑫ 해당 과세연도 익금불산입(배당소득 작은 금액)		

(앞쪽)

금액의 익금불산입
되지 않는 금액) 명세서 ❶

법인명
(성명)

(단위: 원)

해외현지기업 고유번호

|(배당소득에 해당되지 않는 금액)으로

득에 해당되지 않는 금액)

액 ❺

인의 중간외국법인 실제 배당금액 ❻

중간외국법인 보유비율 ❼ %

× ⑦)

❽

당 한도액(⑤ + ⑧ − ⑨)

|(배당소득에 해당되지 않는 금액)으로

득에 해당되지 않는 금액)(④, ⑩, ⑪ 중

❶ 이 서식은 국제조세조정에 관한 법률 시행령 제68조에 따라 실제 배당금액 중 익금에 산입하지 않는 소득으로 보거나 배당소득에 해당되지 않는 것으로 보는 금액을 산출하는 경우에 작성한다. 이 서식에 적는 금액은 "원"을 단위로 한다. 이 경우 실제 배당금액에 적용하는 환율은 법인세법에 따른 손익의 귀속시기의 환율에 따르고, 배당간주금액은 특정외국법인의 해당 사업연도 종료일 다음 날부터 60일이 되는 날 현재의 기준환율 또는 재정환율을 적용하여 환산한다.

❺ 「⑤ 전년도 실제 배당 한도액」란에는 직전 과세연도에 작성한 실제 배당금액의 익금불산입(배당소득에 해당되지 않는 금액) 명세서(이 서식)의 「⑩ 해당 과세연도 실제 배당 한도액」란의 금액을 적는다.

❻ 「⑥ 특정외국법인의 중간외국법인 실제 배당금액」란에는 특정외국법인의 유보소득 계산 명세서〔별지 제30호 서식(을)〕의 「㊱ 중간외국법인에 지급한 배당금」란의 중간외국법인에 지급한 배당금을 적는다. 다만, 중간외국법인이 둘 이상인 경우에는 중간외국법인별로 이 서식을 따로 작성해야 한다.

❼ 「⑦ 내국법인의 중간외국법인 보유비율」란에는 특정외국법인이 출자관계상 중간에 개재된 법인에 실제로 배당하는 당시의 내국법인(거주자)의 중간외국법인 주식 보유비율을 적는다.

❽ 「⑨ 전년도 실제 배당금액」란에는 직전 과세연도에 작성한 실제 배당금액의 익금불산입(배당소득에 해당되지 않는 금액) 명세서(이 서식)의 「④ 해당 과세연도 실제 배당금액」란의 금액을 적는다.

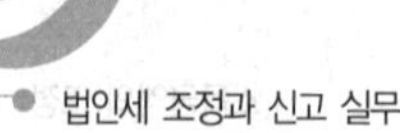

■ 작성요령 Ⅱ - 실제 배당 전 주식등 양도 시의 익금불산입(양도소득에 해당되지 않는

[별지 제29호 서식] (2021. 3. 16. 개정)

과세연도	. . . ~ . . .	실제 배당 전 주식등 양 (양도소득에 해당되 명세서

특정외국법인명	
① 주식 양도비율	② 보유주식 수 ❷
	③ 양도주식 수
	④ 양도비율(③ ÷ ② × 1
⑤ 보유한 주식등에 대한 배당간주금액의 합계 ❸	
⑥ 양도한 주식등에 대한 배당간주금액의 합계(⑤ ×	
⑦ 배당간주금액(⑤) 중 실제로 배당한 금액의 합계	
⑧ 양도한 주식등에 대해 실제로 배당한 금액의 합계((	
⑨ 익금불산입 한도(⑥ - ⑧)	
⑩ 양도한 주식등의 양도차익	
⑪ 익금불산입 또는 이월된 소득금액(⑨와 ⑩ 중 작	

❷ 「② 보유주식 수」 란에는 직전 과세연도 종료일 현재의 보유주식 수를 적는다.

❸ 「⑤ 보유한 주식등에 대한 배당간주금액의 합계」 란에는 특정외국법인의 유보소득 계산 명세서〔별지 제30호 서식(갑)〕의 「㉓(수동소득 계산 특례에 해당한 경우에는 ㉕)」 란의 배당간주금액의 과거 과세연도분을 합계한 금액을 적는다.

금액) 명세서

양도 시의 익금불산입 되지 않는 금액) ❶	법인명 (성명)	

(단위: 원)

	해외현지기업 고유번호	

100) %

× ④)

❹

⑦ × ④)

은 금액)

❶ 이 서식은 국제조세조정에 관한 법률 제32조 제2항에 따라 익금에 산입하지 않는 소득으로 보거나 양도소득에 해당되지 않는 것으로 보는 금액을 산출하는 경우에 작성한다. 이 서식에 적는 금액은 "원"을 단위로 한다.

❹ 「⑦ 배당간주금액(⑤) 중 실제로 배당한 금액의 합계」 란에는 국제조세조정에 관한 법률 시행령 제68조에 따라 「⑤ 보유한 주식등에 대한 배당간주금액의 합계」 란의 배당간주금액 중 실제로 배당한 금액의 합계를 적는다.

■ 작성요령 Ⅲ - 특정외국법인의 유보소득계산 명세서(갑)

❷ 「① 자본금 · ② 발행주식 수」란에는 특정외국법인의 자본금 명세를 적는다.

❸ 「③ 보유주식의 수 · ④ 보유비율」란에는 특정외국법인에 대한 각 내국인의 보유주식 수와 그 보유비율을 국제조세조정에 관한 법률 시행령 제67조에 따라 계산하여 적는다. 이 경우 「③ 보유주식의 수」란에는 국제조세조정에 관한 법률 제27조 제1항의 내국인의 특수관계인 및 같은 법 제27조 제2항 후단의 내국인과 국세기본법 제2조 제20호 가목 및 나목의 관계에 있는 자가 보유하고 있는 주식(출자지분)은 제외한다.

❺ 「⑥ 조정 이월이익잉여금 ~ ㉑ 국제조세조정에 관한 법률 시행령 제64조 제1항에 따른 금액」란에는 특정외국법인의 거주지국에서 일반적으로 인정된 회계원칙에 따라 계산된 방법으로 작성해야 한다. 다만, 거주지국의 회계원칙과 우리나라의 회계원칙이 다른 경우에는 우리나라의 기업회계기준을 적용한다.

❻ 「⑥ 조정 이월이익잉여금」란에는 특정외국법인의 유보소득 계산 명세서[별지 제30호 서식(을)]의 ㉗란의 금액을 적는다.

❼ 「⑦ 당기순이익」란에는 법인세 차감 후 당기순이익을 적는다.

⓬ 「평가이익 ⑮ ~ ⑱」란에는 특정외국법인의 직전 사업연도 말의 평가이익 누계액에서 해당 사업연도 중에 실현된 부분을 차감하고 해당 사업연도 말 평가이익을 더하여 해당 사업연도 말 현재의 주식 또는 출자증권에 대한 평가이익 잔액(미실현 이익)을 산출한다.

⓭ 「㉑ 국제조세조정에 관한 법률 시행령 제64조 제1항에 따른 금액」란에는 국제조세조정에 관한 법률 시행령 제61조에 따라 계산한 실제발생소득을 각 사업연도 말 현재 외국환거래법의 기준환율 또는 재정환율로 환산한 금액이 2억원 이하인 경우 그 금액을 말한다. 이 경우 사업연도가 1년 미만인 경우에는 2억원을 12로 나눈 수에 해당 사업연도의 개월 수를 곱하여 계산한다.

⓮ 「수동소득계산특례 ㉔ · ㉕」란에는 국제조세조정에 관한 법률 제29조 제2항 및 같은 법 시행령 제65조 제4항에 따른 소득기준을 충족하는 경우에 작성하며, 「㉔ 총수입금액에서 국제조세조정에 관한 법률 제29조 제2항에 따른 수동소득의 합계가 차지하는 비율」는 특정외국법인의 유보소득 합산과세 적용범위 판정 명세서[별지 제32호 서식(을)]의 「㉑ 비율」란의 값을 옮겨 적는다.

[별지 제30호 서식(갑)] (2021. 3. 16. 개정)

과세연도	. . . ~ . . .	특정외국법인의 계산 명세서(

특정외국법인명		
특정외국법인 자본금 명세	① 자본금 ❷	
	자기자본	납입자본
각 내국인의 주식 보유비율 산정	구분	직접
	③ 보유주식의 수 ❸	
	④ 보유비율(③/②) ❸	%

⑤ 배당 가능한 유보소득금액 계산 적용 회계기			
배당 가능한 유보 소득 금액 계산	구분 ❺		
	소득금액	⑥ 조정 이월이익잉여금 ❻	
		⑦ 당기순이익 ❼	
		⑧ 합계(⑥ + ⑦)	
	차감금액	⑨ 해당 사업연도 이익잉여금 처분액 중 이익의 ㅂ 또는 잉여금의 분배금 ❽	
		⑩ 해당 사업연도 이익잉여금 처분액 중 상여금, 급여, 그 밖의 사외유출 ❾	
		⑪ 해당 사업연도 이익잉여금 처분액 중 거주지국 ㅂ 따른 의무적립금과 의무적인 이익잉여금 처분	
		기과세 간주배당 잔여액	⑫ 전년도 기과세 간주배당 잔여
			⑬ 이익잉여금 처분에 의한 배당금(분배
			⑭ 소계[(⑫ - ⑬) ≥ 0]
		평가이익 ⓬	⑮ 전년도 말 주식 또는 출자증권에 평가이익 누계액
			⑯ 평가이익 중 해당 사업연도 실현된 부분
			⑰ 해당 연도 말 평가이익
			⑱ 소계[(⑮ - ⑯)+⑰]
		⑲ 합계(⑨ + ⑩ + ⑪ + ⑭ + ⑱)	
	⑳ 차감 유보소득(⑧ - ⑲)		
	㉑ 「국제조세조정에 관한 법률 시행령」 제64조 제 따른 금액 ⓭		
	㉒ 배당 가능한 유보소득금액(⑳ - ㉑)		
㉓ 「국제조세조정에 관한 법률」 제30조 제1항에 따른 내국 배당간주금액(㉒ × ④의 합계율)			
수동소득 계산특례 ⓮	㉔ 총수입금액에서 「국제조세조정에 관한 법률」 제 제2항에 따른 수동소득의 합계가 차지하는 비		
	㉕ 「국제조세조정에 관한 법률」 제30조 제2항에 내국인의 배당간주금액(㉒ × ㉔ × ④의 합계		

유보소득 (갑) ❶	법인명 (성명)
해외현지기업 고유번호	
③ 발행주식 ❷	

	간접	합계
	%	%
준❹	[ ] 우리나라 회계기준	[ ] 외국(거주지국) 회계기준

	외국 통화 (통화 종류:)	환율	환산 후 금액(원)
배당금			
, 퇴직			
법령에 분액			
액 ❿			
금) ⓫			
에 대한			
중에			
1항에			
인의			
29조 율			%
따른 율)			

❶ 이 서식은 국제조세조정에 관한 법률 제30조에 따른 배당간주금액의 적정한 산출을 위하여 해당 내국인이 작성한다. 이 서식에 적는 환율은 각 사업연도 종료일 다음 날부터 60일이 되는 날 현재의 기준환율 또는 재정환율로 하며, 통화 종류는 서울외국환중개주식회사(www.smbs.biz)나 외국환은행의 환율 조회 사이트를 참고하여 영문 3문자(예시: 미국 USD)로 작성한다.

❹ 「⑤ 배당 가능한 유보소득금액 계산 적용 회계기준」란에는 해당 국가 적용 회계기준에 "√" 표시를 한다.

❽ 「⑨ 해당 사업연도 이익잉여금 처분액 중 이익의 배당금 또는 잉여금의 분배금」란에는 해당 사업연도 이익잉여금 처분액 중 이익의 배당금(해당 사업연도에 있었던 중간배당액을 포함함) 및 분배금을 적는다. 다만, 특정외국법인이 1997년 1월 1일 이전의 배당 가능한 유보소득금액과 해당 사업연도 개시일 이전에 국제조세조정에 관한 법률 시행령 제66조 제1항 제4호 및 제5호의 금액을 보유하고 있는 경우에는 해당 금액에서 그 발생순서에 따라 우선적으로 잉여금 처분에 의한 배당(분배) 또는 상여금 등을 처분한 것으로 본다. 이 경우 각 사례별로 아래와 같이 해당 서식에 이익잉여금 처분금액을 적는다.

구분	작성서식
제도 시행일 이전 배당 가능한 유보소득에서 처분된 것으로 보는 경우	별지 제30호 서식(을) ⑬ 또는 ⑯
해당 사업연도 개시일 이전에 국제조세조정에 관한 법률 시행령 제66조 제1항 제4호의 금액을 보유하고 있는 금액에서 처분된 것으로 보는 경우(배당 및 분배금에 한함)	이 서식 ⑨ 및 ⑬
해당 사업연도 개시일 이전에 국제조세조정에 관한 법률 시행령 제66조 제1항 제5호의 금액을 보유하고 있는 금액에서 처분된 것으로 보는 경우	별지 제30호 서식(을) ㉑ 또는 ㉔

❾ 「⑩ 해당 사업연도 이익잉여금 처분액 중 상여금, 퇴직급여, 그 밖의 사외유출」란에는 해당 사업연도에 처분한 상여금, 퇴직급여, 그 밖의 사외유출의 금액을 더한 금액을 적는다.

❿ 「⑫ 전년도 기과세 간주배당 잔여액」란에는 전년도까지 배당으로 간주하여 국제조세조정에 관한 법률 시행령 제2장 제3절을 적용받는 배당간주금액을 적는다.

⓫ 「⑬ 이익잉여금 처분에 의한 배당금(분배금)」란에는 해당 사업연도에 실제로 처분된 배당금 또는 분배금(⑨)을 적는다.

■ 작성요령 Ⅳ - 특정외국법인의 유보소득계산 명세서(을)

❷ 「특정외국법인 ① ~ ⑤」란에는 특정외국법인의 해당 사항을 적는다. 「③ 해외현지기업 고유번호」란은 특정외국법인이 자회사인 경우에는 국세청에서 부여한 해외현지기업 고유번호를 적고, 특정외국법인이 손자회사인 경우에는 고유번호를 적지 않는다.

❸ 「⑦ 전기 이월이익잉여금」란에는 해당 사업연도 이익잉여금 처분계산서의 "전기 이월이익잉여금"란의 금액을 적는다.

❻ 「⑪ 시행일 이전 배당 가능한 유보소득」란에는 국제조세조정에 관한 법률 제2장 제3절을 적용받는 특정외국법인의 국제조세조정에 관한 법률이 시행되는 사업연도를 기준으로 직전 사업연도 이익잉여금 처분계산서의 차기 이월이익잉여금에 직전 사업연도까지의 임의적립금누계액과 임의로 처분한 이익잉여금 누계액을 더하고, 임의적립금 이입 누계액을 뺀 금액을 적는다.

❽ 「⑫ 직전 연도 누계액 · ⑮ 직전 연도 누계액」란에는 국제조세조정에 관한 법률 제2장 제3절을 적용받는 특정외국법인의 직전 사업연도까지의 이익잉여금 처분에 의한 배당금 · 분배금 또는 상여금 등 누계액을 적는다.

❿ 「⑲ 국제조세조정에 관한 법률 제27조에 따른 적용 제외 배당 가능한 유보소득」란에는 국제조세조정에 관한 법률 제27조가 적용되지 않을 때에 발생한 배당 가능한 유보소득을 적는다.

⓬ 「㉗ 조정 이월이익 잉여금」란에는 특정외국법인의 유보소득 계산 명세서〔별지 제30호 서식(갑)〕의 「⑥ 조정 이월이익잉여금」란으로 옮겨 적는다.

⓭ 「 이월결손금 명세 ㉘ ~ ㉜」란에는 특정외국법인이 처리 전 결손금(전기 이월이익잉여금 또는 전기 이월결손금 + 당기순이익 또는 당기순손실) 발생 시 결손금 처리계산서의 명세를 적는다.

⓮ 「특정외국법인의 중간외국법인에 대한 배당처분 명세 ㉝ ~ ㊱」란에는 내국법인과 특정외국법인 사이에 1개 이상의 중간외국법인(국제조세조정에 관한 법률 시행령 제68조 제2항에 따른 중간외국법인을 말함)이 개재되어 있는 경우에 작성한다. 다만, 둘 이상의 중간외국법인이 개재되어 있는 경우에는 중간외국법인별로 배당지급 명세를 첨부해야 한다.

[별지 제30호 서식(을)] (2021. 3. 16. 개정)

과세연도	. . . ~ . . .	특정외국법인의 ... 계산 명세서

[단위: 특정...

특정 외국법인 ❷	① 법인명
	③ 해외현지기업 고유번호
	⑤ 소재지

	⑥ 사업연도	⑦ 전기 이월이익잉여금❸	⑧ 전기... 적립금
특정 외국법인 조정 이월이익 잉여금 계산명세			
	⑪ 시행일 이전 배당 가능한 유보소득❻	배당(분배) 처분액 ❼ ⑫ 직전 연도 누계액❽	⑬ 해당 사업연도❾	⑭ ... 누계... (⑫ + ...)
	⑲ 「국제조세조정에 관한 법률」 제27조에 따른 적용 제외 배당 가능한 유보소득❿	배당(분배) 처분액 ⓫ ⑳ 직전 연도 누계액	㉑ 해당 사업연도	㉒ ... 누계... (⑳ + ...)
	㉗조정 이월이익 잉여금(⑩ − ⑱ − ㉖) ⓬			

이월 결손금 명세⓭	㉘ 사업연도	㉙ 전기 이월액	㉚ ...

특정외국법인의 중간 외국법인에 대한 배당 처분 명세⓮	㉝ 사업연도	㉞ 처분 전 이익잉...

의 유보소득
서(을) ❶

법인명(성명)	

정외국법인 소재지국(거주지국) 통화], 통화 종류: (　　　)

	② 업종
	④ 사업연도

전기 임의 금 누계액❹	⑨ 전기 임의적립금 이입 누계액❺	⑩ 소계 (⑦ + ⑧ − ⑨)

	상여금 등 처분액 ❼			
처분 누계액 + ⑬)	⑮ 직전 연도 누계액❽	⑯ 해당 사업연도❾	⑰ 처분 누계액 (⑮ + ⑯)	⑱ 적용 제외 유보소득 (⑪ − ⑭ − ⑰)

	상여금 등 처분액 ⓫			
처분 누계액 + ㉑)	㉓ 직전 연도 누계액	㉔ 해당 사업연도	㉕ 처분 누계액 (㉓ + ㉔)	㉖ 적용 제외 유보소득 (⑲ − ㉒ − ㉕)

당기 발생액	㉛ 결손금 처리액	㉜ 차기 이월액

잉여금⓯	㉟ 당기 배당액⓰	㊱ 중간외국법인에 지급한 배당금⓱

❶ 이 서식은 국제조세조정에 관한 법률 시행령 제66조에 따른 배당 가능한 유보소득의 적정한 산출을 위하여 해당 내국인이 작성한다. 이 서식에 적는 금액은 특정외국법인의 소재지국(거주지국)의 자국 통화를 기준으로 하며, 통화 종류는 서울 외국환중개주식회사(www.smbs.biz)나 외국환은행의 환율 조회 사이트를 참고하여 영문 3문자(예시: 미국 USD)로 작성한다.

❹ 「⑧ 전기 임의적립금 누계액」란에는 직전 사업연도까지의 이익잉여금 처분계산서의 임의적립금 누계액 및 임의로 처분한 이익잉여금 누계액을 적는다.

❺ 「⑨ 전기 임의적립금 이입 누계액」란에는 직전 사업연도까지의 이익잉여금 처분계산서의 임의적립금 이입 누계액을 적는다.

❼ 「배당(분배)·상여금 등 처분액 ⑫ ~ ⑰」란에는 「⑭ 처분누계액」란과 「⑰ 처분누계액」란의 합계가 「⑪ 시행일 이전 배당 가능한 유보소득」란의 시행일 이전 배당 가능한 유보소득을 초과하는 경우에는 「⑪」란의 시행일 이전 배당 가능한 유보소득을 한도로 「⑫ 직전 연도 누계액」, 「⑬ 해당 사업연도」, 「⑮ 직전 연도 누계액」, 「⑯ 해당 사업연도」란을 적는다.

❾ 「⑬ 해당 사업연도·⑯ 해당 사업연도」란에는 해당 사업연도 이익잉여금 처분액 중 이익의 배당금(해당 사업연도 중에 있었던 중간배당액 포함. 이하 "배당금"이라 함)·분배금 또는 상여금 등을 적는다. 다만 「⑪ 시행일 이전 배당 가능한 유보소득」란의 시행일 이전 배당 가능한 유보소득의 잔여액(⑪ - ⑫ - ⑮)이 해당 사업연도 이익잉여금 처분액 중 이익의 배당금·분배금 또는 상여금 등보다 작은 경우에는 시행일 이전 배당 가능한 유보소득의 잔여액을 한도로 해당 금액을 적고 특정외국법인의 유보소득 계산 명세서[별지 제30호 서식(갑)]의 작성방법 ❽에 따라 해당 서식의 란에 나머지 금액을 적는다.

⓫ 「배당(분배)·상여금 등 처분액 ⑳ ~ ㉖」란에는 이 서식 작성방법 ❼부터 ❾까지를 준용하여 적는다.

⓯ 「㉞ 처분 전 이익잉여금」란에는 해당 사업연도의 이익잉여금 처분계산서의 처분 전 이익잉여금(해당 사업연도에 있었던 중간배당액을 포함함)을 적는다.

⓰ 「㉟ 당기 배당액」란에는 특정외국법인이 해당 사업연도에 한 이익잉여금 처분에 의한 배당금(분배금) 총액을 적는다.

⓱ 「㊱ 중간외국법인에 지급한 배당금」란에는 특정외국법인이 해당 사업연도에 한 이익잉여금 처분에 의한 배당금(분배금) 총액 중 중간외국법인에 지급된 금액을 적는다.

■ 작성요령 V – 특정외국법인의 유보소득 합산과세 판정 명세서(갑)

[별지 제31호 서식(갑)] (2022. 3. 18. 개정)

과세연도	. . . ~ . . .	특정외국법인의 합산과세 판정

※ [ ]에는 해당되는 곳에 "√" 표시를 합니다.

[단위: 특정

특정외국법인 ❷	① 법인명
	③ 해외현지기업 고유번호
	⑤ 소재지

특정외국법인 자본금 명세	⑥ 자본금 ❸	
	자기자본	납

내국인과 특정외국법인의 특수관계 판정기준	주식 보유 (⑧≥50%) (「국제조세조정에 관한 법률 시행령」 제2조 제2항 제1호 및 제2호)	⑧ 주
	공통의 이해관계가 있고 실질적 지배관계가 있는지 여부 (「국제조세조정에 관한 법률 시행령」 제2조 제2항 제3호 및 제4호)	⑨ [

⑪ 특정외국법인에 대한 해당 내국인 및 특수관계인의 주식 보유비율 합계 ❼				
판정 기준	최소금액	⑫ 해당 사업연도 말 조정 후 세전이익[별지 제 … 초과하는지 여부 ❽		
	최근 3개 사업연도 평균 특정외국법인 조세부담 (⑬≤「법인세법」 제55조에 따른 세율 중 최고세율의 70%)	⑬ 최근 3개 사업연도 평균 조세부담비율 [(⑮ + ⑯ + ⑰) / ⑭]		
		⑮ 최근 3개 사업연도 납부세액 합계 ❿	세목	
			세액	
		⑰ 최근 3개 사업연도 감소세액 합계 ⓬	세액	
			이월 결손금	
	업종 및 주된 사업 기준	⑲ 「국제조세조정에 관한 법률」 제29조 제1 … 과세 적용기준에 해당하는지 여부		
		⑳ 「국제조세조정에 관한 법률」 제29조 제1 … 등의 합산과세 적용기준에 해당하는지 여		
	소득기준	㉑ 「국제조세조정에 관한 법률」 제29조 제2 … 합산과세 적용기준에 해당하는지 여부		
	해외 지주회사	㉒ 「국제조세조정에 관한 법률」 제28조 제3 … 등의 합산과세 적용배제기준에 해당하는		

❷ 「특정외국법인 ① ~ ⑤」란에는 특정외국법인의 해당 사항을 적는다. 「③ 해외현지기업 고유번호」란은 특정외국법인이 자회사인 경우에는 국세청에서 부여한 해외현지기업 고유번호를 적고, 특정외국법인이 손자회사인 경우에는 고유번호를 적지 않는다.

❼ 「⑪ 특정외국법인에 대한 해당 내국인 및 특수관계인의 주식 보유비율 합계」란에는 특정외국법인의 유보소득 합산과세 판정 명세서(병)의 ⑩란의 직접·간접·소계의 지분율 합계 값을 옮겨 적는다.

❽ 「⑫ 해당 사업연도 말 조정 후 세전이익〔별지 제31호 서식(을)의 ⑩〕이 2억원을 초과하는지 여부」란에는 특정외국법인의 유보소득 합산과세 판정 명세서〔별지 제31호 서식(을)〕의 ⑩란 중 해당 사업연도의 조정 후 세전이익이 2억원을 초과하는지를 판단한다.

❿ 「⑮ 최근 3개 사업연도 납부세액 합계」란에는 특정외국법인의 유보소득 합산과세 판정 명세서〔별지 제31호 서식(을)〕의 「⑪ 납부세액」 합계란의 금액을 옮겨 적는다.

⓬ 「⑰ 최근 3개 사업연도 감소세액 합계」란에는 특정외국법인의 유보소득 합산과세 판정 명세서〔별지 제31호 서식(을)〕의 「⑬ 감소세액」 합계란의 금액을 옮겨 적는다.

의 유보소득 명세서(갑)❶	법인명 (성 명)	

외국법인 소재지국(거주지국) 통화)], 통화 종류: ( )	
	② 업종
	④ 사업연도

	⑦ 발행주식 수 ❸
납입자본	

구분	직접	간접	합계
식 보유비율 ❹	%	%	%

공통의 이해관계 ❺	⑩ 실질적 지배관계 ❻
] 예 [ ] 아니요	[ ] 예 [ ] 아니요

31호서식(을)의 ⑩]이 2억원을	[ ] 예 [ ] 아니요

%	⑭ 최근 3개 사업연도 조정 후 세전이익 합계 ❾	
	⑯ 거주지국 외의 국가에서의 최근 3개 사업연도 납부세액 합계 ⓫	세목
		세액
	⑱ 적립금 ⓭	의무 적립금
		임의 적립금

항 제1호의 도매업 등의 합산	[ ] 예 [ ] 아니요
항제2호의 주식·채권의 보유 여부	[ ] 예 [ ] 아니요
항의 수동소득기준을 충족하여	[ ] 예 [ ] 아니요
3호에 해당하는 해외지주회사 지 여부	[ ] 예 [ ] 아니요

❶ 이 서식에 적는 금액은 특정외국법인의 소재지국(거주지국)의 자국 통화를 기준으로 하며, 통화 종류는 서울외국환중개주식회사(www.smbs.biz)나 외국환은행의 환율 조회 사이트를 참고하여 영문 3문자(예시: 미국 USD)로 작성한다.

❸ 「⑥ 자본금·⑦ 발행주식 수」란에는 특정외국법인의 자본금 명세(사업연도 말 기준)를 적는다(예: 자기자본 = 자본금 계).

❹ 「⑧ 주식 보유비율」란에는 특정외국법인의 유보소득 합산과세 판정 명세서(병)의 ⑦란의 직접·간접·소계의 지분율 합계 값을 옮겨 적는다.

❺ 「⑨ 공통의 이해관계」란에는 국제조세조정에 관한 법률 시행령 제2조 제2항 제3호·제4호에 따른 어느 한쪽과 다른 쪽 간의 공통의 이해관계 유무를 적는다.

❻ 「⑩ 실질적 지배관계」란에는 국제조세조정에 관한 법률 시행령 제2조 제2항 제3호 각 목 및 제4호 각 목에 따른 어느 한쪽과 다른 쪽 간의 실질적 지배관계 유무를 적는다.

❾ 「⑭ 최근 3개 사업연도 조정 후 세전이익 합계」란에는 특정외국법인의 유보소득 합산과세 판정 명세서〔별지 제31호 서식(을)〕의 ⑩란 중 "조정 후 세전이익" 합계란의 금액을 옮겨 적는다.

⓫ 「⑯ 거주지국 외의 국가에서의 최근 3개 사업연도 납부세액 합계」란에는 특정외국법인의 유보소득 합산과세 판정 명세서〔별지 제31호 서식(을)〕의 「⑫ 그 밖의 국가 납부세액」 합계란의 금액을 옮겨 적는다.

⓭ 「⑱ 적립금」란에는 해당 사업연도의 의무적립금과 임의적립금을 적는다.

■ 작성요령 Ⅵ - 특정외국법인의 유보소득 합산과세 판정 명세서(을)

❷「특정외국법인 ① ~ ④」란에는 특정외국법인의 해당 사항을 적는다.「③ 해외현지기업 고유번호」란은 특정외국법인이 자회사인 경우에는 국세청에서 부여한 해외현지기업 고유번호를 적고, 특정외국법인이 손자회사인 경우에는 고유번호를 적지 않는다.

❸「⑥ 세전이익」란에는 해당 사업연도를 포함한 최근 3개 사업연도의 세전이익을 각각 적는다. 이 경우 3개 사업연도에 미달하는 경우에는 해당 사업연도까지의 기간을 적고, 세전이익이 결손인 사업연도의 경우 세전이익은 "0"으로 적는다.

❹「⑦ 가산」란에는 세전이익에 주식 또는 출자증권의 평가손실이 반영되어 있는 경우 그 평가손실액을 적는다.

❺「⑧ 차감」란에는 세전이익에 주식 또는 출자증권의 평가이익이 반영되어 있는 경우 그 평가이익을 적는다.

❻「⑨ 조정」란에는 해당 사업연도 이전의 주식 또는 출자증권의 평가손익 중 해당 사업연도에 실현된 금액을 적는다(특정외국법인이 보유 주식등을 매각한 경우 또는 배당을 받는 경우에는 원래 차감했던 평가이익을 실현이익으로 가산한다).

❼「⑫ 그 밖의 국가 납부세액」란에는 관련 특정외국법인 소재지국 외의 국가에서 납부한 세액을 적는다.

❽「⑬ 감소세액」란에는 해당 사업연도에 이월결손금이 포함되어 법인소득에 대한 조세가 계산된 경우에 작성하며, 이월결손금이 산입됨으로써 감소한 법인소득에 대한 조세액을 계산하여 적는다.

[별지 제31호 서식(을)] (2021. 3. 16. 개정)

과세연도	. . . ~ . . .	특정외국법인 합산과세 판정

특정 외국법인 ❷	① 법인명	
	③ 해외현지기업 고유번호	

사업연도별 조세부담액(해당 사업연도 [단

		해당 사업연도	직
⑤ 사업연도		~	
⑥ 세전이익❸			
주식 또는 출자증권의 평가손익	⑦ 가산❹		
	⑧ 차감❺		
	⑨ 조정❻		
⑩ 조정 후 세전이익 (⑥ + ⑦ - ⑧ ± ⑨)			
⑪ 납부세액	세목		
	세액		
⑫ 그 밖의 국가 납부세액 ❼	세목		
	세액		
⑬ 감소세액 ❽	세목		
	세액		

의 유보소득 명세서(을) ❶	법인명 (상명)	
	② 업종	
	④ 소재지	

포함 최근 3개 사업연도의 조세부담액)
위: 특정외국법인 소재지국(거주지국) 통화], 통화 종류: (   )

1 사업연도	전전 사업연도	합계
~	~	
		■
		■
		■

❶ 검은색 난(■)은 적지 않으며, 이 서식에 적는 금액은 특정외국법인의 소재지국(거주지국)의 자국 통화를 기준으로 하며, 통화 종류는 서울외국환중개주식회사(www.smbs.biz)나 외국환은행의 환율 조회 사이트를 참고하여 영문 3문자(예시: 미국 USD)로 작성한다.

■ 작성요령 Ⅶ - 특정외국법인의 유보소득 합산과세 판정 명세서(병)

❷ 「⑤·⑧ 내국인의 지분율」란에는 해당 내국인이 직접 또는 간접으로 보유하고 있는 특정외국법인의 주식 또는 출자지분의 지분율을 적는다.

❹ 「⑨ 관계」란에는 국세기본법 제2조 제20호 가목 또는 나목의 관계 중에 해당하는 관계의 작성코드를 다음과 같이 적는다.

내국인과의 관계	작성코드
4촌 이내 혈족	①-1
3촌 이내의 인척	①-2
배우자(사실상의 혼인관계에 있는 자 포함)	①-3
친생자로서 다른 사람에게 친양자 입양된 자 및 그 배우자·직계비속	①-4
임원과 그 밖의 사용인	②-1
내국인의 금전이나 그 밖의 재산으로 생계를 유지하는 자	②-2
임원과 그 밖의 사용인 및 내국인의 금전이나 그 밖의 재산으로 생계를 유지하는 자와 생계를 함께하는 친족	②-3

❺ 「⑨ 관계의 지분율」란에는 특수관계인이 직접 보유하는 주식 또는 출자지분의 지분율을 적는다.

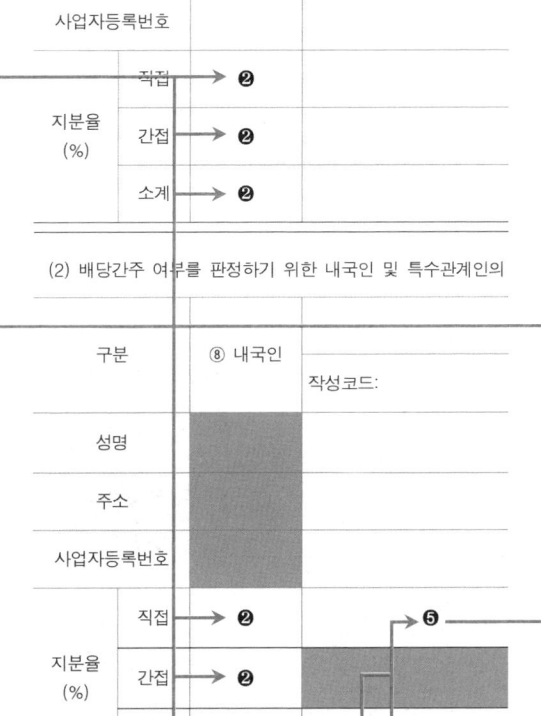

[별지 제31호 서식(병)] (2021. 3. 16. 개정)

과세연도	. . ~ . .	특정외국법인의 합산과세 판정

특정외국법인	① 법인명
	③ 해외현지기업 고유번호

(1) 내국인과 외국법인의 특수관계 여부를 판정하

구분		⑤ 내국인	작성코드:
성명			
주소			
사업자등록번호			
지분율 (%)	직접	❷	
	간접	❷	
	소계	❷	

(2) 배당간주 여부를 판정하기 위한 내국인 및 특수관계인의

구분		⑧ 내국인	작성코드:
성명			
주소			
사업자등록번호			
지분율 (%)	직접	❷	❺
	간접	❷	
	소계	❷	❺

의 유보소득
명세서(병) ❶

법인명 (성명)	

② 업종

④ 소재지

하기 위한 내국인 및 특수관계인의 주식 보유비율

⑥ 관계 ❸

작성코드:

⑦ 지분율 합계

주식 보유비율

⑨ 관계 ❹

작성코드:

⑩ 지분율 합계

❺

❺

❶ 이 서식은 국제조세조정에 관한 법률 제27조 제1항의 특수관계와 같은 조 제2항의 배당간주가 적용되는 내국인의 범위를 판단하기 위한 것으로서, "(1) 내국인과 외국법인의 특수관계 여부를 판정하기 위한 내국인 및 특수관계인의 주식 보유비율"은 국제조세조정에 관한 법률 제27조 제1항 및 같은 법 시행령 제63조 제1항·제2항에 따라 특정외국법인 주주 중 내국인 및 내국인과 국세기본법 제2조 제20호 가목 또는 나목의 관계 또는 국제조세조정에 관한 법률 제2조 제1항 제3호에 따른 특수관계인이 특정외국법인의 주식·출자지분을 50% 이상 직접 또는 간접으로 보유하고 있는 경우에 작성하며, "(2) 배당간주 여부를 판정하기 위한 내국인 및 특수관계인의 주식 보유비율"은 국제조세조정에 관한 법률 제27조 제2항 및 같은 법 시행령 제63조 제3항에 따라 내국인의 특정외국법인 주식·출자지분의 직·간접 보유비율과 내국인과 국세기본법 제2조 제20호 가목 및 나목의 관계에 있는 자의 특정외국법인 주식·출자지분의 직접 보유비율을 합산한 비율이 10% 이상인 경우에 작성한다. 이 경우 검은색 난(■)은 적지 않으며, 적는 칸이 부족한 경우에는 따로 이 서식을 추가하여 작성한다.

❸ 「⑥ 관계」란에는 국세기본법 제2조 제20호 가목 또는 나목에 해당하는 관계 또는 국제조세조정에 관한 법률 제2조 제1항 제3호의 관계 중에 해당하는 관계의 작성코드를 다음과 같이 적는다.

내국인과의 관계	작성코드
4촌 이내 혈족	①-1
3촌 이내의 인척	①-2
배우자(사실상의 혼인관계에 있는 자 포함)	①-3
친생자로서 다른 사람에게 친양자 입양된 자 및 그 배우자·직계비속	①-4
임원과 그 밖의 사용인	②-1
내국인의 금전이나 그 밖의 재산으로 생계를 유지하는 자	②-2
임원과 그 밖의 사용인 및 내국인의 금전이나 그 밖의 재산으로 생계를 유지하는 자와 생계를 함께 하는 친족	②-3
내국인이 의결권 있는 주식(출자지분 포함)의 50% 이상을 직접 또는 간접으로 소유하고 있는 법인	③-1
제3자가 내국인과 어떤 법인의 의결권 있는 주식의 50% 이상을 직접 또는 간접으로 각각 소유하고 있는 경우 그 법인	③-2
자본의 출자관계, 재화·용역의 거래관계, 자금의 대여 등에 의하여 공통의 이해관계가 있고 상호 간의 사업 방침을 실질적으로 결정할 수 있는 법인	③-3
자본의 출자관계, 재화·용역의 거래관계, 자금의 대여 등에 의하여 내국인과 공통의 이해관계가 있고 제3자가 내국인과 그 법인의 사업 방침을 실질적으로 결정할 수 있는 경우 그 법인	③-4

■ 작성요령 Ⅷ - 특정외국법인의 유보소득 합산과세 적용범위 판정 명세서(갑)

❷ 「해외지주회사 ① ~ ⑤」란에는 해외지주회사의 해당 사항을 적는다. 「③ 해외현지기업 고유번호」란은 특정외국법인이 자회사인 경우에는 국세청에서 부여한 해외현지기업 고유번호를 적고, 특정외국법인이 손자회사인 경우에는 고유번호를 적지 않는다.

❻ 「⑭ 해외지주회사가 모든 자회사의 주식등을 40% 이상 소유하는지 여부」란에는 모든 자회사의 발행주식 총수 또는 출자총액의 40% 이상을 해외지주회사가 소유하고 있는 경우에는 "예"에 "√" 표시를 한다.

❼ 「⑮ 모든 자회사가 국제조세조정에 관한 법률 제27조의 적용을 받지 않는지 여부」란에는 모든 자회사가 국제조세조정에 관한 법률 제27조를 적용받지 않는 경우에는 "예"에 "√" 표시를 한다.

❾ 「⑰ 해외지주회사가 모든 자회사의 주식등을 배당기준일 현재 6개월 이상 보유하고 있는지 여부」란에는 해외지주회사가 모든 자회사의 주식등을 해당 자회사의 배당기준일 현재 6개월 이상 계속하여 보유하고 있는 경우에는 "예"에 "√" 표시를 한다.

❿ 「같은 지역등에 본점 또는 주사무소를 두고 있는 자회사로부터 받은 소득 ⑱ ~ ⑳」란에는 해외지주회사가 국제조세조정에 관한 법률 제28조 제3호 가목에 해당하는 자회사 중 같은 국가등에 본점 또는 주사무소를 두고 있는 자회사로부터 받은 이자·배당, 그 밖에 같은 법 시행령에서 정하는 소득의 합계를 각각 적는다.

[별지 제32호 서식(갑)] (2021. 3. 16. 개정)

과세연도	. . . ~ . . .	특정외국법인의 유 적용범위 판정

해외지주회사 ❷	① 법인명
	③ 해외현지기업 고유번호
	⑤ 소재지

자회사 현황	⑥ 법인명	⑦ 소재지	(…) 지주… 소유…
	⑬ …		

자회사 요건	구분
	⑭ 해외지주회사가 모든 자회사의 주식등을 40… 여부 ❻
	⑮ 모든 자회사가 「국제조세조정에 관한 법률」… 받지 않는지 여부 ❼

지주회사 요건			
	⑯ 해외지주회사의 주된 사업이 주식 보유인지…		
	⑰ 해외지주회사가 모든 자회사의 주식등을 배당… 이상 보유하고 있는지 여부 ❾		
	소득기준	같은 지역등에 본점 또는 주사무소를 두고 있는 자회사로부터 받은 소득 ❿	⑱ 이자소득
			⑲ 배당소득
			⑳ 「국제조세조정에… 로 정하는 그 밖…
		㉑ 그 밖의 소득(「국제조세조정에 관한 법… 호 외의 사업을 실질적으로 운영함에 따라… 회사의 주식을 처분함에 따라 발생하는…	
		㉒ 합계(⑱+⑲+⑳+㉑)	
		㉓ 비율[(⑱+⑲+⑳)/㉒×100]	
		㉔ 소득비율(㉓≥90%)	

유보소득 합산과세 정 명세서(갑)❶	법인명 (성명)	

(단위: 원)

② 업종
④ 사업연도

⑧ 주회사 유비율	⑨ 취득일 ❸	⑩ 배당 기준일	⑪ 보유 개월 수 ❹	⑫ 배당지급액 ❺
합계				

	적합 여부	
% 이상 소유하는지	[ ] 예	[ ] 아니요
제27조의 적용은	[ ] 예	[ ] 아니요
여부 ❽	[ ] 예	[ ] 아니요
기준일 현재 6개월	[ ] 예	[ ] 아니요
관한 법률 시행령」으 밖의 소득의 합계		
률」 제29조제1항 각 발생하는 소득과 자 소득은 제외)⓫		
	%	
	[ ] 예	[ ] 아니요

❶ 이 서식은 국제조세조정에 관한 법률 제28조 제3호 및 같은 법 시행령 제64조 제2항부터 제4항까지의 규정에 따른 해외지주회사의 유보소득의 배당간주에 관한 특례가 적용되는지를 판정하기 위하여 해당 내국인이 작성한다. 이 서식에 적는 금액은 "원"을 단위로 한다.

❸ 「⑨ 취득일」란에는 지주회사의 자회사에 대한 주식 또는 출자지분의 취득일을 적는다.

❹ 「⑪ 보유 개월 수」란에는 배당기준일 현재 지주회사의 자회사의 주식 또는 출자지분을 보유한 개월 수를 적는다.

❺ 「⑫ 배당지급액」란에는 자회사가 지주회사에 지급한 배당액을 적는다.

❽ 「⑯ 해외지주회사의 주된 사업이 주식 보유인지 여부」란에는 해외지주회사가 주식의 보유를 주된 사업으로 하는 경우에 "예"에 "√" 표시를 한다. 이 경우 주된 사업의 판단은 특정외국법인의 유보소득 합산과세 적용범위 판정 명세서〔별지 제32호 서식(을)〕의 「⑪ ~ ⑭」를 준용하여 판단한다.

⓫ 「㉑ 그 밖의 소득(국제조세조정에 관한 법률 제29조 제1항 각 호 외의 사업을 실질적으로 운영함에 따라 발생하는 소득과 자회사의 주식을 처분함에 따라 발생하는 소득은 제외)」란에는 「⑱ ~ ⑳」에 해당하지 않는 소득으로서 사무실, 점포, 공장 등의 고정된 시설을 가지고 그 시설을 통하여 국제조세조정에 관한 법률 제29조 제1항 각 호에 해당하는 사업 외의 사업을 실질적으로 운영함에 따라 발생하는 소득과 같은 법 시행령 제64조 제3항의 요건을 갖춘 자회사의 주식을 처분함에 따라 발생하는 소득을 제외한 금액을 적는다.

■ 작성요령 Ⅸ - 특정외국법인의 유보소득 합산과세 적용범위 판정 명세서(을)

❷ 「① 고정시설의 종류 · ② 고정시설에서 수행한 업태 · 종목」란에는 국제조세조정에 관한 법률 제28조 제2호에 따른 고정시설(예: 사무소, 점포, 공장 등)을 통하여 실질적으로 하는 사업의 명세를 적는다.

❸ 「③ 총거래금액」란에는 특정외국법인의 총수입금액과 총매입원가를 적는다. 다만, 도매업의 경우에는 총수입금액과 총매입원가에 포함되는 금액을 최근 3개 사업연도(3개 사업연도에 미달하는 경우에는 해당 사업연도까지의 기간)의 평균금액으로 한다.

❹ 「거래기준 ④ ~ ⑥」란에는 국제조세조정에 관한 법률 제29조 제1항 제1호의 사업을 하는 경우에 작성하며, 해당 사업연도의 거래금액이 많은 순서로 적되, 각 호의 해당 사업이 3개 이상인 경우 "소계"란에 해당 사업거래의 합계금액을 적고 별도의 명세서를 제출한다. 이 경우 도매업은 최근 3개 사업연도(3개 사업연도에 미달하는 경우에는 해당 사업연도까지의 기간)의 평균금액을 수입금액 및 매입원가로 작성한다.

❺ 「특수관계인과의 거래기준 ⑦ ~ ⑩」란에는 국제조세조정에 관한 법률 제29조 제1항 제1호의 사업 중에서 특수관계인과의 거래 상황(수입금액 · 매입원가)을 적는다. 이 경우 도매업의 경우에도 다른 업종과 같이 해당 사업연도의 수입금액 및 매입원가를 적는다.

❻ 「국제조세조정에 관한 법률 제29조 제1항 제2호의 주된 사업기준 ⑪ ~ ⑭」란에는 국제조세조정에 관한 법률 제29조 제1항 제2호의 주된 사업을 하는 경우에 작성하며, 같은 호에서 열거하는 사업을 겸업하고 있는 경우에는 그 중 수입금액이 가장 큰 사업의 수입금액을 적는다.

[별지 제32호 서식(을)] (2021. 3. 16. 개정)

과세연도	. . . ~ . . .	특정외국법인의 적용범위 판정

[단위: 특

특정외국법인명		
실질적인 사업의 명세		① 고정시설의 종류 ❷
		② 고정시설에서 수행한
		③ 총거래금액 ❸
「국제조세조정에 관한 법률」 제29조제1항제1호의 사업	거래기준 (⑥ > 50%) ❹	④ 사업의 종류
		1.
		2.
		3.
		소계
	특수관계인과의 거래기준 (⑩ > 50%) ❺	⑦ 대상 거래의 종류
		⑧ 대상 거래의 합계금
		⑨ 특수관계인과의 거래
		⑩ 특수관계인과의 거래비율(⑨/⑧)
「국제조세조정에 관한 법률」 제29조 제1항 제2호의 주된 사업기준 (⑭ > 50%) ❻		⑪ 주된 사업의 종류
		⑫ 총수입금액
		⑬ 주된 사업 수입금액
		⑭ 주된 사업 비율(⑬/⑫)
「국제조세조정에 관한 법률」 제29조 제1항 각 호 외의 부분 단서에 따른 특수관계가 없는 자와의 매출기준 (⑰ > 50%) ❼		⑮ 특수관계가 없는 자
		⑯ 총수입금액
		⑰ 비율(⑮/⑯)
「국제조세조정에 관한 법률」 제29조 제2항에 따른 소득기준 (㉑ > 5%) ❽		⑱ 같은 법 제29조 제2
		⑲ 같은 법 시행령 제65
		⑳ 총수입금액
		㉑ 비율[(⑱-⑲)/⑳]

유보소득 합산과세 정 명세서(을) ❶	법인명 (성명)	

특정외국법인 소재지국(거주지국) 통화], 통화 종류: (　　　)

	해외현지기업 고유번호	

한 업태 · 종목 ❷

	총수입금액	
	총매입원가	

	⑤ 거래금액		⑥ 총거래금액 대비 비율 (⑤/③)
	수입금액		%
	매입원가		%
	수입금액		%
	매입원가		%
	수입금액		%
	매입원가		%
	수입금액		%
	매입원가		%
액	수입금액		
	매입원가		
ㅐ 금액	수입금액		
	매입원가		
	수입금액		%
	매입원가		%

⑫)		%
에 대한 매출액		
		%
항에 따른 수동소득의 합계		
조 제4항 단서에 따른 배당금		
		%

❶ 이 서식은 국제조세조정에 관한 법률 시행령 제65조의 적용 범위에 해당하는지를 판정하기 위하여 국제조세조정에 관한 법률 제29조 제1항 제1호 및 제2호에 따른 업종에 해당하는 경우, 같은 조 제1항 각 호 외의 부분 단서에 해당하는 경우 및 같은 조 제2항에 해당하는 경우에 작성한다. 이 서식에 적는 금액은 특정외국법인의 소재지국(거주지국)의 자국 통화를 기준으로 하며, 통화 종류는 서울외국환중개주식회사(www.smbs.biz)나 외국환은행의 환율 조회 사이트를 참고하여 영문 3문자(예시: 미국 USD)로 작성한다.

❼ 「국제조세조정에 관한 법률 제29조 제1항 각 호 외의 부분 단서에 따른 특수관계가 없는 자와의 매출기준 ⑮ ~ ⑰」란에는 국제조세조정에 관한 법률 제29조 제1항 각 호 외의 부분 단서에 따른 특수관계가 없는 자와의 매출이 있는 경우에 작성하며, 같은 국가 또는 같은 지역〔국제조세조정에 관한 법률 시행규칙 제37조에 따라 "유럽연합(EU)" 및 "중국과 홍콩" 및 "동남아시아국가연합(ASEAN)"은 각각 같은 지역에 포함됨〕에 있는 특수관계가 없는 자에게 해당 사업연도에 판매한 금액과 특정외국법인의 총수입금액을 적는다.

❽ 「국제조세조정에 관한 법률 제29조 제2항에 따른 소득기준 ⑱ ~ ㉑」란에는 국제조세조정에 관한 법률 제29조 제2항 및 같은 법 시행령 제65조 제4항에 따른 소득기준을 충족하는 경우에 작성한다.

■ 작성요령 X - 국외출자 명세서

❷「직접 출자법인 ①～⑬」란에는 내국법인(거주자)이 외국에 직접 출자한 경우에 해당 사항을 적는다.

❸「간접 출자법인 ⑭～㉕」란에는 내국법인(거주자)이 직접 출자한 법인이 다른 외국법인에 50% 이상 출자한 경우에만 해당 사항을 적는다.

❹「⑩ 자본금 변동사항」란에는 직접 출자법인의 자본금 변동사항을 적는다.

❻「㉒ 자본금 변동사항」란에는 간접 출자법인의 자본금 변동사항을 적는다.

[별지 제33호 서식] (2021. 3. 16. 개정)

사업연도	. . . ～ . . .	국외 출자 명서

[단위: 직접 출자법인 또는

1. 직접 출자법인 ❷

① 현지법인명	② 해외현지기업 고유번호	③ 대표자		④ 소	
		성명	국적	국가	

⑧ 통화 종류	⑨ 수입 금액	⑩ 자본금 변동사항 ❹			
		기초	증감	사유	기말

2. 간접 출자법인 ❸

⑭ 현지법인명	⑮ 대표자		⑯ 소재지	
	성명	국적	국가	도시(

⑳ 통화 종류	㉑ 수입 금액	㉒ 자본금 변동사항 ❻			
		기초	증감	사유	기말

「국제조세조정에 관한 법률 시행령」 제70조에 따라 위와 같이

제출인

세무서장 귀하

ㅔ서 ❶	법인명 (성명)	

간접 출자법인의 소재지국(거주지국) 통화, 명]

·재지	⑤ 설립일	⑥ 업종	⑦ 종업원 수	
도시(지역)			파견	현지

⑪ 출자비율 ❺		⑫ 배당금	⑬ 유보잉여금
기초	기말		
%	%		
%	%		

지역)	⑰ 설립일	⑱ 업종	⑲ 종업원 수	
			파견	현지

㉓ 출자비율 ❼		㉔ 배당금	㉕ 유보잉여금	㉖ 비고
기초	기말			
%	%			
%	%			

국외 출자 명세서를 제출합니다.

년 월 일

(서명 또는 인)

❶ 이 서식은 특정외국법인에 출자한 내국인의 국외출자 내역을 파악하기 위하여, 특정외국법인의 주식 또는 출자금액을 10% 이상 보유하고 있는 내국인이 작성한다. 이 서식에 적는 금액은 직접 출자법인 또는 간접 출자법인의 소재지국(거주지국)의 자국 통화를 기준으로 하며, 통화 종류는 서울외국환중개주식회사(www.smbs.biz)나 외국환은행의 환율 조회 사이트를 참고하여 영문 3문자(예시: 미국 USD)로 작성한다.

❺ 「⑪ 출자비율」란에는 내국법인(거주자)의 직접 출자법인에 대한 출자비율을 적는다.

❼ 「㉓ 출자비율」란에는 직접 출자법인의 간접 출자법인에 대한 출자비율을 적는다.

세무조정 체크리스트

검 토 사 항	확인
1. 적용대상 특정외국법인의 각 사업연도말 현재 발행주식의 총수 또는 출자금액의 10% 이상을 직·간접으로 보유[*1]하고 있는 내국인(거주자, 내국법인), 다음의 경우 적용 제외	
① 실제발생소득이 2억원 이하인 경우	
② 고정된 시설을 보유하며 사업을 실질적으로 영위하는 경우. 단, 일정한 도매업 등을 영위하는 외국법인 및 주된 사업이 주식보유 등인 법인은 적용	
③ 해외지주회사가 일정한 요건을 모두 갖춘 경우 (*1) 지분율 10% 이상을 판단함에 있어 국세기본법 제2조 제20호 가목 및 나목에 해당하는 특수관계인이 직접 보유하고 있는 지분을 포함함.	
2. 특정외국법인 판정 다음의 요건을 모두 충족하는 외국법인	
① 거주지국[*2]에서의 '가. 실제부담세액'이 '나. 실제발생소득'의 16.8%(법인세 최고세율 24%의 70%) 이하일 것	
가. 실제부담세액 : 외국법인의 해당 사업연도를 포함한 최근 3개 사업연도[*3]에 실제로 부담한 세액(세전이익에 대한 조세. 해당 거주지국 외의 국가에서 납부한 세액과 이월결손금 공제로 인한 감소세액을 포함함)을 합계한 액수의 연평균액으로서 해당 외국법인의 거주지국 세법에 따라 산정한 금액 나. 실제발생소득 : 외국법인의 해당 사업연도를 포함한 최근 3개 사업연도[*3]에 실제로 발생한 소득(세전이익에 일정한 금액을 조정한 금액. 단 세전이익이 결손인 사업연도의 경우에는 영으로 봄)을 합계한 액수의 연평균액	
② 해당 법인에 출자한 내국인과 특수관계[*4]에 있을 것 (*2) 외국법인의 본점, 주사무소 또는 실질적 관리장소가 있는 국가 또는 지역을 말함. (*3) 조세피난처 과세제도 적용대상 업종에 해당하는 사업을 하는 사업연도만 포함되며, 3개 사업연도에 미달하는 경우에는 해당 사업연도만으로 연평균액을 계산함. (*4) 국제조세조정에 관한 법률 제2조 제1항 제3호 가목의 관계에 해당하는지를 판단할 때에는 내국인과 국세기본법 제2조 제20호 가목 및 나목의 관계 또는 국제조세조정에 관한 법률 제2조 제1항 제3호에 따른 특수관계인이 직접 또는 간접으로 보유하는 주식을 포함함.	
3. 배당간주금액의 계산 배당간주금액 = 배당가능 유보소득 × 해당 내국인의 특정외국법인 주식 보유비율 단, 수동소득에 대한 조세피난처 과세제도 적용시에는 상기 배당간주금액에 '(수동소득의 합계금액 - 합산제외 배당금) ÷ 특정외국법인의 총 수입금액'을 곱한 금액	
① 특정외국법인의 배당가능유보소득 산정은 해당 특정외국법인 거주지국의 GAAP에 의해 산출한 처분 전 이익잉여금으로부터 특정사항에 대한 조정과 공제를 하고 난 금액. 단, 거주지국의 GAAP이 한국 GAAP과 현저히 다른 경우에는 한국 GAAP에 의함.	
② 내국인의 주식 보유비율은 직접출자의 경우 특정외국법인의 발행주식수에서 내국인이 보유한 주식수의 비율이며, 간접출자의 경우에는 중간법인의 특정외국법인에 대한 지분율을 곱한 비율임.	

검 토 사 항	확인
4. 배당간주금액의 익금귀속시기 및 적용환율 내국인의 배당간주금액은 특정외국법인의 해당 사업연도 종료일의 다음 날부터 60일이 되는 날 현재의 기준환율(또는 재정환율)을 적용하여 환산한 금액을 동 60일이 되는 날이 속하는 내국인의 과세연도의 익금에 산입하는 것임.	
5. 실제 배당금액의 익금불산입	
① 직접출자의 경우 익금불산입액 = Min(가, 나)	
가. 해당 사업연도 실제 배당금액 나. 과거 사업연도분 배당으로 간주된 금액의 합계 - 기발생된 이월익금 등의 합계	
② 간접출자의 경우 익금불산입액 = Min(가, 나)	
가. 해당 사업연도 실제 배당금액 나. (특정외국법인이 유보소득을 중간법인에게 실제 배당한 금액(의제배당 포함) × 실제 배당시 내국인의 중간법인에 대한 주식 보유비율)의 합계액 - 과거 사업연도에 중간법인이 내국인에게 이미 실제로 배당하여 이월익금 등으로 본 금액	
③ 특정외국법인의 주식 등을 양도하는 경우 익금불산입액 = Min(가, 나)	
가. (양도한 주식 등에 대한 배당간주금액의 합계 상당액 - 해당 양도한 주식 등에 대하여 실제로 배당한 금액) 나. 해당 주식 등의 양도차익	

Step Ⅲ 사례와 서식작성실무

예제

사 례

다음 각 자료에 따라 TH Islands가 조세피난처 판정기준에 해당하는지 여부를 판단하고, ABC (Inc)의 배당가능 유보소득금액의 계산 및 ㈜삼일의 배당간주금액을 계산하여 관련 서식을 작성하라.

1. 출자관계

제조업과 도매업을 영위하는 내국법인 ㈜삼일(12월말 법인임)은 TH Islands(가상의 국가임)에 2006년 1월 1일에 도매업을 전문으로 하는 ABC(Inc)법인(12월말 법인)을 100% 출자하여 설립하였다.

ABC(Inc)의 주식 소유비율은 다음과 같으며, 현재까지 그 변동이 없었다.

- 발행주식수 : 2,000주
- 자본금 : USD 10,000,000

2. 영업관계

ABC(Inc)는 섬유제품 전액을 매년 내국법인 ㈜삼일로부터 수입하여 이를 전액 중국에 판매하고 있으며, 이와 관련된 매출·매입자료는 다음과 같다.

(단위 : USD)

구 분	2021년말	2022년말	2023년말
매 출 액	10,000,000	16,000,000	10,000,000
매 입 액	6,000,000	8,000,000	7,000,000
법 인 세 액	10,000	30,000	15,000

(1) ABC(Inc)는 TH국에서 일반적으로 인정되는 회계원칙에 따라 재무제표를 작성하였다(TH국가의 회계원칙은 우리나라 기업회계기준과 동일한 것으로 가정한다).

(2) ABC(Inc)의 사업연도 종료일로부터 60일이 되는 날 외국환거래법에 의한 기준환율 1USD=1,000원(가정치)이다.

(3) ABC(Inc)의 미처분이익잉여금계산서의 내용은 다음과 같으며, 전년도 기과세 간주배당 잔여액은 USD 170,000이라 가정한다.

3. ABC(Inc)의 각 사업연도별 차기이월이익잉여금

(단위 : 1,000USD)

구 분	2016	2017	2018	2019	2020	2021	2022	2023
전기이월이익잉여금	70	240	150	100	130	30	30	80
당기순이익	200	100	50	100	△100	100	100	350
처분전이익잉여금	270	340	200	200	30	130	130	430
임의적립금이입액	0	0	0	0	0	0	0	0
이익잉여금처분액	30	190	100	70	0	100	50	80
가. 이익준비금	10	0	10	10	0	20	20	30
나. 기타법정적립금	10	100	10	10	0	20	10	10
다. 배당금	10	90	30	20	0	30	10	20
라. 임의적립금	0	0	50	30	0	30	10	20
마. 기타이익잉여금처분액	0	0	0	0	0	0	0	0
차기이월이익잉여금	240	150	100	130	30	30	80	350

※ 2022년도는 조세피난세제가 적용되지 않은 연도이며, 조세피난세제가 적용되지 아니할 때 발생한 배당가능 유보소득은 70,000 USD[= 100,000(당기순이익) - 처분액 30,000(이익준비금, 기타 법정적립금)]임.

해 설

1. 조세피난처의 판정
   ① 최근 3년 법인세 등 납부세액의 합계액 = 10,000 + 30,000 + 15,000 = 55,000
   ② 최근 3년 기타국가 납부세액의 합계액 = 0
   ③ 최근 3년 감소세액 합계액 = 0
   ④ 최근 3년 세전이익 합계액 = (100,000+10,000) + (100,000+30,000) + (350,000+15,000)
   = 605,000

   최근 3년 평균 ABC(Inc)의 조세부담비율이 9%[= (①+②+③)÷④]로서 부담세율이 16.8%(법인세 최고세율 24%의 70%) 이하이므로 조세피난처에 해당한다.
2. 특정외국법인[ABC(Inc)]의 배당가능 유보소득 계산
   (1) 조정이월이익잉여금
   = 전기이월이익잉여금 + 해당 사업연도 전의 임의적립금처분누계액 - 해당 사업연도 전의 임의적립금이입누계액 - 시행일(1997. 1. 1.) 이전의 배당가능 유보소득 잔여액 - 조세피난처세제가 적용되지 아니한 연도에 발생한 배당가능 유보소득 잔여액
   = 80,000 + 120,000 - 0 - 0 - 70,000 = 130,000 USD
   (2) 당기순이익 = 350,000 USD
   (3) 차감항목 합계 = (①+②+③+④) = 210,000 USD
   ① 해당 사업연도에 행한 이익잉여금처분에 의한 배당금(분배금) = 20,000 USD
   ② 해당 사업연도에 행한 이익잉여금처분에 의한 상여 · 퇴직급여 · 기타 사외유출 = 0
   ③ 거주지국 법령에 의한 의무적립금 또는 의무적인 이익잉여금 처분액 = 40,000 USD
   ④ 전년도 기과세간주배당 잔여액 - 이익잉여금처분에 의한 배당금(분배금)
   = 170,000 - 20,000 = 150,000 USD
   (4) 배당간주금액
   = [(1) + (2) - (3)] × 환율 - 최소금액(2억원) = 70,000,000원
3. 관련서식의 작성(다음 page 참조)

[별지 제30호 서식(갑)] (2021. 3. 16. 개정)

과세연도	2024. 1. 1. ~ 2024. 12. 31.	특정외국법인의 유보소득 계산 명세서(갑)	법인명 (성 명)	(주)삼일

특정외국법인명	ABC(Inc)		해외현지기업 고유번호	
특정외국법인 자본금 명세	① 자본금		② 발행주식 수	
	자기자본	납입자본	2,000	
		USD 10,000,000		
각 내국인의 주식 보유비율 산정	구분	직접	간접	합계
	③ 보유주식의 수	2,000		2,000
	④ 보유비율(③/②)	100%	%	100%

배당 가능한 유보 소득 금액 계산			⑤ 배당 가능한 유보소득금액 계산 적용 회계기준	[ ] 우리나라 회계기준 [√] 외국(거주지국) 회계기준		
	구분			외국 통화 (통화 종류:USD)	환율	환산 후 금액(원)
	소득 금액		⑥ 조정 이월이익잉여금	130,000		
			⑦ 당기순이익	350,000		
			⑧ 합계(⑥ + ⑦)	480,000		
	차감 금액		⑨ 해당 사업연도 이익잉여금 처분액 중 이익의 배당금 또는 잉여금의 분배금	20,000		
			⑩ 해당 사업연도 이익잉여금 처분액 중 상여금, 퇴직급여, 그 밖의 사외유출			
			⑪ 해당 사업연도 이익잉여금 처분액 중 거주지국 법령에 따른 의무적립금과 의무적인 이익잉여금 처분액	40,000		
		기과세 간주배당 잔여액	⑫ 전년도 기과세 간주배당 잔여액	170,000		
			⑬ 이익잉여금 처분에 의한 배당금(분배금)	20,000		
			⑭ 소계[(⑫ − ⑬) ≥ 0]	150,000		
		평가이익	⑮ 전년도 말 주식 또는 출자증권에 대한 평가이익 누계액			
			⑯ 평가이익 중 해당 사업연도 중에 실현된 부분			
			⑰ 해당 연도 말 평가이익			
			⑱ 소계[(⑮ - ⑯) + ⑰]			
		⑲ 합계(⑨ + ⑩ + ⑪ + ⑭ + ⑱)		210,000		
	⑳ 차감 유보소득(⑧ - ⑲)			270,000	1,000	270,000,000
	㉑ 「국제조세조정에 관한 법률 시행령」 제64조 제1항에 따른 금액					200,000,000
	㉒ 배당 가능한 유보소득금액(⑳ - ㉑)					70,000,000
㉓ 「국제조세조정에 관한 법률」 제30조 제1항에 따른 내국인의 배당간주금액(㉒ × ④의 합계율)						
수동 소득 계산 특례	㉔ 총수입금액에서 「국제조세조정에 관한 법률」 제29조 제2항에 따른 수동소득의 합계가 차지하는 비율					%
	㉕ 「국제조세조정에 관한 법률」 제30조 제2항에 따른 내국인의 배당간주금액(㉒ × ㉔ × ④의 합계율)					

[별지 제30호 서식(을)] (2021. 3. 16. 개정)

과세연도	2024. 1. 1. ~ 2024. 12. 31.	특정외국법인의 유보소득 계산 명세서(을)	법인명(성명)	(주)삼일

(단위: 특정외국법인 소재지국(거주지국) 통화), 통화 종류: (USD)

특정외국법인	① 법인명	ABC(Inc)	② 업종	도매업
	③ 해외현지기업 고유번호		④ 사업연도	2023.1.1. ~ 2023.12.31.
	⑤ 소재지	TH Islands		

특정외국법인 조정 이월이익 잉여금 계산명세	⑥ 사업연도	⑦ 전기 이월이익잉여금	⑧ 전기 임의 적립금 누계액	⑨ 전기 임의적립금 이입 누계액	⑩ 소계 (⑦ + ⑧ − ⑨)
	2021.1.1. ~ 12.31.	30,000	80,000		110,000
	2022.1.1. ~ 12.31.	30,000	110,000		140,000
	2023.1.1. ~ 12.31.	80,000	120,000		200,000

⑪ 시행일 이전 배당 가능한 유보소득	배당(분배) 처분액 ⑫ 직전 연도 누계액	배당(분배) 처분액 ⑬ 해당 사업연도	배당(분배) 처분액 ⑭ 처분 누계액 (⑫ + ⑬)	상여금 등 처분액 ⑮ 직전 연도 누계액	상여금 등 처분액 ⑯ 해당 사업연도	상여금 등 처분액 ⑰ 처분 누계액 (⑮ + ⑯)	⑱ 적용 제외 유보소득(⑪ − ⑭−⑰)

⑲ 「국제조세조정에 관한 법률」 제27조에 따른 적용 제외 배당 가능한 유보소득	배당(분배) 처분액 ⑳ 직전 연도 누계액	배당(분배) 처분액 ㉑ 해당 사업연도	배당(분배) 처분액 ㉒ 처분 누계액 (⑳ + ㉑)	상여금 등 처분액 ㉓ 직전 연도 누계액	상여금 등 처분액 ㉔ 해당 사업연도	상여금 등 처분액 ㉕ 처분 누계액 (㉓ + ㉔)	㉖ 적용 제외 유보소득 (⑲−㉒−㉕)
70,000							70,000
㉗조정 이월이익 잉여금(⑩ − ⑱ - ㉖)				130,000			

이월 결손금 명세	㉘ 사업연도	㉙ 전기 이월액	㉚ 당기 발생액	㉛ 결손금 처리액	㉜ 차기 이월액

특정외국법인의 중간외국법인에 대한 배당 처분 명세	㉝ 사업연도	㉞ 처분 전 이익잉여금	㉟ 당기 배당액	㊱ 중간외국법인에 지급한 배당금

[별지 제31호 서식(갑)] (2022. 3. 18. 개정)

과세연도	2024. 1. 1. ~ 2024. 12. 31.	**특정외국법인의 유보소득 합산과세 판정 명세서(갑)**	법인명 (성 명)	(주)삼일

※ 〔 〕에는 해당되는 곳에 "√" 표시를 합니다.

〔단위: 특정외국법인 소재지국(거주지국) 통화)〕, 통화 종류: (USD)

특정외국법인			
특정외국법인	① 법인명 ABC(Inc)	② 업종 도매업
	③ 해외현지기업 고유번호	④ 사업연도 2023. 1. 1. ~ 2023. 12. 31.
	⑤ 소재지 TH Islands	

특정외국법인 자본금 명세	⑥ 자본금		⑦ 발행주식 수
	자기자본	납입자본	
		10,000,000	2 ,000

내국인과 특정외국법인의 특수관계 판정기준					
내국인과 특정외국법인의 특수관계 판정기준	주식 보유 (⑧≥50%)(「국제조세조정에 관한 법률 시행령」 제2조 제2항 제1호 및 제2호)	구분	직접	간접	합계
		⑧ 주식 보유비율	100%	%	100%
	공통의 이해관계가 있고 실질적 지배관계가 있는지 여부 (「국제조세조정에 관한 법률 시행령」 제2조 제2항 제3호 및 제4호)	⑨ 공통의 이해관계		⑩ 실질적 지배관계	
		[ ] 예 [ ] 아니요		[ ] 예 [ ] 아니요	

⑪ 특정외국법인에 대한 해당 내국인 및 특수관계인의 주식 보유비율 합계	100%

판정 기준						
판정 기준	최소금액	⑫ 해당 사업연도 말 조정 후 세전이익〔별지 제31호서식(을)의 ⑩〕이 2억원을 초과하는지 여부				[√] 예 [ ] 아니요
	최근 3개 사업연도 평균 특정 외국법인 조세부담 (⑬≤「법인세법」 제55조에 따른 세율 중 최고 세율의 70%)	⑬ 최근 3개 사업연도 평균 조세부담비율 〔(⑮ + ⑯ + ⑰) / ⑭〕	9%	⑭ 최근 3개 사업연도 조정 후 세전이익 합계		605,000
		⑮ 최근 3개 사업연도 납부세액 합계	세목: 법인세	⑯ 거주지국 외의 국가에서의 최근 3개 사업연도 납부세액 합계	세목	
			세액: 55,000		세액	
		⑰ 최근 3개 사업연도 감소세액 합계	세액:	⑱ 적립금	의무 적립금	40,000
			이월 결손금:		임의 적립금	20,000
	업종 및 주된 사업 기준	⑲ 「국제조세조정에 관한 법률」 제29조 제1항 제1호의 도매업 등의 합산과세 적용기준에 해당하는지 여부				[√] 예 [ ] 아니요
		⑳ 「국제조세조정에 관한 법률」 제29조 제1항 제2호의 주식·채권의 보유 등의 합산과세 적용기준에 해당하는지 여부				[ ] 예 [√] 아니요
	소득기준	㉑ 「국제조세조정에 관한 법률」 제29조 제2항의 수동소득기준을 충족하여 합산과세 적용기준에 해당하는지 여부				[ ] 예 [√] 아니요
	해외 지주회사	㉒ 「국제조세조정에 관한 법률」 제28조 제3호에 해당하는 해외지주회사 등의 합산과세 적용배제기준에 해당하는지 여부				[ ] 예 [√] 아니요

[별지 제31호 서식(을)] (2021. 3. 16. 개정)

과세연도	2024. 1. 1. ~ 2024. 12. 31.	**특정외국법인의 유보소득 합산과세 판정 명세서(을)**	법인명 (성명)	(주)삼일

특정 외국법인	① 법인명	ABC(Inc)	② 업종	도매업
	③ 해외현지기업 고유번호		④ 소재지	TH Islands

사업연도별 조세부담액(해당 사업연도 포함 최근 3개 사업연도의 조세부담액)

〔단위: 특정외국법인 소재지국(거주지국) 통화〕, 통화 종류: (USD)

⑤ 사업연도		해당 사업연도	직전 사업연도	전전 사업연도	합계
		2023.1.1.~12.31.	2022.1.1.~12.31.	2021.1.1.~12.31.	
⑥ 세전이익		365,000	130,000	110,000	605,000
주식 또는 출자증권의 평가손익	⑦ 가산				
	⑧ 차감				
	⑨ 조정				
⑩ 조정 후 세전이익 (⑥ + ⑦ - ⑧ ± ⑨)		365,000	130,000	110,000	605,000
⑪ 납부세액	세목	법인세	법인세	법인세	
	세액	15,000	30,000	10,000	55,000
⑫ 그 밖의 국가 납부세액	세목				
	세액				
⑬ 감소세액	세목				
	세액				

[별지 제31호 서식(병)] (2021. 3. 16. 개정)

과세연도	2024. 1. 1. ~ 2024. 12. 31.	특정외국법인의 유보소득 합산과세 판정 명세서(병)	법인명 (성명)	(주)삼일

특정외국법인	① 법인명	ABC(Inc)	② 업종	도매업
	③ 해외현지기업 고유번호		④ 소재지	TH Islands

(1) 내국인과 외국법인의 특수관계 여부를 판정하기 위한 내국인 및 특수관계인의 주식 보유비율

구분		⑤ 내국인	⑥ 관계		⑦ 지분율 합계
			작성코드:	작성코드:	
성명		(주)삼일			
주소					
사업자등록번호					
지분율 (%)	직접	100%			100%
	간접				
	소계	100%			100%

(2) 배당간주 여부를 판정하기 위한 내국인 및 특수관계인의 주식 보유비율

구분		⑧ 내국인	⑨ 관계		⑩ 지분율 합계
			작성코드:	작성코드:	
성명					
주소					
사업자등록번호					
지분율 (%)	직접	100%			100%
	간접				
	소계	100%			100%

[별지 제32호 서식(을)] (2021. 3. 16. 개정)

과세연도	2024. 1. 1. ~ 2024. 12. 31.	특정외국법인의 유보소득 합산과세 적용범위 판정 명세서(을)	법인명 (성명)	(주)삼일

〔단위: 특정외국법인 소재지국(거주지국) 통화〕, 통화 종류: (USD)

특정외국법인명	ABC(Inc)	해외현지기업 고유번호	

실질적인 사업의 명세	① 고정시설의 종류		사무소
	② 고정시설에서 수행한 업태·종목		도매업
	③ 총거래금액	총수입금액	12,000,000
		총매입원가	7,000,000

「국제조세조정에 관한 법률」 제29조 제1항 제1호의 사업	거래기준 (⑥ 〉 50%)	④ 사업의 종류	⑤ 거래금액		⑥ 총거래금액 대비 비율 (⑤/③)
		1. 도매업	수입금액	12,000,000	100%
			매입원가	7,000,000	100%
		2.	수입금액		%
			매입원가		%
		3.	수입금액		%
			매입원가		%
		소계	수입금액	12,000,000	100%
			매입원가	7,000,000	100%
	특수관계인과의 거래기준 (⑩ 〉 50%)	⑦ 대상 거래의 종류			
		⑧ 대상 거래의 합계금액	수입금액		
			매입원가		7,000,000
		⑨ 특수관계인과의 거래 금액	수입금액		
			매입원가		7,000,000
		⑩ 특수관계인과의 거래비율(⑨/⑧)	수입금액		%
			매입원가		100%

「국제조세조정에 관한 법률」 제29조 제1항 제2호의 주된 사업기준(⑭ 〉 50%)	⑪ 주된 사업의 종류	
	⑫ 총수입금액	
	⑬ 주된 사업 수입금액	
	⑭ 주된 사업 비율(⑬/⑫)	%

「국제조세조정에 관한 법률」 제29조 제1항 각 호 외의 부분 단서에 따른 특수관계가 없는 자와의 매출기준 (⑰ 〉 50%)	⑮ 특수관계가 없는 자에 대한 매출액	
	⑯ 총수입금액	10,000,000
	⑰ 비율(⑮/⑯)	0%

「국제조세조정에 관한 법률」 제29조 제2항에 따른 소득기준 (㉑ 〉 5%)	⑱ 같은 법 제29조 제2항에 따른 수동소득의 합계	
	⑲ 같은 법 시행령 제65조 제4항 단서에 따른 배당금	
	⑳ 총수입금액	
	㉑ 비율〔(⑱-⑲)/⑳〕	%

제2절 지급이자 공제제한제도

관련 법령	• 국조법 §22~§26 • 국조령 §45~§60 • 국조칙 §32~§34
관련 서식	• 국제조세조정에 관한 법률 시행규칙 [별지 제24호 서식(갑)] 국외지배주주에게 지급하는 이자등에 대한 조정 명세서(갑) [별지 제24호 서식(을)] 국외지배주주에게 지급하는 이자등에 대한 조정 명세서(을) [별지 제24호 서식(병)] 국외지배주주에게 지급하는 이자등에 대한 조정 명세서(병) [별지 제24호 서식(정)] 국외지배주주에게 지급하는 이자등에 대한 조정 명세서(정) [별지 제25호 서식] 국외지배주주에 대한 원천징수세액 조정 명세서 [별지 제26호 서식(갑)] 국외특수관계인에게 지급하는 순이자비용에 대한 조정 명세서(갑) [별지 제26호 서식(을)] 국외특수관계인에게 지급하는 순이자비용에 대한 조정 명세서(을) [별지 제27호 서식] 혼성금융상품 관련 이자비용에 대한 조정 명세서

제2절

지급이자 공제제한제도

2

Step Ⅰ 내용의 이해

1. 지급이자 공제제한제도의 의의

다국적기업이 특수관계인으로부터의 차입 등에 대한 지급이자가 손금으로 인정된다는 점을 이용하여 국가간 소득이전을 통한 세원잠식 행위를 함에 따라 국제조세조정에 관한 법률은 내국법인이 국외특수관계인 등에 지급하는 이자에 대한 공제를 제한하기 위하여 다음의 제도를 두고 있다.

‖지급이자 공제제한제도의 비교‖

구 분	과소자본 과세제도	소득 대비 과다 지급이자의 손금불산입	혼성금융상품 거래에 따른 지급이자의 손금불산입
거래상대방	국외지배주주 및 그의 특수관계인	국외특수관계인	국외특수관계인
거래형태	차입 및 지급보증거래	차입거래	혼성금융상품 거래
공제제한 이자비용	자본 대비 과다 지급이자	소득 대비 과다 지급이자	거래상대방의 과세소득에 포함되지 않는 지급이자
소득처분	배당 또는 기타사외유출	기타사외유출	기타사외유출

2. 과소자본 과세제도

2-1. 과소자본 과세제도의 의의

외국법인의 국내자회사에 대한 투자자금의 형태는 크게 지분출자와 자금대여로 구분될 수 있다. 이러한 투자자금은 그 투자의 과실로써 각각 배당과 지급이자를 발생시키며, 이들에 대한 과세원칙은 상이하다. 즉, 출자금에 대한 배당은 자회사의 각 사업연도 소득금액 계산시 손금으로 인정되지 아니하나, 차입금에 대한 지급이자는 손금으로 인정된다.

이와 같은 과세상의 차이로 인하여 국내자회사는 외국법인(국외지배주주)으로부터 자금을 조달할 때 출자의 형식(equity capital)보다는 차입금의 형식(debt capital)을 더 선호하게 되는데, 과소자본이란 이러한 자금조달형태에 따른 조세부담의 경감효과를 위하여 인위적으로 국내자회사에 대한 출자를 줄이고 차입을 늘리는 행위를 말한다.

그 결과 차입자(자회사)가 소재하는 국가에서는 납세자의 과세소득 감소로 인해 조세수입의 일실이 우려되므로 이러한 행위를 규제하고자 해당기업의 과다보유 차입금에 대한 이자를 손금에 산입하지 않는 제도를 도입하게 되는데, 이와 같은 제도를 '과소자본 과세제도'라 한다.

2-2. 과소자본 과세제도의 적용

2-2-1. 개 요

내국법인(외국법인의 국내사업장을 포함함. 이하 같음)의 차입금 중 다음의 금액을 합한 금액이 해당 국외지배주주가 출자한 출자금액의 2배(금융업은 6배)를 초과하는 경우에는 그 초과분에 대한 지급이자 및 할인료(이하 "이자등"이라 함)는 그 내국법인의 손금에 산입하지 아니하며, 배당 또는 기타사외유출로 처분된 것으로 본다(국조법 §22 ②).

① 국외지배주주로부터 차입한 금액
② 국외지배주주의 일정한 특수관계인으로부터 차입한 금액
③ 국외지배주주의 지급보증(담보의 제공 등 실질적으로 지급을 보증하는 경우를 포함)에 의하여 제3자로부터 차입한 금액
④ 제3자 개입 차입거래를 통해 차입한 금액(후술하는 '2-7. 제3자 개입 차입거래' 참조)

2-2-2. 국외지배주주의 범위

'국외지배주주'라 함은 내국법인이나 외국법인의 국내사업장을 실질적으로 지배하는 다음에 해당하는 자를 말한다(국조법 §22 ① 및 국조령 §45).

(1) 내국법인의 국외지배주주의 범위

'내국법인의 국외지배주주'라 함은 외국의 주주·출자자(이하 "외국주주"라 함) 및 그 외국주주가 출자한 외국법인으로서 각 사업연도 종료일 현재 다음 중 어느 하나에 해당하는

자를 말한다.

① 내국법인의 의결권 있는 주식의 50% 이상을 직·간접으로 소유하고 있는 외국주주
② 상기 ①에 따른 외국주주가 의결권 있는 주식의 50% 이상을 직·간접으로 소유하고 있는 외국법인
③ 국제조세조정에 관한 법률 시행령 제2조 제2항 제3호에서 정하는 바에 따라 내국법인의 사업방침의 전부 또는 중요한 부분을 실질적으로 지배하는 외국주주

(2) 외국법인 국내사업장의 국외지배주주의 범위

'외국법인 국내사업장의 국외지배주주'라 함은 외국법인의 본점·지점, 그 외국법인의 외국주주 및 그 외국법인·외국주주가 출자한 다른 외국법인으로서 다음 중 어느 하나에 해당하는 자를 말한다.

① 국내사업장이 있는 외국법인의 본점·지점(국외에 있는 지점을 말함. 이하 같음)
② 상기 ①에 따른 외국법인의 의결권 있는 주식의 50% 이상을 직·간접으로 소유하는 외국주주
③ 상기 ①에 따른 본점 또는 상기 ②에 따른 외국주주가 의결권 있는 주식의 50% 이상을 직·간접으로 소유하는 외국법인

상기 (1), (2)에서 규정하는 주식의 간접소유비율에 관하여는 특수관계의 세부기준 규정(국조령 §2 ③)을 준용한다(국조령 §45 ③). 주식의 간접소유비율에 대한 자세한 설명은 '제3절 이전가격세제'편을 참조하기 바란다.

관련사례

• 소득세법상 비거주자가 국외지배주주의 범위에 포함되는지 여부
내국법인의 차입금 중 국외지배주주로부터 차입한 금액에 대하여 과소자본세제규정이 적용되는 지급이자 및 할인료는 내국법인의 각 사업연도 소득금액 계산상 이를 손금에 산입하지 않는 것이며, 이 경우 구 국제조세조정에 관한 법률 제2조 제1항 제11호 가목(*1)의 규정에 의한 외국의 주주·출자자로서 같은법 제14조(*2)의 적용대상이 되는 국외지배주주에는 소득세법상 비거주자도 포함되는 것임(서면2팀-1062, 2005. 7. 12.).

(*1) 현행 국제조세조정에 관한 법률 제22조 제1항 제1호
(*2) 현행 국제조세조정에 관한 법률 제22조

2-2-3. 손금불산입대상 차입금

(1) 차입금의 범위

과소자본 과세제도가 적용되는 차입금은 내국법인(외국법인의 국내사업장 포함)의 차입금 중 다음의 금액을 합한 금액(이하 "국외지배주주등차입금"이라 함)으로서 이자등을 발생시키는 부채로 한다(국조법 §22 ② 및 국조령 §46 ①). 따라서 이자등을 발생시키지 않는 부채는 제외된다.

① 국외지배주주로부터 차입한 금액
② 국외지배주주와 혈족・인척 등 친족관계(국기법 §2 20호 가목) 또는 임원・사용인 등 경제적 연관관계(국기법 §2 20호 나목)에 있는 특수관계인으로부터 차입한 금액
③ 국외지배주주의 지급보증(담보의 제공 등 실질적으로 지급을 보증하는 경우를 포함)에 의하여 제3자로부터 차입한 금액
④ 제3자 개입 차입거래를 통해 차입한 금액(후술하는 '2-7. 제3자 개입 차입거래' 참조)

다만, 은행법에 따른 외국은행의 국내지점이 차입한 금액 중 다음의 금액은 국외지배주주등 차입금의 범위에서 제외한다.

① 정부(한국은행 포함)의 요청에 따라 외화로 차입한 금액
② 다음의 어느 하나의 방법으로 사용하기 위하여 해당 외국은행의 본점・지점으로부터 외화로 예수하거나 차입한 금액
  ㉠ 외국환거래법에 따른 비거주자 또는 외국환업무취급기관에 외화로 예치하거나 대출하는 방법
  ㉡ 외국환거래법에 따른 비거주자 또는 외국환업무취급기관이 발행한 외화표시증권을 인수하거나 매매하는 방법

:: 외국은행 국내지점의 일정 본・지점 차입금의 과소자본세제 배제 이유

외국은행 국내지점은 사실상 외화자금의 국내수요자를 위한 도관(conduit) 역할만을 담당한 것이므로 관련차입금은 과소자본세제 적용을 배제함.

여기서 외국은행의 국내지점에 대한 차입금의 범위에서 제외되는 차입금을 계산함에 있어서 외국은행의 본점・지점으로부터 외화로 예수하거나 차입한 금액인지가 불분명한 경우로서 해당 사업연도의 재무상태표(연평균 잔액 기준) 등에 계상된 자금의 원천비율로 그 구분이 가능한 경우에는 그 원천비율에 따라 계산된 금액을 본점・지점으로부터 차입한 금액으로 본다. 이 경우 연평균 잔액은 일별 또는 월별로 계산할 수 있다(국조령 §46 ②).

관련사례

• 지급보증의 범위
과소자본세제를 적용받는 내국법인(외국법인의 국내사업장을 포함함)의 제3자 차입금에 대한 국외지배주주의 지급보증의 범위에는 지급보증서의 유무, 지급보증서의 종류 또는 지급보증방법에 불구하고 내국법인 등의 채무불이행시 국외지배주주가 실질적으로 채무를 이행하여야 하는 모든 형태의 지급보증을 포함함(국조통 22-0…1).

- 손금불산입대상 차입금의 범위

  내국법인이 발행한 수출환어음 또는 내국수출업체가 수출대금으로 지급받은 외국금융기관의 해외발행 외국통화표시 약속어음(Promissory Note)을 외화로 매입하기 위하여, 외국은행 국내지점이 해외의 본·지점으로부터 차입한 자금은 과소자본세제상 차입금의 범위에 해당함(국조통 22-46…1).
- 이자 또는 할인료를 발생시키지 않는 차입금

  법 제22조 및 영 제46조에서 규정하는 차입금이란 실질적으로 이자 또는 할인료를 발생시키는 차입금이나 예수금을 말하는 것이며, 이자 또는 할인료를 발생시키지 않는 차입금은 이에 해당하지 아니함(국조통 24-46…2).
- 금융리스부채의 범위에 포함되는지 여부

  과소자본세제를 적용함에 있어 차입금의 범위는 이자 및 할인료를 발생시키는 부채로, 금융리스부채도 이에 포함되는 것이며, 국외지배주주로부터 차입한 금액에 대한 지급이자 손금불산입액은 법인세법 제67조에 따른 배당으로 처분된 것으로 보는 것임(서면-2022-국제세원-2602, 2023. 5. 22.).
- 국외지배주주인 외국법인의 국내지점으로부터의 차입금의 포함 여부

  내국법인이 국외지배주주인 외국법인의 국내지점으로부터 자금을 차입하는 경우 국외지배주주로부터 직접차입에 해당함(국제세원-345, 2009. 6. 29.).
- 후순위채가 차입금의 범위에 포함되는지 여부

  외국인투자법인이 과소자본세제를 적용함에 있어 차입금의 범위는 이자 및 할인료를 발생시키는 부채로, 후순위채로 인한 차입금도 이에 포함되는 것임(서면2팀-331, 2005. 2. 22.).

(2) 국외지배주주에 외국주주가 50% 이상 출자한 외국법인이 포함된 경우의 차입금 계산

과소자본 과세제도를 적용할 때 국외지배주주에 다음에 열거하는 '외국주주와 차입금 합산대상 외국법인'이 모두 포함되어 있는 경우에는 차입금 합산대상 외국법인과 관련된 국외지배주주등차입금을 외국주주와 관련된 국외지배주주등차입금에 더한다(국조령 §46 ③).

① 외국주주 : 내국법인의 의결권 있는 주식의 50% 이상을 직접 또는 간접으로 소유하고 있는 외국주주

② 차입금 합산대상 외국법인 : 상기 '① 외국주주'가 의결권 있는 주식의 50% 이상을 직접 또는 간접으로 소유하고 있는 외국법인

(3) 외화차입금 등의 원화환산

과소자본 과세제도를 적용할 때 국외지배주주등차입금은 사업연도 종료일 현재의 외국환거래법에 따른 기준환율 또는 재정환율을 적용하여 환산한다(국조령 §46 ④).

다만, 한국표준산업분류에 따른 금융업(이하 "금융업"이라 함)에 종사하는 내국법인은 차입한 금액을 환산할 때 다음의 환율 중 어느 하나를 선택하여 적용할 수 있으며, 선택하여 적용

한 환산방식은 그 후의 사업연도에도 계속하여 적용해야 한다. 다만, 선택한 환산방식을 적용한 사업연도를 포함하여 5개 사업연도가 지난 후에는 다른 방법을 선택하여 적용할 수 있다(국조령 §46 ⑤, ⑥).

① 사업연도 종료일 현재의 외국환거래법에 따른 기준환율 또는 재정환율
② 외국환거래법에 따른 일별 기준환율 또는 재정환율

2-2-4. 국외지배주주의 내국법인 출자금액

과소자본 과세제도 적용시 국외지배주주의 내국법인 또는 외국법인 국내사업장에 대한 출자금액은 다음의 방법으로 산출한 금액으로 한다(국조령 §47 ①).

(1) 국외지배주주의 내국법인에 대한 출자금액

$$\text{국외지배주주의 내국법인 출자금액} = \text{① 해당 사업연도 종료일 현재 자기자본} \times \text{② 해당 사업연도 종료일 현재 납입자본금비율}$$

① 자기자본 = Max(㉠, ㉡)
  ㉠ 순자산 : 재무상태표상 자산의 합계에서 부채(충당금 포함, 미지급 법인세 제외)의 합계를 뺀 금액
  ㉡ 납입자본금 : 자본금 + (주식발행액면초과액 및 감자차익) - (주식할인발행차금 및 감자차손)

② 납입자본금비율 : $\dfrac{\text{국외지배주주의 납입자본금}}{\text{총 납입자본금}}$

상기 산식에서 '① 자기자본'을 계산함에 있어서 사업연도 중 합병·분할 또는 증자·감자 등에 따라 자본이 변동된 경우에는 해당 사업연도 개시일부터 자본 변동일 전날까지의 기간과 그 변동일부터 해당 사업연도 종료일까지의 기간으로 각각 나누어 계산한 자본의 적수를 합한 금액을 '㉠ 순자산' 또는 '㉡ 납입자본금'의 적수로 한다(국조령 §47 ②).

또한, 상기 산식에서 '② 납입자본금비율'을 계산함에 있어 국외지배주주에 상기 '2-2-3. (2)'에 따라 차입금을 합산하는 외국주주와 외국법인이 모두 포함되어 있는 경우에는 외국주주의 납입자본금비율을 외국주주와 외국법인의 납입자본금비율로 본다(국조령 §47 ① 2호).

한편, 국외지배주주가 내국법인의 주식을 간접적으로 소유하고 있는 경우 국외지배주주의 내국법인에 대한 납입자본금비율은 다음의 방법으로 계산한 비율로 한다(국조령 §47 ③).

① 국외지배주주와 내국법인, 그리고 이들 사이의 하나 이상의 법인이 모두 하나의 일련의 주식소유관계를 통해 연결되어 있는 경우 : 각 단계의 지분비율을 모두 곱하여 산출한 비율. 다만, 일련의 주식소유관계에 상기 '2-2-3. (2)'에 따라 차입금을 합산하는 외국주주

와 외국법인이 모두 포함된 경우에는 국제조세조정에 관한 법률 시행령 제2조 제3항을 준용하여 산출하며, 이 경우 "간접소유비율"은 "납입자본금비율"로 본다.

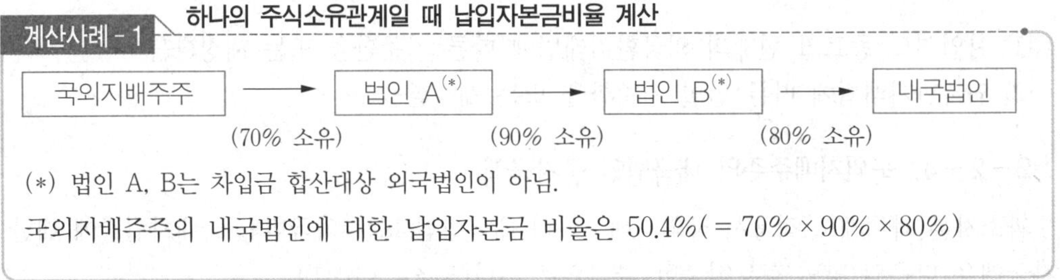

(*) 법인 A, B는 차입금 합산대상 외국법인이 아님.

국외지배주주의 내국법인에 대한 납입자본금 비율은 50.4%(= 70% × 90% × 80%)

② 국외지배주주와 내국법인 사이에 둘 이상의 일련의 주식소유관계가 있는 경우 : 각 일련의 주식소유관계에 대하여 상기 ①에 따라 산출한 납입자본금비율을 모두 더하여 산출한 비율

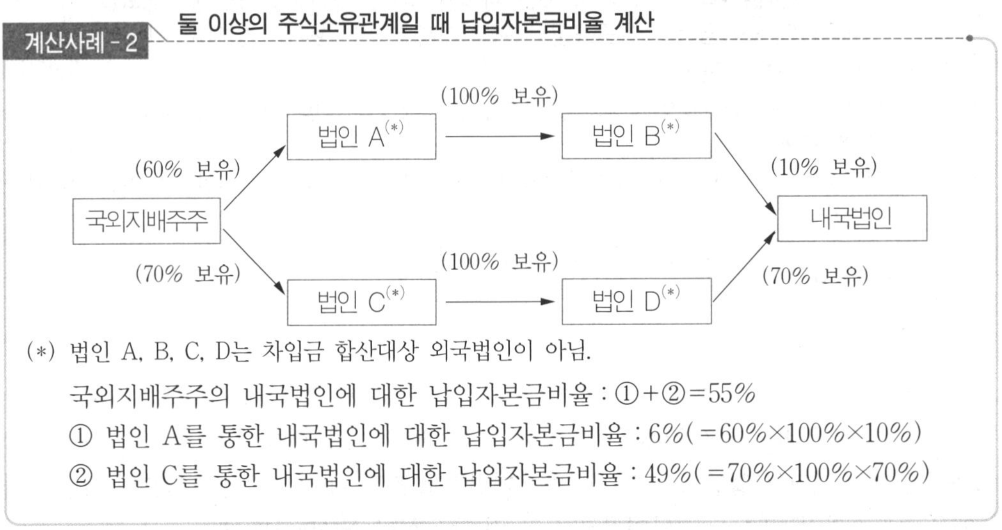

(*) 법인 A, B, C, D는 차입금 합산대상 외국법인이 아님.

국외지배주주의 내국법인에 대한 납입자본금비율 : ①+②=55%

① 법인 A를 통한 내국법인에 대한 납입자본금비율 : 6%(=60%×100%×10%)

② 법인 C를 통한 내국법인에 대한 납입자본금비율 : 49%(=70%×100%×70%)

관련사례

- 결손금 보전으로 소멸한 주식발행초과금의 납입자본금 포함 여부

  내국법인이 해당 사업연도 종료일 현재 국외지배주주의 출자금액을 계산하는 경우, 이전 사업연도에 결손금에 보전하여 소멸한 주식발행초과금은 납입자본금에 포함하지 않는 것임(사전-2021-법령해석국조-1123, 2021. 8. 24.).

(2) 국외지배주주의 외국법인 국내사업장에 대한 출자금액

> 국외지배주주의 외국법인 국내사업장에 대한 출자금액
> = 해당 사업연도 종료일 현재 그 국내사업장의 재무상태표상 자산총액에서 부채총액을 뺀 금액

국외지배주주의 외국법인 국내사업장에 대한 출자금액을 산출하기 위하여 재무상태표상 자산총액에서 빼는 부채의 범위에는 미지급본점 송금액을 포함하지 아니한다(국조통 22-0…3).

2-3. 과소자본 과세제도에 따른 지급이자 손금불산입액

2-3-1. 손금불산입액의 계산

과소자본 과세제도에 따라 손금에 산입하지 않는 금액은 다음 계산식에 따른 초과차입금적수에 각 차입금에 대한 이자율을 곱하여 더한 이자등의 금액으로 한다. 이 경우 높은 이자율이 적용되는 차입금의 적수가 초과차입금적수에 먼저 포함되는 것으로 하고, 같은 이자율이 적용되는 차입금이 둘 이상인 경우에는 차입시기가 늦은 차입금의 적수부터 초과차입금적수에 포함하며, 이자율과 차입시기가 모두 같은 경우에는 차입금의 비율에 따라 안분하여 초과차입금적수에 포함한다(국조령 §48 ①, ②).

> 초과차입금적수 = 국외지배주주등차입금 적수 − [국외지배주주의 내국법인 출자금액 적수 × 2배(금융업의 경우 6배)]

2-3-2. 지급이자와 할인료의 범위

상기 '2-3-1. 손금불산입액의 계산'에서 손금불산입 대상이 되는 이자등(지급이자 및 할인료)이라 함은 과소자본 과세제도에 의한 차입금에서 발생한 모든 이자소득으로서 내국법인이 국외지배주주에게 지급하여야 할 사채할인발행차금 상각액, 융통어음 할인료 등 그 경제적 실질이 이자에 해당하는 것을 모두 포함한다. 다만, 건설자금이자는 이자등의 범위에서 제외한다(국조령 §48 ③).

관련사례

- 환스왑 계약수수료
  내국법인이 국외지배주주인 해외금융기관으로부터 자금을 차입하면서 환율변동위험 등을 회피하기 위하여 국외지배주주와 관련이 없는 국내은행과 환스왑계약을 체결하고 계약조건에 따라 당해 국내은행에 지급하는 수수료는 적용대상 지급이자 및 할인료에 해당하지 아니함(국조통 22-0…2).

• 이자 등의 범위

상품, 제품 등을 판매하고 받은 상업어음을 국외특수관계인에게 할인함에 있어서 해당 거래가 동 어음의 매각거래에 해당하는 경우 해당 처분손실은 과소자본세제 적용대상 이자 등에 해당하지 아니하나, 해당 어음의 할인이 상업어음을 담보로 하는 차입거래에 해당하는 경우 동 할인료는 과소자본세제 적용대상 이자 등에 해당함(국조통 22-48…1).

• 스왑대가가 실질적으로 원화조달자금에 소요된 지급이자에 해당하는 사례

스왑대가가 실질적으로 원화조달자금에 소요된 지급이자에 해당하므로 이에 대하여 과소자본세제를 적용함이 정당한 사례(조심2008 서 3913, 2010. 11. 24.)

• 매출채권조기회수를 위한 수수료의 과소자본세제 적용 여부

내국법인이 국내 금융기관과 '역구매카드가맹계약'을 체결하고 동 계약에 따른 한도설정 등을 위해 모법인인 국외지배주주로부터 LOC(Letter of Comfort)를 통하여 실질적인 자금의 지급보증을 받는 경우 이에 따라 내국법인이 국내 금융기관에 지급하는 기간이자 성격인 매출채권조기회수에 대한 수수료는 과소자본세제가 적용되는 이자 등에 해당하는 것임(서면2팀-1039, 2004. 5. 19.).

2-3-3. 업종별 배수

과소자본 과세제도를 적용할 때 국외지배주주의 내국법인 출자금액에 대한 차입금 배수는 2배로 한다. 다만, 금융업의 경우에는 6배를 적용한다(국조령 §50 ①).

한편, 내국법인이 금융업과 금융업이 아닌 업종을 겸영하고, 그 내국법인의 출자금액 또는 차입금이 업종별로 구분되지 않는 경우에는 다음의 구분에 따라 출자금액 또는 차입금을 배분한 후 각각 2배 또는 6배의 업종별 배수를 적용한다(국조령 §50 ②).

① 금융업과 금융업이 아닌 업종에서 영업이익(기업회계기준에 따른 영업이익을 말함)이 각각 발생한 경우 : 각 영업이익에 비례하여 출자금액 또는 차입금을 배분

② 금융업과 금융업이 아닌 업종 중 어느 하나의 업종에서 영업이익이 발생하지 않은 경우 : 법인세법상 외국납부세액공제의 국외원천소득과 그 밖의 소득에 공통적으로 관련된 비용의 배분규정(법령 §94 ② 2호)을 준용하여 출자금액 또는 차입금을 배분

2-3-4. 손금불산입된 지급이자 및 할인료의 소득처분

과소자본 과세제도에 따라 손금에 산입하지 않은 이자등의 금액은 국외지배주주와의 관계에 따른 다음과 같이 소득처분한다(국조령 §49).

① 국외지배주주로부터 차입한 금액 : 배당. 내국법인이 국외지배주주가 아닌 제3자로부터 차입한 금액에 대한 지급이자 중 해당 차입거래가 '제3자 개입 차입거래'에 해당되어 국외지배주주로부터 직접 차입한 것으로 보는 경우에도 배당으로 처분(국조통 23-49…1 ①)

② 국외지배주주의 특수관계인으로부터 차입한 금액 : 기타사외유출
③ 국외지배주주의 지급보증(담보제공 등 실질적인 지급보증 포함)에 의하여 제3자로부터 차입한 금액 : 기타사외유출(국조통 23-49…1 ②)

관련사례

• 과소자본세제에 의하여 국외지배주주가 부담하여야 할 소득세 및 법인세를 대납한 경우 배당간주 금액에 대한 소득처분에 따라 국외지배주주가 부담하여야 할 소득세 또는 법인세를 당해 내국법인이 대납한 경우에는 동 대납액을 손금불산입하고 당해 귀속자별로 법인세법 제67조 및 같은 법 시행령 제106조 규정에 따라 소득처분하는 것이며, 동 소득처분에 따른 원천징수세액을 당해 내국법인이 다시 대납하는 경우에는 동 대납액을 다시 손금불산입하고 소득처분하는 것임(국제세원-1746, 2008. 9. 24.).

2-4. 통상적인 조건에 의한 차입금의 과소자본 과세제도 적용배제

2-4-1. 적용배제 요건

과소자본 과세제도를 적용함에 있어서 내국법인(외국법인의 국내사업장 포함)이 국외지배주주등으로부터의 차입금이 국외지배주주가 출자한 출자금액의 2배(금융업의 경우 6배)를 초과한 경우라 하더라도, 국외지배주주등으로부터 조달한 차입금의 규모 및 차입 조건이 특수관계가 없는 자 간의 통상적인 차입 규모 및 차입 조건과 같거나 유사한 것임을 증명하는 경우 그 차입금에 대한 이자등(지급이자 및 할인료)에 대하여는 과소자본 과세제도를 적용하지 아니한다(국조법 §22 ④).

본 규정을 적용받고자 하는 내국법인은 다음의 자료를 각 사업연도 소득금액에 대한 과세표준 등의 신고기한(연결납세방식을 적용하는 연결모법인의 경우에는 해당 연결사업연도의 소득에 대한 과세표준 등의 신고기한)까지 과세당국에게 제출하여야 한다(국조령 §51 ①).

① 이자율, 만기일, 지급방법, 자본전환 가능성, 다른 채권과의 우선순위 등을 고려할 때 해당 차입금이 사실상 출자에 해당되지 않다는 것을 증명하는 자료
② 해당 내국법인과 같은 종류의 사업을 하는 비교가능한 법인의 자기자본에 대한 차입금의 배수(이하 "비교대상배수"라 함)에 관한 자료. 이 경우 '비교가능한 법인'은 해당 내국법인과 사업 규모 및 경영 여건 등이 유사한 내국법인 중 차입금의 배수를 기준으로 대표성이 있는 법인으로 함.

여기서 "해당 내국법인과 사업규모 및 경영 여건 등이 유사한 내국법인 중 차입금의 배수를 기준으로 대표성이 있는 법인"이란 비교가능한 하나 또는 다수의 개별법인을 의미한다(국조통 22-51…1). 따라서 비교가능한 개별법인을 의미하는 것이므로 동종업종의 산업별 평균자료를 적용할 수는 없다(국일 46017-483, 1997. 7. 15.).

:: 통상적인 조건에 의한 차입금의 과소자본 과세제도 적용배제 취지

통상적인 조건에 의한 차입금의 과소자본 과세제도 배제규정은 OECD모델 조세조약 제9조 제1항에서 규정하고 있는 특수관계인간의 정상가격원칙(Arm's Length Principle)을 반영한 것으로서 무차별원칙(Non discrimination)과 과소자본 과세제도 사이에 발생할 수 있는 모순점을 해결하기 위한 것임.

관련사례

- 금융업 겸영법인의 업종별 배수 적용방법을 비교대상배수 산정시 적용할 수 있는지 여부
  금융업과 임대업을 겸영하는 내국법인이 비교대상배수에 따른 과소자본 과세제도를 적용하는 경우, 국제조세조정에 관한 법률 시행령 제50조 제2항에 따른 출자금액 또는 차입금의 배분 규정은 적용되지 않는 것임(서면-2021-법규국조-7315, 2022. 8. 8.).

2-4-2. 손금불산입액의 계산

국외지배주주의 내국법인 출자금액에 대한 차입금의 배수가 비교대상배수를 초과하는 경우 내국법인의 지급이자 손금불산입액의 산정방법은 '2-3-1. 손금불산입액의 계산'의 내용을 적용하며, 이 경우 "기준배수"는 "비교대상배수"로 본다(국조령 §51 ②).

관련사례

- 통상적인 조건의 차입금의 입증효력 부인
  통상적인 조건의 차입금에 대한 과소자본 과세제도 배제규정을 적용받고자 하는 내국법인이 차입금 규모 및 차입조건이 특수관계가 없는 자 간의 통상적인 차입 규모 및 차입 조건과 동일 또는 유사한 것임을 입증하는 자료를 법정제출기한 경과 후 제출한 경우, 선의의 납세자가 자료준비 시간부족 등의 이유로 제출시한이 경과한 후에 보완적으로 서류를 제출하는 경우에는 효력을 인정함이 타당하지만, 당해 서류의 지연제출이 조세행정의 집행에 중대한 장애를 초래하거나 납세자의 탈루혐의와 연계되어 있다고 판단되는 등 타당한 사유가 있는 때에는 당해 서류의 효력을 부인할 수 있음(재국조 46017-38, 2000. 3. 9. 및 국조통 22-51…2).

2-5. 원천징수세액의 조정 등

2-5-1. 원천징수세액의 상계조정

내국법인이 각 사업연도 중에 지급한 이자등에 대하여 국외지배주주에 대한 소득세 또는 법인세를 원천징수하여 납부한 경우 결산시에 배당으로 간주된 지급이자에 대한 원천징수세

액을 새로이 추징해야 하는 번거로움이 발생하는 바 이를 간소화하기 위하여 기중에 원천징수한 세액과 상계하여 조정한 후 차액만을 납부(또는 환급)한다(국조법 §22 ⑤).

원천징수세액에 대한 상계조정결과 납부할 세액이 있는 경우 법인세 과세표준 등의 신고기한(연결납세방식을 적용하는 연결모법인의 경우에는 해당 연결사업연도의 소득에 대한 과세표준 등의 신고기한)이 속하는 달의 다음달 10일까지 이를 납세지 관할 세무서장에게 납부하여야 하며 환급받을 세액이 있는 경우 환급을 신청할 수 있다(국조령 §52). 이 경우 '국외지배주주에 대한 원천징수세액 조정 명세서 [국조칙 별지 제25호 서식]'을 작성·제출하여야 한다(국조령 §53 ②).

2-5-2. 배당으로 처분하는 경우 원천징수 방법

과소자본 과세제도에 의하여 국외지배주주로부터 차입한 금액에 대한 지급이자 중 손금불산입된 이자를 배당으로 소득처분하는 경우에는 동 이자의 지급 여부에 불구하고 법인세법 시행령 제137조 제1항 및 소득세법 제131조 제2항의 규정에 의하여 해당 법인이 법인세 과세표준 및 세액의 신고기한 종료일에 동 배당소득을 지급한 것으로 보아 법인세 등을 징수한다(국조통 22-49…1). 따라서 국외지배주주로부터 차입한 금액에 대한 지급이자 중 과소자본 과세제도에 의하여 손금불산입된 이자의 경우 지급 여부를 불문하고 법인세 신고기한 종료일에 배당소득을 지급한 것으로 의제하여 원천징수(배당처분)하여 익월 10일에 납부하여야 한다. 다만, 지급이자를 지급하여 원천징수한 경우에는 원천징수세액을 상계 조정하여 납부 또는 환급 신청하게 된다.

관련사례

- 과소자본세제에 따라 배당 간주된 이자소득의 한·미 조세조약상 소득구분 및 적용세율
  이전가격세제에 따라 배당 처분된 이자소득과 과소자본세제에 따라 배당 간주된 이자소득은 한·미 조세조약 제13조 제6항에 따른 이자소득이고, 이에 대한 원천징수는 국내세법에 따라 결정하는 것임(기획재정부 조세정책과-523, 2019. 3. 21.).
- 배당으로 간주된 이자의 지급채무가 사후 면제된 경우
  배당으로 간주된 이자의 지급채무가 사후 면제된 경우 당초 배당소득으로 원천징수한 세액은 환급되지 않는 것임(서면2팀-949, 2007. 5. 16.).

2-6. 과소자본 과세제도 관련서식의 제출

국외지배주주등차입금이 있는 내국법인은 '국외지배주주에게 지급하는 이자등에 대한 조정명세서 [국조칙 별지 제24호 서식(갑)·(을)·(병)]'를 법인세의 과세표준과 세액의 확정신고를 할 때 납세지 관할 세무서장에게 제출해야 한다(국조령 §53 ① 및 국조칙 §32 ①).

다만, 외국은행 국내지점의 경우에는 '국외지배주주에게 지급하는 이자등에 대한 조정 명세서 [국조칙 별지 제24호 서식 (정)]'을 추가로 제출해야 한다.

이러한 과소자본 과세제도 관련 서식을 제출함에 있어서 '국외지배주주에 대한 원천징수세

액 조정 명세서 [국조칙 별지 제25호 서식]'은 원천징수세액의 조정에 의하여 추가납부해야 하는 세액이 있거나 환급을 신청할 세액이 있는 경우에만 제출한다(국조령 §53 ②).

2-7. 제3자 개입 차입거래

과소자본 과세제도는 내국법인이 국외지배주주로부터 차입한 금액, 국외지배주주의 특수관계인으로부터 차입한 금액, 국외지배주주의 지급보증(담보의 제공 등 실질적으로 지급을 보증하는 경우를 포함)에 의하여 제3자로부터 차입한 금액에 대하여 적용된다. 그러나 내국법인이 국외지배주주가 아닌 자로부터 차입한 금액이라 하더라도 다음의 요건을 모두 갖춘 경우에는 이를 국외지배주주로부터 직접 차입한 금액으로 보아 과소자본 과세제도를 적용한다(국조법 §23).

① 해당 내국법인과 국외지배주주 간에 그 차입에 대한 사전계약(차입과 관련된 증거에 따라 사전에 실질적인 합의가 있는 것으로 인정되는 경우를 포함함)이 있을 것
② 해당 내국법인과 국외지배주주 간에 그 차입의 조건이 실질적으로 결정될 것

다만, 내국법인이 국외지배주주가 아닌 국제조세조정에 관한 법률 제2조 제1항 제4호에서 규정하고 있는 국외특수관계인으로부터 차입을 한 경우에는 상기 두 요건 중 ②의 요건만 갖추어도 국외지배주주로부터 직접 차입한 금액으로 간주하여 과소자본 과세제도를 적용한다. 즉, 제3자를 개입시켜 과소자본 과세제도의 적용을 회피하려는 행위를 적극적으로 규제하기 위한 것이다.

참고로, 해당 차입거래가 제3자 개입에 의한 차입거래에 해당하여 국외지배주주로부터 직접 차입한 것으로 보는 경우에는 배당으로 처분하며, 해당 차입거래가 국외지배주주의 지급보증(담보의 제공 등 실질적으로 지급을 보증하는 경우를 포함)에 의한 경우에는 기타사외유출로 소득처분한다(국조령 §49 및 국조통 23-49…1).

3. 소득 대비 과다 지급이자의 손금불산입

3-1. 개 요

소득 대비 과다 지급이자의 손금불산입 규정(이하 "과다 지급이자 제한규정"이라 함)은 내국법인이 국외특수관계인(국조법 §2 ① 4호)으로부터 차입한 금액에 대한 순이자비용이 조정소득금액의 30%를 초과하는 경우 그 초과하는 금액을 손금에 산입하지 아니하고 법인세법상 소득처분 규정(법법 §67)에 따른 기타사외유출로 처분된 것으로 보는 제도이다(국조법 §24 ②).

OECD BEPS프로젝트 Action 4에서는 다국적기업의 지급이자 과다공제를 통한 조세회피 방지를 위하여 소득 대비 지급이자 비율을 제한하는 규정을 도입할 것을 권고하였고, 우리나라는 이를 수용하여 2017년 12월 19일 법 개정시 과다 지급이자 제한규정을 신설하고 이를 2019년 1월 1일 이후 개시하는 사업연도 분부터 적용하도록 하였다.

3-2. 적용대상

과다 지급이자 제한규정은 국외특수관계인으로부터 자금을 차입하는 모든 내국법인(외국법인의 국내사업장을 포함하며, 이하 같음)에 대하여 적용하되, 한국표준산업분류에 따른 금융 및 보험업을 영위하는 내국법인에는 적용하지 않는다(국조법 §24 ③ 및 국조령 §55).

3-3. 손금불산입액의 계산

3-3-1. 개 요

내국법인이 국외특수관계인으로부터 차입한 금액에 대한 순이자비용이 세무상 조정소득금액의 30%를 초과하는 경우 그 초과하는 금액은 손금에 산입하지 아니한다. 즉, 내국법인이 국외특수관계인으로부터 자금을 차입한 경우 조정소득금액의 30% 범위 내에서만 이자비용의 공제를 허용하는 것이다.

손금불산입액은 다음 계산식에 따라 계산한다.

> 내국법인의 국외특수관계인에 대한 순이자비용 − (조정소득금액 × 30%)

이 경우 서로 다른 이자율이 적용되는 이자나 할인료(이하 "이자등"이라 함)가 함께 있는 경우에는 높은 이자율이 적용되는 것부터 먼저 손금에 산입하지 아니한다. 또한, 같은 이자율이 적용되는 차입금이 둘 이상인 경우에는 차입시기가 늦은 차입금부터 손금에 산입하지 않으며, 이자율과 차입시기가 모두 같은 경우에는 차입금의 비율에 따라 안분하여 손금에 산입하지 않는다(국조법 §24 ④ 및 국조령 §54 ⑤).

3-3-2. 순이자비용

상기 '3-3-1. 개요'에서 '순이자비용'은 내국법인이 모든 국외특수관계인으로부터 차입한 전체 차입금에 대하여 지급하는 이자등의 총액에서 내국법인이 모든 국외특수관계인으로부터 수취하는 이자수익의 총액을 차감한 금액(그 수가 음수인 경우에는 영으로 봄)으로 한다(국조령 §54 ①).

> Max〔Σ(모든 국외특수관계인에 대한 이자지급액)
> − Σ(모든 국외특수관계인으로부터의 이자수취액), 0〕

여기서, '이자등'의 범위는 과소자본 과세제도의 적용대상 이자등의 범위와 동일하므로 자세한 내용은 상기 '2-3-2. 지급이자와 할인료의 범위'를 참고하기로 한다(국조령 §54 ②).

3-3-3. 조정소득금액

상기 '3-3-1. 개요'에서 '조정소득금액'이란 감가상각비와 상기 '3-3-2. 순이자비용'을 빼기 전 소득금액으로 이를 계산식으로 표현하면 다음과 같다. 이에 따라 계산한 조정소득금액이 음수인 경우에는 이를 영(0)으로 본다(국조법 §24 ① 2호 및 국조령 §54 ④).

소득금액 + 감가상각비 + 국외특수관계인 관련 순이자비용

(1) 소득금액

상기 산식상 '소득금액'은 이전가격세제(국조법 §6, §7), 과소자본 과세제도(국조법 §22, §23), 혼성금융상품이자 제한규정(국조법 §25) 및 지급이자 손금불산입 규정(법법 §28)을 적용하기 전의 각 사업연도의 소득금액을 말한다(국조령 §54 ③ 2호).

이는, 과다 지급이자 제한규정이 이전가격세제, 혼성금융상품이자 제한규정 및 지급이자 손금불산입 규정에 우선하여 적용되고, 과소자본 과세제도와는 서로 경합하여 둘 중 부인금액이 큰 것 하나만이 적용되기 때문에 이러한 규정으로 인한 조정금액들은 과다 지급이자 제한규정으로 인한 손금 부인액 계산시 반영되면 안되기 때문이다(국조법 §26 ①, ②).

(2) 감가상각비

상기 산식상 '감가상각비'는 법인세법 제23조에 따라 손비로 계상한 감가상각비로 한다(국조령 §54 ③ 1호).

(3) 국외특수관계인 관련 순이자비용

상기 산식상 '국외특수관계인 관련 순이자비용'이란 상기 '3-3-2. 순이자비용'에 따라 계산된 순이자비용을 말한다. 조정소득금액 계산시 순이자비용을 소득금액에서 가산하는 이유는 공제가능한 순이자비용의 한도를 계산하기 위하여 소득금액을 순이자비용이 손금에 산입되기 전의 상태로 만들기 위함이다.

3-4. 손금불산입된 이자의 소득처분

조정소득금액의 30%를 초과하는 국외특수관계인에 대한 순이자비용은 법인세법 제67조에 따른 기타사외유출로 처분한다(국조법 §24 ②).

3-5. 순이자비용에 대한 조정명세서의 제출

국외특수관계인으로부터 자금을 차입한 내국법인은 '국외특수관계인에게 지급하는 순이자비용에 대한 조정 명세서 [국조칙 별지 제26호 서식(갑), (을)]'를 법인세 과세표준 및 세액의 확정신고시 납세지 관할 세무서장에게 제출하여야 한다(국조령 §56 및 국조칙 §33).

4. 혼성금융상품 거래에 따른 지급이자의 손금불산입

4-1. 개 요

혼성금융상품 거래에 따른 지급이자의 손금불산입 규정(이하 "혼성금융상품이자 제한규정"이라 함)은 내국법인이 국외특수관계인(국조법 §2 ① 4호)과의 혼성금융상품 거래에 따라 지급한 이자 및 할인료 중 일정한 기간 이내에 그 거래상대방이 소재한 국가에서 거래상대방의 소득에 포함되지 아니하는 등 과세되지 아니한 금액에 해당하는 금액을 해당 기간의 종료일이 속하는 사업연도의 소득금액을 계산할 때 익금에 산입하고 법인세법상 소득처분 규정(법법 §67)에 따른 기타사외유출로 처분된 것으로 보는 제도이다(국조법 §25 ②).

OECD의 BEPS프로젝트 Action 2에서는 국가간 세법차이를 이용한 조세회피 방지를 위하여 혼성금융상품 · 혼성실체 · 역혼성 등 다양한 혼성불일치 거래에 대한 대응방안을 권고하였고, 이에 우리나라는 국내에서 발생가능성이 있는 혼성 금융상품으로 인한 혼성불일치부터 우선 적용하기로 하여 2017년 12월 19일 법 개정시 혼성금융상품이자 제한규정을 신설하고 이를 2018년 1월 1일 이후 개시하는 사업연도 분부터 적용하도록 하였다.

4-2. 적용대상

혼성금융상품이자 제한규정은 국외특수관계인과 혼성금융상품을 거래하는 모든 내국법인(외국법인의 국내사업장을 포함하며, 이하 같음)에게 적용된다.

혼성금융상품이란, 자본 및 부채의 성격을 동시에 갖고 있는 금융상품으로서 다음 구분에 따른 요건을 모두 갖춘 금융상품을 말한다. 다만, 한국표준산업분류에 따른 금융 및 보험업을 영위하는 내국법인이 발행하는 금융상품은 제외한다(국조법 §25 ① 및 국조령 §57).

① 우리나라의 경우 : 우리나라의 세법에 따라 해당 금융상품을 부채로 보아 내국법인이 해당 금융상품의 거래에 따라 국외특수관계인인 외국법인(이하 "거래상대방"이라 함)에게 지급하는 이자 및 할인료(이하 "이자등"이라 함)를 이자비용으로 취급할 것

② 거래상대방이 소재한 국가의 경우 : 그 국가의 세법에 따라 해당 금융상품을 자본으로 보아 거래상대방이 내국법인으로부터 지급받는 이자등을 배당소득으로 취급할 것

4-3. 적용요건

4-3-1. 개 요

내국법인이 국외특수관계인과의 혼성금융상품 거래에 따라 지급한 이자등이 적정기간 이내에 그 거래상대방이 소재한 국가에서 거래상대방의 소득에 포함되지 아니하는 등 과세되지 아니하는 경우, 그 과세되지 아니한 금액에 해당하는 금액에 적용한다(국조법 §25 ②).

4-3-2. 적정기간

'적정기간'이란 내국법인이 해당 혼성금융상품의 거래에 따라 이자등을 지급하는 사업연도의 종료일부터 12개월 이내에 개시하는 거래상대방의 사업연도의 종료일까지의 기간을 말한다(국조령 §58).

4-3-3. 과세되지 아니한 경우

'과세되지 아니한 금액'의 범위는 내국법인이 지급한 이자등이 거래상대방이 소재한 국가의 세법에 따라 배당소득으로 취급되어 과세소득에 포함되지 않은 금액으로서 다음의 구분에 따른다(국조령 §59 ①).

① 해당 이자등의 전부가 거래상대방의 과세소득에 포함되지 않은 경우 : 전체 금액
② 해당 이자등의 10% 미만의 금액만 거래상대방의 과세소득에 포함되는 경우 : 과세소득에 포함되지 않은 금액

즉, 내국법인의 사업소득 계산시 비용공제 가능한 지급이자가 거래상대방이 소재한 국가에서 '배당소득'이란 이유로 일정기간 내에 과세되지 아니하거나 거래상대방의 과세소득에 10% 이상 포함되지 않는 경우, 내국법인에 대해서도 이러한 지급이자에 대한 비용공제를 부인하여 혼성불일치(비용공제 · 과세면제)가 되는 것을 방지한다는 것이다.

4-4. 익금산입 및 이자상당액의 납부

내국법인이 상기 '4-3. 적용요건'에 해당하는 경우 적정기간 종료일이 속하는 사업연도의 소득금액을 계산할 때 다음의 산식에 따른 금액을 익금에 산입한다(국조령 §59 ②).

$$\text{내국법인이 지급하는 이자등의 금액} \times \frac{\text{상기 '4-3-3. 과세되지 아니한 경우'의 과세되지 아니한 금액}}{\text{거래상대방이 내국법인으로부터 지급받은 배당소득금액}}$$

이 경우 내국법인은 다음의 이자상당액을 적정기간 종료일이 속하는 사업연도의 법인세에 더하여 납부하여야 한다(국조령 §59 ③).

$$\text{이자상당액} = \text{손금에 산입하지 않았을 경우 발생했을 법인세액의 차액}^{(*1)} \times \text{손금에 산입한 사업연도의 다음 사업연도 개시일부터 익금에 산입한 사업연도의 종료일까지의 기간} \times 0.022\%^{(*2)}$$

(*1) 거래상대방에게 지급한 이자등을 손금에 산입한 사업연도에 상기 '4-3. 적용요건'에 해당할 경우의 익금산입액을 손금에 산입하지 않았을 경우 발생했을 법인세액의 차액

(*2) 2022. 2. 14. 이전 기간분은 0.025%

4-5. 익금산입액의 소득처분

혼성금융상품이자 제한규정으로 적정기간 종료일이 속하는 사업연도의 소득금액을 계산할 때 익금에 산입하는 금액은 법인세법상 소득처분 규정(법법 §67)에 따른 기타사외유출로 처분한다(국조법 §25 ②).

4-6. 혼성금융상품 관련 이자비용에 대한 조정명세서의 제출

혼성금융상품이자 제한규정에 따라 익금에 산입하는 내국법인은 '혼성금융상품 관련 이자비용에 대한 조정 명세서[국조칙 별지 제27호 서식]'를 적정기간 종료일이 속하는 사업연도를 기준으로 하여 법인세 확정신고기한까지 납세지 관할 세무서장에게 제출해야 한다(국조법 §25 ③ 및 국조령 §60 및 국조칙 §34).

4-7. 혼성금융상품 거래 관련 자료 제출의무 불이행 등에 대한 과태료

상기 '4-6.'에 따라 혼성금융상품 거래에 관한 자료 제출 의무가 있는 내국법인이 자료를 제출하지 아니하거나 거짓의 자료를 제출하는 경우에는 상품별로 3천만원 이하의 과태료를 부과한다(국조법 §88 ①).

이에 따른 과태료의 부과기준은 다음과 같다(국조령 §145 ①).

① 혼성금융상품 관련 이자비용에 대한 조정 명세서를 제출기한까지 제출하지 않은 경우 : 혼성금융상품별 2천만원

② 거짓의 혼성금융상품 관련 이자비용에 대한 조정 명세서를 제출한 경우 : 혼성금융상품별 1천만원

상기 과태료는 그 위반행위의 정도, 위반 횟수, 위반행위의 동기와 결과 등을 고려하여 해당 과태료의 50% 범위에서 줄이거나 늘릴 수 있다. 다만, 과태료를 늘리는 경우에는 3천만원을 넘을 수 없다(국조령 §145 ②).

개 정

○ 혼성금융상품 거래 자료제출의무 불이행 과태료 신설(국조법 §88 및 국조령 §145)
➡ 2023년 1월 1일 이후 개시하는 사업연도에 혼성금융상품 거래에 따라 이자등을 지급하는 경우부터 적용

5. 지급이자 손금불산입의 적용순서

과소자본 과세제도(국조법 §22)와 과다 지급이자 제한규정(국조법 §24)이 동시에 적용되는 경우에는 그 중 손금에 산입하지 아니하는 금액이 크게 계산되는 것 하나만을 적용하며, 그 금액이 같은 경우에는 과소자본 과세제도를 적용한다(국조법 §26 ①).

한편, 과소자본 과세제도(국조법 §22)와 과다 지급이자 제한규정(국조법 §24)은 이전가격세제(국조법 §6, §7), 혼성금융상품이자 제한규정(국조법 §25) 및 지급이자 손금불산입 규정(법법 §28)에 우선하여 적용한다(국조법 §26 ②).

또한, 혼성금융상품이자 제한규정(국조법 §25)은 이전가격세제(국조법 §6, §7) 및 지급이자 손금불산입 규정(법법 §28)에 우선하여 적용한다(국조법 §26 ③).

이상 국제조세조정에 관한 법률 및 법인세법의 규정에 따른 지급이자 손금불산입 제도 등의 적용순서를 정리하면 다음과 같다(국조법 §26 및 법령 §55).

① 과소자본세제(국조법 §22) 또는 과다 지급이자 제한규정(국조법 §24)
동시에 적용되는 경우에는 그 중 손금불산입되는 금액이 큰 규정을 적용하고, 손금불산입되는 금액이 같은 경우에는 과소자본세제를 적용

② 혼성금융상품이자 제한규정(국조법 §25)

③ 이전가격세제(국조법 §6, §7) 및 다음의 지급이자 손금불산입 규정(법법 §28)

㉠ 채권자 불분명 사채의 이자에 대한 손금불산입

㉡ 수령자 불분명 채권·증권의 이자 또는 할인액 등의 손금불산입

㉢ 건설자금이자의 손금불산입(*)

㉣ 업무무관자산 및 업무무관가지급금 관련 지급이자 손금불산입

(*) 과소자본 과세제도 및 과다 지급이자 제한규정을 적용함에 있어 지급이자의 범위에서 건설자금이자가 제외되므로, 건설자금이자에 대해서는 지급이자 손금불산입 규정이 과소자본 과세제도 및 과다 지급이자 제한규정에 우선하여 적용되는 효과가 발생함(국조령 §48 ③ 단서, §54 ②).

한편, 외국은행 국내지점에 과소자본세제에 따라 손금불산입되는 지급이자(이하 "과소자본 지급이자"라 함)와 간주자본 지급이자(법령 §129의 3 ①)가 동시에 발생한 경우에 간주자본 지급이자는 다음에 따른다(법령 §129의 3 ③).

① 간주자본 지급이자가 과소자본 지급이자보다 적은 경우에는 손금에 산입하지 아니하는 간주자본 지급이자는 없는 것으로 봄.

② 간주자본 지급이자가 과소자본 지급이자보다 많은 경우에는 간주자본 지급이자에서 과소자본 지급이자를 뺀 금액만을 손금에 산입하지 아니함.

MEMO

Step Ⅱ 서식의 이해

■ 작성요령Ⅰ - 국외지배주주에게 지급하는 이자등에 대한 조정명세서(갑)

❸ 「② 내국법인(외국법인 국내사업장)의 자기자본금 적수」란에는 〔별지 제24호 서식(병)〕 중 ⑰의 합계금액을 금융업과 비금융업으로 구분하여 적는다.

❹ 「③ 내국법인의 총납입자본금 적수」란에는 〔별지 제24호 서식(병)〕 중 ⑯의 합계금액을 금융업과 비금융업으로 구분하여 적는다.

❺ 「④ 국외지배주주의 납입자본금 적수」란에는 〔별지 제24호 서식(병)〕 중 ⑳의 합계금액을 금융업과 비금융업으로 구분하여 적는다.

❻ 「⑧ 업종별 배수」란에는 금융업 외 업종은 "2"를, 금융업은 "6"을, 국제조세조정에 관한 법률 시행령 제51조 제1항 제2호에 따른 비교대상배수가 있는 경우에는 그 비교대상배수를 적는다.

❼ 「⑨ 초과 적수」란의 계산 결과가 음수(-)인 경우에는 "0"을 적고, 이 경우 "2. 손금 불산입액의 계산"란을 작성하지 않는다.

❽ 「⑩ 차입금 이자율, ⑪ 차입금 적수, ⑫ 손금불산입액」란에는 〔별지 제24호 서식(병)〕 중 "1. 차입금 적수 계산"란에 적은 차입금 순서대로 계산하되, 「⑪ 차입금 적수」의 누계가 「⑨ 초과 적수」의 초과 적수가 될 때까지로 하고, 누적한 적수가 초과 적수보다 많아지게 되는 때의 마지막 차입금의 적수 중 초과 적수보다 많아지는 부분은 제외한다.

[별지 제24호 서식(갑)] (2021. 3. 16. 개정)

사업 연도	. . . ~ . . .	국외지배주주에 이자등에 대한 조정

1. 초과차입금적수(積數)의 계산

① 국외지배주주로부터 차입한 금액(국외지배주주의 특수관계 국외지배주주의 지급보증으로 제3자로부터 차입한 금액 포	
② 내국법인(외국법인 국내사업장)의 자기자본금 적수 ❸	
납입자본	③ 내국법인의 총납입자본금 적수 ❹
	④ 국외지배주주의 납입자본금 적수 ❺
	⑤ 납입자본금 비율(④ ÷ ③)
⑥ ②와 ③ 중 큰 금액	
⑦ 국외지배주주의 내국법인 출자금액 적수(⑤ × ⑥)	
⑧ 업종별 배수 ❻	
⑨ 초과 적수[(① - (⑦ × ⑧)] ❼	

2. 손금불산입액의 계산 ❽

⑩ 차입금 이자율	⑪ 차입금 적수
합 계	

게 지급하는
명세서(갑) ❶

법인명	

	금융업	비금융업
…인으로부터 차입한 금액 및 …함)의 적수 ❷		

…⑫ 손금불산입액(⑩ × ⑪ ÷ 연중 일수) ❾

❿

❶ 내국법인에 차입금을 대여한 외국주주(내국법인이 제3자로부터 차입한 금액에 대하여 지급보증을 한 외국주주를 포함함)가 없는 경우에는 이 명세서를 작성하지 않는다. 내국법인이 금융업과 금융업이 아닌 업종을 겸영하고 그 내국법인의 출자금액 또는 차입금이 업종별로 구분되지 않는 경우 국제조세조정에 관한 법률 시행령 제50조에 따라 업종별로 구분되지 않는 출자금액 또는 차입금을 금융업과 금융업이 아닌 업종에 배분하여 적는다. 이 경우 배분의 근거가 되는 증명서류(영업이익 기준 배분은 구분손익계산서, 개별손금 기준 배분은 업종별·계정별 개별손금 명세)를 첨부해야 한다.

❷ 「① 국외지배주주로부터 차입한 금액(국외지배주주의 특수관계인으로부터 차입한 금액 및 국외지배주주의 지급보증으로 제3자로부터 차입한 금액 포함)의 적수」란에는 국외지배주주에게 지급하는 이자에 대한 조정명세서(병) 〔별지 제24호 서식(병)〕 중 ⑦의 합계금액을 금융업과 비금융업으로 구분하여 적는다. 이 경우 국외지배주주의 특수관계인이란 국외지배주주와 국세기본법 제2조 제20호 가목 또는 나목의 관계에 있는 자를 말한다.

❾ 「⑫ 손금불산입액」란의 연중 일수는 "365"로 하되, 윤년의 경우에는 "366"으로 한다.

❿ 「⑫ 손금불산입액」란의 합계금액을 계산할 때, 해당 차입금 중 국제조세조정에 관한 법률 제22조 제4항에 따른 통상적인 차입 규모 및 조건에 해당하는 차입금은 합산하지 않는다. 이 경우 해당 차입금이 통상적인 차입 규모 및 조건에 해당함을 증명하는 관련 서류를 따로 첨부해야 한다.

■ 작성요령Ⅱ - 국외지배주주에게 지급하는 이자등에 대한 조정 명세서(을)

[별지 제24호 서식(을)] (2021. 3. 16. 개정)

사업연도	. . . ~ . . .	국외지배주주 이자등에 대한

1. 국외지배주주의 개황

① 법인명(상호)		②
③ 대표자		④
⑤ 본점·해외지점 또는 주사무소의 소재지		

	구분	직접
주식소유 및 실질적 지배관계 ❶	⑥ 소유주식 수량	
	⑦ 지분비율 (소유주식/총주식)	
	⑧ 실질적 지배관계 내용	

❶ 「주식소유 및 실질적 지배관계 ⑥~⑧」란은 국외지배주주가 외국법인 국내사업장의 본점 또는 해외지점인 경우에는 적지 않는다.

2. 국외지배주주의 특수관계인으로부터 차입한 경우 그 특수관

구분	
⑩ 성명	
⑪ 주소	
⑫ 사업자등록번호 ❸	

❸ 「⑫ 사업자등록번호」란에는 내국인의 특수관계인이 사업자인 경우에만 적는다.

3. 지급보증에 의하여 제3자로부터 차입한 경우 제3자의 개황

⑬ 법인명(상호)	
⑮ 대표자	
⑰ 본점 또는 주사무소의 소재지	

에게 지급하는 조정 명세서(을)	법인명	

) 국가명(지역)	
) 업종	

	간접	합계

ㅏ계인의 개황

⑨ 관계 ❷

⑭ 국가명(지역)	
⑯ 업종	

❷ 「⑨ 관계」란에는 국세기본법 제2조 제20호 가목 및 같은 호 나목의 관계 중 해당하는 관계의 작성코드를 다음과 같이 적는다.

내국인과의 관계	작성코드
6촌 이내 혈족	①-1
4촌 이내의 인척	①-2
배우자(사실상의 혼인관계에 있는 자 포함)	①-3
친생자로서 다른 사람에게 친양자 입양된 자 및 그 배우자 · 직계비속	①-4
임원과 그 밖의 사용인	②-1
내국인의 금전이나 그 밖의 재산으로 생계를 유지하는 자	②-2
임원과 그 밖의 사용인 및 내국인의 금전이나 그 밖의 재산으로 생계를 유지하는 자와 생계를 함께하는 친족	②-3

■ 작성요령Ⅲ - 국외지배주주에게 지급하는 이자등에 대한 조정 명세서(병)

[별지 제24호 서식(병)] (2021. 3. 16. 개정)

❶ 「1. 차입금 적수 계산」란은 ③의 이자율이 높은 순서대로 작성하되, 같은 이자율이 적용되는 차입금이 둘 이상인 경우에는 ④의 연월일이 늦은 차입금부터 작성하고 「⑦ 적수」란에는 국제조세조정에 관한 법률 시행령 제50조에 따라 금융업과 비금융업으로 구분된 금액을 적는다.

❷ 외국은행 국내지점의 경우에는 「1. 차입금액의 적수 계산」란을 작성할 때, 정부의 요청에 따른 국외지배주주로부터의 외화차입금 및 정부의 요청에 따른 국외지배주주의 지급보증에 의한 제3자로부터의 외화차입금, 국외지배주주로부터의 외화차입금 중 역외금융 및 외국환은행 간 외화대출로 사용한 차입금은 제외하고 나머지 차입금 중 ③의 이자율이 높은 순서대로 작성하되, 「⑦ 적수」의 합계금액은 〔별지 제24호 서식(정)〕의 ⑯과 ⑱의 차액을 더한다.

❸ 「① 국외지배주주 등의 성명(법인명)」란에는 해당 차입금을 빌려준 국외지배주주, 국외지배주주의 특수관계인 또는 국외지배주주의 지급보증에 의하여 그 차입금을 빌려준 제3자의 법인명을 적는다.

❹ 「② 관계」란에는 해당 차입금을 빌려준 자가 국외지배주주인 경우에는 "1"을, 국외지배주주의 특수관계인인 경우에는 "2"를, 국외지배주주의 지급보증에 의한 제3자인 경우에는 "3"을 적는다.

❾ 「⑧ 재무상태표상 자산합계 · ⑨ 재무상태표상 부채합계」란에는 국제조세조정에 관한 법률 시행령 제47조 제1항에 따라 해당 사업연도 종료일 현재 재무상태표상 자산총계와 부채합계를 적고, 「⑩ 자기자본금」란은 금액이 음수(-)인 경우에는 "0"을 적는다.

❿ 「⑭ 재무상태표상 총납입자본금」란에는 해당 사업연도 종료일 현재 재무상태표상 납입자본금(자본금에 주식발행액면초과액 및 감자차익을 더하고 주식할인발행차금 및 감자차손을 뺀 금액)을 적는다. 다만, 외국법인 국내사업장인 경우에는 ⑩과 같은 금액을 적는다.

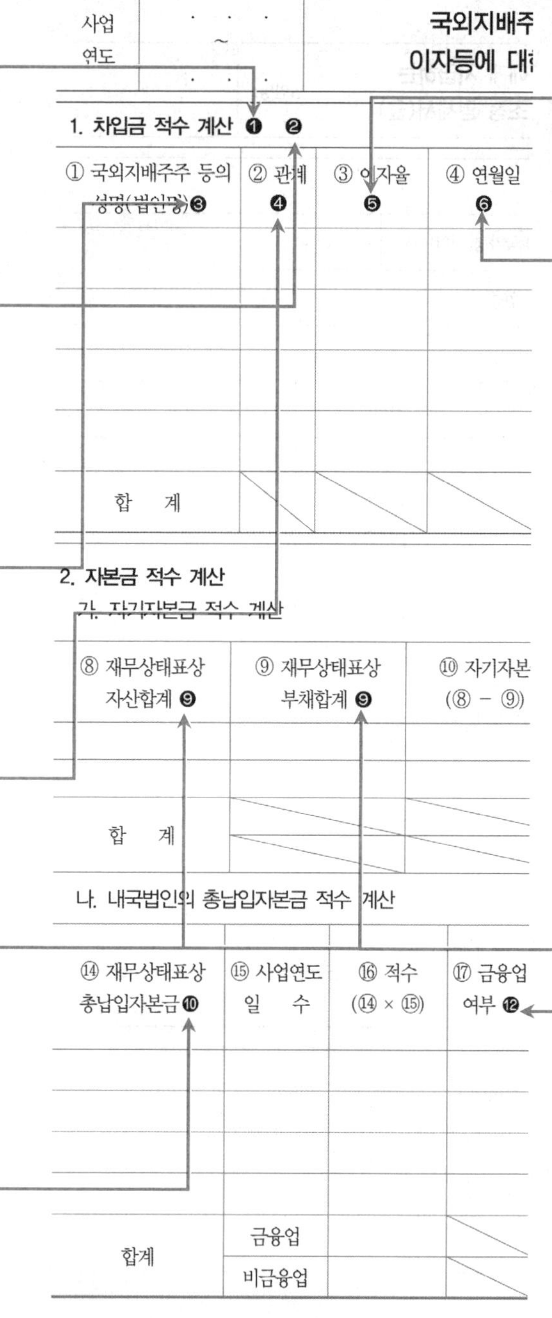

사업연도	. . . ~ . . .	국외지배주 이자등에 대

1. 차입금 적수 계산 ❶ ❷

① 국외지배주주 등의 성명(법인명) ❸	② 관계 ❹	③ 이자율 ❺	④ 연월일 ❻
합 계			

2. 자본금 적수 계산

가. 자기자본금 적수 계산

⑧ 재무상태표상 자산합계 ❾	⑨ 재무상태표상 부채합계 ❾	⑩ 자기자본 (⑧ - ⑨)
합 계		

나. 내국법인의 총납입자본금 적수 계산

⑭ 재무상태표상 총납입자본금 ❿	⑮ 사업연도 일 수	⑯ 적수 (⑭ × ⑮)	⑰ 금융업 여부 ⓬
합계	금융업		
	비금융업		

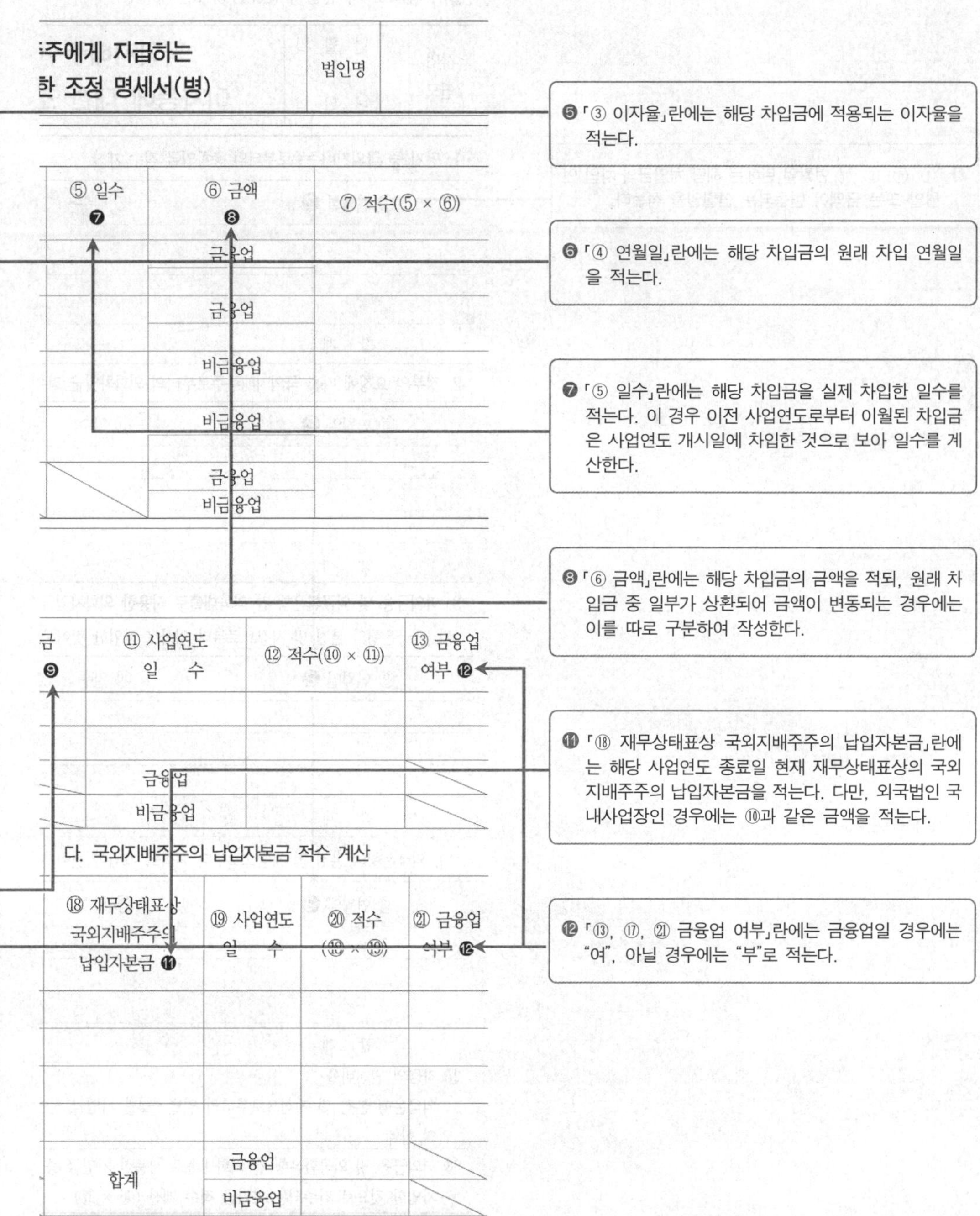

❺ 「③ 이자율」란에는 해당 차입금에 적용되는 이자율을 적는다.

❻ 「④ 연월일」란에는 해당 차입금의 원래 차입 연월일을 적는다.

❼ 「⑤ 일수」란에는 해당 차입금을 실제 차입한 일수를 적는다. 이 경우 이전 사업연도로부터 이월된 차입금은 사업연도 개시일에 차입한 것으로 보아 일수를 계산한다.

❽ 「⑥ 금액」란에는 해당 차입금의 금액을 적되, 원래 차입금 중 일부가 상환되어 금액이 변동되는 경우에는 이를 따로 구분하여 작성한다.

⓫ 「⑱ 재무상태표상 국외지배주주의 납입자본금」란에는 해당 사업연도 종료일 현재 재무상태표상의 국외지배주주의 납입자본금을 적는다. 다만, 외국법인 국내사업장인 경우에는 ⑩과 같은 금액을 적는다.

⓬ 「⑬, ⑰, ㉑ 금융업 여부」란에는 금융업일 경우에는 "여", 아닐 경우에는 "부"로 적는다.

■ 작성요령Ⅳ - 국외지배주주에게 지급하는 이자등에 대한 조정 명세서(정)

❷ 「①, ⑤, ⑨, ⑬ 연월일」란에는 해당 차입금의 차입 연월일 또는 금액이 변동되는 연월일을 적는다.

[별지 제24호 서식(정)] (2021. 3. 16. 개정)

사업연도	년 월 일 ~ 년 월 일	국외지배주주 이자등에 대한 조

1. 당기 중 국외지배주주로부터의 총차입금 적수 계산

① 연월일 ❷	② 일수
합 계	

2. 정부의 요청에 따라 국외지배주주로부터의 외화차입금 적수

⑤ 연월일 ❷	⑥ 일수
합 계	

3. 역외금융 및 외국환은행 간 외화대출로 사용한 외화차입금

가. 외국은행의 본점 및 지점으로부터 외화로 차입한 것이 분

⑨ 연월일 ❷	⑩ 일수
합 계	

나. 외국은행의 본점 및 지점으로부터 외화로 차입한 것이 분

⑬ 연월일 ❷	⑭ 일수
합 계	

⑰ 자금의 원천비율
외국은행 본점 및 지점으로부터의 일별·월별 차입금 잔액의 합계

⑱ 역외금융 및 외국환은행 간 외화대출로 사용한 차입금 중 차입한 것으로 간주되는 차입금 적수 계산 (⑯ × ⑰)

두에게 지급하는
조정 명세서(정) ❶

	법인명	

	③ 금액	④ 적수(② × ③)

수 계산

	⑦ 금액	⑧ 적수(⑥ × ⑦)

ㅏ 중
분명한 경우 ❸

	⑪ 금액	⑫ 적수(⑩ × ⑪)

분명하지 않은 경우

	⑮ 금액	⑯ 적수(⑭ × ⑮)

액 합계 / 일별·월별 총차입금 잔액	❹
외국은행 본점 및 지점으로부터	

❶ 이 서식은 외국은행 국내지점의 경우에만 작성한다.

❸ 「가. 외국은행의 본점 및 지점으로부터 외화로 차입한 것이 분명한 경우」란에는 정부의 요청에 따라 외국은행 본점 및 지점으로부터 차입한 외화차입금을 뺀 금액을 적는다.

❹ 「⑰ 자금의 원천비율」란에는 일별 또는 월별로 작성된 재무상태표상 연평균 잔액을 기준으로 계산하되, 외국은행 본점 및 지점으로부터의 일별·월별 차입금 잔액에는 정부의 요청에 따라 외국은행 본점 및 지점으로부터 외화로 차입한 금액은 산입하지 않는다.

■ 작성요령Ⅴ - 국외지배주주에 대한 원천징수세액 조정 명세서

〔별지 제25호 서식〕(2021. 3. 16. 개정)

사업연도	. . . ~ . . .	국외지비 원천징수세

1. 당기 국외지배주주에 대한 지급이자 및 원천징수

① 명칭	② 원금	③ 차입 기간	④ 당기 발생이자	⑤
❶			❷	
소계				

❶ 「① 명칭」란에는 차입금을 빌려준 국외지배주주의 명칭을 적는다.

❷ 「④ 당기 발생이자」란에는 당기에 귀속되는 지급이자로서 손금에 산입하는 금액을 적는다.

2. 당기 국외지배주주에 대한 지급이자 손금불산입액

⑨ 명칭	⑩ 손금 불산입액	⑪ 배당세율
소계		

ㅐ주주에 대한 액 조정 명세서	법인명	

현황

	당기 원천징수 내용		
지급일	⑥ 지급액	⑦ 세율	⑧ 원천징수세액
❸			❹

세액 조정 내용

⑫ 이자세율	⑬ 세율 차이 (⑪ - ⑫)	⑭ 조정세액(⑩ × ⑬)
		❺

❸ 「⑤ 지급일」란에는 당기 발생이자를 실제 지급한 날을 적고, 당기 말 현재 이자가 지급되지 않은 경우에는 "미지급"으로 적는다.

❹ 「⑧ 원천징수세액」란에는 가산세를 제외한 원천징수세액을 적는다.

❺ 「⑭ 조정세액」란이 양수(+)인 경우(납부할 세액이 있는 경우)에는 법인세법 제60조 제1항의 신고기한이 속하는 달의 다음 달 10일까지 그 금액을 납세지 관할 세무서장에게 납부해야 하며, 조정세액이 음수(-)인 경우(환급받을 세액이 있는 경우)에는 납세지 관할 세무서장에게 그 금액의 환급을 신청할 수 있다.

■ 작성요령Ⅵ - 국외특수관계인에게 지급하는 순이자비용에 대한 조정명세서(갑)

[별지 제26호 서식(갑)] (2021. 3. 16. 개정)

사업연도	. . . ~ . . .	국외특수관계인에 순이자비용에 대한 조

1. 조정소득금액의 계산

① 해당 과세연도 소득금액

②「법인세법」 제23조에 따라 손금으로 계상한

③ 국외특수관계인에게 지급하는 순이자비용

④ 조정소득금액 (①+②+③)

2. 순이자비용의 계산

⑤ 국외특수관계인에 대한 이자 지급액

⑥ 국외특수관계인으로부터의 이자 수취액

⑦ 국외특수관계인에게 지급하는 순이자비용 (=

3. 조정소득금액 대비 과다이자비용 계산

⑧ 조정소득금액 대비 과다이자비용(⑦-④×30%

4. 「국제조세조정에 관한 법률」 제22조에 따

⑨ 「국제조세조정에 관한 법률」 제22조에 따른

⑩ ⑧, ⑨ 중 큰 금액

5. 손금불산입액의 계산 ⑩

⑪ 국외특수관계인 법인명(상호)	⑫ 차입금 이자율	⑬ 차입 연월일
합 계		

⑩ 「5. 손금불산입액의 계산 ⑪ ~ ⑮」란에는 [별지 제26호 서식(을)] 에 적은 차입금 순서대로 계산하되, 「⑮ 손금불산입액」의 누계가 「⑧ 조정소득금액 대비 과다이자비용」이 될 때까지로 하고, 「⑮ 손금불산입액」의 누계가 「⑧ 조정소득금액 대비 과다이자비용」보다 많아지게 되는 때의 마지막 차입금 중 「⑧」보다 많아지는 부분은 제외한다.

에게 지급하는 조정 명세서 (갑)❶	법인명

감가상각비 ❷

❸

❹

❺

❻

=③) ❸ ❼

%)

른 손금불산입액과의 비교

손금불산입액 ❽

❾

⑭ 차입금 적수	⑮ 손금불산입액 (⑫×⑭÷연중 일수) ⓫

❶ 내국법인이 국외특수관계인으로부터 빌린 금액이 없는 경우에는 이 명세서를 작성하지 않는다.

❷ 「① 해당 과세연도 소득금액」란에는 법인세법 제28조(지급이자 손금불산입), 국제조세조정에 관한 법률 제6조 · 제7조(이전가격세제), 제22조 · 제23조(과소자본 과세제도) 및 제25조(혼성금융상품이자 제한규정)를 적용하기 전의 각 사업연도 소득금액을 적는다.

❸ 「③, ⑦ 국외특수관계인에게 지급하는 순이자비용」란에는 〔별지 제26호 서식(을)〕 중 ⑭의 합계금액을 적는다.

❹ 「④ 조정소득금액」란의 계산 결과가 음수(-)인 경우에는 "0"을 적는다.

❺ 「⑤ 국외특수관계인에 대한 이자 지급액」란에는 〔별지 제26호 서식(을)〕 중 ⑧의 합계금액을 적는다.

❻ 「⑥ 국외특수관계인으로부터의 이자 수취액」란에는 〔별지 제26호 서식(을)〕 중 ⑬의 합계금액을 적는다.

❼ 「⑦ 국외특수관계인에게 지급하는 순이자비용」란의 계산 결과가 음수(-)인 경우에는 "0"을 적고, 이 경우 「⑧ 조정소득금액 대비 과다이자비용」 이하는 작성하지 않는다.

❽ 「⑨ 국제조세조정에 관한 법률 제22조에 따른 손금불산입액」란에는 〔별지 제24호 서식(갑)〕 중 ⑫의 합계금액을 적는다.

❾ 「⑩ ⑧, ⑨ 중 큰 금액」란에는 「⑧ 조정소득금액 대비 과다이자비용」과 「⑨ 국제조세조정에 관한 법률 제22조에 따른 손금불산입액」의 금액 중 큰 금액을 적되, 「⑨ 국제조세조정에 관한 법률 제22조에 따른 손금불산입액」이 「⑧ 조정소득금액 대비 과다이자비용」보다 크거나 같은 경우 「⑪ 국외특수관계인 법인명(상호)」 이하는 작성하지 않는다.

⓫ 「⑮ 손금불산입액」란의 연중 일수는 "365"로 하되, 윤년의 경우에는 "366"으로 한다.

■ 작성요령Ⅶ - 국외특수관계인에게 지급하는 순이자비용에 대한 조정명세서(을)

❷「① 법인명(상호)」란에는 해당 법인에 해당 차입금을 대여해 준 국외특수관계인 및 해당 법인이 해당 대여금을 대여해 준 국외특수관계인의 법인명을 적는다.

❸「④ 이자율」란에는 해당 차입금에 적용되는 이자율을 적는다.

❹「⑤ 차입 연월일」란에는 해당 차입금의 원래 차입 연월일을 적는다.

❺「⑥ 일수」란에는 해당 차입금을 실제 차입한 일수를 적는다. 이 경우 이전 사업연도로부터 이월된 차입금은 사업연도 개시일에 차입한 것으로 보아 일수를 계산한다.

[별지 제26호 서식(을)] (2021. 3. 16. 개정)

사업연도	. . . ~ . . .	국외특수관계인 순이자비용에 대한

국외특수관계인			차입금		
① 법인명(상호)❷	② 국가명	③ 대표자	④ 이자율 ❸	⑤차입 연월일 ❹	⑥ 일수 ❺
합 계					

에게 지급하는
조정 명세서(을) ❶

법인명	

⑦ 금액 ❻	⑧이자 지급액	대여금				⑬이자 수취액	⑭순 이자 비용
		⑨ 이자율 ❼	⑩대여 연월일 ❽	⑪ 일수 ❾	⑫ 금액 ❿		

❶ 이 명세서는 ④의 이자율이 높은 순서대로 작성하되, 같은 이자율이 적용되는 차입금이 둘 이상인 경우에는 ⑤의 차입 연월일이 늦은 차입금부터 작성한다. 대여금만 있는 경우에는 ⑨의 이자율이 높은 순서대로 작성하되, 같은 이자율이 적용되는 대여금이 둘 이상인 경우에는 ⑩의 대여 연월일이 늦은 차입금부터 작성한다.

❻ 「⑦ 금액」란에는 해당 차입금의 금액을 적되, 원래 차입금 중 일부가 상환되어 금액이 변동되는 경우에는 이를 따로 구분하여 작성한다.

❼ 「⑨ 이자율」란에는 해당 대여금에 적용되는 이자율을 적는다.

❽ 「⑩ 대여 연월일」란에는 해당 대여금의 원래 대여 연월일을 적는다.

❾ 「⑪ 일수」란에는 해당 대여금을 실제 대여한 일수를 적는다. 이 경우 이전 사업연도로부터 이월된 대여금은 사업연도 개시일에 대여한 것으로 보아 일수를 계산한다.

❿ 「⑫ 금액」란에는 해당 대여금의 금액을 적되, 원래 대여금 중 일부가 상환되어 금액이 변동되는 경우에는 이를 따로 구분하여 작성한다.

■ 작성요령Ⅷ - 혼성금융상품 관련 이자비용에 대한 조정 명세서

❷ 「1. 혼성금융상품 거래내역」란에는 국제조세조정에 관한 법률 시행령 제57조에 따른 금융상품의 거래내역을 적는다.

❸ 「② 만기일」란에는 혼성금융상품의 만기일(상환기간이 존재하는 경우 상환일, 전환사채의 경우 전환일 등)을 적는다.

❹ 「③ 상품명」란에는 계약서상에 기재된 해당 혼성금융상품의 상품명을 적는다.

❺ 「④ 발행가액」란에는 해당 혼성금융상품의 최초 발행가액을 적는다.

❻ 「⑤ 회사명」란에는 해당 혼성금융상품의 거래가 이루어진 국외특수관계인인 거래상대방 회사명을 적는다.

⓫ 「2. 해당 사업연도 익금산입할 이자비용」란에는 「1. 혼성금융상품 거래내역」 중 국제조세조정에 관한 법률 제25조 제2항에 따라 해당 연도에 익금산입되는 이자비용에 대하여 적는다.

⓬ 「⑬ 적정기간」란에는 국제조세조정에 관한 법률 시행령 제58조에 따른 적정기간을 적는다. 이 적정기간의 종료일이 속하는 사업연도가 해당 사업연도이다.

[별지 제27호 서식] (2021. 3. 16. 개정)

사업연도	. . . ~ . . .	혼성금융상품 관련 … 대한 조정 명…

1. 혼성금융상품 거래내역 ❷

① 발행일	② 만기일 ❸	③ 상품명 ❹	④발행 가액 ❺	⑤ 회사명 ❻	⑥ 소재국

2. 해당 사업연도에 익금산입할 이자비용 ⓫

⑬적정기간 ❿	⑭상품명	⑮회사명	⑯소재국	⑰취득일

이자비용에
세서 ❶

법인명

거래상대방(국외특수관계인)

⑦관계 ❼	⑧ 취득일	⑨취득 가액	⑩적용 이자율 ❽	⑪비과세 비율 ❾	⑫비고 ❿

래상대방(국외특수관계인)

⑱이자 비용 ⓭	⑲비과세 비율 ❾	⑳익금에 산입할 총금액 (⑱×⑲)	㉑ 선부인된 이자비용 ⓮	㉒해당 사업 연도 익금 산입액 (⑳-㉑) ⓯
		㉓합 계		

❶ 국제조세조정에 관한 법률 시행령 제57조에 따른 금융상품 거래를 하는 내국법인은 이 명세서를 작성해야 한다.

❼ 「⑦ 관계」란에는 다음 구분에 따라 적는다.

- 제출인이 국외특수관계인의 의결권 있는 주식(출자지분)의 50% 이상을 직접 또는 간접으로 소유한 경우(국조령 §2 ② 1호 가목): "지배"로 적는다.
- 국외특수관계인이 제출인의 의결권 있는 주식(출자지분)의 50% 이상을 직접 또는 간접으로 소유한 경우(국조령 §2 ② 1호 나목): "피지배"로 적는다.
- 동일한 제3자가 국외특수관계인 및 제출인의 의결권 있는 주식(출자지분)의 50% 이상을 직접 또는 간접으로 소유한 경우(국조령 §2 ② 2호): "자매"로 적는다.
- 제출인과 국외특수관계인이 공통의 이해관계가 있고 어느 한쪽이 다른 쪽의 사업 방침의 전부 또는 중요한 부분을 실질적으로 결정할 수 있거나 제3자가 제출인 및 국외특수관계인의 사업 방침을 실질적으로 결정할 수 있는 경우(국조령 §2 ② 3호 및 4호): "실질 지배"로 적는다.

❽ 「⑩ 적용이자율」란에는 해당 혼성금융상품에 적용되는 이자율을 적는다.

❾ 「⑪, ⑲ 비과세비율」란에는 해당 혼성금융상품과 관련해서 해당 거래상대방에게 지급하는 총이자비용 중 거래상대방 소재 국가에서 과세소득에 포함되지 않는 금액이 차지하는 비율을 적는다.

❿ 「⑫ 비고」란에는 해당 혼성금융상품의 발행 시 이자지급 조건, 변제순위 등을 적는다.

⓭ 「⑱ 이자비용」란에는 해당 혼성금융상품과 관련하여 해당 거래상대방에게 지급한 총 이자비용을 적는다.

⓮ 「㉑ 선부인된 이자비용」란에는「⑱ 이자비용」 중 국제조세조정에 관한 법률 제22조(과소자본 과세제도) 또는 같은 법 제24조(과다 지급이자 제한규정)에 따라 먼저 부인된 이자비용을 적는다.

⓯ 「㉓ 해당 사업연도 익금산입액」란에는 ㉒ 해당 사업연도 익금산입액의 합계액을 적는다.

세무조정 체크리스트

■ 과소자본 과세제도

검 토 사 항	확인
1. 국외지배주주 요건의 검토	
① 내국법인 해당 내국법인의 의결권주식을 50% 이상 직·간접 소유하는 외국의 주주·출자자, 그러한 외국의 주주·출자자가 의결권주식의 50% 이상을 직·간접으로 소유하는 다른 외국법인, 또는 공통의 이해관계가 있고, 내국법인의 사업방침을 실질적으로 지배하는 외국주주·출자자	
② 외국법인의 국내사업장 외국법인의 본점·국외지점, 해당 외국법인의 의결권주식을 50% 이상 직·간접 소유하는 외국의 주주·출자자, 또는 그러한 외국의 주주·출자자 또는 본점이 의결권주식의 50% 이상을 직·간접으로 소유하는 다른 외국법인	
2. 국외지배주주(국외지배주주의 국세기본법 제2조 제20호 가목 또는 나목에 따른 특수관계인을 포함하며, 이하 같음)로부터 차입한 금액과 국외지배주주의 지급보증에 의해 제3자로부터 차입한 금액의 존재 여부 확인(담보의 제공 등 실질적으로 지급보증을 하는 경우에는 과소자본세제 적용)	
3. 국외지배주주의 지급보증에 의해 제3자로부터 차입한 차입금의 경우 과소자본세제 적용의 대상이 되는 지급보증인지 여부 검토	
4. 차입금이 과소자본세제 대상 차입금인지 여부 검토	
① 차입금의 범위는 이자 및 할인료를 발생시키는 부채로 하되, 외국은행의 국내지점이 정부의 요청에 의하여 외화로 차입하는 금액 또는 "비거주자 또는 외국환업무취급기관에 대하여 외화로 예치 또는 대출하는 방법이나 비거주자 또는 외국환업무취급기관이 발행한 외화표시증권을 인수 또는 매매하는 방법"으로 사용하기 위하여 해당 외국은행의 본점·지점으로부터 외화로 예수 및 차입하는 금액은 제외	
② 외국은행 본점·지점으로부터 예수·차입한 것인지 자금원천이 불분명한 경우 재무상태표상 계상된 자금의 원천비율로 안분 가능	
③ 국외지배주주에 외국주주와 외국주주가 50% 이상 직·간접으로 소유하고 있는 외국법인이 모두 포함되어 있는 경우 해당 외국법인으로부터 차입한 금액과 외국법인의 지급보증에 따라 제3자로부터 차입한 금액은 외국주주로부터 차입한 금액과 외국주주의 지급보증에 따라 제3자로부터 차입한 금액에 합산	
5. 과소자본세제 대상 차입금의 원화환산	
내국법인이 국외지배주주로 차입하거나 국외지배주주의 지급보증으로 제3자로부터 차입한 금액은 사업연도 종료일 현재의 외국환거래법에 따른 기준환율 또는 재정환율을 사용하여 환산. 단, 금융업에 종사하는 법인은 ① 사업연도 종료일 현재의 기준환율 또는 재정환율, ② 일별 기준환율 또는 재정환율 중 선택하여 적용하되 선택하여 적용한 환산방식은 계속하여 적용하고, 5개 사업연도가 지난 후에는 다른 방법을 선택하여 적용 가능	
6. 과소자본세제 대상 지급이자의 범위 검토	

검 토 사 항	확인
① 국외지배주주로부터 차입한 금액과 국외지배주주로부터 지급보증에 의하여 제3자로부터 차입한 금액에서 발생한 모든 이자 및 할인료로서 사채할인발행차금상각액, 융통어음 할인료 등을 포함	
② 건설자금이자는 과소자본세제 적용대상 지급이자에서 제외	
③ 상업어음 할인거래가 매각거래일 경우 그 처분손실은 적용대상이 아니나, 상업어음을 담보로 하는 차입거래일 경우 그 할인료는 적용대상	
7. 금융업과 비금융업을 겸영하는 경우 출자금액과 차입금의 검토	
① 금융업은 6배, 비금융업은 2배의 차입금 배수 적용	
② 출자금액·차입금이 업종별로 구분되지 않는 경우 다음의 구분에 따라 배분한 후 업종별 배수 적용 ㉠ 금융업과 비금융업에서 영업이익이 각각 발생한 경우 : 각 영업이익에 비례하여 배분 ㉡ 금융업과 비금융업 중 어느 한 업종에서 영업이익이 발생하지 않은 경우 : 법인세법 시행령 제94조 제2항 제2호를 준용하여 배분	
8. 과소자본세제로 손금불산입된 지급이자의 소득처분의 적정성 검토	
① 국외지배주주로부터의 차입 또는 제3자 개입 차입거래 → 배당	
② 국외지배주주의 특수관계인으로부터 차입한 금액이나 국외지배주주의 지급보증에 의하여 제3자로부터 차입 → 기타사외유출	

■ **과다 지급이자 제한규정**

검 토 사 항	확인
1. 적용대상 법인 해당 여부 확인	
내국법인(외국법인 국내사업장 포함). 단, 금융 및 보험업 영위법인 제외	
2. 국외특수관계인으로부터 차입한 금액의 존재 여부 확인	
3. 이자 및 할인료의 범위 검토	
차입금에서 발생한 모든 이자소득으로서 내국법인이 국외특수관계인에게 지급하여야 할 사채할인발행차금 상각액, 융통어음 할인료 등 그 경제적 실질이 이자에 해당하는 것을 모두 포함	
4. 국외특수관계인에 대한 이자지급액이 이자수취액을 초과하여 순이자비용이 존재하는지 검토	
5. 조정소득금액 계산의 적정성 검토 : ① + ② + ③(음수로 계산되는 경우 "0"으로 간주)	
① 소득금액 : 이전가격세제(국조법 §6, §7), 과소자본 과세제도(국조법 §22, §23), 혼성금융상품이자 제한규정(국조법 §25) 및 지급이자 손금불산입 규정(법법 §28)을 적용하기 전의 각 사업연도의 소득금액	
② 법인세법 제23조에 따라 손비로 계상한 감가상각비	
③ 순이자비용	

검 토 사 항	확인
6. 순이자비용이 조정소득금액의 30%를 초과하는지 검토	
손금불산입의 적용순서 ① 이자율이 다른 경우 : 높은 이자율부터 적용 ② 이자율이 같은 경우 : 차입시기가 늦은 차입금부터 적용 ③ 이자율·차입일이 모두 같은 경우 : 차입금 비율에 따라 안분하여 적용	
7. 손금불산입된 지급이자의 소득처분의 적정성 검토 : 기타사외유출	

■ **혼성금융상품이자 제한규정**

검 토 사 항	확인
1. 적용대상 법인 해당 여부 확인 : 내국법인(외국법인 국내사업장 포함)	
2. 국외특수관계인과의 혼성금융상품 거래가 존재하는지 검토	
혼성금융상품 : 자본 및 부채의 성격을 동시에 갖고 있는 금융상품으로서 다음 구분에 따른 요건을 모두 갖춘 금융상품. 다만, 한국표준산업분류에 따른 금융 및 보험업을 영위하는 내국법인이 발행하는 금융상품은 제외 ㉠ 우리나라의 경우 : 우리나라의 세법에 따라 해당 금융상품을 부채로 보아 내국법인이 해당 금융상품의 거래에 따라 국외특수관계인인 외국법인(이하 "거래상대방"이라 함)에게 지급하는 이자 및 할인료를 이자비용으로 취급할 것 ㉡ 거래상대방이 소재한 국가의 경우 : 그 국가의 세법에 따라 해당 금융상품을 자본으로 보아 거래상대방이 내국법인으로부터 지급받는 이자 및 할인료를 배당소득으로 취급할 것	
3. 혼성금융상품에 따른 이자 및 할인료가 적정기간 내에 거래상대방 소재국가에서 과세되는지 여부 검토	
① 적정기간 : 이자 및 할인료를 지급하는 사업연도의 종료일부터 12개월 이내에 개시하는 거래상대방의 사업연도의 종료일까지의 기간	
② 과세되지 아니한 금액의 범위 ㉠ 이자 및 할인료의 전부가 거래상대방의 과세소득에 포함되지 않은 경우 : 전체 금액 ㉡ 이자 및 할인료의 10% 미만의 금액만 거래상대방의 과세소득에 포함되는 경우 : 과세소득에 포함되지 않은 금액	
4. 익금산입 및 이자상당액의 납부 적정기간 종료일이 속하는 사업연도의 소득금액을 계산할 때 다음의 산식에 따른 금액을 익금산입하고 이자상당액을 법인세에 가산하여 납부	
내국법인이 지급하는 이자 및 할인료 금액 × $\frac{\text{거래상대방의 소득에 포함되지 않는 등 과세되지 아니한 금액}}{\text{거래상대방이 내국법인으로부터 지급받은 배당소득금액}}$	
5. 익금산입액의 소득처분의 적정성 검토 : 기타사외유출	

검 토 사 항	확인
6. 혼성금융상품 관련 이자비용에 대한 조정 명세서 제출 : 익금산입한 내국법인은 법인세 확정신고기한까지 명세서 제출. 제출기한까지 명세서를 제출하지 않은 경우 또는 거짓의 명세서를 제출한 경우 과태료 부과	

Step III 사례와 서식작성실무

예제

사 례

A국법인 "Aco."는 2004. 1. 1. 한국에 100% 출자하여 자회사 "Aco. Korea"(금융업이 아님)를 설립하였다. Aco. Korea는 다음과 같이 자금을 차입하고 이자를 지급하였다. 이 경우 지급이자 공제한제도의 적용 여부 및 적용시 손금불산입되는 지급이자의 계산 및 세무조정을 하고 관련서식을 작성하라.

① 2017. 1. 1. 10년 만기 이익참가부사채 600,000,000원을 액면발행하여 Aco.가 전액 인수하였으며, 이에 대한 당기 지급이자는 60,000,000원(10%)이다.

② 위 이익참가부사채는 혼성금융상품으로서 Aco. Korea는 2023년 사업연도에 대한 법인세 신고시 전기 지급이자 60,000,000원 중 과소자본 과세제도에 따라 부인된 20,000,000원을 제외한 금액을 손금에 산입하였으며, 해당 이자는 당기말까지 A국에서 Aco.의 과세소득에 포함되지 않았다.

③ 2024. 1. 1. 국내은행에서 Aco.의 지급보증에 의하여 이자율 10%로 400,000,000원을 차입하였다.

④ 2024년말 Aco. Korea의 재무상태표는 다음과 같다.

자 산	1,200,000,000	부 채	1,000,000,000
		자 본 금	100,000,000
		주식발행초과금	50,000,000
		이 익 잉 여 금	50,000,000
합 계	1,200,000,000	합 계	1,200,000,000

⑤ 2024년 사업연도에 대한 Aco. Korea의 손익계산서는 다음과 같다. 지급이자 공제제한제도 이외의 세무조정은 없는 것으로 가정한다.

	:	:
	이 자 비 용	100,000,000
	감 가 상 각 비	10,000,000
	:	:
당기순이익 30,000,000		

해 설

1. 지급이자 공제제한제도의 적용 순서

과소자본 과세제도 및 과다 지급이자 제한규정은 혼성금융상품이자 제한규정에 우선하여 적용한다.

2. 과소자본 과세제도

(1) 국외지배주주의 출자금액에 대한 차입금의 배수 계산

= 차입금의 적수 ÷ 국외지배주주의 내국법인의 출자금액의 적수

= (1,000,000,000 × 366) ÷ (200,000,000 × 366)

= 5배

Aco. Korea의 차입금이 Aco.의 출자금액의 2배를 초과하므로 과소자본세제 적용대상이다.

(2) 초과차입금적수의 계산

= 내국법인의 국외지배주주에 대한 총 차입금 적수 - (국외지배주주의 내국법인 출자금액 적수×2)

= 1,000,000,000 × 366 - 200,000,000 × 366 × 2

= 219,600,000,000

(3) 손금불산입 지급이자의 계산 및 세무조정

차입일	차입처	이자율	차입금 적수
2017. 1. 1.	Aco.	10%	600,000,000 × 366 = 219,600,000,000
2024. 1. 1.	국내은행	10%	400,000,000 × 366 = 146,400,000,000

높은 이자율이 적용되는 차입금의 적수가 초과차입금적수에 먼저 포함되는 것으로 하고, 같은 이자율이 적용되는 차입금이 둘 이상인 경우에는 차입시기가 늦은 차입금의 적수부터 초과차입금적수에 포함하므로 국내은행 차입금에 대한 지급이자부터 손금불산입한다.

은행 차입금 이자 손금불산입액 = 146,400,000,000 × 10% / 366 = 40,000,000

Aco. 차입금 이자 손금불산입액 = (219,600,000,000 - 146,400,000,000) × 10% / 366
= 20,000,000

〈손금불산입〉 국외지배주주의 지급보증 차입금 지급이자 40,000,000 (기타사외유출)

〈손금불산입〉 국외지배주주의 차입금 지급이자 20,000,000 (배당)

(4) 관련서식의 작성

• 국외지배주주에게 지급하는 이자등에 대한 조정명세서(갑) 〔별지 제24호 서식(갑)〕 (다음 page 참조)

• 국외지배주주에게 지급하는 이자등에 대한 조정명세서(을) 〔별지 제24호 서식(을)〕 (다음 page 참조)

• 국외지배주주에게 지급하는 이자등에 대한 조정명세서(병) 〔별지 제24호 서식(병)〕 (다음 page 참조)

3. 과다 지급이자 제한규정

(1) 국외특수관계인에 대한 순이자비용 계산

= 국외특수관계인에 대한 이자지급액 - 국외특수관계인으로부터의 이자수취액

= 60,000,000 - 0 = 60,000,000

(2) 조정소득금액의 계산

= 소득금액 + 감가상각비 + 국외특수관계인에 대한 순이자비용
= 30,000,000 + 10,000,000 + 60,000,000 = 100,000,000

(3) 조정소득금액 대비 과다 지급이자
= 국외특수관계인에 대한 순이자비용 - (조정소득금액 × 30%)
= 60,000,000 - (100,000,000 × 30%) = 30,000,000

(4) 과소자본 과세제도 손금불산입액과의 비교
과소자본 과세제도에 따른 손금불산입액(60,000,000)이 조정소득금액 대비 과다 지급이자(30,000,000)보다 큰 경우이므로 과다 지급이자 제한규정을 적용하지 않는다.

(5) 관련서식의 작성
- 국외특수관계인에게 지급하는 순이자비용에 대한 조정 명세서(갑) 〔별지 제26호 서식(갑)〕
(다음 page 참조)
- 국외특수관계인에게 지급하는 순이자비용에 대한 조정 명세서(을) 〔별지 제26호 서식(을)〕
(다음 page 참조)

4. 혼성금융상품이자 제한규정
이익참가부사채 거래는 혼성금융상품 거래로 혼성금융상품이자 제한규정의 적용 대상이다.

(1) 익금산입액의 계산 및 세무조정
2023년 사업연도에 대한 법인세 신고시 손금산입한 이자가 적정기간의 종료일인 2024년말까지 A국에서 Aco.의 과세소득에 포함되지 않았으므로 익금산입한다.

① 익금산입액
= 내국법인이 지급하는 이자 및 할인료 금액 ×(거래상대방 소재지국에서 과세되지 아니한 금액 ÷ 거래상대방이 내국법인으로부터 지급받은 배당소득금액)
= (60,000,000 - 20,000,000(*)) × (60,000,000 ÷ 60,000,000)
= 40,000,000
(*) 과소자본 과세제도로 선부인된 이자비용 20,000,000 차감

② 세무조정
〈익금산입〉 혼성금융상품 관련 이자비용 40,000,000 (기타사외유출)

(2) 관련서식의 작성
- 혼성금융상품 관련 이자비용에 대한 조정 명세서 〔별지 제27호 서식〕
(다음 page 참조)

[별지 제24호 서식(갑)] (2021. 3. 16. 개정)

사업연도	2024. 1. 1. ~ 2024. 12. 31.	국외지배주주에게 지급하는 이자등에 대한 조정 명세서(갑)	법인명	Aco.Korea

1. 초과차입금적수(積數)의 계산

구분		금융업	비금융업
① 국외지배주주로부터 차입한 금액(국외지배주주의 특수관계인으로부터 차입한 금액 및 국외지배주주의 지급보증으로 제3자로부터 차입한 금액 포함)의 적수			366,000,000,000
② 내국법인(외국법인 국내사업장)의 자기자본금 적수			73,200,000,000
납입자본	③ 내국법인의 총납입자본금 적수		54,900,000,000
	④ 국외지배주주의 납입자본금 적수		54,900,000,000
	⑤ 납입자본금 비율(④ ÷ ③)		100%
⑥ ②와 ③ 중 큰 금액			73,200,000,000
⑦ 국외지배주주의 내국법인 출자금액 적수(⑤ × ⑥)			73,200,000,000
⑧ 업종별 배수			2
⑨ 초과 적수[(①-(⑦ × ⑧)]			219,600,000,000

2. 손금불산입액의 계산

⑩ 차입금 이자율	⑪ 차입금 적수	⑫ 손금불산입액(⑩×⑪÷연중 일수)
10%	146,400,000,000	40,000,000
10%	73,200,000,000	20,000,000
합 계	219,600,000,000	60,000,000

[별지 제24호 서식(을)] (2021. 3. 16. 개정)

사업연도	2024. 1. 1. ~ 2024. 12. 31.	국외지배주주에게 지급하는 이자등에 대한 조정 명세서(을)	법인명	Aco.Korea

1. 국외지배주주의 개황

① 법인명(상호)	Aco.	② 국가명(지역)	A국
③ 대표자	James Bond	④ 업종	컴퓨터/제조
⑤ 본점·해외지점 또는 주사무소의 소재지	A국 B주 C시 웨서대로 32번지		

	구분	직접	간접	합계
주식소유 및 실질적 지배관계	⑥ 소유주식 수량	20,000주		20,000주
	⑦ 지분비율(소유주식/총주식)	100%		100%
	⑧ 실질적 지배관계 내용	해당없음		

2. 국외지배주주의 특수관계인으로부터 차입한 경우 그 특수관계인의 개황

구분	⑨ 관계	
⑩ 성명		
⑪ 주소		
⑫ 사업자등록번호		

3. 지급보증에 의하여 제3자로부터 차입한 경우 제3자의 개황

⑬ 법인명(상호)	○○은행	⑭ 국가명(지역)	한국
⑮ 대표자	홍길동	⑯ 업종	금융
⑰ 본점 또는 주사무소의 소재지	서울시 ○○구 ○○대로 32		

[별지 제24호 서식(병)] (2021. 3. 16. 개정)

사업연도	2024. 1. 1. ~ 2024. 12. 31.	국외지배주주에게 지급하는 이자등에 대한 조정 명세서(병)	법인명	Aco.Korea

1. 차입금 적수 계산

① 국외지배주주 등의 성명(법인명)	② 관계	③ 이자율	④ 연월일	⑤ 일수	⑥ 금액	⑦ 적수(⑤ × ⑥)
					금융업	
					금융업	
○○은행	3	10%	2024. 1. 1.	366	비금융업	146,400,000,000
					400,000,000	
A.co	1	10%	2017. 1. 1.	366	비금융업	219,600,000,000
					600,000,000	
합 계					금융업	366,000,000,000
					비금융업	

2. 자본금 적수 계산

가. 자기자본금 적수 계산

⑧ 재무상태표상 자산합계	⑨ 재무상태표상 부채합계	⑩ 자기자본금 (⑧ - ⑨)	⑪ 사업연도 일 수	⑫ 적수(⑩ × ⑪)	⑬ 금융업 여부
1,200,000,000	1,000,000,000	200,000,000	366	73,200,000,000	부
합 계			금융업		
			비금융업	73,200,000,000	

나. 내국법인의 총납입자본금 적수 계산 / 다. 국외지배주주의 납입자본금 적수 계산

⑭ 재무상태표상 총납입자본금	⑮ 사업연도 일수	⑯ 적수 (⑭ × ⑮)	⑰ 금융업 여부	⑱ 재무상태표상 국외지배주주의 납입자본금	⑲ 사업연도 일수	⑳ 적수 (⑱ × ⑲)	㉑ 금융업 여부
150,000,000	366	54,900,000,000	부	150,000,000	366	54,900,000,000	부
합계	금융업			합계	금융업		
	비금융업	54,900,000,000			비금융업	54,900,000,000	

[별지 제26호 서식(갑)] (2021. 3. 16. 개정)

사업연도	2024. 1. 1. ~ 2024. 12. 31.	국외특수관계인에게 지급하는 순이자비용에 대한 조정 명세서 (갑)	법인명	Aco. Korea

1. 조정소득금액의 계산

① 해당 과세연도 소득금액	30,000,000
②「법인세법」 제23조에 따라 손금으로 계상한 감가상각비	10,000,000
③ 국외특수관계인에게 지급하는 순이자비용	60,000,000
④ 조정소득금액 (①+②+③)	100,000,000

2. 순이자비용의 계산

⑤ 국외특수관계인에 대한 이자 지급액	60,000,000
⑥ 국외특수관계인으로부터의 이자 수취액	0
⑦ 국외특수관계인에게 지급하는 순이자비용 (=③)	60,000,000

3. 조정소득금액 대비 과다이자비용 계산

⑧ 조정소득금액 대비 과다이자비용(⑦－④×30%)	30,000,000

4.「국제조세조정에 관한 법률」 제22조에 따른 손금불산입액과의 비교

⑨「국제조세조정에 관한 법률」 제22조에 따른 손금불산입액	60,000,000
⑩ ⑧, ⑨ 중 큰 금액	60,000,000

5. 손금불산입액의 계산

⑪ 국외특수관계인 법인명(상호)	⑫ 차입금 이자율	⑬ 차입 연월일	⑭ 차입금 적수	⑮ 손금불산입액 (⑫×⑭÷연중 일수)
합 계				

[별지 제26호 서식(을)] (2021. 3. 16. 개정)

사업연도	2024. 1. 1. ~ 2024. 12. 31.	국외특수관계인에게 지급하는 순이자비용에 대한 조정 명세서 (을)	법인명	Aco. Korea

국외특수관계인			차입금					대여금					⑭순이자비용
①법인명(상호)	②국가명	③대표자	④이자율	⑤차입연월일	⑥일수	⑦금액	⑧이자지급액	⑨이자율	⑩대여연월일	⑪일수	⑫금액	⑬이자수취액	
Aco.	A국	James Bond	10%	2017.1.1.	366	600,000,000	60,000,000						
합 계							60,000,000						60,000,000

[별지 제27호 서식] (2021. 3. 16. 개정)

사업연도	2024. 1. 1. ~ 2024. 12. 31.	**혼성금융상품 관련 이자비용에 대한 조정 명세서**	법인명	Aco.Korea

1. 혼성금융상품 거래내역

① 발행일	② 만기일	③ 상품명	④발행 가액	거래상대방(국외특수관계인)							
				⑤ 회사명	⑥ 소재국	⑦관계	⑧ 취득일	⑨취득 가액	⑩적용 이자율	⑪비과세비율	⑫비고
2017. 1. 1.	2026. 12. 31.	이익참가부 사채	600,000,000	Aco.	A국	피지배	2017. 1. 1.	600,000,000	10%	100%	

2. 해당 사업연도에 익금산입할 이자비용

⑬ 적정기간	⑭ 상품명	거래상대방(국외특수관계인)							
		⑮ 회사명	⑯ 소재국	⑰ 취득일	⑱ 이자 비용	⑲ 비과세 비율	⑳ 익금에 산입할 총금액 (⑱×⑲)	㉑ 선부인된 이자비용	㉒해당 사업연도 익금산입액 (⑳-㉑)
2024. 12. 31.	이익참가부 사채	Aco.	A국	2017. 1. 1.	60,000,000	100%	60,000,000	20,000,000	40,000,000
								㉓합 계	40,000,000

제3절 이전가격세제

관련 법령

- 국조법 §6~§21
- 국조령 §5~§44
- 국조칙 §2~§31

최근 주요 개정 내용

- 국제거래명세서 등 제출방법 일원화(국조법 §16 ②)

종 전	현 행
□ 국제거래명세서 등* 제출 의무 * 국제거래명세서, 요약손익계산서, 정상가격 산출방법 신고서	□ 국제거래명세서 등을 개별기업보고서의 부표형태로 제출하는 대규모법인도 별도 제출
○ (제출의무) 국외특수관계인과 국제거래를 하는 납세의무자	○ (좌 동)
– 단, 개별·통합기업보고서를 제출하는 대규모법인은 제외 * 대규모법인은 해당 자료를 개별기업보고서의 부표형태로 제출	〈삭 제〉 * 개별기업보고서 부표형태로 제출 → 개별 규정·서식에 따라 제출
○ (제출기한) 사업연도 종료 후 6개월 이내	○ (좌 동)

➡ 개정일자 : ㊚ 2023. 12. 31.
적용시기 : 2024년 1월 1일 이후 개시한 과세연도에 대한 자료 제출 분부터 적용

관련 서식	• 국제조세조정에 관한 법률 시행규칙 [별지 제1호 서식] 거래가격 조정신고서 [별지 제2호 서식] 원가등의 분담액 조정 명세서 [별지 제3호 서식] 제출기한 연장 신청서 [별지 제4호 서식] 제출기한 연장(승인/기각)통지서 [별지 제5호 서식] 소득금액 계산특례 신청서 [별지 제6호 서식] 이전소득금액 반환 확인서 [별지 제7호 서식] 이전소득금액 통지서 [별지 제8호 서식] 임시유보 처분 통지서 [별지 제9호 서식] 이전소득금액 처분 요청서 [별지 제10호 서식] 정상가격 산출방법의 사전승인 신청서(상호합의절차에 의한 사전승인/일방적 사전승인) [별지 제11호 서식] 상호합의절차 개시 신청서 [별지 제12호 서식] 통합기업보고서 [별지 제13호 서식] 개별기업보고서 [별지 제14호 서식] 국가별보고서 [별지 제15호 서식] 국가별보고서 제출의무자에 대한 자료 [별지 제16호 서식(갑)] 국제거래명세서 [별지 제16호 서식(을)] 지급보증 용역거래 명세서 [별지 제17호 서식] 국외특수관계인의 요약손익계산서 [별지 제18호 서식] 용역거래에 대한 정상가격 산출방법 신고서 [별지 제19호 서식] 무형자산에 대한 정상가격 산출방법 신고서 [별지 제20호 서식] 정상가격 산출방법 신고서 [별지 제21호 서식] 국세의 정상가격 산출방법과 관세의 과세가격 결정방법의 사전조정 신청서 [별지 제22호 서식] 국세의 정상가격과 관세의 과세가격 간 조정을 위한 경정청구서 [별지 제23호 서식] 국제거래가격 과세조정 신청서

제3절

이전가격세제

3

Step I 내용의 이해

1. 이전가격세제의 의의

1-1. 이전가격세제의 개념

'이전가격세제'라 함은 거주자 등이 국외특수관계인과 국제거래를 함에 있어 그 거래가격이 정상가격(독립기업가격)보다 낮거나 높은 경우에 정상가격을 기준으로 과세하는 제도로서, 해당 국제거래에 있어서 조세회피의도가 있었는지를 불문하고 이전가격을 부인하여 정상가격으로 과세함으로써 자국의 과세권을 보호하고 국제적인 조세회피를 방지하는 데 그 목적이 있다.

우리나라 과세당국은 거래 당사자의 어느 한 쪽이 국외특수관계인인 국제거래에서 그 거래가격이 정상가격보다 낮거나 높은 경우에는 정상가격을 기준으로 거주자(내국법인과 국내사업장을 포함하며 이하 같음)의 과세표준 및 세액을 결정하거나 경정할 수 있다. 그러나, 다음과 같은 특수관계의 경우 납세자가 특수관계에 해당하지 않는다는 명백한 사유의 제시가 있는 경우에는 이전가격세제를 적용하지 않는다(국조법 §2 ① 3호 다목·라목, §7 ③).

① 거래 당사자 간에 자본의 출자관계, 재화·용역의 거래관계, 금전의 대차관계 등에 따라 소득을 조정할 만한 공통의 이해관계가 있고, 거래 당사자 중 어느 한쪽이 다른 쪽의 사업 방침을 실질적으로 결정할 수 있는 경우 그 거래 당사자 간의 관계

② 거래 당사자 간에 자본의 출자관계, 재화·용역의 거래관계, 금전의 대차관계 등에 따라 소득을 조정할 만한 공통의 이해관계가 있고, 제3자가 거래 당사자 양쪽의 사업 방침을 실질적으로 결정할 수 있는 경우 그 거래 당사자 간의 관계

한편, 거주자는 국외특수관계인과의 국제거래에서 그 거래가격이 정상가격보다 낮거나 높

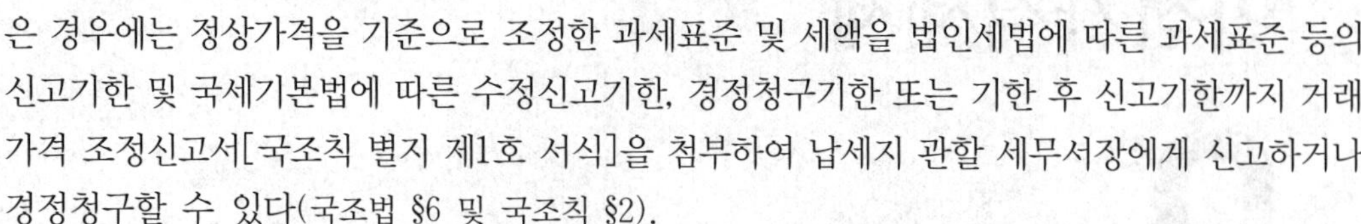

은 경우에는 정상가격을 기준으로 조정한 과세표준 및 세액을 법인세법에 따른 과세표준 등의 신고기한 및 국세기본법에 따른 수정신고기한, 경정청구기한 또는 기한 후 신고기한까지 거래가격 조정신고서[국조칙 별지 제1호 서식]을 첨부하여 납세지 관할 세무서장에게 신고하거나 경정청구할 수 있다(국조법 §6 및 국조칙 §2).

1-2. 이전가격세제의 적용

1-2-1. 적용대상자

이전가격세제의 적용대상자는 거주자이며, 거주자는 국내사업장 및 내국법인을 총괄하는 개념이다(국조법 §6 ①). 여기서 국내사업장이라 함은 소득세법 제120조의 규정에 의한 비거주자의 국내사업장 및 법인세법 제94조의 규정에 의한 외국법인의 국내사업장을 말한다(국조법 §2 ① 2호).

1-2-2. 적용대상거래

이전가격세제의 적용대상거래는 거래 당사자의 어느 한 쪽이 국외특수관계인인 국제거래에 대해서만 적용된다(국조법 §6 ①). 여기서 국제거래라 함은 거주자의 소득금액에 영향을 미치는 모든 거래로서 거래 당사자의 어느 한 쪽이나 양쪽이 비거주자 또는 외국법인(비거주자 또는 외국법인의 국내사업장은 제외함)인 다음의 거래를 말한다(국조법 §2 ① 1호).

① 유형자산 또는 무형자산의 매매 · 임대차
② 용역의 제공
③ 금전의 대출 · 차용
④ 기타 거래자의 손익 및 자산에 관련된 모든 거래

1-2-3. 적용요건

(1) 의 의

이전가격세제는 국외특수관계인과의 국제거래에서 정상가격을 이탈하는 거래는 정상가격을 기준으로 소득금액을 재계산하는 것을 의미한다. 이것은 국내거래에서 특수관계인과의 거래로서 조세의 부담을 부당히 감소시킨 것으로 인정되는 경우에는 시가를 기준으로 재계산하여야 한다는 법인세법 제52조의 부당행위계산 부인규정과 같은 맥락으로 볼 수 있다.

그러나, 국제조세조정에 관한 법률에서 규정하는 이전가격세제는 법인세법의 부당행위계산 부인규정과는 달리 부당히 조세를 감소시킬 목적을 필요로 하지 않는다.

:: 정상가격에 의한 과세조정의 적용기준(국조통 6-0…1)

① 국외특수관계인과의 국제거래에 있어서 그 거래의 정상가격에 의한 과세조정은 조세회피목적을 전제조건으로 하지 아니한다.
② 국외특수관계인과의 국제거래에 있어서 그 거래의 정상가격에 의한 과세조정은 당해 국외특수관계인과의 과세소득실현을 전제조건으로 하지 아니한다.

(2) 국외특수관계인과의 거래일 것

이전가격세제는 거래 당사자의 어느 한 쪽이 국외특수관계인인 경우에 적용된다. 따라서, 특수관계가 없는 제3자와의 국제거래에서 정상가격을 훨씬 초과하거나 못 미치는 거래를 하는 경우에는 이전가격세제의 적용대상이 되지 않는다.

'국외특수관계인'이라 함은 거주자 · 내국법인 또는 국내사업장과 다음의 특수관계에 있는 비거주자 · 외국법인(비거주자 또는 외국법인의 국내사업장은 제외)을 말한다(국조법 §2 ① 3호, 4호).

① 거래 당사자 중 어느 한쪽이 다른 쪽의 의결권 있는 주식(출자지분을 포함함. 이하 같음)의 50% 이상을 직접 또는 간접으로 소유하고 있는 경우 그 거래 당사자 간의 관계
② 제3자와 그 친족 등(국세기본법 제2조 제20호 가목에 따른 친족관계에 있는 자)이 거래 당사자 양쪽의 의결권 있는 주식의 50% 이상을 직접 또는 간접으로 각각 소유하고 있는 경우 그 거래 당사자 간의 관계(국조령 §2 ①)
③ 거래 당사자 간에 자본의 출자관계, 재화 · 용역의 거래관계, 금전의 대차관계 등에 따라 소득을 조정할 만한 공통의 이해관계가 있고, 거래 당사자 중 어느 한쪽이 다른 쪽의 사업 방침을 실질적으로 결정할 수 있는 경우 그 거래 당사자 간의 관계
④ 거래 당사자 간에 자본의 출자관계, 재화 · 용역의 거래관계, 금전의 대차관계 등에 따라 소득을 조정할 만한 공통의 이해관계가 있고, 제3자가 거래 당사자 양쪽의 사업 방침을 실질적으로 결정할 수 있는 경우 그 거래 당사자 간의 관계

간접소유비율 계산(국조통 2-2…3)

① 국외특수관계자를 판정함에 있어서 일방법인이 타방법인의 의결권 있는 주식의 50% 이상을 직접 또는 간접으로 소유하는지의 여부는 일방법인의 타방법인에 대한 직접 및 간접소유 비율을 합계한 비율에 의하여 판정한다.

② 일방법인이 타방법인의 주주인 법인을 소유함으로써 타방법인을 소유하게 되는 것을 간접소유라고 하며 그 비율의 계산방법은 다음 각 호와 같다.

1. 일방법인이 타방법인의 주주인 법인의 의결권 있는 주식을 50% 이상 소유하는 경우에는 그 주주인 법인의 타방법인에 대한 의결권 있는 주식소유비율
2. 일방법인이 타방법인의 주주인 법인의 의결권 있는 주식을 50% 미만 소유하는 경우에는 당해 소유 비율과 그 주주인 법인의 타방법인에 대한 의결권 있는 주식소유비율을 곱한 비율

〈사례 1〉

구 분	출자자	피출자자	출자비율
직접소유	일방법인A	타방법인B	10%
간접소유	일방법인A	법인C	50% 이상
	법인C	타방법인B	45%

- 직접소유비율(A → B) : 10%
- 간접소유비율(A → C → B) : 1 × 45% = 45%

* 직접 또는 간접소유비율(A→B) : 10% + 45% = 55%

〈사례 2〉

구 분	출자자	피출자자	출자비율
직접소유	일방법인A	타방법인B	30%
간접소유	일방법인A	법인C	40%
	법인C	타방법인B	50%

- 직접소유비율(A → B) : 30%
- 간접소유비율(A → C → B) : 40% × 50% = 20%

* 직접 또는 간접소유비율(A → B) : 30% + 20% = 50%

〈사례 3〉

구 분	출자자	피출자자	출자비율
직접소유	일방법인A	타방법인B	40%
간접소유	일방법인A	법인C	40%
	법인C	법인D	50%
	법인D	타방법인B	50%

- 직접소유비율(A → B) : 40%
- 간접소유비율(A → C → D → B) : 40% × 50% × 50% = 10%

* 직접 또는 간접소유비율(A → B) : 40% + 10% = 50%

〈사례 4〉

구 분	출자자	피출자자	출자비율
직접소유	일방법인A	타방법인B	40%
간접소유	일방법인A	법인C	50%
	법인C	법인D	50%
	법인D	타방법인B	10%

• 직접소유비율(A → B) : 40%
• 간접소유비율(A → C → D → B) : 1 × 1 × 10% = 10%
* 직접 또는 간접소유비율(A → B) : 40% + 10% = 50%

:: 국외특수관계인 vs. 국외지배주주

'국외특수관계인'은 이전가격세제에 적용되는 개념으로 지배관계 및 피지배관계를 모두 포함하나, '국외지배주주'란 내국법인 또는 외국법인의 국내사업장을 실질적으로 지배하는 주주로서 과소자본 과세제도에 적용되는 개념임에 유의하여야 한다.

(3) 거래가격이 정상가격보다 낮거나 높은 경우일 것

거주자가 국외특수관계인과 거래한 가격이 정상가격보다 낮거나 높은 경우 해당 거래는 이전가격세제의 대상이 된다. 이 경우 정상가격 산출방법 중 같은 정상가격 산출방법을 적용하여 둘 이상의 과세연도에 대하여 정상가격을 산출하고 그 정상가격을 기준으로 일부 과세연도에 대한 과세표준 및 세액을 결정하거나 경정하는 경우에는 나머지 과세연도에 대해서도 그 정상가격을 기준으로 과세표준 및 세액을 결정하거나 경정하여야 한다(국조법 §7 ②).

관련사례

• Comfort Letter의 제공이 이전가격 과세조정 대상의 지급보증에 해당하는지 여부
해외자회사가 현지 금융기관으로부터 자금을 차입시 동 금융기관에 법적인 변제의무를 부담하지 않는 'Comfort Letter'를 내국법인이 제공하는 경우, 내국법인의 동 Letter 제공은 구 국제조세조정에 관한 법률 시행령 제6조의 2 제1항(*1)의 '지급보증'에 해당하지 않으나 동 Letter의 제공이 특수관계 없는 독립기업간 거래라면 별도의 대가를 수취했을 용역제공에 해당하는 경우에는 정상가격 조정대상에 해당하는 것임(국제세원－350, 2010. 7. 28.).
(*1) 현행 국제조제조정에 관한 법률 시행령 제12조 제1항

• 보증신용장에 의한 지급보증이 이전가격 과세조정의 대상에 해당하는지 여부
내국법인이 국외특수관계에 있는 중국 자회사의 중국 내 자금차입과 관련하여 보증신용장(Stand－by L/C)에 의한 지급보증을 하는 경우, 동 보증신용장에 의한 지급보증거래는 국제거래에 해당하는 것으로 정상가격에 의한 과세조정의 대상임(서면2팀－255, 2007. 2. 6.).

• 무상대여금의 정상가격 과세조정 해당 여부
미국 현지법인의 추가출자금을 면허세를 회피할 목적으로 감자를 통하여 장기차입금계정으로 전환하면서 대여금채권을 보유하게 된 경우, 감자금액이 무상으로 대여된 것이라도 정상이율에 미달하면 이는 구 국제조세조정에 관한 법률 제4조(*2)의 '거래가격이 정상가격에 미달한 경우'에 해당함(대법 2003두 9893, 2004. 10. 27.).
(*2) 현행 국제조세조정에 관한 법률 제7조 제1항

1-3. 상업적 합리성이 결여된 국제거래의 부인 · 재구성

1-3-1. 의의

정상가격에 의한 과세조정의 실효성을 제고하기 위하여 국제조세조정에 관한 법률에서는 거주자와 국외특수관계인 사이의 국제거래가 유사한 거래 상황에서 특수관계가 없는 독립된 사업자 사이의 거래와 비교하여 상업적 합리성이 결여되어 정상가격 산출이 현저히 곤란한 경우에는 과세당국이 경제적 실질에 따라 해당 국제거래를 부인하거나 새로운 거래로 재구성하여 정상가격을 산출할 수 있도록 하고 있다.

1-3-2. 국제거래의 상업적 합리적 거래 여부 파악

(1) 개요

과세당국은 국제조세조정에 관한 법률 제8조 제1항에 따라 정상가격을 산출할 때 거주자와 국외특수관계인 간의 상업적 또는 재무적 관계 및 해당 국제거래의 중요한 거래조건을 고려하여 해당 국제거래의 실질적인 내용을 명확하게 파악하여야 하며, 해당 국제거래가 그 거래와 유사한 거래 상황에서 특수관계가 없는 독립된 사업자 사이의 거래와 비교하여 상업적으로 합리적인 거래인지 여부를 판단하여야 한다(국조법 §8 ②).

(2) 국제거래의 실질적 내용 파악

거주자와 국외특수관계인 간의 국제거래의 실질적인 내용을 명확하게 파악하기 위해 다음의 요소를 고려해야 한다(국조령 §16 ①).

① 계약조건
② 사용된 자산과 부담한 위험 등을 고려하여 평가된 거래 당사자가 수행한 기능
③ 거래된 재화나 용역의 종류 및 특성
④ 경제 여건 및 사업전략

상기 ②에서 '부담한 위험'은 거래 당사자의 위험에 대한 관리 · 통제 활동 및 위험을 부담할 재정적 능력 등을 고려하여 다음의 순서에 따라 분석해야 하며, '거래 당사자가 수행한 기능'

은 거래 당사자뿐만 아니라 거래 당사자와 특수관계에 있는 자 모두를 고려하여 전체적으로 사업활동이 수행되고 있는 방식, 거래 상황 및 관행을 종합적으로 고려해야 한다(국조칙 §10 ①).

① 거래에 수반되는 경제적으로 중요한 위험의 식별
② 계약 조건에 따라 거래 당사자가 부담하는 위험의 결정
③ 다음의 사항을 고려한 위험에 관한 기능 분석
㉠ 거래 당사자의 행위 및 거래와 관련된 그 밖의 사실관계를 바탕으로 해당 거래를 통해 발생한 경제적 이익 또는 손실이 실제로 귀속되는 거래 당사자의 식별
㉡ 거래 당사자가 수행한 위험에 대한 다음의 관리・통제 기능
ⓐ 연구・개발 투자 또는 사업용 자산에 대한 투자 등 위험이 수반되는 활동의 개시 여부에 관한 의사결정
ⓑ 위험과 관련된 거래 상황의 변화에 적절히 대응하고 위험을 감소시키기 위한 의사결정
㉢ 거래 당사자의 위험을 부담할 수 있는 다음의 재정적 능력
ⓐ 위험이 수반되는 활동을 개시하기 위한 자금을 동원할 수 있는 능력
ⓑ 위험을 감소시키기 위한 활동에 사용되는 비용을 부담할 수 있는 능력
ⓒ 거래 상황의 변화에 따라 발생한 손실을 부담할 수 있는 능력
④ 상기 ② 및 ③의 분석 결과를 종합하여 다음에 따른 거래 당사자가 부담한 위험의 재배분
㉠ '②' 및 '③의 ㉠'에 따른 분석 결과의 비교. 이 경우 '②' 와 '③의 ㉠'에 따른 분석 결과가 다른 경우에는 '③의 ㉠'에 따라 위험을 부담하는 것으로 본다.
㉡ 거래 당사자가 부담한 위험의 최종 결정. 이 경우 상기 '④의 ㉠'에 따라 위험을 부담하는 거래 당사자가 '③의 ㉡'에 따른 위험에 대한 관리・통제 기능을 하지 않거나 '③의 ㉢'에 따른 위험을 부담할 재정적 능력이 없는 경우에는 해당 거래에서 실제로 위험에 대한 관리・통제 기능을 하고 위험을 부담할 재정적 능력을 가진 거래 당사자가 위험을 부담하는 것으로 본다.

(3) 상업적 합리적 거래 여부의 판단

과세당국은 상기 '(1) 개요' 및 하기 '1-3-3. 국제거래의 부인 또는 재구성'에 따라 거주자와 국외특수관계인 간의 국제거래가 상업적으로 합리적인 거래인지 여부를 판단할 때 다음의 기준을 고려해야 한다(국조령 §16 ②).

① 특수관계가 없는 독립된 사업자 간에는 해당 거래조건에 대한 합의가 이루어지지 않을 것으로 예상할 수 있을 것. 이 경우 유사한 거래 상황에서 특수관계가 없는 독립된 사업자 간 해당 거래와 유사한 거래가 체결된 사례가 없다는 사실만으로 해당 거래조건에 대한 합의가 이루어지지 않을 것으로 판단해서는 안 된다.

② 해당 거래를 체결하지 않거나 다른 방식으로 거래를 체결하는 것이 거주자 또는 국외특수관계인에게 사업목적상 유리할 것

③ 해당 거래로 인하여 거주자 또는 국외특수관계인의 조세부담이 상당히 감소하는 등 조세혜택을 고려하지 않는다면 해당 거래가 발생하지 않을 것으로 예상할 수 있을 것

1-3-3. 국제거래의 부인 또는 재구성

과세당국은 상기 '1-3-2. 국제거래의 상업적 합리적 거래 여부 파악'에 따른 판단 결과 거주자와 국외특수관계인 간의 국제거래가 상업적으로 합리적인 거래가 아니고, 해당 국제거래에 기초하여 정상가격을 산출하는 것이 현저히 곤란한 경우 그 경제적 실질에 따라 해당 국제거래를 없는 것으로 보거나 합리적인 방법에 따라 새로운 거래로 재구성하여 후술하는 '2. 정상가격의 산출방법'에 따라 정상가격을 산출할 수 있다(국조법 §8 ③).

1-4. 제3자 개입 거래

이전가격세제는 거주자와 국외특수관계인 간의 국제거래에 한정되어 적용된다. 이전가격세제의 적용을 회피하기 위하여 특수관계 있는 자 간에 제3자를 개입시켜 이를 통하여 재화 또는 용역이 국외특수관계인에게 판매 또는 제공되도록 거래를 조작할 우려가 있다.

이를 방지하기 위해 거주자가 국외특수관계인이 아닌 자와 국제거래를 할 때에도 그 거래가 다음 요건을 모두 갖춘 경우에는 국외특수관계인과 국제거래를 하는 것으로 보아 그 거래에 대하여 정상가격에 의한 신고 등과 결정 등의 규정(국조법 §6, §7), 정상가격의 산출방법 규정(국조법 §8), 정상원가분담액 등에 의한 결정 및 경정 규정(국조법 §9)을 적용한다(국조법 §10).

① 해당 거주자와 국외특수관계인 간에 그 거래에 대한 사전계약(거래와 관련된 증거에 따라 사전에 실질적인 합의가 있는 것으로 인정되는 경우를 포함함)이 있을 것

② 해당 거주자와 국외특수관계인 간에 그 거래의 조건이 실질적으로 결정될 것

1-5. 상계거래의 인정

국제거래에서 그 거래가격이 정상가격보다 낮거나 높은 경우에도 다음의 요건을 모두 갖춘 경우에는 상계되는 모든 국제거래를 하나의 국제거래로 보아 정상가격에 의한 신고 등과 결정 등의 규정(국조법 §6, §7), 정상가격의 산출방법 규정(국조법 §8)을 적용한다(국조법 §11 ①).

① 거주자가 같은 국외특수관계인과 같은 과세연도 내의 다른 국제거래를 통하여 그 차액을 상계하기로 사전에 합의할 것

② 해당 거주자가 사전 합의 사실과 상계거래 내용을 증명할 것

그러나, 우리나라에서 정당히 행사할 수 있는 과세권을 확보하기 위하여, 증명되는 상계거

래 중 '소득세법 제156조 및 제156조의 2부터 제156조의 7까지의 규정과 법인세법 제98조 및 제98조의 2부터 제98조의 6까지의 규정(비거주자 및 외국법인의 국내원천소득에 대한 원천징수)'에 따라 원천징수의 대상이 되는 거래의 경우에는 상계거래가 없는 것으로 보아 해당 원천징수 규정을 적용한다(국조법 §11 ②).

:: 상계거래(국조통 11-0…1)

상계거래는 국외특수관계인과의 국제거래가 정상가격으로 이루어지지 아니하여 이를 시정하고자 하는 거래를 말한다.

● 관련사례 ●

- 상품에 대해 재판매가격법에 의한 정상가격 산정시, 상품의 매출이익률을 제품의 매출이익률과 통합하여 계산할 수 있는지 여부(상계거래 인정 여부)

  청구법인은 상품콘넥터의 수입판매는 제품콘넥터의 제조판매과정에서 부수적으로 수행하는 업무로 양 거래는 상계거래이므로 이를 통합하여 정상가격을 계산하여야 한다고 주장하고 있으나, 청구법인의 총매출액 중 상품콘넥터 매출액이 약 40%를 점유하고 있어 그 규모면에서 부수거래라고 인정하기 어렵고, 상품을 수입하여 판매하는 거래와 원재료를 수입하여 제품을 제조판매하는 거래는 양자간 그 기능이나 위험도 등이 상이하며, 또한 청구법인이 양거래가 상계거래임을 객관적으로 입증하지 못하고 있으므로 청구법인의 주장은 받아들이기 어렵다고 판단됨(국심 2001서 1303, 2001. 11. 1.).

2. 정상가격의 산출방법

2-1. 개 요

'정상가격'이란 거주자, 내국법인 또는 국내사업장이 국외특수관계인이 아닌 자와의 통상적인 거래에서 적용되거나 적용될 것으로 판단되는 가격을 말하며 국외특수관계인이 아닌 자와의 통상적인 거래에서 적용되거나 적용될 것으로 판단되는 재화 또는 용역의 특성·기능 및 경제환경 등 거래조건을 고려하여야 한다(국조법 §2 ① 5호, §8 ①).

국제조세조정에 관한 법률상 정상가격산출방법은 다음과 같으며, 이를 적용함에 있어서 그 밖에 합리적이라고 인정되는 방법은 비교가능 제3자 가격방법, 재판매가격방법, 원가가산방법, 거래순이익률방법, 이익분할방법으로 정상가격을 산출할 수 없는 경우에만 적용한다(국조법 §8 ①).

▌국제조세조정에 관한 법률에 의한 정상가격산출방법▐

정상가격산출방법	정 상 가 격
① 비교가능 제3자 가격방법	비교가능한 독립된 사업자간의 거래가격
② 재판매가격방법	재판매가격에서 통상의 이윤을 차감한 가격
③ 원가가산방법	발생원가에 통상의 이윤을 가산한 가격
④ 거래순이익률방법	제3자와의 거래순이익률을 기초로 산정된 가격
⑤ 이익분할방법	거래쌍방의 총이익을 공헌도에 따라 배부한 뒤 배부된 이익을 기초로 산출한 거래가격
⑥ 그 밖에 합리적이라고 인정되는 방법	

2-2. 정상가격의 산출방법

2-2-1. 비교가능 제3자 가격방법

거주자와 국외특수관계인 간의 국제거래와 유사한 거래상황에서 특수관계가 없는 독립된 사업자 간의 거래가격을 정상가격으로 보는 방법을 말한다(국조법 §8 ① 1호).

한편, 비교가능 제3자 가격방법을 국내 또는 국외의 공개시장(이하 "공개시장"이라 함)에서 거래되는 원유, 농산물, 광물 등에 대하여 적용할 때에는 다음의 사항을 고려해야 한다(국조령 §5 ①).

① 거주자와 국외특수관계인 간의 물품거래와 공개시장에서 특수관계가 없는 독립된 사업자 간의 물품거래를 비교하여 물품의 물리적 특성 및 품질, 공급물량·시기, 계약기간, 운송조건 등 거래조건에 상당한 차이가 있는 경우에는 이러한 차이를 합리적으로 조정할 것

② 가격 산출의 기준이 되는 시점(이하 "가격결정시점"이라 함)은 다음의 구분에 따라 결정할 것

㉠ 거주자가 가격결정시점에 대한 신뢰할 만한 자료를 제출하는 경우 : 거주자가 제출한 자료에 근거하여 결정

㉡ 거주자가 가격결정시점에 대한 자료를 제출하지 않거나 거주자가 제출한 자료에 근거하여 가격결정시점을 결정하면 실제 거래에 비추어 합리적이지 않은 경우 : 선하증권에 적힌 선적일 등 과세당국이 이용할 수 있는 자료에 근거하여 결정

2-2-2. 재판매가격방법

거주자와 국외특수관계인 간의 국제거래에서 거래 당사자 중 어느 한쪽인 구매자가 특수관계가 없는 자에 대한 판매자가 되는 경우 그 판매가격에서 그 구매자가 판매자로서 얻는 통상의 이윤으로 볼 수 있는 금액을 뺀 가격을 정상가격으로 보는 방법을 말한다(국조법 §8 ① 2호).

'구매자가 판매자로서 얻는 통상의 이윤'이라 함은 그 구매자가 특수관계가 없는 자에게 판

매한 금액에 판매기준 통상이익률을 곱하여 계산한 금액으로 한다. 이 경우 '판매기준 통상이익률'이라 함은 구매자와 특수관계가 없는 자 간의 거래 중 해당 거래와 수행된 기능, 사용된 자산 및 부담한 위험의 정도가 유사한 거래에서 실현된 매출액에 대한 매출총이익(매출액에서 매출원가를 뺀 금액을 말함. 이하 같음)의 비율로 한다(국조령 §6 ①).

구매자와 특수관계가 없는 자 간의 거래에서 적정한 판매기준 통상이익률을 산출할 수 없는 경우에는 특수관계가 없는 자 간의 제3의 거래 중 해당 거래와 수행된 기능, 사용된 자산 및 부담한 위험의 정도가 유사한 거래에서 발생한 판매기준 통상이익률을 판매기준 통상이익률로 사용할 수 있다(국조령 §6 ②).

2-2-3. 원가가산방법

거주자와 국외특수관계인 간의 국제거래에서 거래 당사자 중 어느 한쪽이 자산을 제조・판매하거나 용역을 제공하는 경우 자산의 제조・판매나 용역의 제공 과정에서 발생한 원가에 자산의 판매자나 용역의 제공자의 통상의 이윤으로 볼 수 있는 금액을 더한 가격을 정상가격으로 보는 방법을 말한다(국조법 §8 ① 3호).

'자산 판매자나 용역 제공자의 통상의 이윤'이라 함은 다음의 구분에 따른 원가에 원가기준 통상이익률을 곱하여 계산한 금액으로 한다. 이 경우 '원가기준 통상이익률'이라 함은 자산 판매자 또는 용역 제공자와 특수관계가 없는 자 간의 거래 중 해당 거래와 수행된 기능, 사용된 자산 및 부담한 위험의 정도가 유사한 거래에서 발생한 원가에 대한 매출총이익의 비율로 한다(국조령 §7 ①).

① 자산 판매자의 경우 : 그 자산을 정상가격으로 구입・건설 또는 제조하는 데 필요한 원가
② 용역 제공자의 경우 : 그 용역을 제공하는 과정에서 정상가격에 의하여 발생한 원가

자산 판매자나 용역 제공자와 특수관계가 없는 자 간의 거래에서 적정한 원가기준 통상이익률을 산출할 수 없는 경우에는 특수관계가 없는 자 간의 제3의 거래 중 해당 거래와 수행된 기능, 사용된 자산 및 부담한 위험의 정도가 유사한 거래에서 발생한 원가기준 통상이익률을 원가기준 통상이익률로 사용할 수 있다(국조령 §7 ②).

2-2-4. 거래순이익률방법

거주자와 국외특수관계인 간의 국제거래와 유사한 거래 중 거주자와 특수관계가 없는 자 간의 거래에서 실현된 다음 지표를 기초로 산출한 통상의 거래순이익률을 기초로 산출한 거래가격을 정상가격으로 보는 방법을 말한다. 다만, 거주자와 특수관계가 없는 자 간의 거래에서 실현된 통상의 거래순이익률을 산출할 수 없는 경우에는 국외특수관계인과 특수관계가 없는 자 간의 거래 또는 특수관계가 없는 자 간의 제3의 거래 중 해당 거래와 수행된 기능, 사용된 자산 및 부담한 위험의 정도가 유사한 거래에서 발생한 통상의 거래순이익률을 통상의 거래순

이익률로 사용할 수 있다(국조법 §8 ① 4호 및 국조령 §8).

① 매출액에 대한 거래순이익(매출총이익에서 판매비와 일반관리비를 뺀 금액을 말함. 이하 같음)의 비율
② 자산에 대한 거래순이익의 비율
③ 매출원가 및 영업비용(판매비와 관리비를 말함. 이와 같음)에 대한 거래순이익의 비율
④ 영업비용에 대한 매출총이익의 비율(Berry Ratio)
⑤ 그 밖에 합리적이라고 인정될 수 있는 거래순이익률

또한 정상가격산출방법으로 Berry Ratio를 적용할 때는 다음 사항 등을 고려하여야 한다(국조통 8-8…1).

① Berry Ratio는 용역을 수행하는 기업이나 단순유통업 등에 적합한 방법이다.
② 영업비용과 수행된 용역의 정도가 상당한 상관관계가 있어야 한다.
③ 영업비용 증가에 대응하여 매출총이익이 증가하여야 한다.
④ 비교가능한 기업과 회계처리방식이 다른 경우에는 동일한 회계처리 방식하에서 비교가 될 수 있도록 조정이 되어야 한다.

2-2-5. 이익분할방법

거주자와 국외특수관계인 간의 국제거래에서 거래 당사자 양쪽이 함께 실현한 거래순이익을 합리적인 배부기준에 따라 측정된 거래당사자들 간의 상대적 공헌도에 따라 배부하고, 이와 같이 배부된 이익을 기초로 산출한 거래가격을 정상가격으로 보는 방법을 말한다. 거래 형태별로 거래 당사자들의 적절한 기본수입을 우선 배부하고, 잔여이익을 상대적 공헌도에 따라 배부하는 방법을 포함한다(국조법 §8 ① 5호 및 국조령 §9 ②).

이 경우 '거래 당사자 양쪽이 함께 실현한 거래순이익'은 제3자와의 거래에서 실현한 거래순이익으로 하며, '상대적 공헌도'는 다음의 기준과 각 기준이 거래순이익의 실현에 미치는 중요도를 고려하여 유사한 상황에서 특수관계가 없는 독립된 사업자 간의 거래에 적용될 것으로 판단되는 합리적인 배부기준에 따라 측정한다(국조령 §9 ①).

① 사용된 자산과 부담한 위험을 고려하여 평가된 거래 당사자가 수행한 기능의 상대적 가치
② 영업자산, 유형・무형의 자산 또는 사용된 자본
③ 연구・개발, 설계, 마케팅 등 핵심 분야에 지출・투자된 비용
④ 그 밖에 판매 증가량, 핵심 분야의 고용인원 또는 노동 투입시간, 매장 규모 등 거래순이익의 실현과 관련하여 합리적으로 측정할 수 있는 배부기준

2-2-6. 그 밖에 합리적이라고 인정되는 방법

비교가능성, 자료의 확보 및 이용가능성 · 경제여건 등을 고려하여 볼 때 전술한 비교가능 제3자가격방법, 재판매가격방법, 원가가산방법, 거래순이익률방법, 이익분할방법을 적용할 수 없는 경우에 한하여 거래의 실질 및 관행에 비추어 합리적이라고 인정되는 방법을 사용할 수 있다(국조법 §8 ① 6호 및 국조령 §10).

관련사례

- 국외특수관계인에 코스닥상장주식 현물출자시 정상가격 산정방법

  거주자가 보유하던 코스닥상장 내국법인의 주식을 국외특수관계인에 해당하는 법인에 현물출자하는 경우 해당 거래에 대한 정상가격은 거래일 당일의 한국증권선물거래소의 최종시세가액으로 할 수 있는 것이나, 해당 가액보다 비교가능성이 더 높은 거래가액이 존재하는 경우에는 비교가능성이 더 높은 가액을 정상가격으로 보는 것임(서면2팀-1977, 2007. 11. 1.).
- 판매지원계약에 의하여 지급한 수수료의 손금 부인 여부

  국제조세조정에 관한 법률 및 같은 법 시행령에서 규정하는 정상가격의 산출방법에 의하여 모기업이 이 건 수출과 관련하여 수행한 용역에 대한 정상가액을 산정함이 타당하며, 이를 적용하기 어렵다면, 외국기업 본점 등의 공통경비 배부방법을 준용하여 모기업의 전세계판매와 관련된 활동비용을 파악하여 이를 배분대상 경비로 보아 이 건 수출금액이 모기업의 전세계판매액에서 차지하는 비율을 곱하여 배분되는 금액의 범위 내에서 손금으로 인정하는 것이 합리적임(국심 2004서 1264, 2005. 8. 26.).
- 국외특수관계인에 비상장주식 현물출자시 주식가액 산정방법

  내국법인이 비상장외국법인의 주식을 국외특수관계 있는 다른 외국법인에 현물출자시 동 주식의 가액은 정상가격에 의하는 것이나, 정상가격이 불분명한 경우는 상증법 제63조 및 상증령 제54조의 규정을 준용하여 평가한 가액에 의하며, 주식 등의 할증평가시 중소기업에 대한 특례규정은 외국법인에게는 적용되지 않음(서면2팀-2030, 2004. 10. 5.).

2-3. 거래형태별 정상가격 산출방법

2-3-1. 금전대차거래의 정상가격 산출방법

(1) 통상적인 금전대차거래의 정상가격 산출방법

거주자와 국외특수관계인 간의 금전대차거래에 대한 정상가격으로서의 이자율인 정상이자율을 산출하는 경우에는 채무액 · 채무의 만기 · 채무의 보증 여부 · 채무자의 신용 정도를 고려해야 한다. 이 경우 거주자와 국외특수관계인 간의 금전대차거래는 통상적인 회수기간 및 지급기간이 지난 채권의 회수 및 채무의 지급 등 사실상의 금전대차거래를 포함한다(국조령 §11 ①).

한편, 거주자와 국외특수관계인 간의 금전대차거래에 대한 정상이자율의 산출방법으로 '그

밖에 합리적이라고 인정되는 방법'을 적용할 때에는 다음에서 정하는 이자율을 따를 수 있다(국조령 §11 ② 및 국조칙 §3).

① 신용부도스왑계약의 가산율 활용 : 자본시장과 금융투자업에 관한 법률 제5조에 따른 파생상품 및 이와 유사한 해외파생상품 중 채무불이행 등 신용위험에 대비하기 위한 신용부도스왑 거래에서 적용되는 보험료율 성격의 율에 채무액 · 채무의 만기 · 채무의 보증 여부 · 채무자의 신용 정도를 고려하여 산출한 이자율

② 국제금융시장에서 통용되는 이자율 산정 모형 활용 : 국제금융시장에서 통용되는 이자율 산정 모형을 기반으로 무위험이자율, 부도위험, 유동성위험, 채무의 만기, 물가상승률 등의 변수를 반영하여 산정한 이자율에 채무액 · 채무의 만기 · 채무의 보증 여부 · 채무자의 신용 정도를 고려하여 산출한 이자율

③ 간주이자율 : 거래금액 및 국제금융시장의 실세이자율 등을 고려한 다음의 구분에 따른 이자율

㉠ 거주자가 국외특수관계인에게 자금을 대여하는 경우 : 법인세법 시행규칙 제43조 제2항에 따른 당좌대출이자율인 4.6%

㉡ 거주자가 국외특수관계인에게 자금을 차입하는 경우 : 직전 사업연도 종료일의 다음 표의 구분에 따른 통화별 지표금리에 1.5%를 더한 이자율. 다만, 다음 표에 없는 통화의 경우에는 미합중국에 해당하는 지표금리(SOFR)에 1.5%를 더한 이자율

통화	지표금리
1. 한국(KRW)	KOFR(The Korea Overnight Financing Repo rate)
2. 미합중국(USD)	SOFR(Secured Overnight Financing Rate)
3. 유럽연합(EUR)	ESTR(Euro Short-Term Rate)
4. 영국(GBP)	SONIA(Sterling Overnight Index Average)
5. 스위스(CHF)	SARON(Swiss Average Rate Overnight)
6. 일본(JPY)	TONA(Tokyo Overnight Average Rate)

(2) 자금통합거래의 정상가격 산출방법

"자금통합거래"란 거주자와 국외특수관계인으로 구성된 기업들의 집단(이하 "기업집단"이라 함)이 유동성을 통합적으로 관리하기 위해 그 구성기업 중에서 기업집단의 자금을 통합적으로 관리하는 자(이하 "자금통합거래관리자"라 함)를 선정하여 각 구성 기업이 개설 · 보유하고 있는 예금계좌를 기업집단 차원에서 관리함에 따라 기업집단 내부의 거주자와 국외특수관계인 간에 편익(자금거래에 따른 수수료 취득, 이자비용 감소 등의 이익을 말함. 이하 같음)이 발생하는 거래로서 다음 중 어느 하나에 해당하는 거래를 말한다(국조령 §11의 2 ①).

① 기업집단에서 자금통합거래관리자가 아닌 구성기업(이하 "자금통합거래참여자"라 함)이 자금통합거래관리자의 예금계좌(이하 "자금통합모계좌"라 함)에 자금을 이체하거나 자금통합모계좌로부터 자금을 이체받음으로써 자금통합거래참여자와 자금통합거래관리자 간에 편익이 발생하는 거래

② 자금통합거래관리자가 자금통합모계좌를 개설·보유하지 않고 자금통합거래참여자 간의 자금대여를 중개하거나 각 자금통합거래참여자의 예금계좌에 있는 모든 자금을 합산한 금액을 기준으로 금융회사로부터 자금을 조달하는 등 실질적으로 기업집단 내에서 자금을 통합하여 관리함으로써 자금통합거래참여자와 자금통합거래관리자 간 또는 자금통합거래참여자 간에 편익이 발생하는 거래

상기의 자금통합거래에 대해 정상가격의 산출방법을 적용할 때에는 다음에 따라야 한다(국조령 §11의 2 ②).

① 자금통합거래관리자와 자금통합거래참여자가 자금통합거래에서 얻는 편익을 각각 고려할 것

② 자금통합거래관리자의 편익을 산정할 때에는 다음의 구분에 따른 산출방법을 적용할 것

㉠ 자금통합거래관리자가 기업집단 수준의 자금조달 전략 수립, 유동성 관리, 신용위험·유동성위험·환율변동위험 관리 등 적극적으로 자금을 통합관리하는 경우 : 상술한 '(1) 통상적인 금전대차거래의 정상가격 산출방법'에 따른 정상가격 산출방법

㉡ 상기 ㉠ 외의 경우 : 후술하는 '2-3-2. 용역거래의 정상가격 산출방법'에 따른 정상가격 산출방법

③ 자금통합거래참여자의 편익을 산정할 때에는 다음의 구분에 따른 산출방법을 적용할 것

㉠ 자금통합모계좌를 통해 관리하는 자금통합거래의 경우 : 상술한 '(1) 통상적인 금전대차거래의 정상가격 산출방법'에 따른 정상가격 산출방법. 이 경우 자금통합거래의 기간, 기업집단 수준의 위험관리 정책, 상호보증 여부 등을 고려한 신용 정도 및 자금통합거래에 참여한 각 당사자가 수행한 기능, 사용한 자산 및 부담한 위험의 정도 등을 고려해야 함(국조칙 §3의 2 ①).

㉡ 자금통합모계좌 없이 관리하는 자금통합거래의 경우 : 자금통합거래에 참여함에 따라 절감되는 이자비용에 비례하여 산출하는 기대편익과 자금통합거래 참여자의 기여도 등을 고려한 정상가격 산출방법(국조칙 §3의 2 ②)

2-3-2. 용역거래의 정상가격 산출방법

(1) 경영자문료 등 용역거래의 정상가격 산출방법

거주자와 국외특수관계인 간의 용역거래(경영관리, 금융자문, 지급보증, 전산지원 및 기술지원, 그 밖에 사업상 필요하다고 인정되는 용역의 거래를 말함. 이하 같음)의 정상가격 산출방법으로 '원

가가산방법' 또는 '매출원가 및 영업비용에 대한 거래순이익의 비율 지표에 따른 거래순이익률방법'을 적용할 때에는 다음의 기준에 따라 산정한다(국조령 §12 ①).

① 발생한 원가에는 그 용역 제공을 위하여 직접 또는 간접으로 발생한 비용 모두를 포함시킬 것
② 용역 제공자가 그 용역을 수행하기 위하여 제3자에게 그 용역의 일부 또는 전부를 대행할 것을 의뢰하고 제3자에게 대금을 한꺼번에 지급한 후 이에 대한 비용을 용역을 제공받는 자에게 재청구하는 경우에는 용역 제공자는 자신이 그 용역과 관련하여 직접 수행한 활동으로부터 발생한 원가에 대해서만 통상의 이윤을 더할 것. 다만, 용역의 내용과 거래 상황 및 관행에 비추어 합리적이라고 인정되는 경우는 제외함.

한편, 거주자와 국외특수관계인 간의 용역거래가 다음의 요건 중 어느 하나라도 갖추지 않은 경우에는 그 용역거래의 비용을 필요경비 또는 손금에 산입하지 않는다(국조령 §12 ⑦).

① 약정에 따른 실제 용역의 제공 : 용역 제공자가 사전에 약정을 체결하고 그 약정에 따라 용역을 실제로 제공할 것
② 기대편익의 존재 : 용역을 제공받는 자가 제공받는 용역으로 추가적인 수익이 발생하거나 비용이 절감되기를 기대할 수 있을 것
③ 중복활동의 부재 : 용역을 제공받는 자가 제공받는 용역과 같은 용역을 다른 특수관계인이 자체적으로 수행하고 있거나 특수관계가 없는 제3자가 다른 특수관계인을 위하여 제공하고 있지 않을 것. 다만, 사업 및 조직구조의 개편, 구조조정 및 경영의사 결정의 오류를 줄이는 등의 합리적인 사유로 일시적으로 중복된 용역을 제공받는 경우는 제외함.
④ 상기 ① 및 ②의 사실을 증명하는 문서를 보관·비치하고 있을 것

:: 경영자문료의 손금산입(국조통 8-12…1)

해외모회사 등 국외특수관계인이 내국법인의 주주로서 제공하는 다음의 어느 하나에 해당하는 용역은 국조령 제12조 제7항 제1호의 용역으로 보지 아니한다.
1. 모회사 소재국의 일반 회계원칙에 따른 재무제표의 작성
2. 보고서의 연결 등 모회사의 보고의무와 관련된 활동
3. 회계감사 등 각종 감사나 감독업무

(2) 저부가가치 용역에 대한 간소화된 정상가격 산출방법

거주자가 다음의 요건을 모두 갖춘 저부가가치 용역거래에 대하여 해당 용역의 원가에 5%를 가산한 금액을 용역거래의 가격으로 적용한 경우에는 그 금액을 정상가격으로 본다(국조령 §12 ②).

① 거래대상 용역은 다음의 어느 하나에 해당하지 않는 용역으로서 거주자와 국외특수관계인의 핵심사업활동과 직접 관련되지 않는 지원적 성격의 용역일 것
   ㉠ 연구개발
   ㉡ 천연자원의 탐사·채취 및 가공
   ㉢ 원재료 구입, 제조, 판매, 마케팅 및 홍보
   ㉣ 금융, 보험 및 재보험

② 용역이 제공되는 과정에서 다음의 어느 하나에 해당하는 사실이 없을 것
   ㉠ 독특하고 가치 있는 무형자산의 사용 또는 창출
   ㉡ 용역 제공자가 중대한 위험을 부담 또는 관리·통제

③ 용역 제공자 및 용역을 제공받는 자는 특수관계가 없는 제3자와 유사한 용역거래를 하지 않을 것

이 경우 해당 용역의 원가는 다음의 기준에 따라 산정한다(국조령 §12 ①, ②).

① 발생한 원가에는 그 용역 제공을 위하여 직접 또는 간접으로 발생한 비용 모두를 포함시킬 것
② 용역 제공자가 그 용역을 수행하기 위하여 제3자에게 그 용역의 일부 또는 전부를 대행할 것을 의뢰하고 제3자에게 대금을 한꺼번에 지급한 후 이에 대한 비용을 용역을 제공받는 자에게 재청구하는 경우에는 용역 제공자는 자신이 그 용역과 관련하여 직접 수행한 활동으로부터 발생한 원가에 대해서만 통상의 이윤을 더할 것. 다만, 용역의 내용과 거래 상황 및 관행에 비추어 합리적이라고 인정되는 경우는 제외함.

다만, 해당 과세연도에 저부가가치 용역거래의 원가에 5%를 가산한 금액의 합계가 다음 중 작은 금액을 초과하는 경우에는 상기 규정을 적용하지 않는다(국조령 §12 ③ 및 국조칙 §4).

① 거주자 매출액의 5%
② 거주자 영업비용의 15%

(3) 지급보증 용역거래에 대한 정상가격 산출방법

거주자와 국외특수관계인 간의 용역거래 중 지급보증 용역거래의 정상가격 산출방법으로 '그 밖에 합리적이라고 인정되는 방법'을 적용할 때에는 다음의 어느 하나에 해당하는 방법에 따른다(국조령 §12 ④ 및 국조칙 §5 ①~③).

① 보증인의 예상 위험과 비용을 기초로 하여 정상가격을 산출하는 방법(비용접근법) : 이 방법에 따른 정상가격은 지급보증에 따른 보증인의 예상 위험에 보증인이 보증으로 인하여 실제로 부담한 비용을 더한 금액으로 함. 이 경우 보증인의 예상 위험은 피보증인의 신용등급에 따른 예상부도율과 부도 발생 시 채권자가 피보증인으로부터 채권을 회수할 수 있는 비율(이하 "보증금액예상회수율"이라 함)을 기초로 하여 산출한 금액으로 함.

② 피보증인의 기대편익을 기초로 하여 정상가격을 산출하는 방법(편익접근법) : 이 방법에 따른 정상가격은 지급보증이 없는 경우의 피보증인의 자금조달비용에서 지급보증이 있는 경우의 피보증인의 자금조달비용을 뺀 금액으로 함. 이 경우 피보증인의 자금조달비용은 보증인과 피보증인의 신용등급을 기초로 하여 보증인의 지급보증 유무에 따라 산출한 차입 이자율 또는 회사채 이자율 등을 고려하여 산출한 금액으로 함.

③ 보증인의 예상 위험 및 비용과 피보증인의 기대편익을 기초로 하여 정상가격을 산출하는 방법(비용ㆍ편익접근법) : 이 방법에 따른 정상가격은 ① 및 ②의 방법에 따라 가격을 각각 산정한 경우로서 ②의 방법에 따라 산정된 가격이 ①의 방법에 따라 산정된 가격보다 큰 경우에 적용하되, ① 및 ②의 방법에 따라 산출한 가격의 범위에서 보증인의 예상 위험 및 비용과 피보증인의 기대편익 및 지급보증계약 조건 등을 고려하여 합리적으로 조정한 금액으로 함.

상기 ①부터 ③까지의 방법에 따라 정상가격을 산출하는 경우 신용등급, 예상부도율, 보증금액예상회수율, 차입 이자율, 회사채 이자율 등은 자료의 확보와 이용 가능성, 신뢰성, 비교가능성 등을 고려한 합리적인 자료를 이용해야 한다. 이 경우 신용등급, 예상부도율 및 보증금액예상회수율은 다음의 사항을 고려하여 판정 또는 산출해야 한다(국조칙 §5 ④).

① 신용등급 관련 고려사항 : 과거의 재무정보 외에 합리적으로 예측 가능한 미래의 재무정보 및 국가, 지역, 업종, 기술수준, 시장지위, 보증인과 피보증인이 속한 기업군(이하 "기업군"이라 함)의 신용위험 등 비재무적 정보

② 예상부도율 관련 고려사항 : 피보증인의 신용등급, 기업군의 지원가능성 등

③ 보증금액예상회수율 관련 고려사항 : 피보증인의 재무상태와 유형자산의 규모, 산업의 특성, 담보제공 여부ㆍ시기ㆍ만기 등

한편, 지급보증 용역거래에 대하여 정상가격을 적용할 때 거주자가 다음의 어느 하나에 해당하는 금액을 지급보증 용역거래의 가격으로 적용한 경우에는 그 금액을 정상가격으로 본다(국조령 §12 ⑤).

① 지급보증계약 체결 당시 해당 금융회사가 산정한 지급보증 유무에 따른 이자율 차이를 근거로 하여 산출한 수수료의 금액(해당 금융회사가 작성한 이자율 차이 산정 내역서에 의해 확인되는 것으로 한정함)

② 비용접근법, 편익접근법, 비용ㆍ편익접근법으로서 국세청장이 정하는 바에 따라 산출한 수수료의 금액

관련사례

- 동일한 차입금에 대하여 피보증인의 담보 제공 외에도 보증인의 지급보증이 제공되는 경우 지급보증수수료 계산방법
  동일한 차입금에 대하여 피보증인의 담보 제공 외에도 보증인의 지급보증이 제공되는 경우 해당 지급보증수수료는 "차입금×보증인의 지급보증금액 ÷ (보증인의 지급보증금액 + 주채무자의 담보제공금액)×수수료율"로 계산하는 것임(재국조-13, 2017. 1. 10.).

2-3-3. 무형자산거래의 정상가격 산출방법

(1) 무형자산의 정의

"무형자산"이란 사업활동에 사용가능한 자산(유형자산 또는 금융자산 외의 것을 말함)으로서 특정인에 의해 소유 또는 통제가 가능하고 특수관계가 없는 독립된 사업자 간에 이전 또는 사용권 허락 등의 거래가 이루어지는 경우 통상적으로 적정한 대가가 지급되는 것을 말하며, 다음의 어느 하나에 해당하는 것을 포함한다(국조령 §13 ①).

① 특허법에 따른 특허권
② 실용신안법에 따른 실용신안권
③ 디자인보호법에 따른 디자인권
④ 상표법에 따른 상표권
⑤ 저작권법에 따른 저작권
⑥ 서비스표권, 상호, 브랜드, 노하우, 영업비밀 및 고객정보·고객망
⑦ 계약에 따른 권리 및 채취권, 유료도로관리권 등 정부로부터 부여받은 사업권
⑧ 영업권 및 계속기업가치

(2) 정상가격 산출방법

1) 정상가격 산출시 고려요소

거주자와 국외특수관계인 간의 무형자산거래에 대한 정상가격을 산출하는 경우에는 다음의 사항을 고려해야 한다(국조령 §13 ②).

① 해당 무형자산의 법적 소유 여부와 관계없이 해당 무형자산의 개발, 향상, 유지, 보호 및 활용과 관련하여 수행한 기능 및 수익 창출에 기여한 상대적 가치에 상응하여 특수관계가 없는 독립된 사업자 간에 적용될 것으로 판단되는 합리적인 보상을 받았는지 여부
② 거래의 특성에 따른 다음의 요소
   ㉠ 무형자산으로 인하여 기대되는 추가적 수입 또는 절감되는 비용의 크기
   ㉡ 권리행사에 대한 제한 여부
   ㉢ 다른 사람에게 이전하거나 재사용을 허락할 수 있는지 여부

2) 정상가격 산출방법의 선택

거주자와 국외특수관계인 간의 무형자산거래에 대한 정상가격 산출방법은 하기 '2-4-1. 정상가격 산출방법의 선택기준'을 고려하여 비교가능 제3자 가격방법 또는 이익분할방법을 우선적으로 적용해야 한다(국조령 §13 ③).

한편, 거주자와 국외특수관계인 간의 무형자산거래에 대한 정상가격 산출방법으로 '그 밖에 합리적이라고 인정되는 방법'을 적용할 때에는 해당 무형자산의 사용으로 창출할 수 있는 미래의 현금흐름 예상액을 현재가치로 할인하는 방법에 따른다. 이 경우 미래의 현금흐름 예상액, 성장률, 할인율, 무형자산의 내용연수 및 잔존가치, 조세부담 등 제반 요소들이 객관적이고 합리적인 방법으로 수집 또는 산출되어야 하며, 거주자는 이를 증명할 수 있는 자료를 보관·비치해야 한다(국조령 §13 ④).

3) 가치측정이 어려운 무형자산(Hard-To-Value Intangible)에 대한 정상가격 산출방법

다음의 요건을 모두 갖춘 가치측정이 어려운 무형자산의 당초 거래가격과 사후에 평가된 가격의 차이가 당초 거래가격의 20%를 초과하는 등 현저한 차이가 발생한 경우 과세당국은 당초 거래가격이 합리적이지 않은 것으로 추정하고, 해당 무형자산과 관련하여 실제로 발생한 경제적 편익 등 사후에 변경된 거래 상황 및 경제 여건 등을 바탕으로 정상가격을 다시 산출할 수 있다(국조령 §13 ⑤).

① 무형자산을 거래할 당시에 비교가능성이 높은 특수관계가 없는 독립된 사업자간 거래가 없을 것
② 개발 중인 무형자산으로서 상업적으로 활용되기 위하여 많은 기간이 소요되거나 무형자산의 높은 혁신성 등으로 거래 당시에 해당 무형자산으로부터 예상되는 경제적 편익 등에 대한 불확실성이 높을 것

다만, 다음의 어느 하나에 해당하는 경우에는 상기 내용을 적용하지 않는다(국조령 §13 ⑥).

① 무형자산의 당초 거래가격과 사후에 평가된 가격의 차이가 당초 거래를 할 때에 거래 당사자가 합리적으로 예측할 수 없는 사유에 기인한 것으로서 거래 당사자가 당초 거래 시 예측을 위하여 고려한 가정이 합리적임을 입증한 경우
② 무형자산의 당초 거래가격과 사후에 평가된 가격의 차이가 당초 거래가격의 20%를 넘지 않는 경우
③ 무형자산거래에 대한 정상가격 산출방법에 대하여 하기 '8-4. 상호합의절차에 의한 사전승인 절차'에 따라 체약상대국의 권한 있는 당국과의 상호합의절차에 의한 사전승인을 받은 경우

2-4. 정상가격 산출방법의 선택

2-4-1. 정상가격 산출방법의 선택기준

정상가격을 산출할 때에는 다음의 기준을 고려하여 가장 합리적인 방법을 선택해야 한다(국조령 §14).

① 비교되는 상황 간의 차이가 비교되는 거래의 가격이나 순이익에 중대한 영향을 주지 않는 경우 또는 비교되는 상황 간의 차이가 비교되는 거래의 가격이나 순이익에 중대한 영향을 주는 경우에도 그 영향에 의한 차이를 제거할 수 있는 합리적 조정이 가능한 경우에 해당하여 특수관계가 있는 자 간의 국제거래와 특수관계가 없는 자 간의 거래 사이에 비교가능성이 높을 것

② 사용되는 자료의 확보·이용가능성이 높을 것

③ 특수관계가 있는 자 간의 국제거래와 특수관계가 없는 자 간의 거래를 비교하기 위하여 설정된 경제 여건·경영 환경 등에 대한 가정이 현실에 부합하는 정도가 높을 것

④ 사용되는 자료 또는 설정된 가정의 결함이 산출된 정상가격에 미치는 영향이 적을 것

⑤ 특수관계가 있는 자 간의 국제거래와 정상가격 산출방법과의 적합성이 높을 것

2-4-2. 비교가능성 분석

비교가능성이 높은지를 평가하는 경우에는 가격이나 이윤에 영향을 미칠 수 있는 재화나 용역의 종류 및 특성, 사업활동의 기능, 거래에 수반되는 위험, 사용되는 자산, 계약 조건, 경제 여건, 사업전략 등의 요소에 관하여 다음의 사항을 분석해야 한다(국조령 §14 ② 및 국조칙 §6 ①).

① 재화나 용역의 종류 및 특성

㉠ 유형자산의 거래인 경우 : 재화의 물리적 특성, 품질 및 신뢰도, 공급 물량·시기 등 공급 여건

㉡ 무형자산의 거래인 경우 : 거래 유형(사용허락 또는 판매 등을 말함), 자산의 형태(특허권, 상표권, 노하우 등을 말함), 보호기간과 보호 정도, 자산 사용으로 인한 기대편익

㉢ 용역의 제공인 경우 : 제공되는 용역의 특성 및 범위

② 사업활동의 기능 : 설계, 제조, 조립, 연구·개발, 용역, 구매, 유통, 마케팅, 광고, 운송, 재무 및 관리 등 수행하고 있는 핵심 기능

③ 거래에 수반되는 위험 : 제조원가 및 제품가격 변동 등 시장의 불확실성에 따른 위험, 유형자산에 대한 투자·사용 및 연구·개발 투자 성공 여부 등에 따른 투자위험, 환율 및 이자율 변동 등에 따른 재무위험, 매출채권 회수 등과 관련된 신용위험

④ 사용되는 자산 : 자산의 유형(유형자산·무형자산 등을 말함)과 자산의 특성(내용연수, 시장가치, 사용 지역, 법적 보호장치 등을 말함)

⑤ 계약 조건 : 거래에 수반되는 책임, 위험, 기대편익 등이 거래당사자 간에 배분되는 형태(사실상의 계약관계를 포함함)

⑥ 경제 여건 : 시장 여건(시장의 지리적 위치, 시장 규모, 도매 · 소매 등 거래단계, 시장의 경쟁 정도 등을 말함)과 경기 순환변동의 특성(경기 · 제품 주기 등을 말함)

⑦ 사업전략 : 시장침투, 기술혁신 및 신제품 개발, 사업 다각화, 위험 회피 등 기업의 전략

2-4-3. 적합성 분석

적합성이 높은지를 평가하는 경우에는 특수관계 거래에서 가격 · 이윤 또는 거래순이익 중 어느 지표가 산출하기 쉬운지 여부, 특수관계 거래를 구별하는 요소가 거래되는 재화나 용역인지 또는 수행되는 기능의 특성인지 여부, 거래순이익률방법 적용 시 거래순이익률 지표와 영업활동의 상관관계 등에 관하여 다음 사항을 고려하여 분석해야 한다(국조령 §14 ③ 및 국조칙 §6 ②).

① 비교가능 제3자 가격방법을 적용할 경우 : 비교대상 재화나 용역간에 동질성이 있는지 여부. 이 경우 거래 시기, 거래 시장, 거래 조건, 무형자산의 사용 여부 등에 따른 차이는 합리적으로 조정될 수 있어야 함.

② 재판매가격방법을 적용할 경우 : 분석대상 당사자가 중요한 가공기능 또는 제조기능 없이 판매 등을 하는지 여부. 이 경우 거래되는 재화나 용역의 특성보다는 분석대상 당사자와 비교가능 대상 간에 기능상 동질성이 있는지를 우선적으로 고려해야 하며, 고유한 무형자산(상표권이나 고유한 마케팅 조직 등을 말함)의 사용 등에 따른 차이는 합리적으로 조정될 수 있어야 함.

③ 원가가산방법을 적용할 경우 : 특수관계인 간에 반제품 등의 중간재가 거래되거나 용역이 제공되는지 여부. 이 경우 분석대상 당사자와 비교가능 대상 간에 기능상 동질성이 있는지를 우선적으로 고려해야 하며, 분석대상 당사자와 비교가능 대상 사이에서 비교되는 총이익은 원가와의 관련성이 높고 동일한 회계기준에 따라 측정될 수 있어야 함.

④ 거래순이익률방법을 적용할 경우 : 거래순이익률 지표(국조령 §8 ① 각 호의 거래순이익률 지표를 말하며, 이하 같음)와 영업활동의 상관관계가 높은지 여부. 이 경우 그 밖의 정상가격 산출방법보다 더 엄격하게 특수관계 거래와 비교가능 거래의 유사성이 확보될 수 있거나 비교되는 상황 간의 차이가 합리적으로 조정될 수 있어야 함.

⑤ 이익분할방법을 적용할 경우 : 특수관계인 양쪽이 특수한 무형자산 형성에 관여하는 등 고도로 통합된 기능을 수행하는 경우에 특수관계가 없는 독립된 당사자 사이에서도 각자의 기여에 비례하여 그 이익을 분할하는 것이 합리적으로 기대되는지 여부

상기의 ④에 따라 거래순이익률 지표(국조령 §8 ① 5호의 경우는 제외함)와 영업활동과의 상관

관계가 높은지를 분석하는 경우에 거래순이익률의 각 지표는 다른 특별한 사정이 없으면 다음의 구분에 따른 사항을 고려하여 선택해야 한다. 이 경우 선택된 거래순이익률 지표는 분석대상 당사자와 독립된 제3자 사이에서 같은 기준으로 측정하고, 특수관계 거래와의 직접적 · 간접적 관련성 및 영업활동과의 관련성 등을 고려하여 합리적인 수준까지 전체 기업의 재무정보를 세분화하여 측정해야 한다(국조칙 §6 ③).

① 매출액에 대한 거래순이익의 비율의 경우 : 특수관계인으로부터 구매한 제품을 독립된 제3자에게 재판매하는 경우에 사용할 것. 이 경우 판매장려금, 매출할인, 외환손익에 대해서는 분석대상 당사자와 비교가능 대상에 대하여 동일한 회계기준을 적용해야 함.

② 자산에 대한 거래순이익의 비율의 경우 : 유형자산 집약적인 제조활동, 자본집약적인 재무활동 등과 같이 분석대상 당사자가 창출한 거래순이익과 자산의 관련성이 큰 경우에 사용할 것. 이 경우 자산의 범위에는 토지 · 건물 · 설비 · 장비 등 유형의 영업자산과, 특허권 · 노하우 등과 같이 영업활동에 사용되는 무형의 영업자산 및 재고자산 · 매출채권(매입채무는 제외함) 등과 같은 운전자본이 포함됨. 다만, 투자자산 및 현금은 금융산업인 경우에만 영업자산으로 함.

③ 매출원가 및 영업비용에 대한 거래순이익의 비율의 경우 : 거래순이익과 매출원가 및 영업비용의 관련성이 높은 경우에 사용할 것. 이 경우 매출원가 및 영업비용은 분석대상 당사자가 사용한 자산, 부담한 위험, 수행한 기능 및 영업활동과의 관련성을 고려하여 측정함.

④ 영업비용에 대한 매출총이익의 비율의 경우 : 분석대상 당사자가 재고에 대한 부담 없이 단순 판매활동을 하는 경우(특수관계인으로부터 재화를 구입하여 또 다른 특수관계인에게 판매하는 단순 중개활동을 하는 경우 등을 말함)에 사용할 것

2-4-4. 비교가능거래 선택배제

과세당국은 특수관계가 없는 자 간의 거래가 거래 당사자에 의하여 임의로 조작되어 정상적인 거래로 취급될 수 없는 경우에는 동 거래를 비교가능한 거래로 선택하지 아니할 수 있다(국조령 §14 ④). 또한, 특수관계기업들간의 거래로부터 수집한 자료는 비교대상거래로 사용될 수는 없으나 조사대상거래를 이해하거나 추가적인 조사가 필요한지 여부를 결정하는 데 활용할 수 있다(국조통 8-0…1).

2-5. 정상가격 산출방법의 적용

2-5-1. 정상가격 산출을 위한 분석절차

가장 합리적인 방법을 선택하여 정상가격을 산출하는 경우에는 다음의 순서에 따른 분석절차를 거쳐야 한다. 다만, 이러한 분석절차보다 합리적이라고 인정될 만한 분석절차가 있는 경우에는 그 분석절차를 적용할 수 있다(국조령 §15 ① 및 국조칙 §7 ①, ②).

① 제1단계 ⇨ 분석대상 연도의 선정
② 제2단계 ⇨ 사업 환경 분석 : 산업, 경쟁, 규제 요소 등 거래와 관련된 일반적인 사업 환경 분석
③ 제3단계 ⇨ 특수관계 거래 분석 : 국내외 분석대상 당사자, 적합한 정상가격 산출방법의 선택, 핵심적인 비교가능성 분석요소의 식별 등을 위한 분석
④ 제4단계 ⇨ 내부의 비교가능한 거래에 대한 자료 수집과 검토 : 분석대상 당사자가 특수관계 없는 독립된 사업자와 한 거래의 자료 수집과 이에 대한 검토
⑤ 제5단계 ⇨ 외부의 비교가능한 거래에 대한 자료 수집과 검토 : 특수관계가 없는 제3자 간의 거래를 파악하기 위한 상업용 데이터베이스 등 이용 가능한 자료의 수집 및 특수관계 거래와의 관련성 검토
⑥ 제6단계 ⇨ 가장 합리적인 정상가격 산출방법의 선택 및 선택된 산출방법에 따라 요구되는 재무 지표(거래순이익률 지표를 포함함)의 선정
⑦ 제7단계 ⇨ 비교가능한 거래의 선정 : 분석대상 당사자가 특수관계 없는 독립된 사업자와 한 거래 또는 특수관계가 없는 제3자 간의 거래가 비교가능거래로 선정되기 위하여 갖추어야 할 특성을 비교가능성 분석요소를 바탕으로 검토하여 선정
⑧ 제8단계 ⇨ 합리적인 차이 조정 : 회계기준, 재무정보, 수행한 기능, 사용된 자산, 부담한 위험 등 특수관계 거래와 독립된 제3자 거래 간의 가격 및 이윤 등에 실질적인 차이를 유발하는 요인들의 합리적인 조정
⑨ 제9단계 ⇨ 수집된 자료의 해석 및 정상가격의 결정

2-5-2. 거래의 통합분석

정상가격 산출방법을 적용할 때 개별 거래들이 서로 밀접하게 연관되거나 연속되어 있어 거래별로 구분하여 가격·이윤 또는 거래순이익을 산출하는 것이 합리적이지 않을 경우에는 개별 거래들을 통합하여 평가할 수 있다. 다음의 경우에는 동 규정에 따라 정상가격 산출방법을 적용할 때 개별 거래들을 통합하여 평가할 수 있다(국조령 §15 ② 및 국조칙 §8).

① 제품라인이 같은 경우 등 서로 밀접하게 연관된 제품군인 경우
② 제조기업에 노하우를 제공하면서 핵심 부품을 공급하는 경우

③ 특수관계인을 이용한 우회거래인 경우
④ 프린터와 토너, 커피 제조기와 커피 캡슐 등의 경우처럼 어떤 제품의 판매가 다른 제품의 판매와 직접 관련되어 있는 경우
⑤ 그 밖에 거래의 실질 및 관행에 비추어 개별 거래들을 통합하여 평가하는 것이 합리적이라고 인정되는 경우

2-5-3. 다년도 자료의 사용

정상가격 산출방법을 적용할 때 경제적 여건이나 사업전략 등의 영향이 여러 해에 걸쳐 발생함으로써 해당 사업연도의 자료만으로 가격·이윤 또는 거래순이익을 산출하는 것이 합리적이지 않을 경우에는 여러 사업연도의 자료를 사용할 수 있다(국조령 §15 ③).

다음의 경우에는 상기 규정에 따라 정상가격 산출방법을 적용할 때 여러 사업연도의 자료를 사용할 수 있다(국조칙 §9).

① 경기 변동 등 경제 여건의 변화에 따른 효과가 여러 사업연도에 걸쳐 제품의 가격에 영향을 미치는 경우
② 시장 침투전략, 제품 수명 주기를 고려한 판매전략 등 사업전략이 여러 사업연도에 걸쳐 제품의 가격에 영향을 미치는 경우
③ 그 밖에 거래의 실질 및 관행에 비추어 여러 사업연도의 자료를 사용하는 것이 합리적이라고 인정되는 경우

2-5-4. 비교가능성 조정

정상가격을 산출하는 경우 해당 거래와 특수관계가 없는 자 간의 거래 사이에서 상기 '2-4-2. 비교가능성 분석'에서 기술한 비교가능성 분석요소의 차이로 가격·이윤 또는 거래순이익에 차이가 발생하는 때에는 그 가격·이윤 또는 거래순이익의 차이를 합리적으로 조정해야 한다(국조령 §15 ④).

2-5-5. 정상가격 범위

정상가격을 산출하는 경우 특수관계가 없는 자 간에 행한 2 이상의 거래를 토대로 정상가격 범위를 산정하여 거주자가 정상가격에 의한 신고 등의 여부를 결정하거나 과세당국이 정상가격에 의한 결정 및 경정 여부를 판정할 때 사용할 수 있다. 이 경우 거주자 또는 과세당국이 정상가격 범위를 벗어난 거래가격에 대하여 정상가격에 의한 신고 또는 결정 및 경정 등을 하는 경우에는 그 정상가격 범위의 거래에서 산정된 평균값, 중위값, 최빈값, 그 밖의 합리적인 특정 가격을 기준으로 해야 한다(국조령 §15 ⑤, ⑥).

:: 사분위 범위(국조통 8-15…1)

정상가격 범위 산정 시 활용되는 방법 중 사분위 범위(interquartile range)는 다음과 같이 계산한다.

① 사분위 범위(interquartile range)는 관측값을 크기의 순서대로 배열하여 상위 100분의 25에 해당하는 값과 하위 100분의 25에 해당하는 값 사이의 범위를 말한다.

② 하위 100분의 25에 해당하는 값을 아래 사분위 값(lower quartile)이라 하고 상위 100분의 25에 해당하는 값을 위 사분위 값(upper quartile)이라 한다.

③ 관측값이 n개이고 작은 값으로부터 올림차순으로 정리하였을 때, 아래 사분위 값의 위치는 (n+2)/4이고 위 사분위 값의 위치는 (3n+2)/4이다.

(예시) n이 91인 경우

* 아래 사분위 값의 위치 = (91+2)/4 = 23.25
  위 공식에 의하면 23번째 값에다 24번째 값과 23번째 값의 차액에 1/4을 곱한 값을 더해서 구해야 하나, 관례적으로 23번째와 24번째 값의 평균을 아래 사분위 값으로 함.
* 위 사분위 값의 위치 = (91×3+2)/4 = 68.75
  위 공식에 의하면 68번째 값에다 68번째 값의 차액에 3/4을 곱한 값을 더해서 구해야 하나, 관례적으로 68번째와 69번째 값의 평균을 위 사분위 값으로 함.

2-5-6. 특수한 경제위기 상황의 고려

정상가격을 산출할 때 경기침체, 대량실업 등 특수한 경제위기 상황을 고려할 필요가 있는 경우에는 경제 상황의 변동으로 손실이 발생한 기업이 한쪽 또는 양쪽의 당사자인 거래도 거주자와 국외특수관계인 간 거래의 비교대상 거래로 삼을 수 있다(국조령 §15 ⑦).

3. 정상원가분담액 과세조정

3-1. 개 요

과세당국은 거주자와 국외특수관계인이 사전에 원가·비용·위험(이하 "원가등"이라 함)의 분담에 대한 약정을 체결하고 이에 따라 무형자산을 공동으로 개발 또는 확보(이하 "공동개발"이라 함)하는 경우 거주자의 원가등의 분담액이 정상원가분담액보다 적거나 많을 때에는 정상원가분담액을 기준으로 거주자의 과세표준과 세액을 결정하거나 경정할 수 있다(국조법 §9 ①).

3-2. 적용대상자

정상원가분담액 등에 의한 과세조정은 이전가격세제의 일부로 적용대상자는 이전가격세제의 적용대상자와 동일하다. 즉, 적용대상자는 거주자이며, 거주자에는 국내사업장 및 내국법인을 총괄하는 개념이다. 여기서 국내사업장이라 함은 소득세법 제120조의 규정에 의한 비거주자의 국내사업장 및 법인세법 제94조의 규정에 의한 외국법인의 국내사업장을 말한다.

3-3. 적용대상거래

정상원가분담액 등에 의한 과세조정은 거주자가 국외특수관계인과 사전에 원가등의 분담에 대한 약정(Cost Sharing Arrangement)을 체결하고 이에 따라 무형자산을 공동개발하는 경우에 적용된다. 이 경우 무형자산은 앞의 '2-3-3 (1)'에서 설명한 무형자산을 말한다(국조령 §17 ①).

후술하는 정상원가분담액은 그에 대한 약정을 체결하고 원가등을 분담한 경우에만 거주자의 필요경비 또는 손금에 산입한다(국조령 §17 ③).

3-4. 적용요건

(1) 국외특수관계인과 무형자산을 공동 개발하는 거래일 것

정상원가분담액에 의한 과세조정은 국외특수관계인과 무형자산을 공동개발하는 경우에 적용된다. 따라서, 특수관계가 없는 제3자와 무형자산을 공동개발하는 경우에는 거주자의 원가분담액이 정상원가분담액보다 적거나 많은 경우라도 본 규정에 따른 과세조정의 적용대상이 되지 않는다.

(2) 원가등의 분담액이 정상원가분담액보다 적거나 많은 경우일 것

거주자의 원가등의 분담액이 정상원가분담액보다 적거나 많은 경우 해당 거래는 국제조세조정에 관한 법률 제9조 규정에 따른 정상원가분담액 등에 의한 과세조정의 대상이 된다.

'정상원가분담액'은 거주자가 국외특수관계인이 아닌 자와의 통상적인 원가등의 분담에 대한 약정에서 적용하거나 적용할 것으로 판단되는 분담액으로서 무형자산의 공동개발을 위한 원가등을 그 무형자산으로부터 기대되는 편익(이하 "기대편익"이라 함)에 비례하여 배분한 금액으로 한다. 다만, 천재지변이나 그 밖의 불가항력적인 사유로 원가 등이 당초 약정대로 분담되지 못하였다고 인정되는 경우에는 해당 사유를 고려하여 재산정한 금액을 정상원가분담액으로 할 수 있다. 한편, 정상원가분담액을 계산할 때 원가 등의 분담 약정 참여자가 소유한 무형자산의 사용대가와 분담액 차입 시 발생하는 지급이자는 제외한다(국조법 §9 ② 및 국조령 §17 ②).

$$\text{정상원가분담액} = \frac{\text{무형자산의 공동개발을 위한 원가등}}{} \times \frac{\text{거주자의 기대편익}}{\text{총 기대편익}}$$

기대편익은 무형자산을 공동개발한 후 실현될 것으로 추정되는 다음의 어느 하나에 해당하는 편익을 사용하여 산정한다(국조령 §17 ④).

① 원가의 절감
② 무형자산의 활용으로 인한 다음의 어느 하나에 해당하는 것의 증가
  ㉠ 매출액
  ㉡ 영업이익
  ㉢ 사용량, 생산량 또는 판매량

3-5. 기대편익의 변동에 따른 참여자 지분 및 원가등의 분담액 조정

과세당국은 무형자산 개발 후 실현되는 총 기대편익에 대한 거주자의 기대편익 비율이 처음 약정 체결 시 예상한 총 기대편익에 대한 거주자의 기대편익 비율에 비해 20% 이상 증가하거나 감소한 경우에는 당초 결정된 각 참여자의 지분을 변동된 기대편익을 기준으로 조정하여 거주자의 과세표준과 세액을 결정하거나 경정할 수 있다(국조법 §9 ③ 및 국조령 §18 ①). 다만, 무형자산을 공동개발한 날이 속하는 과세연도에 대한 과세표준 신고기한의 다음 날부터 5년을 초과하여 거주자의 과세표준과 세액을 결정하거나 경정할 수 없다(국조령 §18 ④).

상기 규정에 따라 참여자인 거주자의 지분을 조정하는 경우 거주자가 부담한 총원가등의 분담액을 조정된 거주자의 지분에 따라 다시 계산하여 초과 부담한 원가등의 분담액은 그 변동이 발생한 사업연도의 과세표준을 계산할 때 조정한다. 과세당국이 원가등의 분담액을 조정한 후 기대편익 변동이 다시 발생한 경우 거주자는 법인세 정기 신고시 반영하거나 국세기본법에 따라 수정신고 또는 경정청구할 수 있다(국조령 §18 ②, ③).

과세당국은 원가등의 분담에 대한 약정에 새로 참여하는 자가 참여함으로써 얻게 되는 기대편익의 대가를 지급하거나 약정에서 중도에 탈퇴하는 자가 탈퇴함으로써 다른 참여자가 얻게 되는 기대편익의 대가를 지급받은 경우로서 그 대가가 정상가격보다 낮거나 높을 때에는 정상가격을 기준으로 거주자의 과세표준 및 세액을 결정하거나 경정할 수 있다(국조령 §19).

3-6. 원가등의 분담액 조정명세서 제출

정상원가분담액을 손금에 산입하려는 거주자는 법인세에 따른 과세표준 확정신고를 할 때 원가 등의 분담액 조정명세서 [국조칙 별지 제2호 서식]을 과세당국에 제출해야 한다(국조령 §20 ① 및 국조칙 §11).

그러나, 거주자는 다음 중 어느 하나에 해당하는 사유로 원가등의 분담액 조정명세서를 소득세 및 법인세에 대한 과세표준 및 세액의 확정신고를 할 때 제출할 수 없는 경우, 제출기한 15일 전까지 제출기한 연장 신청서 [국조칙 별지 제3호 서식]에 따라 제출기한의 연장을 과세당국에 신청할 수 있다. 제출기한 연장의 신청을 받은 과세당국은 1년의 범위에서 그 제출기

한의 연장을 승인할 수 있으며, 연장 신청이 접수된 날부터 7일 이내에 제출기한 연장(승인/기각)통지서 [국조칙 별지 제4호 서식]에 따라 연장 여부를 신청인에게 통지해야 한다. 이 경우 7일 이내에 통지하지 않은 경우에는 연장을 신청한 기한까지 제출기한이 연장된 것으로 본다(국조령 §20 ②, ③, §37 ① 및 국조칙 §12 ①, ②).

① 화재·재난 및 도난 등의 사유로 자료를 제출할 수 없는 경우
② 사업이 중대한 위기에 처하여 자료를 제출하기 매우 곤란한 경우
③ 관련 장부·서류가 권한 있는 기관에 압수되거나 영치된 경우
④ 국외특수관계인의 과세연도 종료일이 도래하지 않은 경우
⑤ 자료의 수집·작성에 상당한 기간이 걸려 기한까지 자료를 제출할 수 없는 경우
⑥ ①부터 ⑤까지에 준하는 사유가 있어 기한까지 자료를 제출할 수 없다고 판단되는 경우

4. 소득처분 및 세무조정

4-1. 내국법인의 익금에 산입된 금액이 미반환된 경우

4-1-1. 개 요

내국법인이 국외특수관계인과의 국제거래시 정상가격보다 높은 대가를 지불하거나 낮은 대가를 받아 해당 내국법인의 과세소득을 감소시켜 소득을 해외에 이전시킨 것으로 인정되는 경우, 정상가격 과세조정 규정인 정상가격에 의한 신고 등과 결정 등의 규정(국조법 §6, §7), 정상원가분담액 등에 의한 결정 및 경정 규정(국조법 §9), 체약상대국의 과세조정에 대한 대응조정 규정(국조법 §12) 및 사전승인된 정상가격 산출방법의 준수 등 규정(국조법 §15)에 따라 해당 국외거래시 성립된 이전가격과 정상가격과의 차이로 인하여 발생한 소득은 해당 국제거래가 이루어진 날이 속하는 각 사업연도의 익금에 산입한다. 이 경우 익금에 산입된 금액이 국외특수관계인으로부터 내국법인에게 반환된 것임이 확인되지 아니하는 경우에는 동 금액은 법인세법상 소득처분 규정(법법 §67)에도 불구하고 국외특수관계인에 대한 배당으로 처분하거나 출자로 조정한다(국조법 §13 ①).

4-1-2. 익금에 산입된 금액의 반환 여부 확인

정상가격 과세조정 규정에 따라 익금에 산입되는 금액이 '국외특수관계인으로부터 내국법인에 반환된 것임이 확인되지 아니하는 경우'란 이전소득금액 반환 확인서 [국조칙 별지 제6호 서식]을 다음의 구분에 따른 날부터 90일 이내에 과세당국에 제출하지 않은 경우를 말한다. 여기서 '익금에 산입되는 금액'이라 함은 내국법인의 각 사업연도의 소득금액 계산상 익금산입 또는 손금불산입되는 원화금액을 말한다(국조령 §22 ① 및 국조칙 §14 ① 및 국조통 13-22…1).

① 내국법인이 정상가격 과세조정 규정(국조법 §6, §9, §12, §15)에 따라 과세표준 및 세액을 신고한 경우 : 신고한 날

② 과세당국이 정상가격 과세조정 규정(국조법 §7, §9, §12, §15)에 따라 과세표준 및 세액을 결정하거나 경정한 경우 : 임시유보 처분 통지서를 받은 날(임시유보 처분 통지서를 받은 날부터 90일 이내에 상호합의절차가 개시된 경우에는 상호합의절차의 종결에 따른 결과를 통보받은 날을 말함)

'이전소득금액 반환 확인서'라 함은 정상가격 과세조정 규정에 따라 내국법인의 익금에 산입된 금액 중 국외특수관계인이 내국법인에 반환하려는 금액에 다음 계산식에 따라 산출한 반환이자를 더하여 반환하였음을 확인하는 서식을 말하며, 이를 제출하는 경우에는 국외특수관계인이 내국법인에 실제로 반환한 금액의 송금 명세서를 첨부해야 한다(국조령 §22 ② 및 국조칙 §14 ②).

$$\text{반환이자} = \text{반환하려는 금액} \times \begin{array}{c}\text{거래일이 속하는}\\\text{사업연도 종료일 다음}\\\text{날부터 이전소득}\\\text{금액 반환일까지의 기간}\end{array} \times \frac{\begin{array}{c}\text{국제금융시장의}\\\text{실세이자율을 고려하여}\\\text{기획재정부령으로}\\\text{정하는 이자율}^{(*)}\end{array}}{365(\text{윤년의 경우 }366)}$$

(*) "기획재정부령으로 정하는 이자율"이란 반환이자 계산 대상 기간이 속하는 각 사업연도의 직전 사업연도 종료일을 기준으로 하는 다음 표의 구분에 따른 통화별 지표금리를 말함. 다만, 다음 표에 없는 통화의 경우에는 미합중국(USD)의 지표금리(SOFR)로 함(국조칙 §14 ③).

통화	지표금리
1. 한국(KRW)	KOFR(The Korea Overnight Financing Repo rate)
2. 미합중국(USD)	SOFR(Secured Overnight Financing Rate)
3. 유럽연합(EUR)	ESTR(Euro Short-Term Rate)
4. 영국(GBP)	SONIA(Sterling Overnight Index Average)
5. 스위스(CHF)	SARON(Swiss Average Rate Overnight)
6. 일본(JPY)	TONA(Tokyo Overnight Average Rate)

이 경우 내국법인이 정상가격 과세조정 규정에 따라 익금에 산입되는 금액 중 일부를 국외특수관계인으로부터 반환받는 경우에는 익금에 산입된 금액의 발생순서에 따라 먼저 발생된 금액(해당 금액에 대한 반환이자를 포함)부터 반환된 것으로 본다(국조령 §22 ③).

관련사례

- 반환받을 금액과 매입채무의 상계시 익금의 반환에 해당하는지 여부

  과세당국이 내국법인과 국외특수관계인 간 국제거래에 대하여 정상가격에 의한 과세조정으로 정상가격 초과액을 익금에 산입(반환받을 금액)하고 임시유보 처분 통지를 한 경우로서, 해당 내국법인이 임시유보 처분 통지서를 받은 날부터 90일 이내에 익금에 산입된 금액(반환받을 금액) 중 일부 또는 전부를 해당 국외특수관계인에 대한 매입채무와 상계하는 경우 그 상계금액은 내국법인이 국외특수관계인으로부터 반환받은 것으로 보는 것임(서면-2020-법령해석국조-1310, 2020. 6. 30.).

- 익금산입액과 손금산입액의 상계시 익금의 반환에 해당하는지 여부

  이전가격 상호합의절차가 종결되어 해외모회사로부터 반환받으려는 금액(익금산입금액)과 반환할 금액(손금산입금액)을 서로 상계한 후 그 차액을 반환받는 금액에 대하여는 익금의 반환이 있는 것으로 보는 것임(서면2팀-1006, 2005. 7. 5.).

4-1-3. 임시유보 처분 및 처분 배제

(1) 임시유보 처분

내국법인 또는 과세당국은 전술한 '4-1-2. 익금에 산입된 금액의 반환 여부 확인'에 따라 익금산입액을 국외특수관계인이 내국법인에 반환하였음을 확인하기 전까지는 임시유보로 처분한다(국조령 §24 ①).

과세당국은 임시유보로 처분하는 경우 임시유보 처분 통지서 [국조칙 제8호 서식]에 따라 그 사실을 소득세법 시행령 제192조 제1항 및 제4항을 준용하여 통지해야 한다(국조령 §24 ② 및 국조칙 §16).

(2) 임시유보 처분 배제 특례

다음의 어느 하나에 해당하는 경우 내국법인 또는 과세당국은 정상가격 과세조정 규정에 따라 과세표준 및 세액을 신고하거나 결정 및 경정할 당시 익금산입액이 국외특수관계인으로부터 내국법인에 반환된 것임이 확인되지 않은 금액을 임시유보로 처분하지 않고 후술하는 '4-1-4. 소득처분 및 세무조정'에 따라 처분하거나 조정한다(국조령 §25 ① 및 국조칙 §17).

① 해당 내국법인이 이전소득금액 처분 요청서 [국조칙 별지 제9호 서식]을 과세당국에 제출하는 경우

② 해당 내국법인이 폐업한 경우(사실상 폐업한 경우를 포함함)

③ 과세당국이 정상가격 과세조정 규정(국조법 §7, §9, §12, §15)에 따라 과세표준 및 세액을 결정하거나 경정한 날부터 4개월 이내에 부과제척기간이 만료되는 경우

④ 내국법인이 과세표준 및 세액을 신고할 당시 익금산입액이 국외특수관계인으로부터 내국

법인에 반환된 것임이 확인되지 않은 금액을 임시유보로 처분하지 않고 '4-1-4. 소득처분 및 세무조정'에 따라 처분하거나 조정하기를 원하는 경우

한편, 임시유보 처분을 한 후에 상기 ① 또는 ②에 해당하는 사유가 발생한 경우에는 후술하는 '4-1-4. 소득처분 및 세무조정'에 따라 다시 처분하거나 조정한다(국조령 §25 ②).

과세당국은 상기에 따라 처분이나 조정을 하는 경우 그 사실을 이전소득금액통지서 [국조칙 별지 제7호 서식]에 따라 과세표준 및 세액을 결정하거나 경정한 날부터 15일 이내에 소득세법 시행령 제192조 제1항 및 제4항을 준용하여 통지해야 하며, 배당은 이전소득금액통지서를 받은 날에 지급한 것으로 본다. 다만, 납세자가 이전소득금액통지서를 받은 날부터 90일 이내에 이전소득금액 반환 확인서를 제출한 경우에는 해당 배당처분 또는 출자로의 조정이 없었던 것으로 본다(국조령 §25 ③~⑤ 및 국조칙 §15).

한편, 내국법인이 상기에 따라 처분을 한 경우 배당은 내국법인이 과세표준 및 세액을 신고한 날에 지급한 것으로 본다(국조령 §25 ④).

4-1-4. 소득처분 및 세무조정

정상가격 과세조정 규정에 따라 익금에 산입된 금액이 국외특수관계인으로부터 내국법인에게 전술한 '4-1-2. 익금에 산입된 금액의 반환여부 확인'에 따라 반환된 것임이 확인되지 않은 경우 그 반환이 확인되지 아니한 금액은 다음의 구분에 따라 처분하거나 조정한다(국조령 §23 ①).

① 국제거래의 상대방인 국외특수관계인이 내국법인이 출자한 법인에 해당하는 경우(내국법인이 외국법인의 의결권 있는 주식의 50% 이상을 직·간접으로 소유한 경우로서 국조령 §2 ② 1호 가목에 해당하는 경우를 포함함) : 그 국외특수관계인에 대한 출자의 증가
② 국제거래의 상대방인 국외특수관계인이 내국법인의 주주에 해당하는 경우(외국에 거주하거나 소재하는 자가 내국법인의 의결권 있는 주식의 50% 이상을 직·간접으로 소유한 경우로서 국조령 §2 ② 1호 나목에 해당하는 경우를 포함함) : 그 국외특수관계인에게 귀속되는 배당
③ 국제거래의 상대방인 국외특수관계인이 ① 및 ② 외의 자에 해당하는 경우 : 그 국외특수관계인에게 귀속되는 배당. 한편, 국외특수관계인으로부터 내국법인에 반환되지 않아 2006년 5월 24일 전에 그 국외특수관계인에 대한 대여금으로 보아 사내유보로 처분한 금액은 내국법인이 본 항에 따른 배당으로 처분할 수 있음(국조령 §23 ④).

상기에 따라 과세당국이 처분이나 조정을 하는 경우에는 이전소득금액통지서 [국조칙 별지 제7호 서식]에 따라 그 사실을 이전소득금액 반환 확인서의 제출기한 만료일부터 15일 이내에 소득세법 시행령 제192조 제1항 및 제4항을 준용하여 통지해야 한다. 이 경우 배당은 이전소득금액통지서를 받은 날에 지급한 것으로 본다(국조령 §23 ②, ③ 및 국조칙 §15).

한편, 국외특수관계인에 대한 출자의 증가로 처분한 금액의 증감은 자본금과 적립금조정명세서(병) [법칙 별지 제50호 서식(병)]에 기재하여 관리한다.

정상가격 과세조정 등에 따른 익금산입액의 소득처분

구 분	귀속자 (국외특수관계인)	소득처분	사후관리
익금산입액이 반환되지 않는 경우	주주	배당	배당소득에 대한 원천징수
	피출자법인	출자의 증가	출자지분의 양도 및 청산시 손금추인
	기타	배당	배당소득에 대한 원천징수
익금산입액이 반환되는 경우	모든 국외특수관계인	유보	반환일에 유보를 손금추인 반환이자 수령

국내사업장의 이전소득금액 조정시 소득처분(법령 §106 ① 3호 차목)

법인세법 제94조에 따른 외국법인의 국내사업장의 각 사업연도의 소득에 대한 법인세의 과세표준을 신고하거나 결정 또는 경정함에 있어서 익금에 산입한 금액이 그 외국법인 등에 귀속되는 소득과 정상가격 과세조정 규정(국조법 §6, §7, §9, §12, §15)에 따라 익금에 산입된 금액이 국외특수관계인으로부터 반환되지 않은 소득은 기타사외유출로 소득처분

관련사례

- 출자의 증가로 사내유보처분한 금액의 사후관리
  국내 모회사와 해외자회사간 거래와 관련하여 국내 모회사에 대하여 정상가격에 의한 과세조정으로 익금산입하고 동 금액에 대하여 출자의 증가로 유보처분한 금액은 다음 각 호의 1과 같이 처리함(국조통 13-23…1).
  1. 모회사가 해외자회사의 주식을 양도하는 경우에는 양도일이 속하는 사업연도에 주식매각비율에 따라 유보처분한 금액을 익금불산입
  2. 당해 해외자회사가 청산되는 경우에는 출자의 증가로 유보처분한 금액 중 남은 잔액을 익금불산입
- 이전가격세제에 따라 배당 처분된 이자소득의 한·미 조세조약상 소득구분 및 적용세율
  이전가격세제에 따라 배당 처분된 이자소득과 과소자본세제에 따라 배당 간주된 이자소득은 한·미 조세조약 제13조 제6항에 따른 이자소득이고, 이에 대한 원천징수는 국내세법에 따라 결정하는 것임(기획재정부 조세정책과-523, 2019. 3. 21.).
- 외국납부세액의 공제한도 계산시, 정상가격 과세조정에 따라 익금에 산입한 금액을 국외원천소득에 포함할 수 있는지 여부

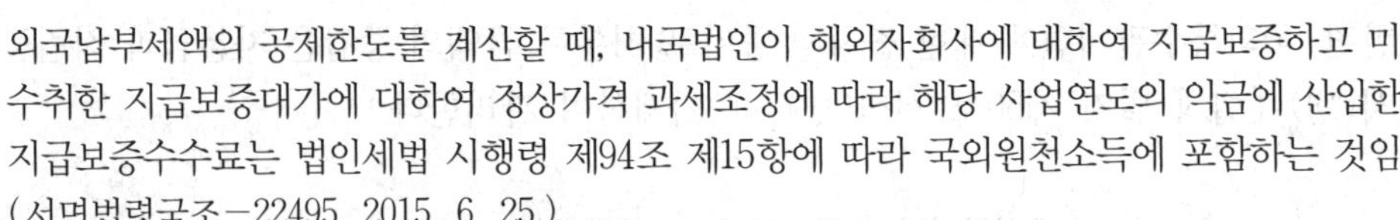

외국납부세액의 공제한도를 계산할 때, 내국법인이 해외자회사에 대하여 지급보증하고 미수취한 지급보증대가에 대하여 정상가격 과세조정에 따라 해당 사업연도의 익금에 산입한 지급보증수수료는 법인세법 시행령 제94조 제15항에 따라 국외원천소득에 포함하는 것임(서면법령국조-22495, 2015. 6. 25.).

- 실제 용역의 제공없이 지급한 경영자문료의 세무조정 및 소득처분

  내국법인이 국외특수관계인에게 지급한 경영자문용역의 대가가 정상가격을 초과한 경우에는 국제조세조정에 관한 법률 제4조에 의하여 과세표준 및 세액을 결정 또는 경정할 수 있으며, 이 경우 손금불산입된 금액은 같은법 제9조에 따라 소득처분하는 것임. 다만, 용역이 실제로 제공되지 아니하였거나, 용역이 제공되었더라도 독립기업이었더라면 그 대가를 지급하지 아니하였을 성격의 용역인 경우에는 법인세법에 의하여 손금불산입하며 법인세법 제67조에 의하여 소득처분하는 것임(서이 46017-10422, 2003. 3. 4.).

- 업무무관비용으로 손금부인된 경영자문료의 정상가격 과세조정 해당 여부

  국내자회사가 해외특수관계회사에게 지급한 쟁점 경영자문료는 청구법인의 국내원천소득발생과 관련성이 인정되지 아니하여 업무와 관련없는 비용으로 손금부인된 금액이므로 국제조세조정에 관한 법률 제4조의 규정에 의한 정상가격에 의한 과세조정금액이 아님에도 처분청이 손금부인된 쟁점 경영자문료를 정상가격에 의한 과세조정금액으로 보고 인정이자를 계산하여 익금에 산입하고 기타소득으로 처분하였으므로 이는 법적용의 오류를 범한 잘못이 있었다고 판단됨(국심 2002서 1817, 2002. 11. 18.).

- 세무조정시 익금산입된 금액이 당해 외국법인의 본점에 귀속되는 경우의 소득처분

  외국법인 국내사업장의 각 사업연도 소득에 대한 법인세를 결정 또는 경정함에 있어서 세무조정시 익금산입된 금액이 당해 외국법인의 본점에 귀속되는 경우에는 기타사외유출로 처분하는 것임(재국조 46017-2, 2002. 1. 4.).

4-2. 거주자의 소득금액이 감액조정된 경우

정상가격 과세조정 규정(국조법 §6, §7, §9, §12, §15)에 따라 감액조정된 거주자의 소득금액 중 국외특수관계인에게 반환되지 아니한 금액은 법인세법 제18조 제2호에 따라 익금에 산입하지 아니하는 소득(각 사업연도의 소득으로 이미 과세된 소득)으로 보아 내국법인의 익금에 산입하지 아니하거나 거주자(내국법인이 아닌 거주자를 말함)의 소득금액으로 보지 아니한다(국조법 §13 ②).

이 경우는 거주자가 국외특수관계인에게 정상가격보다 높은 가격으로 매도함에 따라 한국 내로 소득이 이전된 것으로, 동 소득은 국외특수관계인의 소재지국에서 과세될 것이다. 따라서 국외에서 이미 과세된 소득이기 때문에 익금불산입 또는 거주자의 소득금액으로 보지 않아야 이중과세가 되지 않는다.

5. 체약상대국의 과세조정에 대한 대응조정

5-1. 개 요

거주자의 국외특수관계인이 그 나라의 과세당국으로부터 이전가격세제의 적용을 받아 실제의 거래가격과 다른 가격("정상가격")으로 과세처분을 받은 경우 거래대상 기업, 즉 거주자는 실제거래가격을 기초로 하여 과세소득을 계산하게 되므로 그 기업집단 전체로 보면 동일 소득에 대하여 이중과세되는 경제적 이중과세 문제가 발생한다. 이와 같은 이중과세 문제를 회피하기 위하여 국제조세조정에 관한 법률에서는 체약상대국이 거주자와 국외특수관계인의 거래가격을 정상가격으로 조정하고, 이에 대한 상호합의절차가 종결된 경우에는 과세당국은 그 합의에 따라 거주자의 각 과세연도 과세표준 및 세액을 조정(대응조정)하여 계산할 수 있도록 규정하고 있다(국조법 §12 ①).

5-2. 대응조정 신청절차

과세표준 및 세액을 조정받으려는 거주자는 상호합의절차의 종결에 따른 상호합의결과의 통지를 받은 날부터 3개월 이내에 소득금액 계산특례 신청서 [국조칙 별지 제5호 서식]에 국세청장이 발급한 상호합의 종결 통보서를 첨부하여 납세지 관할 세무서장에게 수정신고 또는 경정청구(국세정보통신망을 활용한 청구를 포함)를 해야 한다(국조령 §21 ① 및 국조칙 §13).

상기에 따라 경정청구를 받은 납세지 관할 세무서장은 경정청구를 받은 날부터 2개월 이내에 과세표준 및 세액을 경정할 수 있다. 이 경우 경정해야 할 이유가 없을 때에는 그 사실을 경정청구를 한 자에게 통지해야 한다(국조령 §21 ②).

:: 대응조정시 익금불산입액의 외국납부세액공제 여부

내국법인의 소득이 체약상대국의 과세조정에 대한 대응조정 규정(국조법 §12 ①)에 따라 상호합의에 의하여 감액조정된 금액 중 국외특수관계인에게 반환되지 아니하고 내국법인에게 유보되는 금액에 대하여 외국정부가 과세하는 경우 동 세액은 공제대상이 되는 외국납부세액에 해당되지 않는다(법령 §94 ① 단서).

관련사례

- 대응조정시 적용환율

  구 국제조세조정에 관한 법률 제10조(소득금액계산의 특례)(*)를 적용함에 있어 조세조약 체약상대국간 상호합의 결과, 연도별로 소득을 조정해야 할 금액이 외화로 결정되고 그 조정해야 할 대상이 국내법인의 매출가액일 경우 그 소득금액조정을 위하여 적용되어야 할 원화환산 환율은 해당 조정대상 거래가 있었던 당시에 적용한(기장에 사용된) 환율(매입률)을 적용하여야 함. 다만, 개별거래를 추적하여 거래 일자별로 소득조정을 위한 금액을 할당·배분하는 것이 실질적으로 곤란하여 연도별 일괄조정이 불가피한 경우에는 연평균 매입률을 적용할 수 있음(재국조 46017-14, 1998. 3. 31.).

(*) 현행 국제조세조정에 관한 법률 제12조

6. 국제거래에 대한 자료 제출의무

6-1. 개 요

이전가격세제는 획일적 판단이 어려운 측면이 있어 국제거래에 관한 자료를 확보하여야 합리적인 과세가 가능하다. 따라서, 국제거래 관련 자료의 확보를 위해 납세자에게 자료 제출의무를 부여하고 불이행시 제재방법을 규정함으로써 자료제출의 실효성을 제고하고 있다.

6-2. 국제거래정보통합보고서의 제출

6-2-1. 개 요

매출액 등 일정한 요건을 갖춘 납세의무자는 그 구분에 따라 사업활동 및 거래내용 등에 관한 국제거래정보통합보고서로서 통합기업보고서(master file), 개별기업보고서(local file) 및 국가별보고서(country-by-country reporting)를 제출하여야 한다(국조법 §16 ①).

6-2-2. 제출의무자

(1) 통합기업보고서 및 개별기업보고서

통합기업보고서 및 개별기업보고서의 제출의무자는 내국법인 또는 국내사업장이 있는 외국법인으로서 다음의 요건을 모두 갖춘 납세의무자를 말한다. 이 경우 납세의무자가 국내사업장이 있는 외국법인인 경우 다음의 요건은 그 외국법인의 국내사업장 기준으로 판단하며, 해당 과세연도에 사업을 경영한 기간이 1년 미만인 납세의무자의 매출액 및 거래규모의 합계액은 그 금액을 1년으로 환산하여 계산한다(국조령 §34 ① 및 국조칙 §22).

① 해당 과세연도 매출액이 1천억원을 초과할 것

② 국외특수관계인과의 해당 과세연도 재화거래, 용역거래, 무형자산거래 및 대차거래 규모(이하 "거래규모"라 함)의 합계액이 500억원을 초과할 것. 이 경우 거래규모의 합계액을 계산할 때 외국법인의 국내사업장의 경우에는 그 외국법인의 본점 및 그 외국법인의 국외에 있는 지점과의 거래규모를 포함함.

둘 이상의 납세의무자가 동일한 통합기업보고서를 작성하는 경우에는 해당 납세의무자 중 다음의 구분에 따른 납세의무자가 대표로 통합기업보고서를 제출할 수 있다(국조령 §34 ② 및 국조칙 §23).

① 납세의무자 간 지배·종속관계에 있는 경우 : 지배법인
② 납세의무자 간 지배·종속관계는 없는 경우
 ㉠ 최상위 지배법인과 지배·종속관계상 위치가 다른 경우 : 최상위 지배법인과 지배·종속관계상 가장 가까운 위치에 있는 납세의무자
 ㉡ 최상위 지배법인과 지배·종속관계상 위치가 같은 경우 : 납세의무자 중 하나

(2) 국가별보고서

국가별보고서의 제출의무자는 최종모회사의 소재지 및 연결재무제표의 매출액 규모를 고려하여 다음의 구분에 따른 납세의무자를 말한다. 이 경우 연결재무제표의 매출액에는 영업외수익 및 특별수익 등 손익계산서상 수익항목을 모두 포함하고, 직전 과세연도 연결재무제표의 회계기간이 1년 미만인 경우 매출액은 그 금액을 1년으로 환산하여 계산한다(국조령 §35 ① 및 국조칙 §25).

① 최종모회사가 국내에 소재하는 경우로서 직전 과세연도 연결재무제표의 매출액이 1조원을 초과하는 경우 : 국내의 최종모회사
② 최종모회사가 외국에 소재하는 경우로서 직전 과세연도 연결재무제표의 매출액이 다음의 구분에 따른 금액을 초과하는 경우 : 국내관계회사
 ㉠ 최종모회사가 소재하는 국가의 법령상 국가별보고서 제출의무가 있는 경우 : 해당 법령으로 정한 기준 금액
 ㉡ 최종모회사가 소재하는 국가의 법령상 국가별보고서 제출의무가 없는 경우 : 7억5천만 유로

'최종모회사'는 서로 다른 국가(고유한 세법이 적용되는 지역을 포함)에서 과세대상이 되는 사업을 수행하는 집단으로서 소유권 또는 지배력을 통해 관련된 기업들의 집단인 다국적기업그룹의 최상위 지배법인으로서 관련 회계원칙 등에 따라 재무 보고 목적의 최상위 연결재무제표를 작성하는 회사를 말한다(국조칙 §24 ①, §20 ② 1호).

상기 ②에서 '국내관계회사'는 해당 납세의무자가 포함되는 다국적기업그룹을 구성하는 국내의 다음의 법인 등(이하 "관계회사"라 함)을 말한다(국조령 §24 ②, §21).

① 다국적기업그룹의 연결재무제표에 포함되는 법인
② 다국적기업그룹 내 지배법인에 종속되지만 규모나 중요성을 이유로 ①에 따른 연결재무제표에서 제외된 법인
③ ① 또는 ②에 따른 법인의 고정사업장으로서 별도의 재무제표를 작성하는 경우 해당 고정사업장

한편, 국가별보고서 제출의무자에 대한 자료 [국조칙 별지 제15호 서식]을 각 사업연도 종료일이 속하는 달의 말일부터 6개월 이내에 제출한 국내관계회사는 다음의 어느 하나에 해당하는 경우 국가별보고서를 제출하지 않을 수 있다(국조령 §35 ②, ③ 및 국조칙 §26).

① 최종모회사가 소재하는 국가의 법령상 국가별보고서의 제출의무가 있고 그 국가별보고서가 우리나라와 조세조약에 따라 교환되는 경우

② 다른 국내관계회사가 국가별보고서를 대표하여 제출하는 경우

③ 최종모회사가 제3국에 소재하는 관계회사로 하여금 해당 소재지국에 국가별보고서를 대리제출하도록 하고 그 국가별보고서가 우리나라와 조세조약에 따라 교환되는 경우

6-2-3. 작성내용

국제거래정보통합보고서는 통합기업보고서 [국조칙 별지 제12호 서식], 개별기업보고서 [국조칙 별지 제13호 서식], 국가별보고서 [국조칙 별지 제14호 서식]으로 구분되며, 각 보고서의 작성범위 및 각 보고서에 포함될 내용은 다음과 같다(국조령 §33 및 국조칙 §19).

구분	통합기업보고서	개별기업보고서	국가별보고서
작성범위	납세의무자 및 납세의무자와 특수관계에 있는 법인 전체	납세의무자. 단, 정상가격 산출방법의 사전승인을 받은 경우 사전승인이 적용되는 대상기간 동안의 해당 국제거래에 대한 내용 제외 가능	납세의무자 및 관계회사
포함될 내용	① 조직구조 ② 사업내용 ③ 무형자산 내역 ④ 자금조달 활동 ⑤ 재무현황	① 조직구조 ② 사업내용 ③ 국외특수관계인과의 거래내역 ④ ③의 거래에 관한 가격 산출정보 ⑤ 재무현황	① 국가별 수익 내역 ② 국가별 세전이익 및 손실 ③ 국가별 납부세액 ④ 국가별 자본금 ⑤ 국가별 주요 사업활동

통합기업보고서 작성범위 중 '납세의무자와 특수관계에 있는 법인'이란 국제회계기준(국제회계기준위원회가 공표하는 국제회계기준을 말하며, 그 국제회계기준에 따라 각 국가에서 채택한 국제회계기준을 포함함)에 따라 그 납세의무자가 포함되는 최상위 연결재무제표 작성 대상에 해당하는 법인을 말한다. 다만, 다음에 해당하는 경우에는 그 구분에 따른 연결재무제표 작성 대상에 해당하는 법인으로 할 수 있다(국조칙 §20).

① 다국적기업그룹이 수행하는 사업이 2개 이상의 사업군으로 분류되는 경우 : 해당 사업군 내 최상위 연결재무제표

② 독점규제 및 공정거래에 관한 법률 제2조 제1호의 2에 따른 지주회사에 의해 지배되는 다국적기업그룹이 자회사별로 수행하는 사업이 서로 다른 경우 : 해당 자회사의 연결재무제표

6-2-4. 제출방법 및 작성문자

국제거래정보통합보고서는 다음의 구분에 따른 문자로 작성하여 정보통신망을 통해 제출해야 한다(국조령 §34 ③, ④, §35 ④).

① 통합기업보고서 : 한글. 다만, 영문으로 작성하여 제출할 수 있으며, 이 경우 제출한 날부터 1개월 이내에 한글로 작성한 통합기업보고서를 추가로 제출해야 함.
② 개별기업보고서 : 한글
③ 국가별보고서 : 한글 및 영문

6-2-5. 제출기한

① 국제거래정보통합보고서
국제거래정보통합보고서는 사업연도 종료일이 속하는 달의 말일부터 12개월 이내에 제출하여야 한다(국조법 §16 ①).
② 국가별보고서 제출의무자 관련 자료
국내의 최종모회사 및 국내관계회사는 국가별보고서 제출의무자에 대한 자료 [국조칙 별지 제15호 서식]을 각 사업연도 종료일이 속하는 달의 말일부터 6개월 이내에 제출(정보통신망을 활용한 제출을 포함)해야 한다(국조령 §35 ② 및 국조칙 §26).

6-3. 국제거래명세서 등의 제출

6-3-1. 제출대상 및 기한

국외특수관계인과 국제거래를 하는 납세의무자는 다음의 서류를 사업연도 종료일이 속하는 달의 말일부터 6개월 이내에 납세지 관할 세무서장에게 제출하여야 한다(국조법 §16 ② 및 국조칙 §27).

① 국제거래명세서 [국조칙 별지 제16호 서식(갑)]
지급보증 용역거래(국조령 §12 ⑤)가 있는 경우에는 지급보증 용역거래 명세서 [국조칙 별지 제16호 서식(을)]을 함께 제출해야 함.
② 국외특수관계인의 요약손익계산서 [국조칙 별지 제17호 서식]
③ 정상가격 산출방법 신고서
㉠ 용역거래(국조령 §12)인 경우 : 용역거래에 대한 정상가격 산출방법 신고서 [국조칙 별지 제18호 서식]

㉡ 무형자산거래(국조령 §13)인 경우 : 무형자산에 대한 정상가격 산출방법 신고서 [국조칙 별지 제19호 서식]

㉢ ㉠ 및 ㉡ 외의 국제거래인 경우 : 정상가격 산출방법 신고서 [국조칙 별지 제20호 서식]

6-3-2. 제출의 면제

다음의 요건에 해당하는 경우에는 국제거래명세서, 요약손익계산서 및 정상가격 산출방법 신고서의 제출의무를 면제한다(국조법 §16 ② 및 국조령 §36).

① 국제거래명세서의 제출의무를 면제하는 경우 : 해당 사업연도의 국외특수관계인과의 국제거래 유형별 거래금액의 합계가 다음의 요건을 모두 충족할 것

㉠ 재화거래 금액의 합계 : 5억원 이하

㉡ 용역거래 금액의 합계 : 1억원 이하

㉢ 무형자산거래 금액의 합계액 : 1억원 이하

② 요약손익계산서의 제출의무를 면제하는 경우 : 다음의 어느 하나에 해당할 것

㉠ 해당 사업연도의 국외특수관계인과의 국제거래 유형별 거래금액의 합계가 다음의 요건을 모두 충족할 것

1) 재화거래 금액의 합계 : 10억원 이하

2) 용역거래 금액의 합계 : 2억원 이하

3) 무형자산거래 금액의 합계 : 2억원 이하

㉡ 해외현지법인 명세서와 해외현지법인 재무상황표를 제출할 것

③ 정상가격 산출방법 신고서의 제출의무를 면제하는 경우 : 다음의 어느 하나에 해당할 것

㉠ 해당 사업연도의 국제거래 유형별 거래금액의 합계가 다음의 요건을 모두 충족할 것

1) 재화거래 금액의 합계 : 50억원 이하

2) 용역거래 금액의 합계 : 10억원 이하

3) 무형자산거래 금액의 합계 : 10억원 이하

㉡ 해당 사업연도의 국외특수관계인과의 국제거래 유형별 거래금액의 합계가 국외특수관계인별로 다음의 요건을 모두 충족할 것

1) 재화거래 금액의 합계 : 10억원 이하

2) 용역거래 금액의 합계 : 2억원 이하

3) 무형자산거래 금액의 합계 : 2억원 이하

개 정

○ 통합기업보고서 및 개별기업보고서를 제출하는 납세의무자에 대한 국제거래명세서, 요약 손익계산서 및 정상가격 산출방법 신고서 제출의무 면제 규정 삭제(국조법 §16 ②)
➡ 2024년 1월 1일 이후 개시하는 과세연도에 대한 자료 제출 분부터 적용

6-4. 이전가격세제 관련 자료의 제출요구

과세당국은 이전가격세제 규정(국조법 §7~§9)을 적용하기 위하여 필요한 거래가격 산정방법 등 다음과 같은 관련 자료를 제출할 것을 납세의무자에게 요구할 수 있으며, 자료 제출을 요구받은 납세의무자는 그 요구를 받은 날부터 60일 이내에 해당 자료를 제출하여야 한다. 이 경우 요구받은 자료는 한글로 작성하는 것을 원칙으로 하되 과세당국이 허용하는 경우에는 영문으로 작성된 자료를 제출할 수 있다(국조법 §16 ④, ⑤ 및 국조령 §38 ①, ③ 및 국조칙 §28).

① 법인의 조직도 및 사무 분장표
② 해당 거래와 관련된 자의 사업활동 내용
③ 특수관계가 있는 자와의 상호출자 현황
④ 자산의 양도・매입 등에 관한 각종 관련 계약서
⑤ 제품의 가격표
⑥ 제조원가계산서
⑦ 특수관계가 있는 자와 특수관계가 없는 자를 구별한 품목별 거래 명세표
⑧ 용역의 제공이나 그 밖의 거래의 경우에는 ④부터 ⑦까지의 자료에 준하는 서류
⑨ 국제거래 가격 결정자료
⑩ 특수관계가 있는 자 간의 가격 결정에 관한 내부 지침
⑪ 해당 거래와 관련된 회계처리 기준 및 방법
⑫ 용역거래(국조령 §12)와 관련하여 그 거래 내용을 파악할 수 있는 다음의 자료
  ㉠ 용역거래계약서
  ㉡ 거주자와 국외특수관계인 간의 관계도
  ㉢ 용역거래 당사자의 내부 조직도 및 조직별 설명자료
  ㉣ 용역 제공을 위하여 발생한 비용의 지출항목별 명세서(원가가산방법 또는 거래순이익률 방법에 따라 용역의 대가를 산정하는 경우만 해당함)
  ㉤ 용역 제공 일정표, 용역공정표, 용역 제공자 및 직원 현황 등 용역을 제공한 사실을 확인할 수 있는 자료
  ㉥ 간접적 청구방식(용역 제공자가 국내 또는 국외의 복수 특수관계인들에게 동일 또는 유사한 용역을 제공하고 발생한 비용을 용역을 제공받은 특수관계인들 사이에서 합리적으로 배분 또는 할당하는 방식을 말함)으로 용역의 대가를 산출하는 경우에는 그 비용 배분 또는 할

당에 관한 자료

⑬ 정상원가분담액 등에 의한 결정 및 경정과 관련된 다음의 자료

㉠ 계약 참여자의 명단, 계약 참여자가 제공하는 자산의 유형 및 명세, 계약 참여자 간의 권리관계가 포함된 원가분담 약정서

㉡ 위 '㉠'의 각 사항이 포함된 원가분담 수정약정서(원가등의 분담에 대한 약정에 새로 참여하거나 중도에 탈퇴하는 경우만 해당함)

㉢ 제공되는 자산의 평가와 관련하여 적용하는 회계원칙 및 평가 명세

㉣ 참여자 및 수혜자가 얻을 기대편익의 평가 명세

㉤ 실제로 실현된 기대편익의 측정 명세

㉥ 기대편익과 실제로 실현된 기대편익의 차이에 따른 정산 명세

⑭ 법인세 및 소득세 신고 시 누락된 서식 또는 항목

6-5. 국제거래정보통합보고서 및 국제거래명세서 등의 제출기한 연장신청 및 통지

국제거래정보통합보고서, 국제거래명세서, 요약손익계산서, 정상가격 산출방법 신고서를 제출하여야 하는 납세의무자 및 이전가격세제에 대한 관련자료의 제출을 요구받은 자는 다음의 기한연장사유가 발생한 경우 국제거래정보통합보고서, 국제거래명세서, 요약손익계산서, 정상가격 산출방법 신고서는 1년의 범위에서, 이전가격세제 관련 자료는 한 차례만 60일의 범위에서 제출기한 연장을 신청할 수 있다. 이 경우 제출기한의 연장을 신청하려는 자는 제출기한 15일 전까지 제출기한 연장 신청서 [국조칙 별지 제3호 서식]을 과세당국에 제출(국세정보통신망을 활용한 제출을 포함함)해야 한다(국조법 §16 ③, ⑤ 및 국조령 §37 ①, ② 및 국조칙 §12 ①).

① 화재 · 재난 및 도난 등의 사유로 자료를 제출할 수 없는 경우
② 사업이 중대한 위기에 처하여 자료를 제출하기 매우 곤란한 경우
③ 관련 장부 · 서류가 권한 있는 기관에 압수되거나 영치된 경우
④ 국외특수관계인의 과세연도 종료일이 도래하지 않은 경우
⑤ 자료의 수집 · 작성에 상당한 기간이 걸려 기한까지 자료를 제출할 수 없는 경우
⑥ 그 밖에 ①부터 ⑤까지에서 규정한 사유에 준하는 사유가 있어 기한까지 자료를 제출할 수 없다고 판단되는 경우

과세당국은 제출기한 연장 신청이 접수된 날부터 7일 이내에 연장 여부를 제출기한 연장(승인, 기각) 통지서 [국조칙 별지 제4호 서식]에 따라 신청인에게 통지해야 한다. 이 경우 7일 이내에 통지를 하지 않은 경우에는 연장을 신청한 기한까지 제출기한이 연장된 것으로 본다(국조령 §37 ③ 및 국조칙 §12 ②).

6-6. 자료제출의무 불이행에 대한 제재

6-6-1. 정상가격 추정과세

다음에 해당하는 납세의무자가 부득이한 사유(전술한 기한연장사유와 동일) 없이 자료를 기한까지 제출하지 아니하는 경우 과세당국은 유사한 사업을 하는 사업자로부터 입수하는 자료 등 과세당국이 확보할 수 있는 자료에 근거하여 합리적으로 정상가격 및 정상원가분담액을 추정하여 정상가격에 의한 결정 및 경정 규정(국조법 §7) 및 정상원가분담액 등에 의한 결정 및 경정(국조법 §9)을 적용할 수 있다(국조법 §16 ⑦ 및 국조령 §38 ②).

① 통합기업보고서 및 개별기업보고서를 제출하여야 하는 납세의무자

② 상기 '6-4. 이전가격세제 관련 자료의 제출요구'에서 설명한 ④~⑭의 이전가격세제 관련 자료의 제출을 요구받은 납세의무자

6-6-2. 근거자료로서의 부인

이전가격세제 관련 자료 제출을 요구받은 납세의무자가 부득이한 사유(전술한 기한연장사유와 동일) 없이 자료를 기한까지 제출하지 아니하고, 불복신청 또는 상호합의절차 시 자료를 제출하는 경우 과세당국과 관련 기관은 그 자료를 과세 자료로 이용하지 아니할 수 있다(국조법 §16 ⑥).

6-6-3. 과태료의 부과

(1) 국제거래 자료제출의무 불이행에 대한 과태료

국제거래정보통합보고서 또는 국제거래명세서를 제출할 의무가 있거나 이전가격세제 관련 자료 제출을 요구받은 자가 부득이한 사유(전술한 기한연장사유와 동일)없이 자료를 기한까지 제출하지 아니하거나 거짓의 자료를 제출하는 경우에는 1억원 이하의 과태료를 부과한다(국조법 §87 ① 및 국조령 §144 ①).

자료 전부 또는 일부를 제출하지 않거나 거짓으로 제출하는 경우에 대한 과태료의 부과기준은 다음의 구분에 따른다(국조령 §144 ②).

구분	부과기준
통합기업보고서, 개별기업보고서 또는 국가별보고서	보고서별 3천만원
국제거래명세서	국외특수관계인별 500만원
과세당국이 요구한 이전가격세제 관련 자료로서 '6-4. 이전가격세제 관련 자료의 제출요구'에서 설명한 ①~③의 자료	3천만원
과세당국이 요구한 이전가격세제 관련 자료로서 '6-4. 이전가격세제 관련 자료의 제출요구'에서 설명한 ④~⑬의 자료	5천만원

구분	부과기준
과세당국이 요구한 이전가격세제 관련 자료로서 '6-4. 이전가격세제 관련 자료의 제출요구'에서 설명한 ⑭의 자료	7천만원

관련사례

• 자료제출의무 불이행에 대한 과태료 부과기준
국제거래에 대한 자료제출요구를 정당한 사유 없이 미이행한 경우에는 구 국조법 시행령 제51조 제1항 각 호(*)별로 미제출 여부를 판단한 후 각 호별 과태료를 합산하여 부과하며, 이 경우 과태료 금액의 상한을 초과할 수 없음(기획재정부 국제조세-269, 2011. 6. 16.).

(*) 현행 국제조세조정에 관한 법률 시행령 제144조 제2항 제3호 각 목

(2) 국제거래 자료제출요구 불이행에 대한 추가과태료

과세당국은 상기 '(1) 국제거래 자료제출의무 불이행에 대한 과태료'에 따라 과태료를 부과받은 자에게 30일의 이행기간을 정하여 자료를 제출하거나 거짓 자료를 시정할 것을 요구할 수 있으며, 그 기간 내에 자료 제출이나 시정 요구를 이행하지 아니하는 경우에는 지연기간에 따라 2억원 이하의 과태료를 추가로 부과할 수 있다(국조법 §87 ②).

상기에 따른 추가과태료는 지연기간(과세당국이 정한 30일의 이행기간의 말일 다음 날부터 자료제출이나 시정요구를 이행하는 날까지를 말함)을 고려하여 다음 계산식에 따라 산정한다. 이 경우 과태료의 금액은 2억원을 넘을 수 없다(국조령 §144 ④).

$$\left(1 + \frac{\text{지연기간}}{30}\right) \times \text{상기 '(1) 국제거래 자료제출의무 불이행에 대한 과태료' 금액}$$

※ 지연기간을 30으로 나눈 결과 소수점 이하는 버림.

(3) 과태료의 감경·가중

상기 '(1) 국제거래 자료제출의무 불이행에 대한 과태료' 및 '(2) 국제거래 자료제출요구 불이행에 대한 추가과태료'에 따라 산정된 과태료는 그 위반행위의 정도, 위반횟수, 위반행위의 동기와 결과 등을 고려하여 해당 과태료 금액의 50%의 범위에서 줄이거나 늘릴 수 있다. 다만, 과태료를 늘리는 경우에는 과태료 금액의 상한을 초과할 수 없다(국조령 §144 ⑤).

또한, 다음의 경우에는 전술한 내용에 따라 산정된 과태료를 감경하여 부과한다. 다만, 납세의무자가 과세당국의 과태료 부과를 미리 알고 자료를 제출한 경우는 제외한다(국조령 §144 ⑥).

① 상기 '(1) 국제거래 자료제출의무 불이행에 대한 과태료' 및 '(2) 국제거래 자료제출요구 불이행에 대한 추가과태료'에 따른 제출기한이 지난 후 누락한 자료를 추가하거나 거짓된

자료를 정정하는 등 보완하여 제출한 경우 : 다음의 구분에 따른 비율

보완 제출일	감경비율
㉠ 제출기한 후 6개월 이내	90%
㉡ 제출기한 후 6개월 초과 1년 이내	70%
㉢ 제출기한 후 1년 초과 2년 이내	50%
㉣ 제출기한 후 2년 초과 4년 이내	30%

② 제출기한이 지난 후에 자료를 제출한 경우 : 다음의 구분에 따른 비율

기한 후 제출일	감경비율
㉠ 제출기한 후 1개월 이내	90%
㉡ 제출기한 후 1개월 초과 6개월 이내	70%
㉢ 제출기한 후 6개월 초과 1년 이내	50%
㉣ 제출기한 후 1년 초과 2년 이내	30%

한편, 자료를 제출하는 자가 경미한 착오로 자료의 일부를 제출하지 않거나 일부 항목에 오류를 발생시킨 경우에는 과세당국은 보정자료를 제출받고 과태료를 부과하지 않을 수 있다(국조령 §144 ⑥).

7. 가산세 적용의 특례

7-1. 신고가격과 정상가격 간 차이에 과실이 없는 경우

납세의무자가 신고한 거래가격과 정상가격 간 차이에 납세의무자의 과실이 없는 다음의 어느 하나의 경우에는 국세기본법 제47조의 3에 따른 과소신고가산세를 부과하지 아니한다(국조법 §17 ①).

① 납세의무자가 신고한 거래가격과 정상가격의 차이에 대하여 납세의무자의 과실이 없다고 상호합의절차의 결과에 따라 확인되는 경우

② 납세의무자가 일방적 사전승인을 받은 경우로서 신고한 거래가격과 정상가격의 차이에 대하여 납세의무자의 과실이 없다고 국세청장이 판정하는 경우

납세의무자의 과실 여부를 판정할 때 다음의 요건을 모두 갖춘 경우에는 납세의무자의 과실이 없는 것으로 본다. 이울러, 정상가격 산출방법의 사전승인을 받은 거주자가 법인세 과세표준 및 세액을 수정신고하는 경우에도 과소신고가산세를 부과하지 않는다(국조령 §39 ①, ④).

① 납세의무자가 과세표준 및 세액의 확정신고를 할 때 작성한 서류를 통하여 정상가격 산출

방법(국조법 §8) 중 가장 합리적인 방법을 선택한 과정을 제시할 것
② 납세의무자가 ①에 따라 선택된 방법을 실제로 적용할 것
③ ① 및 ②의 정상가격 산출방법과 관련하여 필요한 자료를 보관·비치할 것

7-2. 자료의 보관·비치 및 합리적 판단에 따라 정상가격 산출방법을 적용한 경우

납세의무자가 소득세 또는 법인세를 신고할 때 적용한 정상가격 산출방법에 관하여 증명자료를 보관·비치하거나 개별기업보고서를 기한 내에 제출하고, 합리적 판단에 따라 그 정상가격 산출방법을 선택하여 적용한 것으로 인정되는 경우에는 국세기본법 제47조의 3에 따른 과소신고가산세를 부과하지 아니한다(국조법 §17 ①).

정상가격 산출방법에 관한 증명자료는 다음의 자료를 말하며, 납세의무자는 과세당국이 해당 자료를 요구하는 경우 그 요구를 받은 날부터 30일 이내에 그 자료를 제출해야 한다(국조령 §39 ②).

① 사업에 관한 개략적 설명자료(자산 및 용역의 가격에 영향을 미치는 요소에 관한 분석자료를 포함함)
② 이전가격에 영향을 미칠 수 있는 국외특수관계인 및 관련자와의 구조 등을 설명하는 자료
③ 신고할 때 적용한 정상가격 산출방법을 선택하게 된 경위를 확인할 수 있는 다음의 자료
  ㉠ 신고할 때 적용한 정상가격 산출방법을 선택한 근거가 되는 경제적 분석 및 예측 자료
  ㉡ 정상가격을 산출하기 위하여 사용된 비교대상 수치와 수치의 비교평가 과정에서 조정된 내용에 대한 설명자료
  ㉢ 대안으로 적용될 수 있었던 정상가격 산출방법 및 그 대안을 선택하지 않은 이유에 대한 설명자료
  ㉣ 과세기간 종료 후 소득세 또는 법인세 신고를 할 때 정상가격을 산출하기 위하여 추가된 관련 자료 등

한편, 납세의무자의 합리적 판단 여부는 다음의 요건을 고려하여 판정한다(국조령 §39 ③).

① 과세기간 종료 시점을 기준으로 수집된 비교대상 수치들이 대표성 있는 자료여야 하며, 반드시 포함되어야 할 특정 비교대상 수치가 누락되어 납세자에게 유리한 결과가 도출되지 않았을 것
② 수집된 자료를 체계적으로 분석하여 정상가격 산출방법을 선택·적용했을 것
③ 이전 과세연도 사전승인 시 합의되었거나 과세당국이 세무조사 과정에서 선택한 정상가격 산출방법이 있음에도 불구하고 다른 정상가격 산출방법을 선택·적용한 경우에는 다른 방법을 선택·적용한 타당한 이유가 있을 것

한편, 신고 시점에는 확인할 수 없었던 정상가격 산출방법 관련 중요 자료가 신고기한이 지난 후 확인된 경우로서 그 사실을 알게 된 때부터 60일 이내에 법인세 과세표준 및 세액을 수정신고하는 경우에는 과소신고가산세를 부과하지 않는다. 이 경우 수정신고에 관하여는 상기의 내용을 준용한다(국조령 §39 ⑤).

관련사례

- 정상가격 산출방법 사전승인의 소급적용에 따른 수정신고시 가산세 부과 여부
  상호합의절차에 의하여 소급승인신청을 하여 승인을 통보받고 상호합의결과에 따라 수정신고를 하였다면 이는 가산세 부과대상이 아님(국심 2003서 3055, 2004. 10. 29.).

8. 정상가격 산출방법의 사전승인(Advanced Pricing Approvals)

8-1. 개 요

이전가격세제는 정상가격 산출방법이 다양하여 납세자가 합리적인 기준에 의하여 산출한 정상가격을 신고하였다고 생각하고 있던 중 과세당국이 다른 방법으로 정상가격을 산출하여 이의 적용을 주장할 경우 그 과세규모가 적지 않은 경우가 일반적이므로 납세자와 과세당국간에 분쟁의 소지가 많다. 이러한 분쟁을 미연에 방지하고 이전가격세제의 적정·원활한 집행을 하기 위해 국제조세조정에 관한 법률에서는 정상가격 산출방법 사전승인제도를 두고 있다. 정상가격 산출방법의 사전승인제도는 국외특수관계인과 거래하기 전에 정상가격 결정에 대한 적정한 기준(정상가격 산출방법, 비교가능대상, 적정조정 등)을 사전에 과세당국으로부터 승인을 받아 승인된 방법에 따라 결정된 가격을 정상가격으로 간주하는 것을 말한다.

8-2. 정상가격 산출방법의 사전승인 신청

거주자가 일정 기간의 과세연도에 대하여 일정한 정상가격 산출방법을 적용하려는 경우에는 그 정상가격 산출방법을 적용하려는 일정 기간의 과세연도 중 최초의 과세연도 개시일의 전날까지 국세청장에게 국제거래의 전부 또는 일부에 대하여 정상가격 산출방법의 사전승인 신청서 [국조칙 별지 제10호 서식]에 다음의 서류를 첨부하여 제출해야 한다. 이 경우 ③에 해당하는 서류는 이동식 저장장치 등 전자적 정보저장매체에 수록하여 제출할 수 있다(국조령 §26 ① 및 국조칙 §18).

① 거래 당사자의 사업 연혁, 사업 내용, 조직 및 출자관계 등에 관한 설명자료
② 거래 당사자의 최근 3년 동안의 재무제표, 세무신고서 사본, 국제거래에 관한 계약서 사본 및 이에 부수되는 서류
③ 신청된 정상가격의 세부 산출방법을 구체적으로 설명하는 다음의 자료

㉠ 비교가능성 평가방법 및 요소별 차이 조정방법
㉡ 비교대상 기업의 재무제표를 사용하는 경우 적용된 회계처리기준의 차이와 그 조정방법
㉢ 거래별로 구분한 재무자료 또는 원가자료를 사용하는 경우 그 작성기준
㉣ 두 개 이상의 비교대상 거래를 사용하는 경우 정상가격으로 판단되는 범위와 그 도출방법
㉤ 정상가격 산출방법의 전제가 되는 조건 또는 가정에 대한 설명자료

④ 국제거래의 거래가격과 정상가격의 차이를 조정하는 방법에 관한 설명자료
⑤ 승인 신청된 정상가격 산출방법에 관하여 관련 체약상대국과의 상호합의를 신청하는 경우에는 상호합의절차 개시 신청서 [국조칙 별지 제11호 서식]
⑥ 그 밖에 사전승인 신청된 정상가격 산출방법의 적정성을 증명하는 자료

신청인은 체약상대국의 권한 있는 당국에 제출한 서류가 상기에 따라 제출한 서류와 다른 경우에는 체약상대국의 권한 있는 당국에 제출한 서류를 추가로 제출해야 하며, 정상가격 산출방법의 사전승인 신청 대상기간은 납세자가 정상가격 산출방법의 사전승인을 받으려는 기간으로 한다. 또한, 신청인은 국세청장의 사전승인을 받기 전까지는 처음의 사전승인 신청 내용을 변경하거나 사전승인 신청을 철회할 수 있다. 이 경우 국세청장은 신청이 철회되었을 때에는 제출된 모든 자료를 신청인에게 반환해야 하며, 제출된 자료를 사전승인의 심사, 사후관리 및 체약상대국의 권한 있는 당국과의 정보교환 외의 용도로는 사용할 수 없다(국조령 §26 ②~⑤).

원칙적으로 사전승인 신청대상 기간은 미래의 과세연도를 대상으로 하나, 거주자가 승인신청 대상 기간 전의 과세연도에 대하여 정상가격 산출방법을 소급하여 적용해 줄 것을 사전승인 신청과 동시에 신청하는 경우 국세기본법 제26조의 2 제1항 단서에 따른 국세부과의 제척기간(7년)이 지나지 아니한 범위에서 소급하여 적용하도록 승인할 수 있다. 다만, 일방적 사전승인의 경우 국세기본법 제45조의 2 제1항 각 호 외의 부분 본문에 따른 기한(5년)이 지나지 아니한 범위에서 소급하여 적용하도록 승인할 수 있다(국조법 §14 ③).

한편, 거주자 또는 국외특수관계인이 체약상대국의 권한 있는 당국에 정상가격 산출방법의 사전승인을 신청한 경우로서 우리나라와 상호합의절차를 개시할 필요가 있는 경우에는 그 거주자는 국세청장에게 지체 없이 정상가격 산출방법의 사전승인을 신청해야 한다(국조령 §26 ⑥).

8-3. 사전승인 신청의 심사

국세청장은 사전승인 신청을 심사할 때 신청인의 납세지 관할 세무서장 및 지방국세청장의 검토의견을 참고할 수 있다(국조령 §27 ①).

국세청장은 사전승인 신청을 심사할 때 신청인이 동의하는 경우에는 신청인과 중립적 관계에 있는 전문가를 지정하여 신청된 정상가격 산출방법에 관한 전문가의 검토의견을 참고할

수 있다. 이 경우 국세청장은 신청인이 동의하는 경우에는 그 비용의 일부를 신청인에게 부담하게 할 수 있다. 위 전문가는 사전승인 신청과 관련된 정보를 신청인 및 그 대리인과 국세청장을 제외하고는 타인에게 제공하거나 공개해서는 안 된다(국조령 §27 ②, ③).

8-4. 상호합의절차에 의한 사전승인 절차

국세청장은 거주자가 정상가격 산출방법에 대한 사전승인을 신청하는 경우 체약상대국의 권한 있는 당국과의 상호합의절차를 거쳐 합의하였을 때에는 정상가격 산출방법을 사전승인 할 수 있다. 국세청장의 상호합의절차에 의한 사전승인 절차는 다음과 같다(국조법 §14 ②).

① 정상가격 산출방법의 사전승인 신청
정상가격 산출방법을 적용하려는 일정 기간의 과세연도 중 최초의 과세연도 개시일의 전날까지 정상가격 산출방법의 사전승인 신청서에 관련 서류를 첨부하여 국세청장에게 제출해야 한다(국조령 §26 ①). 관련 서류는 "8-2. 정상가격 산출방법의 사전승인 신청" 참조

② 사전승인 신청의 심사
내용은 "8-3. 사전승인 신청의 심사" 참조

③ 자료의 반환
국세청장은 사전승인 신청이 부적절하다고 판단하여 사전승인을 하지 않는 경우에는 제출된 모든 자료를 신청인에게 반환해야 한다(국조령 §28 ①).

④ 상호합의절차 개시 요청
국세청장은 신청인이 사전승인 신청을 할 때 상호합의절차의 개시 신청을 한 경우에는 체약상대국의 권한 있는 당국에 상호합의절차 개시를 요청하고 요청 사실을 신청인에게 통지해야 한다(국조령 §28 ②).

⑤ 상호합의절차의 종료 및 중단
국세청장은 상기 ④의 요청에 따른 상호합의절차에서 체약상대국과 합의가 이루어진 경우에는 상호합의절차 종료일의 다음 날부터 15일 이내에 합의 내용을 신청인에게 통지해야 한다(국조령 §28 ③). 또한, 국세청장은 사전승인 신청 접수일부터 3년이 지날 때까지 상호합의가 이루어지지 않아 국세청장이 직권으로 상호합의절차를 중단하는 경우 또는 상호합의절차에 의한 합의가 불가능하여 체약상대국과 상호합의절차를 종료하기로 한 경우에는 각 경우에 해당하게 된 날부터 15일 이내에 상호합의절차의 중단을 신청인에게 통지해야 한다(국조령 §28 ⑧).

⑥ 신청인의 동의 여부 의사표시
신청인은 합의 내용을 통지받은 날부터 2개월 이내에 그에 대한 동의 여부를 국세청장에게 서면으로 제출해야 한다. 신청인이 동 기한까지 동의 여부를 국세청장에게 통보하지 않은 경우에는 동의하지 않은 것으로 보며, 처음의 사전승인 신청은 신청인이 철회한 것으로

본다. 한편, 신청인이 상호합의절차에 의한 합의 내용에 동의하는 경우에는 처음의 사전승인 신청 내용과 다르더라도 신청인이 그 내용을 처음부터 신청한 것으로 본다(국조령 §28 ④, ⑤, ⑦).

⑦ 정상가격 산출방법의 사전승인
국세청장은 상호합의 내용에 대한 동의서를 신청인으로부터 받은 경우에는 받은 날부터 15일 이내에 정상가격 산출방법에 대하여 사전승인하고 그 사실을 신청인에게 통지해야 한다(국조령 §28 ⑥).

⑧ 소득금액의 조정
내용은 "8-6. 사전승인 후 소득금액의 조정" 참조

8-5. 일방적 사전승인 절차

정상가격 산출방법의 사전승인은 상호합의에 의함을 원칙으로 하나, 신청인이 사전승인 신청을 할 때 상호합의절차를 거치지 않고 정상가격 산출방법을 사전승인해 줄 것을 신청하는 경우 또는 정상가격 산출방법의 상호합의절차가 중단된 경우에는 상호합의절차에 따르지 아니하고 정상가격 산출방법을 사전승인할 수 있다. 이를 '일방적 사전승인'이라 하며, 이 경우 국세청장은 상호합의절차가 개시되는 경우에는 일방적 사전승인이 취소될 수 있다는 내용의 조건을 붙일 수 있다(국조법 §14 ② 단서 및 국조령 §29 ①, ③).

일방적 사전승인에 관하여 제출된 서류의 반환, 사전승인의 결정 내용 통지 및 그에 대한 동의 여부, 동의에 따른 승인신청 내용 변경, 사전승인의 통지 및 사전승인 신청의 철회에 관하여는 전술한 상호합의절차에 의한 사전승인 절차를 준용하며, 일방적 사전승인과 관련된 소유한 절차는 다음과 같다(국조령 §29 ②~④).

① 신청인이 정상가격 산출방법의 상호합의절차가 중단되어 일방적 사전승인을 받으려는 경우에는 상호합의절차의 중단 통지를 받은 날부터 15일 이내에 국세청장에게 일방적 사전승인을 서면으로 신청해야 하며, 그 신청을 하지 않았을 때에는 처음의 사전승인 신청은 신청인이 철회한 것으로 본다.

② 국세청장은 신청인이 일방적 사전승인을 신청하는 경우에는 신청일부터 2년 이내에 사전승인 여부를 결정해야 한다.

8-6. 사전승인 후 소득금액의 조정

사전승인된 정상가격 산출방법의 이행방법은 그 대상기간에 대해 이미 신고를 한 경우(기간 경과분)와 신고기한이 도래하지 않은 경우(기간 미경과분)로 나누어 볼 수 있다.

먼저 기간 경과분의 경우 후발적 사유에 의한 경정청구기간인 3개월 이내에 수정신고나 경정청구를 해야 한다. 즉, 신청인은 소득금액 계산특례 신청서 [국조칙 별지 제5호 서식]에 사전승인 통지서를 첨부하여 통지서를 받은 날부터 3개월 이내에 납세지 관할 세무서장에게 수정신고 또는 경정청구(국세정보통신망을 활용한 청구를 포함함)를 해야 한다(국조령 §31 ① 및 국조칙 §13).

기간 경과분에 해당하는 경우를 살펴보면, 신청대상기간 이전 과세연도에 대하여도 소급적용 승인을 받았거나 승인신청한 방법과 다른 방법으로 승인을 받은 경우를 생각할 수 있다. 예를 들어, 거주자가 방법 A로 승인신청을 하였으나 승인신청한 다음해에 방법 B로 승인을 얻은 경우, 거주자는 승인신청한 연도에는 방법 A를 적용하였을 것이므로 이를 승인된 방법인 B를 적용하여 수정신고 또는 경정청구를 하여야 할 것이다.

기간 미경과분의 경우 거주자는 매년 과세표준 및 세액의 확정신고기한까지 사전승인된 정상가격 산출방법에 따른 과세표준 및 세액을 납세지 관할 세무서장에게 신고하여야 한다(국조법 §15 ②).

8-7. 사전승인의 취소

8-7-1. 사전승인의 취소 및 철회

거주자와 국세청장은 정상가격 산출방법이 사전승인된 경우 그 승인된 방법을 준수하여야 한다. 다만, 다음에 해당할 경우에는 국세청장은 사전승인을 취소하거나 철회할 수 있으며, 사전승인을 취소하거나 철회하는 경우에는 관련된 체약상대국의 권한 있는 당국에 그 사실을 지체 없이 통보해야 한다(국조법 §15 ① 및 국조령 §30 ②, ③).

① 사전승인을 위하여 제출하여야 하는 자료(국조령 §26 ①, ②)나 사전승인 후에 제출하도록 하고 있는 연례보고서(국조령 §32)의 중요한 부분이 제출되지 않거나 거짓으로 작성된 경우
② 신청인이 사전승인 내용 또는 그 조건을 준수하지 않은 경우
③ 사전승인된 정상가격 산출방법의 전제가 되는 조건이나 가정의 중요한 부분이 실현되지 않은 경우
④ 관련 법령 또는 조세조약이 변경되어 사전승인 내용이 적절하지 않게 된 경우

8-7-2. 거주자의 사전승인 변경신청

신청인은 상기 '8-7-1. 사전승인의 취소 및 철회'의 ③ 및 ④에 해당하는 경우에는 그 사유가 발생한 과세연도의 과세표준 및 세액의 확정신고기한까지 해당 과세연도를 포함한 그 이후의 잔여 대상기간에 대하여 처음 사전승인 내용의 변경을 신청할 수 있다. 이 경우 변경신청절차는 사전승인절차를 준용하되, 제출자료는 변경된 부분으로 한정한다(국조령 §30 ④).

8-8. 연례보고서의 제출

거주자는 정상가격 산출방법이 사전승인된 경우 다음의 사항이 포함된 연례보고서를 매년

사업연도 종료일이 속하는 달의 말일부터 12개월 이내에 국세청장에게 제출(국세정보통신망을 통한 제출을 포함함)해야 한다. 이 경우 법인세 확정신고기한이 지난 과세기간의 연례보고서는 사전승인 이후 최초로 연례보고서를 제출할 때 함께 제출한다. 국세청장은 연례보고서를 검토할 때 추가적인 자료가 필요한 경우에는 해당 신청인에게 자료를 요구할 수 있다(국조법 §15 ③ 및 국조령 §32).

① 사전승인된 정상가격 산출방법의 전제가 되는 근거 또는 가정의 실현 여부
② 사전승인된 정상가격 산출방법을 적용하여 산출된 정상가격 및 그 산출 과정
③ 국제거래 거래가격과 정상가격이 다른 경우에는 그 차이에 대한 처리 내용
④ 그 밖에 사전승인 시에 연례보고서에 포함하도록 정한 사항

MEMO

Step Ⅱ 서식의 이해

■ 작성요령Ⅰ - 거래가격 조정신고서

❽ 「⑯ 정상가격 산출방법」란에는 아래 표의 약어로 기재하고, 「⑰ 조정항목(수익성지표)」란에는 ⑯에 따른 아래 수익성지표를 선택하여 기재한다.

구분	비교가능 제3자 가격방법	재판매가격방법	원가가산방법	거래순이익률 방법	이익분할방법	그 밖의 합리적 방법
약어	CUP,CUT	RP	CP	TNMM	PSM	기타방법
조정항목 (수익성지표)	가격,요율	매출총이익률 (매출총이익/매출)	매출/매출원가	영업이익률	공헌도분석	사용한 지표를 간단히 기재
				자산수익률		
		기타 (사용한 지표를 직접 기재)	기타 (사용한 지표를 직접 기재)	총원가가산율	잔여이익분할	
				Berry Ratio	기타	
				기타비율		

❶ 이 신고서는 조정대상 거래별 국외특수관계인별로 작성하며, 이 서식에 적는 금액은 "원"을 단위로 한다.

❹ 「⑪ 신고인과의 관계」란에는 다음 구분에 따라 해당란에 "√" 표시를 한다.

- 신고인이 국외특수관계인의 의결권 있는 주식(출자지분)의 50% 이상을 직접 또는 간접으로 소유한 경우(국조령 §2 ② 1호 가목): "지배"
- 국외특수관계인이 신고인의 의결권 있는 주식(출자지분)의 50% 이상을 직접 또는 간접으로 소유한 경우(국조령 §2 ② 1호 나목) : "피지배"
- 제3자와 그의 친족등이 국외특수관계인 및 신고인의 의결권 있는 주식(출자지분)의 50% 이상을 직접 또는 간접으로 소유한 경우(국조령 §2 ② 2호) : "자매"
- 신고인과 국외특수관계인이 공통의 이해관계가 있고 어느 한 쪽이 다른 쪽의 사업 방침의 전부 또는 중요한 부분을 실질적으로 결정할 수 있거나 제3자가 신고인 및 국외특수관계인의 사업 방침을 실질적으로 결정할 수 있는 경우(국조령 §2 ② 3호 및 4호): "실질 지배"
- 법인세법 시행규칙 제65조 제2항에 따라 국제거래명세서를 제출하는 경우 : "본점·지점 등"

❷ 「신고인 ①~⑥」란에는 신고인의 해당 사항을 적는다.

❸ 「국외특수관계인 ⑦~⑫」란에는 국외특수관계인의 해당 사항을 적는다.

[별지 제1호 서식] (2023. 3. 20. 개정)

거래가격 조정신고서 ❶

신고인 ❷: ① 법인명(상호) ② 사업자등록번호 ③ 대표자(성명) ④ 업종 ⑤ 전화번호 ⑥ 소재지(주소)

국외특수관계인 ❸: ⑦ 법인명(상호) ⑧ 소재국가 ⑨ 대표자(성명) ⑩ 업종 ⑪ 신고인과의 관계 ❹ 지배 피지배 자매 실질 지배 본점·지점 등 ⑫ 소재지(주소)

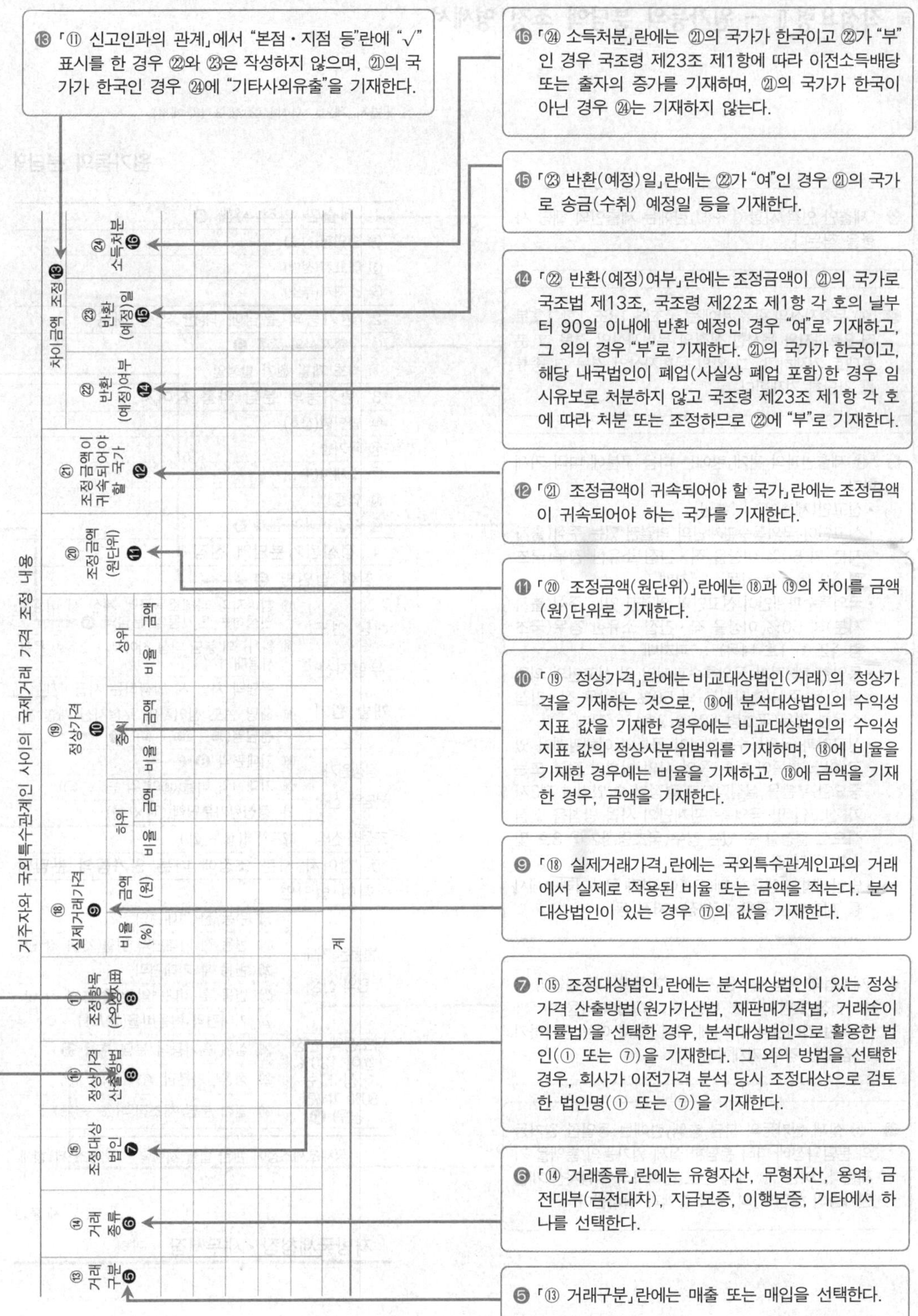

⓭ 「⑪ 신고인과의 관계」에서 "본점・지점 등"란에 "√" 표시를 한 경우 ㉒와 ㉓은 작성하지 않으며, ㉑의 국가가 한국인 경우 ㉔에 "기타사외유출"을 기재한다.

⓰ 「㉔ 소득처분」란에는 ㉑의 국가가 한국이고 ㉒가 "부"인 경우 국조령 제23조 제1항에 따라 이전소득배당 또는 출자의 증가를 기재하며, ㉑의 국가가 한국이 아닌 경우 ㉔는 기재하지 않는다.

⓯ 「㉓ 반환(예정)일」란에는 ㉒가 "여"인 경우 ㉑의 국가로 송금(수취) 예정일 등을 기재한다.

⓮ 「㉒ 반환(예정)여부」란에는 조정금액이 ㉑의 국가로 국조법 제13조, 국조령 제22조 제1항 각 호의 날부터 90일 이내에 반환 예정인 경우 "여"로 기재하고, 그 외의 경우 "부"로 기재한다. ㉑의 국가가 한국이고, 해당 내국법인이 폐업(사실상 폐업 포함)한 경우 임시유보로 처분하지 않고 국조령 제23조 제1항 각 호에 따라 처분 또는 조정하므로 ㉒에 "부"로 기재한다.

⓬ 「㉑ 조정금액이 귀속되어야 할 국가」란에는 조정금액이 귀속되어야 하는 국가를 기재한다.

⓫ 「⑳ 조정금액(원단위)」란에는 ⑱과 ⑲의 차이를 금액(원)단위로 기재한다.

❿ 「⑲ 정상가격」란에는 비교대상법인(거래)의 정상가격을 기재하는 것으로, ⑱에 분석대상법인의 수익성지표 값을 기재한 경우에는 비교대상법인의 수익성지표 값의 정상사분위범위를 기재하며, ⑱에 비율을 기재한 경우에는 비율을 기재하고, ⑱에 금액을 기재한 경우, 금액을 기재한다.

❾ 「⑱ 실제거래가격」란에는 국외특수관계인과의 거래에서 실제로 적용된 비율 또는 금액을 적는다. 분석대상법인이 있는 경우 ⑰의 값을 기재한다.

❼ 「⑮ 조정대상법인」란에는 분석대상법인이 있는 정상가격 산출방법(원가가산법, 재판매가격법, 거래순이익률법)을 선택한 경우, 분석대상법인으로 활용한 법인(① 또는 ⑦)을 기재한다. 그 외의 방법을 선택한 경우, 회사가 이전가격 분석 당시 조정대상으로 검토한 법인명(① 또는 ⑦)을 기재한다.

❻ 「⑭ 거래종류」란에는 유형자산, 무형자산, 용역, 금전대부(금전대차), 지급보증, 이행보증, 기타에서 하나를 선택한다.

❺ 「⑬ 거래구분」란에는 매출 또는 매입을 선택한다.

■ 작성요령Ⅱ – 원가등의 분담액 조정 명세서

❷ 「제출인 인적 사항 ①~⑤」란에는 제출인의 해당 사항을 적는다.

❸ 「⑥ 무형자산의 종류」란에는 국조령 13조 1항 1호부터 8호까지와 유사한 성격의 무형자산인 경우 그 분류대로 기재하고, 그 외의 무형자산인 경우 그 종류를 간단히 기재한다.

❹ 「⑭ 제출인과의 관계」란에는 다음 구분에 따라 기재한다.
- 신고인(제출인) : "본인"
- 신고인이 국외특수관계인의 의결권 있는 주식(출자지분)의 50% 이상을 직·간접 소유한 경우(국조령 §2 ② 1호 가목) : "지배"
- 국외특수관계인이 신고인의 의결권 있는 주식(출자지분)의 50% 이상을 직·간접 소유한 경우(국조령 §2 ② 1호 나목) : "피지배"
- 동일한 제3자가 국외특수관계인 및 신고인의 의결권 있는 주식(출자지분)의 50% 이상을 직·간접 소유한 경우(국조령 §2 ② 2호) : "자매"
- 신고인과 국외특수관계인이 공통의 이해관계가 있고 어느 한쪽이 다른 쪽의 사업 방침의 전부 또는 중요한 부분을 실질적으로 결정할 수 있거나 제3자가 신고인 및 국외특수관계인의 사업 방침을 실질적으로 결정할 수 있는 경우(국조령 §2 ② 3호 및 4호) : "실질 지배"
- 법인세법 시행규칙 제65조에 따라 국제거래명세서를 제출하는 경우 : "본점·지점 등"

❿ 「재조정액 산정 ㉘~㉚」란에는 거주자(내국법인과 국내사업장 포함)의 「㉖ 변동 후 기대편익 비율」이 「㉔ 변동 전 기대편익 비율」에 비해 20% 이상 증가하거나 감소한 경우 기재한다.

⓫ 「㉘ 실제 원가등의 분담 총액」란에는 동일한 원가등의 분담약정에 따라 분담한 실제 원가등의 총액을 기재한다. 이는 「⑱ 해당 연도 참여자의 무형자산 개발 원가등의 분담액」의 누적 총액과 일치한다.

[별지 제2호 서식] (2022. 3. 18. 개정)

원가등의 분담의

1. 제출인 인적 사항 ❷	
① 법인명(상호)	
③ 대표자(성명)	
⑤ 소재지(주소)	
2. 원가등의 분담에 대한 약정 내용	
⑥ 무형자산의 종류 ❸	
⑧ 최초 개발 원가 발생일	
3. 원가등의 분담 약정 참여자	
⑩ 법인명(상호)	
⑪ 국가명	
⑫ 소재지(주소)	
⑬ 업종	
⑭ 제출인과의 관계 ❹	

4. 정상원가분담액 산정	
참여 법인명 ❺	
해당 연도 무형자산 개발 원가	⑮ 참여자의 과세소득금액 계산 시 비용으 인정하는 원가등의 분담액 ❻
	⑯ 원가등의 분담 약정 참여자가 소유한 무형 사용대가
	⑰ 분담액 차입 시 발생하는 지급이자
	⑱ 해당 연도 참여자의 무형자산 개발 원 분담액(⑮ – ⑯ – ⑰) ❼
정상원가 분담액 산정	⑲ 기대편익 ❽
	⑳ 기대편익 비율(⑲의 각 난 ÷ ㉡)
	㉑ 정상원가분담액(㉠ × ⑳)
조정액 산정	㉒ 차액(⑱ – ㉑)

5. 참여자 지분 조정에 따른 원가등의 분담액	
참여 법인명	
변동된 기대 편익 산정	㉓ 변동 전 기대편익
	㉔ 변동 전 기대편익 비율(㉓의 각 난
	㉕ 변동 후 기대편익
	㉖ 변동 후 기대편익 비율(㉕의 각 난
	㉗ 기대편익 변동비율(㉖/㉔)
재조정액 산정 (㉗이 120% 이상 또는 80% 이하인 경우) ❿	㉘ 실제 원가등의 분담 총액 ⓫
	㉙ 정상원가분담 총액(㉤ × ㉖)
	㉚ 원가 분담 재조정액(㉘ – ㉙)

「국제조세조정에 관한 법률 시행령」 제20조 제1항에

제출인

지방국세청장·세무서장 귀하

| 조정 명세서 ❶

② 사업자등록번호	
④ 과세연도	
⑦ 서면 약정일	
⑨ 개발 완료(예정)일	

				계
로				
자산의				
가등의				㉠
				㉡

조정액 산정 ❾

				계
				㉢
÷ ㉢)	%			
				㉣
÷ ㉣)	%			
	%			
				㉤

따라 위와 같이 원가등의 분담액 조정 명세서를 제출합니다.

년 월 일

(서명 또는 인)

❶ 이 서식은 국제조세조정에 관한 법률 제9조를 적용받으려는 거주자가 원가등의 분담액 약정을 체결한 경우, 각각의 약정 별로 작성하며, 약정 건별 참여자수가 3명을 초과하여 적는 칸이 부족한 경우에는 별도로 이 서식을 추가하여 작성한다. 이 서식에 적는 금액은 "원"을 단위로 한다.

❺ 「4. 정상원가분담액 산정」의 「참여법인명」란에는 「3. 원가등의 분담 약정 참여자」를 기재한다.

❻ 「⑮ 참여자의 과세소득금액 계산 시 비용으로 인정하는 원가등의 분담액」란에는 원가등의 분담 약정을 체결하고 원가등을 분담한 경우로서 거주자의 비용으로 인정하는 금액을 기재한다.

❼ 「⑱ 해당 연도 참여자의 무형자산 개발 원가등의 분담액」란은 음수값이 나온 경우 "0"으로 기재한다.

❽ 「⑲: 기대편익」란은 국조령 제17조 제4항에 따라 무형자산을 공동개발한 후 실현될 것으로 추정되는 편익을 사용하여 산정한 금액을 기재한다.

❾ 「5. 참여자 지분 조정에 따른 원가등의 분담액 조정액 산정」란은 기대편익이 변동하는 경우에 작성하는 것으로, 「3. 원가등의 분담 약정 참여자」를 「참여 법인명」에 기재하고 변동 전·후 기대편익 내용을 「변동된 기대편익 산정 ㉓~㉗」에 기재한다.

■ 작성요령Ⅲ - 제출기한 연장 신청서

[별지 제3호 서식] (2024. 3. 22. 개정)

홈택스(www.hometax.go.kr)에서도 신청할 수 있습니다.

제출기한 연장 신청서

접수번호	접수일	처리기간 7일

신청인	① 법인명(상호)	② 사업자등록번호
	③ 대표자(성명)	
	④ 업종	⑤ 전화번호
	⑥ 소재지(주소)	

신청내용	⑦ 제출기한	
	⑧ 제출기한 연장을 받으려는 서류 또는 자료	
	⑨ 연장을 받으려는 사유	
	⑩ 연장을 받으려는 기간	년 월 일부터 (일간) 년 월 일까지

「국제조세조정에 관한 법률」 [ ] 제9조 [ ] 제16조 [ ] 제36조 및 같은 법 시행령 [ ] 제20조 제2항 [ ] 제37조 제2항 [ ] 제75조 제9항 에 따라

[ ] 원가등의 분담액 조정 명세서
[ ] 국제거래에 대한 자료
[ ] 시정된 금융정보 등 또는 소명자료

의 제출기한 연장을 신청합니다.

년 월 일

신청인 (서명 또는 인)

지방국세청장 · 세무서장 귀하

첨부서류	제출기한 연장 신청 사유를 증명하는 자료	수수료 없음

■ 작성요령Ⅳ - 소득금액 계산특례 신청서

[별지 제5호 서식] (2021. 3. 16. 개정)

홈택스(www.hometax.go.kr)에서도 신청할 수 있습니다.

소득금액 계산특례 신청서

접수번호	접수일	처리기간 2개월

신청인	① 법인명(상호)	② 사업자등록번호
	③ 대표자(성명)	
	④ 업종	⑤ 전화번호
	⑥ 소재지(주소)	
국외 관련 기업	⑦ 법인명(상호)	⑧ 소재 국가
	⑨ 대표자(성명)	⑩ 업종
	⑪ 소재지(주소)	
	⑫ 신청인과의 관계	[ ] 모자관계(지분율: %) [ ] 본점·지점 관계 [ ] 기타(관계:)

⑬ 상호합의 종결일				⑭ 결과 통지서 수령일		
⑮ 신청인의 소득금액 조정명세	사업연도 / 조정항목					계
	계					

「국제조세조정에 관한 법률 시행령」 제21조 제1항 및 제31 조제1항에 따라 위와 같이 소득금액 계산특례 신청서를 제출합니다.

년 월 일

신청인 (서명 또는 인)

세무서장 귀하

첨부서류	1. 국세청장이 발급한 상호합의 종결 통보서 사본(「국제조세조정에 관한 법률 시행령」 제21조 제1항에 해당하는 경우에 제출합니다) 2. 국세청장이 발급한 사전승인 통지서 사본(「국제조세조정에 관한 법률 시행령」 제31조 제1항에 해당하는 경우에 제출합니다)	수수료 없음

■ 작성요령Ⅴ - 이전소득금액 반환 확인서

[별지 제6호 서식] (2021. 3. 16. 개정)

이전소득금액 반환 확인서

(단위: 원)

제출인	① 법인명(상호)	② 사업자등록번호
	③ 대표자(성명)	
	④ 업종	⑤ 전화번호
	⑥ 소재지(주소)	
국외 특수관계인	⑦ 법인명(상호)	⑧ 소재 국가
	⑨ 대표자(성명)	⑩ 업종
	⑪ 소재지(주소)	
	⑫ 제출인과의 관계	
총 반환금액	⑬ 반환일	
	⑭ 익금에 산입되는 금액	
	⑮ 반환이자	
	⑯ 총반환금액(⑭ + ⑮)	

「국제조세조정에 관한 법률」 제13조 제1항 및 같은 법 시행령 제22조 제1항에 따라 위와 같이 이전소득금액 반환 확인서를 제출합니다.

년 월 일

제 출 인 (서명 또는 인)

지방국세청장·세무서장 귀하

첨부서류	국외특수관계인이 내국법인에 실제로 반환한 금액의 송금 명세서	수수료 없음

■ 작성요령Ⅵ - 이전소득금액 처분 요청서

[별지 제9호 서식] (2021. 3. 16. 개정)

이전소득금액 처분 요청서

접수번호			접수일	
신청인	① 법인명(상호)		② 사업자등록번호	
	③ 대표자(성명)		④ 전화번호	
	⑤ 소재지(주소)			
⑥ 통지번호			⑦ 통지한 날	20 . .
⑧ 세무조사 결과 (과세예고) 통지 관서			⑨ 통지받은 날	20 . .

처분 요청 이전소득금액 내용 (단위: 원)

⑩ 귀속 사업연도	⑪ 처분 요청 이전소득금액	국외특수관계인		
		⑫ 법인명(상호)	⑬ 관계	⑭ 국가명

위 이전소득금액에 대하여 「국제조세조정에 관한 법률 시행령」 제24조 제1항에 따른 임시유보 처분 없이 같은 법 시행령 제23조 제1항 각 호에 따라 처분하거나 조정해 줄 것을 신청합니다.

년 월 일

제출인 (서명 또는 인)

지방국세청장・세무서장 귀하

■ 작성요령Ⅶ – 정상가격 산출방법의 사전승인 신청서

[별지 제10호 서식] (2023. 3. 20. 개정)

정상가격 산출방법의 사전승인 신청서

([ ] 상호합의절차에 의한 사전승인 [ ] 일방적 사전승인)

접수번호		접수일	
신청인	① 법인명(상호)	② 사업자등록번호	
	③ 대표자(성명)		
	④ 업종	⑤ 전화번호(휴대전화번호)	
	⑥ 소재지(주소 또는 거소)		
대리인	⑦ 법인명(상호)	⑧ 사업자등록번호	
	⑨ 성명	⑩ 구분 [ ]세무사, [ ]공인회계사, [ ]변호사	
	⑪ 생년월일	⑫ 전화번호 (사업장) (휴대전화)	
관련 기업	⑬ 법인명(상호)	⑭ 소재 국가	
	⑮ 대표자(성명)	⑯ 업종	
	⑰ 소재지(주소 또는 거소)		
	⑱ 신청인과의 관계	[ ] 모자관계(지분율: %) [ ] 본점・지점 관계 [ ] 기타(관계:)	

⑲ 대상 거래	
⑳ 정상가격 산출방법	
㉑ 적용기간	

「국제조세조정에 관한 법률」 제14조 제1항 및 같은 법 시행령 제26조 제1항에 따라 위와 같이 정상가격 산출방법 사전승인 신청서를 제출합니다.

년 월 일

신청인 (서명 또는 인)

대리인 (서명 또는 인)

국세청장 귀하

첨부서류	「국제조세조정에 관한 법률 시행령」 제26조 제1항제1호부터 제6호까지 및 같은 조 제2항에 따른 다음의 서류 1. 거래 당사자의 사업 연혁, 사업 내용, 조직 및 출자관계 등에 관한 설명자료 2. 거래 당사자의 최근 3년 동안의 재무제표, 세무신고서 사본, 국제거래에 관한 계약서 사본 및 이에 부수되는 서류 3. 정상가격의 세부 산출방법의 구체적 설명자료(전자적 정보저장매체로 제출할 수 있습니다) 4. 국제거래의 거래가격과 정상가격의 차이를 조정하는 방법에 관한 설명자료 5. 상호합의절차 개시 신청서(승인 신청된 정상가격 산출방법에 관하여 체약상대국과의 상호합의를 신청하는 경우에만 제출합니다) 6. 그 밖에 사전승인 신청된 정상가격 산출방법의 적정성을 증명하는 자료 ※ 체약상대국의 권한 있는 당국에 제출한 서류가 위 제1호부터 제6호까지의 구비서류와 다른 경우에는 체약상대국의 권한 있는 당국에 제출한 서류를 추가로 제출합니다.	수수료 없음

MEMO

■ 작성요령Ⅷ - 상호합의절차 개시 신청서

[별지 제11호 서식] (2024. 3. 22. 개정)

상호합의절차

※ 바탕색이 어두운 난은 신청인이 작성하지 아니하며, [ ]에는 해당되

접수번호		
1. 신청인 인적 사항		
① 법인명(상호)		
③ 대표자(성명)		
⑤ 업종		
⑦ 소재지(주소)		
⑧ 복수 신청인 여부	[ ]여 [ ]부	⑨ 복수 신청인 간 관계
2. 대리인	⑩ 법인명(상호)	
	⑫ 성명	
	⑭ 관리번호	
3. 관련 기업 인적 사항 ❸		
⑯ 법인명(상호)		
⑱ 대표자(성명)		
⑳ 업종		
㉒ 소재지(주소)		
㉓ 신청인과의 관계	[ ]모자관계 (지분율: %) [ ]기타 (관계:)	
4. 상호합의 신청 내용		
㉔ 상호합의 신청사유	[ ]「국제조세조정에 관한 법률」 제 [ ]「국제조세조정에 관한 법률」 제 [ ]「국제조세조정에 관한 법률」 제 [ ]「국제조세조정에 관한 법률」 제	
㉕ 과세처분(예정) 사실을 안 날		
㉖ 관련 조세조약		

㉗ (예상)소득금액 또는 세액 변동내역 ❻	일련번호	귀속연도	세목	소
	1			
	2			
	합계			

㉘ 과세처분(예정)사실에 대한 납세자 의견 및 근거		
㉙ 체약상대국의 권한 있는 당국에 대한 상호합의 신청(예정) 여부 ❽	[ ]여 [ ]부	㉚ 체약상대국의 당국
		㉛ 연락처

❸ 「관련 기업 인적 사항」란에는 과세표준 및 세액조정의 상대방 기업에 관한 사항을 적는다.

❻ 「㉗ (예상)소득금액 또는 세액변동내역」란에는 다음과 같이 작성한다.
* 세목, 소득금액, 세액의 경우에는 귀속연도별로 구분하여 적는다.
※ 소득금액과 세액은 상호합의 신청대상금액에 대해서만 적되, 한국측의 과세표준이나 세액이 증가하는 경우에는 양수(+), 한국측의 과세표준이나 세액이 감소하는 경우에는 음수(-)로 표기한다.
* 납부여부와 관련하여 관련 세액을 이미 납부한 경우에는 납부일을 적고 납부확인서를 제출하며, 징수유예 등으로 납부하지 않은 경우에는 미납부를 선택하고 그 사유를 적는다.

❽ 「㉙ 체약상대국의 권한 있는 당국에 대한 상호합의 신청(예정)여부」란에는 동일한 과세처분에 대해 체약상대국의 권한있는 당국에 상호합의를 신청했거나 신청 예정인 경우에는 '여'를 선택하고 ㉚란부터 ㉜란까지를 작성하며 제출된 상호합의 신청서 사본을 제출한다.

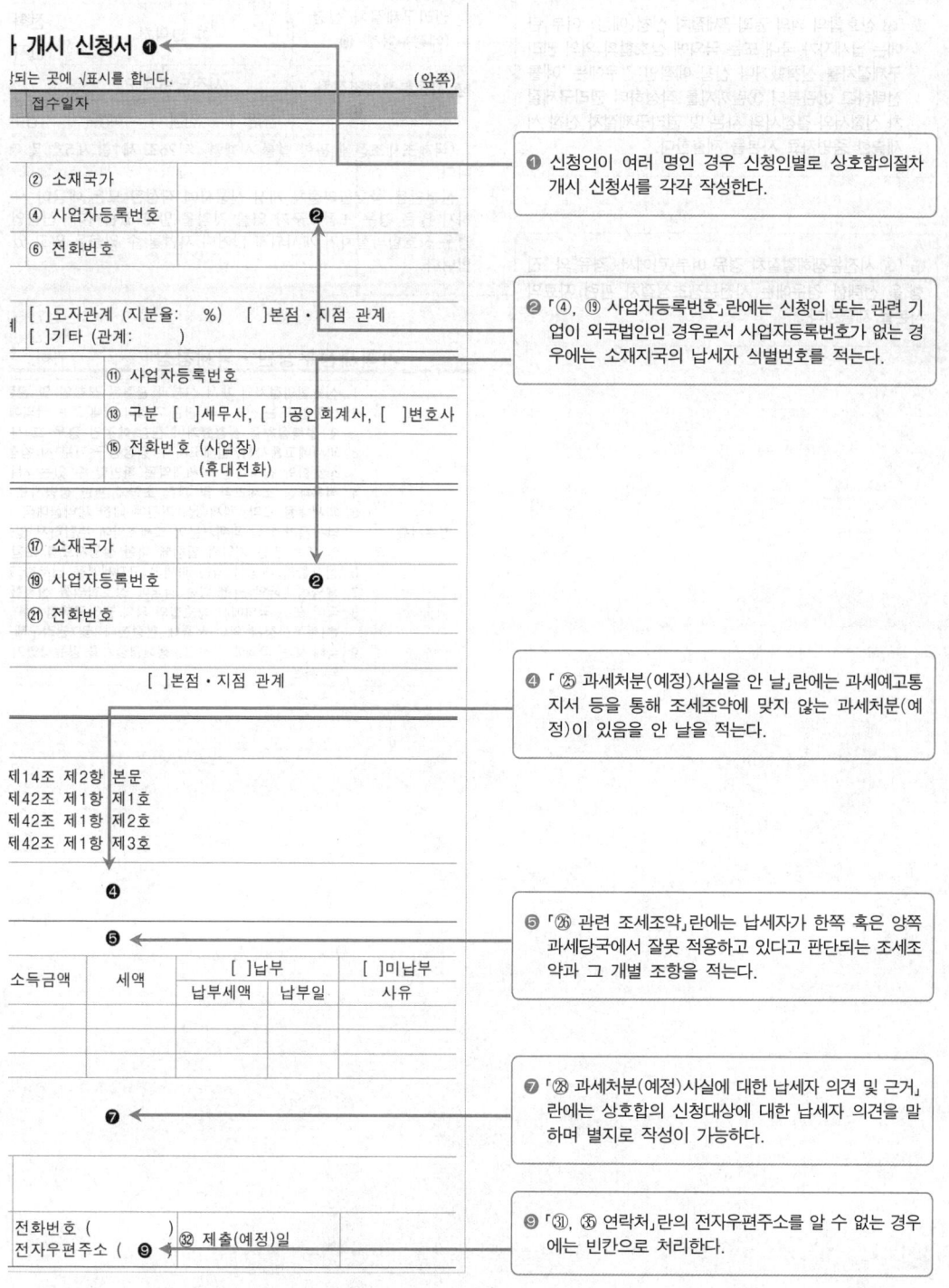

ㅏ 개시 신청서 ❶

ᅣ되는 곳에 √표시를 합니다. (앞쪽)

접수일자

② 소재국가
④ 사업자등록번호 ❷
⑥ 전화번호

ᅨ [ ]모자관계 (지분율: %) [ ]본점·지점 관계
[ ]기타 (관계:)

⑪ 사업자등록번호
⑬ 구분 [ ]세무사, [ ]공인회계사, [ ]변호사
⑮ 전화번호 (사업장)
(휴대전화)

⑰ 소재국가
⑲ 사업자등록번호 ❷
㉑ 전화번호

[ ]본점·지점 관계

ᅦ14조 제2항 본문
ᅦ42조 제1항 제1호
ᅦ42조 제1항 제2호
ᅦ42조 제1항 제3호

❹

❺

소득금액	세액	[ ]납부		[ ]미납부
		납부세액	납부일	사유

❼

전화번호 ( ) 전자우편주소 (❾)	㉜ 제출(예정)일	

❶ 신청인이 여러 명인 경우 신청인별로 상호합의절차 개시 신청서를 각각 작성한다.

❷ 「④, ⑲ 사업자등록번호」란에는 신청인 또는 관련 기업이 외국법인인 경우로서 사업자등록번호가 없는 경우에는 소재지국의 납세자 식별번호를 적는다.

❹ 「㉕ 과세처분(예정)사실을 안 날」란에는 과세예고통지서 등을 통해 조세조약에 맞지 않는 과세처분(예정)이 있음을 안 날을 적는다.

❺ 「㉖ 관련 조세조약」란에는 납세자가 한쪽 혹은 양쪽 과세당국에서 잘못 적용하고 있다고 판단되는 조세조약과 그 개별 조항을 적는다.

❼ 「㉘ 과세처분(예정)사실에 대한 납세자 의견 및 근거」란에는 상호합의 신청대상에 대한 납세자 의견을 말하며 별지로 작성이 가능하다.

❾ 「㉛, ㉟ 연락처」란의 전자우편주소를 알 수 없는 경우에는 빈칸으로 처리한다.

⑩ 「㉝ 상호합의 외의 권리구제절차 신청(예정) 여부」란에는 납세자가 국내 또는 국외에 상호합의 외의 권리구제절차를 신청했거나 신청 예정인 경우에는 '여'를 선택하고 ㉞란부터 ㊱란까지를 작성하며 권리구제절차 신청서와 결정서의 사본 및 권리구제절차 신청 시 제출한 증명자료 사본을 제출한다.

⑪ 「㊲ 사전분쟁해결절차 경유 여부」란에서 "경유"와 "진행"을 선택한 경우에는 사전분쟁조정절차 관련 자료의 사본을 제출한다.

㉝ 상호합의 외의 권리구제절차 신청(예정) 여부 ⑩	[ ]여 [ ]부	㉞ 기관명		
		㉟ 연락처	전화	
			전자	
㊲ 사전분쟁해결절차 경유 여부 ⑪	사전답변제도			
	경유[ ]	진행[ ]	미경유[ ]	경유[

「국제조세조정에 관한 법률 시행령」 제26조 제1항 제5호 및 제
니다.

신청인은 상호합의절차 개시 신청서에 작성된 모든 내용이 사
하지 않은 경우 보정요구가 있을 것임을 알고 있습니다. 신청인
경우 상호합의절차가 개시되지 않거나 지연될 수 있음을 알고 있
합니다.

신청인
대리인

기획재정부장관 · 국세청장 귀하

첨부서류	1. 상호합의절차의 개시 신청과 관련된 신청인 및 관련 2. 신청인 또는 신청인의 관련 기업이 국내 또는 국외에 의 불복절차를 신청했거나 신청 예정인 경우 그 신 3. 과세예고통지서, 납세고지서, 경정청구 거부 시 경정 상호합의 신청대상 과세내역을 확인할 수 있는 서류 4. 적용대상 조세조약 및 관련 조항에 관한 설명자료 5. 과세내용 요약, 과세대상 기간에 대한 체약상대국 납세자가 해당 과세처분이 조세조약에 부합하지 않 인 또는 관련 기업의 입장에 대한 설명자료를 포함 6. 상호합의 대상이 되는 과세의 고지세액을 납부한 경 7. 체약상대국의 권한 있는 당국에 상호합의를 신청했 8. 국내 또는 국외에서 상호합의 외의 권리구제절차를 본(불복신청서 외의 서류에 한정한다) 및 권리구제 9. 국내 또는 국외에서 사전분쟁해결절차를 경유하였거 의 사본

(뒤쪽)

번호 ( ) 우편주소 (❾)	㊱ 제출(예정)일				
이전가격사전승인			기타 ( )		
[ ]	진행[ ]	미경유[ ]	경유[ ]	진행[ ]	미경유[ ]

|82조에 따라 위와 같이 상호합의절차 개시 신청서를 제출합

실임을 확인하며 작성된 내용이 미비하거나 제출서류를 제출
|은 개시 신청서에 작성된 내용이나 제출서류가 사실과 다른
습니다. 신청인은 당국 간 분쟁해결을 적극 지원할 것을 확인

년 월 일

(서명 또는 인)
(서명 또는 인)

련 기업의 결산서 및 세무신고서 서 이의신청·심사청구·심판청구 또는 소송제기 등 청서 청구서 및 거부처분 통지 서류 등 권한 있는 당국이 류 부과제척기간 도과 여부, 과세대상 거래의 사실관계, 는다고 판단하는 근거 및 해당 과세처분에 대한 신청 한 납세자 의견서 경우 그 납부확인서 거나 신청예정인 경우 그 신청서 사본 신청했거나 신청 예정인 경우 그 신청서와 결정서 사 절차 신청 시 제출한 증명자료 사본 나 진행 중인 경우 그 신청서 및 결정서 등 관련 자료	수수료 없음

❾ 「㉛, ㉟ 연락처」란의 전자우편주소를 알 수 없는 경우에는 빈칸으로 처리한다.

■ 작성요령Ⅸ - 통합기업보고서

[별지 제12호 서식] (2021. 3. 16. 개정)

통합기업보고서

접수번호		접수일	
1. 제출인 인적 사항			
① 법인명(상호)		② 사업자등록번호	
③ 소재지(주소)			
④ 대표자(성명)		⑤ 사업연도	

2. 제출인과 동일한 연결재무제표에 속하는 국내 납세의무자 목록

⑥ 일련번호	⑦ 법인명(상호)	⑧ 사업자등록번호	⑨ 대표자(성명)	⑩ 소재지(주소)	⑪ 주업종(업종코드)	⑫ 사업연도(과세기간)

「국제조세조정에 관한 법률」 제16조 제1항 제1호 및 같은 법 시행령 제33조에 따라 위와 같이 제출합니다.

년 월 일

제출인 (서명 또는 인)

세무서장 귀하

작성방법
1. 통합기업보고서는 이 서식을 그대로 이용하여 제출하거나, 이 서식에서 정한 내용을 자유롭게 작성하여 제출할 수 있습니다. 2. ⑥~⑫ : 제출인이 통합기업보고서를 제출함에 따라 통합기업보고서 제출 의무가 면제되는 납세의무자에 대하여 작성합니다. 예를 들어, 동일한 통합기업보고서를 제출할 의무가 있는 납세의무자가 둘 이상인 경우에는 하나의 납세의무자가 대표로 통합기업보고서를 제출하면서 다른 납세의무자를 이 목록에 추가합니다.

■ 작성요령 X – 개별기업보고서

[별지 제13호 서식] (2022. 3. 18. 개정)

개별기업보고서

접수번호	접수일

1. 제출인 인적 사항

① 법인명(상호)		② 사업자등록번호	
③ 소재지(주소)			
④ 대표자(성명)		⑤ 사업연도	

2. 개별기업보고사항: 붙임 자료에 작성

「국제조세조정에 관한 법률」 제16조 제1항 제1호 및 같은 법 시행령 제33조에 따라 위와 같이 제출합니다.

년 월 일

제출인 (서명 또는 인)

세무서장 귀하

작성방법

※ 개별기업보고서는 이 서식을 그대로 이용하여 제출하거나, 이 서식에서 정한 내용을 자유롭게 작성하여 제출할 수 있습니다. 다만, 부표(1~5)는 정해진 서식에 따라 작성해야 합니다.

■ 작성요령 XI - 국가별보고서

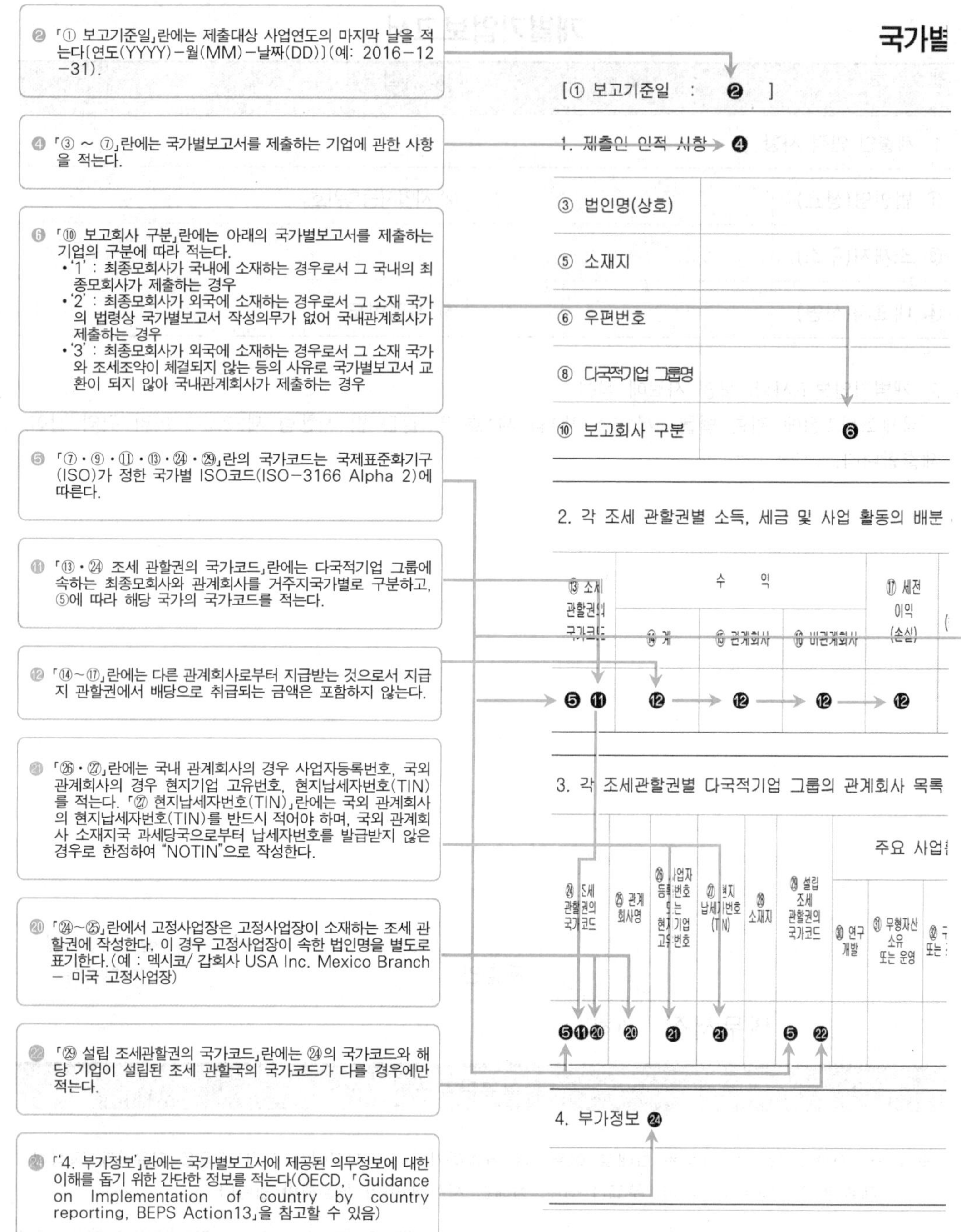

[별지 제14호 서식] (2024. 3. 22. 개정)

국가별

[① 보고기준일 : ❷]

❷ 「① 보고기준일」란에는 제출대상 사업연도의 마지막 날을 적는다[연도(YYYY)-월(MM)-날짜(DD)](예: 2016-12-31).

1. 제출인 인적 사항 ❹

❹ 「③ ~ ⑦」란에는 국가별보고서를 제출하는 기업에 관한 사항을 적는다.

③ 법인명(상호)	
⑤ 소재지	
⑥ 우편번호	
⑧ 다국적기업 그룹명	
⑩ 보고회사 구분	❻

❻ 「⑩ 보고회사 구분」란에는 아래의 국가별보고서를 제출하는 기업의 구분에 따라 적는다.
- '1' : 최종모회사가 국내에 소재하는 경우로서 그 국내의 최종모회사가 제출하는 경우
- '2' : 최종모회사가 외국에 소재하는 경우로서 그 소재 국가의 법령상 국가별보고서 작성의무가 없어 국내관계회사가 제출하는 경우
- '3' : 최종모회사가 외국에 소재하는 경우로서 그 소재 국가와 조세조약이 체결되지 않는 등의 사유로 국가별보고서 교환이 되지 않아 국내관계회사가 제출하는 경우

❺ 「⑦ · ⑨ · ⑪ · ⑬ · ㉔ · ㉙」란의 국가코드는 국제표준화기구(ISO)가 정한 국가별 ISO코드(ISO-3166 Alpha 2)에 따른다.

2. 각 조세 관할권별 소득, 세금 및 사업 활동의 배분

⑬ 조세 관할권의 국가코드	수익			⑰ 세전 이익 (손실)
	⑭ 계	⑮ 관계회사	⑯ 비관계회사	
❺ ⓫	⓬	⓬	⓬	⓬

⓫ 「⑬ · ㉔ 조세 관할권의 국가코드」란에는 다국적기업 그룹에 속하는 최종모회사와 관계회사를 거주지국가별로 구분하고, ⑤에 따라 해당 국가의 국가코드를 적는다.

⓬ 「⑭~⑰」란에는 다른 관계회사로부터 지급받는 것으로서 지급지 관할권에서 배당으로 취급되는 금액은 포함하지 않는다.

3. 각 조세관할권별 다국적기업 그룹의 관계회사 목록

㉔ 조세 관할권의 국가코드	㉕ 관계회사명	㉖ 사업자등록번호 또는 현지기업 고유번호	㉗ 현지 납세자번호 (TIN)	㉘ 소재지	㉙ 설립 조세 관할권의 국가코드	주요 사업		
						㉚ 연구개발	㉛ 무형자산 소유 또는 운영	㉜ 구… 또는 …
❺⓫⓴	⓴	㉑	㉑		❺ ㉒			

㉑ 「㉖ · ㉗」란에는 국내 관계회사의 경우 사업자등록번호, 국외 관계회사의 경우 현지기업 고유번호, 현지납세자번호(TIN)를 적는다. 「㉗ 현지납세자번호(TIN)」란에는 국외 관계회사의 현지납세자번호(TIN)를 반드시 적어야 하며, 국외 관계회사 소재지국 과세당국으로부터 납세자번호를 발급받지 않은 경우로 한정하여 "NOTIN"으로 작성한다.

⓴ 「㉔~㉕」란에서 고정사업장은 고정사업장이 소재하는 조세 관할권에 작성한다. 이 경우 고정사업장이 속한 법인명을 별도로 표기한다.(예 : 멕시코/ 갑회사 USA Inc. Mexico Branch - 미국 고정사업장)

㉒ 「㉙ 설립 조세관할권의 국가코드」란에는 ㉔의 국가코드와 해당 기업이 설립된 조세 관할국의 국가코드가 다를 경우에만 적는다.

4. 부가정보 ㉔

㉔ 「4. 부가정보」란에는 국가별보고서에 제공된 의무정보에 대한 이해를 돕기 위한 간단한 정보를 적는다(OECD, 「Guidance on Implementation of country by country reporting, BEPS Action13」을 참고할 수 있음)

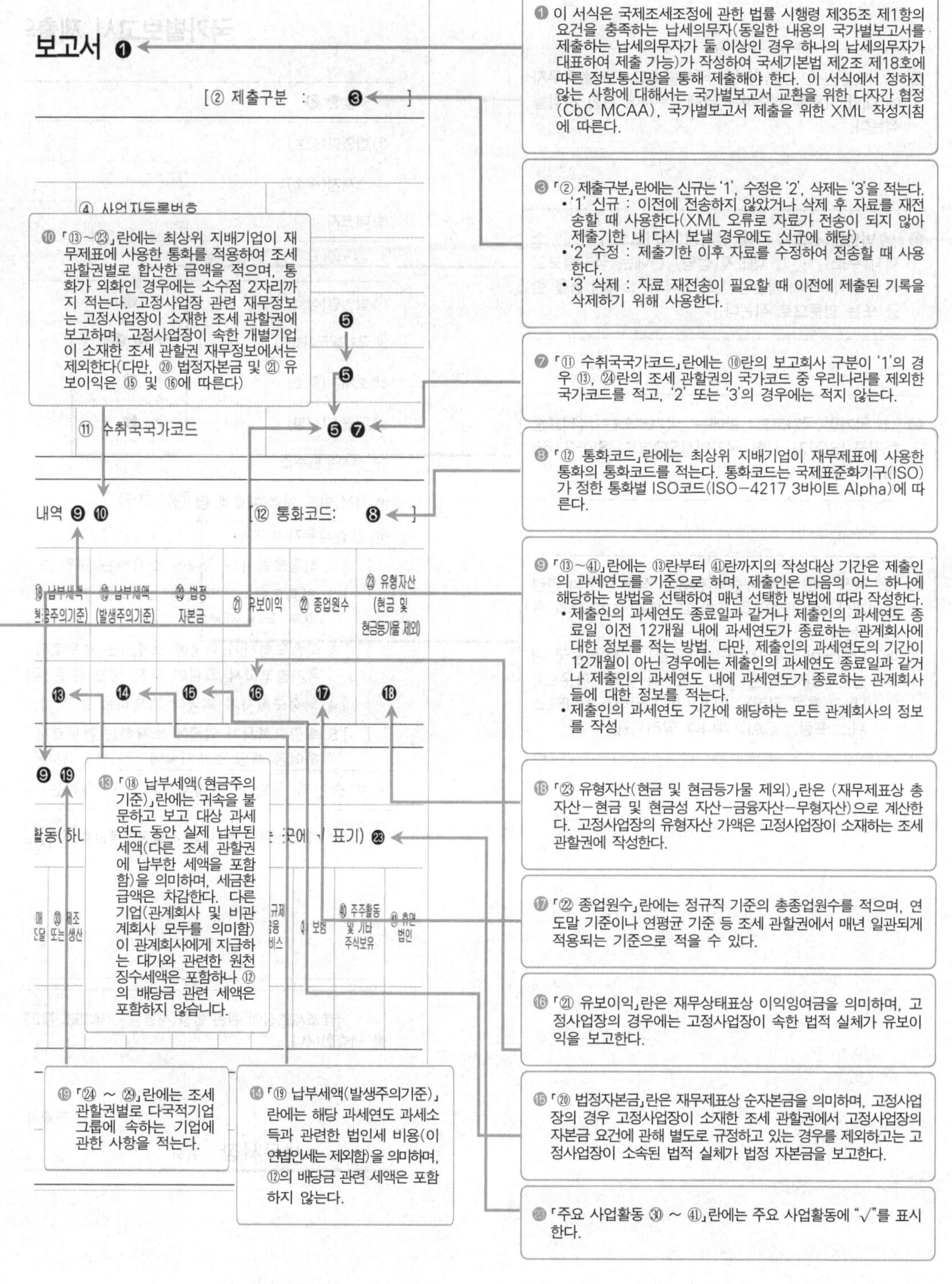
보고서 ❶
[② 제출구분 : ❸]
④ 사업자등록번호
⑪ 수취국국가코드 ❺ ❼
내역 ❾ ❿
[⑫ 통화코드: ❽]
⑱ 납부세액(현금주의기준)
⑲ 납부세액(발생주의기준)
⑳ 법정자본금
㉑ 유보이익
㉒ 종업원수
㉓ 유형자산(현금 및 현금등가물 제외)
⓭ ⓮ ⓯ ⓰ ⓱ ⓲
❾ ⓳
활동(하나 ... 곳에 √ 표기) ㉓
㉝ 제조 또는 생산
보험
㊵ 주주활동 및 기타 주식보유
㊶ 휴면법인
❶ 이 서식은 국제조세조정에 관한 법률 시행령 제35조 제1항의 요건을 충족하는 납세의무자(동일한 내용의 국가별보고서를 제출하는 납세의무자가 둘 이상인 경우 하나의 납세의무자가 대표하여 제출 가능)가 작성하여 국세기본법 제2조 제18호에 따른 정보통신망을 통해 제출해야 한다. 이 서식에서 정하지 않는 사항에 대해서는 국가별보고서 교환을 위한 다자간 협정(CbC MCAA), 국가별보고서 제출을 위한 XML 작성지침에 따른다.
❸ 「② 제출구분」란에는 신규는 '1', 수정은 '2', 삭제는 '3'을 적는다.
• '1' 신규 : 이전에 전송하지 않았거나 삭제 후 자료를 재전송할 때 사용한다(XML 오류로 자료가 전송이 되지 않아 제출기한 내 다시 보낼 경우에도 신규에 해당).
• '2' 수정 : 제출기한 이후 자료를 수정하여 전송할 때 사용한다.
• '3' 삭제 : 자료 재전송이 필요할 때 이전에 제출된 기록을 삭제하기 위해 사용한다.
❿ 「⑬~㉓」란에는 최상위 지배기업이 재무제표에 사용한 통화를 적용하여 조세 관할권별로 합산한 금액을 적으며, 통화가 외화인 경우에는 소수점 2자리까지 적는다. 고정사업장 관련 재무정보는 고정사업장이 소재한 조세 관할권에 보고하며, 고정사업장이 속한 개별기업이 소재한 조세 관할권 재무정보에서는 제외한다(다만, ⑳ 법정자본금 및 ㉑ 유보이익은 ⑮ 및 ⑯에 따른다)
❼ 「⑪ 수취국국가코드」란에는 ⑩란의 보고회사 구분이 '1'의 경우 ⑬, ㉔란의 조세 관할권의 국가코드 중 우리나라를 제외한 국가코드를 적고, '2' 또는 '3'의 경우에는 적지 않는다.
❽ 「⑫ 통화코드」란에는 최상위 지배기업이 재무제표에 사용한 통화의 통화코드를 적는다. 통화코드는 국제표준화기구(ISO)가 정한 통화별 ISO코드(ISO-4217 3바이트 Alpha)에 따른다.
❾ 「⑬~㊶」란에는 ⑬란부터 ㊶란까지의 작성대상 기간은 제출인의 과세연도를 기준으로 하며, 제출인은 다음의 어느 하나에 해당하는 방법을 선택하여 매년 선택한 방법에 따라 작성한다.
• 제출인의 과세연도 종료일과 같거나 제출인의 과세연도 종료일 이전 12개월 내에 과세연도가 종료하는 관계회사에 대한 정보를 적는 방법. 다만, 제출인의 과세연도의 기간이 12개월이 아닌 경우에는 제출인의 과세연도 종료일과 같거나 제출인의 과세연도 내에 과세연도가 종료하는 관계회사들에 대한 정보를 적는다.
• 제출인의 과세연도 기간에 해당하는 모든 관계회사의 정보를 작성
⓭ 「⑱ 납부세액(현금주의 기준)」란에는 귀속을 불문하고 보고 대상 과세연도 동안 실제 납부된 세액(다른 조세 관할권에 납부한 세액을 포함함)을 의미하며, 세금환급액은 차감한다. 다른 기업(관계회사 및 비관계회사 모두를 의미함)이 관계회사에게 지급하는 대가와 관련한 원천징수세액은 포함하나 ⑫의 배당금 관련 세액은 포함하지 않습니다.
⓲ 「㉓ 유형자산(현금 및 현금등가물 제외)」란은 (재무제표상 총자산－현금 및 현금성 자산－금융자산－무형자산)으로 계산한다. 고정사업장의 유형자산 가액은 고정사업장이 소재하는 조세 관할권에 작성한다.
⓱ 「㉒ 종업원수」란에는 정규직 기준의 총종업원수를 적으며, 연도말 기준이나 연평균 기준 등 조세 관할권에서 매년 일관되게 적용되는 기준으로 적을 수 있다.
⓰ 「㉑ 유보이익」란은 재무상태표상 이익잉여금을 의미하며, 고정사업장의 경우에는 고정사업장이 속한 법적 실체가 유보이익을 보고한다.
⓳ 「㉔ ~ ㉙」란에는 조세 관할권별로 다국적기업 그룹에 속하는 기업에 관한 사항을 적는다.
⓮ 「⑲ 납부세액(발생주의기준)」란에는 해당 과세연도 과세소득과 관련한 법인세 비용(이연법인세는 제외함)을 의미하며, ⑫의 배당금 관련 세액은 포함하지 않는다.
⓯ 「⑳ 법정자본금」란은 재무제표상 순자본금을 의미하며, 고정사업장의 경우 고정사업장이 소재한 조세 관할권에서 고정사업장의 자본금 요건에 관해 별도로 규정하고 있는 경우를 제외하고는 고정사업장이 소속된 법적 실체가 법정 자본금을 보고한다.
㉓ 「주요 사업활동 ㉚ ~ ㊶」란에는 주요 사업활동에 "√"를 표시한다.

■ 작성요령 Ⅻ - 국가별보고서 제출의무자에 대한 자료

❷ 「1. 제출인 ①~⑥」란에는 국가별보고서 제출의무자에 대한 자료를 제출하는 납세의무자에 관한 사항을 적는다.

❸ 「⑦ 법인명(상호)」·「⑨ 국가명(국가코드)」·「⑪ 소재지(주소)」·「⑬ 대표자(성명)」란에는 국가별보고서 제출의무자의 법인명(상호), 국가, 소재지 등을 한글 또는 영문으로 적는다.

❺ 「⑨ 국가명(국가코드)」란에는 국가코드는 국제표준화기구(ISO)가 정한 국가별 ISO코드(ISO-3166 Alpha 2)에 따라 적는다.

❾ 「⑯ 직전 연도 연결 매출액」란에는 직전 연도의 연결손익계산서상 매출액을 통화코드(ISO 4217)와 함께 적는다.

예) USD(미국 달러), EUR(유로), CNY(중국 위안), JPY(일본 엔), GBP(영국 파운드), HKD(홍콩 달러), AUD(호주 달러), CHF(스위스 프랑), CAD(캐나다 달러) 등

[별지 제15호 서식] (2021. 3. 16. 개정)

국가별보고서 제출의

1. 제출인 ❷

① 법인명(상호)	
③ 소재지(주소)	
⑤ 대표자	

2. 국가별보고서 제출의무자

⑦ 법인명(상호)	❸
⑨ 국가명(국가코드)	❸ ❺
⑪ 소재지(주소)	❸
⑬ 대표자(성명)	❸
⑮ 전자우편주소	
⑯ 직전 연도 연결 매출액 ❾	(통화코드)

⑰ 제출의무자의 지위

[ ] 1. 최종모회사가 국내에 소재하는 경우 그 ㅋ

[ ] 2. 최종모회사가 외국에 소재하는 경우로서 경우 국내 관계회사

[ ] 3. 최종모회사가 외국에 소재하는 경우로서 ; 국가별보고서 교환이 되지 않는 경우 국ㄴ

[ ] 4. 최종모회사가 외국에 소재하는 경우 그 ?

[ ] 5. 최종모회사가 외국에 소재하는 경우로서 ; 하여금 해당 소재지국에 국가별보고서를

3. 제출인과 동일한 연결재무제표에 속하는 국

⑱ 일련번호	⑲ 법인명(상호)	⑳ 사업자등록번호	㉑ 대3 (성명

「국제조세조정에 관한 법률 시행령」 제35조 제2항 를 제출합니다.

제출자

세무서장 귀하

무자에 대한 자료 ❶

② 사업자등록번호	
④ 주업종(업종코드)	
⑥ 사업연도(과세기간)	. . . ~ . . .

⑧ 사업자등록번호	❹
⑩ 소재지국 납세자번호	❻
⑫ 주업종(업종코드)	❼
⑭ 사업연도(과세기간)	. . . ~ . . .
❽	
(금액)	

국내의 최종모회사

그 소재 국가의 법령상 국가별보고서 작성의무가 없는

그 소재 국가와 조세조약이 체결되지 않는 등의 사유로 관계회사

국의 최종모회사

의 2 또는 3 등의 사유로 제3국에 소재하는 관계회사로 제출하는 경우 그 외국 관계회사(외국 대리모회사)

내 납세의무자 목록 ❿

자)	㉒소재지	㉓주업종 (업종코드)	㉔사업연도 (과세기간)

에 따라 위와 같이 국가별보고서 제출의무자에 대한 자료

년 월 일

(서명 또는 인)

❶ 이 서식은 2016년 1월 1일 이후 개시하는 과세연도분에 대하여 국가별보고서 제출의무가 있는 납세의무자에 관하여 국제조세조정에 관한 법률 시행령 제35조 제1항 각 호에서 규정하는 국내의 최종모회사 및 국내관계회사가 제출해야 한다.

❹ 「⑧ 사업자등록번호」란에는 국내 사업자등록번호가 있는 경우에만 기재한다.

❻ 「⑩ 소재지국 납세자번호」란에는 국가별보고서 제출의무자가 소재지 국가에서 부여받은 납세자번호가 있는 경우 그 납세자번호를 적는다.

❼ 「⑫ 주업종(업종코드)」란의 주업종은 국세청 기준경비율·단순경비율에 따른 대분류를, 업종코드는 국세청 기준경비율·단순경비율에 따른 업종코드를 적는다.

❽ 「⑮ 전자우편주소」란에는 제출의무자가 국제조세조정에 관한 법률 시행령 제35조 제4항에 따른 정보통신망의 사용을 위하여 아이디와 비밀번호를 발급받을 전자우편주소를 적는다. 다만, 「⑰ 제출의무자의 지위」란에 따른 제출의무자의 지위가 4 또는 5인 경우 적지 않는다.

❿ 「3. 제출인과 동일한 연결재무제표에 속하는 국내 납세의무자 목록 ⑱ ~ ㉔」란에는 제출인이 국가별보고서 제출의무자 관련 자료를 제출함에 따라 해당 자료의 제출의무가 면제되는 납세의무자에 대하여 작성한다.

■ 작성요령 XIII – 국제거래명세서

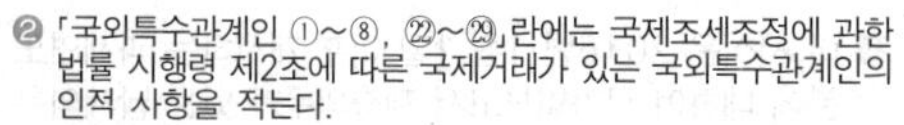

❷ 「국외특수관계인 ①~⑧, ㉒~㉙」란에는 국제조세조정에 관한 법률 시행령 제2조에 따른 국제거래가 있는 국외특수관계인의 인적 사항을 적는다.

❸ 「①·㉒ 법인명(상호)」, 「②·㉓ 소재국가」란에는 국제거래 상대방인 국외특수관계인의 성명(상호) 또는 법인명, 국가, 소재지 등을 한글 또는 영문으로 적는다.

❹ 「③·㉔ 현지기업 고유번호」란에는 내국법인이 국외특수관계인에게 직접 투자한 경우에는 국세청(세무서)에서 부여한 현지기업 고유번호(3자리~6자리)를 적는다.

❺ 「④·㉕ 현지 납세자번호」란에는 국외특수관계인이 현지 국가에서 부여받은 납세자번호가 있으면 그 납세자번호를 적는다.

❻ 「⑥·㉗ 주업종 코드」란에는 국외특수관계인의 사업 중 제출인과 거래가 있는 주업종을 적고, 업종코드는 국세청 기준경비율·단순경비율에 따른 업종코드를 적는다.

❼ 「⑧·㉙ 제출인과의 관계」란은 다음 각 목의 구분에 따라 적는다.
- 제출인이 국외특수관계인의 의결권 있는 주식(출자지분)의 50% 이상을 직접 또는 간접으로 소유한 경우 : "지배"
- 국외특수관계인이 제출인의 의결권 있는 주식(출자지분)의 50% 이상을 직접 또는 간접으로 소유한 경우 : "피지배"
- 동일한 제3자가 국외특수관계인 및 제출인의 의결권 있는 주식(출자지분)의 50% 이상을 직접 또는 간접으로 소유한 경우 : "자매"
- 제출인과 국외특수관계인이 공통의 이해관계가 있고 어느 한쪽이 다른 쪽의 사업 방침의 전부 또는 중요한 부분을 실질적으로 결정할 수 있거나 제3자가 제출인 및 국외특수관계인의 사업 방침을 실질적으로 결정할 수 있는 경우 제출인과 어느 한쪽의 관계 : "실질 지배"
- 법인세법 시행규칙 제65조에 따라 국제거래명세서를 제출할 의무가 있는 경우 : "본점·지점", "해외타지점" 등

⑯ 「3. 주식 등 취득(증자)·양도(감자) ㊸~㊳」란에는 제출인이 국외특수관계인에게 투자한 주식 등 거래내역을 적으며, ㊻·㊽의 가액은 실제 수수한 취득·양도 금액을 적는다. 「국외특수관계인 ㊸~㊿」은 한 국외특수관계인과의 거래별 거래 명세를 ㊳의 거래일자순으로 일련번호에 따라 적은 후 다른 국외특수관계인과의 거래별 거래 명세를 이어서 적는다. "주식 등"은 국외특수관계인인 외국법인이 발행한 주식(증권예탁증권 등을 포함) 또는 출자지분이며, 국외특수관계인인 외국법인이 주식을 발행하지 않은 경우에는 ㊶·㊺·㊼·㊾의 수량(지분율)란에 지분비율을 적는다.

⑲ 「64 제출인」 중 '소재지'란에는 개인지갑의 경우 997, 장외거래의 경우 998, 기타의 경우 ZZZ를 적는다.

⑳ 「65 가상자산 종류」란은 홈택스-조회/발급-기타조회-"가상자산 및 가상자산사업자 코드 조회" 참조
(예시) '비트코인'의 경우 코드 '000145', 심볼 'BTC', 표 안에 없는 경우 '999999'

㉑ 「66 거래 전 잔고」란에는 양도, 증여, 대여, 매수, 무상취득, 차입, 기타 등의 거래가 발생하기 전의 가상자산 종류별 잔고(수량)를 적는다.

㉓ 「68 거래구분」은 매출 또는 매입으로, 「69 거래종류」는 양도(교환으로 양도한 경우 포함), 증여, 대여, 매수(교환으로 매수하는 경우 포함), 무상취득, 차입, 기타로 구분한다.

[별지 제16호 서식(갑)] (2024. 3. 22. 개정)

국제거래명세서

사 업 연 도 . . . ~ . . .

1. 매출거래

국외특수관계인 ❷							
① 법인명(상호) ❸	② 소재국가 ❸	③ 현지기업 고유번호 ❹	④ 현지 납세자번호 ❺	⑤ 사업연도	⑥ 주업종 코드 ❻	⑦ 설립일	⑧ 제출인과의 관계 ❼
				. . .~ . . .		년 월	
				. . .~ . . .		년 월	
				. . .~ . . .		년 월	
				. . .~ . . .		년 월	
				. . .~ . . .		년 월	
				합 계			

2. 매입거래

국외특수관계인 ❷							
㉒ 법인명(상호) ❸	㉓ 소재국가 ❸	㉔ 현지기업 고유번호 ❹	㉕ 현지 납세자번호 ❺	㉖ 사업연도	㉗ 주업종 코드 ❻	㉘ 설립일	㉙ 제출인과의 관계 ❼
				. . .~ . . .		년 월	
				. . .~ . . .		년 월	
				. . .~ . . .		년 월	
				. . .~ . . .		년 월	
				. . .~ . . .		년 월	
				합 계			

3. 주식 등 취득(증자)·양도(감자) ⑯

국외특수관계인								일련번호
㊸ 법인명(상호)	㊹ 소재국가	㊺ 현지기업 고유번호	㊻ 현지 납세자번호	㊼ 사업연도	㊽ 주업종 코드	㊾ 설립일	㊿ 제출인과의 관계	
				. . .~ . . .		년 월		1
				. . .~ . . .		년 월		2
				. . .~ . . .		년 월		3

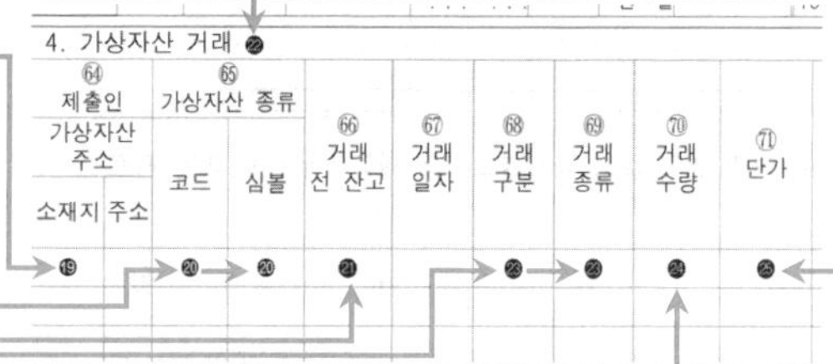

㉒ 「67 거래일자 ~ 75 거래 후 잔고」란에는 67의 거래일자순으로 개별 가상자산 거래명세를 적는다.
(거래일자 예시) 2023년 3월 1일 → 20230301

4. 가상자산 거래 ㉒

64 제출인 가상자산 주소		65 가상자산 종류		66 거래 전 잔고	67 거래일자	68 거래구분	69 거래종류	70 거래수량	71 단가
소재지	주소	코드	심볼						
⑲		⑳	⑳	㉑		㉓	㉓	㉔	㉕

㉔ 「70 거래수량」란에는 가상자산의 거래구분과 거래종류별로 최소 거래단위까지 적는다.
(예시) 비트코인 1BTC → 1.0000000000

㉕ 「71 단가」란에는 거래시점의 단가를 최소 거래단위까지 적는다.

법인명 또는 상호 (성 명)	
사업자등록번호 (주민등록번호)	

(단위: 원)

⑨ 계	재화		무형자산		용역			금전대차			기타	
	⑩ 재고자산	⑪ 기타유형자산	⑫ 사용료	⑬ 매매 등	⑭ 지급보증	⑮ 기타용역	⑯ 유형자산 사용료	⑰ 대여금 적수	⑱ 평균 대여금	⑲ 수입 이자	⑳ 가상 자산	㉑ 가상자산 외

(단위 : 원)

㉚ 계	재화		무형자산		용역			금전대차			기타	
	㉛ 재고자산	㉜ 기타유형자산	㉝ 사용료	㉞ 매매 등	㉟ 지급보증	㊱ 기타용역	㊲ 유형자산 사용료	㊳ 차입금 적수	㊴ 평균 차입금	㊵ 지급 이자	㊶ 가상 자산	㊷ 가상자산 외

51 수량(지분율)	52 취득가액	53 거래일자	54 거래방법	취득(증자)		양도(감자)		59 수량(지분율)	60 취득가액	61 성명(법인명)	62 소재국가	63 특수관계 유무
				55 수량(지분율)	56 가액	57 수량(지분율)	58 가액					

72 양도가액 등	73 취득가액 등	법인명(상호)	소재국가	현지 기업 고유번호	현지 납세자 번호	제출인과의 관계	가상자산주소		75 거래 후 잔고
							소재지	주소	

❶ 해당 사업연도의 국외특수관계인과의 재화거래 금액의 합계가 5억원 이하이고 용역거래 금액의 합계가 1억원 이하이며 무형자산거래 금액의 합계가 1억원 이하인 경우에는 이 서식을 작성하지 않는다. '1. 매출거래'란 및 '2. 매입거래'란을 작성하는 경우 매출거래 또는 매입거래를 한 국외특수관계인이 5명을 초과하거나, '3. 주식 등 취득(증자)·양도(감자)'란을 작성하는 경우 일련번호가 10을 초과하거나, '4. 가상자산 거래'란을 작성하는 경우 국외특수관계인과의 거래가 8개를 초과하여 적는 칸이 부족한 경우에는 별도로 이 서식을 추가하여 작성한다.

❽ 「⑨ 계 ~ ㉑ 가상자산 외, ㉚ 계 ~ ㊷ 가상자산 외」란은 제출인 기준으로 사업연도 중에 국외특수관계인과 거래한 모든 금액을 거래 종류별로 각각 구분하여 적는다. 국외특수관계인과의 거래 중 "유형자산 거래", "무형자산 거래", "용역거래", "대여 및 차입 거래", "주식 등 취득(증자)·양도(감자)", "가상자산 거래"에 속하지 않는 거래는 ㉑, ㊷에 적는다. ⑨의 계는 ⑩~㉑의 합계(⑰은 제외)이고, ㉚의 계는 ㉛~㊷의 합계(㊳은 제외)이다.

❾ 매매 목적의 재고자산(상품·제품 등) 거래금액은 「⑩·㉛ 재고자산」란에 적고, 이를 제외한 유형자산거래 금액은 「⑪·㉜ 기타유형자산」란에 적는다.

❿ 특허권, 실용신안권, 디자인권, 상표권 또는 서비스표권, 저작권, 컴퓨터프로그램저작물 등 무형자산에 대한 사용료거래 금액은 「⑫·㉝ 사용료」란에 적고, 무형자산을 매매한 금액, 원가분담약정에 따른 무형자산 원가분담금액 등은 「⑬·㉞ 매매 등」란에 적는다. 위와 관련한 거래가 있는 경우에는 무형자산에 대한 정상가격 산출방법 신고서 〔국조칙 별지 제19호 서식〕를 추가로 작성한다.

⓫ 국제조세조정에 관한 법률 시행령 제12조에 따른 용역거래 중 지급보증 용역거래 금액은 「⑭·㉟ 지급보증」란에 적고, 유형자산에 대한 사용료거래 금액은 「⑯·㊲ 유형자산 사용료」란에 적으며, 이를 제외한 금액은 「⑮·㊱ 기타 용역」란에 적는다. 용역거래 중 지급보증 용역거래가 있는 경우에는 지급보증 용역거래 명세서 〔국조칙 별지 제16호 서식(을)〕를, 용역거래 중 유형자산 사용료거래 또는 기타 용역거래가 있는 경우에는 용역거래에 대한 정상가격 산출방법 신고서 〔국조칙 별지 제18호 서식〕를 추가로 작성한다.

⓬ 「⑰ 대여금 적수·㊳ 차입금 적수」란에는 금전의 대여 또는 차입 거래(채권거래 포함) 금액과 해당 사업연도 중 차입 기간 또는 대여 기간을 곱한 값의 총합〔(금액 × 일수)의 합계〕을 적는다.
(예시) 차입금액이 100원(60일), 200원(180일)인 경우
(100원×60일)+(200원×180일)=42,000원

⓭ 「⑱ 평균 대여금·㊴ 평균 차입금」란에는 ⑰·㊳의 대여금 또는 차입금 적수를 해당 사업연도의 일수〔365(366)일〕로 나눈 금액을 적는다.
(예시) 차입금 적수가 42,000원이고 해당 사업연도가 365일인 경우 42,000원 ÷ 365일 = 115원

⓮ 「⑲ 수입이자·㊵ 지급이자」란에는 대여 및 차입 거래에 따라 발생한 이자금액을 적는다.

⓯ 「⑳·㊶ 가상자산」란에는 ⑳란에는 68이 매출인 경우 72의 합계금액을, ㊶란에는 68이 매입인 경우 73의 합계금액을 각각 적는다.

⓱ 「54 거래방법」란에는 유상, 무상, 유상증자·유상감자, 무상증자·무상감자, 교환, 기타 등을 적는다.

⓲ 「63 특수관계 유무」란에는 법인세법 또는 국제조세조정에 관한 법률에 따른 제출인과 양도인(양수인)의 특수관계 유무를 표시한다.

㉖ 「72 양도가액 등」란에는 거래구분이 매출인 경우 거래가액을 원단위까지 적고, 거래종류가 대여인 경우 대여로 수령한 대가를 원단위까지 적는다.

㉗ 「73 취득가액 등」란에는 거래종류가 양도, 증여, 매수, 무상취득, 기타인 경우에는 취득한 때의 가액을 원단위까지 적는다. 거래구분/거래종류가 매출/양도인 경우 72의 가액에 대응되는 취득가액을 선입선출법(소령 §92 ② 2호)에 따라 계산하여 적으며, 거래구분/거래종류가 매입/차입인 경우 차입으로 인하여 지불한 대가를 적는다.

㉘ 「74 거래 상대방」 중 '제출인과의 관계'란은 #7의 구분에 따라 적고, 소재지는 개인지갑의 경우 997, 장외거래의 경우 998, 기타 ZZZ를 적는다.

㉙ 「75 거래 후 잔고」란은 거래구분/거래종류가 매출/양도 또는 매출/증여인 경우 거래 전 잔고에서 거래수량을 차감한 수량을 적고, 매입/매수 또는 매입/무상취득인 경우 거래 전 잔고에서 거래수량을 더한 수량을 적는다.

■ 작성요령 XIV - 지급보증 용역거래 명세서

❷ 「① 일련번호」란에는 각 보증 건의 차입일 순서대로 적는다.

❸ 「② 채권자」·「③ 소재국가」란에는 거주자 또는 국외특수관계인에게 자금을 대여한 자의 명칭과 소재 국가를 적는다.

❹ 「④ 통화」란에는 지급보증계약상 표시통화를 적는다.

❺ 「⑤ 보증금액」란에는 지급보증 용역을 제공한 자의 입장에서 「④ 통화」란의 표시통화로 설정된 보증금액을 적는다.

❻ 「⑥ 차입금액」란에는 지급보증 용역을 제공받은 자 입장에서 「④ 통화」란의 표시통화로 실제 차입한 금액을 적는다. 다만, 실제 차입금액이 일별로 다른 경우 적수 계산방식에 의하여 연평균 금액으로 산정한다.
(예시) 차입금액이 USD 100(60일),
USD 200(180일)인 경우
〔(100×60)+(200×180)〕/365=115

❼ 「⑧ 보증금액」·「⑨ 차입금액」란에는 「⑤ 보증금액」, 「⑥ 차입금액」란의 금액을 각각 원화로 환산하여 적는다. 이 경우 과세연도의 평균환율(최초 고시)을 적용하며, "평균환율"이란 해당 과세연도 매일의 「외국환거래규정」에 따른 매매기준율 또는 재정된 매매기준율의 합계를 해당 과세연도의 일수로 나눈 수치를 말한다.
※ 서울외국환중개주식회사(www.smbs.biz)나 외국환은행의 환율 조회 사이트 참고

❽ 「⑩ 차입일」·「⑪ 만기(상환)일」란에는 각각 차입일과 만기일을 적습니다. 다만, 만기 전 상환이 된 경우에는 만기일 대신 상환일을 적는다.

[별지 제16호 서식(을)] (2023. 3. 20. 개정)

과세연도	. . . ~ . . .	지급보증 용역거래
국외특수관계인명		

1. 매출거래

① 일련번호	② 채권자	③ 소재국가	④ 통화 / ⑦ 원화	보증(차입)거래 내역 ⑤ 보증금액 / ⑧ 보증금액	⑥ 차입금액 / ⑨ 차입금액
❷	❸	❸	❹	❺	❻
			KRW	❼	❼
			KRW		
			KRW		
			KRW		
			KRW		

2. 매입거래

① 일련번호	② 채권자	③ 소재국가	④ 통화 / ⑦ 원화	보증(차입)거래 내역 ⑤ 보증금액 / ⑧ 보증금액	⑥ 차입금액 / ⑨ 차입금액
❷	❸	❸	❹	❺	❻
			KRW	❼	❼
			KRW		
			KRW		
			KRW		
			KRW		

명세서 ❶

상호 또는 법인명	

해외현지기업 고유번호	

(단위: 원, %)

지급보증 정상가격					
⑩ 차입일	⑪ 만기(상환)일	⑫ 이자율	⑬ 산출방법	⑭ 정상요율	⑮ 금액
❽	❽	❾	❿	⓫	⓬

(단위: 원, %)

지급보증 정상가격					
⑩ 차입일	⑪ 만기(상환)일	⑫ 이자율	⑬ 산출방법	⑭ 정상요율	⑮ 금액
❽	❽	❾	❿	⓫	⓬

❶ 이 서식은 거주자가 해당 과세연도 동안 국외특수관계인에 대하여 지급보증을 하거나 국외특수관계인으로부터 지급보증을 받은 경우 〔국조칙 별지 제16호 서식(갑) 제1쪽 ⑭번 항목의 지급보증 거래는 "1. 매출거래"란에, ㉟번 항목의 지급보증 거래는 "2. 매입거래"란에 각각 적는다〕 거주자가 작성한다. 또한, 이 서식에 적는 통화 종류는 서울외국환중개주식회사(www.smbs.biz)나 외국환은행의 환율 조회 사이트를 참고하여 영문 3문자(예시: 미국 USD)로 작성한다.

❾ 「⑫ 이자율」란에는 연 단위의 차입이자율을 적는다. 이 때 변동이자율의 경우에는 차입일을 기준으로 적는다.

❿ 「⑬ 산출방법」란에는 국제조세조정에 관한 법률 제8조 제1항 제1호부터 제6호까지의 정상가격 산출방법 중 거주자가 선택한 지급보증 용역거래 정상가격 산출방법에 해당하는 작성코드를 다음과 같이 적는다.

정상가격 산출방법		작성코드
국제조세조정에 관한 법률 제8조 제1항 제1호부터 제5호까지		1
국제조세조정에 관한 법률 제8조 제1항 제6호	같은 법 시행령 제12조 제4항	2
	같은 법 시행령 제12조 제5항 제1호	3
	같은 법 시행령 제12조 제5항 제2호	4
	그 밖의 합리적인 방법	5

⓫ 「⑭ 정상요율」란에는 「⑮ 금액」란의 금액계산에 적용되는 요율이며, 차입기간이 1년 미만인 경우에는 연환산 요율로 계산한다.
(예시) 차입기간이 3개월이고, 그 기간 동안의 정상요율이 1%인 경우 1%×12월/3월=4%

⓬ 「⑮ 금액」란에는 란의 단위는 "원"이며, 해당 과세연도 법인세나 소득세를 신고할 때 반영된 지급보증에 대한 정상가격을 보증 건별로 적는다. 지급보증 정상가격은 연평균 차입금액(해당 과세기간에 포함된 차입일수를 해당 과세기간의 일수로 나눈 값에 실제 차입금액을 곱한 금액)과 ⑭란의 정상요율을 곱하여 계산한다. 이 경우 차입일수를 산정할 때 차입일은 포함하고, 만기(상환)일은 제외한다.

■ 작성요령 XV - 국외특수관계인의 요약손익계산서

❺ 「⑧ 사업연도」란에는 납세의무자의 해당 사업연도 결산 확정일을 기준으로 해당 국외특수관계인이 결산을 확정한 가장 최근의 사업연도를 적는다.

❻ 「⑨ 주업종」란에는 국외특수관계인의 사업 중 납세의무자와 거래가 있는 품목과 관련된 주업종을 적고 아래쪽 괄호에는 업종코드를 적는다.

❼ 「⑪ 특수관계의 구분」란에는 아래의 해당 사항을 적는다.
- 제출인이 국외특수관계인의 의결권 있는 주식(출자지분)의 50% 이상을 직접 또는 간접으로 소유한 경우(국조령 §2 ② 1호 가목) : "지배"
- 국외특수관계인이 제출인의 의결권 있는 주식(출자지분)의 50% 이상을 직접 또는 간접으로 소유한 경우(국조령 §2 ② 1호 나목) : "피지배"
- 동일한 제3자가 국외특수관계인 및 제출인의 의결권 있는 주식(출자지분)의 50% 이상을 직접 또는 간접으로 소유한 경우(국조령 §2 ② 2호) : "자매"
- 제출인과 국외특수관계인이 공통의 이해관계가 있고 어느 한 쪽이 다른 쪽의 사업 방침의 전부 또는 중요한 부분을 실질적으로 결정할 수 있거나 제3자가 제출인 및 국외특수관계인의 사업 방침을 실질적으로 결정할 수 있는 경우(국조령 §2 ② 3호 및 4호) : "실질 지배"
- 법인세법 시행규칙 제65조에 따라 국제거래명세서를 제출할 의무가 있는 경우 : "본점·지점", "해외타지점" 등

❽ 「⑫ 주식등의 소유비율」란에는 아래와 같이 적는다.
- "소유"란에는 제출인이 국외특수관계인의 의결권 있는 주식 또는 출자지분을 소유한 비율을 적는다.
- "피소유"란에는 국외특수관계인이 제출인의 의결권 있는 주식 또는 출자지분을 소유한 비율을 적는다.
- "계"란에는 직접소유(피소유)비율과 간접소유(피소유)비율을 합한 총소유(피소유)비율을 적고, 괄호에는 직접소유비율을 적는다.

❾ 「계정과목 Ⅰ~Ⅵ」란에는 국외특수관계인의 해당 사항을 적는다.

[별지 제17호 서식] (2024. 3. 22. 개정)

국외특수관계인의 요

납세의무자

① 상호 또는 법인명:

③ 사업자등록번호: ④ 대표자 :

국외특수관

⑥ 명칭		
⑦ 소재지(주소)		
⑧ 사업연도		❺
⑨ 주업종		❻ ( )
⑩ 자본금액 또는 출자금액		
⑪ 특수관계의 구분		❼
⑫ 주식등의 소유비율 ❽	소유	계: %(직접 %)
	피소유	계: %(직접 %)
계정과목 ❾	코 드	
Ⅰ. 매출액	01	
Ⅱ. 매출원가	02	
Ⅲ. 매출 총손익	03	
Ⅳ. 판매비와 관리비	04	
Ⅴ. 영업손익	05	
Ⅵ. 법인세비용 차감전순손익	06	

유의사

※ 이 표에서 각 국외특수관계인의 Ⅰ.~ Ⅵ.의 사항을 작성하는 데에

요약손익계산서 ❶

❶ 해당 사업연도의 국외특수관계인과의 재화거래 금액의 합계가 10억원 이하이고 용역거래 금액의 합계가 2억원 이하이며 무형자산거래 금액의 합계가 2억원 이하인 경우 또는 국제조세조정에 관한 법률 시행령 제98조 제1항에 따른 해외현지법인 명세서와 해외현지법인 재무상황표를 제출한 경우에는 이 서식을 작성하지 않는다. 국외특수관계인이 3명을 초과하여 적는 칸이 부족한 경우에는 별도로 이 서식을 추가하여 작성한다.

ㅏ ❷

② 사업연도: 년 월 일부터

년 월 일까지

❷ 「납세의무자 ①~④」란에는 납세의무자의 해당 사항을 적는다.

ㅏ계인 ❹ (⑤단위: ❸ 원)

❸ 「⑤ 단위」란 작성시 외화의 원화환산은 과세연도의 평균환율(최초 고시)을 적용하며, "평균환율"이란 해당 과세연도 매일의 외국환거래규정에 따른 매매기준율 또는 재정된 매매기준율의 합계를 해당 과세연도의 일수로 나눈 수치를 말한다.

※ 서울외국환중개주식회사(www.smbs.biz) 또는 외국환은행의 환율 조회 사이트 참고

~ ~

( ) ( )

❹ 「국외특수관계인 ⑥~⑩」란에는 국외특수관계인의 해당 사항을 적는다.

계: %(직접 %) 계: %(직접 %)

계: %(직접 %) 계: %(직접 %)

ㅏ항

기초가 된 공표된 영업보고서 등의 자료를 별지로 첨부해 주십시오.

■ 작성요령 XVI - 용역거래에 대한 정상가격 산출방법 신고서

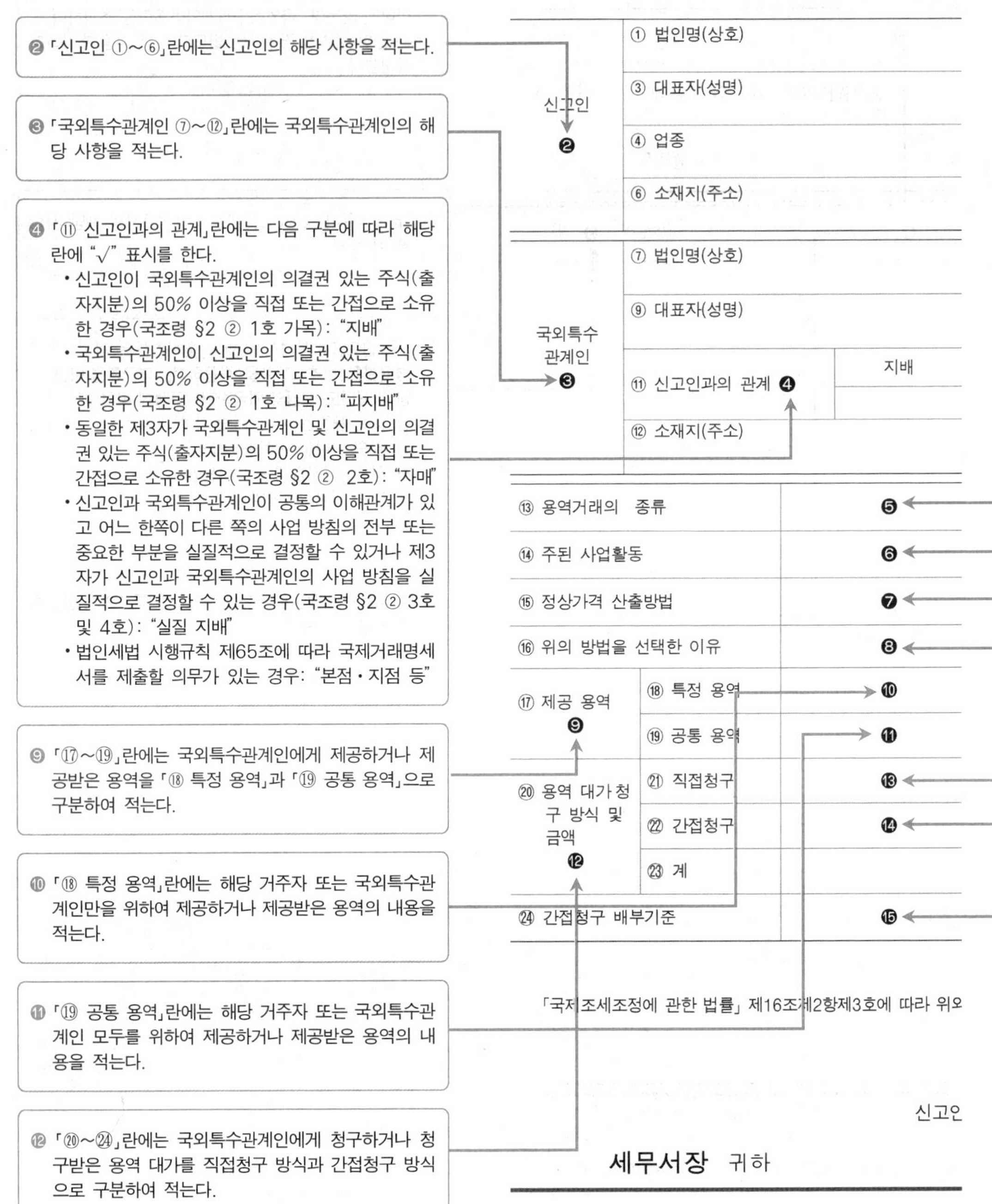

[별지 제18호 서식] (2024. 3. 22. 개정)

용역거래에 대한 정상가

신고인 ❷	① 법인명(상호)	
	③ 대표자(성명)	
	④ 업종	
	⑥ 소재지(주소)	
국외특수관계인 ❸	⑦ 법인명(상호)	
	⑨ 대표자(성명)	
	⑪ 신고인과의 관계 ❹	지배
	⑫ 소재지(주소)	
⑬ 용역거래의 종류		❺
⑭ 주된 사업활동		❻
⑮ 정상가격 산출방법		❼
⑯ 위의 방법을 선택한 이유		❽
⑰ 제공 용역 ❾	⑱ 특정 용역	❿
	⑲ 공통 용역	⓫
⑳ 용역 대가 청구 방식 및 금액 ⓬	㉑ 직접청구	⓭
	㉒ 간접청구	⓮
	㉓ 계	
㉔ 간접청구 배부기준		⓯

「국제조세조정에 관한 법률」 제16조제2항제3호에 따라 위오

신고인

세무서장 귀하

❷ 「신고인 ①~⑥」란에는 신고인의 해당 사항을 적는다.

❸ 「국외특수관계인 ⑦~⑫」란에는 국외특수관계인의 해당 사항을 적는다.

❹ 「⑪ 신고인과의 관계」란에는 다음 구분에 따라 해당란에 "√" 표시를 한다.
- 신고인이 국외특수관계인의 의결권 있는 주식(출자지분)의 50% 이상을 직접 또는 간접으로 소유한 경우(국조령 §2 ② 1호 가목): "지배"
- 국외특수관계인이 신고인의 의결권 있는 주식(출자지분)의 50% 이상을 직접 또는 간접으로 소유한 경우(국조령 §2 ② 1호 나목): "피지배"
- 동일한 제3자가 국외특수관계인 및 신고인의 의결권 있는 주식(출자지분)의 50% 이상을 직접 또는 간접으로 소유한 경우(국조령 §2 ② 2호): "자매"
- 신고인과 국외특수관계인이 공통의 이해관계가 있고 어느 한쪽이 다른 쪽의 사업 방침의 전부 또는 중요한 부분을 실질적으로 결정할 수 있거나 제3자가 신고인과 국외특수관계인의 사업 방침을 실질적으로 결정할 수 있는 경우(국조령 §2 ② 3호 및 4호): "실질 지배"
- 법인세법 시행규칙 제65조에 따라 국제거래명세서를 제출할 의무가 있는 경우: "본점·지점 등"

❾ 「⑰~⑲」란에는 국외특수관계인에게 제공하거나 제공받은 용역을 「⑱ 특정 용역」과 「⑲ 공통 용역」으로 구분하여 적는다.

❿ 「⑱ 특정 용역」란에는 해당 거주자 또는 국외특수관계인만을 위하여 제공하거나 제공받은 용역의 내용을 적는다.

⓫ 「⑲ 공통 용역」란에는 해당 거주자 또는 국외특수관계인 모두를 위하여 제공하거나 제공받은 용역의 내용을 적는다.

⓬ 「⑳~㉔」란에는 국외특수관계인에게 청구하거나 청구받은 용역 대가를 직접청구 방식과 간접청구 방식으로 구분하여 적는다.

가격 산출방법 신고서 ❶

	② 사업자등록번호
	⑤ 전화번호

⑧ 소재 국가
⑩ 업종

피지배	자매	실질 지배	본점·지점 등

ㅏ 같이 용역거래에 대한 정상가격 산출방법 신고서를 제출합니다.

년 월 일

(서명 또는 인)

❶ 해당 사업연도 국제거래 중 재화거래 금액의 합계가 50억원 이하이고 용역거래 금액의 합계가 10억원 이하이며 무형자산거래 금액의 합계가 10억원 이하인 경우 또는 해당 사업연도의 국외특수관계인별 재화거래 금액의 합계가 10억원 이하이고 용역거래 금액의 합계가 2억원 이하이며 무형자산거래 금액의 합계가 2억원 이하인 경우에는 이 신고서를 작성하지 아니하며, 이 서식에 적는 금액은 "원"을 단위로 한다.

❺ 「⑬ 용역거래의 종류」란에는 국외특수관계인과의 용역거래 종류(매출거래 또는 매입거래)를 적는다.

❻ 「⑭ 주된 사업활동」란에는 국외특수관계인이 수행하고 있는 주요 사업활동을 적는다.

❼ 「⑮ 정상가격 산출방법」란에는 국제조세조정에 관한 법률 제8조 및 같은 법 시행령 제12조에 따른 정상가격 산출방법 중 선택한 사항을 적는다.

❽ 「⑯ 위의 방법을 선택한 이유」란에는 국외특수관계인과의 국제거래에 적용한 정상가격 산출방법의 적용이유를 구체적으로 적는다.

⓭ 「㉑ 직접청구」란에는 해당 거주자 또는 국외특수관계인에게 제공하거나 제공받은 용역에 대한 대가를 각 용역 수혜자별로 구분 경리하여 계산하고 청구한 금액을 적는다.

⓮ 「㉒ 간접청구」란에는 용역제공자가 관련 용역을 하나 이상의 용역 수혜자를 위하여 제공할 경우 해당 용역의 대가를 일정한 기준에 따라 배부하여 청구한 금액을 적는다.

⓯ 「㉔ 간접청구 배부기준」란에는 용역 대가의 청구 방식이 간접청구 방식으로 결정되었을 경우 용역 대가의 배부기준을 적는다. 배부기준이 하나 이상일 경우 사용된 주요 배분기준을 적는다.

■ 작성요령XVII - 무형자산에 대한 정상가격 산출방법 신고서

❷ 「신고인 ①~⑥」란에는 신고인의 해당 사항을 적는다.

❸ 「국외특수관계인 ⑦ ~ ⑫」란에는 국외특수관계인의 해당 사항을 적는다.

❹ 「⑪ 신고인과의 관계」란에는 다음 구분에 따라 해당란에 "√" 표시를 한다.

- 신고인이 국외특수관계인의 의결권 있는 주식(출자지분)의 50% 이상을 직접 또는 간접으로 소유한 경우(국조령 §2 ② 1호 가목) : "지배"
- 국외특수관계인이 신고인의 의결권 있는 주식(출자지분)의 50% 이상을 직접 또는 간접으로 소유한 경우(국조령 §2 ② 1호 나목) : "피지배"
- 동일한 제3자가 국외특수관계인 및 신고인의 의결권 있는 주식(출자지분)의 50% 이상을 직접 또는 간접으로 소유한 경우(국조령 §2 ② 2호) : "자매"
- 신고인과 국외특수관계인이 공통의 이해관계가 있고 어느 한 쪽이 다른 쪽의 사업 방침의 전부 또는 중요한 부분을 실질적으로 결정할 수 있거나 제3자가 신고인 및 국외특수관계인의 사업 방침을 실질적으로 결정할 수 있는 경우(국조령 §2 ② 3호 및 4호) : "실질 지배"
- 법인세법 시행규칙 제65조에 따라 국제거래명세서를 제출할 의무가 있는 경우 : "본점·지점 등"

[별지 제19호 서식] (2024. 3. 22. 개정)

무형자산에 대한 정상가

신고인 ❷	① 법인명(상호)		
	③ 대표자(성명)		
	④ 업종		
	⑥ 소재지(주소)		
국외특수관계인 ❸	⑦ 법인명(상호)		
	⑨ 대표자(성명)		
	⑪ 신고인과의 관계 ❹	지배	
	⑫ 소재지(주소)		

⑬ 무형자산의 소유권자	
⑭ 무형자산의 명칭	
사용허락거래 ❺	
⑮ 사용허락 계약일	
⑯ 사용허락 기간	
⑰ 일시불 사용료	
⑱ 사용료율	의 %
⑲ 사용료율 적용대상 순매출액 등의 산정방법	
⑳ 정상가격 산출방법	
㉑ 위의 방법을 선택한 이유	

「국제조세조정에 관한 법률」 제16조 제2항 제3호에 따라 우
다.

신고인

세무서장 귀하

ㅏ격 산출방법 신고서 ❶

❶ 해당 사업연도 국제거래 중 재화거래 금액의 합계가 50억원 이하이고 용역거래 금액의 합계가 10억원 이하이며 무형자산거래 금액의 합계가 10억원 이하인 경우 또는 해당 사업연도의 국외특수관계인별 재화거래 금액의 합계가 10억원 이하이고 용역거래 금액의 합계가 2억원 이하이며 무형자산거래 금액의 합계가 2억원 이하인 경우에는 이 신고서를 작성하지 아니하며, 이 서식에 적는 금액은 "원"을 단위로 한다.

	② 사업자등록번호		
	⑤ 전화번호		
	⑧ 소재 국가		
	⑩ 업종		
피지배	자매	실질 지배	본점·지점 등

❺

❺

매매거래 ❺

❺ 「⑬ ~ ㉕」란에는 국외특수관계인 또는 무형자산에 따라 서로 다른 정상가격 산출방법을 적용한 경우에는 각각 별지로 작성하고, 국외특수관계인과의 국제거래에 적용한 정상가격 결정방법의 종류와 그 방법의 적용 이유를 구체적으로 적는다.

㉒ 매매거래일	
㉓ 매매거래 금액	
㉔ 매매거래 금액 산정방법	
㉕ 위의 방법을 선택한 이유	

ㅓ와 같이 무형자산에 대한 정상가격 산출방법 신고서를 제출합니

년 월 일

(서명 또는 인)

■ 작성요령XVIII - 정상가격 산출방법 신고서

❷ 「신고인 ①~⑥」란에는 신고인의 해당 사항을 적는다.

❸ 「국외특수관계인 ⑦~⑫」란에는 국외특수관계인의 해당 사항을 적는다.

❹ 「⑪ 신고인과의 관계」란에는 다음 구분에 따라 해당란에 "√" 표시를 한다.

- 신고인이 국외특수관계인의 의결권 있는 주식(출자지분)의 50% 이상을 직접 또는 간접으로 소유한 경우(국조령 §2 ② 1호 가목) : "지배"
- 국외특수관계인이 신고인의 의결권 있는 주식(출자지분)의 50% 이상을 직접 또는 간접으로 소유한 경우(국조령 §2 ② 1호 나목) : "피지배".
- 동일한 제3자가 국외특수관계인 및 신고인의 의결권 있는 주식(출자지분)의 50% 이상을 직접 또는 간접으로 소유한 경우(국조령 §2 ② 2호) : "자매"
- 신고인과 국외특수관계인이 공통의 이해관계가 있고 어느 한 쪽이 다른 쪽의 사업 방침의 전부 또는 중요한 부분을 실질적으로 결정할 수 있거나 제3자가 신고인 및 국외특수관계인의 사업 방침을 실질적으로 결정할 수 있는 경우(국조령 §2 ② 3호 및 4호) : "실질 지배"
- 법인세법 시행규칙 제65조에 따라 국제거래명세서를 제출할 의무가 있는 경우 : "본점·지점 등"

[별지 제20호 서식] (2024. 3. 22. 개정)

정상가격 산출

신고인 ❷	① 법인명(상호)	
	③ 대표자(성명)	
	④ 업종	
	⑥ 소재지(주소)	
국외특수관계인 ❸	⑦ 법인명(상호)	
	⑨ 대표자(성명)	
	⑪ 신고인과의 관계 ❹	지배
	⑫ 소재지(주소)	
⑬ 대상 거래		
⑭ 정상가격 산출방법		
⑮ 위의 방법을 선택한 이유		

「국제조세조정에 관한 법률」 제16조 제2항 제3호에 따르

신고인

세무서장 귀하

출방법 신고서 ❶

	② 사업자등록번호
	⑤ 전화번호

	⑧ 소재 국가
	⑩ 업종

피지배	자매	실질 지배	본점·지점 등

❺

❺

❺

과 위와 같이 정상가격 산출방법 신고서를 제출합니다.

년 월 일

인

(서명 또는 인)

❶ 해당 사업연도 국제거래 중 재화거래 금액의 합계가 50억원 이하이고 용역거래 금액의 합계가 10억원 이하이며 무형자산거래 금액의 합계가 10억원 이하인 경우 또는 해당 사업연도의 국외특수관계인별 재화거래 금액의 합계가 10억원 이하이고 용역거래 금액의 합계가 2억원 이하이며 무형자산거래 금액의 합계가 2억원 이하인 경우에는 이 신고서를 작성하지 않는다.

❺ 「⑬~⑮」란에는 국외특수관계인 또는 거래대상 재화 및 용역에 따라 서로 다른 정상가격 산출방법을 적용한 경우에는 각각 별지로 작성하고, 국외특수관계인과의 국제거래에 적용한 정상가격 결정방법의 종류와 그 방법의 적용 이유를 구체적으로 적는다.

세무조정 체크리스트

검 토 사 항	확인
1. 거래 다른 쪽과의 국외특수관계인 여부를 확인	
① 거래당사자 한쪽이 다른 쪽의 의결권 있는 주식(출자지분 포함. 이하 같음) 50% 이상 직·간접 소유	
② 제3자가 거래 양쪽의 의결권 있는 주식 50% 이상 직·간접 소유	
③ 거래당사자 간에 공통의 이해관계가 있고 일방이 타방의 사업방침의 실질적 결정권	
④ 거래당사자 간에 공통의 이해관계가 있고 제3자가 거래당사자 양쪽의 사업방침의 실질적 결정권	
⑤ 기타 세부기준 해당 여부(국조령 §2) 확인	
2. 국제거래정보통합보고서 제출	
① 통합기업보고서 및 개별기업보고서 : 해당 과세연도 매출액이 1천억원을 초과하고, 국외특수관계인과의 해당 과세연도 재화거래, 용역거래, 무형자산거래 및 대차거래 규모의 합계액(외국법인의 국내 사업장의 경우 그 외국법인의 본점 및 그 외국법인의 국외에 있는 지점과의 거래규모를 포함함)이 500억원을 초과하는 내국법인 또는 국내사업장이 있는 외국법인 ※ 사업연도 종료일이 속하는 달의 말일부터 12개월 이내에 제출하되, 부득이한 사유가 있는 경우 1년의 범위 내에서 제출기한 연장 가능	
② 국가별보고서 : 다음의 구분에 따른 납세의무자 ㉠ 최종모회사가 국내에 소재하는 경우로서 직전 과세연도 연결재무제표의 매출액이 1조원을 초과하는 경우 : 국내의 최종모회사 ㉡ 최종모회사가 외국에 소재하는 경우로서 직전 과세연도 연결재무제표의 매출액이 다음의 구분에 따른 금액을 초과하는 경우 : 국내관계회사 - 최종모회사가 소재하는 국가의 법령상 국가별보고서 제출의무가 있는 경우 : 해당 법령으로 정한 기준 금액 - 최종모회사가 소재하는 국가의 법령상 국가별보고서 제출의무가 없는 경우 : 7억5천만 유로 ※ 사업연도 종료일이 속하는 달의 말일부터 12개월 이내에 제출하되, 부득이한 사유가 있는 경우 1년의 범위 내에서 제출기한 연장 가능	
3. 국제거래명세서 제출 : 국외특수관계인과 국제거래를 한 경우. 이 때, 지급보증 용역거래가 있는 경우에는 지급보증 용역거래 명세서를 함께 제출. 단, 해당 사업연도의 국외특수관계인과의 재화거래 금액의 합계가 5억원 이하이고 용역거래 금액의 합계가 1억원 이하이며 무형자산거래 금액의 합계가 1억원 이하인 경우, 명세서 제출의무 면제 ※ 사업연도 종료일이 속하는 달의 말일부터 6개월 이내에 제출하되, 부득이한 사유가 있는 경우 1년의 범위 내에서 제출기한 연장 가능	
4. 국외특수관계인의 요약손익계산서 제출 : 국외특수관계인과 국제거래를 한 경우. 단, 해당 사업연도에 국외특수관계인과의 재화거래 금액의 합계가 10억원 이하이고 용역거래	

검 토 사 항	확인
금액의 합계가 2억원이며 무형자산거래 금액의 합계가 2억원 이하인 경우 또는 해외현지법인 명세서 및 해외현지법인 재무상황표를 제출한 경우, 계산서 제출의무 면제 ※ 사업연도 종료일이 속하는 달의 말일부터 6개월 이내에 제출하되, 부득이한 사유가 있는 경우 1년의 범위 내에서 제출기한 연장 가능	
5. 정상가격 산출방법 신고서 : 국외특수관계인과 국제거래를 한 경우. 단, 해당 사업연도의 국제거래 중 재화거래 금액의 합계가 50억원 이하이고 용역거래 금액의 합계가 10억원 이하이며 무형자산거래 금액의 합계가 10억원 이하인 경우 또는 해당 사업연도의 국제거래 중 국외특수관계인별 재화거래 금액의 합계가 10억원 이하이고 용역거래 금액의 합계가 2억원 이하이며 무형자산거래 금액의 합계가 2억원 이하인 경우, 신고서 제출의무 면제 ※ 사업연도 종료일이 속하는 달의 말일부터 6개월 이내에 제출하되, 부득이한 사유가 있는 경우 1년의 범위 내에서 제출기한 연장 가능	

제4절 국외투과단체 과세특례

관련 법령	• 국조법 §34의 2 • 국조령 §70의 2 • 국조칙 §41의 2
관련 서식	• 국제조세조정에 관한 법률 시행규칙 [별지 제33호의 2 서식] 국외투과단체과세특례 적용 · 적용제외 신청서 [별지 제33호의 3 서식] 국외투과단체과세특례 포기신청서

제4절

국외투과단체 과세특례

4

Step I 내용의 이해

1. 국외투과단체 과세특례의 의의

OECD BEPS 프로젝트 Action 2에서는 설립지국에서는 도관기업으로, 투자자국에서는 법인으로 보는 역혼성실체(Reverse Hybrid Entity)를 통해 설립지국과 투자자국 양쪽에서 이중으로 비과세되는 국제적 조세회피의 문제가 발생한다고 보아, 역혼성실체의 소득이 설립지국에서 과세되지 않고 그 투자자의 소득에도 포함되지 않는 이중 비과세가 발생하는 경우에는 역혼성실체의 설립지국에서 세법상 납세자로 취급할 것을 권고하였고, 이에 따라 유럽연합 등은 역혼성실체를 투자자국의 세법에서 도관기업으로 보지 않는 경우에는 역혼성실체를 거주자로 보아 법인세를 과세하는 역혼성실체 방지규정을 도입하여 2022년부터 시행하였다.

이에 국내에서 해외자회사 등을 도관기업으로 볼 수 있도록 하여 해외에서 역혼성실체 방지규정에 따라 해외자회사 등에 법인세가 과세되는 것을 방지하고자 국외투과단체에 귀속되는 소득에 관한 과세특례(이하 "국외투과단체 과세특례"라 함)를 신설하고, 이를 2023년 1월 1일 이후 과세특례의 적용 신청을 하거나 법인세 · 소득세 과세표준을 신고하는 분부터 적용하도록 하였다.

2. 국외투과단체의 정의

국외투과단체 과세특례가 적용되는 "국외투과단체"란 다음의 요건을 모두 충족하는 단체를 말한다(국조법 §34의 ①).

① 외국법인(법법 §2 3호), 국외투자기구(법법 §93의 2) 또는 법인 아닌 단체(국기법 §13 ①)와 유사한 단체로서 국외에서 설립된 단체(이하 "외국법인 등"이라 함)일 것

② 외국법인 등이 설립되었거나 외국법인 등의 본점 또는 주사무소가 소재하는 국가의 세법에 따라 그 외국법인 등의 소득에 대하여 해당 외국법인 등이 아닌 외국법인 등의 주주, 출자자 또는 수익자(이하 "출자자 등"이라 함)가 직접 납세의무를 부담할 것

상기 ②를 적용할 때 외국법인 등이 설립되었거나 외국법인 등의 본점 또는 주사무소가 소재하는 국가의 법률에 따라 개인과 법인의 소득 전부에 대해 납세의무가 없는 경우에는 그 외국법인 등의 소득에 대해 해당 외국법인 등의 출자자 등이 직접 납세의무를 부담하는 것으로 한다(국조령 §70의 2 ①).

3. 과세특례의 내용

국외투과단체의 출자자 등에 해당하는 거주자(소법 §1의 2 ① 1호) 또는 내국법인(법법 §2 1호, 이하 "거주자 등"이라 함)이 국외투과단체 과세특례의 적용 신청을 한 경우 국외투과단체에 귀속되는 소득은 그 출자자 등에게 귀속되는 소득으로 보아 소득세법 또는 법인세법을 적용한다(국조법 §34의 2 ② 및 국조령 §70의 2 ②).

즉, 출자자 등에게 귀속되는 소득은 국외투과단체에 귀속되는 소득의 소득구분에 따르며, 국외투과단체에 그 소득이 귀속될 때에 즉시 그 출자자 등에게 그 소득이 귀속되는 것으로 본다. 이 경우 출자자 등에게의 즉시 귀속은 국외투과단체에 그 소득이 귀속되는 날이 속하는 거주자 등의 과세연도에 그 소득이 귀속되는 것으로 한다(국조법 §34의 2 ⑥ 및 국조령 §70의 2 ⑨).

또한, 국외투과단체의 소득으로서 출자자 등에게 직접 귀속되는 것으로 보는 소득에 대하여 외국에서 출자자 등에게 부과된 세액은 외국납부세액공제(소법 §57 ① 또는 법법 §57 ①)의 적용대상이 되는 외국소득세액 또는 외국법인세액으로 본다(국조법 §34의 2 ⑧).

상기에 따라 국외투과단체의 소득이 출자자 등의 총수입금액 또는 익금으로 산입된 후 해당 국외투과단체가 출자자 등에게 실제로 분배하는 소득은 총수입금액 또는 익금에 산입되지 아니하는 소득으로 본다(국조법 §34의 2 ⑦).

한편, 본 과세특례를 적용하는 경우 조세피난처 과세제도(국조법 §27)는 적용하지 않는다(국조법 §34의 2 ⑨).

관련사례

• 국외투과단체에 귀속되는 소득의 소득구분 기준

국제조세조정에 관한 법률 제34조의 2에 따른 국외투과단체가 같은 법 시행령 제70조의 2 제1항 본문의 해당 국외투과단체가 설립되었거나 본점 또는 주사무소가 소재하는 국가의 법률에 따라 개인과 법인의 소득 전부에 대해 납세의무가 없는 경우, 출자자 등인 거주자에 대해 같은 법 제34조의 2 제2항의 적용에 있어 같은 조 제6항에 따른 국외투과단체에 귀속

되는 소득의 소득구분은 해당 거주자가 국외투과단체를 통하지 않고 직접투자하였을 때 동일하게 발생하였을 소득구분을 의미함(기획재정부 국제조세제도과-684, 2023. 12. 13.).

4. 과세특례의 신청

4-1. 신청자의 범위

국외투과단체 과세특례를 적용받으려는 출자자 등은 납세지 관할 세무서장에게 국외투과단체 과세특례의 적용 신청을 하여야 하며, 동 적용 신청은 다음의 구분에 따른 자가 해야 한다(국조법 §34의 2 ③ 및 국조령 §70의 2 ③).

① 국가재정법 별표 2에서 규정하는 법률에 따라 설치된 기금 중 중앙관서의 장이 관리·운용하는 기금의 자산을 운용하는 경우 : 해당 기금을 관리·운용하는 중앙관서의 장(기금의 관리·운용 업무가 위탁된 경우에는 위탁받은 자로 함)
② 한국투자공사법에 따라 정부·한국은행이나 국가재정법에 따른 기금의 관리주체가 보유하는 자산을 운용하는 경우 : 해당 자산을 위탁받아 관리·운용하는 한국투자공사
③ 우체국 예금 자금 또는 우체국 보험 적립금을 운용하는 경우 : 우정사업총괄기관
④ 그 밖의 경우 : 국외투과단체 과세특례를 적용받으려는 거주자 등

4-2. 신청절차

국외투과단체 과세특례를 적용받으려는 거주자 등이 국외투과단체 과세특례의 적용을 신청하는 경우에는 국외투과단체 과세특례 적용신청서 [국조칙 별지 제33호의 2 서식]에 국외투과단체 과세특례를 적용받으려는 최초의 과세연도(자본시장과 금융투자업에 관한 법률에 따른 투자신탁, 투자합자조합 및 투자익명조합의 경우에는 회계기간으로 함)를 적어 납세지 관할 세무서장에게 제출해야 한다(국조령 §70의 2 ④ 및 국조칙 §41의 2 ①).

한편, 국외투과단체 과세특례의 적용 신청은 국외투과단체 과세특례를 적용받으려는 국외투과단체 각각에 대해 해야 한다. 다만, 국외투과단체가 다른 국외투과단체에 투자하고 있는 경우 등 다수의 국외투과단체가 연속적으로 투자관계에 있는 경우에는 거주자 등이 직접 투자한 국외투과단체에 대해 국외투과단체 과세특례의 적용을 신청할 때 해당 국외투과단체와 연속적인 투자관계에 있는 국외투과단체 전부를 국외투과단체 과세특례의 적용 대상으로 신청한 것으로 보되, 국외투과단체 과세특례 적용제외 신청서 [국조칙 별지 제33호의 2 서식]를 납세지 관할 세무서장에게 제출한 경우에는 그렇지 않다(국조령 §70의 2 ⑤, ⑥ 및 국조칙 §41의 2 ①).

5. 과세특례 적용의 포기

국외투과단체 과세특례를 적용받은 출자자 등은 적용 신청 이후 국외투과단체가 '2. 국외투과단체의 정의'에서 전술한 국외투과단체 요건 중 어느 하나에 해당하는 요건을 충족하지 못하게 된 경우를 제외하고는 국외투과단체 과세특례의 적용을 포기할 수 없다(국조법 §34의 2 ④ 및 국조령 §70의 2 ⑦).

한편, 국외투과단체 과세특례를 적용받은 거주자 등은 국외투과단체('4-2. 신청절차'에 따라 국외투과단체 과세특례의 적용 대상으로 신청된 것으로 보는 국외투과단체를 포함)가 국외투과단체의 요건 중 어느 하나에 해당하는 요건을 충족하지 못하게 된 경우에는 국외투과단체 과세특례 포기신청서 [국조칙 별지 제33호의 3 서식]를 납세지 관할 세무서장에게 제출해야 한다(국조령 §70의 2 ⑧ 및 국조칙 §41의 2 ②).

6. 투자신탁 등의 적용

자본시장과 금융투자업에 관한 법률에 따른 투자신탁, 투자합자조합 및 투자익명조합의 경우에는 그 투자신탁 등을 내국법인으로 보아 국외투과단체 과세특례를 적용한다(국조법 §34의 2 ⑤).

Step Ⅱ : 서식의 이해

■ 작성요령Ⅰ - 국외투과단체과세특례 적용 · 적용제외 신청서

❷ 접수번호 및 접수일은 신청인이 작성하지 않는다.

❸ 「⑨ 단체구분」란에는 국외투과단체과세특례의 적용 대상이 되는 국제조세조정에 관한 법률 제34조의 2 제1항에 따른 국외투과단체(이하 "국외투과단체"라 함)의 유형을 다음 표의 구분번호 중에서 선택하여 적는다.

합명회사	합자회사	유한책임회사	주식회사	유한회사	조합	익명조합	합자조합	신탁	그 외
1	2	3	4	5	6	7	8	9	10

❹ 「⑨-1 투과요건 구분」란에는 국외투과단체가 아닌 해당 국외투과단체의 주주, 출자자 또는 수익자(이하 "출자자 등"이라 함)가 직접 납세의무를 부담하는 경우 그 유형을 다음 표의 구분번호 중에서 선택하여 적는다.

국외투과단체 소재지국 법률에 따라 해당 국외투과단체의 출자자등이 직접 납세의무를 부담하는 경우 (국조법 §34의 2 ① 2호)	국외투과단체 소재지국 법률에 따라 해당 국외투과단체의 출자자등이 직접 납세의무를 부담하는 것을 선택한 경우 (국조법 §34의 2 ① 2호)	국외투과단체 소재지국 법률에 따라 개인과 법인의 소득 전부에 대해 납세의무가 없는 경우 (국조령 §70의 2 ①)	그 외
1	2	3	4

❺ 「⑪·⑱ 설립지란」에는 국제표준화기구(ISO)가 정한 국가별 ISO코드 중 국명(약어) 및 국가코드를 적는다.

❽ 「⑮ 단체명」란에는 국제조세조정에 관한 법률 시행령 제70조의 2 제6항에 따라 국외투과단체과세특례의 적용 대상으로 신청된 것으로 보는 국외투과단체 중 국외투과단체과세특례 적용제외를 신청하는 단체를 적는다.

[별지 제33호의 2 서식] (2023. 3. 20. 신설)

국외투과단체과세특례 적

※ 뒤쪽의 작성방법을 읽고 작성하시기 바라며, 색상이 어두운 칸은

접수번호 ❷	접수일시 ❷

거주자 또는 내국법인	① 성명(법인명)
	③ 대표자 성명
	⑤ 주소 또는 본점 소재지
	⑥ 업태

국외투과단체과세특례를 최초로 적용받으려는 과세연도	년

1. 국외투과단체과세특례를 신청하는 국외투과단

⑧단체명	⑨단체 구분	⑨-1투과 요건 구분	⑩현지 납세자번호	⑪ 설립
	❸	❹		❺

2. 국외투과단체과세특례 적용제외를 신청하는

⑮단체명	⑯단체구분	⑰현지 납세자번호	⑱ 설립
❽			❺

「국제조세조정에 관한 법률」 제34조의 2 제3항 및
지의 규정에 따라 국외투과단체과세특례 적용(적용제

신고인

세 무 서 장 귀하

위 신청내용을 확인합니다.

세 무 서

* 세무서장은 위 확인에도 불구하고 위 신청서 내용이 사실

첨부서류	1.「국제조세조정에 관한 법률」 제34조의2제1항에 따른 국외
	2. 국외투과단체에 대하여 연속적 투자관계의 단체가 있는

용 · 적용제외 신청서 ❶

는 신고인이 작성하지 않습니다.

	처리기간	즉시(5일)
	② 주민등록번호(사업자등록번호)	
	④ 생년월일	
	(전화번호:)	
	⑦ 종목	

년 월 일 ~ 년 월 일

단체 명세 ❿

지	⑫ 설립일	⑬주소	⑭지분율 또는 출자비율(%)
		❻	❼

국외투과단체 명세 ❿

지	⑲ 설립일	⑳주소	㉑ 투지관계
		❻	❾

같은 법 시행령 제70조의 2 제3항부터 제6항까
외)을 신청합니다.

년 월 일

(서명 또는 인)

년 월 일

서 장 직인

실과 다를 경우 관련 법률에 따라 경정할 수 있습니다.

외투과단체에 해당함을 입증할 수 있는 서류	수수료
경우 그 내역을 확인할 수 있는 서류	없 음

210㎜×297㎜[백상지 80g/㎡]

❶ 이 신청서는 거주자 또는 내국법인이 국제조세조정에 관한 법률 제34조의 2 제3항 및 같은 법 시행령 제70조의 2 제3항부터 제6항까지의 규정에 따라 국외투과단체과세특례의 적용이나 그 적용제외를 신청하려는 경우 제출한다.

❻ 「⑬ · ⑳ 주소」란에는 번지(number), 거리(street), 시(city), 도(state), 우편번호(postal zone), 국가(country) 순으로 적는다.

❼ 「⑭ 지분율 또는 출자비율(%)」란에는 신청서 제출일 전날을 기준으로 국외투과단체의 발행주식총수 또는 출자총액 중 거주자 또는 내국법인이 보유하고 있는 주식 · 지분 또는 출자의 비율을 적는다.

❾ 「㉑ 투자관계」란에는 ❽에 따라 국외투과단체과세특례 적용제외를 신청하려는 단체에 직간접으로 투자하고 있는 국외투과단체 중 거주자 또는 내국법인이 국외투과단체과세특례 적용 대상으로 신청한 국외투과단체를 적고, 두 단체 간 관계를 다음 표의 구분번호 중에서 선택하여 적는다.

자회사	손회사	그 외
1	2	3

❿ 「1. 국외투과단체과세특례 적용을 신청하는 국외투과단체 명세」 및 「2. 국외투과단체과세특례 적용제외를 신청하는 국외투과단체 명세」가 2개를 초과하여 적는 칸이 부족한 경우에는 별지에 추가하여 작성한다.

■ 작성요령 Ⅱ - 국외투과단체과세특례 포기신청서

[별지 제33호의 3 서식] (2023. 3. 20. 신설)

국외투과단체과세특

※ 뒤쪽의 작성방법을 읽고 작성하시기 바라며, 색상이 어두운 칸

접수번호	접수일시

거주자 또는 내국법인	성명(법인명)
	대표자 성명
	주소 또는 본점 소재지
사업의 종류	업태

국외투과단체과세특례 적용 포기대상 최초 과 연도

국외투과단체과세특례 적용 포기를 신청하는 국

① 단체명	② 단체 구분	③ 현지 납세자번호	④ 설립지	⑤ 설립

「국제조세조정에 관한 법률」 제34조의 2 제4항에 따라 국외투과단체과세특례 포기를 신청합니다

세 무 서 장 귀하

첨부서류	「국제조세조정에 관한 법률 시행령」 제70조의2

특례 포기신청서 ❶

칸은 신고인이 작성하지 않습니다.

	처리기간 즉시
	주민등록번호(사업자등록번호)
	생년월일
	(전화번호:)
	종 목

사세	년 월 일 ~ 년 월 일

국외투과단체 명세

월일	⑥ 주소	⑦ 지분율 또는 출자비율(%)	⑧ 국외투과단체과세특례 적용 포기사유	⑨ 사유 발생일
			❷	

및 같은 법 시행

다.

신청인

2제7항에 따른 포기사유

❶ 이 신청서는 국외투과단체과세특례를 적용받고 있는 거주자 또는 내국법인이 국제조세조정에 관한 법률 제34조의 2 제4항 및 같은 법 시행령 제70조의 2 제7항 및 제8항에 따라 국외투과단체과세특례의 적용을 포기하려는 경우 제출한다.
국외투과단체과세특례의 적용을 신청한 이후에는 국제조세조정에 관한 법률 시행령 제70조의 2 제7항 각 호의 사유 외에는 국외투과단체과세특례의 적용을 포기할 수 없다.
국외투과단체과세특례의 적용을 포기하려면 국외투과단체과세특례를 적용받지 아니하려는 최초의 과세연도를 구체적으로 밝혀 이 서식을 제출해야 한다.

❷ 「⑧ 국외투과단체과세특례 적용 포기사유」란에는 국외투과단체과세특례 적용 포기사유를 다음 표의 구분번호 중에서 선택하여 적는다.

포기사유		포기사유 발생원인	구분번호
1	국제조세조정에 관한 법률 제34조의 2 제1항 제1호의 요건을 충족하지 못하게 된 경우 - 법인세법 제2조 제3호의 외국법인, 같은 법 제93조의 2의 국외투자기구 또는 국세기본법 제13조 제1항에 따른 법인 아닌 단체와 유사한 단체로서 국외에서 설립된 단체(이하 "외국법인 등"이라 함)가 아니게 된 경우	국외투과단체의 청산, 해산 등	1-1
		그 외	1-2
2	국제조세조정에 관한 법률 제34조의 2 제1항 제2호의 요건을 충족하지 못하게 된 경우 - 외국법인 등이 설립되었거나 외국법인 등의 본점 또는 주사무소가 소재하는 국가의 세법에 따라 그 외국법인 등의 소득에 대하여 해당 외국법인 등이 아닌 외국법인 등의 주주, 출자자 또는 수익자(이하 "출자자 등"이라 함)가 직접 납세의무를 부담하는 것이 아니게 된 경우	국외투과단체의 소재지국 법률에 따라 국외투과단체의 법적 성격·지위가 변동되어 국외투과단체의 출자자 등이 직접 납세의무를 부담하지 않게 된 경우	2-1
		국외투과단체 소재지국 법률에 따라 해당 국외투과단체의 출자자 등이 직접 납세의무를 부담하기로 한 선택을 포기한 경우	2-2
		국외투과단체 소재지국 법률의 변경에 따라 개인과 법인의 소득 전부에 대해 납세의무가 없는 것에서 개인 또는 법인의 소득에 대해 납세의무가 있는 것으로 변경된 경우	2-3
		출자자 등의 지분매각 등으로 국외투과단체에 대한 투자자 지위를 상실한 경우	2-4
		그 외	2-5

세무조정 체크리스트

검 토 사 항	확인
1. 과세특례 적용 대상 여부 확인	
① 국외투과단체의 출자자 등 해당 여부 • 국외투과단체 : 다음의 요건을 모두 충족하는 단체 ㉠ 외국법인(법법 §2 3호), 국외투자기구(법법 §93의 2) 또는 법인 아닌 단체와 유사한 단체(국기법 §13 ①)로서 국외에서 설립된 단체(이하 "외국법인 등"이라 함)일 것 ㉡ 외국법인 등이 설립되었거나 외국법인 등의 본점 또는 주사무소가 소재하는 국가의 세법에 따라 그 외국법인 등의 소득에 대하여 해당 외국법인 등이 아닌 외국법인 등의 출자자 등(주주, 출자자 또는 수익자)가 직접 납세의무를 부담할 것	
② 과세특례 신청 여부 확인 및 신청 검토	
③ 과세특례의 포기 검토 • 국외투과단체 과세특례를 적용받은 출자자 등은 적용 신청 이후 국외투과단체가 국외투과단체 요건 중 어느 하나에 해당하는 요건을 충족하지 못하게 된 경우를 제외하고는 국외투과단체 과세특례의 적용 포기 불가 • 국외투과단체 과세특례를 적용받은 거주자 등은 국외투과단체가 국외투과단체의 요건 중 어느 하나에 해당하는 요건을 충족하지 못하게 된 경우에는 국외투과단체 과세특례 포기신청서 제출 필요	
2. 과세특례 적용의 적정성 검토	
① 국외투과단체에 귀속되는 소득은 그 출자자 등에게 귀속되는 소득으로 보아 법인세법 적용	
② 출자자 등에게 귀속되는 소득은 국외투과단체에 귀속되는 소득의 소득구분에 따름.	
③ 국외투과단체에 그 소득이 귀속될 때에 즉시 그 출자자 등에게 그 소득이 귀속되는 것으로 봄. 이 경우 출자자 등에게의 즉시 귀속은 국외투과단체에 그 소득이 귀속되는 날이 속하는 내국법인의 사업연도에 그 소득이 귀속되는 것으로 함.	
④ 출자자 등에게 직접 귀속되는 것으로 보는 소득에 대하여 외국에서 출자자 등에게 부과된 세액은 외국납부세액공제(법법 §57 ①)의 적용 대상이 되는 외국법인세액으로 간주	
⑤ 출자자 등의 익금으로 산입된 후 해당 국외투과단체가 출자자 등에게 실제로 분배하는 소득은 익금불산입	

제3편

과세표준의 계산

1

제1장

각 사업연도 소득금액

제1장 각 사업연도 소득금액

관련 법령	• 법법 §14
관련 서식	• 법인세법 시행규칙 [별지 제15호 서식] 소득금액조정합계표 [별지 제15호 서식 부표 1] 과목별 소득금액조정명세서(1) [별지 제15호 서식 부표 2] 과목별 소득금액조정명세서(2) [별지 제3호 서식] 법인세 과세표준 및 세액조정계산서

각 사업연도 소득금액

1

Step Ⅰ 내용의 이해

1. 각 사업연도 소득금액

법인세 과세표준 계산의 기초가 되는 각 사업연도 소득금액은 다음의 산식에 의하여 산출된다(법법 §14 ①).

각 사업연도 소득금액	=	해당 사업연도에 속하는 익금의 총액	−	해당 사업연도에 속하는 손금의 총액

상기의 산식대로라면, 기업회계상 재무제표와 무관하게 세무상 총익금과 총손금을 계산하여 각 사업연도 소득금액을 계산하여야 한다. 즉, 세무상 손익계산서를 별도로 작성하여 각 사업연도 소득금액을 계산하여야 한다. 그러나, 이와 같이 세무상 손익계산서를 작성하는 경우에는 시간과 비용이 과다하게 소모되므로, 실무상으로는 기업회계상 재무제표를 기초자료로 하여 각 사업연도 소득금액을 계산한다.

즉, 기업회계상 당기순손익에서 출발하여, 익금산입 · 손금불산입액을 가산하고, 손금산입 · 익금불산입액을 차감한 후에 기부금 한도초과액을 가산하고 기부금 한도초과이월액 중 손금산입액을 차감하면 각 사업연도 소득금액이 산출된다. 이를 산식으로 나타내면 다음과 같다. 기부금 한도초과액 및 기부금 한도초과이월액의 손금산입에 대하여는 제3편 제2장을 참조하기로 한다.

	당 기 순 손 익
(+)	익 금 산 입·손 금 불 산 입
(−)	손 금 산 입·익 금 불 산 입
	차 가 감 소 득 금 액
(+)	기 부 금 한 도 초 과 액
(−)	기부금 한도초과이월액 손금산입
	각 사 업 연 도 소 득 금 액

Step Ⅱ 서식의 이해

■ 작성요령Ⅰ - 소득금액조정합계표

❶ 「① 과목」란은 간단·명료하게 회사계산 계정과목 및 익금산입 유형을 요약하여 적는다.
- 동업기업으로부터 배분받은 소득금액은 '동업기업 소득금액 배분액'으로 ①란에 적는다.
- 기업회계기준에 따라 원화 외의 통화를 기능통화로 채택하여 재무제표를 작성하는 법인의 경우에는 원화 외의 기능통화를 채택하지 아니하고 계속하여 원화로 재무제표를 작성할 경우에 작성하여야 할 재무제표(원화재무제표)로 환산함에 따른 세무조정내용을 제자산, 제부채 등의 항목으로 우선 작성한 후 기타 세무조정내용을 적는다.

❸ 「③ 처분」란은 배당, 상여, 유보, 기타소득, 기타 사외유출, 기타, 임시유보, 출자의 증가, 이전소득 배당으로 구분하여 적는다.
- 동업기업으로부터 배분받은 소득금액은 「③ 처분」란에 '기타'로 적는다.

❹ 「③ 코드」란은 상여 100, 배당 200, 기타소득 300, 유보 400, 기타 사외유출 500, 기타 600, 임시유보 700, 출자의 증가 820, 이전소득 배당 810으로 적는다.

❼ 「② 익금산입 및 손금불산입 합계」는 법인세 과세표준 및 세액조정계산서 〔별지 제3호 서식〕상의 ⑩②란에 옮겨 적는다.

[별지 제15호 서식] (2022. 3. 18. 개정)

사 업 연 도	. . . ~ . . .	소득금액조정

익금산입 및 손금불산입			
① 과목 ❶	② 금액	③ 소득처분	
		처분	코드
		❸	❹
합계 ❼			

※ 각 조정명세서에 의한 조정계산결과 익금 및 집계하고 필요에 따라 기타 조정사항의 명세 조정분은 본 표에서 제외하고 당기순이익과 법 여 작성한다.

명합계표

법 인 명	
사업자등록번호	

손금산입 및 익금불산입			
④ 과목 ❷	⑤ 금액	⑥ 소득처분	
		처분 ❺	코드 ❻
합계 ❽			

손금 조정사항과 기타 익금 및 손금조정사항을 적어
또는 계산 근거를 첨부한다. 다만, 기부금 한도초과액
인세 차감전 순손익과의 차액인 법인세 등을 포함하

❷ 「④ 과목」란은 간단·명료하게 회사계산 계정과목 및 손금산입 유형을 요약하여 적는다.

- 동업기업으로부터 배분받은 결손금은 '동업기업 결손금 배분액(지분가액 한도 내 결손금)'과 '동업기업 결손금 배분액(배분한도 초과결손금)'으로 구분하여 ④란에 적는다.
- 기업회계기준에 따라 원화 외의 통화를 기능통화로 채택하여 재무제표를 작성하는 법인의 경우에는 원화 외의 기능통화를 채택하지 아니하고 계속하여 원화로 재무제표를 작성할 경우에 작성하여야 할 재무제표(원화재무제표)로 환산함에 따른 세무조정내용을 제자산, 제부채 등의 항목으로 우선 작성한 후 기타 세무조정내용을 적는다.

❺ 「⑥ 처분」란은 유보, 기타, 출자의 증가로 구분하여 적는다.

- 동업기업으로부터 배분받은 결손금은 「⑥ 처분」란에 '기타'로 적는다.

❻ 「⑥ 코드」란은 유보(△유보) 100, 기타 200, 출자의 증가(△출자의 증가) 300으로 적는다.

❽ 「⑤ 손금산입 및 익금불산입 합계」는 법인세 과세표준 및 세액조정계산서 〔별지 제3호 서식〕상의 ⑩란에 옮겨 적는다.

■ 작성요령 Ⅱ - 과목별 소득금액조정명세서(1)

[별지 제15호 서식 부표 1] (2014. 3. 14. 개정)

사 업 연 도	. . . ~ . . .	과목별 소득금액조정

1. 익금산입 및 손금불산입

① 과 목	② 금 액	③ 영업손익 조정금액	④ 처 분	
❷		❸	❷	
합 계				

※ 이 서식은 소득금액조정합계표 〔별지 제15호 … 작성한다.

❷ 조세특례제한법 제100조의 18에 따라 동업기업으로부터 배분받은 소득금액이 있는 경우 「① 과목」란에 '동업기업 소득금액 배분액'으로 적고 「④ 처분」란에는 '기타'로 적는다.

❸ 「③ 영업손익조정금액」란은 상속세 및 증여세법에 따른 특수관계법인과의 거래를 통한 증여의제이익 계산과 관련된 사항으로서 「② 금액」란에 해당하는 금액 중 다음 어느 하나에 해당하는 세무조정사항 중 영업손익과 관련된 세무조정금액만을 별도로 적는다. 이 경우 하단에는 반드시 합계금액을 적는다. 다만, 상속세 및 증여세법 제45조의 3 제1항에 따른 수혜법인이 아닌 경우에는 「③ 영업손익조정금액」은 적지 않아도 된다.

가. 법인세법 제23조에 따른 감가상각비 손금불산입
나. 법인세법 제33조에 따른 퇴직급여충당금 손금산입
다. 법인세법 제34조에 따른 대손충당금 손금산입
라. 법인세법 제40조에 따른 손익의 귀속사업연도
마. 법인세법 제41조에 따른 자산의 취득가액
바. 법인세법 시행령 제44조의 2에 따른 퇴직보험료 등의 손금불산입
사. 법인세법 시행령 제74조에 따른 재고자산의 평가

※ 감가상각비 손금불산입 관련 조정금액이 2,000,000원으로서 그 중 영업과 관련된 조정금액이 1,000,000원인 경우에는 「② 금액」란에 2,000,000원을 적고, 「③ 영업손익조정금액」란에는 1,000,000원을 적는다.

명세서(1)	법 인 명	
	사업자등록번호	

⑤ 조 정 내 용

❶

서식]의 익금산입 및 손금불산입란이 있는 법인이

❶ 「⑤ 조정내용」란에는 세무조정금액 및 소득처분 등 세무조정내용을 간략히 적는다.
- 기업회계기준에 따라 원화 외의 통화를 기능통화로 채택하여 재무제표를 작성하는 법인의 경우에는 원화 외의 기능통화를 채택하지 않고 계속하여 원화로 재무제표를 작성할 경우에 작성해야 할 재무제표로 환산함에 따른 세무조정내용을 제자산, 제부채 등의 항목으로 우선 작성한 후 그 밖의 세무조정내용을 적는다.

작성요령Ⅲ - 과목별 소득금액조정명세서(2)

❷ 조세특례제한법 시행령 제100조의 18 제2항에 따라 동업기업으로부터 배분받은 결손금이 있는 경우 「① 과목」란에 '동업기업 결손금 배분액(지분가액 한도내 결손금)'과 '동업기업 결손금 배분액(배분한도 초과결손금)'으로 구분하여 적고, 「④ 처분」란에는 '기타'로 적는다.

❸ 「③ 영업손익조정금액」란은 상속세 및 증여세법에 따른 특수관계법인과의 거래를 통한 증여의제이익 계산과 관련된 사항으로서 「② 금액」란에 해당하는 금액 중 다음의 어느 하나에 해당하는 세무조정사항 중 영업손익과 관련된 세무조정금액만을 별도로 적는다. 이 경우 하단에는 반드시 합계금액을 적는다. 다만, 상속세 및 증여세법 제45조의 3 제1항에 따른 수혜법인이 아닌 경우에는 「③ 영업손익조정금액」은 적지 않아도 된다.

가. 법인세법 제23조에 따른 감가상각비 손금불산입
나. 법인세법 제33조에 따른 퇴직급여충당금 손금산입
다. 법인세법 제34조에 따른 대손충당금 손금산입
라. 법인세법 제40조에 따른 손익의 귀속사업연도
마. 법인세법 제41조에 따른 자산의 취득가액
바. 법인세법 시행령 제44조의 2에 따른 퇴직보험료 등의 손금불산입
사. 법인세법 시행령 제74조에 따른 재고자산의 평가

※ 감가상각비 손금산입 관련 조정금액이 3,000,000원으로서 그 중 영업과 관련된 조정금액이 2,000,000원인 경우에는 「② 금액」란에 3,000,000원을 적고, 「③ 영업손익조정금액」란에는 2,000,000원을 적는다.

[별지 제15호 서식 부표 2] (2014. 3. 14. 개정)

사 업 연 도	. . . ~ . . .	과목별 소득금액조정명

2. 손금산입 및 익금불산입

① 과 목	② 금 액	③ 영업손익 조정금액	④ 처 분
❷		❸	❷
합계			

※ 이 서식은 소득금액조정합계표 〔별지 제15호 … 인이 작성한다.

세서(2)

법 인 명	
사업자등록번호	

⑤ 조 정 내 용

❶

서식)의 손금산입 및 익금불산입란이 있는 법

❶ 「⑤ 조정내용」란에는 세무조정금액 및 소득처분 등 세무조정내용을 간략히 적는다.
- 기업회계기준에 따라 원화 외의 통화를 기능통화로 채택하여 재무제표를 작성하는 법인의 경우에는 원화 외의 기능통화를 채택하지 않고 계속하여 원화로 재무제표를 작성할 경우에 작성해야 할 재무제표로 환산함에 따른 세무조정내용을 제자산, 제부채 등의 항목으로 우선 작성한 후 기타 세무조정내용을 적는다.

■ 작성요령Ⅳ - 법인세 과세표준 및 세액조정계산서

❶ 「⑩ 결산서상 당기순손익」란에는 (포괄)손익계산서의 법인세 차감 후 당기순손익을 적는다. 다만, 당기순이익은 그대로 적고, 당기순손실은 "△" 등 음(-)의 표시를 해야 한다.

❷ 「⑩ 익금산입」란에는 소득금액조정합계표〔별지 제15호 서식〕의 익금산입 및 손금불산입 「② 금액」란의 합계를 적는다.

❸ 「⑩ 손금산입」란에는 소득금액조정합계표〔별지 제15호 서식〕의 손금산입 및 익금불산입 「⑤ 금액」란의 합계를 적는다.

[별지 제3호 서식] (2024. 3. 22. 개정)

사업연도	. . . ~ . . .	법인세 과세표준 및 세

구분	항목	코드	금액
① 각사업연도소득계산	⑩ 결산서상 당기순손익	01	❶
	소득조정금액 ⑩ 익금산입	02	❷
	소득조정금액 ⑩ 손금산입	03	❸
	⑭ 차가감소득금액 (⑩+⑩-⑩)	04	
	⑮ 기부금한도초과액	05	❹
	⑯ 기부금한도초과이월액 손금산입	54	❺
	⑰ 각사업연도소득금액 (⑭+⑮-⑯)	06	
② 과세표준계산	⑱ 각사업연도소득금액 (⑱=⑰)		
	⑲ 이월결손금	07	
	⑩ 비과세소득	08	
	⑪ 소득공제	09	
	⑫ 과세표준 (⑱-⑲-⑩-⑪)	10	
	⑮ 선박표준이익	55	
③ 산출세액계산	⑬ 과세표준(⑫+⑮)	56	
	⑭ 세율	11	
	⑮ 산출세액	12	
	⑯ 지점유보소득 (「법인세법」 제96조)	13	
	⑰ 세율	14	
	⑱ 산출세액	15	
	⑲ 합계(⑮+⑱)	16	
④ 납부할세액계산	⑳ 산출세액(⑳=⑲)		
	㉑ 최저한세적용대상공제감면세액	17	
	㉒ 차감세액	18	
	㉓ 최저한세적용제외공제감면세액	19	
	㉔ 가산세액	20	
	㉕ 가감계(㉒-㉓+㉔)	21	
	기납부세액 / 기한내납부세액 ㉖ 중간예납세액	22	
	기납부세액 / 기한내납부세액 ㉗ 수시부과세액	23	
	기납부세액 / 기한내납부세액 ㉘ 원천납부세액	24	
	기납부세액 / 기한내납부세액 ㉙ 간접투자회사등의 외국납부세액	25	
	기납부세액 / 기한내납부세액 ㉚ 소계 (㉖+㉗+㉘+㉙)	26	
	기납부세액 ㉛ 신고납부전가산세액	27	
	기납부세액 ㉜ 합계(㉚+㉛)	28	

액조정계산서	법 인 명	
	사업자등록번호	

	⑬ 감면분추가납부세액		29						
	⑭ 차감납부할세액 (⑫-⑫+⑬)		30						
⑤ 토지등양도소득에 대한 법인세 계산	양도차익	⑮ 등기자산	31						
		⑯ 미등기자산	32						
	⑰ 비과세소득		33						
	⑱ 과세표준 (⑮+⑯-⑰)		34						
	⑲ 세율		35						
	⑳ 산출세액		36						
	㉑ 감면세액		37						
	㉒ 차감세액(⑳-㉑)		38						
	㉓ 공제세액		39						
	㉔ 동업기업 법인세 배분액 (가산세 제외)		58						
	㉕ 가산세액 (동업기업 배분액 포함)		40						
	㉖ 가감계(㉒-㉓+㉔+㉕)		41						
	기납부세액	㉗ 수시부과세액	42						
		㉘ ( ) 세액	43						
		㉙ 계 (㉗+㉘)	44						
	㉚ 차감납부할세액(㉖-㉙)		45						
⑥ 미환류소득법인세	⑯ 과세대상 미환류소득		59						
	⑯ 세율		60						
	⑯ 산출세액		61						
	⑯ 가산세액		62						
	⑯ 이자상당액		63						
	⑯ 납부할세액(⑯+⑯+⑯)		64						
⑦ 세액계	⑮ 차감납부할세액계 (⑬+⑮+⑯)		46						
	⑮ 사실과 다른 회계처리 경정세액공제		57						
	⑮ 분납세액계산범위액 (⑮-⑫-⑬-⑭-⑮+⑬)		47						
	⑮ 분납할세액		48						
	⑮ 차감납부세액 (⑮-⑮-⑮)		49						

❹ 「⑯ 기부금 한도초과액」란에는 기부금조정명세서(별지 제21호 서식)의 「⑳ 한도초과액 합계」 금액을 적는다.

❺ 「⑯ 기부금한도초과이월액 손금산입」란에는 기부금조정명세서(별지 제21호 서식)의 「㉔ 해당 사업연도 손금추인액」란의 합계금액을 적는다.

세무조정 체크리스트

■ [별지 제15호 서식] 소득금액조정합계표

검 토 사 항	확인
1. 전기 자본금과 적립금조정명세서(을) 확인	
2. 익금 · 손금산입유형과 금액, 소득처분을 기입	
3. 최저한세 적용 전 합계액을 계산하여 최저한세조정계산서에 이기	
4. 최저한세 적용으로 부인되는 조세특례제한법상 준비금과 특별감가상각비를 특별비용조정명세서에서 이기	
5. 익금산입, 손금산입의 최종합계액을 법인세 과세표준 및 세액조정계산서에 이기	

■ [별지 제3호 서식] 법인세 과세표준 및 세액조정계산서

검 토 사 항	확인
1. 당기순손익이 감사보고서(또는 결산서)상 금액과 일치하는지 확인	
2. 소득금액조정합계표상의 익금산입, 손금산입합계액이 정확히 이기되었는지 확인	
3. 기부금조정명세서상의 기부금 한도초과액 합계란의 금액 및 전기 기부금 한도초과이월액 중 손금 추인액이 정확히 기재되었는지 확인	
4. 각 사업연도 소득금액의 계산이 정확한지 확인	

Step III 사례와 서식작성실무

예제

사 례

㈜삼일의 제31기(2024. 1. 1.~2024. 12. 31.) 법인세 신고를 위한 다음 자료를 이용하여 소득금액조정합계표 〔별지 제15호 서식〕을 작성하고 각 사업연도 소득금액을 산출하라.

◀ 자료 ▶

1. 손익계산서의 내역

법인세비용차감전순이익	120,000,000원
법인세비용	30,000,000원
당기순손익	90,000,000원

2. 세무조정자료

(1) 무상주 수령액 수입계상 누락분	1,000,000원
(2) 비지정기부금(비지정기부금단체 기부금)	500,000원
(3) 제품평가감	890,000원
(4) 대표이사 가지급금인정이자	800,000원
(5) 퇴직급여충당금 한도초과액	940,000원
(6) 대손충당금 한도초과액	230,000원
(7) 접대비 한도초과액	1,250,000원
(8) 일반기부금(구 지정기부금) 한도초과액	3,000,000원
(9) 전기 기부금한도초과이월액 중 손금추인액	1,200,000원

3. 전기말 자본금과 적립금조정명세서(을)의 유보잔액 내용

과 목	금 액	비 고
기말 제품평가감	900,000	과소평가액
기말 원재료 평가증	△500,000	과대평가액
퇴직급여충당금	12,000,000	한도초과액
대손충당금	400,000	한도초과액

※ 상기 평가감·평가증 대상 제품 및 원재료는 당기에 모두 매각되었음.

해 설

1. 소득금액조정합계표〔별지 제15호 서식〕작성 (다음 page 참조)

2. 각 사업연도 소득금액

	당기순손익	90,000,000
(+)	익금산입 및 손금불산입	36,110,000
(−)	손금산입 및 익금불산입	1,300,000
	차가감 소득금액	124,810,000
(+)	기부금 한도초과액	3,000,000
(−)	기부금 한도초과이월액 손금산입	1,200,000
	각 사업연도 소득금액	126,610,000

[별지 제15호 서식] (2022. 3. 18. 개정)

사업연도	2024. 1. 1. ~ 2024. 12. 31.	소득금액조정합계표	법인명	(주)삼일
			사업자등록번호	

익금산입 및 손금불산입				손금산입 및 익금불산입			
① 과목	② 금액	③ 소득처분		④ 과목	⑤ 금액	⑥ 소득처분	
		처분	코드			처분	코드
법인세비용	30 000 000	기타사외유출	500	전기말 제품평가감	900 000	유보	100
무상주	1 000 000	유보	400	전기 대손충당금 한도초과액	400 000	유보	100
비지정기부금	500 000	기타사외유출	500				
제품평가감	890 000	유보	400				
대표이사 가지급금 인정이자	800 000	상여	100				
퇴직급여충당금	940 000	유보	400				
대손충당금	230 000	유보	400				
접대비	1 250 000	기타사외유출	500				
전기말 원재료 평가증	500 000	유보	400				
합계	36 110 000			합계	1 300 000		

제2장

2

기부금

기 부 금

관련 법령	• 법법 §24, §75의 4, §112의 2 • 법령 §35, §36, §37, §38, §39, §155의 2 • 법칙 §18, §18의 2, §18의 3, §19, §19의 2

최근 주요 개정 내용

• 공익목적 기부금 손금산입을 위한 공익법인 지정 특례(법령 §39)

종 전	현 행
□ 공익법인 지정방식 변경·시행	□ 공익법인 인정을 위한 지정방식 보완
○ (대상) – ❶ 2018. 2. 12. 이전에 인·허가 받은 학술연구·장학·기술진흥·문화·예술·환경보호운동 단체 – ❷ 2018. 2. 12. 이전에 구 법인세법 시행규칙 별표 6의 2에 따라 지정된 단체	○ (좌 동)
○ (지정방식·인정기간) – 2020. 12. 31.까지는 별도 지정절차 없이 지정기부금단체로 인정 – 2021년 이후에는 별도 지정·고시를 통해 공익법인으로 인정	○ (좌 동)
– ❶, ❷에 해당하는 단체로서 2022. 3. 31.까지 공익법인으로 지정·고시되는 경우 2021년 이후 공익법인으로 인정	– ❶, ❷에 해당하는 단체로서 2023. 12. 31.까지 공익법인으로 지정·고시되는 경우 2021년 이후 공익법인으로 인정

➡ 개정일자 : ㉾ 2023. 9. 26
적용시기 : 2023년 9월 26일부터 시행

관련 서식

• 법인세법 시행규칙
[별지 제21호 서식] 기부금 조정명세서
[별지 제22호 서식] 기부금 명세서

제2장

기 부 금

2

Step Ⅰ 내용의 이해

1. 개 요

1-1. 기부금의 의의

기부금이란 법인의 사업과 직접적인 관계없이 무상으로 지출하는 금액을 말하며, 특수관계인 외의 자에게 정당한 사유 없이 자산을 정상가액보다 낮은 가액으로 양도하거나 특수관계인 외의 자로부터 정상가액보다 높은 가액으로 매입하는 거래를 통하여 실질적으로 증여한 것으로 인정되는 금액을 포함한다(법법 §24 ① 및 법령 §35). 이러한 기부금을 아무런 제약 없이 모두 손금으로 인정할 경우 조세의 부담을 감소시킬 뿐만 아니라 실질적으로 국가가 기부금을 부담하는 결과가 초래되므로 법인세법과 조세특례제한법에서는 기부금에 대하여 그 종류와 손금산입한도 등에 대하여 제한을 두고 있다.

:: 법인세법상 기부금의 요건

1. 특수관계가 없는 자와의 거래

법인이 특수관계인 외의 자에게 정당한 사유 없이 자산을 정상가액보다 낮은 가액으로 양도하거나 특수관계인 외의 자로부터 정상가액보다 높은 가액으로 매입하는 거래를 통하여 실질적으로 증여한 것으로 인정되는 금액은 기부금으로 의제된다(법령 §35). 하지만, 법인이 특수관계인과의 거래로 인하여 조세의 부담을 부당하게 감소시킨 경우에는 법인세법 제52조의 부당행위계산의 부인 규정이 적용되는 것이므로, 법인이 특수관계에 있는 자와의 저가양도 또는 고가양수의 거래를 행한 경우에는 기부금으로 의제하는 것이 아니라, 법인이 특수관계인에게 이익을 분여한 것으로 보아 법인세법 제52조의 부당행위계산의 부인 규정이 적용되는 것이다. 이에 대한 자세한 내용은 '제2편 제2장 제1절 부당행위계산의 부인'을 참조하도록 한다.

2. 무상으로 지출하는 재산적 증여의 가액

'무상'이란 재산의 지출에 대한 반대급부에 해당하는 대가가 없다는 것으로서 민법상 증여와 동일한 개념으로 볼 수 있다. 용역의 무상제공이 기부에 해당하는지 여부는 의문의 여지가 있으며, 과세 형평의 원리에서 보면 용역의 무상제공도 재산적 증여의 가액에 포함되는 것이 타당할 것이나, 이에 대한 과세관청의 입장은 다음과 같다.

① 부동산의 무상 또는 저가 임대의 경우
법인이 특수관계인 외의 자에게 해당 법인의 사업과 직접 관계 없이 부동산을 무상으로 임대하거나 정당한 사유 없이 정상가액보다 낮은 가액으로 임대하는 경우에는 그 차액에 대하여 기부금으로 의제함(법기통 24-35…1).

② 금전의 무상 또는 저가 대여의 경우
법인이 특수관계 없는 자에게 시중금리 또는 국세청장이 정하는 당좌대출이자율보다 낮은 이율로 금전을 대여한 경우, 시중금리 또는 국세청장이 정하는 당좌대출이자율에 의하여 계산한 이자상당액과의 차액에 대하여는 '기부금 및 기업업무추진비' 관련 손금불산입 규정을 적용하지 않음(서이 46012-11622, 2003. 9. 9.).

3. 사업과 직접 관계없이 지출하는 가액

무상으로 지출한 재산적 증여가액이 그 법인의 사업과 직접 관계가 있는 경우에는 이를 기부금이 아닌 기업업무추진비로 보는 것으로, 자세한 내용은 하단의 '1-2-1. 기부금과 기업업무추진비'를 참조하도록 한다.

1-2. 기부금과 유사비용과의 구분

1-2-1. 기부금과 기업업무추진비

기부금과 기업업무추진비는 대가관계 없이 타인에게 지급한 재산적 증여라는 점에서는 같으나, 기업업무추진비는 사업과 직접 관련하여 지출한 금품인 반면 기부금은 사업과 직접 관련 없이 지출된 금액이다.

법인이 사업과 직접 관계 있는 자에게 금전 또는 물품을 기증한 경우에 그 금품의 가액은 기업업무추진비로 구분하며, 사업과 직접 관계가 없는 자에게 금전 또는 물품 등을 기증한 경우에 그 물품의 가액은 거래실태별로 다음의 기준에 따라 기업업무추진비 또는 기부금으로 구분한다(법기통 24-0…1).

① 업무와 관련하여 지출한 금품 …………기업업무추진비
② ①에 해당되지 아니하는 금품 ………기부금

1-2-2. 채권의 포기

법인이 특수관계 없는 거래 상대방에 대한 매출채권을 정당한 사유 없이 약정에 의하여 포기하는 경우에는 이를 대손금으로 보지 아니하며, 그 사업과의 관련성 여부에 따라 기부금 또는 기업업무추진비로 처리하여야 한다(서이 46012-10409, 2001. 10. 23.).

다만, 특수관계인 외의 자와의 거래에서 발생한 채권으로서 채무자의 부도발생 등으로 장래에 회수가 불확실한 어음·수표상의 채권 등을 조기에 회수하기 위하여 해당 채권의 일부를 불가피하게 포기한 경우 동 채권의 일부를 포기하거나 면제한 행위에 객관적으로 정당한 사유가 있는 때에는 동 채권포기액을 손금에 산입한다(법기통 19의 2-19의 2…5).

NOTE

:: 채권의 포기시 처리방법

구 분	처리방법
대손 요건(법령 §19의 2)을 충족하는 경우	대손금
판매장려금(사전약정 없이 지급하는 경우 포함)의 성격인 경우	판매부대비용
정당한 사유가 없고 법인의 사업과 직접 관련이 있는 경우	기업업무추진비
정당한 사유가 없고 법인의 사업과 직접 관련이 없는 경우	기부금
특수관계인과의 부당행위에 해당할 경우	부당행위계산의 부인규정(법법 §52) 적용

1-3. 저가양도 또는 고가매입으로 인한 의제기부금

1-3-1. 개 요

법인이 특수관계가 없는 자와 거래함에 있어 정당한 사유 없이 자산을 정상가액(시가에 30%를 가감한 범위 내의 금액)보다 낮은 가액으로 양도하거나 높은 가액으로 매입하는 경우, 그 거래가액과 정상가액(시가에 30%를 가감한 범위 내의 금액)의 차액 중 실질적으로 증여한 것으로 인정되는 금액은 기부금으로 본다(법령 §35).

구 분	저가양도	고가매입
의제기부금	시가 × 70% - 양도가액	매입가액 - 시가 × 130%

여기서 주의할 점은 법인이 단순히 자산을 저가로 양도하거나 고가로 매입하였다는 사실만으로 기부금으로 의제되는 것이 아니라는 것이다. 즉, 법인이 정상가액에 미달하거나 초과하는 가액으로 거래함에 있어 정당한 사유가 있는 경우에는 기부금 규정이 적용되지 아니한다. 이때, 정당한 사유의 범위에 대하여는 별도의 명문화된 규정이 존재하는 것이 아니므로 해당 거래의 내용 및 상관행 등 합리적인 사실 판단에 따를 수 밖에 없다(법인 46012-366, 1997. 2. 5.).

한편, 법인이 특수관계 없는 자에게 무상으로 증여하는 경우에는 정상가액을 기부금 가액으로 의제하는 것이 아니라 해당 자산의 시가상당액 또는 장부가액을 기부금 가액으로 하는 바, 이에 대한 자세한 내용은 '3. 기부금의 가액'을 참조하기 바란다.

관련사례

- 소프트웨어 기부시 소프트웨어 개발비 중 이미 비용으로 계상한 부분의 기부금 포함 여부
  법인이 사립학교에 무상으로 소프트웨어를 기부함에 있어 당해 소프트웨어 개발비 중 이미 비용으로 계상한 부분은 특례기부금의 장부가액에 포함되지 아니함(법인-343, 2009. 3. 27.).
- 상증법상 평가액보다 높은 가액으로 취득하였을 경우 기부금에 해당하는지 여부
  특수관계가 없는 자로부터 경영권의 지배를 수반하는 등 객관적인 교환가치를 반영하여 취득한 경우에는 상속세 및 증여세법의 평가액보다 높은 가액으로 취득하였다는 이유만으로 비지정기부금으로 보지 않음(서면2팀-2396, 2004. 11. 22.).
- 법인간에 시가차액의 정산 없이 교환하는 비상장주식의 기부금 의제 적용기준
  특수관계 없는 법인간에 비상장주식을 교환거래하면서 시가차액을 정산하지 않는 경우, 양도차익은 취득하는 주식의 시가와 양도하는 주식의 장부가액의 차액으로 하고 기부금의제 규정의 적용은 교환으로 인해 양도하는 주식의 시가를 기준으로 함(서면2팀-2385, 2004. 11. 18.).
- 제3자 직접배정방식에 의한 유상증자(고가발행)시 기부금 의제 적용 여부
  법인이 유상증자시 고가발행 주식을 기존주주와 특수관계없는 제3자에게 배정하는 경우, 당해 주식의 인수법인에 법인세법 시행령 제35조 제2호의 기부금 규정을 적용하지 아니함(서면2팀-2236, 2004. 11. 4.).
- 불균등배당시 의제기부금 적용 여부
  비상장법인의 지배주주인 법인은 출자지분에 따라 균등하게 배당될 배당금을 받지 않고, 기타주주(지배주주법인과 특수관계 없음)는 출자지분에 따라 균등하게 배당금을 수령하기로 배당결의한 경우, 지배주주와 기타주주 간에는 의제기부금 규정이 적용되지 않음(서이46012-12150, 2002. 12. 2.).
- 장기할부조건으로 저가취득한 자산의 기부금 의제규정 적용시 할부이자의 포함 여부
  기부금계산상 정상가액의 범위에 장기할부조건으로 취득한 자산의 토지대금과 할부이자가 명백하게 구분된 경우에는 할부이자는 제외함(법인 46012-2046, 1998. 7. 22.).
- 자금압박을 이유로 관계법인주식의 저가양도시 정당한 사유가 있는 것으로 볼 수 있는지 여부
  관계법인의 자금압박으로 해당 법인이 더 큰 압박을 받는다는 이유만으로 관계법인의 주식을 저가양도하는 경우 이는 정당한 사유가 있는 경우로 보기 어려움(국심 93경 888, 1994. 1. 24.).
- 자금부족으로 인한 부지의 저가양도시 정당한 사유가 있는 것으로 볼 수 있는지 여부
  화재로 인한 건물소실로 건물을 신축하여야 하나 건축자금 및 대지잔대금의 부족으로 인하여 건설업자에게 동 부지의 일부를 저가양도한 경우에는 정당한 사유가 있는 것으로 볼 수 있음(대법 84누 365, 1984. 12. 11.).

1-3-2. 자산의 저가양도 및 고가매입시 세무조정

(1) 저가양도

법인이 특수관계가 없는 자에게 정당한 사유 없이 자산을 정상가격보다 낮은 가격으로 양도하는 경우 정상가액과 양도가액과의 차액은 해당 사업연도의 다른 기부금과 합산하여 시부인계산을 하고, 그 한도초과액은 손금불산입(기타사외유출)한다.

예를 들어, 시가 1,000만원인 자산을 600만원에 양도시 700만원까지는 정상가액으로 보므로 700만원과 600만원의 차액인 100만원만 기부금으로 보아 해당 사업연도의 다른 기부금과 합산하여 시부인계산을 하는 것이다.

다만, 정상가액과 양도가액의 차액이 비지정기부금인 경우에는 그 차액 모두를 손금불산입하고 그 기부받는 자에 따라 기타사외유출, 배당, 상여 또는 기타소득으로 소득처분한다.

(2) 고가매입

법인이 특수관계가 없는 자에게 정당한 사유 없이 자산을 정상가격보다 높은 가격으로 양수하는 경우에는 다음과 같이 그 자산의 종류에 따라 각각 상이한 세무조정이 필요하다.

<table>
<tr><th colspan="2">자산의 구분</th><th colspan="2">세무조정</th></tr>
<tr><td colspan="2">재고자산 · 소모품</td><td colspan="2">매출원가 · 소모품비에 포함되어 있는 매입가액과 정상가액과의 차액을 기부금으로 의제하여 시부인계산함.(*)</td></tr>
<tr><td rowspan="4">상기 이외의 자산</td><td rowspan="3">상각자산 (건물 · 기계 등)</td><td>① 자산을 고가매입한 사업연도</td><td>정상가액과의 차액을 손금산입(△유보)하고, 기부금의 유형에 따라 시부인계산을 통해 그 한도초과액을 손금불산입(기타사외유출)함.(*)</td></tr>
<tr><td>② 고가매입자산의 감가상각비를 계상한 경우</td><td>고가매입분 상당액의 감가상각비는 손금불산입(유보)함.</td></tr>
<tr><td>③ 고가매입자산을 처분하는 경우</td><td>처분일이 속하는 사업연도의 △유보 및 유보 잔액을 추인함.</td></tr>
<tr><td>비상각자산 (토지 · 주식 등)</td><td colspan="2">상각자산(건물, 기계 등)의 ①, ③과 동일(*)</td></tr>
</table>

(*) 동 기부금이 비지정기부금에 해당하는 경우에는 매입가액과 정상가액과의 차액 전액을 손금불산입하고 그 기부받는 자에 따라 기타사외유출, 배당, 상여 또는 기타소득으로 소득처분함.

계산사례 - 1 **고가매입 · 저가양도한 자산의 세무조정**

〔사례 1〕 자산의 고가매입

㈜삼일은 특수관계 없는 자로부터 시가 100억원인 토지를 정당한 사유 없이 150억원에 고가매입하고 그 매입가액을 장부가액에 토지로 계상한 경우

〔사례 2〕 자산의 저가양도

㈜삼일은 특수관계 없는 자에게 장부가액 80억원(시가 100억원)인 토지를 정당한 사유 없이 30억원에 저가양도하고 그 처분손실 50억원을 장부에 계상한 경우

(단위 : 억원)

구 분	〔사례 1〕 자산의 고가매입	〔사례 2〕 자산의 저가양도
회사의 회계처리	(차) 토 지 150 (대) 현 금 150	(차) 현 금 30 처분손실 50 (대) 토 지 80
세무상 회계처리	(차) 토 지 130 기부금 20 (대) 현 금 150	(차) 현 금 30 기 부 금 40 처분손실 10 (대) 토 지 80
의제기부금의 계산	• 정상가액 = 시가 × 130% = 100 × 130% = 130 • 기부금 의제액 = 매입가액 - 정상가액 = 150 - 130 = 20	• 정상가액 = 시가 × 70% = 100 × 70% = 70 • 기부금 의제액 = 정상가액 - 양도가액 = 70 - 30 = 40
세무조정	〈손금산입〉 의제기부금(토지) 20 (△유보)(*)	〈손금산입〉 의제기부금 40(기타)(*) 〈손금불산입〉 처분손실 40(기타) 의제기부금의 비용계상 누락분과 처분손실 과대계상분에 대한 세무조정은 과세소득에 미치는 영향이 동일하므로 실무상 별도의 세무조정은 불필요할 것임.

(*) 의제기부금은 그 유형[특례기부금(구 법정기부금) · 일반기부금(구 지정기부금)]별로 구분하여 한도시부인함. 단, 비지정기부금인 경우에는 전액 손금불산입하고 그 기부받는 자에 따라 기타사외유출, 배당, 상여 또는 기타소득으로 소득처분함.

2. 법인세법상 기부금

2-1. 기부금의 종류

법인세법상 기부금은 손금산입의 내용에 따라 다음과 같이 분류할 수 있다.

기부금	손금산입 한도액
① 특례기부금 (구 법정기부금)	(기준소득금액－이월결손금) × 50%
② 일반기부금 (구 지정기부금)	(기준소득금액－이월결손금－특례기부금 손금산입액) × 10%(사회적기업의 경우 20%)
③ 비지정기부금	전액 손금불산입(기부받는 자에 따라서 기타사외유출·배당·상여·기타소득으로 소득처분함)

2-2. 특례기부금(구 법정기부금)(법법 §24 ②)

2-2-1. 특례기부금(구 법정기부금)의 종류

법인세법상 특례기부금(구 법정기부금)의 내용은 다음과 같다(법법 §24 ②).

(1) 국가나 지방자치단체에 무상으로 기증하는 금품의 가액

국가나 지방자치단체에 무상으로 기증하는 금품의 가액은 특례기부금(구 법정기부금)으로 본다. 다만, 기부금품의 모집·사용 및 기부문화 활성화에 관한 법률의 적용을 받는 기부금품(자발적인 기탁금품)은 다음의 어느 하나에 해당하는 경우에 한하여 특례기부금(구 법정기부금)으로 본다(기부금품의 모집·사용 및 기부문화 활성화에 관한 법률 §5 ②).

① 사용용도와 목적을 지정하여 자발적으로 기탁하는 경우로서 기부심사위원회의 심의를 거친 경우
② 모집자의 의뢰에 의하여 단순히 기부금품을 접수하여 모집자에게 전달하는 경우
③ 국가 또는 지방자치단체에서 출자·출연하여 설립된 동법 시행령 제13조에서 정하는 법인·단체가 기부금품을 접수하는 경우

여기서 국가 또는 지방자치단체에 무상으로 기증하는 금품의 가액에는 법인이 개인 또는 다른 법인에게 자산을 기증하고 이를 기증받은 자가 지체없이 다시 국가 또는 지방자치단체에 기증한 금품의 가액과 한국은행법에 따른 한국은행이 국제금융기구에의 가입조치에 관한 법률 제2조 제2항의 규정에 의하여 출연한 금품의 가액도 포함한다(법령 §37 ①).

관련사례

• 국·공립학교 후원회 등에 대한 기부금의 처리
국·공립학교가 기부금품의 모집·사용 및 기부문화 활성화에 관한 법률 제2조 제2호 라목에 따라 후원회 등을 통하여 받는 기부금은 동법상의 기부심사위원회의 심의대상이 아니므로 동법에 의한 심의절차를 거치지 아니한 경우에도 특례기부금에 해당함(법기통 24-0…2).

- 노후교량을 개량하여 지방자치단체에 기부시 특례기부금 해당 여부
  내국법인이 불특정다수인이 사용하는 노후교량을 개량하여 지방자치단체에 무상으로 기부하는 경우, 당해 내국법인이 부담한 가액은 특례기부금에 해당함(법인세과-1022, 2009. 3. 12.).
- 자본금을 전액 출자한 지방자치단체에게 지급하는 금액의 특례기부금 해당 여부
  지방공사가 당해 공사의 자본금 전액을 출자한 지방자치단체에게 지급하는 금액이 사실상 출자자에 대한 배당으로 인정되는 경우, 동 금액은 법인의 각 사업연도 소득금액계산상 손금에 산입되지 아니함(서면인터넷방문상담2팀-2431, 2006. 11. 27.).
- 발전소 건설인가를 위하여 지방자치단체에 기부채납하는 교량 등의 특례기부금 해당 여부
  법인이 화력발전소를 신규로 건설함에 있어 발전소 건설인가 조건에 따라 교량 및 진입도로를 완공하여 이를 지방자치단체에 기부채납하는 경우, 당해 교량 등의 건설비용은 발전소 건설자산에 대한 자본적지출로 보아 이를 발전소의 건물·구축물·기계장치 구성비율로 안분하여 당해 자산별 원본 가액에 가산함(서면인터넷방문상담2팀-589, 2006. 4. 5.).
- 언론사 등을 통해 국가 등에 기부하는 자산의 특례기부금 해당 여부
  법인의 자산을 언론사가 대신하여 구 기부금품모집규제법의 절차에 따라 국가·지방자치단체에 기부한 경우에도 전액 손금용인 기부금으로 봄(법인 46012-2636, 1997. 10. 14.).
- 국가 등의 사후적인 기부자산 처리방식이 특례기부금 해당 여부에 영향을 미치는지 여부
  기부의 대상이 국가 또는 지방자치단체인 경우 기부를 받은 국가 또는 지방자치단체가 사후 기부금을 어떤 방식으로 처리하든 이는 국가 또는 지방자치단체에 대한 기부금으로 봄(국심 96광 3922, 1997. 3. 27.).
- 국가 등에 기부채납한 자산의 특례기부금 또는 사용수익기부자산 해당 여부
  국가 등에 기부채납시 반대급부 없을시는 기부금이고, 사용수익시는 사용수익기부자산으로 보아 손금산입함(법인 46012-3686, 1995. 9. 28.).

:: 기부금품의 모집·사용 및 기부문화 활성화에 관한 법률에 의한 기부금품

기부금품의 모집·사용 및 기부문화 활성화에 관한 법률에서 정하고 있는 기부금품이라 함은 환영금품, 축하금품, 찬조금품 등 명칭이 어떠하든 반대급부 없이 취득하는 금전, 물품, 그 밖에 유사한 금전적 가치를 갖는 물건 등 대통령령으로 정하는 것을 말한다. 다만, 다음에 해당하는 기부금품은 제외한다(기부금품의 모집·사용 및 기부문화 활성화에 관한 법률 §2 2호).

① 법인, 정당, 사회단체, 종친회, 친목단체 등이 정관, 규약 또는 회칙 등에 따라 사원·당원 또는 회원 등으로 가입되어 있는 자로부터 모은 가입금, 일시금, 회비 또는 그 구성원의 공동이익을 위하여 모은 금품

② 사찰, 교회, 향교, 그 밖의 종교단체가 그 고유활동에 필요한 경비에 충당하기 위하여 신도로부터 모은 금품

③ 국가, 지방자치단체, 법인, 정당, 사회단체 또는 친목단체 등이 소속원이나 제3자에게 기부할 목적으로 그 소속원으로부터 모은 금품

④ 학교기성회, 후원회, 장학회 또는 동창회 등이 학교의 설립이나 유지 등에 필요한 경비에 충당하기 위하여 그 구성원으로부터 모은 금품

또한, 정치자금법, 결핵예방법, 보훈기금법, 문화예술진흥법, 한국국제교류재단법, 사회복지공동모금회법, 재해구호법, 문화유산과 자연환경자산에 관한 국민신탁법, 식품등 기부 활성화에 관한 법률, 한국장학재단 설립 등에 관한 법률 및 고향사랑 기부금에 관한 법률에서도 별도로 기부금품을 모집할 수 있는 근거를 마련하고 있어 이러한 법률에 의하여 모집하는 기부금품은 기부금품의 모집 및 사용에 관한 법률의 적용대상이 아니다(기부금품의 모집 · 사용 및 기부문화 활성화에 관한 법률 §3).

(2) 국방헌금과 국군장병 위문금품

국방헌금에는 예비군법에 따라 설치된 예비군에 직접 지출하거나 국방부장관의 승인을 받은 기관 또는 단체를 통하여 지출하는 기부금을 포함한다(법령 §37 ②).

관련사례

• 직장민방위대에 기증하는 금품이 특례기부금에 해당하는지 여부
법인의 직장민방위대를 위하여 지출하는 금품의 가액은 기부금이 아닌 해당 법인의 경리의 일부로 보는 것이므로 기부금의 한도 범위액에 관계 없이 직장체육비, 교통비 또는 복리후생비 등으로 손금에 산입하여야 함(법기통 19-19…31).

(3) 천재지변으로 생기는 이재민을 위한 구호금품의 가액

법인이 국내 또는 국외의 천재 · 지변으로 생기는 이재민을 위하여 지출하는 구호금품의 가액은 특례기부금(구 법정기부금)에 해당한다(법법 §24 ② 1호 다목 및 법기통 24-0…4). 이 경우 천재지변에는 재난 및 안전관리 기본법 제60조에 따라 특별재난지역으로 선포된 경우 그 선포의 사유가 된 재난을 포함한다(법령 §37 ③). 그러나, 천재지변 등 일시적이거나 급격한 재난에 의한 이재민이 아닌 불우이웃을 돕기 위하여 지출한 금품은 특례기부금(구 법정기부금)이 아닌 일반기부금(구 지정기부금)에 해당한다.

관련사례

• 이재민이 부담할 공사비를 부담한 경우의 처리
재해복구공사를 시공하는 법인이 공사대금 중 이재민이 부담하여야 할 공사대금 상당액을 이재민을 위하여 부담하였을 경우에는 특례기부금의 범위에 포함됨(법기통 24-0…3).

• 재해구호단체가 재해 발생 전 이재민 구호를 위한 기부금품 모집 시 특례기부금 해당 여부
재해구호법에 따른 이재민 구호지원기관인 법인이 이재민을 위한 긴급구호용품을 마련하기 위하여 지원받는 기부금은 천재지변이 발생하기 전에 받는 경우에도 법인세법 제24조 제2항 제1호 다목의 "천재지변으로 생기는 이재민을 위한 구호금품의 가액"에 해당함(서면-2023-법인-1679, 2023. 9. 7.).

• 코로나19 관련 기부금의 특례기부금 해당 여부
다음의 코로나19 관련 지출 모두 특례기부금에 해당함(서면법령법인-1191, 2020. 3. 30.).
① 특별재난지역 선포일 전에 지출한 기부금인 경우
② 기부금품을 수령하여 자원봉사자 및 의사·간호사의 숙식비, 인건비, 각종 진료소모품 구입비 등으로 사용하는 경우
③ 특별재난지역으로 선포된 지역 외 지역의 코로나19 퇴치를 위하여 지출하는 기부금의 경우

• 북한지역의 수해복구 지원비를 기부받아 북한에 지원하는 경우 기부금에 해당하는지 여부
내국법인이 북한지역의 수해복구 지원을 위한 구호금품을 기부금 모집처를 경유하여 기부하는 경우 당해 구호금품 가액은 특례기부금에 해당함(서면2팀-2202, 2007. 12. 4.).

(4) 사립학교 등에 시설비·교육비·장학금 또는 연구비로 지출하는 기부금

법인이 다음의 기관(병원 제외)에 시설비·교육비·장학금 또는 연구비로 지출하는 기부금은 특례기부금(구 법정기부금)에 해당한다.

① 사립학교법에 따른 사립학교
② 비영리 교육재단(국립·공립·사립학교의 시설비, 교육비, 장학금 또는 연구비 지급을 목적으로 설립된 비영리 재단법인으로 한정함)
③ 국민 평생 직업능력 개발법에 따른 기능대학
④ 평생교육법에 따른 전공대학의 명칭을 사용할 수 있는 평생교육시설 및 원격대학 형태의 평생교육시설
⑤ 경제자유구역 및 제주국제자유도시의 외국교육기관 설립·운영에 관한 특별법에 따라 설립된 외국교육기관 및 제주특별자치도 설치 및 국제자유도시 조성을 위한 특별법에 따라 설립된 비영리법인이 운영하는 국제학교
⑥ 산업교육진흥 및 산학연협력촉진에 관한 법률에 따른 산학협력단
⑦ 한국과학기술원법에 따른 한국과학기술원, 광주과학기술원법에 따른 광주과학기술원, 대구경북과학기술원법에 따른 대구경북과학기술원, 울산과학기술원법에 따른 울산과학기술원 및 한국에너지공과대학교법에 따른 한국에너지공과대학교
⑧ 국립대학법인 서울대학교 설립·운영에 관한 법률에 따른 국립대학법인 서울대학교, 국립대학법인 인천대학교 설립·운영에 관한 법률에 따른 국립대학법인 인천대학교 및 이와 유사한 학교로서 다음의 어느 하나에 해당하는 학교(법령 §38 ②)
  • 정부출연연구기관 등의 설립·운영 및 육성에 관한 법률에 따라 설립된 한국개발연구원에 설치된 국제대학원
  • 한국학중앙연구원 육성법에 따라 설립된 한국학중앙연구원에 설치된 대학원
  • 과학기술분야 정부출연연구기관 등의 설립·운영 및 육성에 관한 법률 제33조에 따라

설립된 대학원대학

⑨ 다음의 요건을 모두 충족하는 재외국민의 교육지원 등에 관한 법률에 따른 한국학교로서 기획재정부장관이 지정・고시하는 학교(법령 §38 ③)

- 기부금 모금액 및 그 활용실적을 공개할 수 있는 인터넷 홈페이지가 개설되어 있을 것
- 법인세법 시행령 제38조 제14항에 따라 그 지정이 취소된 경우에는 그 취소일부터 3년, 재지정을 받지 못하게 된 경우에는 그 지정기간의 종료일부터 3년이 지났을 것
- 이에 따라 2024년 6월 28일 현재 고시된 한국학교는 다음과 같다(기획재정부 고시 제2024-22호, 2024. 6. 28.).

⑩ 한국장학재단 설립 등에 관한 법률에 따른 한국장학재단

개 정

○ 특례기부금 대상에 한국장학재단 설립 등에 관한 법률에 따른 한국장학재단을 추가(법법 §24 ② 1호 라목)

➡ 2023년 1월 1일 이후 개시하는 사업연도 분부터 적용

번호	특례기부금(구 법정기부금)단체	지정기간
1	리야드한국학교	2019. 1. 1.부터 2024. 12. 31.까지
2	싱가포르한국국제학교	
3	엔타이한국국제학교	
4	타이뻬이한국학교	
5	까오숑한국국제학교	
6	필리핀한국국제학교	
7	소주한국학교	2020. 1. 1.부터 2025. 12. 31.까지
8	광저우한국학교	2021. 1. 1.부터 2026. 12. 31.까지
9	프놈펜한국국제학교	2022. 1. 1.부터 2027. 12. 31.까지
10	말레이시아한국국제학교	
11	건국한국학교	2023. 1. 1.부터 2028. 12. 31.까지
12	교토국제중학고등학교	
13	대련한국국제학교	
14	동경한국학교	
15	무석한국학교	
16	북경한국국제학교	
17	상해한국학교	

번호	특례기부금(구 법정기부금)단체	지정기간
18	선양한국국제학교	2023. 1. 1.부터 2028. 12. 31.까지
19	아르헨티나한국학교	
20	오사카금강학교	
21	자카르타한국국제학교	
22	젯다한국학교	
23	천진한국국제학교	
24	테헤란한국학교	

관련사례

- 특수관계있는 사립학교에 시설비 · 교육비 등으로 지출하는 출연금의 특례기부금 해당 여부

내국법인이 사립학교법에 의한 사립학교에 시설비 · 교육비 · 연구비로 지출하는 출연금은 학교법인과 출연자 간 특수관계 유무에 관계없이 특례기부금에 해당함(서면인터넷방문상담2팀－2616, 2006. 12. 18.).

:: 학교에 대한 기부금

1. 학교에 대한 기부금의 구분

학교에 지출한 기부금은 다음과 같이 구분한다(법법 §24 및 법령 §39).

구 분		기부금의 분류
국 · 공립학교에 대한 기부금		특례기부금(구 법정기부금)
사립학교에 대한 기부금	시설비 · 교육비 또는 연구비	특례기부금(구 법정기부금)
	장학금	특례기부금(구 법정기부금)
	위 외의 기부금	일반기부금(구 지정기부금)

2. 학교법인에 대한 출연금액의 손금산입 특례

고등교육법에 따른 학교법인이 50% 이상을 출자하여 설립한 법인이 해당 법인에 출자한 학교법인에 출연하는 금액은 다음의 금액을 한도로 손금에 산입한다(조특법 §104의 16 ④).

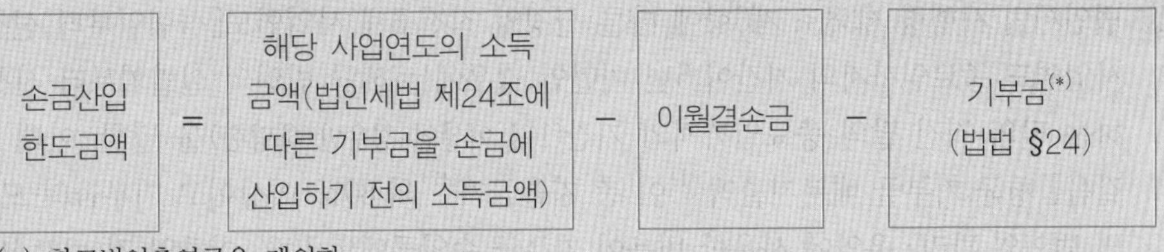

(*) 학교법인출연금을 제외함.

(5) 국립대학병원 등에 시설비 · 교육비 또는 연구비로 지출하는 기부금

법인이 다음의 병원에 시설비 · 교육비 또는 연구비로 지출하는 기부금은 특례기부금(구 법정기부금)에 해당한다.

① 국립대학병원 설치법에 따른 국립대학병원
② 국립대학치과병원 설치법에 따른 국립대학치과병원
③ 서울대학교병원 설치법에 따른 서울대학교병원
④ 서울대학교치과병원 설치법에 따른 서울대학교치과병원
⑤ 사립학교법에 따른 사립학교가 운영하는 병원
⑥ 암관리법에 따른 국립암센터
⑦ 지방의료원의 설립 및 운영에 관한 법률에 따른 지방의료원
⑧ 국립중앙의료원의 설립 및 운영에 관한 법률에 따른 국립중앙의료원
⑨ 대한적십자사 조직법에 따른 대한적십자사가 운영하는 병원
⑩ 한국보훈복지의료공단법에 따른 한국보훈복지의료공단이 운영하는 병원
⑪ 방사선 및 방사성동위원소 이용진흥법 제13조의 2에 따른 한국원자력의학원
⑫ 국민건강보험법에 따른 국민건강보험공단이 운영하는 병원
⑬ 산업재해보상보험법 제43조 제1항 제1호에 따른 의료기관

(6) 일정요건을 갖춘 전문모금기관에 지출하는 기부금

법인이 사회복지사업, 그 밖의 사회복지활동의 지원에 필요한 재원을 모집 · 배분하는 것을 주된 목적으로 하는 비영리법인(이하 "전문모금기관"이라 함)으로서 다음의 요건을 모두 충족한 기획재정부장관이 지정 · 고시하는 법인에 지출하는 기부금은 특례기부금(구 법정기부금)에 해당한다(법령 §38 ④).

① 기부금 모금액 및 그 활용실적을 공개할 수 있는 인터넷 홈페이지가 개설되어 있을 것
② 주식회사 등의 외부감사에 관한 법률 제2조 제7호에 따른 감사인에게 회계감사를 받을 것
③ 상속세 및 증여세법 제50조의 3 제1항 제1호부터 제4호까지의 규정에 해당하는 서류 등을 해당 비영리법인 및 국세청의 인터넷 홈페이지를 통하여 공시할 것
④ 상속세 및 증여세법 제50조의 2에 따른 전용계좌를 개설하여 사용할 것
⑤ 법인세법 시행령 제38조 제6항에 따른 신청일 직전 5개 사업연도[설립일부터 신청일 직전 사업연도 종료일까지의 기간이 5년 미만인 경우에는 해당 법인의 설립일부터 신청일이 속하는 달의 직전 달의 종료일까지의 기간(1년 이상인 경우만 해당함)을 말함. 아래 ⑥에서도 같음] 평균 기부금 배분지출액(*1)이 총 지출금액(*2)의 80% 이상이고 기부금의 모집 · 배분 및 법인의 관리 · 운영에 사용한 비용이 기부금 수입금액의 10% 이하일 것(법칙 §18의 2 ①)
(*1) 배분지출액=(가)−(나)−(다)

(가) 아래 '총 지출금액' 중 개인에게 직접 지원한 금액과 다른 비영리법인 · 단체의 고유목적사업을 위한 재원으로 지출한 금액의 합계액

(나) 해당 법인이 출연하여 설립한 법인 · 단체에 지출한 금액

(다) 개인에게 직접 지원한 금액이 (가)에서 (나)를 뺀 금액의 30%를 초과하는 경우 그 초과하는 금액

(*2) 총 지출금액 : 발생주의에 기초한 결산 기준 포괄손익계산서(포괄손익계산서가 없는 경우에는 손익계산서를 말하며, 이하 같음)의 차변에 계상된 금액의 합계액에서 현재 · 미래의 현금흐름과 무관한 비용을 뺀 금액

⑥ 신청일 직전 5개 사업연도 평균 개별 법인(단체 포함)별 기부금 배분지출액이 전체 배분지출액의 25% 이하이고, 상속세 및 증여세법 시행령 제38조 제10항에 따른 출연자 및 같은 영 제2조의 2 제1항에 따른 출연자의 특수관계인으로서 같은 항 제4호 · 제5호 또는 제8호에 해당하는 비영리법인에 대해서는 기부금 배분지출액이 없을 것

⑦ 법인세법 시행령 제38조 제14항에 따라 그 지정이 취소된 경우에는 그 취소된 날부터 3년, 재지정을 받지 못하게 된 경우에는 그 지정기간의 종료일부터 3년이 지났을 것

이에 따라 2024년 6월 28일 현재 고시된 전문모금기관은 다음과 같다(기획재정부 고시 제2024-22호, 2024. 6. 28.).

번호	특례기부금(구 법정기부금)단체	지정기간
1	사회복지법인 사회복지공동모금회	2023. 1. 1.부터 2028. 12. 31.까지
2	재단법인 바보의 나눔	

주무관청은 상기 표에 따른 단체의 명칭이 변경된 경우로서 해당 단체가 지정요건을 계속 충족하고 있는 경우에는 지체 없이 그 단체의 정관을 첨부하여 기획재정부장관에게 그 사실을 알려야 한다. 이 경우 기획재정부장관은 전자정부법 제36조 제1항에 따른 행정정보의 공동이용을 통하여 그 단체의 법인 등기사항증명서를 확인해야 한다(법칙 §18의 2 ⑥).

(7) 일정요건을 갖춘 공공기관 등에 지출하는 기부금

법인이 공공기관의 운영에 관한 법률 제4조에 따른 공공기관(같은 법 제5조 제3항 제1호에 따른 공기업 제외) 또는 법률에 따라 직접 설립된 기관(이하 "공공기관 등"이라 함)으로서 다음의 요건을 모두 갖춘 기관은 아래 표에서 각 기관별로 지정한 기간까지 법정기부금단체로 인정되므로 해당 기관에 지출하는 기부금은 법정기부금에 해당한다(법률 15222호 부칙 §9 및 구 법령 §36의 2 ⑤).

① 기부금 모금액 및 그 활용 실적을 공개할 수 있는 인터넷 홈페이지가 개설되어 있을 것

② 설립 목적이 사회복지 · 자선 · 문화 · 예술 · 교육 · 학술 · 장학 등 공익목적 활동을 수행하는 것일 것

③ 구 법인세법 시행령 제36조의 2 제6항에 따른 신청일 직전 5개 사업연도(설립일부터 신청일 직전 사업연도 종료일까지의 기간이 5년 미만인 경우에는 해당 법인의 설립일부터 신청일이 속하는 달의 직전 달의 종료일까지의 기간을 말함) 평균 정부지원금(*1) 및 기부금 합계액이 연간 총 수입금액(*2)의 3분의 1 이상일 것(구 법칙 §18의 3 ②)

(*1) 정부지원금 : 출연금, 보조금 등 정부로부터 이전받은 수입액 및 부담금관리 기본법에 따른 부담금 등 법령상 강제규정에 따라 민간 등으로부터 이전받은 수입액의 합계액

(*2) 총 수입금액=(가)+(나)

(가) 발생주의에 기초한 결산 기준 포괄손익계산서의 대변에 계상된 금액의 합계액에서 현재·미래의 현금흐름과 무관한 수입액과 법인세법 시행령 제2조 제1항 각 호의 사업에서 발생하는 수입금액을 뺀 금액

(나) 상기 '정부지원금' 중 재무상태표에 계상된 금액

④ 구 법인세법 시행령 제36조의 2 제4항에 따라 그 지정이 취소된 경우에는 그 취소된 날부터 3년, 재지정을 받지 못하게 된 경우에는 그 지정기간의 종료일부터 3년이 지났을 것

이에 따라 지정된 공공기관 등의 범위는 다음과 같다(구 법칙 §18의 3 ④ 및 구 별표 6의 7).

번호	법정기부금단체	지정기간
1	「국방과학연구소법」에 따른 국방과학연구소	2012. 1. 1.부터 2017. 12. 31.까지
2	「고용정책기본법」 제18조의 2에 따른 한국잡월드	
3	「2018 평창 동계올림픽대회 및 장애인동계올림픽대회 지원 등에 관한 특별법」 제5조에 따른 2018 평창 동계올림픽대회 및 장애인동계올림픽대회 조직위원회	
4	「연구개발특구의 육성에 관한 특별법」 제46조에 따른 연구개발특구진흥재단	
5	「한국고전번역원법」 제4조에 따른 한국고전번역원	
6	「동학농민혁명 참여자 등의 명예회복에 관한 특별법」 제9조에 따른 동학농민혁명 기념재단	2013. 1. 1.부터 2018. 12. 31.까지
7	「2011대구세계육상선수권대회, 2013충주세계조정선수권대회, 2014인천아시아경기대회, 2014인천장애인아시아경기대회 및 2015광주하계유니버시아드대회 지원법」 제3조에 따른 2014인천장애인아시아경기대회조직위원회	
8	「공중화장실 등에 관한 법률」 제15조의 2에 따른 한국화장실협회	
9	「공공기관의 운영에 관한 법률」 제5조에 따라 지정된 재단법인 한국노인인력개발원	
10	「기상산업진흥법」 제17조에 따른 한국기상산업진흥원	
11	「문화예술진흥법」 제38조에 따른 한국문화예술회관연합회	
12	「산업기술혁신 촉진법」 제38조에 따른 한국산업기술진흥원	

번호	법정기부금단체	지정기간
13	「결핵예방법」 제21조에 따른 대한결핵협회	2014. 1. 1.부터 2019. 12. 31.까지
14	「2015경북문경세계군인체육대회 지원법」 제3조에 따른 2015경북문경세계군인체육대회조직위원회	
15	「2015세계물포럼 지원 특별법」 제3조에 따른 2015세계물포럼조직위원회(2018. 12. 31. 지정취소)	
16	「국어기본법」에 따른 세종학당재단	
17	「문화재보호법」에 따른 국외소재문화재재단	2015. 1. 1.부터 2020. 12. 31.까지
18	「국립생태원의 설립 및 운영에 관한 법률」에 따른 국립생태원	
19	「공공기관의 운영에 관한 법률」 제4조에 따라 공공기관으로 지정된 재단법인 아이오엠이민정책연구원	
20	「국제과학비즈니스벨트 조성 및 지원에 관한 특별법」 제14조에 따른 기초과학연구원	
21	「대일항쟁기 강제동원 피해조사 및 국외강제동원희생자 등 지원에 관한 특별법」 제37조에 따른 일제강제동원피해자지원재단	2016. 1. 1.부터 2021. 12. 31.까지
22	「과학관의 설립·운영 및 육성에 관한 법률」 제19조에 따른 국립대구과학관	
23	「과학관의 설립·운영 및 육성에 관한 법률」 제19조에 따른 국립광주과학관	
24	「과학관의 설립·운영 및 육성에 관한 법률」 제19조에 따른 국립부산과학관	
25	「지능형 로봇 개발 및 보급 촉진법」 제41조 제1항에 따른 한국로봇산업진흥원	
26	「방송법」 제90조의 2 제1항에 따른 시청자미디어재단	
27	「대한적십자사 조직법」에 따른 대한적십자사	2017. 1. 1.부터 2022. 12. 31.까지
28	「한국국제교류재단법」에 따른 한국국제교류재단	
29	「과학기술기본법」 제30조의 2 제1항에 따른 한국과학창의재단	
30	「사회복지사업법」 제33조에 따른 한국사회복지협의회	
31	「북한이탈주민의 보호 및 정착지원에 관한 법률」 제30조에 따른 북한이탈주민지원재단	
32	「한국장학재단 설립 등에 관한 법률」 제6조에 따른 한국장학재단	
33	「문화예술진흥법」 제20조에 따른 한국문화예술위원회	
34	「독립기념관법」에 따른 독립기념관	

번호	법정기부금단체	지정기간
35	「문화유산과 자연환경자산에 관한 국민신탁법」 제3조에 따른 문화유산국민신탁 및 자연환경국민신탁	2017. 1. 1.부터 2022. 12. 31.까지
36	「한국해양수산연수원법」에 따른 한국해양수산연수원	
37	「국가유공자 등 단체 설립에 관한 법률」에 따른 대한민국전몰군경유족회, 대한민국전몰군경미망인회, 광복회, 재일학도의용군동지회 및 대한민국무공수훈자회	
38	「국민체육진흥법」 제34조에 따른 대한장애인체육회	
39	「과학기술분야 정부출연연구기관 등의 설립 · 운영 및 육성에 관한 법률」 제8조 제1항 및 별표에 따른 한국과학기술연구원, 한국기초과학지원연구원, 한국천문연구원, 한국생명공학연구원, 한국과학기술정보연구원, 한국한의학연구원, 한국생산기술연구원, 한국철도기술연구원, 한국표준과학연구원, 한국지질자원연구원, 한국기계연구원, 한국전기연구원 및 한국화학연구원	
40	「보호관찰 등에 관한 법률」 제71조에 따른 한국법무보호복지공단	
41	「출판문화산업 진흥법」 제16조에 따른 한국출판문화산업진흥원	
42	「선원법」 제142조에 따른 한국선원복지고용센터	
43	「아시아문화중심도시 조성에 관한 특별법」 제28조에 따른 아시아문화원	

주무관청은 상기 표에 따른 법정기부금단체의 명칭이 변경된 경우로서 해당 단체가 지정요건을 계속 충족하고 있는 경우에는 지체 없이 그 단체의 법인 등기사항증명서 및 정관을 첨부하여 기획재정부장관에게 그 사실을 알려야 한다(구 법칙 §18의 3 ⑥).

2-2-2. 특례기부금(구 법정기부금)의 손금산입한도액 및 이월손금산입

특례기부금(구 법정기부금)은 해당 사업연도 소득금액에서 이월결손금을 차감한 금액의 50% 범위 내에서 법인의 손금에 산입한다(법법 §24 ② 2호).

> 특례기부금(구 법정기부금) 손금산입한도액 = (기준소득금액－이월결손금)×50%

특례기부금(구 법정기부금)과 일반기부금(구 지정기부금)의 손금산입 한도액을 산정함에 있어 '기준소득금액'이란 합병(법법 §44) 또는 분할(법법 §46, §46의 5)에 따른 양도손익을 제외하고, 손금산입 한도액을 계산하는 모든 기부금 즉, 특례기부금(구 법정기부금)과 일반기부금(구 지정기부금)을 손금에 산입하기 전의 해당 사업연도의 소득금액을 말한다. 또한, 기부금의 손금산입 한도액을 산정함에 있어 차감되는 이월결손금은 과세표준 계산에 있어 공제되는 법인세법 제13조 제1항 제1호에 의한 결손금의 합계액을 말한다. 즉, 각 사업연도 개시일 전 15년

(2020년 1월 1일 이전에 개시한 사업연도에서 발생한 결손금은 10년) 이내에 개시한 사업연도에서 발생한 세무상 결손금으로서 그 후의 각 사업연도의 과세표준 계산시 공제되지 아니한 금액을 말한다. 다만, 법인세법 제13조 제1항 각 호 외의 부분 단서에 따라 각 사업연도 소득의 80%를 한도로 이월결손금 공제를 적용받는 법인은 기준소득금액의 80%를 한도로 차감한다.

내국법인이 각 사업연도에 지출하는 특례기부금(구 법정기부금) 중 특례기부금(구 법정기부금)의 손금산입한도액을 초과하여 손금에 산입하지 아니한 금액은 해당 사업연도의 다음 사업연도 개시일부터 10년(2013년 1월 1일 이후 개시한 사업연도에 지출한 기부금에 대하여도 이월손금산입 기간을 10년으로 함) 이내에 끝나는 각 사업연도로 이월하여 그 이월된 사업연도의 소득금액을 계산할 때 특례기부금(구 법정기부금) 손금산입한도액의 범위에서 손금에 산입한다(법법 §24 ⑤ 및 법률 16008호 부칙 §4 ②). 이 경우, 이월손금산입시에는 이월된 금액을 해당 사업연도에 지출한 기부금보다 먼저 손금에 산입하며, 이월된 금액은 먼저 발생한 이월금액부터 손금에 산입한다(법법 §24 ⑥).

관련사례

- 기부금 이월잔액 손금산입 시 손금산입 한도액 계산 방법
  내국법인이 2021년 1월 1일 전에 지출한 기부금에 대하여 법인세법 제24조 제5항에 따른 기부금 이월잔액을 손금산입하는 경우 손금산입 한도액은 법인세법(2020. 12. 22. 법률 제17652호로 개정된 것) 부칙 제16조의 규정에 따라 법인세법 제24조(2020. 12. 22. 법률 제17652호로 개정 전의 것) 제2항 제2호의 규정을 적용하여 계산함(서면-2023-법인-0776, 2023. 8. 3.).

개 정

○ 중소기업 등 외 법인의 이월결손금 공제한도가 80%(종전 60%)로 상향조정된 것을 반영하여 특례기부금 손금산입 한도액 계산시 기준소득금액의 80%(종전 60%)를 한도로 이월결손금을 차감하도록 개정(법법 §24 ② 2호)
  ➡ 2023년 1월 1일 이후 개시하는 사업연도 분부터 적용

NOTE :: 특례기부금(구 법정기부금) 손금산입한도액의 변천

구 분	손금산입한도액
2022년 12월 31일 법인세법 개정 이후	(해당 사업연도 소득금액－이월결손금(*)) × 50% (*) 각 사업연도소득의 80%를 한도로 이월결손금 공제를 적용받는 법인은 기준소득금액의 80%를 한도로 함.
2022년 12월 31일 법인세법 개정 전	(해당 사업연도 소득금액－이월결손금(*)) × 50% (*) 각 사업연도 소득의 60%를 한도로 이월결손금 공제를 적용받는 법인은 기준소득금액의 60%를 한도로 함.
2020년 12월 22일 법인세법 개정 전	(해당 사업연도 소득금액－이월결손금) × 50%
2010년 12월 30일 법인세법 시행령 개정 전	(해당 사업연도 소득금액－이월결손금－대학기부금 손금산입액) × 50%
2009년 2월 4일 법인세법 시행령 개정 전	(해당 사업연도 소득금액－이월결손금) × 50%(*) (*) 2006년 1월 1일 이후 개시하는 사업연도부터 그 사업연도 개시일 이후 3년 이내에 종료하는 사업연도 : 75%
2006년 2월 9일 법인세법 시행령 개정 전	(해당 사업연도 소득금액 － 이월결손금) × 100%

※ 손금산입한도액은 이월잔액 중 손금산입액까지 포함한 한도

※ '해당 사업연도 소득금액'은 현행 법령의 기준소득과 동일한 개념

2－3. 일반기부금(구 지정기부금)(법법 §24 ③)

2－3－1. 개 요

일반기부금(구 지정기부금)은 내국법인이 각 사업연도에 지출한 기부금 중 사회복지 · 문화 · 예술 · 교육 · 종교 · 자선 · 학술 등 공익성을 지닌 사업에 지출하는 기부금으로서 법인세법 시행령 제39조에서 한정적으로 열거하고 있는 각각의 기부금을 말한다. 이를 구분하면 다음과 같다.

① 공익법인 등의 고유목적사업비로 지출하는 기부금
② 세법상 규정한 특정용도로 지출하는 기부금
③ 사회복지시설에 지출하는 기부금
④ 국제기구에 지출하는 기부금
⑤ 법인으로 보는 단체의 고유목적사업비 지출액

관련사례

• 기증 후 법률의 제한 등으로 목적에 사용되지 않는 기부자산의 처리
법인세법 시행령 제39조 각 호에 따른 단체가 자산을 기증받은 후 국토의 계획 및 이용에 관한 법률 등에 따른 공용제한 등으로 사용하지 못한 경우에도 당초 기증받은 목적에 사용하려고 소유하고 있는 때에는 일반기부금으로 봄(법기통 24-39…3).

• 특수관계있는 단체 등에 지출한 일반기부금의 처리
법인세법 시행령 제39조에 따른 단체 등과 특수관계 있는 법인이 동 단체 등에 같은 조에 규정하는 각종 시설비, 교육비 또는 연구비 등으로 지출한 기부금이나 장학금은 이를 일반기부금으로 봄(법기통 24-39…4).

• 특수관계자인 일반기부금단체 등에 지출한 기부금의 처리
법인이 특수관계자인 일반기부금 단체 등의 시설비, 교육비 또는 연구비 등으로 지출한 기부금이나 장학금은 일반기부금으로 보는 것이나, 주주 또는 출자자인 비영리법인에게 주식비율에 따라 기부금을 지출하는 등 기부금 지출로 인해 법인의 소득에 대한 조세의 부담을 부당히 감소시킨 것으로 인정되는 경우에는 제외함(법인-1599, 2008. 7. 16.).

2-3-2. 공익법인 등의 고유목적사업비로 지출하는 기부금

(1) 개 요

법인이 아래 '(2)'에서 열거하는 비영리법인(단체 및 비영리외국법인을 포함하며, 이하 "공익법인 등"이라 함)에 대하여 해당 공익법인 등의 고유목적사업비로 지출하는 기부금은 일반기부금으로 본다(법령 §39 ① 1호).

여기서 '고유목적사업비'란 해당 비영리법인 또는 단체에 관한 법령 또는 정관에 규정된 설립목적을 수행하는 사업으로서 법인세법 시행령 제3조 제1항의 규정에 해당하는 수익사업(보건업 및 사회복지 서비스업 중 보건업 제외) 외의 사업에 사용하기 위한 금액을 말한다(법령 §39 ③).

(2) 공익법인 등의 범위

1) 사회복지사업법에 따른 사회복지법인

2) 영유아보육법에 따른 어린이집

3) 유아교육법에 따른 유치원, 초·중등교육법 및 고등교육법에 따른 학교, 국민 평생 직업능력 개발법에 따른 기능대학, 평생교육법 제31조 제4항에 따른 전공대학 형태의 평생교육시설 및 같은 법 제33조 제3항에 따른 원격대학 형태의 평생교육시설

관련사례

- 하나의 사업부가 고등교육법에 따른 학교인 경우 일반기부금 단체로 볼 수 있는지 여부
  내국법인이 4개의 사업부로 조직되어 있고, 그 중 하나의 사업부가 고등교육법에 따른 학교라 하더라도 해당 내국법인은 법인세법 시행령 제39조 제1항 제1호 다목의 「고등교육법」에 따른 학교로 볼 수 없음(사전-2021-법령해석법인-0743, 2021. 6. 11.).
- 한국외국인학교에 지출하는 기부금의 일반기부금 해당 여부
  초·중등교육법 제4조의 규정에 근거하여 인가·설립되고 같은 법 제2조 제6호의 "각종 학교"의 범위에 속하는 '한국외국인학교'에 고유목적사업비로 지출하는 기부금은 일반기부금에 해당하는 것임(서이 46012-10331, 2001. 10. 10.).
- 컴퓨터 유상교육을 위해 초등학교에 무상기증하는 관련 장비의 기부금 해당 여부
  법인이 초등학교에서 유상으로 컴퓨터 교육을 실시할 목적으로 컴퓨터에 대한 업그레이드 장치와 관련 비품 등을 무상으로 기증한 경우 기부금으로 보지 않으며 컴퓨터 교육의 계약기간 동안 안분하여 손금에 산입함(법인 46012-462, 2001. 3. 2.).

4) 의료법에 따른 의료법인

5) 종교의 보급, 그 밖에 교화를 목적으로 민법 제32조에 따라 문화체육관광부장관 또는 지방자치단체의 장의 허가를 받아 설립한 비영리법인(그 소속 단체 포함)

관련사례

- 임의로 조직된 종교단체의 일반기부금단체 해당 여부
  거주자 등에 의하여 임의로 조직된 종교단체에 지출하는 기부금은 일반기부금의 범위에서 제외됨(법인 46012-461, 1998. 2. 23.).
- 종교단체 등에 대한 건축헌금의 일반기부금 해당 여부
  종교단체 등에 대한 기부금에는 동 단체의 일상적인 활동비 외에 종교활동을 위한 건축헌금도 포함되며, 그 건축헌금이 장차 종교단체 소유의 건축물 등을 건축하기 위한 것이라 하더라도 일반기부금으로 인정되는 것임(국심 94부 4697, 1994. 12. 14.).

6) 민법상 비영리법인, 비영리외국법인, 사회적협동조합, 공공기관 또는 법률에 따라 직접 설립 또는 등록된 기관 중 법정 요건을 충족하고 국세청장(주사무소 및 본점소재지 관할 세무서장을 포함함)의 추천을 받아 기획재정부장관이 지정하여 고시한 법인

민법 제32조에 따라 주무관청의 허가를 받아 설립된 비영리법인(이하 "민법상 비영리법인"이라 함), 비영리외국법인, 협동조합 기본법 제85조에 따라 설립된 사회적협동조합(이하 "사회적협동조합"이라 함), 공공기관의 운영에 관한 법률 제4조에 따른 공공기관(같은 법 제5조 제4항 제1호에 따른 공기업은 제외하며, 이하 "공공기관"이라 함) 또는 법률에 따라 직접 설립 또는 등록된 기관 중 다음의 요건을 모두 충족한 것으로서 국세청장(주사무소 및 본점소재지 관할 세무서

장을 포함함)의 추천을 받아 기획재정부장관이 매분기별로 지정하여 고시한 법인(이하 "기획재정부장관이 지정하는 공익법인등"이라 함)(법령 §39 ① 1호 바목 및 법칙 §18의 3 ④)으로 하되, 동 법인에 지출하는 기부금은 지정일이 속하는 연도의 1월 1일부터 3년간(지정받은 기간이 끝난 후 2년 이내에 재지정되는 경우에는 재지정일이 속하는 사업연도의 1월 1일부터 6년간으로 하며, 이하 "지정기간"이라 함) 지출하는 기부금으로 한정하며, 동 기간이 경과한 후 다시 공익법인등으로 지정받기 위해서는 국세청장에게 추천신청서류를 제출하고 국세청장의 추천을 받아 기획재정부장관이 새로 지정해야 한다(법령 §39 ① 1호 단서, 바목 및 법칙 §18의 3 ④).

① 다음의 구분에 따른 요건
   ㉠ 민법상 비영리법인 또는 비영리외국법인의 경우 : 정관의 내용상 수입을 회원의 이익이 아닌 공익을 위하여 사용하고 사업의 직접 수혜자가 불특정 다수인 것이 인정될 것(비영리외국법인의 경우 추가적으로 재외동포의 출입국과 법적 지위에 관한 법률 제2조에 따른 재외동포의 협력 · 지원, 한국의 홍보 또는 국제교류 · 협력을 목적으로 하는 것일 것). 다만, 상속세 및 증여세법 시행령 제38조 제8항 제2호 각 목 외의 부분 단서에 해당하는 경우에는 해당 요건을 갖춘 것으로 봄(2021. 1. 1. 이후 지정 · 고시하는 법인부터 적용함).
   ㉡ 사회적협동조합의 경우 : 정관의 내용상 협동조합 기본법 제93조 제1항 제1호부터 제3호까지의 사업 중 어느 하나의 사업을 수행하는 것일 것
   ㉢ 공공기관 또는 법률에 따라 직접 설립 또는 등록된 기관의 경우 : 설립목적이 사회복지 · 자선 · 문화 · 예술 · 교육 · 학술 · 장학 등 공익목적 활동을 수행하는 것일 것

② 해산하는 경우 잔여재산을 국가 · 지방자치단체 또는 유사한 목적을 가진 다른 비영리법인에 귀속하도록 한다는 내용이 정관에 포함되어 있을 것

③ 인터넷 홈페이지가 개설되어 있고, 인터넷 홈페이지를 통하여 연간 기부금 모금액 및 활용실적을 공개한다는 내용이 정관에 포함되어 있으며, 법인의 공익위반 사항을 국민권익위원회, 국세청 또는 주무관청 등 공익위반사항을 관리 · 감독할 수 있는 기관(이하 "공익위반사항 관리 · 감독 기관"이라 함) 중 1개 이상의 곳에 제보가 가능하도록 공익위반사항 관리 · 감독기관이 개설한 인터넷 홈페이지와 해당 법인이 개설한 홈페이지가 연결되어 있을 것

④ 비영리법인으로 지정 · 고시된 날이 속하는 연도와 그 직전 연도에 해당 비영리법인의 명의 또는 그 대표자의 명의로 특정 정당 또는 특정인에 대한 공직선거법 제58조 제1항에 따른 선거운동을 한 사실이 없을 것

⑤ 지정이 취소된 경우에는 그 취소된 날부터 3년, 추천을 받지 않은 경우에는 그 지정기간의 종료일부터 3년이 지났을 것(다만, 상기 ①~③의 의무를 위반한 사유만으로 지정이 취소되거나 추천을 받지 못한 경우는 제외함)

7) 구 법인세법 시행령 제36조 제1항 제1호 다목, 라목 및 아목에 따른 지정기부금단체

다음의 단체에 지출하는 기부금은 2020년 12월 31일까지 지정기부금으로 본다(대통령령

28640호 부칙 §16).

① 2018년 2월 13일 개정 전 구 법인세법 시행령 제36조 제1항 제1호 다목 및 라목에 따라 정부로부터 허가 또는 인가를 받은 학술연구단체, 장학단체, 기술진흥단체와 문화·예술단체(문화예술진흥법에 따라 지정을 받은 문화·예술법인 및 전문예술단체 포함) 및 환경보호운동단체

② 2018년 2월 13일 개정 전 구 법인세법 시행령 제36조 제1항 제1호 아목에 따른 지정기부금단체

한편, 기획재정부장관은 위에 해당하는 단체가 2021년 1월 1일부터 10월 12일까지 위 '6)'에 따른 신청을 하지 않더라도 기획재정부장관이 정하여 고시하는 바에 따라 해당 지정기부금단체등의 추천 신청을 받아 2023년 12월 31일까지 '6)'에 따른 지정·고시를 할 수 있으며, 이 경우 2021년 1월 1일부터 3년간(지정받은 기간이 끝난 후 2년 이내에 재지정되는 경우에는 재지정일이 속하는 사업연도의 1월 1일부터 5년간) 해당 단체에 지출했거나 지출하는 기부금은 일반기부금(구 지정기부금)으로 본다(법령 §39 ⑭, ⑮).

개 정

○ 구 법인세법 시행령 제36조 제1항 제1호 다목·라목 및 아목에 따른 지정기부금 단체로서 2023년 12월 31일까지 공익법인으로 지정·고시되는 경우 2021년 이후 공익법인으로 인정 (법령 §39 ⑭, ⑮)

➡ 2023년 9월 26일부터 시행

2-3-3. 세법상 규정한 특정 용도로 지출하는 기부금

법인이 다음의 열거하는 단체 등에 대하여 지출하는 기부금은 그 특정 용도로 지출하는 경우에만 일반기부금(구 지정기부금)으로 본다(법령 §39 ① 2호).

(1) 유아교육법에 따른 유치원의 장, 초·중등교육법 및 고등교육법에 의한 학교의 장, 국민평생 직업능력 개발법에 의한 기능대학의 장, 평생교육법 제31조 제4항에 따른 전공대학 형태의 평생교육시설 및 같은 법 제33조 제3항에 따른 원격대학 형태의 평생교육시설의 장이 추천하는 개인에게 교육비·연구비 또는 장학금으로 지출하는 기부금

(2) 다음의 요건(상증령 §14 ①)을 모두 갖춘 공익신탁으로 신탁하는 기부금

① 공익신탁의 수익자가 상속세 및 증여세법 시행령 제12조에 규정된 공익법인 등이거나 그 공익법인 등의 수혜자일 것

② 공익신탁의 만기일까지 신탁계약이 중도해지되거나 취소되지 아니할 것

③ 공익신탁의 중도해지 또는 종료시 잔여신탁재산이 국가·지방자치단체 및 다른 공익신탁

에 귀속될 것

관련사례

• 공익신탁으로 신탁하는 기부금의 손금산입시기

공익신탁으로 신탁하는 기부금은 공익신탁하는 날이 속하는 사업연도에 손금에 산입하며, 공익신탁재산에서 생기는 소득은 법인세를 비과세함(재법인-349, 2004. 6. 16.).

(3) 사회복지 · 문화 · 예술 · 교육 · 종교 · 자선 · 학술 등 공익목적으로 지출하는 기부금으로서 기획재정부장관이 지정하여 고시하는 다음의 기부금(기획재정부 고시 제2024-22호, 2024. 6. 28.)

번호	기부금
1	보건복지가족부장관이 인정하는 의료취약지역에서 비영리법인이 행하는 의료사업의 사업비 · 시설비 · 운영비로 지출하는 기부금
2	국민체육진흥법에 따른 국민체육진흥기금으로 출연하는 기부금
3	전쟁기념사업회법에 따른 전쟁기념사업회에 전쟁기념관 또는 기념탑의 건립비용으로 지출하는 기부금
4	중소기업협동조합법에 따른 중소기업공제사업기금 또는 소기업 · 소상공인공제에 출연하는 기부금
5	중소기업협동조합법에 따른 중소기업중앙회에 중소기업연수원 및 중소기업제품전시장의 건립비와 운영비로 지출하는 기부금
6	중소기업협동조합법에 따른 중소기업중앙회에 중소기업글로벌지원센터(중소기업이 공동으로 이용하는 중소기업 지원시설만 해당함)의 건립비로 지출하는 기부금
7	중소기업협동조합법에 따른 중소기업중앙회에 중소기업의 정보자원(정보 및 설비, 기술, 인력 등 정보화에 필요한 자원을 말함) 도입을 무상으로 지원하기 위한 사업비로 지출하는 기부금
8	근로복지기본법에 따른 근로복지진흥기금으로 출연하는 기부금
9	발명진흥법에 따른 발명진흥기금으로 출연하는 기부금
10	과학기술기본법에 따른 과학기술진흥기금으로 출연하는 기부금
11	여성기업지원에 관한 법률에 따른 한국여성경제인협회에 여성경제인박람회개최비 또는 연수원 및 여성기업종합지원센터의 건립비로 지출하는 기부금
12	방송법에 따라 종교방송을 하는 방송법인에 방송을 위한 건물(방송에 직접 사용되는 부분으로 한정함)의 신축비로 지출하는 기부금
13	보호관찰 등에 관한 법률에 따른 범죄예방자원봉사위원지역협의회 및 그 전국연합회에 청소년 선도보호와 범법자 재범방지활동을 위하여 지출하는 기부금
14	한국은행법에 따른 한국은행, 그 밖의 금융기관이 금융위원회의 설치 등에 관한 법률 제46조 제2호 및 제3호에 따라 금융감독원에 지출하는 출연금

번호	기부금
15	국제체육대회 또는 세계선수권대회의 경기종목에 속하는 경기와 씨름·국궁 및 택견의 기능향상을 위하여 지방자치단체나 대한체육회(시도체육회, 시·군·구체육회 및 대한체육회 회원종목단체, 시도체육회 회원종목단체, 시·군·구 회원종목단체를 포함함. 이하 같음)가 추천하는 자에게 지출하거나 대한체육회에 운동선수양성, 단체경기비용, 생활체육진흥 등을 위하여 지출하는 기부금
16	국제기능올림픽대회에 참가할 선수의 파견비용으로 국제기능올림픽대회한국위원회에 지출하는 기부금
17	지능정보화 기본법에 따른 한국정보화진흥원에 지출하는 기부금(정보통신기기 및 소프트웨어로 기부하는 것으로 한정함)
18	근로자직업능력 개발법 시행령 제2조에 따른 공공단체에 근로자훈련사업비로 지출하는 기부금
19	숙련기술장려법 제6조에 따라 한국산업인력공단에 숙련기술장려적립금으로 출연하는 기부금
20	국민기초생활 보장법 제15조의 2 제1항에 따른 중앙자활센터와 같은 법 제16조 제1항에 따른 지역자활센터에 각각 같은 법 제15조의 2 제1항 및 제16조 제1항 각 호에 따른 사업을 위하여 지출하는 기부금
21	한국교통안전공단법에 따른 교통안전공단에 자동차손해배상보장사업비로 지출하는 기부금
22	사단법인 한국중화총상회에 국내에서 개최되는 세계화상대회 개최비로 지출하는 기부금
23	협동조합 기본법에 따른 사회적협동조합, 사회적협동조합연합회(전체 사업량의 40% 이상을 협동조합기본법 제93조 제1항에 따른 사업을 수행하는 것으로 정관에 규정한 연합회로 한정함) 및 사회적기업 육성법에 따른 사회적기업(비영리법인으로 한정함)의 사회서비스 또는 일자리를 제공하는 사업을 위하여 지출하는 기부금
24	농어업경영체 육성 및 지원에 관한 법률에 따른 농어업경영체에 대한 교육사업을 위하여 사단법인 한국농수식품씨이오연합회에 지출하는 기부금
25	대한소방공제회법에 따른 대한소방공제회에 직무수행 중 순직한 소방공무원의 유가족 또는 상이를 입은 소방공무원의 지원을 위하여 지출하는 기부금
26	장애인기업활동 촉진법에 따른 한국장애경제인협회에 장애경제인에 대한 교육훈련비, 장애경제인 창업지원사업비, 장애경제인협회 회관·연수원 건립비, 장애경제인대회 개최비 및 장애인기업종합지원센터의 설치·운영비로 지출하는 기부금
27	대한민국헌정회 육성법에 따른 대한민국헌정회에 정책연구비 및 헌정기념에 관한 사업비로 지출하는 기부금
28	사단법인 한국회계기준원에 국제회계기준위원회재단 재정지원을 위하여 지출하는 기부금
29	저소득층의 생활 안정 및 복지 향상을 위한 신용대출사업으로서 법인세법 시행령 제3조 제1항 제11호에 따른 사업을 수행하고 있는 비영리법인에 그 사업을 위한 비용으로 지출하는 기부금
30	건설근로자의 고용개선 등에 관한 법률에 따른 건설근로자공제회에 건설근로자의 복지증진 사업을 위하여 지출하는 기부금
31	문화예술진흥법 제7조에 따른 전문예술단체에 문화예술진흥사업 및 활동을 지원하기 위하여 지출하는 기부금

번호	기부금
32	중소기업진흥에 관한 법률에 의한 중소벤처기업진흥공단에 같은 법 제67조 제1항 제20호에 따른 사업을 위하여 지출하는 기부금
33	여신전문금융업법 제62조에 따른 여신전문금융업협회에 금융사고를 예방하기 위하여 같은 법 시행령 제6조의 13 제1항에 따른 영세한 중소신용카드가맹점의 신용카드 단말기 교체를 지원하기 위하여 지출하는 기부금
34	정보통신기반 보호법 제16조에 따른 정보공유·분석센터에 금융 분야의 주요 정보통신기반 시설에 대한 침해사고 예방, 취약점의 분석·평가 등 정보통신기반시설 보호 사업을 위하여 지출하는 기부금
35	보험업법 제175조에 따른 보험협회에 생명보험 사회공헌사업 추진을 위한 협약에 따라 사회공헌기금 등을 통하여 수행하는 사회공헌사업을 위하여 지출하는 기부금
36	노동조합 및 노동관계조정법 제10조 제2항에 따른 총연합단체인 노동조합이 시행하는 노사상생협력증진에 관한 교육·상담 사업, 그 밖에 선진 노사문화 정착과 노사 공동의 이익증진을 위한 사업으로서 고용노동부장관이 정하는 사업을 위하여 지출하는 기부금
37	해외난민을 위하여 지출하는 기부금
38	법인세법 제24조 제2항 제1호 마목의 병원에 자선의료비로 지출하는 기부금
39	도서관법에 따라 등록된 작은도서관에 사업비, 시설비, 운영비로 지출하는 기부금
40	신용보증기금법에 따른 신용보증기금의 보증·보험사업을 위해 기업이 출연하는 기부금
41	기술보증기금법에 따른 기술보증기금의 보증사업을 위해 기업이 출연하는 기부금
42	근로복지기본법에 따른 사내근로복지기금 또는 공동근로복지지금으로 출연하는 기부금(사업자 외의 개인이 출연하는 것으로 한정함)
43	지역신용보증재단법에 따른 신용보증재단 및 신용보증재단중앙회의 보증사업을 위해 기업이 출연하는 기부금
44	여신전문금융업법 제62조에 따른 여신전문금융업협회에 기획재정부에서 시행하는 상생소비지원금 사업의 통합서버 구축·운영비로 지출하는 기부금
45	중소기업협동조합법 제106조 제8항에 따른 중소기업중앙회 공동사업지원자금에 출연하는 기부금
46	새마을금고법에 따라 설립된 새마을금고에 사랑의 좀도리운동을 위하여 지출하는 기부금

2-3-4. 사회복지시설에 지출하는 기부금

다음 중 어느 하나에 해당하는 사회복지시설 또는 기관 중 무료 또는 실비로 이용할 수 있는 시설 또는 기관에 기부하는 금품의 가액은 일반기부금(구 지정기부금)으로 본다. 다만, 아래 ②의 ㉠에 따른 노인주거복지시설 중 양로시설을 설치한 자가 해당 시설의 설치·운영에 필요한 비용을 부담하는 경우 그 부담금 중 해당 시설의 운영으로 발생한 손실금(기업회계기준에 따라 계산한 해당 과세기간의 결손금을 말함)이 있는 경우에는 그 금액을 포함한다(법령 §39 ① 4호).

① 아동복지법 제52조 제1항에 따른 아동복지시설

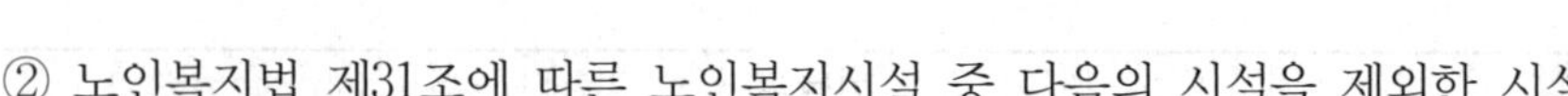

② 노인복지법 제31조에 따른 노인복지시설 중 다음의 시설을 제외한 시설
   ㉠ 노인복지법 제32조 제1항에 따른 노인주거복지시설 중 입소자 본인이 입소비용의 전부를 부담하는 양로시설·노인공동생활가정 및 노인복지주택
   ㉡ 노인복지법 제34조 제1항에 따른 노인의료복지시설 중 입소자 본인이 입소비용의 전부를 부담하는 노인요양시설·노인요양공동생활가정 및 노인전문병원
   ㉢ 노인복지법 제38조에 따른 재가노인복지시설 중 이용자 본인이 재가복지서비스에 대한 이용대가를 전부 부담하는 시설
③ 장애인복지법 제58조 제1항에 따른 장애인복지시설(단, 다음의 시설은 제외)
   ㉠ 비영리법인(사회복지사업법 제16조 제1항에 따라 설립된 사회복지법인을 포함) 외의 자가 운영하는 장애인 공동생활가정
   ㉡ 장애인복지법 시행령 제36조에 따른 장애인생산품 판매시설
   ㉢ 장애인 유료복지시설
④ 한부모가족지원법 제19조 제1항에 따른 한부모가족복지시설
⑤ 정신건강증진 및 정신질환자 복지서비스 지원에 관한 법률 제3조 제6호 및 제7호에 따른 정신요양시설 및 정신재활시설
⑥ 성매매방지 및 피해자보호 등에 관한 법률 제6조 제2항 및 제10조 제2항에 따른 지원시설 및 성매매피해상담소
⑦ 가정폭력방지 및 피해자보호 등에 관한 법률 제5조 제2항 및 제7조 제2항에 따른 가정폭력 관련 상담소 및 보호시설
⑧ 성폭력방지 및 피해자보호 등에 관한 법률 제10조 제2항 및 제12조 제2항에 따른 성폭력피해상담소 및 성폭력피해자보호시설
⑨ 사회복지사업법 제34조에 따른 사회복지시설 중 사회복지관과 부랑인·노숙인 시설
⑩ 노인장기요양보험법 제32조에 따른 재가장기요양기관
⑪ 다문화가족지원법 제12조에 따른 다문화가족지원센터
⑫ 건강가정기본법 제35조 제1항에 따른 건강가정지원센터(2021. 1. 1. 이후 기부하는 분부터 적용함)
⑬ 청소년복지 지원법 제31조에 따른 청소년복지시설

2-3-5. 국제기구에 지출하는 기부금

사회복지, 문화, 예술, 교육, 종교, 자선, 학술 등 공익을 위한 사업을 수행하고, 우리나라가 회원국으로 가입한 국제기구로서 기획재정부장관이 지정하여 고시하는 다음의 국제기구에 지출하는 기부금은 일반기부금(구 지정기부금)에 해당한다(법령 §39 ① 6호 및 기획재정부 고시 제2024-22호, 2024. 6. 28.).

⑴ 유엔난민기구(United Nations High Commissioner for Refugees, UNHCR)
⑵ 세계식량계획(World Food Programme, WFP)
⑶ 국제이주기구(International Organization for Migration, IOM)
⑷ 글로벌녹색성장연구소(Global Green Growth Institute, GGGI)
⑸ 녹색기후기금(Green Climate Fund, GCF)
⑹ 유엔개발계획(United Nations Development Programme, UNDP)
⑺ 아시아산림협력기구(Asian Forest Cooperation Organization, AFoCO)
⑻ 재한유엔기념공원(UN Memorial Cemetery in Korea, UNMCK)
⑼ 유엔여성기구(UN Women, UNW)
⑽ 국제백신연구소(International Vaccine Institute, IVI)
⑾ 감염병혁신연합(Coalition for Epidemic Preparedness Innovations, CEPI)

2-3-6. 법인으로 보는 단체의 고유목적사업비 지출액

법인으로 보는 단체 중 다음의 단체를 제외한 단체의 수익사업에서 발생한 소득을 고유목적사업비로 지출하는 금액은 일반기부금(구 지정기부금)으로 본다(법령 §39 ②).

여기서 '고유목적사업비'라 함은 해당 비영리법인 또는 단체에 관한 법령 또는 정관에 규정된 설립목적을 수행하는 사업으로서 법인세법 시행령 제3조 제1항의 규정에 해당하는 수익사업(보건업 및 사회복지서비스업 중 보건업은 제외) 외의 사업에 사용하기 위한 금액을 말한다(법령 §39 ③).

① 법인세법 시행령 제39조 제1항 제1호에 해당하는 단체('2-3-2. 공익법인 등의 고유목적사업비로 지출하는 기부금'에서 열거하는 단체)
② 법령에 의하여 설치된 기금
③ 공동주택관리법 제2조 제1항 제1호 가목에 따른 공동주택의 입주자대표회의 · 임차인대표회의 또는 이와 유사한 관리기구

2-3-7. 일반기부금(구 지정기부금)의 손금산입한도액 및 이월손금산입

(1) 일반기부금(구 지정기부금)의 손금산입한도액

일반기부금(구 지정기부금)의 손금산입한도액은 기준소득금액에서 이월결손금과 특례기부금(구 법정기부금) 손금산입액을 차감한 금액에 10%(다만, 사업연도 종료일 현재 사회적기업 육성법 제2조 제1호에 따른 사회적기업은 20%로 함)를 곱하여 산출한 금액으로 한다(법법 §24 ③ 2호). 이를 산식으로 나타내면 다음과 같다.

일반기부금 (구 지정기부금)의 손금산입한도액	=	(기준소득금액(*1) − 이월결손금(*2) −특례기부금 손금산입액(*3))	× 10%(*4)

(*1) 합병(법법 §44) 또는 분할(법법 §46, §46의 5)에 따른 양도손익을 제외하고, 손금산입한도액을 계산하는 모든 기부금 즉, 특례기부금(구 법정기부금)과 일반기부금(구 지정기부금)을 손금에 산입하기 전의 해당 사업연도의 소득금액을 말함.
(*2) 법인세법 제13조 제1항 각 호 외의 부분 단서에 따라 각 사업연도 소득의 80%를 한도로 이월결손금 공제를 적용받는 법인은 기준소득금액의 80%를 한도로 함.
(*3) 이월잔액 중 손금산입액을 포함함.
(*4) 사업연도 종료일 현재 사회적기업 육성법 제2조 제1호에 따른 사회적기업은 20%로 함.

개 정

○ 중소기업 등 외 법인의 이월결손금 공제한도가 80%(종전 60%)로 상향조정된 것을 반영하여 일반기부금 손금산입 한도액 계산시 기준소득금액의 80%(종전 60%)를 한도로 이월결손금을 차감하도록 개정(법법 §24 ③ 2호)
➡ 2023년 1월 1일 이후 개시하는 사업연도 분부터 적용

관련사례

- 준비금과 일반기부금한도액의 계산순서
  일반기부금의 손금산입한도액은 각종 준비금을 먼저 손금에 산입한 후의 소득금액을 기준으로 하여 계산함(법기통 24-39…1).
- 최저한세 적용으로 부인된 준비금이 있는 경우의 일반기부금한도액의 계산
  일반기부금한도액 계산시 최저한세 적용 후 부인된 조세특례제한법상 준비금이 있는 경우 부인된 동 준비금을 합한 금액을 기준소득금액으로 보아 한도액을 계산함(서면2팀-2524, 2004. 12. 3.).

(2) 한도초과액의 이월손금산입

내국법인이 각 사업연도에 지출하는 일반기부금(구 지정기부금) 중 일반기부금(구 지정기부금)의 손금산입한도액을 초과하여 손금에 산입하지 아니한 금액은 해당 사업연도의 다음 사업연도 개시일부터 10년(2013년 1월 1일 이후 개시한 사업연도에 지출한 기부금에 대하여도 이월손금산입 기간을 10년으로 함) 이내에 끝나는 각 사업연도로 이월하여 그 이월된 사업연도의 소득금액을 계산할 때 일반기부금(구 지정기부금) 손금산입한도액의 범위에서 손금에 산입한다(법법 §24 ⑤ 및 법률 16008호 부칙 §4 ②). 이 경우, 이월손금산입시에는 이월된 금액을 해당 사업연도에 지출한 기부금보다 먼저 손금에 산입하며, 이월된 금액은 먼저 발생한 이월금액부터 손금에 산입한다(법법 §24 ⑥).

관련사례

• 기부금 이월잔액 손금산입 시 손금산입 한도액 계산 방법

내국법인이 2021년 1월 1일 전에 지출한 기부금에 대하여 법인세법 제24조 제5항에 따른 기부금 이월잔액을 손금산입하는 경우 손금산입 한도액은 법인세법(2020. 12. 22. 법률 제17652호로 개정된 것) 부칙 제16조의 규정에 따라 법인세법 제24조(2020. 12. 22. 법률 제17652호로 개정 전의 것) 제2항 제2호의 규정을 적용하여 계산함(서면-2023-법인-0776, 2023. 8. 3.).

우리사주조합에 지출하는 기부금

법인이 우리사주조합에 지출하는 기부금은 다음 산식에 따른 금액을 한도로 하여 손금에 산입할 수 있다(조특법 §88의 4 ⑬).

> 우리사주조합 기부금의 손금산입한도액(*1)
> = [(기준소득금액(*2) - (이월결손금(*3) + 특례기부금의 손금산입액(*4))] × 30%

(*1) 한도 초과액에 대한 이월 손금산입 규정 없음.

(*2) 합병(법법 §44) 또는 분할(법법 §46, §46의 5)에 따른 양도손익을 제외하고, 손금산입한도액을 계산하는 모든 기부금 즉, 특례기부금(구 법정기부금)과 일반기부금(구 지정기부금)을 손금에 산입하기 전의 해당 사업연도의 소득금액을 말함.

(*3) 법인세법 제13조 제1항 각 호 외의 부분 단서에 따라 각 사업연도 소득의 80%를 한도로 이월결손금 공제를 적용받는 법인은 기준소득금액의 80%를 한도로 함.

(*4) 법인세법 제24조 제5항에 따라 이월하여 손금에 산입한 금액을 포함함.

2-4. 비지정기부금

2-4-1. 개 요

비지정기부금이란 전술한 특례기부금(구 법정기부금) 및 일반기부금(구 지정기부금)과 같이 일정한 한도 내에서 손금에 산입하는 기부금을 제외한 일체의 기부금을 말한다. 즉, 세법에서 손금으로 용인되는 기부금으로 열거하고 있지 아니한 기부금은 원칙적으로 손금에 산입하지 아니한다. 그 예로는 동창회·향우회·종친회 기부금 등을 들 수 있다.

한편, 법인의 임원 등이 개인적으로 부담하여야 할 기부금을 법인이 부담한 경우 이는 비지정기부금이 아닌 업무와 관련 없는 비용으로 보아 손금불산입(상여)하여야 할 것이다.

2-4-2. 비지정기부금의 세무조정

비지정기부금은 그 전액을 손금불산입하고 그 기부받은 자의 구분에 따라 다음과 같이 소득처분한다(법기통 67-106…6).

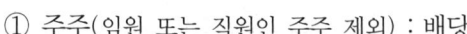

① 주주(임원 또는 직원인 주주 제외) : 배당
② 직원(임원 포함) : 상여
③ 법인 또는 사업을 영위하는 개인 : 기타사외유출
④ 위 ①~③ 외의 자 : 기타소득

관련사례

- 상관행상 통상의 수출알선수수료를 초과하는 금액의 비지정기부금 해당 여부
  상거래관행에 따른 통상의 수출알선수수료를 초과하는 금액으로서 수출알선 행위와 직접 관련없이 무상으로 지급하는 재산적 증여의 가액에 해당하는 경우 비지정기부금으로서 손금불산입됨(국총 46017-554, 1999. 8. 16.).

3. 기부금의 가액

3-1. 기업회계기준

기부금을 현금 및 현금성자산으로 지출하는 경우에는 해당 금액을 기부금의 가액으로 하는 것이나, 토지와 건물 등 비현금성자산을 기부하는 경우에는 기부시점의 해당 비현금성자산의 공정가액을 기부금의 가액으로 하고, 제품을 기부한 경우에는 해당 제품원가를 기부금의 가액으로 한다. 다만, 토지와 건물 등 비현금성자산의 공정가액 측정이 어렵거나 공정가액과 장부가액의 차이가 중요하지 않은 경우에는 장부가액을 기준으로 회계처리하는 것도 인정될 수 있다(금감원 2001-013, 2001. 12. 31. 및 금감원 2001-160, 2001. 12. 31.).

3-2. 법인세법

법인이 기부금을 금전으로 지출한 경우 기부금의 가액은 해당 금액이 되지만, 금전 외의 자산으로 제공한 경우 해당 자산의 가액은 다음의 구분에 따른다(법령 §36 ①).

① 특례기부금(구 법정기부금)의 경우 : 기부했을 때의 장부가액
② 특수관계인이 아닌 자에게 기부한 일반기부금(구 지정기부금)의 경우 : 기부했을 때의 장부가액
③ ① 및 ② 외의 경우 : 기부했을 때의 장부가액과 시가 중 큰 금액

계산사례 - 2 **현물기부금의 세무조정**

원가 70원(시가 100원)인 제품을 일반기부금(구 지정기부금, 특수관계인에 기부한 것으로 가정) 또는 특례기부금(구 법정기부금)으로 지출한 경우

구 분	일반기부금(구 지정기부금)으로 지출한 경우	특례기부금(구 법정기부금)으로 지출한 경우
회사의 회계처리	(차) 기부금 70 (대) 제 품 70	(차) 기부금 70 (대) 제 품 70
세무상 회계처리	(차) 기부금 100 (대) 제 품 70 처분이익 30	(차) 기부금 70 (대) 제 품 70
세무조정	〈익금산입〉 처분이익 30 (기타)(*) 〈손금산입〉 기부금 30 (기타)(*)	해당사항 없음.

(*) 상기 기부금에 대한 세무조정 유무에 관계없이 과세소득에 미치는 영향은 동일하므로 위와 같은 기부금 관련 세무조정은 생략이 가능하다. 다만, 기부금 과소계상액은 회사의 일반기부금(구 지정기부금)에 포함하여 한도초과액을 산정하여야 한다.

관련사례

- 기부금영수증 발급시 외화기부금에 적용할 환율
  내국법인이 기획재정부장관이 지정하여 고시한 국제기구에 외화로 기부하는 경우, 국제기구가 해당 외화기부금에 대하여 기부금영수증을 발급할 때 적용할 환율은 내국법인이 외화를 기부했을 때의 해당 내국법인의 장부가액에 적용된 환율을 적용하는 것임(서면-2021-법령해석법인-0819, 2021. 12. 10.).
- 시가가 불분명한 비상장주식 기부금의 평가방법
  시가가 불분명한 비상장주식을 기부하는 경우, 해당 주식의 시가는 상속세 및 증여세법을 준용한 평가액에 의하며, 이 경우 '최대주주 등의 할증평가' 규정이 적용됨(서이 46012-10625, 2002. 3. 26.).

4. 기부금의 손금귀속시기

4-1. 개 요

기부금은 현금주의에 의하여 그 지출한 날이 속하는 사업연도에 손금으로 산입한다. 즉, 법인이 해당 사업연도에 실제로 기부금을 지급하고 가지급금 등 자산으로 처리한 경우에도 이를 지급한 사업연도의 기부금으로 보는 것이며(법령 §36 ②), 이와 반대로 법인이 기부금을 미지급금으로 계상한 경우에는 실제로 이를 지출할 때까지는 해당 사업연도의 소득금액계산에 있어 기부금으로 보지 않는다(법령 §36 ③).

4-2. 미지급 기부금

4-2-1. 기부금을 미지급금으로 계상한 경우

법인이 실제로 지급하지 아니한 기부금을 미지급금으로 계상한 경우에는 법인의 각 사업연도 소득금액 계산상 동 미지급금 전액을 손금불산입(유보)한다.

한편, 법인이 기부금의 지출을 위하여 어음을 발행(어음의 배서 포함)한 경우에는 그 어음이 실제로 결제된 날에 지출한 것으로 보며, 수표를 발행한 경우에는 해당 수표를 교부한 날에 지출한 것으로 본다(법칙 §18).

관련사례

- 선일자수표를 발행하여 기부금을 지출한 경우 손금귀속시기
  법인이 기부금을 지출하기 위해서 선일자수표를 발행한 경우에는 수표상에 기재된 발행일에 따라 실제로 대금이 결제된 날에 기부금을 지출한 것으로 보는 것임(서면2팀-1669, 2006. 8. 30.).

4-2-2. 전기 미지급금으로 계상한 기부금을 지급한 경우

법인이 해당 사업연도 이전에 미지급금으로 계상한 기부금 중 해당 사업연도에 실제로 지급한 기부금은 법인의 각 사업연도 소득금액 계산상 이를 손금산입(△유보)한 다음 동 금액을 기부금 해당액에 포함하여 시부인계산을 하고, 그 손금한도액을 초과하는 금액에 대하여는 손금불산입(기타사외유출)한다. 그러나 동 기부금이 비지정기부금인 경우에는 전액 손금불산입하고 그 기부받는 자에 따라 기타사외유출, 배당, 상여 또는 기타소득으로 소득처분한다.

4-3. 가지급 기부금

4-3-1. 기부금을 가지급금으로 계상한 경우

법인이 해당 사업연도에 실제로 지급한 기부금을 가지급금 등 자산으로 처리한 경우에는 각 사업연도의 소득금액 계산상 이를 손금산입(△유보)한 다음 동 금액을 기부금 해당액에 포함하여 시부인계산을 하고, 그 손금한도액을 초과하는 경우에는 그 초과하는 금액에 대하여는 손금불산입(기타사외유출)한다. 그러나 동 기부금이 비지정기부금인 경우에는 전액 손금불산입하고 그 기부받는 자에 따라 기타사외유출, 배당, 상여 또는 기타소득으로 소득처분한다(법령 §36 ②).

4-3-2. 전기에 가지급금으로 계상한 기부금을 손금으로 대체한 경우

법인이 해당 사업연도 전에 기부금을 실제로 지급하고도 이를 가지급금 등 자산으로 계상하고 있다가 해당 사업연도에 이를 손금으로 대체한 경우에는 동 금액을 시부인계산 없이 전액

손금불산입(유보)한다.

관련사례

• 설립 중인 공익법인 등에 지출한 기부금
법인이 정부로부터 인 · 허가를 받는 경우 일반기부금단체로 인정되는 사회복지법인, 의료법인 등에게 인 · 허가를 받기 이전 설립 중에 기부금을 지출하는 경우에는 그 법인 및 단체가 정부로부터 인가 또는 허가를 받은 날이 속하는 사업연도의 일반기부금으로 함(법기통 24-39…2).

:: 미지급 기부금 및 가지급 기부금의 세무조정

미지급 기부금		가지급 기부금	
비용 계상한 사업연도	손금불산입(유보)	자산 계상한 사업연도	손금산입(△유보)
	시부인 대상에서 제외		시부인 대상에 포함
실제 지출된 사업연도	손금산입(△유보)	비용 계상한 사업연도	손금불산입(유보)
	시부인 대상에 포함		시부인 대상에서 제외

5. 기부금에 관한 증빙

5-1. 기부금영수증의 수취 · 보관

기부금을 지출한 법인이 손금산입하고자 하는 경우에는 해당 기부금을 지급받는 자로부터 기부금영수증 [법칙 별지 제63호의 3 서식]을 받아서 보관하여야 한다(법령 §39 ④ 및 법칙 §82 ⑦ 3호의 3).

관련사례

• 기부금영수증을 수취할 수 없는 경우 증빙서류
저소득층 노인에게 무료급식을 제공하는 등 불특정 다수인을 대상으로 지출한 기부금으로 사실상 기부금영수증 수취가 불가능한 경우에는 기부목적 및 기부금 지출사실 등이 확인되는 객관적인 증빙서류를 기부금영수증에 갈음할 수 있음(법인-890, 2009. 8. 3.).

• 기부금 수납업무 대리하는 금융기관이 기부금납입영수증 발급하는 경우
일반기부금 해당 단체와 계약에 의하여 기부금 수납업무를 대리하는 금융기관은 기부금납입영수증을 발급할 수 있는 것이나 대리발급하는 영수증은 별지 제63호의 3 서식과 동일한 형식과 내용이 포함된 서식을 사용하여야 함(서면2팀-1125, 2005. 7. 19.).

[별지 제63호의 3 서식] (2023. 3. 20. 개정)

일련번호	

기 부 금 영 수 증

※ 뒤쪽의 작성방법을 읽고 작성하여 주시기 바랍니다.

❶ 기부자

성명(법인명)	주민등록번호 (사업자등록번호)
주소(소재지)	

❷ 기부금 단체

단 체 명	사업자등록번호(고유번호)
(지 점 명*)	(지점 사업자등록번호 등)
소 재 지	기부금공제대상 공익법인등 근거법령
(지점 소재지)	

* 기부금 단체의 지점(분사무소)이 기부받은 경우, 지점명 등을 추가로 기재할 수 있습니다.

❸ 기부금 모집처(언론기관 등)

단 체 명	사업자등록번호
소 재 지	

❹ 기부내용

코 드	구 분 (금전 또는 현물)	연월일	내 용			금 액
			품명	수량	단가	

「소득세법」 제34조, 「조세특례제한법」 제58조 · 제76조 · 제88조의 4 및 「법인세법」 제24조에 따른 기부금을 위와 같이 기부하였음을 증명하여 주시기 바랍니다.

년 월 일

신청인 (서명 또는 인)

위와 같이 기부금을 기부받았음을 증명합니다.

년 월 일

기부금 수령인 (서명 또는 인)

작 성 방 법

1. ❷ 기부금 대상 공익법인등은 해당 단체를 기부금 공제대상 공익법인등, 공익단체로 규정하고 있는 「소득세법」 또는 「법인세법」 등 관련 법령을 적어 기부금영수증을 발행해야 합니다.

기부금공제대상 공익법인등 근거법령	코드
「법인세법」제24조 제2항 제1호 가목(국가·지방자치단체), 나목(국방헌금과 국군장병 위문금품)	101
「법인세법」제24조 제2항 제1호 다목(천재지변으로 생기는 이재민을 위한 구호금품)	102
「법인세법」제24조 제2항 제1호 라목(「사립학교법」에 따른 사립학교, 비영리 교육재단, 산학협력단 등 각 목에 열거된 기관(병원은 제외한다)에 시설비·교육비·장학금 또는 연구비로 지출하는 기부금)	103
「법인세법」제24조 제2항 제1호 마목(각 목에 열거된 병원에 시설비 · 교육비 또는 연구비로 지출하는 기부금)	104
「법인세법」제24조 제2항 제1호 바목(사회복지사업, 그 밖의 사회복지활동의 지원에 필요한 재원을 모집 · 배분하는 것을 주된 목적으로 하는 비영리법인(일정 요건을 충족하는 법인만 해당)으로서 기획재정부장관이 지정·고시하는 법인)	105
「소득세법」제34조 제2항 제1호 나목(「재난 및 안전관리 기본법」에 따른 특별재난지역을 복구하기 위하여 자원봉사를 한 경우 그 용역의 가액에 대해 기부금영수증을 발급하는 단체)	116
「정치자금법」에 따른 정당(후원회, 선거관리위원회 포함)	201
「법인세법 시행령」 제39조 제1항 제1호 가목(「사회복지사업법」에 따른 사회복지법인)	401
「법인세법 시행령」 제39조 제1항 제1호 나목(「영유아보육법」에 따른 어린이집)	402
「법인세법 시행령」 제39조 제1항 제1호 다목[「유아교육법」에 따른 유치원, 「초· 중등교육법」 및 「고등교육법」에 따른 학교, 「국민평생직업능력개발법」에 따른 기능대학, 「평생교육법」 제31조 제4항에 따른 전공대학 형태의 평생교육시설 및 같은 법 제33조 제3항에 따른 원격대학 형태의 평생교육시설)	403
「법인세법 시행령」 제39조 제1항 제1호 라목(「의료법」에 따른 의료법인)	404
「법인세법 시행령」 제39조 제1항 제1호 마목(종교의 보급, 그 밖에 교화를 목적으로 「민법」 제32조에 따라 문화체육관광부장관 또는 지방자치단체의 장의 허가를 받아 설립한 비영리법인(그 소속단체를 포함한다)]	405
「법인세법 시행령」 제39조 제1항 제1호 바목(기획재정부장관이 지정하여 고시한 법인)	406
「법인세법 시행령」 제39조 제1항 제2호 가목(「유아교육법」에 따른 유치원의 장 등이 추천하는 개인에게 교육비·연구비·장학금으로 지출하는 기부금)	407
「법인세법 시행령」 제39조 제1항 제2호 나목(공익신탁으로 신탁하는 기부금)	408
「법인세법 시행령」 제39조 제1항 제2호 다목(기획재정부장관이 지정하여 고시하는 기부금)	409
「법인세법 시행령」 제39조 제1항 제4호(같은 호 각 목에 열거된 사회복지시설 또는 기관 중 무료 또는 실비로 이용할 수 있는 시설 또는 기관)	410
「법인세법 시행령」 제39조 제1항 제6호(기획재정부장관이 지정하여 고시하는 국제기구)	411
「소득세법 시행령」 제80조 제1항 제2호(노동조합 등의 회비)	421
「소득세법 시행령」 제80조 제1항 제5호(공익단체)	422
「조세특례제한법」 제88조의 4(우리사주조합)	461
「조세특례제한법」 제58조 (고향사랑기부금)	462

2. ❸기부금 모집처(언론기관 등)는 방송사, 신문사, 통신회사 등 기부금을 대신 접수하여 기부금 단체에 전달하는 기관을 말하며, 기부금 대상 공익법인등에게 직접 기부한 경우에는 적지 않습니다.
3. ❹기부내용의 코드는 다음 구분에 따라 적습니다.

기부금 구분	코드
「소득세법」 제34조 제2항 제1호, 「법인세법」 제24조 제2항 제1호에 따른 기부금	10
「조세특례제한법」 제76조에 따른 기부금	20
「소득세법」 제34조 제3항 제1호(종교단체 기부금 제외), 「법인세법」 제24조 제3항 제1호에 따른 기부금	40
「소득세법」 제34조 제3항 제1호에 따른 기부금 중 종교단체기부금	41
「조세특례제한법」 제88조의 4에 따른 기부금	42
「조세특례제한법」 제58조에 따른 기부금	43
필요경비(손금) 및 세액공제금액대상에 해당되지 아니하는 기부금	50

4. ❹기부내용의 구분란에는 "금전기부"의 경우에는 "금전", "현물기부"의 경우에는 "현물"로 적고, 내용란은 현물기부의 경우에만 적습니다."현물기부"시 "단가"란은 아래 표와 같이 기부자, 특수관계여부 등에 따라 장부가액 또는 시가를 적습니다.

구 분	기부자	
	법인	개인
특례기부금	장부가액	Max(장부가액, 시가)
특수관계인이 아닌 자에게 기부한 일반기부금	장부가액	
그 밖의 기부금	Max(장부가액, 시가)	

5. (유의사항) 2021년 7월 1일 이후 전자기부금영수증(「법인세법」 제75조의4제2항 및 제112조의2에 따른 전자기부금영수증을 말함)을 발급한 경우에는 기부금영수증을 중복발행하지 않도록 유의하시기 바랍니다.

5-2. 기부금영수증 발급명세의 작성·보관의무

5-2-1. 기부자별 발급명세의 작성 및 보관

(1) 개 요

기부금을 손금 또는 필요경비에 산입하거나 기부금세액공제를 받기 위하여 필요한 기부금영수증을 발급하는 법인은 다음의 내용이 모두 포함된 기부자별 발급명세[법칙 별지 제75호의 2 서식]를 작성하여 발급한 날부터 5년간 보관하여야 한다. 다만, 전자기부금영수증을 발급한 경우에는 그러하지 아니하다(법법 §112의 2 ① 및 법령 §155의 2 및 법칙 §82 ⑦ 13호의 2).

① 기부자의 성명, 주민등록번호 및 주소(기부자가 법인인 경우에는 상호, 사업자등록번호와 본점 등의 소재지)
② 기부금액
③ 기부금 기부일자
④ 기부금영수증 발급일자
⑤ 그 밖에 기획재정부령이 정하는 사항

한편, 기부금영수증을 발급하는 법인은 보관하고 있는 기부자별 발급명세를 국세청장·지방국세청장 또는 납세지 관할 세무서장이 요청하는 경우 이를 제출하여야 한다. 다만, 전자기부금영수증을 발급한 경우에는 그러하지 아니하다(법법 §112의 2 ②).

(2) 기부금영수증 불성실가산세

기부금영수증을 발급하는 법인이 다음 중 어느 하나에 해당하는 경우에는 다음의 구분에 따른 금액을 가산세로 해당 사업연도의 법인세액에 더하여 납부하여야 하며, 이 경우 산출세액 또는 결정세액이 없는 경우에도 가산세를 부담하여야 한다(법법 §75의 4 ①, ④). 다만, 상속세 및 증여세법 제78조 제3항에 따라 보고서 제출의무를 이행하지 아니하거나 같은 조 제5항에 따라 출연받은 재산에 대한 장부의 작성·비치 의무를 이행하지 아니하여 가산세가 부과되는 경우 ②의 가산세는 적용하지 아니한다(법법 §75의 4 ③).

① 기부금영수증을 사실과 다르게 적어 발급(*1)한 경우
  ㉠ 기부금액을 사실과 다르게 적어 발급한 경우 : 사실과 다르게 발급된 금액(*2)의 5%
  ㉡ 기부자의 인적사항 등을 사실과 다르게 적어 발급하는 등 ㉠ 외의 경우 : 영수증에 적힌 금액의 5%
② 기부자별 발급명세를 법인세법 제112조의 2 제1항에 따라 작성·보관하지 아니한 경우 : 작성·보관하지 아니한 금액의 0.2%

(*1) 기부금액 또는 기부자의 인적사항 등 주요사항을 적지 아니하고 발급하는 경우를 포함함.
(*2) 영수증에 실제 적힌 금액(영수증에 금액이 적혀 있지 아니한 경우에는 기부금영수증을 발급받은

자가 기부금을 손금 또는 필요경비에 산입하거나 기부금세액공제를 받은 해당 금액으로 함)과 건별로 발급하여야 할 금액과의 차액을 말함.

5-2-2. 기부금영수증 발급합계표의 제출

기부금영수증을 발급하는 법인은 해당 사업연도의 기부금영수증 총 발급 건수 및 금액 등이 적힌 기부금영수증 발급합계표[법칙 별지 제75호의 3 서식]를 해당 사업연도의 종료일이 속하는 달의 말일부터 6개월 이내에 관할 세무서장에게 제출하여야 한다. 다만, 전자기부금영수증을 발급한 경우에는 그러하지 아니하다(법법 §112의 2 ③ 및 법칙 §82 ⑦ 13호의 3).

6. 기부금명세서 등의 제출의무

법인이 기부금을 지출한 때에는 기부금 조정명세서[법칙 별지 제21호 서식] 및 기부금명세서[법칙 별지 제22호 서식]를 법인세 과세표준 신고와 함께 납세지 관할 세무서장에게 제출해야 한다(법령 §37 ③ 및 법칙 §82 ① 21호, 22호).

[별지 제75호의 2 서식] (2023. 3. 20. 개정)

사업연도	. . . ~ . . .	기부자별 발급명세서	법 인 명	
			사업자등록번호	

일련번호	기부일	기부자 성명(상호)	주민등록번호(사업자등록번호) / 주 소(본점 소재지)	기부명세 내용	기부명세 코드	기부명세 금액	발급명세 발급번호	발급명세 발급일

작성방법

※ 코드란에는 「법인세법」 제24조 제2항 제1호에 따른 특례기부금(종전 법정기부금, 예 국가, 지방자치단체 등 기부금)은 (10)으로, 「법인세법」 제24조 제3항 제1호에 따른 일반기부금(종전 지정기부금, 예 사회복지, 문화, 교육, 종교 등 기부금)은 (40)으로 구분하여 작성합니다.

[별지 제75호의 3 서식] (2023. 3. 20. 개정)

기부금영수증 발급합계표

사업연도 (과세기간)	. . ~ . .

1. 기부금 영수증 발급자 (공익법인등)	① 법인명(단체명)		② 대 표 자	
	③ 사업자등록번호 (고 유 번 호)		④ 전화번호	
	⑤ 소 재 지			
	⑥ 유 형 (해당란에 √)	□ 정부등 공공 □ 교육 □ 종교 □ 사회복지 □ 자선 □ 의료 □ 문화 □ 학술 □ 기타		

2. 해당 사업연도(과세기간)의 기부금영수증 발급현황

(단위 : 원)

⑦ 구 분 ⑪ 기부자	⑧ 합 계		⑨「법인세법」 제24조 제2항 제1호에 따른 특례기부금 (종전 법정기부금)		⑩「법인세법」 제24조 제3항 제1호에 따른 일반기부금 (종전 지정기부금)	
	건수	금액	건수	금액	건수	금액
법 인						
개 인						
합 계						

「법인세법」 제112조의 2 제3항에 따른 기부금영수증 발급합계표를 제출합니다.

년 월 일

제출인 (서명 또는 인)

세무서장 귀하

작 성 방 법

1. 이 서식은 기부금영수증을 발급하는 자가 해당 사업연도(과세기간)의 종료일이 속하는 달의 말일부터 6개월 이내에 관할세무서장에게 제출해야 합니다.
2. ⑥ 유형란: 기부금 영수증 발급자(공익법인등)에 해당하는 유형을 선택합니다.
3. ⑧ ~ ⑩ 란: 해당 사업연도의 해당 기부금영수증 총 발급건수 및 총 발급금액을 적습니다.
4. 2021년 7월 1일 이후 전자기부금영수증(「법인세법」 제75조의 4 제2항 및 제112조의 2에 규정되어 있습니다)을 발급하는 분부터는 본 서식을 제출할 의무가 없습니다.

Step Ⅱ 서식의 이해

■ 작성요령Ⅰ - 기부금 명세서

❶「① 유형」란에는 법인세법 제24조 제2항에 따른 기부금은 "특례"으로, 법인세법 제24조 제3항에 따른 기부금은 "일반"으로, 그 밖의 기부금은 "기타"로 하고, 동일한 기부처에 대하여는 월별로 합계하여 적는다. 다만, 기부처가 국가기관인 경우(고유번호증의 등록번호 중 가운데 번호가 "83"인 것을 말함)에는 최초 지급월을 적고 해당 사업연도의 합계액으로 적을 수 있으며, 이 경우 비고란에 "합계"라고 적어야 한다.

❷「② 코드」란은 법인세법 제24조 제2항에 따른 기부금은 "10", 법인세법 제24조 제3항에 따른 기부금은 "40", 조세특례제한법 제88조의4 제13항에 따른 우리사주조합 기부금은 "42" 그 밖의 기부금은 "50"으로 적는다.

❸「③ 과목」란에는 회사장부상 계정과목을 적는다.

[별지 제22호 서식] (2023. 3. 20. 개정)

사 업 연 도	. . . ~ . . .	기부금 명세서

구 분		③ 과 목	④ 연 월	⑤ 적 요
① 유형	② 코드			
❶	❷	❸		
⑨ 소계	가.「법인세법」제24조 제2항 제1호의 특례기			
	나.「법인세법」제24조 제3항 제1호의 일반기			
	다.「조세특례제한법」제88조의 4 제13항의			
	라. 그 밖의 기부금(코드 50)			
			계	

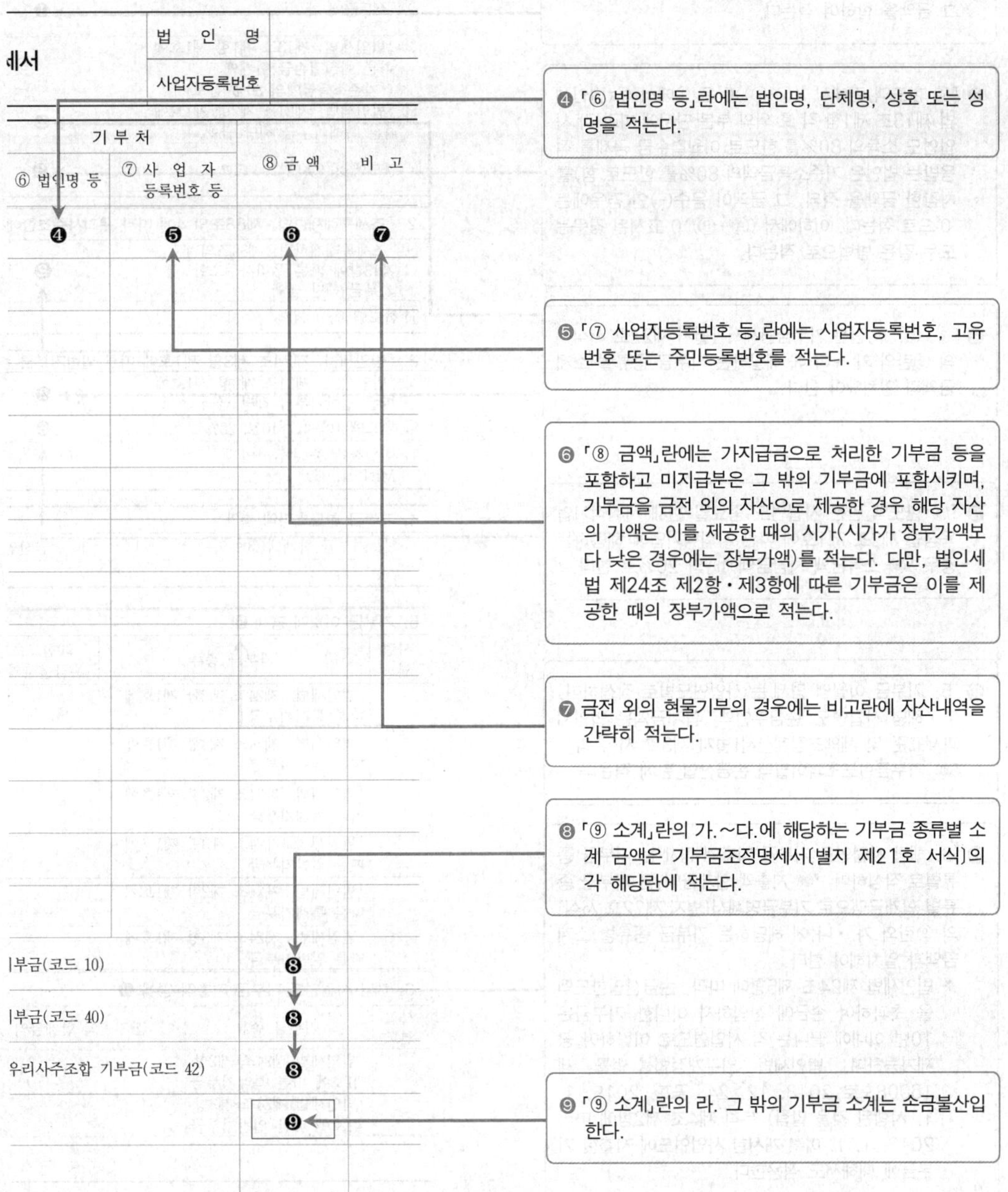

❹ 「⑥ 법인명 등」란에는 법인명, 단체명, 상호 또는 성명을 적는다.

❺ 「⑦ 사업자등록번호 등」란에는 사업자등록번호, 고유번호 또는 주민등록번호를 적는다.

❻ 「⑧ 금액」란에는 가지급금으로 처리한 기부금 등을 포함하고 미지급분은 그 밖의 기부금에 포함시키며, 기부금을 금전 외의 자산으로 제공한 경우 해당 자산의 가액은 이를 제공한 때의 시가(시가가 장부가액보다 낮은 경우에는 장부가액)를 적는다. 다만, 법인세법 제24조 제2항·제3항에 따른 기부금은 이를 제공한 때의 장부가액으로 적는다.

❼ 금전 외의 현물기부의 경우에는 비고란에 자산내역을 간략히 적는다.

❽ 「⑨ 소계」란의 가.~다.에 해당하는 기부금 종류별 소계 금액은 기부금조정명세서(별지 제21호 서식)의 각 해당란에 적는다.

❾ 「⑨ 소계」란의 라. 그 밖의 기부금 소계는 손금불산입한다.

■ 작성요령 Ⅱ – 기부금 조정명세서

❶ 「① 소득금액 계」란은 법인세 과세표준 및 세액조정계산서 〔별지 제3호 서식〕의 「⑩④ 차가감소득금액」에서 이 서식의 「⑱ 기부금 합계액(③+⑨+⑬)」을 합하여 적는다. 「⑲ 손금산입 합계(⑥+⑪+⑯)」에는 그 금액을 합하여 적는다.

❸ 「④ 한도액」란에서 "(①-②)>0"은 ①에서 ②(법인세법 제13조 제1항 각 호 외의 부분 단서에 따라 각 사업연도 소득의 80%를 한도로 이월결손금 공제를 적용받는 법인은 기준소득금액의 80%를 한도로 함)를 차감한 금액을 적되, 그 금액이 음수(-)인 경우에는 "0"으로 적는다. 이하에서 (Ⓐ-Ⓑ)>0 표시된 경우는 모두 같은 방법으로 적는다.

❷ 「③, ⑨, ⑬」란은 기부금명세서 〔별지 제22호 서식〕의 ⑨란의 가.~다.에 해당하는 기부금 종류별 소계금액과 일치해야 한다.

❽ 「⑭ 한도액」란은 사업연도 종료일 현재 사회적기업육성법 제2조 제1호에 따른 사회적기업에 해당하는 경우 「⑧ 소득금액 차감금액-⑪」의 20%로 한다.

❿ "5. 기부금 이월액 명세"는 사업연도별로 작성하며, 「 해당 사업연도 손금추인액」 합계금액은 법인세 과세표준 및 세액조정계산서〔별지 제3호 서식〕의 「⑩⑥ 기부금한도초과이월액 손금산입」란에 적는다.

⓫ "6. 해당 사업연도 기부금 지출액 명세"는 기부금 종류별로 작성하며, 「㉖ 지출액 합계금액」은 기부금 종류별 합계금액으로 기부금명세서〔별지 제22호 서식〕의 ⑨란의 가.·나.에 해당하는 기부금 종류별 소계금액과 일치해야 한다.

※ 법인세법 제24조 제5항에 따라 손금산입한도액을 초과하여 손금에 산입하지 아니한 기부금은 10년 이내에 끝나는 각 사업연도로 이월하여 공제가능하며, 법인세법 일부개정법률(법률 제16008호로 2018. 12. 24. 공포, 2019. 1. 1. 시행된 것을 말함) 부칙 제4조 제2항에 따라 2013. 1. 1. 이후 개시한 사업연도에 지출한 기부금에 대해서도 적용한다.

[별지 제21호 서식] (2023. 3. 20. 개정)

사업 연도	. . . ~ . . .	기부금조

1. 「법인세법」 제24조 제2항 제1호에 따른 특례기부금 손

① 소득금액 계	❶
② 「법인세법」 제13조 제1항 제1호에 따른 이월결손금 합계액 (「기준소득금액의 80% 한도)	
③ 「법인세법」 제24조 제2항 제1호에 따른 특례기부금 해당 금액	❷
④ 한도액 {[(①-②)>0]×50%}	❸

2. 「조세특례제한법」 제88조의 4에 따라 우리사주조합에

⑨ 「조세특례제한법」 제88조의 4 제13항에 따른 우리사주조합 기부금 해당 금액	❷
⑩ 한도액 (⑧)×30%	

3. 「법인세법」 제24조 제3항 제1호에 따른 일반기부금 손

⑬ 「법인세법」 제24조 제3항 제1호에 따른 일반기부금 해당 금액	❷
⑭ 한도액((⑧-⑪)×10%, 20%)	❽
⑮ 이월잔액 중 손금산입액 MIN(⑭, ㉓)	

4. 기부금 한도초과액 총액

⑱ 기부금 합계액(③+⑨+⑬)	⑲ 손금산입

5. 기부금 이월액 명세 ❿

사업 연도	기부금 종류	㉑한도초과 손금불산입
합계	「법인세법」 제24조 제2항 제1호에 따른 특례기부금	
	「법인세법」 제24조 제3항 제1호에 따른 일반기부금	
	「법인세법」 제24조 제2항 제1호에 따른 특례기부금	
	「법인세법」 제24조 제3항 제1호에 따른 일반기부금	
	「법인세법」 제24조 제2항 제1호에 따른 특례기부금	
	「법인세법」 제24조 제3항 제1호에 따른 일반기부금	

6. 해당 사업연도 기부금 지출액 명세 ⓫

사업 연도	기부금 종류	㉖지출액 합계금액
	「법인세법」 제24조 제2항 제1호에 따른 특례기부금	
	「법인세법」 제24조 제3항 제1호에 따른 일반기부금	

(앞쪽)

법 인 명
사업자등록번호

한도액 계산

이월잔액 중 손금산입액 MIN[④, ㉓]	❹
해당연도지출액 손금산입액 MIN[(④-⑤)>0, ③]	❺
한도초과액[(③-⑥)>0]	❻
소득금액 차감잔액 (①-②-⑤-⑥)>0]	❼

부금 손금산입액 한도액 계산

손금산입액 MIN(⑨, ⑩)	
한도초과액[(⑨-⑩)>0]	

도액 계산

해당연도지출액 손금산입액 MIN[(⑭-⑮)>0, ⑬]	
한도초과액[(⑬-⑯)>0]	

)+⑯)	⑳ 한도초과액 합계(⑱-⑲)=(⑦+⑫+⑰)
	❾

(뒤쪽)

제액	㉓공제가능 잔액(㉑-㉒)	㉔해당사업연도 손금추인액	㉕차기이월액 (㉓-㉔)

㉗해당 사업연도 손금산입액	㉘차기 이월액 (㉖-㉗)

❹ 「⑤ 이월잔액 중 손금산입액」란은 전기 이월된 한도초과액 잔액 중 법인세법 제24조 제5항 및 제6항에 따라 손금산입되는 금액을 적되, 법인세법 제24조 제5항의 기부금 전기이월액 중 「㉔ 해당사업연도 손금추인액」의 합계금액과 일치해야 한다.

❺ 「⑥ 해당연도지출액 손금산입액」란에는 ④금액에서 ⑤금액을 뺀 금액과 ③금액 중 작은 금액을 적되, 그 금액이 음수(-)인 경우에는 "0"으로 적는다.

❻ 「⑦ 한도초과액」란은 ③금액에서 ⑥금액을 빼서 적되, 그 금액이 음수(-)인 경우에는 "0"으로 적는다.
※ 3. 법인세법 제24조 제3항 제1호에 따른 일반기부금의 손금산입 한도초과액(⑰란)도 같은 방법으로 적는다.

❼ 「⑧ 소득금액 차감잔액」란은 ①금액에서 ②금액을 뺀 금액에서 ⑤란과 ⑥란의 손금산입액을 뺀 금액을 적되, 그 금액이 음수(-)인 경우에는 "0"으로 적는다.

❾ 「⑳ 한도초과액 합계」란은 해당 사업연도 기부금 한도초과액 총합계금액으로서 별지 제3호 서식의 「⑯ 기부금한도초과액」란에 적는다.

세무조정 체크리스트

■ [별지 제21호 서식] 기부금 조정명세서

검 토 사 항	확인
1. 법인세과세표준 및 세액조정계산서상 차가감소득금액 및 기부금명세서상 기부금합계액을 확인하여 해당 사업연도 소득금액 계산	
2. 이월결손금 확인	
3. 전기 기부금 조정명세서상 기부금 이월액 확인하여 당기추인 여부 확인	

■ [별지 제22호 서식] 기부금명세서

검 토 사 항	확인
1. 기부금을 다음과 같이 구분하여 명세서 작성	
① 특례기부금(구 법정기부금, 법법 §24 ② 1호 및 법령 §37, §38 및 법칙 §18의 2)	
② 일반기부금(구 지정기부금, 법법 §24 ③ 1호 및 법령 §39 및 법칙 §18의 3)	
③ 우리사주조합 기부금(조특법 §88의 4 ⑬)	
④ 그 밖의 기부금 : 비지정기부금으로서 전액 손금불산입 처리	
2. 가지급금 또는 미지급금으로 계상한 기부금 확인	
3. 금전 이외의 자산을 고가양수 또는 저가양도하는 경우 기부금 해당액 확인	
4. 현물기부금 확인 : 제공한 때의 시가(시가가 장부가액보다 낮은 경우에는 장부가액). 단, 일반기부금(구 지정기부금, 특수관계인에게 기부한 기부금은 제외)과 특례기부금(구 법정기부금)의 경우에는 장부가액	

Step III 사례와 서식작성실무

예제 I

사 례

㈜삼일의 제31기(2024. 1. 1.~2024. 12. 31.) 법인세 신고를 위한 다음 자료를 이용하여 기부금 조정명세서 〔별지 제21호 서식〕 및 기부금명세서 〔별지 제22호 서식〕을 작성하라. 단, ㈜삼일은 사업연도 종료일 현재 사회적기업 육성법 제2조 제1호에 따른 사회적 기업에 해당하지 아니하며, 조세특례제한법 제6조 제1항에 따른 중소기업에 해당함.

1. 법인결산상 당기순이익 ₩ 1,621,000,000
2. 익금산입 · 손금불산입 745,000,000
3. 손금산입 · 익금불산입 310,000,000
4. 차가감소득금액 ₩ 2,056,000,000

(주) 비지정기부금 2,000,000원에 대해서는 이미 손금불산입으로 세무조정되었으며, 비지정기부금 이외의 기부금에 대한 세무조정은 소득금액계산에 반영하지 아니하였음. 한편, 전기 과세표준 및 세액신고시 일반기부금(구 지정기부금) 한도초과액이 6,000,000원이 있었음.

5. 이월결손금의 내역

발생사업연도	발생액	공제액	잔액
2017년	350,000,000	150,000,000	200,000,000
2016년	70,000,000	70,000,000	–
2015년	46,000,000	46,000,000	–

6. 기부금 내역

일 자	내 용	금 액	지 급 처
2024. 2. 2.	국방헌금	10,000,000	
2024. 4. 2.	사립대학교 장학금	30,000,000	○○대학교
2024. 7. 2.	고등학교장이 추천하는 자에게 지급한 장학금	8,000,000	○○고등학교
2024. 8. 12.	불우이웃돕기성금	5,000,000	○○재단(*)
2024. 9. 4.	협회후원금	2,000,000	○○협회(*)
2024. 10. 3.	대표이사 동창회기부금	2,000,000	김동창
	합 계	57,000,000	

(*) 법령 §39 ① 1호 바목에 따른 공익법인에 해당한다.

해 설

1. 기부금의 분류

구 분	특례기부금 (구 법정기부금)	일반기부금 (구 지정기부금)	비지정기부금
국방헌금	10,000,000		
사립대학교 장학금	30,000,000		
고등학교장이 추천하는 자에게 지급한 장학금		8,000,000	
불우이웃돕기성금		5,000,000	
협회후원금		2,000,000	
대표이사 동창회기부금			2,000,000
합 계	40,000,000	15,000,000	2,000,000

2. 특례기부금(구 법정기부금, 법법 §24 ②)

(1) 기준소득금액의 계산

= 차가감소득금액 + 특례기부금(구 법정기부금) + 일반기부금(구 지정기부금)

= 2,056,000,000 + 40,000,000 + 15,000,000 = 2,111,000,000

(2) 손금산입한도액

= (기준소득금액 - 이월결손금) × 50%

= (2,111,000,000 - 200,000,000) × 50% = 955,500,000

(3) 손금산입 한도초과액

= 특례기부금(구 법정기부금) - 손금산입한도액

= 40,000,000 - 955,500,000 = Δ915,500,000

3. 일반기부금(구 지정기부금, 법법 §24 ③)

(1) 손금산입한도액

= (기준소득금액 - 이월결손금 - 특례기부금(구 법정기부금) 손금산입액) × 10%

= (2,111,000,000 - 200,000,000 - 40,000,000) × 10% = 187,100,000

(2) 이월잔액 중 손금산입액

= Min(전기 일반기부금(구 지정기부금) 한도초과이월액, 손금산입한도액)

= Min(6,000,000, 187,100,000)

= 6,000,000(손금산입/기타)

(3) 손금산입 한도초과액

= 일반기부금(구 지정기부금) 지출액 - (손금산입한도액 - 이월잔액 중 손금산입액)

= 15,000,000 - (187,100,000 - 6,000,000)

= Δ166,100,000

4. 각 사업연도의 소득금액

= 결산상 당기순이익 + 익금산입 · 손금불산입 - 손금산입 · 익금불산입 - 전기 일반기부금(구 지정기부금) 한도초과 이월액의 손금추인액

= 1,621,000,000 + 745,000,000 - 310,000,000 - 6,000,000 = 2,050,000,000

[별지 제22호 서식] (2023. 3. 20. 개정)

사업연도	2024. 1. 1. ~ 2024. 12. 31.	기부금명세서	법인명	(주)삼일
			사업자등록번호	

구분		③과목	④연월	⑤적요	기부처		⑧금액	비고
①유형	②코드				⑥법인명 등	⑦사업자등록번호 등		
특례	10	기부금	2024.2.	국방헌금	×××	×××	10,000,000	
			2024.4.	사립대학교장학금	○○대학교	×××	30,000,000	
				소 계			40,000,000	
일반	40	기부금	2024.7.	고등학교장학금	○○고등학교	×××	8,000,000	
			2024.8.	불우이웃돕기성금	○○재단	×××	5,000,000	
			2024.9.	협회후원금	○○협회	×××	2,000,000	
				소 계			15,000,000	
기타	50	기부금	2024.10	대표이사 동창회기부금	김동창	×××	2,000,000	
				소 계			2,000,000	
⑨소계	가.「법인세법」 제24조 제2항 제1호의 특례기부금(코드 10)						40,000,000	
	나.「법인세법」 제24조 제3항 제1호의 일반기부금(코드 40)						15,000,000	
	다.「조세특례제한법」 제88조의 4 제13항의 우리사주조합 기부금(코드 42)							
	라. 그 밖의 기부금(코드 50)						2,000,000	
계							57,000,000	

[별지 제21호 서식] (2023. 3. 20. 개정) (앞쪽)

사업연도	2024. 1. 1. ~ 2024. 12. 31	기부금 조정명세서	법 인 명	(주)삼일
			사업자등록번호	

1. 「법인세법」 제24조 제2항 제1호에 따른 특례기부금 손금산입액 한도액 계산

① 소득금액 계	2,111,000,000	⑤ 이월잔액 중 손금산입액 MIN[④, ㉓]	
② 「법인세법」 제13조 제1항 제1호에 따른 이월결손금 합계액 (「기준소득금액의 80% 한도)	200,000,000	⑥ 해당연도지출액 손금산입액 MIN[(④-⑤)>0, ③]	40,000,000
③ 「법인세법」 제24조 제2항 제1호에 따른 특례기부금 해당 금액	40,000,000	⑦ 한도초과액[(③-⑥)>0]	
④ 한도액 {[(①-②)>0]×50%}	955,500,000	⑧ 소득금액 차감잔액 [(①-②-⑤-⑥)>0]	1,871,000,000

2. 「조세특례제한법」 제88조의 4에 따라 우리사주조합에 지출하는 기부금 손금산입액 한도액 계산

⑨ 「조세특례제한법」 제88조의 4 제13항에 따른 우리사주조합 기부금 해당 금액		⑪ 손금산입액 MIN(⑨, ⑩)	
⑩ 한도액 (⑧)×30%		⑫ 한도초과액[(⑨-⑩)>0]	

3. 「법인세법」 제24조 제3항 제1호에 따른 일반기부금 손금산입 한도액 계산

⑬ 「법인세법」 제24조 제3항 제1호에 따른 일반기부금 해당 금액	15,000,000	⑯ 해당연도지출액 손금산입액 MIN[(⑭-⑮)>0, ⑬]	15,000,000
⑭ 한도액((⑧-⑪)×10%, 20%)	187,100,000	⑰ 한도초과액[(⑬-⑯)>0]	
⑮ 이월잔액 중 손금산입액 MIN(⑭, ㉓)	6,000,000		

4. 기부금 한도초과액 총액

⑱ 기부금 합계액(③+⑨+⑬)	⑲ 손금산입 합계(⑥+⑪+⑯)	⑳ 한도초과액 합계(⑱-⑲)=(⑦+⑫+⑰)
55,000,000	55,000,000	

(뒤쪽)

5. 기부금 이월액 명세

사업연도	기부금 종류	㉑한도초과 손금불산입액	㉒기공제액	㉓공제가능 잔액(㉑-㉒)	㉔해당사업연도 손금추인액	㉕차기이월액 (㉓-㉔)
합계	「법인세법」 제24조 제2항 제1호에 따른 특례기부금					
	「법인세법」 제24조 제3항 제1호에 따른 일반기부금	6,000,000	0	6,000,000	6,000,000	0
2023	「법인세법」 제24조 제2항 제1호에 따른 특례기부금					
	「법인세법」 제24조 제3항 제1호에 따른 일반기부금	6,000,000	0	6,000,000	6,000,000	0
	「법인세법」 제24조 제2항 제1호에 따른 특례기부금					
	「법인세법」 제24조 제3항 제1호에 따른 일반기부금					

6. 해당 사업연도 기부금 지출액 명세

사업연도	기부금 종류	㉖지출액 합계금액	㉗해당 사업연도 손금산입액	㉘차기 이월액 (㉖-㉗)
	「법인세법」 제24조 제2항 제1호에 따른 특례기부금	40,000,000	40,000,000	0
	「법인세법」 제24조 제3항 제1호에 따른 일반기부금	15,000,000	15,000,000	0

예제 Ⅱ

사 례

㈜삼일의 제31기(2024. 1. 1.~2024. 12. 31.) 법인세 신고를 위한 다음 자료를 이용하여 기부금에 대한 세무조정을 하고, 기부금 조정명세서 〔별지 제21호 서식〕, 기부금명세서 〔별지 제22호 서식〕, 소득금액조정합계표 〔별지 제15호 서식〕, 법인세 과세표준 및 세액조정계산서 〔별지 제3호 서식〕 및 주요 계정명세서(갑) 〔별지 제47호 서식(갑)〕을 작성하라. 단, ㈜삼일은 사업연도 종료일 현재 사회적기업 육성법 제2조 제1호에 따른 사회적 기업에 해당하지 아니함.

1. 법인결산상 당기순이익 ₩ 121,000,000
2. 익금산입 · 손금불산입 7,450,000(*1)
3. 손금산입 · 익금불산입 13,450,000(*1)
4. 차가감소득금액 ₩ 115,000,000

   (*1) 기부금에 대한 세무조정은 소득금액계산에 반영하지 아니하였음.

5. 법인세법 제13조 제1항 제1호의 이월결손금은 없음.
6. 기부금 내역

일 자	내 용	금 액	비 고
2024. 2. 2.	국방헌금	3,000,000	2025. 1. 2. 만기어음으로 지급
2024. 8. 12.	근로복지공단 기부금	35,000,000	
2024. 9. 4.	불우이웃돕기성금	40,000,000(*2)	현물기부금 포함(○○재단(*3)이며, 특수관계 없음)
2024. 9. 27.	국립대학병원 연구비	5,000,000	
2024. 10. 3.	대표이사 종친회기부금	4,000,000	
	합 계	87,000,000	

(*2) 불우이웃돕기성금 40,000,000원 중에는 해당 법인의 제품 10,000,000원(장부가액)이 포함되어 있으며, 동 제품의 시가는 12,000,000원이다.

(차) 기 부 금 10,000,000 (대) 제 품 10,000,000

(*3) 법령 §39 ① 1호 바목에 따른 공익법인에 해당한다.

해 설

1. 해당 사업연도 소득계산

   ① 법인결산상 당기순이익 ₩ 121,000,000
   ② 익금산입 · 손금불산입 14,450,000(*4)
   ③ 익금불산입 · 손금산입 13,450,000
   ④ 차가감소득금액 ₩ 122,000,000

(*4) 익금산입 · 손금불산입(기부금 제외) 7,450,000
만기미도래기부금(2025. 1. 2. 만기어음) 3,000,000
비지정기부금 4,000,000
14,450,000

2. 기부금의 분류

구 분	특례기부금 (구 법정기부금)	일반기부금 (구 지정기부금)	비지정기부금
국립대학병원 연구비	5,000,000		
근로복지공단 기부금		35,000,000	
불우이웃돕기성금		40,000,000 (현물기부금 포함)	
대표이사 종친회기부금			4,000,000
합 계	5,000,000	75,000,000	4,000,000

3. 특례기부금(구 법정기부금, 법법 §24 ②)

(1) 기준소득금액의 계산
= 차가감소득금액 + 특례기부금(구 법정기부금) + 일반기부금(구 지정기부금)
= 122,000,000 + 5,000,000 + 75,000,000 = 202,000,000

(2) 손금산입한도액
= (기준소득금액 - 이월결손금) × 50%
= (202,000,000 - 0) × 50% = 101,000,000

(3) 손금산입한도 초과액
= 특례기부금(구 법정기부금) - 손금산입한도액
= 5,000,000 - 101,000,000 = △96,000,000

4. 일반기부금(구 지정기부금, 법법 §24 ③)

(1) 손금산입한도액
= (기준소득금액 - 이월결손금 - 특례기부금(구 법정기부금) 손금산입액) × 10%
= (202,000,000 - 0 - 5,000,000) × 10% = 19,700,000

(2) 손금산입한도 초과액
= 일반기부금(구 지정기부금) 지출액 - 손금산입한도액
= 75,000,000 - 19,700,000 = 55,300,000

[별지 제22호 서식] (2023. 3. 20. 개정)

사업연도	2024. 1. 1. ~ 2024. 12. 31.	기부금명세서	법인명	(주)삼일
			사업자등록번호	

구분		③과목	④연월	⑤적요	기부처		⑧금액	비고
① 유형	②코드				⑥법인명 등	⑦사업자 등록번호 등		
특례	10	기부금	2024.9.	국립대학병원 연구비	×××	×××	5,000,000	
				소계			5,000,000	
일반	40	기부금	2024.8.	근로복지공단 기부금	근로복지공단	×××	35,000,000	
			2024.9.	불우이웃돕기성금	○○재단	×××	40,000,000	
				소계			75,000,000	
기타	50	기부금	2024.10.	종친회기부금	×××	×××	4,000,000	
				소계			4,000,000	
⑨소계	가. 「법인세법」 제24조 제2항 제1호의 특례기부금(코드 10)						5,000,000	
	나. 「법인세법」 제24조 제3항 제1호의 일반기부금(코드 40)						75,000,000	
	다. 「조세특례제한법」 제88조의 4 제13항의 우리사주조합 기부금(코드 42)							
	라. 그 밖의 기부금(코드 50)						4,000,000	
계							84,000,000	

[별지 제21호 서식] (2023. 3. 20. 개정) (앞쪽)

사업연도	2024. 1. 1. ~ 2024. 12. 31	기부금 조정명세서	법 인 명	(주)삼일
			사업자등록번호	

1. 「법인세법」 제24조 제2항 제1호에 따른 특례기부금 손금산입액 한도액 계산

① 소득금액 계	202,000,000	⑤ 이월잔액 중 손금산입액 MIN[④, ㉓]	
② 「법인세법」 제13조 제1항 제1호에 따른 이월결손금 합계액 (「기준소득금액의 80% 한도)	0	⑥ 해당연도지출액 손금산입액 MIN[(④-⑤)>0, ③]	5,000,000
③ 「법인세법」 제24조 제2항 제1호에 따른 특례기부금 해당 금액	5,000,000	⑦ 한도초과액[(③-⑥)>0]	
④ 한도액 {[(①-②)>0]×50%}	101,000,000	⑧ 소득금액 차감잔액 [(①-②-⑤-⑥)>0]	197,000,000

2. 「조세특례제한법」 제88조의 4에 따라 우리사주조합에 지출하는 기부금 손금산입액 한도액 계산

⑨ 「조세특례제한법」 제88조의 4 제13항에 따른 우리사주조합 기부금 해당 금액		⑪ 손금산입액 MIN(⑨, ⑩)	
⑩ 한도액 (⑧)×30%		⑫ 한도초과액[(⑨-⑩)>0]	

3. 「법인세법」 제24조 제3항 제1호에 따른 일반기부금 손금산입 한도액 계산

⑬ 「법인세법」 제24조 제3항 제1호에 따른 일반기부금 해당 금액	75,000,000	⑯ 해당연도지출액 손금산입액 MIN[(⑭-⑮)>0, ⑬]	19,700,000
⑭ 한도액((⑧-⑪)×10%, 20%)	19,700,000	⑰ 한도초과액[(⑬-⑯)>0]	55,300,000
⑮ 이월잔액 중 손금산입액 MIN(⑭, ㉓)			

4. 기부금 한도초과액 총액

⑱ 기부금 합계액(③+⑨+⑬)	⑲ 손금산입 합계(⑥+⑪+⑯)	⑳ 한도초과액 합계(⑱-⑲)=(⑦+⑫+⑰)
80,000,000	24,700,000	55,300,000

(뒤쪽)

5. 기부금 이월액 명세

사업연도	기부금 종류	㉑한도초과 손금불산입액	㉒기공제액	㉓공제가능 잔액(㉑-㉒)	㉔해당사업연도 손금추인액	㉕차기이월액 (㉓-㉔)
합계	「법인세법」 제24조 제2항 제1호에 따른 특례기부금					
	「법인세법」 제24조 제3항 제1호에 따른 일반기부금					
	「법인세법」 제24조 제2항 제1호에 따른 특례기부금					
	「법인세법」 제24조 제3항 제1호에 따른 일반기부금					
	「법인세법」 제24조 제2항 제1호에 따른 특례기부금					
	「법인세법」 제24조 제3항 제1호에 따른 일반기부금					

6. 해당 사업연도 기부금 지출액 명세

사업연도	기부금 종류	㉖지출액 합계금액	㉗해당 사업연도 손금산입액	㉘차기 이월액 (㉖-㉗)
	「법인세법」 제24조 제2항 제1호에 따른 특례기부금	5,000,000	5,000,000	0
	「법인세법」 제24조 제3항 제1호에 따른 일반기부금	75,000,000	19,700,000	55,300,000

[별지 제15호 서식] (2022. 3. 18. 개정)

사업연도	2024. 1. 1. ~ 2024. 12. 31.	소득금액조정합계표	법인명	(주)삼일
			사업자등록번호	

익금산입 및 손금불산입				손금산입 및 익금불산입			
① 과목	② 금액	③ 소득처분		④ 과목	⑤ 금액	⑥ 소득처분	
		처분	코드			처분	코드
법인세비용	× × ×	기타사외유출	500				
만기미도래기부금	3 000 000	유보	400				
비지정기부금	4 000 000	상여	100				
합계				합계			

[별지 제3호 서식] (2024. 3. 22. 개정)

사업연도	2024. 1. 1. ~ 2024. 12. 31.	법인세 과세표준 및 세액조정계산서	법인명	(주)삼일
			사업자등록번호	

① 각 사업연도 소득계산				
	⑩ 결산서상당기순손익		01	121 000 000
	소득조정금액	⑫ 익금산입	02	14 450 000
		⑬ 손금산입	03	13 450 000
	⑭ 차가감소득금액 (⑩+⑫−⑬)		04	122 000 000
	⑮ 기부금한도초과액		05	55 300 000
	⑯ 기부금한도초과이월액 손금산입		54	
	⑰ 각사업연도소득금액 (⑭+⑮−⑯)		06	177 300 000

	⑬ 감면분 추가납부세액	29	
	⑭ 차감납부할 세액 (⑮−⑫+⑬)	30	

[별지 제47호 서식(갑)] (2024. 3. 22. 개정)

사업연도	2024. 1. 1. ~ 2024. 12. 31.	주요계정명세서(갑)	법인명	(주)삼일
			사업자등록번호	

① 구분		② 근거법 조항	코드	③ 회사 계상금액	④ 세무상부인 (조정)금액	⑤ 차가감금액 (③−④)
기부금	⑫ 특례기부금	「법인세법」 제24조 제2항	41	5,000,000	0	5,000,000
	⑬ 우리사주조합 기부금	「조세특례제한법」 제88조의 4	78	0	0	0
	⑭ 일반기부금 한도액	「법인세법」 제24조 제3항	66			19,700,000
	⑮ 일반기부금	「법인세법」 제24조 제3항	42	75,000,000	55,300,000	19,700,000
	⑯ 기타기부금	「법인세법」 제24조 제4항	73	4,000,000	4,000,000	

제3장

3 과세표준

- 제1절 이월결손금
- 제2절 소득공제
- 제3절 비과세소득
- 제4절 해운기업의 과세표준 계산특례

이월결손금

관련 법령	• 법법 §13, §17, §18, §50의 2, §72 • 법령 §10, §15, §16, §86의 2, §110 • 법칙 §4

최근 주요 개정 내용

• 이월결손금 공제한도 적용제외 대상 추가(법령 §10 ① 7호)

종 전	현 행
□ 이월결손금 공제한도 ○ (원칙) 각 사업연도 소득의 80% ○ (예외) 각 사업연도 소득의 100% - 중소기업 - 회생계획 · 기업개선계획 등을 이행중인 법인 - 유동화전문회사 등 〈추 가〉	□ 공제한도 예외 대상 추가 ○ (좌 동) - 조특법 §74 중 수익사업소득을 전액 고유목적사업준비금으로 손금산입 할 수 있는 비영리내국법인 * [조특법 §74 ①] (1) 학교법인 · 산학협력단 등 (2) 사회복지법인 (3) 국립대학병원 등 (7) 국제경기대회 조직위원회 (8) 고유목적사업등 지출액 중 장학금 비중이 80% 이상인 공익법인법 상 공익법인 (9) 공무원연금공단 등 [조특법 §74 ④] 지방 소재 비영리의료법인

➡ 개정일자 : ㊅ 2024. 2. 29.
적용시기 : 2024년 1월 1일 이후 개시하는 사업연도의 과세표준을 신고하는 경우부터 적용

관련 서식	• 법인세법 시행규칙 [별지 제50호 서식(갑)] 자본금과 적립금조정명세서(갑)

제1절

이월결손금

1

Step I 내용의 이해

1. 이월결손금의 의의

내국법인의 각 사업연도의 소득에 대한 법인세의 과세표준은 각 사업연도의 소득의 범위에서 이월결손금·비과세소득 및 소득공제액을 순차적으로 공제한 금액을 말한다(법법 §13).

과세표준 = 각 사업연도 소득금액 – 이월결손금 – 비과세소득 – 소득공제액

법인세법상 내국법인의 이월결손금은 각 사업연도의 개시일 전에 발생한 결손금으로서 그 후의 각 사업연도의 과세표준 계산상 공제되지 아니한 금액을 말하며, 결손금은 그 사업연도에 속하는 손금의 총액이 그 사업연도에 속하는 익금의 총액을 초과하는 경우에 그 초과하는 금액을 말한다(법법 §14 ②, ③). 한편, 위의 과세표준 산식상 공제할 수 있는 이월결손금은 각 사업연도 개시일 전 15년(단, 2008년 12월 31일 이전에 개시한 사업연도에서 발생한 결손금은 5년, 2009년 1월 1일 이후부터 2019년 12월 31일 이전에 개시한 사업연도에서 발생한 결손금은 10년) 이내에 개시한 사업연도에서 발생한 결손금으로서 그 후의 각 사업연도의 과세표준 계산에 있어 공제되지 아니한 금액을 말한다. 이 경우 결손금은 법인세법 제60조에 따라 신고하거나 동법 제66조에 따라 결정·경정되거나, 국세기본법 제45조에 따라 수정신고한 과세표준에 포함된 결손금만 해당한다(법법 §13 ① 1호).

2. 결손금의 이월공제가 가능한 법인 요건

결손금의 이월공제는 특별히 자격이나 요건을 갖추지 아니하더라도 당연히 인정된다. 따라

서, 법인이 법인세법 제60조에 의한 과세표준의 신고를 하지 아니하여 정부가 실지조사 결정하는 경우에도 공제가능한 이월결손금이 있으면 당연히 공제해 주도록 되어 있다.

다만, 다음의 법인은 이월결손금 공제가 배제된다.

① 당기순이익 과세를 적용받는 조합법인

조세특례제한법 제72조 제1항의 규정에 의하여 결산재무제표상의 당기순이익을 과세표준으로 하는 조합법인은 이월결손금을 공제할 수 없다(법인 22601-877, 1986. 3. 17.). 그러나, 조세특례제한법 제72조 제1항에 규정된 법인 이외의 조합법인은 수익사업에서 발생한 이월결손금으로서 당해 사업연도 개시일 전 15년(단, 2008년 12월 31일 이전에 개시한 사업연도에서 발생한 결손금은 5년, 2009년 1월 1일 이후부터 2019년 12월 31일 이전에 개시한 사업연도에서 발생한 결손금은 10년) 이내에 발생한 이월결손금을 법인세 과세표준 계산시 공제할 수 있으며, 당기순이익 과세포기 등의 사유로 당기순이익 과세법인에서 제외되는 법인은 제외된 사업연도 이후에 발생한 결손금에 대하여만 이월결손금 공제가 허용된다(서면2팀-274, 2006. 2. 3.).

② 소득금액을 추계하는 법인

법인세법 제66조 제3항 단서의 규정에 의하여 소득금액을 추계결정 또는 추계경정하는 경우에는 천재 · 지변 등으로 장부 또는 기타 증명서류가 멸실되어 동업자권형방법 등에 의하여 추계를 하는 경우를 제외하고는 결손금의 이월공제를 적용하지 아니한다(법법 §68). 그러나, 법인세 과세표준을 추계결정 또는 추계경정함으로 인하여 공제되지 아니한 이월결손금은 그 후의 사업연도 과세표준을 계산함에 있어 추계의 방법에 의하지 않을 경우에는 공제할 수 있다(법칙 §4 ②).

참고로 동 규정은 과세표준 계산시 공제가능 이월결손금의 범위를 명확히 한 것과 동시에 추계결정 등으로 공제받지 못한 이월결손금의 공제기간이 연장되지 않음을 명확히 한 규정이다. 그러므로 결손금이 발생한 사업연도로부터 15년(단, 2008년 12월 31일 이전에 개시한 사업연도에서 발생한 결손금은 5년, 2009년 1월 1일 이후부터 2019년 12월 31일 이전에 개시한 사업연도에서 발생한 결손금은 10년)이 되는 사업연도에 소득금액을 추계하는 경우에는 그 이후 사업연도에는 동 결손금을 공제받을 수 없게 된다.

3. 이월결손금 공제한도

이월결손금에 대한 공제의 범위는 내국법인의 경우 각 사업연도 소득의 80%(2019. 1. 1. ~ 2022. 12. 31. 개시하는 사업연도는 60%, 2018. 1. 1. ~ 2018. 12. 31. 개시하는 사업연도는 70%, 2016. 1. 1. ~ 2017. 12. 31. 개시하는 사업연도는 80%, 2015. 12. 31. 이전 개시 사업연도는 100%)를 한도로 하며, 연결법인의 경우 연결소득 개별귀속액의 80%(2019. 1. 1. ~ 2022. 12. 31. 개시하는 사업연도는 60%, 2016. 1. 1. ~ 2018. 12. 31. 개시하는 사업연도는 80%, 2015. 12. 31. 이전 개시 사업연도는 100%)를 한도로 하고, 국내사업장이 있는 외국법인과 국내원천 부동산소득이 있는 외국법인의 경우 각 사업연도 소득의 80%(2019. 1. 1. ~ 2022. 12. 31. 개시하는 사업연도는 60%, 2017. 1. 1. ~ 2018. 12. 31. 개시하는 사업연도는 80%, 2016. 12. 31. 이전 개시 사업연도는 100%)를 한도로 한다(법법 §13 ①, §76의 13 ①, §91 ①). 다만, 중소기업(조특법 §6 ①)과 다음 중 어느 하나에 해당하는 법인의 이월결손금에 대하여는 각 사업연도 소득의 범위에서 공제한다(법령 §10 ①).

① 채무자 회생 및 파산에 관한 법률 제245조에 따라 법원이 인가결정한 회생계획을 이행 중인 법인
② 기업구조조정 촉진법 제14조 제1항에 따라 기업개선계획의 이행을 위한 약정을 체결하고 기업개선계획을 이행 중인 법인
③ 해당 법인의 채권을 보유하고 있는 금융실명거래 및 비밀보장에 관한 법률 제2조 제1호에 따른 금융회사등 또는 한국해양진흥공사법에 따른 한국해양진흥공사와 경영정상화계획의 이행을 위한 협약을 체결하고 경영정상화계획을 이행 중인 법인
④ 유동화자산(채권, 부동산 또는 그 밖의 재산권을 말함)을 기초로 하는 유동화거래(자본시장과 금융투자업에 관한 법률에 따른 증권을 발행하거나 자금을 차입하는 거래를 말함)를 목적으로 설립된 법인으로서 다음의 요건을 모두 갖춘 법인
  ㉠ 상법 또는 그 밖의 법률에 따른 주식회사 또는 유한회사일 것
  ㉡ 한시적으로 설립된 법인으로서 상근하는 임원 또는 직원을 두지 아니할 것
  ㉢ 정관 등에서 법인의 업무를 유동화거래에 필요한 업무로 한정하고 유동화거래에서 예정하지 아니한 합병, 청산 또는 해산이 금지될 것
  ㉣ 유동화거래를 위한 회사의 자산 관리 및 운영을 위하여 업무위탁계약 및 자산관리위탁계약이 체결될 것
  ㉤ 2015년 12월 31일까지 유동화자산의 취득을 완료하였을 것
⑤ 법인세법 제51조의 2(유동화 전문회사 등에 대한 소득공제) 제1항 각 호의 어느 하나에 해당하는 내국법인이나 조세특례제한법 제104조의 31 제1항에 따른 내국법인
⑥ 기업 활력 제고를 위한 특별법 제10조에 따른 사업재편계획 승인을 받은 법인
⑦ 조세특례제한법 제74조 제1항(제4호부터 제6호까지는 제외함) 또는 제4항에 따라 법인의 수익사업에 발생한 소득을 고유목적사업준비금으로 손금에 산입할 수 있는 비영리내국법인

개 정

○ 수익사업소득을 전액 고유목적사업준비금으로 손금산입할 수 있는 특정 비영리법인을 이월결손금 80% 공제한도 적용제외 대상에 추가(법령 §10 ① 7호)
➡ 2024년 1월 1일 이후 개시하는 사업연도의 과세표준을 신고하는 경우부터 적용

관련사례

- 회생계획을 이행중인 법인에 해당하여 이월결손금 전액 공제가 가능한지 여부
  회생절차 종결결정을 받았으나 법원이 인가결정한 회생계획을 이행 중인 경우 '법원이 인가결정한 회생계획을 이행 중인 법인'에 해당함(서면-2019-법령해석법인-4303, 2020. 6. 11.).
- 재무구조 개선약정이 경영정상화계획에 해당하는지 여부
  이월결손금 한도 적용 제외 법인인 회생계획을 이행 중인 기업 등 대통령령으로 정하는 법인 중 법령 제10조 제1항 제3호 "금융회사 등과 체결한 경영정상화계획"을 이행중인 법인에서, 금융기관 등 채권단과 체결한 재무구조 개선약정은 해당 시행령에서 말하는 "금융회사 등과 체결한 경영정상화계획"에 해당하지 않음(서면법인-4351, 2016. 9. 30.).

4. 공제가능한 이월결손금

4-1. 발생기간별 구분

법인세 과세표준 계산상 공제할 수 있는 이월결손금이라 함은 각 사업연도 개시일 전 15년(단, 2008년 12월 31일 이전에 개시한 사업연도에서 발생한 결손금은 5년, 2009년 1월 1일 이후부터 2019년 12월 31일 이전에 개시한 사업연도에서 발생한 결손금은 10년) 이내에 개시한 사업연도에서 발생한 결손금을 의미한다(법법 §13 ① 1호 가목).

또한, 결손금이 발생한 사업연도가 2 이상인 경우에는 먼저 발생한 사업연도의 결손금부터 차례대로 공제한다(법령 §10 ②).

관련사례

- 폐업 후 사업을 재개하는 경우 폐업 전 공제받지 못한 이월결손금의 공제 여부
  폐업 후 사업을 재개하는 경우 각 사업연도 소득에 대한 법인세의 과세표준을 계산함에 있어서 폐업 전 회사의 미공제 이월결손금은 재개한 사업의 각 사업연도 소득금액에서 공제가 가능함(서면2팀-1778, 2005. 11. 4.).
- 개인사업을 포괄적으로 현물출자하여 법인으로 전환한 경우 이월결손금의 공제 여부
  개인이 영위하던 사업을 포괄적으로 현물출자하여 법인으로 전환하는 경우 개인사업에서 발생한 결손금은 당해 법인의 각 사업연도 소득에 대한 법인세의 과세표준 계산시 공제할 수 없음(서이 46012-10141, 2001. 9. 10.).
- 착오로 이월결손금을 공제하지 아니하고 법인세 과세표준을 신고한 경우
  소득금액이 있음에도 불구하고 미공제한 이월결손금은 그 이후 사업연도의 법인세 과세표준 계산시 공제할 수 없으며, 국세기본법 제45조의 2에 따른 경정청구를 통하여 소득금액이 발생한 사업연도의 과세표준 계산시 공제할 수 있음(법인 46012-1768, 1994. 6. 17.).

계산사례 - 1

㈜삼일(비중소기업)은 종전 사업연도가 매년 7월 1일부터 익년 6월 30일까지였으나, 2017년 8월 중 사업연도를 매년 1월 1일부터 12월 31일까지로 변경하였다. 당 법인의 각 사업연도 소득금액은 90억원이며 각 사업연도별 결손금이 다음과 같을 경우, 제26기 사업연도(2024. 1. 1.~2024. 12. 31.)의 과세표준 계산시 공제가능한 이월결손금액을 계산하시오.

사업연도	기 간	금 액
제25기	2023. 1. 1. ~ 2023. 12. 31.	5억원
제24기	2022. 1. 1. ~ 2022. 12. 31.	10억원
제23기	2021. 1. 1. ~ 2021. 12. 31.	2억원
제22기	2020. 1. 1. ~ 2020. 12. 31.	3억원
제21기	2019. 1. 1. ~ 2019. 12. 31.	10억원
제20기	2018. 1. 1. ~ 2018. 12. 31.	5억원
제19기	2017. 7. 1. ~ 2017. 12. 31.	2억원
제10기	2008. 7. 1. ~ 2009. 6. 30.	5억원

비중소기업의 법인세 과세표준계산에 있어서 공제가능한 이월결손금이라 함은 각 사업연도 개시일 전 15년(단, 2008년 12월 31일 이전에 개시한 사업연도에서 발생한 결손금은 5년, 2009년 1월 1일 이후부터 2019년 12월 31일 이전에 개시한 사업연도에서 발생한 결손금은 10년) 이내에 개시한 사업연도에서 발생한 결손금이다. 따라서, 5년의 이월결손금 공제기간이 적용되는 제10기의 결손금 5억원을 제외한 다음의 결손금을 공제한도(각 사업연도 소득의 80%) 내에서 과세표준계산상 공제할 수 있다.

※ 공제가능한 이월결손금액 = Min[①, ②]

① 5 + 10 + 2 + 3 + 10 + 5 + 2 = 37억원

② (공제한도) 90억원 × 80% = 72억원

4-2. 과세표준 계산상 공제 여부

4-2-1. 개 요

법인세 과세표준 계산상 공제가능한 이월결손금은 각 사업연도 개시일 전 15년(단, 2008년 12월 31일 이전에 개시한 사업연도에서 발생한 결손금은 5년, 2009년 1월 1일 이후부터 2019년 12월 31일 이전에 개시한 사업연도에서 발생한 결손금은 10년) 이내에 개시한 사업연도에서 발생한 결손금으로서 그 후의 각 사업연도의 과세표준 계산상 공제되지 아니한 금액이어야 한다. 따라서, 과세표준 계산상 이미 공제된 이월결손금은 더 이상 향후 과세표준에서 공제할 수 없다.

여기서 과세표준 계산상 공제된 이월결손금이라 함은 당기 사업연도 이전 사업연도의 과세

표준 계산상 공제된 이월결손금만을 의미한다고 보아야 하나, 다음의 이월결손금은 각 사업연도의 과세표준을 계산할 때 공제된 이월결손금으로 본다(법령 §10 ③).

① 회생계획인가의 결정 등을 받은 법인의 출자전환 채무면제익으로서 이월결손금의 보전에 충당되지 아니한 채무면제익 중 이후 사업연도에 발생한 결손금과 충당한 채무면제익에 상당하는 결손금(법법 §17 ②)
② 자산수증익(국고보조금 등은 제외) 또는 채무면제익으로 충당된 결손금(법법 §18 6호)
③ 결손금 소급공제를 적용받은 결손금(법법 §72 ① 및 조특법 §8의 4)

이하 분설하면 다음과 같다.

4-2-2. 출자전환에 따른 채무면제익으로 충당된 결손금

회생계획인가의 결정 등을 받은 법인 등이 채무를 출자전환함으로써 발생하는 채무면제익 중 이월결손금 보전에 충당하지 아니한 다음의 금액은 그 이후의 각 사업연도에 발생하는 결손금의 보전에 충당할 수 있으며, 이를 출자전환 채무면제익에 대한 과세이연제도라 한다(법법 §17 ② 및 법령 §15 ①). 한편, 동 규정에 의하여 채무면제익에 충당된 결손금은 과세표준계산상 공제된 결손금으로 본다.

① 채무자 회생 및 파산에 관한 법률에 따라 채무를 출자로 전환하는 내용이 포함된 회생계획인가의 결정을 받은 법인이 채무를 출자전환하는 경우로서 해당 주식 등의 시가(시가가 액면가액에 미달하는 경우에는 액면가액)를 초과하여 발행된 금액
② 기업구조조정 촉진법에 따라 채무를 출자로 전환하는 내용이 포함된 기업개선계획의 이행을 위한 약정을 체결한 부실징후기업이 채무를 출자전환하는 경우로서 해당 주식 등의 시가(시가가 액면가액에 미달하는 경우에는 액면가액)를 초과하는 금액
③ 해당 법인에 대하여 채권을 보유하고 있는 금융실명거래 및 비밀보장에 관한 법률 제2조 제1호에 따른 금융기관등과 채무를 출자로 전환하는 내용이 포함된 경영정상화계획의 이행을 위한 협약을 체결한 법인이 채무를 출자로 전환하는 경우로서 해당 주식 등의 시가(시가가 액면가액에 미달하는 경우에는 액면가액)를 초과하는 금액
④ 기업 활력 제고를 위한 특별법 제10조에 따른 사업재편계획승인을 받은 법인이 채무를 출자전환하는 경우로서 해당 주식등의 시가(시가가 액면가액에 미달하는 경우에는 액면가액)를 초과하는 금액

다만, 상기의 방법에 따라 익금에 산입하지 아니한 채무면제익 전액을 결손금의 보전에 충당하기 전에 사업을 폐지하거나 해산하는 경우에는 그 사유가 발생한 날이 속하는 사업연도의 소득금액 계산에 있어서 결손금의 보전에 충당하지 아니한 금액 전액을 익금에 산입하여야 한다(법령 §15 ②).

4-2-3. 자산수증익 또는 채무면제익으로 충당된 이월결손금

(1) 이월결손금의 범위

자산수증익(법인세법 제36조에 따른 국고보조금 등은 제외, 이하 동절에서 같음) 또는 채무면제익으로 충당되는 이월결손금의 범위는 다음과 같으며(법령 §16 ①), 이에 따라 자산수증익 또는 채무면제익에 충당된 이월결손금은 각 사업연도의 과세표준계산에 있어서 공제된 것으로 본다(법령 §16 ②).

1) 각 사업연도 소득금액 계산시 공제되지 아니한 결손금(적격합병 · 적격분할시 승계받은 이월결손금은 제외)

2) 과세표준 및 세액 신고시 신고된 각 사업연도의 과세표준에 포함되지 않았으나, 각 사업연도의 손금총액이 익금총액을 초과하는 경우로서 다음 사유에 해당하는 결손금

   ① 채무자 회생 및 파산에 관한 법률에 따른 회생계획인가의 결정을 받은 법인의 결손금으로서 법원이 확인한 것

   ② 기업구조조정촉진법에 의한 기업개선계획의 이행을 위한 약정이 체결된 법인으로서 금융채권자협의회가 의결한 결손금

채무면제익 등으로 충당되는 이월결손금은 법인세법 제13조 제1항 제1호의 규정에 의한 공제시한이 경과됨으로써 그 후의 각 사업연도의 과세표준 계산에 있어서 공제되지 아니한 금액도 포함된다(법기통 18-16…1). 따라서, 15년(단, 2008년 12월 31일 이전에 개시한 사업연도에서 발생한 결손금은 5년, 2009년 1월 1일 이후부터 2019년 12월 31일 이전에 개시한 사업연도에서 발생한 결손금은 10년)의 공제기간이 경과하였다 하더라도 채무면제익 등으로 충당될 수 있다.

회생계획인가의 결정을 받은 법인 등의 채무면제익에 대한 과세특례

2026년 12월 31일까지 내국법인이 금융채권자로부터 채무의 일부를 면제받은 경우로서 다음의 어느 하나에 해당하는 경우에는 소득금액 계산시 채무면제익[*]을 해당 사업연도와 해당 사업연도의 종료일 이후 3개 사업연도의 기간 중 익금에 산입하지 아니하고 그 다음 3개 사업연도의 기간 동안 균분한 금액 이상을 익금에 산입한다(조특법 §44 ①).

① 채무자 회생 및 파산에 관한 법률에 따른 회생계획인가의 결정을 받은 법인이 금융채권자로부터 채무의 일부를 면제받은 경우로서 그 결정에 채무의 면제액이 포함된 경우

② 기업구조조정 촉진법 제14조 제1항에 따른 기업개선계획의 이행을 위한 약정을 체결한 부실징후기업이 같은 법에 따른 금융채권자로부터 채무의 일부를 면제받은 경우로서 그 약정에 채무의 면제액이 포함된 경우 및 같은 법 제27조에 따른 반대채권자의 채권매수청구권의 행사와 관련하여 채무의 일부를 면제받은 경우

③ 조세특례제한법 시행령 제34조 제6항 제2호에 따른 기업개선계획 이행을 위한 특별약정에 따라 채무를 면제받은 경우(조특령 §41 ②)

④ 그 밖에 내국법인이 관계 법률에 따라 채무를 면제받은 경우로서 조세특례제한법 시행령 제34조 제6항 제3호에 따른 적기시정조치에 따라 채무를 면제받은 경우(조특령 §41 ③)

(*) 채무면제익

채무면제익은 다음과 같이 계산한다. 이 경우 채무를 면제받은 법인이 법인세법 제18조 제6호에 따라 무상으로 받은 자산의 가액과 채무의 면제 또는 소멸로 인한 부채의 감소액(금융채권자로부터 면제받은 채무에 상당하는 금액을 받은 금액은 제외함)으로 먼저 이월결손금을 보전하는 경우에는 이월결손금에서 그 보전액을 제외한 잔액을 뺀 금액을 말한다(조특령 §36 ⑧, §41 ①).

채무면제익	=	금융채권자로부터 면제받은 채무에 상당하는 금액	-	이월결손금

(2) 채무면제익 등의 이월결손금 보전 처리방법

자산수증익과 채무면제익을 이월결손금의 보전에 충당한 경우라 함은 이월결손금과 직접 상계한 경우, 당해 사업연도 결산 주주총회에 의하여 이월결손금을 보전하고 이익잉여금처분계산서(결손금처리계산서)에 계상하는 경우뿐만 아니라 자산수증익이나 채무면제익을 기업회계기준에 따라 영업외수익으로 계상하고 자본금과 적립금조정명세서(갑) [법칙 별지 제50호 서식(갑)]에 동 금액을 이월결손금의 보전에 충당한다는 뜻을 표시하고 세무조정으로 익금불산입한 경우를 포함한다(법기통 18-16…2 ①).

관련사례

- 유가보조금이 이월결손금 보전에 충당할 수 있는 자산수증이익에 해당하는지 여부

  여객자동차 운수사업을 영위하는 내국법인이 여객자동차 운수사업법 제50조 제4항에 따라 지급받는 유가보조금은 법인세법 제18조 제6호의 "무상으로 받은 자산의 가액"에 해당하는 것임(기준법령법인-42, 2017. 5. 24.).

- 경정청구로 채무면제이익 등의 이월결손금 보전에 충당 가능 여부

  법인세 과세표준 신고 시 해당 사업연도에 발생한 채무면제이익 등을 이월결손금 보전에 충당하지 아니한 경우 경정청구로 해당 채무면제이익 등을 이월결손금 보전에 충당하고 익금불산입할 수 있음(법기통 18-16…2 ②).

- 자산수증이익 등을 당해 사업연도 이월결손금에 충당하지 않은 경우 추후 경정청구 가능 여부

  자산수증이익 및 채무면제이익이 발생한 당해 연도에 이를 특별이익으로 계상하였다거나 그 금액을 자본금과적립금조정명세서에 이월결손금의 보전에 충당한다는 뜻을 표시하지 아니하였다고 하였더라도, 추후 경정청구를 통해 이월결손금의 보전에 충당할 수 있음(대법 2012두 16121, 2012. 11. 29.).

- 출자전환채무면제익과 일반채무면제익이 동시에 발생한 경우 이월결손금의 보전 충당 순서

  회생계획인가의 결정을 받은 법인 등이 채무를 출자전환함으로써 발생한 채무면제익(이하 "출자전환채무면제익")과 그 외에 법인세법 제18조 제8호에 따른 채무면제익(이하 "일반채무면제익")이 동시에 발생한 경우 일반채무면제익, 출자전환채무면제익의 순으로 이월결손

금의 보전에 충당하는 것이며, 이후 과세관청의 경정으로 이월결손금이 감소되는 경우에는 당초 채무면제익으로 충당되지 아니한 이월결손금, 출자전환채무면제익으로 충당한 이월결손금, 일반채무면제익으로 충당한 이월결손금의 순서로 부인하는 것임(서면2팀-1188, 2007. 6. 19.).

계산사례 - 2 **누적된 이월결손금의 공제순위 및 결손금의 보전**

㈜용산(비중소기업)은 당기(제11기 : 2024. 1. 1. ~ 2024. 12. 31.)에 주주로부터 시가 10억원에 해당되는 토지를 무상으로 수증받아 영업외수익으로 처리하였다. ㈜용산의 이월결손금 내역은 다음과 같은 바, 이에 대한 세무처리는? 또한, 상기의 세무처리를 포함한 해당 사업연도의 소득금액이 20억원이라고 가정할 경우 당기의 과세표준 계산시 공제될 이월결손금은?

발생연도	이월결손금
2014년(제1기)	9억원
2015년(제2기)	6억원
2016년(제3기)	1억원
2017년(제4기)	2억원
2018년(제5기)	3억원
2019년(제6기)	4억원
2020년(제7기)	3억원
2021년(제8기)	2억원
2022년(제9기)	5억원
2023년(제10기)	3억원
계	38억원

1. 세무조정

   자산수증시 영업외수익으로 계상하였으므로 세무조정은 없으나 결손보전시 자산수증이익 10억원에 대해 익금불산입(기타)하고, 자본금과 적립금조정명세서(갑)에 이월결손금의 보전에 충당한다는 뜻을 표시한다.

2. 이월결손금 공제한도

   중소기업이 아닌 내국법인으로 이월결손금의 공제 범위는 각 사업연도 소득의 80%를 한도로 한다.

   20억원 × 80% = 16억원

3. 결손보전 및 당기 과세표준 계산시 공제할 이월결손금

   자산수증이익 등으로 보전하는 이월결손금은 발생연도에 대한 제한이 없으나 과세표준금액에서 공제할 이월결손금은 각 사업연도 개시일 전 15년(단, 2008년 12월 31일 이전에 개시한 사업연도에서 발생한 결손금은 5년, 2009년 1월 1일 이후부터 2019년 12월

31일 이전에 개시한 사업연도에서 발생한 결손금은 10년) 이내에 개시한 사업연도에서 발생한 결손금으로서 먼저 발생한 사업연도 이월결손금부터 이월결손금 공제한도 내에서 순차적으로 공제한다.

발생연도	금액	보전액	자산수증익보전 후 이월결손금 잔액	과세표준 계산시 공제가능 결손금
2014년(제1기)	9억원	9억원	-	-
2015년(제2기)	6억원	1억원	5억원	5억원
2016년(제3기)	1억원	-	1억원	1억원
2017년(제4기)	2억원	-	2억원	2억원
2018년(제5기)	3억원	-	3억원	3억원
2019년(제6기)	4억원	-	4억원	4억원
2020년(제7기)	3억원	-	3억원	1억원
2021년(제8기)	2억원	-	2억원	-
2022년(제9기)	5억원	-	5억원	-
2023년(제10기)	3억원		3억원	
계	38억원	10억원	28억원	16억원

4-2-4. 결손금 소급공제를 적용받은 결손금

법인세법 제72조 제1항 및 조세특례제한법 제8조의 4의 규정에 의하여 중소기업으로서 결손금을 소급공제받은 경우에는 동 소급공제받은 결손금은 각 사업연도의 과세표준 계산에 있어서 공제된 것으로 간주하므로(법령 §10 ③) 다음 사업연도 이후의 각 사업연도의 과세표준 계산에 있어서 이를 공제할 수 없다. 결손금 소급공제의 내용은 '제4편 제10장 결손금 소급공제'편을 참고하기 바란다.

재무상태표상 이월결손금과 세법상 이월결손금과의 관계

기업회계기준에 의한 재무상태표상 이월결손금은 경영의사결정 등에 의거 재무제표의 외관을 좋게하기 위해 결손금을 기업회계기준에서 규정하는 순서에 따라 임의적립금, 기타 법정적립금, 이익준비금, 자본잉여금으로 보전하는 경우가 존재한다. 그러나 세무상의 이월결손금은 기업회계상 재무제표의 표시금액과는 달리 세무조정에 의거 계산된 금액을 말하는 것이며, 당해 사업연도 개시일 전 15년(단, 2008년 12월 31일 이전에 개시한 사업연도에서 발생한 결손금은 5년, 2009년 1월 1일 이후부터 2019년 12월 31일 이전에 개시한 사업연도에서 발생한 결손금은 10년) 이내에 개시한 사업연도에서 발생하고 그 후 사업연도의 법인세 과세표준에서 공제하지 아니한 결손금이 있는 경우에는 이를 해당 사업연도 법인세 과세표준 계산시 공제할 수 있다.
왜냐하면 위에 열거한 각종 적립금으로 결손을 보전하는 것은 단순히 재무상태표상의 자본의 부에 있는 과목간의 조정이며 과세소득계산과는 관계가 없기 때문이다(법기통 13-10…1).

4-3. 결손금의 신고 · 결정 · 경정 여부

법인세 과세표준 계산상 공제되는 이월결손금은 법인세법 제14조 제2항의 결손금으로서 동법 제60조에 따라 신고하거나 동법 제66조에 따라 결정 · 경정되거나, 국세기본법 제45조에 따라 수정신고한 과세표준에 포함된 결손금만 해당한다(법법 §13 ① 1호 나목).

4-4. 동업기업으로부터 배분받는 배분한도 초과결손금

동업기업 과세특례를 적용받는 동업기업의 동업자가 배분한도 초과결손금을 추가로 배분받아 손금에 산입한 해당 법인의 사업연도에 결손금이 발생한 경우, 추가로 배분받은 결손금과 해당 사업연도의 결손금 중 작은 것에 상당하는 금액은 배분한도 초과결손금이 발생한 동업기업의 사업연도의 종료일이 속하는 사업연도에 발생한 결손금으로 보아 그 공제시기 및 공제기한을 판단한다(법령 §10 ⑤).

배분한도 초과결손금

조세특례제한법상 과세특례를 적용받는 동업기업의 결손금은 각 과세연도 종료일에 해당 동업자군별 동업자들에게 동업자간의 손익배분비율에 따라 배분한다. 이 경우 각 동업자에게 배분되는 결손금은 동업기업의 해당 과세연도의 종료일 현재 해당 동업자의 지분가액을 한도로 하며, 동한도를 초과하는 해당 동업자의 결손금을 '배분한도 초과결손금'이라 한다(조특법 §100의 18 ①, ②). 배분한도 초과결손금은 해당 과세연도의 다음 과세연도 개시일 이후 15년 이내에 끝나는 각 과세연도에 이월하여 배분하되, 이월된 각 과세연도에 배분하는 동업기업의 각 과세연도의 결손금이 지분가액에 미달할 때에만 그 미달하는 금액의 범위에서 추가로 배분한다(조특법 §100의 18 ② 및 조특령 §100의 18 ⑤).

5. 특수한 경우의 이월결손금

5-1. 비영리법인의 이월결손금

비영리법인은 법인세법 제4조 제3항에 따른 수익사업에서 생긴 소득에 대해서만 납세의무가 있기 때문에 이월결손금 공제 또한 수익사업에서 생긴 소득과 결손금을 대상으로 한다(법칙 §4 ①).

5-2. 면제 또는 감면사업에서 발생한 이월결손금

면제사업과 과세사업을 겸영하는 경우의 이월결손금은 사업을 구분하지 않고 전체사업을 통산하여 이월결손금을 계산한다. 즉, 면제사업에서 생긴 결손금이 과세소득을 초과하는 경우에는 그 초과하는 금액을 해당 법인의 각 사업연도의 결손금으로 한다. 이와 반대의 경우에도 또한 같다(법기통 14-0…3). 그러나 면제세액 계산을 위하여 면제소득이 과세표준금액에서 차지하는 비율을 계산함에 있어서는 이월결손금 등이 면제사업에서 생긴 것이라면 면제사업의 소득에서만 공제하며, 이월결손금 등이 면제사업에서 발생한 것인지의 여부가 불분명한 경우에는 소득금액에 비례하여 안분계산한 금액을 공제한다(법령 §96).

5-3. 합병시 이월결손금

법인이 합병하는 경우 원칙적으로 피합병법인의 이월결손금을 승계할 수 없다. 그러나 적격합병으로서 법인세법 제44조의 3 제2항에 따라 합병법인이 승계한 피합병법인의 결손금은 피합병법인으로부터 승계받은 사업에서 발생한 소득금액의 범위에서 합병법인의 각 사업연도의 과세표준을 계산할 때 공제한다. 또한, 합병법인의 합병등기일 현재의 이월결손금 중 적격합병에 따라 피합병법인으로부터 승계한 결손금을 제외한 금액은 피합병법인으로부터 승계받은 사업에서 발생한 소득금액의 범위에서는 공제하지 아니한다(법법 §45 ①, ②). 합병시 이월결손금에 대한 상세한 내용은 '제2편 제3장 제1절 합병'편을 참고하기 바란다.

5-4. 분할시 이월결손금

법인이 분할하는 경우 원칙적으로 분할법인 등의 이월결손금은 승계할 수 없다. 그러나 적격분할로서 법인세법 제46조의 3 제2항에 따라 분할신설법인 등이 승계한 분할법인 등의 결손금은 분할법인 등으로부터 승계받은 사업에서 발생한 소득금액의 범위에서 분할신설법인 등의 각 사업연도의 과세표준을 계산할 때 공제한다. 또한, 분할합병의 상대방법인의 분할등기일 현재의 이월결손금 중 적격분할에 따라 분할법인으로부터 승계한 결손금을 제외한 금액은 분할법인으로부터 승계받은 사업에서 발생한 소득금액의 범위에서는 공제하지 아니한다(법법 §46의 4 ①, ②). 분할시 이월결손금에 대한 상세한 내용은 '제2편 제3장 제2절 분할'편을 참고하기 바란다.

5-5. 사업양수시 이월결손금

법인이 다른 법인의 사업을 양수하는 경우로서 양수자산이 사업양수일 현재 양도법인의 자산총액의 70% 이상이고, 양도법인의 자산총액에서 부채총액을 뺀 금액의 90% 이상이며, 사업의 양도·양수 계약일 현재 양도·양수인이 특수관계인인 법인인 경우 사업양수일 현재 양수법인의 종전 사업에 따른 이월결손금은 양수한 사업부문에서 발생한 소득금액의 범위에서는 공제하지 아니한다(법법 §50의 2 및 법령 §86의 2)

한편, 중소기업 간 또는 동일사업을 하는 법인 간에 사업을 양수하여 회계를 구분하여 기록하지 않는 경우 위 양수한 사업부문에서 발생한 소득금액은 사업양수일 현재 양수법인의 사업용 자산가액과 양수한 사업부문의 사업용 자산가액의 비율로 안분계산한 금액으로 한다. 이 경우 양수한 사업부문의 사업용 자산가액은 양수법인의 결손금을 공제하는 각 사업연도의 종료일 현재 계속 보유(처분 후 대체하는 경우를 포함함)·사용하는 자산의 사업양수일 현재 가액으로 한다.

NOTE :: 세법상 이월결손금 관련 규정

법인세법 및 조세특례제한법 각각의 조문 내에서도 입법목적에 따라 이월결손금의 범위를 다르게 정하고 있으며, 현행 세법상 명시된 이월결손금 범위 및 적용대상 등을 요약하면 다음과 같다. 한편, 아래 표의 내용 중 편의상 "세무상 15년(단, 2008년 12월 31일 이전에 개시한 사업연도에서 발생한 결손금은 5년, 2009년 1월 1일 이후부터 2019년 12월 31일 이전에 개시한 사업연도에서 발생한 결손금은 10년) 이내에 개시한 사업연도에서 발생한 이월결손금"을 "세무상 15년 이내 발생한 이월결손금"으로 표기하기도 한다.

관련법	조 항	적용대상	범 위	소멸 여부
법법	§13 ① 1호	과세표준계산시 각 사업연도 소득에서 공제할 이월결손금	세무상 15년 이내 발생한 이월결손금	공제 등으로 소멸
법법	§18 6호	자산수증익 및 채무면제익 중 이월결손금 보전에 충당한 금액의 익금불산입	세무상 누적된 이월결손금	보전 후 소멸
법법	§24 ②	기부금 손금산입 한도액 계산	세무상 15년 이내 발생한 이월결손금	소멸하지 않음.
법법	§29	고유목적사업준비금의 손금산입	세무상 15년 이내에 발생한 이월결손금(이월결손금 공제한도 적용에 따라 미공제된 이월결손금 제외)	소멸하지 않음.
법법	§45 ② (§46의 4 ②)	합병법인(분할신설법인 등)의 과세표준 계산시 공제	세무상 15년 이내에 발생한 피합병법인(분할법인 등)의 결손금	승계받은 사업에서 발생한 소득금액의 범위 내에서 공제·소멸
법법	§50의 2	사업을 양수한 법인의 과세표준 계산시 공제	세무상 15년 이내 발생한 양수법인의 기존 이월결손금	양수법인의 기존 사업부문에서 발생한 소득금액의 범위 내에서 공제·소멸
법법	§72	결손금 소급공제에 따른 환급	직전 사업연도 법인세액을 한도로 당해 사업연도 결손금을 공제	소급공제받은 결손금은 공제·소멸
법법	§79 ④	청산소득금액 계산시 이월결손금	세무상 누적된 이월결손금	자기자본총액 계산시 잉여금 한도 내에서 상계·소멸

관련법	조 항	적용대상	범 위	소멸 여부
법법	§91 ①	외국법인의 과세표준 계산시 공제	세무상 15년 이내 발생한 이월결손금(국내 발생분에 한함)	과세표준 계산시 공제·소멸
조특법	§8의 4	중소기업의 결손금 소급공제에 따른 환급(2021. 12. 31.이 속하는 사업연도 한정)	직전 2개 사업연도 법인세액을 한도로 당해 사업연도 결손금을 공제	소급공제받은 결손금은 공제·소멸
조특법	§34	재무구조개선계획에 의해 발생하는 양도차익의 익금불산입 계산기준	세무상 15년 이내 발생한 이월결손금	소멸하지 않음.
조특법	§39, §40	재무구조개선계획에 따른 채무감소액 또는 자산수증익의 익금불산입 계산기준 등	세무상 누적된 이월결손금	소멸하지 않음.
조특법	§44, §121의 29	회생계획인가 등의 결정을 받은 법인 또는 사업재편계획을 이행중인 법인 등의 채무면제익 익금불산입 계산기준	세무상 누적된 이월결손금	소멸하지 않음.
조특법	§60, §61, §62	지역이전에 따른 양도차익 익금불산입 계산기준 등	세무상 15년 이내 발생한 이월결손금	소멸하지 않음.
조특법	§88의 4 ⑬	우리사주조합에 지출하는 기부금의 손금산입 한도액 계산	세무상 15년 이내 발생한 이월결손금	소멸하지 않음.
조특법	§121의 26	사업재편계획에 따른 자산양도차익 익금불산입 계산기준 등	세무상 15년 이내 발생한 이월결손금	소멸하지 않음.
조특법	§121의 27, §121의 28	사업재편계획에 따른 채무감소액 또는 자산수증익의 익금불산입 계산기준 등	세무상 누적된 이월결손금	소멸하지 않음.

Step Ⅱ: 서식의 이해

■ 작성요령 - 자본금과 적립금조정명세서(갑)

❶ 「⑧ 일반 결손금」란에는 사업연도별 세무계산상 이월결손금 발생총액(동업자의 경우 조세특례제한법 제100조의 18 제2항에 따라 동업자의 지분가액을 초과하여 배분받아 손금에 산입한 '배분한도 초과결손금'이 해당사업연도 결손금에 포함된 경우에는 '배분한도 초과결손금' 상당액을 제외한 금액)을 적는다.

❷ 「⑨ 배분한도 초과결손금」란에는 조세특례제한법 제100조의 14 제2호에 따른 동업자가 동업기업으로부터 배분받아 손금에 산입한 '배분한도 초과결손금' 중 「㉕ 이월결손금계상액」에 해당하는 금액을 적는다(동업자가 아닌 법인 및 동업자가 동업기업으로부터 조세특례제한법 제100조의 18 제2항에 따라 지분가액 한도 내에서 결손금을 배분받은 경우에는 적지 않는 란임).

❸ 「⑩ 소급공제」란에는 법인세법 제72조 및 같은 법 시행령 제110조 제2항 또는 조세특례제한법 제8조의 4 및 같은 법 시행령 제7조의 3에 따라 소급공제받은 결손금을 적는다.

❹ 감소내역란의 「⑫ 기공제액」란에는 전사업연도까지 소득금액계산상 공제된 이월결손금 누계액을 적는다.

❽ 「⑲ 법인세 신고 사업연도」란에는 동업기업으로부터 '배분한도 초과결손금'을 배분받아 손금에 산입한 사업연도를 적는다.

❾ 「⑳ 동업기업 과세연도 종료일」란에는 동업기업으로부터 '배분한도 초과결손금'을 배분받아 손금에 산입한 경우 '배분한도 초과결손금'이 발생한 동업기업의 과세연도 종료일을 적는다.

❿ 「㉑ 손금산입한 배분한도 초과결손금」란에는 조세특례제한법 제100조의 18 제2항에 따라 동업기업으로부터 배분받아 손금에 산입한 '배분한도 초과결손금'을 적는다.

[별지 제50호 서식(갑)] (2022. 3. 18. 개정)

사 업 연 도	. . . ~ . . .	자본금과 적립금조정명

Ⅰ. 자본금과 적립금 계산서

		코드	② 기초잔액	③ 감
자본금 및 잉여금 등의 계산	1. 자 본 금	01		
	2. 자 본 잉 여 금	02		
	3. 자 본 조 정	15		
	4. 기타포괄손익누계액	18		
	5. 이 익 잉 여 금	14		
		17		
	6. 계	20		
7. 자본금과 적립금명세서(을)+(병) 계		21		
손익미계상 법인세 등	8. 법 인 세	22		
	9. 지 방 소 득 세	23		
	10. 계 (8+9)	30		
11. 차 가 감 계(6+7-10)		31		

Ⅱ. 이월결손금 계산서

1. 이월결손금 발생 및 증감내역

⑥ 사업연도	이월결손금					
	발 생 액					
	⑦계	⑧일반 결손금	⑨배 분 한도초과 결손금 (⑨=㉕)	⑩ 소급 공제	⑪ 차감계	⑫ 기공제액
		❶	❷	❸		❹
계						

2. 법인세 신고 사업연도의 결손금에 동업기업으로부터 배분한도 포함되어 있는 경우 사업연도별 이월결손금 구분내역

⑲ 법인세 신 고 사업연도	⑳ 동업기업 과세연도 종 료 일	㉑ 손금산입한 배분한도 초 과 결 손 금	㉒ 법인세 신 고 사업연도 결 손 금	배분한도	
				㉓ 합 계 (㉓=㉕+㉖)	배 이월결 사
❽	❾	❿	⓫		

Ⅲ. 회계기준 변경에 따른 자본금과 적립금 기초잔액 수정

㉗ 과목 또는 사항	㉘ 코드	㉙ 전기말 잔액	㉚

세서(갑)	법 인 명	
	사업자등록번호	

당기중증감		⑤ 기 말 잔 액	비 고
감 소	④ 증 가		

감 소 내 역			잔 액		
⑬ 당기 공제액	⑭ 보전	⑮ 계	⑯ 기한 내	⑰ 기한 경과	⑱ 계
❺	❻				❼

를 초과하여 배분받은 결손금(배분한도 초과결손금)이

초과결손금이 포함된 이월결손금 사업연도별 구분

분한도 초과결손금 해당액		㉖법인세 신고 사업연도 발생 이월결손금 해당액 (⑧일반결손금으로 계상) (㉑≥㉒의 경우는 "0", ㉑<㉒의 경우는 ㉒-㉑)
㉔ 손금 발생 업연도	㉕이월결손금 (㉕=⑨) ㉑과㉒ 중 작은 것에 상당하는 금액	
⓬	⓭	⓮

기초잔액 수정		㉜ 수정후 기초잔액 (㉙+㉚-㉛)	㉝ 비 고
㉚ 증가	㉛ 감소		

❺ 감소내역란의 「⑬ 당기공제액」란에는 법인세법 제13조 제1항 제1호에 따른 당기공제대상 이월결손금을 적되, 법인세과세표준 및 세액조정계산서〔별지 제3호 서식〕의 「⑩ 각 사업연도소득금액」을 한도로 한다.

❻ 「⑭ 보전」란에는 세무계산상 이월결손금 발생액 중 채무면제익, 자산수증익 등 과세표준에서 공제한 것으로 보는 보전금액을 적는다.

❼ 「⑱ 계」란에는 이월결손금 「⑪ 차감계」에서 「⑮ 감소내역 계」를 차감한 잔액으로서 법인세법 제13조 제1항 제1호의 공제기한 내 해당분과 기한경과분을 합한 금액을 적는다.

⓫ 「㉒ 법인세 신고 사업연도 결손금」란에는 '배분한도 초과결손금'을 배분받아 손금에 산입한 사업연도에 발생한 결손금(법인세 과세표준 및 세액조정계산서〔별지 제3호 서식〕)의 ⑩란 음수(△)금액을 적는다.

⓬ 「㉔ 이월결손금 발생사업연도」란에는 동업기업의 배분한도 초과결손금이 발생한 동업기업의 과세연도 종료일이 속하는 사업연도를 적는다.

⓭ 「㉕ 이월결손금」란에는 동업기업으로부터 배분받아 손금에 산입한 「㉑ 배분한도 초과결손금」과 「㉒ 법인세 신고 사업연도 결손금」 중 작은 것에 상당하는 금액을 적는다.

⓮ 「㉖ 법인세 신고 사업연도 발생 이월결손금 해당액」란에는 「㉒ 법인세 신고사업연도 결손금」이 「㉑ 배분한도 초과결손금」보다 큰 경우 차액(㉒란에서 ㉑란을 뺀 금액)을 적는다.

♻ 세무조정 체크리스트

검 토 사 항	확인
1. 이월결손금 확인	
① 전년도 자본금과 적립금조정명세서(갑)에서 공제대상 이월결손금[사업연도 개시일 전 15년(단, 2008년 12월 31일 이전에 개시한 사업연도에서 발생한 결손금은 5년, 2009년 1월 1일 이후부터 2019년 12월 31일 이전에 개시한 사업연도에서 발생한 결손금은 10년)이내 개시한 사업연도에서 발생한 이월결손금] 확인	
② 당기 중 자산수증이익(국고보조금 등 제외), 채무면제이익으로 충당된 이월결손금 확인 -채무의 출자전환시 주식발행액면초과액의 범위 검토	
③ 당기 중 수정신고 또는 경정 등에 의한 결손금 변동 여부 확인	
④ 합병 또는 분할시 피합병법인 또는 분할법인 등의 이월결손금 승계 가능 여부 확인	
⑤ 이월결손금 공제한도 확인 -적용대상 확인 : 중소기업 및 회생계획을 이행 중인 법인 등을 제외한 법인 -공제한도 : 내국법인의 경우 각 사업연도 소득 × 80% 연결법인 및 외국법인의 경우 연결소득 개별귀속액 및 각 사업연도 소득 × 80%	
2. 이월결손금 소급공제 확인	
① 적용대상 확인 : 중소기업	
② 환급세액의 계산 : Min(ⓐ, ⓑ) ⓐ 직전 사업연도 법인세액 = 직전 사업연도의 법인세 산출세액 - 직전 사업연도의 공제 · 감면세액 ⓑ 직전 사업연도 법인세 산출세액 - (직전 사업연도의 과세표준 - 소급공제 결손금) × 직전 사업연도의 세율(법법 §55 ①) ※ 2021. 12. 31.이 속하는 사업연도에 발생한 결손금은 직전 2개 사업연도의 법인세액에서 소급공제하여 환급 가능(조특법 §8의 4)	
③ 환급 신청	
④ 경정 등으로 결손금이 감소된 경우 등 : 이자상당액(1일 0.022%(2022. 2. 14. 이전 기간 0.025%, 2019. 2. 11. 이전 기간 0.03%). 단, 정당한 사유가 있는 경우는 국세환급가산금 이자율) 가산하여 추징	
⑤ 소급공제를 받지 아니한 결손금은 이월공제	

Step III: 사례와 서식작성실무

예제

사 례

㈜삼일(비중소기업)의 제18기 사업연도(2024. 1. 1. ~ 2024. 12. 31.) 법인세 신고를 위한 다음 자료를 이용하여 각 사업연도 소득금액, 과세표준 및 자본금과 적립금조정명세서(갑) 〔별지 제50호 서식(갑)〕상의 이월결손금 계산서를 작성하라.

1. 손익계산서상 당기순이익 : 400,000,000원
2. 연도별 이월결손금 내역

사업연도	발생액	기공제	잔액
제2기(2008. 1. 1. ~ 2008. 12. 31.)	300,000,000	30,000,000	270,000,000
제11기(2017. 1. 1. ~ 2017. 12. 31.)	50,000,000	–	50,000,000
제13기(2019. 1. 1. ~ 2019. 12. 31.)	170,000,000	–	170,000,000

3. 당해연도 손익계산서상 영업외수익에는 자산수증이익 150,000,000원이 포함되어 있다. 동 금액은 이월결손금 보전에 충당할 예정이다.
4. 당사의 당해 사업연도의 세무조정 사항은 다음과 같다.
   ① 법인세비용 : 120,000,000원
   ② 접대비 한도초과금액 : 25,000,000원
5. 상기 사항 이외의 세무조정사항, 각종 공제, 감면 사항은 존재하지 않으며, 이연법인세는 고려하지 않는다.

해 설

1. 각 사업연도 소득금액

① 손익계산서상 당기순이익	400,000,000원
② 익금산입 및 손금불산입	145,000,000원
③ 손금산입 및 익금불산입(*)	150,000,000원
	395,000,000원

(*) 손익계산서상 영업외수익에 계상된 자산수증이익을 자본금과 적립금조정명세서에 이월결손금의 보전에 충당한다는 뜻을 표시하고 익금불산입(기타)함.

2. 이월결손금 공제한도

중소기업이 아닌 내국법인으로 이월결손금의 공제 범위는 각 사업연도 소득의 80%를 한도로 한다.

395,000,000원 × 80% = 316,000,000원

3. 과세표준

① 각 사업연도 소득금액	395,000,000원
② 이월결손금(차감)(*)	220,000,000원
③ 비과세소득/소득공제(차감)	0원
	175,000,000원

(*) 과세표준 계산상 공제가능한 이월결손금은, 사업연도 개시일 전 15년(단, 2008년 12월 31일 이전에 개시한 사업연도에서 발생한 결손금은 5년, 2009년 1월 1일 이후부터 2019년 12월 31일 이전에 개시한 사업연도에서 발생한 결손금은 10년) 이내에 개시한 사업연도에서 발생한 결손금으로서 그 후의 각 사업연도의 과세표준 계산상 공제되지 아니한 금액이어야 하므로 제2기(2008년) 이월결손금은 차감할 수 없으며, 공제가능한 이월결손금이 이월결손금 공제한도 내이므로 공제가능한 이월결손금 전액을 공제함.

4. 자본금과 적립금조정명세서(갑) 〔별지 제50호 서식(갑)〕상의 이월결손금 계산서 (다음 page 참조)

[별지 제50호 서식(갑)] (2022. 3. 18. 개정)

사 업 연 도	2024. 1. 1. ~ 2024. 12. 31.	자본금과 적립금 조정명세서(갑)	법 인 명	(주)삼일
			사업자등록번호	

Ⅰ. 자본금과 적립금 계산서

Ⅱ. 이월결손금 계산서

1. 이월결손금 발생 및 증감내역

⑥ 사업연도	이월결손금					감소내역				잔액		
	발생액			⑩ 소급공제	⑪ 차감계	⑫ 기공제액	⑬ 당기 공제액	⑭ 보전	⑮ 계	⑯ 기한 내	⑰ 기한 경과	⑱ 계
	⑦계	⑧일반 결손금	⑨배분 한도초과 결손금 (⑨=㉕)									
'08. 12.	300,000,000	300,000,000			300,000,000	30,000,000		150,000,000	180,000,000		120,000,000	120,000,000
'17. 12.	50,000,000	50,000,000			50,000,000		50,000,000		50,000,000			0
'19. 12.	170,000,000	170,000,000			170,000,000		170,000,000		170,000,000			0
계	520,000,000	520,000,000	0	0	520,000,000	30,000,000	220,000,000	150,000,000	400,000,000	0	120,000,000	120,000,000

2. 법인세 신고 사업연도의 결손금에 동업기업으로부터 배분한도를 초과하여 배분받은 결손금(배분한도 초과결손금)이 포함되어 있는 경우 사업연도별 이월결손금 구분내역

⑲ 법인세 신고 사업연도	⑳ 동업기업 과세연도 종료일	㉑ 손금산입한 배분한도 초과 결손금	㉒ 법인세 신고 사업연도 결손금	배분한도 초과결손금이 포함된 이월결손금 사업연도별 구분			
				㉓ 합계 (㉓=㉕+㉖)	배분한도 초과결손금 해당액		㉖법인세 신고 사업연도 발생 이월결손금 해당액 (⑧일반결손금으로 계상) (㉑≧㉒의 경우는 "0", ㉑<㉒의 경우는 ㉒-㉑)
					㉔ 이월결손금 발생 사업연도	㉕이월결손금 (㉕=⑨) ㉑과㉒ 중 작은 것에 상당하는 금액	

Ⅲ. 회계기준 변경에 따른 자본금과 적립금 기초잔액 수정

제2절 소득공제

관련 법령	• 법법 §51의 2, §75의 14 • 법령 §86의 3, §120의 4 • 조특법 §55의 2, §104의 31 • 조특령 §51의 2, §104의 28 • 조특칙 §47의 4

최근 주요 개정 내용

• 유동화전문회사 등 및 법인과세 신탁재산 소득공제의 신청절차 보완(법법 §51의 2 ② 1호, §75의 14 ② 및 법령 §86의 3 ⑨, §120의 4 ③)

종 전	현 행
□ 배당을 받은 주주등·수익자가 동업기업인 경우 소득공제 신청 방법 ㅇ 소득공제신청서와 함께 배당을 받은 동업기업의 동업기업과세특례적용 및 동업자과세여부 확인서 첨부 〈신 설〉	□ 배당을 받은 동업기업의 동업자가 상위 동업기업인 경우 신청 방법 보완 ㅇ (좌 동) - 동업자 전부 또는 일부가 상위 동업기업인 경우에는 상위 동업기업의 동업기업과세특례적용 및 동업자과세여부 확인서 첨부

➡ 개정일자 : ㉥ 2023. 12. 31. ㉧ 2024. 2. 29.
적용시기 : (법법 §51의 2 ②, §75의 14 ②) 2023년 12월 31일이 속하는 사업연도부터 적용
(법령 §86의 3 ⑨, §120의 4 ③) 2024년 2월 29일부터 시행

최근 주요 개정 내용

• 프로젝트금융투자회사 소득공제의 신청절차 보완(법법 §51의 2 ② 1호 및 조특령 §104의 28 ⑨)

종 전	현 행
□ 배당을 받은 주주등이 동업기업인 경우 프로젝트금융투자회사 소득공제 신청방법 ㅇ 소득공제신청서와 함께 배당을 받은 동업기업의 동업기업과세특례적용 및 동업자과세여부 확인서 첨부 〈신 설〉	□ 동업기업 적용범위 합리화에 따른 신청방법 보완 ㅇ (좌 동) - 동업자 전부 또는 일부가 상위 동업기업인 경우에는 상위 동업기업의 동업기업과세특례적용 및 동업자과세여부 확인서 첨부

➡ 개정일자 : ㉥ 2023. 12. 31. ㉧ 2024. 2. 29.
적용시기 : (법법 §51의 2 ②) 2023년 12월 31일이 속하는 사업연도부터 적용
(조특령 §104의 28 ⑨) 2024년 2월 29일부터 시행

관련 서식

• 법인세법 시행규칙
[별지 제7호 서식] 소득공제조정명세서
[별지 제71호의 2 서식] 소득공제 신청서
[별지 제71호의 2 서식 부표] 실질귀속자별 명세
[별지 제71호의 8 서식] 동업기업 과세특례적용 및 동업자 과세여부 확인서

• 조세특례제한법 시행규칙
[별지 제43호 서식] 소득공제신청서
[별지 제17호 서식] 명목회사설립(변경)신고서
[별지 제18호 서식] 프로젝트금융투자회사에 대한 소득공제신청서
[별지 제24호 서식] 동업기업 과세특례적용 및 동업자 과세여부 확인서

| 제2절 |

소득공제

2

Step I 내용의 이해

1. 개 요

소득공제란 조세정책적 목적에 따라 세법에서 규정하는 특정한 소득에 대하여 법인세 과세표준 계산시 각 사업연도 소득금액에서 공제하는 소득을 말하며, 내국법인의 소득공제와 관련하여 아래와 같이 법인세법과 조세특례제한법에서 규정하고 있다.

2. 법인세법상 소득공제

2-1. 유동화전문회사 등에 대한 소득공제

2-1-1. 개 요

유동화전문회사, 자본시장과 금융투자업에 관한 법률에 따른 투자회사, 기업구조조정투자회사 등은 일반적인 법인과 달리 도관(導管, conduit)의 성격이 강하므로 이중과세문제를 해결하고자 당해 법인이 주주에게 배당가능이익 중 일정비율 이상의 금액을 배당하는 경우 그 금액을 당해 법인의 각 사업연도 소득금액에서 공제하도록 하고 있다. 이를 유동화전문회사 등에 대한 소득공제(법법 §51의 2)라 한다.

2-1-2. 소득공제대상 법인

다음에 해당하는 내국법인이 배당가능이익의 90% 이상을 배당하는 경우 그 금액(이하 "배당금액"이라 함)을 해당 배당을 결의한 잉여금 처분의 대상이 되는 사업연도의 소득금액에서 공제한다. 다만, 아래 '2-1-3. 소득공제 배제대상'에 해당하는 경우에는 그러하지 아니한다.

① 자산유동화에 관한 법률에 따른 유동화전문회사

② 자본시장과 금융투자업에 관한 법률에 따른 투자회사, 투자목적회사, 투자유한회사, 투자합자회사[기관전용 사모집합투자기구(자본시장과 금융투자업에 관한 법률 §9 ⑲ 1호) 제외, 이하 "투자회사 등"이라 함] 및 투자유한책임회사
③ 기업구조조정투자회사법에 따른 기업구조조정투자회사
④ 부동산투자회사법에 따른 기업구조조정 부동산투자회사 및 위탁관리 부동산투자회사
⑤ 선박투자회사법에 따른 선박투자회사
⑥ 민간임대주택에 관한 특별법 또는 공공주택특별법에 따른 특수목적법인 등으로서 임대사업을 목적으로 민간임대주택에 관한 특별법 시행령 제4조 제2항 제3호 다목의 투자회사의 규정에 따른 요건을 갖추어 설립된 법인(법령 §86의 3 ②)
⑦ 문화산업진흥 기본법에 따른 문화산업전문회사
⑧ 해외자원개발 사업법에 따른 해외자원개발투자회사

관련사례

- 해산한 투자회사에 대한 소득공제 가능 여부
  간접투자자산운용업법에 의한 투자회사가 법인세법 제79조 제6항에 따른 청산기간 중에 금융기관 등에 자산을 예치함으로 인하여 발생하는 이자소득의 경우에도 법인세법 제51조의 2를 적용함(법기통 51의 2-86의 2…2).
- 자산관리회사가 업무를 다른 법인에 재위탁시 소득공제 적용 여부
  자산관리・운용 및 처분에 관한 업무를 위탁받은 자산관리회사가 해당 업무를 다른 법인에게 재위탁하는 경우에는 유동화전문회사 등에 대한 소득공제를 적용하지 아니함(서면법규-491, 2013. 4. 26.).
- 자산유동화 업무를 전담하는 외국법인의 국내지점의 소득공제 가능 여부
  외국법인의 국내사업장은 당해 국내사업장이 자산유동화에 관한 법률에 의거 금융감독위원회에 등록하고 자산유동화업무를 전업한다 하여도 유동화전문회사 등에 대한 배당소득공제는 적용되지 아니함(서이 46017-10342, 2003. 2. 18.).

2-1-3. 소득공제 배제대상

상기 '2-1-2. 소득공제대상 법인'에 해당한다 하여도 다음 중 어느 하나에 해당하는 경우에는 소득공제를 적용받을 수 없다(법법 §51의 2 ②).

① 배당을 받은 주주 등에 대하여 법인세법 또는 조세특례제한법에 따라 그 배당에 대한 소득세 또는 법인세가 비과세되는 경우
다만, 배당을 받은 주주 등이 조세특례제한법 제100조의 15에 따라 동업기업과세특례를 적용받는 동업기업인 경우로서 그 동업자들(그 동업자들의 전부 또는 일부가 같은 조 제3항에 따른 상위 동업기업에 해당하는 경우에는 그 상위 동업기업에 출자한 동업자들을 말함)에 대

하여 같은 법 제100조의 18에 따라 배분받은 배당에 해당하는 소득에 대한 소득세 또는 법인세가 전부 과세되는 경우는 소득공제를 적용받을 수 있다.

이 경우에는 과세표준 신고시 소득공제신청서에 배당을 받은 동업기업(그 동업자들의 전부 또는 일부가 조세특례제한법 제100조의 15 제3항에 따른 상위 동업기업에 해당하는 경우에는 그 상위 동업기업을 포함함)으로부터 조세특례제한법 제100조의 23 제1항에 따른 신고기한까지 제출받은 동업기업과세특례적용 및 동업자 과세여부 확인서 [법칙 별지 제71호의 8 서식]를 첨부하여야 한다(법령 §86의 3 ⑨).

② 해당 배당을 지급하는 내국법인이 주주 등의 수 등을 감안하여 다음의 요건을 모두 충족하는 경우(법령 §86의 3 ⑩)

가. 사모방식으로 설립되었을 것

나. 개인 2인 이하 또는 개인 1인 및 그 친족(이하 "개인 등"이라 함)이 발행주식총수 또는 출자총액의 95% 이상의 주식 등을 소유할 것. 다만, 개인 등에게 배당 및 잔여재산의 분배에 관한 청구권이 없는 경우는 제외

개 정

○ 소득공제대상 판단 시 동업기업 적용범위 합리화 및 신청방법 보완(법법 §51의 2 ② 및 법령 §86의 3 ⑨)

➡ 2023년 12월 31일이 속하는 사업연도부터 적용

2-1-4. 소득공제액의 계산

소득공제액은 배당가능이익의 90% 이상을 배당한 경우 그 배당한 금액으로 한다.

배당가능이익이란 기업회계기준에 따라 작성한 재무제표상의 법인세비용 차감 후 당기순이익에 이월이익잉여금을 가산하거나 이월결손금을 공제하고, 상법 제458조에 따라 적립한 이익준비금을 차감한 금액을 말한다. 이를 산식으로 표현하면 다음과 같다.

배당가능이익 = 당기순이익 + 이월이익잉여금(*) − 이월결손금(*) − 이익준비금

(*) 이월이익잉여금 및 이월결손금은 모두 기업회계기준에 의하여 계산한 금액을 말함(서이 46012-11793, 2003. 10. 17.).

이 경우 다음의 어느 하나에 해당하는 금액은 배당가능이익에서 제외한다(법령 §86의 3 ①).

① 상법 제461조의 2에 따라 자본준비금을 감액하여 받는 배당금액(내국법인이 보유한 주식의 장부가액을 한도로 함).

② 당기순이익, 이월이익잉여금 및 이월결손금 중 다음 중 어느 하나에 해당하는 자산의 평가손익(법령 §73 2호 가목부터 다목까지). 단, 법인세법 시행령 제75조 제3항에 따라 시가

법으로 평가한 투자회사 등의 집합투자재산의 평가손익은 배당가능이익에 포함함.
가. 주식 등
나. 채권
다. 자본시장과 금융투자업에 관한 법률 제9조 제20항에 따른 집합투자재산

관련사례

- 청산 중인 법인이 모든 소득을 잔여재산분배방식으로 분배시 소득공제 적용 여부
  소득공제 대상 법인이 해산등기를 하고 청산 중인 경우 의제사업연도에 발생한 소득과 청산기간 중에 발생한 모든 소득을 잔여재산분배방식으로 전액 출자자에게 분배하는 경우에는 해당 사업연도에 발생한 소득금액을 배당한 경우로 보아 소득금액 공제하는 것임(법규법인 2013-273, 2013. 9. 26.).
- 청산기간 중에 발생한 소득을 잔여재산분배방식으로 주주에게 분배시 소득공제 적용 여부
  청산기간 중에 발생한 부동산 매각차익을 포함하여 모든 소득을 잔여재산분배방식으로 전액 주주에게 분배하는 경우 동 분배금액은 법인세법 제51조의 2 및 제79조 제6항의 규정에 따라 각 사업연도소득 또는 청산소득에 대한 법인세 과세표준 계산시 공제하는 것임(재법인-258, 2009. 3. 17.).
- 과소자본세제에 의한 배당처분액의 소득공제 적용 여부
  국제조세조정에 관한 법률 제14조에 따라 국내 유동화전문회사 등이 국외지배주주에게 지급한 이자비용 중 배당으로 처분된 금액에 대해서는 유동화전문회사 등에 대한 소득공제가 적용됨(법인-3269, 2008. 11. 5.).
- 주식할인발행차금과 상계한 이익잉여금의 배당가능이익 포함 여부
  법인이 상법 제454조 및 기업회계기준 제72조 제1호의 규정에 따라 주식할인발행차금과 상계한 이익잉여금은 당해 배당가능이익에 포함되지 아니함(서면2팀-591, 2006. 4. 5.).
- 소득공제대상이 되는 배당의 범위
  '배당'이라 함은 현금배당과 주식배당 모두를 포함하며, 이 경우 재무제표상 배당가능이익의 한도를 초과하여 관련 법령에 따라 배분한 경우도 포함하며(법기통 51의 2-86의 2 …1 ②), 출자자에게 잔여재산을 분배함에 따라 발생하는 의제배당의 경우에도 유동화전문회사 등에 대한 소득공제대상에 해당하는 것임(서면2팀-1598, 2005. 10. 5.).
- 유동화부동산 감액손실의 유가증권 평가손익 해당 여부
  유동화전문회사회계처리기준에 의하여 계상한 유동화부동산의 감액손실은 법인세법 시행령 제86조의 2 제1항에 규정된 "유가증권의 평가에 따른 손익"에 해당되지 아니하는 것임(서이 46012-10440, 2002. 3. 11.).

2-1-5. 소득공제의 시기

유동화전문회사 등이 배당가능이익의 90% 이상을 배당한 경우 소득공제의 시기는 배당한 연도가 아닌 당해 배당을 결의한 잉여금 처분의 대상이 되는 사업연도이다(법법 §51의 2 ① 및

법기통 51의 2-86의 3…1 ①).

예컨대, 2024사업연도의 결산주주총회를 2025년 3월에 개최하여 배당금 지급을 결의하였다면 당해 배당금에 상당하는 소득공제는 배당금 처분의 대상 사업연도인 2024사업연도의 소득금액 계산에 있어서 공제하는 것이다.

관련사례

- 배당가능이익을 초과 배당 결정한 후 배당금을 미지급한 경우 유동화전문회사 및 그의 주주의 세무처리
  유동화전문회사가 자산유동화에 관한 법률에 의거 이익을 초과하여 배당함에 따라 법인세법 시행령 제86조의 2 제1항에 규정된 배당가능이익을 초과하여 배당을 결정하고 해당 배당금을 미지급한 경우에도 법인세법 제51조의 2의 규정이 적용되는 것이나, 당해 배당금을 배당결의한 후 3월이 되는 날까지 미지급한 때에는 그 3월이 되는 날에 배당소득을 지급한 것으로 보는 것이며 유동화전문회사의 주주인 법인은 배당결정일이 속하는 사업연도에 배당결정액 상당액을 배당금소득으로 익금산입하여야 하는 것임(서면2팀-643, 2005. 5. 3.).
- 배당처분 결의하였으나 그 지급을 면제받은 경우의 소득공제 가능 여부
  유동화전문회사가 배당가능이익의 90% 이상을 배당처분 결의하고, 외국주주로부터 그 지급을 면제받은 경우에도 당해 잉여금 처분의 대상 사업연도에 소득공제를 적용하는 것임(서면2팀-537, 2004. 3. 23.).

2-1-6. 초과배당금액의 이월공제

유동전문회사 등의 배당금액이 해당 사업연도의 소득금액을 초과하는 경우 그 초과하는 금액(이하 "초과배당금액"이라 함)은 해당 사업연도의 다음 사업연도 개시일부터 5년 이내에 끝나는 각 사업연도로 이월하여 그 이월된 사업연도의 소득금액에서 공제할 수 있다. 다만, 내국법인이 이월된 사업연도에 배당가능이익의 90% 이상을 배당하지 아니하는 경우에는 그 초과배당금액을 공제하지 아니한다(법법 §51의 2 ④).

이월된 초과배당금액을 해당 사업연도의 소득금액에서 공제하는 경우에는 다음의 방법에 따라 공제한다(법법 §51의 2 ⑤).

① 이월된 초과배당금액을 해당 사업연도의 배당금액보다 먼저 공제할 것
② 이월된 초과배당금액이 둘 이상인 경우에는 먼저 발생한 초과배당금액부터 공제할 것

관련사례

- 초과배당금액 이월공제액 산정시 "해당 사업연도의 소득금액"의 의미
  초과배당금액 이월공제액 산정시 '해당 사업연도의 소득금액(법법 §51의 2 ④)'이란 이월결손금(법법 §13 ①)을 공제한 후의 금액을 말함(사전-2023-법규법인-0312, 2023. 6. 28.).

2-1-7. 소득공제신청서의 제출

유동화전문회사 등에 대한 소득공제를 적용받고자 하는 법인은 법인세 과세표준신고와 함께 소득공제신청서 [법칙 별지 제71호의 2 서식]에 배당소득에 대한 실질귀속자(해당 소득과 관련하여 법적 또는 경제적 위험을 부담하고 그 소득을 처분할 수 있는 권리를 가지는 등 그 소득에 대한 소유권을 실질적으로 보유하고 있는 자를 말함) 별 명세[법칙 별지 제71호의 2 서식 부표]를 첨부하여 납세지 관할 세무서장에게 제출하여야 한다(법령 §86의 3 ⑨).

2-2. 법인과세 신탁재산에 대한 소득공제

2-2-1. 개 요

법인세법 제5조 제2항에 따라 내국법인으로 보는 신탁재산(이하 "법인과세 신탁재산"이라 함)이 수익자에게 배당한 경우에는 이중과세조정을 위해 그 금액을 해당 배당을 결의한 잉여금 처분의 대상이 되는 사업연도의 소득금액에서 공제한다(법법 §75의 14 ①).

2-2-2. 소득공제 배제대상

배당을 받은 법인과세 신탁재산의 수익자에 대하여 법인세법 또는 조세특례제한법에 따라 그 배당에 대한 소득세 또는 법인세가 비과세되는 경우에는 소득공제를 적용하지 아니한다(법법 §75의 14 ②).

다만, 배당을 받은 수익자가 조세특례제한법 제100조의 15에 따라 동업기업과세특례를 적용받는 동업기업인 경우로서 그 동업자들(그 동업자들의 전부 또는 일부가 같은 조 제3항에 따른 상위 동업기업에 해당하는 경우에는 그 상위 동업기업에 출자한 동업자들을 말함)에 대하여 같은 법 제100조의 18에 따라 배분받은 배당에 해당하는 소득에 대한 소득세 또는 법인세가 전부 과세되는 경우에는 소득공제를 적용받을 수 있다.

이 경우에는 과세표준 신고시 소득공제신청서에 배당을 받은 동업기업(그 동업자들의 전부 또는 일부가 조세특례제한법 제100조의 15 제3항에 따른 상위 동업기업에 해당하는 경우에는 그 상위 동업기업을 포함함)으로부터 조세특례제한법 제100조의 23 제1항에 따른 신고기한까지 제출받은 동업기업 과세특례적용 및 동업자 과세여부 확인서 [법칙 별지 제71호의 8 서식]를 첨부하여야 한다(법령 §120의 4 ③).

개 정

○ 소득공제대상 판단 시 동업기업 적용범위 합리화 및 신청방법 보완(법법 §75의 14 ② 및 법령 §120의 4 ③)
➡ 2023년 12월 31일이 속하는 사업연도부터 적용

2-2-3. 소득공제액의 계산

법인과세 신탁재산에 대한 소득공제로 공제하는 배당금액이 해당 배당을 결의한 잉여금 처분의 대상이 되는 사업연도의 소득금액을 초과하는 경우 그 초과금액은 없는 것으로 본다(법령 §120의 4 ①).

2-2-4. 소득공제신청서의 제출

법인과세 신탁재산에 대한 소득공제를 적용받으려는 법인과세 신탁재산의 수탁자는 법인세 과세표준신고와 함께 소득공제신청서[법칙 제71호의 2 서식]를 납세지 관할 세무서장에게 제출하여 소득공제 신청을 해야 한다(법령 §120의 4 ②).

3. 조세특례제한법상 소득공제

3-1. 프로젝트금융투자회사에 대한 소득공제

3-1-1. 개요

상기 '2-1-2. 소득공제대상 법인'의 ① 내지 ⑧과 유사한 투자회사로서 후술하는 '3-1-2. 소득공제 대상법인'에 해당하는 법인이 2025년 12월 31일 이전에 끝나는 사업연도에 대하여 법소정의 배당가능이익의 90% 이상을 배당한 경우 그 금액(이하 "배당금액"이라 함)은 해당 배당을 결의한 잉여금 처분의 대상이 되는 사업연도의 소득금액에서 공제한다(조특법 §104의 31 ①).

3-1-2. 소득공제 대상법인

소득공제를 받으려는 법인은 다음의 요건을 모두 갖추어야 한다(조특법 §104의 31 ①).

① 회사 자산을 설비투자, 사회간접자본 시설투자, 자원개발, 그 밖에 상당한 기간과 자금이 소요되는 특정사업에 운용하고 그 수익을 주주에게 배분하는 회사일 것
다만, 상기 '2-1-2. 소득공제대상 법인'의 ① 내지 ⑧과 유사한 투자회사가 주택법에 따라 주택건설사업자와 공동으로 주택건설사업을 수행하는 경우로서 그 자산을 주택건설사업에 운용하고 해당 수익을 주주에게 배분하는 때에는 해당 요건을 갖춘 것으로 본다(조특령 §104의 28 ②).

② 본점 외의 영업소를 설치하지 아니하고 직원과 상근하는 임원을 두지 아니할 것

③ 한시적으로 설립된 회사로서 존립기간이 2년 이상일 것

④ 상법이나 그 밖의 법률의 규정에 따른 주식회사로서 발기설립의 방법으로 설립할 것

⑤ 발기인이 기업구조조정투자회사법 제4조 제2항 각 호의 어느 하나에 해당하지 아니하고 다음의 요건을 충족할 것(조특령 §104의 28 ③)

1) 발기인 중 1인 이상이 다음의 어느 하나에 해당할 것

가. 법인세법 시행령 제61조 제2항 제1호부터 제4호까지, 제6호부터 제13호까지 및 제24호의 어느 하나에 해당하는 금융회사 등

나. 국민연금법에 따른 국민연금공단(사회기반시설에 대한 민간투자법 제4조 제2호에 따른 방식으로 민간투자사업을 시행하는 투자회사의 경우에 한정함)

2) 위 가. 또는 나.에 해당하는 발기인이 5%(위 가. 또는 나.에 해당하는 발기인이 다수인 경우에는 이를 합산함) 이상의 자본금을 출자할 것

⑥ 이사가 기업구조조정투자회사법 제12조 각 호의 어느 하나에 해당하지 아니할 것

⑦ 감사는 기업구조조정투자회사법 제17조에 적합할 것(이 경우 "기업구조조정투자회사"는 "회사"로 봄)

⑧ 자본금 규모, 자산관리업무와 자금관리업무의 위탁 및 설립신고 등에 관하여 다음의 요건을 갖출 것(조특령 §104의 28 ④)

1) 자본금이 50억원 이상일 것(다만, 사회기반시설에 대한 민간투자법 제4조 제2호에 따른 방식으로 민간투자사업을 시행하는 투자회사의 경우에는 10억원 이상일 것으로 함)

2) 자산관리·운용 및 처분에 관한 업무를 다음의 어느 하나에 해당하는 자(이하 "자산관리회사"라 함)에게 위탁할 것(다만, 아래 6)의 단서의 경우 건축물의 분양에 관한 법률 제4조 제1항 제1호에 따른 신탁계약에 관한 업무는 아래 3)에 따른 자금관리사무수탁회사에 위탁할 수 있음)

가. 해당 회사에 출자한 법인

나. 해당 회사에 출자한 자가 단독 또는 공동으로 설립한 법인

3) 자본시장과 금융투자업에 관한 법률에 따른 신탁업을 경영하는 금융회사 등(이하 "자금관리사무수탁회사"라 함)에 자금관리업무를 위탁할 것

4) 주주가 위 ⑤의 1), 2)의 요건을 갖출 것(이 경우 "발기인"을 "주주"로 봄)

5) 법인설립등기일부터 2개월 이내에 다음의 사항을 적은 명목회사설립신고서[조세특례제한법 시행규칙 별지 제17호 서식]에 조세특례제한법 시행규칙 제47조의 4 제1항에서 정하는 서류를 첨부하여 납세지 관할 세무서장에게 신고할 것(조특칙 §61 ① 65호의 26)

가. 정관의 목적사업

나. 이사 및 감사의 성명·주민등록번호

다. 자산관리회사의 명칭

라. 자금관리사무수탁회사의 명칭

6) 자산관리회사와 자금관리사무수탁회사가 동일인이 아닐 것. 다만, 해당 회사가 자금관리사무수탁회사(해당 회사에 대하여 법인세법 시행령 제43조 제7항에 따른 지배주주등이 아닌 경우로서 출자비율이 10% 미만일 것)와 건축물의 분양에 관한 법률 제4조 제1항 제1호에 따라 신탁계약과 대리사무계약을 체결한 경우는 제외함

한편, 소득공제 대상법인이 상기 ⑧의 5)에 따라 신고한 후에 이사·감사 및 주주가 ⑥·⑦

및 ⑧의 4)의 요건을 충족하지 못하게 되는 경우로서 그 사유가 발생한 날부터 1개월 이내에 해당 요건을 보완하는 경우에는 그 법인은 해당 요건을 계속 충족하는 것으로 본다(조특령 §104의 28 ⑤). 또한, 소득공제 대상법인이 상기 ⑧의 5)에 따라 신고한 후에 해당 항목의 가. ~ 라. 의 어느 하나에 해당하는 사항이 변경된 경우에는 그 법인은 변경사항이 발생한 날부터 2주 이내에 해당 변경사항을 적은 명목회사변경신고서[조세특례제한법 시행규칙 별지 제17호 서식]에 해당 변경된 내용이 있는 서류를 첨부하여 납세지 관할 세무서장에게 신고해야 한다(조특령 §104의 28 ⑥ 및 조특칙 §61 ① 65호의 26).

3-1-3. 소득공제 배제대상

상기 '2-1-3. 소득공제 배제대상'의 ① 또는 ②의 사유에 해당하는 경우에는 프로젝트금융투자회사에 대한 소득공제 또한 적용받을 수 없다(조특법 §104의 31 ②).

다만, 이 중 ①에 해당하는 경우라도 배당을 받은 주주 등이 조세특례제한법 제100조의 15에 따라 동업기업과세특례를 적용받는 동업기업인 경우로서 그 동업자들(그 동업자들의 전부 또는 일부가 같은 조 제3항에 따른 상위 동업기업에 해당하는 경우에는 그 상위 동업기업에 출자한 동업자들을 말함)에 대하여 같은 법 제100조의 18에 따라 배분받은 배당에 해당하는 소득에 대한 소득세 또는 법인세가 전부 과세되는 경우에는 프로젝트금융투자회사에 대한 소득공제를 적용받을 수 있다.

이 경우에는 과세표준 신고시 소득공제신청서에 배당을 받은 동업기업(그 동업자들의 전부 또는 일부가 조세특례제한법 제100조의 15 제3항에 따른 상위 동업기업에 해당하는 경우에는 그 상위 동업기업을 포함함)으로부터 조세특례제한법 제100조의 23 제1항에 따른 신고기한까지 제출받은 동업기업과세특례적용 및 동업자과세여부 확인서[조세특례제한법 시행규칙 별지 제24호 서식]를 추가로 첨부해야 한다(조특령 §104의 28 ⑨ 및 조특칙 §61 ① 65호의 28).

개 정

- 소득공제대상 판단 시 동업기업 적용범위 합리화 및 신청방법 보완(조특령 §104의 28 ⑨)
  ➡ 2023년 12월 31일이 속하는 사업연도부터 적용

3-1-4. 소득공제액의 계산 및 소득공제의 시기

프로젝트금융투자회사에 대한 소득공제액은 배당가능이익의 90% 이상을 배당한 경우 그 배당한 금액으로 하며, 배당가능이익의 계산은 상기 '2-1-4. 소득공제액의 계산'의 경우와 같다(조특법 §104의 31 ① 및 조특령 §104의 28 ①). 소득공제액은 해당 배당을 결의한 잉여금 처분의 대상이 되는 사업연도의 소득금액에서 공제한다(조특법 §104의 31 ① 및 조특령 §104의 28 ①).

3-1-5. 초과배당금액의 이월공제

프로젝트금융투자회사의 배당금액이 해당 사업연도의 소득금액을 초과하는 경우 그 초과하는 금액(이하 "초과배당금액"이라 함)은 해당 사업연도의 다음 사업연도 개시일부터 5년 이내에 끝나는 각 사업연도로 이월하여 그 이월된 사업연도의 소득금액에서 공제할 수 있다. 다만, 내국법인이 이월된 사업연도에 배당가능이익의 90% 이상을 배당하지 아니하는 경우에는 그 초과배당금액을 공제하지 아니한다(조특법 §104의 31 ③).

이월된 초과배당금액을 해당 사업연도의 소득금액에서 공제하는 경우에는 다음의 방법에 따라 공제한다(조특법 §104의 31 ④).

① 이월된 초과배당금액을 해당 사업연도의 배당금액보다 먼저 공제할 것
② 이월된 초과배당금액이 둘 이상인 경우에는 먼저 발생한 초과배당금액부터 공제할 것

3-1-6. 소득공제신청서의 제출

프로젝트금융투자회사에 대한 소득공제를 적용받으려는 법인은 법인세 과세표준신고와 함께 프로젝트금융투자회사에 대한 소득공제신청서[조세특례제한법 시행규칙 별지 제18호 서식]를 납세지 관할 세무서장에게 제출해야 한다(조특령 §104의 28 ⑧ 및 조특칙 §61조 ① 65호의 27).

3-2. 자기관리 부동산투자회사 소득공제

3-2-1. 국민주택 임대에 대한 소득공제

부동산투자회사법 제2조 제1호 가목에 따른 자기관리 부동산투자회사(이하 "자기관리 부동산투자회사"라 함)가 2009년 12월 31일 이전에 국민주택규모 이하의 주택(이하 "국민주택"이라 함)을 신축하거나 취득 당시 입주된 사실이 없는 국민주택을 매입하여 임대업을 경영하는 경우에는 그 임대업으로부터 최초로 소득이 발생한 사업연도(임대사업 개시일부터 5년이 되는 날이 속하는 사업연도까지 그 사업에서 소득이 발생하지 아니하는 경우에는 5년이 되는 날이 속하는 사업연도)와 그 다음 사업연도 개시일부터 5년 이내에 끝나는 사업연도까지 해당 국민주택 임대소득금액의 50%에 상당하는 금액을 소득공제한다(조특법 §55의 2 ④). 이 때 국민주택이란 주택법에 따른 국민주택 규모(조특법 시행규칙 제20조에서 정하는 다가구주택은 가구당 전용면적을 기준으로 한 면적을 말함) 이하의 주택을 말한다(조특령 §51의 2 ③).

3-2-2. 장기일반민간임대주택 등의 임대에 대한 소득공제

자기관리 부동산투자회사가 2021년 12월 31일 이전에 다음의 어느 하나에 해당하는 주택을 신축하거나 취득 당시 입주된 사실이 없는 다음의 어느 하나에 해당하는 주택을 매입하여 임대업을 경영하는 경우에는 그 임대업으로부터 최초로 소득이 발생한 사업연도(임대사업 개시일부터 5년이 되는 날이 속하는 사업연도까지 그 사업에서 소득이 발생하지 아니하는 경우에는 5년이 되

는 날이 속하는 사업연도)와 그 다음 사업연도 개시일부터 8년(아래 ②에 해당하는 주택은 5년) 이내에 끝나는 사업연도까지 해당 주택 임대소득금액의 100%를 소득공제한다(조특법 §55의 2 ⑤ 및 조특령 §51의 2 ④).

① 민간임대주택에 관한 특별법 제2조 제4호에 따른 공공지원민간임대주택 또는 같은 법 제2조 제5호에 따른 장기일반민간임대주택 : 주택 연면적(공동주택은 전용면적)이 85㎡ 이하인 주택

② 위 ①에 해당하지 아니하는 주택 : 주택 연면적(공동주택은 전용면적)이 149㎡ 이하인 주택

3-2-3. 구분경리 및 소득공제의 신청

자기관리부동산투자회사가 소득공제를 적용받는 사업과 그 밖의 사업을 겸영하는 경우에는 법인세법 제113조에 따라 구분 경리해야 하며, 자기관리 부동산투자회사는 법인세 과세표준 신고와 함께 소득공제신청서(조특칙 별지 제43호 서식)를 납세지 관할세무서장에게 제출해야 한다(조특령 §51의 2 ⑤ 및 조특칙 §61 ① 44호).

Step Ⅱ : 서식의 이해

■ 작성요령Ⅰ - 소득공제조정명세서

[별지 제7호 서식] 〈개정 2023. 3. 20.〉

사업연도	. . . ~ . . .	소득공제조정명세서	법 인 명	
			사업자등록번호	

소득공제 계산내역

①구 분		②근거법 조항	코드	③계산 기준	④계 산 기준금액	⑤공제율	⑥소득공제 대상금액	⑦최저한세적용감면배제금액	⑧소득공제액 (⑥ - ⑦)
조세특례제한법	⑩ 국민주택 임대소득 공 제	법 제55조의 2 제4항	460	해당 소득 금액		50/100			
	⑩ 주 택 임대소득 공 제 (연면적 149㎡ 이하)	법 제55조의 2 제5항	463	해당 소득 금액		50/100 ('13.1.1. 이후 100/100)			
	⑩ 프로젝트 금융투자 회사에 대한 소득공제	법 제104조 의 31	62 R	배당 금액		100/100			
	⑭		458						
	⑮								
	⑯								
	⑰								
	⑱ 계 (⑩ ~ ⑰)		459						
법인세법	⑲ 배당금액 소득공제	법 제51조의2	482	배당 금액		100/100			
	⑩ 외국법인 외국항행 소득공제	법 제91조	483	외국 항행 소득					
	⑪		484						
	⑫ 계 (⑲ ~ ⑪)		489						
⑬ 합 계 (⑱ + ⑫)			499					※	

※ 표시란의 금액은 최저한세조정계산서(별지 제4호 서식) 상의 ⑰소득공제란 중 ④란의 '조정감' 금액을 적고, 각 구분별 최저한세적용감면배제금액을 조정하여 적습니다.

MEMO

■ 작성요령Ⅱ - 소득공제신청서

❷ 법인세법 시행령 제120조의 4 제2항에 따라 소득공제 신청을 하는 경우에는 「⑭ 배당가능이익의 90%」란과 「⑯ 소득공제 해당 여부」란을 작성하지 않는다.

❹ 「⑳ 사업연도」란에는 이월된 공제대상금액이 발생한 사업연도와 종료월을 적는다.

❺ 「㉑ 당기분」란에는 「⑯ 소득공제 해당 여부」가 '여'인 경우에만 「⑮ 실제배당액」을 적는다.

❻ 「㉒ 이월분」란에는 「⑳ 사업연도」별로 전기의 「㉝ 이월금액」을 적는다.

❼ 「㉓ 당기분」란에는 당기분 금액을 적고, ㉔~㉘란의 해당 연도란에는 「㉒ 이월분」 금액을 각각 적는다.

❾ 내국법인이 이월된 사업연도에 배당가능이익의 90% 이상을 배당하지 않은 경우에는 그 초과배당금액을 공제하지 않으며, 이월된 초과배당금액을 해당 사업연도의 소득금액에서 공제하는 경우에는 이월된 초과배당금액을 해당 사업연도의 배당금액보다 먼저 공제하고, 이월된 초과배당금액이 둘 이상인 경우에는 먼저 발생한 초과배당금액부터 공제한다.

[별지 제71호의 2 서식] (2024. 3. 22. 개정)

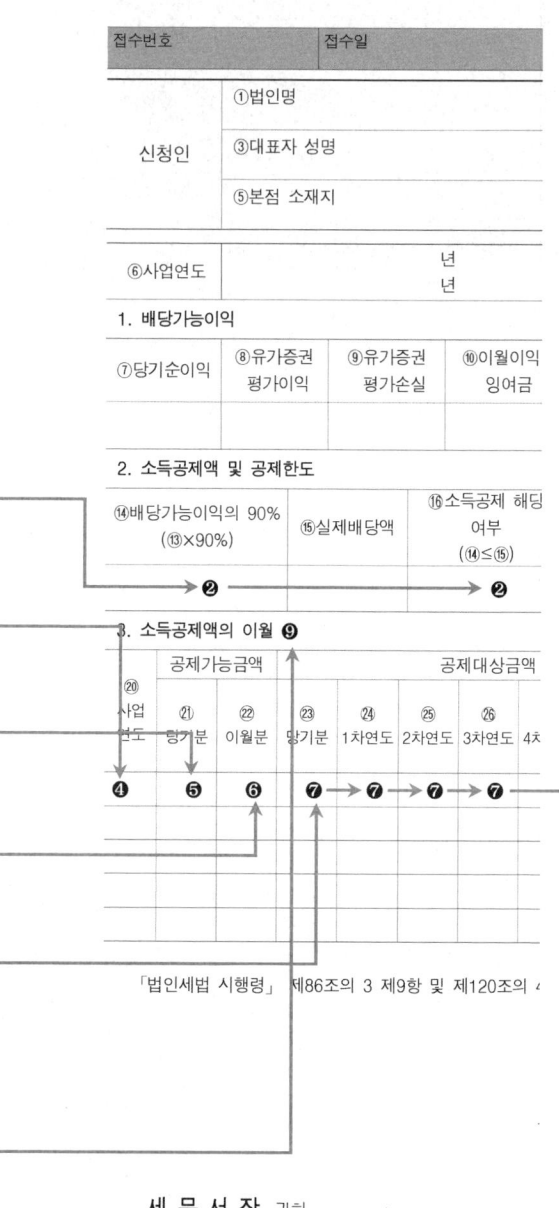

소 득 공 제

접수번호	접수일

신청인	①법인명
	③대표자 성명
	⑤본점 소재지

⑥사업연도	년 년

1. 배당가능이익

⑦당기순이익	⑧유가증권 평가이익	⑨유가증권 평가손실	⑩이월이익 잉여금

2. 소득공제액 및 공제한도

⑭배당가능이익의 90% (⑬×90%)	⑮실제배당액	⑯소득공제 해당 여부 (⑭≤⑮)
❷		❷

3. 소득공제액의 이월 ❾

⑳ 사업연도	공제가능금액		공제대상금액				
	㉑ 당기분	㉒ 이월분	㉓ 당기분	㉔ 1차연도	㉕ 2차연도	㉖ 3차연도	4차
❹	❺	❻	❼	❼	❼	❼	

「법인세법 시행령」 제86조의 3 제9항 및 제120조의 4

세 무 서 장 귀하

신 청 서 ❶

(앞쪽)

	처리기간
	②사업자등록번호
	④전화번호

월 일부터
월 일까지

⑪이월결손금	⑫이익준비금	⑬배당가능이익 (⑦-⑧+⑨+⑩-⑪-⑫)

⑰소득공제 이월금액	⑱ 당해 사업연도 소득금액(공제한도)	⑲소득공제액 MIN(⑮+⑰, ⑱)
❸		

㉗ 차연도	㉘ 5차연도	㉙계	㉚ 배당비율 미달에 따른 미공제액	㉛ 공제 금액 (㉙-㉚)	㉜소멸	㉝ 이월 금액 (㉑+㉒-㉛-㉜)
❼	❼		❽			

4 제2항에 따라 소득공제신청서를 제출합니다.

년 월 일

신청인 (서명 또는 인)

❶ 법인세법 시행령 제86조의 3 제9항에 따라 소득공제 신청을 하는 경우에는 이 서식 부표의 실질귀속자별 명세를 작성·첨부하여 제출한다.

❸ 「⑰ 소득공제 이월금액」란에는 「㉒ 이월분」 금액을 적는다.

❽ 「㉚ 배당비율 미달에 따른 미공제액」란에는 「⑯ 소득공제 해당 여부」가 '부'인 경우 「㉙ 계」 금액을 적는다.

■ 작성요령 Ⅲ - 실질귀속자별 명세

❷ 「① 번호」란은 배당을 실제 지급받는 자별로 일련번호를 적는다.

❸ 「② 성명(법인명)」란은 배당을 실제 지급받는 자의 성명(법인인 경우에는 법인명)을 적는다. 이 경우 외국인은 여권에 기록된 영문성명 전부를 영문으로 적고, 외국법인은 정식명칭 전부를 영문으로 적되, 일반적으로 머리글자를 사용하는 경우에는 머리글자 뒤에 괄호로 정식명칭 전부를 적는다.

❹ 「③ 납세자번호」란은 배당을 실제 지급받는 자의 납세자번호를 아래 표를 참조하여 적는다.

구분		기재번호	
		개 인	법 인
(1)	원 칙	주민등록번호 또는 사업자등록번호	투자등록증의 투자등록번호
(2)	(1)의 번호가 없는 경우	국내거소신고증의 국내거소신고번호(외국국적동포인 경우) 또는 외국인등록표의 외국인등록번호(외국인인 경우)	사업자등록번호
(3)	(1), (2)의 번호가 없는 경우	여권번호	거주지국의 납세번호(Taxpayer Identification Number) 또는 법인식별기호(LEI)
(4)	(1), (2), (3)의 번호가 없는 경우	투자등록증의 투자등록번호	
(5)	(1), (2), (3), (4)의 번호가 없는 경우	거주지국의 납세번호(Taxpayer Identification Number)	

❺ 「④ 생년월일」란은 배당을 실제 지급받는 자가 비거주자(개인)에 해당할 경우 반드시 작성한다(예: 생년월일이 2006년 1월 1일인 경우 "20060101"이라고 적는다).

❻ 「⑤ 주소(소재지)」란은 배당을 실제 지급받는 자가 법인인 경우에는 본점 또는 주사무소 소재지(지점, 영업소 등에서 독자적으로 회계처리하는 경우는 그 사업장 소재지)를, 개인인 경우에는 주된 사업장 소재지(비거주자인 경우는 국내사업장 소재지)를 적되, 영문주소인 경우에는 번지(number), 거리(Street), 시(City), 도(State), 우편번호(Postal code), 국가(Country)순으로 적고 우편사서함은 적지 않는다.

❼ 「⑥ 거주구분」란은 거주자 및 내국법인의 경우에는 "거주자란"에, 비거주자 및 외국법인의 경우에는 "비거주자란"에 "√"표시를 한다.

[별지 제71호의 2 서식 부표] (2024. 3. 22. 개정)

실질귀속자별

① 번호	②성명 (법인명)	③납세자 번호	④생년 월일	⑤주소 (소재지)	⑥거주 구분	
					거주자	비거주자
❷	❸	❹	❺	❻	❼	❼

명세 ❶

(단위: 원)

⑦ 거주지국	⑦-1 거주지국코드	⑧지급 연월일			⑨귀속 연월		⑩지급액 (배당금액)
		연	월	일	연	월	
❽	❽	❾	❾	❾	❿	❿	⓫
⑪합계							⓬

❶ 이 서식은 법인세법 시행령 제86조의 3 제9항에 따라 유동화전문회사 등에 대한 소득공제를 적용받으려는 법인이 작성하는 것으로서, 법인의 실제배당액을 기준으로 배당을 실제 지급받는 자에 대한 실질귀속자 명세를 작성(실질귀속자 수가 서식의 해당란을 초과하는 경우에는 같은 형식으로 별지에 작성할 수 있음)하여 소득공제신청서와 함께 제출한다.

❽ 「⑦ 거주지국」과 「⑦-1 거주지국코드」란은 배당을 실제 지급받는 자가 비거주자(외국법인 포함)에 해당하는 경우에만 작성한다. 이 경우 국제표준화기구(ISO)가 정한 국가별 ISO코드 중 국명(약어)을 적고 실제 지급받는 자의 거주지국을 확인할 수 없는 경우에는 국가명에 'ZZ'를 적는다.

❾ 「⑧ 지급연월일」란은 배당을 지급하는 날짜를 적으며, 소득세법 제131조가 적용되는 경우에는 해당 날짜를 적는다(예: 지급연월일이 2015년 1월 1일인 경우 "20150101"이라고 적는다).

❿ 「⑨ 귀속연월」란은 배당을 실제 지급받는 자의 소득 귀속시기(수입시기)를 적는다.

⓫ 「⑩ 지급액(배당금액)」란은 배당을 실제 지급받는 자별로 지급한 금액을 적는다.

⓬ 「⑪ 합계」란은 「⑩ 지급액(배당금액)」란 금액의 합계액을 적으며, 합계액은 소득공제신청서(별지 제71호의 2 서식)의 「⑮ 실제배당액」란의 금액과 일치해야 한다.

■ 작성요령Ⅳ - 동업기업 과세특례적용 및 동업자 과세여부 확인서

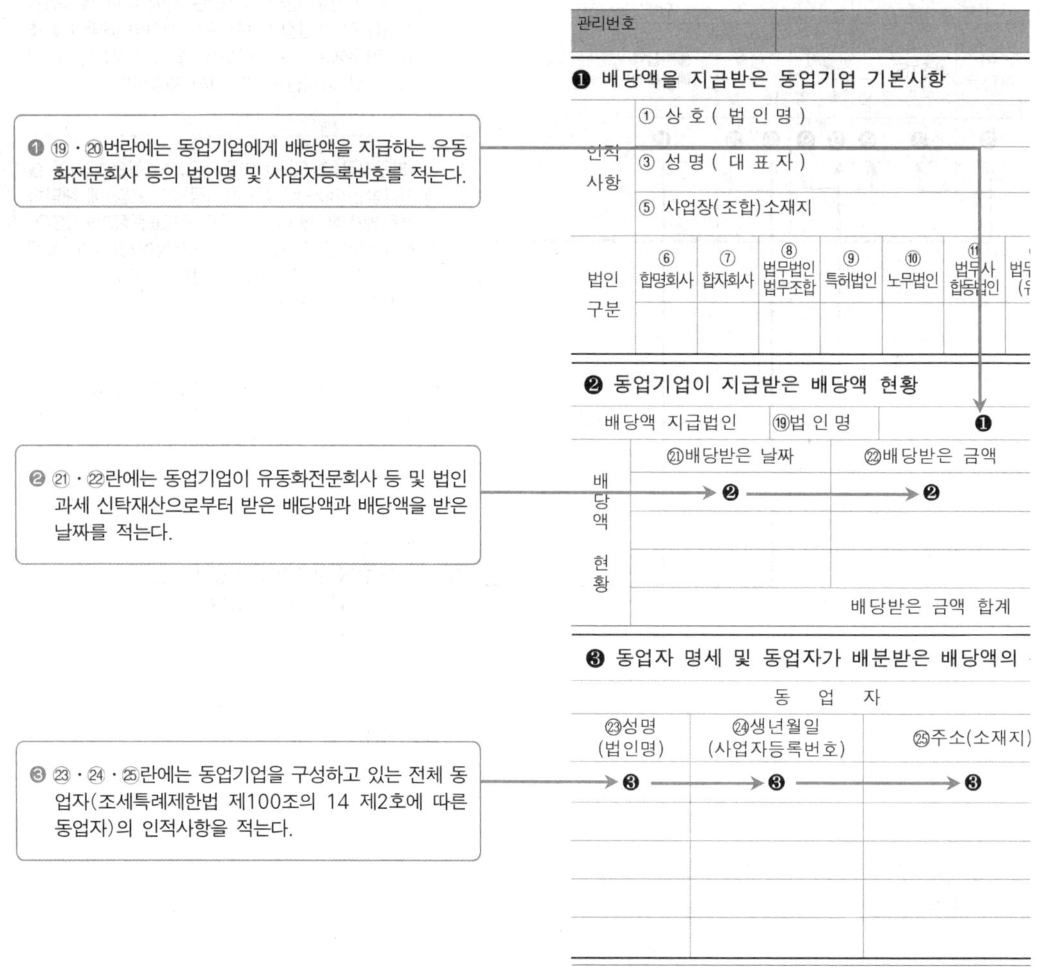
[별지 제71호의 8 서식] (2022. 3. 18. 개정)

동업기업 과세특례적용 및 동

관리번호	

❶ 배당액을 지급받은 동업기업 기본사항

인적사항	① 상 호 (법 인 명)
	③ 성 명 (대 표 자)
	⑤ 사업장(조합)소재지

법인구분	⑥ 합명회사	⑦ 합자회사	⑧ 법무법인 법무조합	⑨ 특허법인	⑩ 노무법인	⑪ 법무사 합동법인	법무 (유

❷ 동업기업이 지급받은 배당액 현황

배당액 지급법인	⑲법 인 명	❶

배당액 현황	㉑배당받은 날짜	㉒배당받은 금액
	❷	❷
	배당받은 금액 합계	

❸ 동업자 명세 및 동업자가 배분받은 배당액의

동 업 자		
㉓성명 (법인명)	㉔생년월일 (사업자등록번호)	㉕주소(소재지)
❸	❸	❸

「법인세법 시행령」 제86조의 3 제9항 단서 및 제12
및 동업자 과세여부 확인서를 제출합니다.

확인서 제출인

세 무 서 장 귀하

❶ ⑲·⑳번란에는 동업기업에게 배당액을 지급하는 유동화전문회사 등의 법인명 및 사업자등록번호를 적는다.
❷ ㉑·㉒란에는 동업기업이 유동화전문회사 등 및 법인과세 신탁재산으로부터 받은 배당액과 배당액을 받은 날짜를 적는다.
❸ ㉓·㉔·㉕란에는 동업기업을 구성하고 있는 전체 동업자(조세특례제한법 제100조의 14 제2호에 따른 동업자)의 인적사항을 적는다.

동업자 과세여부 확인서

(앞 쪽)

	처리기간 즉시

	② 사업자등록번호
	④ 전 화 번 호

⑫ 법인 (유한)	⑬ 회계법인	⑭ 세무법인	⑮ 관세법인	⑯ 조 합	⑰ 익명조합	⑱ 합자조합

	⑳사업자등록번호	❶

㉑배당받은 날짜	㉒배당받은 금액

❶ ⑲ · ⑳번란에는 동업기업에게 배당액을 지급하는 유동화전문회사 등의 법인명 및 사업자등록번호를 적는다.

전부과세 여부

	㉖동업자가 배분받은 배당액에 해당하는 소득에 대한 소득세 또는 법인세 전부과세 여부 ❹	
)		
	여	부
	여	부
	여	부
	여	부
	여	부

❹ ㉖란에는 동업기업의 각 동업자가 조세특례제한법 제100조의 18 제1항에 따라 동업기업 및 법인과세 신탁재산으로부터 배분받은 배당에 해당하는 소득에 대한 소득세 또는 법인세가 전부 과세되는 경우 "여"란에 "○"표하고, 그 외의 경우에는 "부"란에 "○"표 한다.

20조의 4 제3항에 따라 동업기업 과세특례적용

년 월 일

(서명 또는 인)

■ 작성요령 V - 소득공제신청서

[별지 제43호 서식] (2013. 2. 23. 개정)

소득공제신청서

접수번호	접수일자	처리기간 즉시

<table>
<tr><td rowspan="4">신청인</td><td colspan="2">법인명</td><td>사업자등록번호</td></tr>
<tr><td colspan="2">대표자 성명</td><td>생년월일</td></tr>
<tr><td colspan="3">본점 소재지</td></tr>
<tr><td colspan="3">과세연도
년 월 일부터 년 월 일까지</td></tr>
<tr><td rowspan="6">신청내용</td><td colspan="3">❶ 국민주택 임대소득 공제 (「조세특례제한법」 제55조의 2 제4항)</td></tr>
<tr><td>임대사업 개시연도</td><td>최초로 소득이 발생한 과세연도</td><td>임대소득금액</td></tr>
<tr><td>공제율
50/100</td><td>소득공제액</td><td>비고</td></tr>
<tr><td colspan="3">❷ 연면적 149m^2 이하 주택 임대소득 공제 (「조세특례제한법」 제55조의 2 제5항)</td></tr>
<tr><td>임대사업 개시연도</td><td>최초로 소득이 발생한 과세연도</td><td>임대소득금액</td></tr>
<tr><td>공제율
100/100</td><td>소득공제액</td><td>비고</td></tr>
</table>

「조세특례제한법 시행령」 제51조의 2 제5항에 따라 소득공제신청서를 제출합니다.

년 월 일

신청인 (서명 또는 인)

세무서장 귀하

■ 작성요령Ⅵ - 명목회사설립(변경)신고서

〔별지 제17호 서식〕 (2021. 3. 16. 신설)

명목회사설립(변경)신고서

1. 신고인 인적사항

①법인명		②사업자등록번호	
③대표자성명		④생 년 월 일	
⑤본점소재지	(전화번호 :)		
⑥법인등록번호		⑦법인설립등기일	
⑧자본금		⑨사업개시일	

2. 발기인(또는 주주) 인적사항(별첨가능)

⑩상호(성명)	⑪사업자등록번호 (주민등록번호)	⑫출자자본금		⑬금융기관해당여부 (「조세특례제한법 시행령」 제104조의 28 제3항 제1호 가목)
		금액	지분율	

3. 이사 인적사항(별첨가능)

⑭성명				
⑮주민등록번호				

4. 감사 인적사항(별첨가능)

⑯성명				
⑰주민등록번호				

5. 정관의 목적사업(별첨가능)

6. 자산관리회사 인적사항	⑱상호		⑲사업자등록번호	
7. 자금관리사무수탁회사 인적사항	⑳상호		㉑사업자등록번호	

「조세특례제한법 시행령」 제104조의 28 제4항 제5호 또는 같은 조 제6항에 따라 명목회사설립(변경)신고서를 제출합니다.

년 월 일

신고인 (서명 또는 인)

세무서장 귀하

첨부서류	1. 정관 1부 2. 회사의 자산을 운영하는 특정사업의 내용 1부 3. 자금의 조달 및 운영계획 1부 4. 주금납입증명서류 1부 5. 자산관리회사 및 자금관리사무수탁회사와 체결한 업무위탁계약서 사본 1부 ※ 변경신고의 경우 변경된 내용이 있는 서류에 한정합니다.	수수료 없음

210㎜×297㎜[백상지 80g/㎡ 또는 중질지 80g/㎡]

■ 작성요령Ⅶ - 프로젝트금융투자회사에 대한 소득공제신청서

[별지 제18호 서식] (2023. 3. 20. 개정)

프로젝트금융투자회사(

접수번호	접수일자

신청인	① 법인명
	③ 대표자성명
	⑤ 본점소재지

⑥사업연도	년 년

1. 배당가능이익

⑦당기순이익	⑧유가증권 평가이익	⑨유가증권 평가손실	⑩이월이익 잉 여 금

2. 소득공제액 및 공제한도

⑭ 배당가능이익의 90% (⑬×90%)	⑮ 실제배당액	⑯ 소득공제 해당여 (⑭ ≤ ⑮)

3. 소득공제액의 이월 ❼

⑳ 사업 연도	요공제금액		당기 공제대상			
	㉑ 당기분	㉒ 이월분	㉓ 당기분	㉔ 1차연도	㉕ 2차연도	㉖ 3차연도
❷	❸	❹	❺			

「조세특례제한법 시행령」 제104조의 28 제8항에

세무서장 귀하

❷ 「⑳ 사업연도」란에는 이월된 공제대상금액이 발생한 사업연도와 종료월을 적는다.

❸ 「㉑ 당기분」란에는 「⑯ 소득공제 해당여부」가 '여'인 경우에만 「⑮ 실제배당액」을 적는다.

❹ 「㉒ 이월분」란에는 「⑳ 사업연도」별로 전기의 「㉝ 이월금액」을 적는다.

❺ 「㉓ 당기분」란에는 당기분 금액을 적고, ㉔란~㉘란의 해당 연도란에는 「㉒ 이월분」 금액을 각각 적는다.

❼ 내국법인이 이월된 사업연도에 배당가능이익의 90% 이상을 배당하지 않은 경우에는 그 초과배당금액을 공제하지 않으며, 이월된 초과배당금액을 해당 사업연도의 소득금액에서 공제하는 경우에는 이월된 초과배당금액을 해당 사업연도의 배당금액보다 먼저 공제하고, 이월된 초과배당금액이 둘 이상인 경우에는 먼저 발생한 초과배당금액부터 공제한다.

게 대한 소득공제신청서

	처리기간
	② 사업자등록번호
	④ 전화번호

월	일부터
월	일까지

	⑪이월결손금	⑫이익준비금	⑬배당가능이익 (⑦-⑧+⑨+⑩-⑪-⑫)

부	⑰ 소득공제 이월금액	⑱ 해당 사업연도 소득금액(공제한도)	⑲ 소득공제액 MIN(⑮+⑰, ⑱)
	❶		

❶ 「⑰ 소득공제 이월금액」란에는 「㉒ 이월분」 금액의 합계액을 적는다.

금액			㉚ 배당비율 미달에 따른 미공제액	㉛ 공제 금액 (㉙-㉚)	㉜소멸	㉝ 이월 금액 (㉑+㉒ -㉛-㉜)
㉗ 4차연도	㉘ 5차연도	㉙ 계				
			❻			

❻ 「㉚ 배당비율 미달에 따른 미공제액」란에는 「⑯ 소득공제 해당여부」가 '부'인 경우 「㉙ 계」 금액을 적는다.

따라 소득공제신청서를 제출합니다.

년 월 일

신청인 (서명 또는 인)

■ 작성요령Ⅷ - 동업기업 과세특례적용 및 동업자 과세여부 확인서

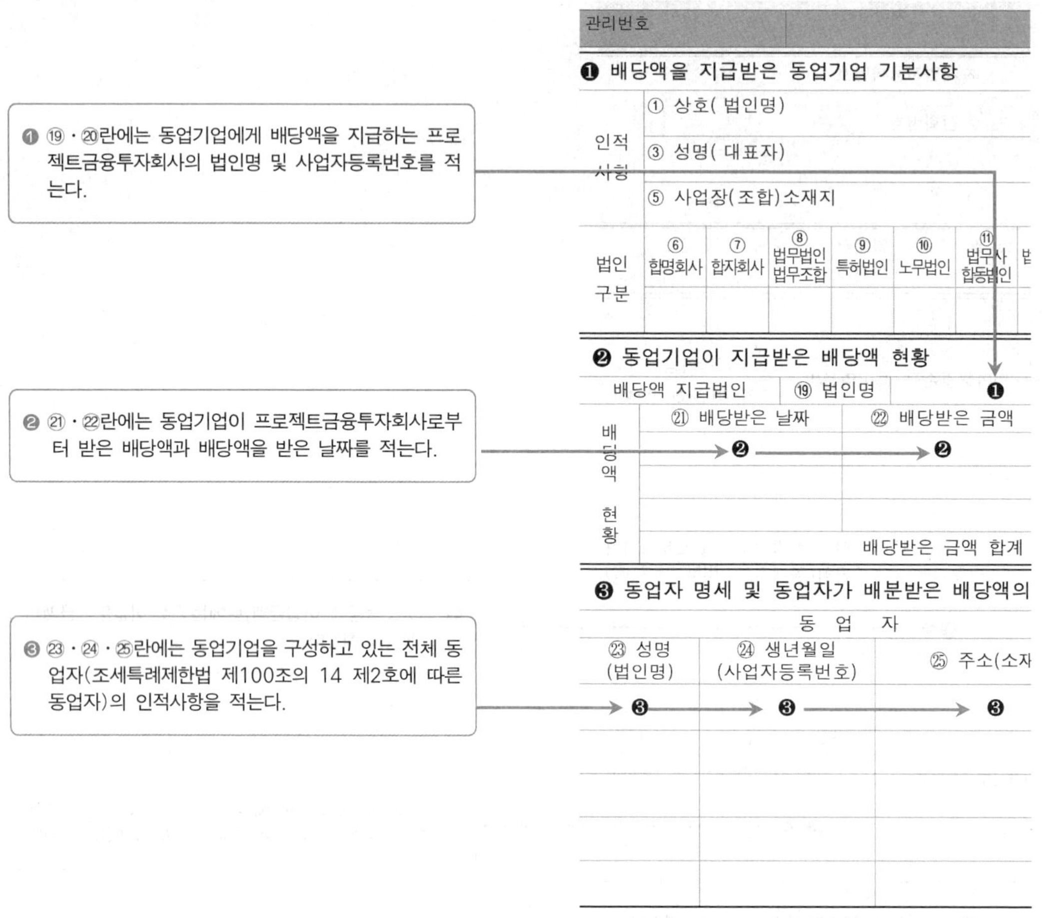

[별지 제24호 서식] (2021. 3. 16. 신설)
동업기업 과세특례적용 및
관리번호
❶ 배당액을 지급받은 동업기업 기본사항
인적 사항
① 상호(법인명)
③ 성명(대표자)
⑤ 사업장(조합)소재지
법인 구분
⑥ 합명회사
⑦ 합자회사
⑧ 법무법인 법무조합
⑨ 특허법인
⑩ 노무법인
⑪ 법무사 합동법인
❷ 동업기업이 지급받은 배당액 현황
배당액 지급법인
⑲ 법인명
배당액 현황
㉑ 배당받은 날짜
㉒ 배당받은 금액
배당받은 금액 합계
❸ 동업자 명세 및 동업자가 배분받은 배당액의
동 업 자
㉓ 성명 (법인명)
㉔ 생년월일 (사업자등록번호)
㉕ 주소(소자
「조세특례제한법 시행령」 제104조의 28 제9항에 따
인서를 제출합니다.
확인서 제
세무서장 귀하
❶ ⑲ · ⑳란에는 동업기업에게 배당액을 지급하는 프로젝트금융투자회사의 법인명 및 사업자등록번호를 적는다.
❷ ㉑ · ㉒란에는 동업기업이 프로젝트금융투자회사로부터 받은 배당액과 배당액을 받은 날짜를 적는다.
❸ ㉓ · ㉔ · ㉕란에는 동업기업을 구성하고 있는 전체 동업자(조세특례제한법 제100조의 14 제2호에 따른 동업자)의 인적사항을 적는다.

동업자 과세여부 확인서

(앞쪽)

	처리기간 즉시

	② 사업자등록번호
	④ 전화번호

⑫ 무법인 유한)	⑬ 회계법인	⑭ 세무법인	⑮ 관세법인	⑯ 조합	⑰ 익명조합	⑱ 합자조합

⑳ 사업자등록번호	❶

㉑ 배당받은 날짜	㉒ 배당받은 금액

❶ ⑲ · ⑳란에는 동업기업에게 배당액을 지급하는 프로젝트금융투자회사의 법인명 및 사업자등록번호를 적는다.

전부과세 여부

지)	㉖ 동업자가 배분받은 배당액에 해당하는 소득에 대한 소득세 또는 법인세 전부과세 여부 ❹	
	여	부
	여	부
	여	부
	여	부
	여	부

❹ ㉖란에는 동업기업의 각 동업자가 조세특례제한법 제100조의 18 제1항에 따라 동업기업으로부터 배분받은 배당에 해당하는 소득에 대한 소득세 또는 법인세가 전부 과세되는 경우 "여"란에 "○"표하고, 그 외의 경우에는 "부"란에 "○"표 한다.

라 동업기업 과세특례적용 및 동업자 과세여부 확

년 월 일

출인 (서명 또는 인)

세무조정 체크리스트

검 토 사 항	확인
1. 법인세법상 소득공제 여부 검토 1-1. 유동화전문회사 등에 대한 소득공제	
① 소득공제대상 법인 여부 검토 ㉠ 유동화전문회사(SPC) ㉡ 투자회사, 투자목적회사, 투자유한회사, 투자합자회사(기관전용 사모집합투자기구 제외) 및 투자유한책임회사 ㉢ 기업구조조정투자회사 ㉣ 기업구조조정 부동산투자회사 및 위탁관리 부동산투자회사 ㉤ 선박투자회사 ㉥ 민간임대주택에 관한 특별법 또는 공공주택특별법에 따른 임대사업을 목적으로 하는 특수목적법인 ㉦ 문화산업전문회사 ㉧ 해외자원개발투자회사	
② 배당가능이익 계산시 기업회계기준에 따라 작성된 재무제표상 당기순이익, 이월이익잉여금 또는 이월결손금, 자본준비금을 감액하여 받는 배당 및 주식 등, 채권, 집합투자재산의 평가손익을 확인	
③ 배당액이 배당가능이익의 90% 이상인지 확인	
④ 소득공제 배제대상 여부 확인	
⑤ 초과배당에 대한 이월공제 여부 확인	
1-2. 법인과세 신탁재산에 대한 소득공제	
① 법인과세 신탁재산 해당 여부 검토(법법 §5 ②)	
② 소득공제 배제대상 여부 확인	
2. 조세특례제한법상 소득공제 여부 검토	
2-1. 자기관리 부동산투자회사 등에 대한 소득공제	
① 소득공제 항목 확인	
② 적용대상 법인 여부 검토	
③ 공제범위 확인	
④ 최저한세 적용 여부 확인	
2-2. 프로젝트금융투자회사에 대한 소득공제	
① 소득공제 대상 법인 여부 및 적용기한 검토	
② 배당이익 계산시 기업회계기준에 따라 작성된 재무제표상 당기순이익, 이월이익잉여금 또는 이월결손금, 자본준비금을 감액하여 받는 배당 및 주식 등, 채권, 집합투자재산의 평가손익을 확인	
③ 배당액이 배당가능이익의 90% 이상인지 확인	
④ 소득공제 배제대상 여부 확인	
⑤ 초과배당에 대한 이월공제 여부 확인	

Step III: 사례와 서식작성실무

예제

사 례

㈜삼일의 제14기 사업연도(2024. 1. 1. ~ 2024. 12. 31.) 법인세 신고를 위한 다음 자료를 이용하여 소득공제액을 계산하고 소득공제신청서 및 소득공제조정명세서를 작성하여라.

1. ㈜삼일은 자산유동화에 관한 법률에 의한 유동화전문회사이다.
2. 당 사업연도의 기업회계기준에 의한 당기순이익 및 당기말 현재 이월이익잉여금은 각각 300,832,400원과 32,890,000원이다. 당기순이익에는 유가증권평가이익 10,000,000원이 포함되어 있으며, 이월이익잉여금에는 유가증권평가손익이 없다.
3. 당 사업연도 소득금액은 310,234,560원이며, ㈜삼일은 2024 사업연도의 결산주주총회를 2025년 2월 28일에 개최하고 300,000,000원의 현금배당을 결의하였다.
4. 제13기 사업연도의 초과배당에 따라 당기에 이월된 금액은 10,000,000원이다.

해 설

1. 소득공제액 계산

(1) 배당가능이익 : 323,722,400
(300,832,400 − 10,000,000 + 32,890,000) = 323,722,400

(2) 소득공제 해당 여부 : 해당
(배당가능이익의 90% = 323,722,400 × 90% = 291,350,160) 〈 (실제배당액 = 300,000,000)

(3) 소득공제액 : 310,000,000
(전기 초과배당금액 10,000,000 + 당기 배당금액 300,000,000 = 310,000,000)
한도액인 사업연도 소득금액 310,234,560원 미만이므로 310,000,000원 전액이 소득공제액임.

2. 소득공제신청서 〔별지 제71호의 2 서식〕 작성 (다음 page 참조)

3. 소득공제조정명세서 〔별지 제7호 서식〕 작성 (다음 page 참조)

[별지 제71호의 2 서식] (2024. 3. 22. 개정)

소 득 공 제 신 청 서

접수번호	접수일	처리기간

신청인	① 법인명 (주)삼일	②사업자등록번호
	③ 대표자 성명	④전화번호
	⑤ 본점 소재지	

⑥사업연도	2024년 1월 1일부터 2024년 12월 31일까지

1. 배당가능이익

⑦당기순이익	⑧유가증권 평가이익	⑨유가증권 평가손실	⑩이월이익 잉여금	⑪이월결손금	⑫이익준비금	⑬배당가능이익 (⑦-⑧+⑨+⑩-⑪-⑫)
300,832,400	10,000,000	–	32,890,000	–	–	323,722,400

2. 소득공제액 및 공제한도

⑭배당가능이익의 90% (⑬×90%)	⑮실제배당액	⑯소득공제 해당 여부 (⑭≤⑮)	⑰소득공제 이월금액	⑱ 당해 사업연도 소득금액(공제한도)	⑲소득공제액 MIN(⑮+⑰, ⑱)
291,350,160	300,000,000	해당	10,000,000	310,234,560	310,000,000

3. 소득공제액의 이월

⑳ 사업 연도	공제가능금액		공제대상금액							㉚ 배당비율 미달에 따른 미공제액	㉛ 공제 금액 (㉙-㉚)	㉜소멸	㉝ 이월 금액 (㉑+㉒ -㉛-㉜)
	㉑ 당기분	㉒ 이월분	㉓ 당기분	㉔ 1차 연도	㉕ 2차 연도	㉖ 3차 연도	㉗ 4차 연도	㉘ 5차 연도	㉙계				
2024. 12.	300,000,000	10,000,000	300,000,000	10,000,000	–	–	–	–	310,000,000	–	310,000,000	–	–

「법인세법 시행령」 제86조의 3 제9항 및 제120조의 4 제2항에 따라 소득공제신청서를 제출합니다.

2025년 3월 일

신청인 (서명 또는 인)

세 무 서 장 귀하

[별지 제7호 서식] (2023. 3. 20. 개정)

사 업 연 도	2024. 1. 1. ~ 2024. 12. 31.	소득공제조정명세서	법 인 명	(주)삼일
			사업자등록번호	

소득공제 계산내역

① 구 분		②근거법 조항	코드	③ 계산 기준	④계 산 기준금액	⑤ 공제율	⑥소득공제 대상금액	⑦최저한세적용 감면배제금액	⑧소득공제액 (⑥ - ⑦)
조세특례제한법	⑩① 국민주택 임대소득 공 제	법 제55조의2 제4항	460	해당 소득 금액		50/100			
	⑩② 주 택 임대소득 공 제 (연면적 149㎡ 이하)	법 제55조의2 제5항	463	해당 소득 금액		50/100 ('13.1.1. 이후 100/100)			
	⑩③ 프로젝트금융 투자회사에 대한 소득공제	법 제104조 의31	62 R	배당 금액		100/100			
	⑩④		458						
	⑩⑤								
	⑩⑥								
	⑩⑦								
	⑩⑧ 계 (⑩① ~ ⑩⑦)		459						
법인세법	⑩⑨ 배당금액 소득공제	법 제51조의2	482	배당 금액	310,000,000	100/100	310,000,000		310,000,000
	⑪⓪ 외국법인 외국항행 소득공제	법 제91조	483	외국 항행 소득					
	⑪①		484						
	⑪② 계 (⑩⑨ ~ ⑪①)		489						
⑪③ 합 계 (⑩⑧ + ⑪②)			499					※	310,000,000

※ 표시란의 금액은 최저한세조정계산서(별지 제4호 서식) 상의 ⑪⑦소득공제란 중 ④란의 '조정감' 금액을 적고, 각 구분별 최저한세적용감면배제금액을 조정하여 적습니다.

제3절 비과세소득

관련 법령	• 법법 §51 • 조특법 §13, §13의 4 • 조특령 §12, §12의 4 • 조특칙 §8의 2

최근 주요 개정 내용

• 민간벤처모펀드를 통한 벤처기업 등 출자 시 양도차익 비과세(조특법 §13 ① 및 조특령 §12 ③)

종 전	현 행
□ 벤처기업 등* 출자시 양도차익 비과세 * 창업자, 벤처기업, 신기술사업자, 신기술창업전문회사 ○ (적용대상) ❶ 창투사, 창업기획자, 신기술사업금융업자가 벤처기업 등에 출자하여 취득한 주식 ❷ 창투사, 창업기획자, 벤처기업 출자 유한회사, 신기술사업금융업자가 창투조합을 통하여 벤처기업 등에 출자하여 취득한 주식 ❸ 기금운용법인 등이 창투조합 등을 통하여 벤처기업 등에 출자하여 취득한 주식	□ 적용대상 확대 ○ (좌 동)
〈추 가〉	❹ 창투사, 신기술사업금융업자 및 민간재간접벤처투자조합의 공동운용사인 자산운용사 및 증권사가 민간재간접 벤처투자조합을 통하여 벤처기업 등에 출자하여 취득한 주식
○ (적용기한) 2025. 12. 31.	○ (좌 동)

➡ 개정일자 : ㉺ 2023. 12. 31., ㉾ 2024. 2. 29.
적용시기 : 2024년 1월 1일 이후 과세표준을 신고하는 경우부터 적용

관련 서식	• 법인세법 시행규칙 [별지 제6호 서식] 비과세소득명세서

제3절

비과세소득

3

Step Ⅰ 내용의 이해

1. 개 요

비과세소득이란 조세정책적 목적으로 국가가 일정한 소득에 대하여 과세권을 포기한 소득으로서, 세법에서는 "~법인세를 과세(부과)하지 아니한다"로 표현하며, 별도의 신고나 신청 절차 없이 비과세 규정이 적용된다. 비과세소득은 각 사업연도의 소득금액에서 이월결손금을 공제한 금액의 한도 내에서 공제되며, 해당 소득이 발생한 사업연도에 공제하지 못한 금액은 다음 사업연도에 이월되지 아니하고 소멸된다(법법 §13 ② 1호). 비과세소득은 법인세법상 비과세소득과 조세특례제한법상 비과세소득으로 구분된다.

| 비과세소득의 예시 |

구 분	비과세 소득	관련법령
법인세법	공익신탁의 신탁재산에서 생기는 소득	법법 §51
	법인세법 부칙 규정에 의한 비과세소득	법법 부칙(1998. 12. 28.) §12
조세특례제한법	벤처투자회사 등의 벤처기업 등 출자에 따른 주식양도차익 및 배당소득	조특법 §13 및 조특령 §12
	벤처투자회사 등의 소재·부품·장비 중소기업 출자에 따른 주식양도차익 및 배당소득	조특법 §13의 4 및 조특령 §12의 4

:: 비과세소득, 익금불산입, 소득공제의 비교

구 분	비과세소득	익금불산입	소득공제
법인세 과세 여부	×	×	×
각 사업연도 소득금액 포함 여부(*1)	○	×	○
결손금 구성 여부(*2)	×	○	×

(*1) 비과세소득 및 소득공제금액도 법인의 순자산을 증가시키는 익금이므로 법인의 각 사업연도 소득금액에 일단 합산시킨 후 이에서 공제하는 형식을 통해 과세표준을 산출함.

(*2) 각 사업연도 소득금액이 부족하여 공제하지 못한 비과세소득 및 소득공제액은 차기 이후로 이월되지 않고 소멸됨.

2. 법인세법상 비과세소득

2-1. 공익신탁의 신탁재산에서 생기는 소득

내국법인의 각 사업연도의 소득 중 공익신탁법에 따른 공익신탁의 신탁재산에서 생기는 소득에 대하여는 법인세를 과세하지 아니한다(법법 §51).

2-2. 법인세법 부칙 규정에 의한 비과세소득

다음 각각의 채권 또는 저축에서 발생하는 소득에 대하여는 법인세를 과세하지 아니한다(법법 부칙(1998. 12. 28.) §12).

발 행 일	채 권	발 행 기 관	근거법률
1982. 1. 1. 전 발행분	국민주택채권	한국주택은행	구주택건설촉진법
1983. 1. 1. 전 발행분	산업부흥국채	국가	구산업부흥채권법
	징발보상채권	국가	징발재산정리에 관한 특별조치법
	전신 · 전화채권	국가	구통신시설확장에 따른 임시조치법
	국민주택채권	국가	구주택건설촉진법
	지하철공채 · 도로공채 · 상수도공채	지방자치단체	지방재정법
	토지개발채권	한국토지공사	한국토지공사법

3. 조세특례제한법상 비과세소득

3-1. 벤처투자회사 등의 벤처기업 등 출자에 따른 주식양도차익

3-1-1. 비과세대상 주식 등의 범위

다음의 어느 하나에 해당하는 주식 또는 출자지분을 양도함으로써 발생하는 양도차익에 대하여는 법인세를 부과하지 아니한다(조특법 §13 ①).

① 벤처투자 촉진에 관한 법률에 따른 벤처투자회사(이하 "벤처투자회사"라 함) 및 창업기획자(이하 "창업기획자"라 함)가 중소기업창업 지원법에 따른 창업기업(이하 "창업기업"이라 함), 벤처기업 또는 벤처기업육성에 관한 특별법에 따른 신기술창업전문회사(중소기업기본법 제2조에 따른 중소기업에 한정하며, 이하 "신기술창업전문회사"라 함)에 2025년 12월 31일까지 출자함으로써 취득한 주식 또는 출자지분

② 여신전문금융업법에 따른 신기술사업금융업자(이하 "신기술사업금융업자"라 함)가 기술보증기금법에 따른 신기술사업자(이하 "신기술사업자"라 함), 벤처기업 또는 신기술창업전문회사에 2025년 12월 31일까지 출자함으로써 취득한 주식 또는 출자지분

③ 벤처투자회사, 창업기획자, 벤처투자 촉진에 관한 법률 제50조 제1항 제5호에 따른 상법상 유한회사(이하 "벤처기업출자유한회사"라 함) 또는 신기술사업금융업자가 다음의 어느 하나에 해당하는 조합(이하 "창투조합 등"이라 함)을 통하여 창업기업, 신기술사업자, 벤처기업 또는 신기술창업전문회사에 2025년 12월 31일까지 출자함으로써 취득한 주식 또는 출자지분

가. 벤처투자 촉진에 관한 법률 제2조 제8호에 따른 개인투자조합 및 같은 법 제2조 제11호에 따른 벤처투자조합

나. 여신전문금융업법에 의한 신기술사업투자조합

다. 소재·부품·장비산업 경쟁력강화 및 공급망 안정화를 위한 특별조치법에 따른 전문투자조합

라. 농림수산식품투자조합 결성 및 운용에 관한 법률에 따른 농식품투자조합

④ 기금을 관리·운용하는 법인 또는 공제사업을 영위하는 법인으로서 법인세법 시행규칙 제56조의 2 제1항 및 제2항 각 호의 법인(이하 "기금운용법인 등"이라 함)이 창투조합 등을 통하여 창업기업, 신기술사업자, 벤처기업 또는 신기술창업전문회사에 2025년 12월 31일까지 출자함으로써 취득한 주식 또는 출자지분(조특령 §12 ② 및 조특칙 §8의 2)

⑤ 벤처투자회사 또는 신기술사업금융업자가 코넥스시장(자본시장과 금융투자업에 관한 법률 및 같은 법 시행령에 따른 코넥스시장을 말함)에 상장한 중소기업(이하 "코넥스상장기업"이라 함)에 2025년 12월 31일까지 출자함으로써 취득한 주식 또는 출자지분

⑥ 벤처투자회사, 벤처기업출자유한회사 또는 신기술사업금융업자가 창투조합 등을 통하여 코

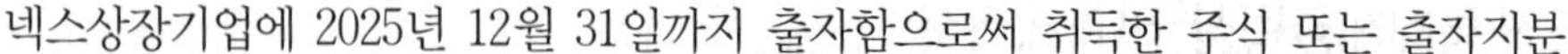

넥스상장기업에 2025년 12월 31일까지 출자함으로써 취득한 주식 또는 출자지분

⑦ 벤처투자 촉진에 관한 법률 제2조 제12호에 따른 민간재간접벤처투자조합(이하 "민간재간접벤처투자조합"이라 함)의 업무집행조합원으로서 다음의 법인이 민간재간접벤처투자조합을 통하여 창업기업, 신기술사업자, 벤처기업 또는 신기술창업전문회사에 2025년 12월 31일까지 출자함으로써 취득한 주식 또는 출자지분(조특령 §12 ③)

가. 벤처투자 촉진에 관한 법률 제63조의 2 제1항 제3호에 따른 집합투자업자

나. 벤처투자 촉진에 관한 법률 제63조의 2 제3항에 따라 공동으로 업무집행조합원이 된 법인

개 정

ㅇ 민간재간접벤처투자조합의 업무집행조합원인 집합투자업자 등의 민간재간접벤처투자조합을 통한 벤처기업 등 출자시 주식양도차익 비과세 규정 신설(조특법 §13 ① 7호 및 조특령 §12 ③)

➡ 2024년 1월 1일 이후 과세표준을 신고하는 경우부터 적용

3-1-2. 출자의 방법

비과세 규정이 적용되는 출자는 벤처투자회사・창업기획자・벤처기업출자유한회사・신기술사업금융업자 또는 기금운용법인 등은 직접 또는 창투조합 등을 통하여, 민간재간접벤처투자조합의 업무집행조합원은 민간재간접벤처투자조합을 통하여 각각 다음의 구분에 따른 방법으로 창업기업, 신기술사업자, 벤처기업, 신기술창업전문회사 또는 코넥스상장기업의 주식 또는 출자지분을 취득하는 것으로 한다. 다만, 아래 '①의 가.~라.' 및 '②의 가.~다.'의 경우에는 타인 소유의 주식 또는 출자지분을 매입에 의하여 취득하는 경우는 제외한다(조특법 §13 ②, ③).

① 창업자, 신기술사업자, 벤처기업 또는 신기술창업전문회사에 대한 출자

가. 해당 기업의 설립시에 자본금으로 납입하는 방법

나. 해당 기업이 설립된 후 7년 이내에 유상증자하는 경우로서 증자대금을 납입하는 방법

다. 해당 기업이 설립된 후 7년 이내에 잉여금을 자본으로 전입하는 방법

라. 해당 기업이 설립된 후 7년 이내에 채무를 자본으로 전환하는 방법

마. 위 '나.'에 따라 유상증자의 증자대금을 납입한 날부터 6개월 이내에 조세특례제한법 제16조(벤처투자조합 출자 등에 대한 소득공제) 제1항에 따라 거주자가 소득공제를 적용받아 소유하고 있는 해당 유상증자 기업의 주식 또는 출자지분으로서 해당 거주자의 출자일 또는 투자일부터 3년이 지난 것을 매입하는 방법(단, 위 '나.'에 따라 납입한 증자대금의 30%를 한도로 함)

② 코넥스상장기업에 대한 출자

가. 해당 기업이 상장된 후 2년 이내에 유상증자하는 경우로서 증자대금을 납입하는 방법

나. 해당 기업이 상장된 후 2년 이내에 잉여금을 자본으로 전입하는 방법

다. 해당 기업이 상장된 후 2년 이내에 채무를 자본으로 전환하는 방법

라. 위 '가.'에 따라 유상증자의 증자대금을 납입한 날부터 6개월 이내에 조세특례제한법 제16조(벤처투자조합 출자 등에 대한 소득공제) 제1항에 따라 거주자가 소득공제를 적용받아 소유하고 있는 해당 유상증자 기업의 주식 또는 출자지분으로서 해당 거주자의 출자일 또는 투자일부터 3년이 지난 것을 매입하는 방법(단, 위 '가.'에 따라 납입한 증자대금의 30%를 한도로 함)

3-1-3. 주식양도차익의 계산

법인세가 부과되지 아니하는 주식 또는 출자지분(이하 "주식 등"이라 함) 양도차익의 계산은 다음의 방법에 의한다(조특령 §12 ①).

구 분	내 용
주식의 처분 순서	벤처투자회사 등이 상기 "3-1-1. 비과세대상 주식 등의 범위"에서 규정한 방법으로 취득한 주식 등과 다른 방법으로 취득한 주식 등을 함께 보유하던 중 그 보유주식 등의 일부를 양도하는 경우에는 먼저 취득한 주식 등을 먼저 양도한 것으로 본다(조특령 §12 ① 1호).
취득가액의 산정	벤처투자회사 등이 취득한 주식 등의 취득가액은 총평균법(법령 §74 ① 1호 라목) 또는 이동평균법(법령 §74 ① 1호 마목) 중 해당 기업이 납세지 관할 세무서장에게 선택하여 신고한 방법으로 계산한다(조특령 §12 ① 2호).
양도차익의 산정	법인세를 부과하지 아니하는 주식 등의 양도차익은 해당 주식 등의 양도가액에서 취득가액 및 당해 주식 등을 양도하기 위하여 직접 지출하는 비용을 차감하여 계산한다(법인 46012-764, 2000. 3. 23.).
양도차익의 안분	법인세가 부과되지 아니하는 주식 등 양도차익은 양도시기마다 구분 가능한 종목별로 다음 산식에 의해 계산한다(조특령 §12 ① 3호). $$\text{총 양도차익} \times \frac{\text{법인세가 부과되지 아니하는 주식 등의 수}}{\text{양도주식 등의 총수}}$$

관련사례

• 신기술사업금융업자로서 취득한 주식을 중소기업창업투자회사로 전환한 이후 양도하는 경우 비과세 여부

신기술사업금융업자가 창투조합 등을 통하여 벤처기업에 출자함으로써 취득한 주식을 중소기업창업투자회사로 전환한 이후에 양도함으로써 발생하는 양도차익은 비과세됨(재법인-157, 2016. 2. 24.).

• 전환사채를 매입해 주식으로 전환한 뒤 양도하는 경우 비과세 여부
중소기업창업투자회사가 벤처기업이 발행한 전환사채를 타인으로부터 매입하여 동 회사 명의의 주식으로 전환한 후 그 주식을 양도함에 따라 발생하는 양도차익은 비과세됨(법인 46012-1914, 2000. 9. 15.).

3-2. 벤처투자회사 등의 벤처기업 등 출자에 따른 배당소득

3-2-1. 비과세대상 배당소득의 범위

벤처투자회사 · 창업기획자 · 벤처기업출자유한회사 또는 신기술사업금융업자가 "3-1. 벤처투자회사 등의 벤처기업 등 출자에 따른 주식양도차익"의 "3-1-1. 비과세대상 주식 등의 범위"에서 규정한 출자로 인하여 창업기업, 신기술사업자, 벤처기업, 신기술창업전문회사 또는 코넥스상장기업으로부터 2025년 12월 31일까지 지급받는 배당소득에 대하여는 법인세를 부과하지 아니한다(조특법 §13 ④).

관련사례

• 중소기업창업투자회사가 출자한 창업자 등이 흡수합병시 지급받은 금액의 비과세 여부
중소기업창업투자회사가 창업자 또는 벤처기업에 출자하여 주식 등을 취득한 후 창업자 또는 벤처기업이 다른 회사에 흡수합병되면서 지급받은 금액(법법 §16 5호에 따라 지급받은 금액을 말함)은 비과세대상 배당소득에 해당함(재조예-1072, 2007. 12. 28.).

3-2-2. 배당소득의 계산

법인세가 부과되지 아니하는 배당소득은 구분 가능한 종목별로 다음 산식에 의해 계산한다(조특령 §12 ④).

$$\text{배당소득} \times \frac{\text{법인세가 부과되지 아니하는 주식 등의 수}}{\text{보유하고 있는 주식 등의 총수}}$$

3-3. 벤처투자회사 등의 소재 · 부품 · 장비 중소기업 출자에 따른 주식양도차익

3-3-1. 비과세대상 주식 등의 범위

다음의 어느 하나에 해당하는 주식 또는 출자지분을 양도함으로써 발생하는 양도차익에 대해서는 법인세를 부과하지 아니한다. 다만, "3-1. 벤처투자회사 등의 벤처기업 출자에 따른 주식양도차익"의 "3-1-1. 비과세대상 주식 등의 범위"에서 설명한 주식 및 출자지분 중 어

느 하나에 해당하는 경우는 제외한다(조특법 §13의 4 ① 및 조특령 §12의 4 ①).

① 벤처투자회사, 창업기획자 또는 신기술사업금융업자가 중소기업 중 소재·부품·장비산업 경쟁력강화 및 공급망 안정화를 위한 특별조치법 제13조에 따라 선정된 특화선도기업(이하 "투자대상기업"이라 함)에 2025년 12월 31일까지 출자함으로써 취득한 주식 및 출자지분

② 벤처투자회사, 창업기획자, 벤처기업출자유한회사 또는 신기술사업금융업자가 창투조합 등을 통하여 투자대상기업에 2025년 12월 31일까지 출자함으로써 취득한 주식 및 출자지분

③ 기금운용법인 등이 창투조합 등을 통하여 투자대상기업에 2025년 12월 31일까지 출자함으로써 취득한 주식 및 출자지분

3-3-2. 출자의 방법

비과세 규정이 적용되는 출자는 벤처투자회사, 창업기획자, 벤처기업출자유한회사, 신기술사업금융업자 또는 기금운용법인 등이 직접 또는 창투조합 등을 통하여 다음의 구분에 따른 방법으로 투자대상기업의 주식 및 출자지분을 취득하는 것으로 한다. 이 경우 타인 소유의 주식 및 출자지분을 매입으로 취득하는 경우는 제외한다(조특법 §13의 4 ②).

① 투자대상기업의 설립 시에 자본금으로 납입하는 방법
② 투자대상기업이 유상증자하는 경우로서 증자대금을 납입하는 방법
③ 투자대상기업이 잉여금을 자본으로 전입하는 방법
④ 투자대상기업이 채무를 자본으로 전환하는 방법

3-3-3. 주식양도차익의 계산

법인세가 부과되지 않는 주식 또는 출자지분 양도차익의 계산은 "3-1. 벤처투자회사 등의 벤처기업 출자에 따른 주식양도차익"의 "3-1-3. 주식양도차익의 계산"에 따른다(조특령 §12의 4 ②).

3-4. 벤처투자회사 등의 소재·부품·장비 중소기업 출자에 따른 배당소득

3-4-1. 비과세대상 배당소득의 범위

벤처투자회사, 창업기획자, 벤처기업출자유한회사 또는 신기술사업금융업자가 "3-3. 벤처투자회사 등의 소재·부품·장비 중소기업 출자에 따른 주식양도차익"의 "3-3-1. 비과세대상 주식 등의 범위"에서 규정한 출자로 투자대상기업으로부터 2025년 12월 31일까지 받는 배당소득에 대해서는 법인세를 부과하지 아니한다(조특법 §13의 4 ③).

3-4-2. 배당소득의 계산

법인세과 부과되지 않는 배당소득의 계산은 상기 "3-2. 벤처투자회사 등의 벤처기업 등 출자에 따른 배당소득"의 "3-2-2. 배당소득의 계산"에 따른다(조특령 §12의 4 ③).

MEMO

Step Ⅱ 서식의 이해

■ 작성요령 - 비과세소득명세서

❶ ② 종류란에는 소득의 종류(예: 산업부흥국채이자, 도로공채이자 등)를 적는다.

[별지 제6호 서식] (2023. 3. 20. 개정)

사업 연도	. . . ~ . . .	비과세소

1. 비과세이자 소득금액

①월일	②종류	③금액(원본)	④이율
	❶		
합계			

2. 비과세이자 소득금액을 제외한 비과세 소득금액

구 분		⑦근 법조
조세특례제한법	⑪ 중소기업창업투자회사등의 주식양도차익비과세	제13조
	⑫ 기업구조조정전문회사의 양도차익 비과세	법률 제92 부칙 제10 제40조
	⑬ 어업협정에 따른 어업인 지원금 비과세	제104조
	⑭ 해외자원개발투자 배당소득에 대한 면제	제22조
	⑮	
	⑯	
	⑳ 합 계	

득명세서	법 인 명	
	사업자등록번호	

⑤기간	⑥수입이자 또는 소득금액	비고
❷		
	❸	

❷ ⑤ 기간란에는 해당 사업연도 중 이자계산기간을 적는다.

❸ ⑥ 수입이자 또는 소득금액란의 합계와 ⑩ 차가감비과세금액란 중 ⑳ 합계란의 금액을 합한 금액을 "법인세 과세표준 및 세액조정계산서(별지 제3호 서식)"에 옮겨 적는다.

ㅓ 항	⑧ 금액	⑨최저한세적용 비과세배제금액	⑩차감 비과세금액
2호 ː·			
42			
		❹	❸

❹ ⑨ 최저한세적용비과세배제금액란의 ⑳ 합계란은 "최저한세조정계산서(별지 제4호 서식)"의 ⑬란 중 ④ 조정감란의 금액을 적고, ⑪, ⑫란의 최저한세적용비과세배제금액은 이에 따라 조정한다.

세무조정 체크리스트

검 토 사 항	확인
1. 법인세법상의 비과세소득 확인 －경과규정에 의한 비과세소득의 해당 여부 확인 및 비과세소득명세서 작성	
2. 조세특례제한법상 비과세소득 확인 －조세특례제한법상 비과세소득의 해당 여부 확인 및 비과세소득명세서 작성	

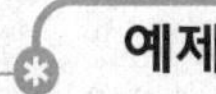

사례와 서식작성실무

예제

사 례

다음 자료에 의하여 중소기업에 해당하는 ㈜삼일의 제10기 사업연도(2024. 1. 1. ~ 2024. 12. 31.)의 비과세소득명세서 〔별지 제6호 서식〕, 최저한세조정계산서 〔별지 제4호 서식〕 및 법인세과세표준 및 세액조정계산서 〔별지 제3호 서식〕을 작성하라.

1. ㈜삼일의 제10기 각 사업연도 소득금액은 100,000,000원이며, 이월결손금은 없다.
2. ㈜삼일의 각 사업연도 소득금액에는 다음의 채권 등에서 발생한 이자 등이 포함되어 있다.

구 분	금 액	비 고
① 전신 · 전화채권의 이자(A)	1,000,000원	1982. 1. 1. 한국전기통신공사 발행채권
② 전신 · 전화채권의 이자(B)	1,500,000원	1983. 7. 1. 국가 발행채권
③ 토지개발채권의 이자	1,000,000원	1983. 7. 1. 한국토지공사 발행채권
④ 보증사채의 이자	2,000,000원	2002. 1. 1. 주권상장법인 발행사채

3. 여신전문금융업법에 의한 신기술사업금융업자인 ㈜삼일의 각 사업연도 소득금액에는 벤처기업인 ㈜용산의 설립 당시 직접 출자하여 취득한 주식을 2024년 중 양도함에 따라 발생한 양도차익 26,000,000원이 포함되어 있다.
4. 법인세율은 과세표준 2억원 이하는 9%, 2억원 초과 200억원 이하분은 19%, 200억원 초과 3천억원 이하분은 21%, 3천억원 초과분은 24%로, 최저한세율은 중소기업은 7%, 일반법인은 17%(과세표준 100억원 이하 부분은 10%, 100억원 초과 1천억원 이하 부분은 12%)로 가정한다.

해 설

1. 비과세소득

(1) 채권 등 이자의 비과세소득 해당 여부 검토

구 분	비과세 소득 해당 여부의 판정
① 전신 · 전화채권의 이자(A)	국가가 아닌 한국전기통신공사가 발행한 전신 · 전화채권의 이자이므로 비과세소득에서 제외(법인 1264.21-365, 1983. 2. 4.)
② 전신 · 전화채권의 이자(B)	1983. 1. 1. 이후에 발행한 전신 · 전화채권 및 토지개발채권의 이자이므로 비과세소득에서 제외
③ 토지개발채권의 이자	
④ 보증사채의 이자	보증사채의 이자는 법인세법 및 조세특례제한법상 비과세소득으로 규정된 바 없으므로 법인의 각 사업연도 소득금액에 포함

(2) 벤처기업 출자주식 양도차익의 비과세소득 해당 여부 검토
여신전문금융업법에 의한 신기술사업금융업자에 해당하는 ㈜삼일이 벤처기업인 ㈜용산의 설립 시 직접 출자하고 취득한 주식을 양도함으로써 발생하는 양도차익 26,000,000원은 조세특례제한법 제13조에 의해 법인세가 과세되지 않음.

(3) 비과세소득

① 전신·전화채권의 이자(A)	–
② 전신·전화채권의 이자(B)	–
③ 토지개발채권의 이자	–
④ 보증사채의 이자	–
⑤ 벤처기업 출자주식의 양도차익	26,000,000원
계	26,000,000원

2. 최저한세의 검토

(1) 감면 후 법인세
(100,000,000원 − 26,000,000원) × 9% = 6,660,000원

(2) 최저한세
100,000,000원 × 7% = 7,000,000원

(3) 최저한세 적용에 따른 감면배제세액
7,000,000원 − 6,660,000원 = 340,000원

(4) 최저한세 적용에 따라 과세표준에서 공제되지 아니하는 금액
340,000원 ÷ 0.09 = 3,777,778원

3. 비과세소득명세서 〔별지 제6호 서식〕, 최저한세조정계산서 〔별지 제4호 서식〕, 법인세 과세표준 및 세액조정계산서 〔별지 제3호 서식〕 작성 (다음 page 참조)

[별지 제6호 서식] (2023. 3. 20. 개정)

사업연도	2024. 1. 1. ~ 2024. 12. 31.	비과세소득명세서	법 인 명	(주)삼일
			사업자등록번호	

1. 비과세이자 소득금액

① 월일	② 종류	③ 금액(원본)	④ 이율	⑤ 기간	⑥ 수입이자 또는 소득금액	비고
합계						

2. 비과세이자 소득금액을 제외한 비과세 소득금액

구 분		⑦ 근 거 법조항	⑧ 금액	⑨ 최저한세적용 비과세배제금액	⑩ 차감 비과세금액
조세특례제한법	⑪ 중소기업창업투자회사등의 주식양도차익비과세	제13조	26,000,000	26,000,000	0
	⑫ 기업구조조정전문회사의 양도차익 비과세	법률 제9272호 부칙 제10조·제40조			
	⑬ 어업협정에 따른 어업인 지원금 비과세	제104조의 2			
	⑭ 해외자원개발투자 배당소득에 대한 면제	제22조			
	⑮				
	⑯				
	⑳ 합 계		26,000,000	26,000,000	0

[별지 제4호 서식] (2019. 3. 20. 개정)

사업연도	2024. 1. 1. ~ 2024. 12. 31.	최저한세조정계산서	법 인 명	(주)삼일
			사업자등록번호	

1. 최저한세 조정 계산 내역

① 구 분		코드	② 감면 후 세액	③ 최저한세	④ 조정감	⑤ 조정 후 세액
⑩ 결산서상 당기순이익		01				
소 득 조 정 금 액	⑫ 익 금 산 입	02				
	⑬ 손 금 산 입	03				
⑭ 조정 후 소득금액(⑩+⑫-⑬)		04				
최저한세 적용대상 특별비용	⑮ 준 비 금	05				
	⑯ 특별상각 및 특례자산 감가상각비	06				
⑰ 특별비용 손금산입 전 소득금액 (⑭ + ⑮ + ⑯)		07				
⑱ 기 부 금 한 도 초 과 액		08				
⑲ 기부금 한도초과 이월액 손금산입		09				
⑪⓪ 각 사 업 연 도 소 득 금 액 (⑰ + ⑱ − ⑲)		10	100,000,000	100,000,000		100,000,000
⑪① 이 월 결 손 금		11				
⑪② 비 과 세 소 득		12	26,000,000	26,000,000		26,000,000
⑪③ 최 저 한 세 적 용 대 상 비 과 세 소 득		13		26,000,000	26,000,000	3,777,778
⑪④ 최 저 한 세 적 용 대 상 익 금 불 산 입·손 금 산 입		14				
⑪⑤ 차 가 감 소 득 금 액 (⑪⓪ − ⑪① − ⑪② + ⑪③ + ⑪④)		15	74,000,000	100,000,000		77,777,778
⑪⑥ 소 득 공 제		16				
⑪⑦ 최 저 한 세 적 용 대 상 소 득 공 제		17				
⑪⑧ 과 세 표 준 금 액 (⑪⑤ − ⑪⑥ + ⑪⑦)		18	74,000,000	100,000,000		77,777,778
⑪⑨ 선 박 표 준 이 익		24				
⑫⓪ 과 세 표 준 금 액(⑪⑧ + ⑪⑨)		25	74,000,000	100,000,000		77,777,778
⑫① 세 율		19	9%	7%		9%
⑫② 산 출 세 액		20	6,660,000	7,000,000		7,000,000
⑫③ 감 면 세 액		21				
⑫④ 세 액 공 제		22				
⑫⑤ 차 감 세 액(⑫②−⑫③−⑫④)		23	6,660,000			7,000,000

2. 최저한세 세율 적용을 위한 구분 항목

⑫⑥ 중소기업 유예기간 종료연월		⑫⑦ 유예기간 종료후 연차			

[별지 제3호 서식] (2024. 3. 22. 개정)

사업연도	2024. 1. 1. ~ 2024. 12. 31.	법인세 과세표준 및 세액조정계산서	법인명	(주)삼일
			사업자등록번호	

구분	항목		코드	금액
① 각 사업연도 소득계산	⑩ 결산서상 당기순손익		01	
	소득조정 금액	⑩ 익금산입	02	
		⑩ 손금산입	03	
	⑭ 차가감소득금액 (⑩+⑩-⑩)		04	
	⑮ 기부금한도초과액		05	
	⑯ 기부금한도초과이월액 손금산입		54	
	⑰ 각사업연도소득금액 (⑭+⑮-⑯)		06	100 000 000
② 과세표준 계산	⑱ 각사업연도소득금액 (⑱=⑰)			100 000 000
	⑲ 이월결손금		07	
	⑩ 비과세소득		08	22 222 222
	⑪ 소득공제		09	
	⑫ 과세표준 (⑱-⑲-⑩-⑪)		10	77 777 778
	⑲ 선박표준이익		55	
③ 산출세액 계산	⑬ 과세표준 (⑫+⑲)		56	77 777 778
	⑭ 세율		11	9%
	⑮ 산출세액		12	7 000 000
	⑯ 지점유보소득 (「법인세법」 제96조)		13	
	⑰ 세율		14	
	⑱ 산출세액		15	
	⑲ 합계 (⑮+⑱)		16	7 000 000
④ 납부할 세액 계산	⑳ 산출세액 (⑳=⑲)			
	㉑ 최저한세 적용대상 공제감면세액		17	
	㉒ 차감세액		18	
	㉓ 최저한세 적용제외 공제감면세액		19	
	㉔ 가산세액		20	
	㉕ 가감계 (㉒-㉓+㉔)		21	
	기납부세액 / 기한내납부세액	㉖ 중간예납세액	22	
		㉗ 수시부과세액	23	
		㉘ 원천납부세액	24	
		㉙ 간접투자회사등의 외국납부세액	25	
		㉚ 소계 (㉖+㉗+㉘+㉙)	26	
		㉛ 신고납부전가산세액	27	
		㉜ 합계 (㉚+㉛)	28	
	㉝ 감면분추가납부세액		29	
	㉞ 차감납부할세액 (㉕-㉜+㉝)		30	

구분	항목		코드	금액
⑤ 토지등 양도소득에 대한 법인세 계산	양도차익	⑬ 등기자산	31	
		⑬ 미등기자산	32	
	⑬ 비과세소득		33	
	⑬ 과세표준 (⑬+⑬-⑬)		34	
	⑬ 세율		35	
	⑭ 산출세액		36	
	⑭ 감면세액		37	
	⑭ 차감세액 (⑭-⑭)		38	
	⑭ 공제세액		39	
	⑭ 동업기업 법인세 배분액 (가산세 제외)		58	
	⑭ 가산세액 (동업기업 배분액 포함)		40	
	⑭ 가감계 (⑭-⑭+⑭+⑭)		41	
	기납부세액	⑭ 수시부과세액	42	
		⑭ (　　) 세액	43	
		⑭ 계 (⑭+⑭)	44	
	⑮ 차감납부할세액 (⑭-⑭)		45	
⑥ 미환류소득 법인세	⑯ 과세대상 미환류소득		59	
	⑯ 세율		60	
	⑯ 산출세액		61	
	⑯ 가산세액		62	
	⑯ 이자상당액		63	
	⑯ 납부할세액 (⑯+⑯+⑯)		64	
⑦ 세액계	⑮ 차감납부할세액계 (⑬+⑮+⑯)		46	
	⑮ 사실과 다른 회계처리 경정세액공제		57	
	⑮ 분납세액계산범위액 (⑮-⑫-⑬-⑮-⑮+⑬)		47	
	⑮ 분납할세액		48	
	⑮ 차감납부세액 (⑮-⑮-⑮)		49	

제4절 해운기업의 과세표준 계산특례

관련 법령	• 조특법 §104의 10 • 조특령 §104의 7 • 조특칙 §46의 3
관련 서식	• 조세특례제한법 시행규칙 [별지 제64호의 9 서식] 해운기업의 법인세과세표준계산특례 적용신청서 [별지 제64호의 10 서식] 해운기업의 법인세과세표준계산특례 요건명세서 [별지 제64호의 11 서식] 해운기업의 법인세과세표준계산특례 포기신청서 • 법인세법 시행규칙 [별지 제3호 서식 부표 1] 선박표준이익 산출명세서

제4절

해운기업의 과세표준 계산특례

4

Step Ⅰ 내용의 이해

1. 의 의

내국법인 중 법 소정의 요건을 갖춘 해운기업은 2024년 12월 31일까지 소득을 해운소득과 비해운소득으로 구분하여 해운소득에 대해서는 실제소득이 아닌 선박톤수와 운항일수를 기준으로 산출한 선박표준이익을 법인세 과세표준으로 하고, 비해운소득은 일반 기업과 같이 실제 소득금액을 기준으로 법인세법을 적용하여 산출한 금액을 과세표준으로 하여 법인세를 납부할 수 있다(조특법 §104의 10 ①).

이와 같은 과세방식을 톤세제도(Tonnage Tax)라 하며, 주요 해운국에서 해운산업의 국제경쟁력 제고를 위해 톤세제도를 도입·시행하고 있는 점을 고려하여 경쟁해운국과 대등한 조세환경 조성으로 해운기업의 국제경쟁력을 강화하기 위해 2004년 12월 31일 법 개정시 도입되었으며 2005년 1월 1일 이후 최초로 개시하는 사업연도분부터 적용한다.

2. 적용대상 해운기업

2-1. 개 요

해운기업에 대한 법인세 과세표준 계산특례를 적용받기 위해서는 내국법인으로서 다음의 요건을 모두 충족하여야 한다(조특령 §104의 7 ①).

사업요건	다음의 어느 하나에 해당하는 사업을 영위하는 기업일 것 ① 해운법 제3조에 따른 외항정기여객운송사업 또는 외항부정기여객운송사업 ② 해운법 제23조에 따른 외항정기화물운송사업 또는 외항부정기화물운송사업. 다만, 수산물운송사업을 제외함.

	③ 크루즈산업의 육성 및 지원에 관한 법률 제2조 제4호에 따른 국제순항 크루즈선 운항사업
선박비중요건	해당 기업이 용선(다른 해운기업이 공동운항에 투입한 선박을 사용하는 경우를 포함)한 선박의 연간운항순톤수의 합계가 기준선박의 연간운항순톤수의 합계의 5배를 초과하지 아니하는 기업일 것

2-2. 공동운항의 의의

공동운항이란 2개 이상의 해운기업이 각 1척 이상의 선박을 투입하여 공동배선계획에 따라 운항하면서 다른 해운기업이 투입한 선박에 대하여도 상호 일정한 선복을 사용할 수 있도록 계약된 운항형태를 말한다(조특칙 §46의 3 ①).

2-3. 연간운항 순톤수의 계산

연간운항순톤수는 다음의 산식에 의하여 계산하며, 과세표준 계산특례 적용신청기한이 속하는 사업연도(조세특례제한법 시행령 제104조의 7 제6항에 따라 해운기업의 법인세 과세표준 계산특례 요건명세서를 제출하는 경우에는 당해 요건명세서의 제출기한이 속하는 사업연도)의 직전 사업연도 종료일을 기준으로 산출한다(조특령 §104의 7 ① 및 조특칙 §46의 3 ③).

연간운항 순톤수 = 선박의 순톤수 × 연간운항일수 × 사용률

한편, 위 산식의 구성요소에 대하여는 아래 '3-1. 개요'를 참조하기로 한다.

2-4. 기준선박

기준선박이란 국제선박등록법 제4조의 규정에 의하여 등록한 국제선박으로서 다음에 해당하는 선박을 말한다(조특칙 §46의 3 ②).

① 해당 기업이 소유한 선박
② 해당 기업 명의의 국적취득조건부 나용선
③ 해당 기업이 여신전문금융업법 제3조 제2항에 따라 시설대여업 등록을 한 자로부터 소유권 이전 연불조건부로 리스한 선박

3. 법인세 과세표준 계산특례

3-1. 개 요

법 소정의 요건을 갖춘 해운기업의 법인세 과세표준은 2024년 12월 31일까지 일반적인 법인세 과세표준 계산방법에 불구하고 다음의 금액으로 할 수 있다(조특법 §104의 10 ①).

> 해운기업의 법인세 과세표준 = ① + ②
> ① 해운소득의 과세표준 : 선박별로 계산한 개별선박표준이익의 합계액
> 개별선박표준이익 = 개별선박순톤수 × 1톤당 1운항일 이익 × 운항일수 × 사용률
> ② 비해운소득의 과세표준 : 법인세법 제13조부터 제54조까지의 규정에 따라 계산한 금액

한편, 위 산식에 사용된 구성요소는 다음과 같다(조특령 §104의 7 ③).

<table>
<tr><th>구 분</th><th colspan="2">구성요소의 정의</th></tr>
<tr><td>선 박</td><td colspan="2">과세표준 계산특례를 적용받는 기업이 소유하거나 용선한 선박을 말함.</td></tr>
<tr><td>순톤수</td><td colspan="2">1969년 선박톤수측정에 관한 국제협약 및 협약의 부속서에 따라 여객이나 화물의 운송용으로 제공되는 선박 안에 있는 장소의 크기를 나타내기 위하여 사용되는 지표를 말함(선박법 §3 ① 3호).</td></tr>
<tr><td>운항일수</td><td colspan="2">다음의 어느 하나에 해당하는 기간에 속하는 일수를 말함. 다만, 정비·개량·보수 그 밖의 불가피한 사유로 30일 이상 연속하여 선박을 운항하지 아니한 경우 그 기간을 제외함.
① 특례적용기업이 소유한 선박의 경우에는 소유기간
② 특례적용기업이 용선한 선박의 경우에는 용선기간</td></tr>
<tr><td>사용률</td><td colspan="2">다음의 어느 하나에 해당하는 비율을 말함.
① 특례적용기업이 선박을 소유하거나 선박 전체를 용선한 경우: 100%
② 특례적용기업이 선박의 일부를 용선한 경우: 해당 선박의 최대 적재량에서 특례적용기업이 해당 선박에 적재한 물량이 차지하는 비율. 다만, 특례적용기업이 컨테이너 수량을 기준으로 용선을 한 경우에는 해당 선박에 적재할 수 있는 최대 컨테이너 수(선박 건조 시 설계서에 명시된 적재능력의 75%에 해당하는 컨테이너 수를 말함)에서 특례적용기업이 해당 선박에 적재한 컨테이너 수가 차지하는 비율</td></tr>
<tr><td rowspan="5">1톤당 1운항일이익 (조특법 §104의 10 ⑧ 및 조특령 §104의 7 ④)</td><th>개별선박의 순톤수</th><th>1톤당 1운항일이익</th></tr>
<tr><td>1,000톤 이하분</td><td>14원</td></tr>
<tr><td>1,000톤 초과 10,000톤 이하분</td><td>11원</td></tr>
<tr><td>10,000톤 초과 25,000톤 이하분</td><td>7원</td></tr>
<tr><td>25,000톤 초과분</td><td>4원</td></tr>
</table>

3-2. 해운소득의 범위

해운소득이란 다음의 ① 또는 ②에 해당하는 활동으로 발생한 소득과 다음의 ③에 해당하는 소득을 말한다(조특령 §104의 7 ②).

① 외항해상운송활동(외항해상운송에 사용하기 위한 용대선(*)을 포함함. 이하 같음)

(*) 용대선(해운법 §2 4호)

해상여객운송사업이나 해상화물운송사업을 경영하는 자 사이 또는 해상여객운송사업이나 해상화물운송사업을 경영하는 자와 외국인 사이에 사람 또는 물건을 운송하기 위하여 선박의 전부 또는 일부를 용선하거나 대선하는 것을 말함.

② 외항해상운송활동과 연계된 활동으로서 다음의 어느 하나에 해당하는 활동

가. 화물의 유치·선적·하역·유지 및 관리와 관련된 활동

나. 외항해상운송활동을 위하여 필요한 컨테이너의 임대차와 관련된 활동(조특칙 §46의 3 ④)

다. 직원의 모집·교육 및 훈련과 관련된 활동

라. 선박의 취득·유지·관리 및 폐기와 관련된 활동

마. 선박의 매각과 관련된 활동. 다만, 과세표준 계산특례의 적용 이전부터 소유하고 있던 선박을 매각하는 경우에는 다음 ㉠의 계산식에 따라 계산한 금액(이하 "특례적용 전 기간분"이라 함)은 비해운소득으로 하되, 그 매각대금으로 해당 선박의 매각일이 속하는 사업연도의 종료일까지 새로운 선박을 취득하는 경우에는 ㉡의 계산식에 따라 계산한 금액에 상당하는 금액은 해운소득으로 한다.

㉠ 특례적용 전 기간분 : $\text{해당 선박의 매각손익} \times \dfrac{\text{해당 선박의 과세표준 계산특례가 적용되기 전의 기간}}{\text{해당 선박의 총 소유기간}}$

㉡ 해운소득으로 보는 금액 : $\text{특례적용 전 기간분} \times \dfrac{\text{새로운 선박의 취득에 사용된 매각대금}}{\text{해당 선박의 매각대금}} \times 80\%$

바. 단일운송계약에 의한 선박과 항공기·철도차량 또는 자동차 등 2가지 이상의 운송수단을 이용하는 운송활동(조특칙 §46의 3 ⑤)

사. "가" 내지 "바"와 유사한 활동으로 외항해상운송활동을 위하여 필요한 컨테이너의 매각과 관련된 활동(조특칙 §46의 3 ⑥)

③ 다음의 어느 하나에 해당하는 소득

가. 외항해상운송활동과 관련하여 발생한 소득세법 제16조의 이자소득, 동법 제17조 제1항 제5호의 투자신탁수익의 분배금 및 지급이자. 다만, 기업회계기준에 의한 유동자산에

서 발생하는 이자소득 등을 포함하되, 기업회계기준에 따른 비유동자산 중 투자자산에서 발생하는 이자소득 등과 그 밖에 기획재정부령(현재 규정된바 없음)이 정하는 이자소득 등을 제외한다.

나. 외항해상운송활동과 관련하여 발생한 기업회계기준에 따른 화폐성 외화자산・부채를 평가함에 따라 발생하는 원화평가금액과 원화기장액의 차익 또는 차손

다. 외항해상운송활동과 관련하여 상환받거나 상환하는 외화채권·채무의 원화금액과 원화기장액의 차익 또는 차손

라. 외항해상운송활동과 관련하여 발생하는 차입금에 대한 이자율 변동, 통화의 환율 변동, 운임의 변동, 선박 연료유 등 해운 관련 주요 원자재 가격변동의 위험을 회피하기 위하여 체결한 기업회계기준에 의한 파생상품거래로 인한 손익

3-3. 과세표준 계산특례 적용시 유의사항

3-3-1. 이월결손금 또는 결손금의 처리

과세표준 계산특례를 받기 전에 발생한 이월결손금은 해운소득 또는 비해운소득의 과세표준계산시 공제되지 아니한다(조특법 §104의 10 ⑤).

또한, 비해운소득에서 결손금이 발생하는 경우 해운소득의 과세표준에서 공제되지 아니한다(조특법 §104의 10 ③).

3-3-2. 해운소득에 대한 조세특례의 배제

해운소득에 대하여는 조세특례제한법, 국세기본법 및 조약과 조세특례제한법 제3조 제1항 각 호에 규정된 법률에 의한 비과세·세액면제·세액감면·세액공제 또는 소득공제 등의 조세특례를 적용하지 아니한다(조특법 §104의 10 ③).

3-3-3. 해운소득에 대한 원천징수세액의 처리

해운소득에 법인세법 제73조 및 제73조의 2에 따라 원천징수된 소득이 포함되어 있는 경우 그 소득에 대한 원천징수세액은 법인세의 산출세액에서 이미 납부한 세액으로 공제하지 아니한다(조특법 §104의 10 ④).

4. 과세표준 계산특례의 적용 신청 및 포기

4-1. 과세표준 계산특례의 적용 신청

과세표준 계산특례를 적용받으려는 법인은 다음과 같이 과세표준 계산특례 적용을 신청하여야 하며, 과세표준 계산특례를 적용받으려는 사업연도부터 연속하여 5개 사업연도(이하 "과세표준 계산특례 적용기간"이라 함) 동안 과세표준 계산특례를 적용받아야 한다(조특법 §104의 10 ②).

① 과세표준 계산특례를 적용받으려는 최초 사업연도의 과세표준 신고기한까지 해운기업의 법인세 과세표준 계산특례 적용신청서 [조특칙 별지 제64호의 9 서식]에 조세특례제한법 시행령 제104조의 7 제1항에 따른 요건의 충족 여부에 대한 해양수산부장관의 확인서를 첨부하여 납세지 관할 세무서장에게 제출하여야 한다(조특령 §104의 7 ⑤).

② 특례적용기업은 과세표준 계산특례 적용기간에 속하는 사업연도(상기 ①에 따라 제출된 해양수산부장관의 확인서에 의하여 요건의 충족을 확인할 수 있는 사업연도는 제외함)의 과세표준을 신고하는 때에 해운기업의 법인세 과세표준 계산특례 요건명세서 [조특칙 별지 제64호의 10 서식]에 조세특례제한법 시행령 제104조의 7 제1항에 따른 요건의 충족 여부에 대한 해양수산부장관의 확인서를 첨부하여 납세지 관할 세무서장에게 제출하여야 한다(조특령 §104의 7 ⑥).

4-2. 과세표준 계산특례의 적용 포기

과세표준 계산특례의 적용을 신청한 법인은 신청한 사업연도부터 연속하여 5개 사업연도 동안 이를 계속 적용받아야 하나, 2017년 12월 31일이 속하는 사업연도까지는 과세표준 계산특례의 적용을 포기할 수 있다. 이 경우 법인은 과세표준 계산특례를 적용받지 아니하려는 최초 사업연도의 과세표준신고기한까지 해운기업의 법인세 과세표준 계산특례 포기신청서 [조특칙 별지 제64호의 11 서식]을 납세지 관할 세무서장에게 제출하여야 한다(조특법 §104의 10 ② 단서 및 조특령 §104의 7 ⑦).

5. 과세표준 계산특례의 적용 배제

과세표준 계산특례를 적용받고 있는 법인이 과세표준 계산특례 적용기간 동안 과세표준 계산특례의 적용요건을 2개 사업연도 이상 위반하는 경우에는 2회째 위반하게 된 사업연도부터 해당 과세표준 계산특례 적용기간의 남은 기간과 다음 5개 사업연도 기간은 과세표준 계산특례를 적용받을 수 없다(조특법 §104의 10 ⑥).

6. 과세표준 계산특례의 적용 종료 · 배제 · 포기 후 각 사업연도 소득의 계산

특례적용기업은 특례적용기간이 종료되거나 과세표준 계산특례 적용요건(조특령 §104의 7 ①)을 위반하거나 과세표준 계산특례의 적용을 포기함으로써 과세표준 계산특례를 적용받지 아니하고 법인세법을 적용받게 되는 경우에는 특례적용기간에도 계속하여 법인세법을 적용받은 것으로 보고 각 사업연도의 소득을 계산한다. 다만, 다음의 법인세법 규정을 적용하는 때에는 각각의 계산방법에 따른다(조특령 §104의 7 ⑧).

① 법인세법 제19조의 2(대손금의 손금불산입)를 적용할 때에는 같은 조 제1항의 대손금으로서 같은 법 시행령 제19조의 2 제1항 각 호의 채권을 회수할 수 없는 사유가 특례적용기간

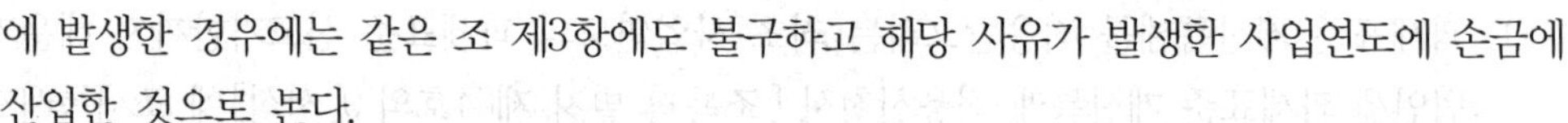

에 발생한 경우에는 같은 조 제3항에도 불구하고 해당 사유가 발생한 사업연도에 손금에 산입한 것으로 본다.

② 법인세법 제23조(감가상각비의 손금불산입)를 적용할 때 같은 조 제1항의 상각범위액은 같은 법 시행령 제30조(감가상각의 의제)를 준용하여 계산한다. 이 경우 특례적용기간에 법인세법 시행령 제26조 제1항 각 호의 구분을 달리하는 감가상각자산이나 같은 법 시행령 제28조 제1항 제2호의 자산별 · 업종별 구분에 따른 기준내용연수가 다른 감가상각자산을 새로 취득한 경우에는 같은 법 시행령 제26조 제3항(상각방법의 신고) 및 제28조 제3항(내용연수의 신고)에도 불구하고 해당 자산에 관한 감가상각방법신고서 또는 내용연수신고서를 법인세법을 적용받게 된 최초 사업연도의 법인세 과세표준신고기한까지 납세지 관할 세무서장에게 제출(국세정보통신망에 의한 제출 포함)할 수 있다.

③ 법인세법 제33조(퇴직급여충당금의 손금산입)를 적용할 때 특례적용기간에는 같은 법 시행령 제60조 제1항부터 제3항까지의 규정에 따라 계산한 각 사업연도의 퇴직급여충당금의 손금산입한도액에 해당하는 금액을 해당 사업연도에 퇴직급여충당금으로서 손금에 산입한 것으로 보고 같은 조 제2항의 퇴직급여충당금의 누적액을 계산한다.

④ 법인세법 제13조 · 제34조 및 조세특례제한법 제144조를 적용할 때에는 다음에 따른다. 다만, 해당 법인이 법인세법을 적용받게 된 최초 사업연도의 과세표준신고기한까지 특례적용기간에 관하여 법인세법 제60조 제2항의 서류를 작성하여 과세표준의 신고(법법 §60 ①)와 함께 납세지 관할 세무서장에게 제출하는 경우에는 특례적용기간에도 계속하여 법인세법을 적용받은 것으로 보고 같은 법 제13조 · 제34조 및 조세특례제한법 제144조를 적용한다(조특칙 §46의 3 ⑦).

가. 법인세법 제13조(과세표준)를 적용할 때에는 이월결손금 규정(법법 §13 ① 1호)에도 불구하고 특례적용기간의 종료일 현재의 같은 법 시행령 제16조 제1항에 따른 이월결손금의 잔액은 없는 것으로 본다.

나. 법인세법 제34조(대손충당금의 손금산입)를 적용할 때에는 대손충당금의 상계규정(법법 §34 ③)에도 불구하고 과세표준 계산특례를 적용받기 직전 사업연도 종료일 현재의 대손충당금 잔액은 법인세법을 적용받게 된 최초 사업연도의 소득금액을 계산할 때 익금에 산입한다.

다. 조세특례제한법 제144조(세액공제액의 이월공제)를 적용할 때에는 세액공제의 이월공제 규정(조특법 §144 ①)에도 불구하고 이월된 특례적용기간의 종료일 현재의 미공제금액은 없는 것으로 본다.

7. 특례적용법인의 중간예납

과세표준 계산특례를 적용받는 내국법인이 법인세법 제63조의 2 제1항 제2호의 방법(해당 중간예납기간의 법인세액 기준에 의한 방법)으로 중간예납을 하는 경우 중간예납의 과세표준은 위에서 정한 과세표준 계산특례를 적용하여 계산한 금액으로 하고, 법인세법 제63조의 2 제1항 제2호의 계산식에서 감면된 법인세액과 납부한 원천징수세액은 비해운소득과 관련된 부분에 한하여 이를 적용한다(조특법 §104의 10 ⑦).

8. 구분경리

특례적용기업은 해운소득과 비해운소득을 각각 별개의 회계로 구분하여 경리하여야 하며, 해운소득과 비해운소득에 공통되는 익금과 손금은 법인세법 시행규칙 제76조 제6항의 규정을 준용하여 안분계산한다(조특령 §104의 7 ⑨ 및 조특칙 §46의 3 ⑧).

구분경리 방법에 대한 자세한 내용은 '제4편 제2장 소득구분'편을 참조하기 바란다.

Step Ⅱ: 서식의 이해

■ 작성요령Ⅰ - 해운기업의 법인세 과세표준특례 적용신청서

❶ 신청인란(①란 내지 ⑤란)에는 신청인의 인적사항을 기재한다.

❷ ⑥란은 과세표준계산특례를 적용받고자 하는 조세특례제한법 시행령 제104조의 7 제6항에 따른 특례적용대상기간을 기재한다.

❸ ⑦란은 조세특례제한법 시행규칙 제46조의 3 제3항에 따라 과세표준계산특례 적용신청기한이 속하는 과세연도의 직전 과세연도 종료일을 기재한다.

❻ ⑩란은 ⑧란의 톤수가 ⑨란의 톤수의 5배를 초과하지 아니하는 경우에는 요건 충족에 ∨표기하고, ⑧란의 톤수가 ⑨란의 톤수의 5배를 초과하는 경우에는 요건 미충족에 ∨표기한다.

〔별지 제64호의 9 서식〕 (2022. 3. 18. 개정)

해운기업의 법인세과세

※ 뒤쪽의 작성방법을 읽고 작성하여 주시기 바랍니다.

접수번호	접수일시
❶ 신청인 ❶	① 상호 또는 법인명
	③ 대표자 성명
	⑤ 주소 또는 본점 소재지
⑥ 특례적용대상기간 ❷	

❷ 연간운항순톤수의 합계

⑦ 연간운항순톤수산출기준일 ❸
⑧ 용선한 선박의 연간운항순톤수의 합계
⑨ 기준선박의 연간운항순톤수의 합계

❸ 요건충족 여부(⑩) ❻

⑧ ≤ [⑨×5]
⑧ > [⑨×5]

「조세특례제한법 시행령」 제104조의 7 제5항에 따른 … 제출합니다.

세무서장 귀하

첨부서류	「조세특례제한법 시행령」 제104조의 7 제5항에 따… (다만, 전자신고방식으로 제출하는 경우에는 구비…

세표준특례 적용신청서

(앞쪽)

	처리기간 즉시
	② 사업자등록번호
	④ 생년월일

(전화번호:)

년 월 일부터 년 월 일까지

년 월 일

❹

❺

☐ 요건 충족

☐ 요건 미충족

해운기업의 법인세과세표준계산특례 적용신청서를

년 월 일

신청인 (서명 또는 인)

른 해양수산부장관의 요건확인서 1부. 서류를 당해 법인이 보관합니다)	수수료 없음

❹ ⑧란은 조세특례제한법 시행령 제104조의 7 제1항에 따라 해당 기업이 용선한 선박의 연간운항순톤수의 합계를 기재한다.

❺ ⑨란은 조세특례제한법 시행령 제104조의 7 제1항에 따른 기준선박의 연간운항순톤수의 합계를 기재한다.

■ 작성요령 Ⅱ - 해운기업의 법인세 과세표준계산특례 요건명세서

❶ 신청인란(①란 내지 ⑤란)에는 신청인의 인적사항을 기재한다.

❷ ⑥란은 과세표준계산특례를 적용받고 있는 조세특례제한법 시행령 제104조의 7 제6항에 따른 특례적용대상기간을 기재한다.

❸ ⑦란은 조세특례제한법 시행규칙 제46조의 3 제3항에 따라 당해 요건 명세서의 제출기한이 속하는 과세연도의 직전 과세연도 종료일을 기재한다.

❻ ⑩란은 ⑧란의 톤수가 ⑨란의 톤수의 5배를 초과하지 아니하는 경우에는 요건 충족에 ∨표기하고, ⑧란의 톤수가 ⑨란의 톤수의 5배를 초과하는 경우에는 요건 미충족에 ∨표기한다.

❼ ⑪란은 ⑥란에 기재한 특례적용대상기간에 속하는 각각의 과세연도의 요건충족여부에 대하여 요건을 충족하는 경우에는 "○"를, 요건을 충족하지 않는 경우에는 "×"를 각각 표기한다.

[별지 제64호의10 서식] (2022. 3. 18. 개정)

해운기업의 법인세과세표

제출인	①법인명	❶	②…
	③대표자성명	❶	④…
	⑤본점소재지	❶	
⑥특례적용대상기간 ❷			

1. 연간운항순톤수의 합계

⑦연간운항순톤수산출기준일 ❸	
⑧2년 미만의 기간으로 용선한 외국선박의 연간운항순톤수의 합계	
⑨기준선박의 연간운항순톤수의 합계	

2. 해당 과세연도 요건충족 여부(⑩) ❻

⑧ ≤ [⑨×5]	□ …
⑧ > [⑨×5]	□ …

3. 과거 과세연도 요건충족 여부(⑪) ❼

과세연도	. . . ~ . . .	. . . ~ . . .
요건충족		
요건미충족		

「조세특례제한법 시행령」 제104조의 7 제6항에 따…
를 제출합니다.

세무서장 귀하

※ 구비서류 : 「조세특례제한법 시행령」 제104조의…
건확인서(다만, 전자신고방식으로 제…
이 보관합니다)

표준계산특례 요건명세서		
사업자등록번호		❶
생 년 월 일		❶
	(☎ :)	
	년 월 일부터 년 월 일까지	
	년 월 일	
	❹	
	❺	
요건 충족		
요건 미충족		

. . . ~ . . .	. . . ~ . . .	. . . ~ . . .

라 해운기업의 법인세과세표준계산특례 요건명세서

년 월 일

제출인 : (서명 또는 인)

7 제5항에 따른 해양수산부장관의 요 출하는 경우에는 구비서류를 당해 법인	수수료 없음

❹ ⑧란은 조세특례제한법 시행령 제104조의 7 제1항의 규정에 의한 2년 미만의 기간으로 용선한 외국선박의 연간운항순톤수의 합계를 기재한다.

❺ ⑨란은 조세특례제한법 시행령 제104조의 7 제1항의 규정에 의한 기준선박의 연간운항순톤수의 합계를 기재한다.

■ 작성요령 Ⅲ - 해운기업의 법인세 과세표준계산특례 포기신청서

❶ 신청인란(①란부터 ⑤란까지)에는 신청인의 인적사항을 적는다.

❷ ⑧란은 과세표준계산특례를 적용받고 있는 조세특례제한법 시행령 제104조의 7 제6항에 따른 특례적용대상기간을 적는다.

[별지 제64호의 11 서식] (2022. 3. 18. 개정)

해운기업의 법인세 과세

신청인	①법 인 명	❶	②
	③대표자 성명	❶	④
	⑤본점소재지	❶	
⑥특례포기 사업연도		년 월 일부	
⑧특례포기신청전 특례적용기간		❷	

「조세특례제한법 시행령」 제104조의 7
준계산특례 포기신청서를 제출합니다.

세무서장 귀하

※ 구비서류 : 없음

(앞 쪽)

표준계산특례 포기신청서			
)사업자등록번호 → ❶			
)생 년 월 일 → ❶			
(☎ :)			
부터	⑦사업연도 개시일	년 월 일	
년 월 일부터 년 월 일까지			

7 제7항에 따라 해운기업의 법인세과세표

년 월 일

제출인 : (서명 또는 인)

	수수료
	없 음

■ 작성요령 Ⅳ - 선박표준이익 산출명세서

❶ 「① 선박명」란에는 조세특례제한법 제104조의 10에 따른 해운기업의 법인세 과세표준계산특례를 적용받는 기업이 소유하거나 용선한 선박명을 기입한다.

❷ 「② 선박순톤수」란에는 조세특례제한법 시행령 제104조의 7 제3항 제3호에 따른 순톤수를 기입한다.

[별지 제3호 서식 부표 1] (2021. 3. 16. 개정)

사업 연도	. . . ~ . . .	선박표준이익

일련 번호	①선박명	②선박순톤수	③1톤당 1운항일 이
	❶	❷	

⑦선박표준이익

산출명세서

법 인 명	
사업자등록번호	

익	④운항일수	⑤사용률	⑥개별선박표준이익
	❸	❹	❺
			❻

❸ 「④ 운항일수」란에는 조세특례제한법 시행령 제104조의 7 제3항 제3호에 따른 운항일수를 기입한다.

❹ 「⑤ 사용률」란에는 조세특례제한법 시행령 제제104조의 7 제3항 제3호에 따른 사용률을 기입한다.

❺ 「⑥ 개별선박표준이익」란에는 「② 선박순톤수」란에 기재된 톤수에 구간별로 「③ 1톤당 1운항일 이익」을 곱한 금액에 ④란에 기재된 일수와 ⑤란에 기재된 비율을 곱한 금액을 기입한다.

❻ 「⑦ 선박표준이익」란에는 「⑥ 개별선박표준이익」란의 금액의 합계를 기입한다.

세무조정 체크리스트

■ 해운기업의 과세표준 계산특례

검 토 사 항	확인
1. 적용대상 해운기업 여부 검토	
① 다음의 사업을 영위하는 기업일 것 - 해운법 제3조에 따른 외항정기여객운송사업 또는 외항부정기여객운송사업 - 해운법 제23조에 따른 외항정기화물운송사업 또는 외항부정기화물운송사업. 다만, 수산물운송사업 제외 - 크루즈산업의 육성 및 지원에 관한 법률 제2조 제4호에 따른 국제순항 크루즈선 운항사업	
② 용선한 선박의 연간운항순톤수의 합계가 기준선박의 연간운항순톤수의 합계의 5배를 초과하지 아니하는 기업일 것	
2. 해운소득의 범위 검토	
3. 해운기업의 법인세 과세표준(=①+②) 계산 검증	
① 해운소득의 과세표준 : 선박별로 계산한 개별선박표준이익의 합계액 개별선박표준이익 = 개별선박순톤수 × 1톤당 1운항일 이익 × 운항일수 × 사용률	
② 비해운소득의 과세표준 : 법인세법 제13조부터 제54조까지의 규정에 따라 계산한 금액	
4. 이월결손금 또는 결손금의 처리방법 검토 - 특례적용 전의 이월결손금은 해운소득 또는 비해운소득의 과세표준 계산시 공제되지 아니함. - 비해운소득의 결손금은 해운소득의 과세표준에서 공제되지 아니함.	
5. 다음의 처리내용 검토 - 해운소득에 대해서는 본 과세표준 계산특례 외의 조세특례를 배제함. - 해운소득에 원천징수된 소득이 포함되어 있는 경우 동 원천징수세액은 이미 납부한 세액으로 공제되지 아니함.	
6. 특례의 적용기간 및 적용포기 여부 검토 - 과세표준 계산특례를 적용받고자 하는 사업연도부터 연속하여 5개 사업연도 동안 과세표준 계산특례를 적용받아야 함. 다만, 과세표준 계산특례를 적용받고 있는 해운기업은 2017년 12월 31일이 속하는 사업연도까지 과세표준 계산특례의 적용을 포기할 수 있음.	
7. 특례의 적용배제 여부 검토 - 과세표준 계산특례의 적용요건을 2개 사업연도 이상 위반시 2회째 위반하게 된 사업연도부터 특례의 적용기간 중 잔여기간과 다음 5개 사업연도에는 과세표준 계산특례를 적용받을 수 없음.	
8. 해운소득과 비해운소득의 구분경리 여부 확인	

제4편 납부세액의 계산

제1장

1

산출세액

각 사업연도 소득에 대한 산출세액

관련 법령	• 법법 §55 • 법령 §92 • 법칙 §45
관련 서식	• 법인세법 시행규칙 [별지 제3호 서식] 법인세 과세표준 및 세액조정계산서

제1절

각 사업연도 소득에 대한 산출세액

1

Step I 내용의 이해

1. 개 요

법인세법은 각 사업연도의 소득에 대한 법인세를 산출세액으로 표현하고 있다. 산출세액은 각 사업연도의 과세표준에 세율을 적용하여 계산한 금액, 법인세법 제55조의 2에 따른 토지 등 양도소득에 대한 법인세액 및 조세특례제한법 제100조의 32에 따른 투자·상생협력 촉진을 위한 과세특례를 적용하여 계산한 법인세액을 합한 금액이다.

따라서 별도의 규정이 없는 한, 산출세액이란 토지 등 양도소득에 대한 법인세액 및 조세특례제한법에 따른 투자·상생협력 촉진을 위한 과세특례를 적용하여 계산한 법인세액을 포함하여 적용하여야 하며, 기타의 세목을 제외하거나 포함할 때는 해당 조문에서 규정하고 있는 바에 따라 해석하여야 한다. 토지 등 양도소득에 대한 법인세액에 대해서는 제4편 제1장 제3절의 내용을, 조세특례제한법에 따른 투자·상생협력 촉진을 위한 과세특례를 적용하여 계산한 법인세액에 대해서는 제4편 제1장 제5절의 내용을 참조하기로 한다.

2. 법인세의 세율

2-1. 일반적인 경우

내국법인의 각 사업연도의 소득에 대한 법인세 산출세액은 법인세 과세표준에 다음의 세율을 적용하여 계산한 금액(법인세법 제55조의 2에 따른 토지 등 양도소득에 대한 법인세액 및 조세특례제한법 제100조의 32에 따른 투자·상생협력 촉진을 위한 과세특례를 적용하여 계산한 법인세액이 있으면 이를 합한 금액으로 하며, 이하 "산출세액"이라 함)으로 한다(법법 §55 ①).

적용법인	과세표준	산출세액
일반법인	2억원 이하	과세표준×9%
	2억원 초과 200억원 이하	1천800만원+(2억원을 초과하는 금액×19%)
	200억원 초과 3,000억원 이하	37억8천만원+(200억원을 초과하는 금액×21%)
	3,000억원 초과	625억8천만원+(3,000억원을 초과하는 금액×24%)
조합법인(당기순이익 과세법인)(*)	20억원 이하	9%
	20억원 초과	12%

(*) 조합법인(당기순이익과세법인)은 법인세 비용 차감 전 당기순이익(기업업무추진비 손금불산입액 등 법 소정 손금불산입액 포함)에 상기 세율을 곱하도록 하며, 2025년 12월 31일 이전에 끝나는 사업연도까지 적용(조특법 §72 ①)

법인세율은 과세표준의 크기에 따라 달리 적용하는 4단계 초과누진세율로서, 상장·비상장 여부나 영리·비영리 여부에 관계없이 동일한 세율을 적용한다. 다만, 조합법인(당기순이익 과세법인)은 조세특례제한법 제72조의 규정에 의하여 특례세율을 적용한다.

2-2. 사업연도가 1년 미만인 경우

전술한 법인세율은 사업연도가 1년인 법인에게 적용하는 세율이다. 따라서 정관 등에서 사업연도를 1년 미만으로 정하거나 사업연도의 변경 및 사업연도의 의제의 경우로서 사업연도가 1년 미만인 경우 등에는 당해 사업연도의 과세표준금액을 1년으로 환산한 금액에 대하여 세율을 적용하여 1년분의 산출세액을 계산한다. 그리고 그 금액을 기준으로 하여 당해 사업연도의 산출세액을 다시 환산한다(법법 §55 ② 및 법칙 §45). 이를 산식으로 표시하면 다음과 같다.

$$\text{산출세액} = \left\{ (\text{과세표준} \times \frac{12}{\text{사업연도의 월수}}) \times \text{세율} \right\} \times \frac{\text{사업연도의 월수}}{12}$$

사업연도의 월수는 태양력에 따라 계산하되, 1개월 미만의 일수는 1개월로 한다(법령 §92). 참고로 법인세법상 월수계산방법에 관한 규정은 사업연도 월수계산·감가상각비 월수계산(법령 §26 ⑧, §28 ②) 및 기업업무추진비 한도액 계산시 월수계산(법법 §25 ④ 1호) 등이 있으며, 각각의 규정은 현재 모두 동일하다.

Step Ⅱ 서식의 이해

■ 작성요령 - 법인세 과세표준 및 세액조정계산서

❶ (101) 결산서상 당기순손익란: (포괄)손익계산서의 법인세 차감 후 당기순손익을 적는다. 다만, 당기순이익은 그대로 적고, 당기순손실은 "△" 등 음(−)의 표시를 해야 한다.

❷ 소득조정금액란((102), (103)): "소득금액조정합계표(별지 제15호 서식)"의 익금산입 및 손금불산입 ② 금액란의 합계와 손금산입 및 익금불산입 ⑤ 금액란의 합계를 (102) 익금산입란 및 (103) 손금산입란에 각각 적는다.

❸ (105) 기부금 한도초과액란: 기부금조정명세서(별지 제21호 서식)의 ⑳ 한도초과액 합계 금액을 적는다.

❹ (106) 기부금한도초과이월액 손금산입란: "기부금조정명세서(별지 제21호 서식)"의 ㉔ 해당 사업연도 손금추인액란의 합계금액을 적는다.

❺ (109) 이월결손금란: "자본금과 적립금조정명세서(갑)〔별지 제50호 서식(갑)〕"의 Ⅱ. 이월결손금계산서 중 ⑬ 당기 공제액란의 합계를 적는다.

❻ (110) 비과세소득란: "비과세소득명세서(별지 제6호 서식)"의 ⑥ 수입이자 또는 소득금액란의 합계와 ⑩ 차감비과세금액란의 ⑳ 합계란의 금액을 합한 금액을 적는다. 다만, 각 사업연도소득에서 이월결손금액을 차감한 금액이 음수(−)인 경우에는 "0"을 적는다.

❽ 세율란((114), (117), (139)): 각 세법에 따라 적용할 최고세율((117)란은 법인세법 제96조에 따른 과세대상 법인은 법인세법 제96조 제3항에 따른 세율) 1개만을 적는다.

❿ (121) 최저한세 적용대상 공제감면세액: "공제감면세액 및 추가납부세액합계표(갑)〔별지 제8호 서식(갑)〕"의 ㉚합계란의 금액을 적는다.

⓫ (122) 차감세액란: (120)란의 산출세액에서 (121)란의 최저한세 적용대상 공제감면세액을 차감하여 적는다.

⓬ (123) 최저한세 적용제외 공제감면세액: "공제감면세액 및 추가납부세액합계표(갑)〔별지 제8호 서식(갑)〕"의 (150)란을 적는다.

⓭ (126) 중간예납세액: 조세특례제한법 제8조의 4에 따라 환급받아간 세액을 정산할 때 추가로 납부할 세액이 있는 경우에는 중소기업 결손금 소급공제 세액 환급특례 정산서(조세특례제한법 시행규칙 별지 제2호의 6 서식)의 ⑲ 중간예납세액 재정산란의 금액을 적는다.

[별지 제3호 서식] (2024. 3. 22. 개정)

사업연도	. . . ~ . . .	법인세 과세표준 및 세액

구분	항목		코드	
① 각 사업연도 소득계산	(101) 결산서상 당기순손익		01	❶
	소득조정금액	(102) 익금산입	02	❷
		(103) 손금산입	03	❷
	(104) 차가감소득금액 ((101)+(102)−(103))		04	
	(105) 기부금한도초과액		05	❸
	(106) 기부금한도초과이월액 손금산입		54	❹
	(107) 각 사업연도소득금액 ((104)+(105)−(106))		06	
② 과세표준계산	(108) 각 사업연도소득금액 ((108)=(107))			
	(109) 이월결손금		07	❺
	(110) 비과세소득		08	❻
	(111) 소득공제		09	❼
	(112) 과세표준 ((108)−(109)−(110)−(111))		10	
	(159) 선박표준이익		55	
③ 산출세액계산	(113) 과세표준((112)+(159))		56	
	(114) 세율		11	❽
	(115) 산출세액		12	
	(116) 지점유보소득 (「법인세법」 제96조)		13	❾
	(117) 세율		14	❽
	(118) 산출세액		15	
	(119) 합계((115)+(118))		16	
④ 납부할세액계산	(120) 산출세액((120)=(119))			
	(121) 최저한세 적용대상 공제감면세액		17	❿
	(122) 차감세액		18	⓫
	(123) 최저한세 적용제외 공제감면세액		19	⓬
	(124) 가산세액		20	⓯
	(125) 가감계((122)−(123)+(124))		21	
	기납부세액 / 기한내납부세액	(126) 중간예납세액	22	⓭
		(127) 수시부과세액	23	
		(128) 원천납부세액	24	
		(129) 간접투자회사등의 외국납부세액	25	
		(130) 소계((126)+(127)+(128)+(129))	26	
		(131) 신고납부전가산세액	27	
		(132) 합계((130)+(131))	28	⓰

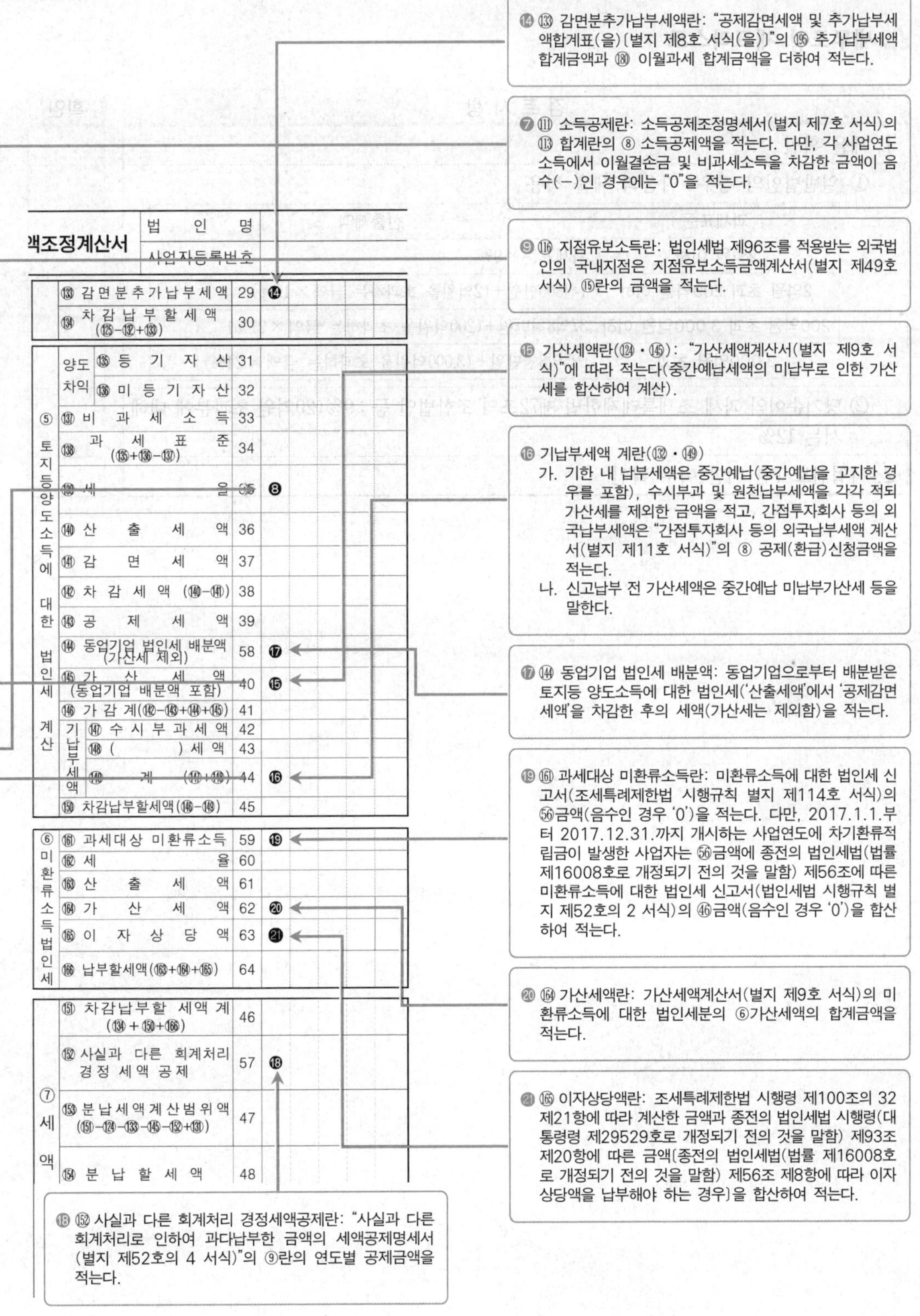

액조정계산서

법 인 명	
사업자등록번호	

구분		항목	코드	금액
		⑬③ 감면분추가납부세액	29	⑭
		⑬④ 차감납부할세액 (⑫⑤-⑬②+⑬③)	30	
⑤ 토지등 양도소득에 대한 법인세 계산	양도차익	⑬⑤ 등 기 자 산	31	
		⑬⑥ 미 등 기 자 산	32	
		⑬⑦ 비 과 세 소 득	33	
		⑬⑧ 과 세 표 준 (⑬⑤+⑬⑥-⑬⑦)	34	
		⑬⑨ 세 율	35	⑧
		⑭⓪ 산 출 세 액	36	
		⑭① 감 면 세 액	37	
		⑭② 차 감 세 액 (⑭⓪-⑭①)	38	
		⑭③ 공 제 세 액	39	
		⑭④ 동업기업 법인세 배분액 (가산세 제외)	58	⑰
		⑭⑤ 가 산 세 액 (동업기업 배분액 포함)	40	⑮
		⑭⑥ 가 감 계(⑭②-⑭③+⑭④+⑭⑤)	41	
	기납부세액	⑭⑦ 수 시 부 과 세 액	42	
		⑭⑧ (　　　) 세 액	43	
		⑭⑨ 계 (⑭⑦+⑭⑧)	44	⑯
		⑮⓪ 차감납부할세액(⑭⑥-⑭⑨)	45	
⑥ 미환류소득법인세		⑯① 과세대상 미환류소득	59	⑲
		⑯② 세 율	60	
		⑯③ 산 출 세 액	61	
		⑯④ 가 산 세 액	62	⑳
		⑯⑤ 이 자 상 당 액	63	㉑
		⑯⑥ 납부할세액(⑯③+⑯④+⑯⑤)	64	
⑦ 세액		⑮① 차감납부할 세액 계 (⑬④+⑮⓪+⑯⑥)	46	
		⑮② 사실과 다른 회계처리 경정 세액 공제	57	⑱
		⑮③ 분납세액계산범위액 (⑮①-⑫④-⑬③-⑭⑤-⑮②+⑬①)	47	
		⑮④ 분 납 할 세 액	48	

⑭ ⑬③ 감면분추가납부세액란: "공제감면세액 및 추가납부세액합계표(을)[별지 제8호 서식(을)]"의 ⑮ 추가납부세액 합계금액과 ⑱ 이월과세 합계금액을 더하여 적는다.

⑦ ⑪ 소득공제란: 소득공제조정명세서(별지 제7호 서식)의 ⑬ 합계란의 ⑧ 소득공제액을 적는다. 다만, 각 사업연도 소득에서 이월결손금 및 비과세소득을 차감한 금액이 음수(−)인 경우에는 "0"을 적는다.

⑨ ⑯ 지점유보소득란: 법인세법 제96조를 적용받는 외국법인의 국내지점은 지점유보소득금액계산서(별지 제49호 서식) ⑮란의 금액을 적는다.

⑮ 가산세액란(⑫④ · ⑭⑤): "가산세액계산서(별지 제9호 서식)"에 따라 적는다(중간예납세액의 미납부로 인한 가산세를 합산하여 계산).

⑯ 기납부세액 계란(⑬② · ⑭⑨)
가. 기한 내 납부세액은 중간예납(중간예납을 고지한 경우를 포함), 수시부과 및 원천납부세액을 각각 적되 가산세를 제외한 금액을 적고, 간접투자회사 등의 외국납부세액은 "간접투자회사 등의 외국납부세액 계산서(별지 제11호 서식)"의 ⑧ 공제(환급)신청금액을 적는다.
나. 신고납부 전 가산세액은 중간예납 미납부가산세 등을 말한다.

⑰ ⑭④ 동업기업 법인세 배분액: 동업기업으로부터 배분받은 토지등 양도소득에 대한 법인세('산출세액'에서 '공제감면세액'을 차감한 후의 세액(가산세는 제외함)을 적는다.

⑲ ⑯① 과세대상 미환류소득란: 미환류소득에 대한 법인세 신고서(조세특례제한법 시행규칙 별지 제114호 서식)의 ㊻금액(음수인 경우 '0')을 적는다. 다만, 2017.1.1.부터 2017.12.31.까지 개시하는 사업연도에 차기환류적립금이 발생한 사업자는 ㊻금액에 종전의 법인세법(법률 제16008호로 개정되기 전의 것을 말함) 제56조에 따른 미환류소득에 대한 법인세 신고서(법인세법 시행규칙 별지 제52호의 2 서식)의 ㊻금액(음수인 경우 '0')을 합산하여 적는다.

⑳ ⑯④ 가산세액란: 가산세액계산서(별지 제9호 서식)의 미환류소득에 대한 법인세분의 ⑥가산세액의 합계금액을 적는다.

㉑ ⑯⑤ 이자상당액란: 조세특례제한법 시행령 제100조의 32 제21항에 따라 계산한 금액과 종전의 법인세법 시행령(대통령령 제29529호로 개정되기 전의 것을 말함) 제93조 제20항에 따른 금액(종전의 법인세법(법률 제16008호로 개정되기 전의 것을 말함) 제56조 제8항에 따라 이자상당액을 납부해야 하는 경우)을 합산하여 적는다.

⑱ ⑮② 사실과 다른 회계처리 경정세액공제란: "사실과 다른 회계처리로 인하여 과다납부한 금액의 세액공제명세서(별지 제52호의 4 서식)"의 ⑨란의 연도별 공제금액을 적는다.

세무조정 체크리스트

검 토 사 항	확인
1. 세율 확인	
① 일반법인의 경우 : 다음의 세율 적용	
② 당기순이익 과세 조세특례제한법 제72조의 조합법인 등 : 9%(20억원 초과분에 대해서는 12%	
2. 사업연도 1년 미만 여부 확인	

과세표준	산출세액
2억원 이하	과세표준×9%
2억원 초과 200억원 이하	1천800만원+(2억원을 초과하는 금액×19%)
200억원 초과 3,000억원 이하	37억8천만원+(200억원을 초과하는 금액×21%)
3,000억원 초과	625억8천만원+(3,000억원을 초과하는 금액×24%)

외국법인의 국내사업장에 대한 과세특례

관련 법령	• 법법 §96 • 법령 §134, §135

관련 서식	• 법인세법 시행규칙 [별지 제49호 서식] 지점유보소득금액계산서

제2절

외국법인의 국내사업장에 대한 과세특례

2

Step I 내용의 이해

1. 개 요

외국법인이 국내에 자회사로 진출하는 경우에는 당해 자회사에 대한 법인세에 추가하여 배당소득세가 과세되나, 지점으로 진출하는 경우에는 법인세만을 부담하게 된다. 이 같은 양자 간 세부담의 불형평성을 시정하기 위하여, 법인세법은 외국법인(비영리외국법인은 제외)의 국내사업장에 대하여 우리나라와 그 외국법인의 본점 또는 주사무소가 있는 해당 국가(이하 "거주지국"이라 함)와 체결한 조세조약에 해당 규정이 있는 경우 법인세를 과세하고 난 후 사후 소득에 대하여 추가로 과세하는 특례규정을 두고 있다. 이를 지점세(branch tax)제도라고 한다. 지점세는 조세조약에 따라 과세되므로 조세조약에서 정한 세율을 우선적으로 적용하되, 조세조약에서 정한 세율이 없는 경우에는 법인세법에서 정한 지점세율(20%)에 따라 과세한다. 현재 조세조약에 따라 지점세를 과세할 수 있는 체약국은 "프랑스, 호주, 브라질, 인도네시아, 모로코, 카자흐스탄, 캐나다, 필리핀, 태국, 파나마, 페루, 인도, 튀르키예(2025년 이후)"이다.

외국법인의 진출형태에 따른 세부담 비교

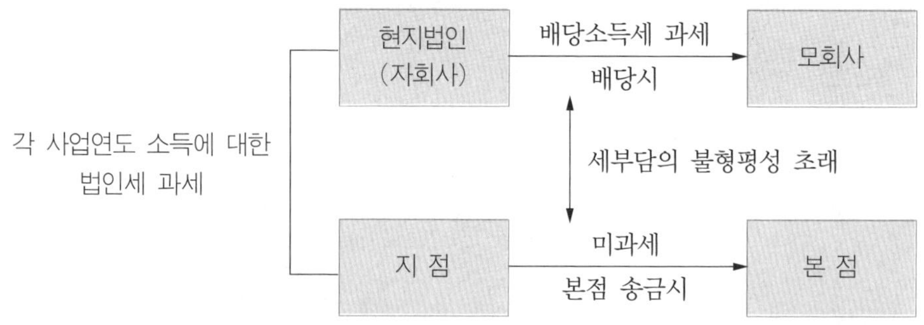

지점세는 외국투자가들이 경쟁적으로 진출하기를 원하는 자원보유국들에 의해서 주로 채택되고 있는데, 이러한 국가들은 외국법인들이 지점형태로 자국에 진출하여 원자재를 가공없이 유출하는 것을 방지하고 자국의 자원개발을 위하여 합작투자법인의 설립을 유도할 목적으로 지점세를 도입·실시하고 있는 것이 일반적이다.

2. 지점세의 계산절차

2-1. 지점세의 계산구조

우리나라와 외국법인의 거주지국과 체결한 조세조약에 따라 지점세를 과세할 수 있는 외국법인의 국내사업장은 지점세 과세대상 소득금액(조세조약에서 이윤의 송금액에 대하여 과세할 수 있도록 규정하고 있는 경우에는 각 사업연도 중 실제로 송금된 이윤)에 지점세의 세율을 적용하여 계산한 세액을 국내지점에 대한 법인세에 추가하여 납부하여야 한다. 다만, 그 외국법인의 거주지국이 그 국가에 있는 우리나라의 법인의 국외사업장에 대하여 추가하여 과세하지 아니하는 경우에는 그러하지 아니하다(법법 §96 ①).

지점세 상당액	=	지점세 과세대상 소득금액	×	지점세 세율

2-2. 지점세 과세대상 소득금액

2-2-1. 일반적인 경우

지점세의 과세대상 소득금액은 다음과 같이 계산한다(법법 §96 ②).

	외국법인 국내사업장의 각 사업연도의 소득금액
(−)	법인세 및 법인지방소득세
(−)	해당 국내사업장이 사업을 위하여 재투자할 것으로 인정되는 금액
(−)	과소자본세제에 따른 지급이자 손금불산입액
=	과세대상 소득금액

상기 각 항목을 살펴본다(법칙 별지 제49호 서식 작성요령)

① 외국법인 국내사업장의 각 사업연도 소득금액

: 해당 사업연도 법인세 과세표준 및 세액조정계산서 [법칙 별지 제3호 서식]상의 ⑩⑦ 각 사업연도 소득금액

② 법인세

: 외국법인의 각 사업연도의 소득에 대한 법인세 산출세액에서 법인세법상 외국납부세액공제액·재해손실세액공제액(국내에 가지고 있는 자산 기준)과 다른 법률에 따른 감면세액 · 세액공제액을 차감하고, 여기에 법인세법 및 국세기본법상의 가산세와 법인세법 또는 조세특례제한법에 의한 추가 납부세액을 가산한 금액(법령 §135)

③ 법인지방소득세

: 해당 사업연도 법인지방소득세 중 지점세분 법인지방소득세를 제외한 금액

④ 해당 국내사업장이 사업을 위하여 재투자할 것으로 인정되는 금액

: "해당 국내사업장이 사업을 위하여 재투자할 것으로 인정되는 금액"이란 다음의 금액 모두를 말한다. 여기에서 "자본금상당액"이라 함은 재무상태표상의 자산의 합계액에서 부채(충당금을 포함하며, 미지급법인세를 제외함)의 합계액을 공제한 금액을 말하며 이하 같다(법령 §134 ①, ②).

㉠ 해당 사업연도 종료일 현재의 자본금상당액이 해당 사업연도 개시일 현재의 자본금상당액을 초과하는 금액(이하 "자본금상당액증가액"이라 함)

㉡ 미과세누적유보소득(음수인 경우만 해당함)에서 음의 부호를 뗀 금액. 다만, 그 금액은 국내사업장의 각 사업연도의 소득금액에서 법인세, 법인지방소득세, 국제조세조정에 관한 법률상 국외지배주주에게 지급하는 이자의 손금불산입액(법법 §96 ② 1호, 2호, 4호) 및 자본금상당액증가액을 뺀 금액을 한도로 함.

한편, 해당 사업연도 개시일 현재의 자본금 상당액이 해당 사업연도 종료일 현재의 자본금 상당액을 초과하는 경우에는 그 초과하는 금액(이하 "자본금 상당액 감소액"이라 함)을 해당 사업연도의 소득금액에 합산한다. 이 경우 합산되는 금액은 직전 사업연도 종료일 현재의 미과세누적유보소득(음수가 아닌 경우만 해당함)을 초과하지 못한다.

⑤ 과소자본세제에 따른 지급이자 손금불산입액

: 외국법인의 국내사업장이 국외지배주주로부터 차입한 금액, 국외지배주주의 국세기본법 제2조 제20호 가목 또는 나목에 따른 특수관계인으로부터 차입한 금액 또는 국외지배주주의 지급보증(담보의 제공 등 실질적으로 지급을 보증하는 경우를 포함함)에 의하여 제3자로부터 차입한 금액이 그 국외지배주주가 출자한 출자금액의 2배(금융업은 6배)를 초과하는 경우 그 초과분에 대한 지급이자 및 할인료(국조법 §22).

2-2-2. 미과세누적유보소득

'미과세누적유보소득'이란 각 사업연도의 소득금액 중 지점세가 과세되지 아니한 부분으로서 다음과 같이 계산한다(법령 §134 ③).

	직전 사업연도까지의 각 사업연도 소득금액의 합계액
(−)	직전 사업연도까지의 각 사업연도 결손금 합계액
(−)	직전 사업연도까지의 각 사업연도의 소득에 대한 법인세 및 법인지방소득세의 합계액
=	누적유보소득
(−)	직전 사업연도까지의 각 사업연도의 지점세 과세대상 소득금액의 합계액
=	미과세누적유보소득

2-2-3. 해당 사업연도에 결손금이 발생한 경우

당해 사업연도에 결손금이 발생한 경우에도 일반적인 과세대상 소득금액 계산방법을 준용한다. 다만, 당해 사업연도에 있어서 자본금 상당액 감소액이 결손금을 초과하는 경우에는 미과세누적유보소득을 한도로 그 초과금액을 과세대상 소득금액으로 한다(법령 §134 ④).

2-2-4. 조세조약상 이윤의 송금액에 대하여 과세할 수 있는 경우

지점세를 과세대상으로 명문화한 대부분의 조세조약에서는 앞서 살펴본 바와 같이 고정사업장의 이윤액을 기준으로 지점세를 계산하도록 하고 있으나 한·필리핀과의 조세조약에서는 이윤의 송금액(amounts remitted)을 기준으로 지점세를 계산하도록 규정하고 있다. 이와 같은 경우 과세대상 소득금액은 각 사업연도 소득 중 실제로 송금된 이윤으로 하되, 각 사업연도에 실제로 송금된 이윤이 직전 사업연도의 과세대상 소득금액을 초과할 경우 그 초과분 중 직전 사업연도까지의 미과세누적유보소득을 한도로 한다(법령 §134 ⑤).

2-2-5. 외국법인의 국내지점 폐쇄시의 지점세 과세대상 소득금액 계산특례

외국법인이 사업연도 중에 국내사업장을 가지지 아니하게 된 경우로서 법인세법 제8조 제5항에 따른 의제사업연도(그 사업연도 개시일로부터 그 국내사업장을 가지지 아니하게 된 날까지의 기간)의 과세대상 소득금액을 앞의 '2-2-1, 2-2-2, 2-2-3.'의 규정에 따라 계산하는 때에는 의제사업연도 종료일 현재의 자본금 상당액은 "0"으로 본다(법령 §134 ⑥).

그리고 외국법인이 국내사업장을 가지지 아니하게 된 경우로서 의제사업연도의 과세대상 소득금액을 앞의 '2-2-4.'에 따라 계산하는 때에는 의제사업연도 종료일까지 미송금한 이윤상당액은 의제사업연도 종료일에 전액 송금한 것으로 본다(법령 §134 ⑦).

2-3. 지점세 세율

지점세의 세율은 20%로 하되 우리나라와 해당 외국법인의 거주지국이 체결한 조세조약에서 따로 정하는 경우에는 그 조약에 따른다(법법 §96 ③).

체 약 국	제한세율	과세표준	관련조문
모로코	5%	과세대상 소득금액	제10조 제6항
브라질(*1)	15%	과세대상 소득금액	제10조 제5항
인도네시아	10%	과세대상 소득금액	제10조 제6항
카자흐스탄	5%	과세대상 소득금액	제10조 제6항
캐나다	5%	직전연도 수입총액	제10조 제6항
필리핀	10%	실제로 송금된 이윤	의정서 제5항
프랑스	5%	과세대상 소득금액	제10조 제7항
호 주(*2)	15%	과세대상 소득금액	제10조 제6항
태 국	10%	과세대상 소득금액	제10조 제6항
파나마	2%	과세대상 소득금액	제10조 제6항
페루	10%	과세대상 소득금액	제10조 제6항
인도	15%	과세대상 소득금액	의정서 제2항 나목
튀르키예(*3)	7.5%	실제로 송금된 이윤	제10조 제4항

(*1) 브라질의 경우 우리나라 기업이 브라질에 진출한 경우에만 적용
(*2) 호주의 경우 상호주의 원칙에 따라 2010. 12. 30.이 속하는 사업연도 분부터 지점세 과세 제외(법법 §96 ① 단서)
(*3) 2025년 1월 1일 이후 개시되는 사업연도부터 적용

관련사례

- 필리핀법인의 국내사업장에 대한 지점세 과세에 있어 과세대상 소득금액 및 적용 세율
  필리핀법인의 국내사업장에 대하여는 각 사업연도 소득금액 중 실제로 송금되는 이윤의 10%의 세율로 지점세를 과세하되, 각 사업연도에 실제로 송금이 된 이윤이 직전 사업연도 과세대상 소득을 초과할 경우에는 초과분 중 직전사업연도까지 미과세누적유보소득을 한도로 이윤의 송금으로 봄(서이 46017-10146, 2002. 1. 23.).
- 지점세의 계산기준일
  외국법인의 국내사업장에 대한 과세특례(지점세)는 당해 외국법인 국내사업장의 사업연도 종료일을 기준으로 계산하는 것임(국업 46522-47, 2000. 1. 25.).
- 지점세의 중간예납대상 해당 여부
  외국법인의 국내사업장에 대한 과세특례의 규정에 의하여 외국법인 국내사업장이 납부하는 지점세는 중간예납대상이 아님(국일 46017-508, 1998. 8. 14.).
- 상호면제가 되는 국제운수소득만 있는 외국법인의 국내사업장의 지점세 적용 여부
  조세협약 또는 항공협정 및 법인세법의 규정에 의하여 상호 면제가 되는 국제운수소득만 있는 외국법인의 국내사업장에 대하여는 지점세 규정이 적용되지 아니함(국일 46017-325, 1996. 6. 4.).

MEMO

Step Ⅱ 서식의 이해

■ 작성요령 - 지점유보소득금액계산서

❷ 「③ 산출세액」에는 해당 사업연도 "법인세 과세표준 및 세액조정계산서[별지 제3호 서식]"의 「⑮ 법인세 산출세액」을 적는다.

[별지 제49호 서식] (2021. 10. 28. 개정)

사업연도	. . . ~ . . .	지점유보소득

① 각사업연도 소득금액		
② 법인세	③ 산출세액	④ 차
		구 분
	❷	
		계
⑦ 법인지방소득세		
⑧ 해당 사업연도 유보소득 (①－⑥－⑦)		
⑨ 과소자본세제에 의하여 손금에 산입되지 아니한 금액		
⑩ 해당 사업연도종료일 현재 자본금상당액		
⑪ 해당 사업연도개시일 현재 자본금상당액		
⑫ 자본금상당액 증가액(⑩－⑪)		
⑬ 직전사업연도종료일 현재 미과세누적 유보소득		
⑮ ⑧에서 ⑨와 ⑫를 뺀 금액		
⑰ 재투자인정금액 등(⑫+⑯)		
⑱ 자본금상당액 감소액(⑪－⑩)		
⑲ ⑬ 또는 ⑱중 적은 금액, 음수(-)의 금액인 경우에는 0		
⑳ 과세대상소득금액(⑧-⑨-⑰) 또는 (⑧-⑨-⑯+⑲), 음수(-)의 금액인 경우 0		
㉑ 해당 사업연도 미과세 유보소득		
㉒ 해당 사업연도종료일 현재 미과세누적유보소득(⑬＋㉑)		

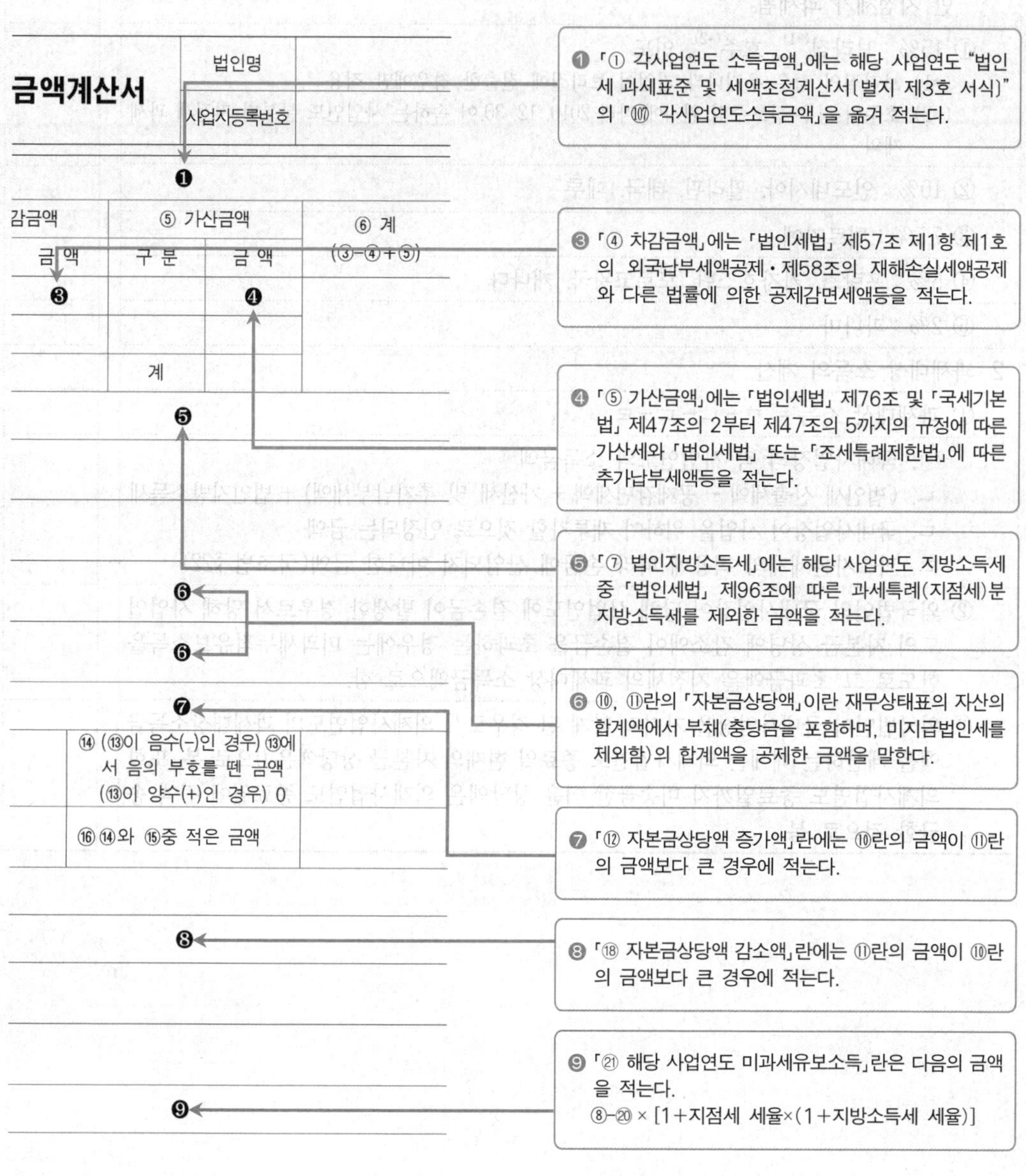
금액계산서
법인명
사업자등록번호
감금액
금 액
⑤ 가산금액
구 분
금 액
⑥ 계 (③-④+⑤)
계
⑭ (⑬이 음수(-)인 경우) ⑬에 서 음의 부호를 뗀 금액 (⑬이 양수(+)인 경우) 0
⑯ ⑭와 ⑮중 적은 금액
❶ 「① 각사업연도 소득금액」에는 해당 사업연도 "법인세 과세표준 및 세액조정계산서〔별지 제3호 서식〕"의 「⑩ 각사업연도소득금액」을 옮겨 적는다.
❸ 「④ 차감금액」에는 「법인세법」 제57조 제1항 제1호의 외국납부세액공제·제58조의 재해손실세액공제와 다른 법률에 의한 공제감면세액등을 적는다.
❹ 「⑤ 가산금액」에는 「법인세법」 제76조 및 「국세기본법」 제47조의 2부터 제47조의 5까지의 규정에 따른 가산세와 「법인세법」 또는 「조세특례제한법」에 따른 추가납부세액등을 적는다.
❺ 「⑦ 법인지방소득세」에는 해당 사업연도 지방소득세 중 「법인세법」 제96조에 따른 과세특례(지점세)분 지방소득세를 제외한 금액을 적는다.
❻ ⑩, ⑪란의 「자본금상당액」이란 재무상태표의 자산의 합계액에서 부채(충당금을 포함하며, 미지급법인세를 제외함)의 합계액을 공제한 금액을 말한다.
❼ 「⑫ 자본금상당액 증가액」란에는 ⑩란의 금액이 ⑪란의 금액보다 큰 경우에 적는다.
❽ 「⑱ 자본금상당액 감소액」란에는 ⑪란의 금액이 ⑩란의 금액보다 큰 경우에 적는다.
❾ 「㉑ 해당 사업연도 미과세유보소득」란은 다음의 금액을 적는다.
⑧-⑳ × [1+지점세 세율×(1+지방소득세 세율)]

세무조정 체크리스트

검 토 사 항	확인
1. 지점세 과세대상이 되는 외국법인의 본점소재지국 및 제한세율 확인 -당해 외국법인의 거주지국과 체결한 조약에서 지점세를 과세하게 되어 있고 해당 국가가 그 국가에 소재한 우리나라 법인의 사업장에 대하여 지점세를 과세하는 경우에만 지점세가 과세됨.	
① 15% : 브라질(*1), 호주(*2), 인도 (*1) 브라질의 경우 우리나라 기업이 브라질에 진출한 경우에만 적용 (*2) 호주의 경우 상호주의 원칙에 따라 2010. 12. 30.이 속하는 사업연도 분부터 지점세 과세 제외	
② 10% : 인도네시아, 필리핀, 태국, 페루	
③ 7.5% : 튀르키예	
④ 5% : 프랑스, 카자흐스탄, 모로코왕국, 캐나다	
⑤ 2% : 파나마	
2. 과세대상 소득의 계산	
① 과세대상 소득 = ㄱ-ㄴ-ㄷ-ㄹ	
ㄱ. 국내사업장의 각 사업연도의 소득금액 ㄴ. (법인세 산출세액 - 공제감면세액 + 가산세 및 추가납부세액) + 법인지방소득세 ㄷ. 국내사업장이 사업을 위하여 재투자할 것으로 인정되는 금액 ㄹ. 과소자본세제의 적용에 따라 손금에 산입되지 아니한 금액(국조법 §22)	
② 외국법인의 국내사업장이 당해 사업연도에 결손금이 발생한 경우로서 당해 사업연도의 자본금 상당액 감소액이 결손금을 초과하는 경우에는 미과세누적유보소득을 한도로 그 초과금액은 지점세의 과세대상 소득금액으로 함.	
③ 외국법인이 국내사업장을 가지지 않게 된 경우로서 의제사업연도의 과세대상소득금액을 계산하는 때에는 의제사업연도 종료일 현재의 자본금 상당액은 0으로 봄. 또한 의제사업연도 종료일까지 미송금한 이윤 상당액은 의제사업연도 종료일에 전액 송금한 것으로 봄.	

제3절 토지 등 양도소득에 대한 과세특례

관련 법령	• 법법 §55의 2 • 법령 §92의 2 내지 §92의 11 • 법칙 §45의 2, §46, §46의 2
관련 서식	• 법인세법 시행규칙 [별지 제3호 서식] 법인세 과세표준 및 세액조정계산서

제3절

토지 등 양도소득에 대한 과세특례

3

Step Ⅰ 내용의 이해

1. 개 요

'토지 등 양도소득에 대한 법인세' 과세제도는 2001년 12월 31일 종전의 특별부가세제도가 폐지됨과 동시에 신설된 제도로서, 부동산 투기의 재발을 방지하고 부동산의 가격 안정을 위하여 법인이 일정한 토지, 건물(건물에 부속된 시설물과 구축물 포함), 조합원입주권 및 분양권(이하 "토지 등"이라 함)을 양도하는 경우 각 사업연도 소득에 대한 법인세 외에 추가로 법인세를 과세하는 제도를 말한다.

토지 등 양도소득에 대한 법인세의 변천

2001년 12월 31일 법인세법 개정 전	법인의 부동산 양도차익에 대해서 고율의 양도소득세와 과세형평을 유지하기 위하여 일반법인세 외에 특별부가세를 추가로 과세하였음.
2001년 12월 31일 법인세법 개정 후	특별부가세 제도를 폐지하되, 부동산가격이 급등하거나 급등할 우려가 있는 지역에 소재하는 토지나 건축물을 법인이 양도하는 경우에는 일반법인세 이외에 추가로 과세할 수 있도록 하는 토지 등 양도소득에 대한 법인세 과세특례제도를 마련하였음. 동 개정규정은 2002년 1월 1일 이후 최초로 양도하는 분부터 적용함.
2003년 12월 30일 법인세법 개정 후	주택시장 안정화 대책의 일환으로 법인이 양도하는 주택(부수토지를 포함하며, 이하 본 표에서 같음)을 토지 등 양도소득에 대한 법인세 과세대상에 추가하였음. 동 개정규정은 2004년 1월 1일 이후 양도하는 분부터 적용하도록 하되, 2003년 12월 31일 이전에 취득한 주택을 2004년 12월 31일 이전에 양도하고 2004년 1월 1일 이후 새로이 주택을 추가로 취득하지 않은 경우에는 과세대상에서 제외함.

2005년 12월 31일 법인세법 개정 후	토지가 생산적인 용도가 아닌 재산증식의 수단화되는 것을 방지하기 위하여 비사업용 토지에 대해서도 과세하는 규정을 신설하였음. 동 신설규정은 2007년 1월 1일 이후 최초로 양도하는 분부터 적용함.
2009년 5월 21일 및 2010년 12월 30일 법인세법 개정 후	부동산시장 정상화를 위하여 2009년 3월 16일부터 2012년 12월 31일까지의 기간 중에 주택 또는 비사업용토지를 양도하거나 동 기간 중에 취득한 주택 또는 비사업용 토지를 양도하는 경우에는 토지 등 양도소득에 대한 법인세를 과세하지 아니하되, 동 기간 중에 양도하는 주택 또는 비사업용 토지가 지정지역에 소재한 경우에만 10%의 세율로 과세하도록 하여 세부담을 한시적으로 완화하였음.
2014년 1월 1일 법인세법 개정 후	등기된 주택 및 비사업용 토지의 세율을 종전 30%에서 10%로 인하하였으며, 동 개정규정은 2014년 1월 1일 이후 최초로 양도하는 분부터 적용함. 한편, 중소기업이 주택 또는 비사업용토지(미등기 토지 등은 제외)를 2014년 12월 31일까지 양도하는 경우에는 한시적으로 토지 등 양도소득에 대한 법인세를 과세하지 아니함.
2014년 12월 23일 법인세법 개정 후	중소기업이 주택 또는 비사업용토지(미등기 토지 등은 제외)를 양도하는 경우 발생하는 소득에 대해 토지등 양도소득에 대한 법인세를 과세하지 않는 유예기간을 2014년 12월 31일에서 2015년 12월 31일로 1년 연장함.
2020년 8월 18일 법인세법 개정 후	등기된 주택(부수토지 포함) 및 별장의 세율을 종전 10%에서 20%로 인상하는 한편, 조합원입주권과 분양권을 과세대상에 추가하였으며(세율 20%), 동 개정규정은 2021년 1월 1일 이후 양도하는 분부터 적용함.

2. 납세의무자

모든 법인(내국법인 · 외국법인 및 영리 · 비영리법인)은 토지 등 양도소득에 대한 법인세의 납세의무를 부담한다. 다만, 국가 · 지방자치단체(지방자치단체조합 포함)는 제외한다(법법 §3 ②, §4 ①, ④).

3. 과세대상

3-1. 개 요

토지 등 양도소득에 대한 법인세의 과세대상이 되는 자산은 법상 특정지역 소재 부동산, 주택(부수토지 포함) 및 별장, 비사업용 토지, 조합원입주권 및 분양권의 4가지 유형으로 구분되어 있다. 다만, 특정지역은 현재까지 지정된 바가 없으므로(서면2팀-1340, 2006. 7. 14.), 토지 등 양도소득에 대한 법인세는 실제 주택(부수토지 포함) 및 별장, 비사업용 토지, 조합원입주권 및 분양권의 3가지 유형만을 그 과세대상으로 하고 있다(법법 §55의 2 ①). 한편, 2009년 3월 16일부터 2012년 12월 31일까지의 기간 중에 취득한 주택(부수토지 포함), 별장 또는 비사업용 토지를 양도하는 경우(법법 부칙(2009. 5. 21.) §4) 및 중소기업이 주택(부수토지 포함), 별장 또는 비사업용 토지(미등기 토지 등은 제외함)를 2014년 1월 1일부터 2015년 12월 31일까지 양도하는 경우(법법 부칙(2014. 1. 1.) §8)에는 토지 등 양도소득에 대한 법인세의 과세대상에서 제외한다.

관련사례

- 적격물적분할로 설립된 분할신설법인이 분할법인으로부터 승계받은 토지의 취득시점
  분할신설법인이 적격물적분할로 분할법인으로부터 승계한 토지를 양도한 경우로서, 해당 토지가 2009년 3월 16일부터 2012년 12월 31일까지 취득한 자산으로서 토지 등 양도소득에 대한 법인세 과세대상에서 제외되는지 여부를 판단함에 있어 분할신설법인의 토지 취득일은 분할등기일로 보는 것임(조심 2019서 2775, 2019. 12. 19.).
- 내국법인이 보유하는 국외 부동산을 양도하는 경우 법인세 추가과세 적용대상 여부
  내국법인이 국외 자회사로부터 국외 부동산을 현물배당으로 취득한 후 양도하는 경우 해당 국외 부동산은 토지 등 양도소득에 대한 법인세 과세제도 적용대상에 해당하지 않음(사전-2019-법령해석법인-0054, 2019. 6. 5.).
- 적격물적분할로 설립된 분할신설법인이 분할법인으로부터 승계받은 토지의 취득시점
  분할신설법인이 적격물적분할로 인하여 승계한 토지를 양도한 경우로서, 토지 등 양도소득에 대한 법인세 과세제도를 적용함에 있어 분할신설법인의 토지 취득일은 분할 전 분할법인의 해당 토지 취득일로 하는 것임(기획재정부 재산세제과-414, 2019. 6. 3.).
- 적격인적분할로 설립된 분할신설법인이 분할법인으로부터 승계받은 토지의 취득시점
  법인세법 제46조 제2항의 요건을 갖춘 인적분할에 의하여 설립된 분할신설법인이 분할법인으로부터 승계받은 토지를 양도하는 경우, 토지 등 양도소득에 대한 법인세 과세제도를 적용함에 있어 분할신설법인의 토지 취득시점은 분할법인이 해당 토지를 최초로 취득한 시점으로 하는 것임(사전-2018-법령해석법인-0150, 2018. 6. 15.).

3-2. 주택(부수토지 포함) 및 별장의 양도소득

법인이 소유한 국내 소재 주택(주택부수토지 포함) 및 상시 주거용으로 사용하지 아니하고 휴양 · 피서 · 위락 등의 용도로 사용하는 건축물(이하 "별장"이라 함)을 양도함에 따라 발생하는 소득을 말한다. 다만, 지방자치법 제3조 제3항 및 제4항에 따른 읍 또는 면에 있으면서 다음의 범위 및 기준에 해당하는 농어촌주택(부속토지 포함)은 제외한다(법법 §55의 2 ① 및 법령 §92의 10).

구 분	농어촌주택의 요건
지역기준	다음의 어느 하나에 해당하는 지역 외에 소재할 것(조특법 §99의 4 ① 1호 및 조특령 §99의 4 ②, ③, ④) • 수도권지역(경기도 연천군 및 인천광역시 강화군·옹진군은 제외) • 국토의 계획 및 이용에 관한 법률 제6조에 따른 도시지역(영남·해남 관광레저형 기업도시개발구역 및 태안 관광레저형 기업도시개발구역은 제외) • 주택법 제63조의 2에 따른 조정대상지역 • 부동산 거래신고 등에 관한 법률 제10조에 따른 허가구역 • 관광진흥법 제2조에 따른 관광단지
규모기준	건물의 연면적이 150㎡ 이내이고 그 건물의 부속토지의 면적이 660㎡ 이내일 것
가액기준	건물과 그 부속토지의 가액이 기준시가 2억원 이하일 것

과세대상에서 제외되는 농어촌주택에 대한 논란

2014년 12월 23일 법 개정시 별장은 토지가 아닌 건축물에 해당하는 점을 감안하여 비사업용 토지에서 제외하고, 이를 토지 등 양도소득에 대한 법인세 과세대상인 주택과 동일한 호(법법 §55의 2 ① 2호)로 이관하면서 별장에서 제외되는 농어촌주택을 규정한 단서규정도 함께 동호로 이관되었다.

이에 따라 현행 법 제55조의 2 제1항 제2호의 단서규정을 해석함에 있어 농어촌주택이 별장에서만 제외되는 것으로 해석하여야 하는지 아니면 주택에서도 제외되는 것으로 해석하여야 하는지 논란이 될 수 있다.

이와 관련하여 해당 법률의 개정취지는 별장을 '비사업용토지'의 범주에서 '주택'과 같은 건축물의 범주로 이관하는 것이지 실체를 변경하려는 것은 아닌 것으로 보이는 점과, 농어촌주택의 범위 및 기준을 규정하고 있는 법인세법 시행령 제92조의 10 제목이 '별장의 범위와 적용기준'으로 종전과 같이 개정이 없었다는 점 등을 고려했을 때에는 현행 법 제55조의 2 제1항 제2호의 단서의 농어촌주택은 별장에서만 제외되는 것으로 해석하는 것이 합리적일 것으로 사료된다. 그러나 현행 법 제55조의 2 제1항 제2호 단서의 문리해석상 농어촌주택이 별장에서 뿐만 아니라 주택에서도 제외되는 것으로 해석될 여지가 있는 바, 추후 입법보완 또는 과세관청의 유권해석으로 명확히 할 필요가 있을 것으로 판단된다.

관련사례

• 주택과 주택부수토지를 소유하던 중 주택부수토지만을 양도한 경우, 토지 등 양도소득에 대한 과세특례 적용 여부

내국법인이 주택과 부수토지(기준면적 이내)를 취득한 후 해당 부수토지만을 양도한 경우 토지 등 양도소득에 대한 과세특례가 적용됨(사전-2022-법규법인-0020, 2022. 1. 25.).

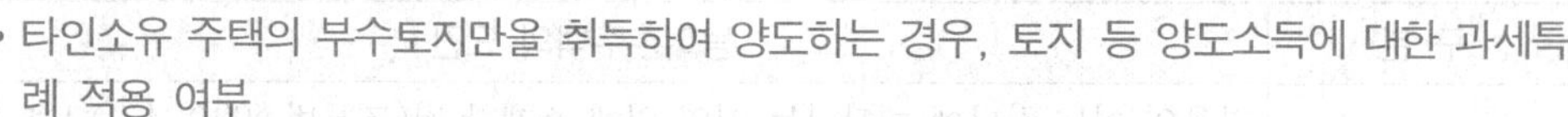

• 타인소유 주택의 부수토지만을 취득하여 양도하는 경우, 토지 등 양도소득에 대한 과세특례 적용 여부

타인이 소유하고 있는 주택부수토지만을 취득하여 양도하는 경우에는 토지등 양도소득에 대한 과세특례가 적용되지 않으나, 주택부수토지 중 기준면적을 초과하는 부분에 대해서는 비사업용 토지로 보아 토지 등 양도소득에 대한 과세특례를 적용하는 것임(사전-2021-법령해석법인-1079, 2021. 10. 27.).

한편, 과세대상인 주택은 다음의 어느 하나에 해당하지 않는 주택을 말한다. 다만, 아래 각 호 (1), (2), (4) 및 (12)에 해당하는 임대주택(법률 제17482호 민간임대주택에 관한 특별법 일부개정법률 부칙 제5조 제1항이 적용되는 주택으로 한정함)으로서 민간임대주택에 관한 특별법 제6조 제5항에 따라 임대의무기간이 종료한 날에 등록이 말소되는 경우에는 임대의무기간이 종료한 날에 (1), (2), (4) 및 (12)에서 정한 임대기간요건을 갖춘 것으로 본다 (법령 §92의 2 ② 및 법칙 §45의 2 ①).

(1) 5년 이상 임대 매입임대주택

민간임대주택에 관한 특별법 제2조 제3호에 따른 민간매입임대주택 또는 공공주택 특별법 제2조 제1호의 3에 따른 공공매입임대주택으로서 다음의 요건을 모두 갖춘 주택을 말한다. 다만, 민간임대주택에 관한 특별법 제2조 제7호에 따른 임대사업자의 경우에는 2018년 3월 31일 이전에 같은 법 제5조에 따른 임대사업자 등록과 법 제111조에 따른 사업자등록(이하 "사업자등록등"이라 함)을 한 주택으로 한정한다(법령 §92의 2 ② 1호).

① 5년 이상 임대한 주택일 것
② 민간임대주택에 관한 특별법 제5조에 따라 민간임대주택으로 등록하거나 공공주택 특별법 제2조 제1호 가목에 따른 공공임대주택으로 건설 또는 매입되어 임대를 개시한 날의 해당 주택 및 이에 딸린 토지의 기준시가(소득세법 제99조에 따른 기준시가를 말하며, 이하 같음)의 합계액이 6억원(수도권 밖의 지역인 경우에는 3억원) 이하일 것

(2) 5년 이상 임대 건설임대주택

해당 법인이 임대하는 민간건설임대주택(민간임대주택에 관한 특별법 §2 2호) 또는 공공건설임대주택(공공주택 특별법 §2 1호의 2)으로서 다음의 요건을 모두 갖춘 주택이 2호 이상인 경우의 그 주택을 말한다. 다만, 민간임대주택에 관한 특별법 제2조 제7호에 따른 임대사업자의 경우에는 2018년 3월 31일 이전에 사업자등록등을 한 주택으로 한정한다(법령 §92의 2 ② 1호의 2).

① 대지면적이 298m^2 이하이고 주택의 연면적(소득세법 시행령 제154조 제3항 본문에 따라 주택으로 보는 부분과 주거전용으로 사용되는 지하실부분의 면적을 포함하고, 공동주택의 경우에는 전용면적을 말함)이 149m^2 이하일 것

② 5년 이상 임대하는 것일 것

③ 민간임대주택에 관한 특별법 제5조에 따라 민간임대주택으로 등록하거나 공공주택 특별법 제2조 제1호 가목에 따른 공공임대주택으로 건설 또는 매입되어 임대를 개시한 날의 해당 주택 및 이에 딸린 토지의 기준시가의 합계액이 6억원 이하일 것

(3) 리츠 · 펀드의 매입임대주택

부동산투자회사(부동산투자회사법 §2 1호) 또는 부동산간접투자기구(간접투자자산 운용업법 §27 3호)가 2008년 1월 1일부터 2008년 12월 31일까지 취득 및 임대하는 민간매입임대주택(민간임대주택에 관한 특별법 §2 3호) 또는 공공매입임대주택(공공주택 특별법 §2 1호의 3)으로서 다음의 요건을 모두 갖춘 주택이 5호 이상인 경우의 그 주택을 말한다(법령 §92의 2 ② 1호의 3).

① 대지면적이 298m² 이하이고 주택의 연면적(소득세법 시행령 제154조 제3항 본문에 따라 주택으로 보는 부분과 주거전용으로 사용되는 지하실부분의 면적을 포함하고, 공동주택의 경우에는 전용면적을 말함)이 149m² 이하일 것

② 10년 이상 임대하는 것일 것

③ 수도권(수도권정비계획법 §2 1호) 밖의 지역에 소재할 것

(4) 미분양 매입임대주택

민간매입임대주택(민간임대주택에 관한 특별법 §2 3호) 또는 공공매입임대주택(공공주택 특별법 §2 1호의 3) 중 다음의 요건을 모두 갖춘 주택을 말한다. 이 경우 해당 주택을 양도하는 법인은 해당 주택의 양도일이 속하는 사업연도 과세표준신고시 시장 · 군수 또는 구청장이 발행한 미분양주택 확인서 사본 및 미분양주택 매입시의 매매계약서 사본을 납세지 관할 세무서장에게 제출해야 한다(법령 §92의 2 ② 1호의 4).

① 미분양주택(주택법 제54조에 따른 사업주체가 같은 조에 따라 공급하는 주택으로서 입주자모집공고에 따른 입주자의 계약일이 지난 주택단지에서 2008년 6월 10일까지 분양계약이 체결되지 아니하여 선착순의 방법으로 공급하는 주택을 말함) 중 2008년 6월 11일부터 2009년 6월 30일까지 최초로 분양계약을 체결하고 계약금을 납부한 주택일 것

② 대지면적이 298m² 이하이고 주택의 연면적(소득세법 시행령 제154조 제3항 본문에 따라 주택으로 보는 부분과 주거전용으로 사용되는 지하실부분의 면적을 포함하고, 공동주택의 경우에는 전용면적을 말함)이 149m² 이하일 것

③ 5년 이상 임대하는 것일 것

④ 수도권(수도권정비계획법 §2 1호) 밖의 지역에 소재할 것

⑤ 상기 ②~④의 요건을 모두 갖춘 매입임대주택(이하 "미분양매입임대주택"이라 함)이 같은 시(특별시 및 광역시 포함) · 군에서 5호 이상일 것

(전술한 (1)에 해당하는 장기임대주택이 5호 이상이거나 (3)에 해당하는 리츠 · 펀드의 매입임대

주택이 5호 이상인 경우에는 (1) 또는 (3)에 의한 매입임대주택과 미분양매입임대주택을 합산하여 5호 이상일 것)

⑥ 2020년 7월 11일 이후 종전의 민간임대주택에 관한 특별법 제5조에 따른 임대사업자등록 신청(임대할 주택을 추가하기 위해 등록사항의 변경 신고를 한 경우를 포함함)을 한 같은 법 제2조 제5호에 따른 장기일반민간임대주택 중 아파트를 임대하는 민간매입임대주택 또는 같은 조 제6호에 따른 단기민간임대주택이 아닐 것

⑦ 종전의 민간임대주택에 관한 특별법 제5조에 따라 등록을 한 같은 법 제2조 제6호에 따른 단기민간임대주택을 같은 법 제5조 제3항에 따라 2020년 7월 11일 이후 장기일반민간임대주택등으로 변경 신고한 주택이 아닐 것

(5) CR 리츠 등의 미분양주택

다음의 요건을 모두 갖춘 기업구조조정부동산투자회사(부동산투자회사법 §2 1호 다목) 또는 부동산집합투자기구(자본시장과 금융투자업에 관한 법률 §229 2호)가 2010년 2월 11일까지 직접 취득(2010년 2월 11일까지 매매계약을 체결하고 계약금을 납부한 경우를 포함함)을 하는 미분양주택(주택법 제54조에 따른 사업주체가 같은 조에 따라 공급하는 주택으로서 입주자모집공고에 따른 입주자의 계약일이 지나 선착순의 방법으로 공급하는 주택. 이하 같음)을 말한다(법령 §92의 2 ② 1호의 5).

① 취득하는 부동산이 모두 서울특별시 밖의 지역(소법 §104의 2에 따른 지정지역은 제외하며, 이하 같음)에 있는 미분양주택으로서 그 중 수도권 밖의 지역에 있는 주택수의 비율이 60% 이상일 것

② 존립기간이 5년 이내일 것

(6) CR 리츠 등과의 매입약정에 의한 미분양주택

위 (5), 아래 (8) 또는 아래 (10)에 따라 기업구조조정부동산투자회사 또는 부동산집합투자기구가 미분양주택을 취득할 당시 매입약정을 체결한 자가 그 매입약정에 따라 미분양주택(아래 (8)의 경우에는 수도권 밖의 지역에 있는 미분양주택만 해당)을 취득한 경우로서 그 취득일부터 3년 이내인 주택을 말한다(법령 §92의 2 ② 1호의 6).

(7) 자산유동화 방식으로 신탁업자가 취득한 미분양주택

다음의 요건을 모두 갖춘 신탁계약에 따른 신탁재산으로 자본시장과 금융투자업에 관한 법률에 따른 신탁업자(이하 '신탁업자'라 함)가 2010년 2월 11일까지 직접 취득(2010년 2월 11일까지 매매계약을 체결하고 계약금을 납부한 경우 포함)을 하는 미분양주택을 말한다(법령 §92의 2 ② 1호의 7).

① 주택의 시공자(이하 '시공자'라 함)가 채권을 발행하여 조달한 금전을 신탁업자에게 신탁하고, 해당 시공자가 발행하는 채권을 한국주택금융공사법에 따른 한국주택금융공사의 신용보증을 받아 자산유동화에 관한 법률에 따라 유동화할 것

② 신탁업자가 신탁재산으로 취득하는 부동산은 모두 서울특별시 밖의 지역에 있는 미분양주택(주

택도시기금법에 따른 주택도시보증공사가 분양보증을 하여 준공하는 주택만 해당함)으로서 그 중 수도권 밖의 지역에 있는 주택수의 비율(신탁업자가 다수의 시공자로부터 금전을 신탁받은 경우에는 해당 신탁업자가 신탁재산으로 취득한 전체 미분양주택을 기준으로 함)이 60% 이상일 것

③ 신탁재산의 운용기간(신탁계약이 연장되는 경우 그 연장되는 기간 포함)이 5년 이내일 것

(8) 2010. 2. 11. 현재 미분양주택으로서 CR 리츠 등이 취득한 미분양주택

다음의 요건을 모두 갖춘 기업구조조정부동산투자회사 또는 부동산집합투자기구가 2011년 4월 30일까지 직접 취득(2011년 4월 30일까지 매매계약을 체결하고 계약금을 납부한 경우 포함)하는 수도권 밖의 지역에 있는 미분양주택을 말한다(법령 §92의 2 ② 1호의 8).

① 취득하는 부동산이 모두 서울특별시 밖의 지역에 있는 2010년 2월 11일 현재 미분양주택으로서 그 중 수도권 밖의 지역에 있는 주택수의 비율이 50% 이상일 것

② 존립기간이 5년 이내일 것

(9) 2010. 2. 11. 현재 미분양주택으로서 자산유동화 방식으로 신탁업자가 취득한 미분양주택

다음의 요건을 모두 갖춘 신탁계약에 따른 신탁재산으로 신탁업자가 2011년 4월 30일까지 직접 취득(2011년 4월 30일까지 매매계약을 체결하고 계약금을 납부한 경우 포함)하는 수도권 밖의 지역에 있는 미분양주택을 말한다(법령 §92의 2 ② 1호의 9).

① 시공자가 채권을 발행하여 조달한 금전을 신탁업자에게 신탁하고, 해당 시공자가 발행하는 채권을 한국주택금융공사법에 따른 한국주택금융공사의 신용보증을 받아 자산유동화에 관한 법률에 따라 유동화할 것

② 신탁업자가 신탁재산으로 취득하는 부동산은 모두 서울특별시 밖의 지역에 있는 2010년 2월 11일 현재 미분양주택(주택도시기금법에 따른 주택도시보증공사가 분양보증을 하여 준공하는 주택만 해당함)으로서 그 중 수도권 밖의 지역에 있는 주택수의 비율(신탁업자가 다수의 시공자로부터 금전을 신탁받은 경우에는 해당 신탁업자가 신탁재산으로 취득한 전체 미분양주택을 기준으로 함)이 50% 이상일 것

③ 신탁재산의 운용기간(신탁계약이 연장되는 경우 그 연장되는 기간 포함)은 5년 이내일 것

(10) CR 리츠 등이 취득한 미분양주택

다음의 요건을 모두 갖춘 기업구조조정부동산투자회사 또는 부동산집합투자기구가 2014년 12월 31일까지 직접 취득(2014년 12월 31일까지 매매계약을 체결하고 계약금을 납부한 경우를 포함)하는 미분양주택을 말한다(법령 §92의 2 ② 1호의 10).

① 취득하는 부동산이 모두 미분양주택일 것

② 존립기간이 5년 이내일 것

(11) 자산유동화 방식으로 신탁업자가 취득한 미분양주택

다음의 요건을 모두 갖춘 신탁계약에 따른 신탁재산으로 신탁업자가 2012년 12월 31일까지 직접 취득(2012년 12월 31일까지 매매계약을 체결하고 계약금을 납부한 경우를 포함)하는 미분양주택(주택도시기금법에 따른 주택도시보증공사가 분양보증을 하여 준공하는 주택만 해당)을 말한다(법령 §92의 2 ② 1호의 11).

① 시공자가 채권을 발행하여 조달한 금전을 신탁업자에게 신탁하고, 해당 시공자가 발행하는 채권을 한국주택금융공사법에 따른 한국주택금융공사의 신용보증을 받아 자산유동화에 관한 법률에 따라 유동화할 것

② 신탁재산의 운용기간(신탁계약이 연장되는 경우 그 연장되는 기간을 포함)이 5년 이내일 것

(12) 10년 이상 임대 민간매입임대주택

민간매입임대주택(민간임대주택에 관한 특별법 §2 3호) 중 공공지원민간임대주택(민간임대주택에 관한 특별법 §2 4호) 또는 장기일반민간임대주택(민간임대주택에 관한 특별법 §2 5호)(이하 "장기일반민간임대주택등"이라 함)으로서 다음의 요건을 모두 갖춘 주택을 말한다. 이 경우 장기일반민간임대주택의 경우에는 2020년 6월 17일 이전에 사업자등록 등을 신청(임대할 주택을 추가하기 위해 등록사항의 변경 신고를 한 경우를 포함함)한 주택으로 한정한다. 다만, 종전의 민간임대주택에 관한 특별법 제5조에 따라 등록을 한 같은 법 제2조 제6호에 따른 단기민간임대주택을 같은 법 제5조 제3항에 따라 2020년 7월 11일 이후 장기일반민간임대주택등으로 변경 신고한 주택은 제외한다(법령 §92의 2 ② 1호의 12).

① 10년 이상 임대한 주택일 것

② 민간임대주택에 관한 특별법 제5조에 따라 민간임대주택으로 등록하여 해당 주택의 임대를 개시한 날의 해당 주택 및 이에 딸린 토지의 기준시가의 합계액이 6억원(수도권 밖의 지역인 경우에는 3억원) 이하일 것

(13) 10년 이상 임대 민간건설임대주택

민간건설임대주택(민간임대주택에 관한 특별법 §2 2호) 중 장기일반민간임대주택등으로서 다음의 요건을 모두 갖춘 주택이 2호 이상인 경우 그 주택을 말한다. 다만, 종전의 민간임대주택에 관한 특별법 제5조에 따라 등록을 한 같은 법 제2조 제6호에 따른 단기민간임대주택을 같은 법 제5조 제3항에 따라 2020년 7월 11일 이후 장기일반민간임대주택등으로 변경 신고한 주택은 제외한다(법령 §92의 2 ② 1호의 13).

① 대지면적이 298㎡ 이하이고 주택의 연면적(소득세법 시행령 제154조 제3항 본문에 따라 주택으로 보는 부분과 주거전용으로 사용되는 지하실부분의 면적을 포함하고, 공동주택의 경우에는 전용면적을 말함)이 149㎡ 이하일 것

② 10년 이상 임대하는 것일 것
③ 민간임대주택에 관한 특별법 제5조에 따라 민간임대주택으로 등록하여 해당 주택의 임대를 개시한 날의 해당 주택 및 이에 딸린 토지의 기준시가의 합계액이 9억원 이하일 것
④ 직전 임대차계약 대비 임대보증금 또는 임대료(이하 "임대료등"이라 함)의 증가율이 5%를 초과하는 임대차계약을 체결하지 않았을 것. 이 경우 임대료등을 증액하는 임대차계약을 체결하면서 임대보증금과 월임대료를 서로 전환하는 경우에는 민간임대주택에 관한 특별법 제44조 제4항에서 정하는 기준에 따라 임대료등의 증가율을 계산함.
⑤ 임대차계약을 체결한 후 또는 약정에 따라 임대료등의 증액이 있은 후 1년 이내에 임대료등을 증액하는 임대차계약을 체결하지 않았을 것

(14) 임대의무기간 내 임대등록 자진말소된 주택

위 (1), (2), (4) 및 (12)에 해당하는 임대주택(법률 제17482호 민간임대주택에 관한 특별법 일부개정법률 부칙 제5조 제1항이 적용되는 주택으로 한정함)으로서 민간임대주택에 관한 특별법 제6조 제1항 제11호에 따라 임대사업자의 임대의무기간 내 등록 말소 신청으로 등록이 말소된 경우(같은 법 제43조에 따른 임대의무기간의 2분의 1 이상을 임대한 경우에 한정함)에는 해당 등록 말소 이후 1년 이내 양도하는 주택을 말한다(법령 §92의 2 ② 1호의 14).

(15) 장기사원용주택

주주 등이나 출연자가 아닌 임원 및 직원에게 제공하는 사택 및 그 밖에 무상으로 제공하는 법인 소유의 주택으로서 사택제공기간 또는 무상제공기간이 10년 이상인 주택을 말한다(법령 §92의 2 ② 2호).

관련사례

- 무상제공기간이 10년 이상인 주택 여부 판단 시 무상제공기간 계산방법
  법인세법 시행령 제92조의 2 제2항 제2호의 무상제공기간은 총 소유기간에서 유상임대기간과 공실기간을 제외하여 계산하는 것임(사전-2021-법령해석법인-1067, 2021. 11. 18.).
- 합병으로 취득한 주택의 사택제공기간 산정방법
  합병으로 취득한 주택의 사택제공기간은 피합병법인의 합병 전 사택제공기간을 포함하여 계산함(재재산-140, 2009. 1. 28.).
- 재건축 후 일시적인 공실 상태에서 양도하는 주택의 법인세 추가과세 여부
  사용인에게 10년 이상 무상 제공한 주택이 재건축됨에 따라 청산금을 납부하고 관리처분계획에 따라 취득한 재건축주택을 일시적인 공실 상태로 보유하다 양도하는 경우에는 법인세 추가과세의 적용대상이 아님(서면2팀-597, 2008. 4. 2.).
- 사업양수도에 의해 취득한 주택의 사택제공기간 산정방법
  사업양수도에 의해 취득한 주택의 사택제공기간은 그 취득 후 실제 무상제공한 기간을 말

함(재재산-1312, 2007. 10. 30.).

• 물적 분할로 신설된 법인이 분할법인으로부터 승계한 주택의 사택제공기간 산정방법
물적 분할로 신설된 법인이 분할 전 사용인에게 제공되던 사택을 승계하여 소액주주 임원을 포함한 비출자임원 또는 사용인에게 제공하는 경우의 사택제공기간은 분할 전·후를 통산함(서면2팀-1189, 2005. 7. 22.).

• 출장직원 숙소용 주택의 법인세 추가과세 여부
사택이 아닌 출장직원의 숙소로 사용한 주택은 법인세 추가과세의 적용대상임(서면2팀-2548, 2004. 12. 7.).

(16) 저당권실행 · 채권변제를 위해 취득한 주택

저당권의 실행으로 인하여 취득하거나 채권변제를 대신하여 취득한 주택으로서 취득일부터 3년이 경과하지 아니한 주택을 말한다(법령 §92의 2 ② 3호).

(17) 주택도시보증공사의 매입주택

주택도시보증공사가 주택도시기금법 시행령 제22조 제1항 제1호에 따라 매입한 주택을 말한다(법령 §92의 2 ② 4호 및 법칙 §45의 2 ①).

3-3. 비사업용 토지의 양도소득

법인이 소유한 토지의 보유기간 중 '비사업용 토지의 기간기준' 요건과 '비사업용 토지의 범위' 요건을 모두 충족하는 비사업용 토지를 양도함에 따라 발생하는 소득을 말한다(법법 §55의 2 ① 3호).

한편, 토지 등 양도소득에 대한 법인세의 과세대상이 되는 비사업용 토지는 토지만을 그 과세대상으로 할 뿐 비사업용 토지상의 건축물은 과세대상이 되지 않는다.

비사업용 토지에 대한 자세한 내용은 '8. 비사업용 토지의 범위'에서 후술하기로 한다.

3-4. 조합원입주권 및 분양권

법인이 소유한 주택을 취득하기 위한 권리로서 조합원입주권(소법 §88 9호) 및 분양권(소법 §88 10호)을 양도함에 따라 발생한 소득을 말한다(법법 §55의 2 ① 4호).

조합원입주권 (소법 §88 9호)	도시 및 주거환경정비법 제74조에 따른 관리처분계획의 인가, 빈집 및 소규모주택 정비에 관한 특례법 제29조에 따른 사업시행계획인가로 인하여 취득한 입주자로 선정된 지위를 말함. 이 경우 도시 및 주거환경정비법에 따른 재건축사업 또는 재개발사업, 빈집 및 소규모주택 정비에 관한 특례법에 따른 자율주택정비사업, 가로주택정비사업, 소규모재건축사업 또는 소규모재개발사업을 시행하는 정비사업조합의 조합원(빈집 및 소규모주택 정비에 관한 특례법 제22조에 따라 주민합의체를 구성하는 경우에는 같은 법 제2조 제6호의 토지등소유자를 말함)으로서 취득한 것(그 조합원으로부터 취득한 것을 포함함)으로 한정하며, 이에 딸린 토지를 포함함.
분양권 (소법 §88 10호)	주택법 등 소득세법 시행령 제152조의 5에서 정하는 법률에 따른 주택에 대한 공급계약을 통하여 주택을 공급받는 자로 선정된 지위(해당 지위를 매매 또는 증여 등의 방법으로 취득한 것을 포함함)를 말함.

4. 비과세소득

4-1. 개 요

다음의 어느 하나에 해당하는 토지 등의 양도소득에 대하여는 토지 등 양도소득에 대한 법인세의 과세규정을 적용하지 아니한다. 다만, 미등기 토지 등의 양도소득에 대하여는 비과세 규정의 적용을 배제한다(법법 §55의 2 ④ 및 법령 §92의 2 ④).

① 파산선고에 의한 토지 등의 처분으로 인하여 발생하는 소득

② 법인이 직접 경작하던 농지로서 소득세법 시행령 제153조 제1항의 규정(단, 동항 제3호 단서의 규정 중 "농지소재지에 거주하면서 경작"은 "경작"으로 봄)에 의한 양도소득세의 비과세 요건을 충족하는 농지의 교환 또는 분합으로 인하여 발생하는 소득(법령 §92의 2 ③)

③ 도시개발법 그 밖의 법률에 의한 환지처분으로 지목 또는 지번이 변경되거나 체비지로 충당됨으로써 발생하는 소득(이 경우 환지처분 및 체비지는 소득세법 시행령 제152조의 규정에 의한 것으로 함)

④ 토지의 효율적 이용을 위해 다음의 요건을 모두 충족하는 지상경계선 변경을 위한 토지의 교환으로 발생하는 소득(소령 §152 ③, ④)

㉮ 공간정보의 구축 및 관리 등에 관한 법률 등 관계법률에 따라 토지를 분할하여 교환할 것

㉯ 분할된 토지의 전체 면적이 분할 전 토지의 전체 면적의 100분의 20을 초과하지 아니할 것

㉰ 관할 세무서장에게 상기 ㉮, ㉯의 요건을 모두 충족하였음을 입증하는 자료를 제출할 것

⑤ 적격분할 · 적격합병 · 적격물적분할 · 적격현물출자 · 조직변경 및 교환(법법 §50의 요건을 갖춘 것에 한함)으로 인하여 발생하는 소득

⑥ 한국토지주택공사법에 따른 한국토지주택공사가 같은 법에 따른 개발사업으로 조성한 토지 중 주택건설용지로 양도함으로써 발생하는 소득

⑦ 주택을 신축하여 판매(민간임대주택에 관한 특별법 제2조 제2호에 따른 민간건설임대주택 또는 공공주택 특별법 제2조 제1호의 2에 따른 공공건설임대주택을 동법에 따라 분양하거나 다른 임대사업자에게 매각하는 경우를 포함함)하는 법인이 그 주택 및 주택에 부수되는 토지로서 다음의 면적 중 넓은 면적 이내의 토지를 양도함으로써 발생하는 소득

㉮ 주택의 연면적(지하층의 면적, 지상층의 주차용으로 사용되는 면적 및 주택건설기준 등에 관한 규정 제2조 제3호의 규정에 따른 주민공동시설의 면적을 제외함)

㉯ 건물이 정착된 면적에 5배(국토의 계획 및 이용에 관한 법률 제6조의 규정에 따른 도시지역 밖의 토지의 경우에는 10배)를 곱하여 산정한 면적

⑧ 민간임대주택에 관한 특별법 제2조 제7호에 따른 임대사업자로서 장기일반민간임대주택 등을 300호 또는 300세대 이상 취득하였거나 취득하려는 자에게 토지를 양도하여 발생하는 소득

⑨ 공공주택 특별법 제2조 제1호의 3에 따른 공공매입임대주택을 건설할 자(같은 법 제4조에 따른 공공주택사업자와 공공매입임대주택을 건설하여 양도하기로 약정을 체결한 자로 한정함)에게 2024년 12월 31일까지 주택 건설을 위한 토지를 양도하여 발생하는 소득

⑩ 그 밖에 공공목적을 위한 양도 등 기획재정부령이 정하는 사유로 인하여 발생하는 소득(단, 현재까지 기획재정부령으로 규정한 소득은 없음)

관련사례

- 주택신축판매업을 영위하는 법인이 양도하는 주택부수토지의 특별부가세 또는 법인세 추가과세 여부를 판정하기 위한 기준면적 산정방법

  주택신축판매법인의 구법인세법에 의한 특별부가세 또는 토지 등 양도소득에 대한 과세특례가 적용되지 아니하는 주택부수토지는 주택의 연면적(지하층의 면적, 지상층의 주차용으로 사용되는 면적 및 주택건설기준 등에 관한 규정 제2조 제3호의 규정에 따른 주민공동시설의 면적을 제외함)과 건물의 정착면적에 5배(국토의 계획 및 이용에 관한 법률 제6조의 규정에 따른 도시지역 밖의 토지는 10배)를 곱하여 산정한 면적 중 넓은 면적 이내의 토지를 의미함(재재산-813, 2006. 7. 11.).

  → 본 내용은 이 해석의 시행일 이후 결정(경정 포함) 또는 신고하는 분부터 적용함.

- 부동산매매업을 영위하는 법인이 양도하는 주택의 법인세 추가과세 여부

  주택신축판매업이 아닌 부동산매매업을 영위하는 법인이 양도하는 주택 및 주택부수토지는 토지 등 양도소득의 과세특례 규정의 적용대상임(서면2팀-1145, 2006. 6. 19.).

- 건설업자에 도급을 주어 주택을 신축판매하는 경우의 법인세 추가과세 여부

  법인이 자기의 책임과 계산하에 건설업자에게 도급을 주어 주택을 신축판매하는 경우, 그 주택 및 기준면적 내의 주택부수토지는 토지 등 양도소득의 과세특례 규정의 적용대상이 아님(서면2팀-1097, 2006. 6. 14.).

4-2. 미등기 부동산의 범위

법인이 미등기 토지 등을 양도하는 경우에는 토지 등 양도소득에 대한 법인세의 비과세 규정이 적용되지 아니한다. 여기서 미등기 토지 등이라 함은 토지 등을 취득한 법인이 그 취득에 관한 등기를 하지 아니하고 양도하는 토지 등을 말하되(법법 §55의 2 ⑤), 다음에 해당하는 토지 등은 이를 미등기 토지 등으로 보지 아니한다(법령 §92의 2 ⑤).

① 장기할부 조건으로 취득한 토지 등으로서 그 계약조건에 의하여 양도 당시 그 토지 등의 취득등기가 불가능한 토지 등
② 법률의 규정 또는 법원의 결정에 의해 양도 당시 취득에 관한 등기가 불가능한 토지 등
③ 법인세법 제55조의 2 제4항 제2호의 규정에 의한 농지(토지 등 양도소득에 대한 법인세 비과세대상 농지)

5. 토지 등 양도소득에 대한 법인세의 계산

5-1. 개 요

토지 등 양도소득에 대한 법인세는 다음과 같이 토지 등의 양도금액에서 양도 당시의 장부가액을 차감한 토지 등 양도소득에 세율을 곱하여 계산한다(법법 §55의 2 ①, ⑥).

토지 등 양도소득	=	토지 등의 양도금액	−	양도 당시 토지 등의 장부가액

토지 등 양도소득에 대한 법인세	=	토지 등 양도소득	×	세 율

관련사례

- 토지 등 양도소득 계산시 판매수수료 등이 공제되는지 여부
  판매수수료 등은 법인의 결산서상 당기순이익 계산시 차감되어 각 사업연도소득 법인세 산출시 반영되는 점 등의 이유로 법인의 비사업용토지의 양도차익에 대한 추가 법인세 산정시 판매수수료는 동 양도차익에서 공제되지 아니함(조심 2009서 3769, 2009. 12. 21.).
- 토지 등 양도소득에 대한 법인세 해당분을 매수인이 부담하기로 약정한 경우 양도가액 계산방법
  주택신축판매업자가 사업용 아파트 부지 매입시 토지소유자에게 토지대금 이외에 양도소득세 등을 매수자가 부담하기로 약정하고 이를 실지로 지급하였을 경우 매도자는 동 양도소득세 상당액을 포함한 가액을 양도가액으로 보고 매수자는 동 세액상당액을 매입원가로서 필요경비에 산입하는 것임(법인-374, 2009. 3. 31.).
- 토지 등 양도소득의 계산방법
  토지 등 양도소득은 양도가액에서 양도 당시의 세무상 장부가액(세무상 취득가액에 세무상

감가상각충당금과 세무상 평가차액을 가감한 금액)을 차감하여 실거래가액으로 계산하며 기준시가로 계산할 수 없음(서면2팀-1693, 2005. 10. 21.).

5-2. 양도금액

양도금액이라 함은 토지 등의 양도로 인하여 발생한 익금을 말한다.

:: 장기할부조건 판매시 양도금액의 산정

토지 등 부동산을 양도하는 경우 재고자산 등의 판매와 달리 그 가액이 상대적으로 거액인 점으로 인하여 양도자 및 양수자는 장기할부조건으로 거래하는 경우가 있다. 이 경우 양도금액을 명목가액으로 할 것인지 현재가치로 할 것인지 여부가 현행 법률상 명확하지 않다. 법인세법 시행령 제92조의 2 제6항에서는 토지 등 양도소득의 '귀속사업연도, 양도 및 취득시기'에 대하여 동법 시행령 제68조의 규정을 준용하도록 하고 있으나, '양도금액'에 대해서는 동 규정을 준용한다는 언급이 없다. 이에 따라 법인이 토지 등을 장기할부조건으로 양도하면서 기업회계기준에 따라 당해 채권을 현재가치로 평가하여 현재가치할인차금을 계상한 경우 당해 현재가치할인차금상당액을 양도금액에 포함할 것인지 여부가 명확하지 않아 논란이 되고 있는 바, 이에 대한 입법적 보완이 필요할 것으로 판단된다.

5-3. 장부가액

양도 당시의 장부가액은 취득가액에서 세무상 감가상각비와 평가차액 등을 가감한 세무상 장부가액을 말한다(서면2팀-2192, 2005. 12. 28.).

다만, 비영리 내국법인이 1990년 12월 31일 이전에 취득한 토지 등에 대하여는 1991년 1월 1일 현재 상속세 및 증여세법 제60조와 같은 법 제61조 제1항에 따라 평가한 가액과 장부가액 중 큰 가액으로 할 수 있다(법법 §55의 2 ⑥ 단서).

5-4. 양도차손익의 통산

법인이 동일한 사업연도에 토지 등 양도소득에 대한 과세특례 규정의 적용대상이 되는 2 이상의 토지 등을 양도한 경우, 토지 등 양도소득은 각각의 양도자산별로 양도소득을 계산하여 합산한다. 이 때 양도한 자산 중 양도 당시의 장부가액이 양도가액을 초과하는 토지 등이 있는 경우에는 그 초과액, 즉 양도차손을 다음의 자산의 양도소득에서 순차로 차감하여 토지 등 양도소득을 계산한다(법령 §92의 2 ⑨).

① 양도차손이 발생한 자산과 같은 세율을 적용받는 자산의 양도소득
② 양도차손이 발생한 자산과 다른 세율을 적용받는 자산의 양도소득

5-5. 세 율

토지 등 양도소득에 대한 법인세율은 다음과 같이 구분하며, 하나의 자산이 2 이상의 세율에 해당하는 때에는 그 중 가장 높은 세율을 적용한다(법법 §55의 2 ① 및 법법 부칙(2014. 1. 1.) §8). 한편, 2009년 3월 16일부터 2012년 12월 31일까지의 기간 중에 취득한 주택(부수토지 포함), 별장 또는 비사업용 토지를 양도하는 경우에는 토지 등 양도소득에 대한 법인세의 과세 대상에서 제외한다(법법 부칙(2009. 5. 21.) §4).

구분	2014. 1. 1.~2015. 12. 31.		2016. 1. 1.~ 2020. 12. 31.	2021. 1. 1. ~
	중소기업	중소기업 외		
주택(부수토지 포함) 및 별장	과세제외 (미등기 40%)	10% (미등기 40%)	10% (미등기 40%)	20% (미등기 40%)
비사업용 토지	과세제외 (미등기 40%)	10% (미등기 40%)	10% (미등기 40%)	10% (미등기 40%)
조합원입주권 및 분양권	N/A	N/A	N/A	20%

5-6. 예약매출에 대한 특례

예약매출에 의하여 지정지역(소법 §104의 2 ②) 소재 부동산을 2012년 12월 31일까지 양도하는 경우에는 그 계약일에 토지 등이 양도된 것으로 본다(법령 §92의 2 ⑦). 이와 같이 계약일에 토지 등이 양도되는 것으로 보는 경우의 토지 등의 양도소득은 작업진행률을 기준으로 하여 계산한 수익과 비용 중 지정지역에 포함되는 기간에 상응하는 수익과 비용을 각각 해당 사업연도의 익금과 손금으로 한다.

다만, 법인세법 시행규칙 제34조 제4항의 규정에 따라 작업진행률을 계산할 수 없다고 인정되는 경우에는 계약금액 및 총공사예정비를 그 목적물의 착수일부터 인도일까지의 기간에 균등하게 배분한 금액 중 지정지역에 포함되는 기간에 상응하는 금액을 각각 해당 사업연도의 익금과 손금으로 한다(법령 §92의 2 ⑧ 및 법칙 §45의 2 ②).

- 익금 = 계약금액 × 작업진행률(*) − 직전 사업연도 말까지 익금에 산입한 금액
- 손금 = 당해 사업연도에 발생한 총비용

(*) 작업진행률 = $\frac{\text{당해 사업연도 말까지 발생한 총공사비누적액}}{\text{총공사예정비}}$

※ 다만, 수익실현이 작업시간·작업일수 또는 기성 면적이나 물량 등("작업시간 등")과 비례관계가 있고, 전체 작업시간 등에서 이미 투입되었거나 완성된 부분이 차지하는 비율을 객관적으로 산정할 수 있는 경우에는 그 비율로 할 수 있음.

6. 토지 등 양도소득의 귀속사업연도와 양도·취득시기

6-1. 개 요

토지 등 양도소득의 귀속사업연도와 당해 토지 등의 양도 및 취득시기는 법인세법 시행령 제68조의 '자산의 판매손익 등의 귀속사업연도' 규정을 준용하되, 장기할부조건에 의해 양도하는 토지 등과 예약매출에 의해 양도하는 지정지역 소재 부동산에 대하여는 후술하는 별도의 규정에 의한다(법령 §92의 2 ⑥).

6-2. 장기할부조건에 의한 양도

장기할부조건에 의하여 양도하는 토지 등 양도소득의 귀속사업연도는 그 대금을 청산한 날로 하되 대금을 청산하기 전에 소유권 등의 이전등기(등록 포함)를 하거나 당해 토지 등을 인도 또는 상대방이 사용수익하는 경우에는 그 이전등기일(등록일 포함)·인도일·사용수익일 중 빠른 날로 한다(법령 §68 ① 3호, §92의 2 ⑥).

장기할부조건으로 부동산을 양도하는 경우 각 사업연도의 소득금액을 계산함에 있어서는 위와 같은 손익귀속시기 규정 외에 당해 사업연도에 회수하였거나 회수할 금액과 이에 대응하는 비용을 각각 해당 사업연도의 익금과 손금에 산입하는 회수기일도래기준을 선택하여 적용할 수 있는 반면, 토지 등 양도소득금액을 계산함에 있어서는 이와 같은 회수기일도래기준을 적용할 수 없다. 따라서, 법인이 장기할부조건으로 양도한 토지 등을 결산상 회수기일도래기준에 따라 회계처리한 경우에는 각 사업연도의 소득금액 계산을 위한 손익귀속시기와 토지 등 양도소득의 법인세 산정을 위한 양도소득의 귀속시기간에 차이가 발생한다.

:: 장기할부조건의 범위

장기할부조건이라 함은 자산의 판매 또는 양도(국외거래에 있어서는 소유권이전 조건부 약정에 의한 자산의 임대를 포함함)로서 판매금액 또는 수입금액을 월부 · 연부 기타의 지불방법에 따라 2회 이상으로 분할하여 수입하는 것 중 당해 목적물의 인도일의 다음날부터 최종의 할부금의 지급기일까지의 기간이 1년 이상인 것을 말한다(법령 §68 ④).

6-3. 지정지역 소재 부동산의 예약매출에 의한 양도

지정지역에 소재한 부동산을 예약매출에 의하여 2012년 12월 31일까지 양도하는 경우에는 그 계약일에 토지 등이 양도된 것으로 본다(법령 §92의 2 ⑦). 예약매출에 의하여 지정지역에 소재한 부동산을 양도하는 경우의 토지 등 양도소득의 계산에 대한 자세한 내용은 전술한 '5-6. 예약매출에 대한 특례'를 참고하기로 한다.

7. 토지 등 양도소득에 대한 법인세 신고 · 납부

토지 등 양도소득에 대한 법인세는 각 사업연도 소득에 대한 법인세의 신고 · 납부시 함께 신고 · 납부하는 것이므로(법법 §55의 2 ①), 각 사업연도의 종료일이 속하는 달의 말일부터 3개월 이내에 신고 · 납부하여야 한다(법법 §60 ①, §64 ①).

8. 비사업용 토지의 범위

8-1. 비사업용 토지의 의의

8-1-1. 비사업용 토지에 대한 법인세 추가과세

법인이 비사업용 토지로 판정되는 토지를 양도하는 경우에는 각 사업연도의 소득금액에 대한 법인세 외에 토지 등 양도소득에 대한 법인세를 추가로 납부하여야 한다(법법 §55의 2 ① 3호).

8-1-2. 비사업용 토지의 판정방법

비사업용 토지라 함은 후술하는 '8-2. 비사업용 토지의 기간기준'과 각 토지의 용도별로 '8-3. 비사업용 토지의 범위'를 모두 충족하는 토지를 말한다(법법 §55의 2 ②).

이는 당해 토지를 소유하는 기간 중 비사업용 토지의 범위에 해당하는 기간이 소유기간별로 구분된 일정기간을 초과하는 경우에 한하여 비사업용 토지로 판정함을 의미한다. 따라서, 비사업용 토지에 해당하는지 여부는 단순히 양도 당시의 현황만으로 판정하는 것이 아니라 양도시점으로부터 소급한 일정기간 동안의 사용 실태를 파악하여 판단하여야 한다.

관련사례

- 지목이 변경된 토지의 비사업용 토지 판정방법
  소유기간 중 지목이 변경된 토지의 경우 비사업용 토지의 범위는 각 지목별로 판단하고, 비사업용 토지의 기간기준은 각 지목별 비사업용 토지의 해당 기간을 합산하여 비사업용 토지의 해당 여부를 판정함(서면5팀-727, 2008. 4. 3.).

8-2. 비사업용 토지의 기간기준

8-2-1. 의 의

당해 토지를 소유하는 기간 중 비사업용 토지의 범위에 해당하는 기간이 일정기간을 초과하는 토지, 즉 비사업용 토지의 기간기준 요건을 충족하는 토지는 비사업용 토지에 해당한다.

비사업용 토지로 사용한 기간은 당해 토지의 보유기간 전체를 기준으로 판정하는 것이 타당할 것이나, 장기간 보유한 토지의 경우 그 보유기간 중 비사업용 토지의 범위에 해당하는 기간을 현실적으로 입증하기 어려운 점 등 납세자의 편의와 세무행정의 집행가능성을 고려하여 보유기간별로 구분된 양도일 직전의 일정기간(3년, 5년 또는 보유기간 전체)만을 기준으로 비사업용 토지의 해당 여부를 판정한다.

다만, 토지의 보유기간 동안 법령에 의해 사용이 제한·금지되는 등 기타 부득이한 사유가 있는 경우에는 특정 기간을 비사업용으로 사용한 기간에서 제외하거나, 보유기간에 관계없이 비사업용 토지가 아닌 것으로 의제하는 등 별도의 예외적인 기간기준에 의해 비사업용 토지의 해당 여부를 판정한다.

8-2-2. 원칙적인 기간기준

비사업용 토지의 기간기준은 당해 토지를 소유한 기간별로 각각 상이한 기준을 적용한다.

(1) 토지의 소유기간이 5년 이상인 경우

당해 토지의 소유기간이 5년 이상인 경우에는 다음의 기간기준 요건을 모두 충족하는 토지를 비사업용 토지로 본다(법령 §92의 3 1호).

① 양도일 직전 5년 중 2년을 초과하는 기간 동안 비사업용 토지의 범위에 해당하는 토지
② 양도일 직전 3년 중 1년을 초과하는 기간 동안 비사업용 토지의 범위에 해당하는 토지
③ 토지 소유기간 중 통산 40%를 초과하는 기간 동안 비사업용 토지의 범위에 해당하는 토지 (일수 계산)

(2) 토지의 소유기간이 3년 이상 5년 미만인 경우

당해 토지의 소유기간이 3년 이상 5년 미만인 경우에는 다음의 기간기준 요건을 모두 충족하는 토지를 비사업용 토지로 본다(법령 §92의 3 2호).

① 토지의 소유기간에서 3년을 차감한 기간을 초과하는 기간 동안 비사업용 토지의 범위에 해당하는 토지
② 양도일 직전 3년 중 1년을 초과하는 기간 동안 비사업용 토지의 범위에 해당하는 토지
③ 토지 소유기간 중 통산 40%를 초과하는 기간 동안 비사업용 토지의 범위에 해당하는 토지 (일수 계산)

(3) 토지의 소유기간이 3년 미만인 경우

당해 토지의 소유기간이 3년 미만인 경우에는 다음의 기간기준 요건을 모두 충족하는 토지를 비사업용 토지로 본다(법령 §92의 3 3호). 다만, 소유기간이 2년 미만인 경우에는 ②의 요건만을 적용한다.

① 토지의 소유기간에서 2년을 차감한 기간을 초과하는 기간 동안 비사업용 토지의 범위에 해당하는 토지
② 토지 소유기간 중 통산 40%를 초과하는 기간 동안 비사업용 토지의 범위에 해당하는 토지 (일수 계산)

계산사례 - 1 **원칙적인 기간기준에 의한 비사업용 토지의 판정**

㈜삼일은 2018년에 취득한 토지 A와 토지 B를 2024년에 모두 처분하였는 바, 각 개별토지의 보유기간 동안 사용 내역이 다음과 같은 경우, 비사업용 토지의 해당 여부를 검토하라.

1. 토지의 보유기간별 사용 내역

구 분	보유기간	토지의 사용 내역
토지 A	2018. 1. 1.~2020. 6. 30.	2018. 1. 1. 토지를 취득하여 법인의 사업에 직접 사용
	2020. 7. 1.~2022. 12. 31.	나대지로서 사업에 직접 미사용
	2023. 1. 1.~2023. 12. 31.	법인의 사업에 직접 사용
	2024. 1. 1.	토지 양도
토지 B	2018. 1. 1.~2019. 9. 30.	2018. 1. 1. 토지를 취득하여 사업에 직접 사용
	2019. 10. 1.~2021. 12. 31.	나대지로서 사업에 직접 미사용
	2022. 1. 1.~2023. 12. 31.	사업에 직접 사용
	2024. 1. 1.	토지 양도

2. 비사업용 토지의 해당 여부 검토

토지의 보유기간(6년)이 5년 이상이므로 다음의 요건을 모두 충족하는 경우에 한하여 비사업용 토지로 본다.

기간기준 (보유기간 5년 이상)	비사업용 토지의 기간기준 요건 충족 여부	
	A 토지	B 토지
① 양도일 직전 5년 중 2년을 초과하는 기간 동안 비사업용 토지의 범위에 해당하는 토지	양도일 직전 5년(2019. 1. 1.~2023. 12. 31.) 중 비사업용 토지의 범위에 해당하는 기간 2년 6개월(2020. 7. 1.~2022. 12. 31.)은 기간기준 2년을 초과하므로 비사업용 토지의 요건을 충족	양도일 직전 5년(2019. 1. 1.~2023. 12. 31.) 중 비사업용 토지의 범위에 해당하는 기간 2년 3개월(2019. 10. 1.~2021. 12. 31.)은 기간기준 2년을 초과하므로 비사업용 토지의 요건을 충족
② 양도일 직전 3년 중 1년을 초과하는 기간 동안 비사업용 토지의 범위에 해당하는 토지	양도일 직전 3년(2021. 1. 1.~2023. 12. 31.) 중 비사업용 토지의 범위에 해당하는 기간 2년(2021. 1. 1.~2022. 12. 31.)은 기간기준 1년을 초과하므로 비사업용 토지의 요건을 충족	양도일 직전 3년(2021. 1. 1.~2023. 12. 31.) 중 비사업용 토지의 범위에 해당하는 기간 1년(2021. 1. 1.~2021. 12. 31.)은 기간기준 1년을 초과하지 아니하므로 비사업용 토지의 요건을 미충족
③ 토지의 보유기간 중 통산 40%를 초과하는 기간 동안 비사업용 토지의 범위에 해당하는 토지	토지의 총보유기간 2,191일 중 비사업용 토지의 범위에 해당하는 기간 914일이 차지하는 비율(41.72%)이 기간기준비율(40%)을 초과하므로 비사업용 토지의 요건을 충족	토지의 총보유기간 2,191일 중 비사업용 토지의 범위에 해당하는 기간 823일이 차지하는 비율(37.56%)이 기간기준비율(40%)을 초과하지 않으므로 비사업용 토지의 요건을 미충족

3. 비사업용 토지의 해당 여부 판정

구 분	비사업용 토지 해당 여부
A 토지	보유기간이 5년 이상인 토지로서 비사업용 토지의 기간기준 요건을 모두 충족하므로 비사업용 토지에 해당한다.
B 토지	보유기간이 5년 이상인 토지로서 비사업용 토지의 기간기준 요건 중 상기 ②와 ③의 요건을 충족하지 아니하므로 비사업용 토지에 해당하지 아니한다.

8-2-3. 예외적인 기간기준

당해 토지의 소유기간 중 관련 법령에 의해 사용이 제한·금지되는 등 기타 부득이한 사유로 인하여 비사업용 토지에 해당하는 경우에는 다음과 같은 3가지 유형의 예외적인 기간기준에 따라 비사업용 토지의 해당 여부를 판정한다(법법 §55의 2 ③ 및 법령 §92의 11).

① 부득이한 사유가 발생한 기간 동안 비사업용 토지로 보지 않는 경우
② 부득이한 사유가 발생하기 직전 기간을 기준으로 판단하는 경우
③ 부득이한 사유로 인해 비사업용 토지에서 제외하는 경우

(1) 부득이한 사유가 발생한 기간 동안 비사업용 토지로 보지 않는 경우

토지의 소유기간 중 다음과 같은 부득이한 사유가 발생한 경우, 그 각각의 규정된 기간 동안은 '8-3. 비사업용 토지의 범위'에 해당하지 아니하는 토지로 간주하여 전술한 '8-2-2. 원칙적인 기간기준'에 따라 비사업용 토지의 해당 여부를 판정한다(법령 §92의 11 ① 및 법칙 §46의 2 ①).

부득이한 사유	비사업용 토지의 범위에서 제외되는 기간
① 토지 취득 후 법령에 따라 사용이 금지·제한된 토지	사용이 금지·제한된 기간
② 토지 취득 후 문화유산의 보존 및 활용에 관한 법률 또는 자연유산의 보존 및 활용에 관한 법률에 따라 지정된 보호구역 안의 토지	보호구역으로 지정된 기간
③ 토지 취득 후 법령에 따라 당해 사업과 관련된 인가·허가(건축허가를 포함하며, 이하 같음)·면허 등을 신청한 자가 건축법 제18조 및 행정지도에 따라 건축허가가 제한됨에 따라 건축을 할 수 없게 된 토지 ※ 단, 부동산매매업(한국표준산업분류에 따른 건물 건설업 및 부동산공급업)을 영위하는 자가 취득한 매매용부동산은 제외함.	건축허가가 제한된 기간
④ 토지 취득 후 법령에 따라 당해 사업과 관련된 인가·허가·면허 등을 받았으나 건축자재의 수급조절을 위한 행정지도에 따라 착공이 제한된 토지 ※ 단, 부동산매매업(한국표준산업분류에 따른 건물 건설업 및 부동산공급업)을 영위하는 자가 취득한 매매용부동산은 제외함.	착공이 제한된 기간
⑤ 사업장(임시 작업장 제외)의 진입도로로서 사도법에 따른 사도 또는 불특정다수인이 이용하는 도로	사도 또는 도로로 이용되는 기간
⑥ 건축법에 따라 건축허가를 받을 당시에 공공공지로 제공한 토지	당해 건축물의 착공일부터 공공공지로의 제공이 끝나는 날까지의 기간
⑦ 지상에 건축물이 정착되어 있지 아니한 토지를 취득하여 사업용으로 사용하기 위하여 건설에 착공(착공일 불분명시 착공신고서 제출일을 기준으로 함)한 토지 ※ 당해 토지 소유자가 아닌 타 법인 또는 개인이 사업용으로 사용하기 위해 건설에 착공한 토지 포함 (재재산-541, 2009. 3. 20.)	당해 토지의 취득일부터 2년 및 착공일 이후 건설이 진행 중인 기간(천재지변, 민원의 발생 그밖의 정당한 사유로 인하여 건설을 중단한 경우에는 중단한 기간을 포함함)
⑧ 저당권의 실행 그밖에 채권을 변제받기 위하여 취득한 토지 및 청산절차에 따라 잔여재산의 분배로 인하여 취득한 토지	취득일부터 2년

부득이한 사유	비사업용 토지의 범위에서 제외되는 기간
⑨ 당해 토지를 취득한 후 소유권에 관한 소송이 계속(係屬) 중인 토지 ※ 토지 무단 점유자에 대한 무허가 건축물 철거 및 토지인도청구 소송은 적용대상 아님(서면4팀-1483, 2007. 5. 4.).	법원에 소송이 계속되거나 법원에 의하여 사용이 금지된 기간
⑩ 도시개발법에 따른 도시개발구역 안의 토지로서 환지방식에 따라 시행되는 도시개발사업이 구획단위로 사실상 완료되어 건축이 가능한 토지	건축이 가능한 날부터 2년
⑪ 건축물이 멸실 · 철거되거나 무너진 토지 ※ 가설건축물이 멸실 · 철거된 토지는 적용대상이 아님(서면5팀-341, 2006. 10. 9.).	당해 건축물이 멸실 · 철거되거나 무너진 날부터 2년
⑫ 법인이 2년 이상 사업에 사용한 토지로서 사업의 일부 또는 전부를 휴 · 폐업 또는 이전함에 따라 사업에 직접 사용하지 아니하게 된 토지	휴업 · 폐업 또는 이전일부터 2년
⑬ 다음의 어느 하나에 해당하는 기관이 금융산업의 구조개선에 관한 법률 제10조의 규정에 따른 적기시정조치 또는 같은 법 제14조 제2항의 규정에 따른 계약이전의 결정에 따라 같은 법 제2조 제2호의 규정에 따른 부실금융기관으로부터 취득한 토지 1) 예금자보호법 제3조의 규정에 따른 예금보험공사 2) 예금자보호법 제36조의 3의 규정에 따른 정리금융기관 3) 금융산업의 구조개선에 관한 법률 제2조 제1호의 규정에 따른 금융기관	취득일부터 2년
⑭ 자산유동화에 관한 법률에 따른 유동화전문회사가 같은 법 제3조의 규정에 따른 자산유동화계획에 따라 자산보유자로부터 취득한 토지	취득일부터 3년
⑮ 당해 토지를 취득한 후 상기 ③~⑭의 사유 외에 도시계획의 변경 등 정당한 사유로 인하여 사업에 사용하지 아니하는 토지	당해 사유가 발생한 기간

계산사례 - 2 **예외적인 기간기준에 의한 비사업용 토지의 판정 1**

㈜삼일은 2018년에 취득한 토지를 2024년에 처분하였으며, 당해 토지의 보유기간 동안 사용 내역이 다음과 같은 경우, 비사업용 토지의 해당 여부를 검토하라.

1. 토지의 보유기간별 사용 내역

보유기간	토지의 사용 내역
2018. 1. 1.~2018. 6. 30.	2018. 1. 1. 토지를 취득하여 법인의 사업에 직접 미사용
2018. 7. 1.~2019. 6. 30.	토지 사용이 법령에 의해 금지
2019. 7. 1.~2020. 12. 31.	법인의 사업에 직접 사용
2021. 1. 1.~2022. 12. 31.	나대지로서 법인의 사업에 직접 미사용
2023. 1. 1.~2023. 12. 31.	법인의 사업에 직접 사용
2024. 1. 1.	토지 양도

2. 비사업용 토지의 해당 여부 검토

토지의 보유기간(6년)이 5년 이상이므로 다음의 요건을 모두 충족하는 경우에 한하여 비사업용 토지로 본다. 다만, 토지 취득 후 법령에 의해 사용이 금지된 기간(2018. 7. 1.~2019. 6. 30.)에는 당해 토지를 비사업용 토지의 범위에 해당하지 아니하는 토지로 간주하여야 한다.

기간기준(보유기간 5년 이상)	비사업용 토지의 기간기준 요건 충족 여부
① 양도일 직전 5년 중 2년을 초과하는 기간 동안 비사업용 토지의 범위에 해당하는 토지	양도일 직전 5년(2019. 1. 1.~2023. 12. 31.) 중 법령에 의해 사용이 금지된 기간 6개월(2019. 1. 1.~2019. 6. 30.)을 제외한 2년(2021. 1. 1.~2022. 12. 31.)이 비사업용 토지의 범위에 해당되는 기간으로서 기간기준 2년을 초과하지 아니하므로 당해 기준을 미충족
② 양도일 직전 3년 중 1년을 초과하는 기간 동안 비사업용 토지의 범위에 해당하는 토지	양도일 직전 3년(2021. 1. 1.~2023. 12. 31.) 중 비사업용 토지의 범위에 해당되는 기간 2년(2021. 1. 1.~2022. 12. 31.)은 기간기준 1년을 초과하므로 당해 기준을 충족
③ 토지의 보유기간 중 통산 40%를 초과하는 기간 동안 비사업용 토지의 범위에 해당하는 토지	토지의 총보유기간 2,191일 중 법령에 의해 사용이 금지된 기간(2018. 7. 1.~2019. 6. 30.)을 제외한 비사업용 토지의 범위에 해당하는 기간 911일이 차지하는 비율인 41.58%가 기간기준비율 40%를 초과하므로 당해 기준을 충족

3. 비사업용 토지의 해당 여부 판정

보유기간이 5년 이상인 토지로서 비사업용 토지의 기간기준 중 상기 ①의 요건을 충족하지 아니하므로 비사업용 토지에서 제외한다.

(2) 부득이한 사유가 발생하기 직전 기간을 기준으로 판단하는 경우

다음과 같은 부득이한 사유가 발생한 토지는 그 각각의 규정된 날을 양도일로 간주하여 전술한 '8-2-2. 원칙적인 기간기준'에 따라 비사업용 토지의 해당 여부를 판정한다(법령 §92의 11 ② 및 법칙 §46의 2 ②).

부득이한 사유	간주 양도일
① 민사집행법에 따른 경매에 따라 양도된 토지	최초의 경매기일
② 국세징수법에 따른 공매에 따라 양도된 토지	공매일
③ 농업협동조합법에 따른 조합, 농업협동조합중앙회, 농협은행, 농협생명보험 또는 농협손해보험이 농업협동조합자산관리회사에 매각을 위임한 토지	매각을 위임한 날
④ 한국자산관리공사에 매각을 위임한 토지	매각을 위임한 날
⑤ 전국을 보급지역으로 하는 일간신문을 포함한 3개 이상의 일간신문에 다음의 조건으로 매각을 3일 이상 공고하고, 공고일(공고일이 서로 다른 경우에는 최초의 공고일)부터 1년 이내에 매각계약을 체결한 토지 1) 매각예정가격이 법인세법 제52조의 규정에 따른 시가 이하일 것 2) 매각대금의 70% 이상을 매각계약 체결일부터 6월 이후에 결제할 것	최초의 공고일
⑥ 상기 ⑤의 요건을 갖춘 토지로서 매년 매각을 재공고(직전 매각공고시의 매각예정가격에서 동 금액의 10%를 차감한 금액 이하로 매각을 재공고한 경우에 한함)하고, 재공고일부터 1년 이내에 매각계약을 체결한 토지	최초의 공고일

계산사례 - 3 **예외적인 기간기준에 의한 비사업용 토지의 판정 2**

㈜삼일은 2018년에 취득한 토지를 2024년에 경매로 처분하였으며, 당해 토지의 보유기간 동안 사용 내역이 다음과 같은 경우, 비사업용 토지의 해당 여부를 검토하라.

1. 토지의 보유기간별 사용 내역

보유기간	토지의 사용 내역
2018. 1. 1.~2018. 12. 31.	2018. 1. 1. 토지를 취득하여 법인의 사업에 직접 미사용
2019. 1. 1.~2022. 6. 30.	법인의 사업에 직접 사용
2022. 7. 1.~2022. 12. 31.	나대지로서 법인의 사업에 직접 미사용
2023. 1. 1.	민사집행법에 의한 제1차 경매기일
2023. 7. 1.	민사집행법에 의한 제2차 경매기일
2024. 1. 1.	경매로 낙찰되어 양도

2. 비사업용 토지의 해당 여부 검토

민사집행법에 따른 경매에 따라 양도된 토지는 제1차 경매기일(2023. 1. 1.)을 양도일로 간주하여 원칙적인 기간기준을 적용해야 한다. 따라서, 본 사례의 경우 토지의 보유기간을 5년(2018. 1. 1.~2022. 12. 31.)으로 보고 다음의 요건을 모두 충족하는 경우에 한하여 비사업용 토지로 본다.

기간기준(보유기간 5년 이상)	비사업용 토지의 기간기준 요건 충족 여부
① 양도일 직전 5년 중 2년을 초과하는 기간 동안 비사업용 토지의 범위에 해당하는 토지	양도일 직전 5년(2018. 1. 1.~2022. 12. 31.) 중 비사업용 토지의 범위에 해당하는 기간 1년 6개월(2018. 1. 1.~2018. 12. 31. 및 2022. 7. 1.~2022. 12. 31.)은 기간기준 2년을 초과하지 아니하므로 당해 기준을 미충족
② 양도일 직전 3년 중 1년을 초과하는 기간 동안 비사업용 토지의 범위에 해당하는 토지	양도일 직전 3년(2020. 1. 1.~2022. 12. 31.) 중 비사업용 토지의 범위에 해당하는 기간 6개월(2022. 7. 1.~2022. 12. 31.)은 기간기준 1년을 초과하지 아니하므로 당해 기준을 미충족
③ 토지의 보유기간 중 통산 40%를 초과하는 기간 동안 비사업용 토지의 범위에 해당하는 토지	토지의 총보유기간 1,826일 중 비사업용 토지의 범위에 해당하는 549일이 차지하는 비율인 30.07%가 기간기준비율 40%를 초과하므로 당해 기준을 미충족

3. 비사업용 토지의 해당 여부 판정

보유기간이 5년 이상인 토지로서 기간기준 중 상기 ①, ②, ③의 요건을 모두 충족하지 아니하므로 비사업용 토지에서 제외된다.

(3) 부득이한 사유로 인해 비사업용 토지에서 제외하는 경우

다음의 어느 하나에 해당하는 토지는 '8-3. 비사업용 토지의 범위' 또는 전술한 '8-2-2. 원칙적인 기간기준'에 관계없이 비사업용 토지로 보지 않는다(법법 §55의 2 ③ 및 법령 §92의 11 ③ 및 법칙 §46의 2 ③).

① 토지를 취득한 날부터 3년 이내에 법인의 합병 또는 분할로 인하여 양도되는 토지

② 공익사업을 위한 토지 등의 취득 및 보상에 관한 법률 및 그 밖의 법률에 따라 협의매수 또는 수용되는 토지로서 다음 각 목의 어누 하나에 해당하는 토지

㉠ 사업인정고시일이 2006년 12월 31일 이전인 토지

㉡ 취득일이 사업인정고시일부터 5년 이전인 토지

③ 법인세법 제55조의 2 제2항 제1호 나목에 해당하는 농지(후술하는 '8-3-2. 농지(전·답·과수원)'의 '2) 도시지역 소재 농지'를 말함)로서 종중이 2005년 12월 31일 이전에 취득하여 소유한 농지

④ 사립학교법에 따른 학교법인이 기부(출연 포함)받은 토지

⑤ 기업구조조정촉진법에 따른 부실징후기업과 채권금융기관협의회가 같은 법 제10조에 따라 해당 부실징후기업의 경영정상화계획 이행을 위한 약정을 체결하고 그 부실징후기업이 해당 약정에 따라 양도하는 토지(2008. 12. 31. 이전에 취득한 것에 한정함. 이하 같음)

⑥ 채권은행 간 거래기업의 신용위험평가 및 기업구조조정방안 등에 대한 협의와 거래기업에

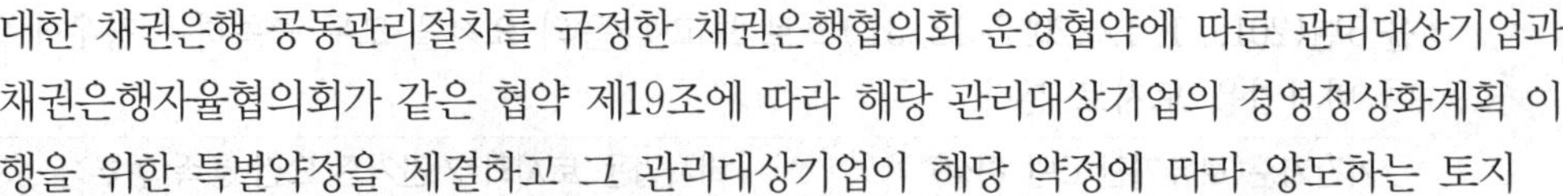

대한 채권은행 공동관리절차를 규정한 채권은행협의회 운영협약에 따른 관리대상기업과 채권은행자율협의회가 같은 협약 제19조에 따라 해당 관리대상기업의 경영정상화계획 이행을 위한 특별약정을 체결하고 그 관리대상기업이 해당 약정에 따라 양도하는 토지

⑦ 금융산업의 구조개선에 관한 법률에 따른 금융기관이 같은 법 제10조 제1항에 따라 금융위원회로부터 적기시정조치를 받고 그 이행계획 등에 따라 양도하는 토지

⑧ 신용협동조합법에 따른 신용협동조합중앙회가 같은 법 제83조의 3 제2항에 따라 금융위원회로부터 경영개선상태의 개선을 위한 조치를 이행하도록 명령받고 그 명령에 따라 양도하는 토지

⑨ 신용협동조합법에 따른 신용협동조합이 같은 법 제86조 제1항에 따라 금융위원회로부터 경영관리를 받거나, 같은 법 제89조 제4항에 따라 신용협동조합중앙회장으로부터 재무상태의 개선을 위한 조치를 하도록 요청받고 그에 따라 양도하는 토지

⑩ 농업협동조합의 구조개선에 관한 법률에 따른 조합이 같은 법 제4조 제1항에 따라 농림축산식품부장관으로부터 적기시정조치를 받고 그 이행계획 등에 따라 양도하는 토지

⑪ 수산업협동조합의 구조개선에 관한 법률에 따른 조합이 같은 법 제4조 제1항에 따라 해양수산부장관으로부터 적기시정조치를 받고 그 이행계획 등에 따라 양도하는 토지

⑫ 산림조합의 구조개선에 관한 법률에 따른 조합이 같은 법 제4조 제1항에 따라 산림청장으로부터 적기시정조치를 받고 그 이행계획 등에 따라 양도하는 토지

⑬ 새마을금고법에 따른 새마을금고 또는 중앙회가 같은 법 제77조 제3항 또는 제80조 제1항에 따라 행정안전부장관으로부터 경영상태 개선을 위한 조치 이행 명령 또는 경영지도를 받거나, 같은 법 제79조 제6항에 따라 중앙회장으로부터 경영개선 요구 또는 합병 권고 등 조치를 받고 그에 따라 양도하는 토지

⑭ 산업집적활성화 및 공장설립에 관한 법률 제39조에 따라 산업시설구역의 산업용지를 소유하고 있는 입주기업체가 산업용지를 같은 법 제2조에 따른 관리기관(같은 법 제39조 제2항 각 호의 유관기관을 포함함)에 양도하는 토지

⑮ 과학기술분야 정부출연연구기관 등의 설립ㆍ운영 및 육성에 관한 법률에 따라 설립된 한국원자력연구원이 소유한 시험농장용 토지

⑯ 공장의 가동에 따른 소음ㆍ분진ㆍ악취 등으로 생활환경의 오염피해가 발생되는 지역의 토지로서 해당 토지소유자의 요구에 따라 취득한 공장용 부속토지의 인접토지

⑰ 채무자의 회생 및 파산에 관한 법률 제242조에 따른 회생계획인가 결정에 따라 회생계획의 수행을 위하여 양도하는 토지

● 관련사례 ●

• 사업인정고시가 없는 공익사업용 토지의 사업인정고시일 판정방법
공익사업을 위한 토지 등의 취득 및 보상에 관한 법률에 따른 사업인정을 받지 아니하고 공익사업을 수행하는 경우에는 동 법률 제15조에 따른 보상계획공고일(공고를 생략한 경우에는 토지 소유자에 대한 보상계획통지일)을 사업인정고시일로 보아 비사업용 토지 해당 여부를 판정함(서면4팀-1273, 2008. 5. 26.).

8-3. 비사업용 토지의 범위

8-3-1. 개 요

비사업용 토지라 함은 전술한 '8-2. 비사업용 토지의 기간기준'과 이하에서 설명하는 '비사업용 토지의 범위'의 요건을 모두 충족하는 토지를 말하는 바, 법인세법은 비사업용 토지의 범위를 해당 토지의 이용현황에 따라 농지, 임야, 목장용지, 농지 · 임야 · 목장용지 외의 토지, 주택부속토지(기준면적 초과분), 별장부속토지로 구분하여 각각의 범위를 규정하고 있다.

한편, 비사업용 토지의 범위를 판정하기 위한 토지 지목의 판정은 법인세법 시행령에 특별한 규정이 있는 경우를 제외하고는 사실상의 현황에 의하되, 사실상의 현황이 분명하지 아니한 경우에는 공부상의 등재현황에 따라야 한다(법령 §92의 4). 또한, 본 규정을 적용함에 있어 업종의 분류는 법인세법 시행령에 특별한 규정이 있는 경우를 제외하고는 통계법 제17조의 규정에 따라 통계청장이 고시하는 한국표준산업분류를 기준으로 판단하여야 한다(법령 §92의 8 ⑦).

8-3-2. 농 지(전 · 답 · 과수원)

(1) 농지의 개념

농지라 함은 전 · 답 · 과수원으로서 지적공부상의 지목에 관계없이 실제로 경작에 사용되는 토지를 말한다. 이 경우 농지의 경영에 직접 필요한 농막 · 퇴비사 · 양수장 · 지소(池沼) · 농도 · 수로 등의 토지 부분을 포함한다(법령 §92의 5 ①). 농지의 판정은 법인세법 시행령에 특별한 규정이 있는 경우를 제외하고는 사실상의 현황에 의하되, 사실상의 현황이 분명하지 아니한 경우에는 공부상의 등재현황에 의한다(법령 §92의 4).

(2) 비사업용 토지의 범위에 포함되는 농지

전 · 답 · 과수원(이하 '농지'라 함)으로서 다음의 어느 하나에 해당하는 농지는 비사업용 토지의 범위에 해당한다(법법 §55의 2 ② 1호).

1) 농업을 주업으로 하지 아니하는 법인이 소유하는 농지

농업을 주된 사업으로 하지 아니하는 법인이 소유하는 농지는 비사업용 토지의 범위에 해당한다.

다만, 농지법이나 그 밖의 법률에 따라 소유할 수 있는 농지로서 다음의 어느 하나에 해당하는 농지는 비사업용 토지로 보지 아니한다(법법 §55의 2 ② 1호 가목 및 법령 §92의 5 ③).

① 초 · 중등교육법 및 고등교육법에 따른 학교, 농림축산식품부령으로 정하는 공공단체 · 농업연구기관 · 농업생산자단체 또는 종묘나 그 밖의 농업 기자재 생산자가 그 목적사업을 수행하기 위하여 필요한 시험지 · 연구지 · 실습지 · 종묘생산지 또는 과수 인공수분용 꽃가루생산지로 쓰기 위하여 농림축산식품부령으로 정하는 바에 따라 취득하여 소유하는 농지(농지법 §6 ② 2호)

② 농지법 제13조 제1항에 따라 취득하여 소유하는 담보농지(자산유동화에 관한 법률 제3조에 따른 유동화전문회사 등이 농지법 제13조 제1항 제1호부터 제4호까지에 규정된 저당권자로부터 농지를 취득하는 경우를 포함함)(농지법 §6 ② 6호)

③ 한국농어촌공사 및 농지관리기금법에 따라 한국농어촌공사가 취득하여 소유하는 농지(농지법 §6 ② 10호 가목)

④ 공유수면 관리 및 매립에 관한 법률에 따라 취득하여 소유하는 매립농지(농지법 §6 ② 10호 다목)

⑤ 농지전용허가(다른 법률에 따라 농지전용허가가 의제되는 인가 · 허가 · 승인 등을 포함)를 받거나 농지전용신고를 한 법인이 소유한 농지 또는 농지전용협의를 완료한 농지로서 당해 전용목적으로 사용되는 농지(농지법 §6 ② 7호, 8호)

⑥ 토지수용이나 농림축산식품부장관과 협의를 마치고 공익사업을 위한 토지 등의 취득 및 보상에 관한 법률에 따라 취득하여 소유하거나 또는 공익사업을 위한 토지 등의 취득 및 보상에 관한 법률에 따른 공익사업에 필요한 토지 중 공공토지비축심의위원회가 비축이 필요하다고 인정하는 토지로서 한국토지주택공사가 계획관리지역과 자연녹지지역 안의 농지를 취득하여 소유하는 농지로서 당해 사업목적으로 사용되는 농지(농지법 §6 ② 10호 라목 내지 바목)

⑦ 종중이 2005년 12월 31일 이전에 취득하여 소유한 농지

⑧ 다음의 어느 하나에 해당하는 비영리사업자가 그 사업에 직접 사용하는 농지(지령 §22)
- 종교 및 제사를 목적으로 하는 단체
- 초 · 중등교육법 및 고등교육법에 의한 학교 또는 경제자유구역 및 제주국제자유도시의 외국교육기관 설립 · 운영에 관한 특별법 또는 기업도시개발특별법에 따른 외국교육기관을 경영하는 자
- 평생교육법에 의한 교육시설을 운영하는 평생교육단체
- 사회복지사업법의 규정에 의하여 설립된 사회복지법인
- 지방세특례제한법 제22조 제1항에 따른 사회복지법인 등
- 정당법에 의하여 설립된 정당

⑨ 농지법 그 밖의 법률에 따라 소유할 수 있는 농지로서 기획재정부령이 정하는 농지

:: 농업 주업 법인의 판정기준(법령 §92의 5 ②)

① 2 이상의 서로 다른 사업을 영위하는 경우에는 사업별 사업수입금액이 큰 사업을 주업으로 한다.
② 상기 ①의 규정에 불구하고 당해 법인이 농업에 직접 사용한 농지에서 생산한 농산물을 당해 법인이 제조·생산하는 제품의 원료로 사용하고 그 농업과 제조업 등을 구분 경리하는 경우에는 농업을 주업으로 하는 것으로 본다. 이 경우 당해 법인이 생산한 농산물 중 당해 법인이 제조하는 제품의 원재료로 사용한 것의 비율(이하 '사용비율'이라 함)이 50% 미만인 경우에는 당해 농지의 면적 중 그 사용비율에 상당하는 면적의 2배 이내의 농지에 한하여 농업을 주업으로 하는 것으로 본다.

2) 도시지역 소재 농지

도시지역에 소재한 농지는 비사업용 토지의 범위에 해당한다(법법 §55의 2 ② 1호 나목).

여기서 도시지역에 소재한 농지라 함은 특별시 · 광역시(광역시에 있는 군지역을 제외함), 특별자치시(특별자치시에 있는 읍 · 면지역은 제외함), 특별자치도(제주특별자치도 설치 및 국제자유도시 조성을 위한 특별법 제10조 제2항에 따라 설치된 행정시의 읍 · 면지역은 제외함) 및 시 지역(지방자치법 제3조 제4항에 따른 도농 복합형태의 시의 읍 · 면지역은 제외함) 중 국토의 계획 및 이용에 관한 법률 제6조 제1호에 따른 도시지역(동 법률에 의한 녹지지역 · 개발제한구역을 제외함. 이하 같음)에 있는 농지를 말한다(법령 §92의 5 ④).

다만, 특별시 · 광역시, 특별자치시, 특별자치도 및 시 지역의 도시지역에 편입된 날부터 3년이 지나지 아니한 농지는 비사업용 토지의 범위에 해당하는 도시지역 소재 농지로 보지 아니한다(법령 §92의 5 ⑤).

8-3-3. 임 야

(1) 임야의 개념

일반적으로 임야라 함은 산림 및 원야를 이루고 있는 수림지 · 죽림지 · 암석지 · 자갈땅 · 모래땅 · 습지 · 황무지 등의 토지를 말한다(공간정보의 구축 및 관리 등에 관한 법률 시행령 §58 5호). 임야의 판정은 법인세법 시행령에 특별한 규정이 있는 경우를 제외하고는 사실상의 현황에 의하되, 사실상의 현황이 분명하지 아니한 경우에는 공부상의 등재현황에 의한다(법령 §92의 4).

(2) 비사업용 토지의 범위에서 제외되는 임야

임야는 원칙적으로 비사업용 토지의 범위에 해당한다. 다만, 다음에서 열거하는 임야는 비사업용 토지의 범위에서 제외한다(법법 §55의 2 ② 2호).

1) 공익목적 또는 산림 보호 · 육성 등을 위해 필요한 임야

공익상 필요 또는 산림의 보호육성을 위하여 필요한 임야로서 다음 중 어느 하나에 해당하

는 임야는 비사업용 토지로 보지 아니한다(법법 §55의 2 ② 2호 가목 및 법령 §92의 6 ①).

① 산림자원의 조성 및 관리에 관한 법률에 따른 채종림 · 시험림과 산림보호법에 따른 산림보호구역
② 사찰림 또는 동유림(洞有林)
③ 자연공원법에 따른 공원자연보존지구 및 공원자연환경지구 안의 임야
④ 도시공원 및 녹지 등에 관한 법률에 따른 도시공원 안의 임야
⑤ 문화유산의 보존 및 활용에 관한 법률 또는 자연유산의 보존 및 활용에 관한 법률에 따른 보호구역 안의 임야
⑥ 전통사찰의 보존 및 지원에 관한 법률에 따라 전통사찰이 소유하고 있는 경내지
⑦ 개발제한구역의 지정 및 관리에 관한 특별조치법에 따른 개발제한구역 안의 임야
⑧ 군사기지 및 군사시설 보호법에 따른 군사기지 및 군사시설 보호구역 안의 임야
⑨ 도로법에 따른 접도구역 안의 임야
⑩ 철도안전법에 따른 철도보호지구 안의 임야
⑪ 하천법에 따른 홍수관리구역 안의 임야
⑫ 수도법에 따른 상수원보호구역 안의 임야
⑬ 그 밖에 기획재정부령이 정하는 것

2) 임업을 주된 사업으로 하는 법인 등이 소유한 임야

임업을 주된 사업으로 하는 법인이나 산림자원의 조성 및 관리에 관한 법률에 따른 독림가(篤林家)인 법인이 소유하는 임야 중 산지관리법에 따른 산지 안의 임야로서 다음의 어느 하나에 해당하는 임야는 비사업용 토지로 보지 아니한다. 다만, 국토의 계획 및 이용에 관한 법률에 따른 도시지역(동법 시행령 제30조의 규정에 따른 보전녹지지역을 제외함. 이하 같음) 안의 임야로서 도시지역으로 편입된 날부터 3년이 경과한 임야는 제외한다(법법 §55의 2 ② 2호 나목 및 법령 §92의 6 ③).

① 산림자원의 조성 및 관리에 관한 법률에 따른 산림경영계획인가를 받아 시업(施業) 중인 임야
② 산림자원의 조성 및 관리에 관한 법률에 따른 특수산림사업지구 안의 임야

:: 임업 주업 법인의 판정기준(법령 §92의 6 ②)

임업을 주업으로 하는 법인인지 여부를 판정함에 있어 2 이상의 서로 다른 사업을 영위하는 법인의 경우에는 사업연도 종료일 현재 당해 법인의 총자산가액 중 당해 사업에 공여되는 자산의 가액이 큰 사업을 당해 법인의 주업으로 한다.

3) 기타 법인의 사업과 직접 관련이 있다고 인정할 만한 상당한 이유가 있는 임야

토지의 소유자·소재지·이용상황·보유기간 및 면적 등을 고려하여 법인의 업무와 직접 관련이 있다고 인정할 만한 상당한 이유가 있는 임야로서 다음의 어느 하나에 해당하는 임야는 비사업용 토지로 보지 아니한다(법법 §55의 2 ② 2호 다목 및 법령 §92의 6 ④).

① 산림자원의 조성 및 관리에 관한 법률에 따른 종·묘 생산업자가 산림용 종자 또는 산림용 묘목의 생산에 사용하는 임야
② 산림문화·휴양에 관한 법률에 따른 자연휴양림을 조성 또는 관리·운영하는 사업에 사용되는 임야
③ 수목원·정원의 조성 및 진흥에 관한 법률에 따른 수목원을 조성 또는 관리·운영하는 사업에 사용되는 임야
④ 산림조합 및 산림계가 그 고유목적에 직접 사용하는 임야
⑤ 다음의 어느 하나에 해당하는 비영리사업자가 그 사업에 직접 사용하는 임야(지령 §22)
- 종교 및 제사를 목적으로 하는 단체
- 초·중등교육법 및 고등교육법에 의한 학교 또는 경제자유구역 및 제주국제자유도시의 외국교육기관 설립·운영에 관한 특별법 또는 기업도시개발특별법에 따른 외국교육기관을 경영하는 자
- 평생교육법에 의한 교육시설을 운영하는 평생교육단체
- 사회복지사업법의 규정에 의하여 설립된 사회복지법인
- 지방세특례제한법 제22조 제1항에 따른 사회복지법인 등
- 정당법에 의하여 설립된 정당

⑥ 종중이 2005년 12월 31일 이전에 취득하여 소유한 임야
⑦ 그 밖에 기획재정부령이 정하는 임야

8-3-4. 목장용지

(1) 목장용지의 개념

목장용지라 함은 축산용으로 사용되는 축사와 부대시설의 토지, 초지 및 사료포(飼料圃)를 말한다(법령 §92의 7 ①). 목장용지의 판정은 법인세법 시행령에 특별한 규정이 있는 경우를 제외하고는 사실상의 현황에 의하되, 사실상의 현황이 분명하지 아니한 경우에는 공부상의 등재현황에 의한다(법령 §92의 4).

(2) 비사업용 토지의 범위에 포함되는 목장용지

다음의 어느 하나에 해당하는 목장용지는 비사업용 토지의 범위에 해당한다.
다만, 당해 토지가 후술하는 '(3) 비사업용 토지의 범위에서 제외하는 목장용지'에 해당하는

경우에는 비사업용 토지로 보지 아니한다(법법 §55의 2 ② 3호).

1) 축산업을 주된 사업으로 하는 법인이 소유하는 목장용지

축산업을 주된 사업으로 하는 법인이 소유하는 목장용지로서 다음의 어느 하나에 해당하는 목장용지는 비사업용 토지의 범위에 해당한다(법법 §55의 2 ② 3호 가목).

① 축산업용 토지의 기준면적을 초과하는 목장용지

축산업을 주업으로 하는 법인이 소유하는 목장용지로서 아래의 법인세법 시행령 【별표 1의 2】의 「축산용 토지의 기준면적」에서 규정하고 있는 가축별 기준면적과 가축두수를 적용하여 계산한 토지의 면적을 초과하는 목장용지는 비사업용 토지의 범위에 해당한다(법령 §92의 7 ④).

법인세법 시행령 【별표 1의 2】 축산용 토지의 기준면적

1. 가축별 기준면적

구 분	사 업	가축두수	축사 및 부대시설		초지 또는 사료포		비 고
			축사 (㎡)	부대시설 (㎡)	초지 (ha)	사료포 (ha)	
1. 한우 (육우)	사육 사업	1두당	7.5	5	0.5	0.25	말·노새·당나귀 사육 포함
2. 한우 (육우)	비육 사업	1두당	7.5	5	0.2	0.1	
3. 유우	목장 사업	1두당	11	7	0.5	0.25	
4. 양	목장 사업	10두당	8	3	0.5	0.25	
5. 사슴	목장 사업	10두당	66	16	0.5	0.25	
6. 토끼	사육 사업	100두당	33	7	0.2	0.1	친칠라 사육 포함
7. 돼지	양돈 사업	5두당	50	13	-	-	개 사육 포함
8. 가금	양계 사업	100수당	33	16	-	-	
9. 밍크	사육 사업	5수당	7	7	-	-	여우 사육 포함

2. 가축두수

가축두수는 다음 각 목의 어느 하나의 방법 중 납세자가 선택하는 방법에 따라 산정한다.

가. 양도일 이전 최근 6사업연도(양도일이 속하는 사업연도를 포함한다. 이하 같다) 중 납세

자가 선택하는 축산업을 영위한 3사업연도의 최고사육두수를 평균한 것
나. 양도일 이전 최근 4사업연도 중 납세자가 선택하는 축산업을 영위한 2사업연도의 최고사육두수를 평균한 것
다. 축산업을 영위한 기간이 2년 이하인 경우에는 축산업을 영위한 사업연도의 최고사육두수를 평균한 것

② 도시지역 편입일로부터 3년이 경과한 도시지역 내 목장용지
축산업을 주업으로 하는 법인이 소유하는 목장용지로서 특별시, 광역시(광역시에 있는 군지역을 제외함), 특별자치시(특별자치시에 있는 읍·면지역은 제외함), 특별자치도(제주특별자치도 설치 및 국제자유도시 조성을 위한 특별법 제10조 제2항에 따라 설치된 행정시의 읍·면지역은 제외함) 및 시 지역(지방자치법 제3조 제4항에 따른 도농 복합형태의 시의 읍·면지역은 제외함)의 국토의 계획 및 이용에 관한 법률 제6조 제1호에 따른 도시지역(국토의 계획 및 이용에 관한 법률에 따른 녹지지역 및 개발제한구역 제외)에 소재하고 그 도시지역 편입일로부터 3년이 경과한 목장용지는 비사업용 토지의 범위에 해당한다(법령 §92의 7 ⑤, ⑥).

2) 축산업을 주된 사업으로 하지 아니하는 법인이 소유하는 목장용지

축산업을 주된 사업으로 하지 아니하는 법인이 소유하는 목장용지는 축산용 토지의 기준면적 초과 여부나 그 소재지에 관계없이 비사업용 토지의 범위에 해당한다(법법 §55의 2 ② 3호 나목).

:: 축산업 주업 법인의 판정기준(법령 §92의 7 ③)

① 2 이상의 서로 다른 사업을 영위하는 경우에는 주업은 사업별 사업수입금액이 큰 사업으로 한다. 다만, 농업협동조합법에 의하여 설립된 농업협동조합과 농업협동조합중앙회는 이를 축산업을 주업으로 하는 법인으로 본다.
② 상기 ①의 규정에 불구하고 당해 법인이 축산업에 직접 사용한 목장용지에서 생산한 축산물을 당해 법인이 제조하는 제품의 원재료로 사용하고 그 축산업과 제조업 등을 구분하여 경리하는 경우에는 축산업을 주업으로 하는 것으로 본다. 이 경우 당해 법인이 생산한 축산물 중 당해 법인이 제조하는 제품의 원재료로 사용하는 것의 비율(이하 "사용비율"이라 함)이 50% 미만인 경우에는 당해 목장용지의 면적 중 그 사용비율에 상당하는 면적의 2배 이내의 목장용지에 한하여 축산업을 주업으로 하는 것으로 본다.

(3) 비사업용 토지의 범위에서 제외되는 목장용지

토지의 소유자·소재지·이용상황·보유기간 및 면적 등을 고려하여 법인의 업무와 직접 관련이 있다고 인정할 만한 상당한 이유가 있는 목장용지로서 다음 어느 하나에 해당하는 목장용지는 비사업용 토지로 보지 아니한다(법령 §92의 7 ②).

① 종중이 2005년 12월 31일 이전에 취득하여 소유한 목장용지
② 초·중등교육법과 고등교육법에 따른 학교 및 축산법에 따른 가축개량총괄기관과 가축개량기관이 시험·연구·실습지로 사용하는 목장용지
③ 다음의 어느 하나에 해당하는 비영리사업자가 그 사업에 직접 사용하는 임야(지령 §22)
- 종교 및 제사를 목적으로 하는 단체
- 초·중등교육법 및 고등교육법에 의한 학교 또는 경제자유구역 및 제주국제자유도시의 외국교육기관 설립·운영에 관한 특별법 또는 기업도시개발특별법에 따른 외국교육기관을 경영하는 자
- 평생교육법에 의한 교육시설을 운영하는 평생교육단체
- 사회복지사업법의 규정에 의하여 설립된 사회복지법인
- 지방세특례제한법 제22조 제1항에 따른 사회복지법인 등
- 정당법에 의하여 설립된 정당

④ 그 밖에 기획재정부령이 정하는 것

8-3-5. 농지·임야·목장용지 외의 토지

(1) 개 요

농지·임야·목장용지 외의 토지라 함은 앞에서 설명한 농지·임야·목장용지와 후술하는 주택부속토지·별장부속토지를 제외한 모든 토지를 말한다(법법 §55의 2 ② 4호).

농지·임야·목장용지 외의 토지 중 나대지·잡종지 등 재산세 종합합산과세대상 토지는 비사업용 토지의 범위에 해당하고, 지방세법 또는 관계 법률의 규정에 의하여 재산세가 비과세·면제되는 토지와 지방세법 제106조 제1항 제2호 및 제3호에 따른 재산세 별도합산 과세대상 또는 분리과세대상이 되는 토지는 비사업용 토지에서 제외함을 원칙으로 한다.

다만, 재산세 종합합산과세대상 토지인 경우에도 법인의 업무와 직접 관련이 있다고 인정되어 법인세를 중과세함이 불합리한 토지는 비사업용 토지로 보지 아니한다.

따라서, 농지·임야·목장용지 외의 토지로서 비사업용 토지의 범위에 해당하는 토지는 다음 중 어느 하나에 해당하지 아니하는 토지를 의미한다.

① 지방세법이나 관계 법률에 따라 재산세가 비과세되거나 면제되는 토지
② 지방세법 제106조 제1항 제2호 및 제3호에 따른 재산세 별도합산 과세대상 또는 분리과세대상이 되는 토지
③ 후술하는 '(2) 비사업용 토지의 범위에서 제외되는 재산세 종합합산과세대상 토지'에 해당하는 토지

(2) 비사업용 토지의 범위에서 제외되는 재산세 종합합산과세대상 토지

토지의 이용상황·관계 법률의 의무이행 여부 및 수입금액 등을 고려하여 법인의 업무와 직접 관련이 있다고 인정할 만한 상당한 이유가 있는 토지로서 다음 중 어느 하나에 해당하는 토지는 비사업용 토지로 보지 아니한다(법령 §92의 8 ①).

1) 운동장·경기장 등 체육시설용 토지

<table>
<tr><th colspan="2">구 분</th><th>비사업용 토지에서 제외되는 요건</th></tr>
<tr><td rowspan="2">① 선수전용 체육시설용 토지</td><td>직장운동경기부 설치 법인의 선수전용 체육시설용 토지</td><td>국민체육진흥법에 따라 직장운동경기부를 설치한 법인이 선수전용으로 계속하여 제공하고 있는 체육시설용 토지로서 법인세법 시행규칙 별표 7의 「직장운동경기부 선수전용 체육시설의 기준면적」 이내의 토지로서 다음의 요건을 모두 충족하는 토지(법령 §92의 8 ① 1호 가목 (1) 및 법칙 §46 ①, ②)
• 선수는 대한체육회에 가맹된 경기단체에 등록되어 있는 자일 것
• 경기종목별 선수의 수는 당해 종목의 경기정원 이상일 것
• 경기종목별로 경기지도자가 1인 이상일 것</td></tr>
<tr><td>운동경기업 영위 법인의 선수훈련을 위한 체육시설용 토지</td><td>운동경기업을 영위하는 법인이 선수훈련에 직접 사용하는 체육시설로서 법인세법 시행규칙 별표 8의 「운동경기업 선수전용 체육시설의 기준면적」에 의한 기준면적 이내의 토지(법령 §92의 8 ① 1호 가목 (2) 및 법칙 §46 ③)</td></tr>
<tr><td colspan="2">② 종업원 체육시설용 토지</td><td>종업원의 복지후생을 위하여 설치한 체육시설용 토지 중 법인세법 시행규칙 별표 9의 「종업원 체육시설의 기준면적」 이내의 토지로서 다음의 종업원 체육시설의 기준을 충족하는 토지(법령 §92의 8 ① 1호 나목 및 법칙 §46 ④, ⑤)
• 운동장과 코트는 축구·배구·테니스 경기를 할 수 있는 시설을 갖출 것
• 실내체육시설은 영구적인 시설물이어야 하고, 탁구대를 2면 이상을 둘 수 있는 규모일 것</td></tr>
<tr><td colspan="2">③ 체육시설업용 토지</td><td>체육시설의 설치·이용에 관한 법률에 따른 체육시설업을 영위하는 법인이 동법의 규정에 따른 적합한 시설 및 설비를 갖추고 당해 사업에 직접 사용하는 토지(법령 §92의 8 ① 1호 다목)</td></tr>
<tr><td colspan="2">④ 경기장운영업용 토지</td><td>경기장운영업을 영위하는 법인이 당해 사업에 직접 사용하는 토지(법령 §92의 8 ① 1호 라목)</td></tr>
</table>

법인세법 시행규칙 【별표 7】 직장운동경기부 선수전용 체육시설의 기준면적

(단위 : 제곱미터)

실외체육시설		실내체육시설	
구 분	기준면적	구 분	기준면적 (체육시설바닥면적)
1. 축구장 2. 야구장 3. 럭비장 4. 필드하키장 5. 테니스장 6. 연식정구장	11,000 14,000 9,000 6,500 650 650	1. 핸드볼장, 배구장, 농구장, 탁구장, 배드민턴장, 복싱장, 유도장, 검도장, 태권도장, 펜싱장, 체조장, 역도장, 씨름장, 레스링장, 볼링장	800
7. 미식축구장 8. 승마장	7,000 6,200	2. 수영장, 수구장, 다이빙장	1,000
9. 사격장 10. 궁도장 11. 기 타	4,000 7,100 3,000	3. 아이스하키장, 피겨스케이트장, 롤러스케이트장	1,800

〔비 고〕

1. 실내체육시설의 부속토지의 경우에는 실내체육시설의 건축물 바닥면적에 「지방세법 시행령」 제131조의 2 제2항의 규정에 따른 용도지역별 적용배율을 곱하여 산출한 면적을 기준면적으로 인정한다. 다만, 당해 토지가 「지방세법 시행령」 제131조의 2 제1항 제2호의 규정에 따른 건축물의 부속토지에 해당하는 경우에는 그러하지 아니하다.
2. 축구, 야구, 럭비, 필드하키 또는 미식축구 중 2종목 이상의 운동경기부를 두고 있는 경우에는 그 중 가장 넓은 것에 해당하는 종목의 기준면적 하나만을 기준면적으로 인정한다.
3. 실내운동경기를 할 수 있는 운동경기부를 두고 있는 법인이 설치한 실내체육시설의 건축물 바닥면적이 기준면적 이하인 경우에는 당해 건축물 바닥면적에 「지방세법 시행령」 제131조의 2 제2항의 규정에 따른 용도지역별 적용배율을 곱하여 산출한 면적을 기준면적으로 인정한다. 다만, 당해 토지가 「지방세법 시행령」 제131조의 2 제1항 제2호의 규정에 따른 건축물의 부속토지에 해당하는 경우에는 그러하지 아니하다.
4. 실내운동경기를 할 수 있는 운동경기부를 두고 있는 법인이 실내체육시설을 설치하지 아니한 경우에는 800제곱미터를 기준면적으로 인정한다.
5. 테니스장 또는 연식정구장의 경우에는 선수 2인까지를 기준으로 하며, 선수가 2인을 초과하는 경우에는 2인마다 483제곱미터를 가산하여 기준면적으로 인정한다.

법인세법 시행규칙 【별표 8】 운동경기업 선수전용 체육시설의 기준면적

(단위 : 제곱미터)

실외체육시설		실내체육시설	
구 분	기준면적	구 분	기준면적 (체육시설바닥면적)
1. 축구장 2. 야구장 3. 럭비장 4. 필드하키장 5. 테니스장 6. 연식정구장 7. 미식축구장 8. 승마장 9. 사격장 10. 궁도장 11. 기 타	16,500 21,000 13,500 9,750 975 975 10,500 9,300 6,000 10,650 4,500	1. 핸드볼장, 배구장, 농구장, 탁구장, 배드민턴장, 복싱장, 유도장, 검도장, 태권도장, 펜싱장, 체조장, 역도장, 씨름장, 레스링장, 볼링장 2. 수영장, 수구장, 다이빙장 3. 아이스하키장, 피겨스케이트장, 롤러스케이트장	1,200 1,500 2,700

〔비 고〕

1. 실내체육시설의 부속토지의 경우에는 실내체육시설의 건축물 바닥면적에 「지방세법 시행령」 제131조의 2 제2항의 규정에 따른 용도지역별 적용배율을 곱하여 산출한 면적을 기준면적으로 인정한다. 다만, 당해 토지가 「지방세법 시행령」 제131조의 2 제1항 제2호의 규정에 따른 건축물의 부속토지에 해당하는 경우에는 그러하지 아니하다.
2. 축구, 야구, 럭비, 필드하키 또는 미식축구 중 2종목 이상의 운동경기부를 두고 있는 경우에는 그 중 가장 넓은 것에 해당하는 종목의 기준면적 하나만을 기준면적으로 인정한다.
3. 실내운동경기를 할 수 있는 운동경기부를 두고 있는 법인이 설치한 실내체육시설의 건축물 바닥면적이 기준면적 이하인 경우에는 당해 건축물 바닥면적에 「지방세법 시행령」 제131조의 2 제2항의 규정에 따른 용도지역별 적용배율을 곱하여 산출한 면적을 기준면적으로 인정한다. 다만, 당해 토지가 「지방세법 시행령」 제131조의 2 제1항 제2호의 규정에 따른 건축물의 부속토지에 해당하는 경우에는 그러하지 아니하다.
4. 테니스장 또는 연식정구장의 경우에는 선수 2인까지를 기준으로 하며, 선수가 2인을 초과하는 경우에는 2인마다 725제곱미터를 가산하여 기준면적으로 인정한다.

법인세법 시행규칙 【별표 9】 종업원 체육시설의 기준면적

(단위 : 제곱미터)

구 분		종업원 100인 이하	종업원 100인 초과 500인 이하	종업원 500인 초과 2,000인 이하	종업원 2,000인 초과 10,000인 이하	종업원 10,000인 초과
실외체육시설	운동장	1,000	1,000+100인 초과 종업원수×9	4,600 + 500인 초과 종업원수×3	9,100 + 2,000인 초과 종업원수 × 1	17,100
	코트	970	970	1,940	2,910	2,910
실내체육시설		150	300	450	900	900

〔비 고〕

1. 종업원수는 당해 사업장에 근무하는 종업원을 기준으로 한다.
2. 종업원이 50인 이하인 법인의 경우에는 코트면적만을 기준면적으로 인정한다.
3. 실내체육시설의 건축물 바닥면적이 기준면적 이하인 경우에는 당해 건축물 바닥면적을 그 기준면적으로 한다.
4. 종업원용 실내체육시설의 부속토지의 경우에는 실내체육시설의 건축물 바닥면적에 「지방세법 시행령」 제131조의 2 제2항의 규정에 따른 용도지역별 적용배율을 곱하여 산출한 면적을 기준면적으로 인정한다. 다만, 당해 토지가 「지방세법 시행령」 제131조의 2 제1항 제2호의 규정에 따른 건축물의 부속토지에 해당하는 경우에는 그러하지 아니하다.

2) 주차장용 토지

구 분	비사업용 토지에서 제외되는 요건
① 건축물 부설주차장용 토지	주차장법에 따른 부설주차장(주택의 부설주차장을 제외함)으로서 동법에 따른 부설주차장 설치기준면적 이내의 토지(법령 §92의 8 ① 2호 가목) 다만, 후술하는 '6) 휴양시설업용 토지'에 속하는 휴양시설업용 토지 안의 부설주차장용 토지에 대하여는 '6) 휴양시설업용 토지'에서 설명하고 있는 요건에 따라 비사업용 토지의 범위에 해당하는지 여부를 판정한다.
② 업무용자동차의 주차장용 토지	여객자동차 운수사업법 또는 화물자동차 운수사업법에 따라 여객자동차운송사업 또는 화물자동차운송사업의 면허·등록 또는 자동차대여사업의 등록을 받은 사업자 이외의 법인으로서 업무용자동차(승용자동차·이륜자동차 및 종업원의 통근용 승합자동차를 제외함)를 필수적으로 보유하여야 하는 사업에 제공되는 업무용자동차의 주차장용 토지 중 최저차고기준면적의 1.5배에 해당하는 면적 이내의 토지(법령 §92의 8 ① 2호 나목 및 지령 §101 ③ 1호)

구 분	비사업용 토지에서 제외되는 요건
	이 때 최저차고기준면적은 소유하는 업무용자동차의 차종별 대수에 여객자동차 운수사업법 또는 화물자동차 운수사업법에 규정된 차종별 대당 최저보유차고면적기준을 곱하여 계산한 면적을 합한 면적을 말한다.
③ 주차장운영업용 토지	주차장운영업을 주업으로 하는 법인이 소유하고, 주차장법에 따른 노외주차장으로 사용하는 토지로서 토지의 가액에 대한 1년간의 수입금액의 비율이 3% 이상인 토지(법령 §92의 8 ① 2호 다목 및 법칙 §46 ⑥) ※ 토지가액에 대한 수입금액 비율의 계산방법은 후술하는 '8-3-9. 수입금액비율의 계산' 참조

3) 개발사업자가 조성한 토지

토지 조성 완료일로부터 2년 이내에 양도하는 토지 중 다음의 어느 하나에 해당하는 토지(법령 §92의 8 ① 3호 및 법칙 §46 ⑦)

① 사회기반시설에 대한 민간투자법에 따라 지정된 사업시행자가 동법에 규정하는 민간투자사업의 시행으로 조성하는 토지

② 경제자유구역의 지정 및 운영에 관한 법률에 따른 개발사업시행자가 경제자유구역개발계획에 따라 경제자유구역 안에서 조성한 토지

③ 관광진흥법에 따른 사업시행자가 관광단지 안에서 조성한 토지

④ 기업도시개발특별법에 따라 지정된 개발사업시행자가 개발구역 안에서 조성한 토지

⑤ 유통단지개발촉진법에 따른 유통단지개발사업시행자가 그 유통단지 안에서 조성한 토지

⑥ 중소기업진흥에 관한 법률에 따라 단지조성사업의 실시계획이 승인된 지역의 사업시행자가 조성한 토지

⑦ 지역균형개발 및 지방중소기업 육성에 관한 법률에 따라 지정된 개발촉진지구 안의 사업시행자가 조성한 토지

⑧ 한국컨테이너부두공단법에 따라 설립된 한국컨테이너부두공단이 조성한 토지

⑨ 친수구역 활용에 관한 특별법에 따라 지정된 사업시행자가 친수구역 안에서 조성한 토지

관련사례

- 토지 조성 완료일로부터 2년이 경과하여 양도하는 경우 비사업용 토지의 기간기준 계산방법
  경제자유구역의 지정 및 운영에 관한 법률에 따른 개발사업시행자가 경제자유구역개발계획에 따라 경제자유구역 안에서 조성한 토지를 2년이 경과하여 양도하는 경우, 토지의 조성이 완료된 날부터 2년의 기간은 사업에 사용한 기간으로 볼 수 없음(서면－2020－법령해석법인－6001, 2021. 10. 19.).
- 개발사업계획에 따라 순차적으로 개발을 진행함에 있어 개발 대기 중인 토지의 비사업용 토지 해당 여부
  경제자유구역의 지정 및 운영에 관한 특별법에 따른 개발사업시행자가 개발계획과 실시계획으로 지정된 토지를 취득하여 동 계획에 따라 전체 토지를 순차적으로 개발을 진행하는 경우, 개발 대기 중인 토지가 업무에 사용되었는지 여부는 개발대상부지 전체를 기준으로 업무에 사용하였는지 여부에 따라 판단하는 것으로서, 순차개발 일정에 따라 대기 중인 개별토지만을 따로 분리하여 비업무용 부동산 해당 여부를 판단하는 것은 아님(법인－52, 2014. 2. 7.).

4) 청소년 수련시설용 토지

청소년활동진흥법에 따른 청소년수련시설용 토지로서 동법에 따른 시설·설비기준을 갖춘 기준면적(수용정원×200㎡) 이내의 토지(법령 §92의 8 ① 4호 및 법칙 §46 ⑧)

5) 예비군훈련장용 토지

종업원 등의 예비군훈련을 실시하기 위하여 소유하는 토지로서 다음의 요건을 모두 갖춘 토지(법령 §92의 8 ① 5호 및 법칙 §46 ⑨, ⑩)

① 지목이 대지 또는 공장용지가 아닐 것
② 국토의 계획 및 이용에 관한 법률에 따른 도시지역의 주거지역·상업지역 및 공업지역 안에 소재하지 아니할 것
③ 법인세법 시행규칙 별표 10의 「예비군훈련장용 토지 및 시설기준」에 의한 시설기준을 갖추고 기준면적 이내일 것
④ 수임 군부대의 장으로부터 예비군훈련의 실시를 위임받은 자가 소유할 것

법인세법 시행규칙 【별표 10】 예비군훈련장용 토지 및 시설 기준

1. 시설기준

시설별	시설기준	적용대상
교육보조재료 창고	교재 · 교육용 장비 그밖에 교육용 소모품을 갖춘 66제곱미터 이상의 창고	대대급 이상 훈련장
강 당	영화 또는 슬라이드 상영시설을 갖춘 298제곱미터(중대급 훈련장의 경우에는 185제곱미터) 이상의 강당	중대급 이상 훈련장
간이목욕장 시설	50명 이상이 동시에 목욕할 수 있는 시설을 갖춘 목욕탕	대대급 이상 훈련장

2. 기준면적

(단위 : 제곱미터)

부대편성 / 인원 / 훈련장 시설	중대 · 대대	대대 · 연대	연 대	여 단	용 도
	800명 이하	801명 ~ 2,400명	2,401명 ~ 5,000명	5,001명 이상	
전술교육장	15,000	30,000	30,000	45,000	철조망 · 장애물 및 총검술교육시설을 갖춘 각개전투 · 분대전술 · 수색정찰교육장소
사격술 예비훈련장	3,600	7,200	10,800	10,800	사격술의 예비훈련장소
사격장	1,650	2,475	3,300	3,300	사격장소
기초훈련장	2,500	5,000	7,500	7,500	제식훈련, 총검술 · 소화기 또는 기계훈련의 장소
계	22,750	44,675	51,600	66,600	-

〔비 고〕

사격술예비훈련장 · 사격장 및 기초훈련장의 경우에는 전술교육장(사격술예비훈련장 및 기초훈련장의 경우에는 예비군훈련장 소유자의 다른 평지 또는 운동장을 포함한다)에서 그 훈련을 실시할 수 없는 경우에 한하여 당해 면적을 기준면적에 포함한다.

6) 휴양시설업용 토지

관광진흥법에 따른 전문휴양업 · 종합휴양업 및 그밖에 이와 유사한 시설을 갖추고 타인의 휴양이나 여가선용을 위하여 이를 이용하게 하는 사업용 토지(관광진흥법에 따른 전문휴양업 · 종합휴양업 및 그밖에 이와 유사한 휴양시설업의 일부로 운영되는 스키장업 또는 수영장업용 토지를 포함하되, 온천장용 토지를 제외함)로서 다음의 기준면적을 합한 면적 이내의 토지(법령 §92의 8 ① 6호 및 법칙 §46 ⑪, ⑫)

한편, 휴양시설업용 토지 안의 부설주차장용 토지에 대하여는 전술한 '2) 주차장용 토지'에서 규정하고 있는 바가 아닌 다음의 요건에 따라 비사업용 토지의 해당 여부를 판정한다(법령 §92의 8 ① 2호 가목).

① 옥외 동물방목장 및 옥외 식물원이 있는 경우 그에 사용되는 토지의 면적
② 부설주차장이 있는 경우 주차장법에 따른 부설주차장 설치기준면적의 2배 이내의 부설주차장용 토지의 면적. 다만, 도시교통정비 촉진법에 따라 교통영향분석 · 개선대책이 수립된 주차장의 경우에는 같은 법 제16조 제4항에 따라 해당 사업자에게 통보된 주차장용 토지 면적으로 함.
③ 지방세법 시행령 제101조 제1항 제2호에 따른 건축물이 있는 경우 재산세 종합합산과세대상 토지 중 그 건축물의 바닥면적(건물 외의 시설물인 경우에는 그 수평투영면적을 말함)에 동조 제2항의 규정에 따른 용도지역별 적용배율을 곱하여 산정한 면적 범위 안의 건축물 부속토지의 면적

7) 하치장용 등의 토지

물품의 보관 · 관리를 위하여 별도로 설치 · 사용되는 하치장 · 야적장 · 적치장 등(건축법에 따른 건축허가를 받거나 신고를 하여야 하는 건축물로서 허가 또는 신고 없이 건축한 창고용 건축물의 부속토지를 포함함)으로서 당해 사업연도 중 물품의 보관 · 관리에 사용된 최대면적의 120% 이내의 토지(법령 §92의 8 ① 7호)

자원의 절약과 재활용 촉진에 관한 법률에 따라 재활용사업에 종사하는 법인이 재활용가능자원의 수집 · 보관에 사용하는 토지를 포함한다(서면4팀-315, 2007. 1. 23.).

8) 골재채취장용 토지

골재채취법에 따라 시장 · 군수 또는 구청장(자치구의 구청장에 한함)으로부터 골재채취의 허가를 받은 법인이 허가받은 바에 따라 골재채취에 사용하는 토지(법령 §92의 8 ① 8호)

이 경우 골재채취장용 토지는 골재채취의 허가를 받은 법인의 소유가 아니더라도 본 규정에 의해 비사업용 토지의 범위에서 제외된다(재재산-149, 2007. 2. 1.).

9) 폐기물처리업용 토지

폐기물관리법에 따라 허가를 받아 폐기물처리업을 영위하는 법인이 당해 사업에 사용하는 토지(법령 §92의 8 ① 9호)

10) 광천지

광천지로서 토지의 가액에 대한 1년간의 수입금액의 비율이 4% 이상인 토지(법령 §92의 8 ① 10호 및 법칙 §46 ⑬)

여기서 광천지(鑛泉地)라 함은 청량음료제조업 · 온천장업 등에 사용되는 토지로서 지하에서 온수 · 약수 등이 용출되는 용출구 및 그 유지를 위한 부지를 말한다.

※ 토지가액에 대한 수입금액비율의 계산방법은 후술하는 '8-3-9. 수입금액비율의 계산' 참조

11) 양어장 · 지소용 토지

공간정보의 구축 및 관리 등에 관한 법률에 따른 양어장 또는 지소(池沼)용 토지(내수면양식업 · 낚시터운영업 등에 사용되는 댐 · 저수지 · 소류지(小溜池) 및 자연적으로 형성된 호소와 이들의 유지를 위한 부지를 말함)로서 다음 중 어느 하나에 해당하는 토지(법령 §92의 8 ① 11호 및 법칙 §46 ⑬)

① 양식산업발전법에 따라 허가를 받은 육상해수양식어업 또는 수산종자산업육성법에 따라 허가를 받은 수산종자생산업에 사용되는 토지

② 내수면어업법에 따라 시장 · 군수 또는 구청장(자치구의 구청장을 말하며, 서울특별시의 한강의 경우에는 한강관리에 관한 업무를 관장하는 기관의 장을 말함)으로부터 면허 또는 허가를 받거나 시장 · 군수 · 구청장에게 신고한 자가 당해 면허어업 · 허가어업 및 신고어업에 사용하는 토지

③ 위 ①, ② 외의 토지로서 토지가액에 대한 1년간의 수입금액의 비율이 4% 이상인 토지

※ 토지가액에 대한 수입금액비율의 계산방법은 후술하는 '8-3-9. 수입금액비율의 계산' 참조

12) 기타 수입금액비율 기준 적용 토지

다음의 업종에 사용하는 토지로서 토지가액에 대한 1년간의 수입금액의 비율(이하 '수입금액비율'이라 함)이 다음의 업종별 기준비율 이상인 토지(법령 §92의 8 ① 12호, ② 및 법칙 §46 ⑭, ⑮)

※ 토지가액에 대한 수입금액비율의 계산방법은 후술하는 '8-3-9. 수입금액비율의 계산' 참조

업종별 토지	업종별 수입금액비율
① 블록 · 석물 및 토관제조업용 토지	20%
② 조경작물식재업용 토지 및 화훼판매시설업용 토지	7%
③ 자동차정비 · 중장비정비 · 중장비운전에 관한 과정을 교습하는 학원용 토지	10%
④ 농업에 관한 과정을 교습하는 학원용 토지	7%
⑤ 블록 · 석물 · 토관 · 벽돌 · 콘크리트제품 · 옹기 · 철근 · 비철금속 · 플라스틱 파이프 · 골재 · 조경작물 · 화훼 · 분재 · 농산물 · 수산물 · 축산물의 도매업 및 소매업용(농산물 · 수산물 및 축산물의 경우에는 유통산업발전법에 따른 시장과 그 밖에 이와 유사한 장소에서 운영하는 경우에 한함) 토지	10%

13) 기타 기획재정부령이 정하는 토지

상기 1)부터 12)까지에서 규정한 토지와 유사한 토지 중 토지의 이용상황 및 관계 법령의 이행여부 등을 고려하여 사업과 직접 관련이 있다고 인정할 만한 토지로서 기획재정부령으로 정하는 토지(법령 §92의 8 ① 13호)

※ 기획재정부령에서 별도로 정하고 있는 토지는 없음.

8-3-6. 주택부속토지(기준면적 초과분)

(1) 개 요

지방세법 제106조 제2항에 따른 주택 부속토지 중 주택이 정착된 면적에 5배(도시지역 밖의 토지는 10배)를 곱하여 산정한 면적을 초과하는 토지는 비사업용 토지의 범위에 해당한다(법법 §55의 2 ② 5호 및 법령 §92의 9).

즉, 비사업용 토지의 범위에 속하는 주택부속토지는 지방세법 제106조 제2항 및 동법 시행령 제105조의 규정에 의하여 산정한 주택부속토지 전체면적에서 주택정착면적에 5배(도시지역 밖의 토지는 10배)를 곱한 금액을 차감한 토지면적이 되는 바, 이를 산식으로 표현하면 다음과 같다.

비사업용 토지의 범위에 해당하는 주택부속토지	=	주택부속토지 전체면적	−	주택정착면적	×	지역배율 (도시지역 내 5, 도시지역 밖 10)

(2) 주택부속토지 산정방법

비사업용 토지의 범위를 판정하기 위한 주택부속토지는 지방세법 제106조에 의해 산정한다. 동법에서는 1동의 건물이 주거와 주거 외의 용도로 사용되고 있는 복합건물은 주거용에 사용되는 부분만을 주택으로 보는 것으로, 이 경우 건물의 부속토지는 주거와 주거 외의 용도에 사용되고 있는 건물의 면적비율에 따라 각각 안분하여 주택의 부속토지와 비주거용 건물의 부속토지로 구분하도록 규정하고 있으며, 1구의 건물이 주거와 주거 외의 용도에 겸용되는 경우에는 주거용으로 사용되는 면적이 전체의 50% 이상인 경우에는 해당 건물 전체를 주택으로 보도록 규정하고 있다.

또한, 건축물에서 허가 등이나 사용승인(임시사용승인 포함)을 받지 아니하고 주거용으로 사용하는 면적이 전체 건축물 면적(허가 등이나 사용승인을 받은 면적 포함)의 50% 이상인 경우에는 그 건축물 전체를 주택으로 보지 않는 것으로, 그 부속토지는 종합합산과세대상 토지로 본다.

한편, 주택부속토지의 경계가 명백한 경우에는 그 경계 안의 토지를 주택부속토지로 보는 것이나, 그 경계가 명백하지 아니한 때에는 그 주택의 바닥면적의 10배에 해당하는 토지를 주택의 부속토지로 본다.

8-3-7. 별장부속토지

주거용건축물로서 상시주거용으로 사용하지 아니하고 휴양 · 피서 · 위락 등의 용도로 사용하는 건축물(이하 "별장"이라 함)의 부속토지는 비사업용 토지의 범위에 해당한다. 이 때 별장부속토지의 경계가 명확한 경우에는 그 경계 안의 토지를 별장의 부속토지로 보는 것이나, 별장에 부속된 토지의 경계가 명확하지 아니한 때에는 그 건축물 바닥면적의 10배에 해당하는 토지를 부속토지로 본다(법법 §55의 2 ② 6호).

8-3-8. 기타 비사업용 토지

전술한 "8-3-2. 농지 내지 8-3-7. 별장부속토지"와 유사한 토지로서 법인의 업무와 직접 관련이 없다고 인정할 만한 상당한 이유가 있는 법인세법 시행령에서 정하는 토지는 비사업용 토지의 범위에 해당한다(법법 §55의 2 ② 7호).

※ 법인세법 시행령에서 별도로 정하고 있는 토지는 없음.

8-3-9. 수입금액비율의 계산

(1) 수입금액비율의 계산

1) 업종별 수입금액비율

다음에 열거하는 토지에 대하여는 그 각각의 토지의 가액에 대한 1년간의 수입금액의 비율(이하 "수입금액비율"이라 함)이 일정비율 이상인 경우에 한하여 비사업용 토지로 보지 아니한다(법령 §92의 8 ②). 이는 사업영위를 가장한 조세회피의 발생 가능성이 상대적으로 높은 업종에 대하여는 지가 대비 업종별 수입금액비율을 최소한으로 적용하여 비사업용 토지의 해당여부를 판정하기 위한 것이다(법칙 §46 ⑥, ⑬, ⑮).

한편, 수입금액비율 대상 업종의 분류는 법인세법 시행령에 특별한 규정이 있는 경우를 제외하고는 통계법 제17조의 규정에 따라 통계청장이 고시하는 한국표준산업분류에 따른다(법령 §92의 8 ⑦).

업종별 토지에 대한 수입금액비율과 그밖의 비사업용 토지 제외 요건에 대하여는 전술한 "8-3-5. 농지 · 임야 · 목장용지 외의 토지" 중 "(2) 비사업용 토지의 범위에서 제외되는 재산세 종합합산과세대상 토지"의 관련 해설을 참조하기 바란다.

업종별 토지	연간 수입금액 기준비율
① 주차장운영업용 토지	3%
② 광천지	4%
③ 양어장 · 지소용 토지	4%
④ 블록 · 석물 및 토관제조업용 토지	20%
⑤ 조경작물식재업용 토지 및 화훼판매시설업용 토지	7%
⑥ 자동차정비 · 중장비정비 · 중장비운전에 관한 과정을 교습하는 학원용 토지	10%
⑦ 농업에 관한 과정을 교습하는 학원용 토지	7%

업종별 토지	연간 수입금액 기준비율
⑧ 블록 · 석물 · 토관 · 벽돌 · 콘크리트제품 · 옹기 · 철근 · 비철금속 · 플라스틱파이프 · 골재 · 조경작물 · 화훼 · 분재 · 농산물 · 수산물 · 축산물의 도매업 및 소매업용(농산물 · 수산물 및 축산물의 경우에는 유통산업발전법에 따른 시장과 그 밖에 이와 유사한 장소에서 운영하는 경우에 한함) 토지	10%

2) 수입금액비율의 계산

수입금액비율은 해당 업종의 경기상황에 따른 일시적인 수입금액 변화를 감안하기 위해 사업연도별로 다음의 ①과 ②의 산식에 의해 계산한 비율 중 큰 것으로 한다. 이 경우 당해 토지에서 발생한 수입금액을 토지의 필지별로 구분할 수 있는 경우에는 필지별로 수입금액비율을 계산한다. 한편, 아래 산식에서 '당해 사업연도의 토지가액'이라 함은 당해 사업연도 종료일의 기준시가를 말하며, 사업연도 중에 당해 토지를 양도한 경우에는 양도일 현재의 기준시가를 말한다(법령 §92의 8 ②, ④).

① 당해 사업연도 기준 수입금액비율

$$\frac{\text{당해 사업연도의 연간수입금액}}{\text{당해 사업연도의 토지가액}} \times 100$$

② 당해 사업연도 및 직전 사업연도 기준 수입금액비율

$$\frac{(\text{당해 사업연도의 연간수입금액} + \text{직전 사업연도의 연간수입금액})}{(\text{당해 사업연도의 토지가액} + \text{직전 사업연도의 토지가액})} \times 100$$

(2) 연간수입금액의 계산

1) 개 요

연간수입금액은 당해 토지 및 건축물 · 시설물 등(이하 "당해 토지 등"이라 함)에 관련된 사업의 1사업연도의 수입금액으로 하되, 당해 토지 등에 대하여 전세 또는 임대계약을 체결하여 전세금 또는 보증금을 받는 경우에는 부가가치세법 시행령 제65조 제1항에서 규정하고 있는 다음의 산식을 준용하여 계산한 간주임대료 상당액을 연간수입금액에 합산한다(법령 §92의 8 ③ 1호).

$$\text{간주임대료} = \text{전세금 또는 임대보증금} \times \text{일수} \times \frac{\text{계약기간 1년의 정기예금이자율}}{365(\text{윤년 } 366)}$$

2) 실지 귀속이 불분명한 경우의 연간수입금액 안분계산

1사업연도의 수입금액이 당해 토지 등과 그밖의 토지 및 건축물 · 시설물 등(이하 "기타 토지 등"이라 함)에 공통으로 관련되고 있어 그 실지귀속을 구분할 수 없는 경우에는 당해 토지 등에 관련된 1사업연도의 수입금액은 다음 산식에 따라 계산한다(법령 §92의 8 ③ 2호). 이 경우 아래 산식에서 '당해 사업연도의 당해 토지의 가액' 또는 '당해 사업연도의 그 밖의 토지의 가액'이라 함은 당해 사업연도 종료일의 기준시가를 말하며, 사업연도 중에 당해 토지를 양도하는 경우에는 양도일 현재의 기준시가를 말한다(법령 §92의 8 ④).

$$\text{당해 토지 등에 관련된 1사업연도의 수입금액} = \text{당해 토지 등과 기타토지 등에 공통으로 관련된 1사업연도의 수입금액} \times \frac{\text{당해 사업연도의 당해 토지의 가액}}{\text{당해 사업연도의 당해 토지의 가액과 그밖의 토지의 가액의 합계액}}$$

3) 사업영위기간이 1년 미만인 경우의 연간수입금액 환산

사업의 신규개시 · 폐업, 과세기간 중의 토지의 양도 또는 법령에 따른 토지의 사용금지 그 밖의 부득이한 사유로 인하여 1사업연도 중 당해 토지에서 사업을 영위한 기간이 1년 미만인 경우에는 다음의 산식에서와 같이 당해 기간 중의 수입금액을 1년간으로 환산하여 연간수입금액을 계산한다(법령 §92의 8 ③ 3호).

$$\text{당해 토지 등에 관련된 1사업연도의 수입금액} = \text{당해 토지 등과 관련된 사업기간 중의 수입금액} \times \frac{\text{365(윤년 366)}}{\text{당해 사업기간 중 당해 토지 등과 관련한 사업기간 일수}}$$

8-3-10. 비사업용 토지의 면적 판정기준

(1) 다수필지의 토지가 단일 용도로 사용되는 경우의 기준면적 판정기준

비사업용 토지의 해당 여부를 판정함에 있어 연접하여 있는 다수 필지의 토지가 하나의 용도에 일괄하여 사용되고 그 총면적이 비사업용 토지 해당 여부의 판정기준이 되는 면적(이하 "기준면적"이라 함)을 초과하는 경우에는 다음과 같이 해당 토지 위의 건축물 및 시설물 유무로 그 유형을 구분하여 그 각각의 순위에 따른 토지의 전부 또는 일부를 기준면적 초과부분으로 본다(법령 §92의 8 ⑤).

유 형	기준면적 초과분으로 보는 토지 판정 순서
토지 위에 건축물 및 시설물이 없는 경우	① 취득시기가 늦은 토지 ② 취득시기가 동일한 경우에는 법인이 선택하는 토지
토지 위에 건축물 및 시설물이 있는 경우	① 건축물의 바닥면적 또는 시설물의 수평투영면적을 제외한 토지 중 취득시기가 늦은 토지 ② 취득시기가 동일한 경우에는 법인이 선택하는 토지

(2) 복합용도 건축물의 부속토지에 대한 특정용도별 토지면적 판정기준

비사업용 토지의 해당 여부를 판정함에 있어 토지 위에 법인의 특정 사업에 사용되는 부분(다수의 건축물 중 특정 사업에 사용되는 일부 건축물을 포함하며, 이하 "특정용도분"이라 함)과 특정용도 이외에 사용되는 부분 등이 하나의 건물에 혼재되어 있는 복합용도의 건축물이 있는 경우, 당해 건축물의 바닥면적 및 부속토지면적(이하 "부속토지면적 등"이라 함) 중 특정용도분의 부속토지면적 등은 다음의 산식에 의해 계산한다(법령 §92의 8 ⑥ 1호).

$$\text{특정용도분의 부속토지면적 등} = \text{건축물의 부속토지면적 등} \times \frac{\text{특정용도분의 연면적}}{\text{건축물의 연면적}}$$

(3) 동일경계 안에 용도가 다른 다수의 건축물이 있는 경우의 특정용도별 토지면적 판정기준

비사업용 토지의 해당 여부를 판정함에 있어 동일 경계 안의 토지 위에 용도가 다른 다수의 건축물이 있는 경우, 당해 건축물의 전체 부속토지면적 중 특정용도분의 부속토지면적은 다음의 산식에 의해 계산한다(법령 §92의 8 ⑥ 2호).

$$\text{특정용도분의 부속토지면적} = \text{다수의 건축물의 전체 부속토지면적} \times \frac{\text{특정용도분의 바닥면적}}{\text{다수의 건축물의 전체 바닥면적}}$$

Step II : 서식의 이해

■ 작성요령 - 법인세 과세표준 및 세액조정계산서

[별지 제3호 서식] (2024. 3. 22. 개정) (앞쪽)

사업연도	. . ~ . .	법인세 과세표준 및 세액조정계산서	법 인 명	
			사업자등록번호	

구분	항목	코드	금액
① 각 사업연도 소득 계산	⑩ 결산서상 당기순손익	01	
	소득조정금액 ⑫ 익금산입	02	
	소득조정금액 ⑬ 손금산입	03	
	⑭ 차가감소득금액 (⑩+⑫-⑬)	04	
	⑮ 기부금한도초과액	05	
	⑯ 기부금한도초과이월액 손금산입	54	
	⑰ 각사업연도소득금액 (⑭+⑮-⑯)	06	
② 과세표준 계산	⑱ 각사업연도소득금액 (⑱=⑰)		
	⑲ 이월결손금	07	
	⑩ 비과세소득	08	
	⑪ 소득공제	09	
	⑫ 과세표준 (⑱-⑲-⑩-⑪)	10	
	⑮ 선박표준이익	55	
③ 산출세액 계산	⑬ 과세표준(⑫+⑮)	56	
	⑭ 세율	11	
	⑮ 산출세액	12	
	⑯ 지점유보소득 (「법인세법」 제96조)	13	
	⑰ 세율	14	
	⑱ 산출세액	15	
	⑲ 합계(⑮+⑱)	16	
④ 납부할 세액 계산	⑳ 산출세액(⑳ =⑲)		
	㉑ 최저한세적용대상 공제감면세액	17	
	㉒ 차감세액	18	
	㉓ 최저한세적용제외 공제감면세액	19	
	㉔ 가산세액	20	
	㉕ 가감계(㉒-㉓+㉔)	21	
	기납부세액 - 기한내납부세액 ㉖ 중간예납세액	22	
	기납부세액 - 기한내납부세액 ㉗ 수시부과세액	23	
	기납부세액 - 기한내납부세액 ㉘ 원천납부세액	24	
	기납부세액 - 기한내납부세액 ㉙ 간접투자회사등의 외국납부세액	25	
	기납부세액 - 기한내납부세액 ㉚ 소계 (㉖+㉗+㉘+㉙)	26	
	기납부세액 ㉛ 신고납부전가산세액	27	
	기납부세액 ㉜ 합계(㉚+㉛)	28	
	㉝ 감면분추가납부세액	29	
	㉞ 차감납부할세액 (㉕-㉜+㉝)	30	
⑤ 토지등 양도소득에 대한 법인세 계산	양도차익 ㉟ 등기자산	31	
	양도차익 ㊱ 미등기자산	32	
	㊲ 비과세소득	33	
	㊳ 과세표준 (㉟+㊱-㊲)	34	
	㊴ 세율	35	
	㊵ 산출세액	36	
	㊶ 감면세액	37	
	㊷ 차감세액(㊵-㊶)	38	
	㊸ 공제세액	39	
	㊹ 동업기업 법인세 배분액 (가산세 제외)	58	
	㊺ 가산세액 (동업기업 배분액 포함)	40	
	㊻ 가감계(㊷-㊸+㊹+㊺)	41	
	기납부세액 ㊼ 수시부과세액	42	
	기납부세액 ㊽ ( ) 세액	43	
	기납부세액 ㊾ 계(㊼+㊽)	44	
	㊿ 차감납부할세액(㊻-㊾)	45	
⑥ 미환류소득 법인세	⑯ 과세대상미환류소득	59	
	⑯ 세율	60	
	⑯ 산출세액	61	
	⑯ 가산세액	62	
	⑯ 이자상당액	63	
	⑯ 납부할세액(⑯+⑯+⑯)	64	
⑦ 세액계	⑮ 차감납부할 세액계 (㉞+㊿+⑯)	46	
	⑮ 사실과 다른 회계처리 경정세액공제	57	
	⑮ 분납세액계산범위액 (⑮-㉔-㉝-㊺-⑮+㉛)	47	
	⑮ 분납할세액	48	
	⑮ 차감납부세액 (⑮-⑮-⑮)	49	

세무조정 체크리스트

검 토 사 항	확인
1. 부동산 양도 여부 확인 －과세대상 사업연도에 귀속되는 부동산 양도소득 여부 확인	
2. 양도 부동산의 종류 확인 －주택(부수토지 포함) 및 별장 －비사업용토지 －조합원입주권 및 분양권	
3. 과세대상 여부 확인 －양도일자 확인 －2009. 3. 6.~2012. 12. 31. 기간 중에 취득한 자산을 양도하는 경우 과세 제외 －비과세대상 여부 확인(법법 §55의 2 ④ 및 법령 §92의 2 ④)	
4. 양도 부동산의 적용 세율 확인	

Step III 사례와 서식작성실무

예제

사 례

㈜삼일은 제14기 사업연도(2024. 1. 1.~2024. 12. 31.) 중 다음과 같은 부동산을 2024년 2월에 모두 양도하였다. 다음의 자료를 토대로 ㈜삼일의 제14기 사업연도의 법인세 신고를 위한 법인세 과세표준 및 세액조정계산서 〔별지 제3호 서식〕 중 "⑤ 토지 등 양도소득에 대한 법인세 계산"란을 작성하라.

구 분	주택 A	비사업용 토지	주택 B
양도가액	600,000,000원	2,000,000,000원	1,000,000,000원
취득가액	250,000,000원	1,000,000,000원	600,000,000원
비 고	감가상각누계액 : 80,000,000원 시인부족액 : 30,000,000원	–	감가상각누계액 : 100,000,000원 상각부인액 : 40,000,000원

1. 위 부동산은 모두 양도 당시 등기된 부동산이다.
2. 주택 B의 판매수수료는 35,000,000원이 발생하였다.
3. 주택 A의 취득시기는 2012년 1월 1일이며, 비사업용 토지 및 주택 B의 취득시기는 2019년 1월 1일이다.
4. ㈜삼일은 중소기업(법법 §13 ①)에 해당하지 아니한다.

해 설

1. 토지 등 양도소득에 대한 법인세 추가과세 대상 여부 판단

(1) 주택 A

2012년 1월 1일에 취득한 주택 A를 양도한 것이므로 법인세 추가과세 제외대상(*)이다.

(*) 2009년 3월 16일부터 2012년 12월 31일까지 취득한 자산을 양도함으로써 발생하는 소득에 대하여는 토지 등 양도소득에 대한 법인세의 과세대상에서 제외함[법법 부칙(2009. 5. 21.) §4].

(2) 비사업용 토지 및 주택 B

2019년 1월 1일에 취득한 비사업용 토지 및 주택 B를 2024년 2월에 양도하였으므로 법인세 추가과세 대상이다.

2. 토지 등 양도소득의 계산

비사업용 토지 및 주택 B의 양도소득은 다음과 같이 비사업용 토지 및 주택 B의 양도소득에서 양도 당시 취득가액 및 세무상 장부가액을 차감하여 계산한다.

구 분	비사업용 토지	주택 B
① 양도가액	2,000,000,000원	1,000,000,000원
② 장부가액	1,000,000,000원	540,000,000원(*1)
③ 양도소득(①-②)	1,000,000,000원	460,000,000원(*2)

(*1) 주택 B의 장부가액 = 600,000,000-(100,000,000-40,000,000)=540,000,000

(*2) 토지 등 양도소득 계산시 판매수수료는 양도차익에서 공제되지 아니함(조심 2009서3769, 2009. 12. 21.).

3. 토지 등 양도소득에 대한 법인세

비사업용 토지 및 주택 B의 양도소득에 대한 산출세액은 비사업용 토지 및 주택 B의 양도소득에 각각 10%, 20% 세율을 곱하여 계산한다.

구 분	비사업용 토지	주택 B	합 계
양도소득	1,000,000,000원	460,000,000원	1,460,000,000원
세 율	10%	20%	
토지 등 양도소득에 대한 법인세	100,000,000원	92,000,000원	192,000,000원

4. 법인세 과세표준 및 세액조정계산서 〔별지 제3호 서식〕 작성 (다음 page 참조)

[별지 제3호 서식] (2024. 3. 22. 개정) (앞쪽)

사업연도	2024. 1. 1. ~ 2024. 12. 31.	법인세 과세표준 및 세액조정계산서	법 인 명	(주)삼일
			사업자등록번호	

구분		항목	코드	금액
① 각 사업연도 소득계산		(101) 결산서상 당기순손익	01	
	소득조정 금액	(102) 익금산입	02	
		(103) 손금산입	03	
		(104) 차가감소득금액 ((101)+(102)−(103))	04	
		(105) 기부금한도초과액	05	
		(106) 기부금한도초과이월액 손금산입	54	
		(107) 각사업연도소득금액 ((104)+(105)-(106))	06	
② 과세표준 계산		(108) 각사업연도소득금액 ((108)=(107))		
		(109) 이월결손금	07	
		(110) 비과세소득	08	
		(111) 소득공제	09	
		(112) 과세표준 ((108)−(109)−(110)−(111))	10	
		(159) 선박표준이익	55	
③ 산출세액 계산		(113) 과세표준((112)+(159))	56	
		(114) 세율	11	
		(115) 산출세액	12	
		(116) 지점유보소득 (「법인세법」 제96조)	13	
		(117) 세율	14	
		(118) 산출세액	15	
		(119) 합계((115)+(118))	16	
④ 납부할 세액 계산		(120) 산출세액((120)=(119))		
		(121) 최저한세 적용대상 공제감면세액	17	
		(122) 차감세액	18	
		(123) 최저한세 적용제외 공제감면세액	19	
		(124) 가산세액	20	
		(125) 가감계((122)-(123)+(124))	21	
	기납부세액 / 기한내납부세액	(126) 중간예납세액	22	
		(127) 수시부과세액	23	
		(128) 원천납부세액	24	
		(129) 간접투자회사등의 외국납부세액	25	
		(130) 소계 ((126)+(127)+(128)+(129))	26	
	기납부세액	(131) 신고납부전가산세액	27	
		(132) 합계((130)+(131))	28	
		(133) 감면분추가납부세액	29	
		(134) 차감납부할세액 ((125)-(132)+(133))	30	
⑤ 토지등 양도소득에 대한 법인세 계산	양도차익	(135) 등기자산	31	1,460,000,000
		(136) 미등기자산	32	
		(137) 비과세소득	33	
		(138) 과세표준 ((135)+(136)-(137))	34	1,460,000,000
		(139) 세율	35	20 %
		(140) 산출세액	36	192,000,000
		(141) 감면세액	37	
		(142) 차감세액((140)-(141))	38	192,000,000
		(143) 공제세액	39	
		(144) 동업기업 법인세 배분액 (가산세 제외)	58	
		(145) 가산세액 (동업기업 배분액 포함)	40	
		(146) 가감계((142)-(143)+(144)+(145))	41	192,000,000
	기납부세액	(147) 수시부과세액	42	
		(148) ( ) 세액	43	
		(149) 계((147)+(148))	44	
		(150) 차감납부할세액((146)-(149))	45	192,000,000
⑥ 미환류소득 법인세		(160) 과세대상미환류소득	59	
		(161) 세율	60	
		(162) 산출세액	61	
		(163) 가산세액	62	
		(164) 이자상당액	63	
		(165) 납부할세액((162)+(163)+(164))	64	
⑦ 세액계		(151) 차감납부할세액계 ((134)+(150)+(165))	46	
		(152) 사실과 다른 회계처리 경정세액공제	57	
		(153) 분납세액계산범위액 ((151)-(124)-(133)-(145)-(152)+(131))	47	
		(154) 분납할세액	48	
		(155) 차감납부세액 ((151)-(152)-(154))	49	

비영리내국법인의 자산양도소득에 대한 신고 특례

관련 법령	• 법법 §62의 2 • 법령 §99의 2
관련 서식	• 법인세법 시행규칙 [별지 제57호의 2 서식] 비영리내국법인의 양도소득과세표준예정신고서 [별지 제57호의 2 서식 부표 1] 양도소득금액 계산명세서 [별지 제57호의 2 서식 부표 2] 주식 양도소득금액 계산명세서

제4절

비영리내국법인의 자산양도소득에 대한 신고 특례

4

Step I 내용의 이해

1. 개 요

법인세법 제4조 제3항 제1호에 따른 수익사업을 하지 아니하는 비영리내국법인 즉, 사업소득이 없는 비영리내국법인이 법인세법 제4조 제3항 제4호부터 제6호까지의 수입으로서 양도소득세 과세대상자산 중 주식 등, 토지 또는 건물, 부동산에 관한 권리 및 기타자산의 양도로 인하여 발생하는 소득(이하 "자산양도소득"이라 함)이 있는 경우에는 법인세법 제60조 제1항의 규정에 불구하고 과세표준 신고를 하지 아니할 수 있다. 이 경우 과세표준 신고를 하지 아니한 자산양도소득은 각 사업연도의 소득금액을 계산할 때 이를 포함하지 아니한다(법법 §62의 2 ①).

과세표준 신고를 하지 아니한 자산양도소득에 대해서는 소득세법 중 양도소득세의 규정을 준용하여 산출한 과세표준에 양도소득세율을 적용하여 계산한 금액(이하 "양도소득세 상당액"이라 함)을 법인세로 납부하여야 한다. 따라서 사업소득이 없는 비영리법인은 자산양도소득에 대하여 ① 법인세법의 규정에 의한 법인세(토지 등 양도소득에 대한 법인세 포함)를 신고·납부하는 방법과 ② 소득세법의 규정에 의한 양도소득세 상당액을 법인세(토지 등 양도소득에 대한 법인세를 포함하되, 소득세법 제104조 제4항에 따라 가중된 세율을 적용하는 경우에는 제외)로 납부하는 방법 중 하나를 법인이 선택하여 적용받을 수 있다.

2. 신고 특례 대상자산 및 적용방법

2-1. 신고 특례 대상자산

사업소득이 없는 비영리내국법인이 과세표준 신고를 하지 아니하고 자산양도소득에 대한 신고 특례를 적용받기 위해서는 다음의 자산을 양도하는 경우이어야 한다(법법 §62의 2 ① 및 법령 §99의 2 ①).

(1) 주식 등

① 자본시장과 금융투자업에 관한 법률에 따른 주권상장법인(이하 "주권상장법인"이라 함)의 주식 등으로서 대주주가 양도하는 주식 등과 대주주가 아닌 자가 동법에 따른 증권시장에서의 거래에 의하지 아니하고 양도하는 장외거래주식 등(상법상 주식의 포괄적 교환·이전 또는 주식의 포괄적 교환·이전에 대한 주식매수청구권 행사로 양도하는 주식 등은 제외)(소법 §94 ① 3호 가목)

② 주권상장법인이 아닌 법인의 주식(대주주가 아닌 자가 협회장외시장을 통해 양도하는 중소·중견기업 주식 등은 제외함)(소법 §94 ① 3호 나목)

③ 해외주식(소법 §94 ① 3호 다목)

외국법인이 발행하였거나 외국에 있는 시장에 상장된 주식 등으로서 다음의 주식(소령 §157의 3, §178의 2 ④)

㉠ 외국법인이 발행한 주식 등(증권시장에 상장된 주식 등과 국외에 있는 자산으로서 하기 '④ 특정시설물이용권부주식', '⑤ 지배주식' 및 '⑥ 부동산과다법인주식'을 제외함)

㉡ 내국법인이 발행한 주식 등(국외 예탁기관이 발행한 증권예탁증권을 포함함)으로서 해외 증권시장에 상장된 것

④ 특정시설물이용권부주식(소법 §94 ① 4호 나목)

특정법인의 주식 등을 소유하는 것만으로 골프회원권 등 특정시설물을 배타적으로 이용하거나 일반이용자에 비하여 유리한 조건으로 시설물이용권을 부여받게 되는 경우 당해 주식

⑤ 지배주식(소법 §94 ① 4호 다목(*))

법인의 자산총액 중 다음의 합계액이 차지하는 비율이 50% 이상인 법인의 과점주주(법인의 주주 1인과 주권상장법인기타주주 또는 주권비상장법인기타주주가 소유하고 있는 주식 등의 합계액이 해당 법인의 주식 등의 합계액의 50% 초과인 경우 그 주주 1인과 주권상장법인기타주주 또는 주권비상장법인기타주주)가 그 법인의 주식 등의 50% 이상을 해당 과점주주 외의 자에게 양도하는 경우(과점주주가 해당 법인의 주식 등의 50% 이상을 과점주주 외의 자에게 양도한 주식 등 중에서 양도하는 날부터 소급해 3년 내에 해당 법인의 과점주주 간에 해당 법인의 주식 등을 양도한 경우를 포함)에 해당 주식 등(소령 §158 ①, ③)

㉠ 토지·건물·부동산에 관한 권리(이하 "부동산 등"이라 함)의 가액

㉡ 해당 법인이 직접 또는 간접으로 보유한 다른 법인(부동산 등의 보유비율이 50% 이상인 법인과 부동산과다법인주식의 업종을 영위하는 법인으로 부동산 등 보유비율이 80% 이상인 법인에 한정)의 주식가액에 다음의 계산식에 따라 계산한 그 다른 법인의 부동산 등 보유비율을 곱하여 산출한 가액(소령 §158 ⑥, ⑦)

$$\text{다른 법인의 부동산 등 보유비율} = \frac{\text{〔다른 법인이 보유하고 있는 부동산 등의 자산가액 + 다른 법인이 보유하고 있는 경영지배관계}^{(*)}\text{에 있는 법인이 발행한 주식가액} \times \text{해당 경영지배관계}^{(*)}\text{에 있는 법인의 부동산등 보유비율〕}}{\text{다른 법인의 자산총액}}$$

(*) 국세기본법 시행령 제1조의 2 제3항 제2호 및 같은 조 제4항에 따른 경영지배관계

⑥ 부동산과다법인주식(소법 §94 ① 4호 라목(*))

골프장 · 스키장 · 휴양콘도미니엄 또는 전문휴양시설을 건설 또는 취득하여 직접 경영하거나 분양 또는 임대하는 사업을 하는 법인으로서 자산총액 중 상기 '⑤ 지배주식'의 ㉠ 및 ㉡의 합계액이 차지하는 비율이 80% 이상인 법인의 주식 등

(*) 2016년 12월 20일 소득세법 개정시 종전의 소득세법 시행령 제158조 제1항 제1호 및 제5호에서 규정하던 자산이 소득세법 제94조 제1항 제4호 다목 및 라목으로 상위법령화되는 등 개정이 이루어졌으나 법인세법 시행령 제99조의 2 제1항에서는 종전 규정을 그대로 인용하고 있는 바, 이는 단순입법오류로 보이므로 이에 대한 개정이 필요한 것으로 사료됨.

(2) 토지 또는 건물(건물에 부속된 시설물과 구축물 포함)

(3) 부동산에 관한 권리 및 기타자산

① 부동산에 관한 권리(소법 §94 ① 2호)

다음 중 어느 하나에 해당하는 부동산에 관한 권리의 양도로 발생하는 소득

㉠ 부동산을 취득할 수 있는 권리(건물이 완성되는 때에 그 건물과 이에 딸린 토지를 취득할 수 있는 권리 포함)

㉡ 지상권

㉢ 전세권과 등기된 부동산임차권

② 기타자산(소법 §94 ① 4호)

다음 중 어느 하나에 해당하는 자산(이하 "기타자산"이라 함)의 양도로 발생하는 소득

㉠ 사업에 사용하는 부동산 등과 함께 양도하는 영업권(영업권을 별도로 평가하지 아니하였으나 사회통념상 자산에 포함되어 함께 양도된 것으로 인정되는 영업권과 행정관청으로부터 인가 · 허가 · 면허 등을 받음으로써 얻는 경제적 이익 포함)

㉡ 이용권 · 회원권, 그 밖에 그 명칭과 관계없이 시설물을 배타적으로 이용하거나 일반이용자보다 유리한 조건으로 이용할 수 있도록 약정한 단체의 구성원이 된 자에게 부여되는 시설물 이용권(법인의 주식 등을 소유하는 것만으로 시설물을 배타적으로 이용하거나 일반이용자보다 유리한 조건으로 시설물 이용권을 부여받게 되는 경우 그 주식 등 포함)

㉢ 상기 '(1) 주식 등'의 '⑤ 지배주식' 및 '⑥ 부동산과다법인주식'

㉣ 토지 · 건물과 함께 양도하는 이축권(개발제한구역의 지정 및 관리에 관한 특별조치법 제12

조 제1항 제2호 및 제3호의 2에 따른 이축을 할 수 있는 권리). 다만, 해당 이축권 가액을 감정평가 및 감정평가사에 관한 법률에 따른 감정평가법인등이 감정한 가액이 있는 경우 그 가액(감정한 가액이 둘 이상인 경우에는 그 감정한 가액의 평균액)을 구분하여 신고하는 경우는 제외함(소령 §158의 2).

2-2. 신고 특례 적용방법

비영리법인의 자산양도소득에 대한 신고 특례는 자산의 양도일이 속하는 각 사업연도 단위별로 이를 적용한다. 이 경우 각 사업연도 단위별로 이를 적용하지 아니한 때에는 당해 사업연도의 양도소득에 대하여는 신고 특례를 적용하지 아니한다(법령 §99의 2 ②).

따라서 동일한 사업연도의 양도자산 중 일부는 법인세법의 규정을 따르고 일부만 본 특례규정을 적용받도록 할 수는 없다. 반드시 사업연도 단위별로 자산양도차익 전부에 대해 특례규정을 적용받거나 아니면 전부 각 사업연도 소득금액에 포함시켜 법인세 납부의무를 부담하여야 한다.

3. 양도소득 상당액의 계산

3-1. 과세표준의 계산

자산양도소득에 대한 과세표준은 소득세법 제92조를 준용하여 계산한다. 따라서 과세표준은 자산의 양도로 인하여 발생한 총수입금액(양도가액)에서 필요경비를 공제하고, 공제한 후의 금액(양도차익)에서 장기보유특별공제 및 양도소득기본공제를 한 금액으로 한다(법법 §62의 2 ③). 이를 산식으로 표현하면 다음과 같다.

	양도가액
(−)	취득가액, 자본적 지출액, 양도비용
=	양도차익
(−)	장기보유특별공제
=	양도소득금액
(−)	양도소득기본공제
=	자산양도소득 과세표준

양도가액 · 필요경비 및 양도차익의 계산은 소득세법 제96조부터 제98조까지 및 제100조를 준용하며, 장기보유특별공제 및 양도소득기본공제는 동법 제95조 제2항 및 동법 제103조의 규정을 준용한다(법법 §62의 2 ③, ④). 또한, 자산양도소득에 대한 과세표준의 계산에 관하여는 소득세법 제101조 및 제102조를 준용한다(법법 §62의 2 ⑤).

3-2. 세액의 계산

비영리내국법인의 자산양도소득에 대한 신고 특례를 적용함에 따른 산출세액은 위에서 산정한 자산양도소득 과세표준에 소득세법 제104조 제1항의 양도소득세율을 적용하여 같은 법 제92조의 양도소득세액의 계산순서 규정을 준용하여 산정한다(법법 §62의 2 ②, ⑤). 한편, 소득세법 제104조 제4항에 의해 지정지역 내에 소재한 부동산을 양도함에 따라 가중된 양도소득세율을 적용하는 경우에는 토지 등 양도소득에 대한 법인세 규정(법법 §55의 2)을 적용하지 아니한다.

3-3. 취득가액의 특례

상속세 및 증여세법에 따라 상속세 과세가액 또는 증여세 과세가액에 산입되지 아니한 재산을 출연받아 그 출연일로부터 3년 이내에 양도하는 자산은 소득세법상의 취득가액 산정 규정을 준용하지 아니하고 그 자산을 출연한 출연자의 취득가액을 그 법인의 취득가액으로 하되, 다음 중 하나에 해당하는 사업(보건업 외에 법인세법 시행령 제3조 제1항의 규정에 해당하는 수익사업은 제외)에 자산을 1년 이상 직접 사용한 경우에는 그러하지 아니한다(법법 §62의 2 ④ 단서 및 법령 §99의 2 ③).

① 법령에서 직접 사업을 정한 경우에는 그 법령에 규정된 사업
② 행정관청으로부터 허가·인가 등을 받은 경우에는 그 허가·인가 등을 받은 사업
③ ① 및 ② 외의 경우에는 법인등기부상 목적사업으로 정하여진 사업

그러나 상기의 취득가액 특례규정은 상속 또는 증여시에는 상속세 과세가액 또는 증여세 과세가액에 산입되지 않았으나 추후 과세요인이 발생하여 상속세 또는 증여세가 부과된 경우에는 적용하지 아니한다(법령 §99의 2 ④).

한편, 국세기본법 제13조 제2항에 따른 법인으로 보는 단체의 경우에는 같은 항에 따라 승인을 받기 전의 당초 취득한 가액을 취득가액으로 한다.

4. 신고 및 납부 등

4-1. 각 사업연도 법인세에 대한 신고의 준용

비영리법인의 자산양도소득에 대한 신고 특례 적용시, 과세표준에 대한 신고·납부·결정·경정 및 징수에 관하여는 자산 양도일이 속하는 각 사업연도의 소득에 대한 법인세의 과세표준의 신고·납부·결정·경정 및 징수에 관한 규정을 준용하되, 그 밖의 법인세액에 합산하여 신고·납부·결정·경정 및 징수한다. 이 경우 법인세법 제75조의 3의 장부의 기록·보관 불성실가산세 규정을 준용한다(법법 §62의 2 ⑥).

4-2. 예정신고 및 자진납부

비영리법인의 자산양도소득에 대한 법인세(양도소득세 상당액)는 소득세법 제105조부터 제107조까지의 규정을 준용하여 예정신고 및 자진납부를 하여야 한다. 이 경우 당해 법인세의 분납은 소득세법 제112조를 준용한다(법법 §62의 2 ⑦).

또한, 비영리내국법인이 양도소득과세표준 예정신고를 한 경우에는 법인세법에 의한 과세표준에 대한 신고를 한 것으로 본다. 그러나 당해연도에 누진세율의 적용대상 자산에 대한 예정신고를 2회 이상 하는 경우 등으로서, 다음 중 하나에 해당하는 경우에는 법인세법에 의한 신고를 하여야 한다(법법 §62의 2 ⑧ 및 소법 §110 ④ 및 소령 §173 ⑤).

① 당해연도에 누진세율의 적용대상 자산에 대한 예정신고를 2회 이상 한 자가 소득세법 제107조 제2항의 규정에 따라 이미 신고한 양도소득금액과 합산하여 신고하지 아니한 경우
② 소득세법 제94조 제1항 제1호 · 제2호 및 제4호의 규정에 의한 토지, 건물, 부동산에 관한 권리 및 기타자산을 2회 이상 양도한 경우로서 소득세법 제103조 제2항의 규정을 적용할 경우 당초 신고한 양도소득산출세액이 달라지는 경우
③ 소득세법 제94조 제1항 제3호 가목 및 나목에 해당하는 주식 등을 2회 이상 양도한 경우로서 소득세법 제103조 제2항을 적용할 경우 당초 신고한 양도소득산출세액이 달라지는 경우
④ 소득세법 제94조 제1항 제1호 · 제2호 및 제4호에 따른 토지, 건물, 부동산에 관한 권리 및 기타자산을 둘 이상 양도한 경우로서 소득세법 제104조 제5항을 적용할 경우 당초 신고한 양도소득산출세액이 달라지는 경우

4-3. 양도차익 예정신고 후 특례적용 포기

비영리법인이 양도소득과세표준 예정신고 및 자진납부를 한 경우에도 법인세법 제60조 제1항의 규정에 의한 과세표준신고를 할 수 있다. 이 경우 예정신고납부세액은 기납부세액으로 보아 납부할 세액에서 공제한다(법령 §99의 2 ⑤).

4-4. 예정신고서의 제출

비영리법인이 자산양도소득에 대하여 양도소득과세표준 예정신고를 하는 경우에는 비영리내국법인의 양도소득과세표준예정신고서 [별지 제57호의 2 서식]을 제출하여야 한다(법령 §99의 2 ⑥).

관련사례

- 비영리내국법인이 수익사업을 영위하지 아니하던 기간에 토지 양도소득이 발생한 경우 신고 특례 적용 여부
  비영리내국법인이 수익사업을 영위하지 아니하던 기간에 토지의 양도로 인한 양도소득이 발생하였으므로 그 후 같은 사업연도 내에 수익사업을 영위하였더라도 자산양도소득에 대한 신고 특례를 적용할 수 있음(대법 2010두 3763, 2012. 1. 26.).
- 수익사업을 영위하는 비영리법인이 양도하는 비수익사업용 자산의 신고 특례 적용 여부
  수익사업을 영위하는 비영리내국법인이 보유하고 있는 비수익사업용 토지를 양도하는 경우, 당해 토지에 대하여는 비영리내국법인의 자산양도소득에 대한 신고 특례 규정이 적용되지 아니하는 것임(서면2팀-503, 2006. 3. 16.).
- 법인세가 과세되지 아니하는 경우 자산양도소득에 대한 신고 특례 적용 여부
  비영리법인의 고정자산의 처분으로 인하여 생기는 수입에 대하여 법인세법 제3조 제2항 제5호의 규정에 의하여 법인세가 과세되지 아니하는 경우에는 같은법 제62조의 2 규정을 적용하지 아니하는 것임(서면2팀-698, 2004. 4. 2.).
- 국세기본법상 법인으로 보는 단체의 자산양도소득에 대한 신고 특례 적용 여부
  교회가 국세기본법 제13조 제2항의 규정에 의한 법인으로 보는 단체에 해당하는 경우로서 수익사업을 영위하는 경우에는 비영리내국법인의 자산양도소득 신고 특례 규정을 적용할 수 없는 것임(서이 46012-12114, 2003. 12. 15.).

MEMO

Step Ⅱ : 서식의 이해

■ 작성요령Ⅰ - 비영리내국법인의 양도소득과세표준예정신고서

❷ 신고인의 인적사항을 빠짐없이 기재하되, 사업자등록번호 또는 고유번호가 없는 경우에는 대표자 성명과 생년월일을 반드시 적어야 한다.

❸ 양도소득금액계산명세서의 세율구분코드가 동일한 자산을 합산하여 적되, 주식의 경우에는 주식양도소득금액계산명세서〔별지 제57호의 2 서식 부표 2〕의 ③ 주식등 종류코드란의 세율이 동일한 자산(기타자산 주식 및 국외주식은 제외함)을 합산하여 적는다.

❺ 해당 연도 중 먼저 양도하는 자산의 양도소득금액에서부터 차례대로 공제하며, 미등기양도자산의 경우에는 공제하지 아니한다(부동산 등과 주식은 각각 연 250만원을 공제함).

❼ 해당 신고분까지 누계금액을 적는다.
※ 「⑪ 감면세액」란은 소득세법 제90조 제1항(세액감면 방식)에 의해 계산한 세액을 적는다.

❽ (직전까지 예정신고납부세액공제 누계액)+(금회 예정신고세액 중 기한 내 납부할 세액× 공제율)의 방법으로 계산한 금액을 적는다.

❾ 비거주자의 양도소득에 대하여 양수인이 원천징수한 세액 등을 적는다.

❿ 산출세액에 기한내 신고·납부 불이행에 따른 신고불성실(무신고 10~20%, 과소신고 10%, 부당과소 40%)·납부지연가산세(1일 2.2/10,000를 적용하되, 2019년 2월 11일까지의 기간에 대해서는 3/10,000을, 2019년 2월 12일부터 2022년 2월 14일까지의 기간에 대해서는 2.5/10,000를 적용함)·기장불성실가산세 등을 계산한 금액을 적는다.

⓫ 기신고세액(누계금액으로서 납부할 세액을 포함함), 무신고결정·경정 결정된 경우 총결정세액(누계금액을 말함)을 적는다.

⓭ 송금받을 본인의 예금계좌를 적는다. 다만, 환급세액이 5,000만원 이상인 경우에는 국세기본법 시행규칙에 따른 계좌개설(변경)신고서〔별지 제22호 서식〕에 통장사본을 첨부하여 신고해야 한다.

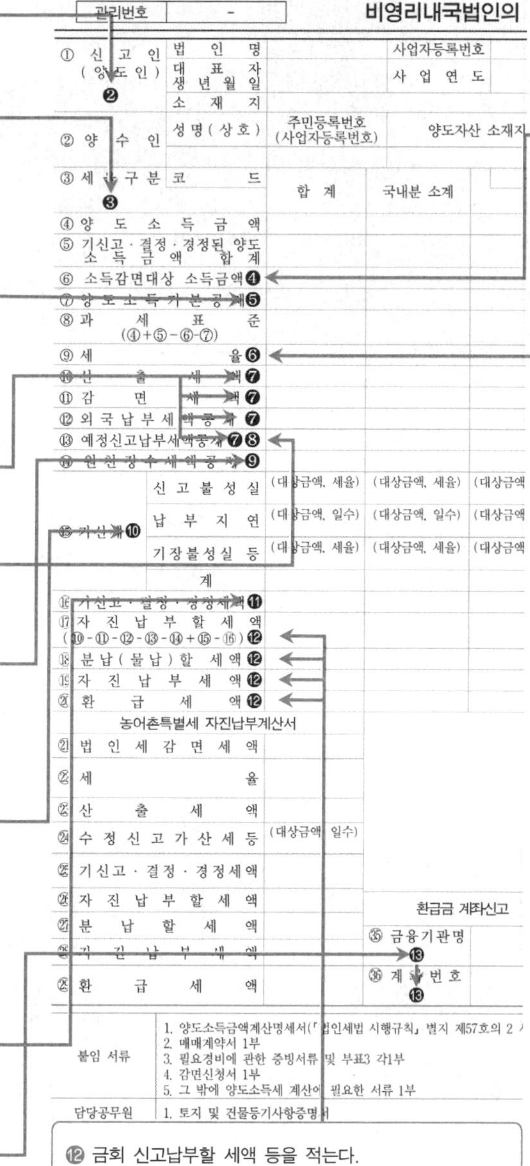

〔별지 제57호의 2 서식〕 (2023. 3. 20. 개정)

※ 뒤쪽의 작성방법을 읽고 작성하여 주시기 바랍니다.

관리번호 | -

비영리내국법인의

① 신고인(양도인) ❷ | 법인명 | 사업자등록번호
대표자 생년월일 | 사업연도
소재지
② 양수인 | 성명(상호) | 주민등록번호(사업자등록번호) | 양도자산 소재지
③ 세율구분 코드 ❸ | 합계 | 국내분 소계
④ 양도소득금액
⑤ 기신고·결정·경정된 양도소득금액 합계
⑥ 소득감면대상 소득금액 ❹
⑦ 양도소득기본공제 ❺
⑧ 과세표준 (④+⑤-⑥-⑦)
⑨ 세율 ❻
⑩ 산출세액 ❼
⑪ 감면세액 ❼
⑫ 외국납부세액공제 ❼
⑬ 예정신고납부세액공제 ❼❽
⑭ 원천징수세액공제 ❾
⑮ 가산세 ❿ | 신고불성실 | (대상금액, 세율) | (대상금액, 세율) | (대상금액
납부지연 | (대상금액, 일수) | (대상금액, 일수) | (대상금액
기장불성실 등 | (대상금액, 세율) | (대상금액, 세율) | (대상금액
계
⑯ 기신고·결정·경정세액 ⓫
⑰ 자진납부할 세액 (⑩-⑪-⑫-⑬-⑭+⑮-⑯) ⓬
⑱ 분납(물납)할 세액 ⓬
⑲ 자진납부세액 ⓬
⑳ 환급세액 ⓬

농어촌특별세 자진납부계산서
㉑ 법인세 감면세액
㉒ 세율
㉓ 산출세액
㉔ 수정신고가산세 등 | (대상금액, 일수)
㉕ 기신고·결정·경정세액
㉖ 자진납부할 세액
㉗ 분납할 세액
㉘ 자진납부세액
㉙ 환급세액

환급금 계좌신고
㉟ 금융기관명 ⓭
㊱ 계좌번호 ⓭

붙임 서류: 1. 양도소득금액계산명세서(「법인세법 시행규칙」 별지 제57호의 2 서식 / 2. 매매계약서 1부 / 3. 필요경비에 관한 증빙서류 및 부표3 각1부 / 4. 감면신청서 1부 / 5. 그 밖에 양도소득세 계산에 필요한 서류 1부

담당공무원: 1. 토지 및 건물등기사항증명서

⓬ 금회 신고납부할 세액 등을 적는다.

❶ 이 서식은 사업연도 단위별로 사업소득(법인세법 제4조 제3항 제1호 및 법인세법 시행령 제3조 제1항 각 호의 수익사업을 말함) 외의 이자, 배당, 주식, 유형자산 및 무형자산처분이익 및 채권매매이익만 있는 비영리내국법인이 토지·건물 및 주식(출자지분 포함)을 양도한 경우에 사용한다. 이 서식에 의하여 토지·건물 및 주식(출자지분 포함)의 양도에 따른 양도소득과세표준예정신고를 한 비영리내국법인은 법인세법 제60조 제1항에 따른 법인세 신고를 하지 않을 수 있다.

양도소득과세표준예정신고서 ❶

대표자 성명	
전화번호	
전자우편주소	

지분	양도인과의 관계
–	–

국외분 소계

❹ 양도소득세액의 감면을 소득세법 제90조 제2항(소득금액 차감방식)을 적용하여 계산하는 경우 양도자산의 감면소득금액을 적는다.

❻ 과세대상자산은 법인세법 제62조의 2 제1항 각 호 및 같은 법 시행령 제99조의 2 제1항에 따른 자산을 소득세법 제92조를 준용하여 계산한 과세표준에 같은 법 제104조 제1항 각 호의 세율을 적용하여 계산한다.

세율)	(대상금액, 세율)	(대상금액, 세율)	(대상금액, 세율)
일수)	(대상금액, 일수)	(대상금액, 일수)	(대상금액, 일수)
세율)	(대상금액, 세율)	(대상금액, 세율)	(대상금액, 세율)

신고인은 「법인세법」 제62조의 2, 「국세기본법」 제45조, 「농어촌특별세법」 제7조에 따라 위 내용을 (예정·수정)신고하며, 위 내용을 충분히 검토하였고 신고인이 알고 있는 사실 그대로를 정확하게 기재하였음을 확인합니다.

년 월 일

신고인(대표자) (서명 또는 인)

세무대리인은 조세전문자격자로서 위 신고서를 성실하고 공정하게 작성하였음을 확인합니다.

세무대리인 (성명 또는 인)

세무서장 귀하

식 부표1 또는 부표2) 1부

접수일자인

■ 작성요령 Ⅱ - 양도소득금액 계산명세서

❸ 매매, 수용, 협의매수, 교환, 공매, 경매, 상속, 증여, 신축, 분양, 기타 등을 적는다.

❹ 양도자산의 전체면적을 적고, 양도지분을 별도로 적는다.

❺ ⑥ 총면적 × 양도지분으로 산정한 면적을 적는다.

❻ 아래와 같이 적는다(상속 · 증여받은 자산은 상속개시일 및 증여일 현재의 나, 다에 따른 가액 또는 기준시가 중 확인되는 가액을 적음).

가. 실지거래가액으로 하는 경우 : 취득에 실지 소요된 가액

나. 매매사례가액에 의하는 경우 : 취득일 전후 3개월 이내의 매매사례가액을 적음.

다. 감정가액에 의하는 경우 : 취득일 전후 3개월 이내의 감정평가법인의 감정가액 2개 이상의 평균가액을 적음.

라. 환산가액에 의하는 경우 : 양도가액(⑨) ×〔취득시기준시가(⑳+㉑)/양도시기준시가(⑱+⑲)〕로 환산한 가액을 적음.

※ 취득가액 종류란 : 실지거래가액, 매매사례가액, 감정가액, 환산취득가액, 기준시가로 구분하여 적음.

❼ 해당 양도토지에 대하여 기납부한 토지초과이득세가 있는 경우 기납부한 토지초과이득세액을 적는다.

❽ 취득당시 가액을 실가에 의하는 경우에는 자본적지출액 등을 적고, 취득당시 가액을 매매사례가액 · 감정가액 · 환산가액 또는 기준시가에 의하는 경우에는 소득세법 시행령 제163조 제6항을 참조하여 적는다.

⓫ 양도소득세액의 감면을 소득세법 제90조 제2항(소득금액 차감방식)을 적용하여 계산하는 경우 양도자산의 감면소득금액을 적는다.

⓯ 「⑲ 건물」란의 작성방법에 따라 취득당시 금액을 적는다(최초 고시일 전에 취득한 경우에는 최초 고시금액을 취득시로 환산한 가액).

⓰ 취득시 개별공시지가에 면적을 곱하여 계산한 금액을 적는다(취득일이 1990.8.29. 이전인 경우에는 1990.1.1. 기준 개별공시지가를 토지등급에 의해 취득시로 환산한 가액).

[별지 제57호의 2 서식 부표 1] (2022. 3. 18. 개정)

관리번호	-

※ 관리번호는 적지 마십시오.

양도

□양도자산 및 거래일자

			합 계
① 세율구분 (코드) ❶			
② 소재지			
③ 자산종류 (코드) ❷			
거래일자 (거래원인❸)	④ 양도일자(원인)		
	⑤ 취득일자(원인)		
거래자산 면적(㎡)	⑥ 총면적❹ (양도지분)	토지	
		건물	
	⑦ 양도면적 ❺	토지	
		건물	
	⑧ 취득면적	토지	
		건물	

□ 양도소득금액 계산

거래금액	⑨ 양도가액	
	⑩ 취득가액 ❻	
	취득가액 종류	
⑪ 기납부 토지초과이득세 ❼		
⑫ 기타필요경비 ❽		
양도차익	전체 양도차익	
	비과세 양도차익	
	⑬ 과세대상양도차익	
⑭ 장기보유특별공제 ❾		
⑮ 양도소득금액		
감면소득금액	⑯ 세액감면대상 ❿	
	⑰ 소득금액감면대상 ⓫	
⑱ 감면종류 ⓬	감면율 ⓬	

□ 기준시가 (기준시가 신고 또는 취득가액을 환산가로 신고하

양도시 기준시가	⑲건물⓭	일반건물	
		오피스텔 · 상업용	
		개별 · 공동주택	
	⑳ 토지 ⓮		
	합계		
취득시 기준시가	㉑ 건물 ⓯	일반건물	
		오피스텔 · 상업용	
		개별 · 공동주택	
	㉒ 토지 ⓰		
	합계		

소득금액 계산명

❶ 다음의 세율구분내용과 소재지 및 세율구분코드를 적는다.

소재지구분	소재지		세율구분	토지·건물													부동산에 관한권리			기타자산(주식외)	비사업용토지과다보유법인주식	
	국내	국외		2년 이상	1년 이상 2년 미만	1년 미만	1세대 2주택(부수토지 포함)	1주택과 1조합원 입주권을 보유한 경우 1주택	1세대3주택 이상의 주택(부수토지 포함)		주택과 조합원 입주권수 3 이상인 경우 주택		비사업용 토지		미등기	지정지역 10% 가산	2년 이상	1년 이상 2년 미만	1년 미만			
									A	B	A	B	A	B							A	B
코드	1	2	코드	10	15	20	10	10	25	10	28	10	26	10	30	11	10	15	20	10	27	10

※ A : 2009.1.1.~2009.3.15. 취득 및 양도분, B : 2009.3.16. 이후 양도분

❷ 다음의 자산종류 및 코드를 기재한다.

자산종류	토지·건물				부동산에 관한 권리				기타자산			
	토지	고가주택	일반주택	기타건물	지상권	전세권	등기된 부동산 임차권	부동산을 취득 할 수 있는 권리	특정주식	영업권	시설물 이용권	부동산과다 보유법인 주식
코드	1	2	3	4	5	6	7	8	14	15	16	17

❾ 토지·건물의 ⑬ 양도차익에 다음의 보유기간에 따른 공제율을 곱하여 계산한다.

1세대 1주택	2021.1.1. 양도한 경우에는 3년 이상 보유 시 12%부터 매년 4%씩 추가 공제하며 10년 이상은 40% 한도로 공제하고, 3년 이상 거주 시 12%(다만 보유기간 3년 이상자 중 2년 이상 거주는 8%)부터 매년 4%씩 추가 공제하며 10년 이상은 40% 한도로 공제(소득세법 제95조 제2항 표2) 2020.12.31.까지 양도한 경우에는 3년 이상 보유 시 24%부터 매년 8%씩 추가 공제하며 10년 이상은 80% 한도로 공제
1세대 1주택외	2019.1.1. 이후 양도한 경우에는 3년 이상 보유 시 6%부터 매년 2%씩 추가공제하며 15년 이상은 30% 한도로 공제(소득세법 제95조 제2항 표1) 2018.12.31.까지 양도한 경우에는 3년 이상 보유 시 10%, 4년 이상 보유 시 12%부터 매년 3%씩 추가공제하며 10년 이상은 30% 한도로 공제

⑩ 양도소득세액의 감면을 소득세법 제90조 제1항(세액감면방식)을 적용하여 계산하는 경우 양도자산의 감면소득금액을 적는다.

⑫ 양도소득세 감면규정 및 감면율을 적는다(감면신청서는 별도로 작성하여 제출하여야 함).

⑬ 다음의 구분에 따라 양도당시 금액을 적는다.
가. 일반건물: 국세청장이 고시한 금액(건물 ㎡당 가액)에 건물면적(전용+공용)을 곱하여 계산한 금액
나. 상업용·오피스텔 : 국세청장이 고시한 금액(토지+건물)에 건물면적(전용+공용)을 곱하여 계산한 금액
다. 개별·공동주택 : 국토교통부장관이 고시한 금액(토지+건물)

⑭ 양도 시 개별공시지가에 면적을 곱하여 계산한 금액을 적는다.

하는 경우에만 적습니다)

■ 작성요령 Ⅲ - 주식 양도소득금액 계산명세서

❶ 주식발행법인명을 적는다.

❷ 자본시장과 금융투자업에 관한 법률에 따른 증권시장 및 장외주식 호가중개종목의 경우에는 한국거래소에서 부여하는 주식종목코드를 적으며, 종목코드가 없는 그 밖의 비상장주식의 경우에는 사업자등록번호를 적는다.
※ 국외주식의 경우 발행법인소재 국가명을 적는다.

❺ 양도주식수를 적되, 양도하는 주식의 취득유형이 다른 경우에는 취득유형별로 각각 적는다.

❻ 양도하는 주식의 1주당 실지거래가액을 적는다.

❼ 양도하는 주식의 실지거래가액(⑤×⑦)을 적는다.

❾ 취득가액을 실지거래가액에 의하는 경우에는 수수료·증권거래세·농어촌특별세 등 실제양도비용과 취득비용을 적되, 실지거래가액이 확인되지 아니하는 경우에는 취득당시 기준시가의 1%에 해당하는 금액을 적는다.

❿ 양도소득금액 중 감면되는 소득금액을 적는다.

⓫ 양도소득세 감면규정 및 감면율을 적는다(감면 신청서는 별도로 작성하여 제출하여야 함).

[별지 제57호의 2 서식 부표 2] (2013. 2. 23. 개정)

관리번호	-

주식 양도

양도주식 취득유

① 주 식 종 목 명❶	합계		
② 주식종목코드❷ 또는 사업자등록번호			
③ 주 식 종 류 코 드 ❸			
④ 취 득 유 형 ❹			
⑤ 취 득 유 형 별 양 도 주 식 수❺			

양 도 소 득 금 액

⑥ 양 도 일 자			
⑦ 주 당 양 도 가 액 ❻			
⑧ 양도가액(⑤×⑦)❼			
⑨ 취 득 일 자			
⑩ 주 당 취 득 가 액 ❽			
⑪ 취 득 가 액 (⑤ × ⑩)			
⑫ 필 요 경 비 ❾			
⑬ 양 도 소 득 금 액 (⑧ - ⑪ - ⑫)			
⑭ 감 면 소 득 금 액 ❿			
⑮ 감면종류 ⓫ / 감면율⓫			

소득금액 계산명세서

형별 내용

❸ 다음의 주식종류코드를 적는다.

주식 등 종류	비상장주식						상장주식			기타 자산 (주식 양도분)	국외 주식	
	장외주식 호가중개종목			기타비상장법인			주권상장법인					
	중소 기업	기타	중소 기업외 법인 대주주 1년 미만	중소 기업	기타	중소 기업외 법인 대주주 1년 미만	중소 기업	기타 대주주	중소 기업외 법인 대주주 1년 미만		중소 기업	기타
세율	10%	20%	30%	10%	20%	30%	10%	20%	30%	누진	10%	20%
코드	11	12	13	31	32	33	43	42	41	51	62	61

계 산 내 용

❹ 다음의 주식 등 취득유형 및 코드를 적는다.

취득유형	매매	공모	유상증자	무상증자	주식배당	합병	증여	상속	출자	기타
코드	1	2	3	4	5	6	7	8	10	9

❽ 취득유형별로 취득한 주식의 1주당 가액(상속·증여 취득의 경우 법령에 정한 가액)을 적는다.
※ 취득한 주식의 1주당 취득가액은 실지거래가액을 적되, 실지거래가액이 확인되지 않는 경우에는 매매사례가액·환산가액을 순차적으로 적용하여 적는다.

세무조정 체크리스트

검 토 사 항	확인
1. 적용대상 자산양도소득 여부 확인	
2. 신고방법 선택	
① 법인세과세표준에 포함하여 일반영리법인과 같은 방법으로 신고	
② 법인세과세표준신고를 하지 않고 양도소득세 상당액을 법인세로 납부	
3. 신고 특례 적용방법	
① 소득세법 제92조의 규정을 준용하여 과세표준 계산	
② 소득세법 제104조 제1항 각 호의 양도소득세율 적용	
③ 소득세법 제105조 내지 제108조의 양도소득과세표준 예정신고 및 자진납부 (단, 예정신고 및 자진납부를 한 경우에도 법인세법상의 과세표준신고를 하고 동 금액을 납부할 세액에서 공제 가능)	

제5절 투자·상생협력 촉진을 위한 과세특례

관련 법령	• 조특법 §100의 32 • 조특령 §100의 32 • 조특칙 §45의 9

최근 주요 개정 내용

• 임금증가금액 산정기준 합리화(조특령 §100의 32 ⑨)

종 전	현 행
□ 상시근로자 임금증가금액	□ 상시근로자 수, 임금증가액 산정기준 일원화
○ 임금증가금액 산정방식 ❶ 고용 증가없음 : 임금증가액 ❷ 고용·임금 모두 증가 : 기존근로자 임금증가액 × 1.5 + 신규근로자 임금증가액 × 2 ❸ 청년 및 당기 정규직 전환근로자 수 증가시 추가 공제 : 해당 임금증가액 × 2 (❷, ❸ 중복 산입 불가) ○ 상시근로자 수 – 해당 사업연도의 매월 말 기준 상시근로자 수의 평균 * 근로소득증대세액공제(「조세특례제한법」 제26조의 4) 규정 준용	○ (좌 동)
○ 임금증가금액 – 직전사업연도 대비 해당 사업연도의 임금*지급액 증가액 * 「소득세법」상 근로소득	○ 산정방식 구체화 – (좌 동)
〈신 설〉	– 사업연도별 임금지급액은 매월 말 기준 상시근로자에 지급한 임금의 합계액

➡ 개정일자 : ㉧ 2024. 2. 29.
적용시기 : 2024년 1월 1일 이후 개시하는 사업연도의 임금증가액을 계산하는 경우부터 적용

최근 주요 개정 내용

• 미환류소득 과세시 기업소득 범위 정비(조특령 §100의 32 ④ 2호 타목)

종 전	현 행
□ 미환류소득*에 대한 법인세 과세시 기업소득 산정방법 : 각 사업연도 소득 + 가산항목 - 차감항목 ※ 미환류소득 : Ⓐ 또는 Ⓑ를 선택하여 산정 Ⓐ 투자포함방법 = [기업소득 × 70% - (투자액 + 임금증가액 + 상생협력 출연금액 × 300%)] Ⓑ 투자제외방법 = [기업소득 × 15% - (임금증가액 + 상생협력 출연금액 × 300%)]	□ 기업소득 산정시 차감항목 합리화
○ (기업소득 가산항목) 국세환급금 이자 익금불산입액, 기부금 한도초과이월액의 손금산입액 등 ○ (기업소득 차감항목) - 법인세 등 납부할 세금 - 법령상 의무적립금 - 이월결손금 - 기부금 손금한도초과액 등	○ (좌 동)
- 외국기업지배지주회사의 외국 자회사 수입배당금액으로서 익금에 산입한 금액	〈삭 제〉

➡ 개정일자 : ㉾ 2024. 2. 29.

적용시기 : 2024년 2월 29일부터 시행하되 2023년 12월 31일이 속하는 사업연도에 대한 미환류소득 또는 초과환류액의 계산에 관하여는 동 개정규정에도 불구하고 종전의 규정에 따름

관련 서식

• 조세특례제한법 시행규칙

[별지 제114호 서식] 미환류소득에 대한 법인세 신고서

제5절

5 투자·상생협력 촉진을 위한 과세특례

Step I 내용의 이해

1. 개 요

투자·상생협력 촉진을 위한 과세특례제도는 내국법인이 그 법인의 소득 중 투자, 임금 등으로 환류하지 아니한 소득이 있는 경우 다음의 산식에 따라 계산한 세액을 미환류소득에 대한 법인세로 하여 해당 사업연도의 법인세액에 추가하여 납부하는 것을 말한다.

(미환류소득 − 차기환류적립금 − 이월된 초과환류액) × 20%

이는 최근 우리경제가 저성장 고착화가 우려되고 기업의 소득과 가계의 소득 간 격차가 확대되고 있어 기업의 소득이 투자, 임금 등을 통해 가계의 소득으로 흘러들어가는 선순환 구조의 정착을 위하여 상호출자제한기업집단에 속하는 법인이 해당 사업연도의 소득 중 일정액 이상을 투자, 임금 또는 상생협력출연금 등으로 사용하지 아니하는 경우에 대하여 20%를 추가 과세하는 제도로서 당초 법인세법에서 기업환류세제란 이름으로 2015년 1월 1일부터 2017년 12월 31일까지 한시적으로 도입되었으나, 2017년 12월 19일 세법개정시 법인세법상 기업환류세제를 일몰종료하고 투자·상생협력촉진세제라는 이름으로 조특법으로 이관하였고, 2025년 12월 31일이 속하는 사업연도까지(조특법 제100조의 32 제6항을 적용할 때에는 2027년 12월 31일이 속하는 사업연도까지) 적용한다.

한편, 본 기업의 미환류소득에 대한 법인세 과세제도와 유사한 제도로 과거 법인세법은 법인의 과다한 유보를 통한 소득세 회피행위를 방지함으로써 정상적으로 배당을 하는 상장법인 주주와의 세부담불균형을 시정하기 위해 자기자본총액 100억원 이상의 비상장법인과 대규모기업집단소속 비상장법인을 대상으로 초과유보소득에 15%의 추가 법인세를 부과하는 적정유보초과소득에 대한 법인세 과세제도를 1991년 도입하였다가 2001년 폐지한 바 있다. 다만, 과거 적정유보초과소득에 대한 법인세 과세제도가 사내유보를 통한 배당소득세의 회피를 방지하는데 주안점을 두었다면 미환류소득에 대한 법인세 과세제도는 배당 외에도 투자와 임금증가를 통해 가계소득의 증대, 경제 성장까지도 고려한 제도라는 점에서 차이가 있다.

2. 납세의무자

각 사업연도 종료일 현재 상호출자제한기업집단(독점규제 및 공정거래에 관한 법률 §31 ①)에 속하는 내국법인(이하 "투자・상생협력촉진 과세특례대상 법인"이라 함)은 미환류소득에 대한 법인세의 납세의무를 부담한다(조특법 §100의 32 ①, ②).

3. 기업소득, 미환류소득 및 초과환류액

3-1. 개 요

미환류소득 또는 초과환류액은 다음의 방법 중 어느 하나를 선택하여 산정한 금액으로서, 해당금액이 양수인 경우에는 "미환류소득"이라 하고, 음수인 경우에는 음의 부호를 뗀 금액을 "초과환류액"이라 한다. 이 경우 투자・상생협력촉진 과세특례대상 법인은 각 사업연도의 종료일이 속하는 달의 말일부터 3개월(법인세법 제76조의 17에 따라 법인세의 과세표준과 세액을 신고하는 경우에는 각 연결사업연도의 종료일이 속하는 달의 말일부터 4개월) 이내에 법인세법 제60조 또는 제76조의 17에 따른 과세표준 신고를 할 때 미환류소득에 대한 법인세 신고서를 납세지 관할 세무서장에게 제출하여야 한다(조특법 §100의 32 ② 및 조특령 §100의 32 ③, ⑤ 및 조특칙 §45의 9 ①).

① 투자포함방법

기업소득 × 70% − (기계장치 등에 대한 투자의 합계액 + 임금증가금액 + 상생협력을 위하여 지출하는 금액 등 × 300%)

② 투자제외방법

기업소득 × 15% − (임금증가금액 + 상생협력을 위하여 지출하는 금액 등 × 300%)

3-2. 기업소득의 계산

미환류소득 또는 초과환류액(이하 "미환류소득등"이라 함)을 계산함에 있어 '기업소득'이란 2025년 12월 31일(미환류소득에 대해 차기환류적립금을 적립하여 그 다음다음 사업연도로 이월하여 납부할 때에는 2027년 12월 31일)이 속하는 사업연도까지의 각 사업연도소득에 다음의 '(1) 가산항목'의 합계액을 더하고 '(2) 차감항목'의 합계액을 차감하여 산정한 금액을 말한다. 이 경우 그 금액이 음수인 경우에는 0으로 본다. 다만, 법인세법에 따른 연결납세방식을 적용받는 연결법인으로서 각 연결법인의 기업소득 합계액이 3천억원을 초과하는 경우에는 다음 계산식에 따라 계산한 금액으로 하고, 그 밖의 법인의 경우로서 기업소득이 3천억원을 초과하는 경우에는 3천억원으로 한다(조특법 §100의 32 ② 1호 및 조특령 §100의 32 ④).

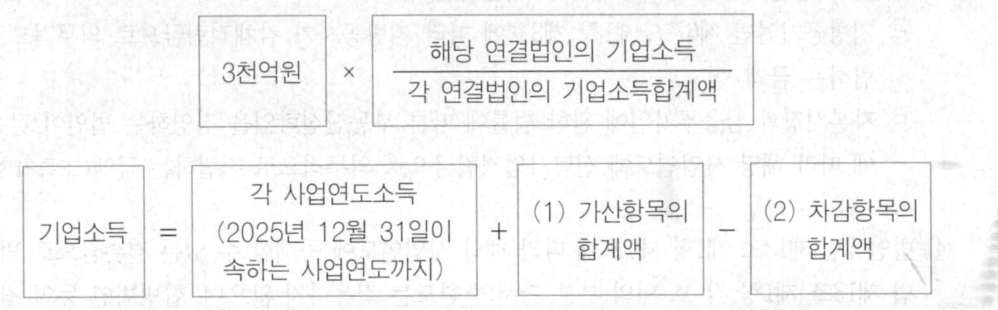

(1) 가산항목

① 국세 또는 지방세의 과오납금의 환급금에 대한 이자(법법 §18 4호)

② 특례기부금 및 일반기부금 손금산입 한도초과로 이월(법법 §24 ⑤)되어 해당 사업연도의 손금에 산입한 금액

③ 해당 사업연도에 '투자포함방법'에 따라 미환류소득 등을 계산할 때 '투자의 합계액'에 포함된 자산에 대한 감가상각비로서 해당 사업연도에 손금에 산입한 금액

(2) 차감항목

① 해당 사업연도의 법인세액 등으로서 다음의 금액

㉠ 해당 사업연도의 법인세액 : 법인세 과세표준(법법 §13)에 법인세율(법법 §55 ①)을 적용하여 계산한 금액에서 해당 사업연도의 감면세액과 세액공제액을 차감하고 가산세를 더한 금액(조특칙 §45의 9 ②). 이 경우 법인이 직접 납부한 외국법인세액으로서 손금에 산입하지 아니한 세액(법법 §57)과 간접외국납부세액공제(법법 §57 ④)에 따라 익금에 산입한 외국납부세액(법법 §15 ② 2호)을 포함함.

㉡ 법인세 감면액에 대한 농어촌특별세액

㉢ 법인지방소득세액 : 내국법인의 법인세 과세표준(법법 §13)에 법인세율(법법 §55 ①)을 적용하여 계산한 금액의 10%에 해당하는 금액(조특칙 §45의 9 ③)

② 상법 제458조에 따라 해당 사업연도에 의무적으로 적립하는 이익준비금

③ 은행법 등 개별 법령 등이 정하는 바에 따라 의무적으로 적립해야 하는 금액 한도 이내에서 적립하는 다음의 어느 하나에 해당하는 금액. 이 경우 해당 사업연도에 손금에 산입하지 아니하는 금액으로 한정한다(조특칙 §45의 9 ④).

㉠ 은행법 등 개별 법령에 따른 해당 사업연도의 이익준비금(상기 ②에 따른 이익준비금으로 적립하는 금액은 제외함)

㉡ 금융회사 또는 공제조합이 해당 사업연도에 대손충당금 또는 대손준비금 등으로 의무적으로 적립하는 금액

㉢ 보험업을 영위하는 법인이 해당 사업연도에 보험업법에 따라 배당보험손실보전준비금과 보증준비금으로 의무적으로 적립하는 금액

㉣ 지방공기업법 제67조 제1항 제3호에 따라 지방공사가 감채적립금으로 의무적으로 적립하는 금액

㉤ 자본시장과 금융투자업에 관한 법률에 따른 부동산신탁업을 경영하는 법인이 같은 법에 따라 해당 사업연도에 신탁사업적립금으로 의무적으로 적립하는 금액(조특칙 §45의 9 ④ 5호)

④ 법인세법 제13조 제1항 제1호에 따라 해당 사업연도에 공제할 수 있는 결손금으로 법인세법 제13조 제1항 각 호 외의 부분 단서의 한도는 적용하지 않으며, 합병법인 등의 경우에는 법인세법 제45조 제1항·제2항과 제46조의 4 제1항에 따른 공제제한 규정은 적용하지 않음.

⑤ 합병시 피합병법인의 주주에 대한 의제배당금액(법령 §16 ① 5호, 합병대가 중 주식 등으로 받은 부분만 해당함)으로서 해당 사업연도에 익금에 산입한 금액(법인세법 제18조의 2에 따른 수입배당금의 익금불산입을 적용하기 전의 금액을 말함)

⑥ 분할시 분할법인 등의 주주에 대한 의제배당금액(법령 §16 ① 6호, 분할대가 중 주식 등으로 받은 부분만 해당함)으로서 해당 사업연도에 익금에 산입한 금액(법인세법 제18조의 2에 따른 수입배당금의 익금불산입을 적용하기 전의 금액을 말함)

⑦ 50% 한도·10% 한도 기부금 손금산입 한도초과(법법 §24 ②)로 손금에 산입하지 아니한 금액

⑧ 법인세법 제44조 제1항에 따른 합병양도손익으로서 해당 사업연도에 익금에 산입한 금액

⑨ 법인세법 제46조 제1항에 따른 분할양도손익으로서 해당 사업연도에 익금에 산입한 금액

⑩ 조세특례제한법 제104조의 31 제1항 및 법인세법 제51조의 2 제1항에 따라 유동화전문회사 등이 배당한 금액

⑪ 공적자금관리 특별법 제2조 제1호에 따른 공적자금의 상환과 관련하여 지출하는 금액으로서 다음의 어느 하나에 해당하는 금액(조특칙 §45의 9 ⑥)

㉠ 수산업협동조합법 제141조의 4에 따른 수협은행이 같은 법 제167조에 따른 신용사업특

별회계에 법률 제14242호 수산업협동조합법 일부개정법률 부칙 제6조 제4항에 따른 경영정상화계획 등에 관한 약정에 따라 해당 사업연도의 잉여금처분으로 배당하는 금액

㉡ 보험업법 제4조에 따른 보증보험업 허가를 받은 보험회사가 공적자금관리 특별법 제17조에 따른 경영정상화계획에 관한 약정에 따라 해당 사업연도의 잉여금처분으로 배당하는 금액

개 정

ㅇ 기업소득 차감항목에서 외국기업지배지주회사의 외국자회사 수입배당금 중 익금산입액 제외(조특령 §100의 32 ④ 2호 타목)

➡ 2024년 2월 29일부터 시행하되 2023년 12월 31일이 속하는 사업연도에 대한 미환류소득 또는 초과환류액의 계산에 관하여는 동 개정규정에도 불구하고 종전의 규정에 따름

관련사례

• 합병법인의 미환류소득 계산시 승계한 피합병법인의 이월결손금 계속 차감 여부
미환류소득 계산시 차감하는 합병법인이 승계한 피합병법인의 이월결손금은 이후 사업연도에 계속 차감할 수 없음(기획재정부 법인세제과-333, 2022. 8. 24.).

3-3. 미환류소득과 초과환류액의 계산방법

3-3-1. 투자포함 방법

투자포함 방법이란 다음의 산식과 같이 기업의 소득에서 투자금액을 포함한 임금증가액 등을 공제하여 미환류소득 또는 초과환류액을 계산하는 방법을 말한다(조특법 §100의 32 ② 1호).

$$\text{기업소득} \times 70\% - \left(\text{기계장치 등에 대한 투자의 합계액} + \text{임금증가금액} + \text{상생협력을 위하여 지출하는 금액 등} \times 300\% \right)$$

(1) 기계장치 등에 대한 투자의 합계액

미환류소득 등을 계산할 때 공제하는 기계장치 등에 대한 투자의 합계액이란 국내사업장에서 사용하기 위하여 새로이 취득하는 사업용 자산[중고품 및 금융리스(조특령 §3 및 조특칙 §3의 2) 외의 리스자산은 제외함]으로서 사업용 유형고정자산·무형자산 및 벤처기업에 대한 신규출자 주식에 대한 투자의 합계액을 말하며, 투자가 2개 이상의 사업연도에 걸쳐서 이루어지는 경우에는 그 투자가 이루어지는 사업연도마다 해당 사업연도에 실제 지출한 금액을 기준으로 투자 합계액을 계산한다(조특법 §100의 32 ② 1호 가목 및 조특령 §100의 32 ⑥, ⑦).

한편, 해운기업에 대한 법인세 과세표준 계산 특례(조특법 §104의 10)를 적용받는 내국법인

의 경우 사업용자산은 비해운소득(조특법 §104의 10 ① 2호)을 재원으로 취득한 자산으로 한정한다. 이 경우 해운소득(조특법 §104의 10 ① 1호)과 공동재원으로 취득한 자산의 투자합계액은 다음의 산식에 따라 계산한 금액으로 한다(조특칙 §45의 9 ⑦).

공동재원으로 취득한 자산의 투자합계액	=	해당 자산을 취득하기 위하여 해당 사업연도에 지출한 금액	×	비해운소득과 관련한 해당 사업연도의 각 사업연도의 소득 / 해운소득 및 비해운소득과 관련한 해당 사업연도의 전체 각 사업연도의 소득

1) 사업용 유형고정자산

사업용 유형고정자산이란 다음의 자산을 말하며, 사업용 유형고정자산(해당 사업연도 이전에 취득한 자산을 포함)에 대한 자본적 지출(법령 §31 ②)을 포함하되, 소액자산의 손금특례(법령 §31 ④) 및 어구 등 단기·소모성 자산의 손금특례(법령 §31 ⑥)에 따라 해당 사업연도에 즉시 상각된 분은 제외한다(조특령 §100의 32 ⑥ 1호 가목 1), 2)).

① 기계 및 장치, 공구, 기구 및 비품, 차량 및 운반구, 선박 및 항공기, 그 밖에 이와 유사한 사업용 유형고정자산

② 공장, 영업장, 사무실 등 해당 법인이 업무(법칙 §26 ②)에 직접 사용하기 위하여 신축 또는 증축하는 건축물(이하 "업무용신증축건축물"이라 함). 이 경우 법인이 해당 건축물을 임대하거나 업무의 위탁 등을 통하여 해당 건축물을 실질적으로 사용하지 아니하는 경우에는 업무에 직접 사용하지 아니하는 것으로 보되, 한국표준산업분류표상 부동산업, 건설업 또는 종합소매업을 주된 사업(2 이상의 서로 다른 사업을 영위하는 경우 해당 사업연도의 부동산업, 건설업 또는 종합소매업의 수입금액의 합계액이 총 수입금액의 50% 이상인 경우를 말함)으로 하는 법인이 해당 건축물을 임대하는 경우(종합소매업의 경우에는 영업장을 임대하는 것으로서 임대료를 매출액과 연계하여 수수하는 경우로 한정함)에는 업무에 직접 사용하는 것으로 본다(조특칙 §45의 9 ⑧).

한편, 상기 ②에서 해당 건축물 중 직접 업무에 사용하는 부분과 그러하지 아니한 부분이 함께 있거나 해당 건축물을 공동으로 소유하는 경우 해당 사업연도의 업무용신증축건축물에 대한 투자금액은 다음의 산식에 따른다. 다만, 해당 건축물 중 해당 법인이 직접 업무에 사용하는 부분의 연면적을 해당 건축물의 전체 연면적으로 나눈 비율(이하 "직접업무사용 비율"이라 함)이 90% 이상인 경우에는 100%로 보고, 해당 건축물을 공동으로 소유하는 경우에는 직접업무사용 비율은 해당 법인의 지분율을 한도로 한다(조특칙 §45의 9 ⑨).

해당 건축물을 신축 또는 증축하기 위해 해당 법인이 해당 사업연도에 지출한 건축비	×	직접 업무사용 비율

● 관련사례 ●

• 미환류소득 계산 시 공사부담금으로 투자한 금액이 투자액에 포함되는지 여부
집단에너지사업을 영위하는 내국법인이 집단에너지사업법 제18조에 따라 집단에너지 공급시설 건설비용의 일부를 그 사용자로부터 수취하여 사업용 자산에 투자하는 경우, 해당 공사부담금으로 취득한 사업용 자산 투자금액은 미환류소득 계산 시 투자액에 포함됨(사전-2020-법령해석법인-0866, 2020. 10. 29.).

2) 무형자산

무형자산이란 다음의 자산을 말하며, 영업권(합병 또는 분할로 인하여 합병법인 등이 계상한 영업권을 포함함)은 제외한다(조특령 §100의 32 ⑥ 1호 나목 및 법령 §24 ① 2호 가목~라목, 바목).

① 디자인권, 실용신안권, 상표권
② 특허권, 어업권, 양식업권, 해저광물자원 개발법에 의한 채취권, 유료도로관리권, 수리권, 전기가스공급시설이용권, 공업용수도시설이용권, 수도시설이용권, 열공급시설이용권
③ 광업권, 전신전화전용시설이용권, 전용측선이용권, 하수종말처리장시설관리권, 수도시설관리권
④ 댐사용권
⑤ 개발비 : 상업적인 생산 또는 사용 전에 재료·장치·제품·공정·시스템 또는 용역을 창출하거나 현저히 개선하기 위한 계획 또는 설계를 위하여 연구결과 또는 관련 지식을 적용하는데 발생하는 비용으로서 기업회계기준에 따른 개발비 요건을 갖춘 것(산업기술연구조합 육성법에 따른 산업기술연구조합의 조합원이 해당 조합에 연구개발 및 연구시설 취득 등을 위하여 지출하는 금액을 포함함)

3) 벤처기업에 대한 신규출자 주식

벤처기업에 대한 신규출자 주식이란 벤처기업육성에 관한 특별조치법 제2조 제1항에 따른 벤처기업에 다음의 어느 하나에 해당하는 방법으로 출자(자본시장과 금융투자업에 관한 법률 제249조의 23에 따른 창업·벤처전문 사모집합투자기구 또는 창투조합 등을 통한 출자 포함)하여 취득한 주식 등을 말한다(조특령 §100의 32 ⑥ 2호).

① 해당 기업의 설립 시에 자본금으로 납입하는 방법
② 해당 기업이 설립된 후 유상증자하는 경우로서 증자대금을 납입하는 방법

(2) 임금 증가금액

미환류소득등을 계산할 때 기업소득에서 공제하는 임금증가액이란 상시근로자의 해당 사업연도 임금증가금액으로서 다음의 구분에 따른 금액이 있는 경우 그 금액을 합한 금액을 말한다(조특법 §100의 32 ② 1호 나목).

① 상시근로자의 해당 사업연도 임금이 증가한 경우
  ㉠ 해당 사업연도의 상시근로자 수가 직전 사업연도의 상시근로자 수보다 증가하지 아니한 경우 : 상시근로자 임금증가금액
  ㉡ 해당 사업연도의 상시근로자 수가 직전 사업연도의 상시근로자 수보다 증가한 경우 : 기존 상시근로자 임금증가금액에 150%를 곱한 금액과 신규 상시근로자 임금증가금액에 200%를 곱한 금액을 합한 금액
② 해당 사업연도에 청년정규직근로자 수가 직전 사업연도의 청년정규직근로자 수보다 증가한 경우 : 해당 사업연도의 청년정규직근로자에 대한 임금증가금액
③ 해당 사업연도에 근로기간 및 근로형태 등 일정 요건을 충족하는 정규직 전환 근로자가 있는 경우 : 정규직 전환 근로자(청년정규직근로자는 제외함)에 대한 임금증가금액

1) 상시근로자

상시근로자란 다음의 어느 하나에 해당하는 자는 제외한 근로기준법에 따라 근로계약을 체결한 근로자를 말하며, 상시근로자 수의 계산은 다음 계산식에 따라 계산한다. 이 경우 1% 미만의 부분은 없는 것으로 한다(조특령 §26의 4 ②, ③, §100의 32 ⑧, ⑪).

$$\frac{\text{해당 사업연도의 매월 말 현재 상시근로자 수의 합}}{\text{해당 사업연도의 개월 수}}$$

① 다음의 어느 하나에 해당하는 임원(법령 §40 ① 각 호)
  ㉠ 법인의 회장, 사장, 부사장, 이사장, 대표이사, 전무이사 및 상무이사 등 이사회의 구성원 전원과 청산인
  ㉡ 합명회사, 합자회사 및 유한회사의 업무집행사원 또는 이사
  ㉢ 유한책임회사의 업무집행자
  ㉣ 감사
  ㉤ 그 밖에 ㉠부터 ㉣까지의 규정에 준하는 직무에 종사하는 자
② 다음의 근로소득(소법 §20 ① 1호, 2호)의 금액이 8천만원 이상인 근로자(*)

(*) 해당 과세연도의 근로제공기간이 1년 미만인 근로자의 경우에는 해당 근로자의 근로소득의 금액을 해당 과세연도 근무제공월수로 나눈 금액에 12를 곱하여 산출한 금액을 기준으로 판단함.

㉠ 근로를 제공함으로써 받는 봉급·급료·보수·세비·임금·상여·수당과 이와 유사한 성질의 급여

㉡ 법인의 주주총회·사원총회 또는 이에 준하는 의결기관의 결의에 따라 상여로 받는 소득

③ 다음의 어느 하나에 해당하는 자(개인사업자의 경우에는 대표자를 말함) 및 그와 국세기본법 시행령 제1조의 2 제1항에 따른 친족관계인 근로자(조특칙 §14의 2 ①)

㉠ 해당 법인에 대한 직접보유비율[보유하고 있는 법인의 주식 또는 출자지분(이하 "주식등"이라 함)을 그 법인의 발행주식총수 또는 출자총액(자기주식과 자기출자지분은 제외함)으로 나눈 비율을 말함]이 가장 높은 자가 개인인 경우에는 그 개인

㉡ 해당 법인에 대한 직접보유비율이 가장 높은 자가 법인인 경우에는 해당 법인에 대한 직접보유비율과 국제조세조정에 관한 법률 시행령 제2조 제3항을 준용하여 계산한 간접소유비율을 합하여 계산한 비율이 가장 높은 개인

④ 소득세법 시행령 제196조에 따른 근로소득원천징수부에 의하여 근로소득세를 원천징수한 사실이 확인되지 아니하는 근로자

⑤ 근로계약기간이 1년 미만인 근로자(근로계약의 연속된 갱신으로 인하여 그 근로계약의 총 기간이 1년 이상인 근로자는 제외함)

⑥ 근로기준법 제2조 제1항 제9호에 따른 단시간근로자

2) 청년정규직근로자

청년정규직근로자란 정규직근로자(조특령 §26의 5 ②)로서 15세 이상 34세(다음의 어느 하나에 해당하는 병역을 이행한 사람의 경우에는 6년을 한도로 병역을 이행한 기간을 현재 연령에서 빼고 계산한 연령을 말함) 이하인 사람을 말한다(조특령 §27 ① 1호, §100의 32 ⑫).

① 병역법 제16조 또는 제20조에 따른 현역병(같은 법 제21조, 제25조에 따라 복무한 상근예비역 및 의무경찰·의무소방원을 포함함)

② 병역법 제26조 제1항에 따른 사회복무요원

③ 군인사법 제2조 제1호에 따른 현역에 복무하는 장교, 준사관 및 부사관

3) 정규직 전환 근로자

정규직 전환 근로자란 근로기준법에 따라 근로계약을 체결한 근로자로서 다음의 요건을 모두 갖춘 자를 말한다(조특령 §26의 4 ⑬, §100의 32 ⑬).

① 직전 과세연도 개시일부터 해당 과세연도 종료일까지 계속하여 근무한 자로서 근로소득원천징수부(소령 §196)에 따라 매월분의 근로소득세를 원천징수한 사실이 확인될 것

② 해당 과세연도 중에 비정규직 근로자(기간제 및 단시간근로자 보호 등에 관한 법률에 따른 기간제근로자 또는 단시간근로자를 말함)에서 비정규직 근로자가 아닌 근로자로 전환하였을 것

③ 직전 과세연도 또는 해당 과세연도 중에 상기 '1) 상시근로자'에서 제외되는 ①~③에 해

당하는 자가 아닐 것

4) 임금증가금액

임금증가금액이란 해당 사업연도의 매월 말 기준 상시근로자에게 지급한 근로소득[일반급여(소법 §20 ① 1호) 및 잉여금처분에 따른 상여(소법 §20 ① 2호)]의 합계액으로서 직전 사업연도 대비 증가한 금액을 말한다. 이 때, 근로소득에는 해당 사업연도에 우리사주조합에 출연하는 자사주의 장부가액 또는 금품의 합계액(법령 §19 16호)의 경우 해당 법인이 손금으로 산입한 금액을 포함하되, 상기 '1)'의 상시근로자에서 제외되는 자에게 지급하는 자사주의 장부가액 또는 금품의 합계액은 제외한다(조특령 §100의 32 ⑨ 및 조특칙 §45의 9 ⑩).

한편, 합병 등에 따라 종전의 사업부문에서 종사하던 근로자를 합병법인 등이 승계하거나 법인이 신규 설립된 경우에는 근로소득의 합계액을 계산할 때에는 다음에 따른다(조특령 §100의 32 ㉒).

① 합병・분할・현물출자 또는 사업의 양수 등에 따라 종전의 사업부문에서 종사하던 근로자를 합병법인, 분할신설법인, 피출자법인, 양수법인 등(이하 "합병법인 등"이라 함)이 승계하는 경우 : 해당 근로자는 종전부터 합병법인 등에 근무한 것으로 봄.

② 법인이 신규 설립된 경우 : 직전 사업연도의 근로소득의 합계액은 영으로 봄. 다만, 상기 ①이 적용되는 경우는 제외함.

개 정

ㅇ 매월 말 기준 상시근로자에게 지급한 임금지급액을 기준으로 임금증가액을 산정하도록 하여 상시근로자 수 산정기준과 일원화(조특령 §100의 32 ⑨)
➡ 2024년 1월 1일 이후 개시하는 사업연도의 임금증가액을 계산하는 경우부터 적용

(3) 상생협력을 위하여 지출하는 금액 등

미환류소득 등을 계산할 때 기업소득에서 300%를 곱하여 공제하는 상생협력을 위하여 지출하는 금액 등이란 해당 사업연도에 지출한 다음 중 어느 하나에 해당하는 출연금을 말한다. 다만, 해당 금액이 법인세법 시행령 제2조 제5항에 따른 특수관계인을 지원하기 위하여 사용된 경우는 제외한다(조특법 §100의 32 ② 1호 다목 및 조특령 §100의 32 ⑭).

① 조세특례제한법 제8조의 3 제1항에 따라 대・중소기업 상생협력 촉진에 관한 법률 제2조 제3호 또는 자유무역협정체결에 따른 농어업인 등의 지원에 관한 특별법 제2조 제19호에 따른 상생협력을 위하여 2022년 12월 31일까지 다음의 어느 하나에 해당하는 출연을 하는 경우 그 출연금

㉠ 다음의 어느 하나에 해당하는 중소기업(이하 "협력중소기업"이라 함)에 대한 보증 또는

대출지원을 목적으로 신용보증기금법에 따른 신용보증기금 또는 기술보증기금법에 따른 기술보증기금에 출연하는 경우(조특령 §7의 2 ②)

가. 대·중소기업 상생협력 촉진에 관한 법률 제2조 제6호에 따른 수탁기업

나. 상기 '가'의 수탁기업과 직접 또는 간접으로 물품을 납품하는 계약관계가 있는 중소기업

다. 과학기술기본법 제16조의 4 제3항에 따라 지정된 전담기관과 연계하여 지원하는 창업기업

라. 그 밖에 조세특례제한법 제8조의 3 제1항에 따른 내국법인이 협력이 필요하다고 인정한 중소기업

ⓛ 대·중소기업 상생협력 촉진에 관한 법률에 따른 대·중소기업·농어업협력재단(자유무역협정 체결에 따른 농어업인 등의 지원에 관한 특별법에 따른 농어촌상생협력기금을 포함함)에 출연하는 경우

ⓒ 대·중소기업 상생협력 촉진에 관한 법률 제2조 제1호에 따른 중소기업(이하 "상생중소기업"이라 함)이 설립한 근로복지기본법 제50조에 따른 사내근로복지기금에 출연하거나 상생중소기업 간에 공동으로 설립한 근로복지기본법 제86조의 2에 따른 공동근로복지기금에 출연하는 경우. 다만, 해당 내국법인이 설립한 사내근로복지기금 또는 해당 내국법인이 공동으로 설립한 공동근로복지기금에 출연하는 경우는 제외한다.

② 상기 '①'의 'ⓙ'에 따른 협력중소기업(조특법 §8의 3 ① 1호)의 사내근로복지기금에 출연하는 경우 그 출연금

③ 근로복지기본법 제86조의 2에 따른 공동근로복지기금에 출연하는 경우 그 출연금

④ 다음 'ⓙ'의 구분에 따른 금융회사등이 조세특례제한법 시행령 제2조 제1항에 따른 중소기업(이하 "중소기업"이라 함)으로서 다음 'ⓛ'에 해당하는 중소기업에 대한 보증 또는 대출지원을 목적으로 하는 협약을 다음 'ⓒ'에 따른 보증기관과 체결하여 다음 'ⓒ'의 출연금으로 출연하는 경우 그 출연금(조특칙 §45의 9 ⑫)

ⓙ 다음의 구분에 따른 금융회사등

가. 신용보증기금법에 따른 신용보증기금에 출연하는 경우 : 같은 법 제2조 제3호에 따른 금융회사등

나. 기술보증기금법에 따른 기술보증기금에 출연하는 경우 : 같은 법 제2조 제3호에 따른 금융회사

다. 지역신용보증재단법에 따른 신용보증재단 및 신용보증재단중앙회에 출연하는 경우 : 같은 법 제2조 제4호에 따른 금융회사등

ⓛ 다음의 어느 하나에 해당하는 중소기업

가. 소상공인 보호 및 지원에 관한 법률에 따른 소상공인

나. 벤처기업육성에 관한 특별조치법에 따른 벤처기업 및 신기술창업전문회사

다. 기술보증기금법에 따른 신기술사업자
라. 설립된 후 7년 이내인 중소기업
마. 해당 과세연도의 상시근로자 수가 직전 과세연도보다 증가한 중소기업
바. 조세특례제한시행령 별표 7에 따른 신성장·원천기술을 연구하는 중소기업(조특령 §9 ⑫에 따라 신성장·원천기술심의위원회의 심의를 거쳐 기획재정부장관 및 산업통상자원부장관이 신성장·원천기술 연구개발비로 인정한 경우로 한정함)
사. 중소기업 기술혁신 촉진법 제15조에 따라 기술혁신형 중소기업으로 선정된 기업

㉢ 다음의 어느 하나에 해당하는 출연금
가. 신용보증기금법 제2조 제3호에 따른 금융회사 등이 같은 법에 따른 신용보증기금에 출연하는 출연금(같은 법 제6조 제3항에 따라 출연하여야 하는 금액을 제외함)
나. 기술보증기금법 제2조 제3호에 따른 금융회사가 같은 법에 따른 기술보증기금에 출연하는 출연금(같은 법 제13조 제3항에 따라 출연하여야 하는 금액을 제외함)
다. 지역신용보증재단법 시행령 제3조 제5호에 따른 상호저축은행 및 제5조의 2 제1항에 따른 은행 등이 지역신용보증재단법에 따른 신용보증재단 및 신용보증재단중앙회에 출연하는 출연금(같은 법 제7조 제3항에 따라 출연하여야 하는 금액을 제외함)

⑤ 그 밖에 상생협력을 위하여 지출하는 금액으로서 기획재정부령으로 정하는 금액

관련사례

- 협력중소기업의 사내근로복지기금에 대한 출연금이 상생협력을 위하여 지출하는 금액에 해당하는지 여부

내국법인이 협력중소기업의 사내근로복지기금에 출연하는 출연금은 조세특례제한법 제100조의 32 제2항 제1호 다목의 상생협력을 위하여 지출하는 금액에 해당하는 것이나, 조세특례제한법 시행령 제100조의 32 제14항 단서의 규정에 따라 내국법인과 동 사내근로복지기금이 법인세법 시행령 제2조 제5항에 따른 특수관계인에 해당하는 경우에는 제외하는 것이며, 내국법인이 현금이 아닌 자기주식을 협력중소기업의 사내근로복지기금에 출연하는 경우에도 조세특례제한법 제100조의 32 제2항 제1호 다목에 따른 상생협력을 위하여 지출하는 금액으로 보는 것임(기획재정부 법인세제과-228, 2020. 2. 7.).

3-3-2. 투자제외 방법

투자제외 방법이란 다음의 산식과 같이 기업의 소득에서 투자금액을 제외한 임금증가액·상생협력을 위하여 지출하는 금액 등을 공제하여 미환류소득 등을 계산하는 방법을 말한다(조특법 §100의 32 ② 2호 및 조특령 §100의 32 ⑤).

[기업소득] × [15%] − ([임금 증가금액] + [상생협력을 위하여 지출하는 금액 등] × [300%])

여기서 '기업소득', '임금 증가금액' 및 '상생협력을 위하여 지출하는 금액 등'에 대한 자세한 설명은 상기 '3-3-1. 투자포함 방법'의 내용을 참고하기 바란다.

3-3-3. 계산방법의 신고 및 변경 등

투자·상생협력촉진 과세특례대상 법인은 상기 '3-3-1. 투자포함 방법'과 '3-3-2. 투자제외 방법' 중 어느 하나의 방법을 선택하여 신고한 경우에는 해당 사업연도의 개시일부터 다음 구분에 따른 기간까지는 그 선택한 방법을 계속 적용하여야 한다. 다만, 그 선택한 방법을 계속 적용하여야 하는 법인이 합병법인 또는 사업양수 법인이 해당 사업연도에 합병 또는 사업양수의 대가로 기업소득의 50%를 초과하는 금액을 금전으로 지급하는 경우에는 그 선택한 방법을 변경할 수 있다(조특법 §100의 32 ②, ③ 및 조특령 §100의 32 ⑮, ⑯ 및 조특칙 §45의 9 ⑬).

① 상기 '3-3-1. 투자포함 방법(조특법 §100의 32 ② 1호)'을 선택하여 신고한 경우 : 3년이 되는 날이 속하는 사업연도

② 상기 '3-3-2. 투자제외 방법(조특법 §100의 32 ② 2호)'을 선택하여 신고한 경우 : 1년이 되는 날이 속하는 사업연도

한편, 미환류소득의 계산 방법 중 어느 하나의 방법을 선택하지 아니한 내국법인의 경우에는 해당 법인이 최초로 같은 미환류소득에 대한 과세대상 법인에 해당하게 되는 사업연도에 미환류소득이 적게 산정되거나 초과환류액이 많게 산정되는 방법을 선택하여 신고한 것으로 본다(조특법 §100의 32 ④ 및 조특령 §100의 32 ⑰).

관련사례

- 2017 사업연도에 투자포함방식을 최초 선택시 2018 사업연도에 투자제외방식으로 변경 가능 여부

  내국법인이 2017년 12월 31일이 속하는 사업연도에 법인세법 제56조에 의한 미환류소득에 대한 법인세 신고 시 같은 조 제2항 제1호에 따른 투자포함방식을 최초로 선택한 경우에는 2018년 1월 1일 이후 개시하는 사업연도부터 2019년 12월 31일이 속하는 사업연도까지는 조세특례제한법 제100조의 32 제2항 제1호에 따른 투자포함방식을 적용하여 같은 조 제1항에 따라 미환류소득에 대한 법인세를 신고하여야 하는 것임(사전-2018-법령해석법인-0133, 2018. 3. 28.).

- 미환류소득에 대한 법인세 신고시 하나의 방식을 선택하여 신고한 경우 경정청구를 통해 다른 방식으로 변경할 수 있는지 여부

  해운업을 영위하는 내국법인이 2015년 귀속 사업연도의 비해운소득에 대하여 투자제외 방법으로 미환류소득에 대한 법인세를 신고한 경우, 경정청구를 통해 투자포함 방법으로 변경할 수 있는 것이며, 투자포함 방법을 선택한 경우 경정청구를 통해 투자제외 방법으로 변경할 수 있는 것임(기획재정부 조세법령운용과-765, 2017. 7. 13.).

4. 미환류소득 및 초과환류액의 승계

합병 또는 분할에 따라 피합병법인 또는 분할법인이 소멸하는 경우 합병법인 또는 분할신설법인은 다음의 구분에 따라 미환류소득 등을 승계할 수 있다(조특령 §100의 32 ㉓ 및 조특칙 §45의 9 ⑰).

① 피합병법인의 미환류소득 등(합병등기일을 사업연도 종료일로 보고 계산한 금액으로서 상기 '3-3-1'의 '(2) 임금 증가금액'은 포함하지 아니하고 계산한 금액을 말함)을 합병법인의 해당 사업연도말 미환류소득 등에 합산함.
② 분할법인의 미환류소득 등(분할등기일을 사업연도 종료일로 보고 계산한 금액으로서 상기 '3-3-1'의 '(2) 임금 증가금액'은 포함하지 아니하고 계산한 금액을 말함)을 분할되는 각 사업부문의 자기자본(재무상태표상의 자산의 합계액에서 부채의 합계액을 공제한 금액)의 비율에 따라 분할신설법인 또는 분할합병의 상대방법인의 해당 사업연도말 미환류소득 등에 합산함.

5. 차기환류적립금의 적립 및 초과환류액의 이월

5-1. 차기환류적립금의 적립 및 사후관리

투자·상생협력촉진 과세특례대상 법인(미환류소득 등을 신고하지 아니한 법인은 제외함)은 해당 사업연도 미환류소득의 전부 또는 일부를 다음 2개 사업연도의 투자, 임금 등으로 환류하기 위한 금액(이하 "차기환류적립금"이라 함)으로 적립하여 해당 사업연도의 미환류소득에서 차기환류적립금을 공제할 수 있다(조특법 §100의 32 ⑤).

투자·상생협력촉진 과세특례대상 내국법인이 차기환류적립금을 적립한 경우, 다음의 계산식과 같이 해당 사업연도에 초과환류액으로 환류하지 않은 금액(음수인 경우 영으로 봄)은 그 다음다음 사업연도의 법인세액에 추가하여 납부하여야 한다(조특법 §100의 32 ⑥).

(차기환류적립금 − 해당 사업연도의 초과환류액) × 20%

한편, 해당 사업연도에 차기환류적립금을 적립하여 미환류소득에서 공제한 내국법인이 다음 2개 사업연도에 상호출자제한기업집단(독점규제 및 공정거래에 관한 법률 §31 ①)에 속하는 내국법인에 해당하지 아니하는 경우에도 상기의 계산식에 따라 미환류소득에 대한 법인세를 납부하여야 한다(조특령 §100의 32 ⑱).

관련사례

- 증액경정된 미환류소득 금액을 소급하여 차기환류적립하는 경정청구가 다음 사업연도 초과환류액 범위 내에서만 가능한지 여부

  경정 등으로 인하여 직전 사업연도의 미환류소득이 증가한 경우 다음 사업연도의 초과환류액(이월된 차기환류적립금을 차감한 후의 금액) 한도 내에서 그 증가한 미환류소득을 차기환류적립금으로 추가 적립하기 위하여 경정청구할 수 있음(기준-2021-법령해석법인-0104, 2021. 6. 28.).

- 2017 사업연도에 적립한 차기환류적립금의 이월 납부시 적용세율

  법인이 2017년 12월 31일이 속하는 사업연도에 법인세법 제56조(2018. 12. 24. 법률 제16008호로 개정되기 전의 것) 제5항의 규정에 따라 차기환류적립금을 적립하여 해당 사업연도의 미환류소득에서 공제한 경우 그 차기환류적립금에 대하여는 10% 세율을 적용하여 법인세를 추가로 납부하는 것임(서면-2019-법인-0755, 2020. 4. 9.).

- 2017년 12월 31일이 속하는 사업연도의 차기환류적립금 적립가능 및 초과환류액 공제 가능 여부

  2017년 12월 31일이 속하는 사업연도에 대하여 법인세법 제56조에 의한 미환류소득에 대한 법인세 신고 시 같은 조 제5항에 따라 차기환류적립금을 적립할 수 있고, 이 경우 그 다음 사업연도에는 같은 조 제2항에 따라 계산한 초과환류액을 동 차기환류적립금에서 공제하여 계산하는 것임(기획재정부 법인세제과-121, 2018. 2. 13.).

5-2. 초과환류액의 이월

해당 사업연도에 초과환류액('5-1'의 계산식에 따라 초과환류액으로 차기환류적립금을 공제한 경우에는 그 공제 후 남은 초과환류액을 말함)이 있는 경우에는 그 초과환류액을 그 다음 2개 사업연도까지 이월하여 그 다음 2개 사업연도 동안 미환류소득에서 공제할 수 있다(조특법 §100의 32 ⑦).

이 경우 법인세법(법률 제16008호로 개정되기 전의 것을 말함) 제56조 제5항에 따라 직전 사업연도에 적립한 차기환류적립금에서 같은 조 제6항에 따라 초과환류액을 공제한 경우에는 ①의 금액에서 ②의 금액을 공제하고 남은 금액을 다음 사업연도로 이월하여 다음 사업연도의 미환류소득에서 공제할 수 있다(조특령 §100의 32 ⑲).

① '3. 기업소득, 미환류소득 및 초과환류액'에 따라 계산한 해당 사업연도의 초과환류액

② 법인세법(법률 제16008호로 개정되기 전의 것을 말함) 제56조 제6항에 따라 차기환류적립금에서 공제한 초과환류액

한편, 직전 사업연도에 종전의 법인세법(법률 제15222호로 개정된 것을 말함) 제56조 제7항의 기업환류세제의 규정에 따른 초과환류액이 발생한 경우에는 조세특례제한법 제100조의 32의 투자・상생협력촉진세제 규정에 따른 미환류소득에서 공제할 수 있다(조특법 §100의 32 ⑨ 및

구 조특령 §100의 32 ㉔).

6. 미환류소득에 대한 법인세의 신고 · 납부

투자 · 상생협력촉진 과세특례대상 법인은 각 사업연도의 종료일이 속하는 달의 말일부터 3개월(법인세법 제76조의 17에 따라 법인세의 과세표준과 세액을 신고하는 경우에는 각 연결사업연도의 종료일이 속하는 달의 말일부터 4개월) 이내에 법인세 과세표준 신고(법법 §60 또는 §76의 17)를 할 때 미환류소득에 대한 법인세 신고서[조특칙 별지 제114호 서식]를 납세지 관할 세무서장에게 제출하여야 한다. 또한 다음의 계산식에 따라 산출한 세액을 미환류소득에 대한 법인세로 하여 각 사업연도에 대한 법인세액에 추가하여 납부하여야 한다(조특법 §100의 32 ①, ② 및 조특령 §100의 32 ③ 및 조특칙 §45의 9 ①).

(미환류소득 − 차기환류적립금 − 이월된 초과환류액) × 20%

7. 사업용 자산의 처분에 따른 사후관리

7-1. 사후관리 사유

투자 · 상생협력촉진 과세특례대상 법인이 '3-3-1'의 '(1) 기계장치 등에 대한 투자의 합계액'의 대상이 되는 사업용 자산을 처분하는 등 다음의 사유에 해당하는 경우에는 그 자산에 대한 투자금액의 공제로 인하여 납부하지 아니한 세액에 이자상당액을 가산하여 납부하여야 한다(조특법 §100의 32 ⑧ 및 조특령 §100의 32 ⑳ 및 조특칙 §45의 9 ⑭).

① 기계 및 장치, 공구, 기구 및 비품, 차량 및 운반구, 선박 및 항공기, 그 밖에 이와 유사한 사업용 유형고정자산(조세특례제한법 시행령 제100조의 32 제6항 제1호 가목의 자산을 말하며, 이하 "사업용 유형고정자산"이라 함)의 투자완료일 또는 무형자산(조세특례제한법 시행령 제100조의 32 제6항 제1호 나목의 자산을 말하며, 매입한 자산에 한정함)의 매입일 또는 벤처기업에 대한 신규출자 주식(조특령 §100의 32 ⑥ 2호)의 취득일부터 2년이 지나기 전에 해당 자산을 양도하거나 대여하는 경우. 다만, 다음의 어느 하나에 해당하는 경우는 제외함(조특령 §137 ①).

㉠ 현물출자, 합병, 분할, 분할합병, 법인세법 제50조의 적용을 받는 교환, 통합, 사업전환 또는 사업의 승계로 인하여 당해 자산의 소유권이 이전되는 경우

㉡ 내용연수가 경과된 자산을 처분하는 경우

㉢ 국가 · 지방자치단체 또는 법인세법 시행령 제39조 제1항 제1호 나목에 따른 학교 등에 기부하고 그 자산을 사용하는 경우

㉣ 사업용 유형고정자산을 대·중소기업 상생협력 촉진에 관한 법률 제2조 제6호에 따른 수탁기업[특수관계인(법령 §2 ⑤)은 제외함]에 무상양도 또는 무상대여하는 경우

㉤ 천재지변, 화재 등으로 멸실되거나 파손되어 사용이 불가능한 자산을 처분하는 경우

㉥ 한국표준산업분류표상 해당 자산의 임대업이 주된 사업(2 이상의 서로 다른 사업을 영위하는 경우 해당 사업연도의 사업용 유형고정자산의 임대업의 수입금액이 총 수입금액의 50% 이상인 경우를 말함)인 법인이 해당 자산을 대여하는 경우

② 업무용 건축물에 해당하지 아니하게 되는 등 다음의 어느 하나에 해당하는 경우(조특칙 §45의 9 ⑮)

㉠ 해당 법인이 업무용신증축건축물을 준공 후 2년 이내에 임대하거나 위탁하는 등 업무에 직접 사용하지 아니하는 경우. 다만, 한국표준산업분류표상 부동산업, 건설업 또는 종합소매업을 주된 사업으로 하는 법인이 해당 건축물을 임대하는 경우에는 제외함.

㉡ 업무용신증축건축물을 준공 전에 처분하거나 준공 후 2년 이내에 처분하는 경우. 다만, 국가·지방자치단체에 기부하고 그 업무용신증축건축물을 사용하는 경우는 제외함.

㉢ 업무용신증축건축물의 건설에 착공한 후 천재지변 그 밖의 정당한 사유없이 건설을 중단한 경우

여기서 '업무용신증축건축물' 및 '한국표준산업분류표상 부동산업, 건설업 또는 종합소매업을 주된 사업으로 하는 법인'에 대한 자세한 내용은 '3-3-1'의 '(1) 기계장치 등에 대한 투자의 합계액'을 참고하기 바란다.

7-2. 이자상당액의 납부

투자·상생협력촉진 과세특례대상 법인이 상기 '7-1. 사후관리 사유'에 해당하는 경우에는 투자금액의 공제로 인하여 납부하지 아니한 세액에 다음의 계산식에 따른 이자상당액을 가산하여 사유가 발생하는 날이 속하는 사업연도의 과세표준 신고를 할 때(이하 "이자상당액납부일"이라 함) 납부하여야 한다(조특령 §100의 32 ㉑).

이자상당액	=	투자금액의 공제로 납부하지 아니한 세액	×	이자상당액 가산기간(*)	×	0.022%

(*) 투자금액을 공제받은 사업연도의 법인세 과세표준 신고일의 다음 날부터 이자상당액납부일까지의 기간

한편, 상기에서 '사유가 발생하는 날'이란 다음의 어느 하나에 해당하는 날을 말한다(조특칙 §45의 9 ⑯).

해당사유	사유가 발생하는 날
① 상기 '7-1'의 ①에 해당하는 경우	자산을 양도하거나 대여한 날
② 상기 '7-1'의 ②의 ㉠에 해당하는 경우	업무용신증축건축물을 임대하거나 위탁한 날 등 업무에 직접 사용하지 아니한 날
③ 상기 '7-1'의 ②의 ㉡에 해당하는 경우	업무용신증축건축물을 처분한 날
④ 상기 '7-1'의 ②의 ㉢에 해당하는 경우	건설을 중단한 날부터 6개월이 되는 날

MEMO

Step Ⅱ 서식의 이해

■ 작성요령 - 미환류소득에 대한 법인세 신고서

[별지 제114호 서식] (2024. 3. 22. 개정)

사 업 연 도	. . . ~ . . .	**미환류소득에**

1. 적용대상	① 자기자본 500억원 초과 법인(중소기
	② 상호출자제한기업집단 소속기업
2. 과세방식 선택	③ 투자포함 방식(A방식)
	④ 투자제외 방식(B방식)

3. 미환류소득에 대한 법인세 계산

과세대상 소득	⑤ 사업연도 소득	
	가산항목	⑥ 국세등 환급금 이자
		⑦ 수입배당금 익금불산입액
		⑧ 기부금 이월 손금산입액
		⑨ 투자자산 감가상각분(A방식만 적용)
		⑩ 소계(⑥+⑦+⑧+⑨)
	차감항목	⑪ 법인세액등
		⑫ 상법상 이익준비금 적립액
		⑬ 법령상 의무적립금
		⑭ 이월결손금 공제액
		⑮ 피합병법인(분할법인)의 주주인 법인의
		⑯ 기부금 손금한도 초과액
		⑰ 피합병법인(분할법인)의 양도차익
		⑱ 유동화전문회사 등이 배당한 금액
		⑲ 공적자금 상환액
		⑳ 소계(⑪+⑫+⑬+⑭+⑮+⑯+⑰+⑱+⑲)
	㉑ 기업소득(⑤+⑩-⑳)	
	㉒ 연결법인 기업소득 합계액	
	㉓ 과세대상 소득(㉑×70%또는15%, ㉒×㉑/㉒×70%또는15%)	
투자금액	유형자산	㉔ 기계 및 장치 등
		㉕ 업무용 건물 건축비
		㉖ 벤처기업에 대한 신규출자
	㉗ 무형자산	
	㉘ 소계(㉔+㉕+㉖+㉗)	
임금증가 금액	상시근로자 임금 증가 금액 계산	㉙ 해당 사업연도 상시근로자 수
		㉚ 직전 사업연도 상시근로자 수
		㉛ 해당 사업연도 상시근로자 임금지급액
		㉜ 직전 사업연도 상시근로자 임금지급액
		㉝ 해당 사업연도 신규 상시근로자 임금지
		㉞ 임금증가 계산금액 [(㉙-㉚) ≤ 0 인 경우 : (㉛-㉜), (㉙-㉚ (㉙-㉚)×㉝×2]
	청년정규직 임금 증가 금액 계산	㉟ 해당 사업연도 청년정규직근로자 수
		㊱ 직전 사업연도 청년정규직근로자 수
		㊲ 해당 사업연도 청년정규직근로자 임금지
		㊳ 직전 사업연도 청년정규직근로자 임금지
		㊴ 임금증가 계산금액[(㉟-㊱) > 0 인 경우만
	㊵ 정규직 전환 근로자(청년정규직 근로자 제외) 임금증가금액	
	㊶ 소계(㉞+㊴+㊵)	
상생협력 지출금액	㊷ 상생협력출연금	
	㊸ 사내근로복지기금 및 공동근로복지기금 출연금	
	㊹ 신용보증기금에 대한 출연금 등	
	㊺ 상생협력 지출금액 계산[(㊷+㊸+㊹)×3]	
미환류소득	㊻ A방식(70% 적용)[㉓-(㉘+㊶+㊺]	
	㊼ B방식(15% 적용)[㉓-(㊶+㊺)]	
㊾ 초과환류액	A방식	
	B방식	

	직전전 사업연도
㊿ 미환류소득	❽
(51) 이월된 초과환류액	❾
(52) 차기환류적립금	
(53) 이월된 차기환류적립금	❿
(54) 초과환류액(=㊾)	❽
(55) 과세대상미환류소득 (㊿-(51)-(52)+(53)-(54))	

4. 미환류소득에 대한 법인세 납부액 ((55)×20%)

「조세특례제한법 시행령」 제100조의 32 제3항에 따라 미환류소득에 대한

신고인(법 인)
신고인(대표자)

세무대리인은 조세전문자격자로서 위 신고서를 성실하고 공정하게 작성

세무대리인

세무서장 귀하

❾ (51)란은 「조세특례제한법」 제100조의 32 제7항 및 제9항에 따라 당기로 이월된 초과환류액을 의미한다.

❿ (53) 이월된 차기환류적립금란에는 「조세특례제한법」 제100조의 32 제5항 및 제6항에 따라 당기로 이월된 차기환류적립금을 적는다.

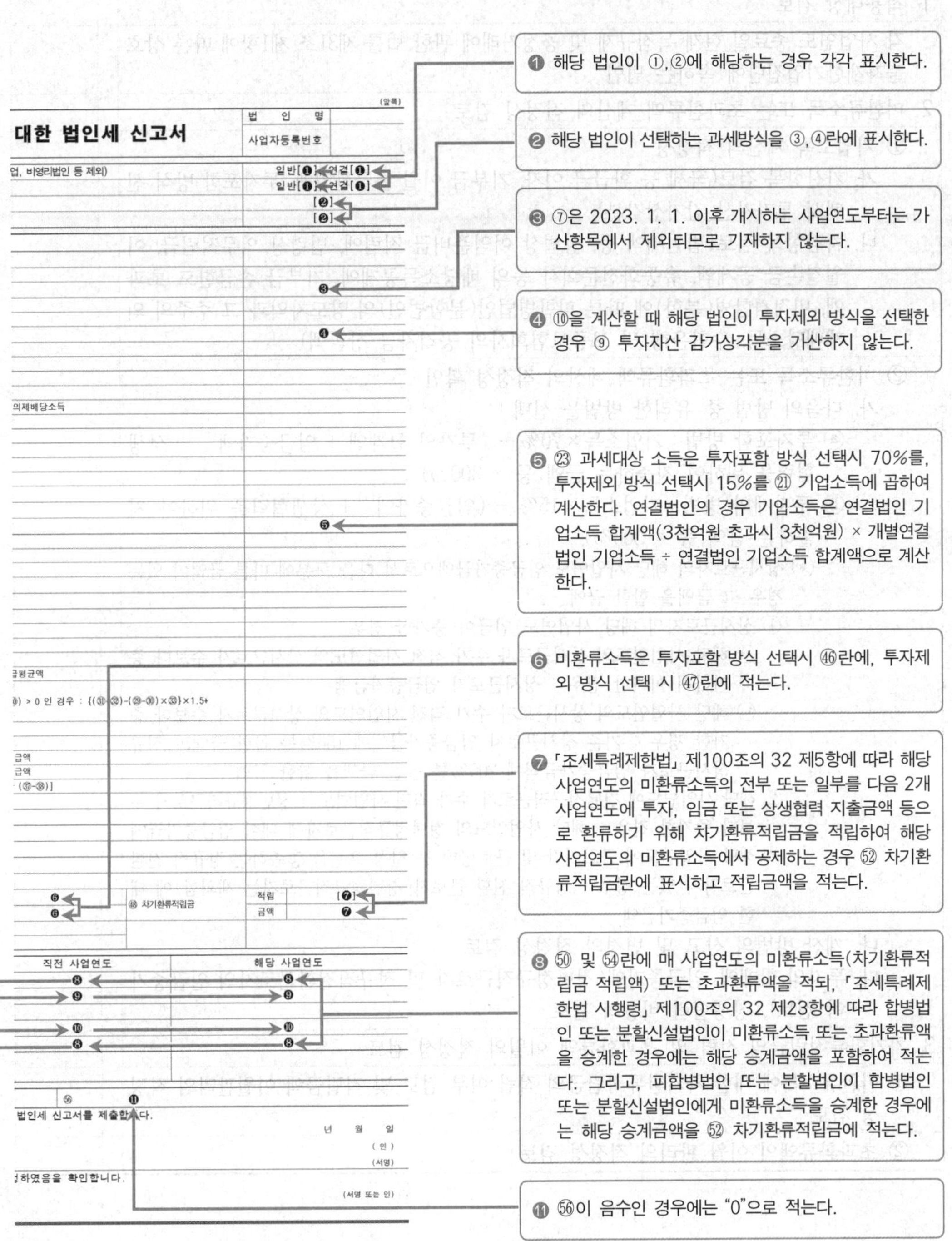

대한 법인세 신고서
법 인 명
사업자등록번호
일반[❶] 연결[❶]
일반[❶] 연결[❶]
[❷]
[❷]
⑱ 차기환류적립금
적립
금액
직전 사업연도
해당 사업연도
법인세 신고서를 제출합니다.
❶ 해당 법인이 ①,②에 해당하는 경우 각각 표시한다.
❷ 해당 법인이 선택하는 과세방식을 ③,④란에 표시한다.
❸ ⑦은 2023. 1. 1. 이후 개시하는 사업연도부터는 가산항목에서 제외되므로 기재하지 않는다.
❹ ⑩을 계산할 때 해당 법인이 투자제외 방식을 선택한 경우 ⑨ 투자자산 감가상각분을 가산하지 않는다.
❺ ㉓ 과세대상 소득은 투자포함 방식 선택시 70%를, 투자제외 방식 선택시 15%를 ㉑ 기업소득에 곱하여 계산한다. 연결법인의 경우 기업소득은 연결법인 기업소득 합계액(3천억원 초과시 3천억원) × 개별연결법인 기업소득 ÷ 연결법인 기업소득 합계액으로 계산한다.
❻ 미환류소득은 투자포함 방식 선택시 ㊻란에, 투자제외 방식 선택 시 ㊼란에 적는다.
❼ 「조세특례제한법」 제100조의 32 제5항에 따라 해당 사업연도의 미환류소득의 전부 또는 일부를 다음 2개 사업연도에 투자, 임금 또는 상생협력 지출금액 등으로 환류하기 위해 차기환류적립금을 적립하여 해당 사업연도의 미환류소득에서 공제하는 경우 ㊾ 차기환류적립금란에 표시하고 적립금액을 적는다.
❽ ㊿ 및 ㊹란에 매 사업연도의 미환류소득(차기환류적립금 적립액) 또는 초과환류액을 적되, 「조세특례제한법 시행령」 제100조의 32 제23항에 따라 합병법인 또는 분할신설법인이 미환류소득 또는 초과환류액을 승계한 경우에는 해당 승계금액을 포함하여 적는다. 그리고, 피합병법인 또는 분할법인이 합병법인 또는 분할신설법인에게 미환류소득을 승계한 경우에는 해당 승계금액을 ㊾ 차기환류적립금에 적는다.
⓫ ㊻이 음수인 경우에는 "0"으로 적는다.

세무조정 체크리스트

검 토 사 항	확인
1. 적용대상 검토	
각 사업연도 종료일 현재 독점규제 및 공정거래에 관한 법률 제31조 제1항에 따른 상호출자제한기업집단에 속하는 법인	
2. 미환류소득 또는 초과환류액 계산의 적정성 검토	
① 기업소득 계산의 적정성 가. 가산항목 검토(국세 등 환급금 이자, 기부금 이월 손금산입액, 투자포함 방식 선택시 투자자산 감가상각분) 나. 차감항목 검토(법인세액 등, 상법상 이익준비금 적립액, 법령상 의무적립금, 이월결손금 공제액, 유동화전문회사 등의 배당소득공제액, 기부금 손금한도 초과액, 비적격합병(분할)에 따른 피합병법인(분할법인)의 양도차익과 그 주주의 의제배당소득, 수협은행 및 보증보험회사의 공적자금 상환액)	
② 미환류소득 또는 초과환류액 계산의 적정성 확인 가. 다음의 방법 중 유리한 방법을 선택 ⓐ 투자포함 방법 : 기업소득 × 70% − (투자의 합계액 + 임금증가액(*) + 상생협력을 위하여 지출하는 금액 등 × 300%) ⓑ 투자제외 방법 : 기업소득 × 15% − (임금증가액(*) + 상생협력을 위하여 지출하는 금액 등 × 300%) (*) 상시근로자의 해당 사업연도 임금증가금액으로서 다음 구분에 따른 금액이 있는 경우 그 금액을 합한 금액 ① 상시근로자의 해당 사업연도 임금이 증가한 경우 ㉠ 해당 사업연도의 상시근로자 수가 직전 사업연도의 상시근로자 수보다 증가하지 아니한 경우 : 상시근로자 임금증가금액 ㉡ 해당 사업연도의 상시근로자 수가 직전 사업연도의 상시근로자 수보다 증가한 경우 : 기존 상시근로자 임금증가금액에 150%를 곱한 금액과 신규 상시근로자 임금증가금액에 200%를 곱한 금액을 합한 금액 ② 해당 사업연도에 청년정규직근로자 수가 직전 사업연도의 청년정규직근로자 수보다 증가한 경우 : 해당 사업연도의 청년정규직근로자에 대한 임금증가금액 ③ 해당 사업연도에 근로기간 및 근로형태 등 일정 요건을 충족하는 정규직 전환 근로자가 있는 경우 : 정규직 전환 근로자(청년정규직근로자는 제외함)에 대한 임금증가금액 나. 계산 방법의 신고 및 변경의 적정성 검토 다. 투자의 합계액, 임금증가액(청년정규직근로자 및 정규직전환근로자의 임금증가액 검토), 상생협력 비용의 검토	
3. 차기환류적립금의 적립 및 초과환류액 이월의 적정성 검토	
① 미환류소득에 대한 차기환류적립금의 적립 여부 검토 및 적립금액 이월관리의 적정성 검토	
② 초과환류액의 이월 관리의 적정성 검토	

검 토 사 항	확인
4. 사업용 자산의 처분에 따른 미환류소득에 대한 법인세 사후관리 검토	
① 투자포함 방법으로 미환류소득을 계산시 해당 투자에 포함된 사업용 기계장치 등의 처분 여부 검토	
② 이자상당가산액 계산(1일 0.022%)의 적정성 검토	
5. 합병 · 분할시 미환류소득 또는 초과환류액 승계의 적정성 검토	

Step III 사례와 서식작성실무

예제

사 례

㈜삼일의 제13기(2022. 1. 1. ~ 2022. 12. 31.), 제14기(2023. 1. 1. ~ 2023. 12. 31.) 및 제15기(2024.1. 1. ~ 2024. 12. 31.) 미환류소득에 대한 법인세 계산을 위한 자료이다. 다음의 자료를 이용하여 제13기, 제14기 및 제15기의 미환류소득에 대한 법인세를 계산하고, 미환류소득에 대한 법인세 신고서(조특칙 별지 제114호 서식)를 작성하라.

1. ㈜삼일은 상호출자제한기업집단 소속 법인으로, 연결납세방식을 적용하지 아니하는 비중소기업임.
2. ㈜삼일의 제13기, 제14기 및 제15기의 각 사업연도 소득금액 등 기업소득을 계산하기 위한 자료는 다음과 같다.

(단위 : 원)

구 분	제13기	제14기	제15기
각 사업연도의 소득금액	710,000,000	830,000,000	830,000,000
수입배당금 익금불산입액	10,000,000	40,000,000	30,000,000
일반기부금 한도초과액	20,000,000	30,000,000	40,000,000

3. ㈜삼일의 제13기, 제14기 및 제15기 환류액의 명세는 다음과 같다.

(단위 : 원)

구 분	제13기	제14기	제15기
투자합계액(*1)	395,000,000	400,000,000	380,000,000
임금증가액(*2)	22,000,000	35,000,000	30,000,000
상생협력을 위하여 지출한 금액(*3)	20,000,000	25,000,000	30,000,000

(*1) 모두 기계장치투자액임.

(*2) 임금증가액은 다음과 같으며, 상시근로자 수는 증가하지 아니하였고 청년정규직근로자 수는 직전 사업연도보다 증가함.

구 분	제13기		제14기		제15기	
	전체	청년 정규직근로자	전체	청년 정규직근로자	전체	청년 정규직근로자
직전사업연도 근로소득	727,000,000	126,000,000	745,000,000	130,000,000	770,000,000	140,000,000
해당사업연도 근로소득	745,000,000	130,000,000	770,000,000	140,000,000	790,000,000	150,000,000
임금증가액	18,000,000	4,000,000	25,000,000	10,000,000	20,000,000	10,000,000

(*3) 협력중소기업의 사내근로복지기금에 대한 출연금임.

4. 제12기에서 이월된 차기환류적립금 및 초과환류액은 없고, 제13기 및 제14기의 경우 미환류소득에 대한 법인세를 최소화하기 위해 미환류소득을 이월시키는 것으로 가정하되, 제15기는 해당 사업연도의 미환류소득을 이월하지 않고 이월된 차기환류적립금에 대해서도 미환류소득에 대한 법인세를 납부하는 것으로 가정한다.

해 설

1. 제13기 미환류소득에 대한 법인세의 계산

(1) 기업소득의 계산

각사업연도의 소득금액 + 가산항목(수입배당금 익금불산입액) - 차감항목(일반기부금 한도초과액) = 710,000,000원 + 10,000,000원 - 20,000,000원 = 700,000,000원

(2) 미환류소득 또는 초과환류액의 계산

구 분		제13기 미환류소득 또는 초과환류액	
		투자포함 방법(70%)	투자제외 방법(15%)
기업소득		700,000,000	700,000,000
기업소득 × (70% 또는 15%)		490,000,000	105,000,000
환류액	투자합계액	395,000,000	-
	임금증가액(*1)	22,000,000	22,000,000
	상생협력을 위한 지출액(*2)	60,000,000	60,000,000
미환류소득(초과환류액)		13,000,000	23,000,000

(*1) 임금증가액 = 해당사업연도 임금증가액 + 청년정규직근로자의 임금증가액
= 18,000,000 + 4,000,000 = 22,000,000

(*2) 상생협력을 위한 지출액 = 20,000,000 × 300% = 60,000,000

(3) 미환류소득 또는 초과환류액의 신고

상기의 '투자포함 방법(13,000,000원)'과 "투자제외 방법(23,000,000원)' 중 유리한 방법인 '투자포함 방법'을 선택하여 미환류소득(13,000,000)을 신고하고, 해당 금액을 모두 차기환류적립금으로 적립하여 이월함.

(4) 미환류소득에 대한 법인세액의 계산

(미환류소득 - 차기환류적립금) × 20% = (13,000,000 - 13,000,000) × 20% = 0

2. 제14기 미환류소득에 대한 법인세의 계산

(1) 기업소득의 계산

각사업연도의 소득금액 - 차감항목(일반기부금 한도초과액) = 830,000,000원 - 30,000,000원
= 800,000,000원

(2) 미환류소득 또는 초과환류액의 계산

구 분		제14기 미환류소득 또는 초과환류액
기업소득 × (70%)		560,000,000(=800,000,000×70%)
환류액	투자합계액	400,000,000
	임금증가액(*1)	35,000,000
	상생협력을 위한 지출액(*2)	75,000,000
미환류소득		50,000,000

(*1) 임금증가액 = 해당사업연도 임금증가액 + 청년정규직근로자의 임금증가액
= 25,000,000 + 10,000,000 = 35,000,000

(*2) 상생협력을 위한 지출액 = 25,000,000 × 300% = 75,000,000

(3) 미환류소득에 대한 법인세액의 계산

(미환류소득 - 차기환류적립금) × 20% = (50,000,000 - 50,000,000) × 20% = 0원

※ 2021년 12월 31일이 속하는 사업연도에 적립한 차기환류적립금부터는 설정기간이 2년으로 확대되므로 제13기에 적립한 차기환류적립금은 제15기까지 이월

3. 제15기 미환류소득에 대한 법인세의 계산

(1) 기업소득의 계산

각사업연도의 소득금액 - 차감항목(일반기부금 한도초과액)
= 830,000,000원 - 40,000,000원 = 790,000,000원

(2) 미환류소득 또는 초과환류액의 계산

구 분		제15기 미환류소득 또는 초과환류액
기업소득 × (70%)		553,000,000(=790,000,000×70%)
환류액	투자합계액	380,000,000
	임금증가액(*1)	30,000,000
	상생협력을 위한 지출액(*2)	90,000,000
미환류소득		53,000,000

(*1) 임금증가액 = 해당사업연도 임금증가액 + 청년정규직근로자의 임금증가액
= 20,000,000 + 10,000,000 = 30,000,000

(*2) 상생협력을 위한 지출액 = 30,000,000 × 300% = 90,000,000

(3) 미환류소득에 대한 법인세액의 계산(① + ② + ③) : 23,200,000원

① 제15기 미환류소득에 대한 법인세액의 계산 : 10,600,000원
(미환류소득 - 차기환류적립금) × 20% = (53,000,000 - 0) × 20% = 10,600,000원

② 제14기 차기환류적립금에 대한 법인세액의 계산 : 10,000,000원
제14기 차기환류적립금 × 20% = 50,000,000 × 20% = 10,000,000원

③ 제13기 차기환류적립금에 대한 법인세액의 계산 : 2,600,000원
제13기 차기환류적립금 × 20% = 13,000,000 × 20% = 2,600,000원

[별지 제114호 서식] (2024. 3. 22. 개정) (앞쪽)

사업연도	2024. 1. 1. ~ 2024. 12. 31.	미환류소득에 대한 법인세 신고서	법인명	㈜삼익
			사업자등록번호	

구분		내용	선택
1. 적용대상		① 자기자본 500억원 초과 법인(중소기업, 비영리법인 등 제외)	일반[O], 연결[ ]
		② 상호출자제한기업집단 소속기업	일반[ ], 연결[ ]
2. 과세방식 선택		③ 투자포함 방식(A방식)	[O]
		④ 투자제외 방식(B방식)	[ ]

3. 미환류소득에 대한 법인세 계산

구분		항목	금액
과세대상 소득	⑤ 사업연도 소득		830,000,000
	가산항목	⑥ 국세등 환급금 이자	
		⑦ 수입배당금 익금불산입액	
		⑧ 기부금 이월 손금산입액	
		⑨ 투자자산 감가상각분(A방식만 적용)	
		⑩ 소계(⑥+⑦+⑧+⑨)	
	차감항목	⑪ 법인세액등	
		⑫ 상법상 이익준비금 적립액	
		⑬ 법령상 의무적립금	
		⑭ 이월결손금 공제액	
		⑮ 피합병법인(분할법인)의 주주인 법인의 의제배당소득	
		⑯ 기부금 손금한도 초과액	40,000,000
		⑰ 피합병법인(분할법인)의 양도차익	
		⑱ 유동화전문회사 등이 배당한 금액	
		⑲ 공적자금 상환액	
		⑳ 소계(⑪+⑫+⑬+⑭+⑮+⑯+⑰+⑱+⑲)	40,000,000
	㉑ 기업소득(⑤+⑩-⑳)		790,000,000
	㉒ 연결법인 기업소득 합계액		
	㉓ 과세대상 소득(㉑×70%또는15%, ㉒×㉑/㉒×70%또는15%)		553,000,000
투자금액	유형자산	㉔ 기계및장치등	380,000,000
		㉕ 업무용 건물 건축비	
		㉖ 벤처기업에 대한 신규출자	
	㉗ 무형자산		
	㉘ 소계(㉔+㉕+㉖+㉗)		380,000,000
임금증가 금액	상시근로자 임금 증가 금액 계산	㉙ 해당 사업연도 상시근로자 수	00명
		㉚ 직전 사업연도 상시근로자 수	00명
		㉛ 해당 사업연도 상시근로자 임금지급액	790,000,000
		㉜ 직전 사업연도 상시근로자 임금지급액	770,000,000
		㉝ 해당 사업연도 신규 상시근로자 임금지급평균액	XXX
		㉞ 임금증가 계산금액 [(㉙-㉚) ≤ 0 인 경우 : (㉛-㉜), (㉙-㉚) > 0 인 경우 : {(㉛-㉜)-(㉙-㉚)×㉝}×1.5+(㉙-㉚)×㉝×2]	20,000,000
	청년정규직 임금 증가 금액 계산	㉟ 해당 사업연도 청년정규직근로자 수	O명
		㊱ 직전 사업연도 청년정규직근로자 수	X명
		㊲ 해당 사업연도 청년정규직근로자 임금지급액	150,000,000
		㊳ 직전 사업연도 청년정규직근로자 임금지급액	140,000,000
		㊴ 임금증가 계산금액[(㉟-㊱) > 0 인 경우만 (㊲-㊳)]	10,000,000
	㊵ 정규직 전환 근로자(청년정규직 근로자 제외) 임금증가금액		
	㊶ 소계(㉞+㊴+㊵)		30,000,000
상생협력 지출금액	㊷ 상생협력출연금		
	㊸ 사내근로복지기금 및 공동근로복지기금 출연금		30,000,000
	㊹ 신용보증기금에 대한 출연금 등		
	㊺ 상생협력 지출금액 계산[(㊷+㊸+㊹)×3]		90,000,000

구분	방식	금액	㊽ 차기환류적립금		
미환류소득	㊻ A방식(70% 적용)[㉓-(㉘+㊶+㊺)]	53,000,000		적립	[ ]
	㊼ B방식(15% 적용)[㉓-(㊶+㊺)]			금액	
㊾초과환류액	A방식				
	B방식				

구분	2022년	2023년	2024년
㊿ 미환류소득	13,000,000	50,000,000	53,000,000
51 이월된 초과환류액			
52 차기환류적립금	13,000,000	50,000,000	
53 이월된차기환류적립금			13,000,000 + 50,000,000
54 초과환류액(=㊾)			
55 과세대상미환류소득(㊿-51-52+53-54)	0	0	116,000,000

4. 미환류소득에 대한 법인세 납부액 (55×20%)	56 23,200,000

「조세특례제한법 시행령」 제100조의 32 제3항에 따라 미환류소득에 대한 법인세 신고서를 제출합니다.

년 월 일

신고인(법 인) (인)

신고인(대표자) (서명)

세무대리인은 조세전문자격자로서 위 신고서를 성실하고 공정하게 작성하였음을 확인합니다.

세무대리인 (서명 또는 인)

세무서장 귀하

제2장

2

소득구분

제2장 소득구분

관련 법령	• 법법 §113 • 법령 §156 • 법칙 §75, §75의 2, §76, §77 • 조특법 §143 • 조특령 §136

최근 주요 개정 내용

• 연결모법인 합병 시 구분경리 예외적용 명확화(법법 §113)

종 전	현 행
□ 합병 시 구분경리 생략 허용 범위 ※ 연결납세의 경우 구분경리 생략규정 없음 ○ 중소기업 간 합병 시 ○ 동일사업을 하는 법인 간 합병 시	□ 연결모법인 합병 시 구분경리 생략 가능 명확화 ○ 연결모법인이 중소기업인 경우 포함 ○ 연결모법인이 동일사업을 하는 법인을 합병하는 경우 포함

➡ 개정일자 : ㉺ 2023. 12. 31.
적용시기 : 2024년 1월 1일부터 시행

관련 서식	• 법인세법 시행규칙 [별지 제48호 서식] 소득구분계산서

제2장

소득구분

2

Step Ⅰ 내용의 이해

1. 개 요

1-1. 구분경리의 의의

세무상 특정 업종과 기타의 사업을 겸영하는 경우에는 특정 업종의 소득금액이나 수입금액 등을 산정하기 위하여 법인의 장부상 업종별 또는 사업별 계정금액 등을 각각 별개의 회계로 구분하여야 하는 바, 이를 소득구분 또는 구분경리라 한다.

즉, 구분경리란 구분하여야 할 사업 또는 재산별로 자산·부채 및 손익을 법인의 장부상 각각 독립된 계정과목에 의하여 구분하여 기장하는 것을 말한다(법령 §156 및 법칙 §75 ①). 다만, 각 사업 또는 재산별로 구분할 수 없는 공통되는 익금과 손금 및 자본은 구분경리의 대상에서 제외되며 세법상 일정한 방법에 의하여 구분계산하여야 한다. 따라서 자산·부채·개별손익금은 구분경리를 하되, 자본·공통손익금은 세액계산의 필요에 의하여 구분경리가 아닌 구분계산을 하여야 한다.

1-2. 구분경리의 대상

1-2-1. 법인세법상 구분경리의 대상

법인세법상 구분경리의 대상이 되는 법인 및 소득의 종류는 다음과 같다.

대상법인	구분경리대상사업	구분경리대상기간	관계법령
수익사업을 영위하는 비영리법인	수익사업과 기타사업	수익사업 영위 기간	법법 §113 ①
자본시장과 금융투자업에 관한 법률의 적용을 받는 법인	신탁재산 귀속소득과 기타 소득	신탁재산 귀속 소득의 발생기간	법법 §113 ②

대상법인	구분경리대상사업	구분경리대상기간	관계법령
합병법인 자신의 이월결손금 또는 피합병법인의 이월결손금을 공제받으려는 합병법인	승계사업과 그 밖의 사업(*)	이월결손금을 공제받는 기간	법법 §113 ③
그 밖의 합병법인	승계사업과 그 밖의 사업(*)	합병 후 5년	법법 §113 ③
분할합병시 분할법인 등의 이월결손금을 공제받으려는 분할신설법인 등	승계사업과 그 밖의 사업(*)	이월결손금을 공제받는 기간	법법 §113 ④
그 밖의 분할신설법인 등	승계사업과 그 밖의 사업(*)	분할 후 5년간	법법 §113 ④
합병등기일 현재 연결법인이 아닌 내국법인을 합병(또는 분할합병)하는 연결모법인 자신의 이월결손금 또는 피합병법인의 이월결손금을 공제받으려는 연결모법인	승계사업과 그 밖의 사업(*)	이월결손금을 공제받는 기간	법법 §113 ⑤
그 밖의 연결모법인	승계사업과 그 밖의 사업(*)	합병 후 5년간	법법 §113 ⑤
법인과세 수탁자	법인과세 신탁재산 귀속소득과 기타소득	법인과세 신탁재산의 존속기간	법법 §113 ⑥
사업양수법인 자신의 이월결손금을 공제받으려는 사업양수법인	양수한 사업과 그 밖의 사업	이월결손금을 공제받는 기간	법법 §113 ⑦

(*) 중소기업(조특법 §6 ①)간 또는 동일사업을 영위하는 법인간에 합병(또는 분할합병)하는 경우에는 구분경리하지 아니할 수 있으며, 중소기업의 판정은 합병(또는 분할합병) 전의 현황에 따르고, 동일사업을 영위하는 법인(분할법인의 경우 승계된 사업분에 한정함)의 판정은 한국산업은행법(2014. 5. 21. 법률 제12663호로 개정된 것을 말함) 부칙 제3조에 따른 한국산업은행, 산은금융지주주식회사 및 한국정책금융공사법에 따른 한국정책금융공사가 각각 영위하던 사업 외에는 한국표준산업분류에 따른 세분류에 따름. 이 경우 합병법인 또는 피합병법인이나 분할법인(승계된 사업분에 한정함) 또는 분할합병의 상대방법인이 2 이상의 세분류에 해당하는 사업을 영위하는 경우에는 사업용 자산가액 중 동일사업에 사용하는 사업용 자산가액의 비율이 각각 70%를 초과하는 경우에만 동일사업을 영위하는 것으로 간주함(법령 §156 ②).

1-2-2. 조세특례제한법상 구분경리의 대상

내국법인이 조세특례제한법에 따라 세액감면을 적용받는 사업(감면비율이 2개 이상인 경우 각각의 사업을 말하며, 이하 '감면대상사업'이라 함)과 그 밖의 사업을 겸영하는 경우에는 감면대상사업의 소득과 그 밖의 사업소득을 구분경리하여야 한다. 또한 소비성서비스업과 그 밖의 사업을 겸영하는 내국법인도 자산·부채 및 손익을 각각의 사업별로 구분하여 경리하여야 한다. 한편, 감면대상사업의 소득금액을 계산할 때, 구분하여 경리한 사업 중 결손금이 발생한 경우에는 해당 결손금의 합계액에서 소득금액이 발생한 사업의 소득금액에 비례하여 안분계산한 금액을 공제한 금액으로 한다(조특법 §143 ①~③).

2. 구분경리의 방법

2-1. 비영리법인의 수익사업과 비수익사업의 구분경리

2-1-1. 의 의

비영리법인이 수익사업을 영위하는 경우에는 수익사업에서 생기는 소득에 대하여는 법인세의 납세의무가 있기 때문에, 수익사업과 기타사업(또는 비영리사업)을 구분하여 기록하여야 한다(법법 §113 ①). 이 경우, 수익사업과 기타사업의 구분경리는 수익과 비용에 관한 경리뿐만 아니라 자산과 부채에 관한 경리를 포함하는 것으로 한다(법기통 113-156…4).

2-1-2. 자산 · 부채 및 자본의 구분경리

비영리법인의 수익사업과 기타사업의 자산 · 부채 및 자본의 구분경리는 다음의 요령에 의하여야 한다(법칙 §76 ① 내지 ④).

① 수익사업과 기타의 사업에 공통되는 자산과 부채는 이를 수익사업에 속하는 것으로 한다.
② 수익사업의 자산의 합계액에서 부채(충당금 포함)의 합계액을 공제한 금액을 수익사업의 자본금으로 한다.
③ 기타의 사업에 속하는 자산을 수익사업에 지출 또는 전입한 경우 그 자산가액은 자본의 원입으로 경리한다. 이 경우 자산가액은 시가에 의하며, 시가가 불분명한 경우에는 법인세법 시행령 제89조 제2항의 규정을 준용하여 평가한 가액에 의한다(법기통 113-156…2).
④ 수익사업에 속하는 자산을 기타의 사업에 지출한 경우 그 자산가액 중 수익사업의 소득금액(잉여금을 포함)을 초과하는 금액은 자본원입액의 반환으로 한다. 이 경우 사립학교법에 의한 학교법인 등(조특법 §74 ① 1호)이 수익사업회계에 속하는 자산을 비영리사업회계에 전입한 경우에는 이를 비영리사업에 지출한 것으로 한다.

:: 비영리법인의 잉여금의 범위(법기통 113-156…3)

① 비영리법인의 잉여금이라 함은 이미 법인세가 과세된 소득(법인세법 및 조세특례제한법에 의하여 비과세되거나 익금불산입된 금액 포함)으로서 수익사업부문에 유보되어 있는 금액을 말한다.
② 비영리법인이 수익사업에 속하는 자산을 비영리사업에 지출한 때에는 해당 자산가액을 다음 각 호에 규정하는 금액과 순차적으로 상계처리하여야 한다.
가. 고유목적사업준비금 중 손금산입된 금액(법인세법 제29조 제2항 후단의 금액 포함)
나. 고유목적사업준비금 중 손금부인된 금액
다. 법인세 과세 후의 수익사업소득금액(잉여금 포함)
라. 자본의 원입액

2-1-3. 손익의 구분경리

특정의 수익・비용이 구분하여야 할 사업이나 소득 중 어느 원천에서 발생하였음이 분명한 경우에는 개별익금 또는 개별손금이라 하며, 그 발생원천이 불분명한 수익 또는 비용을 공통익금 또는 공통손금이라 한다. 이 때 공통익금은 과세표준이 되는 것에 한하며, 공통손금은 익금에 대응하는 것에 한한다(법칙 §76 ⑦).

비영리법인이 수익사업과 기타사업의 손익을 구분경리하는 경우 공통손익은 다음에 의하여 구분계산하여야 한다. 다만, 공통손익의 구분계산에 있어서 개별손금(공통손금 외의 손금의 합계액)이 없는 경우나 기타의 사유로 다음의 규정을 적용할 수 없거나 적용하는 것이 불합리한 경우에는 공통익금의 수입항목 또는 공통손금의 비용항목에 따라 국세청장이 정하는 작업시간・사용시간・사용면적 등의 기준에 의하여 안분계산한다(법칙 §76 ⑥). 이 때 수개의 업종을 겸영하고 있는 법인의 공통손익은 먼저 업종별로 안분계산하고 다음에 동일업종 내의 공통손익을 안분계산한다(법기통 113-156…5). 업종의 구분은 한국표준산업분류에 의한 소분류에 의하되, 소분류에 해당 업종이 없는 경우에는 중분류에 의한다(법칙 §75 ②).

공통손익		구분계산방법
공통익금		수익사업과 기타사업의 수입금액 또는 매출액에 비례하여 안분계산
공통손금	수익사업과 기타사업의 업종이 동일한 경우	수익사업과 기타사업의 수입금액 또는 매출액에 비례하여 안분계산
	수익사업과 기타사업의 업종이 다른 경우	수익사업과 기타사업의 개별 손금액에 비례하여 안분계산

관련사례

- 비영리법인이 고유목적사업에 속하는 자산을 수익사업에 전입한 후 양도하는 경우 과세대상 양도차익

  비영리법인의 고정자산처분수입 산정시 종전 고유목적사업 사용기간만큼의 평가이익 상당액을 차감할 수 없고, 구분경리 조항은 과세소득 계산의 근거도 아니므로 실제 양도가액에서 취득가액을 차감하여 양도차익을 산정함이 타당함(대법 2016두 64722, 2017. 7. 11.).

- 비영리법인이 수익사업과 3년 이상 고유목적사업에 공통으로 사용하던 고정자산을 처분함에 따라 발생하는 처분이익의 구분경리 방법

  비영리법인이 수익사업과 3년 이상 고유목적사업에 공통으로 사용하던 고정자산을 처분하는 경우 양도차익은 양도가액에서 세무상 장부가액을 차감하여 산정하는 것이며, 수익사업과 고유목적사업에 해당하는 양도차익을 안분하여 수익사업 부문에 해당하는 금액을 익금에 산입하는 것임(법규법인 2014-103, 2014. 4. 22.).

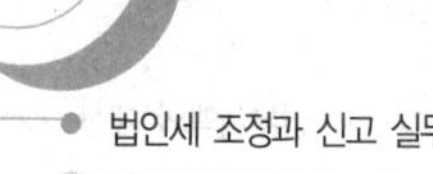

- 비영리내국법인의 급여액 등의 구분계산
  수익사업과 비영리사업을 겸영하는 경우 종업원에 대한 급여상당액(복리후생비, 퇴직금 및 퇴직급여충당금전입액을 포함)은 근로의 제공내용을 기준으로 구분함. 이 경우 근로의 제공이 주로 수익사업에 관련된 것인 때에는 이를 수익사업의 비용으로 하고 근로의 제공이 주로 비영리사업에 관련된 것인 때에는 이를 비영리사업에 속한 비용으로 함(법기통 113-156…1).
- 비영리법인이 지원받은 정부출연금이 수익사업에 해당하는지 여부
  비영리법인이 연구 및 개발업을 수행하면서 용역대가 없이 지원받은 정부출연금은 수익사업에 해당되지 않으며, 동 출연금으로 취득한 기계장치를 수익사업에 전입하고 자본의 원입으로 경리한 경우에는 당해 기계장치의 감가상각비를 손금에 산입하는 것임(재법인-667, 2004. 12. 10.).
- 여러 업종을 겸영하는 법인의 공통손익 안분방법
  수개의 업종을 겸영하고 있는 법인의 공통손익은 먼저 업종별로 안분계산하고 다음에 동일업종 내의 공통손익을 안분계산하는 것이며, 이 경우 서로 다른 업종에 대한 공통손금은 업종별 개별손금액에 비례하여 안분계산하는 것임(서이 46012-11261, 2003. 7. 4.).
- 고유목적사업의 재원으로 사용하기 위한 차입금 지급이자의 손금산입 여부
  비영리법인이 고유목적사업의 재원으로 사용하기 위하여 차입한 차입금을 수익사업에 사용한 경우에는 그 차입금에 대한 지급이자를 수익사업에 대한 각 사업연도 소득금액 계산상 손금으로 산입할 수 있음(재법인 46012-100, 2001. 5. 18.).
- 비영리법인의 사용인 귀책사유로 발생한 손실에 대한 손금산입 여부
  비영리법인이 수익사업용 임대부동산과 관련하여 사용인의 귀책사유로 발생한 손실에 대하여는 당해 수익사업에 대한 각 사업연도의 소득금액계산시 손금으로 산입할 수 있음(재법인 46012-115, 2000. 7. 19.).
- 안분계산의 기준인 개별손금의 정의
  개별손금액이라 함은 매출원가와 판매관리비 및 영업외 비용 등 모든 개별손금의 합계액을 말함(법인 22601-798, 1988. 3. 21.).

2-1-4. 비과세소득 등의 구분경리

과세표준 계산상 공제대상인 이월결손금, 비과세소득 및 소득공제액 등도 발생원천에 따라 수익사업과 기타사업으로 구분경리하여야 한다. 그리고 수익사업에서 발생한 이월결손금, 비과세소득 및 소득공제액에 대해서만 법인세 과세표준금액 계산상 각 사업연도의 소득금액에서 공제하여야 한다.

2-2. 신탁재산귀속소득의 구분경리

자본시장과 금융투자업에 관한 법률의 적용을 받는 법인의 신탁재산(같은 법 제251조 제1항에 따른 보험회사의 특별계정 제외)에 귀속되는 수입과 지출은 그 법인에 귀속되는 수입과 지출

로 보지 아니한다(법법 §5 ④). 즉, 신탁재산에 귀속되는 소득에 대해서는 그 신탁의 이익을 받을 수익자(위탁자가 신탁재산을 실질적으로 통제하는 등 법인세법 시행령 제3조의 2 제2항에서 정하는 요건을 충족하는 신탁의 경우에는 그 신탁의 위탁자)가 그 신탁재산을 가진 것으로 보는 것이므로 자본시장과 금융투자업에 관한 법률의 적용을 받는 법인은 신탁소득에 대하여 법인세 납세의무가 없다(법법 §5 ③). 따라서, 자본시장과 금융투자업에 관한 법률의 적용을 받는 법인은 각 사업연도의 소득금액을 계산할 때 신탁재산에 귀속되는 소득과 그 밖의 소득을 각각 다른 회계로 구분하여 기록하여야 한다(법법 §113 ②).

한편, 아래의 ①~④의 신탁으로서 ㉠~㉡의 요건 모두에 해당하지 않는 신탁(자본시장과 금융투자업에 관한 법률 제9조 제18항 제1호에 따른 투자신탁은 제외)의 경우에는 신탁재산에 귀속되는 소득에 대하여 그 신탁의 수탁자(내국법인 또는 소득세법에 따른 거주자인 경우에 한정함)가 법인세를 납부할 의무가 있다. 이 경우 신탁재산별로 각각을 하나의 내국법인으로 본다(법법 §5 ② 및 법령 §3의 2).

대상 신탁	다음 어느 하나에 해당하는 신탁일 것 ① 신탁법 제3조 제1항 각 호 외의 부분 단서에 따른 목적신탁 ② 신탁법 제78조 제2항에 따른 수익증권발행신탁 ③ 신탁법 제114조 제1항에 따른 유한책임신탁 ④ 그 밖에 ①부터 ③의 신탁과 유사한 신탁으로서 대통령령으로 정하는 신탁
배제 요건	다음의 요건 모두에 해당하지 않을 것 ㉠ 위탁자가 신탁을 해지할 수 있는 권리, 수익자를 지정하거나 변경할 수 있는 권리, 신탁 종료 후 잔여재산을 귀속받을 권리를 보유하는 등 신탁재산을 실질적으로 지배·통제할 것 ㉡ 신탁재산 원본을 받을 권리에 대한 수익자는 위탁자로, 수익을 받을 권리에 대한 수익자는 위탁자의 법인세법 시행령 제43조 제7항에 따른 지배주주 등의 배우자 또는 같은 주소 또는 거소에서 생계를 같이 하는 직계존비속(배우자의 직계존비속을 포함)으로 설정했을 것

상기 요건을 충족한 신탁의 신탁재산에 대해 법인과세 방식을 선택하여 하나의 내국법인으로 보아 납세의무자가 될 경우, 법인과세 수탁자는 법인과세 신탁재산별로 신탁재산에 귀속되는 소득을 각각 다른 회계로 구분하여 기록하여야 한다(법법 §113 ⑥).

개 정

○ 수탁자 과세(법인과세) 신탁의 요건을 합리화하고, 수탁자 과세(법인과세)를 선택사항에서 의무사항으로 변경(법법 §5 ② 및 법령 §3의 2)
➡ 2024년 1월 1일 이후 신탁재산에 귀속되는 소득 분부터 적용

2-3. 합병법인 · 분할신설법인 등의 구분경리

2-3-1. 의 의

다른 내국법인을 합병하는 법인은 다음의 구분에 따른 기간 동안 자산 · 부채 및 손익을 피합병법인으로부터 승계받은 사업에 속하는 것과 그 밖의 사업에 속하는 것을 각각 별개의 회계로 구분하여 기록하여야 한다. 다만, 중소기업(조특법 §6 ①) 간 또는 동일 사업을 하는 법인 간 합병하는 경우에는 회계를 구분하여 기록하지 아니할 수 있다(법법 §113 ③).

구 분	구분경리기간
합병등기일 현재 합병법인 자신의 이월결손금이 있거나 피합병법인의 이월결손금을 공제받으려는 경우	그 이월결손금을 공제받는 기간
그 밖의 경우	합병 후 5년간

또한 내국법인이 분할합병하는 경우 분할신설법인 등은 다음의 구분에 따른 기간 동안 자산 · 부채 및 손익을 분할법인 등으로부터 승계받은 사업에 속하는 것과 그 밖의 사업에 속하는 것을 각각 별개의 회계로 구분하여 기록하여야 한다. 다만, 중소기업(조특법 §6 ①) 간 또는 동일사업을 하는 법인 간에 분할합병하는 경우에는 회계를 구분하여 기록하지 아니할 수 있다(법법 §113 ④).

구 분	구분경리기간
분할법인 등의 이월결손금을 공제받으려는 경우	그 이월결손금을 공제받는 기간
그 밖의 경우	분할 후 5년간

이 때, 중소기업의 판정은 합병 또는 분할합병 전의 현황에 의하며, 동일사업을 영위하는 법인(분할법인의 경우 승계된 사업분에 한정)인지 여부의 판정은 다음의 법인이 각각 영위하던 사업 외에는 한국표준산업분류에 따른 세분류에 의한다. 이 경우 합병법인 또는 피합병법인이나 분할법인(승계된 사업분에 한정) 또는 분할합병의 상대방법인이 2 이상의 세분류에 해당하는 사업을 영위하는 경우에는 사업용 자산가액 중 동일사업에 사용하는 사업용 자산가액의 비율이 각각 70%를 초과하는 경우에 한하여 동일사업을 영위하는 것으로 본다(법령 §156 ② 및 법칙 §75의 2).

① 한국산업은행
② 산은금융지주주식회사
③ 한국정책금융공사법에 따른 한국정책금융공사

관련사례

• 2이상의 사업 영위 시 동일사업을 영위하는 법인 간의 합병인지 여부
합병법인 등이 한국표준산업분류에 따른 2이상의 세분류에 해당하는 사업을 영위하는 경우로서, 세분류별 사업용 고정자산가액 비율이 합병법인은 A사업 30%, B사업 45%, C사업 25%이고 피합병법인은 A사업 40%, B사업 33%, D사업 27%인 경우 동일사업을 영위하는 법인 간의 합병으로 보는 것임(법인-1195, 2009. 10. 26.).

2-3-2. 사업별 구분경리

합병법인(또는 분할신설법인 등)이 피합병법인(또는 분할법인 등)으로부터 승계받은 사업과 기타의 사업을 구분경리함에 있어서 자산·부채 및 손익의 구분계산은 다음에 의한다(법칙 §77 ①, ③).

구 분		구분경리방법
① 유형자산 및 무형자산과 부채		• 용도에 따라 각 사업별로 구분 • 용도가 분명하지 아니한 차입금은 총수입금액에서 각 사업의 당해 사업연도의 수입금액이 차지하는 비율에 따라 안분계산
② 현금·예금 등 당좌자산 및 투자자산		• 자금의 원천에 따라 각 사업별로 구분 • 그 구분이 분명하지 아니한 경우에는 총수입금액에서 각 사업의 당해 사업연도의 수입금액이 차지하는 비율에 따라 안분계산
③ 위 ① 및 ② 외의 자산 및 잉여금 등		• 용도·발생원천 또는 기업회계기준에 따라 계산
④ 익금과 손금	개별손익	• 각각 독립된 계정과목에 의하여 구분기장
	공통손익	• 위 '2-1-3'의 내용(법칙 §76 ⑥, ⑦)을 준용하여 구분계산 • 다만, 합병등기일 전부터 소유하던 유형자산 및 무형자산의 양도손익은 합병등기일 전에 유형자산 및 무형자산을 소유하던 사업부문에 속하는 익금과 손금으로 봄.

2-3-3. 사업장별 구분경리

합병법인(또는 분할신설법인 등)은 위 '2-3-2. 사업별 구분경리' 규정에 불구하고 다음의 방법에 의하여 구분경리할 수 있다. 이 경우 합병법인(또는 분할신설법인 등)은 피합병법인(또는 분할법인 등)의 이월결손금을 공제받고자 하는 사업연도가 종료할 때(연결모법인의 경우에는 합병 후 5년간)까지 이를 계속 적용하여야 한다(법칙 §77 ②, ③).

<table>
<tr><th colspan="2">구 분</th><th>구분경리방법</th></tr>
<tr><td colspan="2">① 사업장별 자산·부채 및 손익</td><td>• 피합병법인(또는 분할법인 등)으로부터 승계받은 사업장과 기타의 사업장별로 자산·부채 및 손익을 각각 독립된 회계처리에 의하여 구분계산
• 이 경우 피합병법인(또는 분할법인 등)으로부터 승계받은 사업장의 자산·부채 및 손익은 이를 피합병법인(또는 분할법인 등)으로부터 승계받은 사업에 속하는 것으로 함.</td></tr>
<tr><td colspan="2">② 공통손익</td><td>• 본점 등에서 발생한 익금과 손금 등 각 사업장에 공통되는 익금과 손금은 위 '2-1-3'의 내용(법칙 §76 ⑥, ⑦)을 준용하여 안분계산
• 다만, 합병등기일 전부터 소유하던 유형자산 및 무형자산의 양도손익은 합병등기일 전에 유형자산 및 무형자산을 소유하던 사업부문에 속하는 익금과 손금으로 봄.</td></tr>
<tr><td rowspan="2">③ 합병등기일(또는 분할등기일) 이후 새로이 사업장을 설치하거나 기존 사업장을 통합한 경우</td><td>사업장 신설</td><td>• 그 주된 사업내용에 따라 피합병법인(또는 분할법인 등)으로부터 승계받은 사업장, 기타의 사업장 또는 공통사업장으로 구분
• 주된 사업내용을 판정하기 곤란한 경우에는 합병법인(또는 분할신설법인 등)의 사업장으로 보아 구분경리</td></tr>
<tr><td>사업장 통합</td><td>• 그 주된 사업내용에 따라 피합병법인(또는 분할법인 등)으로부터 승계받은 사업장, 기타의 사업장 또는 공통사업장으로 구분
• 주된 사업내용을 판정하기 곤란한 경우에는 통합한 날이 속하는 사업연도의 직전 사업연도의 각 사업장별 수입금액(수입금액이 없는 사업장이 있는 경우에는 각 사업장별 자산총액)이 많은 법인의 사업장으로 보아 구분경리</td></tr>
</table>

관련사례

• 중소기업간 합병 후 합병법인 사업부문에 속한 자산처분이익의 세무처리 방법

중소기업간 합병에 해당하여 법인세법 제113조 제3항 각 호 외의 부분 단서에 따라 구분경리를 하지 않는 합병법인이 합병 전 합병법인의 사업부문에 속한 사업용 자산을 처분하여 이익이 발생하는 경우 해당 처분이익은 같은 법 시행령 제81조 제1항에 따른 사업용 자산가액 비율로 안분하여 계산한 금액을 피합병법인으로부터 승계받은 사업과 그 밖의 사업에 각각 속하는 것으로 보는 것임(서면-2019-법령해석법인-1275, 2020. 6. 29.).

• 동일 사업연도에 2회 이상 합병한 경우 소득금액 안분 방법

합병법인이 동일 사업연도에 2회 이상 적격합병하고 법인세법 제113조 제3항 단서규정에

따라 구분경리 하지 않은 경우 1차 합병 시 피합병법인으로부터 승계받은 사업에서 발생한 소득금액은 '합병법인의 각 사업연도 소득'에서 '2차 합병 시 피합병법인으로부터 승계 받은 사업에서 발생한 소득금액'을 차감한 후의 소득금액을 기준으로 안분계산 하는 것임(재법인-793, 2017. 6. 9.).

- 동일사업 영위 법인간 합병시 피합병법인의 이월결손금 공제방법

다른 내국법인을 합병하는 법인이 법인세법 제113조 제3항 단서에 해당되어 회계를 구분하여 기록하지 아니한 경우 그 소득금액을 같은 법 시행령 제81조 제1항에서 정하는 사업용 고정자산가액 비율로 안분계산한 금액을 피합병법인으로부터 승계받은 사업에서 발생한 소득금액으로 보아 같은 법 제45조 제2항을 적용하는 것이며, 이때 사업용 고정자산가액은 세무상 장부가액으로 하는 것임(서면법인-21858, 2015. 6. 30.).

- 합병 전부터 소유하던 부동산을 합병후 공동으로 사용하다 처분하는 경우 구분경리방법

다른 내국법인을 합병하는 법인이 합병등기일 현재 법인세법 제13조 제1호의 결손금이 있어 결손금을 공제받는 기간동안 피합병법인으로부터 승계받은 사업에 속하는 것과 그 밖의 사업에 속하는 것을 각각 다른 회계로 구분하여 기록하는 경우, 해당 합병법인이 합병 전부터 소유하던 건물 및 그 부속토지를 합병 후 피합병법인으로부터 승계받은 사업에 공동으로 사용하다가 처분하여 발생하는 양도차익은 해당 합병법인의 사업에 속하는 개별 익금으로 구분하는 것임(재법인-182, 2013. 3. 11.).

:: 연결모법인의 합병 · 분할합병에 따른 구분경리

연결모법인이 다른 내국법인(합병등기일 현재 연결법인이 아닌 경우에 한정함)을 합병(연결모법인을 분할합병의 상대방법인으로 하는 분할합병 포함)한 경우에는 원칙적으로 합병 후 5년간, 합병법인의 결손금이 있는 경우 또는 피합병법인의 이월결손금을 승계하여 공제받으려는 경우에는 그 공제받는 기간 동안 자산 · 부채 및 손익을 피합병법인(분할법인 포함)으로부터 승계받은 사업에 속하는 것과 그 밖의 사업에 속하는 것을 각각 별개의 회계로 구분하여 전술한 '2-3. 합병법인 · 분할신설법인 등의 구분경리'를 준용하여 구분경리하여야 한다. 다만, 중소기업 간 또는 동일사업을 하는 법인간에 합병하는 경우에는 회계를 구분하여 기록하지 아니할 수 있다(법법 §113 ⑤ 및 법칙 §77 ④).

개 정

○ 연결모법인 합병 시 중소기업 간 또는 동일사업을 하는 법인 간에 합병하는 경우를 구분경리 예외사항으로 명확화(법법 §113 ⑤)
➡ 2024년 1월 1일부터 시행

2-4. 양수한 사업과 그 밖의 사업의 구분경리

내국법인이 다른 내국법인의 사업을 양수하는 경우로서 아래의 기준에 모두 해당하는 경우에는 사업양수일 현재 사업양수법인의 이월결손금은 각 사업연도의 과세표준을 계산할 때 양수한 사업부문에서 발생한 소득금액의 범위에서는 공제하지 아니한다(법법 §50의 2).

① 양수자산이 사업양수일 현재 양도법인의 자산총액의 70% 이상이고, 양도법인의 자산총액에서 부채총액을 뺀 금액의 90% 이상인 경우
② 사업의 양도·양수 계약일 현재 양도·양수인이 특수관계인인 법인인 경우

따라서, 상기의 요건에 해당하는 사업양수법인은 사업양수일 현재의 이월결손금을 공제받는 기간 동안 자산·부채 및 손익을 양도법인으로부터 양수한 사업에 속하는 것과 그 밖의 사업에 속하는 것을 각각 다른 회계로 구분하여 기록하여야 한다(법법 §113 ⑦).

다만, 중소기업 간 또는 동일사업을 하는 법인 간에 사업을 양수하는 경우에는 회계를 구분하여 기록하지 아니할 수 있으며, 이와 같이 회계를 구분하여 기록하지 않는 경우에는 그 소득금액을 사업양수일 현재 양수법인의 사업용 자산가액과 양수한 사업부문의 사업용 자산가액의 비율로 안분계산한 금액으로 한다. 이 경우 양수한 사업부문의 사업용 자산가액은 양수법인의 결손금을 공제하는 각 사업연도의 종료일 현재 계속 보유(처분 후 대체하는 경우 포함)·사용하는 자산의 사업양수일 현재 가액으로 한다(법령 §86의 2 ②).

2-5. 감면사업과 기타사업의 구분경리

2-5-1. 의 의

내국법인이 조세특례제한법에 따라 세액감면을 적용받는 사업(감면대상사업)과 그 밖의 사업을 겸영하는 경우에는 감면대상사업의 소득과 그 밖의 사업소득을 구분경리하여야 한다. 이 경우 감면대상사업의 감면비율이 2개 이상인 경우에는 추가적으로 각각의 사업별로 구분경리를 하여야 한다. 한편, 감면대상사업의 소득금액을 계산할 때 아래에서 서술하는 방법에 따라 구분하여 경리한 사업 중 결손금이 발생한 경우에는 해당 결손금의 합계액에서 소득금액이 발생한 사업의 소득금액에 비례하여 안분계산한 금액을 공제한 금액으로 한다(조특법 §143 ①, ③).

2-5-2. 익금과 손금의 구분계산

법인세가 감면되는 사업과 기타사업을 겸영하는 법인의 익금과 손금의 구분계산은 법에 특별히 규정한 것을 제외하고는 다음과 같이 계산한다(법기통 113-156…6 및 조특통 143-0…1).

(1) 일반사항

구 분		예 시
개별익금	감면사업 또는 과세사업에서 직접 발생하는 수익	• 매출액 또는 수입금액(소득구분계산의 기준)
	감면사업 또는 과세사업에 직접 관련하여 발생하는 부수수익	• 부산물 · 작업폐물의 매출액 • 채무면제익 • 원가차익 • 채권추심익 • 지출된 손금 중 환입된 금액 • 준비금 및 충당금의 환입액
	영업외수익과 특별이익 중 과세사업의 개별익금으로 구분하는 것	• 수입배당금 • 수입이자 • 유가증권처분익 • 수입임대료 • 가지급금인정이자 • 고정자산처분익 • 수증익
공통익금	감면사업과 과세사업에 공통으로 발생되는 수익이나 귀속이 불분명한 부수수익	• 귀속이 불분명한 부산물 · 작업폐물의 매출액 • 귀속이 불분명한 원가차익, 채무면제익 • 공통손금의 환입액 • 기타 개별익금으로 구분하는 것이 불합리한 수익
개별손금	감면사업 또는 과세사업에 직접 관련하여 발생한 비용	• 매출원가 • 특정사업에 전용되는 고정자산에 대한 제비용 • 특정사업에 관련하여 손금산입하는 준비금 · 충당금전입액 • 기타 귀속이 분명한 제비용
	영업외비용과 특별손실 중 과세사업의 개별손금으로 구분하는 것	• 유가증권 처분손실 • 고정자산 처분손실
공통손금	감면사업과 과세사업에 공통으로 발생되는 비용이나 귀속이 불분명한 비용	• 사채발행비 상각 • 사채할인발행차금 상각 • 기타 개별손금으로 구분하는 것이 불합리한 비용

(2) 지급이자

차입금에 대한 지급이자는 그 이자의 발생장소에 따라 구분하거나 그 이자전액을 공통손금으로 구분할 수 없으며, 차입한 자금의 실제 사용용도를 기준으로 사실판단하여 과세 및 감면사업의 개별 또는 공통손금으로 구분한다.

(3) 외환차손익

① 감면사업 또는 과세사업에 직접 관련되는 외환차손익은 당해 사업의 개별손익으로 구분한다.

② 외상매출채권의 회수와 관련된 외환차손익(공사수입의 본사 송금거래로 인한 외환차손익 포함)은 외국환은행에 당해 외화를 매각할 수 있는 시점까지는 당해 외상매출채권이 발생된 사업의 개별손익으로 하고 그 이후에 발생되는 외환차손익은 과세사업의 개별손익으로 구분한다.

③ 외상매출채권을 제외한 기타 외화채권과 관련하여 발생하는 외환차손익은 과세사업의 개별손익으로 구분한다.

④ 외상매입채무의 변제와 관련된 외환차손익은 당해 외상매입 채무와 관련된 사업의 개별손익으로 구분한다.

⑤ 외상매입채무를 제외한 기타 외화채무와 관련하여 발생하는 외환차손익은 외화채무의 용도에 따라 감면사업 또는 과세사업의 개별손익으로 구분하고, 용도가 불분명한 경우에는 공통손익으로 구분한다.

⑥ 외환증서, 외화표시예금, 외화표시유가증권 등과 관련하여 발생하는 외환차손익은 과세사업의 개별손익으로 구분한다.

⑦ 감면사업의 손익수정에 따른 외환차손익은 감면사업의 개별손익으로 구분한다.

2-5-3. 공통손익의 구분계산

각 사업별로 구분할 수 없는 공통되는 익금과 손금은 비영리법인의 공통손익의 구분계산기준(위 '2-1-3')을 준용하여 구분계산한다(법칙 §75 ②).

관련사례

- 공통익금의 구분계산시 적용하는 부동산임대업의 수입금액
  감면사업과 과세사업을 겸영하는 법인이 부동산임대업과 기타 사업을 영위하는 경우 법인세법 시행규칙 제76조 제6항 제1호에 따른 공통익금의 구분계산시 적용하는 부동산 임대 수입금액은 임대료 수입금액에 법인세법 시행령 제11조 제1호 단서에 따라 계산한 임대보증금에 대한 수입이자 상당액을 가산한 금액으로 함(법기통 113-156…7).
- 외국인투자기업의 외화환산손익의 구분경리
  감면사업과 기타의 사업을 겸영하는 외국인투자기업이 감면사업만을 위한 건물 및 설비의 투자를 위하여 사용한 외화차입금에 대한 외화환산손익은 감면사업의 개별손익으로 구분하는 것임(서면2팀-894, 2005. 6. 23.).
- 외국인투자기업의 소득구분 계산시 이월결손금 공제방법
  감면사업과 기타의 사업을 겸영하는 외국인투자법인이 각 사업을 구분하여 손익을 계산하는 경우 이월결손금의 공제순서는 이월결손금이 발생한 사업부문의 소득에서 먼저 공제하는 것이며, [별지 제48호 서식(소득구분계산서)]상의 '이월결손금'란과 '과세표준'란을 작성함에 있어서도 위와 같이 구분 계산하여 해당 금액을 기입하는 것임(서이 46017-11424, 2003. 7. 29.).

• 외환차손익의 구분경리

감면사업과 직접 관련하여 발생한 외화외상매출채권의 회수와 관련된 외환차손익은 그 외화를 외국환은행에 매각할 수 있는 시점까지는 당해 감면사업의 개별손익으로 하고, 그 이후에 발생되는 외환차손익은 기타의 사업의 개별손익으로 하는 것임. 이 경우 "외화를 외국환은행에 매각할 수 있는 시점"에는 회수한 당해 외화를 정상적으로 매각하기 위하여 필수적으로 소요되는 기간을 포함하나, 보유목적으로 소지하는 기간은 포함되지 아니함(법인 46012-1585, 2000. 7. 18.).

2-6. 소비성서비스업의 구분경리

소비성서비스업과 기타사업을 겸영하는 법인도 앞서 살펴본 제 규정을 준용하여 자산·부채 및 손익을 각각의 사업별로 구분하여 경리하여야 한다(조특법 §143 ② 및 조특령 §136 ①). 이 경우, 당해 사업연도에 소비성서비스업을 신규로 개시하거나 또는 폐업한 경우에도 당해연도의 법인세 과세소득에 이러한 수입 또는 소득금액이 포함되어 있다면 일반적으로 모두 구분경리의 대상이 된다고 본다.

:: 소비성서비스업의 범위(조특령 §29 ③)

① 호텔업 및 여관업(관광진흥법에 따른 관광숙박업은 제외)
② 주점업(일반유흥주점업, 무도유흥주점업 및 식품위생법 시행령 제21조에 따른 단란주점 영업에 한하며, 관광진흥법에 따른 외국인전용유흥음식점업 및 관광유흥음식점업은 제외)
③ 그 밖에 오락·유흥 등을 목적으로 하는 사업으로서 기획재정부령으로 정하는 사업

Step Ⅱ : 서식의 이해

■ 작성요령 - 소득구분계산서

❷ 「③ 합계」란에는 손익계산서의 해당 과목별로 세무조정사항을 가감하여 작성한다.

❸ 감면분 또는 합병승계사업 해당분란 아래 빈칸에는 구분해야 할 사업장·사업·감면율 등을 기입한다.

[별지 제48호 서식] (2021. 10. 28. 개정)

사 업 연 도	. . . ~ . . .	소 득 구 분 계 산			
① 과 목	②구 분	코드	③합 계 ❷	감 면 승 계 ❸ ④ 금액	⑤ 비율
(1) 매 출 액		01			
(2) 매 출 원 가		02			
(3) 매 출 총 손 익 {(1)-(2)}		03			
(4) 판 매 비 와 관 리 비	개별분	04			
	공통분	05			
	계	06			
(5) 영 업 손 익 {(3)-(4)}		07			
(6) 영 업 외 수 익	개별분	08			
	공통분	09			
	계	10			
(7) 영 업 외 비 용	개별분	11			
	공통분	12			
	계	13			
(8)각 사업연도 소득 또는 설정전 소득 {(5)+(6)-(7)}		21			
(9) 이월 결손금		22			
(10) 비과세 소득		23			
(11) 소득 공제액		24			
(12) 과 세 표 준 {(8)-(9)-(10)-(11)}		25			

서 ❶	법인명					
	사업자등록번호					
ᄂ 또는 합병 ᅡ업해당분등				기 타 분		비 고 ❺
❸		❸				
④ 금액	⑤ 비율	④ 금액	⑤ 비율	⑥ 금액	⑦ 비율	
❹						

❶ 이 서식은 소득공제, 세액공제 또는 감면(감면율이 다른 경우 포함) 및 피합병법인의 이월결손공제 등에 있어서 구분 손익계산이 필요한 법인이 작성한다.

❸ 감면분 또는 합병승계사업 해당분란 아래 빈칸에는 구분해야 할 사업장 · 사업 · 감면율 등을 기입한다.

❹ 공통익금은 수입금액 또는 매출액에 비례하여 안분계산한다. 또한 공통손금은 동일업종의 경우는 수입금액 또는 매출액에 비례하여 안분계산하고 업종이 다른 경우에는 개별손금에 비례하여 안분계산한다.

❺ 「비고」란에는 배분기준 · 계산근거 등을 기입한다. 다만, 필요시에는 구체적인 계산명세서를 첨부한다.

세무조정 체크리스트

검 토 사 항	확인
1. 소득구분계산서를 작성해야 할 대상법인 확인	
2. 개별 손익금 항목과 공통 손익금 항목을 구분하여 확인(부속명세서 작성)	
3. 공통손금의 안분시 과세사업과 감면사업의 영위업종이 같은지 여부 확인	
4. 차입금에 대한 지급이자는 실제 사용용도를 확인하여 개별 또는 공통 여부를 결정	
5. 이월결손금, 비과세소득, 소득공제액은 감면사업에서 발생 여부가 분명한지 확인	
6. 특정사업과 관련하여 손금산입하는 준비금·충당금 전입액은 개별손금	

Step III 사례와 서식작성실무

예제

사 례

다음 자료에 의하여 중소기업 특별세액감면대상 법인인 삼일(주)의 제10기(2024. 1. 1. ~ 2024. 12. 31.) 사업연도의 감면사업과 기타사업에 대한 소득구분계산서 〔별지 제48호 서식〕을 작성하라(감면사업과 기타사업의 업종은 서로 상이함).

1. 손익계산서

(단위 : 원)

과 목	구 분	합 계		감면사업	기타사업
(1) 매출액	개별		1,000,000	600,000	400,000
(2) 매출원가	개별		700,000	390,000	310,000
(3) 매출총이익			300,000	210,000	90,000
(4) 판매비와관리비	개별	150,000		93,000	57,000
	공통	30,000			
	계		180,000		
(5) 영업이익			120,000		
(6) 영업외수익	개별	50,000		44,000	6,000
	공통	10,000			
	계		60,000		
(7) 영업외비용	개별	20,000		12,000	8,000
	공통	20,000			
	계		40,000		
(8) 법인세비용차감전순이익			140,000		
(9) 법인세비용	공통		35,000		
(10) 당기순이익			105,000		

2. 세무조정사항

(1) 익금산입사항

(단위 : 원)

과 목	금 액	결산상 해당과목	감면분	기타분	공통분
감가상각비	1,000	매출원가	600	200	
		판매비와관리비			200
재고자산평가감	800	매출원가	500	300	
퇴직급여충당금	500	매출원가	300	100	
		판매비와관리비			100

과 목	금 액	결산상 해당과목	감면분	기타분	공통분
세금과공과	20	판매비와관리비			20
대손상각비	50	판매비와관리비		50	
접대비	130	판매비와관리비	130		
가지급금인정이자	15	영업외수익		15	
외환차손	45	영업외비용	30		15
건설자금이자	80	영업외비용			80
일반기부금 (구 지정기부금)	5	영업외비용			5
법인세비용	35,000	법인세비용			35,000
계	37,645		1,560	665	35,420

(2) 손금산입사항

(단위 : 원)

과 목	금 액	결산상 해당과목	감면분	기타분	공통분
재고자산평가감추인	400	매출원가	250	150	
퇴직급여충당금추인	310	매출원가	150	100	
		판매비와관리비			60
외환차익	60	영업외수익	20		40
계	770		420	250	100

해 설

1. 세무조정 후 과목별 구분내역표

(단위 : 원)

구 분			매출액	매출원가	판매비와관리비	영업외수익	영업외비용	법인세등	당기순이익
결산상	감면		600,000	390,000	93,000	44,000	12,000		149,000
	기타		400,000	310,000	57,000	6,000	8,000		31,000
	공통				30,000	10,000	20,000	35,000	△75,000
	계		1,000,000	700,000	180,000	60,000	40,000	35,000	105,000
세무조정	익금산입	감면		1,400	130		30		1,560
		기타		600	50	15			665
		공통			320		100	35,000	35,420
		계	–	2,000	500	15	130	35,000	37,645
	손금산입	감면		400		20			420
		기타		250					250
		공통			60	40			100
		계	–	650	60	60	–	–	770

구 분		매출액	매출원가	판매비와관리비	영업외수익	영업외비용	법인세 등	당기순이익
세무조정후	감면	600,000	389,000	92,870	43,980	11,970		150,140
	기타	400,000	309,650	56,950	6,015	8,000		31,415
	공통			29,740	9,960	19,900	0	△39,680
	계	1,000,000	698,650	179,560	59,955	39,870	-	141,875

2. 세무조정 후 공통익금, 손금의 배부기준계산서(업종 상이)

공통익금 및 공통손금은 각각 아래 비율에 따라 안분하여 감면분과 기타분으로 구분한다.

(1) 공통익금 배부기준계산서

구 분		금 액	비율(%)	비 고
매출액	감면	600,000	60	세무조정 후의 매출액
	기타	400,000	40	
	계	1,000,000	100	

(2) 공통손금 배부기준계산서

구 분		금 액	비율(%)	비 고
개별손금	감면	493,840	56.9	세무조정 후의 매출원가, 판매비와관리비, 영업외비용의 개별손금합계액
	기타	374,600	43.1	
	계	868,440	100	

3. 소득구분계산서 〔별지 제48호 서식〕 작성 (다음 page 참조)

[별지 제48호 서식] (2021. 10. 28. 개정)

사업연도	2024. 1. 1. ~ 2024. 12. 31.	소득구분계산서	법인명	(주)삼일
			사업자등록번호	

① 과목	②구분	코드	③합계	감면분 또는 합병승계사업해당분등						기타분		비고
				④ 금액	⑤ 비율	④ 금액	⑤ 비율	④ 금액	⑤ 비율	⑥ 금액	⑦ 비율	
(1) 매출액		01	1,000,000	600,000	60.0%					400,000	40.0%	
(2) 매출원가		02	698,650	389,000						309,650		
(3) 매출총손익 {(1)−(2)}		03	301,350	211,000						90,350		
(4) 판매비와 관리비	개별분	04	149,820	92,870						56,950		
	공통분	05	29,740	16,922	56.9%					12,818	43.1%	개별손금 비례
	계	06	179,560	109,792						69,768		
(5) 영업손익 {(3)−(4)}		07	121,790	101,208						20,582		
(6) 영업외 수익	개별분	08	49,995	43,980						6,015		
	공통분	09	9,960	5,976	60.0%					3,984	40.0%	매출액 비례
	계	10	59,955	49,956						9,999		
(7) 영업외 비용	개별분	11	19,970	11,970						8,000		
	공통분	12	19,900	11,323	56.9%					8,577	43.1%	개별손금 비례
	계	13	39,870	23,293						16,577		
(8) 각 사업연도 소득 또는 설정전 소득 {(5)+(6)−(7)}		21	141,875	127,871						14,004		
(9) 이월 결손금		22										
(10) 비과세 소득		23										
(11) 소득 공제액		24										
(12) 과세표준 {(8)−(9)−(10)−(11)}		25	141,875	127,871						14,004		

제3장

3

공제감면세액

제1절 세액감면

관련 법령

- 법법 §59
- 법령 §96
- 법칙 §50
- 조특법 §6, §7, §12, §12의 2, §20, §21, §63, §63의 2, §64, §66, §67, §68, §85의 6, §96, §99의 9, §104의 24, §121의 2, §121의 4, §121의 5, §121의 8, §121의 9, §121의 12, §121의 17, §121의 19, §121의 20, §121의 21, §121의 22, §121의 33
- 조특령 §2, §5, §6, §11, §11의 2, §18, §54, §60, §60의 2, §61, §63, §64, §65, §79의 7, §96, §99의 8, §104의 21, §116의 2, §116의 3, §116의 4, §116의 6, §116의 7, §116의 10, §116의 11, §116의 14, §116의 15, §116의 17, §116의 18, §116의 21, §116의 23, §116의 24, §116의 25, §116의 26, §116의 27, §116의 36
- 조특칙 §2, §4의 2, §4의 3, §5, §8의 3, §8의 7, §11, §22, §24, §25, §26, §43의 3, §47의 2, §51, §51의 2, §51의 3, §51의 4, §51의 6, §61

최근 주요 개정 내용

- 중소기업 특별세액감면 적용 업종명 명확화(조특법 §7 ① 1호 러목)

종 전	현 행
□ 중소기업 특별세액감면 대상 업종 ○ (업종) 작물재배업 등 48개 업종 - 작물재배업, 축산업, 어업 등 - 그 밖의 과학기술서비스업	□ 표준산업분류 상 업종명과 일치 ○ (좌 동) - (좌 동) - 기타 과학기술서비스업

➡ 개정일자 : ㊖ 2023. 12. 31.

최근 주요 개정 내용

• 영농조합법인 등의 농어업경영체 등록 요건 규정 및 과세특례 적용기한 연장(조특법 §66 ①, §67 ①, §68 ①)

종 전	현 행
□ 영농·영어조합법인, 농업회사법인에 대한 법인세 면제 등	□ 농어업경영체 등록 요건 규정 및 과세특례 적용기한 연장
○ (대상) 「농어업경영체 육성 및 지원에 관한 법률」에 따른 영농·영어조합법인, 농업회사법인	○ 「농어업경영체 육성 및 지원에 관한 법률」에 따라 농어업경영정보를 등록한 영농·영어조합법인, 농업회사법인
○ (법인세 과세특례) 소득 종류별* 로 전액 또는 한도 내 면제 * (식량작물재배업) 전액 면제 (식량작물 외 작물재배업, 어로어업, 그 외 사업소득) 일정 한도 내	○ (좌 동)
○ (적용기한) 2023. 12. 31.	○ 2026. 12. 31.

➡ 개정일자 : ㉥ 2023. 12. 31.
적용시기 : 2024년 1월 1일부터 시행하되, 2023년 12월 31일이 속하는 사업연도의 소득에 대한 과세특례에 관하여는 종전의 규정에 따름.

• 영어조합법인의 양식업 소득에 대한 법인세 면제 한도 상향(조특령 §64 ①)

종 전	현 행
□ 영어조합법인에 대한 법인세 면제 범위	□ 양식업 소득에 대한 법인세 면제 한도 상향
○ (어로어업소득) 3,000만원 × 조합원수 × (사업연도 월수 ÷ 12)	○ (어로어업 또는 양식어업 소득) 3,000만원 × 조합원수 × (사업연도 월수 ÷ 12)
○ (어로어업 외 소득) 1,200만원 × 조합원수 × (사업연도 월수 ÷ 12)	○ (어로어업·양식어업 외 소득) 1,200만원 × 조합원수 × (사업연도 월수 ÷ 12)

➡ 개정일자 : ㊄ 2024. 2. 29.
적용시기 : 2024년 1월 1일부터 개시하는 사업연도부터 적용

최근 주요 개정 내용

• 농업회사법인 법인세 감면 등 대상소득 명확화(조특령 §65 ② 3호)

종 전	현 행
□ 농업회사법인의 법인세 감면 등 소득 범위	□ 감면 등 소득 범위 명확화
ㅇ 식량작물재배업소득 : 전액 (배당소득 전액 소득세 면제)	ㅇ (좌 동)
ㅇ 그 외 작물재배업 소득 : 50억원 × 소득률(배당소득 분리과세)	ㅇ (좌 동)
ㅇ 작물재배업 외 소득 : 5년간 50% 감면(배당소득 분리과세) -「농업·농촌 및 식품산업 기본법」에 따른 축산업·임업 소득 -「농어업경영체 육성 및 지원에 관한 법률」에 따른 농업회사법인 부대사업 소득 * ① 영농에 필요한 자재 생산·공급 ② 영농에 필요한 종자생산·종균배양 ③ 농산물 구매·비축 ④ 농업기계 등 장비 임대·수리·보관 ⑤ 소규모 관개시설 수탁·관리	ㅇ (좌 동)
-「농어업경영체 육성 및 지원에 관한 법률」에 따른 농산물 유통·가공·판매 및 농작업 대행 소득	- 수입 농산물의 유통·판매소득은 제외

➡ 개정일자 : ㉧ 2024. 2. 29.

최근 주요 개정 내용

• 해외진출 기업의 국내복귀(리쇼어링) 세제지원 강화(조특법 §104의 24 ②, ③, ⑥ 및 조특령 §104의 21 ⑩)

종 전	현 행
□ 해외진출기업 국내복귀 시 세액 감면	□ 감면 폭 · 기간 확대 및 업종요건 완화
○ (감면대상) 2년 이상 경영한 국외 사업장을 국내로 이전 · 복귀하는 기업	○ (좌 동)
○ (감면내용) - 소득 · 법인세 감면 ❶ 완전복귀 또는 수도권 밖으로 부분복귀하는 경우 : 5년 100% + 2년 50% ❷ 수도권 안으로 부분복귀하는 경우 : 3년 100% + 2년 50%	○ 소득 · 법인세 감면 확대 - 감면 폭 및 기간 확대 ❶ 7년간 100% + 3년간 50% ❷ (좌 동)
○ (업종요건) 대통령령으로 위임 - 한국표준산업분류에 따른 세분류 동일 〈신 설〉	○ 업종요건 상향입법 및 완화 ※ 법률로 상향입법 - (좌 동) - 한국표준산업분류에 따른 동일 대분류 내에서 유턴기업 관련 위원회*의 업종 유사성 확인을 받는 경우도 허용 * 「해외진출기업의 국내복귀 지원에 관한 법률」에 따른 국내복귀기업지원위원회 • 유사성 판단 기준, 세부절차는 산업부장관이 고시
○ (적용기한) 2024. 12. 31.	○ (좌 동)

➡ 개정일자 : ㉻ 2023. 12. 31., ㉧ 2024. 2. 29.

적용시기 : 2024년 1월 1일부터 시행하고, 2023년 12월 31일 이전에 국내에서 창업하거나 사업장을 신설 또는 증설한 경우의 세액감면 기간에 관하여는 종전의 규정에 따름.

최근 주요 개정 내용

• 외국인투자 세액감면 대상 업종명 개정(조특령 §116의 2 ⑤ 6호 마목)

종 전	현 행
□ 경제자유구역·새만금사업지역 내 외국인 투자에 대한 소득·법인세 감면 대상 업종 ○ 투자금액 100만달러 이상 - 신성장·원천기술 관련 연구개발업 ○ 투자금액 500만달러 이상 - 복합물류터미널사업 등 ○ 투자금액 1,000만달러 이상 - 제조업, 전기통신업 등 - 그 밖의 과학기술 서비스업	□ 표준산업분류 상 업종명과 일치 ○ (좌 동) ○ (좌 동) ○ (좌 동) - (좌 동) - 기타 과학기술 서비스업

➡ 개정일자 : ㉧ 2024. 2. 29.

• 제주투자진흥지구 입주기업 세액감면 대상 업종 확대(조특령 §116의 15 ① 2호 카목)

종 전	현 행
□ 제주투자진흥지구 입주기업 소득·법인세 감면 대상 업종 ○ 투자금액 2천만달러 이상 - 관광호텔업·수상관광호텔업 - 국제회의시설업, 종합유원시설, 관광식당업, 마리나업 등 ○ 투자금액 500만달러 이상 - 문화산업, 노인복지시설, 국제학교, 청소년수련시설, 교육원, 의료기관 등 - 궤도사업, 신·재생에너지를 이용한 전기생산업 등 - 식료품제조업 • 동물성 및 식물성 유지 제조업, 곡물가공품·전분 및 전분제품 제조업, 기타 식품 제조업, 동물용 사료 및 조제식품 제조업 제외 - 음료제조업 • 알코올 음료 제조업 제외	□ 세액감면 대상 업종 확대 ○ (좌 동) ○ 대상 확대 - (좌 동) - (좌 동) - (좌 동) • (삭 제) - (좌 동) • (삭 제)

➡ 개정일자 : ㉧ 2024. 2. 29.

적용시기 : 2024년 2월 29일부터 시행하되, 2024년 2월 28일 이전에 제주투자진흥지구에 식료품 제조업 또는 음료 제조업을 경영하기 위한 시설을 새로 설치한 경우에는 종전의 규정에 따름.

최근 주요 개정 내용

• 지역개발사업구역 창업기업 등의 세액감면 추징사유 합리화(조특법 §121의 19 ① 2호)

종 전	현 행
□ 지역개발사업구역·지역활성화지역 창업기업 세액감면액 추징사유	□ 추징사유 합리화
○ 「지역개발지원법」에 따른 지정해제 〈단서 신설〉	○ 예외사유 신설 - 다만, 공사·개발사업 완료에 따른 지정해제 시는 추징 제외
○ 투자·고용 요건 미달	○ (좌 동)
○ 폐업 또는 신설 사업장 폐쇄	○ (좌 동)

➡ 개정일자 : ㊙법 2023. 12. 31.
적용시기 : 2024년 1월 1일 이후 추징세액을 결정하거나 경정하는 경우부터 적용

• 기회발전특구 창업기업 등 세액감면 신설 및 세부사항 규정(조특법 §121의 33 및 조특령 §116의 36)

종 전	현 행
〈신 설〉	□ 기회발전특구* 내 창업기업 세액감면 신설 * 「지방분권균형발전법」에 따른 기회발전특구 ○ (대상) 기회발전특구 내 창업(사업장 신설 포함)기업 ○ (감면율) 소득발생 사업연도부터 5년간 100% + 이후 2년간 50% 소득·법인세 감면 ○ (감면한도) - 투자누계액 50% + 상시근로자 수 × 1,500만원(청년·서비스업 2,000만원) ○ (최저한세) 50% 감면기간만 적용 ○ (적용기한) 2026. 12. 31. □ 감면대상 업종 ○ 제조업, 연구개발업, 기타 과학기술 서비스업 등 □ 투자누계액의 정의 ○ 감면받는 해당 사업연도까지의 사업용 자산*에 대한 투자 합계액 * 해당 사업에 주로 사용하는 사업용 유형자산, 건설 중인 자산, 무형자산(영업권, 상표권, 특허권, 광업권 등) □ 상시근로자·청년상시근로자의 범위 ○ (상시근로자) 「근로기준법」에 따라 근로계약을 체결한 내국인 근로자 - 근로계약기간이 1년 미만인 근로자, 단시간 근로자, 임원 및 최대주주 등은 제외 ○ (청년 상시근로자) 상시근로자 중 15~34세(병역이행기간은 연령에서 빼고 계산)인 근로자

구분	종 전	현 행
최근 주요 개정 내용		□ 상시근로자 · 청년상시근로자의 수 계산방법 $\frac{\text{해당 사업연도의 매월말 현재 (청년)상시근로자 수의 합}}{\text{해당 사업연도의 개월 수}}$ □ 서비스업 정의 ○ 농 · 임 · 어업, 광업, 제조업, 전기 · 가스 · 증기 및 수도사업, 건설업, 소비성서비스업을 제외한 사업 □ 상시근로자의 수 감소 시 추징세액 계산방법 ○ 고용인원에 따른 추가 감면한도*를 적용하는 경우로서 추가 감면한도를 적용받아 감면받은 세액 중 감소한 인원에 해당하는 세액을 납부 * 청년, 서비스업 상시근로자 2,000만원, 그 외 상시근로자 1,500만원 □ 감면 신청방법 ○ 과세표준신고와 함께 세액감면신청서(시행규칙으로 규정 예정)를 납세지 관할 세무서장에게 제출

➡ 개정일자 : ㉻ 2023. 12. 31., ㉾ 2024. 2. 29.
적용시기 : 2024년 1월 1일 이후 기회발전특구에 최초로 창업하거나 사업장을 신설하는 기업부터 적용

관련 서식

- 법인세법 시행규칙
  [별지 제8호 서식 부표 1] 공제감면세액계산서(1)
  [별지 제8호 서식 부표 2] 공제감면세액계산서(2)
  [별지 제8호 서식 부표 4] 공제감면세액계산서(4)
- 조세특례제한법 시행규칙
  [별지 제2호 서식] 세액감면(면제)신청서
  [별지 제2호의 2 서식] 창업 중소기업 등에 대한 감면세액계산서
  [별지 제46호의 2 서식] 공장 및 본사를 수도권 밖으로 이전하는 기업에 대한 감면세액계산서
  [별지 제46호의 2 서식 부표] 이전본사 근무인원 명세
  [별지 제49호 서식] 영어조합법인면제세액계산서
  [별지 제50호의 2 서식] 농업회사법인 면제세액계산서
  [별지 제60호의 16 서식] 소형주택 임대사업자에 대한 세액감면신청서
  [별지 제64호의 21 서식] 국내복귀기업에 대한 감면세액계산서
  [별지 제80호 서식] 조세감면신청서 · 조세감면내용변경신청서
  [별지 제81호 서식] 조세감면대상 해당 여부 사전확인신청서

제1절

세액감면

1

Step I 내용의 이해

1. 개 요

1-1. 법인세의 감면과 면제

법인세의 감면이란 특정사업에서 생긴 소득에 대하여 일정률에 상당하는 법인세를 감면하는 것을 말한다. 이와 같이 법인세가 감면되는 소득을 감면소득이라 하고 감면소득에 상당하는 법인세를 감면세액이라고 한다. 한편 세법에서 규정하는 특정소득에 대하여는 법인세가 면제되는바, 이와 같이 법인세가 면제되는 소득을 면제소득이라 하고 면제소득에 상당하는 법인세를 면제세액이라 한다.

감면소득과 면제소득의 세액계산에 미치는 효과는 동일하다. 다만, 감면소득은 특정사업에서 발생하는 소득을 대상으로 하여 전액 또는 일정률에 상당하는 금액을 배제하고 있는 반면, 면제소득은 특정소득을 대상으로 하여 전액을 면제하고 있는 점이 다를 뿐이다.

1-2. 세액감면 · 면제 및 세액공제의 순위

법인세 산출세액에서 공제되는 공제세액에는 감면 또는 면제세액과 세액공제가 있으며, 또한 세액공제는 당해 사업연도에 공제하지 못한 금액을 다음 사업연도 이후로 이월하여 공제할 수 있는 세액공제와 당해 사업연도에 공제하지 못한 금액을 다음 사업연도 이후로 이월하여 공제할 수 없는 세액공제가 있다. 따라서, 이들이 함께 적용되는 경우의 공제순위가 필요하다.

법인세의 감면 · 면제규정과 그 세액공제규정이 동시에 적용될 때 그 적용순위는 다음과 같다. 이 경우 아래 '①'과 '②'의 금액을 합한 금액이 법인이 납부할 법인세액(토지 등 양도소득에 대한 법인세액, 투자 · 상생협력 촉진 과세특례에 따른 법인세액 및 가산세 제외)을 초과하는 경우에는 그 초과하는 금액은 이를 없는 것으로 본다(법법 §59 ①).

순위	종 류	대 상
①	세액감면 · 면제	• 각 사업연도의 소득에 대한 감면세액 · 면제세액
②	이월공제가 인정되지 아니하는 세액공제	• 재해손실세액공제(법법 §58)
③	이월공제가 인정되는 세액공제(*)	• 외국 납부 세액공제(법법 §57) • 조특법에 의한 세액공제 중 조특법 제144조에 규정된 세액공제
④	사실과 다른 회계처리로 인한 경정에 따른 세액공제(*)	• 사실과 다른 회계처리 경정세액공제(법법 §58의 3)

(*) 해당 사업연도 중에 발생한 세액공제액과 이월된 미공제액이 함께 있을 때에는 이월된 미공제액을 먼저 공제

다만, 조세특례제한법 제132조에 따라 최저한세가 적용되는 감면 등과 그 밖의 감면 등이 동시에 적용되는 경우 그 적용순위는 최저한세가 적용되는 감면 등을 먼저 적용한다(조특법 §132 ③).

1-3. 감면 · 면제세액의 계산

각 사업연도의 소득에 대한 법인세를 감면 또는 면제를 하는 경우 그 감면 또는 면제되는 세액은 별도의 규정이 있는 경우를 제외하고는 산출세액(토지 등 양도소득에 대한 법인세액 및 투자 · 상생협력 촉진을 위한 과세특례에 따른 법인세액 제외)에 그 감면 또는 면제되는 소득이 법인세법 제13조에 따른 과세표준에서 차지하는 비율(100% 한도)을 곱하여 산출한 금액(감면의 경우 그 금액에 해당 감면율을 곱하여 산출한 금액)으로 한다(법법 §59 ②).

$$\text{감면(면제)세액} = \text{산출세액}^{(*)} \times \frac{\text{감면(또는 면제)소득}}{\text{과세표준금액}}(100\%\ \text{한도}) \times \text{감면율}$$

(*) 토지 등 양도소득에 대한 법인세액 및 투자 · 상생협력 촉진을 위한 과세특례에 따른 법인세액 제외

여기서 각 사업연도의 과세표준계산시 공제한 이월결손금 · 비과세소득 또는 소득공제액(이하 "공제액 등"이라 함)이 있는 경우 감면(또는 면제)되는 소득은 다음과 같이 구분하여 계산한다(법령 §96).

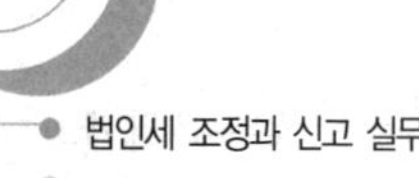

① 공제액 등이 감면사업 또는 면제사업에서 발생한 경우
감면(또는 면제)소득 = 감면(면제)소득 − 공제액 등
② 공제액 등이 감면사업 또는 면제사업에서 발생한 것인지가 불분명한 경우

$$\text{감면(또는 면제)소득} = \text{감면(면제)소득} - \text{공제액 등} \times \frac{\text{감면(면제)소득}}{\text{각 사업연도소득}}$$

2. 법인세의 면제

2-1. 범 위

조세특례제한법상 법인세 면제소득을 열거하면 다음과 같다.

① 국제금융거래에 따른 이자소득 등에 대한 법인세의 면제(조특법 §21)(*)
② 영농조합법인에 대한 법인세의 면제(조특법 §66)
③ 영어조합법인에 대한 법인세의 면제(조특법 §67)
④ 농업회사법인에 대한 법인세의 면제(조특법 §68)(*)

(*) 조특법 제21조와 제68조(농업소득 외의 소득에 한하되, 2015년 1월 1일부터는 작물재배업에서 발생하는 소득 외의 소득만 해당함)의 경우 최저한세 적용대상임.

2-2. 국제금융거래에 따른 이자소득 등에 대한 법인세의 면제

2-2-1. 감면내용

(1) 외화표시채권 · 외화채무 · 외화표시어음 및 외화예금증서의 이자소득

다음의 소득을 지급받는 법인(내국법인 및 외국법인의 국내사업장은 제외)에 대해서는 법인세를 면제한다(조특법 §21 ① 및 조특령 §18 ②).

① 국가 · 지방자치단체 또는 내국법인이 국외에서 발행하는 외화표시채권의 이자 및 수수료
② 외국환거래법에 따른 외국환업무취급기관이 같은 법에 따른 외국환업무를 하기 위하여 외국금융기관으로부터 차입하여 외화로 상환하여야 할 외화채무에 대하여 지급하는 이자 및 수수료
③ 다음의 금융회사 등이 외국환거래법에서 정하는 바에 따라 국외에서 발행 또는 매각하는 외화표시어음과 외화예금증서의 이자 및 수수료
㉠ 은행법에 의하여 은행업의 인가를 받은 은행
㉡ 한국산업은행법에 의하여 설립된 한국산업은행
㉢ 한국수출입은행법에 의하여 설립된 한국수출입은행

㉣ 중소기업은행법에 의하여 설립된 중소기업은행
㉤ 농업협동조합법에 의하여 설립된 농협은행
㉥ 수산업협동조합법에 따라 설립된 수협은행
㉦ 자본시장과 금융투자업에 관한 법률에 따른 종합금융회사

(2) 외국통화로 표시된 증권 등을 국외에서 양도함으로써 발생한 소득

국가 · 지방자치단체 또는 내국법인이 발행한 다음의 유가증권을 외국법인이 국외에서 양도함으로써 발생하는 소득에 대해서는 법인세를 면제한다(조특법 §21 ③ 및 조특령 §18 ④ 및 조특칙 §11).

① 국외에서 발행한 유가증권 중 외국통화로 표시된 것 또는 외국에서 지급받을 수 있는 것으로서 외국환거래에 관하여 기획재정부장관이 정하는 기준에 따라 발행된 외화증권. 다만, 주식 · 출자증권 또는 그 밖의 유가증권(이하 "과세대상 주식 등"이라 함)을 기초로 발행된 예탁증서를 양도하는 경우로서 예탁증서를 발행하기 전 과세대상 주식 등의 소유자가 예탁증서를 발행한 후에도 계속하여 해당 예탁증서를 양도하기 전까지 소유한 경우는 제외한다.
② 자본시장과 금융투자업에 관한 법률에 따른 유가증권시장 또는 코스닥시장과 기능이 유사한 외국의 유가증권시장에 상장 또는 등록된 내국법인의 주식 또는 출자지분으로서 해당 유가증권시장에서 양도되는 것. 다만, 해당 외국의 유가증권시장에서 취득하지 아니한 과세대상 주식 등으로서 해당 외국의 유가증권시장에서 최초로 양도하는 경우는 제외하되, 외국의 유가증권시장의 상장규정상 주식분산요건을 충족하기 위해 모집 · 매출되는 과세대상 주식 등을 취득하여 양도하는 경우에는 그러하지 아니하다.

2-2-2. 최저한세의 적용

내국법인이 조세특례제한법 제21조에 따라 법인세를 면제받는 경우, 조세특례제한법에 규정된 최저한세의 적용을 받는다(조특법 §132 ① 4호). 최저한세에 대한 자세한 내용은 '제4편 제5장 최저한세'편을 참고하기 바란다.

2-3. 영농조합법인에 대한 법인세의 면제

2-3-1. 감면내용

농어업경영체 육성 및 지원에 관한 법률 제4조에 따라 농어업경영정보를 등록한 영농조합법인에 대해서는 2026년 12월 31일 이전에 끝나는 사업연도까지 곡물 및 기타 식량작물재배업에서 발생하는 소득(이하 "식량작물재배업소득"이라 함)의 전액과 식량작물재배업소득 외의 소득 중 농어업경영체 육성 및 지원에 관한 법률 시행령 제20조의5 제1항 각 호의 사업에서 발생한 소득으로서 각 사업연도별로 다음 산식의 범위 안의 금액에 대하여 법인세를 면제한다

(조특법 §66 ① 및 조특령 §63 ①).

법인세 면제금액 = 식량작물재배업소득 전액 + 식량작물재배업소득 외의 소득(*)

(*) 다음 중 어느 하나에 해당하는 식량작물재배업소득 외의 소득
① 식량작물재배업 외의 작물재배업에서 발생하는 소득금액으로서 각 사업연도별로 다음의 계산식에 따라 계산한 금액 이하의 금액
식량작물재배업 외의 작물재배업에서 발생하는 소득금액 × {6억원 × 조합원 수 × (사업연도 월수 ÷ 12) ÷ 식량작물재배업 외의 작물재배업에서 발생하는 수입금액}
② 작물재배업에서 발생하는 소득을 제외한 소득금액으로서 각 사업연도별로 다음의 계산식에 따라 계산한 금액 이하의 금액
{1천 200만원 × 조합원 수 × (사업연도 월수 ÷ 12)}

영농조합법인에 대한 법인세를 면제받고자 하는 자는 과세표준신고와 함께 세액감면(면제) 신청서 [조특칙 별지 제2호 서식]와 영농조합법인 면제세액계산서 [조특칙 별지 제47호 서식] 및 농어업경영체 육성 및 지원에 관한 법률 제4조에 따른 농어업경영체 등록(변경등록) 확인서(이하 "농어업경영체 등록확인서"라 함)를 관할 세무서장에게 제출하여야 한다(조특령 §63 ⑦).

개 정

○ 2023년 12월 31일 법 개정시 농어업경영체 육성 및 지원에 관한 법률에 따른 농어업경영정보 등록을 영농조합법인 법인세 면제 등을 적용받기 위한 요건으로 명시(조특법 §66 ①)
➡ 2024년 1월 1일부터 시행하되, 2023년 12월 31일이 속하는 사업연도의 소득에 대한 과세특례에 관하여는 종전의 규정에 따름.

2-3-2. 타세액공제와 중복적용배제

내국법인이 동일한 사업연도에 영농조합법인에 대한 법인세의 면제규정과 조세특례제한법상의 일부 세액공제규정을 동시에 적용받을 수 있는 경우에는 그 중 하나만을 선택하여 이를 적용받을 수 있다(조특법 §127 ④). 다만, 조세특례제한법 제143조에 따라 법인세 면제 규정을 적용받는 사업과 그 밖의 사업을 구분경리하는 경우로서 그 밖의 사업에 공제규정이 적용되는 경우에는 중복지원에 해당하지 아니한다(조특법 §127 ⑩).

중복지원의 배제에 대한 자세한 내용은 '제4편 제3장 제4절 중복지원의 배제'편을 참고하기 바란다.

2-3-3. 구분경리

영농조합법인에 대한 법인세의 면제규정을 적용받는 사업과 그 밖의 사업을 겸영하는 경우에는 법인세법 제113조의 규정을 준용하여 구분하여 경리하여야 한다(조특법 §143). 구분경리

에 대한 자세한 내용은 '제4편 제2장 소득구분'편을 참고하기 바란다.

관련사례

- 농업소득 외의 소득에 대하여 중소기업특별세액감면과 법인세 면제가 동시에 적용되는지 여부
  축산업을 영위하는 영농조합법인이 중소기업에 해당되는 경우 농업소득 이외의 소득에 대하여는 중소기업에 대한 특별세액감면과 조세특례제한법 제66조의 법인세 일부 면제규정을 동시에 적용받을 수 있음(서면2팀-278, 2005. 2. 11.).

2-4. 영어조합법인에 대한 법인세의 면제

2-4-1. 감면내용

농어업경영체 육성 및 지원에 관한 법률 제4조에 따라 농어업경영정보를 등록한 영어조합법인에 대해서는 2026년 12월 31일 이전에 끝나는 사업연도까지 각 사업연도 소득 중 농어업경영체 육성 및 지원에 관한 법률 시행령 제20조의 5 제2항 각 호의 사업에서 발생한 소득으로서 각 사업연도별로 다음 산식의 범위 안의 금액에 대하여 법인세를 면제한다(조특법 §67 ① 및 조특령 §64 ①).

① 한국표준산업분류에 따른 연근해어업, 내수면어업 또는 양식어업에서 발생하는 어업소득으로서 각 사업연도별로 다음의 계산식에 따라 계산한 금액 이하의 금액

3,000만원 × 조합원 수 × (사업연도 월수 ÷ 12)

② 어업소득을 제외한 소득금액으로서 각 사업연도별로 다음의 계산식에 따라 계산한 금액 이하의 금액

1,200만원 × 조합원 수 × (사업연도 월수 ÷ 12)

영어조합법인에 대한 법인세를 면제받고자 하는 자는 과세표준신고와 함께 세액감면(면제) 신청서[조특칙 별지 제2호 서식]와 영어조합법인 면제세액계산서[조특칙 별지 제49호 서식] 및 농어업경영체 등록확인서를 관할 세무서장에게 제출하여야 한다(조특령 §64 ⑧).

개 정

○ 2024년 2월 29일 시행령 개정시 양식어업 소득에 대한 법인세 면제 한도를 1,200만원에서 3,000만원으로 상향조정(조특령 §64 ①)
➡ 2024년 1월 1일 이후 개시하는 사업연도부터 적용

○ 2023년 12월 31일 법 개정시 농어업경영체 육성 및 지원에 관한 법률에 따른 농어업경영정보 등록을 영어조합법인 법인세 면제 등을 적용받기 위한 요건으로 명시(조특법 §67 ①)
➡ 2024년 1월 1일부터 시행하되, 2023년 12월 31일이 속하는 사업연도의 소득에 대한 과세특례에 관하여는 종전의 규정에 따름.

2-4-2. 타세액공제와 중복적용배제

내국법인이 동일한 사업연도에 영어조합법인에 대한 법인세의 면제규정과 조세특례제한법상의 일부 세액공제규정을 동시에 적용받을 수 있는 경우에는 그 중 하나만을 선택하여 이를 적용받을 수 있다(조특법 §127 ④). 다만, 조세특례제한법 제143조에 따라 법인세 면제 규정을 적용받는 사업과 그 밖의 사업을 구분경리하는 경우로서 그 밖의 사업에 공제규정이 적용되는 경우에는 중복지원에 해당하지 아니한다.

중복지원의 배제에 대한 자세한 내용은 '제4편 제3장 제4절 중복지원의 배제'편을 참고하기 바란다.

2-4-3. 구분경리

영어조합법인에 대한 법인세의 면제규정을 적용받는 사업과 그 밖의 사업을 겸영하는 경우에는 법인세법 제113조의 규정을 준용하여 구분하여 경리하여야 한다(조특법 §143). 구분경리에 대한 자세한 내용은 '제4편 제2장 소득구분'편을 참고하기 바란다.

2-5. 농업회사법인에 대한 법인세의 면제

2-5-1. 감면내용

농어업경영체 육성 및 지원에 관한 법률 제4조에 따라 농어업경영정보를 등록한 농업회사법인에 대해서는 2026년 12월 31일 이전에 끝나는 사업연도까지 각 사업연도별로 식량작물재배업소득 전액과 식량작물재배업소득 외의 작물재배업에서 발생하는 소득 중 아래의 금액에 대하여 법인세를 면제한다(조특법 §68 ① 및 조특령 §65 ①).

식량작물재배업 외의 작물재배업에서 발생하는 소득금액 × {50억원 × (사업연도 개월 수 ÷ 12) ÷ 식량작물재배업 외의 작물재배업에서 발생하는 수입금액}

작물재배업에서 발생하는 소득 외의 소득 중 다음의 소득(*)에 대해서는 최초로 해당 소득이 발생한 사업연도(사업개시일부터 5년이 되는 날이 속하는 사업연도까지 해당 소득이 발생하지 아니하는 경우에는 5년이 되는 날이 속하는 사업연도)와 그 다음 사업연도의 개시일로부터 4년 이내에 끝나는 사업연도까지 해당 소득에 대한 법인세의 50%에 상당하는 세액을 감면한다(조특법 §68

① 및 조특령 §65 ②).

(*) 단, 출자총액이 80억원을 초과하고 출자총액 중 농어업경영체 육성 및 지원에 관한 법률 제2조 제1호에 따른 농업인 및 농업·농촌 및 식품산업 기본법 제3조 제4호에 따른 농업 관련 생산자단체의 출자지분 합계의 비중이 50% 미만인 농업회사법인의 도·소매업 및 서비스업(작물재배 관련 서비스업은 제외함)에서 발생한 소득은 제외(조특칙 §26 ①, ②)

① 농업·농촌 및 식품산업 기본법 시행령 제2조에 따른 축산업, 임업에서 발생한 소득
② 농어업경영체 육성 및 지원에 관한 법률에 따른 농업회사법인의 같은 법 시행령 제20조의 5 제1항 제6호 가목부터 마목까지의 사업에서 발생한 소득
③ 농어업경영체 육성 및 지원에 관한 법률 제19조 제1항에 따른 농산물 유통·가공·판매 및 농작업 대행에서 발생한 소득. 다만, 수입 농산물의 유통 및 판매에서 발생하는 소득은 제외한다.

농업회사법인에 대한 법인세를 면제받고자 하는 자는 과세표준신고와 함께 세액감면(면제)신청서 [조특칙 별지 제2호 서식]와 농업회사법인 면제세액계산서 [조특칙 별지 제50호의 2 서식] 및 농어업경영체 등록확인서를 납세지 관할 세무서장에게 제출하여야 한다(조특령 §65 ⑤).

개 정

- 2024년 2월 29일 시행령 개정시 농업회사법인 감면소득의 범위에서 수입 농산물의 유통·판매 소득 제외 명확화(조특령 §65 ② 3호)
- 2023년 12월 31일 법 개정시 농어업경영체 육성 및 지원에 관한 법률에 따른 농어업경영정보 등록을 농업회사법인 법인세 면제 등을 적용받기 위한 요건으로 명시(조특법 §68 ①)
  ➡ 2024년 1월 1일부터 시행하되, 2023년 12월 31일이 속하는 사업연도의 소득에 대한 과세특례에 관하여는 종전의 규정에 따름.

2-5-2. 타세액공제와 중복적용배제

내국법인이 동일한 사업연도에 농업회사법인에 대한 법인세의 면제규정과 조세특례제한법상의 일부 세액공제규정을 동시에 적용받을 수 있는 경우에는 그 중 하나만을 선택하여 이를 적용받을 수 있다(조특법 §127 ④). 다만, 조세특례제한법 제143조에 따라 법인세 면제 규정을 적용받는 사업과 그 밖의 사업을 구분경리하는 경우로서 그 밖의 사업에 공제규정이 적용되는 경우에는 중복지원에 해당하지 아니한다.

중복지원의 배제에 대한 자세한 내용은 '제4편 제3장 제4절 중복지원의 배제'편을 참고하기 바란다.

2-5-3. 최저한세의 적용

내국법인이 조세특례제한법 제68조(단, 작물재배업에서 발생하는 소득 제외)에 따라 법인세를 면

제받는 경우, 조세특례제한법에 규정된 최저한세의 적용을 받는다(조특법 §132 ① 4호).

최저한세에 대한 자세한 내용은 '제4편 제5장 최저한세'편을 참고하기 바란다.

2-5-4. 구분경리

농업회사법인에 대한 법인세의 면제 규정을 적용받는 사업과 기타 사업을 겸영하는 경우에는 법인세법 제113조의 규정을 준용하여 구분하여 경리하여야 한다(조특법 §143). 구분경리에 대한 자세한 내용은 '제4편 제2장 소득구분'편을 참고하기 바란다.

관련사례

- 농업회사법인으로 전환시 감면기간의 기산일
  조세특례제한법 제6조 제1항에 의한 창업중소기업 세액감면을 적용받지 않은 주식회사가 농업회사법인으로 전환하여 조세특례제한법 제68조 제1항에 따라 식량작물재배업에서 발생하는 소득 외의 소득에 대해 법인세를 감면받는 경우, 감면기간의 기산은 농업회사법인으로 전환 후 최초로 소득이 발생한 사업연도를 기준으로 적용하는 것임(재법인-6, 2017. 1. 4.).
- 농민이 아닌 사업자로부터 매입한 농작물 판매소득의 농업회사법인 감면소득 해당 여부
  농업회사법인이 농민이 아닌 사업자로부터 매입한 농산물의 유통・가공・판매에서 발생한 소득은 감면소득에 해당함(기획재정부 법인세제과-491, 2023. 9. 6.).

3. 법인세의 감면

3-1. 범 위

조세특례제한법상의 주요 법인세 감면의 내용을 예시하면 다음과 같다.

① 창업중소기업 등에 대한 세액감면(조특법 §6)
② 중소기업에 대한 특별세액감면(조특법 §7)
③ 기술이전 및 기술취득 등에 대한 과세특례(조특법 §12)
④ 연구개발특구에 입주하는 첨단기술기업 등에 대한 법인세 등의 감면(조특법 §12의 2)
⑤ 공공차관도입에 따른 과세특례(조특법 §20)
⑥ 수도권 밖으로 공장을 이전하는 기업에 대한 세액감면(조특법 §63)
⑦ 수도권 밖으로 본사를 이전하는 법인에 대한 세액감면(조특법 §63의 2)
⑧ 농공단지 입주기업 등에 대한 세액감면(조특법 §64)
⑨ 사회적기업 및 장애인 표준사업장에 대한 법인세 감면(조특법 §85의 6)
⑩ 소형주택 임대사업자에 대한 세액감면(조특법 §96)
⑪ 위기지역 창업기업에 대한 법인세 등의 감면(조특법 §99의 9)
⑫ 해외진출기업의 국내복귀에 대한 세액감면(조특법 §104의 24)

⑬ 외국인투자에 대한 법인세 감면(조특법 §121의 2)
⑭ 제주첨단과학기술단지 입주기업에 대한 법인세 감면(조특법 §121의 8)
⑮ 제주투자진흥지구 또는 제주자유무역지역 입주기업에 대한 법인세 감면(조특법 §121의 9)
⑯ 기업도시개발구역 등의 창업기업 등 대한 법인세의 감면(조특법 §121의 17)
⑰ 아시아문화중심도시 투자진흥지구 입주기업 등에 대한 법인세 감면(조특법 §121의 20)
⑱ 금융중심지 창업기업 등에 대한 법인세 감면(조특법 §121의 21)
⑲ 첨단의료복합단지 및 국가식품클러스터 입주기업에 대한 법인세 감면(조특법 §121의 22)
⑳ 기회발전특구의 창업기업 등에 대한 법인세 감면(조특법 §121의 33)

3-2. 창업중소기업 등에 대한 세액감면

3-2-1. 대상법인

(1) 창업의 범위

창업이라 함은 '새로운 사업을 최초로 개시하는 것'을 의미한다. 다만, 다음의 하나에 해당하는 경우에는 이를 창업으로 보지 아니한다(조특법 §6 ⑩).

① 합병 · 분할 · 현물출자 또는 사업의 양수를 통하여 종전의 사업을 승계하거나 종전의 사업에 사용되던 자산을 인수 또는 매입하여 동종의 사업(한국표준산업분류에 따른 세분류에 따름)을 하는 경우. 다만, 다음의 어느 하나에 해당하는 경우는 제외함(조특령 §5 ㉓).

㉠ 종전의 사업에 사용되던 자산을 인수하거나 매입하여 같은 종류의 사업을 하는 경우 그 자산가액의 합계가 사업 개시 당시 토지와 감가상각자산(법령 §24)의 총가액에서 차지하는 비율이 30% 이하인 경우(조특령 §5 ⑲, ⑳)

$$\text{창업으로 인정되는 자산인수비율} : \frac{\text{인수·매입한 자산가액}}{\text{사업개시 당시(토지 + 감가상각자산) 가액}} \times 100 \leq 30\%$$

㉡ 사업의 일부를 분리하여 해당 기업의 임직원이 사업을 개시하는 경우로서 기업과 사업을 개시하는 해당 기업의 임직원 간에 사업 분리에 관한 계약을 체결하고, 사업을 개시하는 임직원이 새로 설립되는 기업의 대표자로서 지배주주등에 해당하는 해당 법인의 최대주주 또는 최대출자자(개인사업자의 경우에는 대표자를 말함)에 해당하는 경우(조특령 §5 ㉑)

② 거주자가 하던 사업을 법인으로 전환하여 새로운 법인을 설립하는 경우
③ 폐업 후 사업을 다시 개시하여 폐업 전의 사업과 동종의 사업을 하는 경우
④ 사업을 확장하거나 다른 업종을 추가하는 경우 등 새로운 사업을 최초로 개시하는 것으로 보기 곤란한 경우

관련사례

- 개인사업자의 법인전환시 잔존 감면기간의 세액감면 적용 여부

  창업중소기업 세액감면 대상인 개인사업자가 창업일로부터 1년 이내에 조세특례제한법 제32조 제1항의 규정에 의하여 법인으로 전환하는 경우에는 전환 후 법인이 개인사업자의 남은 감면기간 동안 창업중소기업 세액감면을 적용받을 수 있음(기준-2020-법령해석법인-0181, 2020. 8. 31.).

- 창업중소기업 세액감면 적용기간 중 창업벤처중소기업 세액감면 적용 여부

  조세특례제한법 제6조 제1항의 창업중소기업이 같은 법 같은 조항의 세액감면적용기간 중에 같은 법 같은 조 제2항의 창업벤처중소기업에 해당하는 경우에는 같은 법 같은 조 제1항의 잔존 감면기간 동안 같은 법 같은 조 제2항의 세액감면을 적용받을 수 있는 것임(서면소득-1065, 2015. 7. 23.).

- 개인사업자가 업종을 변경하여 법인전환하는 경우 창업중소기업 세액감면 적용 여부

  거주자가 하던 사업을 법인으로 전환하여 새로운 법인을 설립하는 경우에는 창업으로 보지 아니하는 것이나, 개인사업자가 법인으로 전환하면서 기존 업종에 다른 업종을 추가하여 그 업종으로 주업종을 변경한 경우에는 추가한 업종에 대해 창업으로 보는 것임(서면법규-731, 2014. 7. 11.).

- 창업일의 의미

  창업중소기업 등에 대한 세액감면의 적용시 창업일은 법인설립등기일을 의미함(서면2팀-610, 2005. 4. 29.).

(2) 창업중소기업과 창업보육센터사업자

세액감면대상 창업중소기업은 2024년 12월 31일 이전에 창업하여 아래 '(4) 감면대상 업종'을 경영하는 중소기업을 의미한다. 또한, 중소기업창업지원법 제53조 제1항에 따라 창업보육센터사업자로 지정받은 내국법인도 세액감면 대상자이다(조특법 §6 ①).

관련사례

- 창업중소기업의 합병시 세액감면 승계

  창업중소기업에 대한 세액감면을 적용받고 있는 법인이 감면기간이 경과되기 전에 합병으로 소멸하는 경우 합병으로 존속하는 법인이 중소기업에 해당하는 때(조세특례제한법 시행령 제2조 제2항에 따른 유예기간 포함)에는 소멸한 창업중소기업에서 발생하는 소득에 한하여 잔존기간에 대한 세액감면을 승계하여 적용받을 수 있음(조특통 6-0…3).

(3) 창업벤처중소기업

세액감면대상 창업벤처중소기업이란 벤처기업육성에 관한 특별조치법 제2조 제1항에 따른 벤처기업 중 다음의 어느 하나에 해당하는 기업으로서 창업 후 3년 이내에 같은법 제25조에 따라

2024년 12월 31일까지 벤처기업으로 확인받은 기업을 말한다(조특법 §6 ② 및 조특령 §5 ④, ⑤).

① 벤처기업육성에 관한 특별법 제2조의 2의 요건을 갖춘 중소기업(같은 조 제1항 제2호 나목에 해당하는 중소기업을 제외)

② 연구개발 및 인력개발을 위한 비용으로서 조세특례제한법 시행령 [별표 6]의 연구개발비가 당해 사업연도의 수입금액의 5% 이상인 중소기업(본 규정은 벤처기업 해당 여부의 확인을 받은 날이 속하는 사업연도부터 연구개발비가 해당 비율을 계속 유지하는 경우에 한하여 적용)

관련사례

- 대표이사가 소멸법인으로부터 인적·물적 승계 없이 다른 사업장에서 동일업종의 법인을 설립한 경우
  합병으로 소멸한 법인의 대표이사가 소멸법인으로부터 인적·물적 승계가 없이 다른 사업장에서 종전과 동일업종의 법인을 설립한 후 2년 이내에 벤처기업 확인을 받은 경우 창업벤처중소기업에 해당함(법인-1124, 2009. 10. 13.).
- 폐업한 다른 사업자의 사업장을 임차한 후 사업용 자산을 새로이 취득하여 창업하는 경우
  법인이 폐업한 다른 사업자의 사업장 건물을 임차한 후 사업용 자산을 새로이 취득하여 폐업자가 영위하던 사업과 동종의 사업을 개시하는 경우 창업중소기업에 대한 세액감면을 적용받을 수 있음(법인-1120, 2009. 10. 13.).
- 개인기업의 법인전환 후 벤처확인을 받는 경우 세액감면의 적용 여부
  개인사업자가 조세특례제한법 제6조 제3항의 규정에 해당하는 업종을 창업한 후 법인으로 전환한 경우에는 법인전환요건에 따라 중소기업 법인으로 전환하고 개인사업의 창업일부터 2년 이내에 벤처기업을 확인받는 경우에 동법 제6조 제2항의 창업벤처중소기업 세액감면을 적용받을 수 있는 것임(재조예-441, 2004. 6. 29.).
- 분할신설법인이 벤처기업확인서를 재발급받은 경우 세액감면의 적용 여부
  창업일로부터 2년 이내에 벤처기업으로 확인을 받아 조세특례제한법 제6조 제2항 규정의 적용대상이 되는 법인으로부터 인적분할된 신설법인이 벤처기업확인서를 재발급받은 경우 분할된 신설법인은 잔존감면기간 동안 동법 제6조의 규정에 의한 세액감면을 적용 받을 수 있음(서이 46012-11431, 2002. 7. 25.).

(4) 감면대상 업종

창업중소기업 등에 대한 세액감면이 적용되는 창업중소기업과 창업벤처중소기업의 범위는 다음 중 어느 하나의 업종을 경영하는 중소기업으로 한다(조특법 §6 ③).

① 광업

② 제조업

자기가 제품을 직접 제조하지 아니하고 제조업체(사업장이 국내 또는 개성공업지구에 소재하는 업체에 한함)에 의뢰하여 제조하는 사업으로서 그 사업이 다음의 요건을 충족하는 경우

를 포함함(조특령 §5 ⑥ 및 조특칙 §4의 2).

㉠ 생산할 제품을 직접 기획(고안·디자인 및 견본제작 등을 말함)할 것

㉡ 해당 제품을 자기명의로 제조할 것

㉢ 해당 제품을 인수하여 자기책임하에 직접 판매할 것

③ 수도, 하수 및 폐기물 처리, 원료 재생업

④ 건설업

⑤ 통신판매업

⑥ 물류산업(조특령 §5 ⑦)

㉠ 육상·수상·항공 운송업

㉡ 화물 취급업

㉢ 보관 및 창고업

㉣ 육상·수상·항공 운송지원 서비스업

㉤ 화물운송 중개·대리 및 관련 서비스업

㉥ 화물포장·검수 및 계량 서비스업

㉦ 선박의 입항 및 출항 등에 관한 법률에 따른 예선업

㉧ 도선법에 따른 도선업

㉨ 기타 산업용 기계·장비 임대업 중 파렛트 임대업

⑦ 음식점업

⑧ 정보통신업(단, 비디오물 감상실 운영업, 뉴스제공업, 블록체인 기반 암호화자산 매매 및 중개업 제외)

⑨ 금융 및 보험업 중 다음의 어느 하나에 해당하는 업무를 업으로 영위하는 업종(조특령 §5 ⑧)

㉠ 전자금융거래법 제2조 제1호에 따른 전자금융업무

㉡ 자본시장과 금융투자업에 관한 법률 제9조 제27항에 따른 온라인소액투자중개

㉢ 외국환거래법 시행령 제15조의 2 제1항에 따른 소액해외송금업무

⑩ 전문, 과학 및 기술 서비스업[엔지니어링산업 진흥법에 따른 엔지니어링활동(기술사법의 적용을 받는 기술사의 엔지니어링활동 포함)을 제공하는 사업은 포함하되, 다음의 어느 하나에 해당하는 업종은 제외함](조특령 §5 ⑨)

㉠ 변호사업

㉡ 변리사업

㉢ 법무사업

㉣ 공인회계사업

㉤ 세무사업

㉥ 수의업

㉦ 행정사법 제14조에 따라 설치된 사무소를 운영하는 사업

ⓞ 건축사법 제23조에 따라 신고된 건축사사무소를 운영하는 사업

⑪ 사업시설 관리, 사업 지원 및 임대 서비스업 중 다음의 어느 하나에 해당하는 업종

㉠ 사업시설 관리 및 조경 서비스업

㉡ 사업 지원 서비스업(고용 알선업 및 인력 공급업은 농업노동자 공급업을 포함함)

⑫ 사회복지 서비스업

⑬ 예술, 스포츠 및 여가관련 서비스업(단, 다음의 어느 하나에 해당하는 업종은 제외함)

㉠ 자영예술가

㉡ 오락장 운영업

㉢ 수상오락 서비스업

㉣ 사행시설 관리 및 운영업

㉤ 그 외 기타 오락관련 서비스업

⑭ 협회 및 단체, 수리 및 기타 개인 서비스업 중 다음의 어느 하나에 해당하는 업종

㉠ 개인 및 소비용품 수리업

㉡ 이용 및 미용업

⑮ 학원의 설립・운영 및 과외교습에 관한 법률에 따른 직업기술 분야를 교습하는 학원을 운영하는 사업 또는 국민 평생 직업능력 개발법에 따른 직업능력개발훈련시설을 운영하는 사업(직업능력개발훈련을 주된 사업으로 하는 경우로 한정)

⑯ 관광진흥법에 따른 관광숙박업, 국제회의업, 테마파크업 및 관광객 이용시설업(관광진흥법 시행령 제2조에 따른 전문휴양업, 종합휴양업, 자동차야영장업, 관광유람선업과 관광공연장업)(조특령 §5 ⑩)

⑰ 노인복지법에 따른 노인복지시설을 운영하는 사업

⑱ 전시산업발전법에 따른 전시산업

(5) 에너지신기술중소기업

에너지신기술중소기업이란 창업일이 속하는 과세연도와 그 다음 3개 과세연도가 지나지 아니한 중소기업으로서 2024년 12월 31일까지 다음의 제품(이하 "고효율제품 등"이라 함)을 제조하는 중소기업을 말한다(조특법 §6 ④ 및 조특령 §5 ⑪).

① 에너지이용 합리화법 제15조에 따른 에너지소비효율 1등급 제품 및 같은 법 제22조에 따라 고효율에너지 기자재로 인증받은 제품

② 신에너지 및 재생에너지 개발・이용・보급 촉진법 제13조에 따라 신・재생에너지설비로 인증받은 제품

3-2-2. 감면기간 및 감면비율

(1) 창업중소기업 · 창업보육센터사업자

창업 후 해당 사업에서 최초로 소득이 발생한 과세연도(사업 개시일부터 5년이 되는 날이 속하는 과세연도까지 해당 사업에서 소득이 발생하지 아니하는 경우에는 5년이 되는 날이 속하는 과세연도를 말함)와 그 다음 과세연도의 개시일부터 4년 이내에 끝나는 과세연도까지 해당 사업에서 발생한 소득에 대한 법인세에 다음의 구분에 따른 비율을 곱한 금액에 상당하는 세액을 감면한다(조특법 §6 ①).

① 창업중소기업의 경우 : 다음의 구분에 따른 비율
  ㉠ 수도권과밀억제권역 외의 지역에서 창업한 청년창업중소기업
    : 100% (단, 2018. 5. 28. 이전 창업의 경우 50%)
  ㉡ 수도권과밀억제권역에서 창업한 청년창업중소기업
    : 50% (단, 2018. 5. 29. 이후 창업에 한함)
  ㉢ 수도권과밀억제권역 외의 지역에서 창업한 창업중소기업
    : 50%
② 창업보육센터사업자의 경우 : 50%

청년창업중소기업이란 대표자(소득세법 제43조 제1항에 따른 공동사업장의 경우 같은 조 제2항에 따른 손익분배비율이 가장 큰 사업자를 말하고, 손익분배비율이 가장 큰 사업자가 둘 이상인 경우에는 그 모두를 말함)가 다음의 구분에 따른 요건을 충족하는 기업을 말한다. 이 때 수도권과밀억제권역 외의 지역에서 법인으로 창업한 청년창업중소기업의 대표자가 세액감면 기간 중 아래 '②의 ㉡'의 요건을 충족하지 못하게 되거나 개인사업자로서 손익분배비율이 가장 큰 사업자가 아니게 된 경우에는 해당 사유가 발생한 날이 속하는 과세연도부터 남은 감면기간 동안 50%의 감면율을 적용하고, 수도권과밀억제권역에서 창업한 청년창업중소기업의 대표자가 세액감면 기간 중 아래 '②의 ㉡'의 요건을 충족하지 못하게 되거나 개인사업자로서 손익분배비율이 가장 큰 사업자가 아니게 된 경우에는 남은 감면기간 동안 감면을 적용하지 아니한다(조특령 §5 ①, ②, ③).

① 개인사업자로 창업하는 경우 : 창업 당시 15세 이상 34세 이하인 사람. 다만, 병역(조특령 §27 ① 1호 각 목)을 이행한 경우에는 그 기간(6년을 한도로 함)을 창업 당시 연령에서 빼고 계산한 연령이 34세 이하인 사람을 포함함.
② 법인으로 창업하는 경우 : 다음의 요건을 모두 갖춘 사람
  ㉠ 위 ①의 요건을 갖출 것
  ㉡ 법인세법 시행령 제43조 제7항에 따른 지배주주등으로서 해당 법인의 최대주주 또는 최대출자자일 것

한편, '해당 사업에서 최초로 소득이 발생한 과세연도'라 함은 감면대상 사업에서 소득이 최초로 발생한 과세연도를 말하는 것으로서 이월결손금에 관계없이 해당 사업에서 각 사업연도의 소득이 최초로 발생한 과세연도를 말하며(법인 46012-4658, 1995. 12. 21.), 감면대상이 되는 당해 사업에서 발생한 소득이란 당해 영업활동과 어느 정도 부수적 연관을 갖고 정상적인 업무에서 발생한 소득을 말한다. 따라서 이자수익・유가증권처분이익 및 유가증권처분손실 등은 이에 해당하지 아니하는 것으로 본다(조특통 6-0…2).

(2) 창업벤처중소기업

창업벤처중소기업의 경우에는 그 확인받은 날 이후 최초로 소득이 발생한 과세연도(벤처기업으로 확인받은 날부터 5년이 되는 날이 속하는 과세연도까지 해당 사업에서 소득이 발생하지 아니하는 경우에는 5년이 되는 날이 속하는 과세연도)와 그 다음 과세연도의 개시일부터 4년 이내에 끝나는 과세연도까지 해당 사업에서 발생한 소득에 대한 법인세의 50%에 상당하는 세액을 감면한다. 다만, 위 '(1) 창업중소기업・창업보육센터사업자'의 세액감면을 적용받는 경우는 제외한다(조특법 §6 ②).

이 때 사업연도 중에 창업벤처중소기업에 해당되어 최초로 소득이 발생한 경우에는 그 과세연도의 당해 사업에서 발생한 전체소득에 대하여 적용받을 수 있다(법인 46012-2389, 2000. 12. 15.).

(3) 에너지신기술중소기업

에너지신기술중소기업에 해당하는 날 이후 최초로 해당 사업에서 소득이 발생한 과세연도(에너지신기술중소기업에 해당하는 날부터 5년이 되는 날이 속하는 과세연도까지 해당 사업에서 소득이 발생하지 아니하는 경우에는 5년이 되는 날이 속하는 과세연도)와 그 다음 과세연도의 개시일부터 4년 이내에 끝나는 과세연도까지 해당 사업에서 발생한 소득에 대한 법인세의 50%에 상당하는 세액을 감면한다. 해당 사업에서 발생한 소득의 계산은 다음의 계산식에 따르며, 고효율제품 등의 매출액은 제조업 분야의 다른 제품의 매출액과 구분경리하여야 한다(조특법 §6 ④, ⑧ 및 조특령 §5 ⑮, ⑯).

$$\text{해당 사업에서 발생한 소득} = \text{해당 과세연도의 제조업에서 발생한 소득} \times \frac{\text{해당 과세연도의 고효율제품 등의 매출액}}{\text{해당 과세연도의 제조업에서 발생한 총매출액}}$$

(4) 신성장 서비스업 영위 기업

위 (1), (2) 및 (3)에도 불구하고 수도권과밀억제권역 외의 지역에서 창업한 창업중소기업(청년창업중소기업은 제외함), 창업벤처중소기업 및 에너지신기술중소기업에 해당하는 경우로서 다음의 어느 하나에 해당하는 사업(이하 "신성장 서비스 업종"이라 함)을 주된 사업으로 영위하는 중소기업의 경우에는 최초로 세액을 감면받는 과세연도와 그 다음 과세연도의 개시일부터 2년 이내에 끝나는 과세연도에는 법인세의 75%에 상당하는 세액을 감면하고, 그 다음 2년 이내에 끝나는 과세연도에는 법인세의 50%에 상당하는 세액을 감면한다. 이 경우 2 이상의 서로 다른 사업을 영위하는 경우에는 사업별 사업수입금액이 큰 사업을 주된 사업으로 보며, 감면기간 중 신성장 서비스 업종 이외의 업종으로 주된 사업이 변경되는 경우에는 해당 사유가 발생한 날이 속하는 과세연도부터 남은 감면기간 동안 위 (1), (2) 또는 (3)에 따른 감면을 적용한다(조특법 §6 ⑤ 및 조특령 §5 ⑫, ⑬ 및 조특칙 §4의 3).

① 컴퓨터 프로그래밍, 시스템 통합 및 관리업, 소프트웨어 개발 및 공급업, 정보서비스업(뉴스제공업은 제외함) 또는 전기통신업
② 창작 및 예술관련 서비스업(자영예술가는 제외함), 영화・비디오물 및 방송 프로그램 제작업, 오디오물 출판 및 원판 녹음업 또는 방송업
③ 엔지니어링사업, 전문 디자인업, 보안 시스템 서비스업 또는 광고업 중 광고물 문안, 도안, 설계 등 작성업
④ 서적, 잡지 및 기타 인쇄물 출판업, 연구개발업, 학원의 설립・운영 및 과외교습에 관한 법률에 따른 직업기술 분야를 교습하는 학원을 운영하는 사업 또는 국민 평생 직업능력 개발법에 따른 직업능력개발훈련시설을 운영하는 사업(직업능력개발훈련을 주된 사업으로 하는 경우로 한정함)
⑤ 운수업 중 화물운송업, 화물취급업, 보관 및 창고업, 화물터미널운영업, 화물운송 중개・대리 및 관련 서비스업, 화물포장・검수 및 계량 서비스업, 선박의 입항 및 출항 등에 관한 법률에 따른 예선업 및 도선법에 따른 도선업과 기타 산업용 기계장비 임대업 중 파렛트임대업
⑥ 관광진흥법에 따른 관광숙박업, 국제회의업, 유원시설업 또는 관광진흥법 시행령 제2조에 따른 전문휴양업, 종합휴양업, 자동차야영장업, 관광유람선업과 관광공연장업
⑦ 전시산업발전법 제2조 제1호에 따른 전시산업
⑧ 기타 과학기술서비스업
⑨ 시장조사 및 여론조사업
⑩ 광고업 중 광고대행업, 옥외 및 전시 광고업

개 정

◦ 2024년 3월 22일 시행규칙 개정시 신성장 서비스업 중 '그 밖의 과학기술서비스업'을 한국표준산업분류상 업종명인 '기타 과학기술 서비스업'으로 명확화(조특칙 §4의 3 2호)

(5) 생계형 창업에 대한 지원

위 (1) 및 (4)에도 불구하고 창업중소기업(청년창업중소기업은 제외함)에 대해서는 최초로

소득이 발생한 과세연도와 그 다음 과세연도의 개시일부터 4년 이내에 끝나는 과세연도까지의 기간에 속하는 과세연도의 수입금액(과세기간이 1년 미만인 과세연도의 수입금액은 1년으로 환산한 총수입금액을 말함)이 8,000만원 이하인 경우 그 과세연도에 대한 법인세에 다음의 구분에 따른 비율을 곱한 금액에 상당하는 세액을 감면한다. 다만, 위 (2) 또는 (3)을 적용받는 경우는 제외한다(조특법 §6 ⑥).

① 수도권과밀억제권역 외의 지역에서 창업한 창업중소기업의 경우 : 100%
② 수도권과밀억제권역에서 창업한 창업중소기업의 경우 : 50%

(6) 상시근로자 증가율에 따른 추가 감면

위 (1)부터 (5)에 따라 감면을 적용받는 업종별로 업종별최소고용인원 이상을 고용하는 수도권과밀억제권역 외의 지역에서 창업한 창업중소기업(청년창업중소기업은 제외함), 창업보육센터사업자, 창업벤처중소기업 및 에너지신기술중소기업의 감면기간 중 해당 과세연도의 상시근로자 수가 직전 과세연도의 상시근로자 수(직전 과세연도의 상시근로자 수가 업종별최소고용인원에 미달하는 경우에는 업종별최소고용인원을 말함)보다 큰 경우에는 다음의 ①의 세액에 ②의 율을 곱하여 산출한 금액을 감면세액에 더하여 감면한다. 다만, 위 (5)에 따라 100%에 상당하는 세액을 감면받는 과세연도에는 이러한 추가 감면을 적용하지 아니한다(조특법 §6 ⑦ 및 조특령 §5 ⑭).

① 해당 사업에서 발생한 소득에 대한 법인세
② 다음의 계산식에 따라 계산한 율. 다만, 50%(위 (4)에 따라 75%에 상당하는 세액을 감면받는 과세연도의 경우에는 25%)를 한도로 하고, 1% 미만인 부분은 없는 것으로 봄.

$$\frac{\text{(해당 과세연도의 상시근로자 수} - \text{직전 과세연도의 상시근로자 수)}}{\text{직전 과세연도의 상시근로자 수}} \times \frac{50}{100}$$

여기서 상시근로자의 수를 계산할 때 해당 과세연도에 법인전환 또는 사업의 승계 등을 한 내국인의 경우에는 다음의 구분에 따른 수를 직전 또는 해당 과세연도의 상시근로자 수로 본다(조특령 §5 ⑱).

① 거주자가 하던 사업을 법인으로 전환하여 새로운 법인을 설립하는 경우의 직전 과세연도의 상시근로자 수 : 법인전환 전의 사업의 직전 과세연도 상시근로자 수
② 다음의 어느 하나에 해당하는 경우의 직전 또는 해당 과세연도의 상시근로자 수 : 직전 과세연도의 상시근로자 수는 승계시킨 기업의 경우에는 직전 과세연도 상시근로자 수에 승계시킨 상시근로자 수를 뺀 수로 하고, 승계한 기업의 경우에는 직전 과세연도 상시근

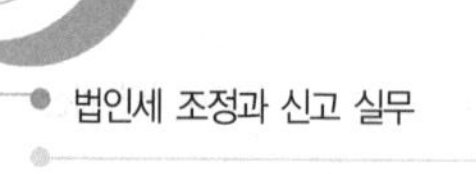

로자 수에 승계한 상시근로자 수를 더한 수로 하며, 해당 과세연도의 상시근로자 수는 해당 과세연도 개시일에 상시근로자를 승계시키거나 승계한 것으로 보아 계산한 상시근로자 수로 함.

㉠ 해당 과세연도에 합병·분할·현물출자 또는 사업의 양수 등에 의하여 종전의 사업부문에서 종사하던 상시근로자를 승계하는 경우

㉡ 특수관계인(조특령 §11 ①)으로부터 상시근로자를 승계하는 경우

(7) 수도권과밀억제권역 내 사업장 이전 설치시 세액감면의 적용

위 (1), (4), (5) 및 (6)을 적용할 때, 수도권과밀억제권역 외의 지역에서 창업한 창업중소기업이 창업 이후 다음의 어느 하나에 해당하는 사유가 발생한 경우에는 해당 사유가 발생한 날이 속하는 과세연도부터 남은 감면기간 동안 해당 창업중소기업은 수도권과밀억제권역에서 창업한 창업중소기업으로 본다(조특령 §5 ㉕).

① 창업중소기업이 사업장을 수도권과밀억제권역으로 이전한 경우

② 창업중소기업이 수도권과밀억제권역에 지점 또는 사업장을 설치(합병·분할·현물출자 또는 사업의 양수를 포함함)한 경우

3-2-3. 세액감면의 중단

창업중소기업·창업벤처중소기업·에너지신기술중소기업에 대한 세액감면을 적용받은 기업이 중소기업기본법에 따른 중소기업이 아닌 기업과 합병하는 등 조세특례제한법 시행령 제2조 제2항 각 호의 어느 하나에 해당하는 중소기업 유예기간 배제사유에 따라 중소기업에 해당하지 아니하게 된 경우에는 해당 사유 발생일이 속하는 과세연도부터 세액감면을 적용하지 아니한다(조특법 §6 ⑪ 및 조특령 §5 ㉔).

3-2-4. 감면기간의 종료

(1) 창업벤처중소기업

창업중소기업·창업보육센터사업자에 해당하여 창업중소기업에 대한 세액감면(조특법 §6 ①)을 적용받는 경우는 창업벤처중소기업에 대한 세액감면(조특법 §6 ②) 대상에서 제외하고, 감면기간 중 벤처기업의 확인이 취소된 경우에는 취소일이 속하는 과세연도부터 감면을 적용하지 아니하며, 벤처기업확인서의 유효기간이 만료된 경우(해당 과세연도 종료일 현재 벤처기업으로 재확인받은 경우는 제외함)는 유효기간 만료일이 속하는 과세연도부터 감면을 적용하지 아니한다(조특법 §6 ②).

(2) 에너지신기술중소기업

창업중소기업·창업보육센터사업자에 해당하여 창업중소기업에 대한 세액감면(조특법 §6 ①)

및 창업벤처중소기업에 해당하여 창업벤처중소기업세액감면(조특법 §6 ②)을 적용받는 경우에는 에너지신기술중소기업 세액감면은 적용받지 못하며, 감면기간 중 에너지신기술중소기업에 해당하지 않게 되는 경우에는 그 날이 속하는 과세연도부터 감면하지 아니한다(조특법 §6 ④).

3-2-5. 세액감면신청서의 제출

창업중소기업 등에 대한 세액감면을 받고자 하는 법인은 과세표준신고와 함께 세액감면신청서 [조특칙 별지 제2호 서식] 및 창업중소기업 등에 대한 감면세액계산서[조특칙 별지 제2호의 2 서식]를 납세지 관할 세무서장에게 제출하여야 한다(조특령 §5 ㉖).

3-2-6. 각종 조세특례제한규정

(1) 중복지원의 배제

창업중소기업 등에 대한 세액감면의 규정을 적용받는 경우에는 다음과 같은 중복지원의 배제규정을 적용받을 수 있다. 다만, 아래 ① 및 ②를 적용할 때 조세특례제한법 제143조에 따라 세액감면을 적용받는 사업과 그 밖의 사업을 구분경리하는 경우로서 그 밖의 사업에 공제규정이 적용되는 경우에는 중복지원에 해당하지 아니한다(조특법 §127 ⑩).

중복지원의 배제에 대한 자세한 내용은 '제4편 제3장 제4절 중복지원의 배제'편을 참고하기 바란다.

① 내국법인이 동일한 사업연도에 창업중소기업 등에 대한 세액감면의 규정과 조세특례제한법상의 일부 투자세액공제의 규정을 동시에 적용받을 수 있는 경우에는 그 중 하나만을 선택하여 이를 적용받을 수 있다(조특법 §127 ④).

② 내국법인이 동일한 과세연도에 창업중소기업 등에 대한 세액감면 규정과 고용증대 기업의 세액공제 규정(조특법 §29의 7) 및 통합고용세액공제 규정(조특법 §29의 8 ①)을 중복 적용할 수 있으나, 다만 위 '3-2-2 (6) 상시근로자 증가율에 따른 추가 감면' 규정은 고용증대 기업의 세액공제 규정(조특법 §29의 7) 및 통합고용세액공제 규정(조특법 §29의 8 ①)과 동시에 적용할 수 없다(조특법 §127 ④).

③ 내국법인이 동일한 사업장에 대하여 동일한 사업연도에 창업중소기업 등에 대한 세액감면의 규정과 조세특례제한법상의 다른 세액감면의 규정을 동시에 적용받을 수 있는 경우에는 그 중 하나만을 선택하여 이를 적용받을 수 있다(조특법 §127 ⑤).

(2) 최저한세의 적용

창업중소기업 등에 대한 세액감면의 규정은 최저한세 규정을 적용받아 그 특례범위가 제한된다. 다만, 100%의 세액을 감면받는 과세연도의 경우와 위 '3-2-2 (6) 상시근로자 증가율에 따른 추가 감면'에 따라 추가로 감면받는 부분은 최저한세의 적용이 배제된다(조특법 §132 ① 4호 가목, 나목).

최저한세에 대한 자세한 내용은 '제4편 제5장 최저한세'편을 참고하기 바란다.

(3) 구분경리

창업중소기업 등에 대한 세액감면의 규정을 적용받는 사업과 기타 사업을 겸영하는 경우에는 법인세법 제113조의 규정을 준용하여 구분경리하여야 한다(조특법 §143 ① 및 조특령 §136 ①).

구분경리에 대한 자세한 내용은 '제4편 제2장 소득구분'편을 참고하기 바란다.

(4) 농어촌특별세의 비과세

창업중소기업 등에 대한 세액감면의 경우에는 농어촌특별세를 부과하지 아니한다(농특법 §4 3호).

3-3. 중소기업에 대한 특별세액감면

3-3-1. 감면내용

제조업 등 감면 업종을 경영하는 중소기업에 대하여 2025년 12월 31일 이전에 끝나는 사업연도까지 해당 사업장에서 발생한 소득에 대한 법인세에 법 소정의 감면비율을 곱하여 계산한 세액 상당액(단, 1억원을 감면한도로 하되, 해당 과세연도의 상시근로자 수가 직전 과세연도의 상시근로자 수보다 감소한 경우에는 1억원에서 감소한 상시근로자 1명당 5백만원씩을 뺀 금액을 감면한도로 함)을 감면한다(조특법 §7 ①).

3-3-2. 대상법인

중소기업에 대한 특별세액감면의 적용대상은 내국법인으로서 다음의 감면대상 업종을 경영하는 중소기업이다.

① 작물재배업
② 축산업
③ 어업
④ 광업
⑤ 제조업

자기가 제품을 직접 제조하지 아니하고 제조업체(사업장이 국내 또는 개성공업지구에 소재하는 업체에 한함)에 의뢰하여 제조하는 사업으로서 그 사업이 다음의 요건을 충족하는 경우를 포함함(조특칙 §4의 2).

㉠ 생산할 제품을 직접 기획(고안·디자인 및 견본제작 등을 말함)할 것
㉡ 당해 제품을 자기명의로 제조할 것
㉢ 당해 제품을 인수하여 자기책임하에 직접 판매할 것

⑥ 하수·폐기물 처리(재활용 포함), 원료재생 및 환경복원업
⑦ 건설업
⑧ 도매 및 소매업
⑨ 운수업 중 여객운송업
⑩ 출판업
⑪ 영상·오디오 기록물 제작 및 배급업(비디오물 감상실 운영업 제외)
⑫ 방송업
⑬ 전기통신업
⑭ 컴퓨터프로그래밍, 시스템 통합 및 관리업
⑮ 정보서비스업(블록체인 기반 암호화자산 매매 및 중개업 제외)
⑯ 연구개발업
⑰ 광고업
⑱ 기타 과학기술 서비스업
⑲ 포장 및 충전업
⑳ 전문디자인업
㉑ 창작 및 예술관련 서비스업(자영예술가 제외)
㉒ 주문자상표부착방식에 따른 수탁생산업
위탁자로부터 주문자상표부착방식에 따른 제품생산을 위탁받아 이를 재위탁하여 제품을 생산·공급하는 사업(조특령 §6 ①)
㉓ 엔지니어링사업
엔지니어링산업 진흥법에 따른 엔지니어링활동(기술사법의 적용을 받는 기술사의 엔지니어링활동 포함)을 제공하는 사업(조특령 §5 ⑨)
㉔ 물류산업(조특령 §5 ⑦)
㉠ 육상·수상·항공 운송업
㉡ 화물 취급업
㉢ 보관 및 창고업
㉣ 육상·수상·항공 운송지원 서비스업
㉤ 화물운송 중개·대리 및 관련 서비스업
㉥ 화물포장·검수 및 계량 서비스업
㉦ 선박의 입항 및 출항 등에 관한 법률에 따른 예선업
㉧ 도선법에 따른 도선업
㉨ 기타 산업용 기계·장비 임대업 중 파렛트 임대업
㉕ 학원의 설립·운영 및 과외교습에 관한 법률에 따른 직업기술 분야를 교습하는 학원을 운영하는 사업 또는 국민 평생 직업능력 개발법에 따른 직업능력개발훈련시설을 운영하는

사업(직업능력개발훈련을 주된 사업으로 하는 경우에 한정함)

㉖ 자동차정비공장을 운영하는 사업(이하 "자동차정비업"이라 함)
자동차정비공장이란 자동차관리법 시행규칙 제131조의 규정에 의한 자동차종합정비업 또는 소형자동차정비업의 사업장을 말함(조특령 §6 ②, §54 ① 및 조특칙 §22).

㉗ 해운법에 따른 선박관리업

㉘ 의료법에 따른 의료기관을 운영하는 사업(의원·치과의원 및 한의원은 제외. 이하 "의료업"이라 함)

㉙ 관광진흥법에 따른 관광사업(카지노, 관광유흥음식점 및 외국인전용유흥음식점업은 제외)

㉚ 노인복지법에 따른 노인복지시설을 운영하는 사업

㉛ 전시산업발전법에 따른 전시산업

㉜ 인력공급 및 고용알선업(농업노동자 공급업 포함)

㉝ 콜센터 및 텔레마케팅 서비스업

㉞ 에너지이용 합리화법 제25조에 따른 에너지절약전문기업이 하는 사업

㉟ 노인장기요양보험법 제32조에 따른 재가장기요양기관을 운영하는 사업

㊱ 건물 및 산업설비 청소업

㊲ 경비 및 경호 서비스업

㊳ 시장조사 및 여론조사업

㊴ 사회복지 서비스업

㊵ 무형재산권 임대업(지식재산 기본법 제3조 제1호에 따른 지식재산을 임대하는 경우로 한정함)

㊶ 연구개발 기획, 연구개발의 관리 및 사업화 지원, 연구개발 관련 기술정보의 조사·제공 등 연구개발 활동을 지원하는 산업(연구산업진흥법 §2 1호 나목)

㊷ 개인 간병 및 유사 서비스업, 사회교육시설, 직원훈련기관, 기타 기술 및 직업훈련 학원, 도서관·사적지 및 유사 여가 관련 서비스업(독서실 운영업은 제외함)

㊸ 민간임대주택에 관한 특별법에 따른 주택임대관리업

㊹ 신에너지 및 재생에너지 개발·이용·보급 촉진법에 따른 신·재생에너지 발전사업

㊺ 보안시스템 서비스업

㊻ 임업

㊼ 통관 대리 및 관련 서비스업

㊽ 자동차 임대업(단, 여객자동차 운수사업법 제31조 제1항에 따른 자동차대여사업자로서 같은 법 제28조에 따라 등록한 자동차 중 50% 이상을 환경친화적 자동차의 개발 및 보급 촉진에 관한 법률 제2조 제3호에 따른 전기자동차 또는 같은 조 제6호에 따른 수소전기자동차로 보유한 경우로 한정함)

개 정

○ 2023년 12월 31일 법 개정시 감면대상 업종인 '그 밖의 과학기술서비스업'을 한국표준산업분류상 업종명인 '기타 과학기술 서비스업'으로 명확화(조특법 §7 ① 1호 러목)

관련사례

- 국외 소재 제조업체에 의뢰하여 제품을 제조하는 경우 업종분류
  조세특례제한법 시행규칙 제2조 제1항 각 호의 요건을 모두 충족하는 법인이 자기가 제품을 직접 제조하지 아니하고 국외에 소재하는 제조업체에 의뢰하여 제품을 제조하는 경우 도매업에 해당함(서면2팀-1024, 2005. 7. 26.).
- 해외현지법인에 재위탁하여 제품을 생산하는 경우 중소기업특별세액감면의 적용 여부
  외국회사로부터 제품생산을 위탁받아 해외현지법인에 재위탁하여 제품을 생산하는 주문자상표부착방식의 수탁생산업은 중소기업특별세액감면을 적용받을 수 있음(재조예-805, 2004. 12. 1.).

3-3-3. 감면세액의 산출

(1) 감면세액의 계산방법

중소기업에 대한 특별세액감면세액은 다음의 산식에 따라 해당 사업장에서 발생한 소득에 대한 법인세(감면대상세액)에 감면비율을 적용하여 계산한다.

$$\text{감면세액} = \text{산출세액}^{(*1)} \times \frac{\text{감면대상소득}}{\text{과세표준}}^{(*2)} \times \text{감면비율}(5\%,\ 10\%,\ 15\%,\ 20\%,\ 30\%)$$

(*1) 토지 등 양도소득에 대한 법인세액, 투자·상생협력 촉진을 위한 과세특례에 따른 법인세액은 제외(법법 §59 ②)

(*2) 동 비율은 100%를 한도로 함.

(2) 감면대상소득

상기의 산식에서 분모의 과세표준은 각 사업연도의 소득금액에서 이월결손금·비과세소득·소득공제액을 공제하여 계산한 금액이므로, 법인세 과세표준계산시 공제된 이월결손금·비과세소득·소득공제가 있는 경우의 감면대상소득은 다음의 금액을 공제하여 계산한다(법령 §96).

① 공제액이 감면대상사업에서 직접 발생한 경우 : 공제액 전액

감면대상소득 = 감면대상사업의 각 사업연도소득 − 공제액 등

② 공제액이 감면대상사업에서 발생한 것인지가 불분명한 경우 :
소득금액에 비례하여 안분계산한 금액

$$감면대상소득 = 감면대상사업의\ 각\ 사업연도소득 - 공제액 \times \frac{감면대상사업의\ 각\ 사업연도소득}{각\ 사업연도소득}$$

한편, 감면대상사업(감면비율이 2개 이상인 경우 각각의 사업을 말함)과 그 밖의 사업을 겸영하는 경우에는 사업별 감면대상소득을 구분계산하기 위하여 구분경리를 하여야 하는바, 조세특례제한법 제143조 및 조세특례제한법 시행령 제136조에서는 이 경우 법인세법 제113조, 법인세법 시행령 제156조 및 법인세법 기본통칙 113－156…6 등의 규정을 준용하여 감면대상소득을 계산한다. 소득구분에 관한 자세한 내용은 '제4편 제2장 소득구분'편을 참고하기 바란다.

관련사례

• 외환차손익 등이 감면사업의 개별손익인지 여부
중소기업에 대한 특별세액감면을 적용받기 위하여 당해 감면사업에서 발생한 소득을 구분경리하는 경우 감면사업에 직접 관련되어 발생하는 외환차손익, 관세환급금, 대손충당금환입액, 당해 감면사업의 개별손익으로 하는 것임(서이 46012－10086, 2001. 9. 3.).

• 중소기업에 대한 특별세액감면 대상소득의 범위
특별세액감면대상 제조업 소득계산시 수입이자, 유가증권처분손익 및 고정자산처분손익은 제조업소득에 가감하지 아니하는 것이며, 잡이익과 잡손실은 직접 관련 여부에 따라 제조업 및 기타사업의 개별익금 또는 개별손금으로, 지급이자는 차입한 자금의 실제 사용용도를 기준으로 제조업 및 기타사업의 개별 또는 공통손금으로 구분하여 계산함(법인 46012－1560, 2000. 7. 13.).

(3) 감면비율

감면대상세액에 다음의 구분에 의한 감면비율을 적용하여 중소기업에 대한 특별세액감면세액을 산출한다(조특법 §7 ① 2호). 이 경우 내국법인의 본점 또는 주사무소가 수도권에 있는 경우에는 모든 사업장이 수도권에 있는 것으로 보아 감면비율을 적용한다(조특법 §7 ①).

구 분		감면비율
소기업	도매 및 소매업, 의료업(이하 "도매업 등"이라 함)을 경영하는 사업장	10%
	수도권에서 도매업 등을 제외한 감면업종을 경영하는 사업장	20%(*)
	수도권 외의 지역에서 도매업 등을 제외한 감면업종을 경영하는 사업장	30%(*)
중기업	수도권 외의 지역에서 도매업 등을 경영하는 사업장	5%
	수도권 외의 지역에서 도매업 등을 제외한 감면업종을 경영하는 사업장	15%(*)

(*) 단, 통관 대리 및 관련 서비스업을 경영하는 사업장의 경우 각각의 감면 비율에 50%를 곱한 비율로 함

1) 소기업과 중기업의 구분

'소기업'이란 중소기업 중 매출액이 업종별로 중소기업기본법 시행령 별표 3을 준용하여 산정한 다음의 규모 기준 이내인 기업을 말한다(조특령 §6 ⑤). 한편, '중기업'은 소기업을 제외한 중소기업을 말한다(조특법 §7 ① 2호 라목).

업 종	분류기호	매출액
1. 식료품 제조업	C10	120억원 이하
2. 음료 제조업	C11	
3. 의복, 의복액세서리 및 모피제품 제조업	C14	
4. 가죽, 가방 및 신발 제조업	C15	
5. 코크스, 연탄 및 석유정제품 제조업	C19	
6. 화학물질 및 화학제품 제조업(의약품 제조업은 제외한다)	C20	
7. 의료용 물질 및 의약품 제조업	C21	
8. 비금속 광물제품 제조업	C23	
9. 1차 금속 제조업	C24	
10. 금속가공제품 제조업(기계 및 가구 제조업은 제외한다)	C25	
11. 전자부품, 컴퓨터, 영상, 음향 및 통신장비 제조업	C26	
12. 전기장비 제조업	C28	
13. 그 밖의 기계 및 장비 제조업	C29	
14. 자동차 및 트레일러 제조업	C30	
15. 가구 제조업	C32	
16. 전기, 가스, 증기 및 공기조절 공급업	D	
17. 수도업	E36	

업 종	분류기호	매출액
18. 농업, 임업 및 어업	A	80억원 이하
19. 광업	B	
20. 담배 제조업	C12	
21. 섬유제품 제조업(의복 제조업은 제외한다)	C13	
22. 목재 및 나무제품 제조업(가구 제조업은 제외한다)	C16	
23. 펄프, 종이 및 종이제품 제조업	C17	
24. 인쇄 및 기록매체 복제업	C18	
25. 고무제품 및 플라스틱제품 제조업	C22	
26. 의료, 정밀, 광학기기 및 시계 제조업	C27	
27. 그 밖의 운송장비 제조업	C31	
28. 그 밖의 제품 제조업	C33	
29. 건설업	F	
30. 운수 및 창고업	H	
31. 금융 및 보험업	K	
32. 도매 및 소매업	G	50억원 이하
33. 정보통신업	J	
34. 수도, 하수 및 폐기물 처리, 원료재생업(수도업은 제외한다)	E (E36 제외)	30억원 이하
35. 부동산업	L	
36. 전문·과학 및 기술 서비스업	M	
37. 사업시설관리, 사업지원 및 임대 서비스업	N	
38. 예술, 스포츠 및 여가 관련 서비스업	R	
39. 산업용 기계 및 장비 수리업	C34	10억원 이하
40. 숙박 및 음식점업	I	
41. 교육 서비스업	P	
42. 보건업 및 사회복지 서비스업	Q	
43. 수리(修理) 및 기타 개인 서비스업	S	

비고

1. 해당 기업의 주된 업종의 분류 및 분류기호는 통계법 제22조에 따라 통계청장이 고시한 한국표준산업분류에 따른다.
2. 위 '27. 그 밖의 운송장비 제조업(C31)'에도 불구하고 철도 차량 부품 및 관련 장치물 제조업(C31202) 중 철도 차량용 의자 제조업, 항공기용 부품 제조업(C31322) 중 항공기용 의자 제조업의 규모 기준은 매출액 120억원 이하로 한다.

2) 수도권의 범위

'수도권'이라 함은 서울특별시와 인천광역시 및 경기도를 말하며(수도권정비계획법 §2 1호 및 동법 시행령 §2), 수도권정비계획법 제6조에서는 '수도권'을 과밀억제권역 · 성장관리권역 및 자연보전권역으로 구분하고 있다.

(4) 감면한도

중소기업 특별세액감면을 적용할 때 다음의 구분에 따른 금액을 감면한도로 한다(조특법 §7 ① 3호).

① 해당 과세연도의 상시근로자 수가 직전 과세연도의 상시근로자 수보다 감소한 경우 : 1억원에서 감소한 상시근로자 1명당 5백만원씩을 뺀 금액(해당 금액이 음수인 경우에는 영으로 함)

② 그 밖의 경우 : 1억원

계산사례 **감면대상사업과 기타사업을 겸영하는 경우 감면세액의 계산**

1. 기업내용 : 수도권 외의 지역에서 감면대상사업을 경영하는 소기업
2. 사업연도 : 2024. 1. 1.~2024. 12. 31.

중소기업에 대한 특별세액감면을 적용하는 경우의 부담세액을 계산하라. 단, 법인세율은 2억원 이하는 9%, 2억원 초과 200억원 이하는 19%로, 최저한세율은 7%로, 감면한도는 1억원으로 가정한다.

해 설

구 분	사례 1	사례 2
	• 감면대상소득금액 : 2억원 • 기타소득금액 : 2억원 • 소득금액 합계 : 4억원	• 감면대상소득금액 : 2억원 • 기타소득금액 : △1.5억원 • 소득금액 합계 : 0.5억원
과세표준	4억원	0.5억원
산출세액	2억원×9% + 2억원 × 19% = 5,600만원	0.5억원 × 9% = 450만원
감면세액	5,600만원 × $\frac{2억원}{4억원}$ × 30% =840만원	450만원 × $\frac{0.5억원}{0.5억원}$ × 30% = 135만원
납부할 세액	4,760만원(=5,600만원 - 840만원)	315만원(=450만원 - 135만원)
최저한세	4억원 × 7% = 2,800만원	0.5억원 × 7% = 350만원
부담세액	4,760만원	350만원

관련사례

- 중소기업 유예기간 중 소기업요건 충족시 감면비율의 적용방법
  중소기업특별세액감면 규정을 적용함에 있어 중소기업 유예기간 중에 소기업의 요건을 충족하는 경우에는 소기업에 해당되는 감면비율을 적용하여 감면세액을 계산함(서면2팀-215, 2006. 1. 25.).
- 종업원수의 증가로 소기업 범위를 초과한 경우 유예기간의 적용 여부
  소기업이 상시 사용하는 종업원수의 증가로 소기업 범위를 초과한 중기업이 되는 경우에는 중소기업 유예기간을 적용받을 수 없음(재조예-843, 2004. 12. 21.).
- 제조업과 소매업을 겸영하는 법인의 감면비율 적용방법
  수도권 안에서 제조업을 주된 사업으로 하고 소매업을 겸영하는 법인이 '소기업'에 해당하는 경우 각각의 감면소득에 대하여 중소기업특별세액감면의 감면율을 적용함(서면2팀-1546, 2004. 7. 21.).

3-3-4. 세액감면신청서의 제출

중소기업에 대한 특별세액감면을 받고자 하는 법인은 과세표준신고와 함께 세액감면신청서[조특칙 별지 제2호 서식]을 납세지 관할 세무서장에게 제출하여야 한다(조특법 §7 ④ 및 조특령 §6 ⑧ 및 조특칙 §61 ① 3호).

3-3-5. 각종 조세특례제한규정

(1) 중복지원의 배제

중소기업에 대한 특별세액감면의 규정을 적용받는 경우에는 다음과 같은 중복지원의 배제 규정을 적용받을 수 있다. 다만 아래 ①을 적용할 때 조세특례제한법 제143조에 따라 세액감면을 적용받는 사업과 그 밖의 사업을 구분경리하는 경우로서 그 밖의 사업에 공제규정이 적용되는 경우에는 해당 세액감면과 공제는 중복지원에 해당하지 않는다(조특법 §127 ⑩).

중복지원의 배제에 대한 자세한 내용은 '제4편 제3장 제4절 중복지원의 배제'편을 참고하기 바란다.

① 동일한 사업연도에 중소기업에 대한 특별세액감면 규정과 통합 투자세액공제 등의 규정을 동시에 적용받을 수 있는 경우에는 그 중 하나만을 선택하여 적용받아야 한다. 다만, 고용증대 세액공제(조특법 §29의 7), 통합고용세액공제(조특법 §29의 8) 및 중소기업 사회보험료 세액공제(조특법 §30의 4)와의 중복지원은 허용된다(조특법 §127 ④).

② 동일한 사업장에 대하여 동일한 사업연도에 중소기업에 대한 특별세액감면 규정과 창업중소기업 등에 대한 세액감면 등의 규정 중 둘 이상이 적용될 수 있는 경우에는 그 중 하나만을 선택하여 적용받아야 한다(조특법 §127 ⑤).

(2) 최저한세의 적용

중소기업에 대한 특별세액감면의 규정은 최저한세 규정을 적용받아 그 특례범위가 제한된다(조특법 §132 ① 4호). 최저한세에 대한 자세한 내용은 '제4편 제5장 최저한세'편을 참고하기 바란다.

(3) 구분경리

중소기업에 대한 특별세액감면 규정을 적용받는 사업과 기타 사업을 겸영하는 경우에는 법인세법 제113조의 규정을 준용하여 구분경리해야 한다(조특법 §143 ① 및 조특령 §136 ①). 구분경리에 대한 자세한 내용은 '제4편 제2장 소득구분'편을 참고하기 바란다.

(4) 농어촌특별세의 비과세

중소기업에 대한 특별세액감면의 경우에는 농어촌특별세를 부과하지 아니한다(농특법 §4 3호).

관련사례

- 창업중소기업세액감면을 적용받던 사업자의 신규 업종에 대한 중소기업특별세액감면의 적용 여부
  제조업으로 창업 후 도매업을 추가로 겸영하는 사업자가 구분경리가 되어 있는 경우 제조업소득은 창업중소기업세액감면을 적용받고 도매업소득은 중소기업특별세액감면을 적용받을 수 있음(재조예-17, 2005. 1. 7.).
- 소득이 경정되는 경우 중소기업특별세액감면의 재계산 여부
  감면대상소득 또는 감면대상이 아닌 소득이 법인세법 제66조 제2항에 의하여 경정되는 경우 중소기업특별세액감면은 경정 후의 산출세액, 과세표준, 감면대상소득을 기준으로 법인세법 제59조의 규정에 따라 재계산하여 적용함(서이 46012-10113, 2003. 1. 16.).

3-4. 기술의 이전 및 대여 소득에 대한 세액감면

3-4-1. 감면내용

(1) 기술이전소득에 대한 법인세 감면

중소기업 및 중견기업(조특령 §6의 4 ①)이 자체 연구·개발한 법 소정의 특허권, 실용신안권, 기술비법 또는 기술(이하 "특허권 등"이라 함)을 2026년 12월 31일까지 내국인에게 이전(특수관계인에게 이전한 경우는 제외)함으로써 발생하는 소득에 대해서는 해당 소득에 대한 법인세의 50%에 상당하는 세액을 감면한다(조특법 §12 ①).

(2) 기술대여 소득에 대한 법인세 감면

중소기업 및 중견기업(조특령 §6의 4 ①)이 자체 연구·개발한 특허권 등을 2026년 12월 31

일까지 대여(특수관계인에게 대여하는 경우는 제외)함으로써 발생하는 소득에 대해서는 해당 소득에 대한 법인세의 25%에 상당하는 세액을 감면한다(조특법 §12 ③).

(3) 특허권 등에서 발생한 손실금액 차감

위 (1) 및 (2)를 적용할 때 해당 과세연도 및 직전 4개 과세연도에 특허권 등에서 발생한 손실이 있는 경우에는 특허권 등을 이전 및 대여함으로써 발생하는 소득을 계산할 때 그 소득에서 해당 손실금액을 뺀다(조특법 §12 ④).

3-4-2. 특수관계인의 범위 및 기술비법 등

(1) 특수관계법인

중소기업 및 중견기업이 특수관계인에게 특허권 등을 이전 또는 대여함에 따라 발생하는 소득에 대해서는 세액감면이 배제되는데, 여기서 특수관계인이란 법인세법 시행령 제2조 제5항 및 소득세법 시행령 제98조 제1항에 따른 특수관계인을 말한다. 다만, 법인세법 시행령 제2조 제5항 제2호의 소액주주 등을 판정할 때, 소액주주 등은 발행주식총수 또는 출자총액의 30%에 미달하는 주식 또는 출자지분을 소유한 주주 등(해당 법인의 국가, 지방자치단체가 아닌 지배주주 등의 특수관계인인 자는 제외함)으로 한다(조특령 §11 ①).

(2) 기술비법 등

1) 기술비법

본 세액감면의 대상이 되는 기술비법은 해당 기업이 국내에서 자체 연구·개발한 과학기술분야에 속하는 기술비법(단, 공업소유권, 해외건설 촉진법에 따른 해외건설 엔지니어링활동 또는 엔지니어링산업 진흥법에 따른 엔지니어링활동과 관련된 기술비법은 제외함)으로서 다음과 같은 수입금액 기준 등의 요건을 모두 충족하는 것을 말한다(조특령 §11 ③ 2호 및 조특칙 §8의 7).

① 해당 기업(해당 기업이 중소기업기본법 시행령 제2조 제3호에 따른 관계기업에 속하는 경우 해당 관계기업)의 직전 5개 과세연도 매출액의 평균금액이 500억원 이하일 것. 여기서 매출액은 조세특례제한법 시행령 제2조 제4항 및 조세특례제한법 시행규칙 제2조 제4항에 따른 계산방법으로 산출하며, 과세연도가 1년 미만인 과세연도의 매출액은 1년으로 환산한 매출액을 말함(이하 같음).
② 해당 기업이 본 조에 따른 세액감면 대상이 되는 특허권 등을 거래하여 얻은 직전 5개 과세연도의 매출액의 평균금액이 70억원 이하일 것

2) 기 술

본 세액감면의 대상이 되는 기술은 해당 기업이 국내에서 자체 연구·개발한 다음의 기술의 이전 및 사업화 촉진에 관한 법률 제2조 제1호에 따른 기술로서 수입금액 기준 등의 요건을 모두 충족하는 것을 말한다(조특령 §11 ③ 3호 및 조특칙 §8의 7). 여기서 수입금액 기준 등의

요건은 세액감면 대상 기술비법의 경우와 동일하므로, 이에 대한 자세한 설명은 위 '1) 기술비법'을 참조하기로 한다.

① 특허법 등 관련 법률에 따라 등록 또는 출원된 특허, 실용신안, 디자인, 반도체집적회로의 배치설계 및 소프트웨어 등 지식재산
② ①의 기술이 집적된 자본재
③ ① 또는 ②의 기술에 관한 정보
④ 이전 및 사업화가 가능한 기술적 · 과학적 또는 산업적 know－how

3) 자체 연구 · 개발한 특허권등

상기 '3－4－1. (2) 기술대여소득에 대한 법인세 감면'의 대상인 자체 연구 · 개발한 특허권등이란 특허법 및 실용신안법에 따라 해당 기업이 국내에서 자체 연구 · 개발하여 최초로 설정등록받은 특허권 및 실용신안권과 위 '1)'에서 설명한 기술비법을 말한다(조특령 §11 ⑤).

3－4－3. 세액감면신청서의 제출

기술이전에 대한 과세특례를 적용받으려는 중소기업 및 중견기업과 기술대여에 대한 과세특례를 적용받으려는 중소기업은 과세표준신고와 함께 세액감면신청서[조특칙 별지 제2호 서식]를 납세지 관할 세무서장에게 제출하여야 한다(조특령 §11 ⑥).

3－4－4. 각종 조세특례제한규정

(1) 최저한세의 적용

최저한세의 적용에 대한 내용은 중소기업에 대한 특별세액감면과 동일하므로 '3－3. 중소기업에 대한 특별세액감면 중 3－3－5. 각종 조세특례제한규정'을 참고하기 바란다.

(2) 농어촌특별세의 비과세

기술이전 및 기술대여 등에 대한 세액감면의 경우에는 농어촌특별세를 부과하지 아니한다(농특령 §4 ⑦ 1호).

3－5. 수도권 밖으로 공장을 이전하는 기업에 대한 세액감면

3－5－1. 감면내용

아래 ①의 감면요건을 모두 갖춘 공장이전기업이 공장을 이전하여 2025년 12월 31일(공장을 신축하는 경우로서 공장의 부지를 2025년 12월 31일까지 보유하고 2025년 12월 31일이 속하는 과세연도의 과세표준 신고를 할 때 이전계획서를 제출하는 경우에는 2028년 12월 31일)까지 사업을 개시하는 경우에는 이전 후의 공장에서 발생하는 소득(단, 공장이전기업이 이전 후 합병 · 분할 · 현물출자 또는 사업의 양수를 통해 사업을 승계하는 경우 승계한 사업장에서 발생한 소득은 제외함)에 대하

여 아래 ②의 감면기간과 감면율에 따라 법인세를 감면한다. 다만, 부동산임대업·부동산중개업·부동산매매업·건설업·소비성서비스업·무점포판매업·해운중개업을 경영하는 내국법인(단, 이전공공기관이 경영하는 사업은 제외함)은 본 세액감면의 적용을 배제한다(조특법 §63 ①).

구분	주요내용
① 감면요건	가. 수도권과밀억제권역에 3년(중소기업은 2년) 이상 계속하여 공장시설을 갖추고 사업을 한 기업일 것 나. 공장시설의 전부를 수도권(중소기업은 수도권과밀억제권역) 밖으로 이전할 것 다. 다음의 어느 하나에 해당하는 경우 다음의 구분에 따른 요건을 갖출 것 1) 중소기업이 공장시설을 수도권 안(단, 수도권과밀억제권역은 제외함)으로 이전하는 경우로서 본사가 수도권과밀억제권역에 있는 경우 : 해당 본사도 공장시설과 함께 이전할 것 2) 중소기업이 아닌 기업이 광역시로 이전하는 경우 : 산업단지로 이전할 것
② 감면기간 및 감면율	가. 공장 이전일 이후 해당 공장에서 최초로 소득이 발생한 과세연도(공장 이전일부터 5년이 되는 날이 속하는 과세연도까지 소득이 발생하지 아니한 경우에는 이전일부터 5년이 되는 날이 속하는 과세연도)의 개시일부터 다음의 구분에 따른 기간 이내에 끝나는 과세연도 : 100% 1) 수도권 등 법 소정의 지역(*1)으로 이전하는 경우 : 5년 2) 수도권 밖에 소재하는 광역시 등 법 소정의 지역(*2)으로 이전하는 경우 ㄱ. 위기지역(*3), 지방자치분권 및 지역균형발전에 관한 특별법에 따른 성장촉진지역 또는 인구감소지역(이하 "성장촉진지역 등"이라 함)으로 이전하는 경우 : 7년 ㄴ. 위 ㄱ.에 따른 지역 외의 지역으로 이전하는 경우 : 5년 3) 위 1) 또는 2)에 따른 지역 외의 지역으로 이전하는 경우 ㄱ. 성장촉진지역 등으로 이전하는 경우 : 10년 ㄴ. 위 ㄱ.에 따른 지역 외의 지역으로 이전하는 경우 : 7년 나. 위 가.에 따른 과세연도의 다음 2년[위 가. 2) ㄱ. 또는 가. 3) ㄴ.)에 해당하는 경우에는 3년] 이내에 끝나는 과세연도: 50% (*1) 수도권 등 법 소정의 지역이란 다음의 지역을 말한다. 다만, 아래 ②의 지역은 해당 지역으로 이전하는 기업이 중소기업인 경우로 한정한다(조특령 §60 ④). ① 당진시, 아산시, 원주시, 음성군, 진천군, 천안시, 춘천시, 충주시, 홍천군(내면은 제외) 및 횡성군의 관할구역 ② 수도권정비계획법 제6조 제1항 제2호 및 제3호에 따른 성장관리권역 및 자연보전권역 (*2) 수도권 밖에 소재하는 광역시 등 법 소정의 지역이란 다음의 지역을 말한다(조특령 §60 ⑤). ① 수도권 밖에 소재하는 광역시의 관할구역 ② 구미시, 김해시, 전주시, 제주시, 진주시, 창원시, 청주시 및 포항시의 관할구역

구분	주요내용
② 감면기간 및 감면율	(*3) 위기지역이란 다음의 어느 하나에 해당하는 지역을 말한다(조특법 §30의 3 ⑤ 및 조특령 §27의 3 ⑪). ① 고용정책 기본법 제32조 제1항에 따라 지원할 수 있는 지역으로서 고용정책 기본법 시행령 제29조에 따라 고용노동부장관이 지정 · 고시하는 지역 ② 고용정책 기본법 제32조의 2 제2항에 따라 선포된 고용재난지역 ③ 지역 산업위기 대응 및 지역경제 회복을 위한 특별법 제10조 제1항에 따라 지정된 산업위기대응특별지역

:: 공장의 범위

1. "공장"이라 함은 영업을 목적으로 물품의 제조 · 가공 · 수선이나 인쇄 등의 목적에 사용할 수 있도록 생산설비를 갖춘 건축물 또는 사업장과 그 부속토지를 갖추고 제조 또는 사업단위로 독립된 것을 말한다(조특령 §54 ①). 여기서 "제조 또는 사업단위로 독립된 것"이라 함은 동일부지 내에 원재료투입공정으로부터 제품생산공정까지 일관된 작업을 할 수 있는 제조설비를 갖춘 장소(생산에 직접 공여되는 공장구내창고, 사무실, 종업원을 위한 기숙사, 식당 및 사내훈련시설 등을 포함)와 그 부속토지로 한다(조특통 60-54…1 ①).
2. 한편, 2가지 이상의 제품(제조공정이 서로 무관한 제품에 한함)을 생산하는 내국인이 동일부지 내에 각 제품별로 제조설비 및 공장건물을 별도로 설치하고 있는 경우에는 각 제품별 제조설비를 갖춘 장소와 그 부속토지를 각각 독립된 제조장단위로 한다. 이 경우 부속토지 중 각 제품의 생산에 공통적으로 사용됨으로써 구분할 수 없는 경우에는 각 제품의 생산에 직접적으로 사용되는 토지의 면적에 비례하여 계산된 각각의 면적을 각 제품제조설비의 부속토지로 한다(조특통 60-54…1 ②).

관련사례

- 공장시설 전부이전의 범위
  "공장시설의 전부이전"은 서로 다른 여러 종류의 제품 중 한 제품만을 생산하는 독립된 공장시설을 완전히 이전하고 해당 공장건물을 사무실이나 창고 등으로 사용하는 경우에는 동 부분에 한하여 공장시설을 전부 이전한 것으로 봄(조특통 63-0…1).
- 제조활동 중 일부를 외주가공하는 경우 공장시설을 갖추고 있는 것으로 보는지 여부
  공장이 "공장"의 정의에 부합하는 경우로서 제조활동의 일부만을 외주가공에 의하는 경우에는 공장시설을 갖춘 것으로 보는 것이나, 사실상 공장시설을 갖추지 아니하고 제조활동의 대부분을 외주가공에 의하는 경우에는 그러하지 아니함(서면2팀-2604, 2004. 12. 13.).

3-5-2. 감면요건

본 세액감면은 다음의 요건을 모두 갖춘 공장이전기업이 적용한다. 한편, 공장이전기업은 한국표준산업분류상의 세분류를 기준으로 이전 전의 공장에서 영위하던 업종과 이전 후의 공

장에서 영위하는 업종이 같아야 한다(조특법 §63 ⑦, 조특령 §60 ⑫).

① 수도권과밀억제권역 안에 소재하는 공장시설을 수도권 밖(중소기업은 수도권과밀억제권역 밖을 말함)으로 이전하기 위해 조업을 중단한 날부터 소급하여 3년(중소기업의 경우 2년) 이상 계속 조업(대기환경보전법, 물환경보전법 또는 소음·진동관리법에 따라 배출시설이나 오염물질배출방지시설의 개선·이전 또는 조업정지명령을 받아 조업을 중단한 기간은 이를 조업한 것으로 봄)한 실적이 있을 것(조특령 §60 ②)

② 다음의 어느 하나의 요건을 갖추어 공장시설의 전부를 수도권 밖(중소기업은 수도권과밀억제권역 밖)으로 이전할 것(조특령 §60 ③)

가. 수도권 밖으로 공장을 이전하여 사업을 개시한 날부터 2년 이내에 수도권과밀억제권역 안의 공장을 양도하거나 수도권과밀억제권역 안에 남아 있는 공장시설의 전부를 철거 또는 폐쇄하여 해당 공장시설에 의한 조업이 불가능한 상태일 것

나. 수도권과밀억제권역 안의 공장을 양도 또는 폐쇄한 날(공장의 대지 또는 건물을 임차하여 자기공장시설을 갖추고 있는 경우에는 공장이전을 위하여 조업을 중단한 날을 말함)부터 2년 이내에 수도권 밖에서 사업을 개시할 것. 다만, 공장을 신축하여 이전하는 경우에는 수도권과밀억제권역 안의 공장을 양도 또는 폐쇄한 날부터 3년 이내에 사업을 개시해야 함.

③ 다음의 어느 하나에 해당하는 경우 다음의 구분에 따른 요건을 갖출 것

가. 중소기업이 공장시설을 수도권 안(수도권과밀억제권역은 제외함)으로 이전하는 경우로서 본점이나 주사무소가 수도권과밀억제권역에 있는 경우 : 해당 본사도 공장시설과 함께 이전할 것

나. 중소기업이 아닌 기업이 광역시로 이전하는 경우: 산업입지 및 개발에 관한 법률 제2조 제8호에 따른 산업단지로 이전할 것

:: 공장이전일 등의 의미

1. **공장이전일** : 수도권 과밀억제권역 안의 공장시설을 수도권 과밀억제권역 외의 지역으로 전부 이전하여 이전 후의 공장에서 제조를 개시한 날(법인 46012-647, 2000. 3. 8.)
2. **양도일** : 소득세법에 따른 양도일(소령 §162)
3. **철거 또는 폐쇄일** : 조업이 불가능한 상태에 있게 된 사실상의 철거 또는 폐쇄일
4. **사업개시일** : 신공장 시설을 이용하여 정상상품으로 판매할 수 있는 완성품 제조를 개시한 날(법인 22601-633, 1988. 3. 4.)

관련사례

• 3년 이상 계속 조업한 실적이 있는 공장의 범위

① 조세특례제한법 시행령 제60조 제2항에서 "3년(중소기업의 경우 2년) 이상 계속 조업한 실적이 있을 것"이라 함은 제조장단위별로 3년(중소기업의 경우 2년) 이상 조업한 경우를 말하며, 제조시설 중 일부가 3년(중소기업의 경우 2년) 미만 조업한 경우에도 해당 제조장을 3년(중소기업의 경우 2년) 이상 조업한 경우에는 3년(중소기업의 경우 2년) 이상 조업한 것으로 봄(조특통 63-60…1 ①).

② 개인사업자가 대도시 안에서 영위하던 사업을 조세특례제한법 제32조(법인전환에 대한 양도소득세의 이월과세)의 규정에 의하여 법인으로 전환하고 해당 공장시설을 지방으로 이전하는 경우에는 해당 개인사업자가 조업한 기간을 합산함(조특통 63-60…1 ②).

• 임대인 소유의 기존 공장시설 미철거 시 세액감면 적용 여부

조세특례제한법 시행령 제60조 제3항 제1호에서 철거·폐쇄 대상이 되는 공장시설이란 영업을 목적으로 물품의 제조, 가공, 수선 등의 목적에 사용할 수 있도록 한 공장의 생산시설과 설비를 의미하는 것이며 일부 자산을 임차한 경우도 감면 대상에 포함되지만, 해당 자산을 포함하여 전부 이전하는 경우에 감면 요건을 충족하는 것임(기획재정부 조세특례제도과-555, 2024. 6. 27.).

• 구공장을 타인에게 공장용으로 임대하는 경우 세액감면 적용 여부

중견기업이 수도권과밀억제권역 외의 지역으로 공장시설을 전부 이전하고 기존 공장을 공장용으로 임대하는 경우에는 조세특례제한법 제63조에 따른 세액감면의 적용대상으로 판단됨(조심 2017중 1001, 2017. 6. 12.).

• 수도권 과밀억제권역 외 지역이전에 대한 세액감면기간 중 분할(또는 분할합병)한 경우 세액감면의 승계 여부

법인이 수도권 과밀억제권역 외 지역이전에 대한 세액감면기간 중 특정사업부문을 분할한 경우 분할신설법인(또는 분할합병의 상대방법인)의 세액감면 승계 여부는 법인세법 시행령 제96조 제3항의 규정에 의해 법인세법 제46조 제1항 각 호 및 동법 제47조 제1항의 요건을 갖춘 경우에 한하여 분할 당시의 잔존감면 기간 내에 종료하는 각 사업연도분까지 그 감면을 적용받을 수 있는 것임(서면2팀-2580, 2006. 12. 13.).

• 수도권 과밀억제권역 안에 연락사무소 또는 지점을 설치하는 경우 세액감면 적용 여부

감면을 적용받는 법인이 수도권 과밀억제권역 안에 연락업무만을 전담하는 지점형태의 영업소를 설치하는 경우 감면이 배제되지 않는 것이나, 판매활동·판매관리 등 사실상 본점이 수행하는 역할을 대신하기 위하여 주사무소를 설치하는 경우에는 감면이 배제됨(서면2팀-1484, 2004. 7. 15.).

3-5-3. 세액감면의 중단

본 세액감면을 적용받은 중소기업이 수도권 안으로 이전한 경우로서 다음의 사유에 따라 중소기업에 해당하지 아니하게 된 경우에는 해당 사유 발생일이 속하는 과세연도부터 감면하지 아니한다(조특법 §63 ⑧ 및 조특령 §60 ⑬).

① 중소기업기본법의 규정에 의한 중소기업 외의 기업과 합병하는 경우
② 유예기간 중에 있는 기업과 합병하는 경우
③ 조세특례제한법 시행령 제2조 제1항 제3호(중소기업기본법 시행령 제3조 제1항 제2호 다목의 규정은 제외함)의 요건을 갖추지 못하게 되는 경우
④ 창업일이 속하는 과세연도 종료일부터 2년 이내의 과세연도 종료일 현재 중소기업기준을 초과하는 경우

3-5-4. 사후관리

(1) 감면세액의 납부

본 세액감면을 적용받은 공장이전기업이 다음의 어느 하나에 해당하는 경우에는 그 사유가 발생한 과세연도의 과세표준신고를 할 때 다음의 구분에 따라 사후관리 위반사유별로 계산한 세액을 법인세로 납부하여야 한다(조특법 §63 ② 및 조특령 §60 ⑥, ⑦).

사후관리 위반사유	납부세액
공장을 이전하여 사업을 개시한 날부터 3년 이내에 그 사업을 폐업하거나 법인이 해산한 경우(단, 합병·분할 또는 분할합병으로 인한 경우는 제외함)	폐업일 또는 법인해산일부터 소급하여 3년 이내에 감면된 세액
공장을 수도권(중소기업은 수도권과밀억제권역) 밖으로 이전하여 사업을 개시하지 아니한 경우(상기 '3-5-2. 의 ②' 요건을 갖추지 않은 경우를 말함)	상기 '3-5-2.의 ②' 요건을 갖추지 못하게 된 날부터 소급하여 5년 이내에 감면된 세액
수도권(중소기업은 수도권과밀억제권역)에 이전한 공장에서 생산하는 제품과 같은 제품을 생산하는 공장(중소기업이 수도권 안으로 이전한 경우에는 공장 또는 본사)을 설치한 경우	공장설치일(중소기업이 본점 또는 주사무소를 이전한 경우에는 본점 또는 주사무소 설치일을 포함함)부터 소급하여 5년 이내에 감면된 세액. 이 경우 이전한 공장이 둘 이상이고 해당 공장에서 서로 다른 제품을 생산하는 경우에는 수도권(중소기업은 수도권과밀억제권역) 안의 공장에서 생산하는 제품과 동일한 제품을 생산하는 공장의 이전으로 인해 감면받은 분에 한정함.

(2) 이자상당가산액의 납부

감면받은 세액을 납부하는 경우에는 납부할 세액에 다음의 산식에 따라 계산한 이자상당액을 가산하여 법인세로 납부하여야 한다(조특법 §63 ③). 아래 산식에서 '이자계산기간'은 감면을 받은 사업연도의 종료일 다음날부터 해당 사유(상기의 '(1) 감면세액의 납부')가 발생한 사업연도의 종료일까지의 기간을 말한다(조특령 §60 ⑧).

$$\text{이자상당가산액} = \text{납부할 세액} \times \text{이자계산기간} \times \frac{22}{100{,}000}$$

3-5-5. 세액감면신청서의 제출

본 세액감면을 적용받고자 하는 법인은 과세표준신고와 함께 세액감면신청서 [조특칙 별지 제2호 서식] 및 감면세액계산서 [조특칙 별지 제46호의 2 서식]을 납세지 관할 세무서장에게 제출하여야 한다(조특령 §60 ⑨ 및 조특칙 §61 ① 3호, 47호의 2).

3-5-6. 각종 조세특례제한규정

(1) 중복지원의 배제

본 세액감면을 적용받는 경우에는 다음과 같은 중복지원의 배제규정을 적용받을 수 있다. 다만, 아래 ①을 적용할 때 조세특례제한법 제143조에 따라 세액감면을 적용받는 사업과 그 밖의 사업을 구분경리하는 경우로서 그 밖의 사업에 세액공제 규정이 적용되는 경우에는 해당 세액감면과 세액공제는 중복지원에 해당하지 않는다(조특법 §127 ⑩).

① 동일한 과세연도에 본 세액감면과 조세특례제한법상의 일부 세액공제를 동시에 적용받을 수 있는 경우에는 그 중 하나만을 선택하여 적용받을 수 있다(조특법 §127 ④).

② 동일한 사업장에 대하여 동일한 과세연도에 본 세액감면에 따라 법인세가 감면되는 경우와 조세특례제한법상의 일부 세액감면이 동시에 적용되는 경우에는 그 중 하나만을 선택하여 적용받을 수 있다(조특법 §127 ⑤).

(2) 최저한세의 적용

세액감면의 규정은 최저한세 규정을 적용받아 그 특례범위가 제한된다. 다만, 수도권 밖으로 이전하는 경우는 제외한다(조특법 §132 ① 4호 다목). 최저한세에 대한 자세한 내용은 '제4편 제5장 최저한세'편을 참고하기 바란다.

(3) 농어촌특별세의 비과세

본 세액감면의 경우에는 농어촌특별세를 부과하지 아니한다(농특령 §4 ⑦ 1호).

3-6. 수도권 밖으로 본사를 이전하는 법인에 대한 세액감면

3-6-1. 감면내용

아래 ①의 감면요건을 모두 갖추어 본사를 이전하여 2025년 12월 31일(본사를 신축하는 경우로서 본사의 부지를 2025년 12월 31일까지 보유하고 2025년 12월 31일이 속하는 과세연도의 과세표준

신고를 할 때 이전계획서를 제출하는 경우에는 2028년 12월 31일)까지 사업을 개시하는 본사이전법인은 아래 ②에 따른 감면대상소득(단, 이전 후 합병·분할·현물출자 또는 사업의 양수를 통하여 사업을 승계하는 경우 승계한 사업장에서 발생한 소득은 제외함)에 대하여 아래 ③의 구분에 따른 감면기간과 감면율에 따라 법인세를 감면한다. 다만, 부동산임대업, 부동산중개업, 부동산매매업, 건설업, 소비성서비스업, 무점포판매업, 해운중개업을 경영하는 법인(단, 이전공공기관이 경영하는 사업은 제외함)의 경우에는 본 세액감면의 적용을 배제한다(조특법 §63의 2 ①).

구분	주요내용
① 세액감면 요건	가. 수도권과밀억제권역에 3년 이상 계속하여 본사를 둔 법인일 것 나. 본사를 수도권 밖으로 이전할 것 다. 이전본사에 대한 투자금액이 10억원 이상이고 이전본사의 근무인원이 20명 이상일 것
② 감면대상소득	(해당 과세연도의 과세표준 - 부동산·부동산 취득권리 등의 양도차익) × 이전인원 비율 × 위탁가공무역 외 매출액 비율
③ 감면기간 및 감면율	가. 본사 이전일 이후 본사이전법인에서 최초로 소득이 발생한 과세연도(본사 이전일부터 5년이 되는 날이 속하는 과세연도까지 소득이 발생하지 아니한 경우에는 이전일부터 5년이 되는 날이 속하는 과세연도)의 개시일부터 다음의 구분에 따른 기간 이내에 끝나는 과세연도 : 100% 1) 수도권 등 법 소정의 지역(*1)으로서 수도권 밖의 지역으로 이전하는 경우 : 5년 2) 수도권 밖에 소재하는 광역시 등 법 소정의 지역(*2)으로 이전하는 경우 ㄱ. 위기지역(*3), 지방자치분권 및 지역균형발전에 관한 특별법에 따른 성장촉진지역 또는 인구감소지역(이하 "성장촉진지역 등"이라 함)으로 이전하는 경우 : 7년 ㄴ. 위 ㄱ.에 따른 지역 외의 지역으로 이전하는 경우 : 5년 3) 위 1) 또는 2)에 따른 지역 외의 지역으로서 수도권 밖의 지역으로 이전하는 경우 ㄱ. 성장촉진지역 등으로 이전하는 경우 : 10년 ㄴ. ㄱ.에 따른 지역 외의 지역으로 이전하는 경우 : 7년 나. 위 가.에 따른 과세연도의 다음 2년[위 가. 2) ㄱ. 또는 가. 3) ㄴ.에 해당하는 경우에는 3년] 이내에 끝나는 과세연도: 50% (*1) 수도권 등 법 소정의 지역이란 다음의 지역을 말한다. 다만, 아래 ②의 지역은 해당 지역으로 이전하는 기업이 중소기업인 경우로 한정한다(조특법 §63 ① 2호 가목 1) 및 조특령 §60 ④). ① 당진시, 아산시, 원주시, 음성군, 진천군, 천안시, 춘천시, 충주시, 홍천군(내면은 제외) 및 횡성군의 관할구역 ② 수도권정비계획법 제6조 제1항 제2호 및 제3호에 따른 성장관리권역 및 자연보전권역

구분	주요내용
	(*2) 수도권 밖에 소재하는 광역시 등 법 소정의 지역이란 다음의 지역을 말한다(조특법 §63 ① 2호 가목 2) 및 조특령 §60 ⑤). ① 수도권 밖에 소재하는 광역시의 관할구역 ② 구미시, 김해시, 전주시, 제주시, 진주시, 창원시, 청주시 및 포항시의 관할구역 (*3) 위기지역이란 다음의 어느 하나에 해당하는 지역을 말한다(조특법 §30의 3 ⑤ 및 조특령 §27의 3 ⑪). ① 고용정책 기본법 제32조 제1항에 따라 지원할 수 있는 지역으로서 고용정책 기본법 시행령 제29조에 따라 고용노동부장관이 지정·고시하는 지역 ② 고용정책 기본법 제32조의 2 제2항에 따라 선포된 고용재난지역 ③ 지역 산업위기 대응 및 지역경제 회복을 위한 특별법 제10조 제1항에 따라 지정된 산업위기대응특별지역

3-6-2. 대상법인

(1) 적용대상 및 감면요건

본 세액감면은 부동산업, 건설업 및 소비성서비스업, 무점포판매업 및 해운중개업을 경영하는 법인 외의 법인으로서 다음의 요건을 모두 갖춘 본사이전법인을 그 대상으로 하고, 아래 '③의 나.' 요건을 충족하지 못한 경우에는 해당 과세연도부터 본 세액감면을 받을 수 없다(조특법 §63의 2 ① 및 조특령 §60의 2 ⑮ 1호).

① 본점 또는 주사무소(이하 "본사"라 함)의 이전등기일부터 소급하여 3년 이상 계속하여 수도권과밀억제권역 안에 본사를 두고 사업을 경영한 실적이 있을 것(조특령 §60의 2 ②)

② 다음의 어느 하나의 요건을 갖추어 본사를 수도권 밖으로 이전할 것(조특령 §60의 2 ③)

가. 수도권 밖으로 본사를 이전하여 사업을 개시한 날부터 2년 이내에 수도권과밀억제권역 안의 본사를 양도하거나 본사 외의 용도(조세특례제한법 시행령 제60조의 2 제12항에서 정하는 기준(*) 미만의 사무소로 사용하는 경우를 포함함)로 전환할 것

나. 수도권과밀억제권역 안의 본사를 양도하거나 본사 외의 용도로 전환한 날부터 2년 이내에 수도권 밖에서 사업을 개시할 것. 다만, 본사를 신축하여 이전하는 경우에는 수도권과밀억제권역 안의 본사를 양도하거나 본사 외의 용도로 전환한 날부터 3년 이내에 사업을 개시해야 함.

(*) 본사를 수도권 밖으로 이전한 날부터 3년이 되는 날이 속하는 과세연도가 지난 후 본사업무에 종사하는 총 상시 근무인원의 연평균 인원 중 수도권 안의 사무소에서 본사업무에 종사하는 상시 근무인원의 연평균 인원의 비율 50%를 말함.

③ 수도권 밖으로 이전한 본사(이하 "이전본사"라 함)에 대한 투자금액 및 이전본사의 근무인원이 지역경제에 미치는 영향 등을 고려하여 아래의 기준을 충족할 것(조특령 §60의 2 ④)

가. 투자금액: 이전본사에 소재하거나 이전본사에서 주로 사용하는 사업용 유형자산과 이전본사에 소재하거나 이전본사에서 주로 사용하기 위해 건설 중인 자산에 대한 누적 투자액으로서 아래 ㉠의 금액에서 ㉡의 금액을 뺀 금액이 10억원 이상일 것(조특칙 §24 ①, ②)

㉠ 이전본사의 이전등기일부터 소급하여 2년이 되는 날이 속하는 과세연도부터 본 규정에 따라 법인세를 감면받는 과세연도까지 투자한 금액의 합계액

㉡ 위 ㉠에 따른 기간 중 투자한 자산을 처분한 경우(임대한 경우를 포함하며, 조세특례제한법 시행령 제137조 제1항 각 호의 어느 하나에 해당하는 경우는 제외함) 해당 자산의 취득 당시 가액

나. 근무인원: 해당 과세연도에 이전본사의 근무인원이 20명 이상일 것

한편, 본 세액감면 규정을 적용받기 위해서는 한국표준산업분류상의 세분류를 기준으로 이전 전의 본사에서 영위하던 업종과 이전 후의 본사에서 영위하는 업종이 같아야 한다(조특법 §63의 2 ⑤ 및 조특령 §60의 2 ⑰).

(2) 적용대상에서 제외되는 업종

본 감면규정은 다음의 어느 하나에 해당하는 업종을 영위하는 법인에 대하여는 그 적용을 배제한다(조특령 §60 ①).

① 다음의 어느 하나에 해당하는 사업(단, 혁신도시 조성 및 발전에 관한 특별법 제2조 제2호의 이전공공기관 제외)

가. 부동산임대업

나. 부동산중개업

다. 부동산매매업

한국표준산업분류에 따른 비주거용 건물건설업(건물을 자영건설하여 판매하는 경우만 해당)과 부동산 개발 및 공급업을 말함. 다만, 소득세법 시행령 제150조의 2 제3항에 따른 주거용 건물 개발 및 공급업은 제외

라. 건설업[한국표준산업분류에 따른 주거용 건물 개발 및 공급업(구입한 주거용 건물을 재판매하는 경우는 제외)을 포함]

마. 유통산업발전법 제2조 제9호에 따른 무점포판매에 해당하는 사업

바. 해운법 제2조 제5호에 따른 해운중개업

② 다음의 소비성서비스업(조특령 §29 ③)

가. 호텔업 및 여관업(관광진흥법에 따른 관광숙박업은 제외)

나. 주점업(일반유흥주점업, 무도유흥주점업 및 식품위생법 시행령 제21조에 따른 단란주점 영업만 해당하되, 관광진흥법에 따른 외국인전용유흥음식점업 및 관광유흥음식점업은 제외)

다. 그 밖에 오락·유흥 등을 목적으로 하는 사업으로서 다음의 사업(조특칙 §17)

㉠ 무도장 운영업

㉡ 기타 사행시설 관리 및 운영업(관광진흥법 제5조 또는 폐광지역 개발 지원에 관한 특별법 제11조에 따라 허가를 받은 카지노업은 제외)

㉢ 유사 의료업 중 안마를 시술하는 업

㉣ 마사지업

관련사례

- 수도권 외 지역이전법인이 이전 후 분할한 경우 분할신설법인의 세액감면 승계 여부 및 사업영위기간의 계산
  수도권 외 지역이전법인에 대한 임시특별세액감면을 적용함에 있어 법인 본사를 수도권 외 지역으로 이전 후 분할하는 경우, 분할신설법인이 승계받은 사업 관련 소득은 분할 당시의 잔존감면기간 내에 종료하는 각 사업연도분까지 그 감면을 적용하며, 분할신설법인의 사업영위기간은 분할 전 분할법인의 사업기간을 포함하여 계산함(재조예-366, 2007. 5. 25.).
- 법인의 공장 및 본사의 수도권 외의 지역이전 감면적용시기와 대상소득
  제품의 생산공정을 전부 이전하여 완성품의 제조를 개시하는 시점부터 감면을 적용받을 수 있는 것이며, 감면대상소득은 이전일 이후 당해 공장에서 발생하는 소득을 말하는 것으로서 감면세액을 계산할 때에는 이전일 이후 당해 공장에서 발생한 소득과 기타소득을 구분하여야 함(서면2팀-1336, 2004. 6. 28.).
- 본사는 수도권에 두고 공장만 이전한 경우 감면대상소득의 범위
  수도권 안에 본사와 공장시설을 갖추고 사업을 영위하는 법인이 본사를 수도권에 두고 공장만을 이전한 경우로서 회사의 모든 수익이 당해 이전한 공장에서 제조하는 제품의 판매에서만 발생되고 기타사업으로 인한 소득이나 영업외손익은 없다고 가정할 경우 당해 법인의 소득금액 전액을 감면소득으로 보아 감면세액을 계산함(서이 46012-10214, 2003. 1. 28.).

3-6-3. 감면대상소득

본사이전법인의 감면대상소득은 다음과 같이 산출한 금액으로 한다. 한편, 공장과 본사를 함께 이전하는 경우에는 다음과 같이 계산한 감면대상소득과 상기 '3-5-1.'의 이전한 공장에서 발생하는 소득(조특법 §63 ①)을 합하여 산출한 금액에 상당하는 소득을 감면대상소득으로 하되, 해당 감면대상소득은 해당 과세연도의 소득금액을 한도로 한다(조특법 §63의 2 ①, ⑥).

(① 해당 과세연도의 과세표준 － ② 부동산 양도차익 등) × ③ 이전인원비율 × ④ 매출액비율

① 해당 과세연도의 과세표준
　본사이전법인의 해당 사업연도의 과세표준을 말한다. 다만, 이전 후 합병・분할・현물출자 또는 사업의 양수를 통하여 사업을 승계하는 경우 승계한 사업장에서 발생한 소득은 제외한다.

② 부동산 양도차익 등

토지・건물 및 부동산을 취득할 수 있는 권리의 양도차익 및 다음의 가. 에서 나.를 뺀 금액(단, 그 차액이 음수일 경우에는 0원으로 봄)을 말한다(조특령 §60의 2 ⑤).

가. 고정자산처분익・유가증권처분익・수입이자・수입배당금・자산수증익을 합한 금액. 다만, 금융 및 보험업을 경영하는 법인(금융지주회사법에 따른 금융지주회사는 제외함)은 기업회계기준에 따라 영업수익에 해당하는 유가증권처분익・수입이자・수입배당금은 제외함.

나. 고정자산처분손・유가증권처분손・지급이자를 합한 금액. 다만, 금융 및 보험업을 경영하는 법인(금융지주회사법에 따른 금융지주회사는 제외함)은 기업회계기준에 따라 영업비용에 해당하는 유가증권처분손・지급이자는 제외함.

③ 이전인원비율

이전인원비율은 다음과 같이 해당 과세연도의 이전본사의 근무인원이 법인전체 근무인원에서 차지하는 비율을 말한다.

$$\text{이전인원비율} = \frac{\text{이전본사 근무인원}}{\text{법인전체 근무인원}}$$

한편, 위 이전인원비율을 산정함에 있어서 이전본사 근무인원과 법인전체 근무인원은 다음과 같이 계산한 인원으로 한다(조특령 §60의 2 ⑥).

구분	근무인원의 계산
이전본사 근무인원	이전본사 근무인원 = 가. − 나. 가. 이전본사에서 본사업무에 종사하는 상시 근무인원(*)의 연평균 인원(매월 말 현재의 인원을 합하고 이를 해당 개월 수로 나누어 계산한 인원). 다만, 이전일부터 소급하여 2년이 되는 날이 속하는 과세연도 이후 수도권 외의 지역에서 본사업무에 종사하는 근무인원이 이전본사로 이전한 경우는 제외함. 나. 이전일부터 소급하여 3년이 되는 날이 속하는 과세연도에 이전본사에서 본사업무에 종사하던 상시 근무인원(*)의 연평균 인원
법인전체 근무인원	법인 전체의 상시 근무인원(*)의 연평균 인원

(*) 상시 근무인원이란, 근로기준법 제2조 제1항 제2호에 따른 사용자 중 상시 근무하는 자 및 같은 법에 따라 근로계약을 체결한 내국인 근로자를 말함. 다만, 다음의 어느 하나에 해당하는 사람은 제외함(조특령 §60의 2 ⑦).

1) 근로계약기간이 1년 미만인 근로자(근로계약의 연속된 갱신으로 인해 그 근로계약의 총 기간이 1년 이상인 근로자는 제외함)

2) 근로기준법 제2조 제1항 제9호에 따른 단시간근로자. 다만, 1개월간의 소정근로시간이 60시간 이상인 근로

자는 상시근로자로 봄.

3) 법인세법 시행령 제40조 제1항 각 호의 어느 하나에 해당하는 임원 중 상시 근무하지 않는 자

4) 소득세법 시행령 제196조에 따른 근로소득원천징수부에 따라 근로소득세를 원천징수한 사실이 확인되지 않고, 국민연금법 제3조 제1항 제11호 및 제12호에 따른 부담금 및 기여금 또는 국민건강보험법 제69조에 따른 직장가입자의 보험료의 납부사실도 확인되지 않는 자

④ 매출액비율

매출액비율은 다음과 같이 해당 과세연도의 전체 매출액에서 위탁가공무역에서 발생하는 매출액을 뺀 금액이 해당 과세연도의 전체 매출액에서 차지하는 비율을 말한다.

$$\text{매출액비율} = \frac{(\text{전체 매출액} - \text{위탁가공무역}^{(*)}\ \text{매출액})}{\text{전체 매출액}}$$

(*) 가공임(加工賃)을 지급하는 조건으로 외국에서 가공(제조・조립・재생・개조를 포함함)할 원료의 전부 또는 일부를 거래 상대방에게 수출하거나 외국에서 조달하여 가공한 후 가공물품 등을 수입하거나 외국으로 인도하는 것을 말하며, 위탁가공무역에서 발생한 매출액은 다른 매출액과 구분하여 경리해야 함(조특령 §60의 2 ⑧, ⑨).

관련사례

• 본사 근무인원의 범위

조세특례제한법 제63조의 2 제2항을 적용함에 있어서 일용근로자 및 기업부설연구소의 연구전담요원과 증권거래법에 의해 선임된 사외이사는 본사근무인원에 포함하지 아니함(조특통 63의 2-0…2).

• 기간제근로자 및 노동조합 전임자의 상시근무인원 포함 여부

기간제근로자 중 근로계약기간이 1년 이상인 본사업무에 종사하는 근로자 및 회사의 통상적인 노무관리업무를 수행하는 노동조합의 전임자는 본사 지방이전법인에 대한 감면을 적용함에 있어 본사업무에 종사하는 연평균 상시근무인원에 포함하는 것임(사전법령법인-368, 2016. 3. 11.).

• 수도권 외 소재 법인을 흡수합병한 후 3년 이내에 본사 이전시 근무인원수의 산정방법

수도권 과밀억제권역 내에 본사가 있는 법인(도매업)이 수도권 외의 자회사(제조업)를 흡수합병한 후 3년 이내에 수도권 외의 지역으로 본사를 이전한 경우, 법인 전체인원・이전 본사근무인원 및 수도권 안의 본사근무인원은 도매업에 종사하는 인원으로 함(서면2팀-2490, 2006. 12. 6.).

• 과세표준 및 근무인원의 범위

본사를 수도권 외의 지역으로 이전하는 경우 감면비율 산정시 법인 전체인원은 이전 후 신규로 채용하여 근무하는 직원을 포함함(서면2팀-593, 2005. 4. 27.).

• 본사근무인원에 공장근무인원을 포함하는지 여부

'본사근무인원'에는 본사업무에 종사하지 않는 공장의 생산직근로자나 공장장은 포함하지 아니함(서면2팀-302, 2005. 2. 17.).

3-6-4. 사후관리

(1) 감면세액의 납부

본 세액감면을 적용받은 본사이전법인이 다음의 어느 하나에 해당하는 경우에는 그 사유가 발생한 과세연도의 과세표준신고를 할 때 다음의 구분에 따라 사후관리 위반 사유별로 계산한 세액과 후술하는 (2) 이자상당가산액을 법인세로 납부하여야 한다. 한편, 다음의 ④에 해당하는 사후관리 위반사유에 해당하는 경우에는 해당 과세연도부터 본 세액감면을 적용받을 수 없다(조특법 §63의 2 ②, ③ 및 조특령 §60의 2 ⑪~⑮).

사후관리 위반사유	납부세액
① 본사를 이전하여 사업을 개시한 날부터 3년 이내에 그 사업을 폐업하거나 법인이 해산한 경우(단, 합병·분할 또는 분할합병으로 인한 경우는 제외함)	폐업일 또는 법인해산일부터 소급하여 3년 이내에 감면된 세액
② 본사를 수도권 밖으로 이전하여 사업을 개시하지 아니한 경우(상기 '3-6-2. (1) ②'의 요건을 갖추지 않은 경우를 말함)(조특령 §60의 2 ③)	상기 '3-6-2. (1) ②'의 요건을 갖추지 못하게 된 날부터 소급하여 5년 이내에 감면된 세액
③ 수도권에 본사를 설치하거나 일정 기준 이상(*)의 사무소를 둔 경우	본사설치일 또는 일정 기준 이상(*)의 사무소를 둔 날부터 소급하여 5년 이내에 감면된 세액
④ 감면기간에 법인세법 시행령 제40조 제1항 각 호의 임원(단, 상시 근무하지 않는 임원은 제외함) 중 이전본사의 근무 임원 수가 수도권 안의 사무소에서 근무하는 임원과 이전본사 근무 임원의 합계 인원에서 차지하는 비율이 50%에 미달하게 된 경우 해당 비율이 50%에 미달하게 되는 날부터 소급하여 5년 이내에 감면된 세액	해당 비율이 50%에 미달하게 되는 날부터 소급하여 5년 이내에 감면된 세액

(*) 본사를 수도권 밖으로 이전한 날부터 3년이 되는 날이 속하는 과세연도가 지난 후 본사업무에 종사하는 총 상시 근무인원의 연평균 인원 중 수도권 안의 사무소에서 본사업무에 종사하는 상시 근무인원의 연평균 인원의 비율이 50% 이상인 경우를 말함.

(2) 이자상당가산액의 납부

감면받은 세액을 납부하는 경우에는 납부할 세액에 다음의 산식에 따라 계산한 이자상당액을 가산하여 법인세로 납부하여야 한다(조특법 §63 ③). 아래 산식에서 '이자계산기간'은 감면을 받은 사업연도의 종료일 다음날부터 해당 사유(상기의 '(1) 감면세액의 납부')가 발생한 사업연도의 종료일까지의 기간을 말한다(조특령 §60 ⑦).

$$\text{이자상당가산액} = \text{납부할 세액} \times \text{이자계산기간} \times \frac{22}{100{,}000}$$

3-6-5. 세액감면신청서의 제출

본 세액 감면을 적용받고자 하는 법인은 과세표준신고와 함께 세액감면신청서 [조특칙 별지 제2호 서식] 및 감면세액계산서 [조특칙 별지 제46호의 2 서식 및 별지 제46호의 2 서식 부표]를 납세지 관할 세무서장에게 제출하여야 한다(조특령 §60의 2 ⑯ 및 조특칙 §61 ① 3호, 47호의 2).

3-6-6. 각종 조세특례제한규정

(1) 중복지원의 배제, 구분경리, 농어촌특별세의 비과세

중복지원의 배제, 구분경리, 농어촌특별세의 비과세에 대한 내용은 수도권 밖으로 공장을 이전하는 기업에 대한 세액감면과 동일하므로 '3-5. 수도권 밖으로 공장을 이전하는 기업에 대한 세액감면 중 3-5-6. 각종 조세특례제한규정'을 참고하기 바란다.

(2) 최저한세의 적용배제

본 세액감면을 받는 경우에는 최저한세의 적용을 받지 아니한다.

3-7. 기회발전특구의 창업기업 등에 대한 법인세 감면

3-7-1. 감면내용

지방자치분권 및 지역균형발전에 관한 특별법 제2조 제13호에 따른 기회발전특구(같은 법 제2조 제12호에 따른 인구감소지역, 접경지역 지원 특별법 제2조 제1호에 따른 접경지역이 아닌 수도권 과밀억제권역 안의 기회발전특구는 제외함. 이하 "기회발전특구"라 함)에 2026년 12월 31일까지 제조업 등 감면대상사업으로 창업하거나 사업장을 신설(기존 사업장을 이전하는 경우는 제외하며 기회발전특구로 지정된 기간에 창업하거나 사업장을 신설하는 경우로 한정함)하는 기업에 대해서는 감면대상사업에서 발생한 소득에 대하여 감면대상사업에서 최초로 소득이 발생한 사업연도(사업개시일부터 5년이 되는 날이 속하는 사업연도까지 그 사업에서 소득이 발생하지 아니한 경우에는 5년이 되는 날이 속하는 사업연도를 말함)의 개시일부터 5년 이내에 종료하는 사업연도의 법인세 100%에 상당하는 세액을 감면하고, 그 다음 2년 이내에 종료하는 사업연도의 법인세 50%에 상당하는 세액을 감면한다(조특법 §121의 33 ①, ②). 여기서 감면대상사업에서 발생한 소득이란 감면대상사업을 경영하기 위해 기회발전특구에 투자한 사업장에서 발생한 소득을 말한다(조특령 §116의 36 ②).

개 정

○ 2023년 12월 31일 법 개정시 기회발전특구에서 창업하거나 사업장을 신설한 기업에 대한 세액감면 신설(조특법 §121의 33)

➡ 2024년 1월 1일 이후 기회발전특구에 최초로 창업하거나 사업장을 신설하는 기업부터 적용

3-7-2. 감면대상사업의 범위

본 세액감면은 다음의 감면대상사업으로 창업하거나 사업장을 신설하는 기업을 대상으로 한다(조특령 §116의 36 ①).

① 제조업(조세특례제한법 시행령 제5조 제6항의 자기가 제품을 직접 제조하지 아니하고 제조업체에 의뢰하여 제품을 제조하는 사업 포함)

② 폐기물 수집, 운반, 처리 및 원료 재생업

③ 정보통신업(다음의 업종은 제외)

가. 비디오물 감상실 운영업

나. 뉴스 제공업

다. 블록체인 기반 암호화자산 매매 및 중개업

④ 금융 및 보험업 중 정보통신을 활용하여 금융서비스를 제공하는 업종으로서 다음의 어느 하나에 해당하는 행위를 업으로 영위하는 업종

가. 전자금융거래법 제2조 제1호에 따른 전자금융거래

나. 자본시장과 금융투자업에 관한 법률 제9조 제27항에 따른 온라인소액투자중개

다. 외국환거래법 시행령 제15조의 2 제1항에 따른 소액해외송금

⑤ 연구개발업, 기타 과학기술 서비스업 및 엔지니어링사업

⑥ 공연시설 운영업, 공연단체, 기타 창작 및 예술관련 서비스업

⑦ 신에너지 및 재생에너지 개발・이용・보급 촉진법 제2조 제1호에 따른 신에너지 또는 같은 조 제2호에 따른 재생에너지를 이용하여 전기를 생산하는 사업

⑧ 물류시설의 개발 및 운영에 관한 법률 제2조 제4호에 따른 복합물류터미널사업

⑨ 유통산업발전법 제2조 제16호에 따른 공동집배송센터를 조성하여 운영하는 사업

⑩ 항만법 제2조 제5호에 따른 항만시설을 운영하는 사업과 같은 조 제11호에 따른 항만배후단지에서 경영하는 물류산업

⑪ 관광진흥법 시행령 제2조 제1항 제2호 가목부터 라목까지, 같은 호 바목 및 사목에 따른 관광호텔업, 수상관광호텔업, 한국전통호텔업, 가족호텔업, 소형호텔업 및 의료관광호텔업. 다만, 해당 호텔업과 함께 관광진흥법 제3조 제1항 제5호에 따른 카지노업 또는 관세법 제196조에 따른 보세판매장을 경영하는 경우 그 카지노업 또는 보세판매장 사업은 제외한다.

⑫ 관광진흥법 시행령 제2조 제1항 제3호에 따른 전문휴양업 · 종합휴양업 · 관광유람선업 · 관광공연장업. 다만, 전문휴양업 또는 종합휴양업과 함께 관광진흥법 제3조 제1항 제2호 나목에 따른 휴양 콘도미니엄업 또는 체육시설의 설치 · 이용에 관한 법률 제10조 제1항 제1호에 따른 골프장업을 경영하는 경우 그 휴양 콘도미니엄업 또는 골프장업은 제외한다.
⑬ 관광진흥법 시행령 제2조 제1항 제4호 가목에 따른 국제회의시설업
⑭ 관광진흥법 시행령 제2조 제1항 제5호 가목에 따른 종합유원시설업
⑮ 관광진흥법 시행령 제2조 제1항 제6호 라목에 따른 관광식당업
⑯ 학원의 설립 · 운영 및 과외교습에 관한 법률에 따른 직업기술 분야를 교습하는 학원을 운영하는 사업 또는 국민 평생 직업능력 개발법에 따른 직업능력개발훈련시설을 운영하는 사업(직업능력개발훈련을 주된 사업으로 하는 경우로 한정)
⑰ 노인복지법 제31조에 따른 노인복지시설을 운영하는 사업

3-7-3. 감면한도

감면기간 동안 감면받는 법인세의 총합계액은 다음의 ①과 ②를 합한 금액을 감면한도로 하고, 각 사업연도에 감면받을 법인세에 대하여 감면한도를 적용할 때에는 ①의 금액을 먼저 적용한 후 ②의 금액을 적용하며, ②에 따라 서비스업에 대한 한도를 적용받는 기업은 조세특례제한법 제143조를 준용하여 서비스업과 그 밖의 사업을 각각 구분하여 경리하여야 한다(조특법 §121의 33 ③, ④, ⑩).

① 법인세를 감면받는 해당 사업연도까지 다음 중 어느 하나에 해당하는 사업용자산에 대한 투자 합계액의 50%(조특령 §116의 36 ③ 및 조특칙 §8의 3)
가. 해당 특구 등에 소재하거나 해당 특구 등에서 해당 사업에 주로 사용하는 사업용 유형자산
나. 해당 특구 등에 소재하거나 해당 특구 등에서 해당 사업에 주로 사용하기 위해 건설 중인 자산
다. 법인세법 시행규칙 별표 3에 따른 무형자산
② 해당 사업연도의 감면대상사업장의 상시근로자 수 × 1천5백만원(청년 상시근로자와 조세특례제한법 시행령 제23조 제4항에 따른 서비스업을 하는 감면대상사업장의 상시근로자의 경우에는 2천만원) (조특령 §116의 36 ④)

3-7-4. 사후관리

(1) 상시근로자 수가 감소한 경우

상기 '3-7-3. ②'의 감면한도를 적용받아 법인세를 감면받은 기업이 감면받은 사업연도 종료일부터 2년이 되는 날이 속하는 사업연도 종료일까지의 기간 중 각 사업연도의 감면대상사

업장의 상시근로자 수가 감면받은 사업연도의 상시근로자 수보다 감소한 경우에는 다음의 계산식에 따라 계산한 금액(그 수가 음수이면 영으로 보고, 감면받은 사업연도 종료일 이후 2개 사업연도 연속으로 상시근로자 수가 감소한 경우에는 두 번째 사업연도에는 첫 번째 사업연도에 납부한 금액을 뺀 금액을 말함)을 상시근로자 수가 감소한 사업연도의 과세표준을 신고할 때 법인세로 납부해야 한다(조특법 §121의 33 ⑤ 및 조특령 §116의 36 ⑤).

납부세액 = 해당 기업의 상시근로자 수가 감소한 사업연도의 직전 2년 이내의 사업연도에 법 제121조의 33 제3항 제2호를 적용하여 감면받은 세액의 합계액 − (상시근로자 수가 감소한 사업연도의 감면대상 사업장의 상시근로자 수 × 1천5백만원(청년상시근로자와 서비스업의 경우에는 2천만원))

(2) 폐업 · 해산 또는 기회발전특구 외의 지역으로 이전한 경우

본 세액감면을 적용받은 기업이 다음의 어느 하나에 해당하는 경우에는 그 사유가 발생한 사업연도의 과세표준신고를 할 때 다음의 구분에 따른 세액에 조세특례제한법 제12조의 2 제8항의 규정을 준용한 이자상당가산액을 가산하여 법인세로 납부하여야 한다(조특법 §121의 33 ⑧ 및 조특령 §116의 36 ⑦).

사후관리 위반사유	납부세액
감면대상사업장의 사업을 폐업하거나 법인이 해산한 경우(법인의 합병 · 분할 · 분할합병으로 인한 경우 제외)	폐업일 또는 법인해산일부터 소급하여 3년 이내에 감면된 세액
감면대상사업장을 기회발전특구 외의 지역으로 이전한 경우	이전일부터 소급하여 5년 이내에 감면된 세액

3-7-5. 세액감면신청서의 제출

본 세액감면을 적용받으려는 자는 과세표준신고를 할 때 세액감면신청서[조특칙 별지 제2호 서식]를 납세지 관할 세무서장에게 제출하여야 한다(조특령 §116의 36 ⑧ 및 조특칙 §61 ① 3호).

3-7-6. 각종 조세특례제한규정

(1) 중복지원의 배제, 구분경리

중복지원의 배제, 구분경리에 대한 내용은 수도권 밖으로 공장을 이전하는 기업에 대한 세액감면과 동일하므로 '3-5. 수도권 밖으로 공장을 이전하는 기업에 대한 세액감면 중 3-5-6. 각종 조세특례제한규정'을 참고하기 바란다.

(2) 최저한세의 적용

본 세액감면 규정은 최저한세 규정을 적용받아 그 특례범위가 제한된다. 다만, 100%의 세액을 감면받는 사업연도의 경우에는 최저한세의 적용이 배제된다. 최저한세의 적용에 대하여는 '제4편 제5장 최저한세'편을 참고하기 바란다.

(3) 농어촌특별세의 납부

법인세의 신고·납부시 감면받은 세액의 20%에 상당하는 금액을 농어촌특별세로 신고·납부하여야 한다(농특법 §5 ①, §7).

3-8. 기 타

상기에서 언급된 규정을 제외한 나머지 주요 조세특례제한법상 법인세 감면규정을 요약하면 다음과 같다.

종 류	감면대상	감면비율	비 고
연구개발특구에 입주하는 첨단기술기업 등에 대한 법인세 등의 감면 (조특법 §12의 2)	연구개발특구에 입주한 기업으로서 2025년 12월 31일까지 지정된 첨단기술기업 또는 2025년 12월 31일까지 승인된 연구소기업이 하는 생물산업·정보통신산업·정보통신서비스 제공 산업·첨단기술 및 첨단제품과 관련한 산업 등의 사업에서 발생한 소득	해당 사업에서 최초로 소득이 발생한 사업연도의 개시일부터 3년 이내에 종료하는 사업연도까지 법인세 100% 감면, 그 다음 2년 이내에 종료하는 사업연도에 있어서는 50% 감면	• 중복지원의 배제 • 최저한세의 적용(단, 100% 감면 사업연도 제외) • 구분경리 • 농어촌특별세의 비과세
공공차관도입에 따른 세액감면 (조특법 §20)	공공차관의 도입과 관련하여 ① 대주가 부담하여야 할 조세와 ② 외국인에게 지급되는 기술 또는 용역의 대가	공공차관협약에 따라 감면비율을 정함.	• 최저한세 적용배제 • 구분경리 • 농어촌특별세 비과세
농공단지 입주기업 등에 대한 세액감면 (조특법 §64)	① 2025년 12월 31일까지 농공단지에 입주하여 농어촌소득원개발사업을 하는 내국법인과 ② 2025년 12월 31일까지 수도권 과밀억제권역 외의 지역으로서 중소기업특별지원지역에 입주하여 사업을 하는 중소기업의 해당 사업에서 발생한 소득	해당 사업에서 최초로 소득이 발생한 사업연도의 개시일부터 5년 이내에 종료하는 사업연도까지 해당 사업에서 발생한 소득에 대하여 법인세 50% 감면	• 중복지원의 배제 • 최저한세의 적용 • 구분경리 • 농어촌특별세의 비과세

종 류	감면대상	감면비율	비 고
사회적기업 및 장애인 표준사업장에 대한 법인세 감면 (조특법 §85의 6)	• 사회적기업 육성법 제2조 제1호에 따라 2025년 12월 31일까지 사회적기업으로 인증받은 내국법인의 해당 사업에서 발생한 소득 • 장애인고용촉진 및 직업재활법 제22조의 4 제1항에 따라 2025년 12월 31일까지 장애인 표준사업장으로 인증받은 내국법인의 해당 사업에서 발생한 소득	해당 사업에서 최초로 소득이 발생한 사업연도와 그 다음 사업연도의 개시일부터 2년 이내에 끝나는 사업연도까지 해당 사업에서 발생한 소득에 대한 법인세 100% 감면, 그 다음 2년 이내에 끝나는 사업연도에는 법인세 50% 감면	• 중복지원의 배제 • 최저한세의 적용배제 • 구분경리 • 농어촌특별세의 과세
소형주택 임대사업자에 대한 세액감면 (조특법 §96)	2025년 12월 31일 이전에 끝나는 과세연도까지 내국인이 임대주택을 1호 이상 임대하는 경우	해당 임대사업에서 발생한 소득에 대한 법인세의 30%(장기일반 민간임대주택 등은 75%) 감면[임대주택 2호 이상 임대시 감면율 20%(장기일반민간임대주택 등은 50%) 적용]	• 최저한세의 적용 • 구분경리 • 농어촌특별세의 과세
위기지역 창업기업에 대한 법인세 등의 감면 (조특법 §99의 9)	위기지역에 2025년 12월 31일까지 법 소정의 업종으로 창업하거나 사업장을 신설(기존 사업장을 이전하는 경우는 제외하며, 위기지역으로 지정 또는 선포된 기간에 창업하거나 사업장을 신설하는 경우로 한정)하는 기업의 감면대상사업에서 발생한 소득	최초로 소득이 발생한 사업연도의 개시일부터 5년 이내에 끝나는 사업연도까지 감면대상사업에서 발생한 소득에 대한 법인세 100% 감면, 그 다음 2년 이내에 끝나는 사업연도에는 50% 감면	• 중복지원의 배제 • 최저한세의 적용(단, 100% 감면 사업연도 제외) • 구분경리 • 농어촌특별세의 비과세
해외진출기업의 국내복귀에 대한 세액감면 (조특법 §104의 24)	대한민국 국민 등 법 소정의 자가 2024년 12월 31일까지 국내(수도권과밀억제권역은 제외함)에서 창업하거나 사업장을 신설 또는 증설(증설한 부분에서 발생하는 소득을 구분경리하는 경우로 한정)하는 경우로서 다음의 어느 하나에 해당하는 소득 ① 국외에서 2년 이상 계속하여 경영하던 사업장을 국내로 이전(국외사업장은	이전일 또는 복귀일 이후 최초로 소득이 발생한 사업연도와 그 다음 사업연도 개시일부터 6년[②의 경우로서 수도권 내에서 창업하거나 사업장을 신설·증설하는 경우는 2년) 이내에 끝나는 사업연도에는 법인세의 100%, 그 다음 3년(②의 경우로서 수도권 내에서	• 중복지원의 배제 • 최저한세의 적용배제 • 구분경리 • 농어촌특별세의 비과세

종 류	감면대상	감면비율	비 고
해외진출기업의 국내복귀에 대한 세액감면 (조특법 §104의 24)	철수)하는 경우 이전 후의 사업장(기존 사업장을 증설하는 경우에는 증설한 부분)에서 발생하는 소득 ② 국외에서 2년 이상 계속하여 경영하던 사업장을 부분 축소 또는 유지하면서 법 소정의 요건을 갖추어 국내로 복귀하는 경우 복귀 후의 사업장(기존 사업장을 증설하는 경우에는 증설한 부분)에서 발생하는 소득	창업하거나 사업장을 신설·증설하는 경우는 2년) 이내에 끝나는 사업연도에는 법인세의 50% 감면	
외국인투자에 대한 법인세 감면 (조특법 §121의 2)	2018년 12월 31일까지 조세감면신청을 한 외국인투자기업이 다음의 사업을 하기 위한 외국인투자로서 법 소정의 기준에 해당하는 외국인투자 ① 국내산업구조의 고도화와 국제경쟁력 강화에 긴요한 신성장동력산업에 속하는 사업으로서 조세특례제한법 시행령 별표 7에 따른 신성장동력·원천기술 분야별 대상기술 및 이와 직접 관련된 소재, 생산공정 등에 관한 기술로서 조세특례제한법 시행규칙 별표 14에 따른 기술을 수반하는 사업 ② 외국인투자지역(외국인투자촉진법 §18 ① 2호)에 입주하는 외국인투자기업(외국인투자촉진법 §2 ① 6호)이 경영하는 사업 및 아래 ③, ⑨, 조세특례제한법 제121조의 8 제1항 또는 제121조의 9 제1항 제1호의 사업 중 외국인투자기업이 경영하는 사업으로서 경제자유구역위원회 등의	해당 사업에서 최초로 소득이 발생한 과세연도의 개시일부터 5년(단, ③ ~ ⑪의 경우는 3년) 이내에 종료하는 사업연도에 있어서는 해당 사업소득에 대한 법인세 상당액에 외국인투자비율을 곱한 금액의 100% 감면, 그 다음 2년 이내에 종료하는 사업연도에 있어서는 50% 감면. 단, ①의 경우 감면대상소득과 감면사업과 직접 관련된 사업에서 발생한 소득의 합계액이 80% 이상인 경우에는 그 합계액을 감면대상 소득으로 보아 세액감면 적용(조특령 §116의 2 ㉕)	• 중복지원의 배제 • 최저한세의 적용배제 • 구분경리 • 농어촌특별세의 비과세

종 류	감면대상	감면비율	비 고
외국인투자에 대한 법인세 감면 (조특법 §121의 2)	심의 · 의결을 거치는 사업 ③ 경제자유구역에 입주하는 외국인투자기업이 경영하는 사업 ④ 경제자유구역 개발사업시행자에 해당하는 외국인투자기업이 경영하는 사업 ⑤ 제주투자진흥지구의 개발사업시행자에 해당하는 외국인투자기업이 경영하는 사업 ⑥ 외국인투자지역(외국인투자촉진법 §18 ① 1호)에 입주하는 외국인투자기업이 경영하는 사업 ⑦ 기업도시개발구역에 입주하는 외국인투자기업이 경영하는 사업 ⑧ 기업도시개발사업시행자로 지정된 외국인투자기업이 경영하는 기업도시개발사업 ⑨ 새만금사업지역에 입주하는 외국인투자기업이 경영하는 사업 ⑩ 새만금사업 추진 및 지원에 관한 특별법 제8조 제1항에 따른 사업시행자에 해당하는 외국인투자기업이 경영하는 사업 ⑪ 기타 외국인투자유치를 위하여 조세감면이 불가피한 사업으로서 조세특례제한법 시행령 제116조의 2 제9항에서 정하는 사업		
제주첨단과학기술단지 입주기업에 대한 법인세감면 (조특법 §121의 8)	제주첨단과학기술단지에 2025년 12월 31일까지 입주한 기업이 생물산업 · 정보통신산업 · 정보통신서비스 제공 산업 · 첨단기술 및 첨단제품과 관련 된 산업을 하는 사업을 하는 경우 감면대상 사업에서 발생하는 소득	해당 사업에서 최초로 소득이 발생한 사업연도의 개시일부터 3년 이내에 종료하는 사업연도까지는 법인세 100% 감면, 그 다음2년 이내에 종료하는 사업연도에 있어서는 50% 감면	• 중복지원의 배제 • 최저한세의 적용 (단, 100% 감면 사업연도 제외) • 구분경리 • 농어촌특별세의 과세

종 류	감면대상	감면비율	비 고
제주투자진흥지구 또는 제주자유무역지역 입주기업에 대한 법인세감면 (조특법 §121의 9)	다음의 사업을 하기 위한 투자로서 법 소정의 기준에 해당하는 투자 ① 제주투자진흥지구에 2025년 12월 31일까지 입주하는 기업이 해당 구역의 사업장에서 하는 사업 ② 제주자유무역지역에 2021년 12월 31일까지 입주하는 기업이 해당 구역의 사업장에서 하는 사업 ③ 제주투자진흥지구의 개발사업시행자가 제주투자진흥지구를 개발하기 위하여 기획·금융·설계·건축·마케팅·임대·분양 등을 일괄적으로 수행하는 개발사업	해당 감면대상사업에서 최초로 소득이 발생한 사업연도의 개시일부터 3년 이내에 끝나는 사업연도에는 법인세 100%(단, ③의 경우에는 50%), 그 다음 2년 이내에 끝나는 사업연도에 있어서는 50%(단, ③의 경우에는 25%) 감면	• 중복지원의 배제 • 최저한세의 적용 (단, 100% 감면 사업연도 제외) • 구분경리 • 농어촌특별세의 과세
기업도시개발구역 창업기업 등에 대한 법인세감면 (조특법 §121의 17)	다음의 사업을 하기 위한 투자로서 법 소정의 기준에 해당하는 투자 ① 기업도시개발구역에 2025년 12월 31일까지 창업하거나 사업장을 신설하는 기업이 그 구역의 사업장에서 하는 사업 ② 기업도시개발사업시행자가 하는 사업으로서 기업도시개발특별법 제2조 제3호에 따른 기업도시개발사업 ③ 지역개발사업구역 또는 지역활성화 지역에 2025년 12월 31일까지 창업하거나 사업장을 신설(기존 사업장을 이전하는 경우는 제외)하는 기업이 그 구역 또는 지역 안의 사업장에서 하는 사업과 낙후지역 중 주한미군 공여구역주변지역 등 지원 특별법 제8조에	해당 사업에서 최초로 소득이 발생한 사업연도의 개시일부터 3년 이내에 끝나는 사업연도에 법인세 100%(단, ②, ④, ⑥ 및 ⑦의 경우는 50%), 그 다음 2년 이내에 끝나는 사업연도에는 50%(단, ②, ④, ⑥ 및 ⑦의 경우는 25%) 감면	• 중복지원의 배제 • 최저한세의 적용 (단, 100% 감면 사업연도 제외) • 구분경리 • 농어촌특별세의 과세

종 류	감면대상	감면비율	비 고
기업도시개발구역 창업기업 등에 대한 법인세감면 (조특법 §121의 17)	따른 종합계획 및 제9조에 따른 사업계획에 따른 공여구역주변지역등사업 범위 안에서 2025년 12월 31일까지 창업하거나 사업장을 신설(기존 사업장을 이전하는 경우는 제외)하는 기업이 그 구역 안의 사업장에서 하는 사업 ④ 지역개발사업구역과 지역활성화지역에서 지역 개발 및 지원에 관한 법 제19조에 따라 지정된 사업시행자가 하는 지역개발사업과 낙후지역 내에서 주한미군 공여구역주변지역 등 지원 특별법 제10조 제1항에 따른 사업시행자가 하는 같은 조 제2항에 따른 사업 ⑤ 여수해양박람회특구에 2025년 12월 31일까지 창업하거나 사업장을 신설(기존 사업장을 이전하는 경우는 제외)하는 기업이 그 구역 안의 사업장에서 하는 사업 ⑥ 여수세계박람회 기념 및 사후활용에 관한 특별법 제18조 제1항에 따른 사업시행자가 박람회 사후활용에 관하여 시행하는 사업 ⑦ 새만금사업 추진 및 지원에 관한 특별법 제8조 제1항에 따라 지정된 사업시행자가 하는 새만금사업 ⑧ 새만금사업 추진 및 지원에 관한 특별법 제11조의 5에 따라 지정되는 새만금투자진흥지구에 2025년 12월 31일까지 창업하거나 사		

종 류	감면대상	감면비율	비 고
기업도시개발구역 창업기업 등에 대한 법인세감면 (조특법 §121의 17)	업장을 신설(기존 사업장을 이전하는 경우 제외)하는 기업이 해당 구역 안의 사업장에서 하는 사업 ⑨ 평화경제특별구역의 지정 및 운영에 관한 법률 제8조에 따라 지정되는 평화경제특구에 2025년 12월 31일까지 창업하거나 사업장을 신설(기존 사업장을 이전하는 경우 제외)하는 기업이 해당 구역 안의 사업장에서 하는 사업 ⑩ 평화경제특별구역의 지정 및 운영에 관한 법률 제15조에 따라 지정되는 개발사업시행자가 시행하는 평화경제특구개발사업		
아시아문화중심도시 투자진흥지구 입주기업 등에 대한 법인세 등의 감면 (조특법 §121의 20)	아시아문화중심도시 조성에 관한 특별법 제16조에 따른 투자진흥지구에 2025년 12월 31일까지 입주하는 기업이 그 지구에서 사업을 하기 위한 투자로서 법 소정의 기준에 해당하는 투자	해당 감면대상사업에서 최초로 소득이 발생한 사업연도의 개시일부터 3년 이내에 끝나는 사업연도에는 법인세 100%, 그 다음 2년 이내에 끝나는 사업연도에는 50% 감면	• 중복지원의 배제 • 최저한세의 적용 (단, 100% 감면 사업연도 제외) • 구분경리 • 농어촌특별세의 과세
금융중심지 창업기업 등에 대한 법인세 등의 감면 (조특법 §121의 21)	금융중심지의 조성과 발전에 관한 법률 제5조 제5항에 따라 지정된 금융중심지(수도권과밀억제권역 안의 금융중심지는 제외)에 2025년 12월 31일까지 창업하거나 사업장을 신설(기존 사업장을 이전하는 경우는 제외)하여 해당 구역 안의 사업장에서 법 소정의 기준을 충족하는 금융 및 보험업을 영위하는 경우 발생하는 소득	최초로 소득이 발생한 사업연도의 개시일부터 3년 이내에 종료하는 사업연도까지는 법인세의 100%, 그 다음 2년 이내에 종료하는 사업연도는 50% 감면	• 중복지원의 배제 • 최저한세의 적용 (단, 100% 감면 사업연도 제외) • 구분경리 • 농어촌특별세의 과세

종 류	감면대상	감면비율	비 고
첨단의료복합단지 및 국가식품클러스터 입주기업에 대한 법인세 감면 (조특법 §121의 22)	• 첨단의료복합단지에 2025년 12월 31일까지 입주한 기업이 첨단의료복합단지에 위치한 사업장에서 보건의료기술과 관련된 사업을 하는 경우 그 사업장의 사업에서 발생한 소득 • 국가식품클러스터에 2025년 12월 31일까지 입주한 기업이 국가식품클러스터에 위치한 사업장에서 식품산업과 관련된 사업을 하는 경우 그 사업장의 사업에서 발생한 소득	해당 사업에서 최초로 소득이 발생한 사업연도 개시일부터 3년 이내에 끝나는 사업연도에는 법인세 100% 감면, 그 다음 2년 이내에 끝나는 사업연도에는 법인세 50% 감면	• 중복지원의 배제 • 최저한세의 적용 (단, 100% 감면 사업연도 제외) • 구분경리 • 농어촌특별세의 과세

MEMO

Step Ⅱ : 서식의 이해

■ 작성요령Ⅰ - 공제감면세액계산서(1)

❶ 「② 계산기준」란의 산출세액은 법인세과세표준에 법인세법 제55조에 따른 세율을 곱하여 산출된 법인세액이며, 과세표준에서 차지하는 감면 또는 면제소득은 법인세과세표준계산에 있어서 각 사업연도 소득금액에서 공제한 이월결손금·비과세소득 또는 소득공제액이 있는 경우 다음 각 목의 금액을 뺀 금액으로 한다.

가. 공제액 등이 감면사업 또는 면제사업에서 발생한 경우는 공제액 전액

나. 공제액 등이 감면사업 또는 면제사업에서 발생하였는지 여부가 불분명한 경우에는 소득금액에 비례하여 안분계산한 금액

❸ 「재해손실세액공제」란은 사업용 자산총액(토지는 제외)에 대한 상실자산의 비율이 20% 이상인 경우에 미납부 또는 납부할 법인세액과 재해발생 사업연도분 법인세에 상실비율을 곱하여 계산한다. 이 때, 미납부 또는 납부할 세액계산에서 외국납부세액공제 및 다른 법률에 따른 공제세액이 있으면 그 공제세액을 공제한 금액으로 한다.

[별지 제8호 서식 부표 1] (2013. 2. 23. 신설)

사 업 연 도	. . . ~ . . .	공제감면세액계산

① 구분	② 계산기준 ❶
1) 공공차관도입에 따른 법인세감면(「조세특례제한법」 제20조 제2항)	산출세액 × 감면 / 과세표
2) 재해손실세액공제(「법인세법」 제58조) ❸	미납부 또는 납부할 세액 × 상실된 사업용 자산 / 사업용 자산총액
3)	
계	

⑤

1) 재해내용		4) 미납 세액
2) 재해발생일		
3) 공제신청일		

서(1)	법 인 명	
	사업자등록번호	

	③ 계산명세	④ 공제감면세액 ❷
소득 준금액		
가액 액		

	구분	세
부 또는 납부할 명세	세액	

❷ 법인세법 및 그 밖의 법률에 따른 공제감면세액을 계산할 때의 계산기준에 따라 산출된 공제감면세액을 「④ 공제감면세액」란에 적고, 동 금액을 공제감면세액 및 추가납부세액합계표(갑)(별지 제8호 서식(갑))에 옮겨 적는다.

■ 작성요령 Ⅱ - 공제감면세액계산서(2)

[별지 제8호 서식 부표 2] (2021. 3. 16. 개정)

사업연도	. . . ~ . . .	공제감면세액

① 구 분	근거법 조 항 ❶	② 계산명세	감

❷ ④란의 최저한세 적용감면 배제금액 합계(※표시란): "최저한세조정계산서(별지 제4호 서식)"의 ④란 중 ⑫ 감면세액란의 금액을 옮겨 적고, 이에 따라 각 구분별 ④ 최저한세 적용감면 배제금액을 조정하여 옮겨 적는다.

❶ ③ 감면대상세액란: 각 사업연도 소득에 대한 법인세 산출세액에 대하여 다음 계산기준에 따라 산출된 감면세액을 적는다. 이 경우 법령의 개정에 따라 종전의 규정 또는 새로운 규정에 따라 감면받는 경우에는 근거법 조항란에 해당 조항을 적는다.

구 분	「조세특례제한법」 근거 조항	계 산 기 준
(1) 창업중소기업 등 세액감면	제6조	산출세액×(감면소득/과세표준)×(50,75,100/100)
(2) 중소기업에 대한 특별세액감면	제7조	산출세액×(감면소득/과세표준)×(5,10,15,20,30/100)
(3) 기술이전소득에 대한 세액감면	제12조 제1항	산출세액×(감면소득/과세표준)×(50/100)
(4) 기술대여소득에 대한 세액감면	제12조 제3항	산출세액×(감면소득/과세표준)×(25/100)
(5) 연구개발특구 입주기업감면	제12조의 2	산출세액×(감면소득/과세표준)×(100,50/100)
(6) 국제금융거래이자소득 면제	제21조	산출세액×(면제대상이자소득/과세표준)×(100/100)
(7) 해외자원개발투자배당 감면	제22조	산출세액×(해외자원개발투자배당소득/과세표준)×(100/100)
(8) 사업전환중소기업에 대한 감면	제33조의 2	산출세액×(감면소득/과세표준)×(50/100)
(9) 무역조정지원기업의 사업전환 감면	제33조의 2	산출세액×(감면소득/과세표준)×(50/100)
(10) 혁신도시 이전 공공기관 세액감면	제62조 제4항	산출세액×(감면소득/과세표준)×(100,50/100)
(11) 지방이전중소기업 감면	제63조	산출세액×(감면소득/과세표준)×(100,50/100)
(12) 공장의 수도권 밖 이전에 대한 세액감면	제63조	산출세액×(감면소득/과세표준)×(100,50/100)
(13) 본사의 수도권 밖 이전에 대한 세액감면	제63조의 2	산출세액×(감면소득/과세표준)×(100,50/100)
(14) 농공단지입주기업 등 감면	제64조	산출세액×(감면소득/과세표준)×(50/100)
(15) 기업구조조정 전문회사 주식양도차익 세액감면	법률 제9272호 부칙 제10조·제40조	양도차익 × 50/100
(16) 영농조합법인 감면	제66조	산출세액×(감면소득/과세표준)×(100/100)
(17) 영어조합법인 감면	제67조	산출세액×(감면소득/과세표준)×(100/100)
(18) 농업회사법인 감면	제68조	산출세액×(농업소득/과세표준)×(100/100) 산출세액×(농업 외 소득/과세표준)×(50/100)
(19) 행정중심복합도시 등 공장이전에 대한 조세감면	제85조의 2	산출세액×(감면소득/과세표준)×(50/100)
(20) 사회적기업 및 장애인 표준사업장에 대한 감면	제85조의6	산출세액×(감면소득/과세표준)×(100,50/100)
(21) 소형주택 임대사업자에 대한 세액감면	제96조	산출세액×(감면소득/과세표준)×(20/100)
(22) 상가건물 장기임대사업자에 대한 세액감면	제96조의 2	산출세액×(감면소득/과세표준)×(5/100)
(23) 위기지역 내 창업기업 세액감면	제99의9	산출세액×(감면소득/과세표준)×(100,50/100)
(24) 산림개발소득 감면	제102조	산출세액×(산림소득/과세표준)×(50/100)
(25) 해외진출기업의 국내복귀에 대한 세액감면(철수방식)	제104조의 24제1항 제1호	산출세액×(감면소득/과세표준)×(100,50/100)
(26) 해외진출기업의 국내복귀에 대한 세액감면(유지방식)	제104조의 24제1항 제2호	산출세액×(감면소득/과세표준)×(100,50/100)

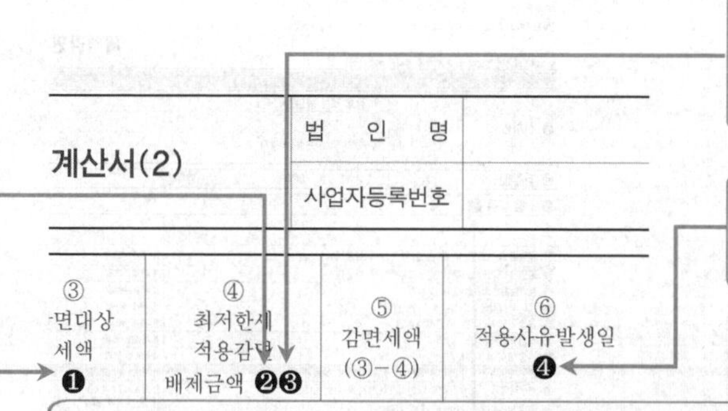

❸ 각 구분별 ④ 최저한세 적용감면 배제금액: 「조세특례제한법 시행규칙」의 해당 세액감면신청서의 최저한세 적용감면 배제금액란에 옮겨 적는다.

❹ ⑥ 적용사유 발생일: 창업일·전환일 또는 이전일 등을 적는다.

구 분	「조세특례제한법」 근거 조항	계 산 기 준
(27) 고도기술수반사업 외국인투자 세액감면	제121조의 2 제1항 제1호	산출세액×(감면소득/과세표준) × (외국인투자비율)×(100,50/100)
(28) 외국인투자지역내 외국인투자 세액감면	제121조의 2 제1항 제2호 또는 제2호의 5	산출세액×(감면소득/과세표준) × (외국인투자비율)×(100,50/100)
(29) 경제자유구역내 외국인투자 세액감면	제121조의 2 제1항 제2호의 2	산출세액×(감면소득/과세표준) × (외국인투자비율)×(100,50/100)
(30) 경제자유구역 개발사업시행자 세액감면	제121조의 2 제1항 제2호의 3	산출세액×(감면소득/과세표준) × (외국인투자비율)×(100,50/100)
(31) 제주투자진흥기구의 개발사업시행자 세액감면	제121조의 2 제1항 제2호의 4	산출세액×(감면소득/과세표준) × (외국인투자비율)×(100,50/100)
(32) 기업도시 개발구역 내 외국인투자 세액감면	제121조의 2 제1항 제2호의 6	산출세액×(감면소득/과세표준) × (외국인투자비율)×(100,50/100)
(33) 기업도시 개발사업의 시행자 세액감면	제121조의 2 제1항 제2호의 7	산출세액×(감면소득/과세표준) × (외국인투자비율)×(100,50/100)
(34) 새만금사업지역 내 외국인투자 세액감면	제121조의 2 제1항 제2호의 8	산출세액×(감면소득/과세표준) × (외국인투자비율)×(100,50/100)
(35) 새만금사업 시행자 세액감면	제121조의 2 제1항 제2호의 9	산출세액×(감면소득/과세표준) × (외국인투자비율)×(100,50/100)
(36) 기타 외국인투자유치를 위한 조세감면	제121조의 2 제1항 제3호	산출세액×(감면소득/과세표준) × (외국인투자비율)×(100,50/100)
(37) 외국인투자기업의 증자의 조세감면	제121조의 4	산출세액×(감면소득/과세표준) × (외국인투자비율)×(100,50/100)
(38) 제주도첨단과학기술단지 입주기업 감면	제121조의 8	산출세액×(감면소득/과세표준) × (50,100/100)
(39) 제주 투자진흥지구 등 입주기업 조세감면	제121조의 9	산출세액×(감면소득/과세표준) × (25,50,100/100)
(40) 기업도시 입주기업 감면	제121조의 17 제1항 제1호	산출세액×(감면소득/과세표준)×(100,50/100)
(41) 기업도시개발사업시행자 감면	제121조의 17 제1항 제2호	산출세액×(감면소득/과세표준)×(50,25/100)
(42) 지역개발사업구역 창업·사업장신설기업 감면	제121조의 17 제1항 제3호	산출세액×(감면소득/과세표준)×(100,50/100)
(43) 지역개발사업구역 개발사업시행자 감면	제121조의 17 제1항 제4호	산출세액×(감면소득/과세표준)×(50,25/100)
(44) 여수세계박람회 조성사업구역 창업·사업장신설기업 감면	제121조의 17 제1항 제5호	산출세액×(감면소득/과세표준)×(100,50/100)
(45) 여수세계박람회 조성사업구역 사업시행자 감면	제121조의 17 제1항 제6호	산출세액×(감면소득/과세표준)×(50,25/100)
(46) 아시아문화중심도시 투자진흥기구 입주기업 감면	제121조의 20 제1항	산출세액×(감면소득/과세표준) × (100,50/100)
(47) 금융중심지 창업기업에 대한 감면	제121조의 21 제1항	산출세액×(감면소득/과세표준) × (100,50/100)
(48) 첨단의료복합단지 입주기업에 대한 감면	제121조의 22	산출세액×(감면소득/과세표준)×(100,50/100)
(49) 국가식품클러스터 입주기업에 대한 감면	제121조의 22	산출세액×(감면소득/과세표준)×(100,50/100)
(50) 감염병 피해에 따른 특별재난지역의 중소기업에 대한 감면	제99조의 11	산출세액×(감면소득/과세표준)×(30,60/100)

*해당 법령에 "감면한도"에 관한 규정(최저한세 제외)이 별도로 있는 경우 감면한도초과액을 차감한 후의 금액을 적는다.

■ 작성요령 Ⅲ – 세액감면(면제)신청서

❻ 법령에 따른 첨부서류는 세액감면(면제)신청서를 제출할 때 함께 제출해야 한다.

❼ 법령의 개정으로 종전의 규정 또는 개정규정에 따라 세액감면(면제)을 받는 경우에는 해당 법령의 조문순서에 따라 빈칸 등에 별도로 적는다.

❶ 신청 내용별로 "⑥ 감면율"란, "⑦ 대상세액"란과 "⑧ 감면세액"란을 적는다.

❽ ❹ 지역특구 입주기업 감면한도계산시 서비스업이란 「조세특례제한법 시행령」 제23조 제4항에 따른 서비스업을 의미한다.

[별지 제2호 서식] (2024. 3. 22. 개정)

세액감면

※ 제4쪽의 작성방법을 읽고 작성해 주시기 바랍니다.

접수번호	접수일

❶ 신청인	① 상호 또는 법인명
	③ 대표자 성명
	⑤ 주소 또는 본점 소재지
❷ 과세연도	년 월 일부터 년 월 일까지

❸ 신청 내용 ❶

구 분	근거법령
창업중소기업에 대한 감면(최저한세 적용제외)	영 제5조 제26항
창업중소기업에 대한 감면(최저한세 적용대상)	영 제5조 제26항
창업벤처중소기업에 대한 감면	영 제5조 제26항
에너지신기술중소기업에 대한 감면	영 제5조 제26항
중소기업에 대한 특별세액감면	영 제6조 제8항
기술이전에 대한 감면	영 제11조 제6항
기술대여에 대한 감면	영 제11조 제6항
연구개발특구 입주기업에 대한 감면(최저한세 적용제외)	영 제11조의 2 제10항
연구개발특구 입주기업에 대한 감면(최저한세 적용대상)	영 제11조의 2 제10항
고용창출형창업기업에 대한 감면	영 제27조의 2 제4항 (2007. 2. 28. 대통령령 제19888호로 개정되기
사업전환 중소기업에 대한 감면	구 영 제30조의 2 제7항
무역조정지원기업의 사업전환에 대한 감면	구 영 제30조의 2 제7항
혁신도시 등 이전 공공기관에 대한 감면	영 제58조 제11항
공장의 지방이전에 대한 세액감면(중소기업의 수도권 안으로 이전)	영 제60조 제8항(구 영 제60조 제5
수도권과밀억제권역 밖으로 이전하는 중소기업 세액감면(수도권 밖으로 이전)	구 영 제60조 제5항
공장의 지방이전에 대한 세액감면(수도권 밖으로 이전)	영 제60조 제8항(구 영 제60조의 2
본사의 수도권 밖 이전에 대한 세액감면	영 제60조의 2 제16항(구 영 제60조의
농공단지입주기업 등에 대한 감면	영 제61조 제8항
영농조합법인에 대한 면세	영 제63조 제7항
영어조합법인에 대한 면제	영 제64조 제8항
농업회사법인에 대한 감면(농업소득)	영 제65조 제5항
농업회사법인에 대한 감면(농업소득 외의 소득)	영 제65조 제5항
사회적기업에 대한 감면	영 제79조의 7 제2항
장애인표준사업장에 대한 감면	영 제79조의 7 제2항
행정중심복합도시·혁신도시 공장이전에 대한 감면	법 제85조의 2 제6항 (2019. 12. 31. 법률 제16835호로 개정되기 전
소형주택 임대사업자에 대한 감면	영 제96조 제8항
상가건물 장기 임대사업자에 대한 감면	영 제96조의 2 제5항
위기지역 내 창업기업 세액감면(최저한세 적용제외)	영 제99의 8 제7항
위기지역 내 창업기업 세액감면(최저한세 적용대상)	영 제99의 8 제7항
감염병 피해에 따른 특별재난지역의 중소기업에 대한 감면	영 제99조의 10 제5항
산림개발소득에 대한 감면	영 제102조
해외진출기업의 국내복귀에 대한 감면(철수방식)	영 제104조의 21 제13항
해외진출기업의 국내복귀에 대한 감면(유지방식)	영 제104조의 21 제13항
제주첨단과학기술단지입주기업에 대한 감면(최저한세 적용제외)	영 제116조의 14 제5항
제주첨단과학기술단지입주기업에 대한 감면(최저한세 적용대상)	영 제116조의 14 제5항
제주투자진흥지구·제주자유무역지역 입주기업에 대한 감면(최저한세 적용제외)	영 제116조의 15 제8항
제주투자진흥지구·제주자유무역 입주기업에 대한 감면(최저한세 적용대상)	영 제116조의15제8항
제주투자진흥지구 개발사업시행자에 대한 감면	영 제116조의 15 제8항
기업도시·지역개발사업구역 등 창업·사업장신설기업에 대한 감면 (최저한세 적용제외)	영 제116조의 21 제7항
기업도시·지역개발사업구역 등 창업·사업장신설기업에 대한 감면(최저한세 적용대상)	영 제116조의21제7항
기업도시·지역개발사업구역 등 개발사업시행자에 대한 감면	영 제116조의 21 제7항
아시아문화중심도시 입주기업에 대한 감면(최저한세 적용제외)	영 제116조의 25 제8항
아시아문화중심도시 입주기업에 대한 감면(최저한세 적용대상)	영 제116조의 25 제8항
금융중심지 창업·사업장신설기업에 대한 감면(최저한세 적용제외)	영 제116조의 26 제11항
금융중심지 창업·사업장신설기업 대한 감면(최저한세 적용대상)	영 제116조의 26 제11항
첨단의료복합단지 입주 의료연구개발기관 등에 대한 감면(최저한세 적용제외)	영 제116조의 27 제8항
첨단의료복합단지 입주 의료연구개발기관 등에 대한 감면(최저한세 적용대상)	영 제116조의27 제8항
국가식품클러스터 입주기업에 대한 감면(최저한세 적용제외)	영 제116조의27 제8항
국가식품클러스터 입주기업에 대한 감면(최저한세 적용대상)	영 제116조의 27 제8항
기회발전특구의 창업기업 등에 대한 법인세 등의 감면(최저한세 적용제외)	영 제116조의 36 제8항
기회발전특구의 창업기업 등에 대한 법인세 등의 감면(최저한세 적용대상)	영 제116조의 36 제8항
기타	
세액감면 합계	

❹ 지역특구 입주기업 감면한도 계산내용(, , , , , – 에 대해 적용)

❽ – 은 2019.1.1. 이후 개시하는 과세연도부터 적용하되, 2019.1.1. 전 입주기업은 제외함(A방식)

2019.1.1. 이후 신고하는 경우부터 적용함(A방식)

– , , ~ 의 경우 2019.1.1. 이후 개시하는 과세연도분부터는 A 방식에 의해 한도를 계산하되

⑩ 직전 과세연도까지의 감면세액 누계

* 감면받은 과세연도 / 감면세액: (/), (/), (/), (/), (/)

전체 감면한도 계산

A	⑪ 해당 과세연도까지의 사업용고정자산 투자누계액
	⑫ 투자기준 감면한도 (⑪ × 50%)
	⑬ 고용기준 감면한도 [해당 과세연도의 감면대상사업장의 상시근로자 수 × 1,500만원(청년 상
	⑭ 해당 과세연도까지의 총감면한도 (⑫ + ⑬)
B	일반기업
	⑮ 해당 과세연도까지의 사업용고정자산 투자누계액
	⑯ 투자기준 감면한도 (⑪ × 50%)
	⑰ 고용기준 감면한도 (Min [ⓐ, ⓑ]) ⓐ 상시근로자 수 × 1,000만원 ⓑ 투자누계액(⑮ × 20%)
	⑱ 해당 과세연도까지의 총감면한도 (⑯+⑰)

㉒ 해당 과세연도의 감면한도 (⑭ – ⑩) 또는 (⑱ – ⑩) 또는 (㉑ – ⑩)

❺ 중소기업특별세액감면 감면한도 계산

구 분	해당(직전) 과세연도의 매월 말 현					
	월	월	월	월	월	월
해당 과세연도						
직전 과세연도						

감면한도계산 : 1억원 – 500만원 × 상시근로자 수 감소인원

감면한도(상시근로자 감소 적용전)	상시근로자 수 감소인원당 차감액
1억원	500만원

❻ 사회적기업·장애인 표준사업장에 대한 감면한도 계산

구 분	해당 과세연도의 매월 말 현재					
	월	월	월	월	월	월
해당 과세연도						

감면한도계산 : 1억원 + 2000만원 × (취약계층 또는 장애인)의 상시근로자 수

감면한도(상시근로자 적용전)	상시근로자 수 인원당 증가액
1억원	2000만원

(면제)신청서

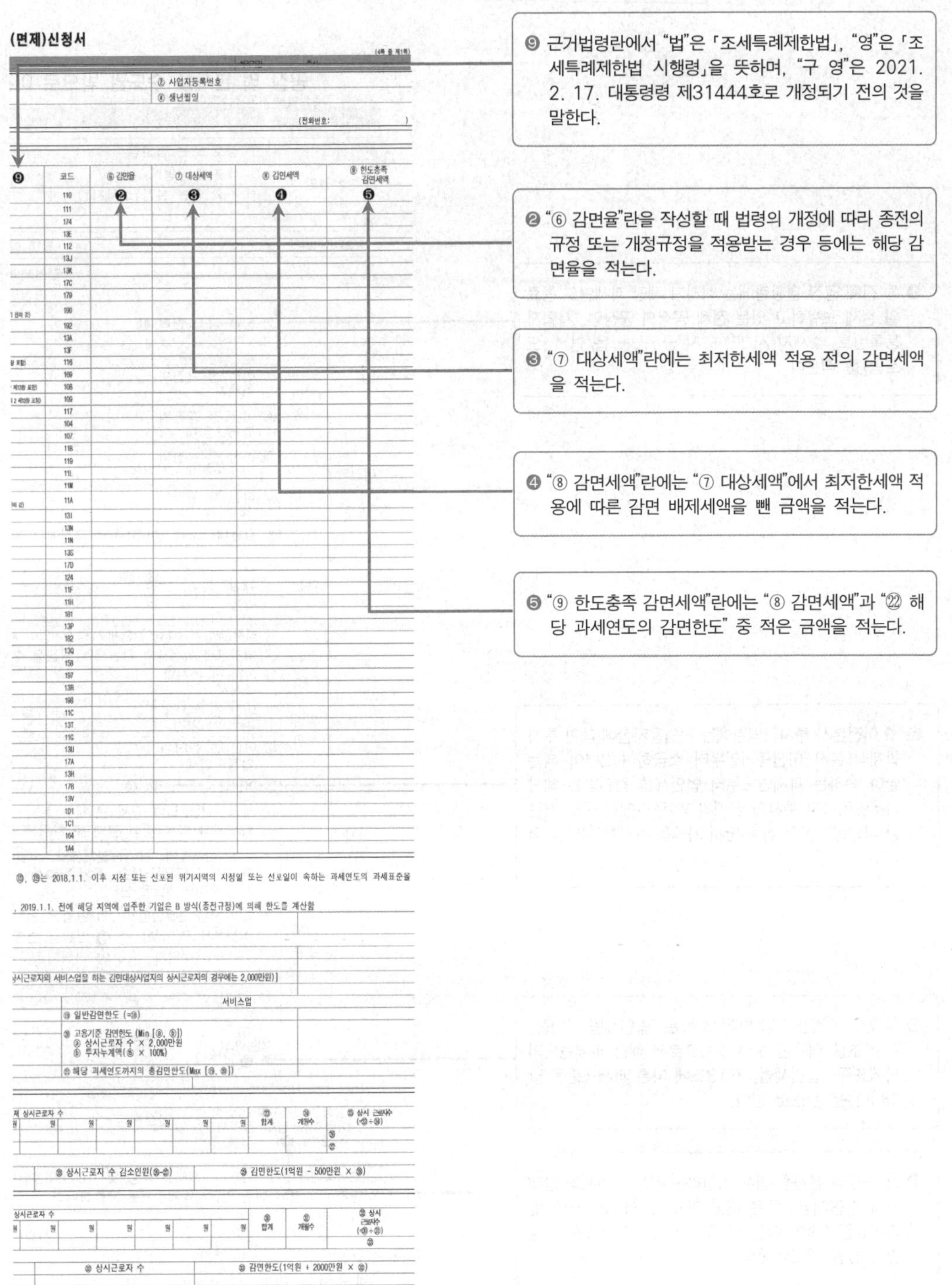

(4쪽 중 제1쪽)

⑦ 사업자등록번호

⑧ 생년월일

(전화번호:)

❾	코드	⑥ 감면율	⑦ 대상세액	⑧ 감면세액	⑨ 한도충족 감면세액
	110	❷	❸	❹	❺
	111				
	174				
	13E				
	112				
	13J				
	13K				
	17C				
	179				
1 항의 경)	190				
	192				
	13A				
	13F				
월 포함)	116				
	169				
제10항 포함)	10B				
2 제6항 포함)	109				
	117				
	104				
	107				
	11B				
	119				
	11L				
	11M				
4 경)	11A				
	13I				
	13N				
	11N				
	13S				
	17D				
	124				
	11F				
	11H				
	181				
	13P				
	182				
	13Q				
	158				
	197				
	13R				
	188				
	11C				
	13T				
	11G				
	13U				
	17A				
	13H				
	17B				
	13V				
	1D1				
	1C1				
	164				
	1A4				

⑲, ⑳는 2018.1.1. 이후 지정 또는 선포된 위기지역의 지정일 또는 선포일이 속하는 과세연도의 과세표준을

, 2019.1.1. 전에 해당 지역에 입주한 기업은 B 방식(종전규정)에 의해 한도를 계산함

상시근로자와 서비스업을 하는 감면대상사업자의 상시근로자의 경우에는 2,000만원)]

서비스업

㉒ 일반감면한도 (=㉓)

㉓ 고용기준 감면한도 (Min [ⓐ, ⓑ])
ⓐ 상시근로자 수 × 2,000만원
ⓑ 투자누계액(⑯ × 100%)

㉔ 해당 과세연도까지의 총감면한도(Max [⑲, ㉓])

제 상시근로자 수							㉗ 합계	㉘ 개월수	㉙ 상시 근로자수 (㉗÷㉘)
월	월	월	월	월	월	월			㉙
									㉚

㉛ 상시근로자 수 감소인원(㉙-㉚)	㉜ 감면한도(1억원 - 500만원 × ㉛)

상시근로자 수							㉝ 합계	㉞ 개월수	㉟ 상시 근로자수 (㉝÷㉞)
월	월	월	월	월	월	월			㉟

㊱ 상시근로자 수	㊲ 감면한도(1억원 + 2000만원 × ㊱)

❾ 근거법령란에서 "법"은 「조세특례제한법」, "영"은 「조세특례제한법 시행령」을 뜻하며, "구 영"은 2021. 2. 17. 대통령령 제31444호로 개정되기 전의 것을 말한다.

❷ "⑥ 감면율"란을 작성할 때 법령의 개정에 따라 종전의 규정 또는 개정규정을 적용받는 경우 등에는 해당 감면율을 적는다.

❸ "⑦ 대상세액"란에는 최저한세액 적용 전의 감면세액을 적는다.

❹ "⑧ 감면세액"란에는 "⑦ 대상세액"에서 최저한세액 적용에 따른 감면 배제세액을 뺀 금액을 적는다.

❺ "⑨ 한도충족 감면세액"란에는 "⑧ 감면세액"과 "㉒ 해당 과세연도의 감면한도" 중 적은 금액을 적는다.

■ 작성요령Ⅳ - 공장 및 본사를 수도권 밖으로 이전하는 기업에 대한 감면세액계산서

[별지 제46호의 2 서식] (2023. 3. 20. 개정)

공장 및 본사를 수도권 밖으로 이

뒤쪽의 작성방법을 읽고 작성하여 주시기 바랍니다.

접수번호		접수일
신청인	① 상호 또는 법인명	
	③ 대표자 성명	
	⑤ 주소 또는 본점 소재지	
과세연도		년 월 일

감면세액

			공장명
공장 이전의 경우	일반 사항	⑥ 전체 공장 현황 ❶	
		⑦ 이전 전 공장의 소재지	
		⑨ 이전 전 공장의 업종・업태	
		⑪ 이전 전 공장의 양도・폐쇄・철거일	
		⑬ 이전 후 공장의 조업 개시일	
	계산 내용	⑮ 감면대상소득: 이전 후의 공장에서 발	
		⑯ 감면 대상 세액	산출세액 ( ) × (/ (
		⑰ 최저한세 적용대상 감면세액(중소기업이	
		⑱ 최저한세 적용제외 감면세액(공장을 수	
본사 이전의 경우	일반 사항	⑲ 이전 전 본사의 소재지	
		㉑ 이전 전 본사의 사업영위기간	년 월 년 월
		㉓ 이전 전 본사의 업종・업태	
		㉕ 이전본사 투자금액 ❻	
	계산 내용	㉗ 해당 과세연도의 과세표준에서 토지・양도차익 및 아래의 금액*을 차감한	
		* 고정자산처분익, 유가증권처분익, 수입 액에서 고정자산처분손, 유가증권처분손 가 음수이면 0으로 봄)	
		법인 전체 근무인원	㉘ 연평균 인원
		이전본사 근무인원	㉙ 연평균 인원
		위탁가공무역외 매출비율	㉚ 위탁가공무 ㉛ 총 매출액 (
		㉜ 감면대상 소득	㉗ × (㉙ ÷ ㉘) ×
		㉝ 감면세액 ❾	산출세액 ( ) × (/ (
㉞ 공장과 본사를 함께 이전하는 경우 감면세액 합계 ❿			산출세액 ( ) × (/ (

「조세특례제한법 시행령」 제60조제8항 및 제60조의2제1 이전하는 기업에 대한 감면세액계산서를 제출합니다.

신청인

세무서장 귀하

❶ ⑥ 전체 공장 현황란에는 회사가 해당 과세연도 종료일 현재 보유하고 있는 전체 공장의 공장명, 사업자등록번호, 소재지(시/도 + 시/군/구 + 읍/면 + 도로명)를 적는다.

❻ ㉕ 이전본사 투자금액란에는 사업용자산에 대한 투자합계액(본사 이전등기일부터 소급하여 2년이 되는 날이 속하는 과세연도부터 법인세를 감면받는 해당 과세연도까지 투자한 금액의 합계액)에서 중도 처분한 사업용자산의 취득 당시 가액을 차감한 금액을 적는다.

❾ ㉝ 감면세액란의 감면대상소득은 「법인세법 시행령」 제96조를 적용한 후의 소득으로서 해당 과세연도의 과세표준(「법인세법」 제13조에 따른 과세표준을 말합니다)을 한도로 한다.

❿ ㉞ 공장과 본사를 함께 이전하는 경우 감면세액 합계란의 감면대상소득은 해당 과세연도의 소득금액 및 과세표준(「법인세법」 제13조에 따른 과세표준을 말합니다)을 한도로 한다.

전하는 기업에 대한 감면세액계산서

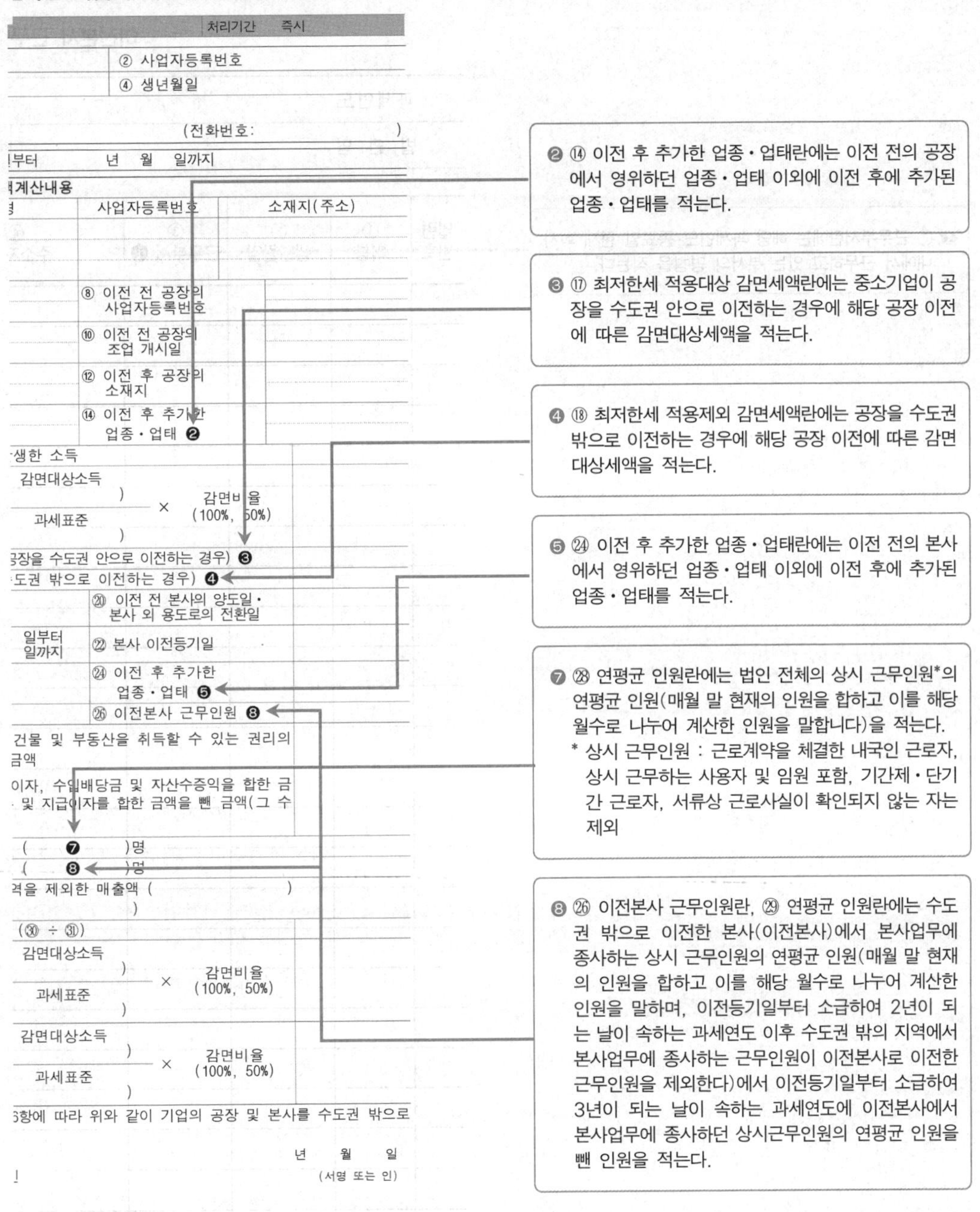

처리기간 즉시

② 사업자등록번호

④ 생년월일

(전화번호:)

일부터 년 월 일까지

계산내용

사업자등록번호 | 소재지(주소)

⑧ 이전 전 공장의 사업자등록번호

⑩ 이전 전 공장의 조업 개시일

⑫ 이전 후 공장의 소재지

⑭ 이전 후 추가한 업종·업태 ❷

생한 소득

감면대상소득) / 과세표준) × 감면비율 (100%, 50%)

공장을 수도권 안으로 이전하는 경우) ❸

도권 밖으로 이전하는 경우) ❹

⑳ 이전 전 본사의 양도일·본사 외 용도로의 전환일

일부터 일까지 ㉒ 본사 이전등기일

㉔ 이전 후 추가한 업종·업태 ❺

㉖ 이전본사 근무인원 ❽

건물 및 부동산을 취득할 수 있는 권리의 금액

이자, 수입배당금 및 자산수증익을 합한 금 · 및 지급이자를 합한 금액을 뺀 금액(그 수

(❼)명

(❽)명

격을 제외한 매출액 ( )

)

(㉚ ÷ ㉛)

감면대상소득) / 과세표준) × 감면비율 (100%, 50%)

감면대상소득) / 과세표준) × 감면비율 (100%, 50%)

5항에 따라 위와 같이 기업의 공장 및 본사를 수도권 밖으로

년 월 일

(서명 또는 인)

❷ ⑭ 이전 후 추가한 업종·업태란에는 이전 전의 공장에서 영위하던 업종·업태 이외에 이전 후에 추가된 업종·업태를 적는다.

❸ ⑰ 최저한세 적용대상 감면세액란에는 중소기업이 공장을 수도권 안으로 이전하는 경우에 해당 공장 이전에 따른 감면대상세액을 적는다.

❹ ⑱ 최저한세 적용제외 감면세액란에는 공장을 수도권 밖으로 이전하는 경우에 해당 공장 이전에 따른 감면대상세액을 적는다.

❺ ㉔ 이전 후 추가한 업종·업태란에는 이전 전의 본사에서 영위하던 업종·업태 이외에 이전 후에 추가된 업종·업태를 적는다.

❼ ㉘ 연평균 인원란에는 법인 전체의 상시 근무인원*의 연평균 인원(매월 말 현재의 인원을 합하고 이를 해당 월수로 나누어 계산한 인원을 말합니다)을 적는다.

* 상시 근무인원 : 근로계약을 체결한 내국인 근로자, 상시 근무하는 사용자 및 임원 포함, 기간제·단기간 근로자, 서류상 근로사실이 확인되지 않는 자는 제외

❽ ㉖ 이전본사 근무인원란, ㉙ 연평균 인원란에는 수도권 밖으로 이전한 본사(이전본사)에서 본사업무에 종사하는 상시 근무인원의 연평균 인원(매월 말 현재의 인원을 합하고 이를 해당 월수로 나누어 계산한 인원을 말하며, 이전등기일부터 소급하여 2년이 되는 날이 속하는 과세연도 이후 수도권 밖의 지역에서 본사업무에 종사하는 근무인원이 이전본사로 이전한 근무인원을 제외한다)에서 이전등기일부터 소급하여 3년이 되는 날이 속하는 과세연도에 이전본사에서 본사업무에 종사하던 상시근무인원의 연평균 인원을 뺀 인원을 적는다.

■ 작성요령Ⅴ - 이전본사 근무인원 명세

❶ ③ 근무부서란에는 해당 과세연도 종료일 현재 회사 내에서 근무하고 있는 부서의 명칭을 적는다.

조세특례제한법 시행규칙 [별지 제46호의 2 서식 부표]

이전본사 근무

과세연도	. . . ~ .
법 인 명	

일련번호	① 이름	② 생년월일	③ 근무부서 ❶	④ 주소지

MEMO

■ 작성요령Ⅶ - 농업회사법인 면제세액계산서

❶ "⑥ 식량작물재배업소득금액"란: 곡물 및 기타 식량작물재배업에서 발생한 소득금액을 적는다.

❷ "⑧ 작물재배업 외의 소득 중 감면대상 소득금액"란: 다음 각 목의 소득을 합한 금액을 적는다.

가. 「농업·농촌 및 식품산업 기본법 시행령」 제2조에 따른 축산업, 임업에서 발생하는 소득

나. 「농어업경영체 육성 및 지원에 관한 법률 시행령」 제20조의 5 제1항 제6호 가목부터 마목까지에 따른 농업회사법인의 부대사업에서 발생하는 소득

다. 「농어업경영체 육성 및 지원에 관한 법률」 제19조 제1항에 따른 농산물 유통·가공·판매 및 농작업 대행에서 발생하는 소득

❸ "⑨ 면제(감면)대상이 아닌 소득금액"란: 농업회사법인의 총 소득 중 "⑥ 식량작물재배업소득금액", "⑦ 식량작물재배업 외의 작물재배업에서 발생하는 소득금액", "⑧ 작물재배업 외의 소득 중 감면대상 소득금액"을 제외한 소득금액을 적는다.

❹ "⑩ 「조세특례제한법 시행령」 제65조 제2항에 따라 감면이 배제되는 소득금액"란: '19.2.12. 이후 신설된 농업회사법인이 농업인 및 농업생산자단체의 출자비중이 50% 미만이고 자본금이 80억 초과인 경우 그 농업회사법인의 도·소매업 및 서비스업(작물재배 관련 서비스업 제외) 소득금액과 「농어업경영체 육성 및 지원에 관한 법률」 제19조 제1항에 따른 농산물 유통·가공·판매 및 농작업 대행에서 발생하는 소득 중 수입 농산물의 유통 및 판매에서 발생하는 소득금액을 적는다.

조세특례제한법 시행규칙 [별지 제50호의 2 서식] (2024. 3.

농업회사법인

제출법인	① 법인명	
	③ 대표자 성명	
	⑤ 주소 또는 본점 소재지	
과세연도	년 월 일	
면제세액 계산내용		
소득금액	⑥ 식량작물재배업소득금액 ❶	
	⑦ 식량작물재배업 외의 작물재배업에서 발생하는 소득금액	
	⑧ 작물재배업 외의 소득 중 감면대상 소득금액 ❷	
	⑨ 면제(감면)대상이 아닌 소득금액(⑥, ⑦, ⑧ 제외) ❸	
	⑩ 「조세특례제한법 시행령」 제65조 제2항에 따라 감면이 배제되는 소득금액 ❹	
	⑪ 소득금액 계 (⑥ + ⑦ + ⑧ + ⑨)	
면제·감면세액	⑫ 식량작물재배업 외의 작물재배업 소득(⑦) 중 면제 대상 소득금액 한도액	식량작물자 외의 작물 업 소득
	⑬ 작물재배업소득에 대한 면제대상 소득금액 계 [⑥ + (⑦과 ⑫ 중 작은 금액)]	
	⑭ 작물재배업 소득에 대한 세액면제 ❺ ❼	법 제68 제1항 적 산출세
	⑮ 작물재배업 외의 소득 중 감면대상 소득금액(⑧-⑩)	
	⑯ 작물재배업 외의 소득 중 감면대상 소득금액(⑮)에 대한 세액감면 ❻ ❽	법 제68 제1항 적 산출세
	⑰ 합계(⑭ + ⑯)	

「조세특례제한법 시행령」 제65조 제5항에 따라 농업회사

신청

세무서장 귀하

. 22. 개정)

면제세액계산서

(앞쪽)

	② 사업자등록번호
	④ 생년월일

(전화번호:)

부터 년 월 일까지

재배업 물재배 금액 × 50억원 × 사업연도 월수 / 12 / 식량작물재배업 외의 작물재배업에서 발생하는 수입금액 =

3조 용 전 액 × 면제대상 소득 / 과세표준 =

3조 용 전 액 × 감면대상 소득 / 과세표준 × 감면율 (50%) =

법인에 대한 법인세 면제세액계산서를 제출합니다.

년 월 일

인 (서명 또는 인)

❺ "⑭ 작물재배업 소득에 대한 세액면제"란: "면제대상 소득"은 "⑬ 작물재배업소득에 대한 면제대상 소득금액 계"에서 「법인세법 시행령」 제96조에 따라 이월결손금·비과세소득·소득공제액을 공제한 후의 소득으로서 「법인세법」 제13조에 따른 해당 과세연도의 과세표준을 한도로 하여 적는다.

❼ "⑭ 작물재배업 소득에 대한 세액면제"란의 면제대상 소득과 "⑯ 작물재배업 외의 소득 중 감면대상 소득금액에 대한 세액감면"란의 감면대상 소득을 더한 금액은 「법인세법」 제13조에 따른 해당 과세연도의 과세표준을 초과하지 않아야 한다.

❻ "⑯ 작물재배업 외의 소득 중 감면대상 소득금액에 대한 세액감면"란: "감면대상 소득"은 "⑧ 작물재배업 외의 소득 중 감면대상 소득금액"에서 "⑩ 「조세특례제한법 시행령」 제65조 제2항에 따라 감면이 배제되는 소득금액"을 차감한 뒤 「법인세법 시행령」 제96조에 따라 이월결손금·비과세소득·소득공제액을 공제한 후의 소득으로서 「법인세법」 제13조에 따른 해당 과세연도의 과세표준을 한도로 하여 적는다.

❽ "⑯ 작물재배업 외의 소득 중 감면대상 소득금액에 대한 세액감면"은 최초로 해당 소득이 발생한 과세연도(사업개시일부터 5년이 되는 날이 속하는 과세연도까지 해당 소득이 발생하지 않는 경우에는 5년이 되는 날이 속하는 과세연도를 말한다)와 그 다음 과세연도의 개시일부터 4년 이내에 끝나는 과세연도까지 해당 소득에 대한 법인세의 100분의 50에 상당하는 세액을 감면하는 것이다.

■ 작성요령Ⅷ - 조세감면신청서 / 조세감면내용변경신청서

❶ 외국투자가의 정보를 적는 ①란부터 ⑤란을 작성할 때, 외국투자가가 개인인 경우에는 ①·②·⑤란에, 법인인 경우에는 ③란부터 ⑤란까지를 적는다.

❸ ⑤란은 외국투자가가 운영하는 업종을 주업종과 부수 업종을 구분하여 모두 적는다.

❼ 「⑳ 변경신청할 항목」란과 「㉑ 변경신청할 내용」란은 조세감면내용변경신청서를 작성하는 경우에만 기입한다.

조세특례제한법 시행규칙
[별지 제80호 서식] (2017. 3. 17. 개정)

[ ] 조세감면신청서
[ ] 조세감면내용변경

※ 뒤쪽의 작성방법을 읽고 작성하시기 바라며, [ ]에는 해당되는 곳에 √

접수번호	접수일자

외국투자가 ❶	① 상호 또는 명칭(영문)
	③ 외국인투자기업명(영문)
	⑤ 영위하는 업종 ❸
외국인투자내용	⑥ 신고된 사업
	⑧ 주식 등의 취득총액 원(USD
	⑩ 「조세특례제한법」 제121조의 2 제11항에 따른 주식 간접소유비율이 5% 이상인지 여부
	⑪ 대한민국국민등이 「조세특례제한법」 제121조의 2 제11 외국법인등(외국인투자기업을 포함)의 대표이사이거나 선임한 주주에 해당하는지 여부

⑫ 투자방법	현 금	원	자본재	
	부동산	원	지	
⑬ 입지				
⑭ 구분	[ ] 신 규 [ ] 증 자		⑮ 사업	

조세감면신청내용	⑯ 감면대상 사업의 구분	「조세특례제한
	도입되는 기술의 내용	⑰ 해당 항목
		⑱ 국내도입일
	⑲ ⑯과 직접 관련 사업	
⑳ 변경신청할 항목 ❼		[ ] 외국투자가 [ ] 외국인투자기 [ ] 감면 법 규정 [ ] 감면사업범위
㉑ 변경신청할 내용	이미 조세감면 결정받은 내용	
	❼	

「조세특례제한법」 제121조의 2 제6항에 따라 위와 같이 신청합니다

신청인 또는 대리

기획재정부장관 귀하

첨부서류	1. 신청 및 신고내용을 구체적으로 증명하거나 설명하는 서류 사본 (외국투자가가 기업인 경우 영업활동을 설명하는 서류를 포함) 2. 감면사유가 「조세특례제한법」 제121조의 2 제1항 제1호에 수반하는 사업에 대한 사용 및 기술이전에 관한 계약서 1부

신청서

√표를 합니다.

(앞쪽)

	처리기간 20 일
	② 국 적
	④ 사업자등록번호 (국적) ❷
	⑦ 신고일
D 상당)	⑨ 주식등의 액면총액 원
등의 직접 또는	[ ]예 [ ]아니오
1항에 따른 해당 이사의 과반수를	[ ]예 [ ]아니오
원	주 식 원
l적재산권 등	원
개시일	

한법」 제121조의 2 제1항 제( )호에 해당

❹

❺

❻

l업 [ ] 투자금액 및 투자방법

위 [ ] 감면사업에 사용되는 신성장동력산업기술 범위

	변경신청할 내용
	❼

다.

년 월 일

l인 (서명 또는 인)

본 1부 합니다) l 해당하는 경우 해당 신성장동력산업에 속하는 기술을	수수료 없 음

❷ ④란은 사업장등록번호와 기업이 위치하는 국가를 적는다.

❹ 「⑰ 해당 항목」란에는 「조세특례제한법」 제121조의 2 제1항 제1호에 해당하는 사업을 운영하기 위한 경우에 한하여 작성하되 「조세특례제한법 시행령」 제116조의 2 제2항 제2호에 따른 신성장동력산업기술의 해당 항목을 기입한다.

❺ 「⑱ 국내도입일」란은 해당 기술을 수반하는 외국인투자의 신고일 또는 외국인투자기업이 외국투자자에게 해당 기술의 사용대가를 최초로 지급하기로 한 날 중 빠른 날을 적는다.

❻ ⑲란은 감면대상 사업과 직접 관련된 사업을 적는다.

■ 작성요령Ⅸ - 조세감면대상 해당 여부 사전확인신청서

조세특례제한법 시행규칙 [별지 제81호 서식] (2000. 3. 30. 개정)

조세감면대상 해당 여부 사전확인신청서				외국인투자 처리기간 20일
신 청 인	① 상호 또는 명칭 (영문)		② 국적	
	③ 주 소	(전화번호 :)		
신청내용	④ 하고자 하는 사업명			
	⑤ 입 지			
	⑥ 관련근거	조세특례제한법 제121조의 2 제1항 제( )호에 해당		
	⑦ 감면사유			

조세특례제한법 제121조의 2 제7항의 규정에 의하여 위와 같이 신청합니다.

년 월 일

신 청 인 (서명 또는 인)

(또는 대리인) (전화:)

재정경제부장관 귀하

구비서류 : 조세감면대상 해당 여부를 증명할 수 있는 서류 사본 1부	수 수 료
	없 음

MEMO

■ 작성요령 X – 공제감면세액계산서(4)

❷ 과세표준금액 ②, ③, ④, ⑩, ⑪, ⑫, ⑬란은 감면대상사업과 비감면사업의 소득구분계산서(수입이자는 감면대상사업에 포함되지 아니함)에 따라 적으며, 「조세특례제한법」 제121조의 4에 따라 증자분에 대한 조세감면을 받는 경우 해당 증자분별로 감면대상사업과 비감면사업을 구분하여 적는다.

❸ ⑪란은 감면대상사업(⑩)과 직접 관련된 사업을 하여 발생한 소득을 적는다.

❺ ⑳ 구분란은 「외국인투자 촉진법」 제2조 제1항 제8호에 따른 출자목적물로서 현금 또는 현물, 배당금 또는 배당주식, 이익준비금, 재평가적립금 등으로 적는다.

❻ ㉒ 등록일자란은 「외국인투자 촉진법」 제21조에 따른 등록일을 적되, 출자목적물의 납입을 완료하기 전에 등록한 경우에는 납입완료일을 적는다.

❼ ㉓ 총액란은 처음 투자액과 증자총액을 적고, ㉔란의 외국투자가자본금은 처음 투자액 및 증자총액 중 외국투자가의 지분상당액(감면결정을 받은 지분상당액에 한정하며, 「조세특례제한법」 제121조의 2 제11항 제3호에 따른 자본금은 제외한다)을 아래와 같이 계산하여 적되, 「외국인투자 촉진법」 제2조 제1항 제8호 사목 및 같은 법 제6조에 따른 투자금액은 제외한다.
외국투자가자본금=기초외국인투자자본금+기중회수별증자외국인투자자본금×증자등기일이후일수÷사업연도일수

⓭ 3-1. 감면한도의 계산은 2011년 1월 1일 이후에 감면결정을 받은 외국인투자기업에 대하여 적용된다.

⓮ ㉟ 외국인투자누계액이란 「외국인투자 촉진법」 제2조 제1항 제4호에 따른 외국인투자(「조세특례제한법」 제121조의 2 제9항, 같은 조 제11항 제1호 및 「외국인투자 촉진법」 제2조 제1항 제4호 나목에 따른 외국인투자는 제외한다)로서 「조세특례제한법」 제121조의 2 제8항에 따른 감면결정을 받아 해당 과세연도 종료일까지 납입된 자본금의 합계액(외국인투자에 따라 발생된 것으로서 기업회계기준에 따른 주식발행초과금 및 감자차익을 가산하고 주식할인발행차금 및 감자차손을 차감하되 감면기간이 종료된 외국인투자누계액은 제외한다)을 적는다.

⓯ ㊱ 한도율에는 「조세특례제한법」 제121조의 2 제1항 제1호 및 제2호의 감면사업을 경영하는 경우에는 50%, 같은 조 제1항 제2호의 2부터 제2호의 9까지, 제3호 및 같은 조 제12항 제1호의 감면사업을 경영하는 경우에는 40%를 적는다.

⓰ ㊳ 해당 사업연도 상시근로자 수는 아래와 같이 계산하되, 상시근로자의 범위 및 근로자 수의 계산방법에 관하여는 「조세특례제한법 시행령」 제23조 제5항, 제7항, 제8항 및 제10항부터 제12항까지의 규정을 준용한다.
상시근로자 수=해당기간의 매월 말 현재 상시근로자 수의 합÷해당기간의 개월 수

[별지 제8호서식 부표 4] (2019. 3. 20. 개정)

사 업 연 도	. . . ~ . . .	공제감면세액계

❶ ①, ⑨, ⑲, ㉞ 증자횟수란은 "처음", "1차", "2차" 등으로 적는다.

① 증자횟수	② 감면대상 사업	③ 비감면 사 업	④ 계	⑤
❶	❷	❷	❷	

1-2. 외국인투자기업에 대한 조세감면(「조세특례제한법」 제121조

⑨ 증자 횟수	과세표준금액				⑭ 산
	⑩ 감면 대상사업	비감면사업 ⑪ ⑩과 직접관련사업	비감면사업 ⑫ 기타사업	⑬ 계	
❶	❷	❷ ❸	❷	❷	

2. 감면비율의 계산

⑲ 증자 횟수	⑳ 구분	㉑ 증자 등기 일자	㉒ 등록 일자	증자 자본금(합병 후 자본금) ㉓ 총액	㉔ 외국 투자가 자본금	㉕ 감면 배제 자본금	감면기간 ㉖ 100% 연월일	㉗ 50% 연월일
❶	❺		❻	❼ ㉓	❼ ㉓	❽ ㉓		

3. 감면한도・감면의 제한 및 당기 감면세액의 계산

3-1. 감면한도의 계산 ⓭

㉞ 증자 횟수	투자금액기준한도계산 ㉟ 외국인 투자 누계액	㊱ 한도율 (50%, 40%)	㊲ 투자 기준 한도액 (㉟×㊱)	고용기준한도 ㊳ 해당 사업연도 상시 근로자수	㊴ 한도액 (㊳×1천만원, 1천5백만원, 2천만원)	㊵ 외국인 투자누계액 (㉟)
❶	⓮	⓯		⓰		

3-2. 감면의 제한(「조세특례제한법」 제121조의 4 제4항) ㉑

㉑ 3-2. 감면의 제한은 「조세특례제한법」 제121조의 2 제1항에 따른 감면을 받던 외국인 투자기업이 감면기간 종료 후 증자(2014. 1. 1. 이후)하거나 제1호 각 목에 따른 산업지원서비스업 등에 대한 감면을 받던 외국인투자기업이 감면기간 종료 후 증자(2012. 1. 1. 이후)를 통하여 새로 감면결정(2014. 1. 1. 이후) 또는 산업지원서비스업 등에 대한 감면결정(2012. 1. 1. 이후)을 받고 감면기간이 종료된 사업의 사업용 고정자산을 증자분 사업에 계속 사용하는 경우로서 자본등기에 관한 변경등기를 한 날 현재 ㊾란의 종전 사업의 사업용 고정자산의 재사용 비율이 100분의 30 이상(2014. 1. 1. 이후), 100분의 50 이상(2012. 1. 1. 이후)인 경우에만 적용됩니다. 다만, ㊾란의 비율이 100분의 30 이상(2014. 1. 1. 이후), 100분의 50 이상(2012. 1. 1. 이후)에 미달하는 경우에는 51란은 적지 않는다.

(앞쪽)

	법 인 명
산서(4)	사업자등록번호

❹ ⑥, ⑮ 감면대상사업소득비율란에는 그 비율이 100%를 초과하는 경우 100%로 적는다.

산출세액	⑥ 감면대상소득 비율 (②/④)	⑦ 감면비율 (㉝)	⑧ 감면세액 (⑤×⑥×⑦)
	❹		

조의 2 제1항 제1호 및 제121조의 4 제1항)

출세액	⑮ 감면대상사업 소득비율 [⑩/(⑩+⑪)]	⑯ 감면대상 소득비율		⑰ 감면 비율(㉝)	⑱ 감면 세액 (⑭×⑯×⑰)
		⑮≥80인 경우 [(⑩+⑪)/⑬]	⑮<80인 경우 [⑩/⑬]		
	❹				

(단위: 원)

㉘ 해당 사업연도 감면율 (㉖또는 ㉗)	㉙ 감면대상 외국투자가 자본금 [(㉔-㉕)×㉘]	㉚ 해당 사업연도 또는 증자분 감면사업 총자본금	㉛ 대여금 차감 전 감면비율 (㉙/㉚)	㉜ 감면배제 대여금비율	㉝ 감면비율 [㉛×(1-㉜)]
❾	❿	⓫ ㉓		⓬	

❾ ㉘ 해당 사업연도 감면율란은 감면기간에 따라 100% 또는 50% 중 해당율을 적는다.

계산

㊶ 한도액 (㊵×50%, ㊵×40%)	㊷ 고용기준 한도액 Min(㊴,㊶)	㊸ 감면 한도세액 (㊲+㊷)	㊹ 감면세액 누계액	㊺ 한도 초과세액 (㊹-㊸)	㊻ 당기 감면세액 (⑧+⑱-㊺)
⓱			⓲	⓳	⓴

⓳ ㊺ 한도초과세액이 (-)이면 "0"으로 본다.

의 사업용 고정자산 재사용 비율 (/㊽)	㊿ 감면의 제한이 적용된 감면세액 [(⑧+⑱)×(1-㊾)]	51 당기 감면세액 [Min(㊻,㊿)]
		㉒

㉒ 51 당기 감면세액을 "공제감면세액 및 추가납부세액합계표(갑)〔별지 제8호 서식(갑)〕"에 옮겨 적는다. 다만, 51 당기 감면세액이 (-)인 경우 "0"으로 본다.

❿ ㉙ 감면대상외국투자가자본금란은 〔(㉔-㉕)×㉘〕로 하되, 증자의 경우 〔(㉔-㉕)×㉘〕 × 증자등기일 이후 일수 ÷ 사업연도일수로 계산하며, 이익준비금 · 평가적립금 또는 외국투자가가 취득한 주식 · 출자지분으로부터 생긴 과실(주식 · 출자지분에 한정한다)에 의한 증자금액이 있는 경우에는 기출자한 외국투자가자본금 중 「조세특례제한법 시행령」 제116조의 2 제11항 제1호에 따라 조세감면이 배제되는 부분을 제외한 외국투자가자본금의 비율로 안분한 금액별로 해당 감면율을 곱한 금액의 합계액을 적는다.

⓫ ㉚ 해당 사업연도 또는 증자분 감면사업 총자본금란은 「조세특례제한법」 제121조의 2에 따라 조세감면을 받는 경우 아래와 같이 계산하며, 「조세특례제한법」 제121조의 4에 따라 증자분에 대한 조세감면을 받는 경우에는 증자분 감면사업을 기준으로 아래의 식을 준용하여 적는다.
해당 사업연도 총자본금=기초자본금+기중증자횟수별 자본금×증자등기일 이후 일수÷사업연도일수

⓬ ㉜ 감면배제대여금 비율란은 외국인투자금액(「외국인투자 촉진법」에 따라 외국인투자금액으로 인정되는 총 투자금액을 말합니다) 적수(積數) 중에서 「조세특례제한법 시행령」 제116조의 2 제11항 제2호에 해당하는 대여금 적수가 차지하는 비율을 적는다.

⓱ ㊶ 한도액에는 「조세특례제한법」 제121조의 2 제1항 제1호 및 제2호의 감면사업을 경영하는 경우에는 ㊵×50%, 같은 조 제1항 제2호의 2부터 제2호의 9까지, 제3호 및 같은 조 제12항 제1호의 감면사업을 경영하는 경우에는 ㊵×40%를 각각 적는다.

⓲ ㊹ 감면세액누계액(전기감면세액누계액+⑧+⑱)은 해당 외국인투자기업이 감면기간 동안 해당 감면대상사업별로 감면받는 소득세 또는 법인세의 합계액을 적는다.

❽ ㉕ 감면배제자본금란은 「조세특례제한법」 제121의 2 제11항 제1호 및 제2호에 따라 조세감면대상으로 보지 아니하는 자본금의 금액을 적는다.

⓴ ㊻ 당기 감면세액의 합계금액을 "공제감면세액 및 추가납부세액합계표(갑)〔별지 제8호 서식(갑)〕"에 옮겨 적는다. 다만, ㊻ 당기 감면세액이 (-)인 경우 0으로 보며 3-2. 감면의 제한이 적용되는 경우에는 ㊻ 당기 감면세액을 계산하여 "공제감면세액 및 추가납부세액합계표(갑)〔별지 제8호 서식(갑)〕"에 옮겨 적는다.

㉓ 「상법」 제345조에 따라 이익소각하는 경우, ㉓, ㉔, ㉕, ㉚ 란은 이익소각 전 자본금에서 전체주식 중 소각된 주식이 차지하는 비중에 대응하는 금액을 뺀 금액을 기준으로 적는다.

세무조정 체크리스트

■ [별지 제8호 서식 부표 1] 공제감면세액계산서(1)

검 토 사 항	확인
1. 조세특례제한법 제20조에 의한 법인세 감면	
① 공공차관 도입과 관련 대주가 부담할 조세는 당해 공공차관협약에 따라 이를 감면함.	
② 공공차관 도입과 관련 외국인에게 지급되는 기술 또는 용역의 대가는 공공차관협약이 정하는 바에 따라 법인세를 감면함.	

■ [별지 제8호 서식 부표 2] 공제감면세액계산서(2)

검 토 사 항	확인
1. 조세특례제한법상의 감면 및 면제를 계산하기 위한 서식작성 검토	
① ④ 최저한세적용감면배제금액합계는 최저한세조정계산서 [별지 제4호 서식]상의 ④의 ⑫③ 감면세액란의 금액을 이기하고, 이에 따라 각 구분별 ④ 최저한세적용감면배제금액을 조정하여 기입함.	
② 각 구분별 ④ 최저한세적용감면배제금액은 조세특례제한법 시행규칙에서 규정하는 해당 세액감면신청서의 최저한세적용감면배제금액란에 이기함.	
2. 세액감면의 일반사항 검토	
① 최저한세의 적용 여부 검토	
② 중복적용배제 검토 -조특법상 세액감면과 일부 투자세액공제는 중복적용 안됨(조특법 §127 ④). -동일한 사업장에 대한 세액감면이 동시에 적용되는 경우 중복적용을 배제하되 각 사업연도를 달리해서는 다른 감면제도 선택이 가능함(조특법 §127 ⑤). -외국인 투자세액 감면 등의 적용시 외국인투자지분율만큼 투자세액공제 배제(조특법 §127 ③)	
③ 농어촌특별세 과세 여부 검토	
3. 창업중소기업 등에 대한 법인세 감면(조특법 §6)	
① 창업중소기업에 대한 감면 여부 검토 -창업의 범위에 해당되는지 검토 -업종요건의 충족 여부 검토 -청년창업중소기업의 경우 대표자 연령 요건 등 충족 여부 검토 -감면소득의 범위를 적정하게 계상하였는지의 여부 검토	

검 토 사 항	확인
② 중소기업창업 지원법 규정에 의한 창업보육센터사업자로 지정받은 내국법인에 대한 감면 검토 - 창업중소기업에 대한 법인세 감면 참조	
③ 창업벤처중소기업의 법인세 감면 여부 검토 - 업종요건 충족 여부 검토 - 창업 후 3년 이내에 벤처기업 확인을 받았는지 확인(벤처기업확인서상 유효기간의 초일)	
④ 에너지신기술중소기업에 대한 법인세 감면 여부 검토 - 고효율제품 등의 요건 충족 여부 및 해당 매출액 구분경리 여부 검토 - 감면소득의 범위를 적정하게 계상하였는지의 여부 검토	
⑤ 중복적용배제(투자세액공제, 동일사업장에 대한 세액감면 중복적용배제) 검토	
⑥ 결정시 등의 경우 감면 여부 검토	
⑦ 최저한세 적용(단, 100% 감면 사업연도와 상시근로자 수 증가에 따른 추가 감면 부분 제외) : 이월공제 불허	
⑧ 감면대상업종과 기타업종으로 적절히 소득구분되었는지 검토	
⑨ 농어촌특별세 비과세	
⑩ 감가상각 의제규정 적용 여부 검토	
⑪ 세액감면신청서 [별지 제2호 서식] 및 창업 중소기업 등에 대한 감면세액계산서 [별지 제2호의 2 서식] 제출	
4. 중소기업에 대한 특별세액감면(조특법 §7)	
① 감면대상업종에 해당하는지 검토	
② 수도권 소재 법인 여부 검토 : 2005. 1. 1. 이후 개시하는 사업연도부터 본점 또는 주사무소가 수도권 안에 소재하는 경우 모든 사업장이 수도권 안에 소재하는 것으로 보아 감면율을 적용	
③ 매출액 기준으로 소기업 해당 여부 검토	
④ 감면율이 다른 업종을 겸영하고 있는 경우 적절히 소득구분되었는지 검토	
⑤ 특별세액 감면율 검토 - 2005. 1. 1. 이후 개시하는 사업연도 분부터 소기업의 감면율 변경(수도권 외 중기업 5%~15%(소기업 10%~30%), 수도권 내 소기업 10%~20%	
⑥ 감면한도 초과 여부 검토	
⑦ 중복적용배제(투자세액공제, 동일사업장에 대한 세액감면 중복적용배제) 검토	
⑧ 결정시 등의 경우 감면 여부 검토	
⑨ 최저한세 적용 : 이월공제 불허	
⑩ 감면대상업종과 기타업종으로 적절히 소득구분되었는지 검토	
⑪ 농어촌특별세 비과세	

검 토 사 항	확인
⑫ 감가상각 의제규정 적용 여부 검토	
⑬ 감면신청서 제출 [별지 제2호 서식]	
5. 수도권 밖으로 공장을 이전하는 기업에 대한 세액감면(조특법 §63)	
① 적용대상법인 및 감면요건 해당 여부 검토 - 수도권 과밀억제권역에서 3년(중소기업 2년) 이상 계속 공장시설 갖추고 사업한 기업인지 검토 - '선이전 후양도' 또는 '선양도 후이전'에 해당하는지 검토	
② 감면세액의 추징 사유에 해당하는지 검토	
③ 중복적용배제(투자세액공제, 동일사업장에 대한 세액감면 중복적용배제) 검토	
④ 결정시 등의 경우 감면 여부 검토	
⑤ 최저한세 적용(수도권 밖으로 이전하는 경우 제외) : 이월공제 불허	
⑥ 감면대상업종과 기타업종으로 적절히 소득구분되었는지 검토	
⑦ 농어촌특별세 비과세	
⑧ 감가상각 의제규정 적용 여부 검토	
⑨ 세액감면신청서[별지 제2호 서식] 및 감면세액계산서 [별지 제46호의 2 서식] 제출	
6. 수도권 밖으로 본사를 이전하는 법인에 대한 세액 감면(조특법 §63의 2)	
① 감면대상법인인지 여부 검토 - 수도권 과밀억제권역 내 사업경영기간 검토 - 부동산업, 건설업[한국표준산업분류에 따른 주거용 건물 개발 및 공급업(구입한 주거용 건물을 재판매하는 경우는 제외)을 포함], 소비성서비스업, 무점포판매업 및 해운중개업을 경영하는 법인 외의 법인인지 여부 검토 - 수도권 외 지역이전 후 사업개시 가능일 검토 - 최소 투자금액 및 최소 근무인원 요건 충족 여부 검토	
② '선사업개시 후양도' 또는 '선양도 후사업개시'에 해당되는지 검토	
③ 감면세액의 계산이 적정한지 검토 - 과세표준에서 토지 · 건물 · 부동산을 취득할 수 있는 권리의 양도차익 및 일정한 소득(*)을 차감한 금액 (*) 고정자산처분익, 유가증권처분익, 수입이자, 수입배당금 및 자산수증익을 합한 금액[금융 및 보험업을 영위하는 법인(금융지주회사법에 따른 금융지주회사는 제외함)의 경우에는 기업회계기준에 따라 영업수익에 해당하는 유가증권처분익, 수입이자 및 수입배당금은 제외함]에서 고정자산처분손, 유가증권처분손 및 지급이자를 합한 금액[금융 및 보험업을 영위하는 법인(금융지주회사법에 따른 금융지주회사는 제외함)의 경우에는 기업회계기준에 따라 영업비용에 해당하는 유가증권처분손 및 지급이자는 제외함]을 뺀 금액(그 수가 음수이면 영으로 봄)을 말함 - 이전본사 근무인원과 법인 전체근무인원의 계산 - 감면 비율 계산시 위탁가공무역에서 발생하는 매출액 비율을 차감	

검 토 사 항	확인
④ 감면세액의 추징사유에 해당하는지 검토	
⑤ 중복적용배제(투자세액공제, 동일사업장에 대한 세액감면 중복적용배제) 검토	
⑥ 결정시 등의 경우 감면 여부 검토	
⑦ 최저한세 적용배제	
⑧ 감면대상업종과 기타업종으로 적절히 소득구분되었는지 검토	
⑨ 농어촌특별세 비과세	
⑩ 감가상각 의제규정 적용 여부 검토	
⑪ 세액감면신청서 [별지 제2호 서식], 감면세액계산서 [별지 제46호의 2 서식] 및 이전본사 근무인원 명세 [별지 제46호의 2 서식 부표] 제출	
7. 외국인투자기업에 대한 법인세 감면(조특법 §121의 2)	
① 법인세 감면대상기준에 해당되는지 여부 검토	
② 감면대상소득의 범위 검토	
③ 감면의 신청기한 및 승인 여부 검토(승인서 사본 징구)	
④ 감면대상소득의 최초 발생연도 확인	
⑤ 감면비율 및 감면기간에 대한 검토	
⑥ 외국인투자지분율 변동에 대한 검토(합병, 증자, 감자, 내국인에게 양도 등의 경우)	
⑦ 증자한 경우 증자분에 대한 감면신청 여부 및 승인 여부 검토	
⑧ 감면추징사유에 해당되는지 여부 검토(조특법 §121의 5)	
⑨ 중복적용배제(외국인투자지분비율만큼 투자세액공제배제, 동일한 사업장에 대한 세액감면 중복적용배제)	
⑩ 최저한세 적용배제	
⑪ 농어촌특별세 비과세	
⑫ 감가상각 의제규정 적용 여부 검토	
⑬ 감면신청서 제출	
8. 기회발전특구의 창업기업 등에 대한 법인세 감면(조특법 §121의 33)	
① 지방자치분권 및 지역균형발전에 관한 특별법에 따른 기회발전특구 해당 여부 검토	
② 감면대상사업 영위 여부 검토	
③ 감면한도 초과 여부 검토	
④ 감면 추징사유 해당 여부 검토	
⑤ 중복적용배제(투자세액공제, 동일사업장에 대한 세액감면 중복적용배제) 검토	
⑥ 결정시 등의 경우 감면 여부 검토	
⑦ 최저한세의 적용(단, 100% 감면 사업연도 제외) : 이월공제 불허	
⑧ 감면대상업종과 기타업종으로 적절히 소득구분되었는지 검토	

검 토 사 항	확인
⑨ 농어촌특별세 과세	
⑩ 감가상각의제규정 적용 여부 검토	
⑪ 세액감면신청서[별지 제2호 서식] 제출	
9. 기술이전 및 기술대여소득에 대한 세액감면(조특법 §12)	
10. 연구개발특구 입주기업 감면(조특법 §12의 2)	
11. 국제금융거래이자소득 면제(조특법 §21)	
12. 기업구조조정 전문회사 주식양도차익 세액감면(법률 제9272호 부칙 제10조 · 제40조)	
13. 농공단지입주기업 등 감면(조특법 §64)	
14. 영농조합법인 감면(조특법 §66)	
15. 영어조합법인 감면(조특법 §67)	
16. 농업회사법인 감면(조특법 §68)	
17. 사회적기업 및 장애인 표준사업장에 대한 감면(조특법 §85의 6)	
18. 소형주택 임대사업자에 대한 세액감면(조특법 §96)	
19. 위기지역 창업기업에 대한 법인세 감면(조특법 §99의 9)	
20. 해외진출기업의 국내복귀에 대한 세액감면(조특법 §104의 24)	
21. 외국인투자기업의 증자의 조세감면(조특법 §121의 4)	
22. 제주도첨단과학기술단지 입주기업 감면(조특법 §121의 8)	
23. 제주 투자진흥지구 등 입주기업 조세감면(조특법 §121의 9)	
24. 기업도시개발구역 등의 창업기업 등에 대한 감면(조특법 §121의 17)	
25. 아시아문화중심도시 투자진흥기구 입주기업 감면(조특법 §121의 20)	
26. 금융중심지 창업기업에 대한 감면(조특법 §121의 21)	
27. 첨단의료복합단지 및 국가식품클러스터 입주기업에 대한 감면(조특법 §121의 22)	

Step III: 사례와 서식작성실무

예제

사 례

다음 자료에 의하여 ㈜용산의 제2기 사업연도(2024. 1. 1.~2024. 12. 31.)의 중소기업에 대한 특별세액감면을 계산하고 공제감면세액계산서(2) 〔별지 제8호 서식 부표 2〕를 작성하라. 단, 법인세율은 2억원 이하는 9%, 2억원 초과 200억원 이하는 19%로 가정한다.

1. 각 사업연도의 소득
   ① 식료품 제조업소득 : 300,000,000
   ② 기타소득 : 100,000,000
   ③ 비과세 소득(감면 제외분) : 20,000,000
2. 사업장의 위치 : 수도권 외(※ ㈜용산의 본점도 수도권 외에 소재함)
3. 제2기 사업연도 식료품 제조업 매출액 : 100억
4. 최저한세 적용에 따른 부인액은 없음.
5. 제2기 사업연도의 상시 근로자 수는 직전 사업연도와 동일함.

해 설

1. 법인세 과세표준
   400,000,000원 − 20,000,000원 = 380,000,000원
2. 산출세액
   200,000,000 × 9% + 180,000,000 × 19% = 52,200,000원
3. 중소기업에 대한 특별세액감면

$$\text{감면대상세액} = \text{산출세액} \times \frac{\text{제조업소득 등(감면대상소득)}}{\text{과세표준}} \times \text{감면비율}$$

$$= 52{,}200{,}000 \times \frac{300{,}000{,}000}{380{,}000{,}000} \times 30\%^{(*)} = 12{,}363{,}158\text{원}(\leq \text{감면한도 1억원})$$

(*) 본점과 사업장 모두 수도권 외에 위치에 있고, 식료품 제조업 매출액이 120억 이하이므로 감면율은 30%가 적용됨.

4. 공제감면세액계산서(2) 〔별지 제8호 서식 부표 2〕 작성 (다음 page 참조)

[별지 제8호 서식 부표 2] (2021. 3. 16. 개정)

사 업 연 도	2024. 1. 1. ~ 2024. 12. 31.	공제감면세액계산서(2)	법 인 명	(주)용산
			사업자등록번호	

① 구 분	근거법 조 항	② 계산명세	③ 감면대상 세액	④ 최저한세 적용감면 배제금액	⑤ 감면세액 (③-④)	⑥ 적용사유발생일
중소기업에 대한 특별 세액감면	조특법 제7조 제1항	52,200,000× 300,000,000 ÷ 380,000,000×30%	12,363,258		12,363,258	2024사업연도

제2절

법인세법상 세액공제

관련 법령	• 법법 §57, §57의 2, §58, §58의 3 • 법령 §94, §94의 2, §95, §95의 3 • 법칙 §47, §48, §49

최근 주요 개정 내용

• 외국납부세액 공제대상에 한-러 조세조약 위반 초과 외국납부세액분 포함 (법령 §94 ①)

종 전	현 행
□ 외국납부세액 공제대상 세액 ○ 외국에서 납부하였거나 납부할 외국소득 (법인)세액(가산세 제외) - 조세조약에 따른 비과세·면제 및 제한세율을 초과하여 과세한 세액은 제외 〈단서 추가〉	□ 러시아가 조세조약을 위반하여 제한 세율을 초과 과세한 세액 포함 - 단, 러시아가 비우호국과 조세조약 이행을 중단하여 제한세율을 초과하여 과세한 세액은 포함

➡ 개정일자 : ㉧ 2024. 2. 29.
적용시기 : 2023년 8월 8일 이후 납부했거나 납부할 외국법인세액부터 적용

관련 서식

• 법인세법 시행규칙
[별지 제8호 서식 부표 1] 공제감면세액계산서(1)
[별지 제8호 서식 부표 5] 공제감면세액계산서(5)
[별지 제8호 서식 부표 5의 2] 국가별 외국납부세액공제 명세서
[별지 제11호 서식] 간접투자회사 등의 외국납부세액계산서
[별지 제52호의 4 서식] 사실과 다른 회계처리로 인하여 과다납부한 금액의 세액공제명세서
[별지 제64호의 3 서식] 집합투자재산에 대한 외국납부세액 확인서
[별지 제64호의 4 서식] 외국납부세액 환급신청서
[별지 제65호 서식] 재해손실세액공제신청서

제2절

법인세법상 세액공제

2

Step I 내용의 이해

1. 외국납부 세액공제 등

1-1. 의 의

내국법인이 외국에 진출하여 그 나라에서 취득하는 소득(국외원천소득)에 대하여는 그 외국의 세법에 의하여 세금을 납부하여야 한다. 또한, 내국법인은 그 소득의 원천에 관계 없이 국내·외 모든 소득에 대하여 법인세 납세의무가 있으므로, 국내에서 국외원천소득을 포함한 소득에 대한 법인세를 납부하게 된다. 이와 같이 국외에서 가득한 소득에 대하여는 그 소득이 발생한 국가와 우리나라에서 각각 과세됨으로써 동일한 소득이 이중으로 과세되는 결과가 나타난다.

따라서, 이러한 국제적 이중과세를 방지함으로써 우리나라 기업의 해외진출을 촉진함과 동시에 조세부담면에서 기업의 국내투자와 해외투자간에 중립성을 확보하고자 외국납부 세액공제제도를 규정하고 있다.

1-2. 외국납부 세액에 대한 세액공제

1-2-1. 개 요

내국법인의 각 사업연도의 소득에 대한 과세표준에 국외원천소득이 포함되어 있는 경우로서 그 국외원천소득에 대하여 외국법인세액을 납부하였거나 납부할 것이 있는 경우에는 일정금액을 한도로 세액공제를 적용받을 수 있다(법법 §57 ①).

1-2-2. 세액공제방법

(1) 외국납부 세액공제액의 계산

1) 개 요

외국납부 세액공제방법이란 외국법인세액을 해당 사업연도의 산출세액에서 공제하는 방법을 말한다. 다만, 납부하였거나 납부할 외국법인세액 전액에 대하여 외국납부 세액공제를 인정하는 것은 아니며, 다음의 산식에 따라 계산한 공제한도 금액을 그 한도로 한다(법법 §57 ① 및 법령 §94 ② 및 법칙 §47).

① 조세특례제한법이나 그 밖의 법률에 따라 세액감면 또는 면제를 적용받지 않는 경우

$$\text{공제한도 금액} = \text{해당 사업연도의 산출세액(토지 등 양도소득에 대한 법인세액 및 투자·상생협력 촉진을 위한 과세특례를 적용하여 계산한 법인세액 제외)} \times \frac{\text{국외원천소득}}{\text{해당 사업연도의 소득에 대한 과세표준}}$$

② 조세특례제한법이나 그 밖의 법률에 따라 세액감면 또는 면제를 적용받는 경우

$$\text{공제한도 금액} = \text{해당 사업연도의 산출세액(토지 등 양도소득에 대한 법인세액 및 투자·상생협력 촉진을 위한 과세특례를 적용하여 계산한 법인세액 제외)} \times \frac{\text{국외원천소득} - \text{세액감면·면제대상 국외원천소득} \times \text{감면·면제비율}}{\text{해당 사업연도의 소득에 대한 과세표준}}$$

관련사례

• 외국납부 세액공제한도 계산시 적용할 감면비율
외국납부 세액공제액 계산시 '국외원천소득'에서 제외하는 '감면비율상당액'은 국외원천소득에 대해 '실제로 감면받은 세액'을 기준으로 산정하는 것으로서, 외국납부 세액공제와 감면 중 납세자가 유리한 방법을 선택하여 적용함에 따라 해당 감면을 적용받지 아니하거나, 최저한세의 적용으로 감면이 배제되는 금액은 동 비율산정시 제외됨(법인 46012-681, 2002. 12. 18. 및 서이 46012-12332, 2002. 12. 27.).

2) 국외원천소득의 범위

국외원천소득은 국외에서 발생한 소득으로서 내국법인의 각 사업연도 소득의 과세표준 계산에 관한 규정을 준용해 산출한 금액으로 한다. 이 경우 국외원천소득은 해당 사업연도의 과세표준을 계산할 때 손금에 산입된 금액(국외원천소득이 발생한 국가에서 과세할 때 손금에 산입된 금액은 제외함)으로서 국외원천소득에 대응하는 다음의 국외원천소득 대응 비용을 뺀 금액으로 한다(법령 §94 ② 및 법칙 §47 및 법기통 57-0…1).

① 직접비용 : 해당 국외원천소득에 직접적으로 관련되어 대응되는 비용. 이 경우 해당 국외

원천소득과 그 밖의 소득에 공통적으로 관련된 비용은 제외함.

② 배분비용 : 해당 국외원천소득과 그 밖의 소득에 공통적으로 관련된 비용 중 다음의 계산방법에 따라 계산한 국외원천소득 관련 비용

㉠ 국외원천소득과 그 밖의 소득의 업종이 동일한 경우의 공통손금은 국외원천소득과 그 밖의 소득별로 수입금액 또는 매출액에 비례하여 안분계산

㉡ 국외원천소득과 그 밖의 소득의 업종이 다른 경우의 공통손금은 국외원천소득과 그 밖의 소득별로 개별 손금액에 비례하여 안분계산

:: 연구개발 관련 비용의 국외원천소득 대응 비용 계산 특례

내국법인이 손비(법령 §19)로서 연구개발(조특법 §2 ① 11호) 활동에 따라 발생한 비용(연구개발 업무를 위탁하거나 공동연구개발을 수행하는 데 드는 비용을 포함하며, 이하 "연구개발비"라 함)에 대해 다음의 계산방법을 선택하여 계산하는 경우에는 그 계산한 금액을 국외원천소득 대응 비용으로 하고, 다음의 계산방법을 선택한 경우에는 그 선택한 계산방법을 적용받으려는 사업연도부터 5개 사업연도 동안 연속하여 적용해야 한다. 이 때 다음의 ②에 따라 계산한 금액이 ①에 따라 계산한 금액의 50% 미만인 경우에는 ①에 따라 계산한 금액의 50%를 국외원천소득 대응 비용으로 한다(법령 §94 ② 및 법칙 §47 ①, ②).

① 매출액 방법 : 해당 사업연도에 내국법인의 연구개발비용비율(전체 연구개발비 중 국내에서 수행되는 연구개발 활동에 소요되는 비용이 차지하는 비율)의 구분에 따른 다음의 계산식에 따라 국외원천소득 대응 비용을 계산하는 방법

㉠ 연구개발비용비율이 50% 이상인 경우 : $A \times \frac{50}{100} \times \frac{C}{B+C+D}$

㉡ 연구개발비용비율이 50% 미만인 경우

: $(A \times \frac{50}{100} \times \frac{C}{C+D}) + (A \times \frac{50}{100} \times \frac{C}{B+C+D})$

A: 연구개발비

B: 기업회계기준에 따른 내국법인의 전체 매출액(*1)

C: 해당 국가에서 내국법인에게 사용료소득을 지급하는 모든 비거주자 또는 외국법인의 해당 사용료소득에 대응하는 매출액(*2)의 합계액.(*3) 다만, 외국자회사의 경우 그 소재지국에서 재무제표 작성시 일반적으로 인정되는 회계원칙에 따라 산출한 외국자회사의 전체 매출액(해당 외국자회사에 대한 내국법인의 매출액이 있는 경우 이를 외국자회사의 전체 매출액에서 차감함)에 내국법인의 해당 사업연도 종료일 현재 외국자회사에 대한 지분비율을 곱한 금액으로 함.

D: 해당 국가 외의 국가에서 C에 따라 산출한 금액을 모두 합한 금액

(*1) 내국법인의 법 제93조 제8호 가목 및 나목에 해당하는 권리·자산 또는 정보(이하 이 조에서 "권리등"이라 함)를 사용하거나 양수하여 내국법인에게 그 권리등의 사용대가 또는 양수대가(이하 "사용료소득"이라 함)를 지급하는 외국법인으로서 내국법인이 의결권이 있는 발행 주식총수 또는 출자총액의 50% 이상을 직접 또는 간접으로 보유하고 있는 외국법인(이하 "외국자회사"라 함)의 해당 내국법인에 대한 매출액과 내국법인의 국외 소재 사업장(이하 이 항에서 "국외사업장"이라 함)에서 발생한 매출액은 해당 내국법인의

전체 매출액에서 차감한다.

(*2) 내국법인이 해당 매출액을 확인하기 어려운 경우에는 사용료소득을 기준으로 내국법인이 합리적으로 계산한 금액으로 갈음할 수 있다.

(*3) 내국법인의 국외사업장의 매출액을 포함한다.

② 매출총이익 방법 : 해당 사업연도에 내국법인의 연구개발비용비율의 구분에 따른 다음의 계산식에 따라 국외원천소득 대응 비용을 계산하는 방법

㉠ 연구개발비용비율이 50% 이상인 경우 : $A \times \frac{75}{100} \times \frac{F}{E+F+G}$

㉡ 연구개발비용비율이 50% 미만인 경우

: $(A \times \frac{25}{100} \times \frac{F}{F+G}) + (A \times \frac{75}{100} \times \frac{F}{E+F+G})$

A: 연구개발비

E: 기업회계기준에 따른 내국법인의 매출총이익(국외사업장의 매출총이익과 비거주자 또는 외국법인으로부터 지급받은 사용료소득은 제외함)

F: 해당 국가에 소재하는 비거주자 또는 외국법인으로부터 내국법인이 지급받은 사용료소득과 내국법인의 해당 국가에 소재하는 국외사업장의 매출총이익 합계액

G: 해당 국가 외의 국가에 소재하는 비거주자 또는 외국법인으로부터 내국법인이 지급받은 사용료소득과 내국법인의 해당 국가 외의 국가에 소재하는 국외사업장의 매출총이익 합계액

각 사업연도의 과세표준에 포함된 국외원천소득을 계산함에 있어 국외사업장 등이 있는 외국의 사업연도와 우리나라의 사업연도가 상이한 경우 국외원천소득의 계산은 우리나라의 사업연도를 기준으로 하여야 한다.

또한, 각 사업연도의 과세표준은 각 사업연도 소득금액에서 이월결손금 · 비과세소득 · 소득공제액(이하 "공제액 등"이라 함)을 공제하여 계산한 금액이므로, 공제액 등이 있는 경우의 국외원천소득은 다음의 금액을 공제한 금액으로 하여야 한다(법령 §94 ⑥, §96).

① 공제액 등이 국외원천소득에서 발생한 경우 : 공제액 전액

② 공제액 등이 국외원천소득에서 발생한 것인지의 여부가 불분명한 경우 : 소득금액에 비례하여 안분계산한 금액

관련사례

• 자동차 회사의 국외원천소득계산시 차감되는 개발비의 산정방법

국내 · 외 공용차종(기본형 차종, 국내변형 차종 및 국외변형 차종)에 관련된 연구개발비 중 간접비용은 국외원천소득과 국내원천소득에 공통적으로 관련된 기본형 차종 연구개발비로서 그 중 법 소정의 방법(법칙 §47)에 따라 안분계산한 비용을 말하며, 직접비용은 관련 연구개발비에서 국외원천소득과 국내원천소득에 공통적으로 관련된 연구개발비를 차감한 잔여 연구개발비 중 국외원천소득에 직접 관련되어 개별적으로 대응되는 국외변형 차종

연구개발비가 해당되는 것임(기획재정부 국제조세제도과-470, 2019. 10. 24.).

- 국외원천소득 계산시 이월결손금 공제 여부
  외국납부 세액공제 한도액을 계산함에 있어 각 사업연도 과세표준 계산시 공제한 이월결손금이 있는 경우에는 국외원천소득은 이월결손금을 공제한 금액으로 하는 것이고, 공제되는 이월결손금이 발생된 사업이 국내·외 또는 각 국가별로 불분명한 경우에는 소득금액비율로 안분하여 계산함(사전법령국조-75, 2016. 3. 17.).
- 정상가격 과세조정에 따라 익금에 산입한 지급보증수수료의 국외원천소득 포함여부
  내국법인이 해외자회사에 대하여 지급보증하고 미수취한 지급보증대가에 대하여 정상가격 과세조정에 따라 익금에 산입한 지급보증수수료는 국외원천소득에 포함함(서면법령국조-22495, 2015. 6. 25.).
- 국외원천소득금액의 계산시 내부거래로 인한 수익비용의 조정 여부
  해외지점 국외원천소득금액의 계산시 본·지점간의 내부거래로 인한 수익·비용은 법인세법상 익금 또는 손금에 해당하지 아니함(서이 46017-10313, 2003. 2. 11.).
- 국외원천소득 계산시 공동경비의 차감 여부
  당해 사업연도 과세표준금액 계산상 손금에 산입한 각종 충당금·준비금 또는 국내외 전체 영업을 위한 공통경비 등이 있을 경우 이를 그 발생원인에 따라 적정하게 안분하여 그 중 국외영업에 관련된 부분은 당해 국외사업장 등의 손금으로 하여 국외원천소득을 계산하여야 함(대법 86누 219, 1987. 2. 24.).

(2) 외국납부 세액공제 한도 계산방법

외국납부 세액공제의 공제한도금액을 계산함에 있어서 국외사업장이 2 이상의 국가에 있는 경우에는 국가별로 구분하여 계산한다(법령 §94 ⑦).

(3) 외국납부세액의 이월공제

외국정부에 납부하였거나 납부할 외국법인세액이 공제한도금액을 초과하는 경우 그 초과하는 금액은 해당 사업연도의 다음 사업연도의 개시일부터 10년 이내에 끝나는 각 사업연도에 이월하여 그 이월된 사업연도의 공제한도금액 내에서 이를 공제받을 수 있다. 다만, 외국정부에 납부하였거나 납부할 외국법인세액을 이월공제기간 내에 공제받지 못한 경우 그 공제받지 못한 외국법인세액은 법인세법 제21조 제1호에도 불구하고 이월공제기간의 종료일 다음 날이 속하는 사업연도의 소득금액을 계산할 때 손금에 산입할 수 있다(법법 §57 ②).

한편, 2015년 2월 2일 이전에 국가별한도 방법이 아닌 일괄한도 방법을 적용함으로 발생한 외국납부 세액공제의 한도초과액으로서 2015년 1월 1일 이후 개시하는 사업연도의 직전 사업연도까지 법인세법 제57조 제2항에 따라 이월하여 공제되지 아니하고 남아있는 금액에 대해서는 2015년 1월 1일 이후 최초로 개시하는 사업연도에 대한 과세표준 및 세액 계산 시 다음 어느 하나를 선택하여 그 비율에 따라 국가별로 안분하여 외국납부 세액공제 한도액을 계산한다(법령 부칙(2015. 2. 3.) §15 ①).

① 2015년 1월 1일 이후 최초로 개시하는 사업연도의 국가별 국외원천소득의 합계에서 각 국가별 국외원천소득이 차지하는 비율. 이 경우 어느 국가의 국외원천소득이 영(0)이거나 음수인 경우에는 그 국가의 국외원천소득은 영(0)으로 함.

② 2015년 1월 1일 이후 최초로 개시하는 사업연도의 국가별 외국법인세액의 합계에서 각 국가별 외국법인세액이 차지하는 비율. 이 경우 어느 국가의 외국법인세액이 영(0)이거나 음수인 경우에는 그 국가의 외국법인세액은 영(0)으로 함.

이 경우 상기 ①의 후단 및 ②의 후단에 따라 국외원천소득과 외국법인세액이 모두 영(0)이거나 음수인 경우로서 국가별로 안분할 수 없는 경우에는 이월하여 공제되지 아니하고 남아있는 금액에 대해서는 상기 ① 또는 ②의 비율 중 어느 하나의 비율이 발생하는 최초의 사업연도에 그 비율에 따라 국가별로 안분하여 외국납부 세액공제 한도액을 계산한다(법령 부칙 (2015. 2. 3.) §15 ②).

한편, 공제한도금액을 초과하는 외국법인세액 중 국외원천소득 대응 비용과 관련된 외국법인세액에 대해서는 이월공제를 적용하지 않되, 세액공제를 적용받지 못한 사업연도의 다음 사업연도 소득금액을 계산할 때 손금에 산입할 수 있으며, 이 경우 국외원천소득 대응 비용과 관련된 외국법인세액은 다음 ①의 금액에서 ②의 금액을 뺀 금액을 말한다(법령 §94 ⑮).

① 국외원천소득에 대응하는 국외원천소득 대응 비용을 국외원천소득에서 빼기 전의 국외원천소득을 기준으로 계산한 공제한도금액

② 공제한도금액

1-2-3. 외국납부세액의 원화환산방법 등

(1) 외국납부세액의 원화환산방법

외국납부 세액공제를 적용하기 위해서는 외화로 납부된 외국법인세액을 원화로 환산하여야 하는 바, 외국납부세액의 원화환산방법은 다음과 같다(법칙 §48).

① 외국세액을 납부한 경우 : 외국세액을 납부한 때의 외국환거래법에 의한 기준환율 또는 재정환율에 의한다.

② 외국세액을 미납한 경우 : 당해 사업연도 중에 확정된 외국납부세액이 분납 또는 납기미도래로 인하여 미납된 경우에는 그 사업연도 종료일 현재의 외국환거래법에 의한 기준환율 또는 재정환율에 의하며, 사업연도 종료일 이후에 확정된 외국납부세액을 납부하는 경우 미납된 분납세액에 대하여는 확정일 이후 최초로 납부하는 날의 기준환율 또는 재정환율에 의하여 환산할 수 있다.

③ 국내에서 공제받은 외국납부세액을 외국에서 환급받아 국내에서 추가로 세액을 납부하는 경우의 원화환산은 상기 ①에 따른 외국세액을 납부한 때 또는 ②에 따른 그 사업연도 종

료일 현재나 확정일 이후 최초로 납부하는 날의 외국환거래법에 따른 기준환율 또는 재정환율에 따른다. 다만, 환급받은 세액의 납부일이 분명하지 아니한 경우에는 해당 사업연도 동안 해당 국가에 납부한 외국납부세액의 ①또는 ②에 따라 환산한 원화 합계액을 해당 과세기간 동안 해당 국가에 납부한 외국납부세액의 합계액으로 나누어 계산한 환율에 따른다.

(2) 외국납부세액 공제세액계산서 등의 제출

1) 일반적인 경우

내국법인이 외국법인세액의 외국납부 세액공제 및 외국납부 세액공제의 이월공제 규정을 적용받고자 하는 경우에는 법인세 과세표준 신고와 함께 외국납부세액 공제세액계산서 [법칙 별지 제8호 서식 부표 5]를 납세지 관할 세무서장에게 제출해야 한다(법령 §94 ③ 및 법칙 §82 ⑧).

2) 외국납부세액이 미확정 또는 변경되는 경우

외국정부의 국외원천소득에 대한 법인세의 결정 · 통지의 지연, 과세기간의 상이 등의 사유로 과세표준 신고기한 내에 외국정부로부터 법인세 결정통지를 받지 못한 경우에는 과세표준 신고와 함께 외국납부세액 공제세액계산서를 제출할 수 없으므로, 외국정부의 국외원천소득에 대한 법인세 결정통지를 받은 날로부터 3개월 이내에 외국납부세액 공제세액계산서에 증빙서류를 첨부하여 제출할 수 있다(법령 §94 ④).

또한 외국정부가 내국법인의 국외원천소득에 대하여 결정한 법인세액을 경정함으로써 외국납부세액에 변동이 생긴 경우에도, 과세표준에 포함되는 국외원천소득의 변동 여부에 따라 과세표준을 경정하여야 할 뿐만 아니라 변동된 외국납부세액 및 국외원천소득을 대상으로 외국 납부세액 공제를 함이 타당하므로, 국외원천소득에 대한 외국정부의 법인세 경정통지를 받은 날로부터 3개월 이내에 공제세액계산서를 제출하여 외국 납부 세액공제금액을 재계산할 수 있다. 이 경우, 환급세액이 발생하면 국세기본법 제51조에 따라 충당하거나 환급할 수 있다(법령 §94 ⑤).

관련사례

- 부과제척기간 경과 후 외국납부세액에 변동이 생긴 경우
  과세표준신고서를 법정신고기한까지 제출한 내국법인이 국외원천소득에 대하여 외국정부로부터 외국납부세액의 변동을 부과제척기간이 지난 이후에 결정통지를 받은 경우, 해당 내국법인은 국세기본법 제45조의 2 제2항 및 같은 법 시행령 제25조의 2에 따라 외국정부로부터 국외원천소득에 대한 법인세 결정통지를 받은 날로부터 3월 이내에 경정청구를 할 수 있음(법인세법 집행기준 57-94-9).

(3) 외국납부세액의 공제 시기

외국납부세액은 해당 국외원천소득이 과세표준에 산입되어 있는 사업연도의 산출세액에서

공제한다(법령 §94 ③). 다만, '2) 외국납부세액이 미확정 또는 변경되는 경우'에서 전술한 바와 같이, 법인세과세표준 신고 후 공제받게 되는 외국납부세액은 외국정부의 국외원천소득에 대한 법인세 결정통지를 받은 날로부터 3개월 이내에 외국납부세액 공제세액계산서를 첨부하여 제출할 수 있으며, 이 경우 환급세액이 발생하면 국세기본법 제51조에 따라 충당하거나 환급할 수 있다(법령 §94 ⑤).

1-3. 외국법인세액의 범위

1-3-1. 직접외국납부세액

(1) 직접외국납부세액의 의의

직접외국납부세액은 내국법인의 각 사업연도의 과세표준에 포함되어 있는 국외원천소득에 대하여 외국정부(지방자치단체 포함)에 납부하였거나 납부할 것으로 확정된 다음의 세액(가산세는 제외함)을 말한다. 다만, 국제조세조정에 관한 법률 제12조 제1항에 따라 내국법인의 소득이 감액 조정된 금액 중 국외특수관계인에게 반환되지 않고 내국법인에게 유보되는 금액에 대하여 외국정부가 과세한 금액과 해당 세액이 조세조약에 따른 비과세・면제・제한세율에 관한 규정에 따라 계산한 세액을 초과하는 경우에는 그 초과하는 세액은 제외하되, 러시아연방 정부가 비우호국과의 조세조약 이행중단을 내용으로 하는 자국 법령에 근거하여 조세조약에 따른 비과세・면제・제한세율에 관한 규정에 따라 계산한 세액을 초과하여 과세한 세액은 포함한다(법령 §94 ①).

① 초과이윤세 및 기타 법인의 소득 등을 과세표준으로 하여 과세된 세액
② 법인의 소득 등을 과세표준으로 하여 과세된 세의 부가세액
③ 법인의 소득 등을 과세표준으로 하여 과세된 세와 동일한 세목에 해당하는 것으로서 소득 외의 수익금액 기타 이에 준하는 것을 과세표준으로 하여 과세된 세액

개 정

○ 외국납부세액 공제대상에 러시아연방 정부가 조세조약을 위반하여 제한세율을 초과하여 과세한 세액을 추가(법령 §94 ①)
➡ 2023년 8월 8일 이후 납부했거나 납부할 외국법인세액부터 적용

관련사례

- 베트남 외국인계약자세 외국납부세액공제 여부
  우리나라 법인이 베트남에 고정사업장을 두고 해당 고정사업장에 귀속되는 국외원천소득이 발생한 경우 베트남 세법에 따라 고정사업장 수입금액의 일정 비율로 원천징수된 외국인계약자세는 수입금액 중 소득금액에 대응하는 세액에 대하여 한·베트남 조세조약 제23조 제1항 및 법인세법 제57조 제1항에 따라 외국납부세액공제 등의 적용 대상이 되는 것임(재국조-152, 2018. 2. 6.).
- 파트너쉽 과세방식을 선택한 L.L.C.에 출자한 내국법인의 외국 납부 세액공제 적용 여부
  미국세법상 파트너를 납세의무자로 하는 파트너쉽 과세방식을 선택한 L.L.C.(Limited Liability Company)에 출자한 내국법인이 파트너로서 미국내 사업에서 발생한 소득에 대하여 미국에서 세금을 신고·납부하는 경우, 당해 세금에 대하여는 법인세법 제57조 제1항의 규정을 적용하는 것임(서면2팀-2215, 2006. 11. 1.).
- 공동사업체 명의로 납부한 세액에 대한 공동사업자의 외국 납부 세액공제 적용 여부
  내국법인이 다른 내국법인과 해외에서 공동사업체(Joint-Venture)를 설치하고 해외 과세당국에 공동사업체(또는 공동사업체 중 하나의 내국법인) 명의로 소득세를 납부하였으나, "공동사업계약서" 및 외국 과세당국으로부터 "납부영수증" 등에 의하여 각 공동사업자의 외국납부세액 부담액이 확인되는 경우 내국법인이 실제로 부담한 외국납부세액은 각 사업연도 소득금액계산상 외국납부세액공제 대상 세액에 해당되는 것임(서면2팀-1536, 2006. 8. 18.).
- 사업의 포괄양수시 인수한 외국납부세액의 공제가능 여부
  갑법인이 을법인의 사업을 포괄적으로 양수하는 과정에서 을법인의 익금에 해당하는 국외원천소득에 대한 미수금을 함께 인수한 경우 갑법인은 동 국외원천소득의 외국납부세액에 대하여 외국납부세액공제를 적용할 수 없는 것이며, 그 금액은 갑법인의 각 사업연도 소득금액 계산시 손금에 산입할 수 없는 것임(서이 46012-10708, 2003. 4. 4.).

(2) 외국 Hybrid 사업체를 통한 국외 투자시 외국납부세액

1) 적용요건

내국법인의 각 사업연도의 소득금액에 외국법인으로부터 받는 수입배당금액이 포함되어 있는 경우로서 다음의 요건을 갖춘 경우에는 그 외국법인의 소득에 대하여 출자자인 내국법인에게 부과된 외국법인세액 중 해당 수입배당금액에 대응하는 금액을 세액공제의 대상이 되는 외국법인세액으로 본다(법법 §57 ⑥ 및 법령 §94 ⑬).

① 외국법인의 소득이 그 본점 또는 주사무소가 있는 국가(이하 "거주지국"이라 함)에서 발생한 경우 : 거주지국의 세법에 따라 그 외국법인의 소득에 대하여 해당 외국법인이 아닌 그 주주 또는 출자자인 내국법인이 직접 납세의무를 부담하는 경우

② 외국법인의 소득이 거주지국 이외의 국가(이하 "원천지국"이라 함)에서 발생한 경우

: 다음 요건을 모두 갖춘 경우

㉠ 거주지국의 세법에 따라 그 외국법인의 소득에 대하여 해당 외국법인이 아닌 그 주주 또는 출자자인 내국법인이 직접 납세의무를 부담할 것

㉡ 원천지국의 세법에 따라 그 외국법인의 소득에 대하여 해당 외국법인이 아닌 그 주주 또는 출자자인 내국법인이 직접 납세의무를 부담할 것

2) 세액공제 대상 금액

외국법인의 소득에 대하여 출자자인 내국법인에게 부과된 외국법인세액 중 세액공제의 대상이 되는 외국법인세액은 다음의 산식에 따라 계산한다(법령 §94 ⑭).

$$\text{내국법인이 부담한 외국법인의 해당 사업연도 소득에 대한 법인세액} \times \frac{\text{수입배당금액}}{(\text{외국법인의 해당 사업연도 소득금액} \times \text{내국법인의 해당 사업연도 손익배분 비율}) - \text{내국법인이 부담한 외국법인의 해당 사업연도 소득에 대한 법인세액}}$$

1-3-2. 간주외국납부세액

(1) 개 요

국외원천소득이 있는 내국법인이 조세조약의 상대국에서 해당 국외원천소득에 대하여 법인세를 감면받은 세액 상당액은 그 조세조약으로 정하는 범위에서 세액공제의 대상이 되는 외국법인세액으로 간주한다(법법 §57 ③).

(2) 적용요건

간주외국납부세액공제를 적용하기 위해서는 다음의 2가지 요건을 충족하여야 한다(국일 46017-431, 1997. 6. 23.).

① 국외원천소득에 대한 면세가 상대국의 다른 특별법 등에 의한 감면이어야 함.

② 상대국가와의 조세조약에 간주외국납부세액공제가 규정되어야 함.

따라서, 내국법인이 외국자회사로부터 수취하는 배당금 등을 내국법인의 각 사업연도 소득금액 계산상 익금에 산입함에 있어 당해 익금에 산입되는 배당금이 당초부터 외국 과세당국으로부터 법인세가 과세되지 않는 경우에는 조세조약상의 간주외국납부세액공제의 규정은 적용하지 아니하나, 동 배당금이 외국의 세법에 따라 법인세 과세대상이나 조세조약상의 규정에 의한 '조세경감 면제 또는 경제개발촉진을 위한 여타 조세유인조치에 관한 법률규정' 등에 따라 법인세가 면제되는 경우에는 간주외국납부세액의 공제가 적용된다(법기통 57-0…3).

관련사례

- 한 · 베트남 조세조약에 따라 사용료 소득에 대해 저율로 과세된 경우 간주외국납부세액공제 여부

  내국법인이 베트남법인으로부터 수취한 설계용역에 대한 대가에 대하여 사용료 소득으로 보아 한 · 베트남 조세조약 제12조 제2항에 따라 5%의 세율로 원천징수된 경우, 해당 내국법인은 베트남 내 원천 사용료소득에 대하여 베트남에서 실질 납부한 세액에 불구하고 한 · 베트남 조세조약 제23조 제4항과 법인세법 제57조 제3항에 따라 사용료총액의 15%를 납부한 것으로 간주하여 외국납부세액공제를 적용받을 수 있는 것임(국제세원-115, 2013. 4. 18.).

계산사례 - 1 **간주외국납부세액의 계산**

아래와 같은 조건에서 외국납부세액은 얼마인가?

- 투자상대국에서 발생한 국외원천소득 : 100원
- 투자상대국 세법상 동 소득에 대한 원천징수세율 : 20%
- 투자국과 투자상대국 간에 체결된 조세조약상 제한세율 : 10%
- 동 국외원천소득에 대한 투자상대국의 특별법상의 원천징수세율 : 7%

해 설

- 직접외국납부세액 = 100원 × 7% = 7원
- 간주외국납부세액 = 100원 × (10% - 7%) = 3원

투자상대국의 특별법이 없다고 가정할 경우에는 조세조약상의 제한세율 10%를 적용하여 10원이 원천징수납부되어 10원이 직접외국납부세액이 되며 세액공제된다. 그러나 투자상대국의 특별법 등으로 원천징수세율이 10%가 아니라 7%만 적용된다고 할 때 7원이 원천징수되며, 이 때의 간주외국납부세액은 13원(= 100 × 20% - 100×7%)이 아니라 3원(= 100 × 10% - 100 × 7%)이 된다. 따라서, 직접외국납부세액은 7원이며 간주외국납부세액은 3원이 되어, 총 외국납부세액은 상대국의 특별법 등에 의한 감면 여부와 관계없이 10원(7원 + 3원)이 된다.

1-3-3. 간접외국납부세액

(1) 개 요

내국법인의 각 사업연도의 소득금액에 외국자회사로부터 받는 수입배당금액(이익의 배당이나 잉여금의 분배액)이 포함되어 있는 경우 그 외국자회사의 소득에 대하여 부과된 외국법인세액 중 그 수입배당금액에 대응하는 것으로서 일정금액은 외국납부세액에 해당하는 것(간접외국납부세액)으로 본다(법법 §57 ④).

(2) 간접외국납부세액의 계산

내국법인의 각 사업연도 소득금액에 외국자회사로부터 받은 수입배당금이 포함되어 있는 경우 그 외국자회사의 소득에 대하여 부과된 외국법인세액 중 해당 수입배당금액에 대응되는 것으로서, 다음의 계산식에 따라 계산한 금액은 세액공제되는 외국법인세액으로 본다.

$$\text{간접외국납부세액} = \text{외국자회사의 해당 사업연도 법인세액} \times \frac{\text{수입배당금액}}{\text{외국자회사의 해당 사업연도 소득금액} - \text{외국자회사의 해당 사업연도 법인세액}}$$

이 경우 외국자회사의 해당 사업연도 법인세액은 다음의 세액으로서 외국자회사가 외국납부세액으로 공제받았거나 공제받을 금액 또는 해당 수입배당금액이나 제3국(본점이나 주사무소 또는 사업의 실질적 관리장소 등을 둔 국가 외의 국가를 말함) 지점 등 귀속소득에 대하여 외국자회사의 소재지국에서 국외소득 비과세 · 면제를 적용받았거나 적용받을 경우 해당 세액 중 50%에 상당하는 금액을 포함하여 계산하고, 수입배당금액(외국자회사가 외국손회사로부터 지급받는 수입배당금액 포함)은 이익이나 잉여금의 발생순서에 따라 먼저 발생된 금액부터 배당되거나 분배된 것으로 본다(법법 §57 ④ 및 법령 §94 ⑧).

① 외국자회사가 외국손회사로부터 지급받는 수입배당금액에 대하여 외국손회사의 소재지국 법률에 따라 외국손회사의 소재지국에 납부한 세액
② 외국자회사가 제3국의 지점 등에 귀속되는 소득에 대하여 그 제3국에 납부한 세액

위 산식에서 외국자회사란 내국법인이 의결권 있는 발행주식총수 또는 출자총액의 10%(조세특례제한법 제22조의 규정에 따른 해외자원개발사업을 영위하는 외국법인의 경우에는 5%) 이상을 출자하고 있는 외국법인으로서, 내국법인이 직접 외국자회사의 의결권있는 발행주식총수 또는 출자총액의 10% 이상을 해당 외국자회사의 배당기준일 현재 6개월 이상 계속하여 보유(내국법인이 적격합병, 적격분할, 적격물적분할, 적격현물출자에 따라 다른 내국법인이 보유하고 있던 외국자회사의 주식 등을 승계받은 때에는 그 승계 전 다른 내국법인이 외국자회사의 주식 등을 취득한 때부터 해당 주식 등을 보유한 것으로 봄)하고 있는 법인을 말한다(법법 §57 ⑤ 및 법령 §94 ⑨).

위 산식에서 외국손회사란 다음의 요건을 모두 갖춘 법인을 말한다(법령 §94 ⑩).

① 해당 외국자회사가 직접 외국손회사의 의결권 있는 발행주식총수 또는 출자총액의 10%(조세특례제한법 제22조에 따른 해외자원개발사업을 경영하는 외국법인의 경우에는 5%를 말함) 이상을 해당 외국손회사의 배당기준일 현재 6개월 이상 계속하여 보유하고 있을 것
② 내국법인이 외국손회사의 의결권 있는 발행주식총수 또는 출자총액의 10%(조세특례제한

법 제22조에 따른 해외자원개발사업을 경영하는 외국법인의 경우에는 5%를 말함) 이상을 외국자회사를 통하여 간접 소유할 것. 이 경우 주식의 간접소유비율은 내국법인의 외국자회사에 대한 주식소유비율에 그 외국자회사의 외국손회사에 대한 주식소유비율을 곱하여 계산한다.

관련사례

• 중국회사로부터의 배당소득에 대한 간접외국납부세액공제 적용 여부
내국법인이 100% 지분을 소유하고 있는 중국회사로부터 배당이나 잉여금의 분배를 받는 경우 간접외국납부세액공제는 "대한민국과 중화인민공화국 간의 소득에 대한 조세의 이중과세회피와 탈세방지를 위한 협정의 제2의정서" 발효일(2006. 7. 4.) 이후 최초로 수취하는 배당 분부터 적용하는 것임(서면2팀-787, 2008. 4. 28.).

(3) 간접외국납부세액에 대한 세무조정

내국법인이 간접외국납부세액을 세액공제하는 경우에는 간접외국납부세액에 상당하는 금액을 외국자회사의 배당확정일이 속하는 사업연도에 익금산입하여야 한다(법법 §15 ② 2호).

계산사례 - 2 간접외국납부세액의 계산

다음의 경우 각 국가별 간접외국납부세액을 계산하시오.

㈜삼일의 제32기 사업연도(2024. 1. 1.~2024. 12. 31.)의 외국자회사와 이에 따른 수입배당금액의 내역을 살펴보면 다음과 같다. A법인을 제외한 나머지 법인은 모두 제30기부터 투자한 법인이고, A, B, C 법인 모두 해외자원개발사업을 경영하는 법인이 아니다.

구 분	지분율(*1)	수입배당금액	외국자회사의 소득금액	외국자회사의 법인세액
A(일본)(*2)	30%	75,000,000	300,000,000	90,000,000
B(미국)	25%	100,000,000	400,000,000	80,000,000
C(중국)	8%	120,000,000	600,000,000	120,000,000

(*1) 의결권 있음.
(*2) A법인의 투자기간은 배당기준일 현재 6월 미만임.

해 설

1. A법인과 C법인의 간접외국납부세액
   A법인의 주식은 보유한 기간이 배당기준일 현재 6월 미만이며 C법인의 주식은 지분율 요건을 충족하지 못하므로 간접외국납부세액공제가 적용되지 아니한다.
2. B법인(지분율 요건을 충족하는 법인)의 간접외국납부세액

$$\text{간접외국납부세액} = 80{,}000{,}000 \times \frac{100{,}000{,}000}{400{,}000{,}000 - 80{,}000{,}000} = 25{,}000{,}000\text{원}$$

1-4. 외국납부 세액공제의 배제

내국법인이 출자한 외국자회사[내국법인이 의결권 있는 발행주식총수 또는 출자총액의 10%(조세특례제한법 제22조에 따른 해외자원개발사업을 하는 외국법인의 경우에는 5%) 이상을 출자하고 있는 외국법인으로서 일정한 요건을 갖춘 법인을 말함]로부터 받은 수입배당금액의 95%에 해당하는 금액은 익금불산입하는 바(법법 §18의 4), 이러한 익금불산입의 적용대상이 되는 수입배당금액에 대해서는 외국납부 세액공제 등을 적용하지 않는다(법법 §57 ⑦).

2. 간접투자회사 등의 외국납부 세액공제 특례

:: 간접투자회사 등을 통한 국외 간접투자시 외국납부 세액공제 방식 개편

2022년 12월 31일 법인세법 개정시 내국법인이 간접투자회사 등으로부터 지급받은 소득에 대한 외국납부 세액공제 특례(법법 §57의 2)가 신설되었고, 해당 특례는 부칙에 의거 2025년 1월 1일 이후 지급받는 소득에 대하여 외국법인세액을 공제하는 경우부터 적용될 예정이다.
따라서, 2024년 12월 31일 이전에 간접투자회사 등으로부터 지급받은 소득에 대하여 그 소득이 발생한 사업연도의 과세표준을 신고하는 경우로서 간접투자회사 등의 외국납부세액 공제 및 환급에 관하여는 2021년 12월 21일 법인세법 개정시 삭제된 구 법인세법 제57조의 2가 적용되므로, 아래 해설내용은 구 법인세법 제57조의 2에 대한 내용임을 참조하기 바란다.

2-1. 개 요

내국법인이 직접 해외투자를 하는 경우에는 법인세법 제57조에 따라 외국납부 세액공제가 가능하나, 간접투자회사 등을 통한 해외투자의 경우에는 간접투자회사 등이 외국에 세금을 납부한 것이므로 내국법인이 세액공제를 할 수 없으며, 투자신탁을 통한 경우에는 내국법인이 부담한 외국납부세액을 구분계산하는 것이 불가능하여 세액공제를 할 수 없다.

따라서, 국제적 이중과세를 방지하기 위해서는 간접투자회사 등 또는 투자신탁이 세액공제를 받아야 할 것이나, 간접투자회사 등이 투자자에게 배당가능이익의 90% 이상 배당을 하면 전액 배당소득공제를 받을 수 있어 법인세 산출세액이 없게 되므로 외국에서 납부한 세액을 공제받을 수 없게 되고, 투자신탁은 법인세법상 실체가 없는 도관으로서 법인세 납부의무가 없어서 외국에서 납부한 세액을 공제받을 수 없게 된다.

이러한 문제점을 해결하고자 간접투자회사 등 또는 신탁재산의 소득발생단계에서 외국납부세액을 공제할 수 있도록 '간접투자회사 등에 대한 외국납부 세액공제 특례규정'을 마련하였다.

2-2. 간접투자회사 등의 외국납부 세액공제 및 환급 특례

2-2-1. 외국납부 세액공제액의 계산

자본시장과 금융투자업에 관한 법률에 따른 투자회사·투자목적회사, 투자유한회사, 투자합자회사[같은 법 제9조 제19항 제1호에 따른 기관전용 사모집합투자기구(법률 제18128호 자본시장과 금융투자업에 관한 법률 일부개정법률 부칙 제8조 제1항부터 제4항까지의 규정에 따라 기관전용 사모집합투자기구, 기업재무안정 사모집합투자기구 및 창업·벤처전문 사모집합투자기구로 보아 존속하는 종전의 경영참여형 사모집합투자기구를 포함함)는 제외함], 투자유한책임회사 및 부동산투자회사법에 따른 기업구조조정 부동산투자회사·위탁관리 부동산투자회사·법인세법 제5조 제2항에 따라 내국법인으로 보는 신탁재산(이하 "간접투자회사 등"이라 함)가 국외자산에 투자하여 얻은 소득에 대하여 납부한 외국법인세액(법법 §57 ① 및 ⑥의 외국법인세액을 말함)이 있는 경우에는 법인세법 제57조의 외국납부 세액공제 규정에 불구하고 그 소득이 발생한 사업연도의 과세표준 신고시 다음 ①과 ② 중 적은 금액을 외국납부세액으로 공제한다(구 법법 §57의 2 ①).

> 간접투자회사 등의 외국납부 세액공제액 = Min(①, ②)
> ① 법인세법 제57조 제1항의 외국법인세액
> ② 국외자산에 투자하여 얻은 소득 × 14%(소득세법 제17조 제1항 제8호에 따른 출자공동사업자의 배당소득의 경우 25%)

2-2-2. 환급세액의 계산

(1) 환급세액의 계산

간접투자회사 등의 외국납부 세액공제액이 그 사업연도의 법인세액을 초과하는 경우에는 다음의 산식에 따라 계산한 금액을 환급받을 수 있다. 이 경우 당해 사업연도 소득금액 중 과세대상 소득금액을 당해 사업연도 소득금액 중 국외원천 과세대상 소득금액으로 나눈 비율(이하 "환급비율"이라 함)이 0보다 작은 경우에는 0으로, 1보다 큰 경우에는 1로 본다(구 법법 §57의 2 ② 및 구 법령 §94의 2 ①, ②).

> 환급세액 = ① - ②
>
> ① 법인세법 제57조의 2 제1항에 따라 계산한 당해 사업연도의 외국납부세액 × $\dfrac{\text{당해 사업연도 소득금액 중 과세대상 소득금액}}{\text{당해 사업연도 소득금액 중 국외원천 과세대상 소득금액}}$
>
> ② 당해 사업연도의 법인세액

위 산식에서 국외원천 과세대상 소득금액이라 함은 국외원천소득 중 그 소득에 대하여 법인세법 제57조의 2 제1항의 규정에 따른 외국납부세액을 납부한 경우에 당해 소득의 합계금액을 말한다(구 법령 §94의 2 ③).

(2) 환급신청

환급을 받고자 하는 간접투자회사 등은 과세표준신고기한 내에 간접투자회사 등의 외국납부세액계산서 [법칙 별지 제11호 서식], 자본시장과 금융투자업에 관한 법률 제239조 제1항 제1호·제2호의 서류(대차대조표, 손익계산서) 및 부속명세서를 첨부하여 납세지 관할 세무서장에게 환급신청할 수 있으며, 환급신청을 받은 납세지 관할 세무서장은 지체 없이 환급세액을 결정하여 환급하여야 한다(구 법령 §94의 2 ⑦, ⑨).

(3) 기준가격 산정시 반영

간접투자회사 등은 매일 상기의 산식 중 ①의 금액을 계산하여 자본시장과 금융투자업에 관한 법률 제238조 제6항에 따른 기준가격 산정시 이를 반영하여야 한다. 이 경우 환급비율 계산시 "당해 사업연도"는 "당해 사업연도의 개시일부터 계산일까지의"로 본다(구 법령 §94의 2 ④).

2-2-3. 외국납부세액 확인서의 제출

다음의 법인은 해당 법인이 보관 및 관리하는 자본시장과 금융투자업에 관한 법률에 따른 집합투자재산에 귀속되는 외국납부세액에 대하여 집합투자재산에 대한 외국납부세액 확인서 [법칙 별지 제64호의 3 서식]을 작성하여 해당 법인이 보관 및 관리하는 집합투자재산이 귀속되는 간접투자회사 등의 사업연도 종료일부터 1개월 이내에 납세지 관할 세무서장에게 제출하여야 한다. 이 경우 ②의 법인은 동 확인서의 사본을 해당 집합투자재산을 운용하는 집합투자업자에게 교부하여야 한다(구 법령 §94의 2 ⑤).

① 자본시장과 금융투자업에 관한 법률에 따른 신탁업을 겸영하는 금융회사 등
② 자본시장과 금융투자업에 관한 법률에 따라 집합투자재산을 보관·관리하는 신탁업자

2-3. 투자신탁의 외국납부 세액공제 특례

2-3-1. 외국납부 세액공제액 및 환급세액의 계산

자본시장과 금융투자업에 관한 법률에 따른 투자신탁, 투자합자조합 및 투자익명조합(이하 "투자신탁 등"이라 한다)의 경우에는 법인격이 없어 법인세가 과세되지 않으므로, 동 투자신탁 등을 내국법인으로 간주하여 전술한 "2-2. 간접투자회사 등의 외국 납부 세액공제 특례"를 준용한다. 이 경우, "사업연도"는 "투자신탁 등의 회계기간"으로 보고, "과세표준 신고 시"는 "결산 시"로 본다(구 법법 §57의 2 ③ 및 구 법령 §94의 2 ⑥).

또한, 투자신탁 등은 법인세법상 납세의무자가 아니므로 해당 투자신탁 등의 회계기간의 법인세액은 없는 것으로 보고 환급세액을 산정하며, 자본시장과 금융투자업에 관한 법률에 따른 투자신탁재산을 운용하는 집합투자업자는 그 투자신탁을 대리하는 것으로 본다(구 법법 §57의 2 ④, ⑤).

1. 투자신탁 등의 외국 납부 세액공제액 = Min(①, ②)
   ① 법인세법 제57조 제1항의 외국법인세액
   ② 국외자산에 투자하여 얻은 소득 × 14%(소득세법 제17조 제1항 제8호에 따른 출자공동사업자의 배당소득의 경우 25%)
2. 환급세액 = ① − ②

   ① 법인세법 제57조의 2 제1항에 따라 계산한 당해 투자신탁 등의 회계기간의 외국납부세액 × $\frac{\text{당해 투자신탁 등의 회계기간 소득금액 중 과세대상 소득금액}}{\text{당해 투자신탁 등의 회계기간 소득금액 중 국외원천 과세대상 소득금액}}$

   ② 당해 투자신탁 등의 회계기간의 법인세액 = 0

2-3-2. 환급신청

환급을 받고자 하는 자본시장과 금융투자업에 관한 법률에 따른 투자신탁, 투자합자조합 및 투자익명조합은 해당 투자신탁, 투자합자조합 및 투자익명조합의 결산일부터 3개월 이내에 외국납부세액환급신청서 [법칙 별지 제64호의 4 서식] 및 간접투자회사 등의 외국납부세액계산서 [법칙 별지 제11호 서식]을 첨부하여 납세지 관할 세무서장에게 환급신청할 수 있으며, 환급신청을 받은 납세지 관할 세무서장은 지체 없이 환급세액을 결정하여 환급하여야 한다(구 법령 §94의 2 ⑧, ⑨).

3. 재해손실에 대한 세액공제

3-1. 개 요

법인이 각 사업연도 중 천재지변이나 그 밖의 재해(이하 "재해"라 함)로 인하여 자산총액의 20% 이상을 상실하여 납세가 곤란하다고 인정되는 경우에는 공제대상법인세액에 자산상실비율을 곱하여 계산한 금액(상실된 자산의 가액을 한도로 함)을 그 세액에서 공제한다. 이 경우 자산의 가액에는 토지를 포함하지 아니한다(법법 §58 ① 및 법칙 §49 ①).

재해손실세액공제액 = Min [①, ②]
① 공제세액 = 공제대상법인세액 × 자산상실비율
= [산출세액(법법 §55) + 장부의 기록 · 보관 불성실가산세(법법 §75의 3)+무신고 · 과소신고 · 초과환급신고가산세, 납부지연가산세 및 원천징수 등 불성실가산세(국기법 §47의 2 내지 §47의 5) - 다른 법률에 따른 공제 및 감면세액] × 자산상실비율
② 한도액 = 상실된 자산의 가액

3-2. 세액공제대상 법인세

재해손실세액공제의 대상이 되는 법인세는 다음과 같다(법법 §58 ①).

① 재해 발생일 현재 부과되지 아니한 법인세와 부과된 법인세로서 미납된 법인세
여기에서의 법인세는 장부의 기록 · 보관 불성실 가산세, 무신고가산세, 과소신고 · 초과환급신고가산세, 납부지연가산세 및 원천징수 등 납부지연가산세를 포함한다(법령 §95 ③).
② 재해 발생일이 속하는 사업연도의 소득에 대한 법인세

3-3. 자산상실비율의 계산

3-3-1. 개 요

자산상실비율은 재해 발생일 현재 그 법인의 장부가액에 의하여 계산하되, 장부가 소실 또는 분실되어 장부가액을 알 수 없는 경우에는 납세지 관할 세무서장이 조사하여 확인한 재해발생일 현재의 가액에 의하여 다음의 산식에 따라 계산한다(법령 §95 ②).

$$\text{자산상실비율} = \frac{\text{재해로 인하여 상실된 자산의 가액}}{\text{상실 전 자산총액(토지가액은 제외함)}}$$

한편, 납세의무가 있는 법인이 동일한 사업연도 중 2회 이상의 재해를 입은 경우에는 자산상실비율을 다음과 같이 계산한다(법칙 §49 ③).

$$\text{자산상실비율} = \frac{\text{재해로 인하여 상실된 자산가액의 합계액}}{\text{최초 재해발생 전 자산총액} + \text{최종 재해발생 전까지의 증가된 자산총액}}$$

3-3-2. 자산의 범위

자산에는 토지를 제외한 사업용자산과 타인 소유의 자산으로서 그 상실로 인한 변상책임이

당해 법인에게 있는 것을 포함하는 것으로, 외국법인의 경우에는 국내에 가지고 있는 자산을 말한다(법령 §95 ①, §135).

따라서, 법인이 재해로 인하여 수탁받은 자산을 상실하고 그 자산가액의 상당액을 보상하여 주는 경우에는 이를 재해로 인하여 상실된 자산의 가액 및 상실 전의 자산총액에 포함하되, 예금·받을어음·외상매출금 등은 당해 채권추심에 관한 증서가 멸실된 경우에도 이를 상실된 자산의 가액에 포함하지 아니한다. 이 경우 그 재해자산이 보험에 가입되어 있어 보험금을 수령하는 때에도 그 재해로 인하여 상실된 자산의 가액을 계산함에 있어서 동 보험금을 차감하지 아니한다(법칙 §49 ②).

계산사례 - 3 재해손실세액공제액의 계산

제조업을 영위하는 ㈜용산에 당기(제32기) 중 화재가 발생하였다. 다음 자료에 의해 재해손실세액공제액을 계산하시오.

1. 사업연도 : 1. 1.~12. 31.
2. 화재발생일 : 11월 16일
3. 자산가액의 변동내역

구 분	화재발생일의 장부가액	화재로 상실된 가액	화재발생 후 장부가액
토 지	10억원	–	10억원
건 물	5억원	5억원	–
기계장치	5억원	5억원	–
금 형	1억원	1억원	–
기타자산	9억원	1억원	8억원
계	30억원	12억원	18억원

① 건물에 대한 화재보험금으로 3억원을 수령하였다.
② 금형은 전부 거래처의 자산이며, 손망실시 변상책임이 ㈜용산에 있다.

4. ㈜용산은 당기 중 세무조사를 받고 1천만원(과소신고가산세 4백만원 포함)을 경정통지받았으나 아직 납부하지 못한 상태이다.
5. ㈜용산의 제32기 과세표준에 대한 산출세액은 2천만원이며, 제32기에 적용될 조세특례제한법에 의한 공제감면세액은 5백만원(재해손실세액공제 제외)이다.

해 설

1. 자산상실비율

$$\frac{\text{상실된 자산가액}}{\text{상실 전 자산총액}} = \frac{1{,}200{,}000{,}000}{2{,}000{,}000{,}000^{(*)}} = 60\%$$

(*) 3,000,000,000－1,000,000,000(토지)

2. 재해손실세액공제액
 (1) 공제세액 = ① + ② = 15,000,000원
  ① 미납된 법인세에 대한 세액공제액
   10,000,000 × 60% = 6,000,000원
  ② 당기(제32기)의 법인세에 대한 세액공제액
   (20,000,000 − 5,000,000) × 60% = 9,000,000원
 (2) 한도액 = 1,200,000,000원
 (3) 재해손실세액공제액 = Min[(1), (2)] = 15,000,000원

3-4. 세액공제신청서의 제출

재해손실세액공제를 받으려는 법인은 다음의 기한 내에 재해손실세액공제신청서 [법칙 별지 제65호 서식]을 납세지 관할 세무서장에게 제출하여야 한다(법법 §58 ② 및 법령 §95 ⑤).

① 재해발생일 현재 과세표준신고기한이 지나지 않은 법인세의 경우에는 그 신고기한. 단, 재해발생일부터 신고기한까지의 기간이 3개월 미만인 경우에는 재해발생일부터 3개월
② 상기 '①' 외의 재해발생일 현재 미납된 법인세와 납부해야 할 법인세의 경우에는 재해발생일부터 3개월

관련사례

• 기한 경과 후 재해손실세액공제신청시 공제 여부
 재해손실세액공제신청서를 그 신청기한 경과 후에 제출한 경우에도 재해로 인해 자산총액의 30% 이상을 상실해 납세가 곤란한 것으로 인정되는 경우에는 재해손실세액공제를 적용받을 수 있음(법인 46012-2794, 1999. 7. 15.).

3-5. 세액공제액의 결정통지 및 징수유예

재해손실세액공제 신청을 받은 납세지 관할 세무서장은 공제대상 법인세 중 재해발생일 현재 과세표준신고기한이 지나지 않은 법인세에 대해서는 과세표준 신고내용에 따라 처리하고, 재해발생일 현재 과세표준 신고기한이 경과한 법인세에 대해서는 그 공제세액을 결정하여 당해 법인에게 통지하여야 한다(법법 §58 ③). 그리고 납세지 관할 세무서장은 재해로 인하여 공제받을 법인세에 대하여 당해 세액공제가 확인될 때까지 국세징수법에 따라 그 법인세의 지정납부기한·독촉장에서 정하는 기한을 연장하거나 납부고지를 유예할 수 있다(법령 §95 ⑥).

4. 사실과 다른 회계처리로 인한 경정에 따른 세액공제 등

4-1. 개 요

내국법인이 사실과 다른 회계처리로 과세표준 및 세액을 과다 계상한 후 경정청구(국기법 §45의 2)한 때에는 납세지 관할 세무서장 또는 지방국세청장은 당해 법인의 각 사업연도의 소득에 대한 법인세의 과세표준과 세액을 경정하여야 한다. 이 경우 과다 납부한 세액은 환급하지 아니하고 그 경정일이 속하는 사업연도부터 과다 납부한 세액의 20%를 한도로 각 사업연도의 법인세액에서 공제한다(법법 §58의 3 ①).

:: 경정시 환급세액과 세액공제

국세기본법상 경정청구에 의하여 환급할 세액이 발생하는 경우 당해 환급세액(다른 국세에 충당하는 경우에는 그 충당 후 잔액)을 국세환급금의 결정일로부터 30일 내에 납세자에게 환급하여야 한다(국기법 §51).
그러나, 사실과 다른 회계처리에 기인한 경정에 따른 환급세액은 일반적인 경정청구에 의한 세액의 환급과 비교하여 상대적 불이익을 주기 위하여 즉시 환급하지 않고 경정일이 속하는 사업연도분부터 과다납부한 세액의 20%를 한도로 각 사업연도의 법인세액에서 공제한다.

4-2. 사실과 다른 회계처리의 범위

사실과 다른 회계처리는 다음의 요건을 모두 충족하는 것을 말한다(법법 §58의 3 ① 및 법령 §95의 3 ①).

① 자본시장과 금융투자업에 관한 법률 제159조에 따른 사업보고서 및 주식회사등의 외부감사에 관한 법률 제23조에 따른 감사보고서를 제출할 때 수익 또는 자산을 과다 계상하거나 손비 또는 부채를 과소 계상할 것

② 내국법인, 감사인 또는 그에 소속된 공인회계사가 다음의 경고・주의 등의 조치를 받을 것

㉠ 자본시장과 금융투자업에 관한 법률 시행령 제175조 각 호에 따른 임원해임권고 등 조치

㉡ 자본시장과 금융투자업에 관한 법률 제429조 제3항에 따른 과징금의 부과

㉢ 자본시장과 금융투자업에 관한 법률 제444조 제13호 또는 제446조 제28호에 따른 징역 또는 벌금형의 선고

㉣ 주식회사 등의 외부감사에 관한 법률 제29조 제3항 및 제4항에 따른 감사인 또는 그에 소속된 공인회계사의 등록취소, 업무・직무의 정지건의 또는 특정 회사에 대한 감사업무의 제한

㉤ 주식회사 등의 외부감사에 관한 법률 제29조 제1항에 따른 주주총회에 대한 임원의 해임권고 또는 유가증권의 발행제한

㉥ 주식회사 등의 외부감사에 관한 법률 제39조 내지 제44조에 따른 징역 또는 벌금형의 선고

4-3. 사실과 다른 회계처리로 인한 경정에 따른 세액공제

4-3-1. 사실과 다른 회계처리로 인한 경정청구만 있는 경우

사실과 다른 회계처리로 인하여 경고·주의 등의 조치를 받은 내국법인이 경정을 받은 때에는 과다납부한 세액을 환급하는 것이 아니라 그 경정일이 속하는 사업연도부터 각 사업연도의 법인세액에서 공제한다. 이 경우 각 사업연도별로 공제하는 금액은 과다 납부한 세액의 20%를 한도로 하고, 공제 후 남아 있는 과다 납부한 세액은 이후 사업연도에 이월하여 공제한다(법법 §58의 3 ①).

다만, 해당 사실과 다른 회계처리와 관련하여 그 경정일이 속하는 사업연도 이전의 사업연도에 수정신고(국기법 §45)를 하여 납부할 세액이 있는 경우에는 그 납부할 세액에서 경정으로 인한 과다 납부한 세액을 과다 납부한 세액의 20%를 한도로 먼저 공제하여야 한다(법법 §58의 3 ②).

4-3-2. 다른 경정청구와 중복되는 경우

동일한 사업연도에 사실과 다른 회계처리로 인한 경정청구의 사유 외에 다른 경정청구의 사유가 있는 경우에는 사실과 다른 회계처리로 인한 과다납부세액만 환급이 제한되며, 이 때 사실과 다른 회계처리로 인한 과다납부세액은 다음의 산식에 의하여 계산한다(법령 §95의 3 ②).

$$\text{사실과 다른 회계처리로 인한 과다 납부세액} = \text{과다 납부한 세액} \times \frac{\text{사실과 다른 회계처리로 인하여 과다계상한 과세표준}}{\text{과다계상한 과세표준의 합계액}}$$

계산사례 - 4 **일반적인 경정청구와 사실과 다른 회계처리로 인한 경정청구를 동시에 한 경우**

다음의 경우에 각 경정청구 사유별 과다 납부세액을 계산하시오.

- ㈜한강은 2024년 3월말에 제31기 사업연도(2023. 1. 1.~12. 31.)에 대한 법인세 과세표준(세액)으로 5억원(8,000만원)을 신고하였다.
- 제32기에 사실과 다른 회계처리로 인한 경정청구와 다른 경정청구를 동시에 하여 각각 1억원, 3억원의 감액경정을 받았다.

해 설

① 경정청구로 인한 제31기 사업연도의 과세표준과 세액
- 과세표준 : 1억원(= 당초 과세표준 5억원 - 경정청구로 인하여 감액되는 과세표준 4억원)
- 세액 : 1,000만원(= 1억원 × 10%)

② 환급받을 세액(과다납부세액) : 7,000만원(= 8,000만원 - 1,000만원)

③ 사실과 다른 회계처리로 인한 과다 납부세액 : 1,750만원(= 7,000만원 × 1억원/4억원)

④ 기타의 경정청구로 인한 과다 납부세액 : 5,250만원(= 7,000만원 - 1,750만원)

사실과 다른 회계처리로 인한 경정에 따른 세액공제의 적용순서

법인세법 및 다른 법률의 적용에 있어서 법인세의 감면에 관한 규정과 세액공제에 관한 규정이 동시에 적용되는 경우, 사실과 다른 회계처리에 기인한 경정에 따른 세액공제는 맨 후순위로 공제받음(법법 §59 ①).

4-4. 법인 해산시 과다납부세액의 승계 및 지급

사실과 다른 회계처리로 인한 세액공제를 적용받은 내국법인으로서 과다 납부한 세액이 남아있는 내국법인이 해산하는 경우에는 다음의 구분에 따른다(법법 §58의 3 ③).

① 합병 또는 분할에 따라 해산하는 경우 : 합병법인 또는 분할신설법인(분할합병의 상대방 법인을 포함함)이 남아 있는 과다 납부한 세액을 승계하여 전술한 "4-3-1. 사실과 다른 회계처리로 인한 경정청구만 있는 경우"에 따라 세액공제한다.

② 상기 ① 외의 방법에 따라 해산하는 경우 : 납세지 관할 세무서장 또는 관할 지방국세청장은 남아 있는 과다 납부한 세액에서 법 제77조에 따른 청산소득에 대한 법인세 납부세액을 빼고 남은 금액을 즉시 환급하여야 한다.

MEMO

Step Ⅱ: 서식의 이해

■ 작성요령Ⅰ - 공제감면세액계산서(5)

❶ 법인세법 제57조 제1항에 따른 세액공제를 적용하는 경우 '1. 외국납부세액공제 적용'의 '예'에 'V'로 표기한다.

❷ 「② 국가명」란에는 외국납부세액이 발생한 국가를 적고 「③ 국가코드」란에는 국제표준화기구(ISO)가 정한 ISO 국가코드를 기재한다.

❸ 「④ 전기이월액」란은 별지 제8호 서식 부표 5의 2 '국가별 외국납부세액공제 명세서'상 「⑭ 전기이월액」을 기재한다. 이 경우 전기 이전에 공제한도 초과로 공제받지 못한 금액 중 해당 사업연도에 이월공제로 인정되는 금액을 기재하며, 법인세법 시행령 제94조 제15항에 따라 이월공제가 배제되는 금액 및 이월공제기간을 초과한 금액은 제외한다(2015년 1월 1일 이후 개시하는 사업연도 분부터 이월공제를 10년간 적용함).

❹ 「⑤ 당기 외국납부세액 발생액」란은 별지 제8호 서식 부표 5의 2 '국가별 외국납부세액공제 명세서'상 「⑮ 당기 외국납부세액 발생액」을 기재한다.

[별지 제8호 서식 부표 5] (2021. 3. 16. 개정)

사업연도	. . . ~ . . .	공제감면세액계산서

1. 외국납부세액공제 적용 (선택한 경우의 [ ]

❶ [ ] 예

[ ] 아니오

2. 국가별 세액공제 총괄명세 ('1. 외국납부세액공

① 연번	② 국가명	③ 국가코드		당기 공제대상 세액 ④ 전기이월액	⑤ 당기 외국납부세액 발생액
1	❷			❸	❹
2					
3					
4					
5					
6					
7					
8					
9					
10					
합 계					

3. 손금산입 명세 ('1. 외국납부세액공제 적용'에서

구 분
⑩ 매출원가 계상
⑪ 판매비와 일반관리비에 계상
⑫ 제조원가에 계상
⑬ 그 밖의 계정과목에 계상
⑭ 세무조정에 의한 손금산입
합계(⑩+⑪+⑫+⑬+⑭)

첨부서류	외국납부세액의 증빙서류, 감면근거(별

(5)	법 인 명	
	사업자등록번호	

에 V표 합니다.)

제 적용'에서 '예'를 선택한 경우만 작성) (단위 : 원)

⑥ 국가별 공제한도	⑦ 당기 실제 세액공제액	⑧ 이월배제액	⑨ 차기이월액
❺	❻	❼	❽

❺ 「⑥ 국가별 공제한도」란은 별지 제8호 서식 부표 5의 2 '국가별 외국납부세액공제 명세서'상 「⑬ 공제한도」를 기재한다.

❻ 「⑦ 당기 실제세액공제액」란은 별지 제8호 서식 부표 5의 2 '국가별 외국납부세액공제 명세서'상 「㉖ 당기 실제세액공제액」의 합계분 금액을 기재한다.

❼ 「⑧ 이월배제액」란은 별지 제8호 서식 부표 5의 2 '국가별 외국납부세액공제 명세서'상 「㉗ 이월배제액」의 당기분 금액을 기재한다.

'아니오'를 선택한 경우만 작성) (단위 : 원)

	금 액

❽ 「⑨ 차기이월액」란은 별지 제8호 서식 부표 5의 2 '국가별 외국납부세액공제 명세서'상 「㉘ 차기이월액」의 합계분 금액을 기재한다.

발생국가 관련법령, 조문) 등

■ 작성요령 Ⅱ - 국가별 외국납부세액공제 명세서

❷ '1. 국외원천소득(결손) 발생국가'의 「① 국가명」란에는 국외원천소득(결손)이 발생한 국가를 적고 「② 국가코드」란에는 국제표준화기구(ISO)가 정한 ISO 국가코드를 적는다.

❸ 「④ 국외원천소득에 대응하는 비용 등」은 법인세법 시행령 제94조 제2항에 따른 직접비용 및 배분비용을 의미한다. 국외원천소득 대응 비용 계산명세는 세무당국이 요구할 때 제출할 수 있도록 보관해야 한다.

❹ 「⑤ 국외원천소득 대응 비용 차감 후 국외원천소득」란은 별지 제8호 서식 부표 5의 3 '소득종류별 외국납부세액 명세서'상 「⑥ 국외원천소득」의 국가별 합계를 적는다.

❺ 「⑥ 국외원천소득 중 조세특례제한법 등에 따른 감면적용대상금액」란에는 조세특례제한법 또는 그 밖의 법률에 따라 세액면제 또는 세액감면을 적용받은 국외원천소득을 적는다.

❻ 「⑦ 감면비율」란에는 세액면제의 경우 100%, 세액감면의 경우에는 해당 감면비율을 적는다.

⓬ 「㉑ 사업연도」란은 이월공제가 적용되는 사업연도 중 외국납부세액이 먼저 발생한 사업연도 분부터 차례로 적고, 해당 사업연도에 발생한 외국납부세액을 「㉒ 당초 외국납부세액 발생액」란에 적는다. (2015년 1월 1일 이후 개시하는 사업연도 분부터 이월공제를 10년간 적용한다)

⓭ 「㉓ 전기 누적 공제액」란은 직전 사업연도까지 이미 공제받은 외국납부세액을 누계로 적는다.

⓮ 「㉔ 당초 이월배제액」란은 외국납부세액 발생 사업연도의 이월배제액 계산금액을 각각 적는다.

[별지 제8호 서식 부표 5의 2] (2021. 3. 16. 개정)

사 업 연 도	. . . ~ . . .	국가별 외국납부세액

※ 본 서식은 국외원천소득(결손)이 발생한 각 국가

1. 국외원천소득(결손) 발생국가 ❷

① 국가명	

2. 공제한도 계산

구 분	
③ 국외원천소득 대응 비용 차감 전 국외원천소득	
④ 국외원천소득에 대응하는 비용 등	
⑤ 국외원천소득 대응 비용 차감 후 국외원천소득(	
감면되는 국외원천소득	⑥ 국외원천소득 중 「조세특례제한법 상금액
	⑦ 감면비율
	⑧ 차감되는 감면 국외원천소득(⑥ ×
⑨ 외국납부세액 공제대상 국외원천소득(⑤ - ⑧)	
⑩ 기준 국외원천소득(결손국가가 없는 경우=⑨, 있	
공제한도	⑪ 산출세액
	⑫ 과세표준
	⑬ 공제한도(⑪ × ⑩ / ⑫)
당기공제 대상세액	⑭ 전기 이월액
	⑮ 당기 외국납부세액 발생액
	⑯ 당기 공제대상 세액(⑭ + ⑮)
이월배제액	⑰ 한도초과액(⑮ - ⑬, 음수인 경
	⑱ 이월배제 대상 외국납부세액
	⑲ 이월배제 외국납부세액(⑰와 ⑱
⑳ 차기 이월액(⑯ - ⑬ - ⑲, 음수인 경우 영(0))	

3. 공제세액 계산

㉑ 사업연도	㉒ 당초 외국납부세액 발생액	㉓ 전기 누적 공제액	㉔ 당초 이월배제액
⓬		⓭	⓮
당 기			
합 계			

❶ 이 서식은 법인세법 제57조 제1항에 따라 외국납부세액을 산출세액에서 공제하는 경우에 작성하며, 국외원천소득이 발생한 모든 국가(국외원천소득이 결손인 국가를 포함함)별로 구분하여 각각 작성한다.

ᅢ공제 명세서 ❶

법 인 명	
사업자등록번호	

ᅡ별로 구분하여 각각 작성해야 합니다.

② 국가코드

(단위 : 원)

금 액

❸

(③ - ④) ❹

법」 등에 따른 감면적용대 ❺

❻

× ⑦)

❼

있는 경우 작성방법 참조) ❽

❾

❿

경우 영(0))

⓫

중 작은 금액)

)

(단위 : 원)

㉕ 당기 공제대상 세액 (㉒-㉓-㉔-⑯)	㉖ 당기 실제 세액공제액 (합계≦⑬)	㉗ 이월배제액 (⑲)	㉘ 차기이월액 (㉕-㉖-㉗)
⓯	⓰		

❼ 「⑨ 외국납부세액 공제대상 국외원천소득」란에는 ⑤에서 ⑧을 차감하여 적는다. 음수인 경우(국외소득이 결손인 경우를 말함)에도 음수를 그대로 적고, 「⑩ 기준 국외원천소득」란에는 영(0)을 적는다.

❽ 「⑩ 기준 국외원천소득」은 결손이 발생한 국가가 있는 경우 아래 계산방식을 참고하여 기재하고, 결손이 발생한 국가가 없는 경우에는 「⑨ 외국납부세액 공제대상 국외원천소득」을 그대로 적는다. (법인세 과세표준 400에 대하여 산출세액 120 가정)

〈기준 국외원천소득 계산방법 예시〉

국가별	외국납부세액	국별소득	⑩ 기준 국외원천소득	세액공제 한도액	비 고
A국	100	500	$500-(600\times\frac{500}{1,000})=200$	$120\times\frac{200}{400}=60$	산출세액 120
B국	0	△600	0	0	
C국	60	300	$300-(600\times\frac{300}{1,000})=120$	$120\times\frac{120}{400}=36$	
국내	-	200	-	-	
계	160	△600 1,000	320	96	

❾ 공제한도를 계산할 때 「⑩ 기준 국외원천소득」은 「⑫ 과세표준」을 초과할 수 없다.

❿ 「⑮ 당기 외국납부세액 발생액」은 별지 제8호 서식 부표 5의 3 '소득종류별 외국납부세액 명세서'상 '⑦~⑩ 외국납부세액'의 국가별 합계액을 적는다.

⓫ 「⑱ 이월배제 대상 외국납부세액」은 법인세법 시행령 제94조 제15항에 따른 국외원천소득 대응 비용과 관련된 외국법인세액을 의미한다.

⓯ 「㉕ 당기 공제대상 세액」란은 외국납부세액 공제한도를 초과하여 세액공제를 받지 못한 잔액을 적되, 법인세법 시행령 제94조 제15항에 따른 국외원천소득 대응 비용과 관련된 외국법인세액 및 이월공제기간을 초과한 외국납부세액을 차감하여 적는다.

⓰ 「㉖ 당기 실제세액공제액」란에는 「⑬ 공제한도」에 달할 때까지 「㉕ 당기 공제대상 세액」 중 해당분을 차례대로 적는다.

■ 작성요령Ⅲ - 소득종류별 외국납부세액 명세서

❶ ② 국가명란에는 국외원천소득이 발생한 국가를 적고, ③ 코드란에는 국제표준화기구(ISO)가 정한 ISO 국가코드를 적는다.

❷ ⑤ 소득구분은 해당 소득이 발생한 국가와 우리나라가 체결한 조세조약에 따른 소득구분을 기재하되, 조세조약이 체결되지 않은 경우 「법인세법」 제93조 각 호에 따라 소득을 구분하여 적는다. (아래 표를 참고하여 적는다)

종류	이자소득	배당소득	부동산소득	선박 등 임대소득	사업소득
코드	INT	DIV	RRI	RSI	BSI
종류	인적용역	부동산 양도소득	사용료소득	유가증권양도소득	그 밖의 소득
코드	PSI	CGR	RYT	CGS	ETC

❸ ⑥ 국외원천소득은 해당 사업연도의 과세표준을 계산할 때 손금에 산입된 금액으로서 국외원천소득에 대응하는 직·간접비용을 뺀 금액이다. (직접·간접 경비 계산 명세는 세무당국이 요구할 때 제출할 수 있도록 보관해야 한다)

[별지 제8호 서식 부표 5의 3] (2020. 3. 13. 개정)

사 업 연 도	. . . ~ . . .	소득종류별 외국납

① 연번	소득발생처 ❶			⑤ 소득 구분
	②국가명	③ 코드	④상호(성명)	코드 ❷
1				
2				
3				
4				
5				
6				
7				
8				
9				
10				
11				
12				
13				
14				
15				
합 계				

(앞쪽)

부세액 명세서

법 인 명	
사업자등록번호	

(단위 : 원)

⑥ 국외 원천 소득		외국납부세액 ❹			
		⑦직접	⑧간주	⑨간접	⑩하이브리드(Hybrid)
❸	세목	❺	❺	❺	❺
	세액	❻	❻	❻	❻
	세목				
	세액				
	세목				
	세액				
	세목				
	세액				
	세목				
	세액				
	세목				
	세액				
	세목				
	세액				
	세목				
	세액				
	세목				
	세액				
	세목				
	세액				
	세목				
	세액				
	세목				
	세액				
	세목				
	세액				
	세목				
	세액				
	세목				
	세액				
	세액				

❹ ⑦~⑩ 외국납부세액란은 아래 표와 같이 「법인세법」 제57조에 따른 외국납부세액의 종류별로 구분하여 외국납부세목과 외국납부세액을 각각 적는다.

외국납부세액 구분(약자)	관련근거
⑦ 직접	「법인세법」 제57조 제1항에 따른 직접외국납부세액
⑧ 간주	「법인세법」 제57조 제3항에 따른 간주외국납부세액
⑨ 간접	「법인세법」 제57조 제4항에 따른 간접외국납부세액
⑩ 하이브리드(Hybrid)	「법인세법」 제57조 제6항에 따른 외국 하이브리드(Hybrid) 사업체를 통한 국외투자 관련 외국납부세액

❺ ⑦~⑩ 외국납부세액란의 세목은 외국의 법령에 따라 납부한 세금의 명칭 그대로(영문 또는 한글) 구분하여 적는다.

❻ ⑦~⑩ 외국납부세액란의 세액은 「법인세법」 제57조의 적용대상이 되는 외국에서 납부한 세금의 금액을 각각 구분하여 적는다.
간접외국납부세액의 경우에는 별지 제8호 서식 부표 5의 4 '간접외국납부세액공제 명세서'의 '⑰ 수입배당금액에 대응하는 간접외국납부세액'을 기재하고, 외국 하이브리드(Hybrid) 사업체를 통한 국외투자 관련 외국납부세액의 경우에는 별지 제8호 서식 부표 5의 5 '외국 Hybrid 사업체를 통한 국외투자 관련 외국납부세액공제 명세서'상 ⑫ 수입배당금액에 대응하는 소득에 대하여 해당 법인에게 부과된 외국납부세액을 적는다.

■ 작성요령Ⅳ - 간접투자회사 등의 외국납부세액계산서(2022. 3. 18. 삭제, 시행일 : 2025. 1. 1.)

❶ 「① 각 사업연도 소득금액」란에는 해당 간접투자회사 등이 정한 사업연도의 익금 총액에서 손금 총액을 공제한 금액을 기재한다.

❹ 「⑨ 소득종류」란에는 외국납부세액의 대상이 된 이자, 배당 및 양도소득 등 소득종류를 기재한다.

❺ 「⑩ 납부국가」란에는 간접투자회사 등이 외국납부세액을 납부한 나라의 국가별 ISO코드를 기재한다.
※ 국가코드는 국제표준화기구(ISO)의 홈페이지(www.iso.org)에서 조회할 수 있다.

❻ 「⑪ 과세대상소득금액」란에는 간접투자재산에 대한 외국납부세액 확인서 〔별지 제64호의 3 서식〕의 「⑯ 소득금액원화환산액」을, 「⑭ 납부세액」란에는 그 확인서의 「⑰ 외국납부세액원화환산액」을 각각 기재한다.

❼ 「⑫ 납부연월일」란에는 외국정부에 해당 외국납부세액을 납부한 일자를 기재하고, 「⑬ 납부세율」란에는 외국정부에 납부한 세액에 적용된 세율을 기재한다.

❿ '3. 해당 사업연도의 외국납부세액의 계산'의 명세가 많을 경우에는 별지로 제출할 수 있다.

[별지 제11호 서식] (2006. 3. 14. 신설)

사업연도	. . . ~ . . .	간접투자회사 외국납부세액 계

1. 환급비율 계산

①각 사업연도 소득금액	②비과세소득	③해당 사 소득금액 과세대상 소 (①-②
❶		

2. 공제(환급) 신청금액 계산

⑥공제(환급)대상세액 (=⑯합계)	⑦환급비

3. 해당 사업연도의 외국납부세액의 계산 ❿

⑨소득종류	⑩납부국가	⑪과세대상 소득금액	외 ⑫연월일	⑬
❹	❺	❻	❼	
합 계				

등의 계산서	법 인 명	
	사업자등록번호	

ㅏ업연도 액 중 소득금액 ②)	④해당 사업연도 소득금액 중 국외원천 과세대상 소득금액	⑤환급비율 (③/④)
	❷	❸

ㅣ율(=⑤)	⑧공제(환급) 신청금액 (⑥×⑦)

외국납부		⑮공제한도 세액 (⑪×세율)	⑯공제(환급) 대상세액 (⑭ 또는 ⑮ 중 적은 금액)
⑬세율	⑭세액		
❼	❻	❽	❾

❷ 「④ 해당 사업연도 소득금액 중 국외원천 과세대상 소득금액」란에는 국외원천소득 중 그 소득에 대하여 법인세법 제57조의 2 제1항에 따른 외국법인세액을 납부한 해당 소득의 합계액을 세전금액으로 기재한다.

❸ 「⑤ 환급비율(③/④)」란에는 해당 사업연도 소득금액 중 과세대상 소득금액을 그 사업연도 소득금액 중 국외원천 과세대상 소득금액으로 나눈 비율을 기재하되, 그 비율이 1보다 큰 경우에는 "1"로 하며, 0보다 작은 경우에는 "0"으로 한다.

❽ 「⑮ 공제한도세액(⑪×세율)」란에는 「⑪ 과세대상소득금액」에 소득세법 제129조 제1항 제2호에 따른 세율(14%)을 곱하여 계산한 금액을 기재한다.

❾ 「⑯ 공제(환급)대상세액」란에는 외국정부에 실제로 납부한 「⑭ 외국납부세액」과 「⑮ 공제한도세액」 중 적은 금액을 기재한다.

■ 작성요령Ⅴ – 집합투자재산에 대한 외국납부세액 확인서(2022. 3. 18. 삭제, 시행일 : 2025. 1. 1.)

[별지 제64호의 3 서식] (2009. 3. 30. 개정)

※관리번호		-			집합투 외국납

작성제출자(수탁회사 등)		집합투자	
①법인명	②사업자등록번호	③법인명	
❶	❶	❷	

※표시란은 기

⑧유가증권명	⑨보유수량(액면금액)	⑩이자율/배당률	⑪소득금액(통화명)	외국납부	
				⑫연월일	⑬세율
❻	❼		❽	❾	❾
합 계					

*집합투자업자별/집합투자재산별(펀드별)로 작성

❶ 「① 법인명」란과 「② 사업자등록번호」란에는 수탁회사 등의 법인명과 사업자등록번호를 기재한다.
※ 지점인 경우 본점에서 본점의 납세지 관할 세무서장에게 작성 · 제출한다.

❷ 「③ 법인명」란과 「④ 사업자등록번호」란에는 집합투자재산을 운용하는 집합투자업자의 법인명과 사업자등록번호를 기재한다.

❻ 「⑧ 유가증권명」란에는 투자회사 등이 투자한 외국증권, 채권 등에 해당하는 국제증권식별번호(ISIN) 코드 12자리를 기입하고, 해당식별번호가 없는 경우에는 그 명칭을 기재한다.

❼ 「⑨ 보유수량(액면금액)」란에는 증권, 채권 등에 투자한 자산별로 보유수량을 기입하고, 액면금액을 "( )" 안에 기재한다.

❽ 「⑪ 소득금액(통화명)」란에는 과세대상 소득금액을 소득발생지국 현지통화 금액으로 기입하고, (통화명)에는 현지통화명(예 : USD, EUR 등)을 기재한다.

❾ 「⑫ 연월일」란, 「⑬ 세율」란 및 「⑭ 세액」란에는 각각 외국납부세액의 납부일자, 원천징수세율 및 외국납부세액(현지통화 금액 기준)을 기재한다.

자재산에 대한 부세액 확인서		제출연월일	
ㅏ업자	집합투자재산		
④ 사업자등록 번호	⑤투자회사명 또는 투자신탁명 (금융상품코드)	⑥사업자 등록번호	⑦ 사업연도 (회계기간)
❷	❸	❹	❺

입하지 마십시요

⑭ 세액	⑮ 기준 (재정) 환율	원화환산액		외국원천징수의무자		
		⑯소득 금액 (⑪×⑮)	⑰납부 세액 (⑭×⑮)	⑱국가 (국가코드)	⑲ 법인명	⑳납세 번호
❾	❿	⓫	⓫	⓬	⓬	⓬

합니다

❸ 「⑤ 투자회사명 또는 투자신탁명(금융상품코드)」란에는 자본시장과 금융투자업에 관한 법률에 따른 투자회사 등의 경우 해당 법인명을, 자본시장과 금융투자업에 관한 법률에 따른 투자신탁의 경우 투자신탁명을 각각 기입하고, (금융상품코드)에는 소득세법상 지급명세서 제출시 적용되는 해당 금융상품 코드 3자리(예 : 은행의 적립식목적신탁의 경우 "AIB")를 기재한다.

❹ 「⑥ 사업자등록번호」란에는 투자회사 등의 사업자등록번호를 기재한다.

❺ 「⑦ 사업연도(회계기간)」란에는 해당 투자회사 등의 사업연도(회계기간)를 기재한다.

⓫ 「⑯ 소득금액」란과 「⑰ 납부세액」란에는 「⑪ 소득금액」 및 「⑭ 외국납부세액」에 「⑮ 기준(재정)환율」을 각각 곱하여 계산한 원화환산액을 기재한다.

⓬ 「⑱ 국가(국가코드)」란, 「⑲ 법인명」란 및 「⑳ 납세번호」란에는 외국원천징수의무자의 국가, 법인명 및 납세번호(또는 법인식별번호)를 각각 기재하고, (국가코드)에는 국제표준화기구(ISO)가 정한 국가별 ISO코드를 기재한다.

※ 국가코드는 국제표준화기구(ISO)의 홈페이지 (www.iso.org)에서 조회할 수 있다.

※ 법인명은 FULL NAME(예 : Hongkong Shanghai Banking Corp Ltd. 등)으로 기재한다.

❿ 「⑮ 기준(재정)환율」란에는 외국납부세액을 납부한 때를 기준으로 외국환거래법에 따른 기준(재정)환율을 기재한다.

■ 작성요령Ⅵ - 외국납부세액 환급신청서(2022. 3. 18. 삭제, 시행일 : 2025. 1. 1.)

❶ 「①~⑥」란에는 집합투자업자의 법인명 등을 기재한다.

❷ 「⑦ 투자신탁의 금융상품명」란에는 금융기관 등이 판매한 금융상품명을 구체적으로 기재한다(투자신탁의 상품명별로 각각 별지로 환급신청을 하여야 함).

❹ 「⑨ 투자신탁의 회계기간」란에는 해당 금융상품의 회계기간을 기재한다.

[별지 제64호의 4 서식] (2009. 3. 30. 개정)

※접수번호	외국납부세액
1. 신 청 인 ❶	
①법 인 명	
②사업자등록번호	
④업 태 / 종 목	
⑥소 재 지	
2. 환급신청 내역	
⑦투자신탁의 금융상품명	❷
⑨투자신탁의 회계기간	❹ 년
⑩환급신청 금액계산	⑪해당 회계기간의 환급대
	⑫환 급 비 율
	⑬환급받을 수 있는 금액(⑪
	⑭해당 사업연도의 법인세
	⑮환급신청세액(⑬-⑭)

국 세 환 급 금 계 좌 신 고	
⑯ 예 입 처	은행 (본)지점
⑰ 예금종류	예금
⑱ 계좌번호	

세 무 서 장 귀

구비서류
1. 간접투자회사 등의 외국납부세액계산서
2. 「자본시장과 금융투자업에 관한 법률」 제2
서류 및 부속명세서

환급신청서	처리기간
	즉 시

③대표자 성명	
⑤전 화 번 호	

❸ ⑧(상품코드: [| |])

월 일 ~ 년 월 일

상 외국납부세액	❺
	❺
⑪×⑫)	
액	❺

「법인세법」 제57조의 2 및 같은 법 시행령 제94조의 2 제8항에 따라 외국납부세액 환급 신청서를 제출합니다.

년 월 일

신청인 (서명 또는 인)

하

39조 제1항 제1호 및 제2호의	수 수 료
	없 음

❸ 「⑧ 상품코드」란에는 소득세법상 금융소득 지급명세서 제출시 적용되는 금융상품코드를 기재한다.

❺ 「⑩ 환급신청금액계산」란에는 간접투자회사 등의 외국납부세액계산서 〔별지 제11호 서식〕의 해당란의 합계액을 기재한다.

가. ⑪ 해당 회계기간의 환급대상 외국납부세액 : 〔별지 제11호 서식〕의 ⑯ 항목의 합계를 기재한다.

나. ⑫ 환급비율 : 〔별지 제11호 서식〕의 ⑤ 항목의 계산액을 기재한다.

다. ⑭ 해당 사업연도의 법인세액 : 투자신탁의 경우에는 "0"으로 기재한다.

■ 작성요령Ⅶ - 재해손실세액공제신청서

[별지 제65호 서식] (2014. 3. 14. 개정)

재해손실세액

❷ 「⑥ 감면세액」란에는 재해손실세액공제의 대상이 되는 법인세에 「⑩ 상실비율」을 곱한 금액을 기재한다. 재해손실세액공제의 대상이 되는 법인세는 다음과 같다.

① 재해발생일에 있어서의 미납된 법인세와 납부하여야 할 법인세(가산금 포함)

② 재해발생일이 속하는 사업연도의 소득에 대한 법인세

※ 재해손실세액공제액은 상실된 자산의 가액을 한도로 한다.

접수번호		접수일
신청인	① 본 점 소 재 지	
	② 법 인 명	
	③ 사 업 자 등 록 번 호	
	④ 대 표 자 성 명	
신 청		
⑤ 사업연도		
⑥ 감면세액		법 인 세 ❷
⑦ 자산상실의 원인발생연월일		
⑧ 상실 전의 자산가액		
⑨ 상실된 자산가액		
⑩ 상실비율		❹
⑪ 감면신청이유		

❹ 당해 사업연도 중 2회 이상의 재해를 입은 경우에는 자산상실비율을 다음과 같이 계산한다.

$$\text{자산상실비율} = \frac{\text{재해로 인하여 상실된 자산가액의 합계액}}{\text{최초 재해발생 전 자산총액} + \text{최종 재해발생 전까지의 증가된 자산총액}}$$

시행령 제95조에 따

신고(신청)인

세무서장 귀하

공제신청서 ❶

	처리기간 즉시

❶ 본 서식은 법인이 당해연도 중 천재 · 지변 기타 재해로 인하여 다음에 해당하는 자산 총액의 20% 이상을 상실하여 납세가 곤란하다고 인정되는 경우에 작성한다.
① 사업용 자산(토지 제외)
② 타인 소유의 자산으로서 그 상실로 인한 변상책임이 당해 법인에게 있는 것

내 용

년 월 일부터
년 월 일까지(월)

❸

❸

❸ 「⑧ 상실 전의 자산가액」과 「⑨ 상실된 자산가액」란은 재해발생일 현재의 장부가액에 의하여 계산하되, 장부가 소실 또는 분실되어 장부가액을 알 수 없는 경우에는 납세지 관할 세무서장이 조사확인한 재해발생일 현재의 가액에 의하여 계산한다.

% $(100 \times \frac{⑨}{⑧})$

라 법인세의 감면을 신청합니다.

년 월 일

(서명 또는 인)

■ 작성요령Ⅷ - 공제감면세액계산서(1)

❹ 재해손실세액공제액 계산상 미납부 또는 납부할 세액 계산에서 외국납부세액공제 및 다른 법률에 따른 공제세액이 있으면 그 공제세액을 공제한 금액으로 한다.

[별지 제8호 서식 부표 1] (2013. 2. 23. 개정)

사 업 연 도	. . . ~ . . .	공제감면세액

① 구분	② 계산기준
1) 공공차관도입에 따른 법인세감면(「조세특례제한법」 제20조 제2항)	산출세액 ×
2) 재해손실세액공제(「법인세법」 제58조) ❹	미납부 또는 납부할 세액 × 상실된 사업용 자산 / 사업용 자산
3)	
계	

⑤

1) 재해내용		4)
2) 재해발생일		
3) 공제신청일		

	법 인 명	
계산서(1)		
	사업자등록번호	

준 ❸	③ 계산명세	④ 공제감면세액 ❶
감면소득		
과세표준금액		
세액	❷	
용 자산가액		
자산총액		

	구분	세
) 미납부 또는 납부할 세액 명세		
	세액	

❶ 법인세법 및 그 밖의 법률에 따른 공제감면세액을 계산할 때의 계산기준에 따라 산출된 공제감면세액을 「④ 공제감면세액」란에 기입하고, 동 금액을 공제감면세액 및 추가납부세액합계표(갑) 〔별지 제8호 서식(갑)〕에 이기한다.

❷ 재해손실세액공제란은 사업용 자산총액(토지는 제외)에 대한 상실자산의 비율이 20% 이상인 경우에 미납부 또는 납부할 법인세액과 재해발생 사업연도분 법인세에 상실비율을 곱하여 계산한다.

❸ 「② 계산기준」란의 산출세액은 법인세과세표준에 법인세법 제55조에 따른 세율을 곱하여 산출된 법인세액이며, 과세표준에서 차지하는 감면 또는 면제소득은 법인세과세표준계산에 있어서 각 사업연도 소득금액에서 공제한 이월결손금 · 비과세소득 또는 소득공제액이 있는 경우 다음 각 목의 금액을 뺀 금액으로 한다.

가. 공제액 등이 감면사업 또는 면제사업에서 발생한 경우는 공제액 전액

나. 공제액 등이 감면사업 또는 면제사업에서 발생하였는지 여부가 불분명한 경우에는 소득금액에 비례하여 안분계산한 금액

■ 작성요령Ⅸ - 사실과 다른 회계처리로 인하여 과다납부한 금액의 세액공제명세서

[별지 제52호의 4 서식] (2018. 3. 21. 개정)

사 업 연 도	. . . ~ . . .	사실과 다른 회계 과다납부한 금액의

관리번호 | | | - | | |

1. 환급제한 대상세액 및 공제한도 계산

① 사업연도	② 경정연도	③ 과다납부한 세액	④ 과다계상한 준의 합
❶	❷		

⑦ 환급제한 과다납부세액

⑧ 각 사업연도별 공제한도(⑦

2. 연도별 공제 내역

⑨ 사업연도	⑩ 연도별 공제대상금액
❹	❺
⑬ 합 계	

❶ 「① 사업연도」란은 사실과 다른 회계처리를 한 사업연도를 기재하고 다수인 경우에는 각각 기재한다.

❷ 「② 경정연도」란은 사실과 다른 회계처리를 하여 과세표준 및 세액을 과다하게 계상함으로써 「국세기본법」 제45조의 2에 따라 경정을 받은 경정일이 속하는 사업연도를 기재한다.

❹ 「⑨ 사업연도」란은 공제대상금액이 발생한 사업연도를 기재한다.

❺ 「⑩ 연도별 공제대상금액」란은 가산세 및 수정신고로 인하여 납부할 세액을 포함하여 기재한다.

처리로 인하여 세액공제명세서	법 인 명	
	사업자등록번호	

내 역

·과세표 ·계액	⑤ 사실과 다른 회계처리로 인하여 과다 계상한 과세표준	⑥ 환급제한과다납부 세액(③×(⑤/④))
합계 ❸		
×20퍼센트)		

❸ 「⑦ 환급제한 과다납부세액 합계」란은 ⑥의 환급제한 과다납부세액의 합계금액을 기재한다.

❻ 「⑪ 공제할 세액」란은 ⑧ 각 사업연도별 공제한도와 ⑩ 연도별 공제대상금액 중 적은 금액을 적는다.

⑪ 공제할 세액	⑫ 잔액
❻	❼

❼ 「⑫ 잔액」란은 ⑦ 환급제한 과다납부세액합계에서 ⑪ 공제할 세액의 합계 금액을 차감 후 잔액을 적는다.

세무조정 체크리스트

■ 외국납부 세액공제

검 토 사 항	확인
1. 외국납부 세액공제방법 적용 - 간접외국납부세액을 익금산입하였는지 확인 - 해당 사업연도의 외국 납부 세액공제액의 한도 계산 - 한도초과 외국납부세액은 10년간 이월공제(다만, 이월공제기간 내에 공제받지 못한 외국납부세액은 이월공제기간의 종료일 다음 날이 속하는 사업연도에 손금산입)됨.	
2. 외국납부법인세의 범위 검토 - 직접외국납부세액, 간접외국납부세액 및 간주외국납부세액을 포함하고, 가산세는 제외함. - 외국납부세액의 원화환산방법 확인 - 간주외국납부세액이 외국납부세액에 포함되어 있을 경우 외국납부세액이 발생한 국가와의 조세협약 검토 - 외국자회사 수입배당금액의 익금불산입(법법 §18의 4)의 적용대상이 되는 수입배당금액은 제외함.	

■ 재해손실세액공제

검 토 사 항	확인
1. 자산상실비율의 검토 - 자산상실비율이 20% 이상인지 확인 - 자산상실비율 계산시 포함되는 자산의 범위 검토	
2. 공제대상 법인세의 검토	
① 재해 발생일에 있어서의 미납부된 법인세와 납부하여야 할 법인세 : 미납된 법인세와 납부하여야 할 법인세(재해발생일 현재 부과되지 아니한 법인세와 부과된 법인세로서 미납된 세액)	
② 재해 발생일이 속하는 사업연도의 소득에 대한 법인세	
③ 장부의 기록 · 보관 불성실가산세, 무신고가산세, 과소신고 · 초과환급신고가산세, 납부지연가산세 및 원천징수 등 납부지연가산세를 포함함.	
3. 세액공제신청서 제출기한 검토	
4. 재해손실공제한도 검토(한도 : 상실된 자산가액 범위 내)	

■ **사실과 다른 회계처리로 인한 경정에 따른 세액공제**

검 토 사 항	확인
1. 경정사유가 사실과 다른 회계처리에 따른 것인지 확인 －사실과 다른 회계처리의 범위 검토	
2. 사실과 다른 회계처리에 따른 경정과 그 이외 사유로 인한 경정이 동시에 있는 경우, 과다납부한 세액을 안분계산	
3. 경정일이 속하는 사업연도부터 과다납부한 세액의 20%를 한도로 공제하고, 잔존 과다납부 세액은 기간제한 없이 이월하여 공제	

Step III: 사례와 서식작성실무

예제

사 례

㈜삼일의 제33기 사업연도(2024. 1. 1.~2024. 12. 31.)의 외국자회사와 이에 따른 수입배당금액의 내역을 살펴보면 다음과 같다. 당해 자회사들은 모두 30기(2021. 1. 1. ~2021. 12. 31.)에 투자하였고, 해외자원개발사업을 영위하는 법인들이 아니다. ㈜삼일은 외국법인세액에 대해 세액공제하는 방법을 선택하였다.
중국소재 자회사 C에 대하여 전기에 발생하였으나 공제받지 못하고 이월된 외국납부공제세액 20,000,000원이 있으며, 아래 세무조정을 모두 반영한 후 법인세과세표준과 법인세산출세액이 각각 800,000,000원, 140,000,000원이고, 국외원천소득에서 차감할 직간접 경비는 없는 것으로 가정할 때,다음 자료를 이용하여 공제감면세액계산서(5), 국가별 외국납부세액공제 명세서 및 소득종류별 외국납부세액 명세서를 작성하라.

구 분	지분율(*)	수입배당 현금수취액	외국자회사의 소득금액	외국자회사의 법인세액
A(미국)	25%	85,000,000	400,000,000	80,000,000
B(태국)	75%	40,000,000	200,000,000	40,000,000
C(중국)	3%	120,000,000	600,000,000	120,000,000

(*) 의결권 있음.

• A(미국)법인으로부터 당해 사업연도 중 배당금으로 85,000,000원(15%의 원천징수세액 차감 후 실수령액)을 수취하고 다음과 같이 회계처리하였다.

(차) 현금 및 현금성자산 85,000,000 (대) 배당금수익 100,000,000
법 인 세 비 용 15,000,000

• B(태국)법인으로부터 당해 사업연도 중 배당금으로 50,000,000원 중 원천징수세액 10,000,000원을 차감한 잔액을 송금받고 다음과 같이 회계처리하였다.

(차) 현금 및 현금성자산 40,000,000 (대) 배당금수익 40,000,000

• C(중국)법인으로부터 당해 사업연도 중 배당금으로 160,000,000원 중 40,000,000원을 차감한 잔액을 송금받고 다음과 같이 회계처리하였다.

(차) 현금 및 현금성자산 120,000,000 (대) 배당금수익 160,000,000
법 인 세 비 용 40,000,000

해 설

1. 외국납부세액 관련 세무조정

(1) A(미국)법인과 관련된 세무조정

〈손금불산입〉 직접외국납부세액 15,000,000 (기타사외유출)

〈익금산입〉 간접외국납부세액 25,000,000(*1) (기타사외유출)

(*1) A법인(지분율 요건을 충족하는 법인)의 간접외국납부세액

$$\text{간접외국납부세액} = 80,000,000 \times \frac{100,000,000}{400,000,000 - 80,000,000} = 25,000,000\text{원}$$

(2) B(태국)법인과 관련된 세무조정

〈익금산입〉 배당금수익 10,000,000 (기타)

〈손금산입〉 법인세비용 10,000,000 (기타)

〈손금불산입〉 직접외국납부세액 10,000,000 (기타사외유출)

〈익금산입〉 간접외국납부세액 12,500,000(*2) (기타사외유출)

(*2) B법인(지분율 요건을 충족하는 법인)의 간접외국납부세액

$$\text{간접외국납부세액} = 40,000,000 \times \frac{50,000,000}{200,000,000 - 40,000,000} = 12,500,000\text{원}$$

(3) C(중국)법인과 관련된 세무조정

〈손금불산입〉 직접외국납부세액 40,000,000 (기타사외유출)

지분율 요건을 충족하지 못하여 간접외국납부세액공제가 적용되지 아니한다.

2. 서식의 작성

(1) 공제감면세액계산서(5)

(2) 외국 납부 세액공제 등 명세서

[별지 제8호 서식 부표 5] (2021. 3. 16. 개정)

사 업 연 도	2024. 1. 1. ~ 2024. 12. 31.	공제감면세액계산서(5)	법 인 명	(주)삼일
			사업자등록번호	

1. **외국납부세액공제 적용** (선택한 경우의 [ ] 에 V표 합니다.)

[V] 예

[ ] 아니오

2. **국가별 세액공제 총괄명세** ('1. 외국납부세액공제 적용'에서 '예'를 선택한 경우만 작성)

(단위 : 원)

① 연번	② 국가명	③ 국가 코드		당기 공제대상 세액		⑥ 국가별 공제한도	⑦ 당기 실제 세액공제액	⑧ 이월 배제액	⑨ 차기이월액
				④ 전기 이월액	⑤ 당기 외국납부세액 발생액				
1	미국	U	S		40,000,000	21,875,000	21,875,000		18,125,000
2	태국	T	H		22,500,000	10,937,500	10,937,500		11,562,500
3	중국	C	N	20,000,000	40,000,000	28,000,000	28,000,000		32,000,000
4									
5									
6									
7									
8									
9									
10									
합 계				20,000,000	102,500,000		60,812,500		61,687,500

3. **손금산입 명세** ('1. 외국납부세액공제 적용'에서 '아니오'를 선택한 경우만 작성)

(단위 : 원)

구분	금액
⑩ 매출원가 계상	
⑪ 판매비와 일반관리비에 계상	
⑫ 제조원가에 계상	
⑬ 그 밖의 계정과목에 계상	
⑭ 세무조정에 의한 손금산입	
합계(⑩+⑪+⑫+⑬+⑭)	

첨부서류	외국납부세액의 증빙서류, 감면근거(발생국가 관련법령, 조문) 등

[별지 제8호 서식 부표 5의 2] (2021. 3. 16. 개정) (앞쪽)

사 업 연 도	2024. 1. 1. ~ 2024. 12. 31.	국가별 외국납부세액공제 명세서	법 인 명	(주)삼일
			사업자등록번호	

※ 본 서식은 국외원천소득(결손)이 발생한 각 국가별로 구분하여 각각 작성해야 합니다.

1. 국외원천소득(결손) 발생국가

① 국가명	미국	②국가코드	U	S

2. 공제한도 계산 (단위 : 원)

구 분		금 액
③ 국외원천소득 대응 비용 차감 전 국외원천소득		125,000,000
④ 국외원천소득에 대응하는 비용 등		
⑤ 국외원천소득 대응 비용 차감 후 국외원천소득(③ - ④)		125,000,000
감면되는 국외원천소득	⑥ 국외원천소득 중 「조세특례제한법」 등에 따른 감면적용대상금액	
	⑦ 감면비율	
	⑧ 차감되는 감면 국외원천소득(⑥ × ⑦)	
⑨ 외국납부세액 공제대상 국외원천소득(⑤ - ⑧)		125,000,000
⑩ 기준 국외원천소득(결손국가가 없는 경우=⑨, 있는 경우 작성방법 참조)		125,000,000
공제한도	⑪ 산출세액	140,000,000
	⑫ 과세표준	800,000,000
	⑬ 공제한도(⑪ × ⑩ / ⑫)	21,875,000
당기공제 대상세액	⑭ 전기 이월액	
	⑮ 당기 외국납부세액 발생액	40,000,000
	⑯ 당기 공제대상 세액(⑭ + ⑮)	40,000,000
이월배제액	⑰ 한도초과액(⑮-⑬, 음수인 경우 영(0))	18,125,000
	⑱ 이월배제 대상 외국납부세액	
	⑲ 이월배제 외국납부세액(⑰와 ⑱ 중 작은 금액)	
⑳ 차기 이월액(⑯-⑬-⑲, 음수인 경우 영(0))		18,125,000

3. 공제세액 계산 (단위 : 원)

㉑ 사업연도	㉒ 당초 외국납부 세액발생액	㉓ 전기누적 공제액	㉔ 당초 이월배제액	㉕ 당기 공제대상 세액 (㉒-㉓-㉔=⑯)	㉖ 당기 실제 세액공제액 (합계≦⑬)	㉗ 이월배제액 (⑲)	㉘ 차기이월액 (㉕-㉖-㉗)
당 기	40,000,000			40,000,000	21,875,000		18,125,000
합 계				40,000,000	21,875,000		18,125,000

[별지 제8호 서식 부표 5의 2] (2021. 3. 16. 개정) (앞쪽)

사업연도	2024. 1. 1. ~ 2024. 12. 31.	국가별 외국납부세액공제 명세서	법 인 명	(주)삼일
			사업자등록번호	

※ 본 서식은 국외원천소득(결손)이 발생한 각 국가별로 구분하여 각각 작성해야 합니다.

1. **국외원천소득(결손) 발생국가**

① 국가명	태국	② 국가코드	T	H

2. **공제한도 계산** (단위 : 원)

구 분		금 액
③ 국외원천소득 대응 비용 차감 전 국외원천소득		62,500,000
④ 국외원천소득에 대응하는 비용 등		
⑤ 국외원천소득 대응 비용 차감 후 국외원천소득(③－④)		62,500,000
감면되는 국외원천소득	⑥ 국외원천소득 중 「조세특례제한법」 등에 따른 감면적용대상금액	
	⑦ 감면비율	
	⑧ 차감되는 감면 국외원천소득(⑥ × ⑦)	
⑨ 외국납부세액 공제대상 국외원천소득(⑤ － ⑧)		62,500,000
⑩ 기준 국외원천소득(결손국가가 없는 경우=⑨, 있는 경우 작성방법 참조)		62,500,000
공제한도	⑪ 산출세액	140,000,000
	⑫ 과세표준	800,000,000
	⑬ 공제한도(⑪ × ⑩ / ⑫)	10,937,500
당기공제 대상세액	⑭ 전기 이월액	
	⑮ 당기 외국납부세액 발생액	22,500,000
	⑯ 당기 공제대상 세액(⑭ + ⑮)	22,500,000
이월배제액	⑰ 한도초과액(⑮－⑬, 음수인 경우 영(0))	11,562,500
	⑱ 이월배제 대상 외국납부세액	
	⑲ 이월배제 외국납부세액(⑰와 ⑱ 중 작은 금액)	
⑳ 차기 이월액(⑯－⑬－⑲, 음수인 경우 영(0))		11,562,500

3. **공제세액 계산** (단위 : 원)

㉑ 사업연도	㉒ 당초 외국납부 세액발생액	㉓ 전기누적 공제액	㉔ 당초 이월배제액	㉕ 당기 공제대상 세액 (㉒－㉓－㉔=⑯)	㉖ 당기 실제 세액공제액 (합계≤⑬)	㉗ 이월배제액 (⑲)	㉘ 차기이월액 (㉕－㉖－㉗)
당 기	22,500,000			22,500,000	10,937,500		11,562,500
합 계				22,500,000	10,937,500		11,562,500

[별지 제8호 서식 부표 5의 2] (2021. 3. 16. 개정) (앞쪽)

사업연도	2024. 1. 1. ~ 2024. 12. 31.	국가별 외국납부세액공제 명세서	법인명	(주)삼일
			사업자등록번호	

※ 본 서식은 국외원천소득(결손)이 발생한 각 국가별로 구분하여 각각 작성해야 합니다.

1. 국외원천소득(결손) 발생국가

① 국가명	중국	②국가코드	C	N

2. 공제한도 계산 (단위 : 원)

구 분		금 액
③ 국외원천소득 대응 비용 차감 전 국외원천소득		160,000,000
④ 국외원천소득에 대응하는 비용 등		
⑤ 국외원천소득 대응 비용 차감 후 국외원천소득(③-④)		160,000,000
감면되는 국외원천소득	⑥ 국외원천소득 중 「조세특례제한법」 등에 따른 감면적용대상금액	
	⑦ 감면비율	
	⑧ 차감되는 감면 국외원천소득(⑥ × ⑦)	
⑨ 외국납부세액 공제대상 국외원천소득(⑤ - ⑧)		160,000,000
⑩ 기준 국외원천소득(결손국가가 없는 경우=⑨, 있는 경우 작성방법 참조)		160,000,000
공제한도	⑪ 산출세액	140,000,000
	⑫ 과세표준	800,000,000
	⑬ 공제한도(⑪ × ⑩ / ⑫)	28,000,000
당기공제 대상세액	⑭ 전기 이월액	20,000,000
	⑮ 당기 외국납부세액 발생액	40,000,000
	⑯ 당기 공제대상 세액(⑭ + ⑮)	60,000,000
이월배제액	⑰ 한도초과액(⑮-⑬, 음수인 경우 영(0))	12,000,000
	⑱ 이월배제 대상 외국납부세액	
	⑲ 이월배제 외국납부세액(⑰와 ⑱ 중 작은 금액)	
⑳ 차기 이월액(⑯-⑬-⑲, 음수인 경우 영(0))		32,000,000

3. 공제세액 계산 (단위 : 원)

㉑ 사업연도	㉒ 당초 외국납부 세액발생액	㉓ 전기누적 공제액	㉔ 당초 이월배제액	㉕ 당기 공제대상 세액 (㉒-㉓-㉔=⑯)	㉖ 당기 실제 세액공제액 (합계≤⑬)	㉗ 이월배제액 (⑲)	㉘ 차기이월액 (㉕-㉖-㉗)
2023	20,000,000	0		20,000,000	20,000,000		0
당 기	40,000,000			40,000,000	8,000,000		32,000,000
합 계				60,000,000	28,000,000		32,000,000

[별지 제8호 서식 부표 5의 3] (2020. 3. 13. 개정) (앞쪽)

사 업 연 도	2024. 1. 1. ~ 2024. 12. 31.	소득종류별 외국납부세액 명세서	법 인 명	(주)삼일
			사업자등록번호	

(단위 : 원)

① 연번	소득발생처				⑤ 소득구분	⑥ 국외원천소득		외국납부세액			
	②국가명	③ 코드		④상호(성명)	코드			⑦직접	⑧간주	⑨간접	⑩하이브리드(Hybrid)
1	미국	U	S	●●●	배당	125,000,000	세목	법인세		법인세	
					DIV		세액	15,000,000		25,000,000	
2	태국	T	H	△△△	배당	62,500,000	세목	법인세		법인세	
					DIV		세액	10,000,000		12,500,000	
3	중국	C	N	□□□	배당	160,000,000	세목	법인세			
					DIV		세액	40,000,000			
합 계						347,500,000	세액	65,000,000		37,500,000	

제3절 조세특례제한법상 세액공제

관련 법령	• 조특법 §7의 4, §8의 3, §10, §12의 3, §12의 4, §13의 2, §13의 3, §19, §24, §25의 6, §25의 7, §26, §29의 3, §29의 4, §29의 7, §29의 8, §30의 3, §30의 4, §96의 3, §104의 5, §104의 8, §104의 22, §104의 25, §104의 30, §104의 32, §122의 4, §126의 6 • 조특령 §2, §3, §6의 4, §7의 2, §9, §11의 3, §11의 4, §12의 2, §12의 3, §17, §21, §22의 10, §22의 11, §23, §26의 3, §26의 4, §26의 7, §26의 8, §27의 3, §27의 4, §96의 3, §104의 2, §104의 5, §104의 20, §104의 22, §104의 27, §104의 29, §117의 4, §121의 6 • 조특칙 §3의 2, §5의 2, §7, §7의 2, §8의 5, §8의 8, §12, §12의 2, §12의 3, §13, §13의 9, §14, §14의 2, §14의 3, §14의 4, §47

최근 주요 개정 내용

• 중소기업 독립성 요건 중 외국법인의 자산총액 계산방법 명확화(조특령 §2 ④ 및 조특칙 §2 ⑨)

종 전	현 행
□ 중소기업의 실질적 독립성 기준 계산 방법 명확화	□ 최다출자자인 외국법인의 자산총액
○ 자산총액 5천억원 이상인 법인(외국법인 포함)이 주식 등의 30% 이상을 소유한 경우로서 최다출자자가 아닌 중소기업	○ (좌 동)
〈추 가〉	- 외국법인이 최다출자자인 경우 자산총액 원화 환산 기준일 방법* 규정 * 자산총액이 외화로 표시된 경우, 해당 사업연도 종료일 현재의 매매기준율로 환산한 원화 표시 금액
○ 특정 기준의 평균매출액 등을 충족하는 관계기업	○ (좌 동)

➡ 개정일자 : ㉾ 2024. 2. 29., ㉿ 2024. 3. 22.

최근 주요 개정 내용

• R&D 세액공제 대상 자체연구개발비 범위 확대(조특령 별표 6 1호 가목 2)

종 전	현 행
□ R&D 세액공제 대상 인건비 ○ 퇴직소득, 퇴직급여충당금, 퇴직연금부담금 등 제외대상만 규정	□ 공제 대상 자체연구개발비 범위 확대 ○ 4대 사회보험* 보험료의 사용자 부담분을 자체연구개발비 범위에 명시 * 국민연금, 건강보험, 고용보험, 산재보험

➡ 개정일자 : ㉧ 2024. 2. 29.
적용시기 : 2024년 2월 29일이 속하는 사업연도부터 적용

• R&D비용 세액공제 중 신성장·원천기술 범위 확대(조특령 별표 7)

종 전	현 행
□ 신성장·원천기술 대상 ○ 13개 분야* 258개 기술 * ① 미래차, ② 지능정보, ③ 차세대 S/W, ④ 콘텐츠, ⑤ 전자정보 디바이스, ⑥ 차세대 방송통신, ⑦ 바이오·헬스, ⑧ 에너지·환경, ⑨ 융복합소재, ⑩ 로봇, ⑪ 항공·우주, ⑫ 첨단 소재·부품·장비, ⑬ 탄소중립	□ 신성장·원천기술 대상 확대 ○ 14개 분야 270개 기술
〈신 설〉	– (분야) 방위산업 신설
〈추 가〉	– (기술) 신규 15개, 확대 8개 • (신규) 15개 신규 기술 추가 [분야: 디스플레이(1개) – 세부 기술: OLED 화소형성·봉지 공정 장비 및 부품 기술] [분야: 수소(3개) – 세부 기술: 수소 가스터빈(혼소·전소) 설계 및 제작 기술 등 / 수소환원제철 기술 / 수소 저장 효율화 기술] • (확대) 1개 현행 기술 범위 확대 [분야: 반도체(1개) – 세부 기술: 차세대 메모리반도체 설계·제조 기술→HBM 등 추가]

➡ 개정일자 : ㉧ 2024. 2. 29.
적용시기 : 2024년 1월 1일 이후 발생하는 연구개발비부터 적용

• R&D비용 세액공제 중 국가전략기술 범위 확대(조특령 별표 7의 2)

<table>
<tr><th>종 전</th><th>현 행</th></tr>
<tr><td>□ 국가전략기술 대상
○ 7개 분야 62개 기술*
* ① 반도체 22개, ② 이차전지 9개, ③ 백신 7개, ④ 디스플레이 5개, ⑤ 수소 6개, ⑥ 미래형이동수단 5개, ⑦ 바이오의약품 8개
〈추 가〉</td><td>□ 국가전략기술 대상 확대
○ 7개 분야 66개 기술
- (기술) 신규 4개, 확대 1개
• (신규) 4개 신규 기술 추가
<table>
<tr><th>분야</th><th>세부 기술</th></tr>
<tr><td>디스플레이
(1개)</td><td>OLED 화소형성·봉지 공정 장비 및 부품 기술</td></tr>
<tr><td rowspan="3">수소(3개)</td><td>수소 가스터빈(혼소·전소) 설계 및 제작 기술 등</td></tr>
<tr><td>수소환원제철 기술</td></tr>
<tr><td>수소 저장 효율화 기술</td></tr>
</table>
• (확대) 1개 현행 기술 범위 확대
<table>
<tr><th>분야</th><th>세부 기술</th></tr>
<tr><td>반도체
(1개)</td><td>차세대 메모리반도체 설계·제조 기술→HBM 등 추가</td></tr>
</table>
</td></tr>
</table>

➡ 개정일자 : ㉧ 2024. 2. 29.
적용시기 : 2024년 1월 1일 이후 발생하는 연구개발비부터 적용

• 기술혁신형 M&A에 대한 주식등 취득기간 확대(조특법 §12의 4 ① 및 조특령 §11의 4 ④·⑤)

<table>
<tr><th>종 전</th><th>현 행</th></tr>
<tr><td>□ 내국법인이 기술혁신형 중소기업의 주식등 인수 시 과세특례
○ (과세특례) 취득한 주식등의 매입가액 중 기술가치금액에 대해 10% 세액공제
- 기술가치금액 산정방식
: ❶ 또는 ❷
❶ 평가기관 평가금액 × 취득일이 속하는 사업연도의 종료일 현재 지분비율</td><td>□ 주식등의 취득기간 확대
○ (좌 동)

❶ 평가기관 평가금액×기준충족사업연도*의 종료일 현재 지분비율
* 취득 주식등이 출자총액의 50%(경영권 확보시 30%) 기준을 최초로 충족하는 사업연도</td></tr>
</table>

최근 주요 개정 내용

종 전	현 행
❷ 매입가액 – 피인수법인의 순자산시가 × 취득일이 속하는 사업연도의 종료일 현재 지분비율 ○ (지분율 요건) 주식등을 취득한 사업연도의 종료일 현재 피인수법인 지분의 50%(경영권 인수시 지분 30%) 초과 취득 ○ (취득기간) 주식등 최초취득일부터 해당 사업연도 종료일까지	❷ 매입가액 – 피인수법인의 순자산시가 × 기준충족사업연도의 종료일 현재 지분비율 ○ (좌 동) ○ 최초 취득일부터 해당 사업연도의 다음 사업연도 종료일*까지 * 최초 취득일이 속하는 사업연도 내 지분율 요건 충족시 해당 사업연도 종료일까지

➡ 개정일자 : ㉺ 2023. 12. 31., ㋧ 2024. 2. 29.
적용시기 : 2024년 1월 1일부터 시행하되, 인수법인이 피인수법인의 주식등을 최초 취득한 날이 2023년 12월 31일 이전인 경우의 세액공제 요건에 관하여는 종전의 규정에 따름.

• 기술혁신형 M&A에 대한 세액공제 적용 시 기술가치금액 상향(조특법 §11의 3 ③ 및 조특령 §11의 4 ④)

종 전	현 행
□ 기술혁신형 중소기업의 합병 또는 주식 인수 시 과세특례 ○ (과세특례) '기술가치금액'의 10%를 합병·인수법인의 법인세에서 공제 ○ (기술가치금액*) Max(ⓐ, ⓑ) * 주식 취득의 경우 지분비율 반영 – ⓐ : 특허권 등 평가액 합계 – ⓑ : 양도가액 – (피합병·인수법인의 순자산시가 × 130%)	□ 주식등의 취득기간 확대 ○ (좌 동) ○ (좌 동) – (좌 동) – 양도가액 – (피합병·인수법인의 순자산시가 × 120%)

➡ 개정일자 : ㋧ 2024. 2. 29.
적용시기 : 2024년 2월 29일부터 시행하되, 2024년 2월 28일 이전에 주식등을 취득한 경우의 세액공제금액에 관하여는 종전의 규정에 따름.

최근 주요 개정 내용

• 민간벤처모펀드 출자에 대한 세액공제 특례 허용(조특법 §13의 2 ②)

종 전	현 행
□ 내국법인이 벤처기업 등에 대한 출자 시 법인세 세액공제 ○ (공제대상) ❶~❷를 통해 취득한 주식등 ❶ 벤처기업 등에 대한 직접출자 ❷ 벤처투자조합 등을 통한 간접 출자 〈추 가〉 ○ (출자방법) 설립시 자본금 납입 또는 7년 내 유상증자(구주매입 제외) ○ (공제액) – (❶, ❷를 통한 취득) 출자가액의 5% 〈신 설〉	□ 민간재간접벤처투자조합을 통한 출자 시 세액공제 신설 ○ ❶~❸을 통해 취득한 주식등 ❶ (좌 동) ❷ (좌 동) ❸ 민간재간접벤처투자조합을 통한 간접출자 ○ (좌 동) ○ 민간재간접벤처투자조합 투자 시 세액공제 적용 – (좌 동) – (❸을 통한 취득) 출자 시 투자금액*의 5% + 주식등 취득가액의 직전 3년 평균 대비 증가분의 3% Max(출자가액, 모펀드 투자액의 60%)

➡ 개정일자 : ㊕ 2023. 12. 31.
적용시기 : 2024년 1월 1일 이후 세액공제신청을 하는 경우부터 적용(이 경우 조세특례제한법 제13조의 2 제2항 제2호의 개정규정은 내국법인이 민간재간접벤처투자조합을 통하여 최초로 벤처기업 등의 주식 또는 출자지분을 취득한 사업연도의 다음 사업연도의 법인세에서 공제하는 경우부터 적용)

• 벤처기업 출자에 대한 세액공제 특례 관련 중복지원 배제조항 정비(조특령 §12의 2 ① 1호)

종 전	현 행
□ 벤처기업 등에 대한 출자 시 법인세 세액공제 적용 제외 법인 * 벤처기업등 출자 관련 주식양도차익 및 배당소득 비과세(조특법 §13)가 적용되는 내국법인 제외 ❶ 벤처투자회사 ❷ 신기술사업금융업자 ❸ 벤처기업출자유한회사 ❹ 기금운용법인 등	□ 제외대상 추가 ❶ 벤처투자회사 및 창업기획자 ❷~❹ (좌 동)

➡ 개정일자 : ㊞ 2024. 2. 29.
적용시기 : 2024년 2월 29일 이후 주식 또는 출자지분을 취득하는 경우부터 적용

최근 주요 개정 내용

• 통합투자세액공제 중 신성장 사업화시설 범위 확대(조특칙 별표 6)

<table>
<tr><th>종 전</th><th>현 행</th></tr>
<tr>
<td>□ 통합투자세액공제 대상 신성장 사업화시설
○ 13개 분야* 181개 시설
* ① 미래차, ② 지능정보, ③ 차세대 S/W, ④ 콘텐츠, ⑤ 전자정보 디바이스, ⑥ 차세대 방송통신, ⑦ 바이오·헬스, ⑧ 에너지·환경, ⑨ 융복합소재, ⑩ 로봇, ⑪ 항공·우주, ⑫ 첨단 소재·부품·장비, ⑬ 탄소중립
〈신 설〉
〈추 가〉</td>
<td>□ 신성장 사업화시설 확대
○ 14개 분야 185개 시설
- (분야) 방위산업 신설
- (시설) 신규 7개, 확대 4개
• (신규) 7개
〈신규 시설 추가〉
<table>
<tr><th>분야</th><th>사업화시설</th></tr>
<tr><td>에너지·환경 (3개)</td><td>친환경 후행 핵주기 기술 관련 시설, 대형원전 제조기술 관련 시설, 혁신 제조공법 기술 관련 시설</td></tr>
<tr><td>방위산업 (3개)</td><td>추진체계 기술 관련 시설, 군사위성체계 기술 관련 시설, 유무인복합체계 기술 관련 시설</td></tr>
<tr><td>탄소중립 (1개)</td><td>암모니아 발전시설</td></tr>
</table>
• (확대) 4개
〈현행 시설 범위 확대〉
<table>
<tr><th>분야</th><th>사업화시설</th></tr>
<tr><td>바이오·헬스 (2개)</td><td>혁신형 신약 / 개량신약 제조시설 → 원료 개발·제조시설 추가</td></tr>
<tr><td>에너지·환경 (1개)</td><td>SMR(Small Modular Reactor) 제조시설 → 일체화 원자로 모듈 제조시설 등 추가</td></tr>
<tr><td>탄소중립 (1개)</td><td>바이오매스 유래 에너지 생산시설 → 항공유 생산시설 추가</td></tr>
</table>
</td>
</tr>
</table>

➡ 개정일자 : ㊅ 2024. 3. 22.
적용시기 : 2024년 1월 1일 이후 투자하는 경우부터 적용하고, 2023년 12월 31일 이전에 투자한 시설에 대한 세액공제에 관하여는 종전의 규정에 따름.

최근 주요 개정 내용

• 통합투자세액공제 중 국가전략기술 사업화시설 범위 확대(조특칙 별표 6의 2)

종 전	현 행
□ 통합투자세액공제 대상 국가전략기술 사업화시설 ㅇ 7개 분야 50개 시설* * ① 반도체 20개, ② 이차전지 9개, ③ 백신 3개, ④ 디스플레이 5개, ⑤ 수소 6개, ⑥ 미래형이동수단 3개, ⑦ 바이오의약품 4개 〈추 가〉	□ 신성장 사업화시설 확대 ㅇ 7개 분야 54개 시설 - (시설) 신규 4개, 확대 1개 • (신규) 4개 〈신규 시설 추가〉 [분야 / 사업화시설] 디스플레이(1개): OLED 화소형성·봉지 공정 장비 및 부품 제조시설 수소(3개): 수소 가스터빈(혼소·전소) 설계 및 제작 기술 관련 시설, 수소환원제철 기술 관련 시설, 수소 저장 효율화 기술 관련 시설 • (확대) 1개 〈현행 시설 범위 확대〉 [분야 / 사업화시설] 반도체(1개): 차세대 메모리반도체 설계·제조시설 → HBM(고대역폭메모리) 등 추가

➡ 개정일자 : ㉥ 2024. 3. 22.
적용시기 : 2024년 1월 1일 이후 투자하는 경우부터 적용

최근 주요 개정 내용

• 영상콘텐츠 제작비용 세액공제 확대 및 추가공제 요건 규정(조특법 §25의 6 ① 및 조특령 §22의 10 ④)

종 전	현 행
□ 영상콘텐츠 제작비용 세액공제 ○ 공제율 – 대/중견/중소 : 3/7/10% 〈신 설〉	□ 세액공제 확대 ○ 공제율 상향 및 추가공제 신설 – (기본공제율) 대/중견/중소 : 5/10/15% – (추가공제율*) 대/중견/중소 : 10/10/15% * 국내 제작비 비중이 일정 비율 이상인 콘텐츠 등에 적용(시행령에서 규정)
〈신 설〉	□ 추가공제 요건 규정(❶, ❷ 모두 충족) ❶ 전체 촬영제작 비용 중 국내지출 비중이 80% 이상 ❷ 다음 중 3개 이상 충족 ⓐ 작가·스태프 인건비 중 내국인 지급비율 80% 이상 ⓑ 배우 출연료 중 내국인 지급비율 80% 이상 ⓒ 후반제작비용 중 국내지출 비중 80% 이상 ⓓ 주요 IP* 중 3개 이상 보유 * 「저작권법」에 따른 방송권, 전송권, 공연권, 복제권, 배포권, 2차적 저작물 작성권 등 6개 저작재산권

➡ 개정일자 : ㉻ 2023. 12. 31., ㉾ 2024. 2. 29.
적용시기 : 2024년 1월 1일부터 시행하고, 2023년 12월 31일 이전에 발생한 영상콘텐츠 제작비용에 대한 세액공제에 관하여는 종전의 규정에 따름.

최근 주요 개정 내용

• 문화산업전문회사 출자에 대한 법인세 세액공제 특례 신설(조특법 §25의 7 및 조특령 §22의 11)

종 전	현 행
〈신 설〉	□ 문화산업전문회사 출자를 통해 영상콘텐츠 제작에 투자한 금액에 대한 법인세 세액공제 ○ (적용대상) 중소 · 중견기업 – (제외) 동일한 영상콘텐츠에 대해 제작비용 세액공제가 적용되는 내국법인(제작사) ○ (공제대상) 문화산업전문회사 출자액 중 영상콘텐츠 제작에 사용된 비용* * 법인세 세액공제 적용 사업연도까지의 기간 기준 – (대상 콘텐츠) 영화, TV프로그램, OTT콘텐츠 – (제외비용) 접대비, 광고 · 홍보비, 인건비 중 퇴직급여 충당금 등 ○ (공제율) 3% ○ (공제시기) 최초 상영 · 공개일과 문화산업전문회사 청산일 중 더 빠른 날이 속하는 사업연도 ○ (적용기한) 2025. 12. 31.까지 출자한 경우

➡ 개정일자 : ㉺ 2023. 12. 31., ㊢ 2024. 2. 29.
적용시기 : 2024년 1월 1일 이후 문화산업전문회사에 출자하는 경우부터 적용

• 근로소득증대세제 계산방법 보완(조특령 §26의 4 ⑨)

종 전	현 행
□ 근로제공기간이 1년 미만인 상시근로자에 대한 임금 계산 ○ (환산식) (1년 미만 근로한 상시근로자의 근로소득금액 또는 임금) ÷ (해당 사업연도 근무제공월수) × 12 ○ (적용대상) 근로소득금액, 평균임금	□ 임금 계산방법 합리화 ○ (좌 동) ○ 근로소득금액

➡ 개정일자 : ㊢ 2024. 2. 29.
적용시기 : 2024년 2월 29일 이후 과세표준을 신고하는 경우부터 적용

최근 주요 개정 내용

• 출산휴가자 대체인력에 대한 통합고용세액공제 상시근로자 수 계산방법 보완(조특령 §26의 8 ⑦)

종 전	현 행
□ 상시근로자 수 계산방법 ○ 정규직 근로자* : 1명 * 근로소득세 원천징수 사실이 확인되지 않는 근로자, 특수관계인 등 제외 – 출산휴가자*와 대체인력을 각각 1명으로 계산 * 4대보험료를 납입하는 출산휴가자는 상시근로자 수에 포함(보험료 납입의무가 없는 육아휴직자는 제외)	□ 임금 계산방법 합리화 ○ (좌 동) – 출산휴가자 대체인력 고용 시 휴가자와 대체인력을 상시근로자 1명으로 계산(추가공제 적용을 위한 상시근로자 수 계산에 한정하여 적용)
○ 1개월간 근로시간이 60시간 이상인 단시간근로자 : 0.5명	○ (좌 동)
○ 일정요건*을 갖춘 상용형 시간제 근로자 : 0.75명 * ① 시간제근로자를 제외한 상시근로자 수가 전년도 대비 감소하지 않을 것 ② 계약기간이 정해져 있지 않을 것 ③ 상시근로자와 시간당 임금, 복리후생 등에서 차별이 없을 것 ④ 시간당 임금이 최저임금의 130% 이상	○ (좌 동)

➡ 개정일자 : ㉧ 2024. 2. 29.
적용시기 : 2024년 2월 29일 이후 과세표준을 신고하는 경우부터 적용

• 해외자원개발투자 세액공제 도입 및 세부사항 규정(조특법 §104의 15 ① 및 조특령 §104의 15 ④)

종 전	현 행
〈신 설〉	□ 해외자원개발투자 세액공제 ○ (공제대상) ❶ 광업권·조광권 취득 투자 ❷ 광업권·조광권 취득을 위한 외국법인에 대한 출자 ❸ 내국인의 외국자회사에 대한 해외직접투자 ○ (공제율) 투자 또는 출자액의 3% ○ (적용기한) 2026. 12. 31.

최근 주요 개정 내용

□ 국가 등의 보조금 등을 통한 세제지원 배제 ㅇ (대상 세제지원) - 통합투자세액공제 - 상생협력 시설투자 세액공제 〈추 가〉 〈신 설〉	□ 배제 대상 세제지원 추가 ㅇ 배제 대상 추가 - (좌 동) - (좌 동) - 해외자원개발투자 세액공제 □ 세액공제 대상 출자 또는 투자범위 ㅇ (출자) 출자비율 10% 이상 또는 임직원 파견을 동반하는 경우로서 ❶, ❷ 모두 충족한 외국법인에 출자 - ❶ 광업권 또는 조광권 소유, ❷ 광구 개발·운영 목적 설립 ㅇ (투자) 외국자회사*에 대한 다음의 투자 * 내국인이 발행주식총수 등의 100%를 직접 출자한 외국법인에 한정 - 내국인*의 외국자회사 증자에 참여하는 투자 - 내국인*의 상환기간 5년 이상 금전대여 투자 - 다른 해외자원개발사업자가 내국인*과 공동으로 상환기간 5년 이상으로 금전을 대여하는 투자 * 외국자회사의 발행주식총수 등의 100%를 보유한 내국인 □ 추징세액 범위 : ❶ + ❷ ❶ (세액공제액 상당액) - 투자자산 또는 출자지분 이전·회수한 경우 : $\text{세액공제액} \times \frac{\text{이전·회수된 투자자산 또는 출자지분}}{\text{총 투자자산 또는 출자지분}}$ - 광업권 또는 조광권을 취득하지 못한 경우 : 세액공제액 전액 ❷ (이자상당가산액) 추징대상 일수[1) × 이자율[2) * 1) 세액공제 신청일 다음날부터 추징사유 발생일 사업연도 과세표준 신고일 2) 1일 10만분의 22

➡ 개정일자 : ㊊ 2023. 12. 31., ㊐ 2024. 2. 29.
적용시기 : 2024년 1월 1일부터 시행

관련 서식	• 법인세법 시행규칙 [별지 제8호 서식(갑)] 공제감면세액 및 추가납부세액합계표(갑) [별지 제8호 서식 부표 3] 세액공제조정명세서(3) • 조세특례제한법 시행규칙 [별지 제1호 서식] 세액공제신청서 [별지 제1호 서식 부표(1)] 투자자산 명세서 [별지 제1호의 3 서식] 출연금 사용명세서 [별지 제3호 서식(1)] 일반연구 및 인력개발비 명세서 [별지 제3호 서식 부표(1)] 해당 연도의 연구·인력개발비 발생 명세 [별지 제3호 서식 부표(2)] 해당 연도의 신성장·원천기술 및 국가전략기술 연구개발비 발생 명세 [별지 제3호 서식 부표(3)] 연구과제 총괄표 [별지 제3호 서식(2)] 신성장·원천기술 연구개발비명세서 [별지 제3호 서식(3)] 국가전략기술 연구개발비 명세서 [별지 제3호의 2 서식] 연구개발계획서(자율양식) [별지 제3호의 4 서식] 상생결제 지급금액에 대한 세액공제 공제세액계산서 [별지 제4호 서식] 기술혁신형 합병에 대한 세액공제신청서 및 공제세액계산서 [별지 제4호의 2 서식] 기술혁신형 주식취득에 대한 세액공제신청서 및 공제세액계산서 [별지 제8호의 3 서식] 성과공유 중소기업의 경영성과급에 대한 세액공제 공제세액계산서 [별지 제8호의 7 서식] 영상콘텐츠 제작비용에 대한 세액공제 공제세액계산서 [별지 제8호의 7 서식 부표] 영상콘텐츠 제작비용에 대한 세액공제 추가공제요건 명세서 [별지 제8호의 9 서식] 통합투자세액공제신청서 [별지 제8호의 10 서식] 신성장사업화시설 및 국가전략기술사업화시설 생산량 실적표 [별지 제8호의 11 서식] 문화산업전문회사에의 출자에 대한 세액공제신청서 및 공제세액계산서 [별지 제9호 서식] 고용창출투자세액공제 공제세액계산서 [별지 제10호의 3 서식] 근로소득 증대 기업에 대한 세액공제신청서 [별지 제10호의 8 서식] 고용 증대 기업에 대한 공제세액계산서 [별지 제10호의 9 서식] 통합고용세액공제 공제세액계산서 [별지 제11호의 4 서식] 고용유지기업 세액공제신청서 [별지 제11호의 5 서식] 중소기업 고용증가 인원에 대한 사회보험료 세액공제 공제세액계산서

관련 서식	
	[별지 제19호 서식] 소재·부품·장비 전문기업에의 출자에 대한 세액공제신청서 및 공제세액계산서
	[별지 제20호 서식] 소재·부품·장비 외국법인에의 인수에 대한 세액공제신청서 및 공제세액계산서
	[별지 제60호의 27 서식] 상가임대료를 인하한 임대사업자의 세액공제신청서
	[별지 제64호의 8 서식(1)] 간이지급명세서(근로소득) 제출에 대한 공제세액계산서(소규모사업자용)
	[별지 제64호의 8 서식(2)] 간이지급명세서(근로소득) 제출에 대한 공제세액계산서(세무대리인용)
	[별지 제64호의 22 서식] 우수 선화주기업 인증을 받은 화주기업에 대한 세액공제신청서 및 공제세액계산서
	[별지 제64호의 27 서식] 용역제공자에 관한 과세자료 제출에 대한 공제세액계산서
	[별지 제64호의 28 서식] 해외자원개발투자신고서

제3절

조세특례제한법상 세액공제

3

Step I 내용의 이해

1. 개 요

세액공제는 직접적인 조세감면효과와 보조금의 특징을 지닌 것으로서 정상적으로 계산된 산출세액에서 특정한 정책적목적을 위하여 일정한 요건과 방법에 의하여 세액의 일부를 공제하는 제도이다. 현행 조세특례제한법상의 세액공제제도를 요약하면 다음과 같다.

종 류	적용대상	세액공제액
통합투자세액공제 (조특법 §24)	내국법인(소비성서비스업, 부동산임대 및 공급업 제외)이 아래의 공제대상 자산에 투자(중고품 및 법 소정의 리스 제외)하는 경우 ① 기계장치 등 사업용 유형자산 (단, 토지와 건축물 등 제외) ② 위 ①에 해당하지 않는 유형자산과 무형자산으로서 연구 · 시험, 직업훈련시설, 에너지절약 시설, 환경보전 시설, 근로자복지 증진 시설, 안전시설, 기타 업종별 사업용 자산 및 중소 · 중견기업이 취득한 특허권 · 실용신안권 · 디자인권	- 기본공제 : 투자금액의 1%(중견기업 5%, 중소기업 10%). 단, 신성장사업화시설 투자시 3%(중견기업 6%, 중소기업 12%), 국가전략기술사업화시설에 2024년 12월 31일까지 투자시 15%(중소기업 25%) - 추가공제 : (해당 사업연도 투자금액 - 직전 3년 평균 투자금액)×3%(국가전략기술사업화시설은 4%)(단, 기본공제금액의 2배를 한도로 함) - 2023년 12월 31일이 속하는 과세연도에 투자시 아래의 임시 투자 세액공제

종 류	적용대상	세액공제액
		금액 적용 ① 기본공제 : 투자금액의 3%(중견기업 7%, 중소기업 12%). 단, 신성장사업화시설 투자시 6%(중견기업 10%, 중소기업 18%), 국가전략기술사업화시설 투자시 15%(중소기업 25%) ② 추가공제 : (해당 사업연도 투자금액 – 직전 3년 평균 투자금액) × 10%(단, 기본공제금액의 2배를 한도로 함)
상생결제 지급금액에 대한 세액공제(조특법 §7의 4)	중소·중견기업을 경영하는 내국법인이 2025년 12월 31일까지 중소·중견기업에 지급한 구매대금 중 상생결제제도를 통하여 지급한 금액이 있는 경우로서 해당 사업연도에 지급한 구매대금 중 약속어음으로 결제한 금액이 차지하는 비율이 직전 사업연도보다 증가하지 아니하는 경우	①+②+③(각각의 금액이 0보다 작은 경우에는 0으로 하고, 공제액은 해당 사업연도 법인세의 10%를 한도로 함) ① (A－B) × 0.5% A : 지급기한이 세금계산서 등의 작성일부터 15일 이내인 금액 B : 직전 사업연도의 현금성결제금액이 해당 과세연도의 현금성결제금액 초과 시 그 초과금액 ② (C － D) × 0.3% C : 지급기한이 세금계산서 등의 작성일부터 15일 초과 30일 이내인 금액 D : 위 ①에서 B가 A를 초과하는 경우 그 초과금액 ③ (E － F) × 0.15% E : 지급기한이 세금계산서 등의 작성일

종 류	적용대상	세액공제액
		부터 30일 초과 60일 이내인 금액 F : 위 ②에서 D가 C를 초과하는 경우 그 초과금액
대·중소기업 상생협력을 위한 기금 출연 시 세액공제(조특법 §8의 3 ①)	내국법인이 상생협력을 위하여 2025년 12월 31일까지 다음에 해당하는 출연을 하는 경우(다만, 특수관계인을 지원하기 위하여 사용된 경우 제외) ① 협력중소기업에 대한 보증 또는 대출지원을 목적으로 신용보증기금 또는 기술보증기금 ② 대·중소기업·농어업협력재단(농어촌상생협력기금 포함) ③ 상생중소기업이 설립한 사내근로복지기금 또는 상생중소기업 간에 공동으로 설립한 공동근로복지기금 ④ 공동사업지원자금	출연금의 10%
협력중소기업에 대한 유형고정자산 무상임대 시 세액공제(조특법 §8의 3 ②)	내국법인이 2025년 12월 31일까지 협력중소기업(해당 내국법인의 특수관계인인 경우는 제외)에 연구시험용 자산을 5년 이상 무상 임대하는 경우	해당 자산 장부가액의 3%
수탁기업에 설치하는 검사대·연구시설 투자 시 세액공제(조특법 §8의 3 ③)	내국법인이 수탁·위탁거래의 상대방인 수탁기업에 설치(위 '협력중소기업에 대한 유형고정자산 무상임대 시 세액공제'에 따라 무상임대하는 경우 제외)하는 검사대 또는 연구시설에 2025년 12월 31일까지 투자하는 경우	투자금액(중고품투자 및 법소정의 리스 제외)의 1%(중견기업 3%, 중소기업 7%)
대학 등 교육기관에 중고자산 무상기증 시 세액공제(조특법 §8의 3 ④)	내국법인이 사업에 사용하던 자산 중 반도체 관련 연구·교육에 직접 사용하기 위한 시설·장비를 대학 등 교육기관에 2025년 12월 31일까지 무상으로 기증하는 경우	기증한 자산 시가의 10%
연구·인력개발비에 대한 세액공제(조특법 §10)	내국법인의 연구개발 및 인력개발을 위한 비용 중 다음의 연구·인력개발비가 있는 경우(아래 ① 및 ②를 동시에 적용받을 수 있는 경우 납세의무자의 선택에 따라 하나만을 적용) ① 2024년 12월 31일까지 발생한 신성장·원천기술연구개발비 ② 2024년 12월 31일까지 발생한 국가전략기술연구개발비 ③ 일반연구·인력개발비(위 ① 및 ②에 해당하지 아니하거나 위 ① 및 ②를 선택하지 아니한 연구·인력개발비)	①+②+③ ① 해당 사업연도에 발생한 신성장·원천기술연구개발비 × (㉠의 비율 + ㉡의 비율) ㉠ 20%(중소기업 30%, 코스닥상장 중견기업 25%) ㉡ Min[신성장·원천기술연구개발비/매출액 × 3, 10%(코스닥상장 중견기업 15%) 한도] ② 해당 사업연도에 발생한 국

종 류	적용대상	세액공제액
		가전략기술연구개발비×(㉠의 비율 + ㉡의 비율) ㉠ 30%(중소기업 40%) ㉡ Min(국가전략기술연구개발비 / 매출액 × 3, 10%) ③ 다음 중 택일하는 금액(소급 4년간 일반연구·인력개발비가 없거나 직전연도 일반연구·인력개발비가 소급 4년 평균 일반연구·인력개발비보다 적은 경우에는 ㉠) ㉠ 해당 사업연도에 발생한 일반 연구·인력개발비 × Min[2%, 해당 사업연도 수입금액 대비 일반연구·인력개발비 비율 × 50%](중소기업은 25%, 중소기업 졸업유예기간(4년) 경과후 3년간(5~7년차)은 15%, 2년간(8~9년차)은 10%, 중견기업은 8%) ㉡ 직전 사업연도 초과발생액 × 25%(중견기업은 40%, 중소기업은 50%)
기술혁신형 합병에 대한 세액공제(조특법 §12의 3)	내국법인이 2024년 12월 31일까지 기술혁신형 중소기업을 합병(특수관계인과의 합병은 제외)하는 경우	양도가액 중 기술가치 금액의 10%
기술혁신형 주식취득에 대한 세액공제(조특법 §12의 4)	내국법인이 2024년 12월 31일까지 기술혁신형 중소기업의 주식 또는 출자지분을 취득(특수관계인으로부터 취득한 경우는 제외)하는 경우	매입가액 중 기술가치 금액의 10%
내국법인의 벤처기업 등에의 출자에 대한 세액공제(조특법 §13의 2)	(1) 내국법인이 2025년 12월 31일까지 다음의 어느 하나에 해당하는 주식 또는 출자지분을 취득하는 경우 ① 창업기업, 신기술사업자, 벤처기업 또는 신기술창업전문회사에 출자함으로써 취득한 주식 또는 출자지분 ② 창업·벤처전문사모집합투자기구 또는 창투조합 등(민간재간접벤처투자조합 제외)을 통하여 창업기업, 신기술사업자, 벤	(1) 취득가액의 5%

종 류	적용대상	세액공제액
	처기업 또는 신기술창업전문회사에 출자함으로써 취득한 주식 또는 출자지분	
	(2) 내국법인이 2025년 12월 31일까지 민간재간접벤처투자조합을 통하여 창업기업, 신기술사업자, 벤처기업 또는 신기술창업전문회사에 출자함으로써 주식 또는 출자지분을 취득하는 경우	(2) 다음의 금액을 합한 금액(① + ②) ① Max (㉮, ㉯) × 5% ㉮ 해당 주식 또는 출자지분의 취득가액 ㉯ 민간재간접벤처투자조합 투자금액 × 60% ② (해당 사업연도에 취득한 해당 주식 또는 출자지분의 취득가액 - 직전 3개 사업연도의 해당 주식 또는 출자지분 취득가액의 평균액) × 3%
전자신고에 대한 세액공제(조특법 §104의 8 ①, ③)	(1) 납세자가 직접 전자신고 방법에 의하여 법인세 과세표준 신고를 하는 경우	(1) 2만원
	(2) 세무대리인이 납세자를 대리하여 전자신고의 방법으로 직전 과세연도 동안 소득세, 양도소득세 또는 법인세 과세표준신고를 한 경우	(2) Min(①, ②) ① 납세자 1인당 2만원 ② 연 300만원(회계법인·세무법인은 연 750만원)
기업의 운동경기부 등 설치·운영에 대한 세액공제(조특법 §104의 22)	내국법인이 취약종목 운동경기부, 장애인 운동경기부 또는 이스포츠경기부를 설치한 경우	설치한 날이 속하는 사업연도와 그 다음 사업연도의 개시일부터 2년(장애인 운동경기부는 4년) 이내에 끝나는 사업연도까지 해당 운동경기부 등의 법 소정 인건비 및 운영비의 10%(장애인 운동경기부는 20%)
성과공유 중소기업의 경영성과급에 대한 세액공제(조특법 §19 ①)	성과공유 중소기업이 상시근로자에게 2024년 12월 31일까지 경영성과급을 지급하는 경우(상시근로자 수 감소시 적용 배제)	경영성과급의 15%
중소기업 사회보험료 세액공제(조특법 §30의 4)	중소기업이 2024년 12월 31일이 속하는 사업연도까지의 기간 중 해당 사업연도의 상시근로자 수가 직전 사업연도의 상시근로자 수보다 증가한 경우	아래 ①과 ②를 더한 금액을 해당 사업연도와 다음 사업연도까지 2개 사업연도의 법인세에서 공제(단, 공제를 받은 사업연도부터 1년 내 전체 상시근로자 수 감소시 감소한 사업연도에

종 류	적용대상	세액공제액
		대해 적용 배제, 청년 및 경력단절여성 상시근로자 수 감소시 감소한 사업연도에 대해 아래 ① 적용 배제) ① 청년 및 경력단절여성 상시근로자 증가인원에 대한 사회보험료 사용자부담분 상당액×100% ② 청년 및 경력단절여성 외 상시근로자 증가인원에 대한 사회보험료 사용자부담분 상당액×50%(신성장서비스업 영위 중소기업은 75%)
석유제품 전자상거래에 대한 세액공제(조특법 §104의 25)	주유소 등이 전자결제망을 이용하여 휘발유 등 석유제품을 2025년 12월 31일까지 공급받는 경우	Min(①, ②) ① 공급가액의 0.3% ② 법인세의 10%
상시근로자의 임금증가분에 대한 세액공제(조특법 §29의 4 ①, ⑤)	(1) 중소기업 또는 중견기업이 2025년 12월 31일이 속하는 사업연도까지 다음의 요건을 모두 충족하는 경우(단, 중소기업은 (2) 적용 가능) ① 상시근로자의 해당 사업연도 평균임금 증가율 〉 직전 3개 사업연도 평균임금 증가율 ② 해당 사업연도 상시근로자 수 ≥ 직전 사업연도 상시근로자 수	(1) 직전 3개 사업연도 평균초과 임금증가분의 20%(중견기업 10%)
	(2) 중소기업이 2025년 12월 31일이 속하는 사업연도까지 다음의 요건을 모두 충족하는 경우 ① 상시근로자의 해당 사업연도 평균임금 증가율 〉 전체 중소기업 임금증가율 ② 해당 사업연도 상시근로자 수 ≥ 직전 사업연도 상시근로자 수 ③ 직전 사업연도의 평균임금 증가율 〉 0	(2) 전체 중소기업의 평균임금증가분을 초과하는 임금증가분의 20%
정규직 전환근로자 임금증가분에 대한 추가 세액공제(조특법 §29의 4 ③)	중소기업 또는 중견기업이 2025년 12월 31일이 속하는 사업연도까지 다음의 요건을 모두 충족하는 경우 ① 해당 사업연도에 정규직 전환 근로자가 있을 것 ② 해당 사업연도의 상시근로자 수 ≥ 직전 사업연도의 상시 근로자 수	정규직 전환 근로자에 대한 임금증가분 합계액의 20%(중견기업은 10%)
영상콘텐츠 제작비용에 대한 세액공제(조특법 §25의 6)	내국법인이 2025년 12월 31일까지 영상콘텐츠 제작을 위하여 국내외에서 발생한 영상콘텐츠 제작비용이 있는 경우	다음의 금액을 합한 금액(① + ②) ① 기본공제 금액 : 영상콘텐

종 류	적용대상	세액공제액
		츠 제작비용의 5%(중견기업 10%, 중소기업 15%) ② 추가공제 금액 : 법 소정의 영상콘텐츠 제작비용의 10%(중소기업 15%)
내국법인의 문화산업전문회사에의 출자에 대한 세액공제(조특법 §25의 7)	중소·중견기업이 영상콘텐츠를 제작하는 문화산업전문회사에 2025년 12월 31일까지 출자하는 경우	$\text{출자금액} \times \dfrac{\text{영상콘텐츠 제작비용}}{\text{문화산업전문회사 총 출자금액}} \times 3\%$
고용을 증대시킨 기업에 대한 세액공제(조특법 §29의 7)	내국법인(소비성서비스업을 경영하는 내국법인은 제외)의 2024년 12월 31일이 속하는 사업연도까지의 기간 중 해당 사업연도의 상시근로자 수가 직전 사업연도의 상시근로자 수보다 증가한 경우	아래의 ①과 ②를 더한 금액을 해당 사업연도와 다음 사업연도까지 2개 사업연도(중소·중견기업은 그 다음 사업연도까지 3개 사업연도)의 법인세에서 공제(공제를 받은 사업연도부터 2년 내 전체 상시근로자 수 감소시 감소한 사업연도부터 적용 배제, 청년 등 상시근로자 수 감소시 감소한 사업연도부터 아래의 ① 적용 배제) ① 청년 등 상시근로자 증가인원(*) × 400만원[중견기업은 800만원, 중소기업은 1,100만원(수도권 밖 증가시 1,200만원)] ② 청년 등 상시근로자 외 증가인원(*) × 0원[중견기업은 450만원, 중소기업은 700만원(수도권 밖 증가시 770만원)] ※ 단, 2021년 12월 31일이 속하는 사업연도부터 2022년 12월 31일이 속하는 사업연도까지의 기간 중 수도권 밖 지역의 청년 등 상시근로자 증가인원(*)에 대해서는 500만원(중견기업은 900만원, 중소기업은 1,300만원) 적용 (*) 상시근로자 증가인원 수를 한도로 함.

종 류	적용대상	세액공제액
고용증가 인원에 대한 세액공제(조특법 §29의 8 ①)	내국법인(소비성서비스업을 경영하는 내국법인 제외)의 2025년 12월 31일이 속하는 과세연도까지의 기간 중 해당 과세연도의 상시근로자 수가 직전 과세연도의 상시근로자 수보다 증가한 경우	아래의 ①과 ②를 더한 금액을 해당 과세연도와 다음 과세연도까지 2개 과세연도(중소·중견기업은 그 다음 과세연도까지 3개 과세연도)의 법인세에서 공제(공제를 받은 과세연도부터 2년 내 전체 상시근로자 수 감소시 감소한 과세연도부터 적용 배제, 청년 등 상시근로자 수 감소시 감소한 과세연도부터 아래 ① 적용 배제) ① 청년 등 상시근로자 증가인원(*) × 400만원[중견기업은 800만원, 중소기업은 1,450만원(수도권 밖 증가시 1,550만원) ② 청년 등 상시근로자 외 증가인원(*) × 0원[중견기업은 450만원, 중소기업은 850만원(수도권 밖 증가시 950만원) (*) 전체 상시근로자의 증가인원 수를 한도로 함.
정규직 근로자 전환에 대한 세액공제(조특법 §29의 8 ③)	중소기업 또는 중견기업이 2023년 6월 30일 당시 고용하고 있는 기간제근로자 및 단시간근로자, 파견근로자, 수급사업자에게 고용된 기간제근로자 및 단시간근로자를 2024년 1월 1일부터 2024년 12월 31일까지 정규직 근로자로 전환하는 경우(단, 상시근로자 수 감소 시 적용 배제)	정규직 근로자 전환인원× 1,300만원(중견기업은 900만원)
육아휴직 복귀자 복직 기업에 대한 세액공제(조특법 §29의 8 ④)	중소기업 또는 중견기업이 육아휴직 복귀자를 2025년 12월 31일까지 복직시키는 경우(단, 상시근로자 수 감소 시 적용 배제)	육아휴직 복귀자 인원 × 1,300만원(중견기업은 900만원)
내국법인의 소재·부품·장비기업 공동출자시 세액공제(조특법 §13의 3 ①)	2 이상의 내국법인이 2025년 12월 31일까지 소재·부품·장비 관련 중소·중견기업의 주식 또는 출자지분을 공동으로 취득하는 경우	취득가액의 5%
내국법인의 소재·부품·장비 관련 외국법인 인수시 세액공제(조특법 §13의 3 ③)	내국법인이 2025년 12월 31일까지 소재·부품·장비 관련 외국법인의 주식 또는 출자지분을 취득하거나 소재·부품·장비 또는 국가전략기술 관련 외국법인의 소재·부품·장비 또는 국가전	인수가액의 5% (중견기업 7%, 중소기업 10%)

종 류	적용대상	세액공제액
	략기술 관련 사업의 양수 또는 사업의 양수에 준하는 자산의 양수를 하는 경우(인수목적법인을 통해 간접적으로 인수하는 경우 포함)	
우수 선화주기업 인증을 받은 화주 기업에 대한 세액공제(조특법 §104의 30)	우수 선화주기업 인증을 받은 화주 기업 중 직전 사업연도에 매출액이 있는 기업이 일정요건을 갖추어 2025년 12월 31일까지 외항정기화물운송사업자에게 수출입을 위하여 운송비용을 지출하는 경우	Min(①, ②) ① 운송비용의 1% + 직전 사업연도 대비 증가한 운송비용의 3% ② 법인세의 10%
해외자원개발 투자에 대한 과세특례(조특법 §104의 15)	해외자원개발사업자가 해외자원개발을 위하여 2024년 1월 1일부터 2026년 12월 31일까지 다음의 어느 하나에 해당하는 투자나 출자를 하는 경우 ① 광업권과 조광권을 취득하는 투자 ② 광업권 또는 조광권을 취득하기 위한 외국법인에 대한 출자 ③ 내국인의 외국자회사에 대한 해외직접투자(단, 외국자회사가 위 ①과 ②의 방법으로 광업권 또는 조광권을 취득하는 경우로 한정)	투자금액 또는 출자금액의 3%

2. 조세특례제한법상의 세액공제

2-1. 통합투자세액공제

2-1-1. 개 요

내국법인(단, 소비성서비스업, 부동산임대 및 공급업을 경영하는 내국법인은 제외함)이 아래 ①의 공제대상 자산에 투자(단, 중고품 및 법 소정의 리스(*)에 의한 투자는 제외)하는 경우에는 아래 ②에 따른 공제금액을 해당 투자가 이루어지는 과세연도의 법인세에서 공제한다. 이 때 투자가 2개 이상의 과세연도에 걸쳐서 이루어지는 경우에는 그 투자가 이루어지는 과세연도마다 해당 과세연도에 투자한 금액에 대하여 세액공제를 적용한다(조특법 §24 ①, ②).

구 분	주요 내용
① 공제대상 자산	가. 기계장치 등 사업용 유형자산 (단, 토지와 건축물 등은 제외함) 나. 위 가.에 해당하지 않는 유형자산과 무형자산으로서 연구 · 시험 및 직업훈련시설, 에너지절약 시설, 환경보전 시설, 근로자복지 증진 시설, 안전시설, 기타 일부 업종별 사업용 자산 및 중소 · 중견기업이 취득한 특허권 · 실용신안권 · 디자인권

<table>
<tr><th>구 분</th><th>주요 내용</th></tr>
<tr><td>② 공제금액
(가. + 나.)</td><td>가. 기본공제 금액
: 해당 과세연도에 투자한 금액의 1%(중견기업(조특령 §6의 4 ①)은 5%, 중소기업은 10%)
다만, 신성장사업화시설 및 5세대 이동통신 기지국 시설에 투자하는 경우에는 3%(중견기업은 6%, 중소기업은 12%), 국가전략기술사업화시설에 2024년 12월 31일까지 투자하는 경우에는 15%(중소기업은 25%)에 상당하는 금액
나. 추가공제 금액
: 해당 과세연도에 투자한 금액이 해당 과세연도의 직전 3년간 연 평균 투자 또는 취득금액을 초과하는 경우에는 그 초과하는 금액의 3%(국가전략기술사업화시설의 경우에는 4%)
다만, 추가공제 금액이 기본공제 금액을 초과하는 경우 기본공제 금액의 2배를 한도로 함.</td></tr>
</table>

(*) 법 소정의 리스란 내국인에게 자산을 대여하는 것으로서 조세특례제한법 시행규칙 제3조의 2에서 정하는 금융리스를 제외한 것을 말함(조특령 §3).

다만, 2023년 12월 31일이 속하는 사업연도(*)에 투자하는 경우에는 다음의 임시 투자 세액공제금액(①+②)을 공제한다(조특법 §24 ① 3호).

① 기본공제 금액 : 2023년 12월 31일이 속하는 과세연도에 투자한 금액의 3%(중견기업은 7%, 중소기업은 12%)

다만, 신성장사업화시설 및 5세대 이동통신 기지국 시설에 투자하는 경우에는 6%(중견기업은 10%, 중소기업은 18%), 국가전략기술사업화시설에 투자하는 경우에는 15%(중소기업은 25%)

② 추가공제 금액 : 2023년 12월 31일이 속하는 과세연도에 투자한 금액이 해당 과세연도의 직전 3년간 연평균 투자 또는 취득금액을 초과하는 경우에는 그 초과하는 금액의 10%

다만, 추가공제 금액이 기본공제 금액을 초과하는 경우에는 기본공제 금액의 2배를 그 한도로 함.

(*) 임시투자세액공제를 2024년 12월 31일이 속하는 사업연도까지 연장하는 개정안이 입법예고되었으나(기획재정부 공고 제2024-165호, 2024. 7. 26.), 정부가 국회에 제출한 개정안에서는 임시투자세액공제 연장에 관한 내용이 확인되지 않는 바(조세특례제한법 일부개정법률안 정부확정안, 2024. 9. 2.), 추후 최종 공포·확정된 개정 내용을 필히 확인할 필요가 있을 것으로 판단됨.

2-1-2. 세액공제 대상자의 범위

통합투자세액공제 대상자는 다음의 업종 외의 사업을 경영하는 내국법인을 말한다(조특령 §21 ①).

① 다음의 어느 하나에 해당하는 소비성서비스업(조특령 §29 ③)

가. 호텔업 및 여관업(단, 관광진흥법에 따른 관광숙박업은 제외함)

나. 주점업(일반유흥주점업, 무도유흥주점업 및 식품위생법 시행령 제21조에 따른 단란주점 영업만 해당하되, 관광진흥법에 따른 외국인전용유흥음식점업 및 관광유흥음식점업은 제외함)

다. 그 밖에 오락·유흥 등을 목적으로 하는 사업으로서 다음의 사업

ㄱ. 무도장 운영업

ㄴ. 기타 사행시설 관리 및 운영업(관광진흥법 제5조 또는 폐광지역 개발 지원에 관한 특별법 제11조에 따라 허가를 받은 카지노업은 제외)

ㄷ. 유사 의료업 중 안마를 시술하는 업

ㄹ. 마사지업

② 부동산임대 및 공급업

개 정

ㅇ2024년 3월 22일 시행규칙 개정시 무도장 운영업 등을 소비성서비스업으로 규정(조특칙 §17)

➡ 2024년 3월 22일 이후 개시하는 사업연도부터 적용

2-1-3. 세액공제 대상 자산의 범위

(1) 기계장치 등 사업용 유형자산

내국법인이 기계장치 등 사업용 유형자산에 투자하는 경우에는 통합투자세액공제를 적용한다. 다만, 토지와 조세특례제한법 시행규칙 [별표 1]의 건축물 등 사업용 유형자산은 공제대상 자산에서 제외하되, 후술하는 '(2)~(8)'에 해당하는 자산에 투자하는 경우에는 통합투자세액공제를 적용한다(조특법 §24 ① 1호 및 조특령 §21 ②·③ 및 조특칙 §12 ①).

건축물 등 사업용 유형자산(조특칙 별표 1)

구분	구조 또는 자산명
1	차량 및 운반구, 공구, 기구 및 비품
2	선박 및 항공기
3	연와조, 블록조, 콘크리트조, 토조, 토벽조, 목조, 목골모르타르조, 철골·철근콘크리트조, 철근콘크리트조, 석조, 연와석조, 철골조, 기타 조의 모든 건물(부속설비를 포함한다)과 구축물

비고

1. 제1호를 적용할 때 취득가액이 거래단위(취득한 자가 그 취득한 자산을 독립적으로 사업에 직접 사용할 수 있는 것)별로 20만원 이상으로서 그 고유업무의 성질상 대량으로 보유하고 그 자산으로부터 직접 수익을 얻는 비품은 제1호의 비품에 포함하지 않는다.
2. 제3호를 적용할 때 부속설비에는 해당 건물과 관련된 전기설비, 급배수·위생설비, 가스설비, 냉방·난방·통풍 및 보일러설비, 승강기설비 등 모든 부속설비를 포함한다.

3. 제3호를 적용할 때 구축물에는 하수도, 굴뚝, 경륜장, 포장도로, 교량, 도크, 방벽, 철탑, 터널 그 밖에 토지에 정착한 모든 토목설비나 공작물을 포함하되, 기계·장치 등 설비에 필수적이고 전용으로 사용되는 구축물은 제외한다.

(2) 연구·시험 및 직업훈련시설

내국법인이 다음의 어느 하나에 해당하는 연구·시험 및 직업훈련시설(단, 운휴 중인 것은 제외함)에 투자하는 경우에는 통합투자세액공제를 적용한다(조특칙 §12 ② 1호, §13의 10 ①, ②).

① 전담부서등, 국가과학기술 경쟁력강화를 위한 이공계지원특별법 제18조 및 같은 법 시행령 제17조에 따라 과학기술정보통신부장관에게 신고한 연구개발서비스업자 및 산업기술연구조합 육성법에 따른 산업기술연구조합에서 직접 사용하기 위한 연구·시험용시설로서 다음의 어느 하나에 해당하는 시설
   가. 공구 또는 사무기기 및 통신기기, 시계·시험기기 및 계측기기, 광학기기 및 사진제작기기
   나. 법인세법 시행규칙 [별표 6]의 업종별 자산의 기준내용연수 및 내용연수범위표의 적용을 받는 자산

② 근로자직업능력 개발법 제2조 제3호에 따른 직업능력개발훈련시설(내국법인이 중소기업을 위해 설치하는 직업훈련용 시설을 포함함)로서 다음의 어느 하나에 해당하는 시설
   가. 공구 또는 사무기기 및 통신기기, 시계·시험기기 및 계측기기, 광학기기 및 사진제작기기
   나. 법인세법 시행규칙 [별표 6]의 업종별 자산의 기준내용연수 및 내용연수범위표의 적용을 받는 자산

(3) 에너지절약 시설

내국법인이 다음의 어느 하나에 해당하는 에너지절약 시설에 투자하는 경우에는 통합투자세액공제를 적용한다(조특칙 §12 ② 2호).

① 에너지이용 합리화법 제14조 제1항에 따른 에너지절약형 시설투자(에너지절약전문기업이 대가를 분할상환 받은 후 소유권을 이전하는 조건으로 같은 법 제25조에 따라 설치한 경우를 포함함) 및 에너지절약형 기자재

② 물의 재이용 촉진 및 지원에 관한 법률 제2조 제4호에 따른 중수도

(4) 환경보전 시설

내국법인이 다음의 환경보전 시설에 투자하는 경우에는 통합투자세액공제를 적용한다. 이때 공제대상 자산에는 아래의 환경보전시설 및 공해물질의 배출시설에 부착된 측정시설을 포함한다(조특칙 §12 ② 3호 및 별표 2).

① 대기오염방지시설 및 무공해·저공해자동차 연료공급시설

가. 대기환경보전법에 따른 대기오염방지시설, 휘발성 유기화합물질 및 비산먼지로 인한 대기오염을 방지하기 위한 시설

나. 악취방지법에 따른 악취방지시설

다. 대기환경보전법에 따른 무공해자동차나 저공해자동차의 연료공급시설

② 소음·진동관리법에 따른 소음·진동방지시설, 방음시설, 방진시설

③ 가축분뇨의 관리 및 이용에 관한 법률에 따른 처리시설

④ 하수도법 시행령에 따른 오수처리시설

⑤ 물환경보전법에 따른 폐수배출시설로부터 배출되는 폐수를 처리하기 위한 시설

⑥ 폐기물관리법에 따른 폐기물처리시설 및 폐기물 감량화시설

⑦ 건설폐기물의 재활용촉진에 관한 법률에 따른 건설폐기물 처리시설

⑧ 자원의 절약과 재활용촉진에 관한 법률에 따른 재활용시설

⑨ 해양환경관리법에 따른 오염방지·오염물질 처리시설 및 방제시설

⑩ 석유 및 석유대체연료 사업법에 따른 석유 속에 함유된 황을 제거 또는 감소시키는 시설(단, 중유를 재가공하여 유황성분의 제거·분해·정제 과정을 통해 휘발유·등유 또는 경유를 생산하는 시설은 제외함)

⑪ 토양환경보전법 제12조 제3항에 따른 토양오염방지시설(같은 법 시행령 제7조의 2 제2항에 따른 권장 설치·유지·관리기준에 적합한 시설로 한정함)

⑫ 환경친화적 산업구조로의 전환촉진에 관한 법률 제4조에 따른 산업환경실천과제에 포함된 청정생산시설(투자일 현재를 기준으로 함)

⑬ 온실가스 감축을 위한 시설로서 다음의 어느 하나에 해당하는 기술이 적용된 시설

가. 이산화탄소(CO_2) 저장, 수송, 전환 및 포집기술

나. 메탄(CH_4) 포집, 정제 및 활용기술

다. 아산화질소(N_2O) 재사용 및 분해기술

라. 불소화합물(HFCs, PFCs, SF_6) 처리, 회수 및 대체물질 제조 기술

(5) 근로자복지 증진 시설

내국법인이 다음의 어느 하나에 해당하는 근로자복지 증진 시설에 투자하는 경우에는 통합투자세액공제를 적용한다(조특칙 §12 ② 4호).

① 무주택 종업원(단, 출자자인 임원은 제외함)에게 임대하기 위한 주택법에 따른 국민주택 규모의 주택

② 종업원용 기숙사

③ 장애인·노인·임산부 등의 편의 증진을 위한 시설 또는 장애인을 고용하기 위한 시설로서 조세특례제한법 시행규칙 [별표 3]에 따른 시설

④ 종업원용 휴게실, 체력단련실, 샤워시설 또는 목욕시설(건물 등의 구조를 변경하여 해당시설을 취득하는 경우를 포함함)
⑤ 종업원의 건강관리를 위해 의료법 제35조에 따라 개설한 부속 의료기관
⑥ 영유아보육법 제10조 제4호에 따른 직장어린이집

┃장애인 · 노인 · 임산부 등의 편의시설 등(조특칙 〔별표 3〕)┃

구분	적용범위
1. 장애인 · 노인 · 임산부 등을 위한 편의시설	가. 장애인용 승강기, 장애인용 에스컬레이터, 휠체어 리프트, 시각 및 청각 장애인 유도 · 안내설비, 점자블록, 시각 및 청각 장애인 경보 · 피난설비, 장애인용 화장실에 설치되는 장애인용 대변기 · 소변기 · 세면대, 장애인 등이 이용 가능한 접수대 · 작업대 및 장애인 등이 출입가능한 자동문 나. 장애인 등이 통행할 수 있는 계단 · 경사로, 장애인 등이 이용할 수 있는 객실 · 침실 및 장애인 등이 이용할 수 있는 관람석 · 열람석
2. 버스, 기차 등교통수단에 설치하는 편의시설	자동안내방송장치, 전자문자안내판, 휠체어승강설비
3. 통신시설	점자표시전화기, 큰문자버튼전화기, 음량증폭전화기, 보청기호환성전화기, 골도전화기(청각장애인을 위해 두개골에 진동을 주는 방법으로 통화가 가능한 전화기를 말한다)
4. 장애인의 직업생활을 위한 편의시설	가. 장애인용으로 제작된 작업대 및 작업장비(작업물 운송 및 운반장치, 특수작업의자, 휠체어용 작업테이블, 경사각작업테이블, 높낮이 조절 작업 테이블) 나. 장애인용으로 제작된 작업보조공학기기(청각장애인용 신호장치, 소리증폭장치, 화상전화기, 문자전화기, 보완대체의사소통장치, 특수키보드, 특수마우스, 점자정보단말기, 점자프린트, 음성지원카드, 컴퓨터 화면확대 소프트웨어, 확대독서기, 문서인식 소프트웨어, 음성메모기, 대형모니터) 다. 장애인근로자의 통근용 승합자동차 및 특수설비 라. 의무실 또는 물리 치료실 등 장애인 고용에 필요한 부대시설(장애인 근로자가 10명 이상이고 전체 근로자의 100분의 30 이상일 경우에 한정한다)

비고 1. 제1호 나목에 규정된 시설의 경우에는 장애인 등이 이용 가능하도록 건물 등의 구조를 변경함에 따라 발생하는 비용에 한정한다.
2. 장애인 · 노인 · 임산부등의 편의시설은 「장애인 · 노인 · 임산부 등의 편의증진보장에 관한 법률 시행령」 별표 1에 따른 편의시설의 구조 · 재질 등에 관한 세부기준에 적합한 것에 한정한다.

(6) 안전시설

내국법인이 다음의 안전시설에 투자하는 경우에는 통합투자세액공제를 적용한다(조특칙 §12 ② 5호 및 별표 4).

① 산업재해예방시설

가. 산업안전보건법 제38조에 따른 안전조치 및 같은 법 제39조에 따른 보건조치를 위해 필요한 시설

나. 도시가스사업법 시행규칙 제17조에 따른 가스공급시설의 안전유지를 위한 시설

다. 액화석유가스의 안전관리 및 사업법 시행규칙 제12조에 따른 액화석유가스 공급시설 및 저장시설의 안전유지를 위한 시설

라. 화학물질관리법 시행규칙 제21조 제2항에 따른 유해화학물질 취급시설의 안전유지를 위한 시설

마. 위험물안전관리법 제5조 제4항에 따른 제조소・저장소 및 취급소의 안전유지를 위한 시설

바. 집단에너지사업법 제21조에 따른 집단에너지 공급시설의 안전유지를 위한 시설

사. 송유관안전관리법 시행규칙 제5조 제1호에 따른 송유관의 안전설비

② 화재예방・소방시설

가. 화재예방, 소방시설 설치・유지 및 안전관리에 관한 법률 제2조 제1항 제1호에 따른 소방시설

나. 소방장비관리법 시행령 별표에 따른 소방자동차(단, 위험물안전관리법 제19조에 따라 자체소방대를 설치해야 하는 사업소의 관계인이 설치하는 화학소방자동차는 제외함)

③ 광산안전시설

광산안전법 시행령 제4조 제1항에 따른 안전조치를 위해 필요한 시설 및 같은 법 시행규칙 제2조 각 호의 어느 하나 해당하는 장비

④ 내진보강시설

지진・화산재해대책법 시행규칙 제3조의 4에 따라 내진성능 확인을 받은 건축물에 보강된 시설(기존 건물의 골조에 앵커 등 연결재로 접합・일체화하여 기존부와 보강부를 영구히 접합시키는 경우로 한정함)

⑤ 비상대비시설

비상대비에 관한 법률 제11조에 따라 중점관리대상으로 지정된 자가 정부의 시설 보강 및 확장 명령에 따라 비상대비업무를 수행하기 위해 보강하거나 확장한 시설

(7) 기타 업종별 사업용자산

1) 중소기업의 운수업용 차량・운반구와 선박

운수업을 주된 사업으로 하는 중소기업(조특령 §2 ①)이 해당 사업에 직접 사용하는 차량 및 운반구(단, 개별소비세법 제1조 제2항 제3호에 따른 자동차로서 자가용인 것을 제외함)와 선박에 투자하는 경우에는 통합투자세액공제를 적용한다(조특칙 §12 ③ 1호).

2) 중소기업의 어업용 선박

어업을 주된 사업으로 하는 중소기업이 해당 사업에 직접 사용하는 선박에 투자하는 경우에는 통합투자세액공제를 적용한다(조특칙 §12 ③ 2호).

3) 건설업용 기계장비

건설업에 직접 사용하는 지방세법 시행규칙 제3조에 따른 기계장비에 투자하는 경우에는 통합투자액공제를 적용한다(조특칙 §12 ③ 3호).

4) 도·소매업 및 물류산업용 유통산업합리화시설

도매업·소매업·물류산업에 직접 사용하는 조세특례제한법 시행규칙 [별표 5]에 따른 유통산업합리화시설에 투자하는 경우에는 통합투자세액공제를 적용한다(조특칙 §12 ③ 4호).

▌유통산업합리화시설(조특칙 〔별표 5〕)▐

구분	적용범위
1. 저온보관고	농수산물과 그 가공품을 위한 저온보관고
2. 운반용 화물자동차	적재정량 1톤 이상의 상품운반화물자동차로 냉장·냉동·보냉이나 인양장비가 된 것
3. 무인반송차	컴퓨터시스템에 의하여 물품을 필요로 하는 위치까지 자동으로 반송하는 기능을 갖춘 무인 반송시스템
4. 창고시설 등	물품의 보관·저장 및 반출을 위한 창고로서 「건축법 시행령」 별표 1 제18호 가목의 창고(상품의 보관·저장 및 반출이 자동적으로 이루어질 수 있도록 시스템화된 창고시설을 포함한다) 및 물품의 보관·저장 및 반입·반출을 위한 탱크시설(지상 또는 지하에 고정설치된 것에 한정하고, 탱크시설에 필수적으로 부수되는 배관시설 등을 포함한다)
5. 선반(랙)	파렛트화물을 보관·저장하는 선반(랙)
6. 파렛트트럭	파렛트화물을 창고내·외에서 운반하는 전동식 파렛트트럭
7. 컨테이너와 컨테이너 하역·운반장비	물품수송에 직접 사용되는 컨테이너, 지게차, 부두 위에 설치되어 컨테이너 선박으로부터 컨테이너를 하역하거나 부두에 있는 컨테이너를 선박에 선적하는 컨테이너크레인(Container crane)과 하버크레인(Habor crane), 장치장에 운반되어진 컨테이너를 적재 또는 반출하는 데 사용되는 트랜스퍼크레인(Transfer crane), 부두와 장치장 사이에서 야드샤시(Yard chassis)를 견인하여 컨테이너를 운반하는 야드트랙터(Yard tractor) 및 유압식 지브크레인이 설치된 형상으로 크레인 끝에 스프레이더를 장착한 컨테이너핸들러로 컨테이너를 하역하는 리치스태커(Reach Stacker)
8. 초대형 화물 하역장비	모듈 트레일러(Module Trailer), 트랜스포터(Transporter)

5) 관광숙박업용 건축물 등

관광진흥법에 따라 등록한 관광숙박업 및 국제회의기획업에 직접 사용하는 건축물과 해당 건축물에 딸린 시설물 중 지방세법 시행령 제6조에 따른 시설물에 투자하는 경우에는 통합투자세액공제를 적용한다(조특칙 §12 ③ 5호).

6) 전문휴양업용 숙박시설 등

관광진흥법에 따라 등록한 전문휴양업 또는 종합휴양업에 직접 사용하는 관광진흥법 시행령 제2조 제1항 제3호 가목 및 제5호 가목에 따른 숙박시설, 전문휴양시설(단, 골프장 시설은 제외함) 및 종합유원시설업의 시설에 투자하는 경우에는 통합투자세액공제를 적용한다(조특칙 §12 ③ 6호).

7) 중소기업의 사업용 소프트웨어

중소기업이 해당 업종의 사업에 직접 사용하는 소프트웨어에 투자하는 경우에는 통합투자세액공제를 적용한다. 다만, 다음의 어느 하나에 해당하는 것은 제외한다(조특칙 §12 ③ 7호).

① 인사, 급여, 회계 및 재무 등 지원업무에 사용하는 소프트웨어
② 문서, 도표 및 발표용 자료 작성 등 일반 사무에 사용하는 소프트웨어
③ 컴퓨터 등의 구동을 위한 기본운영체제(Operating System) 소프트웨어

(8) 중소 · 중견기업이 취득한 지식재산

중소기업 및 중견기업이 취득한 다음의 자산(단, 조세특례제한법 시행령 제11조 제1항에 따른 특수관계인으로부터 취득한 자산은 제외함)에 대해서도 통합투자세액공제를 적용한다(조특령 §21 ③ 3호).

① 내국인이 국내에서 연구 · 개발하여 특허법에 따라 최초로 설정등록받은 특허권
② 내국인이 국내에서 연구 · 개발하여 실용신안법에 따라 최초로 설정등록받은 실용신안권
③ 내국인이 국내에서 연구 · 개발하여 디자인보호법에 따라 최초로 설정등록받은 디자인권

2-1-4. 세액공제의 방법

(1) 투자금액의 계산

통합투자세액공제를 적용함에 있어 투자금액은 아래 ①의 금액에서 ②의 금액을 뺀 금액으로 한다(조특령 §21 ⑦).

① 총투자금액에 법인세법 시행령 제69조 제1항에 따른 작업진행률에 의하여 계산한 금액과 해당 과세연도까지 실제로 지출한 금액 중 큰 금액
② 다음의 금액을 더한 금액

가. 해당 과세연도 전에 통합투자세액공제를 적용받은 투자금액

나. 해당 과세연도 전의 투자분으로서 위 가. 의 금액을 제외한 투자분에 대하여 상기 ①을 준용하여 계산한 금액

한편, 투자의 개시시기에 관하여는 조세특례제한법 시행령 제23조 제14항을 준용한다(조특령 §21 ⑫). 투자의 개시시기에 대한 자세한 설명은 '2-2. 고용창출투자세액공제 중 2-2-6. 투자의 개시시기' 내용을 참조하기로 한다.

(2) 세액공제 금액의 계산

통합투자세액공제 공제대상 자산에 투자하는 경우에는 아래 '1) 기본공제 금액'과 '2) 추가공제 금액'을 합한 금액을 해당 투자가 이루어지는 과세연도의 법인세에서 공제한다(조특법 §24 ① 2호).

1) 기본공제 금액

기본공제 금액은 해당 과세연도에 투자한 금액의 1%(중견기업은 5%, 중소기업은 10%)에 상당하는 금액으로 한다. 다만, 다음의 어느 하나에 해당하는 경우에는 각각의 구분에 따른 금액으로 한다(조특령 §21 ④ 및 조특칙 §12의 2 ①, ②).

① 아래의 신성장사업화시설에 투자하는 경우 : 3%(중견기업은 6%, 중소기업은 12%)

가. 신성장·원천기술의 사업화를 위한 조세특례제한법 시행규칙 별표 6에 따른 시설(신성장·원천기술을 사용하여 생산하는 제품 외에 다른 제품의 생산에도 사용되는 시설을 포함함)로서 연구개발세액공제 기술심의위원회의 심의를 거쳐 기획재정부장관과 산업통상자원부장관이 공동으로 인정하는 시설

나. 조세특례제한법 시행령 별표 7 제6호 가목 1) 및 2)의 기술이 적용된 5세대 이동통신 기지국(이와 연동된 교환시설을 포함함)을 운용하기 위해 필요한 설비로서 전기통신사업 회계정리 및 보고에 관한 규정 제8조에 따른 전기통신설비 중 같은 조 제1호, 제2호 및 제6호에 따른 교환설비, 전송설비 및 전원설비

② 국가전략기술사업화시설(*)에 투자하는 경우 : 15%(중소기업은 25%)

(*) 국가전략기술의 사업화를 위한 조세특례제한법 시행규칙 별표 6의 2에 따른 시설(국가전략기술을 사용하여 생산하는 제품 외에 다른 제품의 생산에도 사용되는 시설을 포함함)로서 연구개발세액공제 기술심의위원회의 심의를 거쳐 기획재정부장관과 산업통상자원부장관이 공동으로 인정하는 시설

다만, 2023년 12월 31일이 속하는 과세연도에 투자하는 경우의 임시 투자 세액공제금액의 기본공제 금액은 2023년 12월 31일이 속하는 과세연도에 투자한 금액의 3%(중견기업은 7%, 중소기업은 12%)에 상당하는 금액으로 한다(단, 다음의 어느 하나에 해당하는 경우에는 각각의 구분에 따른 금액으로 함).

① 신성장사업화시설에 투자하는 경우 : 6%(중견기업은 10%, 중소기업은 18%)
② 국가전략기술사업화시설에 투자하는 경우 : 15%(중소기업은 25%)

신성장사업화시설 또는 국가전략기술사업화시설 중 해당 기술을 사용하여 생산하는 제품 외에 다른 제품의 생산에도 사용되는 시설에 대하여 통합투자세액공제를 적용받으려는 자는 다음에서 정하는 바에 따라 해당 시설에서 생산되는 모든 제품의 생산량을 측정·기록하고 아래 ②의 측정 기간 종료일부터 5년 동안 보관해야 하며, 투자완료일이 속하는 과세연도의 다음 3개 과세연도의 종료일까지의 기간 중 마지막 과세연도의 과세표준신고를 할 때 생산량 실적 자료[조특칙 별지 제8호의 10 서식]를 납세지 관할 세무서장에게 제출해야 한다(조특령 §21 ⑭ 및 조특칙 §12의 2 ④).

① 해당 시설을 거쳐 저장·판매가 가능한 형태로 생산된 제품 또는 반제품(단, 그 제품 또는 반제품을 사용하여 생산한 다른 제품 또는 반제품은 제외함)을 측정 대상으로 할 것
② 해당 시설의 투자완료일(투자완료일이 2022년 4월 1일 이전인 경우에는 2022년 4월 1일)부터 그 날이 속하는 과세연도의 다음 3개 과세연도의 종료일까지 측정할 것
③ 다음의 구분에 따른 단위로 측정할 것
가. 고체류: 개수
나. 액체류 및 기체류: 부피 단위 또는 해당 제품을 담은 동일한 부피의 용기 등의 개수

2) 추가공제 금액

통합투자세액공제를 적용함에 있어 추가공제 금액은 다음과 같이 계산한다. 다만, 추가공제 금액이 전술한 '1) 기본공제 금액'을 초과하는 경우에는 기본공제 금액의 2배를 그 한도로 하고, 3년간 연 평균 투자금액이 없는 경우에는 추가공제 금액이 없는 것으로 한다. 한편, 내국법인의 투자금액이 최초로 발생한 과세연도의 개시일부터 세액공제를 받으려는 해당 과세연도 개시일까지의 기간이 36개월 미만인 경우에는 그 기간에 투자한 금액의 합계액을 36개월로 환산한 금액을 "해당 과세연도의 개시일부터 소급하여 3년간 투자한 금액의 합계액"으로 보며, 합병법인, 분할신설법인, 분할합병의 상대방법인, 사업양수법인 또는 현물출자를 받은 법인(이하 "합병법인 등"이라 함)의 경우에는 합병, 분할, 분할합병, 사업양도 또는 현물출자를 하기 전에 피합병법인, 분할법인, 사업양도인 또는 현물출자자가 투자한 금액은 합병법인 등이 투자한 것으로 보아 추가공제 금액을 계산한다(조특령 §21 ⑧, ⑨).

$$\left(\text{해당 과세연도에 투자한 금액} - \frac{\text{해당 과세연도의 개시일부터 소급하여 3년간 투자한 금액의 합계액}}{3} \times \frac{\text{해당 과세연도의 개월 수}}{12}\right) \times 3\%^{(*)}$$

(*) 국가전략기술사업화시설의 경우에는 4%

다만, 2023년 12월 31일이 속하는 과세연도에 투자하는 경우의 임시 투자 세액공제금액의 추가공제 금액은 2023년 12월 31일이 속하는 과세연도에 투자한 금액이 해당 과세연도의 직전 3년간 연평균 투자 또는 취득금액을 초과하는 경우에는 그 초과하는 금액의 10%에 상당하는 금액으로 한다(단, 추가공제 금액이 기본공제 금액을 초과하는 경우에는 기본공제 금액의 2배를 그 한도로 함).

(3) 세액공제의 시기

통합투자세액공제를 적용함에 있어 투자가 2개 이상의 과세연도에 걸쳐서 이루어지는 경우에는 그 투자가 이루어지는 과세연도마다 해당 과세연도에 투자한 금액에 대하여 세액공제를 적용한다(조특법 §24 ②).

신성장 · 원천기술을 사업화하는 시설(조특칙 〔별표 6〕)

영 별표 7의 기술			사업화 시설
구분	분야	신성장 · 원천기술	
1. 미래형 자동차	가. (삭제, 2023. 6. 7.)		
	나. 전기 구동차	1) (삭제, 2023. 6. 7.)	
		2) (삭제, 2023. 6. 7.)	
		3) 전기차 초고속 · 고효율 무선충전 기술	전기구동방식 자동차와 관련하여 감전위험이 없는 비접촉 무선 전력전송 방식(자기유도, 자기공명, 전자기파)으로 배터리를 충전하기 위한 전력 전송효율 90% 이상의 초고속 고효율 무선충전시스템 및 무선충전 핵심모듈(급전 인버터, 집전 픽업구조, 레귤레이터)을 제작하는 시설
		4) 초고효율 하이브리드 시스템 기술	하이브리드자동차(HEV)의 연비 향상, 배출가스 감축 등을 위해 엔진 열효율(공급된 연료에너지에 대해 출력되는 유효일의 비를 말한다)을 45% 이상으로 구현하기 위한 하이브리드 구동시스템을 설계 · 제조하는 시설
2. 지능 정보	가. 인공지능	인지컴퓨팅 기술	인공지능 알고리즘(algorithm) 처리가 용이하도록 초고성능 연산 플랫폼(Platform)을 제공하는 컴퓨터 하드웨어를 제조하는 시설
	마. 착용형스마트기기	1) 신체 부착형 전자회로의 유연기판 제작기술 및 유연회로 인쇄기술	스마트 착용형기기(wearable device)에 사용되는 신체 부착형 전자회로의 유연기판을 제작하는 시설
		2) 유연한 양 · 음극 소재 및 전극 설계 · 제조 기술	20퍼센트 이상의 변형 시에도 기계적 · 전기화학적 신뢰성 확보가 가능하며 100㎛ 후박급의 착용형기기(wearable device)에 전원용으로 사용되는 유연한(flexible) 양 · 음극 소재 및 해당 전극을 제조하는 시설

영 별표 7의 기술			사업화 시설
구분	분야	신성장·원천기술	
2. 지능정보	마. 착용형스마트기기	3) 섬유기반 유연전원(fabric based flexible battery) 제조 기술	유연 성능이 4.5g · ㎠/㎝ 이상으로 변형에 대한 형태 안정성이 우수한 유연전원(fabric based flexible battery)으로서, 에너지 밀도가 100Wh/kg 이상으로 고효율 · 고수명의 성능을 가진 섬유기반 유연전원을 제조하는 시설
		4) 전투기능 통합형 작전용 첨단디지털 의류기술	군사 및 경찰 작전 등의 특수 임무를 수행하는 데 필요한 극한기능과 신호전송기능 및 신체보호기능을 갖춘 총체적 디지털 기능 전투복을 제조하는 시설
	바. IT 융합	1) 지능형 전자항해 기술	IMO(International Maritime Organization, 국제해사기구)의 e-Navigation 구현을 목적으로 장소에 구애받지 않고 4S(ship to ship, ship to shore, shore to ship, shore to shore) 통신을 구현하는 통신단말장치를 제작하는 시설
		2) 지능형 기계 및 자율협업 기술	생산설비의 품질(상태)정보 및 공정조건을 실시간으로 분석하여 최적의 작업상태를 제공할 수 있는 진단 · 처방정보를 바탕으로 생산설비를 원격으로 제어하는 개방형 제어기(controller), M2M(Machine to Machine, Machine to Man, 기계 간의 통신 및 인간이 작동하는 기계와의 통신) 디바이스(device) 및 개방형 컨트롤러 디바이스를 탑재하여 자동으로 상태감시 · 진단 · 제어기능을 하는 지능형 기계를 제조하는 시설
	아. 양자컴퓨터	양자컴퓨터 제작 및 활용 기술	양자 정보를 처리할 수 있는 메모리(큐비트, Qubit)를 구현하고, 큐비트간 연산처리가 가능한 장치를 제조하는 시설
	자. 스마트물류	지능형 콜드체인 모니터링 기술	화물의 운송 과정에서 온도, 습도, 충격 등의 상태 데이터를 정보수집 장치를 통해 수집 및 저장하고, 이를 국제표준 ISO 27017에 따라 보안성이 검증된 클라우드 서버로 전송하여 단위 화물 정보와 연동하고 이를 소프트웨어 상에서 모니터링하는 장치를 제조하는 시설
5. 차세대 전자 정보 디바이스	가. 지능형 반도체 · 센서	1) SoC 파운드리 제조, 후공정 및 장비 제작 기술	SoC(System on Chip) 반도체 파운드리(Foundry) 장비를 제작하는 시설 및 파운드리 분야의 7nm 이하급 제조 시설
		2) 차세대 메모리반도체 제조 기술과 소재 · 장비 및 장비부품의 설계 · 제조 기술	기존 메모리반도체인 D램(DRAM)과 낸드 플래시메모리(Nand Flash Memory)의 장점을 조합한 STT-MRAM(Spin Transfer Torque-Magnetic Random Access Memory), PRAM(Phase-change Random Access Memory), ReRAM(Resistive Random Access Memory) 등 차세대 메모리반도체 제조 시설 및 이와 관련된 소재 · 장비 및 장비부품을 제조하는 시설
		3) 지능형 마이크로 센서 기술	물리적 · 화학적인 아날로그(analogue) 정보를 얻는 감지부와 논리 · 판단 · 통신기능을 갖춘 지능화된 신호처리 집

영 별표 7의 기술			사업화 시설
구분	분야	신성장 · 원천기술	
			적회로가 결합된 소자로서 나노기술, MEMS[Micro Electro Mechanical System, 기계부품 · 센서(sensor) · 액츄에이터(actuator) 및 전자회로를 하나의 기판 위에 집적화)] 기술, 바이오 기술, 0.8㎛ 이하 CMOS 이미지센서 기술 또는 SoC(System on Chip) 기술이 결합된 초소형 고성능 센서를 제조하는 시설
		4) 차량용 반도체 설계 · 제조 기술	자동차 기능안전성 국제표준 ISO26262, 자동차용 반도체 신뢰성 시험규격 AEC-Q100을 만족하는 MCU(Micro Controller Unit), ECU(Electronic Control Unit), 파워IC, SOC, 하이브리드/전기차 및 자율주행용 IC 반도체를 제조하는 시설
		5) 에너지효율향상 반도체 설계 · 제조 기술	실리콘 기반의 MOSFET(MOS Field-Effect Transistor)에 비해 저저항 · 고효율 특성을 지니며 차세대 응용 분야(전기차, 하이브리드카, 태양광, 풍력발전 등 신재생에너지, 스마트그리드 등) 인버터 등에 탑재되는 SJ(Super Junction) MOSFET, IGBT(Insulated Gate Bipolar Transistor), SiC(Silicon Carbide) MOSFET을 제조하는 시설
		6) 에너지효율향상 전력 반도체 BCDMOS 설계 · 제조 기술	실리콘 기반의 저저항 · 고효율 특성을 지니며 차세대 응용분야(5G, 전기차, 하이브리드카, 태양광, 풍력발전 등 신재생에너지, 스마트그리드 등)에 탑재되는 아날로그, 디지털 로직, 파워소자를 원칩화한 초소형 · 초절전 전력반도체 0.13㎛ 이하 BCDMOS(Bipolar /Complementary/Double-diffused metal-oxide-semiconductor) 설계 및 제조를 위한 시설
		7) 웨이퍼레벨 칩 패키징 공정 기술	LED 칩을 미세 패턴이 가공된 열전도성이 높은 웨이퍼 위에서 일련의 공정을 통해 패키징한 후 다이싱(dicing)하여 칩 패키지를 제조하는 시설
	나. 반도체 등 소재 · 부품	1) 포토레지스트 개발 및 제조 기술	반도체 및 디스플레이용 회로형성에 필요한 리소그래피(lithography)용 수지로서 회로의 내열성, 전기적 특성, 현상(Developing) 특성을 좌우하는 Photoresist 및 관련 소재를 제조하는 시설 [ArF(불화아르곤) 광원용 및 EUV(극자외선) 광원용]
		2) 원자층증착법(ALD) 및 화학증착법(CVD)을 위한 고유전체(High-k dielectric)용 전구체 개발 기술	기존의 이산화규소(SiO2)보다 우수한 유전특성을 갖는 박막제조를 위해 증착공정[ALD(Atomic Layer Deposition), CVD(Chemical Vapor Deposition)]에 사용되는 전구체(금속을 포함하고 있는 용액)를 제조하는 시설
		3) 고순도 불화수소 개발 및 제조 기술	반도체 회로형성에 필요한 순도 99.999%(5N) 이상의 고순도 불화수소를 제조하는 시설

영 별표 7의 기술			사업화 시설
구분	분야	신성장·원천기술	
		4) 블랭크 마스크(Blank Mask) 개발 및 제조 기술	ArF(불화아르곤) 광원 및 EUV(극자외선) 광원을 이용하여 반도체 회로를 형성하는데 사용되는 블랭크마스크 원판 및 관련 소재(펠리클(Pellicle), 합성 쿼츠, 스터러링용 타겟 등을 포함)를 제조하는 시설
		5) 반도체용 기판 개발 및 제조 기술	14nm 이하급 D램(DRAM)과 170단 이상 낸드플래시 메모리 및 에피텍셜 반도체용 기판을 제조하는 시설
		6) 첨단 메모리반도체 장비 및 장비부품의 설계·제조 기술	14nm 이하급 D램(DRAM)과 170단 이상 낸드 플래시메모리 양산을 위한 장비·장비부품을 제조하는 시설
		7) 고기능성 인산 제조 기술	질화규소(SiNx), 산화규소(SiOx) 막질의 선택적인 식각이 가능한 고선택비(1,000 이상) 인산계 식각액 제조시설
		8) 고순도 석영(쿼츠) 도가니 제조 기술	반도체 웨이퍼 제조용 용융 실리콘의 오염을 막기 위한 도가니 형태의 순도 99.999%(5N) 이상의 고순도 석영 용기(Quartz Crucible) 제조 시설
		9) 코트막형성재 개발 및 제조 기술	완성된 반도체 소자의 표면을 외부환경으로부터 보호하기 위해 사용하는 절연성을 가진 고감도(80mJ/㎠ 이하) 감광성 코팅 기술 또는 패키징 재배선(배선폭 7㎛ 이하) 형성 재료를 제조하는 시설
	다. 유기발광다이오드(OLED: Organic Light Emitting Diode) 등 고기능 디스플레이	1) 9인치 이상 능동형 유기발광 다이오드(AMOLED) 패널·부품·소재·장비 제조 기술	저온폴리실리콘(LTPS) 또는 산화물(Oxide) TFT(전자이동도 8㎠/Vs 이상) 기판 상에 진공 증발 증착 또는 프린팅 방식으로 고화질(고해상도, 고색재현, 고균일, HRD)을 구현한 대화면(9인치 이상) AMOLED(Active Matrix Organic Light Emitting Diode) 패널을 제조하기 위한 시설(모듈조립 공정 기술은 제외한다)과 AMOLED 패널을 제조하기 위한 부품·소재·장비를 제조하는 시설
		2) 대기압 플라즈마 식각 장비 기술	디스플레이를 제조할 목적으로 대기압에서 플라즈마(plasma)를 발생시켜 박막을 식각하는 장비를 제조하는 시설
		3) 플렉서블 디스플레이 패널·부품·소재·장비 제조 기술	플렉서블 디스플레이(유연성 또는 유연한 성질을 가지는 디스플레이로, 깨지지 않고 휘거나 말 수 있고 접을 수 있는 특성을 지닌 것을 말한다. 이하 같다)를 제조하는 시설 및 이를 제조하기 위해 공정별로 사용되는 부품·소재·장비를 제조하는 시설
		4) 차세대 차량용 디스플레이 패널·부품·소재·장비 제조 기술	굴곡된 형상으로 제조 가능하고, 동작온도 -30℃~95℃, 시인성 black uniformity 60% 이상을 만족하는 다결정 저온 폴리실리콘(LTPS-LCD) 패널 및 이와 관련한 부품·소재 및 장비를 제조하는 시설
		5) 마이크로 LED 디스플레이 패널·	실리콘(Silicon) 또는 사파이어(Sapphire) 기판에 저결함 에피공정을 적용한 100㎛ 이하의 자발광 R/G/B 마이크로

영 별표 7의 기술			사업화 시설
구분	분야	신성장 · 원천기술	
		부품 · 소재 · 장비 제조 기술	LED 칩과 이를 이용한 픽셀 · 패널 및 이와 관련한 부품 · 소재 및 장비를 제조하는 시설
		6) VR · AR · MR용 디스플레이 패널 · 부품 · 소재 · 장비 제조 기술	가상현실, 증강현실, 혼합현실 기기에 사용되는 초고해상도(1,500ppi 이상) 디스플레이를 제조하기 위해 공정별로 사용되는 기술과 이와 관련한 부품 · 소재 및 장비를 제조하는 시설
		7) 친환경 QD(Quantum Dot) 나노 소재 적용 디스플레이 패널 · 부품 · 소재 · 장비 제조 기술	적은 소비전력으로 고색재현 및 화학적 · 열적 안정성 개선이 가능한 QD 나노 소재 적용 디스플레이를 제조하기 위해 공정별로 사용되는 기술을 적용한 시설과 이와 관련한 부품 · 소재 및 장비를 제조하는 시설
	라. 3D프린팅	3D프린팅 소재개발 및 장비제조 기술	3차원 디지털 설계도에 따라 액체수지, 금속분말 등 다양한 형태의 재료를 적층하여 제품을 생산하는 데 사용되는 소재 및 장비를 제조하는 시설
	마. AR 디바이스	AR 디바이스 제조 기술	실제의 이미지나 배경에 유의미한 상황 정보를 기반으로 한 영상 · 텍스트 · 소리 등의 가상정보를 나타내어 사용자의 경험이 증강되고 현실세계와 동기화할 수 있는 장비 및 관련 부품을 제조하는 시설
6. 차세대 방송 통신	가. 5세대(5G: 5generation) 및 6세대 (6G: 6generation) 이동통신	1) 5G 이동통신 기지국 장비 기술	가입자와 연결을 위해 이동통신사업자가 구축하는 5G 이동통신 광역 및 소형 셀(cell) 기지국 장비를 제조하는 시설
		2) 5G 이동통신 코어네트워크(Core Network, 기간망) 기술	트래픽(traffic) 전송 · 제어, 네트워크(network) 간 연결 등을 위해 5G 이동통신 기지국 장비와 연동되는 게이트웨이(gateway), 라우터(router), 스위치(switch) 등 장비를 제조하는 시설
		3) 5G 이동통신 단말 특화 부품 기술	5G 이동통신 단말을 구현하기 위해 새롭게 개발 · 적용될 통신모듈[베이스밴드(baseband, 기저대역) 모뎀, RF(Radio Frequency) 칩셋(chipset) 등]의 부품 · 소자를 제조하는 시설
	나. UHD(Ultra-High Definition)	지상파 UHD방송 송신기 성능 향상 기술	냉각 기술(공냉, 수냉, 질소냉각 등 포함)의 개선, 회로 설계 방식 개선 등을 통한 고효율 지상파 UHD방송용 송신기를 제조하는 시설
7. 바이오 · 헬스	가. 바이오 · 화합물 의약	1) (삭제, 2023. 8. 29.)	
		2) 방어 항원 스크리닝 및 제조 기술	면역 기전을 이용하여 인체질환을 방어하기 위해 항원을 스크리닝하고 이 항원을 제조하여 각종 질환을 치료하거나(치료용 백신) 예방하기 위한 백신(예방용 백신)을 제조하는 시설
		3) (삭제, 2023. 8. 29.)	

영 별표 7의 기술			사업화 시설
구분	분야	신성장 · 원천기술	
		4) 혁신형 신약(화합물의약품) 후보물질 발굴 및 제조 기술	혁신형 신약(화합물의약품)과 혁신형 신약의 원료를 개발 · 제조하는 시설
		5) 혁신형 개량신약(화합물의약품) 개발 및 제조 기술	혁신형 개량신약(화합물의약품)과 혁신형 개량 신약의 원료를 개발 · 제조하는 시설
		6) (삭제, 2023. 8. 29.)	
		7) (삭제, 2023. 8. 29.)	
	나. 의료기기 · 헬스케어	1) 기능 융합형 초음파 영상 기술	조기 정밀 진단을 위한 영상기술 간 융합(X-ray - 초음파, 광음향 - 초음파) 및 정밀치료를 위한 초음파 영상유도 기반의 체외충격파 치료 기술 기반 기능 융합형 초음파 영상기기를 제조하는 시설
		2) 신체 내에서 생분해되는 소재 개발 및 제조 기술	우수한 유연성과 고강도의 기계적 물성을 가지며, 시술에 따른 혈전증 및 재협착률을 최소화하는 생분해성 스텐트를 제조하는 시설
		3) 유전자 검사용 진단기기 및 시약의 개발 및 제조 기술	질병의 진단이나 건강상태 평가를 목적으로 인체에서 채취한 검체로부터 DNA(deoxyribonucleic acid), RNA(Ribo Nucleic Acid), 염색체, 대사물질을 추출하여 분석하는 기기 및 시약을 제조하는 시설
		4) 암진단용 혈액 검사기기 및 시약의 개발 및 제조 기술	채취한 혈액으로부터 종양 표지자의 농도를 측정하여 암 발생 유무를 판단하는 데 활용되는 검사기기 및 시약을 제조하는 시설
		5) 감염병 병원체 검사용 진단기기 및 시약의 개발 및 제조 기술	인체에서 채취된 혈액, 소변, 객담, 분변 등의 검체를 이용해 국내에서 새롭게 발생하였거나 발생할 우려가 있는 감염병 또는 국내 유입이 우려되는 해외 유행 감염병의 병원체를 검사하는 데 활용되는 기기 및 시약을 제조하는 시설
		6) 신체기능 복원 · 보조 의료기기 기술	생체역학 · 바이오닉스 등 첨단 의공학 기술을 통해 영구 손상된 신체기능을 원래대로 복원하여 정상적인 일상생활을 가능하게 하는 장치를 제조하는 시설
	다. 바이오 농수산 · 식품	1) 비가열 및 고온 · 고압 가공처리 기술	초고압(1,000기압 이상), 고압전자기장, 전기저항가열, 방사선 조사와 같은 대체 열에너지를 사용하거나, 가압 · 진공 · 과열증기 및 증기직접주입법 등을 이용한 고온 · 고압 처리기술을 사용하여 미생물 수를 감소 또는 사멸시키는 가공처리 시설
		2) 식품용 기능성 물질 개발 및 제조 기술	동 · 식물 및 미생물 유래 기능성 물질을 가공 또는 대량 생산하는 시설

영 별표 7의 기술			사업화 시설
구분	분야	신성장 · 원천기술	
		3) 신품종 종자 개발 기술 및 종자 가공 처리 기술	종자의 품질을 높이기 위해 프라이밍(priming), 코팅(coating), 펠렛팅(pelleting) 등 종자를 가공 처리하는 시설
		4) 유용미생물의 스크리닝 기술 및 유용물질 대량생산공정 기술	세균이나 곰팡이를 선발 · 분리하여 효용성을 평가하거나 이들 미생물을 활용하여 균주개발, 최적활성 연구, 발효공정, 정제공정 등을 거쳐 유용물질을 대량으로 생산하는 시설
		5) 스마트팜 환경제어 기기 제작 기술	온실이나 축사의 온도, 습도, 이산화탄소, 악취 등을 감지하여 환경을 조절하는 센서와 이를 통해 작동하는 액츄에이터(actuator) 및 제어시스템을 제조하는 시설
		6) 단백질 분리 · 분획 · 정제 및 구조화 기술	물리적 · 화학적 방법을 이용하여 농 · 식품자원으로부터 단백질을 전분, 지방 등과 분리하여 용도에 맞게 분획 · 정제하는 시설, 동물세포나 조직을 배양 · 분화하는 시설 및 단백질 또는 세포를 3D 프린터, 압출식 성형방식, 지지체 등을 통해 구조화하고 원료 · 소재와 제품을 대량으로 생산하는 시설
		7) 식품 냉 · 해동 안정화 기술	수분전이제어, 원물코팅, 라디오 주파수 · 저온스팀(Steam) 해동 등을 활용하여 냉동원료 및 제품의 품질을 균일하게 제어할 수 있는 식품 냉 · 해동 안정화 시설
	라. 바이오 화학	1) 바이오매스 유래 바이오플라스틱 생산 기술	재생가능한 유기자원을 이용하여 직접 또는 전환공정을 통해 당 또는 리그닌을 추출 · 정제하는 시설 및 바이오플라스틱을 생산하는 시설
		2) 바이오 화장품 소재(원료) 개발 및 제조 기술	세포활성 제어기술, 미생물 발효 및 생물전환기술, 활성성분 대량생산 기술 등의 바이오 기술(bio technology)을 활용하여 화장품의 소재(원료)를 제조하는 시설
		3) 신규 또는 대량 생산이 가능한 바이오화학 소재 개발 및 미생물 발굴 바이오파운드리 기술	바이오플라스틱, 바이오화장품 소재, 바이오생리활성 소재 등을 생산하는 미생물 확보를 위한 유전자 편집 등의 합성생물학 기술과 이를 활용한 디자인, 제작, 시험, 학습 등의 순환 과정을 수행하는 바이오파운드리 시설
8. 에너지 신 · 환경	가. 에너지 저장 시스템 (ESS: Energy Storage System)	1) 비리튬계 이차전지 소재 등 설계 및 제조 기술	흐름전지(Flow Battery)에 사용되는 전극 · 멤브레인(Membrane) · 전해질 · 저가 분리판 · 스택(Stack)을 제조하는 시설 및 나트륨(Sodium)계 이차전지에 사용되는 소재(양극 · 음극 · 전해질) · 셀(Cell) · 모듈(Module)을 제조하는 시설
		2) 전력관리시스템 설계 및 전력변환장치 설계 및 제조 기술	저장장치 전력과 전력계통 간의 특성을 맞춰주는 전력변환장치(PCS, Power Conversion System)를 제조하는 시설

영 별표 7의 기술			사업화 시설
구분	분야	신성장·원천기술	
		3) 배터리 재사용·재제조를 위한 선별 기술	초기용량 대비 80% 이하로 수명이 종료된 전기동력 자동차 배터리를 검사·분해·평가하는 시설
		4) 고성능 리튬이차전지 기술	265wh/kg 이상의 에너지밀도 또는 6C-rate 이상의 방전속도를 충족하고 안전성이 향상된 고성능 리튬이차전지에 사용되는 부품·소재·셀(cell) 및 모듈(module)을 제조하는 시설
		5) 전기동력 자동차의 에너지저장 시스템 기술	전기동력 자동차(xEV)의 주행거리 연장, 충전시간 단축 등을 위해 에너지 밀도를 160Wh/kg 이상으로 구현한 이차전지를 생산하는 시설
	나. 발전 시스템	1) 대형가스터빈 부품 및 시스템 설계·제작·조립·시험 평가 기술	천연가스를 연소시킬 때 발생하는 고온 고압의 에너지로 발전기를 회전시켜 전기를 생산하는 용량 380MW 이상, 효율 43% 이상의 터빈 및 부품을 제조하는 시설
		2) 초임계 이산화탄소 터빈구동 시스템	열원을 활용하여 생성된 초임계상태의 이산화탄소(supercritical CO_2)를 작동 유체로 터빈을 구동하는 고효율 터빈·압축기·열교환기 등 발전설비 및 시스템을 제조하는 시설
	다. 원자력	1) 원자로 냉각재 펌프 설계 기술	원자로에서 핵반응을 통해 발생되는 열을 제거하여 증기발생기로 보내기 위해 냉각재를 순환시키는 원자력발전소 핵심 기기인 원자로냉각재펌프를 제조하는 시설
		2) 내열 내식성 원자력 소재 기술	방사선, 고온 및 부식성 환경속에서 내부식성을 극대화시킬 수 있는 내열·내식성 소재(핵연료 피복관, 증기발생기 세관(340℃·150기압의 1차 냉각수 및 300℃·50기압의 2차 냉각수 노출 가능), 원자로 내부 구조물(중성자 조사 및 340℃·150기압의 1차 냉각수 노출 가능) 등을 생산하는 시설
		3) 방사선이용 대형 공정 시스템 검사 기술	철강 배관의 손상 진단 및 미세 결함 검출을 위한 와전류 자동검사 장비, X선 발생장치와 이리듐(Ir)-192 감마선 조사장치에 적합한 이동용 방사선투시 장비를 제조하는 시설
		4) SMR(Small Modular Reactor) 제조 기술	탄력운전 대응 열적성능강화 핵연료집합체, 혁신형 제어봉집합체, 무붕산 노심설계가 가능한 일체형 가연성 흡수봉 제조 시설, 증기발생기 전열관 제조 시설 및 원자로·증기발생기·가압기 등 주요 기기가 일체화된 원자로모듈을 제조하는 시설
		5) 친환경·저탄소 후행 핵주기 기술	원전 해체, 해체 원전 계통·기기·구조물 제염, 금속·콘크리트구조물 절단, 해체 폐기물 처리·감용, 방폐물 인수·처리 및 방폐물 운반·저장에 필요한 설비를 제조하는 시설

영 별표 7의 기술			사업화 시설
구분	분야	신성장 · 원천기술	
		6) 대형 원자력발전소 제조 기술	원자로 · 내부구조물, 핵연료 취급 · 검사장비, 증기발생기 · 가압기, 원자로 냉각재펌프, 증기터빈 · 주발전기 및 보조기기를 제조하는 시설
		7) 혁신 제조공법 원전 분야 적용 기술	분말-열간등방압성형(PM-HIP) 기술, 전자빔 용접(EBW) 기술, 다이오드 레이저 클래딩(DLC) 기술 또는 원전기자재 적층제조 기술을 활용하여 원전 기자재를 제조하는 시설
	라. 오염방지 · 자원 순환	1) 미세먼지 제거 및 고정밀 미세먼지 · 온실가스 동시 측정 기술	미세먼지 및 원인가스를 동시에 제거하고 세척 후 재사용이 가능한 세라믹필터 및 촉매 시설, 기액접촉층 및 습식 플라즈마(wet plasma)를 통한 무필터 정화 시설, 0.3㎛ 이하 고정밀 미세먼지를 수분과 구별하여 측정하는 시설 및 공정내부 미세먼지 온실가스 농도 동시 실시간 측정 시설
		2) 차세대 배기가스 규제 대응을 위한 운송 · 저장시스템 기술	운송 · 발전용 기관을 운전할 때 배출되는 배기가스 내의 질소산화물 및 배기배출물을 과급기 하류측에서 선택적촉매환원법(SCR, Selective Catalytic Reduction) 등을 사용하여 저감시키는 시스템 · 부품을 제조하는 시설
		3) 디젤 미립자 필터(DPF) 제조 기술	디젤이 제대로 연소하지 않아 생겨나는 탄화수소 찌꺼기 등 유해물질을 모아 필터로 걸러낸 뒤 550℃ 이상의 고온으로 다시 태워 오염물질을 줄이는 저감장치를 제조하는 시설
		4) 폐플라스틱 물리적 재활용 기술	폐플라스틱의 분리 · 선별, 세척, 파쇄 · 용융 · 배합 등 물리적 재활용 과정을 거쳐 재생원료 및 플라스틱 제품 등을 제조하는 시설
		5) 폐플라스틱 등의 화학적 재활용을 통한 산업원료화 기술	폐플라스틱 · 폐타이어 · 폐섬유의 해중합, 열분해 또는 가스화 공정을 거쳐 화학원료 · 고부가가치 탄소화합물 제품 등을 제조하는 시설
		6) 생분해성 플라스틱 생산 기술	바이오화학 및 석유화학 원료를 사용하여 생분해성이 향상된 플라스틱 컴파운드[「환경기술 및 환경산업 지원법」 제17조에 따라 환경표지 인증을 받거나 수출을 목적으로 하는 생분해성수지제품 및 해당 제품의 원료로 사용되는 경우에 한한다]를 제조하고 물성을 증대하는 시설
		7) 폐기물 저감형 포장소재 생산 기술	복합소재의 단일화, 오염 저감 표면처리, 수(水)분리성 강화 등 포장재의 재활용도를 개선하는 포장재 생산 시설 및 소재 경량화, 석유계 용제 저감 등 포장재와 관련된 플라스틱 · 오염물질의 발생을 저감하는 포장재 생산 시설
9. 융복합 소재	가. 고기능 섬유	1) 탄소섬유복합재의 가공장비 및 검사장비 설계 · 제조 기술	탄소섬유복합재 부품가공을 위한 복합 가공장비[관련되는 공구, 부품 고정을 위한 유연지그, 공정 모니터링 센서모듈 및 컴퓨터 수치제어기(CNC, Computerized Numerical Controller) 등을 포함한다]를 제조하는 시설 및 탄소섬유복합재 가공 품질 검사를 위한 검사장비를 제조하는 시설

영 별표 7의 기술			사업화 시설
구분	분야	신성장·원천기술	
		2) 극한성능 섬유 제조 기술	고탄성·고강도 탄소섬유, 섬유용 CNT(Carbon Nano Tube, 탄소나노튜브) 또는 고탄성·고강도·고내열성(250℃ 이상)·고내한성(-153℃~-273℃) 아라미드(Aramid)·초고분자량폴리에틸렌(UHMWPE, Ultra-High Molecular Weight Polyethylene)·액정섬유를 제조하는 시설 및 이들의 복합화 설계를 통한 초경량, 고탄성, 고강도, 고내열(한)성 섬유복합체를 제조하는 시설
		3) 섬유기반 전기전자 소재·부품 및 제품 제조 기술	전기 또는 광 신호의 생산, 저장 또는 전달이 가능한 전도성 섬유를 가공·변형하여 트랜지스터, 저항, 콘덴서, 안테나 등의 전자회로 소자를 직물 형태로 구현하기 위한 소재·부품 및 제품을 제조하는 시설
		4) 의료용 섬유 제조 기술	생체적합성(생체재료가 생체조직이나 체액·혈액 등과 접촉 시 거부반응이 나타나지 않는 특성)과 생체기능성(생체재료가 체내에서 존재하는 동안 목표한 기능을 완전히 수행 가능한 특성)을 갖춘 의료용 섬유로서, 약물전달용 나노섬유, 바이러스·세균 감응섬유구조체, 혈액의 투석·정화용 섬유구조체, 손상조직을 대체 가능한 섬유구조체 또는 꼬이지 않고 계속되는 수축·팽창에 견딜 수 있는 인공혈관 섬유구조체를 제조하는 시설
		5) 친환경섬유 제조 기술	환경친화적 섬유 원료를 사용한 섬유로서 생분해성 섬유고분자, 열가소성 셀룰로오스 섬유 또는 바이오매스 나노섬유를 제조하는 시설
		6) PTFE(PolyTetra Fluoro Ethylene) 멤브레인 기반 고성능 복합필터 제조 기술	공기중의 0.3um 크기의 입자 99.97% 이상을 균일하게 포집할 수 있는 PTFE 멤브레인 기반의 고성능 복합필터 핵심 소재·부품을 제조·가공하는 시설
		7) 특수계면활성제 제조 기술	전자부품 제조 공정용으로 사용되는 저표면에너지(24~27 mN/m, 0.1% solution/PGMEA), 극미량의 금속함유량(100ppb 이하) 특성을 지닌 불소계 계면활성제 및 도료 및 포소화제의 기능향상을 위한 첨가제 등으로 사용되는 저표면에너지(15~18mN/m, 0.1% 수용액), 극미량의 PFOA(Perfluorooctanoic Acid) 함유량(1ppm 미만) 특성을 지닌 불소계 계면활성제 제조 시설
		8) 극세 장섬유 부직포 및 복합필터 제조 기술	유해물질을 여과·분리·차단하는 1㎛이하 극세 장섬유 부직포 및 HEPA(High Efficiency Particulate Air)급 이상의 고성능 정밀여과 복합필터를 제조하는 시설

영 별표 7의 기술			사업화 시설
구분	분야	신성장 · 원천기술	
	나. 초경량 금속	1) 고강도 마그네슘 부품의 온간성형 기술	미세조직 구성인자의 제어와 성형기법의 개선을 통해 저온(150℃ 이하)에서 성형 가능한 고품위 · 고강도 Mg(마그네슘) 부품을 제조하는 시설
		2) 차세대 조명용 고효율 경량 방열부품 생산기반 기술	알루미늄 등 경량소재를 이용하여 주조, 성형 및 표면처리를 통해 방열 부품을 제조하는 시설
	다. 하이퍼 플라스틱	인성특성이 향상된 고강성 하이퍼플라스틱(High Performance Plastics) 복합체 제조 및 가공 기술	고강성 하이퍼플라스틱의 인성특성을 개선하여 고충격성(60KJ/m² 이상), 내화학성(온도 23℃의 염화칼슘 5% 용액에 600시간 담근 후 인장강도 유지율 90% 이상), 내마모성(50rpm, 150N, 측정거리 3Km 조건으로 내마모 시험 후 마모량 1.0mm³/Kgf · Km 이하) 중 하나 이상의 특성을 지닌 고강성 · 고인성 하이퍼플라스틱 복합체를 제조하는 시설
	라. 구리합금	1) 고강도 구리합금 설계 · 제조 기술	인장강도 900Mpa 이상의 고강도 특성을 갖춘 주석함유 구리합금(Cu-Ni-Sn계)을 제조 · 가공하는 시설
		2) 구리 및 구리합금 박판 제조 기술	자동차, 전기 · 전자 분야의 고성능 · 소형화에 적용 가능한 두께 0.1mm 이하의 구리 및 구리합금 박판을 제조 · 가공하는 시설
	마. 특수강	1) 고청정 스테인레스계 무계목강관 · 봉강 제조 기술	망간 함유량 0.8% 이하 및 황 함유량 0.005% 이하로 제어된 고청정 스테인리스계 합금을 활용하여 용접이음매를 갖지 않는 강관 및 봉 형태의 철강재를 제조 · 가공하는 시설
		2) 고기능성 H형강 제품 제조 기술	고강도(420Mpa급 이상), 고인성(-40℃ 이하에서 충격값 50 Joule 이상) 특성을 갖는 고기능성 H형강 제품을 제조 · 가공하는 시설
		3) 장수명 프리미엄급 금형소재 제조 기술	기존 교체주기 5만회의 금형대비 30% 이상 수명이 향상된 합금설계, 고청정 특수강을 제조 · 가공하는 시설
	바. 기능성 탄성 · 접착소재	1) 고기능 불소계 실리콘 제조 · 가공 기술	내열성(온도 175℃에서 22시간 동안 영구압축줄음율 30% 이내), 내화학성(150℃, 240시간 내유체적변화율 10% 이하) 및 저온성(-66℃ 이하에서 기밀력 1800psi 이상)의 특성을 지닌 불소계 실리콘 고무 합성 및 분자량 제어 관련 제조시설
		2) 고기능 불소계 고무 제조 · 가공 기술	2원계 이상의 공중합체로서 불소함량이 50% 이상이며 내한성(어는점 -15℃ 이하), 내열성(200℃ 이상) 및 내화학성(온도 25℃ Fuel-C에서 체적변화율 4% 이내)을 갖춘 불소계 고무 제조 · 가공시설
		3) 고기능 부타디엔 고무 제조 · 가공 기술	고상 및 액상 기능성(Cis content 90% 이상, 무니점도(ML1+4, 100℃) 40 이상) 부타디엔류 고무 제조 기술과 고내마모성(내마모도 60㎣ 이하, 구름저항 5.5 이하) 부타디엔 고무 제조 · 가공 시설

영 별표 7의 기술			사업화 시설
구분	분야	신성장 · 원천기술	
		4) 고기능 비극성계 접착소재 제조 기술	Haze 1% 이하의 광학특성과 연속사용온도 100℃의 열안정성을 갖는 실리콘계 점착 · 접착 소재 및 300℃ 이상의 고온가공성형이 가능한 아크릴레이트 함량 5~35% 또는 관능기의 함량 1.2~8%의 에틸렌계 점착 · 접착 소재 제조시설
		5) 고기능 에폭시 수지 접착소재 제조 기술	에폭시 수지를 주성분으로 하여 경량 수송기기 부품의 구조접착에 사용되는 전단강도 25MPa 이상, 저온 충격강도 20N/mm 이상, T-박리강도 250N/25mm 이상의 기계적 성능을 갖는 접착소재 제조 기술과 전자부품의 접착에 사용되는 WVTR(Water Vapor Transmission Rate) 0g/㎡ · 24h 이하 및 20kV/mm 이상의 전기절연성을 갖는 비할로겐형 접착소재 제조시설
	사. 희소금속 · 핵심 소재	1) 타이타늄 소재 제조 기술과 금속재료 부품화 기술	사염화타이타늄(TiCl4), 스폰지, 잉곳, 루타일 및 아나타제 이산화 타이타늄(TiO2) 등의 소재를 제조 및 부품화하는 시설
		2) 고순도 몰리브덴 금속 · 탄화물 분말 및 금속괴 제조 기술	순도 99.5% 이상의 몰리브덴 금속분말, 순도 99% 이상의 몰리브덴 탄화물 분말 및 순도 99.95% 이상의 몰리브덴 금속괴를 제조 · 가공하는 시설
		3) 중희토 저감 고기능 영구자석 생산 기술	결정립도 5μm 이하 소결체 제조 및 결정립 주변 나노단위 두께의 중희토 확산층 형성 등을 통해 기존 자석 대비 중희토 함유량을 50% 이상 절감하여 고기능 영구자석을 생산하는 시설
		4) 차세대 배기가스 규제 대응을 위한 핵심소재 생산 기술	포집된 이산화탄소를 활용하여 운송 · 발전 · 산업용 기관을 운전할 때 배출되는 배기가스내 질소산화물, 황산화물 등 배기배출물을 저감시키기 위해 필요한 핵심소재 제조시설
10. 로봇	가. 첨단제조 및 산업 로봇	1) 고청정 환경 대응 반도체 생산 로봇 기술	청정환경에서 450mm 대형 웨이퍼, 일반 반도체를 핸들링하며 5Port 이상 대응 가능(수평 이송범위 2,100mm 이상 및 수직 이송범위 900mm 이상)한 청정환경용 반도체 로봇을 제조하는 시설
		2) 차세대 태양전지(Solar cell) 제조 로봇 기술	고진공/고청정 환경의 태양전지 생산 현장에서 대면적 · 고중량 기판을 핸들링할 수 있는 로봇을 제조하는 시설
		3) 실내외 자율 이동 · 작업수행 로봇	농업, 건설, 물류, 보안 · 감시 분야에서 광범위 거리측정센서, GPS 등을 활용하여 실내외 환경에서 경로를 계획하여 주행하고(미리 정해진 경로를 따라가는 방식은 제외), 자율적으로 작업을 수행하는 지능형 로봇 및 기계를 제조하는 시설

영 별표 7의 기술			사업화 시설
구분	분야	신성장 · 원천기술	
		4) 평판 디스플레이(FPD) 이송로봇 기술	일반 대기압 또는 진공 환경 하에서 고중량(400kg 이상)의 FPD(Flat Panel Display) 및 마스크를 이송하는 로봇을 제조하는 시설
		5) 협동기반 차세대 제조로봇 기술	사용자와 같은 공간에서 협업이 가능한 초소형(가반하중 1kg 미만) 및 중대형(가반하중 25kg 이상) 로봇을 제조하는 시설
	다. 의료 및 생활 로봇	1) 수술, 진단 및 재활 로봇 기술	로봇기술을 이용한 진단 보조, 시술 · 수술보조와 이에 따른 환자의 조기 치유 · 재활이 목적인 의료로봇을 제작하는 시설
		2) 간병 및 케어 로봇 기술	간호사의 단순반복 업무 지원 및 환자의 정서케어 서비스 지원이 가능한 로봇을 제작하는 시설
		3) 안내, 통역, 매장서비스, 홈서비스 등의 안내로봇 기술	공공접객 장소 내에서 다양한 멀티미디어 콘텐츠를 활용한 제품 및 서비스 등을 효과적으로 안내하고 홍보하는 로봇을 제작하는 시설
		4) 원격현실(Tele-presence) 로봇 기술	자율이동기능, 진단 · 지시용 매니퓰레이터 및 얼굴모션 동기화 등의 기술구현을 통한 원격진료 · 진료자문 및 교육 등이 가능한 Tele-presence 로봇을 제작하는 시설
		5) 생활도우미 응용 서비스 기술	가정 및 사회 환경 내에서 인간과 교감하며 정보의 취득, 일상생활 및 가사노동을 지원하는 지능형 로봇으로서 심부름, 가사작업 및 이동 보조형 로봇을 제작하는 시설
		6) 유치원, 초등학교에서 교사를 보조하는 교육로봇 기술	유치원이나 초등학교에서 교과과정에 적합한 교육 컨텐츠 및 로봇플랫폼을 활용하여 교사를 보조하여 학습하는 교육로봇을 제작하는 시설
	라. 로봇 공통	1) 모터, 엔코더, 드라이버 일체형의 구동 기술	로봇용 관절구성에 필요한 모터, 엔코더, 감속기, 드라이버를 모두 하나의 몸체에 넣어서 만든 관절구동형 액츄에이터(Actuator)를 제작하는 시설
		2) 웨어러블 로봇 기술	인체에 착용하여 인체 동작의도를 인식하고 추종제어 알고리즘을 통해 착용자의 신체능력 증강 및 운동을 지원하는 착용형 로봇을 제작하는 시설
11. 항공 · 우주	가. 무인 이동체	1) 무인기 전기구동 핵심부품 기술	전기동력을 기반으로 무인기의 조종, 이착륙, 추진 등을 담당하는 핵심부품을 제조하는 시설
		2) 물류 배송용 드론 제조 기술	일정 중량(10kg) 이상 물품을 100% 신뢰성을 확보한 비가시권 비행으로 안전하게 운송 가능한 드론과 기능개선에 필요한 소재(열전도율 5kcal/m · h 대비 10% 이상 개선) · 부품(세계 최고 CPU 속도대비 약 66% 이상 처리성능 개선) · 장비(다지점 배달용 물품 적재함, 물품배송 드론용 도킹스테이션 등의 경량화)를 설계 및 제조하는 시설

영 별표 7의 기술			사업화 시설
구분	분야	신성장 · 원천기술	
		3) 드론용 하이브리드 추진 시스템 기술	전기배터리 무인기의 체공시간(120분 이상) 및 탑재량(12kg 이상) 증대를 위해 엔진 동력을 이용하여 전기모터를 동작시키는 하이브리드 추진시스템과 관련한 소재 · 부품 및 장비를 제조하는 시설
	나. 우주	위성탑재체 부분품 개발 기술	인공위성 탑재를 목적으로 하는 광학 탑재체, 영상레이더 탑재체, 통신 · 방송 탑재체, 우주과학 탑재체, 항법 탑재체 시스템 및 위성용 영상자료처리장치, 주파수 변조기 및 안테나 등을 제조하는 시설
12. 첨단 소재 · 부품 · 장비	가. 첨단 소재	1) 고기능성 알루미늄 도금강판 제조 기술	550℃에서 200시간 유지 가능한 내열성과 SST(Stainless Steel) 2400(KSD9502)시간 보증 가능한 내식성이 우수한 고성능 알루미늄 도금강판을 제조 · 가공하는 시설
		2) 고순도 산화알루미늄 제조 기술	순도 99.9% 이상의 산화알루미늄 분말 제조를 위한 합성, 가공, 고순도화, 고밀도화 등의 제조시설
		3) 고기능성 인조흑연 제조 기술	인조흑연 제조용 피치 및 코크스 제조 시설, 전극봉 · 등방블록 · 흑연분말 성형 및 2,800℃ 이상의 열처리를 통한 흑연화 제조 시설
	나. 첨단 부품	1) 고정밀 롤러베어링 및 볼베어링 설계 · 제조 기술	구름베어링의 일종으로 내외륜 사이에 다수의 볼 또는 롤러를 삽입하여 마찰을 감소시켜 고속운전을 돕거나 큰 하중에 견딜 수 있는 정밀도 P5급 이상의 기계부품 설계 · 제조 시설
		2) 고압 컨트롤 밸브 설계 · 제조 기술	유압펌프에서 발생한 330 Bar 이상 고압의 유체에너지를 작업자의 작업의도에 따라 각 유압 액추에이터, 선회 및 주행의 유압모터 등에 공급하며, B5 10,000시간 이상의 높은 내구 신뢰성을 가지는 메인 컨트롤 벨브 부품 설계 · 제조 시설
		3) 고정밀 볼스크류 설계 · 제조 기술	회전운동을 직선운동으로 변환하는 정밀도 C3급 이상, 축방향 공차 5μm 이내의 동력전달부품 설계 · 제조 시설
		4) 능동마그네틱 베어링 설계 · 제조 기술	자력을 이용하여 회전축을 지지하고, 윤활제가 필요 없이 극저온(−250℃ 내외) 또는 고온(300℃ 이상), 진공에서 축의 회전 궤적을 능동적으로 제어할 수 있는 부품 설계 · 제조 시설
		5) 고성능 터보식 펌프 설계 · 제조 기술	임펠러 및 블레이드가 회전함으로써 기계의 운동에너지를 유체 · 기체의 압력에너지로 전환하여 2,500L/s 이상의 배기속도 및 1.3×10−9 mbar 이상의 최고 진공도를 만드는 터보식 펌프의 설계 · 제조 시설
		6) 특수 렌즈 소재 · 부품 · 장비 제조 기술	고배율[굴절률(nd) 2.0 이상], 야간 투시[원적외선(파장 8~12㎛) 투과율 50% 이상], 자외선투과[자외광(193nm) 투과율 80% 이상] 등 특수용도로 사용되는 카메라 구성에 필요한 특수 광학소재의 소재 · 부품 · 장비 제조 시설

영 별표 7의 기술			사업화 시설
구분	분야	신성장 · 원천기술	
	다. 첨단 장비	1) 첨단 머시닝센터 설계 · 제조 기술	자동공구교환장치(Automatic Tool Changer)를 장착하여, 밀링, 드릴링, 보링가공 등 여러 공정의 작업을 수행할 수 있는 가공정밀도 5μm 이내, 동시 제어 5축 이상, 최대 스핀들 속도 12,000rpm 이상의 절삭가공장비 및 부품의 설계 · 제조 기술(가공 회전수, 축 이동, 진동오차 제어 등 머시닝센터의 고정밀 작업을 제어하는 CNC(Computerized Numerical Controller) 모듈 관련 기술 포함) 제조 시설
		2) 열간 등방압 정수압 프레스 설계 · 제조 기술	기체 또는 액체를 압력매체로 활용하여 1,500℃ 이상에서 작동하면서 1분당 최고 50℃의 속도로 냉각이 가능하고, 금속 소재를 모든 방향에서 100MPa 이상의 정수압 또는 등방압 조건으로 가압하는 직경 1,000mm 이상의 프레스 장비 설계 · 제조 시설
		3) 연삭가공기 설계 · 제조 기술	사파이어, 다이아몬드 등 고정도의 광물입자를 결합제로 고정시킨 숫돌을 이용하여 평면 · 원통 등 단순한 형태가 아닌 복잡한 형태의 가공공정을 수행하는 장비 설계 · 제조 시설
		4) 첨단 터닝센터	원통형 부품의 가공을 위해 소재를 회전시키면서 절삭 공구가 상대 이동하는 가공정밀도 5μm 이내, 최대 스핀들 속도 3,000rpm 이상의 절삭가공장비 설계 · 제조 시설(ISO 7등급 이하의 기어 제조를 위한 고속 스카이빙 가공장비 관련 시설 포함)
		5) 첨단 회전 성형기 설계 · 제조 기술	다축 정밀 동시제어시스템을 갖추고, 회전하는 주축과 롤러, 맨드릴을 이용하여 최대 성형롤 하중 60kN 이상, 최대 성형품 직경 500mm 이상, 성형 정밀도 ±0.5mm를 충족하는 성형 장비 설계 · 제조 시설
		6) 첨단 밸런싱머신 설계 · 제조 기술	회전기계의 핵심부품인 회전부의 불균일한 질량분포를 측정한 후, 베어링으로 전달되는 힘이나 진동을 국제규격(ISO 21940-21) 규정 이내가 되도록 불균일 질량을 교정하는 장비 설계 · 제조 시설
		7) 첨단 레이저 가공장비 설계 · 제조 기술	절단, 천공, 용접, 정밀가공 등을 위해 고출력 레이저 가공헤드로 공작물을 용융 · 증발시켜서 분리하는 5축 이상의 레이저 가공장비를 설계 · 제조하는 시설
		8) 방전가공기 장비 · 부품의 설계 · 제조 기술	공작물과 전극 사이에 불꽃 방전을 일으켜 티타늄, 초경합금 등 난삭재의 마이크로급 초정밀 가공을 수행하는 방전가공 장비 및 핵심요소부품의 설계 · 제조 시설
13. 탄소 중립	가. 탄소 포집 · 활용 · 저장 (CCUS)	1) 연소 후 이산화탄소 포집 기술	화력발전소, 철강 · 화학공정 및 선박 등에서 화석연료 연소 후 발생되는 배기가스 중 이산화탄소를 효과적으로 분리하기 위한 흡수제, 흡착제, 분리막 등 분리소재를 제조하는 시설과 이산화탄소를 포집 · 분리하는 공정시설, 분리된 이산

영 별표 7의 기술			사업화 시설
구분	분야	신성장 · 원천기술	
			화탄소를 압축 · 정제하는 시설
		2) 연소 전 이산화탄소 포집 기술	석탄가스화 후 생성된 이산화탄소와 수소 중 이산화탄소를 분리하기 위한 흡수제, 흡착제, 분리막 등 분리소재를 제조하는 시설과 이산화탄소를 포집 · 분리하는 공정시설, 분리된 이산화탄소를 압축 · 정제하는 시설
		3) 순산소 연소기술 및 저가 산소 대량 제조 기술	공기 연소 대신 산소를 직접 연소하거나 매체순환연소(Chemical Looping Combustion)을 통해 별도의 분리공정 없이 이산화탄소를 포집할 수 있는 순산소 연소시설
		4) 이산화탄소 지중 저장소 탐사 기술	이산화탄소 포집 후 저장에 필요한 지하공간을 탐사하기 위한 물리탐사 및 시추시설
		5) 이산화탄소 수송, 저장 기술	대량발생원에서 포집된 이산화탄소를 이송하기 위한 압축 · 액화 시설, 수송 시설, 수송된 이산화탄소를 지하심부에 안정적으로 저장하기 위한 시추 및 주입 시설, 이산화탄소의 거동 및 누출을 모니터링 하는 시설
		6) 산업 부생가스 (CO, CH4) 전환 기술	제철소, 석유화학공단, 유기성 폐기물 등에서 발생하는 부생가스(CO, CH4)를 활용하여 화학 · 생물 전환기술을 통해 화학원료 또는 수송연료 등을 생산하는 시설
		7) 이산화탄소 활용 기술	이산화탄소를 광물화, 화학적 · 생물학적 변환을 통해 연료 · 화학물 · 건축소재 등을 재생산하는 시설
	나. 수소	1) (삭제, 2023. 6. 7.)	
		2) 부생수소 생산 기술	철강제조공정, 석유화학공정, 가성소다 생산 공정 등에서 발생하는 부생가스를 분리 정제하여 수소를 생산하는 시설
		3) (삭제, 2023. 6. 7.)	
		4) 액화수소 제조를 위한 수소액화플랜트 핵심부품 설계 및 제조 기술	액화수소 제조를 위한 수소액화플랜트의 액화천연가스(LNG, Liquefied Natural Gas) 냉열 이용 예냉사이클, 수소액화공정에 필요한 부품(압축기 · 팽창기 등)을 설계 및 제조하는 시설
		5) (삭제, 2024. 3. 22.)	
		6) (삭제, 2024. 3. 22.)	
		7) (삭제, 2023. 6. 7.)	
		8) (삭제, 2023. 6. 7.)	
		9) 액화수소 운반선의 액화수소 저장 · 적하역 및 증발가스 처리 기술	액화수소 운반선 내에 액화수소를 저장 · 적하역하기 위한 극저온 화물창을 제조하는 시설 및 증발가스 처리를 위한 장치를 제조하는 시설

영 별표 7의 기술			사업화 시설
구분	분야	신성장 · 원천기술	
		10) 암모니아 발전 기술	암모니아 연료를 단독으로 사용하거나 석탄 또는 천연가스와 혼합하여 전력을 생산하는 시설 및 연료전지, 가스터빈, 미분탄 보일러 및 유동층 보일러에 적용 가능한 발전 시스템을 설계 · 제작하는 시설
	다. 신재생에너지	1) 고체산화물 연료전지 지지형셀 · 스택 · 시스템 기술	고체산화물 연료전지(SOFC)에서 중저온(650℃ 이하)에서 작동이 가능하고 출력효율이 높은 금속 · 연료극 지지형 셀, 셀 · 분리판 등이 결합되어 전기와 열을 생산하는 스택, 스택을 결합하여 대량으로 발전이 가능한 시스템(발전효율 50% 이상인 4kW급 이상)을 제조하는 시설
		2) (삭제, 2023. 6. 7.)	
		3) 고체산화물 연료전지 소재 기술	650℃ 이하에서 작동하는 연료전지로 다양한 연료[수소, 액화석유가스(LPG, Liquefied Petroleum Gas), 액화천연가스(LNG, Liquefied Natural Gas) 등]의 사용이 가능하고 전도 세라믹(Conducting Ceramic)을 이용하며 복합발전시스템이 가능한 전력변환장치로서 발전용 연료전지로 사용하는 소재를 제조하는 시설
		4) 페보브스카이트, 페로브스카이트 · 결정질 실리콘 등 탠덤 태양전지 핵심소재 제조 및 대면적화 기술	고효율성 및 고내구성을 가진 대면적 웨이퍼, 광활성층, 전자 · 정공수송층, 투명전극, 금속전극, 금속리본, 봉지, 경량 전후면 외장 재료 등의 핵심소재를 제조하는 시설 및 페로브스카이트(Perovskite), 페로브스카이트/결정질 실리콘 등 탠덤 대면적 · 고효율 셀과 고내구성 · 고출력 태양광 모듈을 제조하는 시설(대면적 제조장비, 연속 공정 기술 포함)
		5) 풍력에너지 생산 기술로서 회전동력을 증속시켜 발전기에 전달하는 부품 설계 및 제조 기술	블레이드(blade)로부터 전달되는 회전력을 전달받아 증속하여 발전기에 전달하는 장치를 구성하는 유성기어(planet carrier) · 축(shaft) · 베어링(bearing) · 이음쇠(coupling) · 브레이크(brake) 및 제어기(controller)를 제조하는 시설
		6) 풍력에너지 생산 기술로서 발전기 및 변환기 제조 기술	동력 구동장치 증속기로부터 동력을 전달받아 회전자(rotor)와 고정자(stator)를 통해 전기를 발생시키는 발전기(generator)를 제조하는 시설 및 정속운전 유도발전기용 변환기, 가변속 운전 이중여자 유도발전기용 변환기 및 가변속 운전 동기발전기용 변환기를 제조하는 시설
		7) 풍력발전 블레이드 기술	8MW급 이상의 풍력발전 블레이드(Blade)를 설계 및 제조하는 시설
		8) 지열 에너지 회수 및 저장 기술	지열에너지 이용효율 및 경제성을 향상시키는 그라우팅(grouting) 재료를 제조하는 시설 및 지중 축열 장비를 제조하는 시설

영 별표 7의 기술			사업화 시설
구분	분야	신성장 · 원천기술	
		9) 바이오매스 유래 에너지 생산 기술	자연에 존재하는 다양한 자원을 이용하여 직접 연소 또는 전환공정을 통해 연료로 사용할 수 있는 고형연료, 알코올, 메탄, 디젤, 수소, 항공유 등을 생산하는 시설
		10) 폐기물 액화 · 가스화 기술	재생폐기물로부터 연료유 또는 가스를 생산하기 위한 열분해 · 가스화 시설
		11) 미활용 폐열 회수 · 활용을 통한 발전 기술	산업현장에서 사용되지 않고 버려지는 중저온(900℃ 이하) 미활용 폐열을 초임계 이산화탄소 · 유기냉매 · 열전소자 등을 통해 회수한 후 친환경 전기에너지 생산에 활용하는 발전설비를 제조하는 시설
		12) 해상풍력 발전단지 내 · 외부 전력망에 사용되는 해저케이블 시스템 기술	대용량 전력 전송을 위한 고밀도 · 장조장 특성을 갖는 해저케이블(HVAC 345kV 이상 또는 HVDC 500kV 이상)과 이를 변전소 등에 연결하는 내부전력망용 해저케이블(semi-wet 방식, 66kV 이상)을 제조하는 시설〉
		13) 고효율 n형 대면적 태양전지와 이를 집적한 모듈화 기술	효율 24% 이상의 n형 대면적(M10 이상) 결정질 실리콘 태양전지 및 고출력(출력밀도 210W/㎡ 이상) 태양광 모듈을 제조하는 시설
	라. 산업공정	1) (삭제, 2024. 3. 22.)	
		2) 함수소가스 활용 고로취입 기술	제철소 발생 함수소가스 또는 수소가스를 고로 공정의 연료로 활용하여 철강을 제조하는 시설
		3) 복합취련전로 활용 스크랩 다량 사용 기술	복합취련기술을 활용한 전로공정에서 스크랩 사용량을 높임으로써 이산화탄소 배출을 저감하는 시설
		4) 이산화탄소 반응경화 시멘트 생산 기술	이산화탄소 반응경화 시멘트를 제조 및 양생하는 시설
		5) 산화칼슘 함유 비탄산염 산업부산물의 시멘트 원료화 기술	산화칼슘(CaO) 함유 비탄산염 원료 전처리 시설
		6) 이산화탄소 저감 시멘트 생산을 위한 연 · 원료 대체 기술	석회석 등 탄산염 광물을 비탄산염 원료로 대체하고, 수소 · 바이오매스 · LNG 등 친환경 열원과 가연성 순환연료를 사용하는 소성시설
		7) 시멘트 소성공정 유연탄 대체 기술	유연탄을 대체하기 위한 연료(가연성 폐기물, 바이오매스) 전처리 및 제조 시설, 고효율 연소를 위한 시설 및 연소 후처리 시설

영 별표 7의 기술			사업화 시설
구분	분야	신성장·원천기술	
		8) 석유계 플라스틱 대체 바이오 케미칼 원료 생산 기술	바이오 매스를 처리하여 활용 가능한 당, 지질, 글리세롤 등을 바이오 플라스틱의 원료인 케미칼 원료로 전환하여 생산하는 시설
		9) 전기가열 나프타 분해 기술	전기저항/유도 가열 방식을 활용한 나프타 분해공정을 통해 에틸렌·프로필렌 등 석유화학 기초원료를 제조하는 시설
		10) 반도체·디스플레이 식각·증착공정의 대체소재 제조 및 적용 기술	반도체 제조공정에서 사용하는 식각 및 증착용 온실가스를 온난화지수(GWP, Global Warming Potential)가 낮은 가스로 대체하기 위한 소재 제조시설
		11) 반도체 및 디스플레이 제조공정에서 배출되는 불소화합물 및 아산화질소 배출 저감 기술	반도체·디스플레이 제조공정에서 배출되는 불소화합물 및 아산화질소 가스를 LNG, 전기 등을 활용하여 고온에서 분해하는 온실가스 배출저감 시설
		12) 해상(FSRU) 및 육상 LNG터미널에서의 LNG 냉열 발전 결합형 재기화 기술	LNG 냉열의 회수 공정을 이용하여 재기화 송출 용량이 750 MMSCFD(Million Metric Standard Cubic Feet per Day) 이상이고, 소요전력의 20% 이상을 절감하고 온실가스의 20% 이상을 감소시킬 수 있는 냉열 발전이 결합된 재기화 시스템을 제작하는 시설
		13) 철강 가열공정 탄소연료 대체 기술	단조, 압연 공정에 사용되는 화석연료를 저탄소 연료(수소, 암모니아)로 전환하거나, 발생된 이산화탄소를 재순환시켜 에너지 효율을 향상시키는 설비를 제조하는 시설
	마. 에너지 효율·수송	1) 지능형 배전계통 고도화 및 운용 기술	배전계통을 보호·제어하기 위한 지능형 전력장치(IED, Intelligent Electric Device)를 제조하는 시설, IED가 탑재된 배전용 개폐기 및 차단기를 제조하는 시설 및 지능형 직류배전 공급용 기기를 제조하는 시설
		2) 지능형 검침인프라 설계·제조 기술	양방향 통신 기반의 전자식 계량기를 활용하여 전기사용정보 등을 수집 후 통합관리하는 인프라로서 실시간으로 전력가격 및 사용정보를 소비자에게 전달하여 수요반응 등을 가능케 하고, 공급자에게는 더욱 정확한 수요예측 및 부하관리 등이 가능하게 하는 설비를 제조하는 시설
		3) 히트펌프 적용 온도 범위 확대 및 효율 향상 기술	친환경 냉매 개발, 열교환기 성능 향상, 사용 열원 확대를 통해 고온·저온의 열에너지 공급이 가능한 히트펌프 시스템을 제조하는 시설
		4) 친환경 굴착기 개발 기술	순수 전기(모터), 하이브리드(모터와 엔진), 바이오연료(엔진)로 구동할 수 있는 굴착기를 설계·제조하는 시설

영 별표 7의 기술			사업화 시설
구분	분야	신성장 · 원천기술	
		5) 암모니아 추진선박의 연료공급 및 후처리 기술	암모니아를 연료로 추진하는 선박에 적용되는 암모니아 연료 공급 시스템 및 연소 후 배기가스 후처리 시스템의 설계 · 제조 · 시험 · 평가를 위한 시설
		6) 극저온 액체 저장 및 이송용 극저온 냉동 기술	액화질소(끓는 점 -196℃), 액화수소(끓는 점 -253℃) 등 -196℃ 이하의 극저온 액체를 자체 증발로 인한 손실 없이 저장 및 이송하기 위해 사용하는 극저온 냉동 설비를 제조하는 시설
		7) 연료전지 및 배터리를 적용한 선박 발전시스템	연료전지 및 배터리 하이브리드 전력시스템을 선박의 발전원으로 활용하는 선박 발전시스템을 제조하는 시설
		8) 고효율 산업용 전동기 설계 · 제조 기술	IEC 60034-30-1규격의 IE4급 이상의 고효율 산업용 전동기를 제조하는 시설
14. 방위산업	가. 방산장비	1) 추진체계 기술	유무인 항공기, 기동장비, 유도무기, 함정 등에 장착하는 터보제트엔진, 터보샤프트엔진, 터보프롭엔진, 터보팬엔진, 왕복엔진의 완제엔진, 부체계(엔진제어, 연료, 윤활, 기어박스 등), 구성품(팬, 압축기, 연소기, 터빈, 배기노즐 등), 소재(내열 · 경량합금, 복합재, 고온코팅 등) 등을 설계 · 제작 · 조립 · 인증 · 시험평가하는 시설
		2) 군사위성체계 기술	군사용 위성체계 중 감시정찰 및 통신위성의 위성체계(전력체계, 자세제어체계, 위성탑재컴퓨터, 송수신체계, 구조체 등), 구성품(위성통신송수신 안테나, 광학장비, 영상레이더, 항법체계 등), 관련 소재, 지상장비, 발사체(고체연료) 등을 설계 · 제작 · 조립 · 인증 · 시험평가하는 시설
	나. 전투지원	유무인복합체계 기술	유무인복합체계에 필요한 환경인식기술, 위치추정기술, 자율임무 수행기술, 유무인협업기술, 무선통신기술, 네트워크 보안기술, 의사결정지원기술, 원격통제기술 등을 활용하여 유무인복합체계를 설계 · 제작 · 조립하는 시설

▎국가전략기술을 사업화하는 시설(조특칙 〔별표 6의 2〕)▎

영 별표 7의 2의 기술		사업화 시설
분야	국가전략기술	
1. 반도체	가. 첨단 메모리 반도체 설계 · 제조 기술	16nm 이하급 D램 및 128단 이상 낸드플래시 메모리 제조 시설
	나. 차세대 메모리반도체 (STT-MRAM, PRAM, ReRAM, PIM, HBM, LLC, CXL, SOM) 설계 · 제조 기술	기존 메모리반도체인 D램(DRAM)과 낸드 플래시메모리(Nand Flash Memory)의 장점을 조합한 STT-MRAM(Spin Transfer Torque-Magnetic Random Access Memory), PRAM(Phase-change Random Access Memory), ReRAM(Resistive Random Access Memory), 초거대 AI 응용을 위해 CPU와 메모리 간의 병목현상 해결을 목적으로 메모리반도체에 전용 AI 프로세서를 추가한 메모리시스템인 PIM(Processing In Memory), HBM(High Bandwidth Memory), LLC(Last Level Cache), CXL(Compute eXpress Link), SOM(Selector Only Memory) 등 차세대 메모리반도체 제조 시설
	다. 차세대 디지털기기 SoC 설계 · 제조 기술	IoT, 착용형 스마트 단말기기, 가전, 의료기기 및 핸드폰 등 차세대 디지털 기기 SoC의 주파수 조정 기능 반도체(RF switch 등 RF반도체), 디지털 · 아날로그 신호의 데이터 변환 반도체(인버터/컨버터, Mixed signal 반도체 등), 메모리반도체와의 원칩화를 통한 컨트롤 IC(eNVM) 및 IoT 지능형 서비스를 적용하기 위한 지능정보 및 데이터의 처리가 가능한 IoT · 웨어러블 SoC(System on Chip)의 제조 시설
	라. 고성능 마이크로 센서의 설계 · 제조 · 패키징 기술	물리적 · 화학적인 아날로그(analogue) 정보를 얻는 감지부와 논리 · 판단 · 통신기능을 갖춘 지능화된 신호처리 집적회로가 결합된 소자로서 나노기술, MEMS[Micro Electro Mechanical System, 기계부품 · 센서(sensor) · 액츄에이터(actuator) 및 전자회로를 하나의 기판 위에 집적화)] 기술, 바이오 기술, 0.8㎛ 이하 CMOS 이미지센서 기술 또는 SoC(System on Chip) 기술이 결합된 고성능 센서 및 칩 패키지를 제조하는 시설
	마. 차량용 반도체 설계 · 제조 기술	자동차 기능안전성 국제표준 ISO26262 및 자동차용 반도체 신뢰성 시험규격 AEC-Q100을 만족하는 MCU(Micro controller unit), ECU(Electronic control unit), 파워IC, SoC, 전기자동차, 하이브리드자동차 및 자율주행용 IC 반도체의 제조 시설
	바. 에너지효율향상 반도체 설계 · 제조 기술	에너지효율향상 반도체 설계 · 제조 기술: 저저항 · 고효율 특성을 지니며 차세대 응용 분야(전기자동차, 하이브리드자동차, 태양광/풍력발전 등 신재생에너지, 스마트그리드 등)에 탑재되는 실리콘 기반의 에너지효율향상 반도체(SJ(Super Junction) MOSFET, IGBT, 화합물(SiC, GaN, Ga_2O_3) 기반의 에너지효율향상 반도체(MOSFET, IGBT) 및 모듈의 제조 시설
	사. 에너지효율향상 전력반도체(BCDMOS, UHV, 고전압 아날로그IC) 설	실리콘 기반의 저저항 · 고효율 특성을 지니며 차세대 응용 분야(5G, 전기자동차, 하이브리드자동차, 차세대 디지털기기용 디스플레이, 태양광, 풍력발전 등 신재생에너지, 스마트그리드 등)에 탑재되

영 별표 7의 2의 기술		사업화 시설
분야	국가전략기술	
	계 · 제조 기술(0.35㎛ 이하)	는 아날로그, 디지털 로직, 파워소자를 원칩화한 초소형 · 초절전 전력반도체(0.35㎛ 이하 BCDMOS, 800V 이상 UHV, 12V 이상 고전압 아날로그 IC) 제조 시설
	아. 차세대 디지털기기 · 차량용 디스플레이 반도체 설계 · 제조 기술	화면에 문자나 영상 이미지 등이 표시되도록 차세대 디지털기기 및 차량의 디스플레이(OLED, Flexible, 퀀텀닷, 롤러블, 폴더블, 마이크로LED, Mini LED, 4K · 120Hz급 이상 고해상도 LCD 등)에 구동 신호 및 데이터를 전기신호로 제공하는 반도체(DDI), 디스플레이 패널의 영상 정보를 변환 · 조정하는 것을 주기능으로 하는 반도체(T-Con), 디스플레이용 반도체와 패널에 필요한 전원전압을 생성 · 제어하는 반도체(PMIC)를 제조하는 시설
	자. SoC 반도체 개발 · 양산 위한 파운드리 분야 7nm 이하급 제조공정 및 공정 설계 기술	SoC(System on Chip) 반도체 개발 · 양산을 위한 핵심 기반기술로 파운드리(Foundry) 분야의 7nm 이하급 제조 시설
	차. WLP, PLP, SiP, 플립칩 기술 등을 활용한 2D/2.5D/3D 패키징 공정 기술 및 패키징 관련 소재 · 부품 · 장비설계 · 제조 기술	반도체 패키징 기술(WLP, PLP, SiP, 플립칩 등)을 활용한 2D/2.5D/3D 패키징 공정 기술 · 테스트 및 패키징 · 테스트 관련 소재, 부품, 장비 제조 시설
	카. 반도체용 실리콘 기판 및 화합물 기판 개발 및 제조 기술	16nm 이하급 D램과 128단 이상 낸드플래시메모리, 7nm 이하급 파운드리 SoC, 에피텍셜 반도체용의 실리콘 기판 및 화합물(SiC, GaN, Ga_2O_3) 기판을 제조하는 시설
	타. 첨단 메모리반도체 및 차세대 메모리반도체, SoC 반도체 파운드리 소재 · 장비 · 장비부품 설계 · 제조 기술	첨단 메모리반도체(16nm급 이하 D램 및 128단 이상 낸드플래시메모리), 차세대 메모리반도체(STT-MRAM, PRAM, ReRAM) 및 SoC 반도체 파운드리의 소재, 장비 및 부품 제조 시설
	파. 포토레지스트(Photoresist) 개발 및 제조 기술	반도체 및 디스플레이용 회로형성에 필요한 리소그래피(lithography)용 수지로서 회로의 내열성, 전기적 특성, 현상(Developing) 특성을 좌우하는 포토레지스트 및 관련 소재를 제조하는 시설 [ArF(불화아르곤) 광원용 및 EUV(극자외선) 광원용]
	하. 원자층증착법 및 화학증착법을 위한 고유전체용 전구체 개발 기술	기존의 이산화규소(SiO_2)보다 우수한 유전특성을 갖는 high-k dielectric 박막 증착을 위한 원자층증착법(ALD, Atomic Layer Deposition) 및 화학증착법(CVD, Chemical Vapor Deposition) 공정에 사용되는 전구체를 제조하는 시설
	거. 고순도 불화수소 개발 및 제조 기술	반도체 회로형성에 필요한 순도 99.999%(5N) 이상의 고순도 불화수소를 제조하는 시설

영 별표 7의 2의 기술		사업화 시설
분야	국가전략기술	
	너. 블랭크 마스크 개발 및 제조 기술	ArF(불화아르곤) 광원 및 EUV(극자외선) 광원을 이용하여 반도체 회로를 형성하는 데 사용되는 블랭크마스크 원판 및 관련 소재[펠리클(Pellicle), 합성 쿼츠, 스터러링용 타겟 등을 포함]를 제조하는 시설
	더. 고기능성 인산 제조 기술	SiNx, SiOx 막질의 선택적인 식각이 가능한 고선택비(1,000 이상) 인산계 식각액 제조 시설
	러. 고순도 석영(쿼츠) 도가니 제조 기술	반도체 웨이퍼 제조용 용융 실리콘의 오염을 막기 위한 도가니 형태의 순도 99.999%(5N) 이상의 고순도 석영 용기 제조 시설
	머. 코트막형성재 개발 및 제조 기술	완성된 반도체 소자의 표면을 외부환경으로부터 보호하기 위해 사용하는 절연성을 가진 고감도(80mJ/㎠ 이하) 감광성 코팅 기술 또는 패키징 재배선(배선폭 7㎛ 이하) 형성 재료 제조 시설
	버. 고성능·고효율 시스템 반도체의 테스트 기술 및 테스트 관련 장비, 부품 설계·제조 기술	1) 동작속도 250MHz 이상의 SoC(System on Chip) 반도체, 6GHz 이상의 주파수를 지원하는 RF(Radio Frequency) 반도체, AEC-Q100을 만족하는 차량용 반도체, 4,800만화소 이상의 모바일용 CMOS 이미지센서, 내전압 1,000V 이상의 전력반도체, 소스채널 900개 이상의 OLED용 DDI(Display Driver IC)의 양·불량 여부를 전기적 특성검사를 통해 판단할 수 있는 테스트 시설 2) 1)에 따른 테스트에 사용되는 최대 검사속도 500Mbps 이상의 주검사장비, 접촉정확도 1㎛ 이하의 프로브스테이션(Probe Station), MEMS(Micro Electro Mechanial System) 기술 기반의 프로브카드를 제조하는 시설
2. 이차전지	가. 고에너지밀도 이차전지 팩 제조 기술	전기차, 에너지저장장치 등에 사용되는 이차전지 팩의 중량당 에너지밀도를 160Wh/kg 이상으로 구현하기 위한 모듈 및 팩 제조 시설
	나. 고성능 리튬이차전지 부품·소재·셀 및 모듈 제조 기술	이차전지 셀을 기준으로 중량당 에너지밀도가 265Wh/kg 이상 또는 1시간 기준 방전출력 대비 6배 이상의 고출력(6C-rate 이상) 또는 충방전 1,000회 이상의 장수명을 충족하는 고성능 리튬이차전지에 사용되는 부품·소재·셀 및 모듈 제조 시설
	다. 사용후배터리 평가 및 선별 기술	수명이 종료(초기용량 대비 80% 이하)된 전기동력 자동차 배터리를 검사·분해·평가하는 시설
	라. 사용후배터리 재활용 기술	수명이 종료된 사용후배터리를 친환경적으로 처리하고, 리튬, 니켈, 코발트, 구리 등 재자원화가 가능한 유가금속을 회수하는 시설 (리튬 35% 이상, 니켈/코발트 90% 이상 회수)
	마. 차세대 리튬이차전지 부품·소재·셀 및 모듈 제조 기술	중량당 방전용량이 600mAh/g 이상인 고성능 전극 또는 고체전해질을 기반으로 하는 차세대 리튬이차전지에 사용되는 부품·소재·셀 및 모듈 제조 시설
	바. 하이니켈 양극재 제조 기술	니켈 함량이 80% 이상인 고용량 양극재 및 리튬계 원자재, 금속전구체 등 양극재 원료와 관련 장비를 제조하는 시설

영 별표 7의 2의 기술		사업화 시설
분야	국가전략기술	
	사. 장수명 음극재 제조 기술	충방전 1,000회 이상이 가능한 장수명 음극재 및 음극재 제조에 필요한 카본계 또는 금속계의 원료와 이의 제작에 필요한 장비를 제조하는 시설
	아. 이차전지 분리막 및 전해액 제조 기술	수명특성, 신뢰성, 안전성을 향상시키는 분리막과 저온특성, 장수명, 안전성을 향상시키는 전해액 및 이와 관련된 원료 · 장비를 제조하는 시설
	자. 이차전지 부품 제조 기술	배터리 장기 사용을 위한 패키징 부품(파우치, 캔, 리드탭)과 고성능 배터리를 위한 전극용 소재부품(도전재, 바인더, 집전체) 및 이와 관련된 원료 · 장비를 제조하는 시설
3. 백신	가. 방어 항원 등 스크리닝 및 제조 기술	각종 질환을 치료하거나(치료용 백신) 예방하기 위해(예방용 백신) 면역기전을 이용하여 인체질환을 방어하는 물질(항원, 핵산, 바이러스벡터 등)을 스크리닝하고 제조하는 시설 및 이를 적용한 백신을 제조하는 시설
	나. 원료 및 원부자재 등 개발 · 제조 기술	백신 개발 · 제조에 필요한 원료 및 원부자재(필터, 레진, 버퍼, 배양배지 등) 또는 백신의 효능을 증가시키는 물질(면역보조제)을 제조하는 시설
	다. 생산장비 개발 · 제조 기술	백신 및 백신 원료 · 원부자재(필터, 레진, 버퍼, 배양배지 등) 생산에 필요한 장비를 제조하는 시설
4. 디스플레이	가. AMOLED 패널 설계 · 제조 · 공정 · 모듈 · 구동 기술	기판(유리, 플렉시블, 스트레처블) 위에 저온폴리실리콘산화물(LTPO) · 저온폴리실리콘(LTPS) · 산화물(Oxide) TFT를 형성한 백플레인 또는 실리콘(Silicon)에 구동소자를 형성한 웨이퍼에 발광특성을 가진 유기물을 진공 증발 증착 또는 프린팅 방식으로 형성하는 FHD 이상의 고화질 또는 고성능(고휘도, 저소비전력) 패널과 구동소자, 커버윈도우 등을 가공 · 조립하는 AMOLED 패널을 제조하는 시설
	나. 친환경 QD(Quantum Dot) 소재 적용 디스플레이 패널 설계 · 제조 · 공정 · 모듈 · 구동 기술	반치폭(FWHM, full width at half maximum) 40나노미터(nm) 이하인 RoHS(유럽 6대 제한물질 환경규제) 충족 QD 소재를 노광 또는 직접 패터닝 방식으로 제조한 패널과 구동소자, 커버윈도우 등을 가공 · 조립하는 친환경 QD 소재 적용 디스플레이 패널을 제조하는 시설
	다. Micro LED 디스플레이 패널 설계 · 제조 · 공정 · 모듈 · 구동 기술	실리콘(Silicon) 또는 사파이어(Sapphire) 기판에 저결함($1x10^{15}/cm^3$ 이하) 에피(Epi)공정을 적용한 단축 50㎛ 크기 이하의 R · G · B 마이크로 LED를 적용한 패널과 구동소자, 커버윈도우 등을 가공 · 조립하는 Micro LED 디스플레이 패널을 제조하는 시설
	라. 디스플레이 패널 제조용 증착 · 코팅 소재 기술	전자이동도 9㎠/Vs 이상의 산화물 TFT(Thin Film Transistor)와 유기물(발광 · 공통층) 소재 및 양자점(QD) · 화소격벽 · 폴리이미드(PI) 코팅소재 등 디스플레이 패널 제조용 증착 · 코팅 소재를 제조하는 시설

영 별표 7의 2의 기술		사업화 시설
분야	국가전략기술	
	마. 디스플레이 TFT 형성 장비 및 부품 기술	전자이동도 9㎠/Vs 이상의 TFT(Thin Film Transistor) 형성공정에 사용되는 노광기, 물리 또는 화학적 증착기, 이온주입기, 식각기, 검사장비를 제조하는 시설
	바. OLED 화소 형성·봉지 공정 장비 및 부품 기술	유기증착기(Evaporation), 잉크젯장비(Inkjet), 봉지장비(Encapsulation), FMM(Fine Metal Mask) 등 OLED 화소 형성 및 봉지 공정에 사용되는 장비와 부품을 제조하는 시설
5. 수소	가. 수전해 기반 청정수소 생산 기술	재생에너지·원자력에너지 등 무탄소 전원, 계통제약전력(미활용전력) 등을 활용하여 물을 분해하여 청정수소를 생산·공급하는 수전해 공정의 소재·부품·스택(stack)·시스템을 설계 및 제조하는 시설
	나. 탄소포집 청정수소 생산 기술	천연가스 또는 액화석유가스로부터 추출수소를 생산하는 과정에서 배출되는 이산화탄소를 포집하여 청정수소를 생산하는 시설
	다. 수소연료 저장·공급 장치 제조 기술	수소연료로 전기를 생산하여 운행되는 이동수단에 수소연료를 저장·공급하는 장치를 제조하는 시설
	라. 수소충전소의 수소 생산·압축·저장·충전 설비 부품 제조 기술	수소충전소의 수소 생산설비, 압축설비, 저장설비, 충전설비 및 그 부품을 설계 및 제작하는 시설
	마. 수소차용 고밀도 고효율 연료전지시스템 기술	연료전지 스택 출력밀도 3.1kW/L 이상 또는 연료전지 스택 운전효율[저위발열량(LHV, Lower Heating Value)에 따라 산출된 운전효율을 말한다] 60% 이상을 만족하는 수소전기차용 고밀도·고효율 연료전지시스템을 설계 및 제조하는 시설
	바. 연료전지 전용부품 제조 기술	연료전지 핵심부품인 개질기, 막전극 접합체, 금속 분리판 또는 블로어를 제조하는 시설
	사. 수소 가스터빈(혼소·전소) 설계 및 제작 기술	수소를 연료로 사용하여 연소시킬 때 발생하는 고온·고압의 에너지로 발전기를 회전시켜 전기를 생산하는 가스터빈의 부품 설계·제작·조립·시험·평가를 위한 시설
	아. 수소환원제철 기술	철강 제조공정에서 수소(H_2)를 사용하여 철광석을 환원하고, 전기용융로에서 쇳물(용선)을 생산하는 시설
	자. 수소 저장 효율화 기술	수소를 고압기체, 액체, 암모니아, 액상 유기물 수소 저장체(LOHC) 등의 형태로 저장하거나 고체에 흡장 또는 흡착하여 저장하기 위한 시설
6. 미래형 이동수단	가. 주행상황 인지 센서 기술	주행상황을 인지하는 차량탑재용 비전 센서(vision sensor), 레이더 센서(radar sensor), 라이다 센서(LIDAR sensor)를 제작하는 시설
	나. 전기동력 자동차의 구동시스템 고효율화 기술	전기동력 자동차에서 전기에너지를 운동에너지로 변환시키는 모터와 구동력을 바퀴에 전달하기 위한 감속기·변속기 등을 고효율화하는 구동시스템을 제조하는 시설 및 해당 고효율화 구동시스템이 적용된 전기동력 자동차를 제조하는 시설

영 별표 7의 2의 기술		사업화 시설
분야	국가전략기술	
	다. 전기동력 자동차의 전력 변환 및 충전 시스템 기술	최대 출력 100kW급 이상, 최대 효율 92% 이상을 만족하는 전기동력 자동차 급속충전용 전력변환장치와 전기동력 자동차와 연결되는 충전 인터페이스장치를 설계·제조하는 시설
7. 바이오 의약품	가. 바이오 신약[바이오 베터(Bio Better)를 포함한다] 후보물질 발굴 및 바이오 신약 제조 기술	유전자재조합기술, 세포배양·정제·충전 기술 등 새로운 생명공학기술을 이용하여 생명체에서 유래된 단백질·호르몬·펩타이드·핵산·핵산유도체 등을 원료 및 재료로 하는 단백질의약품·유전자치료제·항체치료제·세포치료제를 제조하는 시설
	나. 바이오시밀러 제조 및 개량 기술	바이오시밀러를 제조하는 시설
	다. 바이오의약품 원료·소재 제조 기술	바이오의약품을 생산하기 위한 세포 배양 관련 소재(배지, 첨가물 등), 분리·정제·농축을 위해 사용하는 바이오 필터 소재, 완제품 생산을 위해 제형화에 필요한 원부자재 등을 제조하는 시설
	라. 바이오의약품 부품·장비 설계·제조 기술	바이오의약품 생산·제조 장비와 바이오의약품 품질 분석 및 환경관리에 필요한 장비·부품을 설계·제조하는 시설

개 정

○ 2024년 3월 22일 시행규칙 개정시 신성장 사업화시설에 방위산업 분야를 신설하고 추진체계 관련 시설 등 7개 시설 추가 및 4개 시설 범위를 확대하여 총 14개 분야 185개 시설로 확대

➡ 2024년 1월 1일 이후 투자하는 경우부터 적용하고, 2023년 12월 31일 이전에 투자한 시설에 대한 세액공제에 관하여는 종전의 규정에 따름.

○ 2024년 3월 22일 시행규칙 개정시 국가전략기술 사업화시설에 디스플레이 분야의 OLED 화소형성 장비 제조시설 등 4개 시설을 추가하고 1개 시설 범위를 확대하여 총 7개 분야 54개 시설로 확대

➡ 2024년 1월 1일 이후 투자하는 경우부터 적용

2-1-5. 사후관리

통합투자세액공제를 적용받은 자가 투자완료일부터 다음 각각의 사후관리 기간 내에 그 자산을 다른 목적으로 전용하는 경우에는 공제받은 세액공제액 상당액에 이자 상당 가산액(조특령 §21 ⑥)을 가산하여 법인세로 납부하여야 한다. 이 경우 해당 세액은 법인세법 제64조에 따라 납부하여야 할 세액으로 본다(조특법 §24 ③ 및 조특령 §21 ⑤ 및 조특칙 §12의 3).

구 분	사후관리 기간
① 사업용자산으로서 다음의 어느 하나에 해당하는 건축물 또는 구축물 가. 조세특례제한법 시행규칙 제12조 제2항 제4호에 따른 근로자복지 증진 시설 나. 조세특례제한법 시행규칙 제12조 제3항 제4호에 따른 유통산업합리화시설 중 창고시설 등 다. 조세특례제한법 시행규칙 제12조 제3항 제6호에 따른 숙박시설, 전문휴양시설(골프장 시설은 제외함) 및 종합유원시설업 시설	5년
② 신성장사업화시설(조특령 §21 ④ 1호 가목) 또는 국가전략기술사업화시설 중 해당 기술을 사용하여 생산하는 제품 외에 다른 제품의 생산에도 사용되는 시설	투자완료일이 속하는 과세연도의 다음 3개 과세연도의 종료일까지의 기간
③ 위 ①, ② 외의 사업용자산	2년

위 '②'의 시설이 다음에 해당하면 다음에서 정한 기간이 끝나는 날에 그 시설을 다른 목적으로 전용한 것으로 본다. 다만, 천재지변으로 인한 시설의 멸실, 해당 시설의 투자완료일부터 투자완료일이 속하는 과세연도의 다음 3개 과세연도의 종료일까지의 기간 중 화재 등으로 해당 시설이 파손되어 가동이 불가능한 경우에는 전용한 것으로 보지 않는다(조특령 §21 ⑩ 및 조특칙 §12의 2 ③).

① 신성장사업화시설의 경우 : 투자완료일(투자완료일이 2022년 4월 1일 이전인 경우에는 2022년 4월 1일)부터 투자완료일이 속하는 과세연도의 다음 3개 과세연도의 종료일까지의 기간 동안 해당 시설에서 생산된 모든 제품의 총생산량에서 신성장·원천기술을 사용하여 생산한 제품과 국가전략기술을 사용하여 생산한 제품의 생산량의 합이 차지하는 비율이 50% 이하인 경우

② 국가전략기술사업화시설의 경우 : 투자완료일(투자완료일이 2022년 4월 1일 이전인 경우에는 2022년 4월 1일)부터 투자완료일이 속하는 과세연도의 다음 3개 과세연도의 종료일까지의 기간 동안 해당 시설에서 생산된 모든 제품의 총생산량에서 국가전략기술을 사용하여 생산한 제품의 생산량이 차지하는 비율이 50% 이하인 경우

신성장사업화시설 또는 국가전략기술사업화시설을 다른 목적으로 전용한 것으로 보는 경우의 "공제받은 세액공제액 상당액"은 다음의 구분에 따라 계산한 금액으로 한다(조특령 §21 ⑪).

① 신성장사업화시설의 경우 : 공제받은 세액공제액에서 해당 시설이 신성장사업화시설 또는 국가전략기술사업화시설이 아닌 시설(이하 "일반시설"이라 함)인 경우에 공제받을 수 있는 세액공제액을 뺀 금액

② 국가전략사업화시설의 경우 : 공제받은 세액공제액에서 해당 시설이 일반시설인 경우에

공제받을 수 있는 세액공제액(해당 시설에서 생산된 모든 제품의 총생산량에서 신성장·원천기술을 사용하여 생산한 제품과 국가전략기술을 사용하여 생산한 제품의 생산량의 합이 차지하는 비율이 50%를 초과하는 경우에는 신성장사업화시설로서 공제받을 수 있는 세액공제액)을 뺀 금액

2-1-6. 세액공제의 신청

통합투자세액공제를 적용받으려는 자는 해당 과세연도의 과세표준신고서와 함께 세액공제신청서(조특칙 별지 제1호 서식, 별지 제1호 서식 부표(1), 별지 제8호의 9 서식)를 납세지 관할 세무서장에게 제출해야 한다(조특법 §24 ④ 및 조특령 §21 ⑬ 전단).

한편, 신성장사업화시설 또는 국가전략기술사업화시설의 인정을 받을 것을 조건으로 그 인정을 받기 전에 세액공제를 신청할 수 있다. 신성장사업화시설 또는 국가전략기술사업화시설의 인정을 받을 것을 조건으로 그 인정을 받기 전에 세액공제를 신청하는 자는 투자완료일이 속하는 달의 말일부터 3개월 이내에 기획재정부장관과 산업통상자원부장관에게 신성장사업화시설 또는 국가전략기술사업화시설의 인정을 신청해야 한다. 다만, 동일한 과세연도에 완료된 둘 이상의 투자에 대하여 세액공제를 신청하는 경우에는 가장 늦게 완료된 투자의 투자완료일이 속하는 달의 말일부터 3개월 이내에 인정을 신청할 수 있다(조특령 §21 ⑬ 후단 및 조특칙 §13 ①).

이 때, 투자가 2개 이상의 과세연도에 걸쳐 이루어지는 경우로서 그 투자가 이루어지는 과세연도(단, 투자완료일이 속하는 과세연도는 제외함)에 투자한 금액에 대하여 세액공제를 신청하는 경우에는 해당 과세연도 종료일부터 3개월 이내에 인정을 신청해야 한다. 다만, 다음의 어느 하나에 해당하는 경우에는 해당 과세연도의 다음 과세연도 종료일(다음 과세연도가 투자완료일이 속하는 과세연도인 경우에는 투자완료일이 속하는 달의 말일)부터 3개월 이내에 인정을 신청할 수 있다(조특칙 §13 ②).

① 투자개시일이 속하는 과세연도의 경우
② 직전 과세연도에 투자한 금액에 대하여 신성장사업화시설 또는 국가전략기술사업화시설의 인정을 받은 경우

한편, 전술한 바에 따라 신성장사업화시설 또는 국가전략기술사업화시설의 인정을 받을 것을 조건으로 그 인정을 받기 전에 세액공제를 신청하여 세액공제를 받았으나, 그 이후 인정대상 시설의 일부 또는 전부에 대해 그 인정을 받지 못한 경우에는 이와 관련한 과소신고가산세를 적용하지 아니한다(국기법 §47의 3 ④ 4호 및 국기령 §27의 2 ④).

2-1-7. 조세특례제한 및 보칙규정

(1) 중복지원의 배제

통합투자세액공제를 적용받는 경우에는 다음과 같은 중복지원의 배제규정을 적용한다. 다만, ③과 ④를 적용할 때 조세특례제한법 제143조에 따라 세액감면을 적용받는 사업과 그 밖의 사업을 구분경리하는 경우로서 그 밖의 사업에 통합투자세액공제가 적용되는 경우에는 해당 세액감면과 공제는 중복지원에 해당하지 아니한다(조특법 §127). 중복지원의 배제에 대한 자세한 내용은 '제4편 제3장 제4절 중복지원의 배제'편을 참고하기 바란다.

① 국가나 지방자치단체 등의 출연금 등으로 투자한 금액에 대하여는 통합투자세액공제가 배제된다.
② 동일한 투자자산에 대하여 통합투자세액공제와 고용창출투자세액공제 등이 동시에 적용되는 경우에는 그 중 하나만을 선택하여 적용받을 수 있다.
③ 동일한 과세연도에 통합투자세액공제와 외국인투자에 대한 세액감면을 적용하는 경우에는 공제할 세액에 내국인투자비율을 곱하여 계산한 금액을 공제한다.
④ 동일한 과세연도에 통합투자세액공제와 조세특례제한법상 세액감면 등을 동시에 적용받을 수 있는 경우에는 그 중 하나만을 선택하여 적용받을 수 있다.

(2) 최저한세의 적용

통합투자세액공제는 최저한세 규정을 적용받아 그 특례범위가 제한된다(조특법 §132). 이에 대한 자세한 설명은 '제4편 제5장 최저한세'편을 참고하기 바란다.

(3) 세액공제액의 이월공제

통합투자세액공제는 해당 과세연도에 납부할 세액이 없거나 최저한세 규정을 적용받아 해당 과세연도에 공제받지 못한 금액이 있는 경우에는 해당 과세연도의 다음 과세연도의 개시일로부터 10년 이내에 종료하는 각 과세연도에 이월하여 공제받을 수 있다(조특법 §144). 이에 대한 자세한 설명은 '제4편 제3장 제6절 기타'편을 참고하기 바란다.

(4) 감면세액의 추징

통합투자세액공제를 적용받은 내국법인이 투자완료일부터 2년(법 소정의 건물·구축물은 5년)이 지나기 전에 해당 자산을 처분한 경우(임대하는 경우를 포함하며, 내용연수가 경과된 자산을 처분하는 경우 등은 제외함)에는 처분한 날이 속하는 과세연도의 과세표준신고를 할 때 해당 자산에 대한 세액공제액 상당액에 이자 상당 가산액을 가산하여 법인세로 납부하여야 한다(조특법 §146). 이에 대한 자세한 설명은 '제4편 제4장 추가납부세액'편을 참고하기 바란다.

(5) 수도권과밀억제권역 투자에 대한 세액공제 배제

다음과 같은 수도권과밀억제권역의 투자에 대하여는 통합투자세액공제를 적용하지 아니한다(조특법 §130). 이에 대한 자세한 설명은 '제4편 제3장 제5절 조세감면배제'편을 참고하기 바란다.

① 1989년 12월 31일 이전부터 수도권과밀억제권역에서 계속하여 사업을 영위하고 있는 내국법인과 1990년 1월 1일 이후 수도권과밀억제권역에서 새로 사업장을 설치하여 사업을 개시하거나 종전의 사업장(1989년 12월 31일 이전에 설치한 사업장 포함)을 이전하여 설치하는 중소기업이 수도권과밀억제권역에 있는 해당 사업장에서 사용하기 위하여 취득하는 사업용 고정자산으로서 증설투자에 해당하는 것(단, 산업단지 등에서 증설투자를 하는 경우 및 법 소정의 사업용 고정자산을 취득하는 경우는 제외함)

② 중소기업이 아닌 자가 1990년 1월 1일 이후 수도권과밀억제권역에서 새로 사업장을 설치하여 사업을 개시하거나 종전의 사업장(1989년 12월 31일 이전에 설치한 사업장 포함)을 이전하여 설치하는 경우 수도권과밀억제권역에 있는 해당 사업장에서 사용하기 위하여 취득하는 사업용고정자산으로서 증설・대체투자에 해당하는 것(단, 법 소정의 사업용 고정자산을 취득하는 경우는 제외함)

2-1-8. 농어촌특별세의 납부

법인세 신고・납부시 감면받은 통합투자세액공제의 20%에 상당하는 금액을 농어촌특별세로 신고・납부하여야 한다(농특법 §5 ①, §7).

2-2. 고용창출투자세액공제

2-2-1. 개 요

소비성서비스업 외의 사업을 영위하는 내국법인이 2017년 12월 31일까지 다음에 해당하는 시설을 새로이 취득하여 사업에 사용하기 위하여 투자(중고품 및 법 소정의 리스[*1]에 의한 투자와 수도권과밀억제권역 내에 투자하는 경우는 제외함)하는 경우로서 해당 사업연도의 상시근로자 수가 직전 사업연도의 상시근로자 수보다 감소하지 않은 경우 중소기업은 해당 투자금액의 3%, 중견기업은 해당 투자금액의 2%(성장관리권역 등에 투자하는 경우 1%)를 기본공제금액으로 하고, 당해연도 고용창출실적 및 서비스업 영위 여부에 따라 투자금액의 3~8%[*2]의 범위에서 계산된 법소정의 금액을 추가공제금액으로 하여 이를 합산한 금액을 각 사업연도의 법인세에서 공제한다. 다만, 중소기업의 경우 해당 사업연도의 상시근로자 수가 직전 사업연도 보다 감소한 경우에도 기본공제를 적용하되, 기본공제금액에서 감소한 상시근로자 1인당 1,000만원씩 뺀 금액(0보다 작은 경우 0)을 공제한다(조특법 §26 ① 및 조특령 §23 ① 및 조특칙 §14).

(*1) 법 소정의 리스란 내국인에게 자산을 대여하는 것으로서 조세특례제한법 시행규칙 제3조의 2에서 정하

는 금융리스를 제외한 것을 말함(조특령 §3).

(*2) 고용실적 및 서비스업 영위 여부에 따라 최대로 적용 가능한 추가공제율은 다음의 구분에 따라 적용함(조특법 §26 ① 2호).

구 분	2015. 1. 1.~2017. 4. 17. 투자분						2017. 4. 18. 이후 투자분					
	수도권 안①			수도권 밖			수도권 안①			수도권 밖		
	대기업	중견기업	중소기업	대기업	중견기업	중소기업	대기업	중견기업	중소기업	대기업	중견기업	중소기업
일반업종	3%	4%	4%	4%	5%	5%	3%	5%	6%	4%	6%	7%
서비스업종②	4%	5%	5%	5%	6%	6%	4%	6%	7%	5%	7%	8%

① 수도권 안 : 수도권과밀억제권역 외 수도권

② 서비스업 : 농업, 임업, 어업, 광업, 제조업, 전기·가스·증기 및 수도사업, 건설업 및 소비성서비스업을 제외한 사업을 말하며, 2 이상의 서로 다른 사업을 영위하는 내국인이 서비스업과 그 밖의 사업에 공동으로 사용되는 사업용자산을 취득한 경우에는 해당 사업용자산은 그 자산을 주로 사용하는 사업의 사업용자산으로 봄(조특령 §23 ④, ⑥).

① 사업용 자산
② 건설사업자의 건설기계장비
③ 도매업 등의 유통산업합리화시설
④ 관광숙박업 등의 건축물·시설물
⑤ 전기통신사업자의 무선설비
⑥ 전문휴양업 등의 숙박시설 등

2-2-2. 세액공제대상 업종

고용창출투자세액공제를 받고자 하는 내국법인은 다음의 어느 하나에 해당하는 소비성서비스업 외의 사업을 영위하여야 한다(조특령 §23 ①, §29 ③).

① 호텔업 및 여관업(관광진흥법에 따른 관광숙박업은 제외함)
② 주점업(일반유흥주점업, 무도유흥주점업 및 식품위생법 시행령 제21조에 따른 단란주점 영업만 해당하되, 관광진흥법에 따른 외국인전용유흥음식점업 및 관광유흥음식점업은 제외함)

2-2-3. 세액공제대상 자산

(1) 사업용 자산

사업용 자산이라 함은 다음의 자산을 말하며, 운휴 중에 있는 것을 제외한다(조특칙 §3).

① 해당 사업에 주로 사용하는 사업용 유형자산(토지와 조세특례제한법 시행규칙 [별표 1]의 건축물 등 사업용 유형자산은 제외함)
② 운수업을 주된 사업으로 하는 중소기업이 해당 사업에 주로 사용하는 차량 및 운반구(소비

법 §1 ② 3호에 따른 자동차로서 자가용인 것을 제외함)와 선박

③ 어업을 주된 사업으로 하는 중소기업이 해당 사업에 주로 사용하는 선박

④ 중소기업이 해당 업종의 사업에 직접 사용하는 소프트웨어(다만, 다음의 어느 하나에 해당하는 소프트웨어는 제외함)

㉠ 인사, 급여, 회계 및 재무 등 지원업무에 사용하는 소프트웨어

㉡ 문서, 도표 및 발표용 자료 작성 등 일반 사무에 사용하는 소프트웨어

㉢ 컴퓨터 등의 구동을 위한 기본 운영체제(Operating System) 소프트웨어

(2) 건설사업자의 건설기계장비

건설사업자의 건설기계장비라 함은 건설업을 영위하는 자가 당해 사업에 직접 사용하는 사업용 자산으로서 지방세법 시행규칙 [별표 1]에서 규정하는 것을 말한다(조특칙 §14 1호).

(3) 도매업 등의 유통산업합리화시설

도매업 등의 유통산업합리화시설이라 함은 도매업 · 소매업 · 물류산업 또는 항공운송업을 영위하는 자가 해당 사업에 직접 사용하는 사업용 자산으로서 조세특례제한법 시행규칙 [별표 3]에서 규정하는 것을 말한다(조특칙 §14 2호).

(4) 관광숙박업 등의 건축물 · 시설물

관광숙박업 등의 건축물 · 시설물이라 함은 다음의 사업을 영위하는 자가 당해 사업에 직접 사용하는 사업용 자산으로서 건축법에 의한 건축물과 당해 건축물에 부착설치된 시설물 중 지방세법 시행령 제6조의 규정에 의한 시설물을 말한다(조특칙 §14 3호).

① 관광진흥법에 의하여 등록한 관광숙박업 및 국제회의기획업

② 노인복지법에 의한 노인복지시설을 운영하는 사업

(5) 전기통신사업자의 무선설비

전기통신사업자의 무선설비라 함은 전기통신업을 영위하는 자가 타인에게 임대 또는 위탁운용하거나 공동으로 사용하기 위하여 취득하는 사업용자산으로서 전파법 시행령 제68조 및 제69조에 따른 무선설비를 말한다(조특칙 §14 4호).

(6) 전문휴양업 등의 숙박시설 등

전문휴양업 등의 숙박시설 등이라 함은 관광진흥법에 따라 등록한 전문휴양업 또는 종합휴양업을 영위하는 자가 해당 사업에 직접 사용하는 사업용 자산으로서 관광진흥법 시행령 제2조 제1항 제3호 가목 또는 제5호 가목에 따른 숙박시설 · 전문휴양시설(골프장시설은 제외함) 또는 종합유원시설업의 시설을 말한다(조특칙 §14 5호).

(7) 문화시설 등의 건축물 · 시설물

문화시설 등의 건축물 · 시설물이라 함은 고용창출투자세액공제 적용대상 업종을 영위하는

자가 취득하거나 투자하는 다음의 자산으로서 건축법에 따른 건축물과 해당 건축물에 부착된 시설물 중 지방세법 시행령 제6조에 따른 시설물을 말한다(조특칙 §14 6호).

① 도서관법 제31조에 따라 등록한 사립 공공도서관
② 박물관 및 미술관 진흥법 제16조에 따라 등록한 박물관이나 미술관
③ 공연법 제9조에 따라 등록한 공연장(영화 및 비디오물의 진흥에 관한 법률 §36에 따른 영화상영관은 제외함)
④ 과학관의 설립·운영 및 육성에 관한 법률 제6조에 따라 등록한 과학관

2-2-4. 투자금액의 범위

고용창출투자세액공제는 사업용 자산, 건설사업자의 건설기계장비, 도매업 등의 유통산업합리화시설, 관광숙박업 등의 건축물·시설물, 전기통신사업자의 무선설비 및 전문휴양업 등의 숙박시설 등을 새로이 취득하기 위하여 투자한 경우에 적용하며, 중고품 및 법 소정의 리스에 의한 투자와 기존설비에 대한 보수·자본적지출과 수도권과밀억제권역 내에 투자하는 경우는 제외한다(리스 등에 대한 자세한 사항은 '2-1. 통합투자세액공제 중 2-1-1. 개요' 참조). 한편, 개성공업지구 지원에 관한 법률 제2조 제1호에 따른 개성공업지구에 상기의 투자를 하는 경우에도 고용창출투자세액공제를 적용한다(조특령 §23 ⑱).

2-2-5. 상시근로자의 범위와 수의 산정

(1) 의 의

고용창출투자세액공제는 중소기업이 아닌 경우 해당 사업연도의 상시근로자 수가 직전 사업연도의 상시근로자 수보다 감소하지 아니한 경우에 한하여 적용할 수 있고, 또한 해당 사업연도에 상시근로자 수가 직전 사업연도보다 증가함에 따라 추가공제금액의 한도가 증가하는 등의 이유로 고용창출투자세액공제를 적용함에 있어 상시근로자 수의 산정은 매우 중요하다.

(2) 상시근로자의 범위

상시근로자는 근로기준법에 따라 근로계약을 체결한 내국인 근로자를 말한다. 다만, 다음의 어느 하나에 해당하는 사람은 제외한다(조특령 §23 ⑩).

① 근로계약기간이 1년 미만인 근로자. 다만, 근로계약의 연속된 갱신으로 인하여 그 근로계약의 총 기간이 1년 이상인 근로자는 제외함.
② 단시간근로자(근로기준법 §2 ① 9호). 다만, 1개월간의 소정근로시간이 60시간 이상인 근로자는 상시근로자로 봄.
③ 법인세법 시행령 제40조 제1항 각 호의 어느 하나에 해당하는 임원
④ 해당 기업의 최대주주 또는 최대출자자와 그 배우자

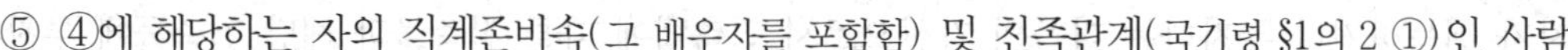

⑤ ④에 해당하는 자의 직계존비속(그 배우자를 포함함) 및 친족관계(국기령 §1의 2 ①)인 사람
⑥ 근로소득원천징수부(소령 §196)에 의하여 근로소득세를 원천징수한 사실이 확인되지 아니하고, 다음 각 목의 어느 하나에 해당하는 금액의 납부사실도 확인되지 아니하는 자
㉠ 국민연금법 제3조 제1항 제11호 및 제12호에 따른 부담금 및 기여금
㉡ 국민건강보험법 제69조에 따른 직장가입자의 보험료

(3) 상시근로자 수의 산정

상시근로자 수는 다음 계산식에 따라 계산하며 계산한 상시근로자 수 중 0.01 미만 부분은 없는 것으로 한다.

$$\text{상시근로자 수} = \frac{\text{해당 사업연도의 매월 말 현재 상시근로자 수의 합}}{\text{해당 사업연도의 개월 수}}$$

이 경우, 1개월간의 소정근로시간이 60시간 이상인 근로기준법 상 단시간근로자 1명은 0.5명으로 하여 계산하되, 다음의 지원요건을 모두 충족하는 경우에는 0.75명으로 하여 계산한다(조특령 §23 ⑪, ⑫).

① 해당 과세연도의 상시근로자 수(1개월 간의 소정근로시간이 60시간 이상인 근로자는 제외함)가 직전 과세연도의 상시근로자 수(1개월 간의 소정근로시간이 60시간 이상인 근로자는 제외함)보다 감소하지 아니하였을 것
② 기간의 정함이 없는 근로계약을 체결하였을 것
③ 상시근로자와 시간당 임금(근로기준법 §2 ① 5호에 따른 임금, 정기상여금 · 명절상여금 등 정기적으로 지급되는 상여금과 경영성과에 따른 성과금을 포함함), 그 밖에 근로조건과 복리후생 등에 관한 사항에서 기간제 및 단시간근로자 보호 등에 관한 법률 제2조 제3호에 따른 차별적 처우가 없을 것
④ 시간당 임금이 최저임금법 제5조에 따른 최저임금액의 130%(중소기업의 경우에는 120%) 이상일 것

(4) 상시근로자 중 산업수요맞춤형고등학교등의 졸업생 수의 계산

산업수요맞춤형고등학교등의 졸업생 수란 근로계약 체결일 현재 초 · 중등교육법 제2조에 따른 학교로서 산업계의 수요에 직접 연계된 맞춤형 교육과정을 운영하는 고등학교 등 직업교육훈련을 실시하는 다음의 학교를 졸업한 날부터 2년 이상 경과하지 아니한 상시근로자 수(해당 사업연도의 상시근로자 수에서 직접 사업연도의 상시근로자 수를 뺀 수를 한도로 함)를 말한다(조특령 §23 ⑤, ⑦).

① 초 · 중등교육법 시행령 제90조 제1항 제10호에 따른 산업수요 맞춤형 고등학교
② 초 · 중등교육법 시행령 제91조 제1항에 따른 특성화고등학교
③ 초 · 중등교육법 제2조 제5호에 따른 각종학교(같은 법 §60의 3에 따른 대안학교 중 직업과정을 운영하는 학교 및 같은 법 시행령 §76의 2 1호에 따른 일반고등학교 재학생에 대한 직업과정 위탁교육을 수행하는 학교만 해당함)

(5) 상시근로자 중 청년근로자, 장애인근로자, 60세 이상인 근로자 수의 계산

청년근로자, 장애인근로자, 60세 이상인 근로자 수는 다음에 따라 계산한 수로 한다(조특령 §23 ⑧).

① 청년근로자 수 : 근로계약 체결일 현재 15세 이상 29세 이하인 상시근로자 수(해당 과세연도의 상시근로자 수에서 직전 과세연도의 상시근로자 수와 산업수요맞춤형고등학교등의 졸업생 수를 뺀 수를 한도로 함)로 함. 다만, 그 청년근로자가 병역을 이행한 경우에는 그 기간(6년을 한도로 함)을 근로계약 체결일 현재 연령에서 빼고 계산한 연령이 29세 이하인 사람을 포함함.
② 장애인근로자 수 : 근로계약 체결일 현재 장애인복지법의 적용을 받는 장애인인 상시근로자 수와 국가유공자 등 예우 및 지원에 관한 법률에 따른 상이자인 상시근로자 수를 더한 수(해당 과세연도의 상시근로자 수에서 직전 과세연도의 상시근로자 수, 산업수요맞춤형고등학교등의 졸업생 수와 청년근로자 수를 뺀 수를 한도로 함)로 함.
③ 60세 이상인 근로자 수 : 근로계약 체결일 현재 60세 이상인 상시근로자 수(해당 과세연도의 상시근로자 수에서 직전 과세연도의 상시근로자 수, 산업수요맞춤형고등학교등의 졸업생 수, 청년근로자 수와 장애인근로자 수를 뺀 수를 한도로 함)로 함.

(6) 창업 등을 한 내국법인의 상시근로자 수의 계산

해당 사업연도에 창업 등을 한 내국법인의 경우에는 다음의 구분에 따른 수를 직전 또는 해당 사업연도의 상시근로자 수로 본다(조특령 §23 ⑬).

① 창업(조특법 §6 ⑩ 1호부터 3호까지의 규정에 해당하는 경우는 제외)한 경우의 직전 과세연도의 상시근로자 수 : 0
② 조세특례제한법 제6조 제10항 제1호(합병 · 분할 · 현물출자 또는 사업의 양수 등을 통하여 종전의 사업을 승계하는 경우는 제외)부터 제3호까지의 어느 하나에 해당하는 경우의 직전 과세연도의 상시근로자 수 : 종전 사업, 법인전환 전의 사업 또는 폐업 전의 사업의 직전 과세연도 상시근로자 수
③ 다음의 어느 하나에 해당하는 경우의 직전 또는 해당 과세연도의 상시근로자 수 : 직전 과세연도의 상시근로자 수는 승계시킨 기업의 경우에는 직전 과세연도 상시근로자 수에 승계시킨 상시근로자 수를 뺀 수로 하고, 승계한 기업의 경우에는 직전 과세연도 상시근

로자 수에 승계한 상시근로자 수를 더한 수로 하며, 해당 과세연도의 상시근로자 수는 해당 과세연도 개시일에 상시근로자를 승계시키거나 승계한 것으로 보아 계산한 상시근로자 수로 함.

㉠ 해당 과세연도에 합병·분할·현물출자 또는 사업의 양수 등에 의하여 종전의 사업부문에서 종사하던 상시근로자를 승계하는 경우

㉡ 조세특례제한법 시행령 제11조 제1항에 따른 특수관계인으로부터 상시근로자를 승계하는 경우

2-2-6. 투자의 개시시기

고용창출투자세액공제를 적용할 때 투자의 개시시기는 다음에 해당하는 때로 한다(조특령 §23 ⑭).

① 국내·국외 제작계약에 의하여 발주하는 경우에는 발주자가 최초로 주문서를 발송한 때

② 발주에 의하지 아니하고 매매계약에 의하여 매입하는 경우에는 다음 중 빠른 날

㉠ 계약금 또는 대가의 일부를 지급한 때

㉡ 당해 시설을 인수한 경우에는 실제로 인수한 때

③ 당해 시설을 수입하는 경우로서 승인을 얻어야 하는 경우에는 수입승인을 얻은 때

④ 자기가 직접 건설 또는 제작하는 경우에는 실제로 건설 또는 제작에 착수한 때. 이 경우 사업의 타당성 및 예비적 준비를 위한 것은 착수한 때에 포함하지 아니함.

⑤ 타인에게 건설을 의뢰하는 경우에는 실제로 건설에 착공한 때. 이 경우 사업의 타당성 및 예비적 준비를 위한 것은 착공한 때에 포함하지 아니함.

2-2-7. 세액공제시기

고용창출투자세액공제는 해당 투자가 이루어지는 각 사업연도마다 해당 사업연도에 투자한 금액에 대하여 공제한다. 즉, 한 사업연도에 투자의 개시 및 완료가 이루어질 경우에는 그 사업연도에 공제하고, 만약 투자가 2개 이상의 사업연도에 걸쳐 이루어지는 경우에는 해당 사업연도에 투자한 금액을 당해 사업연도에 공제받는 것이다.

이 때 투자가 2개 이상의 사업연도에 걸쳐 이루어지는 경우 해당 사업연도에 투자한 금액은 다음의 ①의 금액에서 ②와 ③의 금액을 더한 금액을 뺀 금액으로 한다(조특령 §23 ②).

① 총투자금액에 법인세법 시행령 제69조 제1항에 따른 작업진행률에 따라 계산한 금액과 해당 사업연도까지 실제로 지출한 금액 중 큰 금액

② 해당사업연도 전에 고용창출투자세액공제 기본공제(조특법 §26 ① 1호)를 적용받은 투자금액

③ 해당사업연도 전의 투자분으로서 ②의 금액을 제외한 투자분에 대하여 ①을 준용하여

계산한 금액

2-2-8. 세액공제액의 계산

(1) 개 요

고용창출투자세액공제는 조세특례제한법 제26조 제1항 제1호에 따른 기본공제금액과 같은 항의 제2호에 따른 추가공제금액으로 각각 나누어 계산된다(조특법 §26 ①).

(2) 기본공제금액

기본공제금액은 중견기업 및 중소기업을 적용 대상으로 한다. 먼저, 중견기업(*)의 경우 해당 사업연도의 상시근로자 수가 직전 사업연도의 상시근로자 수보다 감소하지 아니한 경우에 한하여 본 세액공제를 적용할 수 있으며, 해당 투자금액의 2%(수도권정비계획법 §6 ① 2호의 성장관리권역 또는 같은 항 3호의 자연보전권역 내에 투자하는 경우에는 해당 투자금액의 1%)에 상당하는 금액을 법인세에서 공제한다.

한편, 중소기업의 경우에는 상시근로자 수의 감소여부에 관계없이 해당 사업연도의 투자금액의 3%에 상당하는 금액을 기본공제금액으로 하되, 만약 해당 사업연도의 상시근로자 수가 직전 사업연도의 상시근로자 수보다 감소한 경우에는 감소한 상시근로자 1명당 1,000만원씩 뺀 금액(그 금액이 0보다 작은 경우에는 0으로 함)을 공제한다(조특법 §26 ① 1호).

(*) 고용창출투자세액공제에서 중견기업에 대한 자세한 내용은 '2-1. 통합 투자 세액공제' 중 '2-1-1. 개요'를 참고

(3) 추가공제 금액

추가공제금액은 중견기업 및 중소기업뿐만 아니라 대기업도 적용 대상으로 한다. 당해연도에 상시고용인원이 증가한 경우에는 다음 ①과 ② 중 작은 금액을 추가로 공제하며, 이를 추가공제금액이라 한다.

① 다음의 구분에 따른 금액. 단, 서비스업(*1)을 영위하는 경우에는 해당 투자금액의 1%를 가산

구 분		수도권(*2) 내 투자	수도권(*2) 밖 투자
2017. 4. 18. 이후 투자분	대기업	투자금액 × 3%	투자금액 × 4%
	중견기업	투자금액 × 5%	투자금액 × 6%
	중소기업	투자금액 × 6%	투자금액 × 7%
2015. 1. 1.~ 2017. 4. 17. 이전 투자분	대기업	투자금액 × 3%	투자금액 × 4%
	중견기업	투자금액 × 4%	투자금액 × 5%
	중소기업		

② 공제한도=㉠ + ㉡ + ㉢ − ㉣
㉠ 해당 사업연도에 최초로 근로계약을 체결한 상시근로자 중 산업수요맞춤형고등학교등의 졸업생 수(*3) × 2천만원(중소기업은 2천 500만원)
㉡ 해당 사업연도에 최초로 근로계약을 체결한 ①외의 상시근로자 중 청년근로자, 장애인근로자, 60세 이상인 근로자 수(*4) × 1천 500만원(중소기업은 2천만원)
㉢ [해당 사업연도의 상시근로자 수 − 직전 사업연도의 상시근로자 수(*5) − ①에 따른 졸업생 수 − ②에 따른 청년근로자, 장애인근로자, 60세 이상인 근로자 수] × 1천만원(중소기업은 1천 500만원)
㉣ 해당 사업연도에 조세특례제한법 제144조 제3항에 따라 이월공제받는 금액

(*1) 서비스업이란 농업, 임업, 어업, 광업, 제조업, 전기·가스·증기 및 수도사업, 건설업 및 소비성서비스업을 제외한 사업을 말하며, 둘 이상의 서로 다른 사업을 영위하는 내국인이 서비스업과 그 밖의 세액공제대상 사업에 공동으로 사용되는 사업용자산을 취득한 경우에는 해당 사업용자산은 그 자산을 주로 사용하는 사업의 사업용자산으로 봄(조특령 §23 ④, ⑥).
(*2) 성장관리권역 또는 자연보전권역
(*3) 산업수요맞춤형고등학교등의 졸업생 수의 계산은 '2-2-5. 상시근로자의 범위와 수의 산정' 중 '(4) 상시근로자 중 산업수요맞춤형고등학교등의 졸업생 수의 계산'을 참고
(*4) 청년근로자, 장애인근로자, 60세 이상인 근로자 수의 계산은 '2-2-5. 상시근로자의 범위와 수의 산정' 중 '(5) 상시근로자 중 청년근로자, 장애인근로자, 60세 이상인 근로자 수의 계산'을 참고
(*5) 직전 사업연도의 상시근로자 수의 계산은 '2-2-5. 상시근로자의 범위와 수의 산정'을 참고

2-2-9. 세액공제신청서의 제출

고용창출투자세액공제를 받고자 하는 내국법인은 당해 투자가 이루어지는 각 사업연도의 과세표준신고와 함께 세액공제신청서[조특칙 별지 제1호 서식 및 별지 제1호 서식 부표(1)] 및 고용창출투자세액공제 공제세액계산서[조특칙 별지 제9호 서식]를 납세지 관할 세무서장에게 제출하여야 한다(조특령 §23 ⑮).

2-2-10. 중간예납에 대한 특례

내국법인이 직전 사업연도에 확정된 법인세 산출세액을 기준으로 중간예납을 함에 있어서 그 중간예납기간 중에 고용창출투자세액공제가 적용되는 투자를 한 경우에는 해당 중간예납세액에서 중간예납기간의 투자분에 해당하는 고용창출투자세액공제액을 차감하여 중간예납할 수 있다(조특법 §26 ②).

이 경우 고용창출투자세액공제액을 차감한 후의 중간예납세액이 조세특례제한법 제132조에 따라 계산한 직전 사업연도 최저한세의 50%에 미달하는 경우에는 그 미달하는 세액에 상당하는 중간예납기간의 투자분에 해당하는 고용창출투자세액공제액은 차감하지 아니한다(조특법 §26 ⑤).

한편, 중간예납에 대한 특례에 따라 공제받은 중간예납기간의 투자분에 해당하는 고용창출투자세액공제액이 해당 사업연도의 투자분에 해당하는 고용창출투자세액공제액을 초과하는

경우에는 해당 사업연도의 과세표준을 신고할 때 그 초과하는 부분에 상당하는 금액을 법인세로 납부하여야 한다(조특법 §26 ⑦).

상기의 규정에 의하여 고용창출투자세액공제를 받고자 하는 내국법인은 중간예납세액 납부시 세액공제신청서[조특칙 별지 제1호 서식]를 납세지 관할 세무서장에게 제출하여야 한다(조특령 §23 ⑯).

2-2-11. 사후관리

고용창출투자세액공제를 적용받은 내국법인이 공제(이월공제받은 경우를 포함)받은 사업연도 종료일부터 2년이 되는 날이 속하는 사업연도 종료일까지의 기간 중 각 사업연도의 상시근로자 수가 공제받은 사업연도의 상시근로자 수보다 감소한 경우에는 다음 각 산식에 따라 계산한 금액을 상시근로자 수가 감소된 사업연도의 과세표준을 신고할 때 법인세로 납부하여야 한다. 이 경우 ① 및 ②(㉠ 및 ㉡의 합계액)의 금액은 상시근로자 수가 감소된 사업연도의 직전 2년 이내의 사업연도에 고용창출투자세액공제 추가공제 및 이월공제(조특법 §144 ③)받은 세액의 합계액을 한도로 한다(조특법 §26 ⑥ 및 조특령 §23 ⑨).

① 상시근로자 수가 1개 사업연도에만 감소한 경우

고용창출투자세액공제 추가공제 또는 이월공제받은 사업연도(*) 보다 감소한 상시근로자 수 × 1천만원

(*) 2개 사업연도 연속으로 공제받은 경우에는 두 번째 사업연도로 함.

② 상시근로자 수가 2개 사업연도 연속으로 감소한 경우

㉠ 상시근로자 수가 감소한 첫 번째 사업연도 : 상기 ①에 따라 계산한 금액

㉡ 상시근로자 수가 감소한 두 번째 사업연도

해당 사업연도의 직전 사업연도보다 감소한 상시근로자 수 × 1천만원

2-2-12. 조세특례제한 및 보칙 규정

(1) 중복지원의 배제

고용창출투자세액공제를 적용받는 경우에는 다음과 같은 중복지원의 배제규정을 적용받을 수 있다. 다만, ②와 ③을 적용할 때 조세특례제한법 제143조에 따라 세액감면을 적용받는 사업과 그 밖의 사업을 구분경리하는 경우로서 그 밖의 사업에 고용창출투자세액공제가 적용되는 경우에는 해당 세액감면과 공제는 중복지원에 해당하지 아니한다(조특법 §127). 중복지원의

배제에 대한 자세한 내용은 '제4편 제3장 제4절 중복지원의 배제'편을 참고하기 바란다.

① 국가, 지방자치단체, 공공기관, 지방공기업으로부터 출연금, 이자지원, 저리융자 등을 받아 투자한 자산의 경우 그 출연금이나 이자지원금에 상당하는 금액에 대하여 투자금액 또는 취득금액에서 차감한다.

② 동일한 사업용 자산에 대하여 고용창출투자세액공제와 통합투자 세액공제 등 다른 투자세액공제가 동시에 적용되는 경우와 동일한 사업연도에 고용창출투자세액공제와 청년고용을 증대시킨 기업에 대한 세액공제가 동시에 적용되거나 고용창출투자세액공제와 중소기업 고용증가 인원에 대한 사회보험료 세액공제가 동시에 적용되는 경우에는 각각 그 중 하나만을 선택하여 적용받을 수 있다.

③ 동일한 사업연도에 외국인투자에 대한 법인세 등의 감면규정을 적용받는 경우에는 고용창출투자세액공제 계산시 내국인투자비율에 상당하는 금액 범위 내에서만 공제할 수 있다.

④ 동일한 사업연도에 고용창출투자세액공제와 창업중소기업 등에 대한 세액감면 등 법인세의 감면규정을 동시에 적용받을 수 있는 경우에는 그 중 하나만을 선택하여 적용받을 수 있다.

(2) 세액공제액의 이월공제

고용창출투자세액공제액 중 해당 사업연도에 납부할 세액이 없거나 최저한세 규정의 적용을 받아 해당 사업연도에 공제받지 못한 부분에 상당하는 금액은 해당 사업연도의 다음 사업연도 개시일부터 10년 이내에 끝나는 각 사업연도에 이월하여 공제받을 수 있다(조특법 §144 ①).

다만, 추가공제금액의 한도(조특법 §26 ① 2호 단서)에 따라 해당 투자가 이루어진 사업연도에 공제받지 못한 금액과 상시근로자 수가 감소하여 법인세를 납부한 경우(조특법 §26 ⑥, '2-2-11. 사후관리 참조') 그 금액은 다음의 순서대로 계산한 금액을 더한 금액을 한도로 하여 해당 투자가 이루어진 사업연도의 다음 사업연도 개시일부터 5년 이내에 끝나는 각 사업연도에 이월하여 그 이월된 각 사업연도의 법인세에서 공제한다. 이 경우 이월공제받는 사업연도의 상시근로자 수는 ③의 ㉠ 내지 ㉢에 따른 상시근로자 수 중 큰 수를 초과하여야 한다(조특법 §144 ③).

① 이월공제받는 사업연도에 최초로 근로계약을 체결한 상시근로자 중 산업수요맞춤형고등학교 등의 졸업생 수(*1) × 2천만원(중소기업은 2천500만원)
② 이월공제받는 사업연도에 최초로 근로계약을 체결한 ① 외의 상시근로자 중 청년근로자, 장애인근로자, 60세 이상인 근로자 수(*2) × 1천500만원(중소기업은 2천만원)
③ 〔이월공제받는 사업연도의 상시근로자 수 - ①에 따른 졸업생 수 - ②에 따른 청년근로자, 장애인근로자, 60세 이상인 근로자 수(*2) − Max(㉠, ㉡, ㉢)〕 × 1천만원(중소기업은 1천500만원)
㉠ 이월공제받는 사업연도의 직전 사업연도의 상시근로자 수
㉡ 이월공제받는 금액의 해당 투자가 이루어진 사업연도의 직전 사업연도의 상시근로자 수

㉢ 상시근로자 수가 감소하여 법인세를 납부한 경우(조특법 §26 ⑥) 그 상시근로자 수가 감소한 사업연도(2개 사업연도 연속으로 상시근로자 수가 감소한 경우에는 두 번째 사업연도)의 상시근로자 수

(*1) 산업수요맞춤형고등학교등의 졸업생 수 : 근로계약 체결일 현재 산업수요맞춤형고등학교등을 졸업한 날부터 2년 이상 경과하지 아니한 상시근로자 수로 하되, 이월공제받는 과세연도의 상시근로자 수에서 상기 ㉠~㉢의 수 중 큰 수를 뺀 수를 한도로 함.

(*2) ① 청년근로자 수 : 조세특례제한법 시행령 제23조 제8항 제1호에 해당하는 상시근로자 수로하되, 이월공제받는 과세연도의 상시근로자 수에서 상기 ㉠~㉢의 수 중 큰 수 및 상기 (*1)에 따른 산업수요맞춤형고등학교등의 졸업생 수를 뺀 수를 한도로 함.

② 장애인근로자 수 : 조세특례제한법 제23조 제8항 제2호에 해당하는 상시근로자 수로 하되, 이월공제받는 과세연도의 상시근로자 수에서 상기 ㉠~㉢의 수 중 큰 수, 상기 (*1)에 따른 산업수요맞춤형고등학교등의 졸업생 수 및 상기 (*2) ①에 따른 청년근로자 수를 뺀 수를 한도로 함.

③ 60세 이상인 근로자 수 : 조세특례제한법 제23조 제8항 제3호에 해당하는 상시근로자 수로하되, 이월공제받는 과세연도의 상시근로자 수에서 상기 ㉠~㉢의 수 중 큰 수, 상기 (*1)에 따른 산업수요맞춤형고등학교등의 졸업생 수, 상기 (*2) ①에 따른 청년근로자 수와 상기 (*2) ② 따른 장애인근로자 수를 뺀 수를 한도로 함.

(3) 최저한세의 적용, 감면세액의 납부

최저한세의 적용, 감면세액의 납부에 대한 내용은 통합 투자 세액공제와 동일하므로 '2-1. 통합투자 세액공제 중 2-1-7. 조세특례제한 및 보칙 규정'의 해당 부분을 참고하기 바란다.

(4) 수도권 과밀억제권역 투자에 대한 조세감면배제

고용창출투자세액공제에 대하여는 수도권과밀억제권역 투자에 대한 조세감면배제의 규정이 적용되지 아니하나, 수도권 과밀억제권역 밖에 있는 사업용 자산에 대한 투자만 세액공제가 가능하다.

2-2-13. 농어촌특별세의 납부

법인세의 신고 · 납부시 감면받은 고용창출투자세액공제액의 20%에 상당하는 금액을 농어촌특별세로 신고 · 납부하여야 한다(농특법 §5 ①, §7).

2-3. 상생결제 지급금액에 대한 세액공제

2-3-1. 개 요

중소기업 및 중견기업을 경영하는 내국법인이 2025년 12월 31일까지 중소기업 및 중견기업에 지급한 구매대금(구매기업이 그 기업의 사업 목적에 맞는 경상적 영업활동과 관련하여 판매기업으로부터 재화를 공급받거나 용역을 제공받고 그 대가로 지급하는 금액) 중 일정 요건을 갖춘 상생결제제도를 통하여 지급한 금액이 있는 경우로서 후술하는 세액공제의 요건을 충족하는 경우에는 '2-3-4'에 따라 계산한 금액을 법인세에서 공제한다(조특법 §7의 4 ① 및 조특법 §7의 2 ③).

2-3-2. 상생결제제도의 요건

상생결제제도란 다음의 요건을 모두 충족하는 결제방법을 말한다(조특령 §6의 4 ②).

① 판매기업이 구매기업으로부터 판매대금으로 받은 외상매출채권을 담보로 다른 판매기업에 새로운 외상매출채권을 발행하여 구매대금을 지급할 것
② 여러 단계의 하위 판매기업들이 구매기업이 발행한 외상매출채권과 동일한 금리조건의 외상매출채권으로 판매대금을 지급할 것
③ 외상매출채권의 지급기한이 법 제7조의 2 제1항 제2호에 따른 세금계산서등(이하 "세금계산서등"이라 함)의 작성일부터 60일 이내일 것
④ 금융기관이 판매기업에 대하여 상환청구권을 행사할 수 없는 것으로 약정될 것

관련사례

- 현금예치기반 상생결제 구매대금에 대한 세액공제 가능 여부
  판매기업이 예치한 자금을 담보로 하는 현금예치기반 상생결제를 통해 지급한 금액에 대해 상생결제 지급금액에 대한 세액공제 적용이 가능함(기획재정부 조세특례제도과-79, 2024. 1. 29.).

2-3-3. 세액공제의 요건

중소기업 및 중견기업을 경영하는 내국법인이 2025년 12월 31일까지 중소기업 및 중견기업에 지급한 구매대금 중 상생결제제도를 통하여 지급한 금액이 있는 경우로서 해당 과세연도에 지급한 구매대금 중 약속어음으로 결제한 금액이 차지하는 비율이 직전 과세연도보다 증가하지 아니하는 경우에는 본 세액공제를 적용한다(조특법 §7의 4 ①).

2-3-4. 세액공제액의 계산

상생결제 지급금액에 대한 세액공제액은 다음의 금액(해당 금액이 0보다 작은 경우에는 0으로 함)을 합하여 계산한 금액으로 하되, 공제받는 금액이 해당 과세연도 법인세의 10%를 초과하는 경우에는 10%를 한도로 한다(조특법 §7의 4 ① 단서, ②).

① 상생결제제도를 통한 지급금액 중 지급기한이 세금계산서 등의 작성일부터 15일 이내인 지급금액에 대하여 다음의 계산식에 따라 산출한 금액

$$(A - B) \times 0.5\%$$

A: 상생결제제도를 통한 지급금액 중 지급기한이 세금계산서 등의 작성일부터 15일 이내인 금액
B: 직전 과세연도에 지급한 현금성결제금액(*)이 해당 과세연도의 현금성결제금액(*)을 초과하는 경우 그 초과하는 금액

② 상생결제제도를 통한 지급금액 중 지급기한이 세금계산서 등의 작성일부터 15일 초과 30일 이내인 지급금액에 대하여 다음의 계산식에 따라 산출한 금액

(C − D) × 0.3%

C: 상생결제제도를 통한 지급금액 중 지급기한이 세금계산서 등의 작성일부터 15일 초과 30일 이내인 금액

D: 위 ①에 따른 B가 A를 초과하는 경우 그 초과하는 금액

③ 상생결제제도를 통한 지급금액 중 지급기한이 세금계산서 등의 작성일부터 30일 초과 60일 이내인 지급금액에 대하여 다음의 계산식에 따라 산출한 금액

(E − F) × 0.15%

E: 상생결제제도를 통한 지급금액 중 지급기한이 세금계산서 등의 작성일부터 30일 초과 60일 이내인 금액

F: 위 ②에 따른 D가 C를 초과하는 경우 그 초과하는 금액

(*) 현금성결제금액이란 조세특례제한법 제7조의 2 제1항에 따른 다음의 어느 하나에 해당하는 금액을 말한다(조특령 §6의 4 ③).

가. 환어음 및 판매대금추심의뢰서로 결제한 금액(단, 대금결제 기한이 세금계산서 등의 작성일부터 60일 이내이고 금융기관이 판매기업에 대하여 상환청구권을 행사할 수 없는 것으로 약정된 것에 한정함)

나. 판매기업에 대한 구매대금의 지급기한이 해당 거래에 대한 세금계산서 등의 작성일부터 60일 이내이고 신용카드업자가 판매기업에 대하여 상환청구권을 행사할 수 없는 것으로 약정된 기업구매전용카드의 사용금액

다. 구매기업의 대출금 상환기한이 세금계산서 등의 작성일부터 60일 이내이고 금융기관이 판매기업에 대하여 상환청구권을 행사할 수 없는 것으로 약정된 외상매출채권 담보대출 제도를 이용하여 지급한 금액

라. 구매기업의 대금결제 기한이 세금계산서 등의 작성일부터 60일 이내이고 금융기관이 판매기업에 대하여 상환청구권을 행사할 수 없는 것으로 약정된 구매 론(loan) 제도를 이용하여 지급한 금액

마. 구매기업의 대금결제 기한이 세금계산서 등의 작성일부터 60일 이내이고, 세금계산서 등의 작성일 이전에는 금융기관이 판매기업에 대하여 상환청구권을 행사하고 세금계산서 등의 작성일 후에는 금융기관이 구매기업에 대하여 상환청구권을 행사하는 것으로 약정된 네트워크 론 제도를 이용하여 지급한 금액(판매기업이 대출받은 금액을 한도로 함)

2-3-5. 세액공제신청 등의 제출

상생결제 지급금액에 대한 세액공제를 공제받으려는 내국법인은 과세표준신고와 함께 세액공제신청서[조특칙 별지 제1호 서식] 및 공제세액계산서를 납세지 관할 세무서장에게 제출하여야 한다(조특령 §6의 4 ④).

2-3-6. 조세특례제한 및 보칙 규정

최저한세의 적용, 세액공제의 이월공제에 대한 내용은 통합투자 세액공제와 동일하므로 '2-1. 통합투자 세액공제' 중 '2-1-7. 조세특례제한 및 보칙 규정'의 해당부분을 참고하기 바란다.

2-3-7. 농어촌특별세의 납부

법인세의 신고·납부시 감면받은 상생결제 지급금액에 대한 세액공제액의 20%에 상당하는 금액을 농어촌특별세로 신고·납부하여야 한다(농특법 §5 ①, §7).

2-4. 상생협력을 위한 기금 출연 시 세액공제

2-4-1. 개 요

내국법인이 2025년 12월 31일까지 대·중소기업 상생협력을 위한 기금 출연을 하는 경우에는 해당 출연금의 10%에 상당하는 출연한 날이 속하는 사업연도의 금액을 법인세에서 공제한다. 다만, 해당 출연금이 법인세법 시행령 제2조 제5항에 따른 특수관계인을 지원하기 위하여 사용된 경우 그 금액에 대해서는 공제하지 아니한다(조특법 §8의 3 ① 및 조특령 §7의 2 ①).

2-4-2. 세액공제대상 출연

내국법인이 대·중소기업 상생협력 촉진에 관한 법률 제2조 제3호 또는 자유무역협정체결에 따른 농어업인 등의 지원에 관한 특별법 제2조 제19호에 따른 상생협력을 위해 다음 중 어느 하나에 해당하는 출연을 하는 경우에 세액공제를 적용한다. 이 때 협력중소기업이란 대·중소기업 상생협력 촉진에 관한 법률 제2조 제6호에 따른 수탁기업, 동 수탁기업과 직접 또는 간접으로 물품을 납품하는 계약관계가 있는 중소기업, 과학기술기본법 제16조의 4 제3항에 따라 지정된 전담기관과 연계하여 지원하는 창업기업 및 그 밖에 조세특례제한법 제8조의 3 제1항에 따른 내국법인이 협력이 필요하다고 인정한 중소기업을 말한다(조특법 §8의 3 ① 및 조특령 §7의 2 ②).

① 협력중소기업에 대한 보증 또는 대출지원을 목적으로 신용보증기금법에 따른 신용보증기금(이하 "신용보증기금"이라 함) 또는 기술보증기금법에 따른 기술보증기금(이하 "기술보증기금"이라 함)에 출연하는 경우

② 대·중소기업 상생협력 촉진에 관한 법률에 따른 대·중소기업·농어업협력재단(자유무역협정 체결에 따른 농어업인 등의 지원에 관한 특별법에 따른 농어촌상생협력기금을 포함하며, 이하 "협력재단"이라 함)에 출연하는 경우

③ 대·중소기업 상생협력 촉진에 관한 법률 제2조 제1호에 따른 상생중소기업이 설립한 근로복지기본법 제50조에 따른 사내근로복지기금에 출연하거나 상생중소기업 간에 공동으

로 설립한 근로복지기본법 제86조의 2에 따른 공동근로복지기금에 출연하는 경우(단, 해당 내국법인이 설립한 사내근로복지기금 또는 해당 내국법인이 공동으로 설립한 공동근로복지기금에 출연하는 경우는 제외함)

④ 중소기업협동조합법 제106조 제8항에 따른 공동사업지원자금에 출연하는 경우

2-4-3. 구분경리

신용보증기금, 기술보증기금, 협력재단, 사내근로복지기금 및 공동근로복지기금은 대·중소기업 상생협력을 위한 기금 출연 시 세액공제를 적용받은 해당 출연금을 회계처리할 때에는 다른 자금과 구분경리하여야 한다(조특법 §8의 3 ④).

2-4-4. 세액공제의 신청 및 출연금 사용명세서의 제출

대·중소기업 상생협력을 위한 기금 출연 시 세액공제를 적용받으려는 내국법인은 과세표준신고와 함께 세액공제신청서[조특칙 별지 제1호 서식]를 납세지 관할 세무서장에게 제출하여야 한다(조특령 §7의 2 ④).

또한, 신용보증기금, 기술보증기금 및 협력재단은 해당 사업연도의 과세표준신고를 할 때 대·중소기업 상생협력출연금 사용명세서[별지 제1호의 3 서식]를 납세지 관할 세무서장에게 제출하여야 한다(조특령 §7의 2 ⑤).

2-4-5. 사후관리

신용보증기금, 기술보증기금은 대·중소기업 상생협력을 위한 기금 출연 세액공제를 받은 출연금을 해당 지원목적 외의 용도로 사용한 경우에는 해당 사업연도의 과세표준신고를 할 때 내국법인이 공제받은 세액상당액을 법인세로 납부하여야 한다(조특법 §8의 3 ⑤).

2-4-6. 조세특례제한 및 보칙 규정

(1) 중복지원의 배제

동일한 사업연도에 대·중소기업 상생협력을 위한 기금 출연 시 세액공제와 창업중소기업 등에 대한 세액감면 등 법인세의 감면규정을 동시에 적용받을 수 있는 경우에는 그 중 하나만을 선택하여 적용받을 수 있다(조특법 §127). 중복지원의 배제에 대한 자세한 내용은 '제4편 제3장 제4절 중복지원의 배제'편을 참고하기 바란다.

(2) 최저한세의 적용, 세액공제액의 이월공제

최저한세의 적용, 세액공제액의 이월공제에 대한 내용은 통합투자 세액공제와 동일하므로 '2-1. 통합투자 세액공제 중 2-1-7. 조세특례제한 및 보칙 규정'의 해당 부분을 참고하기 바란다.

2-4-7. 농어촌특별세의 납부

법인세의 신고·납부시 감면받은 대·중소기업 상생협력을 위한 기금 출연 시 세액공제의 20%에 상당하는 금액을 농어촌특별세로 신고·납부하여야 한다(농특법 §5 ①, §7).

2-5. 협력중소기업에 대한 유형고정자산 무상임대 시 세액공제

2-5-1. 개 요

내국법인이 협력중소기업을 지원하기 위하여 2025년 12월 31일까지 유형고정자산을 무상으로 임대하는 경우에는 유형고정자산 장부가액의 3%에 상당하는 금액을 무상임대를 개시하는 날이 속하는 사업연도의 법인세에서 공제한다. 다만, 협력중소기업이 해당 내국법인의 법인세법 시행령 제2조 제5항에 따른 특수관계인인 경우는 제외한다(조특법 §8의 3 ② 및 조특령 §7의 2 ①). 여기서 협력중소기업은 상생협력을 위한 기금 출연 시 세액공제와 동일하므로 '2-4-2. 세액공제대상 출연'을 참고하기로 한다.

2-5-2. 유형고정자산의 무상임대

세액공제 대상 유형고정자산이란 연구개발을 위한 연구·시험용 자산으로서 공구 또는 사무기기 및 통신기기, 시계·시험기기 및 계측기기, 광학기기 및 사진제작기기를 말한다(조특령 7의 2 ⑥ 및 조특칙 §5의 2, §8 ① 1호). 또한, 내국법인이 유형고정자산을 무상으로 임대하는 경우에는 과학기술기본법 제16조의 4 제3항에 따라 지정된 전담기관 또는 중소기업창업 지원법에 따른 창업보육센터(이하 "창업보육센터 등"이라 함)와 연계하여 지원하는 창업기업에 무상으로 5년 이상 계속 임대하여야 한다(조특령 §7의 2 ⑦).

이 경우 유형고정자산을 무상임대받은 창업기업과 연계한 창업보육센터 등은 무상임대가 개시되는 즉시 무상임대 확인서[조특칙 별지 제1호의 4 서식]를 해당 내국법인에게 발급하여야 한다(조특령 §7의 2 ⑨). 창업보육센터 등은 무상임대 확인서 발급일 이후 매년 무상임대 여부를 확인하여야 하며, 5년 이상 계속하여 무상임대가 이루어지지 아니한 사실을 확인한 경우에는 지체 없이 그 사실을 납세지 관할 세무서장에게 알려야 한다(조특령 §7의 2 ⑩).

2-5-3. 세액공제의 신청

협력중소기업에 대한 유형고정자산 무상임대 시 세액공제를 적용받으려는 내국법인은 과세표준신고와 함께 세액공제신청서 및 무상임대 확인서[조특칙 별지 제1호의 4 서식]를 납세지 관할 세무서장에게 제출하여야 한다(조특령 §7의 2 ⑧).

2-5-4. 무상임대 종료시의 감면세액 납부

협력중소기업에 대한 유형고정자산 무상임대 시 세액공제를 적용받은 내국법인이 무상임대

개시일 이후 5년 이내에 해당 유형고정자산의 무상임대를 종료하는 경우에는 해당 사업연도의 과세표준신고를 할 내국법인이 공제받은 세액상당액을 법인세로 납부하여야 한다(조특법 §8의 3 ⑥).

2-5-5. 조세특례제한 및 보칙 규정

(1) 중복지원의 배제

동일한 사업연도에 협력중소기업에 대한 유형고정자산 무상임대 시 세액공제와 창업중소기업에 대한 세액감면 등 법인세의 감면규정을 동시에 적용받을 수 있는 경우에는 그 중 하나만을 선택하여 적용받을 수 있다(조특법 §127). 중복지원의 배제에 대한 자세한 내용은 '제4편 제3장 제4절 중복지원의 배제'편을 참고하기 바란다.

(2) 최저한세의 적용, 세액공제액의 이월공제

최저한세의 적용, 세액공제액의 이월공제에 대한 내용은 통합투자 세액공제와 동일하므로 '2-1. 통합투자 세액공제 중 2-1-7. 조세특례제한 및 보칙 규정'의 해당 부분을 참고하기 바란다.

2-5-6. 농어촌특별세의 납부

법인세의 신고·납부시 감면받은 협력중소기업에 대한 유형고정자산 무상임대 시 세액공제의 20%에 상당하는 금액을 농어촌특별세로 신고·납부하여야 한다(농특법 §5 ①, §7).

2-6. 수탁기업에 설치하는 검사대·연구시설 투자 시 세액공제

2-6-1. 개 요

내국법인이 대·중소기업 상생협력 촉진에 관한 법률에 따른 수탁·위탁거래의 상대방인 수탁기업에 설치('2-5. 협력중소기업에 대한 유형고정자산 무상임대 시 세액공제'에 따라 무상임대하는 경우 제외)하는 검사대 또는 연구시설에 2025년 12월 31일까지 투자(중고품 및 법 소정의 리스(*)에 의한 투자 제외)하는 경우에는 그 투자금액의 1%(중견기업은 3%, 중소기업은 7%)에 상당하는 금액을 법인세에서 공제한다. 이 경우 세액공제의 방법에 관하여는 조세특례제한법 제24조 제1항, 제2항 및 제5항의 규정을 준용하는 바, 이에 대한 자세한 설명은 '2-1. 통합투자세액공제 중 2-1-4. 세액공제의 방법'을 참고하기 바란다(조특법 §8의 3 ③ 및 조특령 §7의 2 ⑪).

(*) 법 소정의 리스란 내국인에게 자산을 대여하는 것으로서 조세특례제한법 시행규칙 제3조의 2에서 정하는 금융리스를 제외한 것을 말함(조특령 §3).

2-6-2. 세액공제의 신청

수탁기업에 설치하는 검사대·연구시설 투자 시 세액공제를 적용받으려는 내국법인은 투자완료일이 속하는 사업연도(또는 해당 투자가 이루어지는 각 사업연도)에 과세표준신고와 함께 세액공제신청서[조특칙 별지 제1호 서식]를 납세지 관할 세무서장에게 제출해야 한다(조특령 §7의 2 ⑫).

2-6-3. 조세특례의 제한 및 보칙규정

(1) 중복지원의 배제, 최저한세의 적용, 세액공제액의 이월공제, 감면세액의 납부

중복지원의 배제, 최저한세의 적용, 세액공제액의 이월공제, 감면세액의 납부에 대한 내용은 통합투자 세액공제와 동일하므로 '2-1. 통합투자세액공제 중 2-1-7. 조세특례제한 및 보칙규정'의 해당 부분을 참고하기 바란다.

(2) 수도권 과밀억제권역 투자에 대한 조세감면배제

수탁기업에 설치하는 검사대・연구시설 투자 시 세액공제에 대하여는 수도권 과밀억제권역 투자에 대한 조세감면배제의 규정이 적용되지 아니한다.

2-6-4. 농어촌특별세의 납부

법인세의 신고・납부시 감면받은 수탁기업에 설치하는 검사대・연구시설 투자 시 세액공제액의 20%에 상당하는 금액을 농어촌특별세로 신고・납부하여야 한다(농특법 §5 ①, §7).

2-7. 교육기관에 중고자산 무상기증 시 세액공제

2-7-1. 개 요

내국법인이 사업에 사용하던 자산 중 연구시험용 시설 등 반도체 관련 연구・교육에 직접 사용하기 위한 시설・장비를 대학 및 그 밖에 아래의 교육기관에 2025년 12월 31일까지 무상으로 기증하는 경우에는 기증한 자산의 법인세법 제52조 제2항에 따른 시가의 10%에 상당하는 금액을 기증하는 날이 속하는 사업연도의 법인세에서 공제한다(조특법 §8의 3 ④ 및 조특령 §7의 2 ⑭).

① 고등교육법 제2조 제4호에 따른 전문대학
② 한국과학기술원법에 따른 한국과학기술원, 광주과학기술원법에 따른 광주과학기술원, 대구경북과학기술원법에 따른 대구경북과학기술원 및 울산과학기술원법에 따른 울산과학기술원
③ 산업교육진흥 및 산학연협력촉진에 관한 법률 제25조 제1항에 따른 산학협력단
④ 다음의 학교
  가. 초・중등교육법 시행령 제90조 제1항 제10호에 따른 산업수요 맞춤형 고등학교
  나. 초・중등교육법 시행령 제91조 제1항에 따른 특성화고등학교
  다. 초・중등교육법 시행령 제81조 제7항 제2호에 따른 학과가 설치된 일반고등학교

⑤ 국가첨단전략산업 경쟁력 강화 및 보호에 관한 특별조치법 제38조 제1항에 따른 전략산업 종합교육센터

2-7-2. 세액공제 대상 중고자산

세액공제 대상 중고자산이란 반도체 관련 연구·교육에 직접 사용하기 위한 시설·장비로서 다음의 시설·장비를 말한다(조특령 §7의 2 ⑬, 별표 1).

▌무상 기증 시 세액공제를 적용받는 시설·장비(조특령 〔별표 1〕)▐

구분	시설·장비
1. 전공정 시설·장비	가. 웨이퍼 제작 공정에 사용되는 시설·장비 나. 산화 공정에 사용되는 시설·장비 다. 포토 공정에 사용되는 시설·장비 라. 식각 공정에 사용되는 시설·장비 마. 이온주입 공정에 사용되는 시설·장비 바. 증착 공정에 사용되는 시설·장비 사. 화학기계적 연마 공정에 사용되는 시설·장비 아. 금속배선, 패키징과 테스트 공정에 사용되는 시설·장비 자. 계측 공정에 사용되는 시설·장비 차. 웨이퍼 표면의 불순물을 제거하는 공정에 사용되는 시설·장비
2. 후공정 시설·장비	가. 후면연삭(Back Grinding) 공정에 사용되는 시설·장비 나. 절단(Wafer Dicing) 및 접착(Attach) 공정에 사용되는 시설·장비 다. 와이어본딩(Wire Bonding) 공정에 사용되는 시설·장비 라. 몰딩(Molding) 공정에 사용되는 시설·장비 마. 패키징 및 테스트 공정에 사용되는 시설·장비 바. 계측 공정에 사용되는 시설·장비

한편, 기증한 자산에 대하여 법인세법 제24조에 따른 기부금의 손금불산입 규정을 적용하는 경우에는 같은 법 시행령 제36조 제1항에 따라 해당 자산의 가액을 산정한다(조특령 §7의 2 ⑮).

2-7-3. 세액공제의 신청

중고자산 무상기증 시 세액공제를 적용받으려는 내국법인은 과세표준신고를 할 때 세액공제 신청서[조특칙 별지 제1호 서식]를 납세지 관할 세무서장에게 제출해야 한다(조특령 §7의 2 ⑯).

2-7-4. 조세특례의 제한 및 보칙규정

중복지원의 배제, 최저한세의 적용, 세액공제액의 이월공제에 대한 내용은 '2-5. 협력중소기업에 대한 유형고정자산 무상임대 시 세액공제'와 동일하므로 '2-5-5. 조세특례제한 및 보칙 규정'을 참고하기 바란다.

2-8. 연구·인력개발비에 대한 세액공제

2-8-1. 개 요

내국법인의 연구개발 및 인력개발을 위한 비용 중 법 소정의 연구·인력개발비가 있는 경우에는 본 세액공제를 적용받을 수 있다(조특법 §10 ①).

2-8-2. 세액공제대상 비용

(1) 연구·인력개발비의 범위

연구·인력개발비란 과학적·기술적 진전을 이루기 위한 활동과 새로운 서비스 및 서비스 전달체계를 개발하기 위한 활동인 연구개발활동 및 내국법인이 고용하고 있는 임원·사용인을 교육·훈련시키는 인력개발활동을 위한 비용(새로운 서비스 및 서비스 전달체계를 개발하기 위한 활동에 발생한 금액 중 과학기술분야와 결합되어 있지 아니한 금액에 대해서는 자체 연구개발에 발생한 것에 한정함)으로서 조세특례제한법 시행령 별표 6에서 규정하고 있는 다음의 비용을 말한다. 다만, 연구개발출연금등[(*)]을 지급받아 연구개발비 또는 인력개발비로 지출하는 금액은 세액공제대상 연구·인력개발비에서 제외한다(조특법 §2 ① 11호, 12호, §10 ⑤ 및 조특령 §9 ①).

(*) 연구·인력개발비에서 제외되는 연구개발출연금등(조특령 §9 ① 각 호)

1. 조세특례제한법 제10조의 2 제1항에 따른 연구개발출연금등
2. 국가, 지방자치단체, 공공기관의 운영에 관한 법률에 따른 공공기관 및 지방공기업법에 따른 지방공기업으로부터 지급받는 출연금 등의 자산

1) 연구개발비

① 자체연구개발

(가) 연구개발 또는 문화산업 진흥 등을 위한 전담부서등에서 연구업무에 종사하는 기초연구진흥 및 기술개발지원에 관한 법률 시행령에 따른 연구전담요원(산업디자인전문회사의 경우 연구업무에 종사하는 산업디자인진흥법 시행규칙 제9조 제1항 제1호에 따른 전문인력을 말함. 이하 같음) 및 같은 법 시행령에 따른 연구보조원과 연구개발서비스업에 종사하는 전담요원의 인건비(조특칙 §7 ③)

㉠ 전담부서 등이란 기초연구진흥 및 기술개발지원에 관한 법률 제14조의 2 제1항에 따라 과학기술정보통신부장관의 인정을 받은 기업부설연구소·연구개발전담부서, 문화산업진흥 기본법 제17조의 3 제1항에 따른 기업부설창작연구소·기업창작전담부서 및 산업디자인진흥법 제9조에 따른 산업디자인전문회사(이하 "전담부서등"이라 함)를 말함(조특칙 §7 ①).

㉡ 연구개발서비스업이란 연구산업진흥법에 따른 전문연구사업자가 영위하는 같은 법 제2조 제1호 가목의 연구산업(이하 "연구개발서비스업"이라 함)을 말함(조특칙 §7 ①).

㉢ 다음의 인건비를 제외함.

1. 소득세법 제22조에 따른 퇴직소득에 해당하는 금액
2. 소득세법 제29조 및 법인세법 제33조에 따른 퇴직급여충당금
3. 법인세법 시행령 제44조의 2 제2항에 따른 퇴직연금 등의 부담금 및 소득세법 시행령 제40조의 2 제1항 제2호에 따른 퇴직연금계좌에 납부한 부담금

㉣ 주주인 임원으로서 다음의 어느 하나에 해당하는 자에 대한 인건비는 제외함(조특칙 §7 ③).

1. 부여받은 주식매수선택권을 모두 행사하는 경우 해당 법인의 총발행주식의 10%를 초과하여 소유하게 되는 자
2. 해당 법인의 주주로서 법인세법 시행령 제43조 제7항에 따른 지배주주 등 및 해당 법인의 총발행주식의 10%를 초과하여 소유하는 주주
3. 상기 2에 해당하는 자(법인을 포함함)의 소득세법 시행령 제98조 제1항 또는 법인세법 시행령 제2조 제5항에 따른 특수관계인. 이 경우 법인세법 시행령 제2조 제5항 제7호에 해당하는 자가 해당 법인의 임원인 경우를 제외함.

㉤ 내국법인이 타인으로부터 수탁받은 연구개발용역수행을 위해 자신의 연구개발전담부서에서 근무하는 자의 인건비 등으로 지출하는 비용은 제외함(조특통 10-0…2).

(나) 전담요원 등이 가입한 다음의 사회보험에 대해 사용자가 부담하는 사회보험료 상당액

㉠ 국민연금법에 따른 국민연금

㉡ 고용보험법에 따른 고용보험

㉢ 산업재해보상보험법에 따른 산업재해보상보험

㉣ 국민건강보험법에 따른 국민건강보험

(다) 전담부서등 및 연구개발서비스업자가 연구용(구기술개발촉진법 제2조 제1호의 기술개발을 말함)으로 사용하는 견본품 · 부품 · 원재료와 시약류구입비(시범제작에 소요되는 외주가공비를 포함함) 및 소프트웨어(문화산업진흥 기본법에 따른 문화상품 제작을 목적으로 사용하는 경우에 한정함) 서체 · 음원 · 이미지의 대여 · 구입비. 다만, 전담부서 등에서 사용하는 사무용품비 등 소모품비와 복리후생비를 포함하지 아니함(조특통 10-9…4).

(라) 전담부서 등 및 연구개발서비스업자가 직접 사용하기 위한 연구 · 시험용 시설(조특령 §25의 3 ③ 2호 가목)의 임차 또는 아래 ②의 (가)에 따른 기관의 연구 · 시험용 시설의 이용에 필요한 비용(조특칙 §13의 10 ①)

② 위탁 및 공동연구개발

(가) 다음의 기관에 과학기술 및 산업디자인 분야의 연구개발용역을 위탁(재위탁을 포함함)함에 따른 비용(전사적 기업자원 관리설비, 판매시점 정보관리 시스템 설비 등 기업의 사업운영 · 관리 · 지원 활동과 관련된 시스템 개발을 위한 위탁비용은 제외하며, 이하 ②에

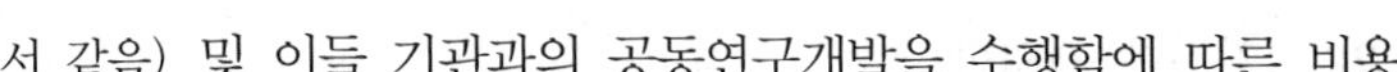

서 같음) 및 이들 기관과의 공동연구개발을 수행함에 따른 비용

㉠ 고등교육법에 따른 대학 또는 전문대학

㉡ 국공립연구기관

㉢ 정부출연연구기관

㉣ 국내외의 비영리법인(비영리법인에 부설된 연구기관을 포함함)

㉤ 산업기술혁신 촉진법 제42조에 따른 전문생산기술연구소 등 기업이 설립한 국내외 연구기관

㉥ 전담부서등(단, 전담부서등에서 직접 수행한 부분에 한정함) 또는 국외기업에 부설된 연구기관

㉦ 영리를 목적으로 연구산업진흥법 제2조 제1호 가목 또는 나목의 산업을 영위하는 기업 또는 영리목적으로 연구・개발을 독립적으로 수행하거나 위탁받아 수행하고 있는 국외 소재 기업

㉧ 산업교육진흥 및 산학연협력촉진에 관한 법률에 따른 산학협력단

㉨ 한국표준산업분류표상 기술시험・검사 및 분석업을 영위하는 기업

㉩ 산업디자인진흥법 제4조 제2항 각 호에 해당하는 기관

㉪ 산업기술연구조합 육성법에 따른 산업기술연구조합

(나) 고등교육법에 따른 대학 또는 전문대학에 소속된 개인(조교수 이상으로 한정함)에게 과학기술분야의 연구개발용역을 위탁함에 따른 비용

③ 해당 기업이 그 종업원 또는 종업원 외의 자에게 직무발명 보상금 지급으로 발생한 금액

④ 기술정보비(기술자문비를 포함함) 또는 도입기술의 소화개량비로서 다음의 어느 하나에 해당하는 자로부터 산업기술에 관한 자문을 받고 지급하는 기술자문료(조특칙 §7 ⑤)

(가) 과학기술분야를 연구하는 국・공립연구기관, 정부출연연구기관, 국내외 비영리법인(부설연구기관을 포함함), 산업기술혁신 촉진법 제42조에 따른 전문생산기술연구소 등 기업이 설립한 국내외 연구기관, 전담부서등 또는 국외기업에 부설된 연구기관에서 연구업무에 직접 종사하는 연구원

(나) 고등교육법 제2조에 따른 대학(교육대학 및 사범대학을 포함함) 또는 전문대학에 근무하는 과학기술분야의 교수(조교수 이상인 자에 한함)

(다) 외국에서 다음의 어느 하나에 해당하는 산업분야에 5년 이상 종사하였거나 학사학위 이상의 학력을 가지고 해당 분야에 3년 이상 종사한 외국인기술자

> 조세특례제한법 시행령 [별표 4]의 산업(기계공업, 전자공업, 전기공업, 항공공업, 방위산업, 정밀화학, 신소재산업, 생물산업, 정보처리 및 컴퓨터운용관련업 또는 부가통신업, 석유화학 및 석유정제업, 엔지니어링사업), 광업, 건설업, 엔지니어링사업, 물류산업, 시장조사 및 여론조사업, 경영컨설팅업 및 공공관계 서비스업, 사업시설 유지관리 서비스업, 교육관련 자문 및

평가업, 기타 교육지원 서비스업(교환학생 프로그램 운영 등으로 한정함), 비금융 지주회사, 기술 시험·검사 및 분석업, 측량업, 제도업, 지질조사 및 탐사업(광물채굴 목적의 조사 및 탐사를 제외한 지질조사 및 탐사활동으로 한정함), 지도제작업, 전문디자인업, 그 외 기타 분류 안된 전문·과학 및 기술 서비스업(지도제작, 환경정화 및 복원활동을 제외한 그 외 기타 분류 안 된 전문·과학 및 기술 서비스로 한정함), 기타 광업 지원 서비스업(채굴 목적 광물탐사활동으로 한정함), 토양 및 지하수 정화업(토양 및 지하수 정화활동으로 한정함), 기타 환경 정화 및 복원업(토양 및 지하수 외의 환경 정화 활동으로 한정하되, 선박 유출기름 수거운반은 제외함), 연구산업, 의료업(국제의료관광코디네이터에 한정함)

⑤ 중소기업이 과학기술분야 정부출연연구기관 등의 설립·운영 및 육성에 관한 법률에 따라 설립된 한국생산기술연구원과 산업기술혁신 촉진법에 따라 설립된 전문생산기술연구소의 기술지도 또는 중소기업진흥에 관한 법률에 따른 기술지도를 받음에 따라 발생한 비용

⑥ 중소기업에 대한 공업 및 상품디자인 개발지도를 위하여 발생한 비용

⑦ 중소기업이 산업재산 정보의 관리 및 활용 촉진에 관한 법률 제17조 제1항에 따라 지정된 산업재산 진단기관의 특허 조사·분석을 받음에 따라 발생한 비용

2) 인력개발비

① 위탁훈련비(전담부서등에서 연구업무에 종사하는 연구요원으로 한정함)

(가) 국내외의 전문연구기관 또는 대학에의 위탁교육훈련비

(나) 국민평생직업능력개발법에 따른 직업훈련기관에 위탁훈련비

(다) 국민평생직업능력개발법에 따라 고용노동부장관의 승인을 받아 위탁훈련하는 경우의 위탁훈련비

(라) 중소기업이 중소기업진흥에 관한 법률에 따른 기술연수를 받기 위하여 발생한 비용

(마) 그 밖에 자체기술능력향상을 목적으로 한 국내외 위탁훈련비로서 전담부서등에서 연구업무에 종사하는 연구전담요원이 훈련을 목적으로 지출하는 다음의 비용(조특칙 §7 ⑧)

㉠ 국내외 기업(국내기업의 경우에는 전담부서등을 보유한 기업에 한함)에의 위탁훈련비. 다만, 국외훈련에 따르는 체류경비는 포함되지 아니함(조특통 10-9…1 ②).

㉡ 산업발전법에 따라 설립된 한국생산성본부에의 위탁훈련비

② 국민평생직업능력 개발법 또는 고용보험법에 따른 사내직업능력개발훈련 실시 및 직업능력개발훈련관련사업 실시에 소요되는 비용으로서 다음에 해당하는 비용(조특칙 §7 ⑨)

(가) 사업주가 단독 또는 다른 사업주와 공동으로 국민평생직업능력 개발법 제2조 제1호의 직업능력개발훈련(이하 "직업능력개발훈련"이라 함)을 실시하는 경우의 실습재료비(해당 기업이 생산 또는 제조하는 물품의 제조원가 중 직접 재료비를 구성하지 않는 것으로 한정함)

(나) 국민평생직업능력 개발법 제20조 제1항 제2호에 따른 기술자격검정의 지원을 위한

필요경비

(다) 국민평생직업능력 개발법 제33조 제1항에 따른 직업능력개발훈련교사 등에게 지급하는 급여

(라) 사업주가 단독 또는 다른 사업주와 공동으로 실시하는 직업능력개발훈련으로서 국민평생직업능력 개발법 제24조에 따라 고용노동부장관의 인정을 받은 직업능력개발훈련과정의 직업능력개발훈련을 받는 훈련생에게 지급하는 훈련수당 · 식비 · 훈련교재비 및 직업훈련용품비

③ 중소기업에 대한 인력개발 및 기술지도를 위하여 발생하는 비용으로서 다음에 해당하는 비용(조특칙 §7 ⑩)

(가) 지도요원의 인건비 및 지도관련경비

(나) 직업능력개발훈련의 훈련교재비 및 실습재료비

(다) 직업능력개발훈련시설의 임차비용

(라) 중소기업이 중소기업 인력지원 특별법에 따라 중소기업 핵심인력 성과보상기금에 납입하는 비용. 다만, ㉠에 따른 납입비용은 세액공제 대상에서 제외하고, ㉡에 따른 환급받은 금액은 납입비용에서 뺀다.

㉠ 조세특례제한법 시행령 제26조의 6 제1항 각 호에 따른 다음의 사람에 대한 납입비용

1. 해당 법인의 최대주주 또는 최대출자자와 그 배우자
2. 위 1.에 해당하는 자의 직계존비속(그 배우자를 포함함) 또는 위 1.에 해당하는 사람과 국세기본법 시행령 제1조의 2 제1항에 따른 친족관계에 있는 사람

㉡ 중소기업 핵심인력 성과보상기금에 가입한 이후 5년 이내에 중도해지를 이유로 중소기업이 환급받은 금액(환급받은 금액 중 이전 사업연도에 빼지 못한 금액이 있는 경우에는 해당 금액을 포함함)

(마) 내국법인이 사용하지 아니하는 자기의 특허권 및 실용신안권을 중소기업(법인세법 제2조 제12호 및 소득세법 제41조에 따른 특수관계인이 아닌 경우로 한정함)에게 무상으로 이전하는 경우 그 특허권 및 실용신안권의 장부상 가액

(바) 산업발전법 제19조 제1항에 따른 지속가능경영과 관련된 임직원 교육 경비 및 경영수준 진단 · 컨설팅 비용

④ 생산성향상을 위한 인력개발비로서 다음에 해당하는 비용. 다만, 교육훈련시간이 24시간 이상인 교육과정으로 한정함(조특칙 §7 ⑪).

(가) 품질관리 · 생산관리 · 설비관리 · 물류관리 · 소프트웨어관리 · 데이터관리 · 보안관리(이하 "품질관리 등"이라 함)에 관한 회사 내 자체교육비로서 다음의 비용에 준하는 것(조특칙 §7 ⑬)

㉠ 교육훈련용 교재비 · 실험실습비 및 교육용품비

ㄴ 강사에게 지급하는 강의료

ㄷ 사내기술대학 등에서 직접 사용하기 위한 실험실습용 물품 · 자재 · 장비 또는 시설의 임차비

ㄹ 사내기술대학 등의 교육훈련생에게 교육훈련기간 중 지급한 교육훈련수당 및 식비

(나) 다음의 기관에 품질관리 등에 관한 훈련을 위탁하는 경우의 그 위탁훈련비. 다만, 국민평생직업능력 개발법에 따른 위탁훈련비와 산업발전법에 따라 설립된 한국생산성본부에의 위탁훈련비를 제외함.

ㄱ 국가전문행정연수원(국제특허연수부에서 훈련받는 경우에 한함)

ㄴ 산업표준화법 제32조에 따라 설립된 한국표준협회

ㄷ 산업디자인진흥법 제11조에 따라 설립된 한국디자인진흥원

ㄹ 품질관리 등에 관한 교육훈련을 목적으로 민법 제32조에 따라 설립된 사단법인 한국능률협회

ㅁ 상공회의소법에 따라 설립된 부산상공회의소의 연수원

(다) 문화산업진흥 기본법 제31조에 따라 설립된 한국콘텐츠진흥원에 교육을 위탁하는 경우 그 위탁교육비용

(라) 항공안전법에 따른 조종사의 운항자격 정기심사를 받기 위한 위탁교육훈련비용

(마) 해외 호텔 및 해외 음식점에서 조리법을 배우기 위한 위탁교육훈련비용

⑤ 과학기술분야의 교육훈련을 위한 전용교육시설 및 교과과정을 갖춘 사내교육훈련기관으로서 교육부장관이 기획재정부장관과 협의하여 정하는 기준에 해당하는 사내교육훈련기관인 사내기술대학(대학원을 포함함)과 평생교육법에 따라 설치된 사내대학의 운영에 필요한 비용으로서 다음에 해당하는 비용(조특칙 §7 ⑫, ⑬)

(가) 교육훈련용 교재비 · 실험실습비 및 교육용품비

(나) 강사에게 지급하는 강사료

(다) 사내기술대학 등에서 직접 사용하기 위한 실험실습용 물품 · 자재 · 장비 또는 시설의 임차비

(라) 사내기술대학 등의 교육훈련생에게 교육훈련기간 중 지급한 교육훈련수당 및 식비

⑥ 산업교육진흥 및 산학연협력촉진에 관한 법률 시행령 제2조 제1항 제3호 및 제4호에 따른 학교 또는 산업수요 맞춤형 고등학교 등과의 계약을 통해 설치 · 운영되는 직업교육훈련과정 또는 학과 등의 운영비로 발생한 비용

⑦ 산업수요 맞춤형 고등학교 등과 다음의 어느 하나에 해당하는 사전 취업계약 등을 체결한 후, 직업교육훈련을 받는 해당 산업수요 맞춤형 고등학교의 재학생에게 해당 훈련기간 중 지급한 훈련수당, 식비, 교재비 또는 실습재료비(생산 또는 제조하는 물품의 제조원가 중 직접재료비를 구성하지 않는 것만 해당함)(조특칙 §7 ⑱)

(가) 산업수요 맞춤형 고등학교 등 재학생에 대한 고용을 목적으로 해당 학교와 체결하는

직업교육훈련 촉진법 제2조 제5호 나목에 따른 특약으로서 다음의 요건을 모두 갖춘 산업체 맞춤형 직업교육훈련계약

㉠ 산업수요 맞춤형 고등학교 등에 교육부장관이 정하는 산업체 맞춤형 직업교육훈련과정을 설치할 것

㉡ 해당 내국인의 생산시설 또는 근무장소에서 산업수요 맞춤형 고등학교 등 재학생에 대하여 교육부장관이 정하는 기간 이상의 현장훈련을 실시할 것

㉢ 산업체 맞춤형 직업교육훈련과정 이수자에 대한 고용요건 등이 포함될 것

㉣ 위 ㉠~㉢의 요건 등에 관한 사항이 포함된 교육부장관이 정하는 계약서에 따라 산업체 맞춤형 직업교육훈련계약을 체결할 것

(나) 산업수요 맞춤형 고등학교 등 재학생에 대한 고용을 목적으로 해당 학교 및 직업교육훈련 촉진법 제2조 제2호에 따른 직업교육훈련기관과 체결하는 같은 법 제2조 제5호 나목에 따른 특약으로서 다음의 요건을 모두 갖춘 취업인턴 직업교육훈련계약

㉠ 산업수요 맞춤형 고등학교 등 또는 직업교육훈련기관에 교육부장관이 정하는 취업인턴 직업교육훈련과정을 설치할 것

㉡ 해당 내국인의 생산시설 또는 근무장소에서 산업수요 맞춤형 고등학교 등 재학생에 대하여 교육부장관이 정하는 기간 이상의 현장훈련을 실시할 것

㉢ 취업인턴 직업교육훈련과정 이수자에 대한 고용요건 등이 포함될 것

㉣ 위 ㉠~㉢의 요건 등에 관한 사항이 포함된 교육부장관이 정하는 계약서에 따라 취업인턴 직업교육훈련계약을 체결할 것

⑧ 산업교육진흥 및 산학연협력촉진에 관한 법률 제11조의 3에 따라 현장실습산업체가 교육부장관이 정하는 표준화된 운영기준을 준수하는 현장실습을 실시하는 산업교육기관 등과 다음의 요건을 모두 갖춘 사전 취업약정 등을 체결하고 해당 현장실습 종료 후 현장실습을 이수한 대학생을 채용한 경우 현장실습 기간 중 해당 대학생에게 같은 조 제3항에 따라 지급한 현장실습 지원비(생산 또는 제조하는 물품의 제조원가 중 직접 재료비를 구성하지 않는 것만 해당함)(조특칙 §7 ⑲)

(가) 대학교 등에 산업교육진흥 및 산학연협력촉진에 관한 법률 제11조의 3에 따라 교육부장관이 정하는 표준운영기준을 준수하는 현장실습 과정을 설치할 것

(나) 현장실습 산업체의 생산시설 또는 근무장소에서 대학교 재학생에 대하여 산업교육진흥 및 산학연협력촉진에 관한 법률 제11조의 3에 따라 교육부장관이 정하는 기간 이상의 현장실습을 실시할 것

(다) 표준운영기준을 준수하는 현장실습의 이수자에 대한 고용조건 등이 포함될 것

⑨ 산업교육진흥 및 산학연협력촉진에 관한 법률 제2조 제2호 다목에 따른 대학과의 계약을 통해 설치·운영되는 같은 법 제8조 제2항에 따른 계약학과 등의 운영비로 발생한 비용

개 정

○ 2024년 2월 29일 시행령 개정시 연구전담요원 등이 가입한 4대 사회보험료의 사용자 부담분을 자체연구개발비 범위에 명시
➡ 2024년 2월 29일이 속하는 사업연도부터 적용

(2) 연구·인력개발비의 구분

본 세액공제대상 연구·인력개발비는 신성장·원천기술연구개발비, 국가전략기술연구개발비 및 일반연구·인력개발비로 구분하여 각각 달리 적용된다(조특법 §10 ① 및 조특령 §9 ③, ⑦).

1) 신성장·원천기술연구개발비

① 신성장·원천기술연구개발비의 범위

신성장·원천기술연구개발비란 연구·인력개발비 중 미래 유망성 및 산업 경쟁력 등을 고려하여 지원할 필요성이 있다고 인정되는 기술로서 조세특례제한법 시행령 별표 7에 따른 신성장·원천기술을 얻기 위한 다음의 어느 하나에 해당하는 비용을 말한다(조특법 §10 ① 1호 및 조특령 §9 ③).

(가) 자체 연구개발의 경우 : 다음의 비용

㉠ 신성장·원천기술연구개발 전담부서 등에서 신성장·원천기술연구개발업무에 종사하는 연구원 및 이들의 연구개발업무를 직접적으로 지원하는 사람에 대한 인건비. 다만, 다음의 어느 하나에 해당하는 사람의 인건비는 제외한다(조특칙 §7 ③, ④).

㉮ 주주인 임원으로서 다음의 어느 하나에 해당하는 사람

1. 부여받은 주식매수선택권을 모두 행사하는 경우 해당 법인의 총발행주식의 10%를 초과하여 소유하게 되는 자
2. 해당 법인의 주주로서 법인세법 시행령 제43조 제7항에 따른 지배주주 등 및 해당 법인의 총발행주식의 10%를 초과하여 소유하는 주주
3. 위 2.에 해당하는 자(법인 포함)와 소득세법 시행령 제98조 제1항 또는 법인세법 시행령 제2조 제5항에 따른 특수관계인. 이 경우 법인세법 시행령 제2조 제5항 제7호에 해당하는 자가 해당 법인의 임원인 경우를 제외한다.

㉯ 아래 '②의 (나)'에 해당하는 경우로서 신성장·원천기술개발업무와 일반연구개발을 동시에 수행한 사람

㉡ 신성장·원천기술연구개발업무를 위하여 사용하는 견본품, 부품, 원재료와 시약류 구입비 및 소프트웨어(문화산업진흥 기본법 제2조 제2호에 따른 문화상품 제작을 목적으로 사용하는 경우에 한정함) 서체·음원·이미지의 대여·구입비

(나) 위탁 및 공동연구개발의 경우 : 신성장·원천기술 위탁·공동 연구기관에 신성장·원천기술연구개발업무를 위탁(재위탁을 포함)함에 따라 발생하는 비용(전사적 기업자원

관리설비, 판매시점 정보관리 시스템 설비 등 기업의 사업운영·관리·지원 활동과 관련된 시스템 개발을 위한 위탁비용은 제외) 및 이들 기관과의 공동연구개발을 수행함에 따라 발생하는 비용

② 신성장·원천기술연구개발 전담부서 등

신성장·원천기술연구개발 전담부서 등이란 조세특례제한법 시행규칙 제7조 제1항에 따른 전담부서 등 및 연구개발서비스업을 영위하는 기업으로서, 신성장·원천기술연구개발업무만을 수행하는 국내 소재 전담부서 등 및 연구개발서비스업을 영위하는 기업을 말한다. 다만, 일반연구개발을 수행하는 전담부서 등 및 연구개발서비스업을 영위하는 기업의 경우에는 다음의 구분에 따른 조직을 신성장·원천기술연구개발 전담부서 등으로 본다(조특칙 §7 ②).

(가) 신성장·원천기술연구개발업무에 관한 별도의 조직을 구분하여 운영하는 경우: 그 내부 조직

(나) 위 (가) 외의 경우: 신성장·원천기술연구개발업무 및 일반연구개발을 모두 수행하는 전담부서 등 및 연구개발서비스업을 영위하는 기업

③ 신성장·원천기술 위탁·공동 연구기관

신성장·원천기술 위탁·공동 연구기관이란 다음의 어느 하나에 해당하는 기관을 말한다. 다만, 아래 (라)부터 (사)까지의 기관에 신성장·원천기술 연구개발업무를 위탁(재위탁 포함)하는 경우(조특령 별표 7의 제7호 가목 6)부터 8)까지의 규정에 따른 임상1상·2상·3상 시험의 경우는 제외함)에는 국내에 소재한 기관으로 한정한다(조특칙 §7 ⑥, ⑦).

(가) 고등교육법에 따른 대학 또는 전문대학

(나) 국공립연구기관

(다) 정부출연연구기관

(라) 비영리법인(비영리법인에 부설된 연구기관을 포함함)

(마) 산업기술혁신 촉진법 제42조에 따른 전문생산기술연구소 등 기업이 설립한 국내외 연구기관

(바) 전담부서등(단, 신성장·원천기술연구개발업무만을 수행하는 전담부서 등에서 직접 수행한 부분에 한정함) 또는 국외기업에 부설된 연구기관

(사) 연구산업진흥법 제2조 제1호 가목 및 나목의 연구산업을 영위하는 기업 또는 영리목적으로 연구·개발을 독립적으로 수행하거나 위탁받아 수행하고 있는 국외소재 기업

(아) 내국인이 의결권 있는 발행주식총수의 50% 이상을 직접 소유하거나 80% 이상을 직접 또는 간접으로 소유하고 있는 외국법인(외국법인에 부설된 연구기관을 포함함). 여기서 주식의 간접소유비율의 계산에 관하여는 국제조세조정에 관한 법률 시행령 제2조 제3항을 준용함.

▌신성장 · 원천기술의 범위(조특령 〔별표 7〕)▐

구분	분야	신성장·원천기술
1. 미래형 자동차	가. 자율 주행차	1) (삭제, 2023. 6. 7.)
		2) (삭제, 2023. 6. 7.)
		3) (삭제, 2023. 6. 7.)
		4) 자율주행 기록 및 사고원인 규명 기술: 자율주행 운행 기록과 사고시점 전후의 자동차 내외부 정보를 저장하고 분석하는 기술
		5) 탑승자 인지 및 인터페이스 기술: 탑승자의 안면인식 등을 통한 신체적·감정적 변화 감지 기술과 탑승자의 모션·음성·터치 등을 통해 운전·내부조작 등이 가능한 상호작용 기술
	나. 전기 구동차	1) (삭제, 2023. 6. 7.)
		2) (삭제, 2023. 6. 7.)
		3) 전기차 초고속·고효율 무선충전 기술: 전기동력 자동차와 관련하여 감전위험이 없는 비접촉 무선 전력전송 방식(자기유도, 자기공명, 전자기파)으로 배터리를 충전하기 위한 전력 전송효율 90% 이상의 초고속 고효율 무선충전시스템 및 무선충전 핵심모듈(급전 인버터, 집전 픽업구조, 레귤레이터) 기술
		4) 하이브리드자동차의 구동시스템 고효율화 기술: 하이브리드자동차(HEV)의 연비 향상, 배출가스 감축 등을 위해 엔진 열효율(공급된 연료 에너지에 대해 출력되는 유효일의 비를 말한다)을 45% 이상으로 구현하기 위한 하이브리드 구동시스템 고효율화 기술
2. 지능 정보	가. 인공 지능	1) 학습 및 추론 기술: 다양한 기계학습 알고리즘(algorithm), 딥러닝(deep learning), 지식베이스(knowledge base) 구축, 지식추론 등 학습 알고리즘과 모델링(modeling) 조합을 통해 지능의 정확도와 속도를 향상시키는 소프트웨어 기술
		2) 언어이해 기술: 텍스트(text), 음성에서 언어를 인지·이해하고 사람처럼 응대할 수 있는 자연어 처리, 정보검색, 질의응답, 언어의미 이해, 형태소·구문 분석 등 언어 관련 소프트웨어 기술
		3) 시각이해 기술: 비디오(video), 이미지(image) 등에서 객체를 구분하고 움직임의 의미를 파악하기 위한 컴퓨터 비전(computer vision), 행동 인식, 내용기반 영상검색, 영상 이해, 영상 생성 등 사람의 시각지능을 모사한 소프트웨어 기술
		4) 상황이해 기술: 다양한 센서(sensor)를 통해 수집된 환경정보를 이해하거나, 대화 상대의 감정을 이해하고 주변상황과 연결한 자신의 상태를 이해하는 등 자신이 포함된 세계나 환경을 이해하여 적절한 행동을 결정짓는 소프트웨어 기술
		5) 인지컴퓨팅 기술: 저전력·고효율로 지능정보 학습을 수행할 수 있도록 컴퓨터 시스템 구조를 재설계하거나, 인공지능 알고리즘(algorithm) 처

구분	분야	신성장 · 원천기술
		리가 용이하도록 초고성능 연산 플랫폼(Platform)을 제공하는 컴퓨터 하드웨어 및 소프트웨어 기술
	나. 사물인터넷 (IoT: Internet of Things)	1) IoT 네트워크 기술: 사물 간의 네트워크(network)를 구성하기 위한 대량의 네트워크(Massive IoT) 구성 기술, 저전력 초경량 네트워크 기술(LPWA: Low Power Wide Area) 및 네트워크 상황에 따른 품질 보장형 협업 네트워크와 사물인터넷 전용망 기술
		2) IoT 플랫폼 기술: 다양한 사물인터넷 기기에 대한 식별 · 통신 · 검색 · 접근 및 사물인터넷 기기를 통한 데이터 수집 · 저장 · 관리와 데이터에 대한 분석 · 가공을 지원하는 지능형 소프트웨어 플랫폼(Software Platform) 기술
		3) 사이버물리시스템 기술: 센서와 구동체[액츄에이터(Actuator)]를 갖는 기계적 장치와 이를 제어하는 정보통신 인프라(infra)를 결합하여 물리적 환경과 가상 환경을 연결하는 것으로 물리적 환경을 실시간으로 모니터링(monitoring)하여 대량의 데이터(data)를 수집 · 분석 · 처리하고 이를 바탕으로 물리적 기계장치 또는 컴퓨팅(computing) 장치를 자동으로 제어하는 임베디드(embedded) 기반 분산제어 시스템 기술
	다. 클라우드 (Cloud)	1) SaaS(Software as a Service) 기술: 다양한 클라우드 환경에서 인터넷을 통한 소프트웨어 사용이 실행가능하도록 상호운용성을 확보하고, 다양한 사용자 요구를 소프트웨어 자체의 변경 없이 수용하는 맞춤형 서비스 기술 및 SaaS 응용을 연계하여 새로운 서비스를 제공하는 서비스 매쉬업(mashup) 기술
		2) PaaS(Platform as a Service) 기술: 개발자가 데이터베이스(database), 웹(web), 모바일(mobile), 데이터(data) 처리 등의 소프트웨어 개발 환경을 클라우드 상에서 손쉽게 활용하여 응용 서비스의 개발 · 배포 및 이전이 가능하도록 하는 기술 및 실행환경 제공 기술
		3) IaaS(Infrastructure as a Service) 기술: 가상머신(Virtual Machine) 혹은 컨테이너(container, 경량화된 가상화기술) 기반으로 자원을 가상화하고, 다중 클라우드 연동을 통해 자원을 확장하는 기술 및 다양한 클라우드 인프라 서비스의 중개를 위한 클라우드 서비스 브로커리지(Cloud Service Brokerage) 기술
	라. 빅데이터 (Big Data)	1) 빅데이터 수집 · 정제 · 저장 및 처리기술: 여러 입력 소스(source)에서 발생하는 다양한 종류의 대규모 데이터(data)를 수집 · 정제하거나, 향후 분석을 위해 고속의 저장소에 저장하고 관리하는 기술
		2) 빅데이터 분석 및 예측 기술: 대규모 데이터(data)에 다양한 통계기법, 기계학습, 시뮬레이션(simulation) 기법 등을 활용하여 분석하고, 데이터에 내재한 의미를 추출하고 장단기 미래 동향을 예측하는 소프트웨어 기술
		3) 데이터 비식별화 기술: 개인의 사생활을 침해하지 않으면서 인공지능 학습 등에 활용할 수 있도록 대량의 비정형데이터(이미지 · 영상 등) 및 개인정보 데이터를 비식별화하는 기술

구분	분야	신성장 · 원천기술
	마. 착용형 스마트 기기	1) 신체 부착형 전자회로의 유연기판 제작기술 및 유연회로 인쇄기술: 스마트 착용형기기(wearable device)에 사용되는 신체 부착형 전자회로의 유연기판 제작기술 및 유연회로 인쇄기술
		2) 유연한 양 · 음극 소재 및 전극 설계 · 제조 기술: 20퍼센트 이상의 변형 시에도 기계적 · 전기화학적 신뢰성 확보가 가능하며 100㎛ 후박급의 착용형기기(wearable device)에 전원용으로 사용되는 유연한(flexible) 양 · 음극 소재 설계 · 제조 기술 및 해당 전극의 조성(composition) · 형상(forming)의 설계 · 제조 기술
		3) 섬유기반 유연전원(fabric based flexible battery) 제조 기술: 유연 성능이 4.5g · ㎠/㎝ 이상으로 변형에 대한 형태 안정성이 우수한 유연전원(fabric based flexible battery)으로서, 에너지 밀도가 100Wh/kg 이상으로 고효율 · 고수명의 성능을 가진 섬유기반 유연전원을 제조하는 기술
		4) 전투기능 통합형 작전용 첨단디지털 의류기술: 군사 및 경찰 작전 등의 특수 임무를 수행하는 데 필요한 극한기능과 신호전송기능 및 신체보호기능을 갖춘 총체적 디지털 기능 전투복 제조 기술
		5) 생체정보 처리 및 인체내장형 컴퓨팅 기술: 생체신호 측정 및 전달 기술, 생체기능의 컴퓨터 시뮬레이션(모사) 기술, 내장형 심장 박동 기술, 인슐린 자동 분비 기술, 인공 눈/귀 등과 같이 신체의 내 · 외부에 장착되어 사용자의 생체정보 또는 기능을 인식 · 모사 · 처리하거나 신체의 기능을 보완 · 대체하는 기술
	바. IT 융합	1) 지능형 전자항해 기술: IMO(International Maritime Organization, 국제해사기구)의 e-Navigation 구현을 목적으로 장소에 구애받지 않고 4S(ship to ship, ship to shore, shore to ship, shore to shore) 통신을 구현하는 통신단말장치 제작기술과 그 통신단말장치를 기반으로 육상과의 실시간 디지털통신을 통해 입항부터 출항까지의 항해 업무를 통합적으로 처리하고 증강현실 및 3차원 전자해도를 활용한 충돌 · 좌초 회피지원기능을 갖는 선박항해시스템 설계 및 구축기술
		2) 지능형 실시간 도시 시설물 관리시스템 기술: 도시 시설물(도로, 철도, 교량, 항만, 댐, 터널, 건축물, 전기 · 가스 · 수도 등의 공급설비, 통신시설 및 하수도시설 등)에 부착 또는 삽입하여 동 시설물들을 대상으로 통신기능 및 에너지 수확기능을 갖는 센서(sensor)를 활용하여 시설물의 운영상황 및 위험요인(물리적 · 기능적 결함여부 포함)을 실시간으로 계측 · 평가하여 유지 · 보수하는 지능형 도시 시설물 관리시스템 설계 · 구축 기술
		3) 지능형 기계 및 자율협업 기술: 생산설비에 붙박이 형태(built-in)로 장착한 다양한 센서(sensor)나 엔코더(Encoder)로부터 수집한 생산설비의 품질(상태)정보 및 공정조건을 실시간으로 분석하여 최적의 작업상태를 제공할 수 있는 진단 · 처방정보를 창출하는 내장형 · 외장형 소프트웨어 제작기술과, 동 정보를 바탕으로 생산설비를 원격으로 제어하는 개방형 제어기(controller), M2M(Machine to Machine, Machine to Man, 기계

구분	분야	신성장 · 원천기술
		간의 통신 및 인간이 작동하는 기계와의 통신) 디바이스(device) 제작기술 및 내장형 · 외장형 소프트웨어와 개방형 컨트롤러 디바이스를 탑재하여 자동으로 상태감시 · 진단 · 제어기능을 하는 지능형 기계 제작 기술
	사. 블록체인	블록체인 기술: 모든 구성원이 분산형 네트워크(P2P Network)를 통해 정보 및 가치를 검증 · 저장 · 실행함으로써 특정인의 임의적인 조작이 어렵도록 설계된 분산 신뢰 인프라를 구현하기 위한 P2P 네트워킹기술, 합의기술, 스마트계약 검증기술, 분산저장기술, 플랫폼기술(확장성 · 성능 개선 등), 보안기술, IoT 기술, 적합성검증 기술
	아. 양자컴퓨터	양자컴퓨터 제작 및 활용 기술: 양자 정보를 처리할 수 있는 메모리(큐비트, Qubit)를 구현하고, 큐비트간 연산처리가 가능한 장치의 제작 기술 및 양자컴퓨터의 구동 · 원격사용과 양자컴퓨터를 이용한 계산 등 양자컴퓨터를 활용하기 위한 기술
	자. 스마트물류	지능형 콜드체인 모니터링 기술: 화물의 운송 과정에서 온도, 습도, 충격 등의 상태 데이터를 정보수집 장치를 통해 수집 및 저장하고, 이를 국제표준 ISO 27017에 따라 보안성이 검증된 클라우드 서버로 전송하여 단위 화물 정보와 연동하고 이를 소프트웨어상에서 모니터링하는 기술
3. 차세대 소프트웨어(SW) 및 보안	가. 기반 소프트웨어(SW)	1) 융합서비스 · 제품의 소프트웨어 내재화 기술: 기존 서비스 및 제품에 지능화 · 자동화 등을 위한 지능형 소프트웨어 기술을 적용하여 신규 서비스를 창출하거나 새로운 기능을 추가하고, 신뢰성 · 고속성 · 실시간성 · 저전력 등을 통해 10% 이상 기능을 향상시키는 기술
		2) 이기종(異機種) 멀티코아 소프트웨어 기술: 중앙연산장치(CPU)에 보조연산장치 · 연산가속장치 등의 여러 컴퓨팅 장치를 결합하여 고효율 · 고성능(전력소모량 등 비용 효율성을 10배 이상 개선하거나, 연산속도를 10배 이상 개선한 것을 말한다)을 구현하는 소프트웨어 기술
		3) 분산병렬 소프트웨어 기술: 대규모 데이터 연산 처리를 위해 분산 컴퓨팅 환경에서 10,000개 이상의 노드(센서, 컴퓨터 등) 지원을 대규모로 분산하는 소프트웨어 기술 및 100개 이상의 병렬성에서 99.999%의 신뢰성을 보장하는 고신뢰 병렬 소프트웨어 기술
		4) 차세대 메모리 기반 시스템 소프트웨어 기술: 기존 메모리와 다른 대용량 비휘발성 메모리를 활용하여 컴퓨터 · 서버 · 휴대단말기 등의 컴퓨팅 속도를 20% 이상 개선하거나 메모리 용량을 4배 이상 증대시키는 시스템 소프트웨어 기술
		5) 컴퓨터 이용 설계 및 공학적 분석 소프트웨어 기술: 제품 생산에 있어 개념 설계 단계 이후 제작도면 작성과 작성된 도면의 제품 성능 및 품질 검토를 수행하는 소프트웨어 기술
	나. 융합보안	1) 사이버 위협 인텔리전스(Intelligence) 대응기술: 인적 자원으로 불가능한 대규모 사이버 공격의 분석 또는 대응을 위해 지능정보기술(인공지능, 빅데이터 등)을 활용한 사이버 위협 자동분석 · 대응 기술

구분	분야	신성장 · 원천기술
		2) 휴먼바이오(human-bio) · 영상 기반 안전 · 감시 · 보안기술: 인간의 신체적 특성(지문, 얼굴, 홍채, 정맥 등)과 행동적 특성(서명, 음성, 걸음걸이 등)을 이용한 신원확인 기술과 영상정보를 이용하여 특정 객체(사람 · 사물)나 이상상황(범죄 · 사고 등)을 자동으로 인지하는 기술
		3) 미래컴퓨팅 응용 · 보안기술: 양자컴퓨팅(quantum computing) 특성에 따른 고속의 데이터 · 통신 암호화 및 암호해독방지 기술
		4) 융합서비스 · 제품의 보안내재화 기술: 사이버 공격으로 인명이나 재산상의 손실을 끼칠 수 있는 정보통신기술(ICT) 융합서비스 · 제품(자율주행차, 인공심박기, 도어락 등)에 탑재될 수 있도록 저전력 · 경량화되면서도 외부 공격(탈취, 파괴, 위 · 변조 등)에 의해 정보가 유출 · 변경되는 것을 방지 · 대응하기 위한 기술
4. 콘텐츠	가. 실감형 콘텐츠	1) 가상현실(VR) 콘텐츠 기술: 사용자의 오감을 가상공간으로 확장 · 공유함으로써 환경적 제약에 의해 직접 경험하지 못하는 상황을 간접 체험할 수 있게 하는 가상현실(Virtual Reality) 콘텐츠 제작 기술
		2) 증강현실(AR) 콘텐츠 기술: 디지털 콘텐츠를 현실 공간과 사물에 혼합시킴으로써 사용자에게 보다 많은 체험 서비스를 제공하게 하는 증강현실(Augmented Reality) 콘텐츠 제작 기술
		3) 오감체험형 4D 콘텐츠 제작 기술: 기존의 3D 입체영상 콘텐츠에 증강현실(Augmented Reality) 영상기술과 시각 · 후각 · 청각 · 미각 · 촉각 등의 오감체험을 통한 양방향성의 상호작용 기술이 융합된 4D 콘텐츠 제작기술
		4) 디지털 홀로그램(Hologram) 콘텐츠 제작 기술: 물체 형태에 대한 완벽한 3차원 정보를 조명광 파면(wavefront)의 간섭무늬 형태로 담고 있는 홀로그램 프린지(fringe) 패턴을 생성하고, 디지털화된 처리를 통해 3차원 영상으로 재현, 편집, 정합 또는 공간인식을 하는 기술
	나. 문화 콘텐츠	1) 게임 콘텐츠 제작 기술: 게임엔진 · 게임저작도구 · 게임 UI(User Interface) · 게임 운영환경 등의 개발 또는 기능 개선을 통해 게임 콘텐츠를 기획 · 제작하거나 서비스를 제공하는 기술, 실시간 데이터를 활용한 시 · 청각화 관련 기술, 유저와의 상호작용을 위한 데이터 처리 및 시나리오 구현 기술, 학습 · 의료 등 분야의 기능성 게임 모델 개발 등 게임 콘텐츠 응용 기술
		2) 영화 · 방송 콘텐츠 제작기술: 영화 · 방송 콘텐츠의 기획 · 제작을 위한 사전시각화(pre-visualization) 및 그래픽 품질 개선 기술
		3) 애니메이션 콘텐츠 제작 기술: 애니메이션 콘텐츠의 기획 · 제작을 위한 대용량 디지털 데이터 처리 관리 기술, AI 머신러닝을 통한 애니메이션 · 에셋 자동생산 기술, 게임엔진을 활용한 실시간 제작 기술, 버추얼 프로덕션(virtual production) 기술
		4) 만화 · 웹툰 콘텐츠 제작 기술: 만화 · 웹툰 콘텐츠의 기획 · 제작 및 서비스를 위한 디지털 만화 저작도구 개발 기술, 만화 멀티미디어 콘텐츠 제작 기술, 플랫폼 구축 및 서비스를 위한 저작권 보호 기술

구분	분야	신성장 · 원천기술
5. 차세대 전자 정보 디바이스	가. 지능형 반도체 · 센서	1) 고속 컴퓨팅을 위한 SoC 설계 · 제조 기술: 인간형 인식, 판단, 논리를 수행할 수 있는 뉴럴넷(Neural Network)을 구현하는 초고속, 저전력 슈퍼프로세서 기술로서 지능형 자율주행 이동체(드론 등), 지능형 로봇, 게임로봇, 고속 정보 저장 · 처리 및 통신기기, 위성체 및 군사용 무기 체계, 보안카메라, DVR (Digital Video Recoder)등의 화상처리용 지능형 보안시스템, 복합 교통관제 시스템 등의 제작을 위해 매니코어(Many Core)를 단일 반도체에 통합한 SoC(System on Chip) 설계 및 제조(7nm 이하) 기술
		2) 초소형 · 초저전력 IoT · 웨어러블 SoC 설계 · 제조 기술: IoT, 착용형 스마트 단말기기 및 웨어러블 센서(wearable sensor) 등을 위해 장기간 지속사용이 가능하고, 초소형 · 초저전력으로 동작하며, IoT 네트워크에 지능형 서비스를 적용하기 위한 지능정보 및 데이터의 처리가 가능한 초저전력 SoC(System on Chip) 설계 · 제조 기술
		3) SoC 파운드리 제조, 후공정 및 장비 설계 · 제조 기술: SoC(System on Chip) 반도체 개발 · 양산을 위한 핵심 기반기술로 파운드리(Foundry) 분야의 7nm 이하급 제조공정 및 공정 설계기술, 2D/2.5D/3D 패키징 등 파운드리(Foundry) 후공정 기술 및 파운드리 소재 · 장비 설계 · 제조 기술
		4) 차세대 메모리반도체 제조 기술과 소재 · 장비 및 장비부품의 설계 · 제조 기술: 기존 메모리반도체인 D램(DRAM)과 낸드 플래시메모리(Nand Flash Memory)의 장점을 조합한 STT-MRAM(Spin Transfer Torque-Magnetic Random Access Memory), PRAM(Phase-change Random Access Memory), ReRAM(Resistive Random Access Memory) 등 차세대 메모리반도체 제조 기술 및 관련 소재 · 장비 및 장비부품의 설계 · 제조 기술
		5) 지능형 마이크로 센서 설계 · 제조 · 패키지 기술: 물리적 · 화학적인 아날로그(analogue) 정보를 얻는 감지부와 논리 · 판단 · 통신기능을 갖춘 지능화된 신호처리 집적회로가 결합된 소자로서 나노기술, MEMS[Micro Electro Mechanical System, 기계부품 · 센서(sensor) · 액추에이터(actuator) 및 전자회로를 하나의 기판 위에 집적화)] 기술, 바이오 기술, 0.8㎛ 이하 CMOS 이미지센서 기술 또는 SoC(System on Chip) 기술이 결합된 초소형 고성능 센서 설계 · 제조 및 패키지 기술
		6) 차량용 반도체 설계 · 제조 기술: 자동차 기능안전성 국제표준 ISO26262, 자동차용 반도체 신뢰성 시험규격 ACE-Q100을 만족하는 MCU(Micro controller unit), ECU(Electronic control unit), 파워IC, SOC, 전기차, 하이브리드자동차 및 자율주행용 IC 반도체의 설계 · 제조 기술
		7) 에너지효율향상 반도체 설계 · 제조 기술: 실리콘 기반의 MOSFET(MOS field-effect transistor)에 비해 저저항 · 고효율 특성을 지니며 차세대 응용 분야(전기차, 하이브리드자동차, 태양광, 풍력발전 등 신재생에너지, 스마트그리드 등) 인버터 등에 탑재되는 SJ(Super Junction) MOSFET, IGBT, SiC MOSFET의 설계 · 제조 기술

구분	분야	신성장 · 원천기술
		8) 첨단 메모리반도체 설계 · 제조 기술: 12nm 이하급 D램과 220단 이상 낸드플래시메모리 설계 · 제조 기술
		9) 에너지효율향상 전력 반도체 BCDMOS(Bipolar /Complementary/ Double-diffused metal-oxide-semiconductor) 설계 · 제조 기술: 실리콘 기반의 저저항 · 고효율 특성을 지니며 차세대 응용 분야(5G, 전기차, 하이브리드자동차, 태양광, 풍력발전 등 신재생에너지, 스마트그리드 등)에 탑재되는 아날로그, 디지털 로직, 파워소자를 원칩화한 초소형 · 초절전 전력반도체 0.13㎛ 이하 BCDMOS 설계 · 제조 기술
		10) 전자제품 무선충전 기술: 기존 유도방식 무선충전 대비 충전 자유도가 높은 고출력 공진방식 무선 · 급속 충전 기술 및 원거리 RF(Radio Frequency) 전력전송 기술
		11) 웨이퍼레벨 칩 패키징 공정 기술: LED 칩을 미세 패턴이 가공된 열전도성이 높은 웨이퍼 위에서 일련의 공정을 통해 패키징한 후 다이싱(dicing)하여 칩 패키지를 제조하는 기술
	나. 반도체 등 소재 · 부품	1) 포토레지스트(Photoresist) 개발 및 제조 기술: 반도체 및 디스플레이용 회로형성에 필요한 리소그래피(lithography)용 수지로서 회로의 내열성, 전기적 특성, 현상(Developing) 특성을 좌우하는 Photoresist 및 관련 소재를 개발 및 제조하는 기술 [ArF(불화아르곤) 광원용 및 EUV(극자외선) 광원용]
		2) 원자층증착법(ALD, Atomic Layer Deposition) 및 화학증착법(CVD, Chemical Vapor Deposition)을 위한 고유전체(High-k dielectric)용 전구체 개발 기술: 기존의 이산화규소(SiO2)보다 우수한 유전특성을 갖는 high-k dielectric 박막 증착을 위한 ALD 및 CVD 공정에 사용되는 전구체를 개발하는 기술
		3) 고순도 불화수소 개발 및 제조 기술: 반도체 회로형성에 필요한 순도 99.999%(5N) 이상의 고순도 불화수소를 개발 및 제조하는 기술
		4) 블랭크 마스크(Blank Mask) 개발 및 제조 기술: ArF(불화아르곤) 광원 및 EUV(극자외선) 광원을 이용하여 반도체 회로를 형성하는 데 사용되는 블랭크마스크 원판 및 관련 소재[펠리클(Pellicle), 합성 쿼츠, 스터러링용 타겟 등을 포함]을 개발 및 제조하는 기술
		5) 반도체용 기판 개발 및 제조 기술: 14nm 이하급 D램과 170단 이상 낸드플래시메모리 및 에피텍셜 반도체용 기판을 개발 및 제조하는 기술
		6) 첨단 메모리반도체 장비 및 장비부품의 설계 · 제조 기술: 14nm 이하급 D램(DRAM)과 170단 이상 낸드 플래시메모리(Nand Flash Memory) 양산을 위한 장비 · 장비부품의 설계 · 제조 기술
		7) 플렉서블 디스플레이 패널, 차세대 차량용 디스플레이 패널용 DDI 칩(Display Driver IC) 설계 및 제조 기술: 화면에 문자나 영상 이미지 등이 표시되도록 디스플레이 패널에 구동 신호 및 데이터를 전기신호로 제

구분	분야	신성장 · 원천기술
		공하는 반도체를 설계 및 제조하는 기술
		8) 고기능성 인산 제조 기술: SiNx, SiOx 막질의 선택적인 식각이 가능한 고선택비(1,000 이상) 인산계 식각액 제조 기술
		9) 고순도 석영(쿼츠) 도가니 제조 기술: 반도체 웨이퍼 제조용 용융 실리콘의 오염을 막기 위한 도가니 형태의 순도 99.999%(5N) 이상의 고순도 석영 용기 제조 기술
		10) 코트막형성재 개발 및 제조 기술: 완성된 반도체 소자의 표면을 외부환경으로부터 보호하기 위해 사용하는 절연성을 가진 고감도(80mJ/㎠ 이하) 감광성 코팅 기술 또는 패키징 재배선(배선폭 7㎛ 이하) 형성 재료 제조 기술
	다. 유기발광 다이오드(OLED: Organic Light Emitting Diode) 등 고기능 디스플레이	1) 9인치 이상 능동형 유기발광 다이오드(AMOLED: Active Matrix Organic Light Emitting Diode) 패널 기능개선 및 부품 · 소재 · 장비 제조 기술: 저온폴리실리콘(LTPS, Low Temperature Poly Silicon) 또는 산화물(Oxide) TFT(Thin Film Transistor, 전자이동도 8㎠/Vs 이상) 기판 상에 진공 증발 증착 또는 프린팅 방식으로 고화질(고해상도, 고색재현, 고균일, HRD)을 구현한 대화면(9인치 이상) AMOLED 패널을 제조하기 위해 공정별로 사용되는 기술(모듈조립 공정 기술은 제외한다)과 AMOLED 패널을 제조하기 위한 부품 · 소재 · 장비 제조 기술
		2) 대기압 플라즈마 식각 장비 기술: 디스플레이를 제조할 목적으로 대기압에서 플라즈마(plasma)를 발생시켜 박막을 식각하는 장비 제작기술
		3) 플렉서블 디스플레이 패널 · 부품 · 소재 · 장비 제조 기술: 플렉서블 디스플레이(유연성 또는 유연한 성질을 가지는 디스플레이로, 깨지지 않고 휘거나 말 수 있고 접을 수 있는 특성을 지닌 것을 말한다. 이하 같다)를 제조하기 위해 공정별[유연필름 제조, 이형과 접합, TFT(Thin Film Transistor) 제조, 화소형성, 봉지, 모듈 공정 등]로 사용되는 기술과 이와 관련한 부품 · 소재 및 장비 제조 기술
		4) 차세대 차량용 디스플레이 패널 · 부품 · 소재 · 장비 제조 기술: 굴곡된 형상으로 제조 가능하고, 동작온도 −30℃~95℃, 시인성 black uniformity 60% 이상을 만족하는 다결정 저온 폴리실리콘(LTPS−LCD) 패널 제조 기술(모듈조립 공정 기술은 제외한다)과 이와 관련한 부품 · 소재 및 장비 제조 기술
		5) 마이크로 LED 디스플레이 패널 · 부품 · 소재 · 장비 제조 기술: 실리콘(Silicon) 또는 사파이어(Sapphire) 기판에 저결함 에피공정을 적용하여 100㎛ 이하의 자발광 R/G/B 마이크로 LED 칩을 제조하는 기술과 이를 이용한 픽셀 · 패널 제조 기술 및 이와 관련한 부품 · 소재 및 장비 제조 기술
		6) VR · AR · MR용 디스플레이 패널 · 부품 · 소재 · 장비 제조 기술: 가상현실, 증강현실, 혼합현실 기기에 사용되는 초고해상도(1,500ppi 이상) 디스플레이를 제조하기 위해 공정별로 사용되는 기술과 이와 관련한 부품 · 소재 및 장비 제조 기술

구분	분야	신성장 · 원천기술
		7) 친환경 QD(Quantum Dot) 나노 소재 적용 디스플레이 패널 · 부품 · 소재 · 장비 제조 기술: 적은 소비전력으로 고색재현 및 화학적 · 열적 안정성 개선이 가능한 QD 나노 소재 적용 디스플레이를 제조하기 위해 공정별로 사용되는 기술과 이와 관련한 부품 · 소재 및 장비 제조 기술
	라. 3D프린팅	3D프린팅 소재 · 장비 개발 및 제조 기술: 3차원 디지털 설계도에 따라 액체수지, 금속분말 등 다양한 형태의 재료를 적층하여 제품을 생산하는 데 사용되는 소재 · 장비를 개발 및 제조하는 기술
	마. AR 디바이스	AR 디바이스 제조 기술: 실제의 이미지나 배경에 유의미한 상황 정보를 기반으로 한 영상 · 텍스트 · 소리 등의 가상정보를 나타내어 사용자의 경험이 증강되고 현실세계와 동기화할 수 있는 장비 및 관련 부품의 개발 및 제조 기술
6. 차세대 방송 통신	가. 5세대 (5G: 5generation) 및 6세대 (6G: 6generation) 이동통신	1) 5G 이동통신 기지국 장비 기술: 가입자와 연결을 위해 이동통신사업자가 구축하는 5G 이동통신 광역 및 소형 셀(cell) 기지국 장비에 적용되는 기술
		2) 5G 이동통신 코어네트워크(Core Network, 기간망) 기술: 트래픽(traffic) 전송 · 제어, 네트워크(network) 간 연결 등을 위해 5G 이동통신 기지국 장비와 연동되는 게이트웨이(gateway), 라우터(router), 스위치(switch) 등에 적용되는 기술
		3) 5G 이동통신 단말 특화 부품 기술: 5G 이동통신 단말을 구현하기 위해 새롭게 개발 · 적용될 통신모듈[베이스밴드(baseband, 기저대역) 모뎀, RF(radio frequency) 칩셋(chipset) 등]의 부품 · 소자에 적용되는 기술
		4) 6G 이동통신 기술: 초저지연(μsec급) 기술을 기반으로 초고속(Tera bps급) 통신 지원을 위해 Tera-Hz 대역 활용을 가능하게 하는 신소자 RF · 안테나 및 모뎀 및 부품 · 소자에 적용되는 기술
		5) 차세대 근거리 무선통신 기술: IEEE(Institute of Electrical & Electronics Engineers, 국제전기전자기술자협회) 802.11ac 규격보다 높은 주파수 효율과 전송속도를 제공하는 근거리 무선통신(무선랜: wireless LAN) 기술
	나. UHD (Ultra-High Definition)	1) 지상파 UHD방송 송신기 성능 향상 기술: 냉각 기술(공냉, 수냉, 질소냉각 등 포함)의 개선, 회로 설계 방식 개선 등을 통한 고효율 지상파 UHD 방송용 송신기 설계 · 제조 기술
		2) UHD 방송 통합 다중화기 기술: 신규 전송 프로토콜[ROUTE, MMT(MPEG Media Transport) 등 포함]과 기존 전송 프로토콜[MPEG-2 TS(Transport System)]로 생성된 신호를 입력받아, 국내외 UHD 방송 표준에 따른 전송 프로토콜로 출력하는 통합형 다중화기 기술
		3) 신규 방송서비스 제공을 위한 시그널링 시스템 기술: 다양한 신규 방송서비스 제공을 위해 UHD방송 표준에 따른 시그널링(signaling) 시스템[시그널 인코더(signal encoder), 서비스가이드 인코더(service guide encoder), 시그널/서비스가이드 서버(signal/service guide server), 서비스 메타데이터(metadata) 관리서버, 통합 모니터링(monitoring) 시스템, 앱 시그널링 인코더(app signaling encoder), 콘텐츠 푸시 서버(push

구분	분야	신성장 · 원천기술
		server, 자동제공서버) 등을 포함한다] 기술
7. 바이오 · 헬스	가. 바이오 · 화합물의약	1) (삭제, 2023. 8. 29.)
		2) 방어 항원 스크리닝 및 제조 기술: 면역 기전을 이용하여 인체질환을 방어하기 위해 항원을 스크리닝하고 이 항원을 제조하여 각종 질환을 치료하거나(치료용 백신) 예방하기 위한 백신(예방용 백신) 제조 기술
		3) (삭제, 2023. 8. 29.)
		4) 혁신형 신약(화합물의약품) 후보물질 발굴 및 제조 기술: 인체내 질병의 원인이 되는 표적 수용체(Receptor) 또는 효소(Enzyme) 등의 반응 기전(Mechanism)을 규명하고 분자설계를 통해 표적체(Target)와 선택적으로 작용할 수 있는 구조의 화합물 후보물질 라이브러리(Library)를 확보하며, 고속탐색법(HTS, High Throughput Screening) 기술을 이용하여 후보물질 라이브러리로부터 후보물질을 도출한 후 유기합성기술을 통해 안전성 및 유효성이 최적화된 신약 후보물질로 개발하는 기술 및 혁신형 신약을 제조하거나 혁신형 신약의 원료를 개발 · 제조하는 기술
		5) 혁신형 개량신약(화합물의약품) 개발 및 제조 기술: DDS(Drug Delivery System, 약물전달시스템), 염변경, 이성체 제조, 복합제 제조 및 바이오 · 나노기술과의 융합 등의 기술을 통해 기존 신약보다 안전성, 유효성, 유용성(복약순응도, 편리성 등), 효능 등을 현저히 개선시킨 개량 신약을 개발 · 제조하는 기술 및 혁신형 개량신약의 원료를 개발 · 제조하는 기술
		6) 임상약리시험 평가 기술(임상1상 시험): 혁신형 신약(화합물의약품) 후보물질의 초기 안정성, 내약성, 약동학적, 약력학적 평가 및 약물대사와 상호작용 평가, 초기 잠재적 치료효과 추정을 위한 임상약리시험 평가 기술
		7) 치료적 탐색 임상평가 기술(임상2상 시험): 혁신형 신약(화합물의약품) 후보물질의 용량 및 투여기간 추정 등 치료적 유용성 탐색을 위한 평가 기술
		8) 치료적 확증 임상평가 기술(임상3상 시험): 바이오시밀러[R&D비용이 매출액의 2% 이상이고, 국가전략기술과 신성장 · 원천기술 R&D비용(바이오시밀러 임상비용 포함)이 전체 R&D비용의 10% 이상인 기업의 임상시험으로 한정하되, 국가전략기술 R&D비용(바이오시밀러 임상비용 포함)이 전체 R&D비용의 10% 이상인 기업의 임상시험은 제외한다], 혁신형 신약(화합물의약품) 후보물질의 안전성, 유효성 등 치료적 확증을 위한 평가 기술
		9) (삭제, 2023. 8. 29.)
		10) (삭제, 2023. 8. 29.)
	나. 의료기기 · 헬스케어	1) 기능 융합형 초음파 영상기술: 조기 정밀 진단을 위한 영상기술 간 융합(X-ray-초음파, 광음향-초음파) 및 정밀치료를 위한 초음파 영상유도 기반의 체외충격파 치료 기술

구분	분야	신성장 · 원천기술
		2) 신체 내에서 생분해되는 소재 개발 및 제조 기술: 우수한 유연성과 고강도의 기계적 물성을 가지며, 시술에 따른 혈전증 및 재협착률을 최소화하는 생분해성 스텐트 제조 기술
		3) 유전자 검사용 진단기기 및 시약의 개발 및 제조 기술: 질병의 진단이나 건강상태 평가를 목적으로 인체에서 채취한 검체로부터 DNA(deoxyribonucleic acid), RNA(ribo nucleic acid), 염색체, 대사물질을 추출하여 분석하는 기기 및 시약의 개발 및 제조 기술
		4) 암진단용 혈액 검사기기 및 시약의 개발 및 제조 기술: 채취한 혈액으로부터 종양 표지자의 농도를 측정하여 암발생 유무를 판단하는 데 활용되는 검사기기 및 시약의 개발 및 제조 기술
		5) 감염병 병원체 검사용 진단기기 및 시약의 개발 및 제조 기술: 인체에서 채취된 혈액, 소변, 객담, 분변 등의 검체를 이용하여 국내에서 새롭게 발생했거나 발생할 우려가 있는 감염병 또는 국내 유입이 우려되는 해외 유행 감염병의 병원체를 검사하는 데 활용되는 기기 및 시약의 개발 및 제조 기술
		6) 정밀의료 등 맞춤형 건강관리 및 질병 예방 · 진단 · 치료 서비스를 위한 플랫폼 기술: 서로 다른 형태의 개인건강정보(진료기록, 일상건강정보, 유전자 분석 데이터, 공공데이터 등)를 저장 · 관리하기 위한 정보 변환기술과, 수집된 정보의 분석을 통해 질병 발병도 등 건강을 예측하고 이에 따른 맞춤형 건강관리 및 질병 예방 · 진단 · 치료를 제공하는 기술
		7) 신체기능 복원 · 보조 의료기기 기술: 생체역학 · 바이오닉스 등 첨단 의공학 기술을 통해 영구 손상된 신체기능을 원래대로 복원하여 정상적인 일상생활을 가능하게 하는 기술
	다. 바이오 농수산 · 식품	1) 비가열 및 고온 · 고압 전처리 기술: 초고압(1,000기압 이상), 고압전자기장[PET(Pulsed Electric Field) 1kV 이상], 전기저항가열(Ohmic Heating), 방사선 조사(irradiation)와 같은 대체 열에너지를 사용하거나, 가압 · 진공 · 과열증기(SHS, Superheated steam) 및 증기직접주입법(DSI, Direct steam injection) 등을 이용한 고온 · 고압 처리기술을 사용하여 미생물 수를 감소시키거나 사멸시키는 처리 기술
		2) 식품용 기능성 물질 개발 및 제조 기술: 동 · 식물 및 미생물 유래 기능물질의 탐색 · 분석 · 동정(identification)과 식품용도로 사용하기 위한 안전성 · 기능성 평가 및 원료 가공 또는 대량생산 기술
		3) 신품종 종자개발 기술 및 종자가공처리 기술: 유전자원을 활용하여 부본과 모본의 교배를 통하거나 전통적인 육종기술에 유전공학 기술을 접목하여 생산성, 품질, 기능성 등이 개선된 신품종 종자를 개발하는 기술과 종자의 품질을 높이기 위한 프라이밍(priming), 코팅(coating), 펠렛팅(pelleting) 등 종자 가공처리 기술
		4) 유용미생물의 스크리닝 기술 및 유용물질 대량생산공정 기술: 세균이나 곰팡이를 선발 · 분리하여 효용성을 평가하거나 이들 미생물을 활용한 균

구분	분야	신성장 · 원천기술
		주개발, 최적활성 연구, 발효공정, 정제공정 등을 거쳐 유용물질을 대량으로 생산하는 기술
		5) 스마트팜 환경제어 기기 제작 기술: 온실이나 축사의 온도, 습도, 이산화탄소, 악취 등을 감지하여 환경을 조절하는 센서와 이를 통해 작동하는 액츄에이터(actuator) 및 제어시스템을 설계 · 제조하는 기술
		6) 단백질 분리 · 분획 · 정제 및 구조화 기술: 물리적 · 화학적 방법을 이용하여 농 · 식품자원으로부터 단백질을 전분, 지방 등과 분리하여 용도에 맞게 분획 · 정제하는 기술, 동물세포나 조직을 배양 · 분화하는 기술 및 단백질 또는 세포를 3D 프린터, 압출식 성형방식, 지지체 등을 통해 구조화하고 이를 대량으로 생산하는 기술
		7) 식품 냉 · 해동 안정화 기술: 수분전이제어, 원물코팅, 라디오 주파수 · 저온 Steam 해동 등을 활용하여 냉동원료 및 제품의 품질을 균일하게 제어할 수 있는 식품 냉 · 해동 안정화 기술
	라. 바이오 화학	1) 바이오매스 유래 바이오플라스틱 생산 기술: 재생가능한 유기자원을 이용하여 직접 또는 전환공정을 통해 당 또는 리그닌 등 유효성분을 추출 · 정제하는 기술 및 바이오플라스틱을 생산하는 기술
		2) 바이오 화장품 소재(원료) 개발 및 제조 기술: 세포활성 제어기술, 미생물 발효 및 생물전환기술, 활성성분 대량생산기술 등의 바이오 기술(bio technology)을 활용하여 화장품의 소재(원료)를 개발 및 제조하는 기술
		3) 신규 또는 대량 생산이 가능한 바이오화학 소재 개발 및 미생물 발굴 바이오 파운드리 기술 : 바이오플라스틱, 바이오화장품 소재, 바이오생리활성 소재 등을 생산하는 미생물 확보를 위한 유전자 편집 등의 합성생물학 기술과 이를 활용한 디자인, 제작, 시험, 학습 등의 순환 과정의 바이오파운드리 기술
8. 에너지 · 환경	가. 에너지 저장 시스템 (ESS: Energy Storage System)	1) 비리튬계 이차전지 소재 등 설계 및 제조 기술: 흐름전지(Flow Battery)에 사용되는 전극 · 멤브레인(Membrane) · 전해질 · 저가 분리판 · 스택(Stack) 설계 및 제조 기술과 나트륨(Sodium)계 이차전지에 사용되는 소재(양극 · 음극 · 전해질) · 셀(Cell) · 모듈 설계 및 제조 기술
		2) 전력관리시스템 설계 및 전력변환장치 설계 및 제조 기술: 전력을 제어하기 위한 전력관리시스템(PMS, Power Management System) 설계 기술과 저장장치 전력과 전력계통 간의 특성을 맞춰주는 전력변환장치(PCS, Power Conversion System) 설계 및 제조 기술
		3) 에너지관리시스템 기술: 주파수조정, 신재생연계, 수요반응 등의 응용 분야별 제어 소프트웨어 기술을 핵심으로 하는 에너지관리시스템(EMS, Energy Management System) 기술
		4) 배터리 재사용 · 재제조를 위한 선별 기술: 초기용량 대비 80% 이하로 수명이 종료된 전기자동차 배터리의 성능 · 안전성 평가를 통해 잔존가치를 유지한 배터리를 선별하는 기술

구분	분야	신성장 · 원천기술
		5) 고성능 리튬이차전지 기술: 265wh/kg 이상의 에너지밀도 또는 6C-rate 이상의 방전속도를 충족하는 고성능 리튬이차전지에 사용되는 부품 · 소재 · 셀(cell) 및 모듈(module) 제조 및 안전성 향상 기술
		6) 전기동력 자동차의 에너지저장 시스템 기술: 전기동력 자동차(xEV)의 주행거리 연장, 충전시간 단축 등을 위해 차량용 이차전지 팩의 에너지 밀도를 160Wh/kg 이상으로 구현하기 위한 기술
	나. 발전시스템	1) 대형가스터빈 부품 및 시스템 설계 · 제작 · 조립 · 시험 평가 기술: 천연가스를 연소시킬 때 발생하는 고온 고압의 에너지로 발전기를 회전시켜 전기를 생산하는 용량 380MW 이상, 효율 43% 이상의 터빈 · 부품 설계 · 제작 · 조립 · 시험 평가 기술
		2) 초임계 이산화탄소 터빈구동 시스템 설계 · 제조 기술: 열원을 활용하여 생성된 초임계상태의 이산화탄소(supercritical CO2)를 작동 유체로 터빈을 구동하는 고효율 터빈 · 압축기 · 열교환기 등 발전설비 및 시스템 개발 기술
		3) 증기터빈 부품 및 시스템 설계 · 제작 · 조립 · 시험 평가 기술: 610℃ 이상 및 270bar 이상의 고온 · 고압의 에너지로 발전기를 3,600 RPM 이상으로 회전시켜 전력을 생산하는 터빈 · 부품설계 · 제작 · 조립 · 시험 평가 기술
	다. 원자력	1) 원자로 냉각재 펌프(RCP, Reactor Coolant Pump) 설계 기술: 원자로에서 핵반응을 통해 발생되는 열을 제거하여 증기발생기로 보내기 위해 냉각재를 순환시키는 원자력발전소 핵심 기기인 원자로냉각재펌프의 상세 설계기술, 원형 제작기술, 성능 시험기술, 신뢰성 평가 기술 등 제반 핵심 설계 · 제작 기술
		2) 내열 내식성 원자력 소재 기술: 방사선, 고온 및 부식성 환경 속에서 내부식성을 극대화시킬 수 있는 내열 · 내식성 소재(핵연료 피복관, 증기발생기 세관(340℃ · 150기압의 1차 냉각수 및 300℃ · 50기압의 2차 냉각수 노출 가능), 원자로 내부 구조물(중성자 조사 및 340℃ · 150기압의 1차 냉각수 노출 가능) 등)을 개발하는 기술
		3) 방사선이용 대형 공정 시스템 검사 기술: 철강 배관의 손상 진단 및 미세 결함 검출을 위한 와전류 자동 검사시스템 기술, X선 발생장치와 이리듐(Ir)-192 감마선 조사장치에 적합한 이동용 방사선투시 기술
		4) 신형원전(Advanced Power Reactor) 표준설계 기술: 노심 및 핵연료 설계기술, 핵증기공급계통(NSSS, Nuclear Steam Supply System) 설계기술, 주기기 설계 기술, 보조기기 및 플랜트종합(BOP, Balance of Plant) 설계 기술, 원전제어계통(MMIS, Man-Machine Interface System) 설계 기술, 안전성분석 기술 등 APR+(Advanced Power Reactor Plus) 및 SMART(System-integrated Modular Advanced Reactor)의 표준설계 기술 및 표준설계인가 획득 기술

구분	분야	신성장 · 원천기술
		5) 가압경수형원전(Pressurized Water Reactor) 원전설계 핵심코드 개발 기술: 원자력발전소 독자개발 및 수출에 필수적인 핵심원천기술인 고유 노심설계코드(원자로 노심의 핵연료 배치 및 장전량을 결정하고 노심의 물리적 특성을 분석하는 데 사용되는 핵설계코드, 열수력설계코드, 핵연료설계코드 등의 전산프로그램)와 고유 안전해석코드(원전에서 발생 가능한 모든 사고를 분석하고 원전의 안전성을 확인하는 데 사용되는 계통안전해석코드, 격납건물해석코드, 중대사고해석코드 등의 전산프로그램) 개발 기술
		6) 친환경 · 저탄소 후행 핵주기 기술: 해체 엔지니어링, 해체 원전 계통 · 기기 · 구조물 제염기술, 금속 · 콘크리트구조물 절단기술, 해체 폐기물 처리 · 감용기술, 해체현장 방사능 측정 및 부지복원 기술, 준위별 방폐물 관리 비용 평가 기술, 처분부지 조사 기술, 처분시설 설계 · 시공 기술, 처분시설 다중방벽 장기성능 평가 기술, 피폭선량 평가 기술(처분시설 안전성 평가 기술), 처분시스템 모니터링 기술, 방폐물 인수 · 처리 기술, 방폐물 운반 · 저장 기술 및 방폐물 처분시설 운영 · 관리 기술 (2024. 2. 29. 개정)
		7) 가동원전 계측제어설비 디지털 업그레이드 기술: 가동원전 계측제어 설비의 안전성 및 신뢰성 강화를 위해 최신기술기준과 운전경험을 반영한 공통유형고장대응 안전 계통 · 제어기기 개발, 단일고장에 의한 발전소 정지 유발 요소제거, 심층방어 및 다양성 적용, 사이버보안 및 보안성 환경 적용, 가동원전 시뮬레이터를 이용한 설계 및 검증설비 구축, 노후화된 발전소의 신호선 및 케이블 식별 등 계측제어설비 디지털 업그레이드 기술
		8) SMR(Small Modular Reactor) 설계 및 검증 기술: SMR 노심 설계 및 해석 기술, 계통 핵심기기 설계기술, 유체계통 설계기술, MMIS(Man-Machine Interface System)용 계측제어계통 표준설계 기술, 주요기기 배치 및 구조 설계 기술, BOP(Balance Of Plant) 계통 설계 기술, 확률론적 안전성 분석(PSA: Probabilistic Safety Assessment) 기술, 중대사고 분석 및 대처 기술, SMR 노심 검증기술, 열수력 검증기술, 계통기기 검증기술, 모듈 통합 검증기술, 열수력 통합 해석기술, 필수 계통 안전 해석 기술
		9) SMR(Small Modular Reactor) 제조 기술: 탄력운전 대응 열적성능강화 핵연료집합체 개발 · 제조 기술, 혁신형 제어봉집합체 개발 · 제조 기술, 무붕산 노심설계가 가능한 일체형 가연성흡수봉 설계 · 제조 기술, 증기발생기 전열관 3D 벤딩 및 검사 기술, 원자로 · 증기발생기 · 가압기 등 주요 기기가 일체화된 원자로모듈을 제조하는 기술
		10) 대형 원자력발전소 제조 기술: 대형 원자력발전소를 구성하는 원자로 · 내부구조물, 핵연료 취급 · 검사장비, 증기발생기 · 가압기, 원자로 냉각재 펌프, 증기터빈 · 주발전기 및 보조기기를 제조하는 기술
		11) 혁신 제조공법 원전 분야 적용 기술: 분말-열간등방압성형(PM-HIP) 기술, 전자빔 용접(EBW) 기술, 다이오드 레이저 클래딩(DLC) 기술 및 원전기자재 적층제조 기술

구분	분야	신성장 · 원천기술
	라. 오염방지 · 자원순환	1) 미세먼지 제거 및 고정밀 미세먼지 · 온실가스 동시 측정 기술: 미세먼지 및 원인가스를 동시에 제거하고 세척 후 재사용이 가능한 세라믹필터 및 촉매 기술, 기액접촉층 및 습식 플라즈마(wet plasma)를 통한 무필터 정화 기술, 0.3㎛ 이하 고정밀 미세먼지를 수분과 구별하여 측정하는 기술 및 공정내부 미세먼지 온실가스 농도 동시 실시간 측정 기술
		2) 차세대 배기가스 규제 대응을 위한 운송 · 저장시스템 기술: 운송 · 발전용 기관을 운전할 때 배출되는 배기가스내의 질소산화물 및 배기배출물을 과급기 하류측에서 선택적촉매환원법(SCR) 등을 사용하여 저감시키는 시스템 · 부품의 설계 · 제작 · 시험 · 평가 기술
		3) 디젤 미립자 필터(DPF) 제조 기술: 디젤이 제대로 연소하지 않아 생겨나는 탄화수소 찌꺼기 등 유해물질을 모아 필터로 걸러낸 뒤 550℃ 이상의 고온으로 다시 태워 오염물질을 줄이는 저감장치의 제조 기술
		4) 폐플라스틱 등의 물리적 재활용 기술: 폐플라스틱 · 폐타이어 · 폐섬유의 선별 · 세척, 파쇄 · 용융 · 배합 등 물리적 가공 과정을 거쳐 플라스틱 제품 등을 제조하는 기술
		5) 폐플라스틱 등의 화학적 재활용을 통한 산업원료화 기술: 폐플라스틱 · 폐타이어 · 폐섬유의 해중합, 열분해 또는 가스화 공정을 거쳐 화학원료 · 고부가가치 탄소화합물 제품 등을 제조하는 기술
		6) 생분해성 플라스틱 생산기술 : 생분해성 플라스틱 생산기술 : 바이오화학 및 석유화학 원료를 사용하여 생분해성이 향상된 플라스틱 컴파운드(「환경기술 및 환경산업 지원법」 제17조에 따라 환경표지 인증을 받거나 수출을 목적으로 하는 생분해성수지제품 및 해당 제품의 원료로 사용되는 경우로 한정한다)를 제조하고 물성을 증대하는 기술
		7) 폐기물 저감형 포장소재 생산 기술 : 복합소재의 단일화, 오염 저감 표면처리, 수(水)분리성 강화 등 포장재의 재활용도를 개선하는 기술 및 소재 경량화, 석유계 용제 저감 등 포장재와 관련된 플라스틱 · 오염물질의 발생을 저감하는 기술
		8) 폐수 재이용 기술: 반도체 제조공정에서 발생되는 폐수를 공업용수 수질로 재생산하여 제조공정에 사용하는 수처리 시스템 개발 기술
		9) 폐섬유의 화학 및 생물학적 재활용 기술을 활용한 자원순환 섬유소재 제조 기술: 혼합재질 폐섬유의 화학 및 생물학적 해중합, 정제 · 분리 · 원료(모노머) 회수 및 재중합 및 방사 기술
9. 융복합소재	가. 고기능섬유	1) 탄소섬유복합재의 가공장비 및 검사장비 설계 · 제조 기술: 탄소섬유복합재 부품가공을 위한 복합 가공장비[관련되는 공구, 부품 고정을 위한 유연지그, 공정 모니터링 센서모듈 및 컴퓨터 수치제어기(CNC, Computerized Numerical Controller) 등을 포함한다] 설계 · 제조 기술 및 탄소섬유복합재 가공 품질 검사를 위한 검사장비 설계 · 제조 기술

구분	분야	신성장 · 원천기술
		2) 극한성능 섬유 제조 기술: 고탄성 · 고강도 탄소섬유 또는 섬유용 CNT(Carbon Nano Tube, 탄소나노튜브)의 제조 기술과 고탄성 · 고강도 · 고내열성(250℃ 이상) · 고내한성(-153℃~-273℃) 아라미드(Aramid) · 초고분자량폴리에틸렌(UHMWPE) · 액정섬유의 제조 기술 및 이들의 복합화 설계를 통한 초경량 · 고탄성 · 고강도 · 고내열(한)성 섬유복합체 제조 기술
		3) 섬유기반 전기전자 소재 · 부품 및 제품 제조 기술: 전기 또는 광 신호의 생산, 저장 또는 전달이 가능한 전도성 섬유를 가공 · 변형하여 트랜지스터, 저항, 콘덴서, 안테나 등의 전자회로 소자를 직물 형태로 구현하는 기술
		4) 의료용 섬유 제조 기술: 생체적합성(생체재료가 생체조직이나 체액 · 혈액 등과 접촉시 거부반응이 나타나지 않는 특성)과 생체기능성(생체재료가 체내에서 존재하는 동안 목표한 기능을 완전히 수행 가능한 특성)을 갖춘 의료용 섬유 제조 기술로서, 약물전달용 나노섬유 소재, 바이러스 · 세균 감응섬유구조체, 혈액의 투석 · 정화용 섬유구조체, 손상조직을 대체 가능한 섬유구조체 또는 꼬이지 않고 계속되는 수축 · 팽창에 견딜 수 있는 인공혈관 섬유구조체의 제조 기술
		5) 친환경섬유 제조 기술: 환경친화적 섬유 원료를 사용한 섬유 제조 기술로서 생분해성 섬유고분자 제조 및 분해성 제어 기술, 열가소성 셀룰로오스 섬유 제조 기술, 바이오매스 나노섬유 제조 기술
		6) PTFE(PolyTetraFluoro Ethylene) 멤브레인 기반 고성능 복합필터 제조 기술: 공기 중의 0.3um 크기의 입자 99.97% 이상을 균일하게 포집할 수 있는 PTFE 멤브레인 기반의 고성능 복합필터 핵심 소재 · 부품 관련 제조 · 가공 기술
		7) 특수계면활성제 제조 기술: 전자부품 제조 공정용으로 사용되는 저표면에너지(24~27 mN/m, 0.1% solution/PGMEA), 극미량의 금속함유량(100ppb 이하) 특성을 지닌 불소계 계면활성제 및 도료 및 포소화제의 기능향상을 위한 첨가제 등으로 사용되는 저표면에너지(15~18 mN/m, 0.1% 수용액), 극미량의 PFOA 함유량(1ppm 미만) 특성을 지닌 불소계 계면활성제 제조 기술
		8) 극세 장섬유 부직포 및 복합필터 제조 기술: 유해물질을 여과 · 분리 · 차단하는 1㎛ 이하 극세 장섬유 부직포 제조 기술과 HEPA(High Efficiency Particulate Air)급 이상의 고성능 정밀여과 복합필터 제조 기술
	나. 초경량 금속	1) 고강도 마그네슘 부품의 온간성형기술: 미세조직 구성인자의 제어와 성형기법의 개선을 통해 저온(150℃ 이하)에서 성형 가능한 고품위 · 고강도 Mg(마그네슘) 부품 제조 기술
		2) 차세대 조명용 고효율 경량 방열부품 생산기반 기술: 알루미늄 등 경량 소재를 이용하여 주조, 성형 및 표면처리를 통해 방열 부품을 제조함으로써 고열전도도, 열확산능, 친환경 특성 등의 기능을 갖게 하는 기술

구분	분야	신성장 · 원천기술
	다. 하이퍼플라스틱	인성특성이 향상된 고강성 하이퍼플라스틱(High Performance Plastics) 복합체 제조 및 가공 기술: 고강성 하이퍼플라스틱의 인성특성을 개선하여 고충격성(60KJ/m² 이상), 내화학성(온도 23℃의 염화칼슘 5% 용액에 600시간 담근 후 인장강도 유지율 90% 이상), 내마모성(50rpm, 150N, 측정거리 3Km 조건으로 내마모 시험 후 마모량 1.0mm³/Kgf · Km 이하) 중 하나 이상의 특성을 지닌 고강성 · 고인성 하이퍼플라스틱 복합체 제조 및 가공 기술
	라. 구리합금	1) 고강도 구리합금 설계 · 제조 기술: 인장강도 900Mpa 이상의 고강도 특성을 갖춘 주석함유 구리합금(Cu-Ni-Sn계) 설계 · 제조 기술
		2) 구리 및 구리합금 박판 제조 기술: 자동차, 전기 · 전자 분야의 고성능 · 소형화에 적용 가능한 두께 0.1mm 이하의 구리 및 구리합금 박판 제조 기술
	마. 특수강	1) 고청정 스테인레스계 무계목강관 · 봉강 제조 기술: 망간 함유량 0.8% 이하 및 황 함유량 0.005% 이하로 제어된 고청정 스테인리스계 합금을 활용하여 용접이음매를 갖지 않는 강관 및 봉 형태의 철강재를 제조하는 기술
		2) 고기능성 H형강 제품 제조 기술: 고강도(420Mpa급 이상), 고인성(-40℃ 이하에서 충격값 50 Joule 이상) 특성을 갖는 고기능성 H형강 제품 제조 기술
		3) 장수명 프리미엄급 금형소재 제조 기술: 기존 교체주기 5만회의 금형대비 30% 이상 수명이 향상된 합금설계, 고청정 특수강 제조 및 소성가공 기술
	바. 기능성 탄성 · 접착소재	1) 고기능 불소계 실리콘 제조 · 가공 기술: 내열성(온도 175℃에서 22시간 동안 영구압축줄음율 30% 이내), 내화학성(150℃, 240시간 내유체적변화율 10% 이하) 및 저온성(-66℃ 이하에서 기밀력 1800psi 이상)의 특성을 지닌 불소계 실리콘 고무 합성 및 분자량 제어기술
		2) 고기능 불소계 고무 제조 · 가공 기술: 2원계 이상의 공중합체로서 불소함량이 50% 이상이며 내한성(어는점-15℃ 이하), 내열성(200℃ 이상) 및 내화학성(온도 25℃ Fuel-C에서 체적변화율 4% 이내)을 갖춘 불소계 고무 제조 · 가공 기술
		3) 고기능 부타디엔 고무 제조 · 가공 기술: 고상 및 액상 기능성(Cis content 90% 이상, 무니점도(ML1+4, 100℃) 40 이상) 부타디엔류 고무 제조 기술과 고내마모성(내마모도 60㎣ 이하, 구름저항 5.5 이하) 부타디엔 고무 제조 기술
		4) 고기능 비극성계 접착소재 제조 기술: Haze 1% 이하의 광학특성과 연속사용온도 100℃의 열안정성을 갖는 실리콘계 점착 · 접착 소재 및 300℃ 이상의 고온가공성형이 가능한 아크릴레이트 함량 5~35% 또는 관능기의 함량 1.2~8%의 에틸렌계 점착 · 접착 소재 제조 기술
		5) 고기능 에폭시 수지 접착소재 제조 기술: 에폭시 수지를 주성분으로 하여 경량 수송기기 부품의 구조접착에 사용되는 전단강도 25MPa 이상, 저온 충격강도 20N/mm 이상, T-박리강도 250N/25mm 이상의 기계적 성능을 갖는 접착소재 제조 기술과 전자부품의 접착에 사용되는

구분	분야	신성장 · 원천기술
		WVTR(Water Vapor Transmission Rate) 0g/㎡ · 24h 이하 및 20kV/mm 이상의 전기절연성을 갖는 비할로겐형 접착소재 제조 기술
	사. 희소 금속 · 소재	1) 타이타늄 소재 제조 기술과 금속재료 부품화 기술: 사염화타이타늄(T_iCl_4), 스폰지, 잉곳, 루타일 및 아나타제 이산화타이타늄(T_iO_2) 등의 소재 개발 · 제조 기술과 합금설계, 압연, 주조, 단조, 용접 등의 금속재료 부품화 기술
		2) 고순도 몰리브덴 금속 · 탄화물 분말 및 금속괴 제조 기술: 순도 99.5% 이상의 몰리브덴 금속분말, 순도 99% 이상의 몰리브덴 탄화물 분말 및 순도 99.95% 이상의 몰리브덴 금속괴 제조 기술
		3) 중희토 저감 고기능 영구자석 생산 기술 : 결정립도 5㎛ 이하 소결체 제조 및 결정립 주변 나노단위 두께의 중희토 확산층 형성 등을 통해 기존 자석 대비 중희토 함유량을 50% 이상 절감하여 고기능 영구자석을 생산하는 기술
		4) 차세대 배기가스 규제 대응을 위한 핵심소재 생산 기술: 포집된 이산화탄소를 활용하여 운송 · 발전 · 산업용 기관을 운전할 때 배출되는 배기가스내 질소산화물, 황산화물 등 배기배출물을 저감시키기 위해 필요한 핵심소재 제조 기술
10. 로봇	가. 첨단제조 및 산업 로봇	1) 고청정 환경 대응 반도체 생산 로봇 기술: 청정환경에서 450mm 대형 웨이퍼, 일반 반도체를 핸들링하며 5Port 이상 대응 가능(수평 이송범위 2,100mm 이상 및 수직 이송범위 900mm 이상)한 청정환경용 반도체 로봇 기술과 10나노급 초정밀 공정용 초정밀 매니퓰레이션 기술, 대형 웨이퍼 핸들링을 위한 진동 억제 기술
		2) 차세대 태양전지(Solar cell) 제조 로봇 기술: 고진공/고청정 환경의 태양전지 생산 현장에서 대면적 · 고중량 기판을 핸들링할 수 있는 로봇의 설계 · 제조 기술
		3) 실내외 자율 이동 · 작업수행 로봇 기술: 광범위 거리측정센서, GPS 등을 활용하여 실내외 환경에서 경로를 계획하여 이동하고(미리 정해진 경로를 따라 이동하는 방식은 제외한다), 자율적으로 작업을 수행하는 지능형 로봇 및 기계 기술
		4) FPD(Flat panel display) 이송로봇 기술: 일반 대기압 또는 진공 환경하에서 고중량(400kg 이상)의 FPD 및 마스크를 이송하는 로봇 설계 · 제조 기술
		5) 협동기반 차세대 제조로봇 기술: 사용자와 같은 공간에서 협업이 가능한 초소형(가반하중 1kg 미만) 및 중대형(가반하중 25kg 상) 로봇, 첨단 안전기술(PL e, Cat 4 또는 이와 동일한 수준의 안전등급 이상)이 탑재된 로봇 또는 7축 이상의 다관절 로봇을 설계 · 제조 · 제어하는 기술 (2024. 2. 29. 개정)

구분	분야	신성장 · 원천기술
		6) 용접로봇 기술: 생산과정 내 용접 공정의 자동화 및 용접 품질관리를 위한 6축 이상의 용접용 수직다관절로봇, 용접전원장치, 용접용센서 설계 · 제조 기술
	나. 안전 로봇	1) 감시경계용 서비스로봇을 위한 주변환경 센싱 기술, 실내외 전천후 위치인식 및 주행 기술: 실내외에서 외부 환경을 인식하고 이를 바탕으로 감시 경계 업무를 수행하기 위해 외부 환경에 강인한 센서융합, 위치인식, 환경인식 및 주행기술 등 기술의 선택적 적용이 유연한 개방형 자율 아키텍쳐 기술
		2) 내단열 기능이 구비된 험지 돌파형 소형 구조로봇 플랫폼 기술: 고온 및 화염에 강하고 협소구역 돌파가 우수한 고속주행 소형이동로봇 기술로서 장비 내외부 내화 설계 기술, 강제 내화시스템 설계 기술 및 험지 이동형 고속주행 메카니즘 설계 기술
	다. 의료 및 생활 로봇	1) 수술, 진단 및 재활 로봇 기술: 로봇 기술을 이용한 진단 보조, 시술 · 수술보조와 이에 따른 환자의 조기 치유 · 재활이 목적인 의료로봇 기술
		2) 간병 및 케어 로봇 기술: 간호사의 단순반복 업무 지원 및 환자의 정서케어 서비스 지원이 가능한 로봇 서비스 시스템 기술
		3) 안내, 통역, 매장서비스, 홈서비스 등의 안내로봇 기술: 공공접객 장소 내에서 다양한 멀티미디어 콘텐츠를 활용한 제품 및 서비스 등을 효과적으로 안내하고 홍보하는 로봇 기술
		4) Tele-presence 로봇 기술: 자율이동기능, 진단 · 지시용 매니퓰레이터 및 얼굴모션 동기화 등의 기술구현을 통한 원격진료 · 진료자문 및 교육 등이 가능한 Tele-presence 로봇 기술
		5) 생활도우미 응용 서비스 기술: 가정 및 사회 환경 내에서 인간과 교감하며 정보의 취득, 일상생활 및 가사노동을 지원하는 지능형 로봇 및 서비스 기술로서 심부름, 가사작업 및 이동 보조형 로봇 기술
		6) 유치원, 초등학교에서 교사를 보조하는 교육로봇 기술: 유치원이나 초등학교에서 교과과정에 적합한 교육 컨텐츠 및 로봇플랫폼을 활용하여 교사를 보조하여 학습하는 교육로봇 기술
	라. 로봇 공통	1) 실내외 소음환경에서의 대화신호 추출 기술: 잔향과 소음이 뒤섞인 실내외 환경에서 원거리에서도 고신뢰도의 음성인식이 가능하게 하고, 음성으로부터 사람의 언어를 문자형태로 인식하고, 인식된 문자정보를 바탕으로 사람과 자연스럽게 대화하면서 다양한 태스크를 수행할 수 있는 기술
		2) 모터, 엔코더, 드라이버 일체형의 구동 기술: 로봇용 관절구성에 필요한 모터, 엔코더, 감속기, 드라이버를 모두 하나의 몸체에 넣어서 만든 관절구동형 액츄에이터(Actuator) 기술
		3) 웨어러블 로봇 기술: 인체에 착용하여 인체 동작의도를 인식하고 추종제어 알고리즘을 통해 착용자의 신체능력 증강 및 운동을 지원하는 착용형 로봇 기술

구분	분야	신성장 · 원천기술
		4) 직관적 교시기술: 코딩(Coding) 없이 그래픽 인터페이스를 활용하거나 직관적인 방식으로 로봇의 동작을 입력하여 임무를 수행할 수 있도록 하는 소프트웨어 기술 (2024. 2. 29. 신설)
11. 항공 · 우주	가. 무인 이동체	1) 무인기 지능형 자율비행 제어 시스템 기술: 무인기가 내외부의 비행 상황을 인식하고, 스스로 조종하며 임무를 수행하기 위해 필요한 비행조종 컴퓨터 개발 기술과 자율비행 알고리즘(algorithm) 그리고 관련 소프트웨어 기술로, 장애물 탐지 및 지상/공중 장애물 충돌회피 기술, 고장진단 및 고장허용 제어기술, 인공지능 기반 비행체 유도제어 성능향상 기술, 무인이동체 실시간 운영체제 및 소프트웨어 아키텍쳐 설계기술, 고신뢰성과 비행안전성 보장 경량 비행조종컴퓨터 기술을 포함하는 기술
		2) 지능형 임무수행 기술: 무인기의 자율적인 비행과 임무수행 데이터 획득 분석을 위한 기술로서 3차원 디지털 맵 생성 및 위치인식 기술, GPS 및 Non-GPS 기반의 항법기술, 무인기 교통관제 및 경로최적화 기술, 무인기 활용서비스용 데이터 처리 및 가공 기술을 포함하는 기술
		3) 무인기 탑재 첨단센서 기술: 무인기의 운항 지원과 활용 목적에 따른 임무 달성 지원을 위해 첨단 센서 및 장비를 적용하는 기술로, GPS, INS(Inertial Navigation System) 등의 항법센서기술, 소형 경량레이더 기술, 충돌회피용 소형 LIDAR(Light detection and ranging) 센서 기술, 멀티스펙트럼(multi-spectrum) 카메라 기술, 360°카메라 및 송수신 기술, Non-GNSS(Global Navigation Satellite System) 융합센서기술을 포함하는 기술
		4) 무인기 전기구동 핵심부품 기술: 전기동력을 기반으로 무인기의 조종, 이착륙, 추진 등을 담당하는 핵심부품을 개발하기 위한 기술로서, 소형무인기용 고효율 전기모터 기술, 무인기용 저온용 배터리 및 전원관리시스템 기술, 고효율 전기모터용 인버터(inverter) 기술을 포함하는 기술
		5) 무인기 데이터링크 핵심기술: 무인기와 지상국 · 조종기간, 무인기와 타 무인이동체 간에 감시 및 추적, 정보 전달 등의 데이터 송수신을 지속적으로 유지하기 위한 기반 기술로 소형 · 경량 탑재통신장비, 정밀 추적 안테나, 무인기간 네트워크 보안을 포함하는 기술
		6) 무인기 지상통제 핵심기술: 무인기를 지상에서 원격으로 조종하고 상황을 모니터링하기 위한 조종기, 지상국, 텔레메트리(telemetry) 장비와 관련 운영 소프트웨어 프로그램 기술로 소형무인기 조종기 개발 기술, 무인기 조종훈련을 위한 시뮬레이터(simulator)기술, 실시간 무인기 상황 및 임무현황 분석기술을 포함하는 기술
		7) 물류 배송용 드론 제조 기술: 일정 중량(10kg) 이상 물품의 비가시권 비행을 100% 신뢰성을 확보하여 안전하게 운송 가능한 드론 제조 기술 및 기능개선에 필요한 소재(열전도율 5kcal/m · h 대비 10% 이상 개선) · 부품(세계 최고 CPU 속도대비 약 66% 이상 처리성능 개선) · 장비(다지점 배달용 물품 적재함, 물품배송 드론용 도킹스테이션 등의 경량화)의 설계 · 제조 기술

구분	분야	신성장 · 원천기술
		8) 드론용 하이브리드 추진 시스템 기술: 전기배터리 무인기의 체공시간(120분 이상) 및 탑재량(12kg 이상) 증대를 위해 엔진 동력을 이용하여 전기모터를 동작시키는 하이브리드 추진시스템 기술 및 이와 관련한 소재 · 부품 및 장비의 설계 · 제조 기술
	나. 우주	1) 위성본체 부분품 개발 기술: 위성본체 개발을 목적으로 하는 전력시스템, 자세제어용 센서 및 시스템, 위성탑재 컴퓨터시스템, 위성교신을 위한 송수신시스템, 위성 구조체 시스템(태양전지 포함), 추진시스템(추력기, 추진제 저장탱크, 밸브 및 제어기 등), 열제어시스템 등에 대한 기술
		2) 위성 탑재체(정찰, 통신, 지구 탐사, 기상예보 따위와 같은 임무를 수행하기 위해 탑재되는 위성체의 구성 부분을 말한다) 부분품 개발 기술: 인공위성 탑재를 목적으로 하는 광학 탑재체, 영상레이더 탑재체, 통신 · 방송 탑재체, 우주과학 탑재체, 항법 탑재체 시스템 및 위성용 영상자료처리장치, 주파수 변조기 및 안테나 등에 대한 기술
		3) 우주발사체 부분품 개발 기술: 우주발사체 개발을 목적으로 하는 액체엔진(핵심부품), 대형 구조물[추진제 탱크, 동체, 연결부, 페어링(fairing: 노출부의 보호 및 공기 저항력 감소를 위한 유선형 덮개를 말한다), 탑재부, 분리기구 등], 관성항법유도시스템, 자세제어시스템, 전력시스템, 원격측정 · 추적시스템, 비행종단시스템 등에 대한 기술
		4) 위성통신 송수신 안테나 개발 기술: 통신목적 인공위성과의 안정적인 데이터 송신 및 수신을 위해 안테나가 탑재된 대상(항공기 등)이 고속으로 이동하면서 자이로센서(Gyro sensor) · GPS 정보 등을 이용하여 인공위성을 추적(Tracking)하거나, 안테나가 지향하는 인공위성이 지구의 자전보다 빠른 속도로 이동함에 따라(중 · 저궤도 위성) 인공위성 궤도 데이터 · GPS 정보 등을 이용하여 인공위성을 추적(Tracking)하는 기능을 가진 위성통신 안테나를 제작하는 기술
12. 첨단 소재 · 부품 · 장비	가. 첨단 소재	1) 고기능성 알루미늄 도금강판 제조 기술: 550℃에서 200시간 유지 가능한 내열성과 SST 2400(KSD9502)시간 보증 가능한 내식성이 우수한 고성능 알루미늄 도금강판 개발을 위한 조성개발, 고온성형성 향상 기술, 특수 용접기술 등의 제조 기술
		2) 고순도 산화알루미늄 제조 기술: 순도 99.9% 이상의 산화알루미늄 분말 제조를 위한 합성, 가공, 고순도화, 고밀도화 등의 제조 기술
		3) 거리감지센서용 압전결정소자 및 초음파 트랜스듀서 기술: 거리감지센서 등에 사용되는 압전결정소자 및 초음파 트랜스듀서 설계 · 제조 기술
		4) 고기능성 인조흑연 제조 기술: 인조흑연 제조용 피치 및 코크스 제조 기술, 전극봉 · 등방블록 · 흑연분말 성형 및 2,800℃ 이상의 열처리를 통한 흑연화 기술
		5) 고효율 · 고용량 이차전지 음극재 제조 기술: 나노 실리콘 결정크기(5nm 이하) 제어 및 카본코팅을 통해 부피팽창 문제 해결과 고효율(88% 이

구분	분야	신성장 · 원천기술
		상), 고용량(1800mAh/g 이상) 음극재를 구현하는 소재 기술 (2024. 2. 29. 신설)
		6) 전극용 탄소나노튜브 제조 및 이를 활용한 도전재 제조 공정 기술: 비철계 촉매를 사용하여 전도성이 우수한 전극용 탄소나노튜브(CNT, Carbon Nanotube)를 제조하는 기술 및 CNT를 활용하여 열화 현상을 줄이고 용량 및 수명을 개선한 도전재를 제조하는 공정 기술 (2024. 2. 29. 신설)
		7) 고순도 리튬화합물 제조 기술: 리튬 광석 또는 염호 등 천연리튬 자원으로부터 고순도 99.5% 리튬화합물(Li2CO3, LiOH 등)을 제조하기 위한 선광 · 제련 공정 기술 (2024. 2. 29. 신설)
		8) 니켈광 대상 니켈 회수공정 기술: 니켈광(라테라이트 등)으로부터 니켈을 회수하기 위한 선광 · 제련(고압산침출, 질산침출등) · 추출 · 정제 기술 (2024. 2. 29. 신설)
		9) 희토류 원료 제조공정 기술: 희토류 원광으로부터 순도 95% 이상 희토류 원료를 제조하는 기술 또는 순환자원(폐영구자석, 폐형광체, 폐촉매 등)으로부터 희토류 금속을 회수하는 회수율 85% 이상의 공정 기술 (2024. 2. 29. 신설)
	나. 첨단 부품	1) 고정밀 롤러베어링 및 볼베어링 설계 · 제조 기술: 구름베어링의 일종으로 내외륜 사이에 다수의 볼 또는 롤러를 삽입하여 마찰을 감소시켜 고속운전을 돕거나 큰 하중에 견딜 수 있는 정밀도 P5급 이상의 기계부품 설계 · 제조 기술
		2) 고압 컨트롤 밸브 설계 · 제조 기술: 유압펌프에서 발생한 330 Bar 이상 고압의 유체에너지를 작업자의 작업의도에 따라 각 유압 액추에이터, 선회 및 주행의 유압모터 등에 공급하며, B5 10,000시간 이상의 높은 내구신뢰성을 가지는 메인 컨트롤 밸브 부품 설계 · 제조 기술
		3) 고정밀 볼스크류 설계 · 제조 기술: 회전운동을 직선운동으로 변환하는 정밀도 C3급 이상, 축방향 공차 5μm 이내의 동력전달부품 설계 · 제조 기술
		4) 능동마그네틱 베어링 설계 · 제조 기술: 자력을 이용하여 회전축을 지지하고, 윤활제가 필요 없이 극저온(－250℃ 내외) 또는 고온(300℃ 이상), 진공에서 축의 회전 궤적을 능동적으로 제어할 수 있는 부품 설계 · 제조 기술
		5) 고성능 터보식 펌프 설계 · 제조 기술: 임펠러 및 블레이드가 회전함으로써 기계의 운동에너지를 유체 · 기체의 압력에너지로 전환하여 2,500L/s 이상의 배기속도 및 $1.3x10^{-9}$ mbar 이상의 최고 진공도를 만드는 터보식 펌프의 설계 · 제조 기술
		6) 특수 렌즈 소재 · 부품 · 장비 제조 기술: 고배율[굴절률(nd) 2.0 이상], 야간 투시[원적외선(파장 8～12㎛) 투과율 50% 이상], 자외선투과[자외

구분	분야	신성장 · 원천기술
		광(193nm) 투과율 80% 이상] 등 특수용도로 사용되는 카메라 구성에 필요한 특수 광학소재의 소재 · 부품 · 장비 제조 기술
		7) 고기능 적층세라믹콘덴서(MLCC: Multi Layer Ceramic Capacitor) 소재 · 부품 제조 기술: 고용량, 고신뢰성을 갖춘 적층세라믹컨덴서의 소재 · 부품 제조 기술 소재 · 부품 · 장비 제조 기술
		8) 선박용 모터(Motor) 설계 · 제조 기술 : 각종 펌프(Pump), 압축기, 엔진(Engine) 시동장치, 크레인(Crane), 팬(Pan) 등 일반선박용 모터의 소재 · 부품 및 액화천연가스(LNG, Liquefied Natural Gas) 추진선박, 가스(Gas) 운반선, 유조선, 화학물 취급선 등 특수선박용 방폭형 모터와 전기 추진선박, 수소 연료전지 선박 등 전기추진용 모터의 핵심 소재 · 부품을 설계 · 제작 · 시험 · 평가하는 기술
	다. 첨단 장비	1) 첨단 머시닝센터 설계 · 제조 기술: 자동공구교환장치(Automatic Tool Changer)를 장착하여, 밀링, 드릴링, 보링가공 등 여러 공정의 작업을 수행할 수 있는 가공정밀도 5㎛ 이내, 동시 제어 5축 이상, 최대 스핀들 속도 12,000rpm 이상의 절삭가공장비 및 부품의 설계 · 제조 기술[가공 회전수, 축 이동, 진동오차 제어 등 머시닝센터의 고정밀 작업을 제어하는 CNC(Computerized Numerical Controller) 모듈 관련 기술 포함]
		2) 열간 등방압 정수압 프레스 설계 · 제조 기술: 기체 또는 액체를 압력매체로 활용하여 1,500℃ 이상에서 작동하면서 1분당 최고 50℃의 속도로 냉각이 가능하고, 금속 소재를 모든 방향에서 100MPa 이상의 정수압 또는 등방압 조건으로 가압하는 직경 1,000mm 이상의 프레스 장비 설계 · 제조 기술
		3) 연삭가공기 설계 · 제조 기술: 사파이어, 다이아몬드 등 고정도의 광물입자를 결합제로 고정시킨 숫돌을 이용하여 평면 · 원통 등 단순한 형태가 아닌 복잡한 형태의 가공공정을 수행하는 장비 설계 · 제조 기술
		4) 첨단 터닝센터 설계 · 제조 기술: 원통형 부품의 가공을 위해 소재를 회전시키면서 절삭 공구가 상대 이동하는 가공정밀도 5μm 이내, 최대 스핀들 속도 3,000rpm 이상의 절삭가공장비 설계 · 제조 기술(ISO 7등급 이하의 기어 제조를 위한 고속 스카이빙 가공장비 관련 기술 포함)
		5) 첨단 회전 성형기 설계 · 제조 기술: 다축 정밀 동시제어시스템을 갖추고, 회전하는 주축과 롤러, 맨드릴을 이용하여 최대 성형롤 하중 60kN 이상, 최대 성형품 직경 500mm 이상, 성형 정밀도 ±0.5mm를 충족하는 성형장비 설계 · 제조 기술
		6) 첨단 밸런싱머신 설계 · 제조 기술: 회전기계의 핵심부품인 회전부의 불균일한 질량분포를 측정한 후, 베어링으로 전달되는 힘이나 진동을 국제규격(ISO 21940-21) 규정 이내가 되도록 불균일 질량을 교정하는 장비 설계 · 제조 기술
		7) 첨단 레이저 가공장비 설계 · 제조 기술: 절단, 천공, 용접, 정밀가공 등을 위해 고출력 레이저 가공헤드로 공작물을 용융 · 증발시켜서 분리하는 5축 이상의 레이저 가공장비를 설계 · 제조하는 기술

구분	분야	신성장 · 원천기술
		8) 방전가공기 장비 · 부품의 설계 · 제조 기술: 공작물과 전극 사이에 불꽃 방전을 일으켜 티타늄, 초경합금 등 난삭재의 마이크로급 초정밀 가공을 수행하는 방전가공 장비 및 핵심요소부품의 설계 · 제조 기술
13. 탄소 중립	가. 탄소포집 · 활용 · 저장 (CCUS : Carbon Capture, Utilization and Storage)	1) 연소 후 이산화탄소 포집 기술: 화력발전소, 철강, 화학공정, 시멘트공정 및 선박 등에서 화석연료 연소 후 발생되는 배기가스 중 이산화탄소를 효과적으로 분리하기 위한 흡수제, 흡착제, 분리막 등 분리소재를 제조하는 기술과 이를 이용한 이산화탄소 포집공정 기술
		2) 연소 전 이산화탄소 포집 기술: 석탄가스화 후 생성된 이산화탄소와 수소 중 이산화탄소를 분리하기 위한 흡수제, 흡착제, 분리막 등 분리소재를 제조하는 기술과 이를 이용한 이산화탄소 포집공정 기술
		3) 순산소 연소기술 및 저가 산소 대량 제조 기술: 기존 대량산소 제조 기술인 심냉법을 대체하기 위한 이온전도성분리막(ITM, Ion Transfer Membrane), 세라믹-메탈 복합분리막(Ceramic-metal composite membrane), 흡착제 및 CLC(Chemical Looping Cycle) 등과 같이 산소를 저가로 대량생산 할 수 있는 기술과 이를 이용한 미분탄 등 화석연료의 순산소연소 공정 기술
		4) 이산화탄소 지중 저장소 탐사 기술 : 이산화탄소 포집 후 지하공간에 저장하기 위해 다양한 탐사 기술을 이용하여 지하 저장소를 파악하는 기술
		5) 이산화탄소 수송 · 저장 기술: 대량발생원에서 포집된 이산화탄소를 이송하기 위한 압축 · 액화 수송 기술, 수송된 이산화탄소를 지하심부에 안정적으로 저장하기 위한 시추 및 주입기술, 주입된 이산화탄소의 거동을 관측하고 예측하는 기술, 이산화탄소의 누출시 지하 및 지표 생태계에 미치는 영향을 평가하고 모니터링함으로써 장기적 안정성을 제고하는 환경영향평가 및 사후관리 기술
		6) 산업 부생가스(CO, CH_4) 전환기술: 제철소, 석유화학공단, 유기성 폐기물 등에서 발생하는 부생가스(CO, CH_4)를 화학 · 생물 전환기술을 통해 화학원료 또는 수송연료 등을 생산하는 기술
		7) 이산화탄소 활용 기술: 이산화탄소를 광물화, 화학적 · 생물학적 변환을 통해 연료 · 화학물 · 건축소재 등을 재생산하는 기술
	나. 수소	1) (삭제, 2023. 6. 7.)
		2) 부생수소 생산기술: 철강제조공정, 석유화학공정, 가성소다생산 공정 등에서 발생하는 부생가스를 분리 정제하여 수소를 생산하는 기술
		3) (삭제, 2023. 6. 7.)
		4) 액화수소 제조를 위한 수소액화플랜트 핵심부품 설계 및 제조 기술: 액화수소 제조를 위한 수소액화플랜트의 LNG냉열 이용 예냉사이클 설계 기술, 수소액화공정에 필요한 부품(압축기 · 팽창기 등) 설계 및 제작 기술

구분	분야	신성장 · 원천기술
		5) (삭제, 2024. 2. 29.)
		6) (삭제, 2024. 2. 29.)
		7) (삭제, 2023. 6. 7.)
		8) (삭제, 2023. 6. 7.)
		9) 액화수소 운반선의 액화수소 저장 · 적하역 및 증발가스 처리기술: 액화수소 운반선 내에 액화수소를 저장 · 적하역하기 위한 극저온 화물창 설계 · 제조 기술, 카고핸들링 기술 및 증발가스 처리를 위한 장치 제조 기술
		10) 암모니아 발전 기술: 암모니아 연료를 단독으로 사용하거나 석탄 또는 천연가스와 혼합하여 전력을 생산하는 기술로 연료전지, 가스터빈, 미분탄 보일러 및 유동층 보일러에 적용 가능한 발전 시스템을 설계 · 제작하는 기술
		11) 산업용 수소 보일러 및 연소기 설계 · 제작 기술: 수소 연료를 연소(혼소 · 전소)하여 발생하는 열에너지를 직접 사용하거나 증기 · 온수를 생산하는 산업용 수소 보일러 및 이를 구성하는 수소 연소기 부품을 설계 · 제작 · 운용하는 기술
	다. 신재생에너지	1) 고체산화물 연료전지 지지형셀 · 스택 · 시스템 설계 및 제조 기술: 고체산화물 연료전지(SOFC, Solid Oxide Fuel Cell)에서 중저온(650℃ 이하)에서 작동이 가능하고 출력효율이 높은 금속 · 연료극 지지형셀, 셀 · 분리판 등이 결합되어 전기와 열을 생산하는 스택, 스택을 결합하여 대량으로 발전이 가능한 시스템(발전효율 50% 이상인 4kW급 이상)을 제조하는 기술
		2) (삭제, 2023. 6. 7.)
		3) 고체산화물 연료전지(SOFC, Solid Oxide Fuel Cell) 소재 기술: 650℃ 이하에서 작동하는 연료전지로 다양한 연료[수소, 액화석유가스(LPG), 액화천연가스(LNG) 등]의 사용이 가능하고 전도 세라믹(Conducting Ceramic)을 이용하며 복합발전시스템이 가능한 전력변환장치로서 발전용 연료전지로 사용하는 소재 개발 · 제조 기술
		4) 페로브스카이트(Perovskite), 페로브스카이트 · 결정질 실리콘 등 탠덤 태양전지 핵심소재 제조 및 대면적화 기술: 고효율성 및 고내구성을 가진 대면적 웨이퍼, 광활성층, 전자 · 정공수송층, 투명전극, 금속전극, 금속리본, 봉지, 경량 전후면 외장 재료 등의 핵심소재 제조 기술, 대면적 · 고효율 셀 및 고출력 모듈화 기술(대면적 제조장비, 연속 공정 기술 포함)
		5) 풍력에너지 생산 기술로서 회전동력을 증속시켜 발전기에 전달하는 부품 설계 및 제조 기술: 블레이드(blade)로부터 전달되는 회전력을 전달받아 증속하여 발전기에 전달하는 장치를 구성하는 유성기어(planet carrier) · 축(shaft) · 베어링(bearing) · 이음쇠(coupling) · 브레이크(brake) 및 제어기(controller)의 설계 및 제조 기술
		6) 풍력에너지 생산 기술로서 발전기(Generator) 및 변환기(Inverter) 제조 기술: 동력 구동장치 증속기로부터 동력을 전달받아 회전자(rotor)와 고

구분	분야	신성장 · 원천기술
		정자(stator)를 통해 전기를 발생시키는 발전기(generator)와 정속운전 유도발전기용 변환기, 가변속 운전 이중여자 유도발전기용 변환기 및 가변속 운전 동기발전기용 변환기의 설계 및 제조 기술
		7) 풍력발전 블레이드 기술: 8MW급 이상의 풍력발전 블레이드(Blade) 설계 및 제조 기술
		8) 지열 에너지 회수 및 저장 기술: 지열에너지 이용 효율 및 경제성을 향상시키는 그라우팅(grouting) 재료 제작 기술 · 보어홀(borehole) 전열저항 저감 기술 · 저비용 시추 기술 및 지중 축열 기술
		9) 지열발전기술: 지하 2km 이상 깊이의 심부 지열자원을 개발하여 전기를 생산하기 위한 일련의 기술로서 지열자원탐사 기술, 심부시추 기술, 심부시추공 조사 기술, 인공 지열저류층 생성 기술(enhanced geothermal system), 지열수 순환시스템 구축기술과 지열유체를 이용하여 전기를 생산하고 열에너지를 활용하는 기술
		10) 바이오매스 유래 에너지 생산 기술: 자연에 존재하는 다양한 자원을 이용하여 직접 또는 전환공정을 통해 연료로 사용할 수 있는 고형연료, 알코올, 메탄, 디젤, 수소, 항공유 등을 생산하는 기술 (2024. 2. 29. 개정)
		11) 폐기물 액화 · 가스화 기술: 재생폐기물로부터 연료유 또는 가스를 생산하기 위한 열분해 · 가스화 기술
		12) 미활용 폐열 회수 · 활용을 통한 발전 기술: 산업현장에서 사용되지 않고 버려지는 중저온(900℃ 이하) 미활용 폐열을 초임계 이산화탄소 · 유기냉매 · 열전소자 등을 통해 회수한 후 친환경 전기에너지 생산에 활용하는 발전설비 및 시스템 개발 기술
		13) 해상풍력 발전단지 내 · 외부 전력망에 사용되는 해저케이블 시스템 기술: 대용량 전력 전송을 위한 고밀도 · 장조장 특성을 갖는 해저케이블(HVAC 345kV 이상 또는 HVDC 500kV 이상)과 이를 변전소 등에 연결하는 내부전력망용 해저케이블(semi-wet 방식, 66kV 이상) 설계 · 제조 기술
		14) 고효율 n형 대면적 태양전지와 이를 집적한 모듈화 기술: 효율 24% 이상의 n형 대면적(M10 이상) 결정질 실리콘 태양전지 공정 기술 및 고출력(출력밀도 210W/m2 이상) 모듈화 집적 기술(고효율 셀 기술, 고집적 모듈 기술)
	라. 산업공정	1) (삭제, 2024. 2. 29.)
		2) 함수소가스 활용 고로취입 기술 : 제철소 발생 함수소가스 또는 수소가스를 고로 공정의 연료로 활용하여 철강을 제조하는 기술
		3) 복합취련전로 활용 스크랩 다량 사용 기술 : 전로 공정에서 스크랩의 사용량을 높이기 위한 상저취전로 및 노내 2차 연소기술(복합취련전로 기술)을 활용하는 기술

구분	분야	신성장 · 원천기술
		4) 이산화탄소 반응경화 시멘트 생산 기술 : 시멘트의 주원료인 석회석을 탄산칼슘($CaCO_3$)이 없는 물질(Rankinite, Wollastonite 등)로 대체하는 공정 기술과 이산화탄소에 경화되는 시멘트를 생산하는 기술
		5) 산화칼슘 함유 비탄산염 산업부산물의 시멘트 원료화 기술 : 시멘트 산업에서 클링커 원료인 석회석을 산화칼슘(CaO)를 함유한 비탄산염 산업부산물로 대체하는 공정 기술로 비탄산염 원료 전처리 기술, 공정운전 최적화 기술
		6) 이산화탄소 저감 시멘트 생산을 위한 연 · 원료 대체기술 : 시멘트 제조공정 중 석회석 등 탄산염광물을 비탄산염 원료로 대체하는 소재 · 공정 기술과 수소, 바이오매스, LNG 등 친환경 열원 및 가연성 순환자원연료를 이용하여 이산화탄소(CO_2) 발생을 저감하는 소성 기술
		7) 시멘트 소성공정 유연탄 대체 기술: 시멘트 소성공정의 열원인 유연탄을 대체하기 위한 대체연료(가연성 폐기물, 바이오매스) 전처리 및 연료 제조 기술, 고효율 연소기술 및 연소 후 후처리 기술
		8) 석유계 플라스틱 대체 바이오 케미칼 원료 생산 기술 : 바이오 매스를 처리하여 활용 가능한 당, 지질, 글리세롤 등을 바이오 플라스틱의 원료인 케미칼 원료로 전환시키는 화학적, 생물학적 기술
		9) 전기가열 나프타 분해 기술 : 전기저항/유도 가열 방식을 활용한 나프타 분해공정을 통해 에틸렌 · 프로필렌 등 석유화학 기초원료를 제조하는 기술
		10) 반도체 · 디스플레이 식각 · 증착공정의 대체소재 제조 및 적용 기술 : 반도체 · 디스플레이 제조공정에서 사용하는 식각 및 증착용 온실가스를 GWP(Global Warming Potential)가 낮은 가스로 대체하기 위한 소재를 제조하는 기술 및 이를 적용하기 위한 설비 및 부품개발, 공정설계 및 평가 기술
		11) 반도체 및 디스플레이 제조공정에서 배출되는 불소화합물 및 아산화질소 배출 저감 기술 : 반도체 · 디스플레이 제조공정에서 배출되는 불소화합물 및 아산화질소 가스를 LNG, 전기 에너지 등을 활용하여 고온에서 분해하는 방법의 배출저감 기술
		12) 해상(FSRU) 및 육상 LNG터미널에서의 LNG 냉열발전 결합형 재기화 기술: LNG 냉열의 회수 공정을 이용하여 재기화 송출 용량이 750 MMSCFD(Million Metric Standard Cubic Feet per Day) 이상이고, 소요전력 20퍼센트 이상 절감 및 온실가스 20퍼센트 이상 감소 가능한 냉열발전이 결합된 재기화 시스템의 공정 설계 및 설비 제작 기술
		13) 철강 가열공정 탄소연료 대체기술: 단조, 압연 공정에 사용되는 화석연료를 저탄소 연료(수소, 암모니아)로 전환하는 기술 및 발생된 이산화탄소는 재순환시켜 에너지 효율을 향상시키는 기술
		14) 전기로 저탄소원료(직접환원철 · 수소환원철) 활용기술: 전기로 용해공정에서 저탄소 원료인 직접환원철 또는 수소환원철로 철강을 제조하는 기술

구분	분야	신성장 · 원천기술
	마. 에너지 효율 · 수송	1) 지능형 전력계통(Smart Grid) 설계 및 제조 기술: 전력 기술과 정보 · 통신 기술의 융합을 통해 전력 공급자와 소비자가 양방향으로 실시간 정보를 교환함으로써 고신뢰도 유지 및 에너지 효율 최적화를 달성하기 위한 차세대 전력시스템 설계 및 제조 기술
		2) 지능형 배전계통 고도화 및 운용 기술: 지능형 배전계통에 필요한 고신뢰성 · 고품질의 전력공급 및 지능형 배전계통을 보호 · 제어하기 위한 기술로서 보호 및 제어용 지능형전력장치(IED, Intelligent Electric Device) 기술, IED가 탑재된 배전용 개폐기 및 차단기 제조 기술, 지능형 배전계통 데이터베이스(database) 통합 관리 기술, 지능형 배전계통의 자산관리 및 운용 기술, 지능형 직류배전 공급용 기기 제조 기술, 지능형 분산전원 연계기기 제조 기술, 지능형 배전계통 전력품질 보상기기 및 지능형 배전망 운용 기술
		3) 지능형 건축물 에너지 통합 관리시스템 기술: 개별 또는 복수의 건축물을 대상으로 해당 건축물에서 소비하는 에너지를 원격 및 통합적으로 계측 · 평가 및 관리하는 관리 시스템 설계 · 구축 기술
		4) 지능형 검침인프라(AMI, Advanced Metering Infrastructure) 설계 · 제조 기술: 양방향 통신 기반의 전자식 계량기를 활용하여 전기사용정보 등을 수집 후 통합관리하는 인프라로서 실시간으로 전력가격 및 사용정보를 소비자에게 전달하여 수요반응 등을 가능케 하고, 공급자에게는 더욱 정확한 수요예측 및 부하관리 등이 가능하게 하는 기술
		5) 데이터센터 냉방 · 공조 및 에너지 효율화 기술 : 냉방 · 공조 시스템 및 IT 기반시설 장치를 제어하여 전체 데이터센터의 에너지 효율을 최적화하는 데이터센터 인프라 관리 기술
		6) 극저온 액체 저장 및 이송용 펌프 설계 · 제조 기술: 액화천연가스(LNG), 액화수소가스(LH_2) 등 극저온 액체를 누수 없이 저장 및 이송하기 위해 사용하는 극저온용 펌프로 극저온용 밀봉 소재와 베어링(Bearing), 터미널 헤더(Terminal Heather) 등의 부품을 설계 · 제조 · 시험 · 평가 기술
		7) 히트펌프 적용 온도 범위 확대 및 효율 향상 기술 : 친환경 냉매 개발, 열교환기 성능 향상과 사용 열원 확대를 통해 고온 · 저온의 열에너지 공급이 가능한 히트펌프 시스템 기술
		8) 선박용 디젤엔진 제조 기술: 해상 운송의 추진, 발전용으로 사용하고, 이중연료[액화천연가스(LNG), 액화석유가스(LPG) 등의 가스연료 포함] 사용이 가능한 디젤엔진을 제조하는 기술로, 크랭크 샤프트(Crankshaft), 피스톤(Piston), 피스톤링(Piston Ring), 실린더헤드(Cylinder Head) 등 엔진의 핵심 소재 · 부품을 설계 · 제작 · 시험 · 평가하는 기술
		9) 친환경 굴착기 설계 · 제조 기술 : 순수 전기(모터), 하이브리드(모터와 엔진), 바이오연료(엔진)로 구동할 수 있는 굴착기 생산 기술

구분	분야	신성장 · 원천기술
		10) 암모니아 추진선박의 연료공급 및 후처리 기술 : 암모니아를 연료로 추진하는 선박에 적용되는 암모니아 연료 공급 시스템 및 연소 후 배기가스 후처리 시스템 기술
		11) 극저온 액체 저장 및 이송용 극저온 냉동 기술: 극저온 액체 저장 및 이송용 극저온 냉동기술: 액화질소(끓는 점 -196℃), 액화수소(끓는 점 -253℃) 등 -196℃ 이하의 극저온 액체를 자체 증발로 인한 손실 없이 저장 및 이송하기 위해 사용하는 극저온 냉동 기술
		12) 연료전지, 배터리 및 축발전기 모터를 적용한 선박 발전시스템: 연료전지, 배터리 및 축발전기 모터 하이브리드 전력시스템을 선박의 발전원으로 활용하는 기술
		13) 고효율 산업용 전동기 설계 · 제조 기술: IEC 60034-30-1규격의 IE4급 이상의 고효율 산업용 전동기 설계 · 제조 기술
14. 방위산업	가. 방산장비	1) 추진체계 기술: 유무인 항공기, 기동장비, 유도무기, 함정 등에 장착하는 터보제트엔진, 터보샤프트엔진, 터보프롭엔진, 터보팬엔진, 왕복엔진의 완제엔진, 부체계(엔진제어, 연료, 윤활, 기어박스 등), 구성품(팬, 압축기, 연소기, 터빈, 배기노즐 등), 소재(내열 · 경량합금, 복합재, 고온코팅 등) 등을 설계 · 제작 · 조립 · 인증 · 시험평가하는 기술
		2) 군사위성체계 기술: 군사용 위성체계 중 감시정찰 및 통신위성의 위성체계(전력체계, 자세제어체계, 위성탑재컴퓨터, 송수신체계, 구조체 등), 구성품(위성통신송수신 안테나, 광학장비, 영상레이더, 항법체계 등), 관련 소재, 지상장비, 발사체(고체연료) 등을 설계 · 제작 · 조립 · 인증 · 시험평가하는 기술
	나. 전투지원	1) 유무인복합체계 기술: 유무인복합체계에 필요한 환경인식기술, 위치추정기술, 자율임무 수행기술, 유무인협업기술, 무선통신기술, 네트워크 보안기술, 의사결정지원기술, 원격통제기술 등을 활용하여 유무인복합체계를 설계 · 제작 · 조립하는 기술

〈비고〉
위 표에 따른 신성장 · 원천기술의 유효기한은 2024년 12월 31일로 한다.

개 정

- 2024년 2월 29일 시행령 개정시 신성장 · 원천기술 범위에 방위산업 분야를 신설하고 나노 실리콘 음극재 제조 기술 등 15개 기술을 추가하며 혁신형 신약 후보 물질 제조 기술 등 8개 기술 범위를 확대하여 총 14개 분야 270개 기술로 확대(조특령 별표 7)
  ➡ 2024년 1월 1일 이후 발생하는 연구개발비부터 적용하고, 2023년 12월 31일 이전에 발생한 연구개발비에 관하여는 종전의 규정에 따름.

2) 국가전략기술연구개발비

① 국가전략기술연구개발비의 범위

국가전략기술연구개발비란 연구·인력개발비 중 반도체, 이차전지, 백신, 디스플레이, 수소, 미래형 이동수단, 바이오의약품 및 그 밖에 시행령으로 정하는 분야와 관련된 기술로서 국가안보 차원의 전략적 중요성이 인정되고 국민경제 전반에 중대한 영향을 미치는 조세특례제한법 시행령 별표 7의 2에 따른 국가전략기술을 얻기 위한 다음의 구분에 따른 비용을 말한다(조특법 §10 ① 2호 및 조특령 §9 ⑥, ⑦).

(가) 자체 연구개발의 경우 : 다음의 비용

㉠ 전담부서등 및 연구개발서비스업을 영위하는 기업에서 조세특례제한법 시행령 별표 7의 2에 따른 국가전략기술연구개발업무에 종사하는 연구원 및 이들의 연구개발업무를 직접적으로 지원하는 사람에 대한 인건비. 다만, 다음의 어느 하나에 해당하는 사람의 인건비는 제외함(조특칙 §7 ⑭, ⑮).

㉮ 주주인 임원으로서 다음의 어느 하나에 해당하는 사람

ⓐ 부여받은 주식매수선택권을 모두 행사하는 경우 해당 법인의 총발행주식의 10%를 초과하여 소유하게 되는 자

ⓑ 해당 법인의 주주로서 법인세법 시행령 제43조 제7항에 따른 지배주주등 및 당해 법인의 총발행주식의 10%를 초과하여 소유하는 주주

ⓒ 위 ⓑ에 해당하는 자(법인을 포함함)의 소득세법 시행령 제98조 제1항 또는 법인세법 시행령 제2조 제5항에 따른 특수관계인. 이 경우 법인세법 시행령 제2조 제5항 제7호에 해당하는 자가 해당 법인의 임원인 경우를 제외함.

㉯ 국가전략기술연구개발업무와 신성장·원천기술연구개발업무 또는 일반연구개발업무를 동시에 수행한 사람

㉡ 국가전략기술연구개발업무를 위하여 사용하는 견본품, 부품, 원재료와 시약류 구입비

(나) 위탁 및 공동연구개발의 경우 : 국가전략기술 위탁·공동 연구기관에 국가전략기술연구개발업무를 위탁(재위탁을 포함함)함에 따라 발생하는 비용(단, 전사적 기업자원 관리설비, 판매시점 정보관리 시스템 설비 등 기업의 사업운영·관리·지원 활동과 관련된 시스템 개발을 위한 위탁비용은 제외함) 및 이들 기관과의 공동연구개발을 수행함에 따라 발생하는 비용

② 국가전략기술 위탁·공동 연구기관

국가전략기술 위탁·공동 연구기관이란 다음의 어느 하나에 해당하는 기관을 말한다. 다만, 아래 (라)부터 (사)까지의 기관에 국가전략기술연구개발업무(조특령 별표 7의 2)를 위

탁(재위탁을 포함함)하는 경우(조세특례제한법 시행령 별표 7의 2 제3호 나목부터 마목까지의 규정에 따른 비임상·임상1상·2상·3상 시험 및 같은 표 제7호 다목부터 바목까지의 규정에 따른 비임상·임상1상·임상2상·임상3상 시험의 경우는 제외함)에는 국내에 소재한 기관으로 한정한다(조특칙 §7 ⑥, ⑦).

(가) 고등교육법 제2조에 따른 대학 또는 전문대학
(나) 국공립연구기관
(다) 정부출연연구기관
(라) 비영리법인(비영리법인에 부설된 연구기관을 포함함)
(마) 산업기술혁신 촉진법 제42조에 따른 전문생산기술연구소 등 기업이 설립한 국내외 연구기관
(바) 전담부서등(단, 국가전략기술연구개발업무만을 수행하는 전담부서등에서 직접 수행한 부분에 한정함) 또는 국외기업에 부설된 연구기관
(사) 연구산업진흥법 제2조 제1호 가목 및 나목의 연구산업을 영위하는 기업 또는 영리목적으로 연구·개발을 독립적으로 수행하거나 위탁받아 수행하고 있는 국외소재 기업
(아) 내국인이 의결권 있는 발행주식총수의 50% 이상을 직접 소유하거나 80% 이상을 직접 또는 간접으로 소유하고 있는 외국법인(외국법인에 부설된 연구기관을 포함함). 여기서 주식의 간접소유비율의 계산에 관하여는 국제조세조정에 관한 법률 시행령 제2조 제3항을 준용함.

▌국가전략기술의 범위(조특령 〔별표 7의 2〕)▐

분야	국가전략기술
1. 반도체	가. 첨단 메모리 반도체 설계·제조 기술: 15nm 이하급 D램 및 170단 이상 낸드플래시 메모리 설계·제조 기술
	나. 차세대 메모리반도체(STT-MRAM, PRAM, ReRAM, PIM, HBM, LLC, CXL, SOM) 설계·제조 기술: 기존 메모리반도체인 D램(DRAM)과 낸드 플래시메모리(Nand Flash Memory)의 장점을 조합한 STT-MRAM(Spin Transfer Torque-Magnetic Random Access Memory), PRAM(Phase-change Random Access Memory), ReRAM(Resistive Random Access Memory), 초거대 AI 응용을 위해 CPU와 메모리 간의 병목현상 해결을 목적으로 메모리반도체에 전용 AI 프로세서를 추가한 메모리시스템인 PIM(Processing In Memory), HBM(High Bandwidth Memory), LLC(Last Level Cache), CXL(Compute eXpress Link), SOM(Selector Only Memory) 등 차세대 메모리반도체 설계·제조 기술
	다. 고속 컴퓨팅을 위한 SoC 설계 및 제조(7nm 이하) 기술: 인간형 인식, 판단, 논리를 수행할 수 있는 뉴럴넷(Neural Network)을 구현하는 초고속, 저전력 슈퍼프로세서 기술로서 지능형 자율주행 이동체(드론 등), 지능형 로봇, 게임로봇, 고속 정보 저장

분야	국가전략기술
	· 처리 및 통신기기, AP(Application Processor), 위성체 및 군사용 무기 체계, 보안카메라, DVR (Digital Video Recoder) 등의 화상처리용 지능형 보안시스템, 복합 교통관제 시스템 등의 제작을 위해 매니코어(Many Core)를 단일 반도체에 통합한 SoC(System on Chip) 설계 및 제조(7nm 이하) 기술
	라. 차세대 디지털기기 SoC 설계 · 제조 기술: IoT, 착용형 스마트 단말기기, 가전, 의료기기 및 핸드폰 등 차세대 디지털 기기 SoC의 주파수 조정 기능 반도체(RF switch 등 RF반도체), 디지털·아날로그 신호의 데이터 변환 반도체(인버터/컨버터, Mixed signal 반도체 등), 메모리반도체와의 원칩화를 통한 컨트롤 IC(eNVM) 및 IoT 지능형 서비스를 적용하기 위한 지능정보 및 데이터의 처리가 가능한 IoT · 웨어러블 SoC(System on Chip)의 설계 · 제조 기술
	마. 고성능 마이크로 센서의 설계 · 제조 · 패키징 기술: 물리적 · 화학적인 아날로그(analogue) 정보를 얻는 감지부와 논리 · 판단 · 통신기능을 갖춘 지능화된 신호처리 집적회로가 결합된 소자로서 나노기술, MEMS[Micro Electro Mechanical System, 기계부품 · 센서(sensor) · 액츄에이터(actuator) 및 전자회로를 하나의 기판 위에 집적화)] 기술, 바이오 기술, 0.8㎛ 이하 CMOS 이미지센서 기술 또는 SoC(System on Chip) 기술이 결합된 고성능 센서 설계 · 제조 및 패키징 기술
	바. 차량용 반도체 설계 · 제조 기술: 자동차 기능안전성 국제표준 ISO26262, 자동차용 반도체 신뢰성 시험규격 AEC-Q100을 만족하는 MCU(Micro controller unit), ECU(Electronic control unit), 파워IC, SoC, 하이브리드/전기차 및 자율주행용 IC 반도체의 설계 · 제조 기술
	사. 에너지효율향상 반도체 설계 · 제조 기술: 저저항 · 고효율 특성을 지니며 차세대 응용 분야(전기차, 하이브리드카, 태양광/풍력발전 등 신재생에너지, 스마트그리드 등)에 탑재되는 실리콘 기반의 에너지효율향상 반도체(SJ(Super Junction) MOSFET, IGBT, 화합물(SiC, GaN, Ga2O3) 기반의 에너지효율향상 반도체(MOSFET, IGBT) 및 모듈의 설계 · 제조 기술
	아. 에너지효율향상 전력반도체(BCDMOS, UHV, 고전압 아날로그IC) 설계 · 제조 기술(0.35㎛ 이하): 실리콘 기반의 저저항 · 고효율 특성을 지니며 차세대 응용 분야(5G, 전기자동차, 하이브리드자동차, 차세대 디지털기기용 디스플레이, 태양광, 풍력발전 등 신재생에너지, 스마트그리드 등)에 탑재되는 아날로그, 디지털 로직, 파워소자를 원칩화한 초소형 · 초절전 전력반도체(0.35㎛ 이하 BCDMOS, 800V 이상 UHV, 12V 이상 고전압 아날로그 IC) 설계 · 제조 기술
	자. 차세대 디지털기기 · 차량용 디스플레이 반도체 설계 · 제조 기술: 화면에 문자나 영상 이미지 등이 표시되도록 차세대 디지털기기 및 차량의 디스플레이(OLED, Flexible, 퀀텀닷, 롤러블, 폴더블, 마이크로LED, Mini LED, 4K · 120Hz급 이상 고해상도 LCD 등)에 구동 신호 및 데이터를 전기신호로 제공하는 반도체(DDI), 디스플레이 패널의 영상 정보를 변환 · 조정하는 것을 주기능으로 하는 반도체(T-Con), 디스플레이용 반도체와 패널에 필요한 전원 전압을 생성 · 제어하는 반도체(PMIC)를 설계 및 제조하는 기술

분야	국가전략기술
	차. SoC 반도체 개발 · 양산 위한 파운드리 분야 7nm 이하급 제조공정 및 공정 설계기술: SoC(System on Chip) 반도체 개발 · 양산을 위한 핵심 기반기술로 파운드리(Foundry) 분야의 7nm 이하급 제조공정 및 공정 설계 기술
	카. WLP, PLP, SiP, 플립칩 기술 등을 활용한 2D/2.5D/3D 패키징 공정 기술 및 패키징 관련 소재 · 부품 · 장비설계 · 제조 기술: 반도체 패키징 기술(WLP, PLP, SiP, 플립칩 등)을 활용한 2D/2.5D/3D 패키징 공정 기술 · 테스트 및 패키징 · 테스트 관련 소재, 부품, 장비의 설계 · 제조 기술
	타. 반도체용 실리콘 기판 및 화합물 기판 개발 및 제조 기술: 15nm 이하급 D램과 170단 이상 낸드플래시메모리, 7nm 이하급 파운드리 SoC, 에피텍셜 반도체용의 실리콘 기판 및 화합물(SiC, GaN, Ga2O3) 기판을 개발 및 제조하는 기술
	파. 첨단 메모리반도체 및 차세대 메모리반도체, SoC 반도체 파운드리 소재 · 장비 · 장비부품 설계 · 제조 기술: 첨단 메모리반도체(15nm급 이하 D램 및 170단 이상 낸드플래시메모리), 차세대 메모리반도체(STT-MRAM, PRAM, ReRAM) 및 SoC 반도체 파운드리의 소재, 장비 및 부품 설계 · 제조 기술
	하. 포토레지스트(Photoresist) 개발 및 제조 기술: 반도체 및 디스플레이용 회로형성에 필요한 리소그래피(lithography)용 수지로서 회로의 내열성, 전기적 특성, 현상(Developing) 특성을 좌우하는 포토레지스트 및 관련 소재를 개발 및 제조하는 기술[ArF(불화아르곤) 광원용 및 EUV(극자외선) 광원용]
	거. 원자층증착법 및 화학증착법을 위한 고유전체용 전구체 개발 기술: 기존의 이산화규소(SiO2)보다 우수한 유전특성을 갖는 high-k dielectric 박막 증착을 위한 원자층증착법(ALD, Atomic Layer Deposition) 및 화학증착법(CVD, Chemical Vapor Deposition)공정에 사용되는 전구체를 개발하는 기술
	너. 고순도 불화수소 개발 및 제조 기술: 반도체 회로형성에 필요한 순도 99.999%(5N) 이상의 고순도 불화수소를 개발 및 제조하는 기술
	더. 블랭크 마스크 개발 및 제조 기술: ArF(불화아르곤) 광원 및 EUV(극자외선) 광원을 이용하여 반도체 회로를 형성하는 데 사용되는 블랭크마스크 원판 및 관련 소재[펠리클(Pellicle), 합성 쿼츠, 스터러링용 타겟 등을 포함]를 개발 및 제조하는 기술
	러. 고기능성 인산 제조 기술: SiNx, SiOx 막질의 선택적인 식각이 가능한 고선택비(1,000이상) 인산계 식각액 제조 기술
	머. 고순도 석영(쿼츠) 도가니 제조 기술: 반도체 웨이퍼 제조용 용융 실리콘의 오염을 막기 위한 도가니 형태의 순도 99.999%(5N) 이상의 고순도 석영 용기 제조 기술
	버. 코트막형성재 개발 및 제조 기술: 완성된 반도체 소자의 표면을 외부환경으로부터 보호하기 위해 사용하는 절연성을 가진 고감도(80mJ/㎠ 이하) 감광성 코팅 기술 또는 패키징 재배선(배선폭 7㎛ 이하) 형성 재료 제조 기술
	서. 파운드리향 IP 설계 및 검증 기술: 7nm 이하 파운드리 공정을 위한 Library(Standard Cell, I/O, Memory Compiler), IP와 해당 Library, IP를 모바일, 자동차, 서버, AI 등 응용 분야별로 최적화 시킨 Derivative Library, Derivative IP의 설계 및 검증 기술

분야	국가전략기술
	어. 고성능 · 고효율 시스템 반도체의 테스트 기술 및 테스트 관련 장비, 부품 설계 · 제조 기술: 동작속도 250MHz 이상 SoC(System on Chip) 반도체, 6GHz 이상 주파수를 지원하는 RF(Radio Frequency) 반도체, AEC-Q100을 만족하는 차량용 반도체, 4,800만화소 이상 모바일용 CMOS 이미지센서, 내전압 1,000V 이상의 전력반도체, 소스채널 900개 이상의 OLED용 DDI(Display Driver IC)의 양 · 불량 여부를 전기적 특성검사를 통해 판단할 수 있는 테스트 기술 및 해당 테스트에 사용되는 최대검사속도 500Mbps 이상 주검사장비, 접촉정확도 1㎛ 이하 프로브스테이션(Probe Station), MEMS(Micro Electro Mechanial System) 기술 기반 프로브카드의 설계 · 제조 기술
2. 이차전지	가. 고에너지밀도 이차전지 팩 제조 기술: 전기차, 에너지저장장치 등에 사용되는 이차전지 팩의 중량당 에너지밀도를 160Wh/kg 이상으로 구현하기 위한 모듈 및 팩 설계, 제조 기술
	나. 고성능 리튬이차전지 부품 · 소재 · 셀 및 모듈 제조 기술: 이차전지 셀을 기준으로 중량당 에너지밀도가 265Wh/kg 이상 또는 1시간 기준 방전출력 대비 6배 이상의 고출력(6C-rate 이상) 또는 충방전 1,000회 이상의 장수명을 충족하는 고성능 리튬이차전지에 사용되는 부품 · 소재 · 셀 및 모듈 제조 및 안전성 향상 기술
	다. 사용후배터리 평가 및 선별 기술: 수명이 종료(초기용량 대비 80% 이하)된 배터리의 잔존용량, 출력특성 등의 성능 평가 기술 및 안전성, 재사용 가능성 등을 평가하여 잔존가치를 유지한 배터리를 선별하는 기술
	라. 사용후배터리 재활용 기술 : 수명이 종료된 사용후배터리를 친환경적으로 처리하고, 리튬, 니켈, 코발트, 구리 등 재자원화가 가능한 유가금속을 회수하는 기술 (리튬 35% 이상, 니켈/코발트 90% 이상 회수)
	마. 차세대 리튬이차전지 부품 · 소재 · 셀 및 모듈 제조 기술: 중량당 방전용량이 600mAh/g 이상인 고성능 전극 또는 고체전해질을 기반으로 하는 차세대 리튬이차전지에 사용되는 부품 · 소재 · 셀 및 모듈 제조 기술
	바. 하이니켈 양극재 제조 기술 : 니켈 함량이 80% 이상인 고용량 양극재 제조 기술, 수명 증가를 위한 안정성 향상 기술, 리튬계 원자재, 금속전구체 등 양극재 원료기술 및 관련 장비 제조 기술
	사. 장수명 음극재 제조 기술: 충방전 1,000회 이상이 가능한 장수명 음극재 제조 기술, 이차전지의 고온특성 향상을 위한 안정성 향상 기술, 음극재 제조에 필요한 카본계 또는 금속계의 원료 기술 및 이의 제작에 필요한 장비 제조 기술
	아. 이차전지 분리막 및 전해액 제조 기술: 수명특성, 신뢰성, 안전성을 향상시키는 분리막 및 저온특성, 장수명, 안전성을 향상시키는 전해액 제조 기술과 안정성 향상 기술 및 관련 원료 · 장비 제조 기술
	자. 이차전지 부품 제조 기술: 배터리 장기 사용을 위한 패키징 부품(파우치, 캔, 리드탭) 및 고성능 배터리를 위한 전극용 소재부품(도전재, 바인더, 집전체) 제조 · 안전성 향상 기술 및 원료 · 장비 제조 기술
3. 백신	가. 방어 항원 등 스크리닝 및 제조 기술: 각종 질환을 치료하거나(치료용 백신) 예방하기 위해 (예방용 백신) 면역기전을 이용하여 인체질환을 방어하는 물질(항원, 핵산,

분야	국가전략기술
	바이러스벡터 등)을 스크리닝하고 개발 · 제조하는 기술 및 이를 적용한 백신을 제조하는 기술(대량생산 공정설계 기술 포함)
	나. 비임상 시험 기술: 세포 · 동물 모델로 백신 후보물질의 안전성 · 유효성을 평가하는 비임상 시험 기술
	다. 임상약리시험 평가 기술(임상 1상 시험): 백신 후보물질의 초기 안정성, 내약성, 약동학적, 약력학적 평가 및 약물대사와 상호작용 평가, 초기 잠재적 치료 효과 추정을 위한 임상약리시험 평가 기술
	라. 치료적 탐색 임상평가 기술(임상2상 시험): 백신 후보물질의 용량 및 투여기간 추정 등 치료적 유용성 탐색을 위한 평가 기술
	마. 치료적 확증 임상평가 기술(임상3상 시험): 백신 후보물질의 안전성, 유효성 등 치료적 확증을 위한 평가 기술
	바. 원료 및 원부자재 등 개발 · 제조 기술: 백신 개발 · 제조에 필요한 원료 및 원부자재(필터, 레진, 버퍼, 배양배지 등) 또는 백신의 효능을 증가시키는 물질(면역보조제)을 개발 · 제조하는 기술
	사. 생산장비 개발 · 제조 기술: 백신 및 백신 원료 · 원부자재(필터, 레진, 버퍼, 배양배지 등) 생산에 필요한 장비를 개발 · 제조하는 기술
4. 디스플레이	가. AMOLED 패널 설계 · 제조 · 공정 · 모듈 · 구동 기술: 기판(유리, 플렉시블, 스트레처블) 위에 저온폴리실리콘산화물(LTPO) · 저온폴리실리콘(LTPS) · 산화물(Oxide) TFT를 형성한 백플레인 또는 실리콘(Silicon)에 구동소자를 형성한 웨이퍼에 발광특성을 가진 유기물을 진공 증발 증착 또는 프린팅 방식으로 형성하는 FHD 이상의 고화질 또는 고성능(고휘도, 저소비전력) 패널과 구동소자, 커버윈도우 등을 가공 · 조립하는 AMOLED 패널 설계 · 제조 · 공정 · 모듈 · 구동 기술
	나. 친환경 QD(Quantum Dot) 소재 적용 디스플레이 패널 설계 · 제조 · 공정 · 모듈 · 구동 기술: 반치폭(FWHM, full width at half maximum) 40나노미터(nm) 이하인 RoHS(유럽 6대 제한물질 환경규제) 충족 QD 소재를 노광 또는 직접 패터닝 방식으로 제조한 패널과 구동소자, 커버윈도우 등을 가공 · 조립하는 친환경 QD 소재 적용 디스플레이 패널 설계 · 제조 · 공정 · 모듈 · 구동 기술
	다. Micro LED 디스플레이 패널 설계 · 제조 · 공정 · 모듈 · 구동 기술: 실리콘(Silicon) 또는 사파이어(Sapphire) 기판에 저결함(1x1015/cm^3 이하) 에피(Epi)공정을 적용한 단축 50㎛ 크기 이하의 R · G · B 마이크로 LED를 적용한 패널과 구동소자, 커버윈도우 등을 가공 · 조립하는 Micro LED 디스플레이 패널 설계 · 제조 · 공정 · 모듈 · 구동 기술
	라. 디스플레이 패널 제조용 증착 · 코팅 소재 기술: 전자이동도 9㎠/Vs 이상의 산화물 TFT(Thin Film Transistor)와 유기물(발광 · 공통층) 소재 및 양자점(QD) · 화소격벽 · 폴리이미드(PI) 코팅소재 등 디스플레이 패널 제조용 증착 · 코팅 소재 기술
	마. 디스플레이 TFT 형성 장비 및 부품 기술: 전자이동도 9㎠/Vs 이상의 TFT(Thin Film Transistor) 형성공정에 사용되는 노광기, 물리 또는 화학적 증착기, 이온주입기, 식각기, 검사장비 및 이와 관련 제조에 사용되는 등 디스플레이 TFT 형성 장비 및 부품 기술

분야	국가전략기술
	바. OLED 화소 형성 · 봉지 공정 장비 및 부품 기술: 유기증착기(Evaporation), 잉크젯 장비(Inkjet), 봉지장비(Encapsulation), FMM(Fine Metal Mask) 등 OLED 화소 형성 및 봉지 공정에 사용되는 장비와 부품 제조 기술
5. 수소	가. 수전해 기반 청정수소 생산 기술: 재생에너지 · 원자력에너지 등 무탄소 전원, 계통제약 전력(미활용전력) 등을 활용하여 물을 분해하여 청정 수소를 생산 · 공급하는 수전해 공정의 소재 · 부품 · 스택(stack) · 시스템 설계 및 제조 기술
	나. 탄소포집 청정수소 생산 기술: 천연가스 또는 액화석유가스로부터 추출수소를 생산하는 과정에서 배출되는 이산화탄소를 포집하여 청정수소를 생산하는 기술
	다. 수소연료 저장 · 공급 장치 제조 기술: 수소연료로 전기를 생산하여 운행되는 이동수단에 수소연료를 저장 · 공급하는 장치 제조 기술
	라. 수소충전소의 수소 생산 · 압축 · 저장 · 충전 설비 부품 제조 기술: 수소충전소의 수소 생산설비, 압축설비, 저장설비, 충전설비의 부품 설계 및 제작 기술
	마. 수소차용 고밀도 고효율 연료전지시스템 기술: 연료전지 스택 출력밀도 3.1kW/L 이상 또는 연료전지 스택 운전효율[저위발열량(LHV, Lower Heating Value)에 따라 산출된 운전효율을 말한다] 60% 이상을 만족하는 수소전기차용 고밀도 · 고효율 연료전지시스템 설계 및 제조 기술
	바. 연료전지 전용부품 제조 기술: 연료전지 핵심부품인 개질기, 막전극 접합체, 금속 분리판 또는 블로어 제조 기술
	사. 수소 가스터빈(혼소 · 전소) 설계 및 제작 기술: 수소를 연료로 사용하여 연소시킬 때 발생하는 고온 · 고압의 에너지로 발전기를 회전시켜 전기를 생산하는 가스터빈 부품 설계 · 제작 · 조립 · 시험 평가 기술
	아. 수소환원제철 기술: 철강 제조공정에서 수소(H2)를 사용하여 철광석을 환원하고, 전기용융로에서 쇳물(용선)을 생산하는 기술
	자. 수소 저장 효율화 기술: 수소를 고압기체, 액체, 암모니아, 액상 유기물 수소 저장체(LOHC) 등의 형태로 저장하거나 고체에 흡장 또는 흡착하여 저장하는 기술
6. 미래형 이동수단	가. 주행상황 인지 센서 기술: 주행상황을 인지하는 차량탑재용 비전 센서(vision sensor), 레이더 센서(radar sensor), 라이다 센서(LIDAR sensor) 기술과 주행환경상의 전방위 물체에 대한 정확한 거리와 공간정보를 처리하는 소프트웨어 기술
	나. 주행지능정보처리 통합시스템 기술: 인지 센서를 통해 수집된 정보를 차량환경에서 고속처리하는 컴퓨팅모듈 통합시스템 설계 기술과 차량 내 · 외 통신기술 및 정밀도로지도 구축 · 정합 기술
	다. 주행상황 인지 기반 통합제어 시스템 기술: 주행상황을 인지 · 판단하여 차선 · 차로를 제어하는 주행경로 생성 기술과 고장예지 · 고장제어 · 비상운행 등의 다중안전설계 기술이 적용된 차량의 구동 · 조향 · 제동 · 제어 시스템과 이를 능동적으로 제어하는 통합제어 시스템 설계 기술

분야	국가전략기술
	라. 전기동력 자동차의 구동시스템 고효율화 기술: 전기동력 자동차에서 전기에너지를 운동에너지로 변환시키는 모터와 구동력을 바퀴에 전달하기 위한 감속기 · 변속기 등 구동시스템을 고효율화하는 기술
	마. 전기동력 자동차의 전력변환 및 충전 시스템 기술: 최대 출력 100kW급 이상, 최대 효율 92% 이상을 만족하는 전기동력 자동차 급속충전용 전력변환장치와 전기동력 자동차와 연결되는 충전 인터페이스장치를 설계 · 제조하는 기술
7. 바이오 의약품	가. 바이오 신약[바이오 베터(Bio Better)를 포함한다. 이하 이 호에서 같다] 후보물질 발굴 및 바이오 신약 제조 기술: 유전자재조합기술, 세포배양 · 정제 · 충전 기술 등 새로운 생명공학 기술을 이용하여 생명체에서 유래된 단백질 · 호르몬 · 펩타이드 · 핵산 · 핵산유도체 등의 원료 및 재료를 확보하여 작용기전을 증명하고 안전성 및 유효성이 최적화된 바이오 신약(단백질의약품 · 유전자치료제 · 항체치료제 · 세포치료제) 후보물질을 발굴 · 이용 · 개발하는 기술과 바이오 신약을 제조하는 기술
	나. 바이오시밀러 제조 및 개량 기술: 바이오시밀러의 고수율(배양단계 1g/L 이상) 제조공정 기술과 서열변경, 중합체 부과, 제제변형 등의 방법으로 바이오시밀러의 활성, 안정성, 지속성을 개량하여 새로운 기능 및 효능을 부여하는 기술
	다. 비임상 시험 기술: 세포 · 동물 모델로 바이오 신약 후보물질의 안전성 · 유효성을 평가하는 비임상 시험 기술
	라. 임상약리시험 평가 기술(임상1상 시험): 바이오 신약, 바이오시밀러[R&D비용이 매출액의 2% 이상이고, 국가전략기술 R&D비용(바이오시밀러 임상비용 포함)이 전체 R&D비용의 10% 이상인 기업의 임상시험으로 한정한다. 이하 마목 및 바목에서 같다] 후보물질의 초기 안정성, 내약성, 약동학적, 약력학적 평가 및 약물대사와 상호작용 평가, 초기 잠재적 치료효과 추정을 위한 임상약리시험 평가 기술
	마. 치료적 탐색 임상평가 기술(임상2상 시험): 바이오 신약, 바이오시밀러 후보물질의 용량 및 투여기간 추정 등 치료적 유용성 탐색을 위한 평가 기술
	바. 치료적 확증 임상평가 기술(임상3상 시험): 바이오 신약, 바이오시밀러 후보물질의 안전성, 유효성 등 치료적 확증을 위한 평가 기술
	사. 바이오의약품 원료 · 소재 제조 기술: 바이오의약품을 생산하기 위한 세포 배양 관련 소재(배지, 첨가물 등), 분리 · 정제 · 농축을 위해 사용하는 바이오 필터 소재 및 완제품 생산을 위해 제형화에 필요한 원부자재 등의 제조 기술
	아. 바이오의약품 부품 · 장비 설계 · 제조 기술 : 바이오의약품 생산 · 제조 장비와 바이오의약품 품질 분석 및 환경관리에 필요한 장비 · 부품 설계 · 제조 기술

개 정

○ 2024년 3월 22일 시행규칙 개정시 해외소재기관 위탁 R&D 세액공제를 허용하는 예외 적용대상에 국가전략기술 바이오의약품 분야 비임상, 임상1상 · 2상 · 3상 시험을 추가(조특칙 §7 ⑥)
➡ 2023년 7월 1일 이후 발생한 연구개발비부터 적용

○ 2024년 2월 29일 시행령 개정시 국가전략기술 범위에 디스플레이 OLED 화소형성 기술 등 4개 기술을 추가하고 차세대 메모리반도체 HBM 기술 등 1개 기술 범위를 확대하여 총 7개 분야 66개 기술로 확대(조특령 별표 7의 2)
➡ 2024년 1월 1일 이후 발생하는 연구개발비부터 적용

○ 2023년 12월 31일 법 개정시 국가전략기술 범위에 바이오의약품 분야 명시(조특법 §10 ① 2호)

3) 신성장 · 원천기술 및 국가전략기술 해당 여부 심의

내국인의 연구개발 대상 기술이 신성장 · 원천기술 또는 국가전략기술에 해당되는지 여부에 관한 사항, 그 밖에 신성장 · 원천기술 또는 국가전략기술과 관련하여 심의가 필요하다고 기획재정부장관 또는 산업통상자원부장관이 인정하는 사항 등을 심의하기 위하여 기획재정부장관 및 산업통상자원부장관이 공동으로 운영하는 연구개발세액공제기술심의위원회를 둔다. 동 심의위원회의 구성 및 운영 등에 필요한 사항은 기획재정부와 산업통상자원부의 공동부령으로 정한다(조특령 §9 ⑮, ⑯).

4) 일반연구 · 인력개발비

일반연구 · 인력개발비란 연구 · 인력개발비 중 신성장 · 원천기술연구개발비 및 국가전략기술연구개발비에 해당하지 아니하는 연구 · 인력개발비 또는 신성장 · 원천기술연구개발비 및 국가전략기술연구개발비에 해당하지만 신성장 · 원천기술연구개발비 및 국가전략기술연구개발비 세액공제방법을 선택하지 아니한 연구 · 인력개발비를 말한다(조특법 §10 ① 3호).

관련사례

• 청년내일채움공제에 납입하는 기업부담금의 연구 · 인력개발비 세액공제 대상 여부
중소기업기본법 제2조 제1항에 따른 중소기업이 중소기업 인력지원 특별법 제35조의 6과 고용정책 기본법 제25조 및 청년고용촉진 특별법 제7조에 따른 청년내일채움공제에 가입함에 따라 납입하는 기업부담금은 조세특례제한법 시행규칙 제7조 제10항 제4호에 따른 연구 · 인력개발비 세액공제 대상에 해당하는 것임(사전-2021-법령해석법인-1632, 2021. 12. 7.).

• 자체 연구개발에 의해 시제품을 공급하고 수령한 대가의 연구 · 인력개발비 세액공제 적용 여부
납품업체가 자체연구개발에 따른 특허권 등을 소유 · 사용하면서 납품조건을 충족시키는

개발품(시제품)만을 공급하고 받은 대가는 연구·인력개발비에 해당하는 비용에서 차감하지 아니하는 것임(재조특-177, 2017. 2. 9.).

- 특수관계법인에게 지급한 위탁 연구개발비의 세액공제 적용 여부
  특수관계 있는 수탁법인의 전담부서 등에 연구개발용역을 위탁함에 따라 지급한 용역대가 중 법인세법 시행령 제89조에 따른 시가 범위 내의 금액은 연구·인력개발비 세액공제를 적용받을 수 있음(서면법령법인-399, 2015. 6. 19.).
- 연차수당의 연구·인력개발비 세액공제 적용대상 인건비 해당 여부
  연구개발전담부서에서 근무하는 직원에게 내부 급여규정에 따라 지급하는 수당으로서 연차유급휴가를 사용하지 아니하여 그 미사용 일수에 상당하는 금액을 지급하는 연차수당은 연구·인력개발비 세액공제 적용대상 인건비에 해당함(법규법인 2009-241, 2009. 7. 3.).
- 기술개발활동이 거래처의 납품의뢰에 따른 경우
  납품업체가 자기책임과 비용으로 납품조건을 충족하기 위해 선행개발된 기술을 바탕으로 자체기술에 의한 상품화 개발 및 Application 개발을 수행하는 과정에서 발생한 연구개발 전담부서의 연구개발 관련 비용은 자체기술개발비용에 해당하는 것임(재조예-641, 2006. 9. 20.).

2-8-3. 공제세액의 계산

(1) 개 요

내국법인의 연구·인력개발비가 있는 경우에는 다음의 금액을 합한 금액을 해당 사업연도의 법인세에서 공제한다. 이 경우 다음 ① 및 ②는 2024년 12월 31일까지 발생한 해당 연구·인력개발비에 대해서만 적용하며, 다음 ① 및 ②를 동시에 적용받을 수 있는 경우에는 납세의무자의 선택에 따라 그 중 하나만을 적용한다(조특법 §10 ①).

① 신성장·원천기술연구개발비에 대한 세액공제방법

해당 사업연도에 발생한 신성장·원천기술연구개발비 × (㉠의 비율 + ㉡의 비율)
㉠ 20%(중소기업 30%, 코스닥상장 중견기업(*) 25%)
㉡ Min[신성장·원천기술연구개발비/매출액 × 3, 10%(코스닥상장 중견기업 15%)]

(*) 코스닥상장 중견기업이란 자본시장과 금융투자업에 관한 법률에 따른 코스닥시장에 상장한 중견기업을 말한다. 여기서 중견기업이란 다음의 요건을 모두 갖춘 기업을 말한다(조특법 §10 ① 1호 가목 2) 및 조특령 §9 ④).
① 중소기업이 아닐 것
② 공공기관의 운영에 관한 법률 제4조에 따른 공공기관 또는 지방공기업법에 따른 지방공기업에 해당하는 기관이 아닐 것(중견기업 성장촉진 및 경쟁력 강화에 관한 특별법 시행령 제2조 제1항 제1호, 제2호)
③ 조세특례제한법 시행령 제29조 제3항에 따른 소비성서비스업 또는 중견기업 성장촉진 및 경쟁력 강화에 관한 특별법 시행령 제2조 제2항 제2호 각 목의 업종을 주된 사업으로 영위하지 아니할 것. 이 경우 둘 이상의 서로 다른 사업을 영위하는 경우에는 사업별 사업수입금액이 큰 사업을 주된 사업으로 봄.

③ 소유와 경영의 실질적인 독립성이 중견기업 성장촉진 및 경쟁력 강화에 관한 특별법 시행령 제2조 제2항 제1호에 적합할 것

④ 직전 3개 사업연도의 매출액(매출액의 계산방법은 중소기업 여부 판정시의 매출액의 계산방법과 같으므로 이에 대한 자세한 사항은 '제2편 제1장 제2절 중소기업 검토 중 2-3-3. 매출액'을 참고하기 바라며, 사업연도가 1년 미만인 사업연도의 매출액은 1년으로 환산한 매출액을 말함)의 평균금액이 5천억원 미만인 기업일 것

② 국가전략기술연구개발비에 대한 세액공제방법

해당 과세연도에 발생한 국가전략기술연구개발비 × (㉠의 비율 + ㉡의 비율)
㉠ 30%(중소기업 40%)
㉡ Min(국가전략기술연구개발비/매출액 × 3, 10%)

③ 일반연구 · 인력개발비에 대한 세액공제방법

다음 중에서 선택하는 어느 하나에 해당하는 금액. 다만, 해당 사업연도의 개시일부터 소급하여 4년간 일반연구 · 인력개발비가 발생하지 아니하거나 직전 사업연도에 발생한 일반연구 · 인력개발비가 해당 사업연도의 개시일부터 소급하여 4년간 발생한 일반연구 · 인력개발비의 연평균 발생액(*)보다 적은 경우에는 ㉠에 해당하는 금액

(*) 4년간 발생한 일반연구 · 인력개발비의 연평균 발생액(조특령 §9 ⑨)

$$\frac{\text{해당 사업연도 개시일부터 소급하여 4년간 발생한 일반연구·인력개발비의 합계액}}{\text{해당 사업연도 개시일부터 소급하여 4년간 일반연구·인력개발비가 발생한 사업연도의 수 (그 수가 4 이상인 경우 4로 함)}} \times \frac{\text{해당 사업연도의 개월 수}}{12}$$

㉠ 총발생액에 의한 세액공제액

해당 사업연도에 발생한 일반연구 · 인력개발비×세액공제율(*)

(*) 세액공제율

구분		세액공제율
① 중소기업인 경우		25%
② 중소기업에 해당하지 아니하게 된 사유(조특령 §2 ②, ⑤)가 발생한 날이 속하는 사업연도와 그 다음 3개 사업연도가 경과한 경우(조특령 §9 ⑧)	가) 최초로 중소기업에 해당하지 아니하게 된 사업연도의 개시일부터 3년 이내에 끝나는 사업연도까지	15%
	나) 가)의 기간 이후부터 2년 이내에 끝나는 사업연도까지	10%
③ 중견기업이 ②에 해당하지 아니하는 경우		8%
④ 상기 ①~③까지의 어느 하나에 해당하지 아니하는 경우		Min(2%, 해당 사업연도의 수입금액에서 일반연구 · 인력개발비가 차지하는 비율×50%)

㉡ 증가발생액에 의한 세액공제액

$$\left(\begin{array}{c}\text{해당 사업연도에 발생한}\\\text{일반연구·인력개발비}\end{array} - \begin{array}{c}\text{직전 사업연도에 발생한}\\\text{일반연구·인력개발비}\end{array}\right) \times \begin{array}{c}25\%\\\text{(중견기업은 }40\%,\\\text{중소기업은 }50\%)\end{array}$$

관련사례

- 연구·인력개발비 최초 발생시점부터 4년이 미경과한 경우의 증가발생액 기준 적용 여부
  일반연구·인력개발비가 직전 과세연도에 최초로 발생한 경우에도 증가발생액 의한 세액공제를 적용할 수 있음(서면-2020-법령해석법인-1782, 2021. 3. 5.).
- 중소기업 유예기간 종료기업의 독립성 위배 사유 발생시 적용되는 연구개발비 세액공제율
  일반 연구인력개발비에 대하여 총발생액에 의한 세액공제 방식을 선택한 내국인이 유예기간 졸업 특례공제율(15%·10%)을 적용받는 기간 중 관계기업 독립성 요건을 충족하지 못하더라도 유예기간 졸업 특례공제율(15%·10%)을 적용할 수 있음(재조특-1098, 2015. 10. 2.).
- 중견기업 판정시 관계기업 매출액 합산 여부
  중견기업 판정을 위해 직전 3개 사업연도의 매출액 계산시 중소기업기본법 시행령 제3조 제1항 제2호 다목에 따른 관계기업에 속하는 기업의 매출액은 합산하지 아니함(서면법령법인-20575, 2015. 4. 6.).
- 증가발생액 기준 적용시 미인정 전담부서 발생 비용의 포함 여부
  증가발생액 기준에 의한 세액공제액 계산시 과거 연구·인력개발비는 연구개발전담부서 인정일 이후에 발생한 비용만으로 계산함(재조특-151, 2014. 2. 18.).

(2) 월수의 계산

개월 수는 월력에 따라 계산하되, 사업연도 개시일이 속하는 달이 1개월 미만인 경우에는 1개월로 하고, 사업연도 종료일이 속하는 달이 1개월 미만인 경우에는 산입하지 않는다(조특령 §9 ⑪).

(3) 합병 등의 경우

① 합병법인 등의 직전 과세연도에 발생한 일반연구·인력개발비 및 소급 4년간 일반연구·인력개발비 발생액 계산

해당 사업연도 개시일부터 소급하여 4년간 발생한 일반연구·인력개발비의 합계액을 계산할 때 합병법인, 분할신설법인, 분할합병의 상대방법인, 사업양수법인 또는 현물출자[사업장별로 그 사업에 관한 권리(미수금에 관한 것은 제외)와 의무(미지급금에 관한 것은 제외)를 포괄적으로 출자하는 것]를 받은 법인(이하 "합병법인 등"이라 함)의 경우에는 합병, 분할, 분할합병, 사업양도 또는 현물출자(이하 "합병 등"이라 함)를 하기 전에 피합병법인, 분할법인, 사업양도인 또는 현물출자자(이하 "피합병법인 등"이라 함)로부터 발생한 일반연구·인력

개발비는 합병법인 등에서 발생한 것으로 본다. 다만, 피합병법인 등이 운영하던 사업의 일부를 승계한 경우로서 합병등을 하기 전에 피합병법인등의 해당 승계사업에서 발생한 일반연구 · 인력개발비를 구분하기 어려운 경우에는 피합병법인 등에서 합병 등을 하기 전에 발생한 일반연구 · 인력개발비에 각 사업연도의 승계사업의 매출액이 총매출액에서 차지하는 비율과 각 사업연도말 승계사업의 자산가액이 총자산가액에서 차지하는 비율 중 큰 것을 곱한 금액을 피합병법인 등에서 발생한 일반연구 · 인력개발비로 본다(조특령 §9 ⑩ 및 조특칙 §7의 2).

② 분할 등이 속하는 사업연도에 발생한 연구 및 인력개발비 계산
"해당 사업연도에 발생한 연구 및 인력개발비"를 계산함에 있어서 내국법인이 분할 · 분할합병 · 사업양도 또는 현물출자(이하 "분할 등"이라 함)를 한 후 존속하는 경우 분할 · 분할합병 · 사업양도 또는 현물출자일(이하 "분할일 등"이라 함)이 속하는 사업연도 개시일부터 분할일 등의 전일까지 분할 등을 하기 전 분할법인 · 사업양도법인 또는 현물출자법인으로부터 발생한 연구 및 인력개발비는 분할 등을 한 후 분할법인 · 사업양도법인 또는 현물출자법인에서 발생한 것으로 본다(조특통 10-9…3).

2-8-4. 세액공제의 시기

연구 · 인력개발비에 대한 세액공제는 동 비용이 발생된 각 사업연도마다 적용한다. 이 경우 해당 비용을 연구개발비 등 자산계정으로 처리한 경우에도 적용한다(조특통 10-0…1).

2-8-5. 연구 · 인력개발비의 구분경리

신성장 · 원천기술연구개발비 또는 국가전략기술연구개발비에 대한 세액공제방법을 적용받으려는 내국법인은 신성장 · 원천기술연구개발비, 국가전략기술연구개발비 및 일반연구 · 인력개발비를 각각 별개의 회계로 구분경리해야 한다. 이 경우 신성장 · 원천기술연구개발비, 국가전략기술연구개발비 및 일반연구 · 인력개발비에 공통되는 공통비용이 있는 경우에는 다음의 구분에 따라 계산하여 구분경리해야 한다(조특법 §10 ④ 및 조특령 §9 ⑫ 및 조특칙 §7 ⑯).

① 인건비 및 위탁 · 공동연구개발비에 해당하는 공통비용의 경우: 다음의 구분에 따름
(가) 일반연구 · 인력개발비와 신성장 · 원천기술연구개발비 또는 국가전략기술연구개발비의 공통비용 : 전액 일반연구 · 인력개발비
(나) 신성장 · 원천기술연구개발비와 국가전략기술연구개발비의 공통비용 : 전액 신성장 · 원천기술연구개발비

② 위 ① 외의 공통비용의 경우 : 다음의 구분에 따름
(가) 신성장 · 원천기술연구개발비 : 다음의 계산식에 따른 비용

$$\text{위 ① 외의 공통비용} \times \frac{\text{자체 신성장·원천기술연구개발 관련 인건비(조특령 §9 ③ 1호 가목)}}{\text{자체 신성장·원천기술연구개발 관련 인건비(조특령 §9 ③ 1호 가목)} + \text{국가전략기술연구개발 관련 인건비(조특령 §9 ⑦ 1호 가목)} + \text{자체 일반연구개발 관련 인건비(조특령 별표 6 1호 가목 1))}}$$

(나) 국가전략기술연구개발비: 다음의 계산식에 따른 비용

$$\text{위 ① 외의 공통비용} \times \frac{\text{국가전략기술연구개발 관련 인건비(조특령 §9 ⑦ 1호 가목)}}{\text{자체 신성장·원천기술연구개발 관련 인건비(조특령 §9 ③ 1호 가목)} + \text{국가전략기술연구개발 관련 인건비(조특령 §9 ⑦ 1호 가목)} + \text{자체 일반연구개발 관련 인건비(조특령 별표 6 1호 가목 1))}}$$

(다) 일반연구·인력개발비 : 위 ① 외의 공통비용에서 위 '② (가) 및 (나)'의 비용을 제외한 비용

2-8-6. 연구·인력개발비 세액공제 배제 사유

자체 연구개발을 위한 연구개발비가 다음의 구분에 따른 사유로 인하여 연구개발비에 해당하지 아니하게 되는 경우에는 인정 취소의 사유별로 다음의 구분에 따른 날 이후 발생하는 비용에 대해서는 세액공제를 적용하지 아니한다(조특법 §10 ⑥ 및 조특령 §9 ⑱, ⑲).

인정 취소 사유	배제 시점
거짓·부정한 방법으로 인정을 받은 경우 (기초연구진흥 및 기술개발지원에 관한 법률 제14조의 3 제1항 제1호 또는 문화산업진흥 기본법 제17조의 3 제4항 제1호)	인정일이 속하는 사업연도의 개시일
기업이 인정 취소를 요청하거나 해당 기업이 폐업하는 경우 등 (기초연구진흥 및 기술개발지원에 관한 법률 제14조의 3 제1항 제2호, 제3호, 제5호, 제6호 및 제8호)	인정취소일
인정기준 및 준수사항을 위반한 경우 (기초연구진흥 및 기술개발지원에 관한 법률 제14조의 3 제1항 제4호·제7호 또는 문화산업진흥 기본법 제17조의 3 제4항 제2호)	인정취소일이 속하는 사업연도의 개시일

2-8-7. 세액공제신청서 등의 제출과 연구개발 증빙자료 등의 보관

연구·인력개발비에 대한 세액공제를 적용받으려는 내국법인은 해당 사업연도에 수행한 연구개발 과제별로 연구개발계획서, 연구개발보고서 및 연구노트[조특칙 별지 제3호의 2 서식]를 작성(단, 일반 연구·인력개발비 세액공제를 적용받는 경우에는 연구개발계획서 및 연구개발보

고서만 작성함)하고 해당 사업연도의 종료일로부터 5년 동안 보관해야 한다(조특령 §9 ⑬ 및 조특칙 §7 ⑰).

또한, 연구·인력개발비에 대한 세액공제를 적용받으려는 내국법인은 과세표준신고를 할 때 세액공제신청서[조특칙 별지 제1호 서식], 연구및인력개발비명세서[조특칙 별지 제3호 서식(1), 별지 제3호 서식 부표(1), 별지 제3호 서식 부표(2), 별지 제3호 서식(2)] 및 증거서류를 납세지 관할 세무서장에게 제출하여야 한다(조특령 §9 ⑬).

한편, 연구·인력개발비에 대한 세액공제를 적용받으려는 내국법인은 과세표준신고를 하기 전에 지출한 비용이 연구·인력개발비에 해당하는지 여부 등에 관해 국세청장에게 미리 심사하여 줄 것을 요청할 수 있다. 이 경우 심사 방법 및 요청 절차 등에 필요한 사항은 국세청장이 정한다(조특령 §9 ⑰).

계산사례 - 3 **연구 및 인력개발비에 대한 세액공제**

1. 12월말 결산법인인 ㈜삼일은 현재 제7기(2024. 1. 1.~2024. 12. 31.) 사업연도에 있으며, 제조업을 영위하는 중소기업이다. 다음의 자료를 토대로 하여 CASE별로 (주)삼일에게 유리한 해당 사업연도의 연구·인력개발비 세액공제액을 산출하라. ㈜삼일은 제7기 사업연도에 증가발생액에 의한 세액공제를 적용할 수 있다고 가정한다.

   ㈜삼일은 설립시부터 연구 및 인력개발을 위한 투자를 하여 왔으며, 최근 각 사업연도별 연구·인력개발비 발생액의 내역은 다음과 같다.

(단위 : 천원)

구 분	제3기	제4기	제5기	제6기	제7기(*)
신성장·원천기술연구개발비	4,000	8,000	8,000	14,000	10,000
일반연구·인력개발비	16,000	12,000	24,000	18,000	32,000
연구·인력개발비 합계	20,000	20,000	32,000	32,000	42,000

(*) 제7기의 매출액은 1,000,000천원이다.

2. ㈜삼일이 설립시부터 대기업인 경우 상기 1.에 대하여 해당 사업연도의 연구·인력개발비 세액공제액을 산출하라

해 설

1. ㈜삼일에게 유리한 연구·인력개발비 세액공제액은 11,300,000원이다.
   - 신성장·원천기술연구개발비 세액공제방법 선택시=①+②=11,300,000원

   ① 신성장·원천기술연구개발비 :

   $$10{,}000{,}000\times\left[30\%+\mathrm{Min}\left(\frac{10{,}000{,}000}{1{,}000{,}000{,}000}\times 3,\ 10\%\right)\right]=3{,}300{,}000\text{원}$$

   ② 일반연구·인력개발비 : Max(㉠, ㉡) =8,000,000원

㉠ 총발생액 기준 : 32,000,000 × 25% = 8,000,000원

㉡ 증가발생액 기준 :

(32,000,000 − 18,000,000) × 50% = 7,000,000원

• 신성장 · 원천기술연구개발비 세액공제방법 미선택시 : Max(①, ②) = 10,500,000원

① 총발생액 기준 : 42,000,000 × 25% = 10,500,000원

② 증가발생액 기준

(42,000,000 − 32,000,000) × 50% = 5,000,000원

2. ㈜삼일이 설립시부터 대기업인 경우 유리한 연구 · 인력개발비 세액공제액은 5,800,000원이다.

• 신성장 · 원천기술연구개발비 세액공제방법 선택시 = ① + ② = 5,800,000원

① 신성장 · 원천기술연구개발비

$$10{,}000{,}000 \times \left[20\% + \text{Min}\left(\frac{10{,}000{,}000}{1{,}000{,}000{,}000} \times 3,\ 10\%\right)\right] = 2{,}300{,}000\text{원}$$

② 일반연구 · 인력개발비 : Max(㉠, ㉡) = 3,500,000원

㉠ 총발생액 기준 :

$$32{,}000{,}000 \times \text{Min}\left(2\%(\text{한도}),\ \frac{32{,}000{,}000}{1{,}000{,}000{,}000} \times 50\%\right) = 512{,}000\text{원}$$

㉡ 증가발생액 기준 :

(32,000,000 − 18,000,000) × 25% = 3,500,000원

• 신성장 · 원천기술연구개발비 세액공제방법 미선택시 : Max(①, ②) = 2,500,000원

① 총발생액 기준 :

$$42{,}000{,}000 \times \text{Min}\left(2\%(\text{한도}),\ \frac{42{,}000{,}000}{1{,}000{,}000{,}000} \times 50\%\right) = 840{,}000\text{원}$$

② 증가발생액 기준 :

(42,000,000 − 32,000,000) × 25% = 2,500,000원

2-8-8. 조세특례제한 및 보칙 규정

(1) 최저한세의 적용

중소기업의 경우에는 연구 · 인력개발비에 대한 세액공제액의 전액에 대하여 최저한세의 적용을 배제한다(조특법 §132 ① 3호).

(2) 세액공제액의 이월공제

연구 · 인력개발비에 대한 세액공제액은 해당 사업연도의 다음 사업연도 개시일부터 10년이내에 끝나는 각 사업연도에 이월하여 공제받을 수 있다(조특법 §144 ①).

2-8-9. 농어촌특별세의 비과세

조세특례제한법에 의하여 세액공제를 받는 경우에는 당해 세액공제액의 20%에 상당하는 금액을 농어촌특별세로 신고 · 납부하여야 하나(농특법 §7), 연구 · 인력개발비에 대한 세액공

제액에 대하여는 농어촌특별세가 비과세된다(농특법 §4 12호 및 농특령 §4 ⑦ 1호).

2-9. 기술혁신형 합병에 대한 세액공제

2-9-1. 개 요

내국법인이 2024년 12월 31일까지 기술혁신형 중소기업을 법 소정의 요건을 모두 갖추어 합병(법령 §2 ⑤에 따른 특수관계인과의 합병은 제외함)하는 경우 합병법인이 기술혁신형 중소기업인 피합병법인에게 지급한 양도가액 중 기술가치 금액의 10%에 상당하는 금액을 해당 사업연도의 법인세에서 공제한다(조특법 §12의 3 ①).

2-9-2. 기술혁신형 중소기업의 범위

기술혁신형 합병에 대한 세액공제를 적용함에 있어 기술혁신형 중소기업이란 다음의 어느 하나에 해당하는 중소기업을 말한다(조특령 §11의 3 ① 및 조특칙 §8의 5 ①).

① 합병등기일까지 벤처기업육성에 관한 특별법 제25조에 따라 벤처기업으로 확인받은 기업
② 합병등기일까지 중소기업 기술혁신 촉진법 제15조와 같은 법 시행령 제13조에 따라 기술혁신형 중소기업으로 선정된 기업
③ 합병등기일이 속하는 사업연도의 직전 사업연도의 연구·인력개발비에 대한 세액공제 대상 연구·인력개발비가 매출액의 5% 이상인 중소기업
④ 합병등기일까지 다음 중 어느 하나에 해당하는 인증 등을 받은 중소기업
   ㉠ 산업기술혁신 촉진법 제15조의 2 제1항에 따른 신기술 인증
   ㉡ 보건의료기술 진흥법 제8조 제1항에 따른 보건신기술 인증
   ㉢ 산업기술혁신 촉진법 제16조 제1항에 따른 신제품 인증
   ㉣ 제약산업 육성 및 지원에 관한 법률 제7조 제2항에 따른 혁신형 제약기업 인증
   ㉤ 중견기업 성장촉진 및 경쟁력 강화에 관한 특별법 제18조 제1항에 따른 선정
   ㉥ 의료기기산업 육성 및 혁신의료기기 지원법 제10조에 따른 혁신형 의료기기기업의 인증
   ㉦ 코스닥시장 상장규정 제2조 제31항에 따른 기술성장기업(기획재정부고시 제2016-11호, 2016. 5. 18.)

2-9-3. 세액공제의 적용요건

(1) 사업영위기간 요건

합병등기일 현재 1년 이상 사업을 계속하던 내국법인 간의 합병이어야 한다(조특법 §12의 3 ① 1호).

(2) 양도가액 요건

피합병법인에게 지급하는 양도가액이 합병등기일 현재 피합병법인의 순자산시가의 130% 이상인 경우에 한하여 적용한다(조특법 §12의 3 ① 2호). 이 경우 피합병법인의 순자산시가는 합병등기일 현재의 피합병법인의 자산총액에서 특허권 등의 가액 및 부채총액을 뺀 금액으로 한다(조특령 §11의 3 ⑤).

여기서 특허권 등이란 특허권, 실용신안권 및 다음의 어느 하나에 해당하는 기술비법 또는 기술로서 산업기술혁신 촉진법 제38조에 따른 한국산업기술진흥원에 등록되어 관리되는 기술비법 또는 기술을 말한다(조특령 §11의 3 ③ 1호 및 조특칙 §8의 5 ②).

① 피합병법인 또는 피인수법인이 국내에서 자체 연구·개발한 과학기술분야에 속하는 기술비법(공업소유권, 해외건설 촉진법에 따른 해외건설 엔지니어링활동 또는 엔지니어링산업 진흥법에 따른 엔지니어링활동과 관련된 기술비법은 제외함)

② 피합병법인 또는 피인수법인이 국내에서 자체 연구·개발한 기술의 이전 및 사업화 촉진에 관한 법률 제2조 제1호에 따른 기술

(3) 지배주주등의 변경요건

기술혁신형 합병에 대한 세액공제를 적용받기 위해서는 법인세법 시행령 제43조 제3항 및 제7항에 따른 지배주주등 중 다음에 해당하는 자를 제외한 자(이하 "피합병법인의 특정지배주주등"이라 함)가 합병등기일부터 합병등기일이 속하는 사업연도의 종료일까지 합병법인의 지배주주등에 해당하지 않아야 한다(조특법 §12의 3 ① 3호 및 조특령 §11의 3 ⑧, ⑨).

① 법인세법 시행령 제43조 제8항 제1호 가목의 친족 중 4촌인 혈족

② 합병등기일 현재 피합병법인에 대한 지분비율이 1% 미만이면서 시가로 평가한 그 지분가액이 10억원 미만인 자

(4) 승계사업의 계속 영위 요건

합병법인이 합병등기일이 속하는 사업연도의 종료일까지 피합병법인으로부터 승계받은 사업을 계속하는 경우에 한하여 본 세액공제를 적용한다(조특법 §12의 3 ① 4호). 여기서 사업연도 종료일까지 피합병법인으로부터 승계받은 사업의 계속 및 폐지 여부의 판정에 관하여는 법인세법 시행령 제80조의 2 제7항을 준용한다(조특령 §11의 3 ⑩). 즉, 합병법인이 합병등기일이 속하는 사업연도의 종료일 이전에 피합병법인으로부터 승계한 고정자산가액의 50% 이상을 처분하거나 사업에 사용하지 아니하는 경우에는 본 요건을 충족하지 아니하는 것으로 한다. 다만, 피합병법인이 보유하던 합병법인의 주식을 승계받아 자기주식을 소각하는 경우에는 해당 합병법인의 주식을 제외하고 피합병법인으로부터 승계받은 고정자산을 기준으로 사업을 계속하는지 여부를 판정하되, 승계받은 고정자산이 합병법인의 주식만 있는 경우에는 사업을 계속하는 것으로 본다.

다만, 합병법인이 파산하거나 채무자 회생 및 파산에 관한 법률에 따른 회생절차에 따라 법원의 허가를 받아 승계 받은 자산을 처분한 경우에는 사업을 계속하는 것으로 본다(조특령 §11의 3 ⑬).

2-9-4. 세액공제의 계산

위 '2-9-3. 세액공제의 적용요건'을 모두 충족하여 기술혁신형 중소기업을 합병하는 경우에는 합병법인이 피합병법인에게 지급한 양도가액 중 기술가치 금액의 10%에 해당하는 금액을 해당 사업연도의 법인세에서 공제한다(조특법 §12의 3 ①). 여기서 기술가치 금액이란, 다음의 어느 하나에 해당하는 금액 중에서 합병법인이 선택한 금액을 말한다(조특령 §11의 3 ③).

① Min(ⓐ, ⓑ)

ⓐ 벤처기업육성에 관한 특별법 시행령 제4조 각 호의 어느 하나에 해당하는 기관이 합병등기일 전후 3개월 이내에 피합병법인이 보유한 특허권 등을 평가한 금액의 합계액

ⓑ 합병법인이 피합병법인에 지급한 양도가액 − 합병등기일 현재 피합병법인의 순자산시가(음수인 경우에는 0으로 봄)

② 합병법인이 피합병법인에 지급한 양도가액 −(합병등기일 현재의 피합병법인의 순자산시가×120%)

개 정

○ 2024년 2월 29일 시행령 개정시 기술가치금액 산정시 양도가액에서 차감하는 기준금액을 피합병법인 순자산시가의 130%에서 120%로 하향조정하여 세액공제 적용 대상이 되는 기술가치금액의 범위 확대(조특령 §11의 3 ③ 2호)

➡ 2024년 2월 29일부터 시행하되, 2024년 2월 28일 이전에 합병한 경우의 세액공제금액에 관하여는 종전의 규정에 따름.

2-9-5. 세액공제의 사후관리

기술혁신형 합병에 대한 세액공제를 적용받은 내국법인이 합병등기일이 속하는 사업연도의 다음 사업연도의 개시일부터 2년 내에 다음의 어느 하나에 해당하는 사유가 발생하는 경우에는 그 사유가 발생한 날이 속하는 사업연도의 과세표준신고를 할 때 공제받은 세액에 이자상당액을 더한 금액을 법인세로 납부하여야 한다(조특법 §12의 3 ② 및 조특령 §11의 3 ⑪).

① 피합병법인의 특정지배주주 등이 합병법인의 지배주주등에 해당하는 경우
② 합병법인이 피합병법인으로부터 승계 받은 사업을 폐지하는 경우

한편, 상기 사후관리 요건 중 승계 사업의 폐지 여부의 판정기준은 과세특례 적용 요건 중 승계사업의 계속 영위 요건의 판정기준과 동일한 바, 이에 대한 보다 자세한 설명은 '2-9-3.

세액공제의 적용요건' 중 '(4) 승계사업의 계속 영위 요건'을 참조하기로 한다(조특령 §11의 3 ⑩).

여기서 이자상당액이란 다음 계산식에 따라 계산한 금액을 말한다(조특령 §11의 3 ⑫).

$$\text{이자상당액} = \text{공제받은 세액} \times \frac{\text{공제받은 사업연도 종료일의 다음 날부터 납부사유가}}{\text{발생한 날이 속하는 사업연도의 종료일까지 일수}} \times 0.022\%$$

2-9-6. 세액공제신청서의 제출

기술혁신형 합병에 대한 세액공제를 받으려는 내국법인은 과세표준신고와 함께 기술혁신형 합병에 대한 세액공제신청서[조특칙 별지 제1호 서식] 및 공제세액계산서[조특칙 별지 제4호 서식]를 납세지 관할 세무서장에게 제출하여야 한다(조특령 §11의 3 ⑭).

2-9-7. 조세특례제한 및 보칙규정

최저한세의 적용, 세액공제액의 이월공제에 대한 내용은 통합투자 세액공제와 동일하므로 '2-1. 통합투자세액공제' 중 '2-1-7. 조세특례제한 및 보칙규정'의 해당 부분을 참고하기 바란다.

2-9-8. 농어촌특별세의 납부

법인세의 신고·납부시 감면받은 기술혁신형 주식취득에 대한 세액공제액의 20%에 상당하는 금액을 농어촌특별세로 신고·납부하여야 한다(농특법 §5 ①, §7).

2-10. 기술혁신형 주식취득에 대한 세액공제

2-10-1. 개 요

내국법인이 2024년 12월 31일까지 기술혁신형 중소기업의 주식 또는 출자지분(이하 "주식등"이라 함)을 법 소정의 요건을 모두 갖추어 취득(법령 §2 ⑤에 따른 특수관계인으로부터 취득한 경우는 제외함)하는 경우 매입가액 중 기술가치 금액의 10%에 상당하는 금액을 그 취득한 주식등이 후술하는 '기준지분비율'을 최초로 초과하는 사업연도(이하 "기준충족사업연도"라 함)의 법인세에서 공제한다(조특법 §12의 4 ①).

2-10-2. 기술혁신형 중소기업의 범위

본 조의 세액공제를 적용함에 있어 기술혁신형 중소기업이란 다음의 어느 하나에 해당하는 중소기업을 말한다(조특령 §11의 4 ② 및 조특칙 §8의 5 ①).

① 최초 취득일까지 벤처기업육성에 관한 특별법 제25조에 따라 벤처기업으로 확인받은 기업
② 최초 취득일까지 중소기업 기술혁신 촉진법 제15조와 같은 법 시행령 제13조에 따라 기술혁신형 중소기업으로 선정된 기업
③ 최초 취득일이 속하는 사업연도의 직전 사업연도의 연구·인력개발비에 대한 세액공제 대상 연구·인력개발비가 매출액의 5% 이상인 중소기업
④ 최초 취득일까지 다음의 어느 하나에 해당하는 인증 등을 받은 중소기업
　㉠ 산업기술혁신 촉진법 제15조의 2 제1항에 따른 신기술 인증
　㉡ 보건의료기술 진흥법 제8조 제1항에 따른 보건신기술 인증
　㉢ 산업기술혁신 촉진법 제16조 제1항에 따른 신제품 인증
　㉣ 제약산업 육성 및 지원에 관한 법률 제7조 제2항에 따른 혁신형 제약기업 인증
　㉤ 중견기업 성장촉진 및 경쟁력 강화에 관한 특별법 제18조 제1항에 따른 선정
　㉥ 의료기기산업 육성 및 혁신의료기기 지원법 제10조에 따른 혁신형 의료기기기업의 인증
　㉦ 코스닥시장 상장규정 제2조 제31항에 따른 기술성장기업(기획재정부고시 제2016-11호, 2016. 5. 18.)

2-10-3. 세액공제의 적용요건

(1) 사업영위기간 요건

인수법인이 기술혁신형 중소기업(이하 "피인수법인"이라 함)의 주식 등을 최초 취득한 날(이하 "최초 취득일"이라 함) 현재 1년 이상 사업을 계속하던 내국법인 간의 취득이어야 한다(조특법 §12의 4 ① 1호). 여기서 "최초 취득일"이란 인수법인이 피인수법인의 주식 등을 취득한 날부터 직전 2년 이내의 기간 동안 그 주식 등을 보유한 사실이 없는 경우로 한다. 다만, 인수법인이 법인세법 시행령 제50조 제2항에 따른 소액주주 등에 해당하는 기간은 주식 등을 보유한 것으로 보지 아니한다(조특령 §11의 4 ①).

(2) 과반수 취득 및 보유 요건

인수법인이 최초 취득일이 속하는 사업연도 내에 또는 최초 취득일이 속하는 사업연도의 다음 사업연도의 종료일까지 취득한 주식 등이 해당 사업연도의 종료일 현재 피인수법인의 발행주식총수 또는 출자총액의 50%(인수법인이 피인수법인의 최대출자자로서 피인수법인의 경영권을 실질적으로 지배하는 경우는 30%로 하고, 이하 "기준지분비율"이라 함)를 초과하고, 인수법인이 해당 주식 등을 기준충족사업연도의 종료일까지 보유하여야 한다(조특법 §12의 4 ① 2호).

개 정

◦ 2023년 12월 31일 법 개정시 주식취득기간을 '취득일이 속하는 사업연도 내'에서 '최초취득일이 속하는 사업연도의 다음 사업연도의 종료일까지'로 확대하여 지분 취득 요건을 완화(조특법 §12의 4 ① 2호)

➡ 2024년 1월 1일부터 시행하되, 인수법인이 피인수법인의 주식등을 최초 취득한 날이 2023년 12월 31일 이전인 경우의 세액공제 요건에 관하여는 종전의 규정에 따름.

관련사례

• 기술혁신형 주식취득 세액공제의 주식취득 요건 적용 시 유상증자로 인수한 신주 포함 여부
내국법인이 유상증자로 인수한 신주는 기술혁신형 주식취득에 대한 세액공제 요건(조특법 §12의 4 ① 각 호)을 모두 갖춘 주식등의 취득에 포함되지 않는 것임(기획재정부 법인세제과-44, 2024. 1. 22.).

(3) 취득가액 요건

인수법인이 최초 취득일부터 기준충족사업연도의 종료일까지 취득한 주식 등의 매입가액이 다음 계산식에 따른 금액 이상인 경우에 한하여 본 세액공제를 적용한다(조특법 §12의 4 ① 3호).

기준충족 사업연도의 피인수법인의 순자산시가	× 130% ×	최초 취득일부터 기준충족사업연도의 종료일까지 취득한 주식등이 기준충족사업연도의 종료일 현재 피인수법인의 발행주식총수 또는 출자총액에서 차지하는 비율(이하 "당초 지분비율"이라 함)

이 경우 기준충족사업연도의 피인수법인의 순자산시가는 인수법인이 피인수법인의 주식등을 취득한 날 현재의 피인수법인의 자산총액에서 특허권 등의 가액 및 부채총액을 뺀 금액으로 하되, 인수법인이 피인수법인의 주식 등을 2회 이상 취득한 경우에는 취득시점 각각의 피인수법인의 순자산시가에 취득한 주식 등의 수를 곱한 금액의 합계액을 최초 취득일부터 기준충족사업연도의 종료일까지 취득한 주식 등의 총수로 나눈 금액으로 한다(조특령 §11의 4 ⑤). 여기서 특허권 등은 기술혁신형 합병에 대한 세액공제와 동일하므로 '2-10-3. 세액공제의 요건' 중 '(2) 양도가액 요건'을 참고하기로 한다.

(4) 지배주주등의 변경요건

기술혁신형 주식취득에 대한 세액공제를 적용받기 위해서는 법인세법 시행령 제43조 제3항 및 제7항에 따른 지배주주등 중 다음에 해당하는 자를 제외한 자(이하 "피인수법인의 특정지배주주등"이라 함)가 기준충족사업연도의 종료일에 인수법인 또는 피인수법인의 지배주주등에 해당하지 않아야 한다(조특법 §12의 4 ① 4호 및 조특령 §11의 4 ⑥, ⑦).

① 법인세법 시행령 제43조 제8항 제1호 가목의 친족 중 4촌인 혈족
② 취득일 현재 피인수법인에 대한 지분비율이 1% 미만이면서 시가로 평가한 그 지분가액이 10억원 미만인 자

(5) 종전사업의 계속 영위 요건

피인수법인이 기준충족사업연도의 종료일까지 종전에 영위하던 사업을 계속하는 경우에 한하여 기술혁신형 주식취득에 대한 세액공제를 적용한다(조특법 §12의 4 ① 5호). 여기서 기준충족사업연도 종료일까지 피인수법인의 사업의 계속 및 폐지 여부의 판정에 관하여는 법인세법 시행령 제80조의 2 제7항을 준용한다(조특령 §11의 4 ⑧). 즉, 피인수법인이 보유하던 자산가액의 2분의 1 이상을 처분하거나 사업에 사용하지 아니하게 되는 경우에는 본 요건을 충족하지 아니하는 것으로 한다. 다만, 피인수법인이 파산하거나 채무자 회생 및 파산에 관한 법률에 따른 회생절차에 따라 법원의 허가를 받아 보유한 자산을 처분한 경우에는 사업을 계속하는 것으로 본다(조특령 §11의 4 ⑪).

2-10-4. 공제세액의 계산

위 '2-10-3. 세액공제의 적용요건'을 모두 갖추어 기술혁신형 중소기업의 주식 등을 최초 취득하는 경우에는 해당 주식 등 매입가액 중 기술가치 금액의 10%에 해당하는 금액을 기준충족사업연도의 법인세에서 공제한다(조특법 §12의 4 ①). 여기서, 기술가치 금액이란 다음의 어느 하나에 해당하는 금액 중에서 인수법인이 선택한 금액을 말한다(조특령 §11의 4 ④).

① Min(ⓐ, ⓑ)
  ⓐ 벤처기업육성에 관한 특별법 시행령 제4조 각 호의 어느 하나에 해당하는 기관이 최초 취득일 전후 3개월 이내에 피인수법인이 보유한 특허권 등을 평가한 금액의 합계액 × 기준충족사업연도 종료일 현재의 지분비율
  ⓑ 인수법인이 피인수법인에 지급한 매입가액－(기준충족사업연도의 피인수법인의 순자산시가 × 지분비율)(음수인 경우에는 0으로 봄)
② 인수법인이 피인수법인에 지급한 매입가액－(기준충족사업연도의 피인수법인의 순자산시가 × 120% × 기준충족사업연도 종료일 현재의 지분비율)

개 정

○ 2024년 2월 29일 시행령 개정시 기술가치금액 산정시 매입가액에서 차감하는 기준금액을 피인수법인 순자산시가의 130%에서 120%로 하향조정하여 세액공제 적용 대상이 되는 기술가치금액의 범위 확대(조특령 §11의 4 ④ 2호)
➡ 2024년 2월 29일부터 시행하되, 2024년 2월 28일 이전에 주식등을 취득한 경우의 세액공제금액에 관하여는 종전의 규정에 따름.

2-10-5. 세액공제의 사후관리

기술혁신형 주식취득에 대한 세액공제를 적용받은 내국법인이 기준충족사업연도의 다음 사업연도의 개시일부터 2년 내(③의 경우는 4년 내)에 다음의 어느 하나에 해당하는 사유가 발생하는 경우에는 그 사유가 발생한 날이 속하는 사업연도의 과세표준신고를 할 때 공제받은 세액[아래 ③에 해당하는 경우로서 각 사업연도 종료일 현재 인수법인의 피인수법인 지분비율(이하 "현재지분비율"이라 함)이 기준지분비율을 초과하는 경우에는 당초지분비율에서 현재지분비율을 차감한 값을 당초지분비율로 나눈 비율과 공제세액을 곱한 금액(지분비율 감소로 이미 납부한 공제세액은 제외함)]에 이자상당액을 더한 금액을 법인세로 납부하여야 한다(조특법 §12의 4 ② 및 조특령 §11의 4 ⑨).

① 피인수법인의 특정지배주주등이 인수법인 또는 피인수법인의 지배주주등에 해당하는 경우
② 피인수법인이 종전에 영위하던 사업을 폐지하는 경우
③ 현재지분비율이 당초지분비율보다 낮아지는 경우. 다만, 다음 중 어느 하나에 해당하는 사유로 지분비율이 낮아지는 경우는 제외한다.
  ㉠ 벤처기업육성에 관한 특별법 제16조의 3 또는 상법 제340조의 2에 따른 주식매수선택권을 행사하는 경우
  ㉡ 근로복지기본법에 따른 우리사주조합원이 우리사주를 취득하는 경우
  ㉢ 조세특례제한법 제13조 제1항 제1호에 따른 벤처투자회사, 같은 항 제2호에 따른 신기술사업금융업자, 같은 항 제3호에 따른 창투조합등이 출자하는 경우(타인 소유의 주식 또는 출자지분을 매입하는 경우는 제외)

한편, 상기 사후관리 요건 중 종전에 영위하던 사업의 폐지 여부의 판정기준은 과세특례 적용 요건 중 종전사업의 계속 영위 요건의 판정기준과 동일한 바, 이에 대한 보다 자세한 설명은 '2-10-3. 세액공제의 적용요건' 중 '(5) 종전사업의 계속 영위 요건'을 참조하기로 한다(조특령 §11의 4 ⑧).

여기서 이자상당액이란 다음 계산식에 따라 계산한 금액을 말한다(조특령 §11의 4 ⑩).

$$\text{이자상당액} = \text{공제받은 세액} \times \frac{\text{공제받은 사업연도 종료일의 다음 날부터 납부사유가}}{\text{발생한 날이 속하는 사업연도의 종료일까지 일수}} \times 0.022\%$$

2-10-6. 세액공제신청서의 제출

기술혁신형 주식취득에 대한 세액공제를 받으려는 내국법인은 과세표준신고와 함께 기술혁신형 주식취득에 대한 세액공제신청서[조특칙 별지 제1호 서식] 및 공제세액계산서[조특칙 별지 제4호의 2 서식]를 납세지 관할 세무서장에게 제출하여야 한다(조특령 §11의 4 ⑫).

2-10-7. 조세특례제한 및 보칙규정

최저한세의 적용, 세액공제액의 이월공제에 대한 내용은 통합투자 세액공제와 동일하므로 '2-1. 통합투자 세액공제 중 2-1-7. 조세특례제한 및 보칙 규정'의 해당 부분을 참고하기 바란다.

2-10-8. 농어촌특별세의 납부

법인세의 신고·납부시 감면받은 기술혁신형 합병에 대한 세액공제액의 20%에 상당하는 금액을 농어촌특별세로 신고·납부하여야 한다(농특법 §5 ①, §7).

2-11. 내국법인의 벤처기업 등에의 출자에 대한 세액공제

2-11-1. 개 요

벤처투자회사 등을 제외한 내국법인이 2025년 12월 31일까지 직접출자 또는 창투조합 등을 통한 간접출자의 방법으로 벤처기업 등에 출자(단, 특수관계인에 대한 출자 제외)하는 경우 출자금액의 5%에 상당하는 금액을 법인세에서 공제한다(조특법 §13의 2 ①). 이 경우 출자는 해당 기업의 설립 시에 자본금을 납입하거나 설립 후 7년 이내에 유상증자로 납입하는 방법으로 주식 또는 출자지분을 취득하는 것으로 하되, 타인 소유의 주식 또는 출자지분을 매입에 의하여 취득하는 경우는 제외한다(조특법 §13의 2 ③).

2-11-2. 세액공제 대상자

벤처기업 출자 세액공제는 내국법인이 적용대상이나, 조세특례제한법 제13조 제1항에 따라 벤처기업 등의 주식 또는 출자지분의 양도차익에 대해 법인세가 면제되는 벤처투자회사, 창업기획자, 신기술사업금융업자, 벤처기업출자유한회사, 기금운용법인 등은 제외한다(조특령 §12의 2 ①).

개 정

○ 2024년 2월 29일 시행령 개정시 벤처기업 출자 세액공제를 배제하는 제외 대상에 창업기획자 추가(조특령 §12의 2 ① 1호)
➡ 2024년 2월 29일 이후 주식 또는 출자지분을 취득하는 경우부터 적용

2-11-3. 출자대상

다음의 주식 또는 출자지분을 취득하는 경우 벤처기업 출자 세액공제를 적용한다. 다만, 법인세법 시행령 제2조 제5항에 따른 특수관계인의 주식 또는 출자지분을 취득하는 경우 그 금액에 대해서는 공제하지 아니한다(조특법 §13의 2 ① 및 조특령 §12의 2 ②).

① 창업기업, 신기술사업자, 벤처기업 또는 신기술창업전문회사에 출자함으로써 취득한 주식

또는 출자지분

② 자본시장과 금융투자업에 관한 법률 제249조의 23에 따른 창업・벤처전문 사모집합투자기구 또는 창투조합등(*1)(민간재간접벤처투자조합(*2)은 제외함)을 통하여 창업기업, 신기술사업자, 벤처기업 또는 신기술창업전문회사에 출자함으로써 취득한 주식 또는 출자지분

(*1) 창투조합등이란 벤처투자 촉진에 관한 법률 제2조 제8호에 따른 개인투자조합, 같은 법 제2조 제11호에 따른 벤처투자조합, 여신전문금융업법에 따른 신기술사업투자조합, 소재・부품・장비산업 경쟁력 강화 및 공급망 안정화를 위한 특별조치법에 따른 전문투자조합, 농림수산식품투자조합 결성 및 운용에 관한 법률에 따른 농식품투자조합을 말함(조특법 §13 ① 3호 각 목).

(*2) 민간재간접벤처투자조합이란 벤처투자 촉진에 관한 법률 제2조 제12호에 따라 다른 벤처투자조합에 대한 출자를 주된 목적으로 결성하는 조합으로서 같은 법 제63조의 2에 따라 등록한 조합을 말함(조특법 §13 ① 7호).

③ 민간재간접벤처투자조합을 통하여 창업기업, 신기술사업자, 벤처기업 또는 신기술창업전문회사에 출자함으로써 취득한 주식 또는 출자지분

개 정

- 2023년 12월 31일 법 개정시 세액공제 적용대상에 민간재간접벤처투자조합을 통해 간접 출자하여 취득한 주식 추가(조특법 §13의 2 ②)
  - ➡ 2024년 1월 1일 이후 세액공제신청을 하는 경우부터 적용하고, 이 경우 후술하는 '2-11-5. 세액공제 금액 ②'의 개정규정(조특법 §13의 2 ② 2호)은 내국법인이 민간재간접벤처투자조합을 통하여 최초로 벤처기업 등의 주식 또는 출자지분을 취득한 사업연도의 다음 사업연도의 법인세에서 공제하는 경우부터 적용

2-11-4. 출자의 방법

벤처기업 출자 세액공제 대상 출자는 다음의 어느 하나에 해당하는 방법으로 주식 또는 출자지분을 취득하는 것으로 하되, 타인 소유의 주식 또는 출자지분을 매입에 의하여 취득하는 경우는 제외한다(조특법 §13의 2 ③).

① 해당 기업의 설립 시에 자본금으로 납입하는 방법
② 해당 기업이 설립된 후 7년 이내에 유상증자하는 경우로서 증자대금을 납입하는 방법

2-11-5. 세액공제 금액

내국법인이 직접 출자하거나 창업・벤처전문사모집합투자기구 또는 창투조합등(민간재간접벤처투자조합 제외)을 통해 간접 출자하는 경우에는 주식 또는 출자지분 취득가액의 5%에 상당하는 금액을 공제하고(조특법 §13의 2 ①), 민간재간접벤처투자조합을 통해 간접 출자하는 경우에는 다음의 금액을 합한 금액을 공제한다(조특법 §13의 2 ②).

① Max (㉮의 금액, ㉯의 금액) × 5%

㉮ 해당 주식 또는 출자지분의 취득가액

㉯ 민간재간접벤처투자조합에 투자한 금액 × 60%

② (해당 사업연도에 취득한 해당 주식 또는 출자지분의 취득가액 − 직전 3개 사업연도의 해당 주식 또는 출자지분 취득가액의 평균액) × 3%

2-11-6. 사후관리

벤처기업 출자 세액공제를 적용받은 내국법인이 주식 또는 출자지분을 취득한 후 5년 이내에 피출자법인의 법인세법 시행령 제43조 제7항에 따른 지배주주 등에 해당하는 경우에는 지배주주 등이 되는 날이 속하는 사업연도의 과세표준신고를 할 때 주식 또는 출자지분에 대한 세액공제액 상당액에 이자상당가산액을 더하여 법인세로 납부하여야 하며, 해당 세액은 법인세법 제64조에 따라 납부하여야 할 세액으로 본다(조특법 §13의 2 ③ 및 조특령 §12의 2 ④). 여기서 이자상당가산액은 다음의 계산식에 따라 계산한 금액을 말한다(조특령 §12의 2 ③, §11의 2 ⑨ 2호).

> 이자상당가산액 = 공제받은 세액 × 공제받은 사업연도의 과세표준신고일의 다음 날부터 사유 발생일이 속하는 사업연도의 과세표준신고일까지의 기간 × 10만분의 22

2-11-7. 세액공제의 신청

벤처기업 출자 세액공제를 적용받으려는 내국법인은 과세표준신고와 함께 세액공제신청서 [별지 제1호 서식]를 납세지 관할 세무서장에게 제출하여야 한다(조특령 §12의 2 ⑤).

2-11-8. 조세특례제한 및 보칙규정

중복지원의 배제에 관한 내용은 '2-5. 협력중소기업에 대한 유형고정자산 무상임대 시 세액공제'와 동일하므로 '2-5-5. 조세특례제한 및 보칙규정'의 해당 부분을 참고하기 바라며, 최저한세의 적용 및 세액공제액의 이월공제에 관한 내용은 '2-1. 통합투자 세액공제'와 동일하므로 '2-1-7. 조세특례제한 및 보칙규정'의 해당 부분을 참고하기 바란다.

2-11-9. 농어촌특별세의 납부

법인세의 신고·납부시 본 세액공제의 20%에 상당하는 금액을 농어촌특별세로 신고·납부하여야 한다(농특법 §5 ①, §7).

2-12. 전자신고에 대한 세액공제

2-12-1. 개 요

전자신고에 대한 세액공제는 다음의 경우에 적용한다(조특법 §104의 8 ①, ③).

① 납세자가 직접 국세기본법 제5조의 2에 따른 전자신고(이하 "전자신고"라 함)의 방법으로 법인세과세표준 신고를 하는 경우

② 공인회계사법에 따른 회계법인과 세무사법에 따른 세무법인(이하 "회계법인 등"이라 함)이 납세자를 대리하여 전자신고의 방법으로 직전 과세연도 동안 소득세, 양도소득세 또는 법인세를 신고한 경우

2-12-2. 세액공제액

(1) 전자신고를 하는 납세자에 대한 세액공제액

전자신고의 방법으로 법인세과세표준 신고를 하는 납세자는 해당 납부세액에서 2만원을 공제한다. 이 경우 납부할 세액이 음수인 경우에는 이를 없는 것으로 한다(조특법 §104의 8 ① 및 조특령 §104의 5 ①, ②).

(2) 전자신고를 대행하는 회계법인 등에 대한 세액공제액

납세자를 대리하여 전자신고의 방법으로 직전 과세연도 동안 소득세, 양도소득세 또는 법인세를 신고한 회계법인 등은 해당 회계법인 등의 법인세의 납부세액에서 납세자 1인당 2만원을 공제하고, 직전 과세기간 동안 부가가치세 확정신고를 한 경우에는 해당 회계법인 등의 부가가치세 납부세액에서 납세자 1인당 1만원을 공제한다. 이 경우 회계법인 등이 공제받을 수 있는 연간 공제 한도액(해당 회계법인 등의 법인세의 납부세액에서 공제받을 금액 및 부가가치세에서 공제받을 금액을 합한 금액)은 750만원으로 한다(조특법 §104의 8 ③, ④ 및 조특령 §104의 5 ②, ③, ④).

관련사례

- 전자신고세액공제의 범위

  전자신고에 대한 세액공제는 법인세 과세표준 및 세액신고서상의 산출세액의 범위에서 공제하는 것이며, 다만 산출세액이 없거나 최저한세 적용으로 공제받지 못한 부분에 상당하는 금액은 이월공제가 가능함(서면2팀-250, 2006. 2. 1.).

2-12-3. 세액공제신청서의 제출

전자신고세액공제를 받고자 하는 자는 전자신고를 하는 때(회계법인 등이 세액공제를 받고자 하는 경우에는 회계법인 등 본인의 과세표준신고를 하는 때를 말함)에 세액공제신청서[조특칙 별지 제1호 서식]를 관할 세무서장에게 제출하여야 한다(조특령 §104의 5 ⑥).

2-12-4. 최저한세의 적용

전자신고에 대한 세액공제에 대하여는 최저한세의 규정이 적용된다(조특법 §132). 최저한세에 대한 자세한 내용은 '제4편 제5장 최저한세'편을 참고하기 바란다.

2-12-5. 세액공제액의 이월공제

전자신고에 대한 세액공제액 중 당해 사업연도에 납부할 세액이 없거나 최저한세 규정의 적용을 받아 당해 사업연도에 공제받지 못한 부분에 상당하는 금액은 당해 사업연도의 다음 사업연도의 개시일로부터 10년 이내에 끝나는 각 사업연도에 이월하여 공제받을 수 있다(조특법 §144). 세액공제의 이월공제에 대한 자세한 내용은 '제4편 제3장 제6절 기타'편을 참고하기 바란다.

2-12-6. 농어촌특별세의 비과세

조세특례제한법에 의하여 세액공제를 받는 경우에는 당해 세액공제액의 20%에 상당하는 금액을 농어촌특별세로 신고·납부하여야 하나(농특법 §7), 전자신고에 대한 세액공제에 대하여는 농어촌특별세가 비과세된다(농특법 §4 12호 및 농특령 §4 ⑦ 1호).

2-13. 기업의 운동경기부등 설치 · 운영에 대한 세액공제

2-13-1. 개 요

비인기 체육종목을 활성화하기 위하여 내국법인이 법 소정 종목의 운동경기부를 설치한 경우에는 설치한 날이 속하는 사업연도와 그 다음 사업연도의 개시일부터 2년 이내에 끝나는 사업연도까지 해당 운동경기부의 인건비 및 운영비의 10%에 상당하는 금액을 법인세에서 공제한다(조특법 §104의 22 ①).

한편, 장애인 운동경기부의 창설을 촉진하기 위하여 내국법인이 장애인운동경기부를 설치하는 경우 설치한 날이 속하는 사업연도와 그 다음 사업연도의 개시일부터 4년 이내에 끝나는 사업연도까지 해당 장애인운동경기부의 운영에 드는 인건비 및 운영비의 20%에 상당하는 금액을 법인세에서 공제한다(조특법 §104의 22 ②).

또한, 이스포츠의 경쟁력 확보를 위하여 내국법인이 이스포츠경기부를 설치하는 경우에는 설치한 날이 속하는 사업연도와 그 다음 사업연도의 개시일부터 2년 이내에 끝나는 사업연도까지 해당 이스포츠경기부의 인건비 및 운영비의 10%에 상당하는 금액을 법인세에서 공제한다(조특법 §104의 22 ③).

2-13-2. 세액공제 요건

(1) 운동경기부

본 세액공제 대상인 운동경기부란 국민체육진흥법 제33조에 따라 설립된 대한체육회에 가맹된 경기단체 종목 중 아래의 종목과 선수단 구성 요건을 모두 갖춘 운동경기부를 말한다(조특령 §104의 20 ① 및 조특칙 §47 ① 및 별표 9 1호).

구분	내용
운동경기부 종목	육상, 역도, 핸드볼, 럭비, 여자축구, 비치사커, 배드민턴, 테니스, 정구, 스쿼시, 탁구, 복싱, 유도, 레슬링, 체조, 사이클, 승마, 하키, 아이스하키, 사격, 펜싱, 양궁, 근대5종, 트라이애슬론, 카바디, 소프트볼, 볼링, 세팍타크로, 스포츠클라이밍, 패러글라이딩, 롤러스포츠, 수영, 다이빙, 수구, 아티스틱스위밍, 조정, 카누, 요트, 알파인스키, 크로스컨트리, 스키점프, 스노보드, 프리스타일스키, 노르딕복합, 바이애슬론, 스피드스케이팅, 쇼트트랙 스피드스케이팅, 피겨스케이팅, 봅슬레이, 스켈레톤, 루지, 컬링, 태권도, 카라테, 우슈, 주짓수, 킥복싱
선수단 구성 요건	① 대한체육회 또는 국민체육진흥법 제34조에 따른 대한장애인체육회에 가맹된 경기단체에 등록되어 있는 선수로 구성되어 설치(재설치를 포함함)·운영되는 운동경기부일 것 ② 경기종목별 선수의 수는 해당 종목의 경기 정원 이상일 것 ③ 경기종목별로 경기지도자가 1명 이상일 것

(2) 장애인운동경기부

본 세액공제 대상인 장애인운동경기부란 대한장애인체육회에 가맹된 경기단체가 있는 종목의 운동경기부로서 위 '(1) 운동경기부'의 '선수단 구성 요건'(조특령 §104의 20 ① 각 호)을 모두 갖춘 운동경기부를 말한다(조특령 §104의 20 ②).

(3) 이스포츠경기부

본 세액공제 대상인 이스포츠경기부란 이스포츠(전자스포츠) 진흥에 관한 법률 제12조에 따라 선정된 종목 중 아래의 종목과 선수단 구성 요건을 모두 갖춘 이스포츠경기부를 말한다(조특령 §104의 20 ③ 및 조특칙 §47 ① 및 별표 9 2호).

구분	내용
이스포츠 경기부 종목	리그 오브 레전드, 배틀그라운드, 배틀그라운드 모바일, FIFA 온라인 4, 브롤스타즈, 던전앤파이터, 서든어택, 카트라이더, 오디션, eFootball PES 2021, 클래시 로얄, A3: 스틸얼라이브
선수단 구성 요건	① 이스포츠(전자스포츠) 진흥에 관한 법률에 따른 이스포츠 선수로 구성되어 설치(재설치 포함)·운영되는 경기부일 것 ② 이스포츠 종목별로 경기지도자가 1명 이상일 것

2-13-3. 세액공제 대상 비용

운동경기부, 장애인운동경기부 또는 이스포츠경기부의 운영에 드는 비용 중 다음의 비용에 대해 세액공제를 적용한다(조특령 §104의 20 ④ 및 조특칙 §47 ②).

① 운동경기부 또는 이스포츠경기부(이하 "경기부"라 함)에 소속된 선수, 감독 및 코치와 경기부의 운영 업무를 직접적으로 지원하는 사람에 대한 인건비

② 대회참가비, 훈련장비구입비 등 경기부를 운영하기 위하여 드는 다음의 비용
- 선수의 선발 심사 등 경기부의 창단을 준비하는 과정에서 드는 비용
- 경기장 및 훈련장 사용료
- 식비
- 전지훈련비
- 훈련시설 보수비
- 경기용품, 훈련장비, 운동경기복, 약품의 구입비 및 수선비
- 경기대회 참가비 및 참가를 위한 이동경비
- 경기대회 참가를 위한 현지 숙식비
- 선수숙소 및 선수 이동차량에 대한 임차료
- 그 밖에 경기부 운영에 직접 드는 경비

2-13-4. 사후관리

기업의 운동경기부 등 설치 · 운영에 대한 세액공제를 적용받은 내국법인이 운동경기부, 장애인운동경기부 또는 이스포츠경기부를 설치한 날부터 3년(장애인운동경기부의 경우 5년) 이내에 해당 운동경기부, 장애인운동경기부 또는 이스포츠경기부를 해체하거나 '2-13-2. 세액공제 요건'에서 '선수단 구성 요건'(조특령 §104의 20 ① 각 호, ③ 각 호)을 갖추지 못한 경우에는 해당 사업연도의 과세표준신고를 할 때 공제받은 세액에 이자상당액을 더한 금액을 법인세로 납부하여야 한다(조특법 §104의 22 ⑤ 및 조특령 §104의 20 ⑥).

이 경우 이자상당액은 다음의 산식에 따라 계산한 금액으로 한다(조특령 §104의 20 ⑦).

> 공제받은 세액 × 공제받은 사업연도 종료일의 다음 날부터 납부사유가 발생한 날이 속하는 사업연도의 종료일까지의 기간 × 22/100,000

2-13-5. 세액공제의 신청

기업의 운동경기부등 설치 · 운영에 대한 세액공제를 적용받으려는 내국법인은 과세표준신

고와 함께 세액공제신청서[조특칙 별지 제1호 서식]를 납세지 관할 세무서장에게 제출하여야 한다(조특령 §104의 20 ⑤).

2-13-6. 조세특례제한 및 보칙 규정

(1) 중복지원의 배제

동일한 사업연도에 기업의 운동경기부등 설치·운영에 대한 세액공제와 창업중소기업등에 대한 세액감면 등 법인세의 감면규정을 동시에 적용받을 수 있는 경우에는 그 중 하나만을 선택하여 적용받을 수 있다. 다만, 조세특례제한법 제143조에 따라 세액감면을 적용받는 사업과 그 밖의 사업을 구분경리하는 경우로서 그 밖의 사업에 기업의 운동경기부 설치·운영등에 대한 세액공제가 적용되는 경우에는 해당 세액감면과 공제는 중복지원에 해당하지 아니한다(조특법 §127 ④, ⑩).

중복지원의 배제에 대한 자세한 내용은 '제4편 제3장 제4절 중복지원의 배제'편을 참고하기 바란다.

(2) 최저한세의 적용, 세액공제액의 이월공제

최저한세의 적용, 세액공제액의 이월공제에 대한 내용은 통합투자 세액공제와 동일하므로 '2-1. 통합투자 세액공제 중 2-1-7. 조세특례제한 및 보칙 규정'의 해당 부분을 참고하기 바란다.

2-13-7. 농어촌특별세의 납부

법인세의 신고·납부시 감면받은 기업의 운동경기부등 설치·운영에 대한 세액공제액의 20%에 상당하는 금액을 농어촌특별세로 신고·납부하여야 한다(농특법 §5 ①, §7).

2-14. 성과공유 중소기업의 경영성과급에 대한 세액공제

2-14-1. 개 요

성과공유 중소기업이 상시근로자에게 2024년 12월 31일까지 경영성과급을 지급하는 경우 그 경영성과급의 15%에 상당하는 금액을 해당 사업연도의 법인세에서 공제한다. 다만, 성과공유 중소기업의 해당 사업연도의 상시근로자 수가 직전 사업연도의 상시근로자 수보다 감소한 경우에는 공제하지 아니한다(조특법 §19 ①).

2-14-2. 성과공유 중소기업 및 경영성과급의 범위

성과공유 중소기업이란 중소기업 인력지원 특별법 제27조의 2 제1항에 따른 중소기업을 말하고, 경영성과급이란 중소기업 인력지원 특별법 시행령 제26조의 2 제1항 제1호에 따른 성과급을 말한다(조특법 §19 ① 및 조특령 §17 ②).

2-14-3. 상시근로자의 범위 및 상시근로자 수의 계산

상시근로자란 근로기준법에 따라 근로계약을 체결한 내국인 근로자를 말하며, 다만, 다음의 어느 하나에 해당하는 사람은 제외한다(조특령 §17 ①).

① 근로계약기간이 1년 미만인 근로자(단, 근로계약의 연속된 갱신으로 인해 그 근로계약의 총 기간이 1년 이상인 근로자는 제외함)
② 근로기준법 제2조 제1항 제9호에 따른 단시간근로자(단, 1개월간의 소정근로시간이 60시간 이상인 근로자는 상시근로자로 봄)
③ 법인세법 시행령 제40조 제1항 각 호의 어느 하나에 해당하는 임원
④ 해당 기업의 최대주주 또는 최대출자자(개인사업자의 경우에는 대표자를 말함)와 그 배우자
⑤ 위 ④에 해당하는 자의 직계존비속(그 배우자를 포함함) 및 국세기본법 시행령 제1조의 2 제1항에 따른 친족관계인 사람
⑥ 소득세법 시행령 제196조에 따른 근로소득원천징수부에 의하여 근로소득세를 원천징수한 사실이 확인되지 않고, 다음의 어느 하나에 해당하는 금액의 납부사실도 확인되지 않은 자
(가) 국민연금법 제3조 제1항 제11호 및 제12호에 따른 부담금 및 기여금
(나) 국민건강보험법 제69조에 따른 직장가입자의 보험료
⑦ 해당 과세기간의 총급여액이 7천만원을 초과하는 근로자

상시근로자의 수는 다음의 계산식에 따라 계산한 수(100분의 1 미만은 없는 것으로 함)로 하고, 상시근로자 수의 계산에 관하여는 조세특례제한법 시행령 제23조 제11항 각 호 외의 부분 후단 및 같은 항 제2호를 준용한다(조특령 §17 ③, ④).

$$\text{상시근로자의 수} = \frac{\text{해당 사업연도의 매월 말 현재 상시근로자 수의 합}}{\text{해당 사업연도의 개월 수}}$$

관련사례

- 당기와 전기 중 어느 하나의 사업연도에 상시근로자에 해당하지 않는 경우 상시근로자 수 계산방법
  근로기준법에 따라 근로계약을 체결한 근로자가 조세특례제한법 제19조에 따른 성과공유 중소기업 경영성과급 세액공제 적용대상 사업연도와 직전 사업연도 중 어느 하나의 사업연도에 같은 법 시행령 제17조 제1항 각 호에 따른 상시근로자에 해당하지 않는 경우에는 해당 사업연도와 직전 사업연도에서 해당 근로자를 제외하고 상시근로자 수를 계산하는 것임(서면-2022-법인-0590, 2022. 3. 24.).

2-14-4. 세액공제 신청서의 제출

성과공유 중소기업의 경영성과급에 대한 세액공제를 받으려는 자는 과세표준신고와 함께 세액공제신청서[조특칙 별지 제1호 서식] 및 공제세액계산서[조특칙 별지 제8호의 3 서식]를 납세지 관할 세무서장에게 제출해야 한다(조특령 §17 ⑤).

2-14-5. 조세특례제한 및 보칙규정

(1) 중복지원의 배제

동일한 사업연도에 성과공유 중소기업의 경영성과급에 대한 세액공제와 근로소득을 증대시킨 기업에 대한 세액공제가 동시에 적용되는 경우에는 그 중 하나만을 선택하여 적용받을 수 있다(조특법 §127 ②).

(2) 최저한세의 적용, 세액공제액의 이월공제

추계과세시 적용배제, 최저한세의 적용, 세액공제액의 이월공제에 대한 내용은 통합투자세액공제와 동일하므로 '2-1. 통합 투자 세액공제 중 2-1-7. 조세특례제한 및 보칙 규정'의 해당 부분을 참고하기 바란다.

2-14-6. 농어촌특별세의 납부

법인세의 신고·납부시 감면받은 성과공유 중소기업의 경영성과급에 대한 세액공제액의 20%에 상당하는 금액을 농어촌특별세로 신고·납부하여야 한다(농특법 §5 ①, §7).

2-15. 중소기업 사회보험료 세액공제

2-15-1. 개 요

중소기업이 2024년 12월 31일이 속하는 과세연도까지의 기간 중 해당 과세연도의 상시근로자 수가 직전 과세연도의 상시근로자 수보다 증가한 경우에는 다음의 금액을 해당 과세연도와 해당 과세연도의 종료일부터 1년이 되는 날이 속하는 과세연도까지의 법인세에서 공제한다(조특법 §30의 4 ①).

① 청년 및 경력단절 여성(이하 "청년 등"이라 함) 상시근로자 고용증가 인원에 대하여 사용자가 부담하는 사회보험료 상당액(*)의 100%

② 청년 등 외 상시근로자 고용증가 인원에 대하여 사용자가 부담하는 사회보험료 상당액(*)의 50%(신성장 서비스업을 영위하는 중소기업의 경우 75%)

(*) 해당 과세연도에 국가 등이 지급했거나 지급하기로 한 보조금 및 감면액의 합계액은 제외함.

이 때 법인세를 공제받은 중소기업이 최초로 공제를 받은 과세연도의 종료일부터 1년이 되는 날이 속하는 과세연도의 종료일까지의 기간 중 전체 상시근로자의 수가 최초로 공제를 받은 과세연도에 비하여 감소한 경우에는 감소한 과세연도에 대하여 세액공제를 적용하지 아니하고, 청년 등 상시근로자의 수가 최초로 공제를 받은 과세연도에 비하여 감소한 경우에는 감소한 과세연도에 대하여 위 ①을 적용하지 아니한다. 이 경우 후술하는 '2-15-5. 사후관리'에 따라 공제받은 세액에 상당하는 금액을 법인세로 납부하여야 한다(조특법 §30의 4 ②).

2-15-2. 사회보험의 범위

중소기업 사회보험료 세액공제는 중소기업이 고용증가인원에 대하여 부담하는 다음의 사회보험에 대한 사용자의 사회보험료 부담금액 상당액에 대하여 적용한다(조특법 §30의 4 ④).

① 국민연금법에 따른 국민연금
② 고용보험법에 따른 고용보험
③ 산업재해보상보험법에 따른 산업재해보상보험
④ 국민건강보험법에 따른 국민건강보험
⑤ 노인장기요양보험법에 따른 장기요양보험

2-15-3. 상시근로자의 범위와 고용증가 인원의 산정

(1) 상시근로자의 범위

중소기업 사회보험료 세액공제에 따른 상시근로자는 근로기준법에 따라 근로계약을 체결한 내국인 근로자를 말하며, 다음의 어느 하나에 해당하는 사람은 제외한다(조특령 §27의 4 ①).

① 근로계약기간이 1년 미만인 근로자. 다만, 근로계약의 연속된 갱신으로 인하여 그 근로계약의 총 기간이 1년 이상인 근로자는 제외함.
② 단시간근로자(근로기준법 §2 ① 9호). 다만, 1개월간의 소정근로시간이 60시간 이상인 근로자는 상시근로자로 봄.
③ 법인세법 시행령 제40조 제1항 각 호의 어느 하나에 해당하는 임원
④ 해당 기업의 최대주주 또는 최대출자자와 그 배우자
⑤ ④에 해당하는 자의 직계존비속(그 배우자를 포함함) 및 친족관계(국기령 §1의 2 ①)인 사람
⑥ 근로소득원천징수부(소령 §196)에 의하여 근로소득세를 원천징수한 사실이 확인되지 아니하는 사람
⑦ '2-15-2. 사회보험의 범위'의 사회보험에 대하여 사용자가 부담하여야 하는 부담금 또는 보험료의 납부 사실이 확인되지 아니하는 근로자

(2) 청년등 상시근로자와 청년등 외 상시근로자

'청년등 상시근로자'란 다음의 어느 하나에 해당하는 자를 말하고, '청년등 외 상시근로자'는 청년등 상시근로자가 아닌 상시근로자를 말한다(조특법 §29의 3 ① 및 조특령 §27 ① 1호, §27의 4 ②).

① 청년 상시근로자 : 15세 이상 29세 이하인 상시근로자(다음의 어느 하나에 해당하는 병역을 이행한 경우에는 그 기간을 근로계약 체결일 현재 연령에서 빼고 계산한 연령이 29세 이하인 사람을 포함하며, 그 기간을 6년을 한도로 함.

㉠ 병역법 제16조 또는 제20조에 따른 현역병(같은 법 제21조, 제25조에 따라 복무한 상근예비역 및 의무경찰 · 의무소방원을 포함함)

㉡ 병역법 제26조 제1항에 따른 사회복무요원

㉢ 군인사법 제2조 제1호에 따른 현역에 복무하는 장교, 준사관 및 부사관

② 경력단절 여성 상시근로자 : 조세특례제한법 제29조의 3 제1항에 따른 경력단절 여성인 상시근로자

(3) 상시근로자 수의 계산

상시근로자 수와 청년등 상시근로자 수는 다음의 구분에 따른 계산식에 따라 계산한 수로 한다. 다만, 1개월간의 소정근로시간이 60시간 이상인 단기간근로자 1명은 0.5명으로 하여 계산하되, 지원요건(*)을 모두 충족하는 경우에는 0.75명으로 하여 계산하고 0.1 미만의 부분은 없는 것으로 한다(조특령 §27의 4 ⑥).

(*) 지원요건

① 해당 과세연도의 상시근로자 수(1개월 간의 소정근로시간이 60시간 이상인 단시간근로자는 제외함)가 직전 과세연도의 상시근로자 수(1개월 간의 소정근로시간이 60시간 이상인 단시간근로자는 제외함)보다 감소하지 아니하였을 것

② 기간의 정함이 없는 근로계약을 체결하였을 것

③ 상시근로자와 시간당 임금(근로기준법 §2 ① 5호에 따른 임금, 정기상여금 · 명절상여금 등 정기적으로 지급되는 상여금과 경영성과에 따른 성과금을 포함함), 그 밖에 근로조건과 복리후생 등에 관한 사항에서 기간제 및 단시간근로자 보호 등에 관한 법률 제2조 제3항에 따른 차별적 처우가 없을 것

④ 시간당 임금이 최저임금법 제5조에 따른 최저임금액의 120% 이상일 것

1. $\text{상시근로자 수} = \dfrac{\text{해당 과세연도의 매월 말 현재 상시근로자 수의 합}}{\text{해당 과세연도의 개월 수}}$

2. $\text{청년 상시근로자 수} = \dfrac{\text{해당 과세연도의 매월 말 현재 청년 상시근로자 수의 합}}{\text{해당 과세연도의 개월 수}}$

(4) 상시근로자 고용증가 인원의 계산

청년등 상시근로자 및 청년등 외 상시근로자 고용증가 인원은 다음의 구분에 따른 계산식에 따라 계산한다(조특령 §27의 4 ③, ④).

1. 청년등 상시근로자 고용증가 인원(*1)

= 해당 사업연도의 청년등 상시근로자 수 − 직전 사업연도의 청년등 상시근로자 수(*2)

2. 청년등 외 상시근로자 고용증가 인원

= 해당 사업연도의 상시근로자 수 − 직전 사업연도의 상시근로자수(*2) − 청년등 상시근로자 고용증가 인원

(*1) 해당 사업연도에 직전 사업연도 대비 증가한 상시근로자 수를 한도로 하며, 그 수가 음수인 경우 0으로 봄.

(*2) 해당 과세연도에 창업 등을 한 법인의 경우에는 다음의 구분에 따른 수를 직전 또는 해당 과세연도의 청년등 상시근로자 수 또는 상시근로자 수로 봄(조특령 §27의 4 ⑦).

① 창업(조특법 §6 ⑩ 1호부터 3호까지의 규정에 해당하는 경우는 제외)한 경우의 직전 과세연도의 상시근로자 수 : 0

② 조세특례제한법 제6조 제9항 제1호(합병 · 분할 · 현물출자 또는 사업의 양수 등을 통하여 종전의 사업을 승계하는 경우는 제외)부터 제3호까지의 어느 하나에 해당하는 경우의 직전 과세연도의 상시근로자 수 : 종전 사업, 법인전환 전의 사업 또는 폐업 전의 사업의 직전 과세연도 청년등 상시근로자 수 또는 상시근로자 수

③ 다음의 어느 하나에 해당하는 경우의 직전 또는 해당 과세연도의 상시근로자 수 : 직전 과세연도의 상시근로자 수는 승계시킨 기업의 경우에는 직전 과세연도 청년등 상시근로자 수 또는 상시근로자 수에 승계시킨 청년등 상시근로자 수 또는 상시근로자 수를 뺀 수로 하고, 승계한 기업의 경우에는 직전 과세연도 청년등 상시근로자 수 또는 상시근로자 수에 승계한 청년등 상시근로자 수 또는 상시근로자 수를 더한 수로 하며, 해당 과세연도의 상시근로자 수는 해당 과세연도 개시일에 상시근로자를 승계시키거나 승계한 것으로 보아 계산한 청년등 상시근로자 수 또는 상시근로자 수로 함.

가. 해당 사업연도에 합병 · 분할 · 현물출자 또는 사업의 양수 등에 의하여 종전의 사업부문에서 종사하던 청년등 상시근로자 또는 상시근로자를 승계하는 경우

나. 특수관계인(조특령 §11 ①)으로부터 청년등 상시근로자 또는 상시근로자를 승계하는 경우

2-15-4. 공제세액의 계산

청년등 상시근로자 및 청년등 외 상시근로자 고용증가인원에 대한 사용자의 사회보험료 부담금액으로서 다음의 각 계산식에 따라 계산한 금액을 더한 금액을 법인세에서 공제한다. 다만, 해당 과세연도에 청년등 상시근로자 및 청년등 외 상시근로자를 대상으로 사회보험에 사용자가 부담하는 사회보험료 상당액에 대하여 국가 및 공공기관의 운영에 관한 법률 제4조에 따른 공공기관이 지급했거나 지급하기로 한 보조금 및 감면액의 합계액은 제외한다(조특법 §30의 4 ① 및 조특령 §27의 4 ⑧, ⑨).

1. 청년등 상시근로자 고용증가 인원에 대하여 부담한 사회보험료 상당액=

$$\text{청년등 상시근로자 고용증가 인원} \times \frac{\text{해당 사업연도에 청년등 상시근로자에게 지급하는 총급여액(소법 §20 ①)}}{\text{해당 사업연도의 청년등 상시근로자 수}} \times \text{사회보험료율}^{(*1)}$$

2. 청년등 외 상시근로자 고용증가 인원에 대하여 부담한 사회보험료 상당액=

$$\text{청년등 외 상시근로자 고용증가 인원} \times \frac{\text{해당 사업연도에 청년등 외 상시근로자에게 지급하는 총급여액(소법 §20 ①)}}{\text{해당 사업연도의 상시근로자 수} - \text{해당 사업연도의 청년등 상시근로자}} \times \text{사회보험료율}^{(*1)} \times \text{50\%(신성장 서비스업 영위 중소기업}^{(*2)}\text{은 75\%)}$$

(*1) 사회보험료율은 해당 사업연도 종료일 현재 적용되는 다음의 수를 더한 수를 말한다(조특령 §27의 4 ⑩).

① 국민건강보험법 시행령 제44조 제1항에 따른 보험료율의 50%
② ①의 수에 노인장기요양보험법 시행령 제4조에 따른 장기요양보험료율을 곱한 수
③ 국민연금법 제88조에 따른 보험료율
④ 고용보험 및 산업재해보상보험의 보험료 징수 등에 관한 법률 제13조 제4항 각 호에 따른 수를 합한 수
⑤ 고용보험 및 산업재해보상보험의 보험료 징수 등에 관한 법률 제14조 제3항에 따른 산재보험료율

(*2) 신성장 서비스업을 영위하는 중소기업이란 다음의 어느 하나에 해당하는 사업을 주된 사업으로 영위하는 중소기업을 말한다. 이 경우 2 이상의 서로 다른 사업을 영위하는 경우에는 사업별 사업수입금액이 큰 사업을 주된 사업으로 본다(조특령 §27의 4 ⑤, 조특칙 §14의 4 ① 및 §4의 3).

① 컴퓨터 프로그래밍, 시스템 통합 및 관리업, 소프트웨어 개발 및 공급업, 정보서비스업 또는 전기통신업
② 창작 및 예술관련 서비스업(자영예술가는 제외함), 영화 · 비디오물 및 방송프로그램 제작업, 오디오물 출판 및 원판 녹음업 또는 방송업
③ 엔지니어링사업, 전문디자인업, 보안시스템 서비스업 또는 광고업 중 광고물 작성업
④ 서적, 잡지 및 기타 인쇄물출판업, 연구개발업, 학원의 설립 · 운영 및 과외교습에 관한 법률에 따른 직업기술 분야를 교습하는 학원을 운영하는 사업 또는 국민평생직업능력 개발법에 따른 직업능력개발훈련시설을 운영하는 사업(직업능력개발훈련을 주된 사업으로 하는 경우로 한정함)
⑤ 관광진흥법에 따른 관광숙박업, 국제회의업, 유원시설업 및 관광객이용시설업(관광진흥법 시행령 제2조에 따른 전문휴양업, 종합휴양업, 자동차야영장업, 관광유람선업과 관광공연장업)(조특법 §6 ③ 16호 및 조특령 §5 ⑩)
⑥ 물류산업(육상 · 수상 · 항공 운송업, 화물 취급업, 보관 및 창고업, 육상 · 수상 · 항공 운송지원 서비스업, 화물운송 중개 · 대리 및 관련 서비스업, 화물포장 · 검수 및 계량 서비스업, 선박의 입항 및 출항 등에 관한 법률에 따른 예선업, 도선법에 따른 도선업, 기타 산업용 기계 · 장비 임대업 중 파렛트 임대업)(조특령 §5 ⑦)
⑦ 전시산업발전법 제2조 제1호에 따른 전시산업
⑧ 그 밖의 과학기술서비스업

⑨ 시장조사 및 여론조사업
⑩ 광고업 중 광고대행업, 옥외 및 전시 광고업

2－15－5. 사후관리

본 세액공제를 적용받은 중소기업이 최초로 공제를 받은 과세연도의 종료일부터 1년이 되는 날이 속하는 과세연도의 종료일까지의 기간 중 전체 상시근로자의 수가 최초로 공제를 받은 과세연도에 비하여 감소한 경우에는 다음의 구분에 따라 계산한 금액(해당 과세연도의 직전 과세연도에 공제받은 세액을 한도로 함)을 해당 과세연도의 과세표준을 신고할 때 법인세로 납부해야 한다. 이 때 최초공제연도에 청년등 상시근로자에 해당한 사람은 이후 과세연도에도 청년등 상시근로자로 보아 청년등 상시근로자 수를 계산한다(조특법 §30의 4 ② 및 조특령 §27의 4 ⑪, ⑫).

① 상시근로자 수가 감소한 경우: 다음의 구분에 따라 계산한 금액

가. 감소한 청년등 상시근로자의 수가 감소한 상시근로자 수 이상인 경우: 다음의 계산식에 따라 계산한 금액

> A － B ＋ C
>
> A: 최초로 공제받은 과세연도(이하 "최초공제연도"라 함)에 비해 감소한 청년등 상시근로자 수(최초공제연도에 청년등 상시근로자가 증가한 수를 한도로 함)에서 최초공제연도에 비해 감소한 상시근로자 수를 뺀 인원수(이하 "차감인원수"라 함)에 대하여 조세특례제한법 제30조의 4 제1항 제1호의 계산식을 준용하여 계산한 금액
>
> B: 차감인원수에 대하여 조세특례제한법 제30조의 4 제1항 제2호의 계산식을 준용하여 계산한 금액
>
> C: 최초공제연도에 비해 감소한 상시근로자 수에 대하여 조세특례제한법 제30조의 4 제1항 제1호의 계산식을 준용하여 계산한 금액

나. 그 밖의 경우: 다음의 계산식에 따라 계산한 금액

> A ＋ B
>
> A: 최초공제연도에 비해 감소한 청년등 상시근로자 수(최초공제연도에 청년등 상시근로자가 증가한 수를 한도로 함)에 대하여 조세특례제한법 제30조의 4 제1항 제1호의 계산식을 준용하여 계산한 금액
>
> B: 최초공제연도에 비해 감소한 청년등 상시근로자 외의 상시근로자 수(최초공제연도에 비해 감소한 상시근로자 수를 한도로 함)에 대하여 조세특례제한법 제30조의 4 제1항 제2호의 계산식을 준용하여 계산한 금액

② 상시근로자 수는 감소하지 않으면서 청년등 상시근로자 수가 감소한 경우: 다음의 계산식

에 따라 계산한 금액

A － B
A: 최초공제연도에 비해 감소한 청년등 상시근로자 수(최초공제연도에 청년등 상시근로자가 증가한 수를 한도로 하며, 이하 "청년감소인원수"라 함)에 대하여 조세특례제한법 제30조의 4 제1항 제1호의 계산식을 준용하여 계산한 금액
B: 청년감소인원수에 대하여 조세특례제한법 제30조의 4 제1항 제2호의 계산식을 준용하여 계산한 금액

2－15－6. 세액공제신청서의 제출

중소기업 사회보험료 세액공제를 적용받으려는 중소기업은 해당 사업연도의 과세표준신고와 함께 세액공제신청서[조특칙 별지 제1호 서식] 및 공제세액계산서[조특칙 별지 제11호의 5 서식]를 제출하여야 한다(조특법 §30의 4 ⑤).

2－15－7. 조세특례의 제한

(1) 중복지원의 배제

중소기업 사회보험료 세액공제를 적용받는 경우에는 다음과 같은 중복지원의 배제규정을 적용받을 수 있다. 다만, ②와 ③을 적용할 때 조세특례제한법 제143조에 따라 세액감면을 적용받는 사업과 그 밖의 사업을 구분경리하는 경우로서 그 밖의 사업에 중소기업 고용증가 인원에 대한 사회보험료 세액공제가 적용되는 경우에는 해당 세액감면과 공제는 중복지원에 해당하지 아니한다(조특법 §127 ②, ③, ④, ⑩).

중복지원의 배제에 대한 자세한 내용은 '제4편 제3장 제4절 중복지원의 배제'편을 참고하기 바란다.

① 동일한 사업연도에 고용창출투자세액공제 및 중소기업 사회보험료 세액공제가 동시에 적용되는 경우에는 각각 그 중 하나만을 선택하여 적용받을 수 있다.
② 동일한 사업연도에 외국인투자에 대한 법인세 등의 감면규정을 적용받는 경우에는 중소기업 고용증가 인원에 대한 사회보험료 세액공제액은 내국인투자비율에 상당하는 범위 내에서만 공제받을 수 있다.
③ 동일한 사업연도에 중소기업 사회보험료 세액공제와 창업중소기업 등에 대한 세액감면 등 법인세의 감면규정을 동시에 적용받을 수 있는 경우에는 그 중 하나만을 선택하여 적용받을 수 있다. 다만, 중소기업 특별세액감면과 중소기업 사회보험료 세액공제는 동일한 과세연도에 동시에 적용받을 수 있다.
④ 중소기업 사회보험료 세액공제는 고용증가 인원에 대한 세액공제(조특법 §29의 8 ①)를 적

용받지 아니한 경우에만 적용한다.

(2) 최저한세의 적용, 세액공제액의 이월공제

최저한세의 적용, 세액공제액의 이월공제의 적용에 대한 내용은 통합투자 세액공제와 동일하므로 '2-1. 통합투자 세액공제' 중 '2-1-7. 조세특례제한 및 보칙 규정'의 해당 부분을 참고하기 바란다.

2-15-8. 농어촌특별세의 비과세

조세특례제한법에 의하여 세액공제를 받는 경우에는 당해 세액공제액의 20%에 상당하는 금액을 농어촌특별세로 신고·납부하여야 하나(농특법 §7), 중소기업 사회보험료 세액공제에 대하여는 농어촌특별세가 비과세된다(농특법 §4 11호의 3).

2-16. 석유제품 전자상거래에 대한 세액공제

2-16-1. 개 요

석유 및 석유대체연료 사업법에 따른 석유판매업자 중 아래 '2-16-2의 ①~③'에 해당하는 자가 한국거래소에서 운영하는 석유제품 전자결제망을 이용하여 같은 법에 따른 석유제품을 2025년 12월 31일까지 공급받는 경우 공급가액(부가가치세법 제29조에 따른 공급가액을 말함)의 0.3%에 상당하는 금액을 공급받은 날(부가가치세법 제15조에 따른 재화의 공급시기를 말함)이 속하는 사업연도의 법인세에서 공제한다. 다만, 공제받는 금액이 해당 사업연도의 법인세의 10%를 초과하는 경우에는 그 초과하는 금액은 없는 것으로 한다(조특법 §104의 25 ① 및 조특령 §104의 22 ①).

2-16-2. 석유판매업자의 범위

세액공제 적용대상인 석유판매업자란 다음의 구분에 따른 자를 말한다(조특령 §104의 22 ②).

① 석유 및 석유대체연료 사업법 시행령 제2조 제1호에 따른 일반대리점(석유제품 전자결제망을 통하여 일반대리점으로부터 공급받는 경우는 제외함)
② 석유 및 석유대체연료 사업법 시행령 제2조 제3호에 따른 주유소
③ 석유 및 석유대체연료 사업법 시행령 제2조 제4호에 따른 일반판매소

2-16-3. 석유제품의 범위

석유제품 전자상거래에 대한 세액공제의 대상이 되는 석유제품은 휘발유, 등유, 경유, 중유, 윤활유와 이에 준하는 탄화수소유 및 석유가스(액화한 것을 포함함)로서 다음의 것을 말한다(석유 및 석유대체연료 사업법 §2 2호).

① 탄화수소유 : 항공유, 용제, 아스팔트, 나프타, 윤활기유[조유를 포함함], 석유중간제품[유분을 말함] 및 부생연료유(등유나 중유를 대체하여 연료유로 사용되는 부산물인 석유제품을 말함)
② 석유가스 : 프로판·부탄 및 이를 혼합한 연료용 가스

2-16-4. 세액공제신청서의 제출

석유제품 전자상거래에 대한 세액공제를 받으려는 자는 과세표준신고와 함께 세액공제신청서[조특칙 별지 제1호 서식]를 납세지 관할 세무서장에게 제출하여야 한다(조특법 §104의 25 ② 및 조특령 §104의 22 ③).

2-16-5. 조세특례제한 및 보칙 규정

(1) 중복지원의 배제

동일한 사업연도에 석유제품 전자상거래에 대한 세액공제와 창업중소기업등에 대한 세액감면 등 법인세의 감면규정을 동시에 적용받을 수 있는 경우에는 그 중 하나만을 선택하여 적용받을 수 있다. 다만, 조세특례제한법 제143조에 따라 세액감면을 적용받는 사업과 그 밖의 사업을 구분경리하는 경우로서 그 밖의 사업에 석유제품 전자상거래에 대한 세액공제가 적용되는 경우에는 해당 세액감면과 공제는 중복지원에 해당하지 아니한다(조특법 §127 ④, ⑩).

중복지원의 배제에 대한 자세한 내용은 '제4편 제3장 제4절 중복지원의 배제'편을 참고하기 바란다.

(2) 최저한세의 적용, 세액공제액의 이월공제

최저한세의 적용, 세액공제액의 이월공제에 대한 내용은 통합투자 세액공제와 동일하므로 '2-1. 통합투자 세액공제' 중 '2-1-7. 조세특례제한 및 보칙 규정'의 해당 부분을 참고하기 바란다.

2-16-6. 농어촌특별세의 납부

법인세의 신고·납부시 감면받은 석유제품 전자상거래에 대한 세액공제의 20%에 상당하는 금액을 농어촌특별세로 신고·납부하여야 한다(농특법 §5 ①, §7).

2-17. 상시근로자의 임금증가분에 대한 세액공제

2-17-1. 개 요

상시근로자의 해당 사업연도의 평균임금 증가율이 직전 3년 평균임금 증가율의 평균보다 크고 해당 사업연도의 상시근로자 수가 직전 사업연도보다 감소하지 아니한 중소기업 또는 중견기업의 경우에는 2025년 12월 31일이 속하는 사업연도까지 직전 3년 평균 초과 임금증가분의 20%(중견기업은 10%)에 상당하는 금액을 해당 사업연도의 법인세에서 공제한다(조특법

§29의 4 ①).

다만, 중소기업이 다음의 요건을 모두 충족하는 경우에는 전체 중소기업의 평균임금증가분을 초과하는 임금증가분의 20%에 상당하는 금액을 법인세에서 공제하는 방법을 선택할 수 있다(조특법 §29의 4 ⑤ 및 조특령 §26의 4 ⑯ 및 조특칙 §14의 2 ③).

① 상시 근로자의 해당 사업연도의 평균임금 증가율이 3.2%보다 클 것
② 해당 사업연도의 상시근로자 수가 직전 사업연도의 상시근로자 수보다 크거나 같을 것
③ 직전 사업연도의 평균임금 증가율이 음수가 아닐 것

한편, 창업 및 휴업 등의 사유로 직전 3년 평균임금 증가율의 평균을 계산할 수 없는 경우에는 상시근로자 임금증가분에 대한 세액공제를 적용하지 아니한다(조특령 §26의 4 ⑫).

2-17-2. 상시근로자의 범위와 계산

(1) 의 의

상시근로자의 임금증가분에 대한 세액공제는 상시근로자 수가 직전 사업연도보다 감소하지 아니한 경우에만 적용할 수 있고, 상시근로자에 대한 직전 3년 평균 초과 임금증가분을 대상으로 세액공제액을 산정하는 등의 이유로 상시근로자 임금증가분에 대한 세액공제를 적용함에 있어 상시근로자 수의 산정은 매우 중요하다.

(2) 상시근로자의 범위

상시근로자란 근로기준법에 따라 근로계약을 체결한 근로자를 말한다. 다만, 다음의 어느 하나에 해당하는 자는 제외한다(조특령 §26의 4 ② 및 조특칙 §14의 2 ①).

① 법인세법 시행령 제40조 제1항 각 호의 어느 하나에 해당하는 임원
② 소득세법 제20조 제1항 제1호 및 제2호에 따른 근로소득의 금액의 합계액(비과세소득의 금액은 제외)이 7천만원 이상인 근로자. 단, 해당 사업연도의 근로제공기간이 1년 미만인 상시근로자가 있는 경우에는 해당 상시근로자의 근로소득의 금액을 해당 사업연도 근무제공월수로 나눈 금액에 12를 곱하여 산출한 금액을 해당 상시근로자의 근로소득으로 봄(조특령 §26의 4 ⑨).
③ 다음의 어느 하나에 해당하는 최대주주 또는 최대출자자 및 그와 국세기본법 시행령 제1조의 2 제1항에 따른 친족관계인 근로자
   ㉠ 해당 법인에 대한 직접보유비율[보유하고 있는 법인의 주식 또는 출자지분(이하 "주식등"이라 함)을 그 법인의 발행주식총수 또는 출자총액(자기주식과 자기출자지분은 제외함)으로 나눈 비율을 말함. 이하 같음]이 가장 높은 자가 개인인 경우에는 그 개인
   ㉡ 해당 법인에 대한 직접보유비율이 가장 높은 자가 법인인 경우에는 해당 법인에 대한

직접보유비율과 국제조세조정에 관한 법률 시행령 제2조 제2항을 준용하여 계산한 간접소유비율을 합하여 계산한 비율이 가장 높은 개인

④ 소득세법 시행령 제196조에 따른 근로소득원천징수부에 의하여 근로소득세를 원천징수한 사실이 확인되지 아니하는 근로자

⑤ 근로계약기간이 1년 미만인 근로자. 다만, 근로계약의 연속된 갱신으로 인하여 그 근로계약의 총 기간이 1년 이상인 근로자는 제외함.

⑥ 근로기준법 제2조 제1항 제9호에 따른 단시간근로자

(3) 상시근로자 수의 계산

상시근로자 수는 다음의 계산식에 따라 계산한다. 이 경우 100분의 1 미만의 부분은 없는 것으로 한다(조특령 §26의 4 ③).

$$\frac{\text{해당 사업연도의 매월 말 현재 상시근로자 수의 합}}{\text{해당 사업연도의 개월수}}$$

이 경우 사업연도 종료일 전 5년 이내의 기간 중에 퇴사하거나 새로 '(2) 상시근로자의 범위'의 ①~⑥ 중 어느 하나에 해당하여 상시근로자에서 제외되는 근로자가 있는 경우에는 해당 근로자를 제외하고 상시근로자 수를 계산한다(조특령 §26의 4 ⑩).

한편, 합병, 분할, 현물출자 또는 사업의 양수 등으로 인하여 종전의 사업부문에서 종사하던 상시근로자를 합병법인, 분할신설법인, 피출자법인 등(이하 "합병법인 등"이라 함)이 승계하는 경우에는 해당 상시근로자는 종전부터 합병법인 등에 근무한 것으로 본다(조특령 §26의 4 ⑪).

2-17-3. 임금의 범위

임금은 소득세법 제20조 제1항 제1호와 제2호에 따른 다음의 소득 합계액(비과세소득의 금액은 제외)을 말한다(조특령 §26의 4 ④).

① 근로를 제공함으로써 받는 봉급·급료·보수·세비·임금·상여·수당과 이와 유사한 성질의 급여

② 법인의 주주총회·사원총회 또는 이에 준하는 의결기관의 결의에 따라 상여로 받는 소득

2-17-4. 평균임금 및 평균임금 증가율 등의 계산

(1) 평균임금

평균임금은 다음 계산식에 따라 계산한 금액으로 하며, 1천원 이하 부분은 없는 것으로 한다(조특령 §26의 4 ⑤). 이 경우 세액공제를 받으려는 사업연도의 종료일 전 5년 이내의 기간

중에 퇴사하거나 새로 '(2) 상시근로자의 범위'의 ①~⑥ 중 어느 하나에 해당하여 상시근로자에서 제외된 근로자가 있는 경우에는 평균임금을 계산할 때 해당 근로자를 제외하고 계산한다(조특령 §26의 4 ⑩).

$$\frac{\text{해당 사업연도의 상시근로자의 임금의 합계}}{\text{해당 사업연도의 상시근로자 수}}$$

다만, 직전 사업연도의 평균임금 증가율이 음수 또는 직전 3년 평균임금 증가율의 평균(양수인 경우로 한정함)의 30% 미만인 경우에는 다음 계산식(조특칙 §14의 2 ② 1호)에 따라 평균임금을 계산한다(조특령 §26의 4 ⑧).

$$\frac{\text{해당 사업연도 평균임금} + \text{직전 사업연도 평균임금}}{2}$$

개 정

○ 2024년 2월 29일 시행령 개정시 근로제공기간이 1년 미만인 상시근로자의 근로소득금액 12개월 환산 규정의 적용대상에서 평균임금 삭제(조특령 §26의 4 ⑨)
➡ 2024년 2월 29일 이후 과세표준을 신고하는 경우부터 적용

(2) 평균임금 증가율

평균임금 증가율은 다음 계산식에 따라 계산하며, 1만분의 1 미만의 부분은 없는 것으로 한다(조특령 §26의 4 ⑥). 이 경우 사업연도의 종료일 전 5년 이내의 기간 중에 입사한 근로자가 있는 경우에는 해당 근로자가 입사한 사업연도의 평균임금 증가율을 계산할 때 해당 근로자를 제외하고 계산한다(조특령 §26의 4 ⑩).

$$\frac{\text{해당 사업연도 평균임금} - \text{직전 사업연도 평균임금}}{\text{직전 사업연도 평균임금}}$$

다만, 직전 사업연도의 평균임금 증가율이 음수 또는 직전 3년 평균임금 증가율의 평균(양수인 경우로 한정함)의 30% 미만인 경우에는 다음의 계산식(조특칙 §14의 2 ② 2호)에 따라 평균임금 증가율을 계산한다(조특령 §26의 4 ⑧).

$$\frac{\text{평균임금(조특칙 §14의 2 ② 1호)} - \text{직전 2년 사업연도 평균임금}}{\text{직전 2년 사업연도 평균임금}}$$

창업 및 휴업 등의 사유로 위 직전 3년 평균임금 증가율의 평균을 계산할 수 없는 경우에는 상시근로자 임금증가분에 대한 세액공제를 적용하지 아니한다(조특령 §26의 4 ⑫).

(3) 직전 3년 평균임금 증가율의 평균

직전 3년 평균임금 증가율의 평균은 다음 계산식에 따라 계산하며, 1만분의 1 미만의 부분은 없는 것으로 한다. 이 경우 직전 2년 사업연도 평균임금 증가율 또는 직전 3년 사업연도 평균임금 증가율이 음수인 경우에는 영으로 보아 계산한다(조특령 §26의 4 ⑦).

$$\frac{\text{직전 사업연도 평균임금 증가율} + \text{직전 2년 사업연도 평균임금 증가율} + \text{직전 3년 사업연도 평균임금 증가율}}{3}$$

다만, 직전 사업연도의 평균임금 증가율이 음수 또는 직전 3년 평균임금 증가율의 평균(양수인 경우로 한정함)의 30% 미만인 경우에는 다음의 계산식(조특칙 §14의 2 ② 3호)에 따라 직전 3년 평균임금 증가율의 평균을 계산한다. 이 경우 직전 2년 사업연도 평균임금 증가율 또는 직전 3년 사업연도 평균임금 증가율이 음수인 경우에는 각각 영으로 보아 계산한다(조특령 §26의 4 ⑧).

$$\frac{\text{직전 2년 사업연도 평균임금 증가율} + \text{직전 3년 사업연도 평균임금 증가율}}{2}$$

창업 및 휴업 등의 사유로 위 직전 3년 평균임금 증가율의 평균을 계산할 수 없는 경우에는 상시근로자 임금증가분에 대한 세액공제를 적용하지 아니한다(조특령 §26의 4 ⑫).

2-17-5. 공제세액의 계산

상시근로자의 임금증가분에 대한 세액공제액은 다음 계산식에 따라 계산한 직전 3년 평균 초과 임금증가분에 20%(중견기업은 10%)의 공제율을 곱하여 산정한다(조특법 §29의 4 ①, ②).

직전 3년 평균 초과 임금증가분
= [해당 사업연도 상시근로자의 평균임금 − 직전 사업연도 상시근로자의 평균임금 × (1 + 직전 3년 평균임금 증가율의 평균)] × 직전 사업연도 상시근로자 수

다만, 직전사업연도의 평균임금 증가율이 음수 또는 직전 3년 평균임금 증가율의 평균(양수인 경우로 한정함)의 30% 미만인 경우에는 다음의 계산식(조특칙 §14의 2 ② 4호) 따라 직전 3년 평균 초과 임금증가분을 계산한다(조특령 §26의 4 ⑧).

직전 3년 평균 초과 임금증가분
= [평균임금(조특칙 §14의 2 ② 1호) − 직전 2년 사업연도 상시근로자의 평균임금 × (1 + 직전 3년 평균임금 증가율의 평균)] × 직전 사업연도 상시근로자 수

한편, 중소기업이 전체 중소기업의 평균임금증가분을 초과하는 임금증가분에 대한 세액공제 방식을 선택한 경우 상시근로자 임금증가분에 대한 세액공제액은 전체 중소기업의 평균임금증가분을 초과하는 임금증가분에 10%의 공제율을 곱하여 산정한다. 이 때 전체 중소기업의 평균임금증가분을 초과하는 임금증가분은 다음과 같이 계산한다(조특법 §29의 4 ⑥ 및 조특령 §26의 4 ⑯ 및 조특칙 §14의 2 ③).

전체 중소기업의 평균임금증가분을 초과하는 임금증가분
= [해당 사업연도 상시근로자의 평균임금 − 직전 사업연도 상시근로자의 평균임금 × (1 + 3.2%)] × 직전 사업연도 상시근로자 수

2-17-6. 세액공제신청서의 제출

상시근로자의 임금증가분에 대한 세액공제를 적용받으려는 자는 과세표준신고와 함께 세액공제신청서[조특칙 별지 제1호 서식 및 별지 제10호의 3 서식]를 납세지 관할 세무서장에게 제출하여야 한다(조특령 §26의 4 ⑰).

2-17-7. 조세특례제한 및 보칙 규정

(1) 중복지원의 배제

동일한 과세연도에 상시근로자의 임금증가분에 대한 세액공제와 성과공유 중소기업의 경영성과급에 대한 세액공제가 동시에 적용되는 경우 그 중 하나만을 선택하여 적용받을 수 있다. 이에 대한 자세한 내용은 '제4편 제3장 제4절 중복지원의 배제'편을 참고하기 바란다.

(2) 최저한세의 적용 및 세액공제액의 이월공제

최저한세의 적용, 세액공제액의 이월공제에 대한 내용은 통합투자 세액공제와 동일하므로 '2-1. 통합투자 세액공제' 중 '2-1-7. 조세특례제한 및 보칙 규정'의 해당 부분을 참고하기 바란다.

2-17-8. 농어촌특별세의 납부

법인세의 신고·납부시 감면받은 상시근로자의 임금증가분에 대한 세액공제액의 20%에 상당하는 금액을 농어촌특별세로 신고·납부하여야 한다(농특법 §5 ①, §7).

2-18. 정규직 전환근로자 임금증가분에 대한 추가 세액공제

2-18-1. 개 요

해당 사업연도에 정규직 전환 근로자가 있고, 해당 사업연도의 상시근로자 수가 직전 사업연도의 상시근로자 수보다 감소하지 아니한 중소기업 또는 중견기업에게 정규직 전환 근로자 임금증가분 합계액의 20%(중견기업은 10%)에 상당하는 금액을 2025년 12월 31일이 속하는 사업연도까지 해당 사업연도의 법인세에서 공제한다(조특법 §29의 4 ③). 이 때, 상시근로자 및 상시근로자 수, 임금에 대한 정의는 '2-17. 상시근로자의 임금증가분에 대한 세액공제'를 참조하기 바란다.

2-18-2. 정규직 전환 근로자의 범위

정규직 전환 근로자란 근로기준법에 따라 근로계약을 체결한 근로자로서 다음의 요건을 모두 갖춘 자를 말한다(조특령 §26의 4 ⑬).

① 직전 사업연도 개시일부터 해당 사업연도 종료일까지 계속하여 근무한 자로서 소득세법 시행령 제196조의 근로소득원천징수부에 따라 매월분의 근로소득세를 원천징수한 사실이 확인될 것

② 해당 사업연도 중에 비정규직 근로자(기간제 및 단시간근로자 보호 등에 관한 법률에 따른 기간제근로자 또는 단시간근로자를 말함)에서 비정규직 근로자가 아닌 근로자로 전환하였을 것

③ 직전 사업연도 또는 해당 사업연도 중에 조세특례제한법 시행령 제26조의 4 제2항 제1호부터 제3호까지의 어느 하나에 해당하는 자가 아닐 것

2-18-3. 임금증가분 합계액의 계산

임금증가분 합계액이란 다음의 금액을 말하며, 이 경우 직전 사업연도 또는 해당 사업연도의 기간이 1년 미만인 경우에는 임금 합계액을 그 사업연도의 월수(1월 미만의 일수는 1월)로

나눈 금액에 12를 곱하여 산출한 금액을 임금 합계액으로 본다(조특령 §26의 4 ⑭). 이 때, 임금의 범위는 '2-17-3'을 참조하기 바란다.

임금증가분 합계액	=	정규직 전환 근로자의 해당 사업연도 임금 합계액	−	직전 사업연도 임금 합계액

2-18-4. 세액공제액의 계산

정규직 전환 근로자 임금증가분에 대한 세액공제액은 정규직 전환 근로자에 대한 임금증가분 합계액에 20%(중견기업은 10%)의 공제율을 곱하여 산정한다(조특법 §27의 4 ③).

2-18-5. 공제세액의 사후관리

정규직 전환 근로자 임금증가분에 대한 세액공제를 적용받은 중소기업 또는 중견기업이 세액공제를 받은 사업연도 종료일부터 1년이 되는 날이 속하는 사업연도의 종료일까지의 기간 중 정규직 전환 근로자와의 근로관계를 종료하는 경우에는 근로관계가 종료한 날이 속하는 사업연도의 과세표준 신고를 할 때 다음과 같이 계산한 금액을 법인세로 납부하여야 한다(조특법 §27의 4 ④ 및 조특령 §26의 4 ⑮).

$$\text{'2-18-4'에 따라 공제받은 세액} \times \frac{\text{공제받은 사업연도의 정규직 전환 근로자 중 근로관계를 종료한 근로자 수}}{\text{공제받은 사업연도의 정규직 전환 근로자 수}}$$

2-18-6. 세액공제신청서의 제출

정규직 전환 근로자 임금증가분에 대한 추가 세액공제를 적용받으려는 자는 과세표준신고와 함께 세액공제신청서[조특칙 별지 제1호 서식 및 별지 제10호의 4 서식]를 납세지 관할 세무서장에게 제출하여야 한다(조특령 §26의 4 ⑰).

2-18-7. 조세특례제한 및 보칙규정

(1) 중복지원의 배제

동일한 과세연도에 정규직 전환 근로자 임금증가분에 대한 추가 세액공제와 성과공유 중소기업의 경영성과급에 대한 세액공제가 동시에 적용되는 경우 그 중 하나만을 선택하여 적용받을 수 있다. 이에 대한 자세한 내용은 '제4편 제3장 제4절 중복지원의 배제'편을 참고하기 바란다.

(2) 최저한세의 적용 및 세액공제액의 이월공제

최저한세의 적용, 세액공제의 이월공제에 대한 내용은 통합투자세액공제와 동일하므로 '2-1. 통합투자 세액공제' 중 '2-1-7. 조세특례제한 및 보칙 규정'의 해당부분을 참고하기 바란다.

2-18-8. 농어촌특별세의 납부

법인세의 신고 · 납부시 감면받은 정규직 전환근로자 임금증가분에 대한 추가 세액공제액의 20%에 상당하는 금액을 농어촌특별세로 신고 · 납부하여야 한다(농특법 §5 ①, §7).

2-19. 영상콘텐츠 제작비용에 대한 세액공제

2-19-1. 개 요

저작권법에 따른 영상제작자로서 일정 요건을 충족하는 내국법인에 대해서는 2025년 12월 31일까지 국내외에서 발생한 영상콘텐츠 제작비용에 아래 표에 따른 공제율을 곱한 기본공제 금액과 추가공제 금액을 합한 금액을 법인세에서 공제한다(조특법 §25의 6 ①).

구 분	대기업	중견기업	중소기업
기본공제율	5%	10%	15%
추가공제율(*)	10%	10%	15%

(*) 촬영 제작비용 중 국내에서 지출한 비용이 80% 이상일 것 등 일정 요건(조특령 §22의 10 ④)을 충족하는 영상콘텐츠에 한정하여 추가공제 적용

개 정

○ 2023년 12월 31일 법 개정시 영상콘텐츠 제작비용에 대한 세액공제 기본공제율을 대기업은 3%에서 5%로, 중견기업은 7%에서 10%로, 중소기업은 10%에서 15%로 각각 상향조정하고, 전체 촬영 제작비용 중 국내 지출 비중이 80% 이상일 것 등 일정 요건을 충족한 영상콘텐츠 제작비용에 대해서는 대 · 중견기업 10%, 중소기업 15%의 공제율을 적용하는 추가공제 신설(조특법 §25의 6 ①)

➡ 2024년 1월 1일부터 시행하되, 2023년 12월 31일 이전에 발생한 영상콘텐츠 제작비용에 대한 세액공제에 관하여는 종전의 규정에 따름.

2-19-2. 세액공제 적용 대상자

영상콘텐츠 제작비용에 대한 세액공제는 영상콘텐츠의 실질적인 제작을 담당하는 저작권법 제2조 제14호에 따른 영상제작자로서 다음의 구분에 따른 요건을 갖춘 내국법인(이하 "영상콘텐츠 제작자"라 함)에 대해 적용한다(조특령 §22의 10 ① 및 조특칙 §13의 9 ①).

① 방송프로그램(조특령 §22의 10 ② 1호) 또는 온라인 동영상 서비스 비디오물(조특령 §22의

10 ② 3호)을 제작하는 자의 경우 : 다음의 요건 중 3개 이상의 요건을 갖출 것

㉠ 작가(극본, 시나리오 등을 집필하는 자를 말함)와의 계약 체결을 담당할 것

㉡ 주요 출연자와의 계약 체결을 담당할 것

㉢ 주요 스태프(연출, 촬영, 편집, 조명 또는 미술 스태프) 중 두 가지 이상 분야의 책임자와의 계약 체결을 담당할 것

㉣ 제작비의 집행 및 관리와 관련된 모든 의사 결정을 담당할 것

② 영화(조특령 §22의 10 ② 2호)를 제작하는 자의 경우 : 영화 및 비디오물의 진흥에 관한 법률 제2조 제9호 가목에 따른 영화제작업자로서 위 ①의 ㉠~㉣ 요건 중 3개 이상의 요건을 갖출 것

2-19-3. 영상콘텐츠 제작비용의 범위

(1) 영상콘텐츠

영상콘텐츠란 방송사업자의 텔레비전방송으로 방송된 방송프로그램으로서 드라마, 애니메이션, 다큐멘터리 및 오락을 위한 프로그램과 영화 및 비디오물의 진흥에 관한 법률 제2조 제1호에 따른 영화, 영화 및 비디오물의 진흥에 관한 법률에 따른 등급분류를 받고 온라인 동영상서비스를 통하여 시청에 제공된 비디오물을 말한다(조특법 §25의 6 ① 1호 각 목).

1) 방송프로그램

방송프로그램이란 다음의 어느 하나에 해당하는 방송법 제2조 제17호에 따른 방송프로그램으로서 같은 조 제3호에 따른 방송사업자의 텔레비전방송으로 방송된 드라마, 애니메이션, 다큐멘터리 및 오락을 위한 프로그램을 말한다(조특법 §25의 6 ① 1호 가목 및 조특령 §22의 10 ② 1호).

① 방송법 시행령 제50조 제2항에 따른 오락에 관한 방송프로그램

② 방송법 시행령 제50조 제2항에 따른 교양에 관한 방송프로그램 중 다큐멘터리

③ 애니메이션산업 진흥에 관한 법률 제2조 제1호에 따른 애니메이션 중 방송법 제2조 제3호에 따른 방송사업자의 텔레비전방송으로 방송된 애니메이션

2) 영화

영화란 영화 및 비디오물의 진흥에 관한 법률 제2조 제1호에 따른 영화로서 영화상영관에서 7일 이상 연속하여 상영된 것을 말한다. 다만, 영화 및 비디오물의 진흥에 관한 법률 제4조에 따른 영화진흥위원회가 예술영화 및 독립영화로 인정하는 경우에는 1일 이상 상영된 것을 말한다(조특법 §25의 6 ① 1호 나목 및 조특령 §22의 10 ② 2호 및 조특칙 §13의 9 ④).

이 경우 상영 기간의 확인은 영화 및 비디오물의 진흥에 관한 법률 제39조에 따른 영화상영관입장권 통합전산망으로 한다(조특칙 §13의 9 ⑤).

3) 온라인 동영상 서비스 비디오물

온라인 동영상 서비스 비디오물이란 영화 및 비디오물의 진흥에 관한 법률 제2조 제12호에 따른 비디오물로서 다음의 어느 하나에 해당하는 등급분류를 받고 전기통신사업법 제2조 제12호의 2에 따른 온라인 동영상 서비스를 통하여 시청에 제공된 비디오물을 말한다(조특법 §25의 6 ① 1호 다목 및 조특령 §22의 10 ② 3호).

① 영화 및 비디오물의 진흥에 관한 법률 제50조에 따른 영상물등급위원회의 등급분류
② 영화 및 비디오물의 진흥에 관한 법률 제50조의 2에 따른 자체등급분류사업자의 등급분류

(2) 영상콘텐츠 제작비용

세액공제 적용대상이 되는 영상콘텐츠 제작비용이란 영상콘텐츠 제작을 위하여 국내에서 발생한 비용 중 인건비 등 조세특례제한법 시행규칙 별표 8의 9에 따른 영상콘텐츠 제작비용을 말한다. 다만, 다음의 비용은 영상콘텐츠 제작비용에서 제외한다(조특령 §22의 10 ③ 및 조특칙 §13의 9 ⑥, ⑦).

① 국가, 지방자치단체, 공공기관의 운영에 관한 법률에 따른 공공기관 및 지방공기업법에 따른 지방공기업으로부터 출연금 등의 자산을 지급받아 영상콘텐츠 제작비용으로 사용한 금액
② 광고 및 홍보비용
③ 소득세법 제35조 및 법인세법 제25조에 따른 접대비
④ 다음의 어느 하나에 해당하는 인건비
㉠ 소득세법 제22조에 따른 퇴직소득에 해당하는 금액
㉡ 소득세법 제29조 및 법인세법 제33조에 따른 퇴직급여충당금
㉢ 소득세법 시행령 제40조의 2 제1항 제2호의 퇴직연금계좌에 납부한 부담금 및 법인세법 시행령 제44조의 2 제2항에 따른 퇴직연금등의 부담금
⑤ 조세특례제한법 시행규칙 별표 8의 9 제2호 가목에 따른 배우출연료가 가장 많은 배우 5인의 배우출연료 합계액이 제작비용 합계액(②~④에 따른 금액은 제외함)의 30%를 초과하는 경우 해당 초과 금액
⑥ 영상콘텐츠 제작비용 세액공제를 받은 영상콘텐츠를 활용하여 다른 영상콘텐츠를 제작한 경우 이미 세액공제를 받은 기존 영상콘텐츠의 제작비용

▌영상콘텐츠 제작비용(조특칙 〔별표 8의 9〕)▐

구 분	제작비용	적용범위
1. 제작 준비	가. 시나리오	1) 원작·각본·각색료, 대본제작비
	나. 기획 및 프로듀서	1) 프로듀서 인건비 2) 캐스팅 디렉터의 인건비
	다. 연출료	1) 인센티브를 제외한 감독의 인건비
2. 촬영 제작	가. 배우출연료	1) 주연·조연·단역·보조출연·특별출연, 스턴트맨, 대역, 성우, 동물에 대한 출연료 2) 연기지도, 안무지도 등 연기관련 지도에 대한 인건비
	나. 제작부문비	1) 제작팀장, 조감독, 스크립터 등에 대한 인건비
	다. 촬영비	1) 촬영감독, 촬영 조수(보조자를 포함한다. 이하 같다) 인건비 2) 카메라·스테디캠, 크레인, 지미집, 이동차, 렌즈, 필터의 대여비용 3) 촬영소모품 구입비용 4) 촬영탑차(유류비를 포함한다) 대여비용
	라. 조명비	1) 조명감독, 조명 조수 인건비 2) 기본조명, 조명추가기재, 발전차, 조명크레인, 조명탑차(유류비 포함)의 대여비용 3) 조명소모품 구입비용
	마. 미술비	1) 미술감독, 미술감독 보조, 콘티작화의 인건비 2) 미술재료비
	바. 세트비	1) 세트제작비, 스튜디오임대료
	사. 소품비	1) 소품담당자 인건비 2) 제작소품의 재료비 및 제작비용, 구입소품의 구입비용, 대여소품의 대여비용
	아. 의상비	1) 의상담당자 인건비 2) 제작의상의 재료비 및 제작비용, 구입의상의 구입비용, 대여의상의 대여비용
	자. 분장 및 미용비	1) 헤어, 분장, 특수분장 담당자 인건비 2) 특수분장 제작비용, 분장 소모품 구입 및 대여비용
	차. 특수효과비	1) 특수효과담당자 인건비 2) 강풍기, 강우기, 강설기 등 기후효과 관련장비 사용료 및 총기 등 특수효과 대여장비 사용료 3) 컴퓨터그래픽 작업료
	카. 동시녹음비	1) 동시녹음기사 인건비 2) 동시녹음장비의 사용료
	타. 촬영차량비	1) 촬영진행용 차량, 소품차량, 레카차 대여료

구 분	제작비용	적용범위
	파. 운송비	1) 촬영버스, 분장차, 제작부 진행차량 대여료 2) 촬영버스, 진행차량 연료비, 주차비
	하. 필름비	1) 촬영용 하드디스크, 필름 재료비와 그 현상료
	거. 보험료	1) 연기자 외 스태프에 대한 인보험 2) 카메라, 조명기기, 동시녹음 장비 등 장비의 보험가입 비용 3) 차량보험료
	너. 제작 진행비	1) 숙박료, 교통비, 식대(국내 촬영제작 비용 합계액의 100분의 10을 한도로 한다)
3. 후반 제작	가. 편집비	1) 편집감독, 편집 조수 인건비 2) 편집실 대여비용
	나. 음악 관련비용 등	1) 음악감독, 작곡·편곡, 가수, 연주자의 인건비 2) 음악 및 영상 사용을 위한 저작권 비용 3) 녹음실 사용료, 음악마스터의 제작비용
	다. 사운드비	1) 사운드책임자, 대사편집담당, 믹싱, 성우 인건비 2) 녹음실, 장비 사용료 3) 광학녹음 및 현상을 위한 필름비용 및 작업료, 돌비로열티
	라. 현상비	1) 프린트 현상을 위한 필름 및 현상료 2) 비디오 색보정을 위한 작업료 및 재료비
	마. 자막 관련 비용	1) 자막 작업을 위한 필름비용과 작업료
	바. 컴퓨터그래픽, 특수효과	1) 컴퓨터그래픽 작업료 2) 디지털 색보정 작업료

비고 : 인건비에 대하여는 해당 영상콘텐츠 외에 다른 영상콘텐츠의 제작을 겸하지 않는 경우에만 공제대상 인건비로 본다.

2-19-4. 공제금액

세액공제 금액은 해당 영상콘텐츠 제작비용에 아래 표에 따른 기본공제율을 곱한 기본공제 금액과 추가공제율을 곱한 추가공제 금액을 합한 금액으로 한다(조특법 §25의 6 ① 2호).

구 분	대기업	중견기업	중소기업
기본공제율	5%	10%	15%
추가공제율	10%	10%	15%

여기서, 추가공제 금액은 국내에서 발생한 제작비용이 총 제작비에서 차지하는 비율 등을 고려하여 다음의 요건을 모두 충족하는 영상콘텐츠에 한정하여 적용한다(조특령 §22의 10 ④).

① 촬영제작에 든 제작비용(조특칙 별표 8의 9 2호 각 목) 중 국내에서 지출한 비용이 차지하

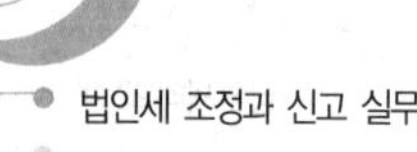

는 비율이 80% 이상일 것(조특칙 §13의 9 ⑧)

② 아래의 요건 중 3개 이상의 요건을 충족할 것

㉮ 작가(극본, 시나리오 등을 집필하는 자를 말함) 및 주요 스태프(연출, 촬영, 편집, 조명 또는 미술 스태프)에게 지급한 인건비 중 내국인에게 지급한 인건비가 차지하는 비율이 80% 이상일 것(조특칙 §13의 9 ① 1호 가목, 다목 및 ⑨)

㉯ 배우 출연료(조특칙 별표 8의 9 2호 가목) 중 내국인에게 지급한 출연료가 차지하는 비율이 80% 이상일 것(조특칙 §13의 9 ⑩)

㉰ 후반제작에 든 비용(조특칙 별표 8의 9 3호 각 목) 중 국내에서 지출한 비용이 차지하는 비율이 80% 이상일 것(조특칙 §13의 9 ⑪)

㉱ 저작권법에 따른 복제권, 공연권, 방송권, 전송권, 배포권 및 2차적저작물작성권 중 영상콘텐츠 제작자가 보유한 권리의 수가 3개 이상일 것. 이 경우 영상콘텐츠 제작자가 권리를 공동으로 보유한 경우에는 해당 권리의 행사에 따른 수익의 50% 이상을 배분받는 경우에만 그 권리를 보유한 것으로 본다(조특칙 §13의 9 ⑫).

2-19-5. 공제시기

영상콘텐츠 제작비용 세액공제는 해당 영상콘텐츠가 처음으로 방송되거나 영화상영관에서 상영되거나 온라인 동영상 서비스를 통하여 시청에 제공된 과세연도에 적용한다. 한편, 방송프로그램(조특령 §22의 10 ② 1호) 또는 온라인 동영상 서비스 비디오물(조특령 §22의 10 ② 3호)이 여러 과세연도 기간 동안 연속하여 방송되거나 온라인 동영상 서비스를 통해 시청에 제공되는 경우에는 다음의 과세연도에 각각의 구분에 따라 계산한 영상콘텐츠 제작비용에 대하여 세액공제를 적용받을 수 있다(조특법 §25의 6 ① 및 조특령 §22의 10 ⑤, ⑥ 1호 및 조특칙 §13의 9 ⑭).

① 해당 영상콘텐츠가 방송되거나 온라인 동영상 서비스를 통해 시청에 제공된 각 과세연도 : 다음의 구분에 따른 영상콘텐츠 제작비용

가. 첫번째 회차가 방송 또는 시청에 제공된 날이 속하는 과세연도: 해당 과세연도까지 발생한 영상콘텐츠 제작비용

나. 첫번째 회차가 방송 또는 시청에 제공된 날이 속하는 과세연도 후의 과세연도: 해당 과세연도까지 발생한 영상콘텐츠 제작비용에서 직전 과세연도까지 발생한 영상콘텐츠 제작비용을 뺀 금액('2-19-3. (2) ⑤'에 따라 세액공제 대상에서 제외된 제작비용은 빼지 않음)

② 해당 영상콘텐츠의 마지막 회차가 방송되거나 온라인 동영상 서비스를 통해 시청에 제공된 날이 속하는 과세연도 : 전체 영상콘텐츠 제작비용

2-19-6. 세액공제신청서의 제출

영상콘텐츠 제작비용에 대한 세액공제를 적용받고자 하는 내국법인은 다음의 구분에 따른 사업연도의 과세표준신고와 함께 세액공제신청서[조특칙 별지 제1호 서식], 영상콘텐츠 제작비용에 대한 세액공제 공제세액계산서[조특칙 별지 제8호의 7 서식 및 별지 제8호의 7 서식 부표] 및 그 밖에 필요한 서류(추가공제 적용대상 영상콘텐츠 요건의 충족 여부를 확인할 수 있는 서류를 말함)를 납세지 관할 세무서장에게 제출하여야 한다(조특령 §22의 10 ⑥ 및 조특칙 §13의 9 ⑬).

① 방송프로그램(조특령 §22의 10 ② 1호) 또는 온라인 동영상 서비스 비디오물(조특령 §22의 10 ② 3호)의 경우: 처음으로 방송되거나 온라인 동영상 서비스를 통해 시청에 제공된 날이 속하는 과세연도. 다만, 여러 과세연도 기간 동안 연속하여 방송되거나 온라인 동영상 서비스를 통해 시청에 제공되는 경우(조특령 §22의 10 ⑤)에는 다음의 어느 하나에 해당하는 과세연도를 말한다.

가. 해당 영상콘텐츠가 방송되거나 온라인 동영상 서비스를 통해 시청에 제공된 각 과세연도

나. 해당 영상콘텐츠의 마지막 회차가 방송되거나 온라인 동영상 서비스를 통해 시청에 제공된 날이 속하는 과세연도

② 영화의 경우 : 처음으로 영화상영관에서 상영된 날이 속하는 사업연도

2-19-7. 조세특례제한 및 보칙 규정

(1) 중복지원의 배제

동일한 사업연도에 영상콘텐츠 제작비용에 대한 세액공제와 창업중소기업에 대한 세액감면 등 법인세의 감면규정을 동시에 적용받을 수 있는 경우에는 그 중 하나만을 선택하여 적용받을 수 있다(조특법 §127). 중복지원의 배제에 대한 자세한 내용은 '제4편 제3장 제4절 중복지원의 배제'편을 참고하기 바란다.

(2) 최저한세의 적용 및 세액공제액의 이월공제

최저한세의 적용, 세액공제액의 이월공제에 대한 내용은 통합투자 세액공제와 동일하므로 '2-1. 통합투자 세액공제 중 2-1-7. 조세특례제한 및 보칙 규정'의 해당 부분을 참고하기 바란다.

2-19-8. 농어촌특별세의 납부

법인세의 신고·납부시 감면받은 영상콘텐츠 제작비용에 대한 세액공제의 20%에 상당하는 금액을 농어촌특별세로 신고·납부하여야 한다(농특법 §5 ①, §7).

2-20. 내국법인의 문화산업전문회사에의 출자에 대한 세액공제

2-20-1. 개 요

중소기업 또는 중견기업이 영상콘텐츠를 제작하는 문화산업진흥 기본법에 따른 문화산업전문회사(이하 "문화산업전문회사"라 함)에 2025년 12월 31일까지 출자하는 경우 아래 계산식에 따른 금액을 영상콘텐츠의 최초 방송·상영 또는 제공일과 해당 문화산업전문회사의 청산일 중 빠른 날이 속하는 사업연도의 법인세에서 공제한다(조특법 §25의 7 ①).

$$\text{세액공제 금액} = \text{해당 중소·중견기업이 문화산업전문회사에 출자한 금액} \times \frac{\text{해당 영상콘텐츠 제작을 위하여 국내외에서 발생한 영상콘텐츠 제작비용}}{\text{해당 문화산업전문회사의 총 출자금액}} \times 3\%$$

개 정

○ 2023년 12월 31일 법 개정시 문화산업전문회사 출자를 통해 영상콘텐츠 제작에 투자한 금액에 대한 세액공제 규정 신설(조특법 §25의 7)
➡ 2024년 1월 1일 이후 문화산업전문회사에 출자하는 경우부터 적용

이 때, '출자금액'과 '제작비용'은 법인세가 공제되는 사업연도의 종료일을 기준으로 계산한다(조특령 §22의 11 ④). 한편, '영상콘텐츠'와 '영상콘텐츠 제작비용'은 조세특례제한법 시행령 제22조의 10 제2항 각 호 및 제3항에 따른 '영상콘텐츠'와 '영상콘텐츠 제작비용'을 말하므로(조특령 §22의 11 ②, ③), 이에 대한 자세한 설명은 '2-19-3. 영상콘텐츠 제작비용의 범위' 해설을 참고하기 바란다.

2-20-2. 세액공제 대상자

세액공제 대상자는 영상콘텐츠를 제작하는 문화산업전문회사에 출자한 중소기업 또는 중견기업이다. 다만, 문화산업전문회사로부터 문화산업진흥 기본법 제51조 제1항에 따른 위탁을 받아 영상콘텐츠를 제작하여 영상콘텐츠 제작비용 세액공제 규정(조특법 §25의 6 ①)을 적용받는 중소기업 또는 중견기업은 제외한다(조특령 §22의 11 ①).

2-20-3. 세액공제의 신청

세액공제를 적용받으려는 중소기업 또는 중견기업은 해당 사업연도의 과세표준신고를 할 때 세액공제신청서[조특칙 별지 제1호 서식 및 별지 제8호의 11 서식]를 납세지 관할 세무서장에게 제출해야 한다(조특령 §22의 11 ⑤).

2-20-4. 조세특례제한 및 보칙규정

최저한세의 적용 및 세액공제액의 이월공제에 대한 내용은 통합투자세액공제와 동일하므로 '2-1. 통합투자세액공제 중 2-1-7. 조세특례제한 및 보칙규정'의 해당 부분을 참고하기 바란다.

2-20-5. 농어촌특별세의 납부

법인세의 신고·납부시 감면받은 문화산업전문회사 출자에 대한 세액공제액의 20%에 상당하는 금액을 농어촌특별세로 신고·납부하여야 한다(농특법 §5 ①, §7).

2-21. 고용을 증대시킨 기업에 대한 세액공제

2-21-1. 개 요

(1) 세액공제 금액 및 공제기간

내국법인(소비성서비스업을 경영하는 내국법인은 제외)의 2024년 12월 31일이 속하는 사업연도까지의 기간 중 해당 사업연도의 상시근로자 수가 직전 사업연도의 상시근로자 수보다 증가한 경우에는 아래 ①과 ②를 더한 금액을 해당 사업연도와 해당 사업연도의 종료일부터 1년(중소기업 및 중견기업은 2년)이 되는 날이 속하는 사업연도까지의 법인세에서 공제한다. 다만, 2021년 12월 31일이 속하는 과세연도부터 2022년 12월 31일이 속하는 과세연도까지의 기간 중 수도권 밖의 지역에서 증가한 청년등 상시근로자의 인원 수(*)에 대해서는 500만원(중견기업의 경우 900만원, 중소기업의 경우 1,300만원)을 곱한 금액으로 한다(조특법 §29의 7 ①).

① 청년등 상시근로자의 증가한 인원 수(*) × 400만원(중견기업은 800만원, 중소기업은 다음에 따른 금액)
   ㉠ 수도권 내의 지역에서 증가한 경우 : 1,100만원
   ㉡ 수도권 밖의 지역에서 증가한 경우 : 1,200만원
② 청년등 상시근로자 외 상시근로자의 증가한 인원 수(*) × 0원(중견기업은 450만원, 중소기업은 다음에 따른 금액)
   ㉠ 수도권 내의 지역에서 증가한 경우 : 700만원
   ㉡ 수도권 밖의 지역에서 증가한 경우 : 770만원

(*) 증가한 상시근로자의 인원 수를 한도로 함.

(2) 세액공제의 중단

법인세를 공제받은 내국법인이 공제를 받은 사업연도의 종료일부터 2년이 되는 날이 속하는 사업연도의 종료일까지의 기간 중 전체 상시근로자의 수가 최초로 공제를 받은 사업연도에 비하여 감소한 경우에는 감소한 사업연도부터 세액공제를 적용하지 아니하고, 청년등 상시근

로자의 수가 최초로 받은 사업연도에 비하여 감소한 경우에는 감소한 사업연도부터 위 ①을 적용하지 아니한다. 이 경우 후술하는 '2－21－5. 사후관리'에 따라 공제받은 세액에 상당하는 금액을 법인세로 납부하여야 한다(조특법 §29의 7 ②).

(3) 2020년 고용감소분에 대한 사후관리 적용 1년 유예

위 (1)에 따라 법인세를 공제받은 내국법인이 2020년 12월 31일이 속하는 과세연도의 전체 상시근로자의 수 또는 청년등 상시근로자의 수가 최초로 공제받은 과세연도에 비하여 감소한 경우에는 최초로 공제받은 과세연도의 종료일부터 3년이 되는 날이 속하는 과세연도의 종료일까지의 기간에 대하여 위 '(2) 세액공제의 중단'을 적용한다. 다만, 2020년 12월 31일이 속하는 과세연도에 대해서는 위 '(2) 세액공제의 중단'의 내용 중 공제받은 세액 상당액을 법인세로 납부하는 내용은 적용하지 아니한다(조특법 §29의 7 ⑤).

이 때, 해당 내국법인의 2021년 12월 31일이 속하는 과세연도의 전체 상시근로자의 수 또는 청년등 상시근로자의 수가 최초로 공제받은 과세연도에 비하여 감소하지 아니한 경우에는 위 '(1)의 ①·②'를 더한 금액을 2021년 12월 31일이 속하는 과세연도부터 최초로 공제받은 과세연도의 종료일부터 2년(중소기업 및 중견기업은 3년)이 되는 날이 속하는 과세연도까지 법인세에서 공제하고, 해당 내국법인의 2022년 12월 31일이 속하는 과세연도의 전체 상시근로자의 수 또는 청년등 상시근로자의 수가 최초로 공제받은 과세연도에 비하여 감소한 경우에는 최초로 공제받은 과세연도의 종료일부터 3년이 되는 날이 속하는 과세연도의 종료일까지 위 '(2) 세액공제의 중단'을 적용한다(조특법 §29의 7 ⑥, ⑦).

2－21－2. 적용대상자

고용을 증대시킨 기업에 대한 세액공제는 내국법인을 적용대상으로 하며, 다음의 소비성서비스업을 경영하는 내국법인은 제외한다(조특령 §26의 7 ①, §29 ③).

① 호텔업 및 여관업(관광진흥법에 따른 관광숙박업은 제외)
② 주점업(일반유흥주점업, 무도유흥주점업 및 식품위생법 시행령 제21조에 따른 단란주점 영업만 해당하되, 관광진흥법에 따른 외국인전용유흥음식점업 및 관광유흥음식점업은 제외)
③ 그 밖에 오락·유흥 등을 목적으로 하는 사업으로서 아래의 사업(조특칙 §17)
  ㉮ 무도장 운영업
  ㉯ 기타 사행시설 관리 및 운영업(단, 관광진흥법 제5조 또는 폐광지역 개발 지원에 관한 특별법 제11조에 따라 허가를 받은 카지노업은 제외함)
  ㉰ 유사 의료업 중 안마를 시술하는 업
  ㉱ 마사지업

2-21-3. 세액공제액의 계산

(1) 상시근로자의 범위

상시근로자란 조세특례제한법 시행령 제23조 제10항에 따른 상시근로자를 말하는 것으로, '2-2. 고용창출투자세액공제' 중 '2-2-5. 상시근로자의 범위와 수의 산정'의 해당부분을 참고하기 바란다(조특령 §26의 7 ②).

청년등 상시근로자란 상시근로자 중 다음의 어느 하나에 해당하는 사람을 말한다(조특령 §26의 7 ③).

① 15세 이상 29세 이하인 사람 중 다음의 어느 하나에 해당하는 사람을 제외한 사람. 다만, 해당 근로자가 조세특례제한법 시행령 제27조 제1항 제1호 각 목의 어느 하나에 해당하는 병역을 이행한 경우에는 그 기간(6년을 한도로 함)을 현재 연령에서 빼고 계산한 연령이 29세 이하인 사람을 포함한다.
   ㉠ 기간제 및 단시간근로자 보호 등에 관한 법률에 따른 기간제근로자 및 단시간근로자
   ㉡ 파견근로자보호 등에 관한 법률에 따른 파견근로자
   ㉢ 청소년 보호법 제2조 제5호 각 목에 따른 업소에 근무하는 같은 조 제1호에 따른 청소년
② 장애인복지법의 적용을 받는 장애인, 국가유공자 등 예우 및 지원에 관한 법률에 따른 상이자, 5·18민주유공자예우 및 단체설립에 관한 법률 제4조 제2호에 따른 5·18민주화운동부상자와 고엽제후유의증 등 환자지원 및 단체설립에 관한 법률 제2조 제3호에 따른 고엽제후유의증환자로서 장애등급 판정을 받은 사람
③ 근로계약 체결일 현재 연령이 60세 이상인 사람

(2) 근로자 수의 계산

고용을 증대시킨 기업에 대한 세액공제를 적용함에 있어서 상시근로자 수, 청년등 상시근로자 수는 다음의 구분에 따른 계산식에 따라 계산한 수로 하되, 1% 미만의 부분은 없는 것으로 한다(조특령 §26의 7 ⑦).

① 상시근로자 수(*)

$$\frac{\text{해당 사업연도의 매월 말 현재 상시근로자 수의 합}}{\text{해당 사업연도의 개월 수}}$$

② 청년등 상시근로자 수

$$\frac{\text{해당 사업연도의 매월 말 현재 청년등 상시근로자 수의 합}}{\text{해당 사업연도의 개월 수}}$$

(*) 상시근로자 수의 계산에 관하여는 '2-2. 고용창출투자세액공제' 중 '2-2-5. 상시근로자의 범위와 수의 산정' 중 '(3) 상시근로자 수의 산정'을 준용한다(조특령 §26의 7 ⑧, ⑨).

관련사례

- 근로계약의 갱신으로 근로계약기간이 1년 이상인 근로자의 상시근로자 적용 시점
  고용을 증대시킨 기업에 대한 세액공제(조특법 §29의 7) 적용시 근로계약기간이 1년 미만인 근로자는 상시근로자에서 제외되는 것이나, 계약의 연속된 갱신으로 인하여 그 근로계약의 총 기간이 1년 이상인 근로자는 근로계약기간의 합계가 1년 이상이 되게 하는 계약갱신이 발생한 월에 상시근로자에 포함되는 것임(기획재정부 조세특례제도과-511, 2024. 6. 19.).
- 청년 등 상시근로자 수는 감소했으나 전체 상시근로자 수는 유지된 경우 잔여기간 세액공제 여부
  내국인이 해당 과세연도의 청년 등 상시근로자 증가인원에 대해 조세특례제한법 제29조의 7 제1항 제1호에 따른 세액공제를 적용받은 후 다음 과세연도에 청년 등 상시근로자의 수는 감소(최초 과세연도에는 29세 이하였으나, 이후 과세연도에 30세 이상이 되어 청년 수가 감소하는 경우를 포함)하였으나 전체 상시근로자의 수는 유지되는 경우, 잔여 공제연도에 대해서는 제29조의 7 제1항 제2호의 공제액을 적용하여 공제가 가능함(기획재정부 조세특례제도과-214, 2023. 3. 6.).

2-21-4. 세액공제의 신청

고용을 증대시킨 기업에 대한 세액공제를 받으려는 내국법인은 과세표준 신고와 함께 세액공제신청서[별지 제1호 서식 및 별지 제1호 서식 부표] 및 공제세액계산서[별지 제10호의 8 서식]를 납세지 관할 세무서장에게 제출하여야 한다(조특령 §26의 7 ⑩).

2-21-5. 사후관리

(1) 사후관리 요건

고용을 증대시킨 기업에 대한 세액공제를 적용받은 내국법인이 공제를 받은 사업연도의 종료일부터 2년이 되는 날이 속하는 사업연도의 종료일까지의 기간 중 전체 상시근로자의 수 및 청년등 상시근로자의 수가 공제를 받은 직전 사업연도에 비하여 감소한 경우에는 아래의 '(2)'에 따라 공제받은 세액에 상당하는 금액을 법인세로 납부하여야 한다(조특법 §29의 7 ②).

(2) 사후관리 납부세액의 계산

사후관리 규정에 따라 납부하여야 할 법인세액은 다음의 구분에 따라 계산한 금액으로 하며, 이를 해당 사업연도의 과세표준을 신고할 때 법인세로 납부하여야 한다. 이 때 최초로 공제받은 사업연도에 청년등 상시근로자에 해당한 자는 이후 사업연도에도 청년등 상시근로자로 보아 청년등 상시근로자 수를 계산한다(조특령 §26의 7 ⑤, ⑥).

① 최초로 공제받은 사업연도의 종료일부터 1년이 되는 날이 속하는 사업연도의 종료일까지의 기간 중 최초로 공제받은 사업연도보다 상시근로자 수 또는 청년등 상시근로자 수가 감소하는 경우: 다음의 구분에 따라 계산한 금액(해당 사업연도의 직전 1년 이내의 사업연도에 공제받은 세액을 한도로 함)

가. 상시근로자 수가 감소하는 경우: 다음의 구분에 따라 계산한 금액

㉠ 청년등 상시근로자의 감소한 인원 수가 상시근로자의 감소한 인원 수 이상인 경우 : 다음의 계산식에 따라 계산한 금액

〔최초로 공제받은 사업연도 대비 청년등 상시근로자의 감소한 인원 수(최초로 공제받은 사업연도에 청년등 상시근로자의 증가한 인원 수를 한도로 함) − 상시근로자의 감소한 인원 수〕 × (조세특례제한법 제29조의 7 제1항 제1호의 청년등 상시근로자 증가로 인한 공제금액 − 조세특례제한법 제29조의 7 제1항 제2호의 청년등 상시근로자 외 상시근로자 증가로 인한 공제금액) + (상시근로자의 감소한 인원 수 × 조세특례제한법 제29조의 7 제1항 제1호의 청년등 상시근로자 증가로 인한 공제금액)

㉡ 그 밖의 경우: 다음의 계산식에 따라 계산한 금액

〔최초로 공제받은 사업연도 대비 청년등 상시근로자의 감소한 인원 수(상시근로자의 감소한 인원 수를 한도로 함) × 조세특례제한법 제29조의 7 제1항 제1호의 청년등 상시근로자 증가로 인한 공제금액〕 + 〔최초로 공제받은 사업연도 대비 청년등 상시근로자 외 상시근로자의 감소한 인원 수(상시근로자의 감소한 인원 수를 한도로 함) × 조세특례제한법 제29조의 7 제1항 제2호의 청년등 상시근로자 외 상시근로자 증가로 인한 공제금액〕

나. 상시근로자 수는 감소하지 않으면서 청년등 상시근로자 수가 감소한 경우: 다음의 계산식에 따라 계산한 금액

최초로 공제받은 사업연도 대비 청년등 상시근로자의 감소한 인원 수(최초로 공제받은 사업연도에 청년등 상시근로자의 증가한 인원 수를 한도로 함) × (조세특례제한법 제29조의 7 제1항 제1호의 청년등 상시근로자 증가로 인한 공제금액 − 조세특례제한법 제29조의 7 제1항 제2호의 청년등 상시근로자 외 상시근로자 증가로 인한 공제금액)

② 위 ①에 따른 기간의 다음 날부터 최초로 공제받은 사업연도의 종료일부터 2년이 되는 날

이 속하는 사업연도의 종료일까지의 기간 중 최초로 공제받은 사업연도보다 상시근로자 수 또는 청년등 상시근로자 수가 감소하는 경우: 다음의 구분에 따라 계산한 금액(단, 위 ①에 따라 계산한 금액이 있는 경우 그 금액을 제외하며, 해당 사업연도의 직전 2년 이내의 사업연도에 공제받은 세액의 합계액을 한도로 함)

가. 상시근로자 수가 감소하는 경우: 다음의 구분에 따라 계산한 금액

㉠ 청년등 상시근로자의 감소한 인원 수가 상시근로자의 감소한 인원 수 이상인 경우: 다음의 계산식에 따라 계산한 금액

〔최초로 공제받은 사업연도 대비 청년등 상시근로자의 감소한 인원 수(최초로 공제받은 사업연도에 청년등 상시근로자의 증가한 인원 수를 한도로 함) − 상시근로자의 감소한 인원 수〕 × (조세특례제한법 제29조의 7 제1항 제1호의 청년등 상시근로자 증가로 인한 공제금액 − 조세특례제한법 제29조의 7 제1항 제2호의 청년등 상시근로자 외 상시근로자 증가로 인한 공제금액) × 직전 2년 이내의 사업연도에 공제받은 횟수 + (상시근로자의 감소한 인원 수 × 조세특례제한법 제29조의 7 제1항 제1호의 청년등 상시근로자 증가로 인한 공제금액 × 직전 2년 이내의 과세연도에 공제받은 횟수)

㉡ 그 밖의 경우: 최초로 공제받은 사업연도 대비 청년등 상시근로자 및 청년등 상시근로자 외 상시근로자의 감소한 인원 수(상시근로자의 감소한 인원 수를 한도로 함)에 대해 직전 2년 이내의 사업연도에 공제받은 세액의 합계액

나. 상시근로자 수는 감소하지 않으면서 청년등 상시근로자 수가 감소한 경우: 다음의 계산식에 따라 계산한 금액

최초로 공제받은 사업연도 대비 청년등 상시근로자의 감소한 인원 수(최초로 공제받은 사업연도에 청년등 상시근로자의 증가한 인원 수를 한도로 함) × (조세특례제한법 제29조의 7 제1항 제1호의 청년등 상시근로자 증가로 인한 공제금액 − 조세특례제한법 제29조의 7 제1항 제2호의 청년등 상시근로자 외 상시근로자 증가로 인한 공제금액) × 직전 2년 이내의 사업연도에 공제받은 횟수

관련사례

- 사업연도 중에 30세 이상이 되는 청년 근로자를 고용한 경우 청년 근로자 사후관리 적용 방법

내국법인이 과세연도 중에 30세 이상이 되는 청년 정규직 근로자를 고용하고 조세특례제한법 제29조의 7 제1항에 따른 세액공제를 적용받은 후 다음 과세연도에 전체 상시근로자 또는 청년 등 상시근로자의 수가 감소함에 따라 같은 법 시행령(2020. 2. 11. 대통령령 제30390호로 개정된 것) 제26조의 7 제5항을 적용할 때 최초로 공제받은 과세연도의 일부 기간 동안 같은 조 제3항 제1호에 따른 청년 등 상시근로자에 해당한 자는 이후 과세연도에도 최초로 공제받은 과세연도와 동일한 기간 동안 청년 등 상시근로자로 보아 청년 등 상

시근로자 수를 계산하는 것임(기준-2021-법령해석법인-0135, 2021. 8. 20.).

- 최저한세액에 미달하여 공제받지 못한 이월세액이 있는 경우 사후관리 납부세액 계산방법
  조세특례제한법 제29의 7에 따른 고용을 증대시킨 기업에 대한 세액공제를 신청한 내국인이 그 세액공제액 중 법인세 최저한세액에 미달하여 공제받지 못한 부분에 상당하는 금액을 이월한 후 최초로 공제를 받은 과세연도의 종료일부터 1년이 되는 날이 속하는 과세연도의 종료일까지의 기간 중 상시근로자 수가 최초로 공제를 받은 과세연도에 비하여 감소한 경우 조세특례제한법 시행령 제26조의 7 제5항 제1호에 따라 계산한 금액을 같은 법 제29조의 7 제1항에 따라 공제받은 세액을 한도로 법인세를 납부하고 나머지 금액은 이월된 세액공제액에서 차감하는 것임(서면-2020-법인-5929, 2021. 7. 29.).

2-21-6. 조세특례제한 및 보칙규정

(1) 중복지원의 배제

고용을 증대시킨 기업에 대한 세액공제를 적용받는 경우에는 다음과 같은 중복지원의 배제 규정을 적용받을 수 있다. 중복지원의 배제에 대한 자세한 내용은 '제4편 제3장 제4절 중복지원의 배제'편을 참고하기 바란다.

① 내국법인에 대하여 동일한 사업연도에 고용을 증대시킨 기업에 대한 세액공제를 적용할 때 외국인투자에 대한 법인세 등의 감면 규정을 적용받는 경우에는 고용을 증대시킨 기업에 대한 세액공제액은 내국인투자비율에 상당하는 범위 내에서만 공제받을 수 있다(조특법 §127 ③).

② 내국법인이 동일한 사업연도에 창업 중소기업 추가 감면 규정(조특법 §6 ⑥)을 적용받는 경우에는 고용을 증대시킨 기업에 대한 세액공제를 적용하지 아니한다(조특법 §127 ④).

③ 고용을 증대시킨 기업에 대한 세액공제는 고용증가 인원에 대한 세액공제(조특법 §29의 8 ①)를 적용받지 아니한 경우에만 적용한다(조특법 §127 ⑪).

(2) 최저한세의 적용 및 세액공제액의 이월공제

최저한세의 적용, 세액공제액의 이월공제에 대한 내용은 통합투자세액공제와 동일하므로 '2-1. 통합투자세액공제' 중 '2-1-7. 조세특례제한 및 보칙 규정'의 해당부분을 참고하기 바란다.

2-21-7. 농어촌특별세의 납부

법인세의 신고·납부시 감면받은 고용을 증대시킨 기업에 대한 세액공제액의 20%에 상당하는 금액을 농어촌특별세로 신고·납부하여야 한다(농특법 §5 ①, §7).

2-22. 고용증가 인원에 대한 세액공제

2-22-1. 개 요

내국법인(소비성서비스업을 경영하는 내국법인은 제외함)의 2025년 12월 31일이 속하는 과세연도까지의 기간 중 해당 과세연도의 상시근로자의 수가 직전 과세연도의 상시근로자의 수보다 증가한 경우에는 법 소정의 금액을 해당 과세연도와 해당 과세연도의 종료일부터 1년(중소기업 및 중견기업의 경우에는 2년)이 되는 날이 속하는 과세연도까지의 법인세에서 공제한다(조특법 §29의 8 ①).

2-22-2. 적용대상자

고용증가 인원에 대한 세액공제는 내국법인을 적용대상으로 하고, 다만 다음의 소비성서비스업을 경영하는 내국법인은 적용대상에서 제외한다(조특법 §29의 8 ① 및 조특령 §26의 8 ①, §29 ③).

① 호텔업 및 여관업(단, 관광진흥법에 따른 관광숙박업은 제외함)

② 주점업(일반유흥주점업, 무도유흥주점업 및 식품위생법 시행령 제21조에 따른 단란주점 영업만 해당하되, 관광진흥법에 따른 외국인전용유흥음식점업 및 관광유흥음식점업은 제외함)

③ 그 밖에 오락·유흥 등을 목적으로 하는 사업으로서 아래의 사업(조특칙 §17)

㉮ 무도장 운영업

㉯ 기타 사행시설 관리 및 운영업(단, 관광진흥법 제5조 또는 폐광지역 개발 지원에 관한 특별법 제11조에 따라 허가를 받은 카지노업은 제외함)

㉰ 유사 의료업 중 안마를 시술하는 업

㉱ 마사지업

2-22-3. 세액공제 금액의 계산

(1) 세액공제 금액 및 공제기간

해당 과세연도의 상시근로자의 수가 직전 과세연도의 상시근로자의 수보다 증가한 경우에는 다음의 금액을 더한 금액을 해당 과세연도와 해당 과세연도의 종료일부터 1년(중소기업 및 중견기업의 경우에는 2년)이 되는 날이 속하는 과세연도까지의 법인세에서 공제한다(조특법 §29의 8 ①).

① 청년등상시근로자의 증가 인원 수(*) × 400만원(중견기업의 경우에는 800만원, 중소기업의 경우에는 다음에 따른 금액)

가. 수도권 내의 지역에서 증가한 경우 : 1,450만원

나. 수도권 밖의 지역에서 증가한 경우 : 1,550만원

② 청년등상시근로자를 제외한 상시근로자의 증가 인원 수(*) × 0원(중견기업의 경우에는 450만원, 중소기업의 경우에는 다음에 따른 금액)

가. 수도권 내의 지역에서 증가한 경우 : 850만원

나. 수도권 밖의 지역에서 증가한 경우 : 950만원

(*) 전체 상시근로자의 증가 인원 수를 한도로 함.

(2) 세액공제의 중단

법인세를 공제받은 내국법인이 최초로 공제를 받은 과세연도의 종료일부터 2년이 되는 날이 속하는 과세연도의 종료일까지의 기간 중 전체 상시근로자의 수가 최초로 공제를 받은 과세연도에 비하여 감소한 경우에는 감소한 과세연도부터 세액공제를 적용하지 아니하고, 청년등상시근로자의 수가 최초로 공제를 받은 과세연도에 비하여 감소한 경우에는 감소한 과세연도부터 위 '(1) ①'을 적용하지 아니한다. 이 경우 후술하는 '2-22-6. 사후관리'에 따라 공제받은 세액에 상당하는 금액(공제금액 중 조세특례제한법 제144조에 따라 공제받지 못하고 이월된 금액이 있는 경우에는 그 금액을 차감한 후의 금액을 말함)을 법인세로 납부하여야 한다(조특법 §29의 8 ②).

2-22-4. 상시근로자의 범위

상시근로자란 조세특례제한법 시행령 제23조 제10항에 따른 상시근로자를 말한다(조특령 §26의 8 ②). 이에 대한 자세한 설명은 '2-2. 고용창출투자세액공제' 중 '2-2-5. 상시근로자의 범위와 수의 산정'의 해당 부분을 참고하기 바란다.

청년등상시근로자란 상시근로자 중 다음의 어느 하나에 해당하는 사람을 말한다(조특령 §26의 8 ③).

① 15세 이상 34세 이하인 사람 중 다음의 어느 하나에 해당하는 사람을 제외한 사람. 다만, 해당 근로자가 조세특례제한법 시행령 제27조 제1항 제1호 각 목의 어느 하나에 해당하는 병역을 이행한 경우에는 6년을 한도로 병역을 이행한 기간을 현재 연령에서 빼고 계산한 연령이 34세 이하인 사람을 포함함.

가. 기간제 및 단시간근로자 보호 등에 관한 법률에 따른 기간제근로자 및 단시간근로자

나. 파견근로자보호 등에 관한 법률에 따른 파견근로자

다. 청소년 보호법에 따른 청소년유해업소에 근무하는 같은 법에 따른 청소년

② 장애인복지법의 적용을 받는 장애인, 국가유공자 등 예우 및 지원에 관한 법률에 따른 상이자, 5·18민주유공자예우 및 단체설립에 관한 법률 제4조 제2호에 따른 5·18민주화운동부상자와 고엽제후유의증 등 환자지원 및 단체설립에 관한 법률에 따른 고엽제후유의증 환자로서 장애등급 판정을 받은 사람

③ 근로계약 체결일 현재 연령이 60세 이상인 사람

④ 경력단절 여성(*)

(*) 경력단절 여성이란 다음의 요건을 모두 충족하는 여성을 말한다(조특법 §29의 3 ①).

① 해당 기업 또는 해당 기업과 한국표준산업분류상의 중분류를 기준으로 동일한 업종의 기업에서 1년 이상 근무(근로소득원천징수부를 통하여 경력단절 여성의 근로소득세가 원천징수되었던 사실이 확인되는 경우로 한정함)한 후 법 소정의 결혼·임신·출산·육아 및 자녀교육의 사유로 퇴직하였을 것(조특령 §26의 3 ②, ③, ④)

② 위 ①에 따른 사유로 퇴직한 날부터 2년 이상 15년 미만의 기간이 지났을 것

③ 해당 기업의 최대주주 또는 최대출자자나 그와 국세기본법 시행령 제1조의 2 제1항에 따른 친족관계인 사람이 아닐 것(조특령 §26의 3 ⑤)

2-22-5. 상시근로자 수의 계산

고용증가 인원에 대한 세액공제를 적용할 때 상시근로자 수 및 청년등상시근로자 수는 다음의 구분에 따른 계산식에 따라 계산한 수(1% 미만의 부분은 없는 것으로 함)로 하고, 상시근로자 수 계산에 관하여는 조세특례제한법 시행령 제23조 제11항 각 호 외의 부분 후단을 준용하며, 해당 과세연도에 창업 등을 한 내국법인의 경우에는 조세특례제한법 시행령 제23조 제13항을 준용한다. 이 경우 "상시근로자 수"는 "상시근로자 수 또는 청년등상시근로자 수"로 본다(조특령 §26의 8 ⑥, ⑦, ⑧).

① 상시근로자 수 : $\dfrac{\text{해당 과세연도의 매월 말 현재 상시근로자 수의 합}}{\text{해당 과세연도의 개월 수}}$

② 청년등상시근로자 수 : $\dfrac{\text{해당 과세연도의 매월 말 현재 청년등상시근로자 수의 합}}{\text{해당 과세연도의 개월 수}}$

2-22-6. 세액공제의 신청

고용증가 인원에 대한 세액공제를 적용받으려는 내국법인은 과세표준신고를 할 때 세액공제신청서[별지 제1호 서식] 및 공제세액계산서[별지 제10호의 9 서식]를 납세지 관할 세무서장에게 제출해야 한다(조특령 §26의 8 ⑪).

2-22-7. 사후관리

(1) 사후관리 요건

고용증가 인원에 대한 세액공제에 따라 법인세를 공제받은 내국법인이 공제를 받은 과세연도의 종료일부터 2년이 되는 날이 속하는 과세연도의 종료일까지의 기간 중 전체 상시근로자의 수 및 청년등상시근로자의 수가 최초로 공제를 받은 과세연도에 비하여 감소한 경우에는

아래 (2)에 따라 공제받은 세액에 상당하는 금액(공제금액 중 조세특례제한법 제144조에 따라 공제받지 못하고 이월된 금액이 있는 경우에는 그 금액을 차감한 후의 금액을 말함)을 법인세로 납부하여야 한다(조특법 §29의 8 ②).

(2) 사후관리 납부세액의 계산

사후관리 규정에 따라 납부해야 할 법인세액은 다음의 구분에 따라 계산한 금액으로 하며, 이를 해당 과세연도의 과세표준을 신고할 때 법인세로 납부해야 한다. 이 때 최초로 공제받은 과세연도에 청년등상시근로자에 해당한 자는 최초로 공제받은 과세연도 이후의 과세연도에도 청년등상시근로자로 보아 청년등상시근로자 수를 계산한다(조특령 §26의 8 ④, ⑤).

① 최초로 공제받은 과세연도의 종료일부터 1년이 되는 날이 속하는 과세연도의 종료일까지의 기간 중 최초로 공제받은 과세연도보다 전체 상시근로자 수 또는 청년등상시근로자 수가 감소하는 경우: 다음의 구분에 따라 계산한 금액(해당 과세연도의 직전 1년 이내의 과세연도에 공제받은 세액을 한도로 함)

가. 전체 상시근로자 수가 감소하는 경우: 다음의 구분에 따라 계산한 금액

㉠ 청년등상시근로자의 감소 인원 수가 전체 상시근로자의 감소 인원 수 이상인 경우: 다음 계산식에 따라 계산한 금액

〔최초로 공제받은 과세연도 대비 청년등상시근로자의 감소 인원 수(최초로 공제받은 과세연도의 청년등상시근로자의 증가 인원 수를 한도로 함) − 전체 상시근로자의 감소 인원 수〕 × (조세특례제한법 제29조의 8 제1항 제1호의 금액 − 같은 항 제2호의 금액) + (전체 상시근로자의 감소 인원 수 × 조세특례제한법 제29조의 8 제1항 제1호의 금액)

㉡ 그 밖의 경우: 다음 계산식에 따라 계산한 금액

〔최초로 공제받은 과세연도 대비 청년등상시근로자의 감소 인원 수(전체 상시근로자의 감소 인원 수를 한도로 함) × 조세특례제한법 제29조의 8 제1항 제1호의 금액〕 + 〔최초로 공제받은 과세연도 대비 청년등상시근로자를 제외한 상시근로자의 감소 인원 수(전체 상시근로자의 감소 인원 수를 한도로 함) × 조세특례제한법 제29조의 8 제1항 제2호의 금액〕

나. 전체 상시근로자 수는 감소하지 않으면서 청년등상시근로자 수가 감소한 경우: 다음 계산식에 따라 계산한 금액

최초로 공제받은 과세연도 대비 청년등상시근로자의 감소 인원 수(최초로 공제받은 과세연도의 청년등상시근로자의 증가 인원 수를 한도로 함) × (조세특례제한법 제29조의 8 제1항 제1호의 금액 − 같은 항 제2호의 금액)

② 위 ①에 따른 기간의 다음 날부터 최초로 공제받은 과세연도의 종료일부터 2년이 되는 날이 속하는 과세연도의 종료일까지의 기간 중 최초로 공제받은 과세연도보다 전체 상시근로자 수 또는 청년등상시근로자 수가 감소하는 경우: 다음의 구분에 따라 계산한 금액(위 ①에 따라 계산한 금액이 있는 경우 그 금액을 제외하며, 해당 과세연도의 직전 2년 이내의 과세연도에 공제받은 세액의 합계액을 한도로 함)

가. 전체 상시근로자 수가 감소하는 경우: 다음의 구분에 따라 계산한 금액

㉠ 청년등상시근로자의 감소 인원 수가 전체 상시근로자의 감소 인원 수 이상인 경우: 다음 계산식에 따라 계산한 금액

〔최초로 공제받은 과세연도 대비 청년등상시근로자의 감소 인원 수(최초로 공제받은 과세연도의 청년등상시근로자의 증가 인원 수를 한도로 함) − 전체 상시근로자의 감소 인원 수〕 × (조세특례제한법 제29조의 8 제1항 제1호의 금액 − 같은 항 제2호의 금액) × 직전 2년 이내의 과세연도에 공제받은 횟수 + (전체 상시근로자의 감소 인원 수 × 조세특례제한법 제29조의 8 제1항 제1호의 금액 × 직전 2년 이내의 과세연도에 공제받은 횟수)

㉡ 그 밖의 경우: 최초로 공제받은 과세연도 대비 청년등상시근로자 및 청년등상시근로자를 제외한 상시근로자의 감소 인원 수(전체 상시근로자의 감소 인원 수를 한도로 함)에 대해 직전 2년 이내의 과세연도에 공제받은 세액의 합계액

나. 전체 상시근로자 수는 감소하지 않으면서 청년등상시근로자 수가 감소한 경우: 다음 계산식에 따라 계산한 금액

최초로 공제받은 과세연도 대비 청년등상시근로자의 감소 인원 수(최초로 공제받은 과세연도의 청년등상시근로자의 증가 인원 수를 한도로 함) × (조세특례제한법 제29조의 8 제1항 제1호의 금액 − 같은 항 제2호의 금액) × 직전 2년 이내의 과세연도에 공제받은 횟수

2-22-8. 조세특례제한 및 보칙규정

(1) 중복지원의 배제

고용증가 인원에 대한 세액공제를 적용받는 경우에는 다음과 같은 중복지원의 배제 규정을 적용받을 수 있다. 중복지원의 배제에 대한 자세한 내용은 '제4편 제3장 제4절 중복지원의 배제'편을 참고하기 바란다.

① 내국법인에 대하여 동일한 사업연도에 고용증가 인원에 대한 세액공제를 적용할 때 외국인투자에 대한 법인세 등의 감면 규정을 적용받는 경우에는 고용증가 인원에 대한 세액공제액은 내국인투자비율에 상당하는 범위 내에서만 공제받을 수 있다(조특법 §127 ③).

② 내국법인이 동일한 사업연도에 창업중소기업 추가 감면 규정(조특법 §6 ⑥)을 적용받는 경우에는 고용증가 인원에 대한 세액공제를 적용하지 아니한다(조특법 §127 ④).
③ 고용증가 인원에 대한 세액공제는 고용을 증대시킨 기업에 대한 세액공제(조특법 §29의 7) 또는 중소기업 사회보험료 세액공제(조특법 §30의 4)를 받지 아니한 경우에만 적용한다(조특법 §127 ⑪).

(2) 최저한세의 적용 및 세액공제액의 이월공제

최저한세의 적용, 세액공제액의 이월공제에 대한 내용은 '2-1. 통합투자세액공제'와 동일하므로 '2-1-7. 조세특례제한 및 보칙 규정'의 해당 부분을 참고하기 바란다.

2-22-9. 농어촌특별세의 납부

법인세의 신고·납부시 감면받은 고용증가 인원에 대한 세액공제액의 20%에 상당하는 금액을 농어촌특별세로 신고·납부하여야 한다(농특법 §5 ①, §7).

2-23. 정규직 근로자 전환에 대한 세액공제

2-23-1. 개 요

중소기업 또는 중견기업이 2023년 6월 30일 당시 고용하고 있는 기간제근로자 등을 2024년 1월 1일부터 2024년 12월 31일까지 정규직 근로자로 전환하는 경우에는 정규직 근로자로의 전환에 해당하는 인원에 1,300만원(중견기업의 경우에는 900만원)을 곱한 금액을 해당 과세연도의 법인세에서 공제한다(조특법 §29의 8 ③).

2-23-2. 정규직 근로자로의 전환

정규직 근로자로의 전환이란 비정규직 근로자를 기간의 정함이 없는 근로계약을 체결한 근로자로 전환하거나, 파견근로자 보호 등에 관한 법률에 따라 사용사업주가 직접 고용하거나, 하도급거래 공정화에 관한 법률 제2조 제2항 제2호에 따른 원사업자가 기간의 정함이 없는 근로계약을 체결하여 직접 고용하는 경우를 말한다. 여기서 비정규직 근로자란 기간제 및 단시간근로자 보호 등에 관한 법률에 따른 기간제근로자 및 단시간근로자와 파견근로자 보호 등에 관한 법률에 따른 파견근로자 및 하도급거래 공정화에 관한 법률에 따른 수급사업자에게 고용된 기간제근로자 및 단시간근로자를 말한다. 이 때 다음의 어느 하나에 해당하는 특수관계인은 정규직 근로자로의 전환에 해당하는 인원에서 제외한다(조특법 §29의 8 ③ 및 조특령 §26의 8 ⑨).

① 해당 기업의 최대주주 또는 최대출자자
② 위 ①의 사람과 국세기본법 시행령 제1조의 2 제1항에 따른 친족관계에 있는 사람

2-23-3. 고용유지 요건

중소기업 또는 중견기업의 상시근로자 수가 직전 과세연도의 상시근로자 수보다 감소한 경우에는 정규직 근로자 전환에 대한 세액공제를 적용하지 아니한다(조특법 §29의 8 ③). 여기서 상시근로자의 범위 및 상시근로자 수의 계산에 관하여는 '2-22. 고용증가 인원에 대한 세액공제' 중 '2-22-3. 상시근로자의 범위' 및 '2-22-4. 상시근로자 수의 계산'의 내용을 참고하기 바란다.

한편, 근로기준법 제74조에 따른 출산전후휴가를 사용 중인 상시근로자를 대체하는 상시근로자가 있는 경우 해당 출산전후휴가를 사용 중인 상시근로자는 상시근로자 수와 청년등상시근로자 수에서 제외한다(조특령 §26의 8 ⑦).

개 정

○ 2024년 2월 29일 시행령 개정시 출산휴가자 대체인력을 고용하는 경우 해당 출산휴가자를 상시근로자 수와 청년등 상시근로자 수에서 제외 (조특령 §26의 8 ⑦)
➡ 2024년 2월 29일 이후 과세표준을 신고하는 경우부터 적용

2-23-4. 세액공제의 신청

정규직 근로자 전환에 대한 세액공제를 적용받으려는 내국법인은 과세표준신고를 할 때 세액공제신청서[별지 제1호 서식] 및 공제세액계산서[별지 제10호의 9 서식]를 납세지 관할 세무서장에게 제출해야 한다(조특령 §26의 8 ⑪).

2-23-5. 사후관리

정규직 근로자 전환에 대한 세액공제를 적용받은 자가 정규직 근로자로의 전환일부터 2년이 지나기 전에 해당 근로자와의 근로관계를 종료하는 경우에는 근로관계가 종료한 날이 속하는 과세연도의 과세표준신고를 할 때 공제받은 세액에 상당하는 금액(공제금액 중 조세특례제한법 제144조에 따라 공제받지 못하고 이월된 금액이 있는 경우에는 그 금액을 차감한 후의 금액을 말함)을 법인세로 납부하여야 한다(조특법 §29의 8 ⑥).

2-23-6. 조세특례제한 및 보칙규정

최저한세의 적용, 세액공제액의 이월공제에 대한 내용은 '2-1. 통합투자세액공제'와 동일하므로 '2-1-7. 조세특례제한 및 보칙 규정'의 해당 부분을 참고하기 바란다.

2-23-7. 농어촌특별세의 납부

법인세의 신고·납부시 감면받은 정규직 근로자 전환에 대한 세액공제액의 20%에 상당하는 금액을 농어촌특별세로 신고·납부하여야 한다(농특법 §5 ①, §7).

2-24. 육아휴직 복귀자 복직 기업에 대한 세액공제

2-24-1. 개 요

중소기업 또는 중견기업이 육아휴직 복귀자를 2025년 12월 31일까지 복직시키는 경우에는 육아휴직 복귀자 인원에 1,300만원(중견기업의 경우에는 900만원)을 곱한 금액을 복직한 날이 속하는 과세연도의 법인세에서 공제하며, 육아휴직 복귀자의 자녀 1명당 한 차례에 한정하여 적용한다(조특법 §29의 8 ④, ⑤).

2-24-2. 육아휴직 복귀자의 범위

육아휴직 복귀자란 다음의 요건을 모두 충족하는 사람을 말한다(조특령 §26의 8 ⑨, ⑩).

① 해당 기업에서 1년 이상 근무하였을 것. 다만, 소득세법 시행령 제196조 제1항에 따른 근로소득원천징수부를 통하여 해당 기업이 육아휴직 복귀자의 근로소득세를 원천징수하였던 사실이 확인되는 경우로 한정함.

② 남녀고용평등과 일·가정 양립 지원에 관한 법률 제19조 제1항에 따라 육아휴직한 경우로서 육아휴직 기간이 연속하여 6개월 이상일 것

③ 해당 기업의 최대주주 또는 최대출자자나 그와 국세기본법 시행령 제1조의 2 제1항에 따른 친족관계인 사람이 아닐 것

2-24-3. 고용유지 요건

중소기업 또는 중견기업의 상시근로자 수가 직전 과세연도의 상시근로자 수보다 감소한 경우에는 육아휴직 복귀자 복직 기업에 대한 세액공제를 적용하지 아니한다(조특법 §29의 8 ④). 여기서 상시근로자의 범위 및 상시근로자 수의 계산에 관하여는 '2-22. 고용증가 인원에 대한 세액공제' 중 '2-22-3. 상시근로자의 범위' 및 '2-22-4. 상시근로자 수의 계산'의 내용을 참고하기 바란다.

한편, 근로기준법 제74조에 따른 출산전후휴가를 사용 중인 상시근로자를 대체하는 상시근로자가 있는 경우 해당 출산전후휴가를 사용 중인 상시근로자는 상시근로자 수와 청년등상시근로자 수에서 제외한다(조특령 §26의 8 ⑦).

2-24-4. 세액공제의 신청

육아휴직 복귀자 복직 기업에 대한 세액공제에 대한 세액공제를 적용받으려는 내국법인은 과세표준신고를 할 때 세액공제신청서[별지 제1호 서식] 및 공제세액계산서[별지 제10호의 9 서식]를 납세지 관할 세무서장에게 제출해야 한다(조특령 §26의 8 ⑪).

2-24-5. 사후관리

육아휴직 복귀자 복직 기업에 대한 세액공제를 적용받은 자가 육아휴직 복직일부터 2년이 지나기 전에 해당 근로자와의 근로관계를 종료하는 경우에는 근로관계가 종료한 날이 속하는 과세연도의 과세표준신고를 할 때 공제받은 세액에 상당하는 금액(공제금액 중 조세특례제한법 제144조에 따라 공제받지 못하고 이월된 금액이 있는 경우에는 그 금액을 차감한 후의 금액을 말함)을 법인세로 납부하여야 한다(조특법 §29의 8 ⑥).

2-24-6. 조세특례제한 및 보칙규정

최저한세의 적용, 세액공제액의 이월공제에 대한 내용은 '2-1. 통합투자세액공제'와 동일하므로 '2-1-7. 조세특례제한 및 보칙 규정'의 해당 부분을 참고하기 바란다.

2-24-7. 농어촌특별세의 납부

법인세의 신고・납부시 감면받은 육아휴직 복귀자 복직 기업에 대한 세액공제액의 20%에 상당하는 금액을 농어촌특별세로 신고・납부하여야 한다(농특법 §5 ①, §7).

2-25. 소재・부품・장비기업 공동출자시 세액공제

2-25-1. 개 요

2 이상의 내국법인(이하 "투자기업"이라 함)이 2025년 12월 31일까지 다음의 요건을 모두 갖추어 소재・부품・장비 관련 중소기업・중견기업(이하 "투자대상기업"이라 함)의 주식 또는 출자지분(이하 "주식등"이라 함)을 공동으로 취득(이하 "공동투자"라 함)하는 경우 주식등의 취득가액의 5%에 상당하는 금액을 각 내국법인의 해당 사업연도의 법인세에서 공제한다(조특법 §13의 3 ①).

① 투자대상기업의 소재・부품・장비 관련 연구개발・인력개발・시설투자(이하 "소재・부품・장비 관련 연구・인력개발등"이라 함)를 통하여 투자기업의 제품 생산에 도움을 받기 위한 목적일 것
② 투자대상기업이 유상증자하는 경우로서 증자대금을 납입하는 방법으로 주식등을 취득할 것
③ 투자기업 간, 투자기업과 투자대상기업의 관계가 법인세법 제2조 제12호에 따른 특수관계인이 아닐 것(단, 공동투자로 서로 특수관계인이 된 경우는 제외함)(조특령 §12의 3 ④)

2-25-2. 투자대상기업의 범위

투자대상기업이란 소재・부품・장비산업 경쟁력 강화 및 공급망 안정화를 위한 특별조치법 제16조에 따른 특화선도기업등으로서 중소기업 또는 중견기업에 해당하는 기업을 말한다(조특령 §12의 3 ①).

2-25-3. 공동투자의 요건

공동투자는 다음의 요건을 모두 갖추어야 한다(조특령 §12의 3 ②).

① 투자기업이 투자대상기업과 공동투자에 대해 체결한 협약에 따라 공동으로 주식등을 취득할 것

② 공동투자에 참여한 각 내국법인이 투자대상기업의 유상증자 금액의 25% 이상을 증자대금으로 납입할 것

2-25-4. 소재·부품·장비 관련 연구·인력개발 등의 범위

위 '2-25-1의 ①'에서 소재·부품·장비 관련 연구·인력개발 등이란 다음의 어느 하나에 해당하는 것을 말한다(조특령 §12의 3 ③).

① 조세특례제한법 제10조 제1항에 따른 연구·인력개발비

② 조세특례제한법 제24조 제1항 제1호에 따른 통합투자세액공제 대상 자산에 대한 투자

2-25-5. 사후관리

투자기업이 법인세를 공제받은 후에 다음의 어느 하나에 해당하는 사유가 발생하는 경우에는 그 사유가 발생한 날이 속하는 사업연도의 과세표준신고를 할 때 주식등에 대한 세액공제액 상당액(아래 ③에 해당하는 경우에는 후술하는 내용에 따라 계산한 금액)에 이자상당가산액을 더하여 법인세로 납부하여야 하며, 해당 세액은 법인세법 제64조에 따라 납부하여야 할 세액으로 본다(조특법 §13의 3 ②).

① 법인세를 공제받은 투자기업이 주식등을 취득한 후 5년 이내에 투자대상기업의 지배주주등(*)에 해당하는 경우

② 투자대상기업이 유상증자일부터 3년이 되는 날이 속하는 사업연도 종료일까지 투자기업이 납입한 증자대금의 80%에 상당하는 금액 이상을 소재·부품·장비 관련 연구·인력개발 등에 지출하지 아니하는 경우

③ 법인세를 공제받은 투자기업이 주식등을 취득한 후 4년 이내에 해당 주식등을 처분하는 경우(이 경우 처분되는 주식등은 먼저 취득한 주식등이 먼저 처분되는 것으로 봄)

(*) 지배주주등의 범위에 관하여는 법인세법 시행령 제43조 제7항을 준용함(조특령 §12의 3 ⑯)

위 '③ 법인세를 공제받은 투자기업이 주식등을 취득한 후 4년 이내에 해당 주식등을 처분하는 경우'에 해당하여 법인세로 납부해야 하는 세액공제액 상당액은 다음의 구분에 따라 계산한 금액으로 한다(조특령 §12의 3 ⑤).

① 투자기업이 주식등 취득일부터 2년 이내에 주식등을 처분하는 경우: 공제받은 세액 전액

② 투자기업이 주식등 취득일부터 2년이 경과한 날부터 2년 이내에 주식등을 처분하는 경우: 다음의 계산식에 따라 계산한 금액

$$\text{각 내국법인이 공제받은 세액} \times \frac{\text{공동투자로 각 내국법인이 취득한 주식등 중 해당 과세기간에 처분한 주식등의 수}}{\text{공동투자로 각 내국법인이 취득한 주식등의 수}}$$

여기서 법인세에 더하여 납부해야 하는 이자상당액은 다음의 금액으로 한다(조특령 §12의 3 ⑥).

이자상당액 = 공제받은 세액(*) × 공제받은 사업연도 종료일의 다음 날부터 납부사유가 발생한 날이 속하는속하는 사업연도의 종료일까지의 기간 × 22/100,000

(*) 위 '② 투자기업이 주식등 취득일부터 2년이 경과한 날부터 2년 이내에 주식등을 처분하는 경우'에는 해당 계산식에 따라 계산한 금액

2-25-6. 세액공제의 신청

소재·부품·장비기업 공동출자시 세액공제를 적용받으려는 내국법인은 과세표준신고와 함께 세액공제신청서[별지 제1호 서식] 및 공제세액계산서[별지 제19호 서식]를 납세지 관할 세무서장에게 제출해야 한다(조특령 §12의 3 ⑮).

2-25-7. 조세특례제한 및 보칙규정

최저한세의 적용, 세액공제액의 이월공제에 대한 내용은 통합투자세액공제와 동일하므로 '2-1. 통합투자세액공제' 중 '2-1-7. 조세특례제한 및 보칙 규정'의 해당부분을 참고하기 바란다.

2-25-8. 농어촌특별세의 납부

법인세의 신고·납부시 감면받은 소재·부품·장비 기업 공동출자시 세액공제액의 20%에 상당하는 금액을 농어촌특별세로 신고·납부하여야 한다(농특법 §5 ①, §7).

2-26. 소재·부품·장비, 국가전략기술 관련 외국법인 인수시 세액공제

2-26-1. 개 요

내국법인[단, 외국법인이 법인세법 제2조 제12호에 따른 특수관계인(이하 "특수관계인"이라 함)인 법인과 금융 및 보험업을 영위하는 법인은 제외함]이 다음의 구분에 따른 요건을 모두 갖추어 2025

년 12월 31일까지 소재・부품・장비 또는 국가전략기술 관련 외국법인(단, 내국법인이 특수관계인인 경우는 제외하며, 이하 "인수대상 외국법인"이라 함)의 주식등을 취득하거나 인수대상 외국법인의 소재・부품・장비 또는 국가전략기술 관련 사업의 양수 또는 사업의 양수에 준하는 자산의 양수(이하 "인수"라 함)를 하는 경우[인수대상 외국법인을 인수할 목적으로 설립된 특수 목적 법인(이하 "인수목적법인"이라 함)을 통해 간접적으로 인수하는 경우를 포함함] 주식등 취득가액 또는 사업・자산의 양수가액(이하 "인수가액"이라 함)의 5%(중견기업은 7%, 중소기업은 10%)에 상당하는 금액을 해당 사업연도의 법인세에서 공제한다. 이 경우 인수건별 인수가액이 5천억원을 초과하는 경우 그 초과하는 금액은 없는 것으로 본다(조특법 §13의 3 ③).

① 주식등을 취득하는 경우: 다음의 요건

㉠ 해당 내국법인과 인수대상 외국법인이 각각 1년 이상 사업을 계속하던 기업일 것

㉡ 인수대상 외국법인의 발행주식총수 또는 출자총액의 50%(내국법인이 인수대상 외국법인의 최대주주 또는 최대출자자로서 그 인수대상 외국법인의 경영권을 실질적으로 지배하는 경우는 30%로 하고, 이하 "기준지분비율"이라 함) 이상을 직접 또는 간접적으로 취득하고, 해당 내국법인이 해당 주식등을 취득일이 속하는 사업연도의 종료일까지 보유할 것

㉢ 인수일 당시 인수대상 외국법인의 주주 또는 출자자(이하 "주주등"이라 함)가 해당 주식등을 양도한 날부터 그 날이 속하는 내국법인의 사업연도 종료일까지 내국법인 또는 인수목적법인의 지배주주등(*1)에 해당하지 아니할 것

㉣ 내국법인의 주식등 취득일이 속하는 사업연도의 종료일까지 인수대상 외국법인이 종전에 영위하던 사업을 계속할 것(*2)

② 사업 또는 자산을 양수하는 경우: 다음의 요건

㉠ 해당 내국법인과 인수대상 외국법인이 각각 1년 이상 사업을 계속하던 기업일 것

㉡ 인수대상 외국법인의 주주등이 사업 또는 자산을 양도한 날부터 그 날이 속하는 내국법인의 사업연도 종료일까지 내국법인 또는 인수목적법인의 지배주주등(*1)에해당하지아니할것

㉢ 내국법인의 사업・자산의 양수일이 속하는 사업연도의 종료일까지 양수를 통하여 승계된 종전의 사업을 계속할 것(*2)

(*1) 지배주주등의 범위에 관하여는 법인세법 시행령 제43조 제7항을 준용함(조특령 §12의 3 ⑯).

(*2) 사업의 계속 및 폐지 여부의 판정에 관하여는 법인세법 시행령 제80조의 2 제7항을 준용함(조특령 §12의 3 ⑰).

2-26-2. 인수대상 외국법인의 범위 등

인수대상 외국법인이란 다음의 어느 하나에 해당하는 외국법인을 말한다(조특령 §12의 3 ⑦).

① 해당 소재・부품・장비 관련 국내 산업 기반, 국내 특허 보유 여부, 해외 의존도 등을 고려

하여 소재·부품·장비산업 경쟁력 강화 및 공급망 안정화를 위한 특별조치법 제12조에 따른 핵심전략기술과 관련된 품목으로서 산업통상자원부장관이 기획재정부장관과 협의하여 고시하는 품목을 생산하는 외국법인. 이 경우 주식등을 취득하는 방법으로 인수하는 경우에는 소재·부품·장비 품목의 매출액(조세특례제한법 시행령 제2조 제4항에 따른 계산방법으로 산출한 매출액으로서 주식등의 취득일이 속한 사업연도 직전 3개 사업연도의 평균 매출액을 말하며, 사업연도가 1년 미만인 사업연도의 매출액은 1년으로 환산한 매출액을 말함)이 전체 매출액의 50% 이상인 외국법인으로 한정함(조특칙 §8의 8).

② 국가전략기술을 활용한 사업에서 발생한 매출액이 전체 매출액의 50% 이상인 외국법인

③ 소재·부품·장비 품목의 매출액과 국가전략기술을 활용한 사업에서 발생한 매출액의 합계액이 전체 매출액의 50% 이상인 외국법인

2-26-3. 소재·부품·장비, 국가전략기술 관련 사업의 양수의 범위

인수대상 외국법인의 소재·부품·장비 또는 국가전략기술 관련 사업(이하 "인수대상사업"이라 함)의 양수란 인수대상 사업에 관한 권리와 의무를 포괄적 또는 부분적으로 승계하는 것을 말하며, 사업의 양수에 준하는 자산의 양수는 양수 전에 인수대상 외국법인이 영위하던 인수대상 사업이 양수 후에도 계속될 수 있는 정도의 자산을 매입하는 것을 말한다(조특령 §12의 3 ⑧).

2-26-4. 인수목적법인의 요건

인수목적법인이란 인수대상 외국법인을 인수할 목적으로 설립된 특수목적법인으로서 다음의 요건을 모두 충족하는 법인을 말한다. 한편, 위 '2-26-1'에 따라 간접적으로 인수하는 경우 지분비율은 내국법인의 인수목적법인에 대한 출자비율에 그 인수목적법인의 위 '2-26-2'에 따른 인수대상 외국법인에 대한 출자비율을 곱한 것으로 한다(조특령 §12의 3 ⑨, ⑪).

① 위 '2-26-2'에 따른 인수대상 외국법인을 인수하는 것을 사업목적으로 할 것

② 위 '2-26-1'의 내국법인이 발행주식총수 또는 출자총액의 100%를 출자하고 있는 법인일 것

관련사례

• 인수목적법인에 내국법인의 완전 손자회사가 포함되는지 여부
소재·부품·장비외국법인을 인수하기 위해 설립되는 특수목적법인(인수목적법인)에는 내국법인의 완전 손자회사가 포함됨(기획재정부 법인세제과-0143, 2021. 3. 8.).

2-26-5. 인수건별 인수가액의 산정

인수대상 외국법인 인수시 세액공제를 적용함에 있어서 인수건별 인수가액이란 인수대상

외국법인의 인수대상 사업 또는 자산의 양수일부터 3년 이내에 그 외국법인으로부터 인수대상 사업 또는 자산의 인수가 있는 경우 그 각각의 인수가액을 합한 금액을 말한다(조특령 §12의 3 ⑩).

이 때 2 이상의 내국법인이 공동투자 등에 대해 체결한 협약에 따라 공동으로 인수대상 외국법인을 인수(이하 "공동인수"라 함)하는 경우에는 1개의 내국법인이 인수하는 것으로 보며, 공동인수에 참여한 각 내국법인의 공제금액은 인수가액에 비례하여 안분계산한 금액으로 한다(조특법 §12의 3 ⑥ 및 조특령 §12의 3 ⑬).

2-26-6. 사후관리

법인세를 공제받은 내국법인은 인수일이 속하는 사업연도의 다음 사업연도의 개시일부터 4년 이내의 기간에 다음의 사유가 발생하는 경우에는 그 사유가 발생한 날이 속하는 사업연도의 과세표준신고를 할 때 공제받은 세액에 이자상당액을 더한 금액을 법인세로 납부하여야 하며, 해당 세액은 법인세법 제64조에 따라 납부하여야 할 세액으로 본다. 다만, 사업 또는 자산을 양수한 경우에는 아래 ③을 적용하지 아니한다(조특법 §13의 3 ④ 및 조특령 §12의 3 ⑫).

① 인수일 당시 인수대상 외국법인의 주주등이 내국법인 또는 인수목적법인의 지배주주등(*1)에 해당하는 경우

② 인수대상 외국법인이 종전에 영위하던 사업을 폐지하거나 양수를 통하여 승계된 종전의 사업을 폐지하는 경우(*2)

③ 각 사업연도 종료일 현재 내국법인이 직접 또는 간접적으로 보유하고 있는 인수대상 외국법인의 지분비율(이하 "현재지분비율"이라 함)이 주식등의 취득일 당시 지분비율(이하 "당초지분비율"이라 함)보다 낮아지는 경우

(*1) 지배주주등의 범위에 관하여는 법인세법 시행령 제43조 제7항을 준용함(조특령 §12의 3 ⑯).

(*2) 사업의 계속 및 폐지 여부의 판정에 관하여는 법인세법 시행령 제80조의 2 제7항을 준용함(조특령 §12의 3 ⑰).

다만, 위 '③ 현재지분비율이 당초지분비율보다 낮아지는 경우'에 해당하는 경우로서 현재지분비율이 기준지분비율 이상인 경우에는 다음의 계산식에 따라 계산한 금액(단, 지분비율 감소로 이미 납부한 공제세액은 제외함)에 이자상당액을 더한 금액을 법인세로 납부하여야 한다(조특법 §13의 3 ⑤).

$$\frac{(\text{당초 지분비율} - \text{현재 지분비율})}{\text{당초 지분비율}} \times \text{공제세액}$$

한편, 공동인수에 참여한 법인이 그 공동인수에 참여하지 않은 제3자에게 주식등을 처분하여 다음의 어느 하나에 해당하는 경우에는 해당 법인이 사후관리에 따른 법인세를 납부해야 한다(조특령 §12의 3 ⑭).

① 위 '③ 현재지분비율이 당초지분비율보다 낮아지는 경우'
② 위 '③ 현재지분비율이 당초지분비율보다 낮아지는 경우'에 해당하는 경우로서 현재지분비율이 기준지분비율 이상인 경우

여기서 법인세에 더하여 납부해야 하는 이자상당액은 다음의 금액으로 한다(조특령 §12의 3 ⑥).

> 이자상당액 = 공제받은 세액(*) × 공제받은 사업연도 종료일의 다음 날부터 납부사유가 발생한 날이 속하는 사업연도의 종료일까지의 기간 × 22/100,000
> (*) 위 '③ 현재지분비율이 당초지분비율보다 낮아지는 경우'에 해당하는 경우로서 현재지분비율이 기준지분비율 이상인 경우에는 해당 계산식에 따라 계산한 금액

2-26-7. 세액공제의 신청

인수대상 외국법인 인수시 세액공제를 적용받으려는 내국법인은 과세표준신고와 함께 세액공제신청서[별지 제1호 서식] 및 공제세액계산서[별지 제20호 서식]를 납세지 관할 세무서장에게 제출해야 한다(조특령 §12의 3 ⑮).

2-26-8. 조세특례제한 및 보칙규정

최저한세의 적용, 세액공제액의 이월공제에 대한 내용은 통합투자세액공제와 동일하므로 '2-1. 통합투자세액공제' 중 '2-1-7. 조세특례제한 및 보칙 규정'의 해당부분을 참고하기 바란다.

2-26-9. 농어촌특별세의 납부

법인세의 신고·납부시 감면받은 인수대상 외국법인 인수시 세액공제액의 20%에 상당하는 금액을 농어촌특별세로 신고·납부하여야 한다(농특법 §5 ①, §7).

2-27. 우수 선화주기업 인증을 받은 화주 기업에 대한 세액공제

2-27-1. 개 요

해운법 제47조의 2에 따라 우수 선화주기업 인증을 받은 화주 기업(물류정책기본법 제43조 제1항에 따라 국제물류주선업자로 등록한 기업으로 한정함) 중 직전 사업연도에 매출액이 있는 기업(이하 "화주기업"이라 함)이 다음의 요건을 모두 충족하는 경우에는 2025년 12월 31일까지 해운법 제25조 제1항에 따른 외항정기화물운송사업자(이하 "외항정기화물운송사업자"라 함)에게 수출입을 위하여 지출한 운송비용의 1%에 상당하는 금액에 직전 사업연도에 비하여 증가

한 운송비용의 3%에 상당하는 금액을 더한 금액을 해당 지출일이 속하는 사업연도의 법인세에서 공제한다. 다만, 공제받는 금액이 해당 사업연도의 법인세의 10%를 초과하는 경우에는 10%를 한도로 한다(조특법 §104의 30 ① 및 조특령 §104의 27 ①).

① 화주기업이 해당 사업연도에 외항정기화물운송사업자에게 지출한 해상운송비용이 전체 해상운송비용의 40% 이상일 것

② 화주기업이 해당 사업연도에 지출한 해상운송비용 중 외항정기화물운송사업자에게 지출한 비용이 차지하는 비율이 직전 사업연도보다 증가할 것

2-27-2. 운송비용 및 해상운송비용의 요건

우수 선화주기업 인증을 받은 화주 기업에 대한 세액공제를 적용함에 있어 운송비용 및 해상운송비용은 해운법 제23조 제2호에 따른 외항 정기 화물운송사업을 영위하는 자에게 지출한 비용으로서 다음의 요건을 모두 충족하는 것으로 한다(조특령 §104의 27 ②).

① 대외무역법 시행령 제2조 제3호 및 제4호에 따른 수출·수입에 따른 물품의 이동을 위해 지출하는 비용일 것

② 외항 정기 화물운송사업을 영위하는 자와 체결한 운송계약을 증명하는 선하증권 및 그 밖의 서류에 기재된 구간의 운송을 위하여 지출한 비용일 것

2-27-3. 세액공제의 신청

우수 선화주기업 인증을 받은 화주 기업에 대한 세액공제를 신청하려는 자는 과세표준 신고와 함께 우수 선화주기업 인증을 받은 화주기업에 대한 세액공제신청서[별지 제1호 서식] 및 공제세액계산서[별지 제64호의 21 서식]를 납세지 관할 세무서장에게 제출해야 한다(조특령 §104의 27 ③).

2-27-4. 조세특례제한 및 보칙규정

최저한세의 적용, 세액공제액의 이월공제에 대한 내용은 통합투자세액공제와 동일하므로 '2-1. 통합투자세액공제' 중 '2-1-7. 조세특례제한 및 보칙 규정'의 해당부분을 참고하기 바란다.

2-27-5. 농어촌특별세의 납부

법인세의 신고·납부시 감면받은 우수 선화주기업 인증을 받은 화주 기업에 대한 세액공제액의 20%에 상당하는 금액을 농어촌특별세로 신고·납부하여야 한다(농특법 §5 ①, §7).

2-28. 해외자원개발투자에 대한 과세특례

2-28-1. 개 요

해외자원개발 사업법 제2조 제5호에 따른 해외자원개발사업자(이하 "해외자원개발사업자"라 함)가 같은 조 제4호에 따른 해외자원개발을 위하여 2024년 1월 1일부터 2026년 12월 31일까지 법 소정의 투자나 출자(이하 "해외자원개발투자"라 함)를 하는 경우에는 해당 해외자원개발투자 금액의 3%에 상당하는 금액을 해당 해외자원개발투자가 이루어지는 사업연도의 법인세에서 공제한다. 다만, 내국인 또는 내국인이 발행주식총수 또는 출자총액의 100%를 직접 출자하고 있는 외국법인(이하 "외국자회사"라 함)의 투자자산 또는 출자지분을 양수하는 방법으로 투자하거나 출자하는 경우에는 그러하지 아니하다(조특법 §104의 15 ①).

개 정

○ 2023년 12월 31일 법 개정시 해외자원개발투자에 대한 과세특례 재도입(조특법 §104의 15)
➡ 2024년 1월 1일부터 시행

2-28-2. 해외자원개발투자의 범위

세액공제가 적용되는 해외자원개발투자란 다음의 어느 하나에 해당하는 투자나 출자를 말한다(조특법 §104의 15 ①).

① 광업권과 조광권을 취득하는 투자
② 광업권 또는 조광권을 취득하기 위한 다음의 요건을 모두 갖춘 외국법인에 대한 출자로서 발행주식총수 또는 출자총액에서 차지하는 비율이 10% 이상이거나 해외자원개발사업자의 임직원을 외국법인의 임원으로 파견하는 경우의 출자(조특령 §104의 15 ①)
   ㉮ 해외자원개발사업자가 해외자원개발 사업법 제5조에 따라 신고한 사업의 광구(이하 "해당 광구"라 함)에 대한 광업권 또는 조광권을 소유할 것
   ㉯ 해당 광구의 개발과 운영을 목적으로 설립되었을 것
③ 내국인의 외국자회사에 대한 해외직접투자로서 외국환거래법 제3조 제1항 제18호 가목에 따른 다음의 어느 하나에 해당하는 투자. 다만, 내국인의 외국자회사가 상기 ①과 ②의 방법으로 광업권 또는 조광권을 취득하는 경우로 한정한다(조특령 §104의 15 ②).
   ㉮ 내국인의 외국자회사의 증자에 참여하는 투자
   ㉯ 내국인의 외국자회사에 상환기간을 5년 이상으로 하여 금전을 대여하는 투자
   ㉰ 해외자원개발사업자가 위 ㉮ 및 ㉯에 따른 내국인과 공동으로 내국인의 외국자회사에 상환기간을 5년 이상으로 하여 금전을 대여하는 투자

이 때, 해외자원개발사업자가 광물자원을 개발하기 위한 투자금액 또는 출자금액은 위 ①

~ ③에 따라 취득하거나 소유하고 있는 광업권 또는 조광권의 금액을 한도로 하며, 위 '③의 ㉰'의 경우에는 전체 투자금액(광업권 또는 조광권의 금액을 한도로 함)에 각 해외자원개발사업자의 투자비율을 곱하여 계산한다(조특령 §104의 15 ③).

2-28-3. 사후관리

세액공제를 적용받은 자가 다음의 어느 하나에 해당하는 경우에는 그 사유 발생일이 속하는 사업연도의 과세표준신고를 할 때 해당 투자 또는 출자금액에 대한 세액공제액 상당액으로서 다음의 구분에 따른 금액에 이자 상당 가산액을 가산하여 법인세로 납부하여야 한다(조특법 §104의 15 ② 및 조특령 §104의 15 ④).

① 투자일 또는 출자일부터 5년이 지나기 전에 투자자산 또는 출자지분을 이전하거나 회수하는 경우 :

$$\text{공제받은 세액} \times \frac{\text{이전하거나 회수한 투자자산 또는 출자지분의 취득가액}}{\text{투자자산 또는 출자지분의 취득가액 총액}}$$

② 투자일 또는 출자일부터 3년이 되는 날까지 광업권 또는 조광권을 취득하지 못하는 경우 : 공제받은 세액 전액

이 때, 이자상당가산액은 다음 계산식에 따라 계산한 금액으로 한다(조특령 §104의 15 ⑤, §11의 2 ⑨ 2호).

$$\text{공제받은 세액} \times \frac{\text{공제받은 사업연도의 과세표준신고일의 다음 날부터 추징사유가}}{\text{발생한 날이 속하는 사업연도의 과세표준 신고일까지의 기간}} \times \frac{22}{100{,}000}$$

개 정

○ 2024년 2월 29일 시행령 개정시 투자일·출자일부터 5년 이내에 투자자산·출자지분을 이전·회수한 경우에는 그 이전·회수한 투자자산·출자지분에 상당하는 공제액을 추징하고 3년 이내에 광업권·조광권을 취득하지 못한 경우에는 공제액 전액을 추징하도록 사후관리 규정을 구분(조특령 §104의 15 ④)
➡ 2024년 2월 29일부터 시행

2-28-4. 세액공제의 신청

세액공제를 적용받으려는 자는 과세표준신고와 함께 세액공제신청서[조특칙 별지 제1호 서

식] 및 해외자원개발투자신고서[조특칙 별지 제64호의 28 서식]를 납세지 관할 세무서장에게 제출하여야 한다(조특령 §104의 15 ⑥).

2-28-5. 조세특례제한 및 보칙 규정

중복지원의 배제, 최저한세의 적용, 세액공제액의 이월공제에 관한 내용은 통합투자세액공제와 동일하므로 '2-1. 통합투자세액공제' 중 '2-1-7. 조세특례제한 및 보칙 규정'의 해당 부분을 참고하기 바란다.

2-28-6. 농어촌특별세의 납부

법인세의 신고·납부시 감면받은 해외자원개발투자에 대한 세액공제액의 20%에 상당하는 금액을 농어촌특별세로 신고·납부하여야 한다(농특법 §5 ①, §7).

MEMO

Step Ⅱ : 서식의 이해

■ 작성요령 Ⅰ - 공제감면세액 및 추가납부세액합계표(갑)

[별지 제8호 서식 (갑)] (2024. 3. 22. 개정)

사업연도	. . . ~ . . .	공제감면세액 추가납부세액합겨

1. 최저한세 적용제외 공제감면세액

① 구 분		
세액감면	(101) 창업중소기업에 대한 세액감면(최저한세 적용제외)	「조세
	(102) 해외자원개발투자배당 감면	「조세
	(103) 수도권과밀억제권역 밖으로 이전하는 중소기업 세액감면 (수도권 밖으로 이전)	구 「
	(104) 공장의 수도권 밖 이전에 대한 세액감면	「조세
	(105) 본사의 수도권 밖 이전에 대한 세액감면	「조세
	(106) 영농조합법인 감면	「조세
	(107) 영어조합법인 감면	「조세
	(108) 농업회사법인 감면(농업소득)	「조세
	(109) 행정중심복합도시 등 공장이전에 대한 조세감면	「조세 (201
	(110) 위기지역 내 창업기업 세액감면(최저한세 적용제외)	「조세
	(111) 해외진출기업의 국내복귀에 대한 세액감면(철수방식)	「조세
	(112) 해외진출기업의 국내복귀에 대한 세액감면(유지방식)	「조세
	(113) 고도기술수반사업 외국인투자 세액감면	「조세
	(114) 외국인투자지역내 외국인투자 세액감면	「조세
	(115) 경제자유구역내 외국인투자 세액감면	「조세
	(116) 경제자유구역 개발사업시행자 세액감면	「조세
	(117) 제주투자진흥기구의 개발사업시행자 세액감면	「조세
	(118) 기업도시 개발구역내 외국인투자 세액감면	「조세
	(119) 기업도시 개발사업의 시행자 세액감면	「조세
	(120) 새만금사업지역내 외국인투자 세액감면	「조세
	(121) 새만금사업 시행자 세액감면	「조세
	(122) 기타 외국인투자유치를 위한 조세감면	「조세
	(123) 외국인투자기업의 증자의 조세감면	「조세
	(124) 기술도입대가에 대한 조세면제(국내지점 등)	법률 제
	(125) 제주첨단과학기술단지 입주기업 조세감면(최저한세 적용제외)	「조세
	(126) 제주투자진흥지구등 입주기업 조세감면(최저한세 적용제외)	「조세
	(127) 기업도시개발구역 등 입주기업 감면(최저한세 적용제외)	「조세
	(128) 기업도시개발사업 등 시행자 감면	「조세
	(129) 아시아문화중심도시 투자진흥지구 입주기업 감면(최저한세 적용제외)	「조세
	(130) 금융중심지 창업기업에 대한 감면(최저한세 적용제외)	「조세
	(131) 동업기업 세액감면 배분액(최저한세 적용제외)	「조세
	(132) 사회적기업에 대한 감면	「조세
	(133) 장애인 표준사업장에 대한 감면	「조세
	(134) 첨단의료복합단지 입주기업에 대한 감면(최저한세 적용제외)	「조세
	(135) 국가식품클러스터 입주기업에 대한 감면(최저한세 적용제외)	「조세
	(136) 연구개발특구 입주기업에 대한 감면(최저한세 적용제외)	「조세
	(137) 감염병 피해에 따른 특별재난지역의 중소기업에 대한 감면	「조세
	(138) 기회발전특구 창업기업 등에 대한 법인세 등의 감면(최저한세 적용제외)	「조세
	❾	
	(139) 소 계	
세액공제	(140) 외국납부세액공제	「법인
	(141) 재해손실세액공제	「법인
	(142) 신성장・원천기술 연구개발비세액공제(최저한세 적용제외)	「조세
	(143) 국가전략기술 연구개발비세액공제(최저한세 적용제외)	「조세
	(144) 일반 연구・인력개발비세액공제(최저한세 적용제외)	「조세
	(145) 동업기업 세액공제 배분액(최저한세 적용제외)	「조세
	(146) 성실신고 확인비용에 대한 세액공제	「조세
	(147) 상가임대료를 인하한 임대사업자에 대한 세액공제	「조세
	(148) 용역제공자에 관한 과세자료의 제출에 대한 세액공제	「조세
	(149) 소 계	
(150) 합 계((139) + (149))		

❾ 법령의 개정에 따라 종전의 규정 또는 개정규정에 따라 공제감면 받는 경우에는 비어 있는 란 등에 해당 법령의 조문순서에 따라 별도로 적는다.

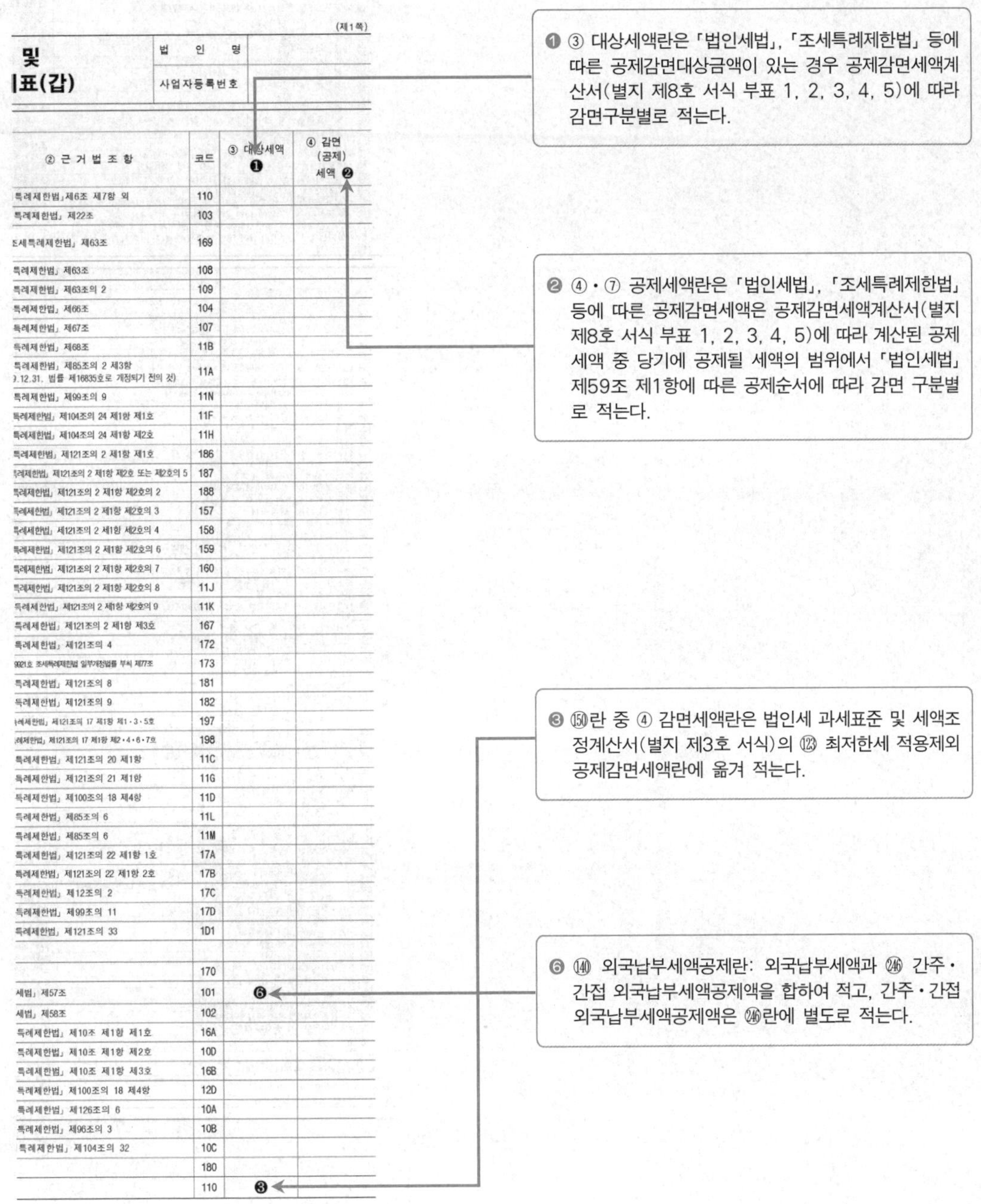

(제1쪽)

및 표(갑)	법 인 명	
	사업자등록번호	

② 근 거 법 조 항	코드	③ 대상세액 ❶	④ 감면(공제)세액 ❷
특례제한법」제6조 제7항 외	110		
특례제한법」 제22조	103		
조세특례제한법」 제63조	169		
특례제한법」 제63조	108		
특례제한법」 제63조의 2	109		
특례제한법」 제66조	104		
특례제한법」 제67조	107		
특례제한법」 제68조	11B		
특례제한법」 제85조의 2 제3항 .12.31. 법률 제16835호로 개정되기 전의 것)	11A		
특례제한법」 제99조의 9	11N		
특례제한법」 제104조의 24 제1항 제1호	11F		
특례제한법」 제104조의 24 제1항 제2호	11H		
특례제한법」 제121조의 2 제1항 제1호	186		
례제한법」 제121조의 2 제1항 제2호 또는 제2호의 5	187		
특례제한법」 제121조의 2 제1항 제2호의 2	188		
특례제한법」 제121조의 2 제1항 제2호의 3	157		
특례제한법」 제121조의 2 제1항 제2호의 4	158		
특례제한법」 제121조의 2 제1항 제2호의 6	159		
특례제한법」 제121조의 2 제1항 제2호의 7	160		
특례제한법」 제121조의 2 제1항 제2호의 8	11J		
특례제한법」 제121조의 2 제1항 제2호의 9	11K		
특례제한법」 제121조의 2 제1항 제3호	167		
특례제한법」 제121조의 4	172		
9921호 조세특례제한법 일부개정법률 부칙 제77조	173		
특례제한법」 제121조의 8	181		
특례제한법」 제121조의 9	182		
례제한법」 제121조의 17 제1항 제1·3·5호	197		
례제한법」 제121조의 17 제1항 제2·4·6·7호	198		
특례제한법」 제121조의 20 제1항	11C		
특례제한법」 제121조의 21 제1항	11G		
특례제한법」 제100조의 18 제4항	11D		
특례제한법」 제85조의 6	11L		
특례제한법」 제85조의 6	11M		
특례제한법」 제121조의 22 제1항 1호	17A		
특례제한법」 제121조의 22 제1항 2호	17B		
특례제한법」 제12조의 2	17C		
특례제한법」 제99조의 11	17D		
특례제한법」 제121조의 33	1D1		
	170		
세법」 제57조	101	❻	
세법」 제58조	102		
특례제한법」 제10조 제1항 제1호	16A		
특례제한법」 제10조 제1항 제2호	10D		
특례제한법」 제10조 제1항 제3호	16B		
특례제한법」 제100조의 18 제4항	12D		
특례제한법」 제126조의 6	10A		
특례제한법」 제96조의 3	10B		
특례제한법」 제104조의 32	10C		
	180		
	110	❸	

❶ ③ 대상세액란은 「법인세법」, 「조세특례제한법」 등에 따른 공제감면대상금액이 있는 경우 공제감면세액계산서(별지 제8호 서식 부표 1, 2, 3, 4, 5)에 따라 감면구분별로 적는다.

❷ ④·⑦ 공제세액란은 「법인세법」, 「조세특례제한법」 등에 따른 공제감면세액은 공제감면세액계산서(별지 제8호 서식 부표 1, 2, 3, 4, 5)에 따라 계산된 공제세액 중 당기에 공제될 세액의 범위에서 「법인세법」 제59조 제1항에 따른 공제순서에 따라 감면 구분별로 적는다.

❸ ⑮란 중 ④ 감면세액란은 법인세 과세표준 및 세액조정계산서(별지 제3호 서식)의 ⑫ 최저한세 적용제외 공제감면세액란에 옮겨 적는다.

❻ ⑭ 외국납부세액공제란: 외국납부세액과 ㉖ 간주·간접 외국납부세액공제액을 합하여 적고, 간주·간접 외국납부세액공제액은 ㉖란에 별도로 적는다.

2. 최저한세 적용대상 공제감면세액

	① 구 분	
세액감면	(151) 창업중소기업에 대한 세액감면(최저한세 적용대상)	「조세특례제
	(152) 창업벤처중소기업 세액감면	「조세특례
	(153) 에너지신기술 중소기업 세액감면	「조세특례
	(154) 중소기업에 대한 특별세액감면	「조세특례
	(155) 연구개발특구 입주기업에 대한 세액감면(최저한세 적용대상)	「조세특례
	(156) 국제금융거래이자소득 면제	「조세특례
	(157) 사업전환 중소기업에 대한 세액감면	구 「조세
	(158) 무역조정지원기업의 사업전환 세액감면	구 「조세
	(159) 기업구조조정 전문회사 주식양도차익 세액감면	법률 제9 제10조 ·
	(160) 혁신도시 이전 등 공공기관 세액감면	「조세특례
	(161) 공장의 지방이전에 대한 세액감면(중소기업의 수도권 안으로 이전)	「조세특례
	(162) 농공단지입주기업 등 감면	「조세특례
	(163) 농업회사법인 감면(농업소득 외의 소득)	「조세특례
	(164) 소형주택 임대사업자에 대한 세액감면	「조세특례
	(165) 상가건물 장기임대사업자에 대한 세액감면	「조세특례
	(166) 산림개발소득 감면	「조세특례
	(167) 동업기업 세액감면 배분액(최저한세 적용대상)	「조세특례
	(168) 첨단의료복합단지 입주기업에 대한 감면(최저한세 적용대상)	「조세특례제
	(169) 기술이전에 대한 세액감면	「조세특례
	(170) 기술대여에 대한 세액감면	「조세특례
	(171) 제주첨단과학기술단지 입주기업 감면(최저한세 적용대상)	「조세특례
	(172) 제주투자진흥지구등 입주기업 감면(최저한세 적용대상)	「조세특례
	(173) 기업도시개발구역 등 입주기업 감면(최저한세 적용대상)	「조세특례
	(174) 위기지역 내 창업기업 세액감면(최저한세 적용대상)	「조세특례
	(175) 아시아문화중심도시 투자진흥지구 입주기업 감면(최저한세 적용대상)	「조세특례
	(176) 금융중심지 창업기업에 대한 감면(최저한세 적용대상)	「조세특례
	(177) 국가식품클러스터 입주기업에 대한 감면(최저한세 적용대상)	「조세특례
	(178) 기회발전특구 창업기업 등에 대한 법인세 등의 감면(최저한세 적용대상)	「조세특례
	(179) 소 계	

	① 구 분	
세액공제	(180) 중소기업 등 투자세액공제	구 「조세특
	(181) 상생결제 지급금액에 대한 세액공제	「조세특례제
	(182) 대·중소기업 상생협력을 위한 기금출연 세액공제	「조세특례제
	(183) 협력중소기업에 대한 유형고정자산 무상임대 세액공제	「조세특례제
	(184) 수탁기업에 설치하는 시설에 대한 세액공제	「조세특례제
	(185) 교육기관에 무상 기증하는 중고자산에 대한 세액공제	「조세특례제
	(186) 신성장·원천기술 연구개발비세액공제(최저한세 적용대상)	「조세특례제
	(187) 국가전략기술 연구개발비세액공제(최저한세 적용대상)	「조세특례제
	(188) 일반 연구·인력개발비세액공제(최저한세 적용대상)	「조세특례제
	(189) 기술취득에 대한 세액공제	「조세특례제
	(190) 기술혁신형 합병에 대한 세액공제	「조세특례제
	(191) 기술혁신형 주식취득에 대한 세액공제	「조세특례제
	(192) 벤처기업등 출자에 대한 세액공제	「조세특례제
	(193) 성과공유 중소기업 경영성과급 세액공제	「조세특례제
	(194) 연구·인력개발설비투자 세액공제	구 「조세특
	(195) 에너지절약시설투자 세액공제	구 「조세특
	(196) 환경보전시설 투자 세액공제	구 「조세특
	(197) 근로자복지증진시설투자 세액공제	구 「조세특
	(198) 안전시설투자 세액공제	구 「조세특
	(199) 생산성향상시설투자세액공제	구 「조세특
	(200) 의약품 품질관리시설투자 세액공제	구 「조세특
	(201) 신성장기술 사업화를 위한 시설투자 세액공제	구 「조세특
	(202) 영상콘텐츠 제작비용에 대한 세액공제(기본공제)	「조세특례제
	(203) 영상콘텐츠 제작비용에 대한 세액공제(추가공제)	「조세특례제
	(204) 초연결 네트워크 시설투자에 대한 세액공제	구 「조세특
	(205) 고용창출투자세액공제	「조세특례제
	(206) 산업수요맞춤형고등학교등 졸업자를 병역이행 후 복직시킨 중소기업에 대한 세액공제	「조세특례제
	(207) 경력단절 여성 고용 기업 등에 대한 세액공제	「조세특례제
	(208) 육아휴직 후 고용유지 기업에 대한 인건비 세액공제	「조세특례제
	(209) 근로소득을 증대시킨 기업에 대한 세액공제	「조세특례제
	(210) 청년고용을 증대시킨 기업에 대한 세액공제	「조세특례제
	(211) 고용을 증대시킨 기업에 대한 세액공제	「조세특례제
	(212) 통합고용세액공제	「조세특례제
	(213) 통합고용세액공제(정규직 전환)	「조세특례제
	(214) 통합고용세액공제(육아휴직 복귀)	「조세특례제
	(215) 정규직근로자 전환 세액공제	「조세특례제
	(216) 고용유지중소기업에 대한 세액공제	「조세특례제
	(217) 중소기업 고용증가 인원에 대한 사회보험료 세액공제	「조세특례제
	(218) 중소기업 사회보험 신규가입에 대한 사회보험료 세액공제	「조세특례제
	(219) 전자신고에 대한 세액공제(납세의무자)	「조세특례제
	(220) 전자신고에 대한 세액공제(세무법인 등)	「조세특례제
	(221) 제3자 물류비용 세액공제	「조세특례제
	(222) 대학 맞춤형 교육비용 등 세액공제	구 「조세특
	(223) 대학등 기부설비에 대한 세액공제	구 「조세특
	(224) 기업의 경기부 설치운영비용 세액공제	「조세특례제
	(225) 동업기업 세액공제 배분액(최저한세 적용대상)	「조세특례제
	(226) 산업수요맞춤형 고등학교 등 재학생에 대한 현장훈련수당 등 세액공제	구 「조세특
	(227) 석유제품 전자상거래에 대한 세액공제	「조세특례제
	(228) 금 현물시장에서 거래되는 금지금에 대한 과세특례	「조세특례제
	(229) 금사업자와 스크랩등사업자의 수입금액의 증가 등에 대한 세액공제	「조세특례제
	(230) 우수 선화주 인증 국제물류주선업자 세액공제	「조세특례제
	(231) 소재·부품·장비 수요기업 공동출자 세액공제	「조세특례제
	(232) 소재·부품·장비 외국법인 인수세액 공제	「조세특례제
	(233) 선결제 금액에 대한 세액공제	「조세특례제
	(234) 해외자원개발투자에 대한 과세특례	「조세특례제
	(235) 통합투자세액공제(일반)	「조세특례제
	(236) 통합투자세액공제(신성장·원천기술)	「조세특례제
	(237) 통합투자세액공제(국가전략기술)	「조세특례제
	(238) 임시통합투자세액공제(일반)	「조세특례제
	(239) 임시통합투자세액공제(신성장 · 원천기술)	「조세특례제
	(240) 임시통합투자세액공제(국가전략기술)	「조세특례제
	(241) 문화산업전문회사 출자에 대한 세액공제	「조세특례제
	(242) 소 계	
(243) 합 계((179) + (242))		
(244) 공제감면세액 총계((150) + (243))		

(245) 기술도입대가에 대한 조세면제	법률 제9921
(246) 간주·간접 외국납부세액공제	「법인세법」 제

② 근 거 법 조 항 ❿	코드	④ 대상세액	⑤ 감면세액
세한법」 제6조 제1항·제5항·제6항	111		
제한법」 제6조 제2항	174		
제한법」 제6조 제4항	13E		
제한법」 제7조	112		
제한법」 제12조의 2	179		
제한법」 제21조	123		
특례제한법」 제33조의 2	192		
특례제한법」 제33조의 2	13A		
0272호 조세특례제한법 일부개정법률 부칙 제40조	13B		
제한법」 제62조 제4항	13F		
제한법」 제63조	116		
제한법」 제64조	117		
제한법」 제68조	119		
제한법」 제96조	13I		
제한법」 제96조의 2	13N		
제한법」 제102조	124		
제한법」 제100조의 18 제4항	13O		
제한법」 제121조의 22 제1항 제1호	13H		
제한법」 제12조 제1항	13J		
제한법」 제12조 제3항	13K		
제한법」 제121조의 8	13P		
제한법」 제121조의 9	13Q		
제한법」 제121조의 17 제1항 제1호·제3호·5호	13R		
제한법」 제99조의 9	13S		
제한법」 제121조의 20 제1항	13T		
제한법」 제121조의 21 제1항	13U		
제한법」 제121조의 22 제1항 제2호	13V		
제한법」 제121조의 33	1C1		
	130		

② 근 거 법 조 항 ❿	코드	⑤ 전기이월액	⑥ 당기발생액	⑦ 공제세액
특례제한법」 제5조	131			
제한법」 제7조의 4	14Z			
제한법」 제8조의 3 제1항	14M			
제한법」 제8조의 3 제2항	18D			
제한법」 제8조의 3 제3항	18L			
제한법」 제8조의 3 제4항	18R			
한법」 제10조 제1항 제1호	13L	❽		❼
한법」 제10조 제1항 제2호	10E			
한법」 제10조 제1항 제3호	13M			
제한법」 제12조 제2항	176			
제한법」 제12조의 3	14T			
제한법」 제12조의 4	14U			
제한법」 제13조의 2	18E			
제한법」 제19조	18H			
례제한법」 제25조 제1항 제1호	134			
례제한법」 제25조 제1항 제2호	177			
례제한법」 제25조 제1항 제3호	14A			
례제한법」 제25조 제1항 제4호	142			
례제한법」 제25조 제1항 제5호	136			
례제한법」 제25조 제1항 제6호	135			
례제한법」 제25조의 4	14B			
례제한법」 제25조의 5	18B			
제한법」 제25조의 6	18C			
제한법」 제25조의 6	188			
례제한법」 제25조의 7	18I			
제한법」 제26조	14N			
제한법」 제29조의 2	14S			
한법」 제29조의 3 제1항	14X			
한법」 제29조의 3 제2항	18J			
제한법」 제29조의 4	14Y			
제한법」 제29조의 5	18A			
제한법」 제29조의 7	18F			
제한법」 제29조의 8	18S			
제한법」 제29조의 8	1B4			
제한법」 제29조의 8	1B5			
제한법」 제30조의 2	14H			
제한법」 제30조의 3	18K			
한법」 제30조의 4 제1항	14Q			
한법」 제30조의 4 제3항	18G			
제한법」 제104조의 8 제1항	184			
제한법」 제104조의 8 제3항	14J			
제한법」 제104조의 14	14E			
특례제한법」 제104조의 18 제1항	14I			
특례제한법」 제104조의 18 제2항	14K			
제한법」 제104조의 22	140			
한법」 제100조의 18 제4항	14L			
례제한법」 제104조의 18 제4항	14R			
제한법」 제104조의 25	14P			
한법」 제126조의 7 제8항	14V			
한법」 제122조의 4	14W			
제한법」 제104조의 30	18M			
한법」 제13조의 3 제1항	18N			
한법」 제13조의 3 제3항	18P			
한법」 제99조의 12	18Q			
한법」 제104조의 15	1B6			
한법」 제24조	13W			
한법」 제24조	13X			
한법」 제24조	13Y			
한법」 제24조	1B1			
한법」 제24조	1B2			
한법」 제24조	1B3			
한법」 제25조의 7	1B7			
	149			❹
	150			
	151	■	■	
1호 조세특례제한법 일부개정법률 부칙 제77조	183			❺
제57조 제3항·제4항·제6항	189			

❿ ② 근거법조항 중 "구"는 「조세특례제한법」(2020. 12. 29. 법률 제17759호로 개정되기 전의 것)에 따른 조항을 의미한다.

❹ ㉔②란 중 ⑦ 공제세액란은 법인세 과세표준 및 세액조정계산서(별지 제3호 서식)의 ⑫① 최저한세 적용대상 공제감면세액란에 옮겨 적는다.

❺ ㉔⑤ 기술도입대가에 대한 조세면제란의 공제세액란: 기술도입대가를 지급하는 내국법인이 별지 제8호 서식 부표 9 기술도입대가에 대한 조세면제명세서의 면제세액 합계액을 적는다(국내사업장이 있고 해당 기술이 국내사업장에 실질적으로 관련되거나 귀속되는 경우에는 기술을 제공하는 외국법인이 ㉔⑤ 기술도입대가에 대한 조세면제란의 감면세액란에 적는다).

❼ 「조세특례제한법」 제10조의 연구·인력개발비세액공제 중 최저한세가 적용되는 공제세액은 ⑱⑥, ⑱⑦ 또는 ⑱⑧란에 적고, 최저한세 적용이 제외되는 공제세액은 ⑭②, ⑭③ 또는 ⑭④란에 각각 구분하여 적는다.

❽ ⑱⑥, ⑱⑦ 또는 ⑱⑧란 중 ⑤ 전기이월액란: 「조세특례제한법」 제144조 제1항에 따라 이월된 미공제 금액 중 해당 과세연도에 공제할 일반연구·인력개발비, 신성장·원천기술연구개발비 또는 국가전략기술연구개발비를 각각 구분하여 적는다(구 공제감면코드: 132).

■ 작성요령 Ⅱ - 세액공제조정명세서(3)

❼ 근거법조항 중 "구"는 「조세특례제한법」(2020. 12. 29. 법률 제17759호로 개정되기 전의 것)에 따른 조항을 의미한다.

[별지 제8호 서식 부표 3] (2024. 3. 22. 개정)

사업연도	. . . ~ . . .	세액공제조정

1. 공제세액계산(「조세특례제한법」)

⑩ 구 분		근거법 조항 ❼	
조세특례제한법	중소기업 등 투자세액공제	구 제5조	투자금액 × 1(2,3,5
	상생결제 지급금액에 대한 세액공제	제7조의 4	지급기한 15일 이내: 지급기한 15일 ~ 30일 지급기한 30일 ~ 60일
	대·중소기업 상생협력을 위한 기금출연 세액공제	제8조의 3 제1항	출연금 × 10/100
	협력중소기업에 대한 유형고정자산 무상임대 세액공제	제8조의 3 제2항	장부가액 × 3/100
	수탁기업에 설치하는 시설에 대한 세액공제	제8조의 3 제3항	투자금액 × 1(3,7)/
	교육기관에 무상 기증하는 중고자산에 대한 세액공제	제8조의 3 제4항	기증자산 시가 × 10
	신성장·원천기술 연구개발비세액공제 (최저한세 적용제외)	제10조 제1항 제1호	(일반 연구·인력개발 '14.1.1.~'14.12.31. 또는 2년간 연평균 '15.1.1. 이후: 발생 또는 직전 발생액의 '17.1.1. 이후: 발생 또는 직전 발생액의 '18. 1. 1. 이후: 발 또는 직전 발생액의 (신성장·원천기술 연 '17. 1. 1. 이후: 발 (국가전략기술 연구 '21. 7. 1. 이후: 발
	국가전략기술 연구개발비세액공제 (최저한세 적용제외)	제10조 제1항 제2호	
	일반 연구·인력개발비세액공제 (최저한세 적용제외)	제10조 제1항 제3호	
	신성장·원천기술 연구개발비세액공제 (최저한세 적용대상)	제10조 제1항 제1호	
	국가전략기술 연구개발비세액공제 (최저한세 적용대상)	제10조 제1항 제2호	
	일반 연구·인력개발비세액공제 (최저한세 적용대상)	제10조 제1항 제3호	
	기술취득에 대한 세액공제	제12조 제2항	특허권 등 취득금액 ×
	기술혁신형 합병에 대한 세액공제	제12조의 3	기술가치금액 × 10/
	기술혁신형 주식취득에 대한 세액공제	제12조의 4	기술가치금액 × 10/
	벤처기업등 출자에 대한 세액공제	제13조의 2	주식등 취득가액 ×
	성과공유 중소기업 경영성과급 세액공제	제19조	'22.1.1. 이전 지급 '22.1.1. 이후 지급
	연구·인력개발설비투자세액공제	구 제25조 제1항 제1호	'14.1.1.~'15.12.31. '16.1.1. 이후 투자 '19.1.1. 이후 투자
	에너지절약시설투자세액공제	구 제25조 제1항 제2호	'14.1.1.~'15.12.31. ('16.1.1. 현재 투자 '16.1.1. 이후 투자 '19.1.1. 이후 투자
	환경보전시설 투자세액공제	구 제25조 제1항 제3호	투자금액 × 3(5,10). '19.1.1. 이후 투자
	근로자복지증진시설투자세액공제	구 제25조 제1항 제4호	투자금액 × 7(10)/1 '19.1.1. 이후 취득
	안전시설투자세액공제	구 제25조 제1항 제5호	'13.1.1.~'14.12.31. '15.1.1. 이후 투자 '19.1.1. 이후 투자
	생산성향상시설투자세액공제	구 제25조 제1항 제6호	'13.1.1.~'14.12.31. '15.1.1. 이후 투자 '20.1.1.~'20.12.31. '21.1.1.~'21.12.31. '21.1.1.~이후. 투자
	의약품 품질관리시설투자세액공제	구 제25조의 4	'14.1.1.~'16.12.31. '17.1.1. 이후 투자
	신성장기술 사업화를 위한 시설투자 세액공제	구 제25조의 5	투자금액 × 5(7,10).
	영상콘텐츠 제작비용에 대한 세액공제(기본공제)	제25조의 6	제작비용 × 5(10,15
	영상콘텐츠 제작비용에 대한 세액공제(추가공제)	제25조의 6	제작비용 × 10(15)/
	초연결 네트워크 시설투자에 대한 세액공제	구 제25조의 7	투자금액 × 2(3)/10
	고용창출투자세액공제	제26조	'12.1.1.~12.31.: 투 '13.1.1.~12.31.: 투 '14.1.1. 이후: 투자 (한도: 상시근로자 '15.1.1. 이후: 투자 '17.1.1. 이후: (한도 :
	산업수요맞춤형고등학교등 졸업자를 병역이행 후 복직시킨 중소기업에 대한 세액공제	제29조의 2	복직자에게 지급한
	경력단절 여성 고용 기업 등에 대한 세액공제	제29조의 3 제1항	경력단절 여성 재고용
	육아휴직 후 고용유지 기업에 대한 인건비 세액공제	제29조의 3 제2항	육아휴직 복귀자 인건
	근로소득을 증대시킨 기업에 대한 세액공제	제29조의 4	평균 초과 임금증가 정규직 전환 근로자
	청년고용을 증대시킨 기업에 대한 세액공제	제29조의 5	청년정규직근로자 증
	고용을 증대시킨 기업에 대한 세액공제	제29조의 7	직전연도 대비 상시 '21.12.31~'22.12.31
	통합고용세액공제	제29조의 8	직전연도 대비 상시
	통합고용세액공제(정규직전환)	제29조의 8	
	통합고용세액공제(육아휴직복귀)	제29조의 8	
	정규직 근로자 전환 세액공제	제30조의 2	전환인원수 × 중소1
	고용유지중소기업에 대한 세액공제	제30조의 3	연간 임금감소 총액 ×
	중소기업 고용증가 인원에 대한 사회보험료 세액공제	제30조의 4제1항	청년(만15~29세) 근로 청년 및 경력단절 여

(앞쪽)

명세서(3)	법 인 명	
	사업자등록번호	

⑩ 계 산 기 준	코드	⑩ 계산명세	⑩ 공제대상세액
,5,10)/100	131		
‖: 지급 금액의 0.5% 0일: 지급 금액의 0.3% 0일: 지급 금액의 0.015%	14Z		
	14M		
	18D		
)/100	18L		
10/100	18R		
개발비) 1.: 발생액 × 3~4(8,10,15,20,25,30)/100	16A		
발생액의 초과액 × 40(50)/100 생액 × 2~3(8,10,15,20,25,30)/100	10D		
의 초과액 × 40(50)/100 생액 × 1~3(8,10,15,20,25,30)/100	16B		
의 초과액 × 30(40,50)/100 발생액 × 0~2(8,10,15,20,25,30)/100 의 초과액 × 25(40,50)/100	13L		
연구개발비) 발생액 × 20(30)/100	10E		
개발비) 발생액 ×30(40)/100	13M		
× 5(10)/100 *법인세의 10% 한도	176		
0/100	14T		
0/100	14U		
× 5/100	18E		
분: 근로자에 지급하는 경영성과급 × 10/100 분: 근로자에 지급하는 경영성과급× 15/100	18H		
1. 투자분: 투자금액 × 3(5,10)/100 분: 투자금액 × 1(3,6)/100 분: 투자금액 × 1(3,7)/100	134		
1. 투자분: 투자금액 × 3(5,10)/100 투자진행 중인 경우 '16.12.31.까지 종전율 적용) 개시분: 투자금액 × 1(3,10)/100 분: 투자금액 × 1(3,7)/100	177		
0)/100 분: 투자금액 × 3(5,10)/100	14A		
/100 분: 취득금액 × 3(5,10)/100	142		
1. 투자분: 투자금액 × 3(7)/100 분: 투자금액 × 1(3,7)/100 분: 투자금액 × 1(5,10)/100	136		
1. 투자분: 투자금액 × 3(7)/100 분: 투자금액 × 1(3,7)/100 1. 투자분: 투자금액 × 2(5,10))/100 1. 투자분: 투자금액 × 1(5,10))/100 자분: 투자금액 × 1(3,7))/100	135		
1. 투자분: 투자금액 × 3(5,7)/100 분: 투자금액 × 1(3,6)/100	14B		
0)/100	18B		
15)/100	18C		
)/100	1B8		
100	18I		
투자금액 × {기본공제(3~4%)+추가공제(2~3%)} 투자금액 × {기본공제(2~4%)+추가공제(3%)} 자금액 × {기본공제(1~4%)+추가공제(3%)} 증가분 × 1,000만원, 1,500만원, 2,000만원) 자금액 × {기본공제(0~3%)+추가공제(3~7%)} 상시근로자 증가분 × 1,000(1,500)만원, 1,500(2,000)만원, 2,000(2,500)만원)	14N		
인건비 × 중소30(중견15)/100	14S		
고용 인건비 × 중소30(중견15)/100	14X		
인건비 × 중소30(중견15)/100	18J		
분 × 5(중견10, 중소20)/100 의 임금 증가분 × 5(10,20)/100	14Y		
증가인원수 × 3백만원(7백만원, 1천만원)	18A		
근로자 증가수 × 4백만원(1천2백만원) 31.: 직전연도 대비 상시근로자 증가수 × 5백만원(1천3백만원)	18F		
	18S		
근로자 증가수 × 4백만원(1천4백5십만원)	1B4		
	1B5		
1천만원(중견7백만원)	14H		
액× 10/100 + 시간당 임금상승에 따른 보전액 × 15/100	18K		
로자 등 순증인원의 사회보험료(증가분의 100%) 여성 외 근로자 순증인원의 사회보험료(증가분의 50%,75%)	14Q		

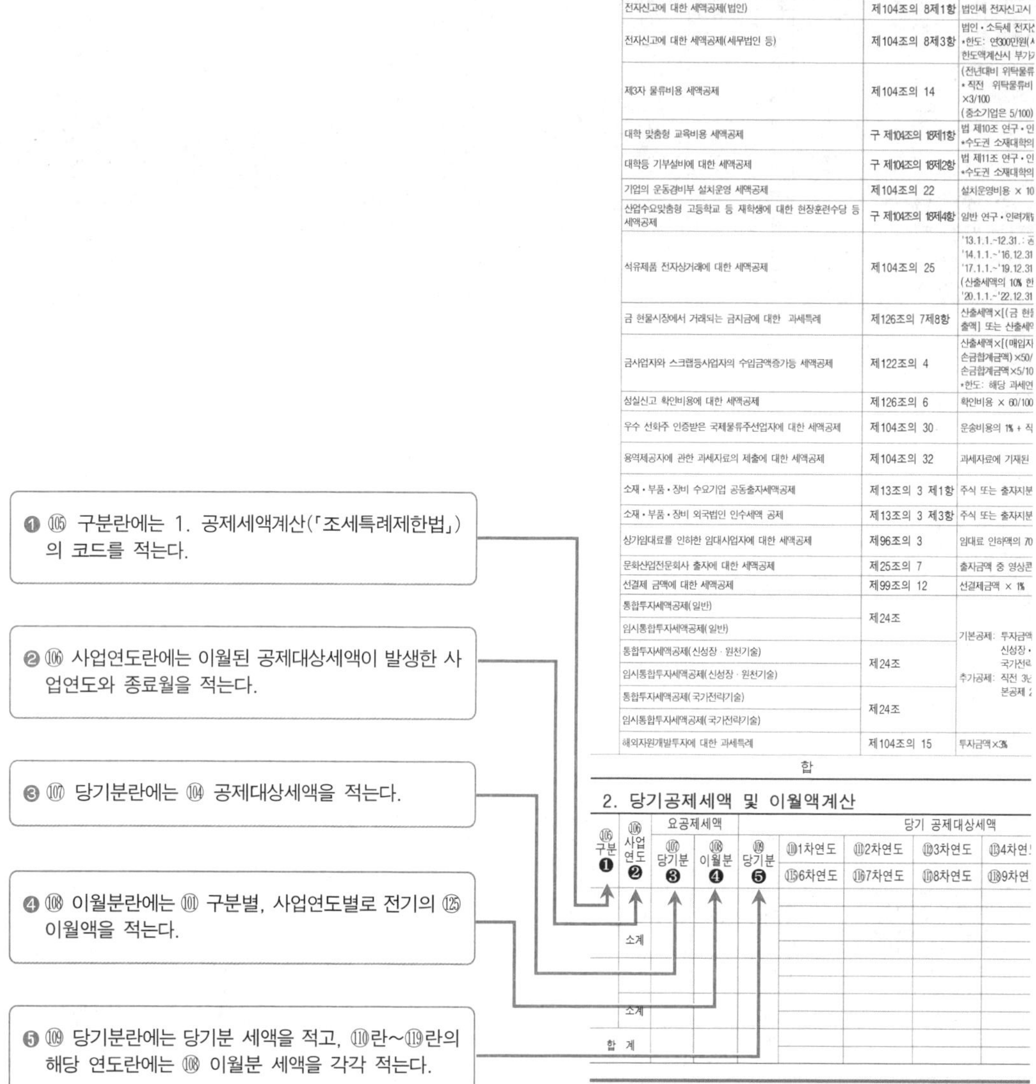

(101) 구 분	근거법 조항	
중소기업 사회보험 신규가입에 대한 사회보험료 세액공제	제30조의 4제3항	'20.12.31.까지 사회
전자신고에 대한 세액공제(법인)	제104조의 8제1항	법인세 전자신고시
전자신고에 대한 세액공제(세무법인 등)	제104조의 8제3항	법인・소득세 전자신 •한도: 연300만원(한도액계산시 부가
제3자 물류비용 세액공제	제104조의 14	(전년대비 위탁물류 •직전 위탁물류비 ×3/100 (중소기업은 5/100)
대학 맞춤형 교육비용 세액공제	구 제104조의 18제1항	법 제10조 연구・인 •수도권 소재대학의
대학등 기부설비에 대한 세액공제	구 제104조의 18제2항	법 제11조 연구・인 •수도권 소재대학의
기업의 운동경비부 설치운영 세액공제	제104조의 22	설치운영비용 × 10
산업수요맞춤형 고등학교 등 재학생에 대한 현장훈련수당 등 세액공제	구 제104조의 18제4항	일반 연구・인력개
석유제품 전자상거래에 대한 세액공제	제104조의 25	'13.1.1.~12.31.: '14.1.1.~'16.12.31 '17.1.1.~'19.12.31 (산출세액의 10% 한 '20.1.1.~'22.12.31
금 현물시장에서 거래되는 금지금에 대한 과세특례	제126조의 7제8항	산출세액×[(금 현 출액] 또는 산출세
금사업자와 스크랩등사업자의 수입금액증가등 세액공제	제122조의 4	산출세액×[(매입자 손금합계금액)×50/ 손금합계금액×5/10 •한도: 해당 과세연
성실신고 확인비용에 대한 세액공제	제126조의 6	확인비용 × 60/100
우수 선화주 인증받은 국제물류주선업자에 대한 세액공제	제104조의 30	운송비용의 1% + 직
용역제공자에 관한 과세자료의 제출에 대한 세액공제	제104조의 32	과세자료에 기재된
소재・부품・장비 수요기업 공동출자세액공제	제13조의 3 제1항	주식 또는 출자지분
소재・부품・장비 외국법인 인수세액 공제	제13조의 3 제3항	주식 또는 출자지분
상가임대료를 인하한 임대사업자에 대한 세액공제	제96조의 3	임대료 인하액의 70
문화산업전문회사 출자에 대한 세액공제	제25조의 7	출자금액 중 영상콘
선결제 금액에 대한 세액공제	제99조의 12	선결제금액 × 1%
통합투자세액공제(일반)	제24조	기본공제: 투자금액 신성장・ 국가전략 추가공제: 직전 3년 본공제
임시통합투자세액공제(일반)		
통합투자세액공제(신성장・원천기술)	제24조	
임시통합투자세액공제(신성장・원천기술)		
통합투자세액공제(국가전략기술)	제24조	
임시통합투자세액공제(국가전략기술)		
해외자원개발투자에 대한 과세특례	제104조의 15	투자금액×3%
합		

2. 당기공제세액 및 이월액계산

(105) 구분 ❶	(106) 사업연도 ❷	요공제세액 (107) 당기분 ❸	요공제세액 (108) 이월분 ❹	당기 공제대상세액 (109) 당기분 ❺	(110)1차연도 / (115)6차연도	(111)2차연도 / (116)7차연도	(112)3차연도 / (117)8차연도	(113)4차연도 / (118)9차연
	소계							
	소계							
합 계								

❶ (105) 구분란에는 1. 공제세액계산(「조세특례제한법」)의 코드를 적는다.

❷ (106) 사업연도란에는 이월된 공제대상세액이 발생한 사업연도와 종료월을 적는다.

❸ (107) 당기분란에는 (104) 공제대상세액을 적는다.

❹ (108) 이월분란에는 (101) 구분별, 사업연도별로 전기의 (125) 이월액을 적는다.

❺ (109) 당기분란에는 당기분 세액을 적고, (110)란~(119)란의 해당 연도란에는 (108) 이월분 세액을 각각 적는다.

(뒤쪽)

⑩ 계 산 기 준	코드	⑩ 계산 명세	⑩ 공제대상 세 액
회보험 신규가입에 따 른 사용자 부담액× 50%	18G		
2만원	184		
신고 대리건수 × 2만원 세무·회계법인 연750만원) 가치세 대리신고에 따른 세액공제액 포함	14J		
류비용 증가액)×3/100(중소기업은 5/100) 30% 미만 : (당기 위탁물류비 - 당기 전체물류비 × 30%)) *법인세 10% 한도	14E		
인력개발비세액공제 준용 의 발생액은 50%만 인정	14I		
인력개발설비투자세액공제 준용 의 기부금액은 50%만 인정	14K		
0(20)/100	140		
발비 세액공제 준용	14R		
공급가액의 0.5%(산출세액의 10% 한도) : 공급가액의 0.3%(산출세액의 10% 한도) : 공급자는 공급가액의0.1%,수요자0.2%, 한도) : 수요자만 공급가액의 0.2%(산출세액의 10% 한도)	14P		
물시장 이용금액 - 직전 과세연도의 금 현물시장 이용금액)/매 액×[(금 현물시장 이용금액×5/100)/매출액]	14V		
자납부익금및손금합계금액 - 직전 과세연도의 매입자납부익금및 /100]/익금및손금합계금액 또는 산출세액×[(매입자납부익금및 00]/익금및손금합계금액 연도 산출세액-직전 과세연도 산출세액	14W		
0 (150만원 한도)	10A		
직전과세연도 대비 증가분의 3%(산출세액의 10%한도)	18M		
용역제공자 인원수×300원(200만원 한도)	10C		
취득가액 5%	18N		
취득가액 5% (중견7%, 중소10%)	18P		
0%	10B		
콘텐츠제작비용의 3%	1B7		
	18Q		
	13W		
액 × 1(중견5, 중소10)/100,	1B1		
·원천기술 투자금액 × 3(중견6,중소12)/100	13X		
략기술 투자금액 × 8(중견8,중소16)/100 년 연평균 투자금액 초과액 × 3/100(국가전략기술 4/100)(기	1B2		
200% 한도)	13Y		
	1B3		
	1B6		
계	1A1		

도 / 도	⑪5차연도 / ⑪10차연도	⑫계	⑫최저한세 적용에 따른 미공제액	⑫ 그 밖의 사유로 인한 미공제액 ❻	⑫ 공제세액 (⑫-⑫-⑫)	⑫ 소멸	⑫ 이월액 (⑩+⑩ -⑫-⑫)
			※				

❻ ⑫ 최저한세 적용에 따른 미공제액란의 합계(※표란)에는 "최저한세조정계산서(별지 제4호 서식)"의 ④란 중 ⑫ 세액공제란의 금액을 옮겨 적고, 「조세특례제한법」 제144조 제2항에 규정된 순서에 따라 ⑫란의 최저한세 적용에 따른 미공제액의 각 란에 조정하여 적는다.

■ 작성요령 Ⅲ – 세액공제신청서

❶ 신청 내용 구분별로 ⑨ 공제율란, ⑩ 대상세액란과 ⑪ 공제세액란을 적는다.

❻ 법령의 개정으로 종전의 규정 또는 개정규정에 따라 세액공제를 받는 경우에는 해당 법령의 조문순서에 따라 빈칸에 별도로 적는다.

[별지 제1호 서식] (2024. 3. 22. 개정)

세 액 공 제

※ 제3쪽의 작성방법 및 유의사항을 읽고 작성하여 주시기 바랍니다.

접수번호	접수일

❶ 신청인	① 상호 또는 법인명
	③ 대표자 성명
	⑤ 주소 또는 본점 소재지

❷ 과세연도	년

❸ 신청 내용

⑥ 구 분 ❶	⑦ 근거법
⑩ 중소기업 등 투자세액공제	영 제4조 제8 (2021.2.17. 대통령 제31444호로 개정되기
⑩ 상생결제 지급금액에 대한 세액공제	영 제6조의 4
⑩ 대·중소기업상생협력기금 출연 세액공제	영 제7조의 2
⑩ 협력중소기업에 대한 유형고정자산 무상 임대 세액공제	영 제7조의 2
⑩ 수탁기업에 설치하는 시설에 대한 세액공제	영 제7조의 2
⑩ 교육기관 무상 기증 중고자산에 대한 세액공제	영 제7조의 2
⑩ 신성장·원천기술 연구개발비 세액공제 (최저한세 적용대상)	영 제9조 제14
⑩ 국가전략기술 연구개발비 세액공제 (최저한세 적용대상)	영 제9조 제14
⑩ 일반 연구 및 인력개발비 세액공제 (최저한세 적용대상)	영 제9조 제14
⑪ 신성장·원천기술 연구개발비 세액공제 (최저한세 적용제외)	영 제9조 제14
⑪ 국가전략기술 연구개발비 세액공제 (최저한세 적용제외)	영 제9조 제14
⑪ 일반 연구 및 인력개발비 세액공제 (최저한세 적용제외)	영 제9조 제14
⑪ 기술취득에 대한 세액공제	영 제11조 제6
⑪ 기술혁신형 합병에 대한 세액공제	영 제11조의 3
⑪ 기술혁신형 주식취득에 대한 세액공제	영 제11조의 4
⑪ 벤처기업등 출자에 대한 세액공제	영 제12조의 2
⑪ 소재·부품·장비 수요기업 공동출자 세액공제	영 제12조의 3
⑪ 소재·부품·장비 외국법인 등 인수 세액 공제	영 제12조의 3
⑪ 성과공유 중소기업 경영성과급 세액공제	영 제17조 제5
⑫ 통합투자세액공제(일반)	영 제21조 제1
⑫ 통합투자세액공제(신성장사업화시설)	영 제21조 제1
⑫ 통합투자세액공제(국가전략기술사업화시설)	영 제21조 제1
⑫ 임시 통합투자세액공제(일반)	영 제21조 제1
⑫ 임시 통합투자세액공제(신성장사업화시설)	영 제21조 제1
⑫ 임시 통합투자세액공제(국가전략기술사업화시설)	영 제21조 제1
⑫ 초연결 네트워크 투자에 대한 세액공제	영 제22조의 1 (2021.2.17. 대통령 제31444호로 개정되기
⑫ 연구 및 인력개발 설비투자 세액공제	영 제22조 (2021.2.17. 대통령 제31444호로 개정되기
⑫ 에너지 절약시설투자 세액공제	영 제22조의 2 (2021.2.17. 대통령 제31444호로 개정되기
⑫ 환경보전시설투자세액공제	영 제22조의 3 (2021.2.17. 대통령 제31444호로 개정되기
⑬ 근로자복지증진설비투자 세액공제	영 제22조의 4 (2021.2.17. 대통령 제31444호로 개정되기
⑬ 안전시설투자 세액공제	영 제22조의 5 (2021.2.17. 대통령 제31444호로 개정되기

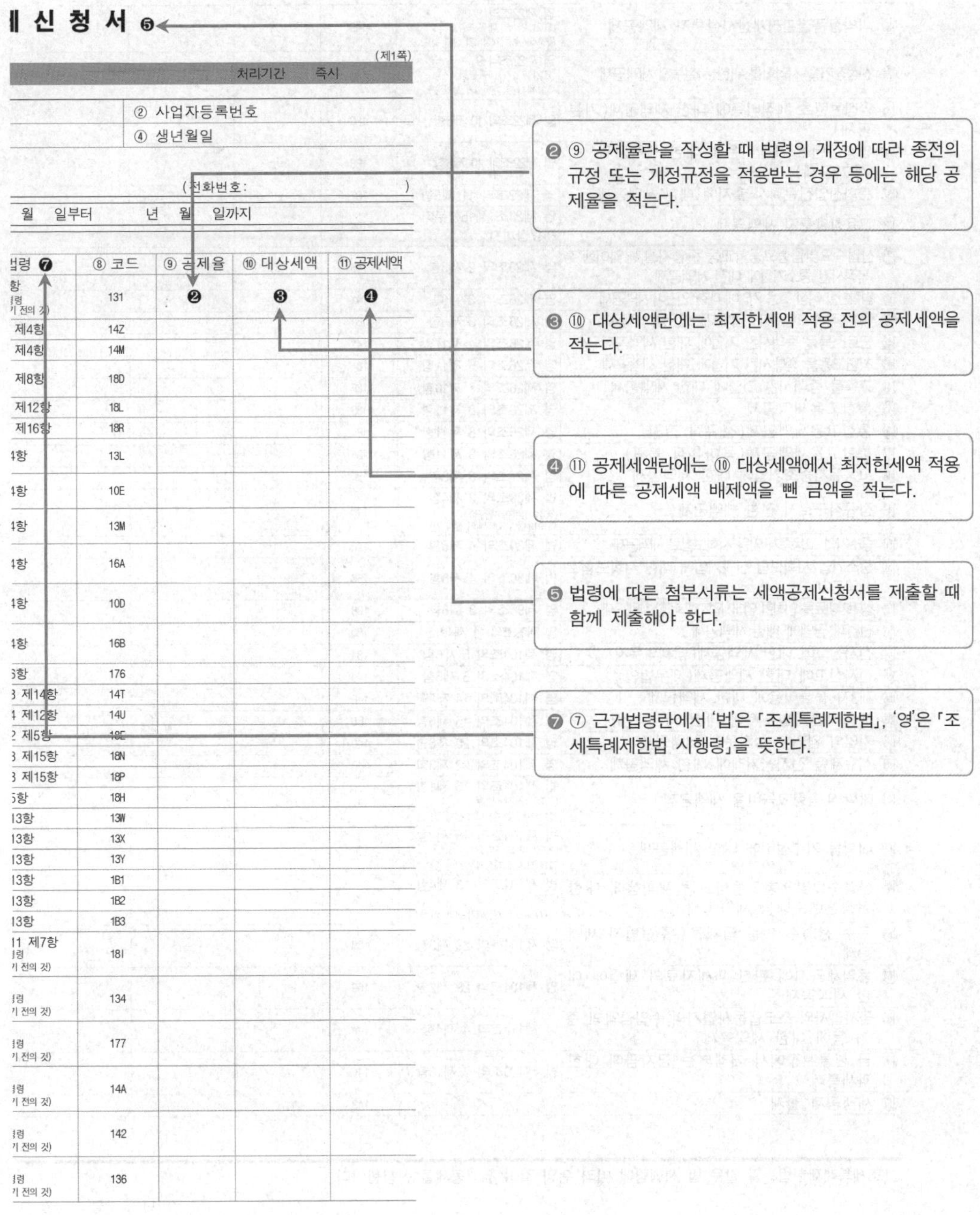

ㅔ 신 청 서 ❺

(제1쪽)

	처리기간 즉시
	② 사업자등록번호
	④ 생년월일

(전화번호:)

월 일부터 년 월 일까지

법령 ❼	⑧ 코드	⑨ 공제율	⑩ 대상세액	⑪ 공제세액
항 령 기 전의 것)	131	❷	❸	❹
제4항	14Z			
제4항	14M			
제8항	18D			
제12항	18L			
제16항	18R			
4항	13L			
4항	10E			
4항	13M			
4항	16A			
4항	10D			
4항	16B			
5항	176			
3 제14항	14T			
4 제12항	14U			
2 제5항	18E			
3 제15항	18N			
3 제15항	18P			
5항	18H			
13항	13W			
13항	13X			
13항	13Y			
13항	1B1			
13항	1B2			
13항	1B3			
11 제7항 령 기 전의 것)	18I			
령 기 전의 것)	134			
령 기 전의 것)	177			
령 기 전의 것)	14A			
령 기 전의 것)	142			
령 기 전의 것)	136			

❷ ⑨ 공제율란을 작성할 때 법령의 개정에 따라 종전의 규정 또는 개정규정을 적용받는 경우 등에는 해당 공제율을 적는다.

❸ ⑩ 대상세액란에는 최저한세액 적용 전의 공제세액을 적는다.

❹ ⑪ 공제세액란에는 ⑩ 대상세액에서 최저한세액 적용에 따른 공제세액 배제액을 뺀 금액을 적는다.

❺ 법령에 따른 첨부서류는 세액공제신청서를 제출할 때 함께 제출해야 한다.

❼ ⑦ 근거법령란에서 '법'은 「조세특례제한법」, '영'은 「조세특례제한법 시행령」을 뜻한다.

(제2쪽)

⑥ 구 분	⑦ 근거법령	⑧ 코드	⑨ 공제율	⑩ 대상세액	⑪ 공제세액
⑬② 생산성향상시설투자 세액공제	영 제22조의 6 (2021.2.17. 대통령령 제31444호로 개정되기 전의 것)	135			
⑬③ 의약품품질관리개선시설투자 세액공제	영 제22조의 8 (2021.2.17. 대통령령 제31444호로 개정되기 전의 것)	14B			
⑬④ 신성장기술 사업화를 위한 시설투자 세액공제	영 제22조의 9 (2021.2.17. 대통령령 제31444호로 개정되기 전의 것)	18B			
⑬⑤ 영상콘텐츠 제작비용에 대한 세액공제(기본공제)	영 제22조의 10 제6항	18C			
⑬⑥ 영상콘텐츠 제작비용에 대한 세액공제(추가공제)	영 제22조의 10 제6항	1B8			
⑬⑦ 문화산업전문회사 출자에 대한 세액공제	영 제22조의 11 제5항	1B7			
⑬⑧ 고용창출투자 세액공제	영 제23조 제15항부터 제17항까지	14N			
⑬⑨ 산업수요맞춤형고등학교등 졸업자를 병역이행 후 복직시킨 중소기업에 대한 세액공제	영 제26조의 2 제3항	14S			
⑭⓪ 경력단절 여성 고용 기업에 대한 인건비 세액공제	영 제26조의 3 제6항	14X			
⑭① 육아휴직 후 고용유지 기업에 대한 인건비 세액공제	영 제26조의 3 제6항	18J			
⑭② 근로소득을 증대시킨 기업에 대한 세액공제	영 제26조의 4 제17항	14Y			
⑭③ 청년고용을 증대시킨 기업에 대한 세액공제	영 제26조의 5 제11항	18A			
⑭④ 고용을 증대시킨 기업에 대한 세액공제	영 제26조의 7 제10항	18F			
⑭⑤ 통합고용세액공제	영 제26조의 8 제11항	18S			
⑭⑥ 통합고용세액공제(정규직 전환)	영 제26조의 8 제11항	1B4			
⑭⑦ 통합고용세액공제(육아휴직 복귀)	영 제26조의 8 제11항	1B5			
⑭⑧ 고용유지중소기업에 대한 세액공제	영 제27조의 3 제3항	18K			
⑭⑨ 정규직근로자 전환 세액공제	법 제30조의 2 제4항 (2022.12.31. 법률 제19199호로 개정되기 전의 것)	14H			
⑮⓪ 중소기업 고용증가 인원 사회보험료 세액공제	법 제30조의 4 제5항	14Q			
⑮① 중소기업 사회보험 신규가입에 대한 사회보험료 세액공제	법 제30조의 4 제5항	18G			
⑮② 상가임대료를 인하한 임대사업자에 대한 세액공제	영 제96조의 3 제8항	10B			
⑮③ 선결제 금액에 대한 세액공제	영 제99조의 11 제4항	18Q			
⑮④ 전자신고에 대한 세액공제(납세의무자)	영 제104조의 5 제6항	184			
⑮⑤ 전자신고에 대한 세액공제(세무법인)	영 제104조의 5 제6항	14J			
⑮⑥ 제3자 물류비용에 대한 세액공제	영 제104조의 14 제2항	14E			
⑮⑦ 해외자원개발투자에 대한 과세특례	영 제104조의 15 제6항	1B6			
⑮⑧ 기업의 경기부 설치운영 세액공제	영 제104조의 20 제5항	140			
⑮⑨ 석유제품 전자상거래에 대한 세액공제	영 제104조의 22 제3항	14P			
⑯⓪ 대학 맞춤형교육비용 세액공제	법 제104조의 18 제1항 (2020.12.29. 법률 제17759호로 개정되기 전의 것)	14I			
⑯① 대학등 기부설비에 대한 세액공제	법 제104조의 18 제2항 (2020.12.29. 법률 제17759호로 개정되기 전의 것)	14K			
⑯② 산업수요맞춤형고등학교등 재학생에 대한 현장훈련수당등 세액공제	법 제104조의 18 제4항 (2020.12.29. 법률 제17759호로 개정되기 전의 것)	14R			
⑯③ 우수 선화주 인증 국제물류주선업자 세액공제	영 제104조의 27 제3항	18M			
⑯④ 용역제공자에 관한 과세자료의 제출에 대한 세액공제	영 제104조의 29 제2항	10C			
⑯⑤ 금사업자와 스크랩등사업자의 수입금액의 증가 등에 대한 세액공제	영 제117조의 4 제4항	14W			
⑯⑥ 금 현물시장에서 거래되는 금지금에 대한 과세특례	법 제126조의 7 제13항	14V			
⑯⑦ 세액공제 합계		1A3			

「조세특례제한법」 및 같은 법 시행령에 따라 위와 같이 세액공제를 신청합니다.

년 월 일

신청인 (서명 또는 인)

세무서장 귀하

MEMO

■ 작성요령 Ⅳ - 투자자산 명세서

※ 구 「조세특례제한법 시행령」은 2021. 2. 17. 대통령령 제31444호로 개정되기 전의 것을 말한다.

※ 각 과세연도에 구 「조세특례제한법 시행령」 제4조, 제22조, 제22조의 2부터 제22조의 6, 제22조의 8, 제22조의 9, 제22조의 11 또는 「조세특례제한법 시행령」 제7조의 2 제12항, 제21조 제11항, 제23조에 따라 세액공제신청서(별지 제1호 서식)를 제출해야 하는 경우 반드시 이 서식을 작성해야 한다.

❶ "2. 투자 자산별 명세란"에는 ⑦ 투자금액이 1억원 이상인 투자 자산의 명세를 적고, 나머지는 합계에 포함하여 적는다.

❷ ① 투자자산 종류란에는 위 "1. 투자대상 자산의 종류"에서 해당하는 분류번호(숫자 1~13)를 적는다.
* 예시) 의약품 품질관리 개선시설 투자세액공제를 신청하는 경우 → 7

❸ ② 투자자산 소재지란에는 투자한 곳(투자처)의 소재지를 시/도 + 시/군/구 + 읍/면 + 도로명까지 적는다.

❹ ③ 투자적격 여부란에는 중고품 여·부, 리스 자산(금융리스 제외) 여부, 수도권과밀억제권역 내 투자 여부 등 해당 법령의 요건을 자체 검토하여 적격 여·부를 적는다.

[별지 제1호 서식 부표(1)] (2024. 3. 22. 개정)

투자자산

※ [ ]에는 해당되는 곳에 √표를 합니다.

과 세 연 도 . . . ~ . .

상호 또는 법인명

1. 투자대상 자산의 종류

[ ] 1) 구「조세특례제한법 시행령」 제4조(중소기업
[ ] 2) 구「조세특례제한법 시행령」 제22조(연구시험
[ ] 3) 구「조세특례제한법 시행령」 제22조의 6(생
[ ] 4) 구「조세특례제한법 시행령」 제22조의 5(안
[ ] 5) 구「조세특례제한법 시행령」 제22조의 2(에
[ ] 6) 구「조세특례제한법 시행령」 제22조의 3(환
[ ] 7) 구「조세특례제한법 시행령」 제22조의 8(의
[ ] 8) 구「조세특례제한법 시행령」 제22조의 9(신
[ ] 9) 「조세특례제한법 시행령」 제23조(고용창출
[ ] 10) 구「조세특례제한법 시행령」 제22조의 4(근
[ ] 11) 「조세특례제한법 시행령」 제7조의 2 제12항(수
[ ] 12) 구「조세특례제한법 시행령」 제22조의 11(초연결
[ ] 13) 「조세특례제한법 시행령」 제21조(통합투자
[ ] 14) 「조세특례제한법 시행령」 제21조(통합투자
[ ] 15) 「조세특례제한법 시행령」 제21조(통합투자
[ ] 16) 「조세특례제한법 시행령」 제21조(임시통합
[ ] 17) 「조세특례제한법 시행령」 제21조(임시통합
[ ] 18) 「조세특례제한법 시행령」 제21조(임시통합

2. 투자 자산별 명세 ❶

① 투자 자산 종류 ❷	② 투자자산 소재지 ❸	③ 투자 적격 여부 ❹	④ 투자자산 명칭
합계			

한 명세서

(앞쪽)

사업자등록번호

ㅣ 등 투자세액공제) [코드 : 131]
용 시설 및 직업훈련용 시설투자에 대한 세액공제)[코드 : 134]
산성향상시설 투자 등에 대한 세액공제)[코드 : 135]
전시설 투자에 대한 세액공제)[코드 : 136]
에너지절약시설 투자에 대한 세액공제) [코드 : 177]
환경보전시설 투자에 대한 세액공제) [코드 : 14A]
약품 품질관리 개선시설 투자에 대한 세액공제)[코드 : 14B]
성장기술 사업화를 위한 시설투자에 대한 세액공제) [코드 : 18B]
출투자세액공제) [코드 : 14N]
자복지증진을 위한 시설투자에 대한 세액공제) [코드 : 142]
탁기업에 설치하는 시설에 대한 세액공제) [코드 : 18L]
네트워크 구축을 위한 시설투자에 대한 세액공제) [코드 : 18I]
세액공제-일반) [코드 : 13W]
세액공제-신성장사업화시설) [코드 : 13X]
세액공제-국가전략사업화시설) [코드 : 13Y]
투자세액공제-일반) [코드 : 1B1]
투자세액공제-신성장사업화시설) [코드 : 1B2]
투자세액공제-국가전략사업화시설) [코드 : 1B3]

(단위: 원)

⑤ 투자자산 구입처		⑥ 매입 세금계산서 발행일	⑦ 투자금액 ❺
상호 또는 법인명	사업자 등록번호		
			❻

❺ ⑦ 투자금액란에는 해당 자산에 대한 투자금액을 적는다. 이 경우 2개 이상의 과세연도에 걸쳐서 이루어지는 투자에 대해 각 과세연도마다 공제받는 경우에는 구「조세특례제한법 시행령」제4조 제3항에 따라 산출된 금액을 적고,「조세특례제한법 시행령」제23조에 따른 고용창출투자세액공제를 적용받는 경우에는 같은 조 제2항에 따라 산출된 금액을 적는다.

❻ 투자금액을 계산할 때「조세특례제한법」제127조 제1항에 따라 국가 등으로부터 출연금 등의 자산 또는 이자비용을 지급받거나 융자를 받아 투자에 지출하는 경우에는 해당 지급금액이나 이자지원금에 상당하는 금액을 투자금액에서 차감하여 계산한다.

■ 작성요령 V - 일반연구 및 인력개발비 명세서

※ 「조세특례제한법」 제10조 제1항 제3호에 따른 '일반연구·인력개발비'세액공제를 신청하는 경우에는 반드시 이 서식을 작성하여야 한다.

[별지 제3호 서식(1)] (2024. 3. 22. 개정)

일반연구 및 인

❶ 신청인	① 상호 또는 법인명
	③ 대표자 성명
	⑤ 주소 또는 본점 소재지

❷ 과세연도	년 월 일부터 년 월 일까

❸ 해당 연도의 연구 및 인력개발비 발생 명세

구분 / 계정과목	인건비 및 사회보험료	
	인원	⑥ 금액
합 계		

구분 / 계정과목	위탁 및 공동 연구개발비	
	건수	⑨ 금액
합 계		

연구 및 인력개발비

⑫ 해당 과세연도 발생액(=⑪)	⑬ 직전 4년 발생액 계 (⑭+⑮+⑯+⑰)	. . ~ . . ⑭ (직전 1년)
⑱ 직전 4년간 연평균 발생액 (⑬/4)		⑲ 직전 3년간 연평균발생액 [(⑭+⑮+⑯)/3]
	㉑ 증가발생액 (⑫-⑭)	

❹ 공제세액

해당 연도 총발생 금액 공제	중소기업 ❶	㉒ 대상금액(=⑪)
	중소기업 유예기간 종료 이후 5년 내 기업	㉕ 대상금액(=⑪)
	중견기업	㉚ 대상금액(=⑪)
	일반기업	㉝ 대상금액(=⑪)
증가발생금액 공제 (직전 4년간 연구·인력개발비가 발생하지 않은 경우 또는 ⑭<⑱ 경우 공제 제외)		㊳ 대상금액(=㉑)
㊶ 해당 연도에 공제받을 세액	중소기업 (㉔와 ㊵ 중 선택)	
	중소기업 유예기간 종료 이후 5년 (㉙와 ㊵ 중 선택)	
	중견기업(㉜와 ㊵ 중 선택)	
	일반기업(㊲과 ㊵ 중 선택)	

❺ 출연금 등 수령명세 (「조세특례제한법 시행령」 제9조 제1항
= 연구·인력개발비용에서

구분 ❻	출연금 교부처	관련 법령

❻ 연구소/전담부서/연구개발서비스업자 현황 ❽

구분 ❻	인정일 (고시일)	취소일	계 인원	계 금액

「조세특례제한법 시행령」 제9조 제14항에 따라 위와 같이 일
제출합니다.

신청인

세무서장 귀하

❶ "중소기업"이란 「조세특례제한법 시행령」 제2조에 따른 중소기업을 말한다.

❻ ❺, ❻의 "구분"란에는 연구소·전담부서 또는 연구개발서비스업자를 적는다.(연구소와 전담부서가 2개 이상인 경우 각각 구분하여 작성한다)

❽ "❻ 연구소/전담부서/연구개발서비스업자 현황"은 「조세특례제한법 시행규칙」 제7조 제1항에 따른 연구소·전담부서 또는 연구개발서비스업자의 현황과 연구·인력개발비 세액공제를 적용받는 인건비를 구분하여 적는다.

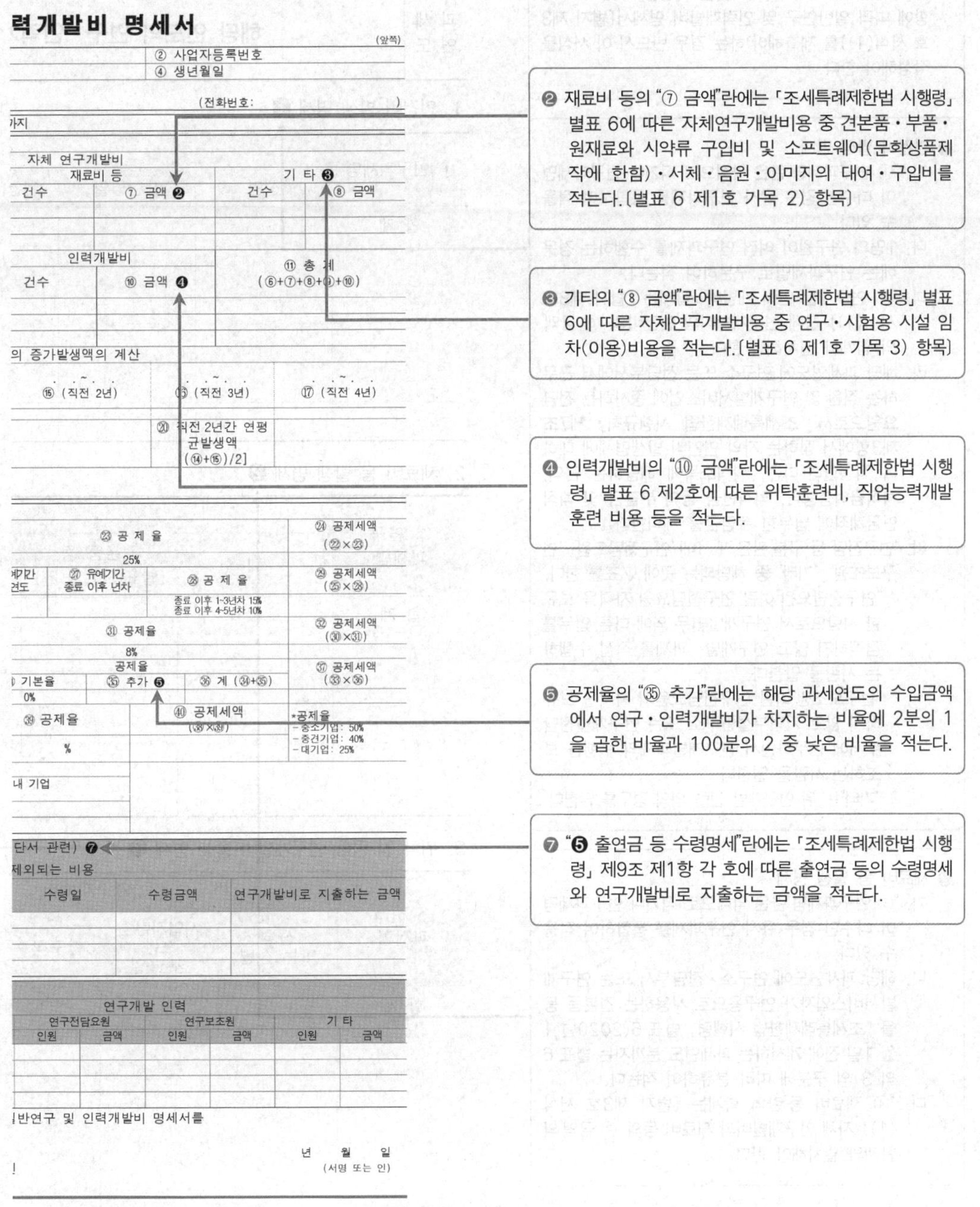

력개발비 명세서

(앞쪽)

② 사업자등록번호
④ 생년월일

(전화번호:)

까지

자체 연구개발비			
재료비 등		기 타 ❸	
건수	⑦ 금액 ❷	건수	⑧ 금액

인력개발비		
건수	⑩ 금액 ❹	⑪ 총 계 (⑥+⑦+⑧+⑨+⑩)

의 증가발생액의 계산

⑮ (직전 2년)	⑯ (직전 3년)	⑰ (직전 4년)

⑳ 직전 2년간 연평균발생액 ((⑭+⑮)/2)

㉓ 공 제 율	㉔ 공제세액 (㉒×㉓)
25%	

예기간 연도	㉗ 유예기간 종료 이후 년차	㉘ 공 제 율	㉙ 공제세액 (㉕×㉘)
		종료 이후 1~3년차 15% 종료 이후 4~5년차 10%	

㉛ 공제율	㉜ 공제세액 (㉚×㉛)
8%	

공제율			㊲ 공제세액 (㉝×㊱)
㉞ 기본율	㉟ 추가 ❺	㊱ 계 (㉞+㉟)	
0%			

㊴ 공제율	㊵ 공제세액 (㊳×㊴)	*공제율 - 중소기업: 50% - 중견기업: 40% - 대기업: 25%
%		

내 기업

단서 관련) ❼
제외되는 비용

수령일	수령금액	연구개발비로 지출하는 금액

연구개발 인력					
연구전담요원		연구보조원		기 타	
인원	금액	인원	금액	인원	금액

|반연구 및 인력개발비 명세서를

년 월 일

(서명 또는 인)

❷ 재료비 등의 "⑦ 금액"란에는 「조세특례제한법 시행령」 별표 6에 따른 자체연구개발비용 중 견본품·부품·원재료와 시약류 구입비 및 소프트웨어(문화상품제작에 한함)·서체·음원·이미지의 대여·구입비를 적는다.〔별표 6 제1호 가목 2) 항목〕
❸ 기타의 "⑧ 금액"란에는 「조세특례제한법 시행령」 별표 6에 따른 자체연구개발비용 중 연구·시험용 시설 임차(이용)비용을 적는다.〔별표 6 제1호 가목 3) 항목〕
❹ 인력개발비의 "⑩ 금액"란에는 「조세특례제한법 시행령」 별표 6 제2호에 따른 위탁훈련비, 직업능력개발훈련 비용 등을 적는다.
❺ 공제율의 "㉟ 추가"란에는 해당 과세연도의 수입금액에서 연구·인력개발비가 차지하는 비율에 2분의 1을 곱한 비율과 100분의 2 중 낮은 비율을 적는다.
❼ "❺ 출연금 등 수령명세"란에는 「조세특례제한법 시행령」 제9조 제1항 각 호에 따른 출연금 등의 수령명세와 연구개발비로 지출하는 금액을 적는다.

■ 작성요령 Ⅵ - 해당 연도의 연구 · 인력개발비 발생 명세

※ 각 과세연도에 「조세특례제한법 시행령」 제9조 제14항에 따라 일반연구 및 인력개발비 명세서〔별지 제3호 서식(1)〕를 제출해야 하는 경우 반드시 이 서식을 작성해야 한다.

❶ 인건비 발생 명세
가. "① 연구과제명"란은 약식으로 적거나 연구과제명이 다수인 경우 유사 연구과제를 통합하여 적을 수 있다.
나. 1명의 연구원이 여러 연구과제를 수행하는 경우에는 연구과제별로 구분하여 적는다.
다. "② 연구개발 인력 개발비" 합계는 〔별지 제3호 서식(1)〕 자체 연구개발비의 인건비의 '⑥ 금액'의 합계와 일치해야 한다.
라. 해당 과세연도에 연구소 또는 전담부서에서 근무하는 직원 및 연구개발서비스업에 종사하는 전담요원으로서 「조세특례제한법 시행규칙」 제7조 제3항에서 정하는 자의 인건비 발생명세에 대하여 작성한다(다만, 퇴직소득에 해당하는 금액, 퇴직급여충당금, 퇴직연금 등의 부담금 및 퇴직연금계좌에 납부한 부담금을 제외한다).
마. "연구전담 등 구분"란은 〔 〕에 '연구전담요원', '연구보조원', '기타' 중 해당되는 곳에 √표를 한다.
* "연구전담요원"이란 연구전담요원 자격을 보유한 사람으로서 연구개발업무 외에 다른 업무를 겸직하지 않고 연구개발 과제를 직접 수행하는 사람을 말한다.
* "연구보조원"이란 연구전담요원의 자격을 보유하지 않고 기업부설연구소 또는 연구개발전담부서에 근무하면서 연구개발과제의 수행을 보조하는 사람을 말한다.
* "기타"는 위 연구개발 인력 외의 경우를 말한다.

❷ 재료비 등 발생 명세
가. "③ 연구과제명"란은 약식으로 적거나 연구과제명이 다수인 경우 유사 연구과제를 통합하여 적을 수 있다.
나. 해당 과세연도에 연구소·전담부서 또는 연구개발서비스업자가 연구용으로 사용하는 견본품 등을 「조세특례제한법 시행령」 별표 6(2020년 1월 1일 전에 개시하는 과세연도 분까지는 별표 6의 3)의 구분에 따라 분류하여 적는다.
다. "④ 재료비 등"란의 합계는 〔별지 제3호 서식(1)〕 자체 연구개발비의 재료비 등의 '⑦ 금액'의 합계와 일치해야 한다.

[별지 제3호 서식 부표(1)] (2022. 3. 18. 개정)

과 세 연 도	. . . ~ . . .	해당 연도의 연구 · 인력

1. 인건비 발생 명세 ❶

① 연구과제명	②		
	성명	생년월일	인건
합 계			

2. 재료비 등 발생 명세 ❷

③ 연구 과제명		
	계	견본품 등 (별표 6 1.가.2))
합 계		

3. 위탁 및 공동 연구개발비 발생 명세 ❸

⑤ 연구 과제명	⑥ 연구개발비		
	상호 또는 성명	사업자번호 또는 생년월일	연구착수
합 계			

개발비 발생 명세	법 인 명	
	사업자등록번호	

(단위: 원)

연구개발 인력 인건비	
건비지급액	연구전담 등 구분
	[ ]전담, [ ]보조, [ ]기타
	[ ]전담, [ ]보조, [ ]기타
	[ ]전담, [ ]보조, [ ]기타
	[ ]전담, [ ]보조, [ ]기타
	[ ]전담, [ ]보조, [ ]기타

(단위: 원)

④ 재료비 등		
임차료 등 (별표 6 1.가.3))	위탁·공동연구비 (별표 6 1.나)	기타 (별표 6 1.다~사)

(단위: 원)

일	연구종료일	⑦ 금액	⑧ 수탁기업 전담부서등 수행 여부

❸ 위탁 및 공동 연구개발비 발생 명세

가. 해당 과세연도에 「조세특례제한법 시행령」 별표 6(2020년 1월 1일 전에 개시하는 과세연도 분까지는 별표 6의 3) 제1호 나목에 열거된 비용에 대하여 작성한다.

나. "⑤ 연구과제명"란은 약식으로 적거나 연구과제명이 다수인 경우 연구과제를 통합하여 적을 수 있다.

다. "⑥ 연구개발비"란은 과학기술 및 산업디자인 분야의 연구개발용역을 위탁(재위탁 포함) 및 공동연구개발을 수행한 기관이나 「고등교육법」에 따른 대학 또는 전문대학에 소속된 개인(조교수 이상으로 한정한다)의 인적사항 등을 적는다.

라. "⑦ 금액"의 합계는 [별지 제3호 서식(1)]의 위탁 및 공동 연구개발비의 '⑨ 금액'의 합계와 일치해야 한다.

마. "⑧ 수탁기업 전담부서등 수행 여부"란은 위탁·재위탁한 연구개발 과제를 수탁기업의 연구소·전담부서 또는 연구개발서비스업자가 수행했는지를 적는다.

[별지 제3호 서식 부표(3)] (2022. 3. 18. 개정)

과 세 연 도	. . . ~ . . .	연구과제 총괄표	법 인 명	
			사업자등록 번호	

(단위: 원)

① 연번	② 기술 구분코드	③ 연구과제명	④ 기술명 (신성장 · 원천기술, 국가전략기술의 경우에만 작성)

작 성 방 법

※ 각 과세연도에 「조세특례제한법 시행령」 제9조 제14항에 따라 일반연구 및 인력개발비 명세서[별지 제3호 서식(1)], 신성장 · 원천기술 연구개발비 명세서[별지 제3호 서식(2)], 국가전략기술 연구개발비 명세서[별지 제3호 서식(3)]를 제출해야 하는 경우 반드시 이 서식을 작성해야 한다.

※ 연구과제별로 별지 제3호의 2 서식에 따른 연구개발계획서, 연구개발보고서를 작성하고 보관해야 한다.

※ 신성장 · 원천기술과 국가전략기술에 해당하는 연구과제는 연구노트를 작성하고 보관해야 한다.

※ 작성한 연구과제는 ① 과학적 또는 기술적 진전을 이루기 위한 활동 또는 ② 새로운 서비스, 서비스전달체계의 개발을 위한 활동에 해당하여야 한다.

1. "① 연번"란에는 1부터 시작하는 숫자를 순서대로 적는다.
2. "② 기술구분 코드"란에는 다음에 해당하는 숫자를 적는다.

연구개발세액공제 종류	신성장 · 원천기술 연구개발비	국가전략기술 연구개발비	일반 연구·인력개발비
코드번호	01	02	03

3. "③ 연구과제명"란은 기업에서 구분하여 관리하는 연구과제별 명칭을 적는다. 연구과제의 구분은 기업에서 자율적으로 선택할 수 있으나, 해당 과제별로 연구개발계획서, 연구개발보고서, 연구노트(신성장·원천기술 연구개발비, 국가전략기술 연구개발비만 해당), 투입 인력 등을 구분할 수 있어야 한다.
4. "④ 기술명"란은 신성장·원천기술 또는 국가전략기술 연구개발비에 해당하는 경우 해당 기술명을 적는다. 일반 연구 및 인력개발비에 해당하는 연구과제는 동 란을 빈칸으로 남겨둔다.

210mm×297mm[백상지 80g/㎡ 또는 중질지 80g/㎡]

MEMO

■ 작성요령 Ⅶ – 신성장·원천기술 연구개발비 명세서

※ 「조세특례제한법」 제10조 제1항 제1호에 따른 '신성장·원천기술 연구개발비' 세액공제를 신청하는 경우에는 반드시 이 서식을 작성해야 한다.

❶ "중소기업"이란 「조세특례제한법 시행령」 제2조에 따른 중소기업을 말한다.

❷ "⑥ 인건비 및 사회보험료"란의 합계는 해당 연도의 신성장·원천기술 및 국가전략기술 연구개발비 발생 명세〔별지 제3호 서식 부표(2)〕 1. 인건비 발생 명세의 인건비지급액 중 ② 기술구분코드가 '신성장·원천기술 코드(01)'인 금액의 합계와 일치해야 한다.

❾ "❺ 출연금 등 수령명세"란에는 「조세특례제한법 시행령」 제9조 제1항 각 호에 따른 출연금 등의 수령명세와 연구개발비로 지출하는 금액을 적는다.

❽ "❺, ❻의 "구분"란에는 연구소·전담부서 또는 연구개발서비스업자를 적는다(연구소와 전담부서가 2개 이상인 경우 각각 구분하여 작성한다).

❿ "❻ 연구소/전담부서/연구개발서비스업자 현황"란에는 「조세특례제한법 시행규칙」 제7조 제1항에 따른 연구소·전담부서 또는 연구개발서비스업자의 현황과 연구·인력개발비 세액공제를 적용받는 인건비를 구분하여 적는다.

[별지 제3호 서식(2)] (2024. 3. 22. 개정)

신성장·원천기술

❶ 신청인	① 상호 또는 법인명
	③ 대표자 성명
	⑤ 주소 또는 본점 소재지

❷ 과세연도	년 월 일

❸ 신성장·원천기술 연구개발비 발생 명세

구 분 / 기술명	계정과목	자체 연구 ⑥ 인건비 및 사회보험료 ❷
합 계		

❹ 공제세액

해당 연도에 공제받을 세액	중소기업 ❶	⑩ 대상금액(=⑨)
	중소기업 외의 기업	⑮ 대상금액(=⑨)

❺ 출연금 등 수령명세 ❾ (「조세특례제한법 시행령」 제9조 제1

구분 ❽	출연금 교부처	관련 법령

❻ 연구소/전담부서/연구개발서비스업자 현황 ❿

구분 ❽	인정일 (고시일)	취소일	계	
			인원	금액

「조세특례제한법 시행령」 제9조 제14항에 따라 신성장·원천

신청인

세무서장 귀하

첨부서류	• 신성장·원천기술 분야별 대상기술 연구개발계 • 전담부서의 조직·직원 현황 및 연구요원의 자 • 연구요원 등의 전담부서 근무시간을 확인할 신성장·원천기술 연구개발업무 또는 국가전략 • 연구요원 등의 급여지급 명세서 • 신성장·원천기술 연구개발업무에 사용하는 웨어·서체· 음원·이미지의 대여·구입 명 • 일반연구·인력개발비와 신성장·원천기술연구 세 • 그 밖에 신성장·원천기술 분야별 대상기술임

연구개발비 명세서

(앞쪽)

② 사업자등록번호

④ 생년월일

(전화번호:)

부터 년 월 일까지

개발비

⑦ 재료비 등 ❸	⑧ 위탁 및 공동 연구개발비 ❺	⑨ 합계 (⑥+⑦+⑧)
❹		

공 제 율			⑭ 공제세액 (⑩×⑬)
⑪ 기본율	⑫ 추가 ❻	⑬ 계(⑪+⑫)	
30%			

공 제 율			⑲ 공제세액 (⑮×⑱)
⑯ 기본율 ❼	⑰ 추가 ❻	⑱ 계(⑯+⑰)	
20% 또는 25%			

항 단서 관련) = 연구·인력개발비용에서 제외되는 비용

수령일	수령금액	연구개발비로 지출하는 금액

연구개발 인력					
연구전담요원		연구보조원		기 타	
인원	금액	인원	금액	인원	금액

기술 연구개발비 명세서를 제출합니다.

년 월 일

(서명 또는 인)

획서
격을 증명하는 서류
수 있는 서류를 구분하여 제출(일반 연구개발업무,
기술 연구개발업무를 구분하여 표시합니다)

견본품·부품·원재료·시약류 구입 명세서, 소프트
세서 및 세금계산서 사본
구개발비 및 국가전략기술연구개발비의 구분경리 명

을 증명하는 서류

수수료 없음

❸ "⑦ 재료비 등"란에는 신성장·원천기술 연구개발업무를 위해 사용하는 견본품·부품·원재료와 시약류 구입비 및 소프트웨어·서체·음원·이미지의 대여·구입 명세서를 적는다.

❹ "⑦ 재료비 등"란의 합계는 〔별지 제3호 서식 부표(2)〕 2. 재료비 등 발생 명세의 '⑦ 신성장·원천기술 재료비' 합계와 일치해야 한다.

❺ "⑧ 위탁 및 공동 연구개발비"란의 합계는 〔별지 제3호 서식 부표(2)〕 3. 위탁 및 공동 연구개발비 발생 명세의 ⑫ 금액 중 ⑩ 기술구분코드가 '신성장·원천기술 코드(01)'인 금액의 합계와 일치해야 한다.

❻ "⑫, ⑰ 추가"란에는 해당 과세연도의 수입금액에서 신성장·원천기술 연구개발비가 차지하는 비율에 3을 곱한 비율과 100분의 10(코스닥 상장 중견기업의 경우 100분의 15) 중 낮은 비율을 적는다.

❼ "⑯ 기본율"란에는 20%(코스닥 상장 중견기업의 경우 25%)를 적는다.

■ 작성요령 Ⅷ - 국가전략기술 연구개발비 명세서

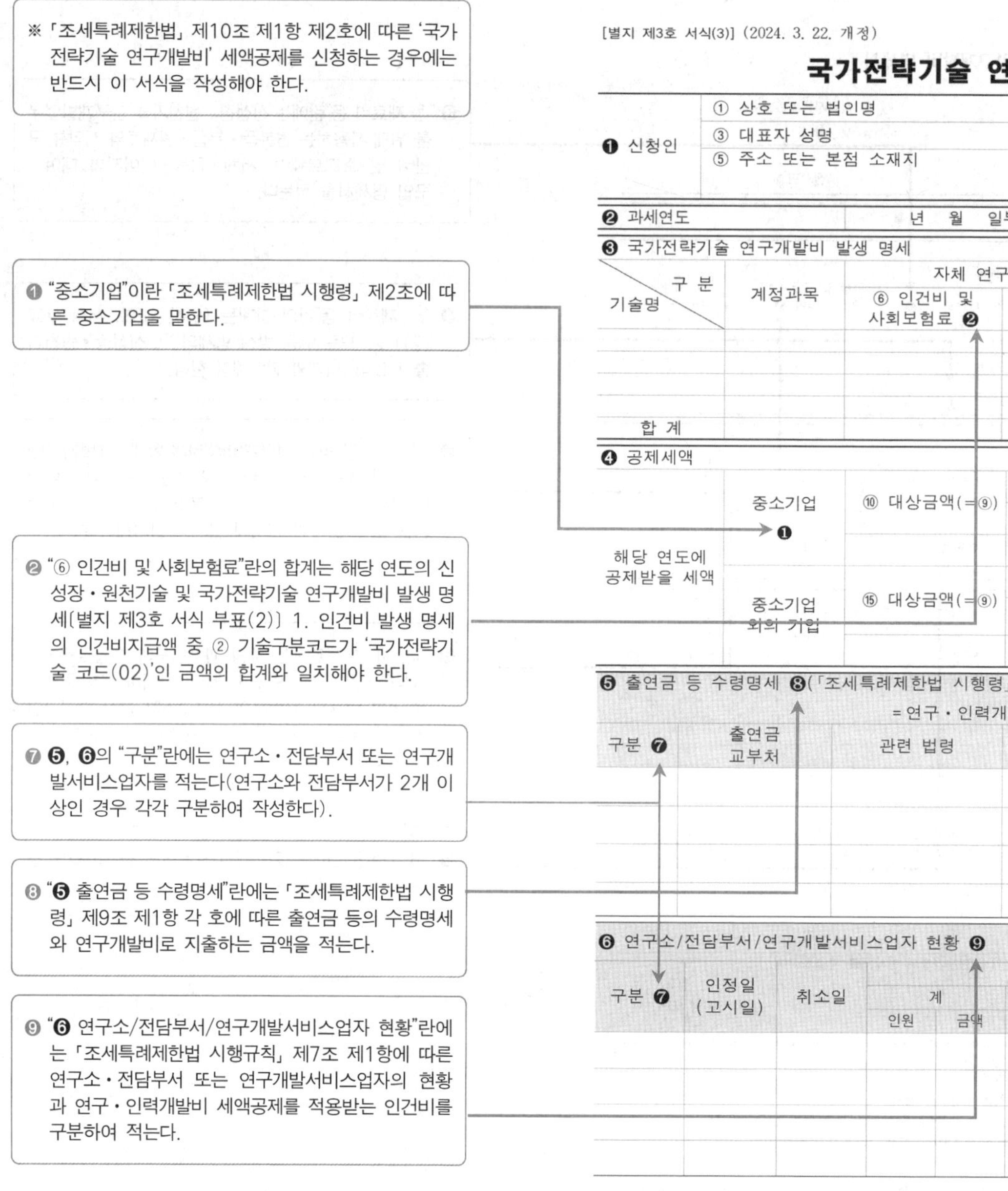

※「조세특례제한법」 제10조 제1항 제2호에 따른 '국가전략기술 연구개발비' 세액공제를 신청하는 경우에는 반드시 이 서식을 작성해야 한다.

❶ "중소기업"이란「조세특례제한법 시행령」 제2조에 따른 중소기업을 말한다.

❷ "⑥ 인건비 및 사회보험료"란의 합계는 해당 연도의 신성장・원천기술 및 국가전략기술 연구개발비 발생 명세[별지 제3호 서식 부표(2)] 1. 인건비 발생 명세의 인건비지급액 중 ② 기술구분코드가 '국가전략기술 코드(02)'인 금액의 합계와 일치해야 한다.

❼ ❺, ❻의 "구분"란에는 연구소・전담부서 또는 연구개발서비스업자를 적는다(연구소와 전담부서가 2개 이상인 경우 각각 구분하여 작성한다).

❽ "❺ 출연금 등 수령명세"란에는「조세특례제한법 시행령」 제9조 제1항 각 호에 따른 출연금 등의 수령명세와 연구개발비로 지출하는 금액을 적는다.

❾ "❻ 연구소/전담부서/연구개발서비스업자 현황"란에는「조세특례제한법 시행규칙」 제7조 제1항에 따른 연구소・전담부서 또는 연구개발서비스업자의 현황과 연구・인력개발비 세액공제를 적용받는 인건비를 구분하여 적는다.

[별지 제3호 서식(3)] (2024. 3. 22. 개정)

국가전략기술 연

❶ 신청인	① 상호 또는 법인명
	③ 대표자 성명
	⑤ 주소 또는 본점 소재지

❷ 과세연도	년 월 일부

❸ 국가전략기술 연구개발비 발생 명세

구 분 / 기술명	계정과목	자체 연구 ⑥ 인건비 및 사회보험료 ❷
합 계		

❹ 공제세액

해당 연도에 공제받을 세액	중소기업 ❶	⑩ 대상금액(=⑨)
	중소기업 외의 기업	⑮ 대상금액(=⑨)

❺ 출연금 등 수령명세 ❽(「조세특례제한법 시행령」 ... = 연구・인력개

구분 ❼	출연금 교부처	관련 법령

❻ 연구소/전담부서/연구개발서비스업자 현황 ❾

구분 ❼	인정일 (고시일)	취소일	계 인원	계 금액

(앞쪽)

구개발비 명세서

	② 사업자등록번호	
	④ 생년월일	
	(전화번호:)	
부터 년 월 일까지		

개발비 ⑦ 재료비 등 ❸	⑧ 위탁 및 공동 연구개발비 ❺	⑨ 합계 (⑥+⑦+⑧)
❹		

공 제 율			⑭ 공제세액 (⑩×⑬)
⑪기본율	⑫추가 ❻	⑬계(⑪+⑫)	
40%			

공 제 율			⑲ 공제세액 (⑮×⑱)
⑯기본율	⑰추가 ❻	⑱계(⑯+⑰)	
30%			

제9조 제1항 단서 관련)

발비용에서 제외되는 비용

수령일	수령금액	연구개발비로 지출하는 금액

연구개발 인력					
연구전담요원		연구보조원		기 타	
인원	금액	인원	금액	인원	금액

210㎜×297㎜[백상지 80g/㎡ 또는 중질지 80g/㎡]

❸ "⑦ 재료비 등"란에는 국가전략기술 연구개발업무를 위하여 사용하는 견본품·부품·원재료와 시약류 구입비 합계를 적는다.

❹ "⑦ 재료비 등"란의 합계는 〔별지 제3호 서식 부표(2)〕 2. 재료비 등 발생 명세의 '⑧ 국가전략기술 재료비' 합계와 일치해야 한다.

❺ "⑧ 위탁 및 공동 연구개발비"란의 합계는 〔별지 제3호 서식 부표(2)〕 3. 위탁 및 공동 연구개발비 발생 명세의 ⑫ 금액 중 ⑩ 기술구분코드가 '국가전략기술코드(02)'인 금액의 합계와 일치해야 한다.

❻ "⑫, ⑰ 추가"란에는 해당 과세연도의 수입금액에서 국가전략기술 연구개발비가 차지하는 비율에 3을 곱한 비율과 100분의 10 중 낮은 비율을 적는다.

■ 작성요령 Ⅸ - 해당 연도의 신성장·원천기술 및 국가전략기술 연구개발비 발생 명세

※ 각 과세연도에 「조세특례제한법 시행령」 제9조 제14항에 따라 신성장·원천기술 연구개발비 명세서〔별지 제3호 서식(2)〕 또는 국가전략기술 연구개발비 명세서〔별지 제3호 서식(3)〕를 제출해야 하는 경우 반드시 이 서식을 작성해야 한다.
또한 신성장·원천기술 및 국가전략기술 연구개발비 세액공제를 적용받으려는 내국인은 일반연구·인력개발비, 신성장·원천기술 연구개발비 및 국가전략 연구개발비를 각각 별개의 회계로 구분하여 경리해야 한다.

❶ 인건비 발생 명세

가. 해당 과세연도에 연구소 또는 전담부서에서 근무하는 직원 및 연구개발서비스업에 종사하는 전담요원으로서 「조세특례제한법 시행규칙」 제7조 제3항에서 정하는 자의 인건비 발생명세에 대하여 작성한다(다만, 퇴직소득에 해당하는 금액, 퇴직급여충당금, 퇴직연금 등의 부담금 및 퇴직연금계좌에 납부한 부담금을 제외한다).

나. "연구전담 등 구분"란은 〔 〕에 '연구전담요원', '연구보조원', '기타' 중 해당되는 곳에 √표를 한다.
- * "연구전담요원"이란 연구전담요원 자격을 보유한 사람으로서 연구개발업무 외에 다른 업무를 겸직하지 않고 연구개발과제를 직접 수행하는 사람을 말한다.
- * "연구보조원"이란 연구전담요원의 자격을 보유하지 않고 기업부설연구소 또는 연구개발전담부서에 근무하면서 연구개발과제의 수행을 보조하는 사람을 말한다.
- * "기타"는 위 연구개발 인력 외의 경우를 말한다.

❷ 재료비 등 발생 명세

가. "⑦ 신성장·원천기술 재료비"란은 해당 과세연도에 신성장·원천기술 개발업무를 위해 사용된 재료비를 적으며, "⑧ 국가전략기술 재료비"란은 해당 과세연도에 국가전략기술 개발업무를 위해 사용된 재료비를 적는다.

[별지 제3호 서식 부표(2)] (2022. 3. 18. 신설)

과 세 연 도	. . . ~ . . .	해당 연도의 신성장 · 국가전략기술 연구개발

1. 인건비 발생 명세 ❶

① 연구 과제명	② 기술 구분 코드	성명	생년월일
합 계			

2. 재료비 등 발생 명세 ❷

④ 연구 과제명	⑤ 기술 구분코드	⑥ 총계(=⑦+⑧)
합 계		

3. 위탁 및 공동 연구개발비 발생 명세 ❸

⑨ 연구 과제명	⑩ 기술 구분코드	⑪ 연구개발	
		상호 또는 성명	사업자번호 또는 생년월일
합 계			

· 원천기술 및 발비 발생 명세	법 인 명	
	사업자등록번호	

(단위: 원)

③ 연구개발 인력 인건비		
일	인건비지급액	연구전담 등 구분
		[ ]전담, [ ]보조, [ ]기타
		[ ]전담, [ ]보조, [ ]기타
		[ ]전담, [ ]보조, [ ]기타
		[ ]전담, [ ]보조, [ ]기타
		[ ]전담, [ ]보조, [ ]기타

(단위: 원)

재료비 등	
⑦ 신성장·원천기술 재료비	⑧ 국가전략기술 재료비

(단위: 원)

비		⑫ 금액	⑬ 수탁기업 전담부서등 수행 여부
연구 착수일	연구 종료일		

※ 공통 사항

가. "①,④,⑨ 연구과제명"란은 약식으로 적거나 연구과제명이 다수인 경우 유사 연구과제를 통합하여 적을 수 있다.

나. "②,⑤,⑩ 기술구분 코드"란은 신성장·원천기술 연구개발비는 "01", 국가전략기술 연구개발비는 "02"로 구분하여 적는다.

❸ 위탁 및 공동 연구개발비 발생 명세

가. 해당 과세연도에 「조세특례제한법 시행규칙」 제7조 제6항 각 호에 해당하는 기관에 위탁한 비용을 적는다.

나. "⑪ 연구개발비"란은 신성장 · 원천기술 연구개발 및 국가전략기술 연구개발을 위해 위탁(재위탁 포함) 및 공동 연구개발을 수행한 기관의 현황 등을 적는다.

다. "⑬ 수탁기업 전담부서등 수행 여부"란은 위탁 · 재위탁한 연구개발 과제를 수탁기업의 연구소 · 전담부서 또는 연구개발서비스업자가 수행했는지를 적는다.

[별지 제3호의 2 서식] (2022. 3. 18. 개정) (4쪽 중 제1쪽)

연구개발계획서(자율양식)

※ 제시된 내용을 포함하되 목차 및 양식을 자유롭게 재구성·활용할 수 있습니다.

1. 연구과제명

2. 연구 개발의 목표 및 내용

3. 신성장·원천기술 또는 국가전략기술 관련

4. 연구과제 수행계획

(4쪽 중 제2쪽)

연구개발보고서(자율양식)

※ 제시된 내용을 포함하되 목차 및 양식을 자유롭게 재구성・활용할 수 있습니다.
※ 여러 연구과제에 공통되는 항목이 있을 경우 연구과제별로 각각 작성하지 않고 한 문서에 여러 연구과제에 해당하는 내용을 함께 작성할 수 있습니다.

1. 연구과제명

2. 연구 개발 개요

3. 연구수행 내용 및 성과

붙임. 참고자료 및 증빙자료

(4쪽 중 제3쪽)

연구노트(자율양식)

※ 제시된 내용을 포함하되 목차 및 양식을 자유롭게 재구성·활용할 수 있습니다.

1. 연구과제명

2. 연구 내용

(4쪽 중 제4쪽)

작성 요령(제출 시 삭제할 것)

□ 연구개발계획서

○ 연구과제명

- 별지 제3호 서식 부표(3)의 연구과제 총괄표에 따른 연구과제명

○ 연구 개발의 목표 및 내용

- 목표, 주요내용, 과제착수 시점을 포함하여 작성합니다.

○ 신성장·원천기술 또는 국가전략기술 관련

- 「조세특례제한법 시행령」 별표 7의 신성장·원천기술 또는 별표 7의2의 국가전략기술에 해당하는지 여부 및 해당 시 그 근거를 포함하여 작성합니다.
- 신성장·원천기술 또는 국가전략기술에 해당하는 경우 연구노트의 작성 기준과 작성 주기를 명시합니다..
  * 작성기준은 과제별·부서별·연구원별 중 선택합니다(과제별·부서별인 경우 작성 책임자도 함께 명시합니다)

○ 연구과제 수행계획

- 해당 연구개발 과제를 수행할 부서
- 투입 예상 인력 및 비용(실제 투입 인력 및 예산과는 달라질 수 있습니다)

○ 기타 작성과 관련된 유의사항

- 다년간에 걸친 과제의 경우 연도별 투입 예정 비용·인원이 작성되어 있고 특별한 내용상 변동이 없는 경우 동일한 연구계획서를 여러 해에 걸쳐 반복하여 활용할 수 있습니다.

□ 연구개발보고서

○ 연구과제명

- 별지 제3호 서식 부표(3)의 연구과제 총괄표에 따른 연구과제명

○ 연구 개발 개요

- 실제 수행한 연구개발의 주요 내용(해당 연구개발을 통해 달성하려는 ① 과학적·기술적 진전 또는 ② 새로운 서비스 또는 서비스 전달체계가 무엇인지 드러나야 합니다)
- 조세특례제한법 시행령 별표 7의 신성장·원천기술 또는 별표 7의2의 국가전략기술에 해당하는지 여부 및 해당 시 그 근거
- 과제 수행 기간

○ 연구 수행 내용 및 성과

- 수행부서, 연간 투입인력 현황(인건비 발생 명세서상 인력 중 해당 연구과제에 투입된 인력)
- 연간 위탁·공동연구개발 현황(위탁·공동연구개발 수행 기관, 수행 기간, 주요 내용 등)
- 실험 등 연구개발을 위해 활용한 방법(연구노트가 있는 경우 연구노트로 대체 가능)
- 연구개발 주요 성과(특허권 신청 실적, 실패 시 실패 내용 등)

○ 참고자료 및 증빙자료

- 보고서의 내용을 확인하기 위한 참고자료 및 증빙자료의 종류
- 동일 연구원이 동일 기간에 여러 연구과제에 중복 참여한 경우 중복 참여한 현황

□ 연구노트

○ 연구과제명

- 별지 제3호 서식 부표(3)의 연구과제 총괄표에 따른 연구과제명

○ 아래 기준을 충족하는 범위에서 자유롭게 작성하거나 내부 보고서로 대체 가능합니다.

- 기재내용은 위·변조 없이 객관적인 사실을 상세하고 정확하게 기록합니다.
- 연구과제별(부서별, 연구원별 선택 가능)로 별도의 연구노트를 작성합니다.
- 작성자 또는 작성 책임자를 명시하고, 작성한 날짜를 기록합니다.
- 한 달 이내의 기간마다 해당 기간에 수행한 연구개발 내용 및 참여인력 현황을 작성합니다.
  (1분기 이내의 기간마다 작성하는 것도 가능하나, 이 경우 기술개발 진척도, 실험의 내용 또는 목표의 성공·실패 여부 등 자체적으로 설정하는 작성 주기의 기준이 사전에 연구개발계획서에 명시되어야 합니다)
- 서면으로 작성하는 경우 기록내용이 장기간 보관되는 필기구로 작성, 그 외의 작성도구 및 사용 소프트웨어 등에 대한 제한은 없습니다.

■ 작성요령 X - 성과공유 중소기업의 경영성과급에 대한 세액공제 공제세액계산서

[별지 제8호의 3 서식] (2022. 3. 18. 개정)

성과공유 중소기업의 경영성과급에

❶ 신청인	① 상호 또는 법인명
	③ 대표자 성명
	⑤ 주소 또는 본점소재지

❷ 과세연도	년 월

❸ 세액공제 계산내용

가. 경영성과급 계산 ❷

	⑥ 성명(생년.월.일)	⑦ 경영성과급 서면약정여부	⑧ 7천만
A	(. .)	여, 부	
B	(. .)	여, 부	
C	(. .)	여, 부	
D	(. .)	여, 부	
E	(. .)	여, 부	

나. 상시근로자 수 계산 ❸

구 분	해당(직전) 과세연도의 매월 말						
	월	월	월	월	월	월	월
해당 과세연도							
직전 과세연도							

다. 공제세액 계산 ❻

⑭ 경영성과급 (= ⑩)	⑮ 공제율
	15%

「조세특례제한법 시행령」 제17조 제5항에 따라 위
세액공제 공제세액계산서를 제출합니다.

세무서장 귀하

❷ "경영성과급"이란 「중소기업 인력지원 특별법 시행령」 제26조의 2 제1항 제1호에 따라 중소기업과 근로자가 경영목표 설정 및 그 목표 달성에 따른 성과급 지급에 관한 사항을 사전에 서면으로 약정하고 이에 따라 근로자에게 지급하는 성과급(우리사주조합을 통하여 성과급으로 지급하는 우리사주 포함)을 말한다.

❸ 나. 상시근로자 수를 계산할 때 「근로기준법」 제2조 제1항 제9호에 따른 단시간근로자 중 1개월 간의 소정근로시간이 60시간 이상인 근로자 1명은 0.5명으로 계산하되, 「조세특례제한법 시행령」 제23조 제11항 제2호 각 목의 지원요건을 모두 충족하는 상시근로자는 0.75명으로 하여 계산하며, 상시근로자 수 중 100분의 1 미만은 없는 것으로 한다.

❻ 상시근로자 수가 전년보다 감소(⑫-⑬<0)한 경우에는 공제를 적용하지 않는다.

대한 세액공제 공제세액계산서 ❶

❶ "성과공유 중소기업"이란 「중소기업 인력지원 특별법」 제27조의 2 제1항에 따른 성과공유 중소기업을 말한다.

	② 사업자등록번호
	④ 생년월일

(전화번호 :)

일부터 년 월 일까지

) 총급여액 원 이하 여부	⑨ 경영성과급 금액	⑩ 성과급 합계액
여, 부		
여, 부		
여, 부		
여, 부		
여, 부		

❹ "⑩ 합계"란 해당 과세연도의 매월 말 현재 상시근로자 수의 합을 적는다.

현재 상시근로자 수					⑩ 합계 ❹	⑪ 개월수 ❺	상시 근로자수 (=⑩÷⑪)
월	월	월	월	월			
							⑫
							⑬

❺ "⑪ 개월수"란 해당 과세연도의 개월 수를 적는다.

	⑯ 세액공제금액(⑭×⑮)

위와 같이 성과공유 중소기업의 경영성과급에 대한

년 월 일

신청인 (서명 또는 인)

■ 작성요령 XI – 영상콘텐츠 제작비용에 대한 세액공제 공제세액계산서

[별지 제8호의 7 서식] (2024. 3. 22. 개정)

영상콘텐츠 제작비용에 대한 세

※ 색상이 어두운 난은 신청인이 작성하지 않습니다.

접수번호		접수일시	
① 신청인	① 상호 또는 법인명		
	③ 대표자 성명		
	⑤ 주소 또는 본점소재지		
② 과세연도			년
③ 해당 과세연도 제작비용에 대한 공제세액 (= ⑯+⑲)			

가. 해당 과세연도의 제작비용 계산

⑥ 영상콘텐츠 구분 (㉠,㉡,㉢) ❶	⑦ 영상콘텐츠 명칭 ❷	⑧ 방송(상영, 시청에 제공)된 날 ❸	⑨ 세액공제 대상여부 ❹
		. . . ~ . . .	여, 부
		. . . ~ . . .	여, 부
		. . . ~ . . .	여, 부
	계		

나. 기본공제금액(=⑯)

기업 구분	⑭ 세액공제 대상금액(= ⑬)
중소기업	
중견기업	
일반기업	

다. 추가공제금액(=⑲)

기업 구분	⑰ 세액공제 대상금액
중소기업	
중견기업	
일반기업	

「조세특례제한법 시행령」 제22조의 10 제6항에 따라 위

신

세무서장 귀하

❶ ⑥ 영상콘텐츠 구분란에는 「조세특례제한법」 제25조의 6 제1항 각 호의 구분에 따라 "㉠ 방송, ㉡ 영화, ㉢ 온라인 동영상 서비스를 통하여 시청에 제공된 비디오물" 중 한 가지를 적는다.

❷ ⑦ 영상콘텐츠 명칭란에는 해당 영상콘텐츠의 명칭을 적는다.

❸ ⑧ 방송(상영, 시청에 제공)된 날란에는 해당 영상콘텐츠가 해당 과세연도에 텔레비전방송으로 방송되거나 영화상영관에서 상영되거나 온라인 동영상 서비스를 통해 시청에 제공된 날 또는 그 기간을 적는다.

❹ ⑨ 세액공제 대상여부란에는 해당 영상콘텐츠가 최초 방송(상영, 시청에 제공)된 날이 세액공제 대상 과세연도에 포함이 되는 경우 "여"에 표시하며, ㉠ 방송 또는 ㉢ 온라인 동영상 서비스를 통하여 시청에 제공된 비디오물이 2개 과세연도 이상의 기간 동안 방송되거나 시청에 제공된 경우에는 다음의 하나에 해당하는 경우 "여"에 표시한다.

1) 마지막 회차가 방송되거나 시청에 제공된 날이 속하는 과세연도에 전체 제작비용에 대해 최초로 공제를 신청하는 경우
2) 방송되거나 시청에 제공된 각 과세연도에 공제를 신청하는 경우로서 해당 과세연도에 발생한 제작비용이 있는 경우

(앞쪽)

┨액공제 공제세액계산서

처리기간	즉시

② 사업자등록번호

④ 생년월일

(전화번호 :)

월 일부터 년 월 일까지

⑩ 영상콘텐츠 제작비용 ❺	⑪ 국가 보조금 등 ❻	⑫ 해당 과세연도 전에 발생한 제작비용 ❼	⑬ 세액공제 대상금액 (⑩ - ⑪-⑫) ❽

⑮ 공제율	⑯ 기본공제금액 (= ⑭×⑮)
15%	

❺ ⑩ 영상콘텐츠 제작비용란에는 「조세특례제한법 시행규칙」 별표 8의 9에 해당하는 전체 제작비용을 적되, 다음의 하나에 해당하는 비용은 제외한다.

1) 광고 및 홍보비용, 기업업무추진비
2) 「소득세법」 제22조에 따른 퇴직소득에 해당하는 금액, 「소득세법」 제29조 및 「법인세법」 제33조에 따른 퇴직급여충당금, 「소득세법 시행령」 제40조의 2 제1항 제2호에 따른 퇴직연금계좌에 납부한 부담금 및 「법인세법 시행령」 제44조의 2 제2항에 따른 퇴직연금 등의 부담금 등
3) 배우출연료가 가장 많은 배우 5인의 배우출연료 합계액이 제작비용 합계액(위 1), 2)의 금액은 제외한다)의 100분의 30을 초과하는 경우 해당 초과 금액

❻ ⑪ 국가 보조금 등란에는 국가, 지방자치단체, 지방공기업 등으로부터 자산을 지급받은 금액이 있는 경우 적는다.

❼ ⑫ 해당 과세연도 전에 발생한 제작비용란에는 「조세특례제한법 시행규칙」 제13조의 9 제14항 제2호에 따라 세액공제 받는 경우 ⑩ 영상콘텐츠 제작비용 중 해당 과세연도의 직전 과세연도까지 발생한 제작비용(같은 조 제7항 제5호에 따라 세액공제 대상에서 제외된 제작비용은 제외한다)이 있는 경우 적는다.

❽ ⑰ 세액공제 대상금액란에는 「조세특례제한법 시행령」 제22조의 10 제4항에 따라 다음 각 목의 요건을 모두 충족하는 영상콘텐츠의 ⑬ 세액공제 대상금액의 합계액을 적는다. 이 경우 「조세특례제한법 시행규칙」 제13조의 9 제14항 제1호의 과세연도에 세액공제를 신청하는 경우에는 같은 호 각 목의 구분에 따른 영상콘텐츠 제작비용을 기준으로 「조세특례제한법 시행령」 제22조의 10 제4항 각 호의 요건 충족 여부를 판단하고, 「조세특례제한법 시행규칙」 제13조의 9 제14항 제2호의 과세연도에 세액공제를 신청하는 경우에는 전체 영상콘텐츠 제작비용을 기준으로 「조세특례제한법 시행령」 제22조의 10 제4항 각 호의 요건 충족 여부를 판단한다.

가. 「조세특례제한법 시행규칙」 제13조의 9 제8항에 따른 촬영제작 비용 중 국내에서 지출한 비용의 비율이 100분의 80 이상일 것

나. 다음의 요건 중 3개 이상의 요건을 충족할 것

1) 「조세특례제한법 시행규칙」 제13조의 9 제9항에 따른 작가 및 주요 스태프에게 지급한 인건비 중 내국인에게 지급한 인건비가 차지하는 비율이 100분의 80 이상일 것
2) 「조세특례제한법 시행규칙」 제13조의 9 제10항에 따른 배우 출연료 중 내국인에게 지급한 출연료가 차지하는 비율이 100분의 80 이상일 것
3) 「조세특례제한법 시행규칙」 제13조의 9 제11항에 따른 후반제작 비용 중 국내에서 지출한 비용이 차지하는 비율이 100분의 80 이상일 것
4) 「저작권법」에 따른 복제권, 공연권, 방송권, 전송권, 배포권 및 2차적저작물작성권 중 영상콘텐츠 제작자가 보유한 권리의 수가 3개 이상일 것. 이 경우 영상콘텐츠 제작자가 권리를 공동으로 보유한 경우에는 해당 권리의 행사에 따른 수익의 100분의 50 이상을 배분받는 경우에만 그 권리를 보유한 것으로 본다.

■ 작성요령 XII – 영상콘텐츠 제작비용에 대한 세액공제 추가공제요건 명세서

※ 「조세특례제한법 시행령」 제22조의 10 제4항 각 호의 요건을 모두 충족하는 영상콘텐츠에 대하여 「조세특례제한법」 제25조의 6 제1항에 따라 세액공제를 신청하는 경우 반드시 이 서식을 작성해야 한다.

❶ "❶ 촬영제작 비용"은 「조세특례제한법 시행규칙」 제13조의 9 제8항에 따른 촬영제작에 든 비용, 해당 비용 중 국내에서 지출한 비용 및 국내에서 지출한 비용이 차지하는 비율을 적는다.

❷ "❷ 작가 및 주요 스태프에게 지급한 인건비"는 「조세특례제한법 시행규칙」 제13조의 9 제9항에 따른 작가 및 주요스태프에게 지급한 인건비, 해당 비용 중 내국인에게 지급한 인건비 및 내국인에게 지급한 인건비가 차지하는 비율을 적는다.

❸ "❸ 배우 출연료"는 「조세특례제한법 시행규칙」 제13조의 9 제10항에 따른 배우 출연료, 해당 비용 중 내국인에게 지급한 출연료 및 내국인에게 지급한 출연료가 차지하는 비율을 적는다.

❹ "❹ 후반제작 비용"은 「조세특례제한법 시행규칙」 제13조의 9 제11항에 따른 후반제작에 든 비용, 해당 비용 중 국내에서 지출한 비용 및 국내에서 지출한 비용이 차지하는 비율을 적는다.

❺ "❺ 「저작권법」에 따른 권리 보유 여부"는 「저작권법」에 따른 복제권, 공연권, 방송권, 전송권, 배포권 및 2차적 저작물작성권 중 영상콘텐츠 제작자가 보유한 권리의 경우 "여"에 표시한다. 이 경우 영상콘텐츠 제작자가 권리를 공동으로 보유한 경우에는 해당 권리의 행사에 따른 수익의 100분의 50 이상을 배분받는 경우에만 해당 권리를 보유한 것으로 본다.

[별지 제8호의 7 서식 부표] (2024. 3. 22. 개정)

과 세 연 도	. . . ~ . . .	영상콘텐츠 제작 세액공제 추가공자

❶ 촬영제작 비용 (「조세특례제한법 시행령」 제22조의

① 영상콘텐츠 명칭	② 과세연도별 촬영제작 비용

❷ 작가 및 주요 스태프에게 지급한 인건비
(「조세특례제한법 시행령」 제22조의 10 제4항 제2호

① 영상콘텐츠 명칭	⑤ 과세연도별 작가 · 주요 스태프 인건비

❸ 배우 출연료 (「조세특례제한법 시행령」 제22조의 1

① 영상콘텐츠 명칭	⑧ 과세연도별 배우 출연료

❹ 후반제작 비용 (「조세특례제한법 시행령」 제22조의

① 영상콘텐츠 명칭	⑪ 과세연도별 후반제작 비용

❺ 「저작권법」에 따른 권리 보유 여부 (「조세특례제

① 영상콘텐츠 명칭	⑭ 권리		
	복제권	공연권	방송권
	여, 부	여, 부	여, 부
	여, 부	여, 부	여, 부
	여, 부	여, 부	여, 부

비용에 대한 요건 명세서	상호 또는 법 인 명	
	사업자 등록번호	

10 제4항 제1호 관련) (단위: 원, %)

	③ 국내에서 지출한 촬영제작 비용	④ 비율 (=③/②)

가목 관련) (단위: 원, %)

비	⑥ 내국인에게 지급한 인건비	⑦ 비율 (=⑥/⑤)

0 제4항 제2호 나목 관련) (단위: 원, %)

	⑨ 내국인에게 지급한 출연료	⑩ 비율 (=⑨/⑧)

10 제4항 제2호 다목 관련) (단위: 원, %)

	⑫ 국내에서 지출한 후반제작 비용	⑬ 비율 (=⑫/⑪)

한법 시행령」 제22조의 10 제4항 제2호 라목 관련)

보유 여부			⑮ 보유권리 수
전송권	배포권	2차적저작물작성권	
여, 부	여, 부	여, 부	
여, 부	여, 부	여, 부	
여, 부	여, 부	여, 부	

■ 작성요령 XIII – 통합투자세액공제신청서

※「조세특례제한법」 제24조에 따른 통합투자세액공제는 2021.1.1. 이후 과세표준을 신고하는 분부터 적용 가능하며 해당 세액공제를 신청한 경우 구「조세특례제한법」(2021. 1. 1. 법률 제17759호로 개정되기 전의 것) 제5조, 제25조, 제25조의 4, 제25조의 5 및 제25조의 7(이하 "종전세액공제규정"이라 한다)은 중복으로 적용받을 수 없다.

❶ ⑤ 임시 투자 세액공제율 적용 여부란에는「조세특례제한법」 제24조 제1항 제3호를 적용받는 경우에는 "여", 그렇지 않은 경우에는 "부"를 적는다.

❷ ⑦ 투자종류란에는 일반시설 투자금액, 신성장사업화시설 투자금액과 국가전략기술사업화시설 투자금액으로 구분하여 작성하며, 신성장사업화시설은「조세특례제한법 시행규칙」 별표 6에 따른 신성장・원천기술을 사업화하는 시설로서 연구개발세액공제기술심의위원회의 심의를 거쳐 기획재정부장관과 산업통상자원부장관이 공동으로 인정하는 공제대상 자산을 말하고, 국가전략기술사업화시설은「조세특례제한법 시행규칙」 별표 6의 2에 따른 국가전략기술을 사업화하는 시설로서 연구개발세액공제기술심의위원회 심의를 거쳐 기획재정부・산업통상자원부장관이 공동으로 인정하는 공제대상 자산을 말한다.

❸ ⑧ 해당기술 사용 제품 외의 제품생산에 사용되는 여부란에는 해당시설이 해당기술을 사용하여 생산하는 제품 외에 다른 제품의 생산에도 사용되는 시설인 경우에는 "여", 그렇지 않은 경우에는 "부"를 적는다.

❽ ㉒ 공제대상 투자금액란에는 ⑲ 공제대상 투자금액란을 그대로 옮겨 적는다.

[별지 제8호의 9 서식] (2024. 3. 22. 개정)

통합투자세

※ 뒤쪽의 작성방법을 읽고 작성해 주시기 바랍니다.

접수번호		접수일
① 신청인	① 상호 또는 법인명	
	③ 대표자 성명	
	⑤ 주소 또는 본점소재지	
② 과세연도		년 월 일부터
③ 신성장사업화시설, 국가전략기술사업화시설 인정 신청 여부	여[ ], 부[ ]	미
④ 신성장사업화시설, 국가전략기술사업화시설 인정 여부	여[ ], 부[ ]	미
⑤ 임시 투자 세액공제율 적용 여부 ❶		
⑥ 해당 과세연도 투자분에 대한 공제세액 (=㉑ + ㉖)		

가. 2개 이상의 과세연도에 걸쳐서 이루어지는 투자금액(=⑰

⑦ 투자종류 ❷	⑧ 해당기술 사용 제품 외의 제품 생산에 사용되는 여부 ❸	⑨ 총 투자 예정 금액	⑩ 해당 과세연도 말까지 실제 지출한 금액	작업진행률에 의 ⑪ 해당 과세연도말 총투자 누적액	⑫ 총 투자 예정비
계					

나. 그 외 투자금액(=⑱)

투자종류		
일반시설		
신성장사업화시설	⑧이 '여' 인 시설	
	⑧이 '부' 인 시설	
국가전략기술사업화시설	⑧이 '여' 인 시설	
	⑧이 '부' 인 시설	
계		

다. 기본공제금액(=㉑)

투자종류		⑲ 공제대상 (=⑰+
일반시설		
신성장 사업화시설	⑧이 '여' 인 시설	
	⑧이 '부' 인 시설	
국가전략기술 사업화시설	⑧이 '여' 인 시설	
	⑧이 '부' 인 시설	
합계		

라. 추가공제금액(=㉖)

투자종류		㉒ 공제대상 투자금액 (=⑲) ❽	㉓ 투
일반시설			
신성장 사업화시설	⑧이 '여'인 시설		
	⑧이 '부'인 시설		
국가전략기술 사업화시설	⑧이 '여'인 시설		
	⑧이 '부'인 시설		
합계			

「조세특례제한법 시행령」 제21조 제13항에 따라 위와 같이 세액

세무서장 귀하

액공제신청서

(앞쪽)

처리기간 즉시

② 사업자등록번호

④ 생년월일

(전화번호:)

년 월 일까지

신청 투자금액 합계

인정 투자금액 합계

여[ ], 부[ ]

한 투자금액 계산

⑬ 진행률 (⑪/⑫) ❹	⑭ 진행률에 의한 투자금액 (⑨×⑬)	⑮ 누적투자대상금액 (⑩과 ⑭ 중 큰 금액) ❺	⑯ 해당 과세연도 이전 과세연도까지의 누적투자대상금액	⑰ 투자금액 (⑮－⑯)

⑱ 투자금액

투자금액 (⑱) ❻	⑳ 공제율 ❼	㉑ 기본공제금액 (=⑲×⑳)
	1%, 5%, 10% (3%, 7%, 12%)	
	3%, 6%, 12% (6%, 10%, 18%)	
	8%, 8%, 16% (15%, 15%, 25%)	

(뒤쪽)

㉓ 직전 3년 연 평균 투자 또는 취득금액 ❾	㉔ 초과액 (=㉒-㉓)	㉕ 공제율 ❿	㉖ 추가공제금액 Min[(㉔×㉕),(㉑×2)] ⓫
		3%(10%)	
		3%(10%)	
		4%(10%)	

공제신청서를 제출합니다.

년 월 일

신청인 (서명 또는 인)

❹ ⑬ 진행률란은 「법인세법 시행령」 제69조 제1항에 따라 해당 과세연도말까지 발생한 총투자누적액이 총투자예정비에서 차지하는 비율로 계산한다.

❺ ⑮ 누적투자 대상금액란에는 ⑩란의 해당 과세연도말까지 실제 지출한 금액과 ⑭란의 진행률에 의한 투자금액 중 큰 금액을 적고, ⑯ 해당 과세연도 이전 과세연도까지의 누적투자 대상금액란은 해당 과세연도 이전 과세연도까지의 실제지출한 금액과 해당 과세연도 이전 과세연도까지의 작업진행률에 따라 계산한 투자금액 중 큰 금액을 적는다.

❻ ⑲ 공제대상 투자금액란에는 ⑰ 2개 이상의 과세연도에 걸쳐서 이루어지는 투자금액과 ⑱ 그 외 투자금액의 합계액을 적는다.

❼ ⑳ 공제율란 중 일반시설란 및 신성장사업화시설란의 괄호 안의 공제율은 2023년 12월 31일이 속하는 과세연도에 투자한 금액에 대하여 적용되는 공제율을 말하며, ⑳ 공제율란 중 국가전략기술사업화시설란의 괄호 안의 공제율은 2023년 1월 1일 이후 국가전략기술사업화시설에 투자한 금액에 대하여 적용되는 공제율을 말한다.

❾ ㉓ 직전 3년 연 평균 투자 또는 취득금액란은 [(해당 과세연도 개시일부터 소급하여 3년간 투자한 금액의 합계÷3) × (해당 과세연도의 개월 수÷12)]로 계산하며 투자금액이 최초로 발생한 과세연도 개시일부터 해당 과세연도 개시일까지의 기간이 36개월 미만인 경우 그 기간에 투자한 금액의 합계액을 36개월로 환산하여 계산한 금액을 적는다.

❿ ㉕ 공제율란의 괄호 안의 공제율은 2023년 12월 31일이 속하는 과세연도에 투자한 금액에 대하여 적용되는 공제율을 말한다.

⓫ ㉖ 추가공제금액란의 추가공제금액은 ㉔의 초과액의 합계액에 대해 적용하며 ㉑ 기본공제금액의 2배를 초과할 수 없다.

■ 작성요령 XIV- 신성장사업화시설 및 국가전략기술사업화시설 생산량 실적표

[별지 제8호의 10 서식] (2022. 3. 18. 신설)

신성장사업화시설 및 국가전략기

제출기업	① 상호 또는 법인명
	③ 대표자 성명
	⑤ 주소 또는 본점 소재지
	⑥ 과세연도 년 월 일부터 년 월

⑦ 투자시설 ❶			⑪ 투자종류		
⑧ 연번	⑨ 시설명	⑩ 투자금액	⑫ 종류 ❸	⑬ 기술연번 ❹	⑮ 측정대상 ❺

❶ 투자시설은 〔별지 제8호의 9 서식〕 통합투자세액공제신청서에서 ⑦ 해당기술 제품 이외 제품생산에 사용되는 여부가 '여'에 해당하는 시설을 기재한다. 투자시설이 여러 개인 경우 연번에 따라 시설을 구분하여 목록을 기재한다.

❸ "⑫ 종류"란은 신성장 사업화시설 또는 국가전략기술 사업화시설 중 해당하는 시설을 기재한다.

❹ "⑬ 기술연번"란은 「조세특례제한법 시행규칙」 별표 6 신성장·원천기술을 사업화하는 시설 또는 별표 6의 2 국가전략기술을 사업화하는 시설을 참고하여 투자한 시설에 해당하는 신성장·원천기술 또는 국가전략기술을 기재한다.

❺ "⑮ 측정대상"란은 해당시설을 거쳐 저장·판매가 가능한 형태로 생산된 최초의 제품 또는 반제품으로서 생산량의 측정 대상인 것을 기재한다.

❷ 아래의 작성사례를 참고하여 시설별로 연번에 따라 생산실적을 작성한다.

투자시설			투자종류			생산량				
연번	시설명	투자금액	종류	기술 연번	측정 대상	측정기간	총 생산량	국가전략기술	신성장·원천기술	일반기술
1	0000	0000	국가전략기술	1.반도체 가.	웨이퍼	2022.4.1. ~ 2025.12.31.	000개	000개	000개	000개
2	0000	0000	국가전략기술	1.반도체 나.	웨이퍼	2022.7.1. ~ 2025.12.31.	00개	00개	00개	00개

세무서장 귀하

l술사업화시설 생산량 실적표

	② 사업자등록번호
	④ 생년월일(법인등록번호)

(전화번호:)

일까지

⑭ 생산량

상	⑯ 측정기간	⑰ 총생산량	⑱ 국가 전략기술	⑲ 신성장 ·원천기술	⑳ 일반기술
	❻	❼	❼	❼	❼

신성장사업화시설 및 국가전략기술사업화시설의

년 월 일

(서명 또는 인)

❻ "⑯ 측정기간"란은 해당시설의 투자완료일(투자완료일이 2022년 4월 1일 이전인 경우는 2022년 4월 1일)부터 다음 3개과세연도 종료일까지의 기간을 기재한다.

❼ "⑰ 총생산량"란, "⑱ 국가전략기술"란, "⑲ 신성장 · 원천기술"란, "⑳ 일반기술"란은 각 기술을 사용하여 생산한 제품의 생산량을 기재한다. 측정대상이 고체류인 경우는 개수로, 액체류 또는 기체류인 경우는 부피측정 단위 또는 동일한 부피가 담긴 용기의 개수의 측정단위로 작성한다.

■ 작성요령 XV- 근로소득 증대 기업에 대한 세액공제신청서

❶ ⑧란부터 ⑫란까지의 "상시근로자 수"를 계산할 때 다음 각 목에 해당하는 자는 제외하고, 100분의 1 미만 부분은 없는 것으로 한다.
가. 「법인세법 시행령」 제40조 제1항 각 호의 어느 하나에 해당하는 임원
나. 「소득세법」 제20조 제1항 제1호 및 제2호에 따른 근로소득의 금액이 7천만원 이상인 근로자
다. 해당 기업의 최대주주 또는 최대출자자(개인사업자의 경우에는 대표자를 말한다) 및 그와 「국세기본법 시행령」 제1조의 2 제1항에 따른 친족관계인 근로자
라. 「소득세법 시행령」 제196조에 따른 근로소득원천징수부에 의하여 근로소득세를 원천징수한 사실이 확인되지 않는 근로자
마. 근로계약기간이 1년 미만인 근로자(다만, 근로계약의 연속된 갱신으로 인하여 그 근로계약의 총 기간이 1년 이상인 근로자는 제외한다)
바. 「근로기준법」 제2조 제1항 제9호에 따른 단시간 근로자

❹ ⑮란부터 ⑲란까지, ㉒란부터 ㉖란까지 및 ㉝란의 "평균임금"을 계산할 때, 1천원 이하 부분은 없는 것으로 한다.

❽ 합병, 분할, 현물출자 또는 사업의 양수 등으로 인하여 종전의 사업부문에서 종사하던 상시근로자를 합병법인, 분할신설법인, 피출자법인 등이 승계하는 경우에는 해당 상시근로자는 종전부터 합병법인, 분할신설법인, 피출자법인 등에 근무한 것으로 본다.

❺ ㉗란부터 ㉚란까지 및 ㉞란의 "평균임금 증가율"을 계산할 때, 1만분의 1 미만 부분은 없는 것으로 한다.

[별지 제10호의 3 서식] (2024. 3. 22. 개정)

근로소득 증대 기업에

① 신청인	① 상호 또는 법인명	
	③ 대표자 성명	
	⑤ 주소 또는 본점소재지	
② 과세연도		년

③ 세액공제액 계산내용 ❼, ❽
가. 세제지원 요건 : ㉗ ≥ ㉛ 또는 ㉞ > ㉟ 이고, ⑧ ≥ ⑨이어
1. 상시근로자 수 계산

상시근로자 수(=⑥/⑦)	
⑧ 해당 과세연도 상시근로자 수	❶
⑨ 직전 과세연도 상시근로자 수	❶
⑩ 직전 2년 과세연도 상시근로자 수	❶
⑪ 직전 3년 과세연도 상시근로자 수	❶
⑫ 직전 4년 과세연도 상시근로자 수	❶

2. 평균임금 계산(일반적인 경우: ㉘이 양수이면서 ㉛의 30% 이

평균임금(=⑬/⑭)	
⑮ 해당 과세연도 평균임금	❹
⑯ 직전 과세연도 평균임금	❹
⑰ 직전 2년 과세연도 평균임금	❹
⑱ 직전 3년 과세연도 평균임금	❹
⑲ 직전 4년 과세연도 평균임금	❹

3. 각 과세연도별 입사자 제외시 평균임금 계산(일반적인 경우:

평균임금(=⑳/㉑)	
㉒ 해당 과세연도 평균임금	❹
㉓ 직전 과세연도 평균임금	❹
㉔ 직전 2년 과세연도 평균임금	❹
㉕ 직전 3년 과세연도 평균임금	❹
㉖ 직전 4년 과세연도 평균임금	❹

4. 평균임금 증가율(일반적인 경우: ㉘이 양수이면서 ㉛의 30%
㉗ 해당 과세연도 평균임금 증가율[=(㉒ - ⑯)/⑯] ❺
㉘ 직전 과세연도 평균임금 증가율[=(㉓ - ⑰)/⑰] ❺
㉙ 직전 2년 과세연도 평균임금 증가율[=(㉔ - ⑱)/⑱] ❺
㉚ 직전 3년 과세연도 평균임금 증가율[=(㉕ - ⑲)/⑲] ❺
5. 직전 3년 평균임금 증가율의 평균(일반적인 경우: ㉘이 양수 ㉛의 30% 이상인 경우)[㉛=(㉘+㉙+㉚)/3]
6. 직전 3년 평균 초과 임금증가분[㉜={⑮ - ⑯×(1+㉛)}×⑨]
7. ㉘이 음수이거나, ㉘이 양수이지만 ㉛의 30% 미만인 경우 ⑮
㉝ 해당 과세연도 평균임금[=(⑮+⑯)/2]
㉞ 해당 과세연도 평균임금 증가율[{=(㉝ - ⑰)/⑰]
㉟ 직전 3년 평균임금 증가율의 평균[=(㉙+㉚)/2]
㊱ 직전 3년 평균 초과 임금증가분[={㉝ - ⑰×(1+㉟)}×⑨]
나. 세제지원 요건 : 중소기업의 경우 ㉗ > 3.2%이며, ⑧ ≥ ⑨
㊲ 중소기업 계산특례[={⑮ - ⑯×(1+3.2%)}×⑨]
④ 세액공제액[(㉜ 또는 ㊱) × 세액공제율(중소기업은 20%, 중소기업의 경우 ㊲ × 20%]

「조세특례제한법 시행령」 제26조의 4 제17항에 따라 위와 같이

세무서장 귀하

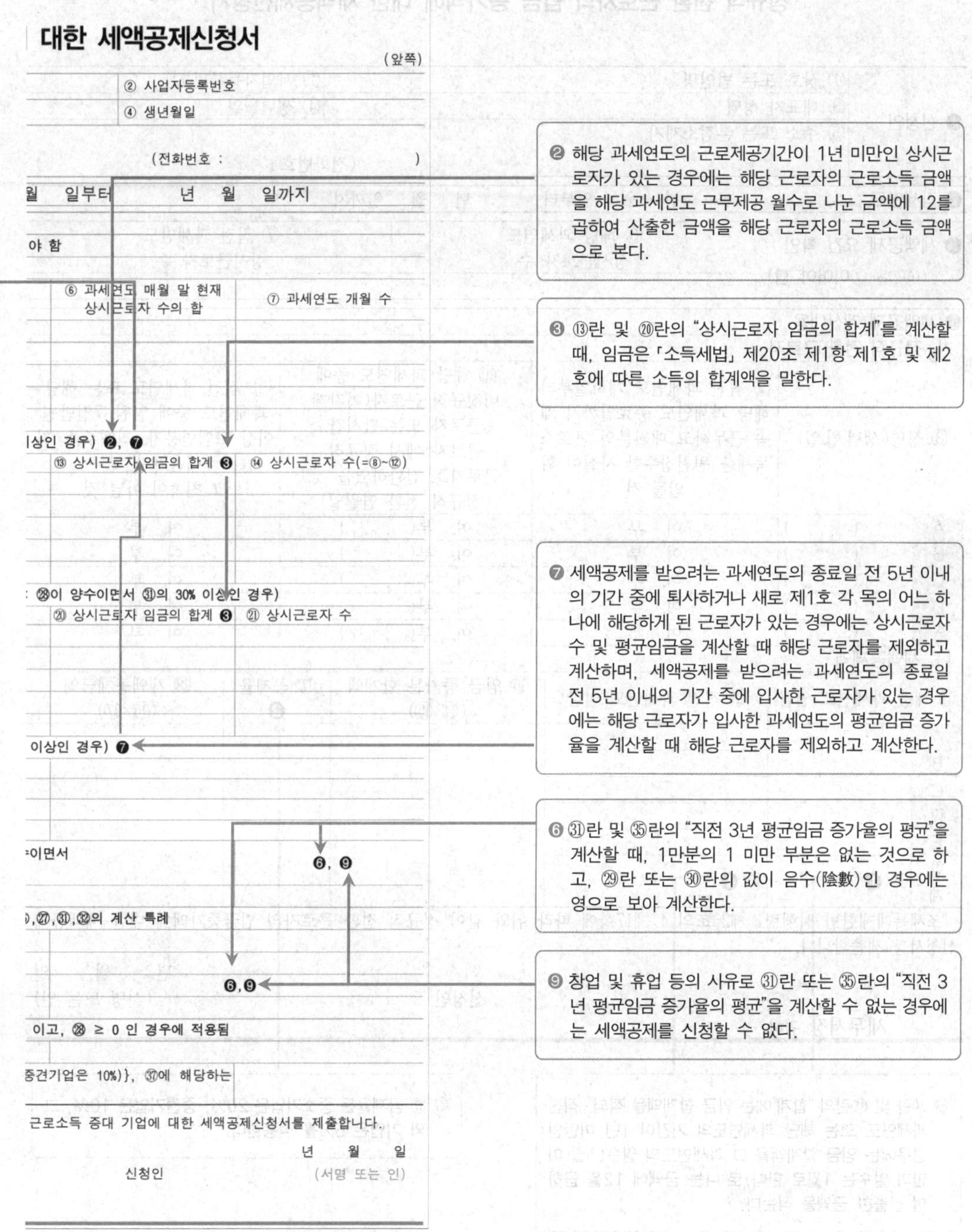
대한 세액공제신청서
(앞쪽)
② 사업자등록번호
④ 생년월일
(전화번호 :)
월 일부터 년 월 일까지
야 함
⑥ 과세연도 매월 말 현재 상시근로자 수의 합
⑦ 과세연도 개월 수
이상인 경우) ❷, ❼
⑬ 상시근로자 임금의 합계 ❸
⑭ 상시근로자 수(=⑧-⑫)
: ㉘이 양수이면서 ㉛의 30% 이상인 경우)
⑳ 상시근로자 임금의 합계 ❸
㉑ 상시근로자 수
이상인 경우) ❼
=이면서
❻, ❾
,㉗,㉛,㉜의 계산 특례
❻,❾
이고, ㉘ ≥ 0 인 경우에 적용됨
중견기업은 10%)}, ㉗에 해당하는
근로소득 증대 기업에 대한 세액공제신청서를 제출합니다.
년 월 일
신청인 (서명 또는 인)
❷ 해당 과세연도의 근로제공기간이 1년 미만인 상시근로자가 있는 경우에는 해당 근로자의 근로소득 금액을 해당 과세연도 근무제공 월수로 나눈 금액에 12를 곱하여 산출한 금액을 해당 근로자의 근로소득 금액으로 본다.
❸ ⑬란 및 ⑳란의 "상시근로자 임금의 합계"를 계산할 때, 임금은 「소득세법」 제20조 제1항 제1호 및 제2호에 따른 소득의 합계액을 말한다.
❼ 세액공제를 받으려는 과세연도의 종료일 전 5년 이내의 기간 중에 퇴사하거나 새로 제1호 각 목의 어느 하나에 해당하게 된 근로자가 있는 경우에는 상시근로자 수 및 평균임금을 계산할 때 해당 근로자를 제외하고 계산하며, 세액공제를 받으려는 과세연도의 종료일 전 5년 이내의 기간 중에 입사한 근로자가 있는 경우에는 해당 근로자가 입사한 과세연도의 평균임금 증가율을 계산할 때 해당 근로자를 제외하고 계산한다.
❻ ㉛란 및 ㉟란의 "직전 3년 평균임금 증가율의 평균"을 계산할 때, 1만분의 1 미만 부분은 없는 것으로 하고, ㉙란 또는 ㉚란의 값이 음수(陰數)인 경우에는 영으로 보아 계산한다.
❾ 창업 및 휴업 등의 사유로 ㉛란 또는 ㉟란의 "직전 3년 평균임금 증가율의 평균"을 계산할 수 없는 경우에는 세액공제를 신청할 수 없다.

■ 작성요령 XVI- 정규직 전환 근로자의 임금 증가액에 대한 세액공제신청서

[별지 제10호의 4 서식] (2018. 3. 21. 개정)

정규직 전환 근로자의 임금 증가액에 대한 세액공제신청서

❶ 신청인	① 상호 또는 법인명	② 사업자등록번호
	③ 대표자 성명	④ 생년월일
	⑤ 주소 또는 본점소재지 (전화번호 :)	
❷ 과세연도	년 월 일부터 년 월 일까지	
❸ 세액공제 요건 확인 (⑥ ≧ ⑦이어야 함)	⑥ 해당 과세연도 상시근로자 수	⑦ 직전 과세연도 상시근로자 수

❹ 세액공제 계산내용

가. 정규직 전환 근로자

	⑧ 성명(생년.월.일)	⑨ 직전 과세연도 개시일부터 해당 과세연도 종료일까지 계속 근무하고 매월분의 근로소득세를 원천징수한 사실이 확인될 것	⑩ 해당 과세연도 중에 비정규직 근로자(기간제 근로자 또는 단시간 근로자)에서 정규직 근로자로 전환하였을 것 (정규직 전환 연월일)	⑪ 직전 과세연도 또는 해당 과세연도 중에 임원, 7천만원 이상 고액연봉자, 최대주주·최대출자자 및 그 친족이 아닐 것
A	(. .)	여, 부	여, 부(. .)	여, 부
B	(. .)	여, 부	여, 부(. .)	여, 부
C	(. .)	여, 부	여, 부(. .)	여, 부
D	(. .)	여, 부	여, 부(. .)	여, 부
E	(. .)	여, 부	여, 부(. .)	여, 부

나. 세액공제액

	⑫ 해당 과세연도 임금	⑬ 직전 과세연도 임금	⑯ 임금 증가분 합계액 (⑭-⑮)	⑰ 공제율 ❷	⑱ 세액공제금액 (⑯×⑰)
A					
B					
C					
D					
E					
합계	⑭ ❶	⑮ ❶			

「조세특례제한법 시행령」 제26조의 4 제17항에 따라 위와 같이 정규직 전환 근로자의 임금증가액에 대한 세액공제 신청서를 제출합니다.

년 월 일

신청인 (서명 또는 인)

세무서장 귀하

❶ ⑭란 및 ⑮란의 "합계"에는 임금 합계액을 적되, 직전 과세연도 또는 해당 과세연도의 기간이 1년 미만인 경우에는 임금 합계액을 그 과세연도의 월수(1월 미만의 일수는 1월로 한다)로 나눈 금액에 12를 곱하여 산출한 금액을 적는다.

❷ ⑰ 공제율은 중소기업은 20%, 중견기업은 10%, 그 외 기업은 5%를 적용한다.

MEMO

■ 작성요령 XVII - 고용 증대 기업에 대한 공제세액계산서

❶ 근로자 수는 다음과 같이 계산하되, 100분의 1 미만의 부분은 없는 것으로 한다.

가. 상시근로자 수: 매월 말 현재 상시근로자 수의 합 / 과세연도의 개월 수

나. 청년등 상시근로자 수: 매월 말 현재 청년등 상시근로자 수의 합 / 과세연도의 개월 수

다. 청년등 상시근로자 외 상시근로자 수: 매월 말 현재 청년등 상시근로자 외 상시근로자 수의 합 / 과세연도의 개월 수

❸ ⑨란부터 ⑪란까지의 청년등 상시근로자란 15세 이상 29세 이하인 근로자 중 다음 각 목의 어느 하나에 해당하는 사람을 제외한 근로자(해당 근로자가 병역을 이행한 경우에는 그 기간(6년을 한도로 한다)을 현재 연령에서 빼고 계산한 연령이 29세 이하인 사람을 포함)와 근로계약 체결일 현재 「장애인복지법」의 적용을 받는 장애인, 「국가유공자 등 예우 및 지원에 관한 법률」에 따른 상이자, 「5・18 민주유공자예우 및 단체설립에 관한 법률」 제4조 제2호에 따른 5・18 민주화운동부상자와 「고엽제후유의증 등 환자지원 및 단체설립에 관한 법률」 제2조 제3호에 따른 고엽제후유의증환자로서 장애등급 판정을 받은 사람(5・18 민주화운동부상자, 고엽제후유의증환자로서 장애등급 판정을 받은 사람은 2019년 과세연도부터 적용된다), 근로계약 체결일 현재 연령이 60세 이상인 사람을 말한다.

가. 「기간제 및 단시간근로자 보호 등에 관한 법률」에 따른 기간제근로자 및 단시간근로자

나. 「파견근로자보호 등에 관한 법률」에 따른 파견근로자

다. 「청소년 보호법」 제2조 제5호 각 목에 따른 업소에 근무하는 같은 조 제1호에 따른 청소년

[별지 제10호의 8 서식] (2024. 3. 22. 개정)

고용 증대 기업에 ㄷ

① 신청인	① 상호 또는 법인명
	③ 대표자 성명
	⑤ 주소 또는 본점소재지
	(전화번호
② 과세연도	년 월 일부터

③ 공제세액 계산내용

가. 1차년도 세제지원 요건 : ⑧ > 0

1. 상시근로자 증가 인원 ❶

⑥ 해당 과세연도 상시근로자 수	⑦ 직전 상시근
❷	

2. 청년등 상시근로자 증가 인원 ❶

⑨ 해당 과세연도 청년등 상시근로자 수	⑩ 직전 청년등 상
❸	

3. 청년등 상시근로자 외 상시근로자 증가 인원 ❶

⑫ 해당 과세연도 청년등 상시근로자 외 상시근로자 수	⑬ 직전 과세연 근로자 외 상
❹	

4. 1차년도 세액공제액 계산

구분	구분		직전 과세연도 대비 상시근로자 증가 인원 (⑧ 상시근로자 증가 인원 수를 한도)
중소기업	수도권 내	청년등	
		청년등 외	
	수도권 밖	청년등	
		청년등 외	
	계		
중견기업	청년등		
	청년등 외		
	계		
일반기업	청년등		
	청년등 외		
	계		

나. 2차년도 세제지원 요건 : ⑱ ≥ 0

1. 상시근로자 증가 인원

⑯ 2차년도(해당 과세연도) 상시근로자 수	⑰ 1차년도(직 상시근로

2. 2차년도 세액공제액 계산(상시근로자 감소 여부)

1차년도(직전 과세연도) 대비 상시근로자 감소 여부	1차년도(직전 과세연도) 대비 청년 등 상시근로자 수 감소 여부	청ㄴ
부	부	
	여	
여		

다. 3차년도 세제지원 요건(중소・중견기업만 해당) : ㉔ ≥ 0

1. 상시근로자 증가 인원

㉒ 3차년도(해당 과세연도) 상시근로자 수	㉓ 1차년도(직전 상시근로

2. 3차년도 세액공제액 계산(상시근로자 감소 여부)

1차년도(직전전 과세연도) 대비 상시근로자 감소 여부	1차년도(직전전 과세연도) 대비 청년 등 상시근로자 수 감소 여부	(청ㄴ
부	부	

※ (작성요령) 2021년, 2022년에 「조세특례제한법」 제29조의 7에 따라 고용증대 세액공제를 신청한 기업이 2023년 분에 대해 추가로 고용증대세액공제를 신청하는 경우의 작성방법은 다음과 같다.

－1차년도는 직전 과세연도보다 상시근로자 수가 증가하여 최초로 공제받은 과세연도, 2・3차연도는 추가공제가 적용되는 과세연도(1차연도 과세연도의 종료일부터 1년, 중소기업 및 중견기업의 경우 2년)를 말한다.

작성항목	해당 과세연도	직전 과세연도	직전전 과세연도	비고
가. 1차연도 세제지원 요건	2023년 귀속	2022년 귀속		2023년 최초공제
나. 2차연도 세제지원 요건	2023년 귀속	2022년 귀속		2022년 최초공제분 추가공제
다. 3차연도 세제지원 요건	2023년 귀속		2021년 귀속	2021년 최초공제분 추가공제

대한 공제세액계산서

(3쪽 중 제1쪽)

② 사업자등록번호
④ 생년월일

년 월 일까지

과세연도 근로자 수	⑧ 상시근로자 증가 인원 수 (⑥-⑦)
❷	❷
과세연도 상시근로자 수	⑪ 청년등 상시근로자 증가 인원 수 (⑨-⑩)
❸	❸
도 청년등 상시 상시근로자 수	⑭ 청년등 상시근로자 외 상시 근로자 증가 인원 수(⑫-⑬)
	❹

수 가	1인당 공제금액	⑮ 1차년도 세액공제액
	1천1백만원	
	7백만원	
	1천2백만원	
	7백7십만원	
	8백만원	
	4백5십만원	
	4백만원	

전 과세연도) 로자 수	⑱ 상시근로자 증가 인원 수(⑯-⑰)

⑲ 1차년도 (직전 과세연도) 년 등 상시근로자 증가 세액공제액	⑳ 1차년도 (직전 과세연도) 청년 등 외 상시근로자 증가 세액공제액	㉑ 2차년도 세액공제액
		❺

전전 과세연도) 로자 수	㉔ 상시근로자 증가 인원 수(㉒-㉓)

㉕ 1차년도 (직전전 과세연도) 년 등 상시근로자 증가 세액공제액	㉖ 1차년도 (직전전 과세연도) 청년 등 외 상시 근로자 증가 세액공제액	㉗ 3차년도 세액공제액
		❺

공제액]
액계산서를 제출합니다.

년 월 일

신청인 (서명 또는 인)

❷ ⑥란부터 ⑧란까지의 상시근로자란 「근로기준법」에 따라 근로계약을 체결한 내국인 근로자로서 다음의 어느 하나에 해당하는 사람을 제외한 근로자를 말한다.

가. 근로계약기간이 1년 미만인 근로자. 다만, 근로계약의 연속된 갱신으로 인하여 그 근로계약의 총 기간이 1년 이상인 근로자는 상시근로자로 본다.

나. 「근로기준법」 제2조 제1항 제9호에 따른 단시간 근로자. 다만, 1개월간의 소정근로시간이 60시간 이상인 근로자는 상시근로자로 본다.

다. 「법인세법 시행령」 제40조 제1항 각 호의 어느 하나에 해당하는 임원

라. 해당 기업의 최대주주 또는 최대출자자(개인사업자의 경우에는 대표자를 말한다)와 그 배우자

마. 라목에 해당하는 자의 직계존비속(그 배우자를 포함) 및 「국세기본법 시행령」 제1조의 2 제1항에 따른 친족관계인 사람

바. 「소득세법 시행령」 제196조에 따른 근로소득원천징수부에 의하여 근로소득세를 원천징수한 사실이 확인되지 않고, 「국민연금법」 제3조 제1항 제11호 및 제12호에 따른 부담금 및 기여금 또는 「국민건강보험법」 제69조에 따른 직장가입자의 보험료에 해당하는 금액의 납부사실도 확인되지 않는 자

❹ ⑫란부터 ⑭란까지의 청년등 상시근로자 외 상시근로자란 상시근로자 중 청년등 상시근로자가 아닌 상시근로자를 말한다.

❺ ㉑, ㉗ 계산 시 각 공제금액(청년/청년 외)은 전체 상시근로자 수 증가분을 한도로 한다.

❻ 2차, 3차년도 상시근로자 또는 청년 등 상시근로자 감소 시에는 「소득세법 시행규칙」 별지 제51호 서식 '추가납부세액계산서', 별지 제40호 서식(1) '종합소득세·농어촌특별세 과세표준확정신고 및 납부계산서' 및 별지 제40호 서식(6) '종합소득세 과세표준확정신고 및 납부계산서'를 작성하여 공제받은 세액 상당액을 납부하여야 한다.

❼ 해당 과세연도의 상시근로자 수가 전년대비 증가하여 「조세특례제한법」 제29조의 8 통합고용세액공제 1차년도 공제를 신청할 경우 「조세특례제한법」 제29조의 7 고용증대 세액공제 1차년도 공제를 중복하여 신청할 수 없다.

■ 작성요령 XVIII – 통합고용세액공제 공제세액계산서

❷ ⑥란의 상시근로자란 「근로기준법」에 따라 근로계약을 체결한 내국인 근로자로서 다음의 어느 하나에 해당하는 사람을 제외한 근로자를 말한다.

가. 근로계약기간이 1년 미만인 근로자. 다만, 근로계약의 연속된 갱신으로 인하여 그 근로계약의 총 기간이 1년 이상인 근로자는 상시근로자로 본다.

나. 「근로기준법」 제2조 제1항 제9호에 따른 단시간 근로자. 다만, 1개월간의 소정근로시간이 60시간 이상인 근로자는 상시근로자로 본다.

다. 「법인세법 시행령」 제40조 제1항 각 호의 어느 하나에 해당하는 임원

라. 해당 기업의 최대주주 또는 최대출자자(개인사업자의 경우에는 대표자를 말한다)와 그 배우자

마. 라목에 해당하는 자의 직계존비속(그 배우자를 포함한다) 및 「국세기본법 시행령」 제1조의 2 제1항에 따른 친족관계인 사람

바. 「소득세법 시행령」 제196조에 따른 근로소득원천징수부에 의하여 근로소득세를 원천징수한 사실이 확인되지 않고, 「국민연금법」 제3조 제1항 제11호 및 제12호에 따른 부담금 및 기여금 또는 「국민건강보험법」 제69조에 따른 직장가입자의 보험료에 해당하는 금액의 납부사실도 확인되지 않는 자

❸ ⑦란 등의 청년등상시근로자란 상시근로자 중 15세 이상 34세 이하인 사람으로서 다음 각 목의 어느 하나에 해당하는 사람을 제외한 사람(해당 근로자가 병역을 이행한 경우에는 6년을 한도로 병역을 이행한 기간을 현재 연령에서 빼고 계산한 연령이 34세 이하인 사람을 포함)과 「장애인복지법」의 적용을 받는 장애인, 「국가유공자 등 예우 및 지원에 관한 법률」에 따른 상이자, 「5·18민주유공자예우 및 단체설립에 관한 법률」 제4조 제2호에 따른 5·18민주화운동부상자와 「고엽제후유의증 등 환자지원 및 단체설립에 관한 법률」 제2조 제3호에 따른 고엽제후유의증환자로서 장애등급 판정을 받은 사람, 근로계약 체결일 현재 연령이 60세 이상인 사람, 「조세특례제한법」 제29조의 3 제1항에 따른 경력단절 여성을 말한다.

가. 「기간제 및 단시간근로자 보호 등에 관한 법률」에 따른 기간제근로자 및 단시간근로자

나. 「파견근로자보호 등에 관한 법률」에 따른 파견근로자

다. 「청소년 보호법」 제2조 제5호 각 목에 따른 업소에 근무하는 같은 조 제1호에 따른 청소년

[별지 제10호의 9 서식] (2024. 3. 22.개정)

통합고용세액공저

① 신청인	① 상호 또는 법인명
	③ 대표자 성명
	⑤ 주소 또는 본점소재지 (전화번호:
② 과세연도	년 월 일부터

③ 상시근로자 현황 (작성방법 2,3번을 참고하시기 바랍니다.) ❶

구분	직전전 과세연도
⑥ 상시근로자 수(⑦+⑧) ❷	
⑦ 청년등상시근로자 수 ❸	
⑧ 청년등상시근로자를 제외한 상시근로자 수	
⑨ 정규직 전환 근로자 수	
⑩ 육아휴직 복귀자 수	

④ 기본공제 공제세액 계산내용

가. 1차년도 세제지원 요건 : ⑬ > 0

1. 상시근로자 증가 인원

⑪ 해당 과세연도 상시근로자 수	⑫ 직전 과세

2. 청년 등 상시근로자 증가 인원

⑭ 해당 과세연도 청년등상시근로자 수	⑮ 직전 과세연도

3. 청년 등 상시근로자를 제외한 상시근로자 증가 인원

⑰ 해당 과세연도 청년 등 상시근로자를 제외한 상시근로자 수	⑱ 직전 청년 등 상시근로자

4. 1차년도 세액공제액 계산

구분	구분		직전 과세연도 대 상시근로자 증가 인 (⑬상시근로자 증 인원 수를 한도로
중소기업	수도권 내	청년등	
		청년등 외	
	수도권 밖	청년등	
		청년등 외	
	계		
중견기업	청년등		
	청년등 외		
	계		
일반기업	청년등		
	청년등 외		
	계		

나. 2차년도 세제지원 요건 : ㉓ ≥ 0

1. 상시근로자 증가 인원

㉑ 2차년도(해당 과세연도) 상시근로자 수	㉒ 1차년도(직전

2. 2차년도 세액공제액 계산(상시근로자 감소여부)

1차년도(직전 과세연도) 대비 상시근로자 감소여부	1차년도(직전 과세연도) 대비 청년등상시근로자 수 감소여부
부	부
	여
여	

다. 3차년도 세제지원 요건(중소·중견기업만 해당) : ㉙ ≥ 0

1. 상시근로자 증가 인원

㉗ 3차년도(해당 과세연도) 상시근로자 수	㉘ 1차년도(직전전

2. 3차년도 세액공제액 계산(상시근로자 감소여부)

1차년도(직전전 과세연도) 대비 상시근로자 감소여부	1차년도(직전전 과세연도) 대비 청년등상시근로자 수 감소여부
부	부
	여
여	

⑤ 추가공제 공제세액 계산내용

가. 세제지원 요건 : ㉟ ≥ 0

㉝ 해당 과세연도 상시근로자 수 ❻	㉞ 직전 과세연

나. 세액공제액 계산

구분	구분	인원 수
중소기업	정규직 전환자	
	육아휴직 복귀자	
	계	
중견기업	정규직 전환자	
	육아휴직 복귀자	
	계	

⑥ 세액공제액 : ⑳ 1차년도 세액공제액 + ㉖ 2차년도 세액공제액 + ㉜ 3

「조세특례제한법 시행령」 제26조의 8 제11항에 따라 위와 같이 공제세액

세무서장 귀하

공제세액계산서

② 사업자등록번호
④ 생년월일

)

년 월 일까지

직전 과세연도	해당 과세연도
–	

연도 상시근로자 수	⑬ 상시근로자 증가 인원 수(⑪－⑫)
청년 등 상시근로자 수	⑯ 청년등상시근로자 증가 인원 수 (⑭－⑮)
전 과세연도 를 제외한 상시근로자 수	⑲ 청년등상시근로자를 제외한 상시근로자 증가 인원 수(⑰－⑱)

대비 인원 수 증가 . 함)	1인당 공제금액	⑳ 1차년도 세액공제액 ❺
	1천4백5십만원	
	8백5십만원	
	1천5백5십만원	
	9백5십만원	
	8백만원	
	4백5십만원	
	4백만원	

과세연도) 상시근로자 수	㉓ 상시근로자 증가 인원 수(㉑－㉒)

㉔ 1차년도 (직전 과세연도) 청년 등 상시근로자 증가 세액공제액	㉕ 1차년도 (직전 과세연도) 청년등 외 상시근로자 증가 세액공제액	㉖ 2차년도 세액공제액 ❺

과세연도) 상시근로자 수	㉙ 상시근로자 증가 인원(㉗－㉘)

㉚ 1차년도 (직전전 과세연도) 청년 등 상시근로자 증가 세액공제액	㉛ 1차년도 (전전 과세연도) 청년등 외 상시근로자 증가 세액공제액	㉜ 3차년도 세액공제액 ❺

도 상시근로자 수 ❻	㉟ 상시근로자 증가 인원 수(㉝－㉞)

1인당 공제금액	㊱ 추가공제 세액공제액
1천3백만원	
9백만원	

차년도 세액공제액 + ㊱ 추가공제 세액공제액

계산서를 제출합니다.

년 월 일

신청인 (서명 또는 인)

❶ 근로자 수는 다음과 같이 계산하되, 100분의 1 미만의 부분은 없는 것으로 한다.
가. 상시근로자 수: 매월 말 현재 상시근로자 수의 합 / 과세연도의 개월 수
나. 청년등상시근로자 수: 매월 말 현재 청년등상시근로자 수의 합 / 과세연도의 개월 수
다. 청년등상시근로자 외 상시근로자 수: 매월 말 현재 청년등상시근로자 외 상시근로자 수의 합 / 과세연도의 개월 수

❹ 청년등 외 상시근로자란 상시근로자 중 청년등상시근로자가 아닌 상시근로자를 말한다.

❺ ⑳, ㉖, ㉜ 계산 시 각 공제금액(청년/청년 외)은 전체 상시근로자 수 증가분을 한도로 한다.

❻ ㉝, ㉞란의 상시근로자 수는 「근로기준법」 제74조에 따른 출산전후휴가를 사용 중인 상시근로자를 대체하는 상시근로자가 있는 경우 해당 출산전후휴가를 사용 중인 상시근로자를 제외하고 계산한 상시근로자 수를 말한다.

❼ 해당 과세연도의 상시근로자 수가 전년 대비 증가하여 「조세특례제한법」 제29조의 8의 통합고용세액공제 1차년도 공제를 신청할 경우 「조세특례제한법」 제29조의 7의 고용 증대 기업에 대한 세액공제 1차년도 공제를 중복하여 신청할 수 없다.

■ 작성요령 XIX – 중소기업 고용증가 인원에 대한 사회보험료 세액공제 공제세액계산서

❶ 상시근로자 수를 계산할 때 「근로기준법」 제2조 제1항 제9호에 따른 단시간근로자 중 1개월간의 소정근로시간이 60시간 이상인 근로자 1명은 0.5명으로 계산하되, 「조세특례제한법 시행령」 제27조의 4 제6항 제2호 각 목의 지원요건을 모두 충족하는 상시근로자는 0.75명으로 하여 계산하며, 상시근로자 수 중 100분의 1 미만은 없는 것으로 한다.

가. 상시근로자 수: 해당 과세연도의 매월 말 현재 상시근로자 수의 합 / 해당 과세연도의 개월 수

나. 청년 및 경력단절 여성 상시근로자 수: 해당 과세연도의 매월 말 현재 청년 및 경력단절 여성 상시근로자 수의 합 / 해당 과세연도의 개월 수

다. 청년 상시근로자의 의미: 15세 이상 29세 이하인 상시근로자(「조세특례제한법 시행령」 제27조 제1항 제1호 단서에 따라 병역을 이행한 경우에는 그 기간(6년을 한도로 한다)을 근로계약 체결일 현재 연령에서 빼고 계산한 연령이 29세 이하인 경우를 포함하며, 최대 35세까지 가능하다)이다.

라. 경력단절 여성 상시근로자의 의미: 해당 중소기업에서 1년 이상 근무한 여성이 결혼·임신·출산·육아·자녀교육의 사유로 퇴직한 날부터 2년 이상 15년 미만의 기간 내에 해당 중소기업에서 상시근로자로 재고용하는 것을 의미한다(「조세특례제한법」 제29조의 3 제1항 각 호의 규정에 해당되는 자를 의미하며, 해당 중소기업의 최대주주 또는 최대출자자 등의 경우에는 제외됨).

마. 청년등 상시근로자의 의미: 청년 상시근로자와 경력단절 여성 상시근로자를 의미한다.

[별지 제11호의 5 서식] (2022. 3. 18. 개정)

중소기업 고용증가 인원에
공제세

❶ 신청인	① 상호 또는 법인명
	③ 대표자 성명
	⑤ 주소 또는 본점소재지 (전화번호:

❷ 과세연도	년 월 일부터

❸ 공제세액 계산내용

⑥ 해당년도 공제세액 합계(⑦+㉒)

1. 청년 및 경력단절 여성 상시근로자 고용증가 인원의 사회보험료 부담증가 상당액에

⑦ 공제세액(⑩×⑮)

가. 고용증가 인원 계산

⑧ 해당 과세연도 청년등 상시근로자 수	⑨ 직전 과세연도 청년등 상시근로자 수
❶	❶

나. 고용증가 인원 1인당 사용자의 사회보험료 부담금액

⑪ 해당 과세연도에 청년등 상시근로자에게 지급하는 「소득세법」 제20조 제1항에 따른 총급여액	⑫ 해당 과세연도 청년등 상시근로자 수(=

다. 사회보험료율

⑯ 국민건강보험	⑰ 장기요양보험	⑱ 국민연금	⑲ 고 보
❺ (%)	❺ (%)	❺ (%)	❺

2. 청년 및 경력단절 여성 외 상시근로자 고용증가 인원의 사회보험료 부담증가 상당액

㉒ 공제세액(㉗×㉜×0.5, 신성장 서비스업을 영위하는 중소기업의 경우에는 ㉗×㉜×

가. 고용증가 인원 계산

㉓ 해당 과세연도 상시근로자 수	㉔ 직전 과세연도 상시근로자 수	㉕ 증가한 상시근로자 수 (㉓-㉔)
		❷

나. 고용증가 인원 1인당 사용자의 사회보험료 부담금액

㉘ 해당 과세연도에 청년등 외 상시근로자에게 지급하는 「소득세법」 제20조 제1항에 따른 총급여액	㉙ 해당 과세연도 상시근로자 - 해당 과세연도 청년등 상시근로자

3. 2차년도 세제지원 요건 : ㉟ ≥0

가. 상시근로자 증가 인원

㉝ 2차년도(해당 과세연도) 상시근로자 수	㉞ 1차년도(직전 상시근로자

나. 2차년도 세액공제액 계산(상시근로자 감소여부)

직전 과세연도 대비 상시근로자 감소여부	직전 과세연도 대비 청년등 상시근로자수 감소여부	㉠ 직전 과세 청년등 상시근로자 사회보험료 세
부	부	
	여	
여		

㊲ 세액공제액 : ⑥ 해당년도 세액공제액 + ㊱ 2차년도 세액공제액

「조세특례제한법」 제30조의4제5항에 따라 공제세액계산서를 제출합니다.

세무서장 귀하

첨부서류	없음

| 대한 사회보험료 세액공제
액계산서

② 사업자등록번호
④ 생년월일

)

년 월 일까지

| 대한 공제세액계산

수	⑩ 증가한 청년등 상시근로자 수 [(⑧-⑨), ⑩≤㉕] ❶❷❸

=⑧)	⑬ 사회보험료율 (=㉑) (%)	⑭ 국가 등이 지급한 보조금 및 감면액의 1인당 금액 ❹	⑮ 사회보험료 부담금 (⑪/⑫×⑬-⑭)

고용 험 (%)	⑳ 산업재해 보상보험 ❺ (%)	㉑계 (⑯+⑰+⑱+⑲+⑳) (%)

액에 대한 공제세액계산

<0.75) ❻

수	㉖ 증가한 청년등 상시근로자 수 (=⑩)	㉗ 증가한 청년등 외 상시근로자 수 (㉕-㉖) ❸

자 수 자 수 (㉓-⑧)	㉚ 사회보험료율 (=㉑) (%)	㉛ 국가 등이 지급한 보조금 및 감면액의 1인당 금액 ❼	㉜ 사회보험료 부담금 (㉘/㉙×㉚-㉛)

과세연도) 자 수	㉟ 상시근로자 증가 인원 수(㉞-㉝)

세연도 증가에 대한 액공제액	㉡ 직전 과세연도 청년등 외 상시 근로자 증가에 대한 사회보험료 세액공제액	㊱ 2차년도 세액공제액 (㉠+㉡)

년 월 일

신청인 (서명 또는 인)

수수료 없음

❷ ⑩란의 "증가한 청년등 상시근로자 수"는 ㉕란의 "증가한 상시근로자 수"를 한도로 한다.

❹ ⑭ 보조금 및 감면액은 국가 및 「공공기관의 운영에 관한 법률」 제4조에 따른 공공기관이 지급하였거나 지급하기로 한 보조금 및 감면액의 1인당 금액(청년등 상시근로자와 관련된 보조금 및 감면액/⑫)을 말한다.

❸ ⑩, ㉗란의 수가 음수인 경우 영으로 한다.

❺ ⑯란부터 ⑳란까지의 사회보험료율은 해당 과세연도 종료일 현재 적용되는 보험료율을 말한다.
⑯ 국민건강보험 :「국민건강보험법 시행령」 제44조 제1항에 따른 보험료율의 2분의 1
⑰ 장기요양보험: ⑯란의 보험료율에 「노인장기요양보험법 시행령」 제4조에 따른 장기요양보험료율을 곱한 수
⑱ 국민연금: 「국민연금법」 제88조에 따른 보험료율
⑲ 고용보험: 「고용보험 및 산업재해보상보험의 보험료 징수 등에 관한 법률」 제13조 제4항 각 호에 따른 수를 합한 수
⑳ 산업재해보상보험: 「고용보험 및 산업재해보상보험의 보험료 징수 등에 관한 법률」 제14조 제3항에 따른 산재보험료율

❻ ㉒란의 신성장 서비스업을 영위하는 중소기업이란 「조세특례제한법 시행령」 제27조의 4 제5항 각 호에 따른 업종을 주된 사업으로 영위하는 중소기업을 말한다.

❼ ㉛ 보조금 및 감면액은 국가 및 「공공기관의 운영에 관한 법률」 제4조에 따른 공공기관이 지급하였거나 지급하기로 한 보조금 및 감면액의 1인당 금액(청년등 외 상시근로자와 관련된 보조금 및 감면액/㉙)을 말한다.

■ 작성요령 XX – 소재 · 부품 · 장비 전문기업에의 출자에 대한 세액공제신청서 및 공제세액계산서

❶ ❶신청법인(투자법인)과 ❷공동투자법인은 공동투자에 대해 체결한 협약에 따라 공동으로 ❸투자대상기업의 주식 또는 출자지분을 취득한 법인으로서, 투자대상기업의 유상증자 금액의 100분의 25 이상을 증자대금으로 납입한 법인을 말한다.

❷ ❸투자대상기업은 「소재·부품·장비산업 경쟁력강화를 위한 특별조치법」 제16조에 따른 특화선도기업등으로서 중소기업 또는 제4조 제1항에 따른 중견기업에 해당하는 기업을 말한다.

❸ ⑮ 특수관계여부란은 투자기업간, 투자기업과 투자대상기업간의 관계에 적용되며,「법인세법 시행령」 제2조 제5항에 따른 특수관계인을 말한다.

[별지 제19호 서식] (2020. 3. 13. 신설)

소재·부품·장비 전문기업에의 출자에 다

❶ 신청 법인 (투자법인) ❶	① 법인명
	③ 대표자 성명
	⑤ 본점 소재지

❷ 공동투자법인 ❶

⑥ 법인명	⑦ 사업자등록

❸ 투자 대상기업 ❷	⑩ 법인명
	⑫ 대표자 성명
	⑭ 본점 소재지

⑮특수관계여부 ❸	여, 부

❹ 세액공제 계산내용

⑯ 주식 등 취득일	년 월 일	⑰ 주식 등 취득

「조세특례제한법 시행령」 제12조의 3제15항에
출합니다.

세무서장 귀하

에 대한 세액공제신청서 및 공제세액계산서

	② 사업자등록번호
	④ 생년월일

(전화번호:)

자등록번호	⑧ 대표자 성명	⑨ 생년월일

	⑪ 사업자등록번호
	⑬ 생년월일

(전화번호:)

등 취득가액	⑱ 공제율	⑲ 세액공제금액 (⑰×⑱)
	5/100	

5항에 따라 세액공제신청서 및 공제세액계산서를 제

년 월 일

신고인(대표자) (서명 또는 인)

■ 작성요령 XXI- 소재 · 부품 · 장비 등 외국법인에의 인수에 대한 세액공제신청서 및 공제세액계산서

[별지 제20호 서식] (2023. 3. 20. 개정)

소재 · 부품 · 장비 등 외국법인에의 인수에 대한 세액공제신청서 및 공제세액계산서

❶ 신청법인(인수법인)	① 법인명		② 사업자등록번호	
	③ 대표자 성명		④ 생년월일	
	⑤ 주소 또는 본점 소재지 (전화번호:)			
❷ 대상 외국법인	⑥ 법인명		⑦ 납세관리번호	
	⑧ 대표자 성명		⑨ 거주지국	⑩ 국가코드
	⑪ 소재지			
	⑫ 인수일 년 월 일		⑬ 인수가액	
	⑭ 취득 지분비율		⑮ 특수관계여부 여, 부	

❸ 공제세액 계산내용

법인 종류	⑯ 공제대상금액 한도	⑰ 공제대상금액	⑱ 공제율	⑲ 공제금액 (=⑰×⑱)
중소기업	500,000,000,000		10/100	
중견기업			7/100	
그 외의 기업			5/100	

「조세특례제한법 시행령」 제12조의 3 제15항에 따라 세액공제신청서 및 공제세액계산서를 제출합니다.

년 월 일

신고인(대표자) (서명 또는 인)

세무서장 귀하

작 성 방 법

1. ❷ 대상외국법인은 「조세특례제한법 시행령」 제12조의 3 제7항 각 호에 따른 외국법인을 의미한다.
2. ⑦ 납세관리번호란 : 아래의 표를 참고하여 적는다

	구 분	기 재 번 호
(1)	원 칙	사업자등록번호
(2)	(1)의 기재번호를 부여받지 않은 경우	투자등록증상의 투자등록번호를 적고, 그 번호가 없는 경우 해당 거주지국의 납세번호(Taxpayer Identification Number)를 적음

3. ⑨ ⑩거주지국과 거주지국코드는 국제표준화기구(ISO)가 정한 국가별 ISO코드 중 국명약어 및 국가코드를 적는다.
4. ⑬ 인수가액은 주식등 취득가액 또는 사업・자산의 양수가액을 적는다.
5. ⑭ 취득 지분비율은 ❶신청법인(인수법인)이 ❷대상 외국법인의 주식 또는 출자지분을 취득하는 방법으로 인수하는 경우 그 주식 또는 출자지분의 취득비율을 적는다.(인수목적법인을 통한 간접 인수의 경우 ❶신청법인(인수법인)의 인수목적법인에 대한 출자비율에 그 인수목적법인의 ❷대상 외국법인에 대한 출자비율을 곱한 것으로 한다.)
6. ⑰ 공제대상금액은 ⑬과 ⑯ 중 적은 금액을 적는다. 다만, ⑫인수일로부터 3년 이내에 동일한 ❷대상 외국법인으로부터 소재・부품・장비 또는 국가전략기술 관련 사업・자산의 인수가 있었던 경우에는 500,000,000,000원에서 그 인수가액을 모두 합한 금액을 뺀 금액과 ⑬ 중 적은 금액을 적는다.
7. 공동으로 소재・부품・장비 또는 국가전략기술 관련 외국법인을 인수하는 경우 1개의 내국법인이 인수하는 것으로 보며, 공동인수에 참여한 각 내국법인의 공제금액은 인수가액에 비례하여 안분계산한 금액으로 한다. 이 경우 공동인수란 「조세특례제한법」 제13조의 3 제3항에 따른 내국법인이 공동투자 등에 대해 체결한 협약에 따라 공동으로 같은 항에 따른 인수를 하는 경우를 말한다.

MEMO

■ 작성요령 XXII – 우수 선화주기업 인증을 받은 화주기업에 대한 세액공제신청서 및 공제세액계산서

[별지 제64호의 22 서식] (2022. 3. 18. 개정)

우수 선화주기업 인증을
세액공제신청서 및

❶ 신청인	① 상호 또는 법인명
	③ 대표자 성명
	④ 우수 선화주기업 인증 여부 ❶
	⑤ 주소 또는 본점소재지 (전
❷ 과세연도	년 월 일부터 년 월

❸ 공제세액 계산내용

	공제대상금액(ⓐ)
공제금액	⑥ 해당 과세연도 외항정기화물운송사업자에게 하여 지출한 운송비용 ❷, ❸
	⑦ 증가된 운송비용 ❸ (= ⑥ – 직전 과세연도 외항정기화물운송시 입을 위하여 지출한 운송비용)
	⑧ 공제금액의 합계
⑨ 산 출 세 액 ❹	
⑩ 한 도 액(⑨×10/100)	
⑪ 공 제 세 액(⑧과 ⑩ 중 적은 금액)	

「조세특례제한법 시행령」 제104조의 27 제3항에 따라

세무서장 귀하

첨부서류	없 음

❶ 우수 선화주기업 인증 여부란④은 「해운법」 제47조의 2에 따른 우수 선화주기업 인증 여부를 적는다.

❷ 공제금액란⑥의 외항정기화물운송사업자는 「해운법」 제25조 제1항에 해당하는 운송사업자이다.

❸ 공제금액란의 운송비용란(⑥, ⑦)은 「해운법」 제23조 제2호에 따른 외항정기 화물운송사업을 영위하는 자에게 지출한 비용을 기재한다. 단, 「대외무역법 시행령」 제2조 제3호 및 제4호에 따른 수출・수입에 따른 물품의 이동을 위해 지출하는 비용에 해당하여야 하며, 외항 정기 화물운송사업을 영위하는 자와 체결한 운송계약을 증명하는 선하증권 및 기타 서류에 기재된 구간의 운송을 위해 지출한 비용만 해당된다.

❹ ⑨ 산출세액란은 거주자의 경우에는 종합소득세・농어촌특별세・지방소득세 과세표준확정신고 및 납부계산서(「소득세법 시행규칙」 별지 제40호 서식 (1))의 ㉓ 산출세액란의 금액에 사업소득이 종합소득에서 차지하는 비율을 곱하여 산출한 금액을 적고, 내국법인의 경우에는 법인세과세표준 및 세액조정계산서(「법인세법 시행규칙」 별지 제3호 서식)의 "⑫ 산출세액"란의 금액을 각각 적는다.

받은 화주기업에 대한
공제세액계산서

	② 사업자등록번호

여, 부

화번호:)

일까지

	공제율(ⓑ)	공제금액(ⓐ × ⓑ)
수출입을 위	1/100	원
업자에게 수출	3/100	원
		원
		원
		원
		원

세액공제신청서 및 공제세액계산서를 제출합니다.

년 월 일

신청인 (서명 또는 인)

	수수료 없음

■ 작성요령 XXIII – 해외자원개발투자신고서

[별지 제64호의 28 서식] (2024. 3. 22. 신설)

해외자원개발

① 신청인	① 상호 또는 법인명
	③ 대표자 성명
	⑤ 주소 또는 본점소재지

② 과세연도	년 월 일부터 년

③ 해당 과세연도 투자분에 대한 공제세액 (=⑩ + ⑭)

가. 내국인이 직접 투자하는 경우 (=⑩)

	⑥ 대상국 ❶	⑦ 투자 또는 출자 금액 ❷
광업권 · 조광권의 취득		
외국법인에 출자		

나. 외국자회사를 통하여 투자하는 경우 (=⑭)

	⑥ 대상국 ❶	⑦ 투자 또는 출자 금액 ❷	⑧ 광업권 · 광권 평가금 ❹
광업권 · 조광권의 취득			
외국법인에 출자			

「조세특례제한법 시행령」 제104조의 15 제6항에 따

세무서장 귀하

❶ ⑥ 대상국란은 광업권 · 조광권의 소재지나 외국법인 또는 외국자회사의 소재국을 적는다.

❷ ⑦ 투자 또는 출자 금액란은 광업권 · 조광권을 취득하거나 외국법인에 출자한 금액을 적는다.

투자신고서

	② 사업자등록번호
	④ 생년월일

(전화번호:)

월 일까지

⑧ 광업권·조광권 평가금액 ❹	⑨ 공제대상 금액 ❺	⑩ 공제세액 (= ⑨×3/100)

❹ ⑧ 광업권·조광권 평가금액란은 과세연도 종료일 현재 외국법인 또는 외국자회사가 소유한 광업권·조광권의 평가금액을 적는다.

❺ ⑨ 공제대상금액란은 ⑦ 투자 또는 출자 금액란과 ⑧ 광업권·조광권 평가금액란 중 작은 금액을 적는다.

조액	⑪ 출자 또는 대여금액 ❸	⑫ 투자비율 ❻	⑬ 공제대상 금액 ❼	⑭ 공제세액 (=⑬×3/100)

❸ ⑪ 출자 또는 대여금액란은 내국인이 외국자회사에 투자(출자, 대여 포함)한 금액을 적는다.

❻ ⑫ 투자비율란은 내국인과 공동으로 내국인의 외국자회사에 금전을 대여하는 경우에만 적는다.

❼ ⑬ 공제대상금액란은 ⑦, ⑧, ⑪ 중 작은 금액을 적는다. 다만, 내국인과 공동으로 내국인의 자회사에 금전을 대여하는 경우에는 추가로 ⑫을 곱한 금액[Min(⑦, ⑧, ⑪) × ⑫]을 적는다.

라 해외자원개발투자신고서를 제출합니다.

년 월 일

신청인 (서명 또는 인)

세무조정 체크리스트

검 토 사 항	확인
1. 세액공제의 일반사항 검토내역	
① 투자세액의 이월공제 여부	
② 최저한세 적용 여부	
③ 중복적용 배제 여부 -국가 등의 보조금 등으로 투자한 금액에 대한 세제지원 배제(조특법 §127 ①) -세액감면과 세액공제의 중복적용 배제(조특법 §127 ④) -동일투자자산에 대한 투자세액공제 등의 중복적용 배제(조특법 §127 ②) ※ 연구·인력개발비에 대한 세액공제 등 일부 세액공제 : 중복공제 가능 ※ 감면사업 구분경리시 비감면사업에 세액공제 적용 가능(조특법 §127 ⑩)	
④ 외국인투자기업에 대한 법인세 감면시 세액공제의 계산은 내국인투자자의 지분율을 곱하여 계산(조특법 §127 ③) -연구·인력개발비에 대한 세액공제 등 일부 세액공제의 경우 중복적용이 가능하므로 해당 여부 검토 -법인세 감면사업 구분경리시 비감면사업에 대한 세액공제의 경우 중복적용 가능(조특법 §127 ⑩)	
⑤ 수도권 과밀억제권역 안의 투자에 대한 일부 투자세액공제 배제 여부(조특법 §130) -1989. 12. 31. 이전 설치 사업장 대체투자 공제 허용, 증설투자 공제 배제(법 소정의 자산은 공제 허용). 단, 산업단지 또는 공업지역 안 증설투자는 공제 허용 -1990. 1. 1. 이후 설치 사업장 • 중소기업 : 대체투자 공제 허용, 증설투자 공제 배제(법 소정의 자산은 공제 허용) 단, 산업단지 또는 공업지역 안의 증설투자는 공제 허용 • 비중소기업 : 대체투자 및 증설투자 공제 배제(법 소정의 자산은 공제 허용)	
⑥ 공제세액의 추징사유 해당 여부(조특법 §146) 검토 -투자를 완료한 날부터 2년(일부 건물과 건축물의 경우 5년)이 지나기 전에 해당 자산을 처분하는 경우 감면세액 추징	
⑦ 공제대상 투자 여부 및 투자시점 검토	
⑧ 투자자산의 사용주체 검토 -수탁가공업체에 대한 설치 포함(조특통 5-0…4)	
⑨ 농어촌특별세 과세대상 여부 검토	
⑩ 세액공제신청서 제출 확인	
2. 상생결제 지급금액에 대한 세액공제(조특법 §7의 4)	
① 공제대상 기업 확인 -중소기업 및 중견기업을 경영하는 내국법인이 중소기업 및 중견기업에 지급한 구매대금 중 상생결제제도를 통하여 지급한 금액에 적용	

검 토 사 항	확인
② 상생결제제도의 요건의 충족여부 검토(조특령 §6의 4 ②)	
③ 세액공제의 요건 검토 해당 사업연도에 지급한 구매대금 중 약속어음으로 결제한 금액이 차지하는 비율이 직전 사업연도보다 증가하지 아니하는 경우	
④ 세액공제액 : 다음의 금액을 합하여 계산(법인세의 10% 한도) ㉠ (A − B) × 0.5% A : 지급기한이 세금계산서등의 작성일부터 15일 이내인 금액 B : 직전연도 현금성결제금액이 해당연도 현금성결제금액을 초과하는 경우 그 초과액 ㉡ (C − D) × 0.3% C : 지급기한이 세금계산서등의 작성일부터 15일 초과 30일 이내인 금액 D : 위 ㉠에 따른 B가 A를 초과하는 경우 그 초과액 ㉢ (E − F) × 0.15% E : 지급기한이 세금계산서등의 작성일부터 30일 초과 60일 이내인 금액 F : 위 ㉡에 따른 D가 C를 초과하는 경우 그 초과액	
⑤ 세액공제의 이월공제기간 : 10년간 이월	
⑥ 최저한세 적용대상임	
⑦ 농어촌특별세 과세	
⑧ 세액공제신청서 및 공제세액계산서 제출 여부 확인	
3. 대·중소기업 상생협력을 위한 기금 출연 시 세액공제(조특법 §8의 3 ①)	
① 공제대상 출연 확인(조특령 §7의 2) - 협력중소기업에 대한 보증 또는 대출지원을 목적으로 신용보증기금 또는 기술보증기금에 출연하는 경우 - 대·중소기업·농어업협력재단 또는 농어촌 상생협력기금에 출연하는 경우 - 사내근로복지기금 또는 공동근로복지기금에 출연하는 경우 - 공동사업지원자금에 출연하는 경우 - 해당 출연금이 특수관계인을 지원하기 위하여 사용된 경우 그 금액에 대해서는 공제 배제	
② 해당 출연금의 구분경리 및 출연료 사용명세서 제출 여부 검토	
③ 감면세액의 납부대상 여부 검토 - 신용보증기금 또는 기술보증기금이 세액공제를 받은 출연금을 해당 지원목적 외의 용도로 사용한 경우	
④ 공제율 : 출연금 × 10%	
⑤ 세액공제와 세액감면의 중복적용 배제(*) (*) 세액감면 대상사업 구분경리시 비감면사업에 세액공제 적용 가능(조특법 §127 ⑩)	
⑥ 최저한세의 적용	
⑦ 세액공제액의 이월공제 가능 : 10년간 이월	

검 토 사 항	확인
⑧ 농어촌특별세 과세	
⑨ 세액공제신청서 제출 여부 확인	
4. 협력중소기업에 대한 유형고정자산 무상임대 시 세액공제(조특법 §8의 3 ②)	
① 공제대상 무상임대 확인 - 창업보육센터 등과 연계하여 지원하는 창업기업(특수관계인 제외)에 유형고정자산을 5년 이상 계속 무상임대하는 경우	
② 유형고정자산의 범위 확인 - 연구개발을 위한 연구·시험용 시설로서 공구 또는 사무기기 및 통신기기, 시계·시험기기 및 계측기기, 광학기기 및 사진제작기기	
③ 공제율 : 유형고정자산의 장부가액 × 3%	
④ 무상임대 개시일 이후 5년 이내에 해당 유형고정자산의 무상임대를 종료하는 경우 감면세액 납부	
⑤ 세액공제와 세액감면의 중복적용 배제(*) (*) 세액감면 대상사업 구분경리시 비감면사업에 세액공제 적용 가능(조특법 §127 ⑩)	
⑥ 최저한세의 적용	
⑦ 세액공제의 이월공제 가능 : 10년간 이월	
⑧ 농어촌특별세 과세	
⑨ 세액공제신청서 등 제출 여부 확인	
5. 수탁기업에 설치하는 검사대·연구시설 투자 시 세액공제(조특법 §8의 3 ③)	
① 공제대상 자산 확인 - 대·중소기업 상생협력 촉진에 관한 법률에 따른 수탁·위탁거래의 상대방인 수탁기업에 설치하는 검사대 또는 연구시설 - 위 '4. 협력중소기업에 대한 유형고정자산 무상임대 시 세액공제'에 따라 무상임대하는 경우 제외	
② 투자세액공제 연도 검토	
③ 공제율 : 1%(중견기업 3%, 중소기업 7%)	
④ 수도권 내 감면배제 대상 아님.	
⑤ 외국인투자법인에 대한 법인세 감면시 공제제한 - 공제세액은 내국인 투자자의 지분율을 곱하여 계산함. - 법인세 감면사업 구분경리시 비감면사업에 대한 세액공제의 경우 중복적용 가능(조특법 §127 ⑩)	
⑥ 국가 등의 보조금 등으로 투자한 금액에 대한 세제지원 배제, 세액공제와 세액감면의 중복적용 배제(*), 투자세액공제 간 중복적용 배제 (*) 세액감면 대상사업 구분경리시 비감면사업에 세액공제 적용 가능(조특법 §127 ⑩)	
⑦ 추계과세시 적용배제	

검 토 사 항	확인
⑧ 최저한세 적용 대상	
⑨ 세액공제의 이월공제 가능 : 10년간 이월	
⑩ 농어촌특별세 과세	
⑪ 세액공제 신청서 제출 여부 확인	
6. 교육기관에 중고자산 무상기증 시 세액공제(조특법 §8의 3 ④)	
① 공제대상 중고자산 확인 - 연구시험용 시설 등 반도체 관련 연구 · 교육에 직접 사용하기 위한 시설 · 장비	
② 공제율 : 기증한 자산 시가 × 10%	
③ 세액공제와 세액감면의 중복적용 배제(*) (*) 세액감면 대상사업 구분경리시 비감면사업에 새액공제 적용 가능(조특법 §127 ⑩)	
④ 최저한세의 적용	
⑤ 세액공제의 이월공제 가능 : 10년간 이월	
⑥ 농어촌특별세 과세	
⑦ 세액공제신청서 등 제출 여부 확인	
7. 연구 · 인력개발비에 대한 세액공제(조특법 §10)	
① 연구 · 인력개발비의 범위 검토 - 신성장 · 원천기술연구개발비, 국가전략기술연구개발비, 일반연구 · 인력개발비 (조특령 §9 ③, ⑦ 및 별표 6 및 조특칙 §7) - 신성장 · 원천기술연구개발업무(조특령 별표 7), 국가전략기술연구개발업무(조특령 별표 7의 2) - 연구개발출연금 등을 받아 연구개발비 또는 인력개발비로 지출하는 금액은 세액공제대상에서 제외(조특령 §9 ①)	
② 일반연구개발 전담부서, 신성장 · 원천기술연구개발 전담부서, 국가전략기술연구개발업무 전담부서의 요건 검토(조특칙 §7 ①, ②, ⑭)	
③ 연구 · 인력개발비의 구분경리 검토	
④ 공제율 - 신성장 · 원천기술연구개발비에 대한 세액공제액 : 당기발생액 × (㉠의 비율 + ㉡의 비율) ㉠ 20%(단, 중소기업 30%, 코스닥상장 중견기업 25%) ㉡ Min[신성장 · 원천기술연구개발비/매출액 × 3, 10%(단, 코스닥상장 중견기업은 15%)] - 국가전략기술연구개발비에 대한 세액공제액 : 당기발생액 × (㉠의 비율 + ㉡의 비율) ㉠ 30%(단, 중소기업 40%) ㉡ MIN(국가전략기술연구개발비/매출액 × 3, 10%)	

검 토 사 항	확인
–일반 연구 · 인력개발비에 대한 세액공제액 : Max[당기발생액 × 공제율(*1)(중소기업 25%, 중소기업 졸업유예기간 이후 1~3년차 15%, 4~5년차 10%, 중견기업 8%), 직전연도 초과발생액(*2) × 25%(중견기업 40%, 중소기업 50%) (*1) Min(2%, 수입금액 대비 일반 연구 · 인력개발비 × 50%) (*2) 소급 4년간 발생액이 없거나, 직전연도 발생액이 소급 4년 평균발생액에 미달하는 경우 당기발생액 기준만 적용	
⑤ 외국인투자법인에 대한 법인세감면시 공제제한 없음.	
⑥ 수도권 내 감면배제 대상 아님.	
⑦ 세액공제와 세액감면의 중복적용 허용	
⑧ 중소기업은 최저한세 적용대상 아님.	
⑨ 세액공제의 이월공제 가능 : 10년 간 이월	
⑩ 농어촌특별세 비과세	
⑪ 세액공제신청서, 일반 연구 및 인력개발비 명세서, 해당 연도의 일반연구 · 인력개발비 발생 명세, 신성장 · 원천기술 연구개발비 명세서, 국가전략기술 연구개발비 명세서, 해당 연도의 신성장 · 원천기술 및 국가전략기술 연구개발비 발생 명세, 연구개발계획서 및 연구과제총괄표등 증거서류 제출 여부 확인	
8. 기술혁신형 합병에 대한 세액공제(조특법 §12의 3)	
① 공제요건 검토 –합병등기일 현재 1년 이상 사업을 계속하던 내국법인 간의 합병일 것 –합병가액 ≥ 순자산시가 × 130% –피합병법인의 특정지배주주등이 합병 사업연도 종료일까지 합병법인의 지배주주등이 아닐 것 –합병법인이 합병 사업연도의 종료일까지 승계사업을 계속 영위할 것	
② 피합병법인의 기술혁신형 중소기업 여부 검토(조특령 §11의 3 ①)	
③ 공제세액의 계산 : Max(㉠, ㉡) ㉠ 벤처기업특별법상 평가기관의 특허권 등 평가액 × 지분비율 ㉡ 인수가액 – (순자산시가 × 120% × 지분비율)	
④ 사후관리 –피합병법인의 특정지배주주등이 합병법인의 지배주주등에 해당하는 경우 –합병법인이 피합병법인으로부터 승계받은 사업을 폐지하는 경우	
⑤ 최저한세 적용대상	
⑥ 세액공제의 이월공제 가능 : 10년간 이월	
⑦ 농어촌특별세 과세	
⑧ 세액공제신청서 등 제출 여부 확인	
9. 기술혁신형 주식취득에 대한 세액공제(조특법 §12의 4)	

검 토 사 항	확인
① 공제요건 검토 - 최초 취득일 현재 1년 이상 사업을 계속하던 내국법인 간의 취득일 것 - 인수가액 ≥ 순자산시가×130%×당초 지분비율 - 인수법인의 주식취득비율이 '50% 초과' 또는 '30% 초과+경영권 인수' - 피인수법인의 지배주주등이 기준충족사업연도 종료일까지 인수법인 또는 피인수법인의 지배주주등이 아닐 것 - 피인수법인이 기준충족사업연도의 종료일까지 종전 사업을 계속 영위할 것	
② 피인수법인의 기술혁신형 중소기업 여부 검토(조특령 §11의 4 ②)	
③ 공제세액의 계산 : Max(㉠, ㉡) ㉠ 벤처기업특별법상 평가기관의 특허권 등 평가액×지분비율 ㉡ 인수가액-(순자산시가×120%×지분비율)	
④ 사후관리 - 피인수법인의 특정지배주주등이 인수법인 또는 피인수법인 지배주주등에 해당하는 경우 - 피인수법인이 종전 사업을 폐지하는 경우 - 현재 지분비율이 당초 지분비율보다 낮아지는 경우	
⑤ 최저한세 적용대상	
⑥ 세액공제의 이월공제 가능 : 10년간 이월	
⑦ 농어촌특별세 과세	
⑧ 세액공제신청서 등 제출 여부 확인	
10. 내국법인의 벤처기업 등에의 출자에 대한 세액공제(조특법 §13의 2)	
① 세액공제 대상자 검토 - 내국법인(단, 벤처투자회사, 창업기획자, 신기술사업금융업자, 벤처기업출자유한회사, 기금운용법인등 제외)	
② 공제 대상 자산 검토 - 창업기업, 신기술사업자, 벤처기업 또는 신기술창업전문회사에 출자함으로써 취득한 주식 또는 출자지분 - 창업·벤처전문 사모집합투자기구 또는 창투조합등(민간재간접투자조합 제외)을 통하여 창업기업, 신기술사업자, 벤처기업 또는 신기술창업전문회사에 출자함으로써 취득한 주식 또는 출자지분 - 민간재간접벤처투자조합을 통하여 창업기업, 신기술사업자, 벤처기업 또는 신기술창업 전문회사에 출자함으로써 취득한 주식 또는 출자지분 - 단, 특수관계인의 주식 또는 출자지분을 취득하는 경우 공제 배제	

검 토 사 항	확인
③ 공제 대상 출자방법 검토 - 해당 기업의 설립 시에 자본금으로 납입하는 방법 - 해당 기업이 설립된 후 7년 이내에 유상증자하는 경우로서 증자대금을 납입하는 방법 - 단, 타인 소유 주식 또는 출자지분을 매입에 의해 취득하는 경우 공제 배제	
④ 공제율 : 취득가액의 5%. 다만, 민간재간접벤처투자조합을 통하여 취득한 경우 다음의 금액을 합한 금액 (㉠+㉡) ㉠ Max(취득가액, 민간재간접벤처투자조합 투자금액의 60%) × 5% ㉡ (해당 사업연도의 취득가액 - 직전 3개 사업연도 취득가액의 평균액) × 3%	
⑤ 사후관리 - 주식 또는 출자지분을 취득한 후 5년 이내에 피출자법인의 지배주주 등에 해당하는 경우	
⑥ 세액공제와 세액감면의 중복적용배제(*) (*) 세액감면 대상사업 구분경리시 비감면사업에 세액공제 적용 가능(조특법 §127 ⑩)	
⑦ 최저한세 적용대상	
⑧ 세액공제의 이월공제 가능 : 10년간 이월	
⑨ 농어촌특별세 과세	
⑩ 세액공제신청서 등 제출 여부 확인	
11. 소재·부품·장비기업 공동출자시 세액공제(조특법 §13의 3 ①)	
① 공제요건 검토 - 투자대상기업의 소재·부품·장비 관련 연구·인력개발등을 통하여 투자기업의 제품 생산에 도움을 받기 위한 목적일 것 - 투자대상기업이 유상증자하는 경우로서 증자대금을 납입하는 방법으로 주식등을 취득할 것 - 투자기업 간, 투자기업과 투자대상기업의 관계가 특수관계인이 아닐 것	
② 투자대상기업 해당 여부 검토 - 소재·부품·장비산업 경쟁력강화를 위한 특별조치법 제16조에 따른 특화선도기업등으로서 중소·중견기업일 것	
③ 공동투자의 요건 검토 - 투자기업이 투자대상기업과 공동투자에 대해 체결한 협약에 따라 공동으로 주식등을 취득할 것 - 공동투자에 참여한 각 내국법인이 투자대상기업의 유상증자 금액의 25% 이상을 증자대금으로 납입할 것	
④ 공제율 : 취득가액의 5%	

검 토 사 항	확인
⑤ 사후관리 - 투자기업이 주식등을 취득한 후 5년 이내에 투자대상기업의 지배주주등에 해당하는 경우 - 투자대상기업이 유상증자일부터 3년이 되는 날이 속하는 사업연도 종료일까지 투자기업이 납입한 증자대금의 80% 이상을 소재·부품·장비 관련 연구·인력개발등에 지출하지 않는 경우 - 투자기업이 주식등을 취득한 후 4년 이내에 해당 주식등을 처분하는 경우	
⑥ 최저한세 적용대상	
⑦ 세액공제의 이월공제 가능 : 10년간 이월	
⑧ 농어촌특별세 과세	
⑨ 세액공제신청서 등 제출 여부 확인	
12. 소재·부품·장비, 국가전략기술 관련 외국법인 인수시 세액공제(조특법 §13의 3 ③)	
① 공제요건 검토 ㉠ 주식등을 취득하는 경우 - 내국법인과 인수대상 외국법인이 각각 1년 이상 사업을 계속하던 기업일 것 - 인수대상 외국법인의 지분 50%(경영권 지배시 30%) 이상을 직접 또는 간접 취득하고, 취득일이 속하는 사업연도의 종료일까지 보유할 것 - 인수일 당시 인수대상 외국법인의 주주등이 해당 주식등을 양도한 날부터 그 날이 속하는 내국법인의 사업연도 종료일까지 내국법인 또는 인수목적법인의 지배주주등에 해당하지 아니할 것 - 주식등 취득일이 속하는 사업연도의 종료일까지 인수대상 외국법인이 종전에 영위하던 사업을 계속할 것 ㉡ 사업 또는 자산을 양수하는 경우 - 내국법인과 인수대상 외국법인이 각각 1년 이상 사업을 계속하던 기업일 것 - 인수대상 외국법인의 주주등이 사업 또는 자산을 양도한 날부터 그 날이 속하는 내국법인의 사업연도 종료일까지 내국법인 또는 인수목적법인의 지배주주등에 해당하지 아니할 것 - 내국법인의 사업·자산의 양수일이 속하는 사업연도의 종료일까지 양수를 통하여 승계된 종전의 사업을 계속할 것	
② 인수대상 외국법인 해당 여부 검토 - 핵심전략기술과 관련된 품목으로서 산업통상자원부장관이 기획재정부장관과 협의하여 고시하는 품목을 생산하는 외국법인(주식등을 취득하는 방법으로 인수하는 경우에는 소재·부품·장비 품목의 매출액이 전체 매출액의 50% 이상인 외국법인으로 한정) - 국가전략기술을 활용한 사업에서 발생한 매출액이 전체 매출액의 50% 이상인 외국법인 - 소재·부품·장비 품목의 매출액과 국가전략기술을 활용한 사업에서 발생한 매출액의 합계액이 전체 매출액의 50% 이상인 외국법인	

검 토 사 항	확인
③ 소재·부품·장비, 국가전략기술 사업의 인수 요건 검토 - 인수대상 사업의 양수 : 인수대상 사업에 관한 권리와 의무를 포괄적 또는 부분적으로 승계하는 것 - 인수대상 사업의 양수에 준하는 자산의 양수 : 양수 전에 인수대상 외국법인이 영위하던 인수대상 사업이 양수 후에도 계속될 수 있는 정도의 자산을 매입하는 것	
④ 공제율 : 인수가액의 5%(중견기업 7%, 중소기업 10%), - 공제한도(건당) : Min[인수금액, 5천억원]	
⑤ 사후관리 - 인수일 당시 인수대상 외국법인의 주주등이 내국법인 또는 인수목적법인의 지배주주등에 해당하는 경우 - 인수대상 외국법인이 종전에 영위하던 사업을 폐지하거나 양수를 통하여 승계된 종전의 사업을 폐지하는 경우 - 현재지분비율이 당초지분비율보다 낮아지는 경우	
⑥ 최저한세 적용대상	
⑦ 세액공제의 이월공제 가능 : 10년간 이월	
⑧ 농어촌특별세 과세	
⑨ 세액공제신청서 등 제출 여부 확인	
13. 성과공유 중소기업의 경영성과급에 대한 세액공제(조특법 §19 ①)	
① 공제 대상 경영성과급 확인 - 중소기업 인력지원 특별법 제27조의 2 제1항에 따른 성과공유 중소기업이 지급하는 같은 법 시행령 제26조의 2 제1항 제1호에 따른 성과급	
② 상시근로자 수 감소시 적용배제	
③ 공제세액의 계산 : 경영성과급×15%	
④ 근로소득을 증대시킨 기업에 대한 세액공제(조특법 §29의 4)와의 중복적용 배제	
⑤ 추계과세시 적용배제	
⑥ 최저한세 적용 대상	
⑦ 세액공제의 이월공제 가능 : 10년간 이월	
⑧ 농어촌특별세 과세	
⑨ 세액공제 신청서 제출 여부 확인	
14. 통합투자세액공제(조특법 §24)	
① 세액공제 대상자 검토(소비성서비스업, 부동산임대 및 공급업 제외)	

검 토 사 항	확인
② 공제대상 시설의 종류와 범위 검토 - 기계장치 등 사업용 유형자산(토지, 건축물 등 제외) (조특칙 별표 1) - 연구·시험 및 직업훈련시설 - 에너지절약 시설(에너지절약형 시설투자, 에너지절약형 기자재, 중수도) - 환경보전 시설(대기오염방지시설 및 무공해·저공해자동차 연료공급시설, 소음·진동방지시설, 방음시설, 방진시설, 가축분뇨 처리시설, 오수처리시설, 폐수처리시설, 폐기물처리시설 및 폐기물 감량화시설, 건설폐기물 처리시설, 재활용시설, 오염방지·오염물질 처리시설 및 방제시설, 탈황시설, 토양오염방지시설, 청정생산시설, 온실가스 감축시설) - 근로자복지 증진 시설(무주택 종업원용 국민주택, 종업원용 기숙사, 장애인·노인·임산부 등의 편의 증진시설, 종업원을 위한 휴게실, 체력단련실, 샤워시설, 목욕시설, 부속 의료기관, 직장어린이집) - 안전시설(산업재해예방시설, 화재예방·소방시설, 광산안전시설, 내진보강시설, 비상대비시설) - 기타 업종별 사업용자산(중소기업의 운수업용 차량·운반구와 선박, 중소기업의 어업용 선박, 건설업용 기계장비, 도·소매업 및 물류산업용 유통산업합리화시설, 관광숙박업용 건축물 등, 전문휴양업용 숙박시설 등, 중소기업의 사업용 소프트웨어)	
③ 해당 자산의 실제 사용자 여부 확인(조특통 5-0…4)	
④ 투자금액의 계산(조특령 §21 ⑦)	
⑤ 세액공제금액의 계산 - 기본공제 금액 : 투자금액×1%(중견기업 5%, 중소기업 10%). 단, 신성장사업화시설 및 5세대 이동통신 기지국 시설 투자시 3%(중견기업 6%, 중소기업 12%), 국가전략기술 사업화시설에 2024년 12월 31일까지 투자시 15%(중소기업 25%) - 추가공제 금액 : (해당 과세연도 투자금액 - 직전 3년간 연 평균 투자금액)×3%(국가전략기술 사업화시설은 4%) (단, 기본공제 금액의 2배를 한도로 함) - 임시 투자 세액공제금액(㉠ + ㉡) ㉠ 기본공제 금액 : 2023년 12월 31일이 속하는 과세연도 투자금액×3%(중견기업 7%, 중소기업 12%). 단, 신성장사업화시설 및 5세대 이동통신 기지국 시설 투자시 6%(중견기업 10%, 중소기업 18%), 국가전략기술사업화시설 투자시 15%(중소기업 25%) ㉡ 추가공제 금액 : (2023년 12월 31일이 속하는 과세연도 투자금액 - 직전 3년간 연평균 투자금액)×10% (단, 기본공제 금액의 2배를 한도로 함)	
⑥ 세액공제 시기 확인 - 투자가 2개 이상의 과세연도에 걸쳐서 이루어지는 경우 그 투자가 이루어지는 과세연도마다 투자금액에 대해 세액공제 적용	

검 토 사 항	확인
⑦ 수도권과밀억제권역 내 감면배제 대상 - 사업용 고정자산(단, 전기통신설비 등 법 소정의 자산 제외) - 사업장 이전·설치에 따른 공제배제되는 투자	

구 분	1989. 12. 31. 이전	1990. 1. 1. 이후
중소기업	증설투자(*)	증설투자(*)
일반기업		증설투자와 대체투자

(*) 산업단지 또는 공업지역인 경우 세액공제 가능

검 토 사 항	확인
⑧ 외국인투자법인에 대한 법인세 감면시 공제제한 - 공제세액은 내국인 투자자의 지분율을 곱하여 계산 - 감면사업 구분경리시 비감면사업에 대한 세액공제의 경우 중복적용 가능(조특법 §127 ⑩)	
⑨ 국가 등의 보조금 등으로 투자한 금액에 대한 세제지원 배제, 세액공제와 세액감면의 중복적용 배제, 투자세액공제 간 중복적용 배제 - 감면사업 구분경리시 비감면사업에 대한 세액공제의 경우 중복적용 가능(조특법 §127 ⑩)	
⑩ 추계과세시 적용배제	
⑪ 최저한세 적용 대상	
⑫ 세액공제의 이월공제 가능 : 10년간 이월	
⑬ 농어촌특별세 과세	
⑭ 세액공제 신청서 등 제출 여부 확인 - 신성장사업화시설·국가전략기술사업화시설 인정을 조건으로 그 인정을 받기 전에 세액공제 신청 가능	
15. 영상콘텐츠 제작비용에 대한 세액공제(조특법 §25의 6)	
① 공제대상 기업확인 - 저작권법 제2조 제14호에 따른 영상제작자로서 일정 요건(조특칙 §13의 9 ①)을 충족하는 법인	
② 공제대상 영상콘텐츠 확인 - 방송법 제2조 제17호에 따른 방송프로그램으로서 방송사업자의 텔레비전방송으로 방송된 드라마, 애니메이션, 다큐멘터리 및 오락을 위한 프로그램 - 영화 및 비디오물의 진흥에 관한 법률 제2조에 따른 영화로서 영화상영관에서 상영된 것 - 영화 및 비디오물의 진흥에 관한 법률 제2조 제12호에 따른 비디오물로서 같은 법에 따른 등급분류를 받고 전기통신사업법 제2조 제12호의 2에 따른 온라인 동영상 서비스를 통하여 시청에 제공된 비디오물	

검 토 사 항	확인
③ 공제대상 비용 확인 -작가료, 주·조연 출연료, 시나리오 등 원작료, 편집비 등 영상콘텐츠 제작비용(조특칙 별표 8의 9) -다만, 국가, 지방자치단체, 공공기관 및 지방공기업으로부터 출연금 등을 지급받아 제작비용으로 지출하는 금액과 광고·홍보 비용 등 법 소정 비용(조특칙 §13의 9 ⑦) 제외	
④ 공제율 : 다음의 금액을 합한 금액 (㉠+㉡) ㉠ 기본공제 금액 : 영상콘텐츠 제작비용 × 5%(중견기업 10%, 중소기업 15%) ㉡ 추가공제 금액 : 법 소정의 영상콘텐츠(*) 제작비용 × 10%(중소기업 15%) (*) 국내 제작비중 80% 이상 등 요건 충족 확인	
⑤ 공제시기 확인(조특령 §22의 10 ⑤)	
⑥ 세액공제와 세액감면의 중복적용배제(*) (*) 세액감면 대상사업 구분경리시 비감면사업에 세액공제 적용 가능(조특법 §127 ⑩)	
⑦ 최저한세 적용대상	
⑧ 세액공제의 이월공제 가능 : 10년간 이월	
⑨ 농어촌특별세 과세	
⑩ 세액공제신청서 등 제출 여부 확인	
16. 내국법인의 문화산업전문회사에의 출자에 대한 세액공제(조특법 §25의 7)	
① 공제대상 법인 확인 -문화산업전문회사에 출자한 중소·중견기업 -문화산업전문회사로부터 위탁을 받아 영상콘텐츠를 제작하여 영상콘텐츠 제작비용 세액공제를 적용받는 중소·중견기업 제외	
② 공제율 : 출자금액 × $\frac{\text{영상콘텐츠 제작비용}}{\text{문화산업전문회사 총 출자금액}}$ × 3%	
③ 공제시기 : 최초 방송·상영·제공일과 문화산업전문회사의 청산일 중 빠른 날이 속하는 사업연도	
④ 최저한세의 적용	
⑤ 세액공제의 이월공제 가능 : 10년간 이월	
⑥ 농어촌특별세 과세	
⑦ 세액공제신청서 등 제출 여부 확인	
17. 상시근로자 임금증가분에 대한 세액공제(조특법 §29의 4 ①)	
① 적용요건의 검토 -중소기업 또는 중견기업에 해당할 것	

검 토 사 항	확인
② 세액공제 적용방식 : ㉠을 적용하되 중소기업은 ㉡ 선택 가능 ㉠ 과거 평균임금 증가분 방식 -상시근로자의 해당 사업연도의 평균임금(*) 증가율이 직전 3개 사업연도의 평균임금 증가율의 평균보다 클 것 -해당 사업연도의 상시근로자 수가 직전 사업연도의 상시근로자 수보다 크거나 같을 것 ㉡ 중소기업 전체의 평균임금 증가분 방식 -상시 근로자의 해당 사업연도의 평균임금(*) 증가율이 3.2%보다 클 것 -해당 사업연도의 상시근로자 수가 직전 사업연도의 상시 근로자 수보다 크거나 같을 것 -직전 사업연도의 평균임금(*) 증가율이 음수가 아닐 것 (*) 평균임금 계산시 임원, 고액연봉자(0.7억원) 등 제외	
③ 창업 및 휴업 등의 사유로 직전 3년 평균임금 증가율의 평균을 계산할 수 없는 경우에는 적용대상 아님.	
④ 평균임금, 평균임금 증가율, 직전 3년 평균임금 증가율의 평균 및 직전 3년 평균 초과 임금증가분의 계산 검토 -직전 사업연도의 평균임금 증가율이 음수 또는 직전 3년 평균임금 증가율의 평균(양수인 경우로 한정)의 30% 미만인 경우 특례 적용(조특령 §26의 4 ⑧ 및 조특칙 §14의 2 ②)	
⑤ 공제세액의 계산 ㉠ 과거 평균임금 증가분 방식의 경우 : 직전 3년 평균 초과 임금증가분 × 20%(중견기업은 10%) ㉡ 중소기업 전체의 평균임금 증가분 방식의 경우 : 전체 중소기업의 평균임금증가분 초과 임금증가분 × 20%	
⑥ 추계과세시 적용배제	
⑦ 성과공유 중소기업의 경영성과급에 대한 세액공제(조특법 §19 ①)와의 중복적용 배제	
⑧ 최저한세의 적용	
⑨ 세액공제의 이월공제 가능 : 10년간 이월	
⑩ 농어촌특별세 과세	
⑪ 세액공제신청서 등 제출 여부 확인	
18. 정규직 전환근로자 임금증가분에 대한 추가 세액공제(조특법 §29의 4 ③)	
① 적용요건의 검토 -중소기업 또는 중견기업에 해당할 것 -해당 사업연도에 정규직 전환 근로자(*)가 있을 것 -해당 사업연도의 상시근로자 수가 직전 사업연도의 상시 근로자 수보다 크거나 같을 것 (*) 조특령 §26의 4 ⑬	

검 토 사 항	확인
② 임금증가분 합계액의 계산 검토 - 사업연도의 기간이 1년 미만인 경우에는 임금 합계액을 그 사업연도의 월수(1월 미만의 일수는 1월로 함)로 나눈 금액에 12를 곱하여 산출한 금액을 임금 합계액으로 봄(조특령 §26의 4 ⑭)	
③ 공제세액의 계산 : 정규직 전환 근로자에 대한 임금증가분 합계액 × 20%(중견기업은 10%)	
④ 사후관리 - 세액공제를 받은 사업연도 종료일부터 1년이 되는 날이 속하는 사업연도의 종료일까지의 기간 중 정규직 전환 근로자와의 근로관계를 종료한 경우	
⑤ 추계과세시 적용배제	
⑥ 성과공유 중소기업의 경영성과급에 대한 세액공제(조특법 §19 ①)와의 중복적용 배제	
⑦ 최저한세의 적용	
⑧ 세액공제의 이월공제 가능 : 10년간 이월	
⑨ 농어촌특별세 과세	
⑩ 세액공제신청서 등 제출여부 확인	
19. 고용을 증대시킨 기업에 대한 세액공제(조특법 §29의 7)	
① 적용요건의 검토 - 내국법인(소비성서비스업을 경영하는 내국법인은 제외)의 해당 사업연도의 상시근로자 수가 직전 사업연도의 상시근로자 수보다 증가한 경우	
② 상시근로자 및 청년등(*) 상시근로자의 범위 검토(조특령 §26의 7 ②, ③) (*) 청년등 : 청년 및 장애인, 고령자 등	
③ 공제세액의 계산 - 아래의 ㉠과 ㉡을 더한 금액(단, 2021~2022 사업연도 중 수도권 밖의 지역에서 증가한 청년등 상시근로자의 인원 수(*)에 대해서는 500만원(중견기업은 900만원, 중소기업은 1,300만원)을 곱한 금액)을 해당 사업연도와 다음 사업연도까지 2개 사업연도(중소·중견기업은 그 다음 사업연도까지 3개 사업연도)의 법인세에서 공제(단, 공제를 받은 사업연도부터 2년 내 전체 상시근로자 수 감소시 감소한 사업연도부터 적용 배제, 청년등 상시근로자 수 감소시 감소한 사업연도부터 아래의 ㉠ 적용배제) ㉠ 청년등 상시근로자 증가인원(*) × 400만원[중견기업은 800만원, 중소기업은 1,100만원(수도권 밖 증가시 1,200만원)] ㉡ 청년등 상시근로자 외 증가인원(*) × 0원[중견기업은 450만원, 중소기업은 700만원(수도권 밖 증가시 770만원)] (*) 상시근로자 증가인원 수를 한도로 함.	

검 토 사 항	확인
④ 사후관리 - 공제를 받은 사업연도의 종료일부터 2년이 되는 날이 속하는 사업연도의 종료일까지의 기간 중 각 사업연도의 청년등 상시근로자 수, 전체 상시근로자 수가 최초로 공제를 받은 사업연도보다 감소한 경우 - 단, 2020년 고용감소분에 대한 사후관리 적용 1년 유예	
⑤ 외국인투자법인에 대한 법인세 감면시 공제제한 - 공제세액은 내국인 투자자의 지분율을 곱하여 계산 - 법인세 감면사업 구분경리시 비감면사업에 대한 세액공제의 경우 중복적용 가능(조특법 §127 ⑩)	
⑥ 창업중소기업 추가 감면(조특법 §6 ⑦)과 중복적용 배제	
⑦ 고용증가 인원에 대한 세액공제(조특법 §29의 8 ①)와 중복적용 배제	
⑧ 추계과세 시 적용배제	
⑨ 최저한세의 적용	
⑩ 세액공제의 이월공제 가능 : 10년간 이월	
⑪ 농어촌특별세 과세	
⑫ 세액공제신청서 및 고용 증대 기업에 대한 공제세액계산서 제출 여부 확인	
20. 고용증가 인원에 대한 세액공제(조특법 §29의 8 ①)	
① 적용요건의 검토 - 내국법인(소비성서비스업을 경영하는 내국법인은 제외함)의 해당 과세연도의 상시근로자 수가 직전 과세연도의 상시근로자 수보다 증가한 경우	
② 상시근로자 및 청년등(*) 상시근로자의 범위 검토(조특령 §26의 8 ②, ③) (*) 청년등 : 청년 및 장애인, 고령자, 경력단절 여성 등	
③ 공제세액의 계산 - 아래의 ㉠과 ㉡을 더한 금액을 해당 과세연도와 다음 과세연도까지 2개 과세연도(중소·중견기업은 3개 과세연도)의 법인세에서 공제(단, 공제를 받은 과세연도부터 2년 내 전체 상시근로자 수 감소시 감소한 과세연도부터 적용 배제, 청년등 상시근로자 수 감소시 감소한 과세연도부터 아래의 ㉠ 적용배제) ㉠ 청년등 상시근로자 증가인원(*) × 400만원[중견기업은 800만원, 중소기업은 1,450만원(수도권 밖 증가시 1,550만원)] ㉡ 청년등 상시근로자 외 증가인원(*) × 0원[중견기업은 450만원, 중소기업은 850만원(수도권 밖 증가시 950만원)] (*) 전체 상시근로자의 증가 인원 수를 한도로 함.	
④ 사후관리 - 공제를 받은 과세연도 종료일부터 2년 내 전체 상시근로자 수, 청년등 상시근로자 수 감소한 경우	

검 토 사 항	확인
⑤ 외국인투자법인에 대한 법인세 감면시 공제제한 - 공제세액은 내국인 투자자의 지분율을 곱하여 계산 - 법인세 감면사업 구분경리시 비감면사업에 대한 세액공제의 경우 중복적용 가능 (조특법 §127 ⑩)	
⑥ 창업중소기업 추가 감면(조특법 §6 ⑦)과 중복적용 배제	
⑦ 고용증가 인원에 대한 세액공제(조특법 §29의 8 ①)와 중복적용 배제	
⑧ 추계과세 시 적용배제	
⑨ 최저한세의 적용	
⑩ 세액공제의 이월공제 가능 : 10년간 이월	
⑪ 농어촌특별세 과세	
⑫ 세액공제 신청서 및 통합고용세액공제 공제세액계산서 제출 여부 확인	
21. 정규직 근로자 전환에 대한 세액공제(조특법 §29의 8 ③)	
① 적용요건의 검토 - 중소기업 또는 중견기업에 해당할 것 - 2023. 6. 30. 현재 비정규직 또는 파견 근로자일 것 - 2024. 1. 1.~2024. 12. 31.까지 정규직 근로자로 전환할 것 - 특수관계인은 정규직 근로자로의 전환 인원에서 제외 - 해당 사업연도 상시근로자 수가 직전 사업연도 상시근로자 수보다 감소한 경우 공제 배제	
② 공제세액의 계산 : 정규직 근로자로의 전환에 해당하는 인원 × 1,300만원(중견기업은 900만원)	
③ 사후관리 - 정규직 근로자로의 전환일부터 2년 내 해당 근로자와의 근로관계를 종료하는 경우	
④ 추계과세 시 적용배제	
⑤ 최저한세의 적용	
⑥ 세액공제의 이월공제 가능 : 10년간 이월	
⑦ 농어촌특별세 과세	
⑧ 세액공제 신청서 및 통합고용세액공제 공제세액계산서 제출 여부 확인	
22. 육아휴직 복귀자 복직 기업에 대한 세액공제(조특법 §29의 8 ④)	
① 적용요건의 검토 - 중소기업 또는 중견기업에 해당할 것 - 특수관계인은 육아휴직 복귀자 인원에서 제외 - 해당 사업연도 상시근로자 수가 직전 사업연도 상시근로자 수보다 감소한 경우 공제 배제 - 육아휴직 복귀자의 자녀 1명당 한 차례에 한정하여 적용	

검 토 사 항	확인
② 공제세액의 계산 : 육아휴직 복귀자 인원 × 1,300만원(중견기업은 900만원)	
③ 사후관리 - 육아휴직 복직일부터 2년 내 해당 근로자와의 근로관계를 종료하는 경우	
④ 추계과세 시 적용배제	
⑤ 최저한세의 적용	
⑥ 세액공제의 이월공제 가능 : 10년간 이월	
⑦ 농어촌특별세 과세	
⑧ 세액공제 신청서 및 통합고용세액공제 공제세액계산서 제출 여부 확인	
23. 중소기업 사회보험료 세액공제(조특법 §30의 4)	
① 적용요건의 검토 - 중소기업에 해당할 것 - 해당 사업연도의 상시근로자 수가 직전 사업연도의 상시근로자 수보다 증가할 것	
② 상시근로자의 범위 및 상시근로자 수 계산 검토	
③ 청년등·청년등 외 상시근로자 고용증가인원 및 고용증가인원에 대한 사회보험료 부담금액 계산 검토	
④ 공제세액의 계산 - 아래의 ㉠과 ㉡을 더한 금액을 해당 사업연도와 다음 사업연도까지 2개 사업연도의 법인세에서 공제 (단, 공제를 받은 사업연도부터 1년 내 전체 상시근로자 수 감소 시 감소한 사업연도에 대해 세액공제 적용 배제, 청년등 상시근로자 수 감소 시 감소한 사업연도에 대해 아래의 ㉠ 적용 배제) ㉠ 청년등(*1) 상시근로자 고용증가 인원 × 사회보험료 부담금액(*2) × 100% ㉡ 청년등 외 상시근로자 고용증가 인원 × 사회보험료 부담금액 × 50%(신성장서비스업 75%) (*1) 청년 및 경력단절여성 (*2) 국가 등이 지급한 보조금 등은 제외	
⑤ 사후관리 - 공제를 받은 사업연도부터 1년 내 전체 상시근로자 수, 청년등 상시근로자 수가 공제를 받은 사업연도보다 감소한 경우	
⑥ 외국인투자법인에 대한 법인세 감면시 공제 제한 - 공제세액은 내국인 투자자의 지분율을 곱하여 계산함. - 법인세 감면사업 구분경리시 비감면사업에 대한 세액공제의 경우 중복적용 가능(조특법 §127 ⑩)	
⑦ 고용창출투자세액공제와 중복적용 배제, 세액공제와 세액감면(중소기업 특별세액감면은 제외)의 중복적용 배제(*) (*) 세액감면 대상사업 구분경리시 비감면사업에 세액공제 적용 가능(조특법 §127 ⑩)	

검 토 사 항	확인
⑧ 고용증가 인원에 대한 세액공제(조특법 §29의 8 ①)와 중복적용 배제	
⑨ 추계과세시 적용 배제	
⑩ 최저한세의 적용	
⑪ 세액공제액의 이월공제 가능 : 10년간 이월	
⑫ 농어촌특별세 비과세	
⑬ 세액공제신청서, 중소기업 고용증가 인원에 대한 사회보험료 세액공제 공제세액계산서 제출 여부 확인	
24. 전자신고에 대한 세액공제(조특법 §104의 8)	
① 적용대상 - 납세자가 직접 국세기본법 제5조의 2에 따른 전자신고 방법에 의하여 법인세 과세표준을 신고하는 경우 - 전자신고를 대행하는 회계법인 등	
② 공제세액 : 2만원(회계법인은 법인세 신고시 납세자 1인당 2만원, 부가세 신고시 납세자 1인당 1만원, 연간 750만원 한도	
③ 최저한세 적용대상	
④ 세액공제의 이월공제 가능 : 10년간 이월	
⑤ 농어촌특별세 비과세	
⑥ 세액공제신청서 제출 여부 확인	
25. 해외자원개발 투자에 대한 과세특례(조특법 §104의 15)	
① 공제대상 법인 확인 - 해외자원개발 사업법 제2조 제5호에 따른 해외자원개발사업자	
② 공제대상 투자 또는 출자 확인 - 광업권과 조광권을 취득하는 투자 - 광업권 또는 조광권을 취득하기 위한 외국법인에 대한 출자 - 내국인의 외국자회사에 대한 해외직접투자(단, 외국자회사가 광업권 또는 조광권을 취득하는 경우로 한정)	
③ 공제율 : 투자금액 또는 출자금액 × 3%	
④ 사후관리 : 공제받은 세액 상당액에 이자 상당 가산액 가산하여 납부 - 투자일 또는 출자일부터 5년 내 투자자산 또는 출자지분을 이전 · 회수하는 경우 - 투자일 또는 출자일부터 3년 내 광업권 또는 조광권을 취득하지 못하는 경우	
⑤ 국가 등의 출연금 등으로 투자한 금액에 대한 세액공제 배제, 세액공제와 세액감면의 중복적용 배제 - 감면사업 구분경리시 비감면사업에 대한 세액공제의 경우 중복적용 가능(조특법 §127 ⑩)	

검 토 사 항	확인
⑥ 외국인투자법인에 대한 법인세 감면시 공제 제한 - 감면사업 구분경리시 비감면사업에 대한 세액공제의 경우 중복적용 가능(조특법 §127 ⑩)	
⑦ 추계과세시 적용배제	
⑧ 최저한세 적용 대상	
⑨ 세액공제의 이월공제 가능 : 10년간 이월	
⑩ 농어촌특별세 과세	
⑪ 세액공제 신청서 및 해외자원개발투자신고서 제출 여부 확인	
26. 기업의 운동경기부 등 설치·운영에 대한 세액공제(조특법 §104의 22)	
① 공제대상 운동경기부, 장애인운동경기부, 이스포츠경기부의 설치 및 운영 비용에 해당하는지 여부 검토(조특령 §104의 20)	
② 공제세액의 계산 : 운동경기부, 이스포츠경기부의 인건비 및 운영비 × 10% 장애인운동경기부의 인건비 및 운영비 × 20%	
③ 세액공제연도 : 설치한 날이 속하는 사업연도와 그 다음 사업연도의 개시일부터 2년(장애인운동경기부는 4년) 이내에 끝나는 사업연도까지	
④ 사후관리 : 운동경기부등 설치일부터 3년(장애인운동경기부의 경우 5년) 내 해체 또는 요건 미충족시 공제받은 세액 및 이자상당액 납부	
⑤ 세액공제와 세액감면의 중복적용 배제(*) (*) 세액감면 대상사업 구분경리시 비감면사업에 세액공제 적용 가능(조특법 §127 ⑩)	
⑥ 최저한세의 적용	
⑦ 세액공제액의 이월공제 가능 : 10년간 이월	
⑧ 농어촌특별세 과세	
⑨ 세액공제신청서 제출 여부 확인	
27. 석유제품 전자상거래에 대한 세액공제(조특법 §104의 25)	
① 한국거래소에서 운영하는 석유제품 전자결제망 이용여부 확인	
② 석유제품 매수자의 석유판매업자 등(조특령 §104의 22 ②) 여부 확인	
③ 공제세액의 계산 - 석유제품 매수자 : 공급가액의 0.3%에 상당하는 금액	
④ 세액공제와 세액감면의 중복적용배제(*) (*) 세액감면 대상사업 구분경리시 비감면사업에 세액공제 적용 가능(조특법 §127 ⑩)	
⑤ 최저한세 적용대상	
⑥ 세액공제의 이월공제 가능 : 10년간 이월	
⑦ 농어촌특별세 과세	
⑧ 세액공제신청서 등 제출 여부 확인	

검 토 사 항	확인
28. 우수 선화주기업 인증을 받은 화주 기업에 대한 세액공제(조특법 §104의 30)	
① 공제대상 기업 확인 - 우수 선화주기업 인증을 받은 화주 기업(국제물류주선업자로 등록한 기업으로 한정) 중 직전 사업연도에 매출액이 있는 기업	
② 공제요건 검토 - 해당 사업연도에 외항정기화물운송사업자에게 지출한 해상운송비용이 전체 해상운송비용의 40% 이상일 것 - 해당 사업연도에 지출한 해상운송비용 중 외항정기화물운송사업자에게 지출한 비용이 차지하는 비율이 직전 사업연도보다 증가할 것	
③ 공제세액의 계산 - Min[운송비용의 1% + 직전 사업연도 대비 증가한 운송비용의 3%, 법인세의 10%]	
④ 최저한세 적용대상	
⑤ 세액공제의 이월공제 가능 : 10년간 이월	
⑥ 농어촌특별세 과세	
⑦ 세액공제신청서 등 제출 여부 확인	

Step Ⅲ 사례와 서식작성실무

예제

사 례

㈜삼일은 충청북도 진천군에 소재하는 제조업을 영위하는 중소기업이다. 다음의 자료를 토대로 하여 10기(2024. 1. 1.~2024. 12. 31.) 사업연도에 ㈜삼일이 세부담을 가장 작게 할 수 있는 공제가능한 세액을 산출하시오.

1. 연구 및 인력개발에 대한 중요성을 인지하여 ㈜삼일은 과거부터 지속적으로 연구 및 인력개발을 위한 투자를 하였으며, 과거부터 발생한 연구 및 인력개발비의 내역은 다음과 같다.

(단위 : 천원)

구 분	6기	7기	8기	9기	10기
개발비	100,000	100,000	100,000	90,000	120,000
경상개발비	60,000	65,000	55,000	73,000	72,000
합 계	160,000	165,000	155,000	163,000	192,000

또한, 10기에 발생한 개발비와 경상개발비의 세부내역은 다음과 같으며, 신성장·원천기술 연구개발비, 국가전략기술 연구개발비는 발생하지 않았다.

(단위 : 천원)

구 분	인 건 비	재 료 비	위탁기술개발비
개발비	40,000	80,000	
경상개발비	22,000	40,000	10,000
합 계	62,000	120,000	10,000

2. 사업장에서 직접 사용하기 위한 생산자동화설비(기계장치)를 구입하기 위하여 당해 사업연도 중 1,800,000천원을 투자하였다. 직전 3년 연평균 투자금액은 1,700,000천원으로 가정한다.
3. 해당 사업연도 및 직전 사업연도의 상시근로자·청년 상시근로자 현황은 다음 표와 같이 가정하고, 상시근로자 중 경력단절 여성, 장애인, 60세 이상인 근로자는 없으며, 청년 상시근로자는 모두 정규직으로 가정하며, 고용증가 인원에 대한 세액공제(조특법 §29의 8 ①)를 적용하는 경우로 가정한다.

(단위 : 명)	9기	10기
상시근로자 수	90	95
청년 상시근로자 수	40	43

4. 당해 사업연도의 법인세 과세표준과 산출세액(최저한세 적용전)은 다음과 같으며, 최저한 세율은 7%로 한다.

과세표준 : 1,648,000,000원

산출세액 : 293,120,000원

해 설

1. 연구 및 인력개발비에 대한 세액공제액(조특법 §10)

Max(①, ②) =48,000,000원

① 192,000,000원×25% =48,000,000원

② (192,000천원 - 163,000천원) × 50%

= 14,500,000원(*)

(*) 직전 4년간 일반연구 · 인력개발비가 발생하지 아니하거나 직전 과세연도의 일반연구 · 인력개발비가 직전 4년간 일반연구 · 인력개발비의 평균액보다 적은 경우에는 증가발생액 기준 세액공제방법은 적용할 수 없음.

2. 통합투자세액공제(조특법 §24)

① + ② = 183,000,000원

① 기본공제 금액 : 1,800,000,000원×10% = 180,000,000원

② 추가공제 금액 : (1,800,000,000원 - 1,700,000,000원)×3% = 3,000,000원

(추가공제 금액이 기본공제 금액을 초과하지 않으므로 한도 미적용)

3. 고용증가 인원에 대한 세액공제(조특법 §29의 8 ①)

① + ② = 65,500,000원

① 청년등 상시근로자 증가분 공제액

MIN[(43명 - 40명), (95명 - 90명)]×15,500,000원 = 46,500,000원

② 청년등 외 상시근로자 증가분 공제액

[(95명 - 90명) - 3명]×9,500,000원 = 19,000,000원

4. 최저한세의 적용 여부 검토

세액공제 배제액 = Max(② - ①, 0) = 70,740,000

① 산출세액 최저한세 적용대상 세액공제액

= 293,120,000원 - (183,000,000원 + 65,500,000원)

= 44,620,000원

② 감면 전 과세표준 × 7% = 1,648,000,000원 × 7% = 115,360,000원

5. 세액공제 배제세액대상 결정

법인세법상 법인세 신고시 최저한세 적용으로 세액공제를 배제해야 하는 경우, 그 배제 순서에 대하여는 명문의 규정이 없는 바, 일반적으로 농어촌특별세 과세대상 세액공제부터 배제하는 것이 유리하며, 여기서는 통합투자세액공제(농특세 과세대상)를 배제하는 것으로 가정함.

구 분	농어촌특별세 과세 여부	배제세액(원)
통합투자세액공제	과세	70,740,000

6. 해당 사업연도에 공제 가능한 세액

구 분	공제 가능한 세액(원)
연구 · 인력개발비에 대한 세액공제액	48,000,000
통합투자세액공제	112,260,000
고용증가 인원에 대한 세액공제	65,500,000
합 계	225,760,000

[별지 제3호 서식 (1)] (2024. 3. 22. 개정)

일반연구 및 인력개발비 명세서

(앞쪽)

❶ 신청인	① 상호 또는 법인명	㈜ 삼일	② 사업자등록번호
	③ 대표자 성명		④ 생년월일
	⑤ 주소 또는 본점 소재지		
			(전화번호:)
❷ 과세연도	2024년 1월 1일부터 2024년 12월 31일부터		

❸ 해당 연도의 연구 및 인력개발비 발생 명세

구 분 / 계정과목	자체 연구개발비					
	인건비 및 사회보험료		재료비 등		기 타	
	인원	⑥ 금액	건수	⑦ 금액	건수	⑧ 금액
	2	40,000,000		80,000,000		
	1	22,000,000		40,000,000		
합 계		62,000,000		120,000,000		

구 분 / 계정과목	위탁 및 공동 연구개발비		인력개발비		⑪ 총 계 (⑥+⑦+⑧+⑨+⑩)
	건수	⑨ 금액	건수	⑩ 금액	
	1	10,000,000		80,000,000	120,000,000
		10,000,000		40,000,000	72,000,000
합 계					192,000,000

연구 및 인력개발비의 증가발생액의 계산

⑫ 해당 과세연도 발생액(=⑪)	⑬ 직전 4년 발생액 계 (⑭+⑮+⑯+⑰)	2022.1.1. ~ 2022.12.31. ⑭ (직전 1년)	2021.1.1. ~ 2021.12.31. ⑮ (직전 2년)	2020.1.1. ~ 2020.12.31. ⑯ (직전 3년)	2019.1.1. ~ 2019.12.31. ⑰ (직전 4년)
192,000,000	643,000,000	163,000,000	155,000,000	165,000,000	160,000,000
⑱ 직전 4년간 연평균 발생액(⑬/4)	160,750,000	⑲ 직전 3년간 연평균 발생액[(⑭+⑮+⑯)/3]	163,000,000	⑳ 직전 2년간 연평균 발생액[(⑭+⑮)/2]	159,000,000
㉑ 증가발생액(⑫－⑭)			29,000,000		

❹ 공제세액

해당 연도 총발생 금액 공제	중소기업	㉒ 대상금액(＝⑪)	㉓ 공 제 율			㉔ 공제세액 (㉒×㉓)
		192,000,000	25%			48,000,000
	중소기업 유예기간 종료 이후 5년 내 기업	㉕ 대상금액(＝⑪)	㉖ 유예기간 종료연도	㉗ 유예기간 종료 이후 년차	㉘ 공 제 율	㉙ 공제세액 (㉕×㉘)
					종료 이후 1~3년차 15% 종료 이후 4~5년차 10%	
	중견기업	㉚ 대상금액(＝⑪)	㉛ 공제율			㉜ 공제세액 (㉚×㉛)
			8%			
	일반기업	㉝ 대상금액(＝⑪)	공제율: ㉞ 기본율	㉟ 추가	㊱ 계 (㉞+㉟)	㊲ 공제세액 (㉝×㊱)
			0%			
증가발생금액 공제 (직전 4년간 연구·인력개발비가 발생하지 않은 경우 또는 ⑭<⑱ 경우 공제 제외)		㊳ 대상금액(＝㉑)	㊴ 공제율	㊵ 공제세액 (㊳×㊴)		*공제율 －중소기업: 50% －중견기업: 40% －대기업: 25%
		29,000,000	50%	14,500,000		
㊶ 해당 연도에 공제받을 세액		중소기업 (㉔와 ㊵ 중 선택)			48,000,000	
		중소기업 유예기간 종료 이후 5년 내 기업 (㉙와 ㊵ 중 선택)				
		중견기업(㉜와 ㊵ 중 선택)				
		일반기업(㊲과 ㊵ 중 선택)				

(뒤쪽)

❺ 출연금 등 수령명세 (「조세특례제한법 시행령」 제9조 제1항 단서 관련)＝연구·인력개발비용에서 제외되는 비용

구분	출연금 교부처	관련 법령	수령일	수령금액	연구개발비로 지출하는 금액

❻ 연구소/전담부서/연구개발서비스업자 현황

구분	인정일 (고시일)	취소일	연구개발 인력							
			계		연구전담요원		연구보조원		기 타	
			인원	금액	인원	금액	인원	금액	인원	금액

「조세특례제한법 시행령」 제9조 제14항에 따라 위와 같이 일반연구 및 인력개발비 명세서를 제출합니다.

2025 년 3 월 31 일

신청인 ㈜ 삼일 (서명 또는 인)

세무서장 귀하

[별지 제8호의 9 서식] (2024. 3. 22. 개정)

통합투자세액공제신청서

※ 뒤쪽의 작성방법을 읽고 작성해 주시기 바랍니다. (앞쪽)

접수번호	접수일	처리기간 즉시

① 신청인	① 상호 또는 법인명 ㈜ 삼일	② 사업자등록번호
	③ 대표자 성명	④ 생년월일
	⑤ 주소 또는 본점소재지 (전화번호:)	

② 과세연도	2024년 1월 1일부터 2024년 12월 31일까지		
③ 신성장사업화시설, 국가전략기술사업화시설 인정 신청 여부	여[ ], 부[ ]	미신청 투자금액 합계	
④ 신성장사업화시설, 국가전략기술사업화시설 인정 여부	여[ ], 부[ ]	미인정 투자금액 합계	
⑤ 임시 투자 세액공제율 적용 여부			여[ ], 부[ ]
⑥ 해당 과세연도 투자분에 대한 공제세액 (=㉑ + ㉖)			183,000,000

가. 2개 이상의 과세연도에 걸쳐서 이루어지는 투자금액(=⑰)

⑦ 투자 종류	⑧ 해당기술 사용 제품 외의 제품 생산에 사용되는 여부	⑨ 총 투자 예정 금액	⑩ 해당 과세연도 말까지 실제 지출한 금액	작업진행률에 의한 투자금액 계산 ⑪ 해당 과세 연도말 총투자 누적액	⑫ 총 투자 예정비	⑬ 진행률 (⑪/⑫)	⑭ 진행률에 의한 투자금액 (⑨×⑬)	⑮누적투자대상금액 (⑩과 ⑭ 중 큰 금액)	⑯ 해당 과세연도 이전 과세연도 까지의 누적투자 대상금액	⑰ 투자 금액 (⑮－⑯)
계										

나. 그 외 투자금액(=⑱)

투자종류		⑱ 투자금액
일반시설		180,000,000
신성장사업화시설	⑧이 '여'인 시설	
	⑧이 '부'인 시설	
국가전략기술사업화시설	⑧이 '여'인 시설	
	⑧이 '부'인 시설	
계		180,000,000

다. 기본공제금액(=㉑)

투자종류		⑲ 공제대상 투자금액(=⑰+⑱)	⑳ 공제율	㉑ 기본공제금액(=⑲×⑳)
일반시설		180,000,000	1%, 5%, 10% (3%, 7%, 12%)	180,000,000
신성장 사업화시설	⑧이 '여' 인 시설		3%, 6%, 12% (6%, 10%, 18%)	
	⑧이 '부' 인 시설			
국가전략기술 사업화시설	⑧이 '여' 인 시설		8%, 8%, 16% (15%, 15%, 25%)	
	⑧이 '부' 인 시설			
합계				180,000,000

(뒤쪽)

라. 추가공제금액(=㉖)

투자종류		㉒ 공제대상 투자금액(=⑲)	㉓ 직전 3년 연 평균 투자 또는 취득금액	㉔ 초과액 (=㉒-㉓)	㉕ 공제율	㉖ 추가공제금액 Min[(㉔×㉕),(㉑×2)]
일반시설		1,800,000,000	1,700,000,000	100,000	3%(10%)	3,000,000
신성장 사업화시설	⑧이 '여' 인 시설				3%(10%)	
	⑧이 '부' 인 시설					
국가전략기술 사업화시설	⑧이 '여' 인 시설				4%(10%)	
	⑧이 '부' 인 시설					
합계						3,000,000

「조세특례제한법 시행령」 제21조 제13항에 따라 위와 같이 세액공제신청서를 제출합니다.

2025년 3월 31일

신청인 ㈜ 삼일 (서명 또는 인)

세무서장 귀하

[별지 제10호의 9 서식] (2024. 3. 22. 개정)

통합고용세액공제 공제세액계산서

(3쪽 중 제1쪽)

❶ 신청인	① 상호 또는 법인명 ㈜ 삼일	② 사업자등록번호
	③ 대표자 성명	④ 생년월일
	⑤ 주소 또는 본점소재지 (전화번호:)	

❷ 과세연도	2024년 1월 1일부터 2024년 12월 31일까지

❸ 상시근로자 현황 (작성방법 2,3번을 참고하시기 바랍니다.)

구분	직전전 과세연도	직전 과세연도	해당 과세연도
⑥ 상시근로자 수(⑦+⑧)		90	95
⑦ 청년등상시근로자 수		40	43
⑧ 청년등상시근로자를 제외한 상시근로자 수		50	52
⑨ 정규직 전환 근로자 수		-	
⑩ 육아휴직 복귀자 수			

❹ 기본공제 공제세액 계산내용

가. 1차년도 세제지원 요건 : ⑬ > 0

1. 상시근로자 증가 인원

⑪ 해당 과세연도 상시근로자 수	⑫ 직전 과세연도 상시근로자 수	⑬ 상시근로자 증가 인원 수(⑪-⑫)
95	90	5

2. 청년등상시근로자 증가 인원

⑭ 해당 과세연도 청년등상시근로자 수	⑮ 직전 과세연도 청년등상시근로자 수	⑯ 청년등상시근로자 증가 인원 수(⑭-⑮)
43	40	3

3. 청년등상시근로자를 제외한 상시근로자 증가 인원

⑰ 해당 과세연도 청년등상시근로자를 제외한 상시근로자 수	⑱ 직전 과세연도 청년등상시근로자를 제외한 상시근로자 수	⑲ 청년등상시근로자를 제외한 상시근로자 증가 인원 수(⑰-⑱)
52	50	2

(3쪽 중 제2쪽)

4. 1차년도 세액공제액 계산

구분	구분		직전 과세연도 대비 상시근로자 증가 인원 수(⑬상시근로자 증가 인원 수를 한도로 함)	1인당 공제금액	⑳ 1차년도 세액공제액
중소기업	수도권 내	청년등		1천 4백 5십만원	
		청년등 외		8백 5십 만원	
	수도권 밖	청년등	3	1천 5백 5십만원	46,500,000
		청년등 외	2	9백 5십만원	19,000,000
	계		5		65,500,000
중견기업	청년등			8백만원	
	청년등 외			4백 5십만원	
	계				
일반기업	청년등			4백만원	
	청년등 외				
	계				

나. 2차년도 세제지원 요건 : ㉓ ≥ 0

1. 상시근로자 증가 인원

㉑ 2차년도(해당 과세연도) 상시근로자 수	㉒ 1차년도(직전 과세연도) 상시근로자 수	㉓ 상시근로자 증가 인원 수(㉑-㉒)

2. 2차년도 세액공제액 계산(상시근로자 감소여부)

1차년도(직전 과세연도) 대비 상시근로자 감소여부	1차년도(직전 과세연도) 대비 청년등상시근로자 수 감소여부	㉔ 1차년도 (직전 과세연도) 청년등상시근로자 증가 세액공제액	㉕ 1차년도 (직전 과세연도) 청년등 외 상시근로자 증가 세액공제액	㉖ 2차년도 세액공제액
부	부			
	여			
여				

다. 3차년도 세제지원 요건(중소·중견기업만 해당) : ㉙ ≥ 0

1. 상시근로자 증가 인원

㉗ 3차년도(해당 과세연도) 상시근로자 수	㉘ 1차년도(직전전 과세연도) 상시근로자 수	㉙ 상시근로자 증가 인원(㉗-㉘)

2. 3차년도 세액공제액 계산(상시근로자 감소여부)

1차년도(직전전 과세연도) 대비 상시근로자 감소여부	1차년도(직전전 과세연도) 대비 청년등상시근로자 수 감소여부	㉚ 1차년도(직전전 과세연도) 청년등 상시근로자 증가 세액공제액	㉛ 1차년도(전전 과세연도) 청년등 외 상시근로자 증가 세액공제액	㉜ 3차년도 세액공제액
부	부			
	여			
여				

(3쪽 중 제3쪽)

❺ 추가공제 공제세액 계산내용

가. 세제지원 요건 : ㉟ ≥ 0

㉝ 해당 과세연도 상시근로자 수	㉞ 직전 과세연도 상시근로자 수	㉟ 상시근로자 증가 인원 수(㉝-㉞)

나. 세액공제액 계산

구분	구분	인원 수	1인당 공제금액	㊱ 추가공제 세액공제액
중소기업	정규직 전환자		1천3백만원	
	육아휴직 복귀자			
	계			
중견기업	정규직 전환자		9백만원	
	육아휴직 복귀자			
	계			

❻ 세액공제액 : ⑳ 1차년도 세액공제액 + ㉖ 2차년도 세액공제액 + ㉜ 3차년도 세액공제액 + ㊱ 추가공제 세액공제액	65,500,000

「조세특례제한법 시행령」 제26조의8제11항에 따라 위와 같이 공제세액계산서를 제출합니다.

2025 년 3 월 31 일

신청인 ㈜ 삼일 (서명 또는 인)

세무서장 귀하

[별지 제8호 서식 부표 3] (2024. 3. 22. 개정) (앞쪽)

사업연도	2024. 1. 1. ~ 2024. 12. 31.	세액공제조정명세서(3)	법인명	
			사업자등록번호	

1. 공제세액계산(「조세특례제한법」)

	⑩ 구 분	근거법 조항	⑩ 계 산 기 준	코드	⑩ 계산명세	⑩ 공제대상 세액
조세특례제한법	중소기업 등 투자세액공제	구 제5조	투자금액 × 1(2,3,5,10)/100	131		
	상생결제 지급금액에 대한 세액공제	제7조의 4	지급기한 15일 이내: 지급 금액의 0.5% 지급기한 15일 ~ 30일: 지급 금액의 0.3% 지급기한 30일 ~ 60일: 지급 금액의 0.015%	14Z		
	대·중소기업 상생협력을 위한 기금출연 세액공제	제8조의 3 제1항	출연금 × 10/100	14M		
	협력중소기업에 대한 유형고정자산 무상임대 세액공제	제8조의 3 제2항	장부가액 × 3/100	18D		
	수탁기업에 설치하는 시설에 대한 세액공제	제8조의 3 제3항	투자금액 × 1(3,7)/100	18L		
	교육기관에 무상 기증하는 중고자산에 대한 세액공제	제8조의 3 제4항	기증자산 시가 × 10/100	18R		
	신성장·원천기술 연구개발비세액공제(최저한세 적용제외)	제10조 제1항 제1호	(일반 연구·인력개발비) '14.1.1.~'14.12.31.: 발생액 × 3~4(8,10,15,20,25,30)/100 또는 2년간 연평균 발생액의 초과액 × 40(50)/100 '15.1.1. 이후: 발생액 × 2~3(8,10,15,20,25,30)/100 또는 직전 발생액의 초과액 × 40(50)/100 '17.1.1. 이후: 발생액 × 1~3(8,10,15,20,25,30)/100 또는 직전 발생액의 초과액 × 30(40,50)/100 '18. 1. 1. 이후: 발생액 × 0~2(8,10,15,20,25,30)/100 또는 직전 발생액의 초과액 × 25(40,50)/100 (신성장·원천기술 연구개발비) '17. 1. 1. 이후: 발생액 × 20(30)/100 (국가전략기술 연구개발비) '21. 7. 1. 이후: 발생액 ×30(40)/100	16A		
	국가전략기술 연구개발비세액공제(최저한세 적용제외)	제10조 제1항 제2호		10D		
	일반 연구·인력개발비세액공제(최저한세 적용제외)	제10조 제1항 제3호		16B	192,000,000 × 25% 또는 29,000,000 × 50%	48,000,000
	신성장·원천기술 연구개발비세액공제(최저한세 적용대상)	제10조 제1항 제1호		13L		
	국가전략기술 연구개발비세액공제(최저한세 적용대상)	제10조 제1항 제2호		10E		
	일반 연구·인력개발비세액공제(최저한세 적용대상)	제10조 제1항 제3호		13M		
	기술취득에 대한 세액공제	제12조 제2항	특허권 등 취득금액 × 5(10)/100 *법인세의 10% 한도	176		
	기술혁신형 합병에 대한 세액공제	제12조의 3	기술가치금액 × 10/100	14T		
	기술혁신형 주식취득에 대한 세액공제	제12조의 4	기술가치금액 × 10/100	14U		
	벤처기업등 출자에 대한 세액공제	제13조의 2	주식등 취득가액 × 5/100	18E		
	성과공유 중소기업 경영성과급 세액공제	제19조	'22.1.1. 이전 지급분: 근로자에 지급하는 경영성과급 × 10/100 '22.1.1. 이후 지급분: 근로자에 지급하는 경영성과급× 15/100	18H		
	연구·인력개발설비투자세액공제	구 제25조 제1항 제1호	'14.1.1.~'15.12.31. 투자분: 투자금액 × 3(5,10)/100 '16.1.1. 이후 투자분: 투자금액 × 1(3,6)/100 '19.1.1. 이후 투자분: 투자금액 × 1(3,7)/100	134		
	에너지절약시설투자세액공제	구 제25조 제1항 제2호	'14.1.1.~'15.12.31. 투자분: 투자금액 × 3(5,10)/100 ('16.1.1. 현재 투자진행 중인 경우 '16.12.31.까지 종전율 적용) '16.1.1. 이후 투자개시분: 투자금액 × 1(3,10)/100 '19.1.1. 이후 투자분: 투자금액 × 1(3,7)/100	177		
	환경보전시설 투자세액공제	구 제25조 제1항 제3호	투자금액 × 3(5,10)/100 '19.1.1. 이후 투자분: 투자금액 × 3(5,10)/100	14A		
	근로자복지증진시설투자세액공제	구 제25조 제1항 제4호	투자금액 × 7(10)/100 '19.1.1. 이후 취득분: 취득금액 × 3(5,10)/100	142		
	안전시설투자세액공제	구 제25조 제1항 제5호	'13.1.1.~'14.12.31. 투자분: 투자금액 × 3(7)/100 '15.1.1. 이후 투자분: 투자금액 × 1(3,7)/100 '19.1.1. 이후 투자분: 투자금액 × 1(5,10)/100	136		
	생산성향상시설투자세액공제	구 제25조 제1항 제6호	'13.1.1.~'14.12.31. 투자분: 투자금액 × 3(7)/100 '15.1.1. 이후 투자분: 투자금액 × 1(3,7)/100 '20.1.1.~'20.12.31. 투자분: 투자금액 × 2(5,10))/100 '21.1.1.~'21.12.31. 투자분: 투자금액 × 1(5,10))/100 '21.1.1.~이후. 투자분: 투자금액 × 1(3,7))/100	135		
	의약품 품질관리시설투자세액공제	구 제25조의 4	'14.1.1.~'16.12.31. 투자분: 투자금액 × 3(5,7)/100 '17.1.1. 이후 투자분: 투자금액 × 1(3,6)/100	14B		
	신성장기술 사업화를 위한 시설투자 세액공제	구 제25조의 5	투자금액 × 5(7,10)/100	18B		
	영상콘텐츠 제작비용에 대한 세액공제(기본공제)	제25조의 6	제작비용 × 5(10,15)/100	18C		
	영상콘텐츠 제작비용에 대한 세액공제(추가공제)	제25조의 6	제작비용 × 10(15)/100	1B8		
	초연결 네트워크 시설투자에 대한 세액공제	구 제25조의 7	투자금액 × 2(3)/100	18I		
	고용창출투자세액공제	제26조	'12.1.1.~12.31.: 투자금액 × {기본공제(3~4%)+추가공제(2~3%)} '13.1.1.~12.31.: 투자금액 × {기본공제(2~4%)+추가공제(3%)} '14.1.1. 이후: 투자금액 × {기본공제(1~4%)+추가공제(3%)} (한도: 상시근로자 증가분 × 1,000만원, 1,500만원, 2,000만원) '15.1.1. 이후: 투자금액 × {기본공제(0~3%)+추가공제(3~7%)} '17.1.1. 이후: (한도 : 상시근로자 증가분 × 1,000(1,500)만원, 1,500(2,000)만원, 2,000(2,500)만원)	14N		
	산업수요맞춤형고등학교등 졸업자를 병역이행 후 복직시킨 중소기업에 대한 세액공제	제29조의 2	복직자에게 지급한 인건비 × 중소30(중견15)/100	14S		
	경력단절 여성 고용 기업 등에 대한 세액공제	제29조의 3 제1항	경력단절 여성 재고용 인건비 × 중소30(중견15)/100	14X		
	육아휴직 후 고용유지 기업에 대한 인건비 세액공제	제29조의 3 제2항	육아휴직 복귀자 인건비 × 중소30(중견15)/100	18J		
	근로소득을 증대시킨 기업에 대한 세액공제	제29조의 4	평균 초과 임금증가분 × 5(중견10, 중소20)/100 정규직 전환 근로자의 임금 증가분 × 5(10,20)/100	14Y		
	청년고용을 증대시킨 기업에 대한 세액공제	제29조의 5	청년정규직근로자 증가인원수 × 3백만원(7백만원, 1천만원)	18A		
	고용을 증대시킨 기업에 대한 세액공제	제29조의 7	직전연도 대비 상시근로자 증가수 × 4백만원(1천2백만원) '21.12.31~'22.12.31.: 직전연도 대비 상시근로자 증가수 × 5백만원(1천3백만원)	18F		
	통합고용세액공제	제29조의 8	직전연도 대비 상시근로자 증가수 × 4백만원(1천4백5십만원)	18S	3 × 15,500,000 + 2 × 9,500,000	65,500,000
	통합고용세액공제(정규직전환)	제29조의 8		1B4		
	통합고용세액공제(육아휴직복귀)	제29조의 8		1B5		
	정규직 근로자 전환 세액공제	제30조의 2	전환인원수 × 중소1천만원(중견7백만원)	14H		
	고용유지중소기업에 대한 세액공제	제30조의 3	연간 임금감소 총액× 10/100 + 시간당 임금상승에 따른 보전액 × 15/100	18K		
	중소기업 고용증가 인원에 대한 사회보험료 세액공제	제30조의 4 제1항	청년(만15~29세)근로자 등 순증인원의 사회보험료(증가분의 100%) 청년 및 경력단절 여성 외 근로자 순증인원의 사회보험료(증가분의 50%,75%)	14Q		

(뒤쪽)

(101) 구 분	근거법 조 항	(102) 계 산 기 준	코드	(103) 계산명세	(104) 공제대상 세 액
중소기업 사회보험 신규가입에 대한 사회보험료 세액공제	제30조의 4 제3항	'20.12.31.까지 사회보험 신규가입에 따 른 사용자 부담액× 50%	18G		
전자신고에 대한 세액공제(법인)	제104조의 8 제1항	법인세 전자신고시 2만원	184		
전자신고에 대한 세액공제(세무법인 등)	제104조의 8 제3항	법인·소득세 전자신고 대리건수 × 2만원 *한도: 연300만원(세무·회계법인 연750만원) 한도액계산시 부가가치세 대리신고에 따른 세액공제액 포함	14J		
제3자 물류비용 세액공제	제104조의 14	(전년대비 위탁물류비용 증가액)×3/100(중소기업은 5/100) * 직전 위탁물류비 30% 미만 : (당기 위탁물류비 - 당기 전체물류비 × 30%) ×3/100(중소기업은 5/100) *법인세 10% 한도	14E		
대학 맞춤형 교육비용 세액공제	구 제104조의 18 제1항	법 제10조 연구·인력개발비세액공제 준용 *수도권 소재대학의 발생액은 50%만 인정	14I		
대학등 기부설비에 대한 세액공제	구 제104조의 18 제2항	법 제11조 연구·인력개발설비투자세액공제 준용 *수도권 소재대학의 기부금액은 50%만 인정	14K		
기업의 운동경비부 설치운영 세액공제	제104조의 22	설치운영비용 × 10(20)/100	140		
산업수요맞춤형 고등학교 등 재학생에 대한 현장 훈련수당 등 세액공제	구 제104조의 18 제4항	일반 연구·인력개발비 세액공제 준용	14R		
석유제품 전자상거래에 대한 세액공제	제104조의 25	'13.1.1.~12.31.: 공급가액의 0.5%(산출세액의 10% 한도) '14.1.1.~'16.12.31.: 공급가액의 0.3%(산출세액의 10% 한도) '17.1.1.~'19.12.31.: 공급자는 공급가액의0.1%,수요자0.2%, (산출세액의 10% 한도) '20.1.1.~'22.12.31.: 수요자만 공급가액의 0.2%(산출세액의 10% 한도)	14P		
금 현물시장에서 거래되는 금지금에 대한 과세특례	제126조의 7 제8항	산출세액×[(금 현물시장 이용금액 - 직전 과세연도의 금 현물시장 이용금액)/매출액] 또는 산출세액×[(금 현물시장 이용금액×5/100)/매출액]	14V		
금사업자와 스크랩등사업자의 수입금액증가등 세액공제	제122조의 4	산출세액×[(매입자납부익금및손금합계금액 - 직전 과세연도의 매입자납부익금및손금합계금액)×50/100]/익금및손금합계금액 또는 산출세액×[(매입자납부익금및손금합계금액×5/100]/익금및손금합계금액 *한도: 해당 과세연도 산출세액-직전 과세연도 산출세액	14W		
성실신고 확인비용에 대한 세액공제	제126조의 6	확인비용 × 60/100 (150만원 한도)	10A		
우수 선화주 인증받은 국제물류주선업자에 대한 세액공제	제104조의 30	운송비용의 1% + 직전과세연도 대비 증가분의 3%(산출세액의 10%한도)	18M		
용역제공자에 관한 과세자료의 제출에 대한 세액공제	제104조의 32	과세자료에 기재된 용역제공자 인원수×300원(200만원 한도)	10C		
소재·부품·장비 수요기업 공동출자세액공제	제13조의 3 제1항	주식 또는 출자지분 취득가액 5%	18N		
소재·부품·장비 외국법인 인수세액 공제	제13조의 3 제3항	주식 또는 출자지분 취득가액 5% (중견7%, 중소10%)	18P		
상가임대료를 인하한 임대사업자에 대한 세액공제	제96조의 3	임대료 인하액의 70%	10B		
문화산업전문회사 출자에 대한 세액공제	제25조의 7	출자금액 중 영상콘텐츠제작비용의 3%	1B7		
선결제 금액에 대한 세액공제	제99조의 12	선결제금액 × 1%	18Q		
통합투자세액공제(일반)	제24조	기본공제: 투자금액 × 1(중견5, 중소10)/100, 신성장·원천기술 투자금액 × 3(중견6,중소12)/100 국가전략기술 투자금액 × 8(중견8,중소16)/100 추가공제: 직전 3년 연평균 투자금액 초과액 × 3/100 (국가전략기술 4/100)(기본공제 200% 한도)	13W	*1,800,000,000× 10% + 1,000,000 ×3%*	*183,000,000*
임시통합투자세액공제(일반)			1B1		
통합투자세액공제(신성장 · 원천기술)	제24조		13X		
임시통합투자세액공제(신성장 · 원천기술)			1B2		
통합투자세액공제(국가전략기술)	제24조		13Y		
임시통합투자세액공제(국가전략기술)			1B3		
해외자원개발투자에 대한 과세특례	제104조의 15	투자금액×3%	1B6		
합		계	1A1		*296,500,000*

2. 당기공제세액 및 이월액계산

(105) 구분	(106) 사업연도	요공제세액 (107) 당기분	요공제세액 (108) 이월분	당기 공제대상세액 (109) 당기분	(110)1차연도 / (115)6차연도	(111)2차연도 / (116)7차연도	(112)3차연도 / (117)8차연도	(113)4차연도 / (118)9차연도	(114)5차연도 / (119)10차연도	(120)계	(121)최저한세 적용에 따른 미공제액	(122) 그 밖의 사유로 인한 미공제액	(123) 공제세액 ((120)-(121)-(122))	(124) 소멸	(125) 이월액 ((107)+(108) -(123)-(124))
16B	*2024*	*48,000,000*		*48,000,000*						*48,000,000*			*48,000,000*		
	소계	*48,000,000*		*48,000,000*						*48,000,000*			*48,000,000*		
18S	*2024*	*65,500,000*		*65,500,000*						*65,500,000*			*65,500,000*		
	소계	*65,500,000*		*65,500,000*						*65,500,000*			*65,500,000*		
13W	*2024*	*183,000,000*		*183,000,000*						*183,000,000*	*70,740,000*		*112,260,000*		*70,740,000*
	소계	*183,000,000*		*183,000,000*						*183,000,000*	*70,740,000*		*112,260,000*		*70,740,000*
합 계		*296,500,000*		*296,500,000*						*296,500,000*	*70,740,000*		*225,760,000*		*70,740,000*

[별지 제8호 서식 (갑)] (2024. 3. 22. 개정) (4쪽 중 제1쪽)

사업연도	2024. 1. 1. ~ 2024. 12. 31.	공제감면세액 및 추가납부세액합계표(갑)	법 인 명	(주)삼일
			사업자등록번호	

1. 최저한세 적용제외 공제감면세액

	① 구 분	② 근 거 법 조 항	코드	③ 대상세액	④ 감면(공제)세액
세액감면	(101) 창업중소기업에 대한 세액감면(최저한세 적용제외)	「조세특례제한법」제6조 제7항 외	110		
	(102) 해외자원개발투자배당 감면	「조세특례제한법」제22조	103		
	(103) 수도권과밀억제권역 밖으로 이전하는 중소기업 세액감면(수도권 밖으로 이전)	구 「조세특례제한법」 제63조	169		
	(104) 공장의 수도권 밖 이전에 대한 세액감면	「조세특례제한법」 제63조	108		
	(105) 본사의 수도권 밖 이전에 대한 세액감면	「조세특례제한법」 제63조의 2	109		
	(106) 영농조합법인 감면	「조세특례제한법」 제66조	104		
	(107) 영어조합법인 감면	「조세특례제한법」 제67조	107		
	(108) 농업회사법인 감면(농업소득)	「조세특례제한법」 제68조	11B		
	(109) 행정중심복합도시 등 공장이전에 대한 조세감면	「조세특례제한법」 제85조의 2 제3항 (2019.12.31. 법률 제16835호로 개정되기 전의 것)	11A		
	(110) 위기지역 내 창업기업 세액감면(최저한세 적용제외)	「조세특례제한법」 제99조의 9	11N		
	(111) 해외진출기업의 국내복귀에 대한 세액감면(철수방식)	「조세특례제한법」 제104조의 24 제1항 제1호	11F		
	(112) 해외진출기업의 국내복귀에 대한 세액감면(유지방식)	「조세특례제한법」 제104조의 24 제1항 제2호	11H		
	(113) 고도기술수반사업 외국인투자 세액감면	「조세특례제한법」 제121조의 2 제1항 제1호	186		
	(114) 외국인투자지역내 외국인투자 세액감면	「조세특례제한법」 제121조의 2 제1항 제2호 또는 제2호의 5	187		
	(115) 경제자유구역내 외국인투자 세액감면	「조세특례제한법」 제121조의 2 제1항 제2호의 2	188		
	(116) 경제자유구역 개발사업시행자 세액감면	「조세특례제한법」 제121조의 2 제1항 제2호의 3	157		
	(117) 제주투자진흥기구의 개발사업시행자 세액감면	「조세특례제한법」 제121조의 2 제1항 제2호의 4	158		
	(118) 기업도시 개발구역내 외국인투자 세액감면	「조세특례제한법」 제121조의 2 제1항 제2호의 6	159		
	(119) 기업도시 개발사업의 시행자 세액감면	「조세특례제한법」 제121조의 2 제1항 제2호의 7	160		
	(120) 새만금사업지역내 외국인투자 세액감면	「조세특례제한법」 제121조의 2 제1항 제2호의 8	11J		
	(121) 새만금사업 시행자 세액감면	「조세특례제한법」 제121조의 2 제1항 제2호의 9	11K		
	(122) 기타 외국인투자유치를 위한 조세감면	「조세특례제한법」 제121조의 2 제1항 제3호	167		
	(123) 외국인투자기업의 증자의 조세감면	「조세특례제한법」 제121조의 4	172		
	(124) 기술도입대가에 대한 조세면제(국내지점 등)	법률 제9921호 조세특례제한법 일부개정법률 부칙 제77조	173		
	(125) 제주첨단과학기술단지 입주기업 조세감면(최저한세 적용제외)	「조세특례제한법」 제121조의 8	181		
	(126) 제주투자진흥지구등 입주기업 조세감면(최저한세 적용제외)	「조세특례제한법」 제121조의 9	182		
	(127) 기업도시개발구역 등 입주기업 감면(최저한세 적용제외)	「조세특례제한법」 제121조의 17 제1항 제1·3·5호	197		
	(128) 기업도시개발사업 등 시행자 감면	「조세특례제한법」 제121조의 17 제1항 제2·4·6·7호	198		
	(129) 아시아문화중심도시 투자진흥지구 입주기업 감면(최저한세 적용제외)	「조세특례제한법」 제121조의 20 제1항	11C		
	(130) 금융중심지 창업기업에 대한 감면(최저한세 적용제외)	「조세특례제한법」 제121조의 21 제1항	11G		
	(131) 동업기업 세액감면 배분액(최저한세 적용제외)	「조세특례제한법」 제100조의 18 제4항	11D		
	(132) 사회적기업에 대한 감면	「조세특례제한법」 제85조의 6	11L		
	(133) 장애인 표준사업장에 대한 감면	「조세특례제한법」 제85조의 6	11M		
	(134) 첨단의료복합단지 입주기업에 대한 감면(최저한세 적용제외)	「조세특례제한법」 제121조의 22 제1항 1호	17A		
	(135) 국가식품클러스터 입주기업에 대한 감면(최저한세 적용제외)	「조세특례제한법」 제121조의 22 제1항 2호	17B		
	(136) 연구개발특구 입주기업에 대한 감면(최저한세 적용제외)	「조세특례제한법」 제12조의 2	17C		
	(137) 감염병 피해에 따른 특별재난지역의 중소기업에 대한 감면	「조세특례제한법」 제99조의 11	17D		
	(138) 기회발전특구 창업기업 등에 대한 법인세 등의 감면(최저한세 적용제외)	「조세특례제한법」 제121조의 33	1D1		
	(139) 소 계		170		
세액공제	(140) 외국납부세액공제	「법인세법」 제57조	101		
	(141) 재해손실세액공제	「법인세법」 제58조	102		
	(142) 신성장·원천기술 연구개발비세액공제(최저한세 적용제외)	「조세특례제한법」 제10조 제1항 제1호	16A		
	(143) 국가전략기술 연구개발비세액공제(최저한세 적용제외)	「조세특례제한법」 제10조 제1항 제2호	10D		
	(144) 일반 연구·인력개발비세액공제(최저한세 적용제외)	「조세특례제한법」 제10조 제1항 제3호	16B	48,000,000	48,000,000
	(145) 동업기업 세액공제 배분액(최저한세 적용제외)	「조세특례제한법」 제100조의 18 제4항	12D		
	(146) 성실신고 확인비용에 대한 세액공제	「조세특례제한법」 제126조의 6	10A		
	(147) 상가임대료를 인하한 임대사업자에 대한 세액공제	「조세특례제한법」 제96조의 3	10B		
	(148) 용역제공자에 관한 과세자료의 제출에 대한 세액공제	「조세특례제한법」 제104조의 32	10C		
	(149) 소 계		180	48,000,000	48,000,000
	(150) 합 계((139) + (149))		110	48,000,000	48,000,000

(4쪽 중 제2쪽)

2. 최저한세 적용대상 공제감면세액

	① 구 분	② 근 거 법 조 항	코드	③ 대상세액	④ 감면세액
세액감면	⑮ 창업중소기업에 대한 세액감면(최저한세 적용대상)	「조세특례제한법」 제6조 제1항·제5항·제6항	111		
	⑯ 창업벤처중소기업 세액감면	「조세특례제한법」 제6조 제2항	174		
	⑰ 에너지신기술 중소기업 세액감면	「조세특례제한법」 제6조 제4항	13E		
	⑱ 중소기업에 대한 특별세액감면	「조세특례제한법」 제7조	112		
	⑲ 연구개발특구 입주기업에 대한 세액감면(최저한세 적용대상)	「조세특례제한법」 제12조의 2	179		
	⑳ 국제금융거래이자소득 면제	「조세특례제한법」 제21조	123		
	⑰ 사업전환 중소기업에 대한 세액감면	구 「조세특례제한법」 제33조의 2	192		
	⑱ 무역조정지원기업의 사업전환 세액감면	구 「조세특례제한법」 제33조의 2	13A		
	⑲ 기업구조조정 전문회사 주식양도차익 세액감면	법률 제9272호 조세특례제한법 일부개정법률 부칙 제10조·제40조	13B		
	⑳ 혁신도시 이전 등 공공기관 세액감면	「조세특례제한법」 제62조 제4항	13F		
	⑥ 공장의 지방이전에 대한 세액감면(중소기업의 수도권 안으로 이전)	「조세특례제한법」 제63조	116		
	⑥ 농공단지입주기업 등 감면	「조세특례제한법」 제64조	117		
	⑥ 농업회사법인 감면(농업소득 외의 소득)	「조세특례제한법」 제68조	119		
	⑥ 소형주택 임대사업자에 대한 세액감면	「조세특례제한법」 제96조	13I		
	⑥ 상가건물 장기임대사업자에 대한 세액감면	「조세특례제한법」 제96조의 2	13N		
	⑥ 산림개발소득 감면	「조세특례제한법」 제102조	124		
	⑥ 동업기업 세액감면 배분액(최저한세 적용대상)	「조세특례제한법」 제100조의 18 제4항	13D		
	⑥ 첨단의료복합단지 입주기업에 대한 감면(최저한세 적용대상)	「조세특례제한법」 제121조의 22 제1항 제1호	13H		
	⑥ 기술이전에 대한 세액감면	「조세특례제한법」 제12조 제1항	13J		
	⑦ 기술대여에 대한 세액감면	「조세특례제한법」 제12조 제3항	13K		
	⑦ 제주첨단과학기술단지 입주기업 감면(최저한세 적용대상)	「조세특례제한법」 제121조의 8	13P		
	⑦ 제주투자진흥지구등 입주기업 감면(최저한세 적용대상)	「조세특례제한법」 제121조의 9	13Q		
	⑦ 기업도시개발구역 등 입주기업 감면(최저한세 적용대상)	「조세특례제한법」 제121조의 17 제1항 제1호·제3호·5호	13R		
	⑦ 위기지역 내 창업기업 세액감면(최저한세 적용대상)	「조세특례제한법」 제99조의 9	13S		
	⑦ 아시아문화중심도시 투자진흥지구 입주기업 감면(최저한세 적용대상)	「조세특례제한법」 제121조의 20 제1항	13T		
	⑦ 금융중심지 창업기업에 대한 감면(최저한세 적용대상)	「조세특례제한법」 제121조의 21 제1항	13U		
	⑦ 국가식품클러스터 입주기업에 대한 감면(최저한세 적용대상)	「조세특례제한법」 제121조의 22 제1항 제2호	13V		
	⑦ 기회발전특구 창업기업 등에 대한 법인세 등의 감면(최저한세 적용대상)	「조세특례제한법」 제121조의 33	1C1		
	⑦ 소 계		130		

(4쪽 중 제3쪽)

	① 구 분	② 근 거 법 조 항	코드	⑤ 전기이월액	⑥ 당기발생액	⑦ 공제세액
세액공제	⑱ 중소기업 등 투자세액공제	구 「조세특례제한법」 제5조	131			
	⑱ 상생결제 지급금액에 대한 세액공제	「조세특례제한법」 제7조의 4	14Z			
	⑱ 대·중소기업 상생협력을 위한 기금출연 세액공제	「조세특례제한법」 제8조의 3 제1항	14M			
	⑱ 협력중소기업에 대한 유형고정자산 무상임대 세액공제	「조세특례제한법」 제8조의 3 제2항	18D			
	⑱ 수탁기업에 설치하는 시설에 대한 세액공제	「조세특례제한법」 제8조의 3 제3항	18L			
	⑱ 교육기관에 무상 기증하는 중고자산에 대한 세액공제	「조세특례제한법」 제8조의 3 제4항	18R			
	⑱ 신성장·원천기술 연구개발비세액공제(최저한세 적용대상)	「조세특례제한법」 제10조 제1항 제1호	13L			
	⑱ 국가전략기술 연구개발비세액공제(최저한세 적용대상)	「조세특례제한법」 제10조 제1항 제2호	10E			
	⑱ 일반 연구·인력개발비세액공제(최저한세 적용대상)	「조세특례제한법」 제10조 제1항 제3호	13M			
	⑱ 기술취득에 대한 세액공제	「조세특례제한법」 제12조 제2항	176			
	⑲ 기술혁신형 합병에 대한 세액공제	「조세특례제한법」 제12조의 3	14T			
	⑲ 기술혁신형 주식취득에 대한 세액공제	「조세특례제한법」 제12조의 4	14U			
	⑲ 벤처기업등 출자에 대한 세액공제	「조세특례제한법」 제13조의 2	18E			
	⑲ 성과공유 중소기업 경영성과급 세액공제	「조세특례제한법」 제19조	18H			
	⑲ 연구·인력개발설비투자 세액공제	구 「조세특례제한법」 제25조 제1항 제1호	134			
	⑲ 에너지절약시설투자 세액공제	구 「조세특례제한법」 제25조 제1항 제2호	177			
	⑲ 환경보전시설 투자 세액공제	구 「조세특례제한법」 제25조 제1항 제3호	14A			

세액공제	(197) 근로자복지증진시설투자 세액공제	구 「조세특례제한법」 제25조 제1항 제4호	142			
	(198) 안전시설투자 세액공제	구 「조세특례제한법」 제25조 제1항 제5호	136			
	(199) 생산성향상시설투자세액공제	구 「조세특례제한법」 제25조 제1항 제6호	135			
	(200) 의약품 품질관리시설투자 세액공제	구 「조세특례제한법」 제25조의 4	14B			
	(201) 신성장기술 사업화를 위한 시설투자 세액공제	구 「조세특례제한법」 제25조의 5	18B			
	(202) 영상콘텐츠 제작비용에 대한 세액공제(기본공제)	「조세특례제한법」 제25조의 6	18C			
	(203) 영상콘텐츠 제작비용에 대한 세액공제(추가공제)	「조세특례제한법」 제25조의 6	1B8			
	(204) 초연결 네트워크 시설투자에 대한 세액공제	구 「조세특례제한법」 제25조의 7	18I			
	(205) 고용창출투자세액공제	「조세특례제한법」 제26조	14N			
	(206) 산업수요맞춤형고등학교등 졸업자를 병역이행 후 복직시킨 중소기업에 대한 세액공제	「조세특례제한법」 제29조의 2	14S			
	(207) 경력단절 여성 고용 기업 등에 대한 세액공제	「조세특례제한법」 제29조의 3 제1항	14X			
	(208) 육아휴직 후 고용유지 기업에 대한 인건비 세액공제	「조세특례제한법」 제29조의 3 제2항	18J			
	(209) 근로소득을 증대시킨 기업에 대한 세액공제	「조세특례제한법」 제29조의 4	14Y			
	(210) 청년고용을 증대시킨 기업에 대한 세액공제	「조세특례제한법」 제29조의 5	18A			
	(211) 고용을 증대시킨 기업에 대한 세액공제	「조세특례제한법」 제29조의 7	18F			
	(212) 통합고용세액공제	「조세특례제한법」 제29조의 8	18S		65,500,000	65,500,000
	(213) 통합고용세액공제(정규직 전환)	「조세특례제한법」 제29조의 8	1B4			
	(214) 통합고용세액공제(육아휴직 복귀)	「조세특례제한법」 제29조의 8	1B5			
	(215) 정규직근로자 전환 세액공제	「조세특례제한법」 제30조의 2	14H			
	(216) 고용유지중소기업에 대한 세액공제	「조세특례제한법」 제30조의 3	18K			
	(217) 중소기업 고용증가 인원에 대한 사회보험료 세액공제	「조세특례제한법」 제30조의 4 제1항	14Q			
	(218) 중소기업 사회보험 신규가입에 대한 사회보험료 세액공제	「조세특례제한법」 제30조의 4 제3항	18G			
	(219) 전자신고에 대한 세액공제(납세의무자)	「조세특례제한법」 제104조의 8 제1항	184			
	(220) 전자신고에 대한 세액공제(세무법인 등)	「조세특례제한법」 제104조의 8 제3항	14J			
	(221) 제3자 물류비용 세액공제	「조세특례제한법」 제104조의 14	14E			
	(222) 대학 맞춤형 교육비용 등 세액공제	구 「조세특례제한법」 제104조의 18 제1항	14I			
	(223) 대학등 기부설비에 대한 세액공제	구 「조세특례제한법」 제104조의 18 제2항	14K			
	(224) 기업의 경기부 설치운영비용 세액공제	「조세특례제한법」 제104조의 22	140			
	(225) 동업기업 세액공제 배분액(최저한세 적용대상)	「조세특례제한법」 제100조의 18 제4항	14L			
	(226) 산업수요맞춤형 고등학교 등 재학생에 대한 현장훈련수당 등 세액공제	구 「조세특례제한법」 제104조의 18 제4항	14R			
	(227) 석유제품 전자상거래에 대한 세액공제	「조세특례제한법」 제104조의 25	14P			
	(228) 금 현물시장에서 거래되는 금지금에 대한 과세특례	「조세특례제한법」 제126조의 7 제8항	14V			
	(229) 금사업자와 스크랩등사업자의 수입금액의 증가 등에 대한 세액공제	「조세특례제한법」 제122조의 4	14W			
	(230) 우수 선화주 인증 국제물류주선업자 세액공제	「조세특례제한법」 제104조의 30	18M			
	(231) 소재·부품·장비 수요기업 공동출자 세액공제	「조세특례제한법」 제13조의 3 제1항	18N			
	(232) 소재·부품·장비 외국법인 인수세액 공제	「조세특례제한법」 제13조의 3 제3항	18P			
	(233) 선결제 금액에 대한 세액공제	「조세특례제한법」 제99조의 12	18Q			
	(234) 해외자원개발투자에 대한 과세특례	「조세특례제한법」 제104조의 15	1B6			
	(235) 통합투자세액공제(일반)	「조세특례제한법」 제24조	13W		183,000,000	112,260,000
	(236) 통합투자세액공제(신성장·원천기술)	「조세특례제한법」 제24조	13X			
	(237) 통합투자세액공제(국가전략기술)	「조세특례제한법」 제24조	13Y			
	(238) 임시통합투자세액공제(일반)	「조세특례제한법」 제24조	1B1		248,500,000	177,760,000
	(239) 임시통합투자세액공제(신성장·원천기술)	「조세특례제한법」 제24조	1B2		248,500,000	177,760,000
	(240) 임시통합투자세액공제(국가전략기술)	「조세특례제한법」 제24조	1B3			
	(241) 문화산업전문회사 출자에 대한 세액공제	「조세특례제한법」 제25조의 7	1B7			
	(242) 소 계		149			
	(243) 합 계((179) + (242))		150			
	(244) 공제감면세액 총계((150) + (243))		151			225,760,000
	(245) 기술도입대가에 대한 조세면제	법률 제9921호 조세특례제한법 일부개정법률 부칙 제77조	183			
	(246) 간주·간접 외국납부세액공제	「법인세법」 제57조 제3항·제4항·제6항	189			

[별지 제1호 서식] (2024. 3. 22. 개정)

세액공제신청서

※ 제3쪽의 작성방법 및 유의사항을 읽고 작성하여 주시기 바랍니다. (3쪽 중 제1쪽)

접수번호	접수일	처리기간	즉시

❶ 신청인		
	① 상호 또는 법인명 (주)삼일	② 사업자등록번호
	③ 대표자 성명	④ 생년월일
	⑤ 주소 또는 본점 소재지 (전화번호:)	

❷ 과세연도	2024년 1월 1일부터	2024년 12월 31일까지

❸ 신청 내용

⑥ 구 분	⑦ 근거법령	⑧ 코드	⑨ 공제율	⑩ 대상세액	⑪ 공제세액
(101) 중소기업 등 투자세액공제	영 제4조 제8항 (2021.2.17. 대통령령 제31444호로 개정되기 전의 것)	131			
(102) 상생결제 지급금액에 대한 세액공제	영 제6조의 4 제4항	14Z			
(103) 대·중소기업상생협력기금 출연 세액공제	영 제7조의 2 제4항	14M			
(104) 협력중소기업에 대한 유형고정자산 무상임대 세액공제	영 제7조의 2 제8항	18D			
(105) 수탁기업에 설치하는 시설에 대한 세액공제	영 제7조의 2 제12항	18L			
(106) 교육기관 무상 기증 중고자산에 대한 세액공제	영 제7조의 2 제16항	18R			
(107) 신성장·원천기술 연구개발비 세액공제 (최저한세 적용대상)	영 제9조 제14항	13L			
(108) 국가전략기술 연구개발비 세액공제(최저한세 적용대상)	영 제9조 제14항	10E			
(109) 일반 연구 및 인력개발비 세액공제(최저한세 적용대상)	영 제9조 제14항	13M			
(110) 신성장·원천기술 연구개발비 세액공제 (최저한세 적용제외)	영 제9조 제14항	16A			
(111) 국가전략기술 연구개발비 세액공제(최저한세 적용제외)	영 제9조 제14항	10D			
(112) 일반 연구 및 인력개발비 세액공제(최저한세 적용제외)	영 제9조 제14항	16B	25%, 50%	48,000,000	48,000,000
(113) 기술취득에 대한 세액공제	영 제11조 제6항	176			
(114) 기술혁신형 합병에 대한 세액공제	영 제11조의 3 제14항	14T			
(115) 기술혁신형 주식취득에 대한 세액공제	영 제11조의 4 제12항	14U			
(116) 벤처기업등 출자에 대한 세액공제	영 제12조의 2 제5항	18E			
(117) 소재·부품·장비 수요기업 공동출자 세액공제	영 제12조의 3 제15항	18N			
(118) 소재·부품·장비 외국법인 등 인수 세액 공제	영 제12조의 3 제15항	18P			
(119) 성과공유 중소기업 경영성과급 세액공제	영 제17조 제5항	18H			
(120) 통합투자세액공제(일반)	영 제21조 제13항	13W	10%, 3%	183,000,000	112,260,000
(121) 통합투자세액공제(신성장사업화시설)	영 제21조 제13항	13X			
(122) 통합투자세액공제(국가전략기술사업화시설)	영 제21조 제13항	13Y			
(123) 임시 통합투자세액공제(일반)	영 제21조 제13항	1B1			
(124) 임시 통합투자세액공제(신성장사업화시설)	영 제21조 제13항	1B2			
(125) 임시 통합투자세액공제(국가전략기술사업화시설)	영 제21조 제13항	1B3			
(126) 초연결 네트워크 투자에 대한 세액공제	영 제22조의 11 제7항 (2021.2.17. 대통령령 제31444호로 개정되기 전의 것)	18I			
(127) 연구 및 인력개발 설비투자 세액공제	영 제22조 (2021.2.17. 대통령령 제31444호로 개정되기 전의 것)	134			
(128) 에너지 절약시설투자 세액공제	영 제22조의 2 (2021.2.17. 대통령령 제31444호로 개정되기 전의 것)	177			
(129) 환경보전시설투자세액공제	영 제22조의 3 (2021.2.17. 대통령령 제31444호로 개정되기 전의 것)	14A			
(130) 근로자복지증진설비투자 세액공제	영 제22조의 4 (2021.2.17. 대통령령 제31444호로 개정되기 전의 것)	142			
(131) 안전시설투자 세액공제	영 제22조의 5 (2021.2.17. 대통령령 제31444호로 개정되기 전의 것)	136			

(3쪽 중 제2쪽)

⑥ 구 분	⑦ 근거법령	⑧ 코드	⑨ 공제율	⑩ 대상세액	⑪ 공제세액
⑬² 생산성향상시설투자 세액공제	영 제22조의 6 (2021.2.17. 대통령령 제31444호로 개정되기 전의 것)	135			
⑬³ 의약품품질관리개선시설투자 세액공제	영 제22조의 8 (2021.2.17. 대통령령 제31444호로 개정되기 전의 것)	14B			
⑬⁴ 신성장기술 사업화를 위한 시설투자 세액공제	영 제22조의 9 (2021.2.17. 대통령령 제31444호로 개정되기 전의 것)	18B			
⑬⁵ 영상콘텐츠 제작비용에 대한 세액공제(기본공제)	영 제22조의 10 제6항	18C			
⑬⁶ 영상콘텐츠 제작비용에 대한 세액공제(추가공제)	영 제22조의 10 제6항	1B8			
⑬⁷ 문화산업전문회사 출자에 대한 세액공제	영 제22조의 11 제5항	1B7			
⑬⁸ 고용창출투자 세액공제	영 제23조 제15항부터 제17항까지	14N			
⑬⁹ 산업수요맞춤형고등학교등 졸업자를 병역이행 후 복직시킨 중소기업에 대한 세액공제	영 제26조의 2 제3항	14S			
⑭⁰ 경력단절 여성 고용 기업에 대한 인건비 세액공제	영 제26조의 3 제6항	14X			
⑭¹ 육아휴직 후 고용유지 기업에 대한 인건비 세액공제	영 제26조의 3 제6항	18J			
⑭² 근로소득을 증대시킨 기업에 대한 세액공제	영 제26조의 4 제17항	14Y			
⑭³ 청년고용을 증대시킨 기업에 대한 세액공제	영 제26조의 5 제11항	18A			
⑭⁴ 고용을 증대시킨 기업에 대한 세액공제	영 제26조의 7 제10항	18F			
⑭⁵ 통합고용세액공제	영 제26조의 8 제11항	18S	1,500만원, 950만원	65,500,000	65,500,000
⑭⁶ 통합고용세액공제(정규직 전환)	영 제26조의 8 제11항	1B4			
⑭⁷ 통합고용세액공제(육아휴직 복귀)	영 제26조의 8 제11항	1B5			
⑭⁸ 고용유지중소기업에 대한 세액공제	영 제27조의 3 제3항	18K			
⑭⁹ 정규직근로자 전환 세액공제	법 제30조의 2 제4항 (2022.12.31. 법률 제19199호로 개정되기 전의 것)	14H			
⑮⁰ 중소기업 고용증가 인원 사회보험료 세액공제	법 제30조의 4 제5항	14Q			
⑮¹ 중소기업 사회보험 신규가입에 대한 사회보험료 세액공제	법 제30조의 4 제5항	18G			
⑮² 상가임대료를 인하한 임대사업자에 대한 세액공제	영 제96조의 3 제8항	10B			
⑮³ 선결제 금액에 대한 세액공제	영 제99조의 11 제4항	18Q			
⑮⁴ 전자신고에 대한 세액공제(납세의무자)	영 제104조의 5 제6항	184			
⑮⁵ 전자신고에 대한 세액공제(세무법인)	영 제104조의 5 제6항	14J			
⑮⁶ 제3자 물류비용에 대한 세액공제	영 제104조의 14 제2항	14E			
⑮⁷ 해외자원개발투자에 대한 과세특례	영 제104조의 15 제6항	1B6			
⑮⁸ 기업의 경기부 설치운영 세액공제	영 제104조의 20 제5항	140			
⑮⁹ 석유제품 전자상거래에 대한 세액공제	영 제104조의 22 제3항	14P			
⑯⁰ 대학 맞춤형교육비용 세액공제	법 제104조의 18 제1항 (2020.12.29. 법률 제17759호로 개정되기 전의 것)	14I			
⑯¹ 대학등 기부설비에 대한 세액공제	법 제104조의 18 제2항 (2020.12.29. 법률 제17759호로 개정되기 전의 것)	14K			
⑯² 산업수요맞춤형고등학교등 재학생에 대한 현장훈련수당등 세액공제	법 제104조의 18 제4항 (2020.12.29. 법률 제17759호로 개정되기 전의 것)	14R			
⑯³ 우수 선화주 인증 국제물류주선업자 세액공제	영 제104조의 27 제3항	18M			
⑯⁴ 용역제공자에 관한 과세자료의 제출에 대한 세액공제	영 제104조의 29 제2항	10C			
⑯⁵ 금사업자와 스크랩등사업자의 수입금액의 증가 등에 대한 세액공제	영 제117조의 4 제4항	14W			
⑯⁶ 금 현물시장에서 거래되는 금지금에 대한 과세특례	법 제126조의 7 제13항	14V			
⑯⁷ 세액공제 합계		1A3		296,500,000	225,760,000

「조세특례제한법」 및 같은 법 시행령에 따라 위와 같이 세액공제를 신청합니다.

2025년 3월 31일

신청인 ㈜ 삼일 (서명 또는 인)

세무서장 귀하

제4절 중복지원의 배제

관련 법령	• 조특법 §127 • 조특령 §123

최근 주요 개정 내용

• 국가 등의 보조금을 통한 세제지원 배제 대상 추가(조특법 §127 ①)

종 전	현 행
□ 국가 등의 보조금 등을 통한 세제지원 배제 ○ (대상 세제지원) - 통합투자세액공제 - 상생협력 시설투자 세액공제 〈추 가〉	□ 배제 대상 세제지원 추가 ○ (좌 동) - 해외자원개발투자 세액공제

➡ 개정일자 : ㉺ 2023. 12. 31.
적용시기 : 2024년 1월 1일 이후 투자 또는 출자를 하는 경우부터 적용

제4절

중복지원의 배제

4

Step Ⅰ 내용의 이해

1. 국가나 지방자치단체 등의 보조금 등으로 투자한 금액에 대한 세제지원 배제

내국법인이 투자한 자산에 대하여 후술하는 '2-1. 투자세액공제의 중복적용배제' 적용대상인 투자세액공제 또는 해외자원개발투자에 대한 세액공제(조특법 §104의 15 ①)를 적용받는 경우 다음의 금액을 투자금액 또는 취득금액에서 차감한다(조특법 §127 ① 및 조특령 §123).

개 정

○ 국가 등의 보조금 등을 통한 세제지원 배제 대상에 해외자원개발 투자세액공제 추가(조특법 §127 ①)
  ➡ 2024년 1월 1일 이후 투자 또는 출자를 하는 경우부터 적용

① 내국법인이 자산에 대한 투자 또는 출자지분의 취득을 목적으로 다음 중 어느 하나에 해당되는 국가 등(이하 "국가 등"이라 함)으로부터 출연금 등의 자산을 지급받아 투자 또는 출자에 지출하는 경우: 출연금 등의 자산을 투자 또는 출자에 지출한 금액에 상당하는 금액
  ㉠ 국가
  ㉡ 지방자치단체
  ㉢ 공공기관의 운영에 관한 법률에 따른 공공기관
  ㉣ 지방공기업법에 따른 지방공기업

② 내국법인이 자산에 대한 투자 또는 출자지분의 취득을 목적으로 금융실명거래 및 비밀보장에 관한 법률 제2조 제1호 각 목의 어느 하나에 해당하는 금융회사등(이하 " 금융회사등"이라 함)으로부터 융자를 받아 투자 또는 출자에 지출하고 금융회사등에 지급하여야 할 이

자비용의 전부 또는 일부를 국가 등이 내국법인을 대신하여 지급하는 경우: 국가 등이 지급했거나 지급하기로 약정한 이자비용의 합계액

③ 내국법인이 자산에 대한 투자 또는 출자지분의 취득을 목적으로 국가등으로부터 융자를 받아 투자 또는 출자에 지출하는 경우 : 다음 계산식에 따라 계산한 금액(다만, 해당 금액이 음수인 경우에는 영으로 봄)

이자지원금	=	융자받은 시점의 법인세법 시행령 제89조 제3항에 따른 이자율을 적용하여 계산한 원리금 합계액	−	융자받은 시점의 실제 융자받은 이자율을 적용하여 계산한 원리금 합계액

④ 내국인이 다음 중 어느 하나에 해당하는 사업에 필요한 자산에 대한 투자를 목적으로 해당 자산의 수요자 또는 편익을 받는 자로부터 공사부담금을 제공받아 투자에 지출하는 경우 : 공사부담금을 투자에 지출한 금액에 상당하는 금액

㉠ 전기사업법에 따른 전기사업

㉡ 도시가스사업법에 따른 도시가스사업

㉢ 액화석유가스의 안전관리 및 사업법에 따른 액화석유가스 충전사업, 액화석유가스 집단공급사업 및 액화석유가스 판매사업

㉣ 집단에너지사업법 제2조 제2호에 따른 집단에너지공급사업

㉤ 지능정보화 기본법에 따른 초연결지능정보통신기반구축사업

㉥ 수도법에 의한 수도사업

2. 세액공제의 중복적용 배제

2-1. 투자세액공제의 중복적용 배제

내국법인이 투자한 자산에 대하여 다음의 투자세액공제 규정이 동시에 적용되는 경우에는 각각 그 중 하나만을 선택하여 적용을 받을 수 있다.

① 상생협력을 위한 수탁기업에 설치하는 검사대 또는 연구시설에 대한 세액공제(조특법 §8의 3 ③)

② 통합투자세액공제(조특법 §24)

③ 고용창출투자세액공제(조특법 §26)

2-2. 기타 세액공제의 중복적용 배제

내국법인이 동일한 과세연도에 다음의 세액공제가 동시에 적용되는 경우에는 각각 그 중 하나만을 선택하여 적용을 받을 수 있다(조특법 §127 ②).

① 성과공유 중소기업의 경영성과급에 대한 세액공제(조특법 §19 ①)와 근로소득을 증대시킨 기업에 대한 세액공제(조특법 §29의 4)
② 고용창출투자세액공제(조특법 §26)와 청년고용을 증대시킨 기업에 대한 세액공제(조특법 §29의 5)
③ 고용창출투자세액공제(조특법 §26)와 중소기업 사회보험료 세액공제(조특법 §30의 4)

3. 외국인투자기업 등의 세액공제 제한

3-1. 개 요

내국법인에 대하여 동일한 과세연도에 후술하는 '3-2. 세액공제의 범위'에 열거된 세액공제를 적용할 때 조세특례제한법 제121조의 2(외국인투자에 대한 조세 감면) 또는 제121조의 4(증자의 조세감면)에 따라 법인세를 감면하는 경우에는 다음의 금액을 공제한다(조특법 §127 ③).

$$\text{공제세액} = \text{공제할 세액} \times \frac{\text{내국인투자자의 소유주식 또는 지분}}{\text{해당 기업의 총주식 또는 총지분}}$$

관련사례

• 사업연도 중 내국인투자지분이 변경된 경우 지분율 계산
사업연도 중 내국인투자지분이 변경된 경우에 내국인투자자의 소유주식 등의 비율은 다음 산식에 따라 계산한 당해 사업연도 중 평균자본금 비율에 의함(조특통 127-0…3).

$$\frac{(\text{변경 전 내국인자본금} \times \text{변경 전 일수}) + (\text{변경 후 내국인자본금} \times \text{변경 후 일수})}{(\text{변경 전 총자본금} \times \text{변경 전 일수}) + (\text{변경 후 총자본금} \times \text{변경 후 일수})}$$

3-2. 세액공제의 범위

외국인투자기업 등에 대하여 제한되는 세액공제는 다음과 같다(조특법 §127 ③).

① 상생협력을 위한 수탁기업에 설치하는 검사대 또는 연구시설에 대한 세액공제(조특법 §8의 3 ③)
② 통합투자세액공제(조특법 §24)
③ 고용창출투자세액공제(조특법 §26)
④ 청년고용을 증대시킨 기업에 대한 세액공제(조특법 §29의 5)
⑤ 고용을 증대시킨 기업에 대한 세액공제(조특법 §29의 7)
⑥ 통합고용세액공제(조특법 §29의 8 ①)

⑦ 중소기업 사회보험료 세액공제(조특법 §30의 4)
⑧ 제3자물류비용에 대한 세액공제(조특법 §104의 14)
⑨ 해외자원개발투자에 대한 과세특례(조특법 §104의 15)

관련사례

- 외국인투자에 대한 감면과 투자세액공제의 선택적용
  조세특례제한법 제121조의 2 또는 제121조의 4의 법인세 등의 감면대상에 해당하여 감면결정을 통지받은 법인이 실제 조세감면을 받지 아니한 경우에는 통합투자세액공제 등의 투자세액공제를 전액받을 수 있음(조특통 127-0…4).
- 투자세액공제 이월공제 및 외국인투자기업 세액감면 동시 적용가능 여부
  외국인투자기업에 대한 세액감면과 투자세액공제간 중복배제 여부 판정은 과세연도 단위로 결정하는 것으로서, 결손금발생으로 투자세액공제액이 이월된 경우에는 그 전액에 대해 최저한세 범위 내에서 세액공제를 받음과 동시에 당해 사업연도 외국인투자기업에 대한 세액감면도 적용됨(서이 46017-11537, 2003. 8. 25.).

4. 동일 과세연도에 세액감면과 세액공제의 중복적용 배제

내국법인이 동일한 과세연도에 아래 '① 세액감면' 규정에 의하여 법인세가 감면되는 경우와 아래 '② 세액공제' 규정에 의하여 법인세가 공제되는 경우를 동시에 적용받을 수 있는 경우에는 그 중 하나만을 선택하여 적용받을 수 있다(조특법 §127 ④).

① 세액감면	② 세액공제
• 창업중소기업 등에 대한 세액감면(조특법 §6)(*1) • 중소기업에 대한 특별세액감면(조특법 §7)(*2) • 연구개발특구에 입주하는 첨단기술기업 등에 대한 세액감면(조특법 §12의 2) • 창업중소기업 등의 통합에 따른 세액감면승계(조특법 §31 ④, ⑤) • 창업중소기업 등의 법인전환에 따른 세액감면승계(조특법 §32 ④) • 공공기관이 혁신도시로 이전하는 경우 법인세감면(조특법 §62 ④) • 수도권 밖으로 공장을 이전하는 기업에 대한 세액감면(조특법 §63 ①) • 수도권 밖으로 본사를 이전하는 법인에 대한 세액감면(조특법 §63의 2 ①) • 농공단지 입주기업 등에 대한 세액감면(조특법 §64)	• 상생협력을 위한 기금 출연 등에 대한 세액공제(조특법 §8의 3) • 내국법인의 벤처기업 등에의 출자에 대한 과세특례(조특법 §13의 2) • 통합투자세액공제(조특법 §24) • 영상콘텐츠 제작비용에 대한 세액공제(조특법 §25의 6) • 고용창출투자세액공제(조특법 §26) • 중소기업 사회보험료 세액공제(조특법 §30의 4)(*2) • 제3자물류비용에 대한 세액공제(조특법 §104의 14) • 해외자원개발투자에 대한 과세특례(조특법 §104의 15) • 기업의 운동경기부 설치·운영에 대한 세액공제(조특법 §104의 22)

① 세액감면	② 세액공제
• 영농조합법인 등에 대한 법인세의 면제등(조특법 §66) • 영어조합법인 등에 대한 법인세의 면제등(조특법 §67) • 농업회사법인에 대한 법인세의 면제등(조특법 §68) • 사회적기업 및 장애인 표준사업장에 대한 세액감면(조특법 §85의 6 ①, ②) • 위기지역 창업기업에 대한 법인세 등의 감면(조특법 §99의 9 ②) • 감염병 피해에 따른 특별재난지역의 중소기업에 대한 세액감면(조특법 §99의 11 ①) • 해외진출기업의 국내복귀에 대한 세액감면(조특법 §104의 24 ①) • 제주첨단과학기술단지 입주기업에 대한 세액감면(조특법 §121의 8) • 제주투자진흥지구 또는 제주자유무역지역 입주기업에 대한 세액감면(조특법 §121의 9 ②) • 기업도시개발구역 등의 창업기업 등에 대한 세액감면(조특법 §121의 17 ②) • 아시아문화중심도시 투자진흥지구 입주기업 등에 대한 세액감면(조특법 §121의 20 ②) • 금융중심지 창업기업 등에 대한 세액감면(조특법 §121의 21 ②) • 첨단의료복합단지 및 국가식품클러스터 입주기업에 대한 세액감면(조특법 §121의 22 ②) • 기회발전특구의 창업기업 등에 대한 세액감면(조특법 §121의 33 ②)	• 석유제품 전자상거래에 대한 세액공제(조특법 §104의 25) • 금사업자와 스크랩등 사업자의 수입금액의 증가 등에 대한 세액공제(조특법 §122의 4 ①) • 금 현물시장에서 거래되는 금지금에 대한 과세특례(조특법 §126의 7 ⑧)

(*1) 창업중소기업 등의 고용증가에 따른 추가 세액감면(조특법 §6 ⑦)과 고용을 증대시킨 기업에 대한 세액공제(조특법 §29의 7) 또는 통합고용세액공제(조특법 §29의 8 ①)의 중복적용은 배제됨.

(*2) 중소기업에 대한 특별세액감면(조특법 §7)과 중소기업 사회보험료 세액공제(조특법 §30의 4)의 중복적용은 허용됨.

관련사례

• 이월된 투자세액공제액과 중소기업 특별세액감면의 동시 적용가능 여부

투자세액공제액이 발생되었으나 최저한세의 적용으로 인하여 이월된 공제세액이 있는 경우, 동 이월공제세액은 중소기업에 대한 특별세액감면과 중복하여 적용받을 수 있으며, 투자세액공제를 적용받지 아니하고 법인세신고를 한 경우 경정청구를 할 수 있는 것임(서면2팀-2152, 2005. 12. 22. 및 서이 46012-11761, 2003. 10. 10.).

• 세액감면과 투자세액공제간 중복배제 여부 판정기간

세액감면과 투자세액공제간 중복배제 여부 판정은 과세연도 단위로 결정하는 것으로서 창

업세액감면 적용대상기간 중 동 세액감면을 적용받지 아니하는 경우 다른 투자세액공제를 적용받을 수 있는 것이며 동 세액감면을 적용받지 아니한 사유가 결손금 발생이라 하여 달라지는 것은 아님(서이 46012-10242, 2003. 2. 3.).

5. 동일 사업장 · 동일 과세연도에 세액감면의 중복적용 배제

내국법인의 동일한 사업장에 대하여 동일한 과세연도에 다음의 법인세 감면규정 중 둘 이상의 규정이 적용될 수 있는 경우에는 그 중 하나만을 선택하여 적용받을 수 있다(조특법 §127 ⑤).

① 창업중소기업 등에 대한 세액감면(조특법 §6)
② 중소기업에 대한 특별세액감면(조특법 §7)
③ 연구개발특구에 입주하는 첨단기술기업 등에 대한 세액감면(조특법 §12의 2)
④ 창업중소기업 등의 통합에 따른 세액감면승계(조특법 §31 ④, ⑤)
⑤ 창업중소기업 등의 법인전환에 따른 세액감면승계(조특법 §32 ④)
⑥ 공공기관이 혁신도시로 이전하는 경우 법인세 감면(조특법 §62 ④)
⑦ 수도권 밖으로 공장을 이전하는 기업에 대한 세액감면(조특법 §63 ①)
⑧ 수도권 밖으로 본사를 이전하는 법인에 대한 세액감면(조특법 §63의 2 ①)
⑨ 농공단지 입주기업 등에 대한 세액감면(조특법 §64)
⑩ 사회적기업 및 장애인표준사업장에 대한 세액감면(조특법 §85의 6 ①, ②)
⑪ 위기지역 창업기업에 대한 법인세 등의 감면(조특법 §99의 9 ②)
⑫ 감염병 피해에 따른 특별재난지역의 중소기업에 대한 세액감면(조특법 §99의 11 ①)
⑬ 해외진출기업의 국내복귀에 대한 세액감면(조특법 §104의 24 ①)
⑭ 외국인투자기업에 대한 세액감면(조특법 §121의 2, §121의 4)
⑮ 제주첨단과학기술단지 입주기업에 대한 세액감면(조특법 §121의 8)
⑯ 제주투자진흥지구 또는 제주자유무역지역 입주기업에 대한 세액감면(조특법 §121의 9 ②)
⑰ 기업도시개발구역 등의 창업기업 등에 대한 세액감면(조특법 §121의 17 ②)
⑱ 아시아문화중심도시 투자진흥지구 입주기업 등에 대한 세액감면(조특법 §121의 20 ②)
⑲ 금융중심지 창업기업 등에 대한 세액감면(조특법 §121의 21 ②)
⑳ 첨단의료복합단지 및 국가식품클러스터 입주기업에 대한 세액감면(조특법 §121의 22 ②)
㉑ 기회발전특구의 창업기업 등에 대한 세액감면(조특법 §121의 33 ②)

관련사례

• 동일 사업장 내의 별도 공장에 대하여 각각 다른 감면 적용가능
동일 부지 내에 공장이 있더라도 각 제품별로 제조설비 및 공장건물을 별도로 설치하고 제조공정이 서로 무관한 제품을 생산하여 구분경리가 가능한 경우에는 공장별로 각각 다른 감면을 선택하여 적용받을 수 있음(조특통 127-0…2).

• 수도권 과밀억제권역 외 지역이전 중소기업이 이전 전 소득에 대하여 중소기업특별세액감면 적용 여부
중소기업이 과세연도 중에 수도권 과밀억제권역 외 지역으로 공장을 이전한 경우, 이전 전 소득은 중소기업특별세액감면을, 이전 후 소득은 수도권 과밀억제권역 외 지역이전 중소기업세액감면을 각각 적용할 수 있음(재조예-241, 2006. 4. 24.).

• '외국인투자 법인세감면'과 '중소기업특별세액감면'을 각각 적용받을 수 있는 기준
조세특례제한법 제121조의 2 제1항의 외국인투자사업과 기타사업(외국인투자외 사업으로 중소기업특별세액감면 적용대상)을 영위하는 중소기업이 각 사업별로 상이한 제조설비와 제조공정을 설치하여 서로 무관한 제품을 생산하면서 외국인투자사업과 기타사업을 명확히 구분경리하고 소득구분이 가능한 경우에는 구분된 소득별로 외국인투자에 대한 법인세감면과 중소기업에 대한 특별세액감면을 각각 적용받을 수 있는 것임(재조예 46019-157, 2002. 10. 5.).

6. 세액감면과 세액공제간 중복지원 배제기준

내국인이 조세특례제한법 제127조 제3항(외국인투자기업 등의 세액공제 제한) 및 제4항(동일 과세연도에 세액감면과 세액공제의 중복적용배제)을 적용할 때 같은 법 제143조에 따라 세액감면을 적용받는 사업과 그 밖의 사업을 구분경리하는 경우로서, 그 밖의 사업에 공제규정이 적용되는 경우에는 해당 세액감면과 공제는 중복지원에 해당하지 아니한다(조특법 §127 ⑩).

7. 통합고용세액공제와 고용증대 세액공제 · 중소기업 사회보험료 세액공제의 중복적용 배제

통합고용세액공제(조특법 §29의 8 ①)는 고용증대 세액공제(조특법 §29의 7) 또는 중소기업 사회보험료 세액공제(조특법 §30의 4)를 받지 아니한 경우에만 적용한다(조특법 §127 ⑪).

관련사례

• 고용증대세액공제와 통합고용세액공제의 중복 및 선택 적용 여부
중소기업이 2022년 12월 31일이 속하는 과세연도에 대해 고용증대 세액공제(조특법 §29의 7)를 받은 경우, 2023년 12월 31일과 2024년 12월 31일이 속하는 사업연도까지 고용증대 세액공제를 적용하는 것이며, 2023년 12월 31일 또는 2024년 12월 31일이 속하는 사업연도(이하 '해당 사업연도')의 상시근로자 수가 직전 사업연도보다 증가하는 경우, 해당 사업연도에는 고용증대 세액공제(조특법 §29의 7)와 통합고용세액공제(조특법 §29의 8) 중 어느 하나를 선택하여 세액공제를 적용하고 이후 과세연도의 추가공제도 당초 선택한 공제방법을 적용함(서면-2023-법인-1263, 2023. 6. 8.).

제5절 조세감면배제

관련 법령

- 조특법 §128, §130
- 조특령 §122, §124
- 조특칙 §53, §54

제5절

조세감면배제

5

Step I 내용의 이해

1. 추계과세시 등의 감면배제

1-1. 추계과세시 감면배제

법인세법 제66조 제3항 단서에 따라 법인소득금액을 계산함에 있어서 추계조사결정 또는 추계경정을 하는 경우에는 다음의 규정을 적용하지 아니한다(조특법 §128 ①).

① 기업의 어음제도개선을 위한 세액공제(조특법 §7의 2)
② 상생결제 지급금액에 대한 세액공제(조특법 §7의 4)
③ 상생협력을 위한 수탁기업에 설치하는 검사대 또는 연구시설에 대한 세액공제(조특법 §8의 3 ③)
④ 연구·인력개발비에 대한 세액공제(조특법 §10)
⑤ 특허권 등의 취득기업에 대한 세액공제(조특법 §12 ②)
⑥ 기술혁신형 합병에 대한 세액공제(조특법 §12의 3)
⑦ 기술혁신형 주식취득에 대한 세액공제(조특법 §12의 4)
⑧ 벤처기업 등에의 출자에 대한 과세특례(조특법 §13의 2)
⑨ 소재·부품·장비전문기업에의 출자·인수에 대한 과세특례(조특법 §13의 3)
⑩ 성과공유 중소기업의 경영성과급에 대한 세액공제(조특법 §19 ①)
⑪ 통합투자세액공제(조특법 §24)
⑫ 영상콘텐츠 제작비용에 대한 세액공제(조특법 §25의 6)
⑬ 고용창출투자세액공제(조특법 §26)
⑭ 산업수요맞춤형고등학교등 졸업자를 병역 이행 후 복직시킨 기업에 대한 세액공제(조특법 §29의 2)

⑮ 경력단절 여성 고용 기업 등에 대한 세액공제(조특법 §29의 3)
⑯ 근로소득을 증대시킨 기업에 대한 세액공제(조특법 §29의 4)
⑰ 청년고용을 증대시킨 기업에 대한 세액공제(조특법 §29의 5)
⑱ 고용을 증대시킨 기업에 대한 세액공제(조특법 §29의 7)
⑲ 통합고용세액공제(조특법 §29의 8)
⑳ 고용유지중소기업 등에 대한 과세특례(조특법 §30의 3)
㉑ 중소기업 사회보험료 세액공제(조특법 §30의 4)
㉒ 상가임대료를 인하한 임대사업자에 대한 세액공제(조특법 §96의 3)
㉓ 선결제 금액에 대한 세액공제(조특법 §99의 12)
㉔ 제3자물류비용에 대한 세액공제(조특법 §104의 14)
㉕ 해외자원개발투자에 대한 세액공제(조특법 §104의 15)
㉖ 석유제품 전자상거래에 대한 세액공제(조특법 §104의 25)
㉗ 우수 선화주기업 인증을 받은 화주 기업에 대한 세액공제(조특법 §104의 30)
㉘ 금사업자와 스크랩등 사업자의 수입금액의 증가 등에 대한 세액공제(조특법 §122의 4 ①)
㉙ 금 현물시장에서 거래되는 금지금에 대한 세액공제(조특법 §126의 7 ⑧)

1-2. 결정 및 기한 후 신고시 감면배제

법인세법 제66조 제1항에 따라 결정을 하는 경우와 국세기본법 제45조의 3에 따라 기한 후 신고를 하는 경우에는 다음의 규정을 적용하지 아니한다(조특법 §128 ②).

① 창업중소기업 등에 대한 세액감면(조특법 §6)
② 중소기업에 대한 특별세액감면(조특법 §7)
③ 기술이전소득에 대한 세액감면(조특법 §12 ①, ③)
④ 연구개발특구에 입주하는 첨단기술기업 등에 대한 세액감면(조특법 §12의 2)
⑤ 창업중소기업 등의 통합에 따른 세액감면승계(조특법 §31 ④, ⑤)
⑥ 창업중소기업 등의 법인전환에 따른 세액감면승계(조특법 §32 ④)
⑦ 공공기관이 혁신도시로 이전하는 경우 법인세 감면(조특법 §62 ④)
⑧ 수도권 밖으로 공장을 이전하는 기업에 대한 세액감면(조특법 §63 ①)
⑨ 수도권 밖으로 본사를 이전하는 법인에 대한 세액감면(조특법 §63의 2 ①)
⑩ 농공단지 입주기업 등에 대한 세액감면(조특법 §64)
⑪ 영농조합법인 등에 대한 법인세의 면제 등(조특법 §66)
⑫ 영어조합법인 등에 대한 법인세의 면제 등(조특법 §67)
⑬ 농업회사법인에 대한 법인세의 면제 등(조특법 §68)
⑭ 사회적기업 및 장애인 표준사업장에 대한 세액감면(조특법 §85의 6 ①, ②)

⑮ 소형주택 임대사업자에 대한 세액감면(조특법 §96)
⑯ 상가건물 장기 임대사업자에 대한 세액감면(조특법 §96의 2)
⑰ 상가임대료를 인하한 임대사업자에 대한 세액공제(조특법 §96의 3)
⑱ 위기지역 창업기업에 대한 법인세 감면(조특법 §99의 9 ②)
⑲ 감염병 피해에 따른 특별재난지역의 중소기업에 대한 세액감면(조특법 §99의 11 ①)
⑳ 선결제 금액에 대한 세액공제(조특법 §99의 12)
㉑ 산림개발소득에 대한 세액감면(조특법 §102)
㉒ 해외진출기업의 국내복귀에 대한 세액감면(조특법 §104의 24 ①)
㉓ 제주첨단과학기술단지 입주기업에 대한 법인세 감면(조특법 §121의 8)
㉔ 제주투자진흥지구 또는 제주자유무역지역 입주기업에 대한 법인세 감면(조특법 §121의 9 ②)
㉕ 기업도시개발구역 창업기업 등에 대한 법인세 등의 감면(조특법 §121의 17 ②)
㉖ 아시아문화중심도시 투자진흥지구 입주기업 등에 대한 법인세 감면(조특법 §121의 20 ②)
㉗ 금융중심지 창업기업 등에 대한 법인세 감면(조특법 §121의 21 ②)
㉘ 첨단의료복합단지 및 국가식품클러스터 입주기업에 대한 세액감면(조특법 §121의 22 ②)
㉙ 기회발전특구의 창업기업 등에 대한 세액감면(조특법 §121의 33 ②)

1-3. 경정시 등의 감면배제

법인세법 제66조 제2항에 따라 경정(후술하는 '1-4. 현금영수증가맹점 가입의무 불이행시 등의 감면배제'에 해당하여 경정하는 경우를 제외함)을 하는 경우와 과세표준 수정신고서를 제출한 과세표준과 세액을 경정할 것을 미리 알고 제출하는 경우에는 국세기본법 제47조의 3 제2항 제1호에 따른 부정과소신고과세표준에 대하여 위 '1-2. 결정 및 기한 후 신고시 감면배제'에서 열거한 ① 내지 ㉙의 규정을 적용하지 아니한다(조특법 §128 ③ 및 조특령 §122 ①).

1-4. 현금영수증가맹점 가입의무 불이행시 등의 감면배제

법인이 다음의 어느 하나에 해당하는 경우에는 해당 사업연도의 해당 사업장에 대하여 위 '1-2. 경정 및 기한 후 신고시 감면배제'에서 열거한 ① 내지 ㉙의 규정을 적용하지 아니한다(조특법 §128 ④ 및 조특령 §122 ②).

① 법인세법 제117조의 2 제1항의 규정에 따라 현금영수증가맹점으로 가입하여야 할 법인이 정당한 사유 없이 이를 이행하지 아니한 경우
② 법인세법 제117조 및 제117조의 2에 따라 신용카드가맹점 또는 현금영수증가맹점으로 가입한 법인이 신용카드에 의한 거래 또는 현금영수증의 발급요청을 거부하거나, 신용카드매출전표 또는 현금영수증을 사실과 다르게 발급하여 관할 세무서장으로부터 해당 사업연도에 신고금액을 3회 이상 통보받은 경우로서 그 합계액이 100만원 이상이거나 해

당 사업연도에 신고금액을 5회 이상 통보받은 경우

2. 수도권 과밀억제권역의 투자에 대한 조세감면 배제

2-1. 의 의

수도권 과밀억제권역의 투자에 대한 조세감면 배제에 관한 규정은 수도권 과밀억제권역에 산업시설 및 기업활동의 집중을 억제하고, 수도권 과밀억제권역에 소재하는 기업의 지방이전을 유도함과 동시에 지방산업의 경영여건향상을 지원하기 위한 조세지원제도이다.

:: 수도권 과밀억제권역의 범위

수도권 과밀억제권역이란 수도권정비계획법 제6조 제1항 제1호에 따른 과밀억제권역을 말한다(조특법 §2 ① 10호).

과밀억제권역의 범위(수도권정비계획법 시행령 별표 1)
• 서울특별시 • 인천광역시[강화군, 옹진군, 서구 대곡동·불로동·마전동·금곡동·오류동·왕길동·당하동·원당동, 인천경제자유구역(경제자유구역에서 해제된 지역을 포함한다) 및 남동 국가산업단지는 제외한다] • 의정부시, 구리시 • 남양주시(호평동, 평내동, 금곡동, 일패동, 이패동, 삼패동, 가운동, 수석동, 지금동 및 도농동만 해당한다) • 하남시, 고양시, 수원시, 성남시, 안양시, 부천시, 광명시, 과천시, 의왕시, 군포시 • 시흥시[반월특수지역(반월특수지역에서 해제된 지역 포함)은 제외한다]

※ 종전에는 조세감면이 배제되는 지역을 조세특례제한법 시행령 별표 7 제1호에서 규정하는 수도권으로 규정하였으나, 2002. 12. 11. 조세특례제한법 개정시 당해 지역을 수도권정비계획법상의 수도권 과밀억제권역으로 개정하여 2003. 1. 1. 이후 최초로 투자하는 분부터 적용하도록 하였다. 다만, 2003. 1. 1. 당시 구조특법 제130조에서 규정하는 수도권 이외의 지역에서 사업을 영위하고 있는 내국인이 2003. 1. 1. 이후 당해 사업장에서 사용하기 위하여 취득하는 사업용 고정자산에 대하여는 종전의 규정을 적용하여야 한다.

※ 2017. 6. 20. 수도권정비계획법 시행령 개정시 종전에 수도권 과밀억제권역으로 구분되던 '인천경제자유구역에서 해제된 지역'을 성장관리권역의 범위에 포함되도록 개정하였으며, 동 개정 규정은 2017. 7. 18.부터 시행한다.

2-2. 수도권 과밀억제권역의 증설투자에 대한 조세감면 배제

2-2-1. 조세감면배제 대상자

수도권 과밀억제권역의 증설투자에 대한 조세감면배제 대상자는 수도권 과밀억제권역에서 조세감면배제대상 자산에 대해 증설투자를 하는 다음에 해당하는 자를 말한다(조특법 §130 ①).

① 1989년 12월 31일 이전부터 수도권 과밀억제권역에서 계속하여 사업을 경영하고 있는 내국법인

② 1990년 1월 1일 이후 수도권 과밀억제권역에서 새로 사업장을 설치하여 사업을 개시하거나 종전의 사업장(1989년 12월 31일 이전에 설치한 사업장 포함)을 이전하여 설치하는 중소기업(이하 "1990년 이후 중소기업 등"이라 함)

관련사례

• 분할신설법인이 분할 전 사업 계속 영위시 감면배제 여부

조세특례제한법 제130조를 적용함에 있어서 1989년 12월 31일 이전부터 수도권 안에서 사업을 영위하는 법인의 사업부문을 분할하여 동일한 장소에서 분할 전 사업을 계속 영위하는 분할신설법인은 새로이 사업장을 설치하여 사업을 개시한 것으로 보지 아니함(조특통 130-0…1).

• 본점을 폐쇄하고 지점을 본점으로 변경한 경우 조세감면배제규정 적용 여부

수도권 과밀억제권역 안의 본점과 지점사업장에서 동일한 제품을 생산하는 법인이 본점사업장을 폐쇄하고 지점사업장을 본점으로 변경하는 것은 새로운 사업장을 설치하는 경우에 해당하지 않는 것이므로 해당 사업장이 1989. 12. 31. 이전에 설치된 경우에는 변경된 본점사업장에서 사용하기 위한 사업용 고정자산의 대체취득에 대하여는 투자세액공제가 적용될 수 있는 것임(서면2팀-322, 2006. 2. 10.).

• 종전 사업장을 이전하여 설치하는 중소기업의 범위

"1990년 이후 중소기업 등"의 범위에는 1990. 1. 1. 이후 수도권 과밀억제권역 안 또는 수도권 과밀억제권역 외의 종전의 사업장(1989. 12. 31. 이전에 설치한 사업장을 포함)을 수도권 과밀억제권역으로 이전한 중소기업이 포함되는 것임(서면2팀-1791, 2004. 8. 26.).

• 수도권 외의 지역에서 수도권 지역으로 이전시 투자세액공제 이월공제 가능 여부

수도권 외의 지역에서 수도권으로 이전시 투자세액공제 요건을 충족하여 기 공제받은 경우에는 투자자산의 이전일 이전에 이미 종전 사업장에서 투자가 완료되어 사업에 사용하던 자산에 한하여 세액 추징이 배제되며, 동 세액이 이월된 경우에는 중소기업특별세액감면과 중복하여 적용받을 수 있는 것임(서이 46012-10142, 2003. 1. 22.).

2-2-2. 조세감면배제대상 자산에 대한 증설투자

수도권 과밀억제권역에 있는 해당 사업장에 사용하기 위하여 취득한 사업용 고정자산이 다음과 같은 증설투자에 해당하는 경우에는 조세감면을 배제한다(조특령 §124 ① 및 조특칙 §53).

① 산업집적활성화 및 공장설립에 관한 법률 제2조 제1호에 의한 공장인 사업장의 경우 사업용 고정자산을 새로이 설치함으로써 해당 공장의 연면적(*1)이 증가되는 투자

② 공장 외의 사업장인 경우 사업용 고정자산을 새로이 설치함으로써 사업용 고정자산의 수량(기계장치 등 사업용 고정자산을 추가로 설치하는 경우를 말함) 또는 해당 사업장의 연면적(*1)이 증가되는 투자

(*1) 공장(사업장)의 연면적은 공장(사업장)부지면적 또는 공장(사업장)부지 안에 있는 건축물 각층의 바닥면적을 말하되, 식당·휴게실·목욕실·세탁장·의료실·옥외체육시설 및 기숙사 등 종업원의 후생복지증진에 제공되는 시설의 면적과 대피소·무기고·탄약고 및 교육시설의 면적은 해당 공장(사업장)의 연면적에서 제외한다(조특칙 §53 ①, ②).

관련사례

- 사업용 고정자산이 수도권 밖의 연락사무소에서 사용되나 그 업무를 주관하는 사업장인 본점소재지가 수도권 과밀억제권역에 있는 경우

  컨테이너가 주로 수도권 밖에서 사용된다 하더라도 그 업무를 주관하는 사업장인 본점소재지가 수도권 과밀억제권역에 있는 경우에는 수도권 과밀억제권역의 투자에 대한 조세감면배제규정을 적용함(국심 2007서 2615, 2007. 10. 5.).

- 사업용 고정자산의 사용 사업장과 업무총괄 사업장이 서로 다른 경우

  수도권 과밀억제권역 외의 지역에 있는 법인의 사업장에서 직접 사용하기 위하여 취득하는 사업용 고정자산은 당해 법인의 업무를 총괄하는 장소가 수도권 과밀억제권역 안에 있는 경우에도 조세특례제한법 제130조의 조세감면배제규정이 적용되지 아니함(서면2팀-810, 2006. 5. 11.).

- 증설투자와 대체투자의 구분 예시(서면1팀-355, 2005. 3. 31.)

구 분	투자의 종류
기존 사업용 자산의 수량에는 변동이 없으면서 기능이 향상된 동일종류의 사업용 자산으로 교체한 경우	대체투자
기존 사업용 자산 1대를 폐기하고 전혀 다른 종류의 사업용 자산 1대를 구입한 경우	증설투자
기존에 보유 중인 노후된 사업용 자산 1대를 폐기처분하고 동일한 사업용 자산 2대를 새로 취득한 경우	1대는 대체투자, 1대는 증설투자
기존부터 사용해 오던 사업용 자산 1대가 있었으나 실수로 장부에 계상하지 못한 상황에서 새로운 동일자산으로 교체한 경우(단, 당초 장부상 계상하지 않은 사유, 구입사실의 입증 및 실제 구입하여 업무에 사용해 온 사실 등이 확인되는 경우)	대체투자
기존의 치과의원을 포괄양수하여 신규개업하고 기존 사업용 자산을 일정기간 사용 후 고장 등으로 사용해 오던 사업용 자산를 폐기하고 동일한 종류의 사업용 자산로 교체한 경우	대체투자

2-2-3. 조세감면배제대상 규정

조세감면배제대상자가 조세감면배제대상 자산에 증설투자하는 경우 통합투자세액공제(조특법 §24)의 적용이 배제된다(조특법 §130 ①).

2-2-4. 예 외

조세감면배제대상자가 수도권 과밀억제권역 안에 소재하는 다음의 산업단지 또는 공업지역에서 증설투자를 하는 경우에는 수도권 과밀억제권역의 증설투자에 대한 조세감면배제 규정을 적용하지 않는다(조특법 §130 ① 단서 및 조특령 §124 ②, ③).

① 산업입지 및 개발에 관한 법률에 의한 산업단지
② 국토의 계획 및 이용에 관한 법률 제36조 제1항 제1호의 규정에 의한 공업지역 및 동법 제51조 제3항의 지구단위계획구역 중 산업시설의 입지로 이용되는 구역

또한, 조세감면배제대상자가 다음의 사업용 고정자산을 취득하는 경우에도 조세감면배제 규정을 적용하지 않는다(조특령 §124 ③ 및 조특칙 §54).

① 디지털방송을 위한 프로그램의 제작・편집・송신 등에 사용하기 위하여 취득하는 방송장비
② 전기통신사업 회계정리 및 보고에 관한 규정 제8조에 따른 전기통신설비 중 같은 조 제1호부터 제3호까지 및 제5호에 따른 교환설비, 전송설비, 선로설비 및 정보처리설비
③ 연구・시험 및 직업훈련시설, 에너지절약 시설, 환경보전시설, 근로자복지 증진 시설, 안전시설(조특칙 §12 ②)
④ 에너지절약시설(조특칙 별표 7), 신에너지 및 재생에너지를 생산하기 위한 시설을 제조하는 시설(조특칙 별표 7의 2) 및 의약품 품질관리개선시설(조특칙 별표 11)

2-3. 비중소기업의 수도권 과밀억제권역의 투자에 대한 조세감면 배제

중소기업이 아닌 자가 1990년 1월 1일 이후 수도권 과밀억제권역에서 새로 사업장을 설치하여 사업을 개시하거나 종전의 사업장(1989년 12월 31일 이전에 설치된 사업장 포함)을 이전하여 설치하는 경우 수도권 과밀억제권역에 있는 해당 사업장에서 사용하기 위하여 취득하는 사업용 고정자산에 대해서는 통합투자세액공제(조특법 §24)를 적용하지 아니한다(조특법 §130 ②).

다만, 다음의 사업용 고정자산을 취득하는 경우에는 조세감면배제 규정을 적용하지 않는다(조특법 §130 ② 단서 및 조특령 §124 ③ 및 조특칙 §54).

① 디지털방송을 위한 프로그램의 제작・편집・송신 등에 사용하기 위하여 취득하는 방송장비
② 전기통신사업 회계정리 및 보고에 관한 규정 제8조에 따른 전기통신설비 중 같은 조 제1호부터 제3호까지 및 제5호에 따른 교환설비, 전송설비, 선로설비 및 정보처리설비

③ 연구 · 시험 및 직업훈련시설, 에너지절약 시설, 환경보전시설, 근로자복지 증진 시설, 안전시설(조특칙 §12 ②)

④ 에너지절약시설(조특칙 별표 7), 신에너지 및 재생에너지를 생산하기 위한 시설을 제조하는 시설(조특칙 별표 7의 2) 및 의약품 품질관리개선시설(조특칙 별표 11)

▌수도권 과밀억제권역의 투자에 대한 조세감면배제 요약▐

<table>
<tr><th>구 분</th><th>1989년 12월 31일 이전 사업장</th><th>1990년 1월 1일 이후 사업장</th></tr>
<tr><td>중소기업</td><td rowspan="2">대체투자 : 가능
증설투자 : 배제
(산업단지 · 공업지역은 가능)</td><td>대체투자 : 가능
증설투자 : 배제
(산업단지 · 공업지역은 가능)</td></tr>
<tr><td>비중소기업</td><td>대체투자 : 배제
증설투자 : 배제</td></tr>
</table>

기 타

관련 법령	• 법법 §44의 3, §45, §46의 3, §46의 4, §57, §59 • 법령 §80의 4, §81, §82의 4, §94 • 조특법 §31, §32, §144

제6절

기 타

6

Step I : 내용의 이해

1. 세액감면 및 세액공제의 이월공제

1-1. 세액감면 · 면제의 이월공제

법인의 각 사업연도의 소득에 대한 세액감면 · 면제금액이 법인이 납부할 법인세액(토지 등 양도소득에 대한 법인세, 투자 · 상생협력 촉진을 위한 과세특례를 적용하여 계산한 법인세액 및 가산세를 제외함)을 초과하는 경우 그 초과하는 금액은 없는 것으로 본다(법법 §59 ①).

1-2. 세액공제의 이월공제

1-2-1. 법인세법상 세액공제의 이월공제

내국법인이 외국정부에 납부하였거나 납부할 외국법인세액이 해당 사업연도의 공제한도금액을 초과하는 경우 그 초과하는 금액은 해당 사업연도의 다음 사업연도의 개시일부터 10년 이내에 끝나는 각 사업연도(이하 "이월공제기간")에 이월하여 그 이월된 사업연도의 공제한도 금액 내에서 이를 공제받을 수 있다(법법 §57 ②).

다만, 공제한도금액을 초과하는 외국법인세액 중 국외원천소득 대응 비용과 관련된 외국법인세액에 대해서는 이월공제를 적용하지 않으며, 이 경우 국외원천소득 대응 비용과 관련된 외국법인세액은 다음 ①의 금액에서 ②의 금액을 뺀 금액을 말한다(법령 §94 ⑮).

① 국외원천소득에 대응하는 국외원천소득 대응 비용을 국외원천소득에서 빼기 전의 국외원천소득을 기준으로 계산한 공제한도금액

② 공제한도금액

참고로, 외국정부에 납부하였거나 납부할 외국법인세액을 이월공제기간 내에 공제받지 못한 경우 그 공제받지 못한 외국법인세액은 법인세법 제21조 제1호 세금과 공과금의 손금불산입 규정에도 불구하고 이월공제기간의 종료일 다음 날이 속하는 사업연도의 소득금액을 계산할 때 손금에 산입할 수 있으며, 공제한도금액을 초과하는 외국법인세액 중 국외원천소득 대응 비용과 관련된 외국법인세액은 세액공제를 적용받지 못한 사업연도의 다음 사업연도 소득금액을 계산할 때 손금에 산입할 수 있다(법법 §57 ② 및 법령 §94 ⑮).

1-2-2. 조세특례제한법상 세액공제의 이월공제

다음의 규정에 따라 공제할 세액 중 해당 사업연도에 납부할 세액이 없거나 조세특례제한법 제132조에 따른 법인세 최저한세액에 미달하여 공제받지 못한 부분에 상당하는 금액은 해당 사업연도의 다음 사업연도 개시일부터 10년 이내에 끝나는 사업연도에 이월하여 그 이월된 사업연도의 법인세에서 공제한다(조특법 §144 ①).

① 기업의 어음제도개선을 위한 세액공제(조특법 §7의 2)
② 상생결제 지급금액에 대한 세액공제(조특법 §7의 4)
③ 상생협력을 위한 수탁기업에 설치하는 검사대 또는 연구시설에 대한 세액공제(조특법 §8의 3 ③)
④ 연구·인력개발비에 대한 세액공제(조특법 §10)
⑤ 특허권 등의 취득기업에 대한 세액공제(조특법 §12 ②)
⑥ 기술혁신형 합병에 대한 세액공제(조특법 §12의 3)
⑦ 기술혁신형 주식취득에 대한 세액공제(조특법 §12의 4)
⑧ 벤처기업 등에의 출자에 대한 과세특례(조특법 §13의 2)
⑨ 소재·부품·장비전문기업에의 출자·인수에 대한 과세특례(조특법 §13의 3)
⑩ 성과공유중소기업의 경영성과급에 대한 세액공제(조특법 §19 ①)
⑪ 통합투자세액공제(조특법 §24)
⑫ 영상콘텐츠 제작비용에 대한 세액공제(조특법 §25의 6)
⑬ 내국법인의 문화산업전문회사에의 출자에 대한 세액공제(조특법 §25의 7)
⑭ 고용창출투자세액공제(조특법 §26)
⑮ 산업수요맞춤형고등학교등 졸업자를 병역 이행 후 복직시킨 기업에 대한 세액공제(조특법 §29의 2)
⑯ 경력단절 여성 고용 기업 등에 대한 세액공제 (조특법 §29의 3)
⑰ 근로소득을 증대시킨 기업에 대한 세액공제(조특법 §29의 4)
⑱ 청년고용을 증대시킨 기업에 대한 세액공제(조특법 §29의 5)
⑲ 고용을 증대시킨 기업에 대한 세액공제(조특법 §29의 7)
⑳ 통합고용세액공제(조특법 §29의 8)

㉑ 고용유지중소기업 등에 대한 과세특례(조특법 §30의 3)
㉒ 중소기업 사회보험료 세액공제(조특법 §30의 4)
㉓ 상가임대료를 인하한 임대사업자에 대한 세액공제(조특법 §96의 3)
㉔ 선결제 금액에 대한 세액공제(조특법 §99의 12)
㉕ 전자신고 등에 대한 세액공제(조특법 §104의 8)
㉖ 제3자물류비용에 대한 세액공제(조특법 §104의 14)
㉗ 해외자원개발투자에 대한 세액공제(조특법 §104의 15)
㉘ 기업의 운동경기부 설치・운영에 대한 과세특례(조특법 §104의 22)
㉙ 석유제품 전자상거래에 대한 세액공제(조특법 §104의 25)
㉚ 우수 선화주기업 인증을 받은 화주 기업에 대한 세액공제(조특법 §104의 30)
㉛ 용역제공자에 관한 과세자료의 제출에 대한 세액공제(조특법 §104의 32)
㉜ 금사업자와 스크랩등 사업자의 수입금액의 증가 등에 대한 세액공제(조특법 §122의 4 ①)
㉝ 성실신고 확인비용에 대한 세액공제(조특법 §126의 6)
㉞ 금 현물시장에서 거래되는 금지금에 대한 과세특례(조특법 §126의 7 ⑧)
㉟ 법률 제5584호(1998. 12. 28.) 부칙 제12조 제2항(종전 제37조의 개정규정에 한함)의 규정에 의한 세액공제 등에 관한 경과조치

각 사업연도의 법인세에서 공제할 금액으로서 ①부터 ㉟에 따라 공제할 금액과 이월된 미공제 금액이 중복되는 경우에는 이월된 미공제 금액을 먼저 공제하고 그 이월된 미공제 금액 간에 중복되는 경우에는 먼저 발생한 것부터 차례대로 공제한다(조특법 §144 ②).

다만, 고용창출투자세액공제 적용시 추가공제금액의 한도(조특법 §26 ① 2호 단서)에 따라 해당 투자가 이루어진 사업연도에 공제받지 못한 금액과 상시근로자 수가 감소하여 법인세를 납부한 경우(조특법 §26 ⑥, '2-6-11. 사후관리 참조') 그 금액은 다음의 순서대로 계산한 금액을 더한 금액을 한도로 하여 해당 투자가 이루어진 사업연도의 다음 사업연도 개시일부터 5년 이내에 끝나는 각 사업연도에 이월하여 그 이월된 각 사업연도의 법인세에서 공제한다. 이 경우 이월공제받는 사업연도의 상시근로자 수는 ③의 ㉠ 내지 ㉢에 따른 상시근로자 수 중 큰 수를 초과하여야 한다(조특법 §144 ③).

① 이월공제받는 사업연도에 최초로 근로계약을 체결한 상시근로자 중 산업수요맞춤형고등학교 등의 졸업생 수(*1)×2천만원(중소기업의 경우는 2천500만원)
② 이월공제받는 사업연도에 최초로 근로계약을 체결한 ① 외의 상시근로자 중 청년근로자 수(*2), 장애인근로자 수(*3), 60세 이상인 근로자 수(*4)×1천500만원(중소기업의 경우는 2천만원)
③ [이월공제받는 사업연도의 상시근로자 수 − ①에 따른 졸업생 수 − ②에 따른 청년근로자 수(*2), 장애인근로자 수(*3), 60세 이상인 근로자 수(*4) − Max(㉠, ㉡, ㉢)]×1천만원(중소기업의 경우는 1천500만원)

㉠ 이월공제받는 사업연도의 직전 사업연도의 상시근로자 수
㉡ 이월공제받는 금액의 해당 투자가 이루어진 사업연도의 직전 사업연도의 상시근로자 수
㉢ 상시근로자 수가 감소하여 법인세를 납부한 경우(조특법 §26 ⑥) 그 상시근로자 수가 감소한 사업연도(2개 사업연도 연속으로 상시근로자 수가 감소한 경우에는 두 번째 사업연도)의 상시근로자 수

(*1) 산업수요맞춤형고등학교등의 졸업생 수 : 근로계약 체결일 현재 산업수요맞춤형고등학교등을 졸업한 날부터 2년 이상 경과하지 아니한 상시근로자 수로 하되, 이월공제받는 과세연도의 상시근로자 수에서 상기 ㉠~㉢의 수 중 큰 수를 뺀 수를 한도로 함(조특령 §136의 2 ①).
(*2) 청년근로자 수 : 조세특례제한법 시행령 제23조 제8항 제1호에 해당하는 상시근로자 수로 하되, 이월공제받는 과세연도의 상시근로자 수에서 상기 ㉠~㉢의 수 중 큰 수 및 상기 (*1)에 따른 산업수요맞춤형고등학교등의 졸업생 수를 뺀 수를 한도로 함(조특령 §136의 2 ②).
(*3) 장애인근로자 수 : 조세특례제한법 시행령 제23조 제8항 제2호에 해당하는 상시근로자 수로 하되, 이월공제받는 사업연도의 상시근로자 수에서 상기 ㉠~㉢의 수 중 큰 수, 상기 (*1)에 따른 산업수요맞춤형고등학교등의 졸업생 수 및 상기 (*2)에 따른 청년근로자 수를 뺀 수를 한도로 함(조특령 §136의 2 ③).
(*4) 60세 이상인 근로자 수 : 조세특례제한법 시행령 제23조 제8항 제3호에 해당하는 상시근로자 수로 하되, 이월공제받는 사업연도의 상시근로자 수에서 상기 ㉠~㉢의 수 중 큰 수, 상기 (*1)에 따른 산업수요맞춤형고등학교등의 졸업생 수 및 상기 (*2)에 따른 청년근로자 수와 상기 (*3)에 따른 장애인근로자 수를 뺀 수를 한도로 함(조특령 §136의 2 ④).

관련사례

• 경정결정시 이월공제액의 추가공제
당초 신고시 최저한세 적용으로 이월공제액이 발생한 경우로서 수정신고 · 경정결정으로 인하여 해당 사업연도의 공제한도가 증가하는 경우에는 이를 추가로 공제하여 경정결정할 수 있음(조특통 144-0…1).

2. 세액감면 및 세액공제의 승계

2-1. 적격합병시 세액감면 및 세액공제의 승계

2-1-1. 승계 요건 · 방법

적격합병을 한 합병법인은 피합병법인이 합병 전에 적용받던 감면 또는 세액공제(법법 §59)를 승계하여 감면 또는 세액공제의 적용을 받을 수 있다. 이 경우 법인세법 또는 다른 법률에 해당 감면 또는 세액공제의 요건 등에 관한 규정이 있는 경우에는 합병법인이 그 요건 등을 모두 갖춘 경우에만 이를 적용한다(법법 §44의 3 ② 및 법령 §80의 4 ②).

합병법인이 승계한 피합병법인의 감면 또는 세액공제는 피합병법인으로부터 승계받은 사업에서 발생한 소득금액 또는 이에 해당하는 법인세액의 범위에서 다음과 같이 이를 적용한다(법법 §45 ④ 및 법령 §81 ③).

① 각 사업연도의 소득에 대한 세액 감면(일정기간에 걸쳐 감면되는 것으로 한정함)의 경우에는

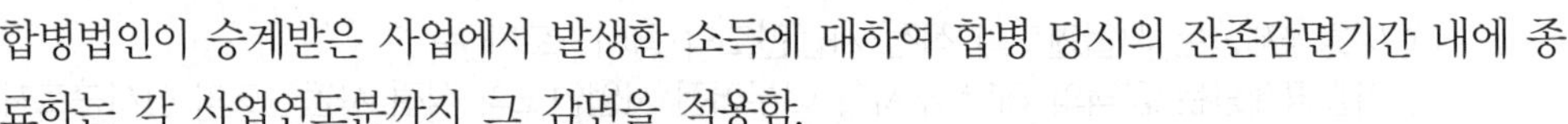

합병법인이 승계받은 사업에서 발생한 소득에 대하여 합병 당시의 잔존감면기간 내에 종료하는 각 사업연도분까지 그 감면을 적용함.

② 이월공제가 인정되는 세액공제(외국납부세액공제를 포함함)로서 이월된 미공제액의 경우에는 합병법인이 다음의 구분에 따라 이월공제잔여기간 내에 종료하는 각 사업연도분까지 공제함.

㉠ 이월된 외국납부세액공제 미공제액 : 승계받은 사업에서 발생한 국외원천소득을 해당 사업연도의 과세표준으로 나눈 금액에 해당 사업연도의 세액을 곱한 금액의 범위에서 공제

㉡ 법인세 최저한세액(조특법 §132)에 미달하여 공제받지 못한 금액으로서 이월된 미공제액(조특법 §144) : 승계받은 사업부문에 대한 법인세 최저한세액의 범위에서 공제함. 이 경우 공제하는 금액은 합병법인의 법인세 최저한세액을 초과할 수 없음.

㉢ 상기 ㉠ 및 ㉡ 외에 납부할 세액이 없어 공제받지 못한 금액으로서 이월된 미공제액(조특법 §144) : 승계받은 사업부문에 대하여 계산한 법인세 산출세액의 범위에서 공제함.

2-1-2. 사후관리

적격합병(법인세법 제44조 제3항에 따라 적격합병으로 보는 경우 제외)을 한 합병법인은 합병등기일이 속하는 사업연도의 다음 사업연도 개시일부터 2년(아래 ③의 경우는 3년, "사후관리 기간"이라 함) 이내에 다음의 사후관리 사유가 발생하는 경우(법 소정의 부득이한 사유가 있는 경우는 제외)에는 피합병법인으로부터 승계받아 공제한 감면·세액공제액 등을 해당 사업연도의 법인세에 더하여 납부한 후 해당 사업연도부터 감면 또는 세액공제를 적용하지 아니한다(법법 §44의 3 ③ 및 법령 §80의 4 ③, ⑨, ⑩).

① 합병법인이 피합병법인으로부터 승계받은 사업을 폐지하는 경우(사업의 계속성 위반)

② 피합병법인의 일정 지배주주등(법령 §80의 2 ⑤)이 합병법인으로부터 받은 주식등을 처분하는 경우(지분의 연속성 위반)

③ 각 사업연도 종료일 현재 합병법인에 종사하는 내국인 근로자 수가 합병등기일 1개월 전 당시 피합병법인과 합병법인에 각각 종사하는 근로자 수의 합의 80% 미만으로 하락하는 경우(고용승계 위반)

2-2. 적격분할시 세액감면 및 세액공제의 승계

2-2-1. 승계 요건·방법

적격분할을 한 분할신설법인 또는 분할합병의 상대방 법인(이하 "분할신설법인등"이라 함)은 분할법인 또는 소멸한 분할합병의 상대방 법인(이하 "분할법인등"이라 함)의 세액감면·세액공제(법법 §59)를 상기 '2-1-1. 승계 요건·방법'을 준용하여 승계할 수 있다(법법 §46의 3 ②, §46의 4 ④, §47 ④ 및 법령 §83 ④, §84 ⑯). 이 경우, 법인세법 또는 다른 법률에 해당 감면

또는 세액공제의 요건 등에 관한 규정이 있는 경우에는 분할신설법인등이 그 요건 등을 갖춘 경우에만 이를 적용하며, 분할신설법인등은 다음의 구분에 따라 승계받은 사업에 속하는 감면 또는 세액공제에 한정하여 적용받을 수 있다(법령 §82의 4 ②, §84 ⑮).

① 이월된 감면·세액공제가 특정 사업·자산과 관련된 경우 : 특정 사업·자산을 승계한 분할신설법인등이 공제

② ① 외의 이월된 감면·세액공제의 경우 : 분할법인등의 사업용 자산가액 중 분할신설법인등이 각각 승계한 사업용 자산가액 비율로 안분하여 분할신설법인등이 각각 공제

2-2-2. 사후관리

적격분할을 한 분할신설법인등은 분할등기일이 속하는 사업연도의 다음 사업연도 개시일부터 2년(아래 ③의 경우는 3년) 이내에 다음 중 어느 하나에 해당하는 사유가 발생하는 경우(법소정의 부득이한 사유가 있는 경우는 제외)에는 그 사유가 발생한 날이 속하는 사업연도의 소득금액을 계산할 때 분할법인등으로부터 승계받아 공제한 감면·세액공제액 등을 해당 사업연도의 법인세에 더하여 납부한 후 해당 사업연도부터 감면·세액공제를 적용하지 아니한다(법법 §46의 3 ③, §47 ③ 및 법령 §82의 4 ③, ⑥, ⑨, §84 ⑫~⑭).

① 분할신설법인등이 분할법인등으로부터 승계받은 사업을 폐지하는 경우(사업의 계속성 위반)

② 분할법인등의 일정 지배주주등(법령 §82의 2 ⑧)이 분할신설법인등으로 받은 주식등을 처분하는 경우. 단, 적격물적분할의 경우에는 분할법인이 분할신설법인의 발행주식총수 또는 출자총액의 50% 미만으로 주식등을 보유하게 되는 경우(지분의 연속성 위반)

③ 각 사업연도 종료일 현재 분할신설법인에 종사하는 근로자 수가 분할등기일 1개월 전 당시 분할하는 사업부문에 종사하는 근로자 수의 80% 미만으로 하락하는 경우. 다만, 분할합병의 경우에는 다음의 어느 하나에 해당하는 경우를 말함(고용승계 위반).

㉠ 각 사업연도 종료일 현재 분할합병의 상대방법인에서 종사하는 근로자 수가 분할등기일 1개월 전 당시 분할하는 사업부문과 분할합병의 상대방법인에 각각 종사하는 근로자 수의 합의 80% 미만으로 하락하는 경우

㉡ 각 사업연도 종료일 현재 분할신설법인에 종사하는 근로자 수가 분할등기일 1개월 전 당시 분할하는 사업부문과 소멸한 분할합병의 상대방법인에 각각 종사하는 근로자 수의 합의 80% 미만으로 하락하는 경우

2-3. 중소기업간의 통합시 세액감면 및 세액공제의 승계

① 창업중소기업 등에 대한 세액감면(조특법 §6 ①, ②) 규정을 적용받는 창업중소기업 및 창업벤처중소기업 또는 농공단지 입주기업 등에 대한 세액감면(조특법 §64 ①) 규정을 적용받는 내국법인이 조세특례제한법 제6조 또는 제64조의 규정에 의한 감면기간이 경과되기

전에 조세특례제한법 제31조 제1항의 규정에 의한 중소기업간의 통합(이하 '중소기업간의 통합'이라 함)을 하는 경우 통합법인은 잔존감면기간에 대하여 조세특례제한법 제6조 또는 제64조의 규정을 적용받을 수 있다(조특법 §31 ④).

② 조세특례제한법 제63조에 따른 수도권과밀억제권역 밖으로 이전하는 중소기업 또는 농업회사법인에 대한 법인세의 면제(조특법 §68) 규정을 적용받는 농업회사법인이 감면기간이 경과되기 전에 중소기업간의 통합을 하는 경우 통합법인은 잔존감면기간에 대하여 조세특례제한법 제63조 또는 제68조의 규정을 적용받을 수 있다(조특법 §31 ⑤).

③ 세액공제의 이월공제 규정에 의한 미공제세액이 있는 내국법인이 중소기업간의 통합을 하는 경우 통합법인은 당해 내국법인의 미공제세액을 승계하여 공제받을 수 있다(조특법 §31 ⑥).

2-4. 법인전환시 세액감면 및 세액공제의 승계

거주자가 사업용 고정자산을 현물출자하거나 조세특례제한법 시행령 제29조 제2항에서 정하는 사업양도・양수의 방법에 의하여 법인(소비성서비스업을 경영하는 법인을 제외함)으로 전환하는 경우 설립되는 법인에 대하여는 위 '2-3. 중소기업간의 통합시 세액감면 및 세액공제의 승계'에 관한 규정을 준용한다(조특법 §32 ④).

제4장

4

추가납부세액

추가납부세액

관련 법령	• 법법 §27, §29, §30, §73 • 법령 §56, §113 • 법칙 §27 • 조특법 §146 • 조특령 §137
관련 서식	• 법인세법 시행규칙 [별지 제8호 서식 부표 6] 추가납부세액계산서(6) [별지 제8호 서식(을)] 공제감면세액 및 추가납부세액합계표(을)

제4장

추가납부세액

4

Step I 내용의 이해

1. 개 요

세법에서는 준비금의 손금산입 및 세액공제 · 감면 등을 통하여 특정사업 또는 특정분야를 지원하고 있다. 그러나 이와 같은 과세이연 또는 세액공제 등을 받고 당초의 의도대로 사용하지 않는 경우에는 이러한 혜택을 취소하여야 한다. 즉, 법인이 과세이연 또는 세액공제 등을 받음으로써 공제 · 경감된 세액을 추징하여야 한다.

이 경우 단순하게 공제 · 경감된 세액만을 추징하는 것이 아니라 이자상당가산액을 추가로 징수하는 경우도 있다.

추가납부세액은 발생유형별로 다음과 같이 구분할 수 있다.

① 준비금의 환입에 따른 추가납부세액
② 공제감면세액에 대한 추가납부세액
③ 업무무관부동산 관련 비용의 손금부인에 따른 추가납부세액
④ 선이자지급방식의 채권 등 매각에 따른 추가납부세액

관련사례

• 추가납부세액의 분납가능 여부
법인세법 또는 조세특례제한법에 의하여 법인세에 가산하여 납부하여야 할 감면분 추가납부세액 등은 분납대상 세액에 포함하지 아니함(법기통 64-0…3).

2. 준비금의 환입에 따른 추가납부세액

2-1. 추가납부사유

법인세법상 준비금 및 조세특례제한법상 준비금을 손금에 산입하여 과세이연을 받은 법인이 다음의 추가납부사유에 해당하여 동 준비금을 익금에 산입한 경우에는 당해 법인세상당액에 이자상당가산액을 가산하여 법인세로서 납부하여야 한다.

① 고유목적사업준비금(법법 §29 ⑤ 4호, 5호, ⑥, ⑦)

가. 고유목적사업준비금을 손금에 산입한 사업연도의 종료일 이후 5년이 되는 날까지 고유목적사업 등에 사용하지 아니한 경우(5년 내 사용하지 아니한 잔액에 한정함)

나. 고유목적사업준비금을 고유목적사업 등이 아닌 용도에 사용한 경우

다. 고유목적사업준비금을 손금에 산입한 사업연도의 종료일 이후 5년 이내에 손금에 산입한 고유목적사업준비금의 잔액 중 일부를 감소시켜 익금에 산입한 경우(먼저 손금에 산입한 사업연도의 잔액부터 차례로 감소시킨 것으로 봄)

② 책임준비금(법법 §30 ③)

책임준비금을 손금에 산입한 사업연도 종료일 이후 3년이 되는 날이 속하는 사업연도에 익금에 산입한 경우(3년 내 사용하지 아니한 잔액에 한함)

2-2. 이자상당가산액의 계산

다음 산식에 의하여 계산한 이자상당가산액을 익금산입한 사업연도의 법인세상당액에 가산하여 납부한다(법령 §56 ⑦).

당해 준비금을 손금에 산입함에 따라 발생한 법인세액의 차액	×	손금산입 사업연도의 다음 사업연도의 개시일부터 익금산입 사업연도의 종료일까지의 일수	×	$\frac{22}{100,000}$

3. 공제감면세액에 대한 추가납부세액

3-1. 추가납부사유

(1) 원 칙

다음의 규정에 의하여 법인세를 공제받은 법인이 동 규정에 의한 투자완료일부터 2년(일부 건물과 구축물의 경우에는 5년)이 경과되기 전에 당해 자산을 처분(임대하는 경우를 포함하되, 합병 등의 경우는 제외)하는 경우에는 처분한 날이 속하는 사업연도의 과세표준신고시에 해당 자산에 대한 세액공제상당액에 이자상당액을 가산하여 법인세로 납부하여야 하며, 해당 세액은 법인세법

제64조의 규정에 의하여 납부하여야 할 세액으로 본다(조특법 §146).

① 상생협력을 위한 수탁기업에 설치하는 검사대 또는 연구시설에 대한 세액공제(조특법 §8의 3 ③)
② 통합투자세액공제(조특법 §24)
③ 고용창출투자세액공제(조특법 §26)
④ 조세감면규제법 개정법률 부칙(법률 제5584호) 제12조 제2항에 의한 산업합리화에 따른 시설투자세액공제(구조감법 §37)

다음에 해당하는 건물과 구축물을 투자완료일부터 5년이 경과되기 전에 처분 또는 임대한 때에는 처분한 날이 속하는 과세연도의 과세표준신고를 할 때 세액공제상당액에 이자상당액을 가산하여 법인세로 납부하여야 한다(조특령 §137 ③ 및 조특칙 §59의 3).

① 근로자복지 증진 시설(조특칙 §12 ② 4호)
② 유통산업합리화시설 중 창고시설 등(조특칙 §12 ③ 4호)
③ 숙박시설・전문휴양시설(골프장 시설 제외) 및 종합유원시설업 시설(조특칙 §12 ③ 6호)

관련사례

• 화재로 인한 자산의 소실을 처분으로 보는지 여부
조세특례제한법 제146조를 적용함에 있어서 고의가 아닌 화재로 해당 투자자산이 소실된 경우에는 이를 자산의 처분으로 보지 아니함(조특통 146－0…1).

(2) 제외사유

다음의 경우에는 추가납부세액을 납부하지 아니한다(조특령 §137 ①).

① 현물출자, 합병, 분할, 분할합병, 법인세법 제50조의 적용을 받는 교환, 통합, 사업전환 또는 사업의 승계로 인하여 당해 자산의 소유권이 이전되는 경우
② 내용연수가 경과된 자산을 처분하는 경우
③ 국가・지방자치단체 또는 법인세법 시행령 제39조 제1항 제1호 나목[*]에 따른 학교 등에 기부하고 그 자산을 사용하는 경우

(*) 현행 조세특례제한법 시행령 제137조 제1항 제3호는 법인세법 시행령 제39조 제1항 제1호 나목을 인용하고 있으나 2018년 2월 13일 법인세법 시행령 개정을 반영하여 인용 조문을 법인세법 시행령 제39조 제1항 제1호 다목으로 개정할 필요가 있을 것으로 판단됨.

관련사례

- 의무보유기간 내에 자산을 수탁가공업체에 임대한 경우 감면세액 등의 추징 여부
  고용창출투자세액공제 적용 자산을 수탁가공업체에 임대형식으로 설치한 경우라도 투자기업이 시설의 유지·관리비를 부담하고, 수탁가공업체는 동 자산을 투자기업의 제품생산에만 사용하며 동 제품을 투자기업에 전량 납품하는 경우에는 기감면세액이 추징되지 않는 것임(조특통 146-0…2).
- 추가납부제외사유에 해당하는 '내용연수가 경과된 자산을 처분하는 경우'의 내용연수의 의미
  조세특례제한법 시행령 제137조 제1항 제2호의 '내용연수가 경과된 자산을 처분하는 경우'의 내용연수는 법인세법 및 조세특례제한법상 납세지 관할 세무서장에게 신고한 내용연수임(서면2팀-451, 2005. 3. 25.).

3-2. 이자상당가산액의 계산

다음 산식에 의하여 계산한 이자상당가산액을 세액공제상당액에 가산하여 납부한다(조특령 §137 ②, §11의 2 ⑨ 2호).

공제받은 세 액	×	공제받은 사업연도의 과세표준신고일의 다음날부터 추가납부 사유가 발생한 날이 속하는 사업연도의 과세표준신고일까지의 기간(일수)	×	$\frac{22}{100,000}$

관련사례

- 이월액이 있는 경우 추가납부할 세액의 계산방법
  내국인이 동일 과세연도에 2개 이상의 사업용 자산에 투자하였으나 최저한세에 의해 공제대상 세액 중 일부가 이월된 상태에서, 세액공제를 적용한 자산 중 일부를 처분하여 공제세액을 추징하는 경우에는 이월된 세액공제액을 먼저 상계하고 상계 후 잔액이 있는 경우에 실제로 감면받은 세액에 대하여 추가납부할 세액을 계산하는 것임(법인 46012-1872, 2000. 9. 5.).

4. 업무무관부동산 관련 비용의 손금부인에 따른 추가납부세액

4-1. 개 요

법인이 부동산을 취득한 후 당해 법인의 업무에 직접 사용하지 아니하고 부동산을 양도하는 경우에는 취득일로 소급하여 업무무관부동산으로 본다. 따라서, 그 부동산의 양도일이 속하는 사업연도 이전에 종료한 각 사업연도에 손금산입했던 부동산의 취득·관리비용 등과 지급이자는 손금불산입하여 세액을 재계산한 후 양도한 날이 속하는 사업연도의 법인세에 가산하여 납부하여야 한다.

4-2. 추가납부세액의 계산

추가납부할 법인세액은 납세자의 편의에 따라 다음의 방법 중 하나를 선택하여 계산할 수 있다(법칙 §27).

① 결정세액의 차액기준

종전 사업연도의 각 사업연도의 소득금액 및 과세표준 등을 다시 계산함에 따라 산출되는 결정세액에서 종전 사업연도의 결정세액을 차감한 세액(가산세 제외)

② 산출세액의 차액기준

종전 사업연도의 과세표준과 손금에 산입하지 아니하는 지급이자 등을 합한 금액에 법인세법 제55조의 규정에 의한 세율을 적용하여 산출한 세액에서 종전 사업연도의 산출세액을 차감한 세액(가산세 제외)

계산사례 - 1 업무무관부동산 관련 비용의 손금부인에 따른 추가납부세액

다음 자료에 의하여 ㈜용산(중소기업임)의 제16기(2024. 1. 1.~2024. 12. 31.)의 추가납부법인세를 계산하라. 단, 2023 사업연도의 법인세율 및 최저한세율은 다음과 같다고 가정한다.

법인세율				최저한세율			
				일반법인			중소기업(*)
3천억원 초과	200억원 초과 3천억원 이하	2억원 초과 200억원 이하	2억원 이하	1천억원 초과	100억원 초과 1천억원 이하	100억원 이하	
24%	21%	19%	9%	17%	12%	10%	7%

(*) 중소기업 유예기간이 경과하여 최초로 중소기업에 해당하지 아니하게 된 경우 최초 3년간은 8%, 그 후 2년간은 9%

1. 2023년 4월 1일에 건축물 신축용토지를 취득하였다.
2. ㈜용산의 제15기 과세표준, 산출세액 및 결정세액 등은 다음과 같다.
   ① 과세표준 : 80,000,000
   ② 산출세액 : 7,200,000(=80,000,000 × 9%)
   ③ 통합투자세액공제대상 금액은 6,000,000이다.
   ④ 당해 토지의 재산세 등 유지관리비용은 4,000,000이고 업무무관부동산으로 판정되는 경우의 지급이자 손금불산입액은 11,000,000이다.
3. 2024년 7월 1일 ㈜용산은 상기 건축물 신축용토지를 처분하였다.

해 설

1. 결정세액의 차액기준

(1) 직전사업연도(제15기)의 당초 결정세액 계산

① 감면 후 세액 : 7,200,000 − 6,000,000 = 1,200,000

② 최저한세 : 80,000,000 × 7% = 5,600,000

③ 결정세액 : Max(①, ②) = 5,600,000

최저한세인 5,600,000이 결정세액이 되고 세액공제 대상액 중 공제액은 1,600,000(7,200,000 - 5,600,000)이고 이월액은 4,400,000임.

(2) 업무무관비용을 가산하여 직전사업연도의 결정세액 재계산

① 과세표준 : 80,000,000 + 15,000,000 = 95,000,000

② 산출세액 : 95,000,000 × 9% = 8,550,000

③ 감면 후 세액 : 8,550,000 - 6,000,000 = 2,550,000

④ 최저한세 : 95,000,000 × 7% = 6,650,000

⑤ 결정세액 : Max(③, ④) = 6,650,000

최저한세인 6,650,000이 결정세액이 되고 세액공제 대상액 중 공제액은 1,900,000(8,550,000 - 6,650,000)이고 이월액은 4,100,000임.

※ 결정세액의 재계산으로 인하여 증가된 최저한세(300,000원) 범위 내에서 추가로 투자세액공제가 가능한지 여부에 대하여는 논란의 소지가 있으나, 추가로 투자세액공제를 적용하고 세액공제조정명세서(3)상 이월액의 감소로 처리하도록 하는 것이 결정세액 차액기준과 산출세액 차액기준 중 납세자가 선택하여 적용할 수 있도록 한 동 규정의 취지에 더 부합한 것으로 사료되는 바, 이에 대한 과세당국의 명확한 유권해석이 필요한 것으로 판단됨.

(3) 재계산에 따른 결정세액의 차액

6,650,000 - 5,600,000 = 1,050,000

2. 산출세액의 차액기준

재계산한 산출세액 - 당초 산출세액 = 8,550,000 - 7,200,000 = 1,350,000

3. 추가납부세액

결정세액의 차액과 산출세액의 차액 중 하나를 선택하여 납부하면 됨.

5. 선이자지급방식의 채권 등 매각에 따른 추가납부세액

소득세법 시행령 제190조 제1호에 규정하는 날에 원천징수하는 채권 등(이하 "선이자지급방식의 채권 등"이라 함)은 그 취득시점에 발행일로부터 만기일까지의 전체 이자계산기간에 대한 원천징수가 이루어진다. 따라서, 선이자지급방식의 채권 등을 보유한 법인은 미리 원천징수된 세액 전부를 채권 등을 취득한 사업연도의 법인세 신고시 기납부세액으로 공제하게 된다. 그러나, 이와 같은 선이자지급방식의 채권 등을 보유한 법인이 당해 채권 등을 만기일이 도래하기 전에 중도매도하는 경우에는 실제 보유기간 외에 미보유기간의 이자상당액에 대한 원천징수세액까지 공제하는 결과를 초래하게 된다.

따라서, 법인이 선이자지급방식의 채권 등을 취득한 후 사업연도가 종료되어 당초 원천징수된 세액을 전액 공제하여 법인세를 신고하였으나 그 후의 사업연도 중 해당 채권 등의 만기상환일이 도래하기 전에 이를 매도함으로써 해당 사업연도 전에 공제한 원천징수세액이 보유기간이자상당액에 대한 세액을 초과하는 경우에는 그 초과하는 금액을 해당 채권 등을 매도한

날이 속하는 사업연도의 법인세에 가산하여 납부하여야 한다(법령 §113 ⑥).

계산사례 - 2 **선이자지급방식의 채권 등 매각에 따른 추가납부세액**

12월말 법인인 ㈜삼일은 2023년 10월 1일 선이자지급방식의 채권을 취득하고 선지급받은 이자 300원에 대한 원천징수세액 42원(300원×14%)을 2023년 사업연도분 법인세 신고 시 기납부세액으로 공제받은 후, 2024년 6월 1일 동 채권을 ㈜용산에 매도하였다. 이 경우의 추가납부세액을 계산하라.

해 설

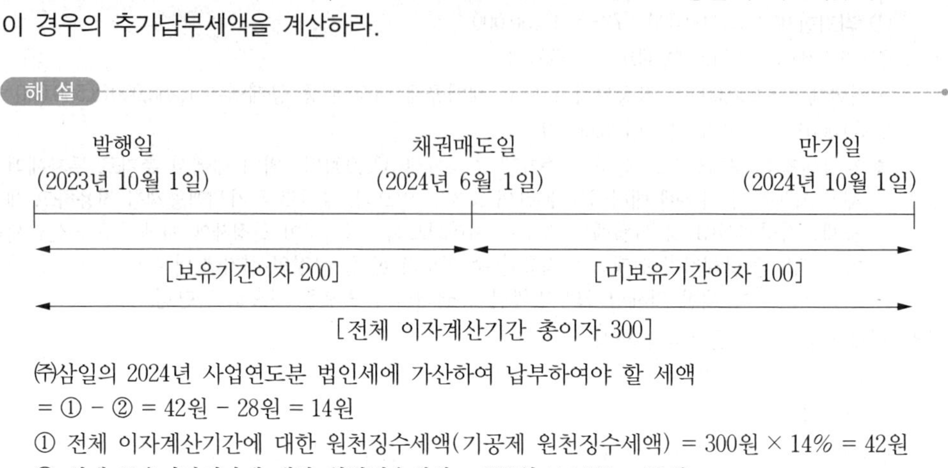

㈜삼일의 2024년 사업연도분 법인세에 가산하여 납부하여야 할 세액
= ① - ② = 42원 - 28원 = 14원

① 전체 이자계산기간에 대한 원천징수세액(기공제 원천징수세액) = 300원 × 14% = 42원

② 실제 보유기간이자에 대한 원천징수세액 = 200원 × 14% = 28원

MEMO

Step Ⅱ 서식의 이해

■ 작성요령Ⅰ - 추가납부세액계산서(6)

❶ 가. 「① 구분」란에는 특별비용조정명세서 〔별지 제5호 서식〕상 코드와 해당 구분란의 내용을 적는다.
나. 「⑨ 법인세 추가납부액」란에는 법인세법 및 조세특례제한법의 추가납부대상 준비금 환입액(③)에 대한 법인세 상당액(⑥)에 이자율(⑦) 및 기간(⑧)을 곱하여 산출한 금액을 적는다. 다만, 이자추징대상이 되지 않는 환입액이 있는 경우에는 해당 금액을 「④ 공제액」란에 적어 「⑤ 차감계」란의 금액을 계산한 후 그 금액에 대한 법인세 상당액(⑥)에 이자율(⑦) 및 기간(⑧)을 곱하여 산출한 금액을 적는다.

❸ 가. 「⑩ 구분」란에는 소득공제조정명세서 〔별지 제7호 서식〕상 코드와 해당 구분란의 내용을 적는다.
나. 「⑱ 법인세 추가납부액」란에는 법인세법 및 조세특례제한법의 추가납부대상 공제소득금액(⑬)과 그 금액에 이자율(⑮) 및 기간(⑯)을 곱하여 산출한 가산액(⑰)의 합계액을 적는다.

❹ 가. 「⑲ 구분」란에는 공제감면세액 및 추가납부세액합계표(갑)(을) 〔별지 제8호 서식(갑)(을)〕상 코드와 해당 구분란의 내용을 적는다.
나. 「㉖ 법인세 추가납부액」란에는 법인세법 및 조세특례제한법의 추가납부대상 공제감면세액(㉒)과 그 금액에 이자율(㉓) 및 기간(㉔)을 곱하여 산출한 가산액(㉕)의 합계액을 적는다.

[별지 제8호 서식 부표 6] (2024. 3. 22. 개정)

사업연도	2024. 1. 1. ~ 2024. 12. 31.	추가납부세액계

1. 준비금환입에 대한 법인세 추가납부액 ❶

① 구분		② 손금산입연도	③ 추가납부대상 준비금환입액	④ 공제액	⑤ 차감계 (③-④)
코드	내용				
계					

2. 소득공제액에 대한 법인세 추가납부액 ❸

⑩ 구분		⑪ 소득공제 연도	⑫ 추가납부 사유	⑬ 공제받은 소득금액	⑭ 법인세 상당액
코드	내용				
계					

3. 공제감면세액에 대한 법인세 추가납부액 ❹

⑲ 구분		⑳ 공제감면 받은 연도	㉑ 추가납부 사유	㉒ 공제감면 세액
코드	내용			
계				

4. 법인세 추가납부세액 합계 ㉗(⑨+⑱+㉖)

ll산서(6)	법　인　명	(주)삼일
	사업자등록번호	

⑥ 법인세 상당액	⑦ 이율 (일변)	⑧ 기간	⑨ 법인세 추가납부액 (⑥×⑦×⑧)
			❷

가산액			⑱ 법인세 추가납부액 (⑭+⑰)
⑮ 이율 (일변)	⑯ 기간	⑰ 금액 (⑭×⑮×⑯)	
			❷

가 산 액			㉖ 법인세 추가납부액 (㉒+㉕)
㉓ 이율 (일변)	㉔ 기간	㉕ 금액 (㉒×㉓×㉔)	
			❷

❷ ⑨, ⑱, ㉖란의 법인세추가납부액은 구분별로 공제감면세액 및 추가납부세액합계표(을) 〔별지 제8호 서식(을)〕에 옮겨 적는다.

■ 작성요령Ⅱ – 공제감면세액 및 추가납부세액합계표(을)

[별지 제8호 서식(을)](2021. 3. 16. 개정)

사 업 연 도	. . . ~ . . .	공제감면세액 추가납부세액합

1. 비과세등(「조세특례제한법」)

2. 익금불산입(「조세특례제한법」)

3. 손금산입

4. 이월과세(「조세특례제한법」)

5. 추가납부세액

⑫ 구 분	
조세특례제한법	⑱ 준비금환입에 대한 법인세 추가납부
	⑱ 소득공제액에 대한 법인세 추가납부
	⑱ 공제감면세액에 대한 법인세 추가납부 * 제5조 · 제11조 · 제24조 · 제25조 · 제25조의2 · 제26조 · 제94조 · 제96조
	⑱ 기 타
	⑱ 소 계
법인세법 등	⑱ 기공제 원천납부세액 추가납부
	⑱ 업무무관부동산 지급이자 손금부인에 따른 증가세액
	⑱ 외국법인의 신고기한 연장에 따른 이자상당액
	⑱ 내국법인의 신고기한 연장에 따른 이자상당액
	⑲ 혼성금융상품 관련 추가 손금불산입 이자상당액
	⑲ 기 타
	⑲ 소 계
⑲ 추가납부세액 합계(⑱ + ⑲)	

액 및
계표(을)

법 인 명	
사업자등록번호	

⑬ 근거법 조항	코드	⑭ 대상금액	⑮ 세 액
	771		❶
	772		❶
	773		❶
	775		❶
	780		
「법인세법 시행령」 제113조 제6항	781		❷
「법인세법 시행규칙」 제27조	782		❸
「법인세법」 제97조 제3항	783		❹
「법인세법」 제60조 제8항	786		❺
「국제조세조정에 관한 법률」 제25조 제2항	787		❻
	785		❼
	784		
	790		❽

❶ 「조세특례제한법」란 : "추가납부세액계산서(6)(별지 제8호 서식 부표 6)"의 법인세추가납부액(⑨, ⑱, ㉖)을 추가납부 구분별로 적되, ⑨ 법인세추가납부액 중 법인세법상 고유목적사업준비금의 기간 내 미사용 금액에 대한 이자상당가산액은 제외한다.

❷ 「⑯ 기공제 원천납부세액 추가납부」란 : 법인세법 시행령 제113조 제6항에 따른 선이자지급방식의 채권 등을 취득하고 취득 시 원천징수된 세액을 해당 사업연도 법인세 과세표준신고 시 전액 기납부세액으로 공제한 후 만기일 전에 해당 채권 등을 양도한 경우에는 양도일이 속하는 사업연도의 법인세신고 시 "원천납부세액명세서(을)〔별지 제10호 서식(을)〕"의 「⑪ 법인세」란 합계액 중 ( )안의 금액을 「⑮ 세액」란에 적는다.

❸ 「⑰ 업무무관부동산 지급이자 손금부인에 따른 증가세액」란 : 법인세법 시행규칙 제27조에 따른 지급이자 등 손금부인에 따른 증가세액을 적는다.

❹ 「⑱ 외국법인의 신고기한 연장에 따른 이자상당액」란 : 법인세법 제97조 제3항에 따라 신고기한을 연장한 외국법인이 법인세에 추가하여 납부해야 할 이자상당가산액을 적는다.

❺ 「⑲ 내국법인의 신고기한 연장에 따른 이자상당액」란 : 법인세법 제60조 제8항에 따라 신고기한을 연장한 내국법인이 법인세에 추가하여 납부해야 할 이자상당가산액을 적는다.

❻ ⑲ 국제조세조정에 관한 법률 제25조 제2항에 따른 이자상당가산액을 적는다.

❼ 「⑲ 기타」란 : 법인세법에 따른 고유목적사업준비금의 기간 내 미사용금액에 대한 이자상당가산액 등을 합하여 적는다.

❽ ⑲ 추가납부세액 합계 금액과 ⑱ 이월과세 합계 금액을 합산하여 "법인세 과세표준 및 세액조정계산서(별지 제3호 서식)"의 「⑬ 감면분추가납부세액」란에 옮겨 적는다.

세무조정 체크리스트

검 토 사 항	확인
1. 준비금의 환입금액 중 추가납부 사유에 해당하는 환입금액이 없는지 확인	
2. 준비금 환입에 대한 법인세 추가납부세액 계산시 법인세 상당액의 계산이 적정한지 확인 －추가납부대상 준비금을 당초 손금산입연도에 손금에 산입하지 아니하였다면 증가하는 법인세액과 일치하는지 확인	
3. 준비금 환입에 따른 추가납부세액 계산시 기간 계산의 적정성 확인 －준비금을 손금에 산입한 사업연도의 다음 사업연도의 개시일부터 준비금을 익금에 산입한 사업연도 종료일까지의 기간으로 계산되었는지 확인	
4. 공제감면세액에 대한 추가납부세액 계산대상 자산의 확인 －기공제대상 자산 중 처분(임대 포함) 내역 징구 －투자완료일부터 처분(임대)일까지의 기간이 2년(일부 건물·구축물의 경우 5년)이 경과되었는지 확인 －처분(임대 포함) 사유가 추가납부 제외사유에 해당되는지 확인	
5. 공제감면세액에 대한 추가납부세액 계산시 공제받은 세액의 확인	
6. 공제감면세액에 대한 추가납부세액 계산시 기간 계산의 적정성 확인	
7. 유예기간이 경과하기 전에 양도한 업무무관 부동산 유무 확인	
8. 선이자지급방식의 채권을 취득하여 원천징수세액을 기납부세액으로 공제받은 후 만기상환일이 도래하기 전에 매도한 채권의 유무 확인	

Step III 사례와 서식작성실무

예제

사 례

다음 자료에 의하여 (주)삼일의 제12기(2024. 1. 1.~2024. 12. 31.) 사업연도의 추가 납부세액을 계산하라.

제10기 2022. 11. 25.에 사업용 기계장치를 취득하고 조세특례제한법 제24조(통합투자세액공제)의 규정에 따라 2,000,000원을 세액공제받았으나, 자금사정으로 2024. 10. 30.에 동 기계장치를 처분하였다(제10기에 대한 신고는 2023. 3. 31.에 하고, 제12기에 대한 신고는 2025. 3. 31.에 하는 것으로 가정).

해 설

1. 이자상당액
   = 2,000,000 × 731(2023. 4. 1. ~ 2025. 3. 31.) × 22/100,000 = 321,640원
2. 공제감면세액 2,000,000원에 이자상당액 321,640원을 가산한 2,321,640원을 [별지 제8호 서식 부표 6] 및 [별지 제8호 서식(을)]에 각각 기입한다.

[별지 제8호 서식 부표 6] (2024. 3. 22. 개정)

사업 연도	2024. 1. 1. ~ 2024. 12. 31.	추가납부세액계산서(6)	법 인 명	(주)삼일
			사업자등록번호	

1. 준비금환입에 대한 법인세 추가납부액

① 구분		② 손금산입연도	③ 추가납부대상 준비금환입액	④ 공제액	⑤ 차감계 (③-④)	⑥ 법인세 상당액	⑦ 이율 (일변)	⑧ 기간	⑨ 법인세 추가납부액 (⑥×⑦×⑧)
코드	내용								
계									

2. 소득공제액에 대한 법인세 추가납부액

⑩ 구분		⑪ 소득공제 연도	⑫ 추가납부 사유	⑬ 공제받은 소득금액	⑭ 법인세 상당액	가산액			⑱ 법인세 추가납부액 (⑭+⑰)
코드	내용					⑮ 이율 (일변)	⑯ 기간	⑰ 금액 (⑭×⑮×⑯)	
계									

3. 공제감면세액에 대한 법인세 추가납부액

⑲ 구분		⑳ 공제감면 받은 연도	㉑ 추가납부 사유	㉒ 공제감면 세액	가 산 액			㉖ 법인세 추가납부액 (㉒+㉕)
코드	내용				㉓ 이율 (일변)	㉔ 기간	㉕ 금액 (㉒×㉓×㉔)	
13W	통합투자 세액공제	2022년	임의처분	2,000,000	22/100,000	731	321,640	2,321,640
계								

4. 법인세 추가납부세액 합계 ㉗(⑨+⑱+㉖)	

[별지 제8호 서식(을)] (2021. 3. 16. 개정)

사업연도	2024. 1. 1. ~ 2024. 12. 31.	공제감면세액 및 추가납부세액합계표(을)	법 인 명	(주)삼일
			사업자등록번호	

5. 추가납부세액

	⑫ 구 분	⑬ 근거법 조항	코드	⑭ 대상금액	⑮ 세 액
조세특례제한법	⑱ 준비금환입에 대한 법인세 추가납부		771		
	⑱ 소득공제액에 대한 법인세 추가납부		772		
	⑱ 공제감면세액에 대한 법인세 추가납부 * 제5조・제11조・제24조・제25조・제25조의 2・제26조・제94조・제96조		773	2,000,000	2,321,640
	⑱ 기 타		775		
	⑱ 소 계		780	2,000,000	2,321,640
법인세법 등	⑱ 기공제 원천납부세액 추가납부	「법인세법 시행령」 제113조 제6항	781		
	⑱ 업무무관부동산 지급이자 손금부인에 따른 증가세액	「법인세법 시행규칙」 제27조	782		
	⑱ 외국법인의 신고기한 연장에 따른 이자상당액	「법인세법」 제97조 제3항	783		
	⑱ 내국법인의 신고기한 연장에 따른 이자상당액	「법인세법」 제60조 제8항	786		
	⑲ 혼성금융상품 관련 추가 손금불산입 이자상당액	「국제조세조정에 관한 법률」 제25조 제2항	787		
	⑲ 기 타		785		
	⑲ 소 계		784		
⑲ 추가납부세액 합계(⑱ + ⑲)			790	2,000,000	2,321,640

제5장

5

최저한세

제5장 최저한세

관련 법령	• 조특법 §132 • 조특령 §126
관련 서식	• 법인세법 시행규칙 [별지 제4호 서식] 최저한세조정계산서 [별지 제5호 서식] 특별비용조정명세서

제5장

최저한세

5

Step I 내용의 이해

1. 의 의

현행 조세특례제한법에서는 조세정책적 목적으로 세액공제, 세액감면 등 다양한 형태의 조세지원제도를 규정하고 있는데, 이를 무제한적으로 인정하는 경우 소득이 많더라도 세금을 전혀 부담하지 않는 상황이 발생할 수 있다. 이에 조세특례제한법에서는 아무리 많은 조세감면 혜택을 받는다 하여도 가득한 소득에 따른 최소한의 세금을 납부하도록 하기 위하여 최저한세 제도를 규정하고 있다.

2. 최저한세 적용대상법인

최저한세는 내국법인의 각 사업연도 소득 또는 외국법인의 종합과세되는 각 사업연도의 국내원천소득(법법 §91 ①)에 대한 법인세를 계산함에 있어 다음의 조세특례를 적용받은 경우에 적용한다. 다만, 내국법인 중 당기순이익 과세를 적용받는 조합법인 등(조특법 §72 ①)에 대하여는 최저한세를 적용하지 아니한다.

① 소득공제 · 손금산입 · 익금불산입 및 비과세 등(조특법 §132 ① 2호)
② 세액공제(조특법 §132 ① 3호)
③ 세액면제 · 감면(조특법 §132 ① 4호)

3. 최저한세의 계산

3-1. 개 요

최저한세는 최저한세 적용대상 조세감면 등을 적용받은 후의 세액(각종 감면 후 법인세액)과 최저한세 적용 대상 손금산입·익금불산입 및 소득공제 등을 적용하지 아니한 과세표준(각종 감면 전의 과세표준)에 최저한세율을 곱하여 계산한 세액(각종 감면 전 과세표준에 대한 법인세액) 중 큰 금액으로 한다.

> 최저한세 = Max(①, ②)
> ① 각종 감면(조특법 §132 ① 각 호)을 적용한 후의 법인세액
> ② 각종 감면 전 과세표준에 대한 법인세액(=각종 감면 전의 과세표준 × 최저한세율)

따라서, '각종 감면 후 법인세액'이 '각종 감면 전의 과세표준에 대한 법인세액'보다 적은 경우에는 그 미달하는 세액에 상당하는 부분에 대해서는 감면을 적용하지 아니한다.

한편, 내국법인의 각 사업연도의 소득에 대한 법인세로 납부할 세액을 계산함에 있어서 최저한세 적용대상 감면 등과 그 밖의 감면 등이 동시에 적용되는 경우에는 최저한세 적용대상 감면 등을 최저한세의 범위 내에서 먼저 공제하고 그 밖의 감면 등을 나중에 공제한다(조특법 §132 ③).

관련사례

- 경정결정시 이월공제액의 추가공제
  당초 신고시 최저한세 적용으로 이월공제액이 발생한 경우로서 수정신고·경정결정으로 인하여 당해 사업연도의 공제한도가 증가하는 경우에는 이를 추가로 공제하여 경정결정할 수 있음(조특통 144-0…1).

3-2. 각종 감면 후 법인세액

3-2-1. 개 요

각종 감면 후 법인세액이란 최저한세 적용대상인 감면 등(조특법 §132 ① 각 호)을 적용받은 후의 세액을 말한다. 구체적으로 각종 감면 후 법인세액은 다음의 법인세 등을 제외하고, 각종 세액공제·감면 중 조세특례제한법 제132조 제1항 제3호 및 제4호에 열거된 세액공제·감면만을 적용한 법인세를 말한다.

① 법인세법 제55조의 2에 따른 토지 등 양도소득에 대한 법인세
② 법인세법 제96조에 따른 법인세에 추가하여 납부하는 세액(지점세)
③ 조세특례제한법 제100조의 32에 따른 투자·상생협력 촉진을 위한 과세특례를 적용하여 계산한 법인세
④ 가산세와 다음의 추징세액(조특령 §126 ①)
  가. 조세특례제한법에 의하여 각종 준비금 등을 익금산입하는 경우와 감면세액을 추징하는 경우(법인세에 가산하여 자진납부하거나 부과징수하는 경우를 포함)에 있어서의 이자상당가산액
  나. 조세특례제한법 또는 법인세법에 의하여 법인세의 감면세액을 추징하는 경우 당해 사업연도에 법인세에 가산하여 자진납부하거나 부과징수하는 세액

3-2-2. 최저한세 적용대상 감면 등

'각종 감면 후 법인세액'을 산출함에 있어서 적용하는 감면 등은 아래와 같다.

(1) 소득공제·손금산입·익금불산입 및 비과세(조특법 §132 ① 2호)

가. 중소기업 지원설비에 대한 손금산입(조특법 §8)
나. 상생협력 중소기업으로부터 받은 수입배당금의 익금불산입(조특법 §8의 2)
다. 연구개발 관련 출연금 등의 익금불산입(조특법 §10의 2)
라. 중소기업창업투자회사 등의 주식양도차익 등의 비과세(조특법 §13)
마. 창업자 등에 출자한 주식 등의 양도차익에 대한 비과세(조특법 §14)
바. 서비스업 감가상각비의 손금산입특례(조특법 §28)
사. 중소·중견기업 설비투자자산의 감가상각비 손금산입 특례(조특법 §28의 2)
아. 설비투자자산의 감가상각비 손금산입 특례(조특법 §28의 3)
자. 자기관리부동산투자회사 국민주택임대소득에 대한 소득공제(조특법 §55의 2 ④)
차. 공장의 대도시 밖 이전에 따른 공장양도차익의 익금불산입(조특법 §60 ②)
카. 법인본사의 수도권 과밀억제권역 밖으로 이전하는 데 따른 양도차익의 익금불산입(조특법 §61 ③)
타. 공공기관이 혁신도시로 이전하는 데 따른 종전부동산 양도차익의 익금불산입(조특법 §62 ①)
파. 공장이전법인의 수도권과밀억제권역에 있는 공장 양도차익 익금불산입(조특법 §63 ④)
하. 본사이전법인의 수도권과밀억제권역에 있는 본사 양도차익 익금불산입(조특법 §63의 2 ④)

(2) 세액공제(조특법 §132 ① 3호)

가. 기업의 어음제도개선을 위한 세액공제(조특법 §7의 2)
나. 상생결제 지급금액에 대한 세액공제(조특법 §7의 4)
다. 상생협력을 위한 기금 출연 시 세액공제(조특법 §8의 3)
라. 연구·인력개발비에 대한 세액공제(조특법 §10). 다만, 중소기업이 아닌 법인에 한함.

마. 특허권 등의 취득에 대한 세액공제(조특법 §12 ②)
바. 기술혁신형 합병에 대한 세액공제(조특법 §12의 3)
사. 기술혁신형 주식취득에 대한 세액공제(조특법 §12의 4)
아. 벤처기업 등 출자에 대한 세액공제(조특법 §13의 2)
자. 소재 · 부품 · 장비전문기업에의 출자 · 인수에 대한 세액공제(조특법 §13의 3)
차. 성과공유 중소기업의 경영성과급에 대한 세액공제 등(조특법 §19 ①)
카. 통합투자세액공제(조특법 §24)
타. 영상콘텐츠 제작비용에 대한 세액공제(조특법 §25의 6)
파. 내국법인의 문화산업전문회사에의 출자에 대한 세액공제(조특법 §25의 7)
하. 고용창출투자세액공제(임시투자세액공제)(조특법 §26)
거. 산업수요맞춤형고등학교 등 졸업자를 병역 이행 후 복직시킨 기업에 대한 세액공제(조특법 §29의 2)
너. 경력단절 여성 고용 기업 등에 대한 세액공제(조특법 §29의 3)
더. 근로소득을 증대시킨 기업에 대한 세액공제(조특법 §29의 4)
러. 청년고용을 증대시킨 기업에 대한 세액공제(조특법 §29의 5)
머. 고용을 증대시킨 기업에 대한 세액공제(조특법 §29의 7)
버. 통합고용세액공제(조특법 §29의 8)
서. 고용유지중소기업 등에 대한 세액공제(조특법 §30의 3)
어. 중소기업 사회보험료 세액공제(조특법 §30의 4)
저. 중소기업간의 통합시 승계 세액공제(조특법 §31 ⑥)
처. 법인전환시 승계 세액공제(조특법 §32 ④)
커. 선결제 금액에 대한 세액공제(조특법 §99의 12)
터. 전자신고 등에 대한 세액공제(조특법 §104의 8)
퍼. 제3자물류비용에 대한 세액공제(조특법 §104의 14)
허. 해외자원개발투자에 대한 세액공제(조특법 §104의 15)
고. 기업의 운동경기부 설치 · 운영에 대한 세액공제(조특법 §104의 22)
노. 석유제품 전자상거래에 대한 세액공제(조특법 §104의 25)
도. 우수 선화주기업 인증을 받은 화주 기업에 대한 세액공제(조특법 §104의 30)
로. 금사업자와 스크랩등사업자의 수입금액의 증가 등에 대한 세액공제(조특법 §122의 4 ①)
모. 금 현물시장에서 거래되는 금지금에 대한 세액공제(조특법 §126의 7 ⑧)

(3) 세액면제 · 감면(조특법 §132 ① 4호)

가. 창업중소기업 등에 대한 세액감면[100% 세액을 감면받는 사업연도(조특법 §6 ①, ⑥) 및 추가로 감면받는 부분(조특법 §6 ⑦) 제외](조특법 §6)

나. 중소기업에 대한 특별세액감면(조특법 §7)
다. 기술이전 및 기술취득 등에 대한 세액감면(조특법 §12 ①, ③)
라. 연구개발특구에 입주하는 첨단기술기업 등에 대한 세액감면(100% 세액을 감면받는 사업연도 제외)(조특법 §12의 2)
마. 국제금융거래 이자소득 등에 대한 세액면제(조특법 §21)
바. 중소기업간의 통합시 승계 세액감면(조특법 §31 ④, ⑤)
사. 법인전환시 승계 세액감면(조특법 §32 ④)
아. 공공기관이 혁신도시로 이전하는 경우 세액감면(조특법 §62 ④)
자. 수도권 밖으로 공장을 이전하는 기업에 대한 세액감면(수도권 밖으로 이전하는 경우 제외)(조특법 §63)
차. 농공단지 입주기업 등에 대한 세액감면(조특법 §64)
카. 농업회사법인에 대한 세액감면(작물재배업에서 발생하는 소득의 경우 제외)(조특법 §68)
타. 소형주택 임대사업자에 대한 세액감면(조특법 §96)
파. 상가건물 장기 임대사업자에 대한 세액감면(조특법 §96의 2)
하. 위기지역 창업기업에 대한 세액감면(100% 세액을 감면받는 사업연도 제외)(조특법 §99의 9)
거. 산림개발소득에 대한 세액감면(조특법 §102)
너. 제주첨단과학기술단지 입주기업에 대한 세액감면(100% 세액을 감면받는 사업연도 제외)(조특법 §121의 8)
더. 제주투자진흥지구 또는 제주자유무역지역 입주기업에 대한 세액감면(100% 세액을 감면받는 사업연도 제외)(조특법 §121의 9)
러. 기업도시개발구역 등의 창업기업 등에 대한 세액감면(100% 세액을 감면받는 사업연도 제외)(조특법 §121의 17)
머. 아시아문화중심도시 투자진흥지구 입주기업 등에 대한 세액감면(100% 세액을 감면받는 사업연도 제외)(조특법 §121의 20)
버. 금융중심지 창업기업 등에 대한 세액감면(100% 세액을 감면받는 사업연도 제외)(조특법 §121의 21)
서. 첨단의료복합단지 및 국가식품클러스터 입주기업에 대한 세액감면(100% 세액을 감면받는 사업연도 제외)(조특법 §121의 22)
어. 기회발전특구의 창업기업 등에 대한 세액감면(조특법 §121의 33)

3-3. 각종 감면 전 과세표준에 대한 법인세액

3-3-1. 개 요

'각종 감면 전 과세표준에 대한 법인세액'이란 최저한세의 적용대상이 되는 소득공제, 익금불산입 및 비과세금액 등(조특법 §132 ① 2호)을 적용하지 아니한 과세표준에 최저한세율을 곱한 금액을 말한다. 즉, 과세표준에 조세특례제한법 제132조 제1항 제2호의 금액이 반영되어 있는 경우에는 그 금액을 가산한 과세표준에 최저한세율을 곱한 금액이다. 한편, 최저한세의 적용대상이 되는 준비금을 관계규정에 의하여 익금에 산입한 금액은 각종 감면 전 과세표준에 포함한다.

3-3-2. 최저한세율

2014년 1월 1일 이후 최초로 개시하는 사업연도 분부터 적용되는 최저한세율은 다음과 같다.

구 분			최저한세율
중소기업			7%
일반기업	중소기업 졸업 후 5년 이내인 기업(*1)	최초로 중소기업에 해당하지 아니하게 된 사업연도 개시일부터 3년 이내에 끝나는 사업연도	8%
		그 다음 2년 이내에 끝나는 사업연도	9%
	그 밖의 기업	과세표준 100억원 이하 부분	10%
		과세표준 100억원 초과 1,000억원 이하 부분	12%
		과세표준 1,000억원 초과 부분	17%

(*1) 중소기업이 규모의 확대 등으로 중소기업에 해당하지 아니하게 된 때에는 최초로 그 사유가 발생한 날이 속하는 사업연도와 그 다음 3개 사업연도(졸업유예기간)까지는 이를 중소기업으로 보고, 그 최초로 중소기업에 해당하지 아니하게 된 사업연도부터 최저한세율을 단계적으로 인상하여 적용하는 것이며, 이를 도시하면 다음과 같음(조특령 §126 ②).

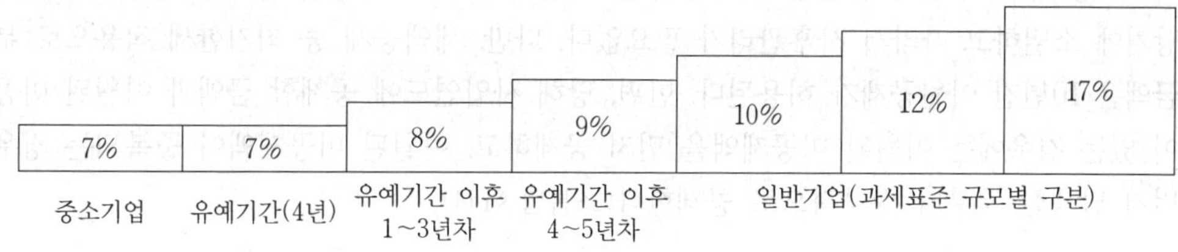

4. 최저한세 적용에 따른 조세감면의 배제

최저한세의 적용으로 감면 등이 배제되는 경우에는 기업이 임의로 감면배제항목을 선택할 수 있으나, 법인세를 경정하는 경우에는 조세특례제한법 시행령 제126조 제5항에서 규정하는 순서에 따라 배제하도록 하고 있다. 한편, 소득공제를 부인하는 경우에는 최저한세로 부인될 세액에 상당하는 소득금액을 부인하고 세액공제 및 감면의 경우에는 해당 세액을 부인한다.

(1) 일반적인 신고·납부의 경우

최저한세의 적용으로 각종 감면 중 일부를 배제하여야 하는 경우, 법인세를 신고·납부하거나 수정신고하는 경우에는 납세자가 그 배제항목을 임의로 선택하여 적용할 수 있다. 이에 따라 해당 법인은 기업의 자금부담, 재무구조, 직접감면, 간접감면, 감면의 이연효과, 이월공제 등을 감안하여 가장 유리한 감면방법을 선택할 수 있다. 통상 소득공제, 세액공제, 감면세액 순으로 배제하는 것이 유리하고 이것은 다음에서 설명할 법인세를 경정하는 경우에 적용되는 순서와 거의 일치한다.

(2) 정부가 법인세를 경정하는 경우

법인세의 경정시 최저한세의 적용으로 감면 등이 배제되는 경우에는 다음 순서에 의한다(조특령 §126 ⑤). 한편, 아래의 동일한 순위 내에서 배제되는 항목이 둘 이상인 경우에는 조세특례제한법 제132조 제1항 각 호에 열거된 조문 순서에 의하여야 한다.

① 조세특례제한법 제132조 제1항 제2호의 규정에 의한 손금산입 및 익금불산입
② 조세특례제한법 제132조 제1항 제3호의 규정에 의한 세액공제
이 경우 동일 조문에 의한 감면세액 중 이월된 공제세액이 있는 경우에는 나중에 발생한 것부터 적용배제한다.
③ 조세특례제한법 제132조 제1항 제4호의 규정에 의한 법인세의 면제 및 감면
④ 조세특례제한법 제132조 제1항 제2호의 규정에 의한 소득공제 및 비과세

5. 최저한세로 감면배제된 금액의 사후관리

소득공제, 비과세, 손금산입, 익금불산입, 감면세액 중 최저한세의 적용으로 부인된 금액은 당기에 소멸하고 따라서 사후관리가 필요없다. 다만, 세액공제 중 최저한세 적용으로 부인된 금액은 10년간 이월공제가 허용된다. 한편, 당해 사업연도에 공제할 금액과 이월된 미공제액이 있는 경우에는 이월된 미공제액을 먼저 공제하고, 이월된 미공제액이 중복되는 경우에는 먼저 발생한 것부터 순차적으로 공제한다(조특법 §144).

MEMO

Step Ⅱ 서식의 이해

■ 작성요령 Ⅰ – 최저한세조정계산서

❶ ②란 중 ⑫⑤ 차감세액란의 금액이 ③란 중 ⑫② 산출세액란의 금액보다 큰 경우에는 ④란 및 ⑤란은 작성하지 않는다.

❷ ⑩④ 조정 후 소득금액란 : ②,③,⑤란에 모두 같은 금액을 적는다.

❸ ③란 중 ⑩⑤ 준비금란의 금액은 "특별비용조정명세서(별지 제5호 서식)"의 ⑪⑥ 준비금 계란 중 ④ 차감액을 적고, ⑩⑥ 특별상각 및 특례자산 감가상각비란의 금액은 "특별비용조정명세서(별지 제5호 서식)"의 ⑪⑦ 특별 감가상각비 계란 중 ④ 차감액과 ⑪⑧ 특례자산 감가상각비 계란 중 ④ 차감액을 합하여 적는다.

❹ ④란 중 ⑩⑤ 준비금란의 금액은 "특별비용조정명세서(별지 제5호 서식)"의 ⑪⑥ 준비금 계란 중 ⑤ 최저한세 적용 손금부인액란을 옮겨 적고, ⑩⑥ 특별상각 및 특례자산 감가상각비란의 금액은 "특별비용조정명세서(별지 제5호 서식)"의 ⑪⑦ 특별 감가상각비 계란 중 ⑤ 최저한세 적용 손금부인액란과 ⑪⑧ 특례자산 감가상각비 계란 중 ⑤ 최저한세 적용 손금부인액란을 합하여 옮겨 적는다.

❺ ②란과 ③란 중 ⑩⑧ 기부금한도초과액란 : "기부금조정명세서(별지 제21호 서식)"의 ㉒ 한도초과액합계금액을 적는다.

❻ ②란과 ③란 중 ⑩⑨ 기부금한도초과 이월액 손금산입란 : "기부금 조정명세서(별지 제21호 서식)"의 ㉖ 해당 사업연도 손금추인액란의 합계 금액을 적는다.

❾ ③란 중 ⑪④ 최저한세 적용대상 익금불산입란 : "익금불산입 조정명세서(별지 제6호의 2서식)"의 ⑤ 익금불산입 총액란 중 ⑩①, ⑩②, ⑪⑦부터 ⑫⓪까지의 합계액을 적는다.

⓮ ②란 중 ⑫③ 감면세액란 : "공제감면세액계산서(2)(별지 제8호 서식 부표 2)"의 ③ 감면대상세액 합계를 옮겨 적는다.

⓯ ④란 중 ⑫③ 감면세액란: "공제감면세액계산서(2)(별지 제8호 서식 부표 2)"의 ④ 최저한세 적용감면 배제금액 합계를 옮겨 적는다.

⓰ ②란 중 ⑫④ 세액공제란 : "세액공제조정명세서(3)(별지 제8호 서식 부표 3)"의 ⑮란(당기 공제대상세액의 계)의 합계금액 중 최저한세 적용대상 합계금액을 옮겨 적는다.
※ 「법인세법」 제57조에 따른 외국납부세액공제, 「법인세법」 제58조에 따른 재해손실세액공제 등은 포함되어 있지 않다.

⓱ ④란 중 ⑫④ 세액공제란 : "세액공제조정명세서(별지 제8호 서식 부표 3)"의 ⑪⑥ 최저한세적용에 따른 미공제액란의 합계금액란에 옮겨 적는다.

[별지 제4호 서식] (2019. 3. 20. 개정)

사업연도	. . . ~ . . .	최저한세조정

1. 최저한세 조정 계산 명세

① 구 분		코드	② 감면 후 세
⑩① 결 산 서 상 당 기 순 이 익		01	
소 득 조 정 금 액	⑩② 익 금 산 입	02	
	⑩③ 손 금 산 입	03	
⑩④ 조정 후 소득금액(⑩①+⑩②-⑩③)		04	❷
최 저 한 세 적 용 대 상 특 별 비 용	⑩⑤ 준 비 금	05	
	⑩⑥ 특별상각 및 특례자산 감가상각비	06	
⑩⑦ 특별비용 손금산입 전 소득금액 (⑩④ + ⑩⑤ + ⑩⑥)		07	
⑩⑧ 기 부 금 한 도 초 과 액		08	❺
⑩⑨ 기부금 한도초과 이월액 손금산입		09	❻
⑪⓪ 각 사 업 연 도 소 득 금 액 (⑩⑦ + ⑩⑧ - ⑩⑨)		10	
⑪① 이 월 결 손 금		11	
⑪② 비 과 세 소 득		12	
⑪③ 최 저 한 세 적 용 대 상 비 과 세 소 득		13	
⑪④ 최 저 한 세 적 용 대 상 …			
⑪⑦ 최 저 한 세 적 용 대 상 소 득 공 제		17	
⑪⑧ 과 세 표 준 금 액 (⑪⑤ - ⑪⑥ + ⑪⑦)		18	
⑪⑨ 선 박 표 준 이 익		24	
⑫⓪ 과 세 표 준 금 액 (⑪⑧ + ⑪⑨)		25	
⑫① 세 율		19	
⑫② 산 출 세 액		20	
⑫③ 감 면 세 액		21	⓮
⑫④ 세 액 공 제		22	⓰
⑫⑤ 차 감 세 액 (⑫②-⑫③-⑫④)		23	❶

2. 최저한세 세율 적용을 위한 구분 항목

⑫⑥ 중소기업 유예기간 종료연월	㉑	⑫⑦ 유예기간 종료 후 연차

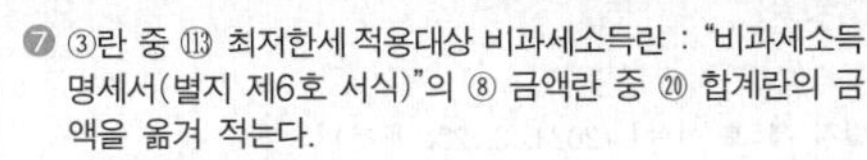

⑦ ③란 중 ⑬ 최저한세 적용대상 비과세소득란 : "비과세소득명세서(별지 제6호 서식)"의 ⑧ 금액란 중 ⑳ 합계란의 금액을 옮겨 적는다.

⑱ ⑤란 중 ⑯,⑯,⑬,⑭,⑰란은 각각 ④란 중 ⑯,⑯,⑬,⑭,⑰란의 금액과 일치한다.

(앞쪽)

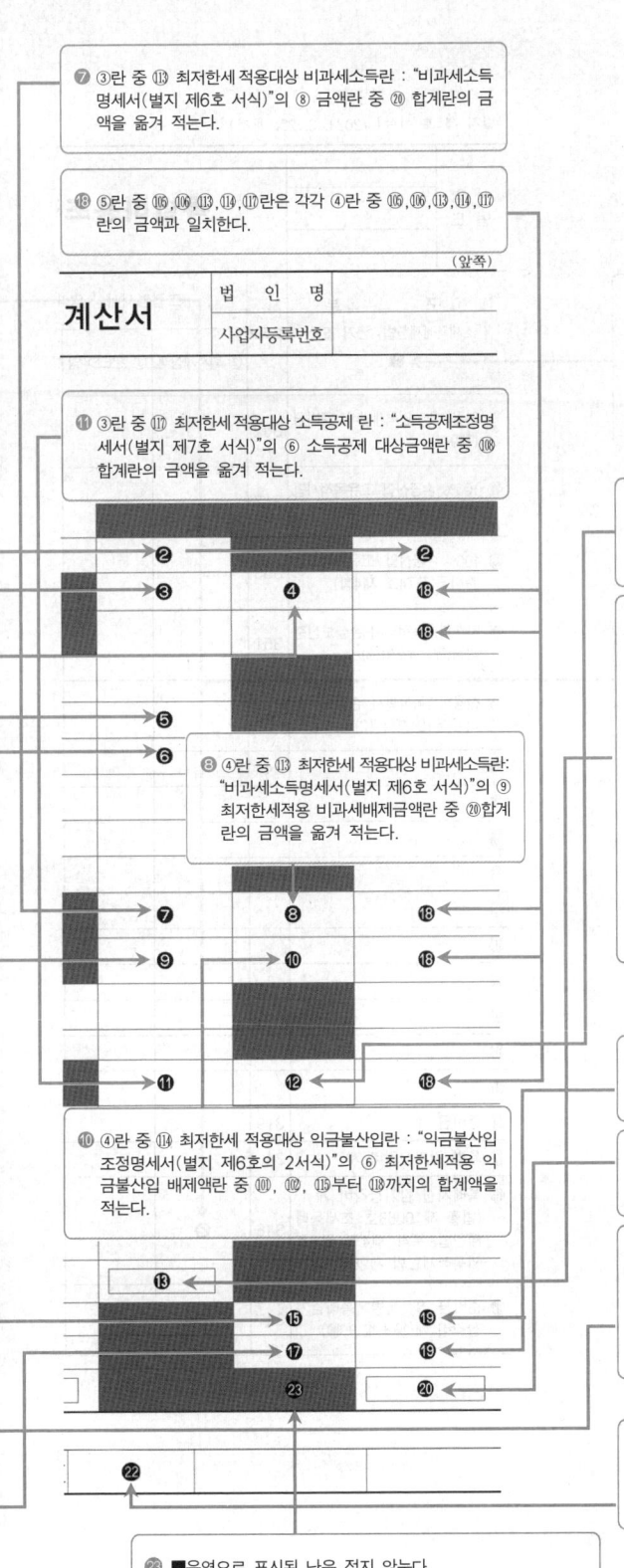

계산서	법 인 명	
	사업자등록번호	

⑪ ③란 중 ⑰ 최저한세 적용대상 소득공제 란 : "소득공제조정명세서(별지 제7호 서식)"의 ⑥ 소득공제 대상금액란 중 ⑱ 합계란의 금액을 옮겨 적는다.

⑫ ④란 중 ⑰ 최저한세 적용대상 소득공제란 : "소득공제조정명세서(별지 제7호 서식)"의 ⑦ 최저한세 적용감면 배제금액 중 ⑱ 합계란의 금액을 옮겨 적는다.

⑬ ③란 중 ⑫ 산출세액란 : ⑱란의 금액에 「조세특례제한법」 제132조 제1항 각 호 외의 부분에 따른 세율을 곱하여 산정한 금액과 ②란 중 ⑫ 산출세액란의 산출세액을 ②란 중 ⑲ 선박표준이익이 ②란 중 ⑳ 과세표준금액에서 차지하는 비율을 곱하여 산정한 금액의 합계액을 적는다.

※ 최저한세 세율

구분	중소기업 (유예기간 4년 포함)	유예기간 경과 후		일반기업		
		1~3년차	4~5년차	과표 1백억원 이하	과표 1백억원~1천억원 이하	과표 1천억원 초과
현행	7%	8%	9%	10%	12%	17%
종전	7%	8%	9%	10%	12%	16%

* 2014.1.1. 이후 개시하는 사업연도분부터 현행 세율 적용

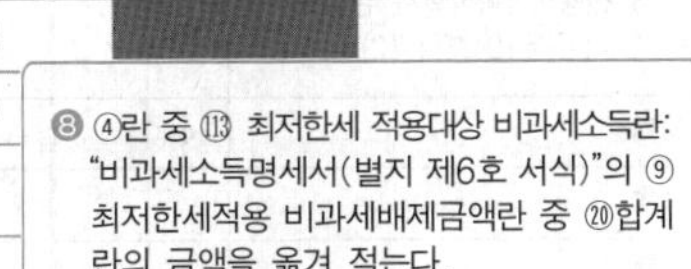

⑧ ④란 중 ⑬ 최저한세 적용대상 비과세소득란: "비과세소득명세서(별지 제6호 서식)"의 ⑨ 최저한세적용 비과세배제금액란 중 ⑳합계란의 금액을 옮겨 적는다.

⑲ ⑤란 중 ⑬,⑭란은 각각 ②란 중 ⑬,⑭란의 금액에서 ④란 중 ⑬,⑭란의 금액을 차감하여 적는다.

⑩ ④란 중 ⑭ 최저한세 적용대상 익금불산입란 : "익금불산입조정명세서(별지 제6호의 2서식)"의 ⑥ 최저한세적용 익금불산입 배제액란 중 ⑩, ⑫, ⑮부터 ⑱까지의 합계액을 적는다.

⑳ ⑤란 중 ⑮ 차감세액은 ③란 중 ⑫ 산출세액보다 작지 않도록 해야 한다.

㉑ ⑯ 중소기업 유예기간 종료연월란은 「조세특례제한법 시행령」 제2조에 따른 중소기업 졸업에 따른 유예기간(4년)이 종료되는 사업연도의 연월을 '사업연도 연월'과 같이 적는다.

※ 예 : 중소기업을 졸업한 사업연도 종료일이 2008. 12. 31. 경우, 유예기간 종료연월은 '2011. 12'로 적는다.

㉒ ⑰ 유예기간 종료 후 연차란은 ⑯의 유예기간 종료 후 연차가 1~5년차의 경우 그 연차에 따라 1, 2, 3, 4, 5로 구분하여 적는다.

㉓ ■음영으로 표시된 난은 적지 않는다.

■ 작성요령 Ⅱ - 특별비용조정명세서

❶ 종전의 법률에 따라 감면이 계속되는 경우로서 근거 법조항이 바뀐 경우에는 ① 구분(「조세특례제한법」 근거 조항)란의 하단 여백에 해당 감면명칭과 구법 근거조항을 적고, 근거조항이 삭제된 경우에는 ⑯란에 적는다.

❷ 각 조정명세서상의 회사계상액과 한도초과액을 적는다. 다만, 특례자산 감가상각비 ②란의 회사계상액에는 신고조정으로 인한 감가상각비 손금산입액을 합하여 적는다.

[별지 제5호 서식] (2024. 3. 22. 개정)

사 업 연 도	. . . ~ . . .	특별비용조

① 구 분 (「조세특례제한법」 근거 조항) ❶	코드	조정명세서상 명세	
		② 회사계상액	③ 한도초과액
⑩ 연구 및 인력개발비 준비금(제9조)	302		
⑫ 100% 손금산입 고유목적사업 준비금(제74조 제1항)	317		
⑬ 100% 손금산입 고유목적사업 준비금(제74조 제4항)	353		
⑭ 자본확충목적회사 손실보전준비금(제104조의 3)	351		
⑮ 신용회복목적회사 손실보전준비금(제104조의 12)	352		
⑯	344		
⑰			
⑱			
⑲			
⑳			
⑪			
⑫			
⑬			
⑭			
⑮			
⑯ 준비금 계	319		
⑰ 특별 감가상각비 계	340		
⑱ 특례자산 감가상각비 계(법률 제10068호 조세특례제한법 부칙 제4조 및 조세특례제한법 제28조)	346	❷	
⑲ 준비금 및 특별·특례감가상각비 계(⑯+⑰+⑱)	341		

(앞쪽)

정명세서

	법 인 명	
	사 업 자 등 록 번 호	

계❷

④ 차 감 액	⑤ 최저한세 적용 손금부인액	⑥ 손금불산입 계 (③+⑤)	⑦ 손금산입 계 (②-⑥)
	❹		
	※ ❸		
	※ ❺		
	※ ❻		
	※		

❸ 최저한세조정계산서〔별지 제4호 서식〕의 ④ 조정감란 중 의 금액을 옮겨 적고, 각 준비금의 최저한세 적용 손금부인액란을 조정하여 적는다.

❹ 각 준비금조정명세서의 최저한세 적용 손금부인액과 일치하여야 한다.

❺ 최저한세조정계산서〔별지 제4호 서식〕상의 ④ 조정감란 중 ⑯ 특별상각 및 특례자산 감가상각비란의 금액을 적고, 이를 유형고정자산감가상각비조정명세서(정률법)〔별지 제20호 서식(1)〕상의 ㉕란, 유형·무형고정자산감가상각비조정명세서(정액법)〔별지 제20호 서식(2)〕의 ㉒란에 적는다.

❻ 최저한세조정계산서(별지 제4호 서식)의 ④ 조정감란중 특별상각 및 특례자산 감가상각비란의 금액을 적고, 이를 (구)「조세특례제한법 시행규칙」 제61조 제1항 제12호의 3에 따른 감가상각특례자산감가상각비조정명세서(정률법)〔별지 제11호의 3 서식(1)〕 및 「조세특례제한법 시행규칙」 제61조 제1항 제10호의 3에 따른 감가상각비조정명세서(정률법)〔별지 제9호의 3 서식(1)〕의 란, 감가상각특례자산감가상각비조정명세서(정액법)〔별지 제11호의 3 서식(2)〕 및 감가상각비조정명세서(정액법)〔별지 제9호의 3 서식(2)〕의 란에 적는다.

세무조정 체크리스트

■ 최저한세

<table>
<tr><th>검 토 사 항</th><th>확인</th></tr>
<tr><td>1. 최저한세 적용대상 특별상각, 비과세소득, 소득공제, 세액공제, 세액감면 유무 확인</td><td></td></tr>
<tr><td>2. 세율 확인
<table>
<tr><th colspan="3">구 분</th><th>최저한세율</th></tr>
<tr><td colspan="3">중소기업</td><td>7%</td></tr>
<tr><td rowspan="5">일반 기업</td><td rowspan="2">중소기업 졸업 후 5년 이내인 기업</td><td>최초로 중소기업에 해당하지 아니하게 된 사업연도 개시일부터 3년 이내에 끝나는 사업연도</td><td>8%</td></tr>
<tr><td>그 다음 2년 이내에 끝나는 사업연도</td><td>9%</td></tr>
<tr><td rowspan="3">그 밖의 기업</td><td>과세표준 100억원 이하 부분</td><td>10%</td></tr>
<tr><td>과세표준 100억원 초과 1,000억원 이하 부분</td><td>12%</td></tr>
<tr><td>과세표준 1,000억원 초과 부분</td><td>17%</td></tr>
</table>
</td><td></td></tr>
<tr><td>3. 조세감면 배제순서에 대한 검토 후 회사의 선택내용 확인</td><td></td></tr>
<tr><td>4. 최저한세조정계산서상의 부인액이 특별비용조정명세서에 정확히 이기되었는지 확인</td><td></td></tr>
<tr><td>5. 특별비용조정명세서상의 손금산입액이 자본금과 적립금조정명세서(을)에 정확히 이기되었는지 확인</td><td></td></tr>
</table>

사례와 서식작성실무

예제

사 례

중소기업인 ㈜삼일의 2024사업연도(2024. 1. 1.~2024. 12. 31.)에 대한 다음 자료에 의하여 당해 사업연도의 법인세를 계산하시오. 단, 법인세율은 2억 이하는 9%, 2억 초과분은 19%, 200억 초과분은 21%, 3,000억 초과분은 24%로, 최저한세율은 7%로 하며, 회사는 최저한세 적용시 세액공제를 우선하여 배제하는 것으로 가정한다.

〈차감납부세액의 계산과정〉

① 당기순이익		₩235,000,000
② 익금산입 및 손금불산입		
법인세 등	30,000,000	
퇴직급여충당금 한도초과액	4,000,000	
업무무관비용	5,000,000	39,000,000
③ 손금산입 및 익금불산입		
설비투자자산 감가상각비 손금산입	27,000,000	(27,000,000)
④ 각 사업연도 소득금액		247,000,000
⑤ 이월결손금		(10,000,000)
⑥ 과세표준		237,000,000
⑦ 산출세액(200,000,000 × 9% + 37,000,000 × 19%)		25,030,000
⑧ 세액공제		
외국납부세액공제	2,020,000	
연구 · 인력개발비에 대한 세액공제	1,000,000	
고용을 증대시킨 기업에 대한 세액공제	11,792,000	(14,812,000)
⑨ 총부담세액		10,218,000
⑩ 가산세		100,000
⑪ 기납부세액		
중간예납세액	2,000,000	
원천납부세액	3,000,000	(5,000,000)
⑫ 차감납부세액		₩5,318,000

해 설

(1) 최저한세 = Max〔1), 2)〕 = 18,480,000

1) 감면 후 세액 : 25,030,000(⑦) − 11,792,000(*1) = 13,238,000

(*1) 고용증대세액공제

2) 감면 전 과표 × 7%

[237,000,000(⑥) + 27,000,000(*2)] × 7% = 18,480,000

(*2) 설비투자자산 감가상각비 손금산입

(2) 적용배제하는 조세감면

1) 적용배제금액 : 18,480,000 − 13,238,000 = 5,242,000

2) 고용을 증대시킨 기업에 대한 세액공제 중 ₩5,242,000을 적용배제함.

(3) 당해 사업연도에 납부할 법인세액

최저한세	₩18,480,000
외국납부세액공제	(2,020,000)
연구 및 인력개발비에 대한 세액공제	(1,000,000)
가산세	100,000
기납부세액	(5,000,000)
차감납부할 세액	10,560,000

[별지 제4호 서식] (2019. 3. 20. 개정)

사업연도	2024. 1. 1. ~ 2024. 12. 31.	최저한세조정계산서	법인명	(주)삼일
			사업자등록번호	

1. 최저한세 조정 계산 명세

① 구분		코드	② 감면 후 세액	③ 최저한세	④ 조정감	⑤ 조정 후 세액
⑩ 결산서상 당기순이익		01	235,000,000			
소득조정금액	⑫ 익금산입	02	39,000,000			
	⑬ 손금산입	03	27,000,000			
⑭ 조정 후 소득금액(⑩+⑫−⑬)		04	247,000,000	247,000,000		247,000,000
최저한세 적용대상 특별비용	⑮ 준비금	05				
	⑯ 특별상각 및 특례자산 감가상각비	06				
⑰ 특별비용 손금산입 전 소득금액 (⑭+⑮+⑯)		07	247,000,000	247,000,000		247,000,000
⑱ 기부금 한도 초과액		08				
⑲ 기부금 한도초과 이월액 손금산입		09				
⑳ 각 사업연도 소득금액 (⑰+⑱−⑲)		10	247,000,000	247,000,000		247,000,000
⑪ 이월결손금		11	10,000,000	10,000,000		10,000,000
⑫ 비과세소득		12				
⑬ 최저한세 적용대상 비과세소득		13				
⑭ 최저한세 적용대상 익금불산입·손금산입		14		27,000,000		
⑮ 차가감소득금액 (⑩−⑪−⑫+⑬+⑭)		15	237,000,000	264,000,000		237,000,000
⑯ 소득공제		16				
⑰ 최저한세 적용대상 소득공제		17				
⑱ 과세표준금액 (⑮−⑯+⑰)		18	237,000,000	264,000,000		237,000,000
⑲ 선박표준이익		24				
⑳ 과세표준금액(⑱+⑲)		25	237,000,000	264,000,000		237,000,000
㉑ 세율		19	19%	7%		
㉒ 산출세액		20	25,030,000	18,480,000		25,030,000
㉓ 감면세액		21				
㉔ 세액공제		22	11,792,000		5,242,000	6,550,000
㉕ 차감세액(㉒−㉓−㉔)		23	13,238,000			18,480,000

2. 최저한세 세율 적용을 위한 구분 항목

㉖ 중소기업 유예기간 종료연월		㉗ 유예기간 종료 후 연차			

[별지 제3호 서식] (2024. 3. 22. 개정) (앞쪽)

사업연도	2024. 1. 1. ~ 2024. 12. 31.	법인세 과세표준 및 세액조정계산서	법인명	㈜삼일
			사업자등록번호	

① 각 사업연도 소득계산			코드	금액
	⑩ 결산서상 당기순손익		01	235 000 000
	소득조정 금액	⑩ 익금산입	02	39 000 000
		⑩ 손금산입	03	27 000 000
	⑩ 차가감소득금액 (⑩+⑩-⑩)		04	247 000 000
	⑩ 기부금한도초과액		05	
	⑩ 기부금한도초과이월액 손금산입		54	
	⑩ 각 사업연도소득금액 (⑩+⑩-⑩)		06	247 000 000

② 과세표준 계산		코드	금액
	⑩ 각 사업연도소득금액 (⑩=⑩)		247 000 000
	⑩ 이월결손금	07	10 000 000
	⑩ 비과세소득	08	
	⑪ 소득공제	09	
	⑫ 과세표준 (⑩-⑩-⑩-⑪)	10	237 000 000
	⑲ 선박표준이익	55	

③ 산출세액 계산		코드	금액
	⑬ 과세표준(⑫+⑲)	56	237 000 000
	⑭ 세율	11	
	⑮ 산출세액	12	25 030 000
	⑯ 지점유보소득 (「법인세법」 제96조)	13	
	⑰ 세율	14	
	⑱ 산출세액	15	
	⑲ 합계(⑮+⑱)	16	

④ 납부할 세액 계산				코드	금액
	⑳ 산출세액(⑳=⑲)				25 030 000
	㉑ 최저한세 적용대상 공제감면세액			17	6 550 000
	㉒ 차감세액			18	18 480 000
	㉓ 최저한세 적용제외 공제감면세액			19	3 020 000
	㉔ 가산세액			20	100 000
	㉕ 가감계(㉒-㉓+㉔)			21	15 560 000
	기납부세액	기한내납부세액	㉖ 중간예납세액	22	2 000 000
			㉗ 수시부과세액	23	
			㉘ 원천납부세액	24	3 000 000
			㉙ 간접투자회사등의 외국납부세액	25	
			㉚ 소계 (㉖+㉗+㉘+㉙)	26	5 000 000
		㉛ 신고납부전가산세액		27	
		㉜ 합계(㉚+㉛)		28	5 000 000

		코드	금액
	㉝ 감면분추가납부세액	29	
	㉞ 차감납부할세액 (㉕-㉜+㉝)	30	10 560 000

⑤ 토지등양도소득에 대한 법인세 계산			코드	금액
	양도차익	㉟ 등기자산	31	
		㊱ 미등기자산	32	
	㊲ 비과세소득		33	
	㊳ 과세표준 (㉟+㊱-㊲)		34	
	㊴ 세율		35	
	㊵ 산출세액		36	
	㊶ 감면세액		37	
	㊷ 차감세액 (㊵-㊶)		38	
	㊸ 공제세액		39	
	㊹ 동업기업 법인세 배분액 (가산세 제외)		58	
	㊺ 가산세액 (동업기업 배분액 포함)		40	
	㊻ 가감계(㊷-㊸+㊹+㊺)		41	
	기납부세액	㊼ 수시부과세액	42	
		㊽ ( )세액	43	
		㊾ 계 (㊼+㊽)	44	
	㊿ 차감납부할세액(㊻-㊾)		45	

⑥ 미환류소득법인세		코드	금액
	⑯ 과세대상 미환류소득	59	
	⑯ 세율	60	
	⑯ 산출세액	61	
	⑯ 가산세액	62	
	⑯ 이자상당액	63	
	⑯ 납부할세액(⑯+⑯+⑯)	64	

⑦ 세액계		코드	금액
	⑮ 차감납부할세액계 (㉞+㊿+⑯)	46	10 560 000
	⑮ 사실과 다른 회계처리 경정세액공제	57	
	⑮ 분납세액계산범위액 (⑮-㉔-㉝-㊺-⑮+㉛)	47	10 560 000
	⑮ 분납할세액	48	460 000
	⑮ 차감납부세액 (⑮-⑮-⑮)	49	10 100 000

제6장

6 가산세

제6장 가산세

관련 법령	• 국기법 §47의 2~§49 • 국기령 §27의 2, §27의 4~§29의 2 • 국기칙 §13 • 법법 §60의 2, §74의 2, §75, §75의 2, §75의 3, §75의 4, §75의 5, §75의 6, §75의 7, §75의 8, §75의 9, §112의 2, §116, §117, §117의 2, §120, §120의 2, §120의 3, §121 • 법령 §97의 4, §120, §155의 2, §158, §159, §159의 2, §162, §162의 2, §163, §163의 2, §164 • 법칙 §79, §79의 2, §80, §80의 2

최근 주요 개정 내용

• 과소신고 · 초과환급신고 가산세 적용제외 사유 구체화(국기법 §47의 3 ④ 4호 및 국기령 §27의 2 ④)

종 전	현 행
〈신 설〉	□ 과소신고 · 초과환급신고가산세 적용제외 사유 구체화 ○ 시설인정* 받을 것을 조건으로 통합투자세액공제에 대한 사전 세액공제를 신청**하여 세액공제받았으나, 해당 조건의 전부 또는 일부를 충족하지 못한 경우 * 연구개발세액공제기술심의위원회(조특령 §9 ⑮) 심의를 거쳐 국가전략기술사업화시설, 신성장사업화시설 인정 ** 조특법 §21 ⑬ 후단에 따른 사전 세액공제 신청

➡ 개정일자 : ㉺ 2023. 12. 31., ㊐ 2024. 2. 29.

적용시기 : (국기법 §47의 3 ④ 4호) 2024년 1월 1일 이후 법인세 과세표준을 신고하는 경우부터 적용

(국기령 §27의 2 ④) 2024년 2월 29일부터 시행

최근 주요 개정 내용

• 법인의 계산서 지연발급가산세의 한도 적용(국기법 §49 ① 2호)

종 전	현 행
□ 가산세 한도* 적용대상 * 중소기업 5천만원, 그 외 1억원 ○「소득세법」상 계산서 지연발급가산세 ○「부가가치세법」상 세금계산서 지연발급가산세 〈추 가〉	□ 적용대상 확대 ○(좌 동) ○「법인세법」상 계산서 지연발급가산세

➡ 개정일자 : ㊖ 2023. 12. 31.
적용시기 : 2024년 1월 1일 이후 가산세를 부과하는 경우부터 적용

관련 서식

• 법인세법 시행규칙
[별지 제9호 서식] 가산세액계산서

• 국세기본법 시행규칙
[별지 제17호 서식] 가산세감면등 신청서

제6장

가산세

6

Step Ⅰ 내용의 이해

1. 개 요

1-1. 가산세의 의의

법인세법은 과세권의 행사에 있어서 정확한 과세표준의 파악, 납세의무의 성실한 이행, 과세자료의 원활한 수집 등을 기하기 위하여 납세의무 있는 내국법인(이하 "법인"이라 함)에게 자진신고의무·자진납부의무·기타 협력의무 등 각종 의무를 지우고 있다. 따라서, 법인이 각종 의무를 이행하지 아니하는 경우에 그에 대한 일종의 행정상 제재가 필요한 바, 이러한 행정상 제재의 하나로 법인세 산출세액의 일정률 또는 수입금액의 일정률에 해당하는 금액을 법인세로 징수하는 것이 가산세다.

국세기본법 및 법인세법에서 규정하고 있는 가산세의 종류는 다음과 같다.

① 신고 불성실가산세(국기법 §47의 2, §47의 3)
② 납부지연가산세(국기법 §47의 4)
③ 원천징수 등 납부지연가산세(국기법 §47의 5)
④ 업무용승용차 관련비용 명세서 제출 불성실 가산세(법법 §74의 2)
⑤ 성실신고확인서 제출 불성실가산세(법법 §75)
⑥ 주주등의 명세서 등 제출 불성실가산세(법법 §75의 2)
⑦ 장부의 기록·보관 불성실가산세(법법 §75의 3)
⑧ 기부금영수증 발급·작성·보관 불성실가산세(법법 §75의 4)
⑨ 증명서류 수취 불성실가산세(법법 §75의 5)

⑩ 신용카드 및 현금영수증 발급 불성실가산세(법법 §75의 6)

⑪ 지급명세서 등 제출 불성실가산세(법법 §75의 7)

⑫ 계산서 등 제출 불성실가산세(법법 §75의 8)

⑬ 특정외국법인의 유보소득 계산 명세서 제출 불성실가산세(법법 §75의 9)

1-2. 가산세의 면제

정부가 국세기본법 또는 법인세법에 따라 가산세를 부과하는 경우로서 부과하는 가산세에 대하여 다음의 사유가 있는 경우에는 가산세를 부과하지 아니한다(국기법 §48 ①). 이에 따라 가산세의 면제를 받고자 하는 경우에는 가산세 감면 등 신청서를 관할 세무서장에게 제출하여야 한다(국기령 §28 ②).

1) 그 부과의 원인이 되는 사유가 천재지변 또는 다음의 기한연장사유에 해당하는 경우 (국기령 §2)

① 납세자가 화재, 전화, 그 밖의 재해를 입거나 도난을 당한 경우

② 납세자 또는 그 동거가족이 질병이나 중상해로 6개월 이상의 치료가 필요하거나 사망하여 상중인 경우

③ 정전, 프로그램의 오류, 그 밖의 부득이한 사유로 한국은행(그 대리점 포함) 및 체신관서의 정보통신망의 정상적인 가동이 불가능한 경우

④ 금융회사 등(한국은행 국고대리점 및 국고수납대리점인 금융회사 등만 해당함) 또는 체신관서의 휴무, 그 밖의 부득이한 사유로 정상적인 세금납부가 곤란하다고 국세청장이 인정하는 경우

⑤ 권한 있는 기관에 장부나 서류가 압수 또는 영치된 경우

⑥ 세무사법 제2조 제3호에 따라 납세자의 장부 작성을 대행하는 세무사(같은 법 제16조의 4에 따라 등록한 세무법인을 포함함) 또는 같은 법 제20조의 2에 따른 공인회계사(공인회계사법 제24조에 따라 등록한 회계법인을 포함함)가 화재, 전화, 그 밖의 재해를 입거나 도난을 당한 경우

⑦ 위 ①·② 또는 ⑤에 준하는 사유가 있는 때

2) 납세자가 의무를 이행하지 아니한 데 대한 정당한 사유가 있는 경우

3) 그 밖의 정당한 사유가 있는 경우(국기령 §28 ① 1호, 2호)

① 국세기본법 시행령 제10조에 따른 세법해석에 관한 질의·회신 등에 따라 신고·납부하였으나 이후 다른 과세처분을 하는 경우

② 공익사업을 위한 토지 등의 취득 및 보상에 관한 법률에 따른 토지 등의 수용 또는 사용, 국토의 계획 및 이용에 관한 법률에 따른 도시·군계획 또는 그 밖의 법령 등으로 인해 세법상 의무를 이행할 수 없게 된 경우

1-3. 가산세의 한도

다음 중 어느 하나에 해당하는 가산세에 대해서는 각 사업연도 단위로 그 의무위반의 종류별로 각각 5천만원(중소기업기본법 제2조 제1항에 따른 중소기업이 아닌 기업은 1억원)을 한도로 한다. 다만, 해당 의무를 고의적으로 위반한 경우에는 그러하지 아니하다(국기법 §49 ① 2호 및 국기령 §29의 2 ② 1호).

① 주주등의 명세서 등 제출 불성실가산세(법법 §75의 2)
② 기부금영수증 발급・작성・보관 불성실가산세(법법 §75의 4)
③ 증명서류 수취 불성실가산세(법법 §75의 5)
④ 지급명세서 등 제출 불성실가산세(법법 §75의 7)
⑤ 계산서 등 제출 불성실가산세(*)(법법 §75의 8)
⑥ 특정외국법인의 유보소득 계산 명세서 제출 불성실가산세(법법 §75의 9)

(*) 법인세법 제75조의 8 제1항 제4호에 따른 가산세는 같은 호 가목에 해당하는 가산세 중 계산서의 발급시기가 지난 후 해당 재화 또는 용역의 공급시기가 속하는 사업연도 말의 다음 달 25일까지 계산서를 발급한 경우에만 한도 적용

개 정

○ 계산서 지연발급 가산세에 대한 한도 적용(국기법 §49 ① 2호)
➡ 2024년 1월 1일 이후 가산세를 부과하는 경우부터 적용

2. 신고 불성실가산세

2-1. 무신고가산세

2-1-1. 적용요건

납세의무 있는 법인은 각 사업연도의 종료일이 속하는 달의 말일부터 3월 이내에 그 사업연도의 소득에 대한 법인세의 과세표준과 세액을 납세지 관할 세무서장에게 신고하여야 하는 바(법법 §60 ①), 법인이 법인세법 제60조의 규정에 의한 신고를 하지 아니한 경우에 무신고가산세를 적용한다.

여기에서 '법인세법 제60조의 규정에 의한 신고를 하지 아니한 경우'라 함은 신고기한 내에 신고서를 제출하지 아니한 경우는 물론이고, 신고기한 내에 신고서를 제출한 경우에도 필수적 첨부서류 중 일부 또는 전부가 첨부되지 아니하였거나 제출된 신고서나 필수적 첨부서류 중 기재사항에 중대한 하자가 있어서 제출하지 아니한 것으로 보는 경우를 포함한다.

2-1-2. 가산세액의 계산

(1) 일반 무신고의 경우

법인이 과세표준을 신고하지 아니한 경우로서 일반 무신고의 경우에는 다음의 금액을 납부할 세액에 가산하거나 환급받을 세액에서 공제한다(국기법 §47의 2 ① 2호, ② 1호 나목).

> 일반무신고가산세액 = Max(①, ②)
> ① 무신고 납부세액(*1) × 20%
> ② 수입금액(*2) × $\frac{7}{10,000}$
> (*1) 납부하여야 할 법인세액, 세액공제 · 감면, 기납부세액 등을 차감한 금액으로 가산세와 세법에 따라 가산하여 납부하여야 할 이자상당가산액이 있는 경우 그 금액은 제외함. 이하 같음(국기법 §47의 2 ①).
> (*2) 법인세법 제60조 · 제76조의 17 · 제97조에 따라 법인세 과세표준 및 세액 신고서에 적어야 할 해당 법인의 수입금액을 말함. 이하 같음(국기법 §47의 2 ② 1호 가목 2)).

(2) 부당 무신고의 경우

1) 계산방법

상기 (1)에 불구하고, 부정행위로 무신고한 경우에는 다음의 금액을 납부할 세액에 가산하거나 환급받을 세액에서 공제한다(국기법 §47의 2 ① 1호, ② 1호 가목).

> 부정무신고가산세액 = Max(①, ②)
> ① 무신고 납부세액 × 40%(*1)
> ② 수입금액 × $\frac{14}{10,000}$
> (*1) 역외거래에서 발생한 부정행위로 국세의 과세표준 신고를 하지 아니한 경우에는 60%

2) 부정행위의 범위

부정행위란 조세범처벌법 제3조 제6항에 해당하는 다음의 행위로서 조세의 부과와 징수를 불가능하게 하거나 현저히 곤란하게 하는 적극적 행위를 말한다(국기령 §12의 2 ①).

① 이중장부의 작성 등 장부의 거짓 기장
② 거짓 증빙 또는 거짓 문서의 작성 및 수취
③ 장부와 기록의 파기
④ 재산의 은닉이나 소득 · 수익 · 행위 · 거래의 조작 또는 은폐
⑤ 고의적으로 장부를 작성하지 아니하거나 비치하지 아니하는 행위 또는 계산서, 세금계산

서 또는 계산서합계표, 세금계산서합계표의 조작

⑥ 조세특례제한법 제5조의 2 제1호에 따른 전사적 기업자원 관리설비의 조작 또는 전자세금계산서의 조작

⑦ 그 밖에 위계에 의한 행위 또는 부정한 행위

2-1-3. 무신고가산세와 장부의 기록·보관 불성실가산세의 중복적용 배제

무신고가산세와 장부의 기록·보관 불성실가산세가 동시에 적용될 때에는 그 중 큰 금액에 해당하는 가산세만을 적용하고, 가산세액이 같으면 무신고가산세만 적용한다(국기법 §47의 2 ⑥).

2-1-4. 무신고가산세의 감면

법인이 법정신고기한 내에 법인세 과세표준신고서를 제출하지 아니하였으나 법정신고기한이 지난 후 6개월 이내에 기한 후 신고(국기법 §45의 3)를 한 경우에는 무신고가산세를 다음과 같이 기한 후 신고 시기별로 차등하여 감면한다(국기법 §48 ② 2호). 이에 따라 가산세의 감면을 받고자 하는 경우 가산세감면 등 신청서를 관할 세무서장에게 제출하여야 한다(국기령 §28 ② 및 국기칙 §13 ①). 다만, 해당 국세에 관하여 세무공무원이 조사에 착수한 것을 알고 기한후과세표준신고서를 제출한 경우에는 감면하지 아니한다(국기령 §29 1호).

법정신고기한 지난 후	감면비율
1개월 이내	50%
1개월 초과 3개월 이내	30%
3개월 초과 6개월 이내	20%

관련사례

• 가산세의 감면배제
조세포탈을 위한 증거인멸목적 또는 납세자의 고의적인 행동에 의하여 신고 등의 기한의 연장 사유가 발생한 경우에는 가산세의 감면 규정을 적용하지 아니함(국기통 48-0…3).

계산사례 - 1 **무신고가산세액의 계산**

㈜용산은 다음과 같이 과세표준과 세액을 신고 누락하였다. 부당 무신고와 일반 무신고에 해당하는 경우 무신고가산세는 각각 얼마인가? 다만, 부당 무신고의 경우 국제거래에서 발생한 부정행위와 관련이 없으며 일반무신고의 경우 신고기한으로부터 20일이 경과한 후에 기한 후 신고한 것으로 가정한다.

(단위 : 원)

구 분	신고내용
수입금액	300,000,000
산출세액	15,000,000
세액공제 · 감면	2,000,000
기납부세액	1,000,000

해 설

1. 무신고납부세액 : 15,000,000 － 2,000,000 － 1,000,000 ＝ 12,000,000
2. 부당 무신고가산세액
   Max(①, ②) ＝ 4,800,000
   ① 12,000,000 × 40% ＝ 4,800,000
   ② 300,000,000 × 14/10,000 ＝ 420,000
3. 일반 무신고가산세액
   Max(①, ②) × 50%(*) ＝ 2,400,000 × 50% ＝ 1,200,000
   ① 12,000,000 × 20% ＝ 2,400,000
   ② 300,000,000 × 7/10,000 ＝ 210,000
   (*) 법정신고기한 경과 후 1개월 이내에 기한 후 신고를 하였으므로 당초 무신고가산세액의 50%를 감면한다.

2－2. 과소신고 · 초과환급신고가산세

2－2－1. 적용요건

법인세법 제60조의 규정에 의한 법정신고기한까지 과세표준신고서를 제출하였으나 납부할 세액을 신고하여야 할 세액보다 적게 신고(이하 "과소신고"라 함)하거나 환급받을 세액을 신고하여야 할 금액보다 많이 신고(이하 "초과신고"라 함)한 경우에는 과소신고 · 초과환급신고가산세(이하 "과소신고가산세"라 함)를 적용한다(국기법 §47의 3 ①).

관련사례

• 경정청구에 의해 환급받은 후 경정결정에 착오가 있어 수정신고하는 경우 가산세 적용 여부

법인이 국세기본법 제45조의 2의 규정에 의하여 경정을 청구하여 과세관청이 동 내용을 그대로 인정하는 경정결정을 함에 따라 납부세액을 환급받은 후, 동 법인이 경정청구 및 경정결정에 착오가 있음을 확인하여 경정결정한 부분에 대하여 이를 정정하여 국세기본법 제45조의 규정에 의한 수정신고를 하는 경우에 과소신고가산세는 적용하지 아니함(재법인－37, 2004. 1. 12.)

• 경정청구에 따라 감액경정한 후 경정청구사유 외의 사유로 재경정한 경우 가산세 적용 여부
과세관청이 납세자의 경정청구를 받아들여 감액경정을 한 후 경정청구와는 다른 사유로 증액재경정을 하여 경정된 과세표준이 당초 납세자가 신고한 과세표준에 미달된다고 하더라도 과세관청의 재경정을 통하여 증가된 과세표준은 납세자가 당초 과세표준신고시에 세법에 따른 신고를 하지 않은 과세표준으로 과소신고가산세의 적용대상임(징세－1039, 2012. 9. 27.).

2－2－2. 가산세액의 계산

(1) 일반 과소신고 · 초과신고만 있는 경우

법인이 납부할 세액을 과소신고하거나 환급받을 세액을 초과신고한 경우에는 다음의 금액을 납부할 세액에 가산하거나 환급받을 세액에서 공제한다(국기법 §47의 3 ① 2호).

과소신고가산세액 ＝ 과소신고납부세액등(*) × 10%

(*) 과소신고한 납부세액과 초과신고한 환급세액을 합한 금액. 세액공제 · 감면, 기납부세액, 당초 신고세액 등을 차감한 금액으로, 가산세와 세법에 따라 가산하여 납부하여야 할 이자상당가산액이 있는 경우 그 금액은 제외함(국기법 §47의 3 ①).

(2) 부당 과소신고 · 초과신고가 있는 경우

상기 (1)에 불구하고, 부정행위로 납부할 세액을 과소신고하거나 환급받을 세액을 초과신고한 경우에는 다음의 금액을 납부할 세액에 가산하거나 환급받을 세액에서 공제한다(국기법 §47의 3 ① 1호, ② 1호).

이 경우 부정행위의 범위에 대해서는 '2－1. 무신고가산세'를 참고하기 바란다.

과소신고가산세액 ＝ 1) ＋ 2)

1) 부당과소신고가산세액 ＝ Max(①, ②)

① 부정과소신고납부세액 × 40%(*)

② 부당과소신고수입금액 × $\frac{14}{10,000}$

2) 일반과소신고가산세액 ＝ 일반과소신고납부세액 × 10%

(*) 역외거래에서 발생한 부정행위로 과소신고 또는 초과신고한 경우 60%

상기 산식을 적용함에 있어 부정과소신고납부세액이란 과소신고납부세액등(국기법 §47의 3 ①) 중에 부정행위로 인한 과소신고납부세액등을 말하며, 일반과소신고납부세액이란 그 외의 과소신고납부세액등으로서 과소신고납부세액등에서 부정과소신고납부세액을 뺀 금액을 말한

다. 부정과소신고납부세액과 일반과소신고납부세액의 구분이 어려운 경우 다음의 금액을 부정과소신고납부세액으로 한다(국기령 §27의 2 ③).

$$\text{부정과소신고납부세액} = \text{과소신고납부세액등} \times \frac{\text{부정행위로 인하여 과소신고한 과세표준}}{\text{과소신고한 과세표준}}$$

2-2-3. 과소신고가산세와 장부의 기록·보관 불성실가산세의 중복적용 배제

과소신고가산세와 장부의 기록·보관 불성실가산세가 동시에 적용될 때에는 그 중 큰 금액에 해당하는 가산세만을 적용하고, 가산세액이 같으면 과소신고가산세를 적용한다(국기법 §47의 3 ⑥, §47의 2 ⑥).

2-2-4. 과소신고가산세의 감면

과세표준신고서를 법정신고기한까지 제출한 법인이 법정신고기한이 지난 후 2년 이내 수정신고(국기법 §45)를 한 경우에는 과소신고가산세를 다음과 같이 수정신고시기별로 차등하여 감면한다(국기법 §48 ② 1호). 이에 따라 가산세의 감면을 받고자 하는 경우에는 가산세감면등 신청서를 관할 세무서장에게 제출하여야 한다(국기령 §28 ② 및 국기칙 §13 ①). 다만, 세무공무원이 조사에 착수한 것을 알고 과세표준수정신고서를 제출한 경우나 관할 세무서장으로부터 과세자료 해명 통지를 받고 과세표준수정신고서를 제출한 경우에는 감면하지 아니한다(국기령 §29).

법정신고기한 지난 후	감면비율
1개월 이내	90%
1개월 초과 3개월 이내	75%
3개월 초과 6개월 이내	50%
6개월 초과 1년 이내	30%
1년 초과 1년 6개월 이내	20%
1년 6개월 초과 2년 이내	10%

2-2-5. 과소신고가산세의 적용 배제

신성장사업화시설 또는 국가전략기술사업화시설의 인정을 받을 것을 조건으로 그 인정을 받기 전에 조세특례제한법 제24조의 세액공제를 신청하여 세액공제를 받았으나(조특령 §21 ⑬ 후단), 그 이후 인정 대상 시설의 일부 또는 전부에 대해 그 인정을 받지 못해 해당 세액공제

요건을 충족하지 못하게 된 경우 과소신고가산세를 적용하지 아니한다(국기법 §47의 3 ④ 4호 및 국기령 §27의 2 ④).

계산사례 - 2 **과소신고가산세액의 계산**

㈜용산은 법인세 신고를 아래와 같이 하였으나, 관할 세무서의 경정조사결과 다음과 같이 과세표준을 신고누락하였음이 확인되어 경정결정을 하게 되었다. 이때, 부정과소신고납부세액과 일반과소신고납부세액을 구분하기 곤란한 경우 과소신고가산세액을 계산하시오.
다만, 부당과소신고분은 역외거래에서 발생한 부정행위와 관련이 없으며, 부당과소신고수입금액은 부당과소신고과세표준과 같다.

(단위 : 원)

구 분	신고내용
당초신고과표	100,000,000
부당과소신고	150,000,000
일반과소신고	50,000,000
경정과세표준	300,000,000
경정산출세액	40,000,000
공제·감면세액	3,000,000
기납부세액	6,000,000
당초신고세액	11,000,000
과소신고납부세액(*)	20,000,000

(*) 경정산출세액 − 공제·감면세액 − 기납부세액 − 당초신고세액

해 설

1. 부당과소신고가산세액 = Max(①, ②) = 6,000,000
   ① 20,000,000 × [150,000,000/(150,000,000 + 50,000,000)] × 40%
   =15,000,000 × 40% = 6,000,000
   ② 150,000,000 × 14/10,000 = 210,000
2. 일반과소신고가산세액
   (20,000,000 − 15,000,000) × 10% = 500,000
3. 과소신고가산세액
   = 1.+ 2.
   = 6,000,000 + 500,000 = 6,500,000

3. 납부지연가산세

3-1. 의의

법인이 법인세법에 따른 납부기한까지 법인세를 납부하지 아니하거나 납부하여야 할 세액보다 적게 납부하거나 환급받아야 할 세액보다 많이 환급받은 경우에는 다음의 구분에 따른 지연이자 성격의 가산세(①, ②)와 체납에 대한 제재 성격의 가산세(③)를 합한 금액을 납부할 세액에 가산하거나 환급받을 세액에서 공제한다(국기법 §47의 4 ①).

① 미납부 또는 과소납부세액(*1) × 법정납부기한의 다음 날부터 납부일까지의 기간(*2) × $\frac{22}{100,000}$

② 초과환급세액(*1) × 환급받은 날의 다음 날부터 납부일까지의 기간(*2) × $\frac{22}{100,000}$

③ 법정납부기한까지 납부하여야 할 세액(*1) 중 납부고지서에 따른 납부기한까지 납부하지 아니한 세액 또는 과소납부분 세액(*3) × 3%

(*1) 세법에 따라 가산하여 납부하여야 할 다음과 같은 이자상당가산액 등이 있는 경우에는 그 금액을 더함.

- 고유목적사업준비금 미사용으로 인하여 납부하여야 할 이자상당액(법법 §29 ⑦)
- 책임준비금 손금산입 후 3년이 되는 날이 속하는 사업연도에 익금산입시 납부하여야 할 이자상당액(법법 §30 ③)
- 조세특례제한법에 의하여 법인세에 가산하여 납부하여야 할 이자상당액

(*2) 납부고지일부터 납부고지서에 따른 납부기한까지의 기간은 제외하며, 납부고지서에 따른 납부기한의 다음 날부터 납부일까지의 기간(국세징수법 제13조에 따라 지정납부기한과 독촉장에서 정하는 기한을 연장한 경우에는 그 연장기간은 제외함)이 5년을 초과하는 경우에는 그 기간은 5년으로 함(국기법 §47의 4 ⑦).

(*3) 국세를 납부고지서에 따른 납부기한까지 완납하지 아니한 경우에 한정함.

3-2. 납부지연가산세의 적용 특례

사업연도를 잘못 적용하여 신고납부한 경우에는 납부지연가산세를 적용할 때 실제 신고납부한 날에 실제 신고납부한 금액의 범위에서 당초 신고납부하였어야 할 사업연도에 대한 법인세를 자진납부한 것으로 본다. 다만, 해당 법인세의 신고가 국세기본법 제47조의 2에 따른 신고 중 부정행위로 무신고한 경우 또는 제47조의 3에 따른 신고 중 부정행위로 과소신고·초과환급신고한 경우에 해당하는 때에는 그러하지 아니하다(국기법 §47의 4 ⑥).

3-3. 납부지연가산세의 적용 배제

국세기본법 제47조의 5에 따른 원천징수 등 납부지연가산세가 적용되는 경우에는 납부지연가산세를 적용하지 아니한다(국기법 §47의 4 ④).

또한, 체납된 법인세의 납부고지서별 · 세목별 세액이 150만원 미만인 경우에는 상기 '3−1.'의 ① 및 ②의 가산세를 적용하지 아니한다(국기법 §47의 4 ⑧).

계산사례 - 3

㈜용산은 제12기 사업연도(2024. 1. 1. ~ 2024. 12. 31.)에 대한 법인세 과세표준 및 세액을 2025. 3. 31.에 신고·납부한 후, 다음과 같은 오류가 있음을 발견하고 2025. 10. 6.에 수정신고하고자 한다. 이 경우 다음 자료에 의하여 수정신고시의 가산세액을 계산하라. 단, 부정과소신고납부세액과 일반과소신고납부세액을 구분하기 곤란한 경우이며 법인세율은 2억원 이하분은 9%, 2억원 초과분은 19%, 200억원 초과분은 21%, 3,000억원 초과분은 24%로 가정한다.

1. 당초 신고한 제12기의 과세표준 (단위 : 원)

구 분	금 액
각 사업연도 소득	200,000,000
이월결손금	20,000,000
당초 과세표준	180,000,000
산출세액	16,200,000

2. 제12기 사업연도 세무조정시 누락한 사항 (단위 : 원)

누락내역	금 액
매출누락(부당과소신고수입금액)(*)	10,000,000
접대비 한도 초과	20,000,000

(*) 역외거래에서 발생한 부정행위와 관련없음

해 설

1. 과소신고 각 사업연도 소득금액의 계산
   (1) 일반과소신고금액 : 접대비 한도 초과액 = 20,000,000
   (2) 부당과소신고금액 : 매출누락 = 10,000,000
   합계 30,000,000
2. 수정 후 과세표준 및 산출세액
   (1) 수정 후 과세표준 : 180,000,000 + 30,000,000 = 210,000,000
   (2) 수정 후 산출세액 : 18,000,000 + (210,000,000 − 200,000,000) × 19% = 19,900,000
3. 가산세
   (1) 과소납부세액 : 19,900,000 − 16,200,000 = 3,700,000
   (2) 부정과소신고납부세액 : 3,700,000 × [10,000,000/(10,000,000 + 20,000,000)] = 1,233,333
   (3) 일반과소신고납부세액 : 3,700,000 − 1,233,333 = 2,466,667

(4) 과소신고가산세

① 일반과소신고가산세 = 2,466,667 × 10% = 246,667

② 부당과소신고가산세 = Max(㉠, ㉡) = 493,333

㉠ 1,233,333 × 40% = 493,333

㉡ $10,000,000 \times \frac{14}{10,000} = 14,000$

③ 과소신고가산세 = 740,000

(5) 납부지연가산세

3,700,000 × 189일(4. 1.~10. 6.) × 22/100,000 = 153,846

(6) 가산세 합계(=(4) + (5)) = 893,846

3-4. 납부지연가산세의 감면

정부가 국세기본법 제81조의 15에 따른 과세전적부심사 결정 · 통지기간(청구일로부터 30일) 이내에 그 결과를 통지하지 아니한 경우에는 결정 · 통지가 지연된 기간에 부과되는 납부지연가산세의 50%를 감면한다(국기법 §48 ② 3호 가목).

4. 원천징수 등 납부지연가산세

4-1. 가산세의 계산

법인세 원천징수의무자가 원천징수하여야 할 세액을 법정납부기한 내에 납부하지 아니하거나 과소납부하는 경우에는 다음에 해당하는 금액을 가산세로서 납부하여야 한다(국기법 §47의 5 ①, ② 1호 및 국기령 §27의 4). 다만, 원천징수의무자가 국가, 지방자치단체 또는 지방자치단체조합인 경우에는 예외로 하며(국기법 §47의 5 ③ 3호), 체납된 세액의 납부고지서별 · 세목별 세액이 150만원 미만인 경우에는 다음 중 ②에 따른 금액은 적용하지 아니한다(국기법 §47의 5 ⑤).

원천징수 등 납부지연가산세 = ①+②(한도 : 미납부 또는 과소납부세액×50%(*1))

① 미납부 또는 과소납부세액 × 3%

② 미납부 또는 과소납부세액 × 법정납부기한의 다음 날부터 납부일까지의 기간(*2) × $\frac{22}{100,000}$

(*1) 단, ①의 금액과 ② 중 법정납부기한의 다음 날부터 납부고지일까지의 기간에 해당하는 금액을 합한 금액은 10%

(*2) 납부고지일부터 납부고지서에 따른 납부기한까지의 기간은 제외하며, 납부고지서에 따른 납부기한의 다음 날부터 납부일까지의 기간(국세징수법 제13조에 따라 지정납부기한과 독촉장에서 정하는 기한을 연장한 경우에는 그 연장기간은 제외함)이 5년을 초과하는 경우에는 그 기간은 5년으로 함(국기법 §47의 5 ④).

4-2. 가산세의 징수

납세지 관할 세무서장은 원천징수의무자가 그 징수하여야 할 세액을 징수하지 아니하였거나 징수한 세액을 기한까지 납부하지 아니하면 지체 없이 원천징수의무자로부터 그 원천징수의무자가 원천징수하여 납부하여야 할 세액에 상당하는 금액에 원천징수 등 납부지연가산세를 더한 금액을 법인세로서 징수하여야 한다. 다만, 원천징수의무자가 원천징수를 하지 아니한 경우로서 납세의무자가 그 법인세액을 이미 납부한 때에는 원천징수의무자에게 그 가산세만을 징수한다(법법 §71 ③).

5. 장부의 기록 · 보관 불성실가산세

5-1. 적용요건

법인세법 제112조의 규정에 의하면, 납세의무 있는 법인은 장부를 비치하고 복식부기에 의하여 이를 기장하도록 되어 있는 바, 법인세법 제112조의 규정에 의한 장부의 비치 · 기장의무를 이행하지 않은 경우에 장부의 기록 · 보관 불성실가산세를 적용한다(법법 §75의 3 ①).

여기에서, '법 제112조의 규정에 의한 장부의 비치 · 기장의무를 이행하지 않은 경우'라 함은 장부를 비치 · 기장하지 아니한 경우는 물론이고, 장부를 비치 · 기장하기는 하였지만 복식부기에 의하지 아니한 경우까지도 포함하는 의미임에 유의하여야 한다.

5-2. 가산세액의 계산

장부의 기록 · 보관 불성실가산세는 다음 두 가지 산식에 의하여 계산한 금액 중 큰 금액으로 한다(법법 §75의 3 ①). 이 경우 가산세는 산출세액이 없는 경우에도 적용한다(법법 §75의 3 ②).

- 산출세액(*) × 20%
- 수입금액 × $\frac{7}{10,000}$

(*) 법인세법 제55조의 2에 따른 토지 등 양도소득에 대한 법인세액 및 조세특례제한법 제100조의 32에 따른 투자 · 상생협력 촉진을 위한 과세특례를 적용하여 계산한 법인세액은 제외함(법법 §75 ①)

5-3. 장부의 기록 · 보관 불성실가산세의 적용배제

장부의 기록 · 보관 불성실가산세의 적용요건을 충족하는 경우에도 법인세가 전액 면제되거나 비과세되는 소득만이 있는 법인에 대하여는 장부의 기록·보관 불성실가산세를 적용하지 아니한다(법법 §75의 3 ①).

그러나, 주된 소득은 아닐지라도 과세되는 소득이 일부라도 있는 법인은 '법인세가 비과세 또는 전액 면제되는 소득만이 있는 법인'으로 보지 않는다는 점을 유의하여야 한다. 따라서 국고보조금수입, 이자수입, 잡수입 등이 비과세되거나 면제되지 않고 과세되는 경우 그러한 과세소득이 있는 법인은 법인세가 비과세되거나 전액 면제되는 소득만이 있는 법인에 포함되지 않는다(법기통 75의 3-0…1).

5-4. 신고 불성실가산세와 장부의 기록·보관 불성실가산세의 중복적용 배제

신고 불성실가산세와 장부의 기록·보관 불성실가산세가 동시에 적용될 때에는 각각 그 중 큰 금액에 해당하는 가산세만을 적용하고, 가산세액이 같으면 신고 불성실가산세만을 적용한다(국기법 §47의 2 ⑥, §47의 3 ⑥).

6. 증명서류 수취 불성실가산세

6-1. 개 요

법인이 사업과 관련하여 사업자로부터 재화 또는 용역을 공급받고 신용카드매출전표, 현금영수증, 세금계산서 또는 계산서 등의 정규증명서류를 받지 아니하거나(하기 '6-5.'의 정규증명서류 수취특례가 적용되는 경우는 제외) 사실과 다른 증명서류를 받은 경우에는 다음과 같이 계산한 금액을 가산세로서 징수한다(법법 §75의 5 ①, ② 2호). 이 경우 산출세액이 없는 경우에도 가산세는 징수한다(법법 §75의 5 ③).

정규증명서류 미수취금액 · 사실과 다른 수취금액(*) × 2%

(*) 손금에 산입하는 것이 인정되는 금액에 한하며, 건별로 받아야 할 금액과의 차액을 말함.

6-2. 가산세 적용제외 법인

다음의 법인에 대해서는 증명서류 수취 불성실가산세를 적용하지 아니한다(법령 §120 ③).

① 국가 및 지방자치단체

② 비영리법인(수익사업과 관련된 부분은 제외함)

관련사례

- 미등록사업자 등으로부터 교부받은 세금계산서의 가산세 적용
  법인이 부가가치세법상 미등록사업자 또는 간이과세자로부터 재화 또는 용역을 공급받고 교부받은 세금계산서는 정규지출증빙서류에 해당하지 아니하여 증빙불비가산세를 적용하는 것임(재법인 46012-83, 2002. 4. 24.).
- 수익사업과 비수익사업 겸영 비영리법인의 가산세 적용
  수익사업과 비수익사업을 겸영하는 비영리법인이 수익사업과 관련하여 사업자로부터 재화나 용역을 공급받고 신용카드매출전표 등의 정규지출증빙서류를 수취하지 않는 경우에는 증빙불비가산세가 적용되나, 비수익사업의 운영과 관련하여 사업자로부터 재화나 용역을 공급받은 경우에는 증빙불비가산세가 적용되지 않음(법인 46012-269, 2001. 2. 1.).

6-3. 재화 또는 용역을 공급하는 사업자의 범위

증명서류 수취 불성실가산세가 적용되는 법인의 거래상대방, 즉 재화 또는 용역을 공급하는 사업자는 다음의 자로 한다(법령 §120 ④, §158 ①).

① 법인. 다만, 다음에 해당하는 법인을 제외한다.
가. 비영리법인(수익사업과 관련된 부분은 제외함)
나. 국가 및 지방자치단체
다. 금융보험업을 영위하는 법인(금융·보험용역을 제공하는 경우에 한함)
라. 국내사업장이 없는 외국법인

② 부가가치세법상 사업자. 다만, 읍·면지역에 소재하는 간이과세자로서 신용카드가맹점 또는 현금영수증가맹점이 아닌 사업자를 제외한다.

③ 소득세법상 사업자 및 부동산·사업소득이 있는 비거주자. 다만, 국내사업장이 없는 비거주자를 제외한다.

6-4. 정규증명서류의 범위

정규증명서류라 함은 다음의 증명서류를 말한다(법법 §116 ②).

① 여신전문금융업법에 따른 신용카드매출전표
신용카드에는 다음의 것을 포함한다(법령 §158 ③).
가. 직불카드
나. 외국에서 발행된 신용카드
다. 기명식선불카드, 직불전자지급수단, 기명식선불전자지급수단, 기명식전자화폐

한편, 다음에 해당하는 증빙을 보관하고 있는 경우에는 신용카드매출전표를 수취하여 보

관하고 있는 것으로 본다(법령 §158 ④).

가. 여신전문금융업법에 의한 신용카드업자로부터 교부받은 신용카드 및 직불카드 등의 월별이용대금명세서

나. 여신전문금융업법에 의한 신용카드업자로부터 전송받아 전사적자원관리시스템에 보관하고 있는 신용카드 및 직불카드 등의 거래정보(국기령 §65의 7의 규정에 의한 요건을 충족하는 경우에 한함)

② 현금영수증
③ 세금계산서
④ 계산서

신용카드매출전표, 세금계산서 또는 계산서를 수취하더라도 다음에 해당하는 경우에는 이를 정규증명서류로 보지 않는다(법기통 116-158…1).

① 실제 거래처와 다른 사업자 명의로 발급된 세금계산서 · 계산서 또는 신용카드매출전표
② 부가가치세법상 미등록사업자로부터 재화 또는 용역을 공급받고 발급받은 세금계산서 또는 계산서
③ 부가가치세법상 간이과세자로부터 재화 또는 용역을 공급받고 발급받은 세금계산서

6-5. 정규증명서류 수취특례

다음의 경우에는 정규증명서류를 수취 및 보관할 의무가 없기 때문에 정규증명서류를 수취하지 아니하여도 증명서류 수취 불성실가산세를 적용하지 아니한다(법법 §75의 5 ② 2호, §116 ② 단서 및 법령 §158 ②).

① 공급받은 재화 또는 용역의 건당 거래금액(부가가치세 포함)이 3만원 이하인 경우
② 농 · 어민(한국표준산업분류에 의한 농업 중 작물재배업 · 축산업 · 복합농업, 임업 또는 어업에 종사하는 자를 말하며, 법인을 제외함)으로부터 재화 또는 용역을 직접 공급받은 경우
③ 소득세법 제127조 제1항 제3호에 규정된 원천징수대상 사업소득자로부터 용역을 공급받은 경우(원천징수한 것에 한함)
④ 항만공사로부터 공급받는 화물료 징수용역
⑤ 기타 다음에 해당하는 경우(법칙 §79 및 국세청고시 제2022-2호(2022. 2. 1.))

가. 부가가치세법 제10조의 규정에 의하여 재화의 공급으로 보지 아니하는 사업의 양도에 의하여 재화를 공급받은 경우

나. 부가가치세법 제26조 제1항 제8호에 따른 방송용역을 제공받은 경우

다. 전기통신사업법에 따른 전기통신사업자로부터 전기통신용역을 공급받은 경우
다만, 전자상거래 등에서의 소비자보호에 관한 법률에 따른 통신판매업자가 전기통신

사업법에 따른 부가통신사업자로부터 같은 법 제4조 제4항에 따른 부가통신역무를 제공받는 경우를 제외함.

라. 국외에서 재화 또는 용역을 공급받은 경우(세관장이 세금계산서 또는 계산서를 교부한 경우를 제외함)

마. 공매·경매 또는 수용에 의하여 재화를 공급받은 경우

바. 토지 또는 주택을 구입하거나 주택의 임대업을 영위하는 자(법인을 제외함)로부터 주택임대용역을 공급받은 경우

사. 택시운송용역을 제공받은 경우

아. 건물(토지를 함께 공급받은 경우에는 당해 토지를 포함하며, 주택을 제외함)을 구입하는 경우로서 거래내용이 확인되는 매매계약서 사본을 법인세법 제60조의 규정에 의한 법인세과세표준신고서에 첨부하여 납세지 관할세무서장에게 제출하는 경우

자. 소득세법 시행령 제208조의 2 제1항 제3호의 규정에 의한 금융·보험용역을 제공받은 경우

차. 항공기의 항행용역을 제공받은 경우

카. 부동산임대용역을 제공받은 경우로서 부가가치세법 시행령 제65조 제1항을 적용받는 전세금 또는 임대보증금에 대한 부가가치세액을 임차인이 부담하는 경우

타. 재화공급계약·용역제공계약 등에 의하여 확정된 대가의 지급지연으로 인하여 연체이자를 지급하는 경우

파. 한국철도공사법에 의한 한국철도공사로부터 철도의 여객운송용역을 공급받는 경우

하. 유료도로법에 따른 유료도로를 이용하고 통행료를 지급하는 경우

거. 다음 중 어느 하나에 해당하는 경우로서 공급받은 재화 또는 용역의 거래금액을 금융실명거래 및 비밀보장에 관한 법률에 의한 금융기관을 통하여 지급한 경우로서 법인세법 제60조에 따른 법인세과세표준신고서에 송금사실을 기재한 경비 등의 송금명세서를 첨부하여 납세지 관할세무서장에게 제출하는 경우

㉠ 부가가치세법 제61조를 적용받는 사업자로부터 부동산임대용역을 제공받은 경우

㉡ 임가공용역을 제공받은 경우(법인과의 거래를 제외함)

㉢ 운수업을 영위하는 자(부가가치세법 제61조를 적용받는 사업자에 한함)가 제공하는 운송용역을 공급받은 경우(위 '사'의 규정을 적용받는 경우를 제외함)

㉣ 부가가치세법 제61조를 적용받는 사업자로부터 조세특례제한법 시행령 제110조 제4항 각 호에 따른 재활용폐자원 등이나 자원의 절약과 재활용촉진에 관한 법률 제2조 제2호에 따른 재활용가능자원(같은 법 시행규칙 별표 1 제1호부터 제9호까지의 규정에 열거된 것에 한함)을 공급받은 경우

㉤ 항공법에 의한 상업서류 송달용역을 제공받는 경우

ⓑ 공인중개사의 업무 및 부동산 거래신고에 관한 법률에 따른 중개업자에게 수수료를 지급하는 경우

ⓢ 복권 및 복권기금법에 의한 복권사업자가 복권을 판매하는 자에게 수수료를 지급하는 경우

ⓞ 전자상거래 등에서의 소비자보호에 관한 법률 제2조 제2호 본문에 따른 통신판매에 따라 재화 또는 용역을 공급받는 경우

ⓙ 인터넷, PC통신 및 TV홈쇼핑을 통하여 재화 또는 용역을 공급받는 경우

ⓒ 우편송달에 의한 주문판매를 통하여 재화를 공급받는 경우

6-6. 지출증명서류 합계표의 작성 · 보관

직전 사업연도의 수입금액이 30억원(사업연도가 1년 미만인 법인의 경우 30억원에 해당 사업연도의 월수를 곱하고 12로 나누어 산출한 금액) 이상으로서 법인세법 제116조에 따라 지출증명서류를 수취하여 보관한 법인은 지출증명서류 합계표(법칙 별지 제77호 서식)를 작성하여 보관해야 한다(법령 §158 ⑥ 및 법칙 §82 ⑦ 16호).

6-7. 손금불산입된 기업업무추진비의 가산세 적용배제

다음의 기준금액을 초과하는 기업업무추진비를 지출하고 신용카드매출전표, 현금영수증, 계산서 또는 세금계산서 등을 교부받지 아니하여 손금불산입된 기업업무추진비에 대해서는 증명서류 수취 불성실가산세를 적용하지 아니한다(법법 §75의 5 ② 1호, §25 ② 및 법령 §41 ①).

구 분	기준금액
경조금의 경우	20만원
경조금 외의 경우	3만원

7. 주주등의 명세서 등 제출 불성실가산세

7-1. 주식등변동상황명세서 제출 불성실가산세

법인세법 제119조에 따라 주식등변동상황명세서를 제출하여야 할 법인이 주식등변동상황명세서를 제출하지 아니하는 등 다음에 열거하는 사유가 있는 경우에는 다음과 같이 계산한 금액을 가산세로서 징수한다. 다만, 제출기한 경과 후 1월 이내에 제출하는 경우에는 1%를 0.5%로 하고(국기법 §48 ② 3호 나목), 산출세액이 없는 경우에도 가산세는 징수한다(법법 §75의 2 ②, ③).

미제출 · 누락제출 및 불분명하게 제출한 명세서 관련 주식 등의 액면금액 또는 출자가액 × 1%

① 주식등변동상황명세서를 제출하지 아니한 경우
② 주식등변동상황을 누락하여 제출한 경우
③ 다음과 같이 제출한 주식등변동상황명세서가 불분명한 경우. 다만, 내국법인이 주식 등의 실제 소유자를 알 수 없는 경우 등 정당한 사유가 있는 경우는 제외한다(법령 §120 ②).
가. 제출된 변동상황명세서에 필요적 기재사항(법령 §161 ⑥ 1호~3호)의 전부 또는 일부를 기재하지 아니하였거나 잘못 기재하여 주식 등의 변동상황을 확인할 수 없는 경우
나. 제출된 변동상황명세서의 필요적 기재사항이 주식 등의 실제 소유자에 대한 사항과 다르게 기재되어 주식 등의 변동사항을 확인할 수 없는 경우

:: 필요적 기재사항(법령 §161 ⑥ 1호~3호)

- 주주 등의 성명 또는 법인명, 주민등록번호 · 사업자등록번호 또는 고유번호
- 주주 등별 주식 등의 보유현황
- 사업연도 중의 주식 등의 변동사항

7-2. 주주등의 명세서 제출 불성실가산세

7-2-1. 개 요

법인세법 제109조 제1항에 따른 법인설립신고 대상 법인 또는 같은 법 제111조 제1항 후단에 따른 법인설립신고 전 사업자 등록 법인이 다음의 어느 하나에 해당하는 경우에는 주주등의 명세서 제출 불성실가산세가 적용된다(법법 §75의 2 ①).

① 주주등의 명세서를 제출하지 아니한 경우
② 주주등의 명세의 전부 또는 일부를 누락하여 제출한 경우
③ 제출한 명세서가 다음과 같이 불분명한 경우. 다만, 법인이 주식등의 실제소유자를 알 수 없는 경우 등 정당한 사유가 있는 경우는 제외함(법령 §120 ①).
가. 제출된 주주등의 명세서에 법인세법 제109조 제1항에 따라 제출된 주주등의 명세서의 필요적 기재사항(법법 §152 ② 1호, 2호)의 전부 또는 일부를 기재하지 아니하였거나 잘못 기재하여 주주등의 명세를 확인할 수 없는 경우
나. 제출된 주주등의 명세서의 필요적 기재사항이 주식등의 실제 소유자에 대한 사항과 다르게 기재되어 주주등의 명세를 확인할 수 없는 경우

:: 필요적 기재사항(법령 §152 ② 1호, 2호)

- 주주등의 성명 또는 법인명, 주민등록번호 · 사업자등록번호 또는 고유번호
- 주주등별 주식등의 보유현황

7-2-2. 가산세액의 계산

주주등의 명세서 제출 불성실가산세는 다음과 같이 해당 주주 등이 보유한 주식 등의 액면금액(무액면주식인 경우에는 그 주식을 발행한 법인의 자본금을 발행주식총수로 나누어 계산한 금액을 말함) 또는 출자가액의 0.5%에 해당하는 금액을 설립일이 속하는 사업연도의 법인세에 가산하여 징수하여야 한다. 이 경우 산출세액이 없는 경우에도 주주등의 명세서 제출 불성실가산세를 징수하며, 제출기한 경과 후 1개월 이내에 제출하는 때에는 미제출가산세의 50%를 경감한 0.25%를 적용한다(법법 §75의 2 ①, ③ 및 국기법 §48 ② 3호 나목).

$$\text{미제출 · 누락제출 및 불분명하게 제출한 주주등이 보유한 주식 등의 액면금액(출자가액)} \times \frac{5}{1,000}$$

8. 지급명세서 등 제출 불성실가산세

8-1. 개 요

지급명세서 제출대상 소득금액을 지급하는 법인은 그 소득에 대한 지급명세서를 그 지급일이 속하는 연도의 다음 연도 2월 말일(원천징수대상 사업소득과 근로소득 또는 퇴직소득, 기타소득 중 종교인소득 및 소득세법 시행령 제184조의 2에 따른 봉사료의 경우에는 다음 연도 3월 10일, 휴업, 폐업 또는 해산한 경우에는 휴업일, 폐업일 또는 해산일이 속하는 달의 다음 다음 달 말일)까지 납세지 관할세무서장에게 제출하여야 한다. 다만, 일용근로자의 근로소득은 그 지급일이 속하는 달의 다음 달 말일(휴업, 폐업 또는 해산한 경우에는 휴업일, 폐업일 또는 해산일이 속하는 달의 다음 달 말일)까지 제출하여야 한다(법법 §120, §120의 2 및 소법 §164, §164의 2).

더불어, 일용근로자가 아닌 근로자에게 근로소득을 지급하는 법인은 간이지급명세서를 그 지급일(소득세법 제135조에 따른 원천징수시기에 대한 특례를 적용받는 근로소득에 대해서는 해당 소득에 대한 과세기간 종료일)이 속하는 반기의 마지막 달의 다음 달 말일(휴업, 폐업 또는 해산한 경우에는 휴업일, 폐업일 또는 해산일이 속하는 반기의 마지막 달의 다음 달 말일)까지 제출하여야 한다. 다만, 원천징수대상 사업소득은 그 지급일(소득세법 제144조의 5에 따른 원천징수시기에 대한 특례를 적용받는 사업소득에 대해서는 해당 소득에 대한 과세기간 종료일)이 속하는 달의 다음

달 말일(휴업, 폐업 또는 해산한 경우에는 휴업일, 폐업일 또는 해산일이 속하는 달의 다음 달 말일)까지 제출하여야 한다(소법 §164의 3).

한편, 상기 지급명세서 또는 간이지급명세서를 제출하여야 할 법인이 다음 중 어느 하나에 해당하는 경우에는 다음의 구분에 따른 금액을 가산세로 해당 사업연도의 법인세액에 더하여 납부하여야 한다(법법 §75의 7 ①). 이 경우 산출세액이 없는 경우에도 가산세는 부담하여야 한다(법법 §75의 7 ⑥).

① 지급명세서 또는 간이지급명세서를 기한까지 제출하지 아니한 경우
㉮ 지급명세서의 경우 : 제출하지 아니한 분의 지급금액의 1%(제출기한이 지난 후 3개월 이내에 제출하는 경우에는 지급금액의 0.5%). 다만, 일용근로자의 근로소득에 대한 지급명세서의 경우에는 제출하지 아니한 분의 지급금액의 0.25%(제출기한이 지난 후 1개월 이내에 제출하는 경우에는 지급금액의 0.125%)
㉯ 간이지급명세서의 경우 : 제출하지 아니한 분의 지급금액의 0.25%(제출기한이 지난 후 1개월 이내에 제출하는 경우에는 지급금액의 0.125%)

② 제출된 지급명세서 또는 간이지급명세서가 후술하는 '8-3.'의 불분명한 경우에 해당하거나 기재된 지급금액이 사실과 다른 경우
㉮ 지급명세서의 경우: 불분명하거나 사실과 다른 분의 지급금액의 1%. 다만, 일용근로자의 근로소득에 대한 지급명세서의 경우에는 불분명하거나 사실과 다른 분의 지급금액의 0.25%
㉯ 간이지급명세서의 경우: 불분명하거나 사실과 다른 분의 지급금액의 0.25%

8-2. 지급명세서 등 제출 불성실가산세의 적용 배제

8-2-1. 지급명세서 등을 기한까지 제출하지 아니한 경우

소득세법 제128조 제2항에 따라 원천징수세액을 반기별로 납부하는 원천징수의무자가 2021년 7월 1일부터 2022년 6월 30일까지 일용근로소득 또는 원천징수대상 사업소득을 지급하는 경우로서 다음의 어느 하나에 해당하는 경우에는 상기 '8-1의 ①'의 가산세는 부과하지 아니한다(법법 §75의 7 ②).

① 일용근로소득에 대한 지급명세서를 그 소득 지급일(소득세법 제135조에 따라 근로소득 원천징수시기에 대한 특례를 적용받는 소득에 대해서는 해당 소득에 대한 과세기간 종료일)이 속하는 분기의 마지막 달의 다음 달 말일(휴업, 폐업 또는 해산한 경우에는 휴업일, 폐업일 또는 해산일이 속하는 분기의 마지막 달의 다음 달 말일)까지 제출하는 경우
② 원천징수대상 사업소득에 대한 간이지급명세서를 그 소득 지급일(소득세법 제144조의 5에 따라 연말정산 사업소득의 원천징수시기에 대한 특례를 적용받는 소득에 대해서는 해당

소득에 대한 과세기간 종료일)이 속하는 반기의 마지막 달의 다음 달 말일(휴업, 폐업 또는 해산한 경우에는 휴업일, 폐업일 또는 해산일이 속하는 반기의 마지막 달의 다음 달 말일)까지 제출하는 경우

8-2-2. 간이지급명세서를 기한까지 제출하지 아니한 경우

다음의 어느 하나에 해당하는 경우에는 상기 '8-1의 ① ㉯'의 가산세는 부과하지 아니한다(법법 §75의 7 ③).

① 2026년 1월 1일부터 2026년 12월 31일(소득세법 제128조 제2항에 따라 원천징수세액을 반기별로 납부하는 원천징수의무자의 경우에는 2027년 12월 31일)까지 상용근로소득을 지급하는 경우로서 해당 소득에 대한 간이지급명세서를 그 소득 지급일(소득세법 제135조에 따라 원천징수시기에 대한 특례를 적용받는 소득에 대해서는 해당 소득에 대한 과세기간 종료일)이 속하는 반기의 마지막 달의 다음 달 말일(휴업, 폐업 또는 해산한 경우에는 휴업일, 폐업일 또는 해산일이 속하는 반기의 마지막 달의 다음 달 말일)까지 제출하는 경우

② 2024년 1월 1일부터 2024년 12월 31일까지 인적용역 관련 기타소득을 지급하는 경우로서 해당 소득에 대한 지급명세서를 그 소득 지급일이 속하는 과세연도의 다음 연도 2월 말일(휴업, 폐업 또는 해산한 경우에는 휴업일, 폐업일 또는 해산일이 속하는 달의 다음다음달 말일)까지 제출하는 경우

8-2-3. 제출된 지급명세서 등이 불분명하거나 기재된 지급금액이 사실과 다른 경우

일용근로소득 또는 원천징수대상 사업소득에 대하여 제출한 명세서가 상기 '8-1의 ②'에 해당하는 경우로서 명세서에 기재된 각각의 총 지급금액에서 제출한 명세서가 불분명한 경우에 해당하거나 기재된 지급금액이 사실과 다른 경우에 해당하는 분의 지급금액이 차지하는 비율이 5% 이하인 경우에는 상기 '8-1의 ②'의 가산세는 부과하지 아니한다(법법 §75의 7 ④ 및 법령 §120 ⑪).

8-3. 지급명세서가 불분명한 경우의 범위

상기 '8-1의 ②'에서 '제출된 지급명세서 또는 간이지급명세서가 불분명한 경우'란 다음의 구분에 따른 경우를 말한다(법령 §120 ⑨).

① 지급명세서의 경우 : 다음의 어느 하나에 해당하는 경우

㉮ 제출된 지급명세서에 지급자 또는 소득자의 주소, 성명, 고유번호(주민등록번호로 갈음하는 경우에는 주민등록번호)나 사업자등록번호, 소득의 종류, 소득귀속연도 또는 지급액을 적지 않았거나 잘못 적어 지급사실을 확인할 수 없는 경우

㉯ 제출된 지급명세서 및 이자·배당소득 지급명세서에 유가증권표준코드를 적지 않았거

나 잘못 적어 유가증권의 발행자를 확인할 수 없는 경우

㉰ 내국법인인 금융회사 등으로부터 제출된 이자·배당소득 지급명세서에 해당 금융회사 등이 과세구분을 적지 않았거나 잘못 적은 경우

㉱ 소득세법 시행령 제202조의 2 제1항에 따른 이연퇴직소득세를 적지 않았거나 잘못 적은 경우

② 간이지급명세서의 경우 : 제출된 간이지급명세서에 지급자 또는 소득자의 주소·성명·납세번호(주민등록번호로 갈음하는 경우에는 주민등록번호)나 사업자등록번호, 소득의 종류, 소득의 귀속연도 또는 지급액을 적지 않았거나 잘못 적어 지급사실을 확인할 수 없는 경우

다만, 다음의 어느 하나에 해당하는 경우는 불분명한 경우로 보지 아니한다(법령 §120 ⑩).

① 지급일 현재 사업자등록증의 발급을 받은 자 또는 고유번호의 부여를 받은 자에게 지급한 경우
② 상기 '①' 외의 지급으로서 지급 후에 그 지급받은 자가 소재불명으로 확인된 경우

8-4. 합병·분할 또는 해산시의 지급금액

법인세법 제120조에 따른 법인이 합병·분할 또는 해산함으로써 법인세법 제84조·제85조 또는 제87조의 규정에 의하여 과세표준을 신고·결정 또는 경정한 경우, '지급금액'은 합병등기일·분할등기일 또는 해산등기일까지 제출하여야 하는 금액으로 한다(법령 §120 ⑫).

9. 계산서 등 제출불성실가산세

9-1. 개 요

내국법인(국가 및 지방자치단체, 비수익사업과 관련된 비영리법인 등은 제외)이 계산서 등을 부실기재하는 등 다음의 어느 하나에 해당하는 경우에는 다음의 구분에 따른 금액을 가산세로 해당 사업연도의 법인세액에 더하여 납부하여야 한다. 이 경우 산출세액이 없는 경우에도 가산세는 징수하며, 제출기한 경과 후 1개월 이내에 제출하는 때에는 제출 불성실가산세의 50%를 경감한다(법법 §75의 8 ①, ③ 및 국기법 §48 ② 3호 나목).

구분	적용요건	가산세액
계산서 불성실가산세	① 계산서 등을 발급하지 아니하거나 가공 및 위장수수한 경우	공급가액의 2%[*1]
	② 계산서를 부실기재한 경우(③이 적용되는 분은 제외)	공급가액의 1%
계산서합계표 불성실가산세	③ 매출·매입처별 계산서합계표를 기한 내 제출하지 아니하거나 부실기재한 경우(①이 적용되는 분은 제외)	공급가액의 0.5%

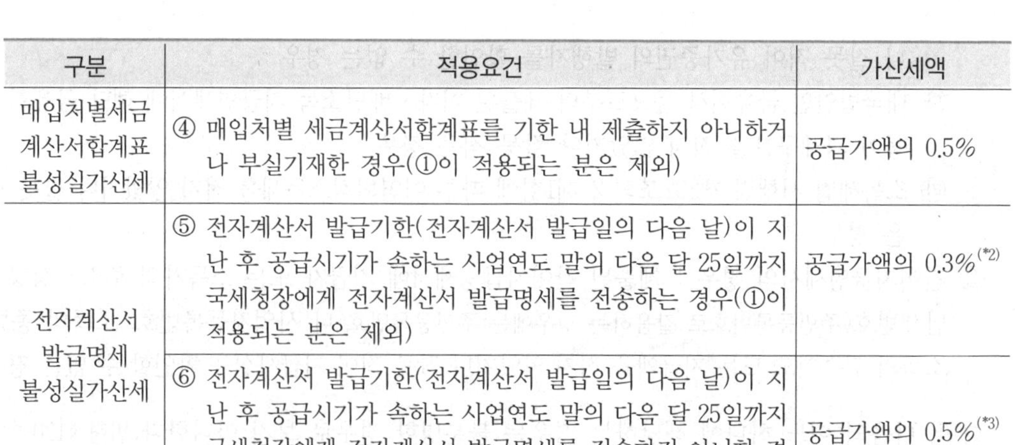

구분	적용요건	가산세액
매입처별세금계산서합계표불성실가산세	④ 매입처별 세금계산서합계표를 기한 내 제출하지 아니하거나 부실기재한 경우(①이 적용되는 분은 제외)	공급가액의 0.5%
전자계산서 발급명세 불성실가산세	⑤ 전자계산서 발급기한(전자계산서 발급일의 다음 날)이 지난 후 공급시기가 속하는 사업연도 말의 다음 달 25일까지 국세청장에게 전자계산서 발급명세를 전송하는 경우(①이 적용되는 분은 제외)	공급가액의 0.3%(*2)
	⑥ 전자계산서 발급기한(전자계산서 발급일의 다음 날)이 지난 후 공급시기가 속하는 사업연도 말의 다음 달 25일까지 국세청장에게 전자계산서 발급명세를 전송하지 아니한 경우(①이 적용되는 분은 제외)	공급가액의 0.5%(*3)

(*1) 다만, 전자계산서 외의 계산서를 발급한 경우 및 공급시기가 속하는 사업연도 말의 다음 달 25일까지 발급한 경우에는 1% 적용

(*2) 다만, 2016년 12월 31일 이전 공급한 분은 0.1%, 2017년 1월 1일 이후부터 2018년 12월 31일 이전 공급한 분은 0.5% 적용

(*3) 다만, 2016년 12월 31일 이전 공급한 분은 0.3%, 2017년 1월 1일 이후부터 2018년 12월 31일 이전 공급한 분은 0.1% 적용

9－2. 계산서불성실가산세의 적용사유

계산서불성실가산세는 다음의 경우에 적용한다(법법 §75의 8 ① 2호, 4호).

① 계산서 등을 발급하지 아니하거나 다음과 같이 가공 · 위장 수수한 경우(이하 '계산서미발급등가산세'라 함)

㉮ 재화 또는 용역을 공급한 자가 계산서를 발급시기에 발급하지 아니한 경우. 이 경우 전자계산서(법법 §121 ① 후단)를 발급하지 아니하였으나 전자계산서 외의 계산서를 발급한 경우와 계산서 발급시기가 지난 후 해당 재화 또는 용역의 공급시기가 속하는 사업연도 말의 다음 달 25일까지 계산서를 발급한 경우를 포함함.

㉯ 재화 또는 용역을 공급하지 아니하고 신용카드 매출전표, 현금영수증, 계산서(이하 '계산서 등'이라 함)를 발급한 경우

㉰ 재화 또는 용역을 공급받지 아니하고 계산서 등을 발급받은 경우

㉱ 재화 또는 용역을 공급하고 실제로 재화 또는 용역을 공급하는 법인이 아닌 법인의 명의로 계산서 등을 발급한 경우

㉲ 재화 또는 용역을 공급받고 실제로 재화 또는 용역을 공급하는 자가 아닌 자의 명의로 계산서 등을 발급받은 경우

② 발급한 분에 대한 계산서등에 다음과 같은 필요적 기재사항의 전부 또는 일부를 적지 아니

하거나 사실과 다르게 적은 경우(이하 '계산서부실기재가산세'라 함). 다만, 아래 '9-3.'의 계산서합계표 불성실가산세가 적용되는 분은 제외하며, 발급한 계산서의 필요적 기재사항 중 일부가 착오로 사실과 다르게 기재되었으나 해당 계산서의 그 밖의 기재사항으로 보아 거래사실이 확인되는 경우에도 사실과 다르게 기재된 계산서로 보지 아니한다(법령 §120 ⑭ 및 소령 §211 ① 1호 내지 4호).

㉮ 공급하는 사업자의 등록번호와 성명 또는 명칭

㉯ 공급받는 자의 등록번호와 성명 또는 명칭. 다만, 공급받는 자가 사업자가 아니거나 등록한 사업자가 아닌 경우에는 소득세법 제168조 제5항에 따른 고유번호 또는 공급받는 자의 주민등록번호로 함.

㉰ 공급가액

㉱ 작성연월일

관련사례

- 계산서불성실가산세 적용이 제외되는 거래

  다음에 해당하는 재화 또는 용역의 공급에 대하여는 계산서를 발급하지 아니하는 경우에도 가산세를 부과하지 아니함(법기통 75의 8-120…1).

  ① 법인의 본지점간 재화의 이동

  ② 사업을 포괄적으로 양도하는 경우

  ③ 상품권 등 유가증권을 매매하는 경우(상품권매매업자 포함)

9-3. 계산서합계표 불성실가산세의 적용사유

계산서합계표 불성실가산세는 다음의 경우에 적용한다. 다만, 상기 '9-2. ①'의 계산서미발급등가산세가 적용되는 분은 제외한다(법법 §75의 8 ① 3호).

① 매출·매입처별계산서합계표를 기한(매년 2월 10일)까지 제출하지 아니한 경우

② 매출·매입처별계산서합계표를 기한까지 제출한 경우로서 그 합계표에 적어야 할 사항의 전부 또는 일부를 적지 아니하거나 사실과 다르게 적은 경우

여기서 합계표 작성시 '적어야 할 사항'이라 하면 거래처별 사업자등록번호 및 공급가액을 의미하며, 이러한 기재사항이 착오로 사실과 다르게 기재된 경우라 하더라도 발급하거나 발급받은 계산서에 의하여 거래사실이 확인되는 경우에는 사실과 다르게 기재된 경우로 보지 아니한다(법령 §120 ⑮).

관련사례

• 착오로 세금계산서 대신 계산서를 발급받은 경우의 가산세 적용
공급자가 착오로 세금계산서 대신 계산서를 발급하여 계산서를 발급받은 경우라도 발급받은 계산서를 매입처별계산서합계표에 기재하여 제출하지 아니한 때에는 계산서합계표 불성실가산세가 적용됨(법기통 75의 8-0…1 ②).

• 계산서를 발급받지 못한 경우의 가산세 적용
재화나 용역의 공급자로부터 계산서를 발급받지 못하여 매입처별계산서합계표를 제출하지 못한 경우에는 계산서합계표 불성실가산세를 적용하지 아니함(법기통 75의 8-0…2).

9-4. 매입처별세금계산서합계표 불성실가산세의 적용사유

매입처별세금계산서합계표 불성실가산세는 다음의 경우에 적용한다. 다만, 상기 '9-2. ①'의 계산서미발급등가산세가 적용되는 분은 제외한다(법법 §75의 8 ① 1호).

① 매입처별세금계산서합계표를 기한(매년 2월 10일)까지 제출하지 아니한 경우
② 매입처별세금계산서합계표를 기한까지 제출한 경우로서 그 매입처별세금계산서합계표에 적어야 할 사항의 전부 또는 일부를 적지 아니하거나 사실과 다르게 적은 경우

여기서 "적어야 할 사항의 전부 또는 일부를 적지 아니하거나 사실과 다르게 적은 경우"란 거래처별 사업자등록번호 또는 공급가액을 적지 아니하거나 사실과 다르게 적은 경우를 말한다. 다만, 제출된 매입처별세금계산서합계표에 적어야 할 사항을 착오로 사실과 다르게 적은 경우로서 발급받은 세금계산서에 의하여 거래사실이 확인되는 경우에는 사실과 다르게 기재된 경우로 보지 아니한다(법령 §120 ⑬).

9-5. 전자계산서 발급명세 불성실가산세의 적용사유

전자계산서 발급명세 불성실가산세는 전자계산서의 발급기한(전자계산서 발급일의 다음날)이 지난 후 재화 또는 용역의 공급시기가 속하는 사업연도 말의 다음 달 25일까지 국세청장에게 전자계산서 발급명세를 전송하거나 전송하지 아니하는 경우에 적용한다. 다만, 상기 '9-2. ①'의 계산서미발급등가산세가 적용되는 분은 제외한다(법법 §75의 8 ① 5호, 6호).

9-6. 가산세 중복적용의 배제

상기 '6. 증명서류 수취 불성실가산세' 또는 부가가치세법에 따른 다음의 가산세를 적용받는 부분에 대해서는 '9. 계산서 등 제출 불성실가산세'를 적용하지 아니한다(법법 §75의 8 ② 및 부법 §60 ②, ③, ⑤부터 ⑦).

① 세금계산서 불성실가산세

② 신용카드매출전표 등 미제출가산세
③ 매출처별세금계산서합계표 불성실가산세
④ 매입처별세금계산서합계표 불성실가산세

관련사례

• 착오로 세금계산서 대신 계산서를 발급한 경우
법인이 부가가치세법상 세금계산서 발급대상 재화를 공급하면서 착오로 계산서를 발급함에 따라 세금계산서 미발급가산세가 적용되는 부분에 대하여는 계산서 등 불성실가산세를 적용하지 아니함(법기통 75의 8-0…1 ①).

:: 농수산물유통 및 가격안정에 관한 법률에 의한 중도매인 등의 특례

1. 중도매인에 대한 특례

농수산물 유통 및 가격안정에 관한 법률 제2조에 따른 중도매인(이하 "중도매인"이라 함)에 대해서는 2001년 12월 31일 이전에 종료하는 사업연도까지는 계산서 등 제출 불성실 가산세 적용 제외 법인(국가 및 지방자치단체, 비영리법인)으로 보고, 중도매인이 2002년 1월 1일부터 2002년 12월 31일까지의 기간 중에 종료하는 사업연도부터 2026년 1월 1일부터 2026년 12월 31일까지의 기간 중에 종료하는 사업연도까지는 각 사업연도별로 계산서를 발급하고 관할세무서장에게 매출처별 계산서 합계표를 제출한 금액이 다음 중 어느 하나에 해당하는 비율(이하 "계산서 발급비율"이라 함) 이상인 경우 해당 사업연도에는 계산서 등 제출 불성실 가산세 적용 제외 법인(국가 및 지방자치단체, 비영리법인)으로 보되, 이 경우 중도매인이 각 사업연도별로 계산서 발급비율이 다음 중 어느 하나에 해당하는 비율에 미달하는 경우에는 각 사업연도별로 총매출액에 다음 중 어느 하나에 해당하는 비율을 적용하여 계산한 금액과 매출처별 계산서 합계표를 제출한 금액과의 차액을 공급가액으로 보아 가산세를 부과한다 [(대통령령 제15970호 부칙 §14, 1998. 12. 31.) 2024. 2. 29. 개정].

① 농수산물 유통 및 가격안정에 관한 법률에 따른 서울특별시 소재 중앙도매시장의 중도매인

사업연도	비 율
2002년 1월 1일부터 2002년 12월 31일까지의 기간 중에 종료하는 사업연도	100분의 10
2003년 1월 1일부터 2003년 12월 31일까지의 기간 중에 종료하는 사업연도	100분의 20
2004년 1월 1일부터 2004년 12월 31일까지의 기간 중에 종료하는 사업연도	100분의 40
2005년 1월 1일부터 2005년 12월 31일까지의 기간 중에 종료하는 사업연도	100분의 40
2006년 1월 1일부터 2006년 12월 31일까지의 기간 중에 종료하는 사업연도	100분의 40
2007년 1월 1일부터 2007년 12월 31일까지의 기간 중에 종료하는 사업연도	100분의 45
2008년 1월 1일부터 2008년 12월 31일까지의 기간 중에 종료하는 사업연도	100분의 50
2009년 1월 1일부터 2009년 12월 31일까지의 기간 중에 종료하는 사업연도	100분의 55
2010년 1월 1일부터 2010년 12월 31일까지의 기간 중에 종료하는 사업연도	100분의 60
2011년 1월 1일부터 2011년 12월 31일까지의 기간 중에 종료하는 사업연도	100분의 65
2012년 1월 1일부터 2012년 12월 31일까지의 기간 중에 종료하는 사업연도	100분의 70

사업연도	비 율
2013년 1월 1일부터 2016년 12월 31일까지의 기간 중에 종료하는 사업연도	100분의 75
2017년 1월 1일부터 2018년 12월 31일까지의 기간 중에 종료하는 사업연도	100분의 80
2019년 1월 1일부터 2019년 12월 31일까지의 기간 중에 종료하는 사업연도	100분의 85
2020년 1월 1일부터 2021년 12월 31일까지의 기간 중에 종료하는 사업연도	100분의 90
2022년 1월 1일부터 2023년 12월 31일까지의 기간 중에 종료하는 사업연도	100분의 95
2024년 1월 1일부터 2026년 12월 31일까지의 기간 중에 종료하는 사업연도	100분의 95

② 상기 ① 외의 중도매인

사업연도	비 율
2002년 1월 1일부터 2002년 12월 31일까지의 기간 중에 종료하는 사업연도	100분의 10
2003년 1월 1일부터 2003년 12월 31일까지의 기간 중에 종료하는 사업연도	100분의 20
2004년 1월 1일부터 2004년 12월 31일까지의 기간 중에 종료하는 사업연도	100분의 40
2005년 1월 1일부터 2005년 12월 31일까지의 기간 중에 종료하는 사업연도	100분의 20
2006년 1월 1일부터 2006년 12월 31일까지의 기간 중에 종료하는 사업연도	100분의 20
2007년 1월 1일부터 2007년 12월 31일까지의 기간 중에 종료하는 사업연도	100분의 25
2008년 1월 1일부터 2008년 12월 31일까지의 기간 중에 종료하는 사업연도	100분의 30
2009년 1월 1일부터 2009년 12월 31일까지의 기간 중에 종료하는 사업연도	100분의 35
2010년 1월 1일부터 2010년 12월 31일까지의 기간 중에 종료하는 사업연도	100분의 40
2011년 1월 1일부터 2011년 12월 31일까지의 기간 중에 종료하는 사업연도	100분의 45
2012년 1월 1일부터 2012년 12월 31일까지의 기간 중에 종료하는 사업연도	100분의 50
2013년 1월 1일부터 2016년 12월 31일까지의 기간 중에 종료하는 사업연도	100분의 55
2017년 1월 1일부터 2018년 12월 31일까지의 기간 중에 종료하는 사업연도	100분의 60
2019년 1월 1일부터 2019년 12월 31일까지의 기간 중에 종료하는 사업연도	100분의 65
2020년 1월 1일부터 2021년 12월 31일까지의 기간 중에 종료하는 사업연도	100분의 70
2022년 1월 1일부터 2023년 12월 31일까지의 기간 중에 종료하는 사업연도	100분의 75
2024년 1월 1일부터 2025년 12월 31일까지의 기간 중에 종료하는 사업연도	100분의 80
2026년 1월 1일부터 2026년 12월 31일까지의 기간 중에 종료하는 사업연도	100분의 85

2. 시장도매인에 대한 특례

농수산물유통 및 가격안정에 관한 법률 제2조의 규정에 의한 시장도매인에 대하여 2004년 1월 1일부터 2004년 12월 31일까지의 기간 중에 종료하는 사업연도부터 2026년 1월 1일부터 2026년 12월 31일까지의 기간 중에 종료하는 사업연도까지는 각 사업연도별로 계산서를 발급하고 관할세무서장에게 매출처별세금계산서합계표를 제출한 금액이 총매출액에서 차지하는 비율(이하 "계산서 발급비율"이라 함)이 다음의 비율 이상인 경우 당해 사업연도에는 계산서 불성실가산세 적용 제외 법인(국가 및 지방자치단체, 비영리법인)으로 보되, 이 경우 시장도매인이 각 사업연도별로 계산서 발급비율이 다음 비율에 미달하는 경우에는 각 사업연도별로 총매출액에서 다음 비율을 적용하여 계산한 금액과 매출처별계산서합계표를 제출한 금액과의 차액을 공급가액으로 보아 가산세를 부과한다[(대통령령 제18706호 부칙 §14, 2005. 2.

19.) 2024. 2. 29. 개정].

사업연도	비 율
2004년 1월 1일부터 2005년 12월 31일까지의 기간 중에 종료하는 사업연도	100분의 40
2006년 1월 1일부터 2006년 12월 31일까지의 기간 중에 종료하는 사업연도	100분의 40
2007년 1월 1일부터 2007년 12월 31일까지의 기간 중에 종료하는 사업연도	100분의 45
2008년 1월 1일부터 2008년 12월 31일까지의 기간 중에 종료하는 사업연도	100분의 50
2009년 1월 1일부터 2009년 12월 31일까지의 기간 중에 종료하는 사업연도	100분의 55
2010년 1월 1일부터 2010년 12월 31일까지의 기간 중에 종료하는 사업연도	100분의 60
2011년 1월 1일부터 2011년 12월 31일까지의 기간 중에 종료하는 사업연도	100분의 65
2012년 1월 1일부터 2012년 12월 31일까지의 기간 중에 종료하는 사업연도	100분의 70
2013년 1월 1일부터 2016년 12월 31일까지의 기간 중에 종료하는 사업연도	100분의 75
2017년 1월 1일부터 2018년 12월 31일까지의 기간 중에 종료하는 사업연도	100분의 80
2019년 1월 1일부터 2019년 12월 31일까지의 기간 중에 종료하는 사업연도	100분의 85
2020년 1월 1일부터 2021년 12월 31일까지의 기간 중에 종료하는 사업연도	100분의 90
2022년 1월 1일부터 2023년 12월 31일까지의 기간 중에 종료하는 사업연도	100분의 95
2024년 1월 1일부터 2026년 12월 31일까지의 기간 중에 종료하는 사업연도	100분의 95

10. 기부금영수증 발급 · 작성 · 보관 불성실가산세

10-1. 기부금영수증 발급명세의 작성 · 보관의무

기부금영수증이란 법인세법 제24조에 따라 기부금을 손금에 산입하기 위하여 필요한 영수증을 말하며, 국세청장이 구축한 전자기부금영수증 발급 시스템을 이용하여 발급한 전자기부금영수증을 포함한다(법법 §75의 4 ② 1호 및 법령 §155의 2 ①).

한편, 기부금영수증을 발급하는 법인은 다음의 내용이 모두 포함된 기부자별 발급명세[법칙 별지 제75호의 2 서식]를 작성하여 발급한 날부터 5년간 보관하여야 하며, 국세청장, 지방국세청장 또는 납세지 관할 세무서장이 제출을 요청하는 경우 이를 제출하여야 한다. 또한, 기부금영수증을 발급하는 법인은 해당 사업연도의 기부금영수증 총 발급 건수 및 금액 등이 적힌 기부금영수증 발급합계표[법칙 별지 제75호의 3 서식]를 해당 사업연도의 종료일이 속하는 달의 말일부터 6개월 이내에 관할 세무서장에게 제출하여야 한다. 다만, 전자기부금영수증을 발급한 경우에는 이와 같은 의무가 모두 면제된다(법법 §112의 2 및 법령 §155의 2 ③).

① 기부자의 성명, 주민등록번호 및 주소(기부자가 법인인 경우에는 상호, 사업자등록번호 및 본점 등의 소재지)

② 기부금액

③ 기부금 기부일자
④ 기부금영수증 발급일자

10-2. 기부금영수증 발급 · 작성 · 보관 불성실가산세

기부금영수증을 발급하는 법인이 기부금영수증을 사실과 다르게 적어 발급(기부금액 또는 기부자의 인적사항 등 주요사항을 적지 아니하고 발급하는 경우를 포함함)하거나 기부자별 발급명세를 법인세법 제112조의 2 제1항에 따라 작성 · 보관하지 아니한 경우에는 다음 ①과 ②의 가산세를 부담하여야 한다. 이 경우 산출세액이 없는 경우에도 가산세가 적용되며, 상속세 및 증여세법에 의한 보고서 제출의무를 이행하지 아니하거나 출연받은 재산에 대한 장부의 작성 · 비치 의무를 이행하지 아니하여 상속세 및 증여세법 제78조 제3항 또는 제5항에 따른 가산세가 부과되는 경우에는 아래 ②의 가산세는 적용하지 아니한다(법법 §75의 4 ①, ③, ④).

① 기부금영수증의 경우
㉠ 기부금액을 사실과 다르게 적어 발급한 경우 : 사실과 다르게 발급된 금액(*)의 5%
㉡ 기부자의 인적사항 등을 사실과 다르게 적어 발급하는 등 상기 ㉠ 외의 경우 : 영수증에 적힌 금액의 5%

(*) 영수증에 실제 적힌 금액(영수증에 금액이 적혀 있지 아니한 경우에는 기부금영수증을 발급받은 자가 기부금을 손금 또는 필요경비에 산입하거나 기부금세액공제를 받은 해당 금액)과 건별로 발급하여야 할 금액과의 차액을 말함.

② 기부자별 발급명세의 경우 : 작성 · 보관하지 아니한 금액 × 0.2%

11. 신용카드 및 현금영수증 발급 불성실가산세

11-1. 신용카드매출전표발급 불성실가산세

11-1-1. 신용카드매출전표발급 의무

신용카드가맹점(법법 §117 ①에 따른 요건에 해당하여 가맹한 사업자)은 사업과 관련하여 신용카드에 의한 거래를 이유로 재화나 용역을 공급하고 그 사실과 다르게 신용카드매출전표를 발급하여서는 아니 된다. 다만, 유통산업발전법 제2조에 따른 대규모 점포 또는 체육시설의 설치 · 이용에 관한 법률 제3조에 따른 체육시설을 운영하는 사업자가 판매시점정보관리시스템을 설치 · 운영하는 등 조세특례제한법 제5조의 2 제1호의 전사적기업자원관리설비 또는 유통산업발전법 제2조 제12호의 판매시점정보관리시스템설비를 도입하여 설치 · 운영하는 방법으로 다른 사업자의 매출과 합산하여 신용카드 매출전표를 발급하는 경우에는 사실과 다르게 발급한 것으로 보지 아니한다(법법 §117 ② 및 법령 §159 ②, ③).

11-1-2. 신용카드매출전표발급 불성실가산세

신용카드 매출전표의 발급의무에 불구하고, 신용카드가맹점(법법 §117 ①에 따른 요건에 해당하여 가맹한 사업자)이 신용카드에 의한 거래를 거부하거나 신용카드 매출전표를 사실과 다르게 발급한 경우에는 다음의 산식에 의하여 계산한 금액(건별로 계산한 금액이 5천원 미만이면 5천원으로 함)을 가산세로 해당 사업연도의 법인세액에 더하여 납부하여야 한다. 이 경우 가산세는 산출세액이 없는 경우에도 적용한다(법법 §75의 6 ①, ③).

> 건별 발급 거부금액 또는 신용카드 매출전표를 사실과 다르게 발급한 금액(건별로 발급하여야 할 금액과의 차액) × 5%
>
> ※ 건별 발급 거부금액 또는 신용카드 매출전표를 사실과 다르게 발급한 금액은 법인세법 제117조 제4항 후단에 따라 관할 세무서장으로부터 통보받은 금액을 말함.

11-2. 현금영수증가맹점 가입 · 현금영수증발급 불성실가산세

11-2-1. 현금영수증가맹점 가입 의무 및 현금영수증발급 의무

현금영수증가맹점 확대를 통한 과세표준양성화를 도모하기 위해, 주로 사업자가 아닌 소비자에게 재화나 용역을 공급하는 사업자로서 업종 등의 요건에 해당하는 현금영수증가맹점가입대상법인은 그 요건에 해당하는 날이 속하는 달의 말일부터 3개월 이내에 현금영수증가맹점으로 가입하여야 하며, 현금영수증가맹점으로 가입한 법인은 현금영수증가맹점을 나타내는 표지를 게시하여야 한다(법법 §117의 2 ①, ②).

또한, 현금영수증가맹점은 사업과 관련하여 건당 1원 이상의 재화나 용역을 공급하고, 그 상대방이 대금을 현금으로 지급한 후 현금영수증발급을 요청하는 경우에는 이를 거부하거나 사실과 다르게 발급하여서는 아니 된다. 다만, 현금영수증 발급이 곤란한 경우로서 항공운송업을 영위하는 법인이 항공기에서 재화를 판매하는 경우에는 현금영수증을 발급하지 아니할 수 있고, 대규모 점포 및 체육시설을 운영하는 사업자(법령 §159 ②)가 판매시점 정보관리시스템을 설치 · 운영하는 방법(법령 §159 ③)으로 다른 사업자의 매출과 합산하여 현금영수증을 발급하는 경우에는 사실과 다르게 발급한 것으로 보지 아니한다(법법 §117의 2 ③ 및 법령 §159의 2 ②~④, ⑥).

11-2-2. 현금영수증가맹점 가입 · 현금영수증 발급 불성실가산세

현금영수증가맹점 가입의무 및 현금영수증 발급의무에 불구하고, i) 현금영수증가맹점으로 가입하여야 할 법인이 가입하지 아니하거나 그 가입기한이 지나서 가입한 경우, ii) 현금영수증가맹점이 건당 5천원 이상의 거래금액에 대하여 현금영수증발급을 거부하거나 사실과 다르게 발급한 경우 및 iii) 현금영수증 의무발행업종이 현금영수증을 미발급한 경우에는 다음 중 어느 하나의 금액을 가산한 금액을 법인세로서 납부하여야 한다. 이 경우 산출세액이 없는 경우에도 가산세를 적용한다(법법 §75의 6 ②, ③).

① 현금영수증가맹점 가입의무를 위반한 경우
가맹하지 아니한 사업연도의 수입금액(*1) × 1% × 미가맹일수비율(*2)
(*1) 둘 이상의 업종을 영위하는 법인은 소비자 상대업종(소령 별표 3의 2)에서 발생한 수입금액에 한하며, 계산서 또는 세금계산서 발급분은 제외함(법령 §120 ⑤, ⑥).
(*2) 현금영수증가맹점 가입 요건(법법 §117의 2 ①) 해당일부터 3개월이 지난 날의 다음 날부터 가맹일의 전일까지의 일수(그 기간이 2 이상의 사업연도에 걸쳐 있는 경우 각 사업연도 별로 적용) ÷ 미가맹 사업연도의 일수(법령 §120 ⑦)
※ 가맹점 가입기한이 경과한 후 1월 이내에 현금영수증가맹점으로 가입한 경우에는 가산세의 50%를 감면함(국기법 §48 ② 3호 나목).

② 현금영수증 발급의무를 위반한 경우(다만, 아래 ③에 해당하는 경우는 제외함)
건별 발급 거부금액 또는 건별로 발급하여야 할 금액과의 차액 × 5%(건별로 계산한 금액이 5천원 미만이면 5천원으로 함)
※ 건별 발급 거부금액 또는 건별로 사실과 다르게 발급된 금액은 법인세법 제117조의 2 제6항 후단의 규정에 따라 해당 사업연도의 거래에 대하여 관할 세무서장으로부터 통보받은 금액을 말함.

③ 의무발행업종이 현금영수증을 미발급한 경우(*3)
미발급금액 × 20%(*4)
(*3) 국민건강보험법에 따른 보험급여, 의료급여법에 따른 의료급여, 긴급복지지원법에 따른 의료지원비 응급의료에 관한 법률에 따른 대지급금, 자동차손해배상 보장법에 따른 보험금 및 공제금(같은 법 제2조 제6호의 여객자동차 운수사업법 및 화물자동차 운수사업법에 따른 공제사업자의 공제금에 한정함)인 경우에는 제외함.
(*4) 착오나 누락으로 인하여 거래대금을 받은 날부터 10일 이내에 관할 세무서에 자진 신고하거나 현금영수증을 자진 발급한 경우에는 10%를 적용함.

12. 특정외국법인의 유보소득 계산 명세서 제출 불성실가산세

12-1. 특정외국법인의 유보소득 계산 명세서 제출 의무

특정외국법인의 유보소득에 대한 합산과세(국조법 §27 내지 §33)의 적용 대상이 되는 법인은 다음의 서류를 법인세 신고기한까지 납세지 관할 세무서장에게 제출하여야 한다(국조법 §34 및 국조령 §70 ①).

① 특정외국법인의 재무제표
② 특정외국법인의 법인세 신고서 및 부속서류(특정외국법인이 소재한 국가 또는 지역의 과세당국이 요구하는 부속서류를 말함)
③ 특정외국법인의 유보소득 계산 명세서
④ 특정외국법인의 유보소득 합산과세 판정 명세서

⑤ 특정외국법인의 유보소득 합산과세 적용범위 판정 명세서
⑥ 국외 출자 명세서

12-2. 특정외국법인의 유보소득 계산 명세서 제출 불성실가산세

국제조세조정에 관한 법률 제34조 제3호에 따른 특정외국법인의 유보소득 계산 명세서를 제출하여야 하는 내국법인이 법인세법 제60조에 따른 신고기한까지 제출하지 아니하는 등 다음의 사유가 있는 경우에는 특정외국법인의 유보소득 계산 명세서 제출 불성실가산세를 적용한다(법법 §75의 9 ①).

① 특정외국법인의 유보소득 계산 명세서를 제출기한까지 제출하지 아니한 경우
② 제출한 특정외국법인의 유보소득 계산 명세서에서 배당 가능한 유보소득금액을 산출할 때 적어야 하는 금액의 전부 또는 일부를 적지 아니하거나 잘못 적어 배당 가능한 유보소득금액을 잘못 계산한 경우(법령 §120 ⑯)

12-3. 가산세액의 계산

특정외국법인의 유보소득 계산 명세서 제출 불성실가산세는 다음의 산식에 의하여 계산한 금액으로 하며, 산출세액이 없는 경우에도 가산세는 적용된다(법법 §75의 9 ①, ②). 다만, 제출기한 경과 후 1개월 이내에 제출하는 때에는 가산세의 50%를 경감한 0.25%를 적용한다(국기법 §48 ② 3호 나목).

해당 특정외국법인의 배당 가능한 유보소득금액 × 0.5%

13. 성실신고확인서 제출 불성실가산세

13-1. 성실신고확인서 제출 의무

다음의 어느 하나에 해당하는 내국법인은 성실한 납세를 위하여 법인세의 과세표준과 세액을 신고할 때 첨부서류에 더하여 비치·기록된 장부와 증명서류에 의하여 계산한 과세표준금액의 적정성을 세무사(세무사법 제20조의 2에 따라 등록한 공인회계사를 포함함), 세무법인 또는 회계법인이 확인하고 작성한 성실신고확인서를 납세지 관할 세무서장에게 제출하여야 한다. 다만, 주식회사 등의 외부감사에 관한 법률에 따라 외부감사를 받은 내국법인은 이를 제출하지 않을 수 있다(법법 §60의 2 ① 및 법령 §97의 4 ①).

① 부동산임대업을 주된 사업으로 하는 등 다음의 요건을 모두 갖춘 내국법인(다만, 법인세법 제51조의 2 제1항 각 호의 어느 하나에 해당하는 유동화전문회사 등에 해당하거나 조세특례제한

법 제104조의 31 제1항에 따른 프로젝트금융투자회사에 해당하는 내국법인은 제외함)(법령 §97의 4 ②)

㉠ 해당 사업연도 종료일 현재 내국법인의 지배주주등이 보유한 주식 등의 합계가 해당 내국법인의 발행주식총수 또는 출자총액의 50%를 초과할 것

㉡ 해당 사업연도에 부동산임대업을 주된 사업으로 하거나 다음의 금액 합계가 기업회계기준에 따라 계산한 매출액(아래의 ㉮부터 ㉰까지 금액이 포함되지 않은 경우에는 이를 포함하여 계산함)의 50% 이상일 것

㉮ 부동산 또는 부동산상의 권리의 대여로 인하여 발생하는 수입금액(조세특례제한법 제138조 제1항에 따라 익금에 가산할 금액을 포함함)

㉯ 소득세법 제16조 제1항에 따른 이자소득의 금액

㉰ 소득세법 제17조 제1항에 따른 배당소득의 금액

㉢ 해당 사업연도의 상시근로자 수가 5명 미만일 것

② 소득세법 제70조의 2 제1항에 따른 성실신고확인대상사업자(해당 내국법인의 설립일이 속하는 연도 또는 직전 연도에 성실신고확인대상사업자에 해당하는 경우로 함)가 사업용 유형자산 및 무형자산의 현물출자 및 사업의 양도·양수 등의 방법으로 내국법인으로 전환한 경우 그 내국법인(사업연도 종료일 현재 법인으로 전환한 후 3년 이내의 내국법인으로 한정함)(법령 §97의 4 ③, ④)

③ 상기 ②에 따라 전환한 내국법인이 그 전환에 따라 경영하던 사업을 상기 ②에서 정하는 방법으로 인수한 다른 내국법인(상기 ②에 따른 전환일부터 3년 이내인 경우로서 그 다른 내국법인의 사업연도 종료일 현재 인수한 사업을 계속 경영하고 있는 경우로 한정함)

13-2. 성실신고확인서 제출 불성실가산세

성실신고 확인대상인 내국법인이 각 사업연도의 종료일이 속하는 달의 말일부터 4개월 이내에 성실신고확인서를 납세지 관할 세무서장에게 제출하지 않은 경우에는 다음의 산식에 의하여 계산한 금액을 납부할 세액에 더한다(법법 §75 ①). 이 경우 가산세는 산출세액이 없는 경우에도 적용하며 법 제66조에 따른 경정으로 산출세액이 0보다 크게 된 경우에는 경정된 산출세액을 기준으로 가산세를 계산한다(법법 §75 ②, ③).

Max(법인세 산출세액(*) × 5%, 수입금액 × 0.02%)

(*) 법인세법 제55조의 2에 따른 토지등 양도소득에 대한 법인세액 및 조세특례제한법 제100조의 32에 따른 투자·상생협력 촉진을 위한 과세특례를 적용하여 계산한 법인세액은 제외함.

14. 업무용승용차 관련비용 명세서 제출 불성실가산세

14-1. 업무용승용차 관련비용 명세서 제출의무

업무용승용차 관련비용 또는 처분손실을 손금에 산입한 법인은 법인세법 제60조에 따라 법인세 과세표준 등의 신고를 할 때 업무용승용차 관련비용 명세서[법칙 제29호 서식]를 첨부하여 납세지 관할 세무서장에게 제출하여야 한다(법법 §27의 2 ⑥ 및 법령 §50의 2 ⑭).

14-2. 업무용승용차 관련비용 명세서 제출 불성실가산세

상기 '14-1.'에 따라 업무용승용차 관련비용 등에 관한 명세서(이하 "명세서"라 함)를 제출해야 하는 내국법인이 명세서를 제출하지 아니하거나 사실과 다르게 제출한 경우에는 다음의 구분에 따른 금액을 가산세로 해당 사업연도의 법인세액에 더하여 납부하여야 한다(법법 §74의 2 ①). 이 경우 가산세는 산출세액이 없는 경우에도 적용한다(법법 §74의 2 ②).

① 명세서를 제출하지 아니한 경우 : 해당 내국법인이 법인세법 제60조에 따라 법인세 과세표준 등의 신고를 할 때 업무용승용차 관련비용 등으로 손금에 산입한 금액의 1%

② 명세서를 사실과 다르게 제출한 경우 : 해당 내국법인이 법인세법 제60조에 따라 법인세 과세표준 등의 신고를 할 때 업무용승용차 관련비용 등으로 손금에 산입한 금액 중 해당 명세서에 사실과 다르게 적은 금액의 1%

Step Ⅱ: 서식의 이해

■ 작성요령 - 가산세액계산서

❶ 산출세액 또는 수입금액에 가산세율을 적용하여 산출된 금액 중 큰 금액을 가산세액으로 하고, 작은 금액은 (   )에 적는다.

❷ 일반무신고와 부정무신고를 구분하여 무신고납부세액 또는 수입금액에 가산세율을 적용하여 계산한 금액 중 큰 금액을 가산세액으로 하고, 작은 금액은 (   )에 적는다. 다만, 법정신고기한이 경과한 후 1개월 이내에 국세기본법 제45조의 3에 따라 기한 후 신고·납부를 하는 경우에는 해당 가산세의 50%, 1개월 초과 3개월 이내의 경우에는 30%, 3개월 초과 6개월 이내의 경우에는 20%에 해당하는 금액을 감면한다.

❸ 가. 과소신고한 과세표준을 일반과소(⑩), 부정과소(⑪), 부정과소(국제거래)(⑫)로 구분하여 ⑨란의 과세표준금액에서 차지하는 비율을 ⑧란의 과소신고납부세액에 곱하여 ⑬란의 과소신고납부세액을 일반과소(⑭), 부정과소(⑮), 부정과소(국제거래)⑯)로 구분하여 적는다.
나. ⑭, ⑮, ⑯에 기재한 금액에 ④란의 가산세율을 적용하여 일반과소신고가산세와 부정과소신고가산세로 구분하여 적는다.
다. 부정과소신고가산세는 과소신고납부세액 또는 부정과소신고 수입금액에 가산세율을 적용하여 계산한 금액 중 큰 금액을 가산세액으로 하고, 작은 금액은 (   )에 적는다.
라. 과세표준의 변동과 관계없는 과소신고한 납부세액(공제감면세액 및 기납부세액 과다공제 등)과 관련한 과소신고납부세액은 「⑦ 구분」란의 '기납부세액 과다 등'의 칸에 적는다.
마. 법정신고기한이 지난 후 1개월 이내에 수정신고한 경우 가산세액의 90%(1개월 초과 3개월 이내 75%, 3개월 초과 6개월 이내 50%, 6개월 초과 1년 이내 30%, 1년 초과 1년 6개월 이내 20%, 1년 6개월 초과 2년 이내 10%)에 해당하는 금액을 감면한다.

❹ 미납세액에 가산세율(0.022%를 적용하되, 2019년 2월 11일까지의 기간에 대해서는 0.03%를, 2019년 2월 12일부터 2022년 2월 14일까지의 기간에 대해서는 0.025%를 적용한다)과 미납일수를 곱하여 계산한 금액을 가산세액으로 한다.

❺ 미수취·허위수취 금액에 가산세율을 적용하여 산출한 금액을 가산세액으로 한다.

❿ 사실과 다르게 발급된 금액(2020.1.1. 이후 기부금영수증을 발급하는 분부터는 기부자의 인적사항 등을 사실과 다르게 적어 발급한 경우 등 포함)에 5%의 가산세율을 적용하거나 기부자별 발급명세를 작성·보관하지 아니한 금액에 0.2%의 가산세율을 각각 적용하여 계산한다.

⓭ 중간예납세액의 미납부로 인한 가산세 등을 적는다.

⓮ 배분할 금액(동업기업의 가산세 총액)에 배분비율 곱하여 계산한 가산세를 적는다.

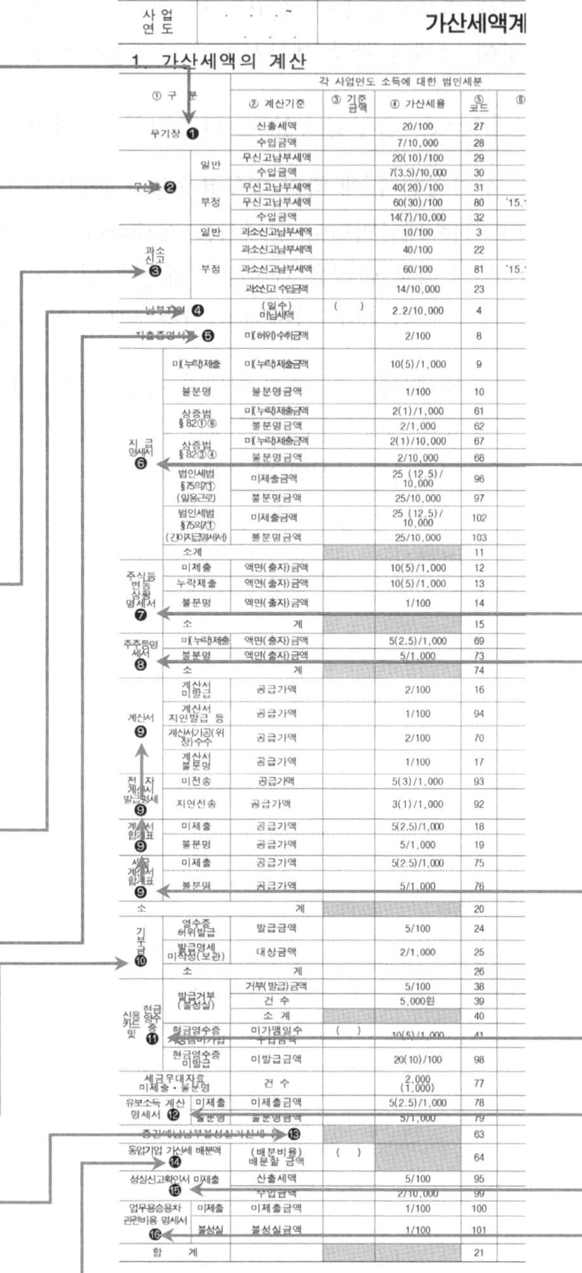
[별지 제9호 서식] (2023. 3. 20. 개정)

사업연도	. . . ~ . . .	가산세액계

1. 가산세액의 계산

① 구분		각 사업연도 소득에 대한 법인세분 ② 계산기준	③ 기준금액	④ 가산세율	⑤ 코드	⑥
무기장 ❶		산출세액		20/100	27	
		수입금액		7/10,000	28	
무신고 ❷	일반	무신고납부세액		20(10)/100	29	
		수입금액		7(3.5)/10,000	30	
	부정	무신고납부세액		40(20)/100	31	
		무신고납부세액		60(30)/100	80	'15.1
		수입금액		14(7)/10,000	32	
과소신고 ❸	일반	과소신고납부세액		10/100	3	
	부정	과소신고납부세액		40/100	22	
		과소신고납부세액		60/100	81	'15.1
		과소신고 수입금액		14/10,000	23	
납부지연 ❹		(일수) 미납세액	( )	2.2/10,000	4	
지출증명서류 ❺		미(허위)수취금액		2/100	8	
지급명세서 ❻	미(누락)제출	미(누락)제출금액		10(5)/1,000	9	
	불분명	불분명금액		1/100	10	
	상증법 §82①⑥	미(누락)제출금액		2(1)/1,000	61	
		불분명금액		2/1,000	62	
	상증법 §82③④	미(누락)제출금액		2(1)/10,000	67	
		불분명금액		2/10,000	68	
	법인세법 §75의7① (일용근로)	미제출금액		25 (12.5)/10,000	96	
		불분명금액		25/10,000	97	
	법인세법 §75의7① (간이지급명세서)	미제출금액		25 (12.5)/10,000	102	
		불분명금액		25/10,000	103	
	소계				11	
주식등변동상황명세서 ❼	미제출	액면(출자)금액		10(5)/1,000	12	
	누락제출	액면(출자)금액		10(5)/1,000	13	
	불분명	액면(출자)금액		1/100	14	
	소계				15	
주주등명세서 ❽	미(누락)제출	액면(출자)금액		5(2.5)/1,000	69	
	불분명	액면(출자)금액		5/1,000	73	
	소계				74	
계산서 ❾	계산서 미발급	공급가액		2/100	16	
	계산서 지연발급 등	공급가액		1/100	94	
	계산서가공(위장)수수	공급가액		2/100	70	
	계산서 불분명	공급가액		1/100	17	
전자계산서 발급명세 ❾	미전송	공급가액		5(3)/1,000	93	
	지연전송	공급가액		3(1)/1,000	92	
계산서합계표 ❾	미제출	공급가액		5(2.5)/1,000	18	
	불분명	공급가액		5/1,000	19	
세금계산서합계표 ❾	미제출	공급가액		5(2.5)/1,000	75	
	불분명	공급가액		5/1,000	76	
소계					20	
기부금 ❿	영수증 허위발급	발급금액		5/100	24	
	발급명세 미작성(보관)	대상금액		2/1,000	25	
	소계				26	
신용카드 및 현금영수증 ⓫	발급거부 (불성실)	거부(발급)금액		5/100	38	
		건수		5,000원	39	
		소계			40	
	현금영수증 가맹점미가입	미가맹일수 수입금액	( )	10(5)/1,000	41	
	현금영수증 미발급	미발급금액		20(10)/100	98	
세금우대자료 미제출·불분명		건수		2,000 (1,000)	77	
유보소득 계산 명세서 ⓬	미제출	미제출금액		5(2.5)/1,000	78	
	불분명	불분명금액		5/1,000	79	
중간예납납부불성실가산세 등 ⓭					63	
동업기업 가산세 배분액 ⓮		(배분비율) 배분할 금액	( )		64	
성실신고확인서 미제출 ⓯		산출세액		5/100	95	
		수입금액		2/10,000	99	
업무용승용차 관련비용 명세서 ⓰	미제출	미제출금액		1/100	100	
	불성실	불성실금액		1/100	101	
합계					21	

⑱ ■ 음영으로 표시된 란은 적지 않는다.

(앞쪽)

ㅣ산서

법 인 명	
사 업 자 등 록 번 호	

토지 등 양도소득에 대한 법인세분

가산세액	② 계산기준	③ 기준 금액	④ 가산세율	⑤ 코드	⑥ 가산세액
	⑱				
	무신고납부세액		20(10)/100	42	
	수입금액		7(3.5)/10,000	43	
1.1.개시	무신고납부세액		40(20)/100	44	
	수입금액		14(7)/10,000	45	
	과소신고납부세액		10/100	46	
	과소신고납부세액		40/100	47	
1.1.개시	과소신고 수입금액		14/10,000	48	
	공제감면세액		40/100	72	
	(일수) 미납세액	( )	2.2/10,000	51	
	동업기업 가산세 배분액	( )		65	
	합 계			53	⑰

미환류소득에 대한 법인세분

① 구분		② 계산기준	③ 기준금액	④ 가산세율	⑤ 코드	⑥ 가산세액
무신고	일반	무신고납부세액		20(10)/100	83	
		수입금액		7(3.5)/10,000	84	
	부정	무신고납부세액		40(20)/100	85	
		수입금액		14(7)/10,000	86	
과소신고	일반	과소신고납부세액		10/100	87	
	부정	과소신고납부세액		40/100	88	
		과소신고 수입금액		14/10,000	89	
납부지연		(일수) 미납세액	( )	2.2/10,000	90	
합 계					91	⑰

(. .)

납부일
(. .)

⑰

⑥ 가. 미제출금액 등에 1%의 가산세율을 적용하여 산출한 금액을 가산세로 한다. 다만, 제출기한이 지난 후 3개월 이내에 제출하는 경우에는 50%의 가산세를 감면한 금액을 적는다.
나. 상속세 및 증여세법 제82조 제1항 및 제6항의 미제출 등의 금액에 0.2%의 가산세율을, 같은 법 제82조 제3항 및 제4항의 미제출 등의 금액에 0.02%의 가산세율을 적용하여 산출한 금액을 가산세로 한다. 다만, 제출기한이 지난 후 1개월 이내에 제출하는 경우에는 50%의 가산세를 감면한 금액을 적는다.
다. 소득세법 제164조 제1항의 일용근로자 근로소득에 대한 지급명세서를 제출하지 않은 지급금액, 지급명세서가 불분명하거나 기재된 지급금액이 사실과 다른 경우의 지급금액에 0.25%의 가산세율을 적용하여 산출한 금액을 가산세로 한다. 다만, 제출기한이 지난 후 1개월 이내에 제출하는 경우에는 50%의 가산세를 감면한 금액을 적는다.
라. 소득세법 제164조의 3 의 간이지급명세서를 제출하지 않은 지급금액, 지급명세서가 불분명 또는 기재된 지급금액이 사실과 다른 경우의 지급금액에 0.25%의 가산세율을 적용하여 산출한 금액을 가산세로 한다. 다만, 거주자의 원천징수대상 사업소득에 대한 간이지급명세서를 제출기한이 지난 후 1개월 이내에 제출하거나 근로소득에 대한 간이지급명세서를 제출기한이 지난 후 3개월 이내에 제출하는 경우에는 50%의 가산세를 감면한 금액을 적는다.

⑦ 미제출 또는 누락제출 및 불분명하게 제출한 주식(출자지분)의 액면금액(출자가액)에 1%의 가산세율을 적용하여 계산한다. 다만, 제출기한이 지난 후 1개월 이내에 제출하는 경우에는 50%의 가산세를 감면한 금액을 적는다.

⑧ 법인설립신고 또는 사업자등록 시 주주 등의 명세서를 미제출, 누락제출, 불분명하게 제출한 주식(출자지분)의 액면금액(출자가액)에 0.5%의 가산세율을 적용하여 계산한다. 다만, 제출기한이 지난 후 1개월 이내에 제출하는 경우에는 50%의 가산세를 감면한 금액을 적는다.
* 2012.1.1. 이후 최초로 법인설립신고를 하거나, 2013.1.1. 이후 최초로 사업자등록을 하는 경우부터 적용

⑨ 미발급 또는 가공(위장)수수한 계산서의 공급가액에 2%의 가산세율을, 전자계산서 외 발급한 계산서 및 지연발급한 계산서 또는 불분명 계산서의 공급가액에 1%의 가산세율을, 계산서・세금계산서 합계표 미제출 또는 불분명하게 제출한 합계표의 공급가액에 0.5%의 가산세율을, 미전송 또는 지연전송한 전자계산서발급명세의 공급가액에 0.5%(0.3%)의 가산세율을 적용하여 계산하고, 세금계산서합계표 미제출 등 가산세 적용은 면세법인의 매입처별 세금계산서합계표에 한정한다. 다만, 계산서・세금계산서 합계표를 제출기한이 지난 후 1개월 이내에 제출하는 경우에는 50%의 가산세를 감면한 금액을 적는다.
* 2012.1.1. 이후 최초로 미발급 또는 가공(위장)수수분부터 2/100의 가산세율 적용, 종전의 경우 1/100의 가산세율 적용
** 2016.12.31. 이전에 재화 또는 용역을 공급하는 분에 대한 전자계산서발급명세의 경우 3(1)/1,000의 가산세율 적용

⑪ 가. 신용카드거래를 거부하거나 신용카드 매출전표를 사실과 다르게 발급한 경우 또는 현금영수증 발급을 거부하거나 사실과 다르게 발급한 경우에는 거부 또는 발급금액에 5%의 가산세율(건별로 계산한 금액이 5천원에 미달하는 경우 5천원)을 적용하고, 현금영수증가맹점으로 가입하지 아니한 경우 수입금액의 1%에 상당하는 금액에 (미가맹기간*/해당 사업연도의 일수)를 곱하여 계산한 금액을 적는다.
* 미가맹기간은 3개월이 지난 날의 다음 날부터 가맹일 전날까지의 기간임.
나. 현금영수증 발급의무를 위반한 경우에는 '19.1.1. 이후 위반하는 분부터 미발급 금액의 20(10)%를 적용

⑫ 미제출 또는 불분명하게 제출한 해당 특정외국법인의 배당 가능한 유보소득금액에 0.5%의 가산세율을 적용하여 계산한다. 다만, 제출기한이 지난 후 1개월 이내에 제출하는 경우에는 50%의 가산세를 감면한 금액을 적는다.
* 2014.1.1 이후 개시하는 사업연도분부터 적용

⑮ 산출세액 또는 수입금액에 가산세율을 적용하여 산출된 금액 중 큰 금액을 가산세액으로 하고, 작은 금액은 ( )에 적는다.

⑯ 업무용승용차 관련비용 명세서를 미제출하는 경우에는 신고 시 업무용승용차 관련비용 등으로 손금산입한 금액의 1% 가산세율을 적용하고 업무용승용차 관련비용 명세서를 사실과 다르게 제출한 경우에는 업무용승용차 관련비용 등으로 손금산입한 금액 중 해당 명세서에 사실과 다르게 적은 금액의 1% 가산세율을 각각 적용하여 계산한다.

⑰ 각 사업연도 소득에 대한 법인세분 및 토지 등 양도소득에 대한 법인세분 및 미환류소득에 대한 법인세분 가산세 합계를 법인세 과세표준 및 세액조정계산서(별지 제3호 서식) 서식의 ⑫④란, ⑭⑤란 및 ⑯④란에 각각 적는다.

세무조정 체크리스트

검 토 사 항	확인
1. 무신고가산세 –부정행위가 있었는지 여부 확인 –가산세액의 계산 검증 –장부의 기록·보관 불성실가산세와 중복되는지 여부 확인 –기한 후 신고에 의한 가산세 감면 적용 여부 확인	
2. 과소신고가산세 –과소신고가산세 적용 대상 여부 확인 –부정과소신고납부세액과 일반과소신고납부세액을 구분하기 곤란한 경우 안분여부 확인 –가산세액의 계산 검증 –장부의 기록·보관 불성실가산세와 중복되는지 여부 확인 –수정신고에 의한 가산세 감면 적용 여부 확인	
3. 납부지연가산세 –기간계산의 정확성 확인 • 납부기한의 다음 날부터 자진납부일까지의 기간(*) • 환급받은 날의 다음 날부터 자진납부일까지의 기간(*) –납부지연가산세 감면 적용 여부 확인 (*) 납부고지일부터 납부고지서에 따른 납부기한까지의 기간은 제외	
4. 원천징수 등 납부지연가산세 –가산세액의 정확성 검증 : (①+②) [한도 : 미납부 또는 과소납부세액 × 50%(*1)] ① [미납부 또는 과소납부세액] × 3% ② [미납부 또는 과소납부세액] × [법정납부기한의 다음 날부터 납부일까지의 기간(*2)] × $\frac{22}{100,000}$ (*1) 단, ①의 금액과 ② 중 법정납부기한의 다음 날부터 납부고지일까지의 기간에 해당하는 금액을 합한 금액은 10% (*2) 납부고지일부터 납부고지서에 따른 납부기한까지의 기간은 제외	
5. 장부의 기록·보관 불성실가산세 –장부의 기록·보관 불성실가산세 적용 여부 확인 –신고불성실가산세와 중복 여부 확인	
6. 증명서류 수취 불성실가산세 –사업자로부터 재화 또는 용역을 공급받고 신용카드매출전표, 현금영수증, 세금계산서 또는 계산서 등의 정규증명서류를 수취하였는지 확인 –정규증명서류가 없는 경우에 정규증명서류 수취특례가 적용되는 거래인지 확인 –사실과 다른 증명서류를 수취하였는지 확인 –가산세의 한도(1억원, 중소기업기본법 §2에 따른 중소기업은 5천만원) 적용 여부 확인	
7. 주식등변동상황명세서 제출 불성실가산세	

검 토 사 항	확인
-주식등변동상황명세서 제출대상 법인 또는 제출대상 주식 등에 해당하는지 확인 -주식등변동상황명세서를 기한 내에 제출하였는지, 제출한 주식등변동상황명세서의 기재사항이 적정히 작성되었는지 확인 -가산세의 한도(1억원, 중소기업기본법 §2에 따른 중소기업은 5천만원) 적용 여부 확인	
8. 주주등의 명세서 제출 불성실가산세 -주주등의 명세서를 제출기한까지 제출하였는지 확인 -제출한 주주 등의 명세서의 기재사항이 적정히 작성되었는지 확인 -가산세의 한도(1억원, 중소기업기본법 §2에 따른 중소기업은 5천만원) 적용 여부 확인	
9. 지급명세서 제출 등 불성실가산세 -지급명세서를 기한까지 제출하였는지, 제출한 지급명세서의 기재사항이 적정히 작성되었는지, 제출된 지급명세서에 기재된 지급금액이 사실과 다르지 않는지 확인 -가산세의 한도(1억원, 중소기업기본법 §2에 따른 중소기업은 5천만원) 적용 여부 확인	
10. 계산서 등 제출불성실가산세 -계산서를 미발급(*), 가공·위장 수수하거나 부실기재한 것은 없는지 또는 매출·매입처별계산서합계표 또는 매입처별세금계산서합계표를 기한까지 제출하지 아니하거나 부실기재한 것은 없는지 확인 (*) 전자계산서를 미발급(2%)한 경우 뿐 아니라 전자계산서 외의 계산서를 발급한 경우(1%) 및 발급시기가 지난 후 공급시기가 속하는 사업연도 말의 다음달 25일까지 발급한 경우(1%)도 가산세 대상임. -가산세 적용대상 중 세금계산서·매출처별세금계산서합계표·매입처별세금계산서합계표 관련 가산세가 적용된 것은 없는지 확인 -전자계산서의 지연발송 또는 미발송한 것은 없는지 확인 -가산세의 한도(1억원, 중소기업기본법 §2에 따른 중소기업은 5천만원) 적용(*) 여부 확인 (*) 법인세법 제75조의 8 제1항 제4호에 따른 가산세는 같은 호 가목에 해당하는 가산세 중 계산서의 발급시기가 지난 후 해당 재화 또는 용역의 공급시기가 속하는 사업연도 말의 다음 달 25일까지 계산서를 발급한 경우에만 한도 적용	
11. 기부금영수증 발급·작성·보관 불성실가산세 -사실과 다르게 발급(기부금액 또는 기부자의 인적사항 등 주요사항을 적지 아니하고 발급하는 경우를 포함)한 기부금영수증이 있는지 또는 기부자별 발급명세를 작성·보관하고 있는지 확인 -기부자별 발급명세를 작성·보관하지 아니하여 가산세 부과대상이 된 경우에 상속세 및 증여세법에 의한 가산세가 부과되는지 확인 -가산세의 한도(1억원, 중소기업기본법 §2에 따른 중소기업은 5천만원) 적용 여부 확인	
12. 신용카드매출전표발급 불성실가산세 -신용카드에 의한 거래를 거부하거나 신용카드매출전표를 사실과 다르게 발급한 금액을 관할 세무서장으로부터 통보받은 금액과 대사 확인	

검 토 사 항	확인
13 현금영수증가맹점 가입 · 현금영수증 발급 불성실가산세 －가산세 적용대상 여부 확인 • 현금영수증가맹점 가입의무를 위반한 경우 • 현금영수증의 발급을 거부하거나 사실과 다르게 발급한 경우(항공기에서 재화를 판매하는 경우는 제외) • 현금영수증 의무발행업종이 현금영수증을 미발급한 경우 －현금영수증의 발급을 거부하거나 사실과 다르게 발급한 금액을 관할 세무서장으로부터 통보받은 금액과 대사 확인	
14. 특정외국법인의 유보소득 계산명세서 제출 불성실가산세 －특정외국법인의 유보소득에 대한 합산과세(국조법 §27 내지 §33) 대상 여부 및 특정외국법인의 유보소득 계산 명세서 제출 여부 확인 －가산세의 한도(1억원, 중소기업기본법 §2에 따른 중소기업은 5천만원) 적용 여부 확인	
15. 성실신고확인서 제출 불성실가산세 －성실신고 확인대상 내국법인 여부 확인 －성실신고확인서를 제출기한까지 제출하였는지 확인	
16. 업무용승용차 관련비용 명세서 제출 불성실 가산세 －업무용승용차 관련비용 명세서의 기재사항을 사실대로 작성하였는지 확인 －업무용승용차 관련비용 명세서를 제출기한까지 제출하였는지 확인	

제7장

7

원천납부세액

원천납부세액

관련 법령	• 법법 §73, §73의 2, §74, §98, §98의 2, §98의 3, §98의 6, §98의 8 • 법령 §111, §113, §114의 2, §115, §116, §117, §137, §138, §138의 3, §138의 7, §138의 8 • 법칙 §56, §56의 2, §57, §58, §59, §68

최근 주요 개정 내용

• 외국인 통합계좌에 대한 원천징수 과세특례 규정 신설(법법 §98의 8)

종 전	현 행
〈신 설〉	□ 외국인 통합계좌*에 대한 과세특례 규정 신설 * 국외 증권·운용사가 주식 매매거래를 일괄 주문·결제하기 위해 국내증권사 등에 개설한 본인 명의의 계좌 ○ 외국인 통합계좌를 통한 투자시 소득지급자는 통합계좌 명의인에 대해 원천징수(조세조약에 따른 비과세·면제·제한세율 미적용) ○ 원천징수 이후 조세조약상 비과세·면제·제한세율을 적용받으려는 경우 경정청구 가능

➡ 개정일자 : ㊕ 2023. 12. 31.

적용시기 : 2024년 1월 1일 이후 외국인 통합계좌의 명의인에게 국내원천소득을 지급하는 경우부터 적용

관련 서식	• 법인세법 시행규칙 [별지 제10호 서식(갑)] 원천납부세액명세서(갑) [별지 제10호 서식(을)] 원천납부세액명세서(을)

제7장

원천납부세액

7

Step I 내용의 이해

1. 내국법인에 대한 원천징수

1-1. 내국법인의 이자소득 등에 대한 원천징수

1-1-1. 개　요

다음 중 어느 하나에 해당하는 이자소득금액 또는 투자신탁의 이익을 내국법인에게 지급하는 자는 그 금액을 지급하는 경우에 다음 각각의 세율을 적용하여 계산한 원천징수세액을 그 징수일이 속하는 달의 다음 달 10일까지 납세지 관할 세무서 등에 납부하여야 한다(법법 §73 ①).

원천징수대상소득		원천징수세율
이자소득금액(*)	비영업대금의 이익(소법 §16 ① 11호)	25%
	기타 이자소득금액(소법 §16 ① 1호~10호, 12호, 13호)	14%
투자신탁의 이익(소법 §17 ① 5호)		14%

(*) 금융보험업을 하는 법인의 수입금액을 포함함.

1-1-2. 원천징수대상소득

(1) 이자소득

1) 소득세법상 이자소득

소득세법 제16조 제1항에서 규정하는 이자소득의 범위는 다음과 같다.

① 국가나 지방자치단체가 발행한 채권 또는 증권의 이자와 할인액
② 내국법인이 발행한 채권 또는 증권의 이자와 할인액

③ 국내에서 받는 예금(적금 · 부금 · 예탁금 및 우편대체를 포함함)의 이자
④ 상호저축은행법에 따른 신용계 또는 신용부금으로 인한 이익
⑤ 외국법인의 국내지점 또는 국내영업소에서 발행한 채권 또는 증권의 이자와 할인액
⑥ 외국법인이 발행한 채권 또는 증권의 이자와 할인액
⑦ 국외에서 받는 예금의 이자
⑧ 채권 또는 증권의 환매조건부 매매차익
⑨ 저축성보험의 보험차익
⑩ 직장공제회 초과반환금
⑪ 비영업대금의 이익
⑫ 기타 이와 유사한 소득으로서 금전사용에 따른 대가로서의 성격이 있는 것
⑬ 상기 ①~⑫의 이자소득을 발생시키는 거래 또는 행위와 자본시장과 금융투자업에 관한 법률 제5조에 따른 파생상품이 일정 요건을 갖추어 실질상 하나의 상품과 같이 운용되는 경우 해당 파생상품의 거래 또는 행위로부터의 이익 등

2) 전환사채 · 교환사채 · 신주인수권부사채의 주식전환시 보유기간이자

다음 중 어느 하나에 해당하는 경우에는 해당 채권 등의 이자 등(법인세법 제73조의 2 제1항 전단에 따른 채권 등의 보유기간에 대한 이자상당액을 말함)을 지급받는 것으로 본다(법령 §111 ⑤).

① 전환사채를 주식으로 전환하거나 교환사채를 주식으로 교환하는 경우
② 신주인수권부사채의 신주인수권을 행사(신주 발행대금을 해당 신주인수권부사채로 납입하는 경우만 해당)하는 경우

3) 차입금 및 관련이자 일부 변제시의 이자소득

차입금과 이자의 변제에 관한 특별한 약정이 없이 차입금과 그 차입금에 대한 이자에 해당하는 금액의 일부만을 변제한 경우에는 이자를 먼저 변제한 것으로 본다. 다만, 비영업대금이 채무자의 파산, 강제집행, 형의 집행, 사업의 폐지, 사망, 실종 또는 행방불명등으로 회수할 수 없는 채권에 해당하여 채무자 또는 제3자로부터 원금 및 이자의 전부 또는 일부를 회수할 수 없는 경우에는 회수한 금액 중 원금을 먼저 회수한 것으로 본다(법칙 §56).

관련사례

• 구체적인 사전계약이 존재하는 경우의 변제순위
차입금 당사자간의 약정에 따라 원금을 먼저 상환하거나 원금과 이자를 균등하게 상환하는 것과 같은 구체적인 사전계약이 존재하는 경우에는 그 약정한 바에 따라 변제순위를 결정함(국심 2004중 1446, 2005. 5. 19.).

(2) 투자신탁의 이익

소득세법 제17조 제1항 제5호에 따른 집합투자기구로부터의 이익 중 자본시장과 금융투자업에 관한 법률에 따른 투자신탁의 이익(이하 "투자신탁의 이익"이라 함)은 내국법인의 원천징수대상소득에 해당한다(법법 §73 ① 2호). 여기에서 소득세법 제17조 제1항 제5호에 따른 집합투자기구란 다음의 요건을 모두 갖춘 집합투자기구를 말하되, 국외에서 설정된 집합투자기구는 다음의 집합투자기구의 요건을 갖추지 아니하는 경우에도 집합투자기구로 본다(소령 §26의 2 ①, ②).

구 분	주 요 내 용
집합투자기구의 요건 (소령 §26의 2 ①)	① 자본시장과 금융투자업에 관한 법률에 따른 집합투자기구(보험회사의 특별계정은 제외하되, 금전의 신탁으로서 원본을 보전하는 것을 포함)일 것 ② 해당 집합투자기구의 설정일부터 매년 1회 이상 결산·분배할 것. 다만, 다음 중 어느 하나에 해당하는 이익금은 분배를 유보할 수 있으며, 자본시장과 금융투자업에 관한 법률 제242조에 따른 이익금이 0보다 적은 경우에도 분배를 유보할 수 있음(같은 법 제9조 제22항에 따른 집합투자규약에서 정하는 경우에 한정함). 가. 자본시장과 금융투자업에 관한 법률 제234조에 따른 상장지수집합투자기구가 지수 구성종목을 교체함에 따라 계산되는 이익 나. 자본시장과 금융투자업에 관한 법률 제238조에 따라 평가한 집합투자재산의 평가이익 다. 자본시장과 금융투자업에 관한 법률 제240조 제1항의 회계처리기준에 따른 집합투자재산의 매매이익 ③ 금전으로 위탁받아 금전으로 환급할 것(금전 외의 자산으로 위탁받아 환급하는 경우로서 당해 위탁가액과 환급가액이 모두 금전으로 표시된 것을 포함)
사모집합투자기구 (소령 §26의 2 ⑧, ⑨)	자본시장과 금융투자업에 관한 법률 제9조 제19항에 따른 사모집합투자기구로서 다음의 요건을 모두 갖춘 집합투자기구에 대하여는 상기 집합투자기구의 요건을 모두 충족하는 경우에도 집합투자기구로 보지 아니하고, 수탁자에게 이전되거나 그 밖에 처분이 된 재산권에서 발생하는 소득의 내용별로 소득을 구분하여야 한다. ① 투자자가 거주자(비거주자와 국내사업장이 없는 외국법인을 포함) 1인이거나 거주자 1인 및 그 거주자의 국세기본법 시행령 제1조의 2 제1항부터 제3항까지의 규정에 따른 특수관계인(투자자가 비거주자와 국내사업장이 없는 외국법인인 경우에는 다음 중 어느 하나에 해당하는 관계에 있는 자를 말함)로 구성된 경우 가. 비거주자와 그의 배우자·직계혈족 및 형제자매인 관계 나. 일방이 타방의 의결권 있는 주식의 50% 이상을 직접 또는 간접으로 소유하고 있는 관계(*) 다. 제3자가 일방 또는 타방의 의결권 있는 주식의 50% 이상을 직접 또는 간접으로 각각 소유하고 있는 경우 그 일방과 타방 간의 관계(*)

구 분	주 요 내 용
사모집합투자기구 (소령 §26의 2 ⑧, ⑨)	(*) 주식의 간접소유비율의 계산에 관하여는 국제조세조정에 관한 법률 시행령 제2조 제3항의 규정을 준용함. ② 투자자가 사실상 자산운용에 관한 의사결정을 하는 경우

한편, 집합투자기구로부터의 이익에는 아래의 방법으로 취득한 특정 증권 또는 장내파생상품의 거래나 평가로 발생한 손익을 포함하지 않는다. 또한, 자본시장과 금융투자업에 관한 법률에 따른 각종 보수·수수료 등은 집합투자기구로부터의 이익에서 빼야 한다(소령 §26의 2 ④, ⑥).

취득 방법	취득 대상
① 집합투자기구가 직접 취득 ② 집합투자기구가 자본시장과 금융투자업에 관한 법률 제9조 제21항에 따른 집합투자증권에 투자(*)하여 취득 ③ 집합투자기구가 벤처투자 촉진에 관한 법률에 따른 벤처투자조합 또는 여신전문금융업법에 따른 신기술사업투자조합의 출자지분에 투자하여 취득(**) (*) 소득세법 시행령 제26조의 3 제1항 제2호 본문에 따른 상장지수증권에 투자한 경우에는 그 상장지수증권의 지수를 구성하는 기초자산에 해당하는 증권에 투자하는 것을 말함. (**) 벤처기업육성에 관한 특별법에 따른 벤처기업의 주식 또는 출자지분을 취득하는 경우로 한정함.	① 증권시장에 상장된 증권. 다만, 다음의 것은 제외함. 가. 소득세법 제46조 제1항에 따른 채권 등 나. 외국 법령에 따라 설립된 외국 집합투자기구의 주식 또는 수익증권 ② 벤처기업육성에 관한 특별법에 따른 벤처기업의 주식 또는 출자지분 ③ 위 ①의 증권을 대상으로 하는 장내파생상품

다만, 비거주자 또는 외국법인이 자본시장과 금융투자업에 관한 법률 제9조 제19항 제2호에 따른 일반사모집합투자기구나 조세특례제한법 제100조의 15에 따른 동업기업과세특례를 적용받지 않는 기관전용 사모집합투자기구를 통하여 취득한 주식 또는 출자증권(증권시장에 상장된 주식 또는 출자증권으로서 양도일이 속하는 연도와 그 직전 5년의 기간 중 그 주식 또는 출자증권을 발행한 법인의 발행주식총수 또는 출자총액의 25% 이상을 소유한 경우에 한정함)의 거래로 발생한 손익은 집합투자기구로부터의 이익에 포함한다.

또한, 자본시장과 금융투자업에 관한 법률 제9조 제21항에 따른 집합투자증권 및 같은 법 제279조 제1항에 따른 외국 집합투자증권을 계좌간 이체, 계좌의 명의변경, 집합투자증권의 실물양도의 방법으로 거래하여 발생한 이익은 집합투자기구로부터의 이익에 포함한다. 다만 다음 중 어느 하나에 해당하는 것은 제외한다(소령 §26의 2 ⑤).

① 소득세법 제94조 제1항 제3호의 주식 또는 출자지분
② 자본시장과 금융투자업에 관한 법률 제234조에 따른 상장지수집합투자기구로서 증권시장에서 거래되는 주식의 가격만을 기반으로 하는 지수의 변화를 그대로 추적하는 것을 목적으로 하는 집합투자기구의 집합투자증권
③ 증권시장에 상장된 자본시장과 금융투자업에 관한 법률 제9조 제18항 제2호에 따른 집합투자기구(이전 사업연도에 법인세법 제51조의 2 제1항에 따른 배당가능이익 전체를 1회 이상 배당하지 아니한 것은 제외함)의 집합투자증권

(3) 원천징수대상 제외소득

1) 금융회사 등에 지급하는 소득

법인세법상 원천징수의 대상이 되는 소득을 다음과 같은 금융회사 등에 지급하는 경우에는 법인세를 원천징수하지 아니한다. 다만, 법인세법 제73조의 2 제1항 전단에 따른 원천징수대상채권등(주식·사채 등의 전자등록에 관한 법률 제59조에 따른 단기사채 등 중 같은 법 제2조 제1호 나목에 해당하는 것으로서 만기 1개월 이내의 것은 제외함)의 이자 등(법인세법 제73조의 2 제1항 전단에 따른 원천징수대상채권 등의 보유기간에 대한 이자상당액을 말함)을 자본시장과 금융투자업에 관한 법률에 따른 투자회사 및 제16호의 자본확충목적회사가 아닌 법인에 지급하는 경우는 제외한다(법령 §111 ①).

① 법인세법 시행령 제61조 제2항 제1호부터 제28호까지의 법인
② 한국은행법에 의한 한국은행
③ 자본시장과 금융투자업에 관한 법률에 따른 집합투자업자
④ 자본시장과 금융투자업에 관한 법률에 따른 투자회사, 투자목적회사, 투자유한회사 및 투자합자회사(같은 법 제9조 제19항 제1호에 따른 기관전용 사모집합투자기구[(*)]는 제외함)

(*) 법률 제18128호 자본시장과 금융투자업에 관한 법률 일부개정법률 부칙 제8조 제1항부터 제4항까지에 따라 기관전용 사모집합투자기구, 기업재무안정 사모집합투자기구 및 창업·벤처전문 사모집합투자기구로 보아 존속하는 종전의 경영참여형 사모집합투자기구를 포함함.

⑤ 농업협동조합법에 의한 조합
⑥ 수산업협동조합법에 따른 조합
⑦ 산림조합법에 따른 조합
⑧ 신용협동조합법에 따른 조합 및 신용협동조합중앙회
⑨ 새마을금고법에 따른 금고
⑩ 자본시장과 금융투자업에 관한 법률에 따른 증권금융회사
⑪ 거래소(위약손해공동기금에 한정함)
⑫ 자본시장과 금융투자업에 관한 법률에 따른 한국예탁결제원
⑬ 한국투자공사법에 따른 한국투자공사

⑭ 국가재정법의 적용을 받는 기금(법인 또는 법인으로 보는 단체에 한정함)
⑮ 법률에 따라 자금대부사업을 주된 목적으로 하는 법인 또는 기금(다른 사업과 구분 경리되는 것에 한정함)
⑯ 조세특례제한법 제104조의 3 제1항에 따른 자본확충목적회사
⑰ 산업재해보상보험법 제10조에 따른 근로복지공단(근로자퇴직급여 보장법에 따른 중소기업퇴직연금기금으로 한정함)
⑱ 그 밖에 기획재정부령으로 정하는 금융보험업을 영위하는 법인

2) 법인세가 부과되지 아니하거나 면제되는 소득

다음의 소득에 대하여는 원천징수를 하지 아니한다(법령 §111 ②).

① 법인세가 부과되지 아니하거나 면제되는 소득
② 신고한 과세표준에 이미 산입된 미지급소득
③ 법령 또는 정관에 의하여 비영리법인이 회원 또는 조합원에게 대부한 융자금과 비영리법인이 당해 비영리법인의 연합회 또는 중앙회에 예탁한 예탁금에 대한 이자수입
④ 법률에 따라 설립된 기금을 관리 · 운용하는 기금운용법인(법칙 §56의 2 ①)과 법률에 따라 공제사업을 영위하는 법인으로서 법인세법 시행규칙 제56조의 2 제2항에서 열거하고 있는 법인 중 건강보험 · 연금관리 및 공제사업을 영위하는 비영리내국법인(기금운용법인의 경우에는 해당 기금사업에 한정함)이 국채법에 따라 등록하거나 주식 · 사채 등의 전자등록에 관한 법률에 따라 전자등록한 다음의 국공채 등을 발행일부터 이자지급일 또는 상환일까지 계속하여 등록 · 보유함으로써 발생한 이자 및 할인액(법칙 §56의 2, §57)
   가. 국가 또는 지방자치단체가 발행한 채권 또는 증권
   나. 한국은행이 발행한 통화안정증권
   다. 한국산업은행이 발행하는 산업금융채권
   라. 중소기업은행이 발행하는 중소기업금융채권
   마. 한국수출입은행이 발행하는 수출입금융채권
   바. 국민은행이 발행하는 국민은행채권(1998년 12월 31일 국민은행과 장기신용은행이 합병되기 전의 장기신용은행이 발행한 장기신용채권의 상환을 위하여 발행하는 채권에 한함)
   사. 주택저당채권유동화회사가 발행하는 주택저당증권 및 주택저당채권담보부채권
   아. 한국주택금융공사가 발행하는 주택저당채권담보부채권 · 주택저당증권 · 학자금대출증권 및 사채
⑤ 다음 중 어느 하나에 해당하는 조합의 조합원인 법인(한국표준산업분류상 금융 및 보험업을 영위하는 법인을 제외함)이 해당 조합의 규약에 따라 조합원 공동으로 예탁한 자금에 대한 이자수입
   가. 상장유가증권에 대한 투자를 통한 증권시장의 안정을 목적으로 설립된 조합으로서 기

획재정부령(법칙 §58 ①)으로 정하는 조합

나. 채권시장의 안정을 목적으로 설립된 조합으로서 기획재정부령이 정하는 조합

⑥ 한국토지주택공사법에 의한 한국토지주택공사가 주택도시기금법 제6조 제2항에 따라 주택도시기금에 예탁한 자금(국민연금법에 의한 국민연금 및 우체국예금 · 보험에 관한 법률에 의한 우체국예금으로부터 사채발행을 통하여 조성한 자금을 예탁한 것으로서 이자소득 지급당시 국민연금 및 우체국예금이 그 사채를 계속 보유하고 있는 경우에 한함)에 대한 이자수입

1-1-3. 원천징수시기

(1) 개 요

법인세의 원천징수시기는 그 소득금액을 지급하는 때를 말하며, 이를 실제로 지급하지 아니한 경우에는 다음과 같이 지급시기로 의제하는 때를 원천징수시기로 한다(법령 §111 ⑥). 한편, 원천징수대상소득금액이 자본시장과 금융투자업에 관한 법률에 따른 투자신탁재산에 귀속되는 시점에는 해당 소득금액이 어느 누구에게도 지급된 것으로 보지 아니한다(법법 §73 ③).

① 일반적인 이자소득금액의 지급시기 : 소득세법상 이자소득 원천징수시기에 대한 특례규정(소령 §190)을 준용한 날

② 일정 금융회사 등(법령 §61 ② 1호~7호 및 10호)이 소득세법 시행령 제190조 제1호에 따른 조건의 어음을 발행하여 매출하는 경우 : 해당 어음을 할인매출하는 날

③ 자본시장과 금융투자업에 관한 법률에 따른 신탁업자가 운용하는 신탁재산(같은 법에 따른 투자신탁재산은 제외)에 귀속되는 소득금액 : 해당 소득이 신탁에 귀속된 날부터 3개월 이내의 특정일(소법 §155의 2)

(2) 대체 · 상계 · 전환 등의 경우의 지급시기

소득금액을 실제로 지급하는 때를 판정함에 있어 현금 및 현금성자산을 수수하는 경우에는 외견상 그 지급시점이 확연하여 별 문제가 없으나, 대체, 상계, 전환, 이전, 계약, 해약 및 기타 외견적인 수수행위가 없는 경우에는 실제로 지급하는 때에 대한 별도의 판정기준이 요구된다.

이와 같이 현금 등을 수수하지 아니하여 지급시기가 불명확한 경우에는 다음에 해당하는 날을 지급시기로 본다(법기통 73-0…2).

① 이자소득금액을 어음으로 지급한 때에는 해당 어음이 결제된 날

② 이자소득금액으로 지급할 금액을 채권과 상계하거나 면제받은 때에는 상계한 날 또는 면제받은 날

③ 이자소득금액을 대물변제한 날

④ 이자소득금액을 당사자간의 합의에 의하여 소비대차로 전환한 때에는 그 전환한 날

⑤ 이자소득금액을 법원의 전부명령에 의하여 그 소득의 귀속자가 아닌 제3자에게 지급하는

경우에는 그 제3자에게 지급하는 날

⑥ 예금주가 일정한 계약기간 동안 매월 정한 날에 임의의 금액을 예입하고 금융기관은 매월 발생되는 이자를 실제로 지급하지 아니하고, 해당 예금의 예입금액으로 자동대체하여 만기에 원금과 복리로 계산한 이자를 함께 지급하는 정기예금의 경우에, 그 예입금액에 대체한 이자소득금액에 대하여는 저축기간이 만료되는 날

1-1-4. 원천징수의무의 대리 및 위임

(1) 개 념

원천징수의무자를 대리하거나 그 위임을 받은 자의 행위는 수권 또는 위임의 범위에서 본인 또는 위임인의 행위로 본다(법법 §73 ④).

한편, 외국법인이 발행한 채권 또는 증권에서 발생하는 이자소득 등을 내국법인에게 지급하는 경우에는 국내에서 그 지급을 대리하거나 그 지급권한을 위임 또는 위탁받은 자가 원천징수의무자로서 그 소득에 대한 법인세를 원천징수하여야 한다(법법 §73 ⑥).

(2) 신탁업자가 신탁재산을 직접 운용하거나 보관 · 관리하는 경우

자본시장과 금융투자업에 관한 법률에 따른 신탁업자가 신탁재산을 직접 운용하거나 보관·관리하는 경우 해당 신탁업자와 원천징수대상소득금액(법법 §73 ① 각 호)을 신탁재산에 지급하는 자 간에 대리 또는 위임관계가 있는 것으로 본다(법령 §111 ⑦).

(3) 금융회사 등 어음 또는 채무증서를 인수·매매·중개 또는 대리하는 경우

금융회사 등(법령 §111 ①)이 내국법인(거주자를 포함)이 발행한 어음이나 채무증서를 인수·매매·중개 또는 대리하는 경우에는 금융회사 등과 그 내국법인간에 대리 또는 위임의 관계가 있는 것으로 본다(법법 §73 ⑤).

(4) 한국예탁결제원에 예탁된 증권등의 경우

자본시장과 금융투자업에 관한 법률 제294조에 따른 한국예탁결제원에 예탁된 증권 등[같은 조 제1항에 따른 증권등(상기 '1-1-4.의 (2)'가 적용되는 신탁재산은 제외함)을 말하며, 이하 "증권등"이라 함]에서 발생하는 이자소득 등에 대해서는 다음의 구분에 따른 자와 해당 증권등을 발행한 자 간에 원천징수의무의 대리 또는 위임의 관계가 있는 것으로 본다(법령 §111 ⑧).

① 자본시장과 금융투자업에 관한 법률 제309조에 따라 한국예탁결제원에 계좌를 개설한 자(이하 "예탁자"라 함)가 소유하고 있는 증권등의 경우 : 한국예탁결제원

② 자본시장과 금융투자업에 관한 법률 제309조에 따라 예탁자가 투자자로부터 예탁받은 증권등의 경우 : 예탁자

1-2. 내국법인의 채권등의 보유기간 이자상당액에 대한 원천징수

1-2-1. 개 요

내국법인이 소득세법 제46조 제1항에 따른 채권등 또는 투자신탁의 수익증권(이하 "원천징수대상채권등"이라 함)을 타인에게 매도하는 경우 그 내국법인은 원천징수의무자로서 원천징수대상채권등을 취득하여 보유한 기간에 발생한 보유기간 이자상당액에 14%의 세율을 적용하여 계산한 법인세(1천원 이상인 경우만 해당함)를 원천징수하여 그 징수일이 속하는 달의 다음 달 10일까지 납세지 관할 세무서 등에 납부하여야 한다(법법 §73의 2 ①).

1-2-2. 원천징수의무자

(1) 일반적인 경우

내국법인이 원천징수대상채권등을 타인에게 매도하는 경우 해당 내국법인을 원천징수의무자로 본다(법법 §73의 2 ①).

(2) 대리 및 위임

상기 일반적인 경우와 달리 다음의 법인에 원천징수대상채권 등을 매도하는 경우로서 당사자 간의 약정이 있을 때에는 그 약정에 따라 원천징수의무자를 대리하거나 그 위임을 받은 자의 행위는 수권 또는 위임의 범위에서 본인 또는 위임인의 행위로 본다(법법 §73의 2 ③ 및 법령 §113 ⑫). 즉, 이 경우 원천징수대상채권 등을 매수한 다음의 법인이 원천징수의무자가 된다.

① 법인세법 시행령 제61조 제2항 각 호의 금융회사 등
② 자본시장과 금융투자업에 관한 법률에 따른 집합투자업자

더불어, 자본시장과 금융투자업에 관한 법률에 따른 신탁재산에 속한 원천징수대상채권등을 매도하는 경우에는 같은 법에 따른 신탁업자와 다음의 구분에 따른 자 간에 대리 또는 위임의 관계가 있는 것으로 본다(법법 §73의 2 ④).

① 수익자 과세신탁의 신탁재산(법법 §5 ①) : 해당 신탁재산의 수익자
② 위탁자 과세신탁의 신탁재산(법법 §5 ③) : 해당 신탁재산의 위탁자

한편, 그 밖에 원천징수의무의 대리 및 위임에 관하여는 상기 '1-1-4.'의 내용을 준용한다(법법 §73의 2 ⑤).

1-2-3. 원천징수대상채권등의 범위

보유기간별 이자상당액에 대하여 그 거래시기마다 실제로 원천징수하여야 하는 '원천징수

대상채권등'은 소득세법 제46조 제1항에 따른 채권등 또는 투자신탁의 수익증권으로서, 여기서 소득세법 제46조 제1항에 따른 채권등이란 국가 · 지방자치단체, 내국법인, 외국법인 및 외국법인의 국내지점 또는 국내영업소에서 발행한 채권 · 증권과 다른 사람에게 양도가 가능한 다음의 증권을 말한다(법법 §73의 2 ① 및 소법 §46 ① 및 소령 §102 ①).

① 금융회사 등이 발행한 예금증서 및 이와 유사한 증서(다만, 금융회사 등이 당해 증서의 발행일부터 만기까지 계속하여 보유하는 양도성예금증서 외의 예금증서는 제외함)
② 어음(금융회사 등이 발행 · 매출 또는 중개하는 어음을 포함하며, 상업어음을 제외함)

한편, 다음의 소득에 대해서는 법인세를 원천징수하지 아니한다(법법 §73의 2 ② 및 법령 §113 ④).

① 상기 '1-1-2. (3)의 2)' 중 어느 하나에 해당하는 소득
② 자본시장과 금융투자업에 관한 법률에 따른 투자회사 및 자본확충목적회사(법령 §111 ① 16호)의 원천징수대상채권등에 대한 보유기간이자상당액
③ ② 외의 법인세법 시행령 제111조 제1항에 따른 금융회사등의 주식 · 사채 등의 전자등록에 관한 법률 제59조에 따른 단기사채등 중 같은 법 제2조 제1호 나목에 해당하는 것으로서 만기 1개월 이내의 것에 대한 보유기간이자상당액

1-2-4. 매도의 범위

채권 등을 매도한다 함은 중개 · 알선, 법인의 고유재산에서 취득하여 보유하는 채권 등을 법인이 관리하는 재산으로 유상이체하는 경우, 관리하는 재산간에 유상이체하는 경우 및 관리하는 재산에서 고유재산으로 유상이체하는 경우를 포함한다. 다만, 자본시장과 금융투자업에 관한 법률 시행령 제103조 제1호에 따른 특정금전신탁이 중도해지되거나 그 신탁계약기간이 종료됨에 따라 해당 특정금전신탁에서 운용하던 채권 등을 위탁자에게 유상이체하는 경우에는 그러하지 아니한다(법령 §113 ③ 및 법칙 §59 ②).

한편, 채권 등의 매도로 보는 경우 관리하는 재산의 보유기간이자상당액에 대한 원천징수에 관하여는 당해 재산을 관리하는 법인이 채권을 매도하는 것으로 보며, 아래 '1-2-7'에서 설명하는 환매조건부채권매매 등은 매도로 보지 아니한다(법령 §113 ⑬).

1-2-5. 보유기간별 이자상당액의 계산

(1) 개 요

채권 등의 이자 등에 대한 원천징수대상소득은 내국법인이 채권 등(자본시장과 금융투자업에 관한 법률에 따른 신탁업자가 운용하는 신탁재산에 귀속되는 채권 등을 포함함)을 취득하여 보유한 기간에 발생한 소득으로 하는 바, 동 소득은 채권 등의 액면가액에 보유기간과 적용이자율을 적용하여 계산한 금액으로 한다(법령 §113 ①, ②).

채권 등의 보유기간이자상당액 = 채권 등의 액면가액 × 보유기간 × 적용이자율

(2) 보유기간

1) 보유기간의 계산

보유기간은 다음과 같이 계산한다(법령 §113 ② 1호).

① 법인이 채권 등의 이자소득금액을 지급받기 전에 보유한 채권을 매도하는 경우
당해 채권 등을 취득한 날 또는 직전 이자소득금액의 계산기간종료일의 다음날부터 매도하는 날(매도하기 위하여 알선·중개 또는 위탁하는 경우에는 실제로 매도하는 날)까지의 기간. 다만, 취득한 날 또는 직전 이자소득금액의 계산기간종료일부터 매도하는 날 전일까지로 기간을 계산하는 약정이 있는 경우에는 그 기간으로 함.

② 법인이 채권 등의 이자소득금액을 지급받는 경우
당해 채권 등을 취득한 날 또는 직전 이자소득금액의 계산기간종료일의 다음날부터 이자소득금액의 계산기간종료일까지의 기간. 다만, 취득한 날 또는 직전 이자소득금액의 계산기간종료일부터 매도하는 날 전일까지로 기간을 계산하는 약정이 있는 경우에는 그 기간으로 함.

2) 취득일이 다른 동일종목의 채권이 있는 경우

취득일이 서로 다른 동일종목의 채권 등을 매도하는 경우의 보유기간은 재고자산의 평가방법 중 개별법·선입선출법·후입선출법을 준용하여 계산한 것과 다음의 방법 중 하나를 선택하여 계산한 것(보유기간의 계산은 소수점 이하 두자리까지만 함) 중 법인이 선택하여 적용할 수 있다(법령 §113 ⑦ 및 법칙 §59 ③).

① 채권 등을 매도할 때마다 그 매도일 현재의 보유채권 등 및 매도채권 등의 취득일별 채권 등의 수에 당해 채권 등의 취득일부터 매도일까지의 보유기간을 곱하여 계산한 기간의 합계를 채권 등의 총수로 나누어 계산하는 방법
이 경우 직전 매도일 현재의 보유채권 등에 대하여는 직전 매도시에 계산한 평균 보유기간에 직전 매도일부터 당해 매도일까지의 기간을 합한 기간을 취득일부터 매도일까지의 보유기간으로 한다.

② 다음 '가'의 기간에서 '나'의 평균경과기간을 차감한 기간을 보유기간으로 하는 방법
가. 채권 등의 발행일(발행일 이전에 매출하는 경우에는 매출일)부터 매도일까지의 보유기간
나. 채권 등의 매도일 직전에 취득한 채권 등의 취득수에 발행일(발행일 이전에 매출하는 경우에는 매출일)부터 취득일까지의 기간(이하 "경과기간"이라 함)을 곱한 기간과 당해 채권 등의 취득직전에 보유한 채권 등의 경과기간을 평균한 기간에 보유 채권수를 곱

한 기간의 합계를 채권 등의 수로 나누어 계산한 평균경과기간
③ 채권 등을 취득할 때마다 계산한 평균보유기간에 매도일까지의 기간을 합하는 방법

이 경우 법인은 선택한 보유기간 계산방법을 보유기간이자상당액에 대한 원천징수세액납부일 또는 보유기간이자상당액에 대한 법인세 과세표준신고일 내에 납세지 관할세무서장에게 신고하고 계속적으로 적용하여야 한다. 만약, 보유기간의 계산방법을 신고하지 아니하거나 신고한 방법과 상이한 방법으로 계산한 경우에는 재고자산의 평가방법 중 선입선출법을 준용하여 보유기간을 계산한다(법령 §113 ⑦).

3) 보유기간의 입증과 일수계산기준

채권 등 보유기간의 입증은 다음에 의한다(법령 §113 ⑧).

구 분	보유기간의 입증방법
① 채권 등을 금융회사 등에 개설된 계좌에 의하여 거래하는 경우	해당 금융회사 등의 전산처리체계 또는 통장원장에 의하여 확인하는 방법
② 법인으로부터 채권 등을 매수하는 경우	당해 법인이 발급하는 채권 등 매출확인서에 의하여 확인하는 방법
③ 개인으로부터 채권 등을 매수하는 경우	공증인법의 규정에 의한 공증인이 작성한 공정증서(거래당사자의 성명·주소·주민등록번호·매매일자·채권 등의 종류와 발행번호·액면금액을 기재한 것에 한함)에 의하여 확인하는 방법

(3) 적용이자율

적용이자율은 다음에 의한다(법령 §113 ② 2호).

① 당해 채권 등의 이자계산기간에 대하여 약정된 이자계산방식에 의한 이자율에 발행시의 할인율을 가산하고 할증률을 차감한 이자율을 적용한다. 다만, 공개시장에서 발행하는 다음의 채권의 경우에는 발행시의 할인율과 할증률을 가감하지 아니한다.
  가. 국가가 발행한 채권으로서 원금과 이자가 분리되는 경우
  나. 공개시장에서 통합발행(일정 기간 동안 추가하여 발행할 채권의 표면금리와 만기 등 발행조건을 통일하여 발행하는 것을 말함)하는 다음의 채권의 경우
    ㉠ 국채
    ㉡ 한국산업은행법에 따른 산업금융채권
    ㉢ 예금자보호법에 따른 예금보험기금채권과 예금보험기금채권상환기금채권
    ㉣ 한국은행법에 따른 한국은행통화안정증권

② 만기상환일에 각 이자계산기간에 대한 보장이율을 추가로 지급하는 조건이 있는 전환사채·교환사채 또는 신주인수권부사채의 경우에는 상기 ①에 의한 이자율에 당해 추가지

급이율을 가산한 이자율을 적용이자율로 한다. 다만, 전환사채 또는 교환사채를 주식으로 전환청구 또는 교환청구한 이후에는 이를 채권 등의 범위에서 제외하는 것이나, 당해 전환사채 등에 이자지급의 약정이 있는 경우에는 그 이자를 지급받는 자에게 청구일 이후의 약정이자가 지급되는 것으로 보아 전환청구일 또는 교환청구일(청구일이 분명하지 아니한 경우에는 당해 전환사채 등 발행법인의 사업연도 중에 최초로 청구된 날과 최종으로 청구된 날의 가운데에 해당하는 날)부터 당해 전환사채 또는 교환사채의 발행법인의 사업연도 말일까지의 기간에 대하여 약정이자율을 적용한다(법칙 §59 ①).

(4) 이자부 투자신탁 수익증권의 보유기간이자상당액

자본시장과 금융투자업에 관한 법률에 따른 집합투자증권 중 소득세법 시행령 제26조의 2 제4항의 증권을 취득한 법인이 투자신탁의 이익 계산기간 중도에 매도(자본시장과 금융투자업에 관한 법률에 따른 집합투자업자가 취득하여 매도하는 증권의 경우를 포함)한 경우의 보유기간이자상당액은 일반적인 채권의 보유기간이자상당액 계산과는 달리 소득세법 시행령 제26조의 2 제4항부터 제10항까지의 규정에 의하여 계산한다(법령 §113 ⑤).

(5) 선이자지급방식 채권 등의 중도매도와 추가납부세액

1) 중도매도시의 추가납부세액

법인이 선이자지급방식의 채권 등(할인매출하는 날에 원천징수하는 채권 등을 말함)을 취득한 후 사업연도가 종료되어 당초 원천징수된 세액을 전액 공제하여 법인세를 신고하였으나 그 후의 사업연도 중 해당 채권 등의 만기상환일이 도래하기 전에 이를 매도함으로써 해당 사업연도 전에 공제한 원천징수세액이 보유기간이자상당액에 대한 세액을 초과하는 경우에는 그 초과하는 금액을 해당 채권 등을 매도한 날이 속하는 사업연도의 법인세에 가산하여 납부하여야 한다(법령 §113 ⑥).

2) 중도매도시의 원천징수

법인이 선이자지급방식의 채권 등(채권 등의 매출시 세금을 원천징수한 채권 등에 한함)을 이자계산기간 중에 매도하는 경우 해당 법인(금융회사 등이 해당 채권 등의 매도를 중개하는 경우에는 해당 금융회사 등을 말함)은 중도매도일에 해당 채권 등을 새로이 매출한 것으로 보아 이자 등을 계산하여 세액을 원천징수하여야 한다(법령 §113 ⑪).

1-2-6. 원천징수세액에 대한 확인서의 작성 · 제출

자본시장과 금융투자업에 관한 법률에 따른 신탁업자는 해당 신탁재산에 귀속되는 채권 등의 보유기간이자상당액에 해당하는 원천징수세액에 대한 확인서를 작성하여 소득세법 제155조의 2에 따른 특정일이 속하는 달의 다음달 말일까지 납세지 관할세무서장에게 제출하여야 한다(법령 §113 ⑩).

1-2-7. 환매조건부 채권매매거래 등의 원천징수 특례

(1) 환매조건부 채권매매 등에 대한 원천징수

환매조건부 채권매매 거래 또는 채권대차거래(이하 "환매조건부 채권매매 등"이라 함)의 경우, 채권 등을 매도 또는 대여한 날부터 환매수 또는 반환받은 날까지의 기간 동안 그 채권 등으로부터 발생하는 이자소득에 상당하는 금액은 매도자 또는 대여자(해당 거래가 연속되는 경우 또는 아래 '(2)'의 ①과 ②의 거래가 혼합되는 경우에는 최초 매도자 또는 대여자를 말함)에게 귀속되는 것으로 보아 원천징수한다(법령 §114의 2 ②).

(2) 환매조건부 채권매매 등의 범위

환매조건부 채권매매 등이란 다음 ①과 ② 중 어느 하나에 해당하거나 ①, ②가 혼합되는 거래를 말한다(법령 §114의 2 ①).

① 금융실명거래 및 비밀보장에 관한 법률 제2조 제1호 각 목의 어느 하나에 해당하는 금융회사 등과 법인세법 시행령 제111조 제1항 각 호의 어느 하나에 해당하는 법인이 일정기간 후에 일정가격으로 환매수 또는 환매도할 것을 조건으로 하여 채권 등을 매도 또는 매수하는 거래(해당 거래가 연속되는 경우를 포함함)로서 그 거래에 해당하는 사실이 한국예탁결제원의 계좌 또는 거래소의 거래원장(전자적 형태의 거래원장을 포함함)을 통하여 확인되는 경우

② 금융실명거래 및 비밀보장에 관한 법률 제2조 제1호 각 목의 어느 하나에 해당하는 금융회사 등과 법인세법 시행령 제111조 제1항 각 호의 어느 하나에 해당하는 법인이 일정기간 후에 같은 종류로서 같은 양의 채권을 반환받는 조건으로 채권을 대여하는 거래(해당 거래가 연속되는 경우를 포함함)로서 그 거래에 해당하는 사실이 채권대차거래중개기관(한국예탁결제원, 증권금융회사, 투자매매업자 또는 투자중개업자)이 작성한 거래 원장(전자적 형태의 원장을 포함)을 통하여 확인되는 경우

(3) 환매조건부채권의 매수자에 대한 환급

환매조건부 채권매매 등을 통하여 채권 등의 매수자 또는 차입자(이하 "환매조건부채권의 매수자 등"이라 함)가 매입 또는 차입한 채권 등이 환매일 이전에 제3자에게 매도 또는 대여되는 경우에는 환매조건부채권의 매수자 등(법인세법 시행령 제111조 제1항 각 호에 해당하는 금융회사 등은 제외)에게 보유기간이자상당액에 대한 세액을 원천징수하여야 하며, 환매조건부채권의 매수자 등은 원천징수받은 세액을 환급받을 수 있다(법령 §114의 2 ③).

이 경우 원천징수된 세액을 환급받으려는 환매조건부채권의 매수자 등은 제3자에게 매도 또는 대여한 채권 등이 환매조건부 채권매매 등을 통하여 매입 또는 차입한 것임을 입증할 수 있는 환매조건부채권매매거래확인서 [법칙 별지 제68호의 4 서식]을 첨부하여 원천징수된 세액의 납부일이 속하는 달의 다음 달 10일까지 환매조건부채권의 매수자 등의 납세지 관할 세무서장에게 환매조건부채권매매거래원천세액환급신청서 [법칙 별지 제71호의 3 서식]을

제출하여야 하며, 환급신청을 받은 관할 세무서장은 거래사실 및 환급신청내용을 확인한 후 즉시 환급하여야 한다(법령 §114의 2 ④ 및 법칙 §82 ⑦ 7호의 4, 9호의 3).

1-3. 원천징수세액의 납부 등

1-3-1. 원천징수세액의 납부 및 첨부서류

원천징수의무자는 원천징수한 법인세를 그 징수일이 속하는 달의 다음달 10일까지 국세징수법에 따라 원천징수의무자의 납세지 관할세무서·한국은행 또는 체신관서에 납부하여야 하며, 원천징수 이행상황신고서 [소칙 별지 제21호 서식]를 원천징수의무자의 납세지 관할세무서장에게 제출(국세정보통신망에 의한 제출을 포함함)하여야 한다(법령 §115 ① 및 법칙 §82 ⑨).

1-3-2. 원천징수세액 과오납금의 환급

원천징수하여 납부한 법인세에 과오납이 있는 경우, 원천징수의무자는 다음달 이후에 원천징수하여 납부할 법인세에서 조정하여 환급한다. 다만, 원천징수의무자가 과오납된 원천징수세액을 환급받고자 하는 경우에는 원천징수세액환급신청서를 원천징수 관할세무서장에게 제출하여야 한다(법기통 64-0…1 ②).

1-3-3. 소규모법인의 원천징수세액 반기납부 특례

(1) 반기납부 승인대상 원천징수의무자

직전연도(신규로 사업을 개시한 사업자의 경우 신청일이 속하는 반기를 말함)의 1월부터 12월까지의 매월 말일 현재 상시 고용인원의 평균인원수가 20인 이하인 원천징수의무자(금융보험업을 영위하는 법인은 제외)로서 원천징수 관할세무서장으로부터 원천징수세액을 반기별로 납부할 수 있도록 승인을 얻은 자 또는 국세청장으로부터 반기별로 납부하도록 지정을 받은 자는 원천징수세액을 그 징수일이 속하는 반기의 마지막 달의 다음 달 10일까지 납부할 수 있다(법법 §73 ⑦ 및 법령 §115 ②, ③).

(2) 반기납부의 신청 및 승인

원천징수세액의 반기별 납부에 대한 승인을 얻고자 하는 법인은 원천징수한 법인세를 반기별로 납부하고자 하는 반기의 직전 월의 1일부터 말일까지 원천징수 관할 세무서장에게 신청하여야 한다(법령 §115 ④).

원천징수세액의 반기별 납부에 대한 신청을 받은 원천징수 관할세무서장은 당해 원천징수의무자의 원천징수세액에 대한 신고·납부의 성실도 등을 참작하여 승인 여부를 결정한 후 신청일이 속하는 반기의 다음달 말일까지 이를 통지하여야 한다(법령 §115 ⑤).

(3) 반기납부의 포기 및 철회

원천징수세액을 반기별로 납부하고 있는 원천징수의무자가 원천징수세액을 매월별로 납부하려는 경우에는 원천징수한 세액을 매월별로 납부하려는 월(지급연월)의 직전 월 말일까지 원천징수세액 반기별납부 포기신청서(원천징수사무처리규정 별지 제4호 서식)를 제출하도록 안내하여야 하며, 이 경우 반기별납부 포기신청은 세무서장의 승인을 필요로 하지 아니한다(원천징수사무처리규정 §29 ①).

2. 외국법인의 국내원천소득에 대한 원천징수

2-1. 개 요

외국법인의 국내사업장에 귀속되는 소득에 대한 법인세의 원천징수는 원칙적으로 내국법인과 동일하다(예납적 원천징수). 따라서 이자소득・투자신탁의 이익 등을 외국법인의 국내사업장에 지급하는 자는 법인세법 제73조 및 제73조의 2에 따라 예납적으로 원천징수하고, 원천징수된 금액은 해당 외국법인의 법인세 신고시 기납부세액으로 공제된다(법법 §97 ①). 나머지 소득은 원천징수를 하지 않고 법인세 신고시 국내사업장에 합산하여 신고・납부하되, 건축 등에 관한 용역소득과 인적용역소득(조세조약에서 사업소득으로 구분하는 경우를 포함함)은 국내사업장에 귀속되는 경우 지급자가 예납적으로 원천징수하여야 한다. 다만, 그 국내사업장이 사업자등록을 한 경우는 제외한다(법법 §98 ⑧).

그러나 외국법인의 국내사업장에 귀속되지 아니하는 국내원천소득과 국내사업장이 없는 외국법인의 국내원천소득에 대한 원천징수는 내국법인에 대한 원천징수 규정이 적용되지 아니한다. 이자소득・투자신탁의 이익 등을 제외한 소득이 국외로 지급됨에 따라 이들 소득에 대해서도 조세채권의 확보가 필요하기 때문이다. 이 경우에는 외국법인에 대한 원천징수 특례규정인 법인세법 제98조가 적용되는 바, 해당 외국법인이 수취하는 소득에 대해 소득의 지급자가 완납적으로 원천징수함으로써 외국법인의 납세의무는 종결된다(완납적 원천징수). 다만, 국내원천 부동산소득(법법 §93 3호)은 외국법인이 항상 신고・납부하여야 하는 소득으로서 원천징수대상이 아니며, 국내원천 부동산 등 양도소득(법법 §93 7호)은 양수자가 예납적으로 원천징수하고 양도하는 외국법인은 추후 확정신고를 통하여 정산한다(법법 §97 ①). 외국법인의 국내원천 소득에 대한 원천징수의 내용을 요약하면 다음 표와 같다.

<table>
<tr><th rowspan="2">구 분
(법법 §93)</th><th colspan="2">국내사업장이 있는 외국법인</th><th rowspan="2">국내사업장이 없는
외국법인</th></tr>
<tr><th>소득이 국내사업장에
귀속되는 경우</th><th>소득이 국내사업장에
귀속되지 않는 경우</th></tr>
<tr><td>이자소득(1호)
배당소득(2호) 중
투자신탁의 이익</td><td>예납적 원천징수
(원천징수 · 신고납부)</td><td rowspan="2">완납적 원천징수
(원천징수 · 분리과세)</td><td rowspan="2">완납적 원천징수
(원천징수 · 분리과세)</td></tr>
<tr><td>나머지 배당소득(2호)
선박 등 임대소득(4호)
사업소득(5호)
인적용역소득(6호)
사용료소득(8호)
유가증권양도소득(9호)
기타소득(10호)</td><td>원천징수대상이 아님
(신고납부 · 종합과세)</td></tr>
<tr><td>부동산소득(3호)</td><td rowspan="2">원천징수대상이 아님
(신고납부 · 종합과세)</td><td>원천징수대상이 아님
(신고납부 · 종합과세)</td><td>원천징수대상이 아님
(신고납부 · 종합과세)</td></tr>
<tr><td>부동산 등 양도소득(7호)</td><td>예납적 원천징수
(원천징수 · 신고납부)</td><td>예납적 원천징수
(원천징수 · 신고납부)</td></tr>
</table>

2-2. 원천징수 대상 및 세율

2-2-1. 국내사업장에 귀속되는 경우

(1) 원 칙

외국법인의 국내사업장에 귀속되는 국내원천소득에 대한 원천징수는 법인세법 제73조 및 제73조의 2의 규정을 준용하여 내국법인에 대한 원천징수의 예와 동일하게 적용한다(법법 §97 ① 6호).

<table>
<tr><th>원천징수대상 외국법인</th><th>원천징수의무자</th><th>대상소득</th><th>원천징수세율</th></tr>
<tr><td rowspan="2">국내사업장에 귀속되는 소득을 지급받는 외국법인</td><td rowspan="2">국내원천소득을 지급하는 자</td><td>• 이자소득(비영업대금의 이익)</td><td>14%(25%)</td></tr>
<tr><td>• 투자신탁의 이익</td><td>14%</td></tr>
<tr><td>원천징수대상채권 등을 매도한 외국법인</td><td>좌 동</td><td>• 원천징수대상채권 등의 보유기간 이자상당액</td><td>14%</td></tr>
</table>

(2) 국내사업장에 귀속되는 특정 소득에 대한 특례

외국법인에게 다음의 국내원천소득을 지급하는 자는 다음 소득에 대해서는 국내사업장에 귀속되는 경우라도 '2-2-2. (1) 원칙'과 같이 원천징수를 하여야 하나, 그 국내사업장이 법인세법 제111조에 따라 사업자등록을 한 경우는 제외한다(법법 §98 ⑧). 이들 소득은 국내사업장에 귀속되는 소득이므로 신고 · 납부(종합과세) 대상이며, 원천징수된 세액은 신고 · 납부시 산출세액에서 공제된다.

① 외국법인에 건축, 건설, 기계장치 등의 설치·조립, 그 밖의 작업이나 그 작업의 지휘·감독 등에 관한 용역을 제공함으로써 발생하는 국내원천소득

② 외국법인에 제공하는 법인세법 제93조 제6호에 따른 인적용역소득(조세조약에서 사업소득으로 구분하는 경우를 포함)

2-2-2. 국내사업장에 귀속되지 않는 경우

(1) 원 칙

외국법인의 국내사업장에 귀속되지 아니하는 국내원천소득과 국내사업장이 없는 외국법인의 소득에 대한 원천징수는 법인세법 제98조 제1항의 규정에 따라 다음과 같이 적용한다.

원천징수대상 외국법인	원천징수의무자	대상소득	원천징수세율
• 국내사업장과 실질적으로 관련되지 않거나 국내사업장에 귀속되지 않는 소득을 지급받는 외국법인 • 국내사업장이 없는 외국법인	국내원천소득을 지급하는 자(부동산 등 양도소득을 지급하는 거주자 및 비거주자 제외)	• 이자(*1) · 배당 · 사용료소득 • 기타소득	20%(*2)
		• 선박 등 임대소득·사업소득	2%
		• 인적용역소득	20%(*3)
		• 부동산 등 양도소득(*4) · 유가증권양도소득(*1)	10%, 20%(*5)

(*1) 이자소득 및 유가증권양도소득 중 아래 '(3)'에서 설명하는 일정 소득에 대해서는 비과세가 적용될 수 있음(법법 §93의 3).

(*2) • 이자소득 중 국가, 지방자치단체 및 내국법인이 발행하는 채권에서 발생하는 이자소득의 경우에는 그 지급액의 14%로 함.
• 기타소득 중 법인세법 제93조 제10호 차목에 따른 사용지 기준 조세조약 상대국의 법인이 소유한 국내 미등록 특허권 등의 침해 보상대가는 그 지급금액의 15%로 함.

(*3) 국외에서 제공하는 인적용역 중 과학기술·경영관리 기타 분야에 관한 전문적 지식 또는 특별한 기능을 가진 자가 당해 지식 또는 기능을 활용하여 제공하는 용역을 제공함으로써 발생하는 소득이 조세조약에 따라 국내에서 발생하는 것으로 간주되는 소득에 대한 원천징수세율은 3%로 함(법령 §132 ⑥ 4호, §137 ⑧).

(*4) 부동산 등 양도소득에 대한 원천징수세액을 계산할 때 양도자가 법인세법 제97조 제1항에 따라 법인세를 신고·납부한 후 양수자가 법인세법 제98조 제1항에 따라 원천징수하는 경우에는 해당 양도자가 신고·납부한 세액을 뺀 금액으로 함(법령 §137 ⑨).

(*5) 부동산 등 양도소득과 유가증권양도소득의 세율은 그 지급액의 10%로 하되, 양도한 자산의 취득가액 또는 유가증권의 취득가액 및 양도비용이 확인되는 경우에는 그 지급액의 10%와 그 자산 또는 유가증권의 양도차익의 20% 중 적은 금액으로 함.

개 정

○ 외국인 통합계좌를 통해 지급받는 국내원천소득에 대한 원천징수 특례 신설(법법 §98의 8)
➡ 2024년 1월 1일 이후 외국인 통합계좌의 명의인에게 국내원천소득을 지급하는 경우부터 적용

(2) 조세조약의 우선 적용

조세조약은 국내세법에 대하여 특별법의 위치에 있으므로 조세조약이 국내세법에 우선한다. 그러나 일반적으로 조세조약은 구체적인 과세방법 · 과세절차 등에 관하여는 규정하고 있지 아니하므로, 우리나라와 조세조약이 체결된 국가의 외국법인에 대한 과세방법도 조세조약상 특별한 규정이 없는 한 법인세법상의 과세절차 및 방법에 의한다. 다만, 다음의 경우를 유의하여야 한다.

첫째, 이자 · 배당 · 사용료소득은 조세조약이 체결되어 있는 경우에는 제한세율을 한도로 원천징수한다.

둘째, 국내사업장에 귀속되지 않는 사업소득은 조세조약이 체결되어 있지 아니한 경우에 한하여 원천징수할 수 있다.

:: 외국법인에 대한 조세조약상 제한세율 적용을 위한 원천징수 절차 특례

법인세법 제93조에 따른 국내원천소득의 실질귀속자인 외국법인이 조세조약에 따른 제한세율을 적용받으려는 경우에는 제한세율 적용신청서 및 국내원천소득의 실질귀속자임을 증명하는 서류(이하 "신청서 등"이라 함)를 법인세법 제98조 제1항에 따른 원천징수의무자(이하 "원천징수의무자"라 함)에게 제출하여야 한다. 이 경우 법인세법 제93조의 2 제1항 제1호에 해당하여 국외투자기구를 국내원천소득의 실질귀속자로 보는 경우에는 그 국외투자기구에 투자한 투자자의 국가별 현황 등이 포함된 실질귀속자 특례 국외투자기구 신고서를 함께 제출하여야 한다. 또한, 국내원천소득이 국외투자기구를 통하여 지급되는 경우에는 그 국외투자기구가 실질귀속자로부터 신청서 등을 제출받아 이를 그 명세가 포함된 국외투자기구 신고서와 함께 원천징수의무자에게 제출하여야 한다. 실질귀속자 또는 국외투자기구로부터 신청서 등을 제출받은 원천징수의무자는 제출된 신청서 등에 누락된 사항이나 미비한 사항이 있으면 보완을 요구할 수 있으며, 만약 원천징수의무자가 실질귀속자 또는 국외투자기구로부터 신청서 등 또는 국외투자기구 신고서를 제출받지 못하거나 제출된 서류를 통해서는 실질귀속자를 파악할 수 없는 등 법인세법 시행령 제138조의 7 제7항 각 호의 사유에 해당하는 경우에는 제한세율을 적용하지 아니하고 법인세법 제98조 제1항 각 호의 금액을 원천징수하여야 한다. 이 경우 적용받은 제한세율에 오류가 있거나 제한세율을 적용받지 못한 실질귀속자가 제한세율을 적용받으려는 경우에는 실질귀속자 또는 원천징수의무자가 세액이 원천징수된 날이 속하는 달의 다음 달 11일부터 5년 이내(단, 국세기본법 제45조의 2 제2항 각 호의 어느 하나에 해당하는 사유 발생시 그 사유가 발생한 것을 안 날부터 3개월 이내)에 원천징수의무자의 납세지 관할 세무서장에게 경정을 청구할 수 있다(법법 §98의 6).

개 정

○ 제한세율 적용 관련 경정청구기간의 기산일 변경(법법 §98의 6 ④)
➡ 2024년 1월 1일부터 시행하되, 2024년 1월 1일 당시 같은 개정규정에 따른 경정청구기간이 만료되지 아니한 경우에도 적용

(3) 외국법인의 국채 등 이자 및 양도소득에 대한 비과세

원천징수의 대상이 되는 외국법인의 소득 중 다음의 소득에 대해서는 국내원천소득에 대한 외국법인의 납세의무에도 불구하고 법인세를 과세하지 아니한다(법법 §93의 3 ①, §3 ① 2호).

① 법인세법 제93조 제1호의 국내원천 이자소득 중 국채법 제5조 제1항에 따라 발행하는 국채, 한국은행 통화안정증권법에 따른 통화안정증권 및 대통령령으로 정하는 채권(이하 "국채등"이라 함)에서 발생하는 소득

② 법인세법 제93조 제9호의 국내원천 유가증권양도소득 중 국채등의 양도로 발생하는 소득

:: 외국법인의 유가증권양도소득 등에 대한 신고·납부 등의 특례

유가증권양도소득에 대하여 우리나라가 체결한 대부분의 조세조약에서는 거주지국 과세원칙을 채택하고 있으며, 일부 국가와의 조세조약에서 원천지국 과세원칙을 채택하고 있다. 개정 한·일 조세조약과 한·독 조세조약에서는 지분율이 25% 이상인 과점주주가 동일한 과세연도 중 총발행주식의 5% 이상을 양도하는 경우 원천지국에서 과세할 수 있도록 하고 있다.
그러나, 상기 규정을 적용할 때 유가증권 양도가 여러 번에 걸쳐 이루어지는 경우 원천징수에 대한 문제가 발생하게 된다. 예컨대, 내국법인 갑의 주식을 25% 이상 소유한 일본법인 A가 내국법인 갑의 주식을 동일 사업연도 중 4회에 걸쳐 1차 2%, 2차 2%, 3차 2%, 4차 2%로 양도한 경우 3차에 이르러서야 조세조약상 일본법인 A의 납세의무가 발생하는 것이므로 1차 및 2차 양도분에 대한 원천징수 등의 문제가 발생한다.
이러한 문제를 해결하기 위하여 조세조약상 과세기준을 충족하였으나 원천징수되지 않은 유가증권양도소득을 추후 정산하여 신고·납부할 수 있도록 법인세법에서는 다음과 같은 특례규정을 두고 있다.
"국내사업장이 없는 외국법인은 동일한 내국법인의 주식 또는 출자증권을 동일한 사업연도(그 주식 또는 출자증권을 발행한 내국법인의 사업연도)에 2회 이상 양도함으로써 조세조약에서 정한 과세기준을 충족하게 된 경우에는 양도 당시 원천징수되지 아니한 소득에 대한 원천징수세액 상당액을 양도일이 속하는 사업연도의 종료일부터 3개월 이내에 당해 유가증권을 발행한 내국법인의 납세지 관할 세무서장에게 신고·납부하여야 한다(법법 §98의 2)."

2-3. 원천징수대상에서 제외되는 소득

국내사업장에 귀속되지 아니하는 외국법인의 국내원천소득과 국내사업장이 없는 외국법인의 국내원천소득은 원칙적으로 원천징수하여야 한다. 그러나 다음의 소득을 외국법인에게 지급할 때에는 법인세법 제98조에 의한 원천징수를 하지 아니한다(법법 §97 ⑤, §98 ① 및 법칙 §68).

① 외국법인의 국내사업장과 실질적으로 관련되거나 귀속되는 국내원천소득(법인세법 제73조 및 제73조의 2에 의하여 원천징수되는 소득은 제외)

② 법인세가 비과세되거나 전액 면제되는 소득

③ 원천징수세액이 1천원 미만인 경우

2-4. 원천징수의무자

2-4-1. 원 칙

원칙적으로 외국법인에게 원천징수대상 국내원천소득을 지급하는 자가 원천징수의무자가 된다. 다만, 법인세법 제93조 제7호에 따른 부동산 등 양도소득을 지급하는 자가 거주자 및 비거주자인 경우에는 원천징수의무를 면제한다(법법 §98 ①).

2-4-2. 원천징수의무자의 특례

(1) 외국차관자금으로 지급하는 경우

국내사업장을 가지고 있지 아니한 외국법인에 외국차관자금으로서 법인세법 제93조 제1호(이자소득)·제5호(사업소득)·제6호(인적용역소득) 및 제8호(사용료소득)에 따른 국내원천소득의 금액을 지급하는 자는 해당 계약조건에 따라 그 소득금액을 자기가 직접 지급하지 아니하는 경우에도 그 계약상의 지급조건에 따라 그 소득금액이 지급될 때마다 원천징수를 하여야 한다(법법 §98 ⑤).

(2) 국제운송업 국내대리점의 경우

외국을 항행하는 선박이나 항공기를 운영하는 외국법인의 국내대리점으로서 그 외국법인의 국내사업장(종속대리인)에 해당하지 아니하는 자가 그 외국법인에 외국을 항행하는 선박이나 항공기의 항행에서 생기는 소득을 지급할 때에는 그 외국법인의 국내원천소득금액에 대하여 원천징수하여야 한다(법법 §98 ⑥).

국내사업장이 없는 외국법인에게 국내원천소득인 국제운수소득(외국항행소득)을 지급하는 자는 앞서 살펴본 바와 같이, 원천징수를 하여야 한다. 예를 들면, 우리나라의 수출업자가 CIF(운임·보험료 포함 가격) 조건으로 수출할 때에는 국내사업장이 없는 외국선박회사의 국내대리점을 통하여 운송계약을 체결하고 그 운임을 동 국내대리점에게 직접 지급하는 경우 등은 외국선박회사의 국내대리점이 외국선박회사에게 동 운임을 지급할 때에 원천징수하여야 한다(법기통 98-0…3).

(3) 유가증권양도소득의 경우

법인세법 제93조 제9호에 따른 유가증권을 자본시장과 금융투자업에 관한 법률에 따른 투자매매업자 또는 투자중개업자를 통하여 양도하는 경우에는 그 투자매매업자 또는 투자중개업자가 원천징수하여야 한다. 다만, 자본시장과 금융투자업에 관한 법률에 따라 주식을 상장하는 경우로서 이미 발행된 주식을 양도하는 경우에는 그 주식을 발행한 법인이 원천징수하여야 한다(법법 §98 ⑦).

(4) 국내원천소득이 국외에서 지급되는 경우

국내사업장이 없는 외국법인 등의 국내원천소득이 국외에서 지급되는 경우 그 지급자가 국내에 주소·거소·본점·주사무소 또는 국내사업장(소득세법 제120조에 따른 국내사업장 포함)을 둔 경우에는 그 지급자가 그 국내원천소득금액을 국내에서 지급하는 것으로 보아 원천징수하여야 한다(법법 §98 ⑨).

(5) 원천징수의무자가 국내에 주소 등이 없는 경우

법인세법 제98조의 규정에 의하여 국내사업장이 없거나 국내사업장에 귀속되지 않는 외국법인의 국내원천소득에 대한 원천징수를 함에 있어서 원천징수의무자가 국내에 주소, 거소, 본점, 주사무소, 사업의 실질적 관리장소 또는 국내사업장(소득세법 제120조의 규정에 의한 국내사업장 포함)이 없는 경우에는 국세기본법 제82조의 규정에 의한 납세관리인을 정하여 관할 세무서장에게 신고하여야 한다(법령 §137 ⑤).

(6) 경매·공매대금을 배당·배분하는 경우

외국법인이 민사집행법에 따른 경매 또는 국세징수법에 따른 공매의 방법으로 양도함으로써 법인세법 제93조에 따른 국내원천소득을 지급받는 경우에는 해당 경매대금을 배당하거나 공매대금을 배분하는 자가 해당 외국법인에 실제로 지급하는 금액의 범위에서 원천징수를 하여야 한다(법법 §98 ⑩).

2-5. 원천징수한 법인세의 납세지

2-5-1. 원천징수의무자의 본점 등

외국법인의 국내원천소득에 대하여 원천징수한 법인세의 납세지는 다음과 같다(법령 §7 ⑥ 및 법칙 §2의 3).

① 원천징수의무자가 개인인 경우 : 소득세법 제7조 제1항 제1호 및 제2호에 따른 소재지
② 원천징수의무자가 법인인 경우 : 다음의 장소
   ㉠ 원천징수의무자인 법인의 본점·주사무소 또는 국내에 본점이나 주사무소가 소재하지 아니하는 경우에는 사업의 실질적 관리장소(이하 "본점 등"이라 함)의 소재지(법인으로 보는 단체의 경우에는 법인세법 시행령 제7조 제1항에 따른 소재지, 외국법인의 경우에는 주된 국내사업장 소재지로 함)로 한다. 다만, 원천징수의무자인 법인의 지점·영업소 또는 그 밖의 사업장이 독립채산제에 의하여 독자적으로 회계사무를 처리하는 경우에는 그 사업장의 소재지(그 사업장의 소재지가 국외에 있는 경우는 제외)로 한다.
   ㉡ 상기 ㉠의 단서에도 불구하고, 법인이 지점·영업소 또는 그 밖의 사업장에서 지급하는 소득에 대한 원천징수세액을 본점 등에서 전자계산조직 등에 의하여 일괄 계산하는

경우로서 본점 등의 관할세무서장에게 신고하거나 부가가치세법 제8조 제3항 및 제4항에 따라 사업자단위로 관할세무서장에게 등록한 경우에는 해당 법인의 본점 등을 해당 소득에 대한 법인세 원천징수세액의 납세지로 할 수 있다. 이 경우 법인의 본점 등에서의 원천징수세액의 일괄납부 신고를 하려는 법인은 원천징수세액을 일괄납부하려는 달의 말일부터 1개월 전까지 원천징수세액 본점일괄납부신고서를 본점 관할세무서장에게 제출하여야 한다.

2-5-2. 국내원천소득에 대한 원천징수의무자가 국내에 소재지가 없는 경우

국내에 소재지(사업장, 거류지 또는 체류지)를 두고 있지 아니한 법인세법 제98조 및 제98조의 3에 따른 원천징수의무자인 외국법인의 경우 법인세법 제93조 제7호 나목에 따른 부동산 등 양도소득 및 법인세법 시행령 제132조 제8항 각 호의 어느 하나에 해당되는 유가증권양도소득을 원천징수한 경우의 납세지는 해당 유가증권을 발행한 내국법인 또는 외국법인의 국내사업장의 소재지가 되며, 그 외의 경우에는 국세청이 지정하는 장소가 된다(법법 §9 ④ 및 법령 §7 ⑦).

2-6. 원천징수시기

2-6-1. 원 칙

국내사업장이 없는 외국법인 등에게 원천징수대상이 되는 소득을 지급하는 자는 국내원천소득을 현실적으로 지급하는 때에 그 외국법인의 법인세를 원천징수하여야 한다(법법 §98 ①). 다만, 법인세법 제93조 제10호 자목에 따른 국내원천소득(기타소득 중 불공정자본거래로 인한 기타소득)은 주식등을 발행한 내국법인이 그 주식등을 보유하고 있는 국외특수관계인으로부터 다음 중 어느 하나에 해당하는 시기에 원천징수하여야 한다(법법 §98 ⑭ 및 법령 §137 ⑥, ⑦).

① 불공정합병(법령 §88 ① 8호 가목)의 경우 : 법인이 합병으로 인하여 소멸한 경우에는 그 합병등기를 한 날. 법인이 분할 또는 분할합병으로 인하여 소멸 또는 존속하는 경우에는 그 분할등기 또는 분할합병등기를 한 날

② 불균등증자, 불균등감자 등(법령 §88 ① 8호 나목, 다목)의 경우 : 증자 또는 감자의 결정을 한 날

2-6-2. 배당소득 및 기타소득의 지급시기

국내사업장이 없는 외국법인 등의 원천징수대상 국내원천소득 중 배당소득의 지급시기에 관하여는 소득세법 제131조 제2항 및 같은 법 시행령 제191조(제4호는 제외함)를 준용하고, 기타소득의 지급시기에 관하여는 소득세법 제145조의 2 및 같은 법 시행령 제202조 제3항을 준용한다(법령 §137 ①).

한편, 상기의 규정에 불구하고, 유동화전문회사 등의 명목회사(법법 §51의 2 ①) 또는 프로젝트금융투자회사(조특법 §104의 31 ①)가 이익 또는 잉여금의 처분에 의한 배당소득을 그 처분

을 결정한 날부터 3개월이 되는 날까지 지급하지 아니한 때에는 그 3개월이 되는 날에 배당소득을 지급한 것으로 본다(법령 §137 ②).

2-6-3. 외국법인 등이 지급하는 이자소득의 지급시기

국내사업장이 없는 외국법인 등에게 국내사업장이 있는 다른 외국법인 등이 법인세법 제93조 제1호 나목에 따른 이자소득을 국외에서 직접 지급함에 따르는 원천징수시기(지급시기)는 그 소득을 지급하는 외국법인 또는 비거주자의 해당 사업연도 또는 과세기간(지급하는 외국법인 등의 국내사업장의 사업연도 또는 과세기간을 말함)의 소득에 대한 과세표준의 신고기한의 종료일(신고기한을 연장한 경우에는 그 연장한 기한의 종료일)로 한다(법령 §137 ④). 따라서 이 경우 이자소득의 지급자인 외국법인 등의 국내사업장의 과세표준 신고기한 종료일에 외국법인 등이 직접 지급한 것으로 보아 해당 국내사업장이 원천징수하여야 한다.

2-6-4. 원천징수영수증의 교부

원천징수의무자가 납세의무자로부터 법인세를 원천징수하는 때에는 그 납세의무자에게 그 지급금액 기타 필요한 사항을 기재한 원천징수영수증을 교부하여야 한다(법법 §98 ⑬ 및 법령 §137 ③).

2-7. 원천징수세액의 납부와 원천징수불성실가산세

2-7-1. 원천징수세액의 납부

원천징수의무자는 원천징수한 법인세를 국세징수법에 따라 원천징수의무자의 납세지 관할 세무서 등에 납부하여야 하며, 원천징수이행상황신고서[소칙 별지 제21호 서식]를 원천징수의무자의 납세지 관할세무서장에게 제출(국세정보통신망에 의한 제출을 포함)하여야 한다(법법 §98 ① 및 법령 §115 ①, §137 ③ 및 법칙 §82 ⑨).

2-7-2. 원천징수 등 납부지연가산세

납세지 관할 세무서장은 원천징수의무자가 외국법인의 각 사업연도의 소득에 대한 법인세로서 원천징수하여야 할 금액을 원천징수하지 아니하였거나 원천징수한 금액을 기한 내에 납부하지 아니하면 지체 없이 국세징수의 예에 따라 원천징수의무자로부터 그 징수하는 금액에 원천징수 등 납부지연가산세(국기법 §47의 5 ①)를 가산하여 법인세로 징수하여야 한다(법법 §98 ④). 이와 같은 경우 원천징수 등 납부지연가산세는 다음의 금액을 합한 금액을 말하며, 미납부·과소납부분 세액의 50%(단, ①의 금액과 ② 중 법정납부기한의 다음 날부터 납부고지일까지의 기간에 해당하는 금액을 합한 금액은 10%)에 상당하는 금액을 한도로 한다(국기법 §47의 5 ①).

> ① 미납부 · 과소납부분 세액 × 3%
> ② 미납부 · 과소납부분 세액 × 법정납부기한의 다음 날부터 납부일까지의 기간(단, 납부고지일부터 납부고지서에 따른 납부기한까지의 기간은 제외) × 22/100,000

이에 대한 보다 자세한 설명은 '제4편 제6장 가산세' 중 '4. 원천징수 등 납부지연가산세'의 내용을 참고하기 바란다.

2-8. 외국법인의 원천징수대상채권 등에 대한 원천징수의 특례

2-8-1. 의 의

내국법인의 경우와 마찬가지로 외국법인의 경우도 원칙적으로 소득세법 제46조 제1항에 따른 채권 등 또는 투자신탁의 수익증권(이하 "원천징수대상채권 등")의 이자를 지급받기 전에 중도매각하는 경우에는 보유기간별 이자상당액에 대하여 원천징수를 한다. 그러나, 외국법인의 경우 내국법인과 다른 세율이 적용되는 등 과세체계가 다르므로, 법인세법 제98조의 3에서는 이러한 사항을 고려하여 외국법인의 경우에만 적용되는 별도의 특례규정을 두고 있다.

2-8-2. 적용대상 및 원천징수의무자

(1) 적용대상

외국법인의 원천징수대상채권 등에 대한 원천징수특례는 완납적 원천징수로써 납세의무가 종결되는 법인세법 제98조 제1항 규정의 외국법인이 그 대상이므로, 다음과 같은 경우에 적용된다(법법 §98의 3 ①).

① 국내사업장이 없는 외국법인이 원천징수대상채권 등의 이자 등을 지급받거나 또는 원천징수대상채권 등의 이자 등을 지급받기 전에 원천징수대상채권 등을 매각(중개 · 알선 등을 포함하되, 아래 '(2) 적용제외대상'의 환매조건부 채권매매 거래 등은 제외)하는 경우

② 국내사업장이 있는 외국법인이라 하더라도 해당 국내사업장에 귀속되지 않는 원천징수대상채권 등의 이자 등을 지급받거나 또는 원천징수대상채권 등의 이자 등을 지급받기 전에 원천징수대상채권 등을 매각(중개 · 알선 등을 포함하되, 아래 '(2) 적용제외대상'의 환매조건부 채권매매 거래 등은 제외)하는 경우

(2) 적용제외대상

다음 ①과 ② 중 어느 하나에 해당하거나 ①, ②가 혼합되어 환매조건부 채권매매 거래 등에 해당되는 경우에는 적용대상에서 제외된다(법령 §138의 3 ②).

① 외국법인이 일정기간 후에 일정가격으로 환매수 또는 환매도할 것을 조건으로 하여 채권

등을 매도 또는 매수하는 거래(해당 거래가 연속되는 경우를 포함함)로서 그 거래에 해당하는 사실이 한국예탁결제원의 계좌를 통하여 확인되는 경우

② 외국법인이 일정기간 후에 같은 종류로서 같은 양의 채권을 반환받는 조건으로 채권을 대여하는 거래(해당 거래가 연속되는 경우를 포함함)로서 그 거래에 해당하는 사실이 채권대차거래중개기관(한국예탁결제원, 증권금융회사, 투자매매업자 또는 투자중개업자)이 작성한 거래 원장(전자적 형태의 원장을 포함)을 통하여 확인되는 경우

이때, 채권 등을 매도 또는 대여한 날부터 환매수 또는 반환받은 날까지의 기간 동안 그 채권 등으로부터 발생하는 이자소득 또는 배당소득에 상당하는 금액은 매도자 또는 대여자(해당 거래가 연속되는 경우 또는 위 ①과 ②의 거래가 혼합되는 경우에는 최초 매도자 또는 대여자를 말함)에게 귀속되는 것으로 본다(법령 §138의 3 ③).

환매조건부 채권매매 거래 등을 통하여 매수자 또는 차입자(이하 "매수자 등")가 매입 또는 차입한 채권 등이 제3자에게 매도 또는 대여되는 경우에는 매수자 등(금융회사 등은 제외)에게 보유기간이자상당액에 대한 세액을 법인세법 제73조의 2 및 제98조의 3, 소득세법 제133조의 2 및 제156조의 3에 따라 원천징수하여야 하며, 매수자 등은 원천징수당한 세액을 환급받을 수 있다(법령 §138의 3 ④).

이때 원천징수된 세액을 환급받으려는 매수자 등은 제3자에게 매도 또는 대여한 채권 등이 환매조건부 채권매매 거래 등을 통하여 매입 또는 차입한 것임을 입증할 수 있는 서류를 첨부하여 원천징수된 세액의 납부일이 속하는 달의 다음 달 10일까지 매수자 등의 납세지 관할세무서장에게 환급신청서를 제출하여야 하며, 환급신청을 받은 관할세무서장은 거래사실 및 환급신청내용을 확인한 후 즉시 환급하여야 한다(법령 §138의 3 ⑤).

(3) 원천징수의무자

본 특례의 원천징수의무자는 국내사업장이 없는 외국법인 등에 대하여 원천징수대상채권 등의 이자 등을 지급하는 자 또는 원천징수대상채권 등의 이자 등을 지급받기 전에 외국법인으로부터 원천징수대상채권 등을 매수하는 자이다. 이 경우에도 일반적인 대리·위임행위는 수권 또는 위임의 범위에서 원천징수를 대리할 수 있으며, 금융회사 등이 원천징수대상채권 등을 인수·매매·중개 또는 대리시 금융회사 등과 원천징수의무자 및 원천징수대상채권 등을 매도하는 외국법인 간에 대리 또는 위임의 관계가 있는 것으로 간주한다(법법 §98의 3 ③, ④).

2-8-3. 적용세율

국내사업장이 없는 외국법인 등에게 이자 등을 지급할 때 적용되는 세율(이하 "적용세율")은 법인세법에 의한 세율, 조세특례제한법에 의한 세율, 조세조약에 의한 세율 3가지가 있다. 조세조약이 체결되지 않은 국가의 경우 법인세법에 따라 20%의 세율(법법 §98 ① 1호)로 원천징수하며, 조세조약이 체결된 국가의 경우에는 조세조약상의 제한세율(0~15%)로 원천징수한

다. 또한 외화표시채권의 경우에는 조세특례제한법 제21조에 따라 법인세가 감면되기도 한다.

따라서 법인세법상 20%의 세율을 적용받는 외국법인은 법인세법 제73조의 2 제1항 전단에 따른 내국법인의 원천징수세율 14%보다 높은 세율을 적용받으며, 조세조약이나 조세특례제한법의 세율을 적용받는 외국법인은 14%보다 낮은 세율을 적용받는 경우가 발생하게 된다. 이렇게 내국법인의 이자소득에 대한 원천징수세율 14%보다 적용세율이 높거나 낮은 경우에 따라 각각 원천징수방법이 달라진다.

2-8-4. 원천징수세액의 계산방법

이자지급일에 이자를 수령하는 자가 국내사업장이 없는 외국법인 등이고 동 외국법인에게 적용되는 세율이 14%와 상이한 경우 외국법인이 실제 보유한 기간 동안 발생한 이자에 대해서는 외국법인의 적용세율을 적용해서 원천징수하여야 하며, 이자의 나머지 부분에 대해서는 14%의 내국법인 원천징수세율을 적용하여 원천징수하여야 한다. 따라서 이자지급액을 외국법인이 보유한 기간 동안 발생한 이자와 나머지 금액으로 분류하여 다음의 ①과 ②를 합한 가액을 원천징수한다(법령 §138의 3 ①).

> 원천징수세액 = ① + ②
> ① 지급금액 중 외국법인의 보유기간이자상당액 × 당해 외국법인에 대한 적용세율
> ② (지급금액 − 외국법인의 보유기간이자상당액) × 14%

2-8-5. 보유기간을 입증하지 못하는 경우

외국법인에게 적용되는 세율이 14%보다 높고 해당 외국법인이 원천징수대상채권 등의 보유기간을 입증하지 못하는 경우에는 지급금액 전액을 해당 외국법인에게 귀속되는 것으로 보아 전체이자를 외국법인 적용세율인 높은 세율을 적용하여 계산한다(법령 §138의 3 ①). 따라서 보유기간을 입증한 경우보다 원천징수세액이 많아지므로 불리하게 된다.

한편, 외국법인에게 적용되는 세율이 14%보다 낮고 해당 외국법인이 원천징수대상채권 등의 보유기간을 입증하지 못하는 경우에는 해당 외국법인의 보유기간이자상당액은 이를 없는 것으로 보아 계산한다(법령 §138의 3 ①). 따라서 보유기간을 입증한 경우보다 원천징수세액이 많아지므로 불리하게 된다.

외국법인이 원천징수대상채권 등의 보유기간을 입증하지 못하는 경우의 원천징수세액 계산방법을 요약하면 다음과 같다.

- 외국법인에게 적용되는 세율이 14%보다 높은 경우 원천징수세액
  = 전체이자 × 외국법인 적용세율
- 외국법인에게 적용되는 세율이 14%보다 낮은 경우
  = 전체이자 × 14%

2-8-6. 준용규정

원천징수세액의 납부기한 · 가산세의 납부 및 징수에 관하여는 법인세법 제98조 제1항 내지 제3항의 규정을 준용하며(법법 §98의 3 ⑤), 이자소득의 지급시기 · 채권 등의 보유기간 계산 · 보유기간이자상당액의 계산방법 · 보유기간 입증방법 · 원천징수세액의 납부 등은 내국법인에 관한 규정을 준용한다(법령 §138의 3 ⑥).

관련사례

- 국제운수소득에 대한 원천징수
  국내사업장으로 보지 아니하는 외국선박회사 대리점을 통하여 운송계약을 체결한 경우의 그 운임은 당해 외국법인의 국내원천소득으로 보는 것이므로 이를 지급하는 자는 법법 제98조 제6항의 규정에 의하여 원천징수하여야 함(법기통 98-0…3).
- 공연권사용료에 대한 원천징수
  외국법인에게 지급하는 공연권사용료에 대한 원천징수는 대금결제방법에 불구하고 이를 지급하는 때에 원천징수하여야 함(법기통 98-0…4).
- 외국법인의 배당소득에 대한 원천징수시기
  내국법인이 국내에 사업장 및 부동산 소득이 없는 외국법인에게 배당금을 지급하는 때의 그 원천징수시기는 소득세법 제131조 제1항(이자소득 또는 배당소득 원천징수시기에 대한 특례)의 규정에 불구하고 그 배당소득을 실제 지급하는 때로 함(법기통 98-137…1).
- 발행주식총수의 의결권 없는 주식 포함 여부
  국내사업장이 없는 외국법인의 유가증권 양도소득에 대한 국내원천소득 해당 여부 판정시 주식발행법인의 발행주식총수란 의결권 없는 주식을 포함한 발행주식총수를 의미함(재국조-771, 2007. 12. 26.).
- 실지거래가액을 확인할 수 없는 경우 양도가액 계산방법
  특수관계 없는 외국법인간에 내국법인의 주식을 양도함에 있어 실지거래가액을 확인할 수 없는 경우에는 법인세법 시행령 제89조에서 규정하는 시가에 의하여 양도가액을 계산하는 것임(재국조-772, 2007. 12. 26.).
- 감면율이 상이한 배당소득의 원천징수방법
  국내 고정사업장이 없는 외국인투자가가 조세특례제한법 제121조의 2 규정상 감면사업을 영위하는 외국인투자법인으로부터 배당금을 수취시, 원천징수의무자가 원천징수할 금액은 감면율(100%, 50%)이 상이하게 적용되는 배당액별로 감면 후의 세액과 조세협약상 제한세율을 적용한 세액 중 적은 금액을 원천징수하는 것임(서면2팀-1070, 2006. 6. 13.).

• 분할로 인한 주식 양도소득에 대한 원천징수
외국법인이 분할하여 분할법인이 보유하고 있는 주식을 분할신설법인에게 양도하는 경우 분할신설법인이 법인세를 원천징수하여야 함(서면2팀-2007, 2005. 12. 7.).

• 수입대금 지급지연에 따른 이자에 적용되는 원천징수세율
수입대금 지급지연에 따른 지연이자 수수에 대한 계약을 별도로 체결하여 지체이자를 지급하기로 한 경우, 동 지체이자의 원천징수세율은 당해 이자의 지급시기로 보는 날인 '약정에 의한 이자지급일' 현재에 시행되고 있는 세율을 적용하여야 함(서면2팀-1842, 2004. 9. 3.).

• 채무면제를 받은 미지급배당금에 대한 원천징수 여부
내국법인이 주주총회에 의하여 국내사업장이 없는 외국법인주주에게 배당결의 후 미지급 배당소득을 당해 외국법인주주로부터 지급을 면제받은 경우에는 배당소득으로 원천징수하지 아니함(서면2팀-801, 2004. 4. 16.).

• 소득의 수취자와 수익적 소유자가 다른 경우 제한세율의 적용
조세조약이 체결된 국가의 외국법인에게 지급하는 이자소득 · 배당소득 등의 수익적 소유자가 따로 있는 경우, '수익적 소유자'의 거주지국과 체결된 조세조약상 제한세율을 적용함(서이 46017-11059, 2003. 5. 27.).

• 외국법인에게 의제배당소득 발생한 경우 원천징수시기
내국법인의 유상감자로 인하여 국내사업장이 없는 외국투자자인 외국법인에게 의제배당이 발생하는 경우 동 배당에 대한 원천징수시기는 자본의 감소를 결정한 날임(국업 46017-314, 2000. 7. 5.).

• 보유 중인 외화로 지급하는 사용료소득에 대한 원화환산방법
내국법인이 외국법인에게 특허권사용료를 지급함에 있어 자사가 보유 중인 외국통화로 지급하는 경우에는 당해 사용료 지급일의 외국환관리법에 의한 기준환율(또는 재정환율)에 의하여 환산한 금액을 과세표준으로 하여 법인세 등을 원천징수하는 것임(국일 46017-533, 1998. 8. 26.).

MEMO

Step Ⅱ: 서식의 이해

■ 작성요령Ⅰ - 원천납부세액명세서(갑)

❷ 비영업대금의 이자, 정기예금이자 등 이자소득이 발생하는 사유 또는 증권투자신탁수익의 분배금이라 구분하여 적는다.

❸ 적요사유별 및 원천징수의무자별로 구분하여 각 사업연도의 합계액으로 적을 수 있으며, 이 경우 원천징수일은 최초의 원천징수일을 적어야 한다.

❼ 동업기업에서 발생한 소득에 대하여 법인세법 제73조에 따라 원천징수된 세액이 있는 경우 ① 적요란에 동업기업 원천납부세액 배분액이라 구분하여 적고, ② 원천징수의무자란에는 동업기업 상호 및 사업자등록번호를, ⑥ 법인세란에는 원천징수된 법인세액을 적는다.

❹ 원천징수의무자(소득의 지급을 대리하거나 지급권한 위임 또는 위탁받은 자 포함)를 기준으로 내국인(소득세법에 따른 거주자, 법인세법에 따른 내국법인), 외국인으로 적는다.

❺ 내국인인 경우 사업자등록번호(주민등록번호)란에 사업자등록번호(또는 고유번호), 주민등록번호(외국인등록번호)를 적는다.

[별지 제10호 서식(갑)] (2018. 3. 21. 개정)

사 업 연 도	. . . ~ . . .	원천납부세액명세서

원천징수 명세내용

① 적요	② 원천징수의무자 ❹, ❺		
	구분 [내국인, 외국인]	사업자등록번호 (주민등록번호)	상 호(성명)
❷, ❸, ❼			
합계			

(갑) ❶	법 인 명	
	사업자등록번호	

③ 원천 징수일	④ 이자·배당금액	⑤ 세율	⑥ 법인세
			❻

❶ 이 서식은 보유기간이자상당액에 대하여 원천징수되는 채권등의 이자소득을 제외한 이자소득 및 증권투자신탁수익의 분배금에 대하여 작성한다.

❻ 일반법인의 경우 ⑥ 법인세란의 합계금액과 원천납부세액명세서〔별지 제10호 서식(을)〕의 ⑪ 법인세란의 합계금액을 합하여 법인세 과세표준 및 세액조정계산서〔별지 제3호 서식〕의 ⑱ 원천납부세액란에 옮겨 적는다.

■ 작성요령Ⅱ - 원천납부세액명세서(을)

⑪ 법인세법 시행령 제113조 제6항 후단의 선이자지급 방식의 채권을 취득하는 경우에는 ④취득일란과 ⑤매도일란에 각각 할인매출일과 만기일을 적는다. 그러나 그 후 동 채권 등을 만기일 이전에 매도한 경우에는 ④취득일란에는 매도일을 ⑤매도일란에는 만기일을 적고 ⑪법인세란과 합계란에 ( )로 표시하여 법인세법 시행령 제113조 제6항의 추가납부세액임을 표시하며 ⑫란은 적지 않는다.

❶ 국채・지방채・회사채・예금증서・개발신탁수익증권・투자신탁수익증권・어음 및 그 밖의 증권의 명칭을 적고, ( )에는 액면가액(권면금액)을 적는다.

❷ 한국증권선물거래소 및 증권예탁결제원에서 부여한 증권 등 관련 상품의 코드를 적는다.

❸ 소득세법 시행규칙 〔별지 제23호 서식(1)〕의 채권이자구분을 적는다.

❹ 채권 등의 취득일・유상이체일・발행일・매출일・직전이자지급약정일 등 보유기간계산의 기산일을 적는다.

❽ 원천징수의무자(소득의 지급을 대리하거나 지급권한 위임 또는 위탁받은 자 포함)를 기준으로 내국인(소득세법에 따른 거주자, 법인세법에 따른 내국법인), 외국인으로 적는다.

❾ 내국인인 경우 사업자등록번호(주민등록번호)란에 사업자등록번호(또는 고유번호), 주민등록번호(외국인등록번호)를 적는다.

[별지 제10호 서식(을)] (2018. 3. 21. 개정)

사 업 연 도	. . . ~ . . .	원천납부세액명시 ⓫, ⓬

원천징수 세액명세

① 채권등의명칭 (액면금액) ❶	② 유가증권 표준코드❷	③ 채권이자 구분❸	④ 취득일❹
( )			
( )			
( )			
( )			
( )			
( )			
( )			
( )			
( )			
( )			

구분 [내국인, 외국인]	⑨원천징수의무자 (사업자등록번호) ❽, ❾	
	사업자등록번호 (주민등록번호)	상 호(성명)
합 계		

세서(을)	법 인 명	
	사업자등록번호	

⑫ 투자회사재산의 경우에는 투자회사별로 작성하며, 사업연도란에는 월별 원천징수기간을 적는다.

⑤ 매도일❺	⑥ 보유기간 (이자계산일수)❻	⑦ 이자율 ❼	⑧=①×⑥×⑦ 보유기간이자 상당액

❺ 채권 등의 매도일·이자지급약정일·유상이체일·상환일·중도해지일 등 보유기간계산의 말일을 적는다.

❻ 채권 등의 발행조건에 의한 이자계산일수에 관한 약정에 따라 계산한다. 다만, 약정이 없는 경우는 ④취득일과 ⑤매도일 중 한편을 산입하여 계산한다.

❼ 약정된 이자계산기간 및 방식에 의한 이자율(전환사채의 경우에는 각 이자계산기간의 보장이율을 말함)에 발행 시의 할인율을 가산하고, 할증률을 차감한 이자율을 적는다. 다만, 전환사채를 주식으로 전환청구한 경우에도 이자 지급의 약정이 있는 경우에는 해당 약정 이자율을 적는다.

⑩ 세율	⑪ 법인세	⑫ 납부일 (징수일) ❿
	⓭	

❿ 원천징수의무자가 당해 법인인 경우에는 납부일을 적고, 원천징수의무자가 당해 법인 외의 자인 경우에는 원천징수일을 적는다.

⓭ 일반법인의 경우 ⑪법인세란의 합계금액과 원천납부세액명세서〔별지 제10호 서식(갑)〕의 ⑥법인세란의 합계금액을 합하여 법인세 과세표준 및 세액조정계산서〔별지 제3호 서식〕의 ⑫원천납부세액란에 옮겨 적고, ( ) 안의 금액은 공제감면세액 및 추가납부세액합계표〔별지 제8호 서식(을)〕의 ⑱기공제원천납부세액 추가납부란에 옮겨 적는다.

세무조정 체크리스트

검 토 사 항	확인
1. 원천징수대상소득과 원천징수대상제외소득의 확인	
2. 원천징수세율 적용 확인 - 이자소득과 투자신탁의 이익 : 14% - 비영업대금 이익 : 25% - 원천징수대상채권등의 매도시 보유기간 이자상당액 : 14%	
3. 원천징수시기의 검토	
4. 원천징수대상채권의 범위, 채권 등의 보유기간, 적용이자율, 보유기간의 신고가 적정한 것인지 검토	
5. 선이자 지급방식채권의 원천징수세액의 처리내용 검토	

Step III 사례와 서식작성실무

예제 I

사 례

제조업을 영위하는 ㈜삼일의 제13기 사업연도(2024. 1. 1. ~ 2024. 12. 31.) 법인세 신고를 위한 세무조정계산서를 작성하고자 한다. 다음 자료에 의하여 〔법칙 별지 제10호 서식〕 원천납부세액명세서(갑)을 작성하라.

1. 당기 사업연도 중 법인세 원천납부세액의 내용

일 자	적 요	원천납부세액	실수령액
2024. 10. 20.	K은행 예금이자 1,500,000원 수령	210,000	1,290,000
2024. 11. 25.	T사(관계회사) 대여금 이자 3,000,000원 수령	750,000	2,250,000
합 계		960,000	3,540,000

해 설

[별지 제10호 서식(갑)] (2018. 3. 21. 개정)

사업연도	2024. 1. 1. ~ 2024. 12. 31.	원천납부세액명세서(갑)	법 인 명	(주)삼일
			사업자등록번호	

원천징수 명세내용

① 적요	② 원 천 징 수 의 무 자			③ 원천 징수일	④ 이자·배당금액	⑤ 세율	⑥ 법인세
	구분 [내국인, 외국인]	사업자등록번호 (주민등록번호)	상 호(성명)				
은행이자	내국인		K은행	2024. 10. 20.	1,500,000	14%	210,000
대여금이자	내국인		T사	2024. 11. 25.	3,000,000	25%	750,000
합계					4,500,000		960,000

예제Ⅱ

사 례

다음 자료에 의하여 ㈜삼일의 제12기 사업연도(2024. 1. 1. ~ 2024. 12. 31.) 중 공제받을 원천징수세액을 계산하고, 〔법칙 별지 제10호 서식〕 원천납부세액명세서(을)을 작성하라.

1. (주)삼일은 A회사가 발행한 회사채를 2024. 1. 4.에 취득하여 2024. 6. 4.에 매도하였다.
2. 회사채의 액면금액은 20,000,000원이며, 발행일은 2024. 1. 4.이고, 만기일은 2025. 1. 3.이다.
3. 표면이자율은 연 12%, 원천징수세율은 14%이다.

해 설

1. 보유기간이자상당액 = 20,000,000 × 12% × 151일/365일 = 996,721
2. 원천징수세액 = 996,721 × 14% = 139,540

[별지 제10호 서식(을)] (2018. 3. 21. 개정)

사업연도	2024. 1. 1. ~ 2024. 12. 31.	원천납부세액명세서(을)	법인명	(주)삼일
			사업자등록번호	

원천징수 세액명세

① 채권등의명칭 (액면금액)	② 유가증권 표준코드	③ 채권이자 구분	④ 취득일	⑤ 매도일	⑥ 보유기간 (이자계산일수)	⑦이자율	⑧=①×⑥×⑦ 보유기간이자상당액
회사채 (20,000,000)		78	2024. 1. 4.	2024. 6. 4.	151	12%	996,721
( )							

⑨원천징수의무자 (사업자등록번호)			⑩ 세율	⑪ 법인세	⑫ 납부일 (징수일)
구분 [내국인, 외국인]	사업자등록번호 (주민등록번호)	상 호(성명)			
내국인		A회사	14%	139,540	
합 계				139,540	

제8장

8

자진납부세액

자진납부세액

관련 법령	• 법법 §60, §63, §63의 2, §64, §69 • 법령 §100, §101, §108 • 법칙 §51, §55
관련 서식	• 법인세법 시행규칙 [별지 제1호 서식] 법인세 과세표준 및 세액신고서 [별지 제3호 서식] 법인세 과세표준 및 세액조정계산서 [별지 제58호 서식] 법인세 중간예납 신고납부계산서

제8장

자진납부세액

8

Step Ⅰ 내용의 이해

1. 개 요

내국법인이 과세표준 신고시 납부하여야 할 세액을 신고납부세액 또는 차감납부할 세액이라 하는데, 차감납부할 세액은 산출세액에서 ① 공제감면세액, ② 중간예납세액, ③ 수시부과세액, ④ 원천징수된 세액을 공제하여 계산한다(법법 §64 ①). 이때 ① 공제감면세액은 납부할 세액 계산시 산출세액에서 공제하는 면제세액 · 감면세액 및 세액공제를 모두 포함하는 개념으로 해석하여야 한다.

신고납부세액의 계산구조

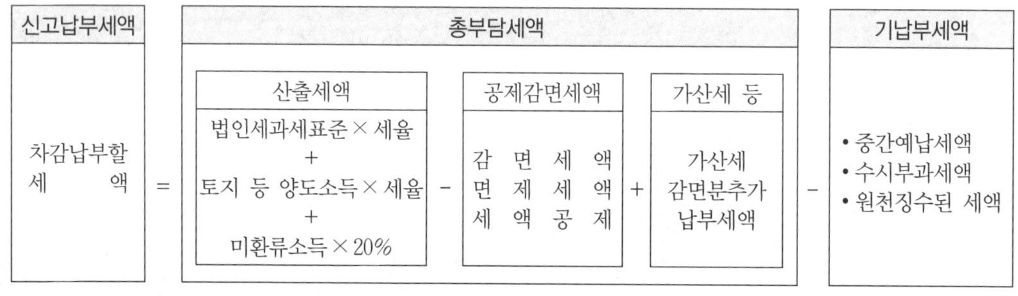

2. 납부세액의 분납

2-1. 분납의 요건 및 기한

법인이 법인세과세표준신고와 함께 자진납부할 세액이 1,000만원을 초과하는 경우에는 그 납부할 세액의 일부를 납부기한이 지난 날로부터 1개월(조세특례제한법 제6조 제1항에 따른 중소기업의 경우에는 2개월) 이내에 분납할 수 있다(법법 §64 ②).

▌분납요건 및 기한▌

구 분	분납요건	분납기한
일반기업	차감납부할 세액 〉 1,000만원	납부기한 경과 후 1개월 이내
중소기업		납부기한 경과 후 2개월 이내

한편, 법인이 기한연장사유가 발생하여 법인세의 납부기한을 연장받은 경우에는 법인세의 분납기한도 연장된 납부기한이 경과한 날로부터 1개월이 되는 날이 되며, 납부기한이 공휴일에 해당되어 순연되는 경우에도 분납기한은 그 순연된 날이 경과한 날로부터 1개월이 되는 날이 된다(법인 22601-2864, 1987. 10. 26. 및 법인 22601-1203, 1986. 4. 15.).

2-2. 분납대상 세액

분납대상 세액에는 법인세법 제74조의 2, 제75조 및 제75조의 2부터 제75조의 9까지의 가산세와 법인세법 또는 조세특례제한법에 의하여 법인세에 가산하여 납부하여야 할 감면분 추가납부세액 등은 포함하지 아니하며(법기통 64-0…3), 각 사업연도의 소득에 대한 지방소득세(법인지방소득세) 역시 분납규정이 없으므로 분납대상 세액에 포함하지 아니한다.

2-3. 분납의 방법

분납제도는 신청 또는 승인사항이 아니므로 분납 요건에 해당하는 경우에는 법인의 의사에 따라 분납이 가능한데, 이 경우 분납할 수 있는 세액은 다음과 같다(법령 §101 ②).

▌분납할 수 있는 세액▌

구 분	분납할 수 있는 세액
납부할 세액이 2,000만원 이하	1,000만원을 초과하는 금액
납부할 세액이 2,000만원 초과	납부할 세액의 50% 이하의 금액

계산사례 - 1 **분납세액의 계산 사례**

㈜삼일의 납부할 법인세액에 따른 분납세액의 사례임.

납부할 세액	기한 내 납부할 세액	분납세액
(사례 1) 800만원	800만원	분납대상 아님.
(사례 2) 1,300만원	1,000만원 이상	300만원 이하
(사례 3) 2,500만원	1,250만원 이상	1,250만원 이하
(사례 4) 2,500만원(가산세 200만원 포함)	1,350만원 이상(*)	1,150만원 이하

(*) 가산세는 분납대상에서 제외하므로 기한 내 납부할 세액
= (2,500만원-200만원) ÷ 2 + 200만원(가산세) = 1,350만원

3. 중간예납세액

3-1. 중간예납의 개요

각 사업연도의 기간이 6개월을 초과하는 내국법인은 해당 사업연도 개시일부터 6개월간을 중간예납기간으로 하여 직전 사업연도의 법인세 산출세액 기준에 의한 방법과 해당 중간예납기간의 가결산에 의한 방법 중 선택적으로 적용하여 계산한 중간예납세액을 그 중간예납기간이 지난 날부터 2개월 이내에 납세지 관할 세무서 · 한국은행(그 대리점을 포함함) 또는 체신관서(이하 "납세지 관할 세무서 등"이라 함)에 납부하여야 한다(법법 §63 ①, ②, ③).

3-2. 중간예납대상 법인

각 사업연도의 기간이 6개월을 초과하는 내국법인, 국내사업장 또는 국내원천 부동산소득이 있는 외국법인, 국내원천 부동산 등 양도소득이 있는 외국법인은 중간예납의무가 있다(법법 §63 ①, §97 ①). 따라서, 각 사업연도의 기간이 6개월 이하인 내국법인과 국내사업장을 가지지 아니하고 부동산소득 · 양도소득이 없는 외국법인은 중간예납대상에서 제외된다. 한편, 다음의 법인은 각 사업연도의 기간이 6개월을 초과하더라도 중간예납의무가 없다.

(1) 신설법인의 최초사업연도

합병 또는 분할에 의하지 아니하고 새로 설립된 법인인 경우에는 설립 후 최초의 사업연도는 중간예납에서 제외한다(법법 §63 ①).

:: 합병 또는 분할에 의한 신설법인의 중간예납의무

합병의 경우에는 비록 피합병법인이 법인의 자산을 합병법인에게 양도하는 것으로 보아 양도소득을 계산하도록 하고 있으나, 신설합병이거나 흡수합병이거나 근본적인 경제적 실체는 유지되는 것이므로 합병에 의한 신설법인이나 존속법인에 대해서는 합병 후 최초 사업연도에 대하여 중간예납의무가 있다. 또한 분할의 경우 분할이나 분할합병에 의하여 분할법인의 권리 · 의무가 분할신설법인 또는 분할합병의 상대방법인에게 이전되므로 분할신설법인 또는 분할합병의 상대방법인도 분할 후 최초 사업연도에 대하여 중간예납의무가 있다.

(2) 청산법인

청산법인은 원칙적으로 중간예납의무자가 아니지만, 법인이 청산기간 중에 해산 전의 사업을 영위함으로써 수입금액이 발생하는 경우에는 중간예납의무가 있다(법기통 63의 2-0…1 2호).

(3) 중간예납기간에 사업수입금액이 없는 법인

중간예납기간 중 휴업 등의 사유로 사업수입금액이 없는 법인 중 그 사실이 확인된 경우에는 중간예납대상에서 제외된다(법법 §63의 2 ⑤).

(4) 직전 사업연도의 법인세액이 없는 유동화전문회사 등

유동화전문회사, 투자회사 및 기업구조조정투자회사 등 법인세법 제51조의 2 제1항 각호에 해당하는 법인이 직전 사업연도의 법인세로서 확정된 산출세액이 없는 경우에는 중간예납대상에서 제외된다. 그러나 법인의 사업연도가 6월을 초과하고 직전 사업연도의 법인세액이 있는 경우에는 중간예납의무가 있다(제도 46012-12129, 2001. 7. 13.).

(5) 법인세가 전액 면제되는 외국인투자기업

외국인투자가가 자본금의 100%를 출자하여 설립한 외국인투자기업이 조세특례제한법 제121조의 2에 의하여 해당 사업연도에 있어서 법인세의 전액을 면제받을 수 있는 경우에는 그 면제를 받는 부분에 대해서는 중간예납의무도 면제한다(법기통 63-0…6).

(6) 이자소득만 있는 비영리법인

이자소득만 있는 비영리법인은 중간예납을 하지 않을 수 있는 것이나(서이 46012-12182, 2002. 12. 5.), 중간예납기간 중에 이자소득 이외의 수익사업이 최초로 발생한 경우에는 중간예납의무가 있다(법인 1264.21-2347, 1982. 7. 13.).

(7) 사립대학교

고등교육법 제3조에 따른 사립학교를 경영하는 학교법인은 중간예납대상 법인에서 제외된다(법법 §63 ①).

(8) 산학협력단

산업교육진흥 및 산학연협력촉진에 관한 법률에 따른 산학협력단은 중간예납대상 법인에서 제외된다(법법 §63 ①).

(9) 국립대학법인

국립대학법인 서울대학교 설립・운영에 관한 법률에 따른 국립대학법인 서울대학교와 국립대학법인 인천대학교 설립・운영에 관한 법률에 따른 국립대학법인 인천대학교는 중간예납대상 법인에서 제외된다(법법 §63 ①).

(10) 사립 초・중・고등학교

초・중등교육법 제3조 제3호에 따른 사립학교를 경영하는 학교법인은 중간예납대상에서 제외된다(법법 §63 ①).

(11) 영세 중소기업

직전 사업연도의 중소기업으로서 직전 사업연도 산출세액을 기준으로 계산한 중간예납세액(법법 §63의 2 ① 1호)이 50만원 미만인 내국법인은 사업연도의 기간이 6개월을 초과하더라도

중간예납의무가 없다(법법 §63 ①).

관련사례

• 직전 사업연도 결손 중소기업의 중간예납의무 면제 여부
직전 사업연도의 중소기업인 내국법인으로서 직전 사업연도에 결손이 발생하였더라도 법인세법 제63조의 2 제1항 제1호의 계산식에 따라 계산한 금액이 30만원 미만인 경우에만 중간예납세액을 납부할 의무가 없는 것임(사전-2019-법령해석법인-0416, 2019. 8. 21.).

3-3. 중간예납기간

3-3-1. 사업연도를 변경한 법인의 중간예납기간

사업연도가 변경된 경우에는 변경 전 사업연도 개시일부터 변경 후 사업연도 개시일 전일까지의 기간이 6개월을 초과하는 때에는 변경 전 사업연도 개시일부터 6개월간을 중간예납기간으로 하며, 변경 후 사업연도의 기간이 6개월을 초과하는 때에는 변경한 사업연도의 중간예납기간은 변경한 사업연도의 개시일부터 6개월이 되는 날까지로 한다(법기통 63-0…1).

3-3-2. 합병법인의 중간예납기간

신설합병의 경우 새로이 설립되는 법인의 최초 사업연도가 6개월을 초과하는 경우에는 기존 법인과 같이 최초 사업연도에도 중간예납의무가 있는 것이며, 그 중납예납기간은 신설합병등기일부터 6개월간으로 한다(법인 22601-1155, 1991. 4. 12.). 한편, 흡수합병의 경우 존속하는 법인의 중간예납기간은 해당 법인의 사업연도 개시일로부터 6개월간으로 한다.

3-3-3. 분할신설법인의 중간예납기간

분할로 인하여 새로이 설립되는 법인의 최초 사업연도가 6개월을 초과하는 경우에는 기존 법인과 같이 최초 사업연도에도 중간예납의무가 있는 것으로 그 중간예납기간은 최초 사업연도 개시일(설립등기일)로부터 6개월간으로 한다(제도 46012-11361, 2001. 6. 5.).

중간예납기간 요약

구 분		중간예납기간
계속법인		사업연도 개시일로부터 6개월간
사업연도를 변경한 법인		변경한 사업연도 개시일로부터 6개월간
합병 및 분할	신설합병법인	신설합병등기일부터 6개월간
	흡수합병법인	사업연도 개시일로부터 6개월간
	분할신설법인	설립등기일로부터 6개월간

계산사례 - 2 중간예납기간 사례

각 사례별로 중간예납기간을 구하시오.

(1) 사업연도를 변경한 법인의 중간예납기간 사례
12월말 법인이 2024년 9월말 법인으로 사업연도를 변경한 경우 : 2024. 1. 1. ~ 9. 30.을 1사업연도로 하며, 해당 사업연도의 중간예납기간은 2024. 1. 1. ~ 6. 30.임.

(2) 신설합병한 법인의 중간예납기간 사례
갑법인(3월말 법인)과 을법인(12월말 법인)이 합병하여 2024. 5. 1. 병법인(12월말 법인)을 신설한 경우 : 병법인의 최초 사업연도(2024. 5. 1. ~ 12. 31.)의 중간예납기간은 2024. 5. 1. ~ 10. 31.임.

(3) 흡수합병한 법인의 중간예납기간 사례
갑법인(12월말 법인)이 을법인(3월말 법인)을 2024년 2월 흡수합병한 경우 : 갑법인의 합병 후 최초 사업연도의 중간예납기간은 2024. 1. 1. ~ 6. 30.임.

3-4. 중간예납세액의 계산방법

3-4-1. 개 요

중간예납대상 법인은 다음 중 하나의 방법을 선택하여 중간예납세액을 납부할 수 있다(법법 §63의 2 ①).

① 직전 사업연도의 산출세액기준(가산세를 포함하며, 토지 등 양도소득에 대한 법인세와 투자·상생협력 촉진을 위한 과세특례를 적용하여 계산한 법인세는 제외)에 의한 방법

② 가결산에 의한 방법(해당 사업연도의 중간예납기간을 1사업연도로 보아 각 사업연도 소득에 대한 법인세액 산출방법을 준용하여 계산하는 방법)

다만, 중간예납대상 법인 중 다음의 경우에는 반드시 가결산에 의한 방법으로 중간예납세액을 계산하여야 한다(법법 §63의 2 ② 2호).

- 직전 사업연도의 법인세로서 확정된 산출세액(가산세는 제외)이 없는 법인(법인세법 제51조의 2 제1항 각 호 또는 조세특례제한법 제104조의 31 제1항의 법인은 제외)
- 중간예납기간 만료일까지 직전 사업연도의 법인세액이 확정되지 아니한 법인
- 분할신설법인 및 분할합병의 상대방법인의 분할 후 최초 사업연도

한편, 반드시 가결산기준으로 중간예납을 하여야 하는 법인 이외의 법인이 중간예납기간 경과 후 2개월 이내에 중간예납세액을 납부하지 않은 경우에는 가결산의 방법으로 중간예납을 할 수 없으므로 주의하여야 한다(법법 §63의 2 ② 1호).

3-4-2. 직전 사업연도의 산출세액 기준에 의한 방법

중간예납대상 법인은 해당 사업연도 개시일부터 6개월간을 중간예납기간으로 하여 그 사업연도의 직전 사업연도의 법인세로서 확정된 산출세액(가산세를 포함하며, 토지 등 양도소득에 대한 법인세 및 조세특례제한법 제100조의 32에 따른 투자 · 상생협력 촉진을 위한 과세특례를 적용하여 계산한 법인세는 제외함)에서 다음의 중간예납공제액을 공제한 금액을 직전 사업연도의 월수로 나눈 금액에 6을 곱하여 계산한 금액을 중간예납세액으로 하여 그 중간예납기간이 지난 날부터 2개월 이내에 신고납부하여야 한다(법법 §63의 2 ① 1호).

① 해당 사업연도의 직전 사업연도에 감면된 법인세액(소득에서 공제되는 금액은 제외)
② 해당 사업연도의 직전 사업연도에 법인세로서 납부한 원천징수세액
③ 해당 사업연도의 직전 사업연도에 법인세로서 납부한 수시부과세액

직전 사업연도의 법인세 산출세액을 기준으로 중간예납세액을 계산하는 산식은 다음과 같다.

$$\left[\text{직전 사업연도의 확정된 법인세 산출세액} - \text{직전 사업연도 감면세액 · 원천징수세액 · 수시부과세액}\right] \times \frac{6}{\text{직전 사업연도 월수}}$$

(1) 직전 사업연도의 확정된 법인세 산출세액

'직전사업연도의 법인세'라 함은 중간예납기간 종료일까지 신고(국세기본법에 의한 수정신고를 포함함) 또는 결정 · 경정에 의하여 확정된 세액을 말하며, 가산세를 포함하되 토지 등 양도소득에 대한 법인세 및 조세특례제한법 제100조의 32에 따른 투자 · 상생협력 촉진을 위한 과세특례를 적용하여 계산한 법인세는 제외한다. 다만, 중간예납세액의 납부기한까지 직전사업연도의 법인세가 경정된 경우에는 그 경정으로 인하여 감소된 세액을 차감하여 계산한다(법기통 63-0…3). 또한, 이 경우 산출세액에서 차감하는 항목을 예시하면 다음과 같다.

① 유예기간 내 양도한 업무무관부동산에 대한 지급이자 손금부인증가세액(서이 46012-11564, 2002. 8. 22.)
② 조세특례제한법상 준비금 미사용환입에 따른 이자가산액(법인 46012-3377, 1995. 8. 29.)
③ 외국법인 국내사업장이 납부하는 지점세(국일 46017-508, 1998. 8. 14.)

한편, 직전 사업연도와 당해 중간예납에 적용되는 법인세율에 차이가 있는 경우에도 직전 사업연도의 법인세로 확정된 산출세액을 기준으로 하여 계산한다. 다만, 법에서 세율적용에 관하여 특례규정을 둔 경우에는 그러하지 아니한다(법기통 63의 2-0…1 1호).

(2) 직전 사업연도의 감면세액

직전 사업연도의 법인세 산출세액에서 공제되는 감면세액은 법인세에 대한 일정비율이나 금액으로서 감면된 모든 세액을 포함하는 것으로 소득에서 직접 차감되어지는 비과세소득이나 소득공제와 같이 간접적으로 법인세의 감면효과가 있는 금액은 제외한다. 이 때 감면세액에는 다음의 것을 포함하는 것으로 한다(법기통 63의 2-0…2).

① 외국납부세액공제

② 세법 이외의 법률의 규정에 의한 감면세액

한편, 감면요건의 미비나 감면금액의 계산오류 등으로 인한 추징세액이 있는 경우에는 수정·확정된 감면세액을 공제하여야 할 것이다.

(3) 직전 사업연도의 원천징수세액

원천징수세액은 법인세의 일부이며 선납된 세액으로서 법인세법 제73조에서 규정하고 있는 이자소득 또는 배당소득이 해당 법인에 귀속됨에 따라 원천징수된 세액 및 법인세법 제73조의 2에 따른 채권 등의 보유기간 이자상당액에 대해 원천징수된 세액을 말한다.

(4) 직전 사업연도의 수시부과세액

세무서장이나 지방국세청장은 법인이 신고없이 본점 또는 주사무소를 이전하거나 사업부진 등의 사유로 휴업 또는 폐업상태에 있을 때 또는 기타 조세포탈의 우려가 있다고 인정되는 상당한 이유가 있는 경우 법인세법 제69조에 따라 수시로 법인세를 부과할 수 있는 바, 이러한 수시부과세액으로 직전사업연도에 납부한 것은 직전 사업연도 산출세액에서 차감한다.

(5) 직전 사업연도의 월수

직전 사업연도 월수는 다음과 같이 계산하며, 이 경우 개월 수는 역에 따라 계산하되 1개월 미만의 일수는 1개월로 한다(법법 §63의 2 ① 1호 및 법칙 §51 ①).

구 분	직전 사업연도 월수
계속법인의 경우	12개월
직전 사업연도에 신설된 법인의 경우	설립등기일부터 사업연도 종료일까지의 월수
사업연도 변경으로 직전 사업연도가 1년 미만인 법인의 경우	변경된 직전 사업연도의 월수

:: 합병법인의 중간예납

합병으로 설립된 법인의 최초사업연도의 다음 사업연도에 대한 중간예납에 대해서는 당연히 일반 내국법인에 적용되는 중간예납의 규정이 적용된다. 그러나, 합병 후 최초사업연도에 대한 중간예납세액에 있어서는 합병의 유형에 따라서 어느 사업연도를 기준으로 중간예납세액을 계산할 것인가에 대해서는 명확히 할 필요가 있다.

(1) 신설합병

합병으로 인하여 설립된 신설법인이 설립 후 최초의 사업연도에 직전 사업연도의 산출세액 기준으로 중간예납세액을 납부하는 경우에는 각 소멸법인의 합병등기일이 속하는 사업연도(의제사업연도)의 직전 사업연도의 산출세액을 합하여 해당 신설법인의 직전 사업연도 산출세액으로 한다.

의제사업연도란 법인이 사업연도 중 합병에 의하여 해산한 경우 그 사업연도 개시일부터 합병등기일까지의 기간을 소멸법인(피합병법인)의 1사업연도로 보는 것을 말한다(법법 §8 ②).

신설합병법인의 중간예납을 위한 직전 사업연도 사례

〔자료〕

갑법인(3월말 법인)과 을법인(6월말 법인)이 합병하여 새로운 병법인(12월말 법인)을 설립(합병등기일 2024년 2월 1일)하였다고 할 때, 병법인의 합병 후 최초 사업연도에 대한 중간예납세액을 직전 사업연도 산출세액 기준에 의하여 계산하면 다음과 같다.

(1) 갑법인의 사업연도 : 4월 1일 ~ 3월 31일
(2) 을법인의 사업연도 : 7월 1일 ~ 6월 30일
(3) 신설된 병법인의 사업연도 : 1월 1일 ~ 12월 31일
(4) 합병등기일 : 2024년 2월 1일

〔해설〕

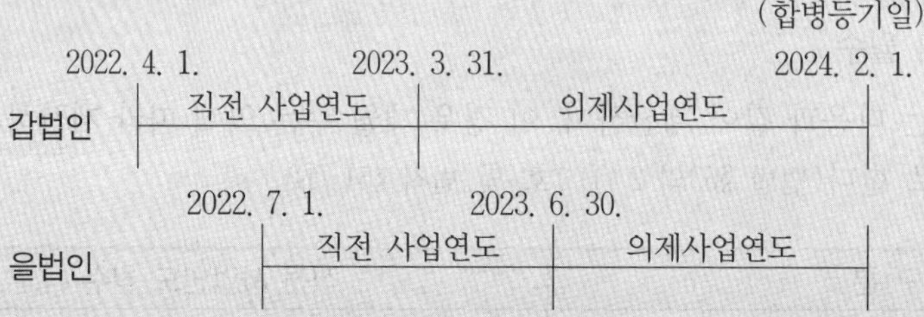

즉, 신설법인(병)의 최초 사업연도에 대한 중간예납세액은 갑법인(2022. 4. 1.~2023. 3. 31.)과 을법인(2022. 7. 1.~2023. 6. 30.)의 산출세액을 각각 직전 사업연도의 산출세액으로 보고 이를 합하여 계산한다.

(2) 흡수합병

흡수합병의 경우 존속법인은 기존 사업연도의 연속으로 인하여 직전 사업연도를 결정하는데

별문제가 없다. 다만, 소멸법인(피합병법인)의 경우에는 신설합병시의 소멸법인의 직전 사업연도와 같이 합병등기일이 속하는 사업연도(의제사업연도)의 직전 사업연도로 하는 것은 동일하다.

예를 들어, 갑법인과 을법인의 사업연도가 1월 1일부터 12월 31일인데, 갑법인이 을법인을 2024년 4월에 흡수합병하여 을법인이 소멸한 경우, 이러한 조건하에서는 갑법인의 2023년 사업연도와 을법인의 2023년 사업연도가 갑법인의 합병 후 최초 사업연도의 중간예납(2024 1. 1. ~ 2024 6. 30.)을 함에 있어서의 직전 사업연도가 된다.

(3) 합병법인의 중간예납세액의 계산

합병의 경우 신설합병 · 흡수합병의 여부에 불구하고 직전 사업연도의 산출세액, 감면세액, 원천납부세액 및 수시부과세액은 각각 합산하여 계산하는 것이며, 합병법인이나 피합병법인 중 어느 한 법인이 직전 사업연도에 법인세 산출세액이 있는 경우에는 직전 사업연도의 법인세 산출세액을 기준으로 하여 중간예납세액을 계산할 수 있다(법인 22601-1919, 1985. 6. 25.). 한편, 합병등기일이 속하는 최종사업연도가 6개월을 초과하는 피합병법인(소멸법인)이 중간예납의 납부기한이 도래하기 전에 의제사업연도에 대한 확정신고 납부를 이행한 경우에는 별도의 중간예납이 불필요한 것이며, 이 경우 합병법인의 직전 사업연도 기준 중간예납세액은 당해 합병법인의 것만을 기준으로 계산한다(서이 46012-10380, 2001. 10. 18.).

3-4-3. 가결산에 의하여 중간예납세액을 계산하는 방법

해당 중간예납기간의 가결산에 의하여 중간예납세액을 계산하는 산식은 다음과 같다.

$$\text{중간예납세액} = \text{중간예납기간의 산출세액}^{(*)} - \begin{array}{c}\text{중간예납기간의 공제감면세액 ·}\\ \text{원천징수세액 · 수시부과세액}\end{array}$$

(*) $\{(\text{중간예납기간의 과세표준} \times \frac{12}{6}) \times \text{세율}\} \times \frac{6}{12}$

(1) 대상법인

가결산에 의한 중간예납세액의 계산은 법인이 임의로 선택할 수 있으나, 다음의 법인은 반드시 가결산에 의한 방법에 의하여 중간예납을 하여야 한다(법법 §63의 2 ② 2호).

1) 직전 사업연도의 법인세액이 없는 법인

결손 등으로 인하여 직전 사업연도의 법인세로서 확정된 산출세액(가산세는 제외)이 없는 법인은 반드시 가결산에 의하여야 하며, 결손 등으로 직전 사업연도의 법인세 산출세액이 없이 가산세로 확정된 금액이 있는 경우에도 반드시 가결산에 의하여야 한다(법칙 §51 ③). 반면, 직전 사업연도의 산출세액은 있으나 중간예납세액 · 원천징수세액 및 수시부과세액이 산출세액을 초과함으로써 납부한 세액이 없는 경우에는 직전 사업연도 법인세액이 없는 경우로 보지 아니하므로 직전 사업연도의 산출세액 기준에 의하여 중간예납할 수 있다(법칙 §51 ②).

다만, 법인세법 제51조의 2 제1항 각 호에 해당하는 유동화전문회사 등 또는 조세특례제한법 제104조의 31 제1항에 해당하는 프로젝트금융투자회사는 직전 사업연도의 법인세액이 없는 경우에도 가결산에 의한 중간예납세액을 계산하지 아니한다.

2) 중간예납기간 만료일까지 직전사업연도의 법인세액이 확정되지 아니한 법인

3) 분할신설법인 및 분할합병의 상대방법인의 분할 후 최초의 사업연도

(2) 과세표준의 계산

가결산에 의한 방법에 의하여 중간예납세액을 계산하는 경우에는 해당 중간예납기간을 1사업연도로 보고, 법인세법 제13조 내지 제54조의 규정에 의하여 과세표준을 계산한다. 이 경우 해당 내국법인이 조세특례제한법에 따라 세액감면 등의 특례를 적용받는 중소기업에 해당하는지를 판단할 필요가 있는 경우 같은 법 시행령 제2조 제1호에 따른 업종별 매출액은 해당 중간예납기간의 매출액을 연간 매출액으로 환산한 금액으로 한다(법칙 §51 ⑤). 과세표준 계산과 관련하여 구체적인 소득금액 계산은 다음과 같다(법기통 63의 2-0…3).

1) 이월결손금

중간예납기간 개시일 전 15년(단, 2009년 1월 1일 이후부터 2019년 12월 31일 이전에 개시한 사업연도에서 발생한 결손금은 10년) 이내에 개시한 사업연도에서 발생한 결손금으로서 그 후의 각 사업연도의 과세표준 계산에 있어서 공제되지 아니한 금액을 공제한다.

2) 충당금 · 준비금의 손금산입

각종 충당금 · 준비금은 이를 결산에 반영한 경우에 한하여 손금산입이 가능한 것이나, 조세특례제한법상 준비금 및 일시상각충당금 또는 압축기장충당금은 법인세법 제61조의 규정에 의하여 신고조정으로 손금산입할 수 있다. 이 때 준비금을 신고조정하는 경우 해당 중간예납기간의 이익처분으로 적립하지 않아도 손금산입이 가능하다(제도 46012-10953, 2001. 5. 3.).

3) 제준비금 등의 환입

① 손금계상연도의 다음 사업연도에 일시환입을 요하는 준비금 및 충당금(예 : 대손충당금)은 해당 중간예납기간에 전액을 익금으로 환입계상한다.

② 일정기간 거치 후 상계잔액을 일시에 환입해야 하는 준비금은 해당 중간예납기간이 속하는 사업연도에 환입해야 할 준비금에 '해당 중간예납기간의 월수 / 해당 사업연도의 월수'를 곱하여 산출한 금액을 환입계상한다.

③ 일정기간 거치 후 사용분과 미사용분으로 구분하여 균분 또는 일시환입되는 준비금은 해당 중간예납기간이 속하는 사업연도 종료일까지 전액을 사용하는 것으로 보고 균분(해당 중간예납기간의 월수 / 환입대상기간 월수) 환입계상한다.

④ 기타의 준비금은 법 소정의 규정에 따라 월할 균분 환입계상한다.
⑤ 제준비금 등의 환입계상은 결산에 반영함이 없이 세무조정신고로 갈음할 수 있다.

4) 감가상각비 등의 손금산입

① 감가상각비는 해당 중간예납기간의 상각범위액을 한도로 결산에 반영한 경우에 손금에 산입한다. 이 경우 중간예납기간에 적용할 감가상각률은 '정상상각률 × 해당월수 ÷ 12'로 한다.
② 기타 각종 비용에 대하여도 법에 특별한 규정이 있는 경우를 제외하고는 결산에 반영된 경우에 한하여 해당 중간예납기간의 손비로 본다.

5) 공제감면세액

① 해당 사업연도에 적용될 감면범위에 의하여 계산한 감면세액 상당액을 공제한다.
② 신청을 요건으로 하는 감면세액 등은 중간예납 신고납부계산서에 해당 금액을 계상하고 소정의 산출명세서를 제출하여야 하며 이 경우도 확정신고시 제출을 면제하지 아니한다.

6) 최저한세의 적용

각종 준비금 · 특별상각 · 소득공제 · 세액공제 및 감면 등에 대하여는 중간예납세액을 계산함에 있어서도 조세특례제한법 제132조에 따른 최저한세를 적용한다. 최저한세에 대한 보다 자세한 설명은 '제4편 제5장 최저한세'편을 참고하기 바란다.

(3) 조합법인 등의 중간예납

조세특례제한법 제72조 제1항에서 규정하는 조합법인, 즉 법인의 결산재무제표상 당기순이익을 과세표준으로 하여 법인세액을 계산하는 조합법인(당기순이익 과세를 포기한 법인을 제외함)이 직전사업연도의 법인세액이 없거나 해당 중간예납기간 종료일까지 법인세액이 확정되지 아니한 경우에는 해당 중간예납기간을 1사업연도로 보아 계산한 당기순이익을 과세표준으로 중간예납세액을 계산하여 납부하여야 한다(법칙 §51 ④).

3-5. 해운기업의 중간예납

해운기업에 대한 법인세 과세표준 계산특례를 적용받는 법인이 특례적용기간 중 가결산에 의한 방법으로 중간예납을 하는 경우에는 중간예납기간을 1사업연도로 보고, 해운소득에 대한 과세표준은 개별선박표준이익의 합계액으로, 비해운소득에 대한 과세표준은 법인세법 제13조 내지 제54조의 규정에 따라 계산한 금액으로 한다. 또한, 가결산에 의한 중간예납세액을 산출함에 있어 법인세법 제63조의 2 제1항 제2호의 계산식에서 감면된 법인세액과 납부한 원천징수세액은 비해운소득과 관련된 부분에 대해서만 적용한다(조특법 §104의 10 ⑦).

3-6. 중간예납세액의 신고 · 납부

(1) 신고·납부기한

중간예납세액의 신고·납부는 중간예납기간이 지난 날로부터 2월 이내에 하여야 한다. 즉, 12월말 계속법인인 경우, 중간예납세액의 신고납부기한은 8월 31일까지이다. 참고로 법인세를 중간예납하는 경우에는 농어촌특별세는 납부하지 아니한다(농특법 §7 ①).

(2) 첨부서류

중간예납세액을 납부하는 때에는 법인세 중간예납신고납부계산서 [법칙 별지 제58호 서식]을 납세지 관할 세무서장에게 제출하여야 한다(법령 §100 ①).

가결산에 의하여 중간예납세액을 신고납부하는 경우에는 법인세법 제60조 제2항 각호의 서류 중 이익잉여금처분계산서(결손금처리계산서)를 제외한 서류[재무상태표, 포괄손익계산서(포괄손익계산서가 없는 경우 손익계산서), 세무조정계산서 및 부속서류 등]도 첨부하여야 한다. 이 경우 세무조정계산서는 해당 법인이 작성·첨부할 수 있다(법령 §100 ② 및 법기통 63의 2-100…1).

(3) 분 납

중간예납 법인세로서 납부할 법인세가 1,000만원을 초과하는 경우에는 납부기한이 경과한 날로부터 1개월(중소기업의 경우에는 2개월) 이내에 납부할 세액의 일부를 분납할 수 있다. 이때 분납할 수 있는 세액은 다음과 같다(법법 §63 ④).

① 납부할 세액이 2,000만원 이하인 경우에는 1,000만원을 초과하는 금액
② 납부할 세액이 2,000만원을 초과하는 경우에는 그 세액의 50% 이하의 금액

(4) 징 수

중간예납세액의 전부 또는 일부를 납부하지 아니한 경우, 납세지 관할 세무서장은 미납된 중간예납세액을 국세징수법에 따라 징수하여야 한다. 다만, 그 미납한 법인이 반드시 가결산을 해야 하는 법인(법법 §63의 2 ② 2호)에 해당하는 경우에는 중간예납세액을 결정하여 국세징수법에 따라 징수하여야 한다(법법 §71 ②).

(5) 가산세의 적용

중간예납세액을 납부하지 않거나 납부하여야 할 세액에 미달하게 납부한 경우 그 미납세액에 대해서는 납부지연가산세가 부과된다(국기법 §47의 4). 한편, 납부지연가산세에 대한 보다 자세한 설명은 '제4편 제6장 가산세'편을 참고하기로 한다.

(6) 수정신고 및 경정청구 여부

국세기본법 제45조의 규정에 의한 수정신고 또는 동법 제45조의 2의 규정에 의한 경정 등의

청구는 과세표준신고서상의 누락·오류가 있는 때에 과세표준수정신고서 또는 경정청구서를 제출 또는 청구하는 것이므로 중간예납에는 이를 적용하지 아니한다(법기통 63-0…7).

4. 원천징수세액

이자소득금액, 투자신탁의 이익(집합투자기구로부터의 이익 중 자본시장과 금융투자업에 관한 법률에 따른 투자신탁의 이익에 한정함) 및 채권 등의 보유기간 이자상당액에 대하여 원천징수된 세액은 각 사업연도의 법인세 과세표준 신고 및 자진납부할 때에 법인세 산출세액에서 차감한다(법법 §64 ① 4호). 원천징수된 세액에 대한 보다 자세한 설명은 '제4편 제7장 원천납부세액' 편을 참고하기로 한다.

5. 수시부과세액

5-1. 수시부과의 개요

납세지 관할 세무서장 또는 관할 지방국세청장은 내국법인이 다음의 사유로 법인세를 포탈할 우려가 있는 경우에는 사업연도 종료일이 경과하지 아니한 경우라도 수시로 법인세액을 부과할 수 있는 바, 이와 같은 과세방법을 수시부과라 한다. 이 경우 수시부과를 한 경우에도 법인세법 제60조의 규정에 따른 각 사업연도 소득에 대한 정기분 법인세 신고는 하여야 한다(법법 §69 ① 및 법령 §108 ①).

① 신고를 하지 아니하고 본점 등을 이전한 경우
② 사업부진 기타의 사유로 인하여 휴업 또는 폐업상태에 있는 경우
③ 기타 조세를 포탈할 우려가 있다고 인정되는 상당한 이유가 있는 경우

한편, 수시부과의 기간은 그 사업연도 개시일부터 수시부과사유가 발생한 날까지로 하는 것이나, 직전 사업연도에 대한 법인세법 제60조에 따른 과세표준 등의 신고기한 이전에 수시부과사유가 발생한 경우(직전 사업연도에 대한 과세표준신고를 한 경우는 제외함)에는 직전 사업연도 개시일부터 수시부과사유가 발생한 날까지로 한다(법법 §69 ②).

관련사례

• 임직원의 주식매각 대금의 횡령 및 리베이트 탈루시 수시부과 여부
임직원들이 주식매각대금과 리베이트로 받은 금액을 횡령한 것은 당초 주식매각 때부터 계획적으로 저지른 행위로서 조세탈루의 우려가 있으므로 수시부과사유에 해당함(감심 99-204, 1999. 5. 25.).

- 사업부동산에 강제경매개시결정시 수시부과 여부
  법인소유 사업부동산에 대한 강제경매개시결정 사실만으로는 법인세법상의 "사업부진 기타 사유로 휴업·폐업상태에 있는 경우"에 해당되어 법인세 수시부과요건을 갖춘 것으로 볼 수 없음(대법 85누 297, 1986. 7. 22.).
- 모기업의 부도로 당해 기업의 대표자 소재불명 및 조업중단시 수시부과 여부
  모기업이 부도가 발생한 연유로 인하여 당해 법인이 조업을 중단하게 되고 또는 대표자 등이 소재 불명된 경우에는 수시부과의 사유에 해당함(국심 84구 805, 1984. 7. 16.).

5-2. 수시부과시 과세표준 및 세액의 계산

5-2-1. 일반적인 수시부과의 경우

일반적인 수시부과의 경우에는 법인이 각 사업연도 소득에 대하여 신고를 하지 아니하거나 신고내용에 오류·탈루가 있어 행하는 '결정 및 경정'의 규정을 준용하여 실지조사에 의하여 과세표준을 결정하되 그것이 불가능할 경우에 한하여 추계조사에 의하여 과세표준을 결정한다. 이 경우, 어떠한 방법에 의하더라도 법인세법 제75조 및 제75조의 2부터 제75조의 9까지의 가산세는 부과하지 않는다(법령 §103 ②, §104 ②, §108 ②).

수시부과시 산출세액(수시부과세액)은 전술한 수시부과기간 동안의 과세표준에 법인세법 제55조의 세율을 적용하여 계산하는 바, 이를 위해서는 수시부과기간 동안의 과세표준을 연간금액으로 환산하여야 한다(법칙 §55). 수시부과세액 산출방법을 산식으로 표시하면 다음과 같다.

$$\text{수시부과세액} = \left(\text{과세표준} \times \frac{12}{\text{수시부과기간의 월수}} \times \text{세율}\right) \times \frac{\text{수시부과기간의 월수}}{12}$$

5-2-2. 사업부진 기타의 사유로 인하여 휴업 또는 폐업상태에 있는 경우

수시부과 결정방법을 적용함에 있어 휴·폐업에 대한 수시부과의 경우로서 조사결과 명백한 탈루혐의가 없는 경우에는 다음의 방법에 따라 그 과세표준 및 세액을 결정한다(법령 §104 ② 2호, §108 ⑤).

(1) 동업자권형에 의한 방법

기준경비율이 결정되지 아니하였거나 천재지변 등으로 장부나 그 밖의 증명서류가 멸실된 경우, 기장이 가장 정확하다고 인정되는 동일업종의 다른 법인의 소득금액을 고려하여 그 과세표준을 결정한다.

(2) 신고서 등에 의한 방법

동일업종의 다른 법인이 없는 경우에는 과세표준신고 후에 장부나 그 밖의 증명서류가 멸실된 때에는 과세표준신고서 및 그 첨부서류에 의하고, 과세표준신고 전에 장부나 그 밖의 증명서류가 멸실된 때에는 직전 사업연도의 소득률에 의하여 과세표준을 결정한다.

5-3. 외국군 등에 대한 군납의 경우

납세지 관할 세무서장은 법인이 주한 국제연합군 또는 외국기관으로부터 사업수입금액을 외국환은행을 통하여 외환증서 또는 원화로 영수할 때에는 그 영수할 금액에 대한 과세표준을 결정하여 수시부과할 수 있다(법령 §108 ③). 이 경우 산출세액은 법인세법 시행령 제104조 제2항의 규정(추계결정 및 경정)을 준용하여 계산한 금액에 법인세율을 곱하여 산출한 금액으로 한다(법령 §108 ④).

Step Ⅱ : 서식의 이해

■ 작성요령 Ⅰ - 법인세 과세표준 및 세액신고서

❹ 「⑬ 법인구분」란·「⑭ 조정구분」란·「⑯ 외부감사대상」란·「⑰ 신고구분」란·「㉓ 주식변동여부」·「㉔ 장부전산화 여부」란·「㉕ 사업연도의제 여부」란에는 각각 해당란에 "○"표시를 한다.

❺ 「⑮ 종류별구분」란에는 '중소기업'과 '중견기업'은 중소기업 등 기준검토표(별지 제51호 서식)상 적합 기업, '상호출자제한기업'은 독점규제 및 공정거래에 관한 법률 제31조 제1항에 따른 상호출자제한기업집단에 속하는 기업으로 각각 해당하는 란에 "○"표시를 한다. 법인세법 제75조의 12에 따른 법인과세 신탁재산은 기타 법인의 그 외 기업(93)란에 "○"표시를 한다.

❻ 「⑱ 법인유형별 구분」란은 아래의 표를 참고하여 법인유형의 명칭과 코드란에는 (　)안의 번호를 적는다. 다만, 아래에 해당되지 아니하는 경우에는 기타 법인으로 적고, 코드란에는 "100"을 적는다.

구분	내용
금융기관	은행(101), 증권(102), 생명보험(103), 손해보험(104), 금융지주회사(105), 상호저축은행(106), 신탁회사(107), 종합금융회사(108), 선물회사(109), 신기술금융회사(110), 신용카드사(111), 재보험사(112), 투자자문회사(113), 시설대여회사(리스회사포함)(114), 할부금융회사(115), 기타금융회사(199)
투자회사(법인세법 제51조의 2 제1항, 조세특례제한법 제104조의31)	유동화전문회사(201), 자본시장과 금융투자업에 관한 법률에 따른 투자회사 등(경영참여형 사모집합투자기구 제외)(202), 기업구조조정투자회사(207), 기업구조조정부동산투자회사(203), 위탁관리부동산투자회사(204), 선박투자회사(205), 민간임대주택에 관한 특별법 또는 공공주택 특별법에 따른 특수목적법인(208), 문화산업진흥기본법에 따른 문화산업전문회사(209), 해외자원개발 사업법에 따른 해외자원개발투자회사(210), 기타 특수목적의 명목회사(206)
비영리 조합 등	정비사업조합(301), 농협(302), 수협(303), 신용협동조합(304), 새마을금고(305), 영농조합(306), 영어조합(307), 학교법인(308), 의료법인(309), 산학협력단(310), 산림조합(311), 인삼협동조합(312), 소비자생활협동조합(313), 기타 조합법인(399)
공기업 등	정부투자기관(401), 정부출자기관(402), 지방공기업(투자)(403), 지방공기업(출자)(404), 그 밖의 공기업(499)
일반 지주회사	위 금융기관, 투자회사, 비영리조합 등, 공기업 등에 해당하지 않는 법인으로서 독점규제 및 공정거래에 관한 법률 제2조 제1호의 2에 따른 지주회사(501), 기술의 이전 및 사업화 촉진에 관한 법률 제2조 제10호의 공공연구기관첨단기술지주회사(502), 산업교육진흥 및 산학연협력촉진에 관한 법률 제2조 제8호의 산학연협력기술지주회사(503)

⑱ 「㊱ 총부담세액」란의 법인세란에는 "법인세 과세표준 및 세액조정계산서(별지 제3호 서식)"의 ⑫⑤란과 ⑬③란을 합한 금액을, 토지 등 양도소득에 대한 법인세란에는 같은 서식의 ⑭⑥란의 금액을 각각 적는다.

㉒ 법인세법 제60조 제5항 단서에 따른 비영리법인은 재무상태표 등의 붙임 서류를 제출하지 않을 수 있으며, 비영리법인의 수익사업수입명세서(별지 제57호 서식)를 첨부해야 한다.

[별지 제1호 서식] (2023. 3. 20. 개정)

법인세 과세표준

※ 뒤쪽의 신고안내 및 작성방법을 읽고 작성하여 주시기 바랍니다

①사업자등록번호 ❶
③법인명 ❶
⑤대표자성명 ❶
⑦소재지 ❶
⑧업태 ❷ ⑨종목 ❷
⑪사업연도 ❸
⑬법인구분 ❹ 1. 내국 2.외국 3.외투(비율 %)

⑮종류별구분 ❺		중소기업	일반 중견기업	일반 상호출자제한기업	일반 그외기업	당기순이익과세
영리법인	상장법인	11	71	81	91	㉓
영리법인	코스닥상장법인	21	72	82	92	㉓
영리법인	기타법인	30	73	83	93	㉓
비영리법인		60	74	84	94	50

⑱법인유형별구분 ❻ 코드
⑳신고일
㉒신고기한 연장승인 ❼ 1. 신청일

구분	여	부
㉓주식변동 ❹, ❽	1	2
㉕사업연도의제 ❹,❿	1	2
㉗감가상각방법(내용연수)신고서 제출 ⓫	1	2
㉙기능통화 채택 재무제표 작성 ⓬	1	2
㉛동업기업의 출자자(동업자) ⓮	1	2
㊼기능통화 도입기업의 과세표준 계산방법 ㉑		

㉓ 음영으로 표시된 란은 적지 않는다.

㉝수입금액 ⓰
㉞과세표준
㉟산출세액 ⓱
㊱총부담세액 ⓲
㊲기납부세액
㊳차감납부할세액
㊴분납할세액 ㉓ ㉓
㊵차감납부세액 ㉓ ㉓

㊶조정반번호 ⓳
㊷조정자관리번호 ⓴

국세환급금 계좌신고	㊹예입처
	㊺예금종류
	㊻계좌번호

신고인은 「법인세법」 제60조 및 「국세기본법」 제45조, ...
위 내용을 충분히 검토하였고 신고인이 알고 있는 사실...

⑫ 「㉙ 기능통화채택 재무제표 작성」란에는 원화 외의 통화를 기능통화로 채택하여 재무제표를 작성하는 법인의 경우 "여"란에 "○"표시를 한다.

세무대리인은 조세전문자격자로서 위 신고서를 성실...
세무대리인

세무서장 귀하

첨부서류 ㉒ 1. 재무상태표 2. (포괄)손익계산서 3. 이익... 4. 현금흐름표(「주식회사 등의 외부감사에 관한... 되는 법인의 경우만 해당합니다), 5. 세무...

⑰ 「㉟ 산출세액」란에는 법인세란에는 법인세 과세표준 및 세액조정계산서(별지 제3호 서식)의 ⑫⓪란의 금액을, 토지 등 양도소득에 대한 법인세란에는 ⑭④란의 금액을 각각 적는다.

❶ 「① 사업자등록번호」란, 「② 법인등록번호」란, 「③ 법인명」란, 「④ 전화번호」란, 「⑤ 대표자성명」란, 「⑥ 전자우편주소」란 및 「⑦ 소재지」란은 신고일 현재의 상황을 기준으로 작성한다.

❷ 「⑧ 업태」란·「⑨ 종목」란·「⑩ 주업종코드」란에는 주된 업태·종목·주업종코드("조정후수입금액명세서(별지 제17호 서식)"의 수입금액이 가장 큰 업태·종목을 말한다)를 적는다.

❿ 「㉕ 사업연도의제 여부」란에는 해산·합병·분할 등으로 사업연도가 의제된 경우 "여"란에 "○"표시를 한다.

❸ 「⑪ 사업연도」란·「⑫ 수시부과기간」란에는 정상적으로 사업을 영위하는 법인은 신고사업연도를 적고 수시부과기간란에는 적지 않는다. 반면, 휴·폐업 등으로 수시부과기간에 해당하는 법인세를 신고납부하는 경우에는 사업연도란에 정상적인 사업연도를 적고, 수시부과기간란에 사업연도 개시일과 수시부과사유발생일까지의 기간을 적는다(반드시 신고구분의 중도폐업신고란에 "○"표시를 해야 한다).

(앞쪽)

②법인등록번호 ❶
④전 화 번 호 ❶
⑥전자우편주소 ❶
⑩주업종코드 ❷
⑫수시부과기간 ❸
⑭조 정 구 분 ❹ 1. 외부 2. 자기
⑯외부감사대상 ❹ 1. 여 2. 부
⑰신 고 구 분 ❹ 1. 정기신고 2. 수정신고(가.서면분석, 나.기타) 3. 기한후 신고 4. 중도폐업신고 5. 경정청구
⑲결 산 확 정 일
㉑납 부 일 ㉓
2. 연장기한

❼ 「㉒ 신고기한 연장승인」란에는 법인세신고기한 연장승인을 받은 경우 신청일 및 승인된 연장기한을 적는다.

❽ 「㉓ 주식변동 여부」란에는 주식 등의 변동이 있는 경우에는 주식 등 변동상황명세서를 반드시 붙임 서류로 제출해야 한다.

❾ 「㉔ 장부전산화 여부」란에는 국세청의 전자기록의 보전방법 등에 관한 고시에 따라 장부와 증빙서류의 전부 또는 일부를 전산조직을 이용하여 작성·보존하는 경우에 "여"란에 "○"표시를 하고 전산조직운용명세서를 붙임 서류로 제출해야 한다.

구 분	여	부
㉔장부전산화 ❹, ❾	1	2
㉖결손금소급공제 법인세환급신청 ⓫	1	2
㉘재고자산등평가방법신고서 제출 ⓫	1	2
㉚과세표준 환산시 적용환율 ⓭		
㉜한국채택국제회계기준(K-IFRS)적용 ⓯	1	2
㊽미환류소득에 대한 법인세 신고	1	2

⓫ 「㉖ 결손금소급공제법인세환급신청」란 ~ 「㉘ 재고자산등평가방법신고서 제출」란에는 해당 신청(신고)서 등을 제출한 경우 "여"란에 "○"표시를 한다.

도소득에 인세	미환류소득에 대한 법인세	계
	)	㉓
		㉓

⓭ 「㉚ 과세표준 환산시 적용환율」란에는 법인세법 제53조의 2(제53조의 3) 제1항 제2호의 방법으로 과세표준계산방법 적용을 신고한 법인은 "과세표준계산방법신고(변경신청)서(별지 제64호의 5 서식)"에 신고한 적용환율의 해당 사업연도 환율을 적는다(단위 : 원, 소수점 이하 2자리까지 표시).

㉓ 음영으로 표시된 란은 적지 않는다.

㉓
㉓

⓳ 「㊶ 조정반번호」란에는 외부조정법인은 외부조정자의 조정반 번호를 적는다.

	성 명
㊸조정자 ⓴	사업자등록번호
	전 화 번 호

⓴ 「㊷ 조정자관리번호」, 「㊸ 조정자」란에는 세무조정 조정반의 구성원 중 실제로 세무조정한 조정자의 것을 적는다.

은행 (본)지점
예금

⓮ 「㉛ 동업기업의 출자자(동업자)」란에는 조세특례제한법 제100조의 14 제2호에 따른 동업자인 경우 "여"란에 "○"표시를 한다.

㉑ 「㊼ 기능통화 도입기업의 과세표준 계산방법」란에는 과세표준계산방법이 법인세법 제53조의 2 제1항 제1호에 따른 방법(원화 재무제표 기준)일 경우 "1", 같은 항 제2호에 따른 방법(기능통화 표시 재무제표 기준)일 경우 "2", 같은 항 제3호에 따른 방법(자산, 부채 및 거래손익의 원화환산액 기준)일 경우 "3"을 적는다.

(인)
(서명 또는 인)
㉔

실하고 공정하게 작성하였음을 확인합니다.

⓯ 「㉜ 한국채택국제회계기준(K-IFRS)적용」란에는 한국채택국제회계기준(K-IFRS)을 적용하는 법인인 경우 "여"란에 "○"표시를 한다.

㉔ 주식회사 등의 외부감사에 관한 법률 제2조에 따라 외부감사의 대상이 되는 법인이 국세기본법 제2조 제19호에 따른 전자신고를 통해 법인세 과세표준을 신고한 경우에는 대표자가 서명하고 날인한 신고서를 관할세무서에 제출해야 한다.

⓰ 「㉝ 수입금액」란에는 조정후수입금액명세서(별지 제17호 서식)상의 「⑫ 합계」란 중 「④ 계」란의 금액을 적는다.

■ 작성요령 Ⅱ – 법인세 과세표준 및 세액조정계산서

❶ 「(101) 결산서상 당기순손익」란에는 (포괄)손익계산서의 법인세 차감 후 당기순손익을 적는다. 다만, 당기순이익은 그대로 적고, 당기순손실은 "△" 등 음(-)의 표시를 해야 한다.

❷ 「소득조정금액」란((102), (103))에는 "소득금액조정합계표(별지 제15호 서식)"의 익금산입 및 손금불산입 「② 금액」란의 합계와 손금산입 및 익금불산입 「⑤ 금액」란의 합계를 「(102) 익금산입」란 및 「(103) 손금산입」란에 각각 적는다.

❸ 「(105) 기부금 한도초과액」란에는 기부금조정명세서(별지 제21호 서식)의 「⑳ 한도초과액 합계 금액」을 적는다.

❺ 「(109) 이월결손금」란에는 "자본금과 적립금조정명세서(갑) [별지 제50호 서식(갑)]"의 Ⅱ. 이월결손금계산서 중 「⑬ 당기공제액」란의 합계를 적는다.

㉔ 법인세 과세표준 및 세액신고서(별지 제1호 서식)의 ㊾ 기능통화 도입기업의 과세표준 계산방법이 '기능통화 표시 재무제표 기준'으로 '2'로 표기할 경우 (101)란부터 (118)란까지의 금액은 기능통화로 표기하지 않고, 기능통화 금액에 같은 별지 제1호 서식의 「㉚ 과세표준 환산 시 적용환율」을 곱한 금액으로 적는다. 이 경우 작성요령 ❶부터 ❼까지의 각종 조정명세서, 명세서 등 관련 서식에도 같은 별지 제1호 서식의 「㉚ 과세표준 환산 시 적용환율을 곱한 금액으로 적는다.

* 예: 기능통화(USD), 적용환율(1,100원), 당기순이익(USD 2,000)일 경우 「(101) 결산서상 당기순익란은 '2,200,000'으로 적는다

❿ 「(121) 최저한세 적용대상 공제감면세액」란에는 "공제감면세액 및 추가납부세액합계표(갑) [별지 제8호 서식(갑)]"의 「㉓ 합계」란의 금액을 적는다.

⓫ 「(122) 차감세액」란에는 (120)란의 산출세액에서 (121)란의 최저한세 적용대상 공제감면세액을 차감하여 적는다.

⓬ 「(123) 최저한세 적용제외 공제감면세액」란에는 "공제감면세액 및 추가납부세액합계표(갑) [별지 제8호 서식(갑)]"의 ㊿란을 적는다.

⓯ 「가산세액」란((124)·(145))은 "가산세액계산서(별지 제9호 서식)"에 따라 적는다(중간예납세액의 미납부로 인한 가산세를 합산하여 계산한다).

⓰ 「기납부세액 계」란((132)·(149))은. 기한 내 납부세액은 중간예납(중간예납을 고지한 경우를 포함한다), 수시부과 및 원천납부세액을 각각 적되 가산세를 제외한 금액을 적고, 간접투자회사 등의 외국납부세액은 "간접투자회사 등의 외국납부세액 계산서(별지 제11호 서식)"의 「⑧ 공제(환급)신청금액을 적는다. 한편, 신고납부 전 가산세액은 중간예납 미납부가산세 등을 말한다.

[별지 제3호 서식] (2024. 3. 22. 개정)

사업연도	. . . ~ . . .	법인세 과세표준 및

구분	항목	코드	작성요령
① 각 사업연도 소득계산 ㉔	(101) 결산서상당기순손익	01	❶
	소득조정금액 (102) 익금산입	02	❷
	소득조정금액 (103) 손금산입	03	❷
	(104) 차가감소득금액 ((101)+(102)−(103))	04	
	(105) 기부금한도초과액	05	❸
	(106) 기부금한도초과이월액 손금산입	54	❹
	(107) 각사업연도소득금액 ((104)+(105)−(106))	06	
② 과세표준 계산 ㉔	(108) 각사업연도소득금액 ((108)=(107))		
	(109) 이월결손금	07	❺
	(110) 비과세소득	08	❻
	(111) 소득공제	09	❼
	(112) 과세표준 ((108)−(109)−(110)−(111))	10	
	(159) 선박표준이익	55	㉒
③ 산출세액 계산 ㉔	(113) 과세표준((112)+(159))	56	
	(114) 세율	11	❽
	(115) 산출세액	12	
	(116) 지점유보소득 (「법인세법」 제96조)	13	❾
	(117) 세율	14	❽
	(118) 산출세액	15	
	(119) 합계((115)+(118))	16	
④ 납부할 세액계산	(120) 산출세액((120)=(119))		
	(121) 최저한세적용대상 공제감면세액	17	❿
	(122) 차감세액	18	⓫
	(123) 최저한세적용제외 공제감면세액	19	⓬
	(124) 가산세액	20	⓯
	(125) 가감계((122)−(123)+(124))	21	
	기납부세액 기한내납부세액 (126) 중간예납세액	22	⓭
	기납부세액 기한내납부세액 (127) 수시부과세액	23	
	기납부세액 기한내납부세액 (128) 원천납부세액	24	
	기납부세액 기한내납부세액 (129) 간접투자회사등의 외국납부세액	25	
	기납부세액 기한내납부세액 (130) 소계 ((126)+(127)+(128)+(129))	26	
	기납부세액 (131) 신고납부전가산세액	27	
	기납부세액 (132) 합계((130)+(131))	28	⓰

㉒ 조세특례제한법 제104조의 10에 따른 해운기업의 법인세 과세표준 계산 특례를 적용받는 법인의 경우에는 (101)란부터 (112)란까지, (121)란, (123)란 및 (128)란에 비해운소득과 관련하여 발생한 금액을 적고, 「(159) 선박표준이익」란에 선박표준이익 산출명세서(별지 제3호 서식 부표)의 「⑦ 선박표준이익」란의 금액을 적으며, 「(112) 과세표준」란의 금액이 "0"보다 작은 경우 「(113) 과세표준」란에는 「(159) 선박표준이익」란의 금액을 적는다.

❹ 「(106) 기부금한도초과이월액 손금산입」란에는 "기부금조정명세서(별지 제21호 서식)"의 「㉔ 해당 사업연도 손금추인액」란의 합계금액을 적는다.

❻ 「(110) 비과세소득」란에는 "비과세소득명세서(별지 제6호 서식)"의 「⑥ 수입이자 또는 소득금액」란의 합계와 「⑩ 차감 비과세 금액」란의 「⑳ 합계」란의 금액을 합한 금액을 적는다. 다만, 각 사업연도소득에서 이월결손금액을 차감한 금액이 음수(−)인 경우에는 "0"을 적는다.

❼ 「(111) 소득공제」란에는 소득공제조정명세서(별지 제7호 서식)의 「⑬ 합계」란의 「⑧ 소득공제액」을 적는다. 다만, 각 사업연도소득에서 이월결손금 및 비과세소득을 차감한 금액이 음수(−)인 경우에는 "0"을 적는다.

❽ 「세율」란((114), (117), (139))에는 각 세법에 따라 적용할 최고세율((117)란은 법인세법 제96조에 따른 과세대상 법인은 법인세법 제96조 제3항에 따른 세율) 1개만을 적는다.

❾ 「(116) 지점유보소득」란에는 법인세법 제96조를 적용받는 외국법인의 국내지점은 지점유보소득금액계산서(별지 제49호 서식) ⑮란의 금액을 적는다.

⓮ 「(133) 감면분추가납부세액」란에는 "공제감면세액 및 추가납부세액합계표(을)〔별지 제8호 서식(을)〕"의 「(195) 추가납부세액 합계금액」과 「(180) 이월과세 합계금액」을 더하여 적는다.

세액조정계산서

	사업자등록번호	

구분		항목	코드	참조	금액
		(133) 감면분추가납부세액	29	⓮	
		(134) 차감납부할세액 (125−132+133)	30		
⑤ 토지등 양도소득에 대한 법인세 계산	양도 차익	(135) 등기자산	31	㉓	
		(136) 미등기자산	32	㉓	
		(137) 비과세소득	33	㉓	
		(138) 과세표준 (135+136−137)	34	㉓	
		(139) 세율	35	❽	
		(140) 산출세액	36		
		(141) 감면세액	37		
		(142) 차감세액(140−141)	38		
		(143) 공제세액	39		
		(144) 동업기업법인세배분액 (가산세 제외)	58	⓱	
		(145) 가산세액 (동업기업 배분액 포함)	40	⓯	
		(146) 가감계(142−143+144+145)	41		
	기납부세액	(147) 수시부과세액	42		
		(148) ( )세액	43		
		(149) 계 (147+148)	44	⓰	
		(150) 차감납부할세액(146−149)	45		
⑥ 미환류소득법인세		(161) 과세대상 미환류소득	59	⓲	
		(162) 세율	60		
		(163) 산출세액	61		
		(164) 가산세액	62	⓴	
		(165) 이자상당액	63	㉑	
		(166) 납부할세액(163+164+165)	64		
⑦ 세		(151) 차감납부할세액계 (134+150+166)	46		
		(152) 사실과 다른 회계처리 경정세액공제	57	⓲	
		(153) 분납세액계산범위액			

⓲ 「(152) 사실과 다른 회계처리 경정세액공제」란에는 "사실과 다른 회계처리로 인하여 과다납부한 금액의 세액공제명세서(별지 제52호의 4 서식)"의 ⑨란의 연도별 공제금액을 적는다.

⓴ 「(164) 가산세액」란에는 가산세액계산서(별지 제9호 서식)의 미환류소득에 대한 법인세분의 「⑥ 가산세액의 합계」란의 금액을 적는다.

⓱ 「(144) 동업기업 법인세 배분액」란에는 동업기업으로부터 배분받은 토지등 양도소득에 대한 법인세('산출세액'에서 '공제감면세액'을 차감한 후의 세액(가산세는 제외함)을 적는다.

㉓ 법인세법 제55조의 2에 따른 토지등 양도소득에 대한 과세특례를 적용받는 법인의 경우에는 (135)~(138)란에 토지 등 양도소득에 대한 법인세 산출명세서(별지 제3호 서식 부표2)의 「⑩ 양도차익」, 「⑫ 금액」, 「⑬ 과세소득」의 합계를 적는다.

⓳ 「(161) 과세대상 미환류소득」란에는 미환류소득에 대한 법인세 신고서(조세특례제한법 시행규칙 별지 제114호 서식)의 (58)금액(음수인 경우 '0')을 적는다. 다만, 2017.1.1.부터 2017.12.31.까지 개시하는 사업연도에 차기환류적립금이 발생한 사업자는 (58)금액에 종전의 법인세법(법률 제16008호로 개정되기 전의 것을 말한다) 제56조에 따른 미환류소득에 대한 법인세 신고서(법인세법 시행규칙 별지 제52호의 2 서식)의 ㊻금액(음수인 경우 '0')을 합산하여 적는다.

⓭ 「(126) 중간예납세액」란에는 조세특례제한법 제8조의 4에 따라 환급받아간 세액을 정산할 때 추가로 납부할 세액이 있는 경우에는 중소기업 결손금 소급공제 세액 환급특례 정산서(조세특례제한법 시행규칙 별지 제2호의 6 서식)의 「⑲ 중간예납세액 재정산」란의 금액을 적는다.

㉑ 「(165) 이자상당액」란에는 조세특례제한법 시행령 제100조의 32 제21항에 따라 계산한 금액과 종전의 법인세법 시행령(대통령령 제29529호로 개정되기 전의 것을 말한다) 제93조 제20항에 따른 금액〔종전의 법인세법(법률 제16008호로 개정되기 전의 것을 말한다) 제56조 제8항에 따라 이자상당액을 납부해야 하는 경우〕을 합산하여 적는다.

■ 작성요령Ⅲ - 법인세 중간예납 신고납부계산서

❶ 「⑫ 사업연도」란에는 해당 사업연도 개시일과 사업연도 종료일을 적는다.

❹ 「⑮ 수입금액」란에는 해당 중간예납기간의 수입금액을 적는다.

❺ 직전 사업연도 산출세액 기준 적용 법인의 경우 다음과 같이 적는다.
가. 「⑩ 산출세액」란에는 직전 사업연도의 법인세 과세표준 및 세액조정계산서［별지 제3호 서식］상의 「⑮ 산출세액」란의 금액을 적는다. 다만, 수정신고, 결정 또는 경정의 경우에는 수정신고된 산출세액, 결정 또는 경정된 산출세액을 적는다.
나. 「⑩ 공제감면세액」란에는 직전 사업연도에 감면된 법인세액을 적으며, 소득에서 공제되는 금액을 제외한다.
다. 「⑩ 고용창출투자세액공제액」란에는 해당 중간예납기간 중 조세특례제한법 제26조에 따른 고용창출투자세액공제액을 적는다(다만, 고용창출투자세액공제액을 차감한 후의 중간예납세액(⑪)이 조세특례제한법 제132조에 따라 계산한 직전 과세연도 최저한세의 100분의 50에 미달하는 경우에는 그 미달하는 세액에 상당하는 고용창출투자세액공제액은 차감하지 않음).
라. 「⑪ 가산세액」란에는 기한 후 신고・납부하는 경우 납부기한 다음 날부터 자진납부일까지의 기간 동안 1일 2.2/10,000(다만, 2019년 2월 11일까지의 기간에 대해서는 3/10,000을 적용하고, 2019년 2월 12일부터 2022년 2월 14일까지의 기간에 대해서는 2.5/10,000를 적용함)의 세율을 적용하여 계산된 금액을 적는다.

[별지 제58호 서식] (2022. 3. 18. 개정)

법인세 중간예납

※ 뒤쪽의 작성방법을 읽고 작성하시기 바랍니다.

① 사업자등록번호		
③ 법 인 명		
⑤ 대표자 성명		
⑥ 법 인 구 분	1.내국 2.외국 3.외투	⑦ 종류별 구분 / 영리법인 / 비영리법인
⑧ 소재지		
⑨ 업 태	❸	⑩ 종 목
⑫ 사 업 연 도	❶	⑬ 직전 사
⑮ 수 입 금 액	❹	⑯ 신고일
⑰ 신고납부 구분	1. 정기 신고	

신고 및 납부

구			분
① 직전 사업연도 산출세액 기준 (「법인세법」 제63조의 2 제1항 제1호) ❺	직전 사업연도	법인세	⑩ 산 출 세 액
			⑩ 공 제 감 면 세
			⑩ 가 산 세 액
			⑩ 확정세액(⑩-⑩
			⑩ 수 시 부 과 세
			⑩ 원 천 납 부 세
			⑩ 차감 세액(⑩-
	⑩ 중 간 예 납 세 액 [⑩ × 6 / 직전 사업연도		
	⑩ 고용창출투자세액공제액		
	⑪ 차 감 중 간 예 납 세 액(⑩-⑩)		
	(미납세액, 미납일수, 세율)		
	⑪ 가 산 세 액		
	⑫ 납 부 할 세 액 계(⑪+⑪)		
	⑬ 분 납 세 액		
	⑭ 납 부 세 액(⑫-⑬)		
② 해당 중간예납기간 법인세액 기준 (「법인세법」 제63조의 2 제1항 제2호) ❻	⑮ 과 세 표 준		
	⑯ 세 율		
	⑰ 산 출 세 액		
	⑱ 공 제 감 면 세 액		
	⑲ 가 산 세 액		
	⑳ 수 시 부 과 세 액		
	㉑ 원 천 납 부 세 액		
	㉒ 중 간 예 납 세 액(⑰-⑱+⑲-⑳-㉑)		
	㉓ 납 부 할 세 액 계(㉒)		
	㉔ 사실과 다른 회계처리 경정세액		
	㉕ 분 납 세 액		
	㉖ 납 부 세 액(㉓-㉔-㉕)		

세무서장 귀하

붙임 서류 ❼	1. 재무상태표, 2. (포괄)손익계산서, 3. (전자신고의 경우에는 1. 표준재무상태표, 97조제5항에 따른 서류)

신고납부계산서

② 법인등록번호	
④ 전화번호	

중소기업	일반기업			
	중견기업	상호출자 제한기업	그 외 기업	당기순이익 과세
30	73	83	93	
60	74	84	94	50

	❸	⑪ 주업종코드	
사업연도 월수	개월	⑭ 예납기간	❷

2. 기한 후 신고

세액의 계산

		법 인 세
	01	
액	02	
	03	
+⑩)	04	
액	05	
액	06	
⑮-⑯)	07	
월수]	09	
	11	
	12	
	13	(, , 2.2/10,000)
	14	
	15	
	16	
	31	
	32	
	33	
	34	
	42	
	35	
	36	
	37	
	39	
	43	
	40	
	41	

대표자 (서명 또는 인)

세무조정계산서, 4. 「법인세법 시행령」 제97조제5항에 따른 서류
. 표준손익계산서, 3. 세무조정계산서, 4. 「법인세법 시행령」 제

❷ 「⑭ 예납기간」란에는 해당 사업연도 개시일부터 6개월의 기간이며, 합병·분할에 의하지 않은 신설의 경우에는 설립 후 최초 사업연도를 제외한다.

❸ 「⑨ 업태」·「⑩ 종목」란에는 주된 업태·종목을 적는다.

❻ 법인세법 제63조의 2 제1항 제2호에 따라 법인세 중간예납세액을 계산하여 납부하는 법인은 법인세 과세표준 및 세액조정계산서 [별지 제3호 서식] 의 작성방법을 준용한다.

❼ 붙임 서류는 법인세법 제63조의 2 제1항 제2호에 따라 법인세 중간예납세액을 계산하여 납부하는 법인만 해당한다.

♻ 세무조정 체크리스트

검 토 사 항	확인
1. 결산서상 당기순이익과 일치 여부 확인	
2. 소득금액조정합계표와 대조 확인	
3. 기부금 조정명세서와 비교 확인	
4. 법인세법 및 조세특례제한법상 비과세소득 해당 여부 검토	
5. 이월결손금이 15년(단, 2009년 1월 1일 이후부터 2019년 12월 31일 이전에 개시한 사업연도에서 발생한 결손금은 10년) 이내 분인지 확인(중소기업의 경우 결손금소급공제 확인 : 법법 §72)	
6. 원천납부세액 확인	
7. 사업연도가 1년 미만인 경우 산출세액 계산에 유의(과세표준 환산)	
8. 분납은 아래의 금액이 1천만원을 초과하는 경우에만 가능 "산출세액 - 공제감면세액 - 중간예납세액 - 수시부과세액 - 원천징수세액"	

Step III 사례와 서식작성실무

예제

사 례

㈜삼일의 제12기 사업연도(2024. 1. 1. ~ 2024. 12. 31.) 법인세 신고를 위한 다음 자료를 이용하여 (1) 법인세 과세표준 및 세액신고서, (2) 법인세 과세표준 및 세액조정계산서를 작성하시오.

1. ㈜삼일은 중소기업에 해당하며, 익금산입 또는 손금불산입 내역은 아래와 같다.

과 목	금액(단위 : 원)	내 용
(1) 건설자금이자	4,520,000	건설자금이자 과소계상액
(2) 유가증권	1,000,000	유가증권평가손실
(3) 재고자산평가감	770,000	재고자산평가손실
(4) 퇴직급여충당금	840,000	한도초과액
(5) 대손충당금	694,000	한도초과액
(6) 퇴직금	220,000	임원퇴직금 한도초과액
(7) 인정이자	130,000	대표이사 가지급금 인정이자
(8) 세금공과	654,000	토지매입에 따른 취득세
(9) 잡비	75,000	벌과금
(10) 접대비	2,340,000	한도초과액
(11) 법인세 비용	2,000,000	손익계산서상 법인세비용
합 계	13,243,000	

2. 손금산입 또는 익금불산입 내역은 역시 아래와 같다.

과 목	금액(단위 : 원)	내 용
(1) 전기대손부인액	380,000	대손부인액 중 당기 대손요건 충족분
(2) 재고자산평가감	4,110,000	전기유보(손금불산입)분 중 당기 판매분
(3) 감가상각비	1,340,000	전기부인누계액 중 당기추인액
(4) 수입이자	22,000	국세환급금이자
(5) 대손금	7,720,000	소멸시효 완성된 외상매출금
합 계	13,572,000	

3. 기타 법인세 신고납부를 위한 공제 · 감면세액 및 기납부세액 등의 내역은 아래와 같다. (단위 : 원)

(1) 법인세 공제 후 당기순이익 :	280,000,000
(2) 이월결손금(10년 미경과) :	2,000,000
(3) 비과세 및 소득공제 :	없음.
(4) 연구 및 인력개발비 세액공제 :	250,000
(5) 증명서류 수취불성실 가산세 :	90,000
(6) 중간예납세액 :	18,000,000
(7) 원천납부세액 :	4,000,000
(8) 조정 후 수입금액(별지 제17호 서식) :	3,000,000,000

4. 회사의 개요
   (1) 주소지 : 서울시 용산구 한강로 2가 ×××번지
   (2) 대표자 : 홍길동
   (3) 전화번호 : 799 - 8999
   (4) 사업자등록번호 : 101 - 81 - 12345
   (5) 법인등록번호 : 110111 - 1234567
5. 회사는 분납을 선택함.
6. 법인세율은 2억원 이하는 9%, 2억원 초과 200억원 이하 분은 19%, 200억원 초과 3,000억원 이하 분은 21%, 3,000억원 초과분은 24%로 가정한다.

해 설

조정계산내역

(1) 토지 등 양도차익에 대한 법인세 : 해당연도 해당사항 없음.

(2) 법인세 과세표준 및 세액조정계산서의 작성 · 계산

① 과세표준

280,000,000 + 13,243,000 - 13,572,000 - 2,000,000 = 277,671,000

② 산출세액

200,000,000 × 9% + 77,671,000 × 19% = 32,757,490

③ 법인세 과세표준 및 세액조정계산서상의 ⑫③ 최저한세 적용제외 공제감면세액란에는 자료에서 주어진 연구 및 인력개발비 세액공제금액을 기재한다.

④ 분납할 세액을 계산하는 경우에 가산세는 제외되므로

10,597,490 - 90,000 = 10,507,490(분납대상) : 20,000,000 미만이므로 10,000,000과 가산세를 합한 10,090,000을 우선 신고 · 납부한다.

[별지 제1호 서식] (2023. 3. 20. 개정)

법인세 과세표준 및 세액신고서

※ 뒤쪽의 신고안내 및 작성방법을 읽고 작성하여 주시기 바랍니다. (앞쪽)

① 사업자등록번호	101-81-12345			② 법인등록번호	11011-1234567
③ 법 인 명	(주)삼일			④ 전 화 번 호	
⑤ 대 표 자 성 명	홍길동			⑥ 전자우편주소	
⑦ 소 재 지	서울특별시 용산구 한강로 2가 XXXX번지				
⑧ 업 태	제조	⑨종 목		⑩ 주업종코드	
⑪ 사 업 연 도	2024. 1. 1. ~ 2024. 12. 31.			⑫ 수시부과기간	. . . ~ . . .

⑬ 법 인 구 분	1. 내국 2.외국 3.외투(비율 %)					⑭ 조 정 구 분	1. 외부 2. 자기
⑮ 종 류 별 구 분	중소기업	일반: 중견기업	일반: 상호출자제한기업	일반: 그외기업	당기순이익과세	⑯ 외부감사대상	1. 여 2. 부
영리법인: 상 장 법 인	11	71	81	91		⑰ 신 고 구 분	1. 정기신고
영리법인: 코스닥상장법인	21	72	82	92			2. 수정신고(가.서면분석, 나.기타)
영리법인: 기 타 법 인	30	73	83	93			3. 기한후 신고
							4. 중도폐업신고
비 영 리 법 인	60	74	84	94	50		5. 경정청구
⑱ 법인유형별구분			코드			⑲ 결 산 확 정 일	2025. 2. 24.
⑳ 신 고 일	2025. 3. 29.					㉑ 납 부 일	
㉒ 신고기한 연장승인	1. 신청일					2. 연장기한	

구 분	여	부	구 분	여	부
㉓ 주식변동	1	2	㉔ 장부전산화	1	2
㉕ 사업연도의제	1	2	㉖ 결손금소급공제 법인세환급신청	1	2
㉗ 감가상각방법(내용연수)신고서 제출	1	2	㉘ 재고자산등평가방법신고서 제출	1	2
㉙ 기능통화 채택 재무제표 작성	1	2	㉚ 과세표준 환산시 적용환율		
㉛ 동업기업의 출자자(동업자)	1	2	㉜ 한국채택국제회계기준(K-IFRS)적용	1	2
㊼ 기능통화 도입기업의 과세표준 계산방법			㊽ 미환류소득에 대한 법인세 신고	1	2
㊾ 성실신고확인서 제출	1	2			

구 분	법인세: 법 인 세	법인세: 토지 등 양도소득에 대한 법인세	법인세: 미환류소득에 대한 법인세	계
㉝수 입 금 액	(3,000,000,000)			
㉞과 세 표 준				
㉟산 출 세 액				32,757,490
㊱총 부 담 세 액				32,597,490
㊲기 납 부 세 액				22,000,000
㊳차 감 납 부 할 세 액				10,597,490
㊴분 납 할 세 액				507,490
㊵차 감 납 부 세 액				10,090,000

㊶조 정 반 번 호		㊸조정자	성 명	
㊷조 정 자 관 리 번 호			사업자등록번호	
			전 화 번 호	

국세환급금 계좌신고	㊹예 입 처	은행 (본)지점
	㊺예금종류	예금
	㊻계좌번호	

신고인은 「법인세법」 제60조 및 「국세기본법」 제45조, 제45조의2, 제45조의3에 따라 위의 내용을 신고하며, 위 내용을 충분히 검토하였고 신고인이 알고 있는 사실 그대로를 정확하게 적었음을 확인합니다.

년 월 일

신고인(법 인) (주)삼일 (인)

신고인(대표자) 홍길동 (서명 또는 인)

세무대리인은 조세전문자격자로서 위 신고서를 성실하고 공정하게 작성하였음을 확인합니다.

세무대리인 (서명 또는 인)

세무서장 귀하

첨부서류	1. 재무상태표 2. (포괄)손익계산서 3. 이익잉여금처분(결손금처리)계산서 4. 현금흐름표(「주식회사 등의 외부감사에 관한 법률」 제2조에 따른 외부감사의 대상이 되는 법인의 경우만 해당합니다), 5. 세무조정계산서	수수료 없 음

[별지 제3호 서식] (2024. 3. 22. 개정) (앞쪽)

사업연도	2024. 1. 1. ~ 2024. 12. 31.	법인세 과세표준 및 세액조정계산서	법인명	㈜삼일
			사업자등록번호	101-81-12345

구분	항목	코드	금액
① 각 사업연도 소득계산	⑩ 결산서상 당기순손익	01	280 000 000
	소득조정 금액 ⑩ 익금산입	02	13 243 000
	소득조정 금액 ⑩ 손금산입	03	13 572 000
	⑩ 차가감소득금액 (⑩+⑩-⑩)	04	279 671 000
	⑯ 기부금한도초과액	05	
	⑯ 기부금한도초과이월액 손금산입	54	
	⑰ 각 사업연도소득금액 (⑩+⑯-⑯)	06	279 671 000
② 과세표준 계산	⑱ 각 사업연도소득금액 (⑱=⑰)		279 671 000
	⑲ 이월결손금	07	2 000 000
	⑪ 비과세소득	08	
	⑪ 소득공제	09	
	⑫ 과세표준 (⑱-⑲-⑪-⑪)	10	277 671 000
	⑲ 선박표준이익	55	
③ 산출세액 계산	⑬ 과세표준(⑫+⑲)	56	
	⑭ 세율	11	19%
	⑮ 산출세액	12	32 757 490
	⑯ 지점유보소득 (「법인세법」 제96조)	13	
	⑰ 세율	14	
	⑱ 산출세액	15	
	⑲ 합계(⑮+⑱)	16	32 757 490
④ 납부할 세액 계산	⑫ 산출세액(⑫=⑲)		32 757 490
	⑫ 최저한세 적용대상 공제감면세액	17	
	⑫ 차감세액	18	32 757 490
	⑫ 최저한세 적용제외 공제감면세액	19	250 000
	⑫ 가산세액	20	90 000
	⑫ 가감계(⑫-⑫+⑫)	21	32 597 490
	기납부세액 / 기한내납부세액 ⑫ 중간예납세액	22	18 000 000
	기납부세액 / 기한내납부세액 ⑫ 수시부과세액	23	
	기납부세액 / 기한내납부세액 ⑫ 원천납부세액	24	4 000 000
	기납부세액 / 기한내납부세액 ⑫ 간접투자회사등의 외국납부세액	25	
	기납부세액 / 기한내납부세액 ⑬ 소계 (⑫+⑫+⑫+⑫)	26	22 000 000
	기납부세액 ⑬ 신고납부전가산세액	27	
	기납부세액 ⑬ 합계(⑬+⑬)	28	22 000 000

구분	항목	코드	금액
	⑬ 감면분추가납부세액	29	
	⑬ 차감납부할세액 (⑫-⑬+⑬)	30	10 597 490
⑤ 토지등양도소득에 대한 법인세 계산	양도차익 ⑬ 등기자산	31	
	양도차익 ⑬ 미등기자산	32	
	⑬ 비과세소득	33	
	⑬ 과세표준 (⑬+⑬-⑬)	34	
	⑬ 세율	35	
	⑭ 산출세액	36	
	⑭ 감면세액	37	
	⑭ 차감세액 (⑭-⑭)	38	
	⑭ 공제세액	39	
	⑭ 동업기업 법인세 배분액 (가산세 제외)	58	
	⑭ 가산세액 (동업기업 배분액 포함)	40	
	⑭ 가감계(⑭-⑭+⑭+⑭)	41	
	기납부세액 ⑭ 수시부과세액	42	
	기납부세액 ⑭ ( ) 세액	43	
	기납부세액 ⑭ 계 (⑭+⑭)	44	
	⑮ 차감납부할세액(⑭-⑭)	45	
⑥ 미환류소득 법인세	⑯ 과세대상 미환류소득	59	
	⑯ 세율	60	
	⑯ 산출세액	61	
	⑯ 가산세액	62	
	⑯ 이자상당액	63	
	⑯ 납부할세액(⑯+⑯+⑯)	64	
⑦ 세액계	⑮ 차감납부할 세액계 (⑬+⑮+⑯)	46	10 597 490
	⑮ 사실과 다른 회계처리 경정세액공제	57	
	⑮ 분납세액계산범위액 (⑮-⑫-⑬-⑭-⑮+⑬)	47	10 507 490
	⑮ 분납할세액	48	507 490
	⑮ 차감납부세액 (⑮-⑮-⑮)	49	10 090 000

제9장

9

농어촌특별세

제9장 농어촌특별세

관련 법령	• 농특법 §1, §2, §3, §4, §5, §7, §8, §9, §12, §13 • 농특령 §4, §5, §6, §8
관련 서식	• 법인세법 시행규칙 [별지 제2호 서식] 농어촌특별세 과세표준 및 세액신고서 [별지 제12호 서식] 농어촌특별세 과세표준 및 세액조정계산서 [별지 제13호 서식] 농어촌특별세 과세대상 감면세액 합계표

제9장

농어촌특별세

9

Step I 내용의 이해

1. 농어촌특별세의 목적과 과세체계

1-1. 개 요

농어촌특별세는 농·어업의 경쟁력 강화와 농어촌산업기반시설의 확충 및 농어촌지역 개발사업을 위하여 필요한 재원을 확보함을 목적으로 하는 세목으로(농특법 §1), 다음과 같이 법인세 등의 감면세액에 대하여 농어촌특별세를 부과하거나, 개별소비세·취득세 등 일정 세목의 납부하여야 할 세액 등에 농어촌특별세를 부과하여 재원을 확보하고 있다(농특법 §5 ①).

① 조세특례제한법·관세법·지방세법 또는 지방세특례제한법에 따른 소득세·법인세·관세·취득세 또는 등록에 대한 등록면허세의 감면세액을 과세표준으로 하여 세액을 부과
② 조세특례제한법에 따라 감면받은 이자소득·배당소득에 대한 소득세의 감면세액을 과세표준으로 하여 세액을 부과
③ 다음을 과세표준으로 하여 세액을 부과
  ㉠ 개별소비세법에 따라 납부하여야 할 개별소비세액
  ㉡ 자본시장과 금융투자업에 관한 법률 시행령 제176조의 9 제1항에 따른 유가증권시장에서 거래된 증권의 양도가액
  ㉢ 지방세법 제11조 및 제12조의 표준세율을 100분의 2로 적용하여 지방세법, 지방세특례제한법 및 조세특례제한법에 따라 산출한 취득세액
  ㉣ 지방세법에 따라 납부하여야 할 레저세액
  ㉤ 종합부동산세법에 따라 납부하여야 할 종합부동산세액

이하에서는 농어촌특별세 중 법인세와 관련된 부분에 한정하여 설명하고자 한다.

1-2. 감면의 범위

농어촌특별세가 부과되는 감면이란 조세특례제한법에 따라 법인세가 부과되지 아니하거나 경감되는 경우로서 다음의 어느 하나에 해당하는 것을 말한다(농특법 §2 ①).

① 비과세 · 세액면제 · 세액감면 · 세액공제 또는 소득공제
② 조세특례제한법 제72조 제1항에 따른 조합법인 등에 대한 법인세 특례세율의 적용

따라서, 조세특례제한법에서 규정하고 있는 준비금 손금산입, 특별감가상각비의 계상 등은 감면의 범위에 포함되지 아니하므로, 농어촌특별세가 과세되지 않는다. 또한, 법인세법 · 외국인투자촉진법 · 조세조약 등 여타의 법률에서 규정된 조세감면도 여기에서 말하는 감면의 범위에 포함되지 아니한다.

2. 납세의무자

조세특례제한법에 따라 법인세의 감면을 받는 법인은 농어촌특별세를 납부할 의무가 있다(농특법 §3).

3. 비과세대상

다음에 해당하는 경우에는 농어촌특별세를 부과하지 아니한다(농특법 §4 및 농특령 §4).

① 국가(외국정부를 포함함) · 지방자치단체 또는 지방자치단체조합에 대한 감면
② 농어업인(농업 · 농촌 및 식품산업 기본법 제3조 제2호의 농업인과 수산업 · 어촌 발전 기본법 제3조 제3호의 어업인을 말함. 이하 같음) 또는 농어업인을 조합원으로 하는 단체(농어업경영체 육성 및 지원에 관한 법률에 따른 영농조합법인, 농업회사법인 및 영어조합법인을 포함함)에 대한 다음의 감면
   ㉠ 영농조합법인 등에 대한 법인세의 면제 등(조특법 §66)
   ㉡ 영어조합법인 등에 대한 법인세의 면제 등(조특법 §67)
   ㉢ 농업회사법인에 대한 법인세의 면제 등(조특법 §68)
   ㉣ 조합법인 등(신용협동조합법에 따라 설립된 신용협동조합 및 새마을금고법에 따라 설립된 새마을금고와 중소기업협동조합법에 따라 설립된 협동조합 · 사업협동조합 및 협동조합연합회 및 소비자생활협동조합법에 따라 설립된 소비자생활협동조합은 제외함)에 대한 법인세 과세특례(조특법 §72 ①)
   ㉤ 산림개발소득에 대한 세액감면(조특법 §102)
   ㉥ 어업협정에 따른 어업인에 대한 지원(조특법 §104의 2)
③ 중소기업에 대한 다음의 감면
   ㉠ 창업중소기업 등에 대한 세액감면(조특법 §6)
   ㉡ 중소기업에 대한 특별세액감면(조특법 §7)

④ 고용증대를 위한 다음의 감면
　㉠ 고용유지중소기업 등에 대한 소득공제(조특법 §30의 3)
　㉡ 중소기업 사회보험료 세액공제(조특법 §30의 4)
⑤ 연구 및 인력개발에 대한 다음의 감면
　㉠ 연구·인력개발비에 대한 세액공제(조특법 §10)
　㉡ 연구개발 관련 출연금 등의 과세특례(조특법 §10의 2)
　㉢ 기술이전 및 기술취득 등에 대한 과세특례(조특법 §12)
　㉣ 연구개발특구에 입주하는 첨단기술기업 등에 대한 법인세 등의 감면(조특법 §12의 2)
　㉤ 중소기업창업투자회사 등의 주식양도차익 등에 대한 비과세(조특법 §13)
⑥ 지방이전에 대한 다음의 감면
　㉠ 수도권 밖으로 공장을 이전하는 기업에 대한 세액감면 등(조특법 §63)
　㉡ 수도권 밖으로 본사를 이전하는 법인에 대한 세액감면 등(조특법 §63의 2)
　㉢ 농공단지 입주기업 등에 대한 세액감면(조특법 §64)
⑦ 국제금융거래에 따른 이자소득 등에 대한 법인세 등의 면제(조특법 §21)
⑧ 공공차관도입에 따른 과세특례(조특법 §20)
⑨ 사업전환 무역조정지원기업에 대한 과세특례(조특법 §33)
⑩ 위기지역 창업기업에 대한 법인세 등의 감면(조특법 §99의 9)
⑪ 감염병 피해에 따른 특별재난지역의 중소기업에 대한 법인세 등의 감면(조특법 §99의 11)
⑫ 전자신고 등에 대한 세액공제(조특법 §104의 8 ①, ③)
⑬ 대한주택공사 및 한국토지공사의 합병에 대한 법인세 과세특례(조특법 §104의 21)
⑭ 해외진출기업의 국내복귀에 대한 세액감면(조특법 §104의 24)
⑮ 외국인투자에 대한 법인세 등의 감면(조특법 §121의 2 및 4)
⑯ 공적자금 회수를 위한 합병 및 분할 등에 대한 과세특례(조특법 §121의 24)
⑰ 2018 평창 동계올림픽대회 및 동계패럴림픽대회에 대한 과세특례(조특법 §104의 28)
⑱ 성실신고 확인비용에 대한 세액공제(조특법 §126의 6)
⑲ 프로젝트금융투자회사에 대한 소득공제(조특법 §104의 31)

4. 과세표준과 세율

4-1. 개 요

농어촌특별세의 과세표준과 세율은 다음과 같다(농특법 §5).

과세표준	세 율
조세특례제한법에 따라 감면을 받는 법인세의 감면세액	20%

4-2. 법인세 감면시 농어촌특별세의 계산

4-2-1. 세액공제, 세액면제 또는 세액감면의 경우

조세특례제한법에 의해 감면을 받은 법인은 해당 감면세액의 20%를 농어촌특별세로 납부하여야 한다.

농어촌특별세 = 조세특례제한법에 의한 법인세 감면세액 × 20%

4-2-2. 비과세소득 및 소득공제의 경우

비과세·소득공제를 받은 경우 다음의 산식에 의하여 계산한 금액을 농어촌특별세로 납부하여야 한다(농특령 §5 ②).

농어촌특별세 = (비과세소득·소득공제액을 과세표준에 산입하여 계산한 세액 - 비과세소득·소득공제액을 과세표준에 제외하고 계산한 세액) × 20%

4-2-3. 특례세율이 적용되는 조합법인 등의 경우

조세특례제한법 제72조 제1항에 따라 특례세율이 적용되는 조합법인 등의 경우 다음의 산식에 의하여 계산한 금액을 농어촌특별세로 납부하여야 한다(농특법 §5 ②).

농어촌특별세 = (각 사업연도 과세표준 × 법인세법 제55조 제1항에 따른 세율 - 각 사업연도 과세표준× 조세특례제한법 제72조 제1항에 따른 세율) × 20%

◎ 관련사례 ◎

- 조합법인 등의 농어촌특별세 부과시 과세표준

  조합법인 등(조특법 §72 ①)의 농어촌특별세 과세표준을 계산함에 있어 각 사업연도 과세표준 금액은 조세특례제한법 제72조 제1항에서 규정하고 있는 금액임(서면2팀-473, 2005. 3. 31.).

5. 신고·납부절차 등

5-1. 신고·납부

법인세 감면에 대한 농어촌특별세는 법인세의 신고·납부(중간예납을 제외함)하는 때에 그에 대한 농어촌특별세도 함께 신고·납부하여야 하며, 신고·납부할 법인세가 없는 경우에는 해당 법인세의 신고·납부의 예에 따라 신고·납부하여야 한다. 다만, 법인세법에 따른 연결납세방식을 적용받는 법인의 경우에는 연결모법인이 신고·납부하여야 하며, 이 경우 연결법인은 법인세법 제76조의 14 제1항에 따른 각 연결사업연도의 소득에 대한 법인세(각 연결법인의 토지 등 양도소득에 대한 법인세 및 조세특례제한법 제100조의 32에 따른 투자·상생협력 촉진을 위한 과세특례를 적용하여 계산한 법인세를 포함함) 및 농어촌특별세를 연대하여 납부할 의무가 있다(농특법 §7 ①, ②).

이와 같이 농어촌특별세를 신고·납부하는 때에는 해당 법인세의 신고·납부서에 해당 법인세의 세액과 농어촌특별세의 세액 및 그 합계액을 각각 기재하여야 한다(농특령 §6 ①).

한편, 농어촌특별세를 국세기본법 제45조 및 제46조의 규정에 의하여 수정신고 및 추가자진납부를 하는 경우 수정신고의 기한·납부방법, 가산세 경감 등은 당해 법인세의 예에 의한다(농특령 §6 ②).

5-2. 분 납

납세의무자가 법인세를 분납하는 경우에는 농어촌특별세도 그 분납금액의 비율에 의하여 해당 법인세의 분납(법법 §64 ②)의 예에 따라 분납할 수 있다. 다만, 법인세가 법인세 분납기준금액(1,000만원)에 미달하여 분납하지 아니하는 경우에도 농어촌특별세의 세액이 500만원을 초과하는 경우에는 해당 법인세의 분납기간 이내에 다음과 같이 분납할 수 있다(농특법 §9 ①, ② 및 농특령 §8).

법인세 분납에 대한 자세한 내용은 '제4편 제8장 자진납부세액'편을 참조하기 바란다.

구 분	분납할 수 있는 세액
농어촌특별세액 ≤ 500만원	분납할 세액이 없음
500만원 < 농어촌특별세액 ≤ 1천만원	500만원을 초과하는 금액
1천만원 < 농어촌특별세액	납부할 세액의 50% 이하의 금액

5-3. 부과·징수

농어촌특별세를 신고·납부하여야 할 법인이 신고를 하지 아니하거나, 신고내용에 오류 또는 누락이 있는 경우와 납부하여야 할 세액을 납부하지 아니하거나 미달하게 납부한 경우에는 세무서장이 해당 법인세의 결정·경정 및 징수의 예에 따라 결정·경정 및 징수한다(농특법 §8 ②).

5-4. 가산세

농어촌특별세를 납부하지 아니하거나 과소납부하는 경우 그 미납부기간 동안 미납부·과소납부세액에 대해 1일 22/100,000의 율을 곱하여 계산한 금액과 납부고지 후 미납부·과소납부세액에 대해 3%의 율을 곱하여 계산한 금액을 납부지연가산세로 부담하게 되며(국기법 §47의 4), 가산세에 대한 자세한 내용은 '제4편 제6장 가산세'편을 참조하기 바란다.

5-5. 환 급

농어촌특별세의 과오납금 등(감면을 받은 세액을 추징함에 따라 발생하는 환급금을 포함함)에 대한 환급은 법인세의 환급의 예에 의한다(농특법 §12).

6. 농어촌특별세의 세무상 취급

부가세 성격인 농어촌특별세의 세무상 처리방법은 본세의 처리방법에 따른다. 즉, 법인세법에서 손금산입하도록 되어 있는 세목을 본세로 하는 농어촌특별세는 손금산입하고, 손금불산입하도록 되어 있는 세목을 본세로 하는 농어촌특별세는 손금불산입한다(농특법 §13).

구 분	본 세	회계처리 및 세무조정방법
1. 조세감면에 대한 농어촌특별세 ① 법인세 감면분 ② 취득·등록면허세 감면분 ③ 관세 감면분	법인세 취득· 등록면허세 관세	손금불산입 해당 자산의 취득원가에 산입 해당 자산의 취득원가에 산입
2. 개별소비세에 대한 농어촌특별세	개별소비세	예수금으로 처리
3. 증권거래세에 대한 농어촌특별세	증권거래세	주권 등의 매매거래가 확정되는 때가 속하는 사업연도에 손금산입
4. 취득세에 대한 농어촌특별세	취득세	취득원가에 산입
5. 레저세에 대한 농어촌특별세	레저세	예수금으로 처리
6. 종합부동산세에 대한 농어촌특별세	종합부동산세	손금산입(단, 법인세법상 업무무관부동산에 대한 종합부동산세는 손금불산입함)

Step Ⅱ 서식의 이해

■ 작성요령Ⅰ - 농어촌특별세 과세표준 및 세액신고서

[별지 제2호 서식] (2024. 3. 22. 개정)

농어촌특별세 과세:

※ 뒤쪽의 신고안내 및 작성방법을 읽고 작성하여 주시기 바랍니

1. 신고인 인적사항

①소 재 지			
②법 인 명			
④사업자등록번호		⑤사 업 연 도	

2. 농어촌특별세 과세표준 및 세액 조정내역

⑦과 세 표 준	
⑧산 출 세 액	
(미납세액, 미납일수, 세율) ⑨가 산 세 액	(
⑩총 부 담 세 액	
⑪기 납 부 세 액	
⑫환 급 예 정 세 액	
⑬차 감 납 부 할 세 액	
⑭분 납 할 세 액	
⑮차 감 납 부 세 액	
⑯충 당 후 납 부 세 액	
⑰국 세 환 급 금 충 당 신 청	환 급 법 인 충당할 농어촌특

신고인은 「농어촌특별세법」 제7조에 따라 위

고 신고인이 알고 있는 사실 그대로를 정확하게 ?

신고인(대표자)

세무대리인은 조세전문자격자로서 위 신고서를

세무대리인

세무서장 귀하

표준 및 세액신고서

다. (앞쪽)

③대 표 자 성 명

⑥전 화 번 호

❶

❶

, , 2.2/10,000)

❷

❸

❹

❺

세 ❻

별세 ❻

의 내용을 신고하며, 위 내용을 충분히 검토하였

였음을 확인합니다.

년 월 일

(서명 또는 인)

성실하고 공정하게 작성하였음을 확인합니다.

(서명 또는 인)

❶ 「⑦ 과세표준」 및 「⑧ 산출세액」란에는 농어촌특별세 과세표준 및 세액조정계산서(별지 제12호 서식)의 ⑧ · ⑫소계란 중 「② 과세표준」 및 「③ 세액」란의 금액을 옮겨 적는다.

❷ 「⑩ 총부담세액」란에는 「⑧ 산출세액」란의 금액에 국세기본법 제47조의 4 및 제48조에 따른 가산세액(⑨)을 더하여 적는다.

* 가산세액(⑨)은 미납세액에 가산세율(2.2/10,000를 적용하되, 2019년 2월 11일까지의 기간에 대해서는 3/10,000을, 2019년 2월 12일부터 2022년 2월 14일까지의 기간에 대해서는 2.5/10,000를 적용한다)과 미납일수를 곱하여 계산한다.

❸ 「⑫ 환급예정세액」란에는 농어촌특별세법 제5조 제1항 제1호에 따라 계산한 세액(= 조세특례제한법 등에 따른 감면세액 × 20%)을 납부한 이후 감면분 추가납부 등으로 환급이 예정되어 있는 농어촌특별세액이 있는 경우 그 금액을 적는다.

❹ 「⑭ 분납할 세액」란에는 농어촌특별세법 제9조에 따라 분납할 세액을 적는다.

❺ 「⑯ 충당 후 납부세액」란에는 「⑮ 차감납부세액」란의 금액에서 ⑰란 중 「충당할 농어촌특별세」란의 금액을 뺀 금액을 적는다.

❻ 「⑰ 국세환급금 충당신청란」에는 법인세를 환급받는 법인이 법인세분 농어촌특별세를 납부해야 하는 경우 해당 환급금 중 농어촌특별세에 충당하려는 금액(⑰ 충당할 농어촌특별세≤⑮ 차감납부세액)을 적는다.

■ 작성요령Ⅱ – 농어촌특별세 과세표준 및 세액조정계산서

[별지 제12호 서식] (2017. 3. 10. 개정)

사 업 연 도	. . . ~ . . .	농어촌특별세과 세액조정계

농어촌특별세 과세표준 및 세액 조정내역

① 법 인 유 형	② 과 세 표 준	
	구 분	
④ 일 반 법 인	⑤ 법 인 세 감 면 세 액	
	⑥	
	⑦	
	⑧ 소 계	
⑨ 조 합 법 인 등	⑩ 법인세 공제 · 감면세액	
	⑪	
	⑫ 소 계	

세표준 및 산서	법 인 명	
	사업자등록번호	

	세 율	③ 세 액
금 액		
❶	20%	
❷	20%	

❶ ②란 중 「⑤ 법인세감면세액」란에는 농어촌특별세과세대상감면세액합계표〔별지 제13호 서식〕상의 「⑩ 감면세액합계」란의 금액을 옮겨 적는다.

❷ ②란 중 「⑩ 법인세 공제·감면세액」란에는 농어촌특별세과세대상감면세액합계표〔별지 제13호 서식〕 2. 조합법인 등 감면세액 중 「⑦ 감면세액」란의 합계금액과 3. 조합법인 등 공제세액 중 「⑨ 공제세액」란 합계금액을 더하여 기입한다.

■ 작성요령Ⅲ - 농어촌특별세 과세대상 감면세액 합계표

[별지 제13호서식](2024. 3. 22. 개정)

사업연도	. . ~ . .	농어촌특별세 과세대상 감면

1. 일반법인의 감면세액

① 구 분	② 감 면 내 용	③「조
⑤ 비과세	101 기업구조조정전문회사의 양도차익 비과세	법률 제9272호
	102 중소기업창업투자회사 등의 소재·부품·장비전문기업 주식양도차익 등에 대한 비과세	제13조의 4
	103	
⑥ 소득공제	104 국민주택임대소득공제	제55조의 2 제4
	105 주택임대소득공제(연면적 149㎡ 이하)	제55조의 2 제5
	106	
	107	
⑦ 비과세·소득공제분 감면세액		
⑧ 세액감면	108 국제금융거래이자소득 면제	제21조
	109 해외자원개발배당 감면	제22조
	110 사업전환 중소기업에 대한 세액감면	구 제33조의 2
	111 무역조정지원기업의 사업전환 세액감면	구 제33조의 2
	112 기업구조조정전문회사의 주식양도차익 감면	법률 제9272호
	113 혁신도시 이전 공공기관 세액감면	제62조 제4항
	114 행정중심복합도시 등 공장이전 조세감면	제85조의 2(19. 12
	115 사회적 기업에 대한 감면	제85조의 6
	116 장애인 표준사업장에 대한 감면	제85조의 6
	117 소형주택 임대사업자에 대한 세액감면	제96조
	118 상가건물 장기 임대사업자에 대한 감면	제96조의 2
	119 제주첨단과학기술단지입주기업 조세감면(최저한세적용제외)	제121조의 8
	120 제주투자진흥지구 등 입주기업 조세감면(최저한세적용제외)	제121조의 9
	121 기업도시개발구역 등 입주기업 감면(최저한세적용제외)	제121조의 17제1
	122 기업도시개발사업 등 시행자 감면	제121조의 17제1
	123 아시아문화중심도시 투자진흥지구 입주기업 감면(최저한세적용제외)	제121조의 20 제
	124 금융중심지 창업기업에 대한 감면(최저한세적용제외)	제121조의 21 제
	125 첨단의료복합단지 입주기업에 대한 감면(최저한세적용제외)	제121조의 22
	126 국가식품클러스터 입주기업에 대한 감면(최저한세적용제외)	제121조의 22
	127 첨단의료복합단지 입주기업에 대한 감면(최저한세적용대상)	제121조의 22
	128 국가식품클러스터 입주기업에 대한 감면(최저한세적용대상)	제121조의 22
	129 제주첨단과학기술단지입주기업 조세감면(최저한세적용대상)	제121조의 8
	130 제주투자진흥지구 등 입주기업 조세감면(최저한세적용대상)	제121조의 9
	131 기업도시개발구역 등 입주기업 감면(최저한세적용대상)	제121조의 17 제
	132 금융중심지 창업기업에 대한 감면(최저한세적용대상)	제121조의 2 1제
	133 아시아문화중심도시 투자진흥지구 입주기업 감면(최저한세적용대상)	제121조의 20 제
	134 기회발전특구 창업기업 등에 대한 법인세 등의 감면(최저한세적용제외)	제121조의 33
	135 기회발전특구 창업기업 등에 대한 법인세 등의 감면(최저한세적용대상)	제121조의 33
	136	
⑨ 세액공제	137 중소기업투자세액공제	구 제5조
	138 상생결제 지급금액에 대한 세액공제	제7조의 4
	139 대중소기업 상생협력을 위한 기금출연 세액공제	제8조의 3 제1항
	140 협력중소기업에 대한 유형고정자산 무상임대 세액공제	제8조의 3 제2항
	141 수탁기업에 설치하는 시설에 대한 세액공제	제8조의 3 제3항
	142 교육기관에 무상 기증하는 중고자산에 대한 세액공제	제8조의 3 제4항
	143 기술혁신형 합병에 대한 세액공제	제12조의 3
	144 기술혁신형 주식취득에 대한 세액공제	제12조의 4
	145 벤처기업 등 출자에 대한 세액공제	제13조의 2
	146 성과공유 중소기업 경영성과급 세액공제	제19조
	147 에너지절약시설투자 세액공제	구 제25조 제1항
	148 환경보전시설투자 세액공제	구 제25조 제1항
	149 근로자복지증진시설투자 세액공제	구 제25조 제1항
	150 안전시설투자 세액공제	구 제25조 제1항
	151 생산성향상시설투자세액공제	구 제25조 제1항
	152 의약품 품질관리시설투자 세액공제	구 제25조의 4
	153 신성장기술 사업화를 위한 시설투자 세액공제	구 제25조의 5
	154 영상콘텐츠 제작비용에 대한 세액공제(기본공제)	제25조의 6
	155 영상콘텐츠 제작비용에 대한 세액공제(추가공제)	제25조의 6
	156 초연결 네크워크 시설투자에 대한 세액공제	구 제25조의 7
	157 고용창출투자세액공제	제26조
	158 산업수요맞춤형고등학교등 졸업자 복직 중소기업 세액공제	제29조의 2
	159 경력단절 여성 고용 기업 등에 대한 세액공제	제29조의 3 제1항
	160 육아휴직 후 고용유지 기업에 대한 인건비 세액공제	제29조의 3 제2항
	161 근로소득을 증대시킨 기업에 대한 세액공제	제29조의 4
	162 청년고용을 증대시킨 기업에 대한 세액공제	제29조의 5
	163 고용을 증대시킨 기업에 대한 세액공제	제29조의 7
	164 통합고용세액공제	제29조의 8
	165 통합고용세액공제(정규직 전환)	제29조의 8
	166 통합고용세액공제(육아휴직복귀)	제29조의 8
	167 제3자 물류비용 세액공제	제104조의 14
	168 대학 맞춤형 교육비용 등 세액공제	구 제104조의 18
	169 대학등 기부설비에 대한 세액공제	구 제104조의 18
	170 산업수요맞춤형 고등학교 등 재학생에 대한 현장훈련수당 등 세액공제	구 제104조의 18
	171 기업의 경기부 설치운영비용 세액공제	제104조의 22
	172 석유제품 전자상거래에 대한 세액공제	제104조의 25
	173 금 현물시장에서 거래되는 금지금에 대한 과세특례	제126조의 7 제8
	174 금사업자와 스크랩등사업자의 수입금액의 증가 등에 대한 세액공제	제122조의 4
	175 우수 선화주 인증 국제물류주선업자 세액공제	제104조의 30
	176 용역제공자에 관한 과세자료의 제출에 대한 세액공제	제104조의 32
	177 소재·부품·장비 수요기업 공동출자 세액공제	제13조의 3 제1항
	178 소재·부품·장비 외국법인 인수세액 공제	제13조의 3 제3항
	179 상가임대료를 인하한 임대사업자에 대한 세액공제	제96조의 3
	180 선결제 금액에 대한 세액공제	제99조의 12
	181 통합투자세액공제(일반)	제24조
	182 임시통합투자세액공제(일반)	제24조
	183 통합투자세액공제(신성장 · 원천기술)	제24조
	184 임시통합투자세액공제(신성장 · 원천기술)	제24조
	185 통합투자세액공제(국가전략기술)	제24조
	186 임시통합투자세액공제(국가전략기술)	제24조
	187 해외자원개발투자에 대한 과세특례	제104조의 15
	188 문화산업전문회사 출자에 대한 세액공제	제25조의 7
	189	
190 감 면 세 액 합 계		

2. 조합법인 등의 감면세액

① 법인세 과세표준	②「조세특례제한법」 제72조 세율	③ 산출세액 (①×②)	
			2 3 3
합 계			

3. 조합법인에 대한 공제세액 ❸

⑧ 공제내용	코드	⑨ 공제세
청년고용을 증대시킨 기업에 대한 세액공제	18A	
고용을 증대시킨 기업에 대한 세액공제	18F	
기업의 경기부 설치운영비용 세액공제	140	
상가임대료를 인하한 임대사업자에 대한 세액공제	10B	
선결제금액에 대한 세액공제	18Q	
통합고용세액공제	18S	
합 계		

❸ 조합법인 등의 공제세액 계산: 조세특례제한법의 개정으로 조합법인 등에 추가로 공제되는 공제세액이 농어촌특별세 과세대상에 해당하는 공제세액을 적는다.

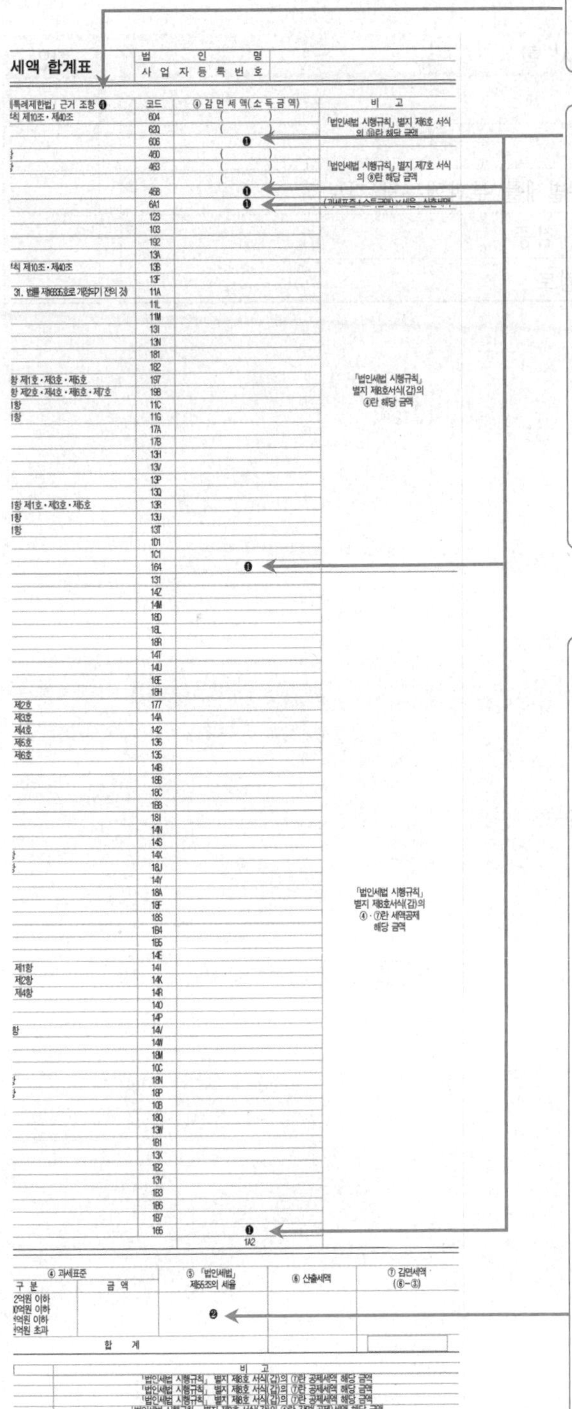

세액 합계표

법 인 명	
사 업 자 등 록 번 호	

❹ 근거법조항 중 "구"는 조세특례제한법(2020. 12. 29. 법률 제17759호로 개정되기 전의 것)에 따른 조항을 의미한다.

❶ 일반법인의 감면세액 계산

가. ⑦란 중 「④ 감면세액(소득금액)」란의 금액은 각 사업연도 소득에 대한 법인세 과세표준〔법인세 과세표준 및 세액조정계산서(별지 제3호 서식)의 ⑬란의 금액을 말한다〕에 ⑤란의 비과세 소득금액과 ⑥란의 소득공제금액을 합산한 조정과세표준에 대한 산출세액에서 법인세 과세표준 및 세액조정계산서(별지 제3호 서식)의 ⑮란의 산출세액의 금액을 빼서 적는다.

나. 그 밖에 「⑤ 비과세」, 「⑥ 소득공제」, 「⑧ 세액감면」, 「⑨ 세액공제」의 빈 란에는 조세특례제한법의 개정으로 추가하여 감면세액이 발생되거나 개정 전 규정의 부칙에 따라 적용되는 감면세액이 농어촌특별세 과세대상에 해당하는 경우에 해당 감면세액을 각각 적는다.

❷ 조합법인 등의 감면세액 계산: 「⑤ 법인세법 제55조의 세율」은 다음과 같이 적용한다.

가. 2012년 1월 1일 이후 개시하는 사업연도

과세표준	세 율
2억원 이하	과세표준의 100분의 10
2억원 초과 200억원 이하	2천만원 + (2억원 초과 200억원 이하 금액의 100분의 20)
200억원 초과	39억 8천만원 + (200억원을 초과하는 금액의 100분의 22)

나. 2018년 1월 1일 이후 개시하는 사업연도

과세표준	세 율
2억원 이하	과세표준의 100분의 10
2억원 초과 200억원 이하	2천만원 + (2억원 초과 200억원 이하 금액의 100분의 20)
200억원 초과 3천억원 이하	39억8천만원 + (200억원을 초과하는 금액의 100분의 22)
3천억원 초과	655억8천만원 + (3천억원을 초과하는 금액의 100분의 25)

다. 2023년 1월 1일 이후 개시하는 사업연도

과세표준	세 율
2억원 이하	과세표준의 100분의 9
2억원 초과 200억원 이하	1천8백만원 + (2억원 초과 200억원 이하 금액의 100분의 19)
200억원 초과 3천억원 이하	37억8천만원 + (200억원을 초과하는 금액의 100분의 21)
3천억원 초과	625억8천만원 + (3천억원을 초과하는 금액의 100분의 24)

세무조정 체크리스트

검 토 사 항	확인
1. 농어촌특별세 부과대상 여부 확인	
2. 농어촌특별세의 비과세대상 여부 확인	
3. 최저한세 적용 후의 감면세액에 농어촌특별세를 부과했는지 검토	
4. 조합법인 등인 경우 농어촌특별세의 계산 검증	
5. 농어촌특별세의 분납 여부 및 분납금액 검토	

Step III 사례와 서식작성실무

예제

사 례

㈜삼일의 제12기 사업연도(2024. 1. 1. ~ 2024. 12. 31.) 법인세 신고를 위한 다음의 자료를 이용하여 농어촌특별세를 계산하고, 다음의 서식을 작성하시오.
[별지 제2호 서식] 농어촌특별세 과세표준 및 세액신고서
[별지 제12호 서식] 농어촌특별세 과세표준 및 세액조정계산서
[별지 제13호 서식] 농어촌특별세 과세대상 감면세액 합계표

1. ㈜삼일의 법인세 신고내역은 다음과 같다.

과세표준금액	631,578,947원
산출세액	100,000,000원(*)
공제감면세액	30,000,000원
기납부세액	60,000,000원
차감납부할 법인세액	10,000,000원

(*) 법인세율은 2억원 이하 분은 9%, 2억원 초과 200억원 이하 분은 19%, 200억원 초과 3,000억원 이하 분은 21%, 3,000억원 초과 분은 24%로 가정한다.

2. 공제감면세액의 내역은 다음과 같다.

상생결제 지급금액에 대한 세액공제(조특법 §7의 4)	5,000,000원
통합투자세액공제(조특법 §24)	25,000,000원

3. 조세특례제한법상 비과세소득 · 소득공제액은 없으며, 최저한세 적용으로 인해 익금산입되거나 이월공제되는 세액은 없다.
4. (주)삼일은 농어촌특별세를 분납하고자 한다.

해 설

1. 농어촌특별세액의 계산

세액공제로 인한 감면세액	30,000,000원
적용세율	20%
농어촌특별세액	6,000,000원

2. 농어촌특별세 과세표준 및 세액신고서 〔별지 제2호 서식〕 작성 (다음 page 참조)
3. 농어촌특별세 과세표준 및 세액조정계산서 〔별지 제12호 서식〕 작성 (다음 page 참조)
4. 농어촌특별세 과세대상 감면세액 합계표 〔별지 제13호 서식〕 작성 (다음 page 참조)

[별지 제2호 서식] (2024. 3. 22. 개정)

농어촌특별세 과세표준 및 세액신고서

※ 뒤쪽의 신고안내 및 작성방법을 읽고 작성하여 주시기 바랍니다.

1. 신고인 인적사항

① 소재지					
② 법인명	(주)삼일		③ 대표자성명		
④ 사업자등록번호		⑤ 사업연도	2024. 1. 1. ~ 2024. 12. 31.	⑥전화번호	

2. 농어촌특별세 과세표준 및 세액 조정내역

⑦ 과세표준	30,000,000	
⑧ 산출세액	6,000,000	
(미납세액, 미납일수, 세율) ⑨ 가산세액	(, , 2.2/10,000) 0	
⑩ 총부담세액	6,000,000	
⑪ 기납부세액	0	
⑫ 환급예정세액	0	
⑫ 차감납부할 세액	6,000,000	
⑬ 분납할 세액	1,000,000	
⑭ 차감납부세액	5,000,000	
⑮ 충당 후 납부세액		
⑯ 국세환급금 충당신청	환급법인세	
	충당할 농어촌특별세	

신고인은 「농어촌특별세법」 제7조에 따라 위의 내용을 신고하며, 위 내용을 충분히 검토하였고 신고인이 알고 있는 사실 그대로를 정확하게 적었음을 확인합니다.

년 월 일

신고인(대표자) (서명 또는 인)

세무대리인은 조세전문자격자로서 위 신고서를 성실하고 공정하게 작성하였음을 확인합니다.

세무대리인 (서명 또는 인)

세무서장 귀하

[별지 제12호 서식] (2017. 3. 10. 개정)

<table>
<tr><td rowspan="2">사업
연도</td><td rowspan="2">2024. 1. 1.
~
2024. 12. 31.</td><td rowspan="2">농어촌특별세과세표준 및 세액조정계산서</td><td>법 인 명</td><td>(주)삼일</td></tr>
<tr><td>사업자등록번호</td><td></td></tr>
</table>

농어촌특별세 과세표준 및 세액 조정내역

<table>
<tr><td rowspan="2">①법 인 유 형</td><td colspan="2">② 과 세 표 준</td><td rowspan="2">세 율</td><td rowspan="2">③ 세 액</td></tr>
<tr><td>구 분</td><td>금 액</td></tr>
<tr><td rowspan="4">④일 반 법 인</td><td>⑤법 인 세 감 면 세 액</td><td>30,000,000</td><td>20%</td><td>6,000,000</td></tr>
<tr><td>⑥</td><td></td><td></td><td></td></tr>
<tr><td>⑦</td><td></td><td></td><td></td></tr>
<tr><td>⑧소 계</td><td>30,000,000</td><td></td><td>6,000,000</td></tr>
<tr><td rowspan="3">⑨조 합 법 인 등</td><td>⑩법인세 공제·감면세액</td><td></td><td>20%</td><td></td></tr>
<tr><td>⑪</td><td></td><td></td><td></td></tr>
<tr><td>⑫소 계</td><td></td><td></td><td></td></tr>
</table>

[별지 제13호서식](2024. 3. 22. 개정)

사 업 연 도	2024. 1. 1. ~ 2024. 12. 31.	**농어촌특별세 과세대상 감면세액 합계표**	법인명	㈜삼일
			사업자등록번호	

1. 일반법인의 감면세액

① 구 분	② 감 면 내 용	③ 「조세특례제한법」 근거 조항	코드	④ 감 면 세 액 (소 득 금 액)	비 고
⑤ 비과세	(101) 기업구조조정전문회사의 양도차익 비과세	법률 제9272호 부칙 제10조·제40조	604	(　　　)	「법인세법 시행규칙」 별지 제6호 서식의 ⑩란 해당 금액
	(102) 중소기업창업투자회사 등의 소재·부품·장비전문기업 주식양도차익 등에 대한 비과세	제13조의4	62Q	(　　　)	
	(103)		606		
⑥ 소득 공제	(104) 국민주택임대소득공제	제55조의 2 제4항	460	(　　　)	「법인세법 시행규칙」 별지 제7호 서식의 ⑧란 해당 금액
	(105) 주택임대소득공제(연면적 149㎡ 이하)	제55조의 2 제5항	463	(　　　)	
	(106)			(　　　)	
	(107)		458		
⑦ 비과세·소득공제분 감면세액			6A1		(과세표준+소득금액)×세율−산출세액
⑧ 세액감면	(108) 국제금융거래이자소득 면제	제21조	123		「법인세법 시행규칙」 별지 제8호 서식(갑)의 ④란 해당 금액
	(109) 해외자원개발배당 감면	제22조	103		
	(110) 사업전환 중소기업에 대한 세액감면	구 제33조의 2	192		
	(111) 무역조정지원기업의 사업전환 세액감면	구 제33조의 2	13A		
	(112) 기업구조조정전문회사의 주식양도차익 감면	법률 제9272호 부칙 제10조·제40조	13B		
	(113) 혁신도시 이전 공공기관 세액감면	제62조 제4항	13F		
	(114) 행정중심복합도시 등 공장이전 조세감면	제85조의 2(19. 12. 31. 법률 제16835호로 개정되기 전의 것)	11A		
	(115) 사회적 기업에 대한 감면	제85조의 6	11L		
	(116) 장애인 표준사업장에 대한 감면	제85조의 6	11M		
	(117) 소형주택 임대사업자에 대한 세액감면	제96조	13I		
	(118) 상가건물 장기 임대사업자에 대한 감면	제96조의 2	13N		
	(119) 제주첨단과학기술단지입주기업 조세감면(최저한세적용제외)	제121조의 8	181		
	(120) 제주투자진흥지구 등 입주기업 조세감면(최저한세적용제외)	제121조의 9	182		
	(121) 기업도시개발구역 등 입주기업 감면(최저한세적용제외)	제121조의 17 제1항 제1호·제3호·제5호	197		
	(122) 기업도시개발사업 등 시행자 감면	제121조의 17 제1항 제2호·제4호·제6호·제7호	198		
	(123) 아시아문화중심도시 투자진흥지구 입주기업 감면(최저한세적용제외)	제121조의 20 제1항	11C		
	(124) 금융중심지 창업기업에 대한 감면(최저한세적용제외)	제121조의 21 제1항	11G		
	(125) 첨단의료복합단지 입주기업에 대한 감면(최저한세적용제외)	제121조의 22	17A		
	(126) 국가식품클러스터 입주기업에 대한 감면(최저한세적용제외)	제121조의 22	17B		
	(127) 첨단의료복합단지 입주기업에 대한 감면(최저한세적용대상)	제121조의 22	13H		
	(128) 국가식품클러스터 입주기업에 대한 감면(최저한세적용대상)	제121조의 22	13V		
	(129) 제주첨단과학기술단지입주기업 조세감면(최저한세적용대상)	제121조의 8	13P		
	(130) 제주투자진흥지구 등 입주기업 조세감면(최저한세적용대상)	제121조의 9	13Q		
	(131) 기업도시개발구역 등 입주기업 감면(최저한세적용대상)	제121조의 17 제1항 제1호·제3호·제5호	13R		
	(132) 금융중심지 창업기업에 대한 감면(최저한세적용대상)	제121조의 2 1제1항	13U		
	(133) 아시아문화중심도시 투자진흥지구 입주기업 감면(최저한세적용대상)	제121조의 2 0제1항	13T		
	(134) 기회발전특구 창업기업 등에 대한 법인세 등의 감면(최저한세적용제외)	제121조의 33	1D1		
	(135) 기회발전특구 창업기업 등에 대한 법인세 등의 감면(최저한세적용대상)	제121조의 33	1C1		
	(136)		164		
⑨ 세액공제	(137) 중소기업투자세액공제	구 제5조	131		「법인세법 시행규칙」 별지 제8호 서식(갑)의 ④·⑦란 세액공제 해당 금액
	(138) 상생결제 지급금액에 대한 세액공제	제7조의 4	14Z	5,000,000	
	(139) 대중소기업 상생협력을 위한 기금출연 세액공제	제8조의 3 제1항	14M		
	(140) 협력중소기업에 대한 유형고정자산 무상임대 세액공제	제8조의 3 제2항	18D		
	(141) 수탁기업에 설치하는 시설에 대한 세액공제	제8조의 3 제3항	18L		
	(142) 교육기관에 무상 기증하는 중고자산에 대한 세액공제	제8조의 3 제4항	18R		
	(143) 기술혁신형 합병에 대한 세액공제	제12조의 3	14T		
	(144) 기술혁신형 주식취득에 대한 세액공제	제12조의 4	14U		
	(145) 벤처기업 등 출자에 대한 세액공제	제13조의 2	18E		
	(146) 성과공유 중소기업 경영성과급 세액공제	제19조	18H		
	(147) 에너지절약시설투자 세액공제	구 제25조 제1항 제2호	177		
	(148) 환경보전시설투자 세액공제	구 제25조 제1항 제3호	14A		
	(149) 근로자복지증진시설투자 세액공제	구 제25조 제1항 제4호	142		
	(150) 안전시설투자 세액공제	구 제25조 제1항 제5호	136		
	(151) 생산성향상시설투자세액공제	구 제25조 제1항 제6호	135		
	(152) 의약품 품질관리시설투자 세액공제	구 제25조의 4	14B		
	(153) 신성장기술 사업화를 위한 시설투자 세액공제	구 제25조의 5	18B		
	(154) 영상콘텐츠 제작비용에 대한 세액공제(기본공제)	제25조의 6	18C		
	(155) 영상콘텐츠 제작비용에 대한 세액공제(추가공제)	제25조의 6	1B8		
	(156) 초연결 네크워크 시설투자에 대한 세액공제	구 제25조의 7	18I		
	(157) 고용창출투자세액공제	제26조	14N		
	(158) 산업수요맞춤형고등학교등 졸업자 복직 중소기업 세액공제	제29조의 2	14S		
	(159) 경력단절 여성 고용 기업 등에 대한 세액공제	제29조의 3 제1항	14X		
	(160) 육아휴직 후 고용유지 기업에 대한 인건비 세액공제	제29조의 3 제2항	18J		
	(161) 근로소득을 증대시킨 기업에 대한 세액공제	제29조의 4	14Y		
	(162) 청년고용을 증대시킨 기업에 대한 세액공제	제29조의 5	18A		
	(163) 고용을 증대시킨 기업에 대한 세액공제	제29조의 7	18F		
	(164) 통합고용세액공제	제29조의 8	18S		
	(165) 통합고용세액공제(정규직 전환)	제29조의 8	1B4		
	(166) 통합고용세액공제(육아휴직복귀)	제29조의 8	1B5		
	(167) 제3자 물류비용 세액공제	제104조의 14	14E		
	(168) 대학 맞춤형 교육비용 등 세액공제	구 제104조의 18 제1항	14I		
	(169) 대학등 기부설비에 대한 세액공제	구 제104조의 18 제2항	14K		
	(170) 산업수요맞춤형 고등학교 등 재학생에 대한 현장훈련수당 등 세액공제	구 제104조의 18 제4항	14R		
	(171) 기업의 경기부 설치운영비용 세액공제	제104조의 22	140		
	(172) 석유제품 전자상거래에 대한 세액공제	제104조의 25	14P		
	(173) 금 현물시장에서 거래되는 금지금에 대한 과세특례	제126조의 7 제8항	14V		
	(174) 금사업자와 스크랩등사업자의 수입금액의 증가 등에 대한 세액공제	제122조의 4	14W		
	(175) 우수 선화주 인증 국제물류주선업자 세액공제	제104조의 30	18M		
	(176) 용역제공자에 관한 과세자료의 제출에 대한 세액공제	제104조의 32	10C		
	(177) 소재·부품·장비 수요기업 공동출자 세액공제	제13조의 3 제1항	18N		
	(178) 소재·부품·장비 외국법인 인수세액 공제	제13조의 3 제3항	18P		
	(179) 상가임대료를 인하한 임대사업자에 대한 세액공제	제96조의 3	10B		
	(180) 선결제 금액에 대한 세액공제	제99조의 12	18Q		
	(181) 통합투자세액공제(일반)	제24조	13W	25,000,000	
	(182) 임시통합투자세액공제(일반)	제24조	1B1		
	(183) 통합투자세액공제(신성장·원천기술)	제24조	13X		
	(184) 임시통합투자세액공제(신성장·원천기술)	제24조	1B2		
	(185) 통합투자세액공제(국가전략기술)	제24조	13Y		
	(186) 임시통합투자세액공제(국가전략기술)	제24조	1B3		
	(187) 해외자원개발투자에 대한 과세특례	제104조의 15	1B6		
	(188) 문화산업전문회사 출자에 대한 세액공제	제25조의 7	1B7		
	(189)		165		
	⑩ 감 면 세 액 합 계			30,000,000	

2. 조합법인 등의 감면세액

① 법인세 과세표준	② 「조세특례제한법」 제72조 세율	③ 산출세액(①×②)	④ 과세표준 구 분	④ 과세표준 금 액	⑤ 「법인세법」 제55조의 세율	⑥ 산출세액	⑦ 감면세액(⑥−③)
			2억원 이하				
			200억원 이하				
			3천억원 이하				
			3천억원 초과				
합 계			합 계				

3. 조합법인에 대한 공제세액

⑧ 공제내용	코드	⑨ 공제세액	비 고
청년고용을 증대시킨 기업에 대한 세액공제	18A		「법인세법 시행규칙」 별지 제8호서식(갑)의 ⑦란 공제세액 해당 금액
고용을 증대시킨 기업에 대한 세액공제	18F		「법인세법 시행규칙」 별지 제8호서식(갑)의 ⑦란 공제세액 해당 금액
기업의 경기부 설치운영비용 세액공제	140		「법인세법 시행규칙」 별지 제8호서식(갑)의 ⑦란 공제세액 해당 금액
상가임대료를 인하한 임대사업자에 대한 세액공제	10B		「법인세법 시행규칙」 별지 제8호서식(갑)의 ④란 감면(공제)세액 해당 금액
선결제금액에 대한 세액공제	18Q		「법인세법 시행규칙」 별지 제8호서식(갑)의 ⑦란 공제세액 해당 금액
통합고용세액공제	18S		「조세특례제한법 시행규칙」 별지 제10호의9서식의 ④란 공제세액 해당 금액
합 계			

제10장

10

중소기업의 결손금 소급공제

중소기업의 결손금 소급공제

관련 법령	• 법법 §72 • 법령 §110
관련 서식	• 법인세법 시행규칙 [별지 제68호 서식] 소급공제 법인세액환급신청서

제10장

중소기업의 결손금 소급공제

10

Step I 내용의 이해

1. 개 요

결손금이라 함은 각 사업연도에 속하는 손금의 총액이 그 사업연도에 속하는 익금의 총액을 초과하는 경우에 그 초과하는 금액을 말한다(법법 §14 ②).

현행 법인세법은 과세의 편의상 사업연도 단위로 구분하여 과세하고 있지만, 법인의 전 존속기간의 소득은 사업연도 단위의 소득금액과 결손금의 차가감액이므로 특정 사업연도에서 발생한 결손금은 그 이전 또는 그 이후 사업연도 소득금액에서 공제해 주는 것이 마땅하다. 또한, 결손금이란 주주지분의 감소를 의미하기 때문에 감소된 부분을 회복시키지 아니하고 과세하는 것은 기업의 자본충실에도 부담이 되어 계속기업의 관점에서 미래의 세원이 약화되는 결과를 초래한다.

현행 법인세법상 결손금의 공제방법에는 이월공제방법과 소급공제방법이 있는데, 양자 모두 상기와 같은 기간과세제도가 안고 있는 모순을 시정 또는 완화하기 위한 법적 장치로 볼 수 있다.

이월공제방법(carry forward system)이란 당기의 결손금을 그 이후 사업연도의 소득에서 공제하는 방법이며, 현행 법인세법에서는 각 사업연도의 소득에서 해당 사업연도 개시일 전 15년(단, 2009년 1월 1일 이후부터 2019년 12월 31일 이전에 개시한 사업연도에서 발생한 결손금은 10년) 이내에 개시한 사업연도에서 발생한 결손금을 별도의 신청 없이 당연히 공제해 주고 있다. 반면에 소급공제방법(carry back system)이란 당기의 결손금에 상당하는 세액을 당기 이전 사업연도에 납부한 세액에서 환급하여 주는 방법이다.

2. 결손금의 소급공제

2-1. 대상법인

결손금 소급공제를 받을 수 있는 법인은 조세특례제한법 시행령 제2조에 규정된 중소기업에 한한다(법법 §72 ①).

한편, 중소기업에 해당하는 법인이 합병으로 인하여 소멸하거나 폐업한 경우에도 그 합병등기일 또는 폐업일이 속하는 사업연도에 발생한 결손금에 대하여 결손금 소급공제에 의한 환급신청을 할 수 있다(법기통 72-110…1). 그러나, 합병 후 존속하는 법인의 합병등기일 이후 사업연도에서 발생한 결손금에 대하여는 피합병법인의 합병등기일이 속하는 사업연도에 부과된 법인세액을 환급신청할 수 없다(법인 46012-1760, 1999. 5. 10.).

또한, 해산등기를 한 법인이 청산기간 중에 해산 전의 사업을 계속 영위하거나 법인이 사업연도 중 중소기업 업종을 폐업하는 경우에도 사업연도 종료일 현재 중소기업에 해당되는 경우에는 당해 연도에 발생한 결손금에 대하여 소급공제를 적용받을 수 있다(서면2팀-44, 2004. 1. 19. 및 재법인 46012-75, 2003. 4. 30.).

관련사례

- 전기에 비중소기업이었으나 당기에 중소기업에 해당하는 경우 결손금 소급공제 가능 여부
  결손금이 발생한 사업연도를 기준으로 조세특례제한법 시행령 제2조 제1항에서 규정하는 중소기업인 경우에는 직전 사업연도의 소득에 대하여 과세된 법인세액을 한도로 '결손금 소급공제에 의한 환급' 규정을 적용할 수 있음(법인-624, 2009. 5. 28.).

2-2. 적용요건

조세특례제한법 시행령 제2조에 규정된 중소기업으로서 다음의 실체적 · 절차적 요건을 모두 충족한 경우에 한하여 결손금 소급공제를 적용받을 수 있다. 즉, 소급공제방법은 법인세법상 결손금의 원칙적인 공제방법인 이월공제방법에 대한 예외적 · 제한적인 공제방법이므로 그 적용요건을 엄격히 규정하고 있다.

(1) 실체적 요건

첫째, 직전 사업연도의 소득에 대하여 과세된 법인세액이 있어야 하며,
둘째, 해당 사업연도에 결손금이 발생하여야 한다.

관련사례

- 직전 사업연도에 결손 신고한 법인이 경정결정으로 납부세액이 발생한 경우 결손금 소급공제 가능 여부

  직전 사업연도에 결손금이 발생하여 결손금 소급공제에 의하여 환급받을 세액이 없었으나 장래의 경정 등에 의하여 직전 사업연도의 납부세액이 발생할 것에 대비하여 미리 결손금 소급공제에 의한 환급신청을 한 경우, 확정되지 아니한 세액을 미리 환급신청할 수는 없는 것이므로 당해 경우는 결손금 소급공제에 의한 환급대상이 되지 않음(감심 2002-184, 2002. 11. 19.).

- 법인세 신고기한 이후 당해 사업연도의 과세표준이 결손으로 경정된 경우 결손금 소급공제 가능 여부

  당해 사업연도의 법인세액을 신고납부하였으나 당해 사업연도의 법인세 신고기한 이후 당해 사업연도의 과세표준이 결손으로 경정된 경우, 당해 신고기한이 경과한 이후에 결손금 소급공제를 신청할 수 있는 별도의 수단이 마련되어 있지 않으므로 결손금 소급공제에 의한 환급을 받을 수 없는 것임(국심 2000광 170, 2000. 7. 14.).

(2) 절차적 요건

첫째, 직전 사업연도와 결손금이 발생한 사업연도의 법인세 과세표준 및 세액을 법인세법 제60조에 따른 법인세 신고기한 내에 신고하였거나 신고하여야 하며(법법 §72 ④),

둘째, 결손금이 발생한 사업연도의 법인세 신고기한 내에 납세지 관할 세무서장에게 환급신청을 하여야 한다(법법 §72 ②).

관련사례

- 법인세 신고기한 내에 결손금 소급공제 환급신청을 하지 않은 경우 경정청구 가능 여부

  법인이 결손금 소급공제를 적용받고자 하는 사업연도의 법인세 과세표준 신고기한 내에 소급공제법인세액환급신청을 하지 아니한 경우에는 경정 등의 청구에 의하여 당해 결손금 소급공제에 의한 환급을 적용받을 수 없는 것임(법인 46012-1314, 2000. 6. 7. 및 법기통 72-110…2).

2-3. 소급공제기간

소급공제기간은 1사업연도로서 해당 사업연도의 결손금에 상당하는 세액을 직전 사업연도의 법인세액에서 환급받을 수 있다(법법 §72 ①). 즉, 결손금의 소급공제 기준은 역년에 의한 기간이 아닌 사업연도 기준으로 하는 것이므로, 1사업연도가 6개월인 경우에는 그 사업연도(6개월)의 결손금에 대하여만 환급신청할 수 있다.

3. 결손금 소급공제에 의한 환급세액

3-1. 환급세액의 계산

3-1-1. 법인세의 환급

(1) 개 요

결손금 소급공제에 따른 법인세 환급세액은 다음 중 적은 금액으로 한다(법법 §72 ① 및 법령 §110 ①).

> ① 환급세액 = 직전 사업연도의 법인세 산출세액 - (직전 사업연도의 과세표준 - 소급공제 결손금액)×직전 사업연도의 세율
> ② 한도액(직전 사업연도 법인세액) = 직전 사업연도의 법인세 산출세액 - 공제·감면세액

(2) 직전 사업연도의 산출세액

직전 사업연도의 법인세 산출세액(법인세법 제55조의 2에 따른 토지 등 양도소득에 대한 법인세를 제외하며, 이하 같음)에는 경정결정에 의하여 추가납부하는 세액(법인 46012-888, 1998. 4. 9.)과 직전 사업연도의 법인세액을 증액하여 수정신고한 경우의 수정신고 납부세액(가산세 제외)을 포함한다(법인 46012-1159, 1999. 3. 30.).

(3) 소급공제 결손금액

소급공제 결손금액이라 함은 해당 사업연도의 결손금으로서 직전 사업연도의 과세표준에서 소급공제를 받고자 하는 금액을 말한다(법법 §72 ① 2호).

(4) 직전 사업연도의 세율

직전 사업연도의 세율은 직전 사업연도의 법인세법 제55조 제1항에 따른 법인세율로 한다(법법 §72 ① 2호).

(5) 직전 사업연도 법인세액

직전 사업연도 법인세액이란 직전 사업연도의 법인세 산출세액에서 직전 사업연도의 소득에 대한 법인세로서 공제 또는 감면된 법인세액을 차감한 금액을 말한다(법령 §110 ①). 즉, 결손금 소급공제에 따른 환급세액은 직전 사업연도의 법인세 산출세액에서 공제·감면세액을 차감한 금액을 환급세액의 한도로 하는 것이기 때문에, 직전 사업연도의 가산세, 토지 등 양도소득에 대한 법인세는 환급대상이 아니다.

3-1-2. 지방소득세의 환급

법인세의 환급신청에 따른 법인지방소득세 환급세액은 다음 중 적은 금액으로 한다(지법 §103의 28 ① 및 지령 §100의 18 ①, ②).

> ① 환급세액 = 직전 사업연도의 법인지방소득세 산출세액 - (직전 사업연도의 과세표준 - 소급공제 결손금액) × 직전 사업연도의 세율
> ② 한도액(직전 사업연도의 법인지방소득세액)
> = 직전 사업연도의 법인지방소득세 산출세액 - 공제·감면된 법인지방소득세액

3-2. 환급세액의 재결정

3-2-1. 환급세액의 추징

(1) 환급 후 결손금의 감소

결손금 소급공제에 따른 법인세의 환급 후 경정에 의하여 결손금이 발생한 사업연도의 결손금이 감소된 경우에는 환급세액 중 그 감소된 결손금에 상당하는 세액과 이자 상당액을 해당 결손금이 발생한 사업연도의 법인세로서 징수당하게 된다(법법 §72 ⑤ 1호). 이 때, 결손금 중 그 일부 금액만을 소급공제받은 경우에는 소급공제받지 아니한 결손금이 먼저 감소된 것으로 본다.

이를 산식으로 나타내면 다음과 같다(법령 §110 ③, ④).

$$\text{환급추징세액} = \text{당초 환급세액} \times \frac{\text{감소된 결손금액으로서 소급공제받지 아니한 결손금을 초과하는 금액}}{\text{소급공제 결손금액}^{(*1)}}$$

$$= \text{당초 환급세액} \times \frac{\text{감소된 결손금} - (\text{당초 결손금} - \text{소급공제 결손금액}^{(*1)})}{\text{소급공제 결손금액}}$$

$$\text{이자 상당액} = \text{환급추징세액} \times \text{대상기간}^{(*2)} \times \frac{22}{100{,}000}\ (\text{단, 정당한 사유가 있는 경우 연 }1.2\%)^{(*3)}$$

(*1) 당초 환급받지 아니한 직전 사업연도의 공제감면세액에 상당하는 결손금은 소급공제 결손금액에서 제외됨(법인 46012-2800, 1999. 7. 15.).
(*2) 당초 환급세액의 통지일의 다음날부터 추징하는 법인세액의 고지일까지 기간
(*3) 대상기간에 대하여 1일 10만분의 22의 이자율을 적용하되, 납세자가 법인세액을 과다하게 환급받은 데 정당한 사유가 있는 때에는 국세환급가산금의 이율(연 1.2%)을 적용함(국기령 §43의 3 ②).

한편, 법에는 명문의 규정이 없으나, 수정신고에 의하여 결손금이 감소된 경우에도 경정결정의 경우와 동일하게 법인세 징수액과 이자 상당액을 납부하여야 할 것이다.

(2) 환급 후 직전 사업연도의 법인세 또는 과세표준의 감소

당초 환급 후 직전 사업연도의 법인세액이나 과세표준이 감소하는 경우에는 과다환급액을 추징하며, 상기 결손금 감소의 경우를 준용하여 이자 상당액을 징수한다(법법 §72 ⑤, ⑥). 물론 과다납부한 직전 사업연도 납부세액에 대하여는 국세기본법 제51조(국세환급금의 충당과 환급) 및 제52조(국세환급가산금)에 의하여 국세환급금으로 결정하여야 하며 더불어 그 환급금에 대하여는 환급가산금을 그 납부일의 다음날부터 계산하여 국세환급금에 가산하여 지급하여야 한다(서삼 46019-10816, 2003. 5. 16.).

(3) 중소기업이 아닌 법인이 결손금 소급공제를 적용받은 경우

조세특례제한법 시행령 제2조에 규정된 중소기업에 해당하지 아니하는 법인이 법인세를 환급받은 경우에는 환급세액에 상기 (1)과 같이 계산한 이자 상당액을 가산한 금액을 해당 결손금이 발생한 사업연도의 법인세로서 징수한다(법법 §72 ⑤ 3호).

3-2-2. 환급세액의 재결정에 따른 추가환급

납세지 관할 세무서장은 당초 환급세액을 결정한 후 해당 환급세액 계산의 기초가 된 직전 사업연도의 법인세액 또는 과세표준금액이 증가된 경우에는 즉시 당초 환급세액을 재결정하여 추가로 환급하여야 한다(법법 §72 ⑥). 이와 같은 경우에도 당초에 소급공제 환급신청을 한 경우에 한정하여 적용된다.

관련사례

• 환급 후 결손금의 증가시 추가환급 여부
결손금 소급공제에 의한 환급을 받은 법인이 국세기본법 제45조의 2의 규정에 의한 경정청구에 의하여 결손금이 발생한 사업연도의 결손금이 증가된 경우 추가로 결손금 소급공제를 받을 수 있는 것임(재법인 46012-189, 2000. 11. 22. 및 집행기준 72-110-4).

4. 결손금 소급공제 환급신청 및 결정

4-1. 환급신청

결손금 소급공제는 해당 사업연도의 법인세 신고기한 내에 납세지 관할 세무서장에게 소급공제 법인세액환급신청서 [법칙 별지 제68호 서식]을 제출(국세정보통신망에 의한 제출 포함)한 경우에 한하여 적용받을 수 있다(법령 §110 ② 및 법칙 §82 ⑦ 7호).

즉, 법인세법 제60조의 규정에 의한 법인세 신고기한 내에 "소급공제 법인세액환급신청서"

를 제출하지 아니한 경우의 결손금은 법인세법 시행령 제10조의 규정에 따라 이월공제하여야 하는 것으로서 국세기본법 제45조의 2의 규정에 의한 경정 등의 청구에 의하여 소급공제하지 않는다(법기통 72-110…2).

4-2. 환급결정

환급신청을 받은 납세지 관할 세무서장은 지체 없이 환급세액을 결정하여 국세기본법 제51조(국세환급금의 충당과 환급) 및 제52조(국세환급가산금)에 따라 환급하여야 한다(법법 §72 ③).

MEMO

Step Ⅱ 서식의 이해

■ 작성요령 – 소급공제법인세액환급신청서

[별지 제68호 서식] (2023. 3. 20. 개정)

소급공제법인/

※ 뒤쪽의 신고안내 및 작성방법을 읽고 작성하여 주시기 바랍니

1. 신청인

법 인 명		ㅅ
대 표 자 성 명		업
소 재 지		

2. 환급신청 명세

①결 손 사 업 연 도	년 월 일 ~ 년 월 일
③결 손 사 업 연 도 결 손 금 액	⑥결손금액
	⑦소급공제받을 결손금액
④직 전 사 업 연 도 법 인 세 액 계 산	⑧과세표준
	⑨세 율
	⑩산출세액
	⑪공제감면세액
	⑫차감세액(⑩－⑪)
⑤환 급 신 청 세 액 계 산	⑬직전사업연도법인세액((
	⑭차감할 세액[(⑧－⑦)×
	⑮환급신청세액(⑬－⑭)((

국세환급금 계좌신고	⑯예 입 처	
	⑰예금종류	
	⑱계 좌 번 호	

「법인세법」 제72조 제2항 및 같은 법 시행령 제110조

합니다.

신청인(법 인)

신청인(대표자)

세무서장 귀하

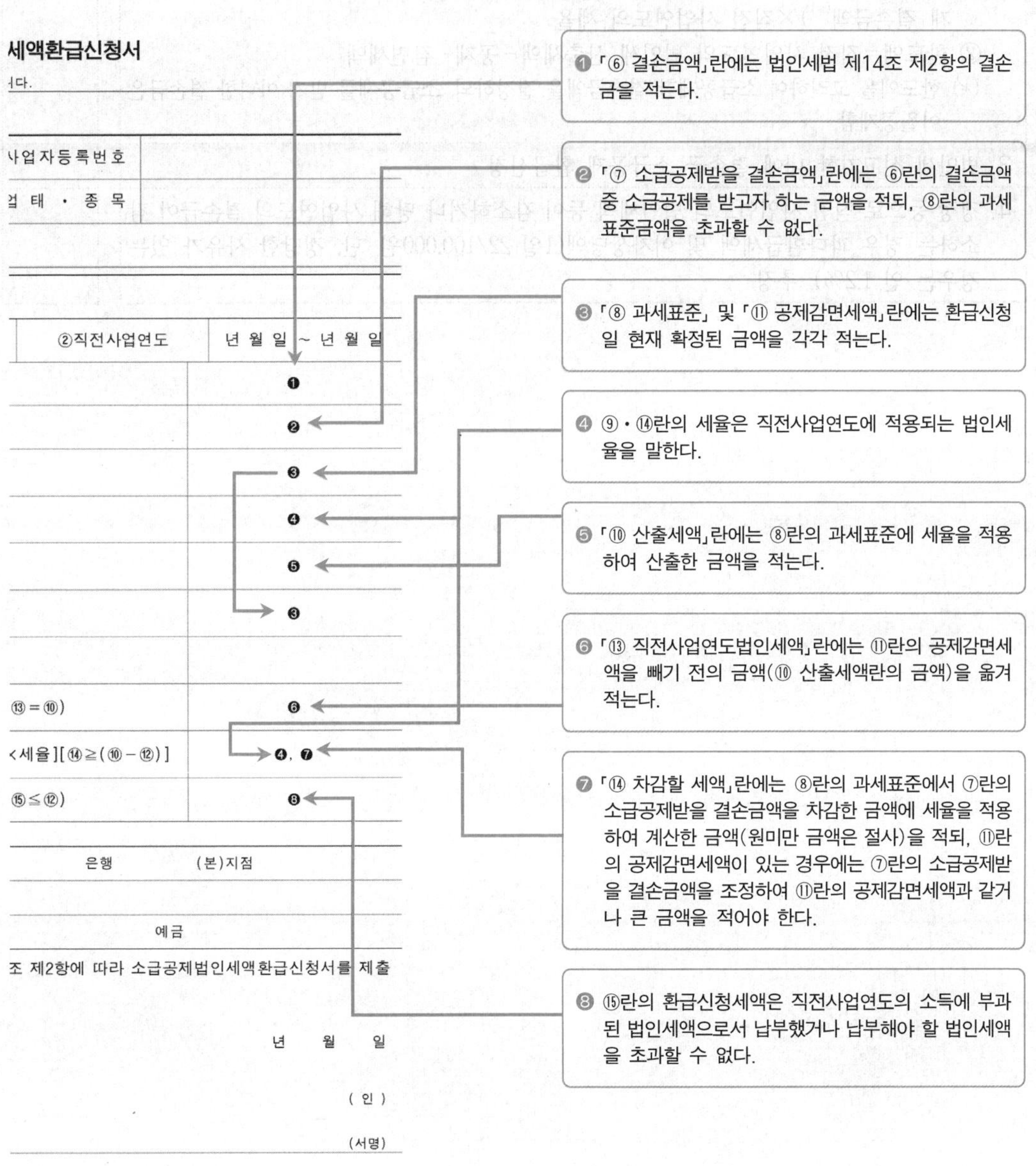

세액환급신청서
니다.
사업자등록번호
업 태 · 종 목
②직전사업연도
년 월 일 ~ 년 월 일
⑬ = ⑩)
×세율][⑭≥(⑩－⑫)]
⑮≤⑫)
은행
(본)지점
예금
조 제2항에 따라 소급공제법인세액환급신청서를 제출
년 월 일
(인)
(서명)
❶ 「⑥ 결손금액」란에는 법인세법 제14조 제2항의 결손금을 적는다.
❷ 「⑦ 소급공제받을 결손금액」란에는 ⑥란의 결손금액 중 소급공제를 받고자 하는 금액을 적되, ⑧란의 과세표준금액을 초과할 수 없다.
❸ 「⑧ 과세표준」 및 「⑪ 공제감면세액」란에는 환급신청일 현재 확정된 금액을 각각 적는다.
❹ ⑨·⑭란의 세율은 직전사업연도에 적용되는 법인세율을 말한다.
❺ 「⑩ 산출세액」란에는 ⑧란의 과세표준에 세율을 적용하여 산출한 금액을 적는다.
❻ 「⑬ 직전사업연도법인세액」란에는 ⑪란의 공제감면세액을 빼기 전의 금액(⑩ 산출세액란의 금액)을 옮겨 적는다.
❼ 「⑭ 차감할 세액」란에는 ⑧란의 과세표준에서 ⑦란의 소급공제받을 결손금액을 차감한 금액에 세율을 적용하여 계산한 금액(원미만 금액은 절사)을 적되, ⑪란의 공제감면세액이 있는 경우에는 ⑦란의 소급공제받을 결손금액을 조정하여 ⑪란의 공제감면세액과 같거나 큰 금액을 적어야 한다.
❽ ⑮란의 환급신청세액은 직전사업연도의 소득에 부과된 법인세액으로서 납부했거나 납부해야 할 법인세액을 초과할 수 없다.

세무조정 체크리스트

검 토 사 항	확인
1. 적용대상 확인 : 중소기업	
2. 환급세액의 계산 : Min(①, ②) ① 환급세액=직전 사업연도의 법인세 산출세액-(직전 사업연도의 과세표준-소급공제 결손금액(*))×직전 사업연도의 세율 ② 한도액=직전 사업연도의 법인세 산출세액-공제·감면세액 (*) 한도액을 고려하여 소급공제할 결손금액을 결정하되, 소급공제를 받지 아니한 결손금은 이월공제함.	
3. 법인세 신고기한 내에 결손금 소급공제 환급신청	
4. 경정 등으로 직전 사업연도의 법인세액 등이 감소하거나 당해 사업연도의 결손금이 감소하는 경우 과다환급세액 및 이자상당액(1일 22/100,000원. 단, 정당한 사유가 있는 경우는 연 1.2%) 추징	

Step III: 사례와 서식작성실무

예제

사 례

다음의 경우에 중소기업인 ㈜삼일의 제12기 사업연도(2024. 1. 1. ~ 2024. 12. 31.)의 환급세액을 계산하고 소급공제법인세액환급신청서 〔별지 제68호 서식〕을 작성하라.

1. ㈜삼일의 제12기 사업연도의 결손금 : △220,000,000원
2. ㈜삼일의 제11기 사업연도의 법인세 신고내용

과세표준	220,000,000원
산출세액	24,000,000원
감면세액	6,000,000원

해 설

1. 결손금 소급공제에 따른 환급 적용 여부
㈜삼일은 조세특례제한법 시행령 제2조에 규정된 중소기업으로서 제11기 사업연도에 대한 법인세를 적정하게 신고하였으므로 직전 사업연도의 법인세액을 한도로 환급신청할 수 있다.

2. 환급세액의 한도

직전 사업연도 법인세액 = 직전 사업연도의 법인세 산출세액 – 공제·감면세액

제11기 사업연도의 법인세액 = 제11기 사업연도의 법인세 산출세액 – 감면세액
= 24,000,000원 – 6,000,000원 = 18,000,000원

3. 환급세액의 계산

직전 사업연도의 법인세 산출세액 – (직전 사업연도의 과세표준 – 소급공제 결손금액) × 직전 사업연도의 세율

직전 사업연도의 과세표준과 당해 사업연도 결손금이 동일하므로 직전 사업연도의 법인세 산출세액 전액이 환급세액으로 계산되나, 결손금 소급공제에 따른 환급세액의 한도는 산출세액에서 감면세액을 차감한 18,000,000원이므로 동 한도액까지 환급신청이 가능하다.

4. 소급공제 결손금 및 이월공제 결손금
환급신청세액과 환급세액의 한도가 일치하는 수준에서 해당 사업연도 결손금 중 소급공제할 금액을 구할 수 있으며, 실제로 제11기 사업연도의 과세표준에서 소급하여 공제되는 금액은 감면세액을 과세표준으로 환산한 금액을 차감한 금액이다. 이를 산식으로 나타내면 다음과 같이 표현할 수 있다.

24,000,000 - (220,000,000 - 소급공제 결손금액) × 직전 사업연도의 법인세율 = 18,000,000
상기 금액이 6,000,000이 되기 위해서는 한계세율이 10%여야 함.

상기 산식을 소급공제 결손금액에 대하여 정리하면 다음과 같다.

소급공제 결손금액
= 제11기 사업연도 과세표준 - (제11기 사업연도 감면세액 ÷ 제11기 사업연도 한계세율)
= 220,000,000원 - (6,000,000원 ÷ 0.10)
= 220,000,000원 - 60,000,000원
= 160,000,000원

결국, 제12기 사업연도의 결손금 220,000,000원 중 160,000,000원까지 소급공제가 가능하며, 미공제액인 60,000,000원은 제13기 사업연도 이후에 이월하여 공제받게 된다.

5. 소급공제법인세액환급신청서 〔별지 제68호 서식〕 작성 (다음 page 참조)

[별지 제68호 서식] (2023. 3. 20. 개정)

소급공제법인세액환급신청서

※ 뒤쪽의 신고안내 및 작성방법을 읽고 작성하여 주시기 바랍니다.

1. 신청인

법 인 명	㈜ 삼일	사업자등록번호	
대표자 성명		업 태 · 종 목	
소 재 지			

2. 환급신청 명세

①결손사업연도	2024년 1월 1일 ~ 2024년 12월 31일	②직전사업연도	2023년 1월 1일 ~ 2023년 12월 31일

③결손사업연도 결손금액	⑥결손금액	220,000,000
	⑦소급공제받을 결손금액	160,000,000
④직전사업연도 법인세액 계산	⑧과세표준	220,000,000
	⑨세 율	20%
	⑩산출세액	24,000,000
	⑪공제감면세액	6,000,000
	⑫차감세액(⑩－⑪)	18,000,000
⑤환급신청세액 계산	⑬직전사업연도법인세액(⑬＝⑩)	24,000,000
	⑭차감할 세액[(⑧－⑦)×세율][⑭≥(⑩－⑫)]	6,000,000
	⑮환급신청세액(⑬－⑭)(⑮≤⑫)	18,000,000

국세환급금 계좌신고	⑯예 입 처	은행 (본)지점
	⑰예금종류	
	⑱계 좌 번 호	예금

「법인세법」 제72조 제2항 및 같은 법 시행령 제110조 제2항에 따라 소급공제법인세액환급신청서를 제출합니다.

년 월 일

신청인(법 인) (인)

신청인(대표자) (서명)

세무서장 귀하

제5편 기타 부속서류의 작성

제1장 1

자본금과 적립금 조정명세서

자본금과 적립금 조정명세서

관련 서식	• 법인세법 시행규칙 ［별지 제50호 서식(갑)］ 자본금과 적립금 조정명세서(갑) ［별지 제50호 서식(을)］ 자본금과 적립금 조정명세서(을) ［별지 제50호 서식(병)］ 자본금과 적립금 조정명세서(병)

자본금과 적립금 조정명세서

1

Step Ⅰ 내용의 이해

1. 개 요

자본금과 적립금 조정명세서는 (갑)과 (을) 및 (병)으로 구분되어 작성된다. 자본금과 적립금 조정명세서(갑)은 세무상의 순자산 및 이월결손금을 계산·관리하는 서식이며, 자본금과 적립금 조정명세서(을)은 세무상 유보금액을 기록·관리하는 서식이다. 또한, 자본금과 적립금 조정명세서(병)은 국제조세조정에 관한 법률에 따른 세무조정으로 발생한 출자의 증가의 증감내용을 계산·관리하는 서식이다. 즉, 법인의 자본금과 적립금을 기초로 하여 세무계산상의 자본금과 적립금, 즉 세무상의 순자산가액을 계산하는 서식이며 법인의 청산시 청산소득금액계산의 기초가 된다.

2. 자본금과 적립금 조정명세서(갑)의 기재내용

자본금과 적립금 조정명세서(갑)은 자본금과 적립금계산서와 이월결손금계산서로 구분되며 그 세부 내역은 다음과 같다.

2-1. 자본금과 적립금계산서

자본금과 적립금계산서는 세무상 자본합계액을 계산하는 서식으로 크게 ① 자본금 및 잉여금 등의 계산, ② 자본금과 적립금 조정명세서(을)+(병) 계, ③ 손익미계상 법인세 등으로 구성되며 작성은 기초잔액, 당기 중 증감 및 기말잔액으로 구분·기재한다.

① 자본금 및 잉여금 등의 계산

자본금 및 잉여금 등의 계산의 합계액은 해당 재무상태표상의 기말 자본총계금액과 일치

하도록 자본의 항목별로 증감액을 기입한다.

② 자본금과 적립금 조정명세서(을)+(병) 계

[별지 제50호 서식(을)]과 [별지 제50호 서식(병)]의 합계 금액으로 세무조정상 유보로 소득처분된 사항과 출자의 증가로 조정된 사항의 누계액으로 기말잔액은 미정리액이다.

③ 손익미계상 법인세 등

당기 법인세와 법인지방소득세 및 농어촌특별세 총부담세액의 합계에서 해당 손익계산서에 계상되어 있는 법인세비용 등과의 차액을 법인세(농어촌특별세 포함), 각 사업연도의 소득에 대한 지방소득세(법인지방소득세)로 나누어 기입한다. 당기 총부담세액이 손익계산서상 법인세비용보다 큰 경우에는 양수로, 적은 경우에는 음수로 기입한다.

2-2. 이월결손금계산서

이월결손금계산서에는 세무상 이월결손금의 발생액, 감소액 및 기말잔액이 발생연도별로 기록 및 관리된다. 한편, 법인세 신고 사업연도의 결손금에 동업기업으로부터 배분한도를 초과하여 배분받은 결손금(배분한도 초과결손금)이 포함되어 있는 경우에는 사업연도별 이월결손금 구분내역을 별도로 관리하여야 한다.

① 이월결손금 발생액

사업연도별 세무조정계산서상 이월결손금 발생총액을 일반결손금과 배분한도초과결손금으로 구분하여 기입하며, 결손금 소급공제액이 있는 경우 소급공제액 역시 연도별로 관리한다.

② 감소액

감소액은 세무계산상 기공제액, 당기공제액 및 보전액으로 구분하여 관리한다.

③ 기말잔액

잔액은 이월결손금 발생액에서 감소액을 차감한 잔액으로서 법인세법 제13조 제1항 제1호의 공제기한(10년 또는 15년)에 따라 기한 내 잔액과 기한 경과 잔액으로 구분하여 기입한다.

한편, 계산서상 이월결손금은 기업회계상의 결손금과는 별개의 금액이다. 세무상 이월결손금은 세무조정에 의거 계산된 금액을 말하는 것으로 각 사업연도의 과세표준 계산시 공제되지 아니한 금액이면 인정되며, 따라서 적립금 등으로 회계상 결손보전하더라도 세무상 이월결손금 잔액은 영향을 받지 아니한다.

또한, 세법상 이월결손금은 각 사업연도 소득의 80%(중소기업 등은 100%) 범위 내에서 향후 15년(2009년 1월 1일 이후부터 2019년 12월 31일 이전에 개시한 사업연도에서 발생한 결손금은 10년)간 이월공제가 가능하며, 자산수증이익(국고보조금 등은 제외) 및 채무면제이익과의 충당 및 청산소득 계산시 공제되기도 한다.

개 정

○ 중소기업 등 외 법인의 이월결손금 공제한도를 종전 60%에서 80%로 상향(법법 §13 ①)
➡ 2023년 1월 1일 이후 개시하는 사업연도부터 적용

2-3. 회계기준 변경에 따른 자본금과 적립금 기초잔액 수정

회계기준 변경에 따른 자본금과 적립금 기초잔액 수정은 회계기준 변경에 따라 자본금과 적립금의 기초잔액이 수정되는 경우에 기재하며, 그 작성은 과목 또는 사항별로 전기말 잔액, 기초잔액 수정에 따른 당기 중 증감 및 수정 후 기초잔액으로 구분 · 기재한다.

3. 자본금과 적립금 조정명세서(을)의 내용

자본금과 적립금 조정명세서(을)은 세무조정 유보소득의 증감내용을 계산하는 표로서 기초잔액 중 당기소득금액 계산상 익금 또는 손금으로 가산하여야 할 금액을 조정하는 서식으로 세무상 유보 항목을 관리하기 위한 서식이다. 유보란 세무조정에 의하여 재무상태표상 자기자본이 증가 또는 감소하는 것을 말하며, 그 발생원인과 내용은 다음과 같다.

구 분	세무조정	사 례
(+)유보	익금산입 또는 손금불산입	• 자산의 과소계상 • 부채의 과대계상 • 퇴직급여충당부채 과대계상액 • 감가상각비 과대계상액 • 지분법손실
△유보	손금산입 또는 익금불산입	• 자산의 과대계상 • 부채의 과소계상 • 지분법이익

회계상의 자기자본(자산-부채)과 세무상 자기자본의 차이는 세무조정상 유보금액과 법인세 등 과소(대)계상액이다. 이 중 세무조정상 유보처분된 금액은 익금산입 또는 손금불산입으로 생기는 (+)유보이거나 손금산입 또는 익금불산입으로 생기는 △유보이며, 유보처분된 사항은 해당 사업연도의 세무조정으로 종료되는 것이 아니고 차기 이후 사업연도의 세무조정과 직접적인 관련을 가진다. 즉, (+)유보 또는 △유보로 처분된 세무조정사항이 전기까지의 △유보 또는 (+)유보사항의 정리분에 해당하는 경우 전기 유보금액을 감소시키며, 당기에 처음으로 발생될 경우 이후 사업연도의 세무조정사항으로 정리되므로 이에 대한 사후관리가 필요하다. 따라서, 세법에서는 자본금과 적립금 조정명세서(을) 서식에 기재하여 유보를 사후 관리토록 하고 있다.

| 세무조정 유보소득계산 내역 |

<table>
<tr><th rowspan="2">과목 또는 사항</th><th rowspan="2">기초잔액</th><th colspan="2">당기 중 증감</th><th rowspan="2">기말잔액</th></tr>
<tr><th>감 소</th><th>증 가</th></tr>
<tr><td>• 유보처분이 발생한 과목 또는 사항</td><td>• 전기 기말 유보잔액을 기입(직전기 자본금과 적립금 조정명세서(을)의 기말잔액을 이기)
• 금액이 (+)시 양수로 기입하며, (-)시 △로 표시</td><td>• 당기 세무조정상 유보처분된 금액기입(소득금액조정합계표에서 유보사항만 이기)
• 기초잔액이 (+)일 경우 손금산입·익금불산입 △유보처분된 금액 기입
• 기초잔액이 △일 경우 익금산입·손금불산입 (+)유보처분된 금액 기입</td><td>• 당기 세무조정상 유보처분된 금액 기입(소득금액조정합계표에서 유보사항만 이기)
• 기초잔액이 (+)일 경우 익금산입·손금불산입 (+)유보처분된 금액 기입
• 기초잔액이 △일 경우 손금산입·익금불산입 △유보처분된 금액 기입</td><td>• 당기 기말 유보 잔액을 기입
• 금액이 (+)시 양수로 기입하며, (-)시 △로 표시</td></tr>
</table>

4. 자본금과 적립금 조정명세서(병)의 내용

자본금과 적립금 조정명세서(병)은 국제조세조정에 관한 법률 시행령 제23조의 세무조정에 따라 발생한 출자의 증가의 증감내용을 계산하는 표로서 기초잔액 중 당기소득금액 계산상 익금 또는 손금으로 가산하여야 할 금액을 조정한다.

해외현지기업별로 다음과 같이 출자에서 조정된 금액은 증감사유와 함께 자본금과 적립금 조정명세서(병)에 기재되며 그 합계란의 금액은 자본금과 적립금조정명세서(을)의 합계란의 금액과 함께 자본금과 적립금조정명세서(갑)에 합산되어 기재된다.

구분	세무조정	사례
출자의 증가	익금산입 또는 손금불산입	• 해외자회사와의 거래에 대한 정상가격 과세조정(금액 미반환)
출자의 감소	손금산입 또는 익금불산입	• 해외자회사 주식의 양도 • 해외자회사의 청산

Step Ⅱ : 서식의 이해

■ 작성요령Ⅰ - 자본금과 적립금 조정명세서(갑)

❶ 「② 기초잔액」란에는 자본금, 자본잉여금, 자본조정, 기타포괄손익누계액, 이익잉여금의 순서로 적되, 직전 사업연도의 기말잔액란의 금액을 적는다. 다만, 「III. 회계기준 변경에 따른 자본금과 적립금 기초잔액 수정」이 있는 경우 ㉜란의 수정후 기초잔액을 적는다.

❹ 「자본금 및 잉여금 등의 계산」란의 각 과목의 기말잔액은 해당사업연도 표준대차대조표의 자본금, 자본잉여금 등의 금액과 일치해야 한다.

❺ 「7.자본금과 적립금조정명세서(을)+(병) 계」란에는 〔별지 제50호 서식(을)〕의 합계액과 〔별지 제50호 서식(병)〕의 합계액을 합산하여 적는다.

❻ 「손익미계상 법인세 등」란에는 법인세 공제 후 순손익계산에 계상되지 아니한 법인세 등을 적는다(조정계산에 의한 법인세 차액 등).

❼ 「11.차가감 계」란은 「6. 자본금 및 잉여금 계」와 「7. 자본금과 적립금조정명세서(을)+(병) 계」의 합계에서 「10. 손익미계상 법인세 등 계」를 빼서 집계한다.

❽ 「⑧ 일반 결손금」란에는 사업연도별 세무계산상 이월결손금 발생총액(동업자의 경우 조세특례제한법 제100조의 18 제2항에 따라 동업자의 지분가액을 초과하여 배분받아 손금에 산입한 '배분한도 초과결손금'이 해당 사업연도 결손금에 포함된 경우에는 '배분한도 초과결손금' 상당액을 제외한 금액)을 적는다.

⓯ 「⑲ 법인세 신고 사업연도」란에는 동업기업으로부터 '배분한도 초과결손금'을 배분받아 손금에 산입한 사업연도를 적는다.

⓰ 「⑳ 동업기업 과세연도 종료일」란에는 동업기업으로부터 '배분한도 초과결손금'을 배분받아 손금에 산입한 경우 '배분한도 초과결손금'이 발생한 동업기업의 과세연도 종료일을 적는다.

㉒ ㉗~㉜ 해당란은 회계기준 변경에 따라 자본금과 적립금의 기초잔액이 수정되는 경우에 적는다(작성방법은 「Ⅰ. 자본금과 적립금 계산서」의 내용과 같음).

[별지 제50호 서식(갑)] (2022. 3. 18. 개정)

사업연도	. . . ~ . . .	자본금과 적립금조정명

Ⅰ. 자본금과 적립금 계산서

①과목 또는 사항		코드	② 기초잔액 ❶	③감
자본금 및 잉여금 등의 계산 ❹	1. 자 본 금	01		
	2. 자 본 잉 여 금	02		
	3. 자 본 조 정	15		
	4. 기타포괄손익누계액	18		
	5. 이 익 잉 여 금	14		
		17		
	6. 계	20		
7. 자본금과 적립금명세서(을)+(병) 계 ❺		21		
손익미계상 법인세 등 ❻	8. 법 인 세	22		
	9. 지 방 소 득 세	23		
	10. 계 (8+9)	30		
11. 차 가 감 계(6+7-10) ❼		31		

Ⅱ. 이월결손금 계산서

1. 이월결손금 발생 및 증감내역

⑥사업연도	이월결손금					
	발 생 액			⑩소급공제 ❿	⑪차감계	⑫기공제액 ⓫
	⑦계	⑧일반결손금 ❽	⑨배분한도초과결손금(⑨=㉕) ❾			
계						

2. 법인세 신고 사업연도의 결손금에 동업기업으로부터 배분한 포함되어 있는 경우 사업연도별 이월결손금 구분내역

⑲법인세 신고 사업연도 ⓯	⑳동업기업 과세연도 종료일 ⓰	㉑손금산입한 배분한도 초과 결손금 ⓱	㉒법인세 신고 사업연도 결손금 ⓲	배분한도	
				㉓합 계 (㉓=㉕+㉖)	배분 이월결손 사업

Ⅲ. 회계기준 변경에 따른 자본금과 적립금 기초잔액 수

㉗과목 또는 사항	㉘코드	㉙전기말 잔액	㉚
㉒	㉒	㉒	

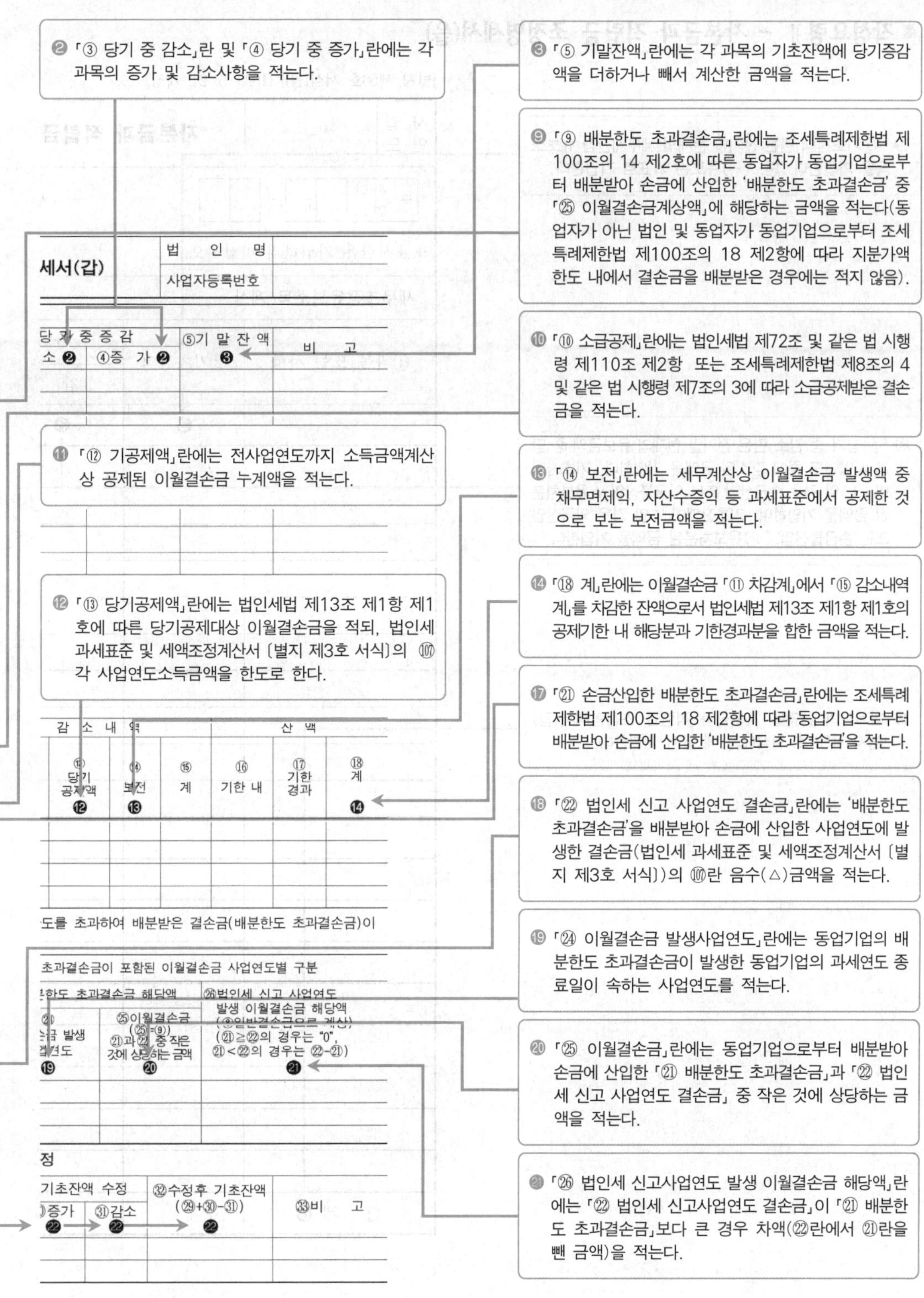

❷ 「③ 당기 중 감소」란 및 「④ 당기 중 증가」란에는 각 과목의 증가 및 감소사항을 적는다.
❸ 「⑤ 기말잔액」란에는 각 과목의 기초잔액에 당기증감액을 더하거나 빼서 계산한 금액을 적는다.
❾ 「⑨ 배분한도 초과결손금」란에는 조세특례제한법 제100조의 14 제2호에 따른 동업자가 동업기업으로부터 배분받아 손금에 산입한 '배분한도 초과결손금' 중 「㉕ 이월결손금계상액」에 해당하는 금액을 적는다(동업자가 아닌 법인 및 동업자가 동업기업으로부터 조세특례제한법 제100조의 18 제2항에 따라 지분가액 한도 내에서 결손금을 배분받은 경우에는 적지 않음).
세서(갑)
법 인 명
사업자등록번호
당 기 중 증 감
소 ❷
④증 가 ❷
⑤기 말 잔 액 ❸
비 고
❿ 「⑩ 소급공제」란에는 법인세법 제72조 및 같은 법 시행령 제110조 제2항 또는 조세특례제한법 제8조의 4 및 같은 법 시행령 제7조의 3에 따라 소급공제받은 결손금을 적는다.
⓫ 「⑫ 기공제액」란에는 전사업연도까지 소득금액계산상 공제된 이월결손금 누계액을 적는다.
⓭ 「⑭ 보전」란에는 세무계산상 이월결손금 발생액 중 채무면제익, 자산수증익 등 과세표준에서 공제한 것으로 보는 보전금액을 적는다.
⓬ 「⑬ 당기공제액」란에는 법인세법 제13조 제1항 제1호에 따른 당기공제대상 이월결손금을 적되, 법인세 과세표준 및 세액조정계산서 〔별지 제3호 서식〕의 ⑩⑦ 각 사업연도소득금액을 한도로 한다.
⓮ 「⑱ 계」란에는 이월결손금 「⑪ 차감계」에서 「⑮ 감소내역계」를 차감한 잔액으로서 법인세법 제13조 제1항 제1호의 공제기한 내 해당분과 기한경과분을 합한 금액을 적는다.
감 소 내 역
잔 액
⑬ 당기 공제액 ⓬
⑭ 보전 ⓭
⑮ 계
⑯ 기한 내
⑰ 기한 경과
⑱ 계 ⓮
⓱ 「㉑ 손금산입한 배분한도 초과결손금」란에는 조세특례제한법 제100조의 18 제2항에 따라 동업기업으로부터 배분받아 손금에 산입한 '배분한도 초과결손금'을 적는다.
⓲ 「㉒ 법인세 신고 사업연도 결손금」란에는 '배분한도 초과결손금'을 배분받아 손금에 산입한 사업연도에 발생한 결손금(법인세 과세표준 및 세액조정계산서 〔별지 제3호 서식〕)의 ⑩⑦란 음수(△)금액을 적는다.
도를 초과하여 배분받은 결손금(배분한도 초과결손금)이
초과결손금이 포함된 이월결손금 사업연도별 구분
⓳ 「㉔ 이월결손금 발생사업연도」란에는 동업기업의 배분한도 초과결손금이 발생한 동업기업의 과세연도 종료일이 속하는 사업연도를 적는다.
한도 초과결손금 해당액
㉔ 결손금 발생 사업연도 ⓳
㉕이월결손금 (㉕=⑨) ㉑과㉒ 중 작은 것에 상당하는 금액 ⓴
㉖법인세 신고 사업연도 발생 이월결손금 해당액 (⑧일반결손금으로 계산) (㉑≥㉒의 경우는 "0", ㉑<㉒의 경우는 ㉒-㉑) ㉑
⓴ 「㉕ 이월결손금」란에는 동업기업으로부터 배분받아 손금에 산입한 「㉑ 배분한도 초과결손금」과 「㉒ 법인세 신고 사업연도 결손금」 중 작은 것에 상당하는 금액을 적는다.
정
기초잔액 수정
㉙증가 ㉒
㉚감소 ㉒
㉜수정후 기초잔액 (㉙+㉚-㉛) ㉒
㉝비 고
㉑ 「㉖ 법인세 신고사업연도 발생 이월결손금 해당액」란에는 「㉒ 법인세 신고사업연도 결손금」이 「㉑ 배분한도 초과결손금」보다 큰 경우 차액(㉒란에서 ㉑란을 뺀 금액)을 적는다.

■ 작성요령 Ⅱ - 자본금과 적립금 조정명세서(을)

❷ 「② 기초잔액」란은 전기말 현재의 세무계산상 유보소득을 기입한다. 단, (−)유보는 △표로 기입한다.

❸ 「③ 당기 중 감소」란은 전기말 현재의 유보금액 중 당해 사업연도 중에 감소된 금액을 기입한다. 기초잔액이 (+)일 경우 손금산입 또는 익금불산입 △유보처분된 금액을 기입하며, 기초잔액이 △일 경우 익금산입 또는 손금불산입 (+)유보처분된 금액을 기입한다.

❻ 합계란의 금액을 자본금과 적립금 조정명세서(갑)〔별지 제50호 서식(갑)〕에 옮겨 기입한다.

[별지 제50호 서식(을)] (1999. 5. 24. 개정)

사 업 연 도	. . . ~	자본금과 적립금

※ 관리번호 [|] − [|]

※표시란은 기입하지 마십시오.

세무조정유보소득 계산

①과목 또는 사항	②기초잔액	당 기 ③감
	❷	❸
합 계 ❻		

조정명세서(을) ❶	법인명	
사업자등록번호	☐☐☐ – ☐☐ – ☐☐☐☐☐	

기 중 증 감 ❽		⑤기말잔액 (익기초현재)	비 고
소	④증 가		
	❹	❺	❼

❶ 본 서식은 세무조정 유보소득의 증감내용을 계산하는 표로서 기초잔액 중 당기소득금액 계산상 익금 또는 손금으로 가산하여야 할 금액을 조정한다.

❹ 「④ 당기 중 증가」란은 당해 사업연도 세무계산상 가산된 금액을 기입한다(특별비용 종합한도초과액 포함). 기초잔액이 (+)일 경우 익금산입 또는 손금불산입 (+)유보처분된 금액을 기입하며, 기초잔액이 △일 경우 손금산입 또는 익금불산입 △유보처분된 금액을 기입한다.

❺ 「⑤ 기말잔액」란에는 기초잔액에서 당기 중 증감란을 차가감한 금액으로서 차기로 이월될 세무계산상 유보소득을 기입한다.

❼ 비고란에는 과목 또는 사항에 대한 구체적인 유보내역 등을 필요시 기입한다.

❽ 당기 중 증감란은 소득금액조정합계표 〔별지 제15호 서식〕상 유보처분된 금액과 특별비용조정명세서 〔별지 제5호 서식〕상의 손금불산입계란의 금액을 기입한다.

■ 작성요령Ⅲ - 자본금과 적립금 조정명세서(병)

[별지 제50호 서식(병)] (2022. 3. 18. 신설)

사 업 연 도	. . . ~ . . .	자본금과 적립금조정명

세무조정 출자의 증가 계산

①해외현지기업 고유번호 ❷	②법인명 ❸	③기초잔액 ❹	④
합 계 ❾			

❷ 「① 해외현지기업 고유번호」란에는 해외현지기업고유번호를 기입한다.

❸ 「② 법인명」란에는 해외현지기업의 법인명을 기입한다.

❹ 「③ 기초잔액」란에는 전기말 현재의 세무계산상 출자의 증가 소득을 기입한다.

❾ 합계란의 금액을 자본금과 적립금조정명세서 (을)〔별지 제50호 서식(을)〕의 합계란의 금액과 합산하여 자본금과 적립금조정명세서(갑)〔별지 제50호 서식(갑)〕의 "7. 자본금과 적립금명세서(을)+(병) 계"에 적는다.

세서(병) ❶	법 인 명	
	사업자등록번호	

당 기 중 증 감		⑥기말잔액 (익기초현재)	⑦증감사유
④감 소	⑤증 가		
❺	❻	❼	❽

❶ 본 서식은 「국제조세조정에 관한 법률 시행령」 제23조의 세무조정 출자의 증가의 증감내용을 계산하는 표로서 기초잔액 중 당기소득금액 계산상 익금 또는 손금으로 가산하여야 할 금액을 조정한다.

❺ 「④ 당기중 감소」란에는 전기말 현재의 출자의 증가금액 중 당해 사업연도 중에 손금가산 등으로 감소된 금액을 기입한다.

❻ 「⑤ 당기중 증가」란에는 당해 사업연도 세무계산상 익금가산 출자의 증가로 처분된 금액을 기입하고 손금가산 출자의 증가분은 △표시 기입한다.

❼ 「⑥ 기말잔액」란에는 기초잔액에서 당기중 증감란을 차가감한 금액으로서 차기로 이월될 세무계산상 출자의 증가 소득을 기입한다.

❽ 「⑦ 증감사유」란에는 증감사유를 기재한다. (ex. 이전소득금액 통지서(출자의 증가)를 수령하는 경우, 모회사가 해외자회사의 주식을 양도하는 경우, 해외자회사가 청산되는 경우)

세무조정 체크리스트

검 토 사 항	확인
1. 자본금과 적립금 조정명세서(갑)	
① 전기 자본금과 적립금 조정명세서(갑)상의 기말금액 확인	
② 자본금, 자본잉여금, 이익잉여금 등의 당기 변동 내역 확인	
③ 자본금과 적립금 조정명세서(을), (병)상의 합계금액 확인	
④ 손익미계상법인세 등의 계산의 정확성 확인	
⑤ 사업연도별 이월결손금의 발생금액, 공제금액, 보전금액 확인	
⑥ 이월결손금 잔액의 공제기한 내 해당분 금액이 정확한지 확인	
⑦ 배분한도 초과결손금 금액이 별도 구분되었는지 확인	
⑧ 회계기준 변경에 따른 자본금과 적립금 기초잔액을 수정하였는지 확인	
2. 자본금과 적립금 조정명세서(을)	
① 전기 자본금과 적립금 조정명세서(을)의 기말잔액의 확인 및 이기	
② 당기 소득금액조정합계표상의 유보 처분금액을 증감란에 정확히 이기했는지 확인	
3. 자본금과 적립금 조정명세서(병)	
① 전기 자본금과 적립금 조정명세서(병)의 기말잔액의 확인 및 이기	
② 당기 소득금액조정합계표상의 출자의 증가 처분금액을 증감란에 정확히 이기했는지 확인	

Step Ⅲ: 사례와 서식작성실무

예제

사 례

㈜삼일의 제20기 사업연도(2024. 1. 1. ~ 2024. 12. 31.) 법인세 신고를 위한 다음 자료를 이용하여 자본금과 적립금 조정명세서(갑)과 (을) 〔별지 제50호 서식(갑)과 (을)〕을 작성하여라.

◀ **자료** ▶

1. 당기 자본변동표

자본변동표

제20기 : 2024년 1월 1일부터 2024년 12월 31일까지

㈜삼일 (단위 : 원)

구 분	자본금	자본잉여금	자본조정	기타포괄 손익누계액	이익잉여금	총 계
2023. 1. 1. (보고금액)	4,000,000,000	1,000,000,000	-	△650,000,000	1,612,000,000	5,962,000,000
유상증자	1,000,000,000	200,000,000				1,200,000,000
지분법 자본변동				50,000,000		50,000,000
당기순이익					1,500,000,000	1,500,000,000
2023. 12. 31.	5,000,000,000	1,200,000,000	-	△600,000,000	3,112,000,000	8,712,000,000

2. ㈜삼일은 2024. 6. 24.에 유상증자를 실시하였으며, 그 내역은 다음과 같다.
   - 발행주식수 : 200,000주
   - 발행가액 : 6,000원
   - 액면가액 : 5,000원

3. 당기 소득금액조정합계표

[별지 제15호 서식]

사업연도	2024. 1. 1. ~ 2024. 12. 31.	소득금액조정합계표	법인명	㈜삼일
			사업자등록번호	

익금산입 및 손금불산입				손금산입 및 익금불산입			
① 과목	② 금액	③ 소득처분		④ 과목	⑤ 금액	⑥ 소득처분	
		처분	코드			처분	코드
재고자산	100 000 000	유보		퇴직연금예치금	150 000 000	유보	
선급비용	50 000 000	유보		퇴직급여충당부채	350 000 000	유보	
법인세추납액	3 000 000	기타사외유출		지분법이익	300 000 000	유보	
기준금액초과 접대비	2 000 000	기타사외유출		지분법자본변동	50 000 000	유보	
미수이자	4 000 000	유보		미수수익	3 000 000	유보	
퇴직연금예치금	350 000 000	유보		재고자산	250 000 000	유보	
퇴직급여충당부채	150 000 000	유보					
법인세비용	1 400 000 000	기타사외유출					
대손충당금	200 000 000	유보					
지분법자본변동	50 000 000	기타					
가지급금인정이자	2 000 000	기타사외유출					
지급이자	5 000 000	기타사외유출					
세금과공과	10 000 000	기타사외유출					
합계	2 326 000 000			합계	1 103 000 000		

4. 손익미계상법인세 등

구 분	법인세	법인지방소득세	계
총부담세액	300,000,000	30,000,000	330,000,000
회사계상액	250,000,000	25,000,000	275,000,000
손익미계상액	50,000,000	5,000,000	55,000,000

5. 직전 사업연도 자본금과 적립금조정명세서(갑)

[별지 제50호 서식(갑)]

사 업 연 도	2023. 1. 1. ~ 2023. 12. 31.	자본금과 적립금조정명세서(갑)	법인명	㈜삼일
			사업자등록번호	

I. 자본금과 적립금 계산서

①과목 또는 사항		코드	② 기초잔액	당기중증감		⑤ 기말잔액 (익기초현재)	비 고
				③ 감소	④ 증가		
자본금 및 잉여금 등의 계산	1. 자 본 금	01	4,000,000,000			4,000,000,000	
	2. 자본잉여금	02	1,000,000,000			1,000,000,000	
	3. 자본조정	15					
	4. 기타포괄손익누계액	18	△450,000,000		△200,000,000	△650,000,000	
	5. 이익잉여금	14	1,312,000,000	1,312,000,000	1,612,000,000	1,612,000,000	
		17					
	6. 계	20	5,862,000,000	1,312,000,000	1,412,000,000	5,962,000,000	
7. 자본금과적립금명세서(을)계		21	△911,000,000	△501,000,000	246,000,000	△164,000,000	
손익 미계상 법인세등	8. 법 인 세	22	10,000,000	10,000,000	5,000,000	5,000,000	
	9. 지방소득세	23	1,000,000	1,000,000	500,000	500,000	
	10. 계 (8+9)	30	11,000,000	11,000,000	5,500,000	5,500,000	
11. 차가감계(6+7-10)		31	4,940,000,000	800,000,000	1,652,500,000	5,792,500,000	

II. 이월결손금 계산서

1. 이월결손금 발생 및 증감내역

⑥ 사업연도	이월결손금				감소내역					잔액		
	발생액			⑩ 소급공제	⑪ 차감계	⑫ 기공제액	⑬ 당기 공제액	⑭ 보전	⑮ 계	⑯ 기한 내	⑰ 기한경과	⑱ 계
	⑦ 계	⑧ 일반 결손금	⑨ 배분한도초과 결손금 (⑨=㉕)									
2008년	300,000,000	300,000,000			300,000,000	250,000,000			250,000,000		50,000,000	50,000,000
계	300,000,000	300,000,000			300,000,000	250,000,000			250,000,000		50,000,000	50,000,000

2. 법인세 신고 사업연도의 결손금에 동업기업으로부터 배분한도를 초과하여 배분받은 결손금(배분한도 초과결손금)이 포함되어 있는 경우 사업연도별 이월결손금 구분내역

⑲ 법인세 신고 사업연도	⑳ 동업기업 과세연도 종료일	㉑ 손금산입한 배분한도 초과 결손금	㉒ 법인세 신고 사업연도 결 손 금	배분한도 초과결손금이 포함된 이월결손금 사업연도별 구분			
				㉓ 합계 (㉓=㉕+㉖)	배분한도 초과결손금 해당액		㉖ 법인세 신고 사업연도 발생 이월결손금 해당액 (⑧일반결손금으로 계상) (㉑≥㉒의 경우는 "0", ㉑<㉒의 경우는 ㉒-㉑)
					㉔ 이월결손금 발생 사업연도	㉕ 이월결손금 (㉕=⑨) ㉑과 ㉒ 중 작은 것에 상당하는 금액	

III. 회계기준 변경에 따른 자본금과 적립금 기초잔액 수정

㉗ 과목 또는 사항	㉘ 코드	㉙ 전기말 잔액	기초잔액 수정		㉜ 수정 후 기초잔액 (㉙+㉚-㉛)	㉝ 비고
			㉚ 증가	㉛ 감소		

6. 직전 사업연도 자본금과 적립금조정명세서(을)

[별지 제50호 서식(을)]

사 업 연 도	2023. 1. 1. ~ 2023. 12. 31.	자본금과 적립금조정명세서(을)	법인명	㈜삼일

※ 관리번호 □□-□□ 사업자등록번호 □□□-□□-□□□□□

※ 표시란은 기입하지 마십시오.

세무조정유보소득 계산

① 과목 또는 사항	② 기초잔액	당기중증감		⑤ 기말잔액 (익기초현재)	비 고
		③ 감소	④ 증가		
미수이자	△2,000,000	△2,000,000	△4,000,000	△4,000,000	
주식평가이익	△500,000,000	△500,000,000		0	
대손충당금	1,000,000	1,000,000		0	
재고자산	0		250,000,000	250,000,000	
압축기장충당금	△800,000,000			△800,000,000	
퇴직급여충당부채	1,400,000,000	250,000,000	100,000,000	1,250,000,000	
퇴직연금	△1,400,000,000	△250,000,000	△100,000,000	△1,250,000,000	
지분법투자주식 (기타포괄손익누계액)	450,000,000		200,000,000	650,000,000	
지분법투자주식 (지분법이익)	△60,000,000		△200,000,000	△260,000,000	
합 계	△911,000,000	△501,000,000	246,000,000	△164,000,000	

[별지 제50호 서식(갑)] (2022. 3. 18. 개정)

사업연도	2024. 1. 1. ~ 2024. 12. 31.	자본금과 적립금 조정명세서(갑)	법 인 명	(주)삼일
			사업자등록번호	

Ⅰ. 자본금과 적립금 계산서

① 과목 또는 사항		코드	② 기초잔액	당기중증감		⑤ 기말잔액	비 고
				③ 감 소	④ 증 가		
자본금 및 잉여금 등의 계산	1. 자 본 금	01	4,000,000,000		1,000,000,000	5,000,000,000	
	2. 자 본 잉 여 금	02	1,000,000,000		200,000,000	1,200,000,000	
	3. 자 본 조 정	15					
	4. 기타포괄손익누계액	18	△650,000,000	△50,000,000		△600,000,000	
	5. 이 익 잉 여 금	14	1,612,000,000		1,500,000,000	3,112,000,000	
		17					
	6. 계	20	5,962,000,000	△50,000,000	2,700,000,000	8,712,000,000	
7. 자본금과 적립금명세서(을)+(병) 계		21	△164,000,000	296,000,000	47,000,000	△413,000,000	
손익 미계상 법인세 등	8. 법 인 세	22	5,000,000	5,000,000	50,000,000	50,000,000	
	9. 지 방 소 득 세	23	500,000	500,000	5,000,000	5,000,000	
	10. 계(8+9)	30	5,500,000	5,500,000	55,000,000	55,000,000	
11. 차 가 감 계(6+7−10)		31	5,792,500,000	240,500,000	2,692,000,000	8,244,000,000	

Ⅱ. 이월결손금 계산서

1. 이월결손금 발생 및 증감내역

⑥ 사업연도	이월결손금					감 소 내 역				잔 액		
	발 생 액			⑩ 소급공제	⑪ 차감계	⑫ 기공제액	⑬ 당기공제액	⑭ 보전	⑮ 계	⑯ 기한 내	⑰ 기한경과	⑱ 계
	⑦계	⑧일반결손금	⑨배분한도초과결손금(⑨=㉕)									
'08. 12.	300,000,000	300,000,000			300,000,000	250,000,000			250,000,000		50,000,000	50,000,000
계	300,000,000	300,000,000			300,000,000	250,000,000			250,000,000		50,000,000	50,000,000

2. 법인세 신고 사업연도의 결손금에 동업기업으로부터 배분한도를 초과하여 배분받은 결손금(배분한도 초과결손금)이 포함되어 있는 경우 사업연도별 이월결손금 구분내역

⑲ 법인세 신고 사업연도	⑳ 동업기업 과세연도 종료일	㉑ 손금산입한 배분한도 초과 결손금	㉒ 법인세 신고 사업연도 결손금	배분한도 초과결손금이 포함된 이월결손금 사업연도별 구분			
				㉓ 합 계 (㉓=㉕+㉖)	배분한도 초과결손금 해당액		㉖ 법인세 신고사업연도 발생 이월결손금 해당액 (⑧일반결손금으로 계상) (㉑≥㉒의 경우는 "0", ㉑<㉒의 경우는 ㉒−㉑)
					㉔ 이월결손금 발생 사업연도	㉕ 이월결손금 (㉕=⑨) ㉑과 ㉒ 중 작은 것에 상당하는 금액	

Ⅲ. 회계기준 변경에 따른 자본금과 적립금 기초잔액 수정

㉗ 과목 또는 사항	㉘ 코드	㉙ 전기말 잔액	기초잔액 수정		㉜ 수정후 기초잔액 (㉙+㉚−㉛)	㉝ 비 고
			㉚ 증가	㉛ 감소		

[별지 제50호 서식(을)] (1999. 5. 24. 개정)

사업연도	2024. 1. 1. ~ 2024. 12. 31.	자본금과 적립금 조정명세서(을)	법인명	(주)삼일

※ 관리번호 □□ - □□　　　사업자등록번호 □□□ - □□ - □□□□□

※ 표시란은 기입하지 마십시오.

세무조정유보소득 계산

① 과목 또는 사항	② 기초잔액	당기중증감		⑤ 기말잔액 (익기초현재)	비　고
		③ 감소	④ 증가		
미수이자	△4,000,000	△4,000,000	△3,000,000	△3,000,000	
대손충당금	0		200,000,000	200,000,000	
재고자산	250,000,000	250,000,000	100,000,000	100,000,000	
압축기장충당금	△800,000,000			△800,000,000	
퇴직급여충당부채	1,250,000,000	350,000,000	150,000,000	1,050,000,000	
퇴직연금	△1,250,000,000	△350,000,000	△150,000,000	△1,050,000,000	
지분법투자주식 (기타포괄손익누계액)	650,000,000	50,000,000		600,000,000	
지분법투자주식 (지분법이익)	△260,000,000		△300,000,000	△560,000,000	
선급비용	0		50,000,000	50,000,000	
합　계	△164,000,000	296,000,000	47,000,000	△413,000,000	

제2장

2

주요계정명세서

주요계정명세서

관련 법령	• 법령 §97
관련 서식	• 법인세법 시행규칙 [별지 제47호 서식(갑)] 주요계정명세서(갑) [별지 제47호 서식(을)] 주요계정명세서(을)

제2장

주요계정명세서

2

Step I 내용의 이해

1. 주요계정명세서의 의의

주요계정명세서는 법인의 각 사업연도 소득금액을 계산하는 과정에서 비교적 중요한 계정 내역과 법인의 불건전한 지출로서 일정한 한도액이 적용되는 비용계정에 대하여 결산서상의 계정금액과 세무조정 후의 세무상 금액을 비교·검토함으로써 법인세 신고상황에 대한 분석 자료로 활용하기 위해 사용되는 서식이다.

MEMO

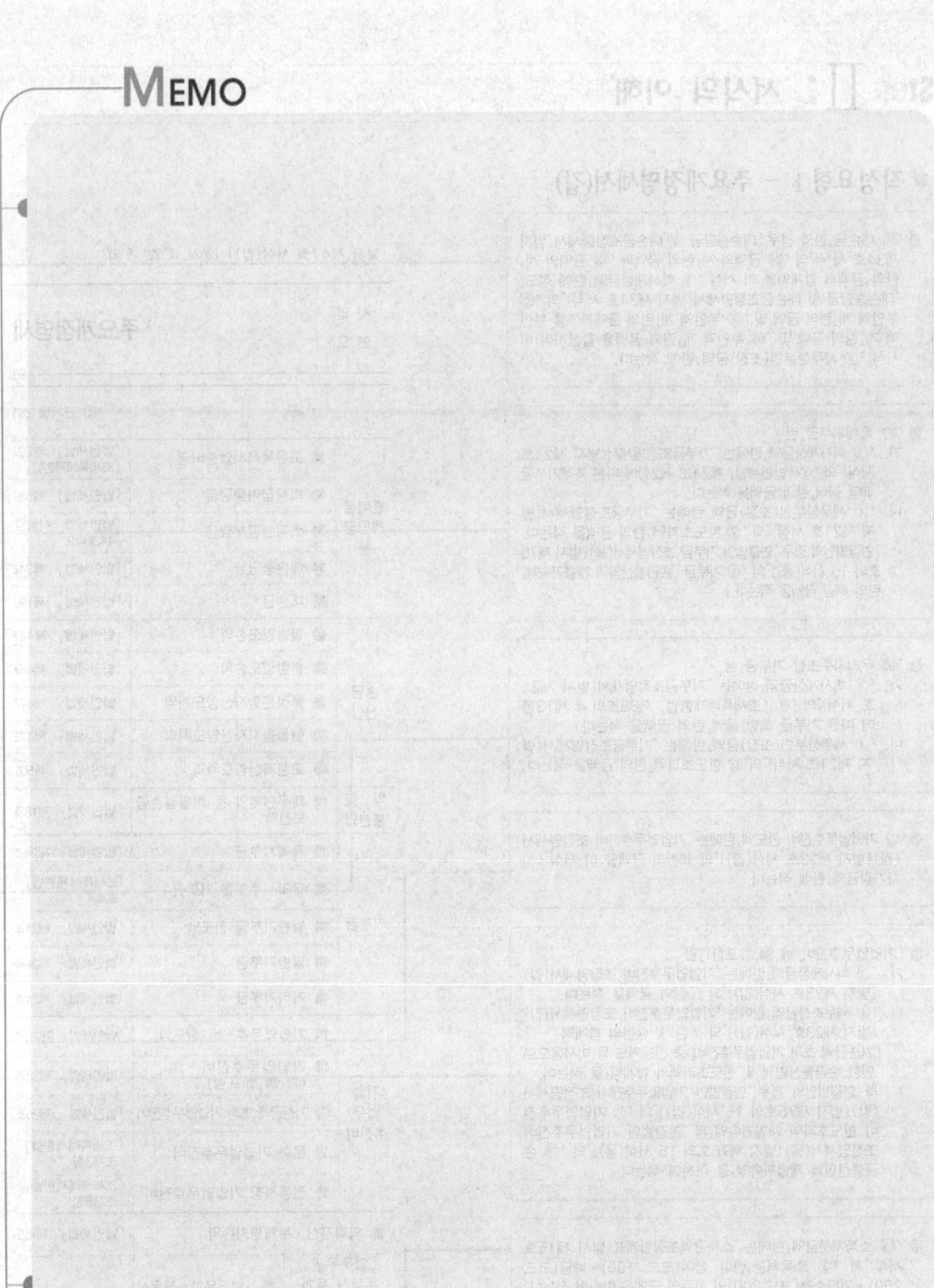

Step Ⅱ : 서식의 이해

■ 작성요령 Ⅰ - 주요계정명세서(갑)

❹ 「⑯ 대손금」란의 경우 "대손충당금 및 대손금조정명세서(별지 제34호 서식)"의 「㉖ 금액의 계」란의 금액과 「㊸ 금액의 계」란의 금액의 합계액을 이 서식 「③ 회사계상금액」란에 적고, "대손충당금 및 대손금조정명세서(별지 제34호 서식)"의 「㉙ 부인액 계」란의 금액 및 「㊹ 부인액 계」란의 금액과 「㉜ 부인액 계」란의 금액 및 「㊺ 부인액 계」란의 금액을 합산하여 이 서식 「④ 세무상부인(조정)금액」란에 적는다.

❺ 「⑫ 특례기부금」란
가. 「③ 회사계상금액」란에는 "기부금조정명세서(별지 제21호 서식)"의 「③ 「법인세법」 제24조 제2항에 따른 특례기부금 해당 금액」란의 금액을 적는다.
나. 「④ 세무상부인(조정)금액」란에는 "기부금조정명세서(별지 제21호 서식)"의 「⑦ 한도초과액」란의 금액을 적는다. [연결법인의 경우 "연결법인 기부금 조정명세서(을)(별지 제76호의 16 서식(을))"의 「⑧ 기부금 손금불산입액 개별귀속액」란의 해당 금액을 적는다.]

❻ 「⑬ 우리사주조합 기부금」란
가. 「③ 회사계상금액」란에는 "기부금조정명세서(별지 제21호 서식)"의 「⑨ 「조세특례제한법」 제88조의 4 제13항에 따른 기부금 해당 금액」란의 금액을 적는다.
나. 「④ 세무상부인(조정)금액」란에는 "기부금조정명세서(별지 제21호 서식)"의「⑫ 한도초과액」란의 금액을 적는다.

❿ 「⑰ 기업업무추진비 한도액」란에는 "기업업무추진비 조정명세서(갑)(별지 제23호 서식(갑))"의 ⑬란의 금액을 이 서식 「⑤ 차가감금액」란에 적는다.

⓫ 「기업업무추진비(⑲,⑳,㉑포함)」란
가. 「③ 회사계상금액」란에는 "기업업무추진비 조정명세서(갑)(별지 제23호 서식(갑))"의 ①란의 금액을 적는다.
나. 「④ 세무조정금액」란에는 "기업업무추진비 조정명세서(갑)(별지 제23호 서식(갑))"의 ②란 및 ⑭란의 합계액(기준금액 초과 기업업무추진비 중 신용카드 등 미사용으로 인한 손금불산입액 및 한도초과액의 합계액)을 적는다.
※ 연결법인의 경우 "연결법인 기업업무추진비 조정명세서(갑)(별지 제76호의 15 서식(갑))"의 「⑲ 기업업무추진비 한도초과액 개별귀속액」과 "연결법인 기업업무추진비 조정명세서(을)(별지 제76호의 15 서식(을))"의 「⑳ 손금불산입액 개별귀속액」을 더하여 적는다.

⓱ 「㉔ 소득처분금액」란에는 "소득금액조정합계표(별지 제15호 서식)"의 「③ 소득처분」란이 상여(코드 100)·배당(코드 200)·기타소득(코드 300)인 항목의 금액을 합하여 적는다.

[별지 제47호 서식(갑)] (2024. 3. 22. 개정)

사 업 연 도	. . . ~ . . .	주요계정명세

① 구 분		② 근거법 조항	
준비금 충당금 등	⑩ 고유목적사업준비금	「법인세법」 제29조 「조세특례제한법」	
	⑫ 퇴직급여충당금	「법인세법」 제33조	
	⑬ 퇴직연금부담금	「법인세법 시행령」 44조의2	
	⑭ 대손충당금	「법인세법」 제34조	
	⑮ 대손금	「법인세법」 제19조	
손금 산입	⑯ 합병양도손익	「법인세법」 제44조	
	⑰ 분할양도손익	「법인세법」 제46조	
	⑱ 물적분할자산양도차익	「법인세법」 제47조	
	㉕ 현물출자자산양도차익	「법인세법」 제47조	
	⑲ 교환자산양도차익	「법인세법」 제50조	
익 금 불산입	⑩ 채무면제익 등 이월결손금 보전액	「법인세법」 제18조	
기부금	⑫ 특례기부금	「법인세법」 제24조	
	⑬ 우리사주조합 기부금	「조세특례제한법」 조의4	
	⑭ 일반기부금 한도액	「법인세법」 제24조	
	⑮ 일반기부금	「법인세법」 제24조	
	⑯ 기타기부금	「법인세법」 제24조	
기업 업무 추진비	⑰ 기업업무추진비 한도액	「법인세법」 제25조	
	⑱ 기업업무추진비 (⑲,⑳,㉑포함)	「법인세법」 제25조	
	⑲ 기준금액 초과 기업업무추진비	「법인세법」 제25조	
	⑳ 문화 기업업무추진비	「조세특례제한법」 조제3항	
	㉑ 전통시장 기업업무추진비	「조세특례제한법」 조제6항	
㉒ 외화자산·부채평가손익		「법인세법」 제42조	
업무무관 부동산 등과 관련한 차입금이자	㉓ 업무무관 부동산 등	「법인세법」 제28조	
상 여 배당 등	㉔ 소득처분금액 (「법인세법 시행령」 제106조)	07	→ ⓱

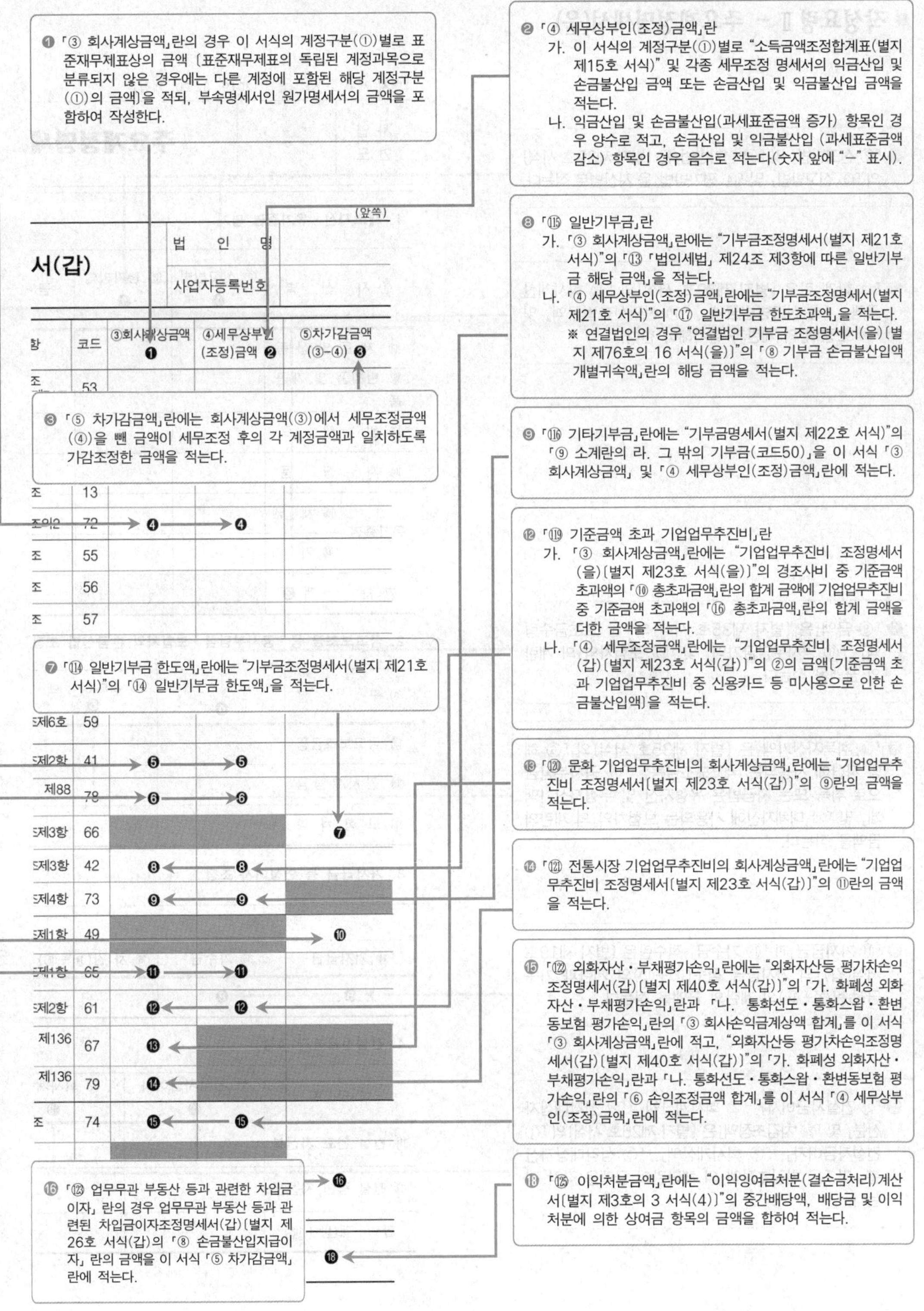
❶ 「③ 회사계상금액」란의 경우 이 서식의 계정구분(①)별로 표준재무제표상의 금액 〔표준재무제표의 독립된 계정과목으로 분류되지 않은 경우에는 다른 계정에 포함된 해당 계정구분(①)의 금액〕을 적되, 부속명세서인 원가명세서의 금액을 포함하여 작성한다.
❷ 「④ 세무상부인(조정)금액」란
가. 이 서식의 계정구분(①)별로 "소득금액조정합계표(별지 제15호 서식)" 및 각종 세무조정 명세서의 익금산입 및 손금불산입 금액 또는 손금산입 및 익금불산입 금액을 적는다.
나. 익금산입 및 손금불산입(과세표준금액 증가) 항목인 경우 양수로 적고, 손금산입 및 익금불산입 (과세표준금액 감소) 항목인 경우 음수로 적는다(숫자 앞에 "-" 표시).
(앞쪽)
서(갑)
법 인 명
사업자등록번호
③회사계상금액 ❶
④세무상부인 (조정)금액 ❷
⑤차가감금액 (③-④) ❸
코드
❸ 「⑤ 차가감금액」란에는 회사계상금액(③)에서 세무조정금액(④)을 뺀 금액이 세무조정 후의 각 계정금액과 일치하도록 가감조정한 금액을 적는다.
❽ 「⑮ 일반기부금」란
가. 「③ 회사계상금액」란에는 "기부금조정명세서(별지 제21호 서식)"의 「⑬ 「법인세법」 제24조 제3항에 따른 일반기부금 해당 금액」을 적는다.
나. 「④ 세무상부인(조정)금액」란에는 "기부금조정명세서(별지 제21호 서식)"의 「⑰ 일반기부금 한도초과액」을 적는다.
※ 연결법인의 경우 "연결법인 기부금 조정명세서(을)〔별지 제76호의 16 서식(을)〕"의 「⑧ 기부금 손금불산입액 개별귀속액」란의 해당 금액을 적는다.
❾ 「⑯ 기타기부금」란에는 "기부금명세서(별지 제22호 서식)"의 「⑨ 소계란의 라. 그 밖의 기부금(코드50)」을 이 서식 「③ 회사계상금액」 및 「④ 세무상부인(조정)금액」란에 적는다.
⑫ 「⑲ 기준금액 초과 기업업무추진비」란
가. 「③ 회사계상금액」란에는 "기업업무추진비 조정명세서(을)〔별지 제23호 서식(을)〕"의 경조사비 중 기준금액 초과액의 「⑩ 총초과금액」란의 합계 금액에 기업업무추진비 중 기준금액 초과액의 「⑯ 총초과금액」란의 합계 금액을 더한 금액을 적는다.
나. 「④ 세무조정금액」란에는 "기업업무추진비 조정명세서(갑)〔별지 제23호 서식(갑)〕"의 ②의 금액〔기준금액 초과 기업업무추진비 중 신용카드 등 미사용으로 인한 손금불산입액〕을 적는다.
❼ 「⑭ 일반기부금 한도액」란에는 "기부금조정명세서(별지 제21호 서식)"의 「⑭ 일반기부금 한도액」을 적는다.
⑬ 「⑳ 문화 기업업무추진비의 회사계상금액」란에는 "기업업무추진비 조정명세서〔별지 제23호 서식(갑)〕"의 ⑨란의 금액을 적는다.
⑭ 「㉑ 전통시장 기업업무추진비의 회사계상금액」란에는 "기업업무추진비 조정명세서〔별지 제23호 서식(갑)〕"의 ⑪란의 금액을 적는다.
⑮ 「㉒ 외화자산・부채평가손익」란에는 "외화자산등 평가차손익조정명세서(갑)〔별지 제40호 서식(갑)〕"의 「가. 화폐성 외화자산・부채평가손익」란과 「나. 통화선도・통화스왑・환변동보험 평가손익」란의 「③ 회사손익금계상액 합계」를 이 서식 「③ 회사계상금액」란에 적고, "외화자산등 평가차손익조정명세서(갑)〔별지 제40호 서식(갑)〕"의 「가. 화폐성 외화자산・부채평가손익」란과 「나. 통화선도・통화스왑・환변동보험 평가손익」란의 「⑥ 손익조정금액 합계」를 이 서식 「④ 세무상부인(조정)금액」란에 적는다.
⑯ 「㉓ 업무무관 부동산 등과 관련한 차입금 이자」란의 경우 업무무관 부동산 등과 관련된 차입금이자조정명세서(갑)〔별지 제26호 서식(갑)의 「⑧ 손금불산입지급이자」란의 금액을 이 서식 「⑤ 차가감금액」란에 적는다.
⑱ 「㉕ 이익처분금액」란에는 "이익잉여금처분(결손금처리)계산서〔별지 제3호의 3 서식(4)〕"의 중간배당액, 배당금 및 이익처분에 의한 상여금 항목의 금액을 합하여 적는다.

■ 작성요령Ⅱ - 주요계정명세서(을)

❶ 「② 신고방법」 및 「③ 평가방법」은 〔별지 제39호 서식〕의 「③ 신고방법」 및 「④ 평가방법」을 자산별로 적는다.

❸ 「⑩ 합계」란은 〔별지 제39호 서식〕의 「⑬ 회사계산금액」, 「⑮ 신고방법금액」, 「⑰ 선입선출법금액」 및 「⑱ 조정액」의 계란과 일치해야 한다.

❹ 「⑨ 금액」은 〔별지 제35호 서식〕의 「① 보조금수령액」, 「⑩ 공사부담금가액」 및 「㉑ 보험차익」의 계란의 금액을 적는다.

❺ 「⑩ 취득자산가액」은 〔별지 제35호 서식〕의 「⑥ 해당 자산에 사용되는 국고보조금등」, 「⑮ 공사부담금으로 취득 또는 지급받은 유형자산 및 무형자산가액계」 및 「㉖ 대체자산에 사용되는 보험차익」의 계란의 금액을 적는다.

❽ 「⑭ 가지급금」과 「⑮ 가수금」 적수란은 〔별지 제19호 서식(갑)〕의 가지급금 적수(②+⑫)의 계란과 가수금적수(③+⑬)의 계란의 금액을 적는다.

❿ 「㉑ 건설자금이자」, 「㉒ 회사계상액」, 「㉓ 상각대상자산분」 및 「㉔ 차감조정액」은 〔별지 제25호 서식〕의 「① 건설자금이자」, 「② 회사계상액」, 「③ 상각대상자산분」 및 「④ 차감조정액」의 해당란의 금액을 각각 적는다.

[별지 제47호 서식(을)] (2019. 3. 20. 개정)

사 업 연 도	. . . ~ . . .	주요계정명세

1. 재고자산・유가증권 평가

① 자 산 별		② 신고방법 ❶	③ 평가방법 ❶	④ 호 금
⑩ 제 품 및 상 품				
⑩ 반제품 및 재공품				
⑩ 원 재 료				
⑩ 저 장 품				
유가증권	⑩ 채 권			
	⑩ 기 타			
⑩ 합 계 ❸				

2. 국고보조금 등・공사부담금・보험차익 손금산입 조정

⑧ 구 분	⑨ 금 액 ❹	⑩ 취득자산가액 ❺
⑩ 국고보조금등		
⑩ 공사부담금		
⑩ 보험차익		

3. 가지급금 등 인정이자 조정

적 수		
⑭ 가지급금	⑮ 가수금	⑯ 차 감(⑭－⑮)
❽	❽	

4. 건설자금이자 조정

⑳ 구 분	㉑ 건설자금이자 ❿	㉒ 회사계- ❿
⑪ 건설 완료 자산분		
⑫ 건설 중인 자산분		
합 계(⑪＋⑫)		

서(을)

법 인 명	
사업자등록번호	

회사계산 액 ❷	조정계산금액		⑦ 조 정 액 (⑤ 또는 ⑤와⑥ 중 큰 금액－④) ❷
	⑤ 신고방법 ❷	⑥ 선입선출법 ❷	

❷ 「④ 회사계산금액」, 「⑤ 신고방법」, 「⑥ 선입선출법」과 「⑦ 조정액」은 〔별지 제39호 서식〕의 「⑬ 회사계산금액, 「⑮ 신고방법금액」, 「⑰ 선입선출법금액」과 「⑱ 조정액」의 자산별 합계금액을 적는다.

❻ 「⑪ 회사손비계상액」 및 「⑫ 한도초과액」은 〔별지 제35호 서식〕의 「⑧·⑰·㉘의 회사계상액」 및 「⑨·⑱·㉙의 한도초과액」 란의 해당 금액을 각각 적는다.

⑪ 회사손비계상액 ❻	⑫ 한도초과액 (⑪－⑩) ❻	⑬ 미사용분 익금산입액 ❼

❼ 「⑬ 미사용분익금산입액」은 〔별지 제35호 서식〕의 「㊲ 익금산입액」란의 해당 금액을 각각 적는다.

❾ 「⑰ 인정이자」와 「⑱ 회사계상액」은 〔별지 제19호 서식(갑)〕의 인정이자(⑤+⑯)란과 회사계상액(⑥+⑰)란의 금액을 적고, 「⑲ 조정액」란은 〔별지 제19호 서식(갑)〕의 조정액(⑨+⑳)란의 금액을 적는다.

⑰ 인정이자	⑱ 회사계상액	⑲ 조정액
❾	❾	❾

상액	㉓ 상각대상자산분 ❿	㉔ 차감조정액(㉑－㉒－㉓) ❿

❿ 「㉑ 건설자금이자」, 「㉒ 회사계상액」, 「㉓ 상각대상자산분」 및 「㉔ 차감조정액」은 〔별지 제25호 서식〕의 「① 건설자금이자」, 「② 회사계상액」, 「③ 상각대상자산분」 및 「④ 차감조정액」의 해당란의 금액을 각각 적는다.

Step III: 사례와 서식작성실무

예제

사 례

다음 자료에 의하여 ㈜삼일의 제10기 사업연도(2024. 1. 1. ~ 2024. 12. 31.)의 법인세 신고를 위한 주요계정명세서 〔별지 제47호 서식(갑)〕을 작성하여라.

◀ 자료 ▶

구 분		회사계상액	세무조정액	비 고
퇴직급여충당금		120,000,000원	120,000,000원	한도초과액(손금불산입)
대손충당금		6,000,000원	1,000,000원	한도초과액(손금불산입)
기부금	특례	30,000,000원	–	일반기부금 한도액은 5,000,000원
	일반	2,000,000원	–	
접대비		120,000,000원	20,000,000원	접대비 한도액은 100,000,000원 (접대비 계상액 중 한 차례당 3만원 초과 접대비 사용액은 110,000,000원이며, 그 중 신용카드 등을 미사용한 금액은 15,000,000원임.)

[별지 제47호 서식(갑)] (2024. 3. 22. 개정)

사 업 연 도	2024. 1. 1. ~ 2024. 12. 31.	주요계정명세서(갑)	법 인 명	㈜ 상일
			사업자등록번호	

① 구 분		② 근거법 조항	코드	③ 회사계상금액	④세무상부인 (조정)금액	⑤차가감금액 (③-④)
준비금 충당금 등	⑩ 고유목적사업준비금	「법인세법」 제29조 「조세특례제한법」 제74조	53			
	⑫ 퇴직급여충당금	「법인세법」 제33조	12	120,000,000	120,000,000	0
	⑬ 퇴직연금부담금	「법인세법 시행령」 제44조의2	71			
	⑭ 대손충당금	「법인세법」 제34조	13	6,000,000	1,000,000	5,000,000
	⑮ 대손금	「법인세법」 제19조의2	72			
손금 산입	⑯ 합병양도손익	「법인세법」 제44조	55			
	⑰ 분할양도손익	「법인세법」 제46조	56			
	⑱ 물적분할자산양도차익	「법인세법」 제47조	57			
	㉕ 현물출자자산양도차익	「법인세법」 제47조의 2	50			
	⑲ 교환자산양도차익	「법인세법」 제50조	58			
익 금 불산입	⑩ 채무면제익 등 이월결손금 보전액	「법인세법」 제18조 제6호	59			
기부금	⑫ 특례기부금	「법인세법」 제24조 제2항	41	30,000,000	0	30,000,000
	⑬ 우리사주조합 기부금	「조세특례제한법」 제88조의 4	78			
	⑭ 일반기부금 한도액	「법인세법」 제24조 제3항	66			5,000,000
	⑮ 일반기부금	「법인세법」 제24조 제3항	42	2,000,000		2,000,000
	⑯ 기타기부금	「법인세법」 제24조 제4항	73			
접대비	⑰ 기업업무추진비 한도액	「법인세법」 제25조 제1항	49			100,000,000
	⑱ 기업업무추진비(⑲,⑳,㉑포함)	「법인세법」 제25조 제1항	65	120,000,000	20,000,000	100,000,000
	⑲ 기준금액 초과 기업업무추진비	「법인세법」 제25조 제2항	61	110,000,000	15,000,000	95,000,000
	⑳ 문화기업업무추진비	「조세특례제한법」 제136조 제3항」	67			
	㉑ 전통시장 기업업무추진비	「조세특례제한법」 제136조 제6항	79			
㉒ 외화자산・부채평가손익		「법인세법」 제42조	74			
업무무관 부동산 등과 관련한 차입금이자	㉓ 업무무관 부동산 등	「법인세법」 제28조 제1항	76			

상 여 배당 등	㉔ 소득처분금액 (「법인세법 시행령」 제106조)	97		㉕ 이익처분금액 (「상법」 제462조 등)	98	

3

제3장

주식등변동상황명세서

제3장 주식등변동상황명세서

관련 법령	• 법법 §119 • 법령 §161, §163 • 법칙 §79의 3
관련 서식	• 법인세법 시행규칙 [별지 제54호 서식] 주식등변동상황명세서 [별지 제54호 서식 부표] 주식·출자지분 양도명세서

제3장

주식등변동상황명세서

3

Step I 내용의 이해

1. 개 요

사업연도 중에 주식 또는 출자지분의 변동사항이 있는 법인(조합법인 등은 제외)은 주식등변동상황명세서를 각 사업연도 소득에 대한 과세표준 신고기한까지 제출할 의무가 있다(법법 §119 ①). 동 명세서를 제출해야 할 법인이 동 명세서를 제출하지 아니하거나 주식변동상황을 누락하여 제출한 경우와 제출한 명세서가 불분명한 경우에는 가산세의 제재대상이 된다(법법 §75의 2 ②).

2. 주식등변동상황명세서의 제출대상

2-1. 제출의무가 없는 법인

사업연도 중에 주식 및 출자지분의 변동사항이 있는 법인은 주식등변동상황명세서를 제출하여야 한다. 다만, 다음의 법인은 주식 등의 변동사항이 있는 경우에도 명세서를 제출하지 않아도 된다(법령 §161 ①).

① 법인세법 시행령 제2조 제1항 각 호의 조합법인(그 중앙회 및 연합회는 제외)
② 자본시장과 금융투자업에 관한 법률에 따른 투자회사, 투자유한회사, 투자합자회사(기관전용 사모집합투자기구는 제외)
③ 기업구조조정투자회사 등 자본시장과 금융투자업에 관한 법률 제6조 제5항 각 호의 어느 하나에 해당하는 법인

④ 해당 법인의 주주 등이 공공기관 또는 기관투자자(*)(법칙 §79의 3 ①)와 주권상장법인의 소액주주로 구성된 법인

(*) 공공기관 또는 기관투자자의 범위(법칙 §79의 3 ①)

- 공공기관의 운영에 관한 법률에 따른 공공기관으로서 법인세법 시행규칙 별표 11의 공공기관
- 법인세법 시행령 제61조 제2항 제1호부터 제11호까지, 제21호 및 제28호의 금융기관
- 자본시장과 금융투자업에 관한 법률에 따른 집합투자업자 또는 증권금융회사
- 법인세법 시행규칙 제56조의 2 제1항 및 제2항 각 호의 법인

⑤ 도시 및 주거환경정비법 제38조에 따른 정비사업조합

⑥ 그 밖에 기획재정부령이 정하는 법인

관련사례

- 외국법인의 주식 등 변동상황명세서의 제출의무

  주식이동상황명세서의 제출규정은 내국법인에 한하여 적용함(국일 22601-127, 1991. 3. 8.).

2-2. 제출대상에서 제외되는 주식 등

다음 어느 하나에 해당하는 주식 또는 출자지분의 변동사항에 대해서는 주식 등 변동상황명세서의 제출대상에서 제외하고, 주식 등 변동상황명세서상 "제출의무 면제주주 소계"란에 일괄 기재하면 된다(법법 §119 ②).

① 주권상장법인으로서 해당 사업연도 중 주식의 명의개서 또는 변경을 취급하는 자를 통하여 1회 이상 주주명부를 작성하는 법인의 경우에는 지배주주 등(*) 외의 주주 등이 소유하는 주식 등(법령 §161 ②, ③)

(*) "지배주주 등"이란 법인의 발행주식총수 또는 출자총액의 1% 이상의 주식 또는 출자지분을 소유한 주주 등으로서 그와 특수관계에 있는 자와의 소유 주식 또는 출자지분의 합계가 해당 법인의 주주 등 중 가장 많은 경우의 해당 주주 등을 말함(법령 §43 ⑦).

② 상기 '①' 외의 법인의 경우에는 해당 법인의 소액주주 등(*)이 소유하는 주식 등

(*) "소액주주 등"이란 발행주식총수 또는 출자총액의 1%에 미달하는 주식 또는 출자지분을 소유한 주주 등(해당 법인의 국가, 지방자치단체가 아닌 지배주주 등의 특수관계인인 자는 제외함)으로서(법령 §50 ②), 다음 중 어느 하나에 해당하는 주주 등을 말함(법령 §161 ④ 및 법칙 §79의 3 ②).

1. 유가증권시장상장법인의 경우 보유하고 있는 주식의 액면금액의 합계액이 3억원에 미달하고 그 주식의 시가(소득세법 시행령 제157조 제6항에 따른 최종시세가액 또는 평가액)의 합계액이 100억원 미만인 주주
2. 코스닥시장상장법인의 경우 보유하고 있는 주식의 액면금액의 합계액이 3억원에 미달하고 그 주식의 시가(소득세법 시행령 제157조 제6항에 따른 최종시세가액 또는 평가액)의 합계액이 100억원 미만인 주주. 다만, 코스닥시장상장 전에 주식을 취득한 경우에는 해당 주식의 액면금액의 합계액이 500만원 이하인 주주와 중소기업의 주식을 코스닥시장을 통하여 양도한 주주

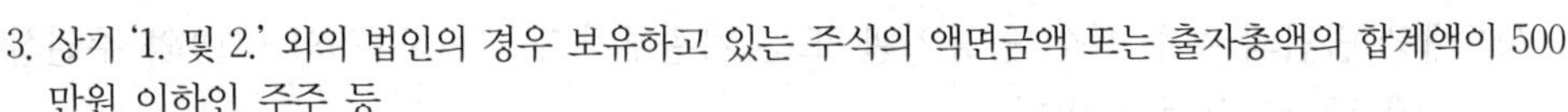

3. 상기 '1. 및 2.' 외의 법인의 경우 보유하고 있는 주식의 액면금액 또는 출자총액의 합계액이 500만원 이하인 주주 등

2-3. 지배주주 등 및 소액주주 등의 판단시기

주식 등 변동상황명세서 제출대상 주식인지 여부를 판단함에 있어 지배주주 등 또는 소액주주 등과 액면금액·시가 또는 출자총액은 해당 법인의 사업연도 개시일과 사업연도 종료일 현재의 현황에 의한다. 이 경우 어느 한 날이라도 지배주주 등에 해당하면 지배주주 등으로 보고, 어느 한 날이라도 소액주주 등에 해당하지 아니하면 소액주주 등으로 보지 아니한다(법령 §161 ⑤).

3. 명세서의 제출

3-1. 제출기한 및 특례

주식 등 변동상황명세서는 각 사업연도 소득에 대한 과세표준 신고기한까지 납세지 관할 세무서장에게 제출하여야 한다(법법 §119 ①). 다만, 다음의 규정에 의하여 그 의무를 면제하거나 그 기한을 연장할 수 있다(법령 §163 ②).

① 천재지변 등으로 장부나 그 밖의 증명서류가 멸실된 때에는 그 사유가 발생한 월의 전월 이후분은 해당 사업이 원상회복한 월이 속하는 전월분까지 그 보고서의 제출의무를 면제
② 권한 있는 기관에 장부나 그 밖의 증명서류가 압수 또는 영치된 경우 그 사유가 발생한 당월분과 직전 월분에 대하여는 보고서의 제출이 가능한 상태로 된 날이 속하는 월의 다음달 말일까지 제출기한을 연장

이러한 면제 또는 연장을 받고자 하는 법인은 법인세법 제121조에 규정하는 보고서 제출기한 내에 납세지 관할 세무서장에게 그 승인을 신청하여야 한다(법령 §163 ③).

3-2. 제출내용

사업연도 중의 주식 등의 변동사항이 있는 경우 주식 등 변동상황명세서에는 주식등의 실제 소유자를 기준으로 다음의 내용을 적어야 한다(법령 §161 ⑥, ⑦).

① 주주 등의 성명 또는 법인명, 주민등록번호·사업자등록번호 또는 고유번호
② 주주 등별 주식 등의 보유현황
③ 사업연도 중의 주식 등의 변동사항(매매·증자·감자·상속·증여 및 출자 등에 의한 주주 등·지분비율·보유주식액면총액 및 보유출자총액 등의 변동사항)

4. 주식등변동상황명세서 제출 불성실가산세

주식등변동상황명세서를 제출해야 할 법인이 동 명세서를 제출하지 아니하거나 주식등 변동상황을 누락하여 신고한 경우 또는 부실기재(미기재, 기재 오류, 사실과 다른 기재)한 경우에는 그 주식등의 액면금액 또는 출자가액의 1%(단, 제출기한 경과 후 1월 이내에 제출하는 때에는 0.5%)에 상당하는 금액을 가산세로 징수한다. 이 경우 산출세액이 없는 경우에도 가산세는 징수하며(법법 §75의 2 ②, ③ 및 국기법 §48 ② 3호 나목), 가산세에 관한 자세한 내용은 '제4편 제6장의 가산세'편을 참고하기 바란다.

관련사례

- 주식등변동상황명세서 제출불성실 가산세 대상인지 여부

  내국법인이 주주등의 명세서 및 주식등변동상황명세서 제출 시 착오로 주식수와 주당 액면가액을 잘못 기재하였으나 주주별 지분비율 및 보유주식액면총액은 정확히 기재한 경우 법인세법 제75조의 2 제1항 제3호 및 제2항 제3호의 '제출한 명세서가 불분명한 경우'에 해당하지 않는 것임(서면-2021-법령해석법인-4820, 2021. 12. 15.).

- 금융위원회 자본감소 승인과 주식등변동상황명세서 작성기준일

  금융투자업을 영위하는 내국법인이 주주총회의 특별결의에 의해 자본금 감소를 결의하고 채권자 이의절차가 종료된 경우 다음 사업연도에 금융위원회의 자본감소 승인이 이루어지더라도 상법에 따라 자본감소 효력이 발생한 사업연도를 기준으로 주식등변동상황명세서를 작성하여 제출하는 것임(사전-2018-법령해석법인-0229, 2018. 8. 14.).

- 상속인을 확인할 수 없는 경우 주식등변동상황명세서 제출방법 및 가산세 적용 여부

  사업연도 중에 주주의 사망에 따른 상속으로 주식 변동사항이 있는 법인이 상속인들간 상속재산 협의분할에 대한 합의가 이루어지지 않아 상속개시일이 속하는 사업연도에 법정상속지분에 따라 주식등변동상황명세서를 제출하였으나 이후 협의분할에 대한 합의가 이루어져 동 주식의 실제 소유주가 확정된 경우, 당초 상속개시일이 속하는 사업연도의 주식등 변동상황명세서를 수정하여 제출하여야 하는 것이며 주식등변동상황명세서 제출불성실 가산세를 적용하지 않는 것임(서면-2016-법령해석법인-3028, 2017. 9. 1.).

- 명의신탁 주식 환원시 주식등변동상황명세서 작성방법 및 가산세 적용 여부

  2001. 12. 31.로 개정된 법인세법 시행령 제161조 제5항이 적용되기 전의 명의신탁 주식에 대해 수탁자 명의로 주식 등 변동상황명세서를 제출한 후 해당 주식의 명의신탁을 해지하여 실제 소유자 명의로 환원하는 경우 그 명의신탁일이 속하는 사업연도의 주식등변동상황명세서를 수정하여 제출하는 것이고, 해당 사업연도의 법인세에 대해 주식등변동상황명세서 제출불성실가산세를 적용하는 것임(서면-2015-법령해석법인-0123, 2016. 2. 29.).

- 공직자윤리법에 따른 주식 백지신탁의 주식등변동상황명세서 제출대상 해당 여부

  주식등변동상황명세서는 주식 등의 실제소유자를 기준으로 작성하는 것으로, 비상장내국법인의 주주가 공직자윤리법에 따라 주식을 금융기관에 백지신탁하는 것은 '주식 등의 변동'에 해당하지 아니하는 것임(사전-2015-법령해석법인-22224, 2015. 4. 6.).

Step Ⅱ 서식의 이해

작성요령 I - 주식등변동상황명세서

[별지 제54호 서식] (2021. 3. 16. 개정)

주식등변동ㅅ

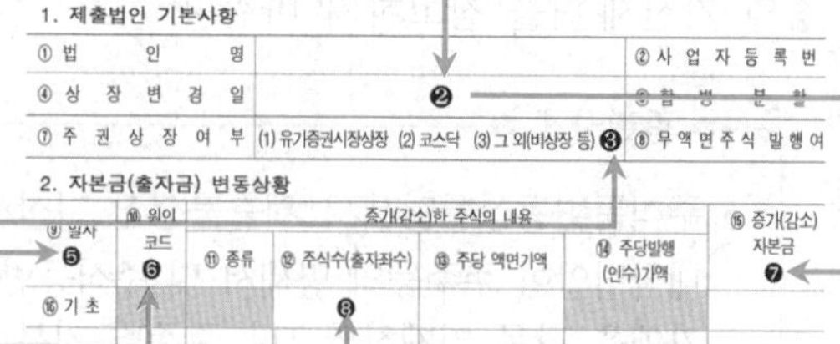

1. 제출법인 기본사항

① 법 인 명		② 사 업 자 등 록 번
④ 상 장 변 경 일	❷	⑤ 합 병 · 분 할
⑦ 주 권 상 장 여 부	(1) 유가증권시장상장 (2) 코스닥 (3) 그 외(비상장 등) ❸	⑧ 무 액 면 주 식 발 행 여

2. 자본금(출자금) 변동상황

⑨ 일자 ❺	⑩ 원인코드 ❻	증가(감소)한 주식의 내용				⑮ 증가(감소) 자본금 ❼
		⑪ 종류	⑫ 주식수(출자좌수)	⑬ 주당 액면가액	⑭ 주당발행(인수)가액	
⑯ 기 초			❽			

❷ 해당 사업연도 중에 주권상장(코스닥 포함)되거나 그 내용이 변경된 경우 또는 합병·분할된 경우에는 「④ 상장변경일」란과 「⑤ 합병·분할일」란에 그 날짜를 적고, 해당일자를 기준으로 하여 이전·이후의 본 서식을 각각 별지로 구분 작성하여 제출한다.

❸ 「⑦ 주권상장 여부」는 유가증권시장에서 거래되는 주권상장법인의 경우 (01)유가증권시장상장, 코스닥시장상장법인의 경우는 (02)코스닥, 그 외 비상장법인 등의 경우는 (03)그 외(비상장 등)으로 구분하여 적는다.

❺ 「⑨ 일자」란에는 해당 사업연도 중 자본금 변동내역을 변동일자 순으로 적고, 동일자에 종류가 다른 주식이 함께 발행된 경우에는 「⑪ 종류」란에 보통주는 01, 우선주는 02로 각각 구분하여 적는다.

❽ 「⑯ 기초」 및 「⑰ 기말」의 「⑫ 주식수(출자좌수)」는 주식종류와 관련없이 발행된 총주식수를 의미한다.

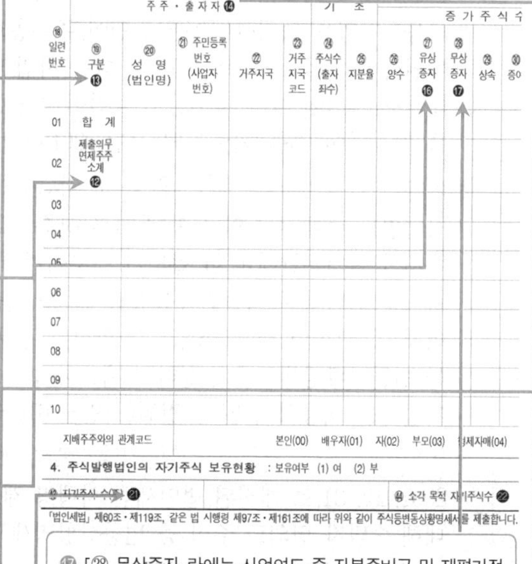

⑱ 일련번호	⑲ 구분 ⓭	⑳ 성 명 (법인명)	㉑ 주민등록번호 (사업자번호)	㉒ 거주지국	㉓ 거주지국코드	㉔ 주식수 (출자좌수)	㉕ 지분율	㉖ 양수	㉗ 유상증자 ⓰	㉘ 무상증자 ⓱	㉙ 상속	㉚ 증여
01	합 계											
02	제출의무면제주주 소계 ⓬											
03												
04												
05												
06												
07												
08												
09												
10												

(주주·출자자 ⓮ / 기 초 / 증 가 주 식 수)

지배주주와의 관계코드 본인(00) 배우자(01) 자(02) 부모(03) 형제자매(04)

4. 주식발행법인의 자기주식 보유현황 : 보유여부 (1) 여 (2) 부

㊸ 자기주식 수(주) ㉑ ㊹ 소각 목적 자기주식수 ㉒

「법인세법」 제60조·제119조, 같은 법 시행령 제97조·제161조에 따라 위와 같이 주식등변동상황명세서를 제출합니다.

⓭ 「⑲ 구분」란은 주주(출자자)를 구분하는 것으로 개인은 01, 영리내국법인은 02, 비영리내국법인은 03, 개인단체는 04, 외국투자자는 05, 외국법인은 06으로 각각 적는다.

⓬ 「제출의무면제 주주 소계」(㉔부터 ㊶까지)는 법인세법 제119조 제2항에 따라 주식등변동상황명세서 제출의무가 면제되는 주주들의 합계액을 적으며, 개별적으로 적지 않는다.

⓯ 「변동상황」(㉖부터 ㊴까지)은 증감사유별로 변동된 주식수(출자좌수)를 적는다.

⓰ 「㉗ 유상증자」란에는 사업연도 중 유상증자(출자)에 따라 증가한 주식수(출자좌수)를 적는다.

⓱ 「㉘ 무상증자」란에는 사업연도 중 자본준비금 및 재평가적립금액 자본전입·주식배당 등에 의한 증가된 주식수(출자좌수)를 적는다.

㉑ 「㊸ 자기주식 수」란에는 사업연도말 현재 보유하고 있는 자기주식 전체 수를 기재한다(단위 : 주).

❻ 「⑩ 원인코드」란에는 다음 사유에 해당하는 코드를 적는다.

사유	유상증자	무상증자	출자전환	주식배당	유상감자		무상감자		액면분할	주식병합	기타 (자사주 소각 등)	이익소각 (자본금 변동없음)
					주식수 감소	액면가액 감소	주식수 감소	액면가액 감소				
원인코드	01	02	03	04	05	15	06	16	07	08	09	10

*액면가액 감소로 인한 유상·무상감자의 경우 주식수는 변동없음

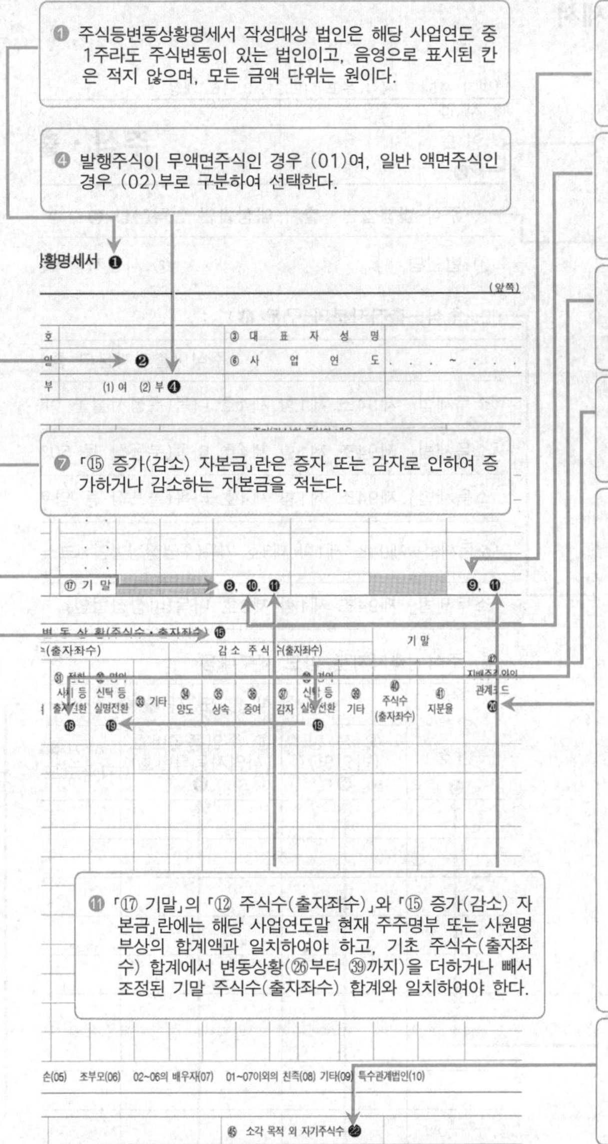

❶ 주식등변동상황명세서 작성대상 법인은 해당 사업연도 중 1주라도 주식변동이 있는 법인이고, 음영으로 표시된 칸은 적지 않으며, 모든 금액 단위는 원이다.

❹ 발행주식이 무액면주식인 경우 (01)여, 일반 액면주식인 경우 (02)부로 구분하여 선택한다.

❼ 「⑮ 증가(감소) 자본금」란은 증자 또는 감자로 인하여 증가하거나 감소하는 자본금을 적는다.

❾ 「⑰ 기말」의 「⑮ 증가(감소) 자본금」은 「⑫ 주식수(출자좌수)」 × 「⑬ 주당 액면가액」으로서 기초자본금에서 ⑮란의 당기 중 증가(감소)한 것을 더하거나 뺀 후의 금액과 일치하여야 한다.

❿ 「⑰ 기말」의 「⑫ 주식수(출자좌수)」는 「⑯ 기초」의 「⑫ 주식수(출자좌수)」(기중에 액면분할·병합된 경우는 분할·병합후의 주식 등 수)에서 당기 증감사항을 반영한 후의 것이다.

⓫ 「⑰ 기말」의 「⑫ 주식수(출자좌수)」와 「⑮ 증가(감소) 자본금」란에는 해당 사업연도말 현재 주주명부 또는 사원명부상의 합계액과 일치하여야 하고, 기초 주식수(출자좌수) 합계에서 변동상황(㉖부터 ㊴까지)을 더하거나 빼서 조정된 기말 주식수(출자좌수) 합계와 일치하여야 한다.

⓲ 「㉛ 전환사채등 출자전환」란은 사업연도 중 현물출자 및 전환사채, 신주인수권부사채 등 회사채의 주식전환에 따른 증가된 주식수(출자좌수)를 적는다.

⓳ 「㉜ 명의신탁등 실명전환」란 및 「㊳ 명의신탁등 실명전환」란은 명의신탁 주식을 실제소유자 명의로 전환함에 따라 증가 또는 감소한 주식수(출자좌수)를 적는다.

⓴ 지배주주와의 관계코드(㊷)

- 지배주주 본인(00)은 1% 이상을 소유한 주주 중 그와 특수관계자가 소유한 주식(출자지분)의 합계가 주주 중 가장 많은 자를 말하며 가장 많은 자가 2인 이상인 때에는 대표자를 맡고 있는 자를 말한다.
- 기타주주(출자자)는 본 서식 하단의 지배주주와의 관계코드를 참고하여 적으며, 사업연도 종료일 또는 합병·분할일 등이 2012.2.2일 이후인 경우에는 (01)~(07)이외의 친족(08)은 국세기본법 시행령 제1조의 2 제1항 제1호부터 제4호까지에 따라 판단하며, 특수관계법인(10)은 (00)~(08)에 해당하는 자와 상속세 및 증여세법 시행령 제2조의 2 제1항 제3호부터 제8호까지의 관계에 해당하는 법인을 적는다.
  ※ 사업연도 종료일 또는 합병·분할일 등이 2012. 2. 1일 이전인 경우에는 (01)~(07)이외의 친족(08)은 구 국세기본법 시행령(2010. 12. 30, 제22572호) 제20조에 따라 판단하며, 특수관계법인(10)은 (00)~(08)에 해당하는 자와 구 상속세 및 증여세법 시행령(2011. 7. 25, 제23040호) 제19조 제2항 제3호부터 제8호까지의 관계에 해당하는 법인을 적는다.
- 기타(09)는 위에 해당하지 않는 관계의 주주 등을 적는다.

㉒ 「㊹ 소각목적 자기주식수」란에는 소각목적으로 분류하고 있는 경우 자기주식 수량을 기재하고, 「㊻ 소각목적외 자기주식」란에 소각외의 목적으로 보유하고 있는 자기주식 수량을 기재한다.

⓮ 외국인 또는 외국법인 주주(출자자) 적는 방법

- 「⑳ 성명(법인명)」에 외국인은 성명을 영문으로 적되, 여권에 있는 영문성명 전부를 적고, 외국법인은 상호 등 명칭을 영문으로 적되, 머리글자(Initial)를 적지 않고 정식 명칭 전부를 적는다. 일반적으로 머리글자를 사용하는 경우에는 머리글자 뒤에 괄호로 정식 명칭 전부를 적는다.
- 「㉑ 주민등록번호(사업자번호)」란에는 아래표를 참조하여 적되 그 번호를 기준으로 동일인 여부를 판단하여 소액주주 등을 구분한다.

구 분		기 재 번 호
(1)	원 칙	주민등록번호 또는 사업자등록번호(사업자등록번호가 없는 경우 부여받은 고유번호)
(2)	(1)의 기재번호를 부여받지 않은 경우	[개인] 국내거소신고증상의 국내거소신고번호(재외국민, 외국국적동포인 경우) 또는 외국인등록표상의 외국인등록번호(외국인인 경우)를 적고, 그 번호가 없는 경우 여권상의 여권번호
(3)	(1),(2)의 기재번호를 부여받지 않은 경우	투자등록증상의 투자등록번호를 적고, 그 번호가 없는 경우 해당 거주지국의 납세번호(Taxpayer Identification Number)

- 주주(출자자)인 외국투자자나 외국법인이 법인세법 제119조 제2항에 따라 주식등변동상황명세서 제출의무가 면제되는 주주인 경우에는 제출의무면제 주주 소계란에 합산하여 적는다.
- 「㉒ 거주지국」과 「㉓ 거주지국코드」는 국제표준화기구(ISO)가 정한 국가별 ISO코드 중 국명약어 및 국가코드를 적는다. 다만, 주주의 거주지가 말레이시아 라부안인 경우는 LM(원천징수특례 사전승인받은 경우)이나 LN(원천징수특례 사전승인 받지 않은 경우)을 적는다.

■ 작성요령Ⅱ - 주식·출자지분 양도명세서

❷ 「사업연도」란에는 개시연월일 및 종료연월일을 적는다.

❸ ①부터 ③까지의 란에는 주식 발행법인·출자 대상법인의 법인명, 사업자등록번호, 대표자성명을 적는다.

❹ 「주식·출자지분의 구분」란에는 신고법인 주식이 해당되는 곳 하나에만 ○표를 한다.

※ 주식구분 중 4·5·6·7로 구분되는 주식이 1·2·3에도 해당하는 경우에는 1·2·3 주식으로 구분·적는다.

- 소득세법 제94조 제1항 제4호 나목의 주주에게 특정시설물 이용권을 부여한 법인의 주식(주식구분 1)
- 「소득세법」 제94조 제1항 제4호 다목의 자산총액 중 부동산 등이 50% 이상이고 특정인 지분이 50% 초과인 법인의 주식(주식구분 2)
- 「소득세법」 제94조 제1항 제4호 라목의 골프장·스키장·휴양콘도미니엄·전문휴양시설을 경영·분양·임대하는 사업을 영위하고, 자산총액 중 부동산 등이 자산의 80% 이상인 법인의 주식(주식구분 3)
- 소득세법 제94조 제1항 제3호 가목에 의한 주권상장법인·코스닥상장법인의 주식(주식구분 4·5)
- 소득세법 제94조 제1항 제3호 나목에 의한 비상장법인 주식(주식구분 6·7)

※ 중소기업은 주식(출자지분)의 양도일이 속하는 사업연도의 직전 사업연도 종료일 현재 중소기업기본법에 따른 중소기업을 말한다.

❺ 「④ 일련번호」란에는 1번부터 순차적으로 적는다.

❻ 「⑤ 성명」과 「⑥ 주민등록번호」란에는 주식(출자지분)을 양도한 주주(출자자)의 성명, 주민등록번호를 적으며, 해당 주주가 법인인 경우에는 「⑤ 성명」과 「⑥ 주민등록번호」란에는 주식(출자지분)을 양도한 주주(출자자)의 법인명, 사업자등록번호를 적는다.

[별지 제54호 서식 부표] (2021. 3. 16. 개정)

사 업 연 도 ❷	. . . ~ . . .	**주식·출**

1. 주식 발행법인·출자 대상법인 인적사항 ❸

① 법인명		② 사업자등록번

2. 주식·출자지분의 구분 ❹

주식·출자지분의 종류
「소득세법」 제94조 제1항 제4호 나목(특정시설물 이
「소득세법」 제94조 제1항 제4호 다목(부동산 등 50%
「소득세법」 제94조 제1항 제4호 라목(골프장 등 영우
「소득세법」 제94조 제1항 제3호 가목(주권상장법인·코스
「소득세법」 제94조 제1항 제3호 나목(비상장법인)

3. 주식·출자지분 양도 세부내용

④ 일련 번호 ❺	주 식 양 도 자 ❼		
	⑤ 성 명 (법인명) ❻	⑥ 주민등록번호 (사업자등록번호) ❻	⑦ 거주 지국코드

:자지분 양도명세서 ❶

번호		③ 대표자 성명	

류	구분코드	
용권 부여)	1	
6 이상 보유·양도)	2	
I, 부동산 등 80% 이상)	3	
닥상장법인)	중소	일반
	4	5
	6	7

주 식·출 자 지 분 양 도 내 용		
⑧ 양도일 ❽	⑨ 취득일 ❽	⑩ 주식수 (출자좌수) ❾

❶ 주식·출자지분 양도명세서는 "주식등변동상황명세서(별지 제54호 서식)"의 주주가 양도한 주식(출자지분)의 양도 및 취득내용을 적는다.

❽ 「⑧ 양도일」란에는 주식(출자지분)의 양도일을, 「⑨ 취득일」란에는 해당 양도주식의 취득일을 적는다.
- 양도일 기준으로 작성하되 여러 차례에 걸쳐 취득한 주식을 일괄 양도하는 경우에는 해당 양도주식의 취득일별로 구분하여 각각 적는다(선입선출법 적용).
- 일괄 취득한 주식을 여러 차례에 걸쳐 양도하는 경우에는 양도일 기준으로 구분하여 각각 적는다.

❾ 「⑩ 주식수(출자좌수)」란에는 양도 주식수(출자좌수)를 적는다.

❼ 〈외국인 또는 외국법인 주주(출자자)의 경우 작성방법〉
- 「⑤ 성명」란에는 외국인의 경우 성명을 영문으로 적되 여권에 적혀있는 영문성명 전부를 적고, 외국법인의 경우 상호 등 명칭을 영문으로 적되 정식 명칭 전부를 적는다. 일반적으로 머리글자(Initial)를 사용하는 경우에는 머리글자 뒤에 괄호로 정식 명칭 전부를 적는다.
- 「⑥ 주민등록번호」란에는 아래 표를 참조하여 적는다.

	구 분	기 재 번 호
(1)	원 칙	주민등록번호 또는 사업자등록번호(사업자등록번호가 없는 경우 부여받은 고유번호)
(2)	(1)의 기재번호를 부여받지 않은 경우	〔개인〕 국내거소신고번호(재외국민, 외국국적동포인 경우) 또는 외국인등록번호(외국인인 경우)를 적고, 그 번호가 없는 경우 여권번호
(3)	(1),(2)의 기재번호를 부여받지 않은 경우	투자등록증상의 투자등록번호를 적고, 그 번호가 없는 경우 해당 거주지국의 납세번호(Taxpayer Identification Number)

- 「⑦ 거주지국코드」란에는 국제표준화기구(ISO)가 정한 국가별 ISO코드 중 국명약어 및 국가코드를 적는다. 다만, 주주의 거주지가 말레이시아 라부안인 경우는 LM(원천징수특례 사전승인받은 경우)이나 LN(원천징수특례 사전승인 받지 않은 경우)을 적는다.

세무조정 체크리스트

■ 주식 등 변동상황명세서

검 토 사 항	확인
1. 사업연도 중에 주식 및 출자지분의 변동상황이 있는지 여부 확인	
2. 제출 제외 대상법인에 해당하는지 여부 확인 ※ 제출 제외 대상법인 • 법인세법 시행령 제2조 제1항 각 호의 조합법인(그 중앙회 및 연합회는 제외) • 자본시장과 금융투자업에 관한 법률에 따른 투자회사, 투자유한회사, 투자합자회사(기관전용 사모집합투자기구는 제외) • 기업구조조정투자회사 등 자본시장과 금융투자업에 관한 법률 제6조 제5항 각 호의 어느 하나에 해당하는 법인 • 해당 법인의 주주 등이 공공기관 또는 기관투자자(법칙 §79의 3 ①)와 주권상장법인의 소액주주로 구성된 법인 • 도시 및 주거환경정비법 제38조에 따른 정비사업조합 • 그 밖에 기획재정부령이 정하는 법인	
3. 제출 제외 주식 등에 해당하는지 여부 확인 ※ 제출 제외 주식 등 ① 주권상장법인으로서 해당 사업연도 중 주식의 명의개서 또는 변경을 취급하는 자를 통하여 1회 이상 주주명부를 작성하는 법인의 경우에는 지배주주 등(*) 외의 주주 등이 소유하는 주식 등(법령 §161 ②, ③) (*) "지배주주 등"이란 법인의 발행주식총수 또는 출자총액의 1% 이상의 주식 또는 출자지분을 소유한 주주 등으로서 그와 특수관계에 있는 자와의 소유 주식 또는 출자지분의 합계가 해당 법인의 주주 등 중 가장 많은 경우의 해당 주주 등을 말함(법령 §43 ⑦). ② 상기 '①' 외의 법인의 경우에는 해당 법인의 소액주주 등(*)이 소유하는 주식 등 (*) "소액주주 등"이란 발행주식총수 또는 출자총액의 1%에 미달하는 주식 또는 출자지분을 소유한 주주 등(해당 법인의 국가, 지방자치단체가 아닌 지배주주 등의 특수관계인인 자는 제외함)으로서(법령 §50 ②), 다음 중 어느 하나에 해당하는 주주 등을 말함(법령 §161 ④ 및 법칙 §79의 3 ②). ㉠ 유가증권시장상장법인의 경우 보유하고 있는 주식의 액면금액의 합계액이 3억원에 미달하고 그 주식의 시가(소득세법 시행령 제157조 제6항에 따른 최종시세가액 또는 평가액)의 합계액이 100억원 미만인 주주 ㉡ 코스닥시장상장법인의 경우 보유하고 있는 주식의 액면금액의 합계액이 3억원에 미달하고 그 주식의 시가(소득세법 시행령 제157조 제6항에 따른 최종시세가액 또는 평가액)의 합계액이 100억원 미만인 주주. 다만, 코스닥시장상장 전에 주식을 취득한 경우에는 해당 주식의 액면금액의 합계액이 500만원 이하인 주주와 중소기업의 주식을 코스닥시장을 통하여 양도한 주주 ㉢ 상기 '㉠ 및 ㉡' 외의 법인의 경우 보유하고 있는 주식의 액면금액 또는 출자총액의 합계액이 500만원 이하인 주주 등	
4. 필요적 기재사항이 정확히 기재되었는지 확인 • 미제출·누락제출·불분명제출분에 대하여는 가산세 부과	
5. 비상장법인의 우리사주조합은 개인별로 모두 기재하였는지 확인	

■ 주식 · 출자지분 양도명세서

검 토 사 항	확인
1. 주식 변동 내용이 주식·출자지분 양도명세서 작성 대상인지 확인 ※ 작성 대상 • 주식등변동상황명세서의 주주가 양도한 주식(출자지분)의 양도 및 취득내용	

Step III 사례와 서식작성실무

예제

사 례

다음의 자료에 의하여 ㈜용산(2024. 1. 1. ~ 2024. 12. 31.)의 주식등변동상황명세서 〔별지 제54호 서식〕과 주식·출자지분 양도명세서 〔별지 제54호 서식 부표〕를 작성하라.

◀ **자료** ▶

1. ㈜용산은 중소기업이 아닌 비상장법인이다.
2. 주식이동상황(주당 액면가액 : 5,000원, 증자시 주당 발행가액 : 5,000원)

성 명	주 소	관계	주민등록번호	기초 주식수	변 동	기말 주식수
A	×××	본인	×××－×××	60,000	2024. 6. 30. 증자 12,000	72,000
B	×××	배우자	×××－×××	24,000	2024. 6. 30. 증자 4,800	28,800
C	×××	자	×××－×××	12,000	2024. 6. 30. 증자 2,400 2024. 7. 31. 양수 1,200	15,600
D	×××	자	×××－×××	2,000	2024. 6. 30. 증자 400 2024. 7. 31. 양도 1,200	1,200
E	×××	자	×××－×××	1,000	2024. 6. 30. 증자 200	1,200
F	×××	친구	×××－×××	1,000	2024. 6. 30. 증자 200	1,200
합계				100,000		120,000

3. D주주는 ㈜용산의 주식을 2008. 3. 3.에 1주당 15,000원(취득당시 기준시가는 12,000원)에 2,000주를 취득하였고, 2024. 7. 31.에 1주당 18,000원(양도당시 기준시가는 15,000원)에 1,200주를 양도하였다.

[별지 제54호 서식] (2021. 3. 16. 개정)

주식등변동상황명세서

1. 제출법인 기본사항

① 법 인 명	㈜용산	② 사업자등록번호	XXX-XX-XXXXX	③ 대 표 자 성 명	A
④ 상 장 변 경 일		⑤ 합 병 · 분 할 일		⑥ 사 업 연 도	2024. 1. 1. ~ 2024. 12. 31.
⑦ 주 권 상 장 여 부	(1) 유가증권시장상장 (2) 코스닥 (3) 그 외 비상장 등	⑧ 무액면주식 발행여부	(1) 여 (2) 부		

2. 자본금(출자금) 변동상황

⑨ 일자	⑩ 원인코드	증가(감소)한 주식의 내용 ⑪ 종류	⑫ 주식수(출자좌수)	⑬ 주당 액면가액	⑭ 주당발행(인수)가액	⑮ 증가(감소) 자본금	⑨ 일자	⑩ 원인코드	증가(감소)한 주식의 내용 ⑪ 종류	⑫ 주식수(출자좌수)	⑬ 주당 액면가액	⑭ 주당발행(인수)가액	⑮ 증가(감소) 자본금
⑯ 기 초			100,000	5,000		500,000,000	. .						
2024. 6. 30.	01	01	20,000	5,000	5,000	100,000,000	. .						
. .							. .						
. .							. .						
. .							⑰ 기 말			120,000	5,000		600,000,000

3. 자본금(출자금) 세부 변동 내역

⑱ 일련번호	주주·출자자 ⑲ 구분	⑳ 성 명(법인명)	㉑ 주민등록번호(사업자번호)	㉒ 거주지국	㉓ 거주지국코드	기 초 ㉔ 주식수(출자좌수)	㉕ 지분율	변동상황(주식수·출자좌수) 증가주식수(출자좌수) ㉖ 양수	㉗ 유상증자	㉘ 무상증자	㉙ 상속	㉚ 증여	㉛ 전환사채 등 출자전환	㉜ 명의신탁 등 실명전환	㉝ 기타	감소주식수(출자좌수) ㉞ 양도	㉟ 상속	㊱ 증여	㊲ 감자	㊳ 명의신탁 등 실명전환	㊴ 기타	기 말 ㊵ 주식수(출자좌수)	㊶ 지분율	㊷ 지배주주와의 관계코드
01	합 계					100,000	100	1,200	20,000							1,200						120,000	100	
02	제출의무면제 주주소계																							
03	01	A	XXX-XXX	대한민국	KR	60,000	60		12,000													72,000	60	00
04	01	B	XXX-XXX	대한민국	KR	24,000	24		4,800													28,800	24	01
05	01	C	XXX-XXX	대한민국	KR	12,000	12	1,200	2,400													15,600	13	02
06	01	D	XXX-XXX	대한민국	KR	2,000	2		400							1,200						1,200	1	02
07	01	E	XXX-XXX	대한민국	KR	1,000	1		200													1,200	1	02
08	01	F	XXX-XXX	대한민국	KR	1,000	1		200													1,200	1	09
09																								

지배주주와의 관계코드 본인(00) 배우자(01) 자(02) 부모(03) 형제자매(04) 손(05) 조부모(06) 02~06의 배우자(07) 01~07이외의 친족(08) 기타(09) 특수관계법인(10)

4. 주식발행법인의 자기주식 보유현황 : 보유여부 (1) 여 (2) 부

㊸ 자기주식 수(주)		㊹ 소각 목적 자기주식수		㊺ 소각 목적 외 자기주식수	

「법인세법」 제60조·제119조, 같은 법 시행령 제97조·제161조에 따라 위와 같이 주식등변동상황명세서를 제출합니다.

년 월 일

대표자 : A (서명 또는 인)

세무서장 귀하

[별지 제54호 서식 부표] (2021. 3. 16. 개정)

사 업 연 도	2024. 1. 1. ~ 2024. 12. 31.	**주식 · 출자지분 양도명세서**

1. 주식 발행법인·출자 대상법인 인적사항

① 법인명	(주)용산	② 사업자등록번호	xxx－xx－xxxxx	③ 대표자 성명	A

2. 주식·출자지분의 구분

주식·출자지분의 종류	구분코드	
「소득세법」 제94조 제1항 제4호 나목(특정시설물 이용권 부여)	1	
「소득세법」 제94조 제1항 제4호 다목(부동산 등 50% 이상 보유·양도)	2	
「소득세법」 제94조 제1항 제4호 라목(골프장 등 영위, 부동산 등 80% 이상)	3	
「소득세법」 제94조 제1항 제3호 가목(주권상장·코스닥상장법인)	중소	일반
	4	5
「소득세법」 제94조 제1항 제3호 나목(비상장법인)	6	⑦

3. 주식·출자지분 양도 세부내용

④ 일련번호	주식양도자			주식·출자지분 양도내용		
	⑤ 성 명 (법인명)	⑥ 주민등록번호 (사업자등록번호)	⑦ 거주지국 코드	⑧ 양도일	⑨ 취득일	⑩ 주식수 (출자좌수)
계						
1	D	XXXXXX-XXXXXX	KR	2024. 7. 31.	2008. 3. 3.	1,200

제4장

4

해외현지법인 명세서 등

제4장 해외현지법인 명세서 등

관련 법령	• 국조법 §58, §59, §91 • 국조령 §98, §99, §148, 별표 • 국조칙 §56, §57

최근 주요 개정 내용

• 해외신탁 자료 제출의무 도입(국조법 §58 ③, §59 ① 3호, §91 ④)

종 전	현 행
〈신 설〉	□ 내국법인의 해외신탁* 자료 제출의무 * 외국 법령에 따른 신탁 중 신탁법에 따른 신탁과 유사한 것 ❶ (신탁설정·이전 시) 내국법인이 해외신탁을 설정하거나 해외신탁에 재산을 이전하는 경우 → 위탁자는 건별 1회 자료 제출 ❷ (신탁설정 이후) 내국법인인 위탁자가 신탁재산을 실질적으로 지배·통제*하는 경우 → 위탁자는 매년 자료 제출 * 위탁자가 신탁해지 권리, 수익자를 지정·변경할 수 있는 권리, 종료 후 잔여재산을 귀속받을 권리를 보유하는 경우 등 □ (제출내용) 위탁자, 수탁자 및 수익자 정보 등 신탁계약 기본정보, 신탁재산가액* 등 * 시가 또는 취득가액(시가 산정이 곤란한 경우 취득가액) □ (제출기한) 사업연도 종료일이 속하는 달의 말일부터 6개월 이내 □ (과태료) 신탁재산가액의 10% 이하(최대 1억원)

➡ 개정일자 : ㊊ 2023. 12. 31.
적용시기 : 2025년 1월 1일 이후 개시하는 사업연도에 자료 제출의무가 발생하는 분부터 적용(2026년 1월 1일 이후 자료 제출)

최근 주요 개정 내용

• 해외신탁 자료 제출내용 등 구체화(국조령 §98 ④~⑦, §148 ①)

종 전	현 행
〈신 설〉	□ 위탁자가 해외신탁재산을 실질적으로 지배ㆍ통제*하는 경우 구체화 * 실질적 지배ㆍ통제 시 위탁자는 매년 신고의무 발생 ○ 위탁자가 ❶ 신탁계약 해지권, ❷ 수익자 지정ㆍ변경권 또는 ❸ 신탁 종료 후 잔여재산 귀속권을 보유하는 등 신탁재산을 실질적으로 지배ㆍ통제 □ 해외신탁재산 가액 ❶ 원칙 : 시가 - 현금ㆍ상장주식ㆍ상장채권ㆍ집합 투자증권ㆍ보험ㆍ가상자산 : 시가기준일*의 금액 또는 가격 * 1) 실질적으로 지배ㆍ통제하는 경우 해외신탁 과세연도 종료일 또는 해외신탁 종료일, 2) 그 외의 경우 해외신탁 설정ㆍ이전일 - 그 외 해외신탁재산 : 불특정 다수인 사이에 자유롭게 거래가 이루어지는 경우 인정 가액 ❷ 시가 산정이 어려운 경우* : 취득가액 * 불특정 다수인 사이에 자유롭게 거래가 이루어지는 경우에 통상적으로 성립된다고 인정되는 가액이 없는 경우 □ (과태료 부과기준) 미제출 또는 보완요구에도 미제출시 해외신탁재산가액의 10%(최대 1억원) ○ 취득자금출처 미소명ㆍ거짓소명금액의 20%

➡ 개정일자 : ㉳ 2024. 2. 29.
적용시기 : 2025년 1월 1일 이후 개시하는 사업연도에 자료 제출의무가 발생하는 분부터 적용(2026년 1월 1일 이후 자료 제출)

관련 서식

• 국제조세조정에 관한 법률 시행규칙
[별지 제47호 서식] 해외현지법인 명세서
[별지 제48호 서식] 해외현지법인 재무상황표
[별지 제49호 서식] 손실거래명세서
[별지 제50호 서식] 해외영업소 설치현황표
[별지 제51호 서식] 해외부동산 취득ㆍ투자운용(임대) 및 처분 명세서
[별지 제51호의 2 서식] 해외신탁 명세서
[별지 제51호의 2 서식 부표1] 해외신탁 관련자 명세서
[별지 제51호의 2 서식 부표2] 해외신탁재산 및 평가명세서

제4장

해외현지법인 명세서 등

Step I 내용의 이해

1. 해외현지법인 명세서 등의 제출의무

(1) 해외현지법인 명세서 등의 범위

최근 법인들의 해외직접투자가 크게 증가하고 있고 이와 같은 국제거래를 이용한 조세회피가 빈번히 발생하고 있는 현실을 고려하여 해외현지법인의 재무상황 등에 대한 자료수집을 강화할 필요가 있는 바, 외국환거래법 제3조 제1항 제18호에 따른 해외직접투자(이하 "해외직접투자"라 함)를 하거나 같은 항 제19호에 따른 자본거래 중 외국에 있는 부동산이나 이에 관한 권리(이하 "해외부동산 등"이라 함)를 취득하여 보유하고 있거나 처분한 내국법인 또는 외국의 법령에 따른 신탁 중 신탁법에 따른 신탁과 유사한 것(이하 "해외신탁"이라 함)을 설정(재산을 해외신탁에 이전하는 경우를 포함하며, 이하 같음)한 내국법인은 사업연도 종료일이 속하는 달의 말일부터 6개월 이내에 다음의 구분에 따른 자료(이하 ①~⑤는 "해외직접투자명세등", ⑥~⑦은 "해외부동산등명세", ⑧~⑨는 "해외신탁명세", ①~⑨는 "해외현지법인명세서등"이라 함)를 납세지 관할 세무서장에게 제출하여야 한다(국조법 §58 ①, ②, ③ 및 국조령 §98 ①, ②, ④, ⑤ 및 국조칙 §56).

구분	해외현지법인명세서등
해외직접투자명세등[*1)]	① 외국환거래법 제3조 제1항 제18호 가목에 따른 해외직접투자를 한 내국법인 : 해외현지법인 명세서 [국조칙 별지 제47호 서식] ② ①에 해당하는 내국법인 중 해외직접투자를 받은 법인(이하 "피투자법인"이라 함)의 발행주식 총수 또는 출자총액의 10% 이상을 소유하고 그 투자금액이 1억원 이상인 내국법인 : 해외현지법인 명세서 [국조칙 별지 제47호 서식] 및 해외현지법인 재무상황표 [국조칙 별지 제48호 서식] ③ ①에 해당하는 내국법인 중 피투자법인의 발행주식 총수 또는 출자총액의 10% 이상을 직접 또는 간접으로 소유하고 있고, 피투자법인과 국제조세

구분	해외현지법인명세서등
해외직접투자명세등*1)	조정에 관한 법률 제2조 제1항 제3호에 따른 특수관계에 있는 내국법인 : 해외현지법인 명세서 [국조칙 별지 제47호 서식] 및 해외현지법인 재무상황표 [국조칙 별지 제48호 서식] ④ ③에 해당하는 내국법인 중 해외직접투자를 한 내국법인의 손실거래(해외직접투자를 받은 외국법인과의 거래에서 발생한 손실거래로 한정) 또는 해외직접투자를 받은 외국법인의 손실거래(해외직접투자를 한 내국법인과의 거래에서 발생한 손실거래는 제외)의 건별 손실금액(이하 "손실거래금액"이라 함)이 단일 사업연도에 50억원 이상이거나 최초 손실이 발생한 사업연도부터 5년이 되는 날이 속하는 사업연도까지의 누적 손실금액이 100억원 이상인 내국법인 : 해외현지법인 명세서 [국조칙 별지 제47호 서식], 해외현지법인 재무상황표 [국조칙 별지 제48호 서식] 및 손실거래명세서 [국조칙 별지 제49호 서식] ⑤ 외국환거래법 제3조 제1항 제18호 나목에 따른 해외직접투자를 한 내국법인 : 해외영업소 설치현황표 [국조칙 별지 제50호 서식]
해외부동산등명세	⑥ 해외부동산등의 취득가액*2)이 2억원 이상인 내국법인 : 해외부동산등의 취득 · 투자운용(임대 포함) · 처분 명세 및 사업연도 종료일 현재 보유현황 → 해외부동산등의 취득 · 보유 · 투자운용(임대) 및 처분 명세서 [국조칙 별지 제51호 서식] ⑦ 해외부동산등의 취득가액*2)이 2억원 미만으로서 처분가액*2)이 2억원 이상인 내국법인 : 해외부동산등의 처분 명세 → 해외부동산등의 취득 · 보유 · 투자운용(임대) 및 처분 명세서 [국조칙 별지 제51호 서식]
해외신탁명세*3)	⑧ 위탁자가 해외신탁을 해지할 수 있는 권리, 수익자를 지정하거나 변경할 수 있는 권리 또는 해외신탁 종료 후 잔여재산을 귀속받을 권리를 보유하는 등 위탁자가 해외신탁재산을 실질적으로 지배 · 통제하는 해외신탁을 설정한 내국법인: 해외신탁 설정일부터 종료일까지의 기간이 속하는 사업연도의 해외신탁명세*4) → 해외신탁명세서 [국조칙 별지 제51호의 2 서식] ⑨ ⑧의 해외신탁을 제외한 해외신탁을 설정한 내국법인 : 해외신탁 설정일이 속하는 사업연도의 해외신탁명세*4) → 해외신탁명세서 [국조칙 별지 제51호의 2 서식]

*1) 사업연도 중 해외직접투자를 받은 외국법인의 주식 또는 출자지분을 양도하거나 해외직접투자를 받은 외국법인이 청산하여 해외직접투자에 해당하지 아니하게 되는 경우에도 해외직접투자명세서등의 제출의무가 존재함(국조법 §58 ①).

*2) 취득가액 및 처분가액은 다음 구분에 따라 계산하며, 이 경우 외화의 원화 환산은 외화를 수령하거나 지급한 날의 외국환거래법에 따른 기준환율 또는 재정환율을 적용하여 계산함(국조법 §58 ⑦).
① 취득가액 : 법인세법 제41조에 따른 취득가액
② 처분가액 : 소득세법 제118조의 3에 따른 양도가액

*3) 해외신탁명세를 제출하여야 하는 위탁자가 여럿인 경우에는 각각의 위탁자가 해외신탁명세를 제출하되, 위탁자 중 일부가 해외신탁명세를 제출한 것을 납세지 관할 세무서장이 확인한 경우에는 다른 위탁자의 해외신탁명세 제출의무는 면제함(국조법 §58 ④).

*4) 해외신탁재산의 가액은 해외신탁재산이 있는 국가의 현황을 반영한 것으로서 다음 구분에 따른 시가에 따

르되, 시가를 산정하기 어려운 경우에는 해당 재산의 취득가액으로 함(국조법 §58 ⑧ 및 국조령 §98 ⑦).
⑧의 해외신탁이 유지되는 경우 : 법인세법 제6조에 따른 사업연도 종료일 현재의 시가
⑧의 해외신탁이 종료된 경우 : 해외신탁 종료일 현재의 시가
⑨의 경우 : 해외신탁 설정일 현재의 시가
또한, 해외신탁재산의 시가는 다음의 구분에 따른 금액으로 산정함(국조령 §98 ⑥).

① 현금 : 시가기준일(법 제58조 제8항 제1호 각 목의 종료일 및 같은 항 제2호의 설정일을 말하며, 이하 같음)의 종료시각 현재 잔액
② 자본시장과 금융투자업에 관한 법률에 따른 증권시장 또는 이와 유사한 해외 증권시장에 상장된 주식과 그 주식을 기초로 발행한 예탁증서 : 시가기준일의 최종 가격(시가기준일이 거래일이 아닌 경우에는 그 직전 거래일의 최종 가격으로 함)
③ 자본시장과 금융투자업에 관한 법률에 따른 증권시장 또는 이와 유사한 해외 증권시장에 상장된 채권 : 시가기준일의 최종 가격(시가기준일이 거래일이 아닌 경우에는 그 직전 거래일의 최종 가격으로 함)
④ 자본시장과 금융투자업에 관한 법률에 따른 집합투자증권 및 이와 유사한 해외집합투자증권 : 시가기준일의 기준가격(시가기준일의 기준가격이 없는 경우에는 시가기준일의 환매가격 또는 그 전의 가장 가까운 날의 기준가격으로 함)
⑤ 보험업법에 따른 보험상품 및 이와 유사한 해외보험상품 : 시가기준일의 종료시각 현재의 납입금액
⑥ 특정 금융거래정보의 보고 및 이용 등에 관한 법률 제2조 제3호의 가상자산 및 이와 유사한 자산 : 시가기준일의 최종 가격(시가기준일이 거래일이 아닌 경우에는 그 직전 거래일의 최종 가격으로 함)
⑦ ①부터 ⑥까지에서 규정한 해외신탁재산 외의 해외신탁재산 : 불특정 다수인 사이에 자유롭게 거래가 이루어지는 경우에 통상적으로 성립된다고 인정되는 가액

개 정

○ 해외신탁 자료 제출의무 도입(국조법 §58 ③)
➡ 2025년 1월 1일 이후 개시하는 사업연도에 자료 제출의무가 발생하는 분부터 적용 (2026년 1월 1일 이후 제출)

(2) 손실거래금액의 산출방법

상기 (1)의 ④에서 손실거래금액은 다음의 손실로서 내국법인의 경우에는 기업회계기준에 따라 산출하고, 피투자법인의 경우에는 피투자법인의 거주지국에서 재무제표를 작성할 때 일반적으로 인정되는 회계원칙에 따라 산출한다. 다만, 그 거주지국에서 일반적으로 인정되는 회계원칙이 우리나라의 기업회계기준과 현저히 다른 경우에는 우리나라의 기업회계기준을 적용하여 산출한다(국조령 §98 ③).

① 자산의 매입·처분·증여·평가·감액 등으로 인한 손실. 단, 다음에 해당하는 손실은 제외함.
- 사업목적에 따른 재고자산의 매입·판매로 인한 손실
- 사업목적으로 사용되는 유형자산 및 무형자산의 감가상각비
- 유가증권시장(외국유가증권시장을 포함함)에서 거래되는 유가증권의 처분·평가·감액으로 인한 손실

• 화폐성 외화자산의 환율변동에 의한 손실(환율변동에 의한 평가 손실을 포함함)

② 부채(충당금을 포함하며, 미지급 법인세는 제외함) 인식・평가・상환 등으로 인한 손실. 단, 화폐성 외화부채의 환율변동에 의한 손실(환율변동에 의한 평가 손실을 포함함)은 제외함.

③ 증자・감자・합병・분할 등 자본거래로 인한 손실

2. 해외현지법인 명세서 등의 제출・보완 요구

과세당국은 내국법인이 해외현지법인 명세서등을 제출하지 아니하거나 거짓된 해외현지법인 명세서등을 제출한 경우에는 해외현지법인 명세서등의 제출이나 보완을 요구할 수 있다. 다만, 사업연도 종료일이 속하는 달의 말일부터 6개월의 다음 날부터 2년이 지난 경우에는 자료제출・보완요구를 할 수 없다(국조법 §58 ⑤). 한편, 자료제출 또는 보완요구를 받은 자는 요구받은 날부터 60일 이내에 해당 자료를 제출하여야 한다(국조법 §58 ⑥).

3. 해외현지법인 명세서 등 자료제출 의무불이행시 취득자금 출처에 대한 소명의무

(1) 소명 대상 및 범위

과세당국은 내국법인이 소명 요구일 전 10년 이내에 해외직접투자를 받은 외국법인의 주식 또는 출자지분을 취득하거나 해외부동산 등을 취득하거나 해외신탁을 설정한 경우로서 다음의 어느 하나에 해당하는 경우에는 그 내국법인에 다음의 구분에 따른 금액(외국환거래법 제18조에 따라 신고한 금액은 제외하며, 이하 "취득자금 출처 소명대상 금액"이라 함)의 출처에 관하여 소명을 요구할 수 있다(국조법 §59 ①).

구 분	소명대상 금액
외국환거래법 제3조 제1항 제18호 가목에 따른 해외직접투자를 한 내국법인이 해외직접투자를 받은 법인의 발행주식 총수 또는 출자총액의 10% 이상을 직접 또는 간접으로 소유한 경우로서 사업연도 종료일이 속하는 달의 말일부터 6개월까지 상기 '1. 해외현지법인 명세서 등의 제출의무' (1) ①~④의 해외현지법인 명세서를 제출하지 아니하거나 거짓된 자료를 제출한 경우	외국환거래법 제3조 제1항 제18호 가목에 따른 해외직접투자를 받은 외국법인의 주식 또는 출자지분의 취득에 든 금액
사업연도 종료일이 속하는 달의 말일부터 6개월까지 상기 '1. 해외현지법인 명세서 등의 제출의무' (1) ⑥~⑦의 해외부동산등의 취득・보유・투자운용(임대) 및 처분 명세서를 제출하지 아니하거나 거짓된 자료를 제출한 경우	해외부동산 등의 취득에 든 금액
사업연도 종료일이 속하는 달의 말일부터 6개월까지 상기 '1. 해외현지법인 명세서 등의 제출의무' (1) ⑧~⑨의 해외신탁명세서를 제출하지 아니하거나 거짓된 자료를 제출한 경우	해외신탁재산의 취득에 든 금액

개 정

○ 해외신탁명세서 자료제출 의무불이행시 취득자금 출처에 대한 소명의무 도입(국조법 §59 ① 3호)

➡ 2025년 1월 1일 이후 개시하는 사업연도에 자료 제출의무가 발생하는 분부터 적용

(2) 소명 방법 및 기간

소명을 요구받은 내국법인은 통지를 받은 날부터 90일 이내(이하 "소명기간"이라 함)에 취득자금 소명대상 금액의 출처 확인서[국조칙 별지 제52호 서식]를 과세당국에 제출하여야 한다. 이 경우 소명을 요구받은 내국법인이 소명을 요구받은 금액의 80% 이상에 대하여 출처를 소명한 경우에는 소명을 요구받은 전액에 대하여 소명한 것으로 본다(국조법 §59 ② 및 국조령 §99 ① 및 국조칙 §57).

(3) 소명 기간 연장

내국법인이 자료의 수집·작성에 상당한 기간이 걸리는 등 다음의 어느 하나에 해당하는 부득이한 사유로 소명기간의 연장을 신청하는 경우에는 과세당국은 60일의 범위에서 한 차례만 그 소명기간의 연장을 승인할 수 있다(국조법 §59 ③ 및 국조령 §99 ②, §97 ③).

① 화재·재난 및 도난 등의 사유로 자료를 제출할 수 없는 경우
② 사업이 중대한 위기에 처하여 자료를 제출하기 매우 곤란한 경우
③ 관련 장부·서류가 권한 있는 기관에 압수되거나 영치된 경우
④ 자료의 수집·작성에 상당한 기간이 걸려 기한까지 자료를 제출할 수 없는 경우
⑤ 상기 ①~④에 따른 사유와 유사한 사유가 있어 기한까지 자료를 제출할 수 없다고 판단되는 경우

4. 제출의무 불이행 등에 대한 제재

4-1. 해외현지법인 명세서 등의 자료제출·보완요구 불이행에 대한 과태료

4-1-1. 과태료 부과대상

(1) 해외직접투자 명세 등에 대한 자료제출의무 불이행 과태료

상기 '1. 해외현지법인 명세서 등의 제출의무'에 따라 해외직접투자 명세 등의 자료 제출의무가 있는 내국법인(상기 '1. 해외현지법인 명세서 등의 제출의무' (1) ①~④의 자료는 외국환거래법 제3조 제1항 제18호에 따른 해외직접투자를 한 내국법인이 해외직접투자를 받은 법인의 발행주식 총수 또는 출자총액의 10% 이상을 직접 또는 간접으로 소유한 경우만 해당함)이 다음의 어느 하나에 해당하는 경우 그 내국법인에는 5천만원 이하의 과태료를 부과한다(국조법 §91 ①).

① 제출기한(국조법 §58 ①)까지 해외직접투자 명세 등을 제출하지 않거나 거짓된 해외직접투자 명세 등을 제출하는 경우
② 상기 '2. 해외현지법인 명세서 등의 제출・보완 요구'에 따라 자료 제출 또는 보완을 요구받은 후 60일 이내에 해당 자료를 제출하지 않거나 거짓된 자료를 제출한 경우

(2) 해외부동산 등 명세에 대한 자료제출의무 불이행 과태료

상기 '1. 해외현지법인 명세서 등의 제출의무'에 따라 해외부동산 등 명세를 제출할 의무가 있는 내국법인이 다음의 어느 하나에 해당하는 경우 그 내국법인에는 해외부동산등의 취득가액, 처분가액 및 투자운용소득의 10% 이하의 과태료(1억원을 한도로 함)를 부과한다(국조법 §91 ②).

① 제출기한(국조법 §58 ②)까지 해외부동산 등 명세를 제출하지 아니하거나 거짓된 해외부동산 등 명세를 제출하는 경우
② 상기 '2. 해외현지법인 명세서 등의 제출・보완 요구'에 따라 자료 제출 또는 보완을 요구받은 후 60일 이내에 해당자료를 제출하지 아니하거나 거짓된 자료를 제출하는 경우

한편, 해외부동산 등의 취득가액, 처분가액 및 투자운용소득이란 다음의 구분에 따른 것을 말한다(국조령 §148 ③).

① 취득가액 : 법인세법 제41조에 따른 취득가액에서 해당 해외부동산 등의 취득과 관련해 외국환거래법 제18조에 따라 신고한 금액을 뺀 가액
② 처분가액 : 소득세법 제118조의 3에 따른 양도가액에서 해당 해외부동산 등의 처분과 관련해 외국환거래법 제20조에 따라 보고한 금액을 뺀 가액
③ 투자운용소득 : 해외부동산 등의 투자운용과 관련된 법인세법 제15조에 따른 익금

(3) 해외신탁명세에 대한 자료제출의무 불이행 과태료

상기 '1. 해외현지법인 명세서 등의 제출의무'에 따라 해외신탁명세를 제출할 의무가 있는 내국법인이 다음의 어느 하나에 해당하는 경우 그 내국법인에는 해외신탁재산 가액의 10% 이하의 과태료(1억원을 한도로 함)를 부과한다(국조법 §91 ④).

① 제출기한(국조법 §58 ③)까지 해외신탁명세를 제출하지 아니하거나 거짓된 해외신탁명세를 제출하는 경우
② 상기 '2. 해외현지법인 명세서 등의 제출・보완 요구'에 따라 자료 제출 또는 보완을 요구받고 60일 이내 해당 자료를 제출하지 아니하거나 거짓된 자료를 제출하는 경우

(4) 정당한 사유에 의한 과태료 면제

상기 '(1)'~'(3)'에도 불구하고 기한 내에 자료 제출이 불가능하다고 인정되는 다음 중 어

느 하나에 해당하는 사유가 있는 경우에는 과태료를 부과하지 않는다(국조법 §91 ①, ②, ④ 및 국조령 §148 ②, ④, ⑥).

① 화재·재난 및 도난 등의 사유로 자료를 제출할 수 없는 경우
② 사업이 중대한 위기에 처하여 자료를 제출하기 매우 곤란한 경우
③ 관련 장부·서류가 권한 있는 기관에 압수되거나 영치된 경우
④ 자료의 수집·작성에 상당한 기간이 걸려 기한까지 자료를 제출할 수 없는 경우
⑤ 상기 ①~④에 따른 사유와 유사한 사유가 있어 기한까지 자료를 제출할 수 없다고 인정되는 경우

4-1-2. 과태료 부과기준

과태료의 부과기준은 다음과 같다. 이 경우 납세지 관할 세무서장은 위반행위의 정도, 위반횟수, 위반행위의 동기 및 그 결과 등을 고려해 해당 과태료 금액의 50%의 범위에서 그 금액을 줄이거나 늘릴 수 있되, 과태료 금액을 늘리는 경우에는 각 과태료 금액의 상한을 넘을 수 없다(국조령 §148 ①, ⑦).

과태료의 부과기준(국조령 별표)

위반행위		과태료 금액
1. 해외직접투자 명세 등의 제출의무 관련	가. 제출기한(국조법 §58 ①)까지 다음의 자료를 제출하지 않거나 거짓된 자료를 제출한 경우 1) 해외현지법인 명세서 2) 해외현지법인 재무상황표 3) 손실거래 명세서 4) 해외영업소 설치 현황표 나. 상기 '2. 해외현지법인 명세서 등의 제출·보완 요구'에 따라 제출 또는 보완을 요구받은 날부터 60일 이내에 다음의 자료를 제출하지 않거나 거짓된 자료를 제출한 경우 1) 해외현지법인 명세서 2) 해외현지법인 재무상황표 3) 손실거래명세서 4) 해외영업소 설치 현황표	건별 1천만원

<table>
<tr><th colspan="2">위반행위</th><th>과태료 금액</th></tr>
<tr><td rowspan="2">2. 해외부동산 등 명세의 제출의무 관련</td><td>가. 제출기한(국조법 §58 ②)까지 다음의 자료를 제출하지 않거나 거짓된 자료를 제출한 경우
1) 해외부동산 등 취득명세
2) 해외부동산 등 보유명세
3) 해외부동산 등 투자운용(임대)명세
4) 해외부동산 등 처분명세</td><td>해외부동산 등의
취득가액의 10%*
취득가액의 10%*
투자운용소득의 10%*
처분가액의 10%*</td></tr>
<tr><td>나. 상기 '2. 해외현지법인 명세서 등의 제출·보완 요구'에 따라 자료 제출 또는 보완을 요구받은 날부터 60일 이내에 다음의 자료를 제출하지 않거나 거짓된 자료를 제출한 경우
1) 해외부동산등 취득명세
2) 해외부동산등 보유명세
3) 해외부동산등 투자운용(임대)명세
4) 해외부동산등 처분명세</td><td>취득가액의 10%*
취득가액의 10%*
투자운용소득의 10%*
처분가액의 10%*
* 1억원 한도</td></tr>
<tr><td rowspan="2">3. 해외신탁명세의 제출의무 관련</td><td>가. 제출기한(국조법 §58 ③)까지 해외신탁명세를 제출하지 않거나 거짓된 자료를 제출한 경우</td><td>해외신탁재산가액의 10%*</td></tr>
<tr><td>나. 상기 '2. 해외현지법인 명세서 등의 제출·보완 요구'에 따라 자료 제출 또는 보완을 요구받은 날부터 60일 이내에 해외신탁명세를 제출하지 않거나 거짓된 자료를 제출한 경우</td><td>해외신탁재산가액의 10%*
* 1억원 한도</td></tr>
</table>

개 정

○ 해외신탁명세서 자료제출 의무불이행에 대한 제재(국조법 §91 ④)
➡ 2025년 1월 1일 이후 개시하는 사업연도에 자료 제출의무가 발생하는 분부터 적용

4-2. 취득자금 출처의 소명의무 불이행에 대한 과태료

(1) 과태료 부과대상

내국법인이 상기 '3. 해외현지법인 명세서 등 자료제출 의무불이행시 취득자금 출처에 대한 소명의무'를 위반하여 취득자금 출처 소명대상 금액의 출처에 대하여 소명하지 아니하거나 거짓으로 소명한 경우에는 소명하지 아니하거나 거짓으로 소명한 금액의 20%에 상당하는 과태료를 부과한다. 다만, 천재지변 등 다음의 어느 하나에 해당하는 정당한 사유가 있는 경우에는 과태료를 부과하지 아니한다(국조법 §91 ③ 및 국조령 §148 ⑤).

① 천재지변, 화재·재난 및 도난 등 불가항력적 사유로 증명서류 등이 없어져 소명이 불가능

한 경우

② 해당 해외현지법인, 해외부동산 등 또는 해외신탁재산의 소재 국가의 사정 등으로 소명이 불가능한 경우

(2) 과태료 부과기준

납세지 관할 세무서장은 위반행위의 정도, 위반 횟수, 위반행위의 동기 및 그 결과 등을 고려해 그 과태료 금액의 50% 범위에서 그 금액을 줄이거나 늘릴 수 있다. 다만, 과태료 금액을 늘리는 경우에는 전술한 과태료 금액의 상한을 넘을 수 없다(국조령 §148 ⑦).

Step Ⅱ 서식의 이해

■ 작성요령Ⅰ - 해외현지법인 명세서

❷ 「Ⅰ.해외현지법인 명세서 제출 현황(총계)」의 해당란은 국제조세조정에 관한 법률 제2조 제1항 제3호에 따른 특수관계의 경우와 그 밖의 경우로 구분하여 각각 합산하여 적는다.

❹ 「⑪ 해외현지법인명」과 「⑯ 해외현지법인 소재지」는 영문을 사용하여 약자가 아닌 전체이름(full name)으로 적는다.

❻ 「⑭ 투자일」은 기획재정부장관이 정하는 외국환거래규정 제9-5조에 따른 해외직접투자 신고 이후 실제로 외화증권을 취득한 날 또는 실제투자(송금)일을 입력하며, 정확한 투자월일을 모를 경우 해당 연도의 초일(예: 2012. 1. 1.)을 적는다.

❽ 「⑰ 업종」은 국세청 기준경비율(단순경비율)에 따른 대분류, 업종코드는 기준경비율코드(숫자6자리)를 적는다. (국세청 인터넷 홈페이지→조회·계산 →기준경비율·표준소득률을 참고)

❾ 「⑱ 직원 수」는 모법인이 파견한 직원 수와 현지채용 직원 수를 합하여 적고, 모법인 파견(국내파견) 직원 수는 별도로 ( ) 안에 적는다.

❿ 「㉑ 출자금액」과 「㉕ 대여금」은 해외현지법인 사업연도 종료일 현재 또는 현지법인 청산(지분양도)일 전일의 출자금액 및 대여금을 적는다. 다만, 「㉑ 출자금액」은 투자(증액투자 포함) 당시의 매매기준율 또는 재정(裁定)된 매매기준율을 적용하여 계상하고 이후의 외환차익을 반영하지 않는다.

⓮ 현지법인을 청산(지분양도)한 경우 「㉟ 청산 유형」에 청산, 지분양도, 현지법인 폐업, 투자자 폐업, 합병, 대여금 회수(대부투자의 경우) 등의 사유를 적고, 「㊱ 회수금액」에는 국내에 회수된 금액을 적는다.

⓯ 해외직접투자 신고만 하고 실제로 투자를 실행하지 않은 경우에는 「㉞ 청산(지분양도)일」에 원래의 투자신고일을 적고, 「㉟ 청산 유형」에 "투자 미실행"을 적는다.

[별지 제47호 서식] (2021. 3. 16. 개정)

① 성명/모법인명

② 주민등록번호/모법인 사업자등록번호

해외현지법

Ⅰ. 해외현지법인 명세서 제출 현황(총계) ❷

구분	제출대상 법인 수		
	⑤ 전기 말 가동법인 수	⑥ 해당 사업연도 중 신설 법인 수	⑦ 해당 중 청
특수관계			
기 타			

Ⅱ. 제출대상 해외현지법인 (해외현지법인별

1. 해외현지법인 기본사항: [ ] 거주자가 직접
[ ] 해외현지법인의

⑪ 해외현지법인명 ❹		⑭ 투자일 ❻	
⑬ 거주지국			
⑯ 해외현지법인 소재지 ❹			
⑰ 업종 ❽ (업종코드)	( )	⑱ 직원 수 ❾ (모법인 파견 직원 수)	(

2. 해외현지법인 투자 명세

가. 해외현지법인에 대한 투자 현황

⑳ 해외현지법인의 주주명 (주주의 거주지국) ❸	출 자	
	㉑ 출자금액 ❿	㉒ 주식 수
(거주자 본인 성명 / 주주명) (한국)		
( ) ( )		
( )		
( )		
소액주주 소계		
계		

나. 해외현지법인이 10% 이상 직접 소유한 자

㉗ 자회사명 ❸	㉘ 업종	㉙ 소재지 (국가 & 도시명)	㉚

다. 청산(지분양도) 여부

㉞ 청산(지분양도)일 ⓯	㉟ 청산 유형 ⓮, ⓯

「국제조세조정에 관한 법률」 제58조 및 「국제조세조
를 제출합니다.

제출

세무서장 귀하

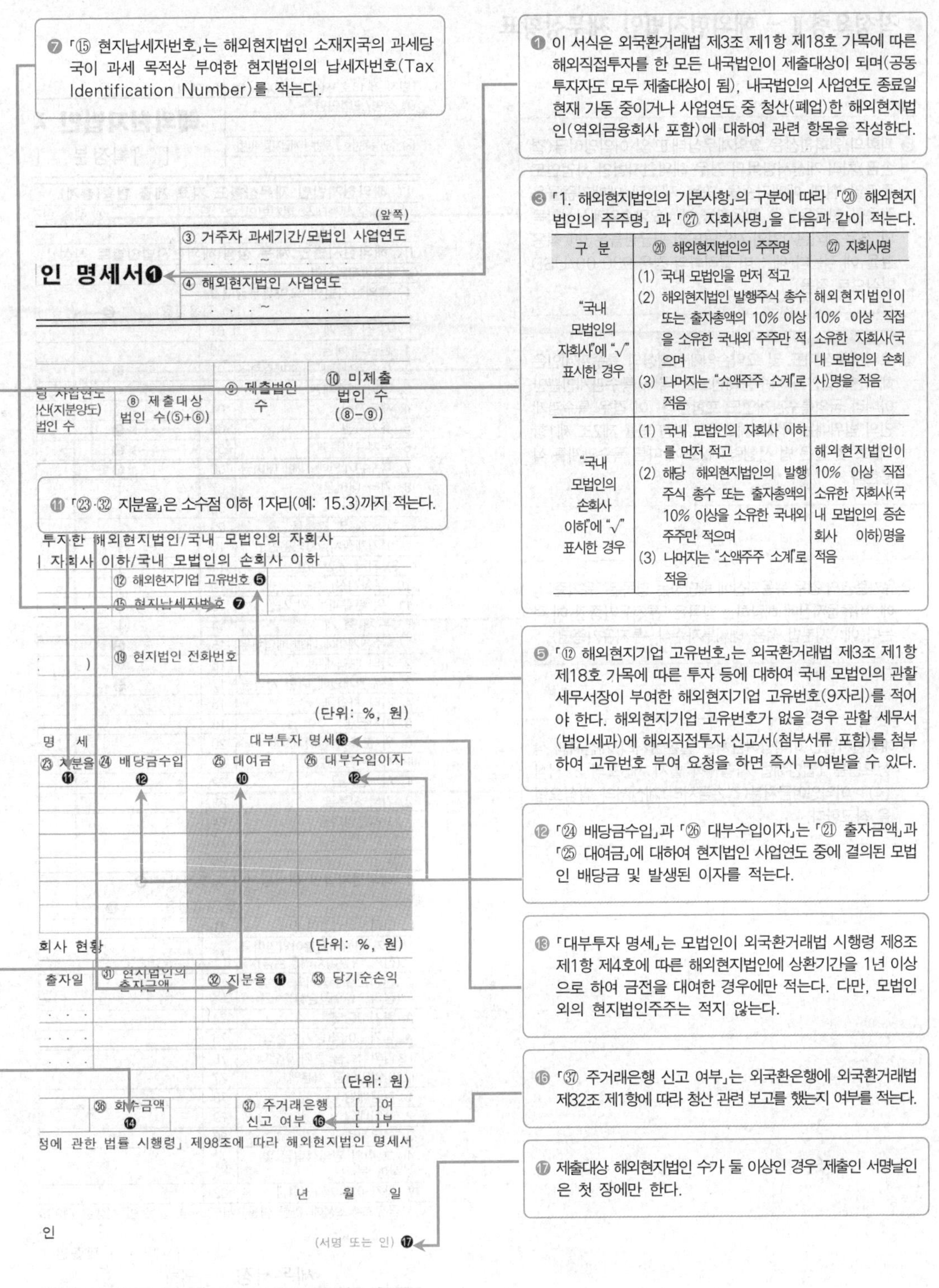

❶ 이 서식은 외국환거래법 제3조 제1항 제18호 가목에 따른 해외직접투자를 한 모든 내국법인이 제출대상이 되며(공동투자자도 모두 제출대상이 됨), 내국법인의 사업연도 종료일 현재 가동 중이거나 사업연도 중 청산(폐업)한 해외현지법인(역외금융회사 포함)에 대하여 관련 항목을 작성한다.

❸ 「1. 해외현지법인의 기본사항」의 구분에 따라 「⑳ 해외현지법인의 주주명」과 「㉗ 자회사명」을 다음과 같이 적는다.

구 분	⑳ 해외현지법인의 주주명	㉗ 자회사명
"국내 모법인의 자회사"에 "√" 표시한 경우	(1) 국내 모법인을 먼저 적고 (2) 해외현지법인 발행주식 총수 또는 출자총액의 10% 이상을 소유한 국내외 주주만 적으며 (3) 나머지는 "소액주주 소계"로 적음	해외현지법인이 10% 이상 직접 소유한 자회사(국내 모법인의 손회사)명을 적음
"국내 모법인의 손회사 이하"에 "√" 표시한 경우	(1) 국내 모법인의 자회사 이하를 먼저 적고 (2) 해당 해외현지법인의 발행주식 총수 또는 출자총액의 10% 이상을 소유한 국내외 주주만 적으며 (3) 나머지는 "소액주주 소계"로 적음	해외현지법인이 10% 이상 직접 소유한 자회사(국내 모법인의 증손회사 이하)명을 적음

❺ 「⑫ 해외현지기업 고유번호」는 외국환거래법 제3조 제1항 제18호 가목에 따른 투자 등에 대하여 국내 모법인의 관할 세무서장이 부여한 해외현지기업 고유번호(9자리)를 적어야 한다. 해외현지기업 고유번호가 없을 경우 관할 세무서(법인세과)에 해외직접투자 신고서(첨부서류 포함)를 첨부하여 고유번호 부여 요청을 하면 즉시 부여받을 수 있다.

❼ 「⑮ 현지납세자번호」는 해외현지법인 소재지국의 과세당국이 과세 목적상 부여한 현지법인의 납세자번호(Tax Identification Number)를 적는다.

⑪ 「㉓·㉜ 지분율」은 소수점 이하 1자리(예: 15.3)까지 적는다.

⑫ 「㉔ 배당금수입」과 「㉖ 대부수입이자」는 「㉑ 출자금액」과 「㉕ 대여금」에 대하여 현지법인 사업연도 중에 결의된 모법인 배당금 및 발생된 이자를 적는다.

⑬ 「대부투자 명세」는 모법인이 외국환거래법 시행령 제8조 제1항 제4호에 따른 해외현지법인에 상환기간을 1년 이상으로 하여 금전을 대여한 경우에만 적는다. 다만, 모법인 외의 현지법인주주는 적지 않는다.

⑯ 「㊲ 주거래은행 신고 여부」는 외국환은행에 외국환거래법 제32조 제1항에 따라 청산 관련 보고를 했는지 여부를 적는다.

⑰ 제출대상 해외현지법인 수가 둘 이상인 경우 제출인 서명날인은 첫 장에만 한다.

■ 작성요령 Ⅱ – 해외현지법인 재무상황표

❷ 외화의 원화환산은 요약재무상태표 및 이익잉여금(결손금)처리 계산서항목의 경우 해외현지법인 사업연도 종료일 현재 매매기준율 또는 재정된 매매기준율을 적용한 환율은 「⑩ 적용환율」에, 요약손익계산서항목의 경우 해외현지법인 사업연도의 평균환율은 「⑪ 적용환율」에 적는다(예 : 미 달러화의 경우 930.00/USD 방식으로 적음).

❹ 요약재무상태표 및 요약손익계산서상의 특수관계인은 해외현지법인의 특수관계인으로 국내 특수관계인뿐만 아니라 국외특수관계인도 포함한다. 이 경우 특수관계인의 범위에는 국제조세조정에 관한 법률 제2조 제1항 제3호 및 같은 법 시행령 제2조에 따른 특수관계를 적용한다.

❺ 유가증권의 경우 유동자산에 해당하는 항목은 「유가증권」에, 비유동자산에 해당하는 항목은 「투자유가증권」에 적는다(예: 지분법 적용 해외투자주식→투자유가증권).

❻ 해외현지법인 이익잉여금처분(결손금처리)계산서의 작성요령은 〔법인세법 시행규칙 별지 제3호의 3 서식(4)〕 이익잉여금처분(결손금처리)계산서의 작성요령을 참고한다.

[별지 제48호 서식] (2022. 3. 18. 개정)

① 성명/모법인명	**해외현지법인 재**
② 주민등록번호 / 모법인 사업자등록번호	[ ]확정분, [

Ⅰ. 해외현지법인 재무상황표 자료 제출 현황(총계)

⑤ 제출대상 현지법인 수	⑥ 제출 현지

Ⅱ. 해외현지법인 재무 상황(해외현지법인별로 작성)

⑧ 해외현지법인명

1. 해외현지법인 요약재무상태표

(⑩ 적용환율: ❷)

항목	코드	
Ⅰ. 자 산 총 계	01	
1. 현금과 예금	50	
2. 특수관계인에 대한 매출채권	02	❹
3. 기타 매출채권	03	
4. 재고자산	04	
5. 유가증권	05	❺
6. 투자유가증권	55	❺
7. 특수관계인에 대한 대여금	06	❹
8. 기타 대여금	07	
9. 유형자산	08	
1) 토지 및 건축물	09	
2) 기계장치, 차량운반구	10	
3) 기타 유형자산	11	
10. 무형자산	12	
11. 위 분류과목 외 자산	13	
Ⅱ. 부 채 총 계	14	
1. 특수관계인에 대한 매입채무	15	❹
2. 기타 매입채무	16	
3. 특수관계인에 대한 차입금	17	❹
4. 기타 차입금	18	
5. 미지급금	19	
6. 위 분류과목 외 부채	20	
Ⅲ. 자 본 금 총 계	21	
1. 자 본 금	22	
2. 기타 자본금	23	
1) 자본잉여금	24	
2) 이익잉여금	25	
3) 기 타	26	

3. 해외현지법인 이익잉여금 처분계산서 ❻

(⑩ 적용환율: ❷)

항목	코드	
Ⅰ. 미처분이익잉여금	71	
1. 전기 이월미처분이익잉여금 (전기 이월미처리결손금)	72	
2. 전기오류수정이익 (전기오류수정손실)	73	
3. 중간배당액	74	
4. 당기순이익(당기순손실)	75	
Ⅱ. 임의적립금 등의 이입액	76	
Ⅲ. 이익잉여금 처분액	77	
1. 현금배당	78	
2. 주식배당	79	
3. 의무적립금	80	
4. 그 밖의 임의적립금 및 상여 등	81	
Ⅳ. 차기 이월이익잉여금	82	

「국제조세조정에 관한 법률」 제58조 및 같은 법 시행령 제98조

제출인

세무서장 귀하

ㅐ무상황표❶	③ 거주자 과세기간/모법인 사업연도
	. . . ~ . . .
[ ]가결산	④ 해외현지법인 사업연도
	. . . ~ . . .

ㅈ|법인 수	⑦ 미제출 현지법인 수(⑤-⑥)

(단위: 원)

⑨ 해외현지기업고유번호		❸
2. 해외현지법인 요약손익계산서 (⑪ 적용환율: ❷)		
Ⅰ. 매출액	27	
1. 특수관계인에 대한 매출	28	❹
2. 기타 매출	29	
Ⅱ. 매출원가	30	
1. 특수관계인으로부터 매입	51	❹
2. 기타 매입	52	
Ⅲ. 매출 총손익	56	
Ⅳ. 판매비와 일반관리비	31	
1. 급여(모회사 파견직원)	32	
2. 급여(기타)	33	
3. 임 차 료	34	
4. 연구개발비	35	
5. 대손상각비	36	
6. 기타 판매비와 관리비	37	
Ⅴ. 영업손익	57	
Ⅵ. 영업외수익	38	
1. 이자수익	39	
2. 배당금수익	40	
3. 채무면제익	53	
4. 기타 영업외수익	41	
Ⅶ. 영업외비용	42	
1. 이자비용	43	
2. 기타 영업외비용	44	
Ⅷ. 법인세비용 차감전손익	58	
Ⅸ. 법인세비용	47	
Ⅹ. 당기순손익	48	

4. 해외현지법인 결손금 처리계산서 (⑩ 적용환율: ❷)		
Ⅰ. 미처리결손금	83	
1. 전기 이월미처리결손금 (전기 이월미처분이익잉여금)	84	
2. 전기오류수정손실 (전기오류수정이익)	85	
3. 중간배당액	86	
4. 당기순손실(당기순이익)	87	
Ⅱ. 결손금 처리액	88	
1. 임의적립금 이입액	89	
2. 그 밖의 법정적립금 이입액	90	
3. 이익준비금 이입액	91	
4. 자본잉여금 이입액	92	
Ⅲ. 차기 이월미처리결손금	93	

ㅈ에 따라 해외현지법인 재무상황표를 제출합니다.

년 월 일

(서명 또는 인)❼

❶ 이 서식은 외국환거래법 제3조 제1항 제18호 가목에 따른 해외직접투자를 한 내국법인 중 피투자법인의 발행주식 총수 또는 출자총액의 10% 이상을 소유하고 그 투자금액(증권투자 및 대부투자 합계)이 1억원 이상이거나, 피투자법인의 발행주식 총수 또는 출자총액의 10% 이상을 직접 또는 간접으로 소유하고 피투자법인과 국제조세조정에 관한 법률 제2조 제1항 제3호에 따른 특수관계에 있는 모든 내국법인이 제출대상이 된다(상기 요건에 해당하는 경우에는 공동투자자 모두가 제출대상이 됨). 여기서 1억원 이상의 외화환산은 각 투자실행일 현재의 매매기준율 또는 재정(裁定)된 매매기준율로 환산한 금액이다. 한편, 이 서식의 공통작성 요령은 다음과 같다.

- 국내 모법인과 해외현지법인의 사업연도 종료일이 다른 경우 국내 모법인의 사업연도 종료일 직전에 종료하는 해외현지법인 사업연도분을 대상으로 하여 작성하며 가결산하여 작성하는 경우 가결산의 [ ]에 "√" 표시를 한다.
- 계정과목을 분류할 수 있는 항목은 반드시 해당 항목에 분류하여 적어야 한다.
  (예: 현금+단기예금+장기예금→현금과 예금, 단기대여금+장기대여금→대여금 등)

*특히 계정과목을 분류할 수 있음에도 "위 분류과목 외의 자산, 부채 항목"으로 분류하지 말아야 한다.

❷ 외화의 원화환산은 요약대차대조표 및 이익잉여금(결손금) 처리계산서 항목의 경우 해외현지법인 사업연도 종료일 현재 매매기준율 또는 재정된 매매기준율을 적용한 환율은 「⑩ 적용환율」에, 요약손익계산서 항목의 경우 해외현지법인 사업연도의 평균환율은 「⑪ 적용환율」에 적는다(예: 미국 달러의 경우 930.00/USD 방식으로 적음).

❸ 해외현지기업 고유번호는 국내 모법인의 납세지 관할 세무서장이 부여한 해외현지기업 고유번호(9자리)를 적는다.

❼ 제출대상 해외현지법인 수가 둘 이상인 경우 제출인 서명날인은 첫 장에만 한다.

■ 작성요령 Ⅲ - 손실거래명세서

[별지 제49호 서식] (2021. 3. 16. 개정)

과세연도	. . . ~ . . .	손실거래

1. 손실거래 관련 해외현지법인의 인적 사항

① 일련번호	② 법인명	③ 소재지 국가 (또는 지역)
❷	❸	❹

2. 손실거래 명세

⑧ 일련번호	①-1 일련번호	⑨ 손실 구분	⑩ 제출 구분
❾	❿	⓫	⓬
	1	[ ] 내국법인 [ ] 해외현지법인	[ ] 거래 건별 [ ] 누적 손실
	⑮ 거래 종류	⑯ 코드	
	⓰	⓰	
⑧ 일련번호	①-1 일련번호	⑨ 손실구분	⑩ 제출 구분
	1	[ ] 내국법인 [ ] 해외현지법인	[ ] 거래 건별 [ ] 누적 손실
	⑮ 거래 종류	⑯ 코드	
⑧ 일련번호	①-1 일련번호	⑨ 손실구분	⑩ 제출 구분
	1	[ ] 내국법인 [ ] 해외현지법인	[ ] 거래 건별 [ ] 누적 손실
	⑮ 거래 종류	⑯ 코드	
⑧ 일련번호	①-1 일련번호	⑨ 손실구분	⑩ 제출 구분
	1	[ ] 내국법인 [ ] 해외현지법인	[ ] 거래 건별 [ ] 누적 손실

❷ 「① 일련번호」란에는 국제조세조정에 관한 법률 제58조 제1항 제3호 또는 제4호의 손실거래와 관련된 해외현지법인별로 순서대로 번호를 부여한다.

❸ 「② 법인명」란에는 손실거래와 관련된 해외현지법인의 상호를 영문을 사용하여 약자가 아닌 전체 이름(full name)으로 적는다. 머리글자를 사용하는 경우에는 머리글자 뒤에 괄호로 정식 명칭 전부를 적는다.

❹ 「③ 소재지 국가(또는 지역)」란은 해외현지법인이 소재하는 국가 또는 지역을 국문으로 적는다

❾ 「⑧ 일련번호」란의 일련번호는 손실거래별로 순서대로 부여한다.

❿ '2. 손실거래 명세'의 「①-1 일련번호」란에는 '1. 손실거래 관련 해외현지법인의 인적 사항'의 일련번호 중 손실거래 명세를 작성할 해외현지법인의 일련번호를 적는다.

⓫ 「⑨ 손실 구분」란은 다음에 해당하는 구분에 따라 "√" 표시한다.

구분	내용
내국법인	해외직접투자를 한 내국법인의 손실거래(해외직접투자를 받은 외국법인과의 거래에서 발생한 손실거래로 한정한다)
해외현지법인	해외직접투자를 받은 외국법인의 손실거래(해외직접투자를 한 내국법인과의 거래에서 발생한 손실거래는 제외한다)

⓬ 「⑩ 제출 구분」란은 다음에 해당하는 구분에 따라 √ 표시한다.

구분	내용
거래 건별	거래 건별 손실거래 금액이 단일 사업연도에 50억원 이상인 경우
누적 손실	최초 손실이 발생한 사업연도부터 5년이 되는 날이 속하는 사업연도까지 누적 손실금액이 100억원 이상인 경우

⓰ 「⑮ 거래 종류」란 및 「⑯ 코드」란은 다음의 구분에 따라 적는다.

구분코드	11	12	13	14	15	19
자산관련	자산매입	자산처분	자산증여	자산평가	자산감액	그 밖의 자산관련 거래
구분코드	21	22	23			29
부채관련	부채인식	부채평가	부채상환			그 밖의 부채관련 거래
구분코드	31	32	33	34		39
자본거래	증자	감자	합병	분할		그 밖의 자본거래

명세서 ❶

성명/법인명	
사업자(주민)등록번호	

④ 국가코드	⑤ 해외현지기업 고유번호	⑥ 내국법인의 주식소유비율	⑦ 제출대상 손실거래 수
❺	❻	❼	❽

(단위 : 원)

손실거래 발생기간		⑬ 손실거래 금액	⑭ 산출기준 ⓯
⑪ 시작일	⑫ 종료일		
⓭	⓭	⓮	[ ] 기업회계기준 [ ] 거주지국 회계원칙
⑰ 손실거래 내용			
⓱			

손실거래 발생기간		⑬ 손실거래 금액	⑭ 산출기준
⑪ 시작일	⑫ 종료일		
			[ ] 기업회계기준 [ ] 거주지국 회계원칙
⑰ 손실거래 내용			

손실거래 발생기간		⑬ 손실거래 금액	⑭ 산출기준
⑪ 시작일	⑫ 종료일		
			[ ] 기업회계기준 [ ] 거주지국 회계원칙
⑰ 손실거래 내용			

손실거래 발생기간		⑬ 손실거래 금액	⑭ 산출기준
⑪ 시작일	⑫ 종료일		
			[ ] 기업회계기준 [ ] 거주지국 회계원칙
⑰ 손실거래 내용			

따라 손실거래명세서를 제출합니다.

년 월 일

(서명 또는 인)

❶ 이 서식은 외국환거래법 제3조 제1항 제18호 가목에 따른 해외직접투자를 한 내국법인 중 피투자법인의 발행주식 총수 또는 출자총액의 10% 이상을 직접 또는 간접으로 소유하고 피투자법인과 국제조세조정에 관한 법률 제2조 제1항 제3호에 따른 특수관계에 있는 내국법인이 다음과 같은 손실거래가 발생한 경우에 작성하여 제출한다.

〈다 음〉

국제조세조정에 관한 법률 제58조 제1항 제3호 또는 제4호에 따른 거래 건별 손실거래 금액이 단일 사업연도 50억원 이상이거나 최초 손실이 발생한 과세연도부터 5년이 되는 날이 속하는 과세연도까지 누적 손실금액이 100억원 이상인 손실거래(국제조세조정에 관한 법률 시행령 제98조 제1항 제3호)

❺ 「④ 국가코드」란은 국제표준화기구(ISO)가 정한 ISO 국가코드를 적는다.

❻ 「⑤ 해외현지기업 고유번호」란은 납세지 관할 세무서장이 부여한 해외현지기업 고유번호(9자리)를 적는다.
※ 고유번호를 부여받지 못한 경우 관할 세무서에 신청하면 부여받을 수 있다.

❼ 「⑥ 내국법인의 주식소유비율」란은 해외현지법인의 의결권이 있는 발행주식 총수 또는 출자총액에 대한 내국법인의 직접·간접 주식소유비율을 적는다.

❽ 「⑦ 제출대상 손실거래 수」란은 해외현지법인과 관련된 제출대상 손실거래 수를 적는다.

⓭ 「⑪ 시작일」란은 손실거래가 최초로 발생한 날, 「⑫ 종료일」란은 손실거래 발생한 해당 사업연도 종료일을 각각 적는다. 다만, 손실거래가 사업연도를 달리하여 기중(期中)에 시작(종료)되는 경우에는 시작일(그 손실거래 종료일)을 적는다.

⓮ 「⑬ 손실거래 금액」란은 내국법인의 손실거래인 경우에는 기업회계기준, 피투자법인의 손실거래인 경우에는 피투자법인의 거주지국에서 재무제표 작성 시 일반적으로 인정되는 회계원칙에 따라 산출한 손실거래 금액을 적는다. 다만, 그 거주지국에서 일반적으로 인정되는 회계원칙이 우리나라의 기업회계기준과 현저히 다른 경우에는 우리나라의 기업회계기준을 적용하여 산출한 금액을 적는다.

⓯ 「⑭ 산출기준」란은 「⑬ 손실거래금액」을 산출하기 위해 적용한 기준에 "√" 표시한다.

⓱ 「⑰ 손실거래 내용」란은 손실거래 내용(손실 구분이 해외현지법인일 경우에는 거래상대방 정보를 포함) 및 손실발생 사유를 간략하게 100자 이내로 적는다.

■ 작성요령Ⅳ – 해외영업소 설치현황표

❷ 「⑩ 해외영업소명」란과 「⑬ 해외영업소 소재지」란은 영문을 사용하여 약자가 아닌 전체이름(full name)으로 적는다.

❹ 외화의 원화환산은 대차대조표 항목의 경우 본점 사업연도 종료일 현재 매매기준율 또는 재정(裁定)된 매매기준율을 적용한 환율은 「⑲ 적용환율」란, 손익계산서 항목의 경우 본점 사업연도의 평균환율을 적용한 환율은 「⑳ 적용환율」란에 적는다(예: 미국 달러의 경우 930.00/USD 방식으로 적는다).

❺ 「⑯ 설립형태」란은 "1. 지점" 과 "2. (연락)사무소" 중 해당되는 항목의 [ ]에 "√" 표시한다. 이 경우 해외영업소가 지점에 해당함에도 불구하고 사무소에 "√" 표시를 한 경우에는 「2. 해외지점 경영상황」을 적을 수 없으니 주의해야 한다.

❽ 「본점 지원경비」는 지원 항목의 명칭에 불구하고 해당 사업연도 중에 본점에서 지원한 경비 총액을 적는다.

❿ 해외직접투자 신고만 하고 실제로 해외지점 또는 연락사무소를 설립하지 않은 경우에는 「㉑ 폐쇄일」란에 원래의 해외직접투자 신고일을 적는다.

[별지 제50호 서식](2021. 3. 16. 개정)

① 본점 법인명	**해외영업소**

Ⅰ. 해외영업소 설치 현황

제출대상 해외영업소 수			
④ 전기 말 가동 영업소 수	⑤ 해당 사업 연도 중 설립 영업소 수	⑥ 당기 중 폐쇄(철수) 영업소 수	⑦ 제출 영업소 (④+

Ⅱ. 해외영업소 설치 명세(해외영업소별로 작성)

1. 해외영업소 기본사항

⑩ 해외영업소명	❷	⑪ 해외현지기업 고유번호
⑬ 해외영업소 소재지	❷	⑭ 현지납세자번호
⑯ 설립 형태 ❺	[ ] 1. 지점(개인사업장) [ ] 2. (연락)사무소	⑰ 업종 (업종코드)

2. 해외지점(해외사업장) 경영 상황[⑯항목에서 "1. 지점(기

가. 해외지점 요약대차대조표

(⑲ 적용환율: ❹

Ⅰ. 자산총계	01	
1. 토지 및 건축물	02	
2. 기계장치, 차량운반구	03	
3. 기타	04	
Ⅱ. 부채총계	05	
Ⅲ. 자본총계	06	
(본점(거주자)지원경비)	07	❽

3. 폐업(철수) 여부

㉑ 폐업(철수)일	❿

「국제조세조정에 관한 법률」 제58조 및 같은 법 시행령 제

제출인

세무서장 귀하

	② 주민등록번호 / 본점 사업자등록번호
설치현황표 ❶	③ 거주자 과세기간 / 본점 사업연도
	. . ~ . .

출대상 소 수 ⑤)	⑧ 제출 영업소 수	⑨ 미제출 영업소 수 (⑦-⑧)

호	❸	⑫ 거주지국	
	❸	⑮ 설립일	. . .
( )		⑱ 직원 수 ❻ (국내본점 파견 수)	( )

해인사업장)"인 경우만 작성] ❼

나. 해외지점 요약손익계산서 (⑳ 적용환율: ❹)

Ⅰ. 매출액	08	
Ⅱ. 매출원가	09	
Ⅲ. 판매비와 일반관리비	10	
Ⅳ. 영업외수익	11	
Ⅴ. 영업외비용	12	
Ⅵ. 소득세	15	
Ⅶ. 당기순손익	16	

㉒ 회수금액	❾

제98조에 따라 해외영업소 설치현황표를 제출합니다.

년 월 일

(서명 또는 인)⓫

❶ 수익사업 수행 여부와 관계없이 본점 사업연도 종료일 현재 가동 중이거나 사업연도 중 폐쇄(철수)한 지점, (연락)사무소에 대하여 작성한다.

❸ 「⑪ 해외현지기업 고유번호」란은 국내 본점의 납세지 관할 세무서장이 부여한 해외현지기업 고유번호(9자리)를 적어야 하며, 해외현지기업 고유번호가 없을 경우 관할 세무서(법인세과)에 해외직접투자 신고서(첨부서류 포함)를 첨부하여 고유번호 부여 요청을 하면 즉시 부여받을 수 있다. 「⑭ 현지납세자번호」란은 현지투자국의 과세당국이 과세 목적상 부여한 해외영업소의 납세번호(Taxpayer Identification Number)를 적는다.

❻ 「⑱ 직원 수」란은 본점파견(국내파견) 직원 수와 현지채용 직원 수를 합하여 적고, 본점(국내)에서 파견된 직원 수는 별도로 ( ) 안에 적는다.

❼ 「2. 해외사업장 경영 상황」은 「⑯ 설립 형태」중 "1.지점"의 경우에만 적는다.

❾ 「㉒ 회수금액」란은 해외영업소를 폐쇄하고 국내에 회수한(할) 금액을 적는다.

⓫ 제출대상 해외영업소의 수가 둘 이상인 경우 제출인 서명날인은 첫 장에만 한다.

■ 작성요령Ⅴ - 해외부동산 취득·보유·투자운용(임대) 및 처분 명세서

❷「⑥, ⑦, ㉒, ㉓, ㉖, ㉗, ㊳, ㊴」란의 부동산 소재지는 한글 또는 영문으로 적어야 한다.

❸「⑬ 부동산의 규모」란에는 취득부동산 전체 규모를 적고(면적 단위는 ㎡로 통일), 공동취득자의 경우도 취득부동산 전체 규모를 적는다.
* 1평 = 3.3058㎡, $1ft^2$ = 0.092903㎡, 1a = 100㎡

❺「⑮, ⑯, ⑰」란에는 금액은 현지통화기준으로 적되, ( ) 안에 통화 단위를 적고, 원화환산금액을 취득 시 기준환율 또는 재정환율로 환산하여 적는다.
※ 공동취득인 경우에도 총취득금액(국내송금액+현지조달금액)은 총액으로 적는다.

❻「⑱~㉑」란에는 공동취득인 경우 각각 취득인의 인적사항과 지분을 적는다.

❼「㉛ 개시일(입주일)」란에는 취득 이후 연도에 계속 임대하는 경우 해당 사업연도 개시일을 적는다.

❿ 붙임 서류의 부동산 매매계약서, 등기부등본 등은 취득 후 최초로 제출하거나 처분할 때 제출하고, 소유권 변동이 없을 경우에는 이후 다시 제출하지 않아도 된다.

[별지 제51호 서식] (2022. 3. 18. 개정)

해외부동산 취득·보유·투자(운용(임대) 및 처분 명세서)

① 과세연도	년 월 일부터 년 월 일까지	② 사업자(주민)등록번호
④ 주소		

해외부동산 고유번호*

* 국세청에서 부여한 번호, 확인경로 : 국세청 홈택스 [조회/발급]→[세금신고납부]…

★ 취득·운용·처분행위 없이 보유명세서만 제출대상일 경우 → 2. 보유명세서 ㉒~㉕ 만 작성

1. 해외부동산 취득 명세

부동산 소재지	⑥ 국가 ❷	⑦ 소재지 ❷
	⑧ 신고수리은행	
⑩ 취득일		년 월
⑫ 부동산의 종류	[ ]주택·아파트, [ ]상가·건물, [	
⑬ 부동산의 규모(면적, ㎡) ❸	건물 ( ), 대지 ( )	
⑮ 총취득금액(A)=(B+C) ❺	현지통화: ( )	
⑯ 국내에서 송금액(B) ❺	현지통화: ( )	
⑰ 현지조달금액(방법)(C) ❺	현지통화: ( )	

1-1. 공동취득인 경우

구분	제출(법)인	공동
⑱ 공동취득자 성명(상호) ❻		
⑲ 사업자(주민)등록번호 ❻		
⑳ 제출(법)인(본인)과의 관계 ❻		
㉑ 소유지분 ❻	%	

(취득시) 붙임 서류: 1. 매매계약서 사본 2. 등기부등본 사본

2. 해외부동산 보유 명세

부동산 현황	㉒ 국가 ❷	㉓ 소재지 ❷
	㉔ 부동산의 종류	[ ]주택·아파트, [ ]상가·건물, [ ] …산에 관한 권리, [ ]기타

3. 해외부동산 투자운용(임대) 명세

부동산 현황	㉖ 국가 ❷	㉗ 소재지 ❷
	㉘ 부동산의 종류	[ ]주택·아파트, [ ]상가·건물, [ ]

㉙ 층·호수	임차인		
	㉚ 상호(성명)	㉛ 개시일(입주일) ❼	㉜ 종(퇴거
㊱ 종합소득세 신고여부	□ 여 □ 부		㊲

(운용시) 붙임 서류: 1. 임대차계약서 사본

4. 해외부동산 처분 명세

부동산 소재지	㊳ 국가 ❷	㊴ 소재지 ❷
	㊵ 보고은행	㊶ 보고번호
㊸ 부동산의 종류	[ ]주택·아파트, [ ]상가·건물, [ ]	
㊹ 부동산의 규모(면적, ㎡)	건물 ( ), 대지 ( )	
㊻ 총처분금액	현지통화: (	
㊼ 양도소득세 신고여부	□ 여 □ 부	㊽

(처분시) 붙임 서류❿ : 1. 매매계약서 사본 2. 등기부등본 사본

「국제조세조정에 관한 법률」 제58조 및 같은 법 시행령 제98조에 따라 … 다.

제출법인

세무서장 귀하

운용(임대) 및 처분 명세서 ❶

호 | ③ 취득(소유)자
⑤ 전화번호

[해외부동산고유번호 조회]

□ 여 □ 부

⑨ 신고수리번호
일 ⑪ 취득 목적 [ ]주거, [ ]주거 외
]토지, [ ]부동산에 관한 권리, [ ]기타
⑭소유지분 ❹ %
원화환산: ₩)
원화환산: ₩)
원화환산: ₩)

취득인1 | 공동취득인2 | 기타 공동취득인
% | % | %

3. 그 밖의 증빙서류

토지, [ ]부동 | ㉕ 임대여부 | □ 여 □ 부

토지, [ ]부동산에 관한 권리, [ ]기타

임대수입 등 명세
료일(일) ❽ | ㉝ 보증금 ❾ | ㉞ 월세 ❾ | ㉟ 연간 월세 합 계 ❾
소득 국내반입여부 □ 여 □ 부

㊷ 처분일 | 년 월 일
토지, [ ]부동산에 관한 권리, [ ]기타
㊺ 처분지분 %
)(원화환산: ₩)
처분자금 국내반입여부 □ 여 □ 부

3. 그 밖의 증빙서류

해외부동산 취득·보유·투자운용(임대) 및 처분 명세서를 제출합니

년 월 일
(인)

❶ 이 서식은 외국환거래법 제3조 제1항 제19호에 따른 자본거래 중 외국에 있는 부동산이나 이에 관한 권리(이하 '해외부동산등'이라 함)를 해당 과세기간에 취득·보유·투자운용(임대 포함) 및 처분한 내국법인이 해당 물건별로 각각 별지로 작성하여 제출하며, 해외부동산등의 물건별 취득가액 또는 처분가액이 2억원 미만인 경우에는 다음과 같이 제출대상에서 제외된다.

※ 해외부동산 취득·보유·투자운용(임대) 및 처분 명세서 제출대상

취득가액	자료 제출의무				
	취득 시	보유 시	투자운용(임대) 시	처분 시	
				2억원 미만	2억원 이상
2억원 미만	×	×	×	×	○ (처분명세)
2억원 이상	○ (취득명세)	○ (보유명세)	○ (투자운용(임대)명세)	○ (처분명세)	○ (처분명세)

❹ 「⑭ 소유지분」란에는 공동취득자의 경우에 제출자의 소유지분 비율을 적는다.

❽ 「㉜ 종료일(퇴거일)」란에는 해당 사업연도 말까지 계속 임대하는 경우 해당 사업연도 종료일을 적는다.

❾ 「㉝~㉟」란에는 보증금, 월세, 연간 월세 합계는 현지통화를 '수입금액 획득 시 기준환율 또는 재정환율'로 환산하여 원단위로 적는다. 다만, 공동취득자의 경우에는 제출자의 소유지분(⑭)에 상당하는 금액을 적는다.

■ 작성요령Ⅵ – 해외신탁명세서

❶ 제출일 현재의 상황을 기준으로 작성한다.

❸ 「⑤ 보유신탁 총수」란에는 보유신탁의 총수를 적고 해당 신탁별 정보를 '3. 해외신탁별 명세'에 작성한다.
※ 보유신탁이 2개 이상인 경우 보유신탁 일련번호 2번 이하부터는 해외신탁 명세서를 별지로 작성하여 첨부한다.

❹ 「⑥ 신탁 명칭」란에는 해외신탁의 명칭을 적는다. (예시: ○○○ Trust)

❺ 「⑦ 신탁 유형」란에는 국제조세조정에 관한 법률 제58조 제3항 제1호(같은 법 시행령 제98조 제5항에 따라 위탁자가 해외신탁을 해지할 수 있는 권리, 수익자를 지정하거나 변경할 수 있는 권리, 해외신탁 종료 후 잔여재산을 귀속받을 권리를 보유하는 등 위탁자가 해외신탁재산을 실질적으로 지배・통제하는 해외신탁을 의미함) 또는 제2호 중 보유한 신탁의 해당되는 란에 "√" 표시를 한다.

❻ 「⑧ 신탁 소재지」란에는 해외신탁이 소재하는 국가의 국가코드(ISO 3166-1, 알파벳 두 글자)를 적고, 국가명을 한글로 적는다. (예시: US, 미국)

❾ 「⑪ 신탁 계약기간」란에는 해외신탁 설정일부터 종료일(종료일이 정해져 있지 않은 경우 "9999년"으로 기재)까지의 기간을 적는다.

⓬ 「⑭ 신탁재산가액」란에는 해외신탁명세서 부표2 '해외신탁재산 및 평가명세서'의 '③ 해외신탁재산 총재산평가액'을 외화 및 원화로 적는다. 외화로 작성하는 경우 "(통화:)"에는 통화코드(ISO 4217, 알파벳 세 글자)를 적는다. (예시: USD, CNY, EUR) 외화금액이 둘 이상의 통화로 이루어진 경우에는 주된 단일 통화로 환산하여 적는다. 이 경우 외화의 원화 환산은 외국환거래법에 따른 일별 기준환율 또는 재정환율에 따른다.

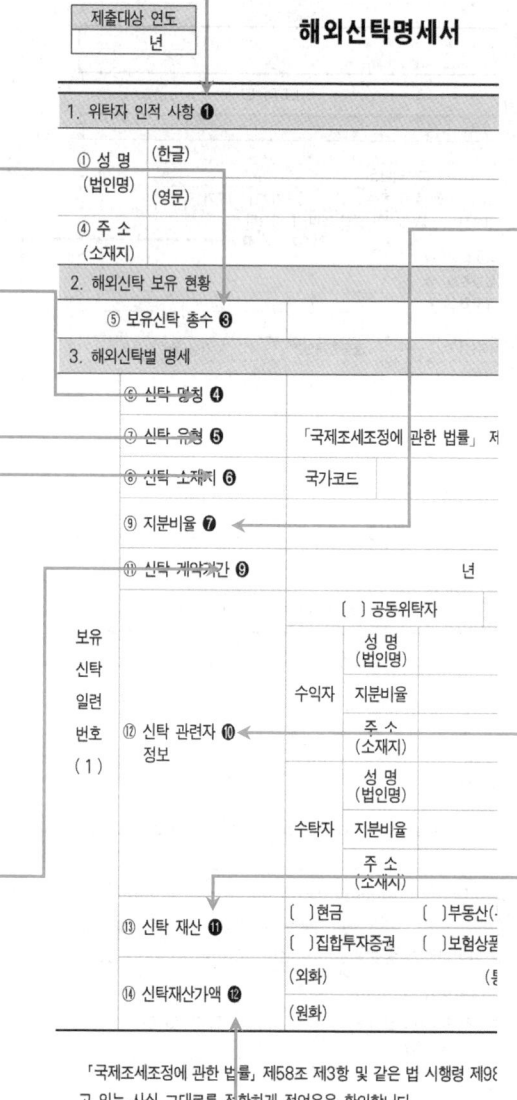

[별지 제51호의 2 서식] (2024. 3. 22. 개정)

제출대상 연도
년

해외신탁명세서

1. 위탁자 인적 사항 ❶			
① 성 명 (법인명)	(한글)		
	(영문)		
④ 주 소 (소재지)			
2. 해외신탁 보유 현황			
⑤ 보유신탁 총수 ❸			
3. 해외신탁별 명세			
보유 신탁 일련 번호 (1)	⑥ 신탁 명칭 ❹		
	⑦ 신탁 유형 ❺	「국제조세조정에 관한 법률」 저	
	⑧ 신탁 소재지 ❻	국가코드	
	⑨ 지분비율 ❼		
	⑪ 신탁 계약기간 ❾	년	
	⑫ 신탁 관련자 ❿ 정보	[ ] 공동위탁자	
		수익자	성 명 (법인명)
			지분비율
			주 소 (소재지)
		수탁자	성 명 (법인명)
			지분비율
			주 소 (소재지)
	⑬ 신탁 재산 ⓫	[ ]현금 [ ]부동산(	
		[ ]집합투자증권 [ ]보험상품	
	⑭ 신탁재산가액 ⓬	(외화) (	
		(원화)	

「국제조세조정에 관한 법률」 제58조 제3항 및 같은 법 시행령 제9
고 있는 사실 그대로를 정확하게 적었음을 확인합니다.

제출(법)인

세무서장 귀하

대리인	성명(상호)		사업자등록번호 (생년월일)

제출 구분	[ ] 정기	위탁자 유형	[ ] 거 주 자
	[ ] 수정		
	[ ] 기한 후		[ ] 내국법인

② 주민등록번호 (사업자등록번호)	❷
③ 전화번호	

개

(단위: 현지 통화, 원)

l58조제3항제1호 [ ] 같은 항 제2호 [ ]

국가명	
⑩ 신탁 설정일 ❽ (재산 이전일)	년 월 일

월 일 ~ 년 월 일

[ ] 공동수익자	[ ] 공동수탁자

	주민등록번호 (사업자등록번호)	
%	전화번호	

(국가:)

	주민등록번호 (사업자등록번호)	
%	전화번호	

(국가:)

부동산에 관한 권리) [ ]주식(예탁증서) [ ]채권

[ ]가상자산 [ ]그 밖의 자산

통화:)	⑮ 시가산정기준일 ⓭	년 월 일

3조 제4항에 따라 해외신탁명세서를 제출하며, 위 내용은 제출인이 알

년 월 일

(서명 또는 인)

	전화번호	

❷ 「② 사업자등록번호」란에는 사업자등록번호를 적고, 사업자등록번호가 없는 경우에는 고유번호를 적는다.

❼ 「⑨ 지분 비율」란에는 공동위탁자가 없는 경우 100을 적고, 그 외에는 위탁자의 해당 지분비율을 숫자로 작성한다.

❽ 「⑩ 신탁 설정일(재산 이전일)」란에는 해외신탁 설정일을 적고, 재산을 이전한 경우 재산 이전일을 적는다. (예시: 20××년 5월 15일)

❿ 「⑫ 신탁 관련자 정보」란에는 해당 신탁의 위탁자, 수익자, 수탁자가 각각 2명 이상인 경우 공동위탁자, 공동수익자, 공동수탁자의 해당란에 모두 "√"표시를 하고, 공동수익자 중 지분비율이 가장 큰 수익자와 공동수탁자 중 지분비율이 가장 큰 수탁자에 관한 정보를 적는다. 「신탁 관련자 정보」 중 「주소」란의 "(국가:)"에는 국가코드(ISO 3166-1, 알파벳 두 글자)를 적는다. (예시: KR, US)

⓫ 「⑬ 신탁 재산」란에는 보유한 해외신탁재산이 해당하는 유형에 모두 "√"표시를 한다.

⓭ 「⑮ 시가산정기준일」란에는 국제조세조정에 관한 법률 제58조 제8항 제1호 또는 제2호에 따른 시가산정기준일을 적는다. 위탁자가 해외신탁재산을 실질적으로 지배・통제하는 해외신탁(같은 항 제1호)은 해외신탁으로서 그 해외신탁이 유지되는 경우에는 과세연도 종료일 현재를 적고, 그 해외신탁이 종료된 경우에는 해외신탁 종료일 현재를 적으며, 그 외의 해외신탁(같은 항 제2호)의 경우에는 해외신탁 설정일 및 이전일을 적는다.

국제조세조정에 관한 법률 시행규칙 [별지 제51호의 2 서식] (3쪽 중 제3쪽)

주민등록번호 (사업자등록번호)	

(단위: 현지 통화, 원)

<table>
<tr><td rowspan="19">보유
신탁
일련
번호
( )</td><td>⑥ 신탁 명칭</td><td colspan="6"></td></tr>
<tr><td>⑦ 신탁 유형</td><td colspan="6">「국제조세조정에 관한 법률」 제58조 제3항 제1호 〔 〕, 같은 항 제2호 〔 〕</td></tr>
<tr><td>⑧ 신탁 소재지</td><td>국가코드</td><td colspan="2"></td><td>국가명</td><td colspan="2"></td></tr>
<tr><td>⑨ 지분비율</td><td colspan="3"></td><td>⑩ 신탁 설정일
(재산 이전일)</td><td colspan="2">년 월 일</td></tr>
<tr><td>⑪ 신탁 계약기간</td><td colspan="6">년 월 일 ~ 년 월 일</td></tr>
<tr><td rowspan="10">⑫ 신탁 관련자 정보</td><td colspan="2">〔 〕공동위탁자</td><td colspan="2">〔 〕공동수익자</td><td colspan="2">〔 〕공동수탁자</td></tr>
<tr><td rowspan="3">수익자</td><td>성 명
(법인명)</td><td></td><td>주민등록번호
(사업자등록번호)</td><td colspan="2"></td></tr>
<tr><td>지분비율</td><td>%</td><td>전화번호</td><td colspan="2"></td></tr>
<tr><td>주 소
(소재지)</td><td colspan="4">(국가:)</td></tr>
<tr><td rowspan="3">수탁자</td><td>성 명
(법인명)</td><td></td><td>주민등록번호
(사업자등록번호)</td><td colspan="2"></td></tr>
<tr><td>지분비율</td><td>%</td><td>전화번호</td><td colspan="2"></td></tr>
<tr><td>주 소
(소재지)</td><td colspan="4">(국가:)</td></tr>
<tr><td colspan="6"></td></tr>
<tr><td colspan="6"></td></tr>
<tr><td colspan="6"></td></tr>
<tr><td rowspan="2">⑬ 신탁 재산</td><td colspan="6">〔 〕현금 〔 〕부동산(부동산에 관한 권리) 〔 〕주식(예탁증서) 〔 〕채권</td></tr>
<tr><td colspan="6">〔 〕집합투자증권 〔 〕보험상품 〔 〕가상자산 〔 〕그 밖의 자산</td></tr>
<tr><td rowspan="2">⑭ 신탁재산가액</td><td colspan="3">(외화) (통화:)</td><td rowspan="2">⑮ 시가산정기준일</td><td colspan="2" rowspan="2">년 월 일</td></tr>
<tr><td colspan="3">(원화)</td></tr>
<tr><td rowspan="16">보유
신탁
일련
번호
( )</td><td>⑥ 신탁 명칭</td><td colspan="6"></td></tr>
<tr><td>⑦ 신탁 유형</td><td colspan="6">「국제조세조정에 관한 법률」 제58조 제3항 제1호 〔 〕, 같은 항 제2호 〔 〕</td></tr>
<tr><td>⑧ 신탁 소재지</td><td>국가코드</td><td colspan="2"></td><td>국가명</td><td colspan="2"></td></tr>
<tr><td>⑨ 지분비율</td><td colspan="3"></td><td>⑩ 신탁 설정일
(재산 이전일)</td><td colspan="2">년 월 일</td></tr>
<tr><td>⑪ 신탁 계약기간</td><td colspan="6">년 월 일 ~ 년 월 일</td></tr>
<tr><td rowspan="7">⑫ 신탁 관련자 정보</td><td colspan="2">〔 〕공동위탁자</td><td colspan="2">〔 〕공동수익자</td><td colspan="2">〔 〕공동수탁자</td></tr>
<tr><td rowspan="3">수익자</td><td>성 명
(법인명)</td><td></td><td>주민등록번호
(사업자등록번호)</td><td colspan="2"></td></tr>
<tr><td>지분비율</td><td>%</td><td>전화번호</td><td colspan="2"></td></tr>
<tr><td>주 소
(소재지)</td><td colspan="4">(국가:)</td></tr>
<tr><td rowspan="3">수탁자</td><td>성 명
(법인명)</td><td></td><td>주민등록번호
(사업자등록번호)</td><td colspan="2"></td></tr>
<tr><td>지분비율</td><td>%</td><td>전화번호</td><td colspan="2"></td></tr>
<tr><td>주 소
(소재지)</td><td colspan="4">(국가:)</td></tr>
<tr><td rowspan="2">⑬ 신탁 재산</td><td colspan="6">〔 〕현금 〔 〕부동산(부동산에 관한 권리) 〔 〕주식(예탁증서) 〔 〕채권</td></tr>
<tr><td colspan="6">〔 〕집합투자증권 〔 〕보험상품 〔 〕가상자산 〔 〕그 밖의 자산</td></tr>
<tr><td rowspan="2">⑭ 신탁재산가액</td><td colspan="3">(외화) (통화:)</td><td rowspan="2">⑮ 시가산정기준일</td><td colspan="2" rowspan="2">년 월 일</td></tr>
<tr><td colspan="3">(원화)</td></tr>
</table>

작성방법

1. 이 서식은 제출대상 연도의 보유신탁이 2개 이상인 경우에만 보유신탁 일련번호 2번부터 차례로 작성합니다. (/)쪽
2. 각 일련번호의 보유신탁마다 ⑥번 항목부터 ⑮번 항목까지 해당 사항을 각각 적습니다.

■ 작성요령Ⅶ – 해외신탁 관련자 명세서

[별지 제51호의 2 서식 부표1](2024. 3. 22. 신설)

제출대상 연도	해외신탁 관련자 명세서	위탁자 유형	[ ] 거 주 자
년			[ ] 내국법인

주민등록번호(사업자등록번호)	

관련자 일련번호	구분				
관련자 일련번호 (1)	신탁 관련자 유형		[ ]공동위탁자	[ ]공동수익자	[ ]공동수탁자
	유형별 지분비율		%	%	%
	관련자 정보	성명(법인명)		주민등록번호(사업자등록번호)	
		주소(소재지)	(국가:)	전화번호	
관련자 일련번호 ( )	신탁 관련자 유형		[ ]공동위탁자	[ ]공동수익자	[ ]공동수탁자
	유형별 지분비율		%	%	%
	관련자 정보	성명(법인명)		주민등록번호(사업자등록번호)	
		주소(소재지)	(국가:)	전화번호	
관련자 일련번호 ( )	신탁 관련자 유형		[ ]공동위탁자	[ ]공동수익자	[ ]공동수탁자
	유형별 지분비율		%	%	%
	관련자 정보	성명(법인명)		주민등록번호(사업자등록번호)	
		주소(소재지)	(국가:)	전화번호	
관련자 일련번호 ( )	신탁 관련자 유형		[ ]공동위탁자	[ ]공동수익자	[ ]공동수탁자
	유형별 지분비율		%	%	%
	관련자 정보	성명(법인명)		주민등록번호(사업자등록번호)	
		주소(소재지)	(국가:)	전화번호	
관련자 일련번호 ( )	신탁 관련자 유형		[ ]공동위탁자	[ ]공동수익자	[ ]공동수탁자
	유형별 지분비율		%	%	%
	관련자 정보	성명(법인명)		주민등록번호(사업자등록번호)	
		주소(소재지)	(국가:)	전화번호	

작성방법

1. 이 부표는 해외신탁 관련 공동위탁자, 공동수익자, 공동수탁자가 있는 경우에만(별지 제51호의 2 서식 제1쪽의 ⑫번 항목 관련) 작성합니다.
2. 신탁 관련자 유형은 공동위탁자인 경우, 공동수익자인 경우, 공동수탁자인 경우를 선택하여 "√" 표시를 합니다. 관련자 1인이 복수 유형에 해당하는 경우 해당란에 모두 "√" 표시를 합니다.
3. 유형별 지분비율은 해당하는 유형 각각의 지분비율을 숫자로 표기합니다.
4. 관련자 정보 주소란의 "(국가:)"에는 국가코드(ISO 3166-1, 알파벳 두 글자)를 적습니다.(예시: KR, US 등)

■ 작성요령Ⅷ - 해외신탁재산 및 평가명세서

[별지 제51호의 2 서식 부표2] (2024. 3. 22. 신설)

해외신탁재신

※ 뒤쪽의 작성방법을 읽고 작성하시기 바랍니다.

가. 해외신탁별 해외신탁재산 현황

① 해외신탁 일련번호 ❶	② 해외신탁재산 평가기준일 ❷	③ 해외신탁재산 총재산평가액 ❸	
		(외화)	(통화:
		(원화)	

나. 해외신탁별 해외신탁

⑤ 재산 일련번호 ❺	⑥ 신탁설정일자 (신탁이전일자) ❻	⑦ 재산 유형 코드 ❼	⑧ 국가코드 ❽	⑨ 재산싱

❶ 「① 해외신탁 일련번호」란에는 해외신탁명세서에 적은 보유신탁별 일련번호를 적는다.

❷ 「② 해외신탁재산 평가기준일」란에는 국제조세조정에 관한 법률 제58조 제8항 제1호 또는 제2호에 따른 시가산정기준일을 적는다.

❸ 「③ 해외신탁재산 총재산평가액」란에는 '나. 해외신탁별 해외신탁재산' 명세의 「⑤ 재산일련번호」별 「⑬ 평가가액」을 모두 합한 금액을 외화 및 원화로 적는다. 외화로 작성하는 경우에는 "(통화:)"에는 통화코드(ISO 4217, 알파벳 세 글자)를 적는다.(예시: USD, CNY, EUR 등) 외화금액이 둘 이상의 통화로 이루어진 경우에는 주된 단일 통화로 환산하여 적는다. 이 경우 환율은 외국환거래법에 따른 일별 기준환율 또는 재정환율을 따른다.

❺ 「⑤ 재산일련번호」란에는 보유신탁재산의 일련번호를 1부터 차례대로 적는다.

❻ 「⑥ 신탁설정일자(신탁이전일자)」란에는 해외신탁을 설정하거나 해외신탁에 재산을 이전한 날짜의 "년, 월, 일"을 "0000. 00. 00."형식으로 적는다.(예시: 20××. 5. 15.)

❽ 「⑧ 국가코드」란에는 재산이 소재하는 국가의 국가코드(ISO 3166-1, 알파벳 두 글자)를 적는다.(예시: 국내 소재 재산인 경우 "KR", 미국 소재 재산인 경우 "US"로 적음)

❼ 「⑦ 재산유형코드」란에는 국제조세조정에 관한 법률 시행령 제98조 제6항에 따라 아래의 재산 구분에 해당하는 코드를 적는다.

재산구분	현금	부동산 (부동산에 관한 권리)	상장주식 (예탁증서)	비상장주식 (예탁증서)	상장채권	비상장채권	집합투자증권	보험상품	가상자산	그 밖의 자산 (01~09 유형 제외)
코드	01	02	03	04	05	06	07	08	09	10

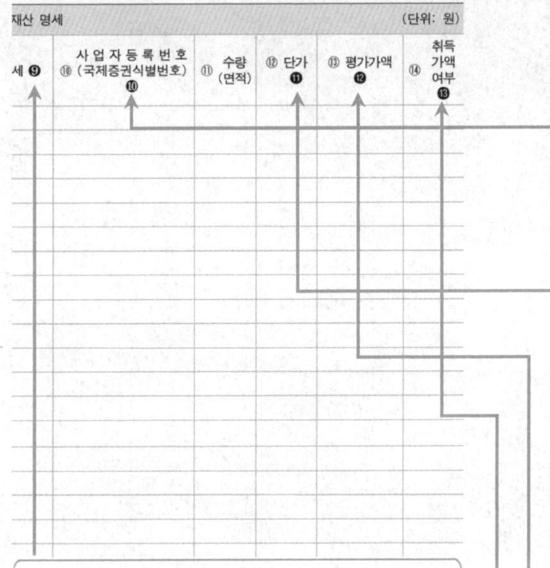

및 평가명세서
주민등록번호 (사업자등록번호)
(앞쪽)
(단위: 현지 통화, 원)
④ 해외신탁재산 운용 ❹
해외신탁재산(해외신탁이익) 분배여부
해외신탁채무 발생여부
여[ ], 부[ ]
여[ ], 부[ ]
재산 명세
(단위: 원)
세 ❾
⑩ 사업자등록번호 (국제증권식별번호) ❿
⑪ 수량 (면적)
⑫ 단가 ⓫
⑬ 평가가액 ⓬
⑭ 취득가액 여부 ⓭

❹ 「④ 해외신탁재산 운용」란에는 제출대상 연도에 해외신탁재산의 운용과 관련한 아래 사항의 해당 여부를 "√"로 표시한다.

가. 해외신탁재산(해외신탁이익) 분배 여부 : 연도 중 해외신탁재산(해외신탁이익)이 분배되었는지 여부

나. 해외신탁채무 발생 여부 : 연도 중 해외신탁과 관련한 채무가 발생했는지 여부

❿ 「⑩ 사업자등록번호(국제증권식별번호)」란에는 「⑦ 재산유형코드」가 03 및 04인 경우 해당 주식을 발행한 법인의 사업자등록번호(국외주식은 국제증권식별번호)를 적는다.

⓫ 「⑫ 단가」란에는 국제조세조정에 관한 법률 시행령 제98조 제6항에 따라 시가로 적는다.

해외신탁재산 구분	해외신탁재산의 시가
현금	시가기준일의 종료시각 현재 잔액
상장주식 및 예탁증서	시가기준일의 최종 가격(시가기준일이 거래일이 아닌 경우에는 그 직전 거래일의 최종 가격)
상장채권	시가기준일의 최종 가격(시가기준일이 거래일이 아닌 경우에는 그 직전 거래일의 최종 가격)
집합투자증권	시가기준일의 기준가격(시가기준일의 기준가격이 없는 경우에는 시가기준일의 환매가격 또는 그 전의 가장 가까운 날의 기준가격)
보험상품	시가기준일의 종료시각 현재의 납입금액
가상자산	시가기준일의 최종 가격(시가기준일이 거래일이 아닌 경우에는 그 직전 거래일의 최종 가격)
그 외 해외신탁재산	불특정 다수인 사이에 자유롭게 거래가 이루어지는 경우에 통상적으로 성립된다고 인정되는 가액

⓬ 「⑬ 평가가액」란에는 해외신탁재산 평가가액을 원화로 환산하여 적는다. 불특정 다수인 사이에 자유롭게 거래가 이루어지는 경우에 통상적으로 성립된다고 인정되는 가액이 없는 경우 등 시가를 산정하기 어려운 경우에는 국제조세조정에 관한 법률 시행령 제98조 제7항에 따라 취득가액을 적는다.

⓭ 「⑭ 취득가액여부」란에는 「⑬ 평가가액」에 취득가액을 적은 경우 "√" 표시한다.

❾ 「⑨ 재산상세」란에는 재산의 소재지번, 법인명, 재산명, 계좌번호 등을 다음 각 목을 참고하여 한글(영문), 숫자로 적는다. 부득이한 경우 해당 국가의 언어로 적는다.

가. 「⑦ 재산유형코드」01: 해당 재산을 관리하는 은행명과 계좌번호를 적는다.(예시: □□은행(계좌번호)) 부득이한 경우 소재지번 등을 적는다.

나. 「⑦ 재산유형코드」02: 해당 물건의 소재지번을 적는다.(예시: 세종특별자치시 국세청로 8-14)

다. 「⑦ 재산유형코드」03~04: 해당 주식을 발행한 법인의 법인명을 적는다.(예시: ㈜○○건설, △△)

라. 가목부터 다목까지에서 규정한 재산 외의 경우에는 재산명을 적는다.(예시: ◇◇회원권, ☆☆생명 ○○보험)

제5장

5

소득자료명세서 등

소득자료명세서 등

관련 법령	• 법법 §67 • 법령 §106 • 법칙 §54
관련 서식	• 법인세법 시행규칙 [별지 제55호 서식] 소득자료(인정상여 · 인정배당 · 기타소득)명세서 [별지 제55호 서식 부표] 소득처분(임시유보 · 이전소득배당 · 출자의 증가) 명세서

제5장

소득자료명세서 등

5

Step Ⅰ 내용의 이해

1. 개 요

소득자료명세서는 법인세법에 의하여 인정상여 · 인정배당 및 기타소득으로 처분되는 각 소득의 소득금액, 원천세액 및 소득자 등을 계산 · 기입하며, 소득처분명세서는 국제조세조정에 관한 법률에 의하여 임시유보, 이전소득 배당, 출자의 증가로 처분되는 각 소득금액, 소득자, 원천세액 등을 계산 · 기입하도록 함으로써 법인세 신고 후 과세자료 등으로 활용하기 위하여 작성한다.

참고로, 법인세법 시행령 제106조의 규정에 의하여 처분되는 배당 · 상여 및 기타소득은 해당 법인이 법인세 과세표준 및 세액의 신고일 또는 수정신고일에 지급한 것으로 보아 소득세를 원천징수한다(소법 §131 ②, §135 ④, §145의 2). 이러한 인정배당, 인정상여 등의 귀속시기 및 지급시기를 살펴보면 다음과 같다.

구 분	귀속시기	지급시기
인정상여	해당 사업연도 중의 근로를 제공한 날(소령 §49 ① 3호). 이 경우 월평균 금액을 계산한 것이 2년도에 걸친 때에는 각각 해당 사업연도 중 근로를 제공한 날로 함.	• 법인의 소득금액 신고시 : 과세표준 및 세액의 신고일(소법 §131 ②, §135 ④, §145의 2) • 법인세 수정신고시 : 수정신고일(소법 §131 ②, §135 ④, §145의 2) • 과세관청의 경정·결정시 : 소득금액변경통지서를 받은 날(소법 §131 ②, §135 ④, §145의 2)
인정배당	해당 법인의 해당 사업연도의 결산확정일(소령 §46 6호, §50 ① 2호)	
법인세법에 의하여 처분된 기타소득		

Step Ⅱ : 서식의 이해

■ 작성요령 Ⅰ - 소득자료명세서

❷ 「① 소득구분」란의 경우 인정상여는 1, 인정배당은 2, 기타소득은 3으로 기재한다.

❸ 「② 소득 귀속연도」란의 경우, 인정상여 · 인정배당 · 기타소득의 소득세법상 귀속사업연도를 기재한다.

[별지 제55호 서식] (2011. 2. 28. 개정)

사 업 연 도	. . . ~ . . .	소득자료 [인정 [인정 [기타	

① 소득구분 ❷	② 소득 귀속연도 ❸	③ 배당 · 상여 및 기타소득금액	④ 원천징수할 소득세액 ❹
계			

상여] 배당] 명세서 ❶ 소득]	법 인 명	
	사업자등록번호	

⑤ 원천징수일 ❺	⑥ 신고여부 ❹❻	소득자 ⑦ 성 명	⑨ 주민등록번호	⑨ 비고 ❹

❶ 소득금액조정합계표 〔별지 제15호 서식〕상의 「③ 소득처분」란 중 배당·상여 및 기타소득을 소득자별로 구분하여 원천징수할 세액을 산출하여 기재한다.

❹ 연말정산을 통하여 원천징수한 경우에는 「④ 원천징수할 소득세액」란에 세액을 "0"으로 기입하고, 「⑥ 신고여부」란은 "여"를 기입하고, 「⑨ 비고」란에는 "연말정산 원천징수필"로 기재한다.

❺ 「⑤ 원천징수일」란은 당해 소득에 대한 원천징수일을 기입한다.

❻ 「⑥ 신고여부」란은 당해 소득에 대해 원천징수이행상황신고서를 통해 신고한 경우에는 "여", 신고하지 않은 경우에는 "부"를 기입한다.

■ 작성요령Ⅱ - 소득처분명세서

❷ 「① 소득구분」란의 경우 임시유보는 4, 이전소득 배당은 5, 출자의 증가는 6으로 적는다.

❸ 「② 소득귀속연도」란은 임시유보, 이전소득 배당, 출자의 증가의 귀속사업연도를 적는다.

[별지 제55호 서식 부표] (2020. 3. 18. 신설)

사업연도	. . . ~ . . .	소득처분	[임시유 [이전소득 [출자의증	
①소득구분 ❷	②소득귀속연도 ❸	③소득금액	④법인명(성명)	⑤국가명
계				

보] 배당] 증가]	명세서 ❶	법인명	
		사업자 등록번호	

소득자		⑧배당소득 적용 세율 ❻	⑨원천징수할 세액 ❼
⑥국가코드 ❹	⑦현지기업고유번호 (납세자번호) ❺		

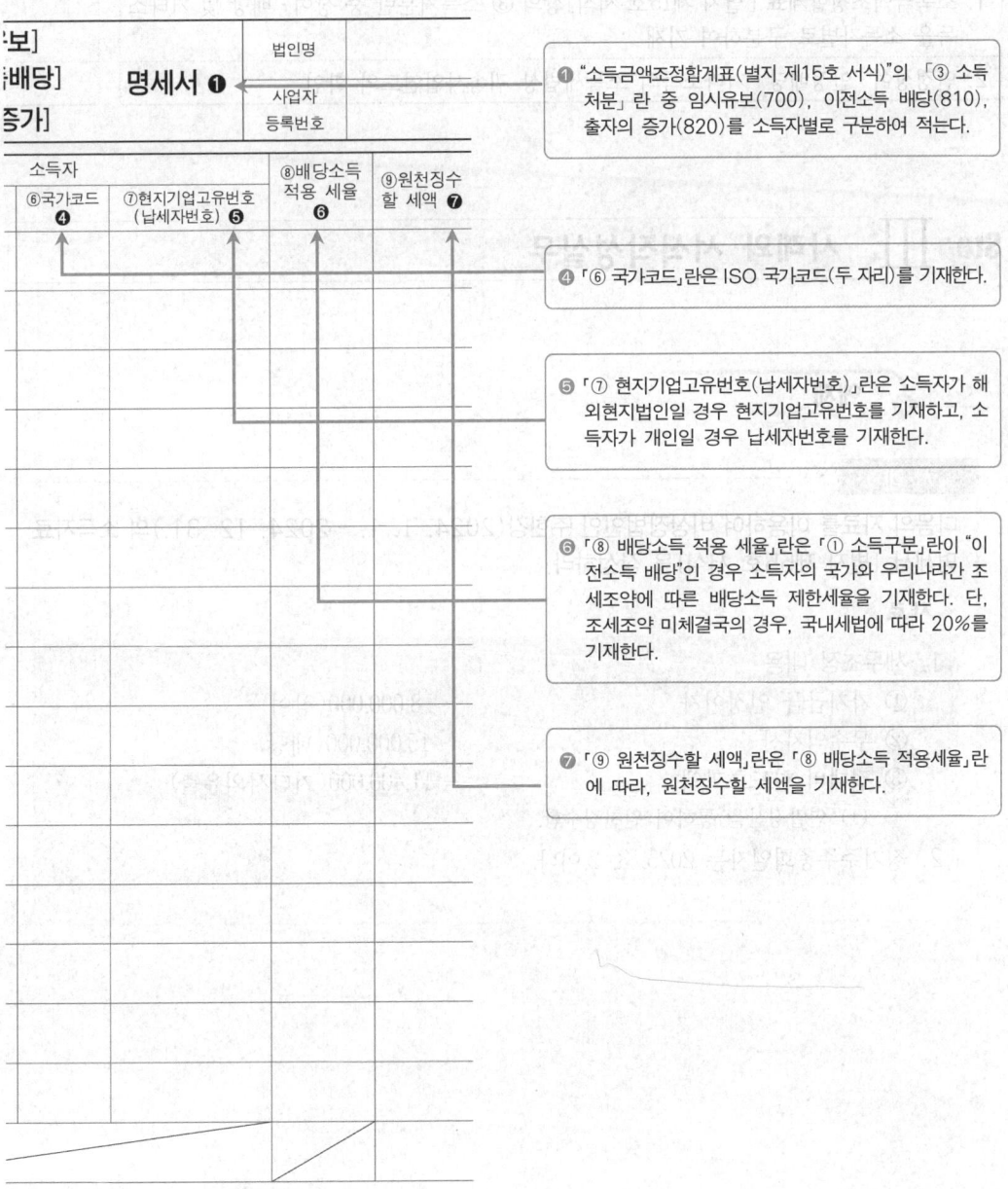

❶ "소득금액조정합계표(별지 제15호 서식)"의 「③ 소득처분」란 중 임시유보(700), 이전소득 배당(810), 출자의 증가(820)를 소득자별로 구분하여 적는다.

❹ 「⑥ 국가코드」란은 ISO 국가코드(두 자리)를 기재한다.

❺ 「⑦ 현지기업고유번호(납세자번호)」란은 소득자가 해외현지법인일 경우 현지기업고유번호를 기재하고, 소득자가 개인일 경우 납세자번호를 기재한다.

❻ 「⑧ 배당소득 적용 세율」란은 「① 소득구분」란이 "이전소득 배당"인 경우 소득자의 국가와 우리나라간 조세조약에 따른 배당소득 제한세율을 기재한다. 단, 조세조약 미체결국의 경우, 국내세법에 따라 20%를 기재한다.

❼ 「⑨ 원천징수할 세액」란은 「⑧ 배당소득 적용세율」란에 따라, 원천징수할 세액을 기재한다.

세무조정 체크리스트

■ 소득자료명세서

검 토 사 항	확인
1. 소득금액조정합계표 [별지 제15호 서식]상의 ③ 소득처분란 중 상여·배당 및 기타소득을 소득자별로 구분하여 기재	
2. 인정상여·인정배당·기타소득의 소득세법상 귀속사업연도의 확인	

Step Ⅲ 사례와 서식작성실무

예제

사 례

다음의 자료를 이용하여 비상장법인인 ㈜한강(2024. 1. 1.~ 2024. 12. 31.)의 소득자료명세서 〔별지 제55호 서식〕을 작성하라.

자료

1. 세무조정 내용
   - ① 가지급금 인정이자　　8,000,000(상여)(*)
   - ② 무수익자산　　15,000,000(배당)
   - ③ 접대비 한도초과액　　11,400,000(기타사외유출)

   (*) 연말정산을 통하여 원천징수함.
2. 정기주주총회일자는 2025. 3. 2.이다.

[별지 제55호 서식] (2011. 2. 28. 개정)

사 업 연 도	2024. 1. 1. ~ 2024. 12. 31.	소득자료 [인정상여] [인정배당] [기타소득] 명세서	법 인 명	(주)한강
			사업자등록번호	

① 소득 구분	② 소득 귀속연도	③ 배당·상여 및 기타소득금액	④ 원천징수할 소득세액	⑤ 원천 징수일	⑥ 신고 여부	소 득 자		⑨ 비고
						⑦ 성 명	⑧ 주민등록번호	
1	2024	8,000,000	0	2024. 2. 11.	여	×××	×××-×××	원천징수필
2	2025	15,000,000	2,100,000		부	×××	×××-×××	
계		23,000,000	2,100,000					

개정증보판 **2025년 신고대비 법인세 조정과 신고 실무**

2006년 11월 30일 초판 발행
2007년 10월 29일 2판 발행
2008년 10월 28일 3판 발행
2009년 11월 5일 4판 발행
2010년 11월 2일 5판 발행
2011년 10월 27일 6판 발행
2012년 10월 29일 7판 발행
2013년 10월 29일 8판 발행
2014년 10월 23일 9판 발행
2015년 10월 21일 10판 발행
2016년 10월 28일 11판 발행
2017년 10월 27일 12판 발행
2018년 10월 31일 13판 발행
2019년 11월 11일 14판 발행
2020년 11월 9일 15판 발행
2021년 11월 12일 16판 발행
2022년 11월 18일 17판 발행
2023년 11월 10일 18판 발행
2024년 11월 8일 19판 발행

저 자 **삼일회계법인**
발 행 인 이 희 태
발 행 처 **삼일인포마인**

저자협의
인지생략

서울특별시 용산구 한강대로 273 용산빌딩 4층
등록번호 : 1995. 6. 26 제3 – 633호
전 화 : (02) 3489 – 3100
F A X : (02) 3489 – 3141
I S B N : 979 – 11 – 6784 – 313 – 5 93320

♣ 파본은 교환하여 드립니다.

정가 110,000원